사도신경[1]

새 번 역

나는 전능하신 아버지 하나님, 천지의 창조주를 믿습니다.
나는 그의 유일하신 아들, 우리 주 예수 그리스도를 믿습니다.
그는 성령으로 잉태되어 동정녀 마리아에게서 나시고,
본디오 빌라도에게 고난을 받아 십자가에 못 박혀 죽으시고,
장사된 지[2] 사흘 만에 죽은 자 가운데서 다시 살아나셨으며,
하늘에 오르시어 전능하신 아버지 하나님 우편에 앉아 계시다가,
거기로부터 살아 있는 자와 죽은 자를 심판하러 오십니다.
나는 성령을 믿으며, 거룩한 공교회와 성도의 교제와
죄를 용서받는 것과 몸의 부활과 영생을 믿습니다. 아멘.

구 번 역

전능하사 천지를 만드신 하나님 아버지를 내가 믿사오며,
그 외아들 우리 주 예수 그리스도를 믿사오니,
이는 성령으로 잉태하사 동정녀 마리아에게 나시고,
본디오 빌라도에게 고난을 받으사,
십자가에 못 박혀 죽으시고,
장사한 지 사흘 만에 죽은 자 가운데서 다시 살아나시며,
하늘에 오르사, 전능하신 하나님 우편에 앉아 계시다가,
저리로서 산 자와 죽은 자를 심판하러 오시리라.
성령을 믿사오며, 거룩한 공회와 성도가 서로 교통하는 것과
죄를 사하여 주시는 것과 몸이 다시 사는 것과
영원히 사는 것을 믿사옵나이다. 아멘.

1 '사도신조'로도 번역할 수 있다.
2 '장사 되시어 지옥에 내려가신 지'가 공인된 원문(Forma Recepta)에는 있으나,
대다수의 본문에는 없다.

큰 글로 읽는

우리말비전성경

LARGE PRINT

WOORIMAL VISION BIBLE

두란노

주의 말씀은 내 발의 등불이요,
내 길의 빛입니다.

Your word is a lamp to my feet
and a light for my path
Psalms 119:105

Blessing You

To.

Date.

From.

성경 번역 위원

구약

• 모세오경
박철현 : 영국 The University of Gloucestershire (Ph. D.)
미국 Westminster Theological Seminary (Th. M.)
총신대학교 신학대학원 구약학 교수

• 역사서
강정주 : 영국 The University of Gloucestershire (Ph. D.)
영국 Cheltenham & Gloucester College of Higher Education (M. A.)
계약신학대학원대학교 구약학 교수

• 시가서
이성훈 : 영국 The University of Manchester (Ph. D.)
영국 The University of St. Andrews (M. Litt.)
이스라엘 Jerusalem University College (M. A.)
전 성결대학교 구약학 교수

• 선지서
유윤종 : 미국 Cornell University (Ph. D.)
미국 Yale University (M. Div.)
평택대학교 구약학 교수

• 선지서
최순진 : 영국 The University of Gloucestershire (Ph. D.)
미국 Westminster Theological Seminary (M. Div.)
미국 The University of Texas at Austin (M. S.)
횃불트리니티신학대학원대학교 구약학 교수

신약

• 마태복음-사도행전
허주 : 영국 The University of Sheffield (Ph. D.)
미국 Westminster Theological Seminary (M. Div.)
아세아연합신학대학교 신약학 교수

• 로마서-요한계시록
김정훈 : 영국 The University of Glasgow (Ph. D.)
영국 The University of Durham (M. A.)
백석대학교 신학대학원 신약학 교수

큰 글로 읽는 우리말비전성경

발간사

「큰 글로 읽는 우리말비전성경」이 새롭게 출간되어 하나님께 감사드립니다.

「우리말성경」은 미래 세대인 청소년과 초신자 그리고 구도자들이 하나님의 말씀을 쉽게 읽고 진리를 깨달을 수 있도록 번역 출간한 성경입니다.

「큰 글로 읽는 우리말비전성경」은 보완된 「우리말성경」(5판)을 본문으로 하여 하용조 목사님의 행복한 메시지와 「비전성경」의 주요한 주석들을 발췌 편집한 성경입니다. 이 성경은 무엇보다 성경의 가독성을 최우선으로 고려하여 편집해 장년들이 성경을 편하게 읽을 수 있도록 만들었습니다. 게다가 소제목과 난외주를 새롭게 넣어 성경의 이해를 도왔습니다.

「큰 글로 읽는 우리말비전성경」을 통하여 많은 분들이 하나님의 은혜와 진리를 경험하시기를 기도합니다. 아울러 초신자와 구도자들이 이 성경을 통하여 구원의 길에 이르기를 소망합니다.

이형기 원장

일러두기

1. 성경 본문

성경 본문은 두란노서원이 발행한 「우리말성경」(2021년, 5판)을 사용했다.

2. 책별 서론

성경 각 권의 핵심을 짚어 주고 내용 이해를 돕기 위하여 책제목 하단에 서론을 실었다.

3. 본문 구성

1) 장 : 장이 시작되는 줄의 본문 앞에 굵은 숫자로 표기했다.

2) 절 : 절이 시작되는 줄의 왼쪽 앞에 숫자로 표기했다.

3) 난외주 : 해당 본문 앞에 별표(*)로 표기했으며, 그 내용은 본문 하단에 실었다.

4) 인용구 : 해당 구절 앞에 ㄱ) ㄴ) ㄷ)으로 표기했으며, 본문 하단에 성경 구절을 표기했다.

5) 소제목 : 원문에는 없는 것이지만, 소제목과 부제목을 붙여 독자들이 본문을 쉽게 이해할 수 있도록 했다. 특별히 시편 119편은 시적 특징을 살려 주기 위해 히브리어 알파벳을 표기했다.

6) 외래어 : 음역한 단어들은 모두 굵은 고딕체를 사용했다.

7) 기호들

(1) ( ) 주석적 성격을 지닌 본문(요 1:38), 문맥의 흐름을 끊는 본문(왕상 10:11-12), 어떤 사본에는 있고 어떤 사본에는 없어서 원본의 반영임이 분명하지 않은 본문(막 3:14)은 소괄호 속에 넣었다.

(2) [ ] 후대에 첨가된 본문이지만 교회에서 일찍부터 중요하게 여기고 읽어 온 본문은 대괄호 속에 넣었다(막 16:9-20).

(3) : 성경 구절을 표기할 때에 장과 절 사이에 썼다(막 12:10).

(4) , 같은 장 안에서 절과 절 사이에 썼다(사 6:9, 10).

(5) ; 책과 장이 바뀌어 열거할 때에 썼다(출 20:12; 신 5:15).

8) 들여쓰기 : 인용, 기도, 시 등은 다른 본문과의 구분을 위해 들여쓰기를 했다.

9) 쪽수 : 본문 상단 안쪽에 일련번호로 표기했다.

10) 색상 : 성경의 범주별로 색상을 달리하여 구분했다(모세 오경, 역사서, 시가서, 예언서, 신약).

4. 해설 구성

1) 하용조 목사의 행복한 메시지 : 하용조 목사의 영감 있는 메시지를 수록하여 묵상과 적용을 도왔다.

2) 성경 상식 : 성경을 이해하는 데 도움을 주는 다양한 내용들을 다루었다.

3) Q&A : 성경의 난해한 부분을 질문과 답 형식으로 쉽게 설명했다.

4) 성경 인물 : 성경에 나오는 주요 인물들에 대한 내력을 간단하게 소개했다.

5. 교정 규칙

1) 성경 본문과 해설은 국립국어원의 〈한글 맞춤법〉을 원칙으로 따랐다.

2) 〈한글 맞춤법〉에 없는 사항들은 국립국어원에 문의를 거쳐 적용했다.

3) 이전에 잘못 활용된 단어들은 〈표준국어대사전〉을 확인하여 교정했다.

(예) 물매 → 무릿매 (삼상 17:40)

목차 및 약자표

- 발간사 I
- 일러두기 II
- 목차 및 약자표 III
- 구약 성경 1–1543
- 신약 성경 1–536
- 부록 IV

구약 성경 약자표

책	약자	책	약자	책	약자
창세기	창	역대하	대하	다니엘	단
출이집트기	출	에스라	스	호세아	호
레위기	레	느헤미야	느	요엘	욜
민수기	민	에스더	에	아모스	암
신명기	신	욥기	욥	오바댜	옵
여호수아	수	시편	시	요나	욘
사사기	삿	잠언	잠	미가	미
룻기	룻	전도서	전	나훔	나
사무엘상	삼상	아가	아	하박국	합
사무엘하	삼하	이사야	사	스바냐	습
열왕기상	왕상	예레미야	렘	학개	학
열왕기하	왕하	예레미야애가	애	스가랴	슥
역대상	대상	에스겔	겔	말라기	말

신약 성경 약자표

책	약자	책	약자	책	약자
마태복음	마	에베소서	엡	히브리서	히
마가복음	막	빌립보서	빌	야고보서	약
누가복음	눅	골로새서	골	베드로전서	벧전
요한복음	요	데살로니가전서	살전	베드로후서	벧후
사도행전	행	데살로니가후서	살후	요한일서	요일
로마서	롬	디모데전서	딤전	요한이서	요이
고린도전서	고전	디모데후서	딤후	요한삼서	요삼
고린도후서	고후	디도서	딛	유다서	유
갈라디아서	갈	빌레몬서	몬	요한계시록	계

구약 전서

The Old Testament

구약 목차

창세기(50장) 1
출애굽기(40장) 102
레위기(27장) 180
민수기(36장) 236
신명기(34장) 314
여호수아(24장) 382
사사기(21장) 426
룻기(4장) 474
사무엘상(31장) 482
사무엘하(24장) 545
열왕기상(22장) 597
열왕기하(25장) 656
역대상(29장) 713
역대하(36장) 768
에스라(10장) 830
느헤미야(13장) 849
에스더(10장) 875
욥기(42장) 889
시편(150편) 939
잠언(31장) 1054
전도서(12장) 1097
아가(8장) 1111
이사야(66장) 1120
예레미야(52장) 1215
예레미야애가(5장) 1319
에스겔(48장) 1329
다니엘(12장) 1422
호세아(14장) 1452
요엘(3장) 1467
아모스(9장) 1473
오바댜(1장) 1486
요나(4장) 1489
미가(7장) 1494
나훔(3장) 1503
하박국(3장) 1507
스바냐(3장) 1512
학개(2장) 1517
스가랴(14장) 1521
말라기(4장) 1538

총 39권 / 929장 / 23,215절

창세기

Genesis

창세기는 구약의 첫 번째 책으로서 성경 전체의 서론 역할을 한다. 우주와 세계의 창조, 인류 역사의 시작, 이스라엘 민족의 기원을 다루고 있으며, 하나님께서 아브라함 및 다른 족장들과 맺으신 언약을 말하고 있다. 본서는 창조, 인류의 타락, 죽음 그리고 아브라함의 후손을 통한 구원의 약속을 알게 하려는 목적으로 기록되었다.

창조

1 *하나님께서 태초에 하늘과 땅을 창조하셨습니다.

2 땅은 형태가 없고 비어 있었으며 어둠이 깊은 물 위에 있었고 *하나님의 영은 수면 위에 움직이고 계셨습니다.

3 하나님께서 말씀하시기를 "빛이 있으라" 하시니 빛이 생겼습니다.

4 하나님께서 보시기에 그 빛이 좋았습니다. 하나님께서는 빛을 어둠과 나누셨습니다.

5 하나님께서 그 빛을 '낮'이라 부르시고 그 어둠을 '밤'이라 부르셨습니다. 저녁이 되고 아침이 되니 첫째 날이었습니다.

6 하나님께서 말씀하시기를 "물 가운데 공간이 생겨 물과 물이 나누어지라" 하셨습니다.

7 이처럼 하나님께서 공간을 만드셔서 공간 아래의 물과 공간 위의 물을 나누시니 그대로 됐습니다.

8 하나님께서 이 공간을 '하늘'이라 부르셨습니다. 저녁이 되고 아침이 되니 둘째 날이었습니다.

9 하나님께서 말씀하시기를 "하늘 아래의 물은 한 곳에 모이고 뭍이 드러나라" 하시니 그대로 됐습니다.

10 하나님께서 이 뭍을 '땅'이라 부르시고 모인 물을 '바다'라 부르셨습니다. 하나님께서 보시기에 좋았습니다.

11 하나님께서 말씀하시기를 "땅은 식물, 곧 씨를 맺는 식물과 씨가 든 열매를 맺는 나무를 그 종류대로 땅 위에 내라" 하시니 그대로 됐습니다.

12 땅이 식물, 곧 씨를 맺는 식물을 그 종류대로, 씨가 든 열매를 맺는 나무를 그 종류대로 냈습니다. 하나님께서 보시기에 좋았습니다.

13 저녁이 되고 아침이 되니 셋째 날이었

1:1 또는 태초에 하나님께서 하늘과 땅을 창조하실 때에 1:2 또는 하나님의 바람

습니다.
14 하나님께서 말씀하시기를 "하늘 공간
에 빛들이 생겨 낮과 밤을 나누고 절
기들과 날짜들과 연도들을 나타내는
표시가 되게 하라.
15 그리고 이것들이 하늘 공간의 빛이
돼 땅에 비추게 하라" 하시니 그대로
됐습니다.
16 하나님께서 두 개의 큰 빛을 만드시
고 그 가운데 큰 것으로는 낮을 다스
리게 하시고 작은 것으로는 밤을 다
스리게 하셨습니다. 또한 별들도 만드
셨습니다.
17 하나님께서 이것들을 하늘 공간에
두셔서 땅을 비추게 하시고
18 낮과 밤을 다스리고 빛과 어둠을 나
누게 하셨습니다. 하나님께서 보시기
에 좋았습니다.
19 저녁이 되고 아침이 되니 넷째 날이었
습니다.
20 하나님께서 말씀하시기를 "물에는 생
물이 번성하고 새들은 땅 위 하늘에
서 날아다니라" 하셨습니다.
21 하나님께서 큰 바다 생물들과 물에
서 번성하는 온갖 생물들을 그 종류
대로, 온갖 날개 달린 새들을 그 종
류대로 창조하셨습니다. 하나님께서
보시기에 좋았습니다.
22 하나님께서 그들에게 복을 주시며 말
씀하시기를 "새끼를 많이 낳고 번성
해 바닷물에 가득 채우라. 새들은 땅
에서 번성하라" 하셨습니다.
23 저녁이 되고 아침이 되니 다섯째 날
이었습니다.
24 하나님께서 말씀하시기를 "땅은 생물
을 그 종류대로, 곧 가축과 땅 위에
기는 것과 들짐승을 그 종류대로 내
라" 하시니 그대로 됐습니다.
25 하나님께서 들짐승을 그 종류대로,
가축을 그 종류대로, 땅에 기는 모든
것을 그 종류대로 만드셨습니다. 하
나님께서 보시기에 좋았습니다.
26 하나님께서 말씀하시기를 "우리가 우
리의 형상대로 우리의 모양을 따라

천지창조

하용조 목사의 행복한 **메시지**

창조에는 하나님의 창조와 인간의 창조가 있습니다. 하나님의 창조는 '없는 데서 있는 것'을 만드신 것이고, 인간의 창조는 '있는 데서 있는 것'을 만드는 것입니다. 자연의 법칙은 만들어 낸 것이 아니라 발견한 것입니다. 하나님께서 천지를 창조하셨다는 것은 무(無)에서 유(有)를 창조하신 것을 말합니다. 따라서 천지 창조는 증명되는 것이 아니라 선포하는 것입니다.
천지 창조는 우주 만물과 인간을 지으신 분이 하나님이시라는 사실을 알려 줍니다. 우주 만물의 주인이 하나님이시고 우리 인생의 주인도 하나님이심을 나타냅니다. 인간에게는 아무 소유권도 없습니다. 우리 인생에 갈등이 있는 것은 우리에게 소유권이 있다고 착각하기 때문입니다. 인간에게는 소유권이 아니라 수탁권만 있을 뿐입니다.

*사람을 만들어 그들이 바다의 물고
기와 공중의 새와 가축과 *온 땅과
땅 위에 기는 모든 것을 다스리게 하
자" 하시고
27 하나님께서 사람을 그분의 형상대로
창조하시니, 곧 하나님의 형상대로
사람을 창조하시되 하나님께서 그들
을 남자와 여자로 창조하셨습니다.
28 하나님께서 그들에게 복을 주시며 그
들에게 말씀하시기를 "자식을 많이
낳고 번성해 땅에 가득하고 땅을 정
복하라. 바다의 물고기와 공중의 새
와 땅 위에 기는 모든 생물을 다스리
라" 하셨습니다.
29 하나님께서 말씀하시기를 "내가 땅
위의 씨 맺는 온갖 식물과 씨가 든 열
매를 맺는 온갖 나무를 너희에게 주
니 이것이 너희가 먹을 양식이 될 것
이다.
30 그리고 땅의 모든 짐승과 공중의 모
든 새와 땅 위에 기는 모든 것들, 곧
생명 있는 모든 것들에게는 내가 온
갖 푸른 풀을 먹이로 준다" 하시니 그
대로 됐습니다.
31 하나님께서 자신이 만드신 모든 것을
보시니 참 좋았습니다. 저녁이 되고
아침이 되니 여섯째 날이었습니다.

2 그리하여 하늘과 땅과 그 안의 모
든 것이 완성됐습니다.
2 하나님께서는 그 하시던 일을 일곱째
날에 다 마치셨습니다. 그리고 그 하
시던 모든 일을 마치고 일곱째 날에
쉬셨습니다.
3 하나님께서 일곱째 날을 복 주시고
거룩하게 하셨습니다. 하나님께서 창
조하시고 만드시던 모든 일을 마치시
고 이날에 쉬셨기 때문입니다.

아담과 하와

4 하늘과 땅이 창조됐을 때 여호와 하
나님께서 땅과 하늘을 만드시던 날의
기록이 이렇습니다.
5 여호와 하나님께서 아직 땅에 비를 내
리지 않으셨고 땅을 일굴 사람도 없었
으므로 들에는 *나무가 아직 없었고
땅에는 풀조차 나지 않았습니다.
6 대신 안개가 땅에서 솟아 나와 온 땅
을 적셨습니다.
7 여호와 하나님께서 땅에서 취하신 흙
으로 사람을 빚으시고 그 코에 생기
를 불어넣으시자 사람이 생명체가 됐
습니다.
8 여호와 하나님께서 동쪽의 에덴에 동
산을 만드시고 손수 빚으신 그 사람
을 거기에 두셨습니다.
9 그리고 여호와 하나님께서는 보기에
도 아름답고 먹기에도 좋은 온갖 나
무가 땅에서 자라게 하셨습니다. 동
산 한가운데는 생명나무가 있었고 선
악을 알게 하는 나무도 있었습니다.
10 강 하나가 에덴으로부터 나와서 동산
을 적시고 거기로부터 갈라져 네 줄
기 강의 원류가 됐습니다.
11 첫째 강의 이름은 비손인데 이 강은
금이 있는 하윌라 온 땅을 굽이쳐 흘

1:26 히브리어, 아담 1:26 히브리어 사본을 따름. 시리아어역에는 '땅의 모든 들짐승과' 2:5 또는 풀

렀습니다.
12 이 땅의 금은 질이 좋고 *베델리엄과
호마노도 거기 있었습니다.
13 둘째 강의 이름은 기혼인데 에티오피
아 온 땅을 굽이쳐 흘렀습니다.
14 셋째 강의 이름은 티그리스인데 앗시
리아 동쪽을 끼고 흐르고 넷째 강은
유프라테스입니다.
15 여호와 하나님께서 그 사람을 데려다
가 에덴동산에 두셔서 동산을 일구고
지키게 하셨습니다.
16 여호와 하나님께서 아담에게 명령해
말씀하셨습니다. "너는 이 동산에 있
는 각종 나무의 열매를 마음대로 먹
을 수 있다.
17 그러나 선과 악을 알게 하는 나무의
열매는 먹지 마라. 그것을 먹는 날에
는 네가 반드시 죽을 것이다."
18 여호와 하나님께서 말씀하셨습니다.
"사람이 혼자 있는 것이 좋지 않으니
내가 그에게 알맞은 돕는 사람을 만
들어 주겠다."
19 그래서 여호와 하나님께서 흙으로 온
갖 들짐승들과 공중의 온갖 새들을
다 빚으시고 그것들을 아담에게로 데
려오셔서 그가 어떻게 이름을 짓는지
보셨습니다. 아담이 각 생물을 무엇이
라 부르든지 그것이 그의 이름이 됐
습니다.
20 아담이 모든 가축과 공중의 새와 모
든 들짐승에게 이름을 지어 주었습니
다. 그러나 아담은 자기에게 알맞은
돕는 사람을 찾을 수 없었습니다.
21 여호와 하나님께서 아담을 깊은 잠에
빠지게 하시니 그가 잠들었습니다.
하나님께서 그의 갈비뼈 하나를 취하
시고 살로 대신 채우셨습니다.
22 여호와 하나님께서 아담에게서 취하
신 갈비뼈로 여자를 지으시고 그녀를
아담에게 데려오셨습니다.
23 아담이 말했습니다. "드디어 내 뼈 가
운데 뼈요, 내 살 가운데 살이 나타
났구나. 이가 남자에게서 취해졌으니
여자라고 불릴 것이다."
24 그러므로 남자가 자기 아버지와 어머
니를 떠나 그 아내와 결합해 한 몸을
이루게 되는 것입니다.
25 아담과 그의 아내가 둘 다 벌거벗었지
만 서로 부끄러워하지 않았습니다.

타락

3 여호와 하나님께서 만드신 들짐승
가운데 뱀이 가장 교활했습니다.
그가 여자에게 말했습니다. "정말 하
나님께서 '동산의 어떤 나무의 열매도
먹으면 안 된다'라고 말씀하셨느냐?"
2 여자가 뱀에게 말했습니다. "우리는
동산에 있는 나무들의 열매를 먹어
도 된다.
3 그러나 하나님께서 '동산 한가운데 있
는 나무의 열매는 죽지 않으려거든
먹지도 말고 건드리지도 마라'라고 말
씀하셨다."
4 뱀이 여자에게 말했습니다. "너희가
절대로 죽지 않을 것이다.
5 이는 너희가 그것을 먹는 날에는 너

2:12 진주

희 눈이 열려서 너희가 선과 악을 아
시는 하나님처럼 될 것을 하나님께서
아시기 때문이다."
6 여자가 보니 그 나무의 열매가 먹기
에 좋고 눈으로 보기에도 좋으며 지
혜롭게 할 만큼 탐스러워 보였습니다.
여자가 그 열매를 따서 먹었습니다.
그리고 자기와 함께 있는 남자에게도
주니 그도 먹었습니다.
7 그러자 그 두 사람의 눈이 밝아져 자
신들이 벌거벗었음을 알게 됐습니다.
그들은 자신들을 위해 무화과나무
잎을 엮어 옷을 만들었습니다.
8 서늘한 바람이 부는 그날 동산을 거
니시는 여호와 하나님의 소리를 듣고
아담과 그의 아내가 여호와의 낯을
피해 동산의 나무 사이로 숨었습니
다.
9 여호와 하나님께서 아담을 부르시며
"네가 어디 있느냐?" 하고 말씀하셨
습니다.
10 아담이 대답했습니다. "제가 동산에
서 하나님의 소리를 듣고 벌거벗은 것
이 두려워 숨었습니다."
11 하나님께서 말씀하셨습니다. "누가 네
게 네가 벌거벗었다는 것을 말해 주
었느냐? 내가 먹지 말라고 네게 명령
한 그 나무 열매를 네가 먹었느냐?"
12 아담이 말했습니다. "하나님께서 함께
하라고 제게 주신 그 여자가 그 나무
열매를 제게 주어서 제가 먹었습니
다."
13 여호와 하나님께서 그 여자에게 말씀
하셨습니다. "네가 어째서 이런 일을
저질렀느냐?" 여자가 말했습니다. "뱀
이 저를 꾀어서 제가 먹었습니다."
14 여호와 하나님께서 뱀에게 말씀하셨
습니다. "네가 이 일을 저질렀으니 너
는 모든 가축과 모든 들짐승보다 더
저주를 받을 것이다. 배로 기어 다니

Q&A 왜 하나님께서 선악과를 만드셨을까?

참고 구절 | 창 3:3

태초에 하나님께서 사람을 하나님의 형상으로 창조하셨다. 하나님께서 사람을 '하나님의 형상으로 지으셨다'는 것은 한편으로 자유 의지를 지닌 인격적인 존재로 만드셨음을 의미한다. 하나님께서는 아담과 하와에게 자유 의지를 주셔서 자발적으로 하나님을 사랑하고 섬기도록 하셨다.

자유 의지란 무엇인가? 선과 악에 대해서 주체적으로 판단하고 선택해서 행동할 수 있는 의지를 말한다. 하나님께서는 사람이 하나님의 말씀에 순종할 수도 있고 불순종할 수도 있었지만 위험을 감수하시고 자유 의지를 주셨다. 그리고 에덴동산 한가운데에 생명나무와 선악을 알게 하는 나무를 두시고 선악을 알게 하는 나무의 열매를 먹지 말라고 명령하셨다.

하나님께서는 사람이 자발적으로 순종하기를 원하셨다. 하지만 사람은 자유 의지로 하나님께 순종하는 선을 행하기보다 불순종하는 악을 저지르고 말았다. 그로 인해 사람은 영생을 잃어버리고 에덴동산에서 쫓겨나게 되었다. 그 결과 죽을 운명에 놓였고 고난의 삶을 살게 되었다.

고 네가 사는 평생 동안 흙을 먹을
것이다.
15 내가 너와 여자 사이에, 네 자손과 여
자의 자손 사이에 증오심을 두리니
여자의 자손이 네 머리를 상하게 하
고 너는 그의 발뒤꿈치를 상하게 할
것이다."
16 여자에게 하나님께서 말씀하셨습니
다. "내가 네게 임신의 수고로움을 크
게 더할 것이니 네가 괴로움 속에서
자식을 낳을 것이다. 너는 남편을 지
배하려 하나 그가 너를 다스릴 것이
다."
17 아담에게 하나님께서 말씀하셨습니
다. "네가 네 아내의 말을 듣고 내가
네게 명령해 '먹지 마라'라고 말한 나
무의 열매를 먹었으니 너 때문에 땅
이 저주를 받을 것이다. 네가 일평생
수고해야 땅에서 나는 것을 먹을 것
이다.
18 땅은 네게 가시덤불과 엉겅퀴를 내고
너는 밭의 식물을 먹을 것이다.
19 네가 흙에서 취해졌으니 흙으로 돌아
갈 때까지 네 얼굴에 땀이 흘러야 네
가 음식을 먹을 것이다. 너는 흙이니
흙으로 돌아갈 것이다."
20 아담이 그의 아내를 *하와라고 불렀
는데 이는 그녀가 살아 있는 모든 사
람들의 어머니이기 때문입니다.
21 여호와 하나님께서 아담과 그 아내를
위해 가죽옷을 만들어 입히셨습니
다.
22 여호와 하나님께서 말씀하셨습니다.
"이 사람이 우리 가운데 하나같이 돼
선악을 알게 됐으니 이제 그가 손을
뻗어 생명나무 열매까지 따 먹고 영
원히 살게 되면 안 될 것이다."
23 여호와 하나님께서 그를 에덴동산에
서 내보내 그가 취해졌던 땅을 일구
게 하셨습니다.
24 하나님께서 그 사람을 쫓아내시고 에
덴동산 동쪽에 그룹들과 회전하는 칼
의 불꽃을 둬 생명나무로 가는 길을
지키게 하셨습니다.

가인과 아벨

4 아담이 그 아내 하와와 동침하니
그녀가 임신해 가인을 낳고 말했습
니다. "여호와의 도우심으로 내가 아
들을 얻었다."
2 그리고 하와는 다시 가인의 동생 아
벨을 낳았습니다. 아벨은 양을 치는
사람이 되고 가인은 농사를 짓는 사
람이 됐습니다.
3 세월이 흐른 후 가인은 땅에서 난 것
을 여호와께 제물로 가져오고
4 아벨은 자기 양 떼의 첫 새끼들과 양
떼의 기름을 제물로 가져왔습니다.
여호와께서 아벨과 그의 제물은 인정
하셨으나
5 가인과 그의 제물은 인정하지 않으셨
습니다. 가인은 몹시 화가 나서 *고개
를 떨구었습니다.
6 그러자 여호와께서 가인에게 말씀하
셨습니다. "왜 화가 났느냐? 왜 *고개
를 떨구었느냐?

3:20 생명 4:5,6 또는 얼굴빛이 변했습니다.

7 만약 네가 옳다면 어째서 얼굴을 들
지 못하느냐? 그러나 네가 옳지 않다
면 죄가 문 앞에 도사리고 있을 것이
다. 죄가 너를 지배하려 하니 너는 죄
를 다스려야 한다."
8 가인이 자기 동생 아벨에게 말해 *그
들이 들에 나가 있을 때 가인이 일어
나 그의 동생 아벨을 쳐서 죽였습니
다.
9 여호와 하나님께서 가인에게 말씀하
셨습니다. "네 동생 아벨이 어디 있느
냐?" 가인이 말했습니다. "모릅니다.
제가 동생을 지키는 사람입니까?"
10 여호와께서 말씀하셨습니다. "네가
무슨 짓을 저질렀느냐? 네 동생의 피
가 땅에서 내게 울부짖고 있다.
11 이제 너는 입을 벌려 네 동생의 피를
받은 땅으로부터 저주를 받을 것이
다.
12 네가 땅을 일궈도 다시는 땅이 네게
그 결실을 내주지 않을 것이며 너는
땅으로부터 도망해 떠도는 사람이 될
것이다."
13 가인이 여호와께 말했습니다. "보십시
오. 제 벌이 너무 무거워 견디기 어렵
습니다.
14 오늘 주께서 저를 이 땅에서 쫓아내
셔서 주의 얼굴을 볼 수 없게 됐기 때
문에 제가 이 땅에서 도망해 떠도는
사람이 될 것입니다. 저를 만나는 사
람들은 모두 저를 죽이려 들 것입니
다."
15 여호와께서 그에게 말씀하셨습니다.
"그렇지 않을 것이다. 누구든 가인을
죽이는 사람은 일곱 배로 복수를 당
할 것이다." 그리고 여호와께서 가인
에게 한 표를 주셔서 누구를 만나든
그가 가인을 죽이지 못하게 하셨습니
다.
16 그 후 가인은 여호와 앞을 떠나 에덴
의 동쪽 *놋 땅에서 살게 됐습니다.
17 가인이 그의 아내와 동침하니 그녀
가 임신해 에녹을 낳았습니다. 가인
은 성을 세웠는데 그 성의 이름을 아

4:8 사마리아 오경과 칠십인역과 불가타와 시리아어역에는 '우리가 들로 나가자.'가 있음. 4:16 떠돌아다님(12,14절을 보라).

하용조 목사의 행복한 **메시지**

거절감

하나님께서 아벨의 제사는 받으시고 가인이 드린 제사는 받지 않으시자, 가인은 동생 아벨을 살해합니다. 살인의 원인은 '거절감'이었습니다. 거절감은 인간 내면에 있는 가장 깊은 상처입니다. 거절감은 절망으로 이어지고 절망은 죽음으로 이어집니다.

가인의 제사가 받아들여지지 않은 이유는 무엇일까요? 잘못된 제사, 곧 생각 없이 적당히 예배를 드렸기 때문입니다. 온전한 제사, 곧 마음을 다하여 예배를 드리면 회복이 있고 기쁨이 있습니다. 온전한 예배는 절망과 미움과 분노를 치유합니다. 흠 없는 어린양이신 예수님의 피로 하나님께 나아오십시오. 상처는 사라지고 기쁨으로 가득 차게 될 것입니다.

들의 이름을 따서 '에녹'이라 지었습니
다.
18 에녹에게서 이랏이 태어났고 이랏은
므후야엘을 낳았고 므후야엘은 므드
사엘을 낳았고 므드사엘은 라멕을 낳
았습니다.
19 라멕은 아내가 둘이었는데 하나는 이
름이 아다고 다른 하나는 씰라였습니
다.
20 아다는 야발을 낳았는데 그는 장막에
살며 가축을 기르는 사람들의 조상
이 됐습니다.
21 그의 동생의 이름은 유발인데 그는
하프와 피리를 연주하는 사람들의 조
상이 됐습니다.
22 씰라도 아들을 낳았는데 그의 이름
은 두발가인으로 청동과 철로 각종
도구를 만드는 사람이었습니다. 두발
가인의 누이동생은 나아마였습니다.
23 라멕이 자기 아내들에게 말했습니다.
"아다여, 씰라여, 내 말을 들어라.
라멕의 아내들이여, 내 말에 귀를
기울여라. 내게 상처를 입힌 남자
를 내가 죽였다. 나를 상하게 한 젊
은이를 내가 죽였다.
24 만약 가인을 위한 복수가 일곱 배
라면 라멕을 위해서는 77배나 될
것이다."
25 아담이 다시 그의 아내와 동침하니
하와가 아들을 낳아 *셋이라 이름 짓
고 그 이유를 이렇게 말했습니다. "가
인이 죽인 아벨을 대신해서 하나님께
서 내게 다른 씨를 주셨다."
26 셋도 아들을 낳아 그 이름을 에노스
라 했습니다. 그때 사람들이 비로소
여호와의 이름을 부르기 시작했습니
다.

아담에서 노아까지

5 아담의 역사에 대한 기록은 이렇습
니다. 하나님께서 사람을 창조하실
때 하나님의 형상을 따라 만드셨습니
다.
2 하나님께서 그들을 남자와 여자로 만
드셨습니다. 그들이 창조되던 날에
하나님께서 그들에게 복을 주시고 그
들의 이름을 *'사람'이라 부르셨습니
다.
3 아담이 130세에 자기의 모양을 따라
자기의 형상대로 아들을 낳고 그 이
름을 셋이라고 불렀습니다.
4 셋을 낳은 후 아담은 800년을 더 살
면서 다른 자녀들을 낳았습니다.
5 아담은 모두 930년 동안 살다가 죽었
습니다.
6 셋은 105세에 에노스를 낳았습니다.
7 에노스를 낳은 후 807년을 더 살면서
다른 자녀들을 낳았습니다.
8 셋은 모두 912년을 살다가 죽었습니
다.
9 에노스는 90세에 게난을 낳았습니다
10 게난을 낳은 후 815년을 더 살면서 다
른 자녀들을 낳았습니다.
11 에노스는 모두 905년을 살다가 죽었
습니다.
12 게난은 70세에 마할랄렐을 낳았습니

4:25 허락하다. 5:2 히브리어, 아담

다.
13 마할랄렐을 낳은 후 840년을 더 살면
서 다른 자녀들을 낳았습니다.
14 게난은 모두 910년을 살다가 죽었습
니다.
15 마할랄렐은 65세에 야렛을 낳았습니
다.
16 야렛을 낳은 후 830년을 더 살면서
다른 자녀들을 낳았습니다.
17 마할랄렐은 모두 895년을 살다가 죽
었습니다.
18 야렛은 162세에 에녹을 낳았습니다.
19 에녹을 낳은 후 800년을 더 살면서
다른 자녀들을 낳았습니다.
20 야렛은 모두 962년을 살다가 죽었습
니다.
21 에녹은 65세에 므두셀라를 낳았습니
다.
22 므두셀라를 낳은 후 300년 동안 하나
님과 동행하며 다른 자녀들을 낳았
습니다.
23 에녹은 모두 365년을 살았습니다.
24 에녹은 하나님과 동행하다가 세상에
서 사라졌는데 하나님께서 그를 데려
가셨기 때문입니다.
25 므두셀라는 187세에 라멕을 낳았습니
다.
26 라멕을 낳은 후 782년을 더 살면서
다른 자녀들을 낳았습니다.
27 므두셀라는 모두 969년을 살다가 죽
었습니다.
28 라멕은 182세에 아들을 낳았습니다.
29 그는 아들의 이름을 *노아라 부르면
서 "여호와께서 저주하신 땅으로 인
해 우리가 겪는 일과 우리 손의 수고
로움으로부터 이 아들이 우리를 위로
할 것이다"라고 말했습니다.
30 노아를 낳은 후 라멕은 595년을 더
살면서 다른 자녀들을 낳았습니다.
31 라멕은 모두 777년을 살다가 죽었습
니다.
32 노아는 500세가 넘어 셈, 함, 야벳을
낳았습니다.

세상의 죄악

6 사람들이 땅 위에서 번성하기 시작
하고 그들에게서 딸들이 태어났을
때
2 하나님의 아들들이 보기에 사람의
딸들이 좋았습니다. 그래서 자신들이
선택한 사람들을 아내로 맞아들였습
니다.
3 여호와께서 말씀하셨습니다. "내 영
이 사람 안에 영원히 거하지 않을 것
이니 이는 사람이 그저 육체일 뿐이
기 때문이다. 그들의 날은 120년이 될
것이다."
4 당시에 그 땅에 *네피림이라 불리는
족속이 있었으며 그 후에도 있었는
데, 그들은 하나님의 아들들이 사람
의 딸들에게 가서 낳은 자들이었습니
다. 그들은 옛날부터 용사들이었습니
다.
5 여호와께서 사람의 악이 세상에 가득
한 것과 그 마음에 품는 생각이 항상
악하기만 한 것을 보셨습니다.

5:29 위로 6:4 히브리어, '쓰러뜨리는 자'(거인)

6 여호와께서 땅에 사람을 만든 것을
후회하시며 마음으로 아파하셨습니
다.
7 여호와께서 말씀하셨습니다. "내가 창
조한 사람을 땅 위에서 쓸어버릴 것
이다. 사람으로부터 짐승과 기는 것
들과 공중의 새들까지 다 그렇게 하
겠다. 이는 내가 그들을 만든 것을 후
회하기 때문이다."
8 그러나 노아만은 여호와께 은혜를 입
었습니다.

노아와 대홍수

9 노아의 이야기는 이렇습니다. 노아는
의로운 사람으로 당대에 완전한 사람
이었으며 하나님과 동행하는 사람이
었습니다.
10 노아는 세 아들 셈, 함, 야벳을 낳았
습니다.
11 세상은 하나님께서 보시기에 타락했
고 폭력이 난무했습니다.
12 하나님께서 보시니 세상이 타락했는
데, 이는 세상의 모든 육체가 스스로
자기 행위를 타락시켰기 때문이었습
니다.
13 하나님께서 노아에게 말씀하셨습니
다. "모든 육체의 끝이 이르렀다. 그들
로 인해 땅이 폭력으로 가득 찼기 때
문이다. 내가 곧 그들을 세상과 함께
멸절하겠다.
14 너는 잣나무로 방주를 만들고 그 방
주에 방들을 만들어라. 그 안팎에 역
청을 발라라.
15 그것을 만드는 방법은 이러하니 방
주는 길이가 *300규빗, 너비가 *50규
빗, 높이가 *30규빗이다.
16 방주에는 창문을 만드는데 위로부터
*1규빗 아래에 내고 방주의 문을 옆
으로 내며 아래층과 2층과 3층으로
만들어라.
17 내가 곧 땅에 홍수를 일으켜 하늘 아
래 생기가 있는 모든 육체를 다 멸절
시키리니 땅에 있는 모든 것이 다 죽
을 것이다.
18 그러나 너와는 내가 언약을 세우겠
다. 너와 네 아들들과 네 아내와 네
며느리들은 방주 안으로 들어가라.
19 또한 너는 살아 있는 모든 것들, 곧
모든 육체 가운데 암수 한 쌍씩을 방
주 안으로 들여보내 너와 함께 살아
남게 하여라.
20 모든 종류의 새들, 모든 종류의 가축
들, 땅에서 기는 모든 것들 가운데 살
아남기 위해 둘씩 네게로 나아올 것
이니
21 너는 먹을 만한 모든 음식을 가져다
저장해 두어라. 이것이 너와 그들을
위한 식량이 될 것이다."
22 노아가 그대로 행했으니 하나님께서
그에게 명령하신 대로 했습니다.

7 여호와께서 노아에게 말씀하셨습
니다. "너와 네 모든 가족은 방주
로 들어가거라. 이 세대 가운데 네가
내 앞에서 의로운 사람인 것을 내가
보았다.

6:15 300규빗은 약 135미터, 50규빗은 약 22.5미터, 30규빗은 약 13.5미터 6:16 1규빗은 약 45센티미터

2 정결한 동물은 모두 각각 암컷과 수컷
일곱 쌍씩 그리고 정결하지 않은 동물
은 모두 각각 암컷과 수컷 *두 쌍씩
3 그리고 하늘의 새들은 각각 암컷과
수컷 일곱 쌍씩을 취해 온 땅 위에 씨
를 보존하도록 하여라.
4 지금부터 7일 후면 내가 40일 밤낮으
로 땅에 비를 보내 내가 만든 모든 생
물을 지면에서 쓸어버릴 것이다."
5 노아는 여호와께서 명하신 대로 했습
니다.
6 땅에 홍수가 났을 때 노아는 600세였
습니다.
7 노아와 그의 아들들과 그의 아내와
그의 며느리들이 홍수를 피해 방주
로 들어갔습니다.
8 정결한 동물들과 정결하지 않은 동
물들, 새들과 땅에서 기어 다니는 모
든 것들이
9 하나님께서 노아에게 명령하신 대로
암수 한 쌍씩 노아에게 와서 방주로
들어갔습니다.
10 7일이 지나자 땅에 홍수가 났습니다.
11 노아가 600세 되던 해의 *둘째 달 17
일 그날에 거대한 깊음의 샘들이 한
꺼번에 터지고 하늘의 창들이 열려
12 비가 40일 밤낮으로 땅에 쏟아졌습
니다.
13 바로 그날 노아와 그의 아들들인 셈,
함, 야벳과 그의 아내와 세 며느리가
방주로 들어갔습니다.
14 그들과 모든 짐승들이 그 종류대로,
모든 가축들이 그 종류대로, 땅에 기
어 다니는 모든 것들이 그 종류대로,
모든 새들, 곧 날개 달린 모든 것들이
그 종류대로 들어갔습니다.
15 살아 숨쉬는 모든 육체들이 둘씩 노
아에게 와서 방주로 들어갔습니다.
16 들어간 것들은 모든 육체의 암컷과
수컷이었습니다. 그것들이 하나님께
서 그에게 명하신 대로 들어가자 여
호와께서 그의 뒤에서 방주의 문을
닫으셨습니다.
17 홍수가 40일 동안 땅 위에 계속됐습

7:2 사마리아 오경과 칠십인역과 시리아어역과 불가타를 따름. 히브리어는 '한 쌍씩' **7:11** 시브 월, 태양력 4월 중순 이후

성·경·상·식

노아의 방주

- **들어간 동물들의 수** 총 17,600쌍
- **들어간 동물의 종류** 오늘날 살고 있는 포유류 3,500종 / 조류 8,600종 / 파충류와 양서류 5,500종

각 쌍으로 계산을 하면 3만 5,200마리의 동물을 실었다. 이 동물들의 평균 크기는 거의 양의 크기 정도다. 실제 방주의 크기는 12만 5,280마리의 양을 실을 정도의 크기다.

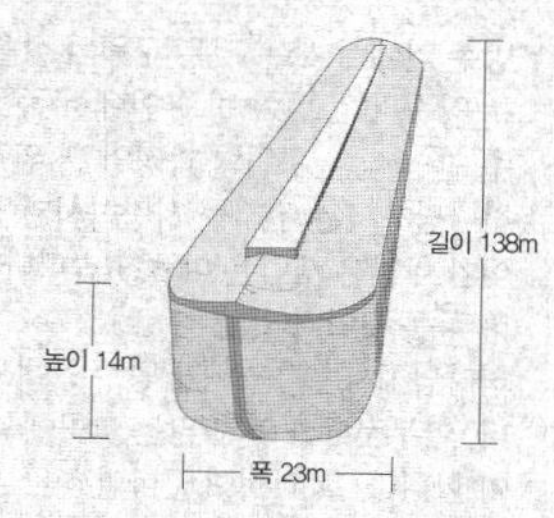

니다. 물이 불어나자 방주가 들려 올
라가 땅 위로 떠올랐습니다.
18 물이 더욱 불어나 온 땅 위에 넘쳐 방
주가 물 위로 떠다녔습니다.
19 물이 땅 위에 크게 불어나서 하늘 아
래 높은 산들이 다 뒤덮였으며
20 물이 그 산들을 다 뒤덮고도 *15규빗
이나 더 불어났습니다.
21 새와 가축과 들짐승과 땅 위에 기어
다니던 것들 가운데 땅 위에 움직이
던 모든 것과 모든 사람이 다 죽었습
니다.
22 마른 땅에 있던 것들 가운데 코로
*숨을 쉬며 살던 모든 것이 죽었습니
다.
23 하나님께서 사람으로부터 짐승까지,
기는 것으로부터 하늘의 새까지 지면
에 있던 모든 존재를 쓸어버리셨습니
다. 오직 노아와 방주에서 그와 함께
있던 사람들과 짐승들만 살아남았습
니다.
24 물이 150일 동안 땅 위에 범람했습니
다.

8 하나님께서 노아와 그와 함께 방주
안에 있던 모든 들짐승과 가축을
기억하시고 땅에 바람을 보내시니 물
이 줄어들었습니다.
2 깊음의 샘들과 하늘의 창들이 닫히
고 비가 하늘에서 그쳤습니다.
3 물이 땅에서 점점 줄어들어서 150일
후에는 물이 많이 빠졌습니다.
4 방주가 *일곱째 달, 곧 그달 17일에
아라랏 산에 머물게 됐습니다.
5 물이 *열째 달까지 계속해서 빠졌고
열째 달, 곧 그달 1일에 산봉우리들이
드러났습니다.
6 40일 후에 노아는 자신이 만든 방주
의 창문을 열었습니다.
7 그가 까마귀를 내보내니 그 까마귀
는 물이 땅에서 마를 때까지 날아다

7:20 15규빗은 약 6.75미터 **7:22** 또는 생명의 기운을 호흡하던 **8:4** 에다님 월, 태양력 9월 중순 이후 **8:5** 데벳 월, 태양력 12월 중순 이후

방주 안의 삶

하용조 목사의 행복한 **메시지**

방주 안에서 사는 것은 구원의 삶을 의미합니다. 그러나 방주의 삶이 구원의 완성을 뜻하지는 않습니다. 만약 방주 안에서 죽을 때까지 살아야 한다면 그곳은 지옥과 같을 것입니다. 방주 안의 삶은 구원의 과정일 뿐 완성은 아닙니다. 구원의 완성은 방주에서 나오는 것입니다. 하나님께서는 우리를 사랑하시기에 방주에 들어가라고 말씀하십니다. 심판 때에 방주에 들어가지 않은 사람은 다 죽었습니다. 마찬가지로 마지막 때에 예수 그리스도를 외면하는 자는 다 죽을 것입니다.

하나님께서는 우리에게 방주 안에서 영원히 살라고 하지 않으십니다. 한 1년만 살라고 하십니다. 아무것도 보이지 않는 그곳에서 하나님을 기억하며 예배를 드리고 우리 자신을 성숙시켜야 합니다. 그 과정이 끝나면 하나님께서는 우리를 방주 밖으로 나오라고 명령하실 것입니다.

녔습니다.
8 노아가 이번에는 물이 땅에서 줄어들
었는지 알아보기 위해 비둘기를 내보
냈습니다.
9 그러나 물이 아직 온 땅 위에 있었기
때문에 비둘기가 앉을 곳을 찾지 못
해 방주에 있는 노아에게로 돌아왔
습니다. 노아는 손을 내밀어 비둘기를
받아 방주 안으로 들였습니다.
10 노아가 7일을 더 기다려 비둘기를 방
주에서 다시 내보냈습니다.
11 그 비둘기가 밤이 되자 그에게 돌아
왔는데 그 부리에 새로 딴 올리브 나
무 잎을 물고 있었습니다. 그래서 노
아는 물이 땅에서 빠진 것을 알게 됐
습니다.
12 그가 다시 7일을 기다렸다가 비둘기
를 내보냈는데 비둘기는 다시 돌아오
지 않았습니다.
13 601년 *첫째 달, 곧 그달 1일에 땅 위
의 물이 말랐습니다. 노아가 방주 덮
개를 열고 보니 땅이 말라 있었습니
다.
14 *둘째 달, 곧 그달 27일에 땅은 완전
히 말랐습니다.
15 그때 하나님께서 노아에게 말씀하셨
습니다.
16 "너는 네 아내와 네 아들들과 네 며
느리들과 함께 방주에서 나와라.
17 너와 함께 있던 모든 생명들, 곧 새들
과 짐승들과 땅 위에 기는 모든 것들
을 데리고 나와라. 그것들이 땅에서
새끼를 많이 낳고 수가 불어나 땅 위
에 번성할 것이다."
18 노아가 그 아들들과 그 아내와 그 며
느리들과 함께 방주에서 나왔습니다.
19 모든 생물들, 곧 모든 짐승과 모든 새
와 땅에서 기는 것이 다 그 종류대로
방주에서 나왔습니다.
20 노아가 여호와를 위해 제단을 쌓고
정결한 짐승들과 정결한 새들 가운데
몇을 잡아 그 제단 위에 번제로 드렸
습니다.
21 여호와께서 그 좋은 향기를 맡으시고
마음속으로 말씀하셨습니다. "내가
다시는 사람으로 인해 땅을 저주하지
않겠다. 이는 사람이 생각하는 것이
어려서부터 악하기 때문이다. 내가 전
에 했던 것처럼 다시는 모든 생물을
멸망시키지 않을 것이다.
22 땅이 존재하는 한 씨 뿌리는 것과 추
수하는 것과 추위와 더위와 여름과
겨울과 낮과 밤이 그치지 않을 것이
다."

노아와 맺은 하나님의 언약

9 하나님께서 노아와 그의 아들들에
게 복을 주시며 말씀하셨습니다.
"자녀를 많이 낳고 번성해 땅에 가득
하라.
2 땅의 모든 짐승들과 공중의 모든 새
들과 땅에 기는 모든 것들과 바다의
모든 물고기들이 너희를 두려워하고
무서워할 것이다. 이것들을 너희 손
에 준다.

8:13 아빕 월, 태양력 3월 중순 이후 8:14 시브 월, 태양력 4월 중순 이후

3 살아 있어 움직이는 모든 것들이 너
희의 양식이 될 것이다. 푸른 채소와
같이 이 모든 것을 너희에게 주었다.
4 그러나 고기를 피가 있는 채로 먹어
서는 안 된다. 피에는 생명이 있다.
5 너희가 생명의 피를 흘리면 반드시
값을 치를 것이다. 그것이 짐승이면
그 짐승에게 그 피에 대해 값을 치를
것이며 사람이 같은 사람의 피를 흘
리게 하면 그 사람에게도 그 피에 대
해 값을 치를 것이다.
6 하나님께서 자기의 형상대로 사람을
만드셨기 때문에 누구든지 *사람의
피를 흘리면 사람에게 피 흘림을 당
할 것이다.
7 너희는 자녀를 많이 낳아 번성하라.
땅에서 수가 불어나 땅에서 번성하
라."
8 그리고 하나님께서 노아와 그와 함께
있던 그의 아들들에게 말씀하셨습니
다.
9 "보라. 내가 너희와 너희 뒤에 올 너희
의 자손과 언약을 세운다.
10 또한 너희와 함께 있던 모든 생물들,
곧 너희와 함께 있던 새와 가축과 모
든 들짐승들, 방주에서 나온 땅의 모
든 생물들과 언약을 세운다.
11 내가 너희와 언약을 세워 다시는 모
든 육체가 홍수로 인해 멸절되지 않
을 것이며 다시는 이 땅을 멸망시키
는 홍수가 없을 것이다."
12 하나님께서 말씀하셨습니다. "이것이
내가 나와 너희 사이에, 또한 너희와
함께 있는 모든 생물 사이에 대대로
영원히 세우는 내 언약의 증표다.
13 내가 구름 속에 내 무지개를 두었으
니 그것이 나와 땅 사이에 세우는 언
약의 표시가 될 것이다.
14 내가 땅 위에 구름을 일으켜서 그 속
에 무지개가 나타날 때
15 내가 나와 너 사이에 그리고 모든 종
류의 생물들 사이에 세운 내 언약을
기억하겠다. 물이 홍수가 돼 모든 육
체를 멸망시키는 일이 다시는 없을 것
이다.
16 무지개가 구름 속에 나타나면 내가
그것을 보고 나 하나님과 이 땅 위의
모든 육체 사이에 세운 영원한 언약
을 기억하겠다."
17 하나님께서 노아에게 말씀하셨습니
다. "이것이 내가 나와 이 땅 위의 모
든 육체 사이에 세운 언약의 표시다."

노아의 아들들

18 방주에서 나온 노아의 아들들은 셈,
함, 야벳인데 함은 가나안의 조상입니
다.
19 이 세 사람이 노아의 아들들이었고
이들로부터 온 땅에 사람들이 퍼지게
됐습니다.
20 노아가 땅을 일구기 시작해 포도원을
세웠습니다.
21 그가 포도주를 마시고 취해 자기 장
막 안에서 벌거벗고 있었을 때
22 가나안의 조상인 함이 자기 아버지가
벌거벗은 것을 보고는 밖에 있던 다

9:6 사람을 죽이면 다른 사람의 손에 죽게 될 것이다.

른 두 형제에게 이 사실을 말했습니
다.
23 그러자 셈과 야벳은 겉옷을 어깨에
걸치고 뒷걸음으로 들어가서 아버지
의 벌거벗은 몸을 덮어 주었습니다.
그들은 아버지가 벌거벗은 것을 보지
않으려고 얼굴을 돌렸습니다.
24 노아가 술이 깨 자기 작은 아들이 자
기에게 한 일을 알게 됐습니다.
25 그래서 노아는 말했습니다.
"가나안은 저주를 받을 것이다. 가
나안은 가장 낮고 천한 종이 돼 그
의 형제들을 섬기게 될 것이다."
26 그리고 노아가 다시 말했습니다.
"셈의 하나님 여호와를 찬송하리니
가나안은 셈의 종이 될 것이다.
27 하나님께서 야벳을 크게 일으키셔
서 그가 셈의 장막에서 살게 되며
가나안은 그의 종이 되게 하실 것
이다."
28 홍수 이후 노아는 350년을 더 살았습
니다.
29 노아는 모두 950년 동안 살다가 죽었
습니다.

민족들의 목록 (대상 1:5-23)

10 노아의 아들인 셈, 함, 야벳의
족보는 이러합니다. 홍수 후 그
들에게 아들들이 태어났습니다.

야벳 족속

2 야벳의 아들은 고멜, 마곡, 마대, 야
완, 두발, 메섹, 디라스입니다.
3 고멜의 아들은 아스그나스, 리밧, 도
갈마입니다.
4 야완의 아들은 엘리사, 달시스, 깃딤,
도다님입니다.
5 이들에게서 해안 민족들이 여러 땅으
로 퍼졌으며 각각 언어와 족속을 따
라 민족을 이뤘습니다.

함 족속

6 함의 아들은 구스, *미스라임, 붓, 가
나안입니다.
7 구스의 아들은 스바, 하윌라, 삽다, 라
아마, 삽드가입니다. 라아마의 아들은
스바와 드단입니다.
8 구스는 또 니므롯을 낳았는데 니므롯
은 땅의 첫 용사였습니다.
9 그는 여호와 앞에서 강한 사냥꾼이었
습니다. '니므롯처럼 여호와 앞에 강한
사냥꾼'이라는 말도 이 때문에 생겨
났습니다.
10 그의 나라의 시작은 *시날 땅에 있는
바벨, 에렉, 악갓, 갈레였습니다.
11 니므롯은 이 땅에서 앗시리아로 나가
니느웨, 르호보딜, 갈라를 세웠고
12 니느웨와 갈라 사이에 레센을 세웠는
데 이것은 큰 성이었습니다.
13 미스라임은 루딤, 아나밈, 르하빔, 납
두힘,
14 바드루심, 가슬루힘, 갑도림을 낳았는
데 블레셋은 가슬루힘에게서 나왔습
니다.
15 가나안은 맏아들 시돈과 헷을 낳고
16 여부스 족속, 아모리 족속, 기르가스
족속,

10:6 이집트를 가리킴(13절을 보라). 10:10 바벨론을 가리킴.

17 히위 족속, 알가 족속, 신 족속,
18 아르왓 족속, 스말 족속, 하맛 족속을
낳았습니다. 그 후 가나안의 족속들
이 흩어져 나갔습니다.
19 가나안의 경계는 시돈에서 그랄 쪽으
로 가사까지, 그리고 소돔, 고모라, 아
드마, 스보임과 라사까지였습니다.
20 이들은 함의 자손들로 종족과 언어에
따라 영토와 민족별로 갈라져 나갔습
니다.

셈 족속

21 셈에게서도 자손이 태어났습니다. 그
는 에벨 자손의 조상이었으며 야벳의
형이었습니다.
22 셈의 아들들은 엘람, 앗수르, 아르박
삿, 룻, 아람입니다.
23 아람의 아들들은 우스, 훌, 게델, *마
스입니다.
24 아르박삿은 셀라를 낳았고 셀라는 에
벨을 낳았습니다.
25 에벨에게서 두 아들이 태어났는데 하
나의 이름을 *벨렉이라고 했습니다.
그의 시대에 땅이 나뉘었기 때문입니
다. 그의 동생 이름은 욕단이었습니
다.
26 욕단은 알모닷, 셀렙, 하살마웻, 예라,
27 하도람, 우살, 디글라,
28 오발, 아비마엘, 스바,
29 오빌, 하윌라, 요밥을 낳았습니다. 이
들은 모두 욕단의 아들들입니다.
30 그들이 살던 지역은 메사에서부터 스
발을 가로지르는 동쪽 산간 지대까지
였습니다.
31 이들이 종족과 언어와 영토와 나라
에 따라 나뉜 셈의 자손들입니다.
32 이들은 족보와 민족에 따른 노아 자
손의 족속들입니다. 이들로부터 홍수
이후에 민족들이 땅 위에 퍼져 나갔
습니다.

바벨탑

11 당시 온 세상에는 언어가 하나
였으며 같은 말을 썼습니다.
2 사람들이 동쪽에서 와서 *시날 땅에
서 평원을 발견하고는 그곳에 정착했
습니다.
3 그들이 서로 말했습니다. "자, 우리가
벽돌을 만들어 단단하게 굽자." 그들
은 돌 대신 벽돌을, 진흙 대신 역청을
사용했습니다.
4 그리고 그들이 말했습니다. "자, 우리
가 우리를 위해 성을 쌓고 하늘까지
닿는 탑을 쌓자. 우리를 위해 이름을
내고 온 지면에 흩어지지 않게 하자."
5 여호와께서 사람들이 쌓는 성과 탑을
보시기 위해 내려오셨습니다.
6 그리고 여호와께서 말씀하셨습니다.
"저들이 한 민족으로서 모두 한 언어
로 말하고 있어 이런 짓을 벌이기 시
작했다. 그러니 이제 그들이 하고자
꾸미는 일이라면 못할 게 없을 것이
다.
7 자, 우리가 내려가서 거기에서 그들의
언어를 혼란하게 해 서로 알아듣지
못하게 하자."

10:23 메섹과 동일 인물(대상 1:17을 보라.) 10:25 나님. 11:2 바벨론을 가리킴.

8 그리하여 여호와께서는 그들을 그곳
에서부터 온 땅에 흩어 버리셨습니
다. 그들은 성 쌓는 것을 그쳤습니다.
9 그래서 그곳 이름이 바벨이라 불리는
것입니다. 그곳에서 여호와께서 온 세
상의 언어를 *혼란하게 하셨기 때문
입니다. 그곳에서 여호와께서 그들을
온 땅에 흩으셨습니다.

셈에서 아브람까지 (대상 1:24-27)

10 셈의 족보는 이러합니다. 셈은 홍수
후 2년 뒤인 100세에 아르박삿을 낳
았습니다.
11 셈은 아르박삿을 낳은 후 500년을 더
살면서 다른 자녀들을 낳았습니다.
12 아르박삿은 35세에 셀라를 낳았고
13 셀라를 낳은 후 403년을 더 살면서
다른 자녀들을 낳았습니다.
14 셀라는 30세에 에벨을 낳았고
15 에벨을 낳은 후 403년을 더 살면서
다른 자녀들을 낳았습니다.
16 에벨은 34세에 벨렉을 낳았고
17 벨렉을 낳은 후 430년을 더 살면서
다른 자녀들을 낳았습니다.
18 벨렉은 30세에 르우를 낳았고
19 르우를 낳은 후 209년을 더 살면서
다른 자녀들을 낳았습니다.
20 르우는 32세에 스룩을 낳았고
21 스룩을 낳은 후 207년을 더 살면서
다른 자녀들을 낳았습니다.
22 스룩은 30세에 나홀을 낳았고
23 나홀을 낳은 후 200년을 더 살면서
다른 자녀들을 낳았습니다.
24 나홀은 29세에 데라를 낳았고
25 데라를 낳은 후 119년을 더 살면서
다른 자녀들을 낳았습니다.
26 데라는 70세에 아브람, 나홀, 하란을
낳았습니다.

아브람의 가족

27 데라의 족보는 이러합니다. 데라는 아
브람, 나홀, 하란을 낳았습니다. 하란
은 롯을 낳았습니다.
28 하란은 자기가 태어난 갈대아의 우르
에서 자기 아버지 데라보다 먼저 죽었
습니다.
29 아브람과 나홀은 장가를 갔습니다. 아
브람의 아내의 이름은 사래였고 나홀
의 아내의 이름은 밀가였습니다. 밀가
는 하란의 딸이었으며 하란은 밀가와
이스가의 아버지입니다.
30 사래는 아기를 낳지 못해서 자식이
없었습니다.
31 데라는 자기 아들인 아브람 그리고 자
기 아들 하란의 아들인 손자 롯 그리
고 자기 아들 아브람의 아내이자 자기
며느리인 사래를 데리고 함께 갈대아
의 우르를 떠나 가나안으로 향했습니
다. 그러나 그들은 하란에 이르러 거
기에서 살게 됐습니다.
32 데라는 205세까지 살다가 하란에서
죽었습니다.

아브람을 부르심

12 여호와께서 아브람에게 말씀
하셨습니다. "네 고향, 네 친척,
네 아버지의 집을 떠나 내가 네게 보

11:9 히브리어, 발랄('바벨론'을 가리키는 '바벨'과 발음이 비슷함.)

여 주는 땅으로 가거라.
2 내가 너를 큰 민족으로 만들고 네게
복을 주어 네 이름을 크게 할 것이니
네가 복의 근원이 될 것이다.
3 너를 축복하는 사람에게는 내가 복
을 주고 너를 저주하는 사람에게는
내가 저주하리니 땅의 모든 족속이
너로 인해 복을 받을 것이다."
4 그리하여 아브람은 여호와께서 말씀
하신 대로 떠났습니다. 롯도 아브람과
함께 갔습니다. 아브람이 하란을 떠날
때 나이는 75세였습니다.
5 그는 아내 사래와 조카 롯과 그들이
모은 모든 재산과 하란에서 그들이
얻은 사람들을 데리고 가나안 땅을
향해 떠나 가나안 땅에 이르렀습니다.
6 아브람이 그 땅을 지나 세겜 땅 모레
의 큰 나무 앞에 이르렀는데 당시 그
땅에는 가나안 사람들이 살고 있었습
니다.
7 여호와께서 아브람에게 나타나 말씀
하셨습니다. "내가 네 자손에게 이 땅
을 주겠다." 아브람은 여호와께서 자신
에게 나타나신 그곳에 제단을 쌓았습
니다.
8 거기에서 그는 벧엘 동쪽에 있는 산
으로 가서 장막을 쳤는데 그 서쪽에
는 벧엘이 있고 그 동쪽에는 아이가
있었습니다. 거기에서 그는 여호와를
위해 제단을 쌓고 여호와의 이름을
불렀습니다.
9 아브람은 계속 이동해서 네게브로 나
아갔습니다.

아브람의 이집트 거류

10 그 땅에 흉년이 들었습니다. 기근이
심했기 때문에 아브람은 이집트로 내
려가서 얼마간 살았습니다.
11 그는 이집트에 들어가기 직전에 아내
사래에게 말했습니다. "보시오. 당신
은 용모가 아름다운 여인임을 내가
알고 있소.
12 이집트 사람들이 당신을 보고 '이 여
인이 아브람의 아내구나' 하며 나는
죽이고 당신은 살려 줄지 모르오.
13 부탁이오. 당신이 내 여동생이라고
해 주시오. 그러면 당신으로 인해 그
들이 나를 잘 대접할 것이고 당신 덕
에 내가 살게 될 것이오."
14 아브람이 이집트에 들어갔을 때 이집
트 사람들이 사래를 보았는데 그녀는
매우 아름다웠습니다.
15 바로의 신하들도 그녀를 보고 바로
앞에 가서 칭찬을 했습니다. 그래서
사래는 바로의 왕실로 불려 들어갔습
니다.
16 바로는 사래 때문에 아브람을 잘 대접
해 주었습니다. 그래서 아브람은 양,
소, 암수 나귀, 남녀 하인들, 낙타를
얻었습니다.
17 그러나 여호와께서는 아브람의 아내
사래의 일로 인해 바로와 그의 집안
에 큰 재앙을 내리셨습니다.
18 그러자 바로가 아브람을 불러 말했습
니다. "네가 어떻게 내게 이럴 수 있
느냐? 그녀가 네 아내라고 왜 말하지
않았느냐?

19 왜 너는 그녀가 네 여동생이라고 말
해서 내가 그녀를 아내로 얻게 했느
냐? 자, 네 아내가 여기 있다. 어서 데
리고 가거라."
20 그리고 바로는 자기 신하들에게 명령
해 아브람이 그의 아내와 그의 모든
소유물을 갖고 떠나게 했습니다.

아브람과 롯의 분리

13 아브람은 자기 아내와 모든 소
유물을 갖고 이집트를 떠나 네
게브로 올라갔습니다. 롯도 아브람과
함께했습니다.
2 아브람에게는 가축과 은과 금이 아주
많았습니다.
3 그는 네게브를 떠나서 계속 여행을
해 벧엘에 이르러 자신이 전에 장막
을 쳤던 벧엘과 아이 사이의 장소에
도착했습니다.
4 그곳은 그가 전에 처음으로 제단을
쌓았던 곳이었습니다. 거기서 아브람
은 *여호와의 이름을 불렀습니다.
5 한편 아브람과 함께 다니던 롯에게도
양과 가축과 장막들이 따로 있었습니
다.
6 그들이 함께 머물기에는 그 땅이 너
무 좁았습니다. 그들이 함께 지내기에
는 그들이 가진 것이 너무 많았기 때
문입니다.
7 아브람의 양치기들과 롯의 양치기들
사이에 싸움이 일어났습니다. 그 당
시에는 가나안 사람과 브리스 사람도
그 땅에 살고 있었습니다.
8 아브람이 롯에게 말했습니다. "우리는
한 친척이므로 너와 나 사이에, 네 양
치기와 내 양치기 사이에 더 이상 싸
움이 없도록 하자.
9 온 땅이 네 앞에 있지 않느냐? 나를
떠나거라. 만약 네가 왼쪽으로 가면
나는 오른쪽으로 가겠고 네가 오른
쪽으로 가면 나는 왼쪽으로 가겠다."
10 롯이 눈을 들어 요단의 온 들판을 보
니 그곳은 소알에 이르기까지 사방에
물이 넉넉한 것이 마치 여호와의 동
산이나 이집트 땅 같았습니다. 이때
는 여호와께서 소돔과 고모라를 멸망
시키시기 전이었습니다.
11 롯은 요단의 온 들판을 선택해 동쪽
으로 갔습니다. 두 사람은 이렇게 헤
어졌습니다.
12 아브람은 가나안 땅에 정착했고 롯은
평원의 성들에 정착해 소돔 가까이에
장막을 쳤습니다.
13 그런데 소돔 사람들은 여호와 앞에서
아주 악한 죄를 짓고 있었습니다.
14 롯이 아브람을 떠난 후에 여호와께서
아브람에게 말씀하셨습니다. "네가 있
는 곳에서 눈을 들어 동서남북을 바
라보아라.
15 네가 보는 이 온 땅을 내가 너와 네
자손에게 영원히 주겠다.
16 그리고 내가 네 자손을 땅의 먼지와
같이 되게 하겠다. 먼지를 셀 수 있는
사람이 있다면 네 자손도 셀 수 있을
것이다.
17 일어나 이 땅을 동서남북으로 누비며

13:4 여호와께 예배를 드렸습니다.

다녀 보아라. 내가 그것을 네게 주겠
다."
18 그리하여 아브람은 자기 장막을 옮겨
헤브론에 있는 마므레의 큰 나무숲에
살았으며 거기서 여호와께 제단을 쌓
았습니다.

아브람이 롯을 구출하다

14 *시날 왕 아므라벨, 엘라살 왕
아리옥, 엘람 왕 그돌라오멜,
고임 왕 디달 때
2 이들이 소돔 왕 베라, 고모라 왕 비르
사, 아드마 왕 시납, 스보임 왕 세메벨,
벨라 왕, 곧 소알 왕과 전쟁을 일으켰
습니다.
3 이들이 싯딤 골짜기, 곧 *염해에서 연
합해 모였습니다.
4 그들은 12년 동안 그돌라오멜을 섬기
다가 13년째 이르러 반역을 일으킨
것입니다.
5 14년째 되는 해 그돌라오멜과 그와 연
합한 왕들이 나가 아스드롯 가르나
임에서 르바 족속을 치고 함에서 수
스 족속을 치고 사웨 기랴다임에서 엠
족속을 치고
6 세일 산간 지방에서 호리 족속을 쳐서
광야 근처 엘바란까지 이르렀습니다.
7 그리고 그들이 돌이켜서 엔미스밧, 곧
가데스에 이르러 아말렉 족속의 모든
영토와 하사손다말에 사는 아모리 족
속을 정복했습니다.
8 그때 소돔 왕, 고모라 왕, 아드마 왕,
스보임 왕, 벨라 왕, 곧 소알 왕이 출전
해 싯딤 골짜기에서 전투를 벌였는데
9 그 다섯 왕은 엘람 왕 그돌라오멜, 고
임 왕 디달, 시날 왕 아므라벨, 엘라살
왕 아리옥, 이 네 왕과 맞서 싸웠습니
다.
10 싯딤 골짜기는 온통 역청 구덩이로
가득해서 소돔 왕과 고모라 왕이 도
망칠 때 그 속에 빠졌고 그 가운데
나머지는 산간 지대로 도망쳤습니다.
11 네 왕이 소돔과 고모라의 모든 물건
들과 양식들을 다 빼앗아 갔고
12 또한 그들은 소돔에 살고 있는 아브람
의 조카 롯도 사로잡고 그의 재산까
지 약탈해 갔습니다.
13 거기에서 도망쳐 나온 한 사람이 히
브리 사람 아브람에게 가서 이 사실
을 알렸습니다. 그때 아브람은 아모리
사람 마므레의 큰 나무숲 근처에서
살고 있었는데 마므레는 에스골과 아
넬의 형제로서 이들 모두는 아브람과
동맹을 맺고 있었습니다.
14 아브람은 자기 조카가 포로로 잡혀갔
다는 소식을 듣자 자기 집에서 낳아
훈련받은 사람 318명을 거느리고 단
까지 쫓아갔습니다.
15 한밤중에 아브람은 그의 종들을 나
눠 그들을 공격해 쳐부쉈습니다. 다메
섹 북쪽에 있는 호바까지 그들을 추
격해
16 모든 물건들을 되찾고 그의 조카 롯
과 롯의 소유뿐만 아니라 부녀자들과
다른 사람들까지 모두 찾아왔습니다.
17 아브람이 그돌라오멜과 그와 연합한

14:1 바벨론을 가리킴. 14:3 또는 사해

왕들을 이기고 돌아오자 소돔 왕이
사웨 골짜기, 곧 왕의 골짜기로 나와
그를 영접했습니다.
18 그때 *살렘 왕 멜기세덱이 빵과 포도
주를 갖고 왔습니다. 그는 지극히 높
으신 하나님의 제사장이었습니다.
19 멜기세덱이 아브람을 축복하며 말했
습니다. "하늘과 땅의 창조자인 지극
히 높으신 하나님, 아브람에게 복을
주시길 빕니다.
20 당신의 적들을 당신 손에 넘겨주신
지극히 높으신 하나님께 찬양하시오."
아브람은 갖고 있는 모든 것에서 10분
의 1을 멜기세덱에게 주었습니다.
21 소돔 왕이 아브람에게 말했습니다.
"백성들은 내게 돌려주고 물건들은
그대가 가지시오."
22 그러나 아브람은 소돔 왕에게 말했습
니다. "내가 하늘과 땅의 창조자이신
지극히 높으신 하나님 여호와께 내
손을 들어 맹세합니다.
23 왕께 속한 것은 실 한 오라기나 신발
끈 하나라도 받지 않겠습니다. 왕께
서 '내가 아브람을 부자로 만들었다'
라고 말하지 못하게 말입니다.
24 다만 젊은이들이 먹은 것과 나와 같
이 간 사람들, 곧 아넬과 에스골과 마
므레의 몫 말고는 하나도 받지 않겠습
니다. 그들에게는 그들의 몫을 주십
시오."

아브람과 맺은 여호와의 언약

15 그 후 여호와의 말씀이 환상
가운데 아브람에게 임했습니
다. "아브람아 두려워하지 마라. 나는
네 방패니 네가 받게 될 상이 아주
클 것이다."
2 그러자 아브람이 말했습니다. "여호
와 하나님이여, 제게 무엇을 주시겠습
니까? 제가 자식이 없으니 제 재산의
상속자는 다메섹 사람 엘리에셀이 될
것입니다."
3 아브람이 다시 말했습니다. "주께서
제게 자식을 주지 않으셨으니 제 집
에서 난 하인이 저의 상속자가 될 것
입니다."
4 그러자 여호와의 말씀이 그에게 임해
말씀하셨습니다. "그는 네 상속자가
되지 않을 것이다. 오직 네 몸에서 나
온 사람이 네 상속자가 될 것이다."
5 여호와께서 아브람을 밖으로 데리고
나가 말씀하셨습니다. "하늘을 올려
다보고 별을 세어 보아라. 과연 셀 수
있겠느냐?" 그리고 여호와께서 말씀
하셨습니다. "네 자손도 이와 같이 될
것이다."
6 아브람이 여호와를 믿었습니다. 그래
서 여호와께서 아브람의 그런 믿음 때
문에 그를 의롭게 여기셨습니다.
7 그리고 여호와께서 그에게 말씀하셨
습니다. "나는 이 땅을 네 것으로 주
려고 너를 갈대아의 우르에서 이끌어
낸 여호와다."
8 그러자 아브람이 말했습니다. "주 여
호와여, 제가 그 땅을 차지하게 될 것
을 어떻게 알 수 있겠습니까?"

14:18 예루살렘을 가리킴.

9 그때 여호와께서 아브람에게 말씀하
셨습니다. "3년 된 암소와 3년 된 암
염소와 3년 된 숫양과 산비둘기와 새
끼 집비둘기를 내게 가져와라."
10 아브람이 이 모든 것을 여호와께 가져
왔고 중간을 쪼개어 그 쪼갠 것을 서
로 마주 보게 놓았습니다. 그러나 새
는 쪼개지 않았습니다.
11 솔개들이 그 쪼갠 고기들 위에 내려
왔으나 아브람은 그것들을 내쫓았습
니다.
12 해가 질 무렵 아브람이 깊은 잠에 빠
져들었습니다. 캄캄해지자 그는 몹시
두려웠습니다.
13 여호와께서 그에게 말씀하셨습니다.
"너는 분명히 알아라. 네 자손이 다
른 나라에서 나그네가 돼 그들을 섬
길 것이며 400년 동안 그들은 네 자
손을 괴롭힐 것이다.
14 그러나 내가 네 자손들이 섬기던 그
민족을 반드시 심판할 것이며 그 후
네 자손이 많은 재산을 갖고 나올 것
이다.
15 그러나 너는 복된 노년을 보내다가 평
안 속에서 땅에 묻혀 네 조상에게로
돌아갈 것이다.
16 네 자손은 4대 만에 여기로 돌아올
것이다. 이는 아모리 족속의 죄악이
아직 가득 차지 않았기 때문이다."
17 해가 지고 어둠이 덮이자 연기 나는
화로와 불붙은 횃불이 그 쪼갠 고기
들 사이로 지나갔습니다.
18 그날에 여호와께서 아브람과 언약을
맺으시며 말씀하셨습니다. "내가 네
자손에게 이집트 강에서부터 큰 강
유프라테스 강까지 이 땅을 주었다.
19 곧 겐 족속과 그니스 족속과 갓몬 족
속과
20 헷 족속과 브리스 족속과 르바 족속
과

Q&A 왜 아브람은 제물들을 쪼개서 마주 놓았는가?

참고 구절 | 창 15:17

이것은 당시 고대 근동에서 언약이나 동맹을 맺을 때 시행하던 풍습으로 언약을 맺은 쌍방이 제물들을 잡아서 반으로 쪼갠 뒤에 고기를 마주하게 벌려 놓고 그 사이로 함께 지나가는 의식이었다. 이것은 언약을 체결한 쌍방이 목숨을 걸고 약속을 지키겠다는 엄숙한 서약 행위로 만약에 누구든지 언약을 깨거나 이행하지 못할 경우에는 쪼개진 제물들처럼 죽음을 면치 못할 것이라는 상징적인 행위였다.

여기서 주목할 것은 쪼갠 고기들 사이로 지나간 것은 아브람이 아니라 연기 나는 화로와 불붙은 횃불이었다는 것이다. 화로와 횃불은 하나님의 임재를 나타내는 것으로 이는 하나님께서 반드시 언약을 이루시겠다는 일방적인 서약 행위였다.

하나님께서는 아브람에게 하늘의 별과 같이 많은 자손(창 15:5)과 그 자손에게 이집트 강에서 유프라테스 강에 이르는 땅을 약속하셨고(창 15:18) 그 약속을 신실하게 지키셨다(신 1:10; 수 21:43;왕상 4:21).

21 아모리 족속과 가나안 족속과 기르가
스 족속과 여부스 족속의 땅이다."

하갈과 이스마엘

16 아브람의 아내 사래는 아이를
낳지 못했습니다. 그녀에게는
이집트 출신의 여종이 있었는데 그녀
의 이름은 하갈이었습니다.
2 사래가 아브람에게 말했습니다. "여호
와께서 내가 아이 낳는 것을 막으시
니 내 여종과 동침하십시오. 어쩌면
내가 그녀를 통해 아이를 얻을지도
모릅니다." 아브람이 사래의 말을 들었
습니다.
3 아브람의 아내 사래가 자기 여종인 이
집트 여인 하갈을 데려다가 자기 남편
아브람에게 아내로 준 것은 아브람이
가나안 땅에 살기 시작한 지 10년이
지난 무렵입니다.
4 아브람이 하갈과 동침하니 하갈이 임
신을 하게 됐습니다. 자기가 임신한
것을 알게 되자 하갈은 자기 여주인
을 업신여겼습니다.
5 그러자 사래가 아브람에게 말했습니
다. "내가 당하고 있는 이 고통은 모두
당신 책임입니다. 내가 내 종을 당신 품
에 두었건만 이제 그녀가 임신했다고
나를 멸시합니다. 여호와께서 당신과
나 사이에 판단하시기를 바랍니다."
6 아브람이 말했습니다. "당신의 여종
은 당신 손에 달렸으니 당신이 좋을
대로 그녀에게 하시오." 그러자 사래
가 하갈을 학대했습니다. 하갈은 사래
앞에서 도망쳤습니다.
7 여호와의 천사가 광야의 샘 곁, 곧 술
길에 있는 샘에서 그녀를 만났습니다.
8 여호와의 천사가 말했습니다. "사래
의 종 하갈아, 네가 어디에서 왔고 어
디로 가느냐?" 그녀가 대답했습니다.
"저는 제 주인 사래를 피해 도망치는
중입니다."
9 그러자 여호와의 천사가 하갈에게 말
했습니다. "네 여주인에게 돌아가서
그녀의 명령에 복종하여라."
10 여호와의 천사가 하갈에게 말했습니
다. "내가 네 자손을 크게 번성케 해
셀 수 없을 만큼 불어나게 할 것이다."
11 여호와의 천사가 하갈에게 말했습니
다. "네가 지금 임신했으니 아들을 낳
을 것이다. 그 이름을 *이스마엘이라
하여라. 여호와께서 네 고난을 들으셨
기 때문이다.
12 그가 들나귀 같은 사람이 돼 모든 사
람과 싸울 것이고 모든 사람은 그와
싸울 것이다. 그가 그 모든 형제들과
대적하며 살 것이다."
13 하갈은 자기에게 말씀하시는 여호와
의 이름을 '주는 나를 보시는 하나님'
이라 불렀습니다. "내가 어떻게 여기
서 나를 보시는 하나님을 뵐 수 있었
단 말인가!"라고 말했기 때문입니다.
14 그래서 그 샘은 *브엘라해로이라 불
리게 됐습니다. 지금도 그 샘은 가데
스와 베렛 사이에 있습니다.
15 이렇게 해서 하갈은 아브람의 아들을

16:11 하나님께서 들으심. 16:14 나를 살피시는 살아 계신 분의 우물

낳았습니다. 아브람은 하갈이 낳은 아
들에게 이스마엘이라는 이름을 지어
주었습니다.
16 하갈이 아브람에게 이스마엘을 낳아
주었을 때 아브람은 86세였습니다.

할례의 언약

17 아브람이 99세 때 여호와께서
그에게 나타나 말씀하셨습니
다. "나는 *전능한 하나님이다. 너는
내 앞에서 온 마음으로 순종하며 깨
끗하게 행하여라.
2 내가 나와 너 사이에 언약을 맺을 것
이다. 그리고 내가 너를 심히 크게 번
성하게 하겠다."
3 그러자 아브람이 얼굴을 땅에 대고
엎드렸습니다. 하나님께서 그에게 말
씀하셨습니다.
4 "보아라. 내가 이제 너와 언약을 세우
니 너는 수많은 나라들의 조상이 될
것이다.
5 이제 더 이상 네 이름이 *아브람이라
불리지 않을 것이다. 네 이름은 *아브
라함이라 불릴 것이다. 내가 너를 많
은 나라들의 조상으로 삼았기 때문
이다.
6 내가 너를 크게 번성케 하겠다. 내가
너로 말미암아 나라들을 세울 것이
며 왕들이 너로부터 나올 것이다.
7 내가 내 언약을 나와 너 사이에 그리
고 네 뒤에 올 자손 사이에 세워 영원
한 언약으로 삼고 네 하나님 그리고
네 자손의 하나님이 될 것이다.
8 네가 지금 나그네로 있는 이 가나안
온 땅을 내가 너와 네 자손에게 주어
영원한 소유물이 되게 하고 나는 그
들의 하나님이 될 것이다."
9 하나님께서 아브라함에게 말씀하셨습
니다. "그러므로 너와 네 뒤에 올 네
자손은 내 언약을 지켜야 할 것이다.
10 나와 너 사이에 그리고 네 뒤에 올 자
손 사이에 맺은 내 언약, 곧 너희가
지켜야 할 언약은 이것인데 너희 가
운데 모든 남자는 다 할례를 받아야
한다.

17:1 히브리어, 엘 샤다이 17:5 존귀한 아버지
17:5 많은 사람의 아버지

Q&A

'할례'는 무엇인가?

참고 구절 | 창 17장

'할례'는 남자의 생식기를 덮고 있는 살가죽 끝을 잘라 내는 풍습으로 하나님과 이스라엘 사이의 언약의 증표였다.

할례에 담긴 의미는 무엇인가? 하나님께서 언약의 증표로서 아브라함에게 명하셨던 할례(창 17:11)는 이후 아브라함의 자손들에게 하나님께 선택되어 소유된 백성이라는 선민의 증표와 하나님과 언약을 맺은 백성으로서 하나님만을 섬기며 따르겠다는 헌신의 증표가 되었다.

하나님의 선민이라는 증표를 몸에 지녔다는 점에서 유대 사람들은 할례를 매우 자랑스럽게 여겼다. 하지만 바울은 몸에 받은 할례가 참할례가 아니라 성령으로 마음의 할례가 참할례이며 (롬 2:28–29) 외적인 구분이 중요한 것이 아니

11 너희는 포피를 베어 할례를 행하여
라. 이것이 나와 너희 사이에 맺은 언
약의 표시가 될 것이다.
12 집에서 태어난 사람이든 네 자손이
아닌 이방 사람에게서 돈 주고 산 사
람이든 상관없이 대대로 너희 가운데
모든 남자 아이는 태어난 지 8일 만
에 할례를 받아야 한다.
13 네 집에서 태어난 사람이든 돈 주고
산 사람이든 다 할례를 받아야 한다.
그렇게 해야 내 언약이 너희 몸에 영
원한 언약으로 새겨질 것이다.
14 할례 받지 않은 남자, 곧 그 몸의 포
피를 베지 않은 남자는 내 언약을 어
긴 것이기 때문에 그 백성들 가운데
서 끊어질 것이다."
15 하나님께서 다시 아브라함에게 말씀
하셨습니다. "이제 네 아내 사래에 대
해 말한다. 이제는 그녀를 사래라 부
르지 마라. 그녀의 이름은 *사라가 될
것이다.
16 내가 그녀에게 복을 주어 반드시 그
녀를 통해서 네 아들을 낳아 주게 하
겠다. 또한 내가 그녀에게 복을 주어
많은 나라들의 어머니가 되게 해 나
라의 왕들이 그녀에게서 나오게 하겠
다."
17 아브라함은 얼굴을 땅에 대고 엎드린
채 웃으며 속으로 말했습니다. '100살
이나 먹은 사람이 과연 아들을 낳을
까? 사라가 90살인데 아이를 가질 수
있을까?'
18 아브라함은 하나님께 말했습니다. "이
스마엘이나 하나님 앞에서 복을 누리
며 살기를 바랍니다."
19 그러자 하나님께서 말씀하셨습니다.
"아니다. 네 아내 사라가 네 아들을
낳을 것이고 너는 그 이름을 *이삭이
라고 할 것이다. 내가 그와 내 언약을
세우고 그 뒤에 올 자손을 위해 영원
한 언약을 세울 것이다.
20 그리고 이스마엘에 관해서는 내가 네
말을 들었으니 내가 반드시 그에게
복을 주어 자식을 많이 낳게 하고 심
히 크게 번성하게 하겠다. 그가 12명

17:15 여주인 17:19 그가 웃다.

라 하나님의 계명을 지키는 것이 중요하다고 말했다(고전 7:18–19).

누가 할례를 처음으로 받았는가? 할례는 고대 근동 지역에서 행하던 풍습으로, 성경에서 언약의 증표로 처음 할례를 받은 사람은 아브라함이었다. 아브라함은 하나님의 명령을 받고 99세에 할례를 했다. 아브라함 이후로 이스라엘 백성들은 여호와의 명령대로 남자 아이를 낳으면 태어난 지 8일째 되는 날에 할례를 행하고 있다(창 17:12). 할례는 대부분 오전에 하며 다른 절기와 겹치더라도 할례일은 미루지 않는다. 할례일이 안식일 혹은 심지어 대속죄일과 겹치더라도 할례 의식을 시행한다(요 7:22–23).

누가 아기에게 할례를 하는가? 과거에는 아버지가 아기에게 직접 할례를 했다. 최근에는 의학 교육을 받은 '모헬'이 할례를 한다. 모헬은 외과 전문 교육을 받은 사람으로 사회적으로도 존경을 받는 사람을 세운다. 할례 의식은 아버지를 비롯하여 유대 공동체의 성인 10명 이상이 모여서 시행하며 어머니는 대개 참석하지 않는다.

의 지도자를 낳을 것이며 내가 그에
게 큰 나라를 이루게 하겠다.
21 그러나 내 언약은 내년 이맘때쯤 사
라가 네게 낳아 줄 이삭과 세우겠다."
22 하나님께서 아브라함과 말씀하기를
마치셨습니다. 그리고 그를 떠나 올라
가셨습니다.
23 아브라함은 그의 아들 이스마엘과 그
의 집에서 태어난 사람이든지 돈 주
고 산 사람이든지 그 집안의 모든 남
자들을 데려다가 하나님께서 말씀하
신 대로 바로 그날 할례를 베풀었습
니다.
24 할례를 받을 때 아브라함의 나이는
99세였습니다.
25 그리고 할례를 받을 때 그의 아들 이
스마엘의 나이는 13세였습니다.
26 바로 그날에 아브라함과 그의 아들
이스마엘이 할례를 받았습니다.
27 그리고 아브라함 집안의 모든 남자,
곧 그 집에서 태어난 사람이든지 이
방 사람에게서 돈으로 산 사람이든
지 상관없이 다 그와 함께 할례를 받
았습니다.

세 방문자

18 여호와께서 마므레의 큰 나무
들 근처에서 아브라함에게 나
타나셨습니다. 그때 아브라함은 한낮
의 열기 속에서 장막 입구에 앉아 있
었습니다.
2 아브라함이 눈을 들어 보니 세 사람
이 맞은편에 서 있었습니다. 아브라함
은 그들을 보자마자 맞이하러 얼른
장막에서 뛰어나갔습니다. 그리고 땅
에 엎드려 절했습니다.
3 아브라함이 말했습니다. "내 주여, 제
가 주의 은총을 입었다면 주의 종을
그냥 지나치지 마십시오.
4 물을 갖다 드릴 테니 발을 씻으시고
이 나무 아래에서 쉬십시오.
5 빵을 조금 갖다 드릴 테니 기운을 차
리신 후에 갈 길을 가십시오. 여러분
께서 종에게로 오셨기 때문입니다."
그들이 대답했습니다. "그리하여라.
네 말대로 하여라."
6 아브라함은 서둘러 장막 안에 있던
사라에게 가서 말했습니다. "얼른 고
운 밀가루 *3스아를 가져다가 반죽
해 빵을 만드시오."
7 아브라함이 가축들이 있는 데로 달려
가서 가장 살지고 좋은 송아지 한 마
리를 골라 하인에게 주니 하인이 서
둘러 요리를 했습니다.
8 아브라함이 버터와 우유와 하인이 요
리한 송아지 요리를 그들에게 주었습
니다. 그들이 먹는 동안 아브라함은
그들 가까이에 있는 나무 아래 서 있
었습니다.
9 그들이 아브라함에게 물었습니다. "네
아내 사라는 어디 있느냐?" 아브라함
이 대답했습니다. "지금 장막 안에 있
습니다."
10 그러자 여호와께서 말씀하셨습니다.
"내가 내년 이맘때쯤 반드시 네게 돌
아오겠다. 그때 네 아내 사라에게 아

18:6 3스아는 약 22리터

들이 있을 것이다." 사라는 아브라함
의 뒤에 있는 장막 입구에서 듣고 있
었습니다.
11 아브라함과 사라는 이미 나이가 많아
늙었고 사라는 아이를 낳을 수 있는
시기가 지난 상태였습니다.
12 그래서 사라는 속으로 웃으면서 말했
습니다. '내가 이렇게 늙어서 기력이
없고 내 주인도 늙었는데 내게 과연
그런 기쁜 일이 있겠는가?'
13 그러자 여호와께서 아브라함에게 말
씀하셨습니다. "사라는 왜 웃으며 '내
가 이렇게 늙었는데 정말 아이를 낳
을 수 있겠는가?'라고 하느냐?
14 여호와께 어려워서 못할 일이 있겠느
냐? 내가 내년 이맘때쯤, 곧 정해진
때에 네게 돌아올 것이며 사라에게
아들이 있을 것이다."
15 사라는 두려워서 거짓말을 했습니다.
"저는 웃지 않았습니다." 그러자 여호
와께서 말씀하셨습니다. "아니다. 네
가 웃었다."

아브라함이 소돔을 위하여 빌다

16 그리고 그 사람들은 거기에서 일어나
소돔 쪽을 바라보았습니다. 아브라함
은 그들을 전송하려고 그들과 함께
걸어갔습니다.
17 그때 여호와께서 말씀하셨습니다. "내
가 지금 하려는 일을 아브라함에게
숨기겠는가?
18 아브라함은 분명히 크고 강한 민족이
될 것이며 땅의 모든 나라들이 그를
통해 복을 받게 될 것이다.
19 내가 아브라함을 선택한 것은 아브라
함이 그의 자녀와 그의 집안 자손들
에게 명해 여호와의 길을 지켜 의와
공의를 실천하게 하기 위한 것이다.
그리하여 나 여호와가 아브라함에게
말한 것을 그를 위해 다 이루고자 하
는 것이다."
20 여호와께서 말씀하셨습니다. "소돔과
고모라에 대한 부르짖음이 크고 그
죄악이 심히 무겁다.
21 내가 내려가서 그들이 한 짓이 내게
들린 부르짖음과 같은지 그렇지 않은
지 살펴보고 알고자 한다."
22 그 사람들이 그곳을 떠나 소돔을 향
해 갔습니다. 그러나 *아브라함은 여
호와 앞에 그대로 서 있었습니다.
23 아브라함이 다가서면서 말했습니다.
"주께서는 의인을 악인과 함께 쓸어
버리시렵니까?
24 만약 그 성에 의인 50명이 있다면 어
떻게 하시겠습니까? 그 성에 의인 50
명이 있는데도 그곳을 용서하지 않고
정말 쓸어버리시겠습니까?
25 의인을 악인과 같이 죽이고 의인을
악인처럼 대하시는 것은 주께는 있을
수 없는 일입니다. 온 세상을 심판하
시는 분인 주께서 공정하게 판단하셔
야 하지 않겠습니까?"
26 여호와께서 말씀하셨습니다. "내가 소
돔 성에서 의인 50명을 찾으면 그들
을 위해 그 온 땅을 용서할 것이다."

18:22 마소라 사본을 따름. 고대 히브리 서기관 전통에서는 '여호와께서는 아브라함 앞에 그대로 서 계셨습니다.'

27 아브라함이 대답했습니다. "제가 비록
먼지와 재 같은 존재에 불과하지만
내 주께 감히 말씀드리겠습니다.
28 만약 의인 50명에서 다섯 사람이 모
자란다면 어떻게 하시겠습니까? 그
다섯 사람 때문에 그 성 전체를 멸망
시키시겠습니까?" 여호와께서 말씀하
셨습니다. "만약 거기에서 45명을 찾
으면 내가 멸망시키지 않겠다."
29 아브라함이 다시 말했습니다. "만약
거기에서 40명만 찾으신다면 어떻게
하시겠습니까?" 여호와께서 말씀하셨
습니다. "40명을 위해 내가 그렇게 하
지 않겠다."
30 아브라함이 말했습니다. "내 주여, 노
여워하지 마십시오. 제가 말씀드리고
자 합니다. 만약 거기에서 30명만 찾
으시면 어떻게 하시겠습니까?" 여호
와께서 대답하셨습니다. "30명을 찾
으면 내가 그렇게 하지 않겠다."
31 아브라함이 말했습니다. "제가 감히
주께 말씀드리고자 합니다. 만약 20
명만 찾으시면 어떻게 하시겠습니
까?" 여호와께서 말씀하셨습니다. "내
가 그 20명을 위해 멸망시키지 않겠
다."
32 아브라함이 말했습니다. "내 주여, 노
여워하지 마십시오. 제가 마지막으로
한 번만 더 말씀드리겠습니다. 만약
거기에서 10명만 찾으시면 어떻게 하
시겠습니까?" 여호와께서 대답하셨습
니다. "내가 그 10명을 위해 멸망시키
지 않겠다."
33 여호와께서 아브라함에게 말씀하시기
를 마치시고 즉시 떠나셨습니다. 그리
고 아브라함도 자기 집으로 돌아갔습
니다.

멸망한 소돔과 고모라

19 저녁때 두 천사가 소돔에 도착
했습니다. 롯이 성문에 앉아 있
다가 그들을 보자마자 얼른 일어나
맞이하고 땅에 엎드려 절했습니다.
2 롯이 말했습니다. "내 주여, 가던 길
을 멈추고 주의 종의 집에 들어와 발

중보 기도자

하용조 목사의 행복한 **메시지**

아브라함은 50명에서 45명으로, 다시 40명으로, 그리고 또다시 30명, 20명, 10명으로 숫자를 바꿀 때마다 얼마나 부끄러웠겠습니까? 하지만 이것이 중보 기도자의 모습입니다. 중보 기도는 하잘것없고 가치 없는 사람을 위해서 간구하는 것입니다. 아브라함은 하나님을 붙잡고서 수치를 각오하는 모험을 시작합니다. 사랑은 수치를 당하는 것입니다. 다른 사람을 위하여 수치를 겪지 않는 것은 사랑이 아닙니다.
우리가 한 일은 죄짓고 배신한 것뿐인데도 예수님은 우리를 저버리지 않으시고 아무 말 없이 십자가에 못 박혀 돌아가셨습니다. 참된 중보 기도는 '나'를 위해 하는 것이 아닙니다.

을 씻고 주무신 후에 아침 일찍 가시
던 길을 가십시오.” 그들이 말했습니
다. “아니다. 우리는 거리에서 밤을 지
낼 생각이다.”
3 롯이 그들에게 간곡히 권하자 그들
은 돌이켜 롯의 집으로 갔습니다. 롯
이 그들을 위해 식사를 준비하고 누
룩 없는 빵을 구워 주니 그들이 먹었
습니다.
4 그들이 잠자리에 들기 전에 그 성의
사람들, 곧 소돔 사람들이 젊은이로
부터 늙은이에 이르기까지 사방에서
몰려나와 그 집을 에워쌌습니다.
5 그들이 롯에게 외쳤습니다. “이 *저녁
에 너를 찾아온 사람들이 어디 있느
냐? 그들을 우리에게로 끌어내라. 우
리가 그들을 욕보여야겠다.”
6 그러자 롯이 그들을 만나러 밖으로
나갔습니다. 그리고 등 뒤로 문을 닫
고
7 이렇게 말했습니다. “내 형제들이여,
이런 악한 일을 하지 마시오.
8 보시오. 내게 아직 남자를 알지 못하
는 두 딸이 있소. 내가 두 딸들을 내
보낼 테니 그 애들에게 여러분 좋을
대로 하시오. 그러나 이 사람들은 내
집에 들어온 사람들이니 이 사람들
에게는 어떤 일도 하지 마시오.”
9 그들이 “저리 비켜라” 하고 외치며 다
시 말했습니다. “이놈이 나그네로 지
내다 여기 와서 사는 주제에 우리를
다스리고자 하는구나. 이제 우리가
저들보다 너를 더 혼내 주어야겠다.”
그들은 롯을 밀치고 문을 부수려고
했습니다.
10 그러자 안에 있던 그 두 사람이 손을
내밀어 롯을 집 안으로 끌어 들이고
는 문을 닫아 버렸습니다.
11 그리고 그 집 입구에 있던 늙은이나
젊은이 할 것 없이 눈을 멀게 하니 그
들이 입구를 찾을 수 없었습니다.
12 그 사람들이 롯에게 말했습니다. “여
기 이 성에 사위나 네 아들들이나 네
딸들이나 네게 속한 다른 사람들이
또 없느냐? 그들을 모두 이곳에서 내
보내거라.

19:5 히브리어, '밤'

성·경·인·물 아브라함

- **이름의 뜻** 열국의 아비
- **주소** 갈대아 우르 → 하란 → 가나안 →이집트 → 가나안
- **나이** 175세
- **가족 관계** 아버지 – 데라 / 아내 – 사라 / 아들 – 이스마엘, 이삭 / 조카 – 롯
- **직업** 족장
- **약력** 하나님으로부터 네 고향, 네 친척, 네 아버지의 집을 떠나라는 명령을 받았고(창 12:1) 하나님은 그에게 복의 근원이 될 것이라고 약속하셨다(창 12:2–3). 그는 조카 롯에게 땅을 차지할 수 있는 선택권을 주었다(창 13:9). 자신의 집에서 훈련받은 사람 318명으로 롯을 구했다(창 14:13–16). 약속의 말씀을 기다리지 못하고 사라의 여종 하갈에게서 이스마엘을 낳았다(창 16:15). 아브라함의 나이 100세 때 이삭을 낳았으며(창 21:5) 아들을 바치라는 하나님의 시험에 합격했다(창 22:1–18). 그리고 죽어 사라가 묻힌 막벨라 굴에 묻혔다(창 25:7–10).

13 우리가 이곳을 멸망시키려고 한다. 이
들의 죄로 인해 여호와께 부르짖음이
크므로 여호와께서 이곳을 멸망시키
기 위해 우리를 보내셨다."
14 그러자 롯이 밖으로 나가 자기 딸들
과 결혼할 사위들에게 말했습니다.
"어서 서둘러 이곳을 떠나야 하네. 여
호와께서 이 성을 멸망시키려고 하신
다네." 그러나 그의 사위들은 그 말을
우습게 여겼습니다.
15 동틀 무렵 천사들이 롯을 재촉하며
말했습니다. "서둘러라. 여기 있는 네
아내와 네 두 딸을 데리고 가거라. 그
러지 않으면 이 성에 심판의 벌이 내
릴 때 너희도 멸망할 것이다."
16 롯이 꾸물거리자 그 사람들은 롯과
그의 아내와 그의 두 딸의 손을 잡아
끌어서 성 바깥으로 데리고 나왔습
니다. 여호와께서 롯에게 자비를 베푸
신 것입니다.
17 롯의 가족들을 이끌어 내자마자 그
두 사람 가운데 한 사람이 말했습니
다. "너는 목숨을 건지기 위해 도망가
거라. 뒤를 돌아보지 마라. 평원에 멈
춰 서지 말고 산으로 도망가거라. 그
러지 않으면 너희도 다 멸망하게 될
것이다."
18 롯이 그들에게 말했습니다. "내 주여,
제발 그렇게 하지 마십시오.
19 주의 종이 주께 은총을 입었고 주께
서 제게 큰 자비를 베풀어 제 목숨을
살려 주셨지만 저는 저 산까지 도망
갈 수 없습니다. 저 산에 이르기도 전
에 이 재앙이 미쳐서 제가 죽을지도
모릅니다.
20 보십시오. 저기 있는 성이 도망치기에
도 가깝고 작은 마을이니 제가 그곳
으로 도망치게 해 주십시오. 그러면
제 목숨이 보존될 것입니다."
21 그가 롯에게 말했습니다. "보아라. 내
가 이 일에도 네 부탁을 들어주겠노
라. 네가 말한 그 성을 내가 뒤엎지
않을 것이다.
22 서둘러서 그곳으로 도망가거라. 네가
거기에 도착하기 전까지는 내가 아무
것도 하지 않겠다." 그리하여 이 마을
은 *소알이라고 불리게 됐습니다.
23 해가 지평선 위로 솟아올랐을 때 롯
은 소알에 들어갔습니다.
24 그러자 여호와께서 바로 하늘로부터,
곧 여호와께로부터 소돔과 고모라 위
에 유황과 불을 비처럼 쏟아부으셨습
니다.

19:22 작음.

성·경·상·식

소금 기둥

염해(사해)에는 소금 기둥들이 많이 있는데 주로 소돔과 고모라로 추정되는 지역과 가까운 곳에서 발견된다. 염해 남서쪽 해안에는 길이 9.5km, 높이 216m의 '제벨 우스둠'(소금의 산)이 있다. 이 소금의 산에는 롯의 아내가 변해서 되었다는 소금 기둥들이 남아 있다.

롯의 아내는 천사의 경고(창 19:17)를 무시하고 뒤를 돌아보다 소금 기둥이 되었다(창 19:26).

25 여호와께서 그 성들과 온 들판과 그
성에 사는 모든 사람들과 그 땅의 모
든 식물들을 다 뒤엎어 버리셨습니
다.
26 그때 롯의 아내는 뒤를 돌아보아 소
금 기둥이 되고 말았습니다.
27 아브라함은 다음 날 아침 일찍 일어
나 그가 여호와 앞에 섰던 곳으로 가
보았습니다.
28 그는 소돔과 고모라와 그 들판의 온
땅을 내려다보았습니다. 그가 보니 그
땅의 연기가 화로에서 피어나는 연기
처럼 솟아오르고 있었습니다.
29 하나님께서는 들판의 성들을 멸망시
키실 때 아브라함을 기억하셨습니다.
그래서 롯이 살던 성들을 뒤엎으실
때 그 뒤엎으심 가운데서 롯을 구해
주셨습니다.

롯과 두 딸

30 롯과 그의 두 딸은 소알에서 사는 것
이 무서워 소알을 떠나 산에서 살았
습니다. 그와 두 딸은 동굴에서 살았
습니다.
31 큰딸이 작은딸에게 말했습니다. "우
리 아버지는 늙으셨는데 이 땅에는
세상의 관습을 따라 우리와 결혼할
사람이 없구나.
32 자, 우리가 아버지에게 술을 마시게
하고 아버지와 동침해 우리 아버지의
자손을 보존하자."
33 그날 밤 그들은 자기 아버지에게 술
을 마시게 하고 큰딸이 들어가 그녀
의 아버지와 함께 자리에 누웠습니
다. 그러나 롯은 그녀가 눕고 일어나
는 것을 알지 못했습니다.
34 다음 날 큰딸이 작은딸에게 말했습
니다. "어젯밤에는 내가 아버지와 함
께 누웠으니 오늘 밤에도 우리가 아
버지에게 술을 마시게 하자. 그리고
네가 들어가 아버지와 동침해 우리
아버지의 자손을 보존하도록 하자."
35 그리하여 그들은 그날 밤도 역시 자
기 아버지에게 술을 마시게 하고 작
은딸이 들어가 그녀의 아버지와 함께
자리에 누웠습니다. 그러나 그는 그녀
가 눕고 일어나는 것을 알지 못했습
니다.
36 롯의 딸들이 그 아버지로 인해 임신
하게 됐습니다.
37 큰딸은 아들을 낳고 이름을 *모압이
라고 지었습니다. 그리하여 그는 오늘
날 모압 족속의 조상이 됐습니다.
38 작은딸도 아들을 낳고 이름을 *벤암
미라고 지었습니다. 그리하여 그는 오
늘날 암몬 족속의 조상이 됐습니다.

아브라함과 아비멜렉

20 아브라함이 거기에서 네게브로
이동해 가데스와 술 사이에 거
주했습니다. 그리고 다시 그랄로 가서
잠시 머물러 살았습니다.
2 아브라함은 자기 아내 사라에 대해서
"그녀는 내 여동생"이라고 말했습니
다. 그러자 그랄 왕 아비멜렉이 사람
을 보내 사라를 데려갔습니다.
3 그날 밤 하나님께서 아비멜렉의 꿈속

19:37 아버지로부터 19:38 내 백성의 아들

에 나타나 말씀하셨습니다. "너는 이
제 네가 데려온 그 여자 때문에 죽게
될 것이다. 그녀는 남편이 있는 몸이
다."
4 아비멜렉은 아직 그녀를 가까이하지
않았으므로 그가 말했습니다. "내 주
여, 주께서는 죄 없는 백성도 멸하시
려 하십니까?
5 그가 제게 '그녀는 내 여동생'이라고
했고 그 여자도 역시 '그는 내 오빠'라
고 하지 않았습니까? 저는 온전한 마
음과 깨끗한 손으로 이 일을 했습니
다."
6 하나님께서 꿈속에서 또 그에게 말씀
하셨습니다. "나 역시 네가 온전한 마
음으로 이 일을 했다는 것을 안다. 네
가 내게 죄짓지 않도록 내가 너를 막
은 것이다. 그 때문에 내가 너로 하여
금 그녀를 건드리지 못하게 한 것이
다.
7 이제 그 사람의 아내를 돌려주어라.
그는 예언자니 그가 너를 위해 기도
해 주면 네가 살 것이다. 그러나 만약
네가 그녀를 돌려주지 않으면 너와
네게 속한 사람이 다 죽게 될 것이다."
8 다음 날 아침 일찍 아비멜렉은 자기
신하들을 모두 소집해 그들에게 이
모든 일들을 다 말해 주었습니다. 그
들은 매우 두려워했습니다.
9 그리고 아비멜렉이 아브라함을 불러
말했습니다. "네가 우리에게 어찌 이
럴 수 있느냐? 내가 무슨 잘못을 했
기에 네가 나와 내 왕국에 이렇게 엄
청난 죄를 불러들였느냐? 너는 내게
해서는 안 될 짓을 했다."
10 그리고 아비멜렉은 다시 아브라함에
게 말했습니다. "도대체 무슨 까닭으
로 이런 짓을 했느냐?"
11 아브라함이 말했습니다. "저는 '이곳
은 분명 하나님을 경외하지 않으니
사람들이 내 아내 때문에 나를 죽일
것이다'라고 생각했습니다.
12 그리고 사실 그녀는 제 여동생입니
다. 제 어머니의 딸은 아니지만 제 아
버지의 딸인데 제 아내가 된 것입니
다.
13 하나님께서 저를 제 아버지 집에서
떠나보내실 때 제가 그녀에게 말하기
를 '당신이 내게 베풀어 줄 호의는 이
것이오. 우리가 어디를 가든지 당신
은 '그는 내 오빠'라고 해 주시오'라고
했습니다."
14 아비멜렉이 아브라함에게 양과 소와
남종들과 여종들을 주고 그의 아내
사라도 그에게 돌려주며
15 말했습니다. "보아라. 내 땅이 네 앞
에 있으니 네가 살고 싶은 데 가서 살
도록 하여라."
16 그리고 아비멜렉은 사라에게 말했습
니다. "내가 네 오빠에게 *은 1,000개
를 준다. 이것이 너와 함께한 모든 사
람들 앞에서 네가 당한 일에 대한 보
상이 될 것이다. 이 모든 일에서 네가
잘못이 없다는 것을 모두가 알게 될
것이다."

20:16 은 1,000세겔로 보면 약 11.4킬로그램

17 아브라함이 하나님께 기도했더니 하
나님께서 아비멜렉과 그의 아내와 그
의 여종들을 고치셨습니다. 그래서 그
들이 아이를 가질 수 있게 됐습니다.
18 여호와께서 아브라함의 아내 사라 때
문에 아비멜렉 집안의 모든 태를 그동
안 닫으셨던 것입니다.

이삭의 출생

21 여호와께서 말씀하신 대로 사
라를 돌아보셨고 여호와께서
말씀하신 그대로 사라에게 이뤄 주셔
서
2 사라가 임신했습니다. 그리고 하나님
께서 아브라함에게 약속하신 바로 그
때 늙은 아브라함과 사라 사이에서
아들이 태어났습니다.
3 아브라함은 자기에게 태어난 아들, 곧
사라가 자기에게 낳아 준 아들을 *이
삭이라고 이름 지었습니다.
4 하나님께서 자기에게 명령하신 대로
아브라함은 자기 아들 이삭이 태어난
지 8일 만에 그에게 할례를 베풀었습
니다.
5 아들 이삭이 태어났을 때 아브라함의
나이는 100세였습니다.
6 사라가 말했습니다. "하나님께서 나로
웃게 하시니 이 소식을 듣는 사람이
다 나와 함께 웃을 것이다."
7 그녀가 말했습니다. "사라가 자식들에
게 젖을 먹일 것이라고 누가 아브라함
에게 말할 수 있었겠는가? 그러나 내
가 늙은 아브라함에게 아들을 낳아
주었도다."

하갈과 이스마엘이 내쫓김

8 그 아이가 자라 젖을 뗐습니다. 이삭
이 젖 떼던 날 아브라함은 큰 잔치를
베풀었습니다.
9 그런데 사라가 보니 아브라함과 이집
트 여인 하갈 사이에서 태어난 아들
이 이삭을 놀리고 있었습니다.
10 사라가 아브라함에게 말했습니다. "저
여종과 그 아들을 내쫓아 버리세요.
저 여종의 아들은 결코 제 아들 이삭
과 함께 상속을 받을 수 없습니다."
11 아브라함은 그 아들도 자기 아들이기
때문에 무척 괴로웠습니다.
12 하나님께서 아브라함에게 말씀하셨
습니다. "그 아이와 네 여종에 대해
괴로워하지 마라. 사라가 네게 뭐라고
하든 그 말을 들어라. 이삭을 통해 난
사람이라야 네 자손이라고 불릴 것이
다.
13 그러나 내가 네 여종의 아들도 한 나
라를 이루게 하겠다. 그 또한 네 자손
이기 때문이다."
14 다음 날 아침 일찍 아브라함은 음식
과 물이 담긴 가죽 부대를 가져다 하
갈의 어깨에 메어 주고 아이와 함께
떠나보냈습니다. 그녀는 길을 떠나 브
엘세바 광야에서 방황했습니다.
15 가죽 부대의 물이 다 떨어지자 하갈
은 아이를 덤불 아래 두고
16 화살이 날아갈 거리만큼 떨어진 곳
에 가서 마주 보고 주저앉았습니다.
그녀는 "이 아이가 죽는 것을 차마 지

21:3 그가 웃다.

켜볼 수가 없구나"라고 말하며 아이
를 마주 보고 앉아 큰 소리로 울었습
니다.
17 하나님께서 그 아이가 우는 소리를
들으셨습니다. 하나님의 천사가 하늘
에서 하갈을 불러 말했습니다. "하갈
아, 네게 무슨 일이 있느냐? 하나님께
서 저기 있는 아이의 소리를 들으셨
으니 두려워하지 마라.
18 이제 일어나 가서 저 아이를 일으켜
그 손을 잡아라. 내가 그로 큰 나라
를 이루게 하겠다."
19 하나님께서 하갈의 눈을 밝게 하시니
그녀가 샘 하나를 발견했습니다. 그녀
가 가서 가죽 부대에 물을 채워 아이
에게 마시게 했습니다.
20 하나님께서 그 아이와 함께 계시는
가운데 그는 자라났습니다. 그는 광
야에서 살면서 활 쏘는 사람이 됐습
니다.
21 그는 바란 광야에서 살았습니다. 그
의 어머니가 그를 위해 이집트 여자를
그의 아내로 맞아들였습니다.

브엘세바에서의 조약

22 그때 아비멜렉과 그의 군대 사령관 비
골이 아브라함에게 말했습니다. "그대
가 하는 모든 일에 하나님께서 그대
와 함께하십니다.
23 그러니 그대가 이제 나나 내 자식이
나 내 자손들을 속이지 않겠다고 여
기 하나님 앞에서 내게 맹세하십시
오. 내가 그대에게 친절을 베푼 것처
럼 그대도 내게 또 그대가 이방 사람
으로 살고 있는 이 땅에 호의를 베푸
시기 바랍니다."
24 아브라함이 말했습니다. "제가 맹세합
니다."
25 그러고 나서 아브라함은 아비멜렉의
종들이 빼앗은 우물에 대해 항의했
습니다.
26 그러자 아비멜렉이 말했습니다. "누가
이렇게 했는지 나는 모릅니다. 당신도
내게 이 일에 대해 지금까지 말해 주
지 않았습니다. 나는 오늘에야 비로
소 이 일에 대해 들었습니다."
27 아브라함이 양과 소를 가져다가 아비
멜렉에게 주고 그 두 사람이 언약을
맺었습니다.
28 아브라함이 새끼 암양 일곱 마리를
따로 떼어 놓았습니다.
29 아비멜렉이 아브라함에게 물었습니다.
"당신은 왜 새끼 암양 일곱 마리를 따
로 놓았습니까?"
30 아브라함이 대답했습니다. "이 새끼
암양 일곱 마리를 제 손에서 받으십
시오. 이것으로 제가 이 우물을 판 증
거로 삼으십시오."
31 거기서 이 두 사람이 맹세했기 때문
에 그 장소를 *브엘세바라고 불렀습
니다.
32 브엘세바에서 언약을 맺고 난 후 아비
멜렉과 그의 군대 사령관 비골은 블레
셋 족속의 땅으로 돌아갔습니다.
33 아브라함은 브엘세바에 에셀 나무를
심고 그곳에서 영원하신 하나님 여호

21:31 맹세의 우물 또는 일곱 우물

와의 이름을 불렀습니다.
34 아브라함은 블레셋 족속의 땅에서 오
래 머물러 살았습니다.

시험을 받는 아브라함

22 이런 일이 있은 후 하나님께서
아브라함을 시험하셨습니다. 하
나님께서 아브라함에게 말씀하셨습니
다. "아브라함아." 그가 대답했습니다.
"예, 제가 여기 있습니다."
2 여호와께서 말씀하셨습니다. "네 아
들, 네가 사랑하는 네 외아들 이삭을
데리고 모리아 땅으로 가서 내가 네
게 지시하는 산에서 그를 번제물로
바쳐라."
3 아브라함이 다음 날 아침 일찍 일어나
나귀에 안장을 얹고 하인 두 사람과
그 아들 이삭을 준비시켰습니다. 번제
에 쓸 나무를 준비한 후 하나님께서
지시하신 곳을 향해 떠났습니다.
4 3일째 되던 날 아브라함이 눈을 들어
그곳을 멀리 바라보았습니다.
5 그가 하인들에게 말했습니다. "너희
는 나귀를 데리고 여기 있으라. 나와
아이는 저기 가서 경배한 다음 너희
에게 함께 돌아오겠다."
6 아브라함이 번제에 쓸 나무를 자기
아들 이삭의 등에 지웠습니다. 자기
는 불과 칼을 들고 둘이 함께 걸어갔
습니다.
7 이삭이 자기 아버지 아브라함에게 말
을 걸었습니다. "아버지." 아브라함이
대답했습니다. "왜 그러느냐, 내 아들
아?" 이삭이 말했습니다. "불과 나무
는 여기 있는데 번제로 드릴 양은 어
디 있나요?"
8 아브라함이 대답했습니다. "내 아들
아, 번제로 드릴 양은 하나님께서 친
히 준비하실 것이다." 두 사람은 함께
계속 길을 갔습니다.
9 그들이 하나님께서 말씀해 주신 곳에
이르자 아브라함이 그곳에 제단을 쌓
고 나무들을 잘 쌓아 올렸습니다. 그
런 다음 자기 아들 이삭을 묶어 제단
위에 쌓아 놓은 나무 위에 눕혔습니
다.
10 아브라함이 손에 칼을 들고 아들을
죽이려고 했습니다.
11 그때 여호와의 천사가 하늘에서 아브
라함을 불렀습니다. "아브라함아, 아
브라함아!" 그가 대답했습니다. "제가
여기 있습니다."
12 천사가 말했습니다. "그 아이에게 손
대지 마라. 그에게 아무것도 하지 마
라. 네가 네 아들, 곧 네 외아들까지도
내게 아끼지 않았으니 이제 네가 하나
님을 경외하는 것을 내가 알았노라."
13 아브라함이 눈을 들어 보니 숫양 한
마리가 덤불에 뿔이 걸려 있었습니
다. 아브라함은 가서 그 양을 잡아 자
기 아들 대신 번제물로 드렸습니다.
14 그리고 아브라함은 그곳을 *'여호와
이레'라고 불렀습니다. 그래서 오늘날
까지도 사람들이 "여호와의 산에서
준비될 것이다"라는 말을 합니다.
15 여호와의 천사가 하늘에서 두 번째로

22:14 여호와께서 준비하심.

아브라함을 불러
16 말했습니다. "여호와의 말씀이다. 내
가 나를 두고 맹세한다. 네가 이렇게
네 아들, 곧 네 외아들을 아끼지 않
았으니
17 내가 반드시 네게 복을 주고 반드시
네 자손을 하늘의 별처럼, 바닷가의
모래처럼 많아지게 하겠다. 네 자손
이 원수들의 성문을 차지할 것이다.
18 네가 내 말에 순종했으므로 네 자손
을 통해 이 땅의 모든 민족들이 복을
받을 것이다."
19 아브라함이 자기 하인들에게로 돌아
갔습니다. 그리고 그들이 일어나 다
함께 브엘세바로 갔습니다. 아브라함
은 브엘세바에서 살았습니다.

나홀의 자녀들

20 이 일이 있은 후 아브라함에게 이런
말이 들렸습니다. "밀가가 그대의 동
생 나홀에게 아들들을 낳았습니다.
21 맏아들 우스와 그 동생 부스와 아람
의 아버지인 그므엘과
22 게셋과 하소와 빌다스와 이들랍과 브
두엘이 그들입니다."
23 브두엘이 리브가를 낳았습니다. 밀가
가 아브라함의 동생 나홀에게 여덟
아들을 낳았습니다.
24 그의 첩의 이름은 르우마였습니다. 그
녀도 데바와 가함과 다하스와 마아가
를 낳았습니다.

사라의 죽음

23 사라는 127세까지 살았습니다.
이것이 그녀가 누린 수명이었
습니다.
2 그녀는 기럇 아르바, 곧 가나안 땅 헤
브론에서 죽었습니다. 아브라함이 가
서 사라를 위해 슬퍼하며 울었습니다.
3 아브라함이 죽은 아내 앞에서 일어나
나와 헷 사람들에게 말했습니다.
4 "저는 여러분들과 함께 사는 이방 사
람이며 나그네입니다. 죽은 제 아내
를 장사 지낼 수 있게 여러분들의 땅
을 제게 좀 나눠 주십시오."
5 헷 사람들이 아브라함에게 대답했습
니다.
6 "내 주여, 들어 보십시오. 어른께서는
우리들 가운데 하나님께서 세우신 지
도자입니다. 우리 묘지 가운데 가장
좋은 곳을 골라 돌아가신 부인을 장
사 지내십시오. 어른께서 돌아가신
부인을 장사 지내신다는데 우리들 가
운데 그 누구도 자기 묘지라고 해서
거절할 사람이 있겠습니까?"
7 그러자 아브라함이 일어나서 그 땅의
백성들인 헷 사람들에게 절을 하며
8 그들에게 말했습니다. "여러분께서 제
가 죽은 제 아내를 이곳에 장사 지내
는 것을 기꺼이 허락하신다면 제 말
을 들어 주십시오. 저를 위해 소할의
아들 에브론에게 부탁하셔서
9 그의 밭 끝에 있는 막벨라 굴을 제게
주도록 해 주십시오. 에브론이 정당
한 가격으로 그것을 제게 팔아 묘지
로 삼게 해 주십시오."
10 마침 에브론은 헷 사람들 가운데 앉
아 있었습니다. 에브론은 성문에 나

와 있는 헷 사람들이 듣는 데서 아브
라함에게 대답했습니다.
11 "아닙니다. 내 주여, 제 말 좀 들어 보
십시오. 제가 그 밭을 어른께 드리고
그 밭에 있는 굴도 드리겠습니다. 제
가 제 백성들 앞에서 그것을 어른께
드릴 테니 어른의 돌아가신 부인을
장사 지내도록 하십시오."
12 아브라함이 그 땅의 백성들 앞에서
절을 했습니다.
13 그리고 그 땅의 백성들이 듣는 데서
에브론에게 말했습니다. "만약 당신이
그렇게 하고자 하신다면 제 말을 들
으십시오. 제가 그 밭의 값을 치를 테
니 제게서 그 값을 받으시고 제 죽은
아내를 거기에 장사 지내게 해 주십
시오."
14 에브론이 아브라함에게 대답해 말했
습니다.
15 "내 주여, 들어 보십시오. 그 땅은 은
*400세겔이 나가지만 저와 어른 사
이에 그런 게 무슨 소용입니까? 그냥
어른의 돌아가신 부인을 장사하십시
오."
16 아브라함은 에브론의 말에 따라 에브
론이 헷 사람들이 듣는 데서 말한 밭
값으로 상인들 사이에서 통용되는 무
게로 은 *400세겔을 달아 주었습니
다.
17 그래서 마므레 근처 막벨라에 있는 에
브론의 밭, 곧 그 밭에 있는 굴과 그
밭의 경계선 안에 있는 모든 나무가
18 성문에 있는 모든 헷 사람들이 보는
앞에서 아브라함의 소유가 됐습니다.
19 그 후에야 아브라함이 가나안 땅 마므
레, 곧 헤브론 앞 막벨라 밭의 굴에 자
기 아내 사라를 장사 지냈습니다.
20 이렇게 해서 그 밭과 그 밭에 딸린 굴
이 헷 사람들에게서 아브라함에게로
넘어가 그의 묘지가 됐습니다.

이삭과 리브가

24 아브라함이 나이가 많이 들어
늙었습니다. 여호와께서는 모
든 일마다 아브라함에게 복을 주셨습
니다.
2 아브라함이 자기 집의 모든 것을 맡
아 관리하는 늙은 종에게 말했습니
다. "네 손을 내 허벅지 사이에 넣어
라.
3 그리고 하늘의 하나님이시며 땅의 하
나님이신 여호와를 두고 내게 맹세하
기를, 지금 내가 살고 있는 가나안 족
속의 딸들 가운데 내 아들을 위해 아
내를 구하지 말고
4 내 고향 내 친척들에게로 가서 내 아
들 이삭을 위해 아내를 구해 오겠다
고 하여라."
5 종이 아브라함에게 물었습니다. "만
약 그 여자가 저를 따라 이 땅으로 오
기를 싫어하면 제가 주인의 아들을
주인께서 나오신 그 땅으로 돌아가게
할까요?"
6 아브라함이 말했습니다. "절대로 내
아들을 데리고 그곳으로 돌아가지 마
라.

23:15,16 400세겔은 약 4.56킬로그램

7 하늘의 하나님 여호와께서 나를 내
아버지 집과 내 친척의 땅에서 데리
고 나오시고 내게 맹세해 말씀하시기
를 '내가 이 땅을 네 자손에게 줄 것
이다'라고 하셨다. 그분께서 네 앞에
천사를 보내셔서 그곳에서 네게 내
아들을 위한 아내를 얻게 하실 것이
다.
8 만약 그 여자가 너를 따라오려고 하
지 않는다면 너는 이 맹세에 대해서
책임이 없을 것이다. 절대로 내 아들
을 그곳으로 데리고 가지 마라."
9 그 종은 자기 주인 아브라함의 허벅
지 사이에 손을 넣고 이 일에 대해 그
에게 맹세했습니다.
10 그리고 그 종은 자기 주인의 낙타 가
운데 열 마리를 끌고 자기 주인의 온
갖 좋은 물건들을 갖고 길을 떠났습
니다. 그는 *아람 나하라임, 곧 나홀
의 성으로 갔습니다.
11 종은 성 밖 우물곁에서 낙타들을 쉬
게 했습니다. 때는 저녁 무렵으로 여
자들이 물을 길으러 나오는 시간이었
습니다.
12 종은 기도했습니다. "내 주인 아브라
함의 하나님 여호와여, 오늘 일이 잘
되게 해 주십시오. 내 주인 아브라함
에게 자비를 베풀어 주십시오.
13 보소서. 제가 이 우물곁에 서 있습니
다. 이제 이 성 사람들의 딸들이 물
을 길으러 나올 것입니다.
14 제가 어떤 소녀에게 물동이를 내려
내가 물을 마실 수 있게 해 달라고
할 때 그녀가 '드십시오. 제가 이 낙
타들도 물을 마실 수 있게 해 드리겠
습니다'라고 하면 바로 그녀가 주께
서 주의 종 이삭을 위해 정하신 사람
으로 여기겠습니다. 그것으로 주께서
내 주인에게 자비를 베푸신 줄 알겠
습니다."
15 그가 기도를 채 마치기도 전에 아브라
함의 동생인 나홀의 아내 밀가의 아
들 브두엘이 낳은 리브가가 어깨에 물
동이를 지고 나왔습니다.
16 그 소녀는 무척 아름다웠으며 아직
남자를 알지 못하는 처녀였습니다.
그녀가 우물로 내려가 자기 물동이를
채워 다시 올라왔습니다.
17 아브라함의 종이 얼른 리브가에게 뛰
어가 말했습니다. "내게 그 물동이의
물을 좀 주시오."
18 "내 주여, 드십시오" 하면서 그녀는 얼
른 자기의 물동이를 내려서 손에 받
쳐 들고 그에게 마시게 했습니다.
19 그에게 물을 다 마시게 한 후 리브가
가 말했습니다. "낙타들을 위해서도
제가 물을 길어다가 낙타들이 물을
다 마시도록 하겠습니다."
20 그녀는 얼른 자기 물동이의 물을 구
유에 붓고 다시 물을 길으러 우물로
뛰어갔습니다. 그리고 물을 긷고 또
길어 모든 낙타들이 충분히 마시도록
했습니다.
21 아브라함의 종은 여호와께서 정말로
이번 여행길이 잘되게 하셨는지 알아

24:10 메소포타미아 북서 지방

보려고 말없이 리브가를 지켜보고 있
었습니다.
22 낙타가 물을 다 마시고 나자 종은 무
게가 *2분의 1세겔 나가는 금 코걸이
하나와 10세겔 나가는 금팔찌 두 개
를 주면서
23 물었습니다. "아가씨가 누구의 딸인지
제게 말해 주시오. 아가씨의 아버지
집에 우리가 하룻밤 묵을 방이 있겠
소?"
24 리브가가 종에게 말했습니다. "저는
브두엘의 딸입니다. 할머니는 밀가이
고 할아버지는 나홀입니다."
25 그녀가 종에게 이어 말했습니다. "저
희 집에는 짚과 여물이 많고 하룻밤
묵을 곳도 있습니다."
26 그러자 아브라함의 종이 머리 숙여 여
호와께 경배를 드리며
27 말했습니다. "내 주인 아브라함의 하
나님 여호와를 찬양합니다. 여호와께
서는 내 주인에게 자비와 성실함을
저버리지 않으셨습니다. 여호와께서
길에서 저를 인도하셔서 내 주인의 형
제 집에 이르게 하셨습니다."
28 그 소녀가 자기 어머니의 집에 이 일
들을 알렸습니다.
29 리브가에게는 라반이라는 오빠가 하
나 있었습니다. 라반이 밖으로 나가
우물가에 있는 그 사람에게로 뛰어갔
습니다.
30 라반은 자기 여동생의 코걸이와 팔찌
들을 보고 또 리브가가 "그분이 내게
이렇게 말씀하셨습니다"라고 자기에
게 말한 것을 듣고는 그 사람에게 간
것입니다. 가서 보니 정말로 그가 우
물가 낙타들 곁에 서 있었습니다.
31 라반이 말했습니다. "여호와께 복을
받은 분이여, 어서 오십시오. 왜 이렇
게 밖에 서 계십니까? 제가 묵어가실
방과 낙타가 있을 곳을 마련해 놓았
습니다."
32 아브라함의 종이 라반의 집으로 갔습
니다. 라반은 낙타 위의 짐을 풀고 낙
타들에게 짚과 여물을 주고 종과 그
의 일행에게 발 씻을 물도 주었습니
다.
33 그런 후 음식을 차려 주었습니다. 그
러나 아브라함의 종이 말했습니다.
"저는 제가 할 말을 하기 전까지는 먹
지 않겠습니다." 그러자 라반이 말했
습니다. "그럼, 말씀해 보십시오."
34 그래서 그가 말했습니다. "저는 아브
라함의 종입니다.
35 여호와께서 내 주인에게 복을 많이
주셔서 주인은 크게 되셨습니다. 양
과 소와 금과 은과 남녀종들과 낙타
와 나귀들은 여호와께서 주인에게 주
신 것입니다.
36 내 주인의 아내인 사라는 노년에 내
주인에게 아들을 낳아 주었는데 주인
은 자기가 가진 모든 것을 그 아들에
게 주셨습니다.
37 내 주인이 제게 맹세를 하라며 말씀
하셨습니다. '너는 내 아들을 위해 내
가 살고 있는 이 가나안 땅 사람들의

24:22 2분의 1세겔은 약 5.7그램, 10세겔은 약 114그램

딸 가운데 아내를 얻지 말고
38 내 아버지 집과 내 친족들에게로 가
서 내 아들을 위해 아내를 구해 오너
라'라고 말입니다.
39 그래서 제가 '만약 그 여자가 나를 따
라오려고 하지 않으면 어떻게 합니
까?'라고 내 주인께 물었습니다.
40 그러자 내 주인께서 제게 이렇게 대
답하셨습니다. '내가 섬기는 여호와께
서 그분의 천사를 너와 함께 보내셔
서 네 길이 잘되게 하시며 내 아들을
위해 내 친족과 내 아버지 집에서 아
내를 얻게 해 주실 것이다.
41 네가 내 친족에게로 갔는데 만약 그
들이 네게 여자를 내주지 않는다면
너는 내 맹세에 대해서 책임이 없을
것이다. 내 맹세로부터 자유롭게 될
것이다'라고 말입니다.
42 제가 오늘 우물에 이르렀을 때 저는
이렇게 말했습니다. '내 주인 아브라함
의 하나님 여호와여, 제가 걷고 있는
이 길이 잘되게 해 주십시오.
43 이제 제가 이 우물가에 서 있겠습니
다. 그리고 물 길으러 나오는 소녀에
게 제가 '내게 물동이의 물을 조금 마
시게 해 주시오'라고 말할 것입니다.
44 그때 그녀가 '드십시오. 이 낙타들을
위해서도 제가 물을 길어 드리겠습니
다'라고 말하면 그녀가 바로 여호와
께서 내 주인의 아들을 위해 정하신
사람으로 여기겠습니다'라고 말입니
다.
45 내가 미처 마음속으로 말하기를 다
끝내기도 전에 리브가가 물동이를 어
깨에 지고 나와서 우물로 내려가 물
을 길었습니다. 그래서 제가 그녀에
게 '좀 마시게 해 주시오'라고 했습니
다.
46 그녀는 얼른 어깨에서 물동이를 내리
며 '드십시오. 제가 주의 낙타들도 마
시게 해 드리겠습니다' 하는 것이었습
니다. 그래서 제가 마셨습니다. 그리
고 그녀는 낙타들도 마시도록 해 주
었습니다.
47 제가 그녀에게 물어 말했습니다. '아
가씨는 누구의 딸이오?' 그녀가 대답
했습니다. '밀가가 나홀에게 낳아 준
아들 브두엘의 딸입니다.' 그래서 제가
그녀의 코에 코걸이를 달아 주고 그녀
의 팔에 팔찌를 끼워 주었습니다.
48 그리고 저는 머리 숙여 여호와께 경
배를 드렸습니다. 저를 바른길로 인도
하셔서 내 주인의 형제의 딸을 그 아
들에게 주신 아브라함의 하나님 여호
와를 송축했습니다.
49 이제 여러분께서 내 주인에게 자비와
성실을 베푸시려면 제게 말씀해 주십
시오. 또 만약 그러지 않더라도 말씀
해 주십시오. 그래야 제가 어떻게 해
야 할지 알 것입니다."
50 라반과 브두엘이 대답했습니다. "이
일은 여호와께로부터 나온 일이니 우
리가 좋다거나 나쁘다고 말할 수 있
는 것이 아닌 것 같습니다.
51 리브가가 여기 있으니 그녀를 데리고
가셔서 여호와께서 말씀하신 대로 당

신 주인 아들의 아내로 삼으십시오."
52 아브라함의 종이 그들의 말을 듣고
땅에 엎드려 여호와께 경배를 드렸습
니다.
53 그리고 그 종은 은금 패물과 옷들을
꺼내 리브가에게 주었습니다. 그녀의
오빠와 그녀의 어머니에게도 값비싼
선물들을 주었습니다.
54 그 후에야 종과 그 일행이 먹고 마시
고 그곳에서 하룻밤을 묵었습니다.
다음 날 아침에 일어나서 아브라함의
종이 말했습니다. "저를 제 주인에게
돌아가게 해 주십시오."
55 그녀의 어머니와 오빠가 대답했습니
다. "이 아이가 우리와 함께 한 10일
쯤 더 있다 가게 해 주십시오."
56 종이 그들에게 말했습니다. "저를 붙
들지 마십시오. 하나님께서 제 여행
길을 형통하게 하셨으니 제가 제 주
인에게 돌아가게 보내 주십시오."
57 리브가의 오빠와 어머니가 말했습니
다. "리브가를 불러서 물어봅시다."
58 그들이 리브가를 불러서 물었습니다.
"네가 이 사람과 같이 가겠느냐?" 리
브가가 대답했습니다. "예, 가겠습니
다."
59 그리하여 리브가의 오빠와 어머니는
리브가를 그녀의 유모와 함께 아브라
함의 종과 그의 일행에게 딸려 보내
며
60 리브가에게 축복하며 말했습니다. "우
리 누이여, 너는 수천만의 어머니가
될 것이며 네 자손이 원수들의 성문
을 차지할 것이다."
61 리브가와 그 여종들이 낙타에 올라타
고 그 종의 뒤를 따라갔습니다. 이렇
게 그 종이 리브가를 데리고 떠났습
니다.
62 그때 이삭은 브엘라해로이에서 돌아
와 네게브 지역에서 살고 있었습니다.
63 날이 저물 무렵에 이삭이 묵상하러
들에 나갔다가 눈을 들어 보니 낙타
들이 오는 것이 보였습니다.
64 리브가가 고개를 들어 이삭을 보고
낙타에서 내려
65 아브라함의 종에게 물었습니다. "들에
서 우리를 맞이하러 오고 있는 저 사
람은 누구입니까?" 그 종이 말했습니
다. "제 주인입니다." 그러자 리브가가
베일로 얼굴을 가렸습니다.
66 그 종은 이삭에게 자기가 행한 모든
일을 다 이야기했습니다.
67 이삭이 리브가를 자기 어머니 사라의
장막으로 데리고 들어갔습니다. 그리
고 리브가를 자기 아내로 삼았습니
다. 이삭은 그녀를 사랑했습니다. 이
렇게 해서 이삭은 자기 어머니 사라가
죽은 후에 위로를 얻었습니다.

아브라함의 죽음

25 아브라함이 다시 아내를 얻었
는데 그녀의 이름은 그두라였
습니다.
2 그두라는 아브라함에게 시므란, 욕산,
므단, 미디안, 이스박, 수아를 낳았습
니다.
3 욕산은 스바와 드단을 낳았고 드단의

자손은 앗수르 족속과 르두시 족속과
르움미 족속이 됐습니다.
4 미디안의 아들은 에바, 에벨, 하녹, 아
비다, 엘다아입니다. 이들은 다 그두라
의 자손입니다.
5 아브라함은 자기의 모든 소유를 이삭
에게 주었습니다.
6 아브라함은 자신이 아직 살아 있는
동안 자기 후처들의 아들들에게도
재물을 나눠 주었습니다. 그들을 동
쪽, 곧 동방 땅으로 내보내 자기 아들
이삭과 떨어져 살게 했습니다.
7 아브라함은 175세까지 살았습니다.
8 아브라함이 복된 삶을 살다가 늙어
백발이 돼 숨을 거두고 자기 조상들
에게로 돌아갔습니다.
9 그의 아들 이삭과 이스마엘이 아브라
함을 마므레 근처 막벨라 굴에 묻었습
니다. 그곳은 에브론의 밭으로 마므레
근처에 있었습니다. 에브론은 헷 사람
소할의 아들입니다.
10 그 밭은 아브라함이 헷 사람들로부터
산 것입니다. 그곳에 아브라함과 그의
아내 사라가 묻혔습니다.
11 아브라함이 죽은 후에 하나님께서 그
의 아들 이삭에게 복을 주셨습니다.
이삭은 당시에 브엘라해로이 근처에
살고 있었습니다.

이스마엘의 아들들

12 사라의 이집트 사람 여종 하갈이 아
브라함에게 낳아 준 아브라함의 아들
이스마엘의 족보는 이러합니다.
13 이스마엘의 아들들의 이름을 그 태어
난 순서대로 나열해 보면 이스마엘의
맏아들 느바욧과 게달과 앗브엘과 밉
삼과
14 미스마와 두마와 맛사와
15 하닷과 데마와 여둘과 나비스와 게드
마입니다.
16 이들이 이스마엘의 아들들입니다. 이
들의 이름은 마을과 고을별 이름이
며 이 사람들이 세운 12부족의 지도
자들의 이름이기도 합니다.
17 이스마엘은 137세까지 살다가 숨을
거두고 자기 조상들에게로 돌아갔습
니다.
18 그들은 하윌라에서부터 술에 이르는
지역에 퍼져서 살았습니다. 술은 이집
트의 동쪽 앗시리아로 가는 길에 위치
해 있었습니다. 이스마엘의 자손은 자
기의 모든 형제들의 맞은편에 살았습
니다.

야곱과 에서

19 아브라함의 아들 이삭에 대한 기록은
이러합니다. 아브라함이 이삭을 낳았
습니다.
20 이삭은 40세에 밧단 아람의 아람 사
람 브두엘의 딸이며 아람 사람 라반의
여동생인 리브가를 자기 아내로 맞이
했습니다.
21 이삭은 자기 아내가 임신하지 못해서
그녀를 위해 여호와께 간구했습니다.
그러자 여호와께서 그의 간구를 들어
주셔서 그의 아내 리브가가 임신하게
됐습니다.
22 그런데 배 속에서 두 아기가 서로 싸

웠습니다. 리브가는 "내게 왜 이런 일
이 일어나는 것일까?"라고 말하며 여
호와께 나아가 여쭈어 보았습니다.
23 여호와께서 그녀에게 말씀하셨습니
다.
"두 나라가 네 태 안에 있다. 네 태
안에서부터 두 민족이 갈라질 것이
다. 한 민족이 다른 한 민족보다 강
하니 형이 동생을 섬기게 될 것이
다."
24 리브가가 출산할 때가 돼서 보니 그녀
의 배 속에 쌍둥이가 들어 있었습니
다.
25 먼저 나온 아들은 빨갛고 온몸이 털
옷과 같아서 그 이름을 *에서라고 했
습니다.
26 그다음에 그의 동생이 나왔는데 손
으로 에서의 발뒤꿈치를 잡고 있었습
니다. 그래서 그 이름을 *야곱이라고
했습니다. 그들을 낳았을 때 이삭은
60세였습니다.
27 그 아이들이 자라서 에서는 능숙한
사냥꾼으로 들판에 나다니는 사람이
됐습니다. 야곱은 조용한 사람이어서
장막에 머물러 있었습니다.
28 이삭은 사냥한 고기를 좋아했기 때문
에 에서를 사랑했고 리브가는 야곱을
사랑했습니다.
29 그러던 어느 날 야곱이 죽을 끓이고
있는데 들판에 나갔던 에서가 들어왔
습니다. 에서는 배가 고팠습니다.
30 에서가 야곱에게 말했습니다. "그 붉
은 죽을 내가 좀 먹게 해 다오. 나 정
말 배고파 죽겠다." '붉은 것'을 먹겠다
고 해서 그의 별명을 *에돔이라고 부
르기도 합니다.
31 야곱이 대답했습니다. "먼저 형의 장
자권을 오늘 내게 파십시오."
32 에서가 말했습니다. "내가 지금 죽을
지경인데 장자권이 내게 무슨 소용이
냐?"
33 그러자 야곱이 말했습니다. "오늘 당

25:25 털 25:26 '발꿈치를 잡다', '속이다.'를 뜻하는 '아아케브'에서 온 말 25:30 붉은

성·경·상·식 장자권

장자권은 이스라엘 사회에서 첫아들이 갖는 책임과 특권을 말한다. 맏아들은 아버지의 뒤를 이어 가정의 대표자로서의 통솔권을 가졌다(대하 21:3). 재산을 상속받을 때도 다른 형제들보다 두 몫의 재산을 상속받았다(신 21:15-17). 또한 가정의 제사장으로서의 직분을 수행하며 영적인 복의 상속자가 되었다.

에서처럼 장자권을 동생에게 파는 경우도 있었고(창 25:31-33) 나쁜 성품이나 죄로 인해 장자권이 몰수되기도 했다(대상 5:1-2). 또한 장자는 부모를 부양하고, 아버지가 돌아가신 후 가족을 부양해야 할 책임이 있었다. 장자나 짐승의 첫 새끼는 하나님께 속한 것으로 짐승은 하나님께 돌려졌고 장자는 은 5세겔로 대속했다(신 15:19-23; 출 13:2; 22:29-30; 민 18:15-16). 이스라엘은 하나님의 장자였고(출 4:22), 그리스도는 만물의 장자이시며(롬 8:29; 골 1:15; 히 1:6), 그리스도인도 하나님 나라의 기업을 이을 장자다(히 12:23).

장 내게 맹세부터 하십시오." 에서가
맹세를 하고 야곱에게 자기 장자권을
팔았습니다.
34 그제야 야곱이 에서에게 빵과 붉은
죽을 주었습니다. 에서는 먹고 마신
후 일어나 가 버렸습니다. 이처럼 에
서는 자기 장자권을 소홀히 여겼습니
다.

이삭과 아비멜렉

26 아브라함 때 들었던 흉년이 다
시 그 땅에 찾아들었습니다.
그래서 이삭은 그랄에 있는 블레셋 왕
아비멜렉에게 찾아갔습니다.
2 그때 여호와께서 이삭에게 나타나셔
서 말씀하셨습니다. "이집트로 내려가
지 말고 내가 네게 일러 주는 땅에서
살아라.
3 이 땅에서 계속 살면 내가 너와 함께
하겠고 네게 복을 주겠다. 너와 네 자
손에게 내가 이 모든 땅을 줄 것이고
내가 네 아버지 아브라함에게 맹세한
것을 이뤄 주겠다.
4 내가 네 자손을 하늘의 별같이 많게
할 것이며 이 모든 땅을 네 자손들에
게 줄 것이니 땅의 모든 나라들이 네
자손들로 인해 복을 받을 것이다.
5 아브라함이 내 말에 순종하고 내 명
령과 내 계명과 내 율례와 내 법을 다
지켰기 때문이다."
6 그래서 이삭은 그랄에 그대로 머물렀
습니다.
7 그곳 사람들이 이삭에게 그의 아내에
대해 물었습니다. 이삭이 말했습니다.
"그녀는 제 여동생입니다." 이삭은 '리
브가가 너무 아름다워서 그녀 때문에
이곳 사람들이 나를 죽일지도 모른
다'라고 생각해 리브가를 "제 아내입
니다"라고 말하기를 두려워했습니다.
8 이삭이 그랄에서 오랫동안 지냈습니
다. 어느 날 블레셋 왕 아비멜렉이 창
밖을 내다보다 이삭이 자기 아내 리브
가를 껴안고 있는 것을 보았습니다.
9 아비멜렉이 이삭을 불러 말했습니다.
"이 사람이 네 아내가 분명한데 어째
서 너는 '그녀는 제 여동생입니다'라고
했느냐?" 이삭이 대답했습니다. "그녀
때문에 제가 죽게 될까 봐 그랬습니
다."
10 아비멜렉이 말했습니다. "네가 어쩌려
고 우리에게 이렇게 말했느냐? 백성
가운데 누군가가 네 아내와 같이 누
웠더라면 어떻게 할 뻔했느냐? 하마
터면 너 때문에 우리가 죄를 지을 뻔
했다."
11 아비멜렉이 모든 백성들에게 명령을
내렸습니다. "누구든 이 사람이나 그
의 아내를 건드리는 사람은 반드시
죽을 것이다."
12 이삭이 그 땅에 곡식을 심고 그해에
100배를 거두었습니다. 여호와께서
그에게 복을 주셨기 때문입니다.
13 이삭은 부자가 됐습니다. 그리고 점점
더 부유해져서 마침내 아주 큰 부자
가 됐습니다.
14 그가 양 떼와 가축과 종들을 많이 거
느리게 되자 블레셋 사람들이 그를

시기했습니다.
15 블레셋 사람들은 그의 아버지 아브라
함 때 아브라함의 종들이 팠던 모든
우물들을 막고 흙으로 메워 버렸습니
다.
16 아비멜렉이 이삭에게 말했습니다. "우
리를 떠나가라. 네가 너무 강해져서
우리가 감당할 수가 없다."
17 이삭이 그곳을 떠나 그랄 골짜기에 진
을 치고 거기서 살았습니다.
18 이삭은 자기 아버지 아브라함의 때 팠
다가 아브라함이 죽고 난 후 블레셋
사람들이 막아 버린 우물들을 다시
파고 자기 아버지가 지은 이름들을
다시 붙였습니다.
19 이삭의 종들이 골짜기를 파다가 신선
한 물이 나오는 샘을 발견했습니다.
20 그런데 그랄의 양치기들이 이삭의 양
치기들과 싸우면서 말했습니다. "이
물은 우리 것이다." 이 때문에 이삭은
그 우물을 *에섹이라고 불렀습니다.
그들이 이삭과 싸웠기 때문입니다.
21 이삭의 종들이 다른 우물을 팠는데
그랄의 양치기들과 다시 그 우물 때
문에 싸웠습니다. 그래서 이삭은 그
우물을 *싯나라고 불렀습니다.
22 이삭이 그곳에서 옮겨 또 다른 우물
을 팠습니다. 이번에는 아무도 싸움
을 걸어오지 않았습니다. 그래서 이
삭이 "이제 여호와께서 우리 자리를
넓게 하셨으니 우리가 이 땅에서 번
성할 것이다" 하며 그 우물의 이름을
*르호봇이라고 했습니다.
23 거기에서 이삭이 브엘세바로 올라갔
습니다.
24 그날 밤 여호와께서 이삭에게 나타나
말씀하셨습니다. "나는 네 아버지 아
브라함의 하나님이다. 내가 너와 함께
있으니 두려워하지 마라. 내가 내 종
아브라함을 위해 네게 복을 주고 네
자손이 번성하게 하겠다."
25 이삭이 그곳에 제단을 쌓고 여호와의
이름을 불렀습니다. 이삭이 거기에 장
막을 쳤고 이삭의 종들은 그곳에서도
우물을 팠습니다.
26 아비멜렉이 자기 친구 아훗삿과 군대
사령관 비골과 함께 그랄에서부터 이
삭에게 찾아왔습니다.
27 이삭이 그들에게 물었습니다. "무슨
일로 제게 오셨습니까? 여러분이 저
를 미워해 저를 쫓아내지 않았습니
까?"
28 그들이 대답했습니다. "우리는 여호와
께서 그대와 함께하시는 것을 보았습
니다. 그래서 우리는 '우리들 사이, 곧
우리와 이삭 사이에 맹세가 있어야겠
다'라고 생각했습니다. 우리는 그대와
언약을 맺었으면 합니다.
29 우리가 당신을 건드리지 않고 항상
잘 대해 주고 평화롭게 보내 주었던
것처럼 당신이 우리를 해치지 않게
말입니다. 당신은 여호와께 복을 받
은 사람입니다."
30 이삭이 그들에게 잔치를 베풀어서 그
들이 먹고 마셨습니다.

26:20 다툼 26:21 반대 26:22 넓은 곳

31 다음 날 아침 일찍 그들은 서로 맹세
했습니다. 이삭이 그들을 떠나보내니
그들은 평안히 돌아갔습니다.
32 바로 그날 이삭의 종들이 와서 자기
들이 판 우물에 대해 이야기했습니
다. "우리가 물을 발견했습니다."
33 이삭이 그 우물을 *세바라고 불렀습
니다. 그리하여 그 마을의 이름이 오
늘날까지 브엘세바라고 불립니다.

야곱이 에서의 축복을 가로채다

34 에서는 40세에 헷 사람 브에리의 딸
유딧과 헷 사람 엘론의 딸 바스맛을
아내로 맞이했습니다.
35 이 두 여자는 이삭과 리브가에게 근
심거리였습니다.

27 이삭이 늙어 눈이 침침해져서
잘 보이지 않게 됐을 때 그가
맏아들 에서를 불러 말했습니다. "내
아들아." 에서가 대답했습니다. "제가
여기 있습니다."
2 이삭이 말했습니다. "이제 내가 늙어
서 언제 죽을지 모른다.
3 그러니 너는 네 무기인 화살통과 활
을 갖고 들로 나가서 나를 위해 사냥
을 하도록 하여라.
4 그리고 내가 좋아하는 맛있는 음식
을 만들어 가져오너라. 내가 먹고 죽
기 전에 너를 축복하고 싶구나."
5 그때 마침 리브가가 이삭이 그 아들
에서에게 말하는 것을 들었습니다.
에서가 사냥해 오려고 들로 나가자
6 리브가가 자기 아들 야곱에게 말했
습니다. "네 아버지가 네 형 에서에게
하는 말을 내가 들었는데
7 '사냥을 해다가 맛있는 음식을 만들
어 와 나에게 먹게 하여라. 내가 죽기
전에 여호와 앞에서 너를 축복하겠다'
고 하시더구나.
8 그러니 내 아들아, 잘 듣고 내가 시키
는 대로 하여라.
9 가축들이 있는 데 가서 좋은 염소 새
끼 두 마리를 끌고 오너라. 내가 네
아버지를 위해 그가 좋아하는 맛있
는 음식을 만들어 주마.
10 너는 그것을 네 아버지께 갖고 가서
잡수시게 하여라. 네 아버지가 돌아
가시기 전에 너를 축복하실 것이다."
11 야곱이 자기 어머니 리브가에게 말했
습니다. "하지만 형 에서는 털이 많은
사람이고 저는 피부가 매끈한 사람입
니다.
12 만약 아버지가 저를 만져 보시면 제
가 아버지를 속이는 자라는 것을 아
시게 돼 복은커녕 오히려 저주를 받
게 될 것입니다."
13 야곱의 어머니가 그에게 말했습니다.
"내 아들아, 그 저주는 내가 받을 테
니 너는 그저 내가 시키는 대로만 하
여라. 가서 염소들을 끌고 오너라."
14 그리하여 야곱은 가서 염소들을 자기
어머니에게로 끌고 왔습니다. 그리고
그의 어머니는 그의 아버지가 좋아하
는 맛있는 음식을 만들었습니다.
15 리브가는 집 안에 두었던 맏아들 에

26:33 세바는 '맹세' 또는 '일곱'. 브엘세바는 '맹세의 우물' 또는 '일곱 우물'

서의 옷 가운데 가장 좋은 옷을 꺼내
작은 아들 야곱에게 입혔습니다.
16 그녀는 야곱의 매끈한 두 손과 목덜
미에 염소 가죽을 둘러 주었습니다.
17 그리고 자기가 만든 음식과 빵을 자
기 아들 야곱에게 건네주었습니다.
18 야곱은 아버지에게 가서 말했습니다.
"아버지." 이삭이 대답했습니다. "그
래. 내 아들아, 네가 누구냐?"
19 야곱이 아버지에게 말했습니다. "저는
아버지의 맏아들 에서입니다. 아버지
께서 제게 말씀하신 대로 준비해 왔
습니다. 자, 일어나셔서 제가 사냥한
고기를 잡수시고 저를 축복해 주십
시오."
20 이삭이 그 아들에게 물었습니다. "네
가 어떻게 그렇게 빨리 잡아 올 수 있
었느냐?" 야곱이 대답했습니다. "아
버지의 하나님 여호와께서 제가 사냥
감을 금방 찾을 수 있게 해 주셨습니
다."
21 그러자 이삭이 야곱에게 말했습니다.
"내 아들아, 이리 가까이 오너라. 내
가 너를 좀 만져 보아야겠다. 네가 정
말 내 아들 에서인지 알아보아야겠
다."
22 야곱이 자기 아버지 이삭에게 가까이
가자 이삭이 야곱을 만져 보고 나서
말했습니다. "목소리는 야곱의 목소리
인데 손은 에서의 손이로구나."
23 야곱의 손이 그의 형 에서의 손처럼
털이 많았기 때문에 이삭은 알아보지
못하고 야곱을 축복했습니다.
24 이삭이 말했습니다. "네가 정말 내 아
들 에서가 맞느냐?" 야곱이 대답했습
니다. "그렇습니다."
25 이삭이 말했습니다. "내 아들아, 네가
사냥한 고기를 내게 가져오너라. 내
가 먹고 너를 마음껏 축복하겠다." 야
곱이 음식을 가져오자 이삭이 먹었습
니다. 또한 야곱이 포도주도 가져오
자 이삭이 마셨습니다.
26 야곱의 아버지 이삭이 그에게 말했습
니다. "내 아들아, 이리 와서 내게 입
을 맞춰라."
27 야곱이 이삭에게 가서 입을 맞추었습
니다. 이삭은 야곱의 옷 냄새를 맡고
나서 야곱을 축복하며 말했습니다.
"보아라. 내 아들의 향내는 여호와
께서 축복하신 들의 향기로구나.
28 하나님께서 하늘의 이슬과 땅의 풍
요로움, 곧 곡식과 새 포도주의 풍
성함을 네게 주실 것이다.
29 민족들이 너를 섬기고 나라들이
네게 절할 것이다. 너는 네 형제들
의 주인이 될 것이며 네 어머니의
아들들이 네게 절할 것이다. 너를
저주하는 사람들은 저주를 받고
너를 축복하는 사람들은 복을 받
을 것이다."
30 이삭이 야곱에게 복을 다 빌어 주었
습니다. 야곱이 이삭 앞에서 나가자
마자 사냥을 갔던 그의 형 에서가 막
돌아왔습니다.
31 에서도 역시 맛있는 음식을 만들어
자기 아버지에게 갖고 가서 말했습니

다. "아버지, 일어나셔서 제가 사냥해
온 고기를 잡수시고 저를 축복해 주
십시오."
32 그의 아버지 이삭이 말했습니다. "너
는 누구냐?" 그가 대답했습니다. "아
버지의 아들, 아버지의 맏아들 에서
입니다."
33 이삭은 부들부들 떨며 말했습니다.
"그러면 아까 사냥한 것을 내게 가져
온 사람은 누구냐? 네가 오기 전에
내가 그것을 다 먹고 그를 축복했다.
그러니 복은 그가 받게 될 것이다."
34 에서가 아버지의 말을 듣고 크게 울
부짖고 슬퍼하면서 아버지에게 말했
습니다. "저를 축복해 주십시오. 내
아버지여! 제게도 축복해 주십시오."
35 이삭이 말했습니다. "네 동생이 들어
와서 속임수를 쓰면서까지 네 복을
빼앗아 가 버렸다."
36 에서가 말했습니다. "그러니까 그의
이름을 *야곱이라고 하지 않습니까?
야곱이 이렇게 저를 두 번이나 속였습
니다. 전에는 제 장자권을 빼앗더니
이번에는 제 복을 빼앗았습니다." 에
서가 물었습니다. "저를 위해 축복할
것을 하나도 남겨 두지 않으셨습니
까?"
37 이삭이 에서에게 대답해 말했습니다.
"보아라. 내가 그를 네 주인이 되게 하
고 그의 모든 형제들을 다 그의 종으
로 주었다. 또 그에게 곡식과 새 포도
주를 주었다. 그러니 내 아들아, 내가
너를 위해 무엇을 할 수 있겠느냐?"
38 에서가 말했습니다. "아버지, 제게 빌
어 주실 남은 복이 단 하나도 없습니
까? 내 아버지여, 저도 축복해 주십
시오. 내 아버지여!" 에서는 목소리를
높여 울었습니다.
39 아버지 이삭이 그에게 대답해 말했습
니다.

"보아라. 네가 거하는 곳은 땅이 풍
요롭지 못하고 저 하늘의 이슬도
내리지 않는 곳이다.
40 너는 칼을 의지해 살고 네 동생을

27:36 '발뒤꿈치를 잡다', '속이다.'를 뜻하는 '아이케브'에서 온 말

하용조 목사의 행복한 **메시지**

장자권

에서는 장자권을 소홀히 여기고 붉은 죽 한 그릇에 그것을 팔았습니다. 예수님은 돼지에게 진주를 던지지 말라고 하셨습니다. 복이 있어도 복의 가치를 모르는 사람은 복을 잃어버리게 됩니다.

에서는 무한한 가능성을 가진 사람이었지만 영적인 것보다 세상과 물질적인 것에 더 관심이 많았기에 결국 장자권을 잃어버렸습니다. 에서가 장자권을 잃었다는 것은 복받을 권리도 잃어버렸음을 의미합니다.

섬길 것이다. 그러나 네가 쉼 없이
애쓰면 그가 씌운 멍에를 네 목에
서 깨뜨려 버릴 것이다."
41 에서는 자기 아버지가 야곱을 축복한
일로 야곱에게 앙심을 품고 혼잣말로
말했습니다. "내 아버지를 위해 애도
해야 할 때가 머지않았으니 때가 되
면 내가 내 동생 야곱을 죽여 버릴 테
다."
42 맏아들 에서가 한 말을 리브가가 들
었습니다. 리브가는 작은아들 야곱을
불러 말했습니다. "네 형 에서가 너를
죽여 그 분을 풀려 하고 있다.
43 그러니 내 아들아, 내 말을 잘 들어
라. 당장 하란에 있는 내 오빠 라반에
게로 도망쳐서
44 네 형의 화가 가라앉을 때까지 당분
간 거기 있어라.
45 너에 대한 네 형의 화가 풀리고 네가
한 일을 그가 잊게 되면 내가 전갈을
보내 거기에서 너를 돌아오게 하겠
다. 내가 어떻게 너희 둘을 하루에 다
잃겠느냐?"
46 그 후 리브가가 이삭에게 말했습니
다. "제가 이 헷 사람의 딸들 때문에
살기 싫어집니다. 야곱이 만약 이들
과 같은 헷 사람의 딸들 가운데서 아
내를 맞이하면 제가 무슨 즐거움으로
살겠습니까?"

28 이삭이 야곱을 불러 복을 빌
어 주고 명령하며 말했습니다.
"너는 가나안 여자와 결혼하지 마라.
2 곧장 *밧단아람에 있는 네 어머니의
아버지 브두엘의 집으로 가거라. 거기
서 네 어머니의 오빠인 라반의 딸들
가운데서 너를 위해 아내를 맞이하여
라.
3 *전능하신 하나님께서 네게 복을 주
셔서 너로 하여금 자식을 많이 낳고
번성하게 해 너로 여러 민족을 이루
게 하실 것이다.
4 또 하나님께서 아브라함에게 주신 복
을 너와 네 자손에게 주셔서 네가 지
금 나그네로 살고 있는 땅, 곧 하나님
께서 아브라함에게 주신 그 땅을 네
가 차지하게 되기를 바란다."
5 이삭이 야곱을 떠나보냈습니다. 야곱
은 밧단아람에 사는 라반에게로 갔
습니다. 라반은 아람 사람인 브두엘의
아들로서 야곱과 에서의 어머니인 리
브가의 오빠였습니다.
6 에서는 이삭이 야곱을 축복해 밧단아
람으로 보내 그곳에서 아내를 얻게
한 것과 이삭이 야곱을 축복하면서
"가나안 여자와 결혼하지 마라" 하고
명령한 것과
7 야곱이 부모에게 순종해 밧단아람으
로 간 것을 알게 됐습니다.
8 또한 에서는 자기 아버지 이삭이 가
나안 여자들을 못마땅하게 생각하는
것을 알아차렸습니다.
9 그래서 그는 이미 아내들이 있는데도
불구하고 아브라함의 아들 이스마엘
에게 가서 그의 딸 마할랏과 결혼했

28:2 메소포타미아 북서 지방(5–7절을 보라.)
28:3 히브리어, 엘 샤다이

습니다. 그녀는 느바욧의 누이였습니
다.

벧엘에서 꾼 야곱의 꿈

10 야곱은 브엘세바를 떠나 하란을 향해
가다가
11 한 장소에 이르러 해가 지자 거기에
서 밤을 지내게 됐습니다. 야곱은 거
기에 있던 돌을 가져다가 머리에 베
고 누워 잤습니다.
12 그가 꿈에 보니 *사닥다리 하나가 땅
에 서 있는데 그 꼭대기가 하늘까지
닿아 있었습니다. 그리고 하나님의 천
사가 그 위에서 오르락내리락하고 있
었습니다.
13 그리고 여호와께서 그 위에 서서 말
씀하셨습니다. "나는 여호와, 곧 네
조상 아브라함의 하나님, 이삭의 하나
님이다. 네가 누운 땅을 내가 너와 네
자손들에게 주겠다.
14 네 자손이 땅의 티끌과 같이 돼서 동
서남북으로 퍼지게 될 것이다. 너와
네 자손을 통해 이 땅의 모든 족속들
이 복을 받게 될 것이다.
15 내가 너와 함께 있을 것이며 네가 어
디로 가든지 너를 지켜 주겠다. 그리
고 너를 이 땅으로 다시 데리고 오겠
다. 내가 네게 약속한 것을 다 이룰
때까지 너를 떠나지 않겠다."
16 야곱이 잠에서 깨어나 말했습니다.
"참으로 이곳은 여호와께서 계신 곳
인데 내가 몰랐구나."
17 그리고 그는 두려워하며 말했습니다.
"이 얼마나 두려운 곳인가! 이곳이 바
로 하나님의 집이며 이곳이 하늘의
문이구나."
18 다음 날 아침 일찍 야곱은 머리에 베
었던 돌을 가져다가 기둥을 세우고
그 위에 기름을 부었습니다.
19 그리고 그곳을 *벧엘이라고 불렀습니
다. 원래 이 성은 루스라는 곳이었습
니다.
20 야곱이 서원하며 말했습니다. "하나님
께서 만약 저와 함께 계셔서 제가 가
는 이 여정에 저를 지키시고 제게 먹
을 것과 입을 것을 주시며
21 제가 제 아버지 집으로 무사히 돌아
가게 해 주신다면 여호와께서 제 하
나님이 되실 것이며
22 제가 기둥으로 세운 이 돌이 하나님
의 집이 될 것입니다. 그리고 하나님
께서 제게 주신 모든 것의 10분의 1
을 하나님께 드리겠습니다."

야곱이 밧단아람에 도착하다

29 그 후 야곱은 여행을 계속해서
동방 사람들의 땅에 도착했습
니다.
2 야곱이 보니 들에 우물이 있었습니
다. 그리고 그 우물곁에는 양 떼 세
무리가 엎드려 있었습니다. 이곳에서
양치기들이 양들에게 물을 먹이는데
그 우물의 입구에는 커다란 돌이 놓
여 있었습니다.
3 양치기들은 양 떼가 다 모이면 우물
입구에 있는 그 돌을 치우고 양 떼들
에게 물을 먹인 다음 다시 그 돌을

28:12 또는 층계 28:19 하나님의 집

우물 입구에 덮어 놓곤 했습니다.
4 야곱이 그들에게 물었습니다. "내 형
제들이여, 여러분은 어디에서 왔습니
까?" 그들이 대답했습니다. "하란에
서 왔습니다."
5 야곱이 그들에게 말했습니다. "그러면
나홀의 손자 라반을 아십니까?" 그들
이 대답했습니다. "네, 압니다."
6 그러자 야곱이 다시 물었습니다. "그
분이 잘 계십니까?" 그들이 대답했
습니다. "예, 그렇습니다. 저기 라반의
딸 라헬이 양을 몰고 오는군요."
7 야곱이 말했습니다. "그런데 아직 한
낮이라 짐승들을 모아들일 때가 아니
지 않습니까? 양들에게 물을 먹이고
가서 풀을 뜯게 하시지요."
8 그들이 대답했습니다. "우리는 그렇게
할 수 없습니다. 양 떼가 다 모이고
우물 입구에서 돌을 치울 때까지 우
리는 양들에게 물을 먹일 수가 없습
니다."
9 야곱이 아직 그들과 말하고 있을 때
라헬이 자기 아버지의 양들을 몰고
왔습니다. 라헬도 양치기였습니다.
10 야곱이 자기 어머니의 오빠 라반의 딸
라헬을 보고 또 자기 어머니의 오빠
라반의 양들을 보자마자 우물로 나아
가서 우물 입구에서 돌을 치우고 자
기 어머니의 오빠 라반의 양들에게
물을 먹였습니다.
11 야곱은 라헬에게 입을 맞추고 소리
높여 울었습니다.
12 야곱은 자기가 라헬의 아버지의 친척
이며 자신은 리브가의 아들임을 밝혔
습니다. 그러자 라헬이 달려가 아버지
에게 이 사실을 알렸습니다.
13 라반은 자기 여동생의 아들 야곱의
소식을 듣자 달려 나와 야곱을 맞이
했습니다. 라반은 야곱을 껴안고 입을
맞추고는 자기 집으로 데려갔습니다.
야곱은 그동안의 일들을 모두 다 라
반에게 말했습니다.
14 라반이 그에게 말했습니다. "정말로
너는 내 혈육이로구나."

야곱이 레아와 라헬을 아내로 맞이하다

야곱이 라반의 집에서 그와 함께 한
달 동안 머물렀습니다.
15 그때 라반이 야곱에게 말했습니다.
"네가 비록 내 친척이기는 해도 삯 없
이 일해서야 되겠느냐? 네가 어떤 보
수를 원하는지 말해 보아라."
16 라반에게는 두 딸이 있었습니다. 큰딸
의 이름은 레아였고 작은딸의 이름은
라헬이었습니다.
17 레아는 시력이 약했고 라헬은 외모가
아름답고 얼굴이 예뻤습니다.
18 야곱은 라헬을 사랑했습니다. 야곱이
말했습니다. "작은딸 라헬을 주시면
제가 외삼촌을 위해 7년을 일하겠습
니다."
19 라반이 말했습니다. "내가 그 아이를
다른 사람에게 주는 것보다 네게 주
는 게 낫겠다. 여기서 나와 함께 지내
도록 하자."
20 야곱은 라헬을 위해 7년을 일했습니
다. 그렇지만 야곱이 그녀를 사랑했

으므로 그 7년은 단지 며칠처럼 느껴
졌습니다.
21 7년이 지나자 야곱이 라반에게 말했
습니다. "제 아내를 주십시오. 기한이
됐으니 그녀와 결혼하겠습니다."
22 그러자 라반이 온 동네 사람들을 다
불러 모으고 잔치를 벌였습니다.
23 밤이 되자 라반은 딸 레아를 데려다
가 야곱에게 보냈습니다. 야곱이 레아
에게로 갔습니다.
24 라반은 자기 여종 실바를 딸에게 종
으로 딸려 보냈습니다.
25 그런데 야곱이 아침이 돼 보니 잠자리
를 함께한 사람은 레아였습니다. 야곱
이 라반에게 말했습니다. "외삼촌께
서 어떻게 제게 이러실 수 있으십니
까? 제가 라헬 때문에 일해 드린 것
아닙니까? 왜 저를 속이셨습니까?"
26 라반이 대답했습니다. "우리 고장에서
는 큰딸보다 작은딸을 먼저 시집보내
는 법이 없다.
27 이 아이를 위해 1주일을 채워라. 그
후에 우리가 작은딸도 주겠다. 대신 7
년을 더 일하여라."
28 그래서 야곱이 그렇게 1주일을 채우
자 라반이 자기 딸 라헬을 그에게 아
내로 주었습니다.
29 그리고 자기 여종 빌하를 딸 라헬의
종으로 딸려 보냈습니다.
30 그렇게 해서 야곱이 라헬과도 결혼했
습니다. 야곱은 레아보다 라헬을 더
사랑했습니다. 그가 라반을 위해 다
시 7년을 더 일했습니다.

야곱의 자녀들

31 여호와께서는 레아가 사랑받지 못하
는 것을 보시고 그녀의 태를 열어 주
셨습니다. 그러나 라헬은 아이를 갖
지 못했습니다.
32 레아가 임신해 아들을 낳고 "여호와
께서 내 비참함을 보셨구나. 이제 내
남편이 나를 사랑할 것이다" 하면서
그 이름을 *르우벤이라고 지었습니
다.
33 그녀가 다시 임신해 아들을 낳고 "여
호와께서 내가 사랑받지 못하는 것을
들으시고 이 아이를 내게 주셨구나"
하면서 그 이름을 *시므온이라고 지
었습니다.
34 그녀가 다시 임신해 아들을 낳고 "내
가 내 남편의 아들을 셋이나 낳았으
니 이제 드디어 그가 내게 애착을 갖
겠지" 하면서 그 이름을 *레위라고 지
었습니다.
35 그녀가 다시 임신해 아들을 낳고 "이
번에야말로 내가 여호와를 찬양할 것
이다" 하면서 그 이름을 *유다라고 지
었습니다. 그리고 나서 레아의 출산이
멈추었습니다.

30 라헬은 자기가 야곱에게 아이
를 낳아 주지 못하자 자기 언니
를 질투했습니다. 그녀가 야곱에게 말
했습니다. "저도 자식을 낳게 해 주세
요. 그러지 않으면 죽어 버릴 거예요."
2 야곱은 화가 나서 그녀에게 말했습니

29:32 그가 나의 비참함을 보셨다. 또는 보라! 아들이다. 29:33 들으심. 29:34 애착함. 29:35 찬양함.

다. "내가 하나님을 대신하겠소? 하나
님께서 당신의 태를 닫으셔서 아기를
갖지 못하게 하시는데 어쩌란 말이
오?"
3 라헬이 말했습니다. "여기 내 여종 빌
하가 있으니 그녀와 잠자리를 같이하
세요. 빌하가 자식을 낳아 제게 안겨
주면 저도 그녀를 통해 자식을 얻을
수 있을 거예요."
4 라헬이 야곱에게 자기 여종 빌하를 아
내로 주자 야곱이 그녀와 잠자리를
함께했습니다.
5 빌하가 임신해 야곱에게 아들을 낳아
주었습니다.
6 라헬이 말했습니다. "하나님께서 나
를 변호하시고 내 목소리를 들으셔서
내게 아들을 주셨구나" 하고 그 이름
을 *단이라고 지었습니다.
7 라헬의 종 빌하가 다시 임신해 야곱에
게 아들을 낳아 주었습니다.
8 라헬이 말했습니다. "내가 언니와 큰
싸움을 싸워서 이겼다" 하고 그 이름
을 *납달리라고 지었습니다.
9 레아는 자기의 출산이 멈춘 것을 알
고 자기 여종 실바를 야곱에게 아내
로 주었습니다.
10 레아의 여종 실바가 야곱에게 아들을
낳아 주었습니다.
11 레아가 말했습니다. "내가 복을 받았
도다" 하고 그 이름을 *갓이라고 지었
습니다.
12 레아의 종 실바가 야곱에게 다시 아
들을 낳아 주었습니다.
13 레아가 말했습니다. "나는 행복하도
다. 여자들이 나를 복되다 할 것이다"
하고 그 이름을 *아셀이라고 지었습
니다.
14 밀을 추수할 때 르우벤이 들에 나갔
다가 *자귀나무를 발견했습니다. 자
기 어머니 레아에게 갖다 주자 라헬
이 레아에게 말했습니다. "언니 아들
이 갖다 준 자귀나무를 조금 나눠 줘
요."
15 레아가 라헬에게 말했습니다. "네가
내 남편을 빼앗아 간 것도 모자라서
이젠 내 아들이 가져온 자귀나무까
지 빼앗아 가려고 하니?" 라헬이 레아
에게 대답했습니다. "언니의 아들이
가져온 자귀나무를 제게 주면 그 대
가로 오늘 밤에는 남편이 언니와 잠
자리를 같이하게 될 거예요."
16 야곱이 저녁이 돼 들에서 돌아오자
레아가 그를 맞으러 나가서 말했습니
다. "당신은 오늘 저의 침소에 드셔야
해요. 제 아들이 가져온 자귀나무로
제가 당신을 샀습니다." 야곱은 그날
밤 레아와 함께 잠자리를 했습니다.
17 하나님께서 레아의 기도를 들으셔서
레아가 임신했습니다. 그녀는 야곱에
게 다섯 번째로 아들을 낳아 주었습
니다.
18 레아가 말했습니다. "내가 내 여종을
내 남편에게 주었더니 하나님께서 내
게 갚아 주셨구나" 하고 그 이름을

30:6 그가 판단하셨다. 또는 그가 억울함을 풀어 주셨다. 30:8 경쟁함. 30:11 복됨. 30:13 행복 30:14 또는 합환채

*잇사갈이라고 지었습니다.
19 레아가 다시 임신해 야곱에게 여섯 번
째로 아들을 낳아 주었습니다.
20 레아가 말했습니다. "하나님께서 내게
좋은 선물을 주셨구나. 내가 내 남편
에게 여섯 번째로 아들을 낳았으니
이번에는 내 남편이 나를 존중해 줄
것이다" 하고 그 이름을 *스불론이라
고 지었습니다.
21 그리고 얼마 후 레아는 딸을 낳고 그
이름을 디나라고 지었습니다.
22 그때 하나님께서 라헬을 기억하셨습
니다. 하나님께서 라헬의 기도를 들으
시고 그녀의 태를 열어 주셨습니다.
23 라헬이 임신해 아들을 낳고 말했습니
다. "하나님께서 내 수치를 거둬 가셨
다."
24 그녀는 "여호와께서 내게 아들을 하
나 더 주시기를 바랍니다"라고 말하
면서 그의 이름을 *요셉이라고 지었
습니다.

야곱의 가축이 늘어나다

25 라헬이 요셉을 낳은 후 야곱이 라반에
게 말했습니다. "이제 저를 보내 주십
시오. 제가 제 집과 제 고향으로 돌아
갔으면 합니다.
26 제게 제 아내들과 자식들을 주십시
오. 제가 그들을 위해 외삼촌을 섬겼
습니다. 이제 저는 그만 떠나야겠습
니다. 외삼촌은 제가 외삼촌을 위해
서 얼마나 일했는지 아십니다."
27 라반이 야곱에게 말했습니다. "내게
호의를 베풀어 제발 여기 머물러 있
어라. 여호와께서 너 때문에 내게 복
을 주셔서 내가 부유하게 된 것을 알
았다."
28 라반이 또 말했습니다. "네가 받고자
하는 품삯을 말하면 내가 주겠다."
29 야곱이 라반에게 말했습니다. "제가
외삼촌을 위해 어떻게 일했는지, 외
삼촌의 가축들을 제가 어떻게 돌보았
는지 외삼촌은 아실 것입니다.
30 제가 오기 전에는 외삼촌께서 가진
것이 조금밖에 없었는데 저 때문에
여호와께서 외삼촌에게 복을 주셔서

30:18 보상 30:20 존중 30:24 더함.

Q&A 얼룩무늬 양의 비밀은 무엇인가?

참고 구절 | 창 30:31–43

외삼촌 라반이 품삯을 주지 않고 자꾸 속이자 야곱은 라반에게 줄무늬와 얼룩무늬와 점 있는 염소와 양들을 자기 품삯으로 달라고 요구했다. 라반은 야곱의 요구를 흔쾌히 수락하고서는 바로 그날 줄무늬와 얼룩무늬와 점 있는 염소들과 검은 양들을 골라서 자기 아들들에게 맡기고 야곱의 떼와 사흘 길을 떨어져 있게 했다. 그리고 야곱에게는 흰 염소와 양들만 맡겼다.

야곱은 과학적인 요인을 알지 못했지만 줄무늬나 얼룩무늬나 점 있는 숫양이 암양과 짝짓기를 하면 줄무늬나 얼룩무늬 또는 점이 있는 양이 나온다는 것을 오랜 경험을 통해 알고 있었

외삼촌께서 크게 번창했습니다. 하지
만 저는 언제 제 가정을 챙기겠습니
까?"
31 라반이 말했습니다. "내가 무엇을 해
주면 좋겠느냐?" 야곱이 말했습니다.
"다른 것은 아무것도 필요 없습니다.
다만 외삼촌께서 이것만 해 주신다면
제가 계속 외삼촌의 양들을 치고 돌
보겠습니다.
32 제가 오늘 외삼촌의 가축 사이로 돌
아다니면서 얼룩이나 점이 있는 양과
검은 양과 얼룩이나 점이 있는 염소
를 다 골라낼 테니 그것들을 제 품삯
으로 주십시오.
33 나중에 외삼촌께서 제게 품삯으로
주신 것들을 조사하실 때 제가 얼마
나 정직했는지 드러날 것입니다. 얼룩
이나 점이 없는 염소나 검지 않은 양
이 있다면 다 제가 훔친 것이 될 것입
니다."
34 라반이 말했습니다. "좋다. 네가 말한
대로 하자."
35 바로 그날 라반은 얼룩이나 점이 있
는 숫염소와 흰색 바탕에 얼룩이나
점이 있는 암염소들과 검은 양들을
모두 가려내고 자기 아들들에게 그
짐승들을 맡겨 돌보게 했습니다.
36 라반은 야곱이 있는 데서 3일 정도 걸
리는 거리를 두었습니다. 야곱은 남아
서 라반이 남겨 놓은 양들을 쳤습니
다.
37 야곱은 미루나무와 살구나무와 플라
타너스 나무의 싱싱한 가지들을 꺾어
다가 껍질을 벗겨 나뭇가지의 하얀
속살이 보이도록 흰 줄무늬를 만들
었습니다.
38 야곱은 그 껍질 벗긴 나뭇가지들을
가축 떼가 물을 먹으러 올 때 볼 수
있도록 개천의 물구유 속에 세워 두
었습니다. 가축 떼가 물을 먹으러 왔
다가 새끼를 배게 했는데
39 그 나뭇가지 앞에서 새끼를 배면 가
축 떼는 줄무늬나 얼룩무늬나 점 있
는 새끼를 낳았습니다.
40 야곱은 새끼들을 따로 떼어 놓고 줄
무늬가 있거나 검은 것들을 라반의

다. 하지만 라반이 줄무늬나 얼룩무늬나 점 있는 염소들과 검은 양들만 골라서 멀리 떼어 놓았기 때문에 야곱은 이전의 경험적인 방법으로 줄무늬나 얼룩무늬나 점이 있는 염소와 양들을 얻을 수 없었다. 그래서 야곱은 실한 양과 염소들이 짝짓기를 할 때 흰 줄무늬를 볼 수 있도록 껍질을 벗긴 나뭇가지들을 세워 두었다. 짝짓기를 하는 짐승들이 나뭇가지의 흰 줄무늬를 보면 줄무늬나 얼룩무늬 혹은 점 있는 새끼를 밸 것이라고 생각했기 때문이다. 야곱이 의도했던 대로 실한 흰 암염소와 암양들이 줄무늬나 얼룩무늬나 점 있는 새끼들을 낳았다.

훗날 이 사건에 대해 야곱은 모든 것이 하나님의 주권적인 섭리였음을 고백했다. 야곱은 자신의 품삯을 열 번이나 속인 라반에게서 하나님이 가축들을 빼앗아 주셨다고 고백했다(창 31:7-12). 유전학적으로 이해할 수 없는 일이지만 하나님께서 실한 흰 염소와 양들이 줄무늬나 얼룩무늬나 점 있는 새끼들을 낳게 하셔서 다 야곱의 소유가 되게 하셨다.

가축 떼와 떼어 놓았습니다. 이렇게
야곱은 자기 가축 떼를 라반의 가축
떼와 섞이지 않게 따로 두었습니다.
41 야곱은 튼튼한 가축들이 새끼를 밸
때는 그 나뭇가지들을 그 가축들이
보도록 개천의 물구유 속에 두고 그
앞에서 새끼를 배도록 했습니다.
42 그러나 약한 가축들이면 그 나뭇가
지들을 앞에 두지 않았습니다. 그렇
게 해서 약한 것들은 라반의 것이 되
고 튼튼한 것들은 야곱의 것이 됐습
니다.
43 이런 식으로 해서 야곱은 점점 더 번
창하게 됐습니다. 많은 가축 떼뿐 아
니라 남종들과 여종들과 낙타들과
나귀들을 많이 갖게 됐습니다.

야곱이 라반에게서 도망하다

31 야곱은 라반의 아들들이 하는
말을 듣게 됐습니다. "야곱이
우리 아버지의 것을 다 빼앗아 갔다.
그가 우리 아버지의 것을 갖고 저렇
게 부자가 됐다."
2 야곱이 라반의 얼굴을 보니 라반이 자
기를 대하는 태도가 예전 같지 않았
습니다.
3 여호와께서 야곱에게 말씀하셨습니
다. "네 조상의 땅 네 친족들에게 돌
아가거라. 내가 너와 함께하겠다."
4 야곱은 라헬과 레아를 가축 떼가 있
는 들로 불러냈습니다.
5 야곱이 그들에게 말했습니다. "내가
당신들의 아버지를 보니 그가 나를
대하는 태도가 예전 같지 않소. 그러
나 내 아버지의 하나님께서는 나와
함께하셨소.
6 당신들은 내가 당신들의 아버지를 온
힘을 다해 섬긴 것을 알 것이오.
7 그러나 당신들의 아버지는 나를 속이
고 내 품삯을 열 번이나 바꾸었소. 그
러나 하나님께서는 그가 나를 해롭게
하지 못하게 하셨소.
8 만약 그가 '얼룩진 것이 네 품삯이 될
것이다' 하면 모든 가축들이 얼룩진
새끼를 낳았소. 그리고 만약 그가 '줄
무늬가 있는 것이 네 품삯이 될 것이
다' 하면 모든 가축들이 줄무늬가 있
는 새끼를 낳았소.
9 그렇게 하나님께서는 당신들의 아버
지의 가축들을 빼앗아 내게 주셨소.
10 한번은 가축들이 새끼를 밸 때 내가
꿈속에서 눈을 들어 보니 가축 떼와
교미하는 수컷들은 줄무늬가 있거나
얼룩이 있거나 점이 있는 것들이었
소.
11 그때 꿈속에서 하나님의 천사가 '야곱
아' 하고 나를 불렀소. '내가 여기 있
습니다' 하고 내가 대답했소.
12 그랬더니 그가 말씀하셨소. '눈을 들
어 보아라. 가축들과 교미하러 올라
간 수컷들은 다 줄무늬가 있거나 얼
룩이 있거나 점이 있는 것이 아니냐?
내가 라반이 네게 한 일을 다 보았기
때문이다.
13 나는 네가 기둥에 기름을 붓고 내게
서원을 했던 벧엘의 하나님이다. 이제
일어나 이 땅을 떠나 네 고향으로 돌

아가라'고 말이오."
14 라헬과 레아가 야곱에게 대답해 말했
습니다. "이제 우리가 우리 아버지의
집에서 받을 몫이나 유업이 더 있겠
습니까?
15 아버지가 우리를 팔아먹고 우리 돈까
지 다 가로챘으니 아버지가 우리를 이
방 사람처럼 생각하는 게 분명합니
다.
16 하나님께서 우리 아버지에게서 빼앗
으신 모든 재산은 다 우리와 우리 자
식들의 것입니다. 그러니 하나님께
서 당신에게 말씀하신 그대로 하십시
오."
17 야곱이 자식들과 아내들을 서둘러
낙타에 태웠습니다.
18 그리고 모든 가축들과 밧단아람에서
모은 재물들을 전부 갖고 가나안 땅
에 계신 자기 아버지 이삭에게 가려
고 길을 떠났습니다.
19 라반이 양털을 깎으러 간 사이에 라
헬은 자기 아버지의 드라빔을 훔쳤습
니다.
20 야곱은 자기가 도망간다는 낌새를 알
아차리지 못하게 아람 사람 라반을
속이고 있었습니다.
21 이렇게 해서 야곱은 모든 재산을 갖
고 그에게 속한 모든 사람들을 거느
리고 도망쳤습니다. 그는 *강을 건너
길르앗 산지로 향했습니다.

라반이 야곱을 뒤쫓다

22 라반은 3일이 지나서야 야곱이 도망쳤
다는 소식을 듣게 됐습니다.
23 라반은 자기 형제들을 데리고 야곱을
잡으려고 7일을 쫓아가 길르앗 산지에
서 야곱을 따라잡았습니다.
24 그날 밤에 하나님께서 아람 사람 라
반의 꿈속에 나타나 말씀하셨습니다.
"너는 야곱에게 옳고 그름을 따지지
않도록 조심하여라."
25 라반이 야곱을 따라잡았습니다. 그
때 야곱은 그 산에서 장막을 치고 있
었습니다. 라반과 그 형제들도 길르앗
산에 진을 쳤습니다.
26 라반이 야곱에게 말했습니다. "네가
내게 어찌 이럴 수 있느냐? 네가 나
를 속이고 내 딸들을 마치 칼로 잡은
노예나 된 듯이 끌고 가지 않았느냐?
27 왜 나를 속이고 몰래 도망갔느냐? 왜
내게 말하지 않았느냐? 나는 너를 북
과 수금에 맞춰 노래를 부르며 기쁘
게 보내 주었을 텐데 말이다.
28 너는 내가 내 손자들과 딸들에게 입
맞추며 작별 인사할 기회도 주지 않
았다. 네가 이렇게 한 것은 어리석게
행한 것이다.
29 나는 너를 해칠 수도 있었다. 하지만
어젯밤에 너희 조상의 하나님께서 내
게 말씀하시기를 '너는 야곱에게 옳고
그름을 따지지 않도록 조심하여라'라
고 하셨다.
30 네가 네 아버지 집에 돌아가고 싶어
서 떠난 것은 알겠다. 그런데 도대체
내 드라빔은 왜 훔쳤느냐?"
31 야곱이 라반에게 대답해 말했습니다.

31:21 유프라테스 강을 가리킴.

"저는 외삼촌께서 외삼촌의 딸들을
강제로 제게서 빼앗아 갈까 봐 두려
웠습니다.
32 만약 외삼촌의 우상 신을 갖고 있는
사람을 발견하신다면 그는 살아남지
못할 것입니다. 우리 친족들이 보는
앞에서 외삼촌께서 직접 제가 가진
것들을 뒤져 보시고 발견하신다면 가
져가십시오." 이때 야곱은 라헬이 드
라빔을 훔친 것을 모르고 있었습니
다.
33 라반이 야곱의 장막과 레아의 장막과
두 여종의 장막에 들어가 보았지만
아무것도 찾을 수가 없었습니다. 라반
이 레아의 장막에서 나와 라헬의 장
막으로 들어갔습니다.
34 그때 라헬은 그 드라빔을 낙타의 안
장 밑에 넣고 그 위에 올라타 앉아 있
었습니다. 라반이 그녀의 장막을 다
뒤졌지만 아무것도 찾을 수가 없었습
니다.
35 라헬이 자기 아버지에게 말했습니다.
"내 주여, 제게 노여워하지 마십시오.
저는 지금 월경을 하고 있어서 일어
날 수가 없습니다." 그는 뒤져 보았지
만 결국 드라빔을 찾을 수가 없었습
니다.
36 야곱이 화가 나서 라반에게 따지며 그
에게 말했습니다. "제게 무슨 잘못이
있고 또 제게 무슨 죄가 있다고 외삼
촌께서 불길처럼 저를 추격하신 것입
니까?
37 외삼촌께서는 제 물건들을 다 뒤져
보셨습니다. 외삼촌의 집에 속한 물
건을 찾으셨습니까? 여기에서 그것을
외삼촌의 형제들과 제 친족들 앞에
내놓아 보십시오. 그들이 우리 둘 사
이에 판단할 수 있게 말입니다.
38 제가 외삼촌과 함께 지낸 것이 20년
입니다. 그동안 외삼촌의 양과 염소
가 유산한 적도 없고 제가 외삼촌의
양들을 잡아먹은 적도 없습니다.
39 들짐승에게 찢겨 죽임을 당한 것은
제가 외삼촌께 갖다 드리지 않고 제
가 그것을 보상했습니다. 그러나 외
삼촌은 밤이든 낮이든 도둑을 맞으면
그것을 제게 물어내게 하셨습니다.
40 낮에는 너무 뜨거워 견디기 어렵고
밤에는 너무 추워서 제대로 잠도 잘
수가 없이 지낸 게 제 처지였습니다.
41 제가 외삼촌의 집에서 지낸 20년 동
안 저는 외삼촌의 딸들을 위해 14년,

성·경·상·식

라헬이 훔친 드라빔

드라빔은 고대 근동 지방에서 가정을 지켜 주는 신으로 알려진 우상 중의 하나다. 누지에서 출토된 법전에 따르면 드라빔을 가진 사람에게 가정의 상속권이 있다고 한다. 이런 이유로 라헬은 아버지의 드라빔을 훔쳐 야곱이 재산을 상속받게 하려고 했던 것으로 보인다. 라헬이 장막에서 드라빔을 낙타의 안장 밑에 넣고 그 위에 올라타 앉은 모습에서 우리는 우상에 대한 조롱과 하나님 외에는 섬길 대상이 없음을 엿볼 수 있다(창 31:34).

그리고 외삼촌의 양들을 위해 6년 동
안 외삼촌을 섬겼습니다. 그런데 외삼
촌은 제 품삯을 열 번이나 바꾸셨습
니다.
42 제 아버지의 하나님, 아브라함의 하나
님, 곧 이삭이 경외하는 분께서 저와
함께하지 않으셨다면 외삼촌께서는
분명히 저를 빈손으로 보내셨을 것입
니다. 그러나 하나님께서는 제가 고난
당한 것과 제가 수고한 것을 보시고
어젯밤에 외삼촌을 꾸짖으신 것입니
다."
43 라반이 야곱에게 대답했습니다. "이
딸들도 내 딸들이요, 이 아이들도 내
손자들이며 이 양들도 내 양들이다.
네가 보고 있는 모든 것들은 다 내 것
이다. 내가 오늘날 내 딸들이나 내 딸
들이 낳은 내 손자들에게 어떻게 하
겠느냐?
44 자, 너와 나 사이에 언약을 맺고 그것
을 우리 사이에 증거로 삼도록 하자."
45 야곱이 돌을 가져다가 기둥을 세웠습
니다.
46 야곱이 자기 친족들에게 "돌들을 모
으라"고 말했습니다. 그들이 돌들을
가져다가 쌓고 그 돌무더기 옆에서
음식을 먹었습니다.
47 라반은 그 돌무더기를 *여갈사하두다
라고 불렀습니다. 야곱은 그것을 갈르
엣이라고 불렀습니다.
48 라반이 말했습니다. "이 돌무더기가
오늘 너와 나 사이에 증거가 될 것이
다." 이것이 갈르엣이라고 불린 유래입
니다.
49 이것은 또한 *미스바라고도 불렸는데
그것은 라반이 말하기를 "우리가 서
로 떨어져 있는 동안에도 여호와께서
너와 나 사이를 지켜 주시기를 바란
다.
50 네가 만약 내 딸들을 박대하거나 내
딸들 외에 다른 아내를 얻는다거나
하면 비록 우리 사이에 아무도 없어
도 하나님께서 너와 나 사이에 증인
이 되실 것이다"라고 했기 때문입니
다.
51 라반이 야곱에게 말했습니다. "여기
내가 너와 나 사이에 세운 이 돌무더
기와 기둥을 보아라.
52 이 돌무더기가 증거며 이 기둥이 증거
다. 내가 이 돌무더기를 지나 네게로
가지 않을 것이며 너도 이 돌무더기
와 기둥을 지나 나를 해치러 오지 말
아야 한다.
53 아브라함의 하나님, 나홀의 하나님,
그들 조상의 하나님께서 우리 사이를
판단하시기를 빈다." 야곱이 자기 아
버지 이삭이 경외하는 분의 이름으로
맹세를 했습니다.
54 야곱이 그 산에서 제사를 드리고 자
기 친족들을 불러 빵을 먹었습니다.
그렇게 그들이 함께 식사를 한 뒤 그
산에서 밤을 보냈습니다.
55 다음 날 아침 일찍 라반이 일어나 자
기 손자들과 딸들에게 입 맞추고 그

31:47 증거의 무더기. 아람어는 여갈사하두다, 히브리어는 갈르엣　31:49 망루

들을 위해 복을 빌었습니다. 라반이
길을 떠나 자기 집으로 돌아갔습니
다.

야곱이 에서를 만날 준비하다

32 야곱 역시 자기 길을 계속해서
갔는데 하나님의 천사들이 그
에게 나타났습니다.
2 야곱이 그들을 보고 "이것은 하나님
의 군대다"라고 말하며 그곳을 *마하
나임이라고 불렀습니다.
3 야곱이 에돔 지방 세일 땅에 있는 형
에서에게 자기 앞서 심부름꾼들을 보
내면서
4 그들에게 명령했습니다. "너희는 내
주인 에서 형님께 이렇게 말씀드려라.
'어르신의 종 야곱이 이 말씀을 전하
라고 하셨습니다. 제가 라반과 함께
지내며 지금까지 머물렀습니다.
5 제게는 소와 나귀와 양과 염소와 남
녀종들이 있습니다. 형님께서 너그러
운 사랑을 보여 주시길 바라며 제가
제 주인이신 형님께 이렇게 소식을 전
하는 것입니다'라고 말이다."
6 심부름꾼들이 야곱에게 돌아와 말했
습니다. "저희가 주인어른의 형님께
갔는데 지금 그분이 주인어른을 만나
러 오시는 중입니다. 400명이나 되는
사람들을 거느리시고 함께 오고 계십
니다."
7 야곱은 너무 두렵고 마음이 괴로워서
자기와 함께한 사람들과 양 떼와 소
떼와 낙타들을 두 무리로 나누었습니
다.
8 그는 "만약 에서 형이 와서 한 무리를
공격하면 남은 진영은 달아나도록 해
야겠다"라고 생각한 것입니다.
9 야곱은 기도했습니다. "오, 제 할아버
지 아브라함의 하나님, 제 아버지 이
삭의 하나님 여호와여, 제게 '네 고향
네 친척에게로 돌아가라. 그러면 내
가 네게 은혜를 베풀어 줄 것이다'라
고 말씀하지 않으셨습니까?
10 저는 주께서 주의 종에게 베풀어 주
신 그 모든 자비하심과 신실하심을
감히 받을 자격이 없는 사람입니다.
제가 지팡이 하나만을 갖고 이 요단
강을 건넜지만 이제는 이렇게 두 무
리나 이루었습니다.
11 저를 제 형의 손, 곧 에서 형의 손에
서 구원해 주소서. 그가 와서 저와
제 처자식들을 공격할까 두렵습니다.
12 그러나 주께서는 '내가 분명히 네게
은혜를 베풀어 네 자손이 바다의 모
래처럼 셀 수 없이 많아지게 하겠다'
라고 말씀하셨습니다."
13 그날 밤 야곱은 거기에 머물렀습니다.
그는 자기가 가진 것들 가운데 자기
형 에서에게 줄 선물을 골랐습니다.
14 그것들은 암염소 200마리와 숫염소
20마리, 암양 200마리와 숫양 20마
리,
15 젖 먹이는 암낙타 30마리와 그 새끼
들, 암소 40마리와 황소 열 마리, 암
나귀 20마리와 숫나귀 열 마리였습니
다.

32:2 두 진지

16 야곱은 그것들을 여러 떼로 나눠 각
각 자기 종들에게 맡기고는 말했습
니다. "나보다 앞서가라. 그리고 가축
떼 사이에 거리를 두고 가라."
17 야곱은 가장 앞서가는 떼에게 말했
습니다. "내 형님 에서 어른께서 너희
를 맞으러 와서 '너희들은 어느 집 사
람들이며 또 어디로 가는 길이냐? 너
희 앞에 가는 이 짐승들은 누구 것이
냐?'라고 물으시면
18 너희는 '이것들은 주인어른의 종 야곱
의 것인데 그의 주인 에서 어른께 보
내는 선물입니다. 야곱은 저희 뒤에
오고 있습니다'라고 말씀드리라."
19 그는 또한 두 번째 떼와 세 번째 떼와
그 나머지 떼들을 따라가는 모든 종
들에게 말했습니다. "너희가 에서 어
른을 만나게 되면 그분께 똑같이 말
씀드리라.
20 그리고 '보십시오. 주인어른의 종 야곱
이 저희 뒤에 오고 있습니다'라고 말
씀드리라." 야곱은 '혹시 내가 내 앞서
보내는 이 선물들로 형의 마음을 누
그러지게 한 다음에 만나면 형이 나
를 용서해 주지 않을까?'라고 생각한
것입니다.
21 그래서 야곱은 선물을 그의 앞에 먼
저 보내고 자기는 그날 밤에 장막에
서 지냈습니다.

야곱이 하나님과 씨름하다

22 그날 밤 야곱이 일어나서 자기의 두
아내와 두 여종과 11명의 아들들을
데리고 얍복 나루를 건넜습니다.
23 그는 그들을 데리고 시내를 건너보내
며 자기가 가진 것들도 다 건너보냈습
니다.
24 그리고 야곱은 홀로 남아 있었는데
어떤 사람이 나타나 동틀 때까지 야
곱과 씨름을 했습니다.
25 그 사람이 자기가 야곱을 이기지 못
하는 것을 알고는 야곱의 엉덩이뼈를
쳤습니다. 야곱이 그 사람과 씨름하
는 사이에 야곱의 엉덩이뼈가 어긋나
게 됐습니다.
26 그 사람이 말했습니다. "동이 텄으니
나를 보내 다오." 야곱이 대답했습니
다. "저를 축복하지 않으시면 못 갑니
다."
27 그 사람이 물었습니다. "네 이름이 무
엇이냐?" 그가 대답했습니다. "야곱입
니다."
28 그 사람이 말했습니다. "이제 네 이름
은 더 이상 야곱이 아니라 *이스라엘
이다. 네가 하나님과 겨루고 사람들
과 겨루어 이겼기 때문이다."
29 야곱이 말했습니다. "주의 이름을 말
씀해 주십시오." 그가 대답했습니다.
"어찌 내 이름을 묻느냐?" 그가 거기
에서 야곱을 축복했습니다.
30 야곱이 그곳을 *브니엘이라 부르고
는 말했습니다. "내가 하나님을 대면
해서 보았는데도 내 생명이 보존됐구
나."
31 야곱이 브니엘을 떠날 때 해가 떴습니
다. 그는 엉덩이뼈가 어긋나서 절뚝거

32:28 하나님과 겨루다. 32:30 하나님의 얼굴

렸습니다.
32 그 사람이 엉덩이뼈의 힘줄을 쳤기
때문에 오늘날까지 이스라엘 자손들
은 엉덩이뼈에 붙은 힘줄을 먹지 않
습니다.

야곱이 에서를 만나다

33 야곱이 눈을 들어 보니 에서가
400명을 거느리고 다가오고
있었습니다. 야곱은 자식들을 레아와
라헬과 두 여종에게 나눠 맡겼습니
다.
2 그는 두 여종과 그 자식들을 맨 앞에
세우고 레아와 그 자식들을 그다음
에 세웠으며 라헬과 요셉은 맨 뒤에
세웠습니다.
3 야곱은 그들의 맨 앞으로 나아갔습니
다. 그는 땅에 엎드리어 일곱 번 절하
며 자기 형에게 다가갔습니다.
4 에서가 달려와 야곱을 맞았습니다.
그는 야곱을 부둥켜안으며 두 팔로
야곱의 목을 끌어안고 입 맞추었습니
다. 그들은 함께 울었습니다.
5 에서가 눈을 들어 여자들과 아이들
을 보고 물었습니다. "이 사람들은 누
구냐?" 야곱이 대답했습니다. "하나님
께서 형님의 종에게 은혜를 베푸셔서
주신 자식들입니다."
6 그때 여종들과 그들의 아이들이 나와
서 절했습니다.
7 다음으로 레아와 그녀의 아이들이 나
와서 절했습니다. 마지막으로 요셉과
라헬이 나와서 절을 했습니다.
8 에서가 물었습니다. "내가 만난 이 가
축 무리들은 다 무엇이냐?" 야곱이
대답했습니다. "제 주인이신 형님께
은총을 입고자 가져온 것입니다."
9 그러자 에서가 말했습니다. "내 동생
아, 나는 이미 가진 것이 많다. 네 것
이니 네가 가져라."
10 야곱이 말했습니다. "아닙니다. 제가
형님의 은총을 입었다면 제가 드리는
이 *선물을 받아 주십시오. 저를 반
갑게 맞아 주시는 형님을 보니 마치
하나님의 얼굴을 보는 것 같습니다.
11 제발 형님께 드리는 이 *선물을 받아
주십시오. 하나님께서 제게 은혜를
베푸셔서 저도 넉넉합니다." 야곱이
끝까지 권하자 에서가 받았습니다.
12 에서가 말했습니다. "자, 이제 가도록
하자. 내가 앞장서마."
13 야곱이 에서에게 말했습니다. "형님께
서도 아시지 않습니까? 제 아이들은
약합니다. 그리고 제게는 젖 먹이는
양과 소가 있습니다. 하루라도 더 무
리해 몰고 가면 모든 가축이 다 죽을
것입니다.
14 그러니 내 주께서 이 종보다 먼저 가
십시오. 저는 제 앞에 있는 가축들과
아이들이 가는 속도에 맞춰 천천히
가다가 세일에서 내 주를 만나겠습니
다."
15 에서가 말했습니다. "그렇다면 내 사
람들을 네게 좀 남겨 놓고 가겠다."
야곱이 말했습니다. "그렇게까지 하지
않으셔도 됩니다. 그저 내 주께서 저

33:10 히브리어, 민하 33:11 히브리어, 베라카, '복'

를 너그럽게 받아 주신 것만으로도
저는 좋습니다."
16 그날 에서는 길을 떠나 세일로 돌아
갔습니다.
17 그러나 야곱은 *숙곳으로 갔습니다.
야곱은 그곳에 집을 짓고 가축우리
도 만들었습니다. 그래서 사람들이
그곳의 이름을 숙곳이라고 불렀습니
다.
18 이처럼 야곱이 밧단아람에서 돌아와
서 가나안 땅 세겜 성에 무사히 도착
해 그 성 앞에 장막을 쳤습니다.
19 그는 자기가 장막을 친 그 들판의 일
부를 세겜의 아버지 하몰의 아들들에
게 은 100개를 주고 샀습니다.
20 그는 거기에 제단을 쌓고 그곳을 *엘
엘로헤이스라엘이라고 불렀습니다.

디나와 세겜

34 레아와 야곱 사이에서 태어난
딸 디나가 그 땅 여자들을 보
러 나갔습니다.
2 그런데 히위 사람 하몰의 아들이자
그 지역의 추장인 세겜이 그녀를 보
고 데려다가 그녀를 강제로 범하고 더
럽혔습니다.
3 그는 야곱의 딸 디나에게 깊이 끌려
그녀를 사랑하고 부드러운 말로 그녀
를 위로했습니다.
4 세겜이 자기 아버지 하몰에게 말했습
니다. "이 소녀를 제 아내로 맞게 해
주십시오."
5 야곱은 세겜이 자기 딸 디나를 더럽혔
다는 말을 들었습니다. 그러나 자기
아들들이 가축들과 함께 들에 나가
있었으므로 아들들이 돌아올 때까지
그는 잠잠히 있었습니다.
6 세겜의 아버지 하몰이 청혼하려고 야
곱에게 왔습니다.
7 그때는 야곱의 아들들이 소식을 듣고

33:17 초막, 오두막 33:20 하나님, 이스라엘의 하나님

하용조 목사의 행복한 **메시지**

교회를 떠나지 말라

하나님의 약속을 받은 자녀라 할지라도 하나님의 말씀에서 벗어나서 신앙 공동체를 떠나 제멋대로 살면 화가 임합니다. 신앙 공동체를 떠나면 유다에게 일어난 것과 같은 일이 생깁니다. 가끔 우리는 예수를 안 믿는 세상이 예수를 믿는 세상보다 더 좋다면서 신앙 공동체를 떠나는 사람들을 볼 수 있습니다. 하지만 절대로 신앙 공동체를 떠나면 안 됩니다. 아무리 어렵고 힘들어도 교회를 떠나면 안 됩니다.

교회는 우리에게 생명 끈입니다. 교회 안에 있으면 하나님의 말씀을 듣고 그분의 음성을 듣게 됩니다. 만약 교회 안에서 시험에 들었다면 그저 잠시 소나기가 내린다고 생각하십시오. 소나기는 지나갑니다. 마찬가지로 시험도 지나갑니다. 신앙 공동체는 가족 공동체입니다. 따라서 그곳을 떠나면 안 됩니다. 신앙 공동체를 꼭 붙드십시오. 그곳은 복의 물줄기입니다. 그곳에 있으면 인생의 수많은 고난과 역경을 이겨 낼 수 있습니다.

들에서 돌아와 있었습니다. 그들은
세겜이 야곱의 딸을 강제로 범해 이스
라엘에게 수치스러운 일, 곧 해서는
안 될 일을 세겜이 행한 것 때문에 괴
로워하며 분노했습니다.
8 하몰이 그들에게 말했습니다. "제 아
들 세겜이 댁의 따님을 사랑합니다.
댁의 따님을 제 아들에게 아내로 주
시기를 부탁합니다.
9 댁의 가문과 우리네 사이에 통혼합시
다. 댁의 따님들을 저희에게 주시고
저희 딸들을 데려가십시오.
10 그리고 우리와 함께 삽시다. 땅이 여
러분 앞에 있으니 여기서 사십시오.
여기에서 마음대로 다니면서 땅도 얻
으십시오."
11 세겜이 디나의 아버지와 형제들에게
말했습니다. "제가 여러분의 마음에
들기를 바랍니다. 뭐든지 말씀만 하시
면 드리겠습니다.
12 결혼 지참금과 선물을 아무리 많이
요구하시더라도 말씀하시는 대로 드
리겠습니다. 이 소녀만 제게 아내로
주십시오."
13 야곱의 아들들은 자기 누이가 더럽혀
졌기 때문에 세겜과 그 아버지 하몰
에게 거짓으로 대답했습니다.
14 그 형제들이 두 사람에게 말했습니
다. "저희는 할례 받지 않은 사람에게
저희 누이를 줄 수가 없습니다. 그것
은 저희들에게 수치가 되는 일입니다.
15 하지만 한 가지 조건만 들어주신다면
저희가 댁의 의견을 받아들일 수 있
습니다. 그것은 여러분 댁 모든 남자
들이 저희들처럼 할례를 받는 것입니
다.
16 그러면 저희가 저희 딸들을 여러분에
게 드리고 댁의 딸들을 저희가 데려
올 것입니다. 그리고 저희가 여러분과
함께 살고 한 백성이 될 것입니다.
17 그러나 만약 여러분들이 저희 말대로
할례 받기를 꺼려한다면 저희는 저희
의 딸을 데리고 가겠습니다."
18 하몰과 그의 아들 세겜은 그들의 제
안을 기꺼이 받아들였습니다.
19 그 청년은 야곱의 딸을 좋아했기 때
문에 그 말대로 하기를 주저하지 않
았습니다. 세겜은 자기 아버지의 집안
에서 가장 존경받는 사람이었습니다.
20 그래서 하몰과 그 아들 세겜이 자기
들 성문으로 가서 그 성의 사람들에
게 말했습니다.
21 "이 사람들은 우리에게 우호적인 사
람들입니다. 그러니 그들이 이 땅에
서 살면서 자유롭게 다니게 해 줍시
다. 이 땅은 그들과 함께 살 만큼 충
분히 넓습니다. 우리가 그들의 딸들
을 우리의 아내로 삼고 우리의 딸들
을 그들에게 줍시다.
22 그러나 그들이 우리와 함께 살고 한
백성이 되는 데는 한 가지 조건이 있
습니다. 그것은 그들이 할례를 받은
것처럼 우리의 모든 남자들도 다 할
례를 받아야 한다는 것입니다.
23 그러면 그들의 가축들과 그들의 재산
과 그 밖의 모든 짐승들이 다 우리 것

이 되지 않겠습니까? 그러니 우리가
그들의 뜻을 받아들여 그들이 우리
와 함께 살도록 합시다."
24 성문에 나가 있던 모든 사람들이 하
몰과 그 아들 세겜의 말을 들었습니
다. 그 성의 모든 남자들이 다 할례를
받았습니다.
25 3일 후 그들이 상처가 나서 아픔을
겪고 있을 때 야곱의 두 아들이자 디
나의 오빠인 시므온과 레위가 각자 칼
을 빼 들고 가 평온한 그 성을 습격해
서 모든 남자들을 다 죽여 버렸습니
다.
26 그들은 하몰과 그 아들 세겜을 칼로
죽였습니다. 그리고 세겜의 집에서 디
나를 데리고 나왔습니다.
27 야곱의 아들들은 시체들이 있는 곳
으로 가서 그 성을 약탈했습니다. 이
는 그들이 자기 누이를 더럽혔기 때
문이었습니다.
28 야곱의 아들들은 그들의 양 떼와 가
축들과 나귀들과 그 성안에 있는 모
든 것들과 들에 있는 모든 것들을 다
가져왔습니다.
29 또한 그들의 모든 재물들과 모든 여
자와 아이들과 집 안에 있던 모든 것
들을 다 약탈했습니다.
30 야곱이 시므온과 레위에게 말했습니
다. "너희가 나를 곤란하게 만들었구
나. 이 땅에 사는 사람들, 곧 가나안
족속과 브리스 족속들이 나를 사귈
수 없는 추한 사람이라고 여길 것이
다. 나는 수도 얼마 되지 않는데 만약
그들이 뭉쳐서 나를 공격하면 나와
내 집이 망하게 될 것이다."
31 그들이 대답했습니다. "그러면 그가
우리 누이를 창녀처럼 대해도 된다는
말씀입니까?"

야곱이 벧엘로 돌아오다

35 하나님께서 야곱에게 말씀하
셨습니다. "일어나 벧엘로 올라
가서 거기에 머물러라. 그리고 거기에
서 네가 네 형 에서로부터 도망칠 때
네게 나타나셨던 하나님께 제단을 쌓
아라."
2 야곱이 자기 집 사람들과 그와 함께
있는 모든 사람들에게 말했습니다.
"너희가 지니고 있는 이방 신상들을
없애 버리라. 너희 자신을 정결하게
하고 옷을 갈아입으라.
3 일어나서 벧엘로 올라가자. 내가 그곳
에서 내 고난의 날에 내게 응답하시
고 내가 가는 길에서 나와 함께하셨
던 하나님께 제단을 쌓을 것이다."
4 그들은 자기들이 지니고 있던 모든
이방 신상들과 귀에 걸고 있던 귀걸
이를 야곱에게 주었습니다. 야곱이 그
것들을 세겜에 있는 상수리나무 아래
묻었습니다.
5 그들은 길을 떠났습니다. 하나님께서
주변 성읍 사람들에게 두려운 마음
을 주셔서 아무도 그들을 쫓아오지
못하게 하셨습니다.
6 야곱과 그의 일행 모두가 가나안 땅
루스, 곧 벧엘에 도착했습니다.
7 거기에서 그는 제단을 쌓았습니다.

그가 자기 형에게서 도망칠 때 거기
에서 하나님께서 직접 나타나셨기 때
문에 그곳을 *엘벧엘이라 불렀습니
다.
8 리브가의 유모 드보라는 죽어 벧엘
아래쪽의 상수리나무 밑에 묻혔습니
다. 그래서 그 나무의 이름을 *알론바
굿이라 부르게 됐습니다.
9 야곱이 밧단아람에서 돌아온 후 하나
님께서 그에게 다시 나타나셔서 복을
주셨습니다.
10 하나님께서 야곱에게 말씀하셨습니
다. "네 이름은 야곱이었으나 이제 더
이상 야곱이라 불리지 않을 것이다.
이제 네 이름은 이스라엘이다." 야곱
은 이스라엘이라 불리게 됐습니다.
11 하나님께서 그에게 말씀하셨습니다.
"나는 전능한 하나님이다. 너는 자식
을 많이 낳고 번성하여라. 한 민족과
여러 민족들이 네게서 나올 것이며
왕들이 네 몸에서 나올 것이다.
12 내가 아브라함과 이삭에게 준 땅을 네
게 주고 또한 네 자손에게 이 땅을
주겠다."
13 하나님께서는 야곱과 말씀하시던 장
소에서 떠나 올라가셨습니다.
14 야곱은 하나님께서 자기와 말씀하시
던 곳에 돌기둥을 세웠습니다. 그 위
에 전제물을 붓고 다시 기름을 부었
습니다.
15 야곱은 하나님께서 자기와 말씀하시
던 그곳을 벧엘이라 불렀습니다.

라헬과 이삭의 죽음

16 그들이 벧엘에서 출발했습니다. 그들
이 에브랏에서 아직 어느 정도 떨어
진 곳에 이르렀을 때 라헬이 해산을
하게 됐는데 난산이었습니다.
17 그녀가 가장 고통스러워할 때 산파가
말했습니다. "두려워하지 마세요. 이
번에도 아들이에요."
18 라헬이 막 숨을 거두는 그때 그녀는
아들의 이름을 *베노니라고 지었습니

35:7 벧엘의 하나님 35:8 통곡의 상수리나무
35:18 베노니는 '내 슬픔의 아들', 베냐민은 '내 오른손의 아들'

Q&A 벧엘은 어떤 곳인가?

참고 구절 | 창 35:1–15

'벧엘'은 히브리어로 '하나님의 집'이라는 뜻이다. 오늘날 예루살렘 북쪽 약 16km지점에 위치한 '베이틴'으로, 야곱 시대에 가나안 사람들은 '루스'라고 불렀다(창 28:19).

벧엘은 아브라함이 남방으로 내려가다가 처음으로 제단을 쌓은 곳이며(창 12:7–9), 야곱이 밧단아람으로 가는 여정 중에 사닥다리 꿈을 꾼 곳이기도 하다. 야곱은 여기서 하나님의 약속을 받고 베고 자던 돌로 기둥을 세우고 하나님께 서원을 했다(창 28:10–22). 하나님의 약속대로 야곱은 밧단아람에서 가나안으로 돌아와 여기에다 제단을 쌓고 '엘벧엘'이라고 불렀다(창 35:1–7).

벧엘은 가나안을 정복한 후에 베냐민 지파에게 분배되었으나(수 18:13, 22) 베냐민 지파가 이 땅을 정복하지 못했기 때문에 에브라임 지파가

다. 그러나 그 아이의 아버지는 그를
*베냐민이라고 불렀습니다.
19 이렇게 해서 라헬은 죽어서 에브랏,
곧 베들레헴으로 가는 길에 묻혔습니
다.
20 야곱이 그녀의 무덤에 기둥을 하나
세웠는데 오늘날까지도 그 기둥이 라
헬의 무덤에 있습니다.
21 이스라엘이 다시 길을 떠나 에델 망대
너머에 장막을 쳤습니다.
22 이스라엘이 그곳에 살고 있을 때 르우
벤이 가서 자기 아버지의 첩 빌하와
동침했는데 이스라엘이 그 사실을 들
었습니다. 야곱에게는 12명의 아들이
있었습니다.
23 레아의 아들들은 야곱의 맏아들 르우
벤과 시므온과 레위와 유다와 잇사갈
과 스불론입니다.
24 라헬의 아들들은 요셉과 베냐민입니
다.
25 라헬의 종 빌하의 아들들은 단과 납
달리입니다.
26 레아의 종 실바의 아들들은 갓과 아
셀입니다. 아들은 밧단아람에서 태어
난 야곱의 아들들입니다.
27 야곱은 아브라함과 이삭이 지냈던 곳
인 기럇 아르바, 곧 헤브론 근처 마므
레에 있는 자기 아버지 이삭의 집으
로 돌아왔습니다.
28 이삭은 180세까지 살았습니다.
29 이삭은 늙고 나이 많아 숨을 거두고
자기 조상들에게로 돌아갔습니다. 그
의 아들 에서와 야곱이 그를 장사 지
냈습니다.

에서의 자손 (대상 1:34-42)

36 에서, 곧 에돔의 족보는 이러합
니다.
2 에서는 가나안 여자들을 아내로 삼았
습니다. 헷 사람 엘론의 딸 아다와 아
나의 딸인 오홀리바마인데 그녀는 히
위 사람 시브온의 손녀입니다.
3 그리고 이스마엘의 딸 바스맛인데 그
녀는 느바욧의 누이였습니다.
4 아다는 에서에게 엘리바스를 낳아 주

정복해 차지했다(대상 7:28). 사사 시대에는 여기에 하나님의 법궤가 있었으며(삿 20:26-28) 이스라엘 자손은 여기서 하나님께 번제와 화목제를 드렸다(삿 20:26; 21:4). 그리고 이곳은 사무엘이 순회하며 이스라엘을 다스리던 곳 가운데 하나이기도 했다(삼상 7:16).
분열 왕국 시대에는 여로보암이 금송아지를 만들어 이곳에 두고 이스라엘의 종교 중심지로 삼아 제사를 지내게 했다(왕상 12:26-32). 이 우상 숭배의 죄에 대해 아모스는 크게 책망을 하며 벧엘의 제단들이 파괴될 것이라고 예언했다(암 3:14; 5:5). 호세아 역시 우상 숭배의 중심지가 된 이곳을 '벧아웬(사악의 집)'이라고 부르며 벧엘에서의 우상 숭배를 책망했다(호 4:15; 5:8; 10:5).
얼마 후 벧엘은 앗시리아가 이주시킨 여러 민족들의 거주지가 되었으며 하나님과 다른 이방 신을 함께 섬기는 곳이 되었다(왕하 17:28-33). 벧엘의 제단들은 요시아 왕이 종교 개혁을 할 때 훼파되었다(왕하 23:4, 15-16). 후에 바벨론 포로지에서 귀환한 이스라엘 사람 중 베냐민 자손들이 이곳에 정착했다(느 11:31).

었습니다. 바스맛은 르우엘을 낳았습
니다.
5 오홀리바마는 여우스와 얄람과 고라
를 낳았습니다. 이들이 가나안에서
태어난 에서의 아들들입니다.
6 에서는 자기 아내들과 아들딸들과 자
기 집에 속한 모든 사람들과 가축들
과 짐승들과 자기가 가나안 땅에서
얻은 모든 소유들을 갖고 자기 동생
야곱에게서 멀리 떨어진 땅으로 이주
했습니다.
7 그들이 가진 것이 너무 많아서 함께
지낼 수 없었습니다. 그들이 가진 가
축들이 너무 많아서 그들이 살던 땅
은 너무 비좁았습니다.
8 에서, 곧 에돔은 세일 산에 정착했습
니다.
9 세일 산간 지방에 사는 에돔의 조상
에서의 족보는 이러합니다.
10 에서의 아들들의 이름은 이러합니다.
에서의 아내 아다에게서 태어난 아들
엘리바스와 에서의 아내 바스맛의 아
들 르우엘입니다.
11 엘리바스의 아들들은 데만과 오말과
스보와 가담과 그나스입니다.
12 에서의 아들 엘리바스에게는 딤나라
는 첩이 있었는데 그녀는 엘리바스와
의 사이에서 아말렉을 낳았습니다.
이들은 에서의 아내 아다의 자손들입
니다.
13 르우엘의 아들들은 나핫과 세라와 삼
마와 미사입니다. 이들은 에서의 아내
바스맛의 자손들입니다.
14 시브온의 손녀이며 아나의 딸이자 에
서의 아내인 오홀리바마의 아들들은
여우스와 얄람과 고라로 오홀리바마
가 에서에게서 낳은 아들들입니다.
15 에서 자손의 족장들은 다음과 같습
니다. 에서의 맏아들 엘리바스의 아
들들은 데만 족장과 오말 족장과 스
보 족장과 그나스 족장과
16 *고라 족장과 가담 족장과 아말렉 족
장입니다. 이들은 에돔 땅의 엘리바스
자손인 족장들로서 아다의 자손들입
니다.
17 에서의 아들 르우엘의 아들들은 나핫
족장과 세라 족장과 삼마 족장과 미
사 족장입니다. 이들은 에돔 땅 르우
엘의 자손인 족장들로서 에서의 아내
바스맛의 자손들입니다.
18 에서의 아내 오홀리바마의 아들들은
여우스 족장과 얄람 족장과 고라 족
장입니다. 이들은 아나의 딸이며 에서
의 아내인 오홀리바마의 자손인 족장
들입니다.
19 이들은 에서, 곧 에돔의 아들들로서
족장이 된 사람들이었습니다.
20 그 땅의 원주민인 호리 족속, 곧 세일
의 자손들은 로단과 소발과 시브온과
아나와
21 디손과 에셀과 디산입니다. 에돔 땅의
세일의 자손들, 곧 호리 족속의 족장
들입니다.
22 로단의 아들들은 호리와 *헤맘이며 딤나

36:16 마소라 사본을 따름. 사마리아 오경에는 '고라'가 없음(창 36:11을 보라). 36:22 호맘과 동일 인물(대상 1:39을 보라.)

는 로단의 누이입니다.
23 소발의 아들은 알완과 마나핫과 에발
과 스보와 오남입니다.
24 시브온의 아들은 아야와 아나입니다.
아나는 광야에서 자기 아버지 시브온
의 나귀를 칠 때 온천을 발견한 바로
그 사람입니다.
25 아나의 자녀들은 디손과 오홀리바마
입니다. 오홀리바마는 아나의 딸입니
다.
26 디손의 아들은 헴단과 에스반과 이드
란과 그란입니다.
27 에셀의 아들은 빌한과 사아완과 아간
입니다.
28 디산의 아들은 우스와 아란입니다.
29 호리 족속의 족장들은 로단 족장과
소발 족장과 시브온 족장과 아나 족
장과
30 디손 족장과 에셀 족장과 디산 족장
입니다. 이들이 세일 땅의 족속에 따
라 호리 족속의 족장들이 된 사람들
입니다.

에돔의 왕들 (대상 1:43-54)

31 이스라엘 자손에게 왕이 있기 전에
에돔 땅에서 다스렸던 왕들은 이러합
니다.
32 브올의 아들 벨라가 에돔에서 왕이
됐는데 그의 도성의 이름은 딘하바입
니다.
33 벨라가 죽고 보스라 출신 세라의 아들
요밥이 왕위를 계승했습니다.
34 요밥이 죽고 데만 사람들의 땅에서
온 후삼이 왕위를 계승했습니다.
35 후삼이 죽고 브닷의 아들 하닷이 왕
위를 계승했습니다. 그는 모압 지방의
미디안 족속을 무찌른 사람입니다.
그의 도성의 이름은 아윗이었습니다.
36 하닷이 죽고 마스레가 출신의 삼라가
왕위를 계승했습니다.
37 삼라가 죽고 유프라테스 강 가에 살던
르호봇 출신의 사울이 왕위를 계승했
습니다.
38 사울이 죽고 악볼의 아들 바알하난이
왕위를 계승했습니다.
39 악볼의 아들 바알하난이 죽고 *하달
이 왕위를 계승했습니다. 그의 도성
의 이름은 바우입니다. 하달의 아내
이름은 므헤다벨인데 메사합의 손녀
며 마드렛의 딸입니다.
40 족속과 사는 곳과 이름에 따른 에서
자손의 족장들은 이러합니다. 딤나
족장과 알와 족장과 여뎃 족장과
41 오홀리바마 족장과 엘라 족장과 비논
족장과
42 그나스 족장과 데만 족장과 밉살 족
장과
43 막디엘 족장과 이람 족장입니다. 이들
은 자신들이 소유한 땅, 곧 사는 곳
에 따라 나열한 에돔의 족장들입니
다. 에돔 족속의 조상은 에서입니다.

요셉의 꿈

37 야곱은 자기 아버지가 살았던
가나안 땅에 살았습니다.
2 야곱의 가족에 관한 이야기는 다음과

36:39 대다수 마소라 사본을 따름. 일부 마소라 사본과 사마리아 오경과 시리아어역에는 '하닷'(대상 1:50을 보라.)

같습니다. 요셉은 17세의 소년이었는
데 자기 형들과 함께 양치는 일을 했
습니다. 요셉은 자기 아버지의 아내들
인 빌하와 실바가 낳은 아들들을 도
왔습니다. 요셉은 형들의 잘못을 보면
그대로 자기 아버지에게 전했습니다.
3 이스라엘이 늘그막에 요셉을 얻었기
에 다른 아들들보다 그를 더 사랑했
습니다. 그래서 그에게 *귀한 옷을 지
어 입혔습니다.
4 그의 형들은 아버지가 자기들보다 요
셉을 더 사랑하는 것을 보고 요셉을
미워해 그에게 다정한 인사말조차 하
지 않았습니다.
5 한번은 요셉이 꿈을 꾸고 그것을 자
기 형제들에게 말했습니다. 그 때문
에 그들이 요셉을 더 미워했습니다.
6 요셉은 그들에게 이렇게 말했습니다.
"제가 꾼 꿈 이야기를 들어 보세요.
7 우리가 밭 가운데서 곡식 단을 묶고
있었어요. 그런데 제가 묶은 단이 일
어나 똑바로 섰어요. 그러자 형님들
의 단이 제 단을 둘러서서 절을 하는
것이었어요."
8 형들이 그에게 말했습니다. "네가 정
말 우리의 왕이 되며 네가 정말 우리
를 다스리겠다는 것이냐?" 형들은 요
셉의 꿈과 그가 한 말 때문에 요셉을
더욱더 미워했습니다.
9 그 후 요셉이 다시 꿈을 꾸고 형들에
게 말했습니다. "보세요. 제가 또 꿈
을 꾸었는데 해와 달과 11개의 별들
이 제게 절을 했어요."
10 요셉은 형들뿐만 아니라 아버지에게
도 그 꿈 이야기를 했습니다. 그러자
그의 아버지가 그를 꾸짖으며 말했습
니다. "무슨 그런 꿈을 꾸었느냐? 그
러면 나와 네 어머니와 네 형들이 정
말 네게 와서 땅에 엎드려 네게 절하
게 된다는 말이냐?"
11 그의 형들은 요셉을 많이 질투했으나
그의 아버지는 그가 한 말을 마음에
담아 두었습니다.

37:3 또는 색동옷

하용조 목사의 행복한 **메시지**

하나님의 꿈

하나님의 꿈은 가둬 둘 수 없습니다. 하나님의 꿈은 말하지 않으면 견딜 수 없습니다. 그것이 하나님께서 주시는 꿈의 특징입니다. 또 하나님의 꿈은 이야기하면 핍박을 받습니다. 그렇기에 그 꿈으로 인해 오해를 받고 고난을 겪게 된다면 그것은 그 꿈이 진짜라는 증거가 됩니다. 끝으로 하나님의 꿈은 아무나 알아들을 수 있는 것이 아닙니다. 귀가 있는 사람만이 들을 수 있고 눈이 있는 사람만이 볼 수 있습니다.

여러분은 어떤 꿈을 가지고 있습니까? 말하지 않으면 견딜 수 없고, 그대로 행하지 않으면 견딜 수 없는 그런 꿈이 여러분에게도 있습니다. 그것은 바로 예수 그리스도입니다.

요셉이 형들에 의해 팔리다

12 요셉의 형들이 세겜에 가서 아버지의
양들을 치고 있었습니다.
13 이스라엘이 요셉에게 말했습니다. "네
형들이 세겜 근처에서 양 떼를 먹이
고 있지 않느냐? 내가 너를 형들에게
보내야겠다." 요셉이 대답했습니다.
"알겠습니다."
14 이스라엘이 그에게 말했습니다. "가서
네 형들이 다 잘 있는지, 양들은 어떤
지 보고 돌아와 내게 알려 다오." 야
곱이 헤브론 골짜기에서 요셉을 떠나
보냈습니다. 요셉이 세겜에 도착했습
니다.
15 요셉이 들판에서 이리저리 헤매는 것
을 보고 어떤 사람이 물었습니다. "네
가 누구를 찾고 있느냐?"
16 요셉이 말했습니다. "제 형들을 찾고
있습니다. 그들이 어디에서 양을 치
고 있는지 제게 알려 주시겠습니까?"
17 그 사람이 말했습니다. "그들은 여기
를 떠났다. 내가 들으니 그들이 '도단
으로 가자'고 하더구나." 요셉이 자기
형들을 쫓아가 도단에서 형들을 찾았
습니다.
18 형들은 요셉이 멀리서 오는 것을 보
고 자기들에게 가까이 다가오기 전에
그를 죽이려고 음모를 꾸몄습니다.
19 그들이 서로 의논했습니다. "저기 꿈
쟁이가 온다.
20 자, 우리가 그를 죽여 이 구덩이들 가
운데 하나에 처넣고 맹수가 그를 삼
켜 버렸다고 하자. 그의 꿈이 어떻게
되나 어디 한번 보자."
21 르우벤이 이 말을 듣고 그들의 손에
서 요셉을 구해 낼 생각으로 말했습
니다. "그를 죽이지는 말자."
22 르우벤이 다시 말했습니다. "피는 흘
리지 말자. 요셉을 그냥 이 광야의 구
덩이에 던져 넣고 그에게 손을 대지
는 말자." 르우벤은 그들의 손에서 요
셉을 구해 내어 자기 아버지에게로
돌려보낼 작정이었습니다.
23 요셉이 자기 형제들에게 이르렀을 때
그들이 요셉의 옷, 곧 그가 입은 귀한
옷을 벗기고
24 그를 잡아서 구덩이에 던져 넣었습니
다. 그것은 마른 구덩이라 안에 물이
없었습니다.
25 그들이 앉아서 음식을 먹고 있을 때
눈을 들어 바라보니 이스마엘 상인들
이 길르앗에서 오고 있었습니다. 그들
의 낙타에는 향신료와 향유와 몰약
이 가득 실려 있었습니다. 이스마엘
상인들은 그것들을 싣고 이집트로 내
려가고 있었습니다.
26 유다가 그 형제들에게 말했습니다.
"우리가 우리 동생을 죽이고 그 피를
숨긴다고 얻는 것이 뭐가 있겠느냐?
27 자, 그에게 손대지 말고 그를 이스마
엘 사람들에게 팔아 버리자. 어쨌든
그는 우리와 살과 피를 나눈 형제가
아니냐?" 그러자 다른 형제들도 말을
들었습니다.
28 미디안의 상인들이 지나갈 때 형들은
요셉을 구덩이에서 끌어내 이스마엘

사람들에게 *은 20개를 받고 팔아 버
렸습니다. 그 이스마엘 사람들이 요셉
을 이집트로 데려갔습니다.
29 르우벤이 구덩이에 돌아와 보니 요셉
이 없었습니다. 르우벤은 자기 옷을
찢었습니다.
30 르우벤은 자기 동생들에게 돌아와서
말했습니다. "아이가 없어졌다. 이제
내가, 아 아, 내가 어디로 가야 한단
말이냐?"
31 그들은 염소 새끼를 잡아 죽여 요셉
의 옷을 가져다가 그 피를 묻혔습니
다.
32 형들은 요셉의 옷을 아버지에게 갖고
가서 말했습니다. "우리가 이것을 발
견했습니다. 이것이 아버지 아들의 옷
인지 살펴보십시오."
33 야곱이 그 옷을 알아보고 말했습니
다. "이것은 내 아들의 옷이다. 맹수
가 그를 잡아먹었구나. 요셉이 틀림없
이 갈기갈기 찢겼겠구나!"
34 야곱이 자기 옷을 찢고 베옷을 입고
여러 날 동안 그 아들을 위해 슬피
울었습니다.
35 그의 아들딸들이 다 와서 그를 위로
하려고 했지만 그는 위로받기를 거절
하며 말했습니다. "아니다. 내가 슬피
울며 내 아들을 만나러 *음부로 내려
갈 것이다." 그는 자기 아들을 위해 슬
피 울었습니다.
36 한편 *미디안 사람들은 이집트에서 요
셉을 바로의 신하인 경호 대장 보디발
에게 팔았습니다.

유다와 다말

38 그즈음에 유다는 자기 형제들
을 떠나 히라라고 하는 아둘람
사람에게 갔습니다.
2 거기에서 유다는 가나안 사람 수아라
는 사람의 딸을 만나 그녀를 아내로
맞아들이고 동침했습니다.
3 그녀가 임신해 아들을 낳고 그 이름
을 에르라고 했습니다.
4 그녀가 다시 임신해 아들을 낳고 그
이름을 오난이라고 했습니다.
5 그녀가 다시 임신해 아들을 낳고 그
이름을 셀라라고 했습니다. 셀라를 낳

37:28 은 20세겔로 보면 약 228그램 37:35 또는 '무덤', '죽음' 37:36 사마리아 오경과 칠십인역과 불가타와 시리아어역을 따름. 마소라 사본에는 '메단 사람들'

Q&A 다말의 행동은 정당한 것이었는가?

참고 구절 | 창 38:6-30

과부인 며느리 다말이 창녀 짓을 하다가 임신했다는 소식을 들은 유다는 노발대발하며 간음한 며느리를 끌어내 불태워 죽이라고 명령했다. 그런데 다말이 보낸 전갈과 물건들을 보자 유다는 이렇게 말하는 것이었다. "그녀가 나보다 옳다." 어째서 유다는 며느리가 더 옳다고 말했을까? 며느리와 동침한 자신의 죄를 숨기려는 궁여지책이었을까?

이스라엘에는 형제가 자식 없이 죽으면 죽은 형제의 대를 잇기 위해 친형제나 친척 가운데

은 곳은 거십이었습니다.
6 유다는 맏아들 에르를 위해 아내를
맞아들였는데 그녀의 이름은 다말이
었습니다.
7 유다의 맏아들 에르는 여호와께서 보
시기에 악했으므로 여호와께서 그를
죽이셨습니다.
8 그러자 유다가 오난에게 말했습니다.
"네 형수와 결혼해 시동생으로서의
의무를 행하고 네 형의 자손을 낳아
주어라."
9 그러나 오난은 그 자손이 자기의 자
손이 되지 못할 것을 알고 그녀의 침
소에 들 때마다 형의 자손이 생기지
않도록 땅에 설정했습니다.
10 그가 한 짓이 여호와께서 보시기에
악했으므로 여호와께서 그도 죽이셨
습니다.
11 유다가 며느리 다말에게 말했습니다.
"내 아들 셀라가 자랄 때까지 네 친
정에 가서 과부로 있어라." 유다는 '셀
라도 형들처럼 죽게 될지 모르겠다'고
생각했습니다. 다말은 친정에 가서 살
았습니다.
12 오랜 세월이 지나 수아의 딸인 유다의
아내가 죽었습니다. 애도하는 기간이
지난 후에 유다는 자기 친구 아둘람
의 히라와 함께 자기 양들의 털을 깎
는 사람들이 있는 딤나로 갔습니다.
13 그때 다말이 "네 시아버지가 양털을
깎으러 딤나로 오고 있다"라는 말을
들었습니다.
14 그녀는 과부 옷을 벗고 베일로 얼굴
을 가려 변장을 하고는 딤나로 가는
길가에 있는 에나임 입구에 앉아 있
었습니다. 셀라가 다 자랐는데도 자기
를 셀라의 아내로 주지 않았기 때문
이었습니다.
15 유다는 다말을 보고 그녀가 창녀라고
생각했습니다. 다말이 얼굴을 가리고
있었기 때문이었습니다.
16 유다가 길에서 벗어나 다말에게 다가
가서 "내가 너의 침소에 들어가야겠
다"라고 말했습니다. 그는 그녀가 자
기 며느리인 줄을 몰랐습니다. 다말
이 물었습니다. "제게 들어오시는 대
가로 제게 무엇을 주시겠습니까?"
17 유다가 말했습니다. "내 가축 가운데

하나가 죽은 형제의 부인과 결혼해 자식을 낳아 주어야만 하는 풍습이 있었다. 장자 에르가 죽자 유다는 그 동생 오난에게 형수와 동침하여 형의 자식을 낳도록 했다. 그런데 오난이 형의 자식을 낳으면 아버지 재산이 그에게로 넘어갈 것을 우려해 자식 낳기를 거부했고 그 결과 하나님께 벌을 받아 죽었다.
두 아들을 잃은 유다는 마땅히 남은 아들 셀라를 다말에게 주어 형의 자손을 잇도록 해야 했지만 셀라도 오난처럼 죽을까 봐 다말을 친정으로 보낸 후 불러들이지 않는 꾀를 썼다. 유다의 이런 행동은 이스라엘 자손이 끊어지지 않게 하려는 하나님의 배려를 무시한 것이었다. 결국 유다는 자신의 잘못을 시인하며 혈통을 잇기 위해 창녀로 가장하여 자기와 동침한 다말이 옳다고 인정할 수밖에 없었다.

염소 새끼 한 마리를 보내 주겠다." 다
말이 말했습니다. "그것을 주실 때까
지 담보물을 제게 주시겠습니까?"
18 유다가 말했습니다. "담보물로 무엇을
네게 주었으면 하느냐?" 다말이 대답
했습니다. "가지신 도장과 도장 끈 그
리고 손에 갖고 계신 지팡이를 주십
시오." 그는 다말에게 그것들을 주고
그녀와 잠자리를 함께했습니다. 다말
이 그로 인해 임신하게 됐습니다.
19 다말은 일어나서 떠났습니다. 그녀는
베일을 벗고 다시 과부의 옷을 입었
습니다.
20 유다는 그 여자에게 담보물을 되돌려
받으려고 자기 친구인 아둘람 사람 편
에 어린 염소를 보냈습니다. 그러나
그는 그 여자를 찾지 못했습니다.
21 유다의 친구는 그곳 사람들에게 물었
습니다. "여기 길가 에나임에 있던 그
창녀가 어디 있습니까?" 그들이 말했
습니다. "이곳에는 창녀가 없습니다."
22 그가 유다에게로 돌아가서 말했습니
다. "그 여자를 찾지 못했네. 게다가
그곳 사람들이 말하길 '이곳에는 창
녀가 없습니다'라고 하더군."
23 유다가 말했습니다. "그 여자가 가진
것을 갖도록 그냥 놔두세. 그러지 않
으면 우리가 웃음거리가 될 테니 말이
야. 어쨌든 나는 이 어린 염소를 보냈
는데 다만 자네가 찾을 수 없었던 것
뿐일세."
24 석 달쯤 지나서 유다에게 "댁의 며느
리 다말이 창녀 짓을 하다가 임신을
했소"라는 소식이 들렸습니다. 유다가
말했습니다. "그녀를 끌어다가 불태워
버려라!"
25 그녀는 끌려 나오면서 시아버지에게
전갈을 보냈습니다. "저는 이것들의
임자 때문에 임신한 것입니다." 그녀
가 다시 말했습니다. "이 도장과 도장
끈과 지팡이가 누구 것인지 살펴보십
시오."
26 유다가 그것들을 알아보고 말했습니
다. "그녀가 나보다 옳다. 이는 내가
내 아들 셀라를 그녀에게 주지 않아
서 그렇게 된 것이다." 유다는 다시는
그녀와 잠자리를 같이하지 않았습니
다.
27 그녀가 아이를 낳을 때가 됐는데 그녀
의 태속에 쌍둥이가 들어 있었습니다.
28 그녀가 아이를 낳을 때 한 아이가 손
을 밖으로 내밀었습니다. 그래서 산파
가 붉은 줄을 그의 손에 묶고 말했습
니다. "이 아이가 먼저 나왔습니다."
29 그러나 그가 손을 다시 들여 넣었습
니다. 그리고 그의 형제가 먼저 나왔
습니다. 산파는 "네가 왜 먼저 나오느
냐?"라고 했고 그의 이름을 *베레스
라고 지었습니다.
30 그다음에야 손에 붉은 줄을 묶은 그
아이가 나와서 그 이름을 *세라라고
지었습니다.

요셉과 보디발의 아내

39 한편 요셉은 이집트로 끌려갔
습니다. 보디발이 요셉을 그곳

38:29 터뜨림. 38:30 홍색 또는 밝음.

으로 끌고 간 이스마엘 사람들로부터
요셉을 샀습니다. 보디발은 이집트 사
람이며 바로의 신하인 경호 대장이었
습니다.
2 여호와께서 요셉과 함께하시므로 요
셉은 형통하게 됐습니다. 요셉은 이집
트 사람인 주인의 집에 머물렀습니다.
3 요셉의 주인은 여호와께서 그와 함께
하시고 그가 하는 일마다 여호와께서
잘되게 해 주시는 것을 보았습니다.
4 요셉은 주인의 눈에 들어 가까이서
그를 섬기게 됐습니다. 보디발은 그에
게 집안일을 맡기고 자기가 가진 것
을 다 관리하게 했습니다.
5 그가 요셉에게 자기 집안일과 자기가
가진 것을 다 맡긴 때부터 여호와께
서 요셉 때문에 그 이집트 사람의 집
에 복을 내리셨습니다. 여호와의 복
이 집 안에 있는 것에나 들에 있는 것
에나 보디발이 가진 모든 것에 내렸습
니다.
6 그래서 그는 모든 것을 요셉에게 맡
겨 두고 자기가 먹을 것 외에는 아무
것도 신경 쓰지 않았습니다. 요셉은
외모가 아름답고 얼굴이 잘생긴 사람
이었습니다.
7 얼마 후에 주인의 아내가 요셉에게
눈짓을 하며 말했습니다. "나와 같이
자자."
8 요셉은 거절하면서 자기 주인의 아내
에게 말했습니다. "보십시오. 주인께
서는 집 안에 있는 것들에 대해 제게
전혀 간섭하지 않으시고 자신이 가진
모든 것을 제게 맡기셨습니다.
9 이 집에서 저보다 큰사람이 없습니
다. 내 주인께서 제게 허락하지 않으
신 것이라고는 마님밖에 없는데 그것
은 마님은 주인의 아내이기 때문입니
다. 그런데 제가 어떻게 그렇게 악한
짓을 저질러 하나님께 죄를 짓겠습니
까?"
10 그녀가 날이면 날마다 요셉에게 끈질

성·경·상·식

성경에 나오는 꿈

성경에는 꿈에 대한 이야기가 많이 나온다. 아비멜렉의 꿈(창 20:3-7), 야곱의 꿈(창 28:12), 요셉의 꿈(창 37:5-11), 바로의 신하들의 꿈(창 40:5-22), 바로의 꿈(창 41:1-7), 미디안 사람의 꿈(삿 7:13), 솔로몬의 꿈(왕상 3:5-15), 느부갓네살의 꿈(단 2:1, 31-35), 다니엘의 꿈(단 7:1-14), 동방 박사들의 꿈(마 2:12), 요셉의 꿈(마 2:13), 빌라도의 아내의 꿈(마 27:19) 등 꿈의 내용도 꿈을 꾸게 된 배경과 사건도 다양하다.

꿈이란 무엇이며 왜 꾸는 것일까? 심리학자인 프로이드는 꿈이란 억압된 본능적 충동을 완화시키거나 표현하는 기능을 하는 것이며 무의식적인 소원, 욕구, 불안, 공포 등이 표현되는 통로라고 보았다.

성경에서는 꿈이란 하나님이 사람에게 주시는 것이며 그분의 계시를 전달하는 통로임을 보여 주고 있다. 그런데 모든 꿈을 하나님이 주시는 것은 아니다(신 13:1-5). 그러므로 꿈이 자연 발생적인 것인지(전 5:3), 거짓된 영에게서 기인한 것인지를(렘 23:32) 분별해야 한다.

기게 요구했지만 요셉은 그녀와 함께
자기를 거절했을 뿐만 아니라 함께
있으려고도 하지 않았습니다.
11 그러던 어느 날 그가 일을 하러 집 안
으로 들어갔는데 마침 집 안에 그 집
하인들이 아무도 없었습니다.
12 주인의 아내가 요셉의 옷자락을 붙잡
고 말했습니다. "나와 같이 자자." 그
러나 요셉은 뿌리치며 옷을 그녀의
손에 버려둔 채 집 밖으로 도망쳤습
니다.
13 그녀는 요셉이 겉옷을 자기 손에 버려
둔 채 집 밖으로 도망친 것을 보고
14 집에서 일하는 하인들을 불러 말했
습니다. "보라. 주인께서 우리를 웃음
거리로 만들려고 이 히브리 사람을
데려왔나 보구나. 이 사람이 내게로
와서 나를 덮치려고 해서 내가 큰 소
리를 질렀다.
15 내가 목소리를 높여 고함치니까 그가
옷을 내 옆에 버려둔 채 집 밖으로 도
망쳤다."
16 그녀는 주인이 집에 돌아올 때까지
그 옷을 곁에 두고 있다가
17 그에게 이 일들에 대해서 말했습니
다. "당신이 우리에게 데려온 저 히브
리 종이 저를 희롱하려고 제게로 들
어왔습니다.
18 그런데 제가 고함치는 소리를 듣자 자
기 옷을 나한테 버려두고 집 밖으로
도망쳤습니다."
19 그의 아내가 "당신의 종이 내게 이런
짓을 했습니다"라고 말하는 것을 듣
자 주인은 크게 분노했습니다.
20 요셉의 주인은 요셉을 데려다가 왕의
죄수를 가두는 감옥에 집어넣었습니
다. 요셉은 감옥에 갇혔습니다.
21 그러나 여호와께서 요셉과 함께하셨
고 그에게 자비를 베푸셔서 요셉을
간수의 마음에 들게 하셨습니다.
22 간수는 요셉에게 감옥에 있는 모든
사람들과 거기에서 이루어지는 모든
일들을 다 맡겼습니다.
23 간수는 요셉이 맡은 모든 것에 대해
조금도 간섭하지 않았습니다. 이는 여
호와께서 요셉과 함께하셔서 그가 하
는 일마다 형통하게 하셨기 때문입니
다.

술 맡은 관원장과 빵 굽는 관원장

40 얼마 후 이집트 왕의 술 맡은
관원장과 빵 굽는 관원장이
그 주인인 이집트 왕에게 잘못을 저
질렀습니다.
2 바로는 그의 두 신하, 곧 술 맡은 관
원장과 빵 굽는 관원장에게 진노했습
니다.
3 바로는 그들을 경호 대장의 집에 있
는 감옥에 가두었는데 그곳은 요셉이
갇혀 있는 감옥이었습니다.
4 경호 대장은 요셉에게 명령해서 두 신
하를 시중들게 했습니다. 그들이 얼
마 동안 감옥에 갇혀 있었습니다.
5 감옥에 갇혀 있는 이 두 사람, 곧 이
집트 왕의 술 맡은 관원장과 빵 굽는
관원장이 꿈을 꾸게 됐습니다. 각자
같은 날 밤에 꿈을 꾸었는데 그 내용

이 서로 달랐습니다.
6 다음 날 아침 요셉이 그들에게 왔을
때 그들이 침울해 있는 것을 발견했
습니다.
7 요셉은 자기 주인의 집에 함께 갇혀
있는 바로의 신하들에게 물었습니다.
"오늘은 두 분의 얼굴빛이 왜 그리 안
좋으십니까?"
8 그들이 대답했습니다. "우리가 꿈을
꾸었는데 꿈을 풀이해 줄 사람이 없
구나." 요셉이 그들에게 말했습니다.
"꿈을 풀이하는 것은 하나님께 달린
일이 아니겠습니까? 꿈꾸신 것을 제
게 말씀해 보십시오."
9 술 맡은 관원장이 요셉에게 자기가
꾼 꿈 이야기를 했습니다. "꿈속에서
내 앞에 포도나무가 하나 있는 것을
보았네.
10 그 나무에 가지가 셋 달렸는데 싹이
돋고 곧 꽃이 피더니 금세 포도송이
가 열리는 것이었네.
11 내 손에 바로의 잔이 들려 있기에 내
가 포도를 따서 바로의 잔에 짜 넣었
네. 그리고 그것을 바로께 드렸네."
12 요셉이 말했습니다. "이 꿈은 이런 뜻
입니다. 가지 셋은 3일입니다.
13 3일 안에 바로께서 관원장님을 풀어
주시고 관원장님의 지위를 회복시켜
주실 것입니다. 관원장님이 전에 바로
의 술 맡은 관원장이셨을 때 하던 대
로 바로의 손에 잔을 올려 드리게 될
것입니다.
14 일이 잘 풀리면 저를 기억하시겠다고
약속해 주십시오. 제게 은혜를 베풀
어 바로께 제 이야기를 하셔서 저를
이 감옥에서 내보내 주십시오.
15 저는 히브리 땅에서 끌려왔는데 여기
에서 감옥에 갇힐 만한 일은 결코 하
지 않았습니다."
16 요셉의 꿈풀이가 좋은 것을 보고 빵
굽는 관원장도 요셉에게 말했습니다.
"나도 꿈을 꾸었는데 보니까 내 머리
위에 빵 바구니 세 개가 있었네.
17 맨 위에 있는 바구니에 바로께 드릴
온갖 구운 빵들이 있었는데 새들이
내 머리 위에 있는 그 바구니의 빵을
먹어 버렸네."
18 요셉이 말했습니다. "그 꿈은 이런 뜻
입니다. 세 바구니는 3일입니다.
19 3일 안에 바로께서 관원장님의 목을
베고 몸을 나무에 매달 것입니다. 그
러면 새들이 관원장님의 살을 뜯어
먹을 것입니다."
20 그 3일째 되는 날은 바로의 생일이었
습니다. 바로는 모든 신하들을 불러
잔치를 베풀었습니다. 바로는 그의 신
하들 앞에서 술 맡은 관원장과 빵 굽
는 관원장을 불러들였습니다.
21 바로는 술 맡은 관원장을 원래의 직
위로 복귀시켜 그가 바로에게 잔을
바치게 했습니다.
22 그러나 바로는 빵 굽는 관원장의 목
을 매달았습니다. 요셉이 그들에게
꿈을 풀어 준 대로였습니다.
23 하지만 술 맡은 관원장은 요셉을 기
억하지 않고 잊어버렸습니다.

바로의 꿈

41 그로부터 2년 후에 바로가 꿈
을 꾸었습니다. 그가 나일 강
가에 서 있었는데
2 아름답게 생긴 살진 암소 일곱 마리
가 강에서 올라와 갈대 풀을 뜯어 먹
고 있었습니다.
3 그 뒤에 흉측하고 마른 암소 일곱 마
리가 뒤따라 강에서 올라와 강둑에
서 이 소들 옆에 서 있었습니다.
4 흉측하고 마른 암소들이 아름답게
생긴 살진 암소 일곱 마리를 잡아먹
어 버렸습니다. 그리고 바로가 잠에서
깨어났습니다.
5 바로가 다시 잠이 들어 두 번째 꿈을
꾸었습니다. 한 줄기에 토실토실한 좋
은 이삭 일곱 개가 자라고 있었습니
다.
6 그런데 보니 마르고 동풍에 시든 이
삭 일곱 개가 싹 텄습니다.
7 그리고 마른 이삭들이 토실토실하고
굵은 이삭 일곱 개를 삼켜 버렸습니
다. 그리고 바로가 잠에서 깨어나 보
니 그것은 꿈이었습니다.
8 아침에 바로는 마음이 편치 않았습니
다. 그가 사람을 보내 이집트의 모든
마술사들과 지혜자들을 불러들였습
니다. 바로가 그들에게 자기가 꾼 꿈
을 말해 주었는데 그 꿈을 풀이할 수
있는 사람이 아무도 없었습니다.
9 그때 술 맡은 관원장이 바로에게 말
했습니다. "오늘에야 제가 그동안 잊
고 있었던 제 잘못이 생각났습니다.
10 언젠가 바로께서 종들에게 화가 나셔
서 저와 빵 굽는 관원장을 경호 대장
의 집에 가두신 적이 있으십니다.
11 그때 저희가 같은 날 밤에 꿈을 꾸었
는데 서로 다른 의미가 있는 꿈이었
습니다.
12 그때 거기에 젊은 히브리 청년 하나가
저희와 함께 있었습니다. 그는 경호
대장의 종이었습니다. 저희가 그에게
저희의 꿈을 이야기해 주었더니 그가
저희에게 꿈을 해석해 주었는데 각자
의 꿈에 따라서 그 의미를 풀이해 주
었습니다.
13 그리고 그가 저희들에게 해석해 준
대로 일이 이루어졌습니다. 저는 제자
리로 돌아오게 됐고 빵 굽는 관원장
의 목이 매달렸습니다."
14 바로가 사람을 보내 요셉을 불러들였
습니다. 그들은 즉시 요셉을 감옥에
서 데리고 나왔습니다. 그는 수염을
깎고 옷을 갈아입은 다음 바로 앞에
나갔습니다.
15 바로가 요셉에게 말했습니다. "내가
꿈을 꾸었는데 아무도 그것을 풀지
못했다. 내가 너에 대해 하는 말을 들
어 보니 너는 꿈 이야기를 들으면 풀
수 있다고 하더구나."
16 요셉이 바로에게 대답했습니다. "제가
아니라 하나님께서 바로께 평안한 대
답을 주실 것입니다."
17 바로가 요셉에게 말했습니다. "꿈속
에서 보니 내가 나일 강 둑에 서 있었
다.

18 그런데 살지고 모양새가 좋은 암소 일
곱 마리가 강에서 올라와 갈대 풀을
뜯어 먹고 있었다.
19 그 뒤를 이어 약하고 보기에 아주 흉
하며 야윈 다른 소 일곱 마리가 올라
왔다. 나는 이집트 온 땅에서 그렇게
형편없는 소들을 본 적이 없다.
20 그런데 그 형편없고 마른 소들이 처
음의 살진 소 일곱 마리를 잡아먹는
것이다.
21 그것들은 먹고 나서도 굶은 것처럼
여전히 그 생김새가 형편없었다. 그리
고 내가 잠에서 깨었다.
22 다시 내가 꿈에서 보니 굵고 좋은 알
곡이 달린 일곱 개의 이삭이 한 줄기
에서 자라나고 있었다.
23 그 뒤를 이어 마르고 동풍에 시든 일
곱 개의 이삭이 싹 텄다.
24 그러고 나서 그 마른 이삭들이 좋은
이삭 일곱을 삼켜 버렸다. 내가 이것
을 마술사들에게 말해 주었지만 내
게 그 꿈을 설명해 주는 사람이 없었
다."
25 요셉이 바로에게 말했습니다. "바로의
꿈은 다 같은 것입니다. 하나님께서
이제 하시고자 하는 일을 바로께 보
여 주신 것입니다.
26 일곱 마리 좋은 소는 7년을 말하며
일곱 개의 좋은 이삭도 7년을 말합니
다. 이 꿈은 같은 것입니다.
27 나중에 나온 일곱 마리의 마르고 형
편없는 소들 역시 7년을 말하고 동풍
에 마른 속이 빈 이삭 일곱도 흉년이
7년 동안 있을 것을 말합니다.
28 제가 바로께 말씀드린 것과 같이 이
것은 하나님께서 이제 하시고자 하는
일을 바로께 보여 주신 것입니다.
29 두고 보십시오. 이집트 온 땅에 7년
동안 큰 풍년이 있게 될 것입니다.
30 그 후에 7년의 흉년이 뒤따를 것입니
다. 그러면 이집트의 모든 풍요로움이
잊혀지고 기근이 땅을 뒤덮을 것입니
다.
31 뒤에 따라올 기근이 너무 심해 이 땅
에 풍요로움이 있었는지 기억조차 못
하게 될 것입니다.
32 이 꿈이 바로께 두 번이나 반복해 보
인 것은 이 일을 하나님께서 결정하
셨고 하나님께서 이 일을 서둘러 행
하실 것이기 때문입니다.
33 이제 바로께서는 분별력과 지혜가 있
는 사람을 찾아 이집트 땅 위에 세우
십시오.
34 바로께서는 이렇게 행하십시오. 온
땅에 감독들을 임명하시고 7년의 풍
년 동안 이집트에서 추수한 곡식의 5
분의 1을 거둬 들이게 하십시오.
35 이제 다가올 풍년 동안에 이 식량들
을 모아들이시고 왕의 권한 아래 이
곡식들을 각 성읍들에 쌓아 놓고 지
키게 하십시오.
36 이 양식들은 이집트 땅에 일어날 7년
동안의 흉년에 대비한 식량이 될 것
입니다. 그러면 이 땅이 흉년으로 망
하는 일이 없을 것입니다."
37 이 제안이 바로와 그의 모든 신하들

에게 좋게 여겨졌습니다.
38 바로가 자기 신하들에게 말했습니다.
"우리가 이 사람처럼 하나님의 영이
있는 사람을 찾을 수가 있겠느냐?"
39 바로가 요셉에게 말했습니다. "하나님
께서 네게 이 모든 것을 알려 주셨으
니 너만큼 분별력과 지혜가 있는 사
람이 없을 것이다.
40 너는 내 집을 다스리도록 하여라. 내
모든 백성이 네 명령에 순종할 것이
다. 내가 너보다 높은 것은 이 왕의
자리뿐이다."

이집트의 총리가 된 요셉

41 바로가 요셉에게 말했습니다. "보아
라. 내가 지금 너를 이집트 온 땅 위
에 세우노라."
42 바로가 자기 손가락에서 반지를 빼 요
셉의 손가락에 끼워 주고 고운 삼베
로 된 옷을 입히고 그 목에는 금목걸
이를 걸어 주었습니다.
43 그는 또한 요셉을 자기의 두 번째 수
레에 태웠습니다. 사람들이 요셉 앞
에서 "무릎 꿇고 절하라"고 외쳤습니
다. 이렇게 해서 바로는 요셉에게 이집
트 온 땅을 맡겼습니다.
44 바로가 요셉에게 말했습니다. "나는
바로다. 네 말이 떨어지기 전에는 이
집트 온 땅에서 자기 손이나 발을 움
직일 사람이 없을 것이다."
45 바로가 요셉에게 사브낫바네아라는
이름을 지어 주었습니다. 그리고 온의
제사장인 보디베라의 딸 아스낫을 그
에게 아내로 주었습니다. 요셉이 이집
트 땅을 다스렸습니다.
46 요셉이 이집트 왕 바로 앞에 서게 됐
을 때 그의 나이 30세였습니다. 요셉
은 바로 앞에서 나와 이집트를 두루
살피고 다녔습니다.
47 땅은 7년의 풍년 동안 풍성하게 많은
소출을 냈습니다.
48 요셉은 그 7년의 풍년 동안 이집트에
서 생산된 모든 양식을 거둬 여러 성
에 쌓아 두었습니다. 그는 각 성의 주
변에 있는 밭에서 거둔 양식들을 각
성에 저장해 두었습니다.
49 요셉은 바다의 모래처럼 어마어마하
게 많은 양의 곡식을 모아 두었습니
다. 그 양이 너무 많아서 그는 다 기
록할 수가 없었습니다.
50 흉년이 들기 전에 온의 제사장 보디베
라의 딸 아스낫이 요셉에게 두 아들
을 낳아 주었습니다.
51 요셉은 "하나님께서 나로 하여금 내
모든 수고와 내 아버지 집의 모든 일
을 다 잊게 하셨다"라고 하며 맏아들
의 이름을 *므낫세라고 지었습니다.
52 그리고 그는 "하나님께서 나로 하여
금 내 고난의 땅에서 번영하게 하셨
다"라고 하며 작은아들의 이름을 *에
브라임이라고 지었습니다.
53 이집트 땅에 7년의 풍년이 끝났습니
다.
54 그리고 요셉이 말한 대로 7년의 흉년
이 시작됐습니다. 다른 모든 나라에
도 흉년이 들었지만 이집트 온 땅에

41:51 잊게 하다. 41:52 곱절로 열매를 맺다.

는 식량이 있었습니다.
55 온 이집트 땅도 굶주리게 되자 백성
들이 식량을 구하며 바로에게 부르짖
었습니다. 그때 바로가 모든 이집트
백성들에게 "요셉에게 가서 그가 하
라는 대로 하라"고 말했습니다.
56 흉년이 온 땅에 닥치자 요셉은 창고
를 열어 이집트 백성들에게 곡식을
팔았습니다. 이집트 땅에 기근이 아
주 심했습니다.
57 온 땅에 기근이 심했기 때문에 온 세
상 사람들이 곡식을 사러 이집트에
있는 요셉에게로 왔습니다.

요셉의 형들이 이집트에 가다

42 야곱은 이집트에 곡식이 있다
는 것을 알게 됐습니다. 야곱
은 자기 아들들에게 말했습니다. "너
희가 어째서 서로 얼굴만 바라보고
있느냐?"
2 그가 이어 말했습니다. "보라. 내가 이
집트에 곡식이 있다는 말을 들었다.
그곳에 내려가 우리를 위해 곡식을
좀 사 오라. 그러면 우리가 죽지 않고
살 것이다."
3 요셉의 형들 열 명이 곡식을 사러 이
집트로 내려갔습니다.
4 그러나 야곱은 요셉의 동생 베냐민만
은 그의 형들과 함께 보내지 않았습
니다. "그에게 화가 미칠지 모른다"라
고 생각했기 때문입니다.
5 이스라엘의 아들들은 곡식을 사러
가는 사람들 틈에 끼어서 내려갔습니
다. 가나안 땅에 흉년이 들었기 때문
입니다.
6 그때 요셉은 그 땅의 총리가 돼 그 땅
의 모든 백성들에게 곡식을 팔고 있
었습니다. 요셉의 형들이 와서 얼굴
을 땅에 대고 그에게 절을 했습니다.
7 요셉은 자기 형들을 보자 바로 그들
을 알아보았습니다. 그러나 그는 모
르는 척하며 그들에게 매몰차게 대
했습니다. 요셉이 형들에게 말했습니
다. "너희는 어디에서 왔느냐?" 그들
이 대답했습니다. "양식을 사러 가나
안 땅에서 왔습니다."
8 요셉은 자기 형들을 알아보았지만 그
들은 요셉을 알아보지 못했습니다.
9 요셉은 전에 자기가 그들에 관해 꾸었
던 꿈이 생각났습니다. 그가 말했습
니다. "너희는 정탐꾼들이다. 너희는
우리 땅에서 허술한 곳이 어딘지를
살피러 온 것이다."
10 그들이 대답했습니다. "아닙니다. 내
주여, 주의 종들은 양식을 사러 왔습
니다.
11 우리는 다 한 사람의 아들들입니다.
주의 종들은 정직한 사람들입니다.
저희는 정탐꾼들이 아닙니다."
12 요셉이 그들에게 말했습니다. "아니
다. 너희는 우리 땅의 허술한 곳을 살
피러 온 것이다."
13 형제들이 대답했습니다. "주의 종들
은 12형제입니다. 저희는 가나안 땅에
살고 있는 한 사람의 아들들입니다.
막내는 지금 아버지와 함께 있고 또
하나는 없어졌습니다."

14 요셉이 그들에게 말했습니다. "내가
'너희는 정탐꾼들이다'라고 말한 것은
바로 이 때문이다.
15 그러면 너희를 시험해 보도록 하겠
다. 바로의 살아 계심을 걸고 맹세하
지만 너희 막내가 여기 오지 않는 한
너희가 이곳에서 빠져나가지 못할 것
이다.
16 너희 가운데 하나를 보내 너희 동생
을 데려오도록 하라. 그동안 너희는
갇혀 있게 될 것이다. 너희 말이 진실
인지 시험해 보도록 하겠다. 만약 진
실이 아니라면 바로의 살아 계심을
걸고 맹세하건대 너희는 정탐꾼들임
에 틀림없다."
17 요셉은 그들 모두를 3일 동안 가둬
놓았습니다.
18 3일 만에 요셉이 형제들에게 말했습
니다. "이렇게 하면 너희가 살게 될 것
이다. 나는 하나님을 경외하는 사람
이다.
19 너희가 만약 정직한 사람들이라면 너
희 형제들 가운데 하나가 여기 감옥
에 남고 나머지는 흉년 때문에 굶고
있는 너희 집안 식구들을 위해 곡식
을 갖고 돌아가라.
20 그러나 너희는 막내를 내게 데려와야
한다. 그래야만 너희 말이 진실이라
는 게 증명되고 너희가 죽지 않게 될
것이다." 형제들은 그렇게 하기로 했
습니다.
21 형제들이 서로 말했습니다. "정말로
우리가 우리 동생 때문에 벌을 받고
있구나. 그가 그렇게 괴로워하는 것
을 보고 또 그가 목숨을 구해 달라고
우리에게 사정을 할 때 듣지 않아서
우리가 이런 괴로움을 당하고 있는
것이다."
22 르우벤이 말했습니다. "내가 '그 아이
에게 죄를 짓지 말라'고 했는데도 너
희가 내 말을 듣지 않았다. 이제 우리
가 그의 핏값을 치르게 됐다."
23 그들 사이에는 통역관이 있었기 때문
에 그들은 요셉이 자신들의 말을 알
아듣고 있는 줄을 몰랐습니다.
24 요셉은 형들에게서 물러나와 울었습
니다. 그러고 다시 돌아와서 그들에
게 말하고 형제들 가운데 시므온을

Q&A

왜 요셉은 20년 만에 만난 형들을 모른 체했는가?

참고 구절 | 창 42:7–17

꿈 때문에 열일곱 나이에 형들의 시기를 받고 이집트로 팔려가 온갖 고난과 역경을 겪어야만 했던 요셉. 드디어 그 꿈이 이루어졌다(창 42:6). 추레한 모습으로 식량을 구하러 온 요셉의 형들이 자기 앞에 엎드려 절하는 상황이 실제로 벌어진 것이다. 그 모습을 본 요셉의 마음은 어떠했을까? 이국땅에서 20년 만에 형들과 재회하는 것을 감안할 때 요셉의 가슴에서 북받쳐 오르는 감정은 이루 말할 수 없었을 것이다. 그럼에도 불구하고 요셉은 내색하지 않고 형들을 모른 체하며 의아한 행동을 했다. 왜 그랬을까?

골라내서 그들이 보는 앞에서 묶었습
니다.
25 요셉은 종들을 시켜 형제들의 자루를
곡식으로 채우되 각 사람의 돈을 각
자의 자루에 도로 넣어 주며 여행에
필요한 음식들도 따로 주라고 명령했
습니다. 그들은 그대로 행했습니다.
26 형제들은 나귀에 곡식을 싣고 그곳을
떠났습니다.
27 그들 가운데 하나가 여관에서 나귀
에게 먹이를 주려고 자루를 열었다가
자루 아귀에 자기 돈이 그대로 들어
있는 것을 발견했습니다.
28 그가 자기 형제들에게 말했습니다.
"내 돈이 도로 돌아왔다. 여기 내 자
루 속에 돈이 들어 있어!" 그러자 그
들의 마음이 철렁 내려앉았습니다.
형제들은 놀라서 서로에게 말했습니
다. "하나님께서 우리에게 왜 이런 일
을 행하셨을까?"
29 형제들은 가나안 땅에 있는 자기들의
아버지 야곱에게 가서 그동안 있었던
일들을 낱낱이 말했습니다.
30 "그 땅을 다스리는 사람이 저희에게
매몰차게 말하면서 저희를 그 땅을
엿보러 온 정탐꾼 취급했습니다.
31 그래서 저희가 그에게 말하기를 '저
희는 정직한 사람들이지 정탐꾼들이
아닙니다.
32 저희는 12형제로서 한 아버지의 아들
들입니다. 하나는 없어졌고 막내는 지
금 저희 아버지와 함께 가나안 땅에
있습니다'라고 했습니다.
33 그러자 그 땅을 다스리는 사람이 저
희에게 말했습니다. '너희가 이렇게
하면 정직한 사람들인지 내가 알아
볼 수 있을 것이다. 너희 형제들 가운
데 하나를 나와 함께 여기에 남겨 두
고 나머지는 흉년으로 인해 굶고 있
는 너희 집안 식구들을 위해 곡식을
갖고 돌아가라.
34 그리고 너희 막내를 내게 데려오면 너
희가 정탐꾼들이 아니라 정직한 사람
들인 것을 내가 알게 될 것이다. 그러
면 내가 너희 형제를 다시 내줄 것이
며 너희는 이 땅에서 자유롭게 다닐
수 있을 것이다'라고 말입니다."
35 형제들이 각자 자기 자루를 비우려고

이집트에서 13년 동안 어려움을 겪으면서 요셉은 하나님의 도우심과 인도하심을 경험했다. 비록 형들이 자기를 노예로 팔았지만 하나님께서는 형들의 악을 선으로 바꾸셨음을 깨달았다(창 50:20). 그래서 요셉은 형들을 이미 용서하고 있었다. 그렇지만 형들을 바로 알은체한다면 그들이 과거의 잘못에 대해 죄책감을 느끼거나 요셉 자신이 보복할까 봐 두려움에 떨지도 모른다고 요셉은 생각했던 것이다. 혹은 형들을 바로 알아보고 자기가 이미 용서했다고 말한다면 그들이 자신들의 죄를 과거지사로 묻어 버리고 총리대신인 동생의 특권을 내세워 방자하게 행동할지도 모를 일이었다. 그래서 요셉은 형들이 자신들의 행동을 되돌아보고 마음 깊숙이 회개함으로써 하나님과 참된 관계로 돌아가길 원했던 것이다. 진정으로 자기 죄를 회개하고 용서받은 사람만이 진정으로 화해할 수 있음을 알았기 때문이다.

보니 모든 자루마다 돈 꾸러미가 도
로 들어 있었습니다. 그 돈 꾸러미들
을 보고 그들과 그들의 아버지가 겁
에 질렸습니다.
36 아버지 야곱이 그들에게 말했습니다.
"너희가 내 자식들을 빼앗아 가는구
나. 요셉이 없어지더니 시므온도 없어
지고 이제는 베냐민마저 데려가려 하
는구나. 너희 모두가 나를 괴롭히는
구나."
37 르우벤이 아버지에게 말했습니다. "만
약 제가 베냐민을 다시 아버지께로 데
려오지 못한다면 제 아들 둘을 죽이
셔도 좋습니다. 베냐민을 제 손에 맡
기십시오. 제가 그를 도로 데려오겠
습니다."
38 그러나 야곱이 말했습니다. "내 아들
베냐민은 너희와 함께 거기에 내려가
지 못한다. 베냐민의 형 요셉이 죽었
고 이제 베냐민밖에 남지 않았다. 혹
시 너희가 데려가는 길에 베냐민이 해
라도 입는다면 너희는 흰머리가 난
나를 슬픔 가운데 죽게 만들 것이다."

두 번째 이집트 방문

43 그 땅에 기근이 심해졌습니다.
2 이집트에서 가져온 곡식을 다
먹고 나자 아버지가 그들에게 말했습
니다. "다시 가서 우리를 위해 양식을
좀 더 사 오라."
3 유다가 아버지에게 말했습니다. "그
사람이 저희에게 단호하게 말하기를
'만약 너희 동생이 너희와 함께 오지
않으면 너희가 다시는 내 얼굴을 보
지 못할 것이다'라고 했습니다.
4 아버지께서 만약 막내를 저희와 함께
보내신다면 저희가 내려가서 아버지
를 위해 양식을 사 오겠습니다.
5 그러나 베냐민을 보내지 않으시겠다
면 저희도 내려가지 않겠습니다. 그
사람이 저희에게 '너희 동생이 함께
오지 않으면 너희가 다시는 내 얼굴
을 보지 못할 것이다'라고 했기 때문
입니다."
6 이스라엘이 물었습니다. "왜 그 사람
에게 동생이 있다는 말을 해서 나를
곤란하게 만드느냐?"
7 그들이 대답했습니다. "그 사람이 우
리와 우리 가족 사항을 자세히 물어
봤습니다. 그가 '너희 아버지가 아직
살아 계시냐? 너희에게 다른 형제가
있느냐?'라고 해서 우리는 그저 묻는
대로 대답했을 뿐입니다. 그가 '너희
동생을 데리고 내려오라'고 할 줄 우
리가 어떻게 알았겠습니까?"
8 유다가 아버지 이스라엘에게 말했습
니다. "이 아이를 우리와 함께 보내십
시오. 그러면 우리가 당장 가겠습니
다. 그래야 우리도, 아버지도, 우리 자
식들도 죽지 않고 살 것입니다.
9 제가 베냐민을 책임지겠습니다. 제게
책임을 물으십시오. 만약 제가 그를
아버지께 데려와 아버지 앞에 세우지
못한다면 제가 평생토록 아버지 앞에
서 그 죄를 다 받겠습니다.
10 저희가 늑장을 부리지 않았다면 벌써
두 번은 갔다 왔을 것입니다."

11 그들의 아버지 이스라엘이 그들에게
말했습니다. "꼭 그래야만 한다면 이
렇게 하자. 너희 자루에 이 땅의 가장
좋은 물건들, 곧 향유 조금과 꿀 조금
과 향신료와 몰약과 피스타치오와 아
몬드를 넣어서 그 사람에게 선물로 갖
고 가라.
12 돈도 두 배로 갖고 가서 지난번에 너
희 자루 아귀에 담겨 돌아온 돈을 돌
려주라. 그것은 아마 실수였을 것이다.
13 네 동생도 데리고 떠나 다시 그 사람
에게 가라.
14 *전능하신 하나님께서 너희로 그 사
람 앞에서 긍휼을 입게 하셔서 너희
의 다른 형제와 베냐민을 너희와 함
께 돌아오게 하기를 바란다. 그러나
내가 내 자식들을 잃어야 된다면 잃
을 수밖에 없다."
15 형제들이 선물과 두 배의 돈을 챙겨
들고 베냐민도 데리고 이집트로 내려
가 요셉 앞에 섰습니다.
16 요셉은 베냐민이 형제들과 함께 있는
것을 보고 자기 집의 관리인에게 말
했습니다. "이 사람들을 내 집 안으로
들이고 짐승을 잡아 식사할 준비를
하여라. 그들이 정오에 나와 함께 식
사할 것이다."
17 관리인이 요셉의 말대로 해 형제들을
요셉의 집으로 들어오게 했습니다.
18 형제들은 그의 집 안으로 들어가게
되니 두려워서 속으로 생각했습니다.
"전에 우리 자루에 담겨서 도로 돌아
온 그 돈 때문에 우리가 여기에 끌려
왔나 보다. 그가 우리에게 달려들어
붙잡아 우리를 종으로 삼고 우리 나
귀도 빼앗으려고 하나 보다."
19 그 집 문 앞에서 그들이 요셉 집의 관
리인에게 다가가서 말했습니다.
20 그들이 말했습니다. "내 주여, 실은
저희가 지난번에 여기로 양식을 사러
왔었습니다.
21 그런데 저희가 여관에 도착해서 저희
자루를 열어 보니 각 사람의 자루 입

43:14 히브리어, 엘 샤다이

하용조 목사의 행복한 **메시지**

포기하면 하나님이 보입니다

야곱은 억지로라도 아들을 포기하고 나니 마음이 후련해졌습니다(창 43:14). 포기하고 나니까 하나님이 보이고 기도가 되기 시작한 것입니다. 야곱에게 하나님이 보이지 않았던 것은 포기하지 않았기 때문입니다. 포기는 자유를 낳고 하나님을 발견하게 합니다.

포기는 또한 자녀들을 생동감 있게 합니다(창 43:15). 야곱이 허락하니까 아들들은 돈과 물건을 챙겨서 베냐민을 데리고 이집트로 출발할 수 있었습니다. 이제 길이 열린 것입니다. 복의 길목이 막혔던 것은 포기하지 않아서였습니다. 포기를 한 후 우리가 막고 있던 길목에서 비켜서면 복이 들어옵니다.

구마다 돈이 고스란히 들어 있었습니
다. 그래서 저희가 그것을 다시 가져
왔습니다.
22 그리고 저희가 양식을 살 돈을 더 가
져왔습니다. 저희는 누가 돈을 자루
에 넣었는지 모릅니다."
23 그 관리인이 말했습니다. "괜찮습니
다. 두려워하지 마십시오. 여러분의
하나님, 곧 여러분 아버지의 하나님께
서 여러분들 자루에 보물을 넣어 주
신 것입니다. 저는 여러분의 돈을 받
았습니다." 그러고 나서 그는 시므온
을 그들에게 데려왔습니다.
24 관리인은 형제들을 요셉의 집으로 데
리고 들어가 발 씻을 물을 주고 그들
의 나귀에게도 먹이를 주었습니다.
25 형제들은 자신들이 거기에서 식사를
하게 되리라는 것을 들었기 때문에
정오가 돼 요셉이 오기 전에 준비해
온 선물을 챙겼습니다.
26 요셉이 집에 오자 그들은 준비한 선
물을 집 안으로 갖고 들어가 그 앞에
서 땅에 엎드려 절했습니다.
27 요셉은 형제들에게 잘 있었는지 묻
고 난 다음에 말했습니다. "너희가 말
했던 너희의 늙은 아버지는 어떠하시
냐? 그분이 아직 살아 계시냐?"
28 그들이 말했습니다. "주의 종인 저희
아버지는 아직 살아 계시고 잘 지내
고 계십니다." 그들이 다시 머리를 숙
여 절했습니다.
29 요셉이 눈을 들어 자기 어머니의 아
들인 자기 동생 베냐민을 보고 "이
아이가 너희가 내게 말했던 그 막내
냐?" 하고 물어보고 다시 말했습니
다. "아이야, 하나님께서 네게 은혜 베
푸시기를 바란다."
30 요셉은 서둘러서 밖으로 나갔습니다.
그가 자기 동생을 보자 애틋한 마음
이 불타올랐기 때문이었습니다. 그는
울 곳을 찾아 자기 방으로 들어가 울
었습니다.
31 그러고 나서 요셉은 얼굴을 씻고 다
시 나왔습니다. 그가 마음을 진정시
키면서 말했습니다. "음식을 내오너
라."
32 사람들이 음식을 요셉에게 따로 차려
주고 그 형제들에게 따로 차려 주고
요셉과 함께 식사를 하는 이집트 사
람들에게 또 따로 차려 주었습니다.
이는 이집트 사람들은 히브리 사람들
과 함께 식사하는 것을 혐오스러운
일로 여겨 그들과 함께 식사를 할 수
없었기 때문이었습니다.
33 형제들의 자리가 첫째부터 막내까지
나이 순서대로 요셉의 앞에 배정됐습
니다. 이 때문에 형제들이 놀라 서로
얼굴을 바라보았습니다.
34 요셉이 자기 상에서 음식을 나눠 주
었는데 베냐민에게는 다른 사람들보
다 다섯 배나 많은 양의 음식을 주었
습니다. 그들이 마시며 요셉과 함께
즐거워했습니다.

자루 속 은잔

44 요셉은 자기 집의 관리인에게
명령했습니다. "이 사람들이

갖고 갈 수 있는 양식을 이 사람들의
자루에 가득 채워 주어라. 그리고 각
사람의 돈을 각자의 자루 아귀에 도
로 넣어라.
2 그리고 막내의 자루 입구에는 내 잔,
곧 내 은잔을 넣고 또한 곡식 값도
함께 넣어라." 관리인이 요셉이 말한
대로 했습니다.
3 아침이 밝자 형제들은 나귀를 이끌고
길을 떠났습니다.
4 그들이 성을 벗어나서 그리 멀리 가
지 못했을 때 요셉이 자기 집의 관리
인에게 말했습니다. "지금 그 사람들
을 쫓아가 따라잡고 말하여라. '너희
가 왜 선을 악으로 갚았느냐?
5 이것은 내 주인이 마시는 데 쓸 뿐 아
니라 점을 칠 때도 쓰시는 잔이 아니
냐? 너희가 악한 짓을 저질렀구나'라
고 말이다."
6 관리인은 형제들을 따라잡고 그들에
게 이 말을 그대로 했습니다.
7 그러나 형제들이 관리인에게 말했습
니다. "내 주께서 왜 그런 말씀을 하
십니까? 저희는 그런 짓을 절대 하지
않았습니다.
8 저희가 저희 자루의 입구에서 발견한
돈도 가나안 땅에서 다시 갖다 드렸
습니다. 그런데 저희가 어떻게 관리인
님의 주인집에서 은이나 금을 훔쳤겠
습니까?
9 만약 주의 종들 가운데 어느 누가 그
것을 갖고 있다는 것이 밝혀지면 그
는 죽어 마땅할 것입니다. 그리고 저
희도 내 주의 종이 될 것입니다."
10 그가 말했습니다. "좋다. 너희들이 말
한 대로 하자. 누구든 그것을 갖고 있
는 것이 드러난 사람은 내 주의 종이
될 것이다. 그러나 나머지 사람들은
죄가 없을 것이다."
11 그들은 각자 자기 자루를 땅에 얼른
내려놓고 풀어 보았습니다.
12 그 관리인이 큰아들부터 시작해서 막
내에 이르기까지 짐을 뒤졌습니다. 그
런데 그 잔이 베냐민의 자루에서 나
왔습니다.
13 형제들이 자기 옷을 찢었습니다. 그리
고 나귀에 짐을 싣고 성으로 되돌아
갔습니다.
14 유다와 그 형제들이 요셉의 집에 이르
렀을 때 요셉은 아직 거기에 있었습니
다. 그들이 요셉 앞에서 땅에 엎드렸
습니다.
15 요셉이 그들에게 말했습니다. "너희들
이 도대체 무슨 짓을 한 것이냐? 너
희들은 나 같은 사람이 점을 잘 치는
줄을 몰랐느냐?"
16 유다가 대답했습니다. "저희가 내 주
께 무슨 말을 할 수 있겠습니까? 저
희가 무슨 말을 하겠으며 저희의 결
백을 어떻게 증명하겠습니까? 하나님
께서 주의 종들의 죄악을 밝히셨으니
이제 저희와 그 잔을 가진 것으로 드
러난 사람은 이제 다 내 주의 종입니
다."
17 요셉이 말했습니다. "내가 그렇게는
하지 않을 것이다. 그 잔을 가진 것으

로 드러난 사람만 내 종이 될 것이다.
그러니 너희는 너희 아버지에게 평안
히 돌아가라."
18 그때 유다가 요셉에게 다가가 말했습
니다. "내 주여, 제발 내 주께 주의 종
이 한마디만 할 수 있게 해 주시고 주
의 종에게 화를 내지 마십시오. 주께
서는 바로와 같으신 분입니다.
19 내 주께서 이 종들에게 '너희에게 아
버지나 형제가 있느냐?'고 물으시기에
20 저희가 '나이 든 아버지와 그 노년에
난 막내아들이 있는데 그 형은 죽었
고 그 어머니의 아들은 하나밖에 남
지 않아서 아버지께서 그를 사랑하십
니다'라고 대답했습니다.
21 그러자 주께서는 종들에게 '내가 직
접 그 아이를 보도록 내게 데리고 내
려오라'고 하셨습니다.
22 그래서 저희가 내 주께 '그 아이는 아
버지를 떠날 수가 없습니다. 그가 아
버지를 떠나면 아버지께서 돌아가십
니다'라고 말씀드렸습니다.
23 그런데 주께서는 종들에게 '너희 막냇
동생이 너희와 함께 내려오지 않으면
너희가 다시는 내 얼굴을 보지 못할
것이다'라고 말씀하셨습니다.
24 그래서 저희가 주의 종, 곧 저희 아버
지께 돌아가서 내 주께서 하신 말씀
을 전했습니다.
25 그 후 저희 아버지께서 '다시 가서 양
식을 좀 더 사 오라'고 하셨습니다.
26 저희가 '우리는 못 내려갑니다. 다만,
우리 막냇동생이 우리와 함께 간다면
가겠습니다. 막냇동생이 우리와 함께
가지 않으면 우리가 그분의 얼굴을
볼 수가 없기 때문입니다'라고 말씀드
렸습니다.
27 그러자 주의 종인 저희 아버지께서
저희에게 말씀하셨습니다. '너희도 알
듯이 내 아내가 내게 두 아들을 낳아
주었다.
28 그런데 그 가운데 하나는 내게서 떠
났다. 내가 생각하기에 그는 분명히
갈기갈기 찢겨 죽었을 것이다. 그 후
로 나는 지금까지 그 아이를 다시 볼
수 없었다.
29 그런데 너희가 이 아이까지 내게서 데
려갔다가 혹시라도 그가 해를 입는다
면 너희는 흰머리가 난 나를 슬픔 가
운데 죽게 만들 것이다'라고 하셨습니
다.
30 그러니 만약 제가 주의 종인 저희 아
버지께 돌아갔을 때 이 아이가 저희
와 함께 있지 않는다면 저희 아버지
의 목숨이 이 아이의 목숨에 달려 있
기 때문에
31 저희 아버지께서 이 아이가 없는 것
을 보실 때 돌아가시고 말 것입니다.
주의 종들이 주의 종, 곧 저희 아버지
를 흰머리로 슬픔 가운데 죽게 만드
는 것입니다.
32 주의 종이 저희 아버지께 이 아이를
책임지겠다고 하면서 '제가 만약 그를
아버지께 데려오지 못하면 제가 평생
토록 아버지 앞에서 그 비난을 다 받
겠습니다'라고 말했습니다.

33 그러니 제발 이 아이 대신 이 종이 내
주의 종으로 여기 남게 하시고 이 아
이는 자기 형들과 함께 고향으로 돌
아가게 해 주십시오.
34 이 아이와 함께하지 않는다면 제가
어떻게 저희 아버지께 돌아갈 수 있
겠습니까? 그럴 수 없습니다. 저는 저
희 아버지께서 불행한 일을 당하시는
것을 차마 볼 수가 없습니다."

요셉이 자기를 밝히다

45 요셉이 자기에게 시종을 드는
사람들이 있는 앞에서 더 이
상 자신을 억제하지 못하고 소리쳤습
니다. "모두 내 앞에서 물러가라!" 그
의 곁에 아무도 없게 되자 요셉은 자
기 형들에게 자신이 누구인지를 밝혔
습니다.
2 그리고 너무나 큰 소리로 우는 바람
에 이집트 사람들이 그 소리를 들었
고 바로의 궁정에서도 그의 울음소리
를 들었습니다.
3 요셉이 자기 형들에게 말했습니다.
"제가 요셉입니다. 아버지께서 아직
살아 계십니까?" 그러나 형제들은 요
셉 앞에서 너무 놀라 도저히 대답을
할 수가 없었습니다.
4 요셉이 형제들에게 말했습니다. "제
게 가까이 오십시오." 그들이 가까이
오자 요셉이 형제들에게 말했습니다.
"제가 형님들이 이집트에 팔아 버린
형님들의 동생 요셉입니다.
5 하지만 형님들이 저를 이곳에 팔았다
고 해서 근심하거나 자책하지 마십시
오. 이는 하나님께서 생명을 구하시
려고 저를 형님들보다 먼저 여기로 보
내신 것이기 때문입니다.
6 2년 동안 이 땅에 흉년이 들었지만 앞
으로도 5년 동안 밭을 갈지도 못하고
추수도 하지 못합니다.
7 그러나 이 땅에서 형님들의 자손들
을 보존하시고 큰 구원을 베푸셔서
형님들의 목숨을 살리시려고 하나님
께서 미리 저를 보내신 것입니다.
8 그러므로 저를 여기에 보내신 분은
형님들이 아니라 하나님이십니다. 하
나님께서 저를 바로의 아버지와 그의
온 집의 주인과 이집트 온 땅의 통치
자로 삼으셨습니다.
9 이제 어서 제 아버지께 가서 이렇게
말씀드리십시오. '아버지의 아들 요셉
이 이렇게 말했습니다. 하나님께서 저
를 온 이집트의 주인으로 삼으셨으니
머뭇거리지 말고 제게로 내려오십시
오.
10 아버지께서는 고센 지방에서 저와 가
까이 사시게 될 것입니다. 아버지와
아버지의 자식들과 손자들과 아버지
의 가축들과 양들과 아버지의 모든
것들이 말입니다.
11 아직도 흉년이 5년 더 남았으니 제가
아버지를 봉양하겠습니다. 그러지 않
으면 아버지와 아버지의 집안과 아버
지께 속한 모든 사람들이 다 가난에
처하게 될 것입니다'라고 말입니다.
12 형님들과 제 동생 베냐민이 보는 대
로 지금 말하고 있는 제가 바로 요셉

입니다.
13 형님들은 제가 이집트에서 누리고 있
는 모든 영광과 형님들이 본 모든 것
을 제 아버지께 전해 주십시오. 그리
고 어서 빨리 제 아버지를 여기로 모
시고 내려오십시오."
14 요셉은 자기 동생 베냐민의 목을 끌
어안고 울었습니다. 베냐민도 요셉의
목을 끌어안고 울었습니다.
15 요셉은 모든 형제들에게 입을 맞추고
울었습니다. 그런 후에야 그의 형들
이 그와 이야기를 했습니다.
16 요셉의 형제들이 왔다는 소식이 바로
의 궁전에까지 들어가자 바로와 그의
신하들이 다 기뻐했습니다.
17 바로가 요셉에게 말했습니다. "네 형
제들에게 이렇게 이르도록 하여라.
'형님들의 짐승에 짐을 싣고 가나안
땅으로 돌아가서
18 형님들의 아버지와 식구들을 제게로
데려오십시오. 그러면 제가 이집트 땅
에서 가장 좋은 땅을 형님들에게 드
릴 것이며 형님들이 이 땅의 가장 좋
은 것들을 누릴 수 있을 것입니다'라
고 말이다.
19 또한 이렇게 이르도록 하여라. '자, 이
렇게 하십시오. 형님들의 자식들과
아내들을 위해 이집트에서 수레를 갖
고 가서 아버지를 모시고 오십시오.
20 현재 갖고 있는 물건들은 신경 쓰지
말고 오십시오. 온 이집트의 가장 좋
은 것들이 형님들의 것입니다'라고 말
이다."
21 그리하여 이스라엘의 아들들은 그대
로 행했습니다. 요셉은 바로의 명령대
로 그들에게 수레들을 주고 여행길에
먹을 양식도 주었습니다.
22 또한 요셉이 그들에게 새 옷을 주었
는데 특히 베냐민에게는 *은 300개와
옷 다섯 벌을 주었습니다.
23 자기 아버지를 위해서 요셉은 이집트
의 좋은 물건들을 실은 나귀 열 마리
와 여행길에 먹을 곡식과 빵과 다른

45:22 은 300세겔로 보면 약 3.42킬로그램

하용조 목사의 행복한 메시지

요셉의 내면세계

17세에 요셉은 형들의 미움을 받아 죽을 고비를 넘기고, 하나님의 특별한 인도로 30세에 이집트의 총리가 되었습니다. 요셉은 보면 볼수록 아름답고 귀하고 닮고 싶은 사람입니다. 요셉은 상처를 많이 받을 수 있는 상황이었는데도 상처가 없었습니다. 대부분의 사람들은 고통과 고난을 겪으면 몸과 마음에 상처로 굴곡이 생깁니다. 그런데 요셉은 그렇지 않았습니다. 왜 요셉은 상처가 없었을까요? 그는 '사랑과 용서의 사람'이었기 때문입니다.

하나님의 사랑은 '그럼에도 불구하고'의 사랑입니다. 조건도 좋지 않고 사랑받을 가치가 없는데도 하나님은 우리를 사랑하십니다. 하나님은 사랑이시기 때문입니다. 그 사랑을 본받은 사람이 바로 요셉이었습니다.

양식들을 실은 암나귀 열 마리를 보
냈습니다.
24 그리고 요셉은 그의 형제들을 떠나보
냈습니다. 그들이 떠나려고 할 때 요
셉은 "가는 길에 서로 다투지 마십시
오"라고 말했습니다.
25 이렇게 해서 형제들이 이집트에서 가
나안 땅에 있는 아버지 야곱에게로
왔습니다.
26 그들이 야곱에게 말했습니다. "요셉이
아직 살아 있으며 온 이집트를 다스
리고 있습니다." 야곱은 심장이 멈추
는 듯했습니다. 그는 아들들의 말을
믿을 수가 없었습니다.
27 그러나 요셉이 형들에게 했던 말들을
아들들에게 전해 듣고 요셉이 자기를
데려오라고 보낸 수레를 보고서야 그
들의 아버지 야곱이 제정신이 들었습
니다.
28 이스라엘이 말했습니다. "이제 됐다.
내 아들 요셉이 아직 살아 있다니, 내
가 가겠다. 그리고 죽기 전에 가서 그
를 보겠다."

야곱이 이집트로 가다

46 이스라엘이 자기에게 속한 모
든 사람들과 함께 출발했습니
다. 그는 브엘세바에 도착해 자기 아
버지 이삭의 하나님께 제사를 드렸습
니다.
2 밤에 하나님께서 이스라엘에게 환상
가운데 말씀하셨습니다. "야곱아, 야
곱아." 그가 대답했습니다. "제가 여기
있습니다."
3 하나님께서 말씀하셨습니다. "나는
하나님, 곧 네 아버지의 하나님이다.
이집트로 내려가는 것을 두려워하지
마라. 거기에서 내가 너를 큰 민족이
되게 하겠다.
4 내가 너와 함께 그곳으로 내려갈 것
이다. 그리고 분명히 너를 이곳으로
다시 데려오리니 요셉의 손이 네 눈
을 감겨 줄 것이다."
5 야곱이 브엘세바에서 떠났습니다. 이
스라엘의 아들들이 바로가 보내 준
수레에 자기들의 아버지 야곱과 자식
들과 아내들을 태웠습니다.
6 그들은 가축들과 가나안에서 얻은 재
물들도 갖고 갔습니다. 이렇게 해서
야곱과 그의 모든 자손들이 이집트로
내려갔습니다.
7 야곱이 그 아들들과 손자들과 딸들
과 손녀들까지 모든 자손을 데리고
간 것입니다.
8 이집트로 내려간 이스라엘의 아들들,
곧 야곱과 그 자손들의 이름은 이러
합니다. 야곱의 맏아들은 르우벤입니
다.
9 르우벤의 아들들은 하녹과 발루와 헤
스론과 갈미입니다.
10 시므온의 아들들은 여무엘과 야민과
오핫과 야긴과 스할과 가나안 여인의
아들인 사울입니다.
11 레위의 아들들은 게르손과 그핫과 므
라리입니다.
12 유다의 아들들은 에르와 오난과 셀라
와 베레스와 세라입니다. 에르와 오난

은 가나안 땅에서 죽었습니다. 베레스
의 아들들은 헤스론과 하물입니다.
13 잇사갈의 아들들은 돌라와 *부와와
욥과 시므론입니다.
14 스불론의 아들들은 세렛과 엘론과 얄
르엘입니다.
15 이들은 레아가 밧단아람에서 야곱에
게 낳아 준 아들들입니다. 이외에 그
의 딸 디나가 있습니다. 이들, 곧 야곱
의 아들들과 딸들은 모두 33명이었습
니다.
16 갓의 아들들은 *시본과 학기와 수니
와 에스본과 에리와 아로디와 아렐리
입니다.
17 아셀의 아들들은 임나와 이스와와 이
스위와 브리아와 그 누이 세라입니다.
브리아의 아들들은 헤벨과 말기엘입
니다.
18 이들은 라반이 자기 딸 레아에게 준
여종 실바가 야곱에게 낳아 준 자식
들인데 모두 16명이었습니다.
19 야곱의 아내 라헬의 아들들은 요셉과
베냐민입니다.
20 므낫세와 에브라임은 이집트에서 온
의 제사장 보디베라의 딸 아스낫이 요
셉에게 낳은 아들들입니다.
21 베냐민의 아들들은 벨라와 베겔과 아
스벨과 게라와 나아만과 에히와 로스
와 뭅빔과 훕빔과 아릇입니다.
22 이들은 야곱에게 낳아 준 라헬의 아
들들로서 모두 14명이었습니다.
23 단의 아들은 후심입니다.
24 납달리의 아들들은 야스엘과 구니와
예셀과 실렘입니다.
25 이들은 라반이 자기 딸 라헬에게 준
여종 빌하가 야곱에게 낳아 준 아들
들로서 모두 일곱 명이었습니다.
26 야곱과 함께 이집트로 내려간 사람들
은 며느리들을 제외하고 야곱의 몸에
서 나온 사람들만 모두 66명이었습니
다.
27 이집트에는 요셉에게 태어난 아들
이 *둘이 있었습니다. 그러므로 이집
트로 간 야곱 집안의 사람들은 모두
*70명이었습니다.
28 야곱은 유다를 미리 요셉에게 보내 자
신이 고센으로 간다는 것을 알렸습니
다. 그들이 고센 땅에 이르렀을 때
29 요셉이 병거를 갖추어서 고센으로 가
서 자기 아버지 이스라엘을 맞이했습
니다. 요셉이 자기 아버지를 만나자
목을 부둥켜안고 한참 동안 울었습니
다.
30 이스라엘이 요셉에게 말했습니다. "네
가 지금껏 살아 있어서 내가 네 얼굴
을 보게 됐으니 나는 이제 죽어도 여
한이 없다."
31 그러자 요셉이 형들과 아버지의 집안
식구들에게 말했습니다. "제가 이제
올라가서 바로에게 말하려고 합니다.
가나안 땅에 살던 제 형제들과 제 아

46:13 '부와'는 마소라 본문을 따름. 사마리아 오경과 시리아어역에는 '부아'(대상 7:1을 보라). '욥'은 마소라 사본을 따름. 사마리아 오경과 일부 칠십인역에는 '야숩'(민 26:24과 대상 7:1을 보라.) **46:16** 마소라 사본을 따름. 사마리아 오경과 칠십인역에는 '스본'(민 26:15을 보라.) **46:27** '둘'은 칠십인역에서 '아홉', '70명'은 칠십인역에서 '75명'(행 7:14을 보라.)

버지의 집안 식구들이 제게 왔는데
32 이들은 양을 치는 사람들입니다. 이
들은 가축을 치는 사람으로 가축과
양들과 모든 재산을 갖고 왔습니다.'
33 만약 바로가 여러분을 불러 '너희들의
직업이 무엇이냐?'고 물으면
34 '주의 종들은 어릴 때부터 가축을 쳤
는데 우리와 우리 조상들이 지금껏
그랬습니다'라고 대답하십시오. 그러
면 여러분들이 고센 땅에 정착할 수
있게 될 것입니다. 이집트 사람들은
양 치는 사람들을 싫어하기 때문입니
다."

47

요셉이 가서 바로에게 말했습
니다. "제 아버지와 형제들이
가축들과 양들과 재산을 다 갖고 가
나안 땅에서 와서 지금 고센 땅에 있
습니다."
2 그가 자기 형제들 가운데 다섯 명을
골라 바로 앞에 세웠습니다.
3 바로가 그의 형제들에게 물었습니다.
"직업이 무엇이냐?" 그들이 대답했습
니다. "주의 종들은 양치기들입니다.
우리 조상들 때부터 지금껏 그랬습니
다."
4 그들이 다시 말했습니다. "가나안 땅
에는 극심한 흉년이 들어 주의 종들
이 양을 칠 수가 없어서 이곳에 머물
려고 왔습니다. 그러니 주의 종들이
고센 땅에서 살게 해 주십시오."
5 바로가 요셉에게 말했습니다. "네 아
버지와 네 형제들이 네게로 왔구나.
6 이집트 땅이 네 앞에 있으니 네 아버
지와 네 형제들이 이 땅의 가장 좋은
땅인 고센 땅에 살게 하여라. 그리고
그들 가운데 특별히 능력이 있는 사
람들이 있으면 내 가축들을 돌보는
사람들이 되게 하여라."
7 요셉이 자기 아버지 야곱을 데리고 들
어와 바로 앞에 세웠습니다. 야곱이
바로를 축복했습니다.
8 바로가 야곱에게 물었습니다. "연세가
어떻게 되시오?"
9 야곱이 바로에게 말했습니다. "제 나
그네 인생이 130년이 됐습니다. 제 인
생의 햇수가 짧지만 고달픈 세월을 보
냈습니다. 그러나 제 조상들이 살아
간 나그네 인생의 햇수에는 미치지
못합니다."
10 야곱이 바로를 축복하고 그 앞에서
물러났습니다.
11 이렇게 해 요셉은 아버지와 형제들을
정착시켰습니다. 그리고 바로의 명령
대로 이집트 땅에서 가장 좋은 곳인
라암셋 땅에 그들의 소유지를 마련해
주었습니다.
12 요셉은 또한 아버지와 형제들과 아버
지의 온 집 식구들에게 자식의 수에
따라 양식을 공급해 주었습니다.

요셉과 기근

13 그 후로 기근이 더욱 심해져 온 땅에
먹을 것이 없었습니다. 그래서 이집트
땅과 가나안 땅은 기근 때문에 고통
스러웠습니다.
14 요셉은 곡식을 팔아 이집트 땅과 가나
안 땅에 있는 모든 돈을 거둬들였습

니다. 그리고 그 돈을 바로의 궁전으
로 가져갔습니다.
15 이집트 땅과 가나안 땅의 돈이 다 떨
어지자 이집트 사람들이 모두 요셉에
게 와서 말했습니다. "저희에게 양식
을 주십시오. 저희가 돈이 떨어졌다
고 해서 주의 눈앞에서 죽을 수는 없
지 않습니까?"
16 요셉이 말했습니다. "그러면 너희 가
축들을 가져오너라. 너희 돈이 다 떨
어졌다면 대신에 너희 가축을 받고
양식을 팔겠다."
17 그래서 그들이 요셉에게 자기들의 가
축을 끌고 왔습니다. 요셉은 그들의
말들과 양 떼와 소 떼와 나귀들을 받
고 그들에게 양식을 주었습니다. 그해
동안 요셉은 그들의 모든 가축을 받고
그들에게 양식을 제공해 주었습니다.
18 그해가 끝나고 그다음 해에 그들이
요셉에게 와서 말했습니다. "저희가
주 앞에 숨기지 않겠습니다. 저희 돈
이 다 떨어졌고 저희 가축들이 다 주
의 것이 됐습니다. 이제 주께 드릴 것
은 저희 몸과 땅밖에 없습니다.
19 저희가 주의 눈앞에서, 저희와 저희
땅이 함께 망할 수는 없지 않습니까?
양식 대신에 저희와 저희의 땅을 사
십시오. 저희가 저희 땅과 더불어 바
로 왕의 종이 될 것입니다. 저희에게
씨앗을 주시면 저희가 죽지 않고 살
게 될 것이며 땅도 황폐해지지 않을
것입니다."
20 그렇게 해서 요셉이 바로를 위해 이집
트의 모든 땅을 다 사들였습니다. 기
근이 워낙 심해서 이집트 사람들이
하나같이 다 자기 밭을 팔았기 때문
입니다. 이렇게 해서 그 땅이 바로의
것이 됐습니다.
21 요셉은 이집트의 이쪽 끝부터 저쪽 끝
까지 *모든 사람들을 종으로 만들었
습니다.
22 그러나 요셉은 제사장들의 땅은 사지
않았습니다. 그들은 바로에게서 정해
진 양만큼 받는 것이 있어서 바로가
주는 그것을 먹고 살았습니다. 그런
까닭에 그들은 자기들의 땅을 팔지
않았습니다.
23 요셉이 백성들에게 말했습니다. "이제
내가 바로를 위해 너희 몸과 너희 땅
을 샀다. 씨앗이 여기 있으니 땅에 뿌
리도록 하라.
24 추수를 하게 되면 그중 5분의 1은 바
로께 바치라. 나머지 5분의 4는 너희
밭에 뿌릴 씨와 너희와 너희 집안 식
구들과 자식들이 먹을 양식으로 삼
으라."
25 그들이 말했습니다. "주께서 저희 목
숨을 구해 주셨습니다. 저희가 주께
은혜를 입어 바로의 종이 되게 해 주
십시오."
26 이렇게 요셉이 오늘날까지도 효력이
있는 이집트의 토지법을 제정했습니
다. 그것은 땅에서 나는 모든 것의 5
분의 1은 바로에게 속한다는 것입니

47:21 사마리아 오경과 칠십인역과 불가타를 따름. 마소라 사본은 '모든 사람들을 옮겨서 살게 했습니다.'

다. 그러나 제사장들의 땅만은 예외
로서 바로에게 속하지 않았습니다.
27 이스라엘은 이집트의 고센 땅에 정착
했습니다. 그들은 그곳에서 땅을 소
유하고 자식을 많이 낳았으며 아주
크게 번성했습니다.
28 야곱은 이집트에서 17년을 살았습니
다. 야곱의 나이가 147세가 됐습니다.
29 이스라엘이 죽을 때가 가까이 오자
자기 아들 요셉을 불러 말했습니다.
"네가 내게 호의를 베풀고자 한다면
네 손을 내 허벅지 사이에 넣고 나를
애정과 신실함으로 대해 나를 이집트
에 묻지 않겠다고 맹세하여라.
30 내가 내 조상들과 함께 눕거든 너는
나를 이집트에서 메고 올라가 조상들
의 무덤 곁에 묻어 주기 바란다." 요셉
이 말했습니다. "제가 아버지께서 말
씀하신 대로 하겠습니다."
31 야곱이 말했습니다. "내게 맹세하여
라." 요셉이 야곱에게 맹세했습니다.
그리고 이스라엘은 침대 머리에 엎드
려 경배했습니다.

므낫세와 에브라임

48 이러한 일들 후에 요셉은 "아버
지께서 편찮으시다"는 소식을
들었습니다. 그래서 그는 자기의 두
아들 므낫세와 에브라임을 데리고 갔
습니다.
2 야곱은 "아들 요셉이 왔습니다"라는
말을 듣고, 곧 기운을 내 침대에 일어
나 앉았습니다.
3 야곱이 요셉에게 말했습니다. "*전능
하신 하나님께서 가나안 땅 루스에서
내게 나타나셔서 내게 복을 주시며
4 '나는 네가 자식을 많이 낳고 번성하
게 하겠다. 내가 너로 여러 민족을 이
루게 하고 이 땅을 네 뒤에 올 자손
들에게 영원한 유업으로 줄 것이다'라
고 말씀하셨다.
5 내가 이곳 네게로 오기 전에 이집트
에서 네게 태어난 이 두 아들은 이제
내 아들과 같다. 에브라임과 므낫세는

48:3 히브리어, 엘 샤다이

하용조 목사의
행복한 메시지

축복을 전수하라

야곱은 요셉에게 두 아들을 데려오게 합니다. 그리고 그들을 축복합니다(창 48:8–9). 복은 전수됩니다. 할아버지의 복이 아버지에게 가고 아버지의 복이 아들에게로 갑니다. 저주는 삼사 대에 이르지만 복은 수천 대에 이릅니다. 하나님의 복은 전수됩니다. 그래서 "하루에 한 번씩 자녀를 축복하라."는 말이 있습니다. 야곱은 고달픈 세월을 보내며 나그네와 같은 인생을 살았지만 신실하신 하나님을 알았기에 그분을 신뢰하여 자녀를 축복할 수 있었습니다. 매일 자녀의 머리에 손을 얹고 축복하십시오. 믿음의 말과 긍정의 말로 축복하십시오. 우리의 혀는 축복하기 위해 존재합니다.

르우벤과 시므온처럼 내 아들이 될 것
이다.
6 그들 다음에 네게 난 자식들이 네 아
들이 될 것이다. 유업에 있어서 에브
라임과 므낫세는 자기 형들의 이름 아
래에 나란히 포함될 것이다.
7 내가 밧단에서 돌아올 때 라헬이 가
나안 땅 에브랏을 얼마 남겨 두지 않
은 곳에서 세상을 떠났다. 그래서 내
가 에브랏으로 가는 길목에 그녀를
묻어 주었다." 에브랏은 베들레헴입니
다.
8 그리고 이스라엘이 요셉의 두 아들을
보더니 말했습니다. "이 아이들이 누
구냐?"
9 요셉이 아버지에게 말했습니다. "이
아이들은 여기에서 하나님께서 제게
주신 아들들입니다." 이스라엘이 말했
습니다. "내가 축복해 줄 테니 그들을
내게로 데려오너라."
10 나이 때문에 이스라엘은 눈이 어두워
서 잘 보이지 않았습니다. 그래서 요
셉이 자기 아들들을 그에게 가까이
데리고 갔습니다. 그러자 야곱이 그들
에게 입 맞추면서 껴안았습니다.
11 이스라엘이 요셉에게 말했습니다. "나
는 네 얼굴을 다시 보게 되리라고는
전혀 생각지도 못했는데 하나님께서
는 네 자식들까지도 보게 하셨구나."
12 요셉이 그들을 자기 아버지의 무릎에
서 물러 나오게 하고는 얼굴을 땅에
대고 엎드렸습니다.
13 그리고 요셉이 두 아들을 데리고 이
스라엘에게 다가섰는데 에브라임은
자기의 오른쪽에 둬 이스라엘의 왼쪽
에 오게 하고 므낫세는 자기의 왼쪽
에 둬 이스라엘의 오른쪽에 오게 했
습니다.
14 그러나 이스라엘은 그 오른손을 뻗어
둘째인 에브라임의 머리에 얹고 므낫
세의 머리에는 왼손을 얹었습니다. 므
낫세가 첫째인데도 야곱은 자신의 손
을 엇갈리게 얹었던 것입니다.
15 그리고 요셉을 축복해 말했습니다.
"내 조부 아브라함과 이삭이 섬기던
하나님, 지금까지 내 평생 나를 돌보
신 하나님,
16 모든 환난에서 나를 건져 주신 천사
께서 이 아이들에게 복을 주소서. 내
이름과 내 조상 아브라함과 이삭의 이
름이 이 아이들을 통해 불려지기를
바랍니다. 이들이 땅에서 크게 번성
하게 하소서."
17 요셉은 자기 아버지가 그 오른손을
에브라임의 머리에 얹은 것을 보고
마음이 불편해졌습니다. 그래서 그는
자기 아버지의 손을 에브라임의 머리
에서 므낫세의 머리로 옮기려고 했습
니다.
18 요셉이 말했습니다. "그렇게 하지 마
십시오. 아버지, 이쪽이 맏아들이니
아버지의 오른손을 이 아이의 머리에
얹으십시오."
19 그의 아버지가 거절하며 말했습니다.
"나도 안다. 내 아들아, 나도 알고 있
다. 므낫세도 한 민족을 이루겠고 크

게 될 것이다. 그러나 그의 동생이 그
보다 더 크게 될 것이며 에브라임의
자손이 여러 민족을 이룰 것이다."
20 그날 야곱이 에브라임과 므낫세를 축
복하며 말했습니다. "이스라엘이 네
이름으로 복을 빌어 말하기를 '하나
님께서 너를 에브라임과 므낫세 같게
하시기를 원하노라' 하게 될 것이다."
이처럼 야곱이 므낫세보다 에브라임
을 앞세웠습니다.
21 그리고 이스라엘이 요셉에게 말했습
니다. "나는 이제 죽게 되겠지만 하나
님께서 너희와 함께하시고 너희를 너
희 조상의 땅으로 데려가실 것이다.
22 내가 내 칼과 내 활로 아모리 사람들
의 손에서 빼앗은 세겜 땅을 네게 주
어 네 형제들보다 한 몫을 더 주겠
다."

야곱이 아들들을 축복하다

49 그리고 야곱이 자기 아들들을
불러 말했습니다. "모여라. 앞
으로 너희에게 일어날 일들을 내가
말해 주겠다.
2 야곱의 아들들아, 함께 모여 들으
라. 너희 아버지 이스라엘의 말을
들으라.
3 르우벤아, 너는 내 맏아들이며 내
힘이며 내 기력의 시작이다. 위엄이
첫째고 힘이 첫째다.
4 그러나 네가 끓는 물의 거품과 같
아서 뛰어나지 못할 것이다. 이는
네가 네 아버지의 침대, 곧 내 침대
에 올라 그것을 더럽혔기 때문이
다.
5 시므온과 레위는 형제다. 그들의 무
기는 폭력의 도구다.
6 내 영혼이 그들의 모임에 들어가지
않으며 내 혼이 그들의 집회에 참
여하지 않을 것이다. 그들이 분노
로 사람을 죽였고 자기들의 마음
내키는 대로 황소의 힘줄을 끊었
다.
7 그들의 분노가 맹렬하고 그들의 진
노가 잔인하니 저주를 받을 것이
다. 내가 야곱 족속 가운데 그들을
나눠 놓으며 내가 이스라엘 족속
가운데 그들을 흩어 놓을 것이다.
8 유다여, 네가 네 형제들에게 칭송
을 받으며 네 손이 네 원수들의 목
을 잡기를 바란다. 네 아버지의 아
들들이 네게 절할 것이다.
9 유다는 사자 새끼다. 내 아들아, 네
가 사냥한 먹이 위로 일어섰구나.
그가 웅크리니 사자 같으며 그가
암사자처럼 엎드리니 누가 감히 그
를 일으켜 세우랴.
10 규가 유다에게서 떠나지 않고 통치
자의 지팡이가 그의 발 사이에서
떠나지 않으리니 실로께서 오셔서
백성들이 그에게 복종할 때까지다.
11 유다가 나귀를 포도나무에 매며 새
끼 나귀를 가장 좋은 가지에 맬 것
이다. 그가 자기 옷을 포도주에 빨
며 자기 겉옷을 붉은 포도주에 빨
것이다.
12 유다의 눈은 포도주보다 진하고 그

의 이는 우유보다 흴 것이다.
13 스불론은 바닷가에서 살 것이다.
그는 배를 대는 항구가 되며 그의
영토는 시돈까지 이를 것이다.
14 잇사갈은 양의 우리 사이에 웅크리
고 있는 튼튼한 나귀다.
15 그가 아늑한 안식처와 안락한 땅
을 보게 되면 그 어깨를 낮춰 짐을
지고 종이 돼 섬길 것이다.
16 단은 이스라엘의 한 지파로서 자기
백성을 심판할 것이다.
17 단은 길 위의 뱀이요, 길 위의 뿔
달린 뱀이다. 그가 말의 뒤꿈치를
물어 그것을 타고 있는 사람을 뒤
로 넘어지게 할 것이다.
18 여호와여, 제가 주의 구원을 기다
려 왔습니다.
19 갓은 적들의 공격을 받을 것이다.
그러나 그가 도리어 그들의 발꿈치
를 공격할 것이다.
20 아셀의 빵은 풍성해 그가 왕을 위
해 진수성찬을 낼 것이다.
21 납달리는 풀어 놓은 암사슴이어서
아름다운 소리를 발할 것이다.
22 *요셉은 열매가 많은 나뭇가지, 곧
샘 곁의 열매 많은 나뭇가지다. 그
가지가 담을 넘는다.
23 활 쏘는 사람들이 그를 맹렬히 공
격하며 활을 쏘고 그에게 원한을
품어도
24 그의 활은 팽팽하고 그의 강한 팔
은 야곱의 힘 있는 사람의 손에 의
해, 곧 이스라엘의 반석이신 목자의
이름으로 민첩하게 움직인다.
25 네 아버지의 하나님께서 너를 도
우시고 *전능하신 분께서 위로 하
늘의 복과 저 아래 놓여 있는 깊은
곳의 복과 젖과 모태의 복으로 너
에게 복 주실 것이다.
26 네 아버지의 복은 영원한 산들의
복과 장구한 언덕들의 복을 넘어섰
다. 이 복이 요셉의 머리, 곧 자기
형제들 중에서 뛰어난 사람의 이마
에 있을 것이다.
27 베냐민은 물어뜯는 늑대다. 아침에
는 먹이를 삼키고 저녁에는 그 잡

49:22 또는 '요셉은 들망아지다. 샘 곁에 있는 들망아지, 언덕 위에 있는 들나귀다.' 49:25 히브리어, 샤다이

Q&A 창세기에 나타난 예수님은 누구인가?

참고 구절 | 창 49:10

창세기에 나오는 인물 중 아브라함, 이삭, 야곱, 유다는 마태복음의 예수님의 족보에 나오는 인물들이다. 하나님께서는 아브라함(창 12:1-3), 이삭(창 21:10-12), 야곱과 유다(창 49:10)를 통해서 구세주가 오실 것을 약속하셨다. 하나님께서는 이미 우리 죄를 대속하실 구세주로서 예수님을 보내려고 계획하셨던 것이다.

창세기에는 예수님을 예표하는 사건들이 많이 있는데 몇 가지만 살펴보자. 아브라함은 이삭이 태어나기도 전에 약속을 받았고 그대로 이

은 것을 나눌 것이다."
28 이들은 이스라엘의 열두 지파입니다.
이것은 그들의 아버지가 그들에게 한
말입니다. 이스라엘이 각자가 누릴 복
에 따라서 아들들을 축복했습니다.

야곱의 죽음

29 그리고 야곱이 아들들에게 명해 말
했습니다. "이제 내가 곧 내 조상들에
게로 돌아가게 될 것이다. 나를 헷 사
람인 에브론의 밭에 있는 굴에 내 조
상들과 함께 묻어 주기 바란다.
30 그곳은 가나안 땅 마므레 근처 막벨라
에 있는 굴인데 내 조부 아브라함께
서 헷 사람 에브론의 밭과 함께 묘지
로 사신 곳이다.
31 거기에 조부 아브라함과 그의 아내 사
라께서 묻히셨고 아버지 이삭과 그의
아내 리브가께서도 묻히셨다. 그리고
내가 레아도 거기에 묻었다.
32 이 밭과 그 안에 있는 굴은 헷 사람에
게서 산 것이다."
33 야곱은 아들들에게 이렇게 명령하고
침대에 발을 올려 모으고는 숨을 거
둬 그 조상들에게로 돌아갔습니다.

50

요셉이 자기 아버지 얼굴 위로
몸을 숙이고 울면서 입을 맞추
었습니다.
2 요셉이 자기 종들과 의사들에게 명해
자기 아버지 이스라엘의 시신을 향료
로 처리하도록 했습니다. 그래서 의사
들이 이스라엘을 향료로 처리했습니
다.
3 그 기간은 40일이 걸렸습니다. 그렇
게 해서 그들이 향료 처리 기간을 마
쳤습니다. 이집트 사람들은 그를 위해
70일 동안 애도했습니다.
4 그를 위한 애도 기간이 끝났을 때 요
셉이 바로의 궁에 알렸습니다. "제가
만약 여러분의 은혜를 받고 있다면
저를 위해 바로께 말씀드려 주십시
오.
5 '제 아버지께서 제게 맹세하게 하시면
서 "내가 죽으면 내가 가나안 땅에 파
놓은 무덤에 나를 묻어 다오"라고 말
씀하셨습니다. 이제 제가 올라가서
제 아버지를 장사 지내고 돌아오게
허락해 주십시오'라고 말입니다."
6 바로가 말했습니다. "네 아버지가 네

루어졌다(창 15:4;21:2). 하나님께서 여자의 후손을 약속하셨고 그 약속대로 예수님이 처녀의 몸에서 나셨다(창 3:15;눅 1:31;2:7). 아벨은 아무 잘못을 하지 않았는데 가인의 시기로 죽임을 당했다(창 4:5). 예수님도 아무 잘못을 하지 않으셨는데 대제사장들의 시기로 죽임을 당하셨다(막 15:10). 아브라함은 외아들 이삭을 번제물로 드렸다가 돌려받았는데 이는 죽은 사람들로부터 돌려받음을 의미한다(히 11:19). 하나님께서도 외아들 예수님을 화목제물로 삼으셨고 죽음에서 다시 살리셨다(고전 15:4). 요셉은 모든 고난을 견디고 이집트의 총리가 되어 온 나라를 다스렸다(창 41:41). 예수님도 모든 고난을 참으셨고 부활하시고 승천하셔서 하나님 우편에 앉아 만유를 통치하고 계신다(히 12:2).

게 맹세하게 한 대로 올라가서 네 아
버지를 장사 지내도록 하여라."
7 요셉이 아버지를 묻으러 올라갔습니
다. 바로의 모든 신하들과 궁전의 원
로들과 이집트의 원로들이 그와 동행
했습니다.
8 그리고 요셉의 집안 식구들과 그 형
제들과 아버지 집에 속한 사람들도
다 함께 갔으며 어린아이들과 양 떼
와 소 떼만 고센 땅에 남겨 놓았습니
다.
9 전차와 기병도 함께 올라갔는데 그
행렬이 아주 컸습니다.
10 그들은 요단 강 건너편에 있는 아닷의
타작마당에 이르러서 거기에서 심히
크게 통곡하며 애도하였습니다. 요셉
은 자기 아버지를 위해 7일 동안 애도
했습니다.
11 거기에 살던 가나안 사람들은 아닷의
타작마당에서 애도하는 것을 보고
"이집트 사람들이 크게 통곡한다"라
고 말했습니다. 그래서 이곳이 *아벨
미스라임이라고 불리게 됐습니다. 이
곳은 요단 강 건너편에 있습니다.
12 이렇게 야곱의 아들들은 아버지가 지
시한 대로 했습니다.
13 그들은 아버지를 가나안 땅으로 모셔
가 막벨라 밭에 있는 굴에 묻었습니
다. 그곳은 전에 아브라함이 묘지로
쓰기 위해 헷 사람 에브론에게서 밭
과 함께 사 두었던 곳입니다. 그곳은
마므레 앞에 있었습니다.
14 자기 아버지를 장사 지내고 나서 요셉
이 그 형제들과 아버지를 장사 지내
러 같이 갔던 모든 사람들과 함께 이
집트로 돌아왔습니다.

요셉이 형들을 안심시키다

15 요셉의 형제들이 아버지의 죽음을 보
고 말했습니다. "혹시 요셉이 우리에
게 원한을 품고 우리가 그에게 했던
모든 잘못에 대해 앙갚음을 하면 어
떻게 하지?"
16 그들이 요셉에게 전갈을 보냈습니다.

50:11 이집트 사람의 애곡

성·경·상·식 창세기의 끝, 출이집트기의 시작

창세기는 아담, 아브라함, 이삭, 야곱으로 이어지는 계보를 통해 언젠가는 전 인류를 구원할 '약속의 씨'가 준비되고 있음을 보여 준다. 그래서 창세기는 야곱이 아들들을 축복하며 언약의 씨가 오실 것을 대망하는 것으로 그 막을 내리고 있다. 놀라운 것은 장자인 르우벤에게 장자의 명분이 돌아가지 않았다는 점이다. 그는 야곱의 침상을 더럽혔기에(창 35:22) 그리고 차자인 시므온과 셋째인 레위는 살인을 주장했던 사람들이었기에(창 34:25 이하) 장자가 받을 복에서 제외되었다. 장자의 복은 요셉에게로, 치리자의 복은 유다에게로 넘어갔다.

창세기 38장의 내용을 기억할 때 유다의 계보에서 실로(Shiloh, 평강의 왕)가 탄생하리라는 예언은 더욱 놀라울 뿐이다(창 49:10). 야곱은 이러한 소망으로 인해 가나안 땅에 묻어 달라고 유언했으며(창 49:29-33), 요셉은 자신의 시신을 이집트에 묻지 말 것을 당부한다(창 50:25). 이는 하나님께서 이집트에 소망을 두지 않도록 하신 것이다. 출이집트기는 바로 여기에서 출발한다.

“아우님의 아버지께서 돌아가시기 전
에 이런 지시를 하셨습니다.
17 ‘정말 간절히 부탁한다. 비록 네 형제
들이 네게 악을 행했어도 너는 네 형
제들의 죄와 허물을 다 용서해 주어
라’ 하고 말입니다. 그러니 아우님 아
버지의 종들, 하나님의 종들이 지은
죄를 제발 용서해 주십시오.” 요셉은
이 말을 듣고 울었습니다.
18 그때 요셉의 형제들이 와서 그의 앞
에 엎드리면서 말했습니다. “보십시
오. 우리는 아우님의 종입니다.”
19 요셉이 형제들에게 말했습니다. “두려
워하지 마십시오. 제가 하나님을 대
신하겠습니까?
20 형님들은 저를 해치려고 악을 꾀했지
만 하나님은 지금 보시는 것처럼 그
것을 선하게 바꾸셔서 오늘날 많은
사람들의 생명을 구하셨습니다.
21 그러니 두려워하지 마십시오. 제가 형
님들과 형님들의 자식들을 기르겠습
니다.” 요셉은 형제들을 안심시키며
부드럽게 말했습니다.

요셉의 죽음

22 이렇게 해서 요셉과 그의 아버지의 모
든 집안이 이집트에 살았습니다. 요셉
은 110세까지 살았습니다.
23 그는 에브라임의 자손 3대를 보았습
니다. 므낫세의 아들 마길의 자식들도
요셉의 슬하에서 컸습니다.
24 그런 후에 요셉이 그의 형제들에게
말했습니다. “저는 이제 죽지만 하나
님께서 분명히 여러분을 돌아보셔서
여러분을 이 땅에서 데리고 나가 아
브라함과 이삭과 야곱에게 맹세하신
땅으로 인도하실 것입니다.”
25 요셉은 이스라엘의 자손들에게 맹세
시키면서 말했습니다. “하나님께서 분
명히 여러분을 돌아보실 것입니다. 그
러면 여러분은 제 뼈를 이곳에서 갖
고 나가 주십시오.”
26 요셉이 110세에 죽었습니다. 그들이
요셉을 향료로 처리해 이집트에서 그
를 입관했습니다.

출이집트기

E x o d u s

하나님께서 이스라엘을 조상들과 맺은 언약에 근거하여 모세를 통해 이집트의 압제에서 탈출시켜 시내 산으로 인도한 기록이다. 이집트를 떠나는 과정과 광야에서의 인도를 통해 하나님께서 친히 우주의 통치자이며 역사의 주인이심을 만천하에 선포하신다. 창세기와 레위기, 민수기를 연결해 주는 교량 역할을 하며, 율법과 성막의 계시를 보여 준다.

고통당하는 이스라엘 백성

1 야곱과 함께 각자 자기 식구를 데
리고 이집트로 간 이스라엘 아들들
의 이름은
2 르우벤, 시므온, 레위, 유다,
3 잇사갈, 스불론, 베냐민,
4 단, 납달리, 갓, 아셀입니다.
5 요셉은 이미 이집트에 있었습니다. 야
곱 슬하의 자손들은 모두 *70명이었
습니다.
6 요셉과 그의 형제들 그리고 그 시대
의 사람들은 다 죽었습니다.
7 그러나 이스라엘 자손은 자식을 많이
낳아 크게 번성하고 대단히 강대해졌
으며 땅에는 이스라엘 자손들로 가득
차게 됐습니다.
8 요셉을 알지 못하는 새로운 왕이 일
어나 이집트를 다스렸습니다.
9 새 왕은 자기 백성에게 말했습니다.
"보라! 이스라엘 민족이 우리보다 많
고 강대하다.
10 자, 그러니 우리가 그들을 대할 때 지
혜롭게 행동하자. 그러지 않으면 그들
이 더 많아져서 만약 전쟁이라도 일
어난다면 우리의 적들과 연합해 우리
를 대적해 싸우고 이 땅에서 떠날 것
이다."
11 그들은 감독관을 세워 이스라엘 백성
들을 억압하고 중노동을 시켰습니다.
그래서 이스라엘은 *바로를 위한 곡
식 창고로 쓰는 성인 비돔과 라암셋
을 건축해야 했습니다.
12 그러나 그들이 억압하면 할수록 이
스라엘 자손은 오히려 더욱 번성하고
인구도 많아졌습니다. 그러자 이집트
사람들은 이스라엘 민족이 두려워서
13 그들을 심하게 혹사시켰습니다.
14 이집트 사람들은 이스라엘 민족에게
회 반죽과 벽돌 굽기와 온갖 밭일 등
의 고된 노동을 시켜 그들의 삶을 고

1:5 마소라 사본을 따름(창 46:27을 보라). 사해 사본과 칠십인역에는 '75명'(행 7:14을 보라.) 1:11 '파라오'로도 음역함.

달프게 만들었습니다. 이렇듯 이집트
사람들이 시키는 일은 모두 혹독하기
짝이 없었습니다.
15 하루는 이집트 왕이 히브리 산파인
십브라와 부아에게 말했습니다.
16 "너희가 히브리 여자들의 해산을 도
울 때 그 낳는 것을 잘 보고 있다가
아들이면 죽이고 딸이면 살려라."
17 그러나 이 산파들은 하나님을 경외했
기 때문에 이집트 왕이 시키는 대로
하지 않고 아들이라도 살려 주었습니
다.
18 그러자 이집트 왕이 그 산파들을 불
러 "너희가 왜 이렇게 했느냐? 왜 아
들들을 살려 두었느냐?"라고 물었습
니다.
19 그러자 산파들은 바로에게 "히브리 여
자들은 이집트 여자들과 달리 튼튼
해 산파가 도착하기도 전에 아기를
낳아 버립니다"라고 대답했습니다.
20 그래서 하나님은 산파들에게 은혜를
베푸셨습니다. 이스라엘 백성들은 번
성하고 매우 강해졌습니다.
21 산파들이 하나님을 경외했으므로 하
나님께서는 그들의 집을 번성하게 하
셨습니다.
22 그러자 바로는 모든 백성들에게 "*아
들을 낳으면 다 나일 강에 던져 버리
고 딸이면 살려 두라"고 명령을 내렸
습니다.

모세가 태어나다

2 그때 레위 지파의 한 남자가 레위
사람의 딸과 결혼하게 됐습니다.
2 여자가 임신해 아들을 낳았는데 그
아기가 너무나 잘생겨 3개월 동안 숨
겨 두고 키웠습니다.

1:22 마소라 사본을 따름. 사마리아 오경, 칠십인역, 탈굼에는 '히브리 사람이 아들을 낳으면'

성·경·상·식 **한눈에 보는 출이집트기**

출이집트 1:1 | 18:27	출이집트 사건은 구약에서 하나님의 가장 위대한 구원을 보여 주는 것으로, 본질상 미래의 구원을 위한 하나의 패러다임으로서의 역할을 하고 있다. 이 점은 선지자들이 바벨론 유수와 이스라엘의 궁극적인 회복을 고대할 때 특히 두드러지게 나타난다.	• 억압받는 이스라엘 백성들(1장) • 모세의 소명과 바로와의 대결(2-12장) • 홍해 횡단과 장소 이동(13-18장)
율법 19:1 | 24:18	먼저 하나님의 거룩하심과 이스라엘 백성의 죄악됨이 강조된 다음(19장), 율법의 전수자이신 분이 이미 은혜를 통해 그 백성을 구원하신 분임을 드러낸다(20:2). 율법은 하나님과의 관계를 세우는 열쇠가 아니라 그 관계를 지속시키고 풍성하게 하는 열쇠다.	• 십계명(20:1-17) • 언약책(20:22-24:18)
성막 25:1 | 40:38	성막은 하나님께서 이스라엘 가운데 거하심을 보여 주는 가장 중요한 상징이다. 성막의 위치, 건축적인 구조, 재료 및 접근성 등은 모두 다 거룩하신 하나님이 이스라엘 백성 가운데 거하신다는 사실을 부각시켜 주고 있다.	• 성막과 제사 의식에 대한 가르침(25-31장) • 언약의 파괴와 갱신(32-34장) • 성막의 건축(35-40장)

3 그러나 더 이상 숨길 수 없게 되자 여
자는 갈대 상자 하나를 준비하고 거
기에다 역청과 송진을 바르고 아기를
그 안에 뉘었습니다. 그리고 갈대 상
자를 나일 강 둑을 따라 나 있는 갈
대 사이에 두었습니다.
4 아기의 누나는 멀찌감치 서서 어떻게
될지 지켜보고 있었습니다.
5 그때 마침 바로의 딸이 나일 강에 목
욕하러 내려오고 그녀의 시녀들은 강
둑을 따라 거닐고 있었습니다. 바로
의 딸은 갈대 사이에 있는 상자를 보
고는 자신의 여종에게 가져오라고 시
켰습니다.
6 바로의 딸이 상자를 열어 보니 한 아
기가 울고 있었습니다. 바로의 딸은
불쌍한 마음이 들어 "히브리 사람의
아기인가 보다"라고 말했습니다.
7 그때 아기의 누나가 바로의 딸에게
"제가 가서 공주님 대신에 아기에게
젖을 먹일 히브리 여자를 한 명 데려
올까요?"라고 말했습니다.
8 바로의 딸은 그렇게 하라고 대답했습
니다. 그러자 아기의 누나는 가서 그
아기의 엄마를 데려왔습니다.
9 바로의 딸은 "이 아기를 데려다가 나
를 대신해 젖을 먹여라. 내가 대가를
주겠다"라고 했습니다. 그리하여 그
여인은 아기를 데려다가 젖을 먹여 키
웠습니다.
10 아이가 어느 정도 자라자 그녀는 아
이를 바로의 딸에게 데려다 주었고
아이는 그의 아들이 됐습니다. 바로
의 딸은 "내가 그를 물에서 건졌다"라
고 하며 이름을 *모세라고 지어 주었
습니다.

미디안으로 도망간 모세

11 세월이 흘러 모세는 어른이 됐습니
다. 어느 날 모세는 자기 민족이 있는
곳에 나갔다가 그들이 중노동하는 것
을 지켜보았습니다. 모세는 어떤 이집
트 사람이 자기 동족인 히브리 사람
을 때리는 것을 보다가
12 이리저리 살펴 아무도 없는 것을 보
고는 그 이집트 사람을 죽여 모래 속
에 묻었습니다.
13 다음 날 모세가 나가 보니 히브리 사
람 둘이 싸우고 있었습니다. 모세가
잘못한 사람에게 "왜 동족끼리 치고
받고 싸우는 것이냐?"고 말했습니다.
14 그 잘못한 사람은 "누가 너를 우리 통
치자나 재판관으로 세웠느냐? 네가
이집트 사람을 죽이더니 이제 날 죽
일 생각이냐?"라고 말했습니다. 그러
자 모세는 두려워하며 속으로 '내가
한 짓이 탄로 났구나' 하고 생각했습
니다.
15 바로는 이 사실을 듣고 모세를 죽이
려고 했습니다. 그러나 모세는 바로의
얼굴을 피해 도망쳐 미디안으로 가서
살았습니다. 하루는 모세가 미디안의
한 우물가에 앉아 있을 때였습니다.
16 미디안 제사장에게 딸 일곱이 있는
데 물을 길으러 와서는 구유에다 그
아버지의 양 떼에게 줄 물을 채웠습

2:10 건져 냄.

니다.
17 그런데 몇몇 양치기들이 와서 미디안
제사장의 딸들을 쫓아내는 것이었습
니다. 그때 모세가 일어나 딸들을 도
와주었고 그 양들에게 물을 먹여 주
었습니다.
18 그 딸들은 자기 아버지 *르우엘에게
로 되돌아갔습니다. 그러자 그 아버
지가 "오늘은 웬일로 이렇게 일찍 돌
아왔느냐?" 하고 물었습니다.
19 딸들은 "어떤 이집트 사람이 우리를
양치기들에게서 구해 주었습니다. 게
다가 우리를 위해 물도 길어 주고 양
들에게도 물을 먹여 주었습니다"라고
대답했습니다.
20 아버지는 "그가 어디 있느냐? 왜 그
를 그냥 두고 왔느냐? 그를 불러 음
식을 대접하자"라고 딸들에게 말했습
니다.
21 그리하여 모세는 흔쾌히 *르우엘과
함께 살기로 했습니다. *르우엘은 자
기 딸 십보라를 모세에게 주었습니다.
22 십보라는 모세에게 아들을 낳아 주
었습니다. 모세는 아들의 이름을 게
르솜이라고 지었습니다. 모세가 말하
기를 "내가 이방 땅에서 이방 사람이
됐다"라고 했기 때문이었습니다.
23 오랜 세월이 흘러 그 이집트 왕이 죽
었습니다. 이스라엘 민족은 중노동으
로 인해 신음하며 울부짖었습니다.
그러자 이스라엘 민족의 울부짖는 소
리가 하나님께 이르렀습니다.
24 하나님께서는 이스라엘 민족의 신음
소리를 들으시고 아브라함과 이삭과
야곱과 맺은 언약을 기억하셨습니다.
25 하나님께서는 이스라엘 백성들을 보
시고 그들에게 관심을 기울이셨습니
다.

모세와 불타는 떨기나무

3 모세가 자기의 장인어른인 미디안
제사장 *이드로의 양 떼를 치고 있
을 때였습니다. 모세가 양 떼를 몰고
광야 서쪽으로 가다가 하나님의 산
*호렙에 이르게 됐습니다.
2 그곳에서 여호와의 천사가 떨기나무
가운데 타는 불꽃 속에서 모세에게
나타났습니다. 모세가 보니 떨기나무
에 불이 붙어 있는데 타지는 않았습
니다.
3 그래서 모세는 "내가 가서 저 이상한
광경을 봐야겠다. 어떻게 떨기나무가
타지 않는 것일까?"라고 말했습니다.
4 여호와께서 모세가 자세히 보러 오는
것을 보시고 떨기나무 가운데서 "모
세야, 모세야!" 하고 부르셨습니다. 그
러자 모세는 "제가 여기 있습니다" 하
고 대답했습니다.
5 하나님께서 "더 이상 가까이 다가오
지 마라. 네가 서 있는 곳은 거룩한
땅이니 네 발에서 네 신을 벗어라"라
고 말씀하셨습니다.
6 그러고는 "나는 네 조상의 하나님, 곧
아브라함의 하나님, 이삭의 하나님,
야곱의 하나님이다"라고 하셨습니다.

2:18,21 '하나님의 친구', 이드로(출 3:1; 4:18; 18:1을 보라.)와 동일 인물 3:1 르우엘(출 2:18을 보라.)과 동일 인물 3:1 또는 시내 산

그러자 모세는 자기 얼굴을 숨겼습니
다. 모세는 하나님을 보기가 두려웠
기 때문이었습니다.
7 여호와께서 말씀하셨습니다. "내가 진
실로 이집트에 있는 내 백성들의 고
통을 보았으며 그들이 감독관들 때문
에 울부짖는 소리도 들었다. 나는 그
들의 고통을 잘 알고 있다.
8 그래서 내가 내려온 것이다. 내가 그
들을 이집트 사람들의 손에서 구해
내고 그 땅에서 그들을 이끌어 내어
아름답고 넓은 땅, *젖과 꿀이 흐르
는 땅, 곧 가나안 족속과 헷 족속과
아모리 족속과 브리스 족속과 히위
족속과 여부스 족속의 땅으로 인도할
것이다.
9 이제 이스라엘 백성들의 울부짖는 소
리가 내게 들렸고 이집트 사람들이
그들을 억압한 것을 내가 보았다.
10 그러니 이제 너는 가거라. 내가 너를
바로에게로 보내 너로 하여금 내 백
성 이스라엘 자손을 이집트에서 이끌
어 내게 할 것이다."
11 그러자 모세는 하나님께 "제가 도대
체 누구라고 바로에게 간다는 말씀이
십니까? 제가 이스라엘 백성들을 이
집트에서 이끌어 낸다는 말씀이십니
까?" 하고 말했습니다.
12 하나님께서 "내가 분명히 너와 함께
할 것이다. 네가 백성들을 이집트에서
인도해 내고 나면 이 산에서 하나님
께 예배할 것인데 이것이 내가 너를
보냈다는 표적이 될 것이다"라고 말씀
하셨습니다.
13 모세는 하나님께 "제가 이스라엘 백
성들에게 가서 '너희 조상의 하나님
께서 나를 너희에게 보내셨다'라고 할
때 그들이 '그의 이름이 무엇이냐?' 하
고 물으면 제가 뭐라고 해야 합니까?"
라고 말했습니다.
14 하나님께서 모세에게 말씀하셨습니
다. "나는 스스로 있는 자다. 너는 이
스라엘 백성들에게 말하여라. '스스로
있는 자가 나를 너희에게 보냈다'라고
말이다."

3:8 가나안을 말함.

성·경·상·식

그의 이름이 무엇이냐?

고대 세계에서 이름은 호칭 이상의 의미가 있었다. 이름은 그 사람의 신원과 성격을 나타냈고 상대방의 이름을 알거나 다른 사람에게 이름을 붙여 주는 것은 그에게 권리를 행사할 수 있는 한 방법이기도 했다. 예를 들어 하나님은 별들에게 이름을 붙여 주셨는데 그것은 아무나 할 수 있는 일이 아니라 그 별들을 창조하신 분이기 때문이다(시 147:4).

사람이 신의 이름을 아는 것은 그 신의 능력을 받는 것이었고 신의 이름을 부르는 것은 그분이 함께하심을 아는 것이었다. 그래서 야곱도 얍복 나루에서 어떤 사람과 씨름할 때 상대방의 이름을 알고 싶어 했다. 그래야만 상대방과 합법적인 관계를 맺을 수 있었기 때문이다(창 32:29–30).

그 당시 하나님의 이름은 인간의 힘으로 알아내거나 함부로 부를 수 없었고 오직 하나님께서 알려

15 하나님께서 또 모세에게 말씀하셨습
니다. "이스라엘 백성들에게 말하여
라. '*여호와 너희 조상의 하나님, 곧
아브라함의 하나님, 이삭의 하나님,
야곱의 하나님이 나를 너희에게 보내
셨다'라고 말이다. 이것이 내 영원한
이름이요, 대대로 기억해야 할 내 이
름이다.
16 그러니 너는 가서 이스라엘 장로들을
모으고 그들에게 말하여라. '여호와,
너희 조상의 하나님, 곧 아브라함과
이삭과 야곱의 하나님께서 내게 나타
나 말씀하셨다. 내가 너희를 지켜보
고 있었고 이집트에서 너희가 당한 일
을 보았다.
17 그러니 내가 이미 말한 바와 같이 내
가 너희를 이집트의 고통에서 이끌
어 내어 가나안 족속과 헷 족속과 아
모리 족속과 브리스 족속과 히위 족
속과 여부스 족속의 땅, 곧 젖과 꿀이
흐르는 땅으로 인도할 것이다.'
18 그러면 이스라엘의 장로들이 네 말을
들을 것이다. 너는 그 장로들과 함께
이집트 왕에게 가라. 그리고 그에게
말하여라. '히브리 사람들의 하나님
여호와께서 저희를 만나 주셨습니다.
그러니 이제 저희가 광야로 3일 길을
가서 저희 하나님 여호와께 제사를
드리게 해 주십시오'라고 말이다.
19 그러나 강한 손으로 치기 전에는 이
집트 왕이 너희를 보내 주지 않을 것
을 나는 안다.
20 그러므로 내가 손을 뻗어 그들 가운
데 행할 모든 기적으로 이집트를 칠
것이다. 결국 이집트를 치고 나야 그
가 너희를 보내 줄 것이다.
21 그리고 이집트 사람들로 하여금 이
백성들에게 호의를 베풀게 해 너희가
떠날 때 빈손으로 가지 않게 해 줄 것
이다.
22 모든 여자는 각자 자기 이웃의 여인
이나 자기 집에 사는 이방 사람에게
은패물과 금패물과 옷을 달라고 해서

3:15 하나님의 이름을 표기한 히브리어 자음 네 글자(YHWH) 음역. 유대교에서는 '아도나이'(주) 또는 '엘로힘'(하나님)으로 칠십인역과 신약 성경에서는 '퀴리오스'(주)로 부른다.

주실 때만 그것이 가능했다.

"그들이 '그의 이름이 무엇이냐?' 하고 물으면 제가 뭐라고 해야 합니까?"라는 모세의 질문에 하나님은 '스스로 있는 자', 곧 '영원히 변함없이 계시는 하나님'이라고 대답해 주셨다. 그 이름대로 하나님은 역사의 주인이시며 과거에 하셨던 일을 현재에도 하시고 미래에도 계속하실 분이시다.

구약 성경에 나오는 하나님에 대한 표현

반석	신 32:4	아버지	시 89:26
방패	시 18:2	도움	시 115:9
목자	시 23:1	그늘	시 121:5
빛	시 27:1	노래	사 12:2
힘	시 28:7	남편	사 54:5
피난처	시 46:1	생명수	렘 2:13
해	시 84:11	이슬	호 14:5

너희의 아들딸들을 꾸며 주어라. 너
희는 이렇게 이집트 사람들의 물건들
을 *빼앗게 될 것이다."

모세에게 일어난 표징들

4 모세가 대답했습니다. "그들이 만
약 저를 믿지 않거나 제 말을 듣지
않고 '여호와께서 당신에게 나타난 것
이 아닙니다'라고 하면 어떻게 합니
까?"
2 그러자 여호와께서 모세에게 "네 손
에 있는 것이 무엇이냐?"라고 말씀하
셨습니다. 모세는 "지팡이입니다"라고
대답했습니다.
3 여호와께서 말씀하셨습니다. "그것을
바닥에 던져 보아라." 모세가 지팡이
를 바닥에 던지자 지팡이는 뱀이 됐
습니다. 모세는 뱀을 피해 도망쳤습니
다.
4 여호와께서 모세에게 "손을 뻗어 뱀의
꼬리를 잡아라"라고 말씀하셨습니다.
그래서 모세가 손을 뻗어 그 꼬리를
잡자 뱀은 모세의 손에서 다시 지팡
이로 변했습니다.
5 여호와께서 "이것으로 여호와 그들의
하나님, 곧 아브라함의 하나님, 이삭
의 하나님, 야곱의 하나님이 네게 나
타났다는 것을 그들이 믿게 될 것이
다"라고 말씀하셨습니다.
6 또 여호와께서 모세에게 "네 손을 품
에 넣어 보아라"라고 말씀하셨습니
다. 그래서 모세는 손을 품에 넣었다
가 빼어 보았습니다. 모세의 손이 나
병에 걸려 눈처럼 하얗게 됐습니다.
7 여호와께서 "이제 손을 다시 품에 넣
어 보아라" 하고 말씀하셨습니다. 그
래서 모세가 손을 다시 품에 넣었다
가 빼어 보니 다른 부위의 피부처럼
원래대로 돌아왔습니다.
8 그러자 여호와께서 말씀하셨습니다.
"행여 그들이 너를 믿지 않거나 첫 번
째 표적에 주목하지 않더라도 두 번
째 표적은 믿을 것이다.
9 그러나 이 두 가지 표적을 믿지 않거
나 네 말을 듣지 않으면 나일 강 물을
떠다가 땅에 부어라. 강에서 떠 온 물
이 땅에서 피가 될 것이다."
10 모세가 여호와께 "여호와여, 저는 말
을 잘하는 사람이 아닙니다. 예전에
도 그랬고 주께서 주의 종에게 말씀
하신 후에도 그렇습니다. 저는 말이
어눌하고 혀도 둔합니다"라고 말했습
니다.
11 여호와께서 모세에게 말씀하셨습니
다. "사람에게 입을 준 자가 누구냐?
또 귀머거리나 벙어리가 되게 하거나
눈으로 보게 하거나 눈멀게 하는 자
가 누구냐? 나 여호와가 아니냐?
12 이제 가거라. 내가 네 입에 있어 네가
무슨 말을 할지 가르쳐 줄 것이다."
13 그러나 모세는 "여호와여, 간구합니
다. 그 일을 할 만한 다른 사람을 보
내십시오"라고 말했습니다.
14 그러자 여호와께서 진노하셔서 모세
에게 말씀하셨습니다. "네 형 레위 사
람 아론이 있지 않느냐? 나는 그가

3:22 또는 취하게

말을 잘하는 것을 알고 있다. 이제 그
가 너를 만나러 오고 있다. 그가 너를
보게 되면 기뻐할 것이다.
15 너는 그에게 말해 그의 입에 말을 넣
어 주어라. 내가 네 입과 함께할 것이
며 그의 입에도 함께해 너희가 할 일
을 가르쳐 줄 것이다.
16 그는 너를 위해 백성들에게 말할 것
이며 네 입이 돼 줄 것이다. 그리고 너
는 그에게 하나님과 같이 될 것이다.
17 이제 너는 이 지팡이를 네 손에 들고
그것으로 표적을 보이도록 하여라."

이집트로 돌아가는 모세

18 모세는 장인 이드로에게 돌아가서
"제가 이제 떠나 이집트에 있는 제 동
족에게 돌아가서 그들이 아직 살아
있는지 보고자 합니다"라고 말했습니
다. 이드로는 모세에게 "평안히 가게"
라고 했습니다.
19 여호와께서 미디안에 있는 모세에게
말씀하셨습니다. "이집트로 돌아가거
라. 너를 죽이려고 하던 자들이 다 죽
었다."
20 그래서 모세는 아내와 아들들을 나
귀에 태우고 이집트를 향해 길을 떠
났습니다. 모세의 손에는 하나님의
지팡이가 들려 있었습니다.
21 여호와께서 모세에게 말씀하셨습니
다. "내가 네게 모든 기사를 행할 수
있는 능력을 주었으니 너는 이집트
로 돌아가서 바로 앞에서 그 기적들
을 다 보이도록 하여라. 그러나 내가
그의 마음을 강퍅하게 할 것이니 그
가 백성들을 보내 주지 않을 것이다.
22 그러면 너는 바로에게 말하여라. '여호
와께서 이렇게 말씀하셨습니다. 이스
라엘은 내 장자다.
23 내 아들을 보내 그가 나를 경배하게
하라고 내가 네게 말했지만 너는 그
를 보내기를 거부했다. 그러므로 내
가 네 장자를 죽일 것이다.'"
24 가는 도중의 한 야영지에서 여호와께
서 *모세에게 나타나 *모세를 죽이려
하셨습니다.
25 그러자 *모세의 아내 십보라가 돌칼
을 가져다가 자기 아들의 포피를 베
어 *모세의 *발에 대며 "당신은 제게
피 남편이군요"라고 말했습니다.
26 결국 여호와께서 모세를 놓아주셨습
니다. 그때 모세의 아내가 '피 남편'이
라고 한 것은 할례를 가리키는 것입
니다.
27 여호와께서 아론에게 "광야로 나가
모세를 만나라"라고 말씀하셨습니다.
그리하여 아론이 하나님의 산에서 모
세를 만나 모세에게 입을 맞추었습니
다.
28 그러자 모세는 아론에게 여호와께서
자기를 보내며 말씀하신 것들과 여호
와께서 자기에게 하라고 명령하신 표
적들을 모두 말해 주었습니다.
29 모세와 아론은 가서 이스라엘 장로들
을 모두 불러 모았습니다.
30 그리고 아론은 여호와께서 모세에게
하신 말씀을 이스라엘 장로들에게 모

4:24,25 히브리어, '그' 4:25 성기에 대한 완곡한 표현

두 이야기했으며 모세는 백성들이 보
는 데서 표적을 보여 주었습니다.
31 그러자 그들이 믿게 됐습니다. 여호와
께서 이스라엘 백성을 찾아와 백성들
의 고통을 다 보셨다는 말을 듣고 그
들은 엎드려 경배했습니다.

바로 앞에 선 모세

5 그러고 나서 모세와 아론은 바로에
게 가서 말했습니다. "이스라엘의
하나님 여호와께서 '내 백성들을 보내
그들이 광야에서 나를 위해 절기를
지킬 수 있게 하여라' 하고 말씀하셨
습니다."
2 바로가 대답했습니다. "여호와가 누구
이기에 내가 그의 말을 듣고 이스라엘
을 보내야 한단 말이냐? 나는 여호와
를 모르니 이스라엘도 보내 주지 않겠
다."
3 그러자 그들이 말했습니다. "히브리
사람들의 하나님께서 저희에게 나타
나셨습니다. 저희가 광야로 3일 길을
가서 저희 하나님 여호와께 제사드릴
수 있게 해 주십시오. 그러지 않으면
그분께서 전염병이나 칼로 저희를 치
실 것입니다."
4 그러나 이집트 왕은 "모세와 아론아,
너희는 왜 이 백성들로 하여금 일을
제대로 하지 못하게 하려고 하느냐?
너희의 일이나 하라!"라고 했습니다.
5 또 "보라. 이 땅에 백성들이 많은데
그들로 하여금 일을 그만 하게 만드
는구나" 하고 바로가 말했습니다.
6 바로 그날 바로는 그 백성들의 감독
관들과 반장들에게 다음과 같은 명
령을 내렸습니다.
7 "너희는 백성에게 벽돌 굽는 데 필요
한 짚을 더 이상 공급하지 말고 그들
스스로 가서 짚을 모아 오게 하라.
8 그러나 벽돌 생산량은 전과 동일하
다. 그 할당량은 줄여 주지 말라. 그
들은 게을러 빠졌다. 그래서 '우리가
가서 하나님께 제사드리겠다'라고 외
치는 것이다.
9 그들에게 일을 더 고되게 시켜 일만
계속하게 하고 쓸데없는 말에 귀 기
울이지 않게 하라."
10 감독관들과 반장들은 나가서 백성들
에게 말했습니다. "바로께서 말씀하시
기를 '내가 너희에게 짚을 주지 않겠
으니
11 너희는 짚을 찾을 만한 데로 가서 스
스로 주워 오라. 그러나 너희 일은 조
금도 줄여 줄 수 없다'라고 하셨다."
12 그래서 백성들은 이집트 전역으로 흩
어져 짚으로 쓸 만한 그루터기를 모
아 왔습니다.
13 감독관들은 일을 재촉하며 말했습니
다. "전에 짚을 나눠 주었을 때와 같
은 양을 채워야 한다."
14 바로의 감독관들은 자기들이 세운 이
스라엘 반장들에게 "너희는 어떻게
어제와 오늘도 전과 같은 생산량을
채우지 못했느냐?"라며 때리고 윽박
질렀습니다.
15 이스라엘 반장들은 바로에게 가서 호
소했습니다. "왜 종들에게 이렇게 하

십니까?
16 저들이 종들에게 짚도 주지 않으면서
'벽돌을 만들어 내라'고 합니다. 종들
이 매를 맞지만 잘못은 왕의 백성들
에게 있습니다."
17 바로는 말했습니다. "게으름뱅이들 같
으니라고! 그래, 너희가 바로 게으름
뱅이들이다. 그러니까 너희가 자꾸
'우리가 가서 여호와께 제사드리겠다'
하는 것이 아니냐?
18 가서 일이나 하라. 짚은 주지 않을 것
이다. 하지만 너희 할당량은 채워야
한다."
19 이스라엘 반장들은 "하루치 벽돌 생
산량은 줄어들지 않을 것이다" 하는
말을 듣고 자신들이 곤경에 빠진 것
을 알게 됐습니다.
20 이스라엘 반장들은 바로에게서 나오
는 길에 자신들을 만나려고 기다리고
있던 모세와 아론을 보고 말했습니
다.
21 "당신들이 우리로 하여금 바로와 그
신하들이 보기에 냄새나는 존재가
되게 하고 그들의 손에 칼을 쥐어 줘
우리를 죽이게 만들었으니 여호와께
서 당신들을 보시고 심판하시기를 바
랍니다!"

하나님이 구원을 약속하시다

22 모세가 여호와께 돌아와서 말했습니
다. "여호와여, 왜 이 백성들이 학대
를 당하게 하셨습니까? 왜 하필 저를
보내셨습니까?
23 제가 바로에게 가서 주의 이름으로
말한 이후로 바로가 오히려 이 백성
들을 곤경에 빠뜨렸습니다. 그런데도
주의 백성들을 구해 주지 않고 계십
니다."

6 그러자 여호와께서 모세에게 말씀
하셨습니다. "이제 내가 바로에게
어떻게 할지 보여 주도록 하겠다. 내
강한 손으로 인해 그가 어쩔 수 없이
그들을 보내 줄 것이다. 내 강한 손으
로 인해 그가 어쩔 수 없이 그들을 자
기 나라에서 내보내게 될 것이다."
2 하나님께서 모세에게 입을 열어 말씀
하셨습니다. "나는 *여호와다.
3 내가 아브라함과 이삭과 야곱에게
*전능한 하나님의 이름으로 나타나
긴 했지만 내 이름 여호와로는 그들
에게 알리지 않았다.
4 또 그들이 이방 사람으로 살던 곳 가
나안 땅을 주리라고 그들에게 언약을
세워 주었는데
5 이제 이집트 사람들 아래서 종노릇하
는 이스라엘 자손들의 신음 소리를
듣고 내가 언약을 기억했다.
6 그러므로 이스라엘 자손들에게 말하
여라. '나는 여호와다. 내가 너희를 이
집트의 압제에서 빼내 주고 그 속박
에서 건져 줄 것이다. 내가 쭉 뻗은
팔과 큰 심판으로 너희를 구원해 줄
것이다.
7 내가 너희를 내 백성으로 삼고 나는
너희의 하나님이 될 것이다. 그러면

6:2 하나님의 이름을 표기한 히브리어 자음 네 글자(YHWH) 음역(출 3:15을 보라.) 6:3 히브리어, 엘 샤다이

내가 너희를 이집트 사람들의 압제에
서 빼내 준 너희 하나님 여호와인 줄
너희가 알게 될 것이다.
8 그리고 내가 아브라함과 이삭과 야곱
에게 맹세한 땅을 너희에게 줄 것이
다. 내가 그것을 너희에게 줘 너희의
유업이 되게 할 것이다. 나는 여호와
다라고 말이다."
9 모세는 이 말을 이스라엘 자손에게
전했습니다. 그러나 이스라엘 자손들
은 마음이 낙심되고 종살이가 심했
기 때문에 모세의 말을 들으려 하지
않았습니다.
10 그때 여호와께서 모세에게 말씀하셨
습니다.
11 "이집트 왕 바로에게 가서 '이스라엘
자손을 그 땅에서 내보내라'고 하여
라."
12 그러나 모세는 여호와께 말했습니다.
"이스라엘 자손도 제 말을 듣지 않는
데 하물며 바로가 제 말을 듣겠습니
까? 저는 말이 어눌한 사람입니다."

모세와 아론의 계보

13 여호와께서 모세와 아론에게 말씀하
시며 이스라엘 자손들과 바로에게 명
령을 전달해 이스라엘 자손을 이집트
땅에서 이끌어 내게 하셨습니다.
14 모세와 아론 집안의 어른들은 이러합
니다. 이스라엘의 장자 르우벤의 아들
들은 하녹과 발루와 헤스론과 갈미입
니다. 이들은 르우벤 문중입니다.
15 시므온의 아들들은 여무엘과 야민과
오핫과 야긴과 소할과 가나안 여인의
아들 사울입니다. 이들은 시므온 문
중입니다.
16 족보에 따른 레위의 아들들의 이름은
이러합니다. 그들은 게르손과 고핫과
므라리입니다. 레위는 137세까지 살았
습니다.
17 게르손의 아들들은 그 문중에 의하
면 립니와 시므이입니다.
18 고핫의 아들들은 아므람과 이스할과
헤브론과 웃시엘입니다. 고핫은 133세
까지 살았습니다.
19 므라리의 아들들은 마흘리와 무시입
니다. 이상은 족보에 따른 레위 가문
입니다.
20 아므람은 자기 아버지의 여동생 요게
벳을 아내로 삼았습니다. 요게벳은 아

성·경·인·물 **아론**

- **이름** 열국의 아비
- **이름의 뜻** 밝히다. 능력의 산
- **주소** 고센
- **가족 관계** 고조 할아버지 – 야곱 / 증조 할아버지 – 레위 / 아버지 – 아므람 / 어머니 – 요게벳 / 누이 – 미리암 / 남동생 – 모세 / 아들 – 나답, 아비후, 엘르아살, 이다말(출 6:23)
- **직업** 모세의 대변인(출 4:14–16). 이스라엘 최초의 대제사장(레 6:20–22)
- **약력** 아론은 말주변이 좋아서 모세의 대변인으로 활동했다(출 4:16). 모세가 시내 산에 올라가 있는 동안 금송아지 우상을 만드는 큰 실수를 범하기도 했다(출 32:1–6). 최초의 대제사장이기도 했던 그는 약속의 땅에 들어가지 못한 채 123세의 나이로 죽었다(민 33:38–39).

므람에게 아론과 모세를 낳아 주었습
니다. 아므람은 137세까지 살았습니
다.
21 이스할의 아들들은 고라와 네벡과 시
그리입니다.
22 웃시엘의 아들들은 미사엘과 엘사반
과 시드리입니다.
23 아론은 암미나답의 딸이며 나손의 여
동생인 엘리세바를 아내로 삼았습니
다. 엘리세바는 아론에게 나답과 아비
후와 엘르아살과 이다말을 낳아 주었
습니다.
24 고라의 아들들은 앗실과 엘가나와 아
비아삽입니다. 이들은 고라 문중입니
다.
25 아론의 아들 엘르아살은 부디엘의 딸
들 중 하나를 아내로 삼았습니다. 그
녀는 엘르아살에게 비느하스를 낳아
주었습니다. 문중에 따른 레위 조상
의 집안 어른들은 이상과 같습니다.
26 "이스라엘 자손들을 이집트에서 부대
별로 이끌어 내라" 하는 여호와의 명
령을 받은 사람은 바로 이 아론과 모
세였으며
27 이스라엘 자손을 이집트에서 나가게
해 달라고 이집트 왕 바로에게 말한
사람도 바로 이 모세와 아론이었습니
다.

모세의 대변인이 된 아론

28 여호와께서 이집트 땅에서 모세에게
말씀하실 때
29 여호와께서 모세에게 이렇게 말씀하
셨습니다. "나는 여호와다. 너는 내가
네게 말하는 모든 것을 이집트 왕 바
로에게 전하여라."
30 그러나 모세는 여호와께 "제가 입이
어눌한데 어떻게 바로가 제 말을 듣
겠습니까?"라고 대답했습니다.

7 그러자 여호와께서 모세에게 말씀
하셨습니다. "보아라. 내가 너를 바
로에게 하나님같이 되게 했다. 네 형
아론은 네 대변인이 될 것이다.
2 너는 내가 네게 명령한 것을 다 말해
주어라. 그러면 네 형 아론이 바로에
게 이스라엘 자손을 그 땅에서 내보
내라고 말할 것이다.
3 그러나 내가 바로의 마음을 강퍅하게
만들 것이며 이집트 땅에서 많은 표
적과 기적을 일으킬 것이다.
4 바로가 너희 말을 듣지 않으면 내가
이집트에 능력을 행사해서 큰 벌을 내
려 내 군대, 곧 내 백성 이스라엘 자
손을 이집트 땅에서 나오게 할 것이
다.
5 내가 내 손을 이집트에 뻗어서 이스라
엘 자손을 그곳에서 이끌어 낼 때 이
집트 사람들이 내가 여호와인 줄 알
게 될 것이다."
6 모세와 아론은 여호와께서 명하신 대
로 시행했습니다.
7 그들이 바로에게 말할 때 모세는 80
세, 아론은 83세였습니다.

뱀으로 변한 아론의 지팡이

8 여호와께서 모세와 아론에게 말씀하
셨습니다.
9 "바로가 너희에게 '기적을 보이라'고

하면 너는 아론에게 '지팡이를 들어
바로 앞에 던지라'고 말하여라. 그러
면 그것이 뱀이 될 것이다."
10 그리하여 모세와 아론은 바로에게 가
서 여호와께서 그들에게 명령하신 대
로 했습니다. 아론이 바로와 그의 신
하들 앞에서 자기의 지팡이를 던졌더
니 뱀이 됐습니다.
11 그러자 바로는 지혜로운 사람들과 마
술사들을 불렀습니다. 그 마술사들
도 자기들의 비법으로 똑같이 했습니
다.
12 이집트 마술사들 각자가 지팡이를 던
지자 뱀이 됐습니다. 그러나 아론의
지팡이가 이집트 마술사들의 지팡이
를 삼켜 버렸습니다.
13 하지만 여호와께서 말씀하신 대로 바
로의 마음이 강퍅해져서 모세와 아론
의 말을 듣지 않았습니다.

물이 피로 변하다

14 그때 여호와께서 모세에게 말씀하셨
습니다. "바로의 마음이 강퍅해져 이
백성들을 보내려 하지 않을 것이다.
15 아침에 바로가 물가로 나갈 때 그에
게 가거라. 뱀으로 변했던 그 지팡이
를 손에 들고 나일 강 둑에서 그가 오
기를 기다리며 서 있어라.
16 그리고 그에게 말하여라. '히브리 사
람들의 하나님 여호와께서 왕께 내
백성들을 보내 광야에서 나를 경배하
게 하라는 말씀을 전하라고 나를 보
내셨습니다. 그러나 지금까지 당신이
듣지 않았습니다.
17 그래서 여호와께서 이것으로 그분이
여호와인 줄 왕이 알게 될 것이라고
말씀하셨습니다. 이제 제가 제 손에
있는 지팡이로 나일 강 물을 치면 물
이 피로 변할 것입니다.
18 그러면 나일 강의 물고기들이 죽을
것이며 강에서 냄새가 날 것입니다.
이집트 사람들은 그 물을 먹지 못하
게 될 것입니다.'"
19 여호와께서 모세에게 말씀하셨습니
다. "아론에게 지팡이를 들고 이집트
의 강들과 시내와 운하와 못과 모든
호수 위에 손을 뻗으라고 말하여라.
그러면 그것들이 다 피로 변할 것이
다. 피가 이집트 온 땅에 있을 것이며
심지어 나무그릇과 돌그릇에도 있게
될 것이다."
20 모세와 아론은 여호와께서 명령하신
대로 했습니다. 아론이 바로와 그의
신하들 앞에서 자기 지팡이를 들어
나일 강 물을 쳤더니 모든 물이 피로
변해 버렸습니다.
21 나일 강의 물고기는 죽어 버렸고 강
물에서 나는 악취로 이집트 사람들은
그 물을 먹지 못했습니다. 피가 이집
트 온 땅에 있었습니다.
22 이집트의 마술사들도 자기들의 비법
으로 그것과 똑같이 했습니다. 그러
자 여호와께서 말씀하신 대로 바로의
마음이 강퍅해져서 모세와 아론의
말을 듣지 않았습니다.
23 바로는 돌아서 왕궁으로 갔으며 이
일을 마음에 두지 않았습니다.

24 그리하여 모든 이집트 사람들은 나일
강을 따라 땅을 파서 먹을 물을 얻어
야 했습니다. 이집트 사람들은 강물
을 마실 수 없었기 때문이었습니다.

개구리 떼가 뒤덮다

25 여호와께서 나일 강을 치신 지 7일이
지났습니다.

8 그때 여호와께서 모세에게 말씀하
셨습니다. "바로에게 가서 말하여
라. '여호와께서 이렇게 말씀하셨습니
다. 내 백성들이 나를 경배할 수 있도
록 그들을 보내 주어라.
2 만약 네가 보내지 않으면 내가 네 온
땅을 개구리로 칠 것이다.
3 그러면 나일 강이 개구리들로 가득하
게 될 것이다. 그것들이 강에서 올라
와서 네 집과 네 침실과 네 침대와 네
신하들의 집과 네 백성들의 집과 네
화덕과 반죽 그릇 속에 들어가게 될
것이다.
4 개구리들이 너와 네 백성들과 네 모
든 신하들에게 기어오를 것이다'라고
말이다."
5 또한 여호와께서 모세에게 말씀하셨
습니다. "아론에게 말하여라. '지팡이
를 들고 시내와 강물과 못 위에 손을
뻗어 개구리들이 이집트 땅에 올라가
게 하여라.'"
6 그리하여 아론은 이집트의 물 위에
손을 뻗었습니다. 그러자 개구리들이
올라와 이집트 땅을 덮었습니다.
7 그러나 마술사들도 자기들의 비법으
로 똑같이 해서 개구리들이 이집트
땅에 올라오게 했습니다.
8 바로가 모세와 아론을 불러서는 말했
습니다. "여호와께 간구해 나와 내 백
성들에게서 개구리들이 물러나게 해
달라고 하라. 그러면 내가 이 백성들
을 보내 여호와께 제사를 드릴 수 있
게 해 주겠다."
9 모세는 바로에게 대답했습니다. "제가
당신과 당신의 신하들과 당신의 백성
들을 위해 언제 개구리들이 당신과
당신의 집에서 사라지고 나일 강에만
있게 해 달라고 기도할지 당신이 정하
도록 하십시오."
10 바로가 "내일 하도록 하여라"라고 말
했습니다. 모세가 말했습니다. "당신
이 말씀하신 대로 될 것입니다. 그러
면 당신은 여호와 우리 하나님과 같
은 분이 없다는 것을 알게 될 것입니
다.
11 개구리들이 당신과 당신의 집과 당신
의 신하들과 당신의 백성들을 떠나
오직 나일 강에만 있을 것입니다."
12 모세와 아론은 바로에게서 물러나왔
습니다. 모세는 바로에게 닥쳤던 개구
리들이 떠나기를 여호와께 부르짖었
습니다.
13 그러자 여호와께서 모세가 말한 대로
해 주셨습니다. 개구리들이 집과 뜰
과 밭에서 죽었습니다.
14 그들은 죽은 개구리들을 무더기로
쌓아 올렸습니다. 그 땅에 악취가 났
습니다.
15 그러나 바로는 숨 돌릴 틈이 생기자

또 마음이 강퍅해져 여호와께서 말씀
하신 대로 모세와 아론의 말을 듣지
않았습니다.

먼지가 이가 되다

16 그때 여호와께서 모세에게 말씀하셨
습니다. "아론에게 '지팡이를 뻗어 땅
의 먼지를 치라'고 하여라. 그러면 그
것이 온 이집트 땅에 걸쳐 이로 변할
것이다."
17 모세와 아론은 여호와의 명령대로 했
습니다. 아론은 지팡이를 들고 손을
뻗어 땅의 먼지를 쳤습니다. 그러자
이가 사람과 짐승들 위로 올라왔습
니다. 이집트 땅의 모든 먼지가 다 이
가 된 것입니다.
18 마술사들도 자기들의 비법으로 이를
만들어 내려고 했지만 할 수가 없었
습니다. 사람들과 짐승들에게 이가
있었습니다.
19 마술사들은 바로에게 "이것은 하나님
의 *능력으로 된 일입니다"라고 말했
습니다. 그러나 여호와께서 말씀하신
대로 바로의 마음이 강퍅해져 마술
사들의 말을 듣지 않았습니다.

파리 떼가 가득하다

20 그때 여호와께서 모세에게 말씀하셨
습니다. "아침 일찍 일어나 바로가 물
가로 나갈 때에 맞춰 그 앞에 서서 말
하여라. '여호와께서 이렇게 말씀하셨
습니다. 내 백성들이 나를 경배할 수
있도록 그들을 보내 주어라.
21 만약 네가 내 백성들을 보내 주지 않
으면 내가 너와 네 신하들과 네 백성
들과 네 집에 파리 떼를 보낼 것이다.
이집트 사람들의 집들과 그들이 서
있는 땅에 파리가 가득하게 될 것이
다.
22 그러나 그날에 내가 내 백성들이 사
는 고센 땅을 구별해서 그곳에는 파
리 떼가 없게 할 것이다. 그러면 나 여
호와가 이 땅 가운데 있는 줄을 네가
알게 될 것이다.
23 내가 내 백성들과 네 백성들을 *구별
할 것이다. 내일 이 표적이 일어날 것
이다.'"
24 여호와께서는 그대로 하셨습니다. 끔
찍한 파리 떼가 바로의 집과 그의 신
하들의 집 안과 온 이집트 땅에 들이
닥쳤습니다. 그 땅은 파리 떼로 큰 피
해를 입었습니다.
25 그러자 바로가 모세와 아론을 불러
말했습니다. "너희는 가서 여기 이 땅
에서 너희 하나님께 제사를 드리라."
26 그러나 모세는 "저희가 저희 하나님
여호와께 제사드리는 것을 이집트 사
람들이 싫어하기 때문에 그렇게 하는
것은 옳지 않습니다. 만약 저희가 이
집트 사람들이 싫어하는 것을 제물로
드린다면 그들이 저희에게 돌을 던질
것입니다.
27 저희가 저희 하나님 여호와께 제사를
드리기 위해서는 반드시 하나님께서
저희에게 명령하신 대로 광야로 3일
길을 나가야 합니다"라고 대답했습니

8:19 히브리어, '손가락' 8:23 칠십인역과 불가타를 따름. 히브리어, '속량할 것이다.'

다.
28 바로는 "너희가 너희 하나님 여호와께
제사를 드리도록 광야로 내보내 주
겠다. 그러나 너무 멀리 가면 안 된다.
그러니 너희는 이제 나를 위해 기도
하라" 하고 말했습니다.
29 모세는 대답했습니다. "제가 당신 앞
에서 나가자마자 내일 파리 떼가 바로
와 그의 신하들과 백성들에게서 떠나
게 해 달라고 여호와께 기도하겠습니
다. 다만 바로께서 명심하실 것은 이
백성들을 보내 여호와께 제사를 드리
게 하는 일에 더 이상 속임수를 써서
는 안 된다는 것입니다."
30 그러고 나서 모세는 바로에게서 물러
나와 여호와께 기도했습니다.
31 여호와께서는 모세의 말대로 하셔서
파리 떼가 바로와 그의 신하들과 백
성들 가운데서 떠나 한 마리도 남지
않게 됐습니다.
32 그러나 이번에도 바로의 마음이 강퍅
해져 백성들을 보내려고 하지 않았습
니다.

가축들이 죽다

9 그때 여호와께서 모세에게 말씀하
셨습니다. "바로에게 가서 그에게
말하여라. '히브리 사람들의 하나님
여호와께서 이렇게 말씀하셨습니다.
내 백성들이 나를 경배할 수 있도록
보내 주어라.
2 만약 네가 그들을 보내지 않고 계속
해서 붙들어 둔다면
3 여호와의 손이 밭에 있는 네 가축들,
곧 말과 나귀와 낙타와 소와 양과 염
소에게 끔찍한 재앙을 내릴 것이다.
4 그러나 여호와께서 이스라엘의 가축
과 이집트의 가축을 구별해 이스라엘
자손의 가축은 한 마리도 죽지 않게
하실 것이다.'"
5 여호와께서 재앙 내리실 때를 정하시
며 "내일 여호와가 이 땅에 재앙을 내
릴 것이다" 하고 말씀하셨습니다.
6 그리고 그 이튿날 여호와께서 그대로
하셔서 이집트 사람들의 모든 가축들
은 죽었습니다. 그러나 이스라엘 자손
의 가축들은 단 한 마리도 죽지 않았
습니다.
7 바로가 사람들을 보내 조사해 보니
과연 이스라엘 자손의 가축은 단 한
마리도 죽지 않았습니다. 그러나 바로
의 마음은 강퍅해서 백성들을 보내
주지 않았습니다.

종기가 생기다

8 그러자 여호와께서 모세와 아론에게
말씀하셨습니다. "난로에서 재를 몇
움큼 가져다가 모세가 바로 앞에서
공중에 뿌리라.
9 그것이 온 이집트 땅에 미세한 흙먼지
가 돼 이 땅 사람들과 가축들에게 곪
는 종기가 나게 할 것이다."
10 그리하여 모세와 아론은 난로에서 재
를 가져다가 바로 앞에 섰습니다. 모
세가 재를 공중에 뿌리자 사람들과
가축들에게 곪는 종기가 났습니다.
11 마술사들은 자신들과 모든 이집트 사
람들에게 난 종기 때문에 모세 앞에

서 있을 수도 없었습니다.
12 그러나 여호와께서 바로의 마음을 강
퍅하게 하셨기 때문에 바로는 모세와
아론의 말을 듣지 않았습니다. 여호와
께서 모세에게 말씀하신 그대로였습
니다.

우박이 내리다

13 그때 여호와께서 모세에게 말씀하셨
습니다. "아침 일찍 일어나 바로 앞에
서서 말하여라. '히브리 사람들의 하
나님 여호와께서 말씀하셨습니다. 내
백성들이 나를 경배할 수 있도록 보
내 주어라.
14 그렇게 하지 않으면 이번에는 내가 너
와 네 신하들과 네 백성들에게 내 모
든 재앙을 보내 온 땅에 나와 같은 자
가 없음을 네가 알게 할 것이다.
15 내가 이제 내 손을 뻗어 너와 네 백성
들을 세상에서 끊어 버릴 만한 재앙
으로 칠 것이다.
16 그러나 내가 바로 이 목적을 위해 너
를 세웠으니 이제 내가 네게 내 힘을
보여 주고 온 세상에 내 이름이 선포
되게 할 것이다.
17 너는 아직도 내 백성들에게 거만하게
대하면서 보내 주지 않으려고 하는구
나.
18 그러므로 내가 내일 이맘때쯤 이집트
가 세워진 이래 지금까지 없었던 무서
운 우박을 보낼 것이다.
19 그러니 너는 지금 사람을 보내 들판
에 있는 네 가축들과 그 밖의 모든
것들을 안으로 들이게 하여라. 안으
로 들이지 않고 들판에 남은 것은 사
람이든 짐승이든 그 위에 우박이 떨
어져 죽게 될 것이다.'"
20 바로의 신하들 가운데 여호와의 말씀
을 두려워한 사람들은 서둘러 그 종
들과 가축들을 안으로 들였습니다.
21 그러나 여호와의 말씀을 무시한 사람
들은 그 종들과 가축들을 그대로 들
판에 두었습니다.
22 여호와께서 모세에게 말씀하셨습니
다. "하늘을 향해 네 손을 뻗어 온 이
집트 땅, 곧 사람과 짐승과 이집트 들
판에서 자라는 모든 것 위에 우박이
내리게 하여라."
23 모세가 하늘을 향해 지팡이를 들자
여호와께서 천둥과 우박을 보내셨습
니다. 그리고 불이 하늘에서 땅바닥
으로 떨어졌습니다. 이처럼 여호와께
서 이집트 땅에 우박을 비처럼 쏟아
부으셨습니다.
24 그리하여 우박이 쏟아지고 우박과 섞
인 불이 떨어졌습니다. 이집트가 세워
진 이래 온 이집트 땅에 이렇게 무서
운 우박은 없었습니다.
25 우박이 온 이집트에 걸쳐 사람이나
짐승이나 할 것 없이 들판의 모든 것
을 치니 들판에 자라는 모든 것이 쓰
러지고 나무도 다 꺾였습니다.
26 우박이 내리지 않은 곳은 이스라엘
자손들이 사는 고센 땅뿐이었습니다.
27 그러자 바로가 사람을 보내 모세와
아론을 불러 말했습니다. "이번에는
내가 죄를 지었다. 여호와는 의로우시

고 나와 내 백성들은 악하다.
28 우리가 천둥과 우박을 받을 만큼 받
았으니 여호와께 기도해 주기 바란다.
내가 너희를 보내 줄 테니 너희가 더
이상 머무를 필요가 없다."
29 모세가 바로에게 말했습니다. "제가
성 밖으로 나가자마자 여호와께 제
손을 뻗고 기도할 것입니다. 그러면
천둥이 멈추고 우박도 더 이상 내리
지 않을 것입니다. 이로써 당신은 이
땅이 여호와의 것임을 알게 될 것입니
다.
30 그러나 당신과 당신의 신하들은 여전
히 여호와 하나님을 경외하지 않을 것
입니다."
31 그때 보리는 이삭이 패어 있었고 삼
은 꽃이 피어 있었기 때문에 보리와
삼은 피해를 입었습니다.
32 그러나 밀과 귀리는 늦게 이삭이 패
기 때문에 피해를 입지 않았습니다.
33 그러고 나서 모세는 바로에게서 물러
나와 성 밖으로 나갔습니다. 모세가
여호와를 향해 손을 뻗자 천둥과 우
박이 멈추고 땅에 비도 내리지 않았
습니다.
34 그러나 비와 우박과 천둥이 멈춘 것
을 보고 바로는 여전히 죄를 짓고 마
음이 강퍅해졌습니다. 그런 마음은
바로나 그의 신하들이나 마찬가지였
습니다.
35 바로의 마음은 이렇듯 강퍅해 이스라
엘을 보내려 하지 않았습니다. 여호와
께서 모세를 통해 말씀하신 그대로였
습니다.

메뚜기 떼가 땅을 덮다

10 그러고 나서 여호와께서 모세
에게 말씀하셨습니다. "바로에
게 가거라. 내가 그와 그 신하들의 마
음을 강퍅하게 한 것은 내가 그들 가
운데 이런 내 표적들을 보여 주어
2 네가 네 자식과 자손들에게 내가 이
집트 사람들을 어떤 식으로 매섭게
다루었으며 그들 가운데 내가 어떻게
내 표적을 보여 주었는지를 말해 주

Q&A 열 가지 재앙에 담긴 의미는 무엇인가?

참고 구절 | 출 10:1–2

열 가지 재앙은 하나님의 권능과 이집트 신들의 무능과 헛됨을 나타내는 사건이었다. 나일 강은 농업용수를 공급해 주는 생명줄로 이집트 사람들은 나일 강을 신성시했다. 그래서 하나님께서는 나일 강 물을 피로 만들어 강의 신 아피스의 무능을 나타내셨다. 또 나일 강에서 개구리 떼를 나오게 해 풍요와 다산의 신인 헤크트의 헛됨을 보이셨다. 그리고 이 재앙을 통해서는 사막의 신 셋을, 파리 재앙을 통해서는 파리의 신 하트콕을, 가축 재앙을 통해서는 황소의 신 아피스를, 종기 재앙을 통해서는 질병의 신 세크멧을, 우박 재앙을 통해서는 하늘의 신 누트를, 메뚜기 재앙을 통해서는 곡식의 신 오시리스를, 흑암 재앙을 통해서는 태양신 레를, 마지막으로 장자의 죽음을 통해서는 생명의 신 이시스와 바로의 무능을 드러내셨다.

게 하기 위한 것이다. 또한 내가 여호
와인 줄 너희가 알도록 하기 위한 것
이다."
3 그리하여 모세와 아론은 바로에게 가
서 말했습니다. "히브리 사람들의 하
나님 여호와께서 말씀하셨습니다. '네
가 언제까지 내 앞에서 겸손하지 않
으려느냐? 내 백성들이 나를 경배할
수 있도록 보내 주어라.
4 만약 네가 보내 주지 않으면 내가 내
일 네 나라에 메뚜기들을 보낼 것이
다.
5 그것들이 온 지면을 덮어 땅이 보이
지 않게 될 것이다. 우박이 내린 후
조금이지만 네게 남아 있는 것들을
그것들이 다 먹어치울 것이며 너희
들판에서 자라는 나무도 다 먹어치
울 것이다.
6 또 메뚜기들이 네 집과 네 모든 신하
들과 온 이집트 사람들의 집집마다
다 들어찰 것이니 이런 광경은 네 아
버지나 네 조상들이 이 땅에 정착한
이래 지금까지 한 번도 보지 못한 것
이 될 것이다.'" 그런 후 모세는 뒤돌
아 바로에게서 물러나왔습니다.
7 바로의 신하들이 바로에게 말했습니
다. "이 사람이 언제까지 우리에게 올
가미가 돼야 하겠습니까? 저들이 자
기네 하나님 여호와를 경배하도록 그
냥 보내 주십시오. 이집트가 망한 것
을 왕께서는 아직도 모르시겠습니
까?"
8 모세와 아론은 바로에게 다시 불려
왔습니다. 바로가 모세와 아론에게 말
했습니다. "가서 여호와 너희 하나님
을 경배하라. 갈 사람들이 누구냐?"
9 모세는 대답했습니다. "젊은이나 늙
은이나 다 갈 것이며 우리의 아들딸
이나 우리의 양 떼와 소 떼가 다 갈
것입니다. 이는 저희가 여호와께 절
기를 지키려고 하는 것이기 때문입니
다."
10 바로는 모세와 아론에게 말했습니다.
"내가 너희와 너희의 아이들을 보내
는 정도에 따라 너희 여호와가 너희
와 함께하신단 말이냐? 너희가 참으
로 악하구나.
11 그렇게는 안 된다! 남자들만 가서 여
호와를 경배하도록 하라. 그것이 너
희가 원하는 바가 아니냐?" 그러고는
모세와 아론을 바로 앞에서 쫓아내었
습니다.
12 여호와께서 모세에게 말씀하셨습니
다. "네 손을 이집트 땅 위에 뻗어 메
뚜기들이 이집트 땅에 올라와 이 땅
의 모든 풀과 우박이 남긴 모든 것들
을 다 먹어 치우게 하여라."
13 그리하여 모세는 지팡이를 이집트 위
에 들었습니다. 그러자 여호와께서 동
쪽에서 바람을 일으키셨고 그날 종
일, 곧 밤낮으로 그 땅에 바람이 불
어왔습니다. 아침이 되자 동쪽 바람
이 메뚜기들을 몰고 왔습니다.
14 메뚜기들은 온 이집트 땅에 올라가
나라 곳곳에 자리를 잡았습니다. 그
떼가 어찌나 끔찍하던지 이런 메뚜기

떼는 전무후무한 것이었습니다.
15 메뚜기들이 온 지면을 덮어 땅이 새
까맣게 변해 버렸습니다. 그것들은
우박이 내린 뒤에 남은 것, 곧 밭에
자라는 채소와 나무에 달린 과일을
다 먹어 치웠습니다. 온 이집트 땅에
걸쳐 나무나 풀 할 것 없이 푸른 것이
라고는 남아난 것이 없었습니다.
16 바로는 서둘러 모세와 아론을 불러
말했습니다. "내가 여호와 너희 하나
님과 너희에게 죄를 지었다.
17 그러니 내 죄를 한 번만 더 용서해 주
고 너희 하나님 여호와께 이 죽을 재
앙을 내게서 없애 달라고 기도하라."
18 모세는 바로에게서 물러나와 여호와
께 기도했습니다.
19 그러자 여호와께서 서쪽에서 강한 바
람을 일으켜 메뚜기 떼를 쓸어 가셨
습니다. 그러고는 홍해에 던져 넣으셨
습니다. 이제 이집트 땅에 메뚜기는
한 마리도 남아 있지 않았습니다.
20 그러나 여호와께서 바로의 마음을 강
퍅하게 하시므로 바로는 이스라엘 백
성들을 보내 주지 않았습니다.

어둠이 몰려오다

21 그때 여호와께서 모세에게 말씀하셨
습니다. "하늘을 향해 네 손을 뻗어
이집트 땅에 어둠이 닥치게 하여라.
그 어둠으로 말미암아 그들은 앞을
더듬으며 다녀야 할 것이다."
22 그리하여 모세는 자기의 손을 하늘로
향해 뻗었습니다. 그러자 짙은 어둠이
3일 동안 온 이집트 땅을 덮었습니다.
23 아무도 3일 동안 서로 볼 수 없었으며
자기 자리에서조차 일어나지 못했습
니다. 그러나 온 이스라엘 자손이 있
는 곳에는 빛이 있었습니다.
24 그러자 바로가 모세를 불러 말했습니
다. "좋다. 가서 여호와를 경배하여라.
단 너희 양들과 다른 가축들은 두고
가거라."
25 그러나 모세는 대답했습니다. "저희가
저희 하나님 여호와께 드릴 희생제물
과 번제물을 갖고 가게 해 주십시오.
26 저희 가축들도 데려가야 합니다. 한
마리도 남겨 둘 수 없습니다. 이는 저
희가 그것들을 저희 하나님 여호와
를 경배하는 데 써야 하기 때문입니
다. 저희가 거기 도착할 때까지는 무
엇으로 여호와께 경배해야 할지 모릅
니다."
27 그러나 여호와께서 바로의 마음을 강
퍅하게 하셨기 때문에 바로는 그들을
보내 주려고 하지 않았습니다.
28 바로가 모세에게 말했습니다. "내 눈
앞에서 썩 물러가라! 다시는 내 앞에
나타나지 마라! 네가 다시 내 얼굴을
보는 날에 너는 죽임을 당할 것이다."
29 모세는 대답했습니다. "말씀 한번 잘
하셨습니다. 제가 다시는 당신 앞에
나타나지 않겠습니다."

모든 처음 난 것이 죽다

11 그때 여호와께서 모세에게 말씀
하셨습니다. "내가 바로와 이집
트 위에 재앙을 하나 더 내리겠다. 그
러고 나면 그가 너희를 여기서 내보

내 줄 것이다. 그가 내보낼 때는 완전
히 쫓아낼 것이다.
2 백성들의 귀에다 대고 남녀 할 것 없
이 모두 자기 이웃에게 은패물과 금
패물을 빌리라고 하여라."
3 여호와께서는 이집트 사람들로 하여
금 이 백성들에게 호의를 갖게 하셨
습니다. 또 그 사람 모세는 이집트에
서 바로의 신하들과 백성들에게 매우
위대해 보였습니다.
4 모세는 말했습니다. "여호와께서 말씀
하셨습니다. '한밤중에 내가 온 이집
트에 다닐 것이다.
5 그러면 이집트의 처음 난 모든 것들,
곧 왕좌에 앉은 바로의 맏아들로부터
맷돌 앞에 있는 여종의 맏아들까지
그리고 가축의 처음 난 모든 것들이
다 죽게 될 것이다.
6 이집트 온 땅에 큰 부르짖음이 있을
것이다. 그와 같은 일은 전에도 없었
고 앞으로도 다시는 있지 않을 것이
다.
7 그러나 이스라엘의 사람이나 가축에
게는 개 한 마리도 짖지 않을 것이다.
이로써 여호와가 이집트와 이스라엘
을 구별하신다는 것을 너희가 알게
될 것이다'라고 말입니다.
8 그러면 당신의 모든 신하들이 제게
와서 앞에 절하며 '당신과 당신을 따
르는 모든 백성들은 다 나가 주십시
오!'라고 할 것입니다. 그러고 나서야
제가 떠날 것입니다." 모세는 진노한
가운데 바로 앞에서 떠나갔습니다.
9 여호와께서 모세에게 말씀하셨습니
다. "바로가 네 말을 듣지 않을 것이
다. 이는 내가 기적들을 이집트 땅에
더 많이 베풀기 위한 것이다."
10 모세와 아론은 이 모든 기적들을 바
로 앞에서 보였습니다. 그러나 여호와
께서 바로의 마음을 강퍅하게 하셔서
바로가 이스라엘 백성들을 그 나라에
서 보내지 않았습니다.

유월절

12 여호와께서 이집트 땅에서 모
세와 아론에게 말씀하셨습니
다.
2 "이달이 너희에게 *첫 달, 곧 한 해의
첫 달이 될 것이다.
3 이스라엘의 온 회중에게 말하라. 이
달 10일에 각 사람이 자기 가족을 위
해 어린양 한 마리, 곧 한 집에 한 마
리씩 준비하도록 하라.
4 양 한 마리에 비해 식구가 너무 적으
면 사람의 수에 따라 가까운 이웃을
데려오도록 하라. 각자가 먹는 양에
맞추어 양의 수를 계산하도록 하라.
5 너희 어린양은 흠 없는 1년 된 수컷이
어야 한다. 양이나 염소 중에서 고르
도록 하라.
6 그것을 이달 14일까지 잘 간직하고
있다가 이스라엘 온 회중이 저녁 무렵
에 잡도록 하라.
7 그러고는 그 피를 얼마 가져다가 그
들이 양을 먹는 집의 문틀 양쪽과 위
쪽에 바르도록 하라.

12:2 아빕 월, 태양력 3월 중순 이후

8 바로 그날 밤에 그들은 불에 구운 고
기와 쓴 나물과 누룩 없는 빵을 먹어
야 한다.
9 너희는 그것을 날것으로 먹거나 삶아
서 먹지 말고 불에 구워서 먹어야 한
다. 머리와 다리와 내장도 마찬가지
다.
10 아침까지 고기를 조금이라도 남겨서
는 안 된다. 만약 아침까지 남은 것이
있으면 불에 태워야 한다.
11 너희가 고기를 먹을 때는 허리에 띠
를 띠고 너희의 발에 신발을 신고 손
에 지팡이를 들고 서둘러서 먹도록
하라. 이것은 여호와의 *유월절이다.
12 그날 밤에 내가 이집트를 지나가며
사람이든 가축이든 처음 난 모든 것
들을 치고 이집트의 모든 신들을 심
판할 것이기 때문이다. 나는 여호와
다.
13 내가 이집트 땅을 칠 때 너희 사는 집
에 피를 발랐으면 그것이 표시가 돼
내가 그 피를 볼 때 너희를 그냥 *지
나칠 것이다. 그러므로 재앙이 너희
에게 내려 너희를 멸망시키는 일이 없
을 것이다.
14 이날은 너희가 기념해야 할 날이다.
너희는 이날을 대대로 여호와께 절기
로 지켜 드려야 할 것이다.
15 너희는 7일 동안 누룩 없는 빵을 먹
어야 한다. 첫째 날에 너희 집에서 누
룩을 치우도록 하라. 첫째 날부터 일
곱째 날까지 누룩 든 것을 먹는 사람
은 누구든지 이스라엘에서 끊어지게
될 것이다.
16 첫째 날 너희는 거룩한 모임을 갖고
일곱째 날에도 갖도록 하라. 이 날들
에는 일하지 말도록 하라. 단, 사람들
이 먹을 음식 장만하는 일은 해도 좋
다.
17 무교절을 지키도록 하라. 바로 이날
에 내가 너희 군대를 이집트에서 이
끌어 냈기 때문이다. 그러니 너희 세
대는 이날을 지켜 영원한 규례로 삼
으라.
18 첫째 달 14일 저녁부터 21일 저녁까지
너희는 누룩 없는 빵을 먹어야 하고

12:11 히브리어, 페싸흐, '넘어가다.' 12:13 히브리어, 파싸흐. '페싸흐'(유월절)와 같은 어원(11절을 보라.)

성·경·상·식

출이집트기에 나타난 예수님의 모습

유월절 어린양

여호와의 명령에 따라 유월절에 잡은 동물은 흠이 없는 어린양이었다. 이스라엘 백성은 어린양을 잡아서 그 피를 집의 문틀 양쪽과 위쪽에 칠했다. 어린양의 피는 죽음을 넘어가게 하는 표시였다. 우리는 유월절을 통해 어린양이신 예수 그리스도를 보내신 하나님의 구원 계획을 이해할 수 있다. 예수님은 흠이 없는 어린양으로 이 땅에 오셔서 우리 죄를 대속하시기 위해 십자가에서 피를 흘리심으로 우리를 죄에서 해방시키셨다. 베드로는 이렇게 기록했다. "여러분이 해방된 것은 … 오직 흠도 없고 점도 없는 어린양 같은 그리스도의 보배로운 피로 된 것입니다."(벧전 1:18-19)

19 그 7일 동안에는 너희 집에서 누룩이
발견돼서는 안 된다. 누룩 든 것을 먹
는 사람은 이방 사람이든 본토 사람
이든 상관없이 이스라엘 회중 가운데
서 끊어지게 될 것이다.
20 누룩 든 것은 어떤 것도 먹지 말라.
너희가 있는 곳마다 누룩 없는 빵을
먹어야 한다."
21 그러자 모세는 이스라엘 장로들을 모
두 불러 말했습니다. "너희는 가서 가
족을 위해 어린양을 골라 유월절 제
물로 삼으라.
22 그리고 대야에 담은 어린양의 피를
우슬초 한 묶음으로 찍어서 문틀의
양쪽과 위쪽에 바르도록 하라. 너희
가운데 한 사람이라도 아침이 되기
전에는 자기 집 문밖에 나가면 안 된
다.
23 여호와께서 이 땅을 지나가시면서 이
집트 사람들을 치실 것이다. 그러나
문틀 위쪽과 양쪽에 피가 발라져 있
는 것을 보면 그 문을 그냥 지나가실
것이니 죽음이 너희 집에 들어가지
않을 것이다.
24 그러니 이것을 너희와 너희 자손들을
위해 영원한 규례로 지켜야 할 것이
다.
25 그리고 너희가 여호와께서 약속으로
주실 그 땅에 들어가면 이 예식을 지
키도록 하라.
26 그래서 너희 자녀들이 '이 예식이 무
슨 뜻입니까?'라고 물으면
27 '여호와께 드리는 유월절 제사다. 그
분이 이집트 사람들을 치실 때 이집
트에 있는 이스라엘 자손의 집을 넘어
가셔서 우리의 집들을 구원하셨다'라
고 말해 주라." 그러자 백성들이 절하
고 경배를 드렸습니다.
28 이스라엘 백성들은 가서 여호와께서
모세와 아론에게 명령하신 그대로 했
습니다.
29 드디어 한밤중이 됐습니다. 여호와께
서 이집트 땅의 처음 난 모든 것들을
치시되 왕좌에 앉은 바로의 맏아들로
부터 감옥에 갇혀 있는 죄수의 맏아
들까지 그리고 모든 가축들의 처음
난 것을 다 치셨습니다.
30 그러자 바로와 그 모든 신하들과 모

성·경·상·식 | ## 우슬초

우슬초는 향기가 나는 박하과의 식물로 팔레스타인의 돌벽에서 잘 자라는 흔한 풀이다. 가지와 잎사귀 표면에 털이 많아서 물을 잘 흡수하여 정결 의식에 사용되었다. 이집트를 탈출하기 전 여호와의 명령에 따라 어린양의 피를 문틀에 바를 때 우슬초가 사용되었다. "너희는 가서 가족을 위해 어린양을 골라 유월절 제물로 삼으라. 그리고 대야에 어린양의 피를 우슬초 한 묶음으로 찍어서 문틀의 양쪽과 위쪽에 바르도록 하라."(출 12:21-22 중에서). 유월절 의식 외에도 우슬초는 악성 피부병 환자를 정결하게 하는 의식에도 썼다(레 14:4,49,51,52 참조) . 또한 예수님이 십자가에 달리셨을 때 사람들이 우슬초 줄기에 신 포도주를 적신 해면을 달아 드리기도 했다(요 19:29).

든 이집트 사람들이 한밤중에 일어났
고 이집트가 곡소리로 떠나갈 듯했습
니다. 이는 죽은 사람이 없는 집이 하
나도 없었기 때문입니다.

이집트를 떠나다

31 바로가 밤중에 모세와 아론을 불러
말했습니다. "너희와 이스라엘 자손
들은 일어나 내 백성들에게서 떠나
라! 너희가 말한 대로 이제 가서 여호
와를 경배하라.
32 너희 말대로 너희 양들과 다른 가축
들도 다 가져가라. 그리고 나를 위해
축복해 주라."
33 이집트 사람들도 이스라엘 백성들에
게 "너희가 떠나지 않으면 우리가 다
죽게 될지 모른다!" 하며 빨리 그 땅
을 떠나 줄 것을 간곡히 부탁하며 말
했습니다.
34 그래서 이스라엘 백성들은 아직 누룩
을 섞지 않은 반죽을 가져다가 그릇
에 담고 보자기에 싸서 어깨에 멨습
니다.
35 이스라엘 백성들은 모세의 말에 따라
이집트 사람들에게 은패물과 금패물
과 옷가지를 달라고 했습니다.
36 여호와께서 이집트 사람들로 하여금
이스라엘 백성들에게 호의를 베풀게
하셨기 때문에 이집트 사람들은 그
들이 요구하는 것들을 내주었습니다.
이렇게 그들은 이집트 *사람들을 털
었습니다.
37 이스라엘 백성들은 라암셋에서 숙곳
까지 갔습니다. 여자들과 아이들을
제외하고 남자들만 약 60만 명이었습
니다.
38 그때 다른 종족들도 많이 이스라엘
백성들과 함께 나갔습니다. 양 떼와
소 떼도 아주 많았습니다.
39 이스라엘 백성들은 이집트에서 갖고
나온 반죽으로 누룩 없는 빵을 구웠
습니다. 반죽에 누룩이 없었던 것은
이스라엘 백성들이 이집트에서 쫓겨
나서 준비할 시간이 없었기 때문입니
다.
40 이스라엘 백성들이 *이집트에서 살았
던 기간은 430년이었습니다.
41 그 430년이 끝나는 바로 그날에 여호
와의 모든 군대는 이집트를 떠났습니
다.
42 이 밤은 여호와께서 이스라엘 백성들
을 이집트 땅에서 나오게 하시기 위
해 지키신 밤입니다. 그러므로 이 밤
은 이스라엘의 모든 자손들이 대대로
지켜야 할 여호와의 밤입니다.

유월절 규례

43 여호와께서 모세와 아론에게 말씀하
셨습니다. "이것은 유월절 규례다. 이
방 사람은 유월절 양을 먹지 못한다.
44 너희가 돈 주고 산 종은 할례를 받은
후에야 먹을 수 있고
45 잠시 와서 머무르는 사람이나 고용한
일꾼은 먹어서는 안 된다.
46 그것은 반드시 한 집에서만 먹어야
한다. 고기를 조금이라도 집 밖으로

12:36 또는 사람들의 물품을 취했습니다. 12:40 마소라 사본을 따름. 사마리아 오경과 칠십인역에는 '이집트와 가나안'

가지고 나가지 말라. 뼈를 부러뜨려서
도 안 된다.
47 이스라엘 온 회중이 이것을 지켜야
한다.
48 너희 가운데 살고 있는 이방 사람이
여호와의 유월절을 지키려면 그 집안
의 모든 남자가 다 할례를 받아야 한
다. 그렇게 한 후에야 그가 가까이 나
아와 유월절을 지키고 그 땅에서 태
어난 사람처럼 될 수 있다. 할례 없는
사람은 유월절 양을 먹지 못하기 때
문이다.
49 본토 사람이나 너희 가운데에 사는
이방 사람에게 똑같은 법이 적용된
다."
50 모든 이스라엘 백성들은 그대로 했습
니다. 여호와께서 모세와 아론에게 명
령하신 그대로 한 것입니다.
51 이렇게 해서 바로 이날에 여호와께서
이스라엘 백성들을 부대별로 이집트
에서 이끌어 내셨습니다.

처음 난 것의 성별

13 여호와께서 모세에게 말씀하셨
습니다.
2 "처음 난 것은 다 거룩하게 구별해 내
게 두어라. 사람이든 짐승이든 이스
라엘 자손 가운데 어미의 태를 열고
처음 나온 것은 다 내 것이다."
3 모세는 백성들에게 말했습니다. "이
날, 곧 너희들이 종살이하던 이집트
땅에서 나온 날을 기념하라. 여호와
께서 그 손의 힘으로 너희를 그곳에
서 이끌어 내셨다. 누룩이 든 것은 아
무것도 먹지 말라.
4 첫째 달인 아빕 월 이날에 너희가 나
왔다.
5 여호와께서 가나안 사람과 헷 사람과
아모리 사람과 히위 사람과 여부스 사
람의 땅, 곧 여호와께서 너희 조상들
에게 주겠다고 맹세하신 그 땅, 곧 젖
과 꿀이 흐르는 그 땅으로 너희를 인
도해 들이셨을 때 너희는 이달에 이
예식을 지켜야 할 것이다.
6 7일 동안 누룩 없는 빵을 먹고 7일째
되는 날에는 여호와께 절기를 지켜
드리라.
7 그 7일 동안에는 누룩 없는 빵을 먹
고 누룩 섞인 것은 너희 가운데서 조
금도 보이지 않게 하라. 너희가 사는
곳 어디라도 누룩이 보이면 안 된다.
8 그날에 너희는 아들에게 '내가 이렇
게 하는 것은 내가 이집트에서 나올
때 여호와께서 나를 위해 하신 일 때
문이다'라고 말하라.
9 이것을 너희 손에 두고 너희 이마에
붙여 여호와의 율법이 너희 입에 있
게 하라. 여호와께서 그 손의 힘으로
너희를 이집트에서 이끌어 내셨으니
말이다.
10 너희는 매년 정해진 때에 이 규례를
지켜야 한다.
11 여호와께서 너희와 너희 조상들에게
맹세로 약속하신 대로 너희를 가나안
사람의 땅으로 인도해 그 땅을 너희
에게 주시고 나면
12 너희는 모든 태에서 처음 난 것을 다

여호와께 드려야 한다. 너희 가축들
가운데 처음 난 것도 모두 여호와의
것이다.
13 처음 난 나귀는 모두 어린양으로 대
신해 값을 치르도록 하라. 만약 값을
대신 치르지 않을 경우에는 그 목을
부러뜨리라. 또 너희 모든 아들 가운
데 맏아들을 위해서도 다른 것으로
값을 대신 치러야 한다.
14 장차 너희 아들이 너희에게 '이것이
무슨 뜻입니까?' 하고 물으면 너희는
이렇게 말해 주라. '여호와께서 그 강
한 손으로 우리를 이집트에서, 종살
이하던 그 땅에서 이끌어 내셨다.
15 바로가 완강하게 우리를 보내 주지
않을 때 여호와께서 사람이나 짐승이
나 할 것 없이 이집트의 모든 맏아들
을 죽이셨다. 그런 까닭에 내가 태에
서 처음 난 모든 수컷을 여호와께 바
치고 내 모든 맏아들을 위해 대신 값
을 치르는 것이다'라고 말이다.
16 그것이 너희 손에 표시가 되고 너희
이마에 상징이 될 것이다. 여호와께서
그 손의 힘으로 우리를 이집트에서
이끌어 내셨기 때문이다."

홍해를 건너다

17 결국 바로는 그 백성들을 보내 줄 수
밖에 없었습니다. 그때 하나님께서는
블레셋 사람의 땅으로 지나가는 길이
가까움에도 불구하고 그 길로 인도
하지 않으셨습니다. 이는 하나님께서
'그들이 전쟁을 당하면 마음이 바뀌
어 이집트로 돌아갈지 모른다'라고 염
려하셨기 때문입니다.
18 그래서 하나님께서는 그 백성들을 이
끌고 광야 길로 돌아 *홍해 쪽으로
향하신 것입니다. 이스라엘 백성들은
이집트 땅으로부터 대열을 지어 올라
갔습니다.
19 모세는 요셉의 뼈를 가지고 나왔습니
다. 요셉이 예전에 이스라엘의 아들들
에게 맹세시키기를 *"하나님께서 분
명히 너희를 구하러 오실 것인데 그
때 너희는 내 뼈를 이곳에서 갖고 나
가도록 하라"라고 했기 때문입니다.
20 그들은 숙곳을 떠나 광야 끝에 있는
에담에 진을 쳤습니다.
21 여호와께서는 앞서가시며 낮에는 구
름기둥으로 그 길을 인도하시고 밤에
는 불기둥으로 그들에게 빛을 비춰
그들이 밤낮으로 갈 수 있게 해 주셨
습니다.
22 낮에는 구름기둥이, 밤에는 불기둥이
백성들 앞에서 사라지지 않았습니다.

14

그때 여호와께서 모세에게 말
씀하셨습니다.
2 "이스라엘 백성들에게 돌아서서 믹돌
과 바다 사이의 비하히롯 앞, 곧 바알
스본 맞은편 바닷가에 진을 치라고
하여라.
3 그러면 바로가 속으로 '이스라엘 백성
들이 이 땅에서 정신없이 떠돌다가
광야에 갇혀 버렸다'고 생각할 것이
다.
4 그러면 내가 바로의 마음을 강퍅하게

13:18 히브리어, 얌 숩 13:19 창 50:25을 보라.

해 그들을 쫓아가게 할 것이다. 그러
나 내가 바로와 그의 모든 군대를 통
해 영광을 얻게 될 것이며 이집트 사
람들은 내가 여호와인 줄을 알게 될
것이다." 그래서 이스라엘 백성들은 여
호와의 말씀대로 했습니다.
5 한편 이집트 왕은 이스라엘 백성들이
도망쳤다는 말을 전해 들었습니다. 그
러자 바로와 그의 신하들은 이스라엘
백성들에 대한 마음이 바뀌어 "우리
가 이스라엘 백성들을 내보내어 일손
을 잃어버리다니 도대체 우리가 무슨
짓을 한 것인가!"라고 말했습니다.
6 그리하여 바로는 전차를 준비시키고
그의 군대를 이끌고 갔습니다.
7 바로는 가장 좋은 전차 600대와 이집
트의 다른 모든 전차들을 이끌고 갔
는데 그 위에는 지휘관들이 타고 있
었습니다.
8 여호와께서는 이집트 왕 바로의 마음
을 강퍅하게 해 이스라엘 백성들을
쫓아가게 하셨습니다. 이스라엘 백성
들은 담대하게 행진하고 있었습니다.
9 그러나 이집트 사람들, 곧 모든 바로
의 말, 전차, 마병 그리고 군대가 바알
스본 앞 비하히롯 옆에 있는 바닷가에
진을 치고 있는 이스라엘 백성을 따
라잡았습니다.
10 바로가 가까이 다가왔을 때 이스라엘
백성들이 눈을 들어 보니 이집트 사
람들이 자기들을 뒤쫓아 오고 있는
것이었습니다. 이스라엘 자손들은 너
무나 두려워서 여호와께 울부짖었습
니다.
11 그들이 모세에게 말했습니다. "이집트
에는 무덤이 없어서 우리를 이 광야
로 데리고 나와 죽게 하는 것입니까?
어떻게 우리를 이집트에서 끌고 나와
서 이렇게 하실 수 있습니까?
12 우리가 이집트에서 '이집트 사람들을
섬기게 그냥 놔두십시오'라고 하지 않
았습니까? 이 광야에서 죽는 것보다
는 이집트 사람들을 섬기는 편이 나
았을 것입니다!"
13 모세는 이스라엘 백성들에게 말했습
니다. "두려워하지 말라. 굳게 서서 여
호와께서 오늘 너희에게 베푸실 구원
을 보라. 너희는 이 이집트 사람들을
다시는 보지 못할 것이다.
14 여호와께서 너희를 위해 싸우실 것이
니 너희는 그저 가만히 있기만 하면
된다."
15 그때 여호와께서 모세에게 말씀하셨
습니다. "네가 왜 내게 부르짖느냐?
이스라엘 백성들에게 계속 가라고 하
여라.
16 너는 네 지팡이를 들고 손을 바다 위
로 뻗어 물을 갈라라. 그러면 이스라
엘 백성들이 마른 땅 한가운데로 해
서 바다를 건널 수 있을 것이다.
17 그러나 내가 이집트 사람들의 마음을
강퍅하게 할 것이므로 그들이 뒤따
라 들어갈 것이다. 그러면 내가 바로
와 그의 모든 군대와 전차들과 마병
들로 인해 영광을 얻게 될 것이다.
18 내가 바로와 그의 전차들과 마병들을

통해 영광을 얻을 때 이집트 사람들
이 내가 여호와임을 알게 될 것이다."
19 그때 이스라엘 진영을 앞서가던 하나
님의 천사가 그들 뒤쪽으로 물러났
습니다. 구름기둥도 앞에서 뒤쪽으로
옮겨 가
20 이집트 군대와 이스라엘 사이에 있었
습니다. 그리고 구름이 한쪽은 어둠
으로 덮고 다른 쪽은 빛을 비추어 밤
새도록 한쪽이 다른 쪽에 가까이 가
지 못하게 했습니다.
21 그때 모세가 바다 위로 손을 뻗었습
니다. 그러자 여호와께서 밤새도록 동
쪽에서 바람이 불게 하셨습니다. 그
바람 때문에 바닷물이 갈라져 바다
가 마른 땅이 됐습니다.
22 오른쪽, 왼쪽으로 물 벽이 섰고 이스
라엘 백성들은 마른 땅 위로 바다를
건너게 됐습니다.
23 이집트 사람들도 이스라엘 백성을 따
라 바다 한가운데로 들어갔습니다.
바로의 모든 말들과 전차들과 마병들
이 전부 다 들어간 것입니다.
24 새벽녘이 됐습니다. 여호와께서 불기
둥과 구름기둥 속에서 이집트 군대를
내려다보시고 그들로 하여금 우왕좌
왕하게 만드셨습니다.
25 그러자 이집트 군대의 전차 바퀴가 떨
어져 나가 움직일 수가 없었습니다.
이집트 사람들은 "이스라엘 앞에서
도망쳐야겠다! 여호와께서 그들을 위
해 이집트와 싸우신다"라고 말했습니
다.
26 그때 여호와께서 모세에게 말씀하셨
습니다. "네 손을 바다 위로 뻗어 보
아라. 물이 이집트 사람들과 저 전차
와 마병들을 다 덮칠 것이다."
27 모세는 자기의 손을 바다 위로 뻗었
습니다. 그러자 동틀 무렵에 바닷물
이 다시 제자리로 돌아왔습니다. 이
집트 사람들은 물을 피해 도망치려
했습니다. 그러나 여호와께서 이집트
사람들을 쓸어 바다 한가운데에 넣
어 버리셨습니다.
28 그렇게 물이 다시 제자리로 돌아와
전차와 마병들, 곧 이스라엘을 쫓아오
던 바로의 군대 전체를 덮쳐 바다 속
에 처넣은 것입니다. 그중에서 살아남
은 자는 하나도 없었습니다.
29 그러나 이스라엘 백성들은 마른 땅
위로 바다를 가로질러 건넜습니다. 오
른쪽, 왼쪽으로 물 벽이 섰던 것입니
다.
30 그날에 이렇게 여호와께서 이집트 사
람들의 손에서 이스라엘을 구하셨습
니다. 그리고 이스라엘은 이집트 사람
들이 바닷가에서 죽어 쓰러져 있는
것을 보았습니다.
31 이렇듯 이스라엘은 여호와께서 이집
트 사람들에게 하신 큰일을 보았습니
다. 그리하여 이스라엘 백성들은 여
호와를 두려워하게 됐고 여호와와 그
종 모세를 믿게 됐습니다.

모세와 미리암의 노래

15 그때 모세와 이스라엘 백성들
은 이 노래를 여호와께 불렀습

니다.
"내가 여호와께 노래할 것입니다.
이는 주께서 크게 높임을 받으셨기
때문입니다. 말과 말 탄 자들을 모
두 바다 속에 던지셨습니다.
2 여호와께서는 내 힘이시며 내 노래
이시며 내 구원이 되셨습니다. 주
께서는 내 하나님이시니 내가 주를
찬양할 것입니다. 주께서는 내 아
버지의 하나님이시니 내가 주를 높
일 것입니다.
3 여호와께서는 용사이시니 여호와가
주의 이름입니다.
4 주께서는 바로의 전차와 그의 군대
를 바다 속에 던지시니 바로의 가
장 뛰어난 지휘관들이 홍해 속에
잠겼습니다.
5 깊은 물이 그들을 덮으니 그들이
돌처럼 깊은 곳에 가라앉아 버렸습
니다.
6 여호와여, 주의 오른손은 능력으로
위엄이 있습니다. 여호와여, 주의
오른손이 적들을 부수셨습니다.
7 주의 큰 위엄으로 주를 대적한 자
들을 깨뜨리시고 주의 진노를 발하
시니 그 진노가 그들을 지푸라기처
럼 태워 버렸습니다.
8 주의 콧김에 물이 쌓이더니 파도치
던 물이 벽처럼 꼿꼿이 섰습니다.
깊은 물이 바다 한가운데 얼어붙었
습니다.
9 원수가 말하기를 '내가 그들을 따
라잡아 전리품을 나눌 것이다. 내
욕망이 그들로 인해 채움을 받을
것이다. 내가 내 칼을 빼서 내 손으
로 그들을 칠 것이다'라고 했습니
다.
10 그러나 주께서 바람을 불게 하시니
바다가 그들을 덮었고 그들은 납처
럼 거센 물결 속으로 가라앉았습
니다.
11 여호와여, 신들 중에 주와 같은 분
이 어디 있습니까? 누가 주처럼 거
룩하시며 영광스러우시며 찬양을
받을 만한 위엄이 있으시며 놀라운
일을 행하실 수 있겠습니까?

성·경·상·식 | 이집트 탈출 경로

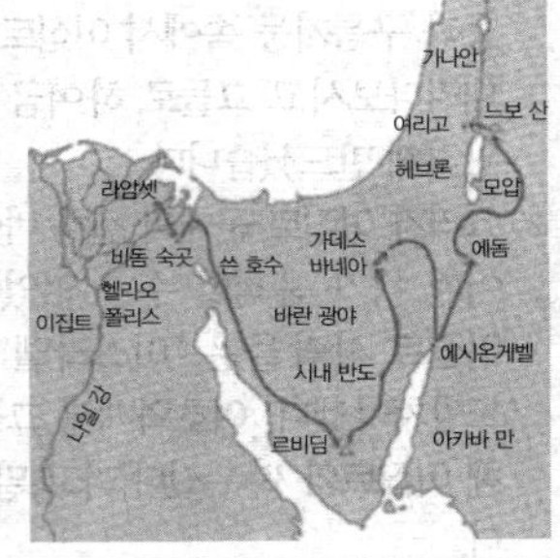

이스라엘 백성들은 라암셋에서 출발해(출 12:37) 에담에서 처음으로 진을 쳤고(출 13:20), 쓴 물이 단물로 변한 마라를 지나(출 15:23) 샘 12개와 종려나무 70그루가 있는 엘림을 거쳐(출 15:27) 신 광야에서 만나와 메추라기를 먹었다(출 16:4–16,35). 시내 산에서 십계명을 받았고(출 19:3–20:17), 바란 광야에서 12명의 정탐꾼을 가나안 땅으로 보냈다(민 13:1–3). 하지만 불순종으로 인해 40년 동안 광야에서 머물다가 그 후에 가나안 땅에 들어가게 되었다(수 2–5장).

12 주께서 주의 오른손을 뻗으시니
땅이 그들을 삼켜 버렸습니다.
13 주께서는 그 긍휼로 주께서 구속하
신 백성들을 이끄시고 주의 힘으
로 그들을 주의 거룩한 처소로 이
끄십니다.
14 열방들이 듣고 떨며 블레셋에 사는
사람들이 두려움에 사로잡힙니다.
15 에돔의 족장들이 놀라고 모압의 용
사들이 떨림에 사로잡히고 가나안
백성들의 마음이 녹았습니다.
16 두려움과 공포가 그들에게 닥칠 것
이니 주의 팔의 힘으로 인해 그들
이 돌처럼 굳어집니다. 여호와여,
주의 백성들이 지나갈 때까지 주께
서 속량하신 백성들이 지나갈 때까
지 그럴 것입니다.
17 주께서는 그들을 데려다가 주께서
소유하신 산에 심으실 것입니다. 여
호와여, 그곳은 주께서 거처로 삼
으신 곳이며 여호와여, 그곳은 주
의 손으로 세우신 성소입니다.
18 여호와께서 영원토록 통치하실 것
입니다."
19 바로의 말과 전차와 마병들이 바다
속으로 들어갔을 때 여호와께서 그
위로 바닷물을 전과 같이 덮으셨습니
다. 그러나 이스라엘 백성들은 마른
땅 위로 바다를 가로질러 건넜습니
다.
20 그때 아론의 누나인 여예언자 미리암
이 손에 탬버린을 들었습니다. 그러자
모든 여인들이 미리암을 따라 탬버린
을 들고 춤을 추었습니다.
21 미리암이 그들에게 노래했습니다.
"여호와께 노래하라. 그가 영광스럽
게 승리하셨다. 말과 말 탄 사람 모
두를 바다 속으로 던져 넣으셨다."

마라의 쓴 물과 엘림

22 그 후 모세는 이스라엘을 이끌고 홍해
에서 수르 광야로 들어갔습니다. 그
광야를 3일 동안 다녔습니다. 그렇지
만 물을 찾을 수 없었습니다.
23 그러다가 그들이 *마라에 이르렀는데
그곳 물은 써서 마실 수 없었습니다.
그래서 그곳 이름을 마라라 했습니
다.
24 백성들은 모세에게 "우리더러 무엇을
마시라는 말입니까?"라고 불평하며
말했습니다.
25 그러자 모세는 여호와께 울부짖었습
니다. 여호와께서는 모세에게 나뭇가
지 하나를 보여 주셨습니다. 모세가
그것을 물에 던지자 그 물이 달게 됐
습니다. 여호와께서 이스라엘을 위한
법도와 율례를 만들고 그들을 시험하
신 장소가 이곳 마라였습니다.
26 그분은 말씀하셨습니다. "너희가 너
희 하나님 여호와의 음성을 잘 듣고
나 여호와가 보기에 옳은 일을 하며
너희가 계명에 귀를 기울이고 그 모
든 규례를 지키면 내가 이집트 사람
들에게 내린 질병 가운데 어느 하나
도 너희에게 내리지 않겠다. 나는 너
희를 치료하는 여호와다."

15:23 쓰다.

27 그 후 이스라엘은 엘림으로 갔습니다.
그곳에는 12개의 샘과 종려나무 70그
루가 있었습니다. 이스라엘은 그곳의
물 가까이에 진을 쳤습니다.

만나와 메추라기

16 이스라엘 온 회중이 엘림에서
출발해 엘림과 시내 사이에 있
는 신 광야에 이르렀습니다. 그날은
이스라엘이 이집트에서 나온 지 *둘
째 달 15일째 되던 날이었습니다.
2 광야에서 온 회중이 모세와 아론에게
불평을 했습니다.
3 이스라엘 백성들은 모세와 아론에게
말했습니다. "차라리 우리가 이집트에
서 고기 삶는 솥 주위에 둘러앉아 먹
고 싶은 만큼 빵을 먹을 때 여호와의
손에 죽는 게 나았을 텐데 당신들이
우리를 이 광야로 끌고 나와 이 온 회
중이 다 굶어 죽게 생기지 않았습니
까!"
4 그때 여호와께서 모세에게 말씀하셨
습니다. "내가 너희를 위해 하늘에서
비같이 먹을 것을 내려 주도록 하겠
다. 그러면 백성들이 날마다 밖에 나
가 그날 먹을 만큼을 거둘 것이다. 내
가 백성들을 시험해 그들이 내 율법
을 지키는지 보도록 하겠다.
5 그러나 여섯째 날에 거두는 것은 다
른 날보다 두 배를 거두어야 한다."
6 그리하여 모세와 아론은 모든 이스라
엘 백성들에게 말했습니다. "저녁이
되면 너희를 이집트에서 이끌어 내신
분이 여호와이심을 알게 될 것이다.
7 또 아침이 되면 너희가 여호와의 영
광을 보게 될 것이다. 너희가 그분께
원망하는 것을 그분이 들으셨다. 우
리가 누구라고 너희가 불평하는 것이
냐?"
8 모세는 또 말했습니다. "여호와께서
저녁에 너희에게 고기를 주어 먹게
하시고 아침에 빵을 주어 먹게 하시
면 그분이 여호와이심을 알게 될 것
이다. 너희가 그분께 원망하는 소리
를 그분께서 들으신 것이다. 우리가
누구냐? 너희가 우리에게 원망한 것
이 아니라 여호와께 원망한 것이다."
9 모세는 아론에게 말했습니다. "이스라
엘 온 회중에게 말하십시오. '여호와
앞에 나오라. 너희가 원망하는 소리
를 그분께서 들으셨다'라고 말입니다."
10 아론이 이스라엘 온 회중에게 말하는
동안 그들이 광야를 쳐다보니 구름
속에서 여호와의 영광이 나타났습니
다.
11 여호와께서 모세에게 말씀하셨습니
다.
12 "내가 이스라엘 백성들의 원망 소리
를 들었다. 그들에게 '해 질 무렵 너희
가 고기를 먹을 것이요, 아침에 너희
가 빵으로 배부를 것이다. 그러면 내
가 너희 하나님 여호와인 줄 너희가
알게 될 것이다'라고 말하여라."
13 그날 저녁에 메추라기가 와서 진을 덮
었고 아침이 되자 이슬이 내려 진 주
위에 있었습니다.

16:1 시브 월, 태양력 4월 중순 이후

14 이슬이 걷히자 광야 바닥에 작고 얇
은 것이 땅의 서리처럼 널려 있었습니
다.
15 이스라엘 백성들이 그것을 보고 서로
"*이게 무엇이냐?"라고 했습니다. 이
스라엘 백성들은 그것이 무엇인지 몰
랐던 것입니다. 모세는 이스라엘 백성
들에게 말했습니다. "여호와께서 너희
에게 먹으라고 주신 것이다.
16 여호와께서 명령하셨다. '각 사람이
필요한 만큼 거두라. 너희 장막에 있
는 사람 수대로 한 사람당 *1오멜씩
가져가라'고 하셨다."
17 이스라엘 백성들은 모세가 말한 대로
어떤 사람은 많이 거두고 어떤 사람
은 조금 거두었습니다.
18 그러나 이스라엘 백성들이 오멜로 달
아 보니 많이 거둔 사람도 넘치지 않
았고 적게 거둔 사람도 부족하지 않
았습니다. 각자가 꼭 먹을 만큼만 거
둔 것입니다.
19 그때 모세는 "어느 누구도 그것을 아
침까지 조금이라도 남겨 두지 말아야
할 것이다"라고 말했습니다.
20 그러나 이스라엘 백성 가운데 몇몇은
모세의 말을 듣지 않고 아침까지 남
겨 두었습니다. 그러자 구더기가 끓고
냄새가 나기 시작했습니다. 모세는 그
들에게 진노했습니다.
21 아침마다 이스라엘 백성들은 각자 먹
을 만큼 거두었습니다. 그리고 해가
뜨거워지면 그것은 녹아 버렸습니다.
22 여섯째 날에는 두 배로, 곧 한 사람
당 *2오멜씩 거두었습니다. 그리고 회
중의 지도자들이 와서 모세에게 보고
했습니다.
23 모세는 그들에게 말했습니다. "여호와
께서 '내일은 쉬는 날, 곧 여호와께 거
룩한 안식일이다. 그러니 너희는 굽고
싶으면 굽고 삶고 싶으면 삶은 후 남
은 것은 아침까지 남겨 두라'고 말씀
하셨다."
24 그래서 그들은 모세의 명령대로 그것
을 아침까지 남겨 두었는데 냄새도
나지 않고 구더기도 끓지 않았습니
다.
25 모세는 말했습니다. "오늘은 그것을
먹으라. 오늘은 여호와의 안식일이니
너희가 땅에서 아무것도 얻지 못할
것이다.
26 6일 동안은 그것을 거두라. 그러나
일곱째 날인 안식일에는 아무것도 없
을 것이다."
27 그럼에도 불구하고 몇몇 사람들은 일
곱째 날에도 그것을 거두러 밖으로
나갔습니다. 그러나 그들은 아무것도
얻지 못했습니다.
28 여호와께서 모세에게 말씀하셨습니
다. "너희가 얼마나 더 내 계명과 내
율법을 지키지 않겠느냐?
29 여호와가 너희에게 안식일을 준 것을
명심하라. 그렇기 때문에 여섯째 날
에 두 배로 주는 것이다. 일곱째 날에
는 각자가 다 자기 거처에 있어야 한

16:15 히브리어, 만 후 16:16 1오멜은 약 2.2리터
16:22 2오멜은 약 4.4리터

다. 아무도 밖에 나가지 말라."
30 그리하여 일곱째 날에 백성들은 쉬었
습니다.
31 이스라엘 백성들은 그 빵을 *만나라
고 불렀습니다. 그것은 *코리안더 씨
처럼 하얗고 맛은 꿀로 만든 과자 같
았습니다.
32 모세는 말했습니다. "여호와께서 명령
하시기를 '만나 1오멜을 가져다가 대
대로 보관하라. 이는 내가 너희를 이
집트에서 이끌고 나왔을 때 광야에서
너희에게 먹으라고 준 빵을 그들이
볼 수 있게 하기 위한 것이다'라고 하
셨다."
33 그래서 모세가 아론에게 말했습니다.
"항아리 하나를 가져와 만나를 가득
채우십시오. 그리고 그것을 여호와
앞에 두어 대대로 잘 보관하도록 하
십시오."
34 여호와께서 모세에게 명령하신 대로
아론은 만나를 증거판 앞에 두고 잘
보관하게 했습니다.
35 이스라엘 백성들은 정착지에 이를 때
까지 40년 동안 만나를 먹었습니다.
그들은 가나안 땅의 경계에 이를 때
까지 만나를 먹었습니다.
36 오멜은 에바의 10분의 1입니다.

바위에서 솟는 물 (민 20:1-13)

17 이스라엘 온 회중이 신 광야를
출발해 여호와의 명령대로 이
곳저곳을 지나 마침내 르비딤에 진을
쳤습니다. 그러나 거기에는 백성들이
마실 물이 없었습니다.
2 그러자 백성들은 모세에게 대들며 말
했습니다. "우리에게 마실 물을 주십
시오." 모세는 그들에게 "너희가 왜
나와 싸우는 것이냐? 너희가 왜 여호
와를 시험하는 것이냐?" 하고 말했습
니다.
3 그러나 백성들은 거기에서 목이 말
라 모세를 원망하며 말했습니다. "당
신이 왜 우리를 이집트에서 데리고 나
와 우리와 우리 자식들과 가축들을
목말라 죽게 하는 것입니까?"
4 모세는 여호와께 울부짖었습니다. "제
가 이 사람들을 어떻게 해야 합니까?
그들이 제게 돌을 던지기 직전입니
다."
5 여호와께서 모세에게 말씀하셨습니
다. "이 백성 앞을 지나서 이스라엘 장
로들 몇을 데리고 나일 강을 쳤던 네
지팡이를 손에 들고 가거라.
6 내가 거기 *호렙 산의 바위 곁 네 앞
에 서 있겠다. 너는 그 바위를 쳐라.
그러면 바위에서 물이 흘러 나와 백
성들이 마실 수 있게 될 것이다." 모
세는 이스라엘 장로들이 보는 앞에서
그렇게 했습니다.
7 모세는 그곳을 *맛사와 *므리바라고
불렀습니다. 이는 이스라엘 백성들이
다투었기 때문이며 또한 그들이 "여
호와께서 우리 가운데 계시는가, 안
계시는가?"라고 하면서 여호와를 시

16:31 '이게 무엇이냐?', 히브리어 '만 후'에서 온 말(15절을 보라.) 16:31 고수 씨. 고수는 미나리과 식물의 일종 17:6 또는 시내 산 17:7 맛사는 '시험', 므리바는 '다툼.'

험했기 때문이었습니다.

아말렉과 싸우다

8 그때 아말렉 사람들이 와서 르비딤에
있는 이스라엘 백성을 공격했습니다.
9 모세는 여호수아에게 말했습니다. "우
리들 가운데 얼마를 선발해 나가서
아말렉과 싸워라. 나는 내일 하나님
의 지팡이를 손에 들고 언덕 꼭대기
에 서 있겠다."
10 그리하여 여호수아는 모세의 명령대
로 아말렉 사람들과 싸웠습니다. 모
세와 아론과 훌은 언덕 꼭대기로 갔
습니다.
11 그런데 모세가 손을 높이 들고 있는
동안은 이스라엘이 이기고 모세가 손
을 내리면 아말렉이 이기는 것이었습
니다.
12 그러다가 모세의 손이 피곤해지자 아
론과 훌은 돌을 가져다가 모세의 아
래에 두고 그를 앉게 했습니다. 그러
고는 아론과 훌 가운데 한 사람은 이
쪽에서, 한 사람은 저쪽에서 모세의
손을 들어 주어 해 질 때까지 그의
손이 그대로 있도록 했습니다.
13 이렇게 해서 여호수아는 아말렉과 그
백성들을 칼로 무찔렀습니다.
14 그때 여호와께서 모세에게 말씀하셨
습니다. "이것을 책에 써서 기념이 되
게 하고 여호수아로 하여금 듣게 하여
라. 내가 하늘 아래에서 아말렉에 대
한 기억을 모조리 없애 버릴 것이다."
15 모세가 제단을 쌓고 *여호와 닛시라
고 부르며 말했습니다.
16 "여호와께서 대대로 아말렉을 대적해
싸우시겠다고 맹세하셨다."

모세를 방문한 이드로

18 그때 미디안 제사장이자 모세
의 장인인 이드로는 하나님께
서 모세와 그의 백성 이스라엘을 위
해 하신 일과 여호와께서 이스라엘을
이집트에서 이끌고 나오신 일에 대해
모두 들었습니다.
2 그래서 모세의 장인 이드로는 모세가
돌려보냈던 그의 아내 십보라를 데려
왔습니다.
3 그의 두 아들도 데려왔습니다. 한 아
들의 이름은 게르솜입니다. 이는 모
세가 "내가 이방 땅에서 이방 사람이
됐다"라고 하며 지은 이름이었습니다.
4 다른 아들의 이름은 *엘리에셀입니
다. 이는 모세가 "내 아버지의 하나님
이 내 도움이 되셔서 나를 바로의 칼
에서 구원해 주셨다"라며 지은 이름
이었습니다.
5 모세의 장인 이드로는 모세의 아들들
과 아내를 데리고 광야에 있는 모세
에게 왔습니다. 모세는 하나님의 산
가까이에 진을 치고 있었습니다.
6 이드로는 모세에게 전갈을 보내 "네
장인인 나 이드로가 네 아내와 두 아
들을 데리고 왔다"라고 했습니다.
7 그러자 모세는 자기의 장인을 맞으러
나가서는 절하고 입을 맞추었습니다.
그들은 서로 인사하고 장막으로 들어
갔습니다.

17:15 여호와는 내 깃발 18:4 내 하나님은 도움이시다.

8 모세는 장인 이드로에게 여호와께서
이스라엘을 위해 바로와 이집트 사람
들에게 하신 일과 나오는 길에 맞닥
뜨렸던 모든 고난과 여호와께서 그들
을 구원하신 일을 낱낱이 말해 주었
습니다.
9 이드로는 하나님께서 이스라엘을 위
해 모든 선을 베풀어 이집트 사람들
의 손에서 그들을 구원해 주신 것을
기뻐했습니다.
10 이드로가 말했습니다. "여호와를 찬
양하세. 그분이 이집트 사람들과 바
로의 손에서 너희를 구해 주셨고 이
집트 사람들의 손에서 백성들을 구해
내셨네.
11 여호와께서 다른 모든 신들보다 크시
다는 것을 내가 이제 알겠네. 이 백성
들에게 교만하게 굴던 사람들에게 이
렇게 하셨으니 말이네."
12 그러고 나서 모세의 장인 이드로는
하나님께 번제물과 희생제물을 가져
왔습니다. 아론과 이스라엘의 모든 장
로들이 와서 모세의 장인과 함께 하
나님 앞에서 음식을 먹었습니다.
13 다음 날 모세가 백성들을 재판하기
위해 자리에 앉았습니다. 백성들은
아침부터 저녁까지 모세 주위에 서
있었습니다.
14 모세의 장인은 모세가 백성들에게 하
는 모든 일을 보고 "자네가 백성들을
위해 하는 일이 무엇인가? 왜 자네
혼자 앉아서 재판하고 다른 모든 사
람들은 아침부터 저녁까지 자네 주위
에 서 있는가?"라고 물었습니다.
15 모세는 그에게 대답했습니다. "백성
들이 하나님의 뜻을 여쭈어 보러 제
게 옵니다.
16 그들에게 문제가 생길 때마다 제게
가져오면 제가 그들 사이에서 판결을
내려 줍니다. 그들에게 하나님의 규례
와 율법을 알려 주는 것입니다."
17 모세의 장인은 모세에게 말했습니다.
"자네가 하는 일이 좋아 보이지 않네.
18 자네에게 오는 이 백성들은 자네만
지치게 만들 뿐이네. 자네에게 일이
너무 무거우니 어디 혼자 당해 낼 수
있겠나?
19 이제 내 말을 듣게. 내가 몇 가지 말
해 주겠네. 하나님께서 자네와 함께
하시길 바라네. 자네는 하나님 앞에
서 백성의 대표가 돼 그들의 문제들
을 그분께 가져가야 하네.
20 그들에게 율례와 법도를 가르쳐 가야
할 길과 해야 할 일을 보여 주게.
21 또 모든 백성들 가운데 능력 있는 사
람들, 곧 하나님을 경외하고 믿을 만
하며 탐욕스럽지 않은 사람들을 뽑
아 백성들 위에 천부장, 백부장, 오십
부장, 십부장으로 세우고
22 그들이 백성들을 위해 항상 재판하도
록 하게. 단, 어려운 문제는 자네에게
가져오게 하게. 간단한 사건은 그들
스스로 판단할 수 있을 걸세. 그렇게
하면 그들이 자네와 함께 일을 나눔
으로써 자네 짐도 한결 가벼워질 걸
세.

23 만약 자네가 이렇게 하고 하나님도
그렇게 명령하시면 자네 부담도 덜고
이 모든 백성들도 만족하면서 집으로
돌아가게 될 걸세."
24 모세는 장인의 말을 듣고 그 모든 말
대로 했습니다.
25 모세는 온 이스라엘 중에서 능력 있
는 사람을 뽑아 백성의 지도자, 곧 천
부장, 백부장, 오십부장, 십부장으로
세웠습니다.
26 그들은 항상 백성들을 위해 재판하
는 일을 하되 어려운 사건은 모세에
게 가져갔고 간단한 사건은 그들 스
스로 판단했습니다.
27 그러고 나서 모세는 장인을 떠나보냈
고 이드로는 자기 고향으로 돌아갔습
니다.

시내 산에 이르다

19 이스라엘 백성들이 이집트를
떠난 지 *셋째 달 되는 바로 그
날에 그들은 시내 광야에 도착했습니
다.
2 이스라엘 백성들은 르비딤을 출발해
서 시내 광야에 들어가 그곳 산 앞 광
야에 진을 쳤습니다.
3 그때 모세가 하나님께 올라갔습니다.
그러자 여호와께서는 산에서 모세를
부르시며 말씀하셨습니다. "너는 야곱
의 집에게 말하고 이스라엘 자손들에
게 말하여라.
4 '내가 이집트 사람들에게 행한 일을
너희가 직접 보았고 독수리 날개에 업
어 나르듯 내가 너희를 내게로 데려
온 것을 보았다.
5 그러니 이제 너희가 내게 온전히 순
종하고 내 언약을 지키면 너희는 모
든 민족들 가운데 특별한 내 보물이
될 것이다. 온 땅이 다 내 것이지만
6 너희는 내게 제사장 나라 거룩한 민
족이 될 것이다.' 너는 이 말을 이스라
엘 백성들에게 전하여라."
7 모세가 돌아가 백성의 장로들을 불러
놓고 여호와께서 그에게 말하라고 명
령하신 모든 말씀을 그들 앞에 풀어
놓았습니다.
8 백성들은 다 함께 응답하며 말했습니
다. "여호와께서 말씀하신 대로 우리
가 다 행하겠습니다." 모세는 그들의
대답을 여호와께 가져갔습니다.
9 여호와께서 모세에게 말씀하셨습니
다. "보아라. 내가 빽빽한 구름 가운
데서 네게 내려갈 것이다. 이는 이 백
성이 내가 너와 말하는 것을 듣고 너
를 영원히 믿게 하기 위한 것이다." 그
러자 모세는 백성들이 한 말을 여호
와께 전했습니다.
10 그리고 여호와께서 모세에게 말씀하
셨습니다. "백성들에게 가서 오늘과
내일 그들을 거룩하게 하여라. 그들
로 하여금 자기 옷을 세탁하게 하고
11 3일째 되는 날에 준비되게 하여라. 나
여호와가 그날에 모든 백성들이 보는
앞에서 시내 산으로 내려갈 것이다.
12 백성들 주위에 경계선을 만들고 말하
여라. '너희는 산에 올라가거나 산자

19:1 시반 월, 태양력 5월 중순 이후

락이라도 건드리지 않도록 명심하라.
누구든 산을 건드리기만 해도 반드
시 죽을 것이다.
13 그런 사람에게는 손도 대지 말 것이
다. 그는 반드시 돌에 맞든지 화살에
맞을 것이니 사람이든 짐승이든 살지
못할 것이다. 나팔이 길게 울리면 그
때에는 산에 올라가도 될 것이다.'"
14 모세는 산에서 내려가 백성들에게 이
르러 그들을 거룩하게 했고 백성들은
자기 옷을 세탁했습니다.
15 그러고 나서 모세는 백성들에게 말했
습니다. "셋째 날에는 준비가 다 돼 있
어야 한다. 아내를 가까이하지 말라."
16 3일째 되는 날 아침이 됐습니다. 천둥
번개가 치고 빽빽한 구름이 산 위를
덮은 가운데 우렁찬 나팔 소리가 울
렸습니다. 그러자 진 안에 있던 사람
들은 다 벌벌 떨었습니다.
17 그때 모세가 하나님을 만나기 위해
백성들을 진 밖으로 이끌고 나왔습니
다. 그들은 산자락 앞에 섰습니다.
18 시내 산은 온통 연기로 뒤덮여 있었습
니다. 이는 여호와께서 불로 시내 산
위에 내려오셨기 때문입니다. 연기가
화로 연기처럼 위로 치솟아 오르고
산 전체는 몹시 흔들리며
19 나팔 소리는 점점 더 커져 갔습니다.
그때 모세가 말했고 하나님께서 음성
으로 모세에게 대답하셨습니다.
20 그리고 여호와께서 시내 산 꼭대기로
내려오셨습니다. 여호와께서 모세를
산꼭대기로 부르셨기에 모세는 산으
로 올라갔습니다.
21 여호와께서 모세에게 말씀하셨습니
다. "너는 내려가서 백성들에게 경고
하여라. 그러지 않으면 그들이 여호와
를 보려고 몰려들다가 많이 죽을지
모른다.
22 여호와를 가까이하는 제사장들도 스
스로 거룩하게 해야 한다. 그러지 않
으면 여호와께서 그들을 향해 진노하
실 것이다."
23 모세는 여호와께 말했습니다. "주께서
직접 저희에게 '산 둘레에 경계를 지
어 거룩하게 구별하라'고 경고하셨기
때문에 백성들이 시내 산에 올라오는
일은 없을 것입니다."
24 여호와께서 대답하셨습니다. "내려가
서 아론을 데리고 올라와라. 그러나
제사장들과 백성들은 몰려들어 나 여
호와에게 올라오면 안 된다. 그렇게
하면 내가 그들을 향해 진노를 일으
킬 것이다."
25 그러자 모세는 백성들에게 내려가서
전했습니다.

십계명 (신 5:1-21)

20 그리고 하나님께서 이 모든 말
씀을 하셨습니다.
2 "나는 너를 이집트에서, 종살이하던
집에서 이끌어 낸 네 하나님 여호와
다.
3 너는 *내 앞에서 다른 어떤 신도 없
게 하여라.
4 너는 너 자신을 위해 하늘에 있는 것

20:3 또는 나 외에는

이나 땅에 있는 것이나 물속에 있는
것이나 무슨 형태로든 우상을 만들
지 마라.
5 너는 그것들에게 절하거나 예배하지
마라. 네 하나님 나 여호와는 질투하
는 하나님이니 나를 미워하는 자들
에 대해서는 아버지의 죄를 그 자식
에게 갚되 3, 4대까지 갚고
6 나를 사랑하고 내 계명을 지키는 자
들에게는 천대까지 사랑을 베푼다.
7 너는 네 하나님 여호와의 이름을 함
부로 부르지 마라. 여호와는 그 이름
을 헛되이 받고 함부로 부르는 자들
을 죄 없다 하지 않으실 것이다.
8 너는 안식일을 기억하여 거룩하게 지
켜라.
9 6일 동안은 네가 수고하며 네 일을
할 것이요,
10 일곱째 날은 네 하나님 여호와의 안
식일이니 너나 네 아들딸이나 네 남
녀종들이나 네 가축들이나 네 문안
에 있는 나그네나 할 것 없이 아무 일
도 하지 마라.
11 여호와가 6일 동안 하늘과 땅과 바다
와 그 안에 있는 모든 것을 만들고 일
곱째 날에는 쉬었기 때문이다. 그러
므로 여호와가 안식일을 복 주고 거
룩하게 했다.
12 네 부모를 공경하여라. 그러면 네 하
나님 여호와가 네게 준 땅에서 네가
오래 살 것이다.
13 살인하지 마라.
14 간음하지 마라.
15 도둑질하지 마라.
16 네 이웃에 대해 위증하지 마라.
17 네 이웃의 집을 탐내지 마라. 네 이웃
의 아내나 그의 남종이나 여종이나
그의 소나 나귀나 어떤 것이라도 네

하용조 목사의 행복한 **메시지**

주의 말씀은 내 발의 등불이요, 내 길의 빛입니다

이스라엘 백성이 이집트를 탈출한 이후에 하나님께서는 이스라엘 백성이 광야에서 살 수 있는 지침들을 주셨습니다. 이것이 바로 십계명입니다. 하나님은 이것은 하고, 저것은 하지 말라고 율법을 주셨습니다. 하나님의 말씀은 완전하고 올바릅니다. 하나님의 말씀은 어떤 칼보다도 더 예리해 우리의 혼과 영과 관절과 골수까지 찔러 쪼갭니다.

하나님의 말씀은 내 발의 등불이고 내 길의 빛입니다. 광야와 같이 캄캄한 이 세상을 살아가는 동안 우리는 어떤 소망을 가질 수 있습니까? 집도 없고 먹을 것도 없으며 춥고 배고픈 이런 기막힌 광야라는 악조건 속에서 하나님의 백성이 40년 동안 살 수 있었던 비결은 말씀이었습니다. 하나님의 백성이 세상에서 승리하는 비결은 예나 지금이나 똑같습니다. 매일 30분 이상 말씀을 묵상하십시오. 말씀을 묵상하는 것이 하나님과 동행하는 방법이며 세상에서 승리하는 비결입니다.

이웃의 것은 탐내지 마라."
18 모든 백성들은 천둥과 번개를 보고
나팔 소리를 들으며 산에 자욱한 연
기를 보고는 두려워 벌벌 떨었습니다.
백성들은 멀찍이 서서
19 모세에게 말했습니다. "당신이 직접
우리에게 말하면 우리가 듣겠습니다.
그러나 하나님께서 우리에게 말씀하
시는 것은 막아 주십시오. 우리가 죽
을지 모릅니다."
20 모세는 백성들에게 말했습니다. "두
려워하지 말라. 하나님께서 너희를 시
험하려고 오신 것이다. 하나님을 경외
하는 마음이 너희에게 있게 해 너희
가 죄짓지 않게 하시려는 것이다."
21 백성들은 멀찍이 서 있었고 모세는
하나님이 계시는 그 칠흑 같은 어둠
속으로 가까이 나아갔습니다.

우상과 제단에 관한 규례

22 그때 여호와께서 모세에게 말씀하셨
습니다. "이스라엘 백성들에게 말하여
라. '내가 하늘에서 너희에게 말하는
것을 너희가 직접 보았으니
23 너희는 나 외에는 어떤 다른 신도 만
들지 말라. 너희를 위해 은이나 금으
로 신상을 만들지 말라.
24 나를 위해 땅의 제단을 만들고 그 위
에 네 양과 소로 네 번제와 화목제를
드리라. 내가 내 이름을 기억하는 모
든 곳에서 내가 네게 가서 복을 주겠
다.
25 만약 네가 나를 위해 돌 제단을 만들
려면 다듬어진 돌로는 하지 마라. 네
가 도구를 사용하는 것은 그것을 더
럽히는 것이다.
26 또한 내 제단의 계단을 밟고 올라서는
일이 없도록 하라. 그러지 않으면 네
하체가 그 위에서 드러날지 모른다.'"

21 "이것은 네가 백성들 앞에 두어
야 할 율례들이다.

종에 관한 규례 (신 15:12-18)

2 만약 네가 히브리 종을 사면 그는 6
년 동안 너를 섬겨야 한다. 그러나 7
년째에는 그가 대가 없이 자유롭게
나갈 것이다.
3 만약 그가 혼자 왔다면 나갈 때도 혼
자 갈 것이요, 올 때 아내를 데리고
왔다면 아내도 그와 함께 나갈 것이
다.
4 만약 주인이 아내를 짝지어 주어 아
내가 아들이나 딸을 낳았다면 그 여
자와 자식들은 주인의 것이요, 그 남
자만 나갈 것이다.
5 그러나 그 종이 허심탄회하게 '내가
내 주인과 내 아내와 자식들을 사랑
하니 나가고 싶지 않다'라고 하면
6 그 주인은 그를 데리고 *재판장에게
가야 할 것이다. 또한 문이나 문기둥
으로 데리고 가서 그 귀를 송곳으로
뚫어라. 그러면 그는 영원히 그 주인
을 섬기게 될 것이다.
7 어떤 사람이 자기 딸을 종으로 팔면
그 종은 남종처럼 자유롭게 나가지
못할 것이다.
8 주인이 자기가 가지려고 산 그 여종

21:6 또는 하나님

을 기뻐하지 않으면 주인은 여종을
속량해 주어야 한다. 그가 그 여종을
속였기에 이방 민족에 팔아넘길 권리
는 없다.
9 그가 만약 자기 아들에게 주려고 산
것이라면 그는 그 종을 딸처럼 대해
야 할 것이다.
10 만약 그가 다른 아내를 들인다 해도
그는 그 여종에게서 먹을 것, 입을 것
그리고 아내 될 권리를 제한할 수 없
다.
11 만약 그가 이 세 가지를 여종에게 해
줄 수 없다면 여종은 대가 없이 자유
롭게 나갈 것이다."

상해에 관한 규례

12 "누구든 사람을 쳐 죽이는 사람은 반
드시 죽여야 한다.
13 다만 의도적으로 일부러 죽인 것이
아니고 하나님께서 그의 손에 넘겨주
신 일이면 그는 내가 정해 놓은 곳으
로 도망치게 해야 한다.
14 그러나 치밀한 계획하에 죽인 것이면
그를 내 제단에서 끌어내어 죽여야
한다.
15 누구든 자기 부모를 공격하는 사람
은 반드시 죽여야 한다.
16 누구든 남을 유괴해 팔거나 계속 데
리고 있거나 하는 사람은 반드시 죽
여야 한다.
17 누구든 자기 부모를 저주하는 사람
은 반드시 죽여야 한다.
18 싸우다가 돌이나 주먹으로 쳤는데 상
대방이 죽지 않고 드러눕게 됐다가
19 다시 일어나 지팡이를 짚고 다니게
되면 친 사람이 책임질 필요는 없지
만 다친 사람의 시간에 대해 손해를
보상하고 그를 완전히 낫게 해야 한
다.
20 어떤 사람이 자기 남종이나 여종을
막대기로 때려죽이면 벌을 받아야 한
다.
21 그러나 그 종이 하루 이틀 뒤에 일어
나면 벌받지 않을 것이다. 종은 자기
재산이기 때문이다.
22 사람들이 싸우다가 아이 밴 여자를
다치게 해서 낙태를 했으나 그 여자
가 다치지 않았다면 가해자는 그 여
자의 남편이 정한 대로 벌을 받아야
한다. 그리고 또한 재판관들이 결정
한 값을 지불해야 한다.
23 그런데 여자가 다치게 되면 목숨에는
목숨으로
24 눈에는 눈으로, 이에는 이로, 손에는
손으로, 발에는 발로,
25 화상에는 화상으로, 상처에는 상처
로, 채찍질에는 채찍질로 갚아 주어
라.
26 남종이나 여종의 눈을 쳐서 실명하게
되면 그 눈에 대한 보상으로 종을 놓
아주어야 한다.
27 또 남종이나 여종의 이를 부러뜨리면
이에 대한 보상으로 종을 놓아주어
야 한다.
28 소가 남자나 여자를 들이받아 죽이
면 그 소를 돌로 쳐 죽이고 그 고기
는 먹지 말아야 한다. 하지만 소 주인

의 책임은 없다.
29 그러나 그 소가 들이받는 버릇이 있
는데 주인이 경고를 받고서도 우리에
가두지 않아 남자나 여자를 죽인 것
이라면 그 소를 돌로 쳐 죽이고 주인
도 역시 죽여야 한다.
30 그러나 그에게 배상금을 요구하면 요
구하는 배상금을 지불하고 자기 목
숨을 구속할 수 있다.
31 소가 아들이나 딸을 들이받았을 때
도 이 율례는 적용된다.
32 소가 남종이나 여종을 들이받은 경
우에는 소 주인이 그 종의 주인에게
은 *30세겔을 지불해야 하고 소는 돌
로 쳐 죽여야 한다.
33 구덩이를 열어 놓거나 구덩이를 파고
덮어 놓지 않아서 소나 나귀가 거기
에 빠지면
34 구덩이 주인은 손해 보상을 해 그 가
축의 주인에게 돈을 줄 것이요, 죽은
짐승은 구덩이 주인의 것이 된다.
35 소가 소를 다치게 해 결국 하나가 죽
게 되면 그 주인들은 살아 있는 소를
팔아 그 돈을 나눠 갖고 죽은 소도
나눠 가진다.
36 그러나 그 소가 들이받기로 유명한데
주인이 우리에 가둬 놓지 않은 것이라
면 그는 그 대신에 소로 갚아 주어야
하고 죽은 소는 그의 것이 될 것이다."

배상에 관한 규례

22 "어떤 사람이 소나 양을 훔쳐
서 잡거나 팔면 소 한 마리에
소 다섯 마리, 양 한 마리에 양 네 마
리로 갚아야 한다.
2 만약 도둑이 어느 집에 들어가다가
잡혀서 맞아 죽었으면 피 흘린 것이
아니다.
3 그러나 해 뜬 후에 일어난 일이면 그
는 피 흘린 것이다. 도둑은 반드시 제
대로 된 보상을 해야 하고 만약 가진
게 없으면 훔친 것을 보상하기 위해
자기 몸이라도 팔아야 한다.
4 만약 훔친 것이 소든 나귀든 양이든
그 손안에 살아 있는 것이 발견되면
그는 두 배로 갚아야 한다.
5 밭이나 포도원에서 가축들이 꼴을
먹다가 남의 밭에 가서 꼴을 먹게 되
면 자기 밭이나 포도원의 가장 좋은
것으로 보상해 주어야 한다.
6 불이 나서 가시덤불에 옮겨붙어 곡식
단이나 자라고 있는 작물이나 밭 전
체를 태우면 불을 놓은 사람은 보상
을 해야 한다.
7 이웃에게 돈이나 물건을 잘 보관해
달라고 맡겼는데 그 집에서 그것들을
도둑맞을 경우 그 도둑이 잡히면 두
배로 갚아야 한다.
8 그러나 도둑이 잡히지 않으면 그 집
주인이 *재판장 앞에 가서 그 이웃의
물건에 손을 댔는지 여부를 판결받아
야 한다.
9 소나 나귀나 양이나 옷이나 그 밖에
잃어버린 물건에 대해 누군가 서로
'내 것'이라고 주장하는 모든 불법적
행태에 있어서는 양쪽이 모두 그 사

21:32 은 30세겔은 약 342그램 22:8 또는 하나님 앞에

건을 가지고 *재판장 앞에 나와야 할
것이다. 재판장이 유죄를 선고하는
사람은 그 이웃에게 두 배로 갚아야
한다.
10 나귀나 소나 양이나 어떤 다른 짐승
을 이웃에게 잘 보관해 달라고 맡겼
는데 그것이 죽거나 상처 나거나 아
무도 못 보는 곳에서 끌려갈 때는
11 그 이웃이 남의 물건에 손대지 않았
다는 것에 대해 여호와 앞에서 맹세
하는 것을 그 둘 사이에 두어야 할 것
이다. 주인이 이것을 받아들이면 보
상하지 않아도 되지만
12 그것이 그 집에서 도둑맞았다면 그는
주인에게 보상해야 한다.
13 만약 그 가축이 들짐승에게 갈기갈
기 찢겼다면 그는 그 남은 것을 증거
로 가져와야 하는데 그 찢긴 것에 대
해서는 보상하지 않아도 된다.
14 이웃에게 가축을 빌렸는데 주인이 없
을 때 상처 나거나 죽으면 그는 보상
을 해야 한다.
15 그러나 주인이 있었다면 빌린 사람은
갚을 필요가 없다. 가축을 돈을 주고
빌린 것이라면 빌릴 때 준 값이 손해
의 보상이 된다."

사회적 책임에 관한 규례

16 "정혼하지 않은 처녀를 유혹해 잠자
리를 함께했다면 반드시 값을 치르고
아내로 삼아야 할 것이다.
17 만약 그 아버지가 딸 주기를 거절하
더라도 여전히 처녀의 값을 치러야 한
다.
18 무당은 살려 두지 말라.
19 짐승과 관계하는 사람은 누구든 죽
어 마땅하다.
20 여호와 말고 다른 신에게 제사하는
사람은 반드시 망할 것이다.
21 이방 사람을 학대하거나 억압하지 말
라. 너희도 이집트 땅에서 이방 사람
이었다.
22 과부나 고아를 *이용해 먹지 말라.
23 어떤 식으로든 너희가 그렇게 하면
그들이 내게 부르짖을 것이고 내가
반드시 그들의 부르짖는 소리를 들을
것이다.
24 내가 진노가 끓어올라 너희를 칼로
죽일 것이다. 그러면 너희 아내는 과
부가 되고 너희 자식은 고아가 될 것
이다.
25 네가 네 곁에 있는 가난한 내 백성 가
운데 누구에게 돈을 꿔 주었다면 너
는 그에게 빚쟁이가 되지 말고 *이자
도 받지 마라.
26 네가 만약 담보물로 네 이웃의 외투
를 가져왔다면 해가 지기 전에 돌려
주어라.
27 그 외투는 그에게 있어 몸을 가릴 만
한 하나밖에 없는 옷이니 그가 무엇
을 덮고 자겠느냐? 그리하여 그가 내
게 부르짖으면 내가 들을 것이다. 나
는 자비롭기 때문이다.
28 *하나님을 모독하지 말고 네 백성들
의 지도자를 저주하지 마라.

22:9 또는 하나님 앞에 22:22 또는 괴롭히지 22:25 또는 과도한 이자 22:28 또는 재판장

29 너는 처음 익은 열매와 처음 짠 즙을
드리는 데 시간을 끌지 말고 네 아들
가운데 장자를 내게 바쳐라.
30 네 소와 양도 그렇게 하여라. 7일 동
안은 그 어미와 함께 지내게 하고 8일
째는 내게 바쳐라.
31 너희는 내 거룩한 백성들이다. 그러
니 들짐승에게 찢긴 짐승의 고기는
먹지 말고 개에게 던져 주라."

공의와 자비에 관한 규례

23 "헛소문을 퍼뜨리지 마라. 악
인들 편에 서서 악한 증인이
되지 마라.
2 군중을 따라 악을 행하지 마라. 네가
법정에 서서 증언을 할 때 다수의 편
에 서서 공의를 그르치는 일이 없게
하여라.
3 또 가난한 사람이라고 해서 편드는
일도 없도록 하여라.
4 네 원수의 소나 나귀가 길 잃은 것을
보면 반드시 주인에게 데려다 주어라.
5 네가 만약 너를 미워하는 사람의 나
귀가 짐이 너무 무거워 주저앉아 있
는 것을 보면 거기 그냥 놔두지 말고
반드시 도와 일으켜 주어라.
6 너는 소송에서 가난한 백성이라고 해
서 편들어서는 안 된다.
7 거짓된 일에 휘말리지 말고 죄 없는
의인들을 죽이지 마라. 나는 악인을
의롭다고 하지 않기 때문이다.
8 뇌물을 받지 마라. 뇌물은 지혜로운
사람의 눈을 멀게 하고 의인의 말을
왜곡시킨다.
9 이방 사람을 억압하지 마라. 너희도
이집트 땅에서 이방 사람이었으니 이
방 사람의 마음을 잘 알 것이다."

안식일에 관한 규례

10 "네가 6년 동안은 네 밭에 씨를 심고
수확하되
11 7년째에는 땅을 쉬게 하고 그대로
놔두어 네 백성들 가운데 가난한 사
람들이 그 밭에서 먹을 것을 얻게 하
고 그들이 두고 간 것은 들짐승들이
먹게 하여라. 네 포도원과 올리브 농
장도 이런 식으로 하여라.
12 너는 6일 동안 네 일을 하고 7일째 날
에는 일하지 마라. 그래야 네 소와 나
귀도 쉬고 네 여종의 아들과 이방 사
람도 새 힘을 얻게 될 것이다.
13 내가 네게 말한 모든 것을 잘 지키도
록 하여라. 다른 신들의 이름을 부르
지 말고 네 입에서 나와서 들리지도
않게 하여라."

세 가지 절기에 관한 규례
(출 34:18-26;신 16:1-17)

14 "너는 1년에 세 번씩 내게 절기를 지
켜야 할 것이다.
15 너는 무교절을 지켜라. 내가 네게 명
령한 대로 *첫째 달인 아빕 월의 정해
진 때에 7일 동안 누룩 없는 빵을 먹
어야 한다. 그달에 네가 이집트에서
나왔기 때문이다. 내 앞에 나오는 사
람은 빈손으로 와서는 안 된다.
16 너는 네 밭에 심어 놓은 곡식의 첫 열
매를 가지고 맥추절을 지켜라. 네가

23:15 아빕 월, 태양력 3월 중순 이후

밭에서 네 곡식을 거두어 모으는 연
말에는 수장절을 지켜라.
17 모든 남자는 1년에 세 번씩 하나님 여
호와 앞에 나와야 한다.
18 내게 희생제물의 피를 드릴 때는 누
룩 든 것과 함께 드리지 마라. 내 절
기에 드린 희생제물의 기름은 아침까
지 두지 마라.
19 네 땅에서 처음 난 열매 가운데 가장
좋은 것을 여호와 네 하나님의 집에
가져오너라. 어린 염소는 그 어미젖에
넣고 삶지 마라."

여호와의 천사가 보호하다

20 "보아라. 내가 네 앞에 천사를 보내
네가 가는 길 내내 너를 보호하고 내
가 준비한 곳으로 너를 데려가게 할
것이다.
21 그에게 집중하고 그 말에 순종하여
라. 그를 화나게 하지 마라. 내 이름
이 그 안에 있으므로 그가 네 죄를
용서하지 않을 것이다.
22 네가 만약 그의 말에 순종하고 내 모
든 말대로 하면 내가 네 원수들의 원
수가 될 것이요, 네 적들의 적이 될
것이다.
23 내 천사가 네 앞서가서 너를 아모리
사람, 헷 사람, 브리스 사람, 가나안
사람, 히위 사람, 여부스 사람의 땅으
로 인도할 것이며 그들을 내가 쓸어
버릴 것이다.
24 그러니 그들의 신들 앞에 절하지 말
고 경배하지 말며 그 관습을 따르지
마라. 오직 너는 그것들을 쳐부수고
그들의 형상들을 산산조각 내야 한
다.
25 너희는 너희 하나님 여호와께 경배하
라. 그러면 그가 네 빵과 네 물에 복
을 내릴 것이다. 내가 너희 가운데 아
픈 것을 없애 버릴 것이다.
26 또 네 땅에 낙태하는 사람이나 임신
못하는 사람이 없을 것이다. 내가 네
게 수명대로 살게 하겠다.
27 내가 네 앞에 내 공포를 보낼 것이고
너와 대결할 모든 민족들을 멸망시킬
것이다. 내가 네 모든 원수들이 등을
보이며 도망치게 할 것이다.
28 내가 네 앞에 *왕벌을 보내 히위 사람
과 가나안 사람과 헷 사람을 네 길에
서 쫓아내겠다.
29 그러나 내가 그들을 1년 내에는 내쫓
지 않을 것이다. 그렇게 한다면 그 땅
이 황폐해지고 들짐승이 너무 많아져
네가 감당하지 못할 것이기 때문이
다.
30 내가 그들을 조금씩 네 앞에서 쫓아
낼 것이니 결국에는 너희 수가 늘어
나 그 땅을 다 차지하게 될 것이다.
31 내가 홍해에서부터 블레셋 바다까지,
광야에서부터 *강까지 네 경계를 세
우고 그 땅에 사는 백성들을 네게 넘
길 것이니 너는 그들을 네 앞에서 쫓
아내어라.
32 너는 그들이나 그들의 신들과 언약을
맺지 마라.
33 그들로 하여금 네 땅에 살지 못하게

23:28 또는 재앙, 전염병 23:31 유프라테스 강을 가리킴.

하여라. 그러지 않으면 그들은 너로
하여금 내게 죄짓게 만들 것이다. 네
가 만약 그들의 신들을 경배하면 그
것이 반드시 네게 덫이 될 것이다."

언약의 확증

24 그러고 나서 주께서 모세에게
말씀하셨습니다. "너와 아론과
나답과 아비후와 이스라엘의 70명의
장로들은 여호와께 올라와 멀리서 경
배하여라.
2 그러나 모세만 나 여호와에게 가까이
오고 다른 사람들은 가까이 와서는
안 된다. 백성들이 함께 올라와서는
안 된다."
3 모세는 백성들에게 가서 여호와의 모
든 말씀과 율법을 전했습니다. 그들
은 한목소리로 대답했습니다. "여호
와께서 말씀하신 모든 것대로 우리가
하겠습니다."
4 그러자 모세는 여호와께서 말씀하신
모든 것을 기록했습니다. 모세는 다
음 날 아침 일찍 일어나 산자락에 제
단을 쌓고 이스라엘의 열두 지파를
나타내는 돌기둥 12개를 세워 놓았습
니다.
5 그러고 나서 모세는 이스라엘 젊은이
들을 보내 번제를 드리게 하고 여호와
께 어린 소들을 화목제로 드리게 했
습니다.
6 모세는 그 피의 절반을 가져다가 대
접에 담고 남은 절반은 제단에 뿌렸
습니다.
7 그러고 나서 모세는 언약책을 가져와
백성들에게 읽어 주었습니다. 그러자
백성들은 "여호와께서 말씀하신 모든
것대로 순종하겠습니다"라고 대답했
습니다.
8 또 모세는 피를 가져다가 백성들에게
뿌리며 "이것은 여호와께서 이 모든
말씀에 따라 너희와 세우신 언약의
피다"라고 말했습니다.
9 모세와 아론, 나답과 아비후, 이스라엘
의 70명의 장로들은 올라가
10 이스라엘의 하나님을 보았습니다. 그
분의 발아래에는 하늘처럼 맑은 *사
파이어로 된 바닥 같은 것이 깔려 있
었습니다.
11 그러나 하나님께서는 이스라엘 백성
들의 지도자들에게 손을 대지 않으
셨습니다. 그들은 하나님을 보기도
했고 먹고 마시기도 했습니다.
12 여호와께서 모세에게 "너는 산으로
내게 올라와서 여기 있어라. 내가 백
성들을 가르치려고 쓴 돌판, 곧 율법
과 계명을 쓴 돌판을 네게 주겠다. 그
러면 네가 그들을 가르치도록 하여
라"라고 말씀하셨습니다.
13 그러자 모세는 일어나서 그를 보좌하
는 여호수아를 데리고 하나님의 산으
로 올라갔습니다.
14 모세는 장로들에게 "우리가 돌아올
때까지 여기서 우리를 기다리라. 보
라. 아론과 훌이 너희와 함께 있을 것
이니 누구에게 무슨 일이 생기면 그
들에게 가서 상의하도록 하라"라고

24:10 또는 청금석

했습니다.
15 모세가 산에 올라갔더니 구름이 산
을 덮었고
16 여호와의 영광이 시내 산 위에 있었습
니다. 그 구름은 6일 동안 산을 덮고
있었습니다. 그리고 7일째 되는 날에
여호와께서 구름 속에서 모세를 부르
셨습니다.
17 이 여호와의 영광이 이스라엘 자손들
에게는 산꼭대기에서 타오르는 불처
럼 보였습니다.
18 그때 모세는 계속해서 산으로 올라가
그 구름 속으로 들어갔습니다. 그리
고 그 산에서 40일 밤낮을 지냈습니
다.

성막을 위한 예물

25 여호와께서 모세에게 말씀하
셨습니다.
2 "이스라엘 백성들에게 말해 내게 예
물을 가져오라고 하여라. 자원해서
예물을 드리려고 하는 모든 사람에
게 너희가 내 예물을 받아 와야 할
것이다.
3 너희가 그들에게 받아 올 예물들은
금, 은, 청동,
4 청색 실, 자주색 실, 홍색 실, 고운 베
실, 염소털,
5 붉게 물들인 숫양 가죽, *해달 가죽,
*싯딤 나무,
6 등잔유, 기름 부을 때와 분향할 때 쓰
는 향료들,
7 호마노, 에봇과 가슴패에 붙이는 그
외의 보석들이다.
8 그리고 그들이 나를 위해 성소를 만
들게 하여라. 그러면 내가 그들 가운
데 살 것이다.
9 내가 너희에게 보여 줄 도안에 따라
틀림없이 이 장막과 그 모든 기구들
을 만들어라."

언약궤 (출 37:1-9)

10 "그들로 하여금 싯딤 나무로 궤를 만
들게 하여라. 길이가 *2.5규빗, 너비
가 *1.5규빗, 높이가 *1.5규빗이 되게
하여라.

25:5 또는 듀공, 돌고래　25:5 또는 아카시아 나무
25:10 2.5규빗은 약 1.12미터, 1.5규빗은 약 67.5센티미터

성·경·상·식 시내 산

시내 산은 모세가 십계명이 새겨진 돌판을 받은 산이다(출 24:12). 히브리어로는 가시나무가 무성한 곳, 즉 떨기나무가 많은 곳을 의미한다. 이스라엘 백성들은 출이집트 후 이곳에 도착하여 시내 산의 정상이 보이는 평지에 유숙했다(출 19장).
이 산은 현재 이집트의 시내 사막에 있다. 이집트의 카이로에서 동남쪽으로 홍해 바다를 끼고 사막을 지나 400km 정도 달리면 시내 산에 도착하는데 높이는 2,291m이다.
현재 시내 산 기슭에는 순례자들이 머무를 수 있는 숙박 시설이 있어 정상에 오르려는 여행객들이 묵어갈 수 있다. 시내 산은 호렙 산이라고도 불리는데 모세를 존경하는 무슬림들은 '모세의 산'이라고 부른다. 이 산은 엘리야가 이세벨을 피해 찾았던 곳이기도 하다(왕상 19:8). 신약에서 시내 산은 모세의 법에 종노릇하는 것을 의미한다(갈 4:21 이하).

11 안팎을 다 순금으로 씌우고 가장자리
에 금테를 둘러라.
12 금을 부어 고리 네 개를 만들어 궤의
밑바닥 네 모서리에 달되 둘은 이쪽
에, 둘은 저쪽에 달도록 한다.
13 또 싯딤 나무로 장대를 만들어 금으
로 씌우고
14 궤의 양쪽에 달린 고리에 이 장대를
끼워 운반하도록 한다.
15 장대는 이 궤의 고리에 끼워 놓고 빼
지 마라.
16 그러고 나서 내가 너희에게 줄 증거
판을 궤 속에 넣어라.
17 순금으로 속죄 덮개를 만들되 길이는
*2.5규빗, 너비는 *1.5규빗으로 하여
라.
18 덮개 끝에는 금을 망치로 두들겨 그
룹 두 개를 만들되
19 한 그룹은 이쪽 끝에, 또 한 그룹은
저쪽 끝에 두어라. 곧 그룹을 덮개 양
끝에 두고 덮개와 한 덩어리로 만들
어라.
20 그룹은 날개가 위로 펼쳐져 있어 날
개로 덮개를 가리게 하고 둘이 서로
얼굴을 마주하되 덮개를 바라보게
하여라.
21 덮개를 궤 위에 덮고 내가 네게 줄 증
거판을 궤 속에 넣어 두어라.
22 거기에서 내가 너와 만날 것이요, 증
거궤 위에 놓여 있는 두 그룹 사이 덮
개 위에서 내가 이스라엘 자손을 위
해 네게 준 계명에 대해 내가 모든 것
을 너와 말할 것이다."

진설병을 두는 상 (출 37:10-16)

23 "또한 싯딤 나무로 상을 만들되 길이
는 2규빗, 너비는 1규빗, 높이는 *1.5
규빗이 되게 하여라.
24 그리고 상을 순금으로 씌우고 가장자
리에 금테를 둘러라.
25 또 상 가장자리에 한 뼘 너비의 틀을
만들어 대고 그 틀에도 돌아가며 금
테를 둘러라.
26 상에 고리 네 개를 만들어 상다리 네
개가 붙어 있는 네 모퉁이에 달아라.
27 그 고리들을 가장자리 틀에 붙여 상
을 운반할 장대를 거기에 끼울 것이
다.
28 장대는 싯딤 나무로 만들어 금으로
씌워라. 이것으로 상을 운반한다.
29 그리고 그 접시와 숟가락과 덮개와
붓는 대접을 만들되 순금으로 만들
어야 한다.
30 이 상 위에 진설병을 두는데 그것이
항상 내 앞에 있게 하여라."

등잔대 (출 37:17-24)

31 "등잔대는 순금으로 만들되 망치로
두들겨 만들어라. 그 받침대와 대롱
과 꽃 모양의 잔과 꽃받침과 꽃부리
를 다 한 덩어리로 만들어라.
32 등잔대에는 곁가지 여섯 개가 한쪽에
세 개, 다른 한쪽에 세 개로 뻗어나
있어야 한다.
33 가지들의 모양은 꽃받침과 꽃부리를
갖춘 아몬드 꽃 모양의 잔 세 개가 연

25:17,23 2.5규빗은 약 1.12미터, 1.5규빗은 약 67.5센티미터

결된 것으로 등잔대 양쪽에 붙어 있
는 여섯 개의 가지가 그런 모양이 된
다.
34 등잔대 가운데 기둥에는 꽃받침과
꽃부리가 있는 아몬드 꽃 모양의 잔
네 개가 달린다.
35 다만 등잔대 가운데 기둥의 첫 번째
잔에서 첫 번째 가지들이, 두 번째 잔
에서 두 번째 가지들이, 세 번째 잔에
서 세 번째 가지들이 양쪽으로 뻗어
나가는 모양으로, 곧 여섯 가지에 모
든 잔이 받침이 되게 한다.
36 잔과 가지는 모두가 등잔대와 한 덩
어리가 되게 순금을 두들겨 만든 것
이어야 한다.
37 그러고 나서 등잔대에 등잔을 일곱
개를 만들고 불을 붙여 주위를 밝히
도록 하여라.
38 불 끄는 집게와 그 접시도 순금으로
만들어야 할 것이다.
39 이 등잔대와 이 모든 부속품을 순금
*1달란트로 만들어라.
40 너는 이것들을 산에서 네게 보여 준
모형대로 만들도록 하여라."

성막 (출 36:8-38)

26 "또한 너는 성막을 만들어라.
고운 베실과 청색 실과 자주색
실과 홍색 실로 휘장 열 폭을 만들고
그 위에 정교하게 그룹을 수놓는다.
2 그 모든 휘장은 크기를 다 같게 하는
데 길이는 *28규빗, 폭은 *4규빗으로
하여라.
3 그리고 휘장을 다섯 폭씩 서로 이어
라.
4 한 폭 끝자락에다 청색 실로 고리를
만들어 달고 다른 한 폭의 끝자락에
도 청색 실로 고리를 만들어 달아라.
5 휘장 한 폭에 고리를 50개 만들어 달
고 다른 한 폭에도 고리를 50개 만들
어 달아 고리들이 서로 마주 보게 놓
아라.
6 그리고 금 갈고리 50개를 만들어 그
것으로 두 휘장을 연결시켜 하나가
되게 하여라.
7 성막 덮개용 휘장은 염소털로 만들되
모두 열한 폭으로 하여라.
8 휘장 한 폭의 길이는 *30규빗, 폭은
*4규빗으로 하는데, 열한 폭이 다 같
은 크기여야 한다.
9 휘장 다섯 폭을 이어 한 폭으로 만들
고 나머지 여섯 폭도 이어 또 한 폭으
로 만들되 여섯째 폭은 반으로 접어
성막 앞에 두어라.
10 휘장 한 폭의 끝자락을 따라 고리 50
개를 만들고 또 한 폭의 끝자락에도
고리 50개를 만들어라.
11 또 청동 갈고리 50개를 만들어 휘장
고리에 끼워서 두 휘장이 하나가 되
게 하여라.
12 성막 휘장의 한 폭 더 긴 것은 그 남
은 반쪽 휘장으로 성막 뒤쪽에 걸어
드리울 것이다.
13 성막 휘장은 양쪽 다 *1규빗씩 더 길
어야 하는데 그것은 성막 양쪽에 드

25:39 1달란트는 약 34.27킬로그램 26:2 28규빗은 약 12.6미터 26:2,8 4규빗은 약 1.8미터 26:8 30규빗은 약 13.5미터 26:13 1규빗은 약 45센티미터

리워 성막을 덮는 것이다.
14 성막을 덮는 것은 붉게 물들인 양가
죽으로 만들고 그 위에 덮는 덮개는
해달 가죽으로 만들어라.
15 너는 싯딤 나무로 성막을 위해 널판
을 만들어 세워라.
16 널판 각각의 길이는 *10규빗, 너비는
*1.5규빗으로 하고
17 각 판에 서로 끼워 맞출 수 있는 두
돌기가 있게 하여라. 성막 모든 널판
은 이렇게 만들어야 한다.
18 성막 남쪽에는 널판 20개를 만들어
세우고
19 그 밑에 은 받침대 40개를 만들어 받
치되 각각의 판 받침대 두 개를 개별
돌기 밑에 하나씩 끼워라.
20 성막 다른 편, 곧 북쪽에는 널판 20
개를 만들어 세우고
21 은 받침대 40개를 각 판에 두 개씩
그 밑에 끼워라.
22 성막 뒤쪽 곧 서쪽에는 널판 여섯 개
를 만들고
23 성막 양쪽 모퉁이에는 널판 두 개씩
을 만들어라.
24 이 두 모퉁이에는 널판을 밑에서부터
위에까지 두 겹으로 놓는데 한 개의
고리로 고정시켜야 한다. 양쪽 다 그
렇게 한다.
25 이렇게 해 널판 여덟 개와 각 판에 은
받침대 두 개씩 모두 16개가 있는 것
이다.
26 너는 또 싯딤 나무로 빗장을 만들어
라. 성막의 한쪽 널판에 다섯 개
27 또 다른 쪽 널판에 다섯 개, 성막 다
른 쪽, 곧 서쪽 널판에 다섯 개를 만
들어라.
28 널판 한가운데 중앙 빗장을 이쪽 끝
에서 저쪽 끝까지 가로질러라.
29 널판은 금으로 씌우고 금고리를 만들
어 빗장을 끼워 놓아라. 빗장도 금으
로 씌워라.
30 너는 산에서 네게 보여 준 모형대로
성막을 세워라.
31 청색 실, 자주색 실, 홍색 실, 고운

26:16 10규빗은 약 4.5미터, 1.5규빗은 약 67.5센티미터

성·경·상·식

출이집트기에 나타난 예수님의 모습, 성막

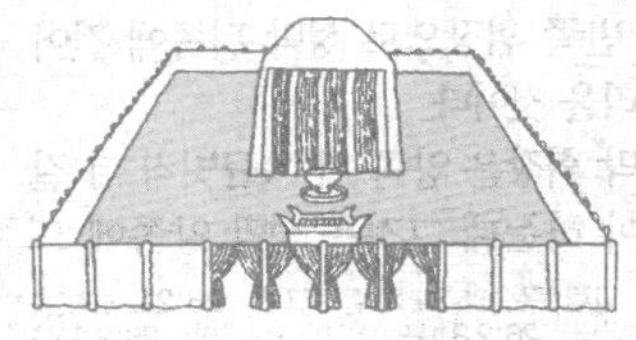

성막은 하나님의 백성들이 모이는 장소였다. 성막의 여러 부분들은 예수 그리스도의 모습을 나타내 준다. 등잔대(출 25:31-40)는 예수님께서 우리의 빛 되심을 의미하고, 대야는 손발을 씻는 데 사용된 큰 그릇(출 30:18-21)으로 예수님께서 그의 백성들을 죄에서 해방되도록 씻기셨음을 의미한다. 청동으로 만든 제단(출 27:1-8)은 우리 죄를 대신하여 십자가에서 죽으신 예수님을 떠올리게 한다.

베실로 휘장을 만들고 그 위에 정교
하게 그룹을 수놓아라.
32 싯딤 나무에 금을 씌워 만들고 네 개
의 은 받침대를 받쳐 세운 네 기둥에
금 갈고리를 달아 휘장을 매달고
33 휘장을 갈고리에 걸어 아래로 늘어뜨
려라. 그리고 휘장 너머에 *증거궤를
두어라. 이 휘장은 성소와 지성소를
나누는 것이다.
34 지성소에 둔 증거궤 위에 *속죄 덮개
를 덮고
35 성막 북편 휘장 바깥쪽에는 상을 두
고 그 맞은편 남쪽에는 등잔대를 두
어라.
36 성막 문에 휘장을 만들어 달되 청색
실, 자주색 실, 홍색 실, 고운 베실로
수를 놓아 만들어라.
37 이 휘장에 금 갈고리를 만들어 달며
금을 씌운 싯딤 나무로 다섯 기둥을
만들고 그것들을 위해 청동을 부어
받침대 다섯 개를 만들어라."

번제단 (출 38:1-7)

27 "너는 싯딤 나무로 제단을 만
들어라. 길이 *5규빗, 너비 *5
규빗으로 정사각형이어야 하고 높이
는 *3규빗으로 한다.
2 네 모서리에 각각 뿔을 만들되 뿔과
제단을 한 덩어리로 하고 제단은 청
동으로 씌워라.
3 재 비우는 통, 부삽, 피 뿌리는 대접,
고기 갈고리와 불판 등 제단에서 쓰
는 모든 기구들도 청동으로 만들어
라.
4 또 제단을 위해 격자 그물을 청동으
로 만들고 그물의 네 모서리에 각각
청동고리를 만들어
5 그물이 제단 높이의 절반쯤 올라오도
록 제단 선반 밑에 달아라.
6 제단을 위해 싯딤 나무로 장대를 만
들고 청동으로 씌워라.
7 장대를 네 고리에 끼워 제단 양쪽에
두고 운반할 것이다.
8 제단 위에는 아무것도 없게 하여라.
산에서 네게 보여 준 모형대로 만들
어야 한다."

성막의 뜰 (출 38:9-20)

9 "그리고 뜰을 만들어라. 남쪽은 길이
가 *100규빗이 되게 하고 고운 베실
로 짠 성막 휘장을 드리워야 한다.
10 청동으로 기둥 20개와 받침대 20개
를 만들고 그 기둥들에는 은으로 만
든 고리와 가름대가 있어야 한다.
11 북쪽도 역시 길이가 *100규빗이 되게
하고 거기에 두를 휘장, 청동으로 만
든 기둥 20개, 받침대 20개 그리고 그
기둥들에는 은으로 만든 고리와 가
름대가 있어야 한다.
12 성막 뜰의 서쪽은 폭이 *50규빗이 되
게 해 휘장을 두르고 기둥 열 개와
받침대 열 개를 세운다.
13 동쪽 뜰은 폭을 *50규빗으로 해
14 성막 입구 왼쪽에 *15규빗짜리 휘장

26:33 또는 법궤(출 27:21을 보라.) 26:34 또는 속죄의 자리, 긍휼의 자리 27:1 5규빗은 약 2.25미터, 3규빗은 약 1.35미터 27:9,11 100규빗은 약 45미터 27:12,13 50규빗은 약 22.5미터 27:14 15규빗은 약 6.75미터

을 두르고 기둥 셋, 받침대 셋을 세우
고
15 성막 입구 오른쪽에는 *15규빗짜리
휘장을 두르고 기둥 셋, 받침대 셋을
세운다.
16 뜰로 들어가는 문에는 길이 *20규
빗짜리 휘장을 건다. 이 휘장은 청색
실, 자주색 실, 홍색 실과 고운 베실
로 짠 것으로 그 위에 수가 놓여 있는
것이어야 한다. 거기에는 기둥 넷과
받침대 넷을 세운다.
17 성막 뜰에 세운 모든 기둥에는 은 가
름대와 은고리, 청동 받침대가 있다.
18 성막 뜰은 길이 *100규빗, 폭 *50규
빗이어야 하고 고운 베실로 만든 높
이 *5규빗짜리 휘장을 두르되 청동
받침대가 세워져 있어야 한다.
19 성막 제사 때 쓰는 다른 모든 기구들
과 성막 말뚝과 뜰의 말뚝은 모두 청
동으로 만들어야 한다."

등잔용 기름 (레 24:1-4)

20 "이스라엘 백성들로 하여금 올리브를
짜낸 깨끗한 기름을 등잔용으로 네
게 가져오게 하여 등불이 항상 켜 있
게 하여라.
21 아론과 그의 아들들은 증거궤 앞의
휘장 바깥 회막에서 저녁부터 아침까
지 여호와 앞에 등불을 켜 놓아야 한
다. 이것은 이스라엘 백성들 가운데서
대대로 지켜야 할 영원한 규례다."

제사장의 옷들 (출 39:1-7)

28 "네 형 아론으로 하여금 이스
라엘 백성들의 자손 가운데 그
의 아들들인 나답과 아비후와 엘르아
살과 이다말과 함께 네게 나오게 하
여라. 그리하여 그가 제사장 직분을
맡아 나를 섬기게 하여라.
2 너는 네 형 아론을 위해 거룩한 옷을
지어 주어 영광과 아름다움을 선사
해야 하는데
3 내가 지혜의 영을 주어 뛰어난 솜씨
를 갖게 된 사람들 모두에게 말해 제
사장으로 나를 섬기게 될 아론을 거
룩하게 할 옷을 짓게 하여라.
4 그들이 지어야 할 옷들은 가슴패, 에
봇, 에봇 안에 받쳐 입는 겉옷과 속
옷, 관, 띠다. 그들은 네 형 아론과 그
의 아들들을 위해 이 거룩한 옷들을
지어야 한다. 그래야 그들이 제사장
으로 나를 섬기게 될 것이다.
5 그들로 하여금 금실, 청색 실, 자주색
실, 홍색 실, 고운 베실을 쓰게 하라.

에봇

6 금실, 청색 실, 자주색 실, 홍색 실과
고운 베실로 에봇을 만들되 정교한
솜씨로 해야 한다.
7 에봇의 두 귀퉁이에는 어깨끈을 붙여
묶을 수 있게 하고
8 허리띠도 그것과 마찬가지로 정교하
게 짜되 금실, 청색 실, 자주색 실,
홍색 실과 고운 베실로 에봇과 하나
로 이어서 짠다.
9 호마노 보석 두 개를 가져다가 그 위에
이스라엘 아들들의 이름을 새기는데

27:15 15규빗은 약 6.75미터 27:16 20규빗은 약 9미터 27:18 100규빗은 약 45미터, 50규빗은 약 22.5미터, 5규빗은 약 2.25미터

10 태어난 순서에 따라 한 보석에 여섯
이름을, 또 한 보석에 나머지 여섯 이
름을 새긴다.
11 이 두 보석 위에 이스라엘의 아들들
이름을 새기는 것은 보석 세공사가
인장을 새기는 것같이 하여라. 그러
고 나서 이 보석들을 금 틀에 박고
12 이스라엘 아들들을 기억나게 하는 보
석으로 에봇의 어깨끈에 붙인다. 아론
이 여호와 앞에서 그 어깨에 이 이름
들을 달아 기억나게 하는 것이다.
13 또 금 틀을 여러 개 만들고
14 순금으로 노끈 같은 사슬 두 개를 땋
아 만들어 그 틀에 붙인다."

가슴패 (출 39:8-21)

15 "또 너는 심판할 때 필요한 가슴패를
만들되 정교한 솜씨로 해야 하는데
에봇처럼 금실, 청색 실, 자주색 실,
홍색 실과 고운 베실로 만들어라.
16 그것은 길이와 너비가 모두 한 뼘인
정사각형으로 두 겹으로 만든다.
17 그리고 그 위에 보석을 네 줄로 박아
라. 첫째 줄은 루비, 토파즈, 녹주석,
18 둘째 줄은 터키옥, 사파이어, 에메랄
드,
19 셋째 줄은 호박, 백마노, 자수정,
20 넷째 줄은 녹보석, 호마노, 벽옥으로
박는데 금 틀에다 넣고 박는다.
21 이들 보석에는 이스라엘의 12명의 아
들들 이름이 있어야 하는데 보석에
각각 이름을 하나씩 새기되 열두 지
파에 따라 인장을 새기는 것같이 하
여라.
22 가슴패에 필요한 것은 순금으로 만든
노끈 모양인데 그것을 가슴패 두 귀
퉁이 쪽에 달 것이다.
23 먼저 가슴패에 순금 고리 두 개를 만
들어 위쪽 두 귀퉁이에 단다.
24 그리고 그 두 고리에다 만들어 둔 노
끈 모양을 각각 붙이고
25 그 노끈 모양 다른 쪽 끝은 에봇의 어
깨에 다는 보석판에 단단히 붙이는
것이다.
26 그리고는 금고리 두 개를 더 만들어

성·경·상·식

제사장의 옷

에봇 안에 받쳐 입는 겉옷	에봇 안에 받쳐 입는 청색의 긴 옷
에봇 안에 받쳐 입는 속옷	에봇 안에 받쳐 입는 겉옷 안에 입는 고운베 옷
에봇	대제사장들이 맨 위에 입는 앞뒤로 늘어진 걸치는 옷(금실, 청색 실, 자주색 실, 홍색 실과 가늘게 꼰 베실로 정교하게 짠 옷)
가슴패	가슴에 다는 큰 패. 열두 지파의 이름을 기록한 12개 보석이 붙어 있다.
관	'여호와께 거룩'이라고 쓰인 패가 달려 있는 모자
띠	에봇과 같은 재료로 만듦.

가슴패의 아래쪽 두 귀퉁이에 달되
안쪽에 단다.
27 또 금고리 두 개를 더 만들어 에봇의
앞자락 정교하게 짠 허리띠 위에다
가슴패 아래쪽에 달린 금고리들과
짝이 되게 단다.
28 그리하여 가슴패의 금고리들과 에봇
의 금고리들을 푸른 끈으로 에봇 허
리띠 위쪽에서 이어 주어 가슴패가
에봇 위에서 들뜨지 않게 잡아 주는
역할을 하게 한다.
29 이렇게 아론은 성소에 들어갈 때마다
그의 가슴에 이스라엘 아들들의 이
름이 적힌 판결의 가슴패를 달고 들
어가니 이것은 여호와 앞에 항상 기
억나게 하는 것이다.
30 또한 이 판결의 가슴패에 *우림과
*둠밈을 붙여야 한다. 그리하여 아론
이 여호와 앞에 들어갈 때마다 이것
들이 그의 가슴에 있게 하여라. 아론
은 이스라엘 백성들을 위한 판결을
할 때 여호와 앞에서 항상 그의 가슴
에 지녀야 할 것이다."

제사장의 다른 옷들 (출 39:22-31)

31 "에봇 안에 받쳐 입는 겉옷은 전체가
청색이어야 하는데
32 그 중앙에 머리 들어갈 구멍을 낸다.
이 구멍 주위에는 깃 같은 것을 짜서
대어 찢어지지 않게 하여라.
33 이 겉옷 밑단에는 돌아가며 청색 실
과 자주색 실과 홍색 실로 만든 석류
들을 달고 그 사이사이에는 금방울
을 달아라.
34 곧 금방울 하나 석류 하나, 금방울 하
나 석류 하나를 겉옷 밑단에 죽 돌아
가며 다는 것이다.
35 아론은 제사장으로 일할 때 이 옷을
입어야 한다. 그가 여호와 앞 성소에
드나들 때 방울 소리가 들릴 것이니
그러면 그가 죽지 않을 것이다.
36 또 순금으로 패를 만들어 그 위에 인
장 새기듯 '여호와께 거룩'이라고 새겨
라.
37 그 패에 청색 끈을 달아 관에 매달되
관 정면에 단다.
38 그리고 그것을 아론의 이마에 붙여 이
스라엘 백성들이 거룩한 예물을 잘못
드려서 짓는 죄를 그가 지게 할 것이
다. 곧 그것들이 여호와께서 받으실 만
한 예물이 되도록 아론은 이마에 그것
을 계속 붙이고 있어야 하는 것이다.
39 또 에봇 안에 받쳐 입는 속옷은 고운
베실로 짜고 관도 고운 베실로 만들
어라. 허리띠는 수를 놓아 만든다.
40 또 아론의 아들들을 위해서도 에봇
안에 받쳐 입는 속옷과 허리띠와 두
건을 만들어 그들을 영광스럽고 아름
답게 하여라.
41 너는 네 형 아론과 그의 아들들에게
이 옷들을 지어 입히고 나서 기름을
붓고 구별해 거룩하게 하며 그들이
제사장으로서 나를 섬기게 하여라.
42 너는 또 그들을 위해 허리에서부터
허벅지까지 오는 속바지를 만들어 몸
을 가리게 하여라.

28:30 우림은 '빛', 둠밈은 '완전함'

43 아론과 그의 아들들은 회막에 들어
가거나 성소에서 제사장으로 일하기
위해 제단에 나아갈 때마다 이 옷들
을 입어야 한다. 그러면 자기 죄로 인
해 죽는 일이 없을 것이다. 이상은 아
론과 그의 자손이 지켜야 할 영원한
규례다."

제사장의 성별 (레 8:1-36)

29 "그들을 거룩하게 해 제사장으
로 나를 섬기게 하려면 네가 할
일은 이것이다. 곧 수송아지 한 마리
와 흠 없는 숫양 두 마리를 가져오고
2 누룩 없는 빵, 누룩 없이 기름만 넣은
과자, 누룩 없이 기름만 넣은 단단한
빵을 고운 밀가루로 만들어라.
3 그것들을 바구니 하나에 담고 그렇게
담은 채로 수송아지 한 마리와 숫양
두 마리와 함께 가져와라.
4 그러고 나서 아론과 그의 아들들을
회막 문으로 데려오고 그들을 물로
씻긴 후
5 예복을 가져와 속옷과 에봇 안에 받
쳐 입는 겉옷과 에봇과 가슴패를 아
론에게 입히고 정교하게 짠 허리띠를
매 준다.
6 그 머리에는 관을 씌우고 관 정면에
거룩한 패를 붙인다.
7 그러고 나서 기름을 가져다가 그 머리
에 부어 거룩하게 한다.
8 또 그 아들들을 데려다가 속옷을 입
히고
9 관을 씌우고 아론과 그의 아들들에
게 허리띠를 매 준다. 제사장 직분이
그들에게 맡겨진 것은 영원한 규례니
이런 식으로 너는 아론과 그 아들들
에게 위임해 주어라.
10 너는 회막 앞에 수송아지를 가져오
게 하여라. 그러면 아론과 그의 아들
들이 그 머리에 안수할 것이다.
11 너는 회막 문 여호와 앞에서 수송아
지를 잡아라.
12 수송아지의 피를 조금 가져다가 네
손가락으로 제단 뿔에 바르고 나머지
는 제단 밑에 쏟아부어라.
13 내장에 붙어 있는 모든 기름과 간을
둘러싸고 있는 꺼풀과 두 콩팥과 그
위에 붙은 기름을 거둬 내 제단 위에
서 불살라라.
14 단, 수송아지의 고기와 가죽과 똥은
진영 밖에서 불살라라. 이것이 속죄
제다.
15 너는 또 숫양 한 마리를 가져오너라.
그러면 아론과 그의 아들들이 그 머
리에 안수할 것이다.
16 너는 그 숫양을 잡고 그 피를 가져다
가 제단 주위에 뿌려라.
17 그 숫양을 부위별로 자르고 내장과
다리를 씻어 그 머리와 다른 부위들
과 함께 놓아두어라.
18 그러고 나서 제단 위에서 그 양을 통
째로 불살라라. 이것은 여호와께 드
리는 번제로서 좋아하시는 향기요,
여호와께 드리는 화제다.
19 너는 숫양 한 마리를 가져와라. 그러
면 아론과 그의 아들들이 그 머리에
안수할 것이다.

20 너는 그 숫양을 잡고 그 피를 조금 가
져다가 아론과 그의 아들들의 오른
쪽 귓불과 오른손 엄지손가락과 오른
발 엄지발가락에 발라라. 그리고 제
단 주위에 그 피를 뿌려라.
21 또 제단 위에 있는 피와 기름을 가져
다가 아론과 그의 옷에, 그 아들들과
아들들의 옷에 뿌려라. 그러면 아론
과 그의 옷이, 그 아들들과 아들들의
옷이 다 거룩하게 될 것이다.
22 이 숫양에서 기름과 기름진 꼬리와
내장에 붙어 있는 기름과 간을 둘러
싼 꺼풀과 두 콩팥과 그 위에 붙은
기름과 오른쪽 넓적다리를 떼 내어
라. 이것은 위임식용 숫양이다.
23 그리고 여호와 앞에 놓인 누룩 없는
빵이 담긴 바구니에서 누룩 없는 빵
한 덩어리와 기름 섞인 과자 하나와
전병 하나를 꺼내
24 아론과 그 아들들의 손에 쥐어 주고
여호와 앞에서 그것들을 요제로 흔들
어 드려라.
25 그러고는 그들 손에서 그것들을 다시
받아 제단 위에서 번제물과 함께 불
살라서 여호와께서 좋아하시는 향기
가 되게 하여라. 이것은 여호와께 드
리는 화제다.
26 너는 아론의 위임식을 위해 숫양의
가슴살을 떼어 내 여호와 앞에 요제
로 그것을 흔들어 드려라. 그러면 그
것이 네 몫이 될 것이다.
27 너는 아론과 그의 아들들의 위임식용
숫양의 부위들, 곧 요제용 가슴살과
거제용 넓적다리를 거룩하게 하여라.
28 이것은 이스라엘 백성들이 율례에 따
라 아론과 그의 아들들을 위해 주는
그들의 영원한 몫이 된다. 이것은 거
제인데, 곧 이스라엘 백성들이 드린
화목제 가운데 여호와께 올려 드리는
거제물인 것이다.
29 아론의 예복은 그의 아들들이 물려
받는다. 아론의 아들들이 그것을 입

하용조 목사의 행복한 **메시지**

죄의 문제를 해결해 주는 장치

하나님의 말씀인 율법을 가지고 있으면 좋기는 하지만 그 말씀을 지키지 못한다는 데에 우리가 가진 갈등의 원인이 있습니다. 예를 들어 율법에서 "간음하지 말라"고 했습니다. 그런데 인간은 본래 음란합니다. 또한 성경은 "도둑질하지 말라"고 말합니다. 그런데 우리는 남의 것이 갖고 싶어집니다. 율법이 없으면 죄인이 안 되는데 율법이 있고 말씀이 있기 때문에 우리는 더 큰 죄인이 되고 마는 것입니다.
어떻게 해야 할까요? 말씀만 가지면 다 해결되는 것일까요? 아닙니다. 죄의 문제를 해결해 주는 장치가 필요합니다. 성막이 주는 복이 바로 그것입니다. 만약 성막이 없었더라면 우리는 절망하고 말았을 것입니다. 하나님을 만나고 죄 사함을 받을 수 있는 장소가 바로 성막이었습니다. 이스라엘 백성들이 와서 죄 용서를 받을 수 있도록 성막을 주신 것입니다.

고 기름 부음을 받고 위임을 받을 것
이다.
30 아론의 뒤를 이어 제사장이 되는 아
들이 회막에 들어가 성소에서 섬길
때에는 이 옷들을 7일 동안 입고 있
어야 할 것이다.
31 또 너는 위임식용 숫양을 가져다가
거룩한 곳에서 그 고기를 삶아라.
32 아론과 그의 아들들은 회막 문에서
그 숫양 고기와 바구니에 담긴 빵을
먹는다.
33 그들은 구별해 거룩하게 된 그 속죄
제물로 쓰인 것을 먹는다. 그러나 다
른 사람은 그것을 먹으면 안 된다. 그
것은 거룩한 것이기 때문이다.
34 위임식용 숫양 고기나 빵이 아침까지
남으면 불태워 버려라. 그것은 거룩한
것이니 먹어서는 안 된다.
35 너는 아론과 그의 아들들을 위해 이
렇게 내가 네게 명령한 모든 것을 하
되 그 위임식 기간은 7일이다.
36 너는 죄를 덮기 위해서 날마다 수송
아지 한 마리로 속죄제를 드려라. 너
는 제단 위에 속죄제를 드려서 그 제
단을 깨끗하게 하고 제단에 기름을
부어 그 제단을 거룩하게 하여라.
37 너는 7일 동안 제단 위에 속죄제를
드려서 그 제단을 거룩하게 하여라.
그러면 그 제단이 가장 거룩하게 되
고 그 제단에 닿는 것도 무엇이든지
거룩하게 될 것이다.
38 네가 제단 위에 드릴 것은 1년 된 양
두 마리를 날마다 드리되
39 아침에 한 마리를 드리고 해 질 때에
또 한 마리를 드리는 것이다.
40 양 한 마리에는 올리브를 짠 기름 *4
분의 1힌이 섞인 고운 밀가루 *10분
의 1에바와 포도주 *4분의 1힌의 전
제를 함께 드리고
41 저녁에 드리는 다른 양 한 마리에는
아침과 같이 똑같은 곡식제사와 전제
를 함께 드린다. 이것은 좋아하시는
향기요, 여호와께 드리는 화제다.
42 이것이 너희가 대대로 여호와 앞 회
막 문에서 드려야 할 번제다. 거기에
서 내가 너희를 만나고 네게 말할 것
이다.
43 거기서 또 이스라엘 백성들을 만날
것이니 그 장막이 내 영광으로 거룩
하게 될 것이다.
44 이렇게 내가 회막과 제단을 거룩하게
할 것이다. 또 아론과 그의 아들들을
거룩하게 해 제사장으로서 나를 섬기
게 할 것이다.
45 내가 이스라엘 백성들 가운데 있고
그들의 하나님이 되겠다.
46 그러면 이스라엘 백성들은 내가 그들
가운데 있기 위해 그들을 이집트에서
이끌어 낸 그들의 하나님 여호와임을
알게 될 것이다. 나는 이스라엘 백성
들의 하나님 여호와다."

분향 제단 (출 37:25-28)

30 "너는 싯딤 나무로 분향 제단
을 만들어라.

29:40 4분의 1힌은 약 0.9리터, 10분의 1에바는 약 2.2
리터

2 길이와 너비 모두가 *1규빗인 정사각
형으로 높이는 *2규빗으로 하고 그
뿔들도 한 덩어리로 만들어라.
3 제단 윗면과 옆면 사방과 뿔들을 모
두 순금으로 씌우고 금테를 두른다.
4 금테 아래쪽에 두 개의 금고리를 만
드는데 양옆 귀퉁이에 두 개씩 붙인
다. 그것은 운반용 장대를 끼우는 자
리다.
5 장대는 싯딤 나무로 만들고 금을 씌
운다.
6 그 제단을 *증거궤 앞, 곧 *증거궤를
덮고 있는 *속죄 덮개 앞의 휘장 앞
쪽에 두어라. 내가 거기에서 너를 만
날 것이다.
7 아론은 아침마다 등불을 정리할 때
이 제단 위에 향기로운 향을 태워야
한다.
8 아론은 또 해 질 녘 등불을 켤 때 다
시 한 번 향을 태운다. 이렇게 해 여
호와 앞에 대대로 끊임없이 향이 타
도록 해야 하는 것이다.
9 이 제단에는 다른 어떤 향이나 다른
어떤 번제나 곡식제사도 드리지 말고
전제도 붓지 마라.
10 1년에 한 번씩 아론이 그 뿔 위에다
속죄제물의 피로 속죄하는 것뿐이다.
아론은 이렇게 1년에 한 번씩 대대로
속죄해야 한다. 이것은 여호와께 지극
히 거룩한 것이다."

대속물

11 그러고 나서 여호와께서 모세에게 말
씀하셨습니다.
12 "네가 이스라엘 백성들의 인구를 조
사할 때 각 사람은 자기 영혼을 위한
대속물을 여호와께 드려야 한다. 그
래야 네가 백성들의 수를 셀 때 그들
에게 전염병이 돌지 않을 것이다.
13 인구 조사를 받는 사람마다 성소 세
겔에 따라 *2분의 1세겔씩 낸다. 1세
겔은 20게라다. 이 *2분의 1세겔은 여
호와께 드리는 것이다.
14 20세 이상으로서 인구 조사를 받는
사람마다 여호와께 드려야 할 것이다.
15 그들이 자기 영혼을 속죄하기 위해
여호와께 드릴 때는 부자라고 더 낼
것도 아니요, 가난하다고 덜 내서도
안 된다.
16 그리고 너는 이스라엘 백성들에게 대
속물을 받아 회막을 섬기는 데 써라.
그러면 그것이 여호와 앞에서 이스라
엘 백성들의 기억나는 것이 돼 너희
영혼을 속죄할 것이다."

대야

17 여호와께서 또 모세에게 말씀하셨습
니다.
18 "너는 청동으로 대야를 만들고 대야
받침대도 만들어 씻는 데 쓰도록 하
여라. 그것을 회막과 제단 사이에 두
고 물을 담아 놓아라.
19 아론과 그의 아들들이 그 물에 손발
을 씻을 것이다.
20 그들이 회막에 들어갈 때나 제단에
가까이 가서 섬길 때, 곧 여호와께 화

30:2 1규빗은 약 45센티미터, 2규빗은 약 90센티미터
30:6 또는 법궤　30:6 또는 속죄의 자리, 긍휼의 자리
30:13 2분의 1세겔은 약 5.7그램

제를 태울 때도 물로 씻을 것이니 그
래야만 죽지 않을 것이다.
21 이렇게 그들이 그 손발을 씻어야만
죽지 않을 것이다. 이것이 아론과 그
의 자손을 위해 대대로 영원히 지속
될 규례다."

향 기름

22 여호와께서 모세에게 말씀하셨습니
다.
23 "너는 또 제일 좋은 향품을 가져오
너라. 곧 몰약 *500세겔, 그 절반인
*250세겔의 향기로운 계피, 향기로운
창포 250세겔,
24 계수나무 500세겔을 성소 세겔에 따
라 가져오고 올리브기름 *1힌도 가져
와라.
25 너는 이것들로 거룩한 기름을 만들되
향 제조법에 따라 섞어 향유를 만들
어라. 이것은 기름 부을 때 쓰는 거룩
한 기름이 될 것이다.
26 너는 이것을 회막과 증거궤에 바르고
27 상과 그 모든 기구들, 등잔대와 그 부
속품들, 분향 제단,
28 번제단과 그 모든 기구들, 대야와 그
받침대에 발라라.
29 네가 이런 식으로 그것들을 거룩하게
구별하면 그것들이 지극히 거룩하게
될 것이고 무엇이든 그것들에 닿으면
거룩해질 것이다.
30 그리고 너는 아론과 그의 아들들에
게 기름을 부어 거룩하게 구별해 그
들이 제사장으로 나를 섬기게 하여
라.
31 그리고 이스라엘 백성들에게 말하여
라. '이것은 대대로 내 거룩한 기름이
될 것이니
32 사람 몸에는 이것을 붓지 말고 어떤
기름도 이와 똑같은 배합으로는 만들
지 말라. 이것은 거룩한 것이니 너희
가 이것을 거룩하게 여겨야 할 것이
다.
33 누구든지 이와 같은 향유를 만드는
사람이나 제사장이 아닌 사람에게
바르는 사람은 그 백성들에게서 끊어
질 것이다.'"

향

34 여호와께서 또 모세에게 말씀하셨습
니다. "소합향, 나감향, 풍자향 등의
향료를 가져오고 이것들과 함께 순수
유향도 가져오되 각각 같은 양을 가
져와야 한다.
35 너는 그것을 향 제조법에 따라 향료
를 만들고 그것에 소금을 쳐서 순수
하고 거룩하게 하여라.
36 그리고 그것을 빻아 가루로 만들어
회막 증거궤 앞에 놓아라. 그곳에서
내가 너를 만날 것이요, 그것이 너희
에게 지극히 거룩한 것이 될 것이다.
37 너희는 자신을 위해서 이 배합으로
어떤 향도 만들지 말라. 그것을 여호
와께 거룩한 것으로 여기라.
38 누구든 향을 즐기려고 이와 같은 것
을 만드는 사람은 그 백성들에게서
끊어질 것이다."

30:23 500세겔은 약 5.7킬로그램, 250세겔은 약 2.85 킬로그램 30:24 1힌은 약 3.6리터

브살렐과 오홀리압 (출 35:30-36:1)

31 그러고 나서 여호와께서 모세에
게 말씀하셨습니다.
2 "보아라. 내가 유다 지파인 훌의 손자
이며 우리의 아들인 브살렐을 불러
3 하나님의 영을 부어 주었으니 브살렐
은 지혜와 통찰력과 지식과 여러 종
류의 재능이 있어서
4 금, 은, 청동으로 예술 작품을 고안하
고
5 보석을 깎아 세공하고 나무에 조각하
고 여러 가지 솜씨를 발휘할 것이다.
6 또 내가 단 지파인 아히사막의 아들
오홀리압을 붙여 주어 브살렐을 돕도
록 했고 내가 네게 명령한 모든 것을
만들 수 있는 기술을 모든 기술자들
에게 주었다.
7 회막, 증거궤, 그 위에 덮는 속죄 덮
개, 성막 안의 모든 기구들,

성·경·인·물 | 브살렐

- **이름의 뜻** 하나님의 보호를 받음.
- **주소** 이집트 → 시내 광야
- **가족 관계** 할아버지 – 훌(유다의 6대 손자) / 아버지 – 우리(출 31:2)
- **직업** 성막과 기구 제작 기술자, 책임자
- **약력** 오홀리압과 함께 성막 만드는 일에 하나님의 부르심을 받았다. 하나님께 복을 받고 하나님이 모세에게 명령하신 대로 성막을 만드는 일을 감독했다. 성막, 증거궤, 속죄의 자리, 성막의 모든 기구, 상, 순금 등잔대, 분향 제단, 번제단, 대야, 받침대, 기름, 성소의 향, 기둥, 속죄 덮개, 번제단의 모든 기구, 상, 언약궤, 제사장들의 옷 등을 만들었다(출 31:1-11).

8 상과 그 위의 기구들, 순금 등잔대와
그 모든 부속품들, 분향 제단,
9 번제단과 그 모든 기구들, 대야와 그
받침대,
10 또 제사장으로 섬길 때 입는 짜서 지
은 옷들, 제사장 아론의 거룩한 옷,
그의 아들들의 옷들,
11 기름 부을 때 쓰는 기름, 성소에서 쓸
향품 말이다. 브살렐과 오홀리압이 내
가 너에게 명령한 대로 이것들을 만
들 것이다."

안식일

12 그러고 나서 여호와께서 모세에게 말
씀하셨습니다.
13 "이스라엘 백성들에게 말하여라. '너
희는 내 안식일을 반드시 지켜야 한
다. 이것이 나와 너희 사이에 대대로
징표가 될 것이니 이로써 내가 너희
를 거룩하게 하는 여호와임을 너희가
알게 될 것이다.
14 그러므로 너희는 안식일을 지키라. 이
날은 너희에게 거룩한 날이기 때문이
다. 안식일을 더럽히는 사람은 누구
든지 반드시 죽임당할 것이다. 누구
든지 그날에 일을 하는 사람은 그 백
성들에게서 끊어질 것이다.
15 6일 동안은 일을 해도 되지만 일곱째
날은 쉼을 위한 안식일이며 나 여호와
에게 거룩한 날이다. 그러니 안식일에
일하는 사람은 누구든지 반드시 죽
임당할 것이다.
16 이스라엘 백성들은 안식일을 지켜야
하는데 안식일 지키는 것을 대대로

영원한 언약으로 삼아야 할 것이다.
17 이것이 나와 이스라엘 백성들 사이에
영원한 징표가 될 것이다. 이것은 나
여호와가 6일 동안 하늘과 땅을 만들
고 일곱째 날에는 일을 멈추고 쉬었
기 때문이다.'"
18 여호와께서 시내 산에서 모세에게 말
씀을 마치시고 증거판 두 개를 주셨
는데 이것은 하나님의 손가락으로 새
기신 돌판이었습니다.

금송아지 (신 9:7-29)

32 백성들은 모세가 산에서 오랫
동안 내려오지 않는 것을 보고
아론 주위에 몰려들어 "자, 일어나서
우리를 앞서서 갈 신을 만들어 주십
시오. 우리를 이집트에서 이끌어 낸
그 사람 모세가 어떻게 됐는지 알 게
뭡니까?"라고 말했습니다.
2 아론은 백성들에게 "너희 아내들과
너희 아들딸들이 차고 있는 금귀고리
를 빼서 내게 가져오라" 하고 말했습
니다.
3 그러자 모든 백성들은 귀고리를 빼다
가 아론에게 갖다 주었습니다.
4 아론은 백성들이 가져온 것으로 송아
지 모양의 틀에 붓고 연장으로 다듬
어 우상을 만들었습니다. 그러자 그
들은 "이스라엘아, 이것은 너희를 이
집트에서 이끌어 낸 너희 신이다"라고
말했습니다.
5 아론이 이것을 보고 송아지 상 앞에
제단을 쌓고는 "내일은 여호와께 드
리는 경축일이다"라고 선언했습니다.
6 이튿날 백성들은 일찍 일어나 번제를
드리고 화목제를 바쳤습니다. 그러고
는 앉아서 먹고 마시며 일어나서 놀
았습니다.
7 그때 여호와께서 모세에게 말씀하셨
습니다. "너는 내려가거라. 네가 이집
트에서 이끌어 낸 백성들이 타락했구
나.
8 그들은 내가 그들에게 한 명령을 그
토록 빨리 저버리고 스스로 송아지
모양의 틀에 우상을 부어 만들고는

하용조 목사의 행복한 **메시지**

일과 휴식

안식일은 십계명에 기원을 두고 있지 않습니다. 그보다 훨씬 이전인 창세에 기원을 두고 있습니다. 창조의 절정과 완성은 바로 안식일입니다. 하나님께서 엿새 동안 세상을 다 창조하시고 일곱째 날에 쉬셨습니다. 그리고 일곱째 날을 복 주시고 거룩하게 하셨는데 그것이 바로 안식일의 기원입니다.
하나님께서는 창조와 안식, 곧 일과 휴식이라는 두 리듬을 갖고 계십니다. 이 두 리듬을 통해 하나님께서는 우주를 운행하십니다. 따라서 우리 역시 열심히 일을 해야 하지만 반드시 휴식도 취해야 합니다. 땅도 쉬어야 하고 인간도 쉬어야 합니다. 현대인의 문제는 많은 휴가를 보내도 진정한 안식이 없다는 것입니다. 진정한 안식이 있으면 죄가 만연하지 않습니다.

경배하고 제물을 바치면서 '이스라엘
아, 이것은 너희를 이집트에서 이끌어
낸 신이다'라고 했다."
9 여호와께서 모세에게 말씀하셨습니
다. "내가 이 백성들을 보니 참으로
목이 곧은 백성들이다.
10 그러니 너는 이제 나를 두고 가거라.
저들 때문에 내 진노가 부글부글 끓
는구나. 내가 저들을 진멸하지 않을
수가 없다. 그러고 나서야 내가 너를
큰 민족으로 만들 것이다."
11 그러나 모세는 그 하나님 여호와께
빌며 말했습니다. "여호와여, 주께서
왜 주의 백성들 때문에 노여워하십니
까? 그들은 주께서 큰 능력과 강한
손으로 이집트에서 이끌어 내신 사람
들이 아닙니까?
12 왜 이집트 사람들이 '그가 그들을 산
에서 죽이고 지면에서 쓸어버릴 생각
으로 끌고 나갔구나' 하게 하십니까?
주의 무서운 진노를 돌이키시고 주의
백성들에게 재앙을 내리지 말아 주십
시오.
13 주의 종 아브라함과 이삭과 이스라엘
을 기억해 주십시오. 주께서 친히 주
를 두고 그들에게 '내가 네 자손을 하
늘의 별같이 많게 하고 내가 그들에
게 약속한 이 모든 땅을 네 자손에게
줄 것이니 이것이 그들의 영원한 기업
이 될 것이다'라고 맹세하시지 않으셨
습니까?"
14 그러자 여호와께서 마음을 누그러뜨
리고 그 백성들에게 재앙을 내리려던
마음을 접으셨습니다.
15 모세는 뒤돌아 산을 내려왔습니다.
손에는 증거판 두 개가 있었습니다.
그 판 앞뒤에는 글이 모두 새겨져 있
었습니다.
16 이 두 개의 판은 하나님께서 만드신
것으로 거기 쓰여 있는 것은 하나님
께서 판에다 새기신 것입니다.
17 여호수아가 백성들이 소리치는 것을
듣고는 모세에게 "진영에서 싸우는
소리가 납니다"라고 말했습니다.
18 모세는 "그것은 승리의 함성도 아니
요, 패배의 절규도 아니다. 내가 듣기
로는 노래하는 소리 같다"라고 대답
했습니다.
19 모세가 진영에 가까이 가서 보니 송
아지 상과 춤추는 것이 보였습니다.
모세는 화가 부글부글 끓어올랐습니
다. 모세는 손에 들고 있던 돌판을 산
아래로 던져 산산조각 내 버렸습니
다.
20 그러고는 그들이 만든 송아지 상을
가져다가 불 속에 넣어 태우고 가루
로 만들어 물 위에 뿌리고는 이스라
엘 백성들로 하여금 마시게 했습니다.
21 모세가 아론에게 말했습니다. "이 사
람들이 형에게 어떻게 했길래 형이
그들을 이렇게 큰 죄에 빠뜨린 것입니
까?"
22 아론은 대답했습니다. "내 주여, 노여
워하지 마십시오. 이 백성들을 잘 아
시지 않습니까! 얼마나 쉽게 악을 행
하는지 말입니다.

23 그들이 내게 '우리 앞서서 갈 신을 만
들어 내어라. 우리를 이집트에서 이끌
어 낸 그 사람 모세가 어떻게 됐는지
알 게 뭐냐?'고 하는 것이었습니다.
24 그래서 내가 그들에게 말했지요. '금
이 있는 사람은 누구든 다 빼내라'
고 말입니다. 그러자 그들이 내게 금
을 가져왔고 내가 그것을 불 속에 던
져 넣었더니 이 송아지가 나온 것입니
다!"
25 모세가 보니 백성들은 도무지 통제
불능이었습니다. 원수들의 웃음거리
가 되도록 아론이 그들을 통제 불능
으로 만들어 놓은 것이었습니다.
26 모세는 이것을 보고 진영 입구에 서
서 "누가 여호와 쪽에 서겠느냐? 내게
로 오라"고 말했습니다. 그러자 레위
의 아들들 모두가 모세 앞에 모여들
었습니다.
27 모세는 레위의 아들들에게 말했습니
다. "이스라엘의 하나님 여호와께서
말씀하신다. '모든 사람은 옆에 칼을
차고 진영 이 끝에서 저 끝까지 두루
다니며 각자 자기 형제와 친구와 이
웃을 죽이라.'"
28 레위 자손들은 모세의 명령대로 시행
했습니다. 그날 거기 쓰러진 사람들
은 약 3,000명이었습니다.
29 모세는 "너희는 오늘 너희 아들과 형
제를 칠 정도로 여호와께 자신을 거
룩하게 구별해 드렸다. 그러니 주께서
이날에 너희에게 복을 주실 것이다"
라고 말했습니다.
30 이튿날 모세는 백성들에게 "너희가
큰 죄를 지었다. 그러나 이제 내가 여
호와께 올라갈 것이다. 혹시 너희를
위해 속죄할 수 있을까 해서다"라고
말했습니다.
31 그리하여 모세는 여호와께 돌아가 말
했습니다. "오, 이 백성이 엄청난 큰
죄를 지었습니다! 자기들을 위해 금
으로 신을 만들었습니다.
32 그러나 이제 그들의 죄를 용서해 주
십시오. 용서하지 않으시려거든 부디
주께서 기록하신 책에서 제 이름을
지워 버리십시오."
33 여호와께서 모세에게 대답하셨습니
다. "누구든 내게 죄를 지은 사람은
내 책에서 지워 버릴 것이다.
34 자, 너는 가서 이 백성들을 내가 말한
곳으로 이끌어라. 보아라. 내 천사가
너보다 앞서서 갈 것이다. 그러나 내
가 때가 되면 그 죄로 인해 그들을 징
벌할 것이다."
35 그러고 나서 여호와께서 이 백성들에
게 전염병을 내리셨습니다. 아론과 백
성들이 만든 그 송아지 상 때문이었
습니다.

33 여호와께서 모세에게 말씀하
셨습니다. "너와 네가 이집트
땅에서 이끌어 낸 이 백성들은 이곳
을 떠나 내가 아브라함과 이삭과 야곱
에게 '네 자손에게 주겠다'라고 맹세
한 그 땅으로 올라가거라.
2 내가 네 앞에 천사를 보낼 것이다. 내
가 가나안 사람과 아모리 사람과 헷

사람과 브리스 사람과 히위 사람과 여
부스 사람을 쫓아낼 것이다.
3 젖과 꿀이 흐르는 그 땅으로 올라가
거라. 그러나 나는 너희와 함께 올라
가지 않을 것이다. 너희는 목이 곧은
백성들이니 여차 하면 내가 가는 도
중에 너희를 멸망시킬지 모르니 말이
다."
4 백성들은 이 무서운 말씀을 듣고 통
곡했습니다. 몸에 장신구를 걸친 사
람은 아무도 없었습니다.
5 여호와께서 전에 모세에게 이런 말씀
을 하신 적이 있었기 때문입니다. "너
는 이스라엘 백성들에게 전하여라.
'너희는 목이 곧은 백성들이니 내가
잠시라도 너희와 함께 가면 내가 너
희를 멸망시킬지도 모른다. 그러니 너
희는 너희 장신구들을 모두 빼내라.
그러면 내가 너희를 어떻게 할지 정하
겠다.'"
6 그리하여 이스라엘 백성들은 호렙 산
에서 그 장신구들을 모두 빼냈습니
다.

회막

7 그때 모세는 장막을 거두어서 진영
밖 멀리 떨어진 곳에 치고는 '회막'이
라고 불렀습니다. 그리고 이때부터 누
구든지 여호와를 찾을 일이 생기면 진
영 밖의 이 회막으로 가곤 했습니다.
8 모세가 회막으로 나아갈 때마다 모든
백성들은 일어나 자기 장막 문 앞에
서서 모세가 회막에 들어갈 때까지
지켜보았습니다.
9 모세가 회막에 들어가면 구름기둥이
내려와 그 문 앞에 머물러 있었고 여
호와께서 모세와 말씀을 나누셨습니
다.
10 백성들은 구름기둥이 회막 문 앞에
있는 것을 보면 모두 일어나 각자 자
기 장막 문 앞에서 경배했습니다.
11 여호와께서는 마치 사람이 자기 친구
와 이야기하듯이 모세와 얼굴을 맞대
고 말씀하셨습니다. 그런 후 모세는
진영으로 돌아오곤 했습니다. 그러나
모세를 보좌하는 청년 여호수아는 회
막을 떠나지 않았습니다.

성·경·상·식

출이집트기에 나타난 예수님의 모습, 모세

우리는 모세에게서 예수님의 모습을 미리 보게 된다. 바로의 명령으로 죽을 뻔했지만 하나님의 도우심으로 죽지 않았던 모세처럼(출 1:15-2:10), 예수님도 헤롯에 의해 죽임당할 뻔했지만 죽지 않으셨다(마 2:12-18). 모세가 종으로 쓰임받기 전 40년 동안 광야에서 훈련받은(출 2:15-25) 것은 예수님이 공생애를 시작하기 전 40일 동안 금식하며 훈련받으신(마 4:1-11) 것과 연결된다. 또한 모세가 광야에서 청동 뱀을 들어 올려 백성들을 구한 것처럼(민 21:4-9) 예수님은 친히 십자가에 달려 죽으심으로 인류를 구원하셨다(요 3:14). 모세는 예언자, 제사장, 지도자(왕)로서의 사역을 했을 뿐 아니라 구원자, 중보자, 입법자의 역할을 함으로써 장차 오실 예수님의 사역과 역할을 미리 보여 준 사람이다(신 18:15,18;요 4:25-26).

모세와 여호와의 영광

12 모세가 여호와께 말했습니다. "주께서
내게 '이 백성들을 이끌라'고 줄곧 말
씀하지 않으셨습니까? 그러나 나와
함께 누구를 보내실지 알려 주지 않
으셨습니다. 주께서 말씀하셨습니다.
'내가 너를 이름으로 알고 너는 내게
은총을 입었다'라고 말입니다.
13 주께서 나를 기쁘게 여기신다면 제
발 주의 길을 내게 가르쳐 주셔서 내
가 주를 알게 하시고 계속해서 주께
은총을 입게 해 주십시오. 또 이 민
족이 주의 백성들임을 생각해 주십시
오."
14 여호와께서 대답하셨습니다. "내가 친
히 너와 함께 가겠다. 내가 너를 무사
하게 할 것이다."
15 그러자 모세는 여호와께 말했습니다.
"주께서 친히 우리와 함께 가지 않으
시려거든 아예 우리를 여기서 올려
보내지 마십시오.
16 주께서 우리와 함께 가지 않으시면
나와 주의 백성들이 주께 은총을 입
었는지 누가 어떻게 알겠습니까? 나
와 주의 백성들이 지면의 다른 모든
백성들과 어떻게 구별되겠습니까?"
17 그러자 여호와께서 모세에게 "네가
말한 그대로 내가 하겠다. 네가 내 은
총을 입었고 내가 너를 이름으로 알
기 때문이다"라고 말씀하셨습니다.
18 그러자 모세는 "그러면 부탁입니다만,
내게 주의 영광을 보여 주십시오"라
고 말했습니다.
19 그러자 여호와께서 말씀하셨습니다.
"내가 내 모든 선함을 네 앞에 지나가
게 하겠고 내가 네 앞에 내 이름 여호
와를 선포하겠다. 나는 내가 불쌍히
여길 자를 불쌍히 여기고 긍휼히 여
길 자를 긍휼히 여길 것이다."
20 그분께서 이어 말씀하셨습니다. "그러
나 네가 내 얼굴은 보지 못한다. 나를
보고 살아남은 사람이 없다."
21 그러고 나서 여호와께서 또 말씀하셨
습니다. "자, 내 가까운 곳에 바위가
있으니 그 위에 서 있어라.
22 그러면 내 영광이 지나갈 때 내가 너
를 바위 틈새에 두고 내가 다 지나갈
때까지 내 손으로 덮을 것이다.
23 그러고 나서 내가 내 손을 뗄 것이니
너는 내 뒷모습만 보고 내 얼굴은 보
지 못할 것이다."

새 돌판 (신 10:1-5)

34 여호와께서 모세에게 말씀하
셨습니다. "돌판 두 개를 처음
것처럼 깎아 만들어라. 네가 깨뜨린
처음 돌판에 쓴 것을 내가 그 위에 다
시 쓸 것이다.
2 아침 일찍 준비하고 아침에 시내 산으
로 올라와 거기 산꼭대기에서 나를
기다리고 서 있어라.
3 그 누구도 너와 함께 올라와서는 안
되며 그 산 어디에서도 눈에 띄면 안
된다. 또 산자락에서라도 꼴을 먹는
양들이나 소들이 있어서는 안 될 것
이다."
4 그리하여 모세는 돌판 두 개를 처음

것처럼 깎아 만들고 여호와께서 명령
하신 대로 아침 일찍 시내 산으로 올
라갔습니다. 모세는 손에 돌판 두 개
를 들고 있었습니다.
5 그러자 여호와께서 구름 속으로 내려
와 그와 함께 거기 서서 그분의 이름
여호와를 선포하셨습니다.
6 그리고 주께서 모세 앞으로 지나가면
서 선포하셨습니다. "여호와, 여호와,
긍휼하고 은혜로운 하나님, 오래 참
고 선함과 진리가 풍성하며
7 수천 대에 걸쳐 긍휼을 베풀고 죄악
과 범죄와 죄를 용서하며 죄지은 자
들을 징벌하지 않고는 그냥 넘어가지
못하니 아버지의 죄를 그 자식들과
그의 자손들에게 3, 4대에 걸쳐 징벌
한다."
8 그러자 모세는 그 즉시 머리를 땅에
조아리고 경배하며
9 말했습니다. "여호와여, 내가 주의 은
총을 입었다면 제발 우리와 함께 가
주십시오. 저들이 목이 곧은 백성들
이기는 하지만 우리 악과 우리 죄악
을 용서하시고 우리를 주의 기업으로
받아 주십시오."
10 그러자 여호와께서 말씀하셨습니다.
"내가 너와 언약을 세운다. 내가 온
세상의 그 어떤 민족에게도 보여 준
적이 없는 놀라운 일들을 네 모든 백
성들 앞에서 보일 것이다. 나 여호와
가 너를 위해 할 일이 얼마나 엄하고
위풍이 있는지 너와 함께 사는 백성
들이 보게 될 것이다.
11 내가 오늘 네게 명령하는 것을 잘 지
켜라. 보아라. 내가 네 앞에서 아모리
사람과 가나안 사람과 헷 사람과 브
리스 사람과 히위 사람과 여부스 사람
을 쫓아내겠다.
12 네가 들어갈 그 땅에 사는 사람들과
동맹을 맺지 않도록 조심하여라. 그
러지 않으면 그들이 너희 가운데서
덫이 될 것이다.
13 너희는 그들의 제단을 깨뜨리고 그들
의 형상을 부수며 그들의 아세라 목
상을 찍어 버려라.
14 다른 어떤 신에게도 경배하지 말라.
여호와, 내 이름은 질투니 나는 질투
의 하나님이다.
15 너는 그 땅에 사는 사람들과 동맹을
맺지 않도록 조심하여라. 그들이 자기
네 신들과 음란한 행각을 벌이며 그
신들에게 제사하는 곳에 너를 초대하
면 네가 그 제물을 먹게 될 것이고
16 또 네가 그들의 딸들을 네 아들들의
아내로 고르면 그 딸들이 자기네 신
들과 음란한 행각을 벌이고는 네 아
들들도 그렇게 하도록 만들 것이기
때문이다.
17 너는 우상을 부어 만들지 마라.
18 너는 무교절을 지켜야 한다. 내가 네
게 명령한 대로 7일 동안은 누룩 없
는 빵을 먹어라. 이것을 아빕 월의 정
해진 때에 지켜라. 아빕 월에 네가 이
집트에서 나왔으니 말이다.
19 모든 태에서 처음으로 난 것은 모두
내 것이다. 소, 양 할 것 없이 네 가축

의 처음 난 수컷도 모두 내 것이다.
20 나귀의 첫 새끼는 어린양으로 대속
하되 네가 그것을 대속하지 않으려면
그 목을 부러뜨릴 것이다. 너는 또 네
아들들 가운데 모든 장자를 대속해
야 한다. 내 앞에 나올 때는 빈손으
로 나오는 사람이 없어야 한다.
21 6일 동안은 네가 일해야 하지만 일곱
째 날에는 쉬어야 한다. 밭갈 때든 수
확할 때든 너는 쉬어야 한다.
22 칠칠절, 곧 밀을 처음 수확하는 절기
를 지키고 *연말에는 수장절을 지켜
라.
23 너희 모든 남자는 1년에 세 번씩 주
여호와 이스라엘의 하나님 앞에 나와
야 한다.
24 네가 1년에 세 번 여호와 네 하나님
앞에 나올 때 내가 네 앞에서 저 민
족들을 쫓아내고 네 땅의 경계를 넓
혀 줄 것이니 어느 누구도 네 땅을 탐
내지 못할 것이다.
25 너는 내게 희생제물의 피를 누룩이
들어간 것과 함께 바치지 말고 유월
절 제물을 아침까지 남겨 두지 마라.
26 너는 네 땅에서 처음 난 것 가운데
가장 좋은 것을 여호와 네 하나님의
집에 가져와야 한다. 너는 어린 염소
를 그 어미의 젖에 삶지 마라."
27 그러고 나서 여호와께서 모세에게 말
씀하셨습니다. "이 말들을 받아 기록
하여라. 이 말들에 근거해 내가 너와
이스라엘과 언약을 세웠다."
28 모세는 거기에서 여호와와 함께 먹지
도 마시지도 않고 40일 밤낮을 있었
습니다. 그리고 여호와께서는 언약의
말씀, 곧 십계명을 돌판 위에 기록해
주셨습니다.

빛나는 모세의 얼굴

29 그러고 나서 모세는 시내 산에서 내
려왔습니다. 모세가 산에서 내려올
때 양손에는 증거판 두 개가 들려 있
었습니다. 모세는 산에서 내려오면서
여호와께서 그와 함께 말씀하셨음으
로 인해 자기 얼굴에 광채가 나는 것
을 모르고 있었습니다.
30 아론과 모든 이스라엘 백성들이 모세
를 보니 그의 얼굴에 광채가 나고 있
었습니다. 그들은 두려운 나머지 모세
에게 가까이 가지 못했습니다.
31 그러나 모세는 그들을 불렀습니다. 아
론과 회중 지도자들이 모두 자기에게
오자 모세는 그들에게 말했습니다.
32 그 후에야 모든 이스라엘 백성들이
모세에게 가까이 왔습니다. 그러자
모세는 여호와께서 시내 산에서 자기
에게 말씀해 주신 모든 계명들을 그
들에게 주었습니다.
33 모세는 그들에게 말을 마칠 때까지
자기 얼굴에 수건을 쓰고 있었습니
다.
34 그러나 모세는 여호와 앞으로 가서
그분과 이야기를 나눌 때는 나올 때
까지 수건을 벗고 있었습니다. 그러다
가 나와서는 이스라엘 백성들에게 자
기가 명령받은 것을 말해 주었는데

34:22 또는 가을에는

35 그때는 이스라엘 백성들이 모세의 얼
굴에 광채가 나는 것을 보게 되므로
모세는 여호와와 이야기를 나누러 들
어갈 때까지 자기의 얼굴에 수건을
다시 썼습니다.

안식일 규례

35 모세는 온 이스라엘 회중을 모
으고 그들에게 말했습니다.
"여호와께서 너희에게 행하라고 명령
하셨는데
2 6일 동안은 일해야 하지만 일곱째 날
은 너희의 거룩한 날, 여호와께는 쉬
는 안식일이니 누구든 이날에 일하는
사람은 죽임당해야 한다.
3 안식일에는 너희가 있는 곳에 불조차
도 피우지 말라."

성막의 재료 (출 25:1-9)

4 모세가 온 이스라엘 회중에게 말했습
니다. "여호와께서 명령하셨다.
5 너희가 가진 것 가운데 여호와를 위
해 예물을 가져오라. 마음이 있는 사
람은 누구나 여호와께 예물을 가져오
는데 그것은 금, 은, 청동,
6 청색 실, 자주색 실, 홍색 실, 고운 베
실, 염소털,
7 붉게 물들인 양가죽, *해달 가죽, 싯
딤 나무,
8 등잔유, 기름 부을 때 쓰는 기름, 분
향할 때 쓰는 향료,
9 에봇과 가슴패에 박을 호마노와 그
외의 보석들이다.
10 너희 가운데 기술이 있는 사람들은
모두 와서 여호와께서 명령하신 모든
것들을 만들어야 한다.
11 성막, 그 장막과 덮개, 갈고리, 널판,
빗장, 기둥, 받침대,
12 증거궤와 그 장대와 그것을 가릴 속
죄 덮개와 휘장,
13 상과 그 장대와 그 모든 기구들과 진
설병,
14 등잔대와 그 부속품들, 불 켤 때 사
용하는 등잔과 등유,
15 분향 제단과 그 장대, 기름 부을 때
쓰는 기름과 향료, 성막 문 앞에 칠
휘장,
16 번제단과 청동으로 된 그물판과 그
장대와 그 모든 기구들, 청동으로 된
대야와 그 받침대,
17 뜰에 칠 휘장과 그 기둥과 받침대, 뜰
문에 칠 휘장,
18 성막과 뜰에 박을 말뚝과 그 노끈,
19 성소에서 섬길 때 입는 짠 옷들, 곧
제사장으로 섬길 때 입는 제사장 아
론과 그의 아들들의 옷이다."
20 그러자 온 이스라엘 회중이 모세 앞
에서 물러갔습니다.
21 그 말에 감동을 받아 자원하는 사람
들은 모두 와서 회막 짓는 일에, 그
모든 섬기는 일에, 거룩한 옷 짓는 데
필요한 예물을 여호와께 가져왔습니
다.
22 자원하는 마음이 생긴 사람들은 남
녀 할 것 없이 다들 팔찌, 귀고리, 반
지, 장신구 등 온갖 종류의 금패물을
가져왔고 모두가 그 금을 여호와께

35:7 또는 듀공, 돌고래

요제로 흔들어 드렸습니다.
23 그리고 청색 실, 자주색 실, 홍색 실,
고운 베실, 염소털, 붉게 물들인 양가
죽이나 *해달 가죽을 가진 사람들은
모두 그것들을 가져왔습니다.
24 은이나 청동을 가졌으면 그것을 여호
와께 예물로 가져왔고 그 일에 필요한
싯딤 나무가 있는 사람들은 그것들을
가져왔습니다.
25 솜씨 좋은 여자들은 직접 손으로 실
을 자았고 자기들이 자아 만든 청색
실, 자주색 실, 홍색 실, 고운 베실을
가져왔습니다.
26 그리고 뛰어난 솜씨를 가진 모든 여
자들은 염소털을 자았습니다.
27 지도자들은 에봇과 가슴패에 박을
호마노와 그 외의 보석들을 가져왔습
니다.
28 그들은 또 향품과 등잔유와 기름 부
음용 기름과 분향용 기름도 가져왔습
니다.
29 모든 이스라엘 자손들은 남녀 할 것
없이 여호와께서 모세의 손으로 만들
도록 명령하신 모든 일에 필요한 것
들을 기꺼이 예물로 여호와께 가져온
것입니다.

브살렐과 오홀리압 (출 31:1-11)

30 그리고 나서 모세는 이스라엘 백성들
에게 말했습니다. "보라. 여호와께서
유다 지파 훌의 손자이며 우리의 아
들인 브살렐의 이름을 불러
31 하나님의 영이 가득하고 재능과 능력
과 지식으로 모든 일들을 하게 하셨
다.
32 금, 은, 청동으로 아름답게 고안하고
33 돌을 깎아 다듬고 나무를 조각하고
온갖 기묘한 작품을 만들게 하신 것
이다.
34 또한 브살렐의 마음에 가르치는 능력
을 주셨는데 브살렐에게만 아니라 단
지파인 아히사막의 아들 오홀리압에
게도 주셨다.
35 그분은 브살렐과 오홀리압에게 모든
일을 잘해 낼 만한 지혜가 가득하게
하셔서 그들이 조각도 하고 고안도
하고 청색 실, 자주색 실, 홍색 실, 고
운 베실로 수를 놓고 또 옷도 짜고 하
는 모든 일을 하며 여러 가지를 고안
하는 일을 직접 하게 하셨다.

36 그러니 브살렐과 오홀리압과 여
호와께서 기술과 능력을 주어
성소 짓는 모든 일을 할 수 있는 재능
있는 모든 사람들은 여호와의 명령에
따라 그 일을 수행할 것이다."
2 그리고 나서 모세는 브살렐과 오홀리
압과 여호와께 지혜를 얻고 기꺼이 와
서 그 일을 하려는 마음이 있는 사람
들을 불러 모았습니다.
3 그들은 이스라엘 백성들이 성소 짓는
일을 위해 가져온 모든 예물들을 모
세에게서 받았습니다. 그리고 나서도
백성들은 아침마다 끊임없이 기꺼이
예물을 가져왔습니다.
4 그러자 성소 일을 맡아 하던 모든 기
술자들은 일을 멈추고 와서

35:23 또는 듀공, 돌고래

5 모세에게 말했습니다. "여호와께서 명
령하신 일을 하는 데 백성들이 필요
이상으로 가져오고 있습니다."
6 그러자 모세는 명령을 내렸습니다. 그
명령은 온 진영에 선포됐습니다. "남
자나 여자나 성소를 위해 드리는 예
물은 이제 그만 가져오도록 하라." 그
러자 백성들은 더는 가져오지 않았습
니다.
7 이미 있는 것만으로도 모든 일에 쓰
고 남을 만했기 때문입니다.

성막을 만들다 (출 26:1-37)

8 일꾼들 가운데 뛰어난 기술자는 고
운 베실과 청색 실, 자주색 실, 홍색
실로 휘장 열 폭의 성막을 만들고 또
그 위에 그룹을 수놓았습니다.
9 휘장은 각각 길이 *28규빗, 폭 *4규
빗으로 모두 같은 크기였습니다.
10 휘장은 다섯 폭을 이어 한 폭을 만들
고 나머지 다섯 폭으로 한 폭을 만들
었습니다.
11 그러고 나서 그 한 벌의 한쪽 끝자락
에 청색 고리를 만들고 또 다른 한 벌
의 한쪽 끝자락에도 그렇게 했는데
12 한쪽 휘장에 고리 50개, 또 한쪽 휘
장에도 고리 50개를 만들어 고리가
서로 마주 보게 놓고는
13 휘장 한 끝에 금 갈고리 50개를 만들
어 그것으로 휘장 두 벌을 하나로 이
었습니다.
14 그들은 성막 위를 덮을 것으로 염소
털로 휘장 열한 폭을 만들었는데
15 휘장은 각각 길이 *30규빗, 폭 *4규빗
으로 같은 크기였습니다.
16 그들은 휘장 다섯 폭을 한 폭으로 잇
고 다른 여섯 폭을 또 한 폭으로 이
었습니다.
17 그러고 나서 휘장 한 폭의 한쪽 끝자
락에 고리 50개를 만들고 또 한쪽의
끝자락에도 고리 50개를 만들고
18 청동 갈고리 50개를 만들어 두 벌을
하나로 이었습니다.
19 그러고는 그 위의 덮개로 붉게 물들
인 양가죽 덮개를 만들고 또 그 위에

36:9 28규빗은 약 12.6미터 36:9,15 4규빗은 약 1.8미터 36:15 30규빗은 약 13.5미터

성·경·상·식 | 궤(법궤)

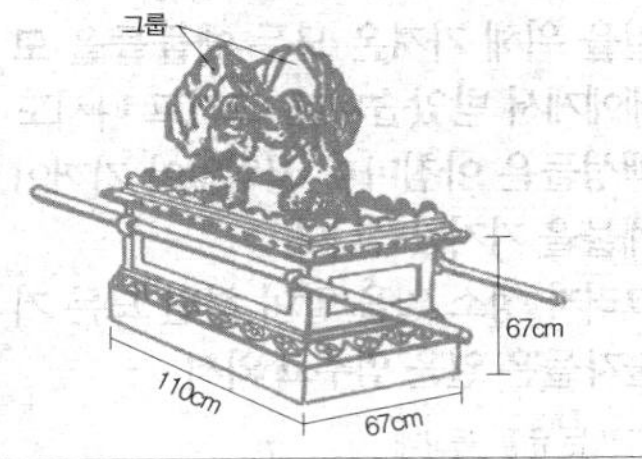

- **만드는 방법** 싯딤 나무로 된 나무 상자에 금을 입혔으며 금테를 둘렀다. 뚜껑엔 속죄의 자리, 그 위엔 그룹이 있었다.
- **법궤 속 내용물** 십계명이 새겨진 돌판, 만나를 담은 항아리, 아론의 싹난 지팡이.
- **법궤의 다른 이름** 증거궤(출 25:22), 여호와의 궤(수 3:13), 주의 능력의 언약궤(시 132:8), 거룩한 궤(대하 35:3).

는 *해달 가죽 덮개를 만들었습니다.
20 그들은 싯딤 나무로 널판을 만들어
성막의 벽을 세웠는데
21 각 판은 길이가 *10규빗, 너비가 *1.5
규빗으로
22 두 돌기를 일정한 간격으로 만들어
두었습니다. 성막의 모든 널판은 이렇
게 만들었습니다.
23 성막 남쪽에 세울 널판은 20개였는
데
24 가운데 구멍을 낸 은 받침대 40개를
만들어 각 널판에 받침대 두 개씩, 곧
각 돌기에 하나씩 끼우게 했습니다.
25 성막 다른 쪽, 곧 북쪽에 세울 널판
은 20개였는데
26 은 받침대를 각 널판에 두 개씩 모두
40개를 만들어 끼웠습니다.
27 성막 뒤쪽, 곧 서쪽에 세울 널판은 여
섯 개였는데
28 성막 뒤쪽의 양쪽 모퉁이에는 널판
을 두 개씩 만들어 댔습니다.
29 곧 이 두 모퉁이에는 널판을 이중으
로 대고 고리 하나로 고정시켰습니다.
양쪽 모퉁이에 모두 그렇게 했습니
다.
30 이렇게 해 널판 여덟 개와 각 널판에
은 받침대 두 개씩 해서 모두 16개가
있었습니다.
31 또한 그들은 싯딤 나무로 빗장을 만
들었는데 성막 한쪽 벽에 다섯 개,
32 또 한쪽 벽에 다섯 개, 성막 다른 쪽,
곧 서쪽 벽에 다섯 개를 만들었습니
다.
33 그 가운데 하나는 중앙 빗장으로 널
판 한가운데를 꿰어 이 끝에서 저 끝
까지 질러 고정시키는 역할을 했습니
다.
34 그들은 널판들을 금으로 씌우고 거기
에 금고리를 달아 다른 빗장을 끼우
게 했습니다. 빗장도 금으로 씌웠습니
다.
35 그들은 청색 실, 자주색 실, 홍색 실
과 고운 베실로 휘장을 만들고 정교
한 솜씨로 그 위에 그룹을 수놓았습

36:19 또는 듀공, 돌고래 36:21 10규빗은 약 4.5미터, 1.5규빗은 67.5센티미터

• **법궤의 특징**

1. 하나님께서는 법궤에서 사람을 만나 주셨다(출 25:21-22).
2. 법궤에 나아가려면 피를 가지고 가야 했고(레 16:14-17), 대제사장만 1년에 한 번 근접할 수 있었다.
3. 행진할 때에는 맨 앞에서 고핫 자손이 메고 갔고(민 4:4-15), 요단 강 건널 때(수 3:1-17), 전쟁할 때(삼상 4:1-6), 여리고 성을 무너뜨릴 때(수 6:1-20)에도 법궤를 앞세웠다.
4. 법궤는 거룩하기 때문에 아무나 만질 수 없었다. 함부로 만져서 죽은 사람으로는 웃사가 있다(삼하 6:3-7). 이스라엘 백성들이 중요한 의식을 행하거나 중대한 사건이 있을 때, 제사장들은 이 궤를 메고 백성들과 함께 이동했다. 이것은 하나님께서 백성들과 함께하신다는 표시였다.

니다.
36 그리고 싯딤 나무로 기둥 네 개를 만
들고 금으로 씌웠습니다. 그들은 거기
에 금 갈고리를 만들어 달고 은을 부
어 받침대 네 개를 만들었습니다.
37 성막 문을 위해서는 청색 실, 자주색
실, 홍색 실과 고운 베실로 수놓은
휘장을 만들었으며
38 그 휘장을 걸 기둥 다섯 개를 만들고
그 위에 갈고리를 달았으며 기둥머리
와 그 띠를 금으로 씌우고 받침대 다
섯 개는 청동으로 만들었습니다.

언약궤를 만들다 (출 25:10-22)

37 브살렐은 싯딤 나무로 궤를 만
들었습니다. 길이는 *2.5규빗,
너비는 *1.5규빗, 높이는 *1.5규빗으
로 해서
2 안팎을 다 순금으로 씌우고 가장자리
에 금테를 둘렀습니다.
3 또 고리 네 개를 금을 부어 만들어
궤의 네 발 귀퉁이에 달았는데 둘은
이쪽에, 둘은 저쪽에 달았습니다.
4 그러고는 싯딤 나무로 장대를 만들어
금으로 씌우고
5 궤 양쪽에 달린 고리에 장대를 끼워
궤를 운반할 수 있게 했습니다.
6 그는 순금으로 길이 *2.5규빗, 너비
*1.5규빗이 되는 속죄 덮개를 만들었
습니다.
7 덮개 양 끝에는 금을 망치로 두들겨
그룹 둘을 만들었습니다.
8 그것들은 한 그룹은 이쪽 끝에, 또 한
그룹은 저쪽 끝에 있는 모양으로 덮
개와 한 덩이가 되도록 만든 것입니
다.
9 그룹은 날개가 위로 펼쳐져 그 날개
로 덮개를 덮은 모습으로 둘이 서로
마주하되 덮개를 바라보게 했습니다.

진설병을 두는 상을 만들다 (출 25:23-30)

10 그들은 또 싯딤 나무로 상을 만들었
는데 길이 *2규빗, 너비 *1규빗, 높이
*1.5규빗으로 해
11 순금으로 씌우고 가장자리에 금테를
둘렀습니다.
12 그 가장자리는 *손바닥 길이 정도의
턱이 올라와 있었고 그 둘레가 관 모
양으로 둘린 것이었습니다.
13 그들은 상에 달 고리 네 개를 금을
부어 만들고 상다리 네 개의 네 모퉁
이에 달았습니다.
14 상 틀 가장자리에 붙여 단 고리들은
상을 운반할 때 쓰는 장대를 끼우는
자리였습니다.
15 상을 운반할 때 쓰는 장대는 싯딤 나
무로 만들어 금으로 씌웠습니다.
16 그러고 나서 그들은 상에 필요한 기
구들, 곧 접시와 숟가락과 덮개와 붓
는 대접을 순금으로 만들었습니다.

등잔대를 만들다 (출 25:31-40)

17 그들은 순금으로 등잔대를 만들었는
데 금을 망치로 두들겨 그 밑받침과
줄기와 아몬드 꽃 모양과 꽃받침과
꽃부리를 모두 한 덩어리로 만들었습
니다.

37:1,6 2.5규빗은 약 1.12미터 37:1,6,10 1.5규빗은 약 67.5센티미터 37:10 2규빗은 약 90센티미터, 1규빗은 약 45센티미터 37:12 손바닥 길이는 약 8센티미터

18 등잔대 양쪽으로는 곁가지 여섯 개가
한쪽에 세 개씩 뻗어 나고
19 꽃받침과 꽃부리를 갖춘 아몬드 꽃
모양 세 개를 한쪽 가지에 이어 달고
다음 가지에도 세 개를 이어 달고 해
서 등잔대에 붙어 있는 여섯 가지에
모두 그렇게 달았습니다.
20 등잔대 가운데 줄기에는 꽃받침과 꽃
부리를 갖춘 아몬드 꽃 모양 네 개를
달았는데
21 그중 맨 밑의 꽃받침 하나에서 가지
두 개가 양쪽으로 뻗어 나오고, 바로
위 꽃받침에서 가지 두 개가 또 그 위
꽃에서 가지 두 개가 뻗어 나와 여섯
가지 모두 그 가운데 줄기 꽃들에서
나오는 모양이 되게 했습니다.
22 이 꽃받침과 가지들은 다 한 덩어리
로 순금을 망치로 두들겨 만든 것이
었습니다.
23 그들은 등잔대에 등을 일곱 개 만들
고 불 끄는 집게와 그 접시도 순금으
로 만들었습니다.
24 등잔대와 그 모든 기구들은 순금 *1
달란트로 만들었습니다.

분향 제단을 만들다 (출 30:1-5, 22-38)

25 그들은 싯딤 나무로 분향 제단을 만
들었습니다. 그것은 길이 *1규빗, 너
비 *1규빗의 정사각형으로 높이는 *2
규빗이었고 그 뿔들과 한 덩어리로
만들었습니다.
26 제단 윗면과 사방 옆면은 모두 순금
으로 씌우고 주위에 금테를 둘렀습니
다.
27 금테 아래쪽에 두 개의 금고리를 만
들었는데 양옆 귀퉁이에 두 개를 만
들어 장대를 끼워 제단을 운반할 수
있게 했습니다.
28 장대는 싯딤 나무로 만들어 금으로
씌웠습니다.
29 그들은 또한 기름 부을 때 쓰는 거룩
한 기름과 순수한 향을 향 제조법에
따라 만들었습니다.

37:24 1달란트는 약 34.27킬로그램 37:25 1규빗은 약 45센티미터, 2규빗은 약 90센티미터

성·경·상·식 | 성막의 물품들

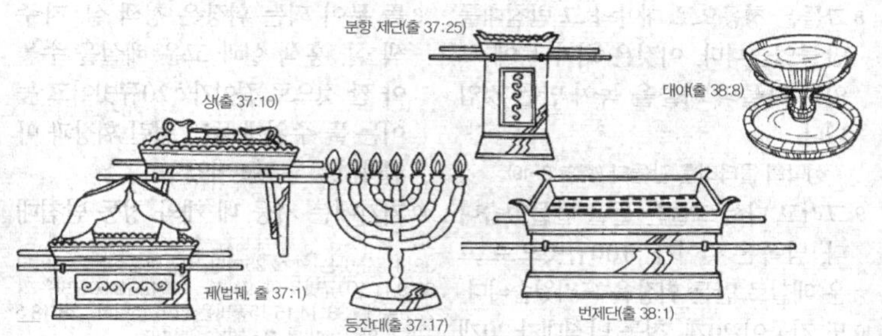

번제단을 만들다 (출 27:1-8)

38 그들은 싯딤 나무로 번제단을
만들었습니다. 그 길이는 *5규
빗, 너비도 *5규빗이 되는 정사각형
으로 높이는 *3규빗이었습니다.
2 네 모서리에 각각 뿔을 만들어 뿔과
제단이 한 덩어리가 되게 하고 제단
은 청동으로 씌웠습니다.
3 재 비우는 통, 부삽, 피 뿌리는 대접,
고기 포크와 불판 등 제단에 쓰이는
모든 기구들도 청동으로 만들었습니
다.
4 또 제단을 위해 청동으로 된 그물판
을 만들어 제단 높이의 2분의 1쯤 올
라오도록 제단 밑에 달았습니다.
5 그리고 청동 그물판의 네 모퉁이에
장대를 끼울 청동고리를 부어 만들고
6 싯딤 나무로 장대도 만들어 청동으로
씌웠습니다.
7 그들은 제단 양쪽에 장대를 고리 네
개에 끼워 운반할 수 있도록 했고 제
단은 널판으로 속이 비게 만들었습니
다.

대야를 만들다 (출 30:18)

8 그들은 청동으로 대야와 그 받침대를
만들었습니다. 이것은 회막 문에 모
인 여자들의 거울을 녹여 만든 것입
니다.

성막의 울타리를 만들다 (출 27:9-19)

9 그리고 나서 그들은 뜰을 만들었습니
다. 남쪽은 길이가 *100규빗으로 고
운 베실로 만든 휘장을 드리웠습니다.
10 또 기둥이 20개, 청동 받침대가 20개
필요했고 기둥의 고리와 가름대는 은
으로 만들었습니다.
11 북쪽도 역시 길이가 *100규빗으로
기둥이 20개, 청동 받침대가 20개 필
요했고 기둥의 고리와 가름대는 은으
로 만들었습니다.
12 서쪽은 폭이 *50규빗으로 휘장이 걸
렸고 기둥이 열 개, 받침대가 열 개,
기둥의 고리와 가름대는 은으로 만
들었습니다.
13 동쪽의 폭 역시 *50규빗이었습니다.
14 뜰 오른쪽에는 길이 *15규빗짜리 휘
장이 걸렸고 기둥 세 개와 받침대 세
개가 세워졌습니다.
15 뜰 문 왼쪽에도 길이 *15규빗짜리 휘
장이 걸렸고 그와 함께 기둥 세 개와
받침대 세 개가 세워졌습니다.
16 뜰을 둘러싼 모든 휘장은 고운 베실
로 만들었고
17 기둥 받침대는 청동으로 만들었으며
기둥의 고리와 가름대는 은이었고 기
둥의 머리는 은을 씌운 것이었습니다.
뜰의 모든 기둥에는 은 가름대가 꽂
혔습니다.
18 뜰 문이 되는 휘장은 청색 실, 자주
색 실, 홍색 실과 고운 베실을 수놓
아 짠 것으로 길이가 *20규빗이고 높
이는 뜰 주위에 둘러 걸린 휘장과 마
찬가지로 *5규빗이었으며
19 거기에는 기둥 네 개와 청동 받침대

38:1 5규빗은 약 2.25미터, 3규빗은 약 1.35미터 38:9,11 100규빗은 약 45미터 38:12,13 50규빗은 약 22.5미터 38:14,15 15규빗은 약 6.75미터 38:18 5규빗은 약 2.25미터, 20규빗은 약 9미터

네 개가 세워졌습니다. 기둥의 고리와
가름대는 은이며 기둥머리는 은으로
씌운 것이었습니다.
20 성막과 주변 뜰의 말뚝은 모두 청동
이었습니다.

사용된 재료의 물목

21 다음은 성막, 곧 증거막에 사용한 재
료들의 양입니다. 이것은 모세의 명령
에 따라 제사장 아론의 아들 이다말
의 지도 하에 레위 사람들이 기록한
것입니다.
22 유다 지파인 훌의 손자이며 우리의
아들인 브살렐이 여호와께서 모세에
게 명령하신 모든 것을 만들었는데
23 단 지파 아히사막의 아들 오홀리압이
브살렐과 함께했습니다. 오홀리압은
조각도 하고 고안도 하고 청색 실, 자
주색 실, 홍색 실과 고운 베실로 수
도 놓는 사람이었습니다.
24 성소를 짓는 데 요제로 드린 금은 성
소 세겔로 해서 모두 합하면 *29달란
트 730세겔이었습니다.
25 인구 조사에 등록된 사람들에게 받
은 은은 성소 세겔로 해서 *100달란
트 1,775세겔이었습니다.
26 한 사람당 *1베가씩, 곧 성소 세겔로
해서 *2분의 1세겔씩, 20세 이상으로
등록된 모든 사람 총 60만 3,550명에
게서 거둔 것이었습니다.
27 성소 받침대와 휘장 받침대를 부어
만드는 데는 은 *100달란트가 들었는
데 *100달란트로 받침대 100개를 만
들었으니 받침대 하나 당 1달란트가
든 셈입니다.
28 기둥의 고리를 만들고 기둥머리를 도
금하는 것과 그 가름대를 만드는 데
*1,775세겔이 들었습니다.
29 요제의 예물로 바쳐진 청동은 *70달
란트 2,400세겔이었습니다.
30 이것을 사용해 회막 문 받침대, 청동
제단과 청동 그물판과 그 기구들과
31 뜰 기둥의 받침대, 뜰 문 기둥의 받침
대, 성막 말뚝, 뜰 주변의 말뚝을 만
들었습니다.

제사장의 옷을 만들다 (출 28:1-14)

39 그들은 청색 실, 자주색 실, 홍
색 실로 성소에서 섬길 때 입
는 옷을 만들었습니다. 또 여호와께
서 모세에게 명령하신 대로 아론을
위해 거룩한 옷을 만들었습니다.

에봇

2 그들은 금실과 청색 실, 자주색 실,
홍색 실과 고운 베실로 에봇을 만들
었습니다.
3 망치로 두들겨 얇은 금판을 만들고
그것을 오려 가는 실로 만들어서 정
교하게 청색 실, 자주색 실, 홍색 실
과 고운 베실과 합쳐 짰습니다.
4 에봇의 어깨에는 끈을 만들어 그 양
귀퉁이에 달아 묶을 수 있게 했고
5 정교하게 짠 허리띠도 그와 같이 금
실과 청색 실, 자주색 실, 홍색 실과

38:24 29달란트 730세겔은 약 1톤 38:25 100달란트 1,775세겔은 약 3.45톤 38:26 1베가는 약 5.71그램, 2분의 1세겔은 5.7그램 38:27 100달란트는 약 3.43톤 38:28 1,775세겔은 약 20.23킬로그램 38:29 70달란트 2,400세겔은 약 2.43톤

고운 베실로 섞어 에봇과 하나로 이
어 짰습니다. 여호와께서 모세에게 명
령하신 대로였습니다.
6 그들은 금판에 호마노를 박고 그 위
에 이스라엘 아들들의 이름을 인장처
럼 새겨 놓았습니다.
7 그러고 나서 그것들을 에봇의 어깨끈
에 붙여 이스라엘 아들들을 기억나
게 하는 보석이 되게 했습니다. 여호
와께서 모세에게 명령하신 대로였습
니다.

가슴패 (출 28:15-30)

8 또 그들은 가슴패를 정교하게 만들었
는데 에봇과 마찬가지로 금실, 청색
실, 자주색 실, 홍색 실과 고운 베실
로 만들었습니다.
9 그것은 길이와 너비가 다 *한 뼘씩인
정사각형으로 두 겹이었습니다.
10 그러고는 그 위에 보석을 네 줄로 박
았습니다. 첫째 줄에는 루비, 토파즈,
녹주석,
11 둘째 줄에는 터키옥, 사파이어, 에메랄
드,
12 셋째 줄에는 호박, 백마노, 자수정,
13 넷째 줄에는 녹보석, 호마노, 벽옥을
각각 금판에 박은 것입니다.
14 이 열두 보석에는 각각 이스라엘 아
들들의 이름이 열두 지파에 따라 인
장을 새기는 것처럼 보석 하나하나에
새겨졌습니다.
15 그들은 가슴패에 달 순금 노끈 모양
을 만들고
16 금판 두 개와 금고리 두 개를 만들어
그 고리를 가슴패 양 귀퉁이에 달았
습니다.
17 그러고는 노끈 모양 둘을 가슴패 양
귀퉁이에 달린 고리에 붙이고
18 노끈 모양의 다른 쪽 끝은 두 금판에
고정시킨 뒤 안에 입는 에봇의 어깨
끈에 그것들을 달았습니다.
19 또 금고리 두 개를 만들어 가슴패의
양 끝, 곧 안쪽으로 에봇을 향한 쪽
의 끝에 달았습니다.
20 또 금고리 두 개를 만들어 에봇의 두
어깨끈의 아랫부분에 앞쪽을 향해
달았는데 그 자리는 정교하게 짠 에
봇의 띠를 매는 곳 옆이었습니다.
21 그리고 가슴패의 고리들을 파란색 실
로 에봇의 고리들과 함께 묶어서 그
것이 정교하게 짠 에봇의 띠에 고정됨
으로써 그것으로부터 떨어져 나가지
않게 했습니다. 여호와께서 모세에게
명령하신 그대로였습니다.

제사장의 다른 옷들 (출 28:31-43)

22 그들은 에봇 안에 받쳐 입는 겉옷을
모두 청색으로 짜서 만들었습니다.
23 그 옷의 중앙에는 머리 들어갈 구멍
을 냈고 구멍 둘레에는 깃 같은 것을
대 찢어지지 않게 했습니다.
24 또 옷의 밑단에는 청색 실, 자주색
실, 홍색 실과 고운 베실로 석류를 둘
러 달고
25 또 순금으로 된 종을 만들어 밑단의
석류 사이사이에 달았습니다.
26 곧 겉옷 밑단을 빙 돌아가며 금방울

39:9 한 뼘은 약 22센티미터

하나 석류 하나, 금방울 하나 석류 하
나를 교대로 달아 제사장 일을 할 때
입게 한 것입니다. 여호와께서 모세에
게 명령하신 그대로였습니다.
27 그들은 아론과 그의 아들들이 입을
고운 베실로 속옷을 짜서 만들고
28 고운 베실로 관과 두건과 속바지도
짜서 만들었습니다.
29 또 고운 베실, 청색 실, 자주색 실, 홍
색 실로 수를 놓아 띠를 만들었습니
다. 여호와께서 모세에게 말씀하신 그
대로였습니다.
30 또 순금으로 거룩한 패를 만들고 그
위에 인장을 새기듯 '여호와께 거룩'이
라고 새겼습니다.
31 그리고 패에 청색 끈을 달아 관에 고
정시켰습니다. 여호와께서 모세에게
명령하신 그대로였습니다.

모세가 성막을 둘러보다 (출 39:32-43)

32 이렇게 해서 성막, 곧 회막 짓는 모든
일을 마쳤습니다. 이스라엘 백성들은
여호와께서 모세에게 명령하신 모든
것대로 한 것입니다.
33 그들은 모세에게 성막을 가져왔습니
다. 곧 성막과 그 모든 기구들과 그
갈고리들, 널판, 빗장, 기둥과 받침대,
34 붉게 물들인 숫양 가죽으로 만든 덮
개, 해달 가죽 덮개, 가리개,
35 증거궤와 그 장대, 속죄 덮개,
36 상과 그 모든 기구들과 진설병,
37 순금 등잔대와 거기에 얹어 놓은 등
잔들과 그 모든 기구들과 등잔유,
38 금 제단, 기름 부음용 기름, 향, 성막
문 휘장,
39 청동 제단과 청동 그물판, 그 장대와
그 모든 기구들, 대야와 그 받침대,
40 뜰의 휘장과 그 기둥과 받침대, 뜰 문
의 휘장, 뜰의 노끈과 말뚝, 성막, 곧
회막의 모든 기구들,
41 성소에서 일할 때 입도록 짠 옷들, 곧
제사장 아론의 거룩한 옷과 그 아들
들이 제사장으로 섬길 때 입는 옷들
이었습니다.
42 이스라엘 백성들은 여호와께서 모세
에게 명령하신 것대로 모두 행했습니
다.
43 모세는 그 일을 점검하고 그들이 여
호와께서 명령하신 대로 했음을 보
았습니다. 모세는 그들을 축복했습니
다.

성막을 세우다

40

그때 여호와께서 모세에게 말
씀하셨습니다.
2 "너는 첫째 달 1일에 성막, 곧 회막을
세워라.
3 그 안에 증거궤를 놓고 가리개로 궤
를 가려라.
4 상을 가져와 상 위에 놓아야 할 것들
을 차려 놓고 등잔대를 가져와 등불
을 켜라.
5 금 분향 제단은 증거궤 앞에 놓고 성
막 문에 휘장을 드리워라.
6 성막, 곧 회막 문 앞에 번제단을 놓고
7 회막과 제단 사이에는 대야를 두고
그 속에 물을 담아 놓아라.
8 주위에 뜰을 세우고 뜰 문에 휘장을

드리워라.
9 기름 부음용 기름을 가져다가 성막
에 바르고 그 안에 있는 것들에도 다
발라 성막과 그 안에 있는 기구들을
다 거룩하게 하여라. 그러면 성막이
거룩할 것이다.
10 번제단과 그 모든 기구들에 발라 제
단을 거룩하게 하여라. 그러면 그 단
이 지극히 거룩해질 것이다.
11 대야와 그 받침대에도 발라 거룩하게
하여라.
12 아론과 그의 아들들을 회막 문으로
데려와서 물로 씻겨라.
13 그러고 나서 아론에게 거룩한 옷을
입히고 기름을 부어 거룩하게 해 제
사장으로 나를 섬기게 하여라.
14 아론의 아들들을 데려와 그들에게
겉옷을 입혀라.
15 그 아버지에게 기름 부었듯이 그들에
게도 기름을 부어 그들도 제사장으
로 나를 섬기게 하여라. 그들에게 기
름 부음으로써 제사장직이 대대로 그
들에게 영원히 계속될 것이다."
16 모세는 여호와께서 그에게 명령하신
모든 것대로 했습니다.
17 그리하여 2년 첫째 달 1일에 성막이
세워졌습니다.
18 성막은 모세가 세웠는데 그 받침대의
자리를 잡고 널판을 세워 빗장을 끼
우고 기둥을 세웠습니다.
19 그러고는 성막 위에 휘장을 펼쳐 성
막 위에 덮개를 씌웠습니다. 여호와께
서 그에게 명령하신 그대로였습니다.
20 그는 증거판을 가져다가 궤 안에 넣
고는 궤에 장대를 끼우고 속죄 덮개
로 덮었습니다.
21 그러고 나서 궤를 성막 안으로 갖다
놓고 가리개로 덮어 증거궤를 가렸습
니다. 여호와께서 그에게 명령하신 그
대로였습니다.
22 모세는 회막 안 성막 북쪽 휘장 밖에
상을 놓고
23 여호와 앞에 진설병을 차려 놓았습니
다. 여호와께서 모세에게 명령하신 그
대로였습니다.
24 그는 또 회막 안 성막 남쪽에 있는 상
맞은편에 등잔대를 두고
25 여호와 앞에 등불을 켰습니다. 여호와

성·경·상·식 **출이집트기의 끝, 레위기의 시작**

출이집트기가 성막을 짓는 과정의 자세한 설명과 함께 그 완공으로 끝난다는 것은 구원의 완성이 어디에 있는지를 보여 주는 것이다.

하나님께서 이스라엘 백성을 이집트에서 인도해 내신 것은 사탄의 세력 아래 있던 그의 백성을 이끌어 내신 것이며, 이스라엘이 하나님의 소유인 것을 만방에 알리기 위함이었다. 그리고 성막을 통해 그들을 하나님 나라로 인도하기 위함인 것을 보여 주고 있다. 이것으로 보아 구속사의 마지막 종점은 새 예루살렘으로 그의 백성을 인도하는 것임을 알 수 있다. 한편 레위기는 출이집트기에서 완성된 성막을 중심으로 앞으로 살아가야 할 규례와 법도를 기록하고 있다.

께서 그에게 명령하신 그대로였습니
다.
26 모세는 회막 안 휘장 앞에 금 제단을
놓고
27 그 위에서 향을 태웠습니다. 역시 여
호와께서 명령하신 그대로였습니다.
28 그러고 나서 그는 성막 문에 휘장을
드리웠습니다.
29 그는 성막, 곧 회막 문 가까이 번제단
을 차리고 그 단 위에서 번제와 곡식
제를 드렸습니다. 여호와께서 그에게
명령하신 그대로였습니다.
30 그는 회막과 제단 사이에 대야를 놓
고 그 속에 씻는 물을 담아
31 모세와 아론과 그의 아들들이 그것
으로 그 손과 발을 씻게 했습니다.
32 그들은 회막에 들어갈 때마다, 제단
에 가까이 갈 때마다 씻었습니다. 여
호와께서 모세에게 명령하신 그대로
였습니다.
33 그러고 나서 모세는 성막과 제단 주
위에 뜰을 세우고 뜰 문에 휘장을 드
리웠습니다. 이렇게 해서 모세는 일을
마쳤습니다.

여호와의 영광 (민 9:15-23)

34 그때 구름이 회막을 덮고 여호와의
영광이 성막에 가득했습니다.
35 구름이 회막 위에 머물고 여호와의
영광이 성막에 가득했기 때문에 모세
는 회막에 들어갈 수 없었습니다.
36 이스라엘 백성들은 그 여정 동안에
구름이 성막 위로 뜨면 떠났고
37 구름이 뜨지 않으면 뜨는 날까지 떠
나지 않았습니다.
38 이렇게 이스라엘 모든 백성들은 그 여
정 동안 여호와의 구름이 낮에는 성
막을 덮고 밤에는 불이 구름 속에 있
는 것을 보았습니다.

레위기

Leviticus

'레위기'라는 명칭은 '그리고 여호와가 부르셨다'는 뜻으로, 이스라엘이 거룩하신 하나님 앞에 나아갈 수 있는 방법과 원칙, 세부 지침에 대해 알려 준다. 전반부(1–17장)는 각종 제사와 정결법을 소개하고, 후반부(18–27장)는 거룩한 삶의 실제적 적용을 담고 있다. 하나님과의 동행은 거룩할 때만 가능함을 강조한다.

번제

1 여호와께서 모세를 불러 *회막에
서 그에게 다음과 같이 말씀하셨
습니다.
2 "이스라엘 백성들에게 이렇게 말하여
라. '너희가 여호와께 *예물을 가져오
려면 너희는 가축 가운데서 소나 양
을 너희의 예물로 가져와야 한다.
3 만약 소로 예물을 삼아 번제를 드리
려고 하면 흠이 없는 수컷을 드려야
한다. 회막 문으로 그가 그것을 가지
고 오면 여호와 앞에서 기쁨으로 받
아들여질 것이다.
4 그가 번제물의 머리에 손을 얹어야
한다. 그러면 그를 위한 속죄제물로
기쁘게 받아들여질 것이다.
5 그는 여호와 앞에서 황소를 잡아야
하며 아론의 자손인 제사장들은 그
피를 가져다가 회막 문 앞의 제단 사
방에 뿌려야 한다.
6 제사를 드리는 사람은 번제물의 껍질
을 벗기고 토막을 내야 한다.
7 아론의 자손인 제사장들은 제단에
불을 놓고 그 위에 나무들을 가지런
히 놓아야 한다.
8 그 후에 아론의 자손인 제사장들은
번제물의 토막들과 머리와 기름이 있
는 부위를 제단 위의 불붙은 나무 위
에 두어야 한다.
9 그리고 제사를 드리는 사람은 제물의
내장과 다리를 물로 씻어야 한다. 그
후에 제사장은 제물의 모든 부분을
제단에서 불태워야 한다. 이것은 번
제이며 여호와께서 기뻐하시는 향기
로운 화제다.
10 만약 그 예물이 가축의 떼, 곧 양이
나 염소로 번제를 드린다면 흠이 없
는 수컷을 드려야 한다.
11 제사드리는 사람은 여호와 앞에 있는
제단의 북쪽에서 그것을 잡아야 하

1:1 히브리어, '만남의 장막' 1:2 히브리어, 고르반(막 7:11을 보라.)

며 아론의 자손인 제사장들은 제물
의 피를 제단 사방에 뿌려야 한다.
12 그가 제물을 여러 조각으로 토막을
내면 제사장은 그 제물의 머리와 기
름과 함께 제단 위에 있는 불붙은 나
무 위에 올려놓아야 한다.
13 그는 제물의 내장과 다리를 물로 씻
어야 한다. 그 후에 제사장은 그것 모
두를 가지고 와서 제단 위에서 불태
워야 한다. 이것은 번제이며 여호와께
서 기뻐하시는 향기로운 화제다.
14 새를 번제물로 여호와께 드리려면 그
예물로 산비둘기나 어린 집비둘기를
가져와야 한다.
15 제사장은 그것을 제단으로 가져가서
새의 머리를 비틀어 끊고 제단 위에
서 불태워야 한다. 새의 피는 제단 옆
에 흐르게 해야 한다.
16 그 후에 그는 모이주머니와 그 안의
*내용물은 떼어 내서 재 버리는 곳인
제단 동쪽에 버려야 한다.
17 제사장은 날갯죽지를 잡고 그것을 찢
어야 하지만 아주 찢지는 말아야 한
다. 그 후에 제사장은 그것을 제단 위
에 있는 불붙은 나무 위에서 불태워
야 한다. 이것은 번제이며 여호와께서
기뻐하시는 향기로운 화제다."

곡식제 (소제)

2 "'만약 사람이 여호와께 곡식으로
예물을 가져오려면 고운 가루가 그
의 예물이어야 한다. 그는 그 위에 올
리브기름을 붓고 유향을 얹어
2 아론의 자손인 제사장들에게 가져가
야 한다. 그러면 제사장은 그 제물 가
운데서 모든 유향과 함께 고운 가루
한 줌과 올리브기름을 가져다가 제단
에서 기념물로 태워야 한다. 이것은

1:16 또는 깃털들

제사장들의 예리한 칼

하용조 목사의 행복한 **메시지**

구약 시대의 제사장들은 하나님께 제사를 드릴 때, 예리한 칼로 짐승의 각을 떴습니다. 그것은 하나님께 바칠 것과 버릴 것을 구분하기 위해서였습니다.
마찬가지로 우리 안에 하나님의 말씀이 들어오면 우리 영과 혼과 관절과 골수를 찔러 쪼개어 구분하고 분리합니다. 그러나 우리 안에 하나님의 말씀이 없으면 자아와 마귀가 혼재합니다. 그래서 육체적인 것과 영적인 것의 구분이 되지 않습니다. 적당히 믿고 적당히 세상을 살아갑니다. 이상한 말과 행동을 하고 나서 '내가 왜 그랬을까? 그러고 싶지 않았는데.' 하며 후회할 때가 많습니다. 그것은 우리 안에 하나님의 말씀이 없기 때문입니다.
그러면 귀신이 떠난다는 것은 무엇을 말할까요? 그것은 분리된다는 의미입니다. 자아와 뒤섞여 있던 마귀의 세력이 우리 안에 하나님의 말씀이 임하게 되면 우리에게서 분리되고 떠나게 됩니다.

여호와께서 기뻐하시는 향기로운 화
제다.
3 곡식제물 가운데 남은 것은 아론과
그 자손들의 것이 될 것이다. 이것은
여호와께 드리는 화제물 가운데 가장
거룩한 것이다.
4 만약 화덕에 구운 것으로 곡식제물
을 가져오려면 그것은 고운 가루에
올리브기름을 섞어 만든 누룩 없는
두꺼운 빵이나 올리브기름을 바른 누
룩 없는 납작한 빵이어야 한다.
5 만약 조리용 판으로 구운 것이라면
그것은 고운 가루에 누룩을 넣지 말
고 올리브기름을 섞은 것으로 하되
6 그것을 조각으로 나누어 그 위에 올
리브기름을 부어야 한다. 이것은 곡
식제사다.
7 만약 얕은 솥에 익힌 것을 곡식제물
로 드리려면 그것은 고운 가루에 올
리브기름을 섞어 만들어야 한다.
8 이런 것들로 만든 곡식제물을 여호와
께 가지고 가서 그것을 제사장에게
주면 그는 제단으로 가져가야 한다.
9 제사장은 그 곡식제물 가운데서 기념
할 몫을 떼어 불로 드리는 제물로 삼
아 제단에서 불태워야 한다. 이것은
여호와께서 기뻐하시는 향기로운 화
제다.
10 곡식제물 가운데 남은 것은 아론과
그 자손들의 것이 되는데 이것은 여
호와께 드리는 화제물 가운데 가장
거룩한 것이다.
11 여호와께 드리는 모든 곡식제사에는
누룩이 들어갈 수 없다. 이는 여호와
께 드리는 화제로 어떤 누룩이나 어
떤 꿀도 바쳐서는 안 되기 때문이다.
12 첫 수확물을 제물로 여호와께 바칠
수는 있지만 그것들은 여호와께서 기
뻐하시는 향기로운 냄새를 위해서는
제단에 드리면 안 된다.
13 모든 곡식제물에는 소금을 쳐야 한
다. 네 하나님과 맺은 언약의 소금을
네 곡식제물에 빼지 말고 넣어야 한
다. 네 모든 예물에 소금을 쳐야 한다.

Q&A 구약의 제사는 왜 그렇게 복잡할까?

참고 구절 | 레 1–7장

만일 여러분이 모세 시대에 히브리 사람으로 태어났다면, 레위기에 나오는 피 비린내 나는 제사를 수없이 드려야 했을 것이다. 하지만 예수님이 오신 이후엔 예수님께 우리의 죄를 자백하는 것만으로 죄 문제를 해결받게 되었다(요일 1:9).

구약 시대에 왜 하나님은 그런 복잡한 제사를 원하셨을까? 인간은 누구라도 죄를 지은 채 하나님께 나아갈 수 없었다. 그렇기 때문에 하나님께서 직접 죄를 없애는 방법을 정해 주신 것이다. 제사법이 주는 몇 가지 교훈을 생각해 보자.

- **심리적인 면** 제사드리는 사람이 동물에게 안수하고 그 목을 베면 동물은 서서히 죽어 간다. 이것을 보며 자신 대신 그 동물이 희생당한다는 생각을 하게 된다. 이것은 심리적으로

14 만약 첫 수확물로 만든 곡식제물을
여호와께 드리려면 그 곡식을 볶아
빻은 것을 드려야 한다.
15 거기에다 올리브기름과 유향을 더하
여라. 이것이 곡식제물이다.
16 제사장은 빻은 곡식의 일부와 올리브
기름 일부와 유향 전부를 기념물로
불태워야 한다. 이것이 여호와께 드리
는 화제다.'"

화목제

3 "'만일 그 예물이 화목제이고 소로
예물을 드리려면 수컷이든 암컷이
든 상관없이 흠 없는 온전한 것으로
여호와께 드려야 한다.
2 그는 그 예물의 머리에 손을 얹는 의
식을 치르고 그것을 회막 문에서 잡
고 아론의 자손인 제사장들은 그 피
를 제단 사방에 뿌려야 한다.
3 그는 화목제물 가운데 여호와께 드리
는 화제로 드릴 부분, 곧 내장을 덮은
기름과 내장 주위에 있는 기름을 드
려야 하고
4 두 개의 콩팥과 그 위, 곧 허리 위의
기름 부위와 간의 꺼풀을 콩팥과 함
께 떼어 내야 한다.
5 아론의 자손들은 그것을 제단의 불
붙은 나무 위에 올려놓은 번제물 위
에서 태워야 한다. 이것이 여호와께서
기뻐하시는 향기로운 화제다.
6 만일 여호와께 드리는 화목제물의 희
생제물이 양 떼 가운데서 드리는 것
이라면 수컷이든 암컷이든 간에 흠
없는 온전한 것이어야 한다.
7 만일 그가 그의 예물로 어린양을 드
린다면 그것을 여호와 앞으로 가져가
8 그 제물 머리 위에 손을 얹는 예식을
치르고 회막 앞에서 잡아야 한다. 그
리고 아론의 자손들은 그 피를 가져
다 제단 사방에 뿌려야 한다.
9 그가 화목제 희생 가운데 여호와께
드릴 화제는 그것의 기름, 곧 척추 근
처에서 떼어 낸 기름진 꼬리와 내장
을 덮은 기름과 내장 주위의 기름과
10 콩팥 두 개와 그 위, 곧 허리 위의 기

죄의 대가는 사망임을 확실히 느끼게 되는 것이다.

• **재정적인 면** 제물로 쓰던 소, 양, 비둘기는 음식이자 물물 교환 시 돈으로도 사용할 수 있는 것이다. 따라서 제사를 드린다는 것은 실제로 금전적 손해를 감수해야 하는 것임을 알게 된다.

• **사회적인 면** 제사에 참석한 친척, 이웃들 모두가 소, 양, 비둘기의 절규하는 듯한 울음소리를 들으며 하나님의 용서가 필요한 죄인임을 깨닫게 된다.

• **영적인 면** 사람을 대신해서 죽은 동물을 보며 하나님과 사람 사이의 장애물인 죄의 대가는 사망임을 알게 된다. 이렇게 복잡하고 끔찍한 제사 제도는 하나님께서 아무리 작은 죄라 해도 그냥 눈감아 주시지 않을 뿐 아니라 심각하게 여기시며 그 대가를 요구하신다는 것을 알게 해 준다. 물론 이제는 예수님께서 단 한 번 죽으심으로 더 이상의 동물 제사가 필요 없어졌다. 하지만 간단한 사죄의 기도로 우리의 죄가 다 용서받는다고 해서 함부로 죄를 지으면 결코 안 될 것이다.

름 부위와 간의 꺼풀을 콩팥과 함께
떼어 낸 부위다.
11 제사장은 그것을 제단 위에서 불태워
야 한다. 이것이 화제로 드리는 음식
이다.
12 만약 바치려는 예물이 염소라면 그것
을 여호와 앞으로 가져가
13 예물의 머리에 손을 얹는 의식을 치
르고 나서 회막 앞에서 잡고 아론의
자손들은 그 피를 제단 사방에 뿌려
야 한다.
14 그가 제물 가운데서 여호와께 드릴
것은 내장을 덮은 기름과 내장 주위
의 기름과
15 콩팥 두 개와 그 위, 곧 허리 위의 기
름 부위와 간 꺼풀을 콩팥과 함께 떼
어 낸 부위다.
16 제사장은 그것을 불 위에 태워서, 여
호와께서 기뻐하시는 향기를 내는 음
식 제물로 제단 위에서 태워야 한다.
모든 기름은 여호와의 것이다.
17 어떤 기름이나 어떤 피도 먹지 말라.
이것은 너희가 어디에 살든지 대대로
지켜야 할 영원한 규례다.'"

속죄제

4 여호와께서 모세에게 말씀하셨습
니다.
2 "이스라엘 백성들에게 다음과 같이
말하여라. '누구든지 여호와께서 하지
말라고 명하신 것을 하나라도 우발적
으로 범해 잘못을 저질렀을 때는 이
렇게 해야 한다.
3 만일 기름 부음 받은 제사장이 죄를
지어서 그의 죄 때문에 백성이 손해
를 입었다면 그는 그가 저지른 잘못
으로 인해 흠 없는 황소를 속죄제물
로 여호와께 드려야 한다.
4 그는 그 황소를 회막 문 여호와 앞으
로 가져가 그 머리에 손을 얹는 의식을
행하고 여호와 앞에서 잡아야 한다.
5 기름 부음 받은 제사장은 그 예물의
피를 취해 회막으로 가지고 들어가야
한다.
6 그 제사장은 자기 손가락으로 피를
찍어 성소 휘장 앞 여호와 앞에 일곱
번을 뿌려야 한다.
7 그 제사장은 그 피를 회막 안 여호와
앞에 있는 분향단 뿔에 바르고 그 나
머지 모든 피는 회막 문에 있는 번제
단 밑에 쏟아야 한다.
8 그는 속죄제물인 황소의 모든 기름,
곧 내장을 덮고 있는 기름과 내장 주
위에 있는 모든 기름과
9 콩팥 두 개와 그 위, 곧 허리 위의 기
름 부위와 간 꺼풀을 콩팥과 함께 떼
어 내야 한다.
10 그것은 화목제물로 소를 잡을 때의
경우와 같이 할 것이며 제사장은 그
것을 번제단에서 불태워야 한다.
11 그러나 황소의 가죽, 고기 전부, 머
리, 다리, 내장, 똥 등
12 곧 황소의 다른 나머지 부분들은 이
스라엘의 야영지 바깥에 위치한 정결
한 곳, 곧 재 버리는 곳으로 가져가
나무를 놓고 함께 불태워야 한다.
13 만일 이스라엘 온 회중이 우발적으로

죄를 지었고 당시에는 공동체가 죄를
깨닫지 못했을지라도 여호와께서 하
지 말라고 명령하신 것을 행했다면
그들은 죄를 지은 것이다.
14 그들이 저지른 죄를 깨닫게 되면 회중
은 소 떼 가운데서 황소를 속죄제물
로 드려 회막 앞으로 끌고 와야 한다.
15 회중의 장로들이 여호와 앞에서 그
황소의 머리에 손을 얹는 의식을 행
하고 나서 여호와 앞에서 그 황소를
잡아야 한다.
16 기름 부음 받은 제사장은 황소의 피
를 회막 안으로 가지고 들어가야 하며
17 그는 자기 손가락에 그 피를 찍어 성
소 휘장 앞 여호와 앞에 일곱 번을 뿌
려야 한다.
18 그는 그 황소의 피를 회막 안 여호와
앞에 있는 분향단의 뿔들에 바르고
그 황소의 나머지 모든 피는 회막 문
에 있는 번제단 밑에 쏟아야 한다.
19 그는 황소의 모든 기름 부위를 떼어
제단에서 불태워야 한다.
20 그는 속죄제물로 바친 황소에게 행한
것처럼 그렇게 그 황소에게 행해야 한
다. 제사장이 그들을 위해 속죄를 하
면 그들은 용서받게 될 것이다.
21 그는 그 황소를 이스라엘 야영지 밖
으로 가져다 첫 번째 황소를 불태운
것처럼 불태워야 한다. 이것이 회중
을 위한 속죄제사다.
22 지도자가 여호와께서 하지 말라고 명
하신 것을 하나라도 우발적으로 범해
그가 죄책감을 느끼거나
23 자기가 저지른 죄를 깨닫게 됐을 때
는 흠 없는 숫염소를 그의 예물로 가
져와야 한다.
24 그는 그 염소의 머리에 손을 얹는 의
식을 행하고 여호와 앞에서 번제물을
잡는 곳에서 그것을 잡아야 한다. 이
것이 속죄제물이다.
25 제사장은 그 속죄제물의 피를 자기
손가락으로 찍어 번제단의 뿔에 바르
고 나머지 피는 그 제단 밑에 쏟는다.
26 그는 화목제 예물의 기름같이 제단
에서 불태워야 한다. 제사장이 그 사
람의 죄를 위해 속죄하면 그는 용서
받게 될 것이다.
27 만일 평민 가운데 한 사람이 여호와
께서 하지 말라고 명하신 것을 하나
라도 우발적으로 범해 그가 죄책감을
느끼거나
28 그가 자기의 죄를 깨닫게 되면 흠 없
는 암염소를 자기의 죄를 위해 예물
로 가져와야 한다.
29 그는 속죄제물의 머리에 손을 얹는
의식을 행하고 번제물을 잡는 장소에
서 그것을 잡아야 한다.
30 제사장은 그 피를 손가락으로 찍어다
가 번제단의 뿔에 바르고 나머지 피
는 번제단 밑에 부어야 한다.
31 그리고 그 모든 기름을 화목제물에
서 기름을 제거한 것같이 그는 그 예
물의 모든 기름을 떼어 내고 여호와
께서 좋아하시는 향기를 내도록 그것
을 제단에서 태워야 한다. 제사장이
그를 위해 속죄를 하면 그의 죄가 용

서될 것이다.
32 만일 어린양을 속죄제물로 가져오려
면 흠 없는 암양을 드려야 한다.
33 그는 그것의 머리에 손을 얹는 의식
을 행하고 번제물을 잡는 곳에서 속
죄제물을 잡아야 한다.
34 제사장은 속죄제물의 피를 찍어다가
번제단의 뿔에 바르고 그 나머지 피
는 제단 밑에 쏟아부어야 한다.
35 그는 그 모든 기름을 화목제물에서
기름을 제거한 것같이 이 예물의 모
든 기름을 떼어 내야 한다. 제사장은
그것을 제단 위에서 여호와의 화제와
함께 태워야 한다. 제사장이 그가 지
은 죄를 위해 속죄하면 그는 용서받
을 것이다.'"

5 "'사람이 만일 그가 저주의 소리를
듣거나 보거나 알아서 증인이 돼
법정에서 증언하도록 요청받았지만
증언하지 않는다면 그는 형벌을 받아
야 한다.
2 혹은 어떤 사람이 부정한 것, 곧 들
짐승의 시체나 부정한 가축의 시체나
부정한 곤충의 시체를 만졌다면 비
록 모르고 한 일이라도 그는 부정해
질 것이다. 그렇기에 그는 범죄한 것
이다.
3 혹은 사람의 부정함, 곧 부정하게 하
는 어떤 것이라도 만졌다면 비록 모
르고 한 일이라도 깨닫게 되면 그에
게 죄가 있는 것이다.
4 혹은 어떤 사람이 우발적으로 좋은
것이든 나쁜 것이든 그 어떤 것을 행
하기로 맹세를 했다면 비록 모르고
한 것이라도 그것을 깨닫게 되면 그에
게 죄가 있는 것이다.
5 이것들 가운데 한 가지라도 범죄한
사람은 자기의 죄를 고백해야 한다.
6 그는 자기의 죄에 대한 대가로 여호와
께 어린 암양이나 암염소를 속죄제물
로 가져와야 한다. 그러면 제사장은
그를 위해 그의 죄를 속죄할 것이다.
7 만일 어린양을 준비할 능력이 없다면
그는 자기가 범한 죄의 배상물로 산
비둘기 두 마리나 어린 집비둘기 두
마리를 여호와께 드려야 한다. 하나
는 속죄제물이고 다른 하나는 번제
물이다.
8 그가 그것들을 제사장에게 가지고 오
면 제사장은 첫 번째 것을 속죄제물
로 드리되 그는 그것의 목을 비틀어
죽여야 한다. 그러나 그것의 몸을 아
주 찢지는 말고
9 그는 속죄제물의 피를 제단 옆에다
뿌리고 나머지 피는 제단 밑에 쏟아
부어야 한다. 이것이 속죄제사다.
10 그리고 제사장은 두 번째 예물을 번
제물의 방식대로 드릴 것이며 제사장
이 그를 위해 그의 지은 죄를 속하면
그는 용서받을 것이다.
11 그러나 만일 그 힘이 산비둘기 두 마
리나 집비둘기 두 마리에도 미치지
못하면 그는 고운 밀가루 *10분의 1
에바를 자기의 죄를 위한 예물로 가
져와야 한다. 그러나 거기에 올리브기

5:11 10분의 1에바는 약 2.2리터

름이나 유향을 섞어서는 안 된다. 그
것은 속죄제물이기 때문이다.
12 그가 그것을 제사장에게 가져가면 제
사장은 기념물로 한 줌을 쥐어 제단
위에서 여호와의 화제물들과 함께 불
태워야 한다. 이것은 속죄제다.
13 이렇게 제사장은 그가 행한 그의 죄
들을 속죄해야 한다. 그러면 그의 죄
가 용서받을 것이다. 그 예물의 나머
지는 곡식제물의 경우처럼 제사장의
소유가 될 것이다.'"

속건제

14 여호와께서 모세에게 다음과 같이 말
씀하셨습니다.
15 "누구든지 불성실해 여호와의 거룩한
물건들에 대해 우발적으로 죄를 저질
렀다면 그는 가축들 가운데 성소의
*세겔로 그 가치에 해당하는 흠 없는
숫양 한 마리를 속건제물로 가져와야
한다. 이것이 속건제물이다.
16 그는 또한 거룩한 물건들에 대한 자
신의 죄의 대가를 갚을 때 그 값에 5
분의 1의 값을 더해 제사장에게 주어
야 한다. 그러면 제사장은 배상의 예
물로 숫양을 가지고 그를 위해 속죄
해야 한다. 그러면 그의 죄는 용서받
을 것이다.
17 여호와께서 행하지 말라고 명령하신
것을 행해 범죄했다면 그것을 깨닫지
못하더라도 그는 범죄한 것이다. 그에
대한 책임이 있는 것이다.
18 그는 가축 떼 가운데 속건제물로 정
해진 값에 해당하는 흠 없는 숫양 한
마리를 제사장에게 가져와야 한다.
이렇게 제사장은 그가 우발적으로 저
지른 잘못을 대신해 그를 위해 속죄
해야 한다. 그러면 그의 죄는 용서받
을 것이다.
19 이것이 속건제사다. 그가 여호와 앞에
서 범죄한 것에 대해서 책임을 져야
한다."

6

여호와께서 모세에게 말씀하셨습
니다.
2 "누구든지 여호와께 불성실해 범죄한
경우, 곧 남의 물건을 맡거나 담보로
잡거나, 강도질하거나, 이웃의 소유를
부당하게 빼앗거나
3 혹은 남이 잃은 물건을 차지하고도
거짓으로 부인하거나, 가짜로 맹세하
는 등의 범죄들 가운데 어느 하나라
도 행했다면
4 그와 같이 범죄했다면 그는 그것에
대해서 배상해야 한다. 곧 훔친 대로,
빼앗은 대로, 자기에게 맡겨진 대로,
남이 잃은 물건을 가져간 대로,
5 무엇이든 가짜로 맹세한 대로 배상해
야 한다. 그는 그것을 전부 배상하고
그 가치의 5분의 1의 값을 더해 속건
제물을 드릴 때 원래 주인에게 주어
야 한다.
6 그리고 그는 여호와께 대한 자신의
속건제물로 제사장이 정한 값에 해당
하는 흠 없는 숫양 한 마리를 제사장
에게 가져와야 한다.
7 제사장은 여호와 앞에서 그를 위해

5:15 1세겔은 약 11.4그램

속죄해야 한다. 그러면 그가 행하고
범죄한 것을 용서받게 될 것이다."

번제

8 여호와께서 모세에게 말씀하셨습니
다.
9 "아론과 그 아들들에게 이렇게 명령
하여라. '이것은 번제물에 관한 규례
다. 번제물은 제단 위, 제물을 태우는
곳에 밤새 올려져 아침까지 있어야
하고 제단의 불은 그곳에서 계속 불
타올라야 한다.
10 제사장은 고운 삼베로 만든 긴 옷과
속바지를 입고서 제단 위에서 불에
타고 재만 남은 번제물을 가져다 제
단 옆에 두어야 한다.
11 그 후에 그는 고운 삼베옷을 벗고 일
상적인 옷으로 갈아입고 나서 그 재
를 이스라엘의 야영지 밖, 정결한 곳
으로 내 가야 한다.
12 제단 위의 불은 그곳에서 계속 타고
있어야 하고 꺼져서는 안 된다. 아침
마다 제사장은 나무를 가져다 제단
위에 불을 붙이고 그 위에다 화목제
물의 지방이 있는 부위를 불태워야
한다.
13 그 불은 제단에서 계속 타올라야 하
며 꺼져서는 안 된다.

곡식제 (소제)

14 이것은 곡식제물에 관한 규례다. 아
론의 아들들은 그것을 여호와 앞, 제
단 앞에 드려야 한다.
15 그는 고운 곡식 가루 한 줌과 올리브
기름을 가져다 그 곡식제물 위에 모
든 유향을 더해 제단 위에 그것을 기
념물로 태워 여호와께서 기뻐하시는
향기를 내야 한다.
16 아론과 그 아들들이 그 나머지를 먹
을 것이며 그것은 거룩한 곳, 곧 회막
뜰에서 누룩 없이 먹어야 한다.
17 그것은 누룩을 넣고 구워서는 안 된
다. 나는 그것을 내 화제물 가운데 그
들의 몫으로 주었다. 그러므로 속죄
제물과 속건제물과 같이 그것은 가장
거룩한 것이다.
18 아론의 자손들 가운데 남자는 그것
을 먹을 수 있다. 이것이 너희 대대로
여호와께 드리는 화제 가운데 그들이
받을 영원한 몫이다. 이 제물에 닿는
것은 무엇이든 거룩하게 될 것이다.'"
19 여호와께서 또 모세에게 말씀하셨습
니다.
20 "아론과 그 아들들이 제사장으로 임
명을 받을 때 여호와께 바쳐야 할 제
물은 이렇다. 정기적인 곡식제물의 경
우처럼 고운 가루 10분의 1에바를 준
비해 2분의 1은 아침에, 2분의 1은 저
녁에 드려야 한다.
21 그것을 얇은 철판 위에 올리브기름을
섞어 만드는데 그것을 잘 반죽해 곡
식제물처럼 잘게 잘라 구워라. 그러
고 나서 그것을 여호와께서 기뻐하시
는 향기로 드려야 한다.
22 아론의 아들들 가운데 아론의 뒤를
이어 제사장으로 임명 받은 제사장은
이것을 영원한 규례로 여호와께 드려
야 한다. 이것은 완전히 불태워야 한

다.
23 제사장이 드리는 모든 곡식제물은 완
전히 불태울 뿐 먹어서는 안 된다."

속죄제

24 여호와께서 모세에게 말씀하셨습니
다.
25 "아론과 그 아들들에게 이렇게 말하
여라. '이것은 속죄제물에 관한 규례
다. 속죄제물은 여호와 앞 번제물을
잡는 곳에서 잡아야 한다. 이것은 가
장 거룩한 것이다.
26 죄로 인해서 그것을 드리는 제사장은
그것을 먹어야 한다. 그는 거룩한 장
소, 곧 회막 뜰에서 먹어야 한다.
27 그중 어떤 부위든 고기를 *만지는 사
람마다 거룩해질 것이고 그 피가 누
군가의 겉옷에 조금이라도 튀었다면
너희는 거룩한 곳에서 그 옷을 씻어
내야 한다.
28 그 고기를 삶은 토기는 깨 버리고 놋
그릇에 고기를 삶았으면 그 그릇은
문질러 닦고 물로 헹구어야 한다.
29 제사장 가문의 남자는 그 고기를 먹
을 수 있다. 그것은 가장 거룩한 것이
다.
30 그러나 성소 안에서 속죄를 하기 위
해서 속죄제물의 피를 회막 안으로
가지고 들어간 예물은 먹지 말고 불
로 태워야 한다.'"

속건제

7 "'이것은 속건제물에 관한 규례다.
이것은 가장 거룩한 것이다.
2 속건제물은 번제물을 잡는 장소에서
잡고 그 피는 제단 사방에 뿌려야 한
다.
3 그 예물의 모든 기름을 바쳐야 한다.
곧 기름진 꼬리와 내장을 덮고 있는
기름,
4 두 콩팥과 거기 허리 주변에 붙은 기
름, 간의 꺼풀을 콩팥들과 함께 바쳐
야 한다.
5 제사장은 그것들을 여호와께 화제로
드리는데 제단 위에서 태워야 한다.
이것이 속건제물이다.
6 제사장 가문의 남자는 그것을 먹을
수 있지만 거룩한 곳에서 먹어야 한
다. 그것은 가장 거룩하다.
7 속건제물은 속죄제물과 같이 동일한
규칙이 적용된다. 곧 그 제물은 속죄
를 행하는 제사장의 몫이 된다.
8 어떤 사람의 번제물을 드리는 일을
한 제사장은 그 사람이 드린 번제물
의 가죽을 가질 것이다.
9 화덕에 구워진 모든 곡식제물과 얕은
솥이나 조리용 판에서 준비된 모든
곡식제물도 그것을 여호와께 드리는
일을 하는 제사장의 소유가 되고
10 올리브기름과 섞었든 섞지 않았든 곡
식제물은 모두 아론의 모든 아들들
이 똑같이 나누어 가져야 한다.'"

화목제

11 "'여호와께 바치는 화목제물에 관한
규례는 이렇다.
12 감사의 표시로 화목제물을 드리려면
이 감사의 예물을 누룩 없이 올리브

6:27 또는 그것에 닿는 것마다

기름을 섞은 두꺼운 빵과 누룩 없이
올리브기름만 바른 납작한 빵과 고운
가루로 잘 반죽해 올리브기름을 섞은
빵을 드려야 한다.
13 감사의 표시로 드리는 화목제물과 함
께 누룩을 넣어 만든 빵을 드려야 한
다.
14 그와 같이 각 종류의 빵 가운데 하나
씩 가져와서 여호와께 예물로 드려야
한다. 그것은 화목제물의 피를 뿌리
는 제사장의 소유가 돼야 한다.
15 그 감사의 표시로 드려진 화목제물의
고기는 제물을 드리는 날에 먹어야
하고 아침까지 남기면 안 된다.
16 그러나 예물이 맹세를 이루기 위한
제물이거나 자원해서 드리는 제물이
라면 희생제물은 드리는 날에 먹을
것이며 나머지는 다음 날 먹어야 한
다.
17 3일째 되는 날까지 남은 고기는 불태
워야 한다.
18 화목제물의 고기를 3일째 되는 날까
지 먹는다면 그것을 바친 사람은 하
나님이 용납하지 않으실 것이다. 그리
고 예물을 드린 사람에게도 그것이
예물답지 못하게 될 것이다. 오히려
그것은 가증한 것이며 그것을 먹는
사람은 죗값을 치러야 한다.
19 부정한 것에 닿은 고기는 먹어서는
안 된다. 그것은 불태워야 한다. 정결
한 사람은 고기를 먹을 수 있으나
20 부정한 가운데 있는 사람이 여호와께
드린 화목제물의 고기를 먹는다면 그
런 사람은 그의 백성 가운데서 끊어
질 것이다.
21 부정한 것, 곧 부정한 사람이든 부정
한 동물이든 어떤 부정하고 가증스
러운 것을 만져서 부정해진 후에 여
호와께 드린 화목제물의 고기를 먹었
다면 그런 사람은 그의 백성에게서

성·경·상·식 | ## 레위기의 법

레위기에는 하나님의 백성들을 위한 '하나님의 법'이 기록되어 있다. 예물, 제사장, 음식, 건강과 매일의 삶, 절기(축일), 보상과 형벌 등에 관해 자세히 나와 있다.

- **예물에 대한 법** 백성들은 율법에 따라 성막에서 하나님께 예물을 드렸다. 이 예물은 동물과 곡식, 번제단에 놓이는 다른 품목들을 포함한다. 각 희생물들은 서로 다른 목적으로 드려지는 것이었다(레 1–7장).
- **제사장에 대한 법** 제사장의 의무와 행동에 관해 엄격한 율법이 있다(레 8–10장).
- **음식, 건강, 일상생활에 대한 법** 율법의 많은 부분이 건강과 회막의 청결에 대한 기준과 관계가 있다(레 11–22장).
- **절기(축일)에 대한 법** 하나님께서는 백성들이 거룩한 날들을 어떻게 축하해야 하는지 자세히 가르쳐 주셨다(레 23–25장).
- **보상과 형벌의 규율** 계약을 하는 방법, 하나님께 드리는 방법, 하나님께 순종하지 않았을 때 받게 되는 형벌에 대해 기록되어 있다(레 26–27장).

끊어질 것이다.'"

기름과 피를 먹지 말라

22 여호와께서 모세에게 말씀하셨습니
다.
23 "이스라엘 백성들에게 말하여라. '소나
양이나 염소의 기름은 어떤 것이든지
먹지 말아야 한다.
24 스스로 죽은 동물의 기름이나 들짐
승들에게 찢겨 죽은 짐승의 기름은
다른 목적으로 사용될 수 있으나 너
희가 먹을 수는 없다.
25 여호와께 화제로 드리는 제물 가운데
나온 짐승의 기름을 먹는 사람은 자
기 백성으로부터 끊어질 것이다.
26 너희는 어디에서 살든 새나 동물의
어떤 피도 먹지 말라.
27 피를 먹는 사람은 그의 백성에게서
끊어질 것이다.'"

제사장들의 몫

28 여호와께서 모세에게 말씀하셨습니
다.
29 "이스라엘 백성들에게 말하여라. '여
호와께 화목제물을 가져오는 사람은
여호와께 드리는 화목제물들의 희생
물 가운데 일부를 여호와께 예물로
가져와야 한다.
30 그는 여호와께 화제로 드리는 제물을
스스로 가져와야 한다. 그는 기름과
함께 가슴살 부위를 가져오고 가슴
살 부위는 여호와 앞에서 흔들어 바
치는 예물로 여호와께 드려야 한다.
31 제사장은 그 기름을 제단에서 태워
야 하지만 가슴살 부위는 아론과 그
아들들의 것이 될 것이다.
32 화목제물의 오른쪽 뒷다리를 들어
올려 바치는 예물로 제사장에게 주어
야 한다.
33 아론의 아들들 가운데서 화목제물의
피와 기름을 여호와께 드리는 일을
하는 제사장은 자신에게 주어진 한
몫으로 오른쪽 뒷다리를 가질 수 있
다.
34 내가 이스라엘 백성이 낸 화목제물들
가운데서 *흔든 가슴살 부위와 *드
려진 오른쪽 뒷다리를 이스라엘 백성
에게서 받아 제사장 아론과 그 아들
들에게 영원한 몫으로 주었다.'"
35 이것은 아론과 그 아들들이 제사장
으로 여호와를 섬기도록 임직된 날에
드린 여호와의 화제물 가운데서 아론
이 받는 몫이며 그 아들들이 받는 몫
입니다.
36 그들이 *임직하던 때 여호와께서 이
스라엘 백성들에게 이것을 그들에게
주도록 명령하셨습니다. 그것은 대대
로 주어진 영원한 몫입니다.
37 이상은 번제물과 곡식제물과 속죄제
물과 속건제물과 성별케 하는 제물과
화목제물에 관한 규례입니다.
38 이것은 여호와께서 시내 광야에서 이
스라엘 백성을 향해 여호와께로 예물
을 가져오라고 명령하셨던 때에 시내
산에서 여호와께서 모세에게 명령하
신 것입니다.

7:34 또는 흔들어 바친 7:34 또는 들어 올려 바친
7:36 또는 기름 부음을 받았던

아론과 그의 아들들의 위임식

8 여호와께서 모세에게 말씀하셨습
니다.
2 "아론과 그 아들들을 데려오며 예복
과 기름 부을 때 쓸 올리브기름과 속
죄제물로 쓸 황소 한 마리와 숫양 두
마리와 누룩 없는 빵 한 광주리를 가
져와라.
3 그리고 회막 문으로 온 회중을 모아
라."
4 모세는 여호와께서 명령하신 대로 했
고 회막 문에 회중이 모였습니다.
5 모세가 회중에게 말했습니다. "여호와
께서 이렇게 행하라고 명령하셨다."
6 모세가 아론과 그 아들들을 앞으로
나오게 하고 그들을 물로 씻겼습니
다.
7 그는 아론에게 속옷을 입히고, 허리
띠를 띠우고, 겉옷을 입혔습니다. 그
위에 에봇을 걸쳐 입히고, 잘 짜인 허
리띠를 에봇 위에 둘러 단단히 매어
주었습니다.
8 그는 아론에게 가슴패를 붙여 주고
그 위에 *우림과 둠밈을 넣었습니다.
9 그는 아론의 머리 위에 관을 씌우고
그것 앞쪽에다 헌신의 거룩한 표시인
금패를 붙였습니다. 이는 여호와께서
모세에게 명령하신 대로였습니다.
10 그 후에 모세는 거룩하게 구별하는
용도로 올리브기름을 가져다가 장막
과 그 안에 있는 모든 기구에 발라
그것들을 거룩하게 했습니다.
11 그는 올리브기름의 얼마를 제단 위에
일곱 번 뿌리고 제단과 제단의 모든
기구와 물두멍과 그 밑받침에도 기름
을 발라 거룩하게 했습니다.
12 모세는 아론을 거룩하게 구별하는 올
리브기름 일부를 그의 머리에 부어
그를 거룩하게 했습니다.
13 모세는 아론의 아들들을 데려다 그
들에게 속옷을 입히고 허리띠를 띠우
고 두건을 씌워 주었습니다. 이렇게
모세가 여호와께서 명령하신 대로 했
습니다.

8:8 대제사장이 하나님의 뜻을 구할 때 사용한 도구. 우림은 '빛', 둠밈은 '완전함'

성·경·상·식

우림과 둠밈

'빛', '완전함'이라는 뜻을 지닌 우림과 둠밈은 이스라엘 사람들이 하나님의 뜻을 묻기 위해 사용한 도구였다(출 28:30). 우림과 둠밈의 모양, 재료 등은 분명하지 않으나 제사장이 판결의 가슴패에 넣고 다닌 것으로 보아(레 8:8) 돌이나 보석의 일종으로 추측된다.
우림과 둠밈은 하나님의 뜻을 'Yes'나 'No'로 묻는 단순한 문제에 사용되었다. 이것은 제사장이 하나님의 뜻을 묻는 데 사용했기 때문에 에봇과 함께 제사장의 권위를 상징했던 것으로 보인다(스 2:63;느 7:65). 우림과 둠밈은 초기 왕정 시대까지 사용되었다고 기록되었다(삼상 28:6). 다윗 이후 예언자들이 하나님의 말씀을 전달하면서부터 우림과 둠밈으로 하나님의 뜻을 묻지 않은 것으로 보인다.

14 그 후에 모세가 속죄제물로 황소를
가져왔습니다. 아론과 그 아들들이
속죄제물로 바칠 황소의 머리 위에
손을 얹는 의식을 행했습니다.
15 모세는 그것을 죽여서 피를 가져다
자기 손가락으로 찍어 제단의 뿔들에
발라 제단을 정결하게 하고 제단 밑
에 쏟아부어 그것을 거룩하게 했습니
다.
16 그는 내장에 있는 모든 기름과 간의
꺼풀과 콩팥 두 개와 그 기름을 가져
다 제단에서 태웠습니다.
17 그러나 황소와 그것의 가죽과 살과
똥은 여호와께서 모세에게 말씀하신
대로 이스라엘의 아영지 밖에 가져다
태워 버렸습니다.
18 그 후에 그는 숫양을 가져다 번제물
로 바쳤습니다. 아론과 그 아들들은
그 제물의 머리 위에 손을 얹는 의식
을 행했습니다.
19 모세는 그것을 잡아 제단 사방에 그
피를 뿌렸습니다.
20 숫양의 각을 떠서 모세는 그 제물의
머리와 고기 조각들과 기름을 불태웠
습니다.
21 모세는 내장과 다리를 물로 씻고 제
단에 번제물로 숫양 전부를 드렸습니
다. 이것은 번제로 여호와께서 기뻐하
시는 향기로운 화제입니다. 여호와께
서 모세에게 명하신 대로였습니다.
22 그 후에 그는 다른 숫양 한 마리를 임
직을 위한 제물로 드렸고 아론과 그
아들들은 그것의 머리 위에 손을 얹
는 의식을 행했습니다.
23 모세는 그것을 잡았고 그 피를 조금
가져다 아론의 오른쪽 귓불과 오른쪽
엄지손가락과 오른쪽 엄지발가락에
발랐습니다.
24 모세는 또한 아론의 아들들을 데려왔
고 그 피를 그들의 오른쪽 귓불과 그
오른쪽 엄지손가락과 오른쪽 엄지발
가락에 발랐습니다. 그 후에 모세는
그 피를 제단 사방에 뿌렸습니다.
25 그는 기름과 기름진 꼬리와 내장에
있는 모든 기름과 간의 꺼풀과 두 콩
팥과 그것을 덮고 있는 기름과 오른
쪽 넓적다리를 떼어 냈습니다.
26 그 후에 여호와 앞에 있는 누룩 없는
빵이 담긴 바구니에서 빵 하나와 올
리브기름을 섞어 만든 빵 하나와 납
작한 빵 하나를 가져다 기름과 오른
쪽 뒷다리 위에 얹었습니다.
27 그는 이 모든 것을 아론과 그 아들들
의 손에 얹어 그것을 여호와 앞에서
흔들어 바치는 예물로 드리게 했습니
다.
28 그 후에 모세는 그들 손에서 그것들
을 가져다 제단 위에서 번제물과 함
께 임직 예물로 태웠습니다. 그것은
여호와께서 기뻐하시는 향기로운 화
제였습니다.
29 모세는 또한 가슴살 부위를 가져다
여호와 앞에서 흔들어 바치는 예물로
드렸습니다. 그것은 임직식의 숫양 제
물 가운데 모세의 몫이었습니다. 여호
와께서 모세에게 명령하신 대로였습

니다.
30 그 후에 모세는 제사장의 임직 때 쓰
이는 올리브기름과 제단에 있던 피를
조금 가져다 아론과 그의 겉옷에 또
그 아들들과 그들의 겉옷에 뿌려서
아론과 그의 겉옷과 그 아들들과 그
들의 겉옷을 거룩하게 했습니다.
31 모세가 아론과 그 아들들에게 말했
습니다. "회막 입구에서 고기를 삶으
시오. 거기서 고기와 임직식의 제물
이 담긴 바구니에서 빵을 가져다 먹
으라고 내게 명령하신 것같이 아론과
그 아들들이 먹어야 하오.
32 남은 고기와 빵은 불태워 버리시오.
33 여러분은 임직이 끝나는 기간까지 7
일 동안 회막 입구에서 떠나지 마시
오. 이는 7일 동안 임직식이 계속되기
때문이오.
34 여호와께서 오늘 행한 것처럼 여러분
을 위해 속죄를 행하라고 명령하셨
소.
35 여러분은 회막 문에 밤낮 7일 동안
머물면서 여호와께서 요구하시는 대
로 하여 여러분이 죽지 않도록 하시
오. 내가 그런 명령을 받았기 때문이
오."
36 아론과 그 아들들은 여호와께서 모세
를 통해 명령하신 모든 것을 수행했
습니다.

제사장들이 사역을 시작하다

9 8일째 되는 날에 모세는 아론과 그
아들들과 이스라엘의 장로들을 불
러 모았습니다.
2 모세가 아론에게 이렇게 말했습니다.
"속죄제물로 수송아지를, 번제물로
숫양을 가져오십시오. 둘 다 흠 없는
것으로 여호와 앞에 끌어오십시오.
3 그리고 이스라엘 백성들에게 말하십
시오. '속죄제물로 숫염소 한 마리를
가져오고 번제물로 1년 된 흠 없는
송아지 한 마리와 어린양 한 마리를
끌어오고
4 또 여호와 앞에 드릴 화목제의 예물
로는 수소 한 마리와 숫양 한 마리를
올리브기름 섞인 곡식제물과 함께 가
져오라. 오늘 여호와께서 너희에게 나
타나실 것이다.'"
5 그들이 모세가 명령한 것들을 회막
앞으로 가져왔고 온 회중은 가까이
나아와 여호와 앞에 서 있었습니다.
6 그러자 모세가 말했습니다. "이것은
여호와께서 너희에게 하라고 명령하
신 것이다. 여호와의 영광이 너희 앞
에 나타날 것이다."
7 모세가 아론에게 말했습니다. "제단으
로 나와서 형님의 속죄제물과 번제물
을 드려 형님과 백성들을 위해 속죄
하십시오. 여호와께서 명령하신 대로
백성들을 위한 예물을 내서 그들을
위해 속죄하십시오."
8 아론이 제단으로 나아와 자신을 위해
속죄제물로 송아지를 잡았습니다.
9 아론의 아들들이 그 피를 그에게 가
져왔습니다. 아론이 자기 손가락에
피를 찍어 제단 뿔들에다 바르고 나
머지 피는 제단 밑에 부었습니다.

10 여호와께서 모세에게 명령하신 대로
아론이 제단 위에서 속죄제물 가운데
기름과 콩팥들과 간의 꺼풀을 불태
웠습니다.
11 제물의 고기와 가죽은 이스라엘 야영
지 밖에서 태웠습니다.
12 그 후에 아론이 번제물을 잡았고 그
아들들이 그 피를 가져오자 그가 제
단 사방에 뿌렸습니다.
13 그들은 번제물을 조각내고 머리와 함
께 그에게 가져왔습니다. 아론은 그것
을 제단에서 태웠습니다.
14 아론이 내장과 다리들을 물로 씻고
그것들을 제단 위에서 번제물과 함께
불태웠습니다.
15 그 후에 아론은 백성을 위한 제물을
가져오게 했고 그는 백성을 위한 속
죄제물로 염소를 택해 먼젓번 속죄제
물처럼 드렸습니다.
16 아론은 번제물을 가져와 정해진 방식
대로 드렸습니다.
17 그는 또한 곡식제물을 드렸는데 곡식
제물 한 움큼을 가져다 아침 번제물
과 함께 제단 위에서 불태웠습니다.
18 그는 백성을 위한 화목제 예물로 수
소와 숫양도 잡았고 아들들이 피를
가져오자 그것을 제단 사방에 뿌렸습
니다.
19 그들이 수소와 숫양의 기름, 곧 꼬리
에 있는 기름과 내장에 있는 기름과
콩팥들과 간의 꺼풀을 가져왔고
20 가슴살 위에 기름을 올려놓았습니
다. 그러자 아론이 그 기름을 제단에
서 불태웠습니다.
21 아론이 그 가슴과 오른쪽 뒷다리를
여호와 앞에서 흔들어 드리는 예물로
드렸습니다. 모세가 명령한 대로였습
니다.
22 그런 다음 아론이 백성을 향해 두 손
을 들어 그들을 축복했습니다. 그는
속죄제물과 번제물과 화목제물을 드
린 후에 내려왔습니다.
23 그리고 모세와 아론이 회막으로 들어
갔습니다. 그들이 나왔을 때 그들은
백성을 축복했습니다. 그러자 여호와
의 영광이 모든 백성에게 나타났습니
다.
24 불이 여호와 앞에서 나와 제단 위에
있는 번제물과 기름을 불태워 버렸습
니다. 모든 백성이 그 광경을 보고 소
리 지르며 얼굴을 땅에 대고 엎드렸
습니다.

나답과 아비후가 죽다

10 아론의 아들들인 나답과 아비
후가 각기 자기 향로를 가져다
거기에 불을 지피고 향품을 넣었습니
다. 그러나 그것은 여호와께서 명령하
시지 않은 다른 불을 여호와 앞에서
피운 것입니다.
2 그러자 불이 여호와 앞에서 나와 그
들을 불살랐습니다. 그들이 여호와
앞에서 죽었습니다.
3 모세가 아론에게 말했습니다. "여호
와께서 이렇게 말씀하셨습니다. '내게
다가오는 사람들 가운데서 내 거룩
을 보일 것이며 모든 백성이 보는 앞

에서 내가 영광을 받을 것이다.'" 이에
대해서 아론은 아무 말도 못했습니
다.
4 모세가 아론의 삼촌 웃시엘의 아들인
미사엘과 엘사반을 불러 그들에게 말
했습니다. "이리 와서 네 조카들의 시
신을 성소 앞에서 이스라엘의 야영지
밖으로 옮겨 가라."
5 모세가 명령한 대로 그들이 가까이
가서 그들의 옷을 잡고 이스라엘의
야영지 밖으로 옮겨 갔습니다.
6 그러자 모세가 아론과 그의 아들인
엘르아살과 이다말에게 말했습니다.
"여러분은 애도를 나타내 여러분의
머리를 풀지 말고 옷을 찢지 마시오.
그러지 않으면 여러분은 죽을 것이고
온 공동체에 진노가 있을 것이오. 다
만 여러분의 형제들인 이스라엘의 온
집이 여호와께서 보내신 불에 타 죽
은 이들을 위해 애곡할 것이오.
7 회막 입구에서 떠나지 마시오. 그러
지 않으면 여러분은 죽을 것이오. 이
는 여러분이 여호와의 일을 하기 위
해서 올리브기름으로 부음의 의식을
치렀기 때문이오." 그러자 그들은 모
세가 말한 대로 했습니다.
8 그때 여호와께서 아론에게 이렇게 말
씀하셨습니다.
9 "너와 네 아들들이 회막에 들어갈 때
포도주나 다른 술을 입에 대서는 안
된다. 그러지 않으면 너희는 죽을 것
이다. 이것은 너희가 대대로 지킬 영
원한 규례다.
10 너희는 거룩한 것과 속된 것 그리고
부정한 것과 정결한 것을 구분해야
한다.
11 그리고 너희는 나 여호와가 모세를
통해 그들에게 말했던 모든 규례들
을 이스라엘 백성에게 가르쳐야 한
다."
12 모세가 아론과 그 남은 아들인 엘르
아살과 이다말에게 말했습니다. "여호
와께 화제로 드린 제물들 가운데 남
은 곡식제물을 가져다 제단 곁에서
누룩을 넣지 말고 먹으시오. 그것이
가장 거룩한 것이기 때문이오.
13 여러분은 그것을 거룩한 곳에서 먹어
야 하오. 그것이 여호와께 화제로 드
린 제물들 가운데 형님과 형님의 아
들들의 몫입니다. 나는 이렇게 명을
받았습니다.
14 그러나 형님과 형님의 아들들과 형님
의 딸들은 흔드는 예물인 가슴 부위
와 바쳐진 뒷다리 고기는 정결한 곳
에서 먹어야 합니다. 그것들이 이스라
엘 백성들의 화목제물들 가운데 형님
의 몫으로 형님과 형님의 자녀들에게
주어진 것이기 때문입니다.
15 바쳐진 예물의 뒷다리와 흔드는 예물
로 드린 가슴 부위는 불 위에 태워서
드리는 제물들 가운데 기름과 함께
가져와 여호와 앞에서 흔들어 드려야
합니다. 그것은 여호와께서 명령하신
대로 형님과 형님의 자손들의 영원한
몫이 될 것입니다."
16 모세가 염소로 드리는 속죄제물을

찾아 보았으나 그것이 이미 다 태워졌
음을 알고 아론의 남은 아들인 엘르
아살과 이다말에게 화를 내며 이렇게
물었습니다.
17 "그것은 가장 거룩한 것으로 그것을
너희에게 준 것은 너희가 여호와 앞
에서 공동체를 위해 속죄해 그들의
죄를 감당하도록 하기 위함이었다. 그
런데 어째서 너희가 거룩한 곳에서
그 속죄제물을 먹지 않았느냐?
18 그 예물의 피가 성소에 들어가지 않
았다. 너희는 내가 명령한 대로 그것
을 거룩한 곳에서 먹어야 했다."
19 아론이 모세에게 대답했습니다. "오늘
그들이 여호와 앞에서 자기들을 위한
속죄제물과 번제물을 냈지만 내게 이
런 일이 생겼소. 그러니 오늘 내가 그
속죄제물을 먹었다면 여호와께서 그
것을 선하게 보셨겠소?"
20 모세는 이 말을 듣고 만족했습니다.

정한 음식과 부정한 음식

11 여호와께서 모세와 아론에게 말
씀하셨습니다.
2 "이스라엘 백성들에게 이렇게 말하여
라. '땅에 사는 모든 짐승들 가운데
너희가 먹을 수 있는 것들은 이렇다.
3 곧 발굽이 완전히 갈라져 그 틈이 벌
어져 있고 되새김질을 하는 것은 모
두 먹을 수 있다.
4 그러나 되새김질을 하거나 발굽이 갈
라졌더라도 이런 것은 먹어서는 안 된
다. 낙타는 되새김질을 하지만 발굽
이 갈라져 있지 않으니 너희에게 부
정하다.
5 *오소리는 되새김질을 하지만 발굽
이 갈라져 있지 않으니 너희에게 부
정하다.
6 토끼는 되새김질을 하지만 발굽이 갈
라져 있지 않으니 너희에게 부정하다.
7 돼지는 발굽이 갈라져 있지만 되새
김질을 하지 않으니 너희에게 부정하
다.
8 너희는 그런 고기들을 먹거나 그것들
의 시체를 만지지 말라. 그것들은 너
희에게 부정하다.
9 물에 사는 모든 것들 가운데서 이런
것은 너희가 먹을 수 있다. 곧 물에
살면서 지느러미와 비늘이 있는 것은
바다에 살든지 강에 살든지 너희가
먹을 수 있다.
10 그러나 물에서 떼 지어 다니는 모든
것과 물에 사는 모든 생명체들 가운
데 지느러미와 비늘이 없는 것들은
모두 너희가 피하라.
11 그것들은 여전히 너희가 피해야 한
다. 너희는 그것들의 고기를 먹지 말
고 그것들의 시체를 피해야 한다.
12 물에 살면서 지느러미와 비늘이 없는
것은 너희가 피해야 한다.
13 새들 가운데 너희가 피해야 할 것은
이런 것들이다. 그것들은 피할 것이
니 너희가 먹지 말아야 한다. 곧 독수
리, 대머리 독수리, 물수리,
14 매, 송골매 종류,
15 모든 까마귀와 그 종류,

11:5 또는 바위너구리

16 타조, 쏙독새, 갈매기, 새매 종류,
17 올빼미, 가마우지, 따오기,
18 쇠물닭, 펠리컨, 느시,
19 학, 황새 종류, 후투티, 박쥐다.
20 날개가 있고 네 발로 다니는 곤충은
너희가 피해야 한다.
21 그러나 네 발로 다니며 날개가 있는
곤충 가운데서 그 발에 다리가 있어
땅에서 뛸 수 있는 것은 먹을 수 있
다.
22 그것들 가운데 너희가 먹을 수 있는
것은 메뚜기 종류, 베짱이 종류, 귀뚜
라미 종류, 여치 종류다.
23 그러나 그 외에 날개가 있고 네 발로
다니는 곤충은 너희가 피해야 한다.
24 이런 것들로 인해서 너희가 부정해진
다. 곧 누구든지 그것들의 시체를 만
지는 사람은 그날 저녁까지 부정하게
된다.
25 그것들의 시체를 옮기는 사람은 누구
나 자기 옷을 빨아야 하며 그날 저녁
까지 부정할 것이다.
26 발굽이 갈라져 있지만 쪽발이 아니거
나 새김질을 하지 않는 모든 동물은
너희에게 부정한 것이다. 그것을 만지
는 사람은 누구든지 부정하다.
27 네 다리로 걷는 동물들 가운데 발바
닥으로 걷는 것은 모두 너희에게 부
정하다. 그것들의 시체를 만지는 사
람은 그날 저녁까지 부정할 것이며
28 그것들의 시체를 옮기는 사람은 자기
옷을 빨아야 하고 그날 저녁 때까지
부정할 것이다. 그것들은 너희에게
부정하다.
29 땅 위를 기어 다니는 동물들 가운데
너희에게 부정한 동물은 이렇다. 곧
족제비, 쥐, 큰 도마뱀 종류,
30 도마뱀붙이, 육지의 악어, 도마뱀, 사
막의 도마뱀, 카멜레온이다.
31 땅 위를 기어 다니는 것들 가운데 너
희에게 부정한 동물들은 이렇다. 그
것들의 시체를 만지는 사람은 그날
저녁까지 부정할 것이다.
32 그것들이 죽어 떨어진 것이 나무든
헝겊이든 가죽이든 자루든 여러 가지
용도로 사용되는 그릇에 떨어지게 되
면 부정하게 된다. 그것은 물에 담가
야 하며 그것은 그날 저녁까지 부정
할 것이다. 그 후에 그것은 정결하게
될 것이다.
33 어떤 종류라도 토기 위에 떨어진다면
그 안에 있는 모든 것은 부정하게 될
것이다. 너는 그것을 깨 버려야 한다.
34 요리돼 물이 있는 음식이 그 그릇에
담겨 있다면 부정할 것이며 그 그릇
속에 들어 있는 음료도 부정할 것이
다.
35 그것들의 시체의 일부가 떨어진 곳은
부정하게 될 것이다. 그것이 화덕이
든지 난로든지 깨뜨려야 한다. 그것
들은 부정할 것이며 너희에게 부정한
것이다.
36 그러나 샘물이나 물이 고인 웅덩이는
깨끗할 것이지만 그것들의 시체가 닿
는 부분은 부정할 것이다.
37 뿌리려고 준비한 씨앗 위에 그것들의

시체가 떨어졌다면 그것은 깨끗하다.
38 그러나 그 씨앗 위에 물이 부어졌고
그것들의 시체가 그 위에 떨어졌다면
그것은 너희에게 부정할 것이다.
39 너희가 먹어도 되는 동물이 죽었고
그것의 시체를 만졌다면 그는 그날
저녁까지 부정할 것이다.
40 그것의 시체를 먹은 사람은 자기 옷
을 빨아야 한다. 그것의 시체를 옮기
는 사람도 자기 옷을 빨아야 하며 그
는 그날 저녁까지 부정할 것이다.
41 땅 위를 기어 다니는 동물은 가증스
러운 것이므로 그것을 먹지 말라.
42 너희는 땅 위를 기어 다니는 것, 곧
배로 기어 다니든지 네 발 혹은 그 이
상의 발로 다니는 모든 동물을 먹지
말라. 그것들은 피해야 할 것이기 때
문이다.
43 너희는 기어 다니는 생물들로 인해
스스로 꺼리는 것으로 만들지 말라.
너희는 그것들로 인해서 스스로 더럽
히지 말라. 그러지 않으면 너희는 부
정해질 것이다.
44 내가 너희 하나님 여호와이기 때문이
다. 그러므로 너희는 스스로 거룩하
게 하라. 이는 내가 거룩하기 때문이
다. 너희는 땅 위를 기어 다니는 동물
로 인해 스스로 더럽히지 말라.
45 내가 너희를 이집트로부터 인도해 너
희 하나님이 된 여호와이기 때문이
다. 그러므로 너희는 거룩하라. 내가
거룩하기 때문이다.
46 이것은 짐승과 새와 물 속에서 다니
는 모든 생물과 땅 위에 기어 다니는
모든 생물에 관한 규례로
47 부정한 것과 정결한 것, 먹을 수 있는
생물과 먹을 수 없는 생물 사이를 구
분하기 위함이다."

출산 후의 정결 규례

12 여호와께서 모세에게 말씀하셨
습니다.
2 "이스라엘 백성들에게 다음과 같이
말하여라. '만일 여자가 임신해 아들
을 낳았다면 그녀는 7일 동안 부정할
것이다. 그녀의 생리 기간과 같이 그
녀는 부정할 것이다.
3 제 8일째 되는 날에 아이는 할례를
받아야 한다.
4 그 후에 그녀는 피의 정결을 위해서
33일을 더 지내야 한다. 정결 기간이
끝날 때까지 그녀는 거룩한 것은 무
엇이든지 만지지 말고 성소로도 들어
가지 말아야 한다.
5 만일 그녀가 딸을 낳았다면 그녀는
그녀의 생리 기간과 같이 2주 동안
부정할 것이다. 그 후에 그녀는 피의
정결을 위해서 66일을 더 지내야 한
다.
6 아들이나 딸을 낳은 후 그녀의 정결
기간이 끝나면 그녀는 번제물로 1년
된 어린양 한 마리와 속죄제물로 집
비둘기 새끼나 산비둘기 한 마리를
회막 문으로 제사장에게 가져가야
한다.
7 그는 여호와 앞에 그것들을 내어 그
녀를 위한 속죄를 할 것이며 그녀는

자기의 피 흘림으로부터 깨끗하게 될
것이다. 이것은 남자나 여자를 낳은
산모를 위한 규례다.
8 그녀가 어린양을 살 돈이 없다면 그
녀는 산비둘기 두 마리나 집비둘기
새끼 두 마리를 가져다 하나는 번제
물로 다른 하나는 속죄제물로 삼을
것이다. 그러면 제사장은 그녀를 위해
속죄할 것이며 그녀는 정결해질 것이
다.'"

악성 피부병에 관한 규례

13 여호와께서 모세와 아론에게
말씀하셨습니다.
2 "만일 누군가의 피부에 부어 오른 것
이나 부스럼이나 종기가 나서 *악성
피부병이 발생했으면 그를 제사장 아
론에게나 제사장인 그 아들들 가운
데 한 사람에게 데려가야 한다.
3 제사장은 그의 피부에 난 피부병의
부위를 살펴볼 것이다. 피부 질환의
부위에 난 털이 하얗게 되고 그것이
우묵하게 들어가 보이면 그것은 악성
피부병이다. 제사장은 그를 살펴본
후에 그를 부정하다고 선언할 것이다.
4 그러나 그의 피부 부위의 털이 하얗
긴 하지만 그것이 우묵하게 들어가지
않았고 그 부위의 털도 하얗게 변하
지 않았다면 제사장은 그 환자를 7일
동안 격리하도록 한다.
5 제7일에 제사장은 그를 살펴볼 것이
며 그가 볼 때 그 병이 여전하고 그
병이 피부에 번지지 않았다면 제사장
은 그를 7일 동안 더 격리시켜야 한
다.
6 또 다른 제7일에 제사장은 그를 다시
한 번 살펴보아야 한다. 그 부위가 흐
릿해졌고 피부에 번지지 않았다면 제
사장은 그를 정결하다고 선언해야 한
다. 그것은 부스럼일 뿐이다. 옷을 빨
게 되면 그는 정결해질 것이다.
7 그러나 제사장에게 보여 정결 선언을
받은 뒤에라도 부스럼이 피부에 번졌
다면 그는 제사장 앞에 다시 나아가
야 할 것이다.
8 제사장은 그것을 살펴볼 것이며 그
부스럼이 피부에 퍼졌다면 제사장은
그를 부정하다고 선언할 것이다. 그것
은 악성 피부병이기 때문이다.
9 누군가가 악성 피부병으로 고생을 한
다면 그를 제사장에게 데려가야 한
다.
10 제사장은 살펴볼 것이며, 피부에 하
얀 혹이 생겨 그 부위의 털까지 하얗
게 변했고 그 혹의 살이 벗겨졌다면
11 피부에 생긴 것은 오래된 악성 피부
병이다. 제사장은 그를 부정하다고 선
언할 것이며 그는 이미 부정하니 질병
의 여부를 확인해 보기 위해서 그를
격리해 둘 필요가 없다.
12 악성 피부병이 피부에 번져서 머리끝
부터 발끝까지 번졌다는 것을 제사장
이 확인할 수 있을 정도까지 이르렀
다면
13 제사장은 살펴보라. 악성 피부병이

13:2 전통적으로 나병으로 보았으나 히브리어로는 여러 가지 악성 피부병을 뜻함.

그의 온몸을 덮었다면 그는 그 사람
을 병으로부터 정결하다고 선언할 것
이다. 그것이 전부 하얗게 변했으므
로 그는 정결한 것이다.
14 그러나 벗겨진 생살이 그에게서 돋으
면 그는 부정하게 된다.
15 제사장은 벗겨진 살을 살펴보고 그를
부정하다고 선언할 것이다. 그는 이미
악성 피부병에 걸렸으니 벗겨진 살은
부정한 것이다.
16 벗겨진 살점이 다시 하얗게 변했다면
그는 제사장에게 가야 한다.
17 제사장은 그를 살펴볼 것이며 그 병
이 하얗게 변했다면 제사장은 그 환
자를 정결하다고 선언해야 한다. 그러
면 그는 정결할 것이다.
18 누군가가 피부에 종기가 생겼다가 나
았으며
19 그 종기가 있던 부위에 하얀 혹이나
희고 불그스름한 반점이 나타났다면
그는 제사장에게 가서 그에게 자신의
종기를 보여 주어야 한다.
20 제사장이 살펴보아 그것이 우묵하게
들어가고 털이 하얗게 변했다면 제
사장은 그를 부정하다고 선언해야 한
다. 그것은 악성 피부병이며 그것은
종기에서 퍼진 악성 피부병이다.
21 그러나 제사장이 그것을 살펴보아 그
곳의 털이 하얗지 않고 우묵하게 들
어가지 않았고 그것이 사그라졌으면
제사장은 그를 7일 동안 격리해야 한
다.
22 그것이 피부에 두루 퍼졌으면 제사장
은 그를 부정하다고 선언해야 한다.
그것은 감염된 것이다.
23 그러나 그 점이 한곳에만 있고 퍼지
지 않았으면 그것은 종기로 생긴 상처
일 뿐이니 제사장은 그를 정결하다고
선언해야 한다.
24 누가 불에 피부를 데었는데 그 데인
곳의 생살에 희고 불그스름한 것이나
하얀 점이 생겼다면
25 제사장은 그것을 살펴보아야 한다.
그 반점에 난 털이 하얗게 변했고 우
묵하게 들어갔다면 그것은 화상으로
인한 악성 피부병이다. 제사장은 그
를 부정하다고 선언할 것이다. 그것은
악성 피부병이다.
26 그러나 제사장이 그 반점을 조사했
을 때 그곳에 흰 털이 없고 우묵하게
들어가지 않았고 그것이 사그라졌다
면 제사장은 그 사람을 7일 동안 격
리할 것이다.
27 제7일에 제사장이 그를 살펴보아 그
것이 피부에 퍼졌다면 제사장이 그를
부정하다고 선언할 것이다. 그것은 악
성 피부병이다.
28 그러나 그 반점이 한 부분에만 있고
사그라졌다면 그것은 불에 데어 생긴
혹이므로 제사장은 그를 정결하다고
선언해야 한다. 그것은 불에 데인 상
처기 때문이다.
29 남자나 여자가 머리나 턱에 상처가 있
다면
30 제사장은 그 병을 살펴보아 그것이
우묵하게 들어갔고 털이 노랗고 가

늘다면 그를 부정하다고 선언해야 한
다. 그것은 백선으로 머리나 턱에 생
기는 악성 피부병이다.
31 그러나 백선이 든 자리를 살펴보아
그것이 우묵하게 들어가지 않고 검은
털이 없다면 제사장은 7일 동안 백선
에 걸린 사람을 격리해야 한다.
32 제7일에 제사장은 그 병을 살펴보아
그 백선이 퍼지지 않았고 거기에 노란
털이 없고 백선의 모습이 우묵하게
들어가지 않았다면
33 그는 백선이 난 부분만 빼고 온몸의
털을 깎아야 한다. 제사장은 그를 7
일 동안 더 격리해야 한다.
34 또 다른 제7일에 제사장은 백선이 든
부위를 살펴보아 백선이 피부에 퍼지
지 않았고 우묵하게 들어가지 않았다
면 제사장은 그를 정결하다고 선언해
야 한다. 그는 자기 옷을 빨아야 한
다. 그러면 그는 정결해진다.
35 그러나 그가 정결해진 후라도 백선이
피부에 퍼졌다면
36 제사장은 그를 살펴보고 백선이 피부
에 퍼졌다면 제사장은 노란 털을 찾
을 필요도 없다. 그는 부정한 것이다.
37 그러나 제사장이 보기에 그 백선이 퍼
지지 않았고 거기에 검은 털이 자라
고 있다면 백선이 나은 것이며 그는
정결한 것이다. 제사장은 그를 정결하
다고 선언해야 한다.
38 남자나 여자의 피부에 하얀 반점이
생겼다면
39 제사장은 살펴보아야 한다. 피부의
반점이 엷은 흰색이면 그것은 피부

Q&A 왜 전염병에 걸린 환자는 격리되었을까?

참고 구절 | 레 13:45–46

콜레라나 장티푸스 같은 전염병이 발견되었다면 다른 사람들에게 전염되지 않도록 환자를 격리 수용한다. 그런데 1840년까지만 해도 그렇게 하지 않았다. 당시의 사람들은 병이 눈에 보이지 않는 작은 병원체에 의해 감염된다는 것을 몰랐기 때문이다.

1840년 이전에는 병원의 영안실과 출산실이 복도 하나를 사이에 두고 있었고 의사들은 시체를 만진 손으로 아기를 받아 내곤 했다. 그 결과 6명의 산모 중 1명 꼴로 셉시스(Sepsis)라는 병에 걸려 죽었다고 한다.

그 후 비엔나 병원에서는 복도에 대야를 놓고 시체실에서 나온 의사는 꼭 손을 씻고 출산실로 들어가도록 했는데, 그 후부터는 36명 중 1명만이 그 병에 걸렸다고 한다.

그런데 이보다 훨씬 오래 전부터 하나님께서는 전염병이나 악성 피부병 환자들을 이스라엘 야영지 밖으로 격리시키라고 하셨다(레 13:45–46). 바로 전염병이 퍼지는 것을 방지하기 위해서였다. 민수기 19:14–19에서는 시체를 만진 자는 꼭 옷을 빨고 몸을 씻으라고 말하고 있다. 광야 생활 중에서 전염병이 진 중에 나돌면 많은 사람들이 죽기 때문이었다. 하나님께서는 오랜 시간이 지난 뒤에야 밝혀질 원리들을 이스라엘 사람들에게 적용하도록 명령하셨던 것이다.

성경은 과학 교과서가 아니다. 하지만 기록될 당시만 해도 사람들이 전혀 알 수 없었던 여러 가지 과학적인 지식이 그 속에 담겨져 있다.

발진이며 그는 정결한 것이다.
40 남자가 머리카락이 빠져 대머리가 됐
다면 그는 정결한 것이다.
41 만일 앞 머리카락만 빠지면 이마 대
머리가 될 뿐 그는 정결하다.
42 그러나 벗겨진 머리 혹은 벗겨진 이
마에 희고 불그스름한 반점이 생겼다
면 그것은 벗겨진 머리나 벗겨진 이마
에서 발생한 악성 피부병이다.
43 제사장이 그를 살펴보아 벗겨진 머리
나 벗겨진 이마에 난 반점이 피부에
난 악성 피부병과 유사하게 희고 붉
은 종기가 생겼다면
44 그 사람은 악성 피부병 환자니 그는
부정하다. 제사장은 그를 부정하다고
선언해야 한다. 그의 머리에 질병이
생겼다.
45 악성 피부병에 걸린 사람은 자기 옷
을 찢어야 한다. 그는 자기 머리를 풀
며 자기 윗입술을 가리고 '부정하다!
부정하다!'라고 외쳐야 한다.
46 병이 있는 한 그는 여전히 부정한 것
이다. 그는 이스라엘의 야영지 밖에서
거처를 정하고 따로 살아야 한다."

더러운 곰팡이에 관한 규례

47 "만약 곰팡이가 어떤 겉옷에 생겼다
면, 곧 그것이 털로 만들었든지, 혹은
베로 만들었든지
48 베나 털의 어떤 조각에나 가죽으로
만든 겉옷이든지 간에
49 실을 엮어서 만들었든지 가죽으로
만들었든지 간에, 혹은 어떤 가죽으
로 만들었든지 간에, 그 겉옷에 푸르
스름하거나 불그스름한 것이 생겼다
면 그것은 곰팡이니 그것을 제사장에
게 보여야 한다.
50 제사장은 그것을 살펴보아 오염된 것
을 7일 동안 격리해야 한다.
51 제7일에 그는 그 질병을 살펴보아 그
질병이 털로 짠 것이든지 가죽으로
만들었든지 간에 혹은 어떤 가죽으
로 만들었든지 간에 그 겉옷에 번졌
다면 그 질병은 악성 곰팡이다. 그것
은 부정한 것이다.
52 그는 그 겉옷, 곧 직조된 양털이나 베
로 짠 것 혹은 가죽으로 만들어졌든
지 간에 그 오염된 겉옷을 불태워야
한다. 이는 그것이 악성 곰팡이기 때
문이다. 그것은 불로 태워야 한다.
53 그러나 제사장은 살펴보아 그 질병이
실로 짠 것이거나, 가죽으로 만든 것
이거나 그 겉옷에 퍼지지 않았다면
54 제사장은 그들에게 그 오염된 물건을
세탁하라고 명령해야 하며 그는 그것
을 7일 동안 더 격리시켜야 한다.
55 제사장은 세탁된 그 옷을 살펴보아
라. 오염된 부위가 번지지 않았고 그
색이 변하지 않았다면 그것은 부정한
것이다. 너는 오염된 부위가 앞이나
뒤에 생긴 것과는 상관없이 그것을
불로 태워라.
56 제사장이 살펴보았을 때, 세탁한 후
에 그것이 희미해졌다면 그는 겉옷에
서나 가죽옷에서나 직조된 옷에서
그 부위를 떼어 내야 한다.
57 그러나 그것이 겉옷이든, 짠 것이든,

가죽류로 만든 옷이든지 간에 옷에
다시 나타난다면 그것은 번지고 있는
것이다. 너는 오염된 것을 불로 태워
야 한다.
58 그러나 겉옷이든지, 직조한 것이든지,
가죽류로 만든 옷이든지 세탁한 후
곰팡이가 없어졌으면 그것을 다시 세
탁해 정결케 해야 한다."
59 이상은 양털 혹은 베로 만든 겉옷 혹
은 가죽류로 만든 옷이 정결한지 부
정한지를 판단하기 위한 규정들입니
다.

악성 피부병에 관한 정결 규례

14 여호와께서 모세에게 말씀하셨
습니다.
2 "다음은 악성 피부병 환자가 정결하
게 되는 날에 지켜야 할 법이다. 그는
제사장에게로 가야 한다.
3 그리고 제사장은 이스라엘의 야영지
밖으로 나가 그를 살펴보아라. 악성
피부병 환자가 그 병에서 나았으면
4 제사장은 정결 의식을 받아야 할 사
람을 위해 살아 있는 정결한 새 두 마
리와 백향목과 주홍색 실과 우슬초
를 가져오라고 명령해야 한다.
5 제사장은 새들 가운데 한 마리를 샘
물이 담긴 토기 위에서 잡으라고 명
령해야 한다.
6 그는 나머지 한 마리의 새를 산 채로
백향목과 주홍색 실과 우슬초와 함
께 가져와 샘물과 섞은 죽인 새의 피
에 찍어서
7 그것을 악성 피부병에 걸렸다가 정결
하게 되려는 이에게 일곱 번 뿌리고
그를 정결하다고 선언해야 한다. 그리
고 살아 있는 새를 들판에 놓아주어
야 한다.
8 정결하다고 선언된 사람은 자기 옷을
빨고 온몸의 털을 깎고 물로 목욕을
해야 한다. 그러면 그는 정결해질 것이
다. 그 후에 그는 이스라엘의 야영지
안으로 들어갈 수 있을 것이나 자기의
장막 밖에서 7일 동안 지내야 한다.
9 그는 제7일에 머리의 모든 털을 깎아
야 한다. 곧 그는 수염과 눈썹과 머리
카락 모두를 깎아야 한다. 그는 자기
옷을 빨고 물로 목욕해야 한다. 그러
면 그는 정결케 될 것이다.
10 제8일에 그는 흠 없는 어린 숫양 두
마리와 1년 된 흠 없는 암양 한 마리
와 올리브기름을 섞은 고운 가루 *10
분의 3에바와 *1록 분량의 올리브기
름으로 곡식제물을 준비해야 한다.
11 그를 정결하다고 선언한 제사장은 정
결 의식을 받아야 할 사람과 그의 예
물들을 회막 문 앞 여호와 앞에 두어
야 한다.
12 제사장은 어린 숫양 두 마리 가운데
한 마리를 끌어다 *1록 분량의 올리
브기름과 함께 속건제물로 드리며 그
는 여호와 앞에 그것들을 흔들어 바
치는 예물로 드려야 한다.
13 그는 속죄물과 번제물을 잡는 거룩한
장소에서 그 어린 숫양을 잡아야 한

14:10 10분의 3에바는 약 6.6리터 **14:10,12** 1록은 약 0.3리터

다. 속죄제처럼 속건제물은 제사장에
게 속한다. 그것은 가장 거룩한 것이
다.
14 제사장은 속건제물의 피를 조금 가져
다 정결 의식을 받고 있는 사람의 오
른쪽 귓불과 오른쪽 엄지손가락과 오
른쪽 엄지발가락에 발라야 한다.
15 제사장은 *1록의 올리브기름을 가져
다 자기 왼쪽 손바닥에 붓고
16 오른손 검지손가락으로 왼손 바닥 위
에 있는 올리브기름을 찍어 여호와
앞에서 일곱 번을 뿌린다.
17 제사장은 자기 손바닥에 남아 있는
올리브기름을 정결 의식을 받고 있는
사람의 오른쪽 귓불과 오른쪽 엄지손
가락과 오른쪽 엄지발가락, 곧 보상
의 예물의 피가 이미 묻어 있는 곳에
발라야 한다.
18 제사장은 그의 손바닥에 남아 있는
올리브기름을 정결 의식을 받고 있는
사람의 머리에 부어 여호와 앞에서
그를 위한 속죄를 해야 한다.
19 제사장은 속죄제를 드려 부정함으로
부터 정결케 되는 의식을 받는 사람
을 위해 속죄해야 한다. 그 후에 제사
장은 번제물을 잡아야 한다.
20 제사장은 제단 위에 번제물과 곡식제
물을 드려야 한다. 그러면 그는 정결
해질 것이다.
21 그러나 그가 가난해 그것을 다 마련
할 수 없다면 그는 속건제로 어린 숫
양 한 마리를 가져다 흔들어서 자신
을 위한 속죄를 하고 곡식제물로 올
리브기름을 섞은 고운 가루 *10분의

14:15,21 1록은 약 0.3리터 **14:21** 10분의 1에바는 약 2.2리터

성·경·상·식 | 레위기에 나타난 정결 의식

레위기에서 중요하게 언급되고 있는 정결 의식은, 죄로 병든 인간을 치유해 주는 성막의 기능과 일치하고 있다. 하나님께서 얼마나 엄격한 정결을 요구하시는가는 레위기 10장의 나답과 아비후의 죽음을 통해서 알 수 있다. 더 나아가 11장 이하에서 정한 짐승과 부정한 짐승을 엄격하게 구분하고, 그에 따른 생활 규범을 정하는 데서도 찾아볼 수 있다. 이런 맥락에서 12장의 산모의 정결 의식이나 13장의 악성 피부병자의 정결 의식 그리고 16장의 대속죄일에 대한 기록 역시 하나님의 백성으로서의 정결 문제를 다루고 있음을 볼 수 있다. 특히 대속죄일에는 아사셀 염소를 택하여 대제사장이 이스라엘의 모든 죄를 아사셀 염소에게 전가시키고 이스라엘 회중으로부터 멀리 추방하는데 이것은 이스라엘에게는 어떠한 죄도 용납되지 않음을 상징하고 있다.
18장 이후에는 하나님의 백성으로서 어떻게 살아야 하는가에 대한 생활 규범을 기록하고 있다. 이 규범들은 모두 십계명과 연결되어 있으며 성결된 삶을 요구하고 있다. 특히 사형에 해당하는 죄목들은 거룩해야 할 성결의 요소를 더럽히는 행위들이었다.
이처럼 성결을 강조하는 레위기는 25장 이후부터 안식일 제도에 근거한 안식년과 희년 제도를 자세히 언급함으로써 하나님의 백성들은 이 세상에서의 복락이 아닌 영원한 안식을 바라보고 살아야 할 것을 가르쳐 주고 있다.

1에바의 고운 밀가루와 *1록 정도의
올리브기름을 낼 것이며
22 그의 힘이 미치는 대로 산비둘기 두
마리나 집비둘기 새끼 두 마리도 내
어 하나는 속죄제물로 삼고 다른 하
나는 번제물로 삼아야 한다.
23 제8일에 정결 의식을 하려면 그것들
을 회막 문에 있는 제사장에게 가져
가야 한다.
24 제사장은 속건제의 어린양과 *1록 정
도의 올리브기름을 받아서 그것들을
여호와 앞에서 흔들어 바치는 예물로
드려야 한다.
25 그는 속건제의 어린양을 잡아서 피를
조금 가져다 정결 의식을 받는 사람의
오른쪽 귓불과 오른쪽 엄지손가락과
오른쪽 엄지발가락에 발라야 한다.
26 제사장은 자기 왼쪽 손바닥에 올리브
기름을 조금 붓고
27 오른쪽 손가락으로 왼쪽 손바닥의 올
리브기름을 찍어 여호와 앞에서 일곱
번을 뿌려야 한다.
28 제사장은 손바닥에 있는 올리브기름
을 속건제물의 피가 묻은 곳, 곧 정결
의식을 받고 있는 사람의 오른쪽 귓
불과 오른쪽 엄지손가락과 오른쪽 엄
지발가락에 발라야 한다.
29 제사장은 그의 손바닥에 남아 있는
나머지 올리브기름을 정결 의식을 받
고 있는 사람의 머리에 부어 그를 위
해 여호와 앞에 속죄해야 한다.
30 그는 힘이 미치는 대로 산비둘기들이
나 집비둘기 새끼들 가운데 하나를
바쳐야 한다.
31 곧 한 마리는 속죄제물로, 다른 한
마리는 번제물로 곡식제물과 함께 드
린다. 이와 같이 제사장은 정결 의식
을 치르는 사람을 위해 여호와 앞에
속죄해야 한다."
32 이상은 전염성 피부병에 걸린 사람
가운데서 정결 의식에 사용되는 예
물을 마련할 힘이 없는 사람을 위한
규례들입니다.

더러운 곰팡이에 관한 정결 규례

33 여호와께서 모세와 아론에게 말씀하
셨습니다.
34 "내가 네게 소유로 주는 가나안 땅에
너희가 들어갔을 때 내가 너희 소유
의 땅에서 어떤 집에 곰팡이가 번지
게 했다면
35 그 집 주인은 제사장에게 가서 '내 집
에서 어떤 병 같은 것이 보입니다'라
고 말해야 한다.
36 제사장은 그 병을 살펴보러 가기 전
에 사람들에게 집을 비우라고 명령해
야 한다. 그러지 않는다면 집 안의 모
든 것이 부정하다고 선언될 것이다.
그 후에 제사장은 그 집을 살피러 가
야 한다.
37 제사장이 그 병을 살펴보아 그 병이
집의 벽에 푸르스름하거나 불그스름
한 부위로 나타났고 그것이 벽면보다
움푹 들어가 있는 것처럼 보인다면
38 그는 집의 문을 통해 집을 나와서 그
집을 7일 동안 폐쇄해야 한다.

14:24 1록은 약 0.3리터

39 제7일에 제사장이 다시 와서 살펴보
아 그 질병이 그 집의 벽에 퍼져 있으
면
40 제사장은 사람들에게 오염된 돌들을
떼어 내서 도성 밖의 부정한 곳에 던
져 버리라고 명령해야 한다.
41 그는 집의 모든 안쪽 벽들을 긁도록
하고 사람들이 긁어낸 흙벽을 도성
밖의 부정한 곳에 버리도록 명령해야
한다.
42 그 후에 사람들은 원래 돌들의 자리
에 다른 돌들을 대신 끼워 넣고 새
진흙을 구해서 그 집 벽에 발라야 한
다.
43 그 돌들을 떼어 내고 집의 벽을 긁어
내어 다시 흙을 바른 후에도 질병이
집 안에 생겼다면
44 제사장이 가서 살펴보아야 한다. 그
질병이 집 안에 퍼져 있다면 그것은
집 안에 생긴 악성 곰팡이니 그 집은
부정하다.
45 그는 그 집의 돌과 목재와 집의 흙벽
을 허물 것이며 그는 그것들을 도성
밖으로 내보내서 부정한 장소에 두어
야 한다.
46 게다가 그 집이 폐쇄돼 있는 동안 그
집에 들어가는 사람은 그날 저녁까지
부정할 것이다.
47 그 집에서 자거나 먹는 사람은 자기
옷을 빨아야 할 것이다.
48 그러나 제사장이 그 집에 가서 살펴
보았을 때 그 집의 벽에 흙을 바른 후
에 질병이 퍼지지 않았다면 제사장은
그 집을 정결하다고 선언해야 한다.
이는 그 병이 치유됐기 때문이다.
49 그 집의 정결 의식을 위해 백향목과
주홍색 실과 우슬초와 함께 새 두 마
리를 가져와서
50 새들 가운데 한 마리를 샘물이 담긴
토기 위에서 죽여야 한다.
51 그리고 살아 있는 새와 함께 백향
목과 우슬초와 주홍색 실을 가져다
가 죽은 새의 피와 샘물에 그것들
을 적셔 그 집에 일곱 번을 뿌려야 한
다.
52 그는 새의 피와 샘물과 살아 있는 새
와 백향목과 우슬초와 주홍색 실로
집을 정결하게 해야 한다.
53 그는 살아 있는 새를 도성 밖의 들판
에 놓아주어야 한다. 그런 식으로 그
는 집을 위해 속죄해야 하고 그러면
그 집이 정결해질 것이다."
54 이상은 악성 피부병, 백선,
55 겉옷이나 집 안에 있는 곰팡이,
56 혹이나 발진이나 점에 관한 규례로
57 정결한 것과 부정한 것을 판결하는
것입니다. 이상은 악성 피부병에 대한
규례입니다.

부정한 것의 유출과 유출병

15 여호와께서 모세와 아론에게
말씀하셨습니다.
2 "이스라엘 백성들에게 이렇게 말하
라. '그의 몸에서 고름이 흘러나온다
면 그는 유출물로 인해 부정하다.
3 다음은 유출물로 인해 생기는 부정
함에 관한 규례다. 그의 몸에서 유출

물이 계속 나오든지 엉겨 있든지 그
는 부정하다.
4 유출물이 있는 남자가 누웠던 모든
잠자리는 부정하게 되고 그가 앉았던
모든 것은 부정하게 된다.
5 그의 잠자리를 만진 사람마다 자기
옷을 세탁해야 한다. 그리고 물에 들
어가 목욕해야 하며 그날 저녁까지
부정하다.
6 유출물이 있는 남자가 앉았던 것에
앉는 사람마다 자기 옷을 세탁할 것
이며 물에 들어가 목욕해야 한다. 그
는 그날 저녁까지 부정하다.
7 유출물이 있는 남자의 몸을 만진 사
람마다 자기 옷을 세탁할 것이며 물
에 들어가 목욕해야 한다. 그는 그날
저녁까지 부정하다.
8 유출물이 있는 남자가 정결한 사람에
게 침을 뱉었다면 그 사람은 자기 옷
을 세탁하고 물에 들어가 목욕해야
한다. 그는 그날 저녁까지 부정하다.
9 유출물이 있는 남자가 탄 안장은 부
정하며
10 그가 앉았던 것을 만진 사람마다 그
날 저녁까지 부정하다. 그것을 옮기
는 사람마다 자기 옷을 세탁할 것이
며 물에 들어가 몸을 씻어야 한다. 그
는 저녁까지 부정하다.
11 유출물이 있는 남자가 자기 손을 물
로 씻지 않은 채 만진 사람마다 자기
옷을 세탁할 것이며 물에 들어가 몸
을 씻어야 한다. 그는 그날 저녁까지
부정하다.
12 유출물이 있는 남자가 만진 토기는
깨뜨려야 하며 모든 나무그릇은 물로
씻어야 한다.
13 유출물이 있는 남자가 자기 유출물
에서 깨끗해졌다면 그는 정결 의식을
행하기 위해서 7일을 계산해 자기 옷
을 세탁하고 샘물에 들어가 몸을 씻
어라. 그러면 정결해질 것이다.
14 제8일에 그는 산비둘기 두 마리나 집
비둘기 새끼 두 마리를 가져다 여호
와 앞에, 곧 회막 문에서 제사장에게
주어야 한다.
15 제사장은 그것들을 예물로 바쳐야 한
다. 곧 그 하나는 속죄제물로, 나머지
하나는 번제물로 삼아야 한다. 이런
식으로 제사장은 여호와 앞에서 그
의 유출물에 대해 그를 속죄해야 한
다.
16 남자가 사정을 했다면 그는 온몸을
물로 씻어야 한다. 그는 그날 저녁까
지 부정하게 된다.
17 정액이 묻어 있는 겉옷이나 가죽은
물로 씻어야 하며 그것은 그날 저녁까
지 부정하게 된다.
18 한 남자가 여자와 성관계를 해 사정
을 했다면 두 사람은 물로 씻어야 하
고 그들은 그날 저녁까지 부정하다.
19 여자가 생리로 인해서 피의 유출이
있다면 그녀는 7일 동안 부정하게 되
며 그녀를 만지는 사람마다 그날 저
녁까지 부정하게 된다.
20 생리 중에 그 여자가 누운 곳은 부정
하게 되고 그녀가 앉은 곳도 부정하

게 된다.
21 그녀의 잠자리를 만진 사람은 자기
옷을 세탁하고 물로 씻어야 하는데
그는 그날 저녁까지 부정하다.
22 누구든 그가 앉은 곳을 만진 사람은
자기 옷을 빨고 몸을 물로 씻어야 하
는데 그는 그날 저녁까지 부정하게
된다.
23 그가 만진 것이 침대든 그녀가 앉은
자리든지 간에 그가 그것을 만졌다면
그는 그날 저녁까지 부정하다.
24 남자가 생리 중인 여자와 동침했다면
그는 7일 동안 부정하게 되고 그가
누운 침대는 부정하다.
25 여자에게 생리 기간이 아닌데도 여러
날 출혈이 있거나 생리 기간을 지나
도록 출혈이 있다면 유출이 있는 동
안에 그녀는 부정하다. 그녀는 생리
기간의 경우처럼 부정하다.
26 그녀가 누웠던 잠자리는 그녀의 출혈
기간 내내 생리 때의 잠자리와 같을
것이며 그녀가 앉았던 모든 것은 그녀
의 생리 기간의 부정함과 같이 부정
하다.
27 누구든 그런 것들을 만지는 사람은
부정할 것이니 그는 자기 옷을 세탁
하고 몸을 물로 씻어야 하며 그날 저
녁까지 부정하다.
28 그녀가 피 흘림에서 나았을 때 그녀
는 자기를 위해 7일을 헤아려야 하며
그 후에 그녀는 정결케 될 것이다.
29 제8일에 그녀는 산비둘기 두 마리나
집비둘기 새끼 두 마리를 가져다 회
막 문으로 제사장에게 가져가야 한
다.
30 제사장은 그 가운데 한 마리는 속죄
제물로, 다른 한 마리는 번제물로 삼
아야 한다. 이런 식으로 제사장은 피
의 유출로 인해 부정하게 된 그녀를
위해 여호와 앞에 속죄해야 한다.
31 이와 같이 너희는 이스라엘 백성들이
자기들을 부정하게 하는 것들로부터
분리되게 하여 그들이 자기들 가운
데 있는 내 장막을 더럽힘으로 그들
의 부정함 때문에 죽지 않게 해야 한
다.'"
32 이상은 고름이 흘러나오는 남자, 사정
해 부정하게 된 남자,
33 생리 기간 중의 여자, 남자든 여자든
유출물이 있는 사람, 부정한 기간 중
에 있는 여자와 잠자리를 같이한 남
자와 관련된 규례들에 관한 것입니
다.

속죄일

16 아론의 여러 아들 가운데 두
아들이 여호와께 가까이 갔다
가 죽은 후에 여호와께서 모세에게
말씀하셨습니다.
2 여호와께서 모세에게 말씀하셨습니
다. "네 형 아론에게 '성막의 휘장 안
쪽 법궤 위의 속죄의 자리 앞에 아무
때나 들어가지 말라'고 말하여라. 그
러지 않으면 그가 죽을 것이다. 이는
내가 속죄의 자리 위에 구름 속에서
나타나기 때문이다.
3 아론이 그곳에 들어오려면 속죄제물

로 황소 한 마리와 번제물로 숫양 한
마리를 준비해야 한다.
4 그는 고운 삼베로 만든 거룩한 속옷
을 입을 것이며 고운 삼베 속바지를
입어야 한다. 고운 삼베 허리띠를 두
르고 고운 삼베 관을 써야 한다. 이것
들은 거룩한 옷들이다. 그는 물로 몸
을 씻은 후에 이것들을 입어야 한다.
5 그는 이스라엘 공동체로부터 속죄제
물로 숫염소 두 마리와 번제물로 숫
양 한 마리를 가져와야 한다.
6 아론은 자신을 위해 속죄제물로 황소
를 드려 자신과 자기 집안을 위해 속
죄해야 한다.
7 그 후에 그는 염소 두 마리를 가져다
회막 입구에서 여호와 앞에 두어야
한다.
8 그는 염소 두 마리를 놓고 제비를 뽑
아 한 마리는 여호와를 위한 제물로,
다른 한 마리는 *아사셀을 위한 제물
로 뽑아야 한다.
9 아론은 여호와께 드리는 것으로 뽑힌
염소를 가져다 속죄제물로 잡아야 한
다.
10 그러나 *아사셀을 위한 제물로 뽑힌
염소는 여호와께 산 채로 세워 두었
다가 그것에 대한 속죄 의식을 수행
하고 그것을 광야에 있는 아사셀에게
보낸다.
11 아론은 자신을 위한 속죄제물로 황소
를 가져다 자신과 자기 집안을 위해
속죄해야 한다. 그는 자기를 위한 속
죄제물로 황소를 잡아야 한다.
12 그는 여호와 앞의 제단에서 숯이 가
득한 향로와 곱게 갈아 놓은 향품을
두 손으로 가득 퍼서 휘장 안으로 가
져가
13 여호와 앞에서 그 향품을 숯불에 놓
아 그 향품의 연기가 증거궤 위 *속
죄의 자리를 가리게 해야 한다. 그러
지 않으면 그가 죽게 될 것이다.
14 그는 수소의 피를 가져다 *속죄의 자
리 앞면에 손가락으로 뿌리고 또 손
가락으로 피를 찍어서 속죄의 자리
앞에 일곱 번을 뿌려야 한다.
15 그 후에 그는 백성을 위한 속죄제물
로 염소를 잡아 그 피를 휘장 안으로
가져다 수소의 피로 행한 것과 같이
속죄의 자리 위와 *속죄의 자리 앞쪽
에 뿌려야 한다.
16 이와 같이 그는 이스라엘 백성들의
부정함과 반역함과 그들의 모든 죄로
인해 지성소를 위해 속죄를 해야 한
다. 그들 이스라엘 야영지의 부정함
가운데 있는 회막에 대해서도 똑같
이 해야 한다.
17 아론이 지성소에서 속죄하기 위해 들
어간 후에 그가 자신과 자기 집안과
이스라엘의 온 공동체를 위해 속죄하
고 나올 때까지 어느 누구도 회막 안
에 있으면 안 된다.
18 그 후에 그는 여호와 앞에 있는 제단
으로 나와 그것을 위해 속죄 의식을
거행하는데 그는 수소의 피와 염소의

16:8,10 히브리어, '떠나보내는 염소' 16:13 또는 법궤 16:13,14,15 또는 긍휼의 자리

피를 조금씩 가져다 제단의 모든 뿔
에 발라야 한다.
19 그는 손가락에 피를 조금 찍어 그곳
에 일곱 번을 뿌려 정결케 하고 이스
라엘 백성의 부정함에서 제단을 거룩
하게 해야 한다.
20 아론은 지성소와 회막과 제단에 대한
속죄 의식을 마친 후에 살아 있는 염
소를 끌고 와라.
21 그는 살아 있는 염소의 머리 위에 두
손을 얹고 이스라엘 백성들의 모든
죄악과 반역과 그들의 모든 죄를 고
백함으로써 그것들을 염소의 머리에
얹는 상징적인 의식을 치러야 한다.
그러고 나서 그는 그 염소를 미리 정
해 둔 사람의 손에 맡겨 광야로 내보
내야 한다.
22 그러면 그 염소는 그들의 모든 죄들
을 지고 사람이 살지 않는 땅으로 간
다. 이렇게 그는 숫염소를 광야로 내
보낸다.
23 그 후에 아론은 회막으로 들어와 지
성소에 들어가기 전에 입었던 고운
삼베로 된 긴 옷을 벗고 거기에 두어
야 한다.
24 그는 거룩한 곳에서 자기 몸을 물로
씻고 평소에 입던 겉옷을 입고 밖으
로 나온 후 자신과 백성을 위한 번제
물을 드려 자신과 백성들을 위해 속
죄를 해야 한다.
25 그는 또 제단에 속죄제물의 기름을
태워야 한다.
26 떠나보내는 제물인 염소를 놓아준 사
람은 자기 옷을 세탁하고 물로 몸을
씻어야 한다. 그 후에 그는 이스라엘
의 야영지 안으로 들어와야 한다.
27 속죄를 위해 피를 지성소로 가져간
속죄제물인 황소와 숫염소는 이스라
엘의 야영지 밖으로 가져가 그것들의
가죽과 살과 똥을 불로 태워야 한다.
28 그것들을 태우는 사람은 자기 옷을
빨고 물로 몸을 씻어야 하며 그 후에
그는 이스라엘의 야영지 안으로 들어
와야 한다.
29 이것은 너희를 위한 영원한 규례다.
*일곱째 달 10일에 너희는 본토 사람
이든 너희 가운데에 잠시 살고 있는
외국 사람이든 근신하고 아무 일도
하지 말아야 한다.
30 이는 그날에 너희를 위해 너희를 정
결케 하는 속죄를 해야 하기 때문이
다. 그러면 여호와 앞에서 너희 모든
죄가 정결케 될 것이다.
31 그날은 너희에게 안식일 중의 안식일
이다. 너희는 근신하라. 이것은 영원
한 규례다.
32 아버지의 뒤를 이어 제사장으로 기름
부음 받고 성별된 제사장은 고운 삼
베옷, 곧 거룩한 옷을 입고 속죄를 해
야 한다.
33 그는 지성소와 회막과 제단을 위해
속죄를 할 것이며 제사장들과 공동체
의 모든 백성을 위해 속죄를 해야 한
다.
34 이것은 너희를 위한 영원한 규례로

16:29 에다님 월, 태양력 9월 중순 이후

모든 이스라엘 백성들을 위해 매년
한 차례 행해야 하는 속죄다." 그리하
여 모세는 여호와께서 명령하신 대로
행했습니다.

피를 먹지 말라

17 여호와께서 모세에게 말씀하셨
습니다.
2 "아론과 그 아들들과 온 이스라엘 백
성들에게 다음과 같이 말하여라. '이
것은 여호와께서 명령하신 것이다.
3 누구든지 이스라엘 집안에 속한 사람
이 소나 어린양이나 염소를 이스라엘
의 야영지에서 잡거나 야영지 밖에서
잡든지 간에
4 회막 문으로 그것을 가져와 여호와의
장막 앞에서 여호와께 예물로 바치지
않으면 그는 그 피에 대한 책임을 져
야 한다. 그가 피를 흘렸으므로 그는
자기 백성들 가운데서 끊어져야 할
것이다.
5 그러므로 이스라엘 백성들은 들판에
서 잡던 그들의 희생제물들을 여호와
께, 곧 회막 문 앞 제사장에게로 가져
와 그것들을 화목제물로 여호와께 드
려야 한다.
6 제사장은 회막 문에 있는 여호와의
제단에 그 피를 뿌리고 희생제물의
기름을 여호와께서 기뻐하시는 향기
로 태워야 한다.
7 그들은 자신들의 음란한 방법으로 섬
기던 숫염소에게 더 이상 희생제물을
잡아 바치면 안 된다. 이것은 그들이
대대로 지켜야 할 영원한 규례다.'
8 너는 그들에게 말하여라. '누구든지
이스라엘 사람이나 그들 가운데 사는
외국 사람이 번제물이나 희생제물을
바치려고 할 때
9 그것을 회막 문으로 가져와 여호와께
희생제물로 바치지 않는다면 그 사람
은 자기 백성들에게서 끊어져야 한
다.
10 이스라엘 사람이나 그들 가운데 사는

성·경·상·식 **피 제사**

죄 용서를 얻기 위해서는 피 흘림이 있어야 한다(레 17:11). 피 흘림은 제물의 죽음을 의미하는 것으로 하나님은 죄를 속죄하기 위해 이스라엘 백성에게 피 제사를 주셨다. 피 제사는 하나님의 백성을 속죄하고 정결하게 하여 하나님과의 관계를 회복하기 위한 것으로 하나님의 공의와 사랑의 원리가 담겨 있다. 죄의 대가는 죽음으로 하나님은 죄로 인하여 죽어야 할 사람이 제물의 피 흘림을 통해 속죄를 받을 수 있게 하셨다(히 9:22). 하지만 피 제사를 통한 속죄는 온전하지 못하여 양심까지 깨끗하게 할 수는 없었다. 그래서 반복적으로 제사를 드려야만 했다.
피 제사를 통한 속죄는 예수님의 십자가에서 단번에 완성되었다(마 26:26-29;막 10:45;히 10:10). 피 제사를 통한 속죄는 온전하지 못하며 반복적으로 제사를 드려야 했지만 예수님의 피 흘림을 통한 속죄는 완전하여 단번에 죄 용서(요일 1:7)뿐만 아니라 양심까지도 깨끗하게 해 주었다(히 9:14). 예수님의 피 흘림을 통한 속죄를 얻기 위해서는 개인의 회개와 믿음의 응답이 있어야 한다.

외국 사람이 피를 먹는다면 내가 피
를 먹은 사람에게서 내 얼굴을 돌려
그를 그의 백성들 가운데서 끊어 낼
것이다.
11 이는 육체의 생명이 피에 있기 때문
이다. 내가 너희를 위해 제단에서 속
죄를 하는 용도로 주었던 것이 바로
피다. 이는 피가 생명을 대속하는 것
이기 때문이다.'
12 그러므로 내가 이스라엘 백성들에게
'이스라엘 사람이나 너희 가운데 사
는 어떤 외국 사람도 피를 먹어서는
안 된다'라고 말했다.
13 이스라엘 사람이나 너희 가운데 사
는 외국 사람이나 어떤 먹을 수 있는
짐승이나 새를 사냥하는 사람은 그
피를 땅에 부어 버리고 흙으로 덮어
라.
14 이는 모든 생물의 생명이 피에 있기
때문이다. 나는 이스라엘 백성들에게
'모든 생물의 생명이 피에 있으니 너
희는 어떤 생물의 피도 먹지 말라. 누
구든 피를 먹는 사람은 끊어질 것이
다'라고 말했다.
15 본토 사람이든지 외국 사람이든지 저
절로 죽은 것이나 들짐승에게 찢겨
죽은 것을 먹은 사람은 자기 옷을 세
탁하고 몸을 물로 씻어야 하며 그는
그날 저녁까지 부정하게 되다가 그 후
에 정결해질 것이다.
16 그러나 그가 옷을 세탁하지 않거나
몸을 씻지 않는다면 그는 자기 죄의
책임을 져야 한다."

부정한 성관계

18 여호와께서 모세에게 말씀하셨
습니다.
2 "이스라엘 백성들에게 말하여라. '나
는 너희 하나님 여호와다.
3 너희는 너희가 살았던 이집트 땅의 사
람들이 행하는 것처럼 하지 말며 내
가 너희를 데리고 들어갈 가나안 땅의
사람들이 행하는 것처럼 행하지도 말
라. 그들의 규례를 따르지도 말라.
4 너희는 내 법규를 실천하고 내 규례
를 지키고 그것들을 따라 행하라. 나
는 너희 하나님 여호와다.
5 그러므로 너희는 내 규례와 내 법규
를 지키라. 그리하면 살 것이다. 나는
여호와다.
6 너희 가운데 누구도 가까운 친척을
가까이해 성관계를 갖지 말라. 나는
여호와다.
7 네 아버지와 성관계를 갖지 마라. 그
것은 네 어머니와 성관계를 갖는 것
과 같다. 그녀는 네 어머니이므로 너
는 그녀와 성관계를 갖지 마라.
8 네 아버지의 다른 아내와 성관계를
갖지 마라. 그것은 네 아버지와 성관
계를 갖는 것과 같다.
9 네 집에서 태어났든지 다른 곳에서
태어났든지 간에 네 친누이나 배다른
누이나 씨 다른 누이와 성관계를 갖
지 마라.
10 네 손녀나 외손녀와 성관계를 갖지 마
라. 이는 그들과의 성관계는 너 자신
과의 성관계와 같은 것이기 때문이다.

11 네 아버지가 낳은 네 아버지의 다른
아내의 딸과 성관계를 갖지 마라. 그
녀는 네 누이이기 때문이다.
12 네 고모와 성관계를 맺지 마라. 그녀
는 네 아버지의 가까운 친척이다.
13 네 이모와 성관계를 맺지 마라. 이는
그녀가 네 어머니의 가까운 친척이기
때문이다.
14 네 삼촌의 아내를 가까이하여 성관계
를 맺지 마라. 그녀는 네 숙모다.
15 네 며느리와 성관계를 맺지 마라. 그
녀는 네 아들의 아내다. 너는 그녀와
성관계를 갖지 마라.
16 네 형제의 아내와 성관계를 맺지 마
라. 그것은 네 형제와 성관계를 맺는
것과 같다.
17 한 여자와 그녀의 딸과 동시에 성관
계를 맺지 마라. 그 여자의 손녀나 외
손녀와 성관계를 갖지 마라. 그들은
가까운 친척들이다. 그것은 사악한
짓이다.
18 네 아내가 살아 있는 동안에 네 아내
의 자매를 또 다른 아내로 삼아 성관
계를 맺지 마라.
19 생리 중이어서 부정한 여자를 가까이
해 성관계를 맺지 마라.
20 네 이웃의 아내와 성관계를 가져 그
로 인해서 너 자신을 더럽히지 마라.
21 네 자식을 몰렉 앞에 제물로 내어 주
어 불을 통과하게 하지 마라. 그렇게
하는 것은 네가 네 하나님 여호와의
이름을 욕되게 하는 것이다. 나는 여
호와다.
22 여자와 성관계를 하듯이 남자와 성관
계를 하지 마라. 그것은 가증스러운
짓이다.
23 짐승과 성관계를 해 자신을 더럽히지
마라. 마찬가지로 여자도 스스로 짐
승과 성관계를 맺지 마라. 그것은 문
란한 짓이다.
24 너희는 이런 일 가운데 어떤 것으로
도 자신을 더럽히지 마라. 이는 너희
가 스스로 더럽히기 전에 이 모든 일
을 행하는 민족들을 내가 쫓아냈기
때문이다.
25 그 땅도 더럽혀졌기 때문에 내가 그
땅의 죄로 인해 그 땅을 징벌했고 그
땅은 그곳의 거주민들을 토해 냈다.
26 그러나 너희, 곧 본토 사람들이나 너
희 가운데 사는 외국 사람들이나 내
규례와 내 법도를 지켜 이런 가증한
일들 가운데 어떤 것도 하지 마라.
27 너희가 살기 전에 살았던 그 땅의 사
람들이 그와 같은 모든 가증한 일을
했기 때문에 그 땅이 오염됐다.
28 너희가 그 땅을 더럽히면 그 땅은 너
희 앞에 있었던 민족들을 토해 냈듯
이 너희를 토해 낼 것이다.
29 이런 가증스러운 짓을 하는 사람은
누구든지 그 백성들 가운데 끊어져
야 한다.
30 그러므로 너희는 내가 지키라고 한
것들을 지켜 너희가 들어가기 전에
행하던 그와 같은 가증스러운 풍속
들을 하나도 시행하지 말며 그들로
인해 너희 자신을 더럽히지 말라. 나

는 너희 하나님 여호와다.'"

다양한 규례들

19 여호와께서 모세에게 말씀하셨
습니다.
2 "이스라엘 온 회중에게 말하여라. '나
너희 하나님 여호와가 거룩하니 너희
도 거룩해야 한다.
3 너희는 어머니와 아버지를 존경하고
내 안식일을 지켜야 한다. 나는 너희
하나님 여호와다.
4 우상들에게로 돌아서거나 너희 자신
을 위해 금속을 녹여 신상을 만들지
말라. 나는 너희 하나님 여호와다.
5 너희가 여호와께 화목제의 희생을 드
릴 때 너희는 하나님께서 받으실 만
한 것을 드려야 한다.
6 너희는 그것을 드리는 그날이나 그다
음 날에 그것을 먹어야 한다. 3일째
되는 날까지 남은 것은 불로 태워야
한다.
7 그것을 3일째 되는 날 먹었다면 그것
은 가증한 것이라서 하나님께서 받지
않으실 것이다.
8 누구든 그것을 먹은 사람은 그가 여
호와께 드린 것을 더럽혔기 때문에
그 죄의 책임을 물으실 것이다. 그런
사람은 자기 백성으로부터 끊어질 것
이다.
9 너희가 너희 땅에서 추수할 때 너는
네 밭의 가장자리까지 거두지 말며
추수가 끝난 후에 떨어진 네 이삭을
주우러 밭으로 돌아가지 말라.
10 네 포도원의 포도를 전부 따지 말며
추수하다 떨어진 포도송이를 남김없
이 모으지 마라. 너희는 그것들을 가
난한 사람들이나 외국 사람들을 위
해 남겨 두어라. 나는 너희 하나님 여
호와다.
11 도둑질하거나 속이거나 서로 거짓말
하지 말라.
12 내 이름으로 거짓 맹세를 하지 말라.
그것은 너희 하나님의 이름을 모독하
는 짓이다. 나는 여호와다.
13 네 이웃을 속이거나 억지로 빼앗지
마라. 하루 벌어 하루를 사는 일꾼의
품삯을 다음 날 아침까지 갖고 있지
마라.
14 듣지 못하는 사람이 듣지 못한다고
그에게 저주하는 말을 하거나, 보지
못하는 사람이 보지 못한다고 그를
넘어뜨리는 장애물을 그 앞에 놓지
마라. 다만 너는 네 하나님을 두려워
하라. 나는 여호와다.
15 너희는 재판할 때 의롭지 못한 일을
하지 말라. 곧 너희는 가난한 사람이
라고 두둔해서는 안 되고 힘 있는 사
람이라고 옹호하지도 말라. 다만 네
이웃을 공평하게 재판하라.
16 너는 네 백성들 가운데로 험담하며
돌아다니지 말고 네 이웃의 목숨을
위태롭게 하지 마라. 나는 여호와다.
17 너는 네 형제를 마음으로도 미워하
지 마라. 다만 네 이웃을 꾸짖어서 네
가 이웃으로 인한 죄의 책임을 떠맡
지 않도록 하여라.
18 너는 네 형제에게 복수하거나 원한의

마음을 품지 마라. 다만 너는 네 이
웃을 네 자신처럼 사랑하여라. 나는
여호와다.
19 너희는 내 규례들을 지키라. 너는 네
가축들을 다른 종류와 짝을 짓도록
하지 말며 네 밭에 두 종류의 씨를
뿌리지 마라. 너는 두 가지 종류로 만
든 겉옷을 입지 마라.
20 다른 남자와 결혼하기로 했지만 아직
몸값을 치르지 못해 해방되지 못한
여종과 한 남자가 성관계를 맺었다면
이 일은 죄가 된다. 그러나 그녀가 아
직 해방되지 않았기 때문에 그들을
죽일 필요는 없다.
21 그러나 그 남자는 여호와께 드리는
*보상의 예물, 곧 숫양 한 마리를 보
상의 예물로 삼아 회막 문으로 가져
와야 한다.
22 제사장은 그가 행한 죄를 위해 여호
와 앞에서 숫양을 죄와 보상의 예물
로 바쳐 그를 위해 속죄해야 한다. 그
러면 그가 지은 죄는 용서받을 것이
다.
23 너희가 그 땅에 들어가서 과일나무를
심는다면 너희는 그 과일을 *먹지 못
할 것으로 여기라. 너희는 그것을 3년
동안 따지 못할 것이므로 먹지 말라.
24 제4년에 모든 열매들은 하나님께 바
쳐져야 한다. 이것은 여호와께 대한
찬양의 예물이다.
25 그러나 5년째에는 너희가 그 과일을
먹을 수 있다. 그렇게 하면 그 과일이
풍성해질 것이다. 나는 너희 하나님
여호와다.
26 너희는 피가 아직 남아 있는 고기를
먹지 말라. 너희는 점성술이나 심령
술을 부리지 말라.
27 너희는 이방 사람의 의식을 위해 머
리카락이나 수염을 다듬지 말라.
28 너희는 죽은 사람을 위해 몸에 상처
를 내서 피를 흘리거나 몸에 문신을
새기지 말라. 나는 여호와다.
29 네 딸을 창녀로 만들어 타락시키지
마라. 그러지 않으면 그 땅이 음행에
젖어 사악이 가득하게 될 것이다.
30 내 안식들을 지키고 내 성소를 경외
하라. 나는 여호와다.
31 신접한 사람들이나 무당들에게 가지
말며 그들을 찾지도 말라. 그렇게 한
다면 너희가 그들로 인해 더럽혀질 것
이다. 나는 너희 하나님 여호와다.
32 너는 노인들 앞에서 공손하고 그들을
존중하며 네 하나님을 경외하여라.
나는 여호와다.
33 외국 사람이 너희 땅에서 살 때 너희
는 그를 학대하지 말라.
34 너희 가운데 사는 외국 사람을 본토
사람처럼 대해야 하며 그를 네 몸처
럼 사랑해야 한다. 이는 너희가 이집
트에서 외국 사람으로 지냈기 때문이
다. 나는 너희 하나님 여호와다.
35 너희는 길이나 무게나 양을 잴 때 정
직하지 못한 저울을 사용하지 말라.
36 정직한 저울과 정직한 추를, 정직한

19:21 또는 속건제물 19:23 히브리어, '할례 받지 못한 것' 또는 '정결하게 되지 못한 것'

*에바와 정직한 *힌을 사용하라. 나
는 너희를 이집트에서 인도해 낸 너희
하나님 여호와다.
37 너희는 내 모든 규례와 내 모든 법도
를 지키고 행하라. 나는 여호와다.'"

죄에 대한 처벌

20 여호와께서 모세에게 말씀하
셨습니다.
2 "이스라엘 백성들에게 이렇게 말하여
라. '누구든지 이스라엘 사람이든, 이
스라엘에 사는 외국 사람이든 자기
자식을 몰렉에게 바치면 그를 죽여야
한다. 그 땅의 백성이 그를 돌로 쳐
죽여야 한다.
3 내가 내 얼굴을 그 사람에게 돌릴 것
이며 그를 그 백성들 가운데서 끊어
낼 것이다. 이는 그가 자기 자녀를
*몰렉에게 내주어 내 성소를 더럽히
고 내 거룩한 이름을 모독했기 때문
이다.
4 그가 자기 자식을 몰렉에게 바치는데
도 그 땅의 백성이 그의 행위를 외면
하고 그를 죽이지 않으면
5 내가 내 얼굴을 그와 그 가족에게서
돌릴 것이며 그들을 그들의 백성 가
운데서 끊어 낼 것이다. 그와 그를 본
받아 몰렉에게 음행을 행한 모든 사
람들에게 마찬가지로 행할 것이다.
6 누가 신접한 사람들과 무당들에게 돌
아가서 그들을 따라 음행을 행한다면
나는 내 얼굴을 그 사람에게서 돌릴
것이며 그의 백성 가운데서 그를 끊
어 낼 것이다.
7 너희는 자신을 따로 구별해 거룩하게
하라. 내가 너희 하나님 여호와이기
때문이다.
8 너희는 내 규례를 지켜 행하라. 나는
너희를 거룩하게 하는 여호와다.
9 자기 부모를 저주하는 사람은 죽여야
한다. 그가 자기 부모를 저주했으니
그 죽음의 책임이 그에게 있다.
10 어떤 남자가 이웃의 아내와 간음했다
면 간음한 남녀 모두는 죽여야 한다.
11 계모와 성관계를 맺은 사람은 자기
아버지와 성관계를 맺는 것과 같다.
두 사람 모두 죽여야 한다. 그들의 죽
음의 책임이 그들에게 있다.
12 어떤 남자가 며느리와 성관계를 맺었
다면 그들 모두는 죽여야 한다. 그들
은 사악한 일을 저지른 것이다. 그들
의 죽음의 책임이 그들에게 있다.
13 어떤 남자가 여자와 성관계를 맺듯이
남자와 성관계를 맺었다면 그들 모두
가증한 일을 저지른 것이다. 그들은
죽여야 하며 그들의 죽음의 책임이
그들에게 있다.
14 한 남자가 자기 아내와 장모와 성관
계를 맺었다면 그들 모두를 불로 태
워야 한다. 그래야 너희 가운데 그런
사악함이 없어질 것이다.
15 어떤 남자가 짐승과 성관계를 맺었다
면 그는 죽여야 하며 너희는 그 짐승
도 죽여야 한다.
16 어떤 여자가 짐승과 가까이해 성관계

19:36 에바는 곡식을 재는 기구. 힌은 액체를 재는 기
구 20:3 암몬 사람들의 신(왕상 11:7을 보라.)

를 맺었다면 여자와 그 짐승 모두를
죽이라. 그것들은 죽임당해야 할 것
이다. 그들의 죽음의 책임이 그들에
게 있다.
17 어떤 남자가 자기 누이나 배다른 누
이나 씨 다른 누이와 결혼해 성관계
를 갖고 같이 살았다면 그것은 수치
스러운 일이다. 그들은 동족들의 눈
앞에서 끊어져야 한다. 그가 자기 누
이와 성관계를 했으니 그는 자기 죄
의 책임을 져야 할 것이다.
18 어떤 남자가 생리 중인 여자와 성관
계를 맺었고 그와 그녀의 성관계를
통해서 그녀의 피 근원이 드러났다면
그들 모두는 그들의 백성들 가운데서
끊어져야 한다.
19 네 이모나 고모와 성관계를 맺지 마
라. 그것은 가까운 친척을 벌거벗기
는 것과 같다. 그들은 그들의 죄의 책
임을 져야 한다.
20 백모나 숙모와 동침했다면 그것은 백
부나 숙부와 성관계를 맺은 것과 같
다. 그들은 자신들의 죄에 대한 책임
을 져야 할 것이다. 그로 인해 그들에
게는 자녀가 없을 것이다.
21 한 남자가 자기 형제가 살아 있는 동
안에 형제의 아내와 동침했다면 그것
은 그가 자기 형제와 성관계를 맺는
것과 같다. 그러므로 그들에게는 자
녀가 없을 것이다.
22 그러므로 너희는 내 모든 규례와 법
도를 지키고 행하라. 그러면 내가 너
희에게 주려는 땅이 너희를 토해 내
지 않을 것이다.
23 너희는 내가 너희 앞에서 쫓아내는
민족들의 관습을 따라 살지 말라. 이
는 그들이 이런 모든 일들을 저질렀
기 때문에 내가 그들을 미워했다.
24 그러나 내가 너희에게 '너희가 그들의
땅을 차지할 것이다. 내가 그 땅, 곧
젖과 꿀이 흐르는 땅을 주어 너희로
하여금 소유하게 했다'라고 말했다.
나는 너희를 민족들에게서 구별한 너
희 하나님 여호와다.
25 그러므로 너희는 동물들도 정결한 것
과 부정한 것으로, 새들도 정결한 것
과 부정한 것으로 구별해야 한다. 너
희는 내가 너희에게 부정한 것으로
구별해 놓은 짐승이나 새나 땅에 기
어 다니는 그 어떤 것으로 인해 너희
자신을 불결하게 만들지 말라.
26 나 여호와가 거룩하니 너희도 내게
거룩해야 한다. 너희가 내 것이 되도
록 민족들로부터 너희를 구별했다.
27 남자든 여자든 신접한 사람이나 무
당은 죽여야 한다. 너희는 그들을 돌
로 쳐 죽이라. 그들의 죽음의 책임은
그들에게 있다.'"

제사장이 지켜야 하는 규례

21 여호와께서 모세에게 말씀하셨
습니다.
"아론의 아들들인 제사장들에게 다음
과 같이 말하여라. '제사장은 그 누구
도 자기 친척들 가운데 죽은 사람을
만짐으로 인해 부정해지지 말아야 한
다.

2 예외로는 가까운 친척, 곧 어머니나
아버지나 아들딸이나 자기 형제나
3 아직 결혼하지 않아서 자기와 함께
사는 처녀 누이의 경우에는 스스로
부정해질 수 있다.
4 그는 백성들의 어른이니 스스로 부정
하게 만들지 마라.
5 제사장들은 애도의 표시로 머리카락
이나 수염을 깎거나 자기 몸에 상처
를 내지 말아야 한다.
6 그들은 그들의 *하나님께 거룩해야
하며 그들의 하나님의 이름을 욕되게
해서는 안 된다. 이는 그들이 여호와
께 화제물들, 곧 하나님께 음식의 예
물을 드리는 사람들이기 때문이다.
그러므로 그들은 거룩해야 할 것이
다.
7 그들은 창녀나 더럽혀진 여자와 결혼
하지 말아야 하며 남편으로부터 이혼
당한 여자와도 결혼하지 말아야 한
다. 제사장들은 그들의 하나님께 *거
룩한 사람들이기 때문이다.
8 너는 그를 성별해야 한다. 그가 너희
하나님께 음식 예물을 드리는 사람이
기 때문이다. 그는 너희에게 거룩한
사람이다. 너희를 거룩하게 하는 나
여호와가 거룩하기 때문이다.
9 제사장의 딸이 음행을 해 스스로 더
럽혔다면 그녀는 자기 아버지를 더럽
히는 것이므로 그녀를 불태워야 한
다.
10 머리에 기름 부음 받고 제사장의 옷
을 입어 거룩해진 제사장들 가운데
서 선택된 대제사장은 애도의 표시로
자기 머리카락을 헝클어뜨리거나 자
기 옷을 찢어서는 안 된다.
11 그는 시체가 있는 곳에 가지 말아야
하며 심지어 자기 부모의 경우에도
갈 수 없다.
12 또한 그는 자기 하나님의 성소를 떠나
거나 더럽혀서도 안 된다. 이는 그가
그의 하나님께 대해 기름 부음 받아
성결케 됐기 때문이다. 나는 여호와
다.
13 그는 처녀와 결혼해야 한다.
14 그는 과부나 이혼녀나 더럽혀진 여자
나 창녀와 결혼해서는 안 된다. 그는
반드시 자기 동족의 처녀와만 결혼해
야 한다.
15 그래야 그가 자기 백성 가운데서 자
기 자녀들을 더럽히지 않을 것이다.
나는 그를 거룩하게 하는 여호와이기
때문이다.'"
16 여호와께서 모세에게 말씀하셨습니
다.
17 "아론에게 말하여라. '대대로 너의 자
손들 가운데 흠이 있는 사람은 그 하
나님께 음식 예물을 드리러 올 수 없
다.
18 이는 흠이 있는 사람, 곧 눈먼 사람이
나 발을 저는 사람이나 얼굴에 흉터
가 큰 사람이나 신체의 크기가 서로
다른 사람이나
19 발 부러진 사람이나 손 부러진 사람

21:6 또는 하나님께만 헌신해야 하며 21:7 또는 헌신된

이나
20 등에 혹이 있어 굽은 사람이나 키가
작은 사람이나 눈에 질병이 있는 사
람이나 피부병이나 고환이 상한 사람
을 말한다.
21 아론의 자손인 제사장 가운데 흠이
있는 사람은 여호와께 화제를 드리러
가까이 나올 수 없다. 그가 흠이 있기
때문에 그는 자기의 하나님께 음식
예물을 드리러 나아올 수 없다.
22 그가 하나님께 드려진 음식 예물, 곧
가장 거룩한 예물과 거룩한 예물을
먹을 수는 있다.
23 그러나 그의 흠 때문에 그는 휘장 가
까이로 나아오거나 제단 곁에 다가가
서 내 성소들을 더럽혀서는 안 된다.
이는 내가 그들을 거룩하게 하는 여
호와이기 때문이다.'"
24 그와 같이 모세는 아론과 그 아들들
과 온 이스라엘 백성에게 말했습니다.

22

여호와께서 모세에게 말씀하
셨습니다.
2 "너는 아론과 그 아들들에게 말하여
라. '내게 바친 이스라엘 백성의 거룩
한 예물들을 구별해 다뤄 그들이 내
거룩한 이름을 욕되게 하는 일이 없
게 하여라. 나는 여호와다.'
3 그들에게 말하여라. '대대로 너의 자
손들 가운데 부정한데도 불구하고 이
스라엘 백성들이 여호와께 드리는 거
룩한 예물에 가까이 나아온다면 그
런 사람은 *나로부터 끊어질 것이다.
나는 여호와다.
4 아론의 자손 가운데 *악성 피부병이
나 유출병이 있는 사람은 정결하게
될 때까지 거룩한 예물들을 먹을 수
없다. 시체를 만지거나 정액을 배출한
남자를 만져서 부정해진 사람이나
5 부정하게 하는 어떤 기어 다니는 것
이나 부정해진 사람을 만진 사람은
부정해질 것이다.
6 그런 것을 만진 사람은 그날 저녁까
지 부정하게 될 것이며 그가 자기 몸
을 물로 씻을 때까지 거룩한 예물을
먹을 수 없다.
7 해가 지면 그가 정결해질 것이며 그
후에 그가 자신의 음식인 거룩한 예
물을 먹을 수 있다.
8 그는 스스로 죽은 것이나 들짐승이
찢어 죽인 것을 먹을 수 없으니 그것
은 그 자체로 인해 부정해지는 것이
다. 나는 여호와다.
9 그러므로 제사장들은 내 명령을 지켜
서 그들이 그것으로 인한 죄의 책임
을 감당하고 그것을 욕되게 한 곳에
서 죽지 않게 하라. 나는 그들을 거룩
하게 하는 여호와다.
10 제사장 가문 이외의 다른 사람은 거
룩한 예물을 먹을 수 없다. 제사장의
집에 사는 외국 사람이나 고용된 일
꾼이라도 거룩한 예물을 먹을 수 없
다.
11 그러나 제사장이 돈을 주고 산 종이
나 그의 집에서 태어난 종은 제사장

22:3 더 이상 여호와를 섬기지 못할 것이다. 22:4 전통적으로 나병으로 보았으나 히브리어로는 여러 가지 악성 피부병을 뜻함.

의 음식을 먹을 수 있다.
12 제사장의 딸이 다른 지파에게 시집
을 갔다면 그녀는 거룩한 예물을 먹
을 수 없다.
13 그러나 제사장의 딸이 과부가 됐거나
이혼을 당했거나 자식이 없거나 어릴
때처럼 자기 아버지의 집으로 돌아와
살게 됐다면 그녀는 아버지의 음식을
먹을 수 있다. 외부 사람은 그것을 먹
을 수 없다.
14 누가 실수로 거룩한 예물을 먹게 됐
다면 그는 그것에 5분의 1의 가치를
더해 제사장에게 거룩한 예물을 갚
아야 한다.
15 제사장들은 여호와께 바쳐진 이스라
엘 백성의 거룩한 예물을 더럽히지
않도록 주의해야 한다.
16 먹지 말아야 할 사람이 거룩한 예물
을 먹으면 죄가 되고 징계를 받게 될
것이다. 내가 그들을 거룩하게 하는
여호와이기 때문이다.'"

받지 않으시는 제물

17 여호와께서 모세에게 말씀하셨습니
다.
18 "아론과 그 아들들과 모든 이스라엘
백성들에게 이렇게 말하여라. '이스라
엘 사람이든지 이스라엘에 사는 외국
사람이든지 여호와께 이전에 맹세한
것을 갚거나 자발적으로 드리는 예물
의 용도로 번제물을 드리려면
19 여호와께서 받으시도록 너희는 황소
나 양이나 염소 가운데 흠이 없는 수
컷을 바쳐야 한다.
20 너희는 흠이 있는 것을 드리지 말아
야 한다. 이는 그것이 여호와께서 원
하시는 것이 아니기 때문이다.
21 소나 양 가운데서 여호와께 이전에
맹세한 것을 갚거나 자발적으로 드리
는 예물의 용도로 화목의 예물을 드
릴 때는 온전하고 흠이 없는 것을 드
려야 하나님께서 받으실 것이다.
22 너희는 눈이 멀거나 장애가 있거나

Q&A 왜 외국 사람들은 거룩한 예물을 먹을 수 없었을까?

참고 구절 | 레 22:1–16

이스라엘 백성은 하나님께 바쳐졌던 거룩한 예물을 먹을 수 있었지만 외국 사람(이방인)은 그것을 먹을 수 없었다(레 22:10). 그러나 이스라엘 사람의 종이 된 경우나 그 종의 자녀로 태어난 경우는 먹을 수 있었다(레 22:11). 그 외에는 그 사람의 성품이나 성결 상태와 관계없이 그것을 먹을 수 없었다.

이런 규정을 특별히 만든 이유는 거룩한 예물을 다른 것들과 구별하기 위해서였다. 왜냐하면 거룩한 예물은 거룩한 하나님께 드려진 음식 예물이었기 때문이다(레 21:22). 이 규례 역시 하나님의 거룩하심을 강조하기 위해 만든 것이다.

이제는 예수님 안에서 그러한 차별의 담이 무너졌다(행 2:4; 11:18). 예수님 안에서는 내국인, 외국인의 구별이 있을 수 없다. 왜냐하면 예수님 안에 있는 사람들은 모두 거룩하기 때문이다(벧전 2:9).

불구가 되거나 유출병이 있거나 피부
병이 있는 동물을 여호와께 바치거나
여호와께 드리기 위해 제단 위의 화
제물로 삼아서는 안 된다.
23 그러나 황소나 어린양의 신체가 부분
적으로 너무 크거나 작은 것은 자발
적으로 드리는 예물로 삼을 수 있다.
그러나 이전에 행한 맹세를 갚기 위
한 예물로는 드릴 수 없다.
24 너희는 고환이 상했거나 치었거나 터
졌거나 잘린 짐승을 여호와께 드릴
수 없다. 너희 땅에서 그것을 희생제
물로 삼아서는 안 된다.
25 너희는 외국 사람에게서 그런 동물
을 받아 너희 하나님 여호와께 음식
예물로 드릴 수도 없다. 그 동물들의
결함, 곧 흠 때문에 그것들은 너희의
예물로 여겨지지 않을 것이다."
26 여호와께서 모세에게 말씀하셨습니
다.
27 "황소나 양이나 염소가 태어나면 7일
동안은 그 어미와 함께 두어라. 생후
8일이 지나면 여호와께 화제로 드릴
수 있다.
28 그 어미인 암소나 암양을 그 새끼와
같은 날에 잡지 마라.
29 너희가 여호와께 감사의 희생제물을
죽일 때 너희는 하나님께서 받아들이
실 수 있는 규칙대로 그것을 드려야
한다.
30 그것은 그날에 먹을 것이며 다음 날
아침까지 남기지 않도록 하여라. 나
는 여호와다.
31 너희는 내 계명들을 지키고 행하라.
나는 여호와다.
32 너희는 내 거룩한 이름을 욕되게 하
지 말며 다만 이스라엘 백성들 가운
데서 내 거룩함이 받아들여져야 한
다. 나는 너희를 거룩하게 하는 여호
와로
33 너희를 이집트에서 이끌어 내 너희
하나님이 됐다. 나는 여호와다."

약속된 절기

23 여호와께서 모세에게 말씀하
셨습니다.
2 "너는 이스라엘 백성들에게 이렇게
말하여라. '이것은 너희가 거룩한 모
임으로 선포할 여호와께서 정하신 절
기들이다.

안식일

3 6일 동안 너희가 일을 할 수 있으나
제7일은 안식일로, 성회로 모이는 날
이니 너희는 어떤 일도 하지 말라. 이
날은 너희가 어디에 살든지 지켜야
할 여호와의 안식일이다.

유월절과 무교절

4 특별히 정해 놓은 날을 따라 너희가
거룩한 모임으로 선포할 여호와께서
정하신 절기들은 이렇다.
5 여호와의 유월절은 *첫째 달 14일 해
질 무렵에 시작된다.
6 여호와의 무교절은 그달 15일에 시작
된다. 7일 동안 너희는 누룩 없는 빵
을 먹어야 한다.
7 첫날에 너희는 거룩한 모임을 갖고

23:5 아빕 월, 태양력 3월 중순 이후

일을 하지 말라.
8 7일 동안 너희는 여호와께 화제를 드
리라. 7일째 되는 날에 너희는 거룩한
모임을 갖고 어떤 일도 하지 말라.'"

첫 열매

9 여호와께서 모세에게 말씀하셨습니
다.
10 "이스라엘 백성들에게 다음과 같이
말하여라. '내가 너희에게 주는 땅에
들어가서 수확을 하게 되면 너희가
처음 거둔 곡식의 첫 단을 제사장에
게 가져가라.
11 그는 그 곡식단을 여호와께서 기쁘게
받으시도록 흔들어 바치되 제사장은
안식일 다음 날에 그것을 흔들어 바
쳐야 한다.
12 너희가 그 곡식단을 흔드는 예식을
수행하는 날에 너희는 1년 된 흠이
없는 양을 여호와께 번제물로 드려야
한다.
13 그것과 함께 올리브기름이 섞인 고운
가루 *10분의 2에바를 곡식제물로
드려야 한다. 그것은 여호와께 향기로
운 화제다. 또한 그것과 함께 포도주
*4분의 1힌을 전제물로 드려야 한다.
14 너희는 하나님께 이 예물을 드리기까
지는 어떤 빵이나 볶은 곡식이나 풋
이삭도 먹어서는 안 된다. 이것은 너
희가 어디서 살든지 대대로 영원히
지켜야 할 규례다.

오순절

15 안식일 다음 날, 곧 곡식을 흔들어 바
친 그날부터 일곱 번의 안식일을 헤
아려
16 일곱 번째 안식일 다음 날까지 50일
을 헤아린 후에 너희는 여호와께 새
곡식으로 곡식제물을 드리라.
17 너희는 여호와께 흔드는 예물로 드릴
고운 가루 *10분의 2에바에다 누룩
을 넣어 구운 빵 두 덩이를 너희가 사
는 곳으로부터 가지고 와야 한다. 이
것은 너희가 드릴 첫 열매다.
18 너희는 이 빵과 함께 1년 된 흠 없는
숫염소 일곱 마리와 황소 한 마리와
숫양 두 마리를 드려야 한다. 그것들
은 곡식제물과 전제물 그리고 불 위
에 태워 여호와께서 기뻐하시는 향기
를 피워 내는 번제물이다.
19 그 후에 너희는 한 마리 숫염소를 속
죄제물로 바치고 1년 된 어린양 두 마
리를 화목제 예물로 드려야 한다.
20 제사장은 여호와 앞에서 어린양 두
마리와 첫 열매로 만든 빵과 함께 흔
드는 예식을 집행해야 한다. 그것들
은 제사장을 위해 여호와께 드리는
거룩한 예물이다.
21 너희는 같은 날에 거룩한 모임을 선
포하고 그 모임을 열어야 한다. 너희
는 아무 일도 하지 말라. 이것은 너희
가 어디에 살든 대대로 지켜야 할 영
원한 규례다.
22 너희가 너희 땅의 수확물을 거둘 때
너희 밭의 가장자리까지 거두거나 수
확한 후에 남겨진 이삭을 거두려고

23:13,17 10분의 2에바는 약 4.4리터 23:13 4분의 1힌은 약 0.9리터

밭으로 돌아가지 말라. 너희는 그것
을 가난한 사람들이나 외국 사람들
을 위해 남겨 두라. 나는 너희 하나님
여호와다.'"

나팔절

23 여호와께서 모세에게 말씀하셨습니
다.
24 "너는 이스라엘 백성들에게 다음과
같이 말하여라. '*일곱째 달 1일에 너
희는 안식일로, 성회로 모이는 안식일
로 지켜라. 이날은 나팔을 불어 기념
하는 날이며 거룩한 모임을 갖는 날
이다.
25 아무 일도 하지 말고 다만 여호와께
화제를 드리라.'"

속죄일

26 여호와께서 모세에게 말씀하셨습니
다.
27 "이달, 곧 *일곱째 달 10일은 *속죄일
이다. 너희는 거룩한 모임을 갖고 스
스로 근신하고 여호와께 화제를 드리
라.
28 너희는 그날에 아무 일도 하지 말라.
그날은 속죄일, 곧 너희를 위해 너희
하나님 여호와 앞에서 속죄를 행하는
날이다.
29 이날에 근신하지 않는 사람은 자기
백성으로부터 끊어질 것이다.
30 그리고 그날에 일을 하는 사람마다
내가 자기 백성으로부터 없애 버릴
것이다.
31 너희는 아무 일도 하지 말라. 이것은
너희가 어디에 살든지 대대로 지켜야
할 영원한 규례다.
32 이날은 너희에게 안식 중의 안식의 절
기가 될 것이니 너희는 스스로 근신
해야 한다. 그달 9일 해 질 때부터 다
음 날 해 질 때까지 너희는 너희의 안
식을 지켜야 한다."

초막절

33 여호와께서 모세에게 말씀하셨습니
다.
34 "너는 이스라엘 백성들에게 이렇게
말하여라. '*일곱째 달 15일부터 7일
동안 여호와의 *초막절이 개최될 것
이다.

23:24,27,34 에다님 월, 태양력 9월 중순 이후
23:27 히브리어, 욤 킵푸르 23:34 또는 장막절

성·경·상·식 초막절

- 7일 동안 나뭇가지로 초막을 짓고 살면서 광야 40년의 장막 생활을 기념하는 절기다.
- 1년 동안 수고한 곡식을 거두어 저장한 후 7월(티쉬리 월) 15일부터 지키는 절기로(태양력 9–10월) 수장절, 장막절이라고도 한다.
- 오늘날 추수 감사제와 비슷한 절기로 하나님의 은혜와 복을 기념하는 절기다.
- 예수님의 재림으로 인해 이루어질 모든 성도들의 구원의 완성을 예표한다.

- **참고 구절** 출 23:16;34:22;레 23:34–43;민 29:12–40;신 16:13–15

35 첫날은 거룩한 모임이 있는 날이니 너
희는 아무 일도 하지 말라.
36 7일 동안 너희는 여호와께 화제를 드
려야 한다. 제8일에 너희는 거룩한 모
임을 개최해야 하며 여호와께 화제를
드려야 한다. 그날 거룩한 큰 모임을
갖고 너희는 그 외의 다른 일은 하지
말아야 한다.
37 이것들은 여호와께서 정하신 절기들
로 너희가 거룩한 모임으로 선포해야
하는 날들이다. 너희는 정해진 날에
여호와께 화제, 곧 번제물, 곡식제물,
희생제물과 전제물을 드려야 한다.
38 이 예물들은 여호와의 안식일 외에,
너희의 일상적인 예물과 너희의 모든
맹세의 예물과 너희의 모든 자발적으
로 드리는 예물과는 별도로 여호와께
드려야 하는 것들이다.
39 그러니 일곱째 달 15일, 곧 너희가 그
땅에서 수확을 마친 날에 너희는 7일
동안 여호와의 절기를 지켜야 한다.
그 첫날은 엄숙한 안식일이며 8일째
되는 날도 엄숙한 안식일이다.
40 첫날에는 너희가 실과나무에서 얻은
가장 좋은 열매와 종려나무 가지와
무성한 나무 가지와 시내버드나무 가
지를 가져다 너희 하나님 여호와 앞
에서 7일 동안 기뻐해야 한다.
41 그와 같이 너희는 해마다 7일 동안
여호와의 절기를 지켜야 한다. 이것은
너희가 대대로 지켜야 할 영원한 규
례다. 너희는 그 절기를 일곱째 달에
지키라.
42 너희는 7일 동안 초막에서 지내야 한
다. 이스라엘에 거하는 모든 본토 사
람들은 모두가 초막에서 지내야 한
다.
43 그래야 너희 자손들이 내가 이스라엘
백성들을 이집트에서 인도해 낼 때
그들을 초막에서 지내도록 했다는 것
을 알게 될 것이다. 나는 너희 하나님
여호와다.'"
44 그리하여 모세는 이스라엘 백성들에
게 여호와의 절기들을 선포했습니다.

등불과 진설병

24 여호와께서 모세에게 말씀하
셨습니다.
2 "너는 이스라엘 백성들에게 명령해 올
리브를 으깨서 만든 깨끗한 기름을
네게 가져와 등불을 켜 그 등불이 계
속 타오르게 해야 한다.
3 아론은 회막 안의 증거궤 휘장 밖에
등불을 켜 두어 저녁부터 아침까지
여호와 앞에서 그 불이 계속 타오르
게 해야 한다. 이것은 너희 대대로 지
켜야 하는 영원한 규례다.
4 그는 여호와 앞에서 순금으로 만든
등잔대에 놓인 등불이 계속 타오르
게 해야 한다.
5 너는 고운 밀가루를 가져다가 각각
*10분의 2에바의 무게로 빵 12개를
구워라.
6 그것들을 한 줄에 여섯 개씩 두 줄로
여호와 앞의 순금 탁자 위에 두어라.
7 그리고 각 줄 위에 순수한 유향을 얹

24:5 10분의 2에바는 약 4.4리터

도록 하여라. 그리하여 이것이 그 빵
의 기념 제물, 곧 주를 위한 화제물이
되도록 하여라.
8 아론은 이스라엘 백성들을 대신해 여
호와 앞에 계속 빵을 드려야 한다. 이
것은 영원한 의무다.
9 이것은 아론과 그 아들들을 위한 몫
이다. 그들은 거룩한 곳에서 그것을
먹어야 한다. 이것은 여호와께 드려진
화제물들 가운데서 가장 거룩한 부
분이기 때문이다. 이것은 영원한 규
례다."

신성 모독한 자를 돌로 쳐 죽여라

10 이스라엘 여자와 이집트 남자 사이에
서 태어난 아들이 이스라엘 백성들
가운데 나와서 이스라엘의 야영지 안
에서 한 이스라엘 사람과 싸웠는데
11 이스라엘 여자의 아들이 하나님의 이
름을 저주하며 모독했습니다. 그래서
사람들이 그를 모세에게로 데려갔습
니다. 그의 모친의 이름은 슬로밋이었
으며 단 지파 디브리의 딸이었습니다.
12 그들은 여호와의 뜻이 명확하게 드러
날 때까지 그를 감금했습니다.
13 그때 여호와께서 모세에게 말씀하셨
습니다.
14 "저주의 말을 한 사람을 이스라엘의
야영지 밖으로 데리고 나가 그가 하
는 말을 들었던 모든 사람들이 그의
머리에 손을 얹는 의식을 행하고 온
회중이 그를 돌로 쳐 죽이게 하여라.
15 너는 이스라엘 백성들에게는 이렇게
말하여라. '누구든지 자기 하나님을
저주하는 사람에게 그 죄의 책임을
물을 것이다.
16 여호와의 이름을 모독하는 사람은 죽
어야 한다. 온 회중은 그를 돌로 쳐
죽여야 할 것이다. 외국 사람이나 본
토 사람이나 할 것 없이 여호와의 이
름을 모독하는 사람은 죽어야 한다.
17 사람을 죽이는 사람은 죽어야 한다.
18 가축을 죽이는 사람은 보상을 해야
하는데 생명은 생명으로 해야 한다.
19 자기 이웃을 다치게 했다면 그가 행
한 대로 갚아 주어야 한다.
20 곧 깨진 것은 깨진 것으로, 눈의 상처
는 눈의 상처로, 이의 상처는 이의 상
처로 갚아 주어야 한다. 그가 다른 사
람을 다치게 한 대로 그도 다쳐야 한
다.
21 가축을 죽인 사람은 보상을 해야 하
지만 사람을 죽인 사람은 죽어야 한
다.
22 너희는 외국 사람이나 본토 사람에게
나 한가지 법을 적용해야 한다. 내가
너희 하나님 여호와이기 때문이다.'"
23 모세가 이스라엘 백성들에게 이렇게
말하자 그들은 저주의 말을 한 사람
을 이스라엘의 야영지 밖으로 데리고
나와서 돌로 쳐 죽였습니다. 이렇게
이스라엘 자손들은 여호와께서 모세
에게 명령하셨던 대로 했습니다.

안식년

25 여호와께서 모세에게 시내 산
에서 말씀하셨습니다.
2 "너는 이스라엘 백성들에게 말하여

라. '내가 너희에게 주는 그 땅으로 들
어갈 때 그 땅은 여호와의 안식을 지
켜야 한다.
3 6년 동안은 네 밭에 씨를 뿌리고 6년
동안은 네 포도원을 가꾸고 수확하
여라.
4 그러나 제7년에는 그 땅을 위한 안
식 중의 안식, 곧 여호와의 안식이 있
어야 한다. 너는 네 밭에 씨를 뿌리지
도, 네 포도원을 가꾸지도 마라.
5 밭에서 저절로 자라나는 것은 거두
지 말며 너희가 돌보지 않은 포도원
의 포도는 수확하지 마라. 그때는 그
땅을 위한 안식의 해여야 한다.
6 그 땅의 안식년의 소산은 너희, 곧 너
와 네 남녀종들과 네 일꾼과 너와 함
께 사는 객에게 음식이 될 것이다.
7 네 가축과 네 땅의 들짐승에게도 그
땅의 소산이 음식이 될 것이다.'"

희년

8 "너는 안식년을 일곱 번, 곧 일곱 해
를 일곱 번 헤아려라. 곧 제7년이 일
곱 번 지나면 그 일곱 번의 안식의 해
는 49년이 될 것이다.
9 너는 일곱째 달 10일에 사방에서 나
팔을 불게 하고 속죄일에 너는 나팔
을 네 온 땅 전역에서 불게 하여라.
10 너희는 50년이 되는 해를 거룩하게
하고 그 온 땅의 모든 사람들에게 자
유를 선포하라. 그것이 너희를 위한
희년이다. 너희 각 사람은 각자의 소
유지로 돌아가고 너희 각 사람은 각
자의 동족에게로 돌아가라.
11 희년은 50년이 되는 해로 너희를 위
한 것이다. 그해에는 씨도 뿌리지 말
고 그 땅에서 저절로 나는 것이나 돌
보지 않은 포도를 거두지 말라.
12 *이는 그해가 희년이며 그해가 너희
에게 거룩하기 때문이다. 너희는 밭
에서 자연적으로 나는 것을 먹으라.
13 이 희년에는 너희 모두가 각자의 소
유지로 돌아갈 것이다.
14 네가 네 이웃에게 땅을 팔았거나 샀

25:12 또는 이는 희년이니 너희가 거룩하게 지내야 한다.

Q&A 7×7 = 49 : 희년?

참고 구절 | 레 25:8–55

7년을 주기로 마지막 해인 7년째 되는 해를 안식년이라고 하며 이 안식년을 일곱 번 보낸(7×7=49) 다음 해인 50년째 해를 희년이라고 한다.
희년은 대제사장이 나팔을 부는 것으로 선포되었다. 이해에는 땅을 쉬게 했으며(레 25:11–12) 땅의 소유권을 원래 주인에게 되돌려 주었다(레 25:23–28). 종은 자유의 몸이 되어 가족의 품으로 돌아갈 수 있었다(레 25:39–55). 이것은 토지의 주인은 하나님이시며 그 땅을 위임받아 사용하는 원리를 따르는 것이다.
해방의 해인 '희년'은 이사야에 의해 '은혜의 해', '하나님의 보복의 날'로 선포되었다(사 61:1–2). 또한 예수님이 오셔서 이 땅의 모든 사람에게 참된 자유와 회복의 희년을 다시 선포하셨다(눅 4:18–19).

다면 너는 그것과 관련해 서로 거짓
을 행하지 마라.
15 너는 희년에서 몇 해가 지났는지를
따라서 그것을 사고 그는 그 수확할
햇수에 따라서 네게 팔아야 한다.
16 그 햇수가 많으면 너는 그 값을 올릴
것이며 햇수가 적으면 값을 내릴 것이
다. 이는 그것이 그가 네게 파는 수확
량이기 때문이다.
17 너희는 서로 속이지 말며 너희 하나
님을 두려워하라. 내가 너희 하나님
여호와이기 때문이다.
18 너희는 내 규례들을 따르고 내 법도
들을 지켜 행하라. 그러면 너희가 이
땅에서 안전하게 살 수 있을 것이다.
19 그 땅은 소산을 낼 것이고 너희가 배
불리 먹고 거기서 평안히 살게 될 것
이다.
20 너희가 '우리가 씨를 뿌리거나 우리의
곡식을 수확하지도 않는다면 7년째
되는 해에 우리가 무엇을 먹겠는가?'
라고 말할 수도 있을 것이다.
21 내가 6년째 되는 해에 그 땅이 3년 동
안 먹을 만한 소산을 낼 수 있도록
충분한 복을 줄 것이다.
22 너희가 8년째 되는 해에 씨를 뿌릴
때 너희는 이전에 수확한 것을 먹고 9
년째 되는 해의 추수 때까지 그것을
먹게 될 것이다.
23 땅은 아주 팔 수 없다. 이는 그 땅이
내 것이며 너희는 나와 함께한 나그
네들로 임시 거주자들이기 때문이
다.
24 너희가 소유한 온 땅에서 너희는 정
해진 때에 토지가 원래 소유자에게
돌아가는 것을 허용해야 한다.
25 네 형제가 가난하게 돼 자기 소유지
의 일부를 팔았다면 그의 가장 가까
운 친척이 와서 그의 형제가 판 것의
값을 대신 물어 주어야 한다.
26 그러나 그 땅의 값을 대신 물어 줄 사
람이 없지만 나중에 그가 돈을 벌어
서 값을 지불할 정도가 된다면
27 그가 그 땅을 판 그해부터의 가치를
계산해서 그 가치를 뺀 나머지를 무
르는 값으로 이전에 땅을 팔았던 사
람에게 지불하고 그는 자기 소유지로
돌아갈 것이다.
28 그러나 그가 그 땅을 다시 살 만큼의
돈을 갖고 있지 못하다면 그가 판 땅
은 희년 때까지 그것을 산 사람의 소
유로 남아 있을 것이다. 그 땅은 희년
에 땅을 산 사람에게서 자유로워질
것이며 원래의 소유자가 자기 소유지
로 되돌릴 수 있다.
29 어떤 사람이 도성 안에 있는 집을 팔
았다면 그는 집을 판 지 1년 이내에
그것을 무를 수 있다. 이는 1년 이내
에는 그가 무를 수 있는 권리가 있기
때문이다.
30 그러나 그가 1년이 지났는데도 그것
을 무르지 못하면 도성 안에 있는 그
집은 그것을 산 사람과 그 자손들의
영원한 소유가 될 것이다. 그것은 희
년에 자유롭게 될 수 없다.
31 그러나 도성 밖에 위치한 마을의 집

은 들판으로 간주될 것이며 그것은
무를 수 있고 그것은 희년에 자유롭
게 돼야 한다.
32 그러나 레위 사람들은 레위 사람의
도성들, 곧 그들이 소유한 도성들에
있는 집들을 항상 무를 수 있다.
33 한 레위 사람이 무르는 권리를 행사
하지 않는다면 그들이 소유한 도성
에 있는 집은 희년에 자유롭게 될 것
이다. 이는 레위 사람들의 도성 안에
있는 집들이 이스라엘 백성들 가운데
있는 그들의 소유이기 때문이다.
34 그러나 그들의 도성에 속한 초지들은
팔 수 없다. 이는 초지가 그들의 영원
한 소유이기 때문이다.
35 네 형제가 가난해져서 네 가운데서
먹고 살기가 어렵다면 너는 그를 먹
여 살려야 한다. 나그네와 임시 거주
자가 네 환대를 받으며 함께 거하듯
이 그는 너와 함께 살아야 한다.
36 그에게 그 어떤 종류의 *이자도 받지
말며 네 하나님을 경외하여라. 그리
하면 네 형제가 너와 함께 살 수 있을
것이다.
37 너는 그에게 돈을 빌려 주더라도 *이
자를 받지 말며 식량을 빌려 주더라
도 이득을 취하지 마라.
38 나는 너희 하나님 여호와니 너희를
이집트 땅으로부터 이끌어 내 가나안
땅을 너희에게 주고 너희 하나님이
됐다.
39 너와 함께 거하는 네 형제가 가난해
져 그 빚을 갚을 목적으로 스스로를
네 종으로 팔았다면 너는 그를 종처
럼 섬기게 하지 마라.
40 그는 고용된 일꾼이나 임시 거주자로
너와 함께 거할 것이다. 그는 희년까
지 너를 위해 일해야 한다.
41 그 후에 그와 그 자녀들이 너로부터
자유로워져서 자기 가족과 자기 조상
들의 소유지로 돌아가야 한다.
42 이는 그들이 내가 이집트 땅에서 이
끌어 낸 내 종들이므로 그들은 종들
로 팔릴 수 없기 때문이다.
43 너는 그들을 엄하게 부리지 말고 네
하나님 여호와를 경외하여라.
44 너는 네 주위의 나라들에서 온 사람
들을 남녀종들로 샀을 경우에만 남
녀종을 소유할 수 있다.
45 너희는 또한 너희와 함께 있어 잠시
머무는 나그네들과 네 땅에서 태어난
그들의 가족들 가운데 종을 살 수 있
으며 그들은 너희의 소유가 될 것이
다.
46 너희는 그들을 너희 자손들에게 상
속해 영원히 소유로 물려줄 수 있으
며 너희는 그들을 평생 종으로 삼을
수 있다. 그러나 너희는 너희 동족 이
스라엘 사람들에게는 서로 엄하게 부
리지 말아야 한다.
47 너희와 함께 지내는 나그네나 임시
체류자가 부자가 되고 그와 함께 있
는 너희의 형제가 가난해져 너희와
함께 지내는 나그네나 임시 체류자나
나그네의 가족의 한 사람에게 빚을

25:36,37 또는 과도한 이자

갚을 목적으로 스스로 종으로 팔렸
다면
48 그는 팔린 후에라도 물릴 수 있다. 그
의 형제들 가운데 하나가 값을 지불
하고 그를 물릴 수 있다.
49 삼촌이나 사촌이나 그의 가문에 속
한 가까운 친척이 돈을 지불하고 그
를 물릴 수 있다. 혹은 그가 돈을 벌
어서 스스로 물릴 수도 있다.
50 그와 그를 산 사람은 그가 자신을 판
해로부터 희년까지의 기간을 헤아릴
것이며 그를 자유롭게 하는 비용은
헤아린 햇수에 따라 지불돼야 한다.
곧 그가 자기 주인을 위해 일한 기간
은 고용된 종의 햇수와 같이 헤아려
야 할 것이다.
51 아직 많은 햇수가 남았다면 그것에
따라서 그는 이전에 종으로 팔렸을
때 주인에게서 받은 금액에서 그것만
큼의 액수를 빼고 무르는 금액을 그
에게 돌려줄 것이다.
52 희년까지 얼마 안 남았다면 그는 그
와 함께 헤아릴 것이다. 그는 그가 행
한 섬김의 햇수의 가치를 빼고 무르
는 비용을 되돌려 주어야 한다.
53 그는 그를 해마다 고용된 사람처럼
대해야 한다. 그는 네 눈앞에서 그를
엄하게 다루지 말아야 한다.
54 그가 위에서 언급한 어떤 방식으로도
무를 수 없다면 그와 그의 자녀들은
희년에 자유롭게 될 것이다.
55 이는 이스라엘 백성이 내게 속한 종
들이며 그들은 내가 이집트에서 인도
해 낸 내 종들이기 때문이다. 나는 너
희 하나님 여호와다."

순종에 따르는 상

26 "너희는 너희를 위해 우상들을
만들거나 새긴 형상이나 주상
을 세우지 말고 너희는 너희 땅에 다
듬은 돌을 세우고 그것들을 섬기지
말라. 이는 내가 너희 하나님 여호와
이기 때문이다.
2 너희는 내 안식들을 지키고 내 성소
를 경외하라. 나는 여호와다.

하용조 목사의 행복한 **메시지**

순종

그리스도인의 이상(理想)은 예수님처럼 순종하는 사람이 되는 것입니다. 예수님은 처음부터 끝까지 하나님의 뜻에 철저하게 순종하는 삶을 사셨고, 십자가에서 죽기까지 맡은 바 사명을 다하는 삶을 사셨습니다. 순종은 책임 전가나 무책임을 의미하지 않습니다. 순종할 줄 아는 사람만이 책임질 줄 알고 책임질 줄 아는 사람만이 순종할 줄 압니다.

참된 순종은 강자만이 할 수 있는 승리의 표현입니다. 자기와 싸워 이길 수 없는 사람은 결코 참된 순종을 할 수 없습니다. 자아가 깨지고 무너질 때 온전한 순종과 겸손이 나타납니다. 순종은 믿음의 결정입니다. 온전한 순종과 책임의 조화를 이루셨던 예수님의 삶을 따르는 것이 참된 그리스도인의 모습입니다.

3 너희가 내 규례들을 준수하고 내 명
령들을 지켜 행하면
4 내가 너희에게 때마다 비를 내릴 것
이고 그 땅이 수확물을 내고 들판의
나무들이 열매를 맺을 것이다.
5 너희는 포도를 수확할 때까지 추수
를 계속할 것이며 씨를 뿌릴 때까지
포도 수확을 계속할 것이다. 너희는
배부르게 음식을 먹을 것이며 너희의
땅에서 안전하게 살 수 있을 것이다.
6 내가 그 땅에 평화를 줄 것이며 너희
가 누울지라도 아무도 너희를 두렵게
하지 않을 것이다. 내가 그 땅에서 위
험한 들짐승들을 없앨 것이며 *전쟁
이 너희 땅에서 일어나지 않을 것이
다.
7 너희가 너희 원수들을 이길 것이며
그들이 너희 앞에서 패배할 것이다.
8 너희 가운데 다섯 명이 원수들 100명
을 이길 것이며 너희 가운데 100명이
원수들 1만 명을 이길 것이며 너희 원
수들이 너희 앞에서 패배할 것이다.
9 내가 너희에게 은혜를 베풀 것이며
너희가 생육하고 번성하게 할 것이며
내가 너희와 맺은 내 언약을 지킬 것
이다.
10 너희는 작년에 수확한 것을 먹을 것
이지만 새것을 수확하면 그것을 치우
게 될 것이다.
11 내가 너희와 함께 거할 것이며 내가
너희를 싫어하지 않을 것이다.
12 내가 너희와 함께 행할 것이며 너희
하나님이 될 것이며 너희는 내 백성
이 될 것이다.
13 나는 너희 하나님 여호와로 너희를
이집트에서 인도해 내 너희가 더 이상
이집트 사람들의 종이 되지 않게 했
다. 내가 너희 멍에의 가로 막대기를
부러뜨렸고 너희 머리를 곧게 세우고
걷게 했다."

불순종에 따르는 벌

14 "그러나 너희가 내 말에 귀 기울이지
않고 이 모든 명령을 행하지 않거나
15 너희가 내 규례를 거부하고 내 법도
를 싫어해 내 모든 명령을 행하지 않
고 내 언약을 어긴다면
16 내가 너희에게 이렇게 할 것이다. 곧
내가 너희에게 너희 눈을 멀게 하고
너희 목숨을 위협하는 재앙과 질병과
열병을 보낼 것이다. 너희가 씨앗을
뿌려도 헛일이 될 것이다. 너희 원수
들이 그것을 먹을 것이기 때문이다.
17 내가 내 얼굴을 너희에게서 돌려 너
희는 너희 원수들에게 패배할 것이
다. 너희를 미워하는 자들이 너희를
다스릴 것이고 너희는 쫓아오는 자가
없어도 도망할 것이다.
18 이 모든 일들에도 불구하고 너희가
내 말을 듣지 않으면 내가 너희 죄들
에 대해 너희를 일곱 배로 징벌할 것
이다.
19 내가 너희의 권력에 대한 신뢰를 꺾
을 것이며 너희 위의 하늘을 쇠처럼
너희 아래 땅을 구리처럼 단단하게
만들 것이다.

26:6 히브리어, '칼'

20 너희가 힘을 써도 헛수고가 될 것이
다. 이는 너희의 땅이 아무 소산도 내
지 못할 것이며 땅의 나무들도 아무
열매도 내지 못할 것이기 때문이다.
21 너희가 나와 맞서서 행하고 내 말을
듣지 않는다면 내가 너희에게 재난을
너희의 죄들보다 일곱 배나 더 많게
할 것이다.
22 내가 들짐승들을 너희에게 보내서 그
것들이 너희에게서 너희 자식들을 빼
앗을 것이며 너희 가축들을 죽이고
너희 수가 적어져 길거리가 황량할
것이다.
23 이 모든 일에도 너희가 내게 돌이키
지 않고 나와 맞서서 행한다면
24 나도 너희와 맞서서 행하고 나 스스
로 너희에게 너희의 죄들보다 일곱 배
나 더한 심판을 내릴 것이다.
25 내가 너희에게 *전쟁을 일으키게 해
언약을 깬 데 대한 보복을 할 것이다.
너희가 너희 성들에 도피해 있다면
내가 너희에게 전염병을 보낼 것이고
너희는 원수들의 손에 넘어갈 것이다.
26 내가 너희가 빵을 운반할 때 사용하
는 나무 막대를 꺾을 때 열 명의 여
자들이 한 개의 화덕에 빵을 구워 저
울에 달아 줄 것이며 너희가 먹어도
배부르지 않을 것이다.
27 이 모든 일에도 불구하고 너희가 내
말을 듣지 않고 나와 맞서서 행한다
면
28 내가 진노해 너희와 맞서 행하고 내
가 친히 너희를 너희 죄들에 대해 일
곱 배로 징벌할 것이다.
29 너희가 너희 아들들의 살과 너희 딸
들의 살을 먹을 것이다.
30 내가 너희 산당을 부수고 너희 분향
제단을 깨뜨리며 너희 시체들을 너희
우상들의 시체들 위에 던질 것이며
내가 너희를 미워할 것이다.
31 내가 너희의 도성들을 폐허로 만들고
너희 성소들을 황폐하게 만들 것이며
내가 너희가 바치는 예물들의 태우는
냄새를 좋아하지 않을 것이다.
32 내가 그 땅을 폐허로 만들어 거기에
사는 너희 원수들이 그것을 보고 놀
라게 할 것이다.
33 내가 너희를 민족들 가운데로 흩어
버릴 것이고 칼이 너희를 좇도록 할
것이다. 너희의 땅이 황폐해질 것이며
너희 도성들은 폐허가 될 것이다.
34 그때 그 땅은 너희가 너희 원수들의
땅에 있어 폐허로 남아 있는 동안 땅
의 안식들을 누릴 것이다. 그때에야
그 땅이 쉬어 안식들을 누리는 것이
다.
35 그 땅이 폐허로 남아 있는 동안 너희
가 그 안에 사는 동안 누리지 못했던
너희의 안식들을 누리게 되는 것이
다.
36 너희 가운데 남겨진 사람들에 대해
서, 내가 그들 원수들의 땅에 있는 그
들의 마음을 약하게 만들어 바람에
흩날리는 나뭇잎 소리에도 그들을 도
망하게 할 것이다. 그들은 칼을 피해

26:25 히브리어, '칼'

도망치는 것처럼 도망칠 것이며 자기
들을 쫓는 사람이 없어도 넘어질 것
이다.
37 그들은 쫓는 사람이 없어도 칼을 피
해 도망하듯이 서로 걸려 넘어질 것
이며 너희는 너희 원수들 앞에 설 힘
을 잃을 것이다.
38 너희가 그 민족들 가운데서 쓰러질
것이며 너희 원수들의 땅이 너희를
삼켜 버릴 것이다.
39 너희 가운데 남겨진 사람들은 자기들
의 죄로 인해 그들의 원수들의 땅에
서 사라질 것이다. 또한 그들 조상들
의 죄로 인해 그들은 그들과 함께 사
라질 것이다.
40 그러나 그들이 내게 반역하고 내게
대항해 행했던 불성실한 행동 속에서
자기들의 죄들과 자기 조상들의 죄들
을 고백하면
41 그래서 내가 그들과 대항해 그들을
그들 원수들의 땅으로 보냈지만 그들
의 할례를 받지 않은 마음이 겸손해
지고 그들이 자기들의 죄의 대가를
차를 때
42 내가 야곱과 맺은 언약을 기억하며
내가 이삭과 맺은 언약을 기억할 것
이다. 내가 아브라함과 맺은 언약을
기억할 것이며 내가 그 땅을 기억할
것이다.
43 그러나 그 땅이 그들에게 버려져 그
들 없이 폐허로 남아 있는 동안에 땅
은 안식들을 누릴 것이다. 그들이 내
법도를 저버리고 내 규례를 싫어했기
때문에 그들은 죄의 대가를 치를 것
이다.
44 그러나 이런 것에도 불구하고 그들이
그들의 원수들의 땅에 있을 때 내가
그들을 저버리지도 그들을 미워하지
도 아니해 그들을 완전히 멸망시키지
도, 그들과 맺은 내 언약을 파기하지
도 않을 것이다. 이는 내가 그들의 하
나님 여호와이기 때문이다.
45 그러나 내가 그들의 하나님이 되기 위
해, 민족들이 보는 앞에서 이집트에
서 그들을 인도해 낸 그들 조상들과
의 언약을 그들을 위해 기억할 것이
다. 나는 여호와다."
46 이상은 여호와께서 시내 산에서 모세
를 통해 자기와 이스라엘 백성들 사
이에 세우신 규례와 법규와 교훈입니
다.

속전에 관한 규례

27 여호와께서 모세에게 말씀하
셨습니다.
2 "너는 이스라엘 백성들에게 다음과
같이 말하여라. '누구든지 여호와께
사람을 바치는 특별한 맹세를 한 후
에 제사장의 계산법에 따라 그 맹세
를 이루려면
3 20세부터 60세까지의 남자는 성소
세겔에 따라 은 *50세겔로 계산하고
4 여자의 경우는 *30세겔로 계산해야
한다.
5 5세부터 20세까지의 남자는 *20세겔

27:3 50세겔은 약 570그램 27:4 30세겔은 약 342그램 27:5 20세겔은 약 228그램

로 계산하고 여자의 경우는 *10세겔
로 계산한다.
6 태어난 지 1개월부터 5세까지의 남자
는 은 *5세겔로 계산하고 여자의 경
우는 은 *3세겔로 계산해야 한다.
7 60세 이상의 남자는 *15세겔로 계산
하고 여자의 경우는 *10세겔로 계산
해야 한다.
8 그러나 맹세는 했으나 그 사람이 너
무 가난해서 정해진 값을 낼 수 없다
면 맹세한 사람은 맹세한 대상을 제
사장에게 데려갈 것이며 제사장은 맹
세한 사람의 능력에 따라 그 사람의
가치를 계산해야 한다.
9 여호와께 드린 예물이 가축이라면 그
렇게 여호와께 드린 모든 가축은 이
미 *바쳐진 것이다.
10 그렇기 때문에 그는 그것을 좋은 것
을 나쁜 것으로 혹은 나쁜 것을 좋은
것으로 바꿀 수 없다. 그가 그 가축
을 다른 것으로 대신하면 그 둘 다 여
호와의 소유가 될 것이다.
11 그것이 여호와께 드릴 만한 예물이
아닌 부정한 동물이라면 그 사람은
그 동물을 제사장 앞에 가져가야 한
다.
12 그러면 제사장은 그것이 좋은 것인지
나쁜 것인지 평가해야 한다. 제사장
은 그 가치를 결정하고 그 가치는 그
대로 결정될 것이다.
13 그가 그 가축을 물리려면 그는 그 가
치에 5분의 1의 값을 더해야 한다.
14 자기 집을 여호와께 바치려면 제사장
은 그것이 좋은지 나쁜지에 대한 가
치를 평가해야 한다. 제사장이 그 가
치를 정하면 그 가치가 정해질 것이
다.
15 자기 집을 하나님께 바친 사람이 그
것을 물리길 원한다면 그는 그 가치
에 5분의 1의 값을 더해야 한다. 그러
면 그 집은 다시 자기 것이 될 것이다.
16 유산으로 받은 땅의 일부를 여호와께
바치려면 그 가치는 거기 뿌릴 수 있
는 씨의 양에 따라 계산해야 한다. 곧
보리 *1호멜은 *50세겔로 계산하여
라.
17 희년에 혹은 직후에 그가 자기 밭을
바친다면 최대한의 가치로 계산하여
라.
18 그러나 희년과 상관없이 밭을 바친다
면 제사장은 다음 희년 때까지 남아
있는 햇수에 따라 그 가치를 정할 것
이며 그 가치는 줄어들 것이다.
19 밭을 바친 사람이 그것을 무르고 싶
어 한다면 그는 그 밭의 가치에 5분
의 1의 금액을 더해서 내야 한다. 그
러면 그것은 다시 그의 것이 될 것이
다.
20 그러나 그 밭을 무르지 않거나 다른
사람에게 팔아 버렸다면 그것은 더
이상 무를 수 없다.
21 그러나 희년이 돼 그 밭이 풀리면 여
호와께 바친 것이 돼 거룩해질 것이

27:5,7 10세겔은 약 114그램 27:6 5세겔은 약 57그램, 3세겔은 약 34그램 27:7 15세겔은 약 171그램 27:9 히브리어, '거룩한 것' 27:16 1호멜은 약 220리터, 50세겔은 약 570그램

다. 그 밭은 제사장들이 소유하게 될
것이다.
22 누구든지 물려받은 것이 아닌 구입한
밭을 여호와께 바치려면
23 제사장은 희년까지의 그 가치를 계산
할 것이며 그 사람은 그날에 여호와
께 *바쳐진 것으로서의 가치를 지불
해야 한다.
24 희년이 되면 그 밭은 그것을 산 사람
으로부터 상속을 통해 원소유자에게
돌아갈 것이다.
25 모든 가치는 성소의 세겔에 따라 정
해질 것이다. *20게라는 은 *1세겔로
한다.
26 첫 소산은 여호와의 소유이기 때문에
그 누구도 소나 양이나 짐승의 첫 새
끼를 바칠 수 없다. 그것은 이미 여호
와의 소유다.
27 그것이 부정한 것이라면 정해진 가치
를 따져서 거기에다 5분의 1을 더해
물릴 것이며 물리지 않으려면 정해진
가격에 팔아라.
28 그러나 사람이나 가축이나 유산으로
받은 밭이든지 자기의 소유물들 가운
데 여호와께 *바쳐진 것은 그 어떤 것
도 팔거나 물릴 수 없다. *바쳐진 것
모두 다 여호와의 영원한 소유다.
29 진멸의 대상으로 하나님께 완전히
*바쳐진 사람은 물릴 수 없다. 그는
죽어야 한다.
30 곡식이든 열매든지 간에 그 땅에서
난 것의 모든 *열 가운데 하나는 여
호와의 것이며 그것은 여호와의 소유
다.
31 자기가 드린 *열의 하나를 물리고자
한다면 그는 거기다 5분의 1의 가치
를 더해야 한다.
32 소와 양의 모든 열 가운데 하나, 곧
목자의 막대기 아래로 지나가는 모든
열 번째 가축은 여호와의 소유다.
33 그가 좋은 것 대신에 나쁜 것을 고르
거나 다른 것으로 바꾸어서는 안 된
다. 원래의 가축과 교체한 가축 모두
가 거룩해질 것이며 그것은 물릴 수
없다.'"
34 이상은 여호와께서 시내 산에서 이스
라엘 백성들을 위해 모세에게 주신
명령들입니다.

27:23,28,29 히브리어, '거룩한 것' 27:25 20게라는 약 11.4그램, 1세겔은 약 11.4그램 27:30,31 십일조

민수기

Numbers

율법을 받고 성막을 완성한 이스라엘이 시내 산에서 출발하여 가나안 근처 모압 평야에 이르는 여정에 대한 역동적 기록이다. 인구 조사와 불신으로 인한 광야 40년의 방황, 배반과 불순종, 심판의 과정들이 구체적으로 드러난다. 광야에서의 하나님의 인도 방법과 아울러 가나안 입성을 위한 사전 준비들이 제시되고 있다.

인구 조사

1 이스라엘 백성들이 이집트에서 나
온 후 2년째 되는 해 *둘째 달 1일
에 여호와께서 시내 광야 *회막에서
모세에게 말씀하셨습니다.
2 "이스라엘 온 회중의 수를 그 가문과
가족에 따라 각 남자의 머릿수대로
그 명수를 세어라.
3 너와 아론은 전쟁에 나갈 수 있는 이
스라엘의 20세 이상 모든 남자들의
수를 부대별로 세어라.
4 그리고 각 지파에서 각 가문별로 지
도자가 한 사람씩 나오게 해 너희와
함께 일하게 하여라.
5 너희와 함께할 사람들의 이름은 이러
하다. 르우벤 지파는 스데울의 아들
엘리술,
6 시므온 지파는 수리삿대의 아들 슬루
미엘,
7 유다 지파는 암미나답의 아들 나손,
8 잇사갈 지파는 수알의 아들 느다넬,
9 스불론 지파는 헬론의 아들 엘리압,
10 요셉 후손들 가운데 에브라임 지파는
암미훗의 아들 엘리사마, 므낫세 지파
는 브다술의 아들 가말리엘,
11 베냐민 지파는 기드오니의 아들 아비
단,
12 단 지파는 암미삿대의 아들 아히에셀,
13 아셀 지파는 오그란의 아들 바기엘,
14 갓 지파는 *드우엘의 아들 엘리아삽,
15 납달리 지파는 에난의 아들 아히라
다."
16 이들은 회중 가운데서 부름을 받은
사람들로서 자기 조상 때부터 내려오
던 지파의 지도자였으며 이스라엘 각
부대의 우두머리였습니다.
17 모세와 아론은 지명을 받은 이 사람
들을 데리고
18 둘째 달 1일에 온 회중을 불러 모았습
니다. 그들은 각자 가문과 가족별로

1:1 시브 월, 태양력 4월 중순 이후 1:1 히브리어, '만남의 장막' 1:14 르우엘과 동일 인물(민 2:14을 보라.)

20세 이상인 남자들의 이름을 불러
가며 그 명수대로 등록시켰습니다.
19 여호와께서 명하신 대로 모세가 시내
광야에서 이스라엘 온 회중의 수를
세었습니다.
20 이스라엘의 맏아들인 르우벤의 자손
들 가운데 전쟁에 나갈 수 있는 20세
이상 모든 남자들을 그 가문과 가족
의 목록에 따라 그 이름의 수대로 기
록했더니
21 르우벤 지파에서 등록된 사람은 4만
6,500명이었습니다.
22 시므온의 자손들 가운데 전쟁에 나갈
수 있는 20세 이상 모든 남자들을 그
가문과 가족의 목록에 따라 그 이름
의 수대로 기록했더니
23 시므온 지파에서 등록된 사람은 5만
9,300명이었습니다.
24 갓의 자손들 가운데 전쟁에 나갈 수
있는 20세 이상 모든 남자들을 그 가
문과 가족의 목록에 따라 그 이름의
수대로 기록했더니
25 갓 지파에서 등록된 사람은 4만
5,650명이었습니다.
26 유다의 자손들 가운데 전쟁에 나갈
수 있는 20세 이상 모든 남자들을 그
가문과 가족의 목록에 따라 그 이름
의 수대로 기록했더니
27 유다 지파에서 등록된 사람은 7만
4,600명이었습니다.
28 잇사갈의 자손들 가운데 전쟁에 나갈
수 있는 20세 이상 모든 남자들을 그
가문과 가족의 목록에 따라 그 이름
의 수대로 기록했더니
29 잇사갈 지파에서 등록된 사람은 5만
4,400명이었습니다.
30 스불론의 자손들 가운데 전쟁에 나
갈 수 있는 20세 이상 모든 남자들을
그 가문과 가족의 목록에 따라 그 이
름의 수대로 기록했더니
31 스불론 지파에서 등록된 사람은 5만
7,400명이었습니다.
32 요셉의 자손들 가운데, 곧 에브라임
의 자손들 가운데 전쟁에 나갈 수 있
는 20세 이상 모든 남자들을 그 가문
과 가족의 목록에 따라 그 이름의 수
대로 기록했더니
33 에브라임 지파에서 등록된 사람은 4만
500명이었습니다.
34 므낫세의 자손들 가운데 전쟁에 나갈
수 있는 20세 이상 모든 남자들을 그
가문과 가족의 목록에 따라 그 이름
의 수대로 기록했더니
35 므낫세 지파에서 등록된 사람은 3만
2,200명이었습니다.
36 베냐민의 자손들 가운데 전쟁에 나갈
수 있는 20세 이상 모든 남자들을 그
가문과 가족의 목록에 따라 그 이름
의 수대로 기록했더니
37 베냐민 지파에서 등록된 사람은 3만
5,400명이었습니다.
38 단의 자손들 가운데 전쟁에 나갈 수
있는 20세 이상 모든 남자들을 그 가
문과 가족의 목록에 따라 그 이름의
수대로 기록했더니
39 단 지파에서 등록된 사람은 6만

2,700명이었습니다.
40 아셀의 자손들 가운데 전쟁에 나갈
수 있는 20세 이상 모든 남자들을 그
가문과 가족의 목록에 따라 그 이름
의 수대로 기록했더니
41 아셀 지파에서 등록된 사람은 4만
1,500명이었습니다.
42 납달리의 자손들 가운데 전쟁에 나갈
수 있는 20세 이상 모든 남자들을 그
가문과 가족의 목록에 따라 그 이름
의 수대로 기록했더니
43 납달리 지파에서 등록된 사람은 5만
3,400명이었습니다.
44 이것이 모세와 아론 그리고 각 가족
을 대표한 이스라엘의 12명의 지도자
들이 조사해 등록한 사람들입니다.
45 이스라엘 자손 가운데 등록된 사람
들은 각 가족 가운데서 20세 이상으
로 전쟁에 나갈 수 있는 사람들이었
습니다.
46 그 합계는 60만 3,550명이었습니다.
47 그러나 레위 사람들은 그들 가운데서
그 조상의 지파대로 등록되지 않았
습니다.
48 왜냐하면 여호와께서 모세에게 이렇
게 말씀하셨기 때문입니다.
49 "레위 지파만은 세지 마라. 그들을 징
집자의 명단에 넣지 마라.
50 대신 너는 레위 사람들이 증거궤가
보관된 성막과 그 모든 물품들과 거
기에 속한 것들을 관리하게 하여라.
그들은 성막과 그 모든 물품들을 나
를 것이며 그것을 위해 섬길 것이며
성막 둘레에 진을 칠 것이다.
51 성막을 거두어야 할 때면 레위 사람들
이 그것을 거둘 것이며 또 성막을 쳐
야 할 때면 레위 사람들이 그것을 칠
것이다. 다른 사람은 누구든지 성막에
접근을 하면 죽임을 당할 것이다.
52 이스라엘 백성들은 각 부대별로 깃발
에 따라 진을 쳐야 한다.
53 레위 사람들은 증거궤가 보관된 성막
둘레에 진을 쳐서 내 진노가 이스라
엘 회중에게 내리지 않도록 해야 한
다. 레위 사람들은 증거궤가 보관된
성막을 지켜야 한다."
54 이스라엘 백성들은 여호와께서 모세
에게 명하신 대로 행했습니다.

지파별 진영의 편성

2 여호와께서 모세와 아론에게 말씀
하셨습니다.
2 "이스라엘 백성은 각 가족을 상징하
는 깃발을 따라 진을 치되 회막 둘레
에 조금 떨어져서 진을 치게 하라.
3 해가 뜨는 동쪽으로 진을 치는 사람
들은 부대별로 유다 진영의 깃발에
속한다. 유다 자손의 지도자는 암미
나답의 아들 나손이다.
4 그 부대의 수는 7만 4,600명이다.
5 유다 지파 옆에는 잇사갈 지파가 진을
친다. 잇사갈 자손의 지도자는 수알
의 아들 느다넬이다.
6 그 부대의 수는 5만 4,400명이다.
7 또 다른 옆은 스불론 지파가 진을 친
다. 스불론 자손의 지도자는 헬론의
아들 엘리압이다.

8 그 부대의 수는 5만 7,400명이다.
9 그러므로 유다 진영에 속한 부대의
총수는 18만 6,400명이다. 그들이 제
일 먼저 이동한다.
10 남쪽으로 진을 치는 사람들은 부대
별로 르우벤 진영의 깃발에 속한다.
르우벤 자손의 지도자는 스데울의 아
들 엘리술이다.
11 그 부대의 수는 4만 6,500명이다.
12 르우벤 지파의 옆에는 시므온 지파가
진을 친다. 시므온 자손의 지도자는
수리삿대의 아들 슬루미엘이다.
13 그 부대의 수는 5만 9,300명이다.
14 또 다른 옆은 갓 지파가 진을 친다.
갓 자손의 지도자는 *르우엘의 아들
엘리아삽이다.
15 그 부대의 수는 4만 5,650명이다.
16 그러므로 르우벤 진영에 속한 부대의
총수는 15만 1,450명이다. 그들은 두
번째로 이동한다.
17 그다음은 회막과 레위 사람의 진이
부대의 한가운데 위치하며 이동한다.
각 부대는 진을 칠 때와 마찬가지로
자기 부대의 깃발을 따라 이동한다.
18 서쪽으로 진을 치는 사람들은 에브
라임 진영의 깃발에 속한다. 에브라임
자손의 지도자는 암미훗의 아들 엘리
사마다.
19 그 부대의 수는 4만 500명이다.
20 에브라임 지파 옆은 므낫세 지파가 진
을 친다. 므낫세 자손의 지도자는 브
다술의 아들 가말리엘이다.
21 그 부대의 수는 3만 2,200명이다.
22 또 다른 옆은 베냐민 지파가 진을 친
다. 베냐민 자손의 지도자는 기드오니
의 아들 아비단이다.
23 그 부대의 수는 3만 5,400명이다.
24 그러므로 에브라임 진영에 속한 부대
의 총수는 10만 8,100명이다. 그들은
세 번째로 이동한다.
25 북쪽으로 진을 치는 사람들은 단 진
영의 깃발에 속한다. 단 자손의 지도
자는 암미삿대의 아들 아히에셀이다.
26 그 부대의 수는 6만 2,700명이다.
27 단 지파의 옆은 아셀 지파가 진을 친
다. 아셀 자손의 지도자는 오그란의
아들 바기엘이다.
28 그 부대의 수는 4만 1,500명이다.
29 또 다른 옆은 납달리 지파가 진을 친
다. 납달리 자손의 지도자는 에난의
아들 아히라다.
30 그 부대의 수는 5만 3,400명이다.
31 그러므로 단 진영에 속한 부대의 총
수는 15만 7,600명이다. 그들은 자기
들의 깃발을 따라 맨 마지막으로 이
동한다."
32 이들은 각 가족에 따라 징집자의 명
단에 등록된 이스라엘 백성들입니다.
모든 진영의 부대에 소속된 총수는
60만 3,550명입니다.
33 그러나 레위 사람들은 여호와께서 모
세에게 명령하신 대로 다른 이스라엘
사람들과 같이 등록시키지 않았습니
다.

2:14 대다수 마소라 사본을 따름. 일부 마소라 사본, 사마리아 오경, 불가타에는 '드우엘'(민 1:14을 보라.)

34 이스라엘 자손은 여호와께서 모세에
게 명령하신 대로 다 행했습니다. 이
처럼 그들은 각자의 깃발을 따라 진
을 쳤으며 각자 자기 가문과 가족별
로 이동했습니다.

레위 사람들

3 여호와께서 시내 산에서 모세에게
아론과 모세의 가문에 관해 말씀
하셨습니다.
2 아론의 아들들의 이름은 맏아들 나
답 그리고 아비후와 엘르아살과 이다
말입니다.
3 아들이 바로 제사장의 직분을 수행하
도록 기름 부음 받고 제사장으로 거
룩하게 구별된 아론의 아들들의 이름
입니다.
4 그러나 나답과 아비후는 시내 광야에
서 여호와 앞에 금지된 불을 드리다
가 여호와 앞에서 죽었습니다. 그런데
그들에게는 아들이 없었습니다. 그래
서 엘르아살과 이다말이 자기 아버지
아론 앞에서 제사장의 직분을 수행했
습니다.
5 여호와께서 모세에게 말씀하셨습니
다.
6 "레위 지파를 데려다가 제사장 아론
밑에 두고 그를 돕게 하여라.
7 레위 지파 사람들은 회막 앞에서 아
론의 일과 온 회중과 관련된 일들을
돕는다.
8 그들은 성막에서 봉사하는 사람들로
서 회막의 모든 물품들과 이스라엘
백성에 대한 일들을 돕는다.
9 레위 사람들을 아론과 그 아들들에
게 맡겨라. 그들은 이스라엘 자손 가
운데서 *그에게 아주 맡겨진 사람들
이다.
10 너는 아론과 그 아들들을 임명해 제
사장 직분을 수행하게 하여라. 다른
사람들이 접근하면 죽임을 당할 것이
다."
11 또 여호와께서 모세에게 말씀하셨습
니다.
12 "보아라. 내가 이스라엘 자손 가운데
모태에서 가장 먼저 나온 사람들, 곧
맏아들들을 대신해 이스라엘 자손
가운데 레위 사람들을 택했다. 그러
므로 레위 사람들은 내 것이다.
13 왜냐하면 처음 난 모든 것은 다 내 것
이기 때문이다. 내가 이집트에서 처음
난 모든 것들을 치던 날에 내가 사람
으로부터 짐승까지 이스라엘에서 처
음 난 모든 것들을 나를 위해 구별했
다. 그러므로 그들은 내 것이다. 나는
여호와다."
14 여호와께서 시내 광야에서 모세에게
말씀하셨습니다.
15 "레위 사람들을 그 가족과 가문에 따
라 등록시켜라. 태어난 지 1개월 이상
된 모든 남자를 등록시켜라."
16 그리하여 모세는 자신이 명령을 받은
대로 여호와의 명령을 따라 그들을
등록시켰습니다.
17 레위의 아들들의 이름은 게르손, 고

3:9 대다수 마소라 사본을 따름. 일부 마소라 사본, 사마리아 오경, 칠십인역에는 '내게'(민 8:16을 보라.)

핫, 므라리입니다.
18 게르손의 아들들의 이름은 그 가문
별로 립니, 시므이입니다.
19 고핫의 아들들의 이름은 그 가문별
로 아므람, 이스할, 헤브론, 웃시엘입니
다.
20 므라리의 아들들의 이름은 그 가문
별로 말리, 무시입니다. 이것이 가족
에 따른 레위의 가문들입니다.
21 게르손에게서는 립니 자손 가족과 시
므이 자손 가족이 나왔으며 이들이
게르손 자손의 가족들입니다.
22 태어난 지 1개월 이상 된 사람으로
등록된 남자들의 수는 모두 7,500명
이었습니다.
23 게르손 자손의 가족들은 성막 뒤 서
쪽에다 진을 치게 돼 있었습니다.
24 게르손 자손 가문의 지도자는 라엘의
아들 엘리아삽입니다.
25 게르손 자손들이 회막에서 맡은 직무
는 성막과 장막과 그 덮개와 회막 입
구의 휘장과
26 뜰의 막과 성막과 제단을 둘러싼 뜰
입구의 휘장과 거기에 사용되는 줄과
그에 관계된 모든 일들을 맡아 관리
하는 것입니다.
27 고핫에게서는 아므람 자손 가족과 이
스할 자손 가족과 헤브론 자손 가족
과 웃시엘 자손 가족이 나왔으며 이
들이 고핫 자손 가족들입니다.

Q&A 레위 사람은 내 것이라!

참고 구절 | 민 3:12

- **누구인가** 레위 사람은 레위의 세 아들 고핫, 므라리, 게르손의 자손을 말한다. 하나님께서는 금송아지 사건 때(출 32:26-29) 충성을 보였던 이들을 특별히 선택하셔서(민 1:47-53) 성막에서 봉사하도록 하셨다.
- **하는 일** 고핫 자손은 궤, 상, 등잔 받침대와 등잔, 금 제단, 청동 제단, 성소에서 쓰는 모든 물품, 휘장에 관련된 일을 했다. 게르손 자손은 성막과 장막과 그 덮개와, 회막 입구의 휘장, 줄 등을 운반했고 므라리 자손들은 성막의 널판, 가로대, 기둥, 받침대, 말뚝 등을 운반했다(민 3:25-37). 하지만 성전이 건축된 후에는 성막과 기구들을 운반하는 일을 더 이상 할 필요가 없었다. 다윗 왕 때에는 3만 8,000명의 레위 사람 중 4,000명이 찬양하고 악기를 연주하는 등 성전에서 찬송하는 일을 했고(대상 23장) 백성들에게 율법을 가르치는 일도 담당했다(신 33:10;대하 17:7-9).
- **뽑은 이유** 이스라엘의 장자를 대신하여 하나님을 섬기도록 하기 위해서다. 이집트에서 나올 때 이스라엘의 장자를 살려 주신 마지막 재앙을 기념해서 레위 사람을 뽑으신 것이다(민 8:18).
- **레위 사람의 수** 모세 당시 봉사한 레위 사람은 고핫 자손 2,750명, 게르손 자손 2,630명, 므라리 자손 3,200명으로 합하면 8,580명이었다(민 4:34-48).
- **레위 사람의 기업** 가나안 정복 후 48개의 성읍과 사면의 들(민 35:1-8), 각 지파에서 드린 십일조를 분배받았다(민 18:20-24). 하나님께서는 레위 지파에게 땅을 유산으로 주시지 않았는데 그 이유는 하나님께서 그들의 유산이 되었기 때문이다.

28 태어난 지 1개월 이상 된 사람으로
등록된 남자들의 수는 모두 *8,600
명이며 이들은 성소의 일을 맡았습니
다.
29 고핫 자손 가족들은 성막의 남쪽에
다 진을 치게 돼 있었습니다.
30 고핫 자손 가족들의 지도자는 웃시엘
의 아들 엘리사반입니다.
31 그들의 직무는 궤, 상, 등잔 받침대,
제단들, 성소에서 쓰는 물품들, 휘장
및 그와 관계된 모든 일들입니다.
32 레위 사람들의 지도자들 가운데 가
장 높은 지도자는 아론의 아들인 제
사장 엘르아살입니다. 그는 성소 관리
를 맡은 사람들을 감독하는 책임을
맡았습니다.
33 므라리에게서는 말리 자손 가족과 무
시 자손 가족이 나왔으며 이들이 므
라리 자손 가족들입니다.
34 태어난 지 1개월 이상 된 사람으로
등록된 남자들의 수는 모두 6,200명
이었습니다.
35 므라리 자손 가족 지도자는 아비하일
의 아들 수리엘입니다. 그들은 성막
북쪽에다 진을 치게 돼 있었습니다.
36 므라리 자손들이 맡은 직무는 성막의
널빤지와 그 가로대와 기둥과 받침대
와 그와 관계된 모든 물품들과 그에
관련된 모든 일과
37 뜰 둘레의 기둥과 그 받침대와 말뚝
과 줄을 맡아 관리하는 것입니다.
38 해가 뜨는 쪽, 곧 회막의 동쪽으로 성
막 앞에 진을 칠 사람들은 모세와 아
론과 그 아들들입니다. 그들은 이스
라엘 백성들의 책임을 대신해 성소를
관리할 책임이 있습니다. 다른 사람
들이 접근하면 죽임을 당합니다.
39 여호와의 명령을 따라 모세와 아론이
등록한 레위 사람들 가운데 태어난
지 1개월 이상 된 남자들의 수는 모
두 *2만 2,000명이었습니다.
40 여호와께서 모세에게 말씀하셨습니
다. "태어난 지 1개월 이상 된 이스라
엘의 모든 맏아들을 등록시키고 명

3:28 일부 칠십인역에는 '8,300명' 3:39 22,28,34절의 전체 숫자는 '2만 2,300명'

Q&A ## '민수기'가 뭐지?

참고 구절 | 민 1-36장

민수기의 책 이름은 원래 히브리어로는 '베미드바르'이다. 이 말은 '광야에서'(in the wilderness)라는 뜻으로 이 책의 첫 단어를 따서 책 제목을 붙인 것이다.
이 말은 민수기의 내용이 시내 산을 떠나 모압 광야에 이르기까지 38년가량의 광야 생활을 담은 것임을 잘 나타내 주는 제목이다.
그런데 라틴어 성경에는 '리베르 누메리'(Liber Numeri)라고 책 제목을 붙였는데, 이 말은 '셈하는 책'이라는 뜻이다. 이는 민수기에 백성들의 수를 세는 인구 조사가 두 번이나 기록되어 있기 때문이었다. 「우리말성경」도 '백성들의 수를 센다'는 뜻의 민수기(民數記)라고 이름 붙였다.

단을 작성하여라.
41 이스라엘의 모든 맏아들을 대신해 레
위 사람을 취하고 이스라엘 백성들의
모든 처음 난 가축들을 대신해 레위
사람들의 가축들을 취하여라. 나는
여호와다."
42 그리하여 여호와께서 명령하신 대로
모세가 이스라엘 자손 가운데 모든
맏아들을 등록시켰습니다.
43 태어난 지 1개월 이상 된 맏아들의
수는 모두 2만 2,273명이었습니다.
44 여호와께서 모세에게 말씀하셨습니
다.
45 "이스라엘 자손의 모든 맏아들을 대
신해 레위 사람들을 취하고 그들의
가축을 대신해 레위 사람들의 가축
을 취하여라. 레위 사람들은 내 것이
다. 나는 여호와다.
46 이스라엘 자손의 맏아들이 레위 사람
의 수보다 273명이 더 많으므로 그에
대한 보상으로
47 각 사람당 성소의 세겔 단위로 *5세
겔을 받아라. *1세겔은 20게라다.
48 이 돈을 그들 가운데 초과한 사람들
에 대한 보상으로 아론과 그 아들들
에게 주어라."
49 그리하여 모세는 레위 사람들을 대
신한 이외의 사람들에게서 보상금을
받았습니다.
50 그는 이스라엘 자손의 맏아들들에게
서 성소 세겔로 계산해서 은 *1,365
세겔을 받았습니다.
51 모세는 여호와께서 명령하신 대로 여
호와의 말씀을 따라 그 보상금을 아
론과 그 아들들에게 주었습니다.

고핫 자손

4 여호와께서 모세와 아론에게 말씀
하셨습니다.
2 "레위 자손 가운데 고핫 자손의 가문
별, 가족별 인구를 조사하여라.
3 회막에서 일하러 나올 수 있는 30세
부터 50세까지의 남자들을 모두 조
사하여라.
4 고핫 족속이 회막에서 할 일은 지성
소를 관리하는 것이다.
5 진영이 이동할 때는 아론과 그 아들
들이 들어가서 칸막이 휘장을 걷어
*증거궤를 덮도록 한다.
6 그리고 그 위에 *해달의 가죽으로 된
덮개로 덮고 그 위에 순청색 천을 펴
고 운반용 채를 끼운다.
7 진설병을 위한 탁자 위에는 청색 천
을 펼쳐서 그 위에 접시들과 대접들
과 그릇들과 전제를 위한 잔들을 놓
고 또 항상 그 위에 있어야 하는 진설
병을 놓는다.
8 그리고 그 위에 홍색 천을 펴고 해달
가죽 덮개로 덮은 뒤에 운반용 채를
끼운다.
9 그런 다음에는 청색 천을 가져다가
등잔 받침대와 등잔들과 거기에 사
용되는 집게들과 불똥 그릇과 그것에
쓰이는 기름을 담는 모든 그릇을 싼
다.

3:47 5세겔은 약 57그램, 1세겔은 11.4그램 3:50 1,365세겔은 약 15.56킬로그램 4:5 또는 법궤 4:6 또는 듀공, 돌고래

10 그리고 그것과 그 모든 물품을 해달
가죽 덮개로 덮고 그것을 운반용 틀
에 넣는다.
11 또 금 제단 위에 청색 천을 펼쳐 그것
을 해달 가죽 덮개로 덮고 운반용 채
를 끼운다.
12 성소에서 일할 때 쓰는 모든 물품들
을 가져다가 청색 천으로 싸서 해달
가죽 덮개로 덮고 운반용 틀에 넣는
다.
13 청동 제단은 재를 버리고 그 위에 자
주색 천을 편다.
14 그리고 그 위에 그것과 관련해서 사
용하는 모든 물품들, 곧 불똥 그릇들
과 고기 갈고리들과 부삽들과 대야
들을 비롯한 제단과 관련된 모든 물
품들을 그 위에 둔다. 그 위에 해달
가죽 덮개를 덮고 운반용 채를 끼운
다.
15 진이 이동할 때 아론과 그 아들들이
성소 및 성소와 관련된 모든 물품들
싸기를 마친 후에 고핫 자손이 운반
하러 나아올 것이다. 거룩한 물품들
에 그들의 몸이 닿았다가는 죽을 것
이다. 이것들이 회막에서 고핫 족속
들이 질 짐이다.
16 아론의 아들인 제사장 엘르아살이 감
독할 것은 등잔의 기름과 향품과 정
기적인 곡식제사와 기름 부음을 위해
쓰는 기름이다. 그는 성막과 그 안에
있는 모든 것들, 성소와 그 물품들을
감독해야 한다."
17 여호와께서 모세와 아론에게 말씀하
셨습니다.
18 "레위 사람들 가운데서 고핫 가문의
지파가 끊어지지 않게 하여라.
19 아론과 그 아들들은 각 사람에게 각
자의 일과 짐을 일일이 지시해 주어
야 한다. 그래야 그들이 지성소에 다
가갈 때 죽지 않고 생명을 유지할 것
이다.
20 죽지 않으려거든 그들은 한순간이라
도 *거룩한 것들을 보아서는 안 된다."

게르손 자손

21 여호와께서 모세에게 말씀하셨습니
다.
22 "게르손 족속도 그 가문별, 가족별에
따라 인구를 조사하여라.
23 회막에서 일하러 나올 수 있는 30세

4:20 또는 성소를

성·경·상·식

지성물을 덮는 이유

지성물은 성별된 사람 외에는 만지거나 보지 못하도록 덮어 두었다. 그것은 하나님께 기름 부음 받은 거룩한 것이었기 때문이다(민 4:4-15, 19).

하나님을 본 사람은 모두 죽을 수밖에 없었고 지성물이 하나님의 거룩을 상징한다는 의미에서 늘 덮어 둠으로써 죽음을 면해야 했다.

그 밖에 자연 재해로부터 지성물을 보호하려는 이유도 있었고, 지성물을 덮는 각종 보자기의 색상을 통해서 백성들을 교훈하려는 의도도 들어 있었다.

부터 50세까지의 남자들을 모두 등
록시켜라.
24 게르손 족속이 일하고 운반할 일들은
다음과 같다.
25 성막의 휘장과 회막과 그 덮개와 그
위의 해달 가죽 덮개와 회막 입구의
휘장과
26 뜰의 널빤지와 성막과 제단을 둘러싼
뜰 문 입구의 휘장과 거기에 사용되
는 줄과 거기에 관련된 일들에 사용
되는 모든 물품들이다. 이와 관련해
서 해야 할 모든 일들을 그들이 해야
한다.
27 짐과 일에 관한 게르손 자손의 모든
일들은 아론과 그 아들들의 지시에
따라야 한다. 너희는 각자의 임무와
관련해 그들의 짐들을 맡기도록 하여
라.
28 이 일들은 아론의 아들인 제사장 이
다말의 감독 아래 게르손 자손의 가
족들이 회막에서 하는 일이다."

므라리 자손

29 "므라리 족속을 그 가문별, 가족별 인
구를 조사하여라.
30 회막에서 일하러 나올 수 있는 30세
이상 50세 이하의 남자들을 모두 등
록시켜라.
31 그들이 회막에서의 사역을 위해 운
반해야 할 것들은 성막의 널빤지들과
가로대들과 기둥들과 받침대들과
32 뜰 둘레의 기둥들과 그 받침대들과
말뚝들과 줄들과 그것들에 관계된 모
든 물품들과 도구들이다. 그들 각자
가 운반해야 할 물품들을 이름까지
밝혀서 정해 주어라.
33 이 모든 일들은 아론의 아들인 제사
장 이다말의 감독 아래 므라리 자손의
가족들이 회막에서 해야 할 일이다."

레위 지파의 계수

34 모세와 아론과 회중의 지도자들이
가문별, 가족별에 따라 고핫 자손을
등록시켰습니다.
35 회막에 일하러 나올 수 있는 30세 이
상 50세 이하의 모든 남자들을
36 그들의 가문에 따라 등록한 수가
2,750명이었습니다.
37 이것이 회막에서 일할 고핫 자손 가
족의 수입니다. 여호와의 명령대로 모
세와 아론이 그들을 등록시켰습니다.
38 가문별, 가족별로 등록된 게르손 자
손의 수는
39 회막에서 일하러 나올 수 있는 30세
이상 50세 이하의 모든 남자들로
40 가문별, 가족별로 등록된 수가 2,630
명이었습니다.
41 이것이 회막에서 일할 게르손 자손
가족의 수입니다. 여호와의 명령에 따
라 모세와 아론이 그들을 등록시켰습
니다.
42 가문별, 가족별로 등록된 므라리 족
속의 수는
43 회막에서 일하러 나올 수 있는 30세
이상 50세 이하의 모든 남자들로
44 가문별, 가족별로 등록된 수가 3,200
명이었습니다.
45 이것이 회막에서 일할 므라리 자손

가족의 수입니다. 여호와의 명령에 따
라 모세와 아론이 그들을 등록시켰습
니다.
46 모세와 아론 그리고 이스라엘의 지도
자들이 가문별, 가족별로 등록한 모
든 레위 사람들의 수에 따르면
47 회막에서 사역하는 일을 하고 운반
하는 일을 하는 30세 이상 50세 이하
의 모든 남자들은
48 8,580명이었습니다.
49 여호와께서 모세를 통해 명령하신 대
로 각 사람이 해야 할 일과 운반해야
할 짐이 배정됐습니다. 이렇게 모세는
여호와께서 명령하신 대로 그들을 등
록시켰습니다.

진영의 정결

5 여호와께서 모세에게 말씀하셨습
니다.
2 "이스라엘 백성들에게 명령해서 *나병
환자나 유출병이 있는 사람이나 시체
로 인해 부정하게 된 사람을 모두 진
밖으로 내보내게 하여라.
3 남자든 여자든 가리지 말고 내보내
라. 그들을 진 밖으로 내보내라. 그래
서 내가 그들과 함께한 진을 더럽히
지 않게 하여라."
4 이스라엘 백성들은 그렇게 했습니다.
그들이 그런 사람들을 진 밖으로 내보
냈습니다. 여호와께서 모세에게 명하
신 대로 이스라엘 자손들이 했습니다.

죄에 대한 배상

5 여호와께서 모세에게 말씀하셨습니
다.
6 "이스라엘 자손에게 말하여라. '남자
든 여자든 누구에겐가 어떤 방식으로
든 잘못을 저질러 여호와께 신실하지
못하게 되면 그 사람은 죄가 있으니
7 자기가 저지른 죄를 고백해야 한다.
그는 자신이 해를 끼친 것의 가치에
5분의 1을 더해 해를 끼친 사람에게
돌려주어야 한다.
8 만약 그 사람이 그 잘못에 대한 보상
을 받을 만한 가까운 친척이 없다면
그 보상은 여호와께 돌아가 제사장에
게 속하게 된다. 그는 속죄를 위해 숫
양을 더해 그것을 제사장에게 바치고
제사장이 그를 위해 그것으로 속죄
할 것이다.
9 이스라엘 백성들이 제사장에게 가져
오는 모든 거룩한 예물들은 다 그의
것이 된다.
10 각 사람이 준비한 거룩한 예물은 다
각자의 것이지만 제사장에게 드린 것
은 제사장의 것이 된다.'"

부정한 아내에 대한 시험

11 여호와께서 모세에게 말씀하셨습니
다.
12 "이스라엘 자손에게 말해 일러라. 만
약 어떤 사람의 아내가 탈선해 남편
을 배반하고
13 다른 남자와 잠을 자서 그녀가 자신
을 더럽혔는데도 그 남편의 눈에 띄
지 않고 그 일이 감추어졌으며 아무
증인도 없고 그 여자도 현장에서 잡
히지 않은 일이 일어났다고 하자.

5:2 히브리어로는 여러 가지 악성 피부병을 뜻함.

14 그 남편이 질투심이 생겨 아내가 스
스로를 더럽혔다고 의심하거나 혹은
아내가 실제로는 부정하지 않은데도
남편이 질투심 때문에 의심한다면
15 그는 자기 아내를 제사장에게 데려가
야 한다. 그는 그녀를 위한 제물로 보
릿가루 *10분의 1에바를 제물로 바
쳐야 한다. 그러나 거기에 기름을 부
어서도 안 되고 향을 첨가해서도 안
된다. 왜냐하면 그것은 질투의 제물
이며 죄악을 생각나게 만드는 기억의
곡식제물이기 때문이다.
16 제사장은 그 아내를 데려다가 여호와
앞에 세운다.
17 그리고 제사장은 거룩한 물을 질그릇
에 담고 성막 바닥에 있는 흙을 가져
다가 물에 넣는다.
18 제사장은 그 여자를 여호와 앞에 세
우고 난 후에 그 머리를 풀게 하고 생
각나게 하는 곡식제물, 곧 질투의 곡
식제물을 그 여자의 손에 준다. 그리
고 그는 저주를 내리는 쓴 물을 자기
손에 든다.
19 제사장은 그 여자에게 맹세를 시키면
서 말한다. '네가 남편을 두고도 부정
을 저질러서 다른 사람과 잠을 잔 일
이 없다면 네가 이 저주를 내리는 쓴
물로 인해 해를 당하지 않을 것이다.
20 그러나 네가 네 남편을 두고도 부정
을 저질러서 다른 사람과 잠을 자 자
신을 더럽힌 적이 있다면'
21 여기서 제사장은 그 여자에게 저주의
맹세를 하게 해야 한다. '여호와께서
네 허벅지가 마르게 하시고 네 배가
부어오르게 하셔서 너로 하여금 네
백성들 가운데서 저줏거리가 되게 하
실 것이다.
22 이 저주를 가져오는 물이 네 속에 들
어가 네 배를 붓게 하고 네 허벅지를
마르게 하리라.' 그러면 그 여자는 '아
멘, 아멘'이라고 말해야 한다.

5:15 10분의 1에바는 약 2.2리터

하용조 목사의 행복한 **메시지**

예배 없는 사역

참된 믿음을 가진 사람들은 교회에 나와 먼저 예배를 드립니다. 하지만 믿음이 있다고 하는 대부분의 사람들을 보면 열심히 봉사를 합니다. 그런 분들을 가만히 살펴보면 예배 가운데 있는 것이 아니라 사역 가운데 있는 경우가 많습니다. 그러나 진정한 사역은 예배에서 흘러나오는 결과입니다. 참된 예배 없이 사역을 계속하면 탈진하고 교만해지며 자고하고 우쭐해집니다.

사역의 정도가 믿음의 척도는 아닙니다. 예배의 깊이가 그 사람의 믿음의 정도를 말해 줍니다. 예배는 하나님의 임재입니다. 하나님께 올바르게 예배를 드리고 사역을 하는 사람은 절대 피곤하지 않습니다. 그러나 예배 없이 사역을 하는 사람은 오래가지 못하고 넘어지기 마련입니다.

23 제사장은 이 저주들을 두루마리에
쓴 다음에 그 쓴 물로 씻는다.
24 그리고 그 여자에게 그 저주를 가져
오는 쓴 물을 마시게 한다. 그러면 그
물이 속으로 들어가 쓰라린 고통을
일으키게 될 것이다.
25 제사장은 그 여자에게서 질투의 곡식
제물을 받아서 여호와 앞에서 흔들고
제단으로 가져간다.
26 제사장은 그 곡식제물로부터 그 여자
의 기억을 위해 한 움큼을 가져다가
제단에서 태우고 나서 그 여자가 그
쓴 물을 마시게 한다.
27 그가 그 여자에게 마시게 했을 때 만
약 그 여자가 자기 남편을 배반하고
자신을 더럽혔다면 그 저주를 가져오
는 물이 속에서 쓰라린 고통을 일으
킬 것이며 배가 붓고 허벅지가 마르
게 될 것이며 그 여자는 자기 백성들
가운데서 저줏거리가 될 것이다.
28 그러나 만약 그 여자가 스스로를 더
럽힌 적이 없고 정결하면 아무런 해
를 입지 않을 것이며 아이를 가질 수
있게 될 것이다.
29 이것은 질투에 대한 법으로서 여자가
탈선해 남편을 배반하고 자신을 더럽
혔을 경우에 적용된다.
30 혹은 남자가 질투심이 일어 자기 아
내를 의심할 때에 적용된다. 제사장
은 그 여자를 여호와 앞에 세우고 이
법을 모두 시행해야 한다.
31 그 남편은 죄로부터 깨끗하게 될 것
이지만 그 아내는 자신의 죗값을 치
러야 하기 때문이다."

나실 사람

6 여호와께서 모세에게 말씀하셨습
니다.
2 "이스라엘 자손에게 말하고 그들에게
일러라. '남자든 여자든 특별한 서원,
곧 여호와께 *나실 사람으로 살겠다
고 서원을 하면
3 그는 포도주나 독한 술을 마시지 말
고 포도주나 독한 술로 만든 식초도
마시지 말고 어떤 포도즙도 마시지
말며 포도는 그냥 포도든 건포도든
먹어서는 안 된다.
4 나실 사람으로 사는 기간 동안 그는
포도원에서 나오는 것은 익지 않은
포도든 포도 껍질이든 간에 무엇이든
먹어서는 안 된다.
5 그가 헌신하기로 서원한 기간 동안
그는 머리에 면도칼을 사용해서는 안
된다. 그는 여호와께 나실 사람으로
살겠다고 서원한 기간을 채우기까지
는 거룩해야 한다. 그는 자기 머리털
이 자라게 놔두어야 한다.
6 여호와께 나실 사람으로 살겠다고 서
원한 기간 동안 죽은 사람에게 다가
가면 안 된다.
7 부모나 형제자매가 죽더라도 그는 그
들로 인해 부정해져서는 안 된다. 왜
나하면 그가 하나님께 헌신한 표가
그의 머리 위에 있기 때문이다.
8 헌신한 기간 내내 그는 여호와께 거

6:2 하나님께 헌신하기로 서약하고 자신을 거룩하게 구별한 사람

룩한 사람이다.
9 어떤 사람이 갑자기 그의 곁에서 죽
어서 그가 헌신의 표로 기른 그 머리
털을 더럽히면 그는 자신을 정결케
하는 날, 곧 일곱 번째 날에 자기 머
리를 밀어야 한다.
10 그리고 여덟 번째 날에는 산비둘기
두 마리나 집비둘기 새끼 두 마리를
회막 입구로 가져와 제사장에게 주어
야 한다.
11 제사장은 하나는 속죄제물로, 다른
하나는 번제물로 올려 그가 시체로
인해 죄를 지은 것에 대해 속죄를 한
다. 그리고 그날 그는 자신의 머리를
거룩하게 해야 한다.
12 그는 여호와께 나실 사람으로 살겠다
고 헌신하는 기간을 다시 서원하고 1
년 된 숫양 하나를 속건제물로 바쳐
야 한다. 그가 나실 사람으로 살겠다
는 자신의 서원을 더럽혔기 때문에
지나간 날들은 무효가 된다.
13 이제 나실 사람으로 헌신한 기간이
끝났을 때 나실 사람에 관한 법이다.
그를 회막 입구로 데려간다.
14 거기서 여호와께 예물을 드리는데 1
년 된 흠 없는 숫양 한 마리를 번제물
로 드리고 1년 된 흠 없는 암양 한 마
리를 속죄제물로 드리고 흠 없는 숫
양 한 마리는 화목제물로 드린다.
15 그리고 누룩 없는 빵 한 광주리와 고
운 가루에 기름을 섞은 덩어리들과
기름을 바른 누룩 없는 얇은 빵들과
함께 곡식제물들과 전제물들을 드린
다.

성·경·상·식

나실 사람은 누구인가?

하나님은 이스라엘 백성들에게 일정 기간 혹은 일평생 하나님을 섬기기 위하여 헌신할 수 있는 서약 제도를 마련해 주셨다. 이렇게 특별한 서약을 통해 자신을 거룩하게 구별하여 헌신하기로 결정한 사람을 나실 사람이라고 한다. 나실 사람은 '바친다', '헌신한다'는 뜻을 가진 단어에서 파생된 말이다. 그들은 일정한 기간이나 평생 동안 서원할 수 있었다.

헌신의 기간 동안 발효된 음료와 포도주와 독주 등은 마시지 않았다(민 6:1–4). 또 머리카락을 자르지도 않았으며(민 6:5) 죽은 시체를 만지지도 않았다(민 6:6–8). 만약 어쩔 수 없이 시체에 가까이 가게 되었다면 장기간의 정결 의식을 행해야 했다(곧 일곱째 날에 자기 머리를 깎고, 여덟째 날에는 산비둘기 두 마리와 집비둘기 2마리로 제사드려야 했다. 그런 후 헌신의 기간을 다시 결정할 수 있었다).

헌신의 기간이 완료되면 나실 사람은 번제물로 1년 된 숫양을, 속죄제물로 1년 된 암양을, 화목제물로 숫양을 장막으로 가져가야 했다. 또 곡식제물, 전제물, 누룩 없는 빵 한 광주리를 요제로 흔들어 바쳐 나실 사람의 헌신이 종료되었음을 공식적으로 선포했다. 제사를 드린 후에는 제사장과 공동 식사에 참여하였는데 이때는 포도주를 마실 수 있었다(민 6:13–20).

일평생 나실 사람으로 서원했던 사람으로는 삼손, 사무엘, 세례 요한 등이 있다. 삼손은 머리카락이 잘린 뒤 그 힘을 잃었고 사무엘은 젖을 뗀 후부터 집을 떠나 여호와의 집에서 엘리 제사장과 지냈으며 세례 요한 역시 광야에서 메뚜기와 들꿀을 먹고 살았다.

16 제사장은 그것들을 여호와 앞으로 가
져가 속죄제와 번제로 드린다.
17 또한 누룩 없는 빵 한 광주리와 함께
숫양을 화목제물로 여호와께 드린다.
제사장은 곡식제물과 전제물도 함께
드린다.
18 그러고 나서 회막 문에서 나실 사람
은 자신의 구별된 머리털을 밀어 낸
다. 그는 그 머리털을 화목제물 밑의
불 속에 넣는다.
19 나실 사람이 구별된 머리털을 민 후
에 제사장은 삶은 숫양의 어깨와 광
주리 속의 누룩 없는 빵 하나와 누룩
없는 얇은 빵 하나를 가져다가 그 사
람의 손에 올려놓는다.
20 그러고 나서 제사장은 여호와 앞에 그
것들을 요제로써 흔들어 바쳐야 한
다. 그것들은 흔들어 바친 가슴과 들
어 올려 바친 넓적다리와 함께 거룩하
므로 제사장의 몫이다. 그 이후에야
나실 사람은 포도주를 마셔도 된다.
21 이것은 나실 사람에 대한 법이다. 그
리고 나실 사람으로 헌신할 때 바치
는 것 말고도 예물을 더 바치기로 맹
세했다면 그는 나실 사람에 대한 율
법에 따라 자신이 한 맹세대로 실행
해야 한다.'"

제사장의 축복

22 여호와께서 모세에게 말씀하셨습니
다.
23 "아론과 그 아들들에게 말하여라.
'너희는 이렇게 이스라엘 자손을 축
복해 말하여라.
24 여호와께서 네게 복을 주시고 너를
지키시기를 비노라.
25 여호와께서 그 얼굴을 네게 비추시
고 네게 은혜 베푸시기를 비노라.
26 여호와께서 그 얼굴을 너를 향해
드시고 네게 평강을 주시기를 비노
라.'
27 그렇게 그들이 내 이름으로 이스라
엘 백성들을 축복하면 내가 그들에게
복을 내릴 것이다."

성막 봉헌식에 드린 예물

7 모세가 성막 세우기를 마쳤을 때
성막에 기름을 붓고 성막과 그 모

성·경·상·식 아론의 축복

축복은 하나님께 복을 비는 행동이나 그 복을 말한다. 하나님은 제사장인 아론과 그 아들들이 이스라엘 자손을 축복하도록 축복의 말씀을 주셨다(민 6:22–27).
아론과 그 아들들은 하나님의 이름으로 축복할 수 있었다. 축복에는 하나님의 절대적인 보호(민 6:24)와 은혜(민 6:25)와 평강(민 6:26)의 기원이 담겨져 있다. 그리고 복의 근원은 하나님 한 분이시며 하나님은 육체적·영적인 복을 주시는 분이라는 내용도 포함되어 있다.
한편 신약에도 축도가 나오는데 사도 바울은 삼위일체 하나님의 이름으로 다음과 같이 고린도교회 성도들을 축복했다. "주 예수 그리스도의 은혜와 하나님의 사랑과 성령의 교통하심이 여러분 모두와 함께하시기를 빕니다."(고후 13:13)

든 물품들과 제단과 그 모든 물품들
을 거룩하게 했습니다. 그렇게 그가
그것들에 기름을 붓고 거룩하게 했습
니다.
2 그러고 나서 이스라엘의 지도자들,
곧 각 가문의 우두머리들이 예물을
가져왔는데 그들은 각 지파의 지도자
들이자 등록하는 일을 한 감독들이
었습니다.
3 그들은 여호와 앞에 예물로 여섯 대
의 *수레와 소 12마리를 드렸습니다.
곧 지도자 한 사람당 소 한 마리씩,
지도자 두 사람당 수레 한 대씩이었
습니다. 그들은 이것들을 성막 앞으
로 가져왔습니다.
4 여호와께서 모세에게 말씀하셨습니
다.
5 "이것들을 그들에게서 받아 회막에서
일할 때 쓰게 하여라. 이것들을 각자
의 임무에 맞추어서 쓸 수 있도록 레
위 사람들에게 주어라."
6 그래서 모세는 그 수레들과 소들을
받아 레위 사람들에게 주었습니다.
7 그는 게르손 족속에게 그 필요에 따
라 수레 두 대와 소 네 마리를 주었고
8 므라리 자손에게도 그 필요에 따라
수레 네 대와 소 여덟 마리를 주었습
니다. 그들의 임무는 모두 아론의 아
들인 제사장 이다말의 지시 아래 있
었습니다.
9 모세가 고핫 자손에게는 아무것도 주
지 않았는데 그것은 성소에서 그들의
임무가 어깨로 운반하는 일이었기 때
문입니다.
10 제단에 기름을 부을 때 지도자들이
제단 봉헌 예물을 가져왔습니다. 지
도자들은 자신들의 예물을 제단 앞
에 내어 놓았습니다.
11 여호와께서 모세에게 말씀하셨습니
다. "제단의 봉헌을 위해 날마다 지도
자 한 명씩 예물을 가져오게 하여라."
12 첫날 예물을 바친 사람은 유다 지파
암미나답의 아들 나손이었습니다.
13 그의 예물은 성소의 세겔 단위로 해
서 *130세겔 나가는 은접시 한 개와
*70세겔 나가는 은대야 한 개에 곡식
제물로 쓰기 위해 기름 섞인 고운 가
루를 가득 담은 것과
14 *10세겔 나가는 금대접 한 개에 향품
을 가득 담은 것과
15 번제물로 쓸 수송아지 한 마리, 숫양
한 마리, 1년 된 새끼 숫양 한 마리와
16 속죄제물로 쓸 숫염소 한 마리와
17 화목제의 희생제물로 쓸 소 두 마리,
숫양 다섯 마리, 숫염소 다섯 마리, 1
년 된 새끼 숫양 다섯 마리였습니다.
이것이 암미나답의 아들 나손의 예물
이었습니다.
18 둘째 날에는 잇사갈 지파의 지도자인
수알의 아들 느다넬이 예물을 드렸습
니다.
19 그의 예물은 성소의 세겔 단위로 해
서 130세겔 나가는 은접시 한 개와
70세겔 나가는 은대야 한 개에 곡식

7:3 또는 덮개가 있는 수레, 짐수레 7:13 130세겔은 약 1.48킬로그램, 70세겔은 약 798그램 7:14 10세겔은 약 114그램

제물로 쓰기 위해 기름 섞인 고운 가
루를 가득 담은 것과
20 10세겔 나가는 금대접 한 개에 향품
을 가득 담은 것과
21 번제물로 쓸 수송아지 한 마리, 숫양
한 마리, 1년 된 새끼 숫양 한 마리와
22 속죄제물로 쓸 숫염소 한 마리와
23 화목제의 희생제물로 쓸 소 두 마리,
숫양 다섯 마리, 숫염소 다섯 마리, 1
년 된 새끼 숫양 다섯 마리였습니다.
이것이 수알의 아들 느다넬의 예물이
었습니다.
24 셋째 날에 스불론 자손의 지도자인
헬론의 아들 엘리압이 예물을 드렸습
니다.
25 그의 예물은 성소의 세겔 단위로 해
서 130세겔 나가는 은접시 한 개와
70세겔 나가는 은대야 한 개에 곡식
제물로 쓰기 위해 기름 섞인 고운 가
루를 가득 담은 것과
26 10세겔 나가는 금대접 한 개에 향품
을 가득 담은 것과
27 번제물로 쓸 수송아지 한 마리, 숫양
한 마리, 1년 된 새끼 숫양 한 마리와
28 속죄제물로 쓸 숫염소 한 마리와
29 화목제의 희생제물로 쓸 소 두 마리,
숫양 다섯 마리, 숫염소 다섯 마리, 1
년 된 새끼 숫양 다섯 마리였습니다.
이것이 헬론의 아들 엘리압의 예물이
었습니다.
30 넷째 날에는 르우벤 자손의 지도자인
스데울의 아들 엘리술이 예물을 드렸
습니다.
31 그의 예물은 성소의 세겔 단위로 해
서 130세겔 나가는 은접시 한 개와
70세겔 나가는 은대야 한 개에 곡식
제물로 쓰기 위해 기름 섞인 고운 가
루를 가득 담은 것과
32 10세겔 나가는 금대접 한 개에 향품
을 가득 담은 것과
33 번제물로 쓸 수송아지 한 마리, 숫양
한 마리, 1년 된 새끼 숫양 한 마리와
34 속죄제물로 쓸 숫염소 한 마리와
35 화목제의 희생제물로 쓸 소 두 마리,
숫양 다섯 마리, 숫염소 다섯 마리, 1
년 된 새끼 숫양 다섯 마리였습니다.
이것이 스데울의 아들 엘리술의 예물
이었습니다.
36 다섯째 날에는 시므온 자손의 지도자
인 수리삿대의 아들 슬루미엘이 예물
을 드렸습니다.
37 그의 예물은 성소의 세겔 단위로 해
서 130세겔 나가는 은접시 한 개와
70세겔 나가는 은대야 한 개에 곡식
제물로 쓰기 위해 기름 섞인 고운 가
루를 가득 담은 것과
38 10세겔 나가는 금대접 한 개에 향품
을 가득 담은 것과
39 번제물로 쓸 수송아지 한 마리, 숫양
한 마리, 1년 된 새끼 숫양 한 마리와
40 속죄제물로 쓸 숫염소 한 마리와
41 화목제의 희생제물로 쓸 소 두 마리,
숫양 다섯 마리, 숫염소 다섯 마리, 1
년 된 새끼 숫양 다섯 마리였습니다.
이것이 수리삿대의 아들 슬루미엘의
예물이었습니다.

42 여섯째 날에는 갓 자손의 지도자인
드우엘의 아들 엘리아삽이 예물을 드
렸습니다.
43 그의 예물은 성소의 세겔 단위로 해
서 130세겔 나가는 은접시 한 개와
70세겔 나가는 은대야 한 개에 곡식
제물로 쓰기 위해 기름 섞인 고운 가
루를 가득 담은 것과
44 10세겔 나가는 금대접 한 개에 향품
을 가득 담은 것과
45 번제물로 쓸 수송아지 한 마리, 숫양
한 마리, 1년 된 새끼 숫양 한 마리와
46 속죄제물로 쓸 숫염소 한 마리와
47 화목제의 희생제물로 쓸 소 두 마리,
숫양 다섯 마리, 숫염소 다섯 마리, 1
년 된 새끼 숫양 다섯 마리였습니다.
이것이 드우엘의 아들 엘리아삽의 예
물이었습니다.
48 일곱째 날에는 에브라임 자손의 지도
자인 암미훗의 아들 엘리사마가 예물
을 드렸습니다.
49 그의 예물은 성소의 세겔 단위로 해
서 130세겔 나가는 은접시 한 개와
70세겔 나가는 은대야 한 개에 곡식
제물로 쓰기 위해 기름 섞인 고운 가
루를 가득 담은 것과
50 10세겔 나가는 금대접 한 개에 향품
을 가득 담은 것과
51 번제물로 쓸 수송아지 한 마리, 숫양
한 마리, 1년 된 새끼 숫양 한 마리와
52 속죄제물로 쓸 숫염소 한 마리와
53 화목제의 희생제물로 쓸 소 두 마리,
숫양 다섯 마리, 숫염소 다섯 마리, 1
년 된 새끼 숫양 다섯 마리였습니다.
이것이 암미훗의 아들 엘리사마의 예
물이었습니다.
54 여덟째 날에는 므낫세 자손의 지도자
인 브다술의 아들 가말리엘이 예물을
드렸습니다.
55 그의 예물은 성소의 세겔 단위로 해
서 130세겔 나가는 은접시 한 개와
70세겔 나가는 은대야 한 개에 곡식
제물로 쓰기 위해 기름 섞인 고운 가
루를 가득 담은 것과
56 10세겔 나가는 금대접 한 개에 향품
을 가득 담은 것과
57 번제물로 쓸 수송아지 한 마리, 숫양
한 마리, 1년 된 새끼 숫양 한 마리와
58 속죄제물로 쓸 숫염소 한 마리와
59 화목제의 희생제물로 쓸 소 두 마리,
숫양 다섯 마리, 숫염소 다섯 마리, 1
년 된 새끼 숫양 다섯 마리였습니다.
이것이 브다술의 아들 가말리엘의 예
물이었습니다.
60 아홉째 날에는 베냐민 자손의 지도자
인 기드오니의 아들 아비단이 예물을
드렸습니다.
61 그의 예물은 성소의 세겔 단위로 해
서 130세겔 나가는 은접시 한 개와
70세겔 나가는 은대야 한 개에 곡식
제물로 쓰기 위해 기름 섞인 고운 가
루를 가득 담은 것과
62 10세겔 나가는 금대접 한 개에 향품
을 가득 담은 것과
63 번제물로 쓸 수송아지 한 마리, 숫양
한 마리, 1년 된 새끼 숫양 한 마리와

64 속죄제물로 쓸 숫염소 한 마리와
65 화목제의 희생제물로 쓸 소 두 마리,
숫양 다섯 마리, 숫염소 다섯 마리, 1
년 된 새끼 숫양 다섯 마리였습니다.
이것이 기드오니의 아들 아비단의 예
물이었습니다.
66 열째 날에는 단 자손의 지도자인 암
미삿대의 아들 아히에셀이 예물을 드
렸습니다.
67 그의 예물은 성소의 세겔 단위로 해
서 130세겔 나가는 은접시 한 개와
70세겔 나가는 은대야 한 개에 곡식
제물로 쓰기 위해 기름 섞인 고운 가
루를 가득 담은 것과
68 10세겔 나가는 금대접 한 개에 향품
을 가득 담은 것과
69 번제물로 쓸 수송아지 한 마리, 숫양
한 마리, 1년 된 새끼 숫양 한 마리와
70 속죄제물로 쓸 숫염소 한 마리와
71 화목제의 희생제물로 쓸 소 두 마리,
숫양 다섯 마리, 숫염소 다섯 마리, 1
년 된 새끼 숫양 다섯 마리였습니다.
이것이 암미삿대의 아들 아히에셀의
예물이었습니다.
72 열한째 날에는 아셀 자손의 지도자
인 오그란의 아들 바기엘이 예물을 드
렸습니다.
73 그의 예물은 성소의 세겔 단위로 해
서 130세겔 나가는 은접시 한 개와
70세겔 나가는 은대야 한 개에 곡식
제물로 쓰기 위해 기름 섞인 고운 가
루를 가득 담은 것과
74 10세겔 나가는 금대접 한 개에 향품
을 가득 담은 것과
75 번제물로 쓸 수송아지 한 마리, 숫양
한 마리, 1년 된 새끼 숫양 한 마리와
76 속죄제물로 쓸 숫염소 한 마리와
77 화목제의 희생제물로 쓸 소 두 마리,
숫양 다섯 마리, 숫염소 다섯 마리, 1
년 된 새끼 숫양 다섯 마리였습니다.
이것이 오그란의 아들 바기엘의 예물
이었습니다.
78 열두째 날에는 납달리 자손의 지도자
인 에난의 아들 아히라가 예물을 드
렸습니다.
79 그의 예물은 성소의 세겔 단위로 해
서 130세겔 나가는 은접시 한 개와
70세겔 나가는 은대야 한 개에 곡식
제물로 쓰기 위해 기름 섞인 고운 가
루를 가득 담은 것과
80 10세겔 나가는 금대접 한 개에 향품
을 가득 담은 것과
81 번제물로 쓸 수송아지 한 마리, 숫양
한 마리, 1년 된 새끼 숫양 한 마리와
82 속죄제물로 쓸 숫염소 한 마리와
83 화목제의 희생제물로 쓸 소 두 마리,
숫양 다섯 마리, 숫염소 다섯 마리, 1
년 된 새끼 숫양 다섯 마리였습니다.
이것이 에난의 아들 아히라의 예물이
었습니다.
84 제단에 기름을 부을 때 이스라엘의
지도자들이 가져온 예물은 은접시가
12개, 은대야가 12개, 금대접이 12개
였습니다.
85 은접시들이 각각 130세겔씩 나가며
은대야들은 각각 70세겔씩 나가서 성

소의 세겔로 재면 은의 무게는 다 합
쳐 *2,400세겔이었습니다.
86 향품이 가득 담긴 금접시들은 성소
세겔로 각각 10세겔씩 나갔으니 금접
시들의 무게는 다 합쳐 *120세겔이었
습니다.
87 번제물로 쓰일 가축의 수는 다 합쳐
수송아지가 12마리, 숫양이 12마리,
1년 된 어린 숫양이 12마리였으며 곡
식제물도 있었습니다. 그리고 속죄제
물로 쓰인 숫염소가 12마리였습니다.
88 화목제물로 쓰인 가축의 수는 다 합
쳐 수소가 24마리, 숫양이 60마리,
숫염소가 60마리, 1년 된 어린 숫양
이 60마리였습니다. 이것들은 제단에
기름이 부어진 후에 드려진 예물이었
습니다.
89 모세가 회막으로 들어가서 여호와께
말씀드리려고 할 때 증거궤 위에 있
는 *속죄의 자리로부터, 곧 두 그룹
사이로부터 그에게 말씀하시는 음성
을 들었습니다. 이렇게 여호와께서는
그에게 말씀하셨습니다.

등잔의 설치

8 여호와께서 모세에게 말씀하셨습
니다.
2 "아론에게 말해 일러라. '네가 등을 켤
때 일곱 등잔이 등잔 받침대 앞쪽을
비추게 하여라.'"
3 아론은 그대로 해 여호와께서 모세에
게 명하신 대로 등을 켤 때 등잔 받
침대 앞쪽을 향해 비추도록 했습니
다.
4 등잔 받침대는 금을 두드려 만든 것
인데 밑받침부터 꽃 모양까지 두드려
만들었습니다. 여호와께서 보여 주신
모양대로 모세가 등잔 받침대를 만들
었습니다.

레위 사람들의 구별

5 여호와께서 모세에게 말씀하셨습니
다.
6 "이스라엘 자손 가운데 레위 사람들
을 데려다가 정결하게 하여라.
7 그들을 정결하게 하는 방법은 속죄의
물을 뿌리고 온몸의 털을 면도칼로
밀고 옷을 빨아 정결하게 하는 것이
다.
8 그들이 수송아지 한 마리와 곡식제물
로 쓸 기름 섞인 고운 가루를 가져오
게 하여라. 또한 너는 수송아지 한 마
리를 속죄제물로 준비하여라.
9 레위 사람들을 회막 앞으로 오게 하
고 이스라엘 자손의 온 회중이 모이
게 하여라.
10 레위 사람들이 여호와 앞에 나오게
한 다음 이스라엘 자손들이 그들에게
안수하게 하여라.
11 아론은 이스라엘 자손들 가운데서 레
위 사람들을 요제로 여호와께 흔들
어 바쳐라. 그들이 여호와를 섬기는
일을 할 수 있게 될 것이다.
12 레위 사람들은 수송아지들의 머리에
안수한 후에 한 마리는 속죄제물로,
다른 한 마리는 번제물로 여호와께

7:85 2,400세겔은 약 27.36킬로그램 7:86 120세겔은 약 1.36킬로그램 7:89 또는 긍휼의 자리

드려 레위 사람들을 속죄하여라.
13 레위 사람들을 아론과 그 아들들 앞
에 서게 하고 그들을 여호와께 요제
로 드려라.
14 이렇게 해 네가 레위 사람들을 다른
이스라엘 자손들에게서 구별해 세우
면 레위 사람들이 내 것이 될 것이다.
15 그런 후에야 레위 사람들이 회막에서
섬길 수 있을 것이다. 그러므로 너는
그들을 정결하게 하고 그들을 요제로
흔들어 바치도록 하여라.
16 그들은 이스라엘 자손들 가운데 내게
온전히 드려진 사람들이다. 내가 그
들을 모태에서 처음 난 것들, 곧 이스
라엘 자손들 가운데 모든 맏아들을
대신해 내 것으로 삼았다.
17 왜냐하면 이스라엘에서 처음 난 것은
사람이든 짐승이든 다 내 것이기 때
문이다. 내가 이집트에서 처음 난 것
을 다 칠 때 내가 그들을 내 것으로
거룩하게 구별했다.
18 그렇게 해서 내가 이스라엘 자손 가
운데 모든 맏아들을 대신해 레위 사
람들을 취했다.
19 모든 이스라엘 자손들 가운데 내가
레위 사람들을 아론과 그 아들들에
게 선물로 주어 회막에서 이스라엘
백성들을 대신해 봉사하게 하고 그들
을 위해 속죄하게 했으니 이는 이스라
엘 자손이 성소 가까이 올 때 재앙이
이스라엘 자손들에게 미치지 않게 하
기 위한 것이다."
20 모세와 아론과 온 이스라엘 회중이
여호와께서 모세에게 명하신 대로 레
위 사람들에게 행했습니다. 그대로
그들이 다 행했습니다.
21 레위 사람들이 스스로를 정결하게 하
고 자기들의 옷을 빨았습니다. 그리
고 아론은 여호와 앞에 그들을 요제
로 드렸으며 그들을 위해 속죄해 그
들을 정결하게 했습니다.
22 그 후 레위 사람들은 나아와 아론과
그 아들들의 관리 아래서 회막에서
일하게 됐습니다. 이처럼 여호와께서
레위 사람들에 대해 모세에게 명하신
대로 그들이 다 레위 사람들에게 행
했습니다.
23 여호와께서 모세에게 말씀하셨습니
다.
24 "레위 사람들에 대한 규정은 이것이
다. 25세 이상 되는 남자들은 회막을
섬기는 일에 참여하러 나와야 한다.
25 그러나 50세가 되면 그들은 그 섬기
는 일을 그만두고 더 이상 일하지 않
아도 된다.
26 그들은 회막에서 임무를 수행하고 있
는 동료들을 도와줄 수는 있으나 그
들 자신은 직접 그 일을 맡아 하지 못
한다. 너는 레위 사람들의 임무에 대
해서 이와 같이 하여라."

유월절

9 그들이 이집트에서 나온 지 2년째
되는 해 *첫째 달에 여호와께서 시
내 광야에서 모세에게 말씀하셨습니
다.

9:1 아빕 월, 태양력 3월 중순 이후

2 "이스라엘 자손이 정해진 때에 유월
절을 지키게 하여라.
3 이달 14일 해 질 무렵 곧 정해진 때에
그것을 지켜라. 그 모든 규례와 율례
를 따라서 그것을 지켜야 한다."
4 모세가 이스라엘 백성들에게 유월절
을 지키라고 말했습니다.
5 그러자 그들은 그달 14일 해 질 무렵
에 처음으로 시내 광야에서 유월절을
지켰습니다. 여호와께서 모세에게 명
하신 그대로 이스라엘 자손이 행했습
니다.
6 그러나 그들 가운데 사람의 시체로
인해 부정해져서 그날에 유월절을 지
키지 못하게 된 사람들이 있었습니
다. 그들이 그날 모세와 아론에게로
왔습니다.
7 그리고 그 사람들이 모세에게 말했습
니다. "우리가 시체로 인해 부정해졌
습니다. 하지만 다른 이스라엘 자손들
과 함께 정해진 때에 여호와께 예물
을 드리지 못하게 하시면 어떻게 합니
까?"
8 모세가 그들에게 대답했습니다. "너희
에 관해 여호와께서 어떻게 명령하시
는지 알아볼 테니 기다려라."
9 여호와께서 모세에게 말씀하셨습니
다.
10 "너는 이스라엘 백성들에게 말하여
라. '너희나 너희 자손들 가운데 누구
든 시체로 인해 부정해지거나 멀리
여행을 하고 있다고 할지라도 여호와
께 유월절을 지키라.
11 그런 사람은 *둘째 달 14일 해 질 무
렵에 그날을 지키면 된다. 누룩 없는
빵과 쓴 나물과 함께 어린양 고기를
먹도록 하라.
12 아침까지 하나도 남겨서는 안 되고
뼈를 하나도 꺾어서는 안 된다. 모든
규례를 따라 유월절을 지키라.
13 부정하지도 않고 여행을 떠나지도 않
았는데 유월절을 지키지 않는 사람은
자기 백성 가운데서 끊어질 것이다.
이는 그가 여호와의 예물을 정한 때
에 바치지 않았기 때문이다. 이런 사
람은 자신의 죄를 짊어져야 한다.
14 너희 가운데 사는 이방 사람이 여호
와를 위해 유월절을 지키고 싶어 하
면 규례와 율례를 따라 그렇게 하게
하라. 이방 사람이나 내국 사람이나
규례는 동일하다.'"

성막 위 구름 (출 40:34-38)

15 성막을 세우던 날 구름이 성막, 곧 회
막을 덮었습니다. 저녁부터 아침까지
구름이 성막 위에 불의 모습으로 있
었습니다.
16 이 일이 계속됐습니다. 구름이 성막
을 덮고 있었고 밤이 되면 불처럼 보
였습니다.
17 구름이 성막 위에서 떠오를 때면 이
스라엘 백성들은 길을 떠났습니다. 그
리고 구름이 머무르면 이스라엘 백성
들은 진을 쳤습니다.
18 여호와의 명령을 따라 이스라엘 자손
이 길을 떠나고 여호와의 명령을 따

9:11 시브 월, 태양력 4월 중순 이후

라 진을 쳤습니다. 구름이 성막 위에
머물러 있는 동안 그들은 진을 치고
머물렀습니다.
19 구름이 성막 위에 오랫동안 머무를
때는 이스라엘 백성들은 여호와의 지
시에 순종해 길을 떠나지 않았습니
다.
20 때로는 구름이 성막 위에 며칠만 머
물 때도 있었습니다. 그들은 여호와의
명령을 따라 진을 쳤고 여호와의 명
령을 따라 길을 떠났습니다.
21 때로는 구름이 저녁부터 아침까지만
머물러 있을 때도 있었습니다. 그런
때 그들은 아침에 구름이 떠오르면
길을 떠났습니다. 낮이든 밤이든 구
름이 움직이면 그들은 길을 떠났습니
다.
22 이틀이고 한 달이고 1년이고 구름이
성막 위에 머무르면 이스라엘 자손은
진에 머무르고 길을 떠나지 않았습니
다. 그러다 구름이 떠오르면 그들은
길을 떠났습니다.
23 여호와의 명령을 따라 그들은 진을
치고 여호와의 명령을 따라 길을 떠
났습니다. 그들은 여호와께서 모세를
통해 하신 여호와의 명령에 순종했습
니다.

은나팔

10 여호와께서 모세에게 말씀하셨
습니다.
2 "은을 두드려서 나팔 두 개를 만들고
회중을 불러 모을 때와 진을 거두고
행군을 시작할 때 그것을 사용하여
라.
3 나팔을 둘 다 불면 온 회중이 회막
입구 너에게로 모여야 한다.
4 나팔을 하나만 불면 지도자들, 곧 이
스라엘의 천부장들만 너에게로 모여
야 한다.
5 짧게 끊어서 부는 나팔 소리가 나면
동쪽 진영이 움직인다.
6 두 번째로 짧게 끊어서 부는 나팔 소
리가 나면 남쪽 진영이 움직인다. 짧
게 끊어서 부는 나팔 소리는 움직인
다는 신호다.
7 회중을 모으기 위해서는 길게 나팔

성·경·상·식 | **은나팔**

이스라엘의 새해 첫날, 양력으로는 9, 10월에 해당하는 이날, 양 뿔 나팔 소리가 울려 퍼진다. 새해가 시작됨을 알리며 백성에게 예배를 드리기 위해 모이라고 신호를 하는 것이다.
하나님은 시내 산에서 모세에게 은나팔 2개를 만들도록 하셨다(민 10:2). 백성들이 언제, 어떻게 이동해야 할지 정확한 신호를 주기 위해서였다.
이렇게 나팔은 종교 의식, 군대의 행진을 알리고 각 지파의 지도자와 백성들을 불러 모으는 데 쓰였다. 나팔 부는 것은 제사장이 할 일이었는데 전쟁 때나 주요 절기, 매달 첫날에 나팔을 불었다(민 10:2-10).
또한 하나님께서 자기 백성 가운데 함께하심을 축하하거나 임박한 위험을 알리는 것 그리고 심판을 선포하는 데에도 나팔이 사용될 것이라고 적혀 있다(계 8-9장).

을 불어야지 짧게 끊어 불어서는 안
된다.
8 나팔은 제사장인 아론의 아들들이
불어야 한다. 이것은 너희와 너희 대
대로 계속될 규례다.
9 너희가 너희 땅에서 너희를 공격하는
적과 싸울 때 나팔을 불어라. 그러면
너희가 너희 하나님 여호와 앞에서
기억될 것이며 너희 원수들에게서 구
원을 받게 될 것이다.
10 또한 너희가 즐거울 때와 너희의 정해
진 절기와 매달 초하루에 번제와 화
목제를 드릴 때 나팔을 불어라. 그러
면 너희 하나님이 너희를 기억할 것이
다. 나는 너희 하나님 여호와다."

이스라엘 자손이 시내 광야를 출발하다

11 2년째 되는 해 *둘째 달 20일에 구름
이 증거의 성막 위에서 나아가기 시
작했습니다.
12 그러자 이스라엘 자손들이 시내 광야
를 떠나 행선지를 향해 나아갔습니
다. 그러다 구름이 바란 광야에 머물
렀습니다.
13 이렇게 그들은 여호와께서 모세를 통
해 주신 명령대로 처음 길을 나섰습
니다.
14 가장 먼저 유다 진영의 깃발이 그 소
속된 부대들을 이끌고 나아갔습니다.
그들은 암미나답의 아들 나손이 지휘
했습니다.
15 잇사갈 지파의 부대는 수알의 아들 느
다넬이 통솔했습니다.
16 스불론 지파의 부대는 헬론의 아들
엘리압이 통솔했습니다.
17 성막이 거두어지자 게르손 자손과 므
라리 자손이 그것을 메고 길을 나섰
습니다.
18 그다음으로 르우벤 진영의 깃발이 그
소속된 부대들을 이끌고 나아갔습니
다. 그들은 스데울의 아들 엘리술이
지휘했습니다.
19 시므온 지파의 부대는 수리삿대의 아
들 슬루미엘이 통솔했습니다.
20 갓 지파의 부대는 드우엘의 아들 엘리
아삽이 통솔했습니다.
21 그러자 고핫 자손이 거룩한 물품들
을 메고 길을 나섰습니다. 성막은 그
들이 도착하기 전에 이미 세워져 있
어야 했습니다.
22 그다음으로 에브라임 진영의 깃발이
그 소속된 부대들을 이끌고 나아갔
습니다. 그들은 암미훗의 아들 엘리사
마가 지휘했습니다.
23 므낫세 지파의 부대는 브다술의 아들
가말리엘이 통솔했습니다.
24 베냐민 지파의 부대는 기드오니의 아
들 아비단이 통솔했습니다.
25 그다음으로 단 진영의 깃발이 그 소
속된 부대들을 이끌고 모든 진의 후
위 부대로서 나아갔습니다. 그들은
암미삿대의 아들 아히에셀이 지휘했
습니다.
26 아셀 지파의 부대는 오그란의 아들 바
기엘이 통솔했습니다.
27 납달리 지파의 부대는 에난의 아들 아

10:11 시브 월, 태양력 4월 중순 이후

히라가 통솔했습니다.
28 이와 같이 이스라엘 자손이 부대별로
행진했습니다.
29 그때 모세의 장인 미디안 사람 르우엘
의 아들 *호밥에게 모세가 말했습니
다. "우리는 여호와께서 '내가 너희에
게 주리라'고 말씀하신 그 장소로 지
금 떠나고 있습니다. 우리와 같이 갑
시다. 우리가 당신을 잘 대접해 드리
겠습니다. 여호와께서 이스라엘에게
좋은 것들을 약속해 주셨습니다."
30 그가 말했습니다. "나는 가지 않겠네.
나는 내 땅과 내 동족에게로 돌아가
겠네."
31 그러자 모세가 말했습니다. "우리를
떠나지 마십시오. 당신은 우리가 어디
에서 진을 쳐야 할지를 알고 있습니
다. 우리의 눈이 돼 주십시오.
32 당신이 우리와 같이 가면 여호와께서
우리에게 주시는 좋은 것을 무엇이든
당신과 나누겠습니다."
33 그리하여 그들은 여호와의 산을 떠나
3일 길을 나아갔는데 여호와의 언약
궤가 쉴 곳을 찾아 3일 동안 그들 앞
에서 진행했습니다.
34 낮에 그들이 진영을 철수하고 떠날
때 여호와의 구름이 그들 위에 있었
습니다.
35 언약궤가 길을 떠날 때마다 모세가
이렇게 말했습니다. "여호와여 일어나
소서! 당신 앞에서 당신의 원수들이
흩어지고 당신의 적들이 달아나게 하
소서."
36 그리고 쉴 때마다 이렇게 말했습니
다. "여호와여 천만 이스라엘 사람에
게로 돌아오소서."

여호와의 불

11 그때 백성들이 불평하는 소리
가 여호와의 귀에 들렸습니다.
여호와께서 그 말을 들으시고는 진노
하셨습니다. 그러자 여호와의 불이 그
들 가운데 타올라서 진의 바깥쪽을
태웠습니다.
2 백성들이 모세에게 울부짖자 모세가
여호와께 기도했고 불은 꺼졌습니다.
3 그리하여 그곳을 *다베라로 부르게
됐습니다. 이는 여호와의 불이 그들
가운데 타올랐기 때문입니다.

여호와께서 메추라기를 보내시다

4 이스라엘 가운데 섞여 살던 사람들이
다른 음식을 요구하기 시작했습니다.
그러자 이스라엘 자손이 다시 울면서
말했습니다. "누가 우리에게 고기를
먹게 해 줄 수 있을까?
5 이집트에서는 생선, 오이, 멜론, 부추,
양파, 마늘을 공짜로 먹을 수 있었는
데
6 이제 우리가 식욕을 잃어버리고 말았
구나. 눈에 보이는 것이라고는 이 만
나뿐이니!"
7 만나는 코리안더 씨 같고 색깔은 송
진 같았습니다.
8 백성들은 여기저기 다니며 그것을 모
아다가 맷돌에 갈거나 절구에 찧어서

10:29 삿 4:11에서 모세의 장인은 호밥임. 다른 곳에서는 르우엘(출 2:18,21)과 이드로(출 3:1;4:18;18:1)로 나옴. 11:3 불사름.

솥에 삶아 납작한 빵으로 만들었습니
다. 그 맛은 기름 섞은 과자 맛 같았
습니다.
9 이슬이 진에 내릴 때 만나도 진 위에
내렸습니다.
10 집집마다 각자의 장막 입구에서 울고
있는 것을 모세가 들었습니다. 여호와
께서 몹시 진노하셨고 모세도 언짢았
습니다.
11 모세가 여호와께 말했습니다. "왜 주
께서는 주의 종을 괴롭히십니까? 왜
제가 주의 은총을 받지 못하며 주께
서는 이 모든 백성의 짐을 다 저에게
지우십니까?
12 이 모든 백성들을 제가 낳았습니까?
제가 저들을 낳았습니까? 왜 마치 제
가 이들을 낳은 것처럼 주께서는 유
모가 아기를 품듯이 저들을 제 팔에
품고 주께서 그들의 조상에게 맹세하
신 땅으로 데려가라고 하십니까?
13 제가 고기를 어디서 구해 이 백성에
게 주겠습니까? 저들이 저를 보고 '우
리에게 고기를 주어 먹게 하라' 하고
울어 댑니다.
14 저 혼자만으로는 이 모든 백성을 감
당할 수가 없습니다. 그들이 제게는
벅찹니다.
15 주께서 제게 이렇게 하시겠다면 제발
저를 불쌍히 여기셔서 지금 당장 저
를 죽이시고 이 곤란한 일을 보지 않
도록 해 주십시오."
16 여호와께서 모세에게 말씀하셨습니
다. "너는 백성의 나이 든 사람들 가
운데서 네가 장로 혹은 관료로 알고
있는 사람들 70명을 내게로 데려와
라. 그들을 회막으로 데려와서 거기
서 너와 함께 서도록 하여라.
17 내가 내려가 거기서 너와 이야기하고
네게 내려준 영을 그들에게도 나눠
줄 것이다. 그러면 그들이 이 백성의
짐을 너와 함께 나눠 지고 너만 혼자
지지 않게 될 것이다.
18 백성들에게는 이렇게 말하여라. '내
일을 위해 몸을 거룩하게 하라. 너희
가 여호와의 귀에 대고 울면서 '누가
우리에게 고기를 먹게 해 줄 수 있을
까? 이집트에서 살던 것이 훨씬 나았
구나'라고 했으므로 내일은 너희가 고
기를 먹게 될 것이다. 여호와께서 너
희에게 고기를 줄 것이니 너희가 먹
게 될 것이다.
19 1일, 2일, 5일, 10일, 20일만 먹을 것
이 아니라
20 고기 냄새가 너희 코에 넘쳐서 역겨
워질 때까지 한 달 동안 먹을 것이다.
이는 너희가 너희 가운데 있는 여호
와를 거부하고 그 앞에서 울면서 '왜
우리가 이집트에서 나왔을까?'라고
했기 때문이다.'"
21 그러자 모세가 말했습니다. "여기 나
와 함께 있는 사람들 가운데 걷는 사
람들만 60만 명인데 주께서는 '내가
그들에게 고기를 주리니 그들이 한
달 내내 먹을 것이다'라고 하시는군
요.
22 양 떼나 소 떼를 잡거나 바다의 모든

고기들을 다 모은다 한들 그들에게
충분하겠습니까?"
23 여호와께서 모세에게 말씀하셨습니
다. "여호와의 손이 그렇게 짧으냐?
내가 말한 대로 되는지 안 되는지 네
가 보게 될 것이다."
24 그러자 모세가 밖으로 나가 여호와께
서 하신 말씀을 백성들에게 전했습니
다. 그리고 그는 백성 가운데서 나이
많은 장로 70명을 불러 회막 둘레에
서게 했습니다.
25 그러자 여호와께서 구름 속에서 내려
오셔서 모세에게 말씀하시며 모세에
게 있는 영을 70명의 장로들에게도
주셨습니다. 그 영이 그들 위에 머물
자 그들이 예언을 하다가 다시는 하
지 않았습니다.
26 두 사람이 진에 머물러 있었는데 그
들 가운데 하나의 이름은 엘닷이었고
다른 하나의 이름은 메닷이었습니다.
그들에게도 영이 임했습니다. 그들은
명단 가운데 있었는데도 회막으로 가
지 않았습니다. 그러나 그들도 진 안
에서 예언을 했습니다.
27 한 젊은이가 달려와 모세에게 말했습
니다. "엘닷과 메닷이 진영 안에서 예
언하고 있습니다."
28 모세의 보좌관으로서 어려서부터 그
를 섬겨 왔던 눈의 아들 여호수아가
말했습니다. "내 주 모세여! 저들을
멈추게 해 주십시오!"
29 그러자 모세가 대답했습니다. "네가
나를 위해 시기하는 것이냐? 나는 여
호와의 모든 백성들이 예언자가 되고
여호와께서 그 영을 그들에게 부어
주시기를 바란다."
30 그러고 나서 모세와 이스라엘의 장로
들이 진으로 돌아왔습니다.
31 그때 여호와로부터 바람이 일어 메추
라기를 바다에서 몰고 와 진 둘레 사
방으로 하룻길 되는 면적에 *2규빗
정도의 높이로 쌓이게 했습니다.
32 백성이 일어나서 그날 온종일과 그다
음 날 낮과 밤 내내 메추라기를 모았
습니다. 가장 적게 모은 사람도 *10호
멜을 모았습니다. 그리고 그들은 메추
라기를 진 둘레에 널어놓았습니다.
33 그러나 고기가 아직 이 사이에서 다
씹히기도 전에 여호와께서 백성들에
게 진노해 극심한 재앙으로 그들을
치셨습니다.
34 그리하여 그곳이 *기브롯 핫다아와라
고 불렸습니다. 그들이 거기에 탐욕
스러웠던 사람들을 묻었기 때문입니
다.
35 백성이 기브롯 핫다아와에서 이동해
하세롯에 이르러 그곳에 머물렀습니
다.

미리암과 아론이 모세를 반대하다

12 모세가 얻은 에티오피아 여자
때문에 미리암과 아론이 모세
를 비방했습니다. 이는 모세가 그 에
티오피아 여인과 결혼했기 때문입니
다.

11:31 2규빗은 약 90센티미터 11:32 10호멜은 약 2.2킬로리터 11:34 탐욕의 무덤

2 그들이 말했습니다. "여호와께서 모세
를 통해서만 말씀하시겠느냐? 우리
를 통해서도 말씀하시지 않겠느냐?"
그러자 여호와께서 이 말을 들으셨습
니다.
3 모세는 아주 겸손한 사람이었습니다.
땅 위에서 그보다 겸손한 사람이 없
었습니다.
4 갑자기 여호와께서 모세와 아론과 미
리암에게 말씀하셨습니다. "너희 셋
다 회막으로 나오라." 그들 셋이 나갔
습니다.
5 여호와께서 구름기둥 가운데로 내려
오셔서 회막 입구에 서시고는 아론과
미리암을 부르셨습니다. 그들 둘이 나
아갔습니다.
6 여호와께서 말씀하셨습니다.
"내 말을 잘 들어라. 여호와의 예언
자가 너희 가운데 있으면 내가 환
상을 통해 나를 그에게 알리고 꿈
을 통해 그에게 말한다.
7 그러나 내 종 모세에게는 그렇지
않다. 그는 내 모든 집에서 신실한
사람이다.
8 내가 그에게는 얼굴을 맞대고 분명
하게 이야기하며 이해하기 어려운
말로 하지 않는다. 그는 여호와의
형상을 본다. 그런데 너희는 왜 내
종 모세 비방하기를 두려워하지 않
느냐?"
9 여호와께서 그들에게 진노하시고 떠
나셨습니다.
10 구름이 회막 위에서 떠나갔고 미리암
은 *나병이 걸려 눈처럼 돼 있었습니
다. 아론이 미리암을 향해 돌아보니
미리암이 나병에 걸려 있었습니다.
11 그래서 그가 모세에게 말했습니다.
"보소서. 내 주여, 제발 이 죄를 우리
에게 돌리지 마십시오. 우리가 어리
석게 행동해 죄를 저질렀습니다.
12 미리암이 모태에서 나올 때 살이 반
이 썩은 채 죽어 나온 사람처럼 되지
않게 해 주십시오."
13 그러자 모세가 여호와께 부르짖었습
니다. "하나님이여, 미리암을 고쳐 주
십시오!"
14 여호와께서 모세에게 말씀하셨습니
다. "만약 미리암의 아버지가 그녀의
얼굴에 침을 뱉었다면 7일 동안 수치
스럽지 않겠느냐? 그녀를 7일 동안
진 바깥에 가두어라. 그 후에야 들어
올 수 있을 것이다."
15 그리하여 미리암은 7일 동안 진 바깥
에 갇혀 있었고 백성들은 그녀가 돌
아올 때까지 길을 떠나지 못했습니
다.
16 이런 후에 백성들은 하세롯을 떠나
바란 광야에 진을 쳤습니다.

가나안 땅 정탐 (신 1:19-33)

13 여호와께서 모세에게 말씀하셨
습니다.
2 "사람들을 보내어 내가 이스라엘 백성
들에게 줄 가나안 땅을 살펴보게 하
여라. 각 지파에서 지도자를 한 사람
씩 보내라."

12:10 히브리어로는 여러 가지 악성 피부병을 뜻함.

3 여호와의 명령에 따라 모세는 바란
광야에서 그들을 보냈습니다. 그들은
모두 이스라엘 자손의 우두머리들이
었습니다.
4 그들의 이름은 르우벤 지파에서 삭굴
의 아들 삼무아,
5 시므온 지파에서 호리의 아들 사밧,
6 유다 지파에서 여분네의 아들 갈렙,
7 잇사갈 지파에서 요셉의 아들 이갈,
8 에브라임 지파에서 눈의 아들 호세아,
9 베냐민 지파에서 라부의 아들 발디,
10 스불론 지파에서 소디의 아들 갓디엘,
11 요셉 지파 가운데 므낫세 지파에서 수
시의 아들 갓디,
12 단 지파에서 그말리의 아들 암미엘,
13 아셀 지파에서 미가엘의 아들 스둘,
14 납달리 지파에서 웝시의 아들 나비,
15 갓 지파에서 마기의 아들 그우엘입니
다.
16 이들은 모세가 그 땅을 살펴보도록
보낸 사람들의 이름입니다. 모세는 눈
의 아들 호세아에게 여호수아라는 이
름을 주었습니다.
17 모세가 가나안 땅을 살펴보도록 그들
을 보내면서 말했습니다. "너희는 네
게브로 해서 산지로 올라가라.
18 그 땅이 어떤지, 거기 사는 사람들이
힘이 센지 약한지, 수가 적은지 많은
지 알아보라.
19 그들이 어떤 땅에서 살고 있는지, 그
땅이 좋은지 나쁜지, 그들이 어떤 성
들에 살고 있는지, 성벽이 없는지 튼
튼한지,
20 토양은 어떤지, 비옥한지 메마른지,
나무들은 있는지 없는지 등등 말이
다. 그 땅의 열매들을 갖고 돌아오는
데 최선을 다하라." 그때는 포도가 막
익기 시작하는 시기였습니다.
21 그리하여 그들은 신 광야에서부터 하
맛 어귀의 르홉까지 올라가 그 땅을
살펴보았습니다.
22 그들은 네게브 지방을 통해 올라가서
아낙 자손들인 아히만, 세새, 달매가
살고 있는 헤브론으로 갔습니다. 헤브
론은 이집트의 소안보다 7년 전에 세
워진 곳입니다.
23 그들은 *에스골 골짜기에 이르러 포
도송이 하나가 달린 가지를 잘랐습니
다. 그리고 그들 가운데 두 사람이 막
대기에 끼워 그것을 날랐습니다. 그
들은 또한 석류와 무화과도 땄습니
다.
24 그곳이 *에스골 골짜기라고 불린 것
은 거기서 이스라엘 자손들이 꺾은
포도송이 때문이었습니다.
25 그들은 40일 동안 그 땅을 살펴보는
일을 마치고 돌아왔습니다.

정탐에 대한 보고

26 그들이 바란 광야의 가데스에 있는
모세와 아론과 이스라엘의 온 회중에
게로 돌아왔습니다. 거기서 그들은
모세와 아론과 온 회중에게 보고했고
그 땅의 열매를 보여 주었습니다.
27 그들은 모세에게 이렇게 보고했습니
다. "당신께서 우리를 보내신 그 땅에

13:23,24 송이

우리가 들어갔는데 그곳은 젖과 꿀이
흐르는 땅입니다! 여기 거기서 나는
열매가 있습니다.
28 그런데 거기 사는 사람들은 힘이 세
고 그 성들은 튼튼한 데다 엄청나게
큽니다. 게다가 거기서 아낙 자손들
을 보았습니다.
29 네게브 지방에는 아말렉 사람들이 살
고 있고 헷 사람들과 여부스 사람들
과 아모리 사람들은 산지에 살고 있
습니다. 그리고 가나안 사람들은 바
닷가와 요단 강을 따라 살고 있습니
다."
30 그때 갈렙이 모세 앞에서 백성들을
진정시키면서 말했습니다. "우리가 올
라가 그 땅을 점령하는 것이 좋겠습
니다. 우리는 분명히 할 수 있습니다."
31 그러나 그와 함께 올라갔던 사람들
이 말했습니다. "우리가 그 사람들에
게 올라가서는 안 됩니다. 그들은 우
리보다 훨씬 더 강합니다."
32 그러고는 그들이 이스라엘 백성들에
게 자신들이 살펴보고 온 땅에 관해
좋지 못한 이야기를 했습니다. "우리
가 살펴보고 온 그 땅은 거기 사는
사람들을 잡아먹는 땅입니다. 우리가
거기서 본 사람들은 모두 신장이 컸
습니다.
33 우리가 거기서 네피림, 곧 네피림에게
서 나온 아낙 자손들을 보았습니다.
우리 눈에도 우리가 메뚜기처럼 보였
으니 그들 눈에도 마찬가지였을 것입
니다."

백성들이 거역하다

14 그날 밤 회중의 모든 백성들이
목소리를 높여 큰 소리로 울었
습니다.
2 모든 이스라엘 백성들이 모세와 아론
에게 불평했습니다. 온 회중이 그들
에게 말했습니다. "우리가 이집트에서
죽었거나 이 광야에서 죽었더라면 좋
았을 텐데!

하용조 목사의 행복한 **메시지**

믿음의 눈

믿음은 새로운 세계의 눈을 열어 줍니다. 마틴 루터와 칼빈은 로마 가톨릭이라는 우물 안에 있었습니다. 그러나 그들이 예수님을 만나고 성경을 읽을 때 종교 개혁에 대한 눈을 뜨게 되었습니다. 허드슨 테일러는 영국이라는 문화권 속에 있던 사람입니다. 그러나 그가 예수님을 만나고 새로운 세계를 향하여 눈을 뜨자 드넓은 중국 대륙이 보였습니다. 또한, C. T. 스터드는 캠브리지 7인 중 한 사람으로 당시 전도유망한 크리켓 선수였습니다. 그런데 그가 예수님을 만난 후 시야가 달라져 아프리카 선교사가 되었습니다. 윌리엄 케리 역시 하나님께서 보여 주신 인도라는 큰 땅을 보고서 그의 일생을 선교사로 헌신했습니다.
믿음은 이성과 경험과 상식을 뛰어넘게 하여 여호수아와 갈렙처럼 하나님의 약속의 세계, 놀라운 은총의 세계로 들어가게 합니다. 여러분은 예수님을 믿고 어떤 세계를 보십니까?

3 왜 여호와께서 우리를 이 땅까지 데
려와서 칼에 쓰러지게 하시는 겁니
까? 우리 아내와 자식들은 사로잡히
게 될 것입니다. 우리가 그냥 이집트
로 돌아가는 편이 낫지 않겠습니까?"
4 그러고는 그들이 서로 말했습니다.
"우리끼리 지도자를 뽑아서 이집트로
돌아가자."
5 그러자 모세와 아론이 거기 모인 이스
라엘 온 회중 앞에서 얼굴을 땅에 대
고 엎드렸습니다.
6 그 땅을 살펴보고 온 눈의 아들 여호
수아와 여분네의 아들 갈렙이 자기
옷을 찢으며
7 온 이스라엘 회중에게 말했습니다.
"우리가 살펴보고 온 그 땅은 아주 좋
은 곳입니다.
8 여호와께서 우리를 기뻐하신다면 우
리를 그 땅, 곧 젖과 꿀이 흐르는 땅
으로 이끄시고 그 땅을 우리에게 주
실 것입니다.
9 제발 여호와께 반역하지 마십시오.
그 땅 사람들을 두려워하지 마십시
오. 그들은 우리의 밥입니다. 그들의
보호자는 그들을 떠났고 여호와는 우
리와 함께 계십니다. 그들을 두려워하
지 마십시오."
10 그러나 온 회중은 그들을 돌로 치려
고 했습니다. 그때 여호와의 영광이
회막에 있는 온 이스라엘 백성들에게
나타났습니다.
11 여호와께서 모세에게 말씀하셨습니
다. "이 백성들이 얼마나 더 나를 업
신여기겠느냐? 내가 그 많은 표적들
을 저들 가운데 보여 주었는데도 저
들이 얼마나 더 나를 믿지 못하겠느
냐?
12 내가 그들을 역병으로 쳐서 멸망시키
고 너를 그들보다 더 크고 강한 민족
으로 만들 것이다."
13 모세가 여호와께 말했습니다. "만약
이집트 사람들이 주께서 주의 힘으로
그들 가운데서 이끌어 내신 이 백성
들의 소식을 듣는다면
14 이 땅에 사는 사람들에게 그것에 대
해 말할 것입니다. 그들은 이미 여호
와께서 이 백성들 가운데 계시고 여
호와께서 눈과 눈을 마주 대하듯이
그들에게 나타나셨으며 주의 구름이
그들 위에 서고 주께서 낮에는 구름
기둥으로, 밤에는 불기둥으로 그들의
앞에서 행하셨다는 것을 들었습니다.
15 그런데 만약 주께서 이 백성들을 단
번에 다 죽여 버리신다면 주에 대한
이런 소문을 들은 나라들이 이렇게
말할 것입니다.
16 '여호와가 이 백성을 그분이 맹세한
땅으로 들여보낼 수 없어서 그들을
광야에서 죽여 버렸다'라고 말입니다.
17 내 주여, 주의 권능을 보여 주시길 원
합니다. 주께서 이렇게 말씀하셨습니
다.
18 '여호와는 노하기를 더디 하시고 자비
가 많으시고 죄와 허물을 용서하는
분이시다. 그러나 죄 있는 사람들은
결단코 그냥 용서하는 일이 없으시며

그 조상들의 죄로 인해 자식들에게
갚아 삼사 대까지 가게 하신다.'
19 주께서 이 백성이 이집트에서 떠난 그
때부터 지금까지 이들을 용서해 주신
것처럼 주의 크신 사랑을 따라 이들
의 죄를 용서해 주시길 바랍니다."
20 여호와께서 대답하셨습니다. "네가
말한 대로 내가 그들을 용서하겠다.
21 그러나 내가 살아 있는 한 그리고 여
호와의 영광이 온 땅을 가득 채우고
있는 한
22 내 영광과 내가 이집트와 광야에서
보인 표적을 보고도 내게 불순종하
고 나를 열 번이나 시험한 사람들 가
운데는 어느 하나도
23 내가 그 조상들에게 맹세한 땅을 볼
사람이 없을 것이다. 나를 업신여긴
사람은 어느 누구도 그 땅을 못 볼 것
이다.
24 그러나 내 종 갈렙은 다른 마음가짐
을 갖고 나를 온전히 따랐으니 그가
가 보았던 그 땅으로 내가 그를 들여
보내고 그 자손들이 그 땅을 상속하
게 할 것이다.
25 아말렉 사람들과 가나안 사람들이 그
골짜기에 살고 있으니 너희는 내일 돌
이켜서 홍해 길로 해서 광야로 들어
가도록 하여라."
26 여호와께서 모세와 아론에게 말씀하
셨습니다.
27 "이 악한 회중이 얼마나 더 내게 불평
하겠느냐? 내가 이스라엘 백성들이
불평하는 것을 들었다.
28 그러니 그들에게 말하여라. '여호와께
서 말씀하신다. 내가 살아 있는 한,
내가 너희에게 들은 그대로 너희에게
해 줄 것이다.
29 내게 불평을 한 너희들 가운데 20세
이상의 모든 등록된 사람은 하나도
빠짐없이 이 광야에서 시체가 되어
쓰러지게 될 것이다.
30 여분네의 아들 갈렙과 눈의 아들 여
호수아를 빼고는 너희 가운데 그 누
구도 내가 너희에게 주어 살게 하겠
다고 맹세한 그 땅으로 들어갈 수 없
을 것이다.
31 그러나 사로잡히게 되리라고 너희가
말했던 너희 자식들은 너희가 거부한
그 땅을 누리게 될 것이다.
32 하지만 너희 시체는 이 광야에 쓰러
지게 될 것이다.
33 너희의 자식들은 여기서 40년 동안
*방황해 너희가 다 시체가 될 때까지
너희의 잘못을 감당할 것이다.
34 너희가 그 땅을 살펴본 40일의 각 하
루를 1년으로 쳐서 40년 동안 너희
죄를 짊어질 것이며 너희는 나를 실
망시킨 것이 어떤 결과를 가져오는지
알게 될 것이다.'
35 나 여호와가 말했다. 그러므로 하나
로 뭉쳐 나를 대적했던 이 모든 악한
회중에게 내가 이 일을 반드시 행할
것이다. 그들이 이 광야에서 마지막
사람까지 다 죽게 될 것이다."
36 모세가 그 땅을 살펴보라고 보냈는데

14:33 또는 목자가 돼, 양을 치면서

돌아와서 그 땅에 대해 좋지 않은 이
야기를 퍼뜨려 온 회중이 여호와를
거슬러 불평하게 만든 사람들,
37 곧 그 땅에 대해 좋지 못한 나쁜 이야
기들을 퍼뜨린 사람들은 여호와 앞에
서 재앙을 받아 죽었습니다.
38 그 땅을 살펴보러 간 사람들 가운데
눈의 아들 여호수아와 여분네의 아들
갈렙만이 살아남았습니다.
39 모세가 이 소식을 모든 이스라엘 자
손들에게 전하자 그들이 매우 슬퍼했
습니다.
40 이튿날 아침 일찍 그들이 산꼭대기로
올라가서 말했습니다. "보십시오. 우
리가 죄를 지었습니다. 여호와께서 약
속해 주신 그곳으로 우리가 올라가겠
습니다."
41 그러나 모세가 말했습니다. "어째서
너희는 여호와의 명령을 순종하지 않
느냐? 너희들이 성공하지 못할 것이
다.
42 여호와께서 너희 가운데 계시지 않으
시니 올라가지 말라. 그러지 않으면
너희가 적에게 지고 말 것이다.
43 아말렉 사람들과 가나안 사람들이 거
기서 너희를 대적할 것이고 너희는
칼에 쓰러지게 될 것이다. 너희가 여
호와에게서 돌아섰기 때문에 여호와
께서 너희와 함께하지 않으실 것이
다."
44 그럼에도 불구하고 그들은 무모하게
산꼭대기로 올라갔습니다. 그러나 모
세와 여호와의 언약궤는 진을 떠나지
않았습니다.
45 그 산에서 살고 있던 아말렉 사람들
과 가나안 사람들이 내려와서 그들을
공격해 호르마에 이르기까지 쳐부수
었습니다.

부가적인 예물

15 여호와께서 모세에게 말씀하셨
습니다.
2 "이스라엘 백성들에게 말하며 그들에
게 일러라. '내가 너희에게 주어서 살
게 할 그 땅에 들어가서
3 너희가 화제든, 번제든, 서원을 갚기
위한 희생제사든, 자원해서 드리는
제사든, 절기에 드리는 제사든, 소나
양을 드려 여호와께서 즐겨하시는 향
기를 드리고자 할 때
4 그 예물을 드리는 사람은 기름 *4분
의 1힌에 섞은 고운 가루 *10분의 1
에바를 곡식제사로 드려야 한다.
5 그리고 번제나 희생제사로 어린양을
드릴 때는 한 마리당 포도주 4분의 1
힌을 전제로 드려야 한다.
6 숫양이면 기름 *3분의 1힌에 섞은 고
운 가루 *10분의 2에바를 곡식제사
로 드리고
7 포도주 3분의 1힌을 전제로 드려야
한다. 이런 식으로 여호와께서 즐겨하
시는 향기를 드리라.
8 여호와께 번제나 서원을 갚기 위한
희생제사나 화목제사로 수송아지를
드리고자 할 때는

15:4 4분의 1힌은 약 0.9리터, 10분의 1에바는 약 2.2리터 15:6 3분의 1힌은 약 1.2리터, 10분의 2에바는 약 4.4리터

9 기름 *2분의 1힌에 섞은 고운 가루
*10분의 3에바를 곡식제사로 그 수송
아지와 함께 드리고
10 포도주 2분의 1힌을 전제로 드리면
여호와께서 즐겨하시는 향기로운 화
제가 될 것이다.
11 수소나 숫양 한 마리마다, 어린양이
나 암염소 한 마리마다 이런 식으로
준비해야 한다.
12 너희가 드리는 각 마리마다 이런 식
으로 그 한 마리당 숫자에 맞춰서 드
려야 한다.
13 이스라엘 사람이라면 누구나 이런 것
들을 여호와께서 즐겨하시는 향기로
운 화제로 드리기 위해서는 이런 식
으로 드려야 한다.
14 이방 사람이 너희와 함께 한동안만
살든지 아니면 대대로 너희 가운데
살든지 간에 그는 여호와께서 즐겨하
시는 향기로운 화제를 드려야 한다.
그 사람도 너희가 하는 대로 해야만
한다.
15 너희나 너희 가운데 사는 이방 사람
을 막론하고 회중에게는 *한가지 규
례가 있을 뿐이다. 이것은 대대로 이
어질 영원한 규례다. 너희와 이방 사
람들은 여호와 앞에서 마찬가지다.
16 너희와 너희 가운데 거하는 이방 사
람에게 오직 *한가지 율법과 *한가지
법도만 있을 뿐이다.'"
17 여호와께서 모세에게 말씀하셨습니
다.
18 "이스라엘 백성들에게 말해 일러라.
'내가 너희를 데려갈 그 땅에 들어가
서
19 그 땅에서 난 음식을 먹게 되면 여호
와께 예물로 드리라.
20 땅에서 처음 난 너희 곡식을 갈아서
만든 납작한 빵을 드리라. 그것을 타
작마당의 예물을 드리듯이 드리라.
21 이처럼 땅에서 처음 난 곡식에서 너
희 대대로 예물을 여호와께 드리도록
하라.'"

부지중에 지은 죄에 대한 제물

22 "'만약 너희가 여호와께서 모세에게
주신 이 명령들을 실수로 지키지 못

15:9 2분의 1힌은 약 1.8리터, 10분의 3에바는 약 6.6리터 15:15,16 동일한

성·경·상·식

4가지 제사 방법

이스라엘 백성들이 하나님께 드렸던 5대 제사는 번제, 곡식제(소제), 속죄제, 속건제, 화목제이다. 이러한 제사는 4가지 방법으로 드려졌다.

화제	제물을 불에 태워 드리는 제사법(레 1:13)
거제	제물을 번제단 위에 높이 들어 올려 드리는 제사법(출 29:28)
요제	제물을 하나님 앞에서 몇 번 앞뒤로 흔든 뒤 드리는 제사법(레 7:30)
전제	포도주나 기름, 피를 부어 드리는 제사법(출 29:40;민 15:5). 신약에서는 부어 드리는 제물이라고 표현했다(딤후 4:6;빌 2: 17).

한 일이 있다면
23 만약 여호와께서 명령하신 날부터 너
희 대대로 후세에게 이르기까지 여호
와께서 모세를 통해 너희에게 명령하
신 것들 가운데 하나라도 지키지 못
한 일이 있다면
24 만약 회중이 알지 못하는 가운데 이
런 일이 일어났다면 온 회중은 법도
를 따라 수송아지 한 마리를 번제로
여호와께서 즐겨하시는 향기가 되게
드려야 하며 또한 곡식제물과 전제물
을 드려야 하며 어린 숫염소 한 마리
를 속죄제물로 드려야 한다.
25 제사장이 온 이스라엘 회중을 위해
속죄하면 그들이 용서받을 것이다.
이는 그들이 자신들이 실수로 한 일
에 대해 예물을 여호와께 화제로 드
리고 또한 속죄제물을 여호와 앞에
드렸기 때문이다.
26 모든 백성이 실수로 한 것이므로 이
스라엘 자손의 온 회중과 그 가운데
사는 이방 사람들도 용서받게 될 것
이다.
27 그러나 만약 한 사람이 실수로 죄를
지었을 경우에는 그 사람은 1년 된
암염소를 속죄제물로 드려야 한다.
28 제사장이 실수로 죄를 짓게 된 그 사
람의 죄를 속죄해 주면 그는 용서받
게 될 것이다.
29 이스라엘 자손인 본토 사람이든지 이
방 사람이든지 상관없이 실수로 죄를
지은 사람에게는 모두 *한가지 율법
이 적용된다.
30 그러나 이스라엘 사람이든 이방 사람
이든 고의적으로 죄를 짓는 사람은
여호와를 모독하는 것이니 그런 사람
은 그 백성들 가운데서 끊어져야 할
것이다.
31 그는 여호와의 말씀을 업신여기고 그
의 명령을 어겼으니 그런 사람은 반
드시 끊어져야 한다. 그 죄가 그에게
있을 것이다.'"

안식일을 지키지 않은 사람을 쳐 죽이다

32 이스라엘 백성들이 광야에 있을 때
안식일에 나무를 줍고 있는 한 사람
을 발견했습니다.
33 그 사람이 나무를 줍고 있던 것을 발
견한 사람들이 그 사람을 모세와 아
론과 온 회중에게 데려와
34 그를 가두어 놓았습니다. 그를 어떻
게 해야 할지 분명하지 않았기 때문
입니다.
35 그러자 여호와께서 모세에게 말씀하
셨습니다. "그 사람은 죽어야 한다.
온 회중이 진 밖에서 그를 돌로 쳐야
한다."
36 그래서 온 회중이 여호와께서 모세에
게 명령하신 대로 그를 진 밖으로 데
려가 돌로 쳐 죽였습니다.

옷에 다는 술

37 여호와께서 모세에게 말씀하셨습니
다.
38 "이스라엘 백성들에게 말해 일러라.
'대대로 너희는 너희 겉옷 끝자락에
청색 끈으로 술을 달라.

15:29 동일한

39 이 술들은 너희가 보고 여호와의 모
든 명령을 기억해 그것들을 행하고
너희 마음과 눈을 따라 음란하게 되
지 않도록 하기 위한 것이다.
40 그러면 너희는 내 모든 명령들을 기
억하고 그대로 행해 너희 하나님 앞
에 거룩하게 될 것이다.
41 나는 너희 하나님이 되기 위해 너희
를 이집트에서 이끌어 낸 너희 하나님
이다. 나는 너희 하나님 여호와다.'"

고라와 다단과 아비람

16 레위의 증손이자 고핫의 손자
이며 이스할의 아들인 고라와
르우벤 지파 엘리압의 아들들인 다단
과 아비람과 벨렛의 아들인 온이 사
람들을 모아
2 모세에게 반기를 들고 일어났습니다.
이스라엘 자손 가운데 250명이 그들
과 함께했는데 이들은 총회에서 세움
을 입은 회중의 지도자들로서 유명한
사람들이었습니다.
3 그들은 모여 모세와 아론을 대항해서
말했습니다. "당신들은 너무 지나치
다! 회중은 하나같이 거룩하고 여호
와께서 그들과 함께하신다. 그런데 왜
당신들이 여호와의 총회 위에 스스로
를 높이느냐?"
4 모세가 이 말을 듣고 얼굴을 땅에 대
고 엎드렸습니다.
5 그러고 나서 그가 고라와 그의 모든
무리에게 말했습니다. "아침에 여호와
께서 누가 그분에게 속한 사람인지,
누가 거룩한지 보여 주실 것이니 여호
와께서 그 사람을 가까이 나아오게
하실 것이다. 여호와께서 선택하신
사람만 그분 가까이 나오게 하실 것
이다.
6 너 고라와 네 모든 무리가 할 일은 향
로들을 가져다가
7 내일 여호와 앞에서 향로에 불과 향
을 넣는 것이다. 여호와께서 선택하시
는 그 사람이 거룩한 사람이다. 지나
친 것은 너희 레위 사람들이다!"
8 모세가 또 고라에게 말했습니다. "너
희 레위 사람들아, 잘 들어라!
9 이스라엘의 하나님께서 너희를 다른
이스라엘 회중으로부터 따로 세워 그
분 가까이 오게 하셨다. 그리고 너희
를 여호와의 성막에서 일하게 하시고
회중 앞에 서서 그들을 위해 섬기게
하신 것으로 충분하지 않느냐?
10 그분이 너와 네 형제들인 레위 자손
들을 그분께 가까이 오게 하셨는데
너희가 제사장 직분마저 차지하려고
하는구나.
11 너와 너희 무리가 연합한 것은 여호
와를 대적하는 것이다. 아론이 누구
라고 감히 너희가 불평을 하느냐?"
12 그러고 나서 모세가 엘리압의 아들들
인 다단과 아비람을 불렀습니다. 그러
나 그들이 말했습니다. "우리는 가지
않겠다!
13 당신이 이 광야에서 죽이려고 우리를
젖과 꿀이 흐르는 땅에서 데리고 나
온 것으로 충분하지 않느냐? 이제는
기어이 우리를 지배하려고까지 하느

냐?
14 더구나 당신은 젖과 꿀이 흐르는 땅
에 우리를 들어가게 해 주지도 않았
고 우리에게 밭과 포도원을 유산으로
주지도 못했다. 당신이 이 사람들의
눈을 *파내려고 하느냐? 우리는 결
코 가지 않겠다."
15 모세는 몹시 화가 나서 여호와께 말
했습니다. "그들의 제사를 받지 마십
시오. 저는 그들에게서 나귀 하나 받
은 것이 없고 그들 가운데 어느 누구
에게도 잘못한 것이 없습니다."
16 모세가 고라에게 말했습니다. "너와
네 무리들이 내일 여호와 앞에 서게
될 것이다. 너와 그들과 아론이 함께
말이다.
17 각 사람은 자기 향로를 가져다가 그
안에 향을 넣어라. 그러면 향로가 다
합쳐 250개가 될 것이고 그것을 여호
와 앞에 드려라. 너와 아론도 각자 자
신의 향로를 드려라."
18 그리하여 각 사람이 자기 향로를 가져
다가 그 안에 불과 향을 넣고 모세와
아론과 함께 회막 입구에 섰습니다.
19 고라가 회막 입구에서 그들 반대쪽에
자기 무리를 모으자 여호와의 영광이
온 회중에게 나타났습니다.
20 여호와께서 모세와 아론에게 말씀하
셨습니다.
21 "너희 둘은 이 회중에게서 떨어지라.
내가 그들을 단번에 없애 버릴 것이
다."
22 그러나 모세와 아론이 얼굴을 땅에
대고 엎드려 말했습니다. "하나님이
여, 모든 육체의 영들의 하나님이여,
오직 한 사람만이 죄를 지었는데 온
회중에게 진노를 하십니까?"
23 그러자 여호와께서 모세에게 말씀하
셨습니다.
24 "'고라와 다단과 아비람의 장막에서
떨어지라'고 회중에게 말하여라."

16:14 히브리어, '꿰뚫으려고'

Q&A 왜 권위에 복종해야 하나요?

참고 구절 | 민 16장

성경에서는 모든 권세와 능력이 하나님께 있다고 말한다. 하나님이 이 세상 모든 것을 만드시고 다스리시는 주인이시기 때문이다. 그래서 하나님을 영원한 왕이라고 말하는 것이다(시 29:10). 모든 사람은 왕 되신 하나님께 복종해야 마땅하다. 성경에는 하나님의 권위를 무시하고 불순종한 사람들이 어떠한 심판과 형벌을 받았는지 잘 나타나 있다.

그런데 구약에서는 왕, 예언자, 제사장 등의 직분을 가진 사람들이 하나님의 권위를 위임받아 일했다. 그래서 이들에게 불순종하거나 대적하는 것이 곧 하나님께 대항하는 것과 동일하게 생각되었던 것이다.

고라의 반역이나 미리암의 비방은 곧 하나님을 향한 반역이요, 비방이므로 하나님은 이들을 벌하셨던 것이다. 하나님이 세우신 모든 권위에 복종하는 것은 곧 하나님의 권위를 인정하는 행위다(롬 13:1-2).

25 모세가 일어나 다단과 아비람에게 가
는데 이스라엘 장로들이 그를 따라갔
습니다.
26 그가 회중에게 경고했습니다. "이
악한 사람들의 장막에서 물러나라!
그들에게 속한 것은 어느 것이든 만
지지 말라. 그러지 않으면 그들의 모
든 죄로 인해 너희가 멸망당할 것이
다."
27 그러자 그들이 고라와 다단과 아비람
의 장막에서 물러났습니다. 다단과 아
비람이 밖으로 나와 자기 아내들과
자식들과 아이들과 함께 장막 입구
에 섰습니다.
28 그러자 모세가 말했습니다. "여호와께
서 이 모든 일을 하시기 위해 나를 보
내신 것이지 내가 스스로 생각해 낸
것이 아님을 이것을 통해서 너희가
알게 될 것이다.
29 만약 이 사람들이 보통 사람들처럼
죽고 보통 사람들이 겪는 일을 겪게
된다면 여호와께서 나를 보내신 것이
아닐 것이다.
30 그러나 만약 여호와께서 전혀 색다
른 일을 하셔서 땅이 입을 열어 그들
과 그들에게 속한 모든 것을 삼키고
그들이 산 채로 *음부로 내려가게 된
다면 이 사람들이 여호와를 멸시했음
을 너희가 알게 될 것이다."
31 모세가 이 모든 말을 마치자마자 그
들 아래에 있는 땅이 갈라지며
32 땅이 입을 열어 그들과 그들의 식구
들과 고라에게 속한 모든 사람들과
그들의 모든 소유물을 삼켜 버렸습니
다.
33 이렇게 해서 그들은 소유했던 그 모
든 것과 함께 산 채로 *음부로 내려
갔습니다. 땅이 그들 위에 닫혔고 그
들은 회중 가운데서 멸망을 당했습니
다.
34 그들의 부르짖음을 듣고 그들 주변에
있던 온 이스라엘 자손들이 도망치며
"땅이 우리마저 삼킬지 모른다!"라고
소리쳤습니다.
35 한편 여호와로부터 불이 나와 향로를
드린 250명을 불태워 버렸습니다.
36 여호와께서 모세에게 말씀하셨습니
다.
37 "아론의 아들인 제사장 엘르아살에게
명해 불탄 자리에서 향로들을 가져다
가 그 속의 불을 먼 곳으로 쏟아 버
리게 하여라. 이는 향로들이 거룩하
기 때문이다.
38 죄를 지어서 죽임을 당한 사람들의
향로를 두드려서 판으로 만들어 제단
을 씌워라. 이는 이 향로들이 여호와
께 드려져 거룩하게 됐기 때문이다.
이것이 이스라엘 자손들에게 증표가
되게 하여라."
39 그래서 제사장 엘르아살은 불타 버린
사람들이 드린 청동 향로들을 모아
두드려 제단에 씌울 판을 만들었는
데
40 이는 고라와 그의 무리처럼 되지 않으
려거든 아론의 자손이 아닌 다른 사

16:30,33 또는 무덤, 죽음

람이 여호와께 향을 드리러 나와서는
안 된다는 것을 기억하게 하려는 것
이었습니다. 여호와께서 모세를 통해
엘르아살에게 명하신 그대로였습니
다.
41 다음 날 온 이스라엘 회중이 모세와
아론에게 불평을 하며 말했습니다.
"당신들이 여호와의 사람들을 죽였습
니다."
42 회중이 모세와 아론을 대항해 모였고
모세와 아론이 회막 쪽을 쳐다보았을
때 구름이 회막을 덮으면서 여호와의
영광이 나타났습니다.
43 모세와 아론이 회막 앞으로 나아가자
44 여호와께서 모세에게 말씀하셨습니
다.
45 "이 회중에게서 떠나라. 내가 저들을
단번에 없애 버리겠다." 그러자 그들
이 얼굴을 땅에 대고 엎드렸습니다.
46 그리고 모세가 아론에게 말했습니다.
"형님의 향로를 가져다가 그 안에 제
단에서 가져온 불과 함께 향을 넣고
빨리 회중에게로 가서 그들을 위해
속죄하십시오. 여호와로부터 진노가
이르러서 재앙이 시작됐습니다."
47 모세가 말한 대로 아론이 회중 가운
데로 달려 들어갔습니다. 재앙이 백
성들 사이에 막 시작됐는데 아론이
향을 드려 그들을 위해 속죄했습니
다.
48 그리고 그가 살아 있는 사람들과 죽
은 사람들 사이에 서자 재앙이 멈추
었습니다.
49 그러나 고라 때문에 죽은 사람 외에 1
만 4,700명의 사람들이 이 재앙으로
죽었습니다.
50 재앙이 멈추자 아론이 회막 입구에
있는 모세에게 돌아왔습니다.

싹이 난 아론의 지팡이

17 여호와께서 모세에게 말씀하셨
습니다.
2 "이스라엘 자손에게 말해 각 지파마다
한 개씩 각 지파 지도자들의 지팡이
총 12개를 거두어 각 지팡이에 각 사
람의 이름을 써라.
3 레위 지파의 지팡이에는 아론의 이름
을 써라. 이는 각 지파의 우두머리마
다 지팡이가 하나씩 있어야 하기 때
문이다.
4 그 지팡이들을 회막 안 증거궤, 곧 내
가 너와 만나는 곳 앞에 두어라.
5 내가 선택하는 사람의 지팡이에 싹
이 날 것이다. 그렇게 함으로써 이스
라엘 백성들이 너에 대해 불평하는
것을 내 앞에서 잠잠하게 할 것이다."
6 모세가 이스라엘 자손들에게 말을 하
자 그들의 지도자들이 각 지파의 지
도자마다 한 개씩 총 12개의 지팡이
를 모세에게 가져왔는데 아론의 지팡
이도 그 지팡이들 가운데 있었습니
다.
7 모세가 그 지팡이들을 증거막 안의
여호와 앞에 두었습니다.
8 이튿날 모세가 증거막 안으로 들어가
서 보니 레위 집안을 대표하는 아론
의 지팡이에 싹이 터 순이 나고 꽃이

피어 아몬드가 열려 있었습니다.
9 모세가 모든 지팡이들을 여호와 앞에
서 이스라엘 자손들에게로 갖고 나왔
습니다. 그들이 그 지팡이들을 보고
각자 자기 것을 가져갔습니다.
10 여호와께서 모세에게 말씀하셨습니
다. "아론의 지팡이를 증거궤 앞으로
도로 가져다가 반역하는 사람들에
대한 증표로서 보관하여라. 이것으로
나에 대한 저들의 불평이 끝나게 해
그들이 죽지 않게 하여라."
11 모세가 여호와께서 명령하신 그대로
했습니다.
12 이스라엘 백성들이 모세에게 말했습
니다. "우리가 죽게 됐습니다! 망하게
됐습니다. 다 망하게 됐습니다!
13 누구든 여호와의 성막 가까이 가는
사람은 죽을 것이니 우리가 다 죽게
되는 것 아닙니까?"

제사장과 레위 사람의 직무

18 여호와께서 아론에게 말씀하셨
습니다.
"너와 네 아들들과 네 가문은 성소에
대한 죄를 책임져야 하고 너와 네 아
들들은 제사장직에 대한 죄를 책임져
야 한다.
2 네 조상의 지파, 곧 레위 지파의 네 형
제들을 네게로 오게 해 그들이 너와
연합해서 너와 네 아들들이 증거막
앞에서 일할 때 너를 돕게 하여라.
3 그들은 너의 직무와 장막에서의 모
든 직무를 수행해야 한다. 그러나 그
들은 성소나 제단의 물건들에 가까이
가서는 안 된다. 그러지 않으면 그들
과 너 모두 죽을 것이다.
4 그들은 너와 연합해서 장막을 섬기는
일을 위해 회막의 직무들을 수행해야
하며 다른 사람은 너희에게 가까이
와서는 안 된다.
5 너희는 성소의 일과 제단의 일을 잘
수행함으로써 이스라엘 자손들에게
진노가 떨어지는 일이 없도록 하여
라.
6 내가 친히 이스라엘 자손들 가운데서
너희 형제인 레위 사람들을 선택했으
니 그들은 회막에서 섬기도록 너희를
위해 여호와께 바쳐진 선물이다.
7 그러나 제단의 일과 휘장 안에서의
일은 오직 너와 네 아들들만이 섬길
수 있다. 내가 너희에게 제사장직을
선물로 준다. 다른 어느 누가 성소에
가까이 나아오면 죽게 될 것이다."

제사장과 레위 사람을 위한 헌물

8 여호와께서 아론에게 말씀하셨습니
다. "내가 친히 너희로 하여금 내게
드려지는 예물에 대한 일을 맡도록
했다. 이스라엘 자손들이 내게 바치
는 모든 거룩한 예물들을 내가 너와
네 아들들에게 영원한 규례에 따라
소득으로 준다.
9 불사르지 않은 가장 거룩한 부분이
너희의 몫이 될 것이다. 곡식제물이
든, 속죄제물이든, 속건제물이든 그
들이 내게 드린 예물 가운데서 가장
거룩한 부분이 너와 네 아들들의 몫
이다.

10 너희는 그것을 가장 거룩한 것으로
여기고 먹어라. 모든 남자는 그것을
먹어야 한다. 너는 그것을 거룩하게
여겨야 한다.
11 이것 또한 너희 것인데 이스라엘 자손
들이 선물로 드리는 예물과 흔들어
바치는 모든 제물들을 영원한 규례에
따라 내가 너와 네 아들들과 네 딸들
에게 준다. 네 집안에서 정결한 사람
은 누구나 그것을 먹을 수 있다.
12 그들이 여호와께 바친 첫 수확물, 곧
가장 좋은 올리브기름과 가장 좋은
새 포도주와 곡식을 전부 내가 네게
준다.
13 그들이 여호와께 가져오는 그 땅의
처음 것들은 네 것이다. 네 집안에서
정결한 사람은 누구나 그것을 먹을
수 있다.
14 여호와께 바쳐진 이스라엘의 모든 것
은 네 것이다.
15 사람이든 동물이든 모태에서 처음
난 것으로 여호와께 바쳐진 것은 네
것이다. 그러나 너는 모든 맏아들과
부정한 동물에게서 처음 난 모든 것
에 대해서는 돈으로 대신 값을 치르
게 해야 한다.
16 그것들이 1개월이 되면 한 세겔이
*20게라인 성소 세겔로 쳐서 은 *5세
겔로 값을 대신 치르게 해야 한다.
17 그러나 너는 소나 양이나 염소의 처
음 난 것은 돈으로 대신 값을 치르게
해서는 안 된다. 그것들은 거룩하기
때문이다. 그것들의 피를 제단에 뿌
리고 그 기름을 불로 드리는 제물로
태워 여호와께서 즐겨하시는 향기로
운 화제가 되게 하여라.
18 그 고기는 흔들어 바친 가슴살과 오
른쪽 넓적다리처럼 네 것이 될 것이
다.
19 이스라엘 백성들이 여호와께 받들어
드린 모든 거룩한 예물들을 영원한
규례를 따라 너와 네 아들들과 네 딸
들에게 준다. 이것은 여호와 앞에서
너와 네 자손들을 위한 영원한 소금
언약이다."
20 여호와께서 아론에게 말씀하셨습니
다. "너는 그들의 땅에서 유산이 없고
그들 가운데서 어떤 몫도 없을 것이
다. 왜냐하면 내가 이스라엘 백성들
가운데서 네 몫이고 네 유산이기 때
문이다.
21 내가 레위 사람들에게는 이스라엘의
모든 십일조를 그들에게 유산으로 주
니 회막을 섬기는 것에 대한 보상이
다.
22 이제부터 이스라엘 자손은 회막 가까
이 나아와서는 안 된다. 그러지 않으
면 그들이 그 죄의 결과를 감당하게
돼 죽게 될 것이다.
23 오직 레위 사람들만이 회막에서 일하
고 회막에 대한 죄를 짊어져야 한다.
이것은 대대로 계속돼야 할 율례다.
그들은 이스라엘 백성들 가운데서 유
산이 없을 것이다.
24 그 대신 내가 레위 사람들에게 이스

18:16 20게라는 약 11.4그램, 5세겔은 약 57그램

라엘 백성들이 여호와께 예물로 바치
는 십일조를 그 유산으로 준다. 내가
'그들은 이스라엘 백성들 가운데서 유
산이 없을 것이다'라고 말한 것은 이
때문이다."
25 여호와께서 모세에게 말씀하셨습니
다.
26 "레위 사람들에게 말해 일러라. '내가
너희에게 너희의 유산으로 주는 십일
조를 이스라엘 백성들에게서 받을 때
는 그 십일조의 십일조를 여호와께
드리는 예물로 바쳐야 한다.
27 너희 예물은 타작마당의 곡식이나
포도주를 짜는 틀의 포도즙처럼 여겨
야 할 것이다.
28 이처럼 너희 또한 너희가 이스라엘 백
성들에게서 받은 모든 것에서 십일조
를 여호와께 거제로 바칠 것이다. 여
호와의 몫으로 돌린 그 거제물은 제
사장 아론에게 주어야 한다.
29 너희는 너희가 받은 모든 예물 가운
데 가장 좋고 가장 거룩한 부분을 여
호와의 몫으로 바쳐야 한다.'
30 레위 사람들에게 말하여라. '너희가
가장 좋은 부분을 바칠 때는 타작마
당에서 나온 것이나 포도주를 짜는
틀에서 나온 것처럼 여겨야 한다.
31 너희와 너희 집안은 어디서든 그 나
머지를 먹을 수 있다. 그것은 너희가
회막에서 일한 것에 대한 보수이기
때문이다.
32 그 가운데 가장 좋은 부분을 바침으
로써 너희는 이 일에 대해 죄가 없게
될 것이다. 그렇게 하면 너희가 이스
라엘 백성들이 드리는 거룩한 예물을
더럽히지 않는 것이 돼 너희가 죽지
않을 것이다.'"

정결하게 하는 물

19 여호와께서 모세와 아론에게
말씀하셨습니다.
2 "이것은 여호와가 명령하는 율법의 조
항이다. 이스라엘 백성들에게 말해
흠 없이 온전하고 멍에를 멘 적이 없
는 붉은 암송아지 한 마리를 너희에
게 끌어오게 하라.
3 그것을 제사장 엘르아살에게 주어 그

성·경·상·식 십일조

하나님은 이스라엘 백성들에게 해마다 밭에서 나는 모든 것의 십일조를 바치게 하셨다(신 14:22). 레위 사람들 또한 그들이 받은 십일조의 십일조를 하나님께 드려야만 했다(민 18:26). 십일조는 하나님의 백성들이 갖고 있는 모든 것이 하나님이 주신 것임을 인정하는 믿음의 행위였다. 그러므로 십일조는 감사하는 마음으로 자발적으로 드려야 한다.

성경에는 아브라함이 멜기세덱에게 전리품의 10분의 1을 준 데서 십일조가 처음으로 등장한다(창 14:17-20). 야곱도 하나님께 주신 모든 것의 10분의 1을 서원했다(창 28:22).

성경에서 십일조는 다음과 같이 사용되었다. 첫째, 기업이 없이 성막에서 봉사하는 레위 사람들의 생계를 보장해 주기 위해 레위 사람들에게 돌려졌다. 둘째, 3년마다 드려지는 십일조로 구제 사업에 쓰였다. 셋째, 성전이 완성된 후에는 성전 유지와 보수를 위해서 십일조가 쓰였다.

가 그것을 진 밖으로 끌고 나가서 자
기가 보는 앞에서 죽이게 하라.
4 그러고 나서 제사장 엘르아살은 자기
손가락에 그 피를 조금 묻혀서 회막
앞쪽을 향해 일곱 번 뿌리게 하라.
5 그리고 그의 눈앞에서 그 암송아지를
태우게 하는데 그 가죽, 고기, 피와
똥까지 불태우게 하라.
6 제사장은 백향목과 우슬초와 붉은색
양털을 조금 가져다가 암송아지를 사
르고 있는 불 위에 던져야 한다.
7 그러고 나서 제사장은 자기 옷을 빨
고 자기 몸을 물로 씻어야 한다. 그
후에야 그는 진 안으로 들어올 수 있
다. 그러나 그는 저녁때까지 부정할
것이다.
8 암송아지를 태우는 사람도 또한 자기
옷을 빨고 자기 몸을 물로 씻어야 하
는데 그 또한 저녁때까지 부정할 것
이다.
9 그리고 정결한 사람이 암송아지의 재
를 모아서 진 밖의 정결한 장소에 갖
다 놓아야 한다. 그리고 이스라엘 자
손의 회중을 위해 정결하게 하는 물
에 쓰도록 그것을 보관해 두어야 한
다. 그것은 죄를 씻기 위한 것이다.
10 암송아지의 재를 모은 사람 또한 자
기 옷을 빨아야 하며 그도 저녁때까
지 부정할 것이다. 이것은 이스라엘
자손들이나 그들 가운데 살고 있는
이방 사람들 모두를 위한 영원한 율
례다.
11 사람의 시체를 만진 사람은 누구든 7
일 동안 부정할 것이다.
12 그가 3일째 되는 날과 7일째 되는 날
에 물과 그 재로 자신을 정결하게 하
면 그는 정결할 것이다. 그러나 만약
3일째 되는 날과 7일째 되는 날에 정
결하게 하지 않으면 그는 정결하지 않
을 것이다.
13 시체, 곧 죽은 사람을 만졌는데도 자
신을 정결하게 하지 않는 사람은 여
호와의 성막을 더럽히는 것이다. 그런
사람은 이스라엘에서 끊어져야 할 것
이다. 정결하게 하는 물이 그의 위에
뿌려지지 않았으니 그는 부정하다. 그
의 부정함이 그의 위에 남아 있는 것
이다.
14 누가 장막 안에서 죽었을 경우의 율
법은 이렇다. 누구나 그 장막에 들어
가든지, 그 장막 안에 있든지 7일 동
안 부정할 것이다.
15 뚜껑이 단단히 닫혀 있지 않고 열려
있는 그릇들도 다 부정할 것이다.
16 누구든 들판에서 칼에 맞아 죽은 사
람이나 시체를 만진 경우나 혹은 사
람의 뼈나 무덤을 만진 경우는 7일
동안 부정할 것이다.
17 부정한 사람들을 위해서는 죄의 정결
을 위한 제물을 불태운 재를 가져다
가 그릇에 담고 거기에 깨끗한 물을
붓는다.
18 정결한 사람이 우슬초를 가져다 물에
담갔다가 장막과 그 모든 물건들과
거기 있던 사람들 그리고 사람의 뼈
나 죽임당한 사람이나 시체나 무덤을

만진 사람에게 뿌린다.
19 그 정결한 사람은 셋째 날과 일곱째
날에 부정한 사람에게 뿌려서 일곱째
날에 그 사람을 정결하게 한다. 정결
하게 된 사람은 자기 옷을 빨고 자기
몸을 물로 씻어야 하는데 그러면 그
날 저녁에 그는 정결해질 것이다.
20 그러나 부정한 사람이 스스로 정결하
게 하지 않으면 그는 회중 가운데서
끊어져야 한다. 이는 그가 여호와의
성소를 더럽혔기 때문이다. 정결하게
하는 물이 그에게 뿌려지지 않았으니
그는 부정하다.
21 이것이 그들을 위한 영원한 율례다.
정결하게 하는 물을 뿌리는 사람은
자기 옷을 빨아야 한다. 정결하게 하
는 물을 만진 사람은 누구나 저녁때
까지 부정하다.
22 부정한 사람이 만진 것은 무엇이든
부정하게 되고 그것을 만진 사람 역
시 저녁때까지 부정하다."

바위에서 솟아난 물 (출 17:1–7)

20 온 이스라엘 회중이 *첫째 달
에 신 광야에 도착해 백성이
가데스에 머물렀습니다. 거기서 미리
암이 죽어 땅에 묻혔습니다.
2 회중들이 물이 없어 모세와 아론을
대항해 모여들었습니다.
3 그들이 모세에게 대들며 말했습니다.
"우리 형제들이 여호와 앞에서 쓰러
져 죽을 때 우리도 함께 죽었더라면
좋았을 텐데!
4 당신은 왜 여호와의 총회를 이 광야
까지 끌고 와서 우리와 우리 가축들
이 여기서 죽게 하십니까?
5 왜 우리를 이집트에서 이끌어 내어
이 끔찍한 곳으로 데려왔습니까? 여
기는 씨 뿌릴 곳도 없고 무화과나 포
도나 석류도 없고 마실 물도 없단 말
입니다!"
6 모세와 아론이 그 무리에게서 물러나
회막 입구로 가서 얼굴을 땅에 대고
엎드렸습니다. 그러자 여호와의 영광
이 그들에게 나타났습니다.
7 여호와께서 모세에게 말씀하셨습니
다.
8 "지팡이를 들어라. 그리고 너와 네 형
아론은 저 회중을 모아라. 그리고 그
들의 눈앞에서 저 바위에다 말하면
그것이 물을 낼 것이다. 너희는 그들
을 위해 물이 바위에서 나오게 해 저
회중과 그들의 가축들이 마실 수 있
게 하여라."
9 그러자 모세는 그분이 명하신 대로
여호와 앞에서 지팡이를 집어 들었습
니다.
10 그와 아론이 총회를 바위 앞에 모으
고 모세가 그들에게 말했습니다. "너
희 불순종하는 사람들아 들으라. 우
리가 너희를 위해 이 바위에서 물을
내겠느냐?"
11 그러고 나서 모세가 자기 손을 들어
그의 지팡이로 바위를 두 번 내리치
니 물이 많이 쏟아져 나와서 회중과
그들의 가축들이 마셨습니다.

20:1 아빕 월, 태양력 3월 중순 이후

12 그러나 여호와께서 모세와 아론에게
말씀하셨습니다. "너희가 나를 믿지
못해서 이스라엘 자손들 앞에서 내
거룩함을 나타내지 못했으니 너희가
이 회중을 내가 그들에게 주는 땅으
로 데리고 들어가지 못할 것이다."
13 이스라엘 자손들이 여호와와 다투었
으므로 이곳을 *므리바 물이라고 했
습니다. 여호와께서 그들 가운데서 그
분의 거룩함을 나타내셨습니다.

에돔이 이스라엘의 통과를 거절하다

14 모세가 가데스에서 에돔 왕에게 사신
들을 보내 말했습니다. "당신의 형제
이스라엘이 말합니다. 당신은 우리에
게 닥쳤던 모든 고난들에 관해 알고
있을 것입니다.
15 우리 조상들이 이집트로 내려갔고 우
리는 거기서 오랫동안 살았습니다. 이
집트 사람들은 우리와 우리 조상들
을 학대했습니다.
16 그러나 우리가 여호와께 부르짖었더
니 그분이 우리의 부르짖음을 들으
시고 천사를 보내어 우리를 이집트에
서 이끌어 내셨습니다. 이제 우리가
여기 당신의 영토의 가장자리에 있는
성읍인 가데스에 있습니다.
17 우리가 당신의 나라를 통과할 수 있
도록 해 주십시오. 우리는 밭이나 포
도원을 가로질러 가지 않을 것이며
우물물을 마시지도 않을 것입니다.
우리는 *왕의 큰길을 따라가기만 할
것이며 당신의 영토를 다 통과할 때
까지 오른쪽이나 왼쪽으로 벗어나지
않겠습니다."
18 그러나 에돔이 대답했습니다. "너는
여기로 통과할 수 없다. 내가 칼을 들
고 너희를 대적하러 나가지 않게 하
라."
19 이스라엘 자손들이 그에게 대답했습

20:13 다툼 20:17 또는 주요 도로

광야의 삶

하용조 목사의 행복한 **메시지**

광야의 삶은 아름답습니다. 광야의 삶이 우리에게 저주가 아니라 복인 이유는 무엇일까요? 첫째, 선하시고 실수가 없으신 하나님께서 우리를 광야에 두셨기 때문입니다. 하나님의 뜻을 이해하기 어려울지라도 하나님께서 우리를 그곳에 두셨다면 광야는 복의 장소입니다. 둘째, 광야는 우리를 겸손하게 하기 위한 하나님의 원대한 계획이 있는 곳이기 때문입니다. 셋째, 광야는 우리가 하나님의 말씀에 순종하는지 불순종하는지를 시험하기 위한 최적의 장소이기 때문입니다. 넷째, 광야는 우리가 하나님만을 바라보고 살 수밖에 없는 곳이기 때문입니다. 광야는 먹을 것도 마실 것도 없었고 낮에는 뜨거운 햇볕이, 밤에는 극심한 추위가 있는 곳이었습니다. 이러한 혹독한 상황 속에서 이스라엘 백성이 할 수 있는 일은 하나님만 바라보는 것이었습니다. 다섯째, 광야는 우리를 돌보기 위한 하나님의 예비된 장소이기 때문입니다(계 12:6). 따라서 광야는 우리가 변하고 성장하는 아름다운 곳입니다.

니다. "우리가 큰길로 가겠습니다. 우
리나 우리 가축들이 당신의 물을 마
신다면 우리가 그 값을 치르겠습니
다. 우리는 단지 걸어서 지나가기를
바랄 뿐이지 다른 뜻은 없습니다."
20 그들이 다시 대답했습니다. "너는 지
나갈 수 없다." 그러고 나서 에돔이 많
은 백성과 강한 손으로 이스라엘을
대적하러 나왔습니다.
21 이스라엘이 자기 영토를 통과하는 것
을 에돔이 허락하지 않았기 때문에
이스라엘은 그들에게서 돌아섰습니
다.

아론의 죽음

22 이스라엘 자손의 온 회중이 가데스를
떠나 호르 산으로 갔습니다.
23 에돔 경계 가까이에 있는 호르 산에
서 여호와께서 모세와 아론에게 말씀
하셨습니다.
24 "아론은 자기 조상에게 돌아갈 것이
다. 너희 둘이 므리바 물에서 내 명령
을 거역했기 때문에 그는 내가 이스라
엘 자손들에게 주는 그 땅으로 들어
가지 못할 것이다.
25 아론과 그의 아들 엘르아살을 호르
산으로 데려가라.
26 아론의 겉옷을 벗겨서 그의 아들 엘
르아살에게 입혀라. 아론은 그 선조들
에게로 돌아가리니 그가 거기서 죽을
것이다."
27 모세가 여호와께서 명하신 대로 했습
니다. 그들은 온 회중이 보는 앞에서
호르 산으로 올라갔습니다.
28 모세가 아론의 겉옷을 벗겨서 그의
아들 엘르아살에게 입혔습니다. 아론
이 거기 산꼭대기에서 죽었습니다. 모
세와 엘르아살이 산에서 내려왔습니
다.
29 온 회중이 아론이 죽었다는 소식을
알게 되자 이스라엘 온 집은 30일 동
안 아론의 죽음을 애도했습니다.

멸망한 아랏

21 네게브 지역에 사는 가나안 사
람, 아랏의 왕은 이스라엘이
*아다림으로 향하는 길을 따라오고
있다는 소식을 듣고 이스라엘과 싸워
그 가운데 몇 명을 포로로 잡았습니
다.
2 그러자 이스라엘이 여호와께 맹세해
말했습니다. "주께서 정말 저 백성을
우리 손에 주신다면 우리가 그 성들
을 완전히 멸망시키겠습니다."
3 여호와께서 이스라엘의 소리를 들으
시고 그 가나안 사람들을 그들에게
주셨습니다. 그들이 그 사람들과 그
성읍들을 완전히 멸망시켰습니다. 그
리고 그곳 이름을 *호르마라고 불렀
습니다.

청동 뱀

4 그들이 호르 산에서 출발해 홍해 길
을 따라 에돔 땅을 돌아서 가려고 했
습니다. 그러나 백성의 마음이 그 길
때문에 조바심이 났습니다.
5 그들이 하나님과 모세에게 대항해 말
했습니다. "왜 당신은 우리를 이집트

21:1 정탐 21:3 완전히 멸함.

에서 데리고 나와 이 광야에서 죽게
만듭니까? 빵도 없고 물도 없습니다!
그리고 우리는 이 형편없는 음식이
지긋지긋합니다!"
6 그러자 여호와께서 그들 가운데 독사
들을 보내셨습니다. 그것들이 백성들
을 물어서 이스라엘 자손들이 많이
죽게 됐습니다.
7 그러자 백성들이 모세에게 와서 말했
습니다. "우리가 여호와와 당신께 대
항함으로써 죄를 지었습니다. 여호와
께 저 뱀들을 우리에게서 없애 달라
고 기도해 주십시오." 그러자 모세가
그 백성들을 위해 기도해 주었습니
다.
8 여호와께서 모세에게 말씀하셨습니
다. "뱀을 만들어 막대 위에 달아라.
누구든 뱀에 물린 사람은 그 뱀을 보
면 살게 될 것이다."
9 모세가 청동으로 뱀을 만들어 막대
위에 달았습니다. 그리고 뱀에 물린
사람들이 그 청동으로 만든 뱀을 보
고 살아났습니다.

모압까지의 여정

10 이스라엘 백성들이 계속 진행해 오봇
에 진을 쳤습니다.
11 그러고는 오봇에서 출발해 모압 앞쪽
해 돋는 편에 있는 이예아바림에 진
을 쳤습니다.
12 거기서 그들이 계속 진행해 세렛 골짜
기에 진을 쳤습니다.
13 그들이 거기서 떠나 아르논 건너편에
진을 쳤는데 그곳은 아모리 영토로
이어지는 광야 안에 있었습니다. 아르
논은 모압의 경계로서 모압과 아모리
사이에 있었습니다.
14 이 때문에 여호와의 전쟁기에는 이렇
게 말하고 있습니다.
"수바의 와헙과 아르논의 협곡들
15 그리고 그 협곡들의 비탈은 아르
지역으로 향하며 모압 경계를 끼고
있다."
16 거기서 그들은 계속 *브엘로 갔습니
다. *브엘은 여호와께서 모세에게 "백
성들을 모아라. 내가 그들에게 물을
주겠다"라고 말씀하셨던 그 우물이
있는 곳입니다.
17 그때 이스라엘은 이런 노래를 불렀습
니다.
"우물아 솟아라! 그것을 위해 노래
하여라.
18 지도자들이 파고 백성들 가운데
귀한 사람들이 뚫었도다. 그들의
규와 지팡이로!"
그러고 나서 그들이 그 광야를 떠나
맛다나로 갔고
19 맛다나에서 나할리엘로, 나할리엘에
서 바못으로,
20 바못에서 모압 들판에 있는 골짜기로
갔는데 그곳은 광야가 내려다보이는
비스가 꼭대기 근처에 있었습니다.

시혼과 옥을 무찌르다

21 이스라엘이 사자들을 아모리 사람들
의 왕 시혼에게 보내 말했습니다.
22 "우리가 당신의 나라를 통과하게 해

21:16 우물

주십시오. 우리가 밭이나 포도원으로
들어가지 않고 우물물을 마시지도 않
을 것입니다. 우리는 당신의 영토를
다 통과할 때까지 왕의 큰길을 따라
가기만 할 것입니다."
23 그러나 시혼은 이스라엘이 자기 영토
를 통과하는 것을 허락하지 않았습
니다. 그는 자신의 모든 군대를 소집
하고 이스라엘을 대적하러 나왔습니
다. 그는 야하스에 이르러 이스라엘과
싸웠습니다.
24 그러나 이스라엘은 그를 칼로 쳤고 아
르논에서 얍복에 이르는 그의 땅을
차지해 암몬 자손에게까지 이르렀는
데 그들의 경계선은 강력했습니다.
25 이스라엘은 그들의 모든 성을 차지했
습니다. 그리고 이스라엘은 헤스본과
그 주변의 지역에 있는 아모리 사람들
의 모든 성읍들에 거주했습니다.
26 헤스본은 아모리 사람들의 왕인 시혼
의 성이었습니다. 그는 모압의 이전
왕과 싸워 그에게서 아르논까지 이르
는 땅을 빼앗은 인물이었습니다.
27 그래서 시인들이 이렇게 읊었습니다.
"헤스본으로 와서 그 성을 재건하
라. 시혼의 성이 회복되게 하라.
28 불이 헤스본에서 나오며 시혼의 성
에서 불길이 나와서 모압의 아르와
아르논의 높은 곳의 주인들을 삼켰
도다.
29 모압아, 네가 화를 당했구나! 너 그
모스의 백성아, 네가 멸망을 당했
구나! 그 아들들은 도망자가 됐고
그 딸들은 아모리의 왕 시혼에게
사로잡혔구나.
30 그러나 우리가 그들을 내팽개쳤도
다. 헤스본이 디본에 이르기까지 다
멸망하고 말았구나. 우리가 그들을
쳐부수어 메드바에 이르는 노바까
지 쳐부수었다!"
31 이렇게 해서 이스라엘은 아모리 사람
들의 땅에 정착했습니다.
32 또한 모세가 사람을 보내어 야셀을
정탐하게 했으며 이스라엘 백성들이
그 주변 지역들을 차지하고 거기 있
던 아모리 사람들을 몰아냈습니다.
33 그런 다음에 그들은 방향을 바꾸어
서 바산을 향해 난 길로 올라갔습니
다. 그러자 바산 왕 옥과 그의 모든
백성이 그들을 대적하러 나와 에드레
이에서 싸우게 됐습니다.
34 여호와께서 모세에게 말씀하셨습니
다. "그를 두려워하지 마라. 내가 그
와 그의 모든 백성과 그의 땅을 네 손
에 넘겨주었다. 너희가 헤스본에 살던
아모리 왕 시혼에게 했듯이 그에게 해
주어라."
35 그들이 그와 그 아들들과 그 모든 백
성을 쳐서 아무도 살아남은 사람이
없게 했습니다. 그렇게 해서 그들은
그의 땅을 차지했습니다.

발락이 발람을 부르다

22 이스라엘 자손이 또 길을 떠나
모압 평원에 진을 쳤는데 그곳
은 요단 강의 여리고 건너편 지역이었
습니다.

2 십볼의 아들 발락은 이스라엘이 아모
리 사람들에게 한 모든 일을 보았습
니다.
3 모압은 이스라엘 백성들의 수가 많아
두려웠습니다. 모압은 이스라엘 백성
들 때문에 두려움으로 가득 찼습니
다.
4 그래서 모압 사람들이 미디안 장로들
에게 말했습니다. "저 집단이 마치 소
가 들판의 풀을 다 먹어 치우듯이 우
리 주변 지역을 다 먹어 치우고 있습
니다." 그 당시 모압의 왕은 십볼의 아
들 발락이었습니다.
5 그가 브올의 아들 발람을 부르기 위
해 사람을 브돌로 보냈는데 그곳은
자기 백성의 땅에 있는 강변에 있었
습니다. 발락이 말했습니다. "한 민족
이 이집트에서 나와 땅을 뒤덮고는
내 바로 앞에 정착했다.
6 그들이 나보다 강하니 제발 와서 나
를 위해 저 사람들에게 저주를 퍼부
어라. 그러면 혹시 내가 그들을 쳐부
수고 이 땅에서 쫓아낼 수 있을 것이
다. 나는 네가 축복하는 사람들은 복
을 받고 네가 저주하는 사람들은 저
주를 받는다는 것을 알고 있다."
7 모압과 미디안의 장로들이 저주의 대
가로 줄 것을 챙겨서 떠났습니다. 그
들이 발람에게 가서 발락이 한 말을
전했습니다.
8 발람이 그들에게 말했습니다. "여기서
오늘 밤 묵으시오. 그러면 여호와께
서 내게 주시는 응답을 드리겠소." 그
리하여 모압의 지도자들이 그와 함께
머물렀습니다.
9 하나님께서 발람에게 오셔서 물으셨
습니다. "너와 함께 있는 저 사람들은
누구냐?"
10 발람이 하나님께 말했습니다. "십볼의
아들인 모압 왕 발락이 제게 사람을
보냈습니다.
11 '이집트에서 나온 한 민족이 땅을 뒤
덮고 있다. 이제 와서 나를 위해 그들
에게 저주를 퍼부어라. 그러면 혹시
내가 그들과 싸워 쫓아낼 수 있을 것
이다'라고 하면서 말입니다."
12 하나님께서 발람에게 말씀하셨습니
다. "그들과 함께 가지 마라. 너는 이
백성들에게 저주를 하지 마라. 그들
은 복을 받았다."
13 이튿날 발람은 일어나 발락이 보낸 지
도자들에게 말했습니다. "당신네 나
라로 돌아가십시오. 여호와께서 당신
들과 함께 가지 말라고 하셨습니다."
14 모압의 지도자들이 발락에게 돌아와
말했습니다. "발람이 우리와 함께 오
기를 거절했습니다."
15 그러자 발락은 더 높은 지도자들을
더 많이 보냈습니다.
16 그들이 발람에게 와서 말했습니다.
"십볼의 아들 발락께서 말씀하셨습니
다. '제발 주저하지 말고 내게 와라.
17 내가 너를 정말로 귀하게 대하고 네
가 원하는 것은 무엇이든 해 주겠다.
제발 와서 나를 위해 저 백성에게 저
주를 퍼부어라.'"

18 그러나 발람은 그들에게 대답했습니
다. "발락이 은과 금으로 가득 찬 자
기 집을 내게 준다 해도 나는 내 하
나님 여호와의 명령에 어긋나는 것은
크든 작든 할 수 없습니다.
19 당신들도 여기서 오늘 밤 묵으시오.
그러면 여호와께서 내게 무슨 말씀을
더 하시는지 알려 주겠습니다."
20 그날 밤 하나님께서 발람에게 와서
말씀하셨습니다. "이 사람들이 너를
부르러 왔으면 그들과 함께 가거라.
하지만 너는 내가 네게 말하는 것만
해야 한다."

발람의 나귀

21 발람은 아침에 일어나 나귀에 안장을
얹고 모압의 지도자들과 함께 갔습니
다.
22 그러나 하나님께서는 그가 가는 것에
대해 진노하셨습니다. 그래서 여호와
의 천사가 그를 대적하기 위해 길 가
운데 섰습니다. 발람은 나귀를 타고
있었고 그의 두 종들이 그와 함께 있
었습니다.
23 나귀는 여호와의 천사가 칼을 손에
빼든 채 길에 서 있는 것을 보고는 길
에서 벗어나 밭으로 들어갔습니다. 발
람이 길로 돌아가게 하려고 나귀를
때렸습니다.
24 그러자 여호와의 천사가 두 포도원
벽 사이의 좁은 길에 섰습니다.
25 나귀는 여호와의 천사를 보고 벽 쪽
으로 몸을 바싹 붙였고 발람의 발은
벽에 짓눌리게 됐습니다. 그러자 그
가 다시 나귀를 때렸습니다.
26 그때 여호와의 천사가 앞으로 나아와
오른쪽이나 왼쪽으로 벗어날 수 없는
좁은 곳에 섰습니다.
27 나귀가 여호와의 천사를 보자 발람
밑에서 주저앉았습니다. 그러자 발람
이 화가 나서 지팡이로 나귀를 때렸
습니다.
28 그때 여호와께서 나귀의 입을 열어
주시자 나귀가 발람에게 말했습니다.
"내가 뭘 했다고 나를 이렇게 세 번씩
이나 때립니까?"
29 발람이 나귀에게 말했습니다. "네가
나를 우롱하지 않았느냐! 내 손에 칼
이 있었다면 지금 당장 너를 죽였을
것이다."
30 나귀가 발람에게 말했습니다. "나는
당신이 오늘까지 항상 타고 다니던 당
신 나귀가 아닙니까? 내가 당신에게
이런 식으로 행동하는 버릇이 있었습
니까?" 그가 말했습니다. "없었다."
31 그때 여호와께서 발람의 눈을 뜨게
하시자 그는 여호와의 천사가 칼을
빼고 그 길에 서 있는 것을 보게 됐습
니다. 그가 얼굴을 땅에 대고 엎드려
절했습니다.
32 여호와의 천사가 그에게 말했습니다.
"왜 네가 네 나귀를 이렇게 세 번씩이
나 때렸느냐? 내 앞에서 네 길이 잘
못됐기 때문에 너를 대적하러 내가
왔다.
33 나귀는 나를 보고 세 번이나 내 앞에
서 비켜섰다. 만약 이 나귀가 비켜서

지 않았다면 틀림없이 지금쯤 내가
너는 죽이고 나귀는 살려 주었을 것
이다."
34 발람이 여호와의 천사에게 말했습니
다. "제가 죄를 지었습니다. 저는 당
신이 저를 맞서서 길에 서 있는 줄을
몰랐습니다. 지금이라도 이게 잘못된
것이라면 돌아가겠습니다."
35 여호와의 천사가 발람에게 말했습니
다. "저 사람들과 함께 가거라. 그러나
내가 네게 말하는 것을 말하여라." 그
리하여 발람은 발락이 보낸 지도자들
과 함께 갔습니다.
36 발락은 발람이 온다는 말을 듣고 그
를 맞으러 자기 영토 끝의 아르논 경
계선에 있는 모압 성까지 나갔습니다.
37 발락이 발람에게 말했습니다. "내가
꼭 오라고 했는데 왜 내게 오지 않았
느냐? 내가 너를 귀하게 대접할 수
없을 것 같으냐?"
38 발람이 대답했습니다. "제가 왔다 한
들 무슨 말이나 할 수 있을 것 같습
니까? 저는 단지 하나님께서 제 입에
넣어 주시는 말씀만을 말할 뿐입니
다."
39 그러고는 발람이 발락과 함께 기럇후
솟으로 갔습니다.
40 발락은 소와 양을 잡아 발람과 그와
함께한 지도자들을 대접했습니다.
41 이튿날 아침 발락은 발람을 데리고 바
알의 산당으로 올라갔습니다. 거기서
그는 이스라엘 백성의 진 끝까지 보았
습니다.

발람의 첫 번째 예언

23 발람이 말했습니다. "저를 위
해 여기에 제단 일곱 개를 만
들고 수송아지 일곱 마리와 숫양 일
곱 마리를 준비해 주십시오."
2 발락은 발람이 말한 대로 했습니다.
그리고 발락과 발람이 각 제단마다
수송아지 한 마리와 숫양 한 마리씩
을 드렸습니다.
3 발람이 발락에게 말했습니다. "제가
저쪽에 가 있는 동안 여기서 당신 제
물 옆에 서 있으십시오. 어쩌면 여호
와께서 저를 만나러 오실 것입니다.
그분이 제게 무엇을 보여 주시든지
제가 당신께 말씀드리겠습니다." 그러
고는 그가 홀로 갔습니다.
4 하나님께서 발람을 만나시자 그가 말
했습니다. "제가 제단 일곱 개를 준비
했고 각 제단마다 수송아지 한 마리
와 숫양 한 마리씩을 드렸습니다."
5 여호와께서 발람의 입에 말씀을 넣어
주시며 말씀하셨습니다. "발락에게로
돌아가서 이 말을 전하여라."
6 그래서 발람이 발락에게 돌아갔습니
다. 발락은 모압의 모든 지도자들과
함께 자기 제물 곁에 서 있었습니다.
7 그러자 발람이 자기가 받은 계시를
말했습니다.

"발락이 나를 *아람에서, 모압 왕이
나를 동쪽 산지에서 데려왔도다.
'와서 나를 위해 야곱을 저주하여
라. 와서 이스라엘에게 저주를 퍼부

23:7 또는 시리아

어라라고 했도다.
8 하나님께서 저주하지 않는 사람들
을 내가 어떻게 저주하겠는가? 하
나님이 저주를 퍼붓지 않는 사람들
에게 내가 어떻게 저주를 퍼붓겠는
가?
9 내가 바위 산 꼭대기에서 그들을
보고 언덕 위에서 저들을 보니 이
백성은 홀로 거하고 자신들을 열방
가운데 하나로 여기지 않는구나.
10 누가 야곱의 티끌을 셀 수 있으며
이스라엘의 4분의 1이라도 헤아릴
수 있을까? 내가 의로운 사람으로
죽게 되기를 바라며 내 마지막이
그들과 같이 되기를 비노라!"
11 발락이 발람에게 말했습니다. "네가
내게 무슨 짓을 하는 거냐? 내 원수
들을 저주하기 위해 너를 데려온 것
인데 네가 오히려 저들을 축복하는
구나!"
12 발람이 대답하며 말했습니다. "여호와
께서 제 입에 넣어 주신 그대로 제가
말해야 하지 않겠습니까?"

발람의 두 번째 예언

13 그러자 발락이 그에게 말했습니다.
"저들을 볼 수 있는 다른 장소로 나
와 함께 가자. 거기에서는 네가 그들
을 다 보지 못하고 끝부분만 볼 수
있을 것이다. 거기에서 나를 위해 그
들을 저주하여라."
14 그리하여 그가 발람을 비스가 꼭대기
에 있는 소빔 들판으로 데려갔습니
다. 그리고 그가 거기서 제단 일곱 개
를 세우고 수송아지 한 마리, 숫양
한 마리씩을 각 제단에 바쳤습니다.
15 발람이 발락에게 말했습니다. "당신의
제물 곁에 서 계십시오. 저는 저쪽에
서 여호와를 만날 것입니다."
16 여호와께서 발람을 만나셔서 그 입에
말씀을 넣어 주시고 말씀하셨습니다.
"발락에게 돌아가 그에게 이 말을 전
하여라."
17 그리하여 발람이 발락에게로 갔습니
다. 그는 모압의 지도자들과 함께 자
기 제물 곁에 서 있었습니다. 발락이
그에게 물었습니다. "여호와께서 뭐라
고 말씀하셨느냐?"
18 그러자 발람이 자기가 받은 계시를
말했습니다.
"발락이여, 일어나서 잘 들으시오.
십볼의 아들이여, 귀를 기울이시
오.
19 하나님은 사람이 아니시니 변덕스
럽지 않으시고 사람의 아들이 아
니시니 마음을 바꾸지 않으시니라.
그분이 말씀만 하시고 실행에 옮기
지 않으시겠으며 약속만 하시고 이
루지 않으시겠는가?
20 나는 축복하라는 명령을 받았다.
그분이 축복하셨으니 내가 바꿀
수 없다.
21 그분은 야곱에게서 허물을 보지
않으시고 이스라엘에게서 잘못을
보지 않으셨다. 그들의 하나님 여호
와께서 그들과 함께하시니 왕을 부
르는 소리가 그들 가운데 있다.

22 그들을 이집트에서 이끌어 내신 하
나님은 그들에게 들소의 뿔과 같
다.
23 야곱을 해칠 마법이 없고 이스라엘
을 해칠 점술이 없으니, 이제 사람
들이 야곱과 이스라엘에 대해 '하나
님께서 하신 일을 보라!' 하고 말할
것이다.
24 보라. 이 백성이 암사자처럼 일어나
고 수사자처럼 뛰어오르는구나. 저
가 먹이를 삼키고 죽임당한 짐승의
피를 마시기 전까지는 결코 눕지
않으리라."
25 그러자 발락이 발람에게 말했습니다.
"저들에게 저주도 축복도 하지 마라!"
26 발람이 발락에게 대답해 말했습니다.
"여호와께서 뭐라고 하시든 제가 그
대로 하겠다고 말씀드리지 않았습니
까?"

발람의 세 번째 예언

27 그러자 발락이 발람에게 말했습니다.
"이리 와서 다른 곳으로 가도록 하자.
혹시 거기서는 여호와께서 기꺼이 네
가 나를 위해 저주하게 하실지도 모
르겠다."
28 그러고는 발락이 발람을 데리고 그
광야가 내려다보이는 브올 꼭대기로
갔습니다.
29 발람이 말했습니다. "여기에 제단 일
곱 개를 세우고 수송아지 일곱 마리
와 숫양 일곱 마리를 준비해 주십시
오."
30 발락이 발람이 말한 대로 해 각 제단
에 수송아지 한 마리와 숫양 한 마리
씩을 드렸습니다.

24 발람은 자기가 이스라엘을 축
복하는 것을 여호와께서 좋게
여기시는 것을 보고 전처럼 주술에
의존하지 않고 그의 얼굴을 광야 쪽
으로 돌렸습니다.
2 발람이 눈을 들어 보니 이스라엘이
지파별로 진을 치고 있고 또 하나님
의 영이 그 위에 있었습니다.
3 그는 자기가 받은 계시를 말했습니
다.
"브올의 아들 발람이 말하며 눈이
완전한 사람이 말하노라.
4 하나님의 말씀을 들으며 전능하신
분의 환상을 보며, 엎드리나 눈이
열린 사람이 말하노라.
5 야곱이여, 네 장막이 얼마나 아름
다우며 이스라엘이여, 네가 사는
곳이 얼마나 아름다우냐!
6 마치 펼쳐진 골짜기 같고 강가의 정
원 같으며 여호와께서 심으신 알로
에 같고 물가의 백향목 같구나.
7 그 가지로부터는 물이 흘러넘치고
그 씨들은 많은 물 가운데 있다. 그
왕은 아각보다 클 것이며 그 왕국
은 높임을 받을 것이다.
8 그들을 이집트에서 이끌어 내신 하
나님은 그들에게 들소의 뿔과 같
다. 그들이 원수의 나라들을 삼키
고 그들의 뼈를 박살 내며 자기 화
살로 그들을 꿰뚫는다.
9 그들이 수사자와 암사자처럼 웅크

리며 엎드리니 누가 감히 그들을
깨우랴? 너희를 축복하는 사람들
은 복을 받고 너희를 저주하는 사
람들은 저주를 받게 될 것이다!"
10 발락이 발람에게 화가 나서 자기 손
바닥을 마주쳤습니다. 그리고 발락이
발람에게 말했습니다. "내 원수들을
저주하라고 내가 너를 불렀다. 그러
나 네가 이렇게 세 번이나 그들을 축
복했다.
11 이제 당장 네 집으로 돌아가거라! 내
가 너를 정말 귀하게 대해 주겠다고
했다. 그러나 여호와께서 네가 대접받
지 못하게 하셨다."
12 발람이 발락에게 대답했습니다. "제가
당신이 보낸 사람들에게 분명히 이렇
게 말하지 않았습니까?
13 '발락이 은과 금으로 가득 찬 자기
집을 내게 준다 해도 나는 좋든 나쁘
든 여호와께서 말씀하신 것에 어긋나
는 것은 말할 수 없습니다'라고 말입
니다.
14 이제 저는 제 백성에게로 돌아갑니
다. 그러나 이 백성이 장차 당신의 백
성에게 어떻게 할지에 대해서 당신께
조언을 드리도록 하겠습니다."

발람의 네 번째 예언

15 그러고 나서 그는 자기가 받은 계시
를 말했습니다.
"브올의 아들 발람이 말하며 눈이
완전한 사람이 말하노라.
16 하나님의 말씀을 들으며 지극히 높
으신 분에 대한 지식이 있으며 전
능하신 분의 환상을 보며, 엎드리
나 눈이 열린 사람이 말하노라.
17 내가 그를 보지만 지금은 아니다.
내가 그를 바라보지만 가깝지 않
다. 한 별이 야곱에게서 나오며 한
규가 이스라엘에게서 일어날 것이
다. 그가 모압의 이마를 깨뜨리며
셋의 모든 아들들의 해골을 깨뜨
릴 것이다.
18 에돔이 정복당하고 원수 세일이 정
복당하겠지만 이스라엘은 힘을 떨

하용조 목사의 행복한 **메시지**

복을 받는 비결

복(福)은 사람의 뜻대로 받는 것도, 사람이 만드는 것도 아닙니다. 그런데 어떤 사람들은 복을 만들려고 합니다. 십일조를 하고 헌금을 드리며, 주일 성수하고, 아침부터 저녁까지 봉사하면 하나님께서 복을 주실 것이라고 생각합니다. 이는 신앙을 통해서 복을 제조하려는 어리석은 태도입니다. 복은 하나님께서 주시는 것이지 인간이 좌지우지할 수 있는 것이 아닙니다.

올바른 믿음은 내 뜻을 성취하는 것이 아니라 하나님의 뜻을 받아들이는 것입니다. 하나님의 뜻이면 싫어도 받아들이십시오. 그러면 하나님께서 복을 주십니다. 그러나 인간적인 생각으로 복을 선택하면 위기가 옵니다.

칠 것이다.
19 한 통치자가 야곱에게서 나와 그
성의 살아남은 사람들을 멸망시킬
것이다."

발람의 다섯 번째 예언

20 그리고 발람이 아말렉을 보고 자기가
받은 계시를 말했습니다.
"아말렉은 민족들 가운데 최고지만
결국에는 완전히 멸망당할 것이다."

발람의 여섯 번째 예언

21 그리고 그가 겐 족속을 보고 자기가
받은 계시를 말했습니다.
"네가 사는 곳이 안전하니 이는 네
둥지가 바위 위에 있음이라.
22 그러나 가인이 완전히 멸망하리니
앗시리아가 너를 사로잡을 때로다."

발람의 일곱 번째 예언

23 그리고 그는 자기가 받은 계시를 말
했습니다.
"아, 하나님이 이렇게 하실 때 누가
살아남을 수 있겠는가?
24 배들이 *키프로스 해변으로부터
올 것이다. 그들이 앗시리아를 짓누
르고 에벨을 짓누를 것이다. 그러
나 그들 또한 영원히 멸망당할 것
이다."
25 그리고 나서 발람이 일어나 자기 집
으로 돌아갔으며 발락 역시 자기 길
을 갔습니다.

모압이 이스라엘을 유혹하다

25 이스라엘이 싯딤에 머물러 있
을 때 백성들이 모압 여인들과
음란한 짓을 저지르기 시작했습니다.
2 그 여인들이 자기 신들에게 드리는
희생제사에 이스라엘 백성들을 초청
했습니다. 이스라엘 백성은 먹고 그
신들에게 경배했습니다.
3 이렇게 이스라엘이 바알브올의 일에
참여하게 됐으므로 여호와께서 이스
라엘을 향해 진노하셨습니다.
4 여호와께서 모세에게 말씀하셨습니
다. "이 백성들의 지도자들을 모두 데
려다가 여호와 앞에서 *대낮에 그들
을 죽여라. 그렇게 해야 여호와의 무
서운 진노가 이스라엘에게서 떠날 것
이다."
5 그러자 모세가 이스라엘의 재판관들
에게 말했습니다. "너희는 각자 자기
사람들 가운데 바알브올의 일에 참여
했던 사람들을 죽여라."
6 그때 한 이스라엘 남자가 모세와 온
이스라엘 회중이 보는 앞에서 자기
형제들에게로 한 미디안 여자를 데리
고 왔습니다. 마침 회중은 회막 입구
에서 울고 있었습니다.
7 제사장 아론의 손자이며 엘르아살의
아들인 비느하스가 이것을 보고 회중
가운데서 일어나 손에 창을 들었습니
다.
8 그리고 그 이스라엘 남자를 쫓아가
그의 방까지 들어갔습니다. 그는 그
들 두 사람, 곧 그 이스라엘 남자와
그 여자를 그녀의 배가 뚫리기까지
찔렀습니다. 그러자 이스라엘 백성들
에게서 재앙이 멈추었습니다.

24:24 히브리어, 깃딤 25:4 또는 여러 사람 앞에

9 그 재앙으로 죽은 사람이 2만 4,000
명이었습니다.
10 여호와께서 모세에게 말씀하셨습니
다.
11 "제사장 아론의 손자이며 엘르아살의
아들인 비느하스가 그들 가운데서 나
에 대한 열심을 보여 줌으로써 이스
라엘 자손을 향한 내 진노를 돌이켰
으니 내가 이스라엘 자손을 내 질투
심으로 인해 파멸시키지 않겠다.
12 그러므로 내가 비느하스와 평화의 언
약을 맺는다고 말하여라.
13 비느하스와 그의 뒤에 오는 후손들에
게 영원한 제사장직의 언약이 있을
것이다. 이는 그가 자기 하나님을 위
해 열심을 내서 이스라엘 백성들의 죄
를 속해 주었기 때문이다."
14 미디안 여자와 함께 죽임당한 그 이
스라엘 남자의 이름은 시므온 가문의
지도자인 살루의 아들 시므리였습니
다.
15 그리고 죽임당한 미디안 여자의 이름
은 미디안 가문의 족장인 수르의 딸
고스비였습니다.
16 여호와께서 모세에게 말씀하셨습니
다.
17 "미디안 사람들을 원수로 여겨 죽여
라.
18 그들이 브올의 일로 인해서, 브올의
일로 재앙이 내린 날 죽은 그들의 자
매인 미디안 지도자의 딸 고스비의 일
로 인해서 너희에게 속임수를 써서
너희를 괴롭혔기 때문이다."

두 번째 인구 조사

26 재앙이 있은 후 여호와께서 모
세와 제사장 아론의 아들 엘르
아살에게 말씀하셨습니다.
2 "20세 이상으로서 군대에 갈 수 있는
사람의 수를 가문별로 등록해 온 이
스라엘 회중의 수를 세라."
3 그래서 요단 강 여리고 건너편의 모압
평원에서 모세와 제사장 엘르아살이
그들에게 말했습니다.
4 "여호와께서 모세와 이집트에서 나온
이스라엘 자손에게 명령하신 대로 20
세 이상인 사람들의 수를 세라."
5 르우벤은 이스라엘의 맏아들입니다.
르우벤의 자손들은 하녹에게서 난 하
녹 가족과 발루에게서 난 발루 가족과
6 헤스론에게서 난 헤스론 가족과 갈미
에게서 난 갈미 가족이 있는데
7 이들이 르우벤 지파의 가족들로서 그
수는 4만 3,730명이었습니다.
8 발루의 아들은 엘리압입니다.
9 엘리압의 아들들은 느무엘과 다단과
아비람입니다. 다단과 아비람은 회중
가운데서 부름을 받은 사람들이었
으며 고라의 무리가 여호와를 대적할
때 그 무리 속에서 모세와 아론을 대
적한 사람들이었습니다.
10 그때 땅이 입을 열어 고라와 함께 그
들을 삼켜 버려 그 무리가 죽고 또 불
이 250명을 불살라 버린 것은 본보기
가 됐습니다.
11 그러나 고라의 자손은 죽지 않았습니
다.

12 시므온의 자손들은 그 가족대로 느무
엘에게서 난 느무엘 가족과 야민에게
서 난 야민 가족과 야긴에게서 난 야
긴 가족과
13 세라에게서 난 세라 가족과 사울에게
서 난 사울 가족이 있는데
14 이들이 시므온 지파의 가족들로서 그
수는 2만 2,200명이었습니다.
15 갓 자손들은 그 가족대로 스본에게서
난 스본 가족과 학기에게서 난 학기
가족과 수니에게서 난 수니 가족과
16 오스니에게서 난 오스니 가족과 에리
에게서 난 에리 가족과
17 아롯에게서 난 아롯 가족과 아렐리에
게서 난 아렐리 가족이 있는데
18 이들이 갓 지파의 가족들로서 그 수
는 4만 500명이었습니다.
19 유다의 아들은 에르와 오난이었는데
에르와 오난은 가나안에서 죽었습니
다.
20 유다의 자손들은 그 가족대로 셀라
에게서 난 셀라 가족과 베레스에게서
난 베레스 가족과 세라에게서 난 세라
가족이었습니다.
21 베레스의 자손들은 헤스론에게서 난
헤스론 가족과 하물에게서 난 하물
가족이었습니다.
22 이들은 유다 지파의 가족들로서 그
수는 7만 6,500명이었습니다.
23 잇사갈의 자손들은 그 가족대로 돌라
에게서 난 돌라 가족과 *부와에게서
난 부니 가족과
24 야숩에게서 난 야숩 가족과 시므론에
게서 난 시므론 가족이 있는데
25 이들은 잇사갈 지파의 가족들로서 그
수는 6만 4,300명이었습니다.
26 스불론의 자손들은 그 가족대로 세
렛에게서 난 세렛 가족과 엘론에게서
난 엘론 가족과 얄르엘에게서 난 얄르
엘 가족이 있는데
27 이들은 스불론 지파의 가족들로서 그
수는 6만 500명이었습니다.
28 요셉의 아들들은 가족별로 므낫세와
에브라임입니다.
29 므낫세의 자손들은 마길에게서 난 마
길 가족과 마길의 아들인 길르앗에게
서 난 길르앗 가족이었습니다.
30 길르앗의 자손들은 이에셀에게서 난
이에셀 가족과 헬렉에게서 난 헬렉 가
족과
31 아스리엘에게서 난 아스리엘 가족과
세겜에게서 난 세겜 가족과
32 스미다에게서 난 스미다 가족과 헤벨
에게서 난 헤벨 가족이었습니다.
33 헤벨의 아들 슬로브핫은 아들이 없이
딸뿐이었습니다. 슬로브핫의 딸들의
이름은 말라, 노아, 호글라, 밀가, 디르
사입니다.
34 이들은 므낫세 지파의 가족들로서 그
수는 5만 2,700명이었습니다.
35 에브라임 자손들은 그 가족대로 수델
라에게서 난 수델라 가족과 베겔에게
서 난 베겔 가족과 다한에게서 난 다
한 가족이었습니다.

26:23 마소라 사본을 따름. 사마리아 오경, 칠십인역, 시리아어역, 벌게이트는 '부아'(삿 10:1과 대상 7:1을 보라.)

36 수델라의 자손들은 에란에게서 난 에
란 가족이었습니다.
37 이들은 에브라임 가족들로서 그 수는
3만 2,500명이었습니다. 이들이 가족
에 따른 요셉의 자손들이었습니다.
38 베냐민의 자손들은 그 가족대로 벨라
에게서 난 벨라 가족과 아스벨에게서
난 아스벨 가족과 아히람에게서 난 아
히람 가족과
39 스부밤에게서 난 스부밤 가족과 후밤
에게서 난 후밤 가족이었습니다.
40 벨라의 아들들은 아룻과 나아만이었
습니다. 아룻에게서 난 아룻 가족과
나아만에게서 난 나아만 가족이었습
니다.
41 이들은 베냐민 지파의 가족들로서 그
수는 4만 5,600명이었습니다.
42 단의 자손들은 그 가족대로 수함에게
서 난 수함 가족이었습니다. 이들이
가족에 따른 단의 자손이었습니다.
43 수함 가족의 수는 6만 4,400명이었습
니다.
44 아셀의 자손들은 그 가족대로 임나
에게서 난 임나 가족과 이스위에게서
난 이스위 가족과 브리아에게서 난 브
리아 가족이었습니다.
45 브리아의 자손들로는 헤벨에게서 난
헤벨 가족과 말기엘에게서 난 말기엘
가족이 있었습니다.
46 아셀에게는 세라라는 이름의 딸이 하
나 있었습니다.
47 이들은 아셀의 가족들로서 그 수는 5
만 3,400명이었습니다.
48 납달리의 자손들은 그 가족대로 야
셀에게서 난 야셀 가족과 구니에게서
난 구니 가족과
49 예셀에게서 난 예셀 가족과 실렘에게
서 난 실렘 가족이었는데
50 이들은 납달리 가족들로서 그 수는 4
만 5,400명이었습니다.
51 이스라엘 남자들의 수는 다 합쳐 60
만 1,730명이었습니다.
52 여호와께서 모세에게 말씀하셨습니
다.
53 "등록된 사람의 수에 따라 땅을 유산
으로 나눠 주어라.
54 수가 많으면 유산을 많이 주고 수가
적으면 유산을 적게 주어라. 각기 그
등록된 수에 따라 유산을 받을 것이
다.
55 땅은 반드시 제비를 뽑아서 나눠 주어
야 한다. 또한 각자 그 조상의 지파의
이름을 따라서 유산을 받아야 한다.
56 수가 많든 적든 간에 각자 제비를 뽑
아서 유산을 받아야 한다."
57 등록된 레위 사람은 가족별로 게르손
에게서 난 게르손 가족과 고핫에게서
난 고핫 가족과 므라리에게서 난 므라
리 가족이 있었습니다.
58 레위 가족은 립니 가족과 헤브론 가
족과 말리 가족과 무시 가족과 고라
가족이었습니다. 고핫은 아므람을 낳
았습니다.
59 아므람의 아내의 이름은 요게벳으로
서 레위의 딸이었는데 그녀는 이집트
에서 레위에게 태어났습니다. 그녀는

아므람에게 아론과 모세와 그 누이 미
리암을 낳아 주었습니다.
60 아론에게는 나답과 아비후와 엘르아
살과 이다말이 태어났습니다.
61 그러나 나답과 아비후는 금지된 불을
여호와 앞에 드리다가 죽었습니다.
62 레위 사람들 가운데 태어난 지 1개
월 이상인 모든 남자들은 그 수가 2
만 3,000명이었습니다. 그들은 유산
을 받지 않았기 때문에 다른 이스라
엘 백성들과 함께 세지 않았습니다.
63 이들은 모세와 제사장 엘르아살이 등
록한 사람들이었습니다. 그들이 요단
강의 여리고 건너편 모압 평지에서 이
스라엘 자손들의 수를 세었습니다.
64 모세와 제사장 아론이 시내 광야에서
이스라엘 자손을 셀 때 등록된 사람
들 가운데 이 안에 포함된 사람은 한
명도 없었습니다.
65 이는 여호와께서 그들이 광야에서 다
죽고 여분네의 아들 갈렙과 눈의 아
들 여호수아 외에는 그들 가운데 아
무도 살아남지 못할 것이라고 말씀하
셨기 때문입니다.

슬로브핫의 딸들

27 요셉의 아들 므낫세의 가족에
서 므낫세의 현손이며 마길의
증손이며 길르앗의 손자인 헤벨의 아
들 슬로브핫의 딸들이 나아왔습니다.
그 딸들의 이름은 말라, 노아, 호글라,
밀가, 디르사입니다.
2 그들이 회막 입구에서 모세와 제사장
엘르아살과 지도자들과 온 회중 앞에
서서 말했습니다.
3 "저희 아버지는 광야에서 죽었습니
다. 그는 여호와를 대적해 일어난 고
라의 무리 속에 포함되지 않았으며
다만 자기 죄로 인해 죽었습니다. 아
버지에게는 아들이 없었습니다.
4 아버지에게 아들이 없었다고 해서 왜
저희 아버지의 이름이 그 가족에서 빠
져야 합니까? 저희 아버지의 형제들
가운데서 저희에게 재산을 주십시오."
5 모세가 그들의 사정을 여호와 앞으로

성·경·상·식 유산(기업)

구약성경에서 유산(나할라; 히)은 '재산, 소유, 상속'의 뜻으로 쓰였으며 이스라엘에게 분배하신 '약속의 땅, 맹세한 땅'과 같은 개념으로 많이 쓰였다(출 6:8;32:13;신 12:10). 또 소유를 뜻하는 '아후자'라는 단어도 유산으로 번역되어 유산은 '소유의 땅'(창 17:8;47:11;레 14:34;27:21), '유산으로 받은 땅'(레 27:16)을 의미하는 말로 쓰였다. 이스라엘 백성에게 있어서 유산이란 하나님이 주신 선물이고 궁극적으로는 하나님의 것이기 때문(레 25:23)에 그들은 청지기로서 그것을 잘 보존하는 것이 중요하다고 생각했다. 그래서 하나님이 주셨고 조상에게 물려받은 유산을 팔거나 옮기는 것은 여호와께서 금하신 일이었다(왕상 21:3).

한편 성경에 나타나는 유산에 대한 독특한 사상은 이스라엘 백성이 주의 유산이라는 것이다(신 9:26,29;32:9;시 28:9). 이스라엘 백성이 하나님에게 특별히 선택된 민족이라는 의미가 들어 있다. 시편 기자는 "주의 교훈을 영원히 내 재산으로 삼았습니다."라고 고백했다(시 119:111).

가져갔습니다.
6 여호와께서 모세에게 말씀하셨습니
다.
7 "슬로브핫의 딸들이 말하는 것이 옳
다. 너는 그들의 아버지의 형제들 가
운데서 그들에게 유산을 반드시 주어
라. 그들 아버지의 유산을 그들에게
넘겨주어라.
8 그리고 이스라엘 백성들에게 말하여
라. '만약 어떤 사람이 아들이 없이
죽으면 그 유산을 그 딸들에게 넘겨
주어라.
9 만약 딸도 없다면 그의 유산을 그 형
제들에게 주어라.
10 만약 형제도 없다면 그의 유산을 그
의 아버지의 형제들에게 주어라.
11 만약 그의 아버지에게도 형제가 없다
면 그에게 남아 있는 사람 가운데 가
장 가까운 사람에게 주어서 그가 그
것을 갖게 하여라. 이것은 여호와가
모세에게 명하신 대로 이스라엘 백성
들에게 판결의 율례가 되게 하여라.'"

모세의 뒤를 이은 여호수아 (신 31:1-8)

12 여호와께서 모세에게 말씀하셨습니
다. "아바림 산으로 올라가서 내가 이
스라엘 백성들에게 준 땅을 보아라.
13 네가 그것을 본 후에 너 또한 네 형 아
론처럼 네 조상들에게 돌아갈 것이다.
14 이는 신 광야에서 회중이 다투었을
때 너희가 그들의 눈앞에 물을 내어
내 거룩함을 나타내라는 내 명령을
거역했기 때문이다." 이곳은 신 광야
의 가데스의 므리바 물가였습니다.
15 모세가 여호와께 말했습니다.
16 "모든 육체의 영들의 하나님이신 여호
와여, 이 회중을 위해 한 사람을 세우
셔서
17 그가 그들의 앞에서 나아가고 들어오
게 하시며 또한 그가 그들을 데리고
나가고 데리고 들어오게 하셔서 여호
와의 회중이 목자 없는 양 떼처럼 되
지 않게 해 주십시오."
18 그러자 여호와께서 모세에게 말씀하
셨습니다. "영이 그 안에 있는 눈의
아들 여호수아를 데려다가 그에게 안
수하여라.
19 그를 제사장 엘르아살과 온 회중 앞
에 서게 하고 그들이 보는 가운데 그
를 임명하여라.
20 네 권한을 그에게 주어 이스라엘 자
손의 온 회중이 그에게 순종하도록
하여라.
21 그러나 그는 제사장 엘르아살 앞에
서야 한다. 그러면 엘르아살이 그를
위해 우림의 판결 도구를 가져와 여
호와 앞에서 물을 것이다. 그의 명령
에 따라 그와 온 이스라엘이 나가고
또한 그의 명령에 따라 그와 온 회중
이 들어와야 한다."
22 모세가 여호와께서 명령하신 대로 여
호수아를 데려다가 제사장 엘르아살
과 온 회중 앞에 서게 했습니다.
23 그리고 나서 여호와께서 모세를 통해
말씀하신 것처럼 그가 여호수아에게
안수하고 그를 후계자로 임명했습니
다.

날마다 드리는 제물 (출 29:38-46)

28 여호와께서 모세에게 말씀하
셨습니다.
2 "이스라엘 자손에게 명해 일러라. '너희
는 내 음식, 곧 내가 즐겨하는 향기가
되는 화제를 정해진 때 명심해 내게
드리도록 하라.'
3 그들에게 말하여라. '너희가 여호와께
드려야 하는 화제는 이것이다. 1년 된
흠 없는 어린 숫양 두 마리를 날마다
정기적으로 번제로 드리라.
4 아침에 어린 숫양 한 마리를 드리고
해 질 녘에 또 어린 숫양 한 마리를
드리는데
5 찧어서 짠 기름 *4분의 1 힌과 섞은
고운 가루 *10분의 1 에바의 곡식제
물을 함께 드리라.
6 이것은 시내 산에서 정해진 정기적인
번제로서 여호와께서 즐겨하시는 향
기로운 화제다.
7 이와 함께 어린 숫양 한 마리마다 4
분의 1힌의 전제물을 드리는데 성소
에서 독한 술로 된 전제물을 여호와
께 부어 드려야 한다.
8 해 질 무렵에는 두 번째로 어린 숫양
을 드리는데 아침때와 같은 곡식제물
과 전제물을 함께 드려야 한다. 이것
은 여호와께서 즐겨하시는 향기로운
화제다.'"

안식일에 드리는 제물

9 "'안식일에는 1년 된 흠 없는 어린 숫
양 두 마리를 기름 섞은 고운 가루
*10분의 2에바의 곡식제물과 전제물
과 함께 드려야 한다.
10 이것은 안식일마다 드리는 번제로서
정기적으로 드리는 번제와 전제물 외
에 드리는 것이다.'"

다달이 드리는 제물

11 "'매달 첫날에 여호와께 수송아지 두
마리와 숫양 한 마리와 1년 된 흠 없
는 어린 숫양 일곱 마리를 번제로 드
리라.
12 수송아지 한 마리마다 기름 섞은 고
운 가루 *10분의 3에바의 곡식제물
을 드리고 숫양 한 마리마다 기름 섞
은 고운 가루 *10분의 2에바의 곡식
제물을 드리며
13 어린 숫양 한 마리마다 기름 섞은 고
운 가루 10분의 1에바의 곡식제물을
드리라. 이것은 번제로서 여호와께서
즐겨하시는 향기로운 화제다.
14 여기에 전제로 포도주를 수송아지 한
마리마다 *2분의 1힌, 숫양 한 마리마
다 *3분의 1힌, 어린 숫양 한 마리마
다 4분의 1힌을 드려야 한다. 이것은
한 해 동안 매달마다 드리는 번제다.
15 그리고 숫염소 한 마리를 속죄제물로
여호와께 드리라. 이것은 정기적인 번
제물과 전제물 외에 드리는 것이다.'"

유월절 (레 23:5-14)

16 "'첫째 달 14일은 여호와의 유월절이
다.
17 15일부터는 절기가 시작된다. 7일 동

28:5 4분의 1힌은 약 0.9리터, 10분의 1에바는 약 2.2리터 28:9,12 10분의 2에바는 약 4.4리터 28:12 10분의 3에바는 약 6.6리터 28:14 2분의 1힌은 약 1.8리터, 3분의 1힌은 약 1.2리터

안은 누룩 없는 빵을 먹어야 한다.
18 첫째 날에는 거룩한 모임을 갖고 아
무 일도 하지 말라.
19 수송아지 두 마리와 숫양 한 마리와
흠 없는 1년 된 어린 숫양 일곱 마리
를 번제로서 여호와께 화제로 드린다.
20 이것들과 함께 드릴 곡식제사는 기름
섞은 고운 가루다. 수송아지에는 10
분의 3에바, 숫양에는 10분의 2에바,
21 일곱 마리의 어린 숫양 한 마리마다
10분의 1에바를 드리라.
22 그리고 너희를 속죄하기 위해 속죄제
물로 숫염소 한 마리를 드리라.
23 아침마다 정기적으로 드리는 번제물
외에 이것들을 드리게 하라.
24 이런 식으로 7일 동안 매일 음식, 곧
여호와께서 즐겨하시는 향기로운 화
제를 드리도록 하라. 이것은 정기적인
번제물과 전제물 외에 드리는 것이다.
25 일곱 째 날에는 거룩한 모임을 갖고
아무 일도 하지 말라.'"

칠칠절

26 "'첫 열매를 드리는 날, 곧 여호와께
새로운 곡식으로 곡식제물을 드리는
칠칠절에는 거룩한 모임을 갖고 아무
일도 하지 말라.
27 수송아지 두 마리와 숫양 한 마리와
1년 된 어린 숫양 일곱 마리를 번제
로 드려 여호와께서 즐겨하시는 향기
가 되게 하라.
28 이것들과 함께 드릴 곡식제사는 기름
섞은 고운 가루다. 수송아지 한 마리
마다 10분의 3에바, 숫양 한 마리에
는 10분의 2에바,
29 일곱 마리의 어린 숫양 한 마리마다
각각 10분의 1에바를 드리라.
30 그리고 너희 속죄를 위해 숫염소 한
마리를 드리라.
31 너희는 이것들을 정기적인 번제물과
곡식제물과 전제물 외에 드려야 한
다. 너희를 위해 그 가축들은 흠이 없
어야 한다.'"

나팔절 (레 23:23-25)

29 "'*일곱째 달 1일에는 거룩한
모임을 갖고 아무 일도 하지
말라. 그날은 나팔을 부는 날이다.
2 너희는 수송아지 한 마리와 숫양 한
마리와 1년 된 흠 없는 어린 숫양 일
곱 마리를 여호와께서 즐겨하시는 향
기가 되게 번제물로 드리라.
3 이것들과 함께 드릴 곡식제사는 기름
섞은 고운 가루다. 수송아지에는 10
분의 3에바, 숫양에는 10분의 2에바,
4 일곱 마리의 어린 숫양 한 마리마다
10분의 1에바를 준비해 드리라.
5 그리고 너희를 속죄하기 위해 속죄제
물로 숫염소 한 마리를 드리라.
6 이것들은 규정을 따라 전제물과 함
께 드리는 매달의 번제물과 곡식제물
이나 매일의 번제물과 곡식제물 외에
여호와께서 즐겨하시는 향기로운 화
제로 드리는 것이다.'"

속죄일 (레 23:26-32)

7 "'일곱째 달 10일에는 거룩한 모임을
가지라. 너희는 스스로를 괴롭게 하

29:1 에다님 월, 태양력 9월 중순 이후

고 아무 일도 하지 말라.
8 너희는 수송아지 한 마리와 숫양 한
마리와 1년 된 흠 없는 어린 숫양 일
곱 마리를 여호와께서 즐겨하시는 향
기가 되게 번제물로 드리라.
9 이것들과 함께 드릴 곡식제사는 기름
섞은 고운 가루다. 수송아지에는 10
분의 3에바, 숫양에는 10분의 2에바,
10 일곱 마리의 어린 숫양 한 마리마다
10분의 1에바를 드리라.
11 그리고 숫염소 한 마리를 속죄제물로
드리라. 이것은 속죄를 위한 속죄제
물이나 정기적으로 드리는 번제와 곡
식제물이나 그 전제물들 외에 드리는
것이다.'"

초막절 (레 23:33-44)

12 "'일곱째 달 15일에는 거룩한 모임을
갖고 아무 일도 하지 말라. 7일 동안
여호와를 위해 절기를 지키라.
13 여호와께서 즐겨하시는 향기로운 화
제로 수송아지 13마리, 숫양 두 마리,
1년 된 흠 없는 어린 숫양 14마리를
번제로 드리라.
14 이것들과 함께 드릴 곡식제사는 기름
섞은 고운 가루다. 수송아지 13마리
에 한 마리마다 각각 10분의 3에바,
숫양 두 마리에는 한 마리마다 10분
의 2에바,
15 어린 숫양 14마리에는 각각 10분의 1
에바를 드리라.
16 그리고 숫염소 한 마리를 속죄제물로
드리라. 이것은 정기적으로 드리는 번
제와 곡식제물과 전제물 외에 드리는
것이다.
17 둘째 날에는 소 떼에서 수송아지 12
마리, 숫양 두 마리, 1년 된 흠 없는
어린 숫양 14마리를 드리라.
18 수송아지, 숫양, 어린 숫양과 함께 규
정대로 곡식제물과 전제물을 함께 드
리라.
19 그리고 숫염소 한 마리를 속죄제물로
드리라. 이것은 정기적으로 드리는 번

하용조 목사의 행복한 **메시지**

회복하는 비결

큰 병에 걸리거나 절망적인 상황에 부딪히면 우리는 보통 이런 기도를 합니다. "하나님, 이번에 저를 고쳐 주시면 제 남은 생애를 주님을 위해 살겠나이다." 그렇지만 그 기도를 기억하는 사람은 별로 없습니다. 건강해지고 환경이 편해지면 다 잊어버립니다. 그러나 서원은 지켜야 합니다. 그것이 복을 받는 비결입니다. 하나님께서는 우리가 정신없이 흥분해서 한 기도도 다 기억하십니다. 복을 받고 싶으면 먼저 서원을 지키십시오. 너무 늦기 전에 약속을 기억하고 서원한 것을 지키십시오. 여러분에게 불리하고 어렵고 힘들지라도 하나님께 약속한 것을 지키면 하나님께서는 반드시 복을 주십니다. "네가 하나님께 서원한 것이 있으면 그것을 지키는 데 미적거리지 마라. 그분은 어리석은 사람을 기뻐하지 않으신다. 네가 서원한 것을 갚아라."(전 5:4)

제와 곡식제물과 전제물 외에 드리는
것이다.
20 셋째 날에는 수송아지 11마리, 숫양
두 마리, 1년 된 흠 없는 숫양 14마리
를 드리라.
21 수송아지, 숫양, 어린 숫양과 함께 규
정대로 곡식제물과 전제물을 함께 드
리라.
22 그리고 숫염소 한 마리를 속죄제물로
드리라. 이것은 정기적으로 드리는 번
제와 곡식제물과 전제물 외에 드리는
것이다.
23 넷째 날에는 수송아지 열 마리, 숫양
두 마리, 1년 된 흠 없는 어린 숫양 14
마리를 드리라.
24 수송아지, 숫양, 어린 숫양과 함께 규
정대로 곡식제물과 전제물을 함께 드
리라.
25 그리고 숫염소 한 마리를 속죄제물로
드리라. 이것은 정기적으로 드리는 번
제와 곡식제물과 전제물 외에 드리는
것이다.
26 다섯째 날에는 수송아지 아홉 마리,
숫양 두 마리, 1년 된 흠 없는 어린 숫
양 14마리를 드리라.
27 수송아지, 숫양, 어린 숫양과 함께 규
정대로 곡식제물과 전제물을 함께 드
리라.
28 그리고 숫염소 한 마리를 속죄제물로
드리라. 이것은 정기적으로 드리는 번
제와 곡식제물과 전제물 외에 드리는
것이다.
29 여섯째 날에는 수송아지 여덟 마리,
숫양 두 마리, 1년 된 흠 없는 어린 숫
양 14마리를 드리라.
30 수송아지, 숫양, 어린 숫양과 함께 규
정대로 곡식제물과 전제물을 함께 드
리라.
31 그리고 숫염소 한 마리를 속죄제물로
드리라. 이것은 정기적으로 드리는 번
제와 곡식제물과 전제물 외에 드리는
것이다.
32 일곱째 날에는 수송아지 일곱 마리,
숫양 두 마리, 1년 된 흠 없는 어린 숫
양 14마리를 드리라.
33 수송아지, 숫양, 어린 숫양과 함께 규
정대로 곡식제물과 전제물을 함께 드
리라.
34 그리고 숫염소 한 마리를 속죄제물로
드리라. 이것은 정기적으로 드리는 번
제와 곡식제물과 전제물 외에 드리는
것이다.
35 여덟째 날에는 모임을 갖고 아무 일
도 하지 말라.
36 너희는 수송아지 한 마리와 숫양 한
마리와 1년 된 흠 없는 어린 숫양 일
곱 마리를 여호와께서 즐겨하시는
향기로운 화제가 되는 번제로 드리
라.
37 수송아지, 숫양, 어린 숫양과 함께 규
정대로 곡식제물과 전제물을 함께 드
리라.
38 그리고 숫염소 한 마리를 속죄제물로
드리라. 이것은 정기적으로 드리는 번
제와 곡식제물과 전제물 외에 드리는
것이다.

39 너희는 정해진 절기 때마다 너희의
서원제물이나 자원제물 외에 번제물
과 곡식제물과 전제물과 화목제물을
드리도록 하라.'"
40 여호와께서 모세에게 명하신 대로 모
세가 모든 것을 이스라엘 자손에게
말했습니다.

서원

30 모세가 이스라엘 자손 각 지파
의 우두머리들에게 말했습니
다. "이것은 여호와께서 명하신 것이
다.
2 만약 어떤 사람이 여호와께 서원했거
나 자신의 마음을 굳게 정해 맹세한
것이 있으면 그는 자신의 말을 어기
지 말고 자신이 말한 대로 모두 다 해
야 한다.
3 만약 어떤 여인이 아직 나이가 어려
서 아버지의 집에서 살고 있을 때에
여호와께 서원했거나 마음을 굳게 정
한 것이 있는데
4 그녀의 아버지가 그녀의 서원이나 그
녀가 마음을 굳게 정한 것에 대해서
듣고도 아무 말도 하지 않았을 때는
그녀의 모든 서원이 유효하며 그녀가
마음을 굳게 정한 것도 모두 유효하
다.
5 그러나 만약 그녀의 아버지가 그녀의
말을 들었을 때 허락하지 않았다면
그녀의 서원이나 그녀가 마음을 굳게
정한 것은 유효하지 않다. 그녀의 아
버지가 그녀에게 허락하지 않았기 때
문에 여호와께서 그녀를 용서해 주실
것이다.
6 만약 그녀가 서원한 것이나 그녀가
마음을 정한 것에 대해서 성급하게
언급한 것이 아직 유효한 가운데 그
녀가 시집을 갔는데
7 그녀의 남편이 그것을 듣고도 아무
말도 하지 않으면 그녀가 서원한 것은
유효하며 그녀가 마음을 정한 것도
유효하다.

Q&A | '서원'이란 무엇인가?

참고 구절 | 민 30장

하나님께 무엇을 하겠다거나 일정 기간 동안 하지 않겠다고 특별히 맹세한 것을 서원이라고 한다(레 27:1-29). 하나님의 도우심을 받기 위해서나 베풀어 주신 은혜에 감사하기 위해서도 서원을 했다. 서원은 자신이 자발적으로 하는 것이지만 서원한 이상 반드시 지켜야 했으며 (민 30:1-2) 이행하지 못했을 경우에는 속죄제를 드려 용서를 받아야 했다(레 5:4-6).

만일 미혼인 딸이 서원한 것에 대해 아버지가 반대하면 그 서원은 무효가 되었고 결혼한 여자의 서원도 남편이 허락하지 않으면 무효가 되었다(민 30:5-8).

성경에서 서원한 사람들로는 야곱(창 28:20-22), 입다(삿 11:30-31), 한나(삼상 1:10-11), 다윗(시 132:1-5), 압살롬(삼하 15:7-8), 바울 (행 18:18) 등이 있다. 서원은 더 깊은 헌신을 할 수 있는 기회이지만 함부로 해서는 안 되는 것이기도 하다.

8 그러나 만약 그 남편이 그 말을 듣고
그녀에게 허락하지 않고 아직 유효한
그녀의 서원이나 그녀가 마음을 정한
것에 대해 성급하게 언급한 것을 취
소시켜도 여호와께서 그녀를 용서해
주실 것이다.
9 과부나 이혼녀가 한 서원이나 마음을
정한 것은 그녀들에게 유효하다.
10 만약 남편과 살고 있는 여자가 서원
하거나 마음을 정해 맹세했는데
11 그 남편이 그 말을 듣고 아무 말도 하
지 않으면 그녀의 모든 서원이 유효하
며 그녀가 마음을 굳게 정한 것도 유
효하다.
12 그러나 만약 그녀의 남편이 그것을
듣고 그것들을 취소시키면 그녀가 서
원한 것이든 그녀가 마음을 정한 것
이든 간에 그녀의 입술로부터 나온
모든 것은 다 무효가 된다. 그녀의 남
편이 그것들을 취소시킨 것이니 여호
와께서 그녀를 용서하실 것이다.
13 그녀가 서원한 것이나 그녀가 스스로
를 괴롭게 하기로 마음을 정해 맹세
한 것을 그녀의 남편이 모두 유효하게
할 수도 있고 그녀의 남편이 모두 무
효화시킬 수도 있다.
14 그러나 만약 그 남편이 하루가 지나
도록 아무 말도 없으면 그는 그녀의
모든 서원이나 그녀의 마음에 정한
것을 확증한 것이다. 그가 그것에 대
해 들었을 때에 그녀에게 아무 말도
하지 않았기 때문에 그가 그것들을
확증한 것이다.
15 만약 그가 그 말을 듣고 나중에 무효
화한다면 그 남편은 아내의 허물을
짊어져야 한다."
16 이것은 여호와께서 남자와 그 아내의
관계와 아버지와 그 집에 아직 살고
있는 나이 어린 딸의 관계에 대해서
모세에게 주신 율례입니다.

미디안에게 복수하다

31 여호와께서 모세에게 말씀하셨
습니다.
2 "이스라엘 자손들을 위해 미디안 사람
들에게 복수하여라. 그 후에 너는 네
*조상들에게 돌아갈 것이다."
3 그러자 모세가 백성들에게 말했습니
다. "너희 가운데 전투에 참가할 사람
을 준비시키라. 그들로 하여금 미디안
사람들과 싸워 미디안에게 여호와의
복수를 행하게 하라.
4 이스라엘의 각 지파에서 1,000명씩
싸우러 보낼 것이다."
5 그리하여 각 지파마다 1,000명씩 해
서 총 1만 2,000명의 무장한 군사들
이 이스라엘 군대에서 파견됐습니다.
6 이렇게 해서 모세는 각 지파마다
1,000명씩을 싸우러 보냈습니다. 또
한 그들과 함께 제사장 엘르아살의
아들 비느하스를 거룩한 물건들과 신
호용 나팔을 들려 함께 보냈습니다.
7 그들은 여호와께서 모세에게 명령하
신 대로 미디안과 싸워서 그들의 모
든 남자를 다 죽였습니다.
8 죽임을 당한 사람들 가운데는 미디안

31:2 히브리어, '백성'

의 다섯 왕들인 에위, 레겜, 수르, 후
르, 레바도 있었습니다. 그들은 또한
브올의 아들 발람을 칼로 죽였습니다.
9 이스라엘 사람들은 미디안의 여자들
과 아이들을 사로잡았으며 미디안의
소 떼와 양 떼와 물건들을 모두 전리
품으로 빼앗았습니다.
10 그들은 미디안 사람들이 살고 있던
모든 성들을 불태웠고 그들의 모든
진영도 불태웠습니다.
11 그들은 사람들과 가축들을 비롯한
모든 약탈물과 노략물을 취했습니다.
12 그리고 요단 강 여리고 건너편 모압 평
원의 진영에 있는 모세와 제사장 엘
르아살과 모든 이스라엘 회중에게 포
로들과 약탈물과 노략물을 가져갔습
니다.
13 모세와 제사장 엘르아살과 회중의 모
든 지도자들이 그들을 맞으러 진영
밖으로 나갔습니다.
14 모세는 싸움터에서 돌아온 군대의 지
휘관들, 곧 천부장들과 백부장들에
게 화를 냈습니다.
15 모세가 그들에게 물었습니다. "어찌하
여 너희가 여자들을 모두 살려 두었
느냐?
16 그 여자들은 브올 사건에서 발람의
말을 따라 이스라엘 백성들이 여호와
를 거역하게 해 여호와의 회중에게 재
앙을 내리게 한 바로 그 사람들이다.
17 그러므로 지금 당장 아이들 가운데
모든 소년들을 죽이라. 그리고 남자
와 자서 남자를 아는 모든 여자들을
죽이라.
18 그러나 남자와 함께 잔 적이 없어서
남자를 모르는 여자아이들은 너희를
위해 살려 주라.
19 너희는 7일 동안 진 밖에 있어야 한
다. 너희나 포로 가운데 누구를 죽인
사람이나 죽임당한 사람을 만진 사람
은 셋째 날과 일곱째 날에 스스로를
정결하게 해야 한다.
20 또한 모든 옷이나 가죽 물건이나 염
소털로 만든 것이나 나무로 만든 것
을 다 정결하게 해야 한다."
21 그러자 제사장 엘르아살이 싸움터에
갔다 온 군사들에게 말했습니다. "여
호와께서 모세에게 명령하신 율법의
요구 사항은 이것이다.
22 금, 은, 청동, 철, 양철, 납 등
23 불에 견딜 수 있는 것은 다 불에 넣어
서 정결하게 하라. 또한 이것은 정결
하게 하는 물로도 정결하게 해야 한
다. 그리고 불에 견디지 못하는 것은
물에 넣도록 하라.
24 일곱째 날에는 너희 옷을 빨아서 스
스로를 정결하게 하라. 그 후에야 너
희가 진 안으로 들어올 수 있다."

전리품 분배

25 여호와께서 모세에게 말씀하셨습니
다.
26 "너와 제사장 엘르아살과 회중의 가
문의 우두머리들은 포로든 가축이든
모든 전리품의 수를 세어라.
27 그리고 그 전리품을 전투에 참가했던
군사들과 나머지 회중에게 절반씩 나

뉘 주어라.
28 전투에 참가했던 군사들에게서 사람
과 소와 나귀와 양의 500분의 1을 여
호와의 몫으로 거두어라.
29 그들이 받은 절반에서 이것들을 거두
어 제사장 엘르아살에게 주어 여호와
께 드리는 예물이 되게 하여라.
30 그리고 이스라엘 자손들이 받은 절반
가운데서는 사람과 소와 나귀와 양
과 기타 모든 짐승의 50분의 1을 거
두어 여호와의 성막에서 직분을 행하
고 있는 레위 사람들에게 주어라."
31 그래서 모세와 제사장 엘르아살이 여
호와께서 모세에게 명하신 대로 했습
니다.
32 군사들이 뺏은 것들 가운데 남은 전
리품은 양이 67만 5,000마리,
33 소가 7만 2,000마리,
34 나귀가 6만 1,000마리였으며
35 남자와 잔 적이 없어서 남자를 모르
는 여자가 3만 2,000명이었습니다.
36 그러므로 전투에 참가한 사람들을
위한 절반의 몫은 양이 33만 7,500마
리였으며
37 이 양들 가운데 여호와의 몫은 675마
리였습니다.
38 소는 3만 6,000마리였으며 그 가운데
여호와의 몫은 72마리였습니다.
39 나귀는 3만 500마리였으며 그 가운
데 여호와의 몫은 61마리였습니다.
40 사람은 1만 6,000명이었으며 그 가운
데 여호와의 몫은 32명이었습니다.
41 여호와께서 모세에게 명하신 대로 모
세가 여호와께 예물로 바칠 몫을 제
사장 엘르아살에게 주었습니다.
42 모세가 싸우러 나간 사람들로부터 이
스라엘 자손들의 몫으로 따로 떼어
놓은 절반,
43 곧 회중의 몫인 절반은 양이 33만
7,500마리,
44 소가 3만 6,000마리,
45 나귀가 3만 500마리였으며
46 사람이 1만 6,000명이었습니다.
47 이스라엘 자손의 몫인 절반에서 모세
는 여호와께서 자기에게 명하신 대로
사람과 가축의 50분의 1을 거두어 여
호와의 성막에서 직분을 행하고 있는
레위 사람들에게 주었습니다.
48 그러자 부대를 이끌고 있는 지휘관들
인 천부장들과 백부장들이 모세에게
와서
49 그에게 말했습니다. "당신의 종들이
저희 수하에 있는 군사들의 수를 세
어 보았더니 한 사람도 줄지 않았습
니다.
50 그래서 저희가 각자 얻은 팔 장식품
과 팔찌와 도장과 반지와 귀걸이와
목걸이 같은 금붙이들을 여호와께 예
물로 가져왔습니다. 여호와 앞에 우리
가 속죄함을 받도록 하기 위해서 말
입니다."
51 모세와 제사장 엘르아살이 그들에게
서 금으로 된 그 모든 물건들을 받았
습니다.
52 그들이 천부장들과 백부장들로부터
여호와께 드리는 예물로 받은 금은

다해서 그 무게가 *1만 6,750세겔이
었습니다.
53 전투에 참가한 사람들이 각자 빼앗
은 것들이었습니다.
54 모세와 제사장 엘르아살이 천부장들
과 백부장들에게서 그 금을 받아 회
막으로 가져가서 여호와 앞에 놓아
이스라엘 자손들을 위한 기념물로 삼
았습니다.

요단 강 동쪽 지파들 (신 3:12-22)

32 르우벤 자손과 갓 자손은 가
축이 아주 많았습니다. 그들이
보니 야셀 땅과 길르앗 땅이 가축을
키우기에 좋은 곳이었습니다.
2 그래서 갓 자손과 르우벤 자손이 모
세와 제사장 엘르아살과 회중의 지도
자들에게 가서 말했습니다.
3 "아다롯, 디본, 야셀, 니므라, 헤스본,
엘르알레, 스밤, 느보, 브온,
4 곧 여호와께서 이스라엘 회중 앞에서
멸망시킨 그 땅은 가축들을 키우기에
좋은 곳인데 당신의 종들에게 가축
들이 있습니다."
5 그들이 계속해서 말했습니다. "만약
저희가 당신께 은혜를 입었다면 그
땅을 당신의 종들에게 주어 차지하게
해 주십시오. 그리고 저희를 요단 강
너머로 데리고 가지 마십시오."
6 모세가 갓 자손들과 르우벤 자손들에
게 말했습니다. "너희 형제들은 싸우
러 나가야 하는데 너희는 여기에 남
고자 하느냐?
7 너희는 왜 이스라엘 자손이 여호와께
서 주신 땅에 들어가려고 마음먹은
것을 왜 낙심하게 하느냐?
8 이것은 내가 가데스 바네아에서 그 땅
을 살펴보라고 보냈을 때 너희 조상
들이 한 짓과 똑같구나.
9 그들이 에스골 골짜기로 올라가 그
땅을 보고는 이스라엘 자손이 여호와
께서 그들에게 주신 땅에 들어가려
고 마음먹은 것을 낙심하게 했다.
10 그날 여호와께서 진노하셔서 맹세하
시면서 말씀하셨다.
11 '이집트에서 나온 20세 이상 된 사람
들은 내가 아브라함과 이삭과 야곱에
게 맹세한 그 땅을 절대로 보지 못할
것이다. 이는 그들이 나를 온전히 따
르지 않았기 때문이다.
12 오직 그니스 사람 여분네의 아들 갈렙
과 눈의 아들 여호수아만은 예외인데
이는 그들이 온전히 여호와를 따랐기
때문이다.'
13 여호와께서 이스라엘을 향해 진노하
셔서 여호와 앞에서 악을 행한 그 세
대가 전부 죽기까지 40년 동안 그들
이 광야를 떠돌게 하셨다.
14 그런데 죄인의 자식들인 너희가 너희
조상들을 대신해 일어나서 이스라엘
을 향한 여호와의 진노가 더 쌓이게
하는구나.
15 만약 너희가 다시 한 번 그분을 따르
지 않는다면 그분이 다시 이 백성들
을 광야에 버려두실 것이다. 너희는
이스라엘 모든 백성에게 멸망을 가져

31:52 1만 6,750세겔은 약 190.95킬로그램

다주게 될 것이다."
16 그러자 그들이 모세에게 나와 말했습
니다. "우리는 여기다 우리 가축을 위
한 우리를 만들고 우리 아이들을 위
한 성을 만들 것입니다.
17 우리 아이들이 이 땅의 거주자들로부
터 안전한 요새에서 머무는 동안 우
리는 서둘러 무장하고 이스라엘 백
성들보다 앞서 나가 그들을 그곳으로
데리고 가겠습니다.
18 우리는 모든 이스라엘 사람이 각자
자기 유산을 받을 때까지 우리 집으
로 돌아오지 않겠습니다.
19 우리는 요단 강 동편에서 이미 유산
을 받았으므로 더 이상 그들과 함께
요단 강 저편에서 유산을 받지 않겠
습니다."
20 그러자 모세가 그들에게 말했습니다.
"만약 너희가 그렇게 함으로써 너희
가 여호와 앞에서 전쟁을 위해 무장
하고
21 무장한 너희 모두가 여호와 앞에서
요단 강을 건너서 그 앞에서 모든 적
들을 다 내쫓고
22 그 땅을 여호와 앞에서 진압하면 너희
는 돌아올 수 있게 되며 너희는 여호
와와 이스라엘에 대한 책임에서 벗어
나게 될 것이다. 그리고 이 땅은 여호
와 앞에서 너희의 소유가 될 것이다.
23 그러나 만약 너희가 이렇게 하지 않
는다면 너희는 여호와께 죄짓는 것이
된다. 너희 죄가 너희를 덮치게 될 것
임을 너희는 알아야 한다.
24 너희의 아이들을 위해 성을 건축하고
너희 가축들을 위해 우리를 만들라.
그리고 너희 입으로 말한 대로 행하
라."
25 갓 사람들과 르우벤 사람들이 모세에
게 말했습니다. "우리 주께서 명하신
대로 당신의 종들이 하겠습니다.
26 우리 아이들과 우리 아내들과 우리
가축들과 우리의 다른 짐승들은 여
기 길르앗의 성들에 머물러 있을 것입
니다.
27 그러나 당신의 종들은 모두 우리 주
께서 말씀하신 대로 무장을 하고 여
호와 앞에서 강을 건너가 싸울 것입
니다."
28 그러자 모세가 제사장 엘르아살과 눈
의 아들 여호수아와 이스라엘 지파
가문의 우두머리들에게 명령했습니
다.
29 그가 그들에게 말했습니다. "갓 자손
과 르우벤 자손이 모두 무장을 하고
여호와 앞에서 너희와 함께 싸우기
위해 요단 강을 건너가서 너희 앞에
서 그 땅을 정복하면 너희는 그들에
게 길르앗 땅을 그들의 소유로 주라.
30 그러나 만약 그들이 무장하고 너희와
함께 건너가지 않으면 그들은 너희와
함께 가나안 땅에서 그 소유를 받아
야 할 것이다."
31 갓 자손과 르우벤 자손이 대답해 말
했습니다. "여호와께서 당신의 종들에
게 말씀하신 대로 우리가 할 것입니
다.

32 우리는 여호와 앞에서 무장하고 가나
안 땅으로 건너갈 것입니다. 하지만
우리가 유산으로 얻는 땅은 요단 강
이쪽 편이 될 것입니다."
33 그러자 모세가 갓 자손과 르우벤 자
손과 요셉의 아들 므낫세 반 지파에
게 아모리 사람들의 왕 시혼의 나라
와 바산 왕 옥의 나라를 주었으니, 곧
그 성들과 그 성들 주변의 영토를 다
주었습니다.
34 갓 자손은 디본과 아다롯과 아로엘과
35 아다롯 소반과 야셀과 욕브하와
36 벧니므라와 벧하란 등의 요새화 된 성
들을 건축하고 양 떼를 위한 우리를
지었습니다.
37 그리고 르우벤 자손은 헤스본과 엘르
알레와 기랴다임을 건축하고
38 또 느보와 나중에 이름이 바뀐 바알
므온과 십마를 건축했습니다. 그리고
그들은 자기들이 건축한 성들을 새로
운 이름으로 불렀습니다.
39 므낫세의 아들 마길의 후손들이 길르
앗으로 가서 그 성을 차지하고 거기
있던 아모리 사람들을 쫓아냈습니다.
40 그러자 모세가 므낫세의 아들 마길에
게 길르앗을 주어 그가 거기 거주했
습니다.
41 므낫세의 아들 야일이 가서 그들의 마
을들을 차지하고 *하봇야일이라고 불
렀습니다.
42 그리고 노바는 그낫과 그 주변 지역
들을 차지하고 자기 이름을 따라 노
바라고 불렀습니다.

이스라엘의 여행 경로

33 모세와 아론의 지휘하에 부대
별로 이집트에서 나온 이스라
엘 자손의 여행 경로는 이렇습니다.
2 여호와의 명령에 따라 모세는 그들의
여행 경로의 각 출발점들을 기록해
두었습니다. 그들의 여행 경로는 출발
점별로 이러합니다.
3 이스라엘 자손들은 *첫째 달 15일에
라암셋에서 출발했습니다. 유월절 다
음 날인 그날에 그들은 모든 이집트
사람들이 보는 앞에서 담대하게 떠났
습니다.
4 반면 이집트 사람들은 그들 가운데서
여호와께서 치신 사람들, 곧 그들의
모든 처음 난 사람들을 땅에 묻고 있
었습니다. 그렇게 해서 여호와께서는
그들의 신들에게 심판을 내리셨던 것
입니다.
5 이스라엘 백성들은 라암셋을 떠나 숙
곳에 진을 쳤습니다.
6 그들은 숙곳을 떠나 광야 끝에 있는
에담에 진을 쳤습니다.
7 그들은 에담을 떠나 바알스본 앞에 있
는 비하히롯으로 방향을 돌려서 믹돌
앞에 진을 쳤습니다.
8 그들은 비하히롯을 떠나 바다 한가운
데를 지나 광야로 들어갔습니다. 그
들은 에담 광야에서 3일 동안 이동했
습니다. 그러고는 마라에 진을 쳤습니
다.

32:41 야일의 촌락들 33:3 아빕 월, 태양력 3월 중순 이후

9 그들은 마라를 떠나 엘림으로 갔습니
다. 거기에는 12개의 샘물과 종려나
무 70그루가 있었습니다. 그들은 거기
에 진을 쳤습니다.
10 그들은 엘림을 떠나 홍해 옆에 진을
쳤습니다.
11 그들은 홍해를 떠나 신 광야에 진을
쳤습니다.
12 그들은 신 광야를 떠나 돕가에 진을
쳤습니다.
13 그들은 돕가를 떠나 알루스에 진을
쳤습니다.
14 그들은 알루스를 떠나 르비딤에 진을
쳤습니다. 거기에는 백성들이 마실
물이 없었습니다.
15 그들은 르비딤을 떠나 시내 광야에
진을 쳤습니다.
16 그들은 시내 광야를 떠나 기브롯 핫다
아와에 진을 쳤습니다.
17 그들은 기브롯 핫다아와를 떠나 하세
롯에 진을 쳤습니다.
18 그들은 하세롯을 떠나 릿마에 진을
쳤습니다.
19 그들은 릿마를 떠나 림몬베레스에 진
을 쳤습니다.
20 그들은 림몬베레스를 떠나 립나에 진
을 쳤습니다.
21 그들은 립나를 떠나 릿사에 진을 쳤
습니다.
22 그들은 릿사를 떠나 그헬라다에 진을
쳤습니다.
23 그들은 그헬라다를 떠나 세벨 산에
진을 쳤습니다.
24 그들은 세벨 산을 떠나 하라다에 진
을 쳤습니다.
25 그들은 하라다를 떠나 막헬롯에 진을
쳤습니다.
26 그들은 막헬롯을 떠나 다핫에 진을
쳤습니다.
27 그들은 다핫을 떠나 데라에 진을 쳤
습니다.
28 그들은 데라를 떠나 밋가에 진을 쳤
습니다.
29 그들은 밋가를 떠나 하스모나에 진을
쳤습니다.
30 그들은 하스모나를 떠나 모세롯에 진
을 쳤습니다.
31 그들은 모세롯을 떠나 브네야아간에
진을 쳤습니다.
32 그들은 브네야아간을 떠나 홀하깃갓
에 진을 쳤습니다.
33 그들은 홀하깃갓을 떠나 욧바다에 진
을 쳤습니다.
34 그들은 욧바다를 떠나 아브로나에 진
을 쳤습니다.
35 그들은 아브로나를 떠나 에시온게벨
에 진을 쳤습니다.
36 그들은 에시온게벨을 떠나 신 광야,
곧 가데스에 진을 쳤습니다.
37 그들은 가데스를 떠나 에돔 땅의 끝
에 있는 호르 산에 진을 쳤습니다.
38 여호와의 명령을 따라 제사장 아론이
호르 산에 올라가서 죽었습니다. 때
는 이스라엘 백성들이 이집트에서 나
온 지 40년 되는 해 *다섯째 달 1일이

33:38 압 월, 태양력 7월 중순 이후

었습니다.
39 호르 산에서 죽을 때 아론의 나이는
123세였습니다.
40 가나안 땅 네게브 지방에 살고 있던
가나안 사람, 아랏의 왕은 이스라엘
백성들이 오고 있다는 소식을 들었습
니다.
41 그들은 호르 산을 떠나 살모나에 진
을 쳤습니다.
42 그들은 살모나를 떠나 부논에 진을
쳤습니다.
43 그들은 부논을 떠나 오봇에 진을 쳤
습니다.
44 그들은 오봇을 떠나 모압 경계에 있는
이예아바림에 진을 쳤습니다.
45 그들은 이예아바림을 떠나 디본갓에
진을 쳤습니다.
46 그들은 디본갓을 떠나 알몬디블라다
임에 진을 쳤습니다.
47 그들은 알몬디블라다임을 떠나 느보
앞에 있는 아바림 산에 진을 쳤습니
다.
48 그들은 아바림 산을 떠나 요단 강 여
리고 건너편의 모압 평원에 진을 쳤습
니다.
49 모압 평원에서 그들은 요단 강을 따
라 벧여시못에서부터 아벨싯딤에 이
르는 지역에 진을 쳤습니다.
50 요단 강 여리고 건너편의 모압 평원에
서 여호와께서 모세에게 말씀하셨습
니다.
51 "이스라엘 백성들에게 말해 일러라.
'너희가 요단 강을 건너서 가나안으로
들어갈 때
52 그 땅에 살고 있는 모든 사람들을 너
희 앞에서 쫓아내라. 그들이 새겨 만
든 우상들을 파괴하고 그들이 부어
만든 우상들을 파괴하며 그들의 모
든 산당들을 부수라.
53 그 땅을 차지하고 거기에서 살도록
하라. 이는 내가 그 땅을 너희가 갖도
록 주었기 때문이다.

Q&A ‘사랑의 하나님’이 사람들을 진멸하라구요?

참고 구절 | 민 33:51–52

하나님은 이스라엘 백성들에게 가나안 사람들을 한 사람도 남기지 말고 죽이라고 명령하셨다. 사랑의 하나님이 어떻게 그런 명령을 하셨을까?

이 명령은 하나님의 거룩성을 알 때 이해할 수 있는 말이다. 하나님은 그분의 백성들에게 거룩한 삶을 살라고 말씀하셨다(레 11:44–45; 19:2). 그런데 가나안 사람들은 바알, 아세라, 다곤과 같은 우상들을 섬기며 극도로 타락해 있었다. 하나님은 이스라엘을 가나안의 타락한 죄에 물들지 않은, 거룩한 민족으로 보존하기를 원하셨다(출 19:5–6). 그래서 죄의 발상지인 가나안 땅에 살았던 사람들을 모두 진멸하라고 하신 것이다.

또한 가나안 족속들을 진멸하는 데에는 그들의 극악한 죄에 대한 하나님의 심판의 의미도 들어 있었다. 하나님은 회개하지 않는 죄에 대해서는 관용을 베풀지 않으시는 분이다.

54 그 땅을 제비를 뽑아 너희 가족별로
나누라. 큰 가족에게는 많이 주고 작
은 가족에게는 적게 주라. 각자 제비
를 어떻게 뽑든 간에 그 뽑은 대로
땅을 갖게 하라. 이렇게 해서 그 땅을
너희 조상의 지파대로 나누도록 하
라.
55 만약 너희가 그 땅에 살고 있는 사람
들을 너희 앞에서 쫓아내지 않으면
그 남은 사람들이 너희 눈에 가시가
되고 너희 옆구리에 바늘이 될 것이
다. 그들이 너희가 살게 될 그 땅에서
너희를 괴롭힐 것이다.
56 그렇게 되면 내가 그들에게 하리라고
생각했던 대로 너희에게 하게 될 것이
다.'"

가나안 땅의 경계

34 여호와께서 모세에게 말씀하
셨습니다.
2 "이스라엘 백성들에게 명령해 일러라.
'너희가 가나안 땅에 들어가게 될 때
너희의 유산이 될 땅은 이것이니, 곧
가나안 땅의 경계선은 이렇다.
3 너희의 남쪽 경계는 에돔 경계를 따
라 놓여 있는 신 광야다. 너희의 남쪽
경계는 동쪽으로는 염해 끝에서 시작
된다.
4 그리고 아그랍빔 언덕의 남쪽을 돌아
신을 지난다. 그 끝은 가데스 바네아
의 남쪽이다. 그러고 나서 하살아달
쪽으로 가서 아스몬을 지난다.
5 그리고 아스몬에서 방향을 바꾸어 이
집트 시내를 지나 바다에 이른다.
6 너희의 서쪽 경계는 대해다. 이것이
너희 서쪽 경계다.
7 너희의 북쪽 경계는 이것이다. 대해에
서 호르 산까지 경계선을 그으라.
8 그리고 호르 산에서 르보하맛까지 경
계선을 그으라. 경계선의 끝은 스닷
이 될 것이다.
9 그리고 경계선은 시브론을 향한다.
그 끝은 하살에난이다. 이것이 너희의
북쪽 경계다.
10 너희의 동쪽 경계를 위하여는 하살에
난으로부터 스밤까지 경계선을 그으
라.
11 경계선은 스밤으로부터 아인 동쪽의
리블라까지 내려간다. 그리고 더 내려
가서 *긴네렛 호수의 동쪽 측면에 이
른다.
12 그리고 요단 강을 따라 더 내려간다.
그 끝은 염해다. 이것이 너희 땅의 사
방 경계선이다.'"
13 모세가 이스라엘 자손들에게 명령했
습니다. "이것이 너희가 제비를 뽑아
유산으로 나눌 땅이며 여호와께서 아
홉 지파 반에게 주라고 명하신 땅이
다.
14 왜나하면 르우벤 지파와 갓 지파와 므
낫세 반 지파는 이미 가문별로 자기
유산을 받았기 때문이다.
15 이들 두 지파 반은 요단 강의 여리고
건너편 해 뜨는 쪽인 동쪽에서 이미
자기 유산을 받았다."
16 여호와께서 모세에게 말씀하셨습니

34:11 또는 갈릴리 호수

다.
17 "너희를 위해 땅을 나눠 줄 사람들의
이름은 제사장 엘르아살과 눈의 아들
여호수아다.
18 땅을 나눠 주기 위해 각 지파마다 지
도자 한 사람씩을 뽑아라.
19 그들의 이름은 유다 지파에서는 여분
네의 아들 갈렙,
20 시므온 자손 지파에서는 암미훗의 아
들 스므엘,
21 베냐민 자손 지파에서는 기슬론의 아
들 엘리닷,
22 단 자손 지파의 지도자인 요글리의
아들 북기,
23 요셉의 아들 므낫세 지파의 지도자인
에봇의 아들 한니엘,
24 요셉의 아들 에브라임 지파의 지도자
인 십단의 아들 그므엘,
25 스불론 자손 지파의 지도자인 바르낙
의 아들 엘리사반,
26 잇사갈 자손 지파의 지도자인 앗산의
아들 발디엘,
27 아셀 자손 지파의 지도자인 슬로미의
아들 아히훗,
28 납달리 자손 지파의 지도자인 암미훗
의 아들 브다헬이다."
29 이들이 가나안 땅에서 이스라엘 자손
들에게 땅을 나눠 주도록 여호와께
명령을 받은 사람들입니다.

레위 사람들을 위한 성읍

35 요단 강 여리고 건너편의 모압
평원에서 여호와께서 모세에게
말씀하셨습니다.
2 "이스라엘 백성들에게 명령해 이스라
엘 자손들이 갖게 될 유산에서 레위
사람들이 살 성들을 떼어 주도록 하
여라. 또한 그들에게 그 성들 주변의
목초지들도 주게 하여라.
3 그러면 그 성읍들이 그들이 들어가
살 곳이 될 것이다. 또한 그 목초지들
은 그들이 소유한 가축들이나 기타
짐승들을 위한 목초지가 될 것이다.
4 너희가 레위 사람들에게 줄 성들
의 목초지들은 성벽으로부터 사방
*2,000규빗이다.
5 성을 중심으로 해서 성 밖 동쪽으로
2,000규빗, 남쪽으로 2,000규빗, 서
쪽으로 2,000규빗, 북쪽으로 2,000
규빗을 재어라. 그만큼이 성의 목초
지대가 될 것이다.

도피성 (신 19:1-13;수 20:1-9)

6 너희가 레위 사람들에게 주는 성들
가운데 여섯 개는 도피성이 될 것이
다. 사람을 죽인 사람이 그곳으로 도
망칠 수 있게 허락하여라. 여기에 42
개의 성을 더 그들에게 주도록 하여
라.
7 그러므로 레위 사람들에게 주는 성
은 모두 48개다. 성과 그 주변 목초지
를 함께 주어야 한다.
8 이스라엘 자손들의 소유 가운데 너희
가 주는 성은 소유가 많은 지파에서
는 많이 주고 소유가 적은 지파에서
는 적게 주도록 하여라. 곧 각자가 자
기가 받은 유산에 따라 레위 사람들

35:4 2,000규빗은 약 900미터. 히브리어는 '1,000규빗'

에게 성을 주는 것이다."
9 여호와께서 모세에게 말씀하셨습니
다.
10 "이스라엘 백성들에게 말해 일러라.
'너희가 요단 강을 건너 가나안으로
들어가게 되면
11 성들 몇을 골라 도피성으로 삼으라.
그리고 실수로 사람을 죽인 사람이
그곳으로 피할 수 있도록 하라.
12 그곳은 복수하려는 사람에게서 도피
할 곳이 될 것이다. 살인한 사람이 재
판을 받기 위해 회중 앞에 서기 전까
지 죽지 않게 하려는 것이다.
13 너희가 줄 여섯 개의 성들은 너희를
위한 도피성이 될 것이다.
14 요단 강 이편에 세 개, 가나안 땅에 세
개의 성을 도피성으로 주라.
15 이 여섯 개의 성들은 이스라엘 자손
들과 그 가운데 살고 있는 외국 사람
들을 위한 도피성이 될 것이다. 누구
든지 실수로 사람을 죽인 사람이 그
곳으로 도피할 수 있게 하라.
16 만약 어떤 사람이 철로 된 물건으로
사람을 쳤는데 그 사람이 죽게 됐다
면 그는 살인자다. 그 살인자는 죽임
을 당해야 한다.
17 만약 어떤 사람이 사람을 죽일 수 있
을 만한 돌을 손에 들고 있었는데 그
돌로 사람을 쳐서 그 사람이 죽게 됐
다면 그는 살인자다. 그 살인자는 죽
임을 당해야 한다.
18 만약 어떤 사람이 사람을 죽일 수 있
을 만한 나무를 손에 들고 있었는데
그것으로 사람을 쳐서 그 사람이 죽
게 됐다면 그는 살인자다. 그 살인자
는 죽임을 당해야 한다.
19 그 피를 복수하는 사람이 그 살인자
를 죽이도록 하라. 그가 그 살인자를
만나거든 죽이도록 하라.
20 만약 어떤 사람이 미움으로 인해 어
떤 사람을 밀거나 혹은 의도적으로
무엇인가를 던져서 사람이 죽게 되거
나
21 혹은 적개심을 갖고 손으로 때려서
사람이 죽게 되면 그 공격자는 죽임
을 당해야 한다. 그는 살인자다. 그
피를 복수하는 사람이 그 살인자를
만나면 죽이도록 해야 한다.

성·경·상·식

도피성

레위 사람들에게 할당된 성읍은 모두 48개였는데 그중 6개는 도피성이었다. 만일 누가 과실 치사를 저질렀다면 그는 복수를 피해 도피성으로 달아나 판결을 받을 수 있도록 목숨을 보존해야 했다.

도피성 중 세 성읍은 요단 강 이편에, 세 성읍은 가나안 땅(민 35:14)에 있었다. 하지만 고의로 사람을 죽인 경우에는 도피성 제도가 해당되지 않았다(민 35:6 이하).

22 그러나 만약 적개심이 없이 누군가를
갑자기 밀치거나 아무 의도가 없이
무언가를 던졌거나
23 혹은 사람을 죽일 수도 있을 만한 돌
을 미처 보지 못하고 떨어뜨려 어떤
사람을 맞아 죽게 했다면 그는 원수
도 아니고 해칠 생각도 없었으므로
24 회중은 그 살인자와 그 피를 복수하
고자 하는 사람 사이에 이런 규례들
을 따라 판단해 주어야 한다.
25 회중은 그 피를 복수하고자 하는 사
람에게서 그 살인자를 보호해야 하
며 그를 그가 피했던 도피성으로 돌
려보내 주어야 한다. 그는 거룩한 기
름으로 기름 부음 받은 대제사장이
죽기까지 거기 머물러 있어야 한다.
26 그러나 만약 그 살인자가 자기가 피
신했던 도피성의 바깥으로 나왔는데
27 그 피를 복수하고자 하는 사람이 성
밖에서 그를 만나면 그 피를 복수하
는 사람이 그 살인자를 죽일 수 있다.
그래도 그는 피 흘린 죄가 적용되지
않는다.
28 살인자는 대제사장이 죽을 때까지
그 도피성에 머물러 있어야만 하기
때문이다. 그러나 대제사장이 죽은
후에는 그는 자기 소유의 땅으로 돌
아갈 수 있다.
29 이것은 너희가 거주하는 모든 곳에서
너희가 대대로 지켜야 할 판결의 율
례다.
30 사람을 죽인 사람은 증인들의 증언이
있어야만 죽일 수 있다. 그러나 한 사
람의 증인만으로 사형을 시켜서는 안
된다.
31 죽을죄를 지은 살인자에게서 목숨을
대신할 몸값을 받아서는 안 된다. 그
는 반드시 죽임을 당해야만 한다.
32 도피성으로 피신한 사람에게서 목숨
을 대신할 몸값을 받고 대제사장이
죽기 전에 그가 자기 땅으로 돌아가
살게 하지 말라.
33 너희가 있는 땅을 더럽히지 말라. 피
흘리는 것은 땅을 더럽히는 것이다.
피 흘린 사람의 피 외에는 거기에 흘
려진 피를 속죄할 것이 없다.
34 너희는 너희가 거하는 땅, 곧 내가 너
희 가운데 있는 땅을 더럽히지 말라.
이는 나 여호와가 이스라엘 자손들
가운데 거하기 때문이다.'"

슬로브핫의 딸들의 유산

36 요셉 자손들의 가문들 가운데
므낫세의 손자이며 마길의 아
들인 길르앗 자손 가문의 우두머리들
이 나아와 모세와 지도자들, 곧 이스
라엘 자손 가문의 우두머리들 앞에
서 말했습니다.
2 그들이 말했습니다. "내 주께 여호와
께서 그 땅을 제비 뽑아 이스라엘 백
성들에게 유산으로 나눠 주라고 명령
하셨습니다. 또한 내 주께서는 우리
형제 슬로브핫의 유산을 그 딸들에게
주라는 명령을 여호와로부터 받으셨
습니다.
3 그런데 만약 그들이 다른 이스라엘
지파의 남자에게 시집을 가면 그들의

유산은 우리 조상의 유산에서 빠져나
가 그들이 시집갈 그 지파에 더해질
것입니다. 그러면 우리의 유산으로 주
어진 분량이 줄어들게 됩니다.
4 이스라엘 백성들을 위한 *희년이 돌
아오면 그들의 유산은 그들이 시집간
지파의 유산에 더해질 것이니 우리
조상들의 유산에서 그들의 유산이
빠져나가게 됩니다."
5 그러자 여호와의 명령에 따라 모세가
이스라엘 자손들에게 명령해 말했습
니다. "요셉 자손의 지파가 하는 말이
옳다.
6 슬로브핫의 딸들에게 여호와께서 하
신 명령은 이것이다. 그들은 자기가
좋아하는 사람에게 시집을 가기는 하
되 자기들의 아버지의 가문 내에서만
시집을 가야 한다.
7 이스라엘 자손의 유산이 한 지파에서
다른 지파로 넘어가서는 안 된다. 이
스라엘 자손은 각자 자기 조상의 지
파의 유산을 지켜야 한다.
8 혹시 딸이 이스라엘 자손의 지파의
유산을 상속받게 되면 그녀는 그 아
버지의 지파의 가문 사람에게 시집을
가서 이스라엘 자손이 각자의 유산을
지킬 수 있게 해야 한다.
9 이스라엘 자손의 유산이 한 지파에서
다른 지파로 넘어가게 해서는 안 된
다. 이스라엘 자손의 지파들은 각자
의 유산을 지켜야 한다."
10 그리하여 슬로브핫의 딸들은 여호와
께서 모세에게 명령하신 대로 했습니
다.
11 슬로브핫의 딸인 말라와 디르사와 호
글라와 밀가와 노아는 자기 삼촌들의
아들들에게 시집갔습니다.
12 그녀들이 요셉의 아들인 므낫세 자손
의 가문으로 시집감으로써 그녀들의
유산은 그녀들의 아버지의 가문의 지
파 안에 남게 됐습니다.
13 이것들은 요단 강의 여리고 건너편에
있는 모압 평원에서 여호와께서 모세
를 통해 이스라엘 백성들에게 주신
명령과 규례들입니다.

36:4 레 25:8-17을 보라.

신명기

Deuteronomy

가나안에 들어가기 직전 모세가 죽음을 앞두고 요단 강 근처 모압 평지에서 새로운 세대에게 선포한 고별 설교이다. 출이집트를 경험하지 못한 세대들에게 모세는 율법 강해와 언약 갱신을 통해 정복 전쟁과 가나안 땅에서의 필승 전략은 율법에 대한 순종뿐임을 거듭 강조하고 있다. 모세의 다섯 번째 작이자 오경을 완성하는 책이다.

호렙을 출발하라는 명령

1 이것은 모세가 *요단 강 동쪽의 아
라바 광야, 곧 바란, 도벨, 라반, 하
세롯, 디사합 사이에서 모든 이스라엘
백성들에게 말한 것입니다.
2 *호렙 산에서 세일 산을 거쳐 가데스
바네아로 가는 데는 11일이 걸립니다.
3 40년째 되는 해 *열한째 달 1일에 모
세가 여호와께서 이스라엘 백성들을
위해 말씀하신 모든 것을 선포했습니
다.
4 이때는 헤스본에서 다스리고 있던 아
모리 사람들의 왕 시혼을 물리치고
아스다롯에서 다스리고 있던 바산 왕
옥을 에드레이에서 물리친 후였습니
다.
5 요단 강 동쪽 모압의 영토에서 모세가
이 율법을 상세히 설명하며 말했습니
다.
6 "우리 하나님 여호와께서 호렙 산에서
우리에게 말씀하셨다. '너희는 이 산
에서 오랫동안 머물러 있었다.
7 진영을 철수하고 아모리 사람들의 산
지로 들어가라. 아라바와 산지들과 서
쪽 산 아래 평지와 그 남쪽과 해변을
따라 사는 모든 이웃 민족들과 가나
안 사람들의 땅과 레바논으로 저 큰
강 유프라테스까지 가라.
8 보라. 내가 너희에게 이 땅을 주었다.
들어가서 여호와께서 맹세하며 너희
조상들, 곧 아브라함과 이삭과 야곱에
게, 또 그들 뒤에 계속될 후손들에게
주겠다고 하신 그 땅을 차지하라.'"

지도자들을 세우다 (출 18:13-17)

9 "그때 내가 너희에게 말했다. '나 혼자
서는 너희를 감당할 수 없다.
10 너희 하나님 여호와께서 너희 수를
늘리셔서 너희는 오늘 하늘의 별들만
큼 그 수가 많아졌다.
11 너희 조상들의 하나님 여호와께서 너

1:1 히브리어, '요단 강 저편' 1:2 또는 시내 산
1:3 스밧 월, 태양력 1월 중순 이후

희를 1,000배나 늘려 주시고 그분이
약속하신 복을 주시기를 빈다!
12 그러나 내가 어떻게 너희의 괴로움과
너희의 짐들과 너희가 다투는 것을
혼자 다 감당할 수 있겠느냐?
13 현명하고 통찰력 있고 존경할 만한
사람들을 너희 각 지파에서 뽑으라.
그러면 내가 그들로 너희를 다스리게
할 것이다.'
14 너희가 내게 대답했다. '당신 생각이
좋습니다.'
15 그리하여 내가 너희 지파에서 현명
하고 존경할 만한 지도자들을 데려
다가 너희를 다스릴 우두머리로 세웠
다. 천부장들, 백부장들, 오십부장들,
십부장들과 지파의 지도자로 삼은 것
이다.
16 내가 그때 너희 재판장들에게 명령해
이스라엘 백성들 사이에 있는 사건이
든, 이스라엘 사람과 이방 사람 사이
의 사건이든 너희 형제들 사이의 분
쟁을 잘 듣고 공정하게 심판하되
17 재판은 하나님께 속한 것이므로 편파
적으로 하지 말고 낮은 사람이든 높
은 사람이든 똑같이 대하고 아무도
두려워하지 말며 너무 어려운 일이거
든 내게 가져와 듣게 하라고 했다.
18 그때 내가 너희가 해야 할 모든 것을
말해 주었다."

정탐할 사람을 보내다 (민 13:1-33)

19 "그때 우리 하나님 여호와께서 우리에
게 명령하신 대로 우리가 호렙 산을
떠나 아모리 사람들의 산지로 향했는
데 너희가 한 번도 본 적 없는 광활하
고 무섭기 짝이 없는 그 광야를 거쳐
우리는 가데스 바네아에 도착했다.
20 그때 내가 너희에게 말했다. '너희는 우
리 하나님 여호와께서 우리에게 주시
는 아모리 사람들의 산지에 다다랐다.
21 보라. 너희 하나님 여호와께서 이 땅
을 너희에게 주셨다. 일어나 너희 조
상들의 하나님 여호와께서 너희에게
말씀하신 대로 이 땅을 차지하라. 두
려워 말라. 망설이지 말라.'
22 그러자 너희 모두는 내게 와서 말했
다. '정탐꾼을 아모리 땅에 먼저 보내

성·경·상·식

신명기는 모세의 설교가 기록된 책

- **"뒤를 돌아보라"(신 1-4장)** 모세는 이집트를 떠나 광야를 지나는 동안에 함께하셨던 신실하신 하나님을 기억하라고 했다. 시내 산으로부터 가데스로, 그리고 모압을 거쳤던 여정을 돌이켜 보면서 백성들에게 가나안 땅을 나누어 줄 것을 약속했다.
- **"위를 바라보라"(신 5-26장)** 모세는 백성들에게 하나님의 율법을 거듭 강조했다. 그리고 예배와 생활에 대한 규례들을 덧붙였다.
- **"밖을 보라"(신 27-33장)** 모세는 백성들이 가나안 땅에 들어가서 지켜야 할 법을 말했다. 하나님의 법에 순종 혹은 불순종하느냐에 따라 복과 저주가 있을 것이라고 했다. 그리고 자신의 후계자로 여호수아를 세우고 백성들을 축복했다.

신명기는 모세가 했던 3편의 설교와 모세의 죽음(34장)에 대한 설명이 기록된 책이다.

우리가 어떤 길을 택할지, 우리가 갈
그 성들이 어떤지 보고 돌아오게 합
시다.'
23 그 생각은 좋아 보였다. 그래서 내가
너희 가운데 각 지파에서 한 명씩 12
명을 뽑았다.
24 그들은 길을 떠나 그 산지로 올라가
서 에스골 골짜기로 들어가 그곳을
정탐했다.
25 그들은 그 땅에서 난 과일들을 가지
고 우리에게 내려와서 보고했다. '우
리 하나님 여호와께서 우리에게 주시
는 땅은 좋은 땅입니다.'"

여호와께 대한 반란

26 그러나 너희는 올라가고 싶어 하지
않았다. 너희는 너희 하나님 여호와
의 명령을 거역한 것이다.
27 너희는 너희 장막 안에서 원망하며
말했다. "여호와께서 우리를 미워하셔
서 우리를 이집트에서 이끌어 내 아모
리 사람들의 손에 넘겨 우리를 멸망
시키시려는 것 아닌가?
28 우리가 어디로 가겠는가? 우리 형제
들이 정신을 혼란하게 하며 말하기를
'그들은 우리보다 힘이 세고 크다. 성
들은 크고 그 성벽은 하늘까지 솟아
있다. 우리는 거기서 아낙 사람들마저
보았다'고 했다."
29 "그때 내가 너희에게 말했다. '두려워
하지 말라. 그들을 무서워하지 말라.
30 너희보다 앞서가시는 너희 하나님 여
호와께서 이집트에서 너희를 위해 하
셨듯이 너희 눈앞에서 너희를 위해
싸우실 것이다.
31 광야에서도 너희가 보지 않았느냐?
너희 하나님 여호와께서 아버지가 아
들을 안는 것같이 너희를 안아 너희
가 이곳에 닿을 때까지 그 여정을 함
께하시지 않았느냐?'
32 이 말에도 불구하고 너희는 너희 하
나님 여호와를 믿지 않았다.
33 그분이 너희 여정에 밤에는 불기둥으
로, 낮에는 구름기둥으로 너희보다
앞서가시며 너희가 진 칠 곳을 찾으
시고 너희가 갈 길을 보여 주셨는데
도 말이다.
34 여호와께서 너희가 말하는 것을 듣고
진노하시고 위엄 있게 맹세하셨다.
35 '이 악한 세대 사람들은 한 사람도 내
가 너희 조상들에게 주기로 맹세한
그 좋은 땅을 볼 수 없을 것이다.
36 오직 여분네의 아들 갈렙만이 보게
될 것이다. 그는 그곳을 볼 것이니 내
가 그와 그 자손들에게 그 발길이 닿
은 땅을 줄 것이다. 이는 갈렙이 여호
와를 온 마음으로 따랐기 때문이다.'
37 너희로 인해 여호와께서 내게도 진노
하며 말씀하셨다. '너 역시 그 땅에
들어가지 못할 것이다.
38 그러나 너를 보좌하는 눈의 아들 여
호수아는 그 땅에 들어갈 것이다. 그
를 격려하여라. 그가 이스라엘을 이
끌어 그 땅을 상속하게 할 것이다.
39 그리고 너희가 포로로 끌려갈 것이라
고 말한 그 어린아이들, 곧 아직 좋은
것과 나쁜 것을 구별하지 못하는 너

희 자녀들은 그 땅에 들어갈 것이다.
내가 그 땅을 그들에게 줄 것이니 그
들이 그곳을 차지할 것이다.
40 그러나 너희는 뒤돌아 *홍해 길을 따
라 난 광야를 향해 가라.'
41 그러자 너희가 대답했다. '우리가 여
호와께 죄를 지었으니 우리 하나님 여
호와께서 우리에게 명령하신 대로 우
리가 올라가 싸우겠습니다.' 그리하여
너희는 그 산지에 올라가는 것이 쉬
울 것이라 생각하고 자기의 무기를 들
었다.
42 그러나 여호와께서 내게 말씀하셨다.
'그들에게 말하여라. 그리로 올라가
싸우지 말라. 내가 너희와 함께하지
않을 것이다. 너희는 너희 적들에게
지고 말 것이다.'
43 그리하여 내가 너희에게 이 말을 전
했지만 너희는 듣지 않고 여호와의 명
령에 반역해 교만하게도 그 산지로
행진해 올라갔던 것이다.
44 그 산지에 살고 있던 아모리 사람들이
나와서 너희를 쳤다. 그들은 너희를
벌 떼처럼 쫓아냈고 세일에서 호르마
까지 너희를 모조리 쳐서 쓰러뜨렸다.
45 너희는 돌아와 여호와 앞에서 울었지
만 여호와께서는 너희가 우는 것을
돌보지 않으셨고 너희에게서 귀를 막
으셨다.
46 그리하여 너희가 여러 날을 가데스에
서 머물렀고 너희는 그곳에서 오랜
시간을 보냈던 것이다."

광야에서의 방랑

2 그리하여 우리는 여호와께서 내게
지시하신 대로 가던 길을 되돌아
가 홍해 길을 따라 광야를 향해 갔
다. 오랫동안 우리는 세일 산지 주변
을 돌아다녔다.
2 그러자 여호와께서 내게 말씀하셨다.

1:40 히브리어, 얌 숩

하용조 목사의 행복한 **메시지**

이집트를 탈출한 1세대

이집트를 탈출한 1세대는 하나님께서 이집트에 내리신 10가지 재앙과 홍해의 기적을 눈으로 목격한 사람들입니다. 그들은 첫 번째 피 재앙에서부터 마지막 재앙으로 이집트의 모든 장자가 죽는 것까지 목격했습니다. 그리고 그들은 홍해가 갈라지는 것을 목격했고 하나님께서 불과 구름기둥으로 보호하시는 것을 보았습니다.
그럼에도 불구하고 여호수아와 갈렙을 제외하고 이집트를 탈출한 1세대는 광야에서 다 죽었습니다. 젖과 꿀이 흐르는 가나안 땅을 밟은 사람들은 2세대였습니다. 왜 이집트를 탈출한 1세대는 약속의 땅에 들어가지 못했을까요? 그것은 그들이 하나님의 권능을 목격했음에도 불구하고 힘들 때마다 하나님께 원망했기 때문입니다. 예수님을 믿는다면 불평하지 마십시오. 모든 일에 하나님께 감사하십시오. 하나님께서는 하나님을 기뻐하고 즐거워하는 사람들에게 복을 주십니다.

3 “너희가 이 산지 주변을 돌아다닌 지
오래됐으니 이제 됐다. 이제 북쪽으
로 가라.
4 백성들에게 이렇게 명령하여라. ‘너희
는 이제 세일에 살고 있는 너희 형제
인 에서 자손들의 영토를 지나게 될
것이다. 그들은 너희를 두려워할 것이
다. 그러나 너희는 스스로 조심해
5 그들과 싸움이 일어나지 않게 하라.
내가 그들 땅은 한 발자국도 너희에
게 주지 않을 것이다. 세일 산지는 내
가 에서에게 주었다.
6 너희는 돈을 내고 너희가 먹을 음식
과 마실 물을 얻도록 하라.’”
7 너희 하나님 여호와께서는 너희 손으
로 하는 모든 일에 복을 주셨으니 그
분은 이 광활한 광야에서의 여정을
지켜보셨다. 이 40년 동안 너희 하나
님 여호와께서 너희와 함께하셔서 너
희는 모자라는 것이 아무것도 없었
다.
8 그리하여 우리는 세일에서 살고 있는
우리 형제인 에서의 자손들로부터 떨
어져 지나가게 됐다. 우리는 엘랏과
에시온게벨에서 시작되는 아라바 길
에서 방향을 바꿔 모압 광야 길을 따
라갔다.
9 그때 여호와께서 내게 말씀하셨다. ‘모
압 사람들을 건드리지 말고 그들을
자극해 싸우는 일이 없도록 하여라.
그들의 땅은 내가 너희에게 주지 않
을 것이다. 이는 내가 아르를 롯 자손
들에게 주어 갖게 했기 때문이다.’
10 (거기에 에밈 사람들이 살았는데 그
들은 힘이 세고 수가 많았고 아낙 사
람들만큼 키가 컸습니다.
11 그들은 아낙 사람들처럼 르바임 사람
들이라고 불렸지만 모압 사람들은 그
들을 에밈 사람들이라고 불렀습니다.
12 호리 사람들도 세일에서 살았는데 에
서 자손들이 그들을 쫓아냈습니다.
에서 자손들은 마치 이스라엘이 여호
와께서 그들에게 주신 그 땅에 정착
한 것과 같이 호리 사람들을 멸망시

성·경·상·식

신명기의 여러 가지 이름

신명기는 여러 가지 이름을 가지고 있다. 첫째는 히브리어로 ‘엘레 하데바림’이다. 이 말은 신명기에서 제일 처음에 나오는 단어로 ‘이것이 말씀들이다.’라는 뜻이다. 이스라엘 사람들은 대개 책의 맨 처음 단어나 중요한 등장 인물의 이름을 따서 책 제목을 붙이곤 했기 때문이다. 둘째는 유대 랍비의 전승에서 비롯된 이름으로 히브리어로 ‘세페르 토카호트’이다. ‘책망의 책’이라는 뜻인데 신명기가 권면과 책망의 내용을 많이 담고 있어서 붙여진 이름이다. 셋째는 히브리어로 ‘미쉬네 하토라’이다. ‘율법의 복사본’이라는 뜻이다. 넷째는 칠십인역에 붙여진 이름으로 헬라어로 ‘두테로노미온’이다. ‘제2의 율법’, ‘율법의 반복’이라는 뜻으로 여기에서 영어 이름인 Deuteronomy가 나왔다. 신명기가 출애굽기, 레위기, 민수기의 내용을 다시 적거나 해석하고 있어 이렇게 부른 것이다. 「우리말성경」도 마찬가지로 ‘계명을 잘 설명하는 책’이라는 뜻이 담긴 신명기(申命記)로 이름 붙였다.

키고 그 땅에 정착했습니다.)
13 그러자 여호와께서 말씀하셨다. '이제
일어나 세렛 골짜기를 건너가라.' 그리
하여 우리는 그 골짜기를 건너갔다.
14 우리가 가데스 바네아를 떠나 세렛 골
짜기를 건널 때까지 38년이 걸렸다.
여호와께서 그들에게 맹세하신 대로
모든 세대의 모든 군사들은 다 진영
에서 사라지고 말았다.
15 그들이 진영에서 완전히 제거될 때까
지 여호와의 손이 그들을 치셨던 것
이다.
16 백성들 가운데 군사들이 모두 죽자
17 여호와께서 내게 말씀하셨다.
18 '오늘 너희는 아르에 있는 모압 지역을
지나가게 될 것이다.
19 너희가 암몬 사람들에게 이르게 되면
그들을 건드리지 말고 그들을 자극해
다투지 말라. 내가 너희에게 암몬 사
람들에게 속한 땅을 주지 않을 것이
니 이는 내가 그 땅을 롯 자손들에게
주어 갖게 했기 때문이다.'
20 (그 땅 또한 르바임 사람들의 땅이라
고 알려졌습니다. 그곳에 르바임 사람
이 살았던 것입니다. 그러나 암몬 사
람들은 그들을 삼숨밈 사람들이라고
불렀습니다.
21 그들은 강하고 수가 많은 민족이었고
아낙 사람들처럼 키가 컸습니다. 여호
와께서 그들을 암몬 사람들 앞에서
멸망시키셨고 암몬 사람들은 그들을
쫓아내고 그 땅에 정착했습니다.
22 여호와께서 세일에 살고 있던 에서 자
손들 앞에서 호리 사람들을 멸망시키
신 것과 같이 행하셨습니다. 그들이
호리 사람들을 쫓아내고 오늘날까지
그 땅에 살고 있었습니다.
23 그리고 *갑돌에서 나온 *갑돌 사람들
이 가사에까지 마을을 이루며 살고
있던 아위 사람을 멸망시키고 그 땅
에 정착했습니다.)

헤스본 왕 시혼을 무찌르다 (민 21:21-30)

24 "'이제 일어나 아르논 골짜기를 건너
라. 보라. 내가 너희 손에 헤스본 왕인
아모리 사람 시혼과 그 나라를 주었
으니 이제 그와 더불어 싸워 그 땅을
차지하라.
25 바로 이날부터 내가 하늘 아래의 모
든 민족들이 너희를 두려워하고 무서
워하게 할 것이다. 그들이 너희에 대
해 듣고 벌벌 떨며 너희로 인해 괴로
워할 것이다.'
26 내가 그데못 광야에서 헤스본 왕 시
혼에게 사자들을 보내 화평을 요청했
다.
27 '우리가 당신 나라를 통과하게 해 주
십시오. 큰길로만 가고 오른쪽으로나
왼쪽으로나 침범하지 않을 것입니다.
28 우리가 돈을 줄 테니 먹을 양식과 마
실 물을 파십시오. 다만 걸어서 지나
가게만 해 주면 됩니다.
29 세일에 살고 있는 에서의 자손들이나
아르에 살고 있는 모압 사람들이 우
리에게 해 준 것처럼 말입니다. 우리
는 다만 요단 강을 건너 우리 하나님

2:23 크레타를 가리킴.

여호와께서 우리에게 주신 그 땅으로
들어가기만 하면 됩니다.'
30 그러나 헤스본 왕 시혼은 우리가 지나
가는 것을 허락하지 않았다. 우리 하
나님 여호와께서 시혼의 *성질을 강
퍅하게 하시고 그 마음을 고집스럽게
하셔서 오늘날 그분이 하신 것처럼
너희 손에 그를 넘겨주시려는 것이었
다.
31 여호와께서 내게 말씀하셨다. '보아
라. 내가 시혼과 그의 나라를 너희에
게 넘겨주기 시작했다. 이제 그 땅을
정복하고 차지하기 시작하여라.'
32 시혼과 그 모든 군대가 우리와 싸우
려고 야하스로 나오자
33 우리 하나님 여호와께서 그를 우리에
게 넘겨주셨고 우리는 그와 그의 아
들들과 그의 모든 백성을 쳤다.
34 그때 우리는 그 모든 성들을 손에 넣
었고 남자, 여자, 어린아이들 할 것 없
이 그들을 *완전히 멸망시켰다. 우리
는 아무도 살려 두지 않았다.
35 그리고 우리가 정복한 그 성들에서
가축과 물품들을 전리품으로 취했다.
36 아르논 골짜기 가장자리에 있는 아로
엘과 그 골짜기에 있는 성에서부터 길
르앗에 이르기까지 어떤 성도 우리가
치지 못할 만큼 강한 곳은 없었다. 우
리 하나님 여호와께서 그들 모두를
우리에게 주셨던 것이다.
37 그러나 우리 하나님 여호와의 명령에
따라 너희는 암몬 사람들의 땅이나
얍복 강 가의 땅이나 산지에 있는 성
들은 침입하지 않았다."

바산 왕 옥을 무찌르다 (민 21:33-35)

3 "그다음에 우리는 방향을 바꿔 바
산을 향해 난 길을 따라 올라갔는
데 바산 왕 옥과 그 모든 군대가 에드
레이에서 우리와 싸우려고 진군해 왔
다.
2 여호와께서 내게 말씀하셨다. '그를
두려워하지 마라. 내가 그와 그의 모
든 군대를 그 땅과 함께 너희 손에 넘
겨주었다. 헤스본에서 통치하던 아모
리 사람들의 왕 시혼에게 했던 대로
그에게 행하여라.'
3 그렇게 우리 하나님 여호와께서 바산
왕 옥과 그의 모든 군대를 우리 손에
넘겨주셨다. 우리는 그들을 쓰러뜨려
아무도 살려 두지 않았다.
4 그때 우리는 그의 모든 성들을 손에
넣었다. 60개의 성읍들 가운데 그들
에게서 우리가 빼앗지 못한 성은 없
었는데, 곧 바산에 있는 옥의 왕국 아
르곱 지방에 있는 것들이다.
5 이 모든 성들은 높은 성벽과 성문과
빗장들로 단단하게 방비돼 있었고 성
벽 없는 마을들도 매우 많았다.
6 우리는 헤스본 왕 시혼에게 한 것처럼
그들을 완전히 멸망시켰다. 남자, 여
자, 어린아이들 할 것 없이 성 전체를
멸망시켰다.
7 그들의 성에서 모든 가축들과 물품
들을 전리품으로 취했으며

2:30 히브리어, '영', '호흡', '바람' 2:34 히브리어, 헤렘. 생명이나 물건을 완전히 멸하여 여호와께 바치는 것을 말함.

8 그때 우리는 이 아모리 사람들의 두
왕에게서 아르논 골짜기부터 헤르몬
산까지 요단 강 동쪽 영토를 빼앗았
다.
9 (시돈 사람들은 헤르몬을 시룐이라고
부르고 아모리 사람들은 스닐이라고
부릅니다.)
10 우리는 평지에 있는 모든 성들과 온
길르앗과 살르가와 에드레이에 이르
는 온 바산, 곧 바산에 있는 옥의 왕
국에 속한 성들을 빼앗았다."
11 (르바임 사람들 가운데 남은 사람은
바산 왕 옥뿐이었습니다. 그의 침대는
철로 만들었는데 그 길이는 *9규빗,
너비는 *4규빗이었습니다. 그 침대는
아직 암몬 사람들의 랍바에 있습니
다.)

땅의 분배 (민 32:1-42)

12 "그때 우리가 빼앗은 그 땅은 내가 르
우벤 사람들과 갓 사람들에게 주었는
데 그 영토는 아르논 골짜기 곁의 북
쪽 아로엘에서부터 길르앗 산지 절반
과 그 성들이었다.
13 길르앗의 나머지 절반과 옥의 왕국이
었던 바산 전역은 내가 므낫세 반 지
파에게 주었다. (바산에 있는 아르곱
전역은 르바임 사람들의 땅으로 알려
져 있었습니다.
14 므낫세의 자손인 야일이 그술 사람들
과 마아갓 사람들의 경계에 이르기까
지 아르곱 전역을 갖게 돼 그 땅의 이
름을 자기 이름인 야일을 따서 지었
는데 오늘날까지 바산을 *하봇야일이
라고 부르고 있습니다.)
15 그리고 내가 길르앗을 마길에게 주었
다.
16 그러나 르우벤 사람들과 갓 사람들에
게는 길르앗에서부터 내려가서 아르
논 골짜기에 이르는 곳과 그 골짜기
한가운데가 경계가 되는데 암몬 사람
들의 경계인 얍복 강까지의 영토를 주
었다.
17 그 서쪽 경계는 아라바의 요단 강인데
긴네렛에서 비스가 산비탈 아래의 아
라바 바닷가, 곧 *염해까지다.
18 내가 그때 너희에게 명령했다. '너희
하나님 여호와께서 너희에게 이 땅을
주어 차지하게 하셨다. 그러나 무장
해서 싸울 수 있는 사람들은 너희 형
제 이스라엘 백성들보다 앞서서 건너
가야 한다.
19 그러나 너희에게 가축들이 많음을
내가 알고 있다. 너희 아내들과 자식
들과 가축들은 내가 너희에게 준 그
성들에 머물러 있게 하라.
20 여호와께서 너희와 같이 너희 형제들
에게도 쉼을 주실 때까지 말이다. 그
들 또한 요단 강 건너편에 너희 하나
님 여호와께서 주시는 그 땅을 차지
한 후에 너희는 너희가 소유하게 된
땅으로 돌아가라.'"

요단 강을 건너지 못하는 모세

21 "그때 내가 여호수아에게 명령했다.
'너는 네 하나님 여호와께서 그 두 왕

3:11 9규빗은 약 4.05미터, 4규빗은 약 1.8미터 3:14 야일의 촌락 3:17 갈릴리를 가리킴.

들에게 하신 일을 네 두 눈으로 똑똑
히 보았을 것이다. 여호와께서 네가
가려는 곳의 모든 나라들에서도 이
같이 해 주실 것이다.
22 그들을 두려워하지 마라. 네 하나님
여호와께서 친히 너를 위해 싸우실
것이다.'
23 그때 내가 여호와께 간청했다.
24 '여호와 하나님이시여, 주께서 주의
종에게 주의 위대하심과 주의 강한
손을 보여 주기 시작하셨습니다. 하
늘이나 땅에 주께서 하시는 그 행위
와 강력한 일들을 할 수 있는 신이 어
디 있겠습니까?
25 내가 가서 요단 강 저쪽에 있는 좋은
땅을 보게 해 주십시오. 그 좋은 산지
와 레바논을 보게 해 주십시오.'
26 그러나 여호와께서는 너희로 인해 내
게 진노하셔서 내 말에 귀 기울이지
않으셨다. 여호와께서 말씀하셨다. '그
것으로 충분하니 이 문제에 대해 내
게 더는 말하지 마라.
27 비스가 산 꼭대기에 올라가 동서남북
을 바라보아라. 네 눈으로 그 땅을 보
아라. 이는 네가 이 요단 강을 건너갈
수 없기 때문이다.
28 그러나 너는 여호수아에게 네 직책을
맡기고 그를 격려하고 힘을 주어라.
그가 이 백성들을 이끌어 강을 건너
게 하고 네가 볼 그 땅을 그들에게 상
속하게 할 것이다.'
29 그리하여 우리는 벧브올 가까이에 있
는 골짜기에 머물러 있었다."

순종을 명령하다

4 "이스라엘아, 이제 내가 너희에게
가르치려는 규례와 법도에 귀 기울
이라. 그 말씀에 복종하라. 그러면 너
희가 살 것이며 너희 조상들의 하나
님 여호와께서 너희에게 주시는 그 땅
으로 들어가 차지할 것이다.
2 내가 너희에게 명령하는 것에 더하지
도 빼지도 말고 오직 내가 너희에게
주는 너희 하나님 여호와의 명령을
지키라.
3 너희가 여호와께서 바알브올에서 하
신 일을 너희 두 눈으로 똑똑히 보았
다. 너희 하나님 여호와께서 너희 가
운데에서 바알브올을 따른 사람들을
하나도 빠짐없이 멸망시키셨다.
4 그러나 너희 하나님 여호와를 끝까지
붙들고 떠나지 않은 너희 모두는 지
금까지도 살아 있다.
5 보라. 내가 내 하나님 여호와께서 내
게 명령하신 대로 너희에게 규례와
법도를 가르쳐 너희가 들어가 차지하
게 될 그 땅에서 그대로 지키게 하려
고 한다.
6 규례와 법도들을 잘 지키라. 이것으
로 여러 민족들에게 너희의 지혜와
통찰력을 보여 주게 될 것이다. 그들
은 이 모든 규례들에 대해 듣고 '이 위
대한 민족은 지혜롭고 통찰력 있는
백성이다'라고 할 것이다.
7 우리가 기도할 때마다 가까이 다가오
시는 우리 하나님 여호와처럼 자신들
에게 가까이 다가오는 신이 있는 민

족이 어디 있느냐?
8 또 내가 오늘 너희 앞에 둔 이 법도처
럼 의로운 규례와 법도를 가진 민족
이 어디 있느냐?
9 오직 스스로 삼가 조심해 너희 자신
을 잘 살펴서 너희 눈으로 본 것들을
잊지 말고 너희가 살아 있는 동안 너
희 마음에서 떠나지 않게 하라. 그것
들을 너희 자손들과 너희 자손의 자
손들에게 가르치도록 하라.
10 너희가 호렙 산에서 너희 하나님 여호
와 앞에 섰던 그날을 기억하라. 그때
그분이 내게 말씀하셨다. '내 앞에 백
성들을 모아 내 말을 듣게 하여라. 그
들이 그 땅에서 사는 동안 나를 경외
하는 것을 배우고 그 자녀들에게도
가르치도록 말이다.'
11 너희가 가까이 나아와서 산기슭에 섰
는데 거기에 하늘까지 불이 붙었고
먹구름과 짙은 어둠이 드리웠다.
12 그때 여호와께서 불 속에서 너희에게
말씀하셨다. 너희는 말씀하시는 소리
는 들었지만 아무것도 볼 수 없었다.
오직 음성뿐이었다.
13 여호와께서는 너희에게 그분의 언약,
곧 그분이 너희에게 따르라고 명령하
시고 두 돌판에 새기신 그 *십계명을
선포하셨다.
14 그리고 그때 여호와께서 내게 너희가
요단 강을 건너가서 차지할 그 땅에
서 어떤 규례와 법도를 따라야 할지
너희에게 가르쳐 주라고 지시하셨다."

우상 숭배를 금하다

15 "여호와께서 호렙 산의 불 속에서 너
희에게 말씀하시던 그날에 너희는 아
무 형상도 보지 못했다. 그러니 너희
스스로 매우 조심해야 한다.
16 너희는 어떤 형상이든지 우상을 만
들어 타락하지 말라. 남자나 여자의
모습으로
17 혹은 땅의 동물이나 공중을 나는 새
나
18 땅 위에 기어 다니는 어떤 생물이나

4:13 히브리어, '열 가지 말씀'(출 20:1-17을 보라.)

하용조 목사의 행복한 **메시지**

신앙의 뿌리

말씀은 신앙의 뿌리이자 뼈대입니다. 말씀이 없는 신앙은 물거품이며, 열매 없이 잎만 무성한 나무와 같습니다. 겉보기에는 다른 사람의 관심을 끌지 못하지만 만나면 만날수록 성령의 뜨거운 능력이 그 안에서 드러나는 사람이 있습니다. 어떤 상황에도 좌절하지 않고 예수를 바라보는 굳센 믿음이 있는 사람이 있습니다. 반면에 외관이 빼어나고 경력이 화려하며 현재 지위가 굉장한 사람임에도 정작 만나서 이야기해 보면 아무것도 없는 빈 깡통과 같은 믿음을 가진 사람이 있습니다.

신앙에 있어 중요한 것은 말씀입니다. 하나님의 말씀에 기초한 신앙, 그것만이 올바른 신앙입니다.

땅 아래 물속의 물고기나 할 것 없이
그러한 모양으로 우상을 만들지 말
라.
19 그리고 너희는 눈을 들어 해, 달, 별
등 하늘의 모든 천체를 바라보고 그
것들에 끌려 절하거나 너희 하나님
여호와께서 하늘 아래 모든 민족들에
게 나누어 주신 것들을 숭배하는 일
이 없도록 하라.
20 너희는 여호와께서 철이 녹는 용광로
인 이집트에서 이끌어 내어 오늘 이
같이 기업으로 삼으신 백성들이다.
21 그러나 여호와께서는 너희 때문에 내
게 진노하셨고 내가 요단 강을 건너
너희 하나님 여호와께서 너희에게 기
업으로 주시는 그 좋은 땅에 들어가
지 못할 것이라고 엄하게 맹세하셨다.
22 나는 이 땅에서 죽고 요단 강을 건너
지는 못할 것이다. 그러나 너희는 건
너가 그 좋은 땅을 차지하게 될 것이
다.
23 너희는 스스로 삼가서 너희 하나님
여호와께서 너희와 맺으신 언약을 잊
지 말라. 너희 스스로 너희 하나님 여
호와께서 금지하신 그 어떤 모양의
우상도 만들지 말라.
24 너희 하나님 여호와께서는 살라 버리
는 불이시요, 질투하시는 하나님이시
다.
25 너희가 아들을 낳고 손자를 낳고 그
땅에서 오랫동안 살 것이다. 그러나
만약 너희가 타락해 우상을 만들어
너희 하나님 여호와의 눈앞에 악을
행하고 그분의 진노를 자아내면
26 내가 오늘 하늘과 땅을 너희에 대한
증인들로 삼아 말하는데 너희는 요단
강을 건너 차지할 그 땅에서 곧 망할
것이다. 너희는 거기서 얼마 살지 못
해 반드시 망할 것이다.
27 여호와께서 너희를 여러 민족들 가운
데로 흩으실 것이며 여호와께서 너희
를 쫓아 보내실 그 민족들 가운데서
살아남을 자가 너희 가운데 얼마 되
지 않을 것이다.
28 거기서 너희는 나무와 돌로 만든 신
들을 섬길 것이다. 그것들은 보지도
듣지도 먹지도 냄새를 맡지도 못하는
데도 말이다.
29 그러나 거기서 너희가 너희 하나님 여
호와를 바라고 너희 온 마음과 온 영
혼으로 찾으면 너희는 그분을 만나게
될 것이다.
30 너희가 고난 가운데 있고 이 모든 일
들이 너희에게 일어날 때 너희가 만
일 너희 하나님 여호와께 돌아와 순
종하게 되면
31 너희 하나님 여호와께서는 긍휼이 많
으신 하나님이시니 너희를 포기하거
나 멸망시키거나 맹세로 확정해 주신
너희 조상들과의 언약을 잊는 일이
없으실 것이다."

여호와가 하나님이시다

32 "너희들이 태어나기 전 하나님께서
땅에 사람을 창조하신 날부터 오늘에
이르기까지 지나간 과거에 대해 물어
보라. 또 하늘 이 끝에서 저 끝까지

이처럼 놀라운 일이 있었으며 이 같
은 일에 대해 들어 보았는지 물어보
라.
33 어떤 백성이 너희처럼 불 속에서 나오
는 하나님의 음성을 듣고도 살아남
았느냐?
34 너희 하나님 여호와께서 이집트에서
너희 눈앞에서 하신 그 모든 일들처
럼 시험으로, 표적과 기사로, 전쟁으
로, 강한 손과 쭉 뻗친 팔로, 크고 놀
라운 일로 애를 쓰며 한 민족을 다른
민족에게서 이끌어 낸 그런 신이 어
디 있느냐?
35 그것을 네게 보여 주신 것은 여호와
만이 하나님이시며 그분 외에는 다른
이가 없음을 알게 하기 위해서였다.
36 여호와께서는 하늘에서부터 그분의
음성을 듣게 하셨고 너희를 훈련시키
시려고 땅에서는 너희에게 그분의 큰
불을 보이시고 그 불 속에서 나오는
그분의 말씀을 듣게 하셨다.
37 그분이 너희 조상들을 사랑해 그들
의 자손들을 선택하셨기 때문에 그
분이 큰 힘으로 친히 이집트에서 너
를 이끌어 내어
38 너희보다 크고 강한 민족들을 너희
앞에서 쫓아내시고 오늘처럼 너희를
그들의 땅으로 들여보내 너희 기업으
로 취하게 하셨다.
39 이날 너희는 저 위 하늘과 저 아래
땅에서 여호와께서 하나님이심을 인
정하고 마음에 새기도록 하라. 다른
신은 없다.
40 내가 오늘 너희에게 주는 그분의 규
례와 명령을 지키라. 그래야 너희가
잘되고 너희 후손이 잘될 것이며 너
희가 너희 하나님 여호와께서 주시는
그 땅에서 영원히 오랫동안 살게 될
것이다."

도피성

41 그러고 나서 모세는 요단 강 동쪽에 3
개의 성들을 따로 분류했습니다.
42 이는 누구든 악의가 없이 우연히 이
웃을 죽이게 된 사람이 피신할 수 있
도록 하기 위해서였으며 이런 사람은
그 가운데 한 성으로 들어가면 목숨
을 건질 수 있었습니다.
43 그 성들은 르우벤 사람들의 성인 광
야 평지에 있는 베셀, 갓 사람들의 성
인 길르앗 라못, 므낫세 사람들의 성
인 바산 골란이었습니다.

율법의 도입부

44 이것이 모세가 이스라엘 백성들 앞에
둔 율법입니다.
45 이것은 그들이 이집트에서 나올 때
모세가 그들에게 말한 증거, 규례, 법
도로서
46 요단 강 동쪽 벧브올 가까이에 있는
골짜기, 곧 헤스본에서 다스리다가 모
세와 이스라엘 백성들이 이집트에서
나오면서 물리친 아모리 사람들의 왕
시혼의 땅에서 분류한 것입니다.
47 이스라엘 백성은 시혼의 땅과 바산 왕
옥의 땅을 차지했는데 그들은 요단
강 동쪽을 다스리던 아모리 두 왕들
이었습니다.

48 그 땅은 아르논 골짜기 끝 아로엘에서
부터 *시온 산, 곧 헤르몬 산까지 뻗었
고
49 요단 강 동쪽 온 아라바와 비스가 산
비탈 아래의 아라바 바다까지 포함됐
습니다.

십계명 (출 20:1-17)

5 모세가 온 이스라엘을 불러 말했습
니다. "이스라엘아, 내가 오늘 너희
에게 말하는 규례와 법도를 들으라.
그것을 배우고 반드시 따르도록 하
라.
2 우리 하나님 여호와께서 호렙 산에서
우리와 언약을 맺으셨다.
3 여호와께서 이 언약을 맺으신 것은
우리 조상들이 아니고 우리다. 오늘
이 자리에 살아 있는 우리 모두와 맺
으신 것이다.
4 여호와께서 산에서 너희와 얼굴을 맞
대고 불 속에서 말씀하셨다.
5 그때 내가 여호와의 말씀을 너희에게
선포하려고 여호와와 너희 사이에 서
있었다. 너희가 그 불을 두려워해 그
산에 올라가지 않았기 때문이다. 그
때 그분께서 말씀하셨다.
6 '나는 너희를 이집트에서, 그 종으로
있었던 땅에서 이끌어 낸 너희 하나
님 여호와다.
7 너희는 나 외에는 다른 신들을 있게
하지 말라.
8 너희는 저 위 하늘이나 저 아래 땅이
나 땅 밑 물속에 있는 어떤 형상으로
도 우상을 만들지 말라.
9 너희는 그것들에게 절하지도 말고 경
배하지도 말라. 나 너희 하나님은 질
투하는 하나님이니 나를 미워하는
사람의 죄를 갚되 아버지의 죄를 삼
사 대 자손에까지 갚고
10 나를 사랑하고 내 명령을 지키는 사
람들은 천대까지 사랑을 베풀 것이
다.
11 너희는 너희 하나님 여호와의 이름을
함부로 *쓰지 말라. 나 여호와는 내
이름을 함부로 *쓰는 사람을 죄가 없
다고 하지 않을 것이다.
12 여호와 너희 하나님이 너희에게 명령
한 대로 안식일을 거룩하게 지키라.
13 6일 동안 너희는 노동하고 너희의 모
든 일을 하되
14 7일째 되는 날은 너희 하나님 여호
와의 안식일이니 그날에는 어떤 일도
하지 말라. 너희나 너희 아들딸이나
너희 남종이나 여종이나 너희 소나
나귀나 다른 어떤 가축이나 너희 성
문 안에 있는 이방 사람이나 너희 남
종이나 여종이나 너희와 마찬가지로
쉬게 하라.
15 너희가 이집트 땅에서 종이었던 것
과 너희 하나님 여호와께서 강한 손
과 쭉 뻗친 팔로 너희를 거기서 이끌
어 내셨음을 기억하라. 그러므로 너
희 하나님 여호와께서 안식일을 지키
라고 너희에게 명령한 것이다.
16 너희 하나님 여호와께서 너희에게 명

4:48 시리아어역에는 '시룐'(신 3:9을 보라.) 5:11 또는 부르지, 부르는

령한 대로 너희 부모를 공경하라. 그
러면 너희가 오래 살 것이고 너희 하
나님 여호와께서 너희에게 준 그 땅
에서 잘될 것이다.
17 살인하지 말라.
18 간음하지 말라.
19 도둑질하지 말라.
20 이웃에게 거짓 증언하지 말라.
21 이웃의 아내를 탐내지 말라. 이웃의
집이나 땅이나 남종이나 여종이나 소
나 나귀나 이웃에게 속한 다른 어떤
것도 탐내지 말라.'
22 이는 여호와께서 큰 소리로 산에서
불과 구름과 짙은 어둠 가운데 너희
온 회중에게 선포하신 명령이며 더
이상 어떤 것도 덧붙이지 않으셨다.
그리고 두 돌판에 그것들을 기록해
서 내게 주셨다.
23 너희가 어둠 속에서 나오는 그 음성
을 들었을 때 산에는 불이 붙었는데
너희 지파의 모든 지도자들과 너희
장로들이 내게로 나아왔다.
24 그리고 너희가 말했다. '우리 하나님
여호와께서 그분의 영광과 위엄을 우
리에게 보여 주셨고 불 가운데서 나
오는 그분의 음성을 우리가 들었습니
다. 우리는 오늘 하나님이 말씀하시
는 소리를 듣고도 사람이 살 수 있음
을 보게 된 것입니다.
25 그러나 이제 우리가 왜 죽어야 합니
까? 우리가 우리 하나님 여호와의 음
성을 더 들었다가는 그 큰 불이 우리
를 살라 버려 우리가 죽게 될 것입니
다.
26 육체를 가진 사람 가운데 살아 계신
하나님이 불 속에서 말씀하시는 음성
을 듣고도 이렇게 살아남은 사람이
누가 있습니까?
27 그러니 당신이 가까이 나아가 우리
하나님 여호와께서 말씀하시는 모든
것을 듣고 우리 하나님 여호와께서
당신에게 말씀하시는 것을 모두 우리

하용조 목사의
행복한 **메시지**

하나님과의 동행

하루 이틀도 아닌 40년 동안 이스라엘 백성이 광야에서 버틸 수 있었던 비결은 무엇이었을까요? 목마를 때 쓴 물이 변하여 단물이 되고, 먹을 것이 없을 때 하늘에서 만나가 비처럼 내리고, 원수가 공격했을 때 싸움에서 이긴 것으로 이스라엘 백성이 광야에서 버틴 것이 아니었습니다.
그들이 광야에서 버틸 수 있었던 중요한 버팀목은 바로 하나님과의 동행이었습니다. 하나님께서는 영(靈)이시기에 우리가 눈으로 볼 수도, 귀로 들을 수도, 손으로 만질 수도 없는 분이십니다. 그렇다면 영이신 하나님을 우리 삶에서 만날 수 있는 방법은 무엇일까요? 그것은 바로 말씀입니다. 하나님께서는 광야에서 이스라엘 백성에게 먹고 마시고 입는 기초적인 복을 주셨습니다. 그러나 진정한 복은 율법을 주신 것입니다.

에게 전해 주십시오. 우리가 듣고 순
종하겠습니다.'
28 너희가 내게 말하는 것을 여호와께서
들으시고 그분이 내게 말씀하셨다.
'내가 이 백성들이 네게 하는 말을 들
었다. 그들이 한 말이 옳다.
29 오, 이렇듯 그들 마음이 나를 경외하
고 내 모든 계명을 항상 지켜서 그들
과 그 자손들이 영원히 잘될 수만 있
다면 얼마나 좋을까!
30 가서 그들에게 그들의 장막으로 돌아
가라고 말하여라.
31 그러나 너는 여기 나와 함께 머물러
있어라. 내가 모든 명령과 규례와 법
도를 네게 줄 것이다. 그러면 너는 그
들에게 그것들을 가르쳐 내가 그들에
게 주어 차지하게 할 그 땅에서 그대
로 따르게 하여라.'
32 그러니 너희는 너희 하나님 여호와께
서 너희에게 명령하신 대로 삼가 지
키라. 오른쪽이나 왼쪽으로 치우치지
말라.
33 너희 하나님 여호와께서 너희에게 명
령하신 그 모든 길을 따르면 너희가
차지하게 될 그 땅에서 너희가 살고
번창해 너희 수명이 길 것이다."

네 하나님 여호와를 사랑하여라

6 "이것은 너희 하나님 여호와께서
내게 지시해 너희에게 가르치라고
하신 그 명령과 규례와 법도니 너희
가 요단 강을 건너가 차지할 그 땅에
서 너희가 지켜야 할 것이다.
2 그래야 너희와 너희 자손들과 그들
뒤의 자손들이 내가 너희에게 주는
그분의 모든 규례와 명령을 지켜 너
희가 사는 동안 너희 하나님 여호와
를 경외하게 될 것이고 그러면 너희가
오래오래 살 수 있게 될 것이다.
3 이스라엘아, 듣고 삼가 지키라. 그러
면 너희 조상들의 하나님 여호와께서
너희에게 약속하신 대로 너희가 잘되
고 젖과 꿀이 흐르는 그 땅에서 번창
할 것이다.
4 이스라엘아, 들으라. *우리 하나님 여
호와는 오직 한 분인 여호와이시다.
5 너는 네 온 마음을 다하고 영혼을 다
하고 힘을 다해서 네 하나님 여호와
를 사랑하여라.
6 내가 오늘 너희에게 주는 이 명령들
을 네 마음에 새겨
7 너희 자녀들에게 잘 가르치되 너희가
집에 앉아 있을 때나 길을 걸을 때나
누울 때나 일어날 때 그들에게 말해
주라.
8 또 너는 그것들을 네 손목에 매고 네
이마에 둘러라.
9 그것들을 너희 집 문설주와 대문에
적어 두라.
10 너희 하나님 여호와께서 그 땅에 너
를 데리고 들어가실 때 너희 조상인
아브라함과 이삭과 야곱에게 맹세해
너희에게 주겠다고 하신 그 땅, 너희
가 건축하지 않은 크고 아름다운 성
들이 있는 땅,

6:4 또는 여호와 우리 하나님은 한 분인 여호와이시다. 또는 여호와는 우리 하나님이시다. 여호와는 한 분이시다. 또는 여호와는 우리 하나님이시다. 오직 여호와만이.

11 너희가 채우지 않은 여러 종류의 좋
은 것들로 가득 찬 집들과 너희가 파
지 않은 우물과 너희가 심지 않은 포
도나무와 올리브 나무가 있는 땅에서
너희가 먹고 배부를 때
12 스스로 삼가서 너희를 이집트에서,
그 종살이하던 땅에서 이끌어 내신
여호와를 잊지 않도록 하라.
13 너희 하나님 여호와를 경외하고 그분
만을 섬기고 그 이름을 두고 맹세하
라.
14 너희는 다른 신들을, 곧 네 주변의 민
족들이 믿는 신들을 따르지 말라.
15 너희 가운데 계시는 너희 하나님 여
호와는 질투하시는 하나님이니 그분
의 진노가 너희에게 일어나서 그분께
서 너희를 그 땅의 지면에서 멸망시키
실 것이다.
16 너희는 맛사에서처럼 너희 하나님 여
호와를 시험하지 말라.
17 너희 하나님 여호와의 명령과 그분이
너희에게 주신 그 증언을 반드시 지
키도록 하라.
18 여호와께서 보시기에 옳고 좋은 것을
하라. 그러면 너희가 잘되고 여호와께
서 너희 조상들에게 맹세로 약속하
신 그 좋은 땅에 들어가 그곳을 차지
하고
19 여호와께서 말씀하신 대로 너희 모든
원수들을 쫓아내실 것이다.
20 장차 너희 아들들이 너희에게 '우리
하나님 여호와께서 아버지께 명령하
신 증거와 규례와 법도의 뜻이 무엇
입니까?' 하고 물으면
21 그에게 이렇게 말하라. '우리는 이집트
에서 바로의 종들이었다. 그러나 여호
와께서 강한 손으로 우리를 이집트에
서 이끌어 내셨다.
22 여호와께서 우리 눈앞에서 크고 두
려운 이적과 기사를 이집트와 바로와
그 온 집안에 내리셨다.
23 그러나 여호와께서는 우리를 거기서
인도해 나오게 하시고 우리 조상들에
게 맹세로 약속하신 그 땅에 불러들

성·경·상·식

"이스라엘아, 들으라!" '쉐마'란?

'쉐마'는 히브리어로 '들으라'는 말이다(신 6:4). '쉐마'란 이스라엘 백성들이 그의 자녀들에게 가르쳤던 하나님에 관한 교육 내용이다.

쉐마 교육의 시간	기회를 만들어 언제든지 하나님의 말씀을 가르침(신 6:7).
쉐마 교육의 방법	쉐마를 대문, 문설주와 이마, 손목에 매어 놓음(신 6:8–9).
쉐마 교육의 내용	· 하나님은 한 분(신 6:4) 여호와만이 창조주이시며 절대 신성을 가지신 유일하신 분임을 가르침. · 사랑하는 방법(신 6:5) 지 · 정 · 의를 다해 하나님만을 전인격적으로 사랑하도록 가르침. · 전달할 책임(신 6:6–9) 부모가 먼저 하나님의 말씀만이 이스라엘 백성의 삶의 표준이고 지표임을 가르침.

여 차지하게 하셨다.
24 여호와께서는 우리에게 그 모든 규례
를 지키고 우리 하나님 여호와를 경
외하라고 명령하셨다. 이는 우리가
항상 번창하고 오늘과 같이 우리를
살아 있게 하시기 위함이었다.
25 그리고 우리가 그분이 우리에게 명령
하신 대로 우리 하나님 여호와 앞에
서 이 율법을 삼가 지키면 그것이 우
리의 의로움이 될 것이다."

가나안 민족들을 쫓아내시다

7 "너희 하나님 여호와께서 너희가
들어가 차지할 그 땅에 너희를 들
이시고 여러 민족들, 곧 헷 사람들, 기
르가스 사람들, 아모리 사람들, 가나
안 사람들, 브리스 사람들, 히위 사람
들, 여부스 사람들 등 너희보다 크고
강한 일곱 민족들을 너희 앞에서 쫓
아내실 때
2 너희 하나님 여호와께서 그들을 너희
손에 넘겨 너희가 그들을 물리치게
하실 것이니 그때 너희는 그들을 완
전히 멸망시키고 그들과 어떤 조약도
맺지 말고 불쌍히 여기지도 말라.
3 그들과 결혼하지 말며 너희 딸들을
그들의 아들들에게 주지 말고 그들
의 딸들을 너희 아들들에게 주지 말
라.
4 그들은 너희 아들들이 나를 따르지
못하게 하고 다른 신들을 섬기게 할
것이니 그러면 여호와의 진노가 너희
를 향해 타올라 갑자기 너희를 멸망
시키실 것이다.
5 너희가 그들에게 해야 할 일들이 있
다. 그들의 제단을 깨고 그들이 세운
돌기둥을 부수며 그들의 아세라 나무
조각상을 찍어 버리고 그들의 우상들
을 불태워야 한다.
6 이는 너희가 너희 하나님 여호와께
거룩한 백성들이기 때문이다. 너희
하나님 여호와께서는 땅 위의 모든
민족들 가운데 너희를 선택해 그분의
백성, 그분의 소중한 기업으로 삼으
셨다.
7 여호와께서 너희를 기뻐하시고 선택
하신 것은 너희가 다른 민족들보다
수가 많아서가 아니다. 너희는 오히려
민족들 가운데 수가 가장 적었다.
8 이는 오직 여호와께서 너희를 사랑하
셨고 너희를 강한 손으로 이끌어 내
그 종살이하던 땅에서, 이집트 왕 바
로의 권력에서 너희를 속량하시겠다
고 너희 조상들에게 맹세한 것을 지
키시기 위함이었다.
9 그러므로 너희 하나님 여호와께서 하
나님이심을 알라. 그분은 주를 사랑
하고 주의 명령을 지키는 사람들에게
는 그분의 사랑의 언약을 천대까지
지키시는 믿음직하고 좋은 하나님이
시다.
10 그러나 여호와를 미워하는 사람들에
게는 벌을 내려 멸망시키는 분이시다.
여호와께서는 그분을 미워하는 얼굴
을 하는 사람들에게는 뒤로 미루는
일 없이 바로 벌을 내리신다.
11 그러므로 내가 오늘 너희에게 주는

그 명령과 규례와 법도를 잘 지켜 따
르도록 하라.
12 만약 너희가 이 법도를 듣고 삼가서
지키면 너희 하나님 여호와께서 너희
조상들에게 맹세하신 대로 너희와 맺
은 그 사랑의 언약을 지키실 것이다.
13 그분은 너희를 사랑하시고 너희에게
복 주시며 너희의 수를 늘려 주실 것
이다. 그분은 너희에게 주실 것이라
고 너희 조상들에게 맹세하신 그 땅
에서 태어날 너희의 자손과 너희 땅
의 수확물, 곧 너희 곡식과 새 포도
주와 기름과 너희 소 떼와 너희 양 떼
에게 복 주실 것이다.
14 너희는 다른 어떤 민족들보다 복을
많이 받을 것이다. 너희 남자들이나
여자들 가운데 자식이 없는 사람이
없겠고 너희 가축들 가운데 새끼가
없는 것이 없을 것이다.
15 여호와께서 너희를 모든 질병에서 지
켜 주실 것이다. 그분은 너희가 이집
트에서 알던 그 끔찍한 질병들을 너
희 위에 내리지 않으시고 너희를 미
워하는 모든 사람들 위에 내리실 것
이다.
16 너희는 너희 하나님 여호와께서 너희
에게 넘겨주시는 모든 민족들을 멸망
시켜야 할 것이다. 그들을 불쌍히 여
기지 말고 그들의 신들을 섬기지 말
라. 그것은 너희에게 덫이 될 것이다.
17 너희는 스스로 '이 민족들은 우리보
다 강하다. 우리가 어떻게 그들을 쫓
아내겠는가?'라고 말할 수도 있다.
18 그러나 그들을 두려워하지 말라. 너
희 하나님 여호와께서 바로와 온 이집
트에 어떻게 하셨는지 잘 기억해 보
라.
19 너희는 너희 두 눈으로 그 큰 시험들,
이적들과 기사들, 너희 하나님 여호
와께서 너희를 이끌어 내신 그 강력
한 손과 쭉 뻗친 팔을 똑똑히 보았다.
너희 하나님 여호와께서 너희가 지금
두려워하고 있는 그 모든 민족들에게
도 똑같이 하실 것이다.
20 게다가 너희 하나님 여호와께서는 너
희를 피해 살아남아 숨은 사람들조
차 멸망할 때까지 그들 가운데로 *말
벌을 보내실 것이다.
21 그들을 두려워하지 말라. 너희 가운
데 계시는 너희 하나님 여호와께서는
크고 놀라운 하나님이시다.
22 너희 하나님 여호와께서는 너희 앞에
서 저 민족들을 차츰차츰 쫓아내실
것이다. 너희는 그들 모두를 한 번에
제거하려고 하지 말라. 들짐승들이
너희 주변에 들끓을지 모르니 말이
다.
23 그러나 너희 하나님 여호와께서는 그
들을 너희에게 넘겨주셔서 그들이 멸
망할 때까지 큰 혼란에 빠뜨리실 것
이다.
24 그분이 그들의 왕들을 너희 손에 넘
겨주실 것이고 너희는 그들의 이름을
하늘 아래에서 완전히 없애 버릴 것
이다. 어느 누구도 너희에게 대항해

7:20 또는 재앙, 전염병

들고일어날 수 없으며 너희는 그들을
멸망시킬 것이다.
25 너희는 그들의 신들 형상을 불에 태
우며 그것 위에 입힌 은과 금을 탐내
지 말며 가져가지도 말라. 그것이 너
희에게 덫이 될 것이며 너희 하나님
여호와께 가증스러운 것이기 때문이
다.
26 너희 집에 가증스러운 것을 들이지
말라. 이는 너희가 그것과 함께 멸망
당하지 않게 하기 위함이다. 그것을
철저히 혐오하고 미워하라."

여호와를 잊지 마라

8 "삼가 내가 오늘 너희에게 주는 모
든 명령을 지키라. 그러면 너희가
살고 수가 많아지고 여호와께서 너희
조상들에게 맹세로 약속하신 그 땅
에 들어가 차지할 수 있을 것이다.
2 너희 하나님 여호와께서 40년 동안
광야에서 너희를 어떻게 이끄셨는지,
어떻게 너희를 낮추시고 너희를 시험
해 너희 마음에 무엇이 있는지, 너희
가 그분의 명령을 지키고 있는지 아
닌지 알려고 하셨음을 기억하라.
3 그분이 너희를 낮추시고 배고프게 하
셔서 너희나 너희 조상들이 전혀 알
지 못했던 만나로 먹이신 것은 너희
로 겸손하게 해 사람이 빵으로만 사
는 것이 아니라 여호와의 입에서 나오
는 모든 말씀으로 사는 것임을 가르
쳐 주시려는 것이었다.
4 그 40년 동안 너희 옷은 해어지지 않
았고 너희 발은 부르트지 않았다.
5 그러니 너희 마음에 사람이 자기 아
들을 훈련하듯 너희 하나님 여호와께
서 너희를 훈련하시는 것을 알라.
6 너희 하나님 여호와의 길로 걷고 그
분을 경외하며 그분의 명령을 지키
라.
7 너희 하나님 여호와가 너희를 좋은

하용조 목사의 행복한 **메시지**

고난의 학교

왜 많은 사람들이 교회에 다니면서도 믿음의 사람으로 변하지 않을까요? 왜 10년 전이나 20년 전이나 30년 전이나 똑같을까요? 그것은 바로 고난을 통과하지 않았기 때문입니다. 고난은 복입니다. 고난은 하나님께서 우리를 성숙하게 만드시는 과정입니다. 하나님께서 이스라엘 백성을 이집트에서 탈출시키셨을 때에 가나안은 곧장 가면 2주일 만에 도착할 수 있는 곳이었습니다. 그러나 하나님께서는 그들을 곧바로 가게 하지 않으시고 광야로 인도하셨습니다. 왜 하나님께서 이스라엘 백성을 40년 동안 광야에서 고생하게 하셨을까요? 신명기에서는 그 이유를 이렇게 말하고 있습니다. "광야에서 너희 조상들이 전혀 알지 못했던 만나를 너희에게 주어 먹게 하셔서 너희를 낮추시고 시험해 결국에는 너희가 잘되게 하셨다"(신 8:16). 지금도 하나님께서는 믿음의 사람으로 만들기 위한 시련을 우리에게 주십니다.

땅, 시냇물과 샘물이 있고 골짜기와
언덕에 냇물이 흐르는 땅에 들여보내
실 것이다.
8 그 땅은 밀과 보리가 있으며 포도나
무와 무화과나무와 석류나무가 있으
며 올리브기름과 꿀이 나는 땅이다.
9 그 땅에서 너희는 부족함 없이 빵을
먹을 것이며 너희가 그 안에서 아무
것도 모자라는 것이 없을 것이다. 그
땅의 바위들은 철이고 너희는 산에서
청동을 캘 것이다.
10 너희가 먹고 배부를 때 그분이 너희
에게 주신 그 땅을 두고 너희 하나님
여호와를 찬양하라.
11 너희는 삼가서 내가 오늘 너희에게
주는 그분의 명령과 그분의 법도와
그분의 규례를 지키지 못해 너희 하
나님 여호와를 잊는 일이 없도록 하
라.
12 그러지 않으면 너희가 먹고 배부를
때, 너희가 좋은 집을 짓고 정착할 때,
13 너희 소들과 양들이 많아지고 너희
은과 금이 많아지며 너희가 가진 모
든 것이 불어날 때,
14 너희 마음이 교만해져 이집트에서,
그 종살이하던 땅에서 너희를 이끌
어 내신 너희 하나님 여호와를 잊게
될 것이다.
15 그분이 독사와 전갈이 있는 그 광활
하고 무서운 광야에서, 그 마르고 물
없는 땅에서 너희를 이끌어 내셨고
딱딱한 바위에서 물을 내셨으며
16 광야에서 너희 조상들이 전혀 알지
못했던 만나를 너희에게 주어 먹게
하셔서 너희를 낮추시고 시험해 결국
에는 너희가 잘되게 하셨다.
17 너희가 스스로 '내 능력과 내 손의 힘
으로 이런 부를 얻게 됐다'고 말할지
모른다.
18 그러나 너희 하나님 여호와를 기억하

Q&A “여호와를 기억하라” 참고 구절 | 신 8장

'여호와를 기억한다는 것'은 신명기의 핵심 개념 가운데 하나다. 이제 이스라엘 백성은 '약속하신 그 땅'에서 자신들이 건축하지 않은 성읍들의 안전함, 자신들이 모으지 않은 재물, 자신들이 파지 않은 우물, 자신들이 심지 않은 포도원의 열매를 즐기게 될 것이다. 그 땅은 매혹적인 지형(시냇물, 샘물, 골짜기, 언덕)과 풍성한 농작물(밀, 보리), 풍부한 과수(무화과, 석류, 올리브 나무들) 그리고 유용한 자원(철, 청동)이 있는 '좋은 땅'이기 때문이다(신 8:7-10).

그러나 이와 같은 물질적 풍요는 여호와의 공급하심(신 8:1-18)과 계명들(신 8:19-20)을 잊어버리는 심각한 위험에 직면하게 한다. 곧 그들을 가나안 땅으로 인도하셨던 하나님의 자비하신 약속, 비할 수 없는 성품, 풍성한 선물과 강력한 역사들을 망각하게 만드는 것이다. 따라서 이스라엘 백성은 의도적으로 하나님의 성품과 그들에게 베푸셨던 구원의 역사를 기억할 필요가 있었는데 특별히 절기들(유월절, 칠칠절, 초막절)을 통해 기억해야만 했다(신 16:1-17).

라. 이는 너희에게 재산을 얻을 수 있
는 능력을 주셔서 너희 조상들에게
맹세하신 그분의 언약을 오늘날과 같
이 이루어지게 하시기 위함이었다.
19 만약 너희가 너희 하나님 여호와를 잊
고 다른 신들을 따라 숭배하고 그들
에게 절하면 내가 오늘 너희에게 다짐
하는데 너희가 반드시 멸망할 것이다.
20 여호와께서 너희 앞에서 멸망시키신
그 민족들처럼 너희는 너희 하나님
여호와께 순종하지 않은 것으로 인해
멸망당할 것이다."

이스라엘의 의로움 때문이 아니다

9 "이스라엘아, 들으라. 너희가 이제
요단 강을 건너 너희보다 크고 힘
이 세고 커다란 성벽들이 하늘까지
치솟아 있는 민족들에게 들어가 빼
앗을 것이다.
2 그 민족은 강하고 큰 아낙 사람들이
다. 너희가 그들에 대해 알고 있고 '아
낙 사람들에 대항해 누가 들고일어나
겠는가?' 하는 말을 들었을 것이다.
3 그러나 오늘 명심할 것은 너희 하나
님 여호와께서 삼키는 불처럼 너희보
다 앞서서 건너가신다는 것이다. 그분
이 그들을 멸망시키시고 너희 앞에서
그들을 정복하실 것이다. 너희는 그
들을 쫓아내고 여호와께서는 너희에
게 약속하신 대로 속히 그들을 전멸
시키실 것이다.
4 너희 하나님 여호와께서 너희 앞에서
아낙 사람들을 쫓아내신 후에 너희는
'여호와께서 우리를 이 땅으로 인도해
이 땅을 차지하게 하신 것은 우리의
의로움 때문이었다'고 말하지 말라.
여호와께서 너희 앞에서 이 민족들을
쫓아내신 것은 그들의 사악함 때문이
다.
5 너희가 그 땅을 차지하게 되는 것은
너희가 의로워서도 아니고 너희가 정
직해서도 아니다. 오직 이 민족들의
사악함 때문에 너희 하나님 여호와께
서 너희 앞에서 그들을 쫓아내시는
것이며 여호와께서 너희 조상들, 곧
아브라함과 이삭과 야곱에게 맹세하
신 것을 이루시려는 것이다.
6 그러니 너희 하나님 여호와께서 이
좋은 땅을 너희에게 주어 차지하게
하시는 것은 너희의 의로움 때문이
아님을 너희는 깨닫도록 하라. 너희
는 목이 곧은 백성들이다.

금송아지

7 너희가 광야에서 너희 하나님 여호와
의 진노를 자아냈던 것을 절대로 잊
지 말고 기억하라. 이집트를 떠난 그
날부터 여기 이르기까지 너희는 여호
와께 반역해 왔다.
8 호렙 산에서 너희는 여호와의 진노를
일으켰는데 그때 여호와께서는 너희
를 멸망시키실 만큼 진노하셨다.
9 내가 그 돌판들, 곧 여호와께서 너희
와 맺으신 그 언약의 돌판들을 받으
려고 산으로 올라갔을 때 나는 40일
밤낮을 산 위에 머물러 있으면서 빵
을 먹지도 물을 마시지도 못했다.
10 여호와께서 하나님의 손가락으로 새

기신 두 돌판을 내게 주셨다. 거기에
는 너희 총회의 날에 여호와께서 산
에서 불 가운데 너희에게 선포하신
그 모든 명령들이 있었다.
11 40일 밤낮이 끝나자 여호와께서 내게
그 두 돌판, 그 언약의 두 돌판을 주
셨다.
12 여호와께서 내게 말씀하셨다. '여기서
당장 내려가거라. 네가 이집트에서 데
리고 나온 네 백성들이 타락했다. 그
들이 내가 명령한 것에서 저렇게 빨
리 등을 돌려 자신들을 위해 우상을
부어 만들었다.'
13 또 여호와께서 내게 말씀하셨다. '내
가 저 백성들을 보니 정말 목이 곧은
백성들이다!
14 나를 막지 마라. 내가 저들을 멸망시
키고 하늘 아래에서 저들의 이름을
완전히 없애 버릴 것이다. 그리고 내
가 너를 저들보다 더 강하고 많은 민
족으로 만들 것이다.'
15 그리하여 나는 뒤돌아 불붙은 산에
서 내려왔다. 언약의 두 돌판이 내 손
에 있었다.
16 내가 보니 너희가 너희 하나님 여호와
께 죄를 짓고 송아지 모양으로 우상
을 부어 만들었는데 이것은 너희가
여호와께서 너희에게 명령하신 그 길
에서 너무나 쉽게 돌아선 것이었다.
17 그리하여 내가 두 돌판을 내던져 너
희 눈앞에서 산산조각을 냈다.
18 그러고 나서 나는 다시 한 번 여호와
앞에 40일 밤낮을 먹지도 마시지도
않고 엎드려 있었다. 너희가 여호와께
서 보시기에 악한 일을 행해 그분의
진노를 자아내는 그 모든 죄를 저질
렀기 때문이다.
19 내가 여호와의 진노와 분노를 두려워
한 것은 그분이 너무나 진노해 너희
를 멸망시키려고 하셨기 때문이다. 그
러나 여호와께서 그때 내 말을 들어
주셨다.
20 그리고 여호와께서는 너무나 진노하
셔서 아론을 죽이려고 하셨다. 그러나
그때 나는 아론을 위해서도 기도했다.
21 나는 또 너희가 만든 너희 죄악의 산
물인 송아지들을 가져다가 불에 태워
버렸다. 그러고는 부수어 흙처럼 가
루를 내 산 아래로 흘러가는 시냇물
에 뿌렸다.
22 너희가 또 여호와를 진노하시게 한
것은 다베라, 맛사, 기브롯 핫다아와에
서였다.
23 여호와께서 너희를 가데스 바네아에
서 이끌어 내실 때 말씀하셨다. '내가
너희에게 준 땅에 올라가 차지하라.'
그러나 너희는 너희 하나님 여호와의
명령을 거역했다. 너희는 그분을 믿지
도 순종하지도 않았다.
24 너희는 내가 너희를 안 뒤로 줄곧 반
역만 일삼아 왔다.
25 여호와께서 너희를 멸망시키겠다고
말씀하셨기에 내가 40일 밤낮을 여호
와 앞에 엎드려 있었다.
26 내가 여호와께 기도하며 말했다. '만
물을 마음대로 하실 수 있는 여호와

여, 주의 백성들, 주께서 주의 큰 능
력으로 구속해 강력한 손으로 이집트
에서 이끌어 내신 주의 기업을 멸망
시키지 말아 주십시오.
27 주의 종들인 아브라함, 이삭, 야곱을
기억해 주십시오. 이 백성들의 억센
고집과 그 사악함과 그 죄를 눈감아
주십시오.
28 그러지 않으면 주께서 우리를 인도하
여 내신 그 땅의 사람들이 '여호와가
그들에게 약속한 그 땅에 그들을 들
여보낼 수 없었고 그들이 미워 광야
에서 죽이려고 그들을 인도해 냈구나'
할 것입니다.
29 그들은 주의 백성이요, 주께서 주의
큰 능력과 주의 쭉 뻗친 팔로 이끌어
내신 주의 기업입니다.'"

처음 것과 같은 두 돌판 (출 34:1-10)

10 "그때 여호와께서 내게 말씀하
셨다. '처음에 준 것과 같은 돌
판 두 개를 다듬어 가지고 산으로 올
라와 내게 와라. 나무 상자도 만들어
라.
2 내가 처음에 준 돌판들, 네가 깨뜨린
두 돌판에 있던 말들을 내가 그 돌판
에 쓸 것이니 너는 그것들을 그 나무
상자에 넣도록 하여라.'
3 그리하여 내가 싯딤 나무로 궤를 만
들었고 처음에 주신 것과 같이 돌판
두 개를 다듬어 만들어 손에 들고 산
으로 올라갔다.
4 여호와께서 총회의 날에 산에서 불
가운데 너희에게 선포하신 십계명을
처음 기록한 대로 돌판에 쓰셨으며
여호와께서 그것들을 내게 주셨다.
5 그 후 나는 산에서 다시 내려와 여호
와께서 내게 명령하신 대로 내가 만
든 궤에 그 두 돌판을 넣었고 그 두
돌판이 지금까지 거기에 있다.
6 (이스라엘 백성들은 브에롯 브네야아
간에서 나와 모세라로 갔는데 거기서
아론이 죽어 땅에 묻혔고 그의 뒤를
이어 그의 아들 엘르아살이 제사장이
됐습니다.
7 거기서 그들은 굿고다로 갔다가 욧바
다, 곧 물이 있는 땅으로 갔습니다.
8 그때 여호와께서 레위 지파를 따로 세
워 여호와의 언약궤를 메고 여호와
앞에 서서 섬기게 하며 그분의 이름
으로 축복하게 하신 것이 지금까지
이르렀습니다.
9 그러므로 레위 사람들이 자기 형제들
가운데 몫이나 기업이 없는 것입니
다. 여러분의 하나님 여호와께서 그들
에게 말씀하신 대로 여호와가 그들의
기업이신 것입니다.)
10 내가 처음과 같이 40일 밤낮을 산에
머물러 있을 때 여호와께서는 그때도
내 말에 귀를 기울여 주셨다. 너희를
멸망시키는 것은 그분의 뜻이 아니었
다.
11 여호와께서 말씀하셨다. '가라. 저 백
성들이 가는 길을 인도해 그들이 내
가 그 조상들에게 맹세해 그들에게
주겠다고 한 그 땅에 들어가 차지하
도록 하여라.'"

여호와를 경외하라

12 "이스라엘아, 지금 너희 하나님 여호
와께서 너희에게 요구하시는 것이 무
엇이냐? 오직 너희 하나님 여호와를
경외하고 그분의 모든 길로 걸어가며
그분을 사랑하고 너희 하나님 여호와
를 온 마음과 온 영혼으로 섬기며
13 내가 오늘 너희가 잘되라고 주는 여
호와의 명령과 규례를 지키는 것 아
니냐?
14 보라. 하늘과 하늘에서 가장 높은 하
늘도, 땅과 그 안의 모든 것도 너희
하나님 여호와께 속해 있다.
15 오직 여호와께서 지금처럼 다른 모든
민족들 가운데 너희를 선택하신 것
은 너희 조상들을 기뻐하고 사랑하셨
기 때문이다.
16 그러므로 너희 마음에 할례를 행하
고 더 이상은 목이 곧은 사람들이 되
지 말라.
17 너희 하나님 여호와는 신의 신이시며
주의 주이시며 위대한 하나님이시며
강력하고 두려운 하나님이시다. 그분
은 사람을 겉모양으로 보지 않으시고
뇌물을 받지 않으시는 분이다.
18 그분은 고아와 과부의 사정을 변호하
시고 이방 사람들에게 먹을 것과 입
을 것을 주시며 사랑하시는 분이다.
19 그러니 너희는 이방 사람들을 사랑해
야 한다. 이는 너희 자신도 이집트에
서 이방 사람들이었기 때문이다.
20 너희 하나님 여호와를 경외하고 섬기
라. 그분을 단단히 붙들고 그분의 이
름으로 맹세하라.
21 그분은 너희 찬양이시다. 그분은 너
희가 너희 두 눈으로 똑똑히 보았던
그 크고 놀라운 기적들을 너희를 위
해 일으키신 너희 하나님이시다.
22 이집트로 내려간 너희 조상들은 모두
70명이었지만 이제 너희 하나님 여호
와께서는 너희를 하늘의 별과 같이
많게 하셨다."

여호와를 사랑하고 순종하라

11 "너희 하나님 여호와를 사랑하
고 그분의 요구 사항, 그분의
규례, 그분의 법도, 그분의 명령을 항
상 지키라.
2 너희 하나님 여호와의 훈련을 보고
경험한 사람들은 너희 자손이 아니
라 너희였음을 기억하라. 그분의 위엄
과 그분의 강한 손과 그분의 쭉 뻗친
팔과
3 그분이 베푸신 기적들과 이집트 왕 바
로와 그 온 나라에 행하신 일들과
4 여호와께서 이집트 군대와 그 말들과
전차들에 하신 일, 곧 그들이 너희를
쫓아왔을 때 그분이 홍해를 어떻게
가르셨는지 그리고 여호와께서 그들
을 오늘에 이르기까지 멸망시키신 일
을 기억하라.
5 너희 자녀들은 너희가 이곳에 도착할
때까지 여호와께서 너희를 위해 광야
에서 하셨던 일과
6 그분이 르우벤 사람 엘리압의 아들들
인 다단과 아비람에게 하신 일과 땅
이 온 이스라엘 앞에서 입을 열어 그

들과 그 식구들과 그 장막들과 그들
에게 속한 모든 살아 있는 것을 삼켜
버린 일을 알지 못한다.
7 오직 여호와께서 하신 이 모든 엄청
난 일들을 본 것은 너희다.
8 그러므로 내가 오늘 너희에게 주는
모든 명령들을 지키라. 그러면 너희가
힘을 얻어 요단 강을 건너가 얻게 될
그 땅으로 들어가 차지할 것이며
9 여호와께서 너희 조상들에게 맹세해
그들과 그들 자손들에게 주겠다고 하
신 그 젖과 꿀이 흐르는 땅에서 오래
도록 살 수 있을 것이다.
10 너희가 들어가 빼앗을 그 땅은 너희
가 나온 이집트 땅, 곧 너희가 채소밭
에 씨를 뿌리고 발로 물을 대야 했던
그 땅과는 다르다.
11 너희가 요단 강을 건너 차지하게 될
그 땅은 하늘에서 내리는 비를 머금
는 산들과 골짜기들의 땅이다.
12 너희 하나님 여호와께서 돌보시는 땅
이다. 너희 하나님 여호와의 눈이 한
해의 시작부터 끝 날까지 그 땅 위에
있다.
13 그러니 너희가 오늘 내가 너희에게
주는 그 명령들, 곧 너희 하나님 여호
와를 사랑하고 그분을 온 마음과 온
영혼으로 섬기라는 것에 신실하게 순
종하면
14 여호와께서 너희 땅에 때를 맞춰 *봄
과 가을에 비를 내려 주어 너희가 곡
식과 새 포도주와 기름을 거두게 하
실 것이다.
15 내가 너희 소들을 위해 들판에 풀이
나게 할 것이니 너희가 먹고 배부를
것이다.
16 너희는 스스로 조심하라. 그러지 않
으면 너희가 마음이 흐려져 다른 신
들을 경배하고 절할 것이다.
17 그때는 여호와의 진노가 너희를 향해
타올라 하늘을 닫아 비가 없게 하시
고 땅에서 수확할 것이 없게 하실 것
이다. 그러면 너희가 여호와께서 너희
에게 주시는 그 좋은 땅에서 곧 멸망
하게 될 것이다.
18 나의 이 명령을 너희 마음과 생각에
단단히 새기고 너희 손목에 매고 이
마에 두르라.
19 그것을 너희 자녀들에게 가르치되 집
에 앉아 있을 때, 길을 걸을 때, 누울
때, 일어날 때, 그들에게 말해 주라.
20 그것들을 너희 집 문설주와 대문에
써서 붙이라.
21 그러면 여호와께서 너희 조상들에게
주기로 맹세하신 그 땅에서 너희의
삶과 너희 자녀들의 삶이 하늘이 땅
을 덮는 날과 같이 많아질 것이다.
22 너희가 만약 내가 너희에게 준 명령
을 잘 따르고 너희 하나님 여호와를
사랑하고 그분의 모든 길로 행하며
그분을 단단히 붙들면
23 여호와께서 너희 앞에서 이 모든 민
족들을 쫓아내실 것이고 너희는 너희
보다 크고 힘이 센 민족들을 얻을 것

11:14 히브리어, '늦은 비와 이른 비', 봄비는 3-4월에 내리는 '늦은 비'를, 가을비는 10-11월에 내리는 '이른 비'를 말함.

이다.
24 너희가 밟는 곳이 어디든지 너희 것
이 될 것이고 너희 영토는 이 광야
에서 레바논까지, 유프라테스 강에서
*서쪽 바다까지 넓어질 것이다.
25 어떤 사람도 너희를 대항해 설 수 없
을 것이다. 너희 하나님 여호와께서
너희에게 약속하셨듯이 너희가 어디
로 가든 온 땅이 너희를 공포와 두려
움의 대상으로 생각할 것이다.
26 보라. 내가 오늘 너희 앞에 축복과 저
주를 두었다.
27 내가 오늘 너희에게 주는 너희 하나
님 여호와의 명령에 너희가 순종하면
복을 받을 것이요,
28 너희가 너희 하나님 여호와의 명령에
불순종하고 오늘 내가 너희에게 명령
하는 길에서 떠나 너희가 알지 못했
던 다른 신들을 섬긴다면 저주를 받
을 것이다.
29 너희 하나님 여호와께서 너희가 들어
가 차지하게 될 그 땅으로 너희를 들
이실 때 너희는 그리심 산에서 복을
선포하고 에발 산에서 저주를 선포해
야 한다.
30 너희가 알다시피 이 산들은 요단 강
건너 해 지는 쪽으로 가는 길, 길갈
지방의 아라바에 사는 가나안 사람들
의 영토 안의 모레라는 상수리나무
가까이에 있다.
31 너희는 요단 강을 건너 너희 하나님
여호와께서 주시는 땅으로 들어가 차
지하라. 너희는 그것을 차지하고 거기
서 살 때
32 내가 오늘 너희 앞에 두는 모든 규례
와 법도를 명심해 지키도록 하라."

예배를 위한 한 장소

12 "너희 조상들의 하나님 여호와
께서 너희에게 주어 차지하게
하신 그 땅에서 너희가 삼가 따라야
할 규례와 법도는 이것이다.
2 너희가 쫓아낼 민족들이 우상 섬기
는 장소가 높은 산이든 낮은 언덕이
든 수없이 우거진 숲 아래 있든 모든
신당들을 완전히 없애 버리라.
3 그들의 제단을 부수고 그들이 거룩하
다고 여기는 우상 돌들을 깨며 아세
라 상들을 불에 던지라. 그 신들의 모
형을 베어 버리고 그 이름들을 그곳
에서 지워 버리라.
4 너희가 너희 하나님 여호와를 경배할
때는 그들처럼 그렇게 하지 말라.
5 오직 너희는 너희 하나님 여호와께
서 너희 모든 지파들 가운데서 그분
의 이름을 두시려고 너희의 여러 지
파 가운데서 선택하실 곳, 곧 그분께
서 계실 데를 너희가 찾아야 하며 그
곳에 가야 한다.
6 너희는 너희의 번제물들과 희생제물
들과 너희 십일조와 특별한 예물들과
너희가 드리겠다고 맹세로 서원한 것
들과 너희 낙헌제물들과 너희 소 떼
나 양 떼 가운데 처음 난 것을 그곳으
로 가져와서
7 너희 하나님 여호와 앞에서 이것들을

11:24 대해(지중해)를 가리킴.

먹고, 너희 하나님 여호와께서 너희
손이 닿는 모든 것에 복 주심으로 인
해 너희와 너희 가족들은 기뻐하라.
8 너희는 우리가 여기서 우리 마음에
맞는 대로 행하는 그 모든 것들을 따
라 거기서는 행하지 말라.
9 이는 너희 하나님 여호와께서 너희에
게 주시는 안식과 그 기업에 아직 이
르지 못했기 때문이다.
10 그러나 너희는 요단 강을 건너 너희
하나님 여호와께서 너희에게 기업으
로 주시는 그 땅에 정착할 것이니 그
분이 너희 주변의 모든 원수들로부터
너희에게 안식을 주셔서 너희를 안전
히 살게 하실 것이다.
11 그때 너희 하나님 여호와께서 그분의
이름이 있을 곳으로 선택하신 그곳에
너희는 내가 명령하는 모든 것을 가
져다 드릴 것이며, 그것은 너희 번제
물들과 희생제물들과 너희 십일조와
특별한 예물들과 너희가 여호와께 바
치겠다고 약속한 가장 좋은 소유물
들이다.
12 그리고 거기서 너희 하나님 여호와
앞에서 너희와 너희의 아들딸들과 너
희 남종들과 여종들과 자기 몫이나
기업이 없는 너희 성문 안에 있는 레
위 사람들이 함께 기뻐하라.
13 너희는 스스로 조심해 너희 마음에
내키는 아무 곳에서나 너희 번제물을
드리는 일이 없도록 하라.
14 여호와께서 너희 지파들에게 선택해
주신 한 곳에서만 드려야 할 것이니
거기서 내가 너희에게 명령하는 것을
지키도록 하라.
15 그러나 너희는 너희 하나님 여호와께
서 너희에게 주시는 복에 따라 노루
든 사슴이든 가리지 말고, 너희 짐승
들을 너희 성안 어디서든 잡고, 너희
가 원하는 만큼 고기를 먹을 수 있
다. 부정한 사람이나 정결한 사람이
나 다 먹을 수 있다.
16 그러나 너희는 그 피를 먹지 말고 물
처럼 땅에 쏟아 버리라.
17 너희는 너희 곡식과 기름과 새 포도
주로 바치는 십일조나 너희 소와 양
가운데 처음 난 것이나 너희가 드리
겠다고 맹세한 것이나 너희 낙헌제물
이나 특별한 예물을 너희 성안에서
먹지 말라.
18 대신에 너희는 너희 아들딸들과 너희
남종들과 여종들과 너희 성안에 있
는 레위 사람들과 함께 너희 하나님
여호와께서 선택하신 곳으로 가서 너
희 하나님 여호와 앞에서 그것을 먹
고 너희 손에 있는 모든 것을 두고 너
희 하나님 여호와 앞에서 기뻐해야
한다.
19 너희는 그 땅에서 사는 동안 레위 사
람들을 무시하는 일이 없도록 조심
하라.
20 너희 하나님 여호와께서 약속하신 대
로 너희 영토를 넓혀 주신 후 너희가
고기를 간절히 바라며 '고기가 먹고
싶다'고 한다면 원하는 만큼 먹을 수
있다.

21 만약 너희 하나님 여호와께서 그분의
이름을 두려고 선택하신 그곳이 너무
멀다면 내가 너희에게 명령한 대로
너희는 여호와께서 너희에게 주신 소
와 양을 잡아 너희 성문 안에서 너희
가 원하는 만큼 먹을 수 있다.
22 그것들을 노루나 사슴처럼 먹되 부정
한 사람이나 정결한 사람이나 다 먹
을 수 있다.
23 그러나 피는 먹지 말아야 함을 명심
하라. 이는 피가 생명이기 때문이다.
너희는 고기와 함께 생명을 먹어서는
안 된다.
24 피는 먹어서는 안 되며 물처럼 바닥
에 쏟아부으라.
25 네가 피를 먹지 않고 여호와 보시기
에 옳은 일을 하면 너희와 너희 자손
들이 잘될 것이다.
26 그러나 너희가 바치는 것들과 너희가
드리겠다고 약속한 것은 여호와께서
선택하신 곳으로 가지고 가라.
27 너희 번제물을 너희 하나님 여호와의
제단 위에 고기와 피와 함께 올리라.
너희 희생제물의 피는 너희 하나님
여호와의 제단 곁에 쏟고 너희는 그
고기를 먹으라.
28 삼가 내가 너희에게 주는 이 모든 율
례들을 지키라. 너희가 너희 하나님
여호와의 눈앞에 선하고 옳은 일을
하면 너희와 너희 후손들이 항상 잘
될 것이다.
29 너희 하나님 여호와께서 너희가 침입
해 빼앗을 땅에 사는 민족들을 너희
앞에서 없애시고 너희로 그들을 쫓아
내고 그들 땅에 정착하게 하실 때
30 그들이 너희 앞에서 멸망한 후에라도
너희가 정신이 흐려져 그들의 신들에
게 물으며 '이 민족들이 자기 신들을
어떻게 섬겼을까? 우리도 똑같이 할
것이다'라고 말하는 일이 없도록 조심
하라.
31 너희는 너희 하나님 여호와를 그들의
방식대로 섬기지 말라. 그들은 자기
신들을 경배하면서 여호와께서 미워
하시는 온갖 가증스러운 짓들을 행
해 자기 아들딸들까지 불에 태워 그
신들에게 희생물로 바치고 있다.
32 너희는 명심해 내가 너희에게 명령하
는 모든 것을 실행하고 그 가운데 무
엇이든 더하거나 빼지 말라."

다른 신들을 섬기는 일

13 "예언자나 꿈으로 예견하는 사
람이 너희 가운데 나타나 네게
이적이나 기사를 보이고
2 또 그가 말한 이적이나 기사가 일어
나 그가 '네가 알지 못하는 다른 신들
을 좇아가서 그들을 섬기자'고 해도
3 너는 그 예언자나 꿈 이야기를 하는
사람의 말에 귀 기울이지 말라. 그것
은 너희 하나님 여호와께서 너희가 너
희의 온 마음과 영혼으로 너희 하나
님을 사랑하는지 알아보시려고 시험
하시는 것이다.
4 너희는 너희 하나님을 따르며 그분을
경외하고 그분의 명령을 지키며 그분
께 순종하고 또 너희는 그분을 섬기

며 그분을 단단히 붙들라.
5 그 예언자나 꿈꾸는 사람은 죽임당해
야 할 것이다. 너희를 이집트에서 이
끌어 내어 너희를 그 종살이하던 땅
에서 구해 내신 너희 하나님 여호와
께 그가 반역을 선포했고 너희 하나
님 여호와께서 네게 명령해 따르라고
하신 그 길에서 배반하게 하려고 했
기 때문이다. 너희는 너희 가운데서
그 악한 것을 제거하라.
6 만약 네 형제나 네 아들이나 딸이나
네가 사랑하는 아내나 가장 친한 친
구가 너희를 아무도 모르게 꾀면서
'너와 네 조상이 모르는 다른 신들,
7 곧 네 주위에 있는 백성의 신들, 땅
이 끝에서 저 끝까지 가깝거나 먼 곳
곳마다의 신들을 우리가 가서 섬기자'
고 한다면
8 빈틈을 주지도 말고 귀 기울이지도
말라. 조금도 마음을 주지 말라. 그를
아끼지도 말고 덮어 주지도 말라.
9 너는 그를 반드시 죽이라. 그를 죽일
때 네가 먼저 손을 댈 것이며 그 후에
온 백성이 손을 대라.
10 너는 그를 돌로 쳐서 죽여라. 이는 너
를 그 종살이하던 땅 이집트에서 이
끌어 내신 네 하나님 여호와로부터
등을 돌리게 했기 때문이다.
11 그러면 온 이스라엘이 듣고 두려워하
리니 너희 가운데 그런 악한 일이 다
시는 없을 것이다.
12 만약 네 하나님 여호와께서 네게 주
어 살게 하시는 그 성들에 대해 들리
는 소문에
13 사악한 사람들이 너희 가운데 일어
나 그 성 사람들을 잘못 이끌며 '우리
가 가서 모르는 다른 신들을 섬기자'
고 한다면
14 너는 자세히 묻고 살펴서 만약 그 말
이 사실이고 이런 가증스러운 일이
너희 가운데 정말 있었음이 밝혀지면
15 너는 그 성에 사는 모든 사람을 반드
시 칼로 쳐서 죽이고 그 안에 있는 모
든 것과 그곳의 가축을 칼날로 완전
히 죽이라.
16 그 성에서 빼앗은 것을 다 거두어 광
장 한가운데 모아 놓고 그 성과 모든
빼앗은 것들을 너희 하나님 여호와께
번제로 모두 다 드려라. 그곳은 영원
히 폐허로 남아 결코 재건되는 일이
없을 것이다.
17 그 심판당한 것들 가운데 어느 것도
너희 손에 남겨 두지 말라. 그러면 여
호와께서 너희에게서 그분의 그 무서
운 진노를 돌이키실 것이다. 그분이
너희에게 긍휼을 베푸시고 너희를 불
쌍히 여기시고 너희 조상들에게 맹세
하셨던 대로 너희 수를 늘려 주실 것
이다.
18 너희가 여호와의 음성을 듣고 오늘
너희에게 명하시는 그분의 모든 명령
을 지켜 그분이 보시기에 옳은 일을
하면 그렇게 될 것이다."

정한 음식과 부정한 음식

14 "너희는 너희 하나님 여호와의
자손이니 죽은 사람을 위해 너

희 몸을 상하게 하거나 눈썹 사이 이
마를 밀지 말라.
2 이는 너희가 너희 하나님 여호와께
거룩한 백성이기 때문이다. 지상의 모
든 민족들 가운데 여호와께서 너희를
선택해 그분의 소중한 소유물이 되게
하셨다.
3 가증스러운 것은 어떤 것이든 먹지
말라.
4 너희가 먹어도 되는 동물들은 소, 양,
염소,
5 사슴, 노루, 불그스름한 사슴, 산염
소, 야생 염소, 영양, 산양 등이다.
6 굽이 둘로 갈라지고 되새김질하는 동
물은 너희가 먹어도 되지만
7 되새김질하는 것이나 굽이 갈라진 것
가운데 너희가 먹으면 안 되는 것은
낙타, 토끼, *오소리다. 그것들은 되
새김질을 하지만 굽이 갈라지지 않았
으니 너희에게는 부정하다.
8 돼지도 부정하니 이는 굽이 갈라져
있지만 되새김질을 하지 않기 때문이
다. 너희는 그 고기를 먹거나 죽은 것
을 만지지 말라.
9 물속에서 사는 모든 생물들 가운데
서는 지느러미와 비늘이 있는 것은
다 너희가 먹어도 된다.
10 그러나 지느러미와 비늘이 없는 것은
먹지 말라. 그것은 너희에게 부정한
것이기 때문이다.
11 정결한 새는 어떤 것이든 먹어도 된
다.
12 그러나 너희가 먹지 말아야 할 것은
독수리, 솔개, 검은 솔개,
13 매, 새매, 그 외의 매 종류,
14 까마귀 종류,
15 타조, 횟간 올빼미, 갈매기, 새매 종
류,
16 올빼미, 부엉이, 따오기,
17 거위, 독수리, 물에 잠기는 까마귀,
18 학, 황새 종류, 후투티, 박쥐 등이다.
19 모든 떼로 날아다니는 곤충들은 너
희에게 부정한 것이니 그것들을 먹지
말라.
20 그러나 정결한 새는 먹어도 된다.
21 이미 죽은 것은 무엇이든 먹지 말라.
너희는 그것을 너희 성 가운데 사는
이방 사람에게 주어 먹게 하라. 아니
면 이방 사람에게 팔라. 너희는 너희
하나님 여호와께 거룩한 백성이다. 어
린 염소를 그 어미의 젖에 삶지 말라."

십일조

22 "해마다 밭에서 나는 모든 것에서 십
일조를 떼는 것을 명심하라.
23 너희 곡식과 기름과 새 포도주의 십
일조와 너희 소와 양 가운데 처음 난
것을 너희 하나님 여호와 앞에서 그
분께서 자기 이름을 두실 곳으로 선
택하시는 그 장소에서 먹도록 하라.
그러면 너희가 너희 하나님 여호와를
항상 경외하는 것을 배울 것이다.
24 그러나 만일 여호와께서 그분의 이름
을 두시려고 선택하신 곳이 너무 멀
어서 너희가 너희 하나님 여호와께
복을 받았지만 십일조를 가지고 갈

14:7 또는 바위너구리

수 없다면
25 너희 십일조를 은으로 바꾸어 가지고
너희 하나님 여호와께서 선택하신 그
곳으로 가라.
26 그 은을 가지고 너희가 원하는 것을
사되 소, 양, 포도주, 다른 종류의 술
등 너희가 원하는 어떤 것이든 사라.
거기서 너희와 너희 가족이 너희 하
나님 여호와 앞에서 먹고 즐거워하라.
27 그리고 너희 성에 사는 레위 사람들
을 무시하지 말라. 그들은 그들 몫이
나 기업이 없기 때문이다.
28 3년마다 그해에 얻은 것의 모든 십일
조를 가져다가 너희 성안에 저장하
라.
29 그리하여 너와 함께 몫이나 기업을
나누지 않은 레위 사람과 너희 성에
있는 이방 사람들과 고아와 과부들
이 와서 배불리 먹게 해 너희 하나님
여호와께서 너희 손으로 하는 모든
일에 복 주시도록 하라."

빚을 탕감해 주는 해 (레 25:1-7)

15 "매 7년마다 너희는 빚을 탕감
해 주어야 한다.
2 그 방법은 이렇다. 모든 채권자가 자
기 동료 이스라엘 사람에게 꾸어 준
빚을 탕감해 주고 그 동료 이스라엘
사람이나 형제에게 독촉하지 말라는
것이다. 빚을 탕감해 주는 여호와의
때가 선포됐기 때문이다.
3 너희가 이방 사람에게는 빚 독촉을
할 수 있지만 너희 형제가 꾼 빚에 대
해서는 탕감해 주어야 한다.
4 아무튼 너희 가운데는 가난한 사람
이 없어야 하는데 그것은 너희 하나
님 여호와께서 너희에게 기업으로 차
지하라고 주시는 그 땅에서 그분이
너희를 넉넉하게 복 주실 것이기 때
문이다.
5 그러나 그것은 너희가 너희 하나님 여
호와께 온전히 순종하고 내가 오늘
너희에게 주는 그 모든 명령들을 삼
가 잘 지키면 그렇게 될 것이다.
6 너희 하나님 여호와께서 약속하신 대
로 너희에게 복 주실 것이니 너희가
많은 민족들에게 빌려 주고 꾸지 않
을 것이다. 너희는 많은 민족들을 다
스릴 것이고 어느 누구도 너희를 다

Q&A 땅의 휴가, 안식년은 어떤 기간인가?

참고 구절 | 신 15:1-18

사람이 6일 동안 일하고 하루 쉬는 것처럼 안식년은 땅을 6년 동안 경작한 후 1년 동안 쉬게 하는 제도다.
안식년에는 땅에 씨를 뿌리거나 가지를 자르는 일이 금지되었으며 혹 저절로 생긴 열매나 곡식을 거둔다 해도 팔 수는 없었다. 또한 빚을 면제받을 수 있었다(신 15:1-11). 다시 말해 7년째 되는 해에는 빚 독촉을 할 수 없었으며 안식년이 지나고 빚을 받거나 아니면 아예 빚진 것이 면제되었다. 또한 안식년이 가까워졌다고 해서 가난한 이웃에게 꾸어 주지 않는 것은 하나님 앞에서 죄로 간주되었다(신 15:9).

스리지 않을 것이다.
7 너희 하나님 여호와께서 너희에게 주
시는 그 땅의 어느 한 성읍에서 너희
형제들 가운데 가난한 사람이 있다
면 그 가난한 형제를 향해 마음이 인
색해지거나 주먹을 움켜쥐는 일이 없
도록 하라.
8 오히려 손을 벌려 그가 필요한 모든
것을 대가 없이 빌려 주라.
9 삼가 너는 나쁜 마음을 갖지 마라.
궁핍한 형제에게 네 눈을 악하게 뜨
고 '7년째 해다. 빚을 탕감할 해가 가
까이 왔다' 하고 네가 그에게 아무것
도 주지 않으면 그가 너에 대해 여호
와께 부르짖을 것이니 그것이 네게 죄
가 될 것이다.
10 그에게 넉넉히 주되 네가 그에게 줄
때는 인색한 마음을 갖지 마라. 그러
면 이 일로 인해 너희 하나님 여호와
께서 너희가 하는 모든 일에, 너희 손
이 닿는 모든 일에 너희에게 복 주실
것이다.
11 땅에는 항상 가난한 사람들이 있을
것이다. 내가 너희에게 명령한다. 너
희 땅에 있는 너희 형제들 가운데 가
난하고 궁핍한 사람들에게 손을 펴
도우라.

종을 풀어 주다 (출 21:1-11)

12 만약 남자나 여자나 할 것 없이 동료
히브리 사람이 네게 팔렸다면 너는
그가 6년 동안 섬기게 하고는 7년째
되는 해에는 놓아주어야 한다.
13 그리고 네가 그를 놓아줄 때는 빈손
으로 보내지 마라.
14 네 양들이나 네 타작마당이나 네 포
도주 틀에 있는 것을 그에게 넉넉히
베풀어라. 너희 하나님 여호와께서 너
에게 복 주신 것처럼 그에게 주어라.
15 너희가 이집트에서 종이었고 너희 하
나님 여호와께서 너희를 구해 내셨음
을 기억하라. 그러므로 내가 오늘 이
것을 네게 명령하는 것이다.
16 그러나 너와 네 집을 사랑하고 그가
너와 함께 있기를 좋아해 만일 그가
네게 '나는 떠나기 싫습니다' 하면
17 송곳을 가져다 그의 귀를 문에 대고
뚫어라. 그러면 그가 평생에 네 종이
될 것이다. 여종에게도 똑같이 하여라.

빚을 갚을 수 없는 경우에는 종으로 팔리기도 했는데 종은 6년 동안 일한 후 7년째에는 자유롭게 되었다(출 21:2-6; 신 15:12-18). 주인은 떠나는 종에게는 가축과 곡식, 포도주 등을 주어야 했다. 만일 종이 계속 주인을 섬기겠다고 한다면 한쪽 귀를 송곳으로 뚫어서 자발적으로 종이 되었음을 알렸다(출 21:6).

안식년은 단순히 노동을 그치고 쉬는 것 이상의 의미를 지닌다. 땅의 휴경을 통해 땅이 하나님의 것임을 인정하는 제도이며(레 25:23) 빚의 면제, 종의 해방 등을 통해 궁극적으로 누리게 될 영원한 안식을 미리 맛보기 위한 것이기도 하다(히 4:9).

이런 안식년의 원리가 확정된 것은 '희년'으로, 이는 안식년을 일곱 번 맞은 이듬해인 50년째 해를 가리킨다(레 25:8-12).

18 네 종을 놓아주는 것을 어려운 일로
생각하지 마라. 그는 6년 동안 주인
을 섬겼고 네게 품꾼의 두 배만큼 열
심히 일했다. 그러면 네 하나님 여호
와께서 네가 하는 모든 일에 복 주실
것이다."

처음 난 짐승들

19 "너희 하나님 여호와를 위해 네 양이
나 소의 첫 새끼를 따로 구별하라. 네
소 가운데 처음 난 것은 일을 시키지
말고 네 양 가운데 처음 난 것은 털을
깎지 말라.
20 해마다 너와 네 가족은 너희 하나님
여호와 앞에서 그분이 선택하신 장소
에서 그것들을 먹을 것이다.
21 만약 소와 양이 흠이 있어 절뚝발이
거나 눈이 멀었거나 다른 심각한 문
제가 있다면 너는 그것을 너희 하나
님 여호와께 제물로 드리지 마라.
22 너는 그것을 네 성안에서 먹으며 부
정한 사람이나 정결한 사람, 모두가
먹되 노루나 사슴을 먹듯이 먹어라.
23 그러나 너는 그 피를 먹지 말고 그것
을 물처럼 바닥에 쏟아부어라."

유월절 (출 12:1-20)

16 "*아빕 월을 지켜 너희 하나님
여호와의 유월절을 기념하라.
아빕 월에 그분이 너희를 밤중에 이
집트에서 이끌어 내셨기 때문이다.
2 여호와께서 그분의 이름을 두려고 선
택하신 그곳에서 너희 소나 양으로
너희 하나님 여호와께 유월절 제사를
올려 드리라.
3 올린 음식을 먹되 누룩 있는 빵과 함
께 먹지 말고 너희가 서둘러 이집트
를 떠났으니 7일 동안 누룩 없는 빵,
곧 고난의 빵을 먹으라. 그리하여 너
희 평생에 너희가 이집트에서 나온 그
날을 기억하도록 하라.
4 7일 동안 너희 온 땅에서 너희 소유
물 가운데 누룩 있는 빵이 전혀 나오
지 않도록 하라. 너희가 첫날 저녁 때
제사드린 고기는 아침까지 남기지 않
도록 하라.
5 너희는 너희 하나님 여호와께서 너희
에게 주신 성에서 유월절 제사를 드
리지 말고
6 그분의 이름을 두실 곳으로 선택하
신 그곳에서 드리도록 하라. 거기서
너희는 저녁 해가 질 때 너희가 이집
트를 떠난 것을 기념해 유월절 제사
를 드려야 한다.
7 그 제물을 너희 하나님 여호와께서
선택하신 그곳에서 구워 먹고 아침이
되면 너희 장막으로 돌아가라.
8 6일 동안은 누룩 없는 빵을 먹고 7일
째 되는 날에는 너희 하나님 여호와
께 드리는 총회로 모이고 아무 일도
하지 말라.

칠칠절 (출 34:22;레 23:15-21)

9 7주를 세는데 너희가 곡식에 낫을 대
는 그날부터 7주를 세라.
10 그리고 너희 하나님 여호와께서 너희
에게 주신 그 복의 양대로 낙헌제를
드려 너희 하나님 여호와 앞에서 칠

16:1 태양력 3월 중순 이후, 니산 월이라고도 함.

칠절을 지키라.
11 또 너희 하나님 여호와 앞에서 그분
이 당신의 이름을 둘 곳으로 선택하
신 그곳에서 기뻐하되 너와 네 아들
딸들과 네 남종들과 여종들과 네 성
안의 레위 사람들과 너희 가운데 사
는 이방 사람들과 고아들과 과부들
과 함께 즐거워하라.
12 너희가 이집트에서 종이었음을 기억
하고 이 규례를 잘 따르도록 하라.

초막절 (레 23:33-43)

13 너희가 타작마당과 포도주 틀에서
난 것을 거둬들인 뒤 7일 동안 초막절
을 지키라.
14 초막절을 기뻐하되 너와 네 아들딸들
과 네 남종들과 네 여종들과 네 성안
에 사는 레위 사람들과 이방 사람들
과 고아들과 과부들과 함께 기뻐하라.
15 7일 동안 여호와께서 선택하신 그곳
에서 너희 하나님 여호와께 그 절기
를 지키라. 너희 하나님 여호와께서
네 모든 수확물과 네 손으로 하는 모
든 일에 복을 주셔서 네 기쁨이 온전
해질 것이다.
16 1년에 세 번씩, 곧 무교절, 칠칠절, 초
막절에 모든 남자들은 너희 하나님
여호와 앞에 그분이 선택하신 그곳으
로 나아가라. 여호와 앞에 빈손으로
나가지 말고
17 각자 너희 하나님 여호와께서 너희에
게 복 주신 만큼 예물을 드리라."

재판관들

18 "너희 하나님 여호와께서 너희에게 주
시는 모든 성에서 너희 각 지파마다
재판관과 관리들을 세우라. 그러면
그들이 백성들을 공평하게 판결할 것
이다.
19 정의를 왜곡하거나 편견을 가지지 말
라. 뇌물을 받지 말라. 뇌물은 현명한
사람들의 눈을 감기고 의인들의 말을
왜곡시킨다.
20 정의를 따르라. 그러면 너희가 살고
너희 하나님 여호와께서 너희에게 주
시는 그 땅을 차지하게 될 것이다.

다른 신들을 섬기는 일

21 나무로 만든 아세라 상을 너희 하나

성·경·상·식

이스라엘의 절기들

- **유월절** (저녁 / 무교절 / 일주간) : 이집트로부터의 해방을 기념하는 날.
- **초실절** (무교절의 마지막 날) : 첫 보리 수확의 한 단을 하나님께 바침.
- **맥추절 / 오순절** (유월절이 지난 50일째) : 곡물 수확을 기뻐하며 감사드림.
- **나팔절 / 신년** (유대력 7월의 첫날) : 양 뿔 나팔을 불어서 신호했던 엄숙한 날.
- **속죄일** (유대력 7월 10일) : 국가적인 회개와 금식을 하는 날.
- **초막절 / 수장절** (과실 수확 끝 절기) : 광야 시절을 생각하며 가족들이 일주일 동안 초막에서 야영함.
- **수전절 / 광명절** : 유다 마카비가 성전을 정화한 것을 기념함.
- **부림절** : 하만의 궤계로부터 벗어난 날을 기념하는 날. 에스더의 신앙 결단을 생각나게 함.

님 여호와께 만들어 드린 그 제단 곁
에 놓지 말고
22 석상을 세우지 말라. 이것들은 너희
하나님 여호와께서 미워하시는 것이
다."

17 "너희 하나님 여호와께 제물을
드리되 흠이나 결점이 있는 소
나 양을 드리지 말라. 이는 여호와께
가증한 것이다.
2 만약 여호와께서 너희에게 주시는 어
느 성에서 너희 가운데 사는 남자나
여자가 너희 하나님 여호와의 눈앞에
서 그분의 언약을 깨뜨려 악을 행했
음이 밝혀지고
3 내 명령과 달리 다른 신들을 섬겨 절
하거나 해, 달, 하늘의 별들에게 절했
는데
4 그것을 너희가 알게 되었다면 너희는
그것을 자세히 조사하라. 만약 사실
이어서 그 가증한 짓거리가 이스라엘
에서 일어났음이 증명되면
5 악한 짓을 저지른 그 남자나 여자를
너희 성문으로 데려가 돌로 쳐 죽이
라.
6 두세 사람의 증언으로 그 사람을 죽
이고 한 사람의 증언으로는 그 사람
을 죽일 수 없다.
7 그들을 죽일 때 그 증인들이 먼저 손
을 대고 그다음에 온 백성이 손을 대
라. 이같이 해 너희 가운데서 악을 없
애라."

법정

8 "만약 너희가 판결하기 어려운 사건
이 너희 법정에 올라오면 피 흘린 일
이든지 소송이든지 구타한 일이든지
간에 그 사건을 너희 하나님 여호와
께서 선택하신 그 장소로 가져오라.
9 레위 사람들인 제사장들과 그때 업무
를 담당하고 있는 재판관에게로 가
라. 그들에게 물으면 그들이 판결을
내려 줄 것이다.
10 너희는 여호와께서 선택하신 그 장소
에서 그들이 너희에게 주는 그 결정
에 따라 행동하라. 또 너는 그들이 네
게 알려 주는 모든 것대로 지켜 행하
라.
11 그들이 너희에게 가르치는 법도와 그
들이 너희에게 주는 결정대로 행동하
라. 그들이 너희에게 한 말에서 오른
쪽이나 왼쪽으로 벗어나지 말라.
12 재판관이나 너희 하나님 여호와 앞에
서 섬기고 있는 제사장을 무시하는
사람은 죽임을 당할 것이다. 너희는
이스라엘에서 그런 악한 사람들을 제
거하라.
13 그리하면 모든 백성들이 듣고 두려워
해 다시는 교만한 마음을 품지 않을
것이다."

왕

14 "너희 하나님 여호와께서 너희에게 주
시는 그 땅으로 들어가 차지하고 거
기 정착하면서 너희가 '우리 주변 모
든 민족들처럼 우리도 왕을 세우자'고
말할 때
15 너희 하나님 여호와께서 선택하신 왕
을 너희를 다스릴 왕으로 세워야 한

다. 너희 형제들 가운데 한 사람을 왕
으로 세우고 너희 형제 이스라엘 사
람이 아닌 이방 사람을 세우지 말라.
16 왕은 자신을 위해 많은 말을 소유하
지 말고 말을 더 얻으려고 이집트로
백성들을 다시 보내지 말라. 여호와께
서 너희에게 '너희는 그 길로 다시 가
지 말라'고 하셨다.
17 왕은 많은 아내들을 두지 말라. 그래
야 그의 마음이 돌아서지 않을 것이
다. 왕은 또한 은과 금을 많이 모아
두지 말라.
18 왕이 왕위에 오르게 되면 자신을 위
해 레위 사람들인 제사장들이 보관
하고 있던 이 *율법을 두루마리 책에
기록하게 하라.
19 이것을 항상 곁에 두어 그 평생 동안
읽어서 하나님 여호와를 경외하고 이
율법과 이 규례의 모든 말씀을 삼가
지키는 것을 배우고
20 자기 형제를 업신여기거나 율법에서
오른쪽이나 왼쪽으로 치우치는 일이
없게 하라. 그러면 그와 그의 자손들
이 이스라엘에서 자기 왕권을 오랫동
안 유지할 수 있을 것이다."

제사장과 레위 사람들을 위한 예물

18 "레위 사람 제사장들과 모든 레
위 지파는 이스라엘에서 할당
된 몫도, 기업도 없으니 그들은 여호
와께 드린 화제물을 먹고 살 것이다.
그것이 그들의 기업이기 때문이다.
2 그들은 그 형제들 가운데에 기업이
없으리니 여호와가 그들의 기업이다.
그분이 그들에게 약속하신 대로다.
3 소나 양으로 제사드리는 사람들에게
서 제사장들에게 할당되는 몫은 앞
쪽 넓적다리, 두 볼, 내장들이다.
4 너희는 제사장들에게 너희가 수확한
첫 곡식과 새 포도주와 기름과 처음
깎은 양털을 주어야 한다.
5 너희 하나님 여호와께서 그들과 그들
의 자손들을 너희 온 지파에서 선택
해 여호와의 이름을 위해 항상 섬기
도록 세우셨기 때문이다.
6 레위 사람은 이스라엘 온 땅 어디서든
자기가 살고 있던 성에서 떠나 간절
한 마음이 있어 여호와께서 선택하신
곳으로 가면
7 그는 거기서 여호와 앞에서 다른 모
든 자기 동료 레위 사람들과 함께 하
나님 여호와의 이름을 섬길 수 있다.
8 그는 자기 집안의 것을 팔아 수입으
로 삼은 것 외에 제사장들이 할당받
는 몫을 공평하게 나누어 가질 수 있
다."

무속 의식

9 "너희가 너희 하나님 여호와께서 너희
에게 주시는 그 땅으로 들어갈 때 그
곳 민족들이 하는 그 가증스러운 짓
거리들을 배워 따라 하지 말라.
10 너희 가운데 없애야 할 것은 그 아들
이나 딸들을 *불에 희생시키거나 점
을 치거나 마술을 부리거나 예언을

17:18 또는 '율법의 복사본', 칠십인역에서 이 구절을 그리스어 '듀테로노미온'(두 번째 율법)이라고 번역했고 여기서 '신명기'(Deuteronomy)라는 책 이름이 나옴. 18:10 또는 불 가운데로 지나가게 하는 사람과

말하거나 마법에 가담하거나
11 주문을 외우거나 신접한 사람이 되거
나 영매가 되거나 죽은 혼을 부르는
일이다.
12 누구든지 이러한 일들을 하는 사람
은 여호와께 가증스러우니 이런 가증
스러운 짓거리들로 인해 너희 하나님
여호와께서는 너희 앞에서 그 민족들
을 쫓아내실 것이다.
13 너희는 너희 하나님 여호와 앞에서
온전하라."

예언자

14 "너희가 쫓아내게 될 그 민족들은 마
술을 부리거나 점을 치는 사람들에
게 귀 기울였지만 너희 하나님 여호와
께서는 너희가 그렇게 하는 것을 금
지하셨다.
15 너희 하나님 여호와께서는 너희를 위
해 너희 형제들 가운데서 나 같은 예
언자를 일으키실 것이다. 너희는 그에
게 귀 기울여야 한다.
16 이것은 너희가 총회의 날에 호렙 산
에서 너희 하나님 여호와께 요청했던
것이다. '우리가 우리 하나님 여호와의
음성을 듣거나 이 큰 불을 더는 보지
않게 해 주십시오. 그러지 않으면 우
리가 죽을까 두렵습니다.'
17 여호와께서 내게 말씀하셨다. '그들이
하는 말이 맞다.
18 내가 그들을 위해 그들의 형제 가운
데서 너 같은 예언자를 일으킬 것이
다. 내가 내 말을 그의 입에 넣을 것
이니 그가 형제들에게 내가 그에게
명령한 모든 것을 전할 것이다.
19 만약 누구든 그 예언자가 내 이름으
로 말하는 것을 듣지 않으면 내가 친
히 그에게 추궁할 것이다.
20 그러나 내가 말하라고 명령하지 않은
것을 내 이름을 부르며 함부로 말하
는 예언자나 다른 신들의 이름으로
말하는 예언자가 있다면 죽임을 당할
것이다.'
21 너희는 스스로 '여호와께서 말씀하시
지 않은 것인지 우리가 어떻게 알겠습

Q&A 점쳐도 되나요?

참고 구절 | 신 18:10–11

많은 사람들이 신문에서 띠점을 보거나 오늘의 운세를 읽기도 하고 컴퓨터 점을 보기도 한다. "단순히 재미로 하는 것이고 또 금방 잊어버리는데 뭐 어떨까?" 하고 생각하기가 쉽다. 어쩌면 점술과 주술이 자체적인 논리와 통계가 있고 뭔가를 맞추는 신빙성이 있다고 생각될 수도 있다.

그러나 이것에 대해 성경은 확실하고 엄중하게 금지하고 있다. 점을 보는 사람들에게는 "누가 신접한 사람들과 무당들에게 돌아가서 그들을 따라 음행을 행한다면 나는 내 얼굴을 그 사람에게서 돌릴 것이며 그의 백성 가운데서 그를 끊어 낼 것이다."(레 20:6)라고 무섭게 경고하고 있다.

또한 강신술에 열중하는 사람들에게는 "신접한 사람들이나 무당들에게 가지 말며 그들을 찾지니까?' 할 수 있을 것이다.
22 만약 예언자가 여호와의 이름으로 선
포하는 것이 실제로 일어나지 않으면
그것은 여호와께서 말씀하신 것이 아
니다. 그런 예언자는 함부로 말한 것
이니 두려워하지 말라."

도피성 (민 35:9-28;수 20:1-9)

19 "너희 하나님 여호와께서 너희
에게 주시는 그 땅을 차지하고
있는 민족들을 멸망시키셔서 너희가
그들을 쫓아내고 그들의 성과 집에
정착하면
2 너희는 너희 하나님 여호와께서 너희
에게 차지하라고 주시는 그 땅 한가
운데 있는 성 세 개를 따로 떼어 두
라.
3 너희 하나님 여호와께서 너희에게 기
업으로 주시는 그 땅에 길을 내고 세
지역으로 나누어 누구든 사람을 죽
인 사람이 거기 피신할 수 있도록 하
라.
4 이것은 사람을 죽이고 목숨을 부지
하려고 거기 피신하는 사람에 관한
규범으로 자기 이웃을 악의 없이 우
연히 죽이게 된 사람을 위한 것이다.
5 예를 들어 한 사람이 자기 이웃과 함
께 나무를 베려고 숲에 들어갔는데
나무를 쓰러뜨리려고 도끼를 휘두르
다가 도끼머리가 날아가 그 이웃을
쳐서 죽게 만들었다고 하자. 그런 사
람은 그 성들 가운데 하나에 피신해
목숨을 부지할 수 있다.
6 이는 그 *피를 복수하려는 사람이 분
노해 그를 뒤쫓아 가다가 거리가 너
무 멀면 그를 따라잡아 죽일 수 있기
때문이다. 그가 본래 그 이웃을 미워
하지 않았기에 그를 죽이는 것이 마
땅하지 않다.
7 그래서 내가 너희를 위해 이 세 성을
따로 구별해 두라고 명령하는 것이다.
8 너희 하나님 여호와께서 너희 조상들
에게 맹세하신 대로 너희 영토를 넓
혀 주시고 그분이 약속하신 그 땅 전

19:6 히브리어, 고엘 핫담

도 말라. 그렇게 한다면 너희가 그들로 인해 더럽혀질 것이다. 나는 너희 하나님 여호와다."라고(레 19:31) 말한다.

또한 성경은 우리들에게 천체의 어떤 것에도 절하거나 숭배하지 말라고 한다(신 4:19). 왜냐하면 점이나 주술에 빠지는 것은 결국 하나님께 대한 믿음이 없는 행동이며, 믿음을 약화시키기 때문이다. 점술과 주술은 하나님의 참된 계시 없이 형성된 세계관과 신화에 근거하므로 사람들에게 일시적인 번영과 성공 내지는 위안을 주는 것에 그칠 뿐, 거기에는 진리가 없으며 생명도 없다.

지금까지 재미로 점을 보거나 오락하는 마음으로 주술에 관심을 가졌다면 그만두어야 한다. "하나님께서 하시는 일의 처음과 끝을 다 알지는 못하게 하셨다"(전 3:11). 인생의 길은 절대적으로 하나님의 주권에 있기 때문이다.

그러므로 우리는 오직 하나님을 경외하며 그 말씀을 지키며 살아, 하나님 안에서 참된 기쁨을 누리는 성도가 되어야 할 것이다.

체를 너희에게 주시면
9 너희가 오늘 내가 너희에게 명령하는
이 모든 법도들, 곧 너희 하나님 여호
와를 사랑하고 항상 그분의 길로 가
라는 명령을 삼가 따를 때 너희는 도
피할 수 있는 성 세 개에 세 개의 성
을 더해
10 그 죄 없는 피를 너희 하나님 여호와
께서 너희 기업으로 주시는 너희 땅
에 흘리는 일이 없게 하고 너희에게
그 피 흘림의 죄가 없게 하라.
11 그러나 만약 사람이 자기 이웃을 미
워해 매복하고 있다가 갑자기 그를 죽
였는데 그 성들 가운데 하나에 피신
했다면
12 그 성의 장로들은 사람을 보내 그를
거기서 잡아다가 피로 보복하려는 사
람에게 넘겨주어 죽게 하라.
13 이웃이 미워 죄를 저지른 사람에게는
긍휼을 베풀지 말라. 너희는 이스라
엘에서 죄 없는 피를 흘리는 죄를 없
애야 한다. 그러면 너희가 잘될 것이
다.
14 너희는 너희 하나님 여호와께서 너희
에게 주시는 그 땅에서 너희가 받은
기업의 선임자들이 세운 너희 이웃의
경곗돌을 움직이지 말라."

증인들

15 "한 사람의 죄를 정하거나 범죄에 대
해 논할 때 한 사람의 증인으로는 충
분하지 않다. 어떤 일이든 두세 증인
의 증언이 있어야 고소할 수 있다.
16 만약 악의가 있는 증인이 죄를 고발
하러 나선다면
17 그 논쟁에 가담한 두 사람이 여호와
께서 계시는 곳에서 제사장들과 당시

Q&A | 도피성의 길이 잘 닦인 이유

참고 구절 | 신 19:1–14

하나님은 이스라엘 백성들에게 6개의 도피성을 정해 주셨다. '받아들이는 도시'라는 뜻을 지닌 도피성을 세운 이유는 복수를 통한 피흘림과 '복수의 악순환'을 방지하기 위해서였다. 또 살인이 고의에 의한 것인지 우발적인 사고인지를 판단하는 시간적 여유를 갖기 위한 이유도 들어 있다.

도피성은 각 지파가 사는 지역의 중앙에 위치했는데 죄인들이 가까운 곳으로 빨리 피하게 하기 위해서였다. 도피성은 높은 산지에 있었으나 그곳에 이르는 길은 잘 닦여 있었는데 그 이유는 누구나 도피성으로 가는 길을 잘 알 수 있어야 하고 피하기에 좋은 길이어야 했기 때문이다(신 19:3). 유대인의 전승에 의하면 도피성으로 가는 길은 넓이가 14m나 되었으며 길목에는 표지판을 크게 세워 놓았다고 한다. 이러한 도피성 제도를 통해 실수로 살인한 죄인을 그 죄대로 벌하지 않으시는 하나님의 사랑과, 용서하시는 예수님의 모습을 발견하게 된다.

도피성이 누구나 볼 수 있는 곳, 가까운 곳에 위치해 있었다는 것은 피하기를 원하는 사람은 누구나 예수님께 피할 수 있음을 가르쳐 준다. 잘 닦인 길이고 안내표가 있었다는 것은, 이미 완성해 놓은 예수님의 구원의 길을 믿음으로 받아들이면 누구든지 구원받을 수 있음을 보여 준다.

의 재판관들 앞에 서야 할 것이다.
18 재판관들은 자세히 조사해 그 증인
이 자기 형제에게 위증을 한 거짓말
쟁이인 것으로 드러나면
19 그가 자기 형제에게 하려고 했던 대
로 그에게 해 그런 악한 사람들을 너
희 가운데서 제거하라.
20 나머지 백성들이 이것을 듣고 두려워
해 다시는 그런 악한 일이 너희 가운
데서 일어나지 않도록 말이다.
21 긍휼을 베풀지 말고 생명에는 생명으
로, 눈에는 눈으로, 이에는 이로, 손
에는 손으로, 발에는 발로 하라."

전쟁에 나갈 때

20 "너희가 원수들과 싸우기 위해
나가서 너희보다 많은 말과 전
차와 큰 군대를 보게 돼도 두려워하
지 말라. 너희를 이집트에서 이끌고
나오신 너희 하나님 여호와께서 너희
와 함께하실 것이다.
2 너희가 싸움터에 나갈 때는 제사장
이 앞으로 나아가 군인들에게 연설해
3 이렇게 말하라. '이스라엘아, 들으라.
오늘 너희는 너희 원수들과 싸우러
나가고 있다. 마음 약해지지 말고 두
려워하지 말라. 공포에 질리거나 그들
앞에서 떨지 말라.
4 너희 하나님 여호와께서는 너희와 함
께 나아가 너희를 위해 너희 원수들
과 싸워서 너희에게 승리를 주시는
분이다.'
5 장교들은 군인들에게 말하라. '새 집
을 짓고 봉헌하지 않은 사람이 있느
냐? 그런 사람은 집으로 가게 하라.
그가 싸움터에서 죽어 다른 사람이
새 집을 봉헌하지 못하게 하기 위함
이다.
6 포도원을 만들고도 즐기지 못한 사람
이 있느냐? 그런 사람은 집으로 가게
하라. 그가 싸움터에서 죽게 돼 다른
사람이 그 열매를 먹지 않도록 하기
위함이다.
7 여자와 약혼하고 결혼하지 못한 사람
이 있느냐? 그런 사람은 집으로 돌아
가게 하라. 그가 싸움터에서 죽게 돼
다른 사람이 그 여인과 결혼하지 못
하게 하기 위함이다.'
8 더 나아가 장교들은 군인들에게 말하
라. '두려워하거나 마음이 약해진 사
람이 있느냐? 그런 사람은 집으로 돌
아가게 해 그 형제들마저 낙담시키지
않게 하라.'
9 장교들은 군인들에게 이 말을 마친
후 군대를 통솔할 장군들을 세워야
한다.
10 너희가 한 성을 공격하려고 행진할
때는 그곳 백성들에게 평화를 제의하
라.
11 만약 그들이 받아들이고 성문을 열
면 그 안의 모든 백성들은 강제 노역
에 넘겨져 너희를 위해 일해야 할 것
이다.
12 만약 그들이 평화를 거부하고 너희에
게 싸움을 걸어오면 그 성을 포위하
라.
13 너희 하나님 여호와께서 그 성을 너

희 손에 넘겨주실 때 그 안의 모든 사
람들을 칼로 쳐 죽이라.
14 여자들과 어린아이들과 가축들과 그
안의 다른 모든 것들은 너희가 전리
품으로 가져도 좋다. 그리고 너희 하
나님 여호와께서 너희 원수들에게서
빼앗아 너희에게 주시는 그 전리품을
써도 된다.
15 이것은 가까이 있는 민족들이 아닌
멀리 있는 모든 성들을 처리하는 방
법이다.
16 그러나 너희 하나님 여호와께서 너희
에게 기업으로 주시는 그 민족들의
성에서는 숨 쉬는 것은 무엇이든 살
려 두지 말라.
17 헷 사람들, 아모리 사람들, 가나안 사
람들, 브리스 사람들, 히위 사람들, 여
부스 사람들을 완전히 멸망시키라. 너
희 하나님 여호와께서 너희에게 명령
하신 대로 말이다.
18 그러지 않으면 그들이 자기 신들을
경배하면서 하는 그 모든 가증스러
운 짓들을 너희에게 따르도록 가르칠
것이고 그러면 너희는 너희 하나님 여
호와께 죄를 짓게 될 것이다.
19 너희가 오랫동안 성을 에워싸고 쳐서
그것을 취하려 할 때도 너희는 도끼
를 사용해 그곳에 있는 나무를 베어
버리지 말라. 이는 네가 그 열매를 먹
을 수 있으니 너는 그것들을 포위하
는 데 쓰기 위해서 베어 내지 말라.
20 너희는 어떤 나무가 열매를 맺지 않
는 나무인지 알 것이다. 너희는 그것
들을 베어 내어 너희가 싸우는 그 성
읍에 대한 보루를 만들어 그 성을 무
너뜨릴 때까지 사용하라."

미해결 살인에 대한 속죄

21 "너희 하나님 여호와께서 너희
에게 차지하라고 주신 그 땅에
서 사람이 죽어 들판에 누워 있는 것
을 발견했는데 누가 죽였는지 알 수
없으면
2 너희 장로들과 재판관들이 나가서 그
시체와 가까이 있는 성들 간의 거리
를 측정하라.
3 그리고 시체 가까이에 있는 그 성의
장로들은 아직 일해 본 적 없고 멍에
를 멘 적도 없는 암송아지를 가져다
가
4 한 번도 갈지도 심지도 않은 시내가
흐르는 골짜기로 데려가서 그 골짜기
에서 그 암송아지의 목을 부러뜨리
라.
5 레위 자손들인 제사장들이 그리로
나아올 것이니 너희 하나님 여호와께
서 그들로 여호와를 섬기게 하고 또
여호와의 이름으로 복 주시려고 그들
을 택하셨다. 모든 소송과 모든 분쟁
이 그들의 말대로 판결될 것이다.
6 시체 가까이에 있는 그 성의 모든 장
로들은 골짜기에서 목을 부러뜨린 그
암송아지 위에 손을 씻으며
7 이렇게 말하라. '우리 손들이 이 피를
흘리지 않았고 우리 눈들도 그 일을
보지 못했습니다.
8 여호와여, 주께서 구속하신 주의 백

성 이스라엘을 위해 이 속죄하는 것
을 받아 주시고 주의 백성들에게 그
죄 없는 사람의 피에 관해 묻지 마소
서.'
9 그러면 너희가 스스로 그 죄 없는 피
를 흘린 죄를 제거할 수 있을 것이다.
너희가 여호와께서 보시기에 옳은 일
을 했으니 말이다."

포로 된 여인과의 결혼

10 "네가 네 원수들과 싸우러 나갈 때
네 하나님 여호와께서 그들을 네 손
에 넘겨주셔서 네가 그들을 포로로
잡게 되었는데
11 만약 그 포로들 가운데 아름다운 여
인이 있는 것을 발견해 마음이 끌린
다면 너는 그녀를 네 아내로 삼아도
된다.
12 그녀를 네 집으로 데려와 머리를 밀
고 손톱을 깎으며
13 그녀가 잡혔을 때 입었던 옷을 벗게
하고 네 집에 살며 자기 부모를 위해
한 달 동안 애곡하고 나면 너는 그녀
에게 들어가서 그 남편이 되고 그녀
는 네 아내가 될 것이다.
14 그런데 네가 그녀를 기뻐하지 않으면
그녀가 원하는 대로 그녀를 가게 하
고 결코 돈을 받고 그녀를 팔지 마라.
네가 그녀를 비천하게 했으니 그녀를
종으로 여기지 마라."

장자의 권한

15 "만약 한 남자에게 아내가 둘이 있어
하나는 사랑받고 또 하나는 미움을
받다가 둘 다 자식을 낳았는데 첫째
아들이 그가 사랑하지 않는 아내에
게서 나왔다면
16 그는 자기 재산을 아들들에게 유산
으로 줄 때 사랑하지 않는 아내가 낳
아 준 실제 장자를 제쳐 두고 사랑하
는 아내의 아들을 장자로 세우지 말
라.
17 사랑하지 않는 아내의 아들을 장자
로 인정해 그가 가진 모든 것 가운데
두 몫을 챙겨 주어야 한다. 그 아들
은 자기 아버지의 힘의 시작이기 때
문이다. 그 장자의 권한은 그에게 속
해 있기 때문이다."

패역한 아들

18 "만약 한 남자에게 아들이 있는데 그
가 마음이 고집스럽고 반항심이 있어
자기 부모에게 순종하지도, 훈계할
때 귀 기울이지도 않는다면
19 그 부모는 그를 잡아다가 성문 앞으
로 장로들에게 데려가서
20 장로들에게 말하라. '이 아이는 우리
아들인데 마음이 고집스럽고 반항적
입니다. 우리에게 순종하지 않습니다.
방탕한 데다가 술꾼입니다.'
21 그러면 그 성의 모든 남자들이 그를
돌로 쳐 죽이도록 하라. 너는 그런 악
한 사람들을 너희 가운데서 제거하
라. 그러면 온 이스라엘이 그 말을 듣
고 두려워할 것이다."

여러 가지 법들

22 "만약 한 사람이 죽을죄를 지어서 죽
임당해 몸이 나무에 매달렸다면
23 너는 밤이 다 가도록 그 시체를 나무

에 두지 마라. 반드시 바로 그날 그를
묻어 주도록 하여라. 나무에 달린 사
람은 누구든 하나님의 저주 아래 있
기 때문이다. 너는 너희 하나님 여호
와께서 네게 기업으로 주시는 그 땅
을 더럽히지 마라."

22 "만약 네가 네 형제의 소나 양
이 길을 잃고 헤매는 것을 보
면 그냥 지나치지 말고 반드시 그것
들을 네 형제에게 데려다 주어라.
2 만약 그 형제가 가까이 살지 않거나
그가 누구인지 모른다면 네 집에 데
려갔다가 찾는 사람이 올 때까지 너
와 함께 두었다가 그에게 그 짐승을
다시 돌려주어라.
3 마찬가지로 너는 네 형제의 나귀나
겉옷도 그렇게 하며 네 형제가 잃어버
린 모든 것을 찾았을 때도 그렇게 하
고 못 본 체하지 마라.
4 만약 네가 네 형제의 나귀나 소가 길
거리에 넘어져 있는 것을 보면 그냥
지나치지 마라. 넘어진 것을 일으켜
세워 주어라.
5 여자는 남자 옷을 입지 말고 남자는
여자 옷을 입지 마라. 너희 하나님 여
호와께서는 이렇게 하는 사람을 가증
스럽게 여기신다.
6 만약 네가 길가나 나무 위나 땅바닥
에 있는 새 둥지에서 어미가 새끼나
알을 품고 있는 것을 보면 그 어미나
새끼를 가져가지 마라.
7 너는 새끼를 가져가되 반드시 그 어
미를 놓아주어라. 그러면 네가 잘되
고 오래 살 수 있을 것이다.
8 네가 새 집을 지을 때는 네 지붕 주변
에 난간을 만들어 네 집에서 사람이
떨어져 피 흘리는 일이 없게 하여라.
그렇게 하면 사람이 거기에서 떨어져
도 그 피가 네 집에 돌아가지 않을 것
이다.
9 네 포도원에 두 가지 씨를 뿌리지 마
라. 그렇게 하면 네가 심어 얻은 그
수확물이나 그 포도원 열매를 다 *빼
앗길 것이다.
10 소와 나귀를 한 멍에에 매어 밭을 갈
지 마라.
11 양털과 베를 함께 섞어 짠 것을 입지
마라.
12 네가 입는 겉옷 네 귀퉁이에 술을 달
아라."

결혼 위반

13 "만약 한 남자가 아내를 얻었는데 잠
자리를 같이한 뒤에 그가 싫어져서
14 '내가 이 여자와 결혼해서 잠자리를
같이했는데 처녀인 증거를 볼 수 없었
다'라며 비방하고 누명을 씌운다면
15 그 여자의 부모는 그 처녀가 처녀인
증거를 성문에 있는 그 성 장로들에
게 가져가야 할 것이다.
16 누명을 쓴 여자의 아버지는 장로들에
게 말하라. '내가 내 딸을 이 사람과
결혼시켰는데 그가 내 딸을 좋아하
지 않습니다.
17 지금 그가 내 딸을 비방하며 '내가 당
신 딸이 처녀인지 알 수 없었다'라고

22:9 히브리어, '성물이 되다.'

말하지만 여기 내 딸이 처녀인 증거
가 있습니다.' 그리고 그 부모가 그 천
을 그 성 장로들에게 보여 주면
18 장로들이 그 사람을 데려다가 벌을
주어야 한다.
19 장로들은 그에게 은 *100세겔을 물리
고 그 돈을 그 여자의 아버지에게 주
도록 하라. 이는 그 사람이 이스라엘
의 처녀에게 누명을 씌웠기 때문이다.
그 여자는 계속 그의 아내가 돼야 하
리니 그는 살아 있는 동안 그 여자와
이혼할 수 없다.
20 그러나 만약 그 고소가 사실이어서
그 여자가 처녀라는 증거물이 발견되
지 않는다면
21 그 여자를 자기 아버지 집 문으로 데
려가 거기서 그 성의 남자들이 돌로
쳐 죽여라. 이는 여자가 아버지의 집
에 있을 때 이스라엘에서 난잡한 행
동으로 수치스러운 짓을 했기 때문이
다. 너는 그런 악한 사람들을 너희 가
운데서 제거하여라.
22 만약 한 남자가 다른 남자의 아내와
잠자리를 같이한 것이 밝혀지면 그
남자와 여자는 죽여서 그런 악한 사
람들을 이스라엘에서 제거하여라.
23 만약 한 남자가 어떤 약혼한 처녀를
성안에서 만나게 돼 함께 잤다면
24 너는 그들 모두를 그 성문 앞으로 데
려가 돌로 쳐 죽여라. 그 여자는 성안
에 있었는데도 도와 달라고 소리 지
르지 않았고 그 남자는 다른 남자의
아내를 범했기 때문이다. 너는 그 악
한 사람들을 너희 가운데서 제거하
여라.
25 그러나 한 남자가 들판에서 어떤 약
혼한 여자를 만나 강간했다면 그 남
자만 죽어야 할 것이다.
26 그 여자에게는 아무것도 행하지 마
라. 그녀는 죽임당할 죄를 짓지 않았
다. 이런 경우는 자기 이웃을 공격해
살해한 사람의 경우와 같은데
27 그 사람이 들판에서 여자를 만나는
바람에 약혼한 그 여자가 소리를 지
르더라도 도와줄 사람이 하나도 없었
기 때문이다.
28 한 남자가 약혼하지 않은 여자를 만
나 강간하다가 들켰다면
29 그는 그 여자의 아버지에게 은 *50세
겔을 지불해야 한다. 그는 그 여자와
결혼해야 하는데 그것은 그가 그녀를
범했기 때문이다. 그는 자기가 사는
동안 그 여자와 절대 이혼할 수 없다.
30 자기 아버지의 아내와 결혼해 자기
아버지의 침대를 욕되게 하는 일을
하지 마라."

총회에서 제외된 사람

23 "남근이 상했거나 베어 거세된
자는 아무도 여호와의 총회에
들어올 수 없다.
2 사생아나 그 자손들은 10대까지도 여
호와의 총회에 들어올 수 없다.
3 암몬 사람이나 모압 사람이나 그 자
손들은 10대까지도 여호와의 총회에

22:19 100세겔은 약 1.14킬로그램 22:29 50세겔은 약 570그램

들어올 수 없다.
4 그들은 너희가 이집트에서 나올 때
빵과 물로 너희를 맞아 주지 않았고
메소포타미아의 브돌 사람 브올의 아
들 발람을 고용해 너희를 저주하게
했기 때문이다.
5 그러나 너희 하나님 여호와께서는 발
람에게 귀 기울이지 않으셨고 그 저
주를 복으로 바꾸셨다. 너희 하나님
여호와께서 너희를 사랑하시기 때문
이다.
6 너희가 사는 동안 그들에게 평화의
조약을 구하지 말라.
7 에돔 사람을 미워하지 말라. 그는 네
형제다. 이집트 사람을 미워하지 말
라. 네가 그 땅에서 이방 사람으로 살
았기 때문이다.
8 그들에게서 난 자손들은 3대째부터
여호와의 총회에 들어올 수 있다."

진영에서의 부정

9 "네가 네 원수들을 치려고 진을 칠
때 부정한 모든 것을 멀리하여라.
10 만약 너희 군사들 가운데 하나가 몽
정을 해 부정해졌다면 그는 진영 밖
으로 나가 머물러 있어야 한다.
11 그러나 그는 저녁이 되면 몸을 씻고
해가 지면 진영 안으로 들어올 수 있
다.
12 진영 바깥에 한 장소를 정해 두고 너
는 그곳으로 나가라.
13 무엇이든 땅을 팔 것을 가져가 네가
변을 볼 때 구멍을 파서 그 배설물을
덮도록 하여라.
14 너희 하나님 여호와께서 너희를 보호
하고 너희 원수들을 너희에게 넘겨주
려고 너희 진영 안에서 다니시기 때
문이다. 너희 진영을 거룩하게 해 그
분이 너희 가운데서 불결한 것을 보
고 떠나지 않으시도록 하라."

갖가지 법들

15 "만약 어떤 종이 네게 와서 숨으면 그
를 주인에게 넘겨주지 마라.
16 그가 네 성문들 가운데 가장 좋은 한
곳을 택하게 해 너희 가운데서 너와
함께 살게 하고 너는 그를 학대하지
마라.
17 이스라엘 사람이면 남자나 여자나 성
소에서 몸을 팔지 마라.
18 너는 창녀의 몸값이나 *개처럼 번 돈
을 너희 하나님 여호와의 집에 맹세
로 소원하기 위해 가져오지 마라. 이
는 이 두 가지 모두 네 하나님 여호와
께 가증하기 때문이다.
19 네 형제에게 꾸어 주고 이자를 받지
마라. 돈이든 양식이든 꾸어 주는 어
떠한 것의 이자도 받지 마라.
20 이방 사람에게는 이자를 물려도 되지
만 네 형제에게는 꾸어 주고 이자를
받지 마라. 그래야 네 하나님 여호와
께서 네가 들어가 차지할 그 땅에서
네 손이 닿는 모든 일에 복 주실 것이
다.
21 만약 네가 네 하나님 여호와께 약속
한 것이 있으면 갚기를 더디게 하지
마라. 네 하나님 여호와께서는 네게

23:18 또는 남창이 번 돈

그것을 반드시 요구하실 것이니 그러
면 네가 죄지은 것이 될 것이다.
22 그러나 만약 드리겠다는 약속을 하
지 않으면 죄는 없을 것이다.
23 네 입술에서 나가는 것은 네가 반드
시 지키고 행해야 한다. 네가 네 하나
님 여호와께 네 입으로 자진해서 드
리겠다고 약속을 했기 때문이다.
24 만약 네가 이웃의 포도원에 들어간다
면 네가 원하는 대로 포도를 먹고 바
구니에는 담지 마라.
25 만약 네가 이웃의 밭에 들어간다면
이삭을 따는 것은 괜찮지만 낫을 대
지는 마라."

24 "만약 한 남자가 어떤 여자와
결혼했는데 그가 여자에게서
부끄러움이 되는 일을 알게 돼 마음
으로 싫어지게 되면 그는 이혼 증서
를 써서 그 여자에게 주고 자기 집에
서 내보내야 한다.
2 만약 그 여자가 그 집을 떠나 다른 사
람의 아내가 되고 나서
3 그 두 번째 남편도 그녀를 미워해 그
녀에게 이혼 증서를 써 주고 집에서
내보냈거나 혹은 그녀를 데려간 그
남편이 죽었더라도
4 그녀가 더럽혀진 뒤에 그 여자와 이
혼한 전남편이 그녀를 다시 데려오지
말라. 이는 여호와께서 보시기에 가
증스러운 일이다. 너희 하나님 여호
와께서 너희에게 기업으로 주시는 그
땅 위에 죄를 부르지 말라.
5 만약 한 남자가 결혼한 지 얼마 안 되
었다면 전쟁에 나가거나 부역을 담당
하지 말라. 1년 동안 그는 자유로운
몸으로 집에서 결혼한 아내를 행복하
게 해 주라.
6 맷돌의 위짝이나 아래짝을 빚보증으
로 가져올 수 없는데 이는 그것이 생
계를 위한 최소 수단이기 때문이다.
7 자기 형제 이스라엘 사람을 납치해서
종으로 대하거나 팔면 그 납치한 사
람은 죽여야 한다. 너는 이런 악한 사
람들을 너희 가운데서 제거하여라.
8 *나병에 관해서는 특별히 조심해야
하는데 레위 사람들인 제사장들이 지
시하는 대로 해야 한다. 너는 내가 그
들에게 명령한 것을 조심해 지켜라.
9 네 하나님 여호와께서 너희가 이집트
에서 나온 후의 여정에서 미리암에게
어떻게 하셨는지 기억해 보아라.
10 네가 네 이웃에게 빌려 준 것이 있을
때는 그의 집에 들어가 그가 제시하
는 담보물을 가져오지 마라.
11 너는 밖에 머물러 있고 네게 빌린 그
사람이 그 담보물을 가지고 나오게
하여라.
12 만약 그 사람이 가난하다면 그 담보
물을 가진 채로 자지 말고
13 해 질 무렵 그의 겉옷을 돌려주어 그
가 덮고 자게 하여라. 그러면 그가 네
게 고마워할 것이고 그것은 네 하나
님 여호와께서 보시기에 의로운 행동
으로 여겨질 것이다.
14 가난하고 궁핍한 일꾼은 그가 너희의

24:8 히브리어로는 여러 가지 악성 피부병을 뜻함.

형제든 네 성문 안 네 땅에서 사는
이방 사람이든 압제하지 마라.
15 그에게 그날 해 지기 전에 일당을 주
어라. 그는 가난하기 때문에 그 일당
에 급급해하는 것이다. 그러지 않으
면 그가 너에 대해 여호와께 부르짖
을 것이니 네게 죄가 될 것이다.
16 아버지들은 자기 자식들로 인해 죽어
서는 안 되며 자식들도 자기 아버지
들로 인해 죽임을 당해서는 안 된다.
모든 사람은 자기 죄로 인해 죽어야
한다.
17 이방 사람이나 고아에게 억울한 일이
없게 하고 과부에게서 그 겉옷을 담
보물로 잡지 마라.
18 네가 이집트에서 종이었고 너희 하나
님 여호와께서 너를 그곳에서 구해
내셨음을 기억하여라. 그런 까닭에
내가 네게 이렇게 하라고 명령하는
것이다.
19 네가 네 밭에서 추수할 때 들에서 곡
식 한 단을 잊어버렸거든 그것을 가지
러 돌아가지 마라. 그것은 이방 사람
이나 고아나 과부를 위한 것이 될 것
이다. 그러면 네 하나님 여호와께서
네 손으로 하는 모든 일에 복 주실
것이다.
20 네 올리브 나무의 열매를 떤 뒤 그 가
지를 살피러 다시 가지 마라. 그것은
이방 사람이나 고아나 과부를 위한
것이다.
21 네가 네 포도원에서 포도를 수확할
때 다시 가서 따지 마라. 그 남은 것
은 이방 사람이나 고아나 과부를 위
해 남겨 두어라.
22 네가 이집트에서 종이었던 것을 기억
하여라. 그런 까닭에 내가 이렇게 하
라고 명령하는 것이다."

25

"사람들끼리 말싸움이 붙었을
때 법정으로 데리고 가거라. 그
러면 재판관들이 그 문제를 판결해
죄 없는 사람은 석방하고 죄지은 사
람은 정죄할 것이다.
2 만약 죄지은 사람이 맞아야 한다면
그 재판관이 그를 자기 앞에 눕히고
그 죄에 알맞은 만큼 매질을 할 것이
다.
3 그러나 매질이 40대를 넘지 않아야
한다. 만약 40대 이상 매질을 한다면
네 형제가 너를 비열한 사람으로 여
길 수 있다.
4 소가 추수를 위해 곡식을 떨려고 밟
고 있다면 재갈을 물리지 마라.
5 형제들이 함께 살다가 하나가 아들
없이 죽었으면 죽은 이의 과부는 나
가서 다른 사람과 결혼하지 말라. 그
남편의 형제가 그녀를 데려가 결혼해
형제로서의 의무를 다하여라.
6 그녀가 첫아들을 낳으면 죽은 형제의
대를 잇게 해 그 이름이 이스라엘에
서 지워지지 않게 하여라.
7 그러나 만약 한 남자가 자기 형제의
아내와 결혼하고 싶어 하지 않으면
과부가 된 그 형제의 아내는 성문에
있는 장로들에게 가서 말하여라. '내
남편의 형제가 이스라엘에서 그 형제

의 대를 이어 주기를 거부합니다. 그
는 내게 형제의 의무를 다하려고 하
지 않습니다.'
8 그러면 그 성 장로들이 그를 불러 말
하라. 만약 그가 '그 여자와 결혼하고
싶지 않다'라고 말하면서 고집을 부리
면
9 과부가 된 그 형제의 아내는 장로들
이 보는 앞에서 그에게로 올라가 신
발 한 짝을 벗기고 얼굴에 침을 뱉으
며 '자기 형제의 대를 잇지 않는 사람
은 이렇게 해야 한다'고 말하여라.
10 그 사람은 대대로 이스라엘에서 '신발
이 벗겨진 가문'으로 알려질 것이다.
11 만약 두 사람이 싸우다가 그 가운데
한 사람의 아내가 자기 남편을 치는
자의 손에서 구해 내려고 가까이 다
가가서 손을 내밀어 그 사람의 중요
한 데를 붙잡았다면
12 너는 그 여자의 손목을 잘라 버려라.
그녀에게는 무자비하게 대해야 한다.
13 네 가방에 서로 다른 저울 추, 곧 큰
것과 작은 것을 넣지 마라.
14 네 집에서 서로 다른 되, 곧 큰 것과
작은 것을 두지 마라.
15 너는 완전하고 정확한 추를 두며 완전
하고 정확한 되를 두어라. 그래야 네
하나님 여호와께서 네게 주시는 그 땅
에서 오래오래 살 수 있을 것이다.
16 네 하나님 여호와께서는 이런 일을
하는 자, 곧 정직하지 못한 거래를 하
는 자를 가증스럽게 여기신다.
17 네가 이집트를 나올 때 아말렉 사람
들이 네게 어떻게 했는지 기억해 보
아라.
18 네가 지쳐 피곤했을 때 그들이 길을
가다가 너희를 만나서 뒤처져 있는
자들을 치지 않았느냐? 그들은 하나
님을 두려워하지 않았다.
19 네 하나님 여호와께서 네게 기업으
로 주시는 그 땅에서 네 하나님 여호
와께서 네 주변의 모든 원수들로부터
벗어나 네게 안식을 주실 때 너는 하
늘 아래에서 아말렉을 기억하는 일조

Q&A 왜 하나님은 아말렉을 모조리 없애라고 하셨나?

참고 구절 | 신 25:19

하나님은 이스라엘 백성에게 가나안에 들어가면 아말렉 족속을 모조리 없애 버리라고 명령하셨다(신 25:19).
첫째 이유는 하나님을 두려워하지 않고 이스라엘을 공격했기 때문이었다(신 25:18). 하나님의 능력으로 이스라엘을 가나안으로 이끌어 가셨음을 들었는데도(신 2:25) 이스라엘을 공격했다는 것은 하나님에 대한 도전이었던 것이다.
둘째는 이스라엘이 지쳐 있는 틈을 타서 싸울 능력이 없는 사람들을 무참히 공격하고 먼저 싸움을 걸어온 비열한 행위 때문이었다(출 17:8; 신 25:18).
이 명령은 이스라엘 역사에서 사울에 의해(삼상 15장), 히스기야 때 시므온 자손에 의해(대상 4:41-43), 에스더 때 아말렉의 후손인 하만을 처형함으로 성취되었다(에 7:9-10).

차 없도록 그들을 모조리 없애 버려
라. 잊지 마라!"

첫 열매와 십일조

26 "네 하나님 여호와께서 네게 기
업으로 주시는 그 땅에 네가
들어가 차지하고 거기 정착할 때
2 네가 네 하나님 여호와께서 주시는
그 땅의 흙에서 수확한 모든 것들 가
운데 처음 난 열매들 얼마를 가져다
가 바구니에 넣어라. 그리고 네 하나
님 여호와께서 그분의 이름을 두시려
고 선택하신 그곳으로 가서
3 너는 그 당시에 있는 제사장에게 말
하여라. '여호와께서 우리에게 주시겠
다고 우리 조상들에게 맹세하신 그
땅에 내가 들어오게 됐음을 내가 오
늘 당신의 하나님 여호와께 고합니다.'
4 제사장이 네 손에 있던 바구니를 가
져다가 네 하나님 여호와의 제단 앞
에 놓으면
5 너는 네 하나님 여호와 앞에서 말씀
드려라. '내 조상은 거의 *몰락하던
아람 사람이었는데 그가 몇몇 사람들
과 함께 이집트로 내려가 거기서 살다
가 크고 힘세고 큰 민족이 됐습니다.
6 그러나 이집트 사람들이 우리를 학대
하고 고된 일을 시키며 우리에게 고
통을 주었습니다.
7 그래서 우리는 우리 조상들의 하나님
여호와께 부르짖었고 여호와께서는
우리 소리를 들으셔서 우리의 비참함
과 고난과 압제당하는 것을 보셨습니
다.
8 그리고 여호와께서는 강력한 손과 쭉
뻗친 팔과 큰 공포와 이적과 기사로
우리를 이집트에서 이끌어 내셨습니
다.
9 그분은 우리를 이곳까지 이끌어 주셨
고 이 땅, 곧 젖과 꿀이 흐르는 땅을
우리에게 주셨습니다.
10 여호와여, 그리하여 지금 내가 당신께
서 우리에게 주신 그 흙에서 나온 첫
열매들을 드립니다.' 그리고 나서 그
바구니를 네 하나님 여호와 앞에 두
고 그분 앞에 경배하여라.
11 그리고 너와 너희 가운데 있는 레위
사람들과 이방 사람들까지 네 하나님
여호와께서 너와 네 집안에 주신 그
모든 좋은 것들을 즐거워하여라.
12 3년째 되는 해, 곧 십일조를 드리는
해에 네가 수확한 모든 것의 십일조
를 따로 떼어 놓기를 마치면 너는 그
것을 레위 사람들과 이방 사람들과
고아들과 과부들에게 주어라. 그러면
그들이 네 성에서 배불리 먹을 수 있
을 것이다.
13 네 하나님 여호와께 말씀드려라. '내
가 내 집에서 거룩한 몫을 가져다가
주께서 내게 명령하신 모든 것에 따
라 레위 사람들과 이방 사람들과 고
아들과 과부들에게 주었습니다. 내가
주의 명령을 어긴 적이 없고 그 가운
데 어느 것도 잊은 적이 없습니다.
14 내가 애곡하는 동안 거룩한 몫에서
떼어먹은 적이 없고 부정한 때 그 가

26:5 또는 유리하는, 떠돌아다니는

운데 어느 것도 쓰지 않았으며 그 가
운데 어느 것도 죽은 사람에게 바치
지 않았습니다. 나는 내 하나님 여호
와께 순종했습니다. 내가 주께서 내
게 명령하신 모든 것을 따라 했습니
다.
15 하늘에서, 주께서 계시는 거룩한 곳
에서 내려다보시고 주의 백성 이스라
엘과 주께서 우리 조상들에게 맹세로
약속하신 대로 우리에게 주신 그 땅,
곧 젖과 꿀이 흐르는 땅을 축복해 주
십시오.'"

여호와의 명령을 따르라

16 "네 하나님 여호와께서 오늘 네게 이
규례와 법도를 따르라고 명령하신다.
삼가 네 온 마음과 네 온 영혼을 다
해 그것을 지켜 행하여라.
17 너는 오늘 오직 여호와만이 네 하나
님이심을 인정하고 그분의 길을 걷고
그분의 규례와 명령과 법도를 지키며
그 음성을 들었다.
18 여호와께서도 네게 약속하셨던 대로
오늘 너를 그분께 속한 소중한 백성
으로 인정하셨으니 너는 그분의 모든
계명들을 지켜야 할 것이다.
19 그분은 그분이 만드신 모든 민족들
가운데서 너를 칭찬과 명성과 영광으
로 높이시고 그분이 약속하신 대로
네가 네 하나님 여호와께 거룩한 백
성이 되게 하실 것이다."

에발 산의 제단

27 모세와 이스라엘 장로들이 백
성들에게 명령했습니다. "내가
오늘 너희에게 주는 이 모든 명령들
을 지키라.
2 네가 요단 강을 건너 너희 하나님 여
호와께서 너희에게 주시는 그 땅으로
들어가는 날 너는 큰 돌들을 세우고
그것들에 석회를 발라라.
3 너희 조상들의 하나님 여호와께서 너
희에게 약속하신 대로 너희가 너희
하나님 여호와께서 너희에게 주시는
강 건너 그 땅, 곧 젖과 꿀이 흐르는
땅에 들어가면 이 율법의 모든 말씀
들을 그 돌들 위에 적어 두라.
4 그리고 너희가 요단 강을 건너간 뒤에
내가 오늘 너희에게 명령하는 대로
이 돌들을 에발 산에 가져다 두고 그
위에 석회를 바르라.
5 거기에서 너희 하나님 여호와께 제단,
곧 돌 제단을 쌓을 것이며 그것을 만
들 때 어떠한 철 연장도 사용하지 말
라.
6 다듬지 않은 돌로 너희 하나님 여호
와의 제단을 만들고 그 위에다 너희
하나님 여호와께 번제물을 드리라.
7 거기서 화목제물을 드리고 난 뒤에
너희 하나님 여호와 앞에서 그것을
먹고 기뻐하라.
8 너희는 너희가 세운 이 돌들에 이 율
법의 모든 말씀을 분명하게 기록해
두어야 할 것이다."

에발 산에서 선언하는 저주

9 모세와 레위 사람들인 제사장들이
온 이스라엘에게 말했습니다. "이스라
엘아, 잠잠히 들으라! 너희는 이제 너

희 하나님 여호와의 백성들이 됐다.
10 그러므로 너희는 너희 하나님 여호와
께 순종하고 오늘 내가 너희에게 주
는 그분의 명령과 규례를 따르라."
11 모세가 같은 날 백성들에게 말했습니
다.
12 "너희가 요단 강을 건넌 뒤에 시므온,
레위, 유다, 잇사갈, 요셉, 베냐민 지파
는 그리심 산에 서서 백성들을 축복
해야 한다.
13 그리고 르우벤, 갓, 아셀, 스불론, 단,
납달리 지파는 에발 산에 서서 저주
를 선포해야 한다.
14 레위 사람들은 큰 소리로 온 이스라
엘 백성들에게 낭송하라.
15 '여호와께서 가증스럽게 여기시는 직
공의 손으로 만든 것, 곧 형상을 조
각하거나 우상을 부어 만들어 아무
도 모르게 세우는 자는 저주를 받을
것이다.' 모든 백성들은 '아멘!' 하라.
16 '자기 아버지나 어머니에게 함부로 하
는 자는 저주를 받을 것이다.' 모든 백
성들은 '아멘!' 하라.
17 '자기 이웃의 경곗돌을 움직이는 자
는 저주를 받을 것이다.' 모든 백성들
은 '아멘!' 하라.
18 '길 가는 눈먼 사람을 잘못 인도하는
자는 저주를 받을 것이다.' 모든 백성
들은 '아멘!' 하라.
19 '이방 사람이나 고아나 과부에게 재
판을 불리하게 하는 자는 저주를 받
을 것이다.' 모든 백성들은 '아멘!' 하
라.
20 '자기 아버지의 아내와 같이 잠자리를
하는 자는 저주를 받을 것이다. 이는
그가 자기 아버지의 침대를 더럽혔기
때문이다.' 모든 백성들은 '아멘!' 하라.
21 '동물과 관계하는 자는 저주를 받을
것이다.' 모든 백성들은 '아멘!' 하라.
22 '자기 자매, 곧 아버지의 딸이나 어머
니의 딸과 같이 잠자리를 하는 자는
저주를 받을 것이다.' 모든 백성들은
'아멘!' 하라.
23 '자기 장모와 같이 잠자리를 하는 자
는 저주를 받을 것이다.' 모든 백성들
은 '아멘!' 하라.
24 '이웃을 아무도 모르게 죽이는 자는
저주를 받을 것이다.' 모든 백성들은
'아멘!' 하라.
25 '뇌물을 받고 죄 없는 사람을 죽이는
자는 저주를 받을 것이다.' 모든 백성
들은 '아멘!' 하라.
26 '이 율법의 말씀을 실행하지 않는 자
는 저주를 받을 것이다.' 모든 백성들
은 '아멘!' 하라."

순종하여 받는 복 (레 26:3-13;신 7:12-24)

28 "만약 네가 네 하나님 여호와
께 온전히 순종하고 삼가 내가
오늘 네게 주는 그분의 모든 명령들
을 따르면 네 하나님 여호와께서 너
를 세상의 모든 민족들보다 높이 세
우실 것이다.
2 만약 네가 네 하나님 여호와께 순종
하면 이 모든 복이 너와 함께하고 너
를 찾아올 것이다.
3 너는 성안에서 복을 받고 들판에서

도 복을 받을 것이다.
4 네 몸에서 나는 것이 복을 받을 것이
며 네 땅에서 나는 것과 네 가축의
새끼, 곧 소들의 새끼인 송아지들과
양들의 새끼인 어린양들이 복을 받
을 것이다.
5 네 바구니와 네 반죽 그릇이 복을 받
을 것이다.
6 네가 들어와도 복을 받고 나가도 복
을 받을 것이다.
7 여호와께서 네게 대항해 들고일어나
는 원수들이 네 앞에서 얻어맞게 하
실 것이다. 그들이 한 길로 왔다가 네
앞에서 일곱 길로 도망할 것이다.
8 여호와께서 네 창고와 네 손이 닿는
모든 것에 복을 보내실 것이며 네 하
나님 여호와께서 네게 주시는 그 땅
에서 네게 복 주실 것이다.
9 네가 네 하나님 여호와의 명령들을
지키고 그분의 길로 걸으면 여호와께
서 네게 맹세하신 대로 너를 그분의
거룩한 백성으로 세우실 것이다.
10 그러면 세상의 모든 민족들이 네가
여호와의 이름으로 불리는 것을 보고
너를 두려워할 것이다.
11 여호와께서 네 조상들에게 네게 주겠
다고 맹세하신 그 땅에서 네 몸에서
나는 것, 네 가축의 새끼들, 네 땅에
서 거둬들인 것을 풍요롭고도 풍성하
게 하실 것이다.
12 여호와께서 하늘에 있는 그분의 은혜
의 창고를 열어 네 땅에 때마다 비를
보내시고 네 손으로 하는 모든 일에
복 주실 것이다. 네가 여러 민족들에
게 꾸어 주고 누구에게도 꾸는 일이
없을 것이다.
13 여호와께서 너를 머리가 되게 하시고
꼬리가 되지 않게 하실 것이다. 만약

Q&A 복과 저주의 현대적 의미는?

참고 구절 | 신 28장

하나님은 이스라엘 백성이 잘되라고 여호와의 명령과 규례를 주셨다(신 10:13). 구약 성경에는 순종에 따른 복과(신 28:1-14) 불순종에 따른 저주가(신 28:15-68) 명백히 나타나 있다. 여기서의 복과 저주는 주로 외형적이고 물질적인 측면이 강조되고 있어, 오늘날 어려움이나 질병으로 고생하는 성도들은 혹시 하나님의 저주를 받고 있는 것은 아닌가 하는 생각이 들 수도 있다.

그러나 예수님은 참된 복은 외형적이고 물질적인 것만이 아님을 말씀하셨다(마 5:3-12). 참되고 절대적인 복은 하나님과의 올바른 관계에서 주어지는 영적 평강의 상태를 말하며 예수님은 하나님 자신이 참된 복의 근원이시며 복 그 자체라고 가르치셨다. 그러므로 참된 복은 사람의 노력에 의해 추구되는 것이라기보다 순종하는 자에게 주시는 하나님의 은혜인 것이다.

그러나 때때로 하나님은 사랑하는 자들에게 가난(삼상 2:7)과 시험(욥 23:10), 육체의 가시(고후 12: 7) 등을 허락하신다. 성도들의 믿음을 연단하시고 보다 성숙시키기 위해서다. 그러므로 그리스도인은 모든 일에 하나님의 주권을 인정하며 지금 가지고 있는 것으로 만족하고(히 13:5) 감사하는 마음(살전 5:18)으로 살아가야 한다.

오늘 내가 주는 네 하나님 여호와의
명령들에 네가 귀 기울이고 삼가 지
키면 너는 항상 위에만 있고 결코 아
래에 있지 않을 것이다.
14 내가 오늘 네게 주는 그 명령들 가운
데 어느 것이라도 오른쪽이나 왼쪽으
로 치우치지 말고 다른 신들을 따르
고 섬기는 일이 없도록 하여라."

불순종하여 받는 저주

15 "그러나 만약 네가 네 하나님 여호와
께 순종하지 않고 내가 오늘 네게 주
는 그분의 모든 명령과 규례를 삼가
따르지 않으면 이 모든 저주들이 네
게 닥쳐 너를 덮칠 것이다.
16 너는 성안에 있어도 저주를 받고 들
판에 있어도 저주를 받을 것이다.
17 네 바구니와 네 반죽 그릇이 저주를
받을 것이다.
18 네 몸에서 나는 것이 저주를 받고 네
땅의 수확물과 네 소들 가운데 송아
지와 네 양들 가운데 어린양들이 저
주를 받을 것이다.
19 너는 들어가도 저주를 받고 나가도
저주를 받을 것이다.
20 네가 *그분을 버린 그 악으로 인해 여
호와께서 네가 손을 대는 모든 일에
저주와 괴로움과 질책을 보내 네가
멸망하고 갑작스러운 파멸에 이르게
하실 것이다.
21 여호와께서 네게 전염병을 보내 네가
들어가 차지하게 되는 그 땅에서 너
의 모든 것을 다 멸망하게 하실 것이
다.
22 여호와께서 너를 몸이 피폐해지는 질
병으로, 열병과 염증과 무더위와 가
뭄과 식물을 시들게 하고 썩게 하는
병으로 네가 멸망할 때까지 치실 것
이며 그것들은 네가 패망할 때까지
너를 쫓을 것이다.
23 네 머리 위의 하늘은 청동이 되고 네
아래에 있는 땅은 철이 될 것이다.
24 여호와께서 네 나라에 비 대신 모래흙
과 먼지를 보내실 것이다. 그것은 하
늘에서 내려와 너를 멸망시킬 것이다.
25 여호와께서 네가 네 원수들 앞에서
패배하게 하시리니 너는 그들에게 대
적하기 위해 한 길로 왔다가 일곱 길
로 도망칠 것이고 너는 세상의 모든
나라들에게 미움의 대상이 될 것이
다.
26 네 시체는 공중의 새들인 날짐승과
땅의 짐승들의 먹이가 될 것이며 아
무도 그 짐승들을 쫓아낼 사람이 없
을 것이다.
27 여호와께서 네게 이집트의 종기와 치
질과 괴혈병과 가려움증으로 너를 치
실 것이고 너는 병이 나을 수 없을 것
이다.
28 여호와께서 정신병과 눈머는 것과 정
신착란증으로 너를 치실 것이다.
29 정오에 네가 어둠 속에 다니는 눈먼
사람처럼 더듬고 다닐 것이며 네가
하는 모든 일에 번성하지 못할 것이
다. 날마다 너는 학대받고 약탈만 당
하겠으나 아무도 너를 구해 줄 자가

28:20 히브리어, '나를'

없을 것이다.
30 네가 한 여자와 약혼하겠으나 다른
사람이 와서 그 여자와 자게 될 것이
며 네가 집을 지을지라도 네가 거기
에서 살지 못할 것이다. 네가 포도밭
을 일구겠지만 그 포도를 먹을 수는
없을 것이다.
31 네 소를 네 눈앞에서 잡더라도 그 고
기를 하나도 먹지 못할 것이며 네가
네 나귀를 강제로 빼앗기고 돌려받지
못할 것이다. 네 양들이 네 원수들에
게로 넘어가겠지만 아무도 그 양들을
구해 주지 않을 것이다.
32 네 아들딸들이 다른 민족에게로 넘
어가겠고 너는 날마다 눈이 흐려지고
손에 힘이 빠질 것이다.
33 네가 알지 못하는 한 민족이 네 땅의
열매와 수고로 거두는 것을 먹겠고
너는 오직 평생을 압제와 잔혹한 학
대만 받을 것이다.
34 네가 보는 광경이 너를 미치게 할 것
이다.
35 여호와께서 네 무릎과 다리에 고칠
수 없는 고통스러운 종기를 주셔서
그 종기가 네 발에서부터 머리끝까지
번지게 하실 것이다.
36 여호와께서 너와 네 위에 세워진 왕
을 너와 네 조상들이 알지 못하는 민
족에게 끌고 가실 것이다. 너는 거기
서 나무와 돌로 만든 다른 신들을 숭
배할 것이다.
37 너는 여호와께서 너를 끌고 가실 그
모든 민족들에게 미움의 대상이 되
고 조롱거리와 비웃음거리가 될 것이
다.
38 네가 밭에 씨를 많이 심어도 추수하
는 것은 적으리니 이는 메뚜기 떼가
다 갉아 먹을 것이기 때문이다.
39 네가 포도나무를 심고 갈더라도 너는
포도주를 마시거나 포도를 수확할 일
이 없을 것이다. 벌레들이 다 먹을 것
이기 때문이다.
40 네가 네 땅 전역에 올리브 나무를 심
겠으나 너는 그 기름을 쓸 수 없을 것
이니 이는 그 올리브 나무에서 열매
들이 다 떨어져 버릴 것이기 때문이
다.
41 네게 아들딸들이 있겠지만 네가 그들
을 지키지 못할 것이다. 이는 그들이
포로로 끌려갈 것이기 때문이다.
42 메뚜기 떼가 네 모든 나무들과 네 땅
의 수확물들을 빼앗아갈 것이다.
43 너희 가운데 사는 이방 사람이 일어
나 너보다 차차로 높아지겠으나 너는
아래로 아래로 내려갈 것이다.
44 그 이방 사람은 네게 꾸어 주겠지만
너는 그에게 꾸어 주지 못할 것이며
그는 머리가 되고 너는 꼬리가 될 것
이다.
45 이 모든 저주들이 네게 닥칠 것이다.
그 저주들이 너를 따라가 네가 멸망
할 때까지 너를 따라잡을 것이다. 네
가 네 하나님 여호와께 순종하지 않
았고 그분이 네게 주신 그 명령과 규
례를 지키지 않았기 때문이다.
46 이 모든 저주가 너와 네 자손들에게

영원히 표적이 되고 이적이 될 것이
다.
47 네가 번창하는 때 네 하나님 여호와
를 즐겁고 기쁘게 섬기지 않았기에
48 배고픔과 목마름과 헐벗음과 심각한
가난 가운데 여호와께서 네게 보내시
는 그 원수들을 섬기게 될 것이다. 그
분이 너를 완전히 멸망시키실 때까지
네 목에 철 멍에를 씌울 것이다.
49 여호와께서 네게 멀리 땅끝에서 한
민족을 보내실 것이다. 그 민족은 하
늘에 활개 치는 독수리 같고 그 언어
는 네가 알지 못할 것이며
50 그 모습은 험악해 나이 든 사람들을
공격하며 어린아이를 불쌍히 여기는
일이 없다.
51 그들이 네가 멸망할 때까지 네 가축
의 새끼들과 네 땅의 수확물들을 집
어삼킬 것이니 그들은 네가 황폐화될
때까지 곡식이나 새 포도주나 기름이
나 네 소들 가운데 송아지나 네 양들
가운데 어린양을 네게 남겨 두지 않
을 것이다.
52 그들은 네가 믿고 있는 그 높은 성벽
들이 무너져 내릴 때까지 네 땅 전역
의 모든 성들을 포위할 것이다. 그들
은 네 하나님 여호와께서 네게 주시
는 그 땅 전역의 모든 성들을 에워쌀
것이다.
53 네 원수가 포위하는 동안 네가 겪는
그 고통으로 인해 너는 네 몸에서 난
것, 곧 네 하나님 여호와께서 네게 주
신 네 아들딸들의 살을 먹을 것이다.
54 너희 가운데 가장 순하고 마음이 약
한 남자라도 자기 형제나 자기가 사
랑하는 아내나 살아남은 자식들을
불쌍히 여기지 않을 것이고
55 자기가 먹는 자식의 살을 그 어느 누
구에게도 주지 않을 것이다. 그것은
네 원수가 네 모든 성들을 포위하는
동안 네게 닥친 고통으로 인해 네게
남은 것이 아무것도 없기 때문이다.
56 너희 가운데 가장 순하고 마음이 약
한 여자라도, 너무 순하고 마음이 약
해서 발바닥으로 땅을 밟아 보지도
않은 사람이라도 자기가 사랑하는 남
편과 자기 아들딸에게 악한 마음을
품고
57 자기 다리 사이에서 나온 그녀의 어
린 것과 자기에게 생긴 자식들을 몰
래 먹으리니 이는 네 대적이 모든 성
을 에워싸고 몰아쳐서 허기지게 해
아무것도 먹을 것이 없게 했기 때문
이다.
58 만약 네가 이 책에 쓰여 있는 이 율법
의 모든 말씀을 삼가 따르지 않고 영
광스럽고 두려워할 이름, 네 하나님
여호와를 두려워하지 않으면
59 여호와께서 너와 네 자손들에게 무서
운 재앙을 내리실 것이니, 곧 고통스
럽게 계속되는 재앙, 극심하게 오래
가는 병마를 주실 것이다.
60 그분은 네가 두려워했던 이집트의 모
든 질병들을 네게 내리실 것이고 그
질병들이 네게 붙을 것이다.
61 여호와께서는 네가 멸망할 때까지 온

갖 종류의 아픔과 이 율법책에 기록
돼 있지도 않는 재앙을 네게 내리실
것이다.
62 하늘의 별처럼 많았던 너희가 적은
수만 남게 될 것이다. 이는 네가 네
하나님 여호와께 순종하지 않았기 때
문이다.
63 여호와께서 너희에게 선을 행하시고
너희가 번창해 수가 늘어나는 것을
기뻐하셨듯이 그분은 너를 황폐화시
키고 멸망시키는 것을 기뻐하실 것이
다. 너는 네가 들어가 차지할 그 땅에
서 뿌리째 뽑힐 것이다.
64 여호와께서 땅 이쪽 끝에서부터 저쪽
끝까지 모든 민족들 가운데로 너를
흩으실 것이다. 거기서 너는 다른 신
들을, 너나 네 조상들이 알지 못했던
나무와 돌로 만든 신들을 숭배할 것
이다.
65 그 민족들 사이에서 너는 네 발바닥
의 편안함도, 쉴 곳도 찾지 못할 것이
다. 거기서 여호와께서 네게 염려하는
마음을 주시고 눈을 어둡게 하시고
또한 절망만을 주실 것이다.
66 너는 계속 마음이 조마조마하고 밤낮
으로 공포에 시달리며 목숨을 이어
갈 수 있을지 항상 불안하기만 할 것
이다.
67 네가 아침에는 '저녁이었으면 얼마나
좋을까!' 하고 저녁에는 '아침이었으면
얼마나 좋을까!' 할 것이다. 네 마음
을 가득 채울 그 공포와 네 눈이 보
게 될 그 광경 때문이다.
68 여호와께서는 네가 다시는 가지 않을
것이라고 내가 말했던 그 이집트로
너를 배에 태워 보내실 것이다. 거기
서 너는 남종과 여종으로 네 원수들
에게 몸을 팔겠지만 아무도 너를 살
사람이 없을 것이다."

언약의 갱신

29 이것은 이스라엘과 호렙 산에
서 맺으신 언약 외에 여호와께
서 모압에서 이스라엘 백성들과 맺으
려고 모세에게 명령하신 언약의 말씀
들입니다.
2 모세가 온 이스라엘 백성들을 불러서
말했습니다. "여호와께서 이집트 땅에
서 바로에게, 그의 모든 신하들에게
그의 온 땅에서 하신 모든 것을 너희
의 눈으로 보았으니
3 이는 곧 너희 두 눈으로 똑똑히 본
큰 시험들과 이적들과 놀라운 기사
들이다.
4 그러나 오늘까지 여호와께서는 너희
에게 깨닫는 마음이나 볼 수 있는 눈
이나 들을 수 있는 귀를 주지 않으셨
다.
5 여호와께서 너희를 광야에서 이끌고
다니신 그 40년 동안 너희 옷은 해지
지 않았고 너희 발의 신발도 닳지 않
았다.
6 너희는 빵을 먹지 않았고 포도주나
다른 술을 마시지도 않았다. 여호와
께서 이렇게 하신 것은 주께서 너희
하나님 여호와임을 알게 하려는 것이
었다.

7 너희가 이곳에 다다랐을 때 헤스본
왕 시혼과 바산 왕 옥이 우리와 싸우
려고 나왔으므로 우리는 그들을 물
리쳤다.
8 우리가 그들의 땅을 차지했고 그 땅
을 르우벤 사람들과 갓 사람들과 므낫
세 반 지파 사람들에게 기업으로 주
었다.
9 이 언약의 말씀들을 지켜 행하라. 그
러면 너희가 하는 모든 일이 잘될 것
이다.
10 오늘 너희 모두는 너희 하나님 여호
와가 계시는 곳에 서 있으니, 곧 너희
지도자들과 우두머리들과 너희 장로
들과 관리들과 다른 온 이스라엘의
모든 사람과
11 너희 자식들과 너희 아내들과 너희 진
영 안에 살면서 너희 나무를 패고 너
희 물을 길어 오는 이방 사람들이다.
12 이 모두가 네 여호와 하나님의 언약
에 참여하며 또 여호와 하나님께서
오늘 너와 함께 맺는 맹세에 참여해
13 네게 맹세하셨던 대로 또 네 조상 아
브라함과 이삭과 야곱에게 맹세하셨
던 대로 그분께서 오늘 너를 세워 백
성으로 삼으시고 그분은 네 하나님이
되시려는 것이다.
14 내가 이 언약을 맹세로 너희와 세우
되
15 오늘 우리와 함께 우리 하나님 여호
와 앞에 서 있는 사람들뿐 아니라 우
리와 함께 오늘 여기 있지 않는 사람
들과도 맺으시는 것이다.
16 너희는 우리가 이집트에서 어떻게 살
았는지, 우리가 여기까지 여러 민족
들을 어떻게 통과해서 왔는지 스스
로 잘 알고 있을 것이다.
17 너희가 그들 가운데서 가증스러운 형
상들과 나무와 돌과 은과 금으로 만
든 우상들을 보았으니
18 너희는 명심해 남자나 여자나 일족이
나 지파나 오늘 너희 가운데 우리 하
나님 여호와께 마음이 떠나 다른 민
족들이 섬기는 신들에게로 가서 경배
하는 일이 없도록 해야 한다. 또한 너
희 가운데 독초와 쑥을 만들어 내는
뿌리가 있어서는 안 된다.
19 그런 사람은 이런 저주의 말을 듣고
도 스스로를 축복하며 '내가 내 마음
의 상상대로 해 죄악을 물같이 마실
지라도 내게 평안이 있을 것이다' 할
것이다.
20 여호와께서는 결코 그를 용서하지 않
으실 것이며 그분의 진노와 그분의
질투가 그 사람을 향해 불타올라 이
책에 기록된 모든 저주들이 그에게
떨어질 것이고 여호와께서는 그 이름
을 하늘 아래에서 지워 버리실 것이
다.
21 여호와께서 온 이스라엘 지파 가운데
그를 뽑아내어 이 율법책에 기록된
언약의 모든 저주들에 따라 그에게
재앙을 내리실 것이다.
22 다음 세대의 너희 자손들과 먼 땅에
서 오는 이방 사람들이 그 땅에 떨어
진 재난과 여호와께서 내리신 질병들

을 볼 것이다.
23 그 온 땅이 소금과 유황으로 타서 재
가 돼 심은 것도, 싹이 난 것도, 그
위에 자라난 것도 없을 것이다. 그것
은 여호와께서 무서운 진노로 던져
버리신 소돔과 고모라의 멸망과 같고
아드마와 스보임의 멸망과도 같을 것
이다.
24 모든 민족들이 물을 것이다. '여호와
께서 이 땅에 왜 이런 일을 행하셨
는가? 왜 이토록 무섭게 진노하시는
가?'
25 그때 사람들이 대답할 것이다. '이 백
성들이 그 조상들의 하나님 여호와의
언약, 곧 그분이 그들을 이집트에서
이끌어 내실 때 그들과 맺으신 언약
을 저버렸기 때문이다.
26 그들이 가서 자기들도 모르고 여호와
께서 그들에게 주시지도 않은 신들을
섬기고 숭배했기 때문에
27 여호와의 진노가 이 땅을 향해 타올
라 그분이 이 책에 기록된 모든 저주
들을 거기에 쏟아부으신 것이다.
28 또 여호와께서 무서운 진노와 큰 분
노로 그들을 그 땅에서 뿌리째 뽑으
셨고 지금처럼 다른 땅에다 던져 버
리셨으니 그것이 오늘과 같이 된 것이
다.'
29 비밀스러운 일들은 우리 하나님 여호
와께 속해 있지만 율법을 계시해 우
리와 우리 자손들에게 영원히 있게
하신 것은 우리가 이 율법의 모든 말
씀들을 따르게 하려는 것이다."

회개 후에 약속된 번영

30 "내가 너희 앞에 둔 이 모든 복
과 저주가 너희에게 임해 너희
하나님 여호와께서 너희를 쫓아내셨
던 모든 민족들 가운데서 그것들이
너희 마음에 생각나서
2 또 너희와 너희 자손들이 너희 하나
님 여호와께 돌아와 내가 오늘 너희
에게 명령하는 모든 것에 따라 그분
께 온 마음과 온 영혼으로 순종하면
3 너희 하나님 여호와께서 너희를 사로
잡힘에서 회복시키시고 너희를 긍휼
히 여기셔서 그분이 너희를 쫓아내신
모든 민족들로부터 너희를 다시 모으
실 것이다.
4 너희가 하늘 아래 가장 먼 땅으로 쫓
겨 갔다 해도 너희 하나님 여호와께
서 거기서 너희를 모아 돌아오도록
하실 것이다.
5 그분은 너희를 너희 조상들이 차지했
던 그 땅으로 데려오실 것이고 너희
는 그 땅을 차지하게 될 것이다. 그분
은 너희를 너희 조상들보다 더욱 번
성하게 하실 것이다.
6 너희 하나님 여호와께서 너희 마음과
너희 자손들의 마음에 할례를 베푸
시고 너희가 그분을 너희 온 마음과
온 영혼으로 사랑하게 하셔서 너희를
살게 하실 것이다.
7 너희 하나님 여호와께서 너희를 미워
하고 핍박하는 너희 원수들 머리 위
에 이 모든 저주들을 두실 것이다.
8 너희는 돌아와서 여호와의 음성에 순

종하고 내가 오늘 너희에게 주는 그
분의 모든 명령을 따르라.
9 그러면 너희 하나님 여호와께서 너희
손으로 하는 모든 일과 네 몸의 열매
와 너희 가축들의 새끼들과 너희 땅
의 열매를 풍족하게 하실 것이다. 여
호와께서 너희 조상들을 기뻐하셨듯
이 너희 번영으로 인해 다시 기뻐하
실 것이다.
10 너희가 너희 하나님 여호와께 순종하
고 이 율법책에 기록돼 있는 그분의
명령과 규례를 지키며 너희 온 마음
과 너희 온 영혼으로 너희 하나님 여
호와께 돌아오면 그렇게 될 것이다."

생명과 죽음의 제안

11 "내가 오늘 너희에게 명령하는 것은
너희에게 지나치게 어려운 것도 아니
고 너희가 다다를 수 없는 것도 아니
다.
12 그것은 하늘 위에 있지 않으니 너희
는 '누가 하늘로 올라가 그것을 잡겠
으며 우리에게 선포했다고 해서 우리
가 순종하게 하겠는가?' 하고 물을 필
요가 없다.
13 그것은 바다 밑에 있는 것도 아니니
너희는 '누가 바다를 건너가 그것을
잡겠으며 우리에게 선포했다고 해서
우리가 순종하게 하겠는가?' 하고 물
을 필요도 없다.
14 오히려 그 말씀은 네게 아주 가까워
너희 입에 있고 너희 마음에 있어 너
희가 순종할 수 있다.
15 보라. 내가 오늘 너희 앞에 생명과 번
성, 죽음과 멸망을 두어
16 내가 오늘 너희에게 너희 하나님 여
호와를 사랑하고 그분의 길로 걸으며
그분의 명령과 규례와 율법을 지키라
고 명령하고 있다. 그러면 너희가 살
고 너희의 수가 많아질 것이며 너희
하나님 여호와께서 너희가 들어가 차
지할 그 땅에서 너희에게 복 주실 것
이다.
17 그러나 만약 마음을 돌려 너희가 순
종하지 않고 만약 너희가 멀리 나가
다른 신들에게 절하고 경배한다면
18 내가 오늘 너희에게 선언한다. 너희는
반드시 멸망할 것이며 요단 강을 건
너 들어가 차지할 그 땅에서 오래 살
지 못할 것이다.
19 오늘 내가 하늘과 땅을 증인으로 삼
아 너희 앞에 생명과 죽음, 복과 저주
를 두니 생명을 선택해 너희와 너희
자손들이 살고
20 너희 하나님 여호와를 사랑하고 그분
의 음성에 귀 기울이며 그분을 단단
히 붙들라. 여호와는 너희 생명이시
다. 그분께서 너희 조상 아브라함, 이
삭, 야곱에게 주시겠다고 맹세하신 그
땅에서 너희가 살 것이다."

모세의 뒤를 이은 여호수아

31 모세는 밖으로 나가 온 이스라
엘에게 이런 말을 했습니다.
2 "나는 이제 120세니 내가 더 이상 나
가고 들어오는 것을 할 수 없으며 여
호와께서 내게 '너는 요단 강을 건너
지 못할 것이다'라고 말씀하셨다.

3 너희 하나님 여호와께서는 친히 너희
보다 앞서 건너가셔서 너희 앞에서
다른 민족들을 멸망시키실 것이며 너
희는 그들의 땅을 차지하게 될 것이
다. 여호와께서 말씀하신 대로 여호수
아가 너희 앞서 건너갈 것이다.
4 그리고 여호와께서 아모리 왕들인 시
혼과 옥과 그들의 땅에 행하신 것처
럼 그들에게도 하실 것이다.
5 여호와께서 그들을 너희에게 넘겨주
실 것이고 너희는 내가 너희에게 명
령했던 모든 명령대로 그들에게 행하
라.
6 강하고 담대하라. 그들을 두려워하거
나 무서워하지 말라. 그분께서는 너
희와 함께하실 하나님 여호와이시니
그분이 너희를 떠나지도, 버리지도 않
으실 것이다."
7 모세가 여호수아를 불러 온 이스라엘
앞에서 그에게 말했습니다. "강하고
담대하여라. 너는 이 백성들과 함께
여호와께서 그들의 조상들에게 맹세
해 그들에게 주시겠다고 하신 그 땅
으로 가서 그들이 그 땅을 얻어 대대
로 지켜 나가게 해야 할 것이다.
8 여호와께서 친히 네 앞서가시고 너희
와 함께하실 것이며 너를 떠나지도,
너를 버리지도 않으실 것이다. 두려워
하지 말고 낙심하지 마라."

율법을 낭독하다

9 모세가 이 율법을 써 내려갔고 여호와
의 언약궤를 짊어지는 레위의 아들들
인 제사장들과 이스라엘의 모든 장로
들에게 그것을 주었습니다.
10 그리고 모세가 그들에게 명령했습니
다. "7년마다 빚을 탕감해 주는 해의
초막절 동안
11 온 이스라엘이 그분이 선택하신 그
장소로 너희 하나님 여호와 앞에 나
오면 너희는 이 율법을 그들이 듣는
앞에서 읽도록 하라.
12 남자나 여자나 어린아이나 너희 가운
데 사는 이방 사람들까지 온 백성들
을 모아 그들이 듣고 너희 하나님 여
호와를 두려워하고 이 율법의 모든
말씀을 지키게 하며
13 이 율법을 모르는 그들의 자손들이
그것을 듣고 너희가 요단 강을 건너가
차지할 그 땅에서 사는 동안 너희 하
나님 여호와를 경외하는 것을 배우게
하라."

이스라엘의 예견된 거역

14 여호와께서 모세에게 말씀하셨습니
다. "이제 네가 죽을 날이 가까이 왔
다. 여호수아를 불러 너희 둘이 회막
앞으로 나아오라. 내가 거기서 그에
게 임무를 부여할 것이다." 그리하여
모세와 여호수아는 회막 앞으로 나아
왔습니다.
15 여호와께서 회막에서 구름기둥 가운
데 나타나셨고 그 구름기둥은 회막
문 위에 머물러 있었습니다.
16 그때 여호와께서 모세에게 말씀하셨
습니다. "너는 너희 선조들과 함께 잠
들 것이지만 이 백성들은 그들이 들
어갈 그 땅의 이방신들과 음란한 짓

을 할 것이다. 그들은 나를 버리고 내
가 그들과 맺은 언약을 깰 것이다.
17 그날에 내가 그들에게 진노할 것이
고 그들을 버릴 것이다. 내가 내 얼굴
을 그들에게서 숨기고 그들을 멸망시
킬 것이다. 많은 재앙들과 어려움이
그들에게 닥치면 그날에 그들이 '우리
하나님이 우리와 함께하시지 않아서
이런 재앙들이 우리에게 닥친 것이
아닌가?' 하고 물을 것이다.
18 그리고 나는 그날에 그들이 다른 신
들에게 눈을 돌린 그들의 모든 악함
으로 인해 내 얼굴을 숨길 것이다.
19 이제 너희가 이 노래를 기록하고 이
스라엘 백성들에게 가르쳐 부르게 하
라. 그러면 그것이 그들을 향한 내 증
거가 될 것이다.
20 내가 그들을 젖과 꿀이 흐르는 땅, 그
들의 조상들에게 내가 맹세로 약속
한 그 땅으로 들여보낸 뒤 그들이 배
불리 먹고 번성할 때 그들은 다른 신
들에게 돌이켜 그들을 섬기고 나를
멸시해 나와의 언약을 깰 것이다.
21 많은 재앙들과 어려움들이 그들에게
닥치면 이 노래가 그들에 대해 증인
처럼 증언할 것이니 이 노래는 그 자
손들에게 잊혀지지 않을 것이다. 나
는 내가 그들에게 맹세로 약속한 그
땅에 그들을 들여보내기 전에 이미
그들이 어떻게 할 것이라는 것을 알
고 있다."
22 그러므로 모세가 그날 이 노래를 기
록해 이스라엘 백성들에게 가르쳐 주
었습니다.
23 여호와께서 눈의 아들 여호수아에게
는 이런 명령을 내리셨습니다. "강하
고 담대하여라. 너는 내가 그들에게
약속한 그 땅으로 이스라엘 자손을
인도할 것이다. 내가 너와 함께할 것
이다."
24 모세가 이 율법책의 말씀을 처음부
터 끝까지 다 기록하고 나서
25 이 명령을 여호와의 언약궤를 메는
레위 사람들에게 주었습니다.

Q&A 가나안은 정말 '젖과 꿀이 흐르는 땅'이었는가?

참고 구절 | 신 31:20

하나님께서 이스라엘 백성에게 주기로 약속하셨던 가나안 땅은 줄곧 '젖과 꿀이 흐르는' 이상적인 곳으로 묘사되어 왔다(신 31:20;수 5:6). 그러나 실제 가나안 땅은 인간이 마음대로 개간을 하거나 농경을 할 만큼 기름진 땅이 결코 아니었다(신 11:10-11).

그럼에도 불구하고 왜 성경은 이 땅을 '젖과 꿀이 흐르는 땅'이라고 말했는가? 그것은 하나님께서 봄과 가을, 즉 적당한 때에 이른 비와 늦은 비를 내려 주셔서 '젖과 꿀이 흐를 정도로' 모든 것이 잘될 것이기 때문이다. 하지만 이것은 무엇보다 이스라엘 백성들의 순종을 전제로 한다(신 11:13-17). 이는 약속의 땅인 가나안도 광야 생활과 동일하게 하나님만 바라보고 그분의 명령에 순종하며 살아야 하는 땅임을 말해 준다.

26 "이 율법책을 가져가서 너희 하나님
여호와의 언약궤 옆에 보관해 그것이
너희를 향한 증거가 되게 하라.
27 너희가 얼마나 반역을 일삼고 목이
곧은지 내가 알기 때문이다. 보라. 오
늘 내가 아직 너희 곁에 살아 있는 동
안에도 여호와께 반역했는데 내가 죽
고 나면 너희가 얼마나 반역하겠느
냐?
28 내 앞에 너희 지파의 모든 장로들과
너희 모든 관리들을 불러 모으라. 그
러면 내가 그들이 듣는 앞에서 이 말
씀을 전하고 하늘과 땅을 불러 그들
에 대한 증거로 삼을 것이다.
29 내가 죽은 뒤에 너희가 분명 완전히
타락하고 내가 너희에게 명령한 그
길에서 떠날 것임을 내가 안다. 이는
너희가 여호와의 눈앞에 악을 행해
너희 손으로 만든 것으로 그분을 진
노케 했기 때문이다."

모세의 노래

30 모세가 이스라엘 온 백성이 듣는 데
서 이 말씀의 노래를 처음부터 끝까
지 낭송했습니다.

32 "하늘이여, 들으라. 내가 말할
것이다. 땅이여, 내 입의 말을
들으라.
2 내 가르침이 비같이 내리고 내 말
이 이슬처럼 맺힐 것이며 새싹이
돋아나는 들녘에 내리는 이슬비 같
고 채소밭에 내리는 많은 비 같을
것이다.
3 내가 여호와의 이름을 부르리니 우
리 하나님 여호와의 위대함을 찬양
하라!
4 그분은 반석이시니 그분이 하시는
일은 완벽하고 그분의 모든 길은
올바르다. 잘못하시는 일이 없으신
신실하신 하나님은 의로우시고 정
직하시다.
5 그들은 그분께 악한 짓을 저질렀으
며 수치스럽게도 그들은 더 이상
그분의 자녀가 아니고 비뚤어지고
그릇된 세대다.
6 어리석고 지혜 없는 백성들아, 너
희가 여호와께 보답하는 게 이것이
냐? 너희를 만들고 지으신 분이 너
희 창조자이신 너희 아버지가 아니
냐?
7 옛날을 기억하라. 오래전 세대들을
생각해 보라. 너희 아버지에게 물
어보라. 그가 말해 줄 것이다. 너희
장로들에게 여쭤 보라. 그들이 설
명해 줄 것이다.
8 지극히 높으신 분이 그 땅들을 기
업으로 나누어 주실 때, 그분이 온
인류를 여기저기로 흩으실 때 그분
은 *이스라엘 아들들의 수에 따라
그 민족들의 경계선을 정해 주셨
다.
9 여호와의 몫은 그분의 백성들이고
야곱은 그분께서 택하신 기업인 것
이다.
10 광야에 있을 때 그분께서 황무하

32:8 마소라 사본을 따름. 사해 사본과 칠십인역에는 '하나님의 아들들'

고 짐승의 소리가 들리는 데서 야
곱을 발견하셨다. 그분이 야곱을
방어해 주시고 그를 보살펴 주셨
다. 여호와께서 그를 그분의 눈동자
처럼 지키셨다.
11 그 사랑의 모습은 마치 독수리가 자
기 둥지를 어지럽히고 자기 새끼 위
를 맴돌다가 그 날개를 펴서 새끼
들을 잡아 날개 끝에 얹는 것 같다.
12 여호와께서 홀로 야곱을 이끄셨으
니 다른 어떤 이방신이 그와 함께
하지 않았다.
13 그분은 야곱이 그 땅 높은 곳을 타
고 다니게 하셨고 들판의 열매로
그를 먹이셨다. 그분은 바위에서
꿀을 내어, 딱딱한 바위틈에서 기
름을 내어 그에게 힘을 북돋우셨
다.
14 소와 양에서 나온 버터와 우유로,
살진 어린양들과 염소들로, 가장
좋은 바산의 숫양으로, 가장 좋은
밀가루 반죽으로 그에게 힘을 북
돋우셨다. 너희는 거품이 나는 붉
은 포도즙을 마셨다.
15 *여수룬은 살이 찌자 발로 찼다.
네가 살찌고 뚱뚱해지고 기름으로
덮이니 자기를 만드신 하나님을 저
버리고 구원자이신 반석을 거부했
다.

32:15 히브리어, '정직한 사람'. 이스라엘을 가리킴.

Q&A 모세가 표현한 하나님의 모습

참고 구절 | 신 32:11

모세만큼 하나님을 잘 알고 이해했던 사람은 없었을 것이다. 모세는 하나님이 어떤 분이신지를 하나님으로부터 직접 알게 된 사람이며(출 3:14) 광야 생활 40년 동안 하나님을 경험했고 하나님과 대면해 이야기한 사람이었다(출 24:11;33:11). 하나님과 대면했으면서도 죽지 않고 살았던(출 33:20;사 6:5) 그가 이스라엘 백성들에게 말해 준 하나님은 어떤 분이신가?

첫째로, 하나님은 자기 백성을 눈동자같이 지키시는 분이시다(신 32:10). 눈동자는 매우 중요한 신체 기관으로 속눈썹, 눈꺼풀, 이마, 눈구멍에 의해 보호되며, 위험할 때는 반사적으로 팔을 올려 방어하는 곳이기도 하다. 눈동자가 소중히 보호되듯 하나님은 그의 백성을 귀하게 여기고 보호해 주시는 분임을 보여 준다.

둘째로, 하나님은 자기 백성을 독수리처럼 훈련시키시는 분이시다(신 32:11). 독수리는 새끼들이 자라면 보금자리를 휘저어 새끼 독수리들을 둥지에서 몰아내 창공을 나는 훈련을 시킨다. 그러다 새끼 독수리들이 힘에 겨워 아래로 떨어지면 어미 독수리는 큰 날개를 펼쳐 새끼 독수리를 구해 낸다. 어미 독수리는 새끼 독수리를 언제 보금자리에서 밀어내야 할지 언제 날개로 구해 주어야 할지를 잘 알고 있다. 모세는 이렇게 훈련시키시는 하나님을 경험하고 알았다.

셋째로, 하나님은 자기 백성에게 기름진 양식을 공급하시는 분이시다(신 32:13-14). 이스라엘 백성은 광야 40년의 훈련을 거치는 동안 농사를 짓지 않았음에도 만나와 메추라기로 먹이셨던 '공급하시는 하나님'을 체험했다.

16 그들은 이방신들로 그분을 질투하
시게 했으며 그 가증스러운 우상들
로 진노하시게 했다.
17 그들은 하나님이 아닌 마귀들에게
희생제물을 바쳤다. 그들이 알지
못했던 신들, 나타난 지 얼마 안 된
신들, 너희 조상들이 두려워하지
않던 신들에게 말이다.
18 너희는 너희 아버지가 되신 반석을
버렸고 너희는 너희를 낳아 주신
하나님을 잊어버렸다.
19 여호와께서 이것을 보시고 그들을
저버리셨다. 이는 그 아들들과 딸
들이 그분을 진노하게 했기 때문이
다.
20 그분이 말씀하셨다. '내가 내 얼굴
을 그들에게서 숨기고 그들의 끝이
어떠한지 볼 것이다. 그들은 타락
한 세대이고 믿음이 없는 자녀다.
21 그들은 신이 아닌 것에 나로 하여
금 질투하게 했고 그 쓸모없는 우
상들로 나를 진노하게 했다. 나도
백성이 아닌 자들로 그들에게 질투
를 일으키며 어리석은 민족으로 그
들에게 진노를 일으킬 것이다.
22 내 진노에 불이 붙었으니 저 아래
*죽음의 왕국까지 내려갈 것이다.
그것은 땅과 그 수확물을 삼키고
산 밑 깊숙한 곳까지 불을 지를 것
이다.
23 내가 그들에게 재난을 쌓고 내 화
살들을 그들을 향해 쏠 것이다.
24 내가 그들에게 파괴적인 굶주림을
보내고 진멸하는 페스트와 죽음의
전염병을 보낼 것이다. 내가 그들을
향해 들짐승의 송곳니를 보내고 흙
위를 미끄러져 가는 독사들의 독
을 보낼 것이다.
25 밖으로는 칼이, 안으로는 공포가
젊은 남녀를 멸할 것이며 머리가
희끗한 노인과 젖을 먹는 아이에게
도 그렇게 할 것이다.
26 "내가 그들을 쫓아내고 그들에 대
한 기억을 인류에게서 끊어지게 할
것이다" 했으나
27 원수가 조롱해 댈까 두려워했다.
그 적들이 왜곡해 "우리 손으로 승
리했다. 여호와가 이 모든 일을 한
게 아니다" 할까 걱정이로구나.
28 그들은 분별력 없는 민족이며 그들
에게는 판단력이 없다.
29 그들이 현명해 이것을 이해하고 그
들의 마지막이 어떨지 분간했다면
좋았을 것을!
30 그들의 반석이 그들을 팔아 버리지
않았던들, 여호와께서 그들을 버리
지 않으셨던들 한 사람이 어떻게
1,000명을 쫓아가고 두 사람이 어
떻게 1만 명을 도망치게 하겠느냐?
31 그들의 반석이 우리의 반석과 같지
않음은 우리 적들도 인정하는 바
다.
32 그들의 포도나무는 소돔의 포도나
무에서 나왔고 고모라의 포도나무
에서 나왔다. 그들의 포도는 독으

32:22 히브리어, 스올

로 가득 찼고 그들의 포도송이는
쓴맛으로 가득 찼다.
33 그들의 포도주는 용의 독이고 독
사들의 무서운 독이다.
34 내가 이것을 보관하고 내 창고에
봉인해 두지 않았느냐?
35 복수하는 것은 내 일이다. 내가 갚
아 줄 것이다. 때가 되면 그들의 발
이 미끄러질 것이다. 그들의 재앙의
날이 가까이 왔고 그들의 멸망이
그들 앞에 갑자기 닥쳐올 것이다.
36 그들의 힘이 사라지고 종이든 자유
인이든 아무도 남지 않은 것을 보
고 여호와께서 그 백성들을 심판하
시고 그 종들을 긍휼히 여기실 것
이다.'
37 그분이 말씀하실 것이다. '지금 그
들의 신들이, 그들이 피신처로 삼
은 바위가 어디 있느냐?
38 그들의 희생제물의 기름을 먹고 그
들의 전제물인 포도주를 마신 그
신들 말이다. 그들이 일어나 너희
를 돕게 하라. 그들이 너희에게 피
난처를 주게 하라.
39 이제 내가 바로 그임을 보라. 나 외
에는 다른 신이 없다. 내가 죽이기
도 하고 살리기도 하는 것이다. 내
가 상하게도 하고 낫게도 하는 것
이다. 아무도 내 손에서 건져 낼 자
가 없다.
40 내가 내 손을 하늘로 들어 올리고
선포한다. 내가 영원히 살 것이다.
41 내가 내 번쩍이는 칼을 날카롭게
갈고 심판 때 내 손이 그 칼을 잡
을 때 내가 내 원수들에게 앙갚음
하고 나를 미워하는 자들에게 복
수할 것이다.
42 내 화살들이 피로 가득하겠고 내
칼이 살해된 자와 잡힌 자들의 피
와 함께 육체를 삼킬 것이니 곧 대
적의 머리다.'
43 *민족들아, 그분의 백성들과 함께
즐거워하라. 그분이 그분의 종들의
피에 보복해 주실 것이다. 그분이
원수들에게 복수하시고 그분의 땅
과 백성들이 지은 죄를 구속해 주
실 것이다."
44 모세는 눈의 아들 여호수아와 함께
나아와 백성들이 듣는 데서 이 모든
노래로 말씀을 선언했습니다.
45 모세는 이 모든 말씀을 온 이스라엘
에 다 낭송한 후에
46 그들에게 말했습니다. "내가 오늘 너
희에게 진지하게 선포한 이 모든 말
씀을 마음에 새겨서 너희가 너희 자
녀들에게 명령해 삼가 이 모든 율법
의 말씀을 지키게 하라.
47 가르침은 너희에게 그저 헛된 말씀이
아니라 너희의 생명이다. 이 말씀으
로 인해 너희는 너희가 요단 강을 건
너 차지할 그 땅에서 오래도록 살게
될 것이다."

모세가 느보 산에 오르다

48 바로 같은 날 여호와께서 모세에게

32:43 마소라 사본을 따름. 사해 사본과 칠십인역에는 '하늘아, 그분과 함께 즐거워하라. 모든 천사(신)들아, 그분을 경배하라.'

말씀하셨습니다.
49 "일어나 아바림 산맥으로 들어가 여
리고 건너편 모압의 느보 산으로 가서
내가 이스라엘 백성들에게 그 소유물
로 주는 땅 가나안을 바라보아라.
50 네 형 아론이 호르 산에서 죽어 네 선
조들에게로 돌아간 것같이 네가 올라
가는 산에서 죽어 네 선조들에게로
돌아갈 것이다.
51 이는 너희가 신 광야의 므리바 가데스
물가에서 이스라엘 백성들이 보는 앞
에서 내게 신의를 저버렸고 너희가 이
스라엘 백성들 가운데 내 거룩함을
나타내지 않았기 때문이다.
52 그러므로 너는 네 앞에 있는 땅을 볼
수는 있겠으나 내가 이스라엘 자손에
게 주는 그 땅에 들어가지는 못할 것
이다."

모세가 12지파를 축복하다

33 하나님의 사람 모세가 죽기 전
에 이스라엘 백성들에게 베푼
축복이 다음과 같습니다.
2 그가 말했습니다.
"여호와께서 시내에서 나와 세일에
서 그들 위에 일어나셨고 바란 산
에서 빛을 내셨다. 그분은 남쪽에
서, 그분의 산비탈에서 무수한 성
도들과 함께 나오셨다.
3 정말로 그 백성들을 사랑하시는
분은 분명 그분이시다. 모든 성도
들이 그분의 손안에 있다. 그분의
발 앞에 그들 모두가 절하고 그분
으로부터 지시를 받는다.
4 모세가 우리에게 준 그 율법, 야곱
의 총회가 소유한 것 말이다.
5 그분은 그 백성의 지도자들이 이
스라엘의 지파들과 함께 모였을 때
여수룬을 다스리는 왕이셨다.
6 르우벤이 살고 죽지 않을 것이며 그
의 사람들이 적지 않을 것이다."
7 그리고 그는 유다에 관해 이렇게 말
했습니다.
"여호와여, 유다의 부르짖음을 들
어 주십시오. 그에게 그 백성들을
보내 주십시오. 자기 손으로 스스
로 변호하고 있습니다. 그 원수들
을 대항해 그의 도움이 돼 주십시
오!"
8 레위에 관해 그가 말했습니다.
"주의 둠밈과 우림이 주의 거룩한
자와 함께 있게 해 주십시오. 주께
서 맛사에서 그를 시험하셨고 주께
서 므리바 물가에서 그와 다투셨습
니다.
9 그가 자기 부모에 관해 '그들을 생
각하지 않는다'고 말했습니다. 그는
자기 형제들을 인정하지 않고 자기
자식들을 알아보지 못했습니다. 그
러나 그는 주의 칼을 바라보고 주
의 언약을 지켰습니다.
10 그가 주의 훈계를 야곱에게 가르치
고 주의 율법을 이스라엘에게 가르
칩니다. 그가 주 앞에 향품을 드리
고 주의 제단에 온전한 번제물을
올립니다.
11 여호와여, 그의 모든 기술에 복 주

시고 그 손으로 하는 일을 기뻐해
주십시오. 그를 대항해 일어나는
자들의 허리를 끊으시고 그 적들이
일어나지 못할 때까지 쳐 주십시
오."
12 베냐민에 관해 그가 말했습니다.
"여호와께서 사랑하시는 자가 그분
안에 안전하게 쉬게 될 것이다. 그
분이 온종일 그를 방패처럼 지키시
니 여호와께서 사랑하시는 자가 그
분의 어깨 사이에서 쉬고 있구나."
13 요셉에 관해 그가 말했습니다.
"여호와께서 그의 땅을 저 위 하늘
의 귀한 이슬과 저 아래 저장한 깊
은 물로 복 주시기를!
14 해가 내는 가장 좋은 빛으로, 달이
내는 가장 좋은 빛으로,
15 옛 산들의 가장 좋은 선물로, 영원
한 언덕의 많은 열매들로,
16 땅과 그 충만함의 가장 좋은 선물
로, 불타는 덤불 속에 계셨던 분의
은총으로, 이 모든 것들이 요셉의
머리 위에 머물기를, 그 형제들 가
운데 왕자인 그의 눈썹에 있기를!
17 그의 위엄은 수송아지의 첫배 새끼
같으며 그의 뿔은 들소의 뿔과 같
도다. 그 뿔들로 그가 민족들을 받
을 것이고 땅끝에 있는 민족들까지
받을 것이다. 에브라임에게는 만만
이요, 므낫세에게는 천천일 것이다."
18 스불론에 관해 그가 말했습니다.
"스불론아, 너는 나가면서 기뻐하
라. 잇사갈아, 너는 장막에 있으면
서 기뻐하라.
19 그들이 민족들을 산으로 부르고
거기서 의의 제물을 드릴 것이다.
그들이 바다의 풍성함으로, 모래
속에 숨겨진 보물로 축제를 열 것
이다."
20 갓에 관해 그가 말했습니다.
"갓의 영토를 넓히는 자에게 복이
있을 것이다. 갓은 거기서 사자처럼
살고 팔이나 머리를 뜯을 것이다.
21 그가 자신을 위해 가장 좋은 땅
을 골랐다. 지도자의 몫이 그를 위
해 마련된 것이다. 그 백성들의 수
장들이 모일 때 그는 여호와의 의
로운 뜻과 이스라엘에 관한 그분의
심판을 수행해 냈다."
22 단에 관해 그가 말했습니다.
"단은 바산에서 솟아 올라온 사자
새끼다."
23 납달리에 관해 그가 말했습니다.
"납달리는 여호와의 은총으로 둘러
싸여 있고 그분의 복이 가득하구
나. 그가 *호수 서쪽과 남쪽을 상
속할 것이다."
24 아셀에 관해 그가 말했습니다.
"가장 많은 복을 받은 아들은 아셀
이다. 그가 그 형제들에게 사랑을
받고 기름으로 발을 씻게 될 것이
다.
25 네 문빗장들은 철과 청동이 될 것
이고 네가 사는 날만큼 힘이 있을
것이다.

33:23 갈릴리 호수를 가리킴.

26 여수룬의 하나님 같은 분은 없다.
그분은 너를 도우러 하늘을 타고,
그분의 위엄으로 구름을 타고 오신
다.
27 영원한 하나님이 네 피난처니 그
영원한 팔이 네 아래 있구나. 그분
이 네 원수를 네 앞에서 쫓아내며
'그를 멸망시켜라!' 하실 것이다.
28 그러면 이스라엘이 홀로 안전하게
살게 될 것이다. 하늘에서 이슬이
떨어지는 곡식과 새 포도주가 있는
땅에서 야곱의 샘이 안전하구나.
29 이스라엘아, 너는 행복하다. 여호와
께서 구원하신 민족인 너 같은 자
가 누구겠느냐? 그분은 네 방패이
시며 너를 돕는 분이시고 네 영광
스러운 칼이시다. 네 원수들이 네
앞에서 움츠리고 너는 그들의 높은
곳을 발로 밟을 것이다."

모세의 죽음

34 모세는 느보 산에 올라가 여리
고 건너편 모압 평지에서 비스
가 산 꼭대기로 갔습니다. 거기서 여
호와께서 그에게 길르앗 온 땅을 단까
지 보여 주셨습니다.
2 또 납달리 온 땅, 에브라임과 므낫세
의 땅, *서쪽 바다에 이르는 유다의
온 땅,
3 네게브 지역, 종려나무의 성 여리고
골짜기에서 소알에 이르는 평지를 보
여 주시고
4 여호와께서 그에게 말씀하셨습니다.
"이 땅은 내가 아브라함과 이삭과 야
곱에게 맹세하여 그 자손들에게 주겠
다고 약속한 땅이다. 내가 네 눈으로
보도록 했으나 너는 강 건너 그 땅으
로 들어가지는 못할 것이다."
5 그러자 여호와의 종 모세는 여호와께
서 말씀하신 대로 거기 모압 땅에서
죽어
6 모압 땅 벧브올 반대편 골짜기에 묻혔
습니다. 그러나 지금은 그의 무덤이
어디에 있는지 아무도 알지 못합니
다.
7 모세가 죽을 때 120세였습니다. 그때
그의 눈은 흐리지 않았고 그의 기력
도 쇠하지 않았습니다.
8 이스라엘 백성들은 모세를 위해 30일
동안 모압 평지에서 애곡했고 애곡과
통곡의 기간이 끝날 때까지 계속했습
니다.
9 모세가 눈의 아들 여호수아에게 안수
해 그에게 지혜의 영이 가득해졌습니
다. 이스라엘 백성들은 여호수아의 말
을 듣고 여호와께서 모세에게 명령하
신 대로 했습니다.
10 그 이후로 이스라엘에는 모세와 같은
예언자가 일어나지 않았습니다. 모세
는 여호와께서 얼굴을 대면해 아시고
11 이집트 땅과 바로와 그의 모든 종들
과 그의 온 땅에 보내셔서 모든 이적
과 기사들을 행하게 하셨고
12 온 이스라엘이 보는 데서 모든 큰 권
능과 큰 두려움을 보이게 하신 사람
이었습니다.

34:2 대해(지중해)를 가리킴.

여호수아

Joshua

이스라엘 백성이 여호수아의 인도로 요단 강을 건너 가나안을 정복하고 땅을 지파별로 분배하는 과정에 대한 기록이다. 외적으로는 정복 전쟁에 대한 이야기이지만 내적으로는 이스라엘의 율법 순종 여부에 대한 테스트이다. 가나안 땅은 이스라엘이 하나님을 섬길 때만 거주와 풍요를 허락한다.

여호수아가 지도자로 세워지다

1 여호와의 종 모세가 죽은 후에 여
호와께서 모세를 보좌하던 눈의
아들 여호수아에게 말씀하셨습니다.
2 "내 종 모세가 죽었으니 너와 이 모든
백성들은 이제 일어나 이 강을 건너
내가 이스라엘 백성들에게 주는 땅으
로 가거라.
3 내가 모세에게 말한 대로 네가 네 발
로 밟는 곳마다 네게 줄 것이다.
4 광야와 레바논에서부터 커다란 유프
라테스 강과 헷 사람의 온 땅과 해 지
는 서쪽 *대해까지 네 영토가 될 것이
다.
5 네 평생 너를 당해 낼 자가 없을 것이
다. 내가 모세와 함께했던 것처럼 너
와도 함께할 것이다. 내가 결코 너를
떠나지 않으며 버리지 않을 것이다.
6 강하고 담대하여라. 내가 조상들에게
주겠다고 맹세한 그 땅을 네가 이 백
성들에게 유산으로 나눠 줄 것이다.
7 오직 마음을 강하게 먹고 큰 용기를
내어라. 내 종 모세가 네게 준 율법을
다 지켜라. 그것에서 돌이켜 좌우로
치우치지 마라. 그러면 네가 어디를
가든지 잘될 것이다.
8 이 율법책이 네 입에서 떠나지 않게
하고 그것을 밤낮으로 묵상해 그 안
에 기록된 모든 것을 지켜 행하여라.
그러면 네 길이 번창하고 성공하게
될 것이다.
9 내가 네게 명령하지 않았느냐? 강하
고 담대하여라. 두려워하지 말고 낙심
하지 마라. 네가 어디를 가든 여호와
네 하나님이 너와 함께할 것이다."
10 그리하여 여호수아가 백성들의 지휘
관들에게 명령했습니다.
11 "진영으로 가서 백성들에게 명령하
라. '너희 양식을 준비하라. 이제부터
3일 안에 너희가 여기에서 요단 강을
건너 너희 하나님 여호와께서 너희에

1:4 '지중해'를 가리킴.

게 유산으로 주시는 땅으로 들어가
차지할 것이다.'"
12 르우벤 지파와 갓 지파와 므낫세 반
지파에게 여호수아가 말했습니다.
13 "여호와의 종 모세가 너희에게 '너희
하나님 여호와께서 너희에게 안식을
주시고 이 땅을 너희에게 허락하셨다'
라고 명령한 것을 기억하라.
14 너희 아내들과 너희 어린아이들과 너
희 가축들은 모세가 너희에게 준 요
단 강 건너편 땅에 머물러 있고 너희
모든 용사들은 무장한 너희 형제들보
다 앞서 건너가서 그들을 도와야 한
다.
15 여호와께서 너희에게 하신 것처럼 너
희 형제들에게도 안식을 주실 때까
지, 그들도 너희 하나님 여호와께서
그들에게 주시는 땅을 차지할 때까지
너희가 도와야 한다. 너희는 그 후에
야 여호와의 종 모세가 너희에게 준
요단 강 건너편, 곧 해 돋는 쪽으로
돌아가 너희 땅을 상속할 것이다."
16 그러자 그들이 여호수아에게 대답했
습니다. "무엇이든 당신이 우리에게
명령하시는 대로 하겠습니다. 어디든
우리를 보내시는 곳으로 가겠습니다.
17 우리가 모세에게 모든 일에 순종했듯
이 당신에게도 귀 기울이겠습니다. 오
직 당신의 하나님 여호와께서 모세와
함께하신 것처럼 당신과도 함께하시
기를 빕니다.
18 누구든 당신 말을 거역하고 당신이
우리에게 명한 모든 것을 듣지 않으
면 죽임을 당할 것입니다. 강하고 담
대하십시오."

라합과 정탐꾼

2 눈의 아들 여호수아는 싯딤에서 두
정탐꾼을 은밀히 보내며 말했습니
다. "가서 그 땅을 살펴보고 와라. 특
히 여리고를 눈여겨보아라." 그리하여
두 정탐꾼이 가서 라합이라는 *창녀
의 집에 들어가 거기 묵게 됐습니다.
2 그런데 여리고 왕에게 이런 말이 들려
왔습니다. "보십시오! 이스라엘 자손
몇 사람이 이 땅을 몰래 샅샅이 살피
러 오늘 밤 여기에 왔습니다."
3 그러자 여리고 왕은 라합에게 전갈을
보냈습니다. "네게로 와서, 네 집에 들
어온 사람들을 끌어내어라. 그들이
이 땅을 몰래 살피러 왔기 때문이다."
4 그러나 그 여자는 그 두 사람을 벌써
숨겨 놓고는 말했습니다. "그렇습니
다. 그 사람들이 내게 왔습니다만 그
들이 어디에서 왔는지 몰랐습니다.
5 그리고 날이 어두워져 성문을 닫을
때 그 사람들은 집을 떠났습니다. 그
들이 어느 방향으로 갔는지 난 모릅
니다. 그러므로 어서 그들을 추격해
보십시오. 그러면 그들을 따라잡을
수 있을지도 모릅니다."
6 그러나 사실 라합은 정탐꾼들을 지
붕 위로 데려다가 지붕 위에 널어놓
은 아마 줄기 밑에 숨겼습니다.
7 그리하여 그 사람들은 요단 강 나루
로 통하는 길을 따라 정탐꾼들을 추

2:1 또는 여인숙 주인

격했습니다. 정탐꾼들을 쫓아 추격하
던 사람들이 나가자마자 성문이 닫혔
습니다.
8 정탐꾼들이 잠자리에 눕기 전에 라합
이 지붕 위로 올라가
9 그들에게 말했습니다. "나는 여호와
께서 이 땅을 당신들에게 주신 것을
알고 있습니다. 당신들에 대한 두려
움에 우리가 사로잡혀 있고 이 땅에
사는 모든 사람들이 당신들 때문에
간담이 서늘해져 있습니다.
10 당신들이 이집트에서 나올 때 여호와
께서 당신들을 위해 어떻게 홍해의
물을 말리셨는지, 당신들이 요단 강
건너편 아모리 사람의 두 왕 시혼과
옥을 어떻게 *진멸시켰는지에 대해
우리가 들었습니다.
11 우리는 그 소식을 듣자마자 마음이
다 녹아내렸고 당신들 때문에 모두
용기를 잃었습니다. 당신들의 하나님
여호와는 위로는 하늘과 아래로는 땅
의 하나님이시기 때문입니다.
12 이제 여호와를 두고 내게 맹세해 주
십시오. 내가 당신들에게 자비를 베
풀었으니 당신들도 내 아버지의 집에
자비를 베풀어 주십시오. 그리고 내
게 확실한 징표를 주십시오.
13 내 부모와 내 형제자매들의 목숨을
살려 주고 그들이 가진 모든 것을 지
켜 주며 당신들이 우리 생명을 죽음
에서 구원해 주시기 바랍니다."
14 그러자 정탐꾼들이 라합에게 대답했
습니다. "당신이 우리의 이 일을 발설
하지 않는다면 우리가 목숨을 걸고
당신의 목숨을 대신할 것이며 여호
와께서 이 땅을 우리에게 주실 때 우
리가 당신을 자비롭고 진실하게 대할
것이오."
15 그러자 라합은 창문으로 해서 그들을
밧줄에 달아 내렸습니다. 라합의 집
이 성벽 위에 있어서 성벽 위에 살았
던 것입니다.
16 그러고 나서 라합이 정탐꾼들에게 말
했습니다. "산속으로 들어가서 추격
자들과 마주치지 않게 하십시오. 거
기에서 추격자들이 돌아갈 때까지 3
일 동안 숨어 있다가 그 후에 당신들
의 길을 가시면 됩니다."
17 그 사람들이 라합에게 말했습니다.
"당신이 우리와 맺은 이 맹세를 우리
가 지키는 데는 조건이 있소.
18 우리가 이 땅에 들어올 때 우리를 내
려보낸 이 창문에 붉은 줄을 매어 놓
아야 할 것이오. 또 당신 부모와 당신
의 형제자매와 당신 아버지 집안 모
두를 당신 집으로 모이게 해야 할 것
이오.
19 만약 누구든 당신의 집 문을 나서 거
리로 나가면 그의 피가 그 머리로 돌
아갈 것이고 우리는 책임이 없겠지만
누구든 당신과 함께 집 안에 있는 사
람에게 누군가 손을 대면 그 피가 우
리 머리로 돌아올 것이오.
20 그러나 만일 당신이 우리의 이 말을

2:10 히브리어, 헤렘. 생명이나 물건을 완전히 멸하여 여호와께 바치는 것을 말함.

발설하면 당신이 우리와 맺은 맹세에
서 우리는 책임이 없소."
21 라합이 대답했습니다. "좋습니다. 당
신들의 말대로 하겠습니다." 이렇게
라합은 그들을 보냈고 그들은 길을
나섰습니다. 그러고는 창문에 붉은
줄을 매어 놓았습니다.
22 정탐꾼들은 떠나 산속으로 들어가
거기에서 추격해 오는 사람들이 돌아
갈 때까지 3일을 머물렀습니다. 쫓는
사람들이 그 길을 따라 샅샅이 뒤졌
지만 끝내 찾지 못했습니다.
23 그제야 그 두 사람은 돌이켜 산에서
내려와 강을 건너서 눈의 아들 여호
수아에게 와서 있었던 일들을 낱낱이
보고했습니다.
24 그들이 여호수아에게 말했습니다. "여
호와께서 진실로 이 온 땅을 우리 손
에 주셨습니다. 모든 백성들이 우리
때문에 두려워서 간담이 서늘해져 있
습니다."

요단 강을 건너다

3 여호수아는 아침 일찍 일어났습니
다. 그와 모든 이스라엘 백성들은
싯딤에서 출발해 요단 강으로 가서
강을 건너기 전에 거기서 묵었습니다.
2 3일 후 지휘관들이 진영에 두루 다니
며
3 백성에게 명령했습니다. "너희가 너희
하나님 여호와의 언약궤와 레위 사람
들인 제사장들이 그 궤를 메고 가는
것을 보면 너희는 너희가 있던 곳을
떠나 그 궤를 따라가라.
4 다만 너희는 그 궤와 거리가 약
*2,000규빗쯤 되게 하고 궤에 가까
이 가지는 말라. 그러면 너희가 어떤
길로 가야 할지 알게 될 것이다. 너희
가 전에는 이 길로 지나간 적이 한 번
도 없었다."
5 여호수아가 백성들에게 말했습니다.
"너희는 스스로 정결하게 하라. 내일
여호와께서 너희 가운데 놀라운 일을
행하실 것이다."
6 여호수아가 제사장들에게 말했습니
다. "언약궤를 메고 백성들 앞서 강을
건너라." 이에 제사장들은 언약궤를
메고 백성들 앞서 갔습니다.
7 그러고 나서 여호와께서 여호수아에
게 말씀하셨습니다. "오늘 내가 모든
이스라엘이 보는 앞에서 너를 높일 것
이다. 내가 모세와 함께했듯이 너와
도 함께하는 것을 이스라엘이 알게
될 것이다.
8 언약궤를 메고 가는 제사장들에게
말하여라. '너희가 요단 강 물가에 이
르러 강에 서 있으라.'"
9 여호수아가 이스라엘 백성들에게 말
했습니다. "이리 와서 너희 하나님 여
호와의 말씀을 잘 들으라."
10 여호수아가 말했습니다. "이로써 너
희가 살아 계신 하나님께서 너희 가
운데 계시고 그분이 분명 너희 앞에
서 가나안 사람과 헷 사람과 히위 사
람과 브리스 사람과 기르가스 사람과
아모리 사람과 여부스 사람을 반드시

3:4 2,000규빗은 약 900미터

쫓아내실 것임을 알게 될 것이다.
11 보라. 온 땅의 주의 언약궤가 너희 앞
서 요단 강을 건너게 될 것이다.
12 그러니 이제 이스라엘 지파 가운데
각 지파에 한 사람씩 12명을 뽑으라.
13 여호와, 온 땅의 주 되시는 여호와의
궤를 멘 제사장들이 요단 강에 발을
담그고 선 순간 아래로 흐르던 물
이 끊기고 벽을 이루어 서게 될 것이
다."
14 그리하여 백성들은 요단 강을 건너기
위해 진영을 떠났고 언약궤를 멘 제
사장들은 백성들 앞에 서서 갔습니
다.
15 드디어 궤를 멘 제사장들이 요단 강
에 이르러 그들의 발을 물속에 담갔
습니다. 요단 강은 추수 때여서 물이
강둑까지 가득 찼습니다.
16 위에서 흐르던 물이 멈추어 서고 저
멀리 사르단 지방의 아담이라는 동네
쯤에서 벽을 이루기 시작했고 아래쪽
아라바 해역, 곧 염해로 흐르던 물은
완전히 끊겨 버렸습니다. 그리하여 백
성들은 여리고 맞은편으로 건너갔습
니다.
17 여호와의 언약궤를 든 제사장들은 요
단 강 한복판 마른 땅 위에 서 있었습
니다. 그 사이에 모든 이스라엘 백성
들은 마른 땅을 건너가 마침내 온 백
성이 요단 강 건너기를 다 마쳤습니
다.

4 온 백성이 요단 강 건너기를 다 마
치자 여호와께서 여호수아에게 말
씀하셨습니다.
2 "백성들 가운데 각 지파에서 하나씩
12명을 뽑아
3 그들에게 명령하여라. '너희는 요단
강 한복판에, 제사장이 서 있던 곳에
서 돌 12개를 갖고 너희가 오늘 밤 묵
을 곳에 두라'고 하여라."
4 그리하여 여호수아는 이스라엘 백성
들 가운데 각 지파에서 한 사람씩 그
가 세운 12명을 불러 모아
5 그들에게 말했습니다. "요단 강 한복
판에 있는 너희 하나님 여호와의 궤
앞에 가서 각자 이스라엘 지파의 수
에 따라 돌을 하나씩 어깨에 메고 오
라.
6 그것이 너희 가운데 징표가 될 것이
다. 훗날 너희 자손들이 '이 돌들은
무슨 뜻이 있습니까?' 하고 물으면
7 너희는 그들에게 말하라. '요단 강 물
이 여호와의 언약궤 앞에서 끊겼다.'
궤가 요단 강을 건널 때 요단 강 물이
끊겼으니 이 돌들은 이스라엘 백성들
에게 영원한 기념이 될 것이다."
8 그러자 이스라엘 백성들은 여호수아
가 명령한 그대로 했습니다. 그들은
여호와께서 여호수아에게 말씀하신
대로 이스라엘 지파의 수에 따라 요단
강 한복판에서 돌 12개를 그들이 묵
을 곳에 가져와 거기서 쉬었습니다.
9 여호수아는 요단 강 한복판에 언약궤
를 멘 제사장들이 서 있던 자리에 돌
12개를 세워 두었습니다. 그리하여
그 돌들이 오늘날까지도 거기에 있습

니다.
10 궤를 든 제사장들은 여호와께서 여호
수아에게 백성들에게 말하라고 명령
한 모든 것을 다 마칠 때까지 요단 강
한복판에 서 있었습니다. 모세가 여호
수아에게 지시한 그대로였습니다. 백
성들은 서둘러 강을 건넜습니다.
11 모든 백성이 강 건너기를 마치자 여호
와의 궤와 제사장들은 백성들이 보
는 앞에서 강을 건넜습니다.
12 르우벤 지파, 갓 지파, 므낫세 반 지파
사람들은 무장한 채로 모세가 명령
한 대로 이스라엘 백성들보다 앞서서
건넜습니다.
13 전투태세를 갖춘 약 4만 명의 군인들
이 여호와 앞에서 강을 건너 전투를
위해 여리고 평지로 향했습니다.
14 그날에 여호와께서 모든 이스라엘 사
람이 보는 앞에서 여호수아를 높이셨
습니다. 그러자 이스라엘은 전에 모세
를 두려워했던 것처럼 그의 생애 내
내 그를 두려워했습니다.
15 그때 여호와께서 여호수아에게 말씀
하셨습니다.
16 "증거의 궤를 멘 제사장들에게 요단
강에서 올라오라고 명령하여라."
17 여호수아는 제사장들에게 "요단 강에
서 올라오라"고 명령했습니다.
18 여호와의 언약궤를 멘 제사장들이
강 한복판에서 올라와 그들의 발바
닥을 뭍에 디디는 순간 요단 강 물이
제자리로 돌아와 전과 같이 강둑에
넘쳐흘렀습니다.
19 백성들이 요단 강에서 올라온 것은
*첫째 달 10일이었고 여리고 동쪽 경
계에 있는 길갈에 진을 쳤습니다.
20 여호수아가 요단 강에서 가지고 나온
12개의 돌들을 길갈에 세우고
21 이스라엘 백성들에게 말했습니다. "훗
날, 너희 자손들이 아버지에게 '이 돌
들은 무슨 뜻이 있습니까?' 하고 물으
면
22 너희는 너희 자손들에게 '이스라엘이
마른 땅을 밟고 이 강을 건넜다'라고
알려 주라.
23 너희 하나님 여호와께서 홍해에서 너
희가 다 건널 때까지 우리 앞에서 홍
해를 말리셨듯이 너희 하나님 여호와
께서 너희가 다 건널 때까지 너희 앞
에서 요단 강을 말리신 것이다.
24 이것은 이 땅의 모든 백성들이 여호
와의 손이 강함을 알게 하려는 것이
요, 너희가 평생 너희 하나님 여호와
를 경외하게 하려는 것이다."

5 요단 강 서쪽 아모리 사람의 모든
왕과 해안의 가나안 사람의 모든
왕이 여호와께서 이스라엘 백성을 위
해 요단 강을 마르게 하셔서 그들이
건넜다는 소식을 듣자 그들의 마음이
녹았고 이스라엘 백성들 때문에 넋이
나가 버렸습니다.

길갈에서의 할례와 유월절

2 그때 여호와께서 여호수아에게 말씀
하셨습니다. "너는 돌칼을 만들어 이
스라엘 백성들에게 다시 할례를 시행

4:19 아빕 월, 태양력 3월 중순 이후

하여라."
3 그래서 여호수아는 돌칼을 만들어
*할례 산에서 이스라엘 백성들에게
할례를 시행했습니다.
4 여호수아가 할례를 시행한 까닭은 이
렇습니다. 이집트에서 나온 사람들
가운데 전투할 수 있는 남자들은 모
두 이집트에서 떠난 후 광야 길에서
죽었습니다.
5 이집트에서 나온 사람들은 모두 할례
를 받았지만 이집트에서 나와 광야에
서 태어난 사람들은 할례를 받지 못
했습니다.
6 이스라엘 백성들이 이집트를 떠난 후
전투할 수 있는 모든 남자가 다 죽을
때까지 그들은 40년 동안 광야 길을
걸었습니다. 그들이 여호와의 음성에
순종하지 않았기 때문에 여호와께서
는 전에 조상들에게 주겠다고 맹세하
셨던 젖과 꿀이 흐르는 그 땅을 그들
이 보지 못할 것이라고 하셨습니다.
7 그리하여 여호수아가 그들의 아들들
을 그 자리에서 일으켜 세워 할례를
시행했습니다. 그들은 광야 길에서
할례 받지 못해 아직도 할례 받지 않
은 사람들이었기 때문입니다.
8 이렇게 모든 백성들이 할례를 마친
후 그들이 나을 때까지 진을 친 곳에
머물렀습니다.
9 그때 여호와께서 여호수아에게 말씀
하셨습니다. "오늘 내가 너희에게서
이집트의 수치를 *굴려 내 버렸다." 그
리하여 그곳 이름이 오늘날까지 길갈
이라 불리게 됐습니다.
10 그달 14일 저녁, 이스라엘 백성들은
길갈에 진을 치고 있는 동안 여리고
평지에서 유월절을 지켰습니다.
11 그리고 유월절 다음 날부터 그들은
그 땅에서 난 것을 먹었습니다. 그날

5:3 포피의 언덕 5:9 히브리어, 길갈

Q&A 만나, 왜 그쳤을까?

참고 구절 | 수 5:10–12

하나님은 광야 생활을 하던 이스라엘 백성들에게 만나를 주셨다. 이를 통해 '사람이 빵으로만 사는 것이 아니라 여호와의 입에서 나오는 모든 말씀으로 사는 것'임을 알려 주셨다(신 8:3). 곧 만나는 육신을 위한 음식일 뿐 아니라 영적인 교훈까지 담고 있는 훌륭한 양식이었던 것이다. 그런데 신 광야에서의 불평(출 16:2–3) 이후 주어졌던 만나는 이스라엘 백성이 요단 강을 건너 여리고 평지에서 유월절을 지키고 그 땅의 소산을 먹은 다음 날부터 그쳤다(수 5:12).

만나가 그친 이유는 무엇일까? 이는 이스라엘 백성들이 하나님의 초자연적인 은총이 아닌, 일반 은총으로 생산되는 곡식을 먹고 살게 되었기 때문이다. 곧 농사를 지을 수 있는 가나안 땅에서는 백성들이 노동을 통해서 식물을 얻어야 함을 의미하는 것이다.

이렇게 하나님은 그분의 백성을 돌보실 때 항상 기적적인 방법만 사용하시지는 않는다. 허락하신 환경 안에서 최선을 다해 살게 함으로써 하나님에 대해 잘못 이해하지 않기를 바라신다.

그들은 무교병과 볶은 곡식을 먹었습
니다.
12 그들이 그 땅에서 난 것을 먹은 다음
날 만나가 그쳤습니다. 이스라엘 백성
들을 위한 만나는 더 이상 없었습니
다. 그해에 그들은 가나안에서 난 것
을 먹었습니다.

여리고 성 함락

13 여호수아가 여리고에 이르렀을 때 눈
을 들어 보니 어떤 사람이 손에 칼
을 빼 들고 그 앞에 서 있었습니다. 여
호수아가 그에게 다가가 말했습니다.
"당신은 우리 편이오, 우리 원수의 편
이오?"
14 그가 대답했습니다. "아니다. 나는 지
금 여호와의 군사령관으로 왔다." 그
러자 여호수아가 땅에 엎드려 경배하
고 그에게 말했습니다. "내 주께서 종
에게 무슨 말씀을 하시렵니까?"
15 여호와의 군사령관이 여호수아에게
말했습니다. "네 발에서 신을 벗어라.
네가 서 있는 곳은 거룩한 곳이다."
그러자 여호수아는 그렇게 했습니다.
6 여리고 성은 이스라엘 백성들로 인
해 물샐틈없이 닫혀 있었고 드나드
는 사람이 전혀 없었습니다.
2 그때 여호와께서 여호수아에게 말씀
하셨습니다. "보아라. 내가 여리고와
여리고 왕 그리고 여리고 용사들을
네 손에 넘겨주었다.
3 모든 군인들은 그 성을 둘러싸라. 그
성을 한 번 돌아라. 6일 동안 그렇게
하여라.
4 그리고 제사장 일곱 명이 법궤 앞에
서 양의 뿔로 만든 나팔 일곱 개를
들어라. 그러다가 일곱 번째 날에는
성 주위를 일곱 번 돌고 제사장들은
나팔을 불어라.
5 제사장들이 양의 뿔을 길게 불 것이
다. 백성들이 나팔 소리를 들었을 때
모든 백성들은 함성을 질러라. 그러
면 성벽이 와르르 무너져 내릴 것이
니 백성들은 일제히 올라가라."
6 그러자 눈의 아들 여호수아가 제사장
들을 불러 말했습니다. "너희는 언약
궤를 메라. 제사장 일곱 명이 양 뿔
나팔 일곱 개를 들고 여호와의 언약
궤 앞에 서라."
7 그러고는 백성에게 말했습니다. "나아
가 성을 포위하라. 무장한 자는 여호
와의 궤 앞에서 나아가라."
8 여호수아가 백성들에게 말하고 나자
양 뿔 나팔 일곱 개를 든 제사장 일
곱 명이 여호와 앞에서 나아가며 나
팔을 불었습니다. 여호와의 언약궤가
그 뒤를 따라갔습니다.
9 무장한 사람들은 나팔을 부는 제사
장들 앞에서 행진하고 후위대는 궤의
뒤를 따랐습니다. 제사장들은 나팔
을 불며 전진했습니다.
10 여호수아가 백성들에게 명령했습니
다. "너희는 외치지 말고 소리도 내지
말라. 입 밖에 아무 말도 내지 말고
내가 '외치라!'고 명령하는 날에 외치
라."
11 이렇게 해서 여호와의 궤는 성을 둘

러싸고 주위를 한 바퀴 돌았고 백성
들은 다 진영으로 돌아와 묵었습니
다.
12 여호수아는 아침 일찍 일어났고 제사
장들이 여호와의 궤를 멨습니다.
13 제사장들 일곱 명이 양 뿔 나팔 일곱
개를 들고 여호와의 궤 앞에서 계속
나아가며 나팔을 불었습니다. 무장한
사람들이 그들 앞에 갔고 후위대가
여호와의 궤를 뒤따라갔으며 제사장
들은 계속 나팔을 불었습니다.
14 이렇게 그들은 둘째 날에도 그 성을
한 바퀴 돌고 다시 진영으로 돌아왔
습니다. 이렇게 6일 동안 했습니다.
15 일곱 번째 날이었습니다. 그들은 동
틀 무렵 일어나 그런 식으로 성을 일
곱 번 돌며 행진했습니다. 그날만 성
을 일곱 번 돌았습니다.
16 일곱 번째 돌고 있을 때 제사장들이
나팔을 불었습니다. 그때 여호수아가
백성들에게 말했습니다. "함성을 지
르라! 여호와께서 너희에게 이 성을
주셨다.
17 이 성과 성안에 있는 모든 것들은 다
진멸된 것으로 여호와께 다 바쳐질 것
이다. 오직 *창녀 라합과 그녀 집에
그녀와 함께 있는 사람들은 모두 살
려 주라. 우리가 보낸 사자들을 그녀
가 숨겨 주었기 때문이다.
18 그러나 너희는 진멸시켜야 할 물건에
손대서는 안 된다. 너희가 진멸시켜야
할 물건을 하나라도 가져가 이스라엘
의 진영에 저주가 내리는 문제를 일
으켜서는 안 된다.
19 모든 은과 금, 청동과 철로 된 그릇
은 여호와께 거룩하게 구별돼야 한다.
그것들을 여호와의 금고에 들여야 할

6:17 또는 여인숙 주인

하용조 목사의
행복한 **메시지**

인생의 여리고

초신자들은 예수를 믿으면 모든 문제가 사라지고 만사형통할 것이라고 생각하는 경향이 많이 있습니다. 그러나 신앙생활을 오래 한 성도들은 그렇지 않다고 고백합니다. 하나님께서는 우리에게 건너야 할 더 넓은 강과 넘어야 할 더 높은 산을 주십니다. 이스라엘 백성들이 요단강을 건넌 후에 난공불락의 철옹성 여리고를 만났듯이 우리도 인생의 갖가지 힘든 일을 만납니다.

고대 기록에 의하면 그 당시 성벽은 마차 두 대가 나란히 지날 수 있을 정도로 넓었다고 합니다. 이처럼 거대한 성 앞에 서면 '도대체 나같이 미약한 존재가 어떻게 이것을 무너뜨릴 수 있을까?' 하는 생각이 저절로 들 것입니다. 하지만 여리고 성을 무너뜨려야만 합니다. 그래야만 하나님께서 약속하신 젖과 꿀이 흐르는 땅을 차지할 수 있습니다. 그렇다면 우리 인생의 여리고 성을 어떻게 무너뜨릴 수 있을까요? 그것은 바로 믿음으로 가능합니다(히 11:30). 믿음만이 불가능을 가능하게 하며 하나님의 능력을 체험하게 합니다.

것이다."
20 백성들은 함성을 질렀고 나팔이 울렸
습니다. 나팔 소리에 맞춰 백성들이
큰 함성을 지르자 성벽이 와르르 무
너져 내렸습니다. 그러자 백성들은 일
제히 성으로 들어가 그 성을 점령했
습니다.
21 그들은 성안의 모든 것, 곧 남자와 여
자, 젊은 사람과 나이 든 사람, 심지
어 소, 양, 나귀까지 칼날로 진멸시켰
습니다.
22 여호수아가 그 땅을 몰래 살피고 왔
던 두 사람에게 말했습니다. "그 창녀
의 집으로 가서 너희가 그녀에게 맹
세한 대로 그녀의 모든 집안사람을
데리고 나오라."
23 정탐꾼이었던 두 젊은이가 들어가서
라합과 라합의 아버지, 어머니, 형제
그리고 그녀에게 속한 모든 것과 라합
의 모든 친족을 밖으로 데리고 나와
그들을 이스라엘 진영 밖 한쪽에 있
게 했습니다.
24 그리고 나서 그들은 그 성과 성안에
있는 모든 것을 불태웠습니다. 그러나
은과 금, 청동과 철로 된 그릇들은 여
호와의 집 금고에 넣었습니다.
25 여호수아는 창녀 라합과 그녀의 아버
지의 일가족과 그녀에게 속한 모든
것을 살려 주었습니다. 여호수아가 여
리고를 몰래 살피러 보냈던 정탐꾼들
을 그녀가 숨겨 주었기 때문에 라합
이 오늘날까지 이스라엘 자손 가운데
살게 된 것입니다.
26 그때 여호수아가 맹세해 말했습니다.
"이 성 여리고를 다시 세우려는 사
람은 여호와로 인해 저주를 받게
될 것이다. 그가 그 기초를 놓을 때
장자를 잃고 그가 그 문을 세울 때
막내를 잃을 것이다."
27 이렇듯 여호와께서 여호수아와 함께
하셨고 여호수아의 명성이 온 땅에
자자해졌습니다.

아간의 죄

7 그러나 이스라엘 백성이 진멸시켜
야 할 물건에 손을 댔습니다. 유다
지파 세라의 증손이며 *삽디의 손자
이며 갈미의 아들인 *아간이 진멸시
켜야 할 물건의 일부를 취했습니다.
그러자 여호와의 분노가 이스라엘에
대해 불같이 일어났습니다.
2 그때 여호수아가 여리고에서 *벧엘 동
쪽 *벧아웬 근처의 *아이로 사람들을
보내며 말했습니다. "올라가 저 땅을
몰래 살피고 오라." 그러자 사람들이
올라가 아이를 몰래 살폈습니다.
3 그들이 여호수아에게 돌아와서 그에
게 보고했습니다. "모든 백성들이 다
올라갈 것 없이 2,000-3,000명만 올
라가 아이를 치게 하십시오. 모든 사
람을 그리로 보내지 마십시오. 그들
의 수가 적기 때문입니다."
4 그리하여 약 3,000명이 올라갔습니
다. 그러나 그들은 아이 사람들 앞에
서 도망치고 말았습니다.

7:1 히브리어 사본을 따름(17,18절을 보라). 칠십인역에는 '시므리'(대상 2:6을 보라.) 7:1 고통 7:2 벧엘은 '하나님의 집', 벧아웬은 '악한 자의 집', 아이는 '폐허'

5 아이 사람들이 이스라엘 사람 36명을
죽이고는 성문 앞에서 스바림까지 쫓
아가 비탈길에서 사람들을 쳤습니다.
그러자 백성들의 마음이 녹아내려 물
같이 됐습니다.
6 여호수아는 자기 옷을 찢고 여호와
의 궤 앞에서 얼굴을 땅에 대고 저녁
까지 있었습니다. 여호수아와 이스라
엘의 장로들은 머리에 재를 뿌렸습니
다.
7 여호수아가 말했습니다. "내 주 여호
와여, 왜 주께서 이 백성들로 요단 강
을 건너게 하셨습니까? 고작 아모리
사람의 손에 우리를 넘겨 멸망시키려
고 하셨습니까? 우리가 요단 강 건너
편에 머물기만 했어도 좋았을 것입니
다!
8 주여, 이제 이스라엘이 적들에게 등
을 보였으니 내가 무슨 말을 하겠습
니까?
9 가나안 사람과 이 땅에 살고 있는 모
든 사람들이 이 소식을 듣고 우리를
포위하고 이 땅에서 우리 이름을 없
앨 것입니다. 그렇게 되면 주의 위대
하신 이름이 어떻게 되겠습니까?"
10 여호와께서 여호수아에게 말씀하셨습
니다. "일어나거라! 왜 얼굴을 땅에 대
고 있느냐?
11 이스라엘이 죄를 지었다. 내가 그들에
게 명령한 내 언약을 어겼다. 그들이
진멸시켜야 할 물건을 가져가서 훔치
고는 거짓말하고 자기 창고에 넣어 두
었다.
12 그렇기에 이스라엘 백성들이 그 적을
당해 내지 못하고 등을 보인 것이다.
그들이 진멸시켜야 할 대상이 됐기
때문이다. 진멸시켜야 할 물건을 너희
가운데 없애지 않으면 내가 더 이상
너희와 함께하지 않을 것이다.
13 가서 백성들을 거룩하게 하고 그들에
게 말하여라. '너희는 내일을 위해 너
희 몸을 거룩하게 하라. 이스라엘의
하나님 여호와께서 말씀하신다. 이스
라엘아, 너희 가운데 진멸시켜야 할
물건을 제거하지 않으면 너희 원수들
을 당할 수 없을 것이다.
14 그러므로 너희는 아침에 각 지파별로
나오라. 여호와께서 제비로 뽑는 지
파는 가문별로 나오고 그 가운데 여
호와께서 제비로 뽑는 가문은 가족
별로 나오고 그 가운데 여호와께서
제비로 뽑는 가족은 성인 남자별로
나와야 한다.
15 진멸시켜야 할 물건을 가진 사람이
잡히면 그와 그에게 속한 모든 것을
불태워야 한다. 그가 여호와의 언약
을 어기고 이스라엘에서 어리석은 짓
을 저질렀기 때문이다.'"
16 여호수아는 다음 날 아침 일찍 일어
나 이스라엘을 지파별로 나오게 했습
니다. 그러자 유다 지파가 제비로 뽑
혔습니다.
17 그는 유다 가문을 앞으로 나오게 했
습니다. 그러자 세라 가족이 제비로
뽑혔습니다. 그가 세라 가족을 가족
별로 나오게 하자 삽디가 제비로 뽑

혔습니다.
18 여호수아가 그 가족을 성인 남자별로
한 사람씩 나오게 하자 유다 지파인
세라의 증손이며 삽디의 손자이며 갈
미의 아들인 아간이 제비로 뽑혔습니
다.
19 그러자 여호수아가 아간에게 말했습
니다. "내 아들아, 이스라엘의 하나님
여호와께 영광을 돌리고 *그분을 찬
양하여라. 또 네가 한 일을 내게 조금
도 숨기지 말고 다 말하여라."
20 아간이 여호수아에게 대답했습니다.
"내가 진실로 이스라엘의 하나님 여호
와께 죄를 지었습니다. 내가 이러이러
하게 했습니다.
21 전리품 가운데 시날의 아름다운 외
투와 은 *200세겔과 *50세겔 나가는
금덩이 하나를 보고 탐이 나서 가졌
습니다. 그것들은 내 장막 안 땅속에
숨겨져 있고 은은 그 밑에 있습니다."
22 그러자 여호수아는 사자를 보냈고 그
들은 그 장막으로 달려갔습니다. 바
로 거기 장막 안에 그 물건들이 숨겨
져 있었고 은은 그 밑에 있었습니다.
23 그들은 그 장막에서 물건들을 취하
여 여호수아와 모든 이스라엘 백성에
게로 가져왔고 여호와 앞에 그것들을
펼쳐 놓았습니다.
24 그때 여호수아가 온 이스라엘과 함께
세라의 아들 아간과 그 은과 외투와
금덩이와 아간의 아들과 딸들 그리고
그의 소, 나귀, 양 그리고 그 장막과
그가 가진 모든 것을 가지고 아골 골
짜기로 올라갔습니다.
25 여호수아가 말했습니다. "네가 왜 우
리를 괴롭혔느냐? 여호와께서 오늘
너를 괴롭히실 것이다." 그러자 온 이
스라엘이 그를 돌로 쳐 죽이고 가족
들과 재산들을 돌로 치고 불태웠습니
다.
26 아간 위에 큰 돌무더기를 쌓았습니
다. 그리하여 그것이 오늘날까지 남
아 있습니다. 그제야 여호와께서는 그
맹렬한 진노를 돌이키셨습니다. 그리
하여 그곳 이름이 오늘날까지도 '*아
골 골짜기'라 불리게 됐습니다.

멸망한 아이 성

8 그때 여호와께서 여호수아에게 말
씀하셨습니다. "두려워하지 마라.
낙심하지도 마라. 모든 군사들을 이
끌고 일어나 아이로 올라가거라. 보아
라. 내가 아이 왕과 아이 백성과 성과
땅을 다 네 손에 넘겨주었다.
2 너는 여리고와 여리고의 왕에게 한 것
처럼 아이와 아이 왕에게도 그렇게
하여라. 단, 그들의 전리품과 가축들
은 너희가 전리품으로 챙겨도 좋다.
너는 성 뒤로 가서 매복하고 있어라."
3 그래서 여호수아와 모든 군사들은 일
어나 아이를 치려고 출전했습니다. 여
호수아는 가장 잘 싸우는 용사 3만
명을 뽑아 밤을 틈타 보내며
4 그들에게 명령했습니다. "잘 들으라.
너희는 성 뒤에 가서 매복하고 성에

7:19 또는 그분께 자백하여라. 7:21 200세겔은 약 2.3킬로그램, 50세겔은 약 570그램 7:26 고통, 히브리어 '아갈'(괴롭히다.)과 같은 어원

서 너무 멀리 떨어져 있지 말라. 너희
모두는 출동 준비 상태에 있어야 한
다.
5 나와 함께한 모든 군대는 성으로 진
격해야 한다. 이전처럼 저들이 우리
와 맞서 싸우려고 나오면 우리는 그
들 앞에서 도망칠 것이다.
6 그들이 나와 성을 벗어날 때까지 우
리는 그들을 끌고 나와야 한다. 그러
면 '저들이 이전처럼 도망친다'라고 말
할 것이다. 우리가 그들 앞에서 도망
칠 때
7 너희는 매복하던 곳에서 일어나 그
성을 덮치라. 너희 하나님 여호와께서
그 성을 너희 손에 넘겨주실 것이다.
8 너희가 그 성을 점령하면 불을 지르
라. 여호와께서 명령하신 그대로 하
라. 내가 너희에게 명령했으니 명심하
라."
9 여호수아가 그들을 보내자 그들은 매
복할 곳으로 갔습니다. 그들은 아이
의 서쪽, 곧 벧엘과 아이 사이에 매복
하고 있었습니다. 그날 밤 여호수아는
군사들과 함께 지냈습니다.
10 여호수아는 다음 날 아침 일찍 일어
나 군사들을 소집하고 이스라엘 장로
들과 함께 군사들에 앞서 아이로 올
라갔습니다.
11 그와 함께한 모든 군사들이 올라갔
고 성 가까이 다가가 성 앞까지 이르
렀습니다. 그리고 아이 북쪽에 진을
쳤습니다. 그들과 아이 사이에는 골짜
기가 하나 있었습니다.
12 여호수아는 5,000명을 데리고 가서 그
들을 성의 서쪽, 곧 벧엘과 아이 사이
에 매복시켰습니다.
13 그들은 군사들을 배치하되 모든 군대
는 성 북쪽에 두고 복병들은 서쪽에
두었습니다. 그 밤에 여호수아는 골짜
기 한가운데로 들어갔습니다.
14 아이 왕이 이 광경을 보았습니다. 성
사람들은 서둘러 일찍 일어나 이스라
엘과 싸우러 나갔습니다. 그와 그 모
든 군사들이 정한 때에 평지 앞으로
나간 것입니다. 그러나 그는 성 뒤에
복병들이 있는 줄 알지 못했습니다.
15 여호수아와 모든 이스라엘 군사들은
패한 듯이 그들 앞에서 광야 길로 도
망쳤습니다.
16 그들을 쫓기 위해 성안의 모든 백성
들이 소리치며 여호수아를 추격하다
보니 성에서 점점 멀어지게 됐습니다.
17 아이와 벧엘에는 한 사람도 남지 않
고 다 이스라엘을 추격하러 나갔습니
다. 그들은 성문을 열어 놓은 채 이스
라엘을 추격했습니다.
18 여호와께서 여호수아에게 말씀하셨습
니다. "네 손에 있는 단창을 꺼내 아
이를 향해 내뻗어라. 내가 그 성을 네
손에 주겠다." 여호수아가 손에 있던
단창을 꺼내 그 성을 향해 내뻗었습
니다.
19 그러자 매복했던 사람들이 그 자리에
서 박차고 일어났습니다. 여호수아가
손을 내뻗자 매복자들이 그 성에 달
려 들어가 점령하고 서둘러 불을 질

렸습니다.
20 아이의 군사들이 뒤를 돌아보니 성에
서 연기가 하늘로 올라가는 것이었습
니다. 그들은 어디로 피해야 할지 갈
피를 잡을 수 없었습니다. 그리고 광
야 길로 도망치던 이스라엘 백성들이
갑자기 뒤돌아와 그 쫓던 자들을 치
기 시작했습니다.
21 여호수아와 온 이스라엘은 매복했던
자들이 성을 점령한 것과 그 성에서
연기가 올라가는 것을 보고 뒤돌아서
아이 사람들을 쳤습니다.
22 다른 사람들이 그들과 싸우기 위해
성에서 나왔습니다. 그들은 이스라엘
한가운데 있게 됐고 양쪽으로 포위돼
오도 가도 못하는 신세가 됐습니다.
이스라엘이 그들을 쳐서 그들 가운데
는 살아남거나 도망친 사람이 하나도
없었습니다.
23 그러나 그들은 아이 왕은 생포해 여호
수아에게 끌고 왔습니다.
24 이스라엘은 광야 들판에서 자기들을
쫓던 아이 주민을 다 죽였습니다. 칼
날에 그들 모두 최후의 한 사람까지
쓰러졌습니다. 그러고 나서 온 이스라
엘 백성이 아이로 돌아와 그 성을 칼
날로 쳤습니다.
25 그날 아이에서 쓰러진 모든 사람은
남녀를 합쳐 1만 2,000명이었습니다.
26 여호수아는 아이 모든 사람들을 *진
멸시킬 때까지 단창을 들고 내뻗었던
손을 내리지 않았습니다.
27 이스라엘은 여호와께서 여호수아에게
명령한 대로 그 성의 가축들과 전리
품만을 취했습니다.
28 이렇게 여호수아는 아이를 불태워 영
원히 폐허 더미로 만들었고 오늘날까
지 그대로 남아 있습니다.
29 그리고 아이 왕을 저녁까지 나무에
달아 두었습니다. 해가 지자 여호수아
는 그 시체를 나무에서 내려 성문 입
구에 내던지고 그 위에 돌을 쌓아 큰
더미를 만들라고 명령했습니다. 그래
서 그것이 오늘까지 남아 있습니다.

에발 산에서 언약을 갱신하다

30 그다음 여호수아는 이스라엘의 하나
님 여호와를 위한 제단을 에발 산에
쌓았습니다.
31 여호와의 종 모세가 이스라엘 백성들
에게 명령한 대로, 모세의 율법책에
기록된 대로 철 연장으로 다듬지 않
은 자연석 제단이었습니다. 그들이 제
단 위에 여호와께 번제를 올렸으며 이
어서 화목제를 드렸습니다.
32 그리고 거기서 그는 모세가 이스라엘
백성 앞에서 쓴 모세의 율법을 베껴
서 돌에 기록했습니다.
33 온 이스라엘과 이스라엘의 장로들과
고관들과 재판관들과 이방 사람이나
토박이나 할 것 없이 법궤를 향해 서
있었습니다. 그 반대편에는 여호와의
언약의 법궤를 든 레위 사람 제사장
들이 서 있었습니다. 그 절반은 그리
심 산을 등지고 섰고 그 절반은 에발

8:26 히브리어, 헤렘. 생명이나 물건을 완전히 멸하여 여호와께 바치는 것을 말함.

산을 등지고 섰습니다. 이전에 여호와
의 종 모세가 이스라엘 백성들을 축
복하라고 명령한 그대로 했습니다.
34 그 이후에 여호수아는 율법의 모든
말씀, 곧 율법책에 기록된 모든 축복
과 저주에 대한 말씀을 읽었습니다.
35 여자들과 아이들 그리고 이스라엘 가
운데 사는 이방 사람까지 포함한 이
스라엘의 모든 회중 앞에서 모세가
명령한 모든 말씀들 가운데 여호수아
가 읽지 않은 말씀은 한마디도 없었
습니다.

기브온 주민들의 속임수

9 요단 강 건너 산지와 골짜기와 레바
논 건너편 *대해의 모든 해변에 있
는 왕들, 곧 헷 사람, 아모리 사람, 가
나안 사람, 브리스 사람, 히위 사람, 여
부스 사람의 모든 왕들이 이 소식을
듣고
2 여호수아와 이스라엘에 대항하기 위
해 함께 모여 뜻을 모았습니다.
3 그러나 기브온 백성들은 여호수아가
여리고와 아이에서 한 일을 듣고
4 꾀를 냈습니다. 그들은 사신처럼 꾸미
고 낡아 빠진 자루와 찢어져 꿰맨 오
래된 포도주 부대를 나귀에 싣고 갔
습니다.
5 발에는 닳을 대로 닳아서 덧댄 신발
을 신었고 몸에는 낡은 옷가지를 걸
쳤습니다. 그들이 먹을 빵은 다 말랐
고 곰팡이가 피어 있었습니다.
6 그러고는 그들이 길갈 진영에 있는 여
호수아에게 가서 그와 이스라엘 사람
들에게 말했습니다. "우리는 먼 나라
에서 왔습니다. 지금 우리와 조약을
맺읍시다."
7 이스라엘 사람들이 히위 사람들에게

9:1 지중해를 가리킴.

Q&A 속아서 맺은 언약도 지켜야 했나?

참고 구절 | 수 9:3–27

여리고와 아이 성의 갑작스러운 몰락을 목격한 기브온 사람들은 두려움에 사로잡혔고, 속임수를 써서 이스라엘과 언약을 맺었다. 하지만 그들의 거짓말은 3일 만에 들통났다.

이에 이스라엘 사람들은 족장들이 이 문제를 잘못 처리한 것에 대하여 불평했다(수 9:8–9, 16, 18–19).

기브온 사람들에게 속아서 맺은 언약을 꼭 지킬 필요가 있었던 것일까? 여호수아가 언약을 지킨 것은 족장들이 하나님 이름으로 맹세했기 때문이었다(수 9:19). 구약 시대에 이스라엘 백성들에게 있어서 말은 함부로 할 성질의 것이 아니었다. 특히 여호와의 이름으로 한 말에는 신성함이 깃들어 있었기 때문에 반드시 지켜야 했다.

비록 기브온 사람들이 사용한 방법은 옳지 않았으나 하나님의 이름으로 맺은 언약을 무효화할 수는 없었다. 후에 사울이 기브온 사람들과의 언약을 깨고 그들을 학살한 것 때문에 이스라엘과 사울의 자손이 징벌받은 것은 언약에 대한 하나님의 신실하심을 보여 주는 사건이었다(삼하 21:1–14).

말했습니다. "당신들은 우리 가까이
에 사는 것 같은데 우리가 어떻게 당
신들과 조약을 맺겠소?"
8 그들이 여호수아에게 말했습니다. "우
리는 당신의 종입니다." 그러자 여호수
아가 물었습니다. "너희는 누구이며
어디에서 왔느냐?"
9 그들이 그에게 말했습니다. "당신의
종들은 당신의 하나님 여호와의 명성
을 듣고 아주 먼 나라에서 왔습니다.
우리가 그분의 명성과 그분이 이집트
에서 행하신 일을 모두 들었습니다.
10 요단 강 건너편의 아모리 사람의 두
왕, 곧 헤스본 왕 시혼과 아스다롯에
살았던 바산 왕 옥에게 하신 일도 모
두 들었습니다.
11 그러자 우리 장로들과 우리 나라 모
든 거주민들이 우리에게 말했습니다.
'양식을 챙겨 길을 떠나라. 가서 그들
을 만나 우리가 당신의 종이니 우리
와 조약을 맺자고 그들에게 말하라.'
12 우리의 이 빵은 우리가 당신에게 오
려고 떠나던 날 집에서 따뜻한 것을
싸 가지고 온 것입니다. 그러나 보십
시오. 마르고 곰팡이가 피었습니다.
13 우리가 가득 채워 온 이 포도주 부대
도 새것이었는데 이제 다 터졌습니다.
우리 옷과 신발은 길고 긴 여정으로
다 닳았습니다."
14 그러자 이스라엘 사람들은 그들의 양
식을 취하고 어떻게 해야 할지 여호와
께 묻지 않았습니다.
15 그리고 여호수아는 그들과 화친을 맺
어 그들을 살려 준다는 언약을 맺고
회중의 지도자들도 그들에게 맹세했
습니다.
16 기브온 사람들과 조약을 맺은 지 3일
뒤 이스라엘 사람들은 그들이 이웃이
며 그들 가운데 살고 있다는 것을 들
었습니다.
17 그러자 이스라엘 사람들이 길을 떠나
3일 길을 가서 기브온 사람들의 성에
이르렀습니다. 그들의 성은 기브온, 그
비라, 브에롯, 기럇 여아림이었습니다.
18 그러나 회중의 지도자들이 이스라엘
의 하나님 여호와를 두고 그들에게
맹세했기 때문에 이스라엘 사람들은
그들을 죽일 수 없었습니다. 온 회중
이 지도자들을 원망했습니다.
19 그러자 모든 지도자들이 온 회중에
게 대답했습니다. "우리가 이스라엘의
하나님 여호와를 두고 그들에게 맹세
했으므로 그들을 칠 수 없다.
20 우리가 그들에게 할 수 있는 것은 이
것이다. 우리가 그들에게 맹세한 그
맹세 때문에 우리에게 저주가 임하지
않도록 그들을 살려 주는 것이다."
21 지도자들이 이어 말했습니다. "그들
을 살려 두어 온 회중을 위해 나무를
패고 물 긷는 자로 삼으라." 이렇게 해
서 지도자들이 그들에게 말한 대로
이루어졌습니다.
22 그때 여호수아가 기브온 사람들을 불
러 말했습니다. "너희는 우리 가까이
살면서 왜 '우리는 당신들과 멀리 떨
어져 삽니다'라며 우리를 속였느냐?

23 너희는 이제 저주 아래 있게 됐다. 너
희는 영원히 종살이를 면하지 못할
것이니 내 하나님의 집을 위해 나무
패며 물 긷는 자들이 될 것이다."
24 그들이 여호수아에게 대답했습니다.
"당신의 하나님 여호와께서 그 종 모
세에게 명령해 당신들에게 온 땅을
주고 당신들 앞에서 그 땅에 살던 사
람들 모두를 진멸시키라고 하셨다는
것을 당신의 종들이 분명히 들었기
때문입니다. 그래서 우리가 당신들 때
문에 생명에 두려움을 느끼고 이런
일을 했습니다.
25 보십시오. 우리는 이제 당신들 손에
있으니 무엇이든 당신들이 보기에 선
하고 옳은 대로 하십시오."
26 여호수아는 그들에게 그대로 했습니
다. 그는 이스라엘 사람들의 손에서
그들을 구했으며 죽이지는 않았습니
다.
27 그날에 여호수아는 기브온 사람들을
온 회중을 위해, 또 여호와께서 선택
하신 여호와의 제단을 위해 나무를
패고 물을 긷도록 했습니다. 이렇게
해서 그들이 오늘날까지 그렇게 하고
있는 것입니다.

태양이 머무르다

10 그때 예루살렘 왕 아도니세덱이
여호수아가 아이를 점령하고 완
전히 *진멸시키되 여리고와 그 왕에
게 한 것처럼 아이와 아이 왕에게 그
렇게 한 것과 기브온 사람들이 이스
라엘과 조약을 맺고 그들 가운데 있
다는 소식을 들었습니다.
2 아도니세덱은 이 소식에 몹시 놀랐습
니다. 기브온은 왕의 성 가운데 하나
처럼 큰 성이어서 아이보다 컸으며 그
성의 사람들은 다 강했기 때문입니
다.
3 그리하여 예루살렘 왕 아도니세덱은
헤브론 왕 호함과 야르뭇 왕 비람과 라
기스 왕 야비아와 에글론 왕 드빌에게
사람을 보내
4 말했습니다. "기브온이 여호수아와 이
스라엘 백성들과 조약을 맺었다고 하
니 내게로 올라와서 나를 도와 기브
온을 칩시다."
5 그러자 아모리 사람의 다섯 왕, 곧 예
루살렘 왕과 헤브론 왕과 야르뭇 왕과
라기스 왕과 에글론 왕이 힘을 합해
모든 군대를 거느리고 올라와 기브온
에 대항해 진을 치고 싸움을 걸어왔
습니다.
6 기브온 사람들은 길갈 진영에 있는
여호수아에게 사람을 보내 말하기를
"주의 종들을 그냥 버려두지 마시고
급히 우리에게 올라와 구원하고 도와
주십시오! 산지에 거하는 아모리 사람
의 모든 왕들이 우리를 치기 위해 모
여 있습니다."
7 그러자 여호수아가 모든 군사들과 모
든 용사들과 함께 길갈에서 올라갔습
니다.
8 여호와께서 여호수아에게 말씀하셨습

10:1 히브리어, 헤렘. 생명이나 물건을 완전히 멸하여 여호와께 바치는 것을 말함.

니다. "그들을 두려워하지 마라. 내가
그들을 네 손에 넘겨주었으니 그들
가운데 한 사람도 너를 당해 낼 자가
없을 것이다."
9 그리하여 여호수아가 길갈에서 밤새
워 행군해 가서 불시에 그들에게 들
이닥쳤습니다.
10 여호와께서는 이스라엘 앞에서 그들
을 혼란에 빠뜨려 기브온에서 그들을
대대적으로 살육하셨고 벧호론으로
올라가는 길을 쫓아 아세가와 막게다
에 이르러 그들을 치셨습니다.
11 또 그들이 이스라엘 앞에서 도망쳐
벧호론으로 내려가고 있을 때 여호와
께서 거기서 아세가에 이르기까지 하
늘에서 큰 우박을 내리셔서 그들이
죽었습니다. 우박에 맞아 죽은 사람
이 이스라엘 군사들의 칼에 죽은 사
람보다 더 많았습니다.
12 여호와께서 아모리 사람을 이스라엘
에 넘겨주신 그날에 여호수아는 이스
라엘이 보는 앞에서 여호와께 말했습
니다.

"오 해야, 기브온에 그대로 멈춰 있
어라. 오 달아, 아얄론 골짜기에 그
대로 멈춰 있어라."

13 그러자 백성이 적들에게 원수를 갚을
때까지 해는 멈춰 있었고 달도 멈춰
섰습니다. 야살의 책에 기록된 대로
해가 중천에 서서 하루 종일 지지 않
았습니다.
14 그렇게 여호와께서 사람의 말을 들어
주신 날은 전무후무했습니다. 여호와
께서 이스라엘 편에서 싸우셨기 때문
입니다.
15 그러고 나서 여호수아는 온 이스라엘
과 함께 길갈의 진영으로 돌아왔습니
다.

아모리 족속의 다섯 왕들을 죽이다

16 그때 그 다섯 왕이 도망가 막게다의
동굴에 숨어 있었습니다.
17 여호수아는 그 다섯 왕이 막게다의

Q&A 왜 하루가 사라졌을까?

참고 구절 | 수 10:12–14

볼티모어 시 커티스 기계 회사의 우주 관계 과학자들이 인공위성의 궤도를 작성하기 위해 태양과 달 그리고 주변 혹성들의 궤도 조사를 하던 중 컴퓨터가 멈추어 버렸다.

원인을 조사해 보니 계산상 하루가 없어졌기 때문이었다. 그때 한 사람이 여호수아 10:12–14의 태양이 멈추었던 사실을 떠올렸고, 과학자들은 그 '사라진 하루'를 찾기 위해 컴퓨터 전자계산기를 돌려서 여호수아 시대의 궤도를 조사했다. 그 결과 23시간 20분 동안 궤도가 정지했었다는 답을 얻게 되었다.

또한 열왕기하 20:8–11의 히스기야에 관한 기록은 태양의 궤도가 10도 뒤로 물러갔다고 했는데, 시간으로 계산하면 이것은 40분((24시간×60분÷10도/360도)=40분)에 해당된다. 이 둘을 합하면 정확하게 하루가 된다.

하나님은 그분의 뜻을 이루기 위해서 자연 현상까지도 조절하실 수 있는 분이다(사 38:7–8).

동굴에 숨어 있다는 소식을 들었습니
다.
18 이에 여호수아가 말했습니다. "큰 돌
을 굴려 동굴의 입구를 막고 사람을
배치해 그들을 지키라.
19 그러나 너희들은 거기 서 있지 말고
적들을 추격하여 그 후군을 쳐서 자
기 성에 들어가지 못하게 하라. 너희
하나님 여호와께서 그들을 너희 손에
넘겨주셨다."
20 여호수아와 이스라엘 백성들은 그들
이 진멸할 때까지 크게 쳤습니다. 살
아남아 요새화된 성에 들어간 자는
거의 없었습니다.
21 모든 백성들이 막게다 진영에 있는 여
호수아에게 무사히 돌아왔습니다. 어
느 누구도 혀를 놀려 이스라엘 백성
을 헐뜯지 못했습니다.
22 그때 여호수아가 말했습니다. "동굴
문을 열고 그 다섯 왕들을 내게로 끌
고 오라."
23 그들은 그렇게 했습니다. 그들이 그
다섯 왕, 곧 예루살렘 왕, 헤브론 왕,
야르뭇 왕, 라기스 왕, 에글론 왕을 동
굴 밖으로 끌어냈습니다.
24 그들이 이 왕들을 여호수아에게 끌
고 오자 여호수아가 이스라엘 온 백
성을 불러 모으고 자기와 함께 나갔
던 군지휘관들에게 말했습니다. "가
까이 와서 발로 이 왕들의 목을 밟으
라." 그들은 가까이 나아와 발로 그들
의 목을 밟았습니다.
25 여호수아가 그들에게 말했습니다. "두
려워하지 말라. 낙심하지도 말라. 강
하고 담대하라. 너희가 싸울 모든 적
들에게 여호와께서 이렇게 하실 것이
다."
26 그리고 여호수아는 그들을 쳐 죽이고
그들을 다섯 나무에 매달았습니다.
그들은 저녁까지 나무에 매달려 있었
습니다.
27 해 질 무렵에 여호수아가 명령했습니
다. 그들은 시체들을 나무에서 끌어
내려 그들이 숨어 있던 동굴에 던지
고 큰 돌로 동굴의 입구를 막았습니
다. 그리하여 오늘날까지도 거기에 그
대로 있습니다.

남부 성들을 점령하다

28 그날에 여호수아가 막게다를 점령했
습니다. 그 성과 그 왕을 칼날로 쳐서
성안에 있던 사람들을 진멸시키고 한
사람도 남겨 두지 않았습니다. 그는
여리고 왕에게 행했던 대로 막게다 왕
에게도 행했습니다.
29 그때 여호수아가 온 이스라엘과 함께
막게다에서 립나로 건너가 립나와 맞
서 싸웠습니다.
30 여호와께서 립나 성과 립나 왕을 또한
이스라엘의 손에 넘겨주셨습니다. 여
호수아는 립나 성과 그 안의 모든 사
람을 모조리 칼로 쳐서 한 사람도 남
겨 두지 않았습니다. 그는 여리고 왕
에게 행했던 대로 립나 왕에게도 행
했습니다.
31 그때 여호수아는 온 이스라엘과 함께
립나에서 라기스로 건너가 진을 치고

전쟁을 벌였습니다.
32 여호와께서 라기스를 이스라엘에 넘
겨주셨습니다. 그래서 여호수아가 둘
째 날에 라기스 성을 점령하고 라기스
성과 성안에 있던 모든 사람들을 칼
날로 쳤습니다. 모든 것은 그가 립나
에 행한 그대로였습니다.
33 한편 게셀 왕 호람이 라기스를 도우러
올라왔지만 여호수아는 한 사람도 남
지 않을 때까지 호람과 호람의 군대를
쳤습니다.
34 여호수아는 온 이스라엘과 함께 라기
스에서 에글론으로 건너가 진을 치고
전쟁을 벌였습니다.
35 그날 그들은 에글론 성을 점령하고
칼날로 쳐서 성안의 모든 생명을 진
멸시켰습니다. 모든 것은 그가 라기스
에 행한 그대로였습니다.
36 여호수아는 온 이스라엘과 함께 에글
론에서 헤브론으로 올라가서 전쟁을
벌였습니다.
37 그들은 헤브론 성을 점령하고 헤브론
왕과 헤브론의 성들과 그 안의 모든
생명을 칼날로 쳐 한 사람도 남겨 두
지 않았습니다. 모든 것은 그가 에글
론에게 행한 그대로였으며 그 성과 그
안의 모든 생명을 진멸시켰습니다.
38 그리고 여호수아는 온 이스라엘과 함
께 드빌로 돌아와 전쟁을 벌였습니다.
39 그들은 드빌 성과 드빌 왕과 드빌의
모든 성들을 점령하고 칼날로 쳐서
한 사람도 남김없이 성안의 모든 생명
을 진멸시켰습니다. 그가 헤브론에게
행했던 대로 드빌과 드빌 왕에게도 행
했습니다. 그것은 그가 립나와 립나
왕에게 행한 그대로였습니다.
40 이렇게 해서 여호수아는 그 전 지역,
곧 산지와 네게브, 서쪽 평지와 산비
탈, 그 모든 왕을 쳤습니다. 여호수아
는 한 사람도 남겨 두지 않고 숨 쉬는
모든 것을 진멸시켰습니다. 이스라엘
의 하나님 여호와께서 명령하신 그대
로 행했습니다.
41 여호수아는 가데스 바네아에서 가사
에 이르기까지, 또 고센의 모든 지역
에서 기브온에 이르기까지 정복했습
니다.
42 이스라엘의 하나님 여호와께서 이스
라엘을 위해 싸웠기 때문에 여호수아
는 이 모든 왕과 그들의 땅을 일시에
정복했습니다.
43 여호수아는 온 이스라엘 백성들과 함
께 길갈 진영으로 돌아왔습니다.

북쪽 왕들을 무찌르다

11 하솔 왕 야빈이 이 소식을 듣고
마돈 왕 요밥과 시므론 왕과 악
삽 왕에게 전갈을 보냈습니다.
2 또 북쪽의 산지, 긴네롯 남쪽 평지, 골
짜기, 서쪽의 돌의 높은 곳 왕들과
3 동쪽과 서쪽의 가나안 사람들, 아모
리 사람들, 헷 사람들, 브리스 사람들,
산지의 여부스 사람들, 미스바 땅의
헤르몬 아래에 사는 히위 사람들에게
도 전갈을 보냈습니다.
4 그러자 그들이 모든 군대를 거느리고
나왔는데 그 사람들이 많아서 바닷

가의 모래 같았습니다. 말과 전차도
대단히 많았습니다.
5 이 모든 왕들이 약속된 장소에서 이
스라엘과 싸우려고 합세해 메롬 물가
에 함께 진을 쳤습니다.
6 그때 여호와께서 여호수아에게 말씀
하셨습니다. "그들을 두려워하지 마
라. 내일 이맘때 내가 그들 모두를 죽
여 이스라엘에 넘겨줄 것이다. 너는
그들의 말 뒷발의 힘줄을 끊고 전차
를 불로 태워라."
7 그러자 여호수아는 그 모든 군사들과
함께 메롬 물가에 있는 그들을 급습
해 덮쳤습니다.
8 여호와께서 그들을 이스라엘의 손에
넘겨주셨습니다. 이스라엘은 그들을
치고 큰 시돈과 미스르봇 마임과 동
쪽 미스바 골짜기까지 쫓아가 한 사람
도 남김없이 그들을 쳤습니다.
9 여호수아는 여호와께서 지시하신 대
로 행해 그들의 말의 뒷발 힘줄을 끊
고 전차를 불로 태웠습니다.
10 그때 여호수아가 돌아와 하솔을 점령
하고 그 왕을 칼로 쳤습니다. 이전에
하솔은 이들 모든 나라의 우두머리였
습니다.
11 그들은 그 성의 모든 생명을 칼날로
쳐서 *진멸시켜 숨 쉬는 것이라고는
하나도 남지 않았으며 하솔을 불태웠
습니다.
12 여호수아는 여호와의 종 모세가 명령
한 대로 이 왕들의 모든 성과 그 모든
왕들을 점령하고 그들을 칼날로 쳐
서 진멸시켰습니다.
13 그러나 언덕 위에 세운 성들은 하솔
외에 이스라엘이 하나도 불태우지 않
았습니다. 여호수아는 오로지 하솔만
불태웠습니다.
14 이스라엘 백성들은 이 성들에서 전리
품과 가축들을 빼앗고 사람들은 숨
쉬는 것 하나 남겨 두지 않을 때까지
칼날로 쳐 죽였습니다.
15 여호와께서 그 종 모세에게 명령하신
대로, 모세가 여호수아에게 명령한 대
로 여호수아는 그대로 했습니다. 그는
여호와께서 모세에게 명령하신 모든
것을 남김없이 행했습니다.
16 이렇게 해서 여호수아는 그 땅 전체,
곧 산지, 네게브 전 지역, 고센 전 지
역, 서쪽 평지, 아라바, 이스라엘 산지
와 그 평지를 다 차지했습니다.
17 곧 세일을 향해 솟아 있는 할락 산에
서부터 헤르몬 산 아래 레바논 골짜기
에 있는 바알갓까지였습니다. 그는 모
든 왕들을 사로잡아 그들을 쳐 죽였
습니다.
18 여호수아는 꽤 오랫동안 그 모든 왕
들과 전쟁을 치렀습니다.
19 기브온 주민인 히위 사람들을 제외하
고 이스라엘 백성들과 화평을 맺은
성은 하나도 없었습니다. 이스라엘 백
성은 그 모든 성을 싸워서 빼앗았습
니다.
20 여호와께서 그들의 마음을 강퍅하게

11:11 히브리어, 헤렘. 생명이나 물건을 완전히 멸하여 여호와께 바치는 것을 말함.

해 이스라엘과 전쟁을 해서 그들을
진멸시키기 위함이었습니다. 그들이
은혜를 받지 못하게 하셨는데 이는
여호와께서 모세에게 명령하신 대로
그들을 멸절시키기 위함이었습니다.
21 그때 여호수아가 가서 산지에서, 헤브
론에서, 드빌에서, 아납에서, 유다 온
산지와 이스라엘의 온 산지에서 아낙
사람들을 멸절시켰습니다. 여호수아
는 그들과 그 성들을 진멸시켰습니
다.
22 이스라엘 사람들의 땅에는 아낙 사람
들이 한 명도 남지 않았고 가사와 가
드와 아스돗에 일부가 살아남았을 뿐
이었습니다.
23 이렇게 여호수아는 여호와께서 모세
에게 말씀하신 대로 온 땅을 차지했
습니다. 여호수아는 할당된 땅을 이스
라엘에게 그들의 지파에 따라 유산으
로 주었습니다. 그 땅에 전쟁이 그쳤
습니다.

정복한 왕들의 명단

12 이스라엘 사람들이 그 땅의 왕
들을 쳐 죽이고 그들의 땅, 곧
요단 강 동쪽 아르논 골짜기에서 헤르
몬 산까지 아라바 동쪽 전역을 손에
넣었을 때 그 땅에는 이런 왕들이 있
었습니다.
2 헤스본에 거했던 아모리 사람의 왕 시
혼은 아르논 골짜기의 아로엘과 그 골
짜기 한가운데와 길르앗 절반에서부
터 암몬 사람의 경계인 얍복 강까지
다스리고 있었습니다.
3 또 아라바 동쪽 *긴네롯 바다에서부
터 염해라고 하는 아라바 바다와 벧여
시못 길까지, 남쪽 비스가로 가는 비
탈길까지 다스렸습니다.
4 르바 족속 가운데 살아남은 사람으
로 아스다롯과 에드레이에 살던 바산
왕 옥은
5 헤르몬 산, 살르가, 바산 전 지역에서

12:3 갈릴리 호수를 가리킴.

Q&A 가나안 정복의 비밀

참고 구절 | 수 11:23

이스라엘이 가나안을 정복할 당시 가나안 사람들은 요단 강 계곡과 베니게 해변에 작은 성읍을 이루며 살고 있었다. 그러나 고고학자들에 따르면 가나안 성읍들은 뛰어난 건축술에 의해 잘 정비되어 있었고, 해안에 살던 가나안 사람들은 무역에도 뛰어났다고 한다.

또한 이스라엘에 비해 여러모로 발전하여 동, 납, 금을 사용하는 기술이 개발되어 있었고 도자기 만드는 기술도 뛰어났다고 한다. 그리고 최초로 알파벳을 사용한 이들도 가나안 사람들이었다고 한다.

이렇게 뛰어난 기술과 문명을 가졌던 가나안 사람들을 무기나 식량이 충분하지 않은 이스라엘 군대가 이길 수 있었던 비결은 무엇일까? 그 숨은 비밀은 이스라엘의 군사력이 아니라 그들을 구원하시고 인도하신 하나님의 도우심에 있었다(수 6:1-21;8:1-29;10:1-43;11:1-23;12:1-24).

부터 그술 사람들과 마아가 사람들의
경계, 헤스본의 시혼 왕의 경계인 길
르앗 절반까지 다스렸습니다.
6 여호와의 종 모세와 이스라엘 사람들
이 그들을 쳤고 여호와의 종 모세는
그 땅을 르우벤 지파와 갓 지파와 므
낫세 반 지파에게 유산으로 주었습니
다.
7 여호수아와 이스라엘 사람들이 레바
논 골짜기의 바알갓에서부터 세일을
향해 솟아 있는 할락 산에 이르기까
지 요단 강 서편에서 친 왕들은 이러
합니다. (여호수아는 그 땅을 이스라
엘 지파에게 할당한 대로 유산으로
주었습니다.
8 곧 산지, 서쪽 평지, 아라바, 산비탈,
광야, 네게브를 주었는데 그것은 헷
사람, 아모리 사람, 가나안 사람, 브리
스 사람, 히위 사람, 여부스 사람의 땅
이었습니다.)
9 여리고 왕 하나, 벧엘 근처 아이 왕 하
나,
10 예루살렘 왕 하나, 헤브론 왕 하나, 야
르뭇 왕 하나,
11 라기스 왕 하나,
12 에글론 왕 하나, 게셀 왕 하나,
13 드빌 왕 하나, 게델 왕 하나,
14 호르마 왕 하나, 아랏 왕 하나,
15 립나 왕 하나, 아둘람 왕 하나,
16 막게다 왕 하나, 벧엘 왕 하나,
17 답부아 왕 하나, 헤벨 왕 하나,
18 아벡 왕 하나, 랏사론 왕 하나,
19 마돈 왕 하나, 하솔 왕 하나,
20 시므론 므론 왕 하나, 악삽 왕 하나,
21 다아낙 왕 하나, 므깃도 왕 하나,
22 게데스 왕 하나, 갈멜의 욕느암 왕 하
나,
23 돌의 높은 곳에 있는 왕 하나, 길갈에
있는 고임 왕 하나,
24 디르사 왕 하나로 모두 31명의 왕입니
다.

앞으로 정복해야 할 땅

13 여호수아가 늙고 나이가 많아
지자 여호와께서 그에게 말씀
하셨습니다. "너는 늙고 나이가 많은
데 아직 소유해야 할 땅이 많이 남아
있구나.
2 아직 남아 있는 땅은 블레셋 사람과
그술 사람들의 모든 지역이다.
3 곧 이집트의 동쪽인 시홀에서부터 북
쪽으로 가나안 사람의 것으로 여겨지
는 에그론까지 그리고 가사, 아스돗,
아스글론, 갓, 에그론의 다섯 명의 블
레셋 왕의 땅, 아위 사람의 땅,
4 남쪽으로 가나안 사람의 모든 땅, 시
돈 사람의 므아라에서부터 아모리 사
람의 경계인 아벡까지,
5 *그발 사람의 땅, 동쪽의 레바논 전
체, 곧 헤르몬 산 아래 바알갓에서부
터 하맛의 입구까지다.
6 레바논에서 미스르봇마임까지 산지에
사는 모든 사람, 심지어 모든 시돈 사
람까지 내가 친히 이스라엘 백성 앞
에서 쫓아낼 것이다. 너는 내가 네게
명령한 대로 이 땅을 이스라엘에게

13:5 비블로스 지역을 가리킴.

유산으로 분배하되
7 아홉 지파와 므낫세 반 지파에게 유
산으로 나눠 주어라."

요단 동쪽 땅의 분배

8 므낫세 반 지파와 르우벤 지파와 갓
지파는 모세가 준 요단 강 동쪽 땅을
그들의 유산으로 받았습니다. 여호와
의 종 모세가 그들에게 준 것은 이러
합니다.
9 아르논 골짜기의 아로엘에서부터 그
골짜기 한가운데 있는 성과 디본까지
의 메드바 온 평지와
10 또 헤스본에서 다스리던 아모리 사람
의 왕 시혼의 모든 성들과 암몬 사람
의 경계까지
11 또 그술 사람과 마아갓 사람의 영토인
길르앗과 헤르몬 산 전 지역과 살르가
에 이르는 바산 전 지역이었습니다.
12 르바 족속 가운데 살아남은 사람으
로서 아스다롯과 에드레이에 살던 바
산 왕 옥의 나라 전 지역이었습니다.
모세가 그들을 쳐서 쫓아냈습니다.
13 그러나 이스라엘 사람들이 그술 사람
과 마아갓 사람은 쫓아내지 않아 그
들이 오늘날까지 이스라엘 백성 가운
데 살고 있습니다.
14 모세는 레위 지파에게는 유산을 주지
않았습니다. 그가 말한 대로 이스라
엘의 하나님 여호와께 드리는 화제물
이 그들의 유산이기 때문입니다.
15 모세가 르우벤 지파에게 가문별로 준
것은 이러합니다.
16 그들의 영토는 아르논 골짜기의 아로
엘에서부터 그 골짜기 한가운데 있는
성과 메드바 옆 온 평지를 지나
17 헤스본과 평지에 펼쳐진 헤스본의 모
든 성들, 곧 디본, 바못 바알, 벧바알
므온,
18 야하스, 그데못, 메바앗,
19 기랴다임, 십마, 골짜기의 언덕에 있는
세렛 사할,
20 벧브올, 비스가 비탈, 벧여시못까지로
21 평지의 모든 성들과 헤스본을 다스리
던 아모리 왕 시혼의 나라 전체였습니
다. 모세는 그 땅에 살면서 그와 연합
한 미디안 족장들, 곧 에위, 레겜, 술,
훌, 레바도 함께 쳤습니다.
22 이스라엘 사람들이 칼로 쳐 죽인 자
들 가운데 브올의 아들인 점쟁이 발
람도 있었습니다.
23 르우벤 자손의 경계는 요단 강 둑이었
습니다. 이 성들과 마을들이 각 가문
별로 받은 르우벤 자손의 유산이었습
니다.
24 모세가 갓 지파에게 그 가문별로 준
것은 이러합니다.
25 그들의 영토는 야셀과 길르앗의 모든
성들과 랍바 근처 아로엘에 이르는 암
몬 사람의 땅 절반,
26 헤스본에서 라맛 미스베와 브도님까
지, 마하나임에서 드빌 영토까지,
27 골짜기에 있는 벧하람, 벧니므라, 숙
곳, 사본과 헤스본 왕 시혼 왕국의 남
은 땅, 곧 요단 강과 그 경계로서 요단
강 동쪽 *긴네렛 바다 끝까지입니다.

13:27 갈릴리 호수를 가리킴.

28 이 성들과 마을들이 그 가문별로 받
은 갓 자손의 유산이었습니다.
29 모세가 므낫세 반 지파에게, 곧 므낫세
자손의 절반에게 가문별로 준 것은
이러합니다.
30 그들의 영토는 마하나임에서부터 바
산 전체와 바산 왕 옥의 땅 전체, 바산
에 있는 야일의 모든 성인 60개의 성
들과
31 길르앗 절반 또 바산 왕 옥의 성들인
아스다롯과 에드레이입니다. 이것은
므낫세의 아들인 마길의 자손, 곧 마
길의 아들들의 절반에게 가문별로
준 것입니다.
32 이상은 모세가 여리고 동쪽 요단 강
건너편 모압 평지에서 할당해 준 유
산입니다.
33 그러나 모세는 레위 지파에게만 유산
을 주지 않았습니다. 그것은 이스라
엘의 하나님 여호와께서 그들에게 말
씀하신 대로 여호와께서 친히 그들의
유산이기 때문입니다.

요단 서쪽 땅의 분배

14 이스라엘 사람들이 가나안 땅
에서 유산으로 받은 지역은 이
러합니다. 제사장 엘르아살과 눈의
아들 여호수아와 이스라엘의 지파 족
장들이 그들에게 분배한 것입니다.
2 그들의 유산은 여호와께서 모세에게
명령하신 대로 제비를 뽑아 나머지
아홉 지파와 므낫세 반 지파에게 분
배됐습니다.
3 모세는 두 지파와 반 지파에게 요단
강 동쪽을 그들의 유산으로 주었지
만 레위 사람들에게는 그들 가운데
유산을 주지 않았습니다.
4 요셉의 자손들이 두 지파, 곧 므낫세
와 에브라임으로 나뉘었기 때문에 레
위 사람들은 받을 몫이 없었고 다만
거주할 성과 가축, 곧 그들의 재산인
가축을 위한 초지만 받았습니다.
5 이스라엘 사람들은 여호와께서 모세
에게 명령하신 대로 행해 땅을 나눴
습니다.

갈렙의 몫

6 그러자 유다 자손들이 길갈에 있는
여호수아에게 찾아갔습니다. 그니스
사람인 여분네의 아들 갈렙이 여호수
아에게 말했습니다. "여호와께서 가데
스 바네아에서 당신과 나에 대해 하
나님의 사람 모세에게 말씀하신 것을
당신께서는 아십니다.
7 여호와의 종 모세가 가데스 바네아에
서 이 땅을 정탐하라고 나를 보냈을
때 내 나이 40세였습니다. 그때 나는
내 마음에 확신이 서는 대로 그에게
보고했습니다.
8 그런데 나와 함께 올라갔던 내 형제
들은 백성들의 마음을 약하게 했습
니다. 그래도 나는 마음을 다해 내 하
나님 여호와를 따랐습니다.
9 그러자 그날 모세가 내게 맹세했습니
다. *네가 마음을 다해 네 하나님 여
호와를 따랐으므로 네 발로 밟는 땅
은 영원히 너와 네 자손의 유산이 될

14:9 신 1:36을 보라.

것이다.'
10 이제 보십시오. 여호와께서 나를 살
려 주셨습니다. 이스라엘이 광야에서
방황하던 때 여호와께서 모세에게 이
말씀을 하신 지 45년이 됐습니다. 지
금 내가 85세가 됐습니다.
11 모세가 나를 보냈던 때처럼 나는 아
직도 강건하고 내가 그때와 마찬가지
로 전쟁에 드나드는 데 기력이 왕성합
니다.
12 그러므로 여호와께서 그날 내게 말씀
하신 이 산지를 내게 주십시오. 당신
도 그때 직접 들었다시피 거기에는 아
낙 사람들이 살고 있고 그들의 성은
크고 강합니다. 그러나 여호와께서 나
와 함께하시면 여호와께서 말씀하셨
듯이 내가 그들을 쫓아낼 수 있을 것
입니다."
13 그러자 여호수아는 여분네의 아들 갈
렙을 축복하고 헤브론을 유산으로 주
었습니다.
14 따라서 헤브론은 오늘까지 그니스 사
람 여분네의 아들 갈렙의 유산이 됐
습니다. 그가 이스라엘의 하나님 여호
와를 마음을 다해 따랐기 때문입니
다.
15 헤브론의 옛 이름은 기럇 아르바였습
니다. 아르바는 아낙 사람들 가운데
서도 가장 큰 사람이었습니다. 그 땅
에 전쟁이 그쳤습니다.

유다 지파의 몫

15 유다 자손의 지파가 제비 뽑아
그 가문별로 분배받은 땅의 최
남단 경계선은 에돔 경계와 맞닿아
있는 신 광야입니다.
2 그 남쪽 경계는 염해 남단, 곧 남쪽
만에서부터
3 아그랍빔 비탈 남쪽을 건너 신을 지나
고 더 남쪽으로 가데스 바네아로 올라
가 헤스론을 지나고 아달까지 올라가
서 갈가를 빙 둘러
4 거기에서부터 아스몬을 향해 가다가
이집트 시내에 이르러 바다에서 그 경
계가 끝납니다. 이것이 그들의 남쪽
경계입니다.
5 그 동쪽 경계는 요단 강 하구인 염해
입니다. 북쪽 경계는 바다의 만에서
요단 강 하구까지입니다.
6 그 경계는 벧호글라로 올라가 벧아라
바 북쪽을 통과합니다. 그 경계는 르
우벤의 아들인 보한의 돌까지 이릅니
다.
7 그 경계는 아골 골짜기에서 드빌로 올
라가 북쪽으로 그 골짜기 남쪽 아둠
밈 비탈 반대편에 있는 길갈을 돌아
계속해서 *엔세메스 물가를 따라 엔
로겔에서 끝납니다.
8 그다음 경계는 여부스 성, 곧 예루살
렘 성의 남쪽 비탈을 따라 힌놈의 아
들 골짜기로 올라가고 거기에서 힌놈
의 골짜기 맞은편 산꼭대기까지 올라
가며 서쪽으로는 르바임 골짜기 북쪽
끝에 이릅니다.
9 그다음 경계는 그 산꼭대기에서부터
넵도아 샘물까지고 거기에서 에브론

15:7 태양의 샘

산악의 성까지입니다. 그다음 경계는
바알라, 곧 기럇 여아림 쪽까지입니다.
10 그 경계는 바알라에서 세일 산 서쪽
으로 돌아 여아림 산, 곧 그살론의 북
쪽 비탈을 따라 *벧세메스로 내려가
며 딤나를 통과합니다.
11 그 경계는 에그론 북쪽 산비탈까지
이르며 그다음 경계는 식그론 쪽으로
돌아 바알라 산을 따라가서 얍느엘을
지나 바다에서 끝납니다.
12 서쪽 경계는 대해의 해안입니다. 이상
은 각 가문별로 받은 유다 사람들의
주위 경계입니다.
13 여호와께서 여호수아에게 명령하신
대로 여호수아가 여분네의 아들 갈렙
에게 유다 사람들의 몫인 아낙의 아
버지 아르바의 성, 곧 헤브론을 주었
습니다.
14 그다음 갈렙은 거기에서 아낙의 세
아들, 곧 아낙이 낳은 세새, 아히만,
달매를 쫓아냈고
15 거기에서 드빌의 주민들에게로 올라
갔습니다. 드빌의 이름은 이전에는 기
럇 세벨이었습니다.
16 그때 갈렙이 말했습니다. "기럇 세벨
을 쳐서 점령하는 사람에게 내가 내
딸 악사를 아내로 주겠다."
17 그러자 갈렙의 동생인 그나스의 아들
옷니엘이 그 성을 점령했습니다. 갈렙
은 자기 딸 악사를 그에게 아내로 주
었습니다.
18 악사가 왔을 때 그녀는 옷니엘에게 아
버지께 밭을 요구하라고 부추겼습니
다. 악사가 나귀에서 내리자 갈렙이
물었습니다. "무엇을 원하느냐?"
19 그녀가 그에게 말했습니다. "나를 축
복해 주세요. 아버지가 내게 남쪽 땅
을 주셨으니 샘물도 함께 주세요." 그
러자 갈렙은 그에게 윗샘과 아랫샘을
다 주었습니다.
20 이상은 유다 자손의 지파가 가문별로
받은 유산입니다.
21 남쪽으로 에돔의 경계와 맞닿아 있는
유다 자손 지파의 성들은 갑스엘, 에
델, 야굴,
22 기나, 디모나, 아다다,
23 게데스, 하솔, 잇난,
24 십, 델렘, 브알롯,
25 하솔 하닷다, 그리욧 헤스론, 곧 하솔,
26 아맘, 세마, 몰라다,
27 하살갓다, 헤스몬, 벧벨렛,
28 하살수알, 브엘세바, 비스요다,
29 바알라, 이임, 에셈,
30 엘돌랏, 그실, 홀마,
31 시글락, 맛만나, 산산나,
32 르바옷, 실힘, 아인, 림몬으로 모두 29
개의 성과 그 주변 마을입니다.
33 평지에는 에스다올, 소라, 아스나,
34 사노아, 엔간님, 답부아, 에남,
35 야르뭇, 아둘람, 소고, 아세가,
36 사아라임, 아디다임, 그데라, 그데로다
임으로 모두 14개의 성과 그 주변 마
을입니다.
37 또 스난, 하다사, 믹달갓,
38 딜르안, 미스베, 욕드엘,

15:10 태양의 집

39 라기스, 보스갓, 에글론,
40 갑본, 라맘, 기들리스,
41 그데롯, 벧다곤, 나아마, 막게다로 모
두 16개의 성과 그 주변 마을입니다.
42 또 립나, 에델, 아산,
43 입다, 아스나, 느십,
44 그일라, 악십, 마레사로 모두 아홉 개
의 성과 그 주변 마을입니다.
45 에그론과 그 성들과 그 주변 마을들
46 에그론에서 바다까지 아스돗 근처에
있는 모든 성과 그 주변 마을
47 아스돗과 그 성과 그 주변 마을, 가사
와 그 성과 그 주변 마을입니다. 곧
이집트의 시내와 대해의 해변까지였
습니다.
48 산지에는 사밀, 얏딜, 소고,
49 단나, 기럇 산나, 곧 드빌,
50 아납, 에스드모, 아님,
51 고센, 홀론, 길로로 모두 11개의 성과
그 주변 마을입니다.
52 아랍, 두마, 에산,
53 야님, 벧답부아, 아베가,
54 훔다, 기럇 아르바, 곧 헤브론, 시올로
모두 아홉 개의 성과 그 주변 마을입
니다.
55 마온, 갈멜, 십, 윳다,
56 이스르엘, 욕드암, 사노아,
57 가인, 기브아, 딤나로 모두 열 개의 성
과 그 주변 마을입니다.
58 할훌, 벧술, 그돌,
59 마아랏, 벧아놋, 엘드곤으로 모두 여
섯 개의 성과 그 주변 마을입니다.
60 기럇 바알, 곧 기럇 여아림과 랍바로
모두 두 개의 성과 그 주변 마을입니
다.
61 광야에는 벧아라바, 밋딘, 스가가,
62 닙산, 소금 성, 엔게디로 모두 여섯 개
의 성과 그 주변 마을입니다.
63 예루살렘의 주민인 여부스 사람에 대
해 말하자면 유다 사람들이 그들을
쫓아내지 못했기 때문에 여부스 사람
들이 오늘날까지도 예루살렘에 유다
사람들과 함께 살고 있습니다.

에브라임과 므낫세 지파의 몫

16 요셉 자손들이 제비 뽑아 얻은
땅은 *여리고의 요단에서 시작
해 동쪽의 여리고 샘물에 이르고 여
리고에서 벧엘 산지로 올라가는 광야
를 거쳐
2 *벧엘에서 루스로 가서 아렉 사람들
의 영토인 아다롯을 지나서
3 서쪽으로 야블렛 사람들의 영토까지
내려가 아래쪽 영토인 벧호론까지 이
르고 다시 게셀까지 가서 바다에서
끝납니다.
4 요셉의 자손들인 므낫세와 에브라임
은 그들의 유산을 받았습니다.
5 에브라임 자손들이 그 가문에 따라
받은 영토는 이러합니다. 그 유산의
경계는 동쪽으로 아다롯 앗달에서 벧
호론 윗지방까지입니다.
6 그 경계는 바다 쪽으로 나가 북쪽의
믹므다로 이어지고 동쪽으로는 다아
낫 실로를 돌아 그곳을 넘어 동쪽으

16:1 요단 강의 옛 이름 16:2 칠십인역에는 '벧엘 곧 루스에서'

로 야노아를 지납니다.
7 그다음 야노아에서 아다롯과 나아라
로 내려가 여리고에 이르고 요단 강에
서 끝납니다.
8 그 경계는 답부아에서 서쪽으로 가서
가나 시내에 이르고 바다에서 끝납니
다. 이것은 에브라임 자손의 지파가
그 가문에 따라 받은 유산입니다.
9 그리고 에브라임 자손을 위해 따로
구별해 놓은 모든 성과 그 주변 마을
은 므낫세 자손들의 가운데 있습니다.
10 그러나 그들이 게셀에 사는 가나안
사람들을 쫓아내지 못했으므로 오늘
날까지도 가나안 사람들이 에브라임
사람들 가운데 살면서 노예가 돼 힘
든 일을 감당하고 있습니다.

17 그리고 요셉의 장자인 므낫세
지파를 위해 제비를 뽑았습니
다. 므낫세는 요셉의 큰아들이었고 길
르앗의 아버지 마길은 므낫세의 장자
입니다. 그는 군인이어서 길르앗과 바
산을 얻었습니다.
2 므낫세 지파의 남은 자를 위해서도
그 가문별로 제비를 뽑았습니다. 그
들은 아비에셀의 자손, 헬렉의 자손,
아스리엘의 자손, 세겜의 자손, 헤벨
의 자손, 스미다의 자손입니다. 이것
은 요셉의 아들인 므낫세의 남자 자
손들을 그 가문별로 나눈 것입니다.
3 그러나 므낫세의 현손이며 마길의 증
손이며 길르앗의 손자이며 헤벨의 아
들인 슬로브핫은 아들이 없고 딸만
있었는데 그 이름은 말라, 노아, 호글
라, 밀가, 디르사입니다.
4 그들이 제사장 엘르아살과 눈의 아
들 여호수아와 지도자들에게 가서 말
했습니다. "여호와께서 모세에게 명령
해 우리 형제들 가운데서 우리에게도
유산을 주라고 하셨습니다." 그러자
여호수아는 여호와의 명령에 따라 그
아버지의 형제들의 유산을 나눌 때
그들에게도 나눠 주었습니다.
5 그리하여 므낫세에게는 요단 강 동쪽
에 있는 길르앗과 바산 외에도 열 몫
이 더 돌아갔습니다.
6 므낫세 지파의 딸들이 아들들의 유산
을 받았기 때문입니다. 그리고 므낫세
의 나머지 자손들은 길르앗 땅을 얻
었습니다.
7 므낫세의 영토는 아셀에서부터 세겜
의 동쪽인 믹므닷에 이르고 그 경계
가 남쪽으로 이어져 엔답부아의 주민
들에게까지 이르렀습니다.
8 답부아 땅은 므낫세에게 속했지만 므
낫세의 경계에 있는 답부아는 에브라
임 자손에게 속했습니다.
9 그리고 그 경계가 가나 시내까지 내려
갑니다. 이 에브라임의 성들은 므낫세
의 성들 가운데 있었습니다. 므낫세의
영토는 그 시내의 북쪽이고 바다에서
끝납니다.
10 남쪽은 에브라임의 것이고 북쪽은 므
낫세의 것입니다. 바다가 경계를 형성
하고 북쪽으로는 아셀과 동쪽으로는
잇사갈과 맞닿아 있습니다.
11 므낫세는 잇사갈과 아셀의 영토 안에

도 소유지를 가졌습니다. 곧 벧스안과
그 주변, 이블르암과 그 주변, 돌 사람
과 그 주변, 엔돌 사람과 그 주변, 다
아낙 사람과 그 주변, 므깃도 사람과
그 주변이며 *세 번째는 언덕입니다.
12 그러나 므낫세 자손들은 그 성의 주
민들을 쫓아낼 수 없었습니다. 가나
안 사람들이 그 지역에 살려고 결심
했기 때문입니다.
13 이스라엘 사람들이 세력이 강해졌을
때 가나안 사람들에게 강제 노역을
시켰지만 완전히 쫓아내지는 못했습
니다.
14 요셉의 자손들이 여호수아에게 말했
습니다. "여호와께서 지금까지 내게
큰 복을 주셔서 내가 큰 민족이 됐는
데 왜 내게 한 번만 제비를 뽑아 한
몫만 유산으로 주십니까?"
15 여호수아가 그들에게 대답했습니다.
"네가 큰 민족이 됐다면 에브라임 산
이 네게 너무 좁을 테니 삼림으로 올
라가서 브리스 사람과 르바임 사람의
땅에서 스스로 개척하여라."
16 요셉의 자손들이 대답했습니다. "산
악 지역은 충분하지 않습니다. 게다
가 평지에 사는 모든 가나안 사람들
은 벧스안과 그 주변에 사는 사람이
나 이스르엘 골짜기에 사는 사람도 모
두 철 전차를 가지고 있습니다."
17 그러나 여호수아는 요셉의 집, 곧 에
브라임과 므낫세 지파에게 말했습니
다. "너는 큰 민족이고 세력도 크니
*한 번의 제비만 뽑을 수는 없다.
18 산악 지역도 네 것이 될 것이다. 산악
지역일지라도 네가 스스로 개척하여
라. 그러면 그 끝자락까지 네 것이 될
것이다. 가나안 사람들이 철 전차를
가졌고 힘이 막강하더라도 너는 그들
을 쫓아낼 것이다."

나머지 땅의 분배

18 이스라엘의 온 회중이 실로에
모여 거기에서 성막을 세웠습
니다. 그 땅은 이미 그들의 지배하에
있었습니다.
2 이스라엘 사람들 가운데 일곱 지파는
아직 유산을 받지 못했습니다.
3 여호수아가 이스라엘 백성들에게 말
했습니다. "너희 조상의 하나님 여호
와께서 너희에게 주신 그 땅을 차지
하러 가는 일을 언제까지 미루겠느
냐?
4 각 지파에서 세 명씩 뽑으라. 그러면
내가 그들을 보낼 것이니 그들은 일
어나 그 땅으로 가서 각 지파의 유산
을 살펴서 자세한 내용을 기록한 후
내게 돌아와야 한다.
5 그들이 그 땅을 일곱으로 나눠 유다
는 계속해서 남쪽의 영토에 있고 요셉
의 집은 북쪽의 영토에 있도록 하라.
6 너희는 그 땅을 일곱 구역으로 잘 나
눠서 그 자세한 내용을 여기 내게로
가져오라. 그러면 내가 여기 우리 하
나님 여호와 앞에서 너희를 위해 제
비를 뽑을 것이다.

17:11 히브리어, 나포드 돌 17:17 또는 한 몫만 가질 것이 아니다.

7 그러나 레위 사람들은 너희 가운데
몫이 없다. 여호와의 제사장 직분이
그들의 유산이다. 또한 갓 지파, 르우
벤 지파, 므낫세 반 지파는 요단 강 너
머의 동쪽 땅을 유산으로 받았다. 그
것은 여호와의 종 모세가 그들에게
주었다."
8 그리하여 뽑힌 사람들이 일어나 길을
떠났습니다. 여호수아가 그 땅을 파악
하러 가는 사람들에게 명령했습니다.
"가서 그 땅을 두루 다니고 기록해 내
게 돌아오라. 그러면 여기 실로에서
내가 여호와 앞에서 너희를 위해 제
비를 뽑을 것이다."

성·경·인·물 **여호수아**

- 이름의 뜻 여호와는 구원이시다.
- 가족 관계 아버지 – 눈
- 주소 애굽 → 가나안(딤낫세라: 수 19:50)
- 직업 군대 지휘관
- 약력 원래 호세아라고 불렸다가(민 13:8, 16) '여호수아'로 불렸다. 아말렉과의 전쟁에서 군대 지휘관으로 혁혁한 공을 세웠으며(출 17:8–16) 모세의 수종자로 모세와 함께 시내 산에 올라가는 특권을 누렸다(출 24:13). 또한 가나안을 정탐한 12명의 정탐꾼 가운데 갈렙과 더불어 하나님에 대한 확고한 믿음의 모본을 보였다(민 14:6–9).

그리고 모세의 후계자로 임명되어(민 27:22–23) 이스라엘 백성을 가나안 땅으로 인도했다(수 1–24장).

그는 12지파에게 땅 분배를 끝낸 후 에브라임 산지에 있는 딤낫세라를 분배받았다. 고별 메시지를 통해 하나님만 경외하고 섬길 것을 이스라엘 백성들에게 부탁했다(수 23:1–24:25).

9 그래서 그 사람들이 가서 그 땅을 두
루 다니며 성을 일곱 구역으로 나눠
책에 잘 기록해 실로 진영에 있는 여
호수아에게 돌아왔습니다.
10 여호수아는 실로에서 여호와 앞에서
그들을 위해 제비를 뽑고 거기에서
이스라엘 사람들에게 각 지파에 따라
그 땅을 나눠 주었습니다.

베냐민 지파의 몫

11 베냐민 지파를 위해 각 가문별로 제
비를 뽑았습니다. 그들에게 분배된
땅은 유다 자손과 요셉 자손의 사이
였습니다.
12 그 북쪽 경계는 요단 강에서 시작해
여리고의 북쪽 비탈을 지나 서쪽 산
지에 이르고 벧아웬 광야에서 끝납니
다.
13 거기에서부터 경계는 남쪽으로 루스,
곧 벧엘을 따라 아래쪽 벧호론의 남
쪽 산에 있는 아다롯 앗달까지 내려
갑니다.
14 그다음 경계선은 다른 방향으로 갑니
다. 벧호론 맞은편의 남쪽 산에서부
터 서쪽편의 남쪽 방향으로 돌아 유
다 지파에 속하는 성 기럇 바알, 곧 기
럇 여아림에서 끝납니다. 이것이 서쪽
경계입니다.
15 그 남쪽 경계는 기럇 여아림 끝에서부
터 시작합니다. 그 경계는 거기에서
넵도아 샘물에까지 이릅니다.
16 그다음 경계는 르바임 골짜기의 북쪽
끝에 있는 힌놈의 아들 골짜기를 내
려다보는 산악의 경계에까지 이릅니

다. 그다음 경계는 여부스 성의 남쪽
비탈인 힌놈 골짜기까지 그리고 엔로
겔까지 이릅니다.
17 그다음 북쪽으로 돌아 엔세메스로 가
고 아둠밈 비탈 맞은편에 있는 글릴롯
으로 가서 르우벤의 자손 보한의 돌
로 내려갑니다.
18 그리고 아라바의 북쪽 비탈로 계속
가다가 아라바 쪽으로 내려가고
19 그다음 벧호글라의 북쪽 비탈로 가서
요단 강 남쪽 하구인 염해의 북쪽 만
에서 나옵니다. 이것이 남쪽 경계입니
다.
20 동쪽편의 경계는 요단 강입니다. 이것
이 베냐민 자손이 각 가문별로 받은
유산의 경계들입니다.
21 베냐민 자손 지파가 그 가문별로 받
은 성들은 여리고, 벧호글라, 에멕 그
시스,
22 벧아라바, 스마라임, 벧엘,
23 아윔, 바라, 오브라,
24 그발 암모니, 오브니, 게바로 12개의
성들과 그 주변 마을들이 있었고
25 또 기브온, 라마, 브에롯,
26 미스베, 그비라, 모사,
27 레겜, 이르브엘, 다랄라,
28 셀라, 엘렙, 여부스, 곧 예루살렘, 기부
앗, 기럇으로 14개의 성과 그 주변 마
을입니다. 이상이 그 가문별로 받은
베냐민 자손들의 유산입니다.

시므온 지파의 몫

19 두 번째로는 시므온, 곧 시므온
자손의 지파를 위해 그 가문별
로 제비를 뽑았습니다. 그 유산은 유
다 자손들의 경계 내에 있습니다.
2 그들이 얻은 유산은 브엘세바, 곧 세
바, 몰라다,
3 하살수알, 발라, 에셈,
4 엘돌랏, 브둘, 호르마,
5 시글락, 벧말가봇, 하살수사,
6 벧르바옷, 사루헨으로 13개의 성과
그 주변 마을이고
7 또 아인, 림몬, 에델, 아산으로 네 개
의 성과 그 주변 마을이며
8 또 바알랏 브엘, 곧 남쪽 라마에 이르
는 성 주변의 모든 마을입니다. 이것
은 시므온 지파가 그 가문별로 받은
유산입니다.
9 시므온 자손들의 유산은 유다 자손들
의 몫에서 떼어 준 것인데 그것은 유
다 자손들의 몫이 필요 이상으로 많
았기 때문입니다. 그리하여 시므온 자
손들은 유다 자손의 유산에서 그 유
산을 받았습니다.

스불론 지파의 몫

10 세 번째로는 스불론 자손들을 위해
그 가문별로 제비를 뽑았습니다. 그
유산의 경계는 사릿까지 이르고
11 서쪽으로는 마랄라까지 가서 답베셋
을 지나 욕느암 앞의 강에까지 이릅니
다.
12 또 사릿에서 동쪽으로 돌아 해 뜨는
쪽으로 기슬롯 다볼의 경계까지 이르
고 거기에서 다시 다브랏으로 가서 야
비아로 올라갑니다.
13 그리고 다시 동쪽으로 가드 헤벨과

엣 가신으로 가서 림몬에서 나오고
네아 쪽으로 돕니다.
14 그다음 북쪽으로 돌아 한나돈으로
가서 입다엘 골짜기에서 끝납니다.
15 갓닷, 나할랄, 시므론, 이달라, 베들레
헴으로 모두 12개의 성들과 그 주변
마을들도 포함됩니다.
16 이 성들과 그 주변 마을들은 스불론
자손들이 그 가문별로 받은 유산입
니다.

잇사갈 지파의 몫

17 네 번째로 잇사갈, 곧 잇사갈 자손들
을 위해 그 가문별로 제비를 뽑았습
니다.
18 그 경계에는 이스르엘, 그술롯, 수넴,
19 하바라임, 시온, 아나하랏,
20 랍빗, 기시온, 에베스,
21 레멧, 엔간님, 엔핫다, 벧바세스가 있
었습니다.
22 그 경계는 다볼, 사하수마, 벧세메스
에 이르고 요단 강에서 끝납니다. 거
기에는 16개의 성과 그 주변 마을이
있었습니다.
23 이 성들과 그 주변 마을들이 잇사갈
지파가 그 가문별로 받은 유산이었습
니다.

아셀 지파의 몫

24 다섯 번째로 아셀 자손의 지파를 위
해 그 가문별로 제비를 뽑았습니다.
25 그 경계에는 헬갓, 할리, 베덴, 악삽,
26 알람멜렉, 아맛, 미살이 있었고 서쪽
으로는 갈멜과 시홀 림낫에 이릅니다.
27 거기에서 동쪽으로 돌아 벧다곤을 향
해 스불론과 입다엘 골짜기에 이르고
북쪽 벧에멕과 느이엘로 가서 가불을
왼쪽에 두고 지나
28 *에브론, 르홉, 함몬, 가나로 가서 큰
시돈까지 이릅니다.
29 그리고 그 경계는 다시 라마로 돌아
가 두로의 단단한 성으로 가서 호사
쪽으로 돌고 악십 지방과 맞닿은 바
다에서 끝납니다.
30 또 움마, 아벡, 르홉까지 포함해서 22
개의 성과 그 주변 마을이 있습니다.
31 이 성들과 그 주변 마을들은 아셀 자
손이 그 가문별로 받은 유산입니다.

납달리 지파의 몫

32 여섯 번째로는 납달리 자손들을 위해
제비를 뽑았습니다. 그 가문별로 납달
리 자손들을 위해 뽑은 것입니다.
33 그 경계는 헬렙과 사아난님의 상수리
나무에서부터 아다미 네겝과 얍느엘
을 지나 락굼까지 이르러 요단 강에
서 끝납니다.
34 다시 서쪽으로 돌아 아스놋 다볼에
이르고 훅곡으로 나와서 남쪽으로는
스불론, 서쪽으로는 아셀, 동쪽으로
는 유다의 요단 강과 맞닿아 있습니
다.
35 그 단단한 성들은 싯딤, 세르, 함맛,
락갓, 긴네렛,
36 아다마, 라마, 하솔,
37 게데스, 에드레이, 엔하솔,
38 이론, 믹다렐, 호렘, 벧아낫, 벧세메스

19:28 대다수 히브리어 사본을 따름. 일부 히브리어 사본에는 압돈(21:30을 보라.)

로 다 합쳐 19개의 성과 그 주변 마을
이 있었습니다.
39 이 성들과 그 주변 마을들은 납달리
자손의 지파가 그 가문별로 받은 유
산입니다.

단 지파의 몫

40 일곱 번째로 단 지파를 위해 그 가족
별로 제비를 뽑았습니다.
41 그 유산의 경계는 소라, 에스다올, 이
르세메스,
42 사알랍빈, 아얄론, 이들라,
43 엘론, 딤나, 에그론,
44 엘드게, 깁브돈, 바알랏,
45 여훗, 브네브락, 가드 림몬,
46 메얄곤, 락곤, 욥바 맞은편 지역까지입
니다.
47 단 자손의 경계는 그들보다 더 확장
됐습니다. 단 자손들은 레센으로 올
라가 공격해 그곳을 차지하고 칼날로
쳐서 완전히 점령하고 거기에서 살았
습니다. 그들은 그곳을 자기 조상 단
의 이름을 따라 단이라 불렀습니다.
48 이 성들과 그 주변 마을들은 단 지파
가 그 가문별로 받은 유산입니다.

여호수아의 몫

49 이스라엘 자손들은 이렇게 유산이 될
땅을 다 나누고 나서 그들 가운데 눈
의 아들 여호수아에게 유산을 주었습
니다.
50 그들은 여호와의 말씀에 따라 여호수
아가 요구한 성, 곧 에브라임 산지의
*딤낫 세라를 그에게 주었습니다. 그
는 거기에 성을 쌓고 살았습니다.
51 이상은 제사장 엘르아살과 눈의 아들
여호수아와 이스라엘 자손의 지파 지
도자들이 실로의 *모이는 장막의 문
여호와 앞에서 제비 뽑아 나눈 유산
입니다. 이렇게 해서 그들은 땅 나누
는 일을 다 마쳤습니다.

도피성

20 그때 여호와께서 여호수아에게
말씀하셨습니다.
2 "이스라엘 백성들에게 내가 모세를
통해 지시한 도피성들을 지정하라고
말하여라.
3 그래서 뜻하지 않게 실수로 살인한
자가 그곳으로 피신해 피로 복수하려
는 사람으로부터 보호받게 하여라.
4 그가 이 도피성 가운데 하나로 피신
하면 그는 그 성문 입구에 서서 그 성
의 장로들 앞에서 자기 사건을 진술
해야 한다. 그러면 그들은 그를 그 성
으로 들이고 그에게 살 곳을 주어 그
들 가운데 살게 할 것이다.
5 만약 피로 복수하는 사람이 그를 쫓
아오더라도 그에게 그 피의자를 내주
어서는 안 된다. 그가 어떻게 하다가
우연히 죽인 것이지 전부터 미워서 죽
인 것이 아니기 때문이다.
6 그는 심판하는 회중 앞에 설 때까지
나 그 당시의 대제사장이 죽을 때까
지 그 성에서 살아야 할 것이다. 그
후에야 그는 자기 성으로, 곧 그 도
망쳐 나온 자기 집으로 돌아갈 수 있
다."

19:50 삿 2:9에는 딤낫 헤레스 19:51 또는 회막

7 그리하여 그들은 납달리 산지의 갈릴
리 게데스, 에브라임 산지의 세겜, 유
다 산지의 기럇 아르바, 곧 헤브론을
지정했습니다.
8 *여리고의 요단 동쪽에는 르우벤 지
파의 평지 광야의 베셀, 갓 지파의 길
르앗 라못, 므낫세 지파의 바산 골란을
지정했습니다.
9 이곳은 모든 이스라엘 사람들이나 그
들 가운데 사는 이방 사람 가운데 누
군가를 우연히 죽인 사람을 위해 정
해 놓은 성들로 거기에 있으면 회중
앞에 서기 전에 피로 복수하는 사람
에게 죽임당하는 일을 면할 수 있었
습니다.

레위 사람들을 위한 성들

21 그때 레위 사람들의 지도자들
이 제사장 엘르아살과 눈의 아
들 여호수아와 이스라엘의 다른 지파
지도자들에게 나아와
2 가나안 땅의 실로에서 그들에게 말했
습니다. "여호와께서 모세를 통해 우
리가 살 성과 우리 가축들을 키울 초
지를 우리에게 주라고 명령하셨습니
다."
3 그리하여 이스라엘 자손들은 여호와
께서 명령하신 대로 레위 사람들에게
다음의 성과 초지를 자기 유산 가운
데 주었습니다.
4 우선 그핫 가문을 위해 제비를 뽑았
습니다. 제사장 아론의 자손들인 레
위 사람들은 제비를 뽑은 결과 유다
지파, 시므온 지파, 베냐민 지파에서
13개의 성을 갖게 됐고
5 남은 그핫 자손들이 제비를 뽑은 결
과 에브라임 지파 가족, 단 지파, 므낫
세 반 지파에서 열 개의 성을 갖게 됐
습니다.
6 게르손 자손들이 제비를 뽑은 결과
잇사갈 지파 가족, 아셀 지파, 납달리
지파, 바산에 있는 므낫세 반 지파에
서 13개의 성을 갖게 됐습니다.
7 므라리 자손들이 그 가문별로 르우벤
지파, 갓 지파, 스불론 지파에서 12개
의 성을 갖게 됐습니다.
8 이렇게 해서 이스라엘 자손들은 여호
와께서 모세를 통해 명령하신 대로
레위 사람들에게 성들과 초지를 제비
뽑아 나눠 주었습니다.
9 그들은 유다 자손의 지파와 시므온
자손의 지파 가운데 다음에 언급된
성들을 주었는데
10 이 성들은 레위 자손 가운데 그핫 가
문 출신인 아론의 자손들이 가졌습니
다. 첫 번째 제비로 그들이 뽑혔습니
다.
11 그들은 아낙의 조상 아르바가 갖고 있
던 성읍, 곧 유다 산지의 헤브론과 그
주변 초지를 그들에게 주었습니다.
12 그러나 그 초지와 그 성 주변의 마을
들은 여분네의 아들 갈렙의 유산이
됐습니다.
13 이리하여 제사장 아론의 자손들에게
준 성은 살인한 사람을 위한 도피성
인 헤브론과 그 초지, 립나와 그 초지,

20:8 요단 강의 옛 이름

14 얏딜과 그 초지, 에스드모아와 그 초
지,
15 홀론과 그 초지, 드빌과 그 초지,
16 아인과 그 초지, 윳다와 그 초지, 벧세
메스와 그 초지로 이 두 지파에서 아
홉 개의 성을 주었습니다.
17 또 베냐민 지파에서는 기브온과 그
초지, 게바와 그 초지,
18 아나돗과 그 초지, 알몬과 그 초지로
모두 네 개의 성을 주었습니다.
19 제사장 아론의 자손들을 위한 성들
은 그 초지와 함께 모두 13개였습니
다.
20 남은 레위 사람들 가운데 그핫 가문
은 제비를 뽑은 결과 에브라임 지파
에서 성을 얻었습니다.
21 그들에게는 에브라임 산지의 살인자
를 위한 도피성인 세겜과 그 초지, 게
셀과 그 초지,
22 깁사임과 그 초지, 벧호론과 그 초지
로 모두 네 개의 성이 주어졌습니다.
23 또 단 지파에서는 엘드게와 그 초지,
깁브돈과 그 초지,
24 아얄론과 그 초지, 가드 림몬과 그 초
지로 모두 네 개의 성을 주었습니다.
25 므낫세 반 지파에서는 다아낙과 그 초
지, 가드 림몬과 그 초지로 모두 두
개의 성을 주었습니다.
26 이상 모든 열 개의 성과 그 초지는 나
머지 그핫 자손들이 갖게 됐습니다.
27 레위 사람인 게르손 가문에게 준 것은
다음과 같습니다. 므낫세 반 지파에서
는 살인자를 위한 도피성인 바산의 골
란과 그 초지, 브에스드라와 그 초지
로 모두 두 개의 성을 주었습니다.
28 잇사갈 지파에서는 기시온과 그 초
지, 다브랏과 그 초지,
29 야르뭇과 그 초지, 엔간님과 그 초지
로 모두 네 개의 성을 주었습니다.
30 아셀 지파에서는 미살과 그 초지, 압
돈과 그 초지,
31 헬갓과 그 초지, 르홉과 그 초지로 모
두 네 개의 성을 주었습니다.
32 납달리 지파에서는 살인자를 위한 도
피성인 갈릴리 게데스와 그 초지, 함
못 돌과 그 초지, 가르단과 그 초지로
모두 세 개의 성을 주었습니다.
33 이리하여 게르손 자손들이 그 가문별
로 갖게 된 것은 13개의 성과 그 초지
였습니다.
34 남은 레위 사람 므라리 자손 가운데
가문별로 준 것은 다음과 같습니다.
스불론 지파에서는 욕느암과 그 초지,
가르다와 그 초지,
35 딤나와 그 초지, 나할랄과 그 초지로
모두 네 개의 성을 주었습니다.
36 르우벤 지파에서는 베셀과 그 초지,
야하스와 그 초지,
37 그데못과 그 초지, 므바앗과 그 초지
로 네 개의 성을 주었습니다.
38 갓 지파에서는 살인한 사람을 위한
도피성인 길르앗 라못과 그 초지, 마
하나임과 그 초지,
39 헤스본과 그 초지, 야셀과 그 초지로
모두 네 개의 성을 주었습니다.
40 이렇게 해서 남은 레위 사람 므라리

자손이 가문별로 제비를 뽑아 갖게
된 성은 모두 12개였습니다.
41 이스라엘 자손들이 차지한 유산 가운
데 레위 사람의 성은 전체 48개와 그
초지였습니다.
42 이 성들은 다 한결같이 그 주변에 초
지가 있었습니다. 이 모든 성들이 다
그러했습니다.
43 이렇게 해서 여호와께서는 그 조상들
에게 주겠다고 맹세하신 그 모든 땅
을 이스라엘에게 주셨습니다. 그들은
그 땅을 차지하고 거기에 살게 됐습
니다.
44 또 여호와께서는 그 조상들에게 맹세
하신 대로 그들의 사방에 안식을 주
셨습니다. 그리하여 그 원수들 가운
데 하나도 그들에게 맞서지 못했습니
다. 여호와께서 그 모든 원수들을 그
들 손에 넘겨주셨기 때문입니다.
45 여호와께서 이스라엘 집에 하신 모든
선한 약속은 하나도 남김없이 다 이
뤄졌습니다.

동쪽 지파들이 자기 장막으로 돌아가다

22 그때 여호수아가 르우벤 지파
와 갓 지파와 므낫세 반 지파를
불러
2 말했습니다. "너희가 여호와의 종 모
세가 명령한 것을 다 지켰고 내가 너
희에게 명령한 모든 일에도 순종했
다.
3 너희가 이날 이때까지 오랫동안 너희
형제들을 버리지 않고 너희 하나님
여호와께서 너희에게 준 사명을 잘
감당했다.
4 이제 너희 하나님 여호와께서 약속하
신 대로 너희 형제들에게 안식을 주
셨으니 너희는 여호와의 종 모세가 요
단 강 건너편에서 너희에게 준 너희의
소유지에 있는 너희 장막으로 돌아가
도 좋다.
5 그러나 여호와의 종 모세가 너희에게
준 명령과 율법을 잘 지켜 행하라. 너
희 하나님 여호와를 사랑하고 항상
그분의 길로 다니고 그분의 계명을
지키고 그분을 꼭 잡고 너희의 마음
과 영혼을 다해 그분을 섬겨야 한다."
6 그리고 여호수아는 그들을 축복하고
떠나보냈습니다. 그렇게 그들은 자기
장막으로 돌아갔습니다.
7 모세가 므낫세 반 지파에게는 바산 땅
을 주었고 또 다른 반 지파에게는 여
호수아가 그 형제들과 함께 요단 강
서쪽 땅을 주었습니다. 여호수아는 그
들을 그들의 장막으로 떠나보내며 복
을 빌었습니다.
8 이어서 그가 그들에게 말했습니다.
"너희는 큰 재산과 많은 가축들과 은
과 금과 청동과 철과 수많은 옷가지
들을 다 가지고 너희 장막으로 돌아
가서 너희 원수들에게서 얻은 그 전
리품을 너희 형제들과 나누라."
9 그리하여 르우벤 자손과 갓 자손과
므낫세 반 지파가 가나안 땅에 있는
실로에서 이스라엘 자손들 곁을 떠나
여호와의 말씀에 따라 모세를 통해
소유하게 된 그들의 소유지 길르앗으

로 돌아갔습니다.
10 르우벤 자손과 갓 자손과 므낫세 반
지파는 가나안 땅 요단 강 경계에 이
르러 요단 강 가에 제단을 쌓았는데
눈에 띄게 큰 제단이었습니다.
11 이스라엘 자손들은 "보라. 르우벤 자
손과 갓 자손과 므낫세 반 지파가 가
나안 땅 요단 강 경계의 이스라엘 자
손들의 길목에다 제단을 쌓았다" 하
는 소식을 들었습니다.
12 이스라엘 자손들은 이 말을 듣고 온
회중이 그들과 싸우려고 실로에 집결
했습니다.
13 이스라엘 자손들은 제사장 엘르아살
의 아들 비느하스를 길르앗 땅의 르우
벤 자손과 갓 자손과 므낫세 반 지파
에게 보냈습니다.
14 그들은 또 이스라엘 각 지파에서 대
표자 한 명씩 열 명도 함께 보냈습니
다. 그들은 각각 수천의 이스라엘 자
손 가운데 각 지파를 대표하는 지도
자들이었습니다.
15 그들이 길르앗으로 가서 르우벤 지파
와 갓 지파와 므낫세 반 지파에게 말
했습니다.
16 "여호와의 온 회중이 말한다. 너희가
이렇게 이스라엘의 하나님께 신의를
저버리다니 이게 범죄가 아니고 무엇
이냐? 오늘 여호와께 등을 돌리고 너
희를 위해 제단을 쌓는 것이 여호와
께 거역하는 것이 아니냐?
17 여호와의 회중에게 재앙을 불러왔고
이날 이때까지도 우리가 정결해지지
못한 브올의 죄가 우리에게 작아서
18 너희가 지금 여호와께 등을 돌리는
것이냐? 너희가 오늘 여호와를 거역
하는 것이라면 그분이 내일 이스라엘
온 회중에게 진노하실 것이다.
19 만약 너희 소유지가 깨끗하지 않다면
여호와의 성막이 있는 여호와께서 소
유하신 땅으로 건너와 우리의 땅을
나눠 쓰자. 다만 우리 하나님 여호와
의 제단 외에 다른 것을 스스로 쌓아
여호와를 거역하거나 우리를 거역하
는 일은 없어야 한다.
20 세라의 아들 아간이 *저주받은 물건
으로 죄를 지어 그 진노가 이스라엘
온 회중에게 내리지 않았느냐? 그 악
행 때문에 그만 죽은 것이 아니었다."
21 그러자 르우벤 지파와 갓 지파와 므낫
세 반 지파가 수천의 이스라엘 지도
자들에게 대답했습니다.
22 "신 가운데 신이신 여호와, 신 가운데
신이신 여호와, 그분은 아십니다! 이
스라엘도 알게 하십시오! 이 일이 여
호와께 대한 반역이거나 불순종하는
것이었다면 오늘 우리를 구원하지 마
십시오.
23 만약 우리가 여호와께 등을 돌리려
하거나 그 위에 번제나 곡식제사나
화목제를 드리려고 제단을 쌓았다면
여호와께서 친히 추궁하실 것입니다.
24 이것은 후에 당신들 자손들이 우리
자손들에게 이런 말을 할까 두려웠기

22:20 히브리어, 헤렘. 생명이나 물건을 완전히 멸하여 여호와께 바치는 것을 말함.

때문입니다. '너희가 이스라엘의 하나
님 여호와와 무슨 상관이 있느냐?
25 너희 르우벤 자손들과 갓 자손들아,
여호와께서 우리와 너희 사이에 요단
강을 경계로 두셨다. 그러니 너희는
여호와 안에 아무 몫이 없다'면서 당
신들 자손들이 우리 자손들로 하여
금 여호와를 경외하지 못하게 할지도
모릅니다.
26 그래서 우리가 번제물이나 희생제물
이 아닌 제단을 쌓자고 말했습니다.
27 이것은 오히려 우리가 여호와 앞에서
우리의 번제와 기타의 제사와 화목제
로 여호와를 섬기겠다는, 우리와 당
신들 사이에, 그리고 다음 세대에 걸
친 증거물이 되게 하려는 것입니다.
그러면 나중에 당신들 자손들이 우
리 자손들에게 '너희는 여호와 안에
몫이 없다'라고 말하지 못할 것입니
다.
28 그리고 그들이 행여 우리나 우리 자
손들에게 그렇게 말하면 우리는 '우리
조상이 쌓은 여호와의 제단 모형을
보라. 이것은 번제물이나 기타의 제
사를 위한 것이 아니라 우리와 너희
사이에 증거물이다'라고 대답할 것입
니다.
29 우리가 오늘 여호와의 장막 앞에 서
있는 우리 하나님 여호와의 제단 외
에 번제물이나 곡식제물이나 기타의
제사를 드릴 다른 제단을 쌓아 여호
와를 거역하거나 그분께 등을 돌릴
생각은 추호도 없습니다."
30 제사장 비느하스와 회중 지도자들,
곧 수천의 이스라엘 지도자들은 르우
벤 자손들과 갓 자손들과 므낫세 자
손들이 하는 말을 듣고 기뻐했습니
다.
31 제사장 엘르아살의 아들 비느하스가
르우벤 자손과 갓 자손과 므낫세 자
손에게 말했습니다. "오늘 여호와께서
우리 사이에 계심을 알았다. 이 일은
너희가 여호와께 신의를 저버린 것이
아니다. 너희가 여호와의 손에서 이스
라엘 자손들을 구해 냈다."
32 그리고 제사장 엘르아살의 아들 비느
하스와 그 지도자들은 길르앗 땅에서
르우벤 자손들과 갓 자손들과 므낫세
자손들 곁을 떠나 가나안 땅으로 돌
아왔고 이스라엘 자손들에게 그 말을
전했습니다.
33 이스라엘 자손들은 그 말을 듣고 기
뻐하며 하나님을 찬양했습니다. 이스
라엘 자손은 르우벤 자손과 갓 자손
에게로 올라가 그들과 싸워 그들이
살고 있는 땅을 치자는 말을 하지 않
았습니다.
34 르우벤 자손들과 갓 자손들은 그 제
단을 엣이라고 불렀습니다. "이것은
여호와께서 하나님이심에 대한 우리
사이의 증거물이 될 것이다"라고 하
는 뜻에서였습니다.

지도자들을 향한 여호수아의 고별사

23 여호와께서 이스라엘 주위를
둘러싼 모든 적들로부터 이스
라엘에게 안식을 주신 후 오랜 세월

이 흘러 여호수아는 늙고 나이가 들
었습니다.
2 그는 온 이스라엘, 곧 장로들과 지도
자들과 재판관들과 관리들을 불러
놓고 말했습니다. "이제 나는 늙고 나
이가 들었다.
3 너희는 너희 하나님 여호와께서 너희
를 위해 이 모든 민족들에게 하신 일
들을 다 보았다. 너희를 위해 싸우신
분은 너희 하나님 여호와이시다.
4 보라. 요단 강에서 서쪽 대해에 이르
는 남아 있는 나라들, 곧 내가 정복
한 나라들의 모든 땅을 내가 너희 지
파들을 위해 제비 뽑아 유산으로 나
눠 주었다.
5 너희 하나님 여호와께서 친히 너희
앞에서 그들을 내쫓으실 것이고 너희
보는 앞에서 그들을 몰아내실 것이
다. 너희 하나님 여호와께서 너희에게
약속하신 대로 너희가 그 땅을 차지
하게 될 것이다.
6 그러므로 너희는 용기백배해 좌우로
치우침 없이 모세의 율법책에 기록된
모든 것을 지키고 실행하라.
7 너희 가운데 남아 있는 이 민족들과
뒤섞이지 말고 그 신들의 이름을 입
밖에 내지도 말라. 그들의 이름으로
맹세하지도 말라. 또 그들을 섬기거
나 그들에게 절하지도 말라.
8 오직 너희가 오늘까지 행한 대로 너
희 하나님 여호와를 굳게 붙들어야
한다.
9 여호와께서 크고 막강한 나라들을 너
희 앞에서 쫓아내셔서 오늘까지 그
누구도 너희와 맞설 수 없었다.
10 너희 하나가 1,000명을 내쫓게 될 것
이다. 너희 하나님 여호와께서 너희에
게 약속하신 대로 너희를 위해 싸우
실 것이기 때문이다.
11 그러므로 너희는 마음을 기울여 너

하용조 목사의 행복한 **메시지**

사탄이 들어오는 방법

사막에서 잠을 자는데 낙타가 주인에게 물었습니다. "주인님, 날이 추운데 코끝만 천막에 살짝 넣으면 안 될까요?" 그러자 주인이 "그래, 괜찮아!" 하고 대답했습니다. 한참 잠을 자다 보니 어느새 낙타의 머리가 천막 안에 들어와 있었고 나중에는 몸 전체가 천막 안에 들어와 있는 것이었습니다. 이것이 사탄이 우리 안에 들어오는 방법입니다.
사탄은 우리에게 큰 죄가 아니라 작은 죄로 다가옵니다. 큰 거짓말이 아니라 작은 거짓말로 찾아옵니다. 그래서 자꾸 거짓말을 연습하게 합니다. 거짓말을 해도 별일이 없다는 것을 자꾸 확인시킵니다. 그러던 어느 날 큰 죄를 짓게 하고 큰 거짓말을 하게 합니다. 돌이킬 수 없는 결정적인 실패를 하게 합니다. 아담과 이브를 보십시오. 뱀이 아주 그럴듯한 질문을 합니다. "하나님이 없다."라는 식으로 말하지 않았습니다. "하나님은 계신다. 그런데 하나님께서 정말 그렇게 말씀하셨느냐?"라고 말하는 것이 사탄의 접근 방법입니다.

희 하나님 여호와를 사랑하라.
12 그러나 만약 너희가 어떤 경우라도
마음을 돌이켜 이 남은 민족들에게,
곧 너희 가운데 남아 있는 이들에게
붙어 그들과 서로 결혼하고 이리저리
어울려 지내면
13 그때는 너희 하나님 여호와께서 더
이상 너희 앞에서 이 민족들을 내쫓
지 않으실 것이라는 것을 분명히 알
아 두라. 그리고 그들은 너희에게 덫
이 되고 함정이 될 것이요, 너희 옆구
리의 채찍이 되고 너희 눈에 가시가
돼 너희가 결국에는 너희 하나님 여
호와께서 너희에게 주신 이 좋은 땅
에서 망하게 될 것이다.
14 보라. 오늘 이제 나는 온 땅이 가는
길로 가려고 한다. 너희 하나님 여호
와께서 너희에 대해 말씀하신 모든
선한 약속들이 하나도 남김없이 다
이뤄졌음을 너희는 너희 온 마음과
온 영혼으로 알 것이다. 모든 것이 이
뤄져 실패한 것이 하나도 없다.
15 그러나 너희 하나님 여호와께서 너희
에게 하신 선한 약속이 너희에게 다
이뤄진 것처럼 여호와께서는 또한 너
희에게 모든 악한 것을 내려 주시되
너희 하나님 여호와께서 너희에게 주
신 이 좋은 땅에서 너희를 멸망시킬
때까지 그렇게 하실 것이다.
16 만약 너희가 너희 하나님 여호와께
서 너희에게 명령하신 언약을 어기
고 다른 신들에게 가서 섬기고 그들
에게 절하면 여호와께서 너희를 향해
불같이 진노하실 것이며 너희는 그가
주신 좋은 땅에서 곧 망하고 말 것이
다."

세겜에서 언약을 갱신하다

24 여호수아는 이스라엘의 모든
지파를 세겜에 모으고 이스라
엘의 장로들과 지도자들과 재판관들
과 관리들을 불렀습니다. 그러자 그
들이 하나님 앞에 나왔습니다.
2 여호수아가 모든 백성들에게 말했습
니다. "이스라엘의 하나님 여호와께서
말씀하신다. '옛날 너희 조상들은 *강
저편에 살았는데 그들은 아브라함의
아버지며 나홀의 아버지인 데라를 비
롯해 모두 다른 신들을 섬기고 있었
다.
3 그러던 가운데 내가 너희 조상 아브
라함을 강 건너 땅에서 데려다가 가나
안 땅으로 인도해 그 땅 전역에 두루
다니게 하고 그 씨를 많게 하려고 그
에게 이삭을 주었다.
4 내가 이삭에게는 야곱과 에서를 주었
다. 또 에서에게는 내가 세일 산지를
주어 갖게 했지만 야곱과 그 아들들
은 이집트로 내려가게 됐다.
5 그 후에 내가 모세와 아론을 보내 그
들 가운데 행한 대로 이집트에 재앙
을 내리고 너희를 이끌고 나왔다.
6 내가 너희 조상들을 이집트에서 이끌
고 나오자 너희는 바다에 이르렀고
이집트 사람들이 전차와 마병들을 이
끌고 홍해까지 추격해 왔다.

24:2 유프라테스 강을 가리킴.

7 그러자 그들이 여호와께 부르짖었고
그는 너희와 이집트 사람들 사이에
어둠을 내리고 바닷물을 가져다가 그
들을 덮어 버렸다. 내가 이집트 사람
들에게 한 일을 너희가 너희 두 눈으
로 똑똑히 보았고 너희는 오랫동안
광야에서 살게 됐다.
8 내가 너희를 요단 강 동쪽에 살던 아
모리 사람의 땅으로 데려왔는데 그들
이 너희와 싸웠다. 그런데 내가 그들
을 너희 손에 주어 너희 앞에서 멸망
시켰고 그리하여 너희가 그 땅을 차
지할 수 있었다.
9 그 후 모압 왕 십볼의 아들 발락이 이
스라엘과 싸울 태세를 갖추고 브올의
아들 발람에게 사람을 보내 너희를
저주하라고 했다.
10 그러나 내가 발람의 말에 들은 체도
하지 않았더니 발람은 너희를 거듭
축복하지 않을 수 없었고 내가 그 손
에서 너희를 건져 냈다.
11 그러고 나서 너희가 요단 강을 건너
여리고에 도착했다. 여리고에 사는 사
람들이 너희와 대항해 싸웠고 아모
리 사람, 브리스 사람, 가나안 사람, 헷
사람, 기르가스 사람, 히위 사람, 여부
스 사람도 너희와 싸웠다. 그러나 내
가 그들을 너희 손에 넘겨주었다.
12 내가 너희 앞에 왕벌을 보내었더니
그것이 너희 앞에서 그들을 쫓아냈고
아모리 사람의 두 왕도 쫓아냈다. 너
희 칼과 활로 한 것이 아니다.
13 이렇게 너희가 일하지 않은 땅과 너희
가 세우지 않은 성들을 내가 너희에
게 주어 너희가 그 안에서 살게 됐으
며 너희가 심지 않은 포도밭과 올리
브 밭에서 먹게 됐다.'
14 그러므로 이제 너희는 여호와를 경외
하고 성실하고 진실하게 그분을 섬기
라. 너희 조상들이 강 건너 저편과 이
집트에서 경배하던 신들을 던져 버리
고 여호와를 섬기라.
15 그러나 만약 너희 마음에 여호와를
섬기는 일이 내키지 않으면 그때는 너
희 스스로 누구를 섬길 것인지, 너희
조상들이 강 건너에서 섬겼던 신들이
든 지금 너희가 살고 있는 이 땅의 아
모리 사람의 신들이든 오늘 선택하
라. 나와 내 집은 여호와를 섬길 것이
다."
16 그러자 백성들이 대답했습니다. "우리
가 여호와를 버리고 다른 신들을 섬
긴다는 것은 말도 안 됩니다.
17 우리와 우리 조상들을 종살이하던 이
집트 땅에서 이끌어 내시고 우리 눈
앞에서 그런 놀라운 표적을 보이신
분은 우리 하나님 여호와이십니다. 그
분이 우리 여정 내내 그리고 우리가
지나온 모든 민족들 가운데서 우리
를 지켜 주셨습니다.
18 그리고 여호와께서 이 땅에 살던 아모
리 사람들을 비롯해 그 모든 민족들
을 우리 앞에서 내쫓아 주셨으니 우
리도 여호와를 섬기겠습니다. 그분은
우리 하나님이십니다."
19 여호수아가 백성들에게 말했습니다.

"너희는 여호와를 섬길 수 없다. 그분
은 거룩한 하나님이시며 질투하는 하
나님이시니 너희의 허물이나 죄를 용
서하지 않으실 것이다.
20 만약 너희가 여호와를 버리고 이방의
신들을 섬기면 그분이 너희에게 잘해
주셨다 할지라도 돌이켜 너희에게 재
앙을 내리고 너희를 죽이실 것이다."
21 그러자 백성들이 여호수아에게 말했
습니다. "아닙니다! 우리는 여호와를
섬기겠습니다."
22 그러자 여호수아가 백성들에게 말했
습니다. "너희가 스스로 여호와를 선
택하고 그분을 섬기기로 했으므로 스
스로 증인이 된 것이다." 그들이 대답
했습니다. "그렇습니다. 우리가 증인입
니다."
23 여호수아가 말했습니다. "그렇다면 너
희 가운데 있는 이방신들을 없애 버
리고 너희 마음을 이스라엘의 하나님
여호와께로 돌리라."
24 그러자 백성들이 여호수아에게 말했
습니다. "우리가 우리 하나님 여호와
를 섬기고 그 음성에 순종하겠습니
다."
25 그리하여 그날 여호수아는 백성들을
위해 언약을 체결하고 거기 세겜에서
그들을 위해 율례와 법도를 세워 주
었습니다.
26 그리고 여호수아는 하나님의 율법책
에 이 일들을 기록하고 큰 돌을 가져
다가 여호와의 성소 근처 상수리나무
아래에 세워 놓았습니다.
27 그가 모든 백성들에게 말했습니다.
"보라. 이 돌이 우리에 대한 증거가
될 것이다. 이 돌이 여호와께서 우리
에게 하신 모든 말씀을 들었으니 만
약 너희가 너희 하나님을 부인하면
이 돌이 너희에 대해 증언할 것이다."
28 그리고 여호수아는 백성들을 보냈으
며 모든 사람들은 자기 유산으로 돌
아갔습니다.

Q&A 하나님도 질투하시나요?

참고 구절 | 수 24:19–20

하나님은 질투하시는 분이다(출 20:5;34:14). 이 질투는 하나님께서 자신의 거룩함을 나타내시는 한 방법이며(수 24:19), "너는 내 앞에서 다른 어떤 신도 없게 하여라."(출 20:3)라는 제1계명과도 연관된다. 이것은 하나님의 백성이 주변의 이방 신과 문화의 영향을 받아 죄를 범할 때의 하나님의 마음을 '질투'라는 인간적인 표현을 써서 말씀하신 것이다. "그분은 거룩한 하나님이시며 질투하는 하나님이시니…"(수 24:19). 한편 여호수아는 다른 우상을 섬기기 위해서 하나님을 버린다는 것은 결코 용서받을 수 없는 일이며, 만약 다른 신을 섬겨 하나님을 소홀히 경배하거나 섬기게 되면 하나님께서 벌을 내리실 것이라고 분명하게 덧붙여 말했다. "만약 너희가 여호와를 버리고 이방의 신들을 섬기면 그분이 너희에게 잘해 주셨다 할지라도 돌이켜 너희에게 재앙을 내리고 너희를 죽일 것이다."(수 24:20)

약속의 땅에 묻히다

29 이 일 후에 여호와의 종 눈의 아들 여
호수아는 110세에 죽었습니다.
30 사람들은 그를 그가 유산으로 받은
경계 안 가아스 산 북쪽 에브라임 산
지에 있는 *딤낫 세라에 묻었습니다.
31 이스라엘은 여호수아가 살아 있는 동
안과 여호수아보다 오래 산 장로들, 곧
여호와께서 이스라엘을 위해 하신 모
든 일을 보아 알고 있는 장로들이 살
아 있는 동안만 여호와를 섬겼습니다.
32 이스라엘 자손은 이집트에서 나올 때
들고 나왔던 요셉의 뼈를 세겜, 곧 야
곱이 전에 세겜의 아버지 하몰의 아
들에게서 은 100개를 주고 샀던 땅의
한 부분에 묻었습니다. 그래서 그 땅
은 요셉 자손의 유산이 됐습니다.
33 아론의 아들 엘르아살도 죽었습니다.
그들은 그를 에브라임 산지에 있는 그
의 아들 비느하스에게 준 기브아에 묻
었습니다.

24:30 삿 2:9에는 딤낫 헤레스

사사기

Judges

가나안에 정착한 출이집트 3세대의 삶과 신앙, 승리와 실패에 대한 기록으로, 불순종으로 인한 무질서와 혼란, 도덕적 타락이 적나라하게 드러나고 있다. 이스라엘의 죄와 심판, 간구와 구원의 악순환에 대해 반복적으로 기술하고 있으며, 열두 사사들의 활약과 구원, 한계와 부족함을 가감 없이 전달함으로 왕정을 예비한다.

이스라엘이 남아 있는 가나안 족속과 싸우다

1 여호수아가 죽은 후에 이스라엘 자
손들이 여호와께 물었습니다. "우
리를 위해 누가 먼저 올라가 가나안
사람들과 싸워야 합니까?"
2 여호와께서 대답하셨습니다. "유다 지
파가 갈 것이다. 내가 이 땅을 그들
손에 주었다."
3 그때 유다 지파가 그 형제 시므온 지
파에게 말했습니다. "우리와 함께 우
리의 몫이 된 땅으로 올라가 가나안
사람들과 싸우자. 그러면 우리도 너
희의 몫이 된 땅에 너희와 함께 가겠
다." 그리하여 시므온 지파가 그들과
함께 갔습니다.
4 유다 지파가 올라가자 여호와께서는
가나안 사람들과 브리스 사람들을 그
들 손에 넘겨주셨고 그들은 베섹에서
1만 명을 무찔렀습니다.
5 그들은 베섹에서 아도니 베섹을 만나
그와 싸우고 가나안 사람들과 브리스
사람들을 무찔렀습니다.
6 아도니 베섹이 도망쳤지만 그들은 쫓
아가 그를 사로잡아서 그의 엄지손가
락과 엄지발가락을 잘라 버렸습니다.
7 그러자 아도니 베섹이 말했습니다.
"70명의 왕들이 그들의 엄지손가락
과 엄지발가락을 잘린 채 내 상 아래
에서 부스러기를 주워 먹었는데 이젠
내가 한 그대로 하나님께서 내게 갚
으시는구나." 그들은 그를 예루살렘으
로 끌고 갔고 그는 거기에서 죽었습니
다.
8 유다 지파가 예루살렘을 공격하고 점
령했습니다. 유다 지파는 도시를 칼
로 치고는 불을 질렀습니다.
9 그 후 유다 지파는 산간 지대와 남쪽
지방과 서쪽 평지에 살고 있던 가나안
사람들과 싸우러 내려갔습니다.
10 유다 지파는 헤브론에 살고 있던 가나
안 사람들을 공격해서 세새와 아히만
과 달매를 죽였습니다. 헤브론의 이름

은 원래 기럇 아르바라고 불렸습니다.
11 그곳으로부터 그들은 드빌에 살던 사
람들을 공격했습니다. 드빌의 이름은
원래 기럇 세벨입니다.
12 갈렙이 말했습니다. "기럇 세벨을 무
찔러서 차지하는 사람에게는 내가 내
딸 악사를 아내로 주겠다."
13 그러자 갈렙의 동생인 그나스의 아들
옷니엘이 그곳을 점령했습니다. 그리
하여 갈렙은 그에게 자기 딸 악사를
아내로 주었습니다.
14 *악사가 결혼하자 자기 아버지로부터
밭을 얻자고 악사가 옷니엘을 부추겼
습니다. 악사가 나귀에서 내리자 갈렙
이 그녀에게 물었습니다. "네가 무엇
을 원하느냐?"
15 악사가 대답했습니다. "제게 특별한
선물을 주십시오. 아버지께서 제게
남쪽 땅을 주셨으니 또한 샘물도 제
게 주십시오." 그러자 갈렙은 그녀에
게 윗샘물과 아랫샘물을 주었습니다.
16 모세의 장인의 후손인 겐 족속은 종
려나무 도시를 떠나 유다 지파와 함
께 아랏 *남쪽의 유다 광야로 갔습니
다. 그들은 가서 그곳 사람들 사이에
서 살았습니다.
17 그리고 유다 지파는 그들의 형제인 시
므온 지파와 함께 가서 스밧에 살고
있는 가나안 사람들을 무찔러서 그
도시를 전멸시켰습니다. 그 때문에
그 도시 이름이 *호르마라고 불렸습
니다.
18 유다는 또 가사와 그 주변, 아스글론
과 그 주변, 에그론과 그 주변을 *점
령했습니다.
19 여호와께서 유다 지파와 함께하셨습

1:14 히브리어 사본을 따름(수 15:18을 보라), 칠십인역과 불가타에는 '옷니엘이 아내 악사를 시켜 장인 갈렙에게서 밭을 얻어 내라고 재촉했습니다.' 1:16 히브리어, 네겝 1:17 전멸, '멸망 1:18 칠십인역에는 '점령하지 못했습니다.'

성·경·상·식

이스라엘의 사사들

① 유다의 옷니엘(삿 3:9)
② 베냐민의 에훗(삿 3:15)
③ 삼갈(삿 3:31)
④ 에브라임의 드보라와 납달리의 바락(삿 4:4-6)
⑤ 므낫세의 기드온(삿 6:11)
⑥ 잇사갈의 돌라(삿 10:1)
⑦ 길르앗의 야일(삿 10:3)
⑧ 길르앗의 입다(삿 11:11)
⑨ 베들레헴의 입산(삿 12:8)
⑩ 스불론의 엘론(삿 12:11)
⑪ 에브라임의 압돈(삿 12:13)
⑫ 단의 삼손(삿 15:20)

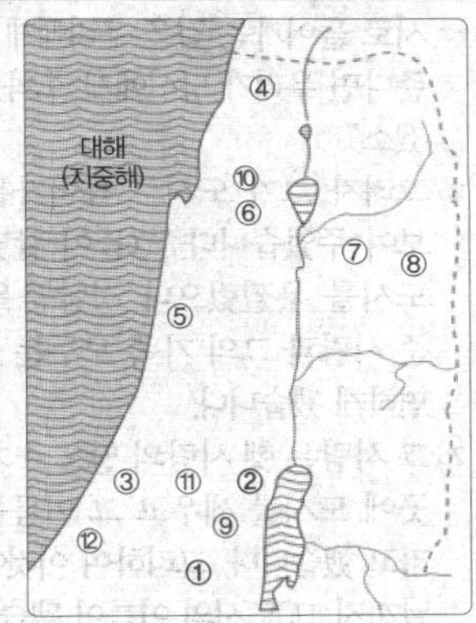

니다. 그들은 산간 지대를 점령했습니
다. 그러나 그들은 평지에 살고 있던
사람들을 쫓아내지는 못했습니다. 그
들이 철로 만든 전차를 갖고 있었기
때문입니다.
20 그들은 모세가 말한 대로 헤브론을
갈렙에게 주었고 갈렙은 헤브론에서
아낙의 세 아들을 쫓아냈습니다.
21 그러나 베냐민 지파는 예루살렘에 살
고 있던 여부스 사람들을 쫓아내지
못했습니다. 그리하여 오늘날까지도
여부스 사람들이 베냐민 지파와 예루
살렘에서 함께 살고 있는 것입니다.
22 이제 요셉 가문이 벧엘을 공격하려고
올라갔습니다. 여호와께서 그들과 함
께하셨습니다.
23 요셉 가문은 사람을 보내 벧엘을 정
탐하게 했습니다. 그 도시의 이름은
원래 루스라고 불렸습니다.
24 정탐꾼들이 그 도시에서 나오는 한
사람을 보고 그에게 말했습니다. "도
시로 들어가는 길을 우리에게 가르쳐
준다면 우리가 당신에게 호의를 베풀
겠소."
25 그러자 그가 도시로 들어가는 길을
보여 주었습니다. 그들이 칼날로 그
도시를 무찔렀으나 정탐꾼을 도와
준 사람과 그의 가족 모두는 죽음을
면하게 됐습니다.
26 그 사람은 헷 사람의 땅으로 가서 그
곳에 도시를 세우고 그 이름을 루스
라고 했습니다. 그리하여 이것이 오늘
날까지 그 도시의 이름이 됐습니다.
27 므낫세 지파가 벧스안과 그 주변 마을
들, 다아낙과 그 주변 마을들, 돌에
살던 사람들과 그 주변 마을들, 이블
르암에 살던 사람들과 그 주변 마을
들, 므깃도에 살던 사람들과 그 주변
마을들을 몰아내지 못해 가나안 사
람들이 그 땅에 살 수 있었습니다.
28 이스라엘이 강해지자 가나안 사람들
에게 강제로 일을 시켰습니다. 그러나
그들을 완전히 쫓아내지는 않았습니
다.
29 에브라임 지파도 게셀에 살던 가나안
사람들을 쫓아내지 않았습니다. 그리
하여 가나안 사람들은 게셀에서 에브
라임 지파 가운데 살았습니다.
30 스불론 지파도 기드론과 나할롤에 살
던 가나안 사람들을 쫓아내지 않았
습니다. 그리하여 가나안 사람들은
그들 가운데 남아 강제로 일을 해야
했습니다.
31 아셀 지파도 악고, 시돈, 알랍, 악십,
헬바, 아빅, 르홉에 살던 사람들을 쫓
아내지 않았습니다.
32 그리하여 아셀 사람들도 그 땅에 살
던 가나안 사람들 가운데 살게 됐습
니다. 이는 그들을 쫓아내지 않았기
때문입니다.
33 납달리 지파도 벧세메스와 벧아낫에
살던 사람들을 쫓아내지 않았습니
다. 그리하여 납달리 지파도 그 땅에
살고 있던 가나안 사람들 가운데 함
께 살았습니다. 벧세메스와 벧아낫에
살던 가나안 사람들은 강제로 일을

해야 했습니다.
34 아모리 사람들은 단 지파를 산간 지
대로 밀어내고 평지로 내려오지 못하
게 했습니다.
35 그러고는 아모리 사람들이 헤레스 산
과 아얄론과 사알빔에 계속해서 살았
습니다. 그러나 요셉 가문의 힘이 강
해지자 아모리 사람들 역시 강제로
일을 해야 했습니다.
36 아모리 족속의 영역은 아그랍빔 언덕
과 *셀라부터 그 위쪽까지였습니다.

보김에 나타난 여호와의 천사

2 여호와의 천사가 길갈에서 *보김으
로 올라가 말했습니다. "내가 너희
를 이집트에서 데려와 내가 너희 조
상들에게 약속했던 땅으로 인도했다.
내가 말했다. '나는 너희와 맺은 내 언
약을 결코 어기지 않을 것이다.
2 그러니 너희는 이 땅에 살고 있는 사
람들과 언약을 맺지 말고 그들의 제
단을 부숴야 할 것이다.' 그러나 너희
는 내 말에 순종하지 않았다. 너희가
어떻게 이럴 수가 있느냐?
3 그러므로 이제 내가 너희에게 말한
다. 내가 너희 앞에서 그들을 쫓아내
지 않을 것이다. 그들이 너희 옆구리
에 가시가 될 것이요, 그들의 신은 너
희에게 덫이 될 것이다."
4 여호와의 천사가 온 이스라엘 자손들
에게 이 말을 하자 백성들이 큰 소리
로 울었습니다.
5 그들은 그곳의 이름을 보김이라고 하
고 그곳에서 여호와께 제사를 드렸습
니다.

불순종과 패배

6 여호수아가 백성들을 해산시키자 이
스라엘 자손들은 각각 자기에게 분배
된 땅을 차지하기 위해 갔습니다.
7 백성들은 여호수아가 살아 있는 동안
그리고 여호수아 이후까지 살았던 장
로들이 살아 있는 동안 여호와를 섬
겼습니다. 장로들은 여호와께서 이스
라엘을 위해 행하신 모든 위대한 일
들을 본 사람들이었습니다.
8 그리고 여호와의 종 눈의 아들 여호수
아는 110세의 나이로 죽었습니다.
9 이스라엘 자손은 여호수아에게 주어
진 땅, 곧 가아스 산 북쪽의 에브라임
산간 지대에 있는 *딤낫 헤레스에 묻
어 주었습니다.
10 그 세대가 모두 조상 곁으로 돌아갔
고 그들을 뒤이어 여호와를 모르고
여호와께서 이스라엘을 위해 행하신
일도 전혀 모르는 다른 세대가 자라
났습니다.
11 이스라엘 자손들은 여호와께서 보시
기에 악한 일을 저질렀으며 바알 신
들을 섬겼습니다.
12 그들은 자신들의 조상을 이집트 땅에
서 이끌어 내신 조상의 하나님 여호
와를 버리고 그들 주변 민족들의 신
들을 따르고 숭배해 여호와를 진노하
게 했습니다.
13 그들은 여호와를 버리고 바알과 아스

1:36 바위 2:1 우는 사람들 2:9 수 19:50에는 '딤낫 세라'

다롯을 섬겼습니다.
14 이스라엘에 대한 여호와의 진노는 더
욱 커졌습니다. 여호와께서는 그들을
약탈한 침략자들의 손에 넘겨주셨습
니다. 침략자들은 이스라엘을 약탈했
고 여호와께서는 그들을 주변 원수들
의 손에 팔아넘기셔서 더 이상 그들
의 원수들을 당해 낼 수 없게 됐습니
다.
15 이스라엘이 싸우러 나갈 때면 여호와
께서 그들에게 말씀하시고 맹세하신
대로 여호와의 손으로 그들에게 재앙
을 내리셨습니다. 이로 인해 그들은
무척 괴로웠습니다.
16 그때 여호와께서 *사사들을 세우셨
습니다. 사사들은 그들을 침략자들
의 손에서 구해 냈습니다.
17 그러나 그들은 여전히 사사들에게 순
종하지 않고 다른 신들에게 자기 자
신을 팔고 숭배했습니다. 그들은 그
들의 조상이 여호와의 명령을 지키며
걸어왔던 길에서 금세 돌아섰습니다.
그들은 그들의 조상들처럼 행하지 않
았습니다.
18 여호와께서 그들을 위해 사사들을 세
우셨을 때 여호와께서는 사사와 함께
하실 뿐만 아니라 사사가 살아 있는
동안에 그들의 원수들의 손에서 이스
라엘 자손들을 구해 주셨습니다. 이
는 그들을 억압하고 핍박하는 사람
들 밑에서 신음하는 이스라엘 자손을
여호와께서 불쌍히 여기셨기 때문입
니다.
19 그러나 사사가 죽으면 그들은 되돌아
서서 그들의 조상보다 더욱 타락해
다른 신들을 따르고 섬기며 그들을
숭배했습니다. 그들은 나쁜 행실과
고집스러운 습관을 버리지 않았습니
다.
20 그러므로 이스라엘에 대해서 여호와
께서 진노하시며 말씀하셨습니다.
"이 백성이 내가 그들의 조상과 맺었
던 약속을 어기고 내 말에 귀를 기울
이지 않았기 때문에
21 여호수아가 죽으면서 남겨 놓은 민족

2:16 또는 지도자들

Q&A 사사는 어떤 사람인가?

참고 구절 | 삿 2장

사사란 히브리어로 '재판한다', '다스린다', '구원한다'는 의미다. 이들은 가나안 땅에 들어가서 여호수아의 죽음 이후부터 왕이 세워지기 전까지 이스라엘 백성들을 지도한 정치 · 군사적 지도자를 말한다. 평상시에는 재판을 하며(삿 4:5) 백성들을 정치적으로 다스렸고, 비상시에는 군사적인 지도자로 활동했다.

이스라엘이 주변의 나라들로부터 공격받을 때마다 하나님께서는 이들을 구원하기 위해 사사를 세워 주셨다. 사사들의 직업과 신분은 아주 다양했으며 임무가 끝나면 대부분 제자리로 다시 돌아갔다.

사사는 이스라엘 전체를 다스리기보다 지역적으로 다스렸으며, 세습되지 않았다.

들 가운데 어느 하나도 내가 더 이상
이스라엘로부터 몰아내지 않을 것이
다.
22 내가 그 남은 민족을 이용해 이스라
엘이 그들의 조상이 여호와의 길을
지켰던 것처럼 과연 그 길을 택해서
지킬 것인지 아닌지를 시험하고자 한
다."
23 그래서 여호와께서는 그 민족들을 즉
시 몰아내지 않고 살아남게 하셨으
며 여호수아의 손에 그들을 넘겨주지
않으셨습니다.

3 이들은 모든 가나안 전쟁을 한 번
도 경험하지 못한 모든 이스라엘
자손들을 시험하기 위해 여호와께서
남겨 두신 민족들입니다.
2 이전에 전쟁을 경험하지 못한 이스라
엘 자손들에게 전쟁을 가르치기 위한
것이었습니다.
3 이들은 블레셋의 다섯 군주들, 모든
가나안 사람들, 시돈 사람들 그리고
바알 헤르몬 산에서부터 하맛 입구까
지의 레바논 산맥에 살고 있던 히위
사람들이었습니다.
4 그리고 이들은 여호와께서 모세를 통
해서 그들의 조상에게 명령하신 여호
와의 계명에 귀를 기울이는지 이스라
엘 자손들을 시험하기 위해서 남겨
두신 민족들이었습니다.
5 이스라엘 자손들은 가나안 사람들과
헷 사람들과 아모리 사람들과 브리스
사람들과 히위 사람들과 여부스 사람
들 가운데 살면서
6 그들의 딸들을 아내로 삼고 자기 딸
들도 그들의 아들들에게 아내로 주면
서 그들의 신들을 숭배했습니다.

옷니엘

7 이스라엘 자손들이 여호와께서 보시
기에 악한 일을 저질렀습니다. 그들
은 그들의 하나님 여호와를 잊어버리
고 바알과 아세라를 숭배했습니다.
8 이스라엘에 대해 여호와의 분노가 불
타올라 여호와께서는 그들을 메소포
타미아 왕인 구산 리사다임의 손에 팔
아넘기셨습니다. 그리하여 이스라엘
자손들은 8년 동안 구산 리사다임을
섬겼습니다.
9 그러나 이스라엘 자손들이 여호와께
부르짖을 때 여호와께서는 이스라엘
자손들을 위해 구원자를 일으켜 세
우셨습니다. 여호와께서는 갈렙의 동
생인 그나스의 아들 옷니엘을 통해서
그들을 구원하셨습니다.
10 여호와의 성령이 옷니엘에게 임하셨
고 그는 이스라엘의 사사가 됐습니다.
그가 전쟁에 나갔을 때 여호와께서
메소포타미아 왕 구산 리사다임을 그
의 손에 넘겨주셔서 그가 구산 리사
다임을 이길 수 있었습니다.
11 그러고 나서 그나스의 아들 옷니엘이
죽을 때까지 40년 동안 그 땅이 평온
했습니다.

에훗

12 이스라엘 자손들이 여호와께서 보시
기에 또다시 악한 일을 저질렀습니다.
여호와께서 보시기에 그들이 악한 일

을 저질렀기 때문에 여호와께서는 모
압 왕 에글론을 강하게 해 이스라엘에
맞서게 하셨습니다.
13 에글론은 암몬과 아말렉 사람들을 모
아서 이스라엘을 패배시키고 *종려나
무 성읍을 점령했습니다.
14 그리하여 이스라엘 자손들은 18년 동
안 모압 왕 에글론을 섬겼습니다.
15 그러나 여호와께서는 이스라엘 자손
들이 여호와께 부르짖을 때 베냐민 지
파 게라의 아들인 왼손잡이 에훗을
그들의 구원자로 일으켜 세워 주셨습
니다. 이스라엘 자손들은 모압 왕 에
글론에게 바칠 선물을 그를 통해 보
냈습니다.
16 한편 에훗은 길이가 *1규빗 정도 되는
양날을 가진 짧은 칼을 만들어 자기
옷 속 오른쪽 허벅지에 숨겼습니다.
17 그러고는 모압 왕 에글론에게 선물을
가져갔습니다. 에글론은 매우 뚱뚱한
사람이었습니다.
18 에훗은 선물을 바친 후에 그것을 운
반한 사람들을 돌려보냈습니다.
19 그러고는 길갈 근처에 있는 우상들이
있는 곳에서 다시 발길을 돌려 자기
만 되돌아와서 말했습니다. "왕이여,
제가 왕께 은밀히 드릴 말씀이 있습
니다." 왕이 "조용히 하라!"라고 말하
자 그의 모든 신하들이 밖으로 나갔
습니다.
20 그러자 에훗이 그에게 다가갔습니다.
왕은 지붕 위에 있는 시원한 다락방
에 혼자 앉아 있었습니다. "제가 왕
께 드릴 하나님의 말씀을 갖고 왔습
니다"라고 에훗이 말했습니다. 그러자
왕이 자리에서 일어났습니다.
21 그리고 에훗은 왼손을 뻗어 오른쪽
허벅지에서 칼을 뽑아 왕의 배를 찔
렀습니다.
22 칼의 손잡이도 칼날을 따라 들어갔
습니다. 에훗이 칼을 왕의 배에서 빼
내지 않아 몸속의 지방이 칼날을 감
싸고 등 뒤로 나왔습니다.
23 에훗은 곧 밖으로 나와서 다락방의
문들을 닫고서 걸어 잠갔습니다.
24 그가 가고 난 후에 신하들이 와서 다
락방의 문들이 잠겨 있는 것을 보고
서 "왕께서 시원한 다락방에서 *용변
을 보고 계시나 보다"라고 말했습니
다.
25 그들은 오랫동안 기다렸습니다. 왕이
여전히 다락방 문을 열지 않아서 그
들이 열쇠를 가져다가 열어 보니 그들
의 왕이 바닥에 쓰러져 죽어 있었습
니다.
26 한편 그들이 기다리고 있는 동안 에훗
은 도망쳤습니다. 그는 우상들이 있는
곳을 지나 스이라로 도망쳤습니다.
27 그가 그곳에 도착해 에브라임 산지에
서 나팔을 불자 이스라엘 자손들이
그를 앞장세우고 그와 함께 산에서
내려왔습니다.
28 에훗이 말했습니다. "나를 따르라. 여
호와께서 너희 원수인 모압 사람들을

3:13 여리고를 가리킴. 3:16 1규빗은 약 45센티미터
3:24 히브리어, '발을 가리다.'

너희 손에 주셨다." 그래서 그들은 그
를 따라 내려가서 모압으로 가는 요
단 강 나루터를 차지하고 아무도 건
너지 못하게 했습니다.
29 그때 그들이 모압 사람 1만 명 정도를
죽였는데 그들은 모두 건장하고 용맹
한 사람들이었으며 단 한 사람도 살
아남지 못했습니다.
30 그날 모압은 이스라엘의 손에 굴복했
고 그 땅이 80년 동안 평온했습니다.

삼갈

31 아낫의 아들 삼갈이 에훗의 뒤를 이
었는데 그는 소를 모는 막대기로 블
레셋 사람 600명을 죽이고 그 또한
이스라엘을 구원했습니다.

드보라

4 에훗이 죽고 나서 이스라엘 자손들
은 여호와께서 보시기에 또다시 악
한 일을 저질렀습니다.
2 그러자 여호와께서는 하솔에서 통치
하는 가나안 왕 야빈의 손에 그들을
팔아넘기셨습니다. 그의 군대 대장은
시스라였는데 그는 하로셋 학고임에
서 살았습니다.
3 야빈은 쇠로 만든 전차 900대를 소유
하고 있었습니다. 그가 20년 동안 이
스라엘 자손을 심하게 억압했기 때문
에 이스라엘 자손들이 여호와께 부르
짖었습니다.
4 랍비돗의 아내인 여예언자 드보라가
사사로서 이스라엘을 통치했습니다.
5 그녀는 에브라임 산간 지대의 라마와
벧엘 사이 드보라의 종려나무 아래에
앉아 있곤 했는데 이스라엘 자손들이
재판을 위해 그녀에게 찾아왔습니다.
6 그녀는 납달리의 게데스에 사람을 보

하용조 목사의 행복한 메시지

특별한 은혜

대홍수 사건, 바벨탑 사건, 홍해 사건, 광야 사건, 여리고 사건 등 성경에 나타난 수많은 사건들을 통해 우리는 하나님께서 행하신 초자연적인 기적들을 봅니다. 우리가 이러한 기적들을 볼 때에 주의해야 할 것은 하나님께서는 우리에게 기적만을 주시는 분이 아니라는 사실입니다. 하나님께서는 우리가 사는 이 세상에 자연의 질서를 주셨습니다. 그러나 자연의 질서를 곰곰히 관찰해 보면 기적 아닌 것이 하나도 없음을 알 수 있습니다. 해가 뜨고 지는 것, 우리가 호흡하는 것 등 자연의 질서와 우리가 사는 원리들을 가만히 따지고 보면 기적 아닌 것이 하나도 없습니다. 삼라만상을 움직이는 질서가 기적 아닌 것이 어디 있겠습니까? 자연을 묵상해 보면 우리는 그 가운데서 하나님의 창조의 신비와 기적과 능력을 느끼게 됩니다. 하지만 기적이 매일같이 일어난다면 우리는 현기증이 날 것입니다. 자연적으로 사는 것이 우리에게 좋은 것이고 그것이 하나님께서 우리에게 주신 복입니다. 그렇지만 때로는 특별한 은혜가 우리에게 필요할 때도 있습니다. 그때는 특별한 목적을 위해 하나님께서 특별한 은혜를 우리에게 베푸십니다.

내 아비노암의 아들 바락을 불러 말
했습니다. "이스라엘의 하나님 여호와
께서 네게 명령하셨다. '너는 가서 납
달리 자손과 스불론 자손 1만 명을 택
해 이끌고 다볼 산으로 가거라.
7 내가 야빈의 군대 대장인 시스라와
그의 전차들과 많은 군대를 기손 강
으로 유인해 네 손에 넘겨주겠다.'"
8 바락이 드보라에게 말했습니다. "만
약 당신이 나와 함께 가면 나도 갈 것
입니다. 그러나 만약 당신이 나와 함
께 가지 않으면 나도 가지 않겠습니
다."
9 드보라가 말했습니다. "내가 분명 너
와 함께 가겠다. 그렇지만 네가 가는
일로는 네가 받을 영광은 없다. 여호
와께서 한 여자의 손에 시스라를 넘
겨주실 것이기 때문이다." 그리고 드
보라는 일어나 바락과 함께 게데스로
갔습니다.
10 바락은 스불론과 납달리를 게데스로
소집했습니다. 그리하여 1만 명이 그
를 뒤따라 올라갔습니다. 드보라도
그와 함께 올라갔습니다.
11 겐 사람 헤벨이 모세의 장인 *호밥의
자손인 겐 사람들과 결별하고 게데스
근처에 있는 사아난님의 큰 나무 곁
에 장막을 치고 살고 있었습니다.
12 그들은 아비노암의 아들 바락이 다
볼 산에 올라갔다는 것을 시스라에게
보고했습니다.
13 그러자 시스라는 900대에 달하는 쇠
로 만든 그의 전차 모두와 그와 함께
있던 모든 백성들을 소집해서 하로셋
학고임에서 기손 강으로 갔습니다.
14 그때 드보라가 바락에게 말했습니다.
"일어나거라! 오늘이 여호와께서 시스
라를 네 손에 주신 날이다. 보아라.
여호와께서 너를 인도하신다." 그래서
바락은 다볼 산으로부터 내려갔습니
다. 1만 명이 그의 뒤를 따랐습니다.
15 여호와께서는 바락 앞에서 시스라와
그 모든 전차와 군대를 칼날로 쳐부
수셨습니다. 그러자 시스라는 전차에
서 내려 걸어서 도망쳤습니다.
16 그러나 바락은 전차와 군대를 하로셋
학고임까지 뒤쫓아 갔습니다. 시스라
의 군대가 모두 칼날에 의해 쓰러졌고
단 한 사람도 살아남지 못했습니다.
17 그러나 시스라는 겐 사람 헤벨의 아
내 야엘의 천막으로 걸어서 도망쳤습
니다. 하솔 왕 야빈과 겐 사람 헤벨의
가문은 서로 좋은 사이였기 때문입니
다.
18 야엘이 시스라를 마중 나가서 그에게
말했습니다. "어서 오십시오. 내 주여,
제게로 오십시오. 두려워 마십시오."
그가 야엘의 천막 안으로 들어가자
야엘은 그를 이불로 덮어 숨겨 주었습
니다.
19 시스라가 그녀에게 말했습니다. "내가
목이 마르니 내게 약간의 물 좀 다오."
야엘은 가죽 우유 통을 열어 그에게
마시게 하고 그를 덮어 주었습니다.

4:11 민 10:29을 보라. 르우엘(출2:18,21), 이드로(출3:1;4:18;18:1)와 동일 인물

20 그가 다시 그녀에게 말했습니다. "천
막 입구에 서 있다가 만약 누가 와서
'여기에 누가 있느냐?'라고 물으면 '아
니요'라고 말하여라."
21 그런데 헤벨의 아내 야엘은 그가 지
쳐 곤히 잠든 사이에 천막용 쐐기 못
을 집어 들고 망치를 손에 들었습니
다. 그리고 살며시 그에게 다가가서
그의 관자놀이에 쐐기 못을 꽂고 땅
에다 박아 버렸습니다. 시스라는 그렇
게 죽었습니다.
22 바락이 시스라를 추격할 때 야엘이 바
락을 맞으러 나가 그에게 말했습니다.
"어서 오십시오. 당신이 찾고 있는 사
람을 보여 드리겠습니다." 그가 그녀
를 따라 들어가 보니 시스라가 관자
놀이에 천막용 쐐기 못이 박힌 채 넘
어져 죽어 있었습니다.
23 이렇게 하나님께서는 그날 이스라엘
자손들 앞에서 가나안 왕 야빈을 굴
복시키셨습니다.
24 이스라엘 자손들의 손이 점점 강해져
가나안 왕 야빈을 누를 수 있게 됐고
마침내 그를 멸망시켰습니다.

드보라의 노래

5 그날 드보라와 아비노암의 아들 바
락은 노래를 불렀습니다.
2 "이스라엘의 지도자들이 앞장서고
백성들이 자원해 전쟁에 나갈 때
여호와를 찬양하라!
3 왕들아, 들으라! 군주들아, 귀 기울
이라! 내가 여호와께 노래하리라.
내가 노래하리라. 내가 이스라엘의
하나님 여호와를 찬양하리라.
4 여호와여, 주께서 세일에서 나가실
때, 주께서 에돔 땅에서 전진해 나
가실 때, 땅이 흔들리고 하늘이 비
를 쏟고 구름도 물방울을 떨어뜨렸
습니다.
5 산들이 여호와 앞에서 진동하니,
저 시내 산도 여호와 이스라엘의 하
나님 앞에서 진동했습니다.
6 아낫의 아들 삼갈의 시대에, 야엘의
시대에 큰길은 비었고 여행자들은
구불구불한 길로 다녔다네.
7 결국 나 드보라가 일어나게 될 때까
지, 이스라엘의 어머니로 일어나게
될 때까지 이스라엘에는 *마을 주
민들이 없었다네.
8 그들이 새로운 이방신들을 선택했
고 그때 전쟁이 성문까지 이르렀다
네. 이스라엘 군인 4만 명 가운데
방패 하나, 창 하나가 보였던가?
9 내 마음이 이스라엘의 통치자들과
백성들 가운데 전쟁에 자원하는
사람들에게 향해 있나니 여호와를
찬양하라!
10 값비싼 당나귀를 타고 다니는 사람
들아, 높은 지위에 있는 사람들아,
길을 가는 행인들아, 모두 다 찬양
하라!
11 활 쏘는 자들의 떠드는 소리에서,
물 긷는 곳들에서, 거기서도 여호
와의 의로운 일을, 이스라엘 지도
자들의 의로운 행동을 칭송하라.

5:7 또는 '용사들'

그때 여호와의 백성들이 성문으로
내려갔다네.
12 깨어나거라, 깨어나거라, 드보라여!
깨어나거라, 깨어나서 노래하여라!
일어나거라, 바락이여! 네 포로를
사로잡아라! 아비노암의 아들이여!
13 그때에 남은 사람들이 존귀한 사
람들에게 내려오고, 여호와의 백성
이 용사를 치러 내게 내려왔다네.
14 에브라임에서는 아말렉 출신의 사
람들이 왔고 네 뒤를 따라 온 백성
들 가운데 베냐민도 있었다네. 마길
에서 지휘관들이 내려왔고 스불론
에서는 군대 소집 장교들이 내려왔
다네.
15 잇사갈의 지도자들은 드보라 편이
었다네. 잇사갈 또한 바락과도 같은
편이었으며 그를 따라 골짜기로 내
려갔다네. 르우벤 지파는 심사숙고
했다네.
16 네가 왜 양 우리 주변에서 머뭇거
리고 있느냐? 양 떼의 울음소리를
듣기 위함이냐? 르우벤 지파는 심
사숙고했다네.
17 길르앗은 요단 강 저편에 머무르고
있었다네. 단은 왜 배에 머물러 있
었느냐? 아셀은 해변에 남아 부둣
가에 머물러 있었다네.
18 스불론은 자기 목숨까지도 아끼지
않는 사람들이었다네. 고원의 전쟁
터에서 납달리 또한 그랬다네.
19 왕들이 와서 싸웠다네. 므깃도 시
냇가의 다아낙에서 가나안 왕들이
싸웠지만 전리품으로 은을 약탈하
지 못했다네.
20 하늘로부터 별들이, 그들이 다니는
행로로부터 별들이 시스라와 싸웠
다네.
21 옛적부터 흐르던 강, 기손 강, 기손
강이 그들을 휩쓸어 갔다네. 내 영
혼아, 힘차게 전진하여라!
22 맹렬하게 달리고 또 달리니 그때
말굽 소리가 요란했다네.
23 '메로스를 저주하여라.' 여호와의 천
사가 말했다네. '그곳에 거주하는
사람들을 철저히 저주하여라. 힘
있는 사람들에 대항해서 여호와를
도우러, 그들이 여호와를 도우러
오지 않았기 때문이다.'
24 겐 사람 헤벨의 아내인 야엘은 여인
들 가운데 가장 복받은 사람이 될
것이요, 장막에 거하는 어느 여인
보다 더 복을 받으리라.
25 시스라가 물을 달라 하니 야엘은
우유를 주되 값비싼 그릇에다 응고
된 우유를 갖다 주었다네.
26 한 손은 천막 *고정용 쐐기 못을,
오른손은 일꾼들이 사용하는 망치
를 잡았다네. 그녀는 시스라를 내
려치고 그의 머리를 깨뜨리고 박살
내 그의 관자놀이를 통과시켜 버렸
다네.
27 그녀의 발 사이로 그가 고꾸라지고
넘어져서 드러누워 버렸다네. 그녀
의 발 사이로 그가 고꾸라지고 넘

5:26 또는 말뚝

어졌다네. 고꾸라진 그곳에서 그가
죽어 쓰러졌다네.
28 창문 너머를 보면서 시스라의 어머
니가 창살 뒤에서 부르짖었다네.
'그의 군대가 오는 것이 왜 늦어지
는 것일까? 그의 전차가 오는 것이
왜 시간이 걸리는 것일까?'
29 그녀의 지혜로운 시녀들이 그녀에
게 대답했다네. 실제로 그녀도 스
스로에게 되풀이해서 말했다네.
30 '그들이 전리품을 찾아서 그것을
나누고 있음에 틀림없다. 한 사람
마다 한두 여자를 차지했겠지. 시
스라는 색동옷을 전리품으로 얻었
겠지. 전리품 색동옷을 수놓은 것,
앞뒤로 수놓은 것을 전리품으로 목
에 두르겠지.'
31 여호와여, 주의 모든 원수들이 망
하게 하소서! 그러나 주를 사랑하
는 사람들은 솟아오르는 해같이
힘차게 하소서."
그러고 나서 40년 동안 그 땅에 전쟁
이 없었습니다.

기드온

6 그 후 이스라엘 자손들은 여호와께
서 보시기에 악한 일을 저질렀습니
다. 그러자 여호와께서는 그들을 7년
동안 미디안 사람들의 손에 넘기셨습
니다.
2 미디안의 세력이 이스라엘보다 우세
했습니다. 미디안 사람들 때문에 이스
라엘 자손들은 산속에 피난처, 동굴,
요새를 마련했습니다.
3 이스라엘 사람들이 씨를 뿌릴 때마다
미디안 사람과 아말렉 사람과 동쪽
지방의 사람들이 그들을 공격하곤
했습니다.
4 그들은 이스라엘 땅에 진을 치고 가
사에 이르기까지 농산물을 다 망쳐
놓았습니다. 그들은 이스라엘에 양이
나 소나 나귀뿐만 아니라 양식을 아
무것도 남겨 놓지 않았습니다.
5 미디안 사람들은 그들의 가축과 천막
을 갖고 올라왔는데 마치 메뚜기 떼
처럼 몰려와서 사람과 낙타가 셀 수
없을 정도로 많았습니다. 그들은 약
탈하기 위해서 그 땅에 갔습니다.
6 미디안 사람들 때문에 이스라엘은 매

성·경·인·물 **기드온**

- **이름의 뜻** 돌이나 나무를 자르는 사람
- **별명** 여룹바알 – 바알과 다툰다는 뜻
- **가족 관계** 아버지 – 요아스 / 아들 – 71명의 아들을 낳았음.
- **직업** 사사
- **약력** 이스라엘은 7년 동안 미디안의 지배를 받았다. 이때 기드온이 백성들을 구할 사사로 세움 받았고(삿 6:11–16), 하나님의 부르심에 대해 표적을 요구했다(삿 6:19–21,36–40). 바알 제단과 아세라 목상을 헐어 여룹바알이라는 별명을 얻었다(삿 6:28–32). 300명의 군사를 준비해(삿 7:6) 나팔, 빈 항아리, 횃불로 미디안을 격파했다(삿 7:16–22). 기드온은 자신을 왕으로 삼으려는 백성들의 청을 거절했다(삿 8:22–23). 금 에봇을 만든 것이 온 집안과 이스라엘에게 덫이 되기도 했다(삿 8:27). 기드온은 40년 동안 이스라엘을 다스렸다(삿 8:28).

우 가난해졌습니다. 그러자 이스라엘
자손들은 여호와께 부르짖었습니다.
7 이스라엘 자손들이 미디안 사람들 때
문에 여호와께 부르짖을 때
8 여호와께서는 이스라엘 자손들에게
예언자를 보내 주셨습니다. 예언자가
그들에게 말했습니다. "이스라엘의 하
나님 여호와께서 말씀하신다. '내가
이집트에서 너희를 인도해 내고 노예
살이하던 집에서 너희를 구출했다.
9 내가 이집트 사람들의 손과 너희를
억압하는 사람 모두의 손에서 너희
를 구원해 냈으며 너희 앞에서 그들
을 쫓아내고 그 땅을 너희에게 주었
다.'
10 그리고 내가 너희에게 말했다. '나는
너희 하나님 여호와다. 너희가 거주하
고 있는 땅의 사람들인 아모리 족의
신들을 두려워하지 말라.' 그런데 너희
는 내 말을 듣지 않았다."
11 여호와의 천사가 아비에셀 사람 요아
스의 땅인 오브라에 와서 떡갈나무
밑에 앉았습니다. 그때 요아스의 아
들 기드온은 미디안 사람들에게 들키
지 않으려고 포도즙 짜는 큰 통 속에
서 밀을 타작하고 있었습니다.
12 여호와의 천사가 기드온에게 나타나
말했습니다. "그대, 용맹스러운 용사
여, 여호와께서 너와 함께하신다."
13 기드온이 그에게 말했습니다. "내 주
여, 여호와께서 우리와 함께하신다면
왜 우리에게 이 모든 일이 일어나는
것입니까? '여호와께서 우리를 이집트
에서 구출해 내지 않으셨느냐?'라고
우리 조상들이 우리에게 말했는데 그
분의 모든 기적들은 어디에 있습니
까? 지금 여호와께서 우리를 버리고
미디안 사람들의 손에 우리를 넘기셨
습니다."
14 여호와께서 그에게 말씀하셨습니다.
"너는 기운을 내고 가서 미디안 사람
의 손에서 이스라엘을 구원하여라.
내가 너를 보내는 것 아니냐?"
15 기드온이 그에게 말했습니다. "내 주
여, 내가 무엇으로 이스라엘을 구원
할 수 있겠습니까? 보십시오. 내 집안
은 므낫세 가운데 가장 작고 나는 내
아버지의 집에서 가장 어린 사람입니
다."
16 여호와께서 그에게 말씀하셨습니다.
"내가 너와 함께할 것이니 너는 미디
안 사람들을 한 사람을 치듯이 무찌
를 것이다."
17 기드온이 여호와께 말했습니다. "만약
제가 주께로부터 은혜를 입었다면 저
와 말씀하시는 분이 주이심을 제게
표적으로 보여 주십시오.
18 내가 주께 돌아와서 제 제물을 가지
고 나와 주 앞에 놓을 때까지 여기에
서 부디 떠나지 마십시오." 여호와께
서 말씀하셨습니다. "네가 돌아올 때
까지 내가 기다리겠다."
19 기드온이 안으로 들어가서 새끼 암염
소를 준비하고 *1에바의 밀가루로 누
룩을 넣지 않은 빵을 만들었습니다.

6:19 1에바는 약 22리터

그는 고기를 바구니에 담고 국물을
항아리에 담아서 떡갈나무 아래로
가지고 나와 그분께 드렸습니다.
20 하나님의 천사가 그에게 말했습니다.
"고기와 누룩을 넣지 않고 만든 빵을
가져다가 이 바위 위에 놓고 국물을
쏟아부어라." 기드온이 그대로 했습니
다.
21 여호와의 천사가 손에 든 지팡이 끝
을 내밀어 고기와 누룩을 넣지 않고
만든 빵을 건드렸습니다. 그러자 바위
에서 불이 나와 고기와 누룩을 넣지
않고 만든 빵을 태워 버렸습니다. 그
러고 나서 여호와의 천사는 그의 눈
앞에서 사라졌습니다.
22 그가 여호와의 천사였음을 기드온이
깨닫고 말했습니다. "주 여호와여, 내
가 여호와의 천사의 얼굴을 보았습니
다."
23 그러나 여호와께서 그에게 말씀하셨
습니다. "안심하여라! 두려워하지 마
라. 너는 죽지 않을 것이다."
24 그래서 기드온은 그곳에서 여호와께
제단을 세우고 이를 *'여호와 샬롬'이
라고 불렀습니다. 그리하여 이것이 오
늘날까지도 여전히 아비에셀 사람의
땅인 오브라에 있는 것입니다.
25 그리고 바로 그날 밤 여호와께서 그에
게 말씀하셨습니다. "네 아버지의 가
축 가운데 어린 수소와 다른 일곱 살
된 어린 수소 한 마리를 취하여라. 네
아버지의 바알 제단을 허물고 그 옆
에 있는 아세라를 쓰러뜨려라.
26 그러고 나서 이 요새 꼭대기에 네 하
나님 여호와의 제단을 적절한 구조에
따라서 세워라. 그러고는 그 두 번째
어린 수소를 취해서 네가 쓰러뜨린
아세라를 땔감으로 삼아 번제를 드려
라."
27 그리하여 기드온은 그의 하인 가운데
열 명을 데리고 여호와께서 그에게 말
씀하신 대로 했습니다. 그러나 그의
가족과 성읍 사람들을 두려워해서
낮에 하지 않고 밤에 했습니다.
28 아침에 성읍의 사람들이 일어나 보니
바알 제단이 허물어져 있고 그 옆에
있던 아세라도 쓰러져 있고 새로 쌓은
제단에 두 번째 어린 수소가 바쳐져
있었습니다.
29 그들은 서로 물었습니다. "누가 이 일
을 저질렀느냐?" 그들이 캐묻고 조사
해 본 후에 말했습니다. "요아스의 아
들 기드온이 이 일을 저질렀다."
30 성읍 사람들이 요아스에게 말했습니
다. "당신의 아들을 데려오시오. 그는
죽어야 하오. 그가 바알 제단을 허물
고 그 옆에 있던 아세라도 쓰러뜨렸기
때문이오."
31 그러나 요아스가 그와 대치하고 서
있는 모두에게 말했습니다. "당신들
이 바알을 위해 변호하는 것이오? 당
신들이 그것을 구해 내겠소? 그를 변
호하는 사람은 아침이 되기 전에 죽
을 것이오! 바알이 만약 신이라면 그
의 제단이 허물어졌으니 자기가 자신

6:24 여호와는 평화

을 변호할 것이오."
32 그리하여 "바알로 하여금 스스로 변
호하게 하라"라고 해 그날에 그들은
기드온을 *여룹바알이라고 불렀습니
다. 그가 바알의 제단을 허물었기 때
문입니다.
33 미디안 사람들과 아말렉 사람들과 동
쪽 지방 사람들 모두가 함께 모여서
요단 강을 건너고 이스르엘 평원에 진
을 쳤습니다.
34 그때 여호와의 성령이 기드온에게 임
했습니다. 기드온이 나팔을 불자 그
뒤를 따라서 아비에셀 사람들이 모였
습니다.
35 그는 므낫세의 모든 사람들에게 사자
들을 보냈습니다. 그러자 그들도 기
드온을 따라 모였습니다. 그가 아셀
과 스불론과 납달리의 사람들에게도
사자들을 보냈습니다. 그러자 그들도
올라와서 그들을 맞이했습니다.
36 기드온이 하나님께 말했습니다. "만
약 주께서 말씀하신 대로 저를 통해
주께서 이스라엘을 구원하실 것이라
면
37 보소서. 제가 타작마당에 양털을 한
뭉치 놓아둘 것이니 만약 이슬이 양
털 위에만 있고 땅바닥은 말라 있으
면 주께서 말씀하신 대로 저를 통해
주께서 이스라엘을 구원하시는 줄로
제가 알겠습니다."
38 그리고 그렇게 됐습니다. 다음 날 아
침 그가 일찍 일어나 양털을 짜니 양
털에서 이슬이 물로 한 그릇 가득 나
왔습니다.
39 그러자 기드온이 하나님께 말했습니
다. "제게 화를 내지 마십시오. 제가
한 번 더 말하겠습니다. 부디 한 번만
더 양털로 시험하게 해 주십시오. 양
털만 말라 있게 하시고 땅바닥 모두
에는 이슬이 있게 해 주십시오."
40 그날 밤 하나님께서 그렇게 하셨습니
다. 양털만 말라 있고 땅바닥에는 온
통 이슬이 있었습니다.

기드온이 미디안을 무찌르다

7 여룹바알이라고 불리기도 하는 기
드온과 그와 함께 있던 모든 백성
들이 아침 일찍 일어나 하롯 샘에 진
을 쳤습니다. 미디안의 막사는 그들의
북쪽 모레 고원 근처의 평원에 있었습
니다.
2 여호와께서 기드온에게 말씀하셨습니
다. "내가 너와 함께하고 있는 백성들
의 손에 미디안 사람들을 넘겨주려고
하는데 백성이 너무 많다. 이스라엘
이 내가 아닌 자기 스스로를 자랑하
며 '내 손이 나를 구원했다'고 말하지
않게 하기 위함이다.
3 그러니 지금 너는 백성들의 귀에 선
포하여라. '누구든 두려워 떠는 사람
은 돌아서서 길르앗 산으로부터 떠나
라.'" 그러자 백성 가운데서 2만 2,000
명이 돌아갔고 1만 명만 남게 됐습니
다.
4 그러나 여호와께서 기드온에게 말씀
하셨습니다. "아직도 사람이 너무 많

6:32 바알이 싸우게 하라.

다. 그들을 물가로 데리고 가거라. 그
러면 거기에서 너를 대신해 내가 그
들을 시험하겠다. 내가 '이 사람은 너
와 함께 갈 것이다'라고 네게 말하면
그가 너와 함께 갈 것이요, 내가 '이
사람은 너와 함께 가지 않을 것이다'
라고 네게 말하는 사람은 가지 않을
것이다."
5 그리하여 기드온은 사람들을 데리고
물가로 내려갔습니다. 여호와께서 기
드온에게 말씀하셨습니다. "개처럼
물을 혀로 핥아 먹는 사람과 물을 마
시기 위해서 무릎을 꿇고 엎드리는
사람 모두를 따로 세워라."
6 그러자 손을 입에 대고 핥아 먹은 사
람의 수가 300명이었습니다. 그 나머
지 모든 사람들은 물을 마시기 위해
서 무릎을 꿇고 엎드렸습니다.
7 여호와께서 기드온에게 말씀하셨습니
다. "물을 핥아 먹은 사람 300명으로
내가 너희를 구원하고 미디안 사람들
을 네 손에 넘겨주겠다. 다른 모든 백
성들은 각각 자기가 사는 곳으로 돌
려보내라."
8 그리하여 기드온은 300명만 남기고
다른 모든 이스라엘 사람들은 각각
자기의 집으로 돌려보냈습니다. 그들
은 돌아간 백성들의 식량과 나팔을
손에 들었습니다. 미디안 군대는 기드
온이 있는 평원 아래쪽에 있었습니
다.
9 그날 밤에 여호와께서 기드온에게 말
씀하셨습니다. "일어나 미디안 막사를
치러 내려가라. 내가 그것을 네 손에
줄 것이다.
10 그러나 만약 네가 치러 내려가는 것
이 두렵다면 네 하인 부라와 함께 막
사로 내려가
11 그들이 무슨 말을 하는지 들어라. 그
말을 들으면 네가 용기를 얻어서 막
사를 치러 내려갈 수 있을 것이다." 그
리하여 그는 그의 하인 부라와 함께
막사에 있는 군대의 초소로 내려갔습
니다.
12 미디안 사람들과 아말렉 사람들과 동
쪽 지방의 모든 사람들은 그 평원의
메뚜기 떼처럼 많았고 그들의 낙타의
수는 마치 바닷가의 모래알처럼 셀
수가 없었습니다.
13 기드온이 도착하자 마침 어떤 사람이
자기의 친구에게 꿈을 말하고 있었습
니다. 그가 말했습니다. "이보게, 내가
꿈을 꾸었는데 보리빵 한 덩어리가 미
디안 막사 쪽으로 굴러가 천막을 내
려치더군. 그래서 그 천막이 쓰러지
고 엎어져 무너지고 말았다네."
14 그의 친구가 대답해서 말했습니다.
"그 꿈은 다름 아닌 이스라엘 사람 요
아스의 아들 기드온의 칼을 가리킬
것이네. 하나님께서 미디안과 그들의
모든 막사를 그의 손에 주셨다네."
15 기드온이 꿈 이야기와 해몽을 듣고
하나님께 경배를 드렸습니다. 그가 이
스라엘 막사 쪽으로 돌아와서 말했습
니다. "일어나라! 여호와께서 미디안
막사를 너희 손에 넘겨주셨다."

16 그는 300명을 세 무리로 나누고 그들
각각의 손에 나팔과 빈 항아리를 주
고 항아리 속에는 횃불을 넣어 주었
습니다.
17 기드온이 그들에게 말했습니다. "나
를 지켜보고 그대로 하라. 내가 막사
의 초소에 이르면 너희도 나를 따라
서
18 나와 함께 있는 모든 사람들과 내가
나팔을 불면 너희도 또한 막사 사방
에서 나팔을 불고 '여호와를 위해서,
기드온을 위해서'라고 외치라."
19 기드온과 그와 함께 있던 100명의 군
사들은 한밤중에 그들이 보초병을
교대시키자마자 막사의 초소에 이르
러 나팔을 불고 그들의 손에 들고 있
던 항아리를 깨뜨렸습니다.
20 세 무리가 나팔을 불고 항아리를 깨
뜨렸습니다. 그들은 왼손에는 횃불을
그리고 오른손에는 나팔을 들고서 외
쳤습니다. "여호와를 위한 칼, 기드온
을 위한 칼!"
21 그들은 각자 자기 위치에 서서 막사
주위를 둘러싸고 있었습니다. 미디안
의 모든 군대가 큰 소리로 부르짖으
며 달려서 도망쳤습니다.
22 그들이 300개의 나팔을 불자 여호와
께서는 미디안의 온 군대가 서로 자기
동료를 칼로 치게 하셨습니다. 그들
군대가 스레라를 향해 벧싯다까지, 또
답밧 근처의 아벨므홀라 경계선까지
도망쳤습니다.
23 납달리와 아셀과 온 므낫세 지파로부
터 소집된 이스라엘 군사들이 미디안
사람들을 쫓아갔습니다.
24 기드온은 에브라임 산간 지대 온 지역
에 사자를 보내서 말했습니다. "내려
와 미디안 사람들을 치라. 그들에 앞
서서 벧바라와 요단 강에 이르기까지
물가를 점령하라." 그러자 에브라임의
모든 사람들이 소집돼 그들이 벧바라
와 요단 강에 이르기까지 물가를 점
령했습니다.
25 그리고 그들은 미디안의 두 지휘관,
곧 오렙과 스엡을 체포해 오렙을 오렙
바위에서 죽이고 스엡을 스엡 포도주
틀에서 죽이고 미디안 사람들을 추격
했습니다. 그들은 오렙과 스엡의 머리
를 요단 강 건너편에 있던 기드온에게
갖고 왔습니다.

세바와 살문나

8 에브라임 사람들이 기드온에게 물
었습니다. "당신이 미디안과 싸우
러 갈 때 우리를 부르지 않다니 이 일
이 어떻게 된 것입니까?" 그들은 그에
게 격렬하게 항의했습니다.
2 기드온이 그들에게 말했습니다. "저와
지금 당신들을 비교할 수 있습니까?
에브라임의 끝물 포도가 아비에셀의
맏물 포도보다 낫지 않습니까?
3 하나님께서 미디안 지휘관들인 오렙
과 스엡을 당신들이 잡게 해 주셨는
데 당신들과 비교해서 제가 무엇을
했단 말입니까?" 그가 이 말을 하자
그들의 화가 누그러졌습니다.
4 기드온과 함께 있던 300명의 용사는

지쳤지만 적을 추격하며 요단 강에
이르러 강을 건넜습니다.
5 기드온이 숙곳 사람들에게 말했습니
다. "부탁입니다. 제 용사들에게 빵 덩
어리를 좀 주십시오. 그들이 지쳐 있
고 제가 미디안의 왕인 세바와 살문나
를 추격하고 있는 중입니다."
6 그러나 숙곳의 지도자들이 말했습니
다. "지금 세바와 살문나의 손이 지금
당신 손안에 있기라도 합니까? 왜 우
리가 당신의 군대에게 빵을 줘야 합
니까?"
7 그러자 기드온이 대답했습니다. "그러
면 여호와께서 세바와 살문나를 내 손
에 주실 때 내가 들가시와 찔레로 당
신들의 몸을 찢어 버리겠소."
8 그는 그곳으로부터 브누엘로 올라가
그곳 사람들에게도 이와 똑같이 물
었습니다. 그러나 브누엘 사람들도 숙
곳 사람들이 대답했던 것처럼 대답을
했습니다.
9 그가 브누엘 사람들에게도 말했습니
다. "내가 안전하게 돌아올 때 이 탑
을 부수어 버리겠소."
10 그때 세바와 살문나는 약 1만 5,000명
의 군대를 거느리고 갈골에 있었습니
다. 그들은 모든 동쪽 지방 사람들의
군대 가운데 12만 명의 군사들이 쓰
러진 뒤 살아남은 사람들 전부였습니
다.
11 기드온은 노바와 욕브하 동쪽 천막에
사는 사람들의 길을 따라 올라가서
그 군대가 방심한 사이에 공격했습니
다.
12 세바와 살문나는 도망쳤지만 기드온
은 그들을 추격했습니다. 그는 미디안
의 두 왕인 세바와 살문나를 사로잡
고 모든 군대를 무찔렀습니다.
13 그리하여 요아스의 아들 기드온은 헤
레스 고갯길의 전쟁터에서 돌아왔습
니다.
14 그가 숙곳 사람 가운데 한 청년을 붙
잡아다가 물었습니다. 그 청년은 그에
게 숙곳의 지도자들과 장로들 77명
의 이름을 써 주었습니다.
15 그리고 기드온은 숙곳 사람들에게 가
서 말했습니다. "세바와 살문나를 보
라. 너희가 그들에 관해 '세바와 살문
나의 손이 지금 당신 손안에 있기라
도 합니까? 왜 우리가 지친 당신의 부
하들에게 빵을 줘야 합니까?'라고 말
하며 나를 조롱했었다."
16 그는 그 성읍의 장로들을 붙잡아서
들가시와 찔레를 갖고 숙곳 사람들에
게 본때를 보여 주었습니다.
17 그는 또 브누엘 탑을 허물고 그 성읍
사람들을 죽였습니다.
18 그리고 나서 그가 세바와 살문나에게
물었습니다. "너희가 다볼에서 어떤
사람들을 죽였느냐?" 그들이 대답했
습니다. "그들은 당신과 같은 사람들
이었소. 모두가 다 왕자의 모습 같았
소."
19 그가 말했습니다. "그들은 바로 내 형
제들이요, 내 어머니의 아들들이다.
여호와께서 살아 계심으로 맹세하는

데 너희가 만약 그들을 살려 주었더
라면 내가 너희를 죽이지 않았을 것
이다."
20 그리고 기드온은 자기 맏아들인 여델
에게 말했습니다. "일어나 저들을 죽
여라!" 그러나 여델은 아직 어려서 두
려운 나머지 칼을 뽑지 못했습니다.
21 세바와 살문나가 말했습니다. "남자라
면 자신의 용맹을 보이는 법이니 당신
이 직접 일어나 우리를 상대해 보시
오." 그러자 기드온이 일어나 세바와
살문나를 죽이고 그들의 낙타 목에
달려 있던 장신구들을 떼어 가져갔습
니다.

기드온의 에봇

22 이스라엘 사람들이 기드온에게 말했
습니다. "당신이 우리를 미디안의 손
에서 구해 주셨으니 당신과 당신의
아들과 당신의 손자가 우리를 다스려
주십시오."
23 그러나 기드온은 그들에게 말했습니
다. "나는 너희를 다스리지 않을 것이
고 내 아들도 너희를 다스리지 않을
것이다. 오직 여호와께서 너희를 다스
리실 것이다."
24 기드온이 그들에게 말했습니다. "내가
한 가지 부탁이 있는데 너희 각자가
약탈한 귀고리를 내게 달라." 이는 미
디안이 이스마엘 사람들이므로 그들
이 금귀고리를 달고 있었기 때문입니
다.
25 그들이 대답했습니다. "우리가 그것
들을 기꺼이 드리겠습니다." 그리하여
그들은 겉옷을 펼쳐 놓고 그 위에 각
자가 약탈한 귀고리를 던져 놓았습니
다.
26 그가 받아 낸 금귀고리의 양은 금
*1,700세겔이었습니다. 그 밖에도 장
신구와 패물과 미디안 왕들이 입었던
자주색 옷이나 그들의 낙타 목에 걸
려 있던 장식품이 있었습니다.
27 기드온은 그 금으로 에봇을 만들어
그것을 자기의 성읍인 오브라에 두었
습니다. 그곳에서 온 이스라엘이 그것
을 우상으로 섬기게 됐습니다. 결국
그것이 오히려 기드온과 그의 집안에
덫이 됐습니다.

기드온의 죽음

28 이렇게 미디안은 이스라엘 자손에게
복종해 다시는 그들의 머리를 들지
못했습니다. 기드온이 살아 있는 동
안 그 땅에는 40년 동안 평화가 있었
습니다.
29 요아스의 아들 여룹바알은 자기 집으
로 돌아가 살았습니다.
30 기드온에게는 아내가 많아서 그의 자
손으로는 70명의 아들이 있었습니다.
31 세겜에 살던 첩도 그에게 아들을 하
나 낳아 주었습니다. 그는 그의 이름
을 아비멜렉이라고 지었습니다.
32 요아스의 아들 기드온은 노년에 죽어
아비에셀 족속의 땅인 오브라에 있는
그의 아버지 요아스의 무덤에 묻혔습
니다.
33 기드온이 죽자마자 이스라엘 자손은

8:26 1,700세겔은 약 19.38킬로그램

또다시 바알을 우상으로 섬기게 되고
바알브릿을 자기들의 신으로 삼았습
니다.
34 이스라엘 자손은 사방에 있는 그들의
모든 원수들 손에서 그들을 건져 내
신 하나님 여호와를 기억하지 않았고
35 일명 여룹바알이라고 하는 기드온이
이스라엘에게 행한 모든 선한 일들이
있었음에도 불구하고 그들은 그의 집
에 호의를 보이지 않았습니다.

아비멜렉

9 여룹바알의 아들 아비멜렉이 세겜
에 있는 그의 어머니의 친척들에게
가서 그들과 그의 외조부의 집안 모
든 사람들에게 말했습니다.
2 "세겜의 모든 사람들에게 물어보십시
오. 여러분에게 어떤 것이 좋겠습니
까? 여룹바알의 아들 70명 모두가 여
러분을 다스리는 게 좋겠습니까, 아
니면 한 사람이 여러분을 다스리는
게 좋겠습니까? 내가 여러분의 피붙
이임을 기억하십시오."
3 그의 어머니의 친척들이 그를 대신해
서 이 모든 말을 세겜 사람들에게 전
하자 그들은 "그가 우리 형제다"라고
말했습니다. 그들의 마음은 아비멜렉
을 따르는 쪽으로 기울어졌습니다.
4 그들은 바알브릿 신전에서 가져온 은
70개를 그에게 주었고 아비멜렉은 그
돈으로 건달들을 고용해서 자기를 따
르도록 했습니다.
5 그는 오브라에 있는 자기 아버지의
집으로 가서 자기 형제인 여룹바알의
아들 70명을 한 바위 위에서 죽였습
니다. 그러나 여룹바알의 막내아들 요
담은 몸을 숨겨 그만 살아남았습니
다.
6 그러고 나서 세겜과 벧밀로의 모든 사
람이 모여 세겜에 있는 큰 나무 기둥
옆에 가서 아비멜렉을 왕으로 삼았습
니다.
7 이 사실이 요담에게 알려지자 그는 그
리심 산 꼭대기에 올라가 서서 목소리
를 높여 백성에게 말했습니다. "세겜
사람들이여, 내 말을 잘 들으시오. 그
러면 하나님께서 당신들의 말을 들으
실 것이오.
8 언젠가 나무들이 자기들을 다스릴 한
왕에게 기름 부으려고 나가서 올리브
나무에게 말했소. '우리의 왕이 돼 주
십시오.'
9 그러나 올리브 나무는 그들에게 대답
했소. '내가 나무들 위에 군림하려고
하나님과 사람들을 영화롭게 하는
내 기름을 포기해야겠느냐?'
10 이젠 나무들이 무화과나무에게 말했
소. '당신이 와서 우리의 왕이 돼 주십
시오.'
11 그러나 무화과나무는 그들에게 대답
했소. '내가 나무들 위에 군림하려고
달고 좋은 내 열매를 포기해야겠느
냐?'
12 이번에는 나무들이 포도나무에게 말
했소. '당신이 와서 우리의 왕이 돼 주
십시오.'
13 그러나 포도나무는 그들에게 대답했

소. '내가 나무들 위에 군림하려고 하
나님과 사람을 기쁘게 하는 새 포도
주를 포기해야겠느냐?'
14 마지막으로 모든 나무들이 가시나무
에게 말했소. '당신이 와서 우리의 왕
이 돼 주십시오.'
15 가시나무가 나무들에게 말했소. '만
약 너희가 나를 너희의 왕으로 삼아
기름 붓기를 정말 원한다면 내 그늘
에 와서 피하라. 그러지 않으면 가시
나무에서 불이 나와 레바논의 백향
목을 불살라 버릴 것이다!'
16 그런데 당신들은 아비멜렉을 왕으로
삼을 때 진실하고 신실하게 대접했
소? 또 여룹바알과 그 집안을 공정하
게 대접했소? 그가 받아 마땅한 대우
로 그를 대접했소?
17 내 아버지가 당신들을 위해 싸웠고
목숨을 걸고 미디안의 손에서 당신들
을 구해 냈소.
18 그러나 당신들은 오늘 내 아버지의
집안에 대항해서 들고일어나 그의 아
들 70명을 한 바위 위에서 죽였고 그
의 여종의 아들인 아비멜렉이 당신들
친척이라는 이유로 그를 세겜 사람들
을 다스리는 왕으로 삼았소.
19 만약 당신들이 오늘 여룹바알과 그
집안에 대해 진실하고 신실하게 대했
다면 당신들은 아비멜렉과 함께 기뻐
하고 그 또한 당신들과 함께 기뻐할
것이오!
20 그러나 그러지 않았다면 아비멜렉에
게서 불이 나와 세겜과 벧밀로 사람
을 불태워 버릴 것이오. 또 세겜과 벧
밀로 사람에게서 불이 나와 아비멜렉
을 불살라 버릴 것이오."
21 그러고 나서 요담은 그의 형제인 아비
멜렉을 두려워해서 도망쳤고 브엘로
피해 거기서 살았습니다.
22 아비멜렉이 이스라엘을 다스린 지 3년
이 지나자
23 하나님께서는 아비멜렉과 세겜 사람
들에게 악한 영을 보내셨습니다. 세겜
사람들은 아비멜렉을 반역했습니다.
24 이것은 여룹바알의 아들 70명에게 저
지른 잔혹한 일을 갚는 것이며 형제

성·경·상·식

요담의 우화

우화는 동물, 식물, 무생물을 생각하고 행동하는 사람처럼 등장시켜 인간 행동의 원리나 도덕적인 명제를 예증하는 이야기를 말한다.

요담이 우화로 사용한 올리브 나무, 무화과나무, 포도나무는 고대 근동에서 중요한 과일나무였던 반면, 가시나무는 꽃만 피울 뿐 열매도 없고 가시만 무성하여 저주를 상징하는 나무였다(창 3:18). 고대 근동에서 왕의 보호 기능을 '왕의 그늘'로 표현하곤 했는데 그늘을 제공할 수 없는 가시나무가 나무들에게 그늘을 제공하겠다고 한 것처럼(삿 9:15) 아비멜렉은 왕의 자격도 없으면서 스스로 왕이 되었다고 풍자한 것이다.

요담은 형제를 죽인 아비멜렉의 잔악한 행동과 그를 왕으로 삼은 세겜 사람들의 어리석음을 고발하기 위해 나무들의 이야기를 사용한 것이다 .

를 죽인 아비멜렉에게 그들의 피가 뿌
려지고 그를 도와 그의 형제들을 죽
인 세겜 사람들에게 그들의 피가 돌
아가게 하려는 것이었습니다.
25 세겜 사람들은 산꼭대기에 사람들을
잠복시켜 놓고 그곳으로 지나가는 사
람들의 물건을 훔쳤습니다. 이 소식
이 아비멜렉에게 전해졌습니다.
26 그때 에벳의 아들 가알이 그의 형제
들과 함께 세겜으로 이사해 왔는데
세겜 사람들이 그를 믿고 의지했습니
다.
27 그들은 들판으로 나가서 포도밭의 포
도를 줍고 발로 밟아 짜서 잔치를 벌
였습니다. 그들은 신전에 가서 음식
을 먹고 마시고 아비멜렉을 저주했습
니다.
28 그러자 에벳의 아들 가알이 말했습니
다. "아비멜렉이 누구며 세겜이 누구
인데 우리가 섬겨야 합니까? 그가 여
룹바알의 아들이 아닙니까? 그의 부
하는 스불이 아닙니까? 차라리 세겜
의 아버지인 하몰의 후손을 섬기는
것이 낫지 않겠습니까? 우리가 왜 그
를 섬겨야 합니까?
29 이 백성들이 나를 섬긴다면 제가 아
비멜렉을 없애 버릴 것입니다." 그러고
는 그가 아비멜렉에게 *"네 군대를 더
욱 강하게 해 한번 나와 봐라!"라고
말했습니다.
30 그 성읍의 통치자인 스불은 에벳의
아들 가알이 한 말을 듣고 크게 화를
냈습니다.
31 그는 비밀리에 아비멜렉에게 신하를
보내 말했습니다. "보십시오. 에벳의
아들 가알과 그 형제들이 세겜에 와
서 당신에게 대항해 이 성읍을 포위
하고 있습니다.
32 그러니 지금 당신과 당신 부하들이 밤
중에 일어나 들판에 잠복하고 있다가
33 아침에 해가 뜨면 일찍 일어나 그 성
읍을 공격하십시오. 그리고 보십시
오. 가알과 그 부하들이 당신에게 대
항해 나오면 당신의 손에 닿는 대로
그들을 처리하십시오."
34 그리하여 아비멜렉과 그의 모든 군대
가 밤을 틈타 일어나 넷으로 무리를
나누어 세겜 근처에 몰래 숨어 있었
습니다.
35 그때 에벳의 아들 가알이 밖으로 나
가 성문 입구에 서 있었습니다. 그러
자 아비멜렉과 그 부하들이 숨어 있
던 곳에서 일어났습니다.
36 가알이 그 사람들을 보고 스불에게
말했습니다. "보십시오. 사람들이 산
꼭대기에서 내려오고 있소!" 그러자
스불이 그에게 말했습니다. "당신이
산 그림자를 마치 사람들인 것으로
잘못 보고 있습니다."
37 그러나 가알이 다시 말했습니다. "보
십시오. 이 근처 가장 높은 곳에서 사
람들이 내려오고 있고 한 무리는 엘
론 므오느님 방향에서 오고 있습니
다."
38 그러자 스불이 그에게 말했습니다.

9:29 칠십인역을 따름.

"여보시오. '아비멜렉이 누구인데 우
리가 그를 섬겨야 합니까?'라고 말하
던 당신의 모습은 어디 갔소? 이들이
바로 당신이 우습게 여기던 사람들이
아닙니까? 자, 이제 나아가서 그들과
싸워 보시지요."
39 그리하여 가알은 세겜 사람들을 이끌
고 나가서 아비멜렉과 싸웠습니다.
40 아비멜렉이 그를 쫓아가자 그는 아비
멜렉 앞에서 도망쳤고 많은 사람들이
부상을 당해 넘어져서 성문 입구까지
있었습니다.
41 아비멜렉은 아루마에 머물렀고 스불
은 가알과 그 형제를 쫓아내 세겜에
살지 못하게 했습니다.
42 다음 날 세겜 사람들이 들판에 나갔
습니다. 그들은 이 사실을 아비멜렉에
게 보고했습니다.
43 그는 자기 부하들을 데려다가 세 무
리로 나누고 들판에 몰래 숨어 있다
가 사람들이 성읍에서 나오는 것을
보고서 일어나 그들을 공격했습니다.
44 아비멜렉과 그와 함께 있던 무리는 앞
으로 공격해서 성문 입구를 막았고
나머지 두 무리는 들판에 있던 모든
사람들을 공격해 그들을 죽였습니다.
45 그날 하루 종일 아비멜렉은 그 성읍
을 공격해 그곳을 정복했습니다. 그
성읍 안에 있던 사람들을 죽이고 그
곳을 파괴한 뒤 그 위에 소금을 뿌렸
습니다.
46 세겜의 요새에 있던 사람들이 모두
이 소식을 듣고 엘브릿 신전의 밀실로
도망쳤습니다.
47 세겜의 요새에 있던 모든 사람들이
함께 모여 있다는 말을 아비멜렉이 전
해 들었습니다.
48 아비멜렉과 그의 모든 부하들이 살몬
산으로 올라갔습니다. 그는 도끼를
손에 들어 나뭇가지를 치고 그 친 나
뭇가지를 집어 어깨에 짊어지고는 자
기 부하들에게 명령했습니다. "내가
어떻게 하는지 너희가 보았으니 서둘
러 내가 한 대로 하라!"
49 그러자 모든 부하가 나뭇가지를 쳐서
아비멜렉을 따라가서 나뭇가지들을
신전 밀실 위에 쌓아 놓고 불을 질렀
습니다. 이렇게 해서 세겜 요새의 모
든 사람들이 죽었고 그 수는 남녀 합
쳐 1,000명 정도였습니다.
50 그러고 나서 아비멜렉은 데베스로 가
서 데베스에 진을 치고 그곳을 점령
했습니다.
51 그러나 그 성읍 안에 한 막강한 요새
가 있어서 그 성읍의 백성들 모든 남
녀가 그 요새로 도망쳐 안에서 문을
잠갔습니다. 그들은 요새의 꼭대기로
올라갔습니다.
52 아비멜렉은 그 요새까지 가서 그들과
싸웠고 그곳에 불을 지르려고 요새의
입구로 다가갔습니다.
53 그때 한 여자가 맷돌 위짝을 아비멜렉
의 머리 위에 던져서 그의 두개골을
깨뜨렸습니다.
54 그는 급히 자기의 무기를 들고 다니
는 청년을 불러 그에게 말했습니다.

"네 칼을 뽑아 나를 죽여라. 저들이
'여자가 그를 죽였다'라고 말하지 못하
게 말이다." 그 청년이 그를 찌르자 그
는 죽었습니다.
55 이스라엘 자손은 아비멜렉이 죽은 것
을 보고 그들 각자의 집으로 돌아갔
습니다.
56 아비멜렉이 자기 형제 70명을 죽여 자
기 아버지에게 저지른 악한 짓에 대
해서 하나님께서는 벌을 주셨습니다.
57 하나님께서는 세겜 사람들의 모든 악
한 짓에 대해서도 벌을 주셨습니다.
여룹바알의 아들 요담의 저주가 그들
에게 일어난 것입니다.

돌라

10 아비멜렉의 시대가 지나고 도도
의 손자요, 부아의 아들인 잇사
갈 사람 돌라가 이스라엘을 구하기 위
해서 일어났습니다. 그는 에브라임 산
간 지대에 있는 사밀에 살았습니다.
2 그는 23년 동안 이스라엘을 사사로
다스리다가 죽고 나서 사밀에 묻혔습
니다.

야일

3 그 뒤를 이어서 길르앗 사람 야일이
일어났습니다. 그는 사사로서 22년
동안 이스라엘을 다스렸습니다.
4 야일에게는 30마리 당나귀에 탄 30명
의 아들이 있었는데 그들은 30개 성
읍을 다스렸습니다. 그리하여 길르앗
에 있는 그곳을 오늘날까지 *하봇야
일이라고 부르고 있습니다.
5 야일은 죽어서 가몬에 묻혔습니다.

입다

6 이스라엘 자손은 여호와께서 보시기
에 또다시 악한 일을 저질렀습니다.
그들은 바알과 아스다롯과 아람의 신
들과 시돈의 신들과 모압의 신들과 암
몬 자손의 신들과 블레셋 사람들의
신들을 섬겼습니다. 그들은 여호와를
버리고 더 이상 그를 섬기지 않았습
니다.
7 여호와의 분노가 이스라엘을 향해 불
타올랐습니다. 그분은 블레셋 사람들
과 암몬 자손의 손에 그들을 팔아넘
기셨습니다.
8 그들은 그해부터 이스라엘 자손을 괴
롭히고 못살게 굴었습니다. 그들은
요단 강 건너 아모리 사람의 땅, 곧 길
르앗에 사는 모든 이스라엘 자손을
18년 동안 괴롭혔습니다.
9 암몬 자손들이 요단 강을 건너 유다
와 베냐민과 에브라임 지파와 싸웠습
니다. 이스라엘은 심히 괴로운 상태에
놓이게 됐습니다.
10 그제야 이스라엘 자손이 여호와께 부
르짖었습니다. "우리가 우리의 하나님
을 버리고 바알들을 섬김으로 우리가
주께 죄를 지었습니다."
11 여호와께서 이스라엘 자손에게 말씀
하셨습니다. "내가 이집트 사람과 아
모리 사람과 암몬 사람과 블레셋 사람
에게서 너희를 구해 내지 않았느냐?
12 시돈 사람과 아말렉 사람과 *마온 사
람이 너희를 괴롭혔을 때 너희가 내

10:4 야일의 촌락들 10:12 칠십인역에는 '미디안 사람'

게 부르짖어 내가 그들의 손에서 너
희를 구해 주었다.
13 그런데 너희는 나를 버리고 다른 신
들을 섬겼다. 그러므로 내가 이제 다
시는 너희를 구해 주지 않겠다.
14 너희가 선택한 신들에게 가서 부르짖
으라. 너희가 고난 가운데 있을 때 그
들이 너희를 구해 주게 하라!"
15 그러나 이스라엘 자손이 여호와께 말
했습니다. "우리가 죄를 지었습니다.
주께서 우리에게 어떻게 하셔도 좋으
니 오늘 우리를 단지 구해만 주십시
오."
16 그러고 나서 그들은 자기들 가운데
있던 이방신들을 버리고 여호와를 섬
겼습니다. 여호와께서는 이스라엘의
고통을 보시고 슬퍼하셨습니다.
17 그때 암몬 자손들이 소집돼 길르앗에
진을 쳤습니다. 그러자 이스라엘 자손
은 함께 모여 미스바에 진을 쳤습니
다.
18 길르앗의 백성들과 지도자들이 서로
말했습니다. "암몬 자손과 싸움을 시
작할 사람이 있는가? 그가 있다면 그
가 길르앗에 사는 모든 사람들의 통
치자가 될 것이다."

11 길르앗 사람 입다는 용감한 사
람이었습니다. 그는 창녀의 아
들로 그의 아버지는 길르앗이었습니
다.
2 길르앗의 아내도 그에게 아들들을 낳
아 주었는데 그들은 어른이 되고 난
후 입다를 쫓아내며 말했습니다. "너
는 다른 여자의 아들이기에 우리 아
버지의 유산을 물려받을 수 없다."
3 그리하여 입다는 그의 형제들에게서
도망쳐서 돕 땅에 살게 됐습니다. 입
다는 그곳에서 건달들과 함께 어울려
다녔습니다.
4 얼마 후 암몬 족속이 이스라엘과 전
쟁을 일으켰습니다.
5 그렇게 암몬 족속이 이스라엘과 전쟁
을 일으키자 길르앗의 장로들은 돕 땅
으로 입다를 데리러 갔습니다.
6 그들이 입다에게 말했습니다. "우리가
암몬 족속과 싸우려는데 당신이 와서
우리 대장이 돼 주십시오."
7 그러자 입다가 길르앗의 장로들에게
말했습니다. "당신들이 나를 미워해
서 내 아버지의 집에서 쫓아내지 않
았습니까? 그런데 이제 당신들이 어
렵게 됐다고 나를 찾아오는 겁니까?"
8 길르앗의 장로들이 입다에게 말했
습니다. "우리가 이제 당신에게로 돌
아왔습니다. 당신이 우리와 함께 가
서 암몬 족속과 싸워 주십시오. 그렇
게 해 주신다면 당신은 우리 모든 길
르앗 사람들의 우두머리가 될 것입니
다."
9 입다가 길르앗의 장로들에게 말했습
니다. "정말로 내가 다시 돌아가 암몬
족속과 싸우고 또한 여호와께서 내게
그들을 넘겨주신다면 내가 당신들의
우두머리가 된다는 겁니까?"
10 길르앗의 장로들이 입다에게 말했습
니다. "여호와께서 우리 사이에 증인

이 되실 것입니다. 우리가 당신이 말
한 대로 꼭 그렇게 할 것입니다."
11 그래서 입다는 길르앗의 장로들과 함
께 갔고 백성들은 그를 자기들의 우
두머리로, 대장으로 세웠습니다. 미스
바에서 입다는 여호와 앞에서 자기의
모든 말들을 고했습니다.
12 그리고 입다는 암몬 족속의 왕에게
신하를 보내 물었습니다. "무슨 이유
로 내 땅에 쳐들어와 나와 싸우려고
하는 것이오?"
13 암몬 족속의 왕이 입다의 신하에게
대답했습니다. "이스라엘이 이집트에
서 나왔을 때 아르논부터 얍복 강까
지, 그리고 요단 강에 이르기까지 내
땅을 빼앗아 갔기 때문이다. 그러니
이제 순순히 그 땅을 내놓아라."
14 입다는 암몬 족속의 왕에게 신하를
다시 보내
15 그에게 말했습니다. "입다가 말하오.
이스라엘이 모압의 땅이나 암몬 족속
의 땅을 빼앗은 것이 아니오.
16 그러나 이스라엘이 이집트에서 나와
광야를 지나 *홍해까지 이르고 가데
스에 도착했을 때
17 이스라엘은 에돔 왕에게 신하를 보내
말하길 '부탁입니다. 내가 당신 땅을
지나가게 해 주십시오'라고 했었소. 그
러나 에돔 왕은 부탁을 들어주지 않
았소. 그들은 또 모압 왕에게도 사절
을 보냈지만 그도 허락하지 않았소.
그래서 이스라엘이 가데스에 머물게
된 것이오.
18 그러고 나서 그들은 광야를 지나 에
돔 땅과 모압 땅을 돌아 모압 땅 동쪽
으로 가서 아르논 강 저쪽에 진을 쳤
소. 그러나 아르논 강은 모압의 경계
였기 때문에 그들은 모압 땅에는 들
어가지 않았소.
19 그 후 이스라엘은 헤스본 왕, 곧 아모
리 족속의 왕 시혼에게 신하를 보냈
소. 이스라엘이 그에게 말했소. '부탁
입니다. 우리가 목적지로 가기 위해
당신의 땅을 지나가게 해 주십시오.'
20 그러나 시혼은 이스라엘이 자기 땅을
지나가겠다는 것을 믿지 않았소. 시
혼은 그의 모든 백성들을 모아서 야
하스에 진을 치고는 이스라엘과 싸웠
소.
21 그리고 이스라엘의 하나님 여호와께
서 시혼과 그의 모든 백성들을 이스
라엘의 손에 넘겨주셔서 이스라엘이
그들을 무너뜨렸소. 그리하여 이스라
엘이 그 땅에 살던 아모리 사람들의
땅 모두를 차지하게 된 것이오.
22 그래서 이스라엘은 아르논 강에서 얍
복 강에 이르기까지, 광야에서 요단
강에 이르기까지 아모리 사람들의 모
든 땅을 차지하게 된 것이오.
23 이제 이스라엘의 하나님 여호와께서
그의 백성인 이스라엘 앞에서 아모리
사람들을 내쫓으셨는데 당신이 그 땅
을 가지려는 것이오?
24 당신은 당신의 신 그모스가 당신에게
준 것을 갖지 않는다는 말이오? 그러

11:16 히브리어, 얌 숩

니 우리는 우리 하나님 여호와께서
우리에게 가지라고 한 모든 것을 가
질 것이오.
25 당신이 모압 왕 십볼의 아들 발락보
다 뛰어납니까? 발락이 한 번이라도
이스라엘에 대항하거나 싸운 적이 있
소?
26 이스라엘이 헤스본과 그 주변 마을들
과 아로엘과 그 주변 마을들과 아르
논 강을 따라 있는 모든 성읍들에서
300년 동안이나 살고 있었는데 왜 그
동안에는 그 땅들을 찾아가지 않은
것이오?
27 내가 당신에게 잘못한 것이 없는데
당신은 나와 전쟁을 일으키며 내게
해를 주고 있소. *심판자인 여호와께
서 오늘 이스라엘 자손과 암몬 족속
가운데 누구를 심판하시는지 지켜봅
시다."
28 그러나 암몬 족속의 왕은 입다가 보낸
말을 무시했습니다.
29 그때 여호와의 영이 입다에게 임했습
니다. 그는 길르앗과 므낫세를 지나 길
르앗의 미스베에 도달했고 길르앗의
미스베에서 암몬 족속을 향해 나아갔
습니다.
30 그리고 입다는 여호와께 서원하며 말
했습니다. "만약 주께서 확실히 암몬
족속을 내 손에 주신다면
31 내가 암몬 족속으로부터 안전하게 돌
아올 때 나를 반기러 내 집 문에서 나
오는 자는 누구든지 여호와의 것이니
내가 그를 번제물로 바치겠습니다."
32 그러고 나서 입다는 암몬 족속에게로
가서 그들과 싸웠고 여호와께서 그들
을 그의 손에 주셨습니다.
33 그는 아로엘에서 민닛 부근에 이르기
까지 20개의 성읍을, 그리고 아벨 그
라밈에 이르기까지 아주 크게 그들을
무찔렀습니다. 이렇게 해서 암몬 족
속은 이스라엘 자손 앞에서 굴복하게
됐습니다.
34 그러고 나서 입다가 미스바에 있는 자
기 집에 돌아왔습니다. 그때 탬버린
소리에 춤을 추며 그의 딸이 그를 맞
으러 나왔습니다. 그녀는 그의 외동
딸이었습니다. 그에게는 다른 아들이
나 딸이 없었습니다.
35 입다가 그녀를 보고는 자기 옷을 찢
으며 울부짖었습니다. "오 내 딸아! 네
가 나를 이렇게 비참하게 하다니. 네
가 나를 곤경에 빠뜨리는 사람들 가
운데 하나로구나. 내가 여호와께 입을
열어 말했으니 내가 되돌릴 수는 없
단다."
36 그녀가 그에게 말했습니다. "내 아버
지여, 아버지가 여호와께 입을 열어
말하셨다면 나를 아버지의 입에서 나
온 말 그대로 하십시오. 여호와께서
아버지의 원수인 암몬 족속에게 원수
를 갚으셨으니 말입니다."
37 그녀가 그녀의 아버지에게 말했습니
다. "제가 이 한 가지만 하도록 해 주
십시오. 제게 두 달만 홀로 있게 해
주십시오. 제가 산을 오르내리면서

11:27 또는 통치자

제가 처녀로 죽는 것을 제 친구들과
함께 슬피 울게 해 주십시오."
38 입다가 "가도 좋다"라고 말하고는 두
달 동안 딸을 보내 주었습니다. 그녀
는 자기 친구들과 함께 산 위에서 자
기가 처녀로 죽는 것을 슬퍼했습니
다.
39 두 달이 끝날 때 그녀는 자기 아버지
에게 돌아왔습니다. 입다는 자기가
맹세한 대로 딸에게 하였습니다. 그녀
는 남자를 알지 못했습니다. 이렇게
해서 이스라엘에 한 가지 관습이 생
겼습니다.
40 곧 해마다 이스라엘의 처녀들이 1년
가운데 4일 동안 밖에 나가 길르앗 사
람 입다의 딸을 위해 슬피 우는 것입
니다.

입다와 에브라임

12 에브라임 사람들이 소집돼 사
본으로 가서 입다에게 말했습
니다. "당신이 암몬 족속과 싸우러 가
면서 우리에게 당신과 같이 가자고
왜 부르지 않았습니까? 우리가 당신
과 당신의 집을 불태울 것이오."
2 입다가 그들에게 말했습니다. "내가
내 백성들과 함께 암몬 족속과 크게
싸움을 벌이며 내가 너희를 불렀을
때 너희는 나를 그들 손에서 구하지
않았다.
3 너희가 돕지 않는 것을 내가 보고서
내 목숨을 내 손에 맡기고 내가 암몬
족속과 싸우러 나갔더니 여호와께서
그들을 내 손에 넘겨주신 것이다. 그
런데 왜 너희가 오늘 나와 싸우려고
나왔느냐?"
4 그러고 나서 입다는 모든 길르앗 사람
들을 불러 모으고 에브라임과 싸웠
습니다. 에브라임 사람들이 "너희 길
르앗 사람은 에브라임에서 도망친 사
람들로서 에브라임과 므낫세 사람 가
운데 있는 사람들이다"라고 말했기
때문에 길르앗 사람들이 에브라임을
무찔러 버렸습니다.
5 길르앗 사람들은 에브라임으로 가는
요단 강 나루터를 차지했습니다. 에브
라임에서 살아남은 사람이 "내가 강
을 건너가겠소"라고 말하면 길르앗 사
람은 그에게 "네가 에브라임 사람이
냐?"라고 물어보았습니다. 만약 그가
"아니다"라고 대답하면
6 그들은 "쉽볼렛"이라고 말해 보라고
했고 그가 "십볼렛"이라 말하여 정
확하게 발음하지 못하면 그들은 그
를 잡아다가 요단 강 나루터에서 죽
였습니다. 그때 에브라임 사람이 4만
2,000명이나 죽었습니다.
7 입다는 사사로서 이스라엘을 6년 동
안 통치했습니다. 길르앗 사람 입다는
죽어서 길르앗 성읍에 묻혔습니다.

입산, 엘론, 압돈

8 그의 뒤를 이어서 베들레헴 출신의 입
산이 사사로서 이스라엘을 다스렸습
니다.
9 그에게는 아들 30명과 딸 30명이 있
었습니다. 그는 딸들을 다른 지역에
시집보내고 아들들을 위해 다른 지역

에서 30명의 여자들을 맞아들였습니
다. 그는 사사로서 이스라엘을 7년 동
안 다스렸습니다.
10 입산이 죽어 베들레헴에 묻혔습니다.
11 그의 뒤를 이어서 스불론 사람 엘론
이 사사로서 이스라엘을 10년 동안
다스렸습니다.
12 스불론 사람 엘론은 죽어서 스불론
땅 아얄론에 묻혔습니다.
13 그의 뒤를 이어서 비라돈 사람 힐렐
의 아들 압돈이 사사로서 이스라엘을
다스렸습니다.
14 그에게는 40명의 아들들과 30명의
손자들이 있었는데 그들은 70마리의
나귀를 타고 다녔습니다. 그는 사사로
서 이스라엘을 8년 동안 다스렸습니
다.
15 비라돈 사람 힐렐의 아들 압돈이 죽어
서 아말렉 사람의 산간 지대인 에브라
임의 땅 비라돈에 묻혔습니다.

삼손의 출생

13 이스라엘은 또다시 여호와 보
시기에 악한 일을 저질렀습니
다. 그리하여 여호와께서는 그들을 블
레셋 사람들의 손에 40년 동안 넘겨
주셨습니다.
2 단 지파로서 소라 출신의 사람이 하
나 있었는데 그의 이름은 마노아였습
니다. 그의 아내는 임신하지 못하는
사람이어서 그녀가 자식을 낳을 수
없었습니다.
3 그런데 여호와의 천사가 그녀에게 나
타나 말했습니다. "보아라. 네가 임신
하지 못해서 자식을 낳을 수 없구나.
그러나 네가 잉태해 아들을 낳을 것
이다.
4 그러니 이제 너는 포도주나 독한 술
을 마시지 말고 부정한 어떤 것도 먹
지 않도록 부디 조심하여라.
5 보아라. 네가 임신해 아들을 낳을 것

하용조 목사의 행복한 **메시지**

삼손의 탄생

구약 성경을 보면 임신할 수 없는 여인들이 하나님의 특별한 은혜로 아이를 낳은 경우가 있습니다. 사사기 13장을 보면 소라 땅에 단 지파의 가족 중 마노아라는 사람이 있었습니다. 그의 아내는 임신할 수 없는 여자였습니다. 어느 날 여호와의 천사가 나타나 그 여자에게 아들을 낳을 것이라고 말했습니다. 그리고 태어날 아이는 나실 사람이므로 포도주와 독한 술을 마시지 말고 부정한 어떤 것도 먹지 말라고 주의를 주었습니다. 그리하여 태어난 아이가 삼손입니다.
사람에게는 불가능이 있습니다. 불가능은 여러 가지 면으로 우리에게 나타나지만 하나님께는 불가능이 없습니다. 신체 조건이나 나이와 상관없이 하나님께서 원하시면 우리의 불가능은 가능이 됩니다. 하나님께서는 천지를 창조하신 창조주이실 뿐만 아니라 전능하신 분이시기 때문입니다.

이니 그의 머리에 면도칼을 대서는
안 된다. 그 아이는 모태에서부터 하
나님께 *나실 사람이 될 것이기 때문
이다. 그가 블레셋 사람의 손에서 이
스라엘을 구원하기 시작할 것이다."
6 그러자 아내는 남편에게 가서 말했습
니다. "하나님의 사람이 제게 왔는데
그의 모양이 마치 하나님의 천사처럼
보여 너무 두려웠습니다. 저는 그가
어디에서 왔는지 물어보지 못했고 그
도 자기 이름을 제게 말해 주지 않았
습니다.
7 하지만 그가 제게 말하기를 '보아라.
네가 잉태해 아들을 낳을 것이다. 그
러니 이제 너는 포도주나 독한 술을
마시지 말고 부정한 어떤 것도 먹지
마라. 왜냐하면 그 아이는 네 배 속
에서부터 죽는 날까지 하나님의 나실
사람이 될 것이다'라고 했습니다."
8 그러자 마노아는 여호와께 기도했습
니다. "주여, 주께서 우리에게 보내신
그 하나님의 사람을 다시 우리에게
보내 주셔서 태어날 그 아이에게 어떻
게 해야 할지 가르쳐 주십시오."
9 하나님께서는 마노아의 기도 소리를
들으셨습니다. 아내가 밭에 나가 있을
때 하나님의 천사가 다시 아내에게
나타났습니다. 그러나 남편 마노아는
그녀와 함께 있지 않았습니다.
10 아내는 서둘러 달려가 남편을 불러
그에게 말했습니다. "보세요! 지난번
제게 왔던 그 사람이 제게 나타났어
요!"
11 마노아가 일어나 그 아내를 뒤따라
그 사람에게 가서 말했습니다. "당
신이 여인에게 말씀하신 그분이십니
까?" 그 사람이 대답했습니다. "그렇
다."
12 그러자 마노아가 말했습니다. "당신의
말씀대로 이루어진다면 그 아이를 어
떻게 키우며 또 그 아이를 어떻게 대
해야 합니까?"
13 여호와의 천사가 마노아에게 말했습
니다. "내가 네 아내에게 말한 모든
것을 지켜라.
14 네 아내는 포도나무에서 나온 것은
아무것도 먹지 말고 포도주나 독한
술을 마시지 말고 부정한 어떤 것도
먹지 말아야 한다. 내가 그녀에게 명
령한 모든 것을 그녀가 지켜야 한다."
15 마노아가 여호와의 천사에게 말했습
니다. "부디 잠시 기다려 주십시오. 우
리가 당신을 위해 새끼 염소를 잡고
자 합니다."
16 여호와의 천사가 마노아에게 말했습
니다. "네가 나를 못 가게 붙들어도
나는 네가 주는 음식을 먹지 않겠다.
다만 번제를 준비하려거든 그것은 여
호와께 바쳐라." 마노아는 그가 여호와
의 천사라는 것을 깨닫지 못하고 있
었던 것입니다.
17 그러자 마노아는 여호와의 천사에게
말했습니다. "당신의 이름이 무엇입니
까? 당신의 말씀대로 이루어지면 우

13:5 하나님께 헌신하기로 서약하고 자신을 거룩하게 구별한 사람

리가 당신에게 영광을 드리겠습니다."
18 여호와의 천사가 그에게 말했습니다.
"네가 왜 내 이름을 묻느냐? 그것은
*비밀이다."
19 그래서 마노아는 곡식제물과 함께 새
끼 염소를 가져다 바위 위에서 여호
와께 제사를 드렸습니다. 그리고 천사
가 신기한 일을 하는 것을 마노아와
그의 아내가 지켜보았습니다.
20 제단에서 불꽃이 하늘로 솟아오를
때 여호와의 천사가 제단의 불꽃과
함께 올라갔습니다. 마노아와 그의 아
내는 이것을 보고서 얼굴을 땅에 대
고 엎드렸습니다.
21 여호와의 천사가 마노아와 그의 아내
에게 더 이상 나타나지 않았습니다.
그때서야 마노아는 그가 여호와의 천
사였음을 깨달았습니다.
22 마노아가 그의 아내에게 말했습니다.
"우리가 하나님을 보았으니 우리는 필
히 죽을 것이오!"
23 그러나 그의 아내가 그에게 대답했습
니다. "만약 여호와께서 우리를 죽이
실 생각이었다면 우리 손으로 드린
번제와 곡식제물을 받지 않으셨을 것
입니다. 또 이 모든 일을 우리에게 보
여 주지 않으셨을 것이고 이런 일을
지금처럼 우리에게 말씀하지 않으셨
을 것입니다."
24 그 여자가 아들을 낳아 그 이름을 삼
손이라고 지었습니다. 그 아이는 잘
자라났고 여호와께서 그에게 복 주셨
습니다.
25 그가 소라와 에스다올 사이에 있는 마
하네단에 있을 때 여호와의 영이 그를
움직이기 시작하셨습니다.

삼손의 결혼

14 삼손이 딤나로 내려갔다가 그곳
에서 블레셋 사람들의 딸들 가
운데 한 여자를 보았습니다.
2 그가 돌아와서 그의 아버지와 어머니
에게 말했습니다. "제가 딤나에서 블
레셋 사람들의 딸들 가운데 한 여자
를 보았습니다. 이제 그녀를 제 아내
로 삼게 해 주십시오."
3 그러자 그의 아버지와 어머니가 그에
게 말했습니다. "네 친척들이나 우리
모든 백성의 딸들 가운데서는 여자
가 없느냐? 왜 네가 할례 받지 않은
블레셋 사람 가운데 아내를 얻으려고
하느냐?" 그러나 삼손이 그의 아버지
에게 말했습니다. "그녀와 결혼하고
싶습니다. 저는 그녀가 좋습니다."
4 그의 아버지와 어머니는 이 일이 여호
와로부터 온 것인지 알지 못했습니다.
여호와께서는 블레셋을 물리칠 기회
를 찾고 계셨습니다. 그 당시 블레셋
사람들이 이스라엘을 지배하고 있었
습니다.
5 삼손은 그의 아버지와 어머니와 함께
딤나로 내려갔습니다. 그들이 딤나의
포도밭에 다다랐을 때 갑자기 어린
사자가 으르렁거리며 그에게 달려들
었습니다.
6 그때 여호와의 영이 그에게 강하게 내

13:18 또는 놀라움

려왔습니다. 그러자 그는 마치 새끼
염소를 찢듯이 맨손으로 그 사자를
찢어 버렸습니다. 그러나 그는 자기
아버지나 어머니에게 자기가 한 일에
대해 아무것도 말하지 않았습니다.
7 그러고 나서 그는 내려가 그 여자와
이야기를 나누었습니다. 삼손은 그 여
자가 좋았습니다.
8 얼마 후 삼손은 그 여자를 데리러 다
시 갔습니다. 그가 사자의 시체를 보
았습니다. 그 사자의 시체 안에는 벌
떼가 있었고 벌꿀도 있었습니다.
9 그는 꿀을 손으로 푹 떠서 길을 계속
가면서 먹었습니다. 그는 자기 아버
지와 어머니에게 가서 꿀을 그들에게
드렸고 그들도 먹었습니다. 그러나 삼
손은 부모에게 그 꿀을 사자의 시체
에서 가져온 것이라고 말하지 않았습
니다.
10 삼손의 아버지가 그 여자에게 내려갔
습니다. 삼손은 그곳에서 잔치를 열었
습니다. 신랑은 그렇게 해 왔기 때문
입니다.
11 삼손이 나타나자 블레셋 사람들은 삼
손과 함께 있을 30명의 친구들을 데
려왔습니다.
12 삼손이 그들에게 말했습니다. "내가
너희들에게 수수께끼를 하나 내겠다.
만약 너희가 이 잔치가 열리는 7일 동
안 이것을 알아맞힌다면 내가 너희에
게 모시옷 30벌과 겉옷 30벌을 주겠
다.
13 그러나 너희가 알아맞히지 못하면 너
희가 내게 모시옷 30벌과 겉옷 30벌
을 줘야 한다." 그들이 그에게 말했습
니다. "수수께끼를 내 봐라. 한번 들
어 보자."
14 삼손이 블레셋 사람들에게 말했습니
다. "먹는 자에게서 먹을 것이 나오고
힘센 자에게서 달콤한 것이 나왔다."
그들은 3일이 지나도 답을 알아맞히
지 못했습니다.
15 *7일째 되는 날 그들은 삼손의 아내
에게 말했습니다. "네 남편을 유혹해
수수께끼의 답을 우리에게 알려 다
오. 그렇게 하지 않으면 우리가 너와
네 아버지 집을 불살라 버리겠다. 너
희는 우리 것을 빼앗으려고 우리를
초대한 것이냐? 그렇지 않느냐?"
16 그러자 삼손의 아내는 삼손 앞에서
울며 말했습니다. "당신은 저를 미워
하는군요. 당신은 저를 사랑하지 않
아요. 당신이 내 백성들에게 수수께
끼를 내고 내게 답을 가르쳐 주지 않
고 있어요." 삼손이 그녀에게 말했습
니다. "보시오. 그것은 내 아버지와
내 어머니에게도 말해 주지 않았소.
그런데 당신에게 말해 준단 말이오?"
17 그녀는 잔치가 열리는 7일 동안 그 앞
에서 울었습니다. 그러다가 7일째 되
는 날 삼손은 아내가 자꾸 졸라 대는
통에 그녀에게 그만 말하고 말았습니
다. 그러자 그녀는 자기 백성에게 수
수께끼의 답을 알려 주었습니다.
18 7일째 되는 날 해 질 무렵 그 성읍

14:15 칠십인역과 시리아어역에는 '4일째'

의 사람들이 그에게 말했습니다. "꿀
보다 더 단 것이 무엇이냐? 사자보다
더 센 것이 무엇이냐?" 삼손이 그들에
게 말했습니다. "너희가 내 암송아지
로 밭을 갈지 않았더라면 내 수수께
끼를 알아맞히지 못했을 것이다."
19 그때 여호와의 영이 그에게 강하게 내
려왔습니다. 그는 아스글론으로 내려
가 그쪽 사람 30명을 죽이고 그들의
물건들을 약탈해 가져왔습니다. 그
러고는 수수께끼를 답한 사람들에게
겉옷을 주었습니다. 그는 화가 잔뜩
났습니다. 그는 자기 아버지의 집으
로 올라갔습니다.
20 한편 삼손의 아내는 그의 잔치에 삼
손과 함께 있던 한 친구에게 주어졌
습니다.

블레셋 사람에 대한 삼손의 복수

15 얼마 뒤에 밀을 추수할 때 삼손
은 새끼 염소를 가지고 자기 아
내를 찾아가서 말했습니다. "내 아내
의 방으로 가겠습니다." 그러나 그녀
의 아버지는 그가 들어가게 허락하지
않았습니다.
2 그녀의 아버지가 말했습니다. "나는
자네가 내 딸을 아주 미워하는 것으
로 생각했다네. 그래서 내가 그 애를
자네 친구에게 줘 버렸다네. 그 애의
여동생이 그 애보다 더 예쁘지 않은
가? 제발 그 애 대신 동생을 데려가
게나."
3 삼손이 그들에게 말했습니다. "내가
블레셋 사람에게 해를 끼쳐도 이번에
는 나를 탓할 것이 없을 것이오."
4 그리고 삼손이 나가서 여우 300마리
를 잡아 와서는 꼬리와 꼬리를 묶고
한 쌍으로 묶은 꼬리 중간에다 홰를
하나씩 달았습니다.
5 그는 홰에다 불을 붙이고서 블레셋
사람들의 곡물 밭으로 여우들을 몰
았습니다. 그래서 그는 곡물 단과 아
직 베지 않은 곡물과 포도밭과 올리
브 밭까지 불태워 버렸습니다.
6 그러자 블레셋 사람들이 말했습니다.
"누가 이런 짓을 했느냐?" 그들이 대
답했습니다. "딤나 사람의 사위 삼손
이 그녀의 아버지가 삼손의 아내를
그의 친구에게 준 것 때문에 이렇게
했소." 그러자 블레셋 사람들이 올라
가 그 여자와 그녀의 아버지를 불태
워 죽였습니다.
7 삼손이 그들에게 말했습니다. "너희
가 이렇게 했으니 내가 너희에게 확실
히 원수를 갚을 테다. 그런 다음에 내
가 멈추겠다."
8 삼손은 그들을 닥치는 대로 죽여 버
렸습니다. 그리고 그는 내려가 에담
바위 동굴에 머물렀습니다.
9 그러자 블레셋 사람들이 올라가 유다
에 진을 치고 레히 근처에 널리 퍼져
있었습니다.
10 유다 사람들이 말했습니다. "당신들은
어째서 우리와 싸우러 왔습니까?" 그
들이 대답했습니다. "우리가 삼손을 붙
잡으려고 왔소. 그가 우리에게 했던 그
대로 우리가 그에게 해 주려고 왔소."

11 그러자 유다 사람 3,000명이 에담의
바위 동굴로 내려가서 삼손에게 말했
습니다. "블레셋 사람들이 우리를 지
배하고 있는 것을 모르느냐? 네가
우리에게 무엇을 하고 있는 줄 아느
냐?" 그러자 삼손이 그들에게 말했습
니다. "그들이 내게 한 그대로 그렇게
내가 그들에게 했습니다."
12 유다 사람들이 삼손에게 말했습니다.
"우리가 너를 붙잡아 블레셋 사람들
손에 넘겨주려고 왔다." 삼손이 그들
에게 말했습니다. "당신들이 직접 나
를 죽이지 않는다고 내게 맹세하시
오."
13 그들이 그에게 말했습니다. "죽이지
않겠다. 우리가 너를 붙잡기만 해서
그들의 손에 넘겨주겠다. 우리가 결코
너를 죽이지 않겠다." 그리하여 그들
은 새 노끈 두 줄로 그를 묶어서 바위
에서 데리고 나왔습니다.
14 그가 레히에 다다르자 블레셋 사람들
이 그를 보고 환호했습니다. 그리고
하나님의 영이 삼손에게 강하게 내려
와 그의 팔에 두른 노끈이 마치 불에
타 버린 삼베처럼 됐습니다. 그를 묶
은 노끈이 그 손에서 풀어졌습니다.
15 그는 방금 죽은 당나귀의 턱뼈를 찾
아 그것을 손에 집어 들고 그것으로
1,000명을 죽였습니다.
16 그러고 나서 삼손이 말했습니다.

"당나귀 턱뼈로 *더미 위에 더미
가 쌓였구나. 당나귀 턱뼈로 내가
1,000명을 죽였다."

17 그가 말을 마치고는 그 턱뼈를 그의
손에서 내던져 버렸습니다. 그리고 그
는 그곳을 *라맛 레히라고 불렀습니
다.
18 삼손은 몹시 목말라 여호와께 부르짖
었습니다. "주께서 주의 종의 손으로
이렇게 큰 구원을 이루어 주셨습니
다. 그런데 지금 제가 목말라 죽을 지
경입니다. 제가 할례 받지 않은 사람
들의 손에 쓰러져야 되겠습니까?"
19 그러자 하나님께서 레히에 있는 한
움푹 패인 곳을 가르셨습니다. 그러
자 그곳에서 물이 솟아 나왔습니다.
그는 물을 마시고 나서 제 정신을 차
리고 기운도 회복했습니다. 그리하여
삼손은 그곳의 이름을 *엔학고레라고
불렀습니다. 그곳은 오늘날까지 레히
에 있습니다.
20 삼손은 블레셋 사람들의 지배 아래에
서 사사로서 이스라엘을 20년 동안
다스렸습니다.

삼손과 들릴라

16 삼손은 가사에 갔다가 그곳에
서 한 창녀를 만나서 그녀에게
갔습니다.
2 "삼손이 왔다"는 말을 듣고 가사 사람
들은 그곳을 포위하고 밤새도록 성문
앞에서 숨어서 그를 기다리고 있었습
니다. "아침에 날이 밝으면 우리가 그
를 죽일 것이다"라고 말하며 그들은
밤이 새도록 조용히 기다렸습니다.

15:16 또는 한 더미, 두 더미를 쌓았구나. 15:17 당나귀 턱뼈 언덕 15:19 부르짖는 사람의 샘

3 그러나 삼손은 한밤중에 일어나 성
문 문짝과 두 문기둥을 붙들고 성문
의 빗장과 함께 뽑아내어 그의 어깨
에 메고는 헤브론 맞은편 산 꼭대기
로 올라갔습니다.
4 그런 후 그는 소렉 골짜기의 한 여자
와 사랑에 빠졌습니다. 그녀의 이름
은 들릴라입니다.
5 블레셋 군주들이 그녀에게 가서 말
했습니다. "그를 유혹해서 그의 강
력한 힘이 어디에서 나오는지, 또 우
리가 어떻게 하면 그를 붙잡아서 그
를 묶고 굴복하게 할 수 있는지 알아
보아라. 그러면 우리 각자가 네게 은
*1,100세겔씩 주겠다."
6 그리하여 들릴라가 삼손에게 말했습
니다. "당신의 강력한 힘이 어디에서
나는지, 또 어떻게 하면 당신을 묶어
서 굴복시킬 수 있는지 제발 내게 가
르쳐 주세요."
7 삼손이 들릴라에게 대답했습니다. "만
약 그들이 말리지 않은 나무줄기 일
곱 줄로 나를 묶으면 내가 다른 사람
들처럼 약하게 되오."
8 그러자 블레셋 군주들이 말리지 않은
나무줄기 일곱 줄을 들릴라에게 가져
다주었고 들릴라는 그것으로 그를 묶
었습니다.
9 들릴라는 사람들이 그녀의 방 안에
숨어 있을 때 삼손에게 말했습니다.
"삼손, 블레셋 사람들이 당신에게 들
이닥쳤어요!" 그러나 그는 나무줄기
줄을 마치 실오라기가 불에 닿을 때
끊어지듯 끊어 버렸습니다. 이렇게 해
서 그의 힘이 어디서 나오는지는 밝
혀지지 않았습니다.
10 그러자 들릴라가 삼손에게 말했습니
다. "보세요. 당신이 나를 속였어요.
당신이 내게 거짓말을 했어요. 이제
당신을 어떻게 하면 묶을 수 있는지
제발 가르쳐 주세요."
11 삼손이 들릴라에게 말했습니다. "그들
이 한 번도 사용한 적 없는 새 노끈
으로 나를 단단히 묶으면 나도 다른
사람들처럼 약해질 것이오."
12 그러자 들릴라는 새 노끈을 가져다가
그를 묶고는 그를 불렀습니다. "삼손,
블레셋 사람들이 당신에게 들이닥쳤
어요!" 사람들이 방 안에 숨어 기다
리고 있었습니다. 그러나 그는 그의
팔에 두른 노끈을 마치 실처럼 끊어
버렸습니다.
13 그러자 들릴라가 삼손에게 말했습니
다. "당신은 지금까지 나를 속이고 내
게 거짓말을 했어요. 당신을 어떻게
하면 묶을 수 있는지 내게 말해 주세
요." 그가 그녀에게 말했습니다. "내
머리카락 일곱 가닥을 실과 섞어 짜
면 되오."
14 그러자 들릴라는 그것을 말뚝에 단단
히 붙잡아 맸습니다. 그리고 그녀는
삼손을 불렀습니다. "삼손, 블레셋 사
람들이 당신에게 들이닥쳤어요!" 그러
자 그는 잠에서 깨어나 말뚝과 베틀
과 엮어 짠 것을 다 뽑아 버렸습니다.

16:5 1,100세겔은 약 12.5킬로그램

15 그러자 그녀가 그에게 말했습니다.
"마음이 내게 없으면서 당신은 어떻
게 '내가 너를 사랑한다'라고 말할 수
있습니까? 당신은 나를 세 번 속였습
니다. 당신의 강력한 힘이 어디에서
나오는지 당신은 내게 말해 주지 않
고 있어요."
16 그녀가 매일 졸라서 삼손의 마음은
죽을 정도로 괴로웠습니다.
17 그리하여 삼손은 들릴라에게 그의 마
음을 다 털어놓았습니다. 그가 그녀
에게 말했습니다. "내 머리엔 면도칼
을 댄 적이 없소. 나는 어머니의 배
속에서부터 하나님께 구별된 나실 사
람이었기 때문이오. 만약 내 머리를
깎아 버리면 나는 힘이 빠져서 다른
사람처럼 약해진다오."
18 그가 마음을 다 털어놓은 것을 들릴
라가 알았습니다. 그녀는 블레셋 군주
들에게 사람을 보내 말했습니다. "이
번 한 번 더 오십시오. 그가 마음을
다 털어놓았습니다." 그러자 블레셋
군주들이 그들의 손에 은을 들고 그
녀에게 왔습니다.
19 들릴라는 삼손을 자기 무릎 위에 잠
들게 하고 사람 하나를 불러서 일곱
가닥으로 땋은 그의 머리카락을 깎게
했습니다. 그리고 그녀는 그를 괴롭게
해 보고 *그의 힘이 떠난 것을 확인
했습니다.
20 들릴라가 말했습니다. "삼손, 블레셋
사람들이 당신에게 들이닥쳤어요!"
그가 잠에서 깨어나 말했습니다. "내
가 이전처럼 나가서 무찔러 버리겠
다." 그러나 그는 여호와께서 자기에게
서 떠나신 것을 알지 못했습니다.
21 그때 블레셋 사람들이 그를 붙잡아서
눈을 뽑아내고 그를 가사로 데려갔습
니다. 그들은 그를 청동사슬로 묶었
습니다. 그는 감옥에서 맷돌을 돌리
는 사람이 됐습니다.
22 그러나 머리카락이 깎이고 난 후에
그의 머리털이 다시 자라기 시작했습
니다.

삼손의 죽음

23 블레셋 군주들이 그들의 신 다곤에게
큰 제사를 드리고 즐기기 위해 모여
서 말했습니다. "우리 신이 우리의 원
수 삼손을 우리 손에 넘겨주었다."
24 백성들이 삼손을 바라보며 그들의 신
을 찬양했습니다. "우리의 신이 우리
손에 넘겨주었다. 우리 원수를, 우리
땅을 파괴한 자를, 많은 사람을 죽인
자를."
25 그들은 마음이 즐거워서 말했습니다.
"삼손을 불러라. 그가 우리를 즐겁게
하게 하라." 그래서 그들은 삼손을 감
옥에서 불러냈습니다. 삼손은 그들
앞에서 웃음거리가 됐습니다. 그들은
삼손을 두 기둥 사이에 세웠습니다.
26 그때 삼손이 자기 손을 잡고 있는 소
년에게 말했습니다. "이 신전을 떠받
치고 있는 기둥을 내가 만질 수 있게
해 주시오. 그곳에 내가 좀 기대야겠
소."

16:19 칠십인역에는 '그가 약해진 것을'

27 신전은 남자들과 여자들로 가득 찼
고 블레셋 군주들도 모두 그곳에 있
었습니다. 또 지붕 위에도 남녀 3,000
명 정도가 삼손을 조롱하며 바라보
고 있었습니다.
28 그때 삼손이 여호와께 부르짖으며 말
했습니다. "주 여호와여, 부디 저를 기
억해 주십시오. 하나님이여, 부디 이
번 한 번만 제게 힘을 주십시오. 제
두 눈을 뺀 블레셋 사람들에게 단숨
에 복수하게 해 주십시오."
29 그리고 삼손은 그 신전을 받치고 있
는 중앙의 두 기둥을 한쪽은 오른손
으로, 다른 한쪽은 왼손으로 붙잡고
그곳에 몸을 기대었습니다.
30 그리고 삼손이 "내가 블레셋 사람들
과 함께 죽을 것이다!"라고 말하며 있
는 힘껏 기둥을 밀어냈습니다. 그러
자 신전이 블레셋 군주들과 그 안에
있던 모든 백성들 위에 무너져 내렸
습니다. 그리하여 그가 죽을 때 죽인
사람의 수가 그가 살아 있을 때 죽인
사람의 수보다 많았습니다.
31 그리고 그의 형제들과 그의 아버지의
집안사람 모두가 내려와 삼손의 시체
를 가져갔습니다. 그들은 그의 시체
를 소라와 에스다올 사이에 있는 그
의 아버지 마노아의 무덤에 묻었습니
다. 그는 사사로서 20년 동안 이스라
엘을 다스렸습니다.

미가의 우상 숭배

17 에브라임 산간 지대에 미가라
는 사람이 있었습니다.
2 그가 자기 어머니에게 말했습니다.
"어머니가 은 *1,100세겔을 잃어버리
셨을 때 그 일 때문에 저주하시는 말
씀을 제가 들은 적이 있습니다. 보십
시오. 그 은을 제가 갖고 있습니다.
제가 그것을 가져갔습니다." 그의 어

17:2 1,100세겔은 약 12.5킬로그램

Q&A 미가의 실수

참고 구절 | 삿 17:1–13

어머니의 돈을 훔친 미가는 어머니의 저주하는 소리를(삿 17:2) 듣자, 그 저주가 자신에게 내려질까 두려워졌다. 결국 미가는 어머니에게 가서 "어머니, 제가 어머니의 돈을 훔쳤습니다"라고 자백했다. 어머니는 아들을 용서했지만 자기가 이미 저주한 돈을 다시 가진다는 것이 왠지 석연치 않았다. 그래서 그 어머니는 그 돈으로 신상을 만들었고, 미가는 자기 아들을 제사장으로 삼아 신당을 세웠다(삿 17:5). 그 후 그는 레위 족속의 한 소년을 데려다가 자신의 제사장으로 삼기까지 했다(삿 17:7–13). 이 모습에서 미가를 비롯해 당시 이스라엘 사람들의 신앙 태도를 볼 수 있다. 그들은 하나님과 우상을 동시에 섬기는 종교 혼합주의자들이었던 것이다(삿 17:3). 하나님은 혼합 종교와 다신교가 팽배해 있는 가나안에 들어가기 전 오직 하나님만이 유일하신 신이며 그분만을 섬기라고 말씀하셨지만(출 20:3–5) 미가를 비롯해 그 당시 이스라엘 사람들은 하나님과 우상을 동시에 섬기며 복을 빌었던 것이다.

머니가 말했습니다. "내 아들아, 네가
여호와께 복을 받을 것이다!"
3 그가 은 *1,100세겔을 자기 어머니에
게 돌려주자 그의 어머니가 말했습니
다. "내가 내 아들을 위해 내 손으로
그 은을 온전히 여호와께 드려 조각
한 신상과 녹여 만든 신상을 만들려
고 했다. 그러니 이제 내가 이것을 네
게 돌려주겠다."
4 그래서 미가는 그 은을 자기 어머니
에게 돌려주었습니다. 그의 어머니는
은 *200세겔을 가져다가 은세공업자
에게 줘 그가 그것으로 조각한 신상
과 녹여 만든 신상을 만들게 했습니
다. 그것들이 미가의 집에 있었습니
다.
5 이 사람 미가에게는 신당이 있었습니
다. 그는 에봇과 드라빔을 만들었으며
그의 아들 가운데 하나를 제사장으
로 세웠습니다.
6 그 시절 이스라엘에는 왕이 없었기에
모두가 자기 보기에 옳다고 생각하는
대로 행동했습니다.
7 유다의 베들레헴 출신인 한 젊은이가
있었으니 그는 유다 지파로부터 온 사
람이었습니다. 그는 레위 사람이었으
며 그곳에 살고 있었습니다.
8 그 사람은 살 곳을 찾아서 그 성읍,
곧 유다의 베들레헴을 떠났습니다. 그
는 가는 길에 에브라임 산간 지대에
있는 미가의 집에 들렀습니다.
9 미가가 그에게 말했습니다. "당신은
어디 출신입니까?" 그가 미가에게 말
했습니다. "저는 유다의 베들레헴에서
온 레위 사람입니다. 제가 살아갈 곳
을 찾아가고 있습니다."
10 그러자 미가가 그에게 말했습니다.
"저와 함께 살면서 제 아버지가 돼 주
시고 제사장도 돼 주십시오. 제가 당
신에게 해마다 은 *10세겔과 옷 한
벌과 먹을 양식을 주겠습니다." 그러
자 레위 사람은 그곳으로 갔습니다.
11 그래서 그 레위 사람은 그와 함께 살
기로 결심했습니다. 그 청년은 미가에
게 있어 아들 가운데 하나처럼 여겨
졌습니다.
12 미가는 그 레위 사람을 거룩하게 구
별해 세웠습니다. 그래서 그 청년은
미가의 제사장으로 그 집에 있게 됐
습니다.
13 그러고 나서 미가는 말했습니다. "레
위 사람이 내 제사장이 됐으니 이제
여호와께서 내게 잘해 주실 것이다."

단 지파가 라이스에 이주하다

18 그 당시 이스라엘에는 왕이 없
었습니다. 그 당시 단 지파는
살아갈 자기 땅을 찾고 있었습니다.
그때까지 그들은 이스라엘 지파 가운
데 자기들에게 주어진 땅을 다 갖지
못하고 있었기 때문입니다.
2 그리하여 단 지파는 자기 집안 모든
사람 가운데 소라와 에스다올에서 다
섯 명의 용사들을 보내 땅을 정탐하
게 했습니다. 그들에게 말했습니다.

17:3 1,100세겔은 약 12.5킬로그램 17:4 200세겔은 약 2.3킬로그램 17:10 10세겔은 약 114그램

"가서 땅을 잘 살펴보라." 그들이 에
브라임 산간 지대로 가서 미가의 집에
머무르게 됐습니다.
3 그들이 미가의 집 근처에 이르렀을 때
그들은 젊은 레위 청년의 목소리를
알아채고는 가는 길을 돌아가서 그에
게 물었습니다. "누가 너를 여기에 데
려왔느냐? 여기에서 뭘 하느냐? 도대
체 어떻게 여기 있게 됐느냐?"
4 그가 그들에게 말했습니다. "미가가
내게 이러저러해서 나를 고용했고 내
가 그의 제사장이 됐습니다."
5 그러자 그들이 그에게 말했습니다.
"부디 하나님께 여쭈어 우리가 가는
여행이 잘될 것인지 알려 다오."
6 제사장이 그들에게 대답했습니다.
"평안히 가시오. 당신들이 가는 길에
여호와께서 함께하고 있습니다."
7 그리하여 그 다섯 사람이 길을 떠나
라이스에 도착했습니다. 그들은 그곳
에 살고 있는 사람들이 시돈 사람들
의 방식대로 조용하고 안전하게 살아
가고 있는 것을 보았습니다. 그 땅에
는 아무 부족한 것이 없었으며 풍부
했습니다. 그들은 시돈 사람들과는
멀리 떨어져 있었고 *어떤 사람들과
도 교류 없이 지내고 있었습니다.
8 그들이 소라와 에스다올로 그들의 형
제들에게 돌아왔습니다. 그러자 그
들의 형제들이 그들에게 말했습니다.
"무엇을 보았느냐?"
9 그들이 말했습니다. "일어나 그들을
공격합시다. 우리가 그 땅을 보니 정
말 좋았습니다. 조용히 있지 말고 망
설이지 말고 떠나 그 땅을 차지합시
다.
10 가서 보면 평화롭게 살고 있는 백성
을 만날 것입니다. 땅은 넓습니다. 하
나님께서 당신들의 손에 세상에 부족
할 게 없는 땅을 주셨습니다."
11 그러자 단 지파의 집안에서 600명의
사람들이 무장을 하고 소라와 에스다
올에서 전쟁터로 출정했습니다.
12 그들은 올라가 유다의 기럇 여아림에
서 진을 쳤습니다. 그리하여 그곳은
오늘날까지도 *마하네단이라 불립니
다. 그곳은 기럇 여아림 서쪽에 있습
니다.
13 그들은 그곳에서부터 에브라임 산간
지대로 가서 미가의 집에 이르렀습니
다.
14 그리고 라이스 땅을 정탐하러 갔던
다섯 사람이 그들의 형제들에게 상황
을 설명했습니다. "이들 집안에 에봇
과 드라빔과 조각한 신상과 녹여 만
든 신상이 있습니다. 이제 어떻게 해
야 할지 잘 생각해 보십시오."
15 그러자 그들은 그곳에서 길을 돌아서
미가의 집에 있는 레위 사람인 그 청
년에게 가서 인사했습니다.
16 무장한 단 지파 사람들 600명이 문
입구에 섰습니다.
17 그러자 그 땅을 정탐하러 갔었던 다
섯 사람이 그곳으로 들어가 조각한
신상과 에봇과 드라빔과 녹여 만든

18:7 칠십인역에는 '아람 사람들과도' 18:12 단의 진지

신상을 집어 들었습니다. 제사장은
무장한 600명의 군사들과 함께 문 입
구에 서 있었습니다.
18 이들이 미가의 집에 들어가 조각한
신상과 에봇과 드라빔과 녹여 만든
신상을 집어 들자 제사장이 그들에게
말했습니다. "무슨 짓이냐?"
19 그들이 그에게 대답했습니다. "조용히
하시오. 우리와 함께 가서 우리의 아
버지와 제사장이 돼 주시오. 한 가정
의 제사장이 되는 것이 좋소, 아니면
이스라엘의 한 지파, 한 가문의 제사
장이 되는 것이 좋소?"
20 이에 제사장은 마음이 기뻤습니다.
그는 에봇과 드라빔과 조각한 신상을
가지고 그 백성들 가운데 끼어서 함
께 갔습니다.
21 그들은 돌아서서 떠났습니다. 아이들
과 가축들과 소유들을 그들에 앞세
웠습니다.
22 그들이 미가의 집에서 멀어졌을 때 미
가의 집 근처에 살던 사람들이 모여
단 사람들을 가까이 쫓아갔습니다.
23 그들이 단 사람들을 부르자 단 사람
들이 돌아서서 미가에게 말했습니다.
"사람들을 이끌고 오다니 무슨 일이
냐?"
24 그가 말했습니다. "내가 만든 신들
과 내 제사장을 너희가 데리고 가 버
렸으니 내게 무엇이 더 남아 있느냐?
'무슨 일이냐?'라고 너희가 어떻게 말
할 수 있느냐?"
25 단 사람들이 그에게 말했습니다. "네
목소리가 우리에게 들리게 하지 마
라. 그러지 않으면 성질이 거친 사람
들이 네게 가서 네 목숨과 네 가정의
목숨을 빼앗을지 모른다."
26 그러고 나서 단 사람들은 그들이 가
던 길을 갔습니다. 미가는 그들이 자
기보다 더 강한 것을 보고 뒤돌아 그
의 집으로 돌아갔습니다.
27 그리하여 그들은 미가가 만든 것과 미
가의 제사장을 데리고 라이스로 갔습
니다. 조용하고 평화롭게 살고 있던
백성에게 가서 그들을 칼로 죽이고
그 성읍을 불살랐습니다.
28 그 성읍이 시돈에서 멀리 떨어져 어
떤 사람들과도 교류 없이 지내고 있
었고 그 성읍이 또 베드르홉 근처 골
짜기에 있었기 때문에 그들을 구해
줄 사람이 없었습니다. 그리하여 단
사람들은 성읍을 다시 짓고 그곳에
살게 됐습니다.
29 그들은 이스라엘에게서 태어난 그들
의 조상인 단의 이름을 따서 그 성읍
의 이름을 단이라고 불렀습니다. 그러
나 그 성읍의 이름은 원래 라이스였
습니다.
30 거기에서 단 지파는 우상을 세웠습니
다. 그 땅이 점령당할 때까지 *모세의
손자요, 게르솜의 아들인 요나단과
그의 아들들이 단 지파의 제사장이
됐습니다.
31 그들은 하나님의 집이 실로에 있는

18:30 고대 히브리 서기관 전통과 칠십인역과 불가타를 따름. 마소라 사본에는 '므낫세'

동안 내내 미가가 만든 우상을 자기
들을 위해 세워 두었습니다.

레위인과 그의 첩

19 그 당시에 이스라엘에는 왕이
없었습니다. 한 레위 사람이 에
브라임 산간 지대 외딴곳에서 살고
있었습니다. 그는 유다 베들레헴에서
온 첩 하나를 얻었습니다.
2 그러나 그의 첩은 그에게 나쁜 일을
하고는 그를 떠나 유다 베들레헴에 있
는 자기 아버지의 집으로 가 버렸습
니다. 그녀가 그곳에 가 있은 지 4개
월이 됐습니다.
3 그녀의 남편이 그의 하인과 함께 당
나귀 두 마리를 끌고 그녀를 찾아가
서 돌아오라고 설득했습니다. 그 여인
이 그를 자기 아버지의 집으로 데려
오자 그녀의 아버지는 그를 보고 반
갑게 맞이했습니다.
4 그의 장인, 곧 그 젊은 여자의 아버지
가 그를 붙잡아서 그는 그와 함께 3
일을 지냈습니다. 그들은 먹고 마시
고 그곳에서 머물렀습니다.
5 4일째 되는 날 그들은 아침 일찍 일어
났고 그는 떠날 준비를 했습니다. 그
러나 그 젊은 여자의 아버지가 그의
사위에게 말했습니다. "빵 몇 조각을
좀 먹고 기운을 차린 다음에 가게."
6 그리하여 그 두 사람은 함께 앉아 먹
고 마셨습니다. 그 젊은 여자의 아버
지가 그 사람에게 말했습니다. "부디
오늘 밤 머물며 즐겁게 지내게."
7 그 사람이 떠나려고 일어나자 그의
장인이 그를 붙잡아서 그는 하룻밤
을 그곳에서 더 머물게 됐습니다.
8 5일째 되는 날 그가 가려고 아침 일
찍 일어났습니다. 그 젊은 여자의 아
버지가 말했습니다. "기운을 차릴 수
있도록 오후까지 기다리게!" 그리하
여 그 두 사람은 함께 먹었습니다.
9 그러고 나서 그 사람이 그의 첩과 그
의 하인과 함께 떠나려고 일어나는데
그의 장인, 곧 그 젊은 여자의 아버지
가 그에게 말했습니다. "자 보게나. 저
녁이 다 됐네. 부탁이네. 하룻밤 더
머무르게. 여기서 하룻밤 머물면서
즐겁게 지내게. 그리고 내일 아침 일
찍 일어나 길을 떠나 네 집으로 돌아
가게."
10 그러나 그 사람은 하룻밤 더 머물지
않고 안장 얹은 나귀 두 마리와 자기
의 첩을 데리고 길을 떠나 여부스, 곧
예루살렘을 향해 갔습니다.
11 그들이 여부스에 가까이 왔는데 날
이 저물어 가자 하인이 그의 주인에
게 말했습니다. "부탁입니다. 이 여부
스 사람의 성읍에 가서 그곳에서 하
룻밤을 머무르시지요."
12 종의 주인이 그에게 대답했습니다.
"우리는 이스라엘 자손이 아닌 다른
민족의 성읍에는 들어가지 않는다.
우리는 계속해서 기브아로 갈 것이
다."
13 그가 자기의 하인에게 말했습니다.
"기브아나 라마까지 가서 그 둘 가운
데 한 곳에서 머무르도록 하자."

14 그래서 그들은 가던 길을 계속 가서
해 질 무렵에 베냐민에 속한 기브아
부근에 이르렀습니다.
15 그들은 기브아에 가서 하룻밤을 머물
기 위해 그곳에서 길을 돌렸습니다.
그들이 가서 그 성읍의 광장에 앉아
있었지만 자기 집에서 하룻밤 재워
줄 사람은 하나도 없었습니다.
16 저녁이 돼 한 노인이 일을 끝내고 들
판에서 돌아오고 있었습니다. 그 사
람은 에브라임 산간 지대 출신으로
기브아에 살고 있는 사람이었습니다.
그곳 사람들은 베냐민 사람들이었습
니다.
17 그가 성읍의 광장에 여행객이 있는
것을 보았습니다. 그 노인이 말했습
니다. "어디로 가는 길이오? 어디에서
왔소?"
18 레위 사람이 그에게 말했습니다. "우
리는 유다의 베들레헴에서 와서 에브
라임 산간 지대 외딴곳으로 가는 길
입니다. 제가 그곳 출신입니다. 유다
의 베들레헴에 들렀다가 여호와의 집
으로 가는 중입니다. 그런데 저를 광
장에서 자기 집으로 데려가려는 사람
이 아무도 없습니다.
19 우리는 나귀를 먹일 짚과 여물이 있
을 뿐 아니라 당신의 종과 당신의 하
녀와 우리의 하인이 먹을 빵과 포도
주도 있습니다. 우리에게 부족한 것
은 아무것도 없습니다."
20 노인이 말했습니다. "당신이 편안하기
를 바라오. 그러나 당신이 필요한 것
은 내가 책임지겠소. 그저 광장에서
하룻밤 머무는 일만은 하지 마시오."
21 그래서 그 노인은 그를 자기 집으로
데려갔습니다. 그곳에서 나귀들에게
도 먹이를 주었습니다. 그들은 발을
씻고 나서 먹고 마셨습니다.
22 그들이 이렇게 즐기고 있을 때 그 성
읍의 불량배들이 그 집을 둘러싸고
문을 두드리며 집주인인 그 노인에게
소리쳤습니다. "당신 집에 온 그 사람
을 데리고 나오시오. 우리가 그와 관

성·경·상·식

이스라엘의 첫 수도 기브아

기브아는 '언덕'이라는 뜻으로 예루살렘의 북쪽 5km 지점에 위치해 있다. 베냐민 지파의 성읍 중 하나로 '베냐민의 기브아'로도 불린다(삿 19:14;20:10). 이름의 뜻과 같이 기브아는 높은 지대에 위치해 있어서 동서남북을 한눈에 살필 수 있었다. 특히 예루살렘에서 북쪽으로 난 길을 감시할 수 있어서 예루살렘을 방어하거나 공격하는 데 중요한 군사적 요충지였다. 기브아가 갖는 지리적인 이점으로 인해 사울은 왕위에 오른 후에도 자기가 살았던 기브아를 이스라엘의 정치적인 중심지로 삼았다(삼상 10:26;22:6;23:19).

사사 시대에는 기브아의 불량배들이 레위인의 첩을 윤간하는 죄를 범해 이스라엘 지파 간의 내전이 일어났다. 그로 인하여 기브아 사람들뿐 아니라 베냐민 지파 전체가 멸절되어 이스라엘 열두 지파 가운데서 사라질 뻔했다(삿 19–20장).

계를 가질 것이오."
23 그 집주인이 밖으로 나가 그들에게
말했습니다. "내 형제들이여, 제발 악
한 일을 저지르지 마시오. 왜냐하면
이 사람은 우리 집에 온 손님이오. 이
런 수치스러운 짓을 하지 마시오.
24 보시오. 여기 내 처녀 딸이 있고 그의
첩이 있소. 내가 이제 그들을 데리고
나가겠소. 그들을 데리고 당신들이
보기에 좋을 대로 하시오. 그러나 이
사람에게만은 이런 수치스러운 짓을
하지 마시오."
25 그러나 그 사람들은 그의 말을 무시
했습니다. 그래서 그 레위 사람은 그
의 첩을 밖으로 내보냈습니다. 그러
자 그들은 밤새도록 아침까지 그녀와
관계를 가지며 학대하다가 새벽이 돼
서야 그녀를 놓아주었습니다.
26 아침 동틀 무렵 그 여자는 돌아왔습
니다. 그녀는 자기 남편이 있는 그 사
람의 집 문 앞에 날이 밝아 올 때까
지 쓰러져 있었습니다.
27 그녀의 남편이 아침에 일어나 집 문
을 열고 길을 가기 위해 밖으로 나갔
는데 그의 첩의 두 손이 문지방에 걸
쳐진 채 그 집 문 앞에 엎어져 있었습
니다.
28 그가 그녀에게 말했습니다. "일어나
가자." 그러나 아무 대답이 없었습니
다. 그러자 그는 그녀를 당나귀에 싣
고 출발해 그의 집으로 갔습니다.
29 그가 그의 집에 도착하자 칼을 꺼내
자기 첩을 마디마디 베어서 12토막을
내고 그것들을 이스라엘 전 지역에 보
냈습니다.
30 그것을 본 모든 사람들이 말했습니
다. "이스라엘 자손이 이집트 땅에서
나온 그날 이후 오늘날까지 이런 일
은 없었고 본 적도 없었다. 이 일을 생
각해 보고 의논해 보고 그러고 나서
말하자!"

이스라엘이 베냐민 지파를 처벌하다

20 그리고 단에서부터 브엘세바까
지 그리고 길르앗 땅에서 모든
이스라엘 자손이 나와서 동시에 미스
바의 여호와 앞에 모였습니다.
2 모든 백성의 지도자들, 곧 이스라엘
의 모든 지파의 지도자들은 하나님
의 백성 앞에 섰습니다. 칼을 뽑아 든
군인은 40만 명이었습니다.

성·경·상·식 | **단에서부터 브엘세바까지**

'단에서부터 브엘세바까지'(삿 20:1)라는 관용구는 이스라엘 북에서 남까지 전 지역을 표현하는 말이다(삼상 3:20;왕상 4:25 참조). 단은 요단 강의 상류, 가나안 북쪽에 있는 도시로 원래 이름은 라이스였다(삿 18:29). 단 지파가 가나안 족속으로부터 빼앗은 후에 단이라고 이름을 바꾸었다. 분열 왕국 시대에 북이스라엘 여로보암 왕은 이곳에 성소를 세우고 금송아지 상를 섬기게 했다(왕상 12:29). 브엘세바는 네게브 지역에 위치한 성읍으로 이스라엘 영토의 남방 한계선으로 지칭되었다. 여호수아가 유다 지파에게 분배하였으나 후에 시므온 지파에게 돌아갔다(수 15:28;19:2).

3 베냐민 지파는 이스라엘 자손이 미스
바로 올라갔다는 것을 들었습니다.
이스라엘 자손들이 말했습니다. "어떻
게 이렇게 악한 일이 일어났는지 말
해 보아라."
4 그러자 살해된 여자의 남편인 그 레
위 사람이 대답했습니다. "나와 내 첩
이 하룻밤을 머물려고 베냐민에 속한
기브아로 갔습니다.
5 밤중에 기브아 사람들이 나를 공격하
려 일어나서 집을 둘러쌌습니다. 그
들은 나를 죽이려 했으며 내 첩을 능
욕하여 결국 그녀를 죽게 했습니다.
6 그들이 이스라엘에서 악하고 수치스
러운 짓을 했기 때문에 내가 내 첩을
데려다가 토막을 내서 이스라엘 땅
온 지역에 보냈습니다.
7 보십시오. 여러분 모두가 이스라엘 자
손입니다. 여기서 의논하고 조언을 해
주십시오!"
8 모든 백성들이 일제히 일어나 말했습
니다. "우리 가운데 어느 누구도 자기
의 천막으로 가지 않고 우리 가운데
어느 누구도 자기 집에 돌아가지 않
을 것이오.
9 이제 제비를 뽑아서 우리가 기브아를
치러 올라갈 것이다. 이것이 우리가
기브아에 대해 할 일이다.
10 우리가 이스라엘 모든 지파에 걸쳐
100명에서 열 명을, 1,000명에서 100
명을, 1만 명에서 1,000명을 취해 군
대의 양식을 마련하게 하고 그들이
베냐민의 기브아로 가서, 기브아 사람
들이 이스라엘에 행한 모든 더럽고 수
치스러운 짓에 합당하게 갚아 줄 것
이다."
11 그리하여 이스라엘 모든 사람들이 한
마음이 돼 그 성읍을 치려고 모였습
니다.
12 이스라엘 지파는 베냐민 지파 온 지
역에 사람을 보내 말했습니다. "너희
가운데 이렇게 악한 일이 일어나다니
이것이 어찌 된 일이오?
13 이제 기브아의 불량배들을 우리에게
넘기시오. 우리가 그들을 죽여 이스라
엘에서 악을 없애도록 하겠소." 그러
나 베냐민 사람들은 그들의 형제들인
이스라엘 자손들의 말에 귀 기울이지
않았습니다.
14 베냐민 사람들이 각 성읍으로부터 나
와 이스라엘 자손들과 싸우려고 기브
아에 모였습니다.
15 그날 각 성읍에서 모인 베냐민 사람
은 칼을 뽑아 든 2만 6,000명 외에도
기브아 주민들이 700명이나 선별돼
모였습니다.
16 이 사람들 가운데 선별된 700명은 왼
손잡이였는데 이들이 무릿매로 돌을
던지면 머리카락도 실수하지 않고 맞
힐 수 있었습니다.
17 베냐민을 제외하고도 이스라엘 사람
가운데 칼을 뽑아 든 사람이 40만 명
이었습니다. 그들은 모두 전쟁 용사
들이었습니다.
18 이스라엘 자손들이 일어나 *벧엘에

20:18 하나님의 집

올라가서 하나님께 여쭈어 보며 말
했습니다. "우리 가운데 누가 먼저 올
라가 베냐민 사람들과 싸워야겠습니
까?" 여호와께서 말씀하셨습니다. "유
다가 먼저 갈 것이다."
19 다음 날 아침 이스라엘 자손들이 일
어나 기브아 맞은편에 진을 쳤습니다.
20 이스라엘 사람들은 베냐민과 싸우러
나갔습니다. 그리고 그들과 싸우기
위해 기브아에 전선을 마련했습니다.
21 베냐민 사람들이 기브아에서 나와 그
날 이스라엘 사람 2만 2,000명을 무
찔렀습니다.
22 그러나 이스라엘 사람들은 서로 용기
를 북돋워 주고 첫날 전선을 마련한
곳에 다시 준비를 갖추었습니다.
23 이스라엘 자손들은 여호와 앞에 올라
가 저녁때까지 울며 여호와께 여쭈어
말했습니다. "우리가 우리 형제 베냐
민 사람들과 전쟁하기 위해 다시 가
야 합니까?" 여호와께서 대답하셨습
니다. "올라가 그들과 싸우라."
24 둘째 날 이스라엘 자손들은 베냐민
사람들에게 가까이 다가갔습니다.
25 베냐민 사람들은 둘째 날에 그들과
싸우기 위해 기브아에서 나왔습니다.
베냐민 사람들은 다시 이스라엘 자손
들 1만 8,000명을 무찔렀는데 이들은
모두 칼로 무장한 사람들이었습니다.
26 그러자 모든 이스라엘 자손들이, 모
든 백성들이 *벧엘로 올라가서 여호
와 앞에 주저앉아 울었습니다. 그들
은 그날 저녁때까지 금식하고 여호와
앞에 번제와 화목제를 드렸습니다.
27 그리고 이스라엘 자손들은 여호와께
여쭈어 보았습니다. (그 당시 하나님
의 언약궤가 그곳에 있었고
28 그 당시 그 앞에는 아론의 손자이며,
엘르아살의 아들인 비느하스가 섬기
고 있었습니다.) 그들이 물었습니다.
"제가 우리 형제 베냐민과 싸우기 위
해 다시 나아가야 합니까, 아니면 여
기서 그만둬야 하겠습니까?" 여호와
께서 말씀하셨습니다. "나아가라. 내
일 내가 그들을 너희 손에 넘겨주겠
다."
29 그리고 이스라엘은 기브아 주위에 몰
래 숨어들었습니다.
30 셋째 날 이스라엘 자손들은 베냐민
사람들을 치러 나아갔습니다. 이전처
럼 기브아에 부대를 배치했습니다.
31 베냐민 자손들은 그들과 싸우기 위해
나왔고 성읍에서 멀리 떨어진 곳으로
좇아왔습니다. 그들이 이전처럼 이스
라엘 자손들을 죽이기 시작했습니다.
한쪽으로는 벧엘로 다른 쪽으로는 기
브아로 가는 큰길과 들판에서 약 30
명쯤 죽였습니다.
32 베냐민 사람들이 말했습니다. "우리가
전처럼 그들을 이기고 있다." 그러자
이스라엘 자손들은 말했습니다. "우리
가 도망쳐 저들을 성읍에서 큰길까지
따라오게 하자."
33 이스라엘 사람 모두가 자기 자리에서
일어나 바알다말에 부대를 배치했습

20:26 하나님의 집

니다. 몰래 숨어 있던 이스라엘쪽 사
람들은 자기들이 있던 곳인 기브아
평지에서 쏟아져 나왔습니다.
34 그때 이스라엘 전체에서 뽑힌 사람 1
만 명이 기브아를 치려고 앞장서 나
와 싸움은 치열해졌습니다. 그러나 베
냐민 사람들은 재앙이 그들에게 미친
줄 알지 못했습니다.
35 그러자 여호와께서 이스라엘 앞에서
베냐민을 무찔렀습니다. 그날 이스라
엘 자손들이 격파한 베냐민 자손들의
수는 2만 5,100명으로 이들은 모두
칼로 무장한 사람들이었습니다.
36 그제야 베냐민 사람들은 자기들이 졌
다는 것을 알게 됐습니다. 이스라엘
사람들이 기브아에 숨겨 두었던 사람
들이 잘 싸울 것을 믿고 그곳을 잠시
베냐민 사람들에게 내주었던 것입니
다.
37 그러고는 그 숨어 있던 사람들이 서
둘러서 기브아를 공격했습니다. 숨어
있던 사람들은 나아가 온 성읍을 칼
날로 부수어 버렸습니다.
38 이스라엘 사람들과 숨어 있던 사람들
은 성읍에서 큰 연기를 내는 것으로
미리 신호를 정했습니다.
39 이스라엘 사람들이 싸움에서 후퇴하
자 베냐민 자손들이 공격하기 시작해
이스라엘 사람들을 약 30명가량 죽이
고 말했습니다. "첫 번째 싸움에서처
럼 분명 우리가 이길 것이다!"
40 성읍에서 연기 기둥이 치솟아 오르
기 시작하자 베냐민 자손들이 성읍
전체에서 연기가 하늘로 치솟는 것을
보았습니다.
41 그때 이스라엘 사람들이 방향을 바
꾸었고 베냐민 사람들은 재앙이 자기
들에게 다가온 것을 알고 당황했습니
다.
42 그리하여 그들은 이스라엘 앞에서 돌
아서서 광야로 향하는 길로 도망쳤
습니다. 그러나 그들은 싸움을 피할
수 없었습니다. 성읍에서 나온 이스라
엘 사람들이 그들 한가운데서 그들을
공격했습니다.
43 그들은 베냐민 사람들을 둘러싸며 추
격해서 동쪽으로 기브아 근처까지 쉽
게 그들을 무찔렀습니다.
44 베냐민 사람 1만 8,000명이 쓰러졌는
데 이들은 모두 용감한 전사들이었습
니다.
45 그들은 돌아서서 광야의 림몬 바위로
도망쳤습니다. 그러나 이스라엘 자손
들은 큰길에서 그들 5,000명을 이삭
줍듯 죽이고 기돔까지 그들을 쫓아가
그들 2,000명을 더 죽였습니다.
46 그날 칼로 무장한 베냐민 사람 2만
5,000명이 죽었습니다. 이들은 모두
용감한 전사들이었습니다.
47 한편 600명이 돌아서서 광야의 림몬
바위로 도망쳐 그들은 림몬 바위에서
넉 달을 지냈습니다.
48 이스라엘 사람들은 베냐민 사람들에
게 다시 돌아가 온 성읍을, 짐승이든
보이는 것 모두를 칼날로 내리쳤습니
다. 그들이 들어가는 성읍마다 모조

리 불을 질렀습니다.

베냐민 자손을 위한 아내

21 그때 이스라엘 사람들은 미스
바에서 맹세했습니다. "우리 가
운데 어느 누구도 베냐민 사람에게는
딸을 시집보내지 않을 것이다."
2 백성들이 벧엘로 가서 그곳에서 저녁
때까지 하나님 앞에 앉아 소리를 지
르며 울면서
3 말했습니다. "이스라엘의 하나님 여호
와여, 오늘 이스라엘에서 한 지파가
빠지게 되다니 이스라엘에 왜 이런 일
이 일어났습니까?"
4 다음 날 백성들은 아침 일찍 일어나
그곳에 제단을 쌓고 번제물과 화목제
물을 드렸습니다.
5 그리고 이스라엘 자손들이 말했습니
다. "이스라엘의 모든 지파 가운데 함
께 여호와께 올라가지 않은 사람이
누구냐?" 왜냐하면 미스바에서 여호
와께 올라가지 않은 사람에 대해서
그들이 죽이기로 맹세를 단단히 했었
기 때문입니다.
6 이스라엘 자손들은 자기 형제 베냐민
에 대해 안타까워하며 말했습니다.
"오늘 이스라엘에서 한 지파가 끊어져
나갔소.
7 우리가 우리 딸들을 그들에게 시집보
내지 않기로 여호와께 맹세했으니 남
은 사람들이 아내를 구할 때 우리가
무엇을 해야 하겠소?"
8 그리고 그들은 말했습니다. "이스라엘
지파들 가운데 미스바에서 여호와께
올라가지 않은 지파가 어느 지파요?"
그러고 보니 야베스 길르앗에서는 한
사람도 이 모임에 참석하지 않았습니
다.
9 백성의 수를 세어 보니 야베스 길르앗
사람은 하나도 그곳에 있지 않았습니
다.
10 그리하여 모든 이들이 용감한 사람 1
만 2,000명을 그곳에 보내 그들에게
명령했습니다. "가서 야베스 길르앗의
주민들을 여자와 아이들까지 다 칼날
로 내리치라.
11 이것이 너희가 할 일이다. 모든 남자
와, 남자와 잔 경험이 있는 여자를 다
죽이라."
12 그들은 야베스 길르앗의 주민들 가운
데 남자와 잔 적이 없어 남자를 알지
못하는 젊은 처녀 400명을 찾아내 그
들을 가나안 땅에 있는 실로의 진영
으로 데려왔습니다.
13 그리고 모인 사람들은 림몬 바위에
있는 베냐민 자손들에게 사람을 보내
그들에게 평화를 주겠다고 선언했습
니다.
14 그래서 그때 베냐민 사람들이 돌아왔
고 야베스 길르앗에서 살려 둔 그 여
자들을 그들의 아내로 맞이했습니다.
그러나 그 여자들로는 수가 충분하지
않았습니다.
15 백성들이 베냐민에 대해 안타까워했
습니다. 여호와께서 이스라엘 지파들
가운데 틈을 만드셨기 때문입니다.
16 그러자 회중의 장로들이 말했습니다.

"베냐민의 여자들이 모두 죽었으니
살아남은 사람에게 우리가 어떻게 아
내를 구해 주겠는가?"
17 그들이 말했습니다. "베냐민의 살아남
은 사람들은 자손을 이어야 하오. 그
래야만 이스라엘 지파 하나가 없어지
지 않을 것이오.
18 그러나 '베냐민 사람에게 아내를 주는
사람은 저주를 받을 것이다'라고 이스
라엘 자손들이 맹세했기 때문에 우리
는 우리의 딸들을 그들에게 아내로
줄 수 없소."
19 그러고는 그들이 말했습니다. "보시
오. 벧엘 북쪽, 벧엘에서 세겜으로 가
는 길 동쪽에, 르보나 남쪽에 있는 실
로에 해마다 여호와의 절기가 있소."
20 그래서 그들은 베냐민 사람들에게 지
시해 말했습니다. "가서 포도밭에 숨
어 있으시오.
21 살펴보다가 실로의 딸들이 춤을 추기
위해서 나오면 당신들은 포도밭에서
달려 나가 실로의 딸들 가운데 하나
를 당신들 아내로 붙잡아 베냐민 땅
으로 가시오.
22 그들의 아버지나 형제들이 우리에게
따진다면 우리가 그들에게 말하겠소.
'그들에게 은혜를 베풀어 주시오. 우
리가 전쟁 중에 그들에게 아내를 구
해 줄 수 없었기 때문이오. 당신들이
딸을 그들에게 준 것이 아니니 당신
들은 죄를 저지른 것이 아니오.'"
23 이렇게 해서 베냐민 사람들은 그대로
했습니다. 그들이 춤을 추고 있을 때
순서대로 각자가 하나씩 자기 아내로
붙잡아 데려갔습니다. 그들은 상속받
은 땅으로 돌아가서 성읍을 복구하
고 그곳에서 살았습니다.
24 그때 이스라엘 자손들은 그곳을 떠나
각자 자기 지파, 자기 가문으로 돌아
갔습니다. 그곳으로부터 각자 자기가
상속받은 땅으로 돌아갔습니다.
25 그 당시 이스라엘에는 왕이 없어서 모
두가 자기 마음대로 행동했습니다.

룻기

Ruth

타락한 사사 시대에 믿음을 지킨 이방 여인 룻의 아름다운 간증이다. 남편이 죽은 후 룻은 시어머니 나오미를 모시고 베들레헴으로 돌아와 어려운 상황에서도 신실하게 하나님을 의지하며 섬긴다. 하나님의 섭리 가운데 룻은 경건한 보아스와 결혼하였고, 장차 다윗과 예수 그리스도의 조상이 됨으로 구속 역사의 중심에 위치한다.

나오미가 남편과 아들들을 잃다

1 사사들이 다스리던 때에 그 땅에
흉년이 들어 유다 베들레헴의 어떤
사람이 그 아내와 두 아들을 데리고
잠시 모압 땅으로 가서 살았습니다.
2 그 사람의 이름은 엘리멜렉, 그 아내
의 이름은 나오미, 그 두 아들의 이름
은 말론과 기룐이었습니다. 그들은 유
다 베들레헴 출신의 에브랏 사람들인
데 모압 땅에 가서 살았습니다.
3 그러다가 나오미의 남편 엘리멜렉이
거기에서 죽었고 나오미는 그 두 아
들과 함께 남겨졌습니다.
4 나오미의 두 아들은 모압 여자와 결
혼했는데 한 사람은 이름이 오르바,
또 한 사람은 *룻이었습니다. 그들은
거기에서 10년 정도 살았습니다.
5 그러다가 말론과 기룐도 다 죽었고 나
오미만 두 아들과 남편을 다 잃은 채
혼자 남게 됐습니다.

나오미와 룻이 베들레헴으로 돌아오다

6 그러던 어느 날 모압에 있던 나오미가
여호와께서 그 백성에게 오셔서 양식
을 공급해 주셨다는 소식을 듣고 두
며느리들과 함께 거기에서 떠나 고향
으로 돌아갈 채비를 했습니다.
7 그리하여 나오미는 두 며느리와 함께
살던 그곳을 떠나 유다 땅으로 돌아
가려고 길을 나섰습니다.
8 그때 나오미가 두 며느리에게 말했습
니다. "너희도 각각 너희 친정으로 돌
아가거라. 너희가 그동안 너희 죽은
남편과 또 내게 잘해 주었으니 여호와
께서도 너희에게 잘해 주시기를 원한
다.
9 여호와께서 너희로 하여금 다시 남편
을 만나 그 집에서 각자 편안하게 지
낼 수 있게 해 주시기를 바란다." 그러
고 나서 나오미가 두 며느리에게 입을

1:4 친구, 아름다움

맞추자 그들은 흐느끼면서
10 나오미에게 말했습니다. "우리는 어머
니와 함께 어머니의 민족에게로 가겠
습니다."
11 그러나 나오미가 말했습니다. "내 딸
들아, 집으로 돌아가거라. 왜 나와 함
께 가려고 하느냐? 너희 남편이 될
만한 아들이 내게 더 있기라도 하다
면 모를까.
12 내 딸들아, 집으로 돌아가거라. 나는
너무 늙어 새 남편을 들이지도 못한
다. 만약 오늘 밤 내게 남편이 생겨
아들을 낳는다고 해도
13 그 아이들이 자랄 때까지 너희가 기
다리겠느냐? 너희가 그런 것을 바라
고 재혼하지 않고 있겠느냐? 아니다.
내 딸들아, 여호와의 손이 나를 치셨
으므로 내가 너희를 생각하면 정말
마음이 아프구나."
14 이 말에 그들은 또 흐느껴 울었습니
다. 그러고 나서 오르바는 시어머니에
게 입맞춤을 했습니다. 그러나 룻은
시어머니를 붙잡았습니다.
15 나오미가 말했습니다. "보아라. 네 동
서는 자기 민족과 자기 신들에게 돌
아갔다. 너도 네 동서와 함께 돌아가
거라."
16 그러나 룻이 대답했습니다. "자꾸 저
한테 어머니를 떠나거나 어머니에게
서 돌아서라고 하지 마십시오. 어머니
가 가시는 곳이면 저도 갈 것이고 어
머니가 머무는 곳이면 저도 머물 것
입니다. 어머니의 민족이 제 민족이며
어머니의 하나님이 제 하나님이십니
다.
17 어머니가 죽는 곳에서 저도 죽을 것
이고 저도 거기에서 묻힐 것입니다.
죽음 외에 그 어떤 것도 어머니와 저
를 갈라놓을 수 없습니다. 그렇지 않
으면 여호와께서 내게 심한 벌을 내리
고 더 내리셔도 좋습니다."
18 나오미는 룻이 그토록 자기와 함께
가려고 마음을 단단히 먹은 것을 알
고 더는 말하지 않았습니다.
19 그리하여 두 여인은 마침내 베들레헴
에 도착하게 됐습니다. 그들이 베들레
헴에 도착하자 온 성안이 그들 때문
에 떠들썩해졌습니다. 그곳 여자들이
말했습니다. "이 사람이 나오미가 아
닌가?"
20 그러자 그녀가 그들에게 말했습니다.
"나를 *나오미라고 부르지 말고 이제
*마라라고 부르시오. 전능하신 분께
서 내 인생을 고달프게 만드셨으니
말입니다.
21 내가 나갈 때는 풍족했는데 이제 여
호와께서 나를 빈털터리로 돌아오게
하셨습니다. 그러니 어떻게 나오미라
부르겠습니까? 여호와께서 나를 치셨
고 전능하신 분께서 내게 고난을 주
셨으니 말입니다."
22 이렇게 해서 나오미는 며느리인 모압
여자 룻과 함께 모압에서 돌아와 베
들레헴에 도착했습니다. 그때는 보리
추수가 막 시작될 무렵이었습니다.

1:20 나오미는 '즐거움', 마라는 '괴로움'

룻이 곡식 밭에서 보아스를 만나다

2 나오미에게는 남편 쪽 친척으로 엘
리멜렉 가문 가운데 큰 부자가 하
나 있었는데 그 이름은 보아스였습니
다.
2 모압 여자 룻이 나오미에게 말했습니
다. "밭에 갔다 오겠습니다. 누군가
제게 잘 대해 주는 사람을 만나면 그
사람을 따라가 이삭을 주워 오겠습니
다." 그러자 나오미가 그녀에게 말했
습니다. "내 딸아, 잘 갔다 오너라."
3 그러자 그녀는 밖으로 나가 추수하는
사람들을 따라 밭에서 이삭을 줍기
시작했습니다. 그런데 우연히도 그녀
가 일하고 있던 곳은 엘리멜렉의 친척
인 보아스의 밭이었습니다.
4 바로 그때 보아스가 베들레헴에서 도
착해 추수하는 사람들에게 말했습니
다. "여호와께서 너희와 함께하시기를
원한다!" 그들이 대답했습니다. "여호
와께서 주인어른께 복 주시기를 빕니
다."
5 보아스가 추수하는 사람들의 감독에
게 물었습니다. "저 젊은 여자는 누구
요?"
6 추수하는 사람들의 감독이 대답했습
니다. "나오미와 함께 모압에서 돌아
온 그 모압 여자입니다.
7 그녀가 추수하는 사람들을 따라가
며 이삭을 줍게 해 달라고 말했습니
다. 그러더니 밭에 나가 아까 잠깐 집
에서 쉰 것 외에는 아침부터 지금까
지 저렇게 계속 열심히 일하고 있습니
다."
8 그러자 보아스가 룻에게 말했습니다.
"내 딸이여, 내 말을 들어 보시오. 다
른 밭에 가서 이삭을 줍지 말고 여기
서 멀리 가지도 말고 여기 내 여종들
과 함께 일하시오.
9 사람들이 추수하는 이 밭을 잘 살피
며 따라다니시오. 내가 사람들에게도
당신을 건드리지 말라고 말해 두었
소. 그리고 목이 마르면 가서 젊은이
들이 채워 놓은 물병에서 물을 따라
마셔도 되오."
10 이 말에 룻은 얼굴을 땅에 대고 엎드
려 말했습니다. "내가 이방 사람인데
도 어째서 친절을 베풀어 주시고 돌
봐 주십니까?"
11 보아스가 대답했습니다. "남편이 죽
은 후 당신이 시어머니에게 한 일에
대해 모두 들었소. 당신의 부모와 고
향을 떠나 알지도 못하는 민족과 함
께 살려고 온 것 말이오.
12 여호와께서 당신의 행실에 대해 갚아
주실 것이오. 당신이 이스라엘의 하나
님 여호와의 날개 아래로 보호받으러
왔으니 그분께서 당신에게 넉넉히 갚
아 주실 것이오."
13 룻이 말했습니다. "내 주여, 내가 당
신 앞에서 은총을 얻기 원합니다. 내
가 당신의 여종들만도 못한데 나를
위로해 주시고 이 여종에게 다정하게
말씀해 주셨습니다."
14 식사 때가 되자 보아스가 룻에게 말
했습니다. "이리로 와서 빵을 좀 먹고

그 조각을 식초에 찍어서 들도록 하
시오." 룻이 추수하는 사람들과 함께
자리에 앉자 보아스는 룻에게 볶은
곡식을 주었고 룻은 마음껏 먹고 얼
마를 남겼습니다.
15 룻이 다시 이삭을 주우려고 일어나자
보아스는 젊은 일꾼들에게 명령했습
니다. "그녀가 곡식 단에서 이삭을 모
으더라도 창피를 주지 말라.
16 그녀가 주워 갈 수 있도록 오히려 곡
식 단에서 얼마를 남겨 두도록 하고
그녀를 나무라지 말라."
17 그리하여 룻은 저녁까지 밭에서 이삭
을 주웠습니다. 그러고 나서 룻이 자
기가 모은 것을 타작해 보니 보리 *1
에바가 됐습니다.
18 그녀가 성으로 그것을 가지고 가서
그 모은 것을 시어머니께 보였습니다.
룻은 그것을 꺼내어 자기가 실컷 먹
고 남았던 것을 내보였습니다.
19 그 시어머니가 그녀에게 물었습니다.
"오늘 어디에서 이삭을 주웠느냐? 어
디에서 일했느냐? 너를 도와준 그 사
람을 축복하지 않을 수 없구나!" 그
러자 룻은 시어머니께 자기가 누구네
밭에서 일했는지 말씀드렸습니다. "제
가 오늘 가서 일한 곳의 주인 이름이
보아스였습니다."
20 나오미가 며느리에게 말했습니다. "여
호와께서 그에게 복을 내리시기를 바
란다! 그가 죽은 우리 식구들에게 친
절을 베풀더니 살아 있는 우리에게도
그칠 줄 모르는구나." 그리고 이어 말
했습니다. "그 사람은 우리 가까운 친
척이니 우리를 맡아 줄 사람 가운데
하나다."
21 그러자 모압 여자 룻이 말했습니다.
"그는 제게 '내 일꾼들이 내 모든 추
수를 마칠 때까지 거기 함께 있으라'
고 말했습니다."
22 나오미가 며느리 룻에게 말했습니다.
"내 딸아, 네가 그 여종들과 함께 있
는 것이 좋을 것 같다. 다른 밭에는

2:17 1에바는 22리터

성·경·상·식 | 룻의 여정

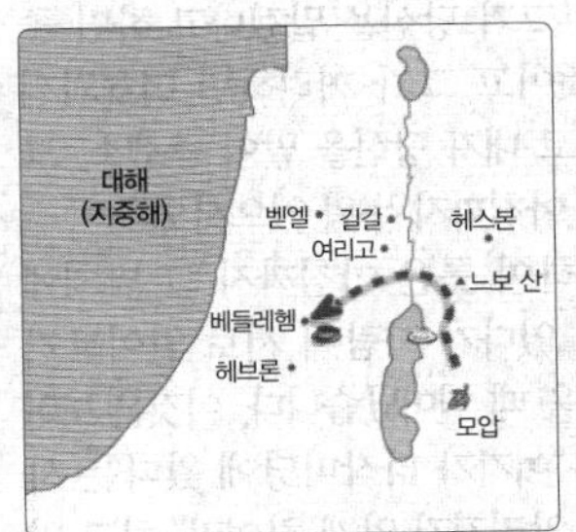

유다 땅에 흉년이 들자 나오미의 가족이 이사 가서 10년 정도 살았던 모압 땅. 그곳은 유대인 나오미와 이방인 며느리인 오르바와 룻이 남편들을 모두 잃은 땅이기도 하다(룻 1:1-15).

어머니를 결코 떠나지 않겠다는 며느리 룻과 나오미는 유다 땅으로 돌아간다(룻 1:6-18).

나오미와 룻은 나오미의 고향 베들레헴에 정착한다. 그리고 이곳에서 룻은 보아스를 만나 결혼한다(룻 1:19-4:13).

가지 않도록 하여라."
23 그리하여 룻은 보아스의 여종들 곁에
서 보리와 밀 추수가 끝날 때까지 이
삭을 주웠습니다. 그렇게 그녀는 시어
머니와 함께 살았습니다.

타작마당에서의 룻과 보아스

3 어느 날 시어머니 나오미가 그녀에
게 말했습니다. "내 딸아, 네가 잘
살 수 있게 너를 위한 안식처를 내가
알아봐야겠다.
2 네가 함께 일했던 여종들의 주인 보
아스가 우리 친척이 아니냐? 오늘 밤
그가 타작마당에서 보리를 까부를
것이다.
3 그러니 너는 몸을 씻고 기름을 바르
고 제일 좋은 옷을 입고 타작마당으
로 내려가거라. 다만 그가 다 먹고 마
실 때까지 네가 거기에 있는지 모르
게 하여라.
4 그리고 그가 누우면 그가 눕는 곳을
알아두었다가 거기에 가서 그의 발치
이불을 들치고 누워라. 그러면 네가
어떻게 해야 할지 그가 알려 줄 것이
다."
5 룻이 대답했습니다. "어머니가 시키시
는 것이라면 하겠습니다."
6 그리하여 그녀는 타작마당으로 내려
가 시어머니가 말해 준 대로 했습니
다.
7 보아스는 다 먹고 마신 뒤에 기분이
좋아져서 곡식 더미 아래쪽으로 가서
누웠습니다. 룻은 살금살금 다가가
그 발치 이불을 들치고 거기 누웠습
니다.
8 한밤중에 그 사람이 깜짝 놀라 뒤돌
아보았습니다. 자기 발치에 한 여자가
누워 있는 것이었습니다.
9 그가 물었습니다. "누구요?" 룻이 대
답했습니다. "당신의 여종 룻입니다.
당신은 저를 맡아야 할 친척이니 당
신의 옷자락으로 저를 덮어 주십시
오."
10 그가 말했습니다. "내 딸이여, 여호와
께서 당신에게 복 주시기를 빌겠소.
당신이 빈부를 막론하고 젊은 사람을
따라가지 않았으니 당신의 아름다운
마음씨는 지금까지 보여 준 것보다
더 크오.
11 그러니 내 딸이여, 이제 두려워하지
마시오. 당신이 요구하는 대로 내가
다 들어주리다. 당신이 정숙한 여인이
라는 것은 우리 성 사람들이 다 알고
있소.
12 내가 당신의 가까운 친척이기는 하지
만 나보다 더 가까운 친척이 한 사람
더 있소.
13 오늘 밤은 여기에 있으시오. 아침이
돼서 그가 당신을 맡겠다고 하면 좋
은 것이고 그가 꺼려하면 여호와께
맹세코 내가 당신을 맡아 주겠소. 그
러니 아침까지 누워 있으시오."
14 그리하여 룻은 아침까지 그 발치에
누워 있다가 사람이 서로 알아보기
어려울 때 일어났습니다. 이것은 보아
스가 "여자가 타작마당에 왔다는 사
실이 알려지지 않게 하여라" 하고 말

했기 때문입니다.
15 보아스가 말했습니다. "당신이 두른
겉옷을 가져와 펴서 그것을 붙잡고
있으시오." 룻이 그렇게 하자 그는 보
리를 여섯 번 되어 룻에게 메어 주었
습니다. *룻은 그렇게 해서 성으로 돌
아갔습니다.
16 룻이 시어머니에게 오자 나오미가 물
었습니다. "내 딸아, 어떻게 됐느냐?"
룻은 보아스가 어떻게 했는지 모든
걸 그녀에게 말했습니다.
17 그러고는 말했습니다. "그가 '시어머니
에게 빈손으로 돌아가면 안 된다' 하
며 이 보리를 여섯 번 되어 주었습니
다."
18 그러자 나오미가 말했습니다. "내 딸
아, 일이 어떻게 될지 조용히 앉아서
기다리자. 그 사람이 오늘 이 일이 해
결될 때까지 쉬지 않고 다닐 것이다."

보아스가 룻을 아내로 맞이하다

4 한편 보아스는 성문으로 올라가 앉
았습니다. 그런데 그가 말하던 그
가까운 친척이 지나갔습니다. 보아스
가 그에게 말했습니다. "내 친구여,
마침 잘 왔네! 이리로 와서 앉게." 그
러자 그가 와서 앉았습니다.
2 보아스는 그 성의 장로 열 명을 데려
와 앉으라고 했고 그들은 거기 앉았
습니다.
3 그러자 보아스는 그 친척에게 말했습
니다. "모압에서 돌아온 나오미가 우
리 형제 엘리멜렉의 땅을 팔려고 하
네.
4 내가 이 문제를 여기 앉은 사람들 앞
에서 그리고 내 백성의 장로들 앞에
서 자네가 그것을 사도록 말하고 권
해야겠다는 생각이 들었네. 자네가
그것을 사 주겠다면 그렇게 하도록
하게. 자네가 원하지 않는다면 내게
말해 주게. 내가 알아서 하겠네. 자네
말고는 그것을 사 줄 사람이 없고 자
네 다음엔 나일세." 그러자 그 사람이

3:15 일부 히브리어 사본과 불가타와 시리아어역을 따름. 대다수 히브리어 사본에는 '보아스는 그렇게 해서 성으로 돌아갔습니다.'

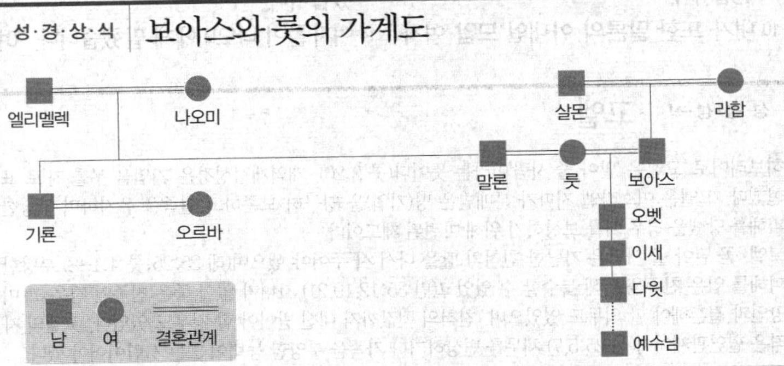

말했습니다. "내가 사 주겠네."
5 그때 보아스가 말했습니다. "자네가
나오미에게서 그 땅을 사는 날 남편
이 죽은 과부인 모압 여자 룻도 떠맡
아야 할 것일세. 그 죽은 사람의 이름
으로 그 유산을 이어 가도록 말일세."
6 이 말에 그 친척이 말했습니다. "그렇
다면 나는 사 줄 수 없겠군. 내 유산
에 손실이 갈까 봐 말이야. 자네가 사
주게. 나는 못하겠네."
7 옛날 이스라엘에는 재산을 사 주거나
교환할 때 모든 것을 확증하기 위해
한쪽 사람이 신발을 벗어 상대방에
게 주었습니다. 이것이 이스라엘의 계
약법이었습니다.
8 그리하여 그 친척이 보아스에게 "자네
가 사게" 하며 신발을 벗어 주었습니
다.
9 그러자 보아스는 장로들과 모든 사람
들에게 선언했습니다. "내가 엘리멜렉
과 기룐과 말론의 모든 재산을 나오미
에게 산 것에 대해 여러분이 오늘 증
인입니다.
10 내가 또한 말론의 아내인 모압 여자
룻을 내 아내로 사서 그 죽은 사람의
이름으로 유산을 이어 갈 것입니다.
그리하여 그 이름이 그 형제 가운데
서나 그의 성문에서도 없어지지 않게
할 것입니다. 오늘 여러분이 그 증인
입니다!"
11 그러자 장로들과 성문에 있던 사람들
이 다 말했습니다. "여호와께서 당신
집에 들어올 그 여자를 이스라엘의
집을 세운 라헬과 레아처럼 되게 하시
기를 바랍니다. 또 당신이 에브랏에서
잘되고 베들레헴에서 이름을 떨치기
바랍니다.
12 여호와께서 그 젊은 여자와 당신에게
주실 그 씨를 통해 당신의 집안이 다
말이 유다에게서 낳은 베레스의 집안
처럼 되기를 바랍니다."

나오미가 아들을 얻다

13 이렇게 해서 보아스가 룻을 데리고 갔
고 룻은 그 아내가 됐습니다. 그가 룻
에게로 들어가자 여호와께서 룻으로
잉태하게 하셔서 그녀가 아들을 낳게
됐습니다.
14 여자들이 나오미에게 말했습니다. "여

성·경·상·식 고엘

히브리어로 '고엘'은 '맡아 줄 사람'이라는 뜻이다(룻 2:20). 개역개정성경은 '기업을 무를 자'로 표현했다. 고엘은 이스라엘 지파가 분배받은 땅(기업)을 영구히 보존하고 혈족을 유지하며 부당한 피해를 당했을 경우 이를 보상하기 위해 마련된 제도이다.

고엘, 곧 맡아 줄 사람은 가난한 친척의 땅을 다시 사 주어야 했으며(레 25:25;룻 4:1-8) 부당한 피해를 입은 친족을 위해 복수할 수 있었고(민 35:12,19,21) 자녀가 없이 죽은 친족인 경우 그 미망인과 결혼해야 할 의무도 있었으며, 친척의 죗값까지 대신 받아야 할 경우도 있었다. 고엘의 자격은 혈연관계이며(신 25:5,7) 채무를 변상하거나 가족을 부양할 능력이 있는 사람이어야 했다.

호와께 찬양을 드립니다. 여호와께서
오늘 당신에게 대가 끊어지지 않도록
자손을 주셨습니다. 그가 이스라엘
가운데 이름을 떨치기를 바랍니다.
15 그가 당신 인생을 회복시키셨으니 노
년에 당신을 보살펴 줄 것입니다. 당
신을 사랑하는 며느리이자 일곱 아들
보다 나은 그 며느리가 그를 낳았으
니 말입니다."
16 그러자 나오미는 그 아이를 데려와
가슴에 품고 보살폈습니다.
17 이웃 여자들이 "나오미가 아들을 낳
았다" 하며 그 이름을 오벳이라고 불
렀습니다. 그는 다윗의 할아버지이며
이새의 아버지가 됩니다.

다윗의 계보

18 이렇게 해서 다음과 같은 베레스의
족보가 생겨났습니다. 베레스는 헤스
론을 낳고
19 헤스론은 람을 낳고 람은 암미나답을
낳고
20 암미나답은 나손을 낳고 나손은 *살
몬을 낳고
21 *살몬은 보아스를 낳고 보아스는 오벳
을 낳고
22 오벳은 이새를 낳고 이새는 다윗을 낳
았습니다.

4:20,21 일부 히브리어 사본과 칠십인역과 불가타를 따름. 대다수 히브리어 사본에는 '살마'(대상 2:11을 보라.)

사무엘상

1 Samuel

이스라엘의 왕정 수립과 마지막 사사 사무엘의 역할, 초대 왕 사울에 대한 기록을 담고 있다. 특히 사사 제도에서 왕 제도로 전환되는 과정에서 나타나는 인간의 우매함과 하나님의 은혜를 동시에 드러내며, 인간적인 왕 사울의 한계와 몰락, 기름 부음을 받은 다윗 왕의 가능성과 상승을 대조적으로 기술하고 있다.

사무엘의 출생

1 에브라임 산지 라마다임소빔에 에
브라임 사람 엘가나라는 사람이 살
고 있었습니다. 그는 여로함의 아들이
며 엘리후의 손자이며 도후의 증손이
며 숩의 현손입니다.
2 엘가나에게는 두 아내가 있었는데,
한 사람의 이름은 *한나였고 다른 한
사람의 이름은 브닌나였습니다. 브닌
나는 자식이 있었지만 *한나는 자식
이 없었습니다.
3 엘가나는 해마다 전능하신 여호와께
경배와 제사를 드리기 위해 고향에서
실로로 올라갔습니다. 그곳에는 엘리
의 두 아들 홉니와 비느하스가 여호와
의 제사장으로 있었습니다.
4 엘가나는 제사드리는 날이 올 때마
다 자기 아내 브닌나와 그 모든 아들
딸들에게 제물로 드린 고기를 나누어
주곤 했습니다.
5 그러나 한나에게는 두 배를 주었는데
그것은 그가 한나를 사랑했기 때문입
니다. 그러나 여호와께서는 한나에게
자녀를 주지 않으셨습니다.
6 여호와께서 한나에게 자녀를 주시지
않았으므로 브닌나는 계속해서 한나
를 괴롭히고 업신여겼습니다.
7 이런 일이 해마다 계속됐습니다. 한나
가 여호와의 집에 올라갈 때마다 브닌
나가 한나를 괴롭혔기 때문에 한나는
울면서 아무것도 먹지 못했습니다.
8 그런 한나에게 남편 엘가나는 "한나,
왜 그렇게 울고 있소? 왜 먹지 않고
있소? 왜 그렇게 슬퍼하고만 있소?
내가 당신에게 열 아들보다 낫지 않
소?" 하고 말했습니다.
9 그들이 실로에서 먹고 마시고 난 뒤
한나가 자리에서 일어났습니다. 그때
엘리 제사장이 여호와의 *성전 문 옆
에 있는 의자에 앉아 있었습니다.
10 한나는 마음이 너무나 괴로워 울고

1:2 풍성한 은혜 1:9 성막을 말함.

또 울면서 여호와께 기도했습니다.
11 그리고 맹세하면서 말했습니다. "전능
하신 여호와여, 만약 주께서 주의 종
의 비참함을 굽어보시어 저를 기억하
시고 주의 종을 잊지 않고 제게 아들
을 주신다면 제가 그 평생을 여호와
께 바치고 결코 그 머리에 칼을 대지
않겠습니다."
12 한나가 여호와께 계속 기도드리는 동
안 엘리는 한나의 입을 지켜보고 있었
습니다.
13 한나가 마음속으로 기도하고 있어서
입술은 움직였지만 소리가 들리지 않
았습니다. 엘리는 한나가 술에 취했다
고 생각하고
14 "얼마나 더 취해야겠소? 어서 술을
끊으시오"라고 말했습니다.
15 한나가 대답했습니다. "내 주여, 그런
게 아닙니다. 저는 슬픔이 가득한 여
자입니다. 저는 포도주나 독한 술을
마신 것이 아니라 여호와께 제 심정
을 쏟아 낸 것입니다.
16 당신의 여종을 나쁜 여자로 여기지
마십시오. 저는 너무 괴롭고 슬퍼 여
기서 기도하고 있었을 뿐입니다."
17 그러자 엘리가 말했습니다. "평안히
가시오. 이스라엘의 하나님께서 당신
이 구한 것을 허락하실 것이오."
18 한나가 말했습니다. "당신의 여종이
당신께 은총받기를 바랍니다." 그러고
나서 한나는 가서 음식을 먹고 그 이
후로 얼굴에 근심을 띠지 않았습니
다.
19 다음 날 아침 그들은 일찍 일어나 여
호와 앞에 경배하고 라마의 집으로
돌아갔습니다. 엘가나는 자기 아내 한
나와 잠자리를 같이했고 여호와께서
는 한나를 기억하셨습니다.
20 한나는 임신을 했고 때가 되자 그녀
는 아들을 낳았습니다. 한나는 여호
와께 구해 얻은 아들이라 해서 그 아
이의 이름을 *사무엘이라고 지었습니
다.

한나가 사무엘을 봉헌하다

21 엘가나가 온 가족을 데리고 매년제와
서원제를 드리러 올라갈 때
22 한나는 가지 않고 남편에게 이렇게
말했습니다. "아이가 젖을 떼면 제가
데려가 아이를 여호와께 바치고 일생
동안 그곳에서 살게 하려고 합니다."
23 남편 엘가나가 대답했습니다. "당신
생각에 그것이 최선이라면 그렇게 하
시오. 그럼 당신은 아이가 젖을 뗄 때
까지 여기 있으시오. 그저 여호와께
서 당신의 말대로 이루시기를 바라
오." 그리하여 한나는 자기 아들이 젖
을 뗄 때까지 집에서 아이를 길렀습
니다.
24 아들이 젖을 떼자 한나는 아이를 데
리고 수소 세 마리와 밀가루 *1에바
와 포도주 한 부대를 갖고 실로에 있
는 여호와의 집으로 갔습니다. 아이
는 어렸습니다.
25 그들은 수소를 잡고 아이를 엘리에게
데려갔습니다.

1:20 하나님께서 들으셨다. 1:24 1에바는 약 22리터

26 한나가 엘리에게 말했습니다. "내 주
여, 맹세하건대 저는 여기 당신 옆에
서서 여호와께 기도하던 그 여자입니
다.
27 그때 제가 이 아이를 달라고 기도했
었는데 여호와께서 제가 구한 것을
주셨습니다.
28 이제 제가 여호와께 이 아이를 드립니
다. 이 아이의 평생을 여호와께 바칩
니다." 그런 다음 그들은 거기서 여호
와께 경배를 드렸습니다.

한나의 기도

2 그러고 나서 한나가 기도하며 말했
습니다.
"내 마음이 여호와를 기뻐합니다.
여호와 안에서 내 *뿔이 높이 들렸
습니다. 내 입이 원수들을 향해 자
랑합니다. 내가 주의 구원을 기뻐
하기 때문입니다.
2 여호와처럼 거룩하신 분은 없습니
다. 주 외에 다른 분은 없습니다.
우리 하나님 같은 반석은 없습니
다.
3 너희는 교만하게 말하지 말라. 그
런 오만한 말을 입에 담지 말라. 여
호와는 지식의 하나님이시니 그분
이 사람의 행위들을 저울질하실
것이다.
4 용사의 활은 꺾이지만 넘어진 사람
들은 힘으로 띠를 둘렀습니다.
5 배부르던 사람들은 먹을 것을 얻으
려고 품을 팔겠지만 배고프던 사람
들은 더 이상 배고프지 않습니다.
잉태하지 못하던 여인은 일곱 명의
자녀를 낳겠지만 많은 아들들이 있
는 여인은 미약해졌습니다.
6 여호와께서는 죽이기도 하시고 살
리기도 하시며 *무덤까지 끌어내리
기도 하시고 올리기도 하십니다.
7 여호와께서는 가난하게도 하시고
부하게도 하시며 낮추기도 하시고
높이기도 하십니다.
8 여호와께서는 가난한 사람들을 먼
지 구덩이에서 일으켜 세우시고 궁
핍한 사람들을 거름 더미에서 들
어 올리셔서 왕들과 함께 앉히시고
영광스러운 자리를 차지하게 하실
것입니다. 땅의 기초들은 여호와의
것이니 여호와께서 세상을 그 위에
세우셨습니다.
9 여호와께서 성도들의 발걸음을 지
켜 주시고 사악한 사람들을 어둠
속에서 잠잠하게 하실 것입니다.
힘으로 당해 낼 사람이 없으니
10 여호와께 대항하는 사람들은 흩어
질 것입니다. 하늘의 천둥과 번개
로 그들을 치실 것입니다. 여호와
께서 땅끝까지 심판하실 것입니다.
그러나 그분께서 세우신 왕에게는
힘을 주시고 기름 부어 세우신 왕
의 *이름을 높이실 것입니다."
11 그 후 엘가나는 라마의 집으로 돌아
왔지만 사무엘은 엘리 제사장 밑에서
여호와를 섬기게 됐습니다.

2:1 '힘'을 상징함. 2:6 히브리어, 스올 2:10 히브리어, '뿔을 높이실 것입니다.'

엘리의 악한 아들들

12 엘리의 아들들은 악한 사람들이었습
니다. 그들은 여호와를 *의식하지 않
았습니다.
13 그 당시 제사장들이 백성들에게 행
하는 관습이 있었는데 그들은 그것
을 무시했습니다. 누구든 제사를 드
리고 그 고기를 삶을 때는 제사장의
종이 세 살 달린 갈고리를 가져와서
14 그것으로 냄비나 솥이나 큰 솥이나
가마에 찔러 넣어 찍혀 나오는 대로
제사장이 고기를 갖는 것이었습니다.
실로에 올라오는 모든 이스라엘 백성
들에게 그렇게 했습니다.
15 그리고 기름이 태워지기 전에 제사장
의 종이 제사드리는 사람에게 와서
"제사장에게 구워 드릴 고기를 주십
시오. 그는 삶은 고기보다는 날것을
원하십니다" 하고 말하곤 했습니다.
16 만약 그 사람이 "기름을 먼저 태운
뒤에 원하는 대로 가져가시오"라고
말하면 종은 "아니, 지금 당장 주십시
오. 그러지 않으면 내가 강제로 빼앗
겠습니다"라고 대답했습니다.
17 이렇듯 엘리 아들들의 죄는 여호와
보시기에 너무나 큰 것이었습니다. 그
들이 여호와의 제사를 업신여겼기 때
문입니다.
18 한편 소년 사무엘은 고운 삼베 에봇
을 입고 여호와를 섬겼습니다.
19 사무엘의 어머니는 남편과 함께 매년
제를 드리러 올라올 때마다 작은 겉
옷을 만들어 사무엘에게 가져다주곤
했습니다.
20 엘리는 엘가나와 그 아내를 축복하면
서 말했습니다. "기도로 얻은 아이를
여호와께 바쳤으니 여호와께서 이 아

2:12 또는 알지 못했습니다.

하용조 목사의 행복한 **메시지**

기도의 응답

우리는 우리가 하는 기도가 모두 응답되기를 바랍니다. 그러나 실제로 우리가 기도하는 것마다 다 응답되지는 않습니다. 그렇다면 어떻게 기도를 해야 응답을 받을까요?
첫째는 단순함입니다. 번잡하게 생각하거나 복잡하게 구하지 마십시오. 단순하고 솔직하게 기도하십시오. 하나님 앞에서 꾸미지 말고 정직하십시오. 복잡하게 구하면 응답도 복잡해집니다. 어린아이처럼 단순하고 깨끗해야 합니다.
둘째는 신뢰입니다. 의심하는 사람은 바람에 밀려 요동하는 바다 물결과 같다고 했습니다. 구하면 주실 것을 믿으십시오. 하나님의 뜻 안에서 구했다면 의심하지 말고 그냥 믿으십시오.
셋째는 인내입니다. 믿는 사람에게 요구되는 것은 인내입니다. 오늘 모든 것을 즉시 이루어 달라고 말하지 마십시오. 그것은 신앙이 아닙니다. 믿음에는 인내가 필요합니다. 하나님께서는 엄마가 아이를 잉태하여 해산하기까지 열 달이라는 긴 시간을 기다리게 하십니다. 시간을 잘 이해하십시오. 하나님께서는 기다림 가운데서 우리에게 성숙을 주십니다.

이를 대신할 자식을 주시기를 빕니
다." 그들은 이렇게 기도를 받고 집으
로 돌아갔습니다.
21 여호와께서 한나에게 은혜를 베풀어
주셔서 한나가 임신을 했습니다. 그래
서 세 아들과 두 딸을 낳게 됐고 어
린 사무엘도 여호와 앞에서 잘 자랐
습니다.
22 나이 들어 늙은 엘리는 자기 아들들
이 온 이스라엘 백성에게 행한 모든
일과 회막 문에서 일하는 여자들과
잠을 잔 것에 대해 다 듣게 됐습니다.
23 그래서 엘리가 아들들에게 말했습니
다. "너희가 어떻게 이런 짓을 할 수
있느냐? 내가 사람들에게서 너희가
저지른 못된 행동들에 대해 다 들었
다.
24 내 아들들아, 그러면 안 된다. 사람들
사이에 들리는 소문이 좋지 않구나.
25 사람이 사람에게 죄를 지으면 하나
님께서 중재해 주시지만 사람이 여호
와께 죄를 지으면 누가 그를 변호하
겠느냐?" 그러나 엘리의 아들들은 자
기 아버지가 나무라는 말에 귀 기울
이지 않았습니다. 여호와께서 그들을
죽이기로 작정하셨기 때문이었습니
다.
26 한편 소년 사무엘은 커 갈수록 여호
와와 사람들에게 더욱 사랑을 받았
습니다.

엘리의 집안에 대한 예언

27 그즈음 하나님의 사람이 엘리에게 와
서 말했습니다. "여호와의 말씀입니
다. '내가 네 조상들이 이집트에서 바
로의 억압 아래 있을 때 그들에게 나
를 분명히 나타내지 않았느냐?
28 내가 이스라엘 모든 지파 가운데 네
조상을 선택해 내 제사장이 되게 하
고 내 제단에 올라가 분향하고 내 앞
에서 에봇을 입게 했다. 또한 이스라
엘 백성들이 드리는 모든 화제를 네
조상의 집에 주었다.
29 그런데 너희는 어째서 내 처소에서
내게 바치라고 명령한 내 제물과 예
물을 *업신여기느냐? 네가 어떻게 나
보다 네 아들들을 사랑해 내 백성 이
스라엘이 바친 모든 제물 가운데 가
장 좋은 것으로 스스로 살찌게 할 수
있느냐?
30 그러므로 이스라엘의 하나님 나 여호
와가 말한다. 내가 네 집과 네 조상의
집이 영원히 내 앞에서 나를 섬길 것
이라고 말했지만 이제는 더 이상 그
러지 않을 것이다. 나를 존중하는 사
람들을 내가 존중할 것이고 나를 멸
시하는 사람들을 나도 멸시할 것이
다.
31 내가 *네 팔과 네 조상의 집의 팔을
꺾어 네 집안에 나이 든 사람이 없게
할 것이다.
32 너는 모든 이스라엘 백성이 복을 받
을 때 내가 있는 곳에서 환난을 보게
될 것이다. 네 집안에서는 나이 든 사
람을 보지 못하게 될 것이다.

2:29 사해 사본과 칠십인역에는 '탐내느냐?' 2:31 또는 네 자손과 네 족속의 대를 끊어서

33 내가 내 제단에서 끊어 버리지 않고
한 사람을 남겨 둘 것인데 그가 네 눈
의 기운을 약하게 하고 너를 슬프게
할 것이며 네 모든 자손들은 다 젊어
서 죽게 될 것이다.
34 네 두 아들 홉니와 비느하스가 같은
날에 죽으리니 이것이 바로 내 말의
징조가 될 것이다.
35 이제 내가 나를 위해 신실한 제사장
을 세울 것인데 그는 내 마음과 뜻대
로 행할 것이다. 나는 그의 집안을 굳
건히 세울 것이고 그는 내가 기름 부
은 사람 앞에서 나를 항상 섬길 것이
다.
36 그러고 나면 네 집안에서 남은 자들
은 모두 와서 그 앞에 엎드려 은 한
조각과 빵 부스러기를 얻으려고 어디
든 제사장 일을 맡게 해 달라고 부탁
하게 될 것이다.'"

여호와께서 사무엘을 부르시다

3 소년 사무엘은 엘리 밑에서 여호와
를 섬기고 있었습니다. 그 당시에는
여호와께서 직접 말씀하시는 일이 드
물었고 이상도 많지 않았습니다.
2 어느 날 밤, 눈이 어두워져 잘 보지
못하는 엘리가 잠자리에 누워 있고
3 하나님의 등불이 아직 꺼지지 않았고
사무엘은 하나님의 궤가 있는 여호와
의 *성전에 누워 있었습니다.
4 그때 여호와께서 사무엘을 부르셨습
니다. 사무엘은 "제가 여기 있습니다"
라고 대답하고
5 곧 엘리에게 달려가 "부르셨습니까?
저 여기 있습니다" 하고 말했습니다.
엘리는 "내가 부르지 않았다. 돌아가
서 자거라" 하고 말했습니다. 사무엘
은 가서 누웠습니다.
6 다시 여호와께서 부르셨습니다. "사무
엘아!" 그러자 사무엘이 일어나 엘리
에게 가서 말했습니다. "여기 있습니
다. 저를 부르셨지요?" 엘리가 대답했
습니다. "내 아들아, 나는 부르지 않
았다. 돌아가서 자거라."
7 그때까지 사무엘은 여호와를 잘 알지
못했고 여호와의 말씀도 아직 그에게
나타난 적이 없었습니다.
8 여호와께서 세 번째로 사무엘을 부르
셨습니다. 사무엘은 일어나 엘리에게
가서 말했습니다. "여기 있습니다. 저
를 부르셨지요?" 그제야 엘리는 여호
와께서 이 소년을 부르시는 것을 깨
달았습니다.
9 그래서 엘리는 사무엘에게 "가서 누
워 있다가 다시 그분이 너를 부르시
면 '여호와여, 말씀하십시오. 주의 종
이 듣고 있습니다'라고 말해라" 하고
일러 주었습니다. 사무엘이 돌아가 자
리에 누웠습니다.
10 여호와께서 나타나셔서 그곳에 서서
조금 전처럼 부르셨습니다. "사무엘아,
사무엘아!" 그러자 사무엘이 말했습니
다. "말씀하십시오. 주의 종이 듣고
있습니다."
11 그러자 여호와께서 사무엘에게 말씀
하셨습니다. "보아라. 내가 이스라엘

3:3 성막을 말함.

에 어떤 일을 행할 것이다. 그것을 듣
는 사람마다 두려워서 귀가 울릴 것
이다.
12 그때 내가 엘리의 집안에 대해 말한
모든 일을 처음부터 끝까지 다 이룰
것이다.
13 내가 엘리의 집안을 영원히 심판하겠
다고 말한 것은 엘리가 자기 아들들
이 스스로 벌을 청하는 것을 알면서
도 그것을 막지 않았기 때문이다.
14 그러므로 내가 엘리의 집안을 두고
'제물이나 예물로 결코 깨끗해질 수
없다'라고 맹세했던 것이다."
15 사무엘은 아침이 될 때까지 누워 있
다가 여호와의 집의 문을 열었습니다.
하지만 사무엘은 이 이상에 대해 엘리
에게 말하기가 두려웠습니다.
16 그러자 엘리가 그를 불러 말했습니다.
"내 아들 사무엘아!" 사무엘이 대답했
습니다. "예, 여기 있습니다."
17 엘리가 물었습니다. "그분이 네게 뭐
라고 말씀하시더냐? 내게 숨기지 마
라. 네게 말씀하신 것 가운데 숨기는
것이 있으면 하나님께서 네게 심한 벌
을 내리실 것이다."
18 그래서 사무엘은 엘리에게 아무것도
숨기지 않고 낱낱이 털어놓았습니다.
그러자 엘리가 말했습니다. "그분은
주님이시니 그분이 뜻하신 대로 행하
실 것이다."
19 여호와께서는 사무엘이 자라는 동안
그와 함께하셨고 그가 하는 말은 모
두 그대로 이루어지게 하셨습니다.
20 그리하여 단에서 브엘세바에 이르기
까지 모든 이스라엘은 여호와께서 사
무엘을 예언자로 세우신 것을 알았습
니다.
21 여호와께서 실로에서 계속 나타나셨
고 여호와께서는 거기에서 사무엘에
게 친히 말씀하셨습니다.

4 사무엘이 하는 말은 모든 이스라엘
이 귀 기울여 들었습니다.

블레셋이 언약궤를 빼앗다

그 무렵 이스라엘 백성들이 블레셋 사
람들과 싸우러 나갔습니다. 이스라엘
사람들은 에벤에셀에 진을 쳤고 블레
셋 사람들은 아벡에 진을 쳤습니다.
2 블레셋 사람들은 이스라엘에 대항하
기 위해 전열을 가다듬었습니다. 이
전쟁에서 이스라엘은 블레셋 사람들
에게 패했고 그 싸움터에서 죽은 군
사가 약 4,000명 정도 됐습니다.
3 군사들이 진영에 돌아오자 이스라엘
장로들이 말했습니다. "여호와께서 오
늘 우리를 블레셋 사람들 앞에서 패
배하게 하신 이유가 무엇이겠는가?
실로에서 여호와의 언약궤를 가져오
자. 그 궤가 우리 가운데 오면 우리
적들의 손에서 우리를 구해 낼 수 있
을 것이다."
4 그래서 그들은 사람들을 실로에 보냈
고 그 사람들은 그룹들 사이에 계신
전능하신 여호와의 언약궤를 갖고 돌
아왔습니다. 엘리의 두 아들 홉니와
비느하스도 하나님의 언약궤와 함께
그곳에 왔습니다.

5 여호와의 언약궤가 진영에 도착하자
모든 이스라엘이 땅이 흔들릴 만큼
큰 소리로 외쳤습니다.
6 이 소리를 들은 블레셋 사람들은 "히
브리 사람의 진영에서 나는 이 환호
성은 대체 무엇이냐?" 하고 묻다가
곧 여호와의 궤가 진영에 도착했다는
것을 알게 됐습니다.
7 블레셋 사람들은 두려워하며 말했습
니다. "그들의 신이 이스라엘 진영에
도착했다. 일찍이 이런 일이 없었는데
우리에게 이제 화가 미치겠구나.
8 우리에게 화가 미쳤는데 이 강한 신
들의 손에서 누가 우리를 건져 내겠
는가? 그들은 광야에서 이집트 사람
들을 온갖 재앙으로 쳐부순 신들이
아닌가.
9 블레셋 사람들아, 대장부답게 강해지
자. 그러지 않으면 전에 히브리 사람
들이 우리 종이 됐던 것처럼 우리가
히브리 사람들의 종이 되고 말 것이
다. 대장부답게 나가서 싸우자."
10 이렇게 블레셋 사람들이 싸움에 임
하자 이스라엘 사람들은 패해 저마다
자기 진영으로 도망쳤습니다. 이 싸움
의 패배로 이스라엘은 3만 명의 군사
를 잃고 말았습니다.
11 이때 하나님의 궤도 빼앗기고 엘리의
두 아들 홉니와 비느하스도 죽었습니
다.

엘리의 죽음

12 바로 그날 베냐민 지파 사람 하나가
싸움터에서 도망쳐 실로로 왔습니다.
그의 옷은 찢어졌고 머리에는 먼지가
가득했습니다.
13 그가 도착했을 때 엘리는 하나님의
궤로 인해 마음을 졸이며 길가 한쪽
의자에 앉아 소식을 기다리고 있었습
니다. 그 사람이 성으로 들어와 어떤
일이 일어났는지 말하자 온 성안이
울음바다가 됐습니다.
14 그 울부짖는 소리를 듣고 엘리가 물
었습니다. "웬 소란이냐?" 그 사람이
곧장 엘리에게 달려왔습니다.
15 엘리는 98세나 됐기 때문에 눈이 어
두워 잘 볼 수 없었습니다.
16 그 사람이 엘리에게 말했습니다. "저
는 전쟁터에서 온 사람입니다. 바로
오늘 도망쳐 왔습니다." 엘리가 물었
습니다. "내 아들아, 무슨 일이 있었
느냐?"
17 그 소식을 전하는 사람이 대답했습니
다. "이스라엘이 블레셋 사람들 앞에
서 도망쳤고 수많은 군사들이 죽었습
니다. 또한 당신의 두 아들 홉니와 비
느하스도 죽었고 하나님의 궤도 빼앗
겼습니다."
18 하나님의 궤에 대한 말을 듣고 엘리
는 그만 성문 곁에서 의자 뒤로 거꾸
러져 목이 부러진 채 죽고 말았습니
다. 그가 나이 많은 노인인 데다 몸이
뚱뚱했기 때문이었습니다. 엘리는 40
년 동안 이스라엘을 *이끌었던 사사
였습니다.
19 그의 며느리인 비느하스의 아내는 임

4:18 히브리어, '재판했던'

신해 출산할 때가 가까웠습니다. 그
녀는 하나님의 궤를 빼앗겼고 시아버
지와 남편이 죽었다는 소식을 듣고는
갑자기 진통하다가 몸을 구부린 채
아이를 낳았습니다.
20 그녀가 숨을 거두려 하는데 옆에 있
던 여인들이 "두려워하지 마세요. 아
들을 낳았어요" 하고 말했습니다. 하
지만 그녀는 대꾸하지도 않고 관심도
보이지 않다가
21 "영광이 이스라엘에서 떠났다" 하며
아이의 이름을 *이가봇이라고 지었습
니다. 하나님의 궤를 빼앗겼고 시아버
지와 남편이 죽었기 때문입니다.
22 무엇보다 그녀는 하나님의 궤를 빼앗
겼기 때문에 "영광이 이스라엘에서
떠났다"고 말한 것이었습니다.

언약궤가 아스돗과 에그론으로 옮겨지다

5 블레셋 사람들은 하나님의 궤를
빼앗아 에벤에셀에서 아스돗으로
가져갔습니다.
2 그러고 나서 그들은 그 궤를 다곤 신
전으로 가져가서 다곤 신상 곁에 두
었습니다.
3 이튿날 아침 일찍 아스돗 사람들이
일어나 보니 다곤이 여호와의 궤 앞에
서 얼굴을 땅에 박고 넘어져 있었습
니다. 그들은 다곤을 일으켜 다시 제
자리에 세워 두었습니다.
4 그다음 날 그들이 일어나 보니 다곤
이 여호와의 궤 앞에서 얼굴을 땅에
박고 넘어져 있었습니다. 다곤의 머리
와 두 손은 잘려서 문지방에 널려 있
었고 단지 몸통만 남아 있었습니다.
5 이 때문에 오늘날까지도 다곤의 제사
장들과 아스돗에 있는 다곤의 신전에
들어가는 사람들은 모두 문지방을
밟지 않고 들어갑니다.
6 여호와의 손이 아스돗 사람들을 호
되게 치셔서 종기 재앙으로 아스돗과
그 지역 사람들을 죽이셨습니다.
7 아스돗 사람들은 이런 일들을 보고
말했습니다. "이스라엘 하나님의 궤가
여기 우리와 함께 있어서는 안 되겠
다. 하나님의 손이 우리와 우리의 신
다곤을 치고 있지 않는가!"
8 그리하여 그들은 사람을 보내 모든
블레셋 지도자들을 모아 놓고 물었습
니다. "이스라엘 하나님의 궤를 어떻
게 하는 게 좋겠습니까?" 그들이 대
답했습니다. "이스라엘 하나님의 궤를
가드로 옮깁시다." 그리하여 그들은
이스라엘 하나님의 궤를 옮겼습니다.
9 그러나 그들이 궤를 옮기고 난 후 여
호와의 손이 또 그 성을 치셔서 사람
들이 큰 고통을 겪게 됐습니다. 젊은
이나 늙은이 할 것이 없이 그 성 사람
들은 모두 종기가 났습니다.
10 그리하여 그들은 하나님의 궤를 에그
론으로 보냈습니다. 하나님의 궤가 에
그론에 들어서자 에그론 사람들이 부
르짖으며 말했습니다. "저 사람들이
우리와 우리 백성들을 죽이려고 하나
님의 궤를 가져왔다."
11 그래서 그들은 블레셋 지도자들을 모

4:21 영광이 없음.

두 불러 놓고 말했습니다. "이스라엘
하나님의 궤를 보내 원래 있던 곳으
로 되돌려 놓읍시다. 그러지 않으면
그 궤가 우리와 우리 백성들을 죽일
것입니다." 이는 궤가 가는 곳마다 죽
음의 고통이 그 성 전체를 덮었기 때
문이었습니다. 하나님께서 치시는 손
길이 하도 호되어
12 죽지 않고 살아남은 사람들은 종기에
시달렸고 그 성의 부르짖음은 하늘까
지 닿았습니다.

언약궤가 이스라엘로 돌아오다

6 여호와의 궤가 블레셋 땅에 있은
지 7개월이 지났을 때
2 블레셋 사람들이 제사장들과 점쟁이
들을 불러서 말했습니다. "우리가 여
호와의 궤를 어떻게 하는 것이 좋겠
습니까? 우리가 그것을 어떤 식으로
제자리로 돌려보내야 할지 알려 주십
시오."
3 그들이 대답했습니다. "이스라엘 하나
님의 궤를 돌려보내려면 빈손으로 그
냥 보내서는 안 됩니다. 반드시 그 신
에게 속건제물을 바쳐야 합니다. 그래
야만 여러분이 낫게 되고 왜 그 신의
손이 여러분에게서 떠나지 않았는지
도 알게 될 것입니다."
4 블레셋 사람들이 물었습니다. "어떤
속건제물을 그 신에게 바쳐야 합니
까?" 그들이 대답했습니다. "블레셋
지도자들의 수에 따라 금으로 만든
다섯 개의 종기와 다섯 마리의 금 쥐
를 바쳐야 합니다. 같은 수의 재앙이
여러분과 여러분의 지도자들에게 내
렸기 때문입니다.
5 여러분들은 여러분이 앓고 있는 종기
와 이 땅을 휩쓸고 있는 쥐의 모양을
만들어 바치고 이스라엘 신께 경의를
표하십시오. 그러면 혹시 하나님이 여
러분과 여러분의 신들과 여러분의 땅
을 치시던 손을 거두실지도 모릅니
다.
6 여러분은 어찌 이집트 사람들과 바로
처럼 고집을 부리려고 합니까? 하나
님이 그들에게 온갖 재앙을 내리신
후에야 그들이 이스라엘 사람들을 보
내 자기 길을 가게 하지 않았습니까?
7 그러니 이제 새 수레를 준비하고 멍에
를 멘 적이 없는 젖이 나는 소 두 마
리를 수레에 매십시오. 하지만 그 송
아지들은 떼 내어 우리에 넣으십시오.
8 여호와의 궤를 가져다 수레에 싣고
속건제물로 그분께 드릴 금으로 만든
물건들을 상자에 담아 궤 곁에 두십
시오. 수레가 가는 대로 보내되
9 계속 지켜보십시오. 만약 그 소가 궤
가 본래 있던 곳 벧세메스로 가면 여
호와께서 우리에게 이 큰 재앙을 보
내신 것이요, 만약 그러지 않으면 우
리를 친 것이 그분의 손이 아니라 그
저 우연히 우리에게 닥친 일임을 우리
가 알게 될 것입니다."
10 그래서 그들은 그 말대로 어미 소 두
마리를 데려다가 수레에 매고 송아지
들은 우리에 가두었습니다.
11 그들은 여호와의 궤와 금 쥐와 그들

에게 생긴 종기 모양을 담은 상자를
수레에 실었습니다.
12 그러자 소들이 벧세메스 쪽을 향해
곧바로 올라갔습니다. 소들은 울면서
큰길에서 오른쪽이나 왼쪽으로 치우
치지 않고 곧장 갔습니다. 블레셋 지
도자들은 소들을 따라가 벧세메스 경
계에까지 이르렀습니다.
13 그때 마침 벧세메스 사람들이 골짜기
에서 밀을 베고 있다가 고개를 들어
궤를 보고 기뻐했습니다.
14 수레가 벧세메스에 있는 여호수아의
밭에 이르자 큰 바위 곁에 멈춰 섰습
니다. 사람들은 수레의 나무를 쪼개
어 장작을 만들고 소들을 잡아 여호
와를 위한 번제물로 드렸습니다.
15 레위 사람들은 여호와의 궤를 내려다
가 금으로 만든 물건이 담긴 상자와
함께 큰 바위 위에 두었습니다. 그날
벧세메스 사람들은 여호와께 번제물
을 드리고 다른 희생제물도 드렸습니
다.
16 다섯 명의 블레셋 지도자들은 이 모
든 것을 보고 그날로 에그론으로 돌
아갔습니다.
17 블레셋 사람들이 여호와께 속건제물
로 보낸 종기 모양의 금덩이들은 아스
돗, 가사, 아스글론, 가드, 에그론에서
각각 하나씩이었고
18 다섯 마리의 금 쥐들은 다섯 명의 지
도자들에게 속한 성곽과 그 주변 마
을, 곧 블레셋 성들의 수에 따른 것이
었습니다. 여호와의 궤가 놓였던 이
큰 바위는 오늘날까지도 벧세메스 사
람 여호수아의 밭에 증거로 남아 있
습니다.
19 그런데 벧세메스 사람들이 여호와의
궤를 들여다보았기 때문에 여호와께
서는 백성들 가운데 *(5만) 70명을 죽
이셨습니다. 사람들은 여호와께서 백
성들을 심하게 치신 일로 크게 슬퍼
했습니다.
20 벧세메스 사람들은 말했습니다. "이
거룩하신 하나님 여호와 앞에 누가
서겠는가? 이 궤를 여기서 누구에게
로 보내야 하는가?"
21 그러고 나서 그들은 기럇 여아림 사람
들에게 사람을 보내 말했습니다. "블
레셋 사람들이 여호와의 궤를 돌려주
었으니 내려와서 그것을 가져가시오."

7 그리하여 기럇 여아림 사람들이 와
서 여호와의 궤를 가져다가 언덕
위에 있는 아비나답의 집으로 옮겨 놓
고 그 아들 엘리아살을 거룩하게 구
별해 여호와의 궤를 지키게 했습니다.
2 그 궤가 기럇 여아림에 머무른 지 20
년이 됐습니다.

사무엘이 미스바에서 블레셋을 굴복시키다

그동안 모든 이스라엘 백성들이 여호
와를 사모하며 찾았습니다.
3 그러자 사무엘이 이스라엘 온 집에 말
했습니다. "만약 너희가 온 마음으로
여호와께 돌아오려면 이방신들과 아
스다롯을 없애고 여호와께 자신을 맡
기고 그분만을 섬기라. 그러면 그분

6:19 대다수 히브리어 사본들과 칠십인역에는 '5만 70명'

이 너희를 블레셋 사람들의 손에서
구해 내실 것이다."
4 그리하여 이스라엘 백성들은 바알과
아스다롯을 버리고 여호와만을 섬기
게 됐습니다.
5 그러자 사무엘이 말했습니다. "모든
이스라엘은 미스바로 모이라. 내가 여
호와께 너희의 죄를 용서해 달라고
기도하겠다."
6 그들은 미스바에 모여 물을 길어다가
여호와 앞에 붓고 그날 거기서 금식
하며 "우리가 여호와께 죄를 지었습니
다" 하고 고백했습니다. 사무엘은 미
스바에서 이스라엘을 *다스렸습니다.
7 이스라엘이 미스바에 모였다는 소식
을 듣고 블레셋의 지도자들이 이스라
엘을 공격하러 올라왔습니다. 이스라
엘 백성들은 이 소식을 듣자 블레셋
사람들을 두려워해
8 사무엘에게 말했습니다. "여호와 우리
하나님께서 블레셋 사람들의 손에서
우리를 구하시도록 우리를 위해 쉬지
말고 기도해 주십시오."
9 그러자 사무엘이 젖 먹는 양을 잡아
여호와께 번제물로 드리고 이스라엘
을 위해 여호와께 부르짖었더니 여호
와께서 그 기도를 들어 주셨습니다.
10 사무엘이 번제를 드리는 동안 블레셋
사람들은 이스라엘과 싸우려고 가까
이 오고 있었습니다. 그러나 그날 여
호와께서 블레셋 사람들에게 큰 천둥
소리를 내어 당황하게 하셨으므로 그
들이 이스라엘 백성들에게 패했습니
다.
11 이스라엘 사람들은 미스바에서 나와
벧갈 아래까지 뒤쫓아가서 블레셋 사
람들을 무찔렀습니다.
12 그때 사무엘이 돌을 들어 미스바와 센
사이에 두고 "여호와께서 여기까지 우
리를 도우셨다"라고 말하며 그곳을
*에벤에셀이라고 불렀습니다.
13 이렇게 블레셋 사람들을 굴복시켜 그
들은 다시는 이스라엘 지역을 침입하
지 않았습니다. 사무엘이 사는 동안
여호와의 손이 블레셋 사람들을 막아
주셨습니다.
14 블레셋 사람들이 이스라엘에게서 빼
앗아 갔던 에그론에서 가드에 이르는
성들을 되찾았고 블레셋 사람의 손으
로 넘어갔던 그 주변 영토도 회복했
습니다. 이스라엘은 아모리 사람들과
도 평화롭게 지냈습니다.
15 사무엘은 평생 동안 이스라엘을 다스
렸습니다.
16 그는 해마다 벧엘과 길갈과 미스바를
순회하며 모든 지역을 다스렸습니다.
17 그리고 자기 집이 있는 라마로 돌아
와 거기서도 이스라엘을 다스렸으며
그곳에 여호와를 위한 제단을 쌓았습
니다.

이스라엘이 왕을 요구하다

8 사무엘은 나이가 들자 자기 아들
들을 이스라엘의 사사로 세웠습니
다.
2 맏아들의 이름은 요엘이고 둘째 아들

7:6 히브리어, '재판했습니다.' 7:12 도움의 돌

의 이름은 아비야입니다. 그들은 브엘
세바에서 사사가 됐습니다.
3 그러나 사무엘의 아들들은 사무엘이
걸었던 길을 가지 않았습니다. 그들
은 부당한 이득을 따라 뇌물을 받고
옳지 않은 판결을 내렸습니다.
4 그래서 모든 이스라엘 장로들은 라마
에 있는 사무엘을 찾아갔습니다.
5 그들이 사무엘에게 말했습니다. "이제
당신은 늙었고 당신 아들들은 당신이
행한 길을 가고 있지 않습니다. 그러
니 우리에게 왕을 세워 주셔서 다른
모든 나라처럼 왕이 우리를 다스리게
해 주십시오."
6 왕을 세워 다스리게 해 달라는 말을
들은 사무엘이 마음이 언짢아 여호와
께 기도를 드렸습니다.
7 그러자 여호와께서 그에게 말씀하셨
습니다. "백성들이 네게 하는 말을 다
들어 주어라. 그들이 너를 버린 것이
아니라 나를 버려 내가 그들의 왕인
것을 거부하는 것이다.
8 내가 그들을 이집트에서 이끌어 낸
때부터 오늘에 이르기까지 그들은 그
렇게 해 왔다. 그들이 나를 제쳐 두고
다른 신들을 섬긴 것처럼 네게도 그
러는 것이다.
9 그러니 그들의 말을 들어 주어라. 그
러나 그들에게 엄중하게 경고해 왕이
어떤 권한이 있는지 알게 해 주어라."
10 사무엘은 왕을 세워 달라고 요구하는
백성들에게 여호와께서 하신 모든 말
씀을 전해 주었습니다.
11 "너희를 다스릴 왕은 이렇게 할 것이
다. 그는 너희 아들들을 데려다가 자
기 마차와 말을 돌보는 일을 시키고
그들을 마차 앞에서 달리게 할 것이
다.
12 그가 너희 아들들을 천부장과 오십
부장으로 세울 것이며 자신을 위해

Q&A 왜 왕을 달라고 했을까?

참고 구절 | 삼상 8:1–22

사무엘은 더 이상 백성들을 다스리지 못할 만큼 나이가 들자 자기 아들들을 사사로 삼았다(삼상 8:1). 하지만 아들들은 사무엘과 달리 악행을 일삼으며(삼상 8:3) 백성들을 제대로 다스리지 못했다. 이에 대해 이스라엘 장로들은 불평하며 다른 이방 나라들처럼 왕을 달라고 했다(삼상 8:5).

이런 요구의 이면에는 숨겨진 동기가 있었다. 그것은 눈에 보이는 왕이 다스려 주길(삼상 8:19–20) 바라는 아주 인간적인 생각이었다. 지금까지 자신들을 인도하셨던 왕이신 하나님을 거부하는 것이기도 했다. 또한 여기에는 하나님이 세우신 사사 사무엘을 인정하지 않는 태도도 들어 있었다.

모든 것을 아시면서도 하나님께서는 그들의 요구대로 왕을 세워 주셨다(삼상 10:17–24). 하나님께서 왕을 주신 이유는 왕의 통치로 인해 겪을 어려움을 통해 진정으로 자신들을 구원해 주는 왕은 하나님 한 분뿐임을 깨닫게 하기 위함이었을 것이다(삼상 8:10–18).

밭을 갈고 추수하게 할 것이고 전쟁
을 위한 무기와 전차의 장비를 만들
게 할 것이다.
13 또 너희 딸들을 데려다가 향료 만드
는 사람, 요리사, 빵 굽는 사람이 되
게 할 것이다.
14 그는 너희 밭과 포도밭과 올리브 밭
가운데 제일 좋은 것을 골라 자기 신
하들에게 줄 것이며
15 너희 곡식과 포도 수확물의 10분의 1
을 가져다가 자기의 관리와 신하들에
게 줄 것이다.
16 너희 남종들과 여종들과 *너희 소년
들과 나귀들 가운데 가장 좋은 것을
끌어다가 자기 일을 시키고
17 너희 양들의 10분의 1을 가질 것이며
결국 너희 자신도 그의 노예가 될 것
이다.
18 그때가 되면 너희는 너희가 선택한
그 왕에게서 벗어나게 해 달라고 울
부짖겠지만 그때는 여호와께서 너희
의 말에 응답하지 않으실 것이다."
19 이렇게 말했지만 백성들은 사무엘의
말을 들으려 하지 않았습니다. "아니
요. 그래도 우리는 왕을 원합니다.
20 다른 나라들처럼 우리를 다스릴 뿐
아니라 우리를 이끌고 나가 싸워 줄
왕이 있어야 합니다."
21 사무엘이 백성들의 말을 모두 듣고 여
호와께 다 말씀드렸더니
22 여호와께서 대답하셨습니다. "그들의
말대로 그들에게 왕을 세워 주어라."
그러자 사무엘은 이스라엘 사람들에
게 모두 자기 성으로 돌아가 있으라
고 말했습니다.

사무엘이 사울에게 기름을 붓다

9 베냐민 지파에 기스라는 *유력한
사람이 있었습니다. 그는 아비엘의
아들이고 스롤의 손자이며 베고랏의
증손이고 베냐민 지파 아비야의 현손
이었습니다.
2 그에게는 사울이라는 아들이 있었는
데 그는 눈에 띄게 멋진 젊은이로서
이스라엘 사람들 가운데 그처럼 잘생
긴 사람이 없었고 키도 다른 사람들
보다 어깨 위만큼 더 컸습니다.
3 어느 날 사울의 아버지 기스는 자기
가 기르던 나귀들을 잃어버리자 아들
인 사울에게 말했습니다. "종을 데리
고 가서 나귀들을 찾아오너라."
4 그래서 사울은 에브라임 산지와 살리
사 땅을 두루 다니며 샅샅이 찾아 보
았지만 나귀들을 찾을 수 없었습니
다. 사알림 지역에 가 봐도 없었고 베
냐민 지역에 가 봐도 나귀들은 보이
지 않았습니다.
5 그들이 숩 지역에 들어섰을 때 사울
이 함께 온 종에게 말했습니다. "그만
돌아가자. 우리 아버지가 나귀보다 우
리를 더 걱정하시겠다."
6 그러자 종이 대답했습니다. "저, 이
성읍에 아주 존경받는 하나님의 사
람이 있는데 그분이 말씀하시는 것은
무엇이든 이루어진다고 합니다. 그곳

8:16 칠십인역에는 '너희 소들과' 9:1 또는 권세와 영향력이 있는

에 가 보시지요. 혹시 그분이 우리가
어떻게 해야 할지 가르쳐 주실지도
모릅니다."
7 사울이 종에게 말했습니다. "우리가
가게 되면 그 사람에게 무엇을 좀 드
려야 하지 않겠느냐? 그런데 우리 자
루에는 음식이 다 떨어졌으니 하나님
의 사람에게 드릴 만한 선물이 없구
나. 우리가 갖고 있는 게 있느냐?"
8 종이 그에게 다시 대답했습니다. "제
게 은 *4분의 1세겔이 있습니다. 이
것을 하나님의 사람에게 갖다 드리면
그분이 우리에게 어떻게 해야 할지
가르쳐 주실 것입니다."
9 (옛날 이스라엘에서는 하나님께 무엇
인가 알아보려고 갈 때는 선견자에게
가자고 말했습니다. 요즘의 예언자를
예전에는 선견자라고 불렀습니다.)
10 사울이 종에게 말했습니다. "그래 좋
다. 어서 가자." 그리하여 그들은 하나
님의 사람이 있는 성읍으로 갔습니
다.
11 그들이 성을 향해 언덕을 올라가다가
물을 길으러 나온 소녀들을 만나 "여
기에 선견자가 계시느냐?" 하고 물었
더니
12 그들이 대답했습니다. "그렇습니다.
그분이 당신들보다 앞서가셨으니 서
둘러 가 보세요. 오늘 산당에서 백성
들의 제사가 있어서 지금 성에 도착
하셨습니다.
13 그분이 음식 잡수시러 산당에 올라
가기 전이니 성안으로 들어가면 바로
그분을 만나게 될 것입니다. 그분이
도착하기 전에는 사람들은 아무것도
먹지 않습니다. 그분이 제물을 축복
하셔야 하기 때문입니다. 그러고 나면
초대받은 사람들이 먹기 시작할 것입
니다. 그러니 지금 서둘러 가십시오.
지금 가면 그분을 만날 수 있습니다."
14 그들이 성으로 올라가 안으로 들어갔
을 때 마침 사무엘이 산당으로 올라
가려고 나오고 있었습니다.
15 사울이 오기 전날, 여호와께서는 사무
엘에게 이 일에 대해 말씀해 놓으셨
습니다.
16 "내일 이 시간쯤 내가 베냐민 땅에서
한 사람을 보낼 것이다. 그에게 기름
부어 내 백성 이스라엘의 지도자로
삼아라. 그는 내 백성들을 블레셋 사
람들의 손에서 구해 낼 것이다. 내 백
성들이 내게 부르짖는 소리를 듣고
내가 그들을 돌아본 것이다."
17 사무엘이 사울을 쳐다보자 여호와께
서 그에게 말씀하셨습니다. "내가 네
게 말한 그 사람이 이 사람이다. 그
가 내 백성을 다스릴 것이다."
18 사울이 성문 길에서 사무엘에게 다가
가 물었습니다. "선견자의 집이 어디인
지 가르쳐 주시겠습니까?"
19 사무엘이 대답했습니다. "내가 바로
그 선견자요. 앞장서서 산당으로 올라
가시오. 오늘 나와 함께 음식을 듭시
다. 내일 아침이 되면 물어보려던 것
을 다 말해 주겠소. 그러고 나서 당신

9:8 4분의 1세겔은 약 2.9그램

을 보내 주겠소.
20 당신이 3일 전에 잃어버린 나귀들은
걱정하지 마시오. 이미 다 찾아 놓았
소. 이스라엘이 모두 누구에게 기대
를 걸고 있는지 아시오? 바로 당신과
당신 아버지의 온 집안이오."
21 사울이 대답했습니다. "저는 이스라엘
지파 가운데 가장 작은 베냐민 지파
사람이 아닙니까? 게다가 저희 가정
은 베냐민 지파 가운데서도 가장 보
잘것없는 가정이 아닙니까? 왜 제게
그런 말씀을 하십니까?"
22 그러자 사무엘이 사울과 그 종을 데
리고 객실로 들어가 초대받은 30명가
량의 사람들 앞에 앉혔습니다.
23 사무엘이 요리사에게 말했습니다. "내
가 네게 맡겨 두었던 그 음식을 가져
오너라."
24 요리사가 넓적다리와 그 위에 붙은
것을 가져와 사울 앞에 놓았습니다.
그러자 사무엘이 말했습니다. "당신을
위해 마련해 둔 것이니 앞에 놓고 드
시오. 내가 손님을 초대할 때부터 당
신을 위해 따로 마련해 둔 것이오." 사
울은 그날 사무엘과 함께 저녁을 먹었
습니다.
25 그들이 산당에서 내려와 성으로 들어
왔습니다. 사무엘은 자기 집 지붕 위
에서 사울과 이야기를 나누었습니다.
26 동틀 무렵 그들이 아침 일찍 일어났
을 때 사무엘이 지붕 위에서 사울을
불렀습니다. "일어나시오. 당신을 보내
주겠소." 사울이 준비를 마치자 사울
과 사무엘이 함께 밖으로 나왔습니다.
27 성읍 끝에 다다르자 사무엘이 사울에
게 말했습니다. "종에게 먼저 가라고
하시오." 종이 앞서가자 또 말했습니
다. "당신은 조금 더 머물러 계시오.
내가 하나님의 말씀을 전해 드리겠
소."

10 그러고 나서 사무엘은 기름병
을 가져다가 사울의 머리에 붓
고 입을 맞추며 말했습니다. "여호와
께서 당신에게 기름 부어 그 유업을
다스릴 지도자로 삼으셨소.
2 당신이 오늘 나를 떠나가다가 베냐민
경계에 있는 셀사에 이르면 라헬의 무
덤 가까이에서 두 사람을 만나게 될
것이오. 그들은 당신에게 '당신이 찾
아 나선 나귀들을 찾았기 때문에 당
신 아버지는 이제 나귀 걱정은 하지
않지만 그 대신 아들을 걱정하고 있
습니다'라고 말할 것이오.
3 그러면 당신은 다볼에 있는 상수리나
무에 이르기까지 계속 가시오. 거기
서 하나님을 뵈려고 벧엘로 올라가는
세 사람을 만날 것이오. 한 사람은 염
소 새끼 세 마리를 끌고 갈 것이고 또
한 사람은 빵 세 덩이를 가져가고 또
한 사람은 포도주 한 부대를 가져갈
것이오.
4 그들이 당신에게 인사하고 빵 두 덩
이를 주면 당신은 그것을 받으시오.
5 그러고 나서 당신은 하나님의 산에
이를 것이오. 거기에는 블레셋 진영의
문이 있소. 당신이 그 성에 다다르면

산당에서 내려오는 예언자의 무리를
만나게 될 것인데 그들은 비파와 탬
버린, 피리와 하프를 연주하며 예언도
할 것이오.
6 당신에게도 여호와의 영이 능력으로
임하실 것이며 당신도 그들과 함께
예언하게 될 것이오. 그러면 당신은
전혀 다른 새사람으로 변하게 될 것
이오.
7 이런 일들이 이루어지면 당신은 하나
님이 인도하시는 대로 따라 행하시오.
하나님이 당신과 함께하실 것이오.
8 당신은 나보다 먼저 길갈로 내려가시
오. 내가 당신에게 내려가 번제와 화
목제를 드릴 것이니 내가 가서 당신이
무엇을 해야 할지 알려 줄 때까지 7일
동안 기다려 주시오."

사울이 왕으로 뽑히다

9 사울이 사무엘을 떠나려고 돌아서는
데 하나님께서 사울에게 새 마음을
주셨습니다. 그리고 이 모든 표적들
이 그날 다 이루어졌습니다.
10 그들이 기브아에 도착하자 예언자 무
리가 사울을 맞았습니다. 하나님의
영이 능력으로 사울에게 임하자 사울
도 그들과 함께 예언하게 됐습니다.
11 전에 사울을 알던 사람들은 모두 그
가 예언자들과 함께 예언하는 것을
보고 서로 이야기했습니다. "기스의
아들에게 대체 무슨 일이 일어난 거
지? 사울도 예언자들 가운데 있지 않
는가?"
12 거기 살던 한 사람이 말했습니다. "그
들의 아버지가 누구인가?" 그리하여
"사울도 예언자들 가운데 있지 않는
가?"라는 속담이 생겨나게 됐습니다.
13 사울은 예언을 마치고 산당으로 갔습
니다.
14 그때 사울의 삼촌이 사울과 그 종에
게 물었습니다. "어디에 갔다 왔느
냐?" 사울은 "나귀를 찾으러 갔었습
니다. 하지만 찾을 수 없어서 사무엘
에게로 갔습니다"라고 대답했습니다.
15 그러자 사울의 삼촌이 말했습니다.
"사무엘이 무슨 말을 했는지 내게 말
해 보아라."
16 사울은 "그분이 우리에게 나귀들을
찾았다고 확인해 주셨습니다"라고 대
답했습니다. 그러나 사무엘이 자신에
게 왕이 될 것이라고 한 말은 삼촌에
게 하지 않았습니다.
17 사무엘이 이스라엘 백성들을 미스바
로 불러 여호와 앞에 모아 놓고
18 그들에게 말했습니다. "이스라엘의 하
나님 여호와께서는 '내가 이집트에서
이스라엘을 불러냈고 이집트뿐만 아
니라 너희를 짓누르던 모든 나라들로
부터 너희를 구해 냈다'라고 말씀하셨
다.
19 그러나 너희는 지금 너희 모든 재난
과 고통에서 너희를 구해 내신 너희
하나님을 거부했다. 그러고는 '안 되
겠습니다. 우리에게 왕을 세워 주십
시오'라고 했다. 그러니 이제 너희는
지파와 가족별로 여호와 앞에 나아오
라."

20 사무엘이 모든 이스라엘 지파들을 가
까이 불러 제비를 뽑자 베냐민 지파
가 뽑혔습니다.
21 그러고 나서 그가 베냐민 지파를 가
족별로 앞으로 나오게 하자 이번엔
마드리의 가족이 뽑혔습니다. 마지막
으로 기스의 아들 사울이 뽑혔습니
다. 그러나 그들이 사울을 찾았으나
보이지 않았습니다.
22 그래서 그들은 여호와께 다시 물었습
니다. "그 사람이 여기에 왔습니까?"
그러자 여호와께서 대답하셨습니다.
"그렇다. 그는 짐짝 사이에 숨어 있
다."
23 사람들이 달려가 사울을 데려왔습니
다. 사울이 백성들 사이에 서자 그는
다른 사람들보다 어깨 위만큼이나
더 컸습니다.
24 사무엘이 모든 백성들에게 말했습니
다. "너희는 여호와께서 선택하신 사
람을 보라. 모든 백성 가운데 이만한
사람이 없도다." 그러자 백성들은 "우
리 왕 만세!"를 외쳤습니다.
25 사무엘이 백성들에게 왕국의 제도에
관해 설명했습니다. 사무엘은 두루마
리에 그것을 기록해 여호와 앞에 보
관해 두었습니다. 그러고 나서 사무엘
은 백성들을 집으로 돌려보냈습니다.
26 사울도 기브아에 있는 자기 집으로
돌아왔습니다. 하나님께서 마음을
감동시키신 용사들은 그와 동행했지
만
27 몇몇 못된 사람들은 "저 사람이 어떻

성·경·인·물 **사무엘**

- **이름의 뜻** 하나님의 이름. 여호와께 구함.
- **가족 관계** 아버지 – 엘가나 / 어머니 – 한나 / 아들 – 요엘, 아비야
- **주소** 라마다임소빔 → 실로 성소 → 라마
- **직업** 사사, 재판자, 예언자, 제사장

유년기

· 어머니 한나의 서원 기도에 대한 응답(삼상 1:27)으로 라마에서 태어났으며 서원 이행을 위해 실로에 있는 성소에 가서 엘리 제사장 밑에서 자라며 하나님의 집에서 봉사했다(삼상 2:18).

· 어린 나이에 하나님의 음성을 들어 이스라엘 백성들에게 하나님이 세우신 예언자임을 인정받았다(삼상 3:10–21).

장년기

· 사사로서 해마다 벧엘, 길갈, 미스바를 순회하며 이스라엘을 다스렸다(삼상 7:16).

· 미스바 금식 기도 대성회를 열어 기도하며 이스라엘의 죄를 회개하게 했다(삼상 7:5–6).

· 블레셋의 침략을 받자 번제를 드렸고 하나님께서 우레를 발하셔서 블레셋을 이기게 해 주셨다. 미스바와 센 사이에 에벤에셀의 돌기념비를 세웠고 라마에 거하며 하나님의 단을 쌓았다(삼상 7:8–17).

· 사무엘이 다스리는 동안 이스라엘이 이방인의 압제로부터 자유했다(삼상 7:13).

노년기

· 두 아들이 사무엘의 행위를 따르지 않고 불의를 행하므로 이스라엘 백성이 열방과 같은 왕을 요구했다(삼상 8:5).

· 왕을 세우는 것을 반대했으나 하나님의 명령을 받아 숩 땅에서 첫 번째 왕으로 사울에게 기름을 부었다(삼상 10:1).

· 사울이 하나님으로부터 버림받은 후 다윗에게 기름을 부었다(삼상 16:13).

· 죽어서 고향인 라마에 묻혔다(삼상 25:1).

게 우리를 구원하겠느냐?" 하고 사울
을 무시하며 아무 예물도 가져오지
않았습니다. 그러나 사울은 잠자코
있었습니다.

사울이 야베스를 구하다

11 암몬 사람 나하스가 올라와 야
베스 길르앗에 진을 쳤습니다.
그러자 모든 야베스 사람들이 그에게
말했습니다. "우리와 조약을 맺읍시
다. 그러면 당신을 섬기겠습니다."
2 그러나 암몬 사람 나하스가 대답했습
니다. "내가 너희 모두의 오른쪽 눈을
빼내 온 이스라엘을 수치스럽게 한다
는 조건이면 너희와 조약을 맺겠다."
3 그러자 야베스의 장로들이 그에게 말
했습니다. "우리가 이스라엘 전 지역
에 사자를 보낼 수 있도록 우리에게 7
일 동안 여유를 주시오. 만약 아무도
우리를 구하러 오지 않는다면 당신에
게 항복하겠소."
4 사울이 살고 있는 기브아에 사자들이
도착해 사람들에게 이 소식을 전하
자 그들은 모두 큰 소리로 울었습니
다.
5 바로 그때 들에서 소들을 몰고 돌아
오던 사울이 그것을 보고 물었습니

Q&A 길르앗 야베스에서 어떤 일이 있었나?

참고 구절 | 삼상 11:1-11

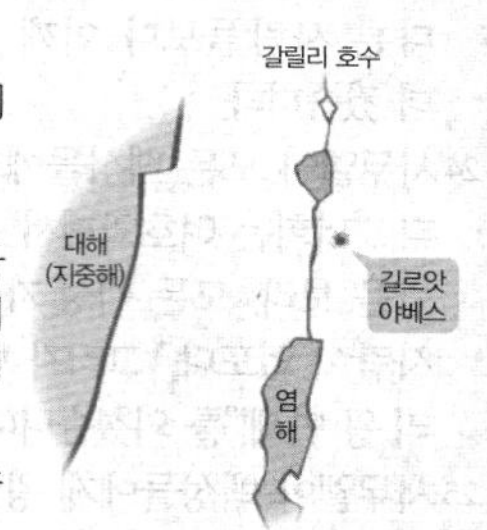

- **위치** : 야베스는 요단 강 동쪽 므낫세 지파의 영토인 길르앗에 있던 성이다(민 32:39-40).
- **어떤 일이 있었나?**

· 사사 시대 _ 야베스 사람들은 하나님의 총회에 참석하지 않았다는 이유로 엄한 징벌을 받았다(삿 21:8-12). 이때 주민들의 대부분은 죽임을 당했고, 처녀 400명은 지파가 끊어질 위기에 처해 있던 베냐민 지파에게 주어졌다(삿 21:14).

· 사울이 왕이 되었을 때 _ 사울이 왕이 되었을 당시 암몬 왕 나하스는 길르앗 야베스를 위협하고 그들을 모욕했다(삼상 11:1-2).

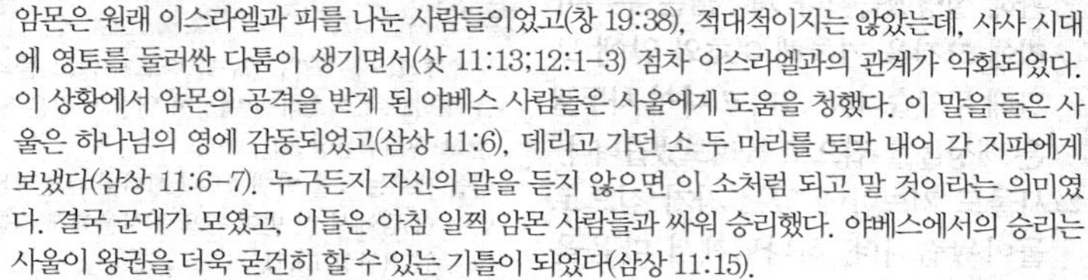
암몬은 원래 이스라엘과 피를 나눈 사람들이었고(창 19:38), 적대적이지는 않았는데, 사사 시대에 영토를 둘러싼 다툼이 생기면서(삿 11:13;12:1-3) 점차 이스라엘과의 관계가 악화되었다. 이 상황에서 암몬의 공격을 받게 된 야베스 사람들은 사울에게 도움을 청했다. 이 말을 들은 사울은 하나님의 영에 감동되었고(삼상 11:6), 데리고 가던 소 두 마리를 토막 내어 각 지파에게 보냈다(삼상 11:6-7). 누구든지 자신의 말을 듣지 않으면 이 소처럼 되고 말 것이라는 의미였다. 결국 군대가 모였고, 이들은 아침 일찍 암몬 사람들과 싸워 승리했다. 야베스에서의 승리는 사울이 왕권을 더욱 굳건히 할 수 있는 기틀이 되었다(삼상 11:15).

· 사울이 죽은 후 _ 야베스 사람들은 사울과 그 아들들이 길보아 전투에서 전사하여 시체가 벧산 성벽에 매달려 있을 때, 요단 강을 건너가서 그 시체를 야베스에 가져와 장사 지냈다(삼상 31:7-13). 야베스 사람들은 사울이 자신들을 도와주었던 은혜를 잊지 않았던 것이다.

다. "백성들에게 무슨 일이 있습니
까? 왜들 저렇게 큰 소리로 울고 있습
니까?" 그러자 백성들은 야베스 사람
들이 말한 것을 사울에게 말해 주었
습니다.
6 그 말을 듣는 순간 하나님의 영이 사
울에게 강하게 임했고 이에 사울은
크게 분노하게 됐습니다.
7 사울은 한 쌍의 황소를 가져다가 토
막을 내고 그 조각을 사자들에게 주
어 이스라엘 전역에 보내며 선포했습
니다. "누구든 사울과 사무엘을 따라
나서지 않는 사람이 있으면 그 사람
의 소들도 이렇게 될 것이다." 그러자
백성들에게 여호와를 두려워하는 마
음이 생겨 한마음으로 나아왔습니
다.
8 사울이 베섹에서 그들을 소집하고 수
를 세어 보니 이스라엘 사람의 수는
*30만 명이며 유다 사람은 3만 명이
었습니다.
9 그들이 야베스에서 온 사자들에게 말
했습니다. "야베스 길르앗 사람들에게
'내일 해가 한창 뜨거울 때 너희는 구
원을 받을 것이다' 하고 말하라." 그들
이 가서 야베스 사람들에게 이 말을
전하자 그들은 매우 기뻐했습니다.
10 그래서 야베스 사람들은 암몬 사람들
에게 이렇게 말했습니다. "내일 우리
가 당신들에게 항복할 것이니 그때는
당신들 하고 싶은 대로 우리에게 행
하시오."
11 다음 날 새벽 사울은 백성들을 세 분
대로 나눠 암몬 사람들의 진영으로
쳐들어가 해가 가장 뜨거워질 때까
지 그들을 쳐서 죽였습니다. 살아남
은 사람들은 모두 뿔뿔이 흩어져 그
들 가운데 두 사람조차 함께 남은 일
이 없었습니다.

사울이 왕으로 인정받다

12 그때 백성들이 사무엘에게 말했습니
다. "'사울이 우리를 다스릴 수 있겠느
냐?' 하고 물은 사람이 누구입니까?
그들을 데려와 주십시오. 우리가 죽
이겠습니다."
13 그러나 사울이 말했습니다. "오늘은
어느 누구도 죽일 수 없소. 여호와께
서 이스라엘을 구원해 주신 날이기
때문이오."
14 그러자 사무엘이 백성들에게 말했습
니다. "자, 길갈로 가서 거기서 왕국
을 새롭게 선포합시다."
15 그리하여 모든 백성들은 길갈로 가서
여호와 앞에서 사울을 왕으로 인정했
습니다. 거기서 그들은 여호와께 화목
제를 드렸고 사울과 모든 이스라엘 백
성들은 큰 잔치를 벌였습니다.

사무엘의 고별사

12 사무엘이 온 이스라엘 백성에
게 말했습니다. "나는 너희가
내게 말한 모든 것을 귀 기울여 듣고
너희를 다스릴 왕을 세워 주었다.
2 이제부터는 왕이 너희를 인도할 것이
다. 나는 늙어 백발이 됐고 내 아들
들도 여기 너희와 함께 있다. 나는 젊

11:8 사해 사본과 칠십인역에는 '70만'

었을 때부터 오늘날까지 너희를 이끌
어 왔다.
3 여기 내가 있으니 여호와와 그분이 기
름 부으신 왕 앞에서 나에 대해 증언
해 보라. 내가 남의 소를 가로챈 적이
있느냐? 내가 남의 나귀를 가로챈 적
이 있느냐? 내가 누구를 속인 적이
있느냐? 내가 누구를 억누르려 한 일
이 있느냐? 무엇을 눈감아 주려고 내
가 뇌물을 받은 적이 있느냐? 내가
이 가운데 하나라도 한 적이 있다면
갚아 줄 것이다."
4 백성들이 대답했습니다. "당신은 우
리를 속인 적도 없으며 억누르려 한
적도 없습니다. 어느 누구의 손에서
무엇을 가로챈 적도 없습니다."
5 사무엘이 그들에게 말했습니다. "너희
가 내 손에서 아무것도 찾아낸 것이
없는 것에 대해 여호와께서 증인이 되
시고 또한 하나님께서 기름 부으신
왕도 증인이 될 것이다." 그들이 대답
했습니다. "여호와께서 증인이십니다."
6 그러자 사무엘이 백성들에게 말했습
니다. "모세와 아론을 세우고 너희 조
상들을 이집트에서 이끌어 내신 분은
여호와이시다.
7 그러니 여기 서 있으라. 여호와께서
너희와 너희 조상들을 위해 행하신
모든 의로운 일들에 대해 내가 여호
와 앞에서 증거를 갖고 너희에게 해
줄 말이 있다.
8 야곱이 이집트에 들어가고 난 뒤 그들
은 여호와께 도와 달라고 부르짖었고
여호와께서는 모세와 아론을 보내 너
희 조상들을 이집트에서 이끌어 내셔
서 이곳에 정착하게 하셨다.
9 그러나 그 백성들은 그들의 하나님
여호와를 잊어버렸다. 그래서 하나님
께서는 하솔 군대의 사령관인 시스라
와 블레셋 사람들과 모압 왕을 통해
그들을 치게 하셨다.
10 그들은 여호와께 부르짖으며 '우리가
죄를 지었습니다. 우리가 여호와를 버
리고 바알과 아스다롯을 섬겼습니다.
그러나 이제 우리를 적들의 손에서
구해 주십시오. 그러면 우리가 주를
섬기겠습니다'라고 말했다.
11 그때 여호와께서 여룹바알과 바락과
입다와 사무엘을 보내 주셨다. 여호와
께서 사방에서 달려드는 적들의 손에
서 너희를 구해 내셨기에 너희는 안
전하게 잘살게 된 것이다.
12 그러나 너희는 암몬 왕 나하스가 너희
를 치러 오자 여호와 하나님이 너희
왕이신데도 너희는 내게 '안 되겠습니
다. 우리를 다스려 줄 왕이 있어야겠
습니다'라고 말했다.
13 그러므로 여기 너희가 선택한 왕이
있다. 바로 너희가 구했던 왕이다. 보
라. 여호와께서 너희를 다스릴 왕을
세워 주셨다.
14 만약 너희가 여호와를 두려워하고 그
분을 섬기고 순종하며 그분의 명령을
거역하지 않는다면, 또 너희와 너희를
다스리는 왕 모두가 여호와 너희 하나
님을 따른다면 잘하고 있는 것이다.

15 그러나 너희가 만약 여호와께 순종하
지 않고 그분의 명령을 거역한다면
그분의 손이 너희 조상들에게 그랬던
것처럼 너희를 치실 것이다.
16 그러니 이제 가만히 서서 여호와께서
너희 눈앞에서 하실 큰일을 보라.
17 지금은 밀을 추수하는 때가 아니냐?
그러나 내가 여호와께 번개와 비를 내
려 달라고 할 것이다. 그러면 너희가
왕을 달라고 한 것이 여호와의 눈에
얼마나 악한 일이었는지 알게 될 것
이다."
18 그러고 나서 사무엘이 여호와께 부르
짖자 여호와께서 그날에 바로 번개와
비를 내려보내셨습니다. 그리하여 모
든 백성들은 여호와와 사무엘을 두려
워하게 됐습니다.
19 백성들이 모두 사무엘에게 말했습니
다. "당신의 하나님 여호와께 기도하
셔서 우리가 죽지 않게 해 주십시오.
이 모든 죄 위에 왕을 달라는 악을
하나 더했습니다."
20 사무엘이 대답했습니다. "두려워하지
말라. 너희 모두가 이런 죄악을 저질
렀지만 여호와를 떠나지 말고 너희
마음을 다해 여호와를 섬기라.
21 헛된 우상들을 따르지 말라. 저들은
너희에게 전혀 도움도 되지 않고 너희
를 구해 낼 수도 없는 헛된 것들이다.
22 여호와께서는 그분의 위대하신 이름
을 위해 자기 백성들을 저버리지 않
으실 것이다.
23 내가 너희를 위해 기도하지 않는 것
은 여호와께 죄를 짓는 것이니 그런
죄를 결단코 짓지 않고 선하고 올바
른 길을 너희에게 가르쳐 줄 것이다.
24 그러나 여호와를 두려워하고 너희 마
음을 다해 그분을 섬겨야 함을 명심
하라. 그분이 너희를 위해 얼마나 큰
일을 하셨는지 기억하라.
25 하지만 너희가 계속 악을 행한다면
너희와 너희 왕은 모두 멸망할 것이
다."

사무엘이 사울을 꾸짖다

13 사울이 왕이 됐을 때 그의 나
이는 *40세였습니다. 그가 이
스라엘을 다스린 지 *2년이 됐을 때
2 사울은 이스라엘에서 3,000명의 남자
를 뽑아서 2,000명은 자기와 함께 믹
마스와 벧엘 산에 있게 하고 1,000명
은 베냐민 땅 기브아에서 요나단과 함
께 있게 하고 나머지 백성들은 자기
집으로 돌려보냈습니다.
3 요나단이 게바에 있는 블레셋 진영을
공격하자 블레셋 사람들이 그 소식을
들었습니다. 그때 사울이 온 나라에
나팔을 불고 말했습니다. "히브리 사
람들아, 들으라."
4 온 이스라엘은 사울이 블레셋 진영을
공격해 이스라엘이 블레셋 사람들의
증오의 대상이 됐다는 소식을 듣고
길갈에 모여 사울을 따라나섰습니다.
5 블레셋 사람들은 이스라엘과 싸우기
위해 모였습니다. 전차가 3만 대, 기마

13:1 히브리어 사본에는 나이가 없음. 후대 일부 칠십인역에는 '30세' 13:1 히브리어 사본을 따름. 행 13:21을 보라.

병이 6,000명 그리고 군사는 해변의
모래알같이 셀 수도 없이 많았습니
다. 그들은 벧아웬 동쪽 믹마스로 올
라가 진을 쳤습니다.
6 이스라엘 사람들은 자신들이 위급하
게 된 것을 깨닫고 동굴과 수풀과 바
위틈과 구덩이와 웅덩이에 숨어 버렸
습니다.
7 몇몇 히브리 사람들은 요단 강을 건
너 갓과 길르앗 땅까지 가기도 했습니
다. 사울은 길갈에 남아 있었고 그와
함께 있던 모든 군대는 두려움으로
벌벌 떨고 있었습니다.
8 사울은 사무엘이 정해 준 대로 7일 동
안 기다렸지만 사무엘은 길갈로 오지
않았습니다. 그러자 백성들이 흩어지
기 시작했습니다.
9 그래서 사울은 "내게 번제물과 화목
제물을 갖고 오라" 하고 명했습니다.
그리고 사울은 번제를 드렸습니다.
10 사울이 번제드리기를 마치자마자 사
무엘이 도착했습니다. 사울이 나아가
사무엘을 맞이하며 인사하자
11 사무엘이 물었습니다. "지금 무슨 짓
을 하고 있는 것이오?" 사울이 대답했
습니다. "백성들이 도망치기 시작하
는데 당신은 정한 시간에 오지 않고
블레셋 사람들은 믹마스로 모여들고
있었습니다.
12 그때 '이제 블레셋 사람들이 나를 치
러 길갈에 내려올 텐데 아직 여호와의
은혜도 구하지 않았구나' 하는 생각
이 들었습니다. 그래서 마음이 다급
해져 할 수 없이 번제를 드렸습니다."
13 사무엘이 말했습니다. "당신은 어리석
은 행동을 했소. 당신은 여호와 하나
님께서 당신에게 주신 명령을 지키지
않았소. 그러지 않았으면 하나님께서

Q&A | 사울이 조급했던 이유

참고 구절 | 삼상 13:4-15

우리는 다른 사람들에게서 부정적인 영향을 받기 쉽다. 또 압력을 받아 성급한 결정을 내린 결과 어려움에 봉착하기도 한다. 지식적으로는 하나님께 제일 먼저 말씀드리고 뜻을 구해야 한다는 것을 알고 있지만 실제로는 그렇게 하지 못하는 경우가 허다하다. 사울도 그랬다.

당시 블레셋과의 전쟁을 앞둔 이스라엘 군대는 제사를 드리려 하고 있었다. 사무엘은 사울에게 자신이 정해진 시간에 도착해 제사를 드릴 것이라고 말했다.

사울은 잠시 기다렸으나 백성들이 그를 떠나는 바람에 조급해지기 시작했다. 사울은 자신이 제사를 드리는 것이 하나님의 율법에 위배된다는 것을 잘 알고 있었다. 왕은 제사드리거나 말씀을 선포하는 일이 아닌 군사나 정치만을 담당해야 했기 때문이었다. 하지만 그는 더 이상 사무엘을 기다리지 못하고 자신이 직접 제사를 드렸다.

사울이 막 제사를 마쳤을 때 사무엘이 도착했다(삼상 13:10). 이후에 사울은 불순종의 대가를 톡톡히 지불해야 했다. 만일 사울이 단 한 시간만이라도 자기의 행동을 지연시켰더라면 그는 왕국을 유지할 수 있었을 텐데….

이스라엘 위에 당신의 나라를 영원히
세우셨을 것이오.
14 그러나 이제 당신의 나라는 오래가지
않을 것이오. 당신이 여호와의 명령을
지키지 않았기 때문에 여호와께서는
그 마음에 맞는 사람을 찾아 그 백성
들의 지도자로 세우셨소."
15 그러고 나서 사무엘은 길갈을 떠나 베
냐민 땅의 기브아로 올라갔습니다. 사
울이 자신과 함께 있는 사람들의 수
를 세어 보니 600명 정도였습니다.

무기가 없는 이스라엘

16 사울과 그 아들 요나단과 그들과 함
께 있던 사람들은 블레셋 사람들이
믹마스에 진을 치고 있는 동안 베냐민
땅의 기브아에 머물러 있었습니다.
17 그때 블레셋 진영에서 세 무리의 특공
대가 올라왔습니다. 한 무리는 오브
라 길로 해서 수알 땅에 이르렀고
18 한 무리는 벧호론 길로 향했고 다른
한 무리는 광야와 스보임 골짜기가
내려다보이는 경계선 쪽으로 떠났습
니다.
19 그 당시 이스라엘 땅에서는 대장장이
를 찾아볼 수 없었습니다. 히브리 사
람들이 칼이나 창을 만드는 것을 블
레셋 사람들이 허용하지 않았기 때문
입니다.
20 그래서 이스라엘 사람들이 쟁기의 날
이나 곡괭이나 도끼나 낫의 날을 세
우려면 블레셋 사람들에게로 내려갔
습니다.
21 쟁기의 날이나 곡괭이의 날을 세우는
데 드는 돈은 *3분의 2세겔이었고 괭
이나 도끼의 날을 세우거나 쇠 채찍
끝을 가는 데 드는 돈은 *3분의 1세
겔이었습니다.
22 그러므로 전쟁이 일어났을 때 사울과
요나단에게는 손에 칼이나 창이 있는
병사가 하나도 없었습니다. 오직 사울
과 그 아들 요나단만이 칼과 창을 갖
고 있었습니다.

요나단이 블레셋을 공격하다

23 그때 블레셋 부대 하나가 믹마스 어귀
로 나왔습니다.

14 하루는 사울의 아들 요나단이
자기 무기를 들고 있는 청년에
게 말했습니다. "이리 와서 저쪽 편 블
레셋 초소로 가자." 그러나 요나단은
자기 아버지에게는 알리지 않았습니
다.
2 사울은 기브아에서 그리 멀지 않은 미
그론의 석류나무 아래 있었습니다. 그
는 600명쯤 되는 사람들과 함께 있었
는데
3 그 가운데는 에봇을 입은 아히야도
있었습니다. 그는 이가봇의 형제 아히
둡의 아들이며 비느하스의 손자이며
실로에서 여호와의 제사장이었던 엘
리의 증손입니다. 그들 가운데 아무
도 요나단이 나간 것을 눈치채지 못
했습니다.
4 요나단이 블레셋 부대에 가기 위해서
는 길목 양쪽에 서 있는 험한 바위들

13:21 히브리어, 3분의 2핌, 약 8그램 13:21 히브리어, 3분의 1핌, 약 4그램

을 건너야 했습니다. 하나는 보세스
라 불렸고 다른 하나는 세네라 불렸
습니다.
5 그 가운데 한 바위는 믹마스를 향해
북쪽에 서 있었고 다른 하나는 게바
를 향해 남쪽에 서 있었습니다.
6 요나단이 자기 무기를 들고 있는 부
하 청년에게 말했습니다. "이리 와서
저 할례 받지 않은 사람들의 부대로
가자. 여호와께서 도우시면 우리는 승
리할 수 있다. 여호와의 구원은 사람
의 많고 적은 것에 달려 있는 것이 아
니기 때문이다."
7 무기를 들고 있는 부하 청년이 말했
습니다. "당신이 원하시는 대로 하십
시오. 저는 당신과 함께할 것입니다."
8 요나단이 말했습니다. "그러면 가자.
우리가 저 사람들에게 건너가서 저들
이 우리를 보게 하자.
9 만약 저들이 우리에게 '우리가 갈 때
까지 거기서 기다리라'고 말하면 올라
가지 않고 그 자리에 머물러 있고
10 그들이 '우리에게로 올라오라'고 하면
우리가 올라가자. 이것을 여호와께서
그들을 우리 손에 넘겨주시겠다는 표
시로 삼자."
11 요나단과 부하 청년이 블레셋 부대에
자기들의 모습을 드러내 보이자 블레
셋 사람들이 말했습니다. "저기를 보
라. 히브리 사람들이 숨어 있던 구덩
이에서 기어 나오고 있다."
12 부대에 있던 사람들이 요나단과 무기
를 든 청년에게 소리 질렀습니다. "이
리 우리에게로 오라. 우리가 너희에게
보여 줄 것이 있다." 그러자 요나단이
무기를 든 청년에게 말했습니다. "나
를 따라 올라오너라. 여호와께서 저
들을 이스라엘의 손에 넘겨주셨다."
13 요나단이 손발을 다 써서 기어 올라
갔고 무기를 든 부하 청년도 바로 뒤
에서 요나단을 따랐습니다. 요나단이
블레셋 사람들을 공격해 넘어뜨리자
무기를 든 부하 청년이 뒤따라가며
그들을 죽였습니다.
14 이 첫 번째 공격에서, 한 쌍의 소가
반나절 동안 갈 만한 땅에서 요나단
과 그의 무기를 든 부하 청년이 죽인
사람은 약 20명쯤이었습니다.

블레셋이 이스라엘에게 패퇴하다

15 그러자 들에 있는 진영과 모든 백성
들이 공포에 떨었고 부대의 군인들과
특공대들도 모두 떨었습니다. 땅까지
뒤흔들리며 하나님이 보내신 공포에
휩싸이게 됐습니다.
16 베냐민 땅 기브아에 있던 사울의 파수
병들은 블레셋의 군대가 몹시 놀라서
이리저리 흩어지는 것을 보았습니다.
17 그러자 사울이 자기와 함께 있던 사
람들에게 말했습니다. "군대를 집결
시키고 누가 빠져나갔는지 알아보라."
그들이 조사해 보니 요나단과 그의
무기를 든 사람이 없었습니다.
18 사울이 아히야에게 말했습니다. "하나
님의 *궤를 가져오너라." 그때는 하나
님의 *궤가 이스라엘 백성들과 함께

14:18 칠십인역에는 '에봇'

있었습니다.
19 사울이 제사장에게 말하고 있는 동
안 블레셋 진영의 소동은 더더욱 심해
졌습니다. 그러자 사울이 제사장에게
말했습니다. "그만 두어라."
20 그리고 사울이 그와 함께 있던 모든
사람들과 싸움터에 나가 보니 블레셋
사람들이 큰 혼란에 빠져 자기편끼리
서로를 칼로 치고 있었습니다.
21 전에 블레셋 사람들에게로 가서 그들
편에서 싸우던 히브리 사람들도 다시
사울과 요나단 쪽의 이스라엘 백성들
에게로 돌아왔습니다.
22 에브라임 산지에 숨어 있던 모든 이스
라엘 백성들도 블레셋 사람들이 도망
치고 있다는 소식을 듣고 모두 뛰어나
와 힘을 합쳐 그들을 뒤쫓았습니다.
23 그날 여호와께서는 이스라엘을 구해
내셨고 싸움은 벧아웬으로까지 번졌
습니다.

요나단이 꿀을 먹다

24 그날 이스라엘 사람들은 무척 피곤했
습니다. 하지만 사울이 "저녁이 되기
전, 적들에게 원수를 갚기 전까지 먹
을 것을 입에 대는 사람은 누구든지
저주를 받을 것이다" 하고 백성들에
게 맹세시켰기 때문에 군인들은 아무
것도 먹지 못했습니다.
25 *군사들이 숲에 들어갔을 때 땅 위에
꿀이 있었습니다.
26 그들은 숲에 들어가 꿀이 흘러나오는
것을 보았지만 맹세한 것이 두려워
아무도 그것을 입에 대는 군사가 없
었습니다.
27 그러나 아버지가 백성들에게 맹세시
키는 것을 듣지 못했던 요나단은 손
에 쥐고 있던 지팡이 끝으로 벌집에
서 꿀을 찍어 먹었습니다. 그러자 기
운이 나며 눈이 밝아졌습니다.
28 그때 군사들 가운데 한 사람이 요나
단에게 말했습니다. "당신의 아버지께
서 군사들에게 맹세시켜 말하기를 '오
늘 먹을 것을 입에 대는 군사는 저주
를 받을 것이다'라고 했습니다. 그래
서 이 사람들이 이렇게 지쳐 있는 것
입니다."
29 요나단이 말했습니다. "아버지께서 이
땅을 곤란에 빠뜨리셨구나. 이 꿀을
조금 먹고도 내 눈이 얼마나 밝아졌
는지 좀 보아라.
30 만약 오늘 적들에게서 빼앗은 것을
조금이라도 먹었더라면 얼마나 좋았
겠느냐? 블레셋 사람들을 더 많이 죽
이지 않았겠느냐?"
31 그날 이스라엘 사람들은 믹마스에서
아얄론까지 쫓아가며 블레셋 사람들
을 쳐 죽이느라 몹시 지쳐 있었습니
다.
32 그래서 그들은 빼앗은 물건들에 달려
들어 양과 소와 송아지들을 마구 잡
아다가 그 고기를 피 있는 채로 먹었
습니다.
33 그러자 사람들이 사울에게 말했습니
다. "보십시오. 사람들이 고기를 피
있는 채로 먹어 여호와께 죄를 짓고

14:25 또는 그 땅의 모든 백성들이

있습니다." 사울이 말했습니다. "너희
는 하나님을 배신했다. 당장 큰 바위
를 이리로 굴려 오라."
34 사울이 또 말했습니다. "너희는 저들
에게 가서 내게서 소와 양을 가져다
가 이 돌 위에서 잡아먹되 피가 있는
채로 고기를 먹어 여호와께 죄를 지
어서는 안 된다고 전하라." 그리하여
모두가 그날 밤 소를 끌어다가 거기
서 잡았습니다.
35 그러고 나서 사울은 여호와를 위해
제단을 쌓았는데 그것이 그가 처음
으로 쌓은 제단이었습니다.
36 사울이 말했습니다. "우리가 오늘 밤
블레셋 사람들을 쫓아가서 동이 틀
때까지 그들을 약탈하고 그들 가운
데 아무도 살려 두지 말고 없애 버리
자." 백성들이 "왕의 생각에 가장 좋
으신 대로 하십시오" 하고 대답하자
제사장이 말했습니다. "여기서 먼저
하나님께 여쭈어 보시지요."
37 그러자 사울이 하나님께 물었습니다.
"제가 블레셋 사람들을 쫓아가야 합
니까? 이스라엘의 손에 그들을 넘겨
주시겠습니까?" 그러나 그날 하나님
께서는 사울에게 대답하지 않으셨습
니다.
38 그러자 사울이 말했습니다. "너희 모
든 백성의 지도자들아, 이리로 오라.
오늘 이 일이 누구의 죄 때문인지 알
아보자.
39 이스라엘을 구해 내신 여호와의 살아
계심으로 맹세한다. 만약 그 죄가 내
아들 요나단에게서 나온다 해도 그는
죽게 될 것이다." 그러나 그들은 아무
말도 하지 못했습니다.
40 그때 사울이 모든 이스라엘 사람들에
게 말했습니다. "너희는 그쪽에 서 있
으라. 나와 내 아들 요나단은 이쪽에
서 있겠다." 그들이 대답했습니다. "좋
으신 대로 하십시오."
41 이에 사울이 이스라엘의 하나님 여호
와께 아뢰었습니다. *"진실을 알려 주
십시오." 그러자 요나단과 사울 쪽이
뽑혔고 백성들은 벗어나게 됐습니다.
42 사울이 말했습니다. "나와 내 아들 요
나단을 두고 제비를 뽑아라." 그러자
요나단이 뽑혔습니다.
43 그때 사울이 요나단에게 말했습니다.
"네가 무슨 짓을 했는지 말해 보아
라." 그러자 요나단이 사울에게 말했
습니다. "저는 지팡이 끝으로 꿀을 조
금 먹었을 뿐입니다. 그러나 죽을 각
오는 돼 있습니다."
44 사울이 말했습니다. "요나단아, 너는
죽을 수밖에 없다. 그렇지 않으면 하
나님이 내게 더 심한 벌을 내리실 것
이다."
45 그러나 백성들이 사울에게 말했습니
다. "이스라엘에 이런 큰 승리를 가져
다 준 요나단이 죽어야만 합니까? 절
대로 안 됩니다. 여호와의 살아 계심

14:41 히브리어 사본을 따름. 칠십인역에는 "오늘 주의 종에게 대답하지 않으시니 웬일이십니까? 만일 그 죄가 저나 제 아들 요나단에게 있다면 우림이 나오게 하시고, 그 죄가 이스라엘 백성들에게 있다면 둠밈이 나오게 하십시오."

으로 맹세합니다. 그의 머리털 하나
라도 땅에 떨어져서는 안 됩니다. 그
는 오늘 하나님과 함께 이 일을 해냈
습니다." 이렇게 사람들이 요나단을
구해 내어 그는 죽지 않게 됐습니다.
46 사울은 블레셋 사람들을 더 이상 쫓
지 않았고 블레셋 사람들은 자기 땅
으로 돌아갔습니다.
47 사울은 왕위에 오른 후 사방의 적들
과 싸웠습니다. 모압과 암몬 사람들과
에돔과 소바 왕들과 블레셋 사람들과
싸웠는데 그는 가는 곳마다 *승리했
습니다.
48 사울은 아말렉 사람들을 쳐부숨으로
써 용맹을 떨쳤고, 이스라엘을 약탈
자들의 손에서 구해 냈습니다.

사울의 가족

49 사울에게는 요나단, 리스위, 말기수아
라는 세 아들이 있었고 딸로는 큰딸
메랍과 작은딸 미갈이 있었습니다.
50 그의 아내 이름은 아히노암으로 아히
마스의 딸입니다. 사울의 군대 사령관
이름은 아브넬이었는데 그는 사울의
삼촌 넬의 아들입니다.
51 사울의 아버지는 기스이고 아브넬의
아버지인 넬은 아비엘의 아들입니다.
52 사울은 일생 동안 블레셋과 치열하게
싸웠습니다. 그래서 사울은 언제나
힘센 사람이나 용감한 사람을 보면
자기 수하로 불러들였습니다.

여호와께서 사울을 왕으로 거부하시다

15 사무엘이 사울에게 말했습니
다. "여호와께서 나를 보내 왕
에게 기름을 붓고 이스라엘을 다스리
는 왕이 되게 하셨소. 그러니 이제 여
호와께서 전하신 말씀에 귀를 기울이
시오.
2 만군의 여호와께서 이렇게 말씀하셨
소. '이스라엘 자손들이 이집트에서
올라올 때 아말렉이 이스라엘에게 한
일, 곧 길에서 잠복해 기다렸다가 공
격한 일에 대해 내가 벌할 것이다.
3 너는 지금 가서 아말렉을 공격하고
그들에게 속한 모든 것을 완전히 *멸
망시켜라. 그 어떤 것도 남겨 두어서
는 안 된다. 남자와 여자, 어린이와 젖
먹는 아기, 소와 양, 낙타와 나귀들을
모두 죽여라.'"
4 그리하여 사울이 백성들을 불러 모아
들라임에 집결시켰습니다. 이들을 세
어 보니 보병이 20만 명, 유다 사람이
1만 명이었습니다.
5 사울은 아말렉 성으로 가서 골짜기에
복병을 숨겨 두었습니다.
6 그러고는 겐 사람들에게 말했습니
다. "아말렉 사람들을 떠나 멀리 가시
오. 내가 당신들을 그들과 함께 치지
않도록 아말렉에서 떠나시오. 당신들
은 이스라엘 백성들이 이집트에서 올
라올 때 친절을 베풀어 준 사람들이
기 때문이오." 그러자 겐 사람들은 아
말렉 사람들로부터 떠나 다른 곳으로
옮겨갔습니다.
7 그러고 나서 사울은 하윌라에서 이집

14:47 칠십인역을 따름. 히브리어 사본에는 '그들에게 형벌을 가했습니다.' 15:3 히브리어, 헤렘. 생명이나 물건을 완전히 멸하여 여호와께 바치는 것을 말함.

트 앞에 있는 술에 이르기까지 아말
렉 사람들을 공격했습니다.
8 사울은 아말렉 왕 아각을 사로잡았고
그의 백성들은 모조리 칼로 진멸시켰
습니다.
9 그러나 사울과 그의 군대는 아각뿐만
아니라 양과 소들 가운데 가장 좋은
것과 살진 송아지와 어린양들을 비롯
해 좋은 것들은 없애지 않고 남겨 두
었고, 보잘것없고 약한 것들만 없애
버렸습니다.
10 그러자 여호와의 말씀이 사무엘에게
임했습니다.
11 "내가 사울을 왕으로 삼은 것을 후회
한다. 그는 내게서 등을 돌리고 내 지
시를 따르지 않았다." 사무엘은 마음
이 아파서 그날 밤 내내 여호와께 부
르짖었습니다.
12 사무엘이 아침 일찍 일어나 사울을
찾아갔더니 백성 가운데 누군가가
"사울 왕은 갈멜에 가셨습니다. 갈멜
에서 자신을 위해 기념비를 세우고
거기서 떠나 길갈로 내려가셨습니다"
하고 말을 전해 주었습니다.
13 사무엘이 사울이 있는 곳에 이르자
사울이 말했습니다. "여호와께서 당신
에게 복 주셨습니다. 내가 여호와께
서 지시하신 대로 따랐습니다."
14 그러자 사무엘이 말했습니다. "내 귀
에는 양들과 소들의 울음소리가 들
리니 어찌 된 일이오?"
15 사울이 대답했습니다. "군사들이 아말
렉 사람들에게서 가져온 것들입니다.
그들이 여호와 당신의 하나님께 제사
를 드리려고 가장 좋은 양과 소를 남
겨 두었습니다. 하지만 나머지 것들
은 모조리 죽였습니다."
16 사무엘이 사울에게 말했습니다. "그만
두시오. 여호와께서 어젯밤 내게 하
신 말씀을 전해 주겠소." 사울이 대답
했습니다. "말씀해 보십시오."
17 사무엘이 말했습니다. "예전에 당신
이 스스로 보잘것없는 사람이라고 생
각했을 때 이스라엘 지파들의 머리가
되지 않았소? 여호와께서 당신에게
기름 부어 이스라엘을 다스릴 왕으로
삼으신 것이오.
18 그리고 여호와께서 당신에게 '가서 저
악한 아말렉 사람들을 모조리 없애
버려라. 저들과 싸워서 하나도 남기
지 말고 진멸시켜라' 하고 명령을 내리
셨소.
19 그런데 어째서 여호와께 순종하지 않
았소? 어째서 약탈하는 데 급급해서
여호와 앞에서 악한 일을 행했소?"
20 사울이 말했습니다. "아닙니다. 나는
여호와께 순종했습니다. 여호와께서
내게 지시하신 명령대로 아말렉 사람
들을 완전히 쳐부수고 그들의 왕 아
각을 잡아 온 것입니다.
21 군사들이 길갈에서 당신의 하나님 여
호와께 제사를 드리기 위해 없앨 것
들 가운데서 가장 좋은 소와 양을 취
한 것입니다."
22 그러자 사무엘이 대답했습니다. "여호
와께서 여호와의 음성을 순종하는 것

보다 번제와 다른 제사들을 기뻐하
실 것 같소? 순종이 제사보다 낫고
귀 기울이는 것이 숫양의 기름보다
낫소.
23 거역하는 것은 점치는 죄와 같고 교
만은 우상을 섬기는 악과 같은 것이
오. 당신이 여호와의 말씀을 거역했
기 때문에 그분은 당신을 버려 왕이
되지 못하게 하셨소."
24 그러자 사울이 사무엘에게 말했습니
다. "내가 죄를 지었습니다. 내가 여호
와의 명령과 당신의 지시를 어겼습니
다. 백성들이 두려워서 그들의 말대
로 한 것입니다.
25 내가 이렇게 간청합니다. 내 죄를 용
서해 주시고 다시 나와 함께 가서 내
가 여호와를 경배하게 해 주십시오."
26 그러나 사무엘이 그에게 말했습니다.
"나는 당신과 함께하지 않을 것이오.
당신이 여호와의 말씀을 거역했기 때
문에 여호와께서는 당신을 이스라엘
을 다스릴 왕이 되지 못하게 하셨소."
27 사무엘이 뒤돌아 떠나려 하자 사울이
그의 옷자락을 붙잡아서 옷이 찢어졌
습니다.
28 사무엘이 그에게 말했습니다. "여호와
께서 오늘 이스라엘 왕국을 당신에게
서 이렇게 찢어 내어 당신보다 나은
이웃에게 주셨소.
29 이스라엘의 영광이신 여호와는 거짓
을 말하거나 마음을 바꾸지 않으시
오. 그분은 사람처럼 마음을 바꾸는
분이 아니오."
30 사울이 대답했습니다. "내가 죄를 지
었습니다. 그러나 내 백성의 장로들과
이스라엘 앞에서 내 체면을 세워 주
십시오. 나와 함께 가서 내가 여호와
당신의 하나님을 경배하도록 해 주십
시오."
31 그리하여 사무엘은 사울과 함께 돌아
갔고 사울은 여호와께 경배했습니다.
32 그때 사무엘이 말했습니다. "아말렉

성·경·상·식 | 순종이 제사보다 낫다.

"순종이 제사보다보다 낫고"(삼상 15:22)라는 말은 하나님이 제사 자체를 싫어하신다는 의미가 아니다. 아말렉은 이스라엘 백성들이 광야 길을 갈 때 하나님을 두려워하지 않고 피곤에 지쳐 뒤처져 있는 약한 자들을 무차별 공격했다. 이로 인해 하나님은 아말렉의 이름을 천하에서 도말하라고 명령하셨으며(신 25:17–19) 아말렉을 도말하여 천하에서 기억하지 못하게 하겠다고 말씀하셨다(출 17:14). 그런데도 사울은 물질에 대한 욕심(삼상 15:9)과 사람을 먼저 생각하고(삼상 15:24) 자신을 내세우기 위해(삼상 15:12) 하나님의 명령(삼상 15:2–3)을 아무렇지도 않게 저버렸던 것이다. 그러면서도 그는 자신이 하나님의 명령을 행했다고 말할 정도였다(삼상 15:13). 더구나 하나님의 명령을 저버리고 아말렉의 실한 동물들을 살려 둔 이유가 하나님께 제사드리기 위해서라고까지 했다(삼상 15:21). 하나님은 그분의 뜻에 순종하지 않으면서 그럴듯하게 드리는 예배는 받지 않으신다(시 50:8–14;51:16–17;사 1:11;렘 6:20;호 6:6;미 6:6–8;마 9:13;12:7).

왕 아각을 데려오시오." 아각은 *'죽
을 고비를 넘겼구나'라고 생각하며 기
쁜 마음으로 나왔습니다.
33 그러나 사무엘이 말했습니다. "네 칼
이 여인들에게서 자식을 빼앗았으니
네 어미도 그렇게 자식을 빼앗기리
라." 사무엘은 길갈에서 여호와 앞에
서 아각을 칼로 쪼개 죽였습니다.
34 그 후 사무엘은 라마로 떠났고 사울
은 자신의 집이 있는 기브아로 올라
갔습니다.
35 사무엘은 사울로 인해 마음이 괴로워
죽는 날까지 다시는 사울을 만나지
않았습니다. 여호와께서는 사울을 이
스라엘의 왕으로 삼으신 것을 후회하
셨습니다.

사무엘이 다윗에게 기름을 붓다

16 여호와께서 사무엘에게 말씀하
셨습니다. "내가 이스라엘을 다
스리지 못하도록 사울을 버렸는데 너
는 언제까지 사울을 위해 슬퍼하겠느
냐? 네 뿔에 기름을 채우고 길을 떠
나 베들레헴의 이새에게로 가거라. 내
가 그의 아들 가운데 하나를 왕으로
선택했다."
2 그러자 사무엘이 말했습니다. "제가
어떻게 가겠습니까? 그 소식을 들으
면 사울이 저를 죽일 것입니다." 여호
와께서 말씀하셨습니다. "암소 한 마
리를 끌고 가서 '내가 여호와께 제사
를 드리러 왔다'고 말하여라.
3 그리고 이새를 제사드리는 데 초청하
여라. 그러면 어떻게 해야 할지 내가
네게 알려 주겠다. 너는 내가 일러 주
는 사람에게 기름 부어야 할 것이다."
4 사무엘은 여호와께서 말씀하신 대로
했습니다. 그가 베들레헴에 도착하자
그 성의 장로들이 떨면서 그를 맞이
하며 물었습니다. "평안한 일로 오셨
습니까?"

15:32 사해 사본과 칠십인역에는 '이제 죽었구나.' 하고 주저하면서

Q&A | 하나님도 후회하실까?

참고 구절 | 삼상 15:10-11, 35

하나님은 변함이 없으시며 완전한 분이시다(삼상 15:29). 하나님에게 있어서 후회란 있을 수 없다(민 23:19). 그런데 성경은 하나님께서 사울을 왕으로 삼으신 것을 후회하셨다(삼상 15:11)고 기록했는가?

여기에서 '후회하셨다'는 말은 '아주 슬퍼하셨다'는 뜻으로, 이후에는 하나님이 이전과 다르게 취급하시고 행동하셨다는 말이다. 사울이 처음 왕이 될 때와는 달리 하나님 말씀을 어기고 교만해졌기(삼상 15:17-23) 때문에 하나님은 사울을 왕으로 임명하셨던 것을 후회하셨다. 사무엘도 사울로 인해 괴로워했다. 그러나 죽을 때까지 사울을 만나지 않았으며(삼상 15:35), 다윗에게 기름을 부어 왕으로 삼았다.

성경에는 하나님이 '후회하셨다'는 표현은 사울을 왕으로 삼으신 것 외에도 노아의 홍수 사건 이전에 하나님이 사람을 만드신 것(창 6:6)에도 사용되었다.

5 사무엘이 대답했습니다. "그렇다. 평안
한 일로 왔다. 내가 여호와께 제사를
드리려고 왔으니 너희는 몸을 거룩하
게 하고 나와 함께 제사드리러 가자."
그리하여 그는 이새와 그 아들들을
거룩하게 하고 제사에 초청했습니다.
6 그들이 도착하자 사무엘이 엘리압을
보고 생각했습니다. "여호와께서 기
름 부으실 사람이 정말 여호와 앞에
나와 있구나."
7 그러나 여호와께서 사무엘에게 말씀
하셨습니다. "겉모습이나 키를 보지
마라. 나는 그를 이미 버렸다. 내가 보
는 것은 사람이 보는 것과 다르다. 사
람은 겉모습을 보지만 여호와는 마음
의 중심을 보신다."
8 그때 이새가 아비나답을 불러 사무엘
앞을 지나가게 했습니다. 그러나 사무
엘은 "이 아들도 여호와께서 선택하
신 사람이 아니다"라고 말했습니다.
9 이새가 삼마를 지나가게 하자 사무엘
이 또 말했습니다. "이 아들도 여호와
께서 선택하지 않으셨다."
10 이새는 자신의 일곱 아들들 모두를
사무엘 앞에 지나가게 했지만 사무엘
은 이렇게 말했습니다. "여호와께서
이들을 선택하지 않으셨다."
11 사무엘이 이새에게 물었습니다. "네
아들이 다 온 것이냐?" 이새가 대답
했습니다. "막내가 하나 있기는 한데
지금 양들을 돌보고 있습니다." 사무
엘이 말했습니다. "그를 불러오너라.
그가 도착할 때까지 식사 자리에 *앉
지 않겠다."
12 그래서 이새는 사람을 보내 막내아들
을 데려왔습니다. 그는 발그레한 살결
에 눈이 반짝였으며 얼굴이 아름다
웠습니다. 그러자 여호와께서 말씀하
셨습니다. "저 아이가 맞다. 일어나 그
에게 기름 부어라."
13 사무엘은 기름이 담긴 뿔을 가져와
그 형제들 앞에서 다윗에게 기름을
부었습니다. 그날 이후로 여호와의 영
이 크게 다윗에게 임했습니다. 그러고
난 뒤 사무엘은 거기서 떠나 라마로
갔습니다.

사울을 섬기게 된 다윗

14 여호와의 영이 사울에게서 떠났고 여
호와께서 보내신 악한 영이 사울을
괴롭혔습니다.
15 사울의 신하들이 그에게 말했습니다.
"보십시오. 하나님께서 보내신 악한
영이 왕을 괴롭히고 있습니다.
16 왕께서는 여기 당신의 종들에게 명령
을 내려 하프를 켜 줄 사람을 구하게
하십시오. 하나님께서 보내신 악한
영이 당신에게 올 때 그가 하프를 켜
면 좀 나아지실 겁니다."
17 그러자 사울이 신하들에게 명령했습
니다. "하프를 잘 켜는 사람을 찾아
내게로 데려오라."
18 신하들 가운데 하나가 대답했습니다.
"베들레헴 사람 이새의 아들 하나를
알고 있는데 그는 하프도 잘 켜고 용
감하며 말도 잘할 뿐 아니라 외모도

16:11 일부 칠십인역을 따름.

준수합니다. 게다가 여호와께서 그와
함께하십니다."
19 그러자 사울이 이새에게 사람을 보내
말했습니다. "양들과 함께 있는 네 아
들 다윗을 내게 보내거라."
20 이새는 곧 나귀에 빵과 포도주 한 부
대와 어린 염소 한 마리를 딸려 자기
아들 다윗을 사울에게 보냈습니다.
21 다윗은 사울에게 가서 그를 섬기게
됐습니다. 사울은 그를 무척 좋아했
고 다윗은 사울의 무기를 맡은 사람
이 됐습니다.
22 그때 사울이 이새에게 전갈을 보냈습
니다. "다윗이 내 마음에 드니 그가
나를 섬길 수 있도록 남아 있게 하여
라."
23 하나님께서 보내신 악한 영이 사울에
게 내리면 다윗은 하프를 가져와 연주
했습니다. 그러고 나면 악한 영이 떠
나고 사울은 회복돼 기분이 나아졌습
니다.

다윗과 골리앗

17 그때 블레셋 사람들이 전쟁을
일으키려고 군대를 소집해 유
다 땅 소고에 모이게 한 후 소고와 아
세가 사이의 에베스담밈에 진을 쳤습
니다.
2 사울도 이스라엘 백성들을 불러 모아
엘라 골짜기에 진을 치고 블레셋 군사
들과 맞서기 위해 전열을 갖추었습니
다.
3 골짜기를 사이에 두고 한쪽 언덕은
블레셋 사람들이, 다른 한쪽은 이스
라엘 사람들이 차지한 것입니다.
4 그때 블레셋 진영에서 골리앗이라는
장수가 싸움을 걸어 왔습니다. 가드
사람인 그는 키가 *6규빗이나 됐습니
다.
5 그는 머리에 청동 투구를 쓰고 *5,000
세겔이나 나가는 청동으로 된 비늘
갑옷을 입었으며
6 다리에는 청동 경갑을 차고 어깨에는
청동 단창을 메고 있었습니다.
7 그 창 자루는 베틀 채 같고 창 머리
는 무게가 *600세겔이나 됐습니다.
그의 앞에는 방패를 든 사람이 걸어
나왔습니다.
8 골리앗이 서서 이스라엘 군대를 향해
소리쳤습니다. "너희는 왜 전열을 갖
추고 나왔느냐? 나는 블레셋 사람이
고 너희는 사울의 부하들이 아니냐?
누구든 하나만 골라서 내게 보내라.
9 만약 나와 싸워서 그가 나를 죽이면
우리가 너희 종이 되겠고 내가 그를
쳐서 죽이면 너희가 우리 종이 돼 섬
겨야 한다."
10 그러고 나서 그 블레셋 장수는 다시
소리쳤습니다. "오늘 내가 이렇게 이
스라엘 군대를 모욕했으니 한 사람을
내게 보내라. 서로 싸우자."
11 이 블레셋 사람의 말을 듣고 사울과
온 이스라엘 사람들은 기가 죽어 두
려움에 떨었습니다.
12 다윗은 유다 땅 베들레헴에 있는 에브

17:4 6규빗은 약 3미터. 사해 사본과 칠십인역에는 '4 규빗' 17:5 5,000세겔은 약 57킬로그램 17:7 600세겔은 약 6.84킬로그램

랏 사람 이새의 아들입니다. 이새에게
는 여덟 명의 아들이 있었는데 사울
이 이스라엘을 다스리던 무렵 이새는
나이 많은 노인이었습니다.
13 이새의 아들 가운데 위로 세 아들이
사울을 따라 싸움터에 나가 있었습니
다. 그들은 맏아들 엘리압, 둘째 아들
아비나답, 셋째 아들 삼마입니다.
14 다윗은 막내아들입니다. 위로 세 아
들은 사울을 따라갔지만
15 다윗은 이따금씩 사울에게 갔다 와서
는 베들레헴에서 자기 아버지의 양들
을 돌보았습니다.
16 그 블레셋 사람 골리앗은 40일 동안
밤낮으로 앞에 나와서 싸움을 걸어
왔습니다.
17 그때 이새가 그의 아들 다윗에게 말
했습니다. "이 볶은 곡식 *1에바와 빵
열 덩이를 네 형들이 있는 진영으로
빨리 가져다주어라.
18 이 치즈 열 덩이는 그들의 천부장에
게 가져다주고 네 형들이 잘 있는지
물어본 뒤 형들이 잘 있다는 증표를
가져오너라."
19 그때 그의 형들은 사울이 이끄는 이스
라엘 군인들과 함께 엘라 골짜기에서
블레셋 사람들과 싸우고 있었습니다.
20 다음 날 아침 일찍 다윗은 양들을 양
치기에게 맡기고 그의 아버지 이새가
말한 대로 짐을 챙겨 길을 떠났습니
다. 그가 진영에 도착했을 때 마침 군
대는 함성을 지르며 전장으로 나가고
있었습니다.
21 이스라엘과 블레셋 사람들은 전열을
갖추고 서로 맞서고 있었습니다.
22 다윗은 가져온 물건들을 보급 장교에
게 맡기고 전선으로 달려가 형들을
만났습니다.
23 형들과 이야기를 나누고 있는데 가드
출신의 그 블레셋 장수 골리앗이 자기
쪽 전열에서 나와 늘 하던 대로 이스
라엘을 모욕하며 싸움을 걸어왔습니
다. 다윗도 그 말을 듣게 됐습니다.
24 이스라엘 사람들은 그 사람을 보고
모두 두려워 벌벌 떨며 도망쳤습니다.
25 어떤 사람들은 말했습니다. "저 사람
이 또 올라왔군. 늘 나와서 저렇게 이
스라엘을 모욕한다네. 저 사람을 죽
이는 사람에게는 왕께서 큰 재물을
내리신다지? 그뿐 아니라 자기 딸과
결혼도 시키고 그 집안에는 모든 세
금을 면제해 주신다는군."
26 그때 다윗이 곁에 서 있는 사람들에
게 물었습니다. "저 블레셋 사람을 죽
여 이스라엘의 치욕을 씻는 사람에게
어떻게 해 준답니까? 저 할례도 받지
않은 블레셋 사람이 도대체 누구기에
이렇게 살아 계신 하나님의 군대를
모욕하는 것입니까?"
27 사람들은 그를 죽이면 이러이러한 상
을 주신다고 자기들끼리 하던 말을
다윗에게 그대로 해 주었습니다.
28 다윗의 큰형 엘리압이 다윗이 그들과
하는 이야기를 듣고 그에게 화를 내
며 말했습니다. "네가 왜 여기 왔느

17:17 1에바는 약 22리터

냐? 들에 있는 몇 마리 안 되는 양들
은 누구한테 맡겼느냐? 이 건방지고
고집 센 녀석, 싸움 구경이나 하려고
온 것 아니냐?"
29 다윗이 말했습니다. "내가 뭐라고 했
습니까? 군사들과 말하는 것이 잘못
입니까?"
30 그러고는 다른 사람에게 가서 그것에
대해 다시 물었습니다. 그러자 그 사
람들도 똑같은 대답을 했습니다.
31 누군가 다윗이 하는 말을 듣고 사울
에게 보고했습니다. 그러자 사울이 다
윗을 불렀습니다.
32 다윗이 사울에게 말했습니다. "저 블
레셋 사람 때문에 우리의 기가 죽어
서는 안 됩니다. 왕의 종인 제가 나가
서 그와 싸우겠습니다."
33 사울이 대답했습니다. "네가 어떻게
저 블레셋 사람과 싸울 수 있단 말이
냐? 너는 아직 어리고 저 사람은 어
릴 적부터 싸움터에서 단련해 온 전
사다."
34 그러나 다윗이 사울에게 말했습니다.
"왕의 종인 저는 아버지의 양들을 지
켜 왔습니다. 사자나 곰이 나타나 양
을 훔쳐 가면
35 뒤쫓아가서 때려 쓰러뜨리고 그 입에
서 양을 구해 냈습니다. 그리고 제게
달려들면 털을 움켜잡고 때려 죽였습
니다.
36 그렇게 사자도 죽이고 곰도 죽였습니
다. 저 할례 받지 못한 블레셋 사람도
그 짐승들 가운데 하나처럼 될 것입
니다. 살아 계신 하나님의 군대를 모
욕한 사람을 어찌 그냥 내버려 둘 수
있단 말입니까?

Q&A 다윗과 골리앗의 싸움은 신들의 전쟁이었다!

참고 구절 | 삼상 17:32-54

다윗과 골리앗 이야기를 읽다 보면 주인공인 어린 양치기 소년 다윗이 엄청나게 큰 거인을 돌멩이 하나로 쓰러뜨렸다 정도로 생각하기 십상이다. 하지만 이 싸움은 블레셋의 신들과 이스라엘 하나님과의 싸움이었다(삼상 17:26,36-37,43,47).

고대 세계에서 전쟁하는 방법 중 하나는 싸우는 두 진영의 장수가 한 사람씩 나와서 대결하는 것이었다. 그런 후 승자와 패자가 결정되면 승자가 속한 편 전체가 승리한 것으로 여겼다.

하나님은 누구보다도 이런 사실을 잘 알고 있었던 다윗을 세워 이스라엘의 원수들과 거짓된 신에 대항해서 싸우게 하셨다. 골리앗은 블레셋의 신들과 블레셋 사람들을, 다윗은 하나님과 이스라엘을 대표해서 싸운 것이었다.

57kg 정도 나가는 청동 비늘 갑옷을 입고 머리에는 청동 투구를 쓰고 다리에는 청동받이를 차고 7kg 정도 나가는 창으로 무장한 블레셋 가드 출신의 골리앗과(삼상 17:4), 무릿매와 돌멩이만을 가지고 나온 다윗. 다윗은 이때 "너는 칼과 창과 단창으로 내게 나오지만 나는 만군의 여호와, 곧 네가 모욕한 이스라엘 군대의 하나님의 이름으로 네게 나간다."(삼상 17:45) 하고 외쳤다. 골리앗과 다윗의 대결 한판이 누구의 승리로 돌아갔는지는 우리 모두가 잘 알고 있는 사실이다(삼상 17:48-51).

37 사자의 발톱과 곰의 발톱에서 저를
구해 내신 여호와께서 저 블레셋 사
람의 손에서도 구해 내실 것입니다."
사울이 다윗에게 말했습니다. "가거
라. 여호와께서 너와 함께하시기를 바
란다."
38 사울은 다윗에게 자기 군복을 입혔습
니다. 갑옷을 입히고 머리에 청동 투
구도 씌워 주었습니다.
39 다윗은 그 군복 위에 칼을 차고 시험
삼아 걸어 보다가 사울에게 "이런 옷
들은 익숙하지 않아서 입고 갈 수가
없습니다" 하고는 그것들을 다 벗어
버렸습니다.
40 대신에 다윗은 자기 지팡이를 들고
시냇가에서 매끄러운 돌 다섯 개를
골라 양치기 주머니에 넣은 다음 손
에 무릿매를 쥐고 그 블레셋 사람에
게로 다가갔습니다.
41 그러자 그 블레셋 사람도 방패 든 사
람을 앞세우고 다윗에게 가까이 다가
왔습니다.
42 그는 다윗을 물끄러미 쳐다보고는 그
가 볼이 불그스레하고 잘생긴 어린아
이인 것을 보고 우습게 여겼습니다.
43 그 블레셋 사람은 다윗에게 "막대기
나 들고 오다니 내가 개인 줄 아느
냐?" 하고는 자기 신들의 이름으로
다윗을 저주했습니다.
44 그는 또 말했습니다. "이리로 오너라.
내가 네 살점을 공중의 새들과 들판
의 짐승들에게 주겠다."
45 그러자 다윗이 블레셋 사람에게 말했
습니다. "너는 칼과 창과 단창으로 내
게 나오지만 나는 만군의 여호와, 곧
네가 모욕한 이스라엘 군대의 하나님
의 이름으로 네게 나간다.
46 오늘 여호와께서 너를 내 손에 넘겨
주실 것이고 나는 너를 쳐서 네 목을
벨 것이다. 오늘 내가 이 블레셋 사람
의 시체를 공중의 새들과 땅의 짐승
들에게 주면 이스라엘에 하나님이 계
신 것을 온 세상이 알게 될 것이다.
47 또한 여호와께서는 칼이나 창으로 구
원하지 않으신다는 것을 여기 모인
사람들이 다 알게 될 것이다. 전쟁은
여호와께 속한 것이니 그분이 너희 모
두를 우리 손에 넘겨주실 것이다."
48 그 블레셋 사람이 일어나 공격하려고
다가오자 다윗은 재빨리 그가 있는
대열을 향해 달려 나갔습니다.
49 다윗은 주머니에 손을 넣어 돌을 꺼
내 그 돌을 무릿매로 던져 블레셋 사
람의 이마를 정통으로 맞혔습니다.
돌이 그의 이마에 박히자 그는 땅에
머리를 박고 쓰러졌습니다.
50 이렇게 다윗은 무릿매와 돌 하나로 블
레셋 사람을 이겼습니다. 손에 칼도
하나 없이 블레셋 사람을 쳐서 죽인
것입니다.
51 다윗이 달려가 그 블레셋 사람을 밟
고 서서 그의 칼집에서 칼을 뽑아 그
를 죽인 뒤 그 칼로 그 블레셋 사람의
목을 베었습니다. 블레셋 사람들은
자기들의 영웅이 죽은 것을 보고 모
두 도망쳤습니다.

52 이스라엘과 유다 사람들은 함성을 지
르며 달려 나와 가드 입구와 에그론
성문까지 블레셋 군대를 쫓아갔습니
다. 그리하여 블레셋 사람들의 시체
가 사아라임 길을 따라 가드와 에그론
까지 널렸습니다.
53 이스라엘 사람들은 블레셋 사람들을
쫓다가 돌아와 블레셋 진영을 약탈했
습니다.
54 다윗은 그 블레셋 장수의 머리를 예루
살렘으로 가져가고 그의 무기들은 자
기 천막에 두었습니다.
55 사울은 다윗이 그 블레셋 장수를 향
해 맞서서 나가는 것을 보고 자기 군
대의 아브넬 장군에게 말했습니다.
"아브넬아, 저 소년이 누구 아들이
냐?" 아브넬이 대답했습니다. "왕이시
여, 왕께서 살아 계심으로 맹세하는
데 누구인지 잘 모르겠습니다."
56 왕이 말했습니다. "저 소년이 누구의
아들인지 알아보아라."
57 다윗이 그 블레셋 장수를 죽이고 돌
아오자마자 아브넬이 다윗을 사울에
게 데려갔습니다. 다윗의 손에는 아직
도 블레셋 사람의 머리가 들려 있었
습니다.
58 사울이 그에게 물었습니다. "소년아,
너는 누구의 아들이냐?" 다윗이 대답
했습니다. "저는 베들레헴에 사는 왕
의 종 이새의 아들입니다."

사울이 다윗을 두려워하다

18 다윗이 사울과 이야기를 마치
자 사울의 아들 요나단은 다윗
에게 마음이 끌려 다윗을 자기 목숨
처럼 사랑하게 됐습니다.
2 그날부터 사울은 다윗을 아버지 집으
로 돌려보내지 않고 자기 곁에 두었습
니다.
3 요나단은 다윗을 자기 목숨처럼 깊이
사랑했기 때문에 둘은 의형제를 맺었
습니다.
4 요나단은 자기가 입고 있던 겉옷을 벗
어 다윗에게 주고 군복과 칼과 활과
허리띠까지 주었습니다.
5 다윗은 사울이 시키는 일마다 지혜롭
게 잘 해냈습니다. 그러자 사울은 그
를 군대의 높은 자리에 앉혔습니다.
이 일을 모든 백성들은 물론 사울의
신하들도 기뻐했습니다.
6 다윗이 블레셋 사람을 죽이고 군사들
과 함께 돌아오는데 온 이스라엘 성
읍에서 여자들이 소고와 꽹과리를
갖고 나와 노래하고 춤추며 사울 왕
을 맞았습니다.
7 그들은 춤을 추며 이렇게 노래했습니
다.

"사울이 죽인 사람은 수천 명이요,
다윗이 죽인 사람은 수만 명이라
네."

8 사울은 이 노랫소리를 듣고 몹시 불
쾌해 화가 치밀었습니다. 속으로 "다
윗에게는 수만 명이라더니 내게는 고
작 수천 명뿐이라는구나. 그가 더 가
질 것이 이제 이 나라밖에 더 있겠는
가?" 하며
9 그때부터 다윗을 시기하고 질투하기

시작했습니다.
10 다음 날 하나님이 보내신 악한 영이
사울에게 강하게 내리 덮쳤습니다. 사
울이 발작이 도져 집 안에서 소리 지
르며 다니자 다윗은 평소와 같이 하
프를 켰습니다. 그때 사울의 손에 창
이 들려 있었는데
11 그는 "다윗을 벽에다 박아 버릴 테다"
하고 혼잣말을 하며 창을 던졌습니
다. 그러나 다윗은 두 번이나 그에게
서 몸을 피했습니다.
12 사울은 다윗이 두려웠습니다. 여호와
께서 사울을 떠나 다윗과 함께하셨기
때문입니다.
13 그래서 사울은 다윗을 천부장으로 삼
고 자기에게서 멀리 떠나보냈습니다.
그리하여 다윗은 부대를 이끌고 싸움
터로 나갔는데
14 그는 가는 곳마다 승리했습니다. 여
호와께서 그와 함께하셨기 때문입니
다.
15 사울은 다윗이 큰 승리를 거두는 것
을 보고 그를 더욱 두려워했습니다.
16 그러나 모든 이스라엘과 유다는 다윗
이 어떤 전투에서나 백성들을 앞장서
서 잘 이끌었기 때문에 그를 좋아했
습니다.
17 사울이 다윗에게 말했습니다. "내 큰
딸 메랍을 네게 시집보낼 테니 너는
그저 나를 위해 여호와께서 함께하시
는 전쟁에서 용감하게 싸우면 된다."
그러나 사울은 속으로는 '내가 직접
그를 치지 않고 블레셋 사람들이 치
도록 해야겠다'라고 생각하고 있었습
니다.
18 이에 다윗은 "제가 누구이며 제 혈통
이나 제 아버지의 집안이 이스라엘에
서 무엇이기에 제가 감히 왕의 사위
가 되겠습니까?" 하며 사양했습니다.
19 그러나 메랍을 다윗에게 주기로 한 때
가 되자 사울은 딸을 므홀랏 사람 아
드리엘에게 시집보내 버렸습니다.
20 한편 자신의 딸 미갈이 다윗을 사랑
한다는 것을 누군가에게 전해 들은
사울은 은근히 좋아했습니다.
21 사울은 또 '그 아이를 주어 다윗에게
덫이 되게 해서 블레셋 사람들의 손
에 죽게 해야겠다' 하고 생각했던 것
입니다. 그래서 사울은 다시 다윗에게
그를 사위 삼겠다고 말했습니다.
22 그러고 나서 사울은 신하들에게 명령
했습니다. "다윗에게 슬며시 이렇게
말해 두라. '왕께서 당신을 기뻐하고
그 신하들도 모두 당신을 좋아하니
그분의 사위가 되시오' 하고 말이다."
23 사울의 신하들이 사울이 말한 대로
다윗에게 전했습니다. 그러나 다윗은
"나같이 천하고 가난한 사람이 왕의
사위가 되는 것이 쉬운 일인 줄 아시
오?" 하고 말했습니다.
24 사울의 신하들이 다윗이 한 말을 사
울에게 전했습니다.
25 그러자 사울이 말했습니다. "너희는
다윗에게 가서 '왕께서 바라는 지참
금은 별것 아니다. 그저 왕의 적들에
대한 보복으로 블레셋 사람의 포피

100개만 가져오면 된다라고 말하라."
사울은 이렇게 해서 다윗을 블레셋
사람들의 손에 죽게 할 속셈이었습니
다.
26 신하들이 다윗에게 이 말을 전하자
다윗은 왕의 사위가 되겠다고 흔쾌히
대답했습니다. 정해진 시간이 다 되
기 전에
27 다윗은 사울 왕의 사위가 되기 위해
자기 군사들과 함께 나가 블레셋 사
람 200명을 죽이고 그 명수만큼의 포
피를 가져다가 왕에게 바쳤습니다. 그
러자 사울은 자기 딸 미갈을 다윗의
아내로 주었습니다.
28 여호와께서도 다윗과 함께하시고 자
기 딸 미갈도 다윗을 사랑하고 있음
을 보고
29 사울은 더욱더 그를 두려워해 다윗을
평생 동안 원수로 여기며 살았습니
다.
30 블레셋의 지휘관들이 계속 전쟁을 일
으켰지만 그럴 때마다 다윗은 사울의
다른 신하들보다 *큰 공적을 세웠기
때문에 그의 이름은 널리 알려지게
됐습니다.

사울이 다윗을 죽이려 하다

19 사울은 자기의 아들 요나단과
모든 신하들에게 다윗을 죽이
겠다고 말했습니다. 그러나 요나단은
다윗을 사랑했기 때문에
2 그 사실을 다윗에게 알려 주었습니
다. "내 아버지 사울 왕이 자네를 죽
일 기회를 엿보고 계시니 내일 아침
조심해서 은밀한 곳에 숨어 있게.
3 내가 아버지와 함께 자네가 있는 그
들판으로 나가 자네에 대해 얘기하다
가 무엇인가 알아내면 이야기해 주겠
네."
4 요나단은 아버지 사울 앞에서 다윗에
대해 좋게 말했습니다. "왕께서는 종
다윗에게 실수하시는 일이 없기를 바
랍니다. 그는 왕께 잘못한 일이 없고
오히려 그가 한 일은 왕께 큰 덕이 됐
습니다.
5 그는 목숨을 걸고 그 블레셋 장수를
죽였습니다. 그래서 여호와께서 온 이
스라엘에 큰 승리를 주신 것입니다.
왕께서도 그것을 보셨고 또 기뻐하셨
습니다. 그런데 왜 아무 이유도 없이
다윗처럼 죄 없는 사람을 죽여 죄를
지으려고 하십니까?"
6 사울이 요나단의 말을 듣고 이렇게 맹
세했습니다. "여호와께서 살아 계심
으로 맹세하마. 내가 다윗을 절대로
죽이지 않겠다."
7 그러자 요나단은 다윗을 불러 그 모
든 일에 대해 말해 주고 다윗을 사울
에게 데려갔습니다. 다윗은 전처럼 사
울을 섬기게 됐습니다.
8 또다시 전쟁이 일어났습니다. 이에 다
윗이 전장에 나가 블레셋 사람들과
싸워 그들을 크게 무찌르자 그들은
그 앞에서 도망치기에 바빴습니다.
9 사울이 자기 집에서 창을 들고 앉아
있을 때 여호와께서 보내신 악한 영

18:30 또는 더 지혜롭게 행동했기 때문에

이 사울에게 내렸으므로 다윗이 그
앞에서 하프를 연주했습니다.
10 그때 사울은 창을 던져 다윗을 벽에
꽂으려 했습니다. 그러나 다윗은 사울
이 벽 쪽으로 창을 던지는 순간 재빨
리 몸을 피했습니다. 그날 밤 다윗은
그곳을 빠져나와 도망쳤습니다.
11 사울은 다윗의 집으로 사람을 보내
지키고 있다가 아침에 다윗을 죽이라
고 했습니다. 그러나 다윗의 아내 미
갈이 그에게 경고했습니다. "만약 당
신이 오늘 밤에 도망치지 않으면 내일
은 틀림없이 죽임을 당하게 될 거예
요."
12 미갈은 다윗을 창문 아래로 달아 내
려보냈고 다윗은 몸을 피해 도망쳤습
니다.
13 그러고 나서 미갈은 *우상을 가져다
가 침대에 누이고 머리맡에는 염소털
을 덮어 놓은 다음 겉옷으로 그것을
덮었습니다.
14 사울이 보낸 사람들이 다윗을 잡으러
오자 미갈은 "그가 지금 몸이 아프시
다"라고 둘러댔습니다.
15 그러자 사울이 다시 사람들을 보내
다윗이 아픈지 보고 오라며 말했습니
다. "그를 침대에 누인 채로 내게 데려
오라. 내가 그를 죽이겠다."
16 그러나 사람들이 들어가서 보니 침대
에는 머리에 염소털을 씌운 우상만
뉘어 있을 뿐이었습니다.
17 사울이 미갈에게 "너는 왜 이렇게 나
를 속이고 내 원수를 도망치게 했느
냐?"라고 말하자 미갈이 사울에게 말
했습니다. "그가 제게 '나를 놓아주시
오. 어떻게 내가 당신을 죽이겠소?' 하
고 협박하며 말했습니다."
18 그렇게 몸을 피해 도망친 다윗은 라마
에 있는 사무엘에게 가서 사울이 자
신에게 했던 일들을 모두 말해 주었
습니다. 사무엘은 다윗을 나욧으로 데
리고 가서 거기서 머물렀습니다.
19 누군가 사울에게 다윗이 라마의 나욧
에 있다고 말해 주었습니다.
20 그러자 사울은 다윗을 잡으려고 사람
들을 보냈습니다. 그들은 거기서 예언
자들의 무리가 사무엘을 우두머리로
세우고 서서 예언하는 것을 보았습니
다. 그때 사울이 보낸 사람들에게도
하나님의 영이 내려와 그들도 예언하
게 됐습니다.
21 사울이 이 말을 듣고는 더 많은 사람
들을 보냈으나 그들도 예언을 했습니
다. 사울이 세 번째로 사람들을 보냈
지만 그들도 역시 예언을 했습니다.
22 마침내 사울이 친히 라마로 갔습니다.
그가 세구에 있는 큰 연못에 이르러
사무엘과 다윗이 어디 있냐고 묻자
누군가가 라마의 나욧에 있다고 대답
해 주었습니다.
23 그리하여 사울은 라마의 나욧으로 갔
습니다. 그러자 사울에게도 하나님의
영이 내려서 그는 나욧에 이르기까지
걸으면서 계속 예언했습니다.
24 사울은 옷을 벗어 던지고 사무엘 앞

19:13 히브리어, 테라빔

에서도 예언을 했습니다. 그러고는 그
날 온종일 벗은 채로 누워 있었습니
다. 이런 까닭에 "사울도 예언자들 가
운데 있느냐?" 하는 속담이 생기게
됐습니다.

다윗과 요나단

20 다윗은 라마의 나욧에서 도망
쳐 나와 요나단에게 가서 물었
습니다. "내가 무슨 짓을 했습니까?
내가 무슨 죄를 저질렀단 말입니까?
내가 당신 아버지께 무슨 잘못을 저
질렀기에 이렇게 나를 죽이려고 하십
니까?"
2 요나단이 대답했습니다. "그렇지 않
네. 자네가 죽는 일은 결코 없을 걸
세. 이보게, 내 아버지는 큰일이든 작
은 일이든 내게 알리지 않고는 어떤
일도 하지 않으시지 않는가? 그분이
그런 일을 내게 숨기시겠는가? 절대
그러실 리 없네."
3 그러나 다윗은 맹세하며 말했습니다.
"당신 아버지는 당신이 나를 좋아하
는 것을 잘 알고 계십니다. 그래서 당
신이 이 일을 알게 되면 무척 슬퍼할
것이기 때문에 당신에게 알리면 안
된다고 생각하셨을 것입니다. 여호와
께서 살아 계시는 것과 당신의 생명
을 놓고 맹세하는데 나와 죽음 사이
는 한 걸음밖에 떨어져 있지 않습니
다."
4 요나단이 다윗에게 말했습니다. "자네
가 원하는 것을 말해 보게. 내가 무엇
이든 다 들어주겠네."
5 그러자 다윗이 말했습니다. "내일은
초하루입니다. 내가 왕과 함께 저녁
식사를 하게 돼 있는 날입니다. 하지
만 거기 가지 않고 내일모레 저녁까
지 들에 나가 숨어 있겠습니다.
6 만약 당신 아버지가 나를 찾거든 '다
윗이 집안에 매년제가 있어 급히 자
기 고향 베들레헴에 가야겠다고 부탁
해 제가 허락했습니다'라고 말해 보십
시오.
7 만약 잘했다고 하시면 내게 아무 일
도 없을 것입니다. 그러나 버럭 화를
내시면 왕이 나를 해치려고 작정하신
걸로 아십시오.
8 그러니 당신은 당신의 종에게 친절을
베풀어 주십시오. 당신은 여호와 앞
에서 나와 의형제를 맺지 않았습니
까? 내가 만약 죄가 있다면 당신이
직접 나를 죽이십시오. 나를 굳이 당
신 아버지에게 데려갈 이유가 있겠습
니까?"
9 요나단이 말했습니다. "절대 그렇지
않을 걸세. 내 아버지께서 자네를 해
칠 생각을 조금이라도 비치신다면 왜
내가 자네에게 말해 주지 않겠는가?"
10 다윗이 물었습니다. "당신 아버지가
당신에게 화를 내신다면 누가 그것을
내게 말해 주겠습니까?"
11 요나단이 말했습니다. "이리 와서 들
판으로 나가 보세." 그들은 함께 들로
갔습니다.
12 그러자 요나단이 다윗에게 말했습니
다. "이스라엘의 하나님 여호와께 맹

세하고 말하겠네. 내가 모레 이맘때
쯤 내 아버지 마음을 떠보겠네. 아버
지가 자네를 좋게 생각하시면 사람을
보내 알려 주겠네.
13 하지만 아버지가 자네를 해치려고 하
신다는 것을 알게 되면 자네에게 알
려 자네를 무사히 갈 수 있도록 하겠
네. 그러지 않는다면 여호와께서 내게
어떤 벌을 내리셔도 다 받겠네. 여호
와께서 우리 아버지와 함께하셨던 것
처럼 자네와 함께하시길 바라네.
14 그러니 자네는 내가 사는 동안 여호
와와 같이 내게 끊임없는 긍휼을 베
풀어 주고 내가 죽임을 당치 않게 하
고
15 여호와께서 이 땅 위에서 자네 다윗
의 원수들을 모조리 끊어 버리시는
날에도 내 집안과의 의리를 끊지 말
고 지켜 주게."
16 이렇게 요나단은 다윗의 집과 언약을
맺으며 말했습니다. "여호와께서 다윗
의 원수들을 벌하시길 바라네."
17 요나단이 다윗을 사랑했기에 다윗으
로 하여금 다시 맹세하게 했습니다.
이는 요나단이 다윗을 자기 몸처럼 사
랑했기 때문이었습니다.
18 그러고 나서 요나단은 다윗에게 말했
습니다. "내일은 초하루이니 자네 자
리가 비어 있으면 왕께서 분명 찾으실
걸세.
19 모레 저녁 즈음에 이런 일이 시작됐
을 때 자네가 숨어 있던 에셀 바위 옆
에 숨어 있게.
20 내가 과녁을 맞히는 척하면서 세 개
의 화살을 그 곁에 쏘겠네.
21 그러고 나서 한 소년을 보내 '가서 화
살들을 찾아오너라' 하고 말할 걸세.
그때 만약 내가 소년에게 '보아라. 화
살들이 이쪽에 있으니 가져오너라' 하
고 말하면 여호와께서 살아 계심으로
맹세하는데 자네는 무사할 것이니 안
심하고 나오게.

Q&A

요나단은 왜 다윗에게 자비를 베풀어 달라고 했나?

참고 구절 | 삼상 20:14-15

자신의 왕권에 위협을 느낀(삼상 18:8;20:31) 사울은 끊임없이 다윗을 죽이려고 했다(삼상 18:17-25;19:1,10,14-15,22). 그러나 그의 아들 요나단은 다윗을 사랑하여(삼상 18:1-3;20:17,34) 목숨의 위협을 당하면서까지 다윗을 도와주었다(삼상 20:33). 또 자기와 자기 후손들에게 자비를 베풀어 달라고 다윗에게 요청했다(삼상 20:14-15). 왕자의 신분이었던 요나단이 왜 그런 부탁을 한 것일까?

요나단은 하나님께서 다윗을 이스라엘의 왕으로 삼으실 것을 미리 알았기 때문이었다(삼상 23:17). 비록 왕자의 신분이었을지라도 그는 다윗을 왕으로 기름 부으신 하나님의 섭리와 뜻을 겸손히 받아들였던 믿음의 사람이었다. 그래서 그는 다윗이 안전하게 피신하도록 도와주었을 뿐 아니라 후에 왕이 될 때 자신의 후손에 대해 자비를 잊지 않도록 간청했던 것이다(삼상 20:14-17).

22 그러나 만약 그 소년에게 '보아라. 화
살들이 네 앞쪽에 있다'라고 하면 자
네는 자네의 길을 떠나게. 여호와께서
자네를 떠나보내시려는 뜻인 줄로 알
게나.
23 그리고 자네와 내가 약속한 이 일에
대해서는 여호와께서 자네와 나 사이
에 영원히 증인이 되실 걸세."
24 그리하여 다윗은 들판에 숨게 됐습니
다. 초하루가 되자 왕은 식탁에 앉아
음식을 먹었습니다.
25 왕은 늘 앉는 벽 쪽 자리에 앉았고 반
대쪽에는 *요나단이 그리고 사울의
옆에는 아브넬이 앉았습니다. 하지만
다윗의 자리는 비어 있었습니다.
26 그런데 그날 사울은 아무 말도 하지
않았습니다. 속으로 '다윗에게 무슨
일이 있나 보군. 의식을 치르기에 정
결하지 못한 게 분명해'라고 생각했던
것입니다.
27 그러나 다음 날 곧 그달 둘째 날에도
다윗의 자리가 비었습니다. 그러자 사
울이 아들 요나단에게 말했습니다.
"왜 이새의 아들이 식사하러 나오지
않느냐? 어제도 그러더니 오늘도 그
러는구나."
28 요나단이 대답했습니다. "다윗이 베들
레헴에 가게 해 달라고 제게 간절히
부탁했습니다.
29 자기 가족이 베들레헴 성에서 제사를
드려야 하는데 자기 형이 그곳으로
오라고 했다면서 자기를 좋게 생각한
다면 형제들을 볼 수 있도록 보내 달
라고 간청하기에 보내 주었습니다. 그
래서 그가 왕의 식탁에 나오지 못한
것입니다."
30 사울은 요나단에게 불같이 화를 내며
말했습니다. "너 반역자이며 사악한
여자의 자식아, 네가 그 이새의 아들
쪽을 택한 걸 내가 모를 줄 아느냐?
네게도 망신이지만 널 낳아 준 어미
에게도 망신이다.
31 이새의 아들이 이 땅에 살아 있는 한
너와 네 나라는 세워지지 않을 것이
다. 사람을 보내 다윗을 끌어오너라.
그놈은 죽어야만 한다."
32 요나단이 아버지에게 물었습니다. "왜
다윗이 죽어야 합니까? 그가 무슨 짓
을 했다고 그러십니까?"
33 그러자 사울은 창을 던져 요나단을
죽이려 했습니다. 이제 요나단은 자기
아버지가 다윗을 죽이려고 작정했다
는 것을 알게 됐습니다.
34 요나단은 분노로 부르르 떨며 식탁에
서 일어났습니다. 그날, 곧 그달의 둘
째 날에 요나단은 아무것도 먹지 않
았습니다. 아버지가 다윗을 모욕하므
로 다윗을 위해 슬퍼했기 때문입니다.
35 아침이 되자 요나단은 한 소년을 데리
고 다윗을 만나기 위해 들판으로 나
갔습니다.
36 요나단이 그 소년에게 말했습니다.
"달려가 내가 쏘는 화살들을 찾아오
너라." 소년이 달려가자 요나단은 소년

20:25 칠십인역을 따름. 히브리어 사본에는 '요나단이 섰고'

의 머리 위로 화살을 쏘았습니다.
37 소년이 화살이 떨어진 곳에 다다를
즈음 요나단은 소년의 뒤에서 소리 질
렀습니다. "화살이 네 앞에 있지 않느
냐?"
38 요나단은 소년의 뒤에서 계속 소리 질
렀습니다. "서성대지 말고 빨리 달려
가거라." 소년은 화살을 주워 요나단
에게로 돌아왔습니다.
39 소년은 이 모든 것을 전혀 알지 못했
습니다. 요나단과 다윗만 알 뿐이었습
니다.
40 그러고 나서 요나단은 소년에게 자기
무기들을 주며 말했습니다. "가거라.
이것을 성에 다시 갖다 놓아라."
41 소년이 가고 난 뒤 다윗은 바위의 남
쪽에서 일어나 땅에 엎드려 세 번 절
했습니다. 그리고 그들은 서로 입을
맞추고 함께 울었습니다. 다윗이 더
많이 울었습니다.
42 요나단이 다윗에게 말했습니다. "평안
히 가게. 우리가 여호와의 이름으로
서로 의형제를 맺지 않았는가? 여호
와께서 자네와 나 사이에 또 자네 자
손들과 내 자손들 사이에 영원히 증
인이시네." 그러고 나서 다윗은 길을
떠났고 요나단은 성으로 돌아갔습니
다.

놉에서의 다윗

21 다윗은 놉으로 가서 제사장 아
히멜렉에게 이르렀습니다. 아히
멜렉은 다윗을 만나자 벌벌 떨며 말
했습니다. "왜 혼자입니까? 왜 곁에
아무도 없습니까?"
2 다윗이 아히멜렉 제사장에게 대답했
습니다. "왕께서 내게 임무를 주시며
'아무도 네 임무와 지시받은 사항을
알지 못하게 하여라'라고 하셨습니다.
군사들에게는 내가 말해 둔 곳에서
만나자고 말해 두었습니다.
3 그런데 혹시 무얼 가지신 것이 있습니
까? 빵 다섯 덩이만 주십시오. 없으
면 있는 것만이라도 좋습니다."
4 그러자 제사장이 다윗에게 대답했습
니다. "그냥 먹는 보통 빵은 내가 가
진 것이 없지만 여기 거룩한 빵은 있
소. 군사들이 여인을 가까이하지 않
았다면 줄 수 있소."
5 다윗이 대답했습니다. "출전할 때마다
늘 그랬듯이 우리는 3일 동안이나 여
인들을 멀리했습니다. 평범한 임무일
때도 군사들의 그릇들이 거룩한데
하물며 오늘 같은 때야 얼마나 더 깨
끗하겠습니까?"
6 그리하여 제사장은 다윗에게 거룩한
빵을 주었습니다. 여호와 앞에 차려
놓았던 진설병밖에는 다른 빵이 없었
기 때문이었습니다. 이 빵은 그날 따
뜻한 빵을 올려놓으면서 물려 낸 것
이었습니다.
7 그런데 그날 사울의 신하들 가운데
하나가 그곳에 있었습니다. 여호와 앞
에 머물러 있던 그는 도엑이라는 에
돔 사람으로서 사울의 양치기들 가운
데 우두머리였습니다.
8 다윗이 아히멜렉에게 물었습니다. "혹

시 창이나 칼이 여기 있습니까? 내가
칼이나 다른 무기를 가져오지 못했습
니다. 왕께서 시키신 일이 너무 급해
서 말입니다."
9 제사장이 대답했습니다. "당신이 엘
라 계곡에서 죽인 블레셋 사람 골리앗
의 칼이 저기 천에 싸여 에봇 뒤에 있
다오. 원한다면 가져가시오. 그것 말
고는 여기에는 칼이 없소이다." 다윗
이 말했습니다. "그만 한 것이 어디 있
겠습니까? 내게 주십시오."

가드에서의 다윗

10 그날 다윗은 사울에게서 도망쳐 가드
왕 아기스에게로 갔습니다.
11 그러자 그의 신하들이 아기스에게 말
했습니다. "저 사람은 그 땅의 왕 다
윗이 아닙니까? 백성들이 춤추고 노
래하며
'사울이 죽인 사람은 수천 명이고
다윗이 죽인 사람은 수만 명이다'
라고 말한 그 사람이 아닙니까?"
12 다윗은 이 말이 마음에 걸렸습니다.
그는 가드 왕 아기스가 너무나 두려웠
습니다.
13 그래서 다윗은 그들 앞에서 정상이
아닌 것처럼 꾸몄습니다. 다윗은 그들
가운데 있는 동안 미친 척하며 문짝
을 긁적거리기도 하고 수염에 침을 흘
리기도 했습니다.
14 그러자 아기스가 신하들에게 말했습
니다. "저 사람을 보라. 미치광이가
아니냐? 저 사람을 왜 내게 데려왔느
냐?
15 내게 미치광이가 부족해서 저런 사람

성·경·상·식

다윗의 도피 경로

기브아에서 아둘람 굴까지

사울의 창과 자객을 피해 라마로 감. ⇨요나단과 우정을 약속하고 놉 땅으로 도피함(아히멜렉에게 거룩한 빵을 대접받음). ⇨ 사울의 목자장 도엑의 고발로 가드로 도망함(가드 왕 아기스 앞에서 미친 체함). ⇨ 아둘람 굴로 피함(온 가족과 400여 명의 사람이 따름).

모압에서 십까지의 도피 행로

선지자 갓의 명령으로 모압 땅에서 유다 땅 헤렛 수풀로 감. ⇨ 사울의 추적으로 그일라로 도피함. ⇨ 하나님의 명령으로 그일라를 블레셋 손에서 구원함. ⇨ 십에서 요나단과 두 번째 약속을 함.

마온에서 시글락까지

사울의 추격으로 마온에서 엔게디로 도망함(추격하는 사울을 살려 줌). ⇨ 마온 사람 나발의 아내 아비가일과 결혼하고 아히노암과도 결혼함. ⇨ 십 황무지에서 다시 사울을 살려 주고 가드로 감(가드 왕 아기스에게 시글락을 얻어 통치함).

까지 데려와서 내 앞에서 미친 짓을
하게 하는 것이냐? 저 사람을 어찌
내 집에 들어오게 하겠느냐?"

아둘람과 미스바에서의 다윗

22 다윗은 가드를 떠나 아둘람 동
굴로 피신했습니다. 그의 형제
들과 집안사람들이 이 말을 듣고 다
윗을 만나러 그곳으로 내려왔습니다.
2 그뿐 아니라 고통 속에 있는 사람들,
빚진 사람들, 현실에 불만을 품은 사
람들이 그의 곁으로 모여들었습니다.
다윗은 그들의 지도자가 됐는데 그와
함께한 사람들은 400명 정도나 됐습
니다.
3 거기서 다윗은 모압 땅 미스바로 가
서 모압 왕에게 "하나님께서 내게 어
떻게 하실지 알려 주실 때까지 내 부
모가 와서 왕 곁에 머무를 수 있게 해
주십시오" 하고 부탁했습니다.
4 그리하여 다윗은 그들을 모압 왕에게
맡겨 두고 떠났고 다윗의 부모는 다윗
이 요새에 있는 동안 모압 왕 곁에 머
물렀습니다.
5 그때 예언자 갓이 다윗에게 말했습니
다. "요새에 머물러 있지 마시오. 유다
땅으로 들어가시오." 그리하여 다윗
은 길을 떠나 헤렛 숲으로 들어갔습
니다.

사울이 놉의 제사장들을 죽이다

6 사울은 다윗과 그 일당들을 찾아냈
다는 소식을 들었습니다. 사울은 손
에 창을 들고 기브아 언덕의 에셀 나
무 아래에 앉아 있었고 그의 모든 신
하들은 그를 둘러서 있었습니다.
7 사울이 그들에게 말했습니다. "잘 들
으라. 베냐민 사람들아, 이새의 아들
이 너희 모두에게 밭과 포도원을 주
겠느냐? 그가 너희 모두를 천부장이
나 백부장으로 삼겠느냐?
8 그래서 너희가 나를 대항해 음모를
꾸몄느냐? 내 아들이 이새의 아들과
언약을 맺었을 때도 그것을 내게 말
해 주는 사람이 하나도 없었다. 너희
가운데 누구도 나를 염려하는 사람
이 없고 내 아들이 내 신하를 시켜
오늘이라도 매복했다가 나를 치라고
한 것을 말해 주는 사람도 없구나."
9 그때 에돔 사람 도엑이 사울의 신하
들 가운데 서 있다가 말했습니다. "이
새의 아들이 놉으로 와서 아히둡의
아들 아히멜렉을 만난 것을 보았습니
다.
10 아히멜렉은 그를 위해 여호와께 여쭈
었고 먹을 것도 주고 블레셋 사람 골
리앗의 칼도 주었습니다."
11 그러자 왕은 아히둡의 아들인 제사장
아히멜렉과 놉에 있는 그 집안의 모든
제사장들을 불러 모았습니다. 그리하
여 그들은 모두 왕 앞에 왔습니다.
12 사울이 말했습니다. "잘 들어라, 아히
둡의 아들아." 아히멜렉이 대답했습니
다. "예, 내 주여 말씀하십시오."
13 사울이 그에게 말했습니다. "네가 어
떻게 이새의 아들과 공모하여 나를
대적하려고 할 수 있느냐? 어째서 네
가 다윗에게 빵과 칼을 주고 그를 위

해 하나님의 뜻을 여쭈어서 그가 오
늘이라도 매복해 있다가 나를 치게
하려고 했느냐?"
14 아히멜렉이 왕에게 대답했습니다. "왕
의 신하들 가운데 다윗만큼 충성된
사람이 어디 있습니까? 그는 왕의 사
위이며 왕의 친위대장이며 왕의 집안
에서 존경을 받고 있는 사람이 아닙
니까?
15 내가 그를 위해 하나님께 여쭈었던 것
이 이번이 처음이었습니까? 결코 그
렇지 않습니다. 왕께서는 이 종이나
이 종의 집안을 문책하지 말아 주십
시오. 왕의 종은 이 모든 일에 대해
아무것도 아는 것이 없습니다."
16 그러자 왕이 말했습니다. "아히멜렉
아, 너는 분명 죽을 것이다. 너와 네
아버지의 온 집안도 죽게 될 것이다."
17 그러고 나서 왕은 곁에 있던 호위병
들에게 명령했습니다. "돌아서서 저
여호와의 제사장들을 죽이라. 저들도
역시 다윗의 편을 들고 있다. 저들은
다윗이 도망친 것을 알고도 내게 고
하지 않았다." 그러나 왕의 신하들은
자신들의 손으로 여호와의 제사장들
치기를 꺼렸습니다.
18 그러자 왕이 도엑에게 명령했습니다.
"네가 나서서 저 제사장들을 쳐라."
그리하여 에돔 사람 도엑이 나서서 그
들을 내리쳤습니다. 그날 그는 고운
삼베 에봇을 입은 제사장을 85명이나
죽였습니다.
19 그는 또한 제사장들의 성 놉에 들어
가 남자와 여자, 아이와 갓난아기,
소와 나귀와 양을 칼로 쳐 죽였습니
다.
20 그러나 아히멜렉의 아들이요, 아히둡
의 손자인 아비아달은 몸을 피해 도
망쳐 나와 다윗에게로 갔습니다.
21 그는 다윗에게 사울이 여호와의 제사
장들을 모두 죽였다고 말해 주었습니
다.
22 그러자 다윗이 아비아달에게 말했습
니다. "그날 에돔 사람 도엑이 거기 있
는 걸 보고 그가 사울에게 분명 말할
줄 알았다. 네 아버지의 온 집안의 죽
음은 다 내 탓이다.
23 나와 함께 있자. 두려워하지 마라. 네
목숨을 노리는 사람이 내 목숨도 노
리고 있으니 나와 함께 있으면 무사
할 것이다."

다윗이 그일라를 구하다

23 다윗은 사람들에게서 "보십시
오. 블레셋 사람들이 그일라를
쳐서 그 타작하는 것을 빼앗아 가고
있습니다" 하는 소식을 듣고
2 여호와께 물었습니다. "제가 가서 저
블레셋 사람들을 쳐도 되겠습니까?"
여호와께서 다윗에게 대답하셨습니
다. "가서 블레셋 사람들을 치고 그일
라를 구해 주어라."
3 그러나 다윗의 부하들은 "여기 유다
에서도 이렇게 두려워하며 살고 있는
데 그일라까지 가서 블레셋 군대를 친
다고요?" 하며 반대했습니다.
4 다윗이 여호와께 다시 묻자 여호와께

서 그에게 대답하셨습니다. "그일라로
내려가라. 내가 블레셋 사람들을 네
손에 넘겨주겠다."
5 그리하여 다윗과 그의 부하들은 그일
라로 가서 블레셋 사람들과 싸워 그
가축들을 잡아 왔습니다. 그는 블레
셋에 큰 타격을 주고 그일라 사람들
을 구해 주었습니다.
6 아히멜렉의 아들 아비아달은 그일라
에 있는 다윗에게 도망쳐 갈 때 에봇
을 가져갔습니다.

사울이 다윗을 추격하다

7 다윗이 그일라로 갔다는 소식을 전해
듣고 사울이 말했습니다. "하나님께
서 다윗을 내 손에 넘겨주셨구나. 스
스로 문과 빗장이 있는 성으로 들어
갔으니 이제 그는 독 안에 든 쥐다."
8 그러고 나서 사울은 출전하기 위해
모든 군대를 불러 모았습니다. 그일라
로 내려가 다윗과 그의 부하들을 사
로잡기 위해서였습니다.
9 다윗은 사울이 자기를 잡기 위한 음
모를 꾸미고 있다는 것을 알고 제사
장 아비아달에게 에봇을 가져오게 했
습니다.
10 다윗이 하나님께 여쭈었습니다. "이스
라엘의 하나님 여호와여, 주의 종이
분명히 듣기로 사울이 저 때문에 그일
라로 와서 이 성을 치려고 한답니다.
11 그일라 성 사람들이 저를 사울에게
넘겨주겠습니까? 주의 종이 들은 대
로 사울이 내려오겠습니까? 이스라엘
의 하나님 여호와여, 주의 종에게 말
씀하소서." 그러자 여호와께서 말씀하
셨습니다. "그가 올 것이다."
12 다윗이 다시 여쭈었습니다. "그일라
성 사람들이 정말로 저와 제 부하들
을 사울에게 넘겨주겠습니까?" 그러
자 여호와께서 말씀하셨습니다. "그들
이 넘겨줄 것이다."
13 그래서 다윗은 600명 정도 되는 부하
들을 이끌고 그일라를 떠나 이곳저곳
으로 옮겨 다녔습니다. 사울은 다윗이
그일라에서 떠났다는 말을 듣고 출전
하려다가 그만두었습니다.
14 다윗은 광야 요새에 머물기도 하고
십 광야의 언덕에도 있었습니다. 사울
은 날마다 다윗을 찾아다녔지만 하나
님께서는 다윗을 사울의 손에 넘겨주
시지 않았습니다.
15 다윗이 십 광야의 호레스에 있을 때
사울이 자기 목숨을 빼앗으러 왔다는
이야기를 들었습니다.
16 그때 사울의 아들 요나단이 호레스로
다윗을 찾아와서 하나님 안에서 힘을
얻을 수 있도록 격려해 주었습니다.
17 요나단이 말했습니다. "두려워하지 말
게. 내 아버지 사울은 자네에게 손도
대지 못할 걸세. 자네는 이스라엘을
다스릴 왕이 될 걸세. 나는 자네 다
음이지. 내 아버지 사울 왕도 다 알고
있는 일이네."
18 그 두 사람은 여호와 앞에서 언약을
맺었습니다. 그러고 나서 요나단은 집
으로 돌아갔고 다윗은 호레스에 남아
있었습니다.

19 십 사람들이 기브아에 있는 사울에게
로 올라와 말했습니다. "다윗이 우리
가 있는 여시몬 남쪽 하길라 언덕의
호레스 요새에 숨어 있는 것이 분명
합니다.
20 왕이시여, 이제 왕이 좋으실 때 언제
든 내려오십시오. 저희가 다윗을 왕
께 넘겨 드리겠습니다."
21 사울이 말했습니다. "너희가 이렇게
내게 신경을 써 주다니 여호와께서
너희에게 복 주시기를 바란다.
22 가서 더욱 단단히 준비하고 있으라.
다윗은 무척 교활하다고 하니 다윗이
대체 어디를 다니는지 또 누가 어디
서 그를 보았는지 알아 두라.
23 다윗이 갈 만한 은신처들을 모두 알
아내고 정확한 정보를 갖고 내게 돌
아오라. 그러면 내가 너희와 함께 갈
것이다. 만약 다윗이 그 장소에 있으
면 내가 유다의 온 백성 가운데에서
그를 사로잡을 것이다."
24 그리하여 그들은 길을 떠나 사울보다
앞서서 십으로 갔습니다. 그때 다윗과
그 일행은 여시몬의 남쪽 아라바에
있는 마온 광야에 있었습니다.
25 사울과 그의 군사들은 수색을 시작
했습니다. 이 사실을 전해 들은 다윗
은 바위 쪽으로 내려가 마온 광야에
머물렀습니다. 사울이 이 소식을 듣
고 다윗을 좇아 마온 광야로 들어갔
습니다.
26 사울은 산지 한쪽 편을 따라가고 있
었고 다윗과 그 일행은 사울을 피해
다른 한쪽 편으로 서둘러 도망치고
있었습니다. 사울과 그의 군대가 다윗
과 그 일행을 잡으려고 에워싸며 다
가올 때
27 전령이 사울에게 와서 말했습니다.
"빨리 가셔야겠습니다. 블레셋 사람
들이 땅을 모두 차지하려 하고 있습
니다."
28 그래서 사울은 다윗 쫓는 것을 포기
하고 블레셋 사람들을 맞아 싸우려
고 돌아갔습니다. 그리하여 이곳을
*셀라하마느곳이라고 부르게 됐습니
다.
29 다윗은 그곳을 떠나 엔게디 요새에서
살았습니다.

다윗이 사울의 목숨을 살려 주다

24 블레셋 사람들과 싸우러 나갔
다가 돌아온 사울은 다윗이 엔
게디 광야에 있다는 소식을 듣게 됐
습니다.
2 그러자 사울은 온 이스라엘에서 뽑은
3,000명의 군사들을 이끌고 다윗과
그 일행들을 찾기 위해 들염소 바위
근처로 갔습니다.
3 사울은 길가에 있는 양 우리에 이르
게 됐습니다. 그곳에는 동굴이 하나
있었는데 사울이 *용변을 보려고 거
기 들어갔습니다. 그 동굴 안쪽에는
다윗과 그의 일행이 숨어 있었습니
다.
4 다윗의 부하들이 말했습니다. "오늘
이야말로 여호와께서 '내가 네 원수

23:28 분리의 바위 24:3 히브리어, '발을 가리려고'

를 네 손에 넘겨주어 네 마음대로 하
도록 하리라'라고 말씀하신 그날인가
봅니다." 그러자 다윗은 살그머니 기어
가 사울의 겉옷 한 자락을 잘라 냈습
니다.
5 다윗은 사울의 옷자락을 잘라 낸 것
조차도 마음에 걸렸습니다.
6 다윗은 자기 부하들에게 말했습니다.
"내 손을 들어 여호와께서 기름 부어
세우신 내 주인을 치는 일은 여호와
께서 금하신 일이다. 그는 여호와께서
기름 부어 세우신 왕이다."
7 다윗은 이런 말로 자기 부하들을 나
무라며 그들이 사울을 공격하는 것을
허락하지 않았습니다. 사울은 동굴을
떠나 자기 길로 갔습니다.
8 그러자 다윗은 동굴에서 나와 사울에
게 외쳤습니다. "내 주 왕이시여." 사
울이 뒤돌아 다윗을 보자 다윗은 얼
굴을 땅에 대고 엎드려 절했습니다.
9 다윗이 사울에게 말했습니다. "어째서
왕은 사람들이 '다윗이 왕을 해치려
고 한다'라고 한 말에만 귀 기울이십
니까?
10 오늘 왕께서는 여호와께서 동굴 속에
서 왕의 목숨을 내 손에 넘겨주셨음
을 확실히 아셨을 것입니다. 저더러
왕을 죽이라고 부추긴 사람들도 있었
지만 나는 왕의 목숨을 아껴 오히려
'나는 내 손으로 내 주인을 치지 않겠
다. 그는 여호와께서 기름 부으신 왕
이기 때문이다'라고 말했습니다.
11 내 아버지여, 보십시오. 내 손에 있는
왕의 이 옷자락을 보십시오. 내가 왕
의 옷자락을 잘라 냈지만 왕을 죽이
지는 않았습니다. 그러니 내가 왕께
잘못을 저지르거나 반역한 것이 아니
라는 것을 알아주십시오. 왕은 내 목

하용조 목사의 행복한 **메시지**

조건 없는 용서

참으로 우리가 구원, 곧 죄 용서를 받았다는 확신이 있다면 이웃의 허물과 과실에 대해서 용서할 수 있어야 합니다. 왜 우리가 다른 사람들을 용서해야 할까요?
첫째, 용서는 하나님의 명령이기 때문입니다. 자격 없는 우리들을 값없이 용서해 주신 하나님께서는 우리가 이웃을 용서하면 좋겠다가 아니라 일흔 번씩 일곱 번이라도 용서하라고 말씀하십니다.
둘째, 용서는 우리가 하나님의 자녀라는 확신을 갖게 합니다. 어떤 믿음의 영웅적인 행동을 했을지라도 용서하지 못하는 사람은 그가 결코 하나님을 안다고 할 수 없습니다.
셋째, 용서는 우리 자신을 위해서 꼭 필요한 것이기 때문입니다. 용서하지 못할 때 우리는 미움의 노예가 됩니다. 미움의 노예가 되면 아무리 성경을 읽고 기도를 해도 마음의 평화를 잃어버리게 되고 더 나아가 육체적, 정신적 질병까지 얻게 됩니다. 따라서 용서는 우리를 건강하게 합니다.

숨을 빼앗으려고 찾아다니시지만 나
는 왕께 죄를 짓지 않았습니다.
12 여호와께서 왕과 나 사이를 판단하셔
서 내 억울함을 직접 풀어 주시기 바
랍니다. 그러나 나는 왕께 손대지 않
을 것입니다.
13 속담에 '악한 사람에게서 악한 행동
이 나온다'고 했으니 나는 왕을 해치
지 않을 것입니다.
14 이스라엘의 왕이 누구를 잡으러 나온
것입니까? 왕이 누구를 쫓는 것입니
까? 죽은 개나 벼룩을 쫓는 것과 같
습니다.
15 여호와께서 우리 재판관이 되셔서 우
리 사이를 판단해 주시기 바랍니다.
그분이 내 사정을 살피시고 나를 왕
의 손에서 구해 내시기 바랍니다."
16 다윗이 이 말을 마치자 사울이 "내 아
들 다윗아, 네 목소리가 아니냐?"라고
말하며 큰 소리로 울었습니다.
17 그가 또 말했습니다. "나는 너를 못
살게 굴었는데 너는 내게 이렇게 좋
게 대하니 네가 나보다 의롭구나.
18 네가 방금 내게 말해 준 것처럼 여호
와께서 네 손에 나를 넘겨주셨는데도
너는 나를 죽이지 않았다.
19 사람이 자기 원수를 만났는데 누가
해치지 않고 그냥 보내 주겠느냐? 오
늘 네가 내게 한 일로 여호와께서 네
게 상 주시기를 바란다.
20 나는 네가 분명 왕이 될 것이고 이스
라엘 왕국이 네 손에 세워지리라는
것을 알고 있다.
21 지금 여호와의 이름으로 내게 맹세하
여라. 네가 내 자손들을 끊어 버리지
않고 내 이름을 내 아버지의 집안에
서 지우지 않겠다고 말이다."
22 다윗은 사울에게 그대로 맹세했습니
다. 그러자 사울은 궁으로 돌아갔고
다윗과 그의 부하들은 요새로 올라
갔습니다.

다윗과 나발과 아비가일

25 사무엘이 죽었습니다. 그러자
온 이스라엘이 모여 그를 위해
애곡하고 라마에 있는 그의 고향에
묻었습니다. 그 후 다윗은 바란 광야
로 내려갔습니다.
2 마온에 어떤 사람이 있었는데, 갈멜
에 기반을 두고 있는 굉장한 부자였
습니다. 그에게는 1,000마리의 염소
와 3,000마리의 양들이 있었는데 마
침 갈멜에서 털을 깎고 있었습니다.
3 그의 이름은 나발이었고 그 아내의
이름은 아비가일이었습니다. 그 여자
는 지혜롭고 아름다운 여인이었지만
갈렙 족속인 그 남편은 인색하며 하
는 일이 악하기 짝이 없었습니다.
4 다윗이 광야에 있을 때 나발이 양털
을 깎고 있다는 말을 들었습니다.
5 다윗은 열 명의 소년을 보내며 이렇게
일러 주었습니다. "갈멜에 있는 나발
에게로 올라가서 내 이름으로 인사하
고
6 그에게 '당신이 장수하기를 빕니다. 당
신과 당신 집안이 평안하기를 빕니다.
또 당신의 모든 소유물도 평안하고

번창하기를 빕니다.
7 내가 듣기로 양털 깎는 기간이라고
하던데, 당신의 양치기들이 우리 쪽
에 왔을 때 그들을 함부로 대하지 않
았고 갈멜에 있는 동안 그 어떤 것도
없어지지 않았습니다.
8 당신의 종들에게 물어 보면 이야기해
줄 것입니다. 그러니 내 소년들에게
잘해 주길 바랍니다. 우리가 이 좋은
날에 왔으니 당신의 종들과 당신의
아들 같은 다윗에게 손에 닿는 대로
챙겨 주시기 바랍니다'라고 말해라."
9 다윗의 사람들이 도착해 다윗의 이름
으로 나발에게 이 모든 말을 그대로
전하고 기다렸습니다.
10 나발이 다윗의 종들에게 대답했습니
다. "다윗이 대체 누구냐? 이새의 아
들이 누구냐? 요즘 자기 주인을 버리
고 떠나는 종들이 많다는 얘길 들었
다.
11 내가 왜 내 빵과 물과 양털 깎는 사
람들을 위해 잡은 짐승의 고기를 가
져다가 출신도 모르는 사람들에게 주
겠느냐?"
12 다윗 쪽 사람들이 오던 길로 돌아와
다윗에게 이르러 이 모든 말을 전했
습니다.
13 다윗이 소년들에게 말했습니다. "칼
을 차라." 그리하여 그들은 칼을 찼고
다윗도 칼을 찼습니다. 약 400명 정
도의 사람들이 다윗과 함께 올라갔고
200명은 짐을 지키며 남아 있었습니
다.
14 나발의 종들 가운데 하나가 나발의
아내 아비가일에게 말했습니다. "다윗
이 광야에서 사람들을 보내 우리 주
인님께 인사를 전했습니다. 그러나 주
인님께서는 그들에게 욕설을 퍼부으
셨습니다.
15 하지만 저희가 들판에 나가 그들과
함께 있는 동안 그 사람들은 저희에
게 무척 잘해 주어서 저희가 해를 입
거나 무엇 하나라도 잃어버리는 일이
없었습니다.
16 오히려 그들은 저희가 그들 가까이에
서 양을 치는 동안 밤낮으로 성벽처
럼 저희를 지켜 주었습니다.
17 그러니 어떻게 해야 할지 마님께서 빨
리 생각하셔야 합니다. 다윗은 주인
님과 온 집안을 치러 올 것입니다. 주
인님은 하도 성미가 불같아서 아무도
말을 못 붙입니다."
18 아비가일은 급히 서둘렀습니다. 그녀
는 빵 200덩이, 포도주 두 부대, 손질
한 양 다섯 마리, 볶은 곡식 *5세아,
건포도 100송이, 무화과 200개를 가
져다가 나귀에 실었습니다.
19 그러고는 종들에게 말했습니다. "곧
장 가라. 내가 따라가겠다." 그러나 그
녀는 자기 남편 나발에게는 말하지
않았습니다.
20 아비가일이 나귀를 타고 산골짜기로
내려가는데 마침 그를 향해 내려오던
다윗과 그의 부하들을 만나게 됐습니
다.

25:18 5세아는 약 38리터

21 다윗은 내려오면서 이미 이렇게 다짐
했습니다. "내가 그동안 광야에서 그
의 재산을 지켜 하나도 잃지 않게 하
려고 그렇게도 애를 썼건만 그게 다
소용없는 일이었다. 그는 선을 악으로
갚았다.
22 내가 만약 아침까지 그에게 속한 모
든 남자 가운데 하나라도 살려 둔다
면 하나님께서 *다윗에게 심한 벌을
내리고 또 내리셔도 좋다."
23 아비가일은 다윗을 보고 재빨리 나귀
에서 내려와 다윗 앞에서 얼굴을 땅
에 대고 절했습니다.
24 그는 다윗의 발아래에서 말했습니다.
"내 주여, 저만을 탓해 주십시오. 이
종이 말 한마디 하겠사오니 이 종이
하는 말을 들어 주십시오.
25 내 주께서 악한 사람 *나발에게 신경
쓰지 마십시오. 그는 자기 이름과 똑
같습니다. 그 이름이 '바보'라는 뜻이
니 어리석음이 항상 그를 따라다닙니
다. 하지만 주의 여종인 저는 주께서
보내신 소년들을 보지도 못했습니다.
26 내 주여, 여호와께서는 당신이 피 흘
리지 않도록, 또 당신의 손으로 직접
복수하지 않도록 막아 주셨습니다. 여
호와께서 살아 계심과 내 주 당신이
살아 계심으로 맹세하는데 당신의 원
수들과 내 주를 해치려는 모든 사람
들이 나발과 같게 되기를 바랍니다.
27 그리고 이 선물은 당신의 여종이 내
주께 드리는 것으로 당신을 따르는
사람들에게 주시기 바랍니다.
28 이 종의 무례함을 부디 용서해 주십
시오. 여호와께서 반드시 내 주의 집
안을 든든히 세워 주실 것입니다. 이
는 내 주께서 여호와를 위해 싸우셨
고 또 사는 동안 그 어떤 악한 일도
하지 않으셨기 때문입니다.
29 비록 누군가가 당신을 죽이려고 쫓아
온다 해도 당신의 생명은 당신의 하
나님 여호와께서 생명 보자기에 안전
하게 싸 주실 것입니다. 하지만 당신
의 원수들은 무릿매로 돌을 던지듯
던져 버리실 것입니다.
30 이제 여호와께서 내 주에게 약속하신
모든 선한 일을 이루셔서 이스라엘을
다스릴 지도자로 삼으실 터인데
31 지금 내 주께서 이유 없이 피를 흘리
시거나 직접 복수를 해 왕이 되실 때
후회하시거나 마음에 거리낄 일을 남
겨 두지 마시기 바랍니다. 그리고 여
호와께서 당신을 그처럼 선대하시는
날 이 여종을 기억해 주십시오."
32 다윗이 아비가일에게 말했습니다. "오
늘 당신을 보내 나를 만나게 하신 여
호와께 찬양을 드리오.
33 당신이 오늘 내가 사람을 죽여 내 손
으로 직접 복수하는 일을 막아 주었
으니 당신의 지혜가 복되고 당신에게
도 복이 있을 것이오.
34 당신을 해치지 못하게 하신 이스라엘
의 하나님 여호와의 살아 계심을 두
고 맹세하는데 당신이 이토록 빨리

25:22 칠십인역을 따름. 히브리어 사본에는 '다윗의 원수들에게' 25:25 어리석음.

나를 만나러 오지 않았더라면 아침
쯤에는 분명 나발에게 살아남은 사람
이 하나도 없었을 것이오."
35 그러고 나서 다윗은 아비가일이 자기
에게 가져온 것을 모두 받고 말했습
니다. "집으로 평안히 가시오. 내가
당신의 말을 충분히 들었으니 당신이
말한 대로 하리라."
36 아비가일이 집으로 돌아와 보니 나발
은 자기 집에서 마치 왕처럼 큰 잔치
를 벌이고 있었습니다. 그는 흥에 겨
워 취할 대로 취해 있었습니다. 아비
가일은 날이 샐 때까지 아무 말도 하
지 않고 있다가
37 아침이 돼 나발이 정신이 들자 지금까
지 있었던 모든 일에 대해 말해 주었
습니다. 그러자 나발은 낙담해 몸이
돌처럼 굳어 버렸습니다.
38 10일 정도가 지난 뒤 여호와께서 나
발을 치시자 그는 죽었습니다.
39 다윗은 나발이 죽었다는 소식을 듣고
말했습니다. "여호와를 찬양하여라.
내가 나발에게 망신당한 것을 여호와
께서 톡톡히 갚아 주시고 이 종이 악
을 행하지 않도록 지켜 주셨다. 여호
와께서 나발의 악을 그 머리에 돌리
신 것이다." 그러고 나서 다윗은 아비
가일을 아내로 삼으려고 사람을 보내
청혼했습니다.
40 그의 부하들이 갈멜로 가서 아비가일
에게 말했습니다. "다윗께서 당신을
아내로 삼기 위해 저희를 보내셨습니
다."
41 아비가일은 얼굴을 땅에 대고 절하며
말했습니다. "이 여종은 내 주를 섬기
고 내 주의 종들의 발을 씻기겠습니
다."
42 아비가일은 서둘러 나귀를 타고 다섯
하녀의 시중을 받으며 다윗의 사자들
을 따라 다윗에게로 가서 다윗의 아
내가 됐습니다.
43 다윗은 또 이스르엘의 아히노암을 아
내로 맞이했으므로 그 둘이 다 그의
아내가 됐습니다.
44 원래 다윗의 아내는 사울의 딸 미갈이
었으나 사울이 갈림 출신인 라이스의
아들 *발디에게 주어 버렸습니다.

다윗이 또 사울의 목숨을 살려 주다

26 십 사람들이 기브아에 있는 사
울에게 와서 말했습니다. "다
윗이 여시몬 맞은편에 있는 하길라 산
에 숨어 있는 것이 분명합니다."
2 사울은 곧 이스라엘에서 뽑은 3,000
명의 군사들을 거느리고 다윗을 찾기
위해 십 광야로 내려갔습니다.
3 사울은 하길라 산 길 옆에 여시몬을
마주 보고 진을 쳤습니다. 다윗은 광
야에 있다가 사울이 그곳까지 따라왔
다는 사실을 알게 됐습니다.
4 다윗은 정찰병을 보내 사울이 정말
왔는지 알아보았습니다.
5 그러고 나서 다윗은 사울이 진을 친
곳으로 갔습니다. 다윗은 사울과 넬
의 아들 군대 사령관 아브넬이 누워
자고 있는 것을 보았습니다. 사울은

25:44 또는 발디엘(삼하 3:15을 보라.)

진영 안에 누워 있고 사람들이 그를
에워싸고 있었습니다.
6 그때 다윗은 헷 사람 아히멜렉과 스루
야의 아들이며 요압의 동생인 아비새
에게 물었습니다. "누가 나와 함께 사
울이 있는 저 진영으로 가겠느냐?"
그러자 아비새가 "제가 함께 가겠습
니다" 하고 나섰습니다.
7 그리하여 다윗과 아비새는 어두운 밤
을 틈타 적진으로 들어갔습니다. 사
울은 머리맡에 창을 땅에 꽂아 둔 채
진영 안에서 누워 자고 있었고 아브넬
과 군사들이 그를 둘러 누워 있었습
니다.
8 아비새가 다윗에게 말했습니다. "오늘
하나님께서 원수를 장군의 손에 넘겨
주실 것입니다. 그를 제 창으로 단번
에 땅에 꽂게 해 주십시오. 두 번 칠
필요도 없습니다."
9 그러자 다윗이 아비새에게 말했습니
다. "그를 죽이면 안 된다. 여호와께서
기름 부으신 사람에게 손을 대면 그
죄가 어떠한 줄 아느냐?"
10 다윗이 다시 말했습니다. "여호와께서
살아 계심을 두고 맹세하는데 여호와
께서 친히 그를 치실 것이다. 아니면
자기 때가 돼서 죽게 되거나 전쟁에
나가 죽게 될 것이다.
11 그러나 여호와께서는 내 손으로 여호
와께서 기름 부으신 사람을 치는 것
을 금하셨다. 그러니 그 머리맡에 있
는 창과 물통만 갖고 가자."
12 그리하여 다윗은 사울의 머리맡에 있
는 창과 물통을 갖고 자리를 떴습니
다. 아무도 본 사람이 없고 알지 못했
고 깨어난 사람도 없었습니다. 여호와
께서 그들을 잠들게 하셨기 때문에
그들은 모두 깊은 잠에 빠지게 됐던
것입니다.
13 그러고 나서 다윗은 건너편으로 가서
멀리 떨어진 산꼭대기에 섰습니다. 사
울의 진영과는 거리가 꽤 멀었습니다.
14 그가 사울의 군대와 넬의 아들 아브
넬에게 소리쳤습니다. "아브넬아, 내게
대답하여라." 그러자 아브넬이 대답했
습니다. "왕에게 소리치는 녀석이 누
구냐?"
15 다윗이 아브넬에게 말했습니다. "너는
용사가 아니냐? 이스라엘에 너만 한
사람이 또 어디 있느냐? 어떻게 네
주인인 왕을 지키지 못하느냐? 누군
가 네 주인인 왕을 죽이러 들어갔었
다.
16 너는 제대로 책임을 다하지 못했다.
여호와께서 살아 계심을 두고 맹세하
는데, 너와 네 군사들은 죽어 마땅하
다. 네가 여호와께서 기름 부으신 네
주를 지키지 못했으니 말이다. 자, 왕
의 머리맡에 있던 창과 물통이 어디
있는지 똑똑히 보아라."
17 사울이 다윗의 목소리임을 알아듣고
말했습니다. "내 아들 다윗아, 네 목
소리가 아니냐?" 다윗이 대답했습니
다. "그렇습니다. 내 주 왕이시여."
18 그리고 이어 말했습니다. "왕께서는
왜 종을 잡으러 다니십니까? 내가 무

엇을 잘못했기에, 내 손으로 저지른
죄악이 무엇이기에 그러시는 겁니까?
19 이제 내 주 왕께서는 종의 말을 들어
주십시오. 만약 왕더러 나를 치라고
하신 분이 여호와이시라면 기꺼이 그
분의 제물이 되겠습니다. 그러나 사
람이 그렇게 했다면 그들은 여호와
앞에서 저주를 받을 것입니다. 그들
은 내게 '가서 다른 신들을 섬겨라' 하
고 말하며 나를 내쫓고는 나를 여호
와의 기업 안에 있지 못하게 하고 있
습니다.
20 그러니 여호와 앞에서 멀리 떨어진
이 이방 땅에서 내 피를 흘리지 않게
해 주십시오. 이는 왕께서 마치 사냥
꾼이 산에서 메추라기를 사냥하는 것
처럼 벼룩 한 마리를 찾으러 나오신
것과 다르지 않습니다."
21 그러자 사울이 말했습니다. "내가 잘
못했다. 내 아들 다윗아, 돌아가자. 네
가 오늘 내 목숨을 귀하게 여겼으니
내가 다시는 너를 해치지 않겠다. 내
가 정말 어리석었구나. 내 잘못이 너
무 크다."
22 다윗이 대답했습니다. "여기 왕의 창
이 있습니다. 소년 하나를 보내어 가
져가십시오.
23 여호와께서는 의롭고 신실한 사람에
게 상을 주십니다. 여호와께서 오늘
당신을 내 손에 넘겨주셨지만 나는
여호와께서 기름 부으신 왕에게 손을
대지 않았습니다.
24 오늘 내가 왕의 목숨을 소중히 여긴
것처럼 여호와께서 내 목숨도 소중히
여겨 나를 모든 고난에서 구해 주실
것입니다."
25 그러자 사울이 다윗에게 말했습니다.
"내 아들 다윗아, 네게 복이 있기를
바란다. 네가 큰일을 할 것이고 반드
시 승리할 것이다." 그러고 나서 다윗
은 자기 길을 갔고 사울도 자기 궁으
로 돌아갔습니다.

블레셋에서의 다윗

27 다윗은 속으로 생각했습니다.
'이러다가는 머지않아 나는 사
울의 손에 죽게 될 것이다. 내가 할 수
있는 최선의 방법은 블레셋 사람들의
땅으로 도망치는 것이다. 그러면 사울
이 이스라엘 안에서 나를 찾기를 그
만둘 것이고 그렇게 되면 나는 그의
손에서 해방될 것이다.'
2 그리하여 다윗과 600명의 군사들은
길을 떠나 가드 왕 마옥의 아들 아기
스에게로 갔습니다.
3 다윗과 그의 군사들은 저마다 자기
가족을 거느리고 가드에서 아기스와
함께 머물렀습니다. 다윗에게는 두 아
내가 있었는데 이스르엘의 아히노암
과 나발의 아내였던 갈멜 여자 아비가
일입니다.
4 사울은 다윗이 가드로 도망쳤다는 이
야기를 듣고 더 이상 그를 쫓지 않았
습니다.
5 그때 다윗이 아기스에게 말했습니다.
"나를 좋게 본다면 지방의 한 성읍
가운데 한 곳을 내게 주어 거기 살게

해 주십시오. 종이 어떻게 당신과 함
께 왕의 성에서 살겠습니까?"
6 그러자 아기스는 그날로 다윗에게 시
글락을 주었습니다. 그때부터 오늘날
까지 시글락은 유다 왕들에게 속하게
됐습니다.
7 다윗은 1년 4개월간 블레셋 영토에서
살았습니다.
8 그때 다윗은 군사들과 함께 그술 사
람들과 기르스 사람들과 아말렉 사람
들을 습격했습니다. 그들은 옛날부터
술과 이집트 땅에 걸쳐 살고 있었습니
다.
9 다윗은 그 땅을 공격해 남녀를 가리
지 않고 한 사람도 살려 두지 않았습
니다. 그러나 그곳에 있는 양과 소와
나귀와 낙타와 옷가지들은 챙겨 두었
습니다. 그러고 나서 아기스에게로 돌
아가면
10 아기스는 "오늘은 어디를 습격했느
냐?" 하고 물었고 다윗은 "남부 유다
와 남부 여라무엘 그리고 겐 사람들의
남부입니다" 하고 대답했습니다.
11 다윗이 남자나 여자를 살려서 가드로
데려가지 않고 모두 죽인 것은 "저들
이 우리에 대해 '다윗이 사실은 이렇
게 했다'고 보고할지 모른다"라는 생
각이 들었기 때문이었습니다. 그는 블
레셋 영토에서 사는 동안 이런 식으
로 행동했습니다.
12 아기스는 다윗을 신뢰해 속으로 '그가
자기 민족 이스라엘에게 미움을 샀으
니 이제 영원히 내 종이 될 것이다'라
고 생각했습니다.

28 그 무렵 블레셋 사람들은 이스
라엘과 싸우기 위해 군대를 소
집했습니다. 그러자 아기스가 다윗에
게 말했습니다. "너와 네 군사들도 나
와 함께 나가 싸워야 한다."
2 다윗이 말했습니다. "알겠습니다. 그
러면 당신의 종이 할 일을 알려 주십
시오." 아기스가 대답했습니다. "좋다.
내가 너를 영원히 내 호위대장 가운
데 하나로 삼겠다."

사울과 엔돌의 신이 내린 여인

3 그전에 사무엘이 죽었습니다. 온 이스
라엘이 그를 위해 애곡하고 그의 고
향 라마에 그를 묻었습니다. 그때 사
울은 나라 안에서 신접한 사람들과
무당들을 쫓아냈습니다.
4 블레셋 사람들이 모여 수넴으로 가서
진을 쳤습니다. 사울도 온 이스라엘을
불러 모아 길보아에 진을 쳤습니다.
5 블레셋 군대를 본 사울은 두려워 떨었
습니다.
6 사울이 여호와께 여쭈었지만 여호와
께서는 꿈으로도, 우림으로도, 예언
자들로도 그에게 대답하지 않으셨습
니다.
7 그래서 사울은 자기 신하들에게 말했
습니다. "신이 내린 여자를 찾아 보라.
내가 가서 그 여자에게 물어볼 것이
다." 그 신하들이 사울에게 말했습니
다. "엔돌에 신이 내린 여자가 있긴 합
니다."
8 사울은 다른 옷으로 변장하고 밤에

두 사람과 함께 그 여자에게로 갔습
니다. 사울이 말했습니다. "혼백을 부
르는 술법으로 내가 이름을 대는 사
람을 불러 올려라."
9 그러나 그 여자가 그에게 말했습니다.
"너도 사울이 이 땅에서 신이 내린 사
람들과 무당들을 끊어 버린 것을 분
명히 알고 있지 않느냐? 그런데 어째
서 너는 내 생명에 덫을 놓아 죽게 하
려는 것이냐?"
10 사울이 여호와의 이름으로 맹세하며
말했습니다. "여호와께서 살아 계심
을 두고 맹세하는데 네가 이 일로 벌
을 받지 않을 것이다."
11 그러자 그 여자가 물었습니다. "너를
위해 누구를 불러내랴?" 사울이 말했
습니다. "사무엘을 불러 다오."
12 사무엘이 올라온 것을 보고 그 여자
는 목청껏 소리를 지르며 사울에게
말했습니다. "왜 나를 속였습니까? 당
신은 사울이 아닙니까?"
13 왕이 여자에게 말했습니다. "두려워
하지 마라. 무엇을 보았느냐?" 여자가
사울에게 말했습니다. "땅에서 올라
오는 한 *영을 보았습니다."
14 사울이 여자에게 물었습니다. "어떻게
생겼더냐?" 여자가 대답했습니다. "한
노인이 올라오는데 겉옷을 입고 있습
니다." 그러자 사울은 그가 사무엘인
것을 알고 얼굴을 땅에 대고 절했습
니다.
15 사무엘이 사울에게 말했습니다. "왜
나를 불러내어 귀찮게 하느냐?" 사울
이 말했습니다. "내가 너무 답답합니
다. 블레셋 사람들이 나를 대항해 전
쟁을 일으키고 있는데 하나님께서 나
를 떠나셔서 예언자들로도, 꿈으로도
더 이상 내게 대답하지 않으십니다.
그래서 내가 어떻게 해야 할지 알려

28:13 또는 신, 신들

Q&A 죽은 사무엘의 혼령이 정말 나타났나?

참고 구절 | 삼상 28:7–19

사무엘상 28장에는 엔돌에서 사울이 신이 내린 여인을 통해 죽은 사무엘의 혼령과 이야기하는 사건이 나온다.

하나님의 명령에 따라 신이 내린 사람들과 무당들을 없앴던 사울 왕이었지만 하나님의 말씀을 들을 수 없자 그는 신이 내린 여인을 찾아갔다. 자신에게 기름을 부어 왕으로 세우고 사랑해 주었던 사무엘의 혼령이라도 만나서 갈 길을 인도 받겠다는 어리석은 믿음(?)으로 말이다. 드디어 신이 내린 여인의 초혼술로 한 노인의 혼령이 나타났다. 사울은 이를 사무엘이라고 믿었다. 몇몇 학자들은 이 노인이 진짜 하나님의 권능으로 나타난 사무엘이었다고 본다. 그러나 루터나 칼빈 등 많은 학자들은 사무엘의 혼령이 아니라 초혼술로 나타난 귀신이었다고 본다. 이 현상을 사탄의 속임수이자 악령의 역사로 보는 것이다. 사람은 죽으면 즉시 그 혼이 지상의 세계와 다른 세계로 옮겨지고 지상의 세계와 교통하지 못한다고 보기 때문이다(눅 16:19–31;23:43;고후 5:1).

달라고 당신을 부른 것입니다."
16 그러자 사무엘이 말했습니다. "왜 내
게 묻느냐? 지금 여호와께서 너를 떠
나 네 원수가 되지 않으셨느냐?
17 여호와께서는 나를 통해 말씀하셨던
일을 그대로 행하셔서 네 손에서 이
나라를 찢어 내어 네 이웃 다윗에게
주셨다.
18 네가 여호와의 말씀에 순종하지 않고
여호와의 진노를 아말렉 사람들에게
쏟지 않았기 때문에 여호와께서 오늘
네게 이렇게 하신 것이다.
19 여호와께서는 이스라엘과 너를 블레
셋 사람들의 손에 넘겨주실 것이다.
내일 너와 네 아들들은 나와 함께 있
게 될 것이다. 또 여호와께서는 이스
라엘의 군대를 블레셋 사람들의 손에
넘겨주실 것이다."
20 그러자 사울은 땅바닥에 완전히 엎드
러졌습니다. 사무엘의 말을 듣고 두려
움에 사로잡혔기 때문입니다. 게다가
그는 그날 온종일 아무것도 먹지 못
해 기운도 없었습니다.
21 그 여자가 기운이 빠져 벌벌 떨고 있
는 사울을 보고 말했습니다. "보십시
오. 당신의 여종이 당신께 순종했습
니다. 저는 목숨을 걸고 당신이 하라
는 대로 했습니다.
22 그러니 제 말을 좀 들어 주십시오. 제
가 먹을 것을 차려 드릴 테니 조금 잡
수시고 길을 떠날 수 있도록 기운을
내십시오."
23 사울은 거절하며 말했습니다. "아무
것도 먹지 않겠다." 그러나 그의 군사
들도 여자와 함께 계속 부탁했습니
다. 그래서 사울은 그들의 말을 듣고
땅바닥에서 일어나 침대에 앉았습니
다.
24 여자는 집에 있는 살진 송아지 한 마
리를 단숨에 잡고 밀가루를 가져다가
반죽을 해 누룩 없이 빵을 구워서
25 사울과 그의 군사들 앞에 차려 놓았
습니다. 그러자 그들은 그것을 먹고
그 밤으로 일어나 길을 떠났습니다.

아기스가 다윗을 시글락으로 돌려보내다

29 블레셋 사람들은 모든 군대를
아벡에 소집시켰고 이스라엘
사람들은 이스르엘 샘 곁에 진을 쳤
습니다.
2 블레셋 지휘관들은 수백 명씩 수천
명씩 부대를 이루어 행진했고 다윗과
그의 군사들은 아기스와 함께 뒤쪽에
서 행진했습니다.
3 블레셋 장군들이 물었습니다. "이 히
브리 사람들은 뭐 하러 여기 온 것입
니까?" 아기스가 대답했습니다. "이
사람은 이스라엘의 왕 사울의 신하였
던 다윗이 아니냐? 그가 1년이 넘게
나와 함께 있었는데 그가 사울을 떠
난 그날부터 지금까지 나는 이 사람
에게서 흠을 잡지 못했다."
4 그러나 블레셋 장군들은 화를 내며
말했습니다. "저 사람을 보내 버리십
시오. 당신이 그에게 정해 주신 땅으
로 돌아가게 해서 우리와 함께 싸움
에 나가지 못하게 하십시오. 그러지

않으면 싸우는 동안 우리에게 덤벼들
지 모릅니다. 저 사람이 자기 주인과
무엇으로 화해하겠습니까? 우리 군
사들의 머리를 가져가는 것 말고 더
있겠습니까?
5 이 사람은 저들이 춤추며 서로
'사울이 죽인 사람은 수천 명이요,
다윗이 죽인 사람은 수만 명이구나'
하고 노래했던 바로 그 다윗 아닙니
까?"
6 그러자 아기스가 다윗을 불러 말했습
니다. "여호와께서 살아 계심을 두고
맹세하는데 네가 믿을 만했기에 흔쾌
히 내 군대에서 섬기도록 해 주었다.
그리고 내게 온 그날부터 지금까지 너
는 흠잡을 데가 없었지만 지휘관들
이 너를 좋아하지 않는구나.
7 그러니 평안히 돌아가 블레셋 지휘관
들을 불쾌하게 하는 일이 없도록 하
여라."
8 다윗이 물었습니다. "제가 무엇을 어
쨌다고 그러십니까? 이날까지 제가
왕과 함께 있는 동안 종을 어떻게 생
각하셨기에 내가 내 주인인 왕의 적
들과 싸우지 못한단 말씀입니까?"
9 아기스가 대답했습니다. "내가 보기에
도 네가 하나님의 천사처럼 내게 잘
했음을 안다. 그럼에도 불구하고 블
레셋 지휘관들은 '그가 우리와 함께
싸움에 나가서는 안 된다'고 하는구
나.
10 그러니 너와 함께 온 네 주인의 종들
과 함께 아침 일찍 일어나 날이 밝자
마자 떠나거라."
11 그리하여 다윗과 그의 군사들은 아침
에 일찍 일어나서 블레셋 땅으로 되
돌아갔고 블레셋 사람들은 이스르엘
로 올라갔습니다.

다윗이 아말렉 사람들을 치다

30 다윗과 그 군사들은 3일 만에
시글락에 도착했습니다. 그러
나 그때는 이미 아말렉 사람들이 남
부와 시글락을 습격한 뒤였습니다. 그
들은 시글락을 공격하고 불태웠으며
2 노소를 불문하고 여자들과 거기 있
던 사람들을 포로로 잡아갔습니다.
아무도 죽이지는 않았지만 모두 데리
고 가 버린 것이었습니다.
3 다윗과 그의 군사들이 시글락에 도착
해서 보니 그곳은 이미 모두 불타 버
렸고 그 아내와 아들딸들은 포로로
잡혀간 뒤였습니다.
4 다윗과 그의 군사들은 힘이 다 빠져
더 이상 울지도 못할 정도로 소리 높
여 울었습니다.
5 다윗의 두 아내 이스르엘 여인 아히노
암과 갈멜 사람 나발의 아내였던 아비
가일도 잡혀갔습니다.
6 백성들은 모두 자기 자녀들로 인해
슬픈 나머지 다윗을 돌로 쳐 죽이자
고 했습니다. 다윗은 너무나 괴로웠습
니다. 그러나 다윗은 그의 하나님 여
호와를 의지해 용기를 냈습니다.
7 다윗은 아히멜렉의 아들인 제사장 아
비아달에게 말했습니다. "내게 에봇을
가져다주시오." 아비아달이 에봇을 가

져오자
8 다윗은 여호와께 여쭈어 보았습니다.
"제가 저 약탈자들을 쫓아가야 합니
까? 제가 그들을 따라잡겠습니까?"
여호와께서 대답하셨습니다. "저들을
쫓아가거라. 네가 그들을 따라잡아
반드시 모두 구해 낼 것이다."
9 그리하여 다윗과 함께 있던 600명의
군사들은 일어나 브솔 골짜기에 도착
해서 일부는 거기에 남아 있었고
10 다윗과 400명의 군사들만 계속 뒤쫓
아갔습니다. 나머지 200명의 군사들
은 너무 지쳐 있었기 때문에 브솔 골
짜기를 건널 수 없어서 뒤처져 남아
있게 된 것입니다.
11 그들은 들판에서 한 이집트 사람을
발견해 다윗에게 데려왔습니다. 그들
은 그 사람에게 먹을 것과 마실 것을
주었습니다.
12 그 사람은 무화과 빵 한 조각과 건포
도 두 송이를 먹고 정신이 들었습니
다. 그는 3일 밤낮으로 먹지도 마시지
도 못했던 것입니다.
13 다윗이 그에게 말했습니다. "너는 누
구 소속이냐? 어디에서 왔느냐?" 그
가 말했습니다. "저는 이집트 사람입
니다. 아말렉 사람의 종이었지요. 3일
전 제가 병이 나자 주인이 저를 버렸
습니다.
14 우리는 그렛 사람들의 남부 지역과 유
다에 속한 영토와 갈렙의 남부 지역
을 습격하고 시글락을 불태웠습니다."
15 다윗이 그에게 물었습니다. "우리를
그 군대가 있는 곳으로 인도할 수 있
겠느냐?" 그가 대답했습니다. "당신
이 나를 죽이거나 내 주인에게 넘기
지 않겠다고 하나님 앞에서 내게 맹
세해 주십시오. 그러면 그들에게 인
도해 드리겠습니다."
16 이렇게 해서 그는 다윗을 인도했고 과
연 거기에는 그들이 있었습니다. 그들
은 온 땅에 흩어져 블레셋과 유다 땅
에서 빼앗은 것들을 갖고 먹고 마시
고 즐기며 춤추고 있었습니다.
17 다윗은 해 질 무렵부터 다음 날 저녁
때까지 그들을 물리쳤습니다. 그들
가운데 400명의 젊은이들이 낙타를
타고 도망친 것 외에는 피한 사람이
없었습니다.
18 다윗은 아말렉 사람들이 훔쳐 간 모
든 것을 되찾고 자신의 두 아내도 구
해 냈습니다.
19 나이가 적든 많든, 남자아이든 여자
아이든, 물건이든 그들에게 빼앗겼던
것들 가운데 아무것도 잃은 것이 없
었습니다. 다윗이 다 되찾아 온 것입
니다.
20 그는 소 떼와 양 떼를 모두 가져왔고
그의 군사들은 다른 가축들을 몰고
오면서 "다윗이 빼앗은 것들이다"라고
외쳤습니다.
21 그러고 나서 다윗은 너무 지쳐서 따
라갈 수 없어 브솔 골짜기에 남아 있
던 200명의 군사들에게로 돌아왔습
니다. 그들은 다윗과 그와 함께 있던
사람들을 맞으러 나왔고 다윗은 백성

들에게 다가와 인사했습니다.
22 그러나 다윗과 함께 갔던 사람들 가
운데 악하고 야비한 사람들이 말했
습니다. "저들은 우리와 함께 가지 않
았기 때문에 우리가 되찾은 이 빼앗
은 물건들을 나눠 줄 수 없다. 그냥
자기 아내와 아이들만 데리고 돌아가
게 하여라."
23 그러나 다윗이 대답했습니다. "내 형
제들아, 그렇지 않다. 여호와께서 우
리를 보호하셔서 우리를 치러 온 군
대를 우리 손에 넘겨주셨다. 그러므
로 이 모든 것은 여호와께서 주신 것
이니 그렇게 생각하면 안 된다.
24 너희가 하는 말을 누가 듣겠느냐? 싸
움에 나갔던 사람의 몫이 있듯이 남
아서 물건을 지키던 사람도 그 몫이
있는 것이니 모두가 똑같이 나눠야
한다."
25 다윗은 그날부터 지금까지 이것을 이
스라엘의 규례와 법도로 삼았습니다.
26 다윗이 시글락에 도착하자 빼앗은 물
건을 친구들인 유다의 장로들에게 조
금씩 보내며 말했습니다. "여호와의
원수들에게서 빼앗은 물건들을 여러
분에게 선물로 보냅니다."
27 다윗은 또한 벧엘에 있는 사람들, 남
방 라못에 있는 사람들, 얏딜에 있는
사람들,
28 아로엘에 있는 사람들, 십못에 있는
사람들, 에스드모아에 있는 사람들,
29 라갈에 있는 사람들, 여라므엘 사람들
의 성에 있는 사람들, 겐 사람들의 성
에 있는 사람들,
30 홀마에 있는 사람들, 고라 산에 있는
사람들, 아닥에 있는 사람들,
31 헤브론에 있는 사람들, 다윗과 그의
군사들이 다녀갔던 다른 모든 곳에
있는 사람들에게도 선물을 보냈습니
다.

사울이 스스로 목숨을 끊다 (대상 10:1-14)

31 블레셋 사람들은 이스라엘을
쳤습니다. 이스라엘 사람들은
그들 앞에서 도망치다가 길보아 산에
서 쓰러져 죽었습니다.
2 블레셋 사람들은 사울과 그 아들들
을 끝까지 쫓아가 그의 아들 요나단과
아비나답과 말기수아를 죽였습니다.
3 싸움은 점점 사울에게 불리해졌습니
다. 활 쏘는 사람들이 사울을 따라가
그에게 치명적인 상처를 입혔습니다.
4 사울이 자기 무기를 든 사람에게 말
했습니다. "네 칼을 뽑아 나를 찔러
라. 그러지 않으면 저 할례 받지 않은
사람들이 와서 나를 찌르고 모욕할
까 두렵구나." 그러나 무기를 든 사람
은 너무나 두려워 감히 그렇게 하지
못했습니다. 그러자 사울은 자기 칼
을 빼들고 그 위에 엎드러졌습니다.
5 무기를 든 사람은 사울이 죽은 것을
보고는 그도 자기 칼 위에 엎드러져
사울과 함께 죽었습니다.
6 이렇게 해서 사울과 그의 세 아들과
그의 무기를 든 사람과 그의 모든 군
사들은 그날 함께 죽었습니다.
7 그 골짜기 건너편에 있던 이스라엘 사

람들과 요단 강 건너편에 있던 사람
들은 이스라엘 군대가 흩어져 도망치
는 것과 사울과 그 아들들이 죽은 것
을 보고 성들을 버리고 달아났습니
다. 그러자 블레셋 사람들이 와서 그
성들을 차지했습니다.
8 다음 날 블레셋 사람들은 시체들의
옷을 벗기러 왔다가 사울과 그의 세
아들들이 길보아 산에 쓰러져 죽어
있는 것을 보았습니다.
9 그들은 그 목을 자르고 갑옷을 벗기
고는 블레셋 땅 전역에 소식을 보내
자기들의 우상의 신전과 백성들에게
이 소식을 전했습니다.
10 그들은 아스다롯 신전에 사울의 갑옷
을 가져다 두고 벧산 성벽에 사울의
시체를 매달았습니다.
11 길르앗 야베스 백성들은 블레셋 사람
들이 사울에게 한 짓에 대해 듣고
12 모든 용사들이 일어나 밤새도록 달
려 벧산으로 갔습니다. 그들은 사울
과 그 아들들의 시신을 벧산 성벽에
서 내려다가 야베스로 가져와서 불태
웠습니다.
13 그리고 그 뼈를 추려 야베스 에셀 나
무 아래 묻고 7일 동안 금식했습니다.

사무엘하

2 Samuel

사울의 죽음 이후 통일 이스라엘의 왕이 된 다윗의 통치와 왕국의 번영, 죄로 인한 반목과 불화에 대한 기록이다. 하나님의 마음에 합한 다윗은 영토 확장과 경제 성장을 통해 이스라엘의 황금기를 구가했으며, 하나님의 통치를 성공적으로 대리하였다. 그러나 불완전한 지도자의 모습을 노출함으로 메시아의 도래를 대망하게 한다.

다윗이 사울의 전사 소식을 듣다

1 사울이 죽고 난 뒤 다윗은 아말렉
사람들을 물리치고 돌아와 시글락
에서 2일째 머무르고 있었습니다.
2 3일째 되는 날 사울의 진영에서 어떤
사람이 왔는데 그의 옷은 찢어지고
머리에는 먼지를 뒤집어쓰고 있었습
니다. 그는 다윗에게 와서 땅에 엎드
려 절을 했습니다.
3 다윗이 그에게 물었습니다. "네가 어
디서 오는 길이냐?" 그가 대답했습니
다. "저는 이스라엘 진영에서 도망쳐
나왔습니다."
4 다윗이 물었습니다. "무슨 일이 있었
던 것이냐? 어서 말해 봐라." 그가 대
답했습니다. "사람들이 싸움터에서
도망쳤는데 그 가운데 많은 사람들
이 쓰러져 죽었습니다. 사울과 그 아
들 요나단도 죽었습니다."
5 다윗은 소식을 전한 그 젊은이에게
말했습니다. "사울과 그 아들 요나단
이 죽었다는 것을 네가 어떻게 아느
냐?"
6 그 젊은이가 말했습니다. "제가 우연
히 길보아 산에 올라갔는데 거기에서
사울이 자기 창에 기대어 있고 전차
와 기마병들이 그를 바짝 쫓고 있었
습니다.
7 그런데 사울이 뒤돌아 저를 보시며
부르시기에 제가 '여기 있습니다' 하고
말했습니다.
8 그랬더니 저더러 누구냐고 물어보아
서 아말렉 사람이라고 대답했습니다.
9 그러자 그가 제게 '내 옆으로 와서 나
를 죽여 다오. 내게 아직 목숨이 붙
어 있어서 고통스럽구나' 하셨습니다.
10 제가 보니 그가 이미 엎드러진 뒤라
살아날 가망이 없어 보여서 다가가서
그를 죽였습니다. 그리고 그 머리에
있던 왕관과 팔에 있던 팔찌를 벗겨
이렇게 내 주께 가져왔습니다."
11 그러자 다윗은 자기 옷을 잡아 찢었

습니다. 그와 함께 있던 모든 사람들
도 자기 옷을 찢었습니다.
12 그리고 사울과 그의 아들 요나단과
여호와의 백성들과 이스라엘의 집이
칼에 쓰러진 것으로 인해 저녁때까지
슬피 울며 금식했습니다.
13 다윗이 그 소식을 전한 젊은이에게
물었습니다. "너는 어디 출신이냐?"
그가 대답했습니다. "저는 외국 사람
아말렉의 아들입니다."
14 다윗이 그에게 말했습니다. "네가 어
떻게 감히 네 손으로 여호와께서 기
름 부으신 사람을 죽이는 것을 두려
워하지 않았느냐?"
15 그러고는 다윗이 자기 부하 가운데
하나를 불러 "가까이 가서 저 사람을
죽여라" 하고 명령했습니다. 그가 그
젊은이를 치자 그 자리에서 죽었습니
다.
16 다윗은 그에게 이렇게 말했습니다.
"*네 피가 네 머리에 있을 것이다. 네
가 네 입으로 '내가 여호와께서 기름
부으신 사람을 죽였다'고 스스로 죄
를 시인했다."

사울과 요나단에 대한 다윗의 애가

17 다윗은 사울과 그 아들 요나단을 생
각하며 이 노래로 슬퍼하고
18 유다 사람들에게 이 '활의 노래'를 가
르치라고 명령했습니다. 이것은 야살
의 책에 기록돼 있습니다.
19 "이스라엘아, *너희 지도자들이 네
산 위에서 죽임을 당했다. 용사들
이 쓰러져 버렸구나.
20 이 일을 가드에도 말하지 말고 아
스글론 거리에서도 전하지 말라. 블
레셋의 딸들이 즐거워할지 모른다.
할례 받지 않은 사람들의 딸들이
기뻐할지 모른다.
21 길보아 산들아, 이제 네게 이슬과
비를 내리지 않고 제물을 낼 밭도
없을 것이다. 그곳에 용사들의 방
패가 버려져 있구나. 사울의 방패
는 기름칠도 않은 채 버려져 있구
나.
22 죽임을 당한 사람들의 피에서, 용
사들의 기름에서 요나단의 활은 결
코 되돌아오지 않았고 사울의 칼은
그냥 돌아오지 않았다.
23 사울과 요나단은 그들이 살아서도
다정하고 좋아하더니 죽어서도 헤
어지지 않는구나. 그들은 독수리보
다 빨랐고 사자보다 강했다.
24 이스라엘의 딸들아, 사울을 위해
울라. 그는 너희를 자줏빛 좋은 옷
으로 입혔고 너희 겉옷을 금장식으
로 꾸며 주지 않았느냐?
25 두 용사들이 저 전장에 쓰러졌구
나. 요나단이 산 위에서 죽임당했구
나.
26 내 형제 요나단이여, 내가 그대를
두고 슬퍼하니 그대는 내게 진정한
친구였기 때문이오. 나를 향한 그
대의 사랑은 여인의 사랑보다 더욱
큰 것이었소.

1:16 또는 네가 죽는 것은 네 탓이다. 1:19 히브리어, '너희 영광이 산 위에 누워 있다.'

27 용사들이 쓰러졌구나. 전쟁의 무기
들도 사라졌구나."

다윗이 유다의 왕으로 기름 부음을 받다

2 그 후에 다윗이 여호와께 여쭈었습
니다. "제가 유다의 성읍으로 올라
가도 되겠습니까?" 여호와께서 말씀
하셨습니다. "올라가라." 다윗이 다시
여쭈었습니다. "어디로 올라가야겠습
니까?" 여호와께서 대답하셨습니다.
"헤브론으로 가라."
2 그리하여 다윗은 그곳으로 올라갔습
니다. 두 아내 이스르엘 여인 아히노암
과 갈멜 사람 나발의 아내였던 아비가
일도 함께 갔습니다.
3 다윗은 그와 함께 있던 부하들도 그
들의 가족들과 함께 가서 헤브론의
여러 성들에 정착하게 했습니다.
4 그때 유다 사람들이 와서 거기서 다
윗에게 기름 붓고 그를 유다의 집을
다스릴 왕으로 삼았습니다. 다윗은
사울을 장사 지낸 사람들이 길르앗
야베스 사람들이라는 말을 듣고는
5 심부름꾼들을 길르앗 야베스 사람들
에게 보내 말했습니다. "너희가 너희
주인 사울을 묻어 주어 호의를 베풀
었으니 여호와께서 너희에게 복을 주
실 것이다.
6 여호와께서 너희에게 은혜와 진리를
베푸시기를 빌고 나 또한 너희가 그
런 일을 한 것에 대해 그만큼의 보상
을 해 줄 것이다.
7 그러니 힘을 내고 용기를 가지라. 너
희 주인 사울이 죽었고 유다의 집안
은 내게 기름 부어 왕으로 삼았다."

다윗과 사울 집안 간의 전쟁

8 한편 사울의 군대 사령관이었던 넬의
아들 아브넬은 사울의 아들 이스보셋
을 데리고 마하나임으로 건너갔습니
다.
9 그는 이스보셋을 길르앗과 *아술과 이
스르엘과 에브라임과 베냐민과 온 이
스라엘을 다스릴 왕으로 삼았습니다.
10 사울의 아들 이스보셋은 40세에 왕이

2:9 또는 아셀

기다림의 영성

하용조 목사의 행복한 **메시지**

믿음은 기다림입니다. 기다림의 과정을 거치지 않고 깊은 믿음이 생긴 사람은 아무도 없습니다. 우리가 기다릴 수 있는 것은 무엇 때문입니까? 믿음이 있기 때문입니다. 믿음이 없는 사람은 기다리지 못합니다. 약속의 말씀을 받았지만 그 말씀이 바로 실현되지 않고 약속과 성취 사이에 간격이 있을 때 그 사이를 이어 주는 것이 바로 믿음입니다.

사랑도 기다림입니다. 사랑은 오래 참고 기다리는 것입니다. 사랑한다면서 오래 참지 못하는 것은 진짜 사랑이 아닙니다. 상대방의 실수와 허물, 만족스럽지 못한 모습을 참지 못한다면 그 사랑은 일시적인 감정에 지나지 않는 것입니다. 참된 믿음과 사랑에는 기다림의 영성이 있습니다.

돼 2년 동안 이스라엘을 다스렸습니
다. 그러나 유다 집안은 다윗을 따랐
습니다.
11 다윗이 헤브론에서 유다 집안을 다스
리는 왕으로 있었던 기간은 7년 6개
월이었습니다.
12 넬의 아들 아브넬과 사울의 아들 이
스보셋의 신하들은 마하나임을 떠나
기브온으로 갔습니다.
13 스루야의 아들 요압과 다윗의 부하들
도 나가 기브온 못에서 그들과 마주
쳤습니다. 한쪽은 못 이쪽에, 다른 한
쪽은 못 저쪽에 자리 잡았습니다.
14 그때 아브넬이 요압에게 제안했습니
다. "청년들을 뽑아 우리 앞에서 겨루
게 하자." 그러자 요압도 "좋다. 청년
들을 세워 그렇게 해 보자" 하고 대답
했습니다.
15 그리하여 젊은이들이 일어나 정해진
수대로 나갔습니다. 베냐민, 곧 사울
의 아들 이스보셋 쪽에서 12명이 나
갔고 다윗의 부하들 가운데서 12명이
나갔습니다.
16 그들은 서로 자기 적수의 머리를 잡
고 칼로 그 적수의 옆구리를 찔렀습
니다. 그러자 그들은 함께 쓰러졌습니
다. 그래서 기브온에 있는 그곳을 *헬
갓 핫수림이라고 부르게 됐습니다.
17 그날의 싸움은 매우 치열했습니다.
결국 아브넬과 이스라엘 군사들이 다
윗의 부하들에게 지고 말았습니다.
18 스루야의 세 아들 요압과 아비새와 아
사헬이 거기 있었는데 아사헬은 들노
루같이 발이 빠른 사람이었습니다.
19 아사헬이 아브넬을 쫓아갔는데 그는
좌우로 한눈 한 번 팔지 않고 그를
따라갔습니다.
20 아브넬이 뒤를 돌아다보고 말했습니
다. "아사헬아, 너로구나?" 아사헬이
대답했습니다. "그래, 나다."
21 그러자 아브넬이 그에게 "너는 좌우
를 돌아보아 젊은 녀석을 하나 잡아
무기를 빼앗아라" 하고 말했습니다.
그러나 아사헬은 옆을 보지 않고 계
속 그에게 따라붙었습니다.
22 아브넬이 다시 아사헬에게 경고했습
니다. "나를 쫓지 말고 돌아가라. 내
가 너를 쳐서 땅에 쓰러뜨리게 할 이
유가 무엇이냐? 그러면 내가 네 형 요
압의 얼굴을 어떻게 보겠느냐?"
23 그래도 아사헬이 물러가지 않자 아브
넬은 창끝으로 아사헬의 배를 찔렀습
니다. 창은 그의 등을 꿰뚫었고 그는
거기 쓰러져 그 자리에서 죽었습니다.
그러자 모두가 아사헬이 쓰러져 죽은
곳에 이르러 멈추어 섰습니다.
24 그러나 요압과 아비새는 아브넬을 계
속 뒤쫓았습니다. 그들이 기브온 황무
지로 가는 길가에 있는 기아 맞은편
암마 산에 다다르자 날이 저물었습니
다.
25 베냐민족 군사들은 아브넬 뒤를 에워
싸고 무리를 지어 산꼭대기에 섰습니
다.
26 아브넬이 큰 소리로 요압에게 말했습

2:16 칼의 들판

니다. "언제까지 그 칼이 사람을 집어
삼켜야 하겠느냐? 이 일이 결국 고통
으로 끝나리라는 것을 알지 못하느
냐? 네가 언제쯤 네 부하들에게 형제
들을 쫓지 말라고 명령하겠느냐?"
27 요압이 대답했습니다. "하나님께서 살
아 계심을 두고 맹세하는데 네가 이
말을 하지 않았다면 내 군대가 내일
아침까지 형제들을 쫓았을 것이다."
28 요압이 나팔을 불자 모든 군사들이
다 멈추어 서서 더 이상 이스라엘을
쫓지 않았고 싸우지도 않았습니다.
29 아브넬과 그의 군사들은 그날 밤 내
내 행군해 아라바를 지나 요단 강을
건넜고 계속해 비드론 지역을 지나 마
하나임으로 갔습니다.
30 그때 요압이 아브넬을 쫓던 길에서 돌
이켜 군사들을 모아 보니 다윗의 부
하들 가운데 19명과 아사헬이 없어졌
습니다.
31 그러나 다윗의 부하들이 죽인 베냐민
과 아브넬의 군사들은 360명이었습니
다.
32 그들은 아사헬을 베들레헴에 있는 그
아버지의 무덤에 묻어 주었습니다. 그
러고 나서 요압과 그의 군사들은 밤
새 행군해 동틀 무렵 헤브론에 닿았
습니다.

3 사울의 집안과 다윗의 집안 사이의
싸움은 오랫동안 계속됐습니다.
다윗 집안은 점점 더 강해졌고 사울
집안은 점점 더 약해졌습니다.
2 헤브론에서 다윗이 낳은 아들들은 이
렇습니다. 그의 맏아들은 이스르엘
여인 아히노암이 낳은 암논이고
3 둘째는 갈멜 사람 나발의 아내였던 아
비가일이 낳은 길르압이고 셋째는 그
술 왕 달매의 딸 마아가가 낳은 압살
롬이고
4 넷째는 학깃의 아들 아도니야이고 다
섯째는 아비달의 아들 스바댜이고
5 여섯째는 다윗의 아내 에글라가 낳은
이드르암입니다. 이들은 다윗이 헤브
론에 있을 때 낳은 아들들입니다.

아브넬이 다윗에게로 넘어가다

6 사울의 집안과 다윗의 집안 사이에
싸움이 있는 동안 아브넬은 사울의
집안에서 자신의 세력을 키워 가고
있었습니다.
7 사울에게 첩이 있었는데 그 이름은
리스바이고 아야의 딸입니다. 이스보
셋이 아브넬에게 말했습니다. "어떻게
내 아버지의 첩과 잠자리를 같이할
수 있소?"
8 그러자 아브넬은 이스보셋의 말에 몹
시 화를 내며 대답했습니다. "내가 유
다의 개의 머리인 줄 압니까? 오늘까
지 나는 당신 아버지 사울의 집안과
그 형제들과 친구들에게 충성을 다했
고 당신을 다윗에게 넘겨주지 않았습
니다. 그런데 오늘 이 여자 때문에 나
를 비난하다니
9 이제 나는 여호와께서 다윗에게 약속
하신 그 뜻대로 행할 생각입니다. 내
가 그렇게 하지 않는다면 하나님께서
이 아브넬에게 심한 벌을 내리고 또

내리셔도 좋습니다.
10 여호와께서는 이 나라를 사울의 집안
으로부터 옮겨 단에서부터 브엘세바
에 이르기까지 이스라엘과 유다 위에
다윗의 보좌를 세우실 것입니다."
11 이스보셋은 아브넬이 두려워 더 이상
대꾸하지 못했습니다.
12 아브넬은 곧 심부름꾼들을 다윗에게
보내 말했습니다. "이 땅이 누구의 것
입니까? 나와 조약을 맺읍시다. 내가
당신을 도와 온 이스라엘을 당신에게
돌려 드리겠습니다."
13 다윗이 말했습니다. "좋다. 내가 너와
조약을 맺겠다. 그러나 조건이 하나
있다. 네가 나를 보러 올 때 사울의
딸 미갈을 먼저 데려오지 않고서는
내 얼굴을 보지 못할 것이다."
14 그러고 나서 다윗은 사울의 아들 이
스보셋에게 심부름꾼들을 보내 이렇
게 말했습니다. "내 아내 미갈을 주시
오. 그녀는 내가 블레셋 사람 100명의
포피를 대가로 바치고 결혼했던 사람
이오."
15 그러자 이스보셋은 사람을 보내 미갈
을 라이스의 아들인 남편 발디엘에게
서 데려왔습니다.
16 남편은 바후림까지 울며 아내를 따라
왔지만 아브넬이 그에게 "그만 집으로
돌아가라"고 말하자 그는 되돌아갔습
니다.
17 아브넬이 이스라엘 장로들과 상의했
습니다. "당신들은 전부터 다윗을 왕
으로 삼기를 원했습니다.
18 여호와께서는 이미 오래전부터 다윗
에게 '내 종 다윗의 손으로 내가 내
백성 이스라엘을 블레셋 사람들의 손
과 그 모든 원수들의 손에서 구해 낼
것이다' 하고 약속하셨으니 이제 그렇
게 하십시오."
19 아브넬은 베냐민 사람들에게도 그렇
게 말했습니다. 그러고 나서 그는 이
스라엘과 베냐민 온 집안이 좋게 생
각한다는 것을 다윗에게 전하기 위해
헤브론으로 떠났습니다.
20 아브넬이 그의 부하 20명과 함께 헤브
론에 있는 다윗에게 가니 다윗은 아브
넬과 그의 부하들을 위해 잔치를 베
풀어 주었습니다.
21 아브넬이 다윗에게 말했습니다. "내가
일어나 당장 가서 내 주인 왕을 위해
온 이스라엘을 불러 모아 왕과 조약
을 맺도록 하겠습니다. 그러면 왕이
원하시는 대로 모두 다스리실 수 있
을 것입니다." 그러자 다윗은 아브넬을
보내 주었고 그는 평안히 돌아갔습니
다.

요압이 아브넬을 살해하다

22 바로 그즈음 전장에 나갔던 다윗의
부하들과 요압이 적을 무찌르고 많은
전리품을 갖고 돌아왔습니다. 그때
아브넬은 이미 헤브론의 다윗 곁을 떠
난 뒤였습니다. 다윗이 그를 보내 평
안히 가게 된 것이었습니다.
23 요압과 그의 군사들이 도착해서는 넬
의 아들 아브넬이 왕께 왔다가 왕이
보내 주어 그가 아무 탈 없이 돌아갔

다는 이야기를 들었습니다.
24 그러자 요압이 왕께 가서 말했습니다.
"어떻게 그러실 수 있습니까? 보십시
오. 아브넬이 왕께 왔는데 왜 그냥 보
내셨습니까?
25 넬의 아들 아브넬은 왕을 속여 동태
를 살피고 왕이 하시는 모든 일을 엿
보려고 온 것입니다."
26 요압은 다윗에게서 물러나와 심부름
꾼들을 보내 아브넬을 뒤쫓게 했습니
다. 그들은 시라 우물에서 아브넬을
데리고 왔습니다. 그러나 다윗은 그
사실을 모르고 있었습니다.
27 아브넬이 헤브론으로 돌아오자 요압
은 마치 조용히 이야기하려는 듯 아브
넬을 성문으로 데려가 그의 배를 찔
러 죽였습니다. 이는 자기 동생 아사
헬의 피에 대해 복수를 한 것이었습
니다.
28 그 후에 다윗이 그 소식을 듣고 말했
습니다. "넬의 아들 아브넬의 피에 대
해 내 나라와 나는 여호와 앞에서 영
원히 죄가 없다.
29 그 피는 요압의 머리와 그 아버지의
온 집안에 돌아갈 것이다. 요압의 집
안에는 성병 환자나 *나병 환자나 지
팡이에 의지할 사람이나 칼로 쓰러지
는 사람이나 먹을 것이 없는 사람이
사라지지 않을 것이다."
30 요압과 그 동생 아비새가 아브넬을 암
살한 것은 그가 기브온 전투에서 그
들의 동생 아사헬을 죽였기 때문이었
습니다.
31 그때 다윗이 요압과 자기와 함께 있던
모든 백성들에게 말했습니다. "너희
는 옷을 찢고 굵은베 옷을 입고 아브
넬을 위해 슬퍼하라." 다윗 왕은 직접
상여를 따라갔습니다.
32 그들은 아브넬을 헤브론에 장사 지냈
습니다. 왕이 아브넬의 무덤 앞에서
큰 소리로 울자 모든 백성들도 따라
울었습니다.
33 다윗 왕은 아브넬을 위해 이런 슬픈
노래를 지어 불렀습니다.

"아브넬이 어째서 어리석은 사람처
럼 죽어야 했는가?
34 네 두 손이 묶이지 않았고 네 두 발
이 쇠고랑에 매이지 않았는데 네가
악한 사람들 앞에 잡혀 죽듯이 그
렇게 쓰러져 버렸구나."

그러자 온 백성들이 다시 그를 생각
하며 울었습니다.
35 그때 온 백성들이 나와서 다윗에게
아직 낮이니 음식을 먹으라고 권했습
니다. 그러나 다윗은 맹세하며 말했습
니다. "만약 내가 해 지기 전에 빵이
든지 뭐든지 입에 댄다면 하나님께서
내게 심한 벌을 내리고 또 내리셔도
좋다."
36 백성들은 그것을 보고 모두 좋게 여
겼습니다. 그들은 왕이 하는 일마다
모두 좋게 여겼습니다.
37 그제야 비로소 모든 백성들과 온 이
스라엘은 왕이 넬의 아들 아브넬을
죽일 의도가 없었음을 확실히 알게

3:29 히브리어로는 여러 가지 악성 피부병을 뜻함.

됐습니다.
38 그때 왕이 자기 부하들에게 말했습니
다. "오늘 이스라엘에 위대한 사람이
죽지 않았느냐?
39 비록 내가 기름 부음 받은 왕이지만
나는 이렇게 약하고 스루야의 아들
들은 내가 제어하기에 너무 힘겹구나.
여호와께서 악을 행한 사람에게 그
악에 따라 갚아 주시길 바랄 뿐이다."

이스보셋이 살해되다

4 사울의 아들 이스보셋은 아브넬이
헤브론에서 죽었다는 소식을 듣고
는 겁을 먹었습니다. 온 이스라엘도
깜짝 놀랐습니다.
2 그때 사울의 아들에게는 두 명의 대
장이 있었는데 한 사람의 이름은 바
아나이고 다른 하나는 레갑입니다. 그
들은 베냐민 지파 브에롯 사람 림몬의
아들들입니다. 브에롯은 베냐민 지파
에 속했는데
3 그것은 브에롯 사람들이 깃다임으로
도망쳐 오늘날까지 거기서 외국 사람
으로 살고 있기 때문이었습니다.
4 사울의 아들 요나단에게는 절름발이
아들이 하나 있는데 그의 이름은 므
비보셋입니다. 사울과 요나단의 사망
소식이 이스르엘로부터 전해진 것은
므비보셋이 다섯 살 때였는데 그때 유
모가 그를 안고 너무 급하게 서두르
는 바람에 그 아이를 떨어뜨려 그 아
이가 절게 됐습니다.
5 브에롯 사람 림몬의 아들인 레갑과 바
아나는 길을 떠나 한낮에 해가 쨍쨍
할 때 이스보셋의 집에 도착했습니다.
그때 이스보셋은 침대에 누워 낮잠을
자고 있었습니다.
6 레갑과 바아나 형제는 마치 밀을 얻으
러 온 체하고 곧장 집 안으로 들어와
서 이스보셋의 배를 칼로 찌르고 그
길로 도망쳐 버렸습니다.
7 그들이 집 안에 들어갔을 때 이스보
셋은 침실의 침대에 누워 있었습니다.
그래서 그들은 이스보셋을 칼로 쳐
죽여 목을 베었고 그것을 들고 밤새
아라바로 도망친 것입니다.
8 그들은 헤브론에 있는 다윗에게 이
스보셋의 머리를 바치며 말했습니다.
"왕의 목숨을 빼앗으려던 왕의 원수
인 사울의 아들 이스보셋의 머리가
여기에 있습니다. 오늘 여호와께서 사
울과 그 자손에 대해 내 주 왕의 원
수를 갚아 주셨습니다."
9 다윗이 브에롯 사람 림몬의 아들 레
갑과 그 형제 바아나에게 대답했습니
다. "나를 모든 고난에서 구해 내신
여호와께서 살아 계심으로 맹세하는
데
10 좋은 소식이라는 생각에 '사울이 죽
었다'고 내게 말해 준 사람을 내가 붙
잡아 시글락에서 죽였다. 그것이 바로
그가 전한 소식에 대한 보상이었다!
11 하물며 죄 없는 사람을 자기 집 침대
위에서 죽게 한 악한 사람들은 어떻
겠느냐? 내가 너희 손에서 그의 핏값
을 구해 너희를 이 땅에서 없애 버려
야 하지 않겠느냐!"

12 그러고 나서 다윗은 자기 부하들에게
명령해 그들을 죽이고 그들의 손발을
잘라 헤브론 못 가에 매달았습니다.
그리고 이스보셋의 머리를 헤브론에
있는 아브넬의 무덤에 묻어 주었습니
다.

다윗이 이스라엘의 왕이 되다 (대상 11:1-3)

5 이스라엘의 모든 지파가 헤브론으
로 와서 다윗에게 말했습니다. "우
리는 왕의 혈족입니다.
2 전에 사울이 우리 왕이었을 때 이스라
엘 군대를 이끌어 내기도 하고 다시
데리고 들어오기도 한 분은 왕이었습
니다. 그리고 여호와께서 왕께 '너는
내 백성 이스라엘의 목자가 되고 이스
라엘의 통치자가 될 것이다'라고 말씀
하셨습니다."
3 이스라엘의 모든 장로들이 헤브론으
로 다윗 왕을 찾아오자 왕은 헤브론
에서 그들과 여호와 앞에서 언약을
맺었고 그들은 다윗에게 기름 부어 이
스라엘을 다스릴 왕으로 삼았습니다.
4 다윗은 30세에 왕이 되어 다스리기
시작해서 40년 동안 다스렸습니다.
5 그는 헤브론에서 7년 6개월 동안 유
다를 다스렸고 예루살렘에서 온 이스
라엘과 유다를 33년 동안 다스렸습니
다.

다윗이 예루살렘을 정복하다 (대상 11:4-9;14:1-2)

6 왕과 그의 부하들은 예루살렘으로 행
군했습니다. 거기 살고 있는 여부스
사람들을 공격하려는 것이었습니다.
여부스 사람들이 다윗에게 말했습니
다. "너는 여기 들어오지 못할 것이
다. 눈먼 사람이나 다리 저는 사람이
라도 너를 쓸어버릴 수 있을 것이다."
7 그러나 다윗이 시온 산성을 점령했으
므로 그곳 이름을 다윗 성이라고 했
습니다.
8 그날 다윗이 말했습니다. "누구든지
수로를 따라 올라가 다윗이 미워하는
저 다리 저는 사람과 눈먼 사람 같은
여부스 사람들을 쳐부수는 사람은
대장이 될 것이다." 그리하여 "눈먼 사
람과 다리 저는 사람은 왕궁에 들어

성·경·상·식 | ## 구약 속의 예루살렘

예루살렘은 '평화의 기초', '평화의 소유'라는 뜻으로 원래 이름은 '여부스'였다. 다윗이 이스라엘의 왕이 된 후에 이곳을 정복하여 자신의 본거지로 삼았다. 다윗은 이곳을 '다윗 성'이라고 부르고(삼하 5:9) 통일 이스라엘의 정치적, 종교적 중심지로 삼았다. 다윗은 밀로에서부터 안쪽으로 성벽을 둘러쌓았고 두로 왕 히람은 다윗을 위해 왕궁을 지어 주었다.
솔로몬은 성전과 왕궁을 건축하고(왕상 6-7장;대하 2-4장) 성벽을 쌓아 올렸다(왕상 3:1 참조). 예루살렘은 바벨론에 의해 완전히 함락되기까지 이집트, 블레셋, 아라비아, 앗시리아 등에게 끊임없이 침략을 당했고(왕하 19:31-36;23:33-35;24:10-11) 바벨론에 의해 함락된 후 70년 동안 황폐해진 상태로 방치되었다. 그 후 페르시아 왕 고레스 때에 포로 생활에서 귀환한 사람들에 의해 재건되었다(스 1:1-4).

가지 못할 것이다"라는 속담이 생겼
습니다.
9 다윗은 그 성을 점령하고 거기 거하
며 그 성의 이름을 다윗 성이라고 불
렀습니다. 그리고 밀로에서부터 안쪽
으로 성벽을 둘러쌓았습니다.
10 그는 점점 강대해졌습니다. 전능하신
하나님 여호와께서 그와 함께하셨기
때문이었습니다.
11 그때 두로 왕 히람이 다윗에게 심부
름꾼들과 백향목과 목수들과 석공
들을 보내 다윗을 위해 왕궁을 지어
주었습니다.
12 다윗은 여호와께서 자신을 이스라엘
을 다스릴 왕으로 세우셨고 그의 백
성 이스라엘을 위해 그의 나라를 높
여 주셨음을 깨닫게 됐습니다.
13 다윗은 헤브론을 떠난 후 예루살렘에
서 더 많은 첩들과 아내들을 두었고
아들딸들을 더 많이 낳았습니다.
14 예루살렘에서 그가 낳은 아이들의 이
름은 삼무아, 소밥, 나단, 솔로몬,
15 입할, 엘리수아, 네벡, 야비아,
16 엘리사마, 엘랴다, 엘리벨렛입니다.

다윗이 블레셋을 무찌르다 (대상 14:8-17)

17 이스라엘이 다윗에게 기름 부어 왕으
로 삼았다는 말을 듣고 블레셋 사람
들이 모두 일어나 다윗을 잡으려고
올라왔습니다. 다윗은 이 소식을 듣
고 요새로 내려갔습니다.
18 블레셋 사람들도 가서 르바임 골짜기
를 메웠습니다.
19 다윗은 여호와께 물었습니다. "블레셋
사람들에게 맞서 올라갈까요? 저들
을 제 손에 넘겨주시겠습니까?" 여호
와께서 그에게 대답하셨습니다. "올라
가라. 내가 블레셋 사람들을 반드시
네 손에 넘겨주겠다."
20 그리하여 다윗은 *바알브라심으로 갔
고 거기서 그들을 물리쳤습니다. 그
가 말했습니다. "여호와께서 내 앞에
서 봇물 터뜨리듯 내 원수들을 치셨
다." 이렇게 해서 그곳을 바알브라심
이라고 불렀습니다.
21 블레셋 사람들이 그곳에 자기 우상들
을 다 버리고 도망했으므로 다윗과
그의 군사들이 그것을 다 치워 버렸
습니다.
22 블레셋 사람들이 다시 올라와 르바임
골짜기를 메웠습니다.
23 다윗이 여호와께 물었더니 그분이 대
답하셨습니다. "정면으로 올라가지
말고 포위하고 있다가 저들 뒤 뽕나
무 수풀 맞은편에서 저들을 덮쳐라.
24 뽕나무 꼭대기에서 행군하는 소리가
들리면 바로 재빨리 나아가라. 여호와
가 네 앞에 나아가 블레셋 군대를 칠
것이다."
25 그러자 다윗은 여호와께서 명령하신
대로 게바에서부터 게셀까지 쫓아가
며 블레셋 사람들을 무찔렀습니다.

하나님의 궤를 예루살렘으로 옮기다
(대상 13:1-14;15:25-16:6,43)

6 다윗은 다시 이스라엘에서 뽑힌 사
람 3만 명을 모았습니다.

5:20 흩으시는 주

2 다윗은 일어나 이 모든 사람들을 데
리고 *바알레유다로 가서 하나님의
궤를 가져오려고 했습니다. 그 궤는
그룹들 사이에 계시는 만군의 여호와
의 이름으로 불리는 궤였습니다.
3 그들은 산 위에 있는 아비나답의 집에
서 하나님의 궤를 새 수레에 옮겨 실
었는데 그때 아비나답의 아들인 웃사
와 아효가 그 새 수레를 몰았습니다.
4 그들이 산 위에 있는 아비나답의 집에
서 하나님의 궤를 가지고 나왔고 아
효가 궤 앞에서 걸어갔습니다.
5 다윗과 이스라엘의 온 집안은 여호와
앞에서 잣나무로 만든 여러 가지 악
기와 수금과 비파와 소고와 꽹과리
와 심벌즈를 연주했습니다.
6 그들이 나곤의 타작마당에 이르렀을
때 소들이 날뛰자 웃사가 손을 뻗어
하나님의 궤를 붙들었습니다.
7 웃사의 잘못된 행동 때문에 여호와께
서 그에게 불같이 진노해 그를 치시
니 그가 거기 하나님의 궤 곁에서 죽
었습니다.
8 그때 다윗은 여호와께서 웃사를 치신
것 때문에 화가 나서 그곳을 *베레스
웃사라고 불러 오늘날까지 그렇게 불
리고 있습니다.
9 다윗은 그날 여호와를 두려워해 말했
습니다. "내가 어떻게 여호와의 궤를
모셔 올 수 있겠는가?"
10 그는 여호와의 궤를 자기가 있는 다윗
성으로 모셔 오려 하지 않았습니다.
그것을 가드 사람 오벧에돔의 집으로
모셔 들이게 했습니다.
11 여호와의 궤는 석 달 동안 가드 사람
오벧에돔의 집에 머물러 있었는데 그
동안 여호와께서 오벧에돔과 그의 온
집안에 복을 주셨습니다.
12 그때 다윗 왕은 "여호와께서 하나님의

6:2 기럇 여아림을 말함. 6:8 웃사를 치심.

Q&A 왜 웃사를 죽이셨나요?

참고 구절 | 삼하 6:6–7

다윗은 아비나답의 집에 있던 하나님의 궤를 예루살렘으로 옮기고자 했다. 다윗이 이렇게 하고자 한 것은 하나님의 궤와 함께 있기를 간절히 염원했기 때문이었다. 또한 그는 예루살렘을 군사적 거점과 행정의 중심지로 삼아 이스라엘 백성들을 하나로 모으고 싶었기 때문이었다. 이 과정에서 하나님의 궤가 실린 수레를 끌던 소가 날뛰어 하나님의 궤가 떨어질 뻔했다. 이를 보고 있던 웃사는 흔들리는 하나님의 궤를 손으로 붙들었고 이 일로 인해 웃사는 그 자리에서 죽고 말았다. 왜 웃사를 죽이신 걸까? 율법을 모르는 이방인인 블레셋 사람들이 하나님의 궤를 운반할 때, 하나님은 진노하시지 않았다. 그러나 이스라엘 백성들의 경우에는 달랐다. "거룩한 물품들에 그들의 몸이 닿았다가는 죽을 것이다."(민 4:15)라고 하셨고 이미 율법을 통해 하나님의 궤에 대한 취급법을 알려 주셨기 때문이다. 하나님의 궤는 반드시 레위인들이 어깨에 메고 옮겨야 했으며 아무나 성물을 만져서는 안 되었다.

궤로 인해 오벧에돔의 집안과 그가 가
진 모든 것에 복을 주셨다" 하는 말
을 듣게 됐습니다. 그러자 다윗이 기
뻐하면서 내려가 오벧에돔의 집에서
하나님의 궤를 모셔다가 다윗 성에 두
었습니다.
13 여호와의 궤를 멘 사람들이 여섯 걸
음을 갔을 때 다윗은 소와 살진 양으
로 제사를 드렸습니다.
14 다윗은 베 에봇을 입고 여호와 앞에
서 온 힘을 다해 춤을 추었습니다.
15 다윗과 이스라엘의 온 집들이 나팔을
불고 환호하며 여호와의 궤를 모셔
왔습니다.
16 여호와의 궤가 다윗 성에 들어올 때
사울의 딸 미갈이 창문으로 내다보고
있었습니다. 미갈은 다윗 왕이 여호와
앞에서 껑충껑충 뛰며 춤추는 것을
보고 마음속으로 비웃었습니다.
17 여호와의 궤를 모셔다가 다윗이 세워
둔 장막 가운데 미리 준비해 놓은 자
리에 두고 다윗은 여호와 앞에 번제
와 화목제를 드렸습니다.
18 다윗은 번제와 화목제를 드리고 난
뒤 전능하신 여호와의 이름으로 백성
들을 축복했습니다.
19 그리고 남녀를 가리지 않고 온 이스
라엘 사람들에게 각각 빵 한 덩이와
고기 한 조각과 건포도 빵 한 덩이씩
을 주었습니다. 그 후 백성들은 모두
각각 자기 집으로 돌아갔습니다.
20 다윗이 자기 가족을 축복하려고 집
에 돌아왔습니다. 그때 사울의 딸 미
갈이 나와 다윗을 맞으며 말했습니다.
"오늘 이스라엘의 왕이 정말 볼만하시
더군요. 신하의 계집종들 앞에서 몸
을 드러내시다니요."
21 다윗이 미갈에게 말했습니다. "나는
하나님 앞에서 그렇게 춤춘 것이오.
그분이 당신 아버지와 당신 집안 대
신 나를 선택해 여호와의 백성 이스
라엘의 통치자로 세우셨으니 나는 언
제든 여호와 앞에서 기뻐 뛸 것이오.
22 내가 이것보다 더욱 체통 없이 행동
해 스스로 낮아져도 당신이 말한 그
계집종들은 나를 우러러볼 것이오."
23 이 일로 인해 사울의 딸 미갈은 죽을
때까지 자식을 낳지 못했습니다.

다윗에게 주신 하나님의 언약 (대상 17:1-15)

7 여호와께서 사방의 모든 적으로부
터 다윗을 지켜 주셨기 때문에 그
는 이제 자기의 왕궁에서 살게 됐습
니다.
2 다윗이 예언자 나단에게 말했습니다.
"나는 여기 백향목 왕궁에 사는데 하
나님의 궤는 아직도 장막에 있습니
다."
3 그러자 나단이 왕께 대답했습니다.
"여호와께서 왕과 함께하시니 왕께서
마음에 두신 일이 있다면 무엇이든
그대로 하십시오."
4 그날 밤 여호와께서 나단에게 오셔서
말씀하셨습니다.
5 "가서 내 종 다윗에게 말하여라. '나
여호와가 말한다. 네가 나를 위해 내
가 있을 집을 지어 주겠느냐?

6 내가 이스라엘 자손들을 이집트에서
이끌어 낸 그날부터 오늘까지 나는
집에 있은 적이 없고 장막이나 회막
을 거처 삼아 이리저리 옮겨 다녔다.
7 내가 온 이스라엘 자손들이 옮겨 가
는 곳마다 내 백성 이스라엘을 돌보
라고 명령한 이스라엘 *지파 가운데
누구에게든 왜 내게 백향목 집을 지
어 주지 않느냐고 말한 적이 있느냐?'
8 그러니 내 종 다윗에게 말하여라. '전
능하신 여호와께서 말씀하신다. 내가
양 떼를 따라다니던 너를 목장에서
데려다가 내 백성 이스라엘의 통치자
로 삼았다.
9 네가 어디로 가든지 내가 너와 함께
했고 네 앞에서 네 모든 원수들을 끊
어 내었다. 그러니 이제 내가 이 땅의
위대한 사람들의 이름처럼 네 이름을
위대하게 만들어 주겠다.
10 그리고 내 백성 이스라엘을 위해 한
곳을 정해 그들이 뿌리박을 터전을
주고 그들이 다시는 옮겨 다니지 않
도록 할 것이다. 또한 전처럼 악한 사
람들이 그들을 더 이상 해치지 못하
게 하며
11 내가 사사들을 세워 이스라엘을 다스
리게 했던 때와는 같지 않게 할 것이
다. 내가 또 너를 네 모든 원수들로부
터 구해 내어 평안하게 할 것이다. 나
여호와가 직접 너를 위해 왕조를 세
울 것을 선포한다.
12 네 날들이 끝나고 네가 네 조상들과
함께 잠들 때 내가 네 몸에서 나올
네 자손을 일으켜 네 뒤를 잇게 하고
내가 그의 나라를 든든히 세울 것이
다.
13 그가 내 이름을 위해 집을 세울 것이
고 나는 그 나라의 보좌를 영원히 세
워 줄 것이다.

7:7 또는 지도자들(대상 17:6을 보라.)

Q&A 성경에 나오는 언약

참고 구절 | 삼하 7:12–17

언약	표증
여자의 자손이 사탄을 이길 것이다(창 3:15).	아기 낳는 고통
다시는 홍수로 땅을 멸망시키지 않겠다(창 9:8–17).	무지개
너는 수많은 나라의 조상이 될 것이다(창 17:4).	풀무, 타는 횃불, 쪼갠 고기
너와 네 자손의 하나님이 되겠다(창 17:7).	할례
너희가 내 언약을 지키면 제사장 나라가 되고 거룩한 민족이 되리라(출 19:5–6).	출이집트
네 몸에서 날 자손을 일으켜 그 나라를 든든히 세우리라(삼하 7:8–17).	다윗의 가계가 지속되고 다윗의 후손에서 메시아 탄생
예수를 믿는 자는 죄 사함을 받을 것이다(마 26:26–28).	예수님의 십자가, 죽음, 부활

14 나는 그의 아버지가 되고 그는 내 아
들이 될 것이다. 그가 잘못을 저지르
면 사람이라는 막대기와 인생이라는
채찍으로 그를 징계할 것이다.
15 그러나 내 사랑은 결코 그를 떠나지
않을 것이다. 내가 네 앞에서 없앤 사
울에게서 내 사랑을 거둔 것처럼 하
지는 않을 것이다.
16 네 집과 네 나라가 *내 앞에서 영원
히 계속될 것이며 네 보좌가 영원히
서 있을 것이다.'"
17 나단은 이 모든 계시의 말씀을 다윗
에게 그대로 전했습니다.

다윗의 기도 (대상 17:16-27)

18 그러자 다윗 왕이 성막으로 들어가
여호와 앞에 앉아 기도했습니다. "주
여호와여, 제가 누구이며 제 집안이
무엇이기에 저를 이 자리까지 오르게
하셨습니까?
19 주 여호와여, 주께서는 이것도 부족하
게 여기시고 주의 종의 집 미래에 대
해서도 말씀해 주셨습니다. 주 여호
와여, 이것이 주께서 사람을 대하시
는 방법입니까?
20 주 여호와께서 주의 종을 아시니 이
다윗이 주께 무슨 말을 더하겠습니
까?
21 주의 뜻에 따라 주의 말씀으로 이 모
든 위대한 일을 하셨고 주의 종에게
알려 주셨습니다.
22 주 여호와여, 주께서는 얼마나 위대
하신지요. 주 같은 분이 없고 주 외에
는 하나님이 없습니다.
23 주의 백성 이스라엘과 같은 민족이
어디 있습니까? 하나님께서 직접 가
셔서 이스라엘을 구원해 주의 백성으
로 삼으시고 주의 이름을 드러내셨습
니다. 이집트와 여러 민족과 그 신들
에게서 구해 내신 주의 백성들 앞에
서 주의 땅을 위해 크고 놀라운 일들
을 하셨으니 이런 민족이 이 세상에
또 있겠습니까?
24 주여, 주께서 주의 백성 이스라엘을
영원히 주의 백성으로 삼으셨으니 주
께서 그들의 하나님이 되셨습니다.
25 주 하나님이시여, 그러니 이제 주의
종과 종의 집에 대해 약속하신 말씀
이 영원히 변하지 않게 해 주십시오.
26 사람들이 주의 이름을 영원히 높이
며 '만군의 여호와는 이스라엘을 다스
리시는 하나님이시다'라고 말하게 해
주십시오. 그리고 주의 종 다윗의 집
이 주 앞에 세워지게 해 주십시오.
27 만군의 여호와여, 이스라엘의 하나님
이여, 주께서 이것을 주의 종에게 드
러내며 '내가 너를 위해 집을 세우리
라' 하고 말씀하셨으니 주의 종이 용기
를 내어 이런 기도를 올려 드립니다.
28 주 여호와여, 주는 하나님이십니다. 주
의 말씀은 진실하고 주께서 주의 종에
게 이런 좋은 것으로 약속하셨으니
29 주의 종의 집에 기꺼이 복을 주셔서
그것이 주 앞에서 영원히 지속되게
하소서. 주 여호와여, 주께서 말씀하

7:16 일부 히브리어 사본과 칠십인역을 따름. 대다수 히브리어 사본에는 '네'

셨으니 주의 종의 집이 주께서 내리
시는 복으로 영원히 복을 받게 해 주
십시오."

다윗의 승리 (대상 18:1-17)

8 그 일 후에 다윗은 블레셋 사람들
을 쳐서 정복했고 블레셋 사람들의
손에서 메덱암마를 빼앗았습니다.
2 다윗은 또한 모압 사람들도 물리쳤습
니다. 그는 그들을 땅에 엎드리게 하
고는 줄로 재어 키가 두 줄 길이 안에
있는 사람들은 죽이고 한 줄 길이 안
에 있는 사람들은 살려 주었습니다.
그리하여 모압 사람들은 다윗의 종이
돼 조공을 바치게 됐습니다.
3 다윗은 또 르홉의 아들 소바 왕 하닷
에셀이 자기 영토를 되찾기 위해 유프
라테스 강을 따라왔을 때도 그를 물
리쳐서
4 마병 1,700명과 보병 2만 명을 사로
잡았는데, 그 가운데 전차를 끄는 말
100필만 남기고 나머지 모든 말들은
발의 힘줄을 끊어 버렸습니다.
5 다메섹의 아람 사람들이 소바 왕 하닷
에셀을 도우러 오자 다윗은 그들 2만
2,000명을 쓰러뜨렸고
6 아람의 다메섹에 군대를 두니 아람 사

성·경·상·식

다윗의 정복 전쟁

- **블레셋** 다윗이 강성해짐을 두려워하여 두 번에 걸쳐 이스라엘을 침입했다. 다윗은 하나님의 도우심으로 블레셋을 물리쳐(삼하 5:17-25) 더 이상 블레셋의 지배를 받지 않게 되었다.
- **모압** 다윗이 사울을 피하여 도망간 곳이기도 했으나(삼상 22:3-5) 모압과의 전쟁에 이겨 모압을 속국으로 만들고 조공을 바치게 했다(삼하 8:2; 대상 18:2).
- **소바** 다윗은 북부에 있는 소바 왕 하닷에셀을 공격하여 마병 1,700명, 보병 2만 명을 사로잡았다. 전차를 끄는 말 100필만 남기고 나머지 모든 말들의 발의 힘줄을 끊고 금 방패, 청동 등을 빼앗았다(삼하 8:3-4,7-8).
- **다메섹** 다윗에 의해 패전해 가는 소바 왕을 도우려고 출전한 다메섹 아람 군사 2만 2,000을 죽이고 조공을 받았다(삼하 8:5-6).
- **하맛** 다메섹과 전쟁 상태에 있던 하맛 왕이 자진해서 다윗에게 조공을 바쳤다(삼하 8:9-12).
- **에돔** 다윗은 염해 남쪽에 위치한 에돔을 쳐서 이긴 후 군대를 두었다(삼하 8:13-14).
- **암몬** 다윗이 암몬 왕 나하스의 죽음을 애도하여 조문객을 보냈으나 하눈이 이들을 정탐꾼으로 오해하여 수염과 겉옷을 잘랐다. 이것이 다윗에게 분노를 살 것이라고 생각한 하눈은 주변 국가들의 도움을 받아 다윗을 공격하지만 요압과 아비새 군사들은 이들을 격퇴했다(삼하 10:1-14). 요압은 다시 암몬의 수도인 랍바를 탈환했는데 이때 우리아가 랍바 성 가까이에서 싸우다 죽었다(삼하 11:1,4-21).

람들도 다윗의 종이 되어 조공을 바
쳤습니다. 여호와께서는 다윗이 어디
를 가든 승리하게 하셨습니다.
7 다윗은 하닷에셀의 신하들이 가진 금
방패를 빼앗아 예루살렘으로 가져왔
고
8 하닷에셀이 통치하던 성읍들인 *베
다와 베로대에서는 많은 양의 청동을
빼앗아 왔습니다.
9 하맛 왕 도이가 다윗이 하닷에셀의 온
군대를 쳐부쉈다는 소식을 듣고
10 자기 아들 요람을 다윗 왕께 보내 문
안하게 하고 자신과 전쟁하고 있었던
하닷에셀과 싸워 이긴 것을 축하했습
니다. 요람은 다윗에게 은, 금, 청동으
로 만든 물건들을 가져왔습니다.
11 다윗 왕은 이 물건들도 여호와께 바치
고 그가 전에 정복한 모든 나라에서
가져온 금, 은
12 곧 *아람, 모압, 암몬 사람들과 블레셋
사람들과 아말렉에서 가져온 것들과
르홉의 아들 소바 왕 하닷에셀에게서
빼앗은 물건들도 함께 바쳤습니다.
13 또한 다윗은 소금 골짜기에서 1만
8,000명의 *에돔 사람들을 무찔러 더
욱 이름을 떨쳤습니다.
14 그는 에돔에도 군대를 두되 에돔 온
지역에 두었고 모든 에돔 사람들은 다
윗의 종이 됐습니다. 여호와께서는 다
윗이 어디를 가든지 승리하게 하셨습
니다.

다윗의 신하들

15 다윗은 온 이스라엘을 다스리되 그
모든 백성들을 올바르고 의롭게 다스
렸습니다.
16 그때 스루야의 아들 요압은 군사령관
이 됐고 아힐룻의 아들 여호사밧은
역사를 기록하는 사람이 됐습니다.
17 아히둡의 아들 사독과 아비아달의 아
들 아히멜렉은 제사장이 됐고 스라야
는 서기관이 됐습니다.
18 여호야다의 아들 브나야는 그렛 사람
들과 블렛 사람들을 다스렸고 다윗의
아들들은 중요한 신하들이 됐습니
다.

다윗과 므비보셋

9 하루는 다윗이 물었습니다. "사울
의 집안에 아직 살아남은 사람이
있느냐? 내가 요나단을 생각해 그에
게 은총을 베풀고 싶구나."
2 마침 사울 집안에서 일하던 시바라는
종이 있어서 그를 불러 다윗 앞에 서
게 했습니다. 왕이 그에게 말했습니
다. "네가 시바냐?" 그가 대답했습니
다. "예, 왕의 종입니다."
3 왕이 다시 물었습니다. "사울의 집안
에 살아남은 사람이 없느냐? 내가 하
나님의 은총을 베풀려고 한다." 그러
자 시바가 왕께 대답했습니다. "요나
단의 아들이 아직 살아 있기는 한데
다리를 절뚝입니다."

8:8 일부 칠십인역에는 '디브핫'(대상 18:8을 보라.)
8:12 대다수 히브리어 사본을 따름. 일부 히브리어 사본과 칠십인역과 시리아어역에는 '에돔'(대상 18:11을 보라). 에돔과 아람은 히브리어 자음을 혼동하기 쉬움.
8:13 일부 히브리어 사본과 칠십인역과 시리아어역을 따름(대상 18:12을 보라). 대다수 히브리어 사본에는 '아람'

4 왕이 물었습니다. "그가 어디 있느
냐?" 시바가 대답했습니다. "지금 로
드발 암미엘의 아들 마길의 집에 있습
니다."
5 그리하여 다윗 왕은 사람을 보내 로
드발 암미엘의 아들 마길의 집에서 그
를 데려오게 했습니다.
6 사울의 손자이며 요나단의 아들인 므
비보셋이 다윗에게 와서 엎드려 절했
습니다. 다윗이 말했습니다. "므비보셋
아." 그가 대답했습니다. "왕의 종입니
다."
7 다윗이 그에게 말했습니다. "두려워하
지 마라. 내가 네 아버지 요나단을 생
각해 네게 은총을 베풀고 네 할아버
지 사울에게 속했던 모든 땅을 네게
돌려줄 것이다. 그리고 너는 항상 내
식탁에서 먹게 될 것이다."
8 므비보셋은 절을 하며 말했습니다.
"이 종이 무엇이라고 죽은 개나 다름
없는 저를 그렇게 생각해 주십니까?"
9 그러자 왕이 사울의 종 시바를 불러
말했습니다. "내가 네 주인의 손자에
게 사울과 그 집에 속했던 모든 것을
주었다.
10 그러니 너와 네 아들들과 종들은 므
비보셋을 위해 땅을 경작하고 곡식을
거두어 네 주인의 손자에게 양식을
대도록 하여라. 네 주인의 손자 므비
보셋은 항상 내 식탁에서 먹게 될 것
이다." 그때 시바는 15명의 아들과 20
명의 종들이 있었습니다.
11 그러자 시바가 왕께 말했습니다. "당
신의 종은 무엇이든 내 주 왕께서 종
에게 명령하신 대로 하겠습니다." 그
리하여 므비보셋은 왕의 아들처럼 다
윗의 식탁에서 먹게 됐습니다.
12 므비보셋에게는 미가라는 어린 아들
이 있었습니다. 시바의 집에서 살던 모
든 사람이 므비보셋의 종이 됐습니다.
13 므비보셋은 항상 왕의 식탁에서 먹었
기 때문에 예루살렘에서 살았습니다.
그는 두 다리를 절었습니다.

다윗이 암몬을 무찌르다 (대상 19:1-19)

10 이 일 후에 암몬 자손의 왕이
죽고 그 아들 하눈이 뒤를 이
어 왕이 됐습니다.
2 그러자 다윗이 말했습니다. "하눈의
아버지 나하스가 내게 잘해 주었으니
나도 그의 아들 하눈에게 은혜를 갚
아야겠다." 그래서 다윗은 그의 아버
지의 죽음을 애도하려고 하눈에게 사
절단을 보냈습니다. 다윗의 신하들이
암몬 자손의 땅에 이르자
3 암몬 귀족들이 자기들의 주 하눈에게
말했습니다. "다윗이 애도의 뜻을 전
한다고 왕께 사람을 보낸 것이 왕의
부친을 존경해서 그러는 것이라고 생
각하십니까? 그가 성을 탐색하고 정
찰해 손에 넣으려고 저들을 보낸 것
아니겠습니까?"
4 그러자 하눈은 다윗이 보낸 사람들을
붙잡아 하나같이 수염을 절반씩 깎고
겉옷을 엉덩이 중간까지 잘라 되돌려
보냈습니다.
5 다윗은 이 소식을 듣고는 수치스러워

하는 그들을 맞이할 사람들을 보내
일렀습니다. "수염이 다 자랄 때까지
여리고에 머물러 있다가 돌아오너라."
6 암몬 자손은 자기들이 다윗에게 미움
을 사게 된 것을 깨닫고 사람을 보내
벧르홉과 소바에 걸쳐 2만 명의 아람
사람들을 보병으로 고용했고 마아가
왕에게서 1,000명, 돕 출신 1만 2,000
명을 고용했습니다.
7 다윗은 이 소식을 듣고 용사들로 구
성된 온 군대를 요압과 함께 내보냈
습니다.
8 암몬 자손은 나아와 성문 입구에 진
을 쳤고 소바와 르홉의 아람 사람들
과 돕과 마아가의 사람들도 각각 들
판에 진을 쳤습니다.
9 요압은 앞뒤로 적진이 서 있는 것을
보고 이스라엘 가운데서 가장 뛰어난
용사들을 골라 아람 사람들을 상대
할 수 있도록 진을 쳤습니다.
10 그리고 나머지 군사들은 자기 동생
아비새에게 맡겨 암몬 자손을 상대할
수 있도록 진을 치게 했습니다.
11 그리고 요압이 말했습니다. "아람 사
람들이 너무 강하면 네가 나를 구하
러 와라. 그러나 암몬 사람들이 너무
강하면 내가 너를 구하러 가겠다.
12 용기를 내라. 우리 백성들과 우리 하
나님의 성들을 위해 용감하게 싸우
자. 여호와께서 좋게 여기시는 대로
행하실 것이다."
13 그러고 나서 요압과 그의 부대가 아람
사람들과 싸우기 위해 진군하자 그들
은 그 앞에서 도망쳐 버렸습니다.
14 아람 사람들이 도망치는 것을 본 암
몬 자손도 아비새 앞에서 도망쳐 성
안으로 들어가 버렸습니다. 그러자 요
압은 암몬 자손과의 싸움을 멈추고
예루살렘으로 돌아왔습니다.
15 아람 사람들은 자기들이 이스라엘에
패한 것을 보고 온 군대를 다시 집결
시켰습니다.
16 하닷에셀은 사람을 보내 *강 건너에
있던 아람 사람들을 불러들였습니다.
그리하여 그들은 헬람으로 갔고 하닷
에셀의 군사령관 소박이 그들을 이끌
었습니다.
17 다윗은 이 소식을 듣고 온 이스라엘
을 소집해 요단 강을 건너 헬람으로
갔습니다. 아람 사람들은 다윗을 대
적해 진을 치고 그와 싸웠으나
18 그들은 이스라엘 앞에서 도망치기 바
빴습니다. 다윗은 아람의 전차 탄 사
람 700명과 기마병 4만 명을 죽였고
군사령관 소박을 쳐서 그 자리에서
죽였습니다.
19 하닷에셀에게 속했던 모든 왕들은 자
기들이 이스라엘에 진 것을 보고 이
스라엘 사람들과 화해한 후에 그들을
섬겼습니다. 그 후 아람 사람들은 이
스라엘이 두려워서 다시는 암몬 자손
을 돕지 못했습니다.

다윗과 밧세바

11 그다음 해 봄에 왕들이 출전할
때가 되자 다윗은 요압과 그 부

10:16 유프라테스 강을 가리킴.

하들과 이스라엘의 온 군대를 내려보
냈습니다. 그들은 암몬 자손을 치고
랍바를 포위했습니다. 그러나 다윗은
예루살렘에 남아 있었습니다.
2 어느 날 저녁에 다윗은 침대에서 일어
나 왕궁 옥상을 거닐고 있었습니다.
그는 거기서 한 여인이 목욕하는 것
을 보았는데 그 여인은 너무나 아름
다웠습니다.
3 다윗은 사람을 보내 그녀에 대해 알
아보게 했습니다. 그 사람이 돌아와
말했습니다. "엘리암의 딸이며 헷 사
람 우리아의 아내인 밧세바입니다."
4 다윗은 사람을 보내 그 여인을 데려
오게 했습니다. 그때 마침 그 여인은
부정한 몸을 씻은 뒤였습니다. 그래
서 다윗은 여인과 함께 잤고 그 후 여
인은 집으로 돌아갔습니다.
5 그 여인은 임신하게 되자 다윗에게 자
신이 임신한 사실을 알렸습니다.
6 그러자 다윗은 헷 사람 우리아를 보내
라고 요압에게 전했습니다. 요압은 우
리아를 다윗에게 보냈습니다.
7 우리아가 오자 다윗은 요압의 형편이
어떠한지, 군사들은 어떠한지, 싸움
의 상황은 어떠한지 그에게 물었습니
다.
8 그러고는 다윗이 우리아에게 말했습
니다. "네 집으로 내려가 목욕하고 쉬
어라." 우리아가 왕궁에서 나오니 왕
의 음식물이 그에게 전해졌습니다.
9 그러나 우리아는 집으로 내려가지 않
고 왕궁 문 앞에서 자기 주인의 부하
들과 함께 잤습니다.
10 다윗은 우리아가 집으로 내려가지 않
았다는 말을 듣고 우리아에게 물었습
니다. "네가 먼 길을 오지 않았느냐?
왜 집으로 가지 않았느냐?"
11 우리아가 다윗에게 말했습니다. "언약
궤와 이스라엘과 유다가 장막에 있고
내 상관이신 요압과 내 주의 군사들
은 들판에 진을 치고 있습니다. 그런
데 제가 어떻게 혼자 집으로 가서 먹
고 마시며 아내와 함께 누울 수 있겠
습니까? 왕의 생명을 걸고 맹세하는
데 저는 결코 그럴 수 없습니다."
12 그러자 다윗이 그에게 말했습니다.
"여기 하루 더 머물러 있어라. 내가
내일 너를 보내겠다." 우리아는 그날
과 다음 날도 예루살렘에 머물렀습니
다.
13 다윗은 우리아를 초청해 자신과 함께
먹고 마시며 취하게 했습니다. 그러나
그날 저녁에도 우리아는 밖으로 나가
자기 주인의 부하들 사이에서 자고
자기 집에 가지 않았습니다.
14 이튿날 아침 다윗은 요압에게 편지를
써서 우리아 편에 보냈습니다.
15 그 편지에는 이렇게 쓰여 있었습니다.
"우리아를 싸움이 가장 치열한 최전
선으로 내보내고 너희는 뒤로 물러가
그가 맞아 죽게 하여라."
16 요압은 성을 포위하고는 적진의 가장
강한 용사들이 있는 곳을 알아내어
우리아를 그곳에 보냈습니다.
17 그 성 사람들이 나와 요압과 싸울 때

다윗의 군대에서 몇몇이 쓰러졌고 그
때 헷 사람 우리아도 죽었습니다.
18 요압은 다윗에게 심부름꾼을 보내서
싸움의 상황을 보고했습니다.
19 그리고 심부름꾼에게 이렇게 일러두
었습니다. "왕께 전쟁에서 일어난 모
든 일을 다 보고하고 났을 때
20 왕께서 불같이 화를 내시며 '왜 그렇
게 성 가까이 가서 싸웠느냐? 성벽에
서 화살을 쏘아 댈 것을 몰랐느냐?
21 *여룹베셋의 아들 아비멜렉을 죽인
사람이 누구냐? 한 여자가 성벽에서
맷돌 위짝을 던져서 그가 데벳스에서
죽은 것이 아니냐? 왜 그렇게 성 가
까이로 갔느냐?' 하고 네게 물으시면
'왕의 종 헷 사람 우리아도 죽었습니
다'라고 대답하여라."
22 심부름꾼은 길을 떠나 다윗에게 도착
해 요압이 일러 준 대로 모두 전했습
니다.
23 심부름꾼이 다윗에게 말했습니다.
"저들이 우리를 몰아내려고 들판으로
나왔지만 우리가 그들을 쳐서 성문
쪽으로 몰아갔습니다.
24 그러자 활 쏘는 사람들이 성벽에서
왕의 종들에게 화살을 쏘아 댔고 왕
의 군사들 몇몇이 죽었습니다. 또 왕
의 종 헷 사람 우리아도 죽었습니다."
25 그러자 다윗이 심부름꾼에게 말했습
니다. "요압에게 '이 일로 괴로워할 것
없다. 칼이라는 것은 이 사람도 죽이
고 저 사람도 죽이는 법이다. 그 성을
더욱 맹렬히 공격해 함락시켜라'라고
말해 요압을 격려하도록 하여라."
26 우리아의 아내는 남편이 죽었다는 소
식을 듣고 슬피 울었습니다.
27 슬픔의 기간이 끝나자 다윗은 사람
을 보내 그녀를 자기 집으로 들였고
그 여인은 다윗의 아내가 되어 아들
을 낳았습니다. 그러나 다윗이 한 이
일은 여호와께서 보시기에 악했습니
다.

나단이 다윗을 꾸짖다

12 여호와께서 다윗에게 나단을
보내셨습니다. 그가 다윗에게

11:21 또는 여룹바알(삿 6:32을 보라.)

Q&A 죄지은 다윗, 어떻게 하나님 마음에 들었나?

참고 구절 | 삼하 12–13장

하나님은 마음에 맞는 사람을 찾고 계신다. 하나님은 다윗이 바로 그분의 마음에 맞는 사람이라고 하셨다(삼상 13:14).

그러나 다윗은 우리가 볼 때 하나님의 마음에 맞을 정도로 완벽한 사람은 아니었다. 밧세바를 범했으며 그 죄를 숨기기 위해 우리아를 죽게 만들었다. 노년에는 자신의 의를 드러내고자 인구를 조사하는 잘못까지 범했다. 아들들을 제대로 가르치지 못해 이기적이고 불순종하는 자들이 되어 급기야는 아버지를 반역하는 사람이 나오기도 했다(삼하 15:1–12). 이런 다윗이 어떻게 하나님의 마음에 맞는 사람이 되었을까?

그는 하나님을 절대적으로 신뢰하는 사람이었다. 자신을 죽이려는 사울을 두 번이나 죽일 기

가서 말했습니다. "한 성에 두 사람이
살고 있었는데 한 사람은 부자였고
다른 사람은 가난했습니다.
2 부자에게는 양과 소가 아주 많았지
만
3 가난한 사람은 자기가 사다가 키운
작은 암양 새끼 한 마리밖에 없었습
니다. 그 양은 그의 자식들과 함께 자
라며 그가 먹는 것을 같이 먹었고 그
잔에서 같이 마셨으며 그 품에서 잤
습니다. 그 양은 그에게 마치 딸과 같
았습니다.
4 하루는 부자에게 손님이 왔습니다.
하지만 그는 자기에게 온 손님을 대접
할 때 자기 소나 양을 잡지 않고 가난
한 사람의 그 새끼 양을 잡아 자기에
게 온 손님을 대접했습니다."
5 그 말을 듣고 다윗은 불같이 화를 내
며 나단에게 말했습니다. "여호와께서
살아 계심을 두고 맹세하는데 이런
일을 한 그 사람은 죽어야 마땅할 것
이다.
6 인정머리도 없이 그런 천하의 나쁜 짓
을 했으니 그 새끼 양을 네 배로 갚
아 주어야 한다."
7 그러자 나단이 다윗에게 말했습니다.
"왕이 바로 그 사람입니다. 이스라엘
의 하나님 여호와께서 말씀하십니다.
'내가 네게 기름 부어 이스라엘을 다
스릴 왕으로 세웠고 너를 사울의 손
에서 구해 주었다.
8 내가 네 주인의 집을 네게 주었고 네
주인의 아내들도 네 팔에 안겨 주었
다. 이스라엘과 유다의 집도 네게 주
었다. 그리고 이 모든 것이 모자랐다
면 내가 더 많이 주었을 것이다.
9 그런데 네가 어떻게 여호와의 말씀을
무시하고 여호와 보시기에 악한 짓을
했느냐? 네가 헷 사람 우리아를 칼로
쓰러뜨리고 그 아내를 네 것으로 만
들지 않았느냐? 너는 그를 암몬 사람
의 칼에 맞아서 죽게 했다.
10 그러니 그 칼이 네 집에서 결코 떠나
지 않을 것이다. 이는 네가 나를 업신
여기고 헷 사람 우리아의 아내를 네
것으로 만들었기 때문이다.'

회가 있었지만 죽이지 않았다(삼상 24:4-7). 하나님의 기름 부으신 자를 죽일 수 없다고 생각했기 때문이다. 이것은 하나님의 권위를 절대적으로 인정한 믿음의 모습이었다.

그는 또한 회개의 사람이었다. 밧세바를 범한 일 때문에 나단이 책망하자 그는 즉시 회개했다. 또한 다윗은 자기보다 하나님을 더 사랑한 사람이었다. 여호와의 궤가 예루살렘에 돌아올 때 체면을 무시하고 춤을 추었고(삼하 6:14) 성전 짓기를 열망했다. 하나님은 이런 다윗을 기뻐하셨으며 그의 후손을 통해 메시아를 보내 영원한 왕국을 세우겠다고 약속하셨다(삼하 7:11-14). 무엇보다도 그가 하나님의 마음에 맞는 사람이 되었던 것은 그의 '초지일관하는 믿음' 때문이었다. 다윗은 어렸을 때 하나님을 믿는 믿음으로 거인 골리앗과 싸울 수 있었고, 왕이 되었을 때도 하나님께 먼저 묻고 행하는 믿음을 보여 주었다(삼하 2:1).

11 여호와께서 말씀하십니다. '내가 네
집에서 너를 대적하는 악을 일으키겠
다. 내가 바로 네 눈앞에서 네 아내들
을 데려다가 네 이웃에게 줄 것이니
그가 밝은 대낮에 네 아내들을 욕보
일 것이다.
12 너는 아무도 모르게 그 짓을 했지만
나는 대낮에 온 이스라엘이 보는 앞
에서 그렇게 할 것이다.'"
13 그러자 다윗이 나단에게 말했습니다.
"내가 여호와께 죄를 지었습니다." 나
단이 대답했습니다. "여호와께서 왕의
죄를 용서해 주셨으니 왕은 죽지 않
을 것입니다.
14 하지만 이 일로 인해 왕이 여호와의
원수들에게 *모독할 거리를 주었으니
왕이 낳은 아이가 죽을 것입니다."
15 나단이 집으로 간 뒤 여호와께서 우리
아의 아내가 다윗에게 낳아 준 아이를
치시자 그 아이가 병이 들었습니다.
16 다윗은 아이를 위해 하나님께 간절히
기도했습니다. 그는 금식하고 집으로
들어가서 땅바닥에 엎드려 밤을 지새
웠습니다.
17 집안의 노인들이 그 옆에 서서 일어나
기를 권했지만 다윗은 그 말을 듣지
않고 그들과 함께 먹지도 않았습니다.
18 7일째 되는 날 아이가 죽었습니다. 다
윗의 종들은 아이가 죽었다는 말을
다윗에게 전하기가 두려웠습니다. "아
이가 살아 있을 때도 다윗 왕이 우리
말을 듣지 않았는데 아이가 죽은 것
을 우리가 어떻게 말할 수 있겠는가?
그 소식을 들으면 왕께서 얼마나 상
심하시겠느냐?" 하고 생각했기 때문
입니다.
19 다윗은 자기 종들이 수군거리자 아
이가 죽었음을 눈치채고 물었습니다.
"아이가 죽었느냐?" 그들이 대답했습
니다. "그렇습니다. 죽었습니다."
20 그러자 다윗은 일어나 몸을 씻고 기
름을 바르고 옷을 갈아입은 후 여호
와의 집으로 들어가 경배를 드렸습니
다. 그리고 자기 집으로 돌아와 음식
을 가져오라고 해서는 먹기 시작했습
니다.
21 그의 종들이 다윗에게 물었습니다.
"이게 어찌 된 일이십니까? 아이가 살
아 있을 때는 금식하고 우시더니 지
금 아이가 죽었는데 일어나 잡수시다
니요."
22 다윗이 대답했습니다. "아이가 아직
살아 있을 때 내가 금식하고 운 것은
혹시 여호와께서 내게 은혜를 베푸셔
서 아이를 살려 주실지도 모른다는
생각 때문이었다.
23 하지만 이제 그 아이가 죽었으니 왜
금식하겠느냐? 내가 그 아이를 되돌
릴 수 있겠느냐? 나는 그 아이에게로
갈 테지만 그 아이는 내게 돌아오지
못한다."
24 그리고 나서 다윗은 자기 아내 밧세바
를 위로하고 들어가서 그와 동침했습
니다. 그리하여 밧세바는 아들을 낳
았고 다윗은 아이의 이름을 솔로몬이

12:14 또는 비방할

라고 지었습니다. 여호와께서는 그 아
이를 사랑하셨습니다.
25 여호와께서 그 아이를 사랑하셨기에
나단 예언자를 통해 그 아이의 이름
을 *여디디야라고 지어 주셨습니다.
26 한편 요압은 암몬 자손의 랍바와 싸
워 그 왕의 도성을 빼앗았습니다.
27 그러고 나서 요압은 다윗에게 심부름
꾼을 보내 말했습니다. "제가 랍바와
싸워 도성으로 들어가는 급수 지역
을 빼앗았습니다.
28 그러니 왕께서는 이제 남은 군사들을
모아 성을 에워싸 함락시키십시오.
제가 이 성을 함락시키면 이 성에 제
이름이 붙을까 두렵습니다."
29 그러자 다윗은 모든 군대를 소집해
랍바로 가서 그 성을 공격해 함락시
켰습니다.
30 다윗은 암몬 왕의 머리에서 무게가 *1
달란트나 되는 보석으로 장식한 왕관
을 빼앗아 자기 머리 위에 썼습니다.
다윗은 그 성에서 엄청나게 많은 전리
품을 가져왔고
31 그곳에 있던 사람들을 데려다가 톱질
과 곡괭이질과 도끼질과 벽돌 굽는
일을 시켰습니다. 다윗 왕은 암몬 자
손의 모든 성들에 대해 이와 똑같이
한 후 그의 모든 군대를 거느리고 예
루살렘으로 돌아갔습니다.

암논과 다말

13 그 후에 이런 일이 있었습니다.
다윗의 아들 압살롬에게 아름
다운 여동생이 하나 있었는데 그 이
름은 다말입니다. 그런데 다윗의 아들
암논이 다말을 사랑하게 됐습니다.
2 암논은 여동생 다말 때문에 답답해하
다가 병이 나고 말았습니다. 다말이
처녀였으므로 어떻게 해 볼 수도 없
는 노릇이었습니다.
3 암논에게는 요나답이라는 친구가 있
었는데 그는 다윗의 형인 시므아의 아
들로서 매우 교활한 사람이었습니다.
4 그가 암논에게 물었습니다. "왕의 아
들인 네가 왜 그렇게 날마다 더 수척
해지느냐? 나한테 말해 보지 않겠느
냐?" 암논이 그에게 말했습니다. "내
동생 압살롬의 여동생 다말을 사랑하
기 때문에 그렇다."
5 요나답이 말했습니다. "침대로 가서
아픈 척하고 있어라. 네 아버지가 너
를 보러 오시면 이렇게 말하여라. '제
여동생 다말을 보내 제게 먹을 것을
주고 제가 보는 앞에서 먹을 것을 마
련해 그 손으로 먹여 주게 해 주십시
오'라고 말이다."
6 그래서 암논은 자리에 누워 아픈 척
했습니다. 왕이 그를 보러 오자 암논
이 말했습니다. "제 여동생 다말이 와
서 제가 보는 앞에서 맛있는 빵을 만
들어 그 손으로 제게 먹여 주게 해 주
십시오."
7 다윗은 집에 사람을 보내 다말에게
말을 전했습니다. "네 오빠 암논의 집
으로 가서 그에게 먹을 것을 마련해

12:25 여호와께서 사랑하는 자 12:30 1달란트는 약 34.27킬로그램

주어라."
8 그리하여 다말이 자기 오빠 암논의 집
으로 가 보니 암논이 누워 있었습니
다. 다말은 밀가루를 반죽해 그가 보
는 앞에서 빵을 만들어 구웠습니다.
9 그러고는 빵 냄비를 가져다가 그 앞
에 차려 주었습니다. 그러나 암논은
먹으려 하지 않고 사람들을 모두 내
보냈습니다. 사람들이 모두 물러가자
10 암논이 다말에게 말했습니다. "여기
내 침실로 먹을 것을 가져와서 네 손
으로 먹여 다오." 그러자 다말은 자기
가 만든 빵을 들고 침실에 있는 자기
오빠 암논에게 가져왔습니다.
11 다말이 먹이려고 다가가자 암논은 그
를 붙잡고 말했습니다. "동생아, 나와
함께 눕자."
12 다말이 암논에게 말했습니다. "오라버
니, 이러지 마세요. 이스라엘에서 이
런 일을 하면 안 됩니다. 제발 이런
악한 짓은 하지 마세요.
13 내가 이 수치를 당하고서 어딜 다닐
수 있겠어요? 오라버니도 이스라엘에
서 어리석은 사람 가운데 하나같이
될 거예요. 그러니 지금이라도 제발
왕께 말씀드리세요. 왕께서 나를 오
라버니에게 주기를 거절하지 않으실
거예요."
14 그러나 암논은 막무가내였습니다. 암
논은 다말보다 힘이 셌으므로 힘으로
눌러 다말을 욕보였습니다.
15 그러고 난 뒤 암논은 다말이 몹시 미
워졌습니다. 전에 다말을 사랑했던 것
보다 미워하는 마음이 더 커졌습니
다. 암논이 다말에게 말했습니다. "일
어나서 나가거라."
16 다말이 암논에게 말했습니다. "이렇게
하면 안 됩니다. 이렇게 하는 것은 지
금 오라버니가 내게 한 일보다 더 악
한 일이에요." 그러나 암논은 그 말을
듣지 않고
17 자기 종을 불러 명령했습니다. "저 여
자를 여기서 내쫓고 문을 닫아걸어
라."

성·경·상·식

다윗 범죄 후 발생한 사건들

밧세바와의 간통 사건 때문에 다윗은 나단 예언자로부터 칼이 그의 집에서 결코 떠나지 않으리라는 예언을 들었다(삼하 12:10). 오래지 않아 다윗 왕가는 강간과 살인, 반역 등의 시련에 시달리게 된다.

1. 밧세바에게서 태어난 맏아들이 죽었다(삼하 12:15-19).
2. 장자 암논이 압살롬의 누이 다말을 강간했다(삼하 13:1-20).
3. 압살롬은 암논을 살해했다(삼하 13:21-29).
4. 압살롬은 다윗을 반역하고(삼하 15:1-12), 아버지의 후궁들과 동침했다(삼하 16:22).
5. 압살롬이 요압으로부터 죽임을 당했다(삼하 18:9-18).
6. 세바라는 베냐민 사람이 반란을 일으켰다(삼하 20:1-22).

18 그러자 그 종은 다말을 밖으로 내보
내고 문을 닫아걸었습니다. 그때 다말
은 결혼하지 않은 왕의 공주들이 입
는 색동옷을 입고 있었습니다.
19 그러나 이제 다말은 머리에 재를 뒤집
어쓰고 자기가 입고 있던 색동옷을
찢어 버리고는 머리에 손을 얹고 큰
소리로 울며 떠나갔습니다.
20 다말의 오빠 압살롬이 물었습니다.
"네 오라비 암논이 너와 함께 있었느
냐? 얘야, 그는 네 오라비니 지금은
조용히 있자. 이 일로 너무 근심하지
마라." 그리하여 다말은 자기 오라비
압살롬의 집에서 처량하게 지냈습니
다.
21 다윗 왕은 이 모든 일을 듣고 몹시 분
노했습니다.
22 압살롬은 자기 동생 다말에게 수치를
준 암논에게 앙심을 품었지만 암논에
게 한마디도 잘잘못을 따지지 않았습
니다.

압살롬이 암논을 죽이다

23 그로부터 2년이 지났습니다. 압살롬
이 에브라임 경계 근처의 바알하솔에
서 양털을 깎을 때 그는 왕자들을 모
두 그곳으로 초대했습니다.
24 압살롬은 왕께 나가서 말했습니다.
"이번에 제가 양털을 깎게 됐는데 왕
께서도 왕의 신하들을 데리고 종과
함께 가시지요."
25 왕이 압살롬에게 말했습니다. "아니
다. 내 아들아, 우리가 다 갈 필요가
뭐가 있겠느냐? 우리가 다 가면 네가
부담만 될 텐데." 압살롬이 계속 청했
지만 왕은 가기를 마다하며 그저 축
복만 빌어 주었습니다.
26 그러자 압살롬이 말했습니다. "그렇다
면 제 형 암논만이라도 우리와 같이
가도록 해 주십시오." 왕이 그에게 말
했습니다. "그가 왜 너와 함께 가야
하느냐?"
27 그러나 압살롬이 계속 왕께 간청하자
다윗은 암논과 모든 왕자들을 그와
함께 보내 주었습니다.
28 압살롬은 미리 자기 부하들에게 명령
해 두었습니다. "잘 들으라. 암논이 포
도주를 마시고 취기가 오를 때 내가
너희에게 '암논을 치라' 하면 그를 죽
이라. 내가 명령한 일이니 두려워하지
말라. 마음을 굳게 먹고 용기를 내라."
29 그러자 압살롬의 부하들은 암논에게
압살롬이 명령한 대로 했습니다. 그러
자 모든 왕자들은 일어나 노새를 타
고 도망쳤습니다.
30 그들이 달아나고 있을 때 다윗에게
이 소식이 들렸습니다. "압살롬이 왕
자들을 다 죽여서 살아남은 사람이
하나도 없답니다."
31 왕은 일어나 자기 옷을 찢고 바닥에
쓰러졌습니다. 왕의 모든 신하들도 곁
에 서서 자기 옷을 찢었습니다.
32 그러나 다윗의 형 시므아의 아들 요나
답이 말했습니다. "내 주께서는 저들
이 왕자들을 다 죽였다고 생각하지
마십시오. 암논만 죽었을 것입니다.
압살롬은 암논이 자기 동생 다말을 욕

보인 그날부터 이 일을 하기로 작정했
습니다.
33 그러니 내 주 왕께서는 왕자들이 다
죽었다는 헛소문에 상심하지 마십시
오. 암논만 죽었을 것입니다."
34 그리고 압살롬도 도망쳤습니다. 그때
많은 사람들이 그 뒷산 길에서 내려
오고 있는 것을 젊은 파수꾼이 보고
왕께 알렸습니다.
35 요나답이 왕께 말했습니다. "그것 보
십시오. 왕자들이 오고 있습니다. 왕
의 종이 말씀드린 대로입니다."
36 그가 말을 끝내자 왕자들이 큰 소리
로 통곡했습니다. 왕과 모든 신하들
도 몹시 괴로워하며 함께 울었습니
다.
37 압살롬은 도망쳐 그술 왕 암미훌의 아
들 달매에게로 갔습니다. 그러나 다윗
은 날마다 암논을 생각하며 슬퍼했습
니다.
38 압살롬은 도망쳐 그술로 간 뒤 그곳에
서 3년을 지냈습니다.
39 암논의 죽음에 대한 마음이 아물자
다윗 왕은 압살롬이 몹시 보고 싶어졌
습니다.

압살롬이 예루살렘으로 돌아오다

14 스루야의 아들 요압은 왕이 압
살롬에게 마음을 쓰고 있다는
것을 알았습니다.
2 그래서 요압은 드고아에 사람을 보내
그곳에 사는 지혜로운 여자를 불러
그 여자에게 말했습니다. "너는 초상
당한 여인처럼 꾸며 상복을 입고 기
름을 바르지 말고 죽은 사람을 두고
오랫동안 슬픔으로 지낸 여자처럼 행
동하여라.
3 그러고 나서 왕께 가서 이러이러한 말
을 하여라." 요압은 그 할 말을 알려
주었습니다.
4 드고아에서 온 여자는 왕께 가서 땅
에 얼굴을 대고 엎드려 말했습니다.
"왕이시여, 저를 도와주십시오."
5 왕이 그녀에게 물었습니다. "무슨 문
제가 있느냐?" 그 여자가 말했습니
다. "저는 불쌍한 과부입니다. 제 남
편은 죽었고
6 이 여종에게는 두 아들이 있었습니
다. 그들이 들판에 나가서 싸웠는데
말릴 사람이 없었습니다. 결국 한 아
이가 다른 아이를 쳐 죽이고 말았습
니다.
7 그런데 온 집안이 이 여종을 상대로
들고일어나 '자기 형제를 죽인 놈을
내놓아라. 그가 죽인 형제를 대신해
서 그를 죽이겠다. 그의 씨조차 말려
버리겠다'라고 합니다. 저들은 제게
남은 마지막 불마저 꺼 버려 이 땅 위
에서 제 남편의 이름도, 자손도 남겨
두지 않으려 합니다."
8 왕이 여인에게 말했습니다. "집으로
가 있어라. 내가 너를 위해 명령을 내
리겠다."
9 드고아에서 온 여인이 왕께 말했습니
다. "내 주 왕이여, 그 죄악은 저와 제
아버지의 집에 있습니다. 왕과 왕의
보좌는 아무런 허물이 없습니다."

10 왕이 대답했습니다. "누가 네게 무슨
말을 하거든 내게로 데려오너라. 그
가 너를 다시는 건드리지 못하게 해
주겠다."
11 여인이 또 말했습니다. "그렇다면 왕
께서는 왕의 하나님 여호와께 간구하
셔서 복수하려는 사람들이 더 이상
죽이지 않도록 해 주십시오. 제 아들
이 죽을까 두렵습니다." 왕이 말했습
니다. "여호와께서 살아 계심을 두고
맹세하는데 네 아들의 머리털 하나라
도 땅에 떨어지는 일이 없을 것이다."
12 그러자 여자가 말했습니다. "왕의 여
종이 내 주 왕께 한 가지만 더 말씀드
리게 해 주십시오." 왕이 대답했습니
다. "말하여라."
13 여자가 말했습니다. "그렇다면 왕께
서는 어째서 하나님의 백성들에 대
해 이 같은 일을 계획하셨습니까? 제
게 말씀은 그렇게 해 주셨지만 정작
왕은 다르게 행동하시니 그릇된 것이
아닙니까? 왕께서는 쫓아낸 아들을
다시 불러들이지 않으시니 말입니다.
14 우리는 땅에 쏟아지면 다시 담을 수
없는 물처럼 반드시 죽게 마련입니다.
그러나 하나님께서는 생명을 빼앗지
않으시고 다른 방법을 생각해 내시어
내쫓긴 사람이 그분께 버림받은 채로
있지 않게 하십니다.
15 내 주 왕께 와서 이 말씀을 드리는
것은 사람들이 저를 두렵게 만들었기
때문입니다. 저는 속으로 '내가 왕께
말씀 드려야겠다. 아마 왕께서는 이
여종의 부탁을 들어주실 거야.
16 왕께서는 나와 내 아들을 하나님이
주신 유업에서 잘라 내려는 사람의
손에서 기꺼이 구해 내실 것이다'라는
생각을 했습니다.
17 이 여종은 높으신 왕께서 말씀으로
위로를 해 주실 거라고 믿었습니다.
내 주 왕께서는 선악을 분별하는 데
있어서 하나님의 천사와 같으시기 때
문입니다. 여호와, 곧 왕의 하나님께
서 왕과 함께하시기를 바랍니다."
18 그러자 왕이 여자에게 말했습니다.
"내가 묻는 말에 숨김없이 대답하여
라." 여자가 말했습니다. "내 주 왕께
서는 말씀하십시오."
19 왕이 물었습니다. "이 모든 것이 요압
의 머리에서 나온 것 아니냐?" 여자
가 대답했습니다. "내 주 왕이여, 왕
께서 살아 계심을 두고 맹세하는데
내 주 왕께서 무슨 말씀을 하시든 좌
우로 피해 갈 사람이 없습니다. 맞습
니다. 이렇게 하라고 지시하고 이 모
든 말을 왕의 여종의 입에 넣어 준 사
람은 왕의 종 요압입니다.
20 왕의 종 요압이 이렇게 한 것은 지금
의 상황을 바꿔 보려는 것이었습니
다. 내 주께서는 하나님의 천사와 같
이 지혜로우셔서 이 땅에서 일어나는
모든 일을 아십니다."
21 왕이 요압에게 말했습니다. "좋다. 내
가 이 일을 허락할 것이니 가서 젊은
압살롬을 데려오너라."
22 그러자 요압은 얼굴을 땅에 대고 절

하고는 왕을 위해 복을 빌며 말했습
니다. "내 주 왕이시여, 왕께서 종의
청을 들어주시는 것을 보니 종이 왕
의 은총을 받은 것을 오늘에야 알겠
습니다."
23 그러고 나서 요압은 일어나 그술로 가
서 압살롬을 예루살렘으로 데려왔습
니다.
24 그러나 왕이 말했습니다. "그를 자기
집으로 보내라. 그가 내 얼굴은 볼 수
없다." 그래서 압살롬은 왕의 얼굴을
보지 못하고 그냥 집으로 돌아갔습니
다.
25 이스라엘 전역에서 압살롬만큼 잘생
겼다고 칭찬받는 사람이 없었습니다.
그는 머리끝부터 발끝까지 흠잡을 데
가 없었습니다.
26 그는 연말이 되면 머리털이 너무 무
거워져서 잘랐는데 그의 머리털을 잘
라 그 무게를 달아 보면 왕의 저울로
*200세겔이나 됐습니다.
27 압살롬은 아들 셋과 딸 하나를 낳았
는데 딸의 이름은 다말이었고 외모가
아름다웠습니다.
28 압살롬은 예루살렘에서 만 2년을 살
았지만 왕의 얼굴을 보지 못했습니
다.
29 그래서 압살롬은 요압을 불러 왕께 보
내려 했습니다. 그러나 요압은 그에게
오지 않았습니다. 다시 또 불렀지만
요압은 오지 않았습니다.
30 그러자 압살롬이 자기 종에게 말했습
니다. "내 밭 옆에 있는 요압의 밭에
보리가 있으니 가서 불을 질러라." 그
리하여 압살롬의 종들은 그 밭에 불
을 질렀습니다.
31 그러자 요압이 일어나 압살롬의 집으
로 와서 그에게 말했습니다. "당신의
종들이 무엇 때문에 내 밭에 불을 질
렀습니까?"
32 압살롬이 요압에게 말했습니다. "내가
네게 사람을 보냈었다. 너를 왕께 보
내 나를 왜 그술에서 돌아오게 했는
지 그리고 이렇게 사느니 차라리 거
기 있는 편이 나았을 뻔했다고 왕께
말씀드리게 하려고 말이다. 이제 내
가 왕의 얼굴을 뵙고 싶다. 내가 죄가
있다면 차라리 나를 죽여 달라고 전
하여라."
33 그러자 요압은 왕께 가서 이 말을 전
했습니다. 왕은 압살롬을 불렀고 그
가 들어와 왕 앞에서 얼굴을 땅에 대
고 절했습니다. 그러자 왕은 압살롬에
게 입을 맞추었습니다.

압살롬의 음모

15 이 일 후에 압살롬은 전차와 말
들을 준비하고 50명의 군사들
을 마련해 자기를 앞세웠습니다.
2 그는 일찍 일어나 성문 쪽으로 향한
길가에 섰습니다. 누구든 판결을 받
으려고 왕 앞에 상소문을 들고 오면
압살롬이 그 사람을 불러 말했습니
다. "네가 어느 성 출신이냐?" 그 사
람이 "이스라엘의 어느 지파에서 왔
습니다"라고 대답하면

14:26 200세겔은 약 2.28킬로그램

3 압살롬이 그에게 "보아라. 네 상소가
옳고 타당하지만 네 말을 들어줄 만
한 사람이 왕에게 없구나"라고 말하
며
4 또 이렇게 덧붙여 말했습니다. "내가
이 땅에서 재판관이 되고 누구든 상
소나 재판할 문제를 가지고 내게 오
면 내가 정당한 판결을 내려 줄 텐
데."
5 또한 압살롬은 누가 자기에게 다가와
절을 하면 언제든 손을 뻗어 붙들고
입을 맞추곤 했습니다.
6 압살롬은 정당한 재판을 호소하며 왕
께 오는 모든 이스라엘 사람들에게
이런 식으로 대해서 이스라엘 백성들
의 마음을 사로잡았습니다.
7 *4년 만에 압살롬이 왕께 말했습니
다. "헤브론에 가서 제가 여호와께 서
원한 것을 이룰 수 있게 해 주십시오.
8 왕의 종이 아람의 그술에서 살 때 '여
호와께서 저를 예루살렘에 다시 가게
해 주시면 제가 여호와를 섬기겠다'
고 서원했습니다."
9 왕이 그에게 "평안히 가거라" 하고 말
하자 그는 일어나 헤브론으로 갔습니
다.
10 그때 압살롬은 이스라엘 모든 지파에
게 두루 첩자들을 보내 "나팔 소리가
들리면 너희는 곧바로 '압살롬이 헤브
론에서 왕이 됐다'고 하라"라고 말해
두었습니다.
11 예루살렘에서 200명의 사람들이 압살
롬을 따라갔는데 그들은 단지 손님으
로 초대돼 이 일에 대해 아무것도 모
르고 그냥 따라나선 것이었습니다.
12 압살롬은 제사를 드리면서 다윗의 참
모인 길로 사람 아히도벨에게 사람을
보내 그의 고향 길로에 오게 했습니
다. 이렇게 반란 세력이 점점 커지자
압살롬의 추종자들도 점점 불어났습
니다.

다윗이 도망하다

13 심부름꾼이 와서 다윗에게 말했습니
다. "이스라엘의 인심이 압살롬에게로
돌아섰습니다."
14 그러자 다윗이 그와 함께 예루살렘에
있던 모든 신하들에게 말했습니다.
"여기서 도망가야겠다. 그러지 않으면
우리 가운데 어느 누구도 압살롬에게
서 살아남을 수 없을 것이다. 지금 당
장 떠나자. 그 아이가 조만간 우리를
쳐서 해치고 칼로 성을 칠까 두렵구
나."
15 왕의 신하들이 그에게 대답했습니다.
"우리는 왕의 종들입니다. 무엇이든
우리 주 왕께서 하라고 하시는 대로
할 것입니다."
16 왕은 왕궁을 지킬 후궁 열 명만 남겨
놓고 그의 모든 가족들과 함께 떠났
습니다.
17 왕이 떠나자 모든 백성들이 그 뒤를
따랐습니다. 그러다가 그들은 *성 외
곽에 멈추어 섰습니다.
18 그의 모든 신하들이 왕의 옆에서 걸

15:7 일부 칠십인역과 시리아어역과 요셉푸스를 따름. 히브리어 사본에는 '40년' 15:17 히브리어, '벧메르학'

었고 모든 그렛 사람과 모든 블렛 사
람과 가드에서부터 왕을 따라온 600
명의 모든 가드 사람이 왕 앞에서 행
진해 갔습니다.
19 왕이 가드 사람 잇대에게 말했습니
다. "네가 왜 우리와 함께 가려고 하
느냐? 돌아가 왕과 함께 있어라. 너는
네 고향에서 망명 온 외국 사람이니
말이다.
20 네가 온 것이 불과 얼마 전인데 어디
로 갈지도 모르는 내가 어떻게 네게
우리와 같이 떠나자고 하겠느냐? 돌
아가거라. 네 동포들도 데리고 가거
라. 은혜와 진리가 너와 함께하기를
바란다."
21 그러나 잇대가 왕께 대답했습니다.
"여호와께서 살아 계심과 내 주 왕께
서 살아 계심을 두고 맹세하는데 내
주 왕께서 계시는 곳이면 어디든 그
것이 죽음이든지 생명이든지 상관없
이 왕의 종도 거기에 있을 것입니다."
22 다윗이 잇대에게 말했습니다. "그러면
먼저 건너가거라." 그리하여 가드 사
람 잇대는 자기 부하들과 그에게 딸
린 아이들과 함께 건넜습니다.
23 온 백성들이 지나갈 때 나라 모든 백
성들이 큰 소리로 울었습니다. 왕은
기드론 골짜기를 먼저 건넜고 온 백성
들은 광야 길을 향해 나아갔습니다.
24 사독도 거기 있었고 하나님의 언약궤
를 메고 있던 모든 레위 사람들도 그
와 함께 있었습니다. 거기에서 하나님
의 궤를 내려놓았습니다. 아비아달도
올라와 모든 백성들이 성에서 나올
때까지 기다렸습니다.
25 그러자 왕이 사독에게 말했습니다.
"하나님의 궤를 성안으로 들여놓아
라. 여호와 앞에 내가 은혜를 입었다
면 그분이 나를 돌아오게 하시고 언
약궤와 그분이 계시는 곳을 다시 보
여 주실 것이다.
26 그러나 그분께서 '내가 너를 기뻐하지
않는다'라고 하신다면 내가 여기 있으
니 그분이 보시기에 선한 대로 내게
행하실 것이다."
27 왕이 제사장 사독에게 또 말했습니
다. "너는 선견자가 아니냐? 너는 너
희 두 아들, 곧 아히마아스와 아비아
달의 아들 요나단을 데리고 평안히
성으로 돌아가라.
28 나는 네가 소식을 전해 올 때까지 광
야의 나루터에서 기다리고 있겠다."
29 그리하여 사독과 아비아달은 하나님
의 궤를 메고 예루살렘으로 돌아가
그곳에 있었습니다.
30 그러나 다윗은 계속 올리브 산으로
올라갔습니다. 그는 머리를 가리고
발에 아무것도 신지 않은 채 계속 울
면서 갔습니다. 그와 함께 있던 모든
백성들도 머리를 가리고 계속 울면서
올라갔습니다.
31 그때 누군가 다윗에게 아히도벨이 압
살롬의 모반자들 가운데 껴 있다는
소식을 전했습니다. 그러자 다윗이 기
도했습니다. "여호와여, 아히도벨의 계
획을 어리석게 하소서."

32 다윗이 산꼭대기에 도착했습니다. 그
곳은 백성들이 하나님께 경배를 드리
곤 하던 곳이었습니다. 그때 그곳에
있던 아렉 사람 후새가 자기 옷을 찢
고 머리에 흙을 뒤집어쓴 채로 그를
맞으러 나왔습니다.
33 다윗이 그에게 말했습니다. "네가 나
와 함께 간다면 내게 짐이 될 것이다.
34 성으로 돌아가 압살롬에게 '왕이시여,
내가 왕의 종이 되겠습니다. 내가 전
에는 왕의 아버지의 종이었지만 이제
왕의 종이 되겠습니다'라고 한다면
네가 아히도벨의 계획이 실패로 돌아
가도록 나를 도울 수 있을 것이다.
35 사독과 아비아달 두 제사장이 거기
너와 함께 있지 않겠느냐? 무엇이든
왕궁에서 듣는 소식은 사독과 아비아
달 두 제사장에게 말해 주어라.
36 그들의 두 아들, 곧 사독의 아들 아히
마아스와 아비아달의 아들 요나단이
그들과 함께 거기에 있으니 무엇이든
지 들리는 대로 그들 편에 소식을 전
하여라."
37 그리하여 다윗의 친구 후새는 성안으
로 들어갔습니다. 그때 압살롬도 예루
살렘으로 들어갔습니다.

다윗과 시바

16 다윗이 산꼭대기에서 조금 떨
어진 곳에 갔는데 그곳에서 므
비보셋의 종이었던 시바가 그를 맞았
습니다. 그는 나귀 두 마리에 안장을
얹고 빵 200덩이와 건포도 100송이
와 무화과 100개와 포도주 한 부대를
싣고 왔습니다.
2 왕이 시바에게 물었습니다. "왜 이런
것들을 가져왔느냐?" 시바가 대답했
습니다. "나귀들은 왕의 가족들이 타
시라고 마련한 것이고 빵과 과일은
신하들이 먹고 포도주는 광야에서
지쳤을 때 마시라고 준비했습니다."
3 그러자 왕이 물었습니다. "네 주인의
손자는 어디 있느냐?" 시바가 왕께
대답했습니다. "그는 지금 예루살렘에
남아 있습니다. 그는 이스라엘 사람
들이 자기 할아버지의 왕국을 자신에
게 되돌려 줄 것으로 생각하고 있습
니다."
4 그러자 왕이 시바에게 말했습니다.
"이제 므비보셋의 재산을 모두 네가
갖도록 하여라." 시바가 말했습니다.
"제가 엎드려 절하니 내 주 왕께 은혜
를 입기 바랍니다."

시므이가 다윗을 저주하다

5 다윗 왕이 바후림에 도착하자 사울 집
안 사람 하나가 그곳에서 나아왔습니
다. 그 이름은 시므이요, 게라의 아들
이었는데 그는 나오면서 계속 저주를
퍼부었습니다.
6 그는 다윗의 좌우로 모든 군대와 호위
병들이 있음에도 불구하고 다윗과 왕
의 모든 신하들에게 돌을 던졌습니다.
7 시므이는 저주하며 이렇게 말했습니
다. "떠나가거라. 이 피비린내 나는 살
인자야, 이 악당아!
8 여호와께서 네가 사울의 집안에 흘린
피를 모두 네게 갚아 주시는 것이다.

네가 그의 자리를 차지했지만 여호와
께서 이 나라를 네 아들 압살롬의 손
에 넘겨주셨다. 네가 피를 흘린 사람
이기에 네 악 때문에 스스로 재앙을
받는 것이다."
9 그러자 스루야의 아들 아비새가 왕
께 말했습니다. "어떻게 이 죽은 개와
같은 녀석이 내 주 왕을 저주하는 것
입니까? 제가 가서 그 목을 치겠습니
다."
10 그러자 왕이 말했습니다. "스루야의
아들들아, 내가 너희와 무슨 상관이
있다고 그러느냐? 여호와께서 그에
게 '다윗을 저주하여라'라고 하신 것이
라면 어느 누가 '왜 네가 이렇게 하느
냐?' 하고 물을 수 있겠느냐?"
11 그러고 나서 다윗이 아비새와 자기 모
든 신하들에게 말했습니다. "내 몸에
서 난 내 아들도 내 목숨을 빼앗으려
하는데 이 베냐민 사람이야 오죽하겠
느냐. 여호와께서 그에게 그렇게 하라
고 명령하셨으니 저주하게 그냥 내버
려 두어라.
12 여호와께서 내 비참한 모습을 보시고
그 저주를 내게 선으로 갚아 주실지
누가 알겠느냐."
13 그러고 나서 다윗과 그의 사람들은
계속 길을 따라갔습니다. 시므이는
그 반대편 산비탈을 따라가면서 계속
저주하고 돌을 던지면서 흙을 뿌렸습
니다.
14 왕과 그와 함께 있던 백성들은 *모두
지쳐 한곳에 머물러 쉬었습니다.

후새와 아히도벨의 계략

15 한편 압살롬과 이스라엘의 모든 군사
들은 예루살렘에 입성했습니다. 아히
도벨도 그와 함께 있었습니다.

16:14 또는 아예빔에 이르러

성·경·상·식 지도자에 대한 비난의 결과

비난한 사람	상 황	결 과
미리암(민 12장)	에티오피아 여인을 아내로 취했다고 모세를 비난함.	나병에 걸림.
고라와 따르는 무리(민 16장)	모세의 지도력에 대항하여 이스라엘의 반란을 주도함.	땅에 파묻혀 죽음.
미갈(삼하 6장)	법궤 앞에서 춤춘 다윗을 비웃음.	자식을 낳지 못하는 저주를 받음.
시므이(삼하 16장;왕상 2장)	다윗에게 돌을 던지며 저주함.	솔로몬에 의해 처형당함.
젊은 아이들(왕하 2장)	엘리사에게 대머리라고 놀림.	곰에 의해 죽임당함.
산발랏, 도비야 (느 2장;4장;6장)	느헤미야를 대적하여 소문과 거짓말을 퍼뜨림.	놀람과 수치를 당함.
하나냐(렘 28장)	거짓 예언으로 예레미야의 예언을 반박함.	두 달 후에 죽음.
마술사 바예수(행 13장)	바울의 전도를 방해하여 총독이 믿지 못하도록 함.	앞을 못 보게 됨.

16 그때 다윗의 친구인 아렉 사람 후새
가 압살롬에게 가서 "왕께 만세, 왕께
만세!" 하고 외쳤습니다.
17 압살롬이 후새에게 물었습니다. "이것
이 어떻게 네 친구에게 충성하는 것
이냐? 어째서 네 친구를 따라가지 않
았느냐?"
18 후새가 압살롬에게 말했습니다. "아닙
니다. 여호와께서 택하시고 이 백성
들과 모든 이스라엘 사람들이 선택한
분의 편에 서서 그분과 함께 있을 것
입니다.
19 제가 누구를 섬겨야 하겠습니까? 제
가 그의 아들을 섬겨야 하지 않겠습
니까? 제가 왕의 아버지를 섬긴 것처
럼 이제 왕을 섬길 것입니다."
20 압살롬이 아히도벨에게 말했습니다.
"네 계획을 말해 보아라. 우리가 어떻
게 하면 좋겠느냐?"
21 아히도벨이 대답했습니다. "왕의 아버
지가 왕궁을 돌보라고 두고 가신 후
궁들과 동침하십시오. 그러면 온 이
스라엘은 왕이 스스로 아버지의 노여
움을 샀음을 듣게 될 것이고 그러면
왕과 함께한 모든 사람들이 힘을 얻
을 것입니다."
22 그러자 그들은 압살롬을 위해 지붕에
천막을 쳤고 그는 온 이스라엘이 보
는 앞에서 아버지의 후궁들과 동침했
습니다.
23 그 당시 사람들은 아히도벨이 주는
계획들을 마치 하나님께 여쭈어서 받
은 말씀과 꼭 같이 여겼습니다. 아히
도벨의 계획은 다윗에게도 압살롬에
게도 모두 그렇게 여겨졌습니다.

17 아히도벨이 압살롬에게 말했습
니다. "제가 1만 2,000명을 뽑
아 오늘 밤 일어나 다윗을 쫓겠습니
다.
2 그가 피곤해 지쳤을 때 공격해 다윗
에게 겁을 주면 그와 함께 있던 모든
군사들이 달아날 것입니다. 제가 다
윗 왕만 쳐 죽이고
3 백성들은 모두 왕께 데려오겠습니다.
왕이 찾으시는 그 사람만 죽이면 백
성들이 다 돌아올 것이고 백성들이
모두 평안할 것입니다."
4 압살롬과 이스라엘의 모든 장로들이
보기에 이 계획은 훌륭했습니다.
5 그러나 압살롬은 아렉 사람 후새를
불러 그의 계획도 들어보자고 했습니
다.
6 후새가 들어오자 압살롬이 말했습니
다. "아히도벨이 이러이러한 계획을
세웠다. 그가 말한 대로 하는 것이 좋
겠느냐? 그렇지 않다면 네 의견을 말
해 보아라."
7 후새가 압살롬에게 대답했습니다. "지
금으로서는 아히도벨의 계획이 그리
좋은 것 같지 않습니다.
8 왕의 아버지와 그 군사들을 아실 것
입니다. 그들은 용사들인 데다가 사
납기로는 새끼를 빼앗긴 들곰과 같습
니다. 게다가 왕의 아버지는 백전노장
이니 백성들과 함께 진영에 있지 않
고

9 지금쯤 아마 동굴이나 어디 다른 곳
에 숨어 있을 것입니다. 만약 우리 군
사들 가운데 누가 먼저 쓰러지기라도
하면 그 소식을 듣는 사람이 '압살롬
을 따르는 사람들이 졌다'라고 말할
것입니다.
10 그러면 아무리 사자 같은 심장이라도
두려움으로 간담이 서늘해질 것입니
다. 왕의 아버지가 용사며 그와 함께
있는 사람들은 용맹스럽다는 것을
온 이스라엘이 알고 있기 때문입니다.
11 그래서 제가 왕께 드리는 계획은 이
렇습니다. 단에서부터 브엘세바에 이
르기까지 바다의 모래알같이 수많은
온 이스라엘이 왕 앞에 모이도록 해
왕께서 직접 싸움터에 나가시는 것입
니다.
12 그리하여 우리가 다윗을 찾을 만한
곳에서 그를 치는 것입니다. 마치 온
땅에 이슬이 떨어지는 것처럼 다윗을
덮치는 것입니다. 그러면 다윗이나 그
의 사람들 가운데 살아남는 사람이
한 사람도 없을 것입니다.
13 만약 그가 어떤 성에 들어가 있다면
온 이스라엘이 그 성에 밧줄을 가지
고 들어가게 하십시오. 그러면 우리
가 그 성을 강으로 잡아당겨 돌 조각
하나도 남기지 않고 쓰러뜨릴 것입니
다."
14 압살롬과 모든 이스라엘 사람들이 말
했습니다. "아렉 사람 후새의 계획이
아히도벨의 것보다 낫습니다." 이렇게
된 것은 여호와께서 압살롬에게 재앙
을 주시려고 아히도벨의 좋은 계획을
좌절시키셨기 때문이었습니다.
15 그때 후새가 두 제사장 사독과 아비
아달에게 말했습니다. "아히도벨이 압
살롬과 이스라엘 장로들에게 이러저
러한 계획을 내세우고 나도 이러저러
한 계획을 내세웠습니다.
16 그러니 당장 다윗에게 소식을 보내 '오
늘 밤 광야 나루터에 계시지 말고 한
시바삐 강을 건너십시오. 그러지 않으
면 왕과 그와 함께한 모든 사람이 죽
을 것입니다'라고 말하십시오."
17 요나단과 아히마아스는 들킬까 봐 성
으로 들어가지 않고 에느로겔에 머물
러 있었습니다. 그래서 한 여종이 그
들에게 가서 소식을 전해 주면 그들
이 다윗 왕께 가서 알리곤 했습니다.
18 그러나 한 젊은이가 그들을 보고 압
살롬에게 일러바쳤습니다. 그러자 그
두 사람은 재빨리 그곳을 떠나 바후
림에 있는 어떤 사람의 집으로 갔습
니다. 그 집 마당에 우물이 하나 있어
서 그들은 그 속에 내려가 있었습니
다.
19 그러자 그의 아내가 우물 뚜껑을 가
져다가 우물을 막고 그 위에 곡식을
널어놓아서 아무도 알지 못하게 했습
니다.
20 압살롬의 사람들이 그 집 여자에게
와서 물었습니다. "아히마아스와 요나
단이 어디 있느냐?" 그 여자가 그들에
게 대답했습니다. "그들은 시내를 건
너갔습니다." 그 사람들은 사방으로

찾아 보았으나 결국 찾지 못하고 예루
살렘으로 돌아갔습니다.
21 그 사람들이 가고 난 뒤 그 두 사람
은 우물에서 기어 나와 다윗 왕께 달
려가 그 말을 전했습니다. "일어나 빨
리 강을 건너십시오. 아히도벨이 이러
이러한 계획을 냈답니다."
22 그리하여 다윗과 그와 함께 있던 모
든 사람들은 일어나 요단 강을 건넜
습니다. 동틀 무렵까지 요단 강을 건
너지 못한 사람은 아무도 없었습니
다.
23 아히도벨은 자신의 계획이 채택되지
못한 것을 보고는 나귀에 안장을 얹
고 일어나 고향의 자기 집으로 돌아
갔습니다. 그리고 그는 집을 정리한
뒤 목매달아 죽어 그 아버지의 무덤
에 묻혔습니다.

압살롬의 죽음

24 다윗은 마하나임으로 갔고 압살롬은
모든 이스라엘 군사들을 데리고 요단
강을 건넜습니다.
25 압살롬은 요압을 대신해 아마사를 군
대 장관으로 세웠습니다. 아마사는
*이스라엘 사람 이드라라는 사람의
아들입니다. 이드라는 나하스의 딸 아
비갈과 결혼해 아마사를 낳았는데 아
비갈은 요압의 어머니인 스루야의 여
동생입니다.
26 이스라엘 사람들과 압살롬은 길르앗
땅에 진을 쳤습니다.
27 다윗이 마하나임에 가 있을 때 암몬
사람들의 성인 랍바에서 나하스의 아
들 소비가 찾아왔고 로데발에서 암미
엘의 아들 마길과 로글림에서는 길르
앗 사람 바르실래가 찾아와
28 침대와 대야와 그릇들을 가져오고 밀
과 보리와 밀가루와 볶은 곡식과 콩
과 팥과 볶은 녹두와
29 꿀과 버터와 양과 치즈를 가져와 다윗
과 그의 일행들에게 먹으라고 주었습
니다. 그들은 다윗의 일행이 광야에
서 배고프고 지치고 목말랐을 것이라
고 생각했던 것입니다.

18 다윗은 그와 함께 있는 사람들
의 수를 세어 천부장과 백부장
을 세웠습니다.
2 다윗은 군대를 셋으로 나누어 3분의
1은 요압의 지휘 아래, 3분의 1은 요
압의 동생 스루야의 아들 아비새의
지휘 아래, 또 다른 3분의 1은 가드
사람 잇대의 지휘 아래 두었습니다.
그리고 왕은 모든 백성들에게 "나도
반드시 너희와 함께 직접 나가겠다"라
고 말했습니다.
3 그러나 백성들은 말했습니다. "나가시
면 안 됩니다. 만약 우리가 도망쳐도
저들은 상관하지 않을 것이고 우리
가운데 절반이 죽어도 상관하지 않
을 것입니다. 그러나 왕께서는 우리들
1만 명과 같습니다. 왕께서는 지금 성
안에 계시면서 우리를 돕는 것이 더
좋을 것 같습니다."
4 그러자 왕은 "무엇이든 너희 좋을 대

17:25 히브리어 사본과 일부 칠십인역을 따름. 일부 칠십인역에는 '이스마엘' 또는 '이스르엘'(대상 2:17을 보라.)

로 할 것이다" 하고 대답했습니다. 그
리하여 왕은 모든 군사들이 100명씩
그리고 1,000명씩 무리를 지어 나가
는 동안 성문 곁에 서 있었습니다.
5 왕이 요압과 아비새와 잇대에게 명령
했습니다. "나를 봐서라도 어린 압살
롬을 너그럽게 대해 주라." 왕이 그 장
군들에게 압살롬에 관해 명령을 내릴
때 모든 백성들도 다 들었습니다.
6 다윗의 군대는 이스라엘과 싸우기 위
해 들판으로 나갔습니다. 싸움은 에
브라임 숲에서 벌어졌습니다.
7 거기서 이스라엘 군대는 다윗의 군사
들에게 패했는데 그날 거기서 죽은
사람은 2만 명이나 됐습니다.
8 싸움은 그 지역 전체로 퍼져 그날 숲
에서 죽은 사람이 칼로 죽은 사람보
다 많았습니다.
9 그때 압살롬이 다윗의 군사들과 맞닥
뜨리게 됐습니다. 그는 노새를 타고
있었는데 노새가 커다란 상수리나무
의 굵은 가지들 아래로 지나갈 때 압
살롬의 머리털이 나무에 걸려 공중에
매달리게 됐습니다. 그가 타고 있던
노새는 그대로 달려가 버렸습니다.
10 어떤 군사가 이 모습을 보고 요압에
게 말했습니다. "방금 압살롬이 상수
리나무에 매달려 있는 것을 보았습니
다."
11 요압이 이 말을 한 군사에게 말했습
니다. "아니, 너는 그것을 보고도 어
째서 그를 그 자리에서 치지 않았느
냐? 그랬으면 네게 은 *10세겔과 용
사의 허리띠를 주었을 것이다."
12 그 사람이 대답했습니다. "제 손에 은
*1,000세겔을 주신다고 해도 손을 들
어 왕자를 치지 않았을 것입니다. 왕
께서 당신과 아비새와 잇대에게 '나를
위해 어린 압살롬을 건드리지 않도록
하라' 하고 명령하신 것을 저희가 들
었기 때문입니다.
13 만약 내가 왕의 명령을 어기고 압살
롬을 죽였다면 왕 앞에서는 아무것도
숨길 수가 없기 때문에 장군님도 제
게서 등을 돌릴 것입니다."
14 요압이 말했습니다. "내가 너와 이렇
게 꾸물거리고 있을 때가 아니다." 그
러고는 창 세 개를 손에 쥐고는 아직
살아서 상수리나무에 달려 있는 압살
롬의 심장을 찔렀습니다.
15 요압의 무기를 든 군사 열 명도 압살
롬을 에워싸고 쳐 죽였습니다.
16 그러고 나서 요압이 나팔을 불어 군
사들을 멈추게 하자 군사들이 이스라
엘을 뒤쫓아 가지 않고 돌아왔습니
다.
17 그들은 압살롬을 데려다가 숲 속 큰
구덩이에 던져 넣고 그 위에 아주 큰
돌무더기를 쌓아 두었습니다. 이스라
엘 군사들은 모두 자기 장막으로 도
망쳤습니다.
18 압살롬은 살아 있을 때 자신을 위해
왕의 골짜기에 비석을 세웠습니다. 자
신의 이름을 기념해 줄 만한 아들이

18:11 10세겔은 약 114그램 18:12 1,000세겔은 약 11.4킬로그램

없다고 생각했기 때문입니다. 그가 그
비석에 자신의 이름을 붙였으므로
사람들은 오늘날까지 그것을 압살롬
의 기념비라고 부르고 있습니다.

다윗의 애도

19 그때 사독의 아들 아히마아스가 말했
습니다. "내가 달려가 여호와께서 왕
의 원수를 갚아 주셨다는 소식을 왕
께 전하겠습니다."
20 요압이 그에게 말했습니다. "오늘 그
소식을 전할 사람은 네가 아니다. 왕
자가 죽었으니 너는 다른 날 전하고
오늘은 하지 마라."
21 그러고 나서 요압이 에티오피아 사람
에게 말했습니다. "가서 왕께 네가 본
것을 말씀 드려라." 그러자 에티오피아
사람은 요압 앞에 절하고 달려갔습니
다.
22 사독의 아들 아히마아스가 다시 요압
에게 말했습니다. "제발 부탁입니다.
어쨌든 저 에티오피아 사람을 뒤따라
가게 해 주십시오." 그러나 요압이 대
답했습니다. "내 아들아, 네가 왜 그
렇게 가려고 하느냐? 네게 상이 될
만한 소식이 없지 않느냐?"
23 아히마아스가 말했습니다. "제발 부탁
입니다. 어쨌든 저도 가겠습니다." 그
러자 요압은 그가 가는 것을 허락했
습니다. 그러자 아히마아스는 들길로
내달려 에티오피아 사람을 앞질렀습
니다.
24 다윗이 두 문 사이에 앉아 있는데 파
수꾼이 성벽과 성문 위 지붕에 올라
갔다가 한 사람이 혼자 달려오는 것
을 보았습니다.
25 파수꾼이 큰 소리로 왕께 이 사실을
알렸습니다. 왕은 "그가 혼자라면 그
입에 좋은 소식이 있을 것이다"라고
말했습니다. 그 사람은 빨리 달려 점
점 가까이 오고 있었습니다.
26 그러자 파수꾼은 다른 사람 하나가
또 달려오는 것을 보고 아래 있는 성
문지기를 불러 말했습니다. "또 한
사람이 달려온다." 왕이 말했습니다.
"저 사람도 소식을 가져오는 것이다."
27 파수꾼이 "제가 보기에 먼저 달려온
사람은 사독의 아들 아히마아스인 것
같습니다"라고 말하자 왕은 "그는 좋
은 사람이니 좋은 소식을 가져왔을
것이다"라고 말했습니다.
28 그러자 아히마아스가 얼굴을 땅에 대
고 절한 뒤 큰 소리로 왕께 말했습니
다. "모든 것이 잘됐습니다. 오늘 내
주 왕을 대적해 손을 든 사람들을 멸
하신 왕의 하나님 여호와를 찬양합니
다."
29 왕이 물었습니다. "어린 압살롬은 무
사하냐?" 아히마아스가 대답했습니
다. "요압이 왕의 종인 저를 보낼 때
큰 소동이 있는 것을 보았는데 뭔지
는 잘 모르겠습니다."
30 왕이 말했습니다. "이쪽에 서서 기다
리고 있어라." 그러자 그는 한발 물러
나 서 있었습니다.
31 그러자 에티오피아 사람이 이르러 왕
께 아뢰었습니다. "내 주 왕이여, 좋

은 소식을 들으십시오. 여호와께서 오
늘 왕을 대항해 들고일어난 사람들에
게 원수를 갚아 주셨습니다."
32 왕이 에티오피아 사람에게 물었습니
다. "어린 압살롬은 무사하냐?" 에티
오피아 사람이 대답했습니다. "내 주
왕의 원수들과 왕을 해치려고 들고일
어나는 모든 사람들이 그 젊은이와
같게 되기를 빕니다."
33 왕은 이 말을 듣고 마음이 너무 아파
서 성문 위쪽 방으로 올라가 통곡했
습니다. 왕은 올라가면서 울먹이며 말
했습니다. "내 아들 압살롬아, 내 아
들아, 내 아들 압살롬아! 내가 너 대
신 죽을 수만 있었다면. 압살롬아, 내
아들, 내 아들아!"
19 요압은 "왕께서 압살롬 때문에
통곡하며 슬퍼하셨다"는 소식
을 들었습니다.
2 온 백성들에게도 그날의 승리가 슬
픔으로 바뀌었습니다. 그날 군사들이
"왕께서 그 아들 때문에 슬퍼하신다"
하는 말을 들었던 것입니다.
3 그날 군사들은 싸움에서 패배한 군
사들이 부끄러워 슬그머니 들어가듯
그렇게 성안으로 들어갔습니다.
4 왕은 여전히 얼굴을 가리고 큰 소리
로 울었습니다. "내 아들 압살롬아! 압
살롬아, 내 아들아, 내 아들아!"
5 그때 요압이 집으로 들어가 왕께 말
했습니다. "오늘 왕께서는 왕의 모든
군사들을 수치스럽게 만들고 계십니
다. 저들은 왕의 목숨과 왕의 아들딸
들과 왕의 아내와 후궁들의 목숨을
구해 주지 않았습니까?
6 왕이 이렇게 하시는 것은 왕께 반역
한 사람들은 사랑하고 왕을 사랑하
는 사람들은 미워하는 것입니다. 오
늘 왕께서는 왕의 장군들과 군사들
은 왕께 있으나 마나 한 사람들이라
는 것을 분명히 보여 주셨습니다. 차
라리 압살롬이 살아 있고 우리 모두
가 죽었다면 왕은 오히려 더 기뻐하
셨을 것이라는 생각마저 듭니다.

하용조 목사의 행복한 **메시지**

자식과 부모

한 자녀가 나쁜 친구들의 꾐에 빠져 부모를 등지고 가출해 버렸습니다. 부모는 자식 걱정으로 식사도 못하고 밤마다 눈물로 잠 못 이루며 살아갑니다. 자식이 부모를 버리고 떠났기에, 부모는 아무리 돈이 많이 있다 한들 자식에게 따뜻한 밥 한 끼 먹일 수 없고 옷 한 벌 사줄 수 없습니다.

마찬가지로 인간이 스스로 하나님을 배신하고 떠났기에 하나님의 사랑을 받지 못하는 것입니다. 그런데 인간은 얼마나 교만합니까? 자기 스스로 거부해 놓고 하나님께서 자기를 버리셨다고 말합니다. 자기가 죄를 짓고도 하나님께서 자기를 죄짓게 만들었다고 오히려 달려듭니다. 그럼에도 불구하고 하나님께서는 인간을 사랑하셔서 포기하지 않으셨습니다.

7 그러니 이제 밖으로 나가 왕의 군사
들에게 위로의 말씀을 해 주십시오.
여호와를 두고 맹세하는데 왕이 밖으
로 나가지 않으시면 밤이 오기 전에
왕 곁에 남아 있을 군사가 한 명도 없
을 것입니다. 그것은 왕이 어릴 적부
터 지금까지 당한 모든 재앙보다 더
심한 환난이 될 것입니다."
8 그러자 왕이 일어나 성문에 자리를
잡고 앉았습니다. 군사들은 "왕께서
성문에 앉아 계신다" 하는 말을 듣고
모두 그 앞으로 나아갔습니다. 한편
이스라엘 사람들은 자기 집으로 도망
쳤습니다.

다윗이 예루살렘으로 돌아오다

9 온 이스라엘 지파들은 서로 의견들을
내며 말했습니다. "왕은 우리를 원수
들의 손에서 구해 내셨고 블레셋 사
람들의 손에서도 구해 내셨다. 그런
데 지금은 압살롬 때문에 이 나라에
서 도망치셨다.
10 그리고 우리가 기름 부어 우리를 다
스리도록 세운 압살롬은 싸움터에서
죽어 버렸다. 그러니 왕을 다시 모셔
와야 할 텐데 왜 아무도 말이 없는
가?"
11 다윗 왕은 제사장 사독과 아비아달에
게 사람을 보내 이렇게 전했습니다.
"유다의 장로들에게 '이스라엘에 두루
퍼진 이야기가 왕의 집에까지 미쳤는
데 너희가 왕을 왕궁으로 모시는 데
맨 나중이 되려느냐?
12 너희는 내 형제들이요, 내 친족이다.
그런데 어떻게 너희가 왕을 다시 모
시는 데 맨 나중이 되겠느냐?' 하고
물으라.
13 그리고 아마사에게는 '네가 내 친족
이 아니냐? 네가 만약 지금부터 요압
을 대신해 항상 내 군대의 사령관이
되지 않는다면 하나님께서 내게 심한
벌을 내리고 또 내리셔도 좋다'라고
전하여라."
14 다윗 왕은 온 유다 사람들의 마음을
되돌려 한마음이 되게 했습니다. 그
들은 왕께 말을 전했습니다. "왕과 왕
의 모든 신하들은 돌아오십시오."
15 다윗 왕은 돌아와 요단 강에 이르렀
습니다. 그때 유다 사람들은 왕을 맞
아 요단 강을 건너게 하려고 이미 길
갈에 와 있었습니다.
16 바후림 출신인 베냐민 사람 게라의 아
들 시므이가 다윗 왕을 맞으러 유다
사람들과 함께 급히 내려왔습니다.
17 베냐민 사람들 1,000명이 시므이와
함께 왔고 사울 집안의 종이었던 시바
도 그의 아들 15명과 종 20명과 함께
시므이와 동행해 요단 강을 건너 왕께
왔습니다.
18 왕의 가족들을 건너게 하려고 나룻
배를 타고 왔습니다. 왕의 환심을 사
려는 것이었습니다. 왕이 요단 강을
건널 때 게라의 아들 시므이가 왕 앞
에 엎드려
19 왕께 말했습니다. "내 주께서는 제게
죄를 묻지 않으시길 빕니다. 내 주 왕
께서 예루살렘을 떠나시던 날 왕의

종이 저지른 잘못을 부디 기억하지
도, 마음에 담아 두지도 마시기를 바
랍니다.
20 왕의 종인 제가 죄를 지었음을 알고
있기에 제가 오늘 내 주 왕을 맞으러
요셉의 온 집안에서 제일 먼저 나왔
습니다."
21 그러자 스루야의 아들 아비새가 말했
습니다. "저 사람이 여호와께서 기름
부으신 왕을 저주했으니 죽임당해 마
땅한 것 아닙니까?"
22 다윗이 대답했습니다. "너희 스루야의
아들들아, 내 일에 왜 나서서 오늘 너
희가 내 *대적이 되려고 하느냐? 내
가 오늘 이스라엘을 다스릴 왕이 됐
는데 오늘 같은 날 이스라엘에서 누
가 죽임을 당하면 어떻게 되겠느냐?"
23 그러고 나서 왕이 시므이에게 "너는
죽지 않을 것이다"라고 그에게 맹세해
주었습니다.
24 사울의 손자 므비보셋도 왕을 맞으러
나갔습니다. 그는 왕이 떠난 날부터
왕이 무사히 돌아오는 날까지 발도
씻지 않고 수염도 깎지 않으며 옷도
빨아 입지 않고 지냈습니다.
25 므비보셋이 예루살렘에서 왕을 맞으
러 나오자 왕이 그에게 물었습니다.
"므비보셋아, 어째서 나와 함께 가지
않았느냐?"
26 므비보셋이 말했습니다. "내 주 왕이
여, 왕의 종이 다리를 절기 때문에 제
종에게 나귀에 안장을 얹어 타고 왕
께 가겠다고 일렀는데 제 종 시바가
저를 배신했습니다.
27 그리고 그가 내 주 왕께 저를 모함했
습니다. 내 주 왕께서는 하나님의 천
사 같으시니 왕이 좋으신 대로 하십
시오.
28 내 할아버지의 모든 자손들은 내 주
왕께 죽어 마땅했으나 왕께서 왕의
종에게 왕의 식탁에서 먹는 사람들
사이에 자리를 내주셨습니다. 그러니
제가 호소할 무슨 권리가 있겠습니
까?"
29 왕이 그에게 말했습니다. "더 말해 무
엇 하겠느냐? 내가 명령하는데 너와
시바가 서로 밭을 나누어라."
30 므비보셋이 왕께 말했습니다. "내 주
왕께서 무사히 집에 도착하셨으니 그
가 모든 것을 갖게 하십시오."
31 길르앗 사람 바르실래도 왕이 요단 강
을 건너는 것을 도우려고 로글림에서
내려왔습니다.
32 그때 바르실래는 80세로 나이가 무척
많았습니다. 그는 큰 부자였기에 왕
이 마하나임에 있을 때 물자를 공급
해 주었습니다.
33 왕이 바르실래에게 말했습니다. "나와
함께 강을 건너 예루살렘에서 함께
지내자. 네가 원하는 것을 모두 주겠
다."
34 그러나 바르실래가 왕께 대답했습니
다. "제가 살면 얼마나 더 살겠다고
왕과 함께 예루살렘으로 올라가겠습
니까?

19:22 히브리어, 사탄

35 저는 지금 80세나 됐습니다. 제가 무
엇이 옳고 그른지 판단할 수 있겠습
니까? 왕의 종이 먹고 마시는 것의
맛을 알 수 있겠습니까? 제가 이제
남녀가 노래하는 소리를 알아들을
수 있겠습니까? 제가 어떻게 내 주 왕
께 또 다른 짐이 되겠습니까?
36 왕의 종은 그저 왕과 함께 요단 강을
건너 조금 가려는 것뿐인데 왕께서는
왜 굳이 그렇게 상을 주려 하십니까?
37 왕의 종이 돌아가서 내 아버지 어머
니의 무덤 곁에 묻히게 해 주십시오.
다만, 여기 왕의 종 김함이 있으니 그
가 내 주 왕과 함께 건너가게 하시고
무엇이든 기뻐하시는 대로 그에게 해
주시기 바랍니다."
38 그러자 왕이 말했습니다. "그러면 김
함을 데리고 강을 건널 것이다. 그리
고 내가 무엇이든 네가 기뻐하는 대
로 그에게 해 주겠다. 그리고 무엇이
든 네가 내게 요구하는 것을 너를 위
해 해 줄 것이다."
39 그리하여 모든 사람들이 요단 강을
건넜고 왕도 건너가서 바르실래에게
입을 맞추며 그를 축복해 주었습니
다. 그러자 바르실래는 자기 집으로
돌아갔습니다.
40 왕이 길갈로 건너갈 때 김함도 그와
함께 건너갔습니다. 모든 유다 사람들
과 이스라엘 사람들 2분의 1이 왕과
함께 건넜습니다.
41 바로 그때 온 이스라엘 사람들이 왕
께 다가와 말했습니다. "유다 사람들
이 우리 형제면서 어떻게 우리와 의
논하지도 않고 왕을 슬쩍 모셔다가
왕과 왕의 가족과 그 신하들이 모두
요단 강을 건너시도록 했습니까?"
42 모든 유다 사람들이 이스라엘 사람들
에게 대답했습니다. "우리가 그렇게
한 것은 왕께서 우리와 가까운 친족
이기 때문이다. 너희가 왜 그 일로 그
렇게 화를 내느냐? 우리가 왕께 뭘
얻어먹기라도 했느냐? 우리를 위해
뭘 챙기기라도 했느냐?"
43 그러자 이스라엘 사람들이 유다 사람
들에게 대답했습니다. "우리는 왕께
대해 열 몫의 권리를 가지고 있다. 그
러니 우리가 너희보다 왕께 더 큰 권
리를 주장할 수 있다. 그런데 어떻게
너희가 우리를 멸시하는 것이냐? 우
리 왕을 다시 모셔 오자고 먼저 말한
것은 우리가 아니냐?" 그래도 유다
사람들이 이스라엘 사람들보다 더 강
경하게 맞섰습니다.

세바가 다윗을 반역하다

20 그때 불량배 한 사람이 그곳에
있었는데 그는 베냐민 사람 비
그리의 아들인 세바라는 사람이었습
니다. 그는 나팔을 불면서 소리를 질
렀습니다. "우리는 다윗과 나눌 게 없
다. 이새의 아들과 나눌 유산이 없다.
이스라엘아, 모두 자기 장막으로 돌아
가라."
2 그러자 모든 이스라엘 사람들이 다윗
을 떠나 비그리의 아들 세바를 따라
갔습니다. 그러나 유다 사람들은 요단

강에서부터 예루살렘까지 줄곧 자기
들의 왕 곁에 있었습니다.
3 다윗은 예루살렘에 있는 자기 왕궁으
로 돌아왔습니다. 그는 왕궁을 돌보
라고 두고 간 열 명의 후궁들을 잡아
가두고 먹을 것은 주되 잠자리는 같
이하지 않았습니다. 그래서 그들은
죽는 날까지 갇힌 채 생과부로 살았
습니다.
4 다윗 왕이 아마사에게 말했습니다.
"너는 나를 위해 유다 백성들을 소집
하고 너도 여기 와 있어라."
5 아마사가 유다 사람들을 소집하러 나
갔는데 다윗이 정해 준 기간보다 오
래 걸렸습니다.
6 그래서 다윗이 아비새에게 말했습니
다. "이제 비그리의 아들 세바가 우리
에게 압살롬보다 더 못된 짓을 할 것
이다. 네 주인의 신하들을 데려가 그
를 뒤쫓아라. 그러지 않으면 그가 견
고한 성들을 찾아 숨어 우리를 피해
버릴 것이다."
7 그리하여 요압의 군사들과 그렛 사람
들과 블렛 사람들과 모든 용사들이
아비새를 따라 나갔습니다. 그들은
예루살렘에서 나가 비그리의 아들 세
바를 뒤쫓아갔습니다.
8 그들이 기브온의 커다란 바위에 이르
렀을 때 아마사가 그들 앞에 나왔습
니다. 요압은 군복을 입고 그 위에 허
리띠를 차고 칼집에 칼을 꽂아 허리띠
에 매고 있었습니다. 그가 앞으로 걸
어 나오는데 칼이 떨어졌습니다.
9 요압이 아마사에게 "내 형제여, 잘 있
었느냐?" 하고 인사하며 오른손으로
아마사의 수염을 잡고는 그에게 입 맞
추었습니다.
10 아마사는 요압의 손에 칼이 있는 것
을 주의하지 않았습니다. 요압은 칼
로 그 배를 찔러 버렸고 그의 창자가
땅에 쏟아져 나왔습니다. 다시 찌르
지 않고도 아마사는 죽었습니다. 그러
고 나서 요압과 그 형제 아비새는 비
그리의 아들 세바를 쫓았습니다.
11 요압의 부하 가운데 하나가 아마사 곁
에 있다가 말했습니다. "요압을 좋아
하는 사람과 다윗 편인 사람은 누구
든 요압을 따르라."
12 아마사가 길 한가운데 피투성이가 돼
뒹굴고 있었는데 그곳을 지나가는 군
사마다 멈춰 서는 것을 보고 요압의
부하가 아마사를 길에서 끌어내 들판
에 두고 겉옷을 던져 덮어 놓았습니
다.
13 아마사를 길가에서 치우고 난 뒤 모
든 군사들은 요압을 따라 비그리의
아들 세바를 뒤쫓았습니다.
14 세바는 온 이스라엘의 지파를 두루
다니다가 아벨과 벧마아가와 베림 온
땅에 이르게 됐습니다. 그곳 사람들
도 모두 모여 세바를 따르게 됐습니
다.
15 요압과 함께한 모든 군사들이 와서
벧마아가의 아벨에서 세바를 에워싸
고 그 성을 향해 성벽 높이까지 토성
을 쌓았습니다. 그들이 성벽을 무너

뜨리려고 계속 공격하고 있을 때
16 한 지혜로운 여인이 성안에서 소리쳤
습니다. "이것 보세요. 내 얘기 좀 들
어 보세요. 요압에게 이쪽으로 오시
라고 말해 주세요. 내가 할 말이 있습
니다."
17 요압이 그 여자를 보러 가까이 나오
자 여자가 말했습니다. "당신이 요압
입니까?" 그가 대답했습니다. "그렇
다." 여자가 말했습니다. "당신의 여종
이 하는 말을 잘 들어 보세요." 그가
말했습니다. "어디 들어 보자."
18 그러자 여자가 말했습니다. "오래전부
터 사람들이 말하기를 '물을 것이 있
으면 아벨에 가서 물으라'는 말을 하
며 문제가 있으면 그렇게 해결하곤
했습니다.
19 나는 이스라엘에서 참 평화롭고 신실
하게 사는 사람 가운데 하나입니다.
그런데 당신이 이스라엘의 어머니 같
은 성을 멸망시키려고 하시다니요. 왜
여호와의 유업을 삼키려고 하는 것입
니까?"
20 요압이 대답했습니다. "그런 일은 없
을 것이다. 내가 집어삼키거나 멸망시
키는 일은 결코 없을 것이다.
21 오해일 뿐이다. 에브라임 산지에서 온
비그리의 아들 세바라는 사람이 왕,
곧 다윗을 대항해 반기를 들었기 때문
이다. 그 한 사람만 넘겨주면 내가 이
성에서 물러나겠다." 여인이 요압에게
말했습니다. "그 사람의 머리를 성벽
너머로 당신께 던져 드리겠습니다."
22 그러고 나서 그 여인이 온 백성들에
게 나가 지혜로운 말로 설득하자 성
안의 백성들이 비그리의 아들 세바의
목을 잘라 요압에게 던져 주었습니
다. 그리하여 요압이 나팔을 불자 군
사들은 성에서 떠나 흩어져 각자 자
기 장막으로 돌아갔습니다. 요압은
예루살렘에 있는 다윗 왕께 돌아왔습
니다.

다윗의 신하들 (대상 18:14-17)

23 요압은 이스라엘의 모든 군대를 이끌
게 됐고 여호야다의 아들 브나야는 그
렛 사람들과 블렛 사람들을 다스리게
됐습니다.
24 *아도니람은 감독관이 됐고 아힐룻의
아들 여호사밧은 역사를 기록하는
사람이 됐으며
25 스와는 서기관이 됐으며 사독과 아비
아달은 제사장이 됐습니다.
26 야일 사람 이라는 다윗의 중요한 신하
가 됐습니다.

기브온 사람이 앙갚음하다

21 다윗이 다스리던 시대에 3년
동안 계속 기근이 들었습니다.
이에 다윗이 여호와께 간구했더니 여
호와께서 말씀하셨습니다. "사울과 피
로 얼룩진 그 집안 때문이다. 그가 기
브온 사람들을 죽였기 때문이다."
2 왕은 기브온 사람들을 불러 말했습니
다. 그 당시 기브온 사람들은 이스라
엘의 자손이 아니었고 아모리 사람들

20:24 일부 칠십인역을 따름(왕상 4:6과 5:14을 보라). 히브리어 사본에는 '아도람'

가운데 살아남은 사람들이었습니다.
이스라엘 사람들은 그들을 살려 두겠
다고 맹세했지만 사울이 이스라엘과
유다를 향한 열심이 지나쳐서 그들을
죽였던 것입니다.
3 다윗이 기브온 사람들에게 물었습니
다. "내가 너희에게 어떻게 해 주면 좋
겠느냐? 내가 또 무엇으로 보상해 주
면 너희가 여호와의 유업을 위해 복
을 빌겠느냐?"
4 기브온 사람들이 다윗에게 대답했습
니다. "사울과 그 집안과 우리의 분쟁
은 금이나 은으로 해결될 문제가 아
닙니다. 더구나 우리에게는 이스라엘
사람들을 죽일 권리가 없습니다." 다
윗이 물었습니다. "그렇다면 내가 너
희를 위해 무엇을 어떻게 해 주면 되
겠느냐?"
5 그들이 왕께 대답했습니다. "사울은
우리를 멸망시키고 우리를 두고 음모
를 꾸며 이스라엘 영토 안에 붙어 있
지 못하게 한 사람입니다.
6 사울의 자손들 가운데 남자 일곱 명
을 우리에게 넘겨주십시오. 그들을
여호와께서 선택하신 왕 사울의 고향
기브아에서 여호와 앞에서 매달아 죽
이겠습니다." 그러자 왕이 말했습니
다. "내가 그들을 너희에게 넘겨주겠
다."
7 왕은 사울의 손자이며 요나단의 아들
인 므비보셋은 아껴 두고 내주지 않
았습니다. 다윗과 사울의 아들인 요나
단이 여호와 앞에서 한 그 맹세 때문
이었습니다.
8 왕은 아야의 딸 리스바가 낳은 사울
의 두 아들 알모니와 므비보셋과 사울
의 딸 *메랍이 므홀랏 사람 바르실래
의 아들인 아드리엘에게 낳아 준 다
섯 아들들을 데려다가
9 기브온 사람들에게 넘겨주었습니다.
기브온 사람들이 그들을 여호와 앞에
서 산에 있는 나무에 매달자 일곱 명
은 모두 함께 죽었습니다. 그들이 죽
임당한 것은 첫 수확기였고 보리 추
수가 시작될 무렵이었습니다.
10 아야의 딸 리스바는 굵은베를 가져다
가 자신을 위해 바위 위에 펴고 앉아
서 추수가 시작될 때부터 하늘에서
비가 쏟아져 내려 그 시체가 젖을 때
까지 낮에는 공중의 새들이, 밤에는
들짐승들이 시체를 건드리지 못하게
지켰습니다.
11 다윗이 아야의 딸이자 사울의 첩인 리
스바가 하는 일을 전해 듣고
12 그리로 가서 사울과 그 아들 요나단
의 뼈를 야베스 길르앗 사람들에게서
찾아왔습니다. 사울이 길보아에서 쓰
러진 뒤 블레셋 사람들이 벧산 광장
에서 그들을 목매달아 두었는데 야베
스 길르앗 사람들이 그 뼈들을 남몰
래 가져갔던 것입니다.
13 다윗은 사울과 그 아들 요나단의 뼈
를 가져오고 거기 목매달려 죽은 자
들의 뼈도 가져왔습니다.

21:8 대다수 히브리어 사본과 칠십인역에는 '미갈'(삼상 14:49과 18:20을 보라.)

14 사울과 그 아들 요나단의 뼈들은 왕
의 모든 지시에 따라 베냐민 땅 셀라
에 있는 사울의 아버지 기스의 무덤
에 묻히게 됐습니다. 그 후에 하나님
께서는 그 땅을 위한 기도를 들어주
셨습니다.

블레셋과의 전쟁 (대상 20:4-8)

15 블레셋 사람들과 이스라엘 사이에 또
다시 전쟁이 벌어졌습니다. 다윗은 부
하들을 거느리고 블레셋 사람들과
싸우기 위해 내려갔다가 몹시 지쳤습
니다.
16 그때 거인의 후손인 이스비브놉이 무
게가 *300세겔 나가는 청동 창에 새
칼로 무장한 채 다윗을 죽이겠다고
달려들었습니다.
17 그러나 스루야의 아들 아비새가 그
블레셋 사람을 쳐 죽이고 다윗을 구
했습니다. 그러고 나서 다윗의 부하
들은 그에게 맹세하며 말했습니다.
"다시는 저희와 함께 싸움터에 나서
지 마십시오. 이스라엘의 등불이 꺼
지면 안 됩니다."
18 그 후 곱에서 다시 블레셋 사람들과
전쟁이 벌어졌습니다. 그때 후사 사람
십브개가 거인의 후손인 삽을 죽였습
니다.
19 또다시 곱에서 벌어진 블레셋 사람들
과의 전쟁에서는 베들레헴 사람 야레
오르김의 아들 엘하난이 베틀 채 같
은 창자루를 가진 *가드 사람 골리앗
의 동생 라흐미를 죽였습니다.
20 이번에는 가드에서 전쟁이 또 벌어졌
습니다. 그때는 손가락과 발가락이
여섯 개씩 모두 합쳐 24개를 가진 거
인이 있었는데 그 또한 거인의 후손
이었습니다.
21 그가 이스라엘을 위협하자 다윗의 형
인 삼마의 아들 요나단이 그를 죽였
습니다.
22 이 네 사람은 가드에 있던 거인의 후
손들로 다윗과 그 부하들의 손에 쓰
러졌습니다.

다윗의 찬송

22 다윗은 여호와께서 모든 원수
들과 사울의 손에서 자신을 구
해 주셨을 때 이런 노래를 불러 여호
와를 찬양했습니다.
2 그가 이렇게 노래했습니다.
"여호와는 내 바위이시요, 내 산성
이시요, 나를 건져 내는 분이시며
내 힘이십니다.
3 내 하나님은 내가 피할 내 바위, 내
방패, 내 구원의 뿔, 내 산성이십니
다. 내 피난처이시며 내 구원자이
십니다. 주께서 난폭한 사람에게서
나를 구해 주셨습니다.
4 찬양받아 마땅하신 여호와를 내가
부르니 내가 내 적들로부터 구원을
받을 것입니다.
5 죽음의 파도가 나를 얽어매고 멸망
의 급류가 나를 압도하며
6 지옥의 줄이 나를 감아 매고 죽음
의 덫이 내게 덮쳐 옵니다.

21:16 300세겔은 약 3.42킬로그램 21:19 대상 20:5
을 보라. 히브리어 사본과 칠십인역에는 '가드 사람 골
리앗을 죽였습니다.'

7 내가 고통 가운데 여호와를 부르고
내 하나님께 도와 달라고 부르짖었
습니다. 주께서 성전에서 내 목소리
를 들으셨으니 내 울부짖는 외침이
주의 귀에 들렸습니다.
8 땅이 흔들리며 떨었고 하늘이 그
기초부터 떨리고 흔들린 것은 그분
이 진노하셨기 때문입니다.
9 주의 코에서 연기가 피어오르고 그
분의 입에서는 불이 나와 삼키며
그 불로 숯덩이에는 불이 붙었습니
다.
10 주께서 하늘을 아래로 드리우고
내려오셨는데 주의 발아래에는 어
둠이 있었습니다.
11 주께서 그룹을 타고 하늘을 나셨습
니다. 바람 날개로 하늘 높이 날아
오르셨습니다.
12 주께서 어둠을 주위에 두르시고 물
과 하늘의 먹구름으로 장막을 만
드셨습니다.
13 그 앞의 광채로부터 구름이 지나갔
고 숯불이 타올랐습니다.
14 여호와께서 하늘에서 천둥같이 고
함을 치시니 지극히 높으신 분의
목소리가 쩡쩡 울렸습니다.
15 주께서 화살을 쏘아 적들을 흩으
시고 번개를 쏘아 그들이 쩔쩔매게
하셨습니다.
16 주의 꾸지람 소리와 주의 콧김에
바다 계곡이 드러나고 땅의 기초가
드러났습니다.
17 주께서 높은 곳에서 손을 뻗어 나
를 꼭 붙잡아 주셨으며 깊은 물속
에서 나를 건져 내셨습니다.
18 주께서 강력한 내 적들에게서, 나
를 미워하는 사람들에게서 나를
구해 내셨습니다. 그들은 나보다
강한 사람들이기 때문입니다.
19 그들이 내 재난의 날에 나를 막아
섰지만 여호와께서 내 도움이 되셨
습니다.
20 주께서 나를 안전한 곳으로 데려가
셨습니다. 그분이 나를 기뻐하셨기
에 나를 건져 주신 것입니다.
21 여호와께서 내 의로움에 따라 상을
주시고 내 손이 깨끗했기에 내게
보상해 주셨습니다.
22 내가 여호와께서 명하신 길을 지켰
고 내 하나님에게서 돌아서서 악을
행하지 않았습니다.
23 나는 주의 모든 법을 지켰고 주의
명령을 멀리한 적이 없습니다.
24 나는 주 앞에 흠 없이 살고 내 자신
을 지켜 죄를 짓지 않았습니다.
25 그래서 여호와께서 내 의로움에 따
라 보상해 주시고 여호와 보시기에
깨끗했기에 갚아 주신 것입니다.
26 신실한 사람들에게는 주의 신실함
을 보이시고 흠 없는 사람들에게는
주의 흠 없음을 보이시며
27 순결한 사람들에게는 주의 순결함
을 보이시고 마음이 비뚤어진 사람
들에게는 주의 빈틈없음을 보이십
니다.
28 주께서는 고통받는 사람들을 구원

하시고 교만한 눈들을 낮추십니다.
29 오 여호와여, 주께서 내 등불을 켜
두시고 내 여호와께서 나를 둘러싼
어둠을 밝혀 주셨습니다.
30 주의 도움으로 내가 군대들과 맞섰
고 내 하나님과 함께 담을 기어올
랐습니다.
31 하나님의 길은 완전하고 여호와의
말씀은 흠이 없으니 주께서는 자기
를 신뢰하는 모든 사람들의 방패
가 되십니다.
32 여호와 외에 누가 하나님이겠습니
까? 우리 하나님 외에 든든한 바위
와 같은 이가 누구겠습니까?
33 내 견고한 요새이시고 내 길을 완
전하게 하시는 분은 하나님이십니
다.
34 주께서 내 발을 암사슴의 발과 같
이 만드시고 나를 높은 곳에 세우
십니다.
35 주께서 나를 훈련시켜 싸우게 하시
니 내 팔이 놋쇠로 만든 활을 당길
수 있습니다.
36 주께서 내게 주의 구원의 방패를
주셨고 주의 온유함이 나를 크게
하셨습니다.
37 주께서 내가 가는 길을 넓혀 주셔
서 내 발이 미끄러지지 않았습니
다.
38 내가 내 적들을 쫓아가서 잡았으며
그들을 멸망시키기까지 물러서지
않았습니다.
39 내가 그들을 쳤더니 그들이 일어서
지 못해 내 발아래 엎어졌습니다.
40 주께서 나를 힘으로 무장시켜 싸
우게 하시고 적들을 내 발아래 굴
복하게 하셨습니다.
41 주께서 내 적들이 물러나 도망치게
해 나를 미워하던 사람들을 멸망
하게 하셨습니다.
42 그들이 도와 달라고 울부짖었지만
그들을 구원할 사람이 아무도 없
었습니다. 그들이 여호와께 부르짖
었지만 주께서는 응답하지 않으셨
습니다.
43 그때 내가 그들을 쳐서 땅의 흙먼
지같이 가루로 만들었고 길거리의
진흙같이 그들을 쏟아 버렸습니다.
44 주께서 사람들의 공격에서 나를 건
져 내시고 나를 지켜 주셔서 이방
민족들의 머리로 삼으셨으니 내가
알지도 못하는 민족이 나를 섬깁니
다.
45 이방 사람들이 내 말을 듣자마자
곧바로 순종하고 이방 사람들이
내 앞에서 복종합니다.
46 그들이 사기가 떨어져 자기들의 요
새에서 떨며 나옵니다.
47 여호와께서는 살아 계십니다! 내
반석을 찬양합니다! 내 구원의 반
석이신 하나님을 높여 드립니다!
48 주께서 나를 위해 원수를 갚아 주
시고 민족들이 내게 복종하게 하시
는 하나님이십니다.
49 주께서 내 원수들에게서 나를 건
져 내셨습니다. 주께서 내게 맞서

는 사람들보다 나를 높이시고 난폭
한 사람들에게서 나를 구해 내셨
습니다.
50 오 여호와여, 그러므로 내가 이방
민족들 가운데서 주께 감사하고 주
의 이름을 찬양하겠습니다.
51 여호와께서 자기가 세운 왕에게 큰
구원을 안겨 주시며 그 기름 부은
이에게 변함없는 자비를 베풀어 주
시니 다윗과 그 자손에게 영원토록
베풀어 주십니다."

다윗의 마지막 말

23 이것은 다윗의 마지막 말입니
다.
이새의 아들 다윗이 말했습니다. 하
나님께서 높여 주신 그 사람, 야곱의
하나님이 기름 부으신 그 사람, 이스
라엘의 아름다운 노래를 부르는 사람
의 말입니다.
2 "여호와의 영이 나를 통해 말씀하
셨다. 그분의 말씀이 내 혀에 있었
다.
3 이스라엘의 하나님께서 말씀하셨
다. 이스라엘의 반석이신 하나님께
서 내게 말씀하셨다. '이스라엘에서
사람들을 공의로 다스리는 사람은,
하나님을 두려워하며 통치하는 사
람은
4 구름 한 점 없는 아침에 떠오르는
아침 햇살 같을 것이다. 비 갠 뒤의
햇살이 땅에 새싹을 돋게 하는 것
같을 것이다.'
5 내 집이 하나님 앞에 이렇지 않은
가? 그분이 나와 영원한 언약을 맺
어 모든 일을 잘 갖추어 주시며 든
든하게 하시지 않았는가? 그분이
어찌 내 구원을 이루지 않으시며
내 모든 소원을 들어주시지 않겠는
가?
6 그러나 악한 사람들은 손으로 잡
을 수 없는 가시덤불과 같다.
7 그 가시덤불을 만지는 사람은 누구
나 철로 된 무기나 창자루를 사용
하는 법이니 그런 사람들은 그 자
리에서 불에 타 버릴 것이다."

다윗의 용사들 (대상 11:10-47)

8 다윗에게 있는 용사들의 이름은 이
렇습니다. 다그몬 사람 요셉밧세벳이
라고도 하고 에센 사람 아디노라고도
하는 사람은 세 용사들 가운데 우두
머리였는데 그는 창을 들어 한꺼번에
800명을 죽인 일도 있었습니다.
9 그다음은 아호아 사람 도대의 아들
엘르아살이었는데 그도 다윗의 세 용
사들 가운데 한 사람이었습니다. 블
레셋 사람들과 싸울 때 이스라엘 군
사들이 도망치자 이 세 용사들은 힘
을 내 일어났는데
10 특히 엘르아살은 손에 힘이 빠져 칼
을 쥘 수 없을 때까지 블레셋 사람들
을 쳐 나갔습니다. 그리하여 여호와께
서 그날 큰 승리를 안겨 주셨습니다.
이스라엘 군대는 엘르아살에게로 다
시 돌아왔지만 그저 그의 뒤를 따라
가며 빼앗을 뿐이었습니다.
11 그다음은 하랄 사람 아게의 아들 삼

마입니다. 블레셋 사람들이 녹두나무
가 무성한 들판에 떼를 지어 모인 것
을 보고 이스라엘 군사들은 도망쳤습
니다.
12 그러나 삼마는 그 들판 한가운데 버
티고 서서 블레셋 사람들을 쳐 나갔
습니다. 그리하여 여호와께서 큰 승리
를 가져다주셨습니다.
13 추수기에 30명의 우두머리 중 세 명
의 용사들이 아둘람 동굴에 있던 다
윗에게로 내려왔습니다. 그때 블레셋
사람들은 떼를 지어 르바임 골짜기에
진을 치고 있었습니다.
14 다윗은 그때 산성 안에 있었고 블레
셋 주둔지는 베들레헴에 있었습니다.
15 다윗이 물이 마시고 싶어 "누가 베들
레헴 성문 곁에 있는 우물에서 물을
가져다주겠느냐?"라고 말하자
16 이 세 명의 용사들은 블레셋의 진을
뚫고 베들레헴 성문 곁에 있는 우물
에서 물을 가져다가 다윗에게 주었습
니다. 그러나 다윗은 그 물을 마시지
않고 여호와 앞에 쏟아부으며
17 이렇게 말했습니다. "여호와여, 다시
는 이런 일이 없을 것입니다. 이 물은
자기 목숨도 마다하고 간 사람들의
피가 아닙니까?" 그리고 다윗은 그
물을 마시지 않았습니다. 이 세 명의
용사들이 한 일은 이러했습니다.
18 스루야의 아들 요압의 동생 아비새가
이 *세 명의 용사들의 우두머리였습
니다. 그는 한 번 창을 들면 300명은
거뜬히 죽였습니다. 그렇기에 그 *세
명의 용사들 가운데 하나로 유명했습
니다.
19 아비새는 세 용사들 가운데 가장 존
경받았고 세 용사의 우두머리였지만
처음 세 용사에 미치지는 못했습니
다.
20 여호야다의 아들 브나야는 큰 용맹을
떨친 갑스엘 출신의 용사였습니다. 그
는 모압의 장수 두 명을 쓰러뜨렸고
눈 오는 날 구덩이 속에 들어가 사자
를 죽인 적도 있었습니다.
21 또 거대한 이집트 사람을 쓰러뜨리기
도 했습니다. 그 이집트 사람의 손에
는 창이 있었고 브나야는 몽둥이뿐이
었는데 그는 이집트 사람의 손에 있던
창을 빼앗아 그 창으로 죽였습니다.
22 여호야다의 아들 브나야가 이런 일을
해서 그 또한 세 명의 용사들 가운데
하나로 유명했습니다.
23 그는 30명 가운데서 존경받았으나 처
음 세 용사에 미치지는 못했습니다.
그리하여 다윗은 그를 자기 경호 대
장으로 삼았습니다.
24 30명의 용사들은 다음과 같습니다.
요압의 동생 아사헬, 베들레헴의 도도
의 아들 엘하난,
25 하롯 사람 삼훗, 하롯 사람 엘리가,
26 발디 사람 헬레스, 드고아 출신 익게
스의 아들 이라,
27 아나돗 출신 아비에셀, 후사 사람 *므
분내,

23:18 대다수 히브리어 사본을 따름(대상 11:20을 보라). 23:27 히브리어 사본을 따름. 일부 칠십인역에는 '십부개'(대상 11:29을 보라.)

28 아호아 사람 살몬, 느도바 사람 마하
래,
29 느도바 사람 바아나의 아들 헬렙, 베
냐민 땅 기브아 출신 리배의 아들 잇
대,
30 비라돈 사람 브나야, 가아스 시냇가에
사는 힛대,
31 아르바 사람 아비알본, 바르훔 사람 아
스마웻,
32 사알본 사람 엘리아바, 야센의 아들
요나단,
33 하랄 사람 삼마, 아랄 사람 사랄의 아
들 아히암,
34 마아가 사람의 손자이자 아하스배의
아들인 엘리벨렛, 길로 사람 아히도벨
의 아들 엘리암,
35 갈멜 사람 헤스래, 아랍 사람 바아래,
36 소바 사람 나단의 아들 이갈, 갓 사람
바니,
37 암몬 사람 셀렉, 스루야의 아들 요압
의 무기를 들고 다니는 브에롯 사람
나하래,
38 이델 사람 이라, 이델 사람 가렙,
39 헷 사람 우리아입니다. 이들은 다 합
쳐 37명이었습니다.

다윗이 인구를 조사하다 (대상 21:1-17)

24 여호와께서 다시 이스라엘에게
진노하시게 됐습니다. 그래서
그들을 치시려고 다윗을 부추기셔서
이스라엘과 유다의 인구를 조사하게
하셨습니다.
2 그리하여 왕이 *요압과 군사령관들
에게 말했습니다. "단에서부터 브엘세
바까지 이스라엘 지파들을 두루 다니
며 인구를 조사하라. 얼마나 되는지
알아야겠다."
3 그러나 요압이 왕께 대답했습니다.
"왕의 하나님 여호와께서 군대를 100
배로 늘려 주셔서 내 주 왕의 눈으로
직접 보실 수 있기를 바랍니다만 왕
께서는 왜 그런 일을 하려고 하십니
까?"
4 그러나 요압과 군사령관들은 왕의 명
령을 이기지 못하고 이스라엘의 인구
를 조사하기 위해 왕 앞에서 물러 나
왔습니다.
5 요단 강을 건넌 뒤 그들은 골짜기에
있는 성읍인 아로엘 남쪽에 진을 치
고 인구를 조사했고 그다음에 갓을
지나 계속 야셀로 갔습니다.
6 그들은 또 길르앗으로 갔다가 닷딤홋
시 땅에 이르렀고 다냐안으로 가서 시
돈으로 돌아서
7 두로 성곽과 히위 사람들과 가나안 사
람들의 모든 성들을 거쳐 마침내 그
들은 유다 남쪽 브엘세바에 이르게
됐습니다.
8 그들이 전역을 다니고 예루살렘으로
돌아오기까지 9개월 20일이 걸렸습니
다.
9 요압이 왕께 싸울 수 있는 사람들의
숫자를 보고했습니다. 칼을 다룰 줄
아는 용사가 이스라엘에는 80만 명,
유다에는 50만 명이었습니다.

24:2 칠십인역을 따름(대상 21:2을 보라). 히브리어 사본에는 '군사령관 요압'

10 다윗은 인구를 조사한 후에 자책감
에 시달렸습니다. 그래서 그는 여호와
께 기도했습니다. "제가 이런 짓을 하
다니 죽을죄를 지었습니다. 여호와여,
이제 제가 간구하오니 주의 종의 죄
를 용서해 주십시오. 제가 정말 어리
석은 짓을 저질렀습니다."
11 이튿날 아침 다윗이 일어날 때 여호
와의 말씀이 다윗의 선견자인 예언자
갓에게 임했습니다.
12 "가서 다윗에게 말하여라. '여호와께
서 말씀하신다. 내가 네게 세 가지 종
류의 벌을 내놓겠으니 그 가운데 하
나를 골라라. 그러면 내가 그대로 행
할 것이다.'"
13 그리하여 갓이 다윗에게 가서 말했습
니다. "왕의 땅에 *7년 동안 기근이
드는 것이 좋겠습니까? 왕이 원수들
에게 쫓겨 3개월 동안 도망치는 것이
좋겠습니까? 아니면 왕의 땅에 3일
동안 재앙이 닥치는 것이 좋겠습니
까? 이제 잘 생각해 보고 나를 보내
신 그분께 내가 어떻게 대답해야 할
지 결정해 주십시오."
14 다윗이 갓에게 말했습니다. "정말 괴
롭구나. 여호와께서는 긍휼이 크신
분이니 우리가 여호와의 손에 떨어져
도 사람의 손에는 떨어지지 않기를
바랄 뿐이다."
15 그리하여 여호와께서 그날 아침부터
정해진 때까지 이스라엘에 재앙을 보
내시니 단에서부터 브엘세바까지 7만
명이 죽었습니다.
16 천사가 그의 손을 예루살렘으로 뻗어
그 성을 멸망시키려 할 때 여호와께서
는 그 재앙을 보고 돌이키시며 사람
들을 치고 있던 그 천사에게 말씀하
셨습니다. "그만하면 됐다. 손을 거두
어라." 그때 여호와의 천사는 여부스
사람 아라우나의 타작마당 곁에 있었
습니다.
17 다윗이 사람들을 치는 천사를 보고
여호와께 말했습니다. "죄짓고 잘못을
저지른 사람은 저입니다. 저 사람들
은 양 무리일 뿐입니다. 저들이 무슨
잘못을 했습니까? 주의 손으로 저와
제 집을 치십시오."

다윗이 제단을 쌓다 (대상 21:18-30)

18 그날 갓이 다윗에게 와서 말했습니다.
"올라가서 여부스 사람 아라우나의 타
작마당에서 여호와께 제단을 쌓으십
시오."
19 그래서 다윗은 여호와께서 갓을 통해
말씀하신 대로 올라갔습니다.
20 아라우나는 왕과 그의 신하들이 자기
쪽으로 다가오는 것을 보고 달려 나
가 왕 앞에서 얼굴을 땅에 대고 절했
습니다.
21 그리고 말했습니다. "내 주 왕께서 무
슨 일로 종에게 오셨습니까?" 다윗이
대답했습니다. "네 타작마당을 사서
여호와께 제단을 쌓아 백성들에게 내
린 재앙이 그치게 하려고 한다."
22 아라우나가 다윗에게 말했습니다. "내

24:13 히브리어 사본을 따름. 칠십인역에는 '3년'(대상 21:12을 보라.)

주 왕께서 기뻐하시는 것이라면 무엇
이든 바치십시오. 여기 번제용 소가
있고 땔감으로는 여기 타작 기계와
소의 멍에가 있습니다.
23 왕이여, 아라우나가 이 모든 것을 왕
께 드리겠습니다." 아라우나가 또 다윗
에게 말했습니다. "왕의 하나님 여호
와께서 왕의 제물을 기쁘게 받으시길
바랍니다."
24 그러나 왕은 아라우나에게 대답했습
니다. "아니다. 내가 값을 지불하고 사
겠다. 내가 내 하나님 여호와께 공짜
로 얻은 것으로 번제물을 드릴 수 없
다." 그리하여 다윗은 은 50세겔을 주
고 타작마당과 소를 샀습니다.
25 다윗은 거기에서 여호와께 제단을 쌓
고 번제물과 화목제물을 올려 드렸습
니다. 그러자 여호와께서 그 땅을 위
한 다윗의 기도에 응답하셔서 이스라
엘에 내리던 재앙이 그쳤습니다.

열왕기상

1 K i n g s

전반부(1–11장)는 지혜의 왕 솔로몬의 즉위와 통치, 성전 건축 등에 대해, 후반부(12–22장)는 솔로몬이 죽은 후 왕국의 분열과 여러 왕들의 신앙과 업적, 성공과 실패 등에 대해 진술한다. 저자는 세속적 기준이 아닌 영적인 기준, 즉 하나님의 율법에 근거하여 왕들의 업적과 행동을 평가한다. 대표 선지자로는 엘리야가 활동했다.

아도니야가 왕으로 자청하다

1 다윗 왕이 나이가 많아 늙어서 이
불을 덮어도 따뜻하지 않았습니
다.
2 그러자 신하들이 왕께 말했습니다.
"우리 주 왕을 위해 한 처녀를 찾아다
가 왕을 시중들게 하고 섬기도록 하
겠습니다. 처녀가 왕의 품에 누워 우
리 주 왕을 따뜻하게 할 것입니다."
3 그리하여 신하들은 이스라엘을 두루
찾아다녀 아름답고 젊은 여인 수넴
사람 아비삭을 왕께 데려왔습니다.
4 그 젊은 여인은 매우 아름다웠습니
다. 그녀가 왕을 섬기고 시중들었지
만 왕은 그 젊은 여인과 동침하지는
않았습니다.
5 그때 학깃의 아들 아도니야는 자기를
높이며 말했습니다. "내가 왕이 될 것
이다." 그러고 나서 자기를 위해 전차
와 말을 준비시키고 군사 50명을 앞
장서게 했습니다.
6 그의 아버지 다윗은 한 번도 "네가 왜
이렇게 행동하느냐?"라는 말로 아도
니야의 마음을 상하게 한 적이 없었
습니다. 그는 매우 잘생겼으며 압살롬
다음에 낳은 아들이었습니다.
7 아도니야는 스루야의 아들 요압과 제
사장 아비아달과 의논했는데 이들은
아도니야를 따르며 지지했습니다.
8 그러나 제사장 사독과 여호야다의 아
들 브나야와 예언자 나단과 시므이와
*레이와 다윗의 용사들은 아도니야
편에 가담하지 않았습니다.
9 그때 아도니야가 에느로겔 가까이 소
헬렛 바위에서 양과 소와 살진 송아
지를 제물로 드렸습니다. 그는 또 자
기 형제 왕자들을 다 초청하고 유다
모든 신하들을 초청했습니다.
10 그러나 아도니야는 예언자 나단과 브
나야와 용사들과 동생 솔로몬은 초청
하지 않았습니다.

1:8 또는 그의 친구들과

11 그러자 나단이 솔로몬의 어머니 밧세
바에게 물었습니다. "학깃의 아들 아
도니야가 우리 주 다윗도 모르게 왕
이 됐다는데 듣지 못했습니까?
12 이제 당신과 당신의 아들 솔로몬의
목숨을 어떻게 구할 수 있을지 조언
해 드리겠습니다.
13 곧바로 다윗 왕에게 가서 이렇게 말
씀하십시오. '내 주 왕이여, 왕께서 왕
의 여종에게 네 아들 솔로몬이 내 뒤
를 이어 왕이 되며 내 보좌에 앉으리
라고 맹세하시지 않았습니까? 그런데
어떻게 아도니야가 왕이 됐단 말입니
까?'
14 당신이 거기서 왕과 이야기하고 있을
때 내가 따라 들어가서 당신이 한 말
을 확증하도록 하겠습니다."
15 그리하여 밧세바는 왕을 만나러 왕의
침실로 들어갔습니다. 왕은 매우 늙
어 수넴 여자 아비삭의 시중을 받고
있었습니다.
16 밧세바가 절하며 왕 앞에 무릎을 꿇
었습니다. 왕이 물었습니다. "네게 무
슨 일이 있느냐?"
17 밧세바가 왕께 말했습니다. "내 주여,
왕께서 왕의 하나님 여호와를 두고
왕의 여종에게 '네 아들 솔로몬이 내
뒤를 이어 왕이 되며 내 보좌에 앉을
것이다'라고 친히 맹세하셨습니다.
18 그런데 지금 아도니야가 왕이 됐는데
도 내 주 왕께서 아무것도 모르고 계
십니다.
19 아도니야가 많은 소와 살진 송아지와
양을 제물로 드렸고 모든 왕자들과
제사장 아비아달과 군사령관 요압을
초청했는데 왕의 종 솔로몬만 초청하
지 않았습니다.
20 내 주 왕이여, 모든 이스라엘 사람들
이 왕을 주목하고 누가 내 주 왕을
이어 보좌에 앉을지 말씀해 주시기를
기다리고 있습니다.
21 그렇게 하지 않으시면 내 주 왕께서
그 조상들과 함께 눕게 되실 때 저와
제 아들 솔로몬은 죄인 취급을 당하
게 될 것입니다."
22 밧세바가 아직 왕과 이야기하고 있을
때 예언자 나단이 들어왔습니다.
23 신하들이 왕께 "예언자 나단이 왔습
니다"라고 알렸습니다. 그래서 나단이
왕 앞으로 들어가 얼굴을 땅에 대고
절했습니다.
24 나단이 말했습니다. "내 주 왕이여, 아
도니야가 왕의 뒤를 이어 왕이 될 것
이며 왕의 보좌에 앉으리라고 말씀하
신 적이 있습니까?
25 오늘 그가 내려가서 많은 소와 살진
송아지와 양을 제물로 드렸고 모든
왕자와 *군사령관과 제사장 아비아달
을 초청했습니다. 그들이 지금 아도니
야와 함께 먹고 마시며 '아도니야 왕
만세!'를 외치고 있습니다.
26 그러나 왕의 종인 저와 제사장 사독
과 여호야다의 아들 브나야와 왕의
종 솔로몬은 초청하지 않았습니다.
27 이 일이 내 주 왕께서 하신 일입니

1:25 칠십인역에는 '요압 사령관'

까? 그런데 왕께서는 내 주 왕의 뒤
를 이어 누가 보좌에 앉을 것인지 종
들에게 알려 주지 않으셨습니다."

다윗이 솔로몬을 왕으로 세우다

28 그러자 다윗 왕이 말했습니다. "밧세
바를 불러오너라." 밧세바가 들어와
왕 앞에 섰습니다.
29 그때 왕이 맹세했습니다. "나를 모든
고난에서 구원하신 여호와, 그분의
살아 계심을 두고 맹세하는데
30 내가 이스라엘의 하나님 여호와를 두
고 네게 맹세한 일을 반드시 오늘 이
룰 것이다. 네 아들 솔로몬이 내 뒤를
이어 왕이 되고 나를 대신해 내 보좌
에 앉게 될 것이다."
31 그러자 밧세바가 얼굴을 땅에 대고
절한 후 왕 앞에 무릎 꿇은 채 말했
습니다. "내 주 다윗 왕께서 오래오래
사시기를 빕니다!"
32 다윗 왕이 말했습니다. "제사장 사독
과 예언자 나단과 여호야다의 아들 브
나야를 불러라." 그들이 왕 앞에 오자
33 왕은 또 그들에게 말했습니다. "내 신
하들을 데리고 내 아들 솔로몬을 내
노새에 태우고 기혼으로 내려가라.
34 거기서 제사장 사독과 예언자 나단은
그에게 기름 부어 이스라엘의 왕으로
세우라. 그리고 나팔을 불며 '솔로몬
왕 만세!'를 외치라.
35 그러고 나서 너희는 솔로몬을 따라
올라오라. 그는 와서 내 자리에 앉아
나를 대신해 왕이 될 것이다. 내가 그
를 이스라엘과 유다를 다스릴 통치자
로 세웠다."
36 여호야다의 아들 브나야가 왕에게 대
답했습니다. "옳습니다! 내 주 왕의
하나님 여호와께서도 그렇게 말씀하
시기를 원합니다.
37 여호와께서 내 주 왕과 항상 함께하
셨던 것처럼 솔로몬과도 함께하셔서
그 보좌를 내 주 다윗 왕의 것보다 더
크게 하시기를 원합니다!"
38 그리하여 제사장 사독과 예언자 나단
과 여호야다의 아들 브나야와 그렛 사
람들과 블렛 사람들이 내려가 솔로몬
을 다윗 왕의 노새에 태우고 기혼으
로 데려갔습니다.
39 제사장 사독이 성막에서 기름이 담긴
뿔을 가져다 솔로몬에게 부었습니다.
그러자 사람들이 나팔을 불었고 모
든 사람들이 "솔로몬 왕 만세!"라고 외
쳤습니다.
40 그러고 나서 모든 사람들이 솔로몬을
따라 올라갔습니다. 사람들이 피리를
불며 얼마나 기뻐했는지 그 소리로
인해 땅이 갈라지는 듯했습니다.
41 아도니야와 그와 함께 있던 손님들이
음식을 다 먹어 갈 즈음 그 소리를 들
었습니다. 나팔 소리를 들은 요압이
물었습니다. "성이 왜 이리 시끄럽고
소란스럽냐?"
42 요압이 아직 말을 마치기 전에 제사
장 아비아달의 아들 요나단이 도착했
습니다. 아도니야가 말했습니다. "들
어오너라. 너는 좋은 사람이니 좋은
소식을 가져왔을 것이다."

43 요나단이 대답했습니다. "아닙니다!
우리 주 다윗 왕께서 솔로몬을 왕으
로 세우셨습니다.
44 왕께서는 제사장 사독과 예언자 나단
과 여호야다의 아들 브나야와 그렛 사
람들과 블렛 사람들을 솔로몬과 함께
보내셨고 그들이 솔로몬을 왕의 노새
에 태우고
45 제사장 사독과 예언자 나단이 기혼에
서 그에게 기름 부어 왕으로 세우셨습
니다. 거기서 그들이 즐거워하며 올라
왔기 때문에 성이 떠들썩한 것입니다.
당신이 들으신 것은 그 소리입니다.
46 솔로몬이 이미 왕위를 차지했습니다.
47 또한 왕의 신하들도 우리 주 다윗 왕
께 축하드리기 위해 와서 '하나님께서
왕의 이름보다 솔로몬의 이름을 더
유명하게 하시고 왕의 보좌보다 솔로
몬의 보좌를 더 크게 하시기를 원합
니다!'라고 말했습니다. 그러자 왕께
서 침대에서 엎드려 경배를 드리며
48 '오늘 내 보좌 계승자를 내 눈으로 보
게 하신 이스라엘의 하나님 여호와를
찬양합니다'라고 하셨습니다."
49 이 말에 아도니야의 손님들은 모두
놀라며 벌떡 일어나 뿔뿔이 흩어졌습
니다.
50 아도니야는 솔로몬을 두려워해서 일
어나 가서 제단의 뿔을 잡았습니다.
51 그러자 솔로몬에게 이 소식이 전해졌
습니다. "아도니야가 솔로몬 왕을 두
려워해 제단의 뿔을 잡고는 '솔로몬
왕이 그 종을 칼로 죽이지 않겠다고
오늘 내게 맹세하게 하여라'라고 합니
다."
52 솔로몬이 대답했습니다. "만일 그가
잘하기만 하면 그 머리카락 한 가닥
도 땅에 떨어지지 않을 것이다. 그러
나 그 안에 악함이 드러나면 죽게 될
것이다."
53 솔로몬 왕은 사람들을 보내 아도니야
를 제단에서 끌어 내리게 했습니다.
그러자 아도니야가 와서 솔로몬 왕에
게 절하니 솔로몬이 말했습니다. "네
집으로 가거라."

다윗이 솔로몬에게 당부하다

2 다윗이 죽을 때가 다가오자 아들
솔로몬에게 당부했습니다.
2 "내가 이제 세상 모든 사람들이 가는
길로 가게 됐다. 그러니 너는 강해지
고 대장부가 되어야 한다.
3 그리고 네 하나님 여호와의 명령을
잘 지켜 그분의 길을 걷고 모세의 율
법에 기록된 대로 여호와의 규례와
계명과 법도와 증거들에 대한 말씀들
을 지켜라. 그러면 네가 무엇을 하든
지, 어디로 가든지 모든 일이 잘될 것
이다.
4 여호와께서 내게 '네 자손들이 어떻게
살지 주의하고 내 앞에서 마음과 정
성을 다해 신실하게 행하면 이스라엘
의 왕위에 오를 사람이 네게서 끊어
지지 않으리라!'고 하신 약속을 이루
실 것이다.
5 또한 네가 스루야의 아들 요압이 내
게 어떻게 했는지, 곧 이스라엘 군대

의 두 사령관인 넬의 아들 아브넬과
예델의 아들 아마사에게 어떻게 했는
지 알 것이다. 평화의 때 요압이 그들
을 죽여 전쟁의 피를 흘리고 피로 그
의 허리띠와 신발에 묻혔다.
6 그러니 너는 지혜로 그를 다뤄 그의
백발이 평안히 *무덤으로 내려가지
못하게 하여라.
7 그러나 길르앗 사람 바르실래의 아들
들에게는 자비를 베풀고 그들을 네
식탁에서 함께 먹는 사람들 가운데
있게 하여라. 내가 네 형 압살롬 때문에
피신해 있을 때 그들이 내게 왔었다.
8 그리고 명심할 것이 있다. 바후림 출
신의 베냐민 사람 게라의 아들 시므이
가 네 곁에 있다는 것이다. 그는 내가
마하나임으로 가던 날 내게 저주를
퍼부은 사람이다. 시므이가 나를 만
나러 요단 강으로 내려왔을 때 나는
그에게 '내가 칼로 너를 죽이지 않겠
다'라고 여호와를 두고 맹세했다.
9 그러나 이제 그에게 죄가 없다고 여겨
서는 안 된다. 너는 지혜의 사람이니
그를 어떻게 해야 할지 알 것이다. 그
의 백발이 피로 물들어 음부로 내려
가게 하여라."
10 그러고 나서 다윗은 죽어서 그의 조
상들과 함께 다윗 성에 묻혔습니다.
11 다윗은 40년 동안 이스라엘을 다스렸
는데 헤브론에서 7년 동안 다스렸고
예루살렘에서 33년 동안 다스렸습니
다.
12 솔로몬은 아버지 다윗의 왕위에 앉았
고 나라를 튼튼히 세웠습니다.

2:6 히브리어, 스올

성·경·인·물 | **솔로몬**

- **이름의 뜻** 평화
- **주소** 예루살렘
- **가족 관계** 아버지 – 다윗 / 어머니 – 밧세바
- **직업** 이스라엘 3대 왕
- **왕이 되기 전** 다윗 왕의 열 번째 아들. '하나님의 사랑을 입은 자'란 뜻의 '여디디야'라는 별칭을 얻었다(삼하 12:25). 나단 예언자에게 교육을 받으며 자라났다. 왕위 계승 서열상으로는 왕이 될 수 없는 위치였지만 다윗이 솔로몬을 후계자로 지명하여 왕이 되었다(왕상 1:30–35).
- **왕이 된 후** 기브온에서 하나님께 1,000마리의 짐승을 번제물로 드려 하나님의 응답으로 지혜와 부, 명예를 선물로 받았다(왕상 3:4–14). 솔로몬의 지혜와 명성이 인근 나라에 퍼져 스바 여왕이 솔로몬의 지혜를 시험하기 위해 방문할 정도였다(왕상 10:1–13).
  왕위를 노린 아도니야와 협조자인 제사장 아비아달을 제거했으며 다윗의 유언에 따라 요압과 시므이를 처형했다(왕상 2:25–27,34, 46).
  다윗의 유언을 이행하여 7년 만에 성전 건축을 완수했고 13년 동안 왕궁을 건축했다(왕상 6:37–38; 7:1). 외교와 무역에도 주력했고 주변 국가들로부터 조공을 받을 만큼 국력을 신장시켰다(왕상 4:20–21,24–25).
  정치적인 목적으로 이방 여인과 결혼하여 그들이 섬기던 이방 신을 용납했고 이방 신전을 세우고 이방 신을 섬기는 타락의 모습을 보였다. 우상 숭배와 불순종으로 인해 이스라엘이 그의 아들 때에 분열되는 징계를 받았다(왕상 11:1–13).
  이스라엘을 40년 동안 통치한 후 다윗 성에 장사되었다(왕상 11:42–43).

솔로몬이 왕위를 확고히 하다

13 그때 학깃의 아들 아도니야가 솔로몬
의 어머니 밧세바에게 왔습니다. 밧세
바가 아도니야에게 물었습니다. "네가
좋은 일로 왔느냐?" 그가 대답했습
니다. "그렇습니다. 좋은 일로 왔습니
다."
14 아도니야가 덧붙여 말했습니다. "드릴
말씀이 있습니다." 밧세바가 대답했습
니다. "말해 보아라."
15 그가 말했습니다. "아시다시피 이 나
라는 제 것이었습니다. 온 이스라엘은
제가 다스릴 것으로 기대하고 있었는
데 상황이 바뀌어 이 나라가 동생의
것이 됐습니다. 여호와께서 그렇게 하
신 것입니다.
16 이제 제가 한 가지 부탁을 드릴 것이
있는데 부디 거절하지 말아 주시기
바랍니다." 밧세바가 말했습니다. "말
해 보아라."
17 그러자 아도니야가 말을 이었습니다.
"당신의 부탁은 거절하지 않으실 테
니 솔로몬 왕께 부탁해 수넴 여자 아
비삭을 제 아내로 주십시오."
18 밧세바가 대답했습니다. "좋다. 내가
너를 위해 왕께 말씀드려 보겠다."
19 그리하여 밧세바가 아도니야를 위해
솔로몬 왕께 말하러 갔습니다. 왕이
일어나 밧세바를 맞이하며 절하고 나
서 다시 자리에 앉았습니다. 그는 어
머니를 위한 자리를 마련해 자기 오
른쪽에 앉게 했습니다.
20 밧세바가 말했습니다. "내게 한 가지
작은 부탁이 있는데 부디 거절하지
마시오." 왕이 대답했습니다. "내 어머
니여, 말씀하십시오. 제가 거절하지
않겠습니다."
21 그러자 밧세바가 말했습니다. "수넴
여자 아비삭을 왕의 형 아도니야에게
주어 아내를 삼게 하시오."
22 솔로몬 왕이 자기 어머니에게 대답했
습니다. "왜 수넴 여자 아비삭을 아도
니야에게 주라고 하십니까? 그가 제
형이니 그를 위해 이 나라도 주라고
하시지요. 그와 제사장 아비아달과 스
루야의 아들 요압을 위해서도 구하시
지요!"
23 그러고 나서 솔로몬 왕이 여호와를 두
고 맹세했습니다. "아도니야가 자기
목숨을 걸고 이런 요구를 했으니 그
를 죽이지 않으면 하나님께서 내게
벌을 내리시고 또 내리실 것입니다!
24 그리고 나를 내 아버지 다윗의 왕위
에 무사히 앉게 하시고 약속하신 대
로 나를 위해 왕가의 기초를 든든히
하신 여호와의 살아 계심을 두고 맹
세하는데 아도니야는 오늘 죽임을 당
할 것입니다!"
25 솔로몬 왕은 여호야다의 아들 브나야
에게 명령을 내렸고 그는 아도니야를
쳐서 죽였습니다.
26 제사장 아비아달에게 왕이 말했습니
다. "네 고향 아나돗으로 돌아가거라.
너는 죽어야 마땅하지만 내가 지금은
너를 죽이지 않을 것이다. 네가 내 아
버지 다윗 앞에서 주 여호와의 궤를

메어 옮겼고 내 아버지의 고난의 때
에 함께했기 때문이다."
27 솔로몬은 아비아달을 여호와의 제사
장직에서 내쫓았습니다. 이렇게 해서
여호와께서 엘리의 집안에 관해 실로
에서 하신 말씀이 이뤄졌습니다.
28 이 소식이 요압에게도 전해졌습니다.
그는 압살롬 때는 반역에 가담하지
않았지만 아도니야 때는 가담했습니
다. 요압은 여호와의 장막으로 도망쳐
제단의 뿔을 잡았습니다.
29 솔로몬 왕은 "요압이 여호와의 장막으
로 도망쳐 제단 곁에 있다"라는 말을
들었습니다. 그러자 솔로몬은 여호야
다의 아들 브나야를 보내며 말했습니
다. "가서 그를 쳐라!"
30 브나야가 여호와의 장막에 들어가 요
압에게 말했습니다. "왕께서 '나오라!'
고 말씀하신다." 그러나 요압은 대답
했습니다. "아니다. 나는 여기에서 죽
겠다." 브나야가 왕에게 보고했습니
다. "요압이 이러저러하게 대답했습니
다."
31 그러자 왕이 브나야에게 명령했습니
다. "그가 말한 대로 해 주어라. 그를
쳐서 죽여 묻어라. 그리하여 요압이
흘린 죄 없는 피를 나와 내 아버지의
집에서 씻어 내어라.
32 여호와께서 요압의 피를 그 머리에 돌
리실 것이다. 그가 내 아버지 다윗이
모르는 상황에서 자기보다 의롭고 나
은 두 사람, 곧 이스라엘 군사령관인
넬의 아들 아브넬과 유다 군사령관인
예델의 아들 아마사를 쳐서 칼로 죽
였기 때문이다.
33 그들의 피가 요압과 그 자손들의 머
리에 영원히 돌아갈 것이다. 그러나
다윗과 그의 자손들과 그의 집과 그
의 왕위에는 여호와의 평안이 영원히
있을 것이다."
34 여호야다의 아들 브나야가 올라가 요
압을 쳐서 죽였습니다. 그는 광야에
있는 자기 집에 묻혔습니다.
35 왕은 여호야다의 아들 브나야를 요압
대신 세워 군대를 다스리게 했고 제
사장 아비아달 대신 제사장 사독을
세웠습니다.
36 그 후 왕은 시므이를 불러 말했습니
다. "예루살렘에 네 집을 지어 그곳에
서 살고 다른 곳으로 가지 마라.
37 네가 길을 떠나 기드론 골짜기를 건
너는 날에는 반드시 죽을 줄 알아라.
네 피가 네 머리 위에 있을 것이다."
38 시므이가 왕에게 대답했습니다. "왕의
말씀이 좋습니다. 내 주 왕께서 하라
시는 대로 왕의 종이 할 것입니다." 그
후 시므이는 오랫동안 예루살렘에 머
물렀습니다.
39 그러나 3년이 지난 뒤 시므이의 종 두
명이 가드 왕 마아가의 아들 아기스에
게 도망쳤습니다. 시므이가 "당신의
종들이 가드에 있다"라는 말을 듣고
40 나귀에 안장을 얹고 자기 종들을 찾
으러 가드의 아기스에게 갔습니다. 이
렇게 시므이가 가드에 가서 종들을 데
리고 왔습니다.

41 솔로몬이 시므이가 예루살렘을 떠나
가드에 다녀왔다는 말을 들었습니다.
42 왕은 사람을 보내 시므이를 불러 말
했습니다. "내가 너더러 여호와를 두
고 맹세하라고 하며 '네가 이곳을 떠
나 어디든 가는 날에는 반드시 죽을
줄 알라'고 경고해 두지 않았느냐? 그
때 네가 내게 '내가 들은 말씀이 좋습
니다'라고 했었다.
43 그런데 왜 너는 여호와께 한 맹세를
지키지 않고 내가 네게 명령한 것에
순종하지 않았느냐?"
44 왕이 다시 시므이에게 말했습니다.
"너는 네가 내 아버지 다윗에게 저지
른 모든 잘못을 스스로 알고 있을 것
이다. 그러므로 여호와께서 네가 저지
른 잘못을 네 머리로 돌리실 것이다.
45 그러나 솔로몬 왕은 복을 받고 다윗의
왕위는 여호와 앞에서 영원히 흔들리
지 않을 것이다."
46 왕이 여호야다의 아들 브나야에게 명
령하자 그가 나가서 시므이를 쳐서 죽
였습니다. 이렇게 해서 이스라엘은 솔
로몬의 손에서 든든히 세워졌습니다.

솔로몬이 지혜를 구하다 (대하 1:3-12)

3 솔로몬이 이집트 왕 바로와 동맹을
맺고 그 딸과 결혼했습니다. 그는
바로의 딸을 다윗 성으로 데려와 자
기 집과 여호와의 성전과 예루살렘의
성벽이 다 지어질 때까지 있게 했습니
다.
2 그때 백성들은 여전히 산당에서 제
사를 드리고 있었습니다. 여호와의 이
름을 위한 성전이 그때까지 세워지지
않았기 때문입니다.
3 솔로몬은 여호와를 사랑하고 자기 아
버지 다윗의 규례를 따라 살긴 했지
만 산당에서 제사하며 분향하는 일
은 계속했습니다.
4 왕은 제물을 드리러 기브온으로 갔습
니다. 그곳에 큰 산당이 있었기 때문
입니다. 솔로몬은 그 제단에서 1,000
마리 짐승을 번제물로 드렸습니다.
5 여호와께서 밤중에 기브온에서 솔로
몬의 꿈속에 나타나셨습니다. 하나님
께서 "내게 구하여라. 내가 네게 무엇
을 주랴?" 하고 말씀하셨습니다.
6 솔로몬이 대답했습니다. "주께서는 주
의 종 내 아버지 다윗에게 큰 은총을
베풀어 주셨습니다. 그가 주께 충성
스러우며 의롭고 정직했기 때문입니
다. 또 계속해서 이 큰 은총을 베풀
어 오늘과 같이 그 왕위에 앉을 아들
을 그에게 주셨습니다.
7 내 하나님 여호와여, 이제 주께서 제
아버지 다윗을 대신해 주의 종을 왕
으로 삼으셨습니다. 그러나 아직 저
는 나이가 어리고 어떻게 제 임무를
수행해야 할지 모릅니다.
8 주의 종이 여기 주께서 선택하신 백
성들, 헤아릴 수 없을 만큼 많은 수의
큰 백성 가운데 있습니다.
9 그러니 주의 종에게 옳고 그름을 가
려내는 마음을 주셔서 주의 백성들
을 잘 다스리고 선악을 분별하게 해
주십시오. 누가 주의 이 많은 백성들

을 다스릴 수 있겠습니까?"
10 솔로몬이 이렇게 구하자 주께서 기뻐
하셨습니다.
11 그래서 하나님께서 그에게 말씀하셨
습니다. "네가 이것을 구했구나. 너 자
신을 위해 장수나 재산을 구하지 않
고 네 원수들의 목숨도 구하지 않고
판결할 때 필요한 분별의 지혜를 구
했으니
12 내가 네가 구한 대로 할 것이다. 내가
네게 지혜롭게 분별하는 마음을 줄
것이다. 전에도 너와 같은 사람이 없
었고 네 이후에도 너와 같은 사람이
일어나지 않을 것이다.
13 또한 네가 구하지 않은 것, 곧 부와
명예도 내가 네게 주겠다. 그러면 네
평생에 왕들 가운데서 너와 같은 사
람이 없을 것이다.
14 또 네가 만약 네 아버지 다윗이 한 것
처럼 내 길을 걷고 내 규례와 명령을
지키면 네가 장수하게 될 것이다."
15 그러고 나서 솔로몬은 잠에서 깨어나
이것이 꿈이었음을 알았습니다. 그는
예루살렘으로 돌아와 여호와의 언약
궤 앞에 서서 번제와 화목제를 드리
고 모든 신하들을 위해 잔치를 베풀
었습니다.

지혜로운 판결

16 어느 날 두 명의 창녀가 왕께 와서 그
앞에 섰습니다.
17 그 가운데 한 명이 말했습니다. "내
주여, 이 여자와 제가 한집에 살고 있
습니다. 저 여자와 집에 같이 있을 때
제가 아기를 낳았습니다.
18 제가 아기를 낳은 지 3일째 되는 날
이 여자도 아기를 낳았습니다. 우리
는 함께 있었고 집에는 저희 둘 외에
아무도 없었습니다.
19 그런데 밤중에 이 여자가 자기 아들
을 깔고 눕는 바람에 아기가 죽고 말
았습니다.
20 그러자 저 여자는 한밤중에 일어나
제 곁에 있던 제 아들을 데려갔습니
다. 제가 자고 있을 때 말입니다. 저
여자가 그 아기를 자기 품에 누이고
죽은 자기 아들은 제 품에 뉘어 놓았
습니다.
21 다음 날 아침에 제가 일어나 아들에
게 젖을 먹이려고 보니 아기가 죽어
있었습니다. 그런데 아침 햇살에 자세
히 들여다봤더니 그 아기는 제가 낳
은 아들이 아니었습니다."
22 다른 여자가 말했습니다. "아니다! 살
아 있는 아기가 내 아들이고 죽은 아
기가 네 아들이다." 그러나 첫 번째
여자가 반박했습니다. "아니다! 죽은
아기가 네 아들이고 살아 있는 아기
가 내 아들이다." 그렇게 그들이 왕
앞에서 말다툼을 벌였습니다.
23 왕이 말했습니다. "한 사람은 '여기 살
아 있는 아기가 내 아들이고 죽은 아
기가 네 아들이다'라고 하고 다른 한
사람은 '죽은 아기가 네 아들이고 살
아 있는 아기가 내 아들이다'라고 하
는구나."
24 왕이 이어서 말했습니다. "칼을 가져

오너라." 신하들이 왕에게 칼을 가져
왔습니다.
25 그때 왕이 말했습니다. "살아 있는 이
아기를 반으로 잘라 반쪽은 저 여자
에게 주고 반쪽은 이 여자에게 주어
라."
26 살아 있는 아들의 어머니는 자기 아
들 때문에 소스라치게 놀라 왕에게
말했습니다. "내 주여, 저 살아 있는
아들을 차라리 저 여자에게 주십시
오! 죽이지만 말아 주십시오!" 그러나
다른 여자가 말했습니다. "내 아기도
안 되고 네 아기도 안 될 것이니 아기
를 반으로 자르자!"
27 그러자 왕이 대답했습니다. "살아 있
는 아기를 죽이지 말고 첫 번째 여자
에게 주어라. 그녀가 이 아기의 어머
니다."
28 온 이스라엘이 왕이 내린 판결을 듣
고 왕을 두려워했습니다. 그들은 왕
이 하나님의 지혜로 판결하는 것을
보았기 때문입니다.

솔로몬의 신하들과 관장들

4 솔로몬 왕은 온 이스라엘을 다스렸
습니다.
2 솔로몬의 신하들은 이러합니다. 사독
의 아들 아사리아는 제사장이었고
3 시사의 아들들인 엘리호렙과 아히야
는 서기관이었습니다. 아힐룻의 아들
여호사밧은 역사를 기록하는 사람이
었고
4 여호야다의 아들 브나야는 군사령관
이었습니다. 사독과 아비아달은 제사
장들이었습니다.
5 나단의 아들 아사리아는 관리장이었
고 나단의 아들 사붓은 제사장으로
서 왕의 친구였습니다.
6 아히살은 왕궁 관리를 맡았고 압다의
아들 아도니람은 부역 관리를 맡았습
니다.
7 솔로몬은 또한 온 이스라엘에 12명의
지방 장관을 세웠습니다. 그들은 왕
과 왕실을 위해 양식을 공급했는데
각각 1년에 한 달씩 공급했습니다.
8 그들의 이름은 이러합니다. 에브라임
산지는 벤훌이
9 마가스와 사알빔과 벧세메스와 엘론
벧하난은 벤데겔이 맡았고
10 아룹봇과 소고와 헤벨의 모든 땅은 벤
헤셋이 맡았습니다.
11 *돌의 전역은 벤아비나답이 맡았습니
다. 그는 솔로몬의 딸 다밧을 아내로
삼았습니다.
12 다아낙, 므깃도, 이스르엘 아래 사르
단 옆에 있는 벧스안과 벧스안에서부
터 아벨므홀라에 이르러 욕느암에 이
르는 지역은 아힐룻의 아들 바아나가
맡았습니다.
13 길르앗 라못과 길르앗에 있는 므낫세
의 아들 야일의 성들과 바산에 있는
아르곱 지역의 큰 성, 곧 성벽이 있고
청동 빗장을 단 60개의 성들은 벤게
벨이 맡았습니다.
14 마하나임은 잇도의 아들 아히나답이,
15 납달리는 아히마아스가 맡았습니다.

4:11 또는 돌의 고지대. 히브리어, 나봇 돌

그는 솔로몬의 딸 바스맛과 결혼했습
니다.
16 아셀과 아롯은 후새의 아들 바아나가,
17 잇사갈은 바루아의 아들 여호사밧이,
18 베냐민은 엘라의 아들 시므이가 맡았
고
19 아모리 사람의 왕 시혼과 바산 왕 옥
의 나라 길르앗 땅은 우리의 아들 게
벨이 맡았는데 그 지방에는 장관이
그 한 사람밖에 없었습니다.

솔로몬의 하루치 양식

20 유다와 이스라엘의 백성들은 그 수가
바닷가 모래알처럼 많았습니다. 그들
은 먹고 마시고 즐거워했습니다.
21 솔로몬은 유프라테스 강에서부터 블
레셋 사람의 땅까지 그리고 이집트 경
계선에 이르는 곳까지 모든 나라들
을 다스렸습니다. 그 나라들은 솔로몬
이 살아 있는 동안 조공을 바치며 그
를 섬겼습니다.
22 솔로몬의 하루 양식은 고운 밀가루
*30고르, 굵은 밀가루 *60고르,
23 살진 소 10마리, 들판에서 키운 소
20마리, 양 100마리, 그 밖에 수사슴
과 노루와 암사슴과 살진 새들이었습
니다.
24 그가 딥사에서부터 가사까지 유프라
테스 강 서쪽의 온 지역을 다스려 그
강 서쪽 편 모든 왕들을 다스렸으므
로 온 사방에 평화가 있었습니다.
25 솔로몬이 사는 동안 유다와 이스라엘
백성들은 단에서부터 브엘세바에 걸
쳐 각기 자기 포도나무와 무화과나
무 아래에서 평화롭게 살았습니다.
26 솔로몬에게는 전차용 말을 위한 마구
간 *4만 개와 기마병 1만 2,000명이
있었습니다.
27 지방 장관들은 각자 자기가 맡은 달
이 오면 솔로몬 왕과 왕의 식탁에서
먹는 모든 사람을 위해 양식을 바쳐
부족함이 없도록 했습니다.
28 그들은 또한 각자 자기 책임에 따라
그 말과 군마들을 먹일 보리와 짚을
적당한 곳에 갖다 두었습니다.

솔로몬의 지혜

29 하나님께서는 솔로몬에게 지혜와 통

4:22 30고르는 약 6.6킬로리터, 60고르는 약 13.2킬로리터 4:26 일부 칠십인역에는 '4천'(대하 9:25을 보라.)

성·경·상·식 포도나무 아래와 무화과나무 아래서

솔로몬의 정치하에서 백성들이 누리는 평화로운 모습을 성경은 "단에서부터 브엘세바에 걸쳐 각기 자기 포도나무와 무화과나무 아래에서 평화롭게 살았습니다."라고 표현했다(왕상 4:25). '단에서부터 브엘세바까지'는 이스라엘 최북단에서 최남단까지 전 지역을 가리키며(삼상 3:20;삼하 3:10) '각기 자기 포도나무와 무화과나무 아래에서'는 그 땅의 값진 산물로 인해 걱정 없이 사는 생활을 나타내는 말이다(왕하 18:31). 그래서 예언자들은 메시아 시대의 행복을 나타내는 상징으로 이 말을 사용하기도 했다(미 4:4;슥 3:10). 무화과와 포도의 불황은 이스라엘 경제에 크게 영향을 미쳤다(렘 5:17;호 2:12;합 3:17).

찰력과 바닷가의 모래알같이 넓은 마
음을 주셨습니다.
30 솔로몬의 지혜는 동방 모든 사람들의
지혜와 이집트의 모든 지혜보다 뛰어
났습니다.
31 그는 그 어떤 사람보다 지혜로웠습니
다. 예스라 사람 에단과 마홀의 아들
들인 헤만과 갈골과 다르다보다 더 지
혜로웠기에 그의 명성은 주변 모든
나라에 자자했습니다.
32 그는 3,000개의 잠언을 말했고 그의
노래는 1,005개에 이르렀습니다.
33 그는 레바논의 백향목부터 성벽에서
자라는 우슬초에 이르기까지의 모든
나무에 대해 말했고 동물과 새들과
기어 다니는 것과 물고기에 대해서도
말했습니다.
34 세상 모든 왕들이 솔로몬의 지혜에
대해 듣고 지혜를 들으려고 사람을
보냈습니다.

성전 건축을 위한 준비 (대하 2:1-18)

5 솔로몬이 자기 아버지 다윗의 뒤를
이어 왕으로 추대됐다는 소식을
들은 두로 왕 히람은 솔로몬에게 신하
들을 보냈습니다. 그는 항상 다윗에
게 호의적이었기 때문입니다.
2 그러자 솔로몬은 히람에게 이런 전갈
을 보냈습니다.
3 "당신도 아시겠지만 내 아버지 다윗께
서는 주위에서 끊임없이 일어난 전쟁
때문에 그의 하나님 여호와의 이름을
위해 성전을 짓지 못하고 여호와께서
원수들을 그 발아래 두시기까지 기
다리셨습니다.
4 그러나 내 하나님 여호와께서 내게
사방에 평화를 주셔서 적이나 재난
이 없습니다.
5 그러므로 내가 내 하나님 여호와의
이름을 위해 성전을 지어 여호와께서
내 아버지 다윗에게 '내가 네 대신 네
자리에 앉힐 네 아들이 내 이름을 위
해 성전을 지으리라'고 말씀하신 대로
이루려고 합니다.
6 그러니 당신은 나를 위해 레바논의
백향목을 베도록 명령을 내려 주십시
오. 내 종들이 당신의 종들과 함께 일
할 것이고 당신의 종들을 위해 당신
이 요구하는 대로 삯을 지불하겠습
니다. 당신도 아시겠지만 우리 가운데
는 나무 베는 일에 시돈 사람들만큼
기술이 뛰어난 사람이 없습니다."
7 히람은 솔로몬의 전갈을 듣고 매우 기
뻐하며 말했습니다. "저 많은 백성을
다스릴 지혜로운 아들을 다윗에게 주
신 여호와여, 오늘 찬양을 받으십시
오."
8 그리고 히람은 솔로몬에게 전했습니
다. "내가 당신이 보낸 전갈을 받고 백
향목과 잣나무 재목을 공급해 달라
는 당신의 모든 요청을 들어 드리려
합니다.
9 내 종들이 그것들을 레바논에서 바다
로 나르면 내가 바다에 뗏목으로 띄
워 당신이 정하는 곳으로 보내 그곳
에 나무들을 풀어 놓게 할 테니 당신
이 가져가시면 됩니다. 당신은 내 요

구를 들어주어 내 왕실에 양식을 보
내 주시기 바랍니다."
10 이렇게 해서 히람은 솔로몬이 원하는
대로 모든 백향목과 잣나무 재목을
제공했고
11 솔로몬은 히람에게 그 왕궁의 양식으
로 밀가루 *2만 고르와 기름 *20고르
를 주되 해마다 그렇게 주었습니다.
12 여호와께서 솔로몬에게 약속하신 대
로 지혜를 주셔서 히람과 솔로몬 사이
에 평화가 있었고 그 둘은 조약을 맺
었습니다.
13 솔로몬 왕은 이스라엘 온 지역에서 일
꾼을 모집했는데 그 수가 3만 명이었
습니다.
14 그는 한 달에 1만 명씩 번갈아 가며
레바논으로 보내 그들이 한 달은 레
바논에서 지내고 두 달은 집에서 지
내도록 했습니다. 아도니람은 이 일꾼
들을 관리했습니다.
15 솔로몬에게는 7만 명의 짐꾼들과 산
위에서 돌 깎는 일꾼 8만 명이 있었
고
16 그 외에도 솔로몬의 관리 *3,300명이
이 일을 감독하고 일꾼들을 관리했
습니다.
17 왕의 명령이 떨어지면 그들은 채석장
에서 크고 질 좋은 돌을 캐다가 잘
다듬어 성전의 기초를 닦았습니다.
18 솔로몬의 건축자들과 히람의 건축자
들과 *그발 사람들이 그 돌들을 다듬
고 성전 건축을 위해 나무와 돌을 준
비했습니다.

솔로몬이 성전을 건축하다

6 이스라엘 백성들이 이집트에서 나
온 지 *480년째 되는 해, 솔로몬이
이스라엘을 다스린 지 4년 *시브 월,
곧 둘째 달에 솔로몬이 여호와의 성전
을 건축하기 시작했습니다.
2 솔로몬 왕이 여호와를 위해 건축한
성전은 길이가 *60규빗, 너비가 *20
규빗, 높이가 *30규빗이었습니다.
3 성전의 낭실은 길이가 성전 너비와 같
아 *20규빗이었고 그 너비는 성전 앞
쪽에서부터 *10규빗이 들어갔습니다.

5:11 2만 고르는 약 4,400킬로리터, 20고르는 약 4.4킬로리터 5:16 칠십인역에는 '3,600명'(대하 2:2,18을 보라.) 5:18 비블로스를 가리킴. 6:1 히브리어 사본을 따름. 칠십인역에는 '440년' 6:1 태양력 4월 중순 이후 6:2 60규빗은 약 27미터, 20규빗은 약 9미터, 30규빗은 약 13.5미터 6:3 20규빗은 약 9미터, 10규빗은 약 4.5미터

성·경·상·식

돌 깎기

성전 건축에는 잘 다듬어진 돌들이 많이 필요했다. 그래서 고도로 숙련된 석수들이 필요했다. 석수들은 필요한 돌을 얻기 위해 바위에 구멍을 뚫고 그 구멍에 나무 쐐기를 박고 이 쐐기에 물을 부어 나무 쐐기들이 물을 빨아들이도록 했다.
물을 흡수한 나무 쐐기들로 인해 바위가 쪼개지면 석수들은 바위를 필요한 만큼 다듬어 사용했다(왕상 5:13-18). 솔로몬은 성전 건축에 필요한 돌을 예루살렘 북쪽 유다 산악 지역의 채석장에서 가져다가 사용하게 했다.

4 그는 성전 안에 비스듬한 창을 냈습
니다.
5 성전 벽 주위에 다락을 짓되 성소와
지성소의 벽을 다 돌아가며 골방을
만들었습니다.
6 아래쪽 다락은 그 너비가 *5규빗이
었고 가운데 다락은 *6규빗이었으며,
세 번째 다락은 *7규빗이었습니다. 그
는 성전 바깥쪽을 돌아가며 턱을 내
어 골방 들보가 성전 벽에 박히지 않
게 했습니다.
7 성전을 건축할 때 채석장에서 잘 다
듬어 낸 돌을 써서 건축하는 동안 성
전에서는 망치나 도끼나 다른 철 연
장 소리가 들리지 않았습니다.
8 중간층으로 올라가는 입구는 성전
오른쪽에 있어서 계단을 통하여 중
간층으로 올라가게 돼 있고 또 중간
층에서 3층까지 연결돼 있었습니다.
9 그는 이렇게 성전을 건축했고 백향목
들보와 널판을 덮어 성전 건축을 마
무리했습니다.
10 또한 온 성전을 둘러가며 높이가 *5
규빗이 되는 골방들을 만들었는데 그
것들은 백향목 들보로 성전과 이어져
있었습니다.
11 여호와의 말씀이 솔로몬에게 내려왔
습니다.
12 "네가 지금 이 성전을 짓고 있는데 만
약 네가 내 규례를 잘 따르고 내 법도
를 잘 지키며 내 모든 명령을 지키고
순종하면 내가 너를 통해 네 아버지
다윗에게 준 약속을 이룰 것이다.
13 또한 내가 이스라엘 자손들 가운데
살 것이고 내 백성 이스라엘을 버리
지 않을 것이다."
14 이렇게 해서 솔로몬은 성전 건축을
끝냈습니다.
15 그는 성전 안쪽 벽을 성전 바닥부터
천장까지 백향목 널판으로 둘렀고 성
전 마루는 잣나무 널판으로 덮었습니
다.
16 그는 성전 뒤쪽 20규빗을 바닥부터
천장까지 백향목 널판으로 나눠 성전
안에 안쪽 성소, 곧 지성소를 만들었
습니다.
17 이 방 앞의 성소는 길이가 *40규빗이
었습니다.
18 성전 안쪽은 백향목으로 박과 활짝
핀 꽃이 조각돼 있었습니다. 모든 것
은 백향목으로 만들어졌고 돌은 전
혀 보이지 않았습니다.
19 그는 성전 안에 안쪽 성소를 마련해
그곳에 여호와의 언약궤를 모셔 두었
습니다.
20 안쪽 성소는 길이가 20규빗, 너비가
20규빗, 높이가 20규빗이었습니다.
그는 그 안쪽에 순금을 입혔고 백향
목 제단에도 순금을 입혔습니다.
21 솔로몬은 성전 안쪽에 순금을 입혔고
금을 입힌 안쪽 성소 앞에는 금사슬
을 드리웠습니다.
22 이렇게 그는 성전 전체에 금 입히기
를 마쳤습니다. 그는 또한 안쪽 성소

6:6,10 5규빗은 약 2.25미터 6:6 6규빗은 약 2.7미터, 7규빗은 약 3.2미터 6:17 40규빗은 약 18미터

에 있는 제단에도 전부 다 금을 입혔
습니다.
23 안쪽 성소에는 올리브 나무로 만든
두 그룹이 있었는데 각각 그 높이가
*10규빗이었습니다.
24 첫 번째 그룹의 한쪽 날개는 길이가
*5규빗, 다른 한쪽 날개도 *5규빗 이
쪽 날개 끝에서 저쪽 날개 끝까지가
*10규빗이었습니다.
25 두 번째 그룹도 *10규빗으로 두 그룹
은 크기와 모양이 같았습니다.
26 한 그룹의 높이가 *10규빗이었고 다
른 그룹도 마찬가지였습니다.
27 그는 성전의 지성소 안에 두 그룹을
두었는데 그 모습은 날개를 펼친 것
으로 한 그룹의 날개는 한쪽 벽면에
닿았고 다른 그룹의 한쪽 날개는 다
른 쪽 벽면에 닿았으며 지성소 중앙
에서 두 그룹의 날개가 서로 닿았습
니다.
28 그는 그룹들도 금을 입혔습니다.
29 또 안쪽 성소나 바깥 성소 모두 성전
전체의 벽을 둘러 가며 그룹과 종려
나무와 꽃이 핀 모형을 조각해 놓았
고
30 성전의 안쪽 성소와 바깥 성소 모두
바닥에 금을 입혔습니다.
31 안쪽 성소의 입구에는 올리브 나무로
문을 만들어 달았는데 인방과 문설
주는 벽 두께의 5분의 1이었습니다.
32 또한 두 개의 문은 올리브 나무로 만
들었고 거기에 그룹과 종려나무와 꽃
이 핀 모형을 새겨 넣고 그룹과 종려
나무에 금을 입혔습니다.
33 이와 마찬가지로 성전 문에는 올리브
나무로 문설주를 만들었는데 그 두
께는 벽 두께의 4분의 1로 하고
34 그 두 문짝은 잣나무로 만들었는데
두 짝 다 가운데가 접히게 했습니다.
35 그 문짝에는 그룹과 종려나무와 꽃
이 핀 모형을 새겨 넣고 그 조각에 골
고루 평평하게 금을 입혔습니다.
36 또한 그는 잘 다듬은 돌 세 켜와 백
향목 한 켜로 안쪽 뜰을 만들었습니
다.
37 여호와의 성전의 기초는 4년 시브 월
에 놓였고
38 11년 *불 월, 곧 여덟째 달에 성전은
설계도에 따라 그 모든 세부 구조가
완성됐습니다. 그가 성전을 짓는 데 7
년이 걸렸습니다.

솔로몬이 왕궁을 건축하다

7 한편 솔로몬이 자기 왕궁을 짓고
완공하기까지 13년이 걸렸습니다.
2 그는 레바논 나무로 왕궁을 지었는데
길이가 *100규빗, 너비가 *50규빗,
높이가 *30규빗이었고 백향목 기둥
네 줄이 백향목 서까래를 받치고 있
었습니다.
3 한 줄에 15개씩 45개 기둥이 받치고
있는 서까래 위에 백향목으로 지붕
을 덮었습니다.
4 창문은 세 줄로 서로 마주 보게 달았

6:23,24,25,26 10규빗은 약 4.5미터 6:24 5규빗은 약 2.25미터 6:38 태양력 10월 중순 이후 7:2 100규빗은 약 45미터, 50규빗은 약 22.5미터, 30규빗은 약 13.5미터

습니다.
5 모든 문과 문설주는 사각형으로 만
들었고 창문들은 서로 마주 보게 세
줄로 달았습니다.
6 그는 기둥 현관을 만들었는데 그 길
이는 *50규빗, 너비는 *30규빗으로
그 기둥 앞에 현관이 있었고 또 그 앞
에는 다른 기둥들과 굵은 들보가 있
었습니다.
7 그는 또 왕좌를 위해 한 방을 만들었
는데 그곳은 재판하는 장소로서 모
든 바닥을 백향목으로 덮었습니다.
8 또 그가 기거하는 왕궁은 그 방 뒤쪽
다른 뜰에 있었는데 그 모양새가 그
방과 비슷했습니다. 솔로몬은 또한 자
신과 결혼한 바로의 딸을 위해 이런
방과 같은 왕궁을 만들어 주었습니다.
9 이 모든 것은 안팎이 귀한 돌들로 만
들어졌는데 기초석에서부터 처마 끝
까지 또 바깥에서부터 큰 뜰까지 모
두 이 돌들을 크기에 따라 자르고 톱
으로 다듬어 만든 것입니다.
10 그 기초석은 어떤 것은 크기가 *10규
빗, 어떤 것은 *8규빗이나 되는 귀한
큰 돌로 만들었습니다.
11 그 위에는 크기에 따라 자른 귀한 돌
들도 있고 백향목도 있었습니다.
12 큰 뜰은 잘 다듬은 돌 세 켜와 백향
목 한 켜를 놓았는데 여호와의 성전
의 안쪽 뜰과 그 현관에 놓은 것같이
만들었습니다.

성전의 기구들 (대하 3:15-17;4:2-5:1)

13 솔로몬 왕은 두로에 사람을 보내 *히
람을 데려왔습니다.
14 그 어머니는 납달리 지파 출신의 과
부였고 그 아버지는 두로 사람으로서
청동 기술자였습니다. 히람은 청동을
다루는 일에는 모든 면에서 지혜와
총명과 기술이 가득한 사람이었습니
다. 그는 솔로몬 왕에게 와서 그 모든
일을 해냈습니다.
15 그는 청동을 부어 기둥 두 개를 만들
었는데 각각 높이가 *18규빗이었으며
둘레는 줄자로 재어 *12규빗이었습니
다.
16 또한 기둥 꼭대기에 놓을 머리 두 개
를 청동을 부어 만들었는데 각 머리
는 높이가 *5규빗이었습니다.
17 두 기둥 꼭대기의 머리에는 바둑판
무늬의 그물과 사슬 모양으로 땋은
것을 만들어 장식했습니다. 사슬이
한쪽 머리에 일곱 개, 다른 한쪽 머리
에 일곱 개였습니다.
18 그는 두 기둥을 이렇게 만들었고 기
둥 꼭대기의 머리를 장식하기 위해
각 그물 위에 두 줄로 석류를 만들어
빙 둘러서 붙였습니다.
19 현관에 있는 기둥 꼭대기의 머리들은
백합화 모양으로 높이가 *4규빗이었
습니다.
20 두 기둥의 머리에는 그물 옆쪽 볼록
한 그릇 모양의 부분 위에 200개의

7:6 50규빗은 약 22.5미터, 30규빗은 약 13.5미터
7:10 10규빗은 약 4.5미터, 8규빗은 약 3.6미터
7:13 또는 후람 7:15 18규빗은 약 8.1미터, 12규빗은 약 5.4미터 7:16 5규빗은 약 2.25미터 7:19 4규빗은 약 1.8미터

석류를 줄줄이 둘러 붙였습니다.
21 그는 성전의 현관에 이 두 기둥을 세
우고 오른쪽 기둥은 이름을 *야긴이
라고 하고 왼쪽 기둥은 이름을 *보아
스라고 했습니다.
22 두 기둥 꼭대기에는 백합화 모양이
있었습니다. 이렇게 기둥 만드는 일이
끝났습니다.
23 그는 바다를 부어 만들었습니다. 그
것은 둥근 모양으로 지름이 *10규빗,
높이가 *5규빗, 둘레가 *30규빗이었
습니다.
24 가장자리 아래에 박들이 둥글게 달
려 있는데 *1규빗마다 열 개씩 바다
를 빙 돌아가며 달려 있었습니다. 박
들은 바다를 부어 만들 때 두 줄로
부어 만들었습니다.
25 바다 모형은 12마리의 황소 모형 위
에 서 있는 모습이었습니다. 셋은 북
쪽을, 셋은 서쪽을, 셋은 남쪽을, 셋
은 동쪽을 향하고 있었습니다. 바다
는 그 위에 올려졌고 소들은 꽁무니
를 안으로 향하게 하고 서 있었습니
다.
26 그 두께는 한 뼘 너비만 했고 그 가장
자리는 잔의 가장자리같이 백합화 모
양을 따서 만들었습니다. 그 바다에
*2,000밧이 담길 만했습니다.
27 그는 또한 청동으로 열 개의 받침대
를 만들었는데 각각 길이가 *4규빗,
너비가 *4규빗, 높이가 *3규빗이었습
니다.
28 받침대는 이런 식으로 만들었습니다.
받침대에는 테두리가 있었고 그 테두
리는 틀 사이에 있었습니다.
29 틀 사이에 있는 테두리에는 사자, 황
소, 그룹들이 있었고 사자와 황소 위
아래로는 화환 모형이 있었습니다.
30 그리고 각 받침대에는 바퀴 네 개와
청동판이 달렸고 그 네 귀퉁이에는
밑 받침대가 달렸습니다. 물대야 아
래에는 각 화환 옆으로 부어 만든 밑
받침대가 있었습니다.
31 기둥머리 입구는 안에서 위로 *1규빗
이었습니다. 그러나 그 입구는 지름
이 *1.5규빗으로 받침대를 따라 둥글
게 된 모양이었습니다. 또 그 입구 위
에는 무늬가 새겨져 있었는데 그 가
장자리는 둥글지 않고 네모졌습니다.
32 가장자리 아래에는 바퀴들이 달렸는
데 그 받침대와는 축으로 연결됐고
바퀴의 높이는 *1.5규빗이었습니다.
33 바퀴들은 전차 바퀴처럼 생겼습니다.
그 축과 테와 살과 통은 다 부어 만
든 것이었습니다.
34 한 받침대 네 귀퉁이에는 밑 받침대
4개가 붙었는데 그 밑 받침대는 받침
대와 하나로 만들어진 모양이었습니
다.
35 받침대 맨 위에는 *2분의 1규빗 높이
의 둥근 띠가 있었고 받침대 맨 위에
버팀대와 테두리가 달려 있었습니다.

7:21 야긴은 '그가 세우다.', 보아스는 '그에게 힘이 있다.' 7:23 10규빗은 4.5미터, 5규빗은 2.25미터, 30규빗은 약 13.5미터 7:24,31 1규빗은 약 45센티미터 7:26 2,000밧은 약 44킬로리터 7:27 4규빗은 약 1.8미터, 3규빗은 약 1.35미터 7:31,32 1.5규빗은 약 67.5센티미터 7:35 2분의 1규빗은 약 22.5센티미터

36 그 버팀대와 테두리 빈 곳에는 그룹
과 사자와 종려나무를 화환 모형과
함께 새겨 넣었습니다.
37 그는 이런 방식으로 열 개의 기둥을
만들었습니다. 그것은 모두 같은 양
으로 치수를 같게 부어 만든 것입니
다.
38 또 그는 청동대야 열 개를 만들었습
니다. 청동대야 하나는 물 *40밧이
들어가는 크기였습니다. 모든 대야는
지름이 *4규빗이었고 열 개의 기둥에
각각 대야 하나씩이었습니다.
39 그는 성전 오른쪽에 기둥 다섯 개를,
왼쪽에 다섯 개를 세웠고 바다 모형
은 성전 오른쪽, 곧 동남쪽에 세웠습
니다.
40 *히람은 또한 솥, 부삽, 대접들을 만
들었습니다. 이렇게 해서 히람은 솔로
몬 왕이 여호와의 집을 위해 시킨 모
든 일을 마쳤습니다.
41 곧 기둥 두 개와 기둥 꼭대기의 대접
모양 머리 두 개와 기둥 꼭대기 두 개
의 대접 모양 머리를 장식하는 그물
두 개와
42 그 두 그물을 위한 400개의 석류와
기둥 꼭대기 대접 모양의 머리 두 개
를 장식하는 각 그물마다 두 줄의 석
류가 있었습니다.
43 대야 열 개와 대야 받침들 열 개와
44 바다 모형과 그 밑의 12개의 황소 모
형들과
45 솥과 부삽과 대접들이었습니다. *히
람이 솔로몬 왕을 위해 여호와의 성전
에 만들어 준 이 모든 물건들은 광택
을 낸 청동으로 만들었습니다.
46 솔로몬 왕이 숙곳과 사르단 사이의 요
단 강 평지에서 가져온 진흙 틀에 그
것을 부었습니다.
47 솔로몬이 만든 이 모든 것들은 그 양
이 엄청나게 많아서 사용된 청동의
양은 측정할 수 없었습니다.
48 솔로몬은 또한 하나님의 성전에 있는
모든 기구들을 만들었습니다. 금 제
단과 진설병을 두는 금 상들과
49 등잔대들, 곧 지성소 앞의 오른쪽과
왼쪽에 각각 다섯 개씩의 순금 등잔
대들과 금 꽃과 등잔과 불집게들,
50 순금 대야들, 불집게들, 대접들, 접시
들, 향로들, 안쪽 방, 곧 지성소의 문
과 성전의 현관문에 다는 금 돌쩌귀
들이었습니다.
51 솔로몬 왕은 여호와의 성전을 위해 한
모든 일이 끝나자 자기 아버지 다윗이
바친 물건들, 곧 은과 금과 기구들을
안으로 들여 여호와 성전의 창고에 두
었습니다.

언약궤를 성전으로 옮기다 (대하 5:2-6:11)

8 그러고 나서 솔로몬은 여호와의 언
약궤를 다윗 성 시온에서 가져오려
고 이스라엘 장로들과 모든 지파의 지
도자들, 곧 이스라엘 가문의 족장들
을 자기가 있는 예루살렘으로 불렀습
니다.
2 그래서 모든 이스라엘 사람들은 일곱

7:38 40밧은 약 880리터, 4규빗은 약 1.8미터
7:40,45 또는 후람

째 달인 *에다님 월 절기에 솔로몬 왕
앞에 모였습니다.
3 이스라엘 모든 장로들이 도착하자 제
사장들이 언약궤를 멨습니다.
4 제사장들과 레위 사람들이 여호와의
궤와 회막과 회막 안의 모든 거룩한
기구들을 옮겨 갔습니다.
5 솔로몬 왕과 그 앞에 모인 이스라엘
온 회중은 언약궤 앞에서 셀 수도 없
고 기록할 수도 없을 만큼 많은 양과
소로 제사를 드렸습니다.
6 제사장들은 여호와의 언약궤를 성전
안쪽의 지성소로 들여가 그룹의 날개
아래 놓아두었습니다.
7 그룹들은 언약궤가 놓인 자리 위에
두 날개를 펼쳐서 궤와 그 채를 덮었
습니다.
8 언약궤의 채들은 길어서 그 끝이 지
성소 앞쪽으로 나와 성소에서도 보였
습니다. 그러나 성소 바깥에서는 보
이지 않았습니다. 채들은 오늘까지도
여전히 그곳에 있습니다.
9 언약궤 안에는 돌판 두 개 외에 아무
것도 없었습니다. 돌판은 이스라엘 자
손들이 이집트 땅에서 나올 때 여호
와께서 그들과 언약을 맺으신 곳 호렙
에서 모세가 넣어 둔 것이었습니다.
10 제사장들이 성소에서 나오자 구름이
여호와의 성전에 가득했습니다.
11 제사장들은 그 구름 때문에 임무를
다 마치지 못했는데 여호와의 영광이
성전 안을 가득 채웠기 때문입니다.
12 그러자 솔로몬이 말했습니다. "여호와
께서 캄캄한 구름 속에 계시겠다고
말씀하셨지만

8:2 태양력 9월 중순 이후

Q&A 어떻게 하나님의 영광을 볼 수 있나?

참고 구절 | 왕상 8:10-11

하나님의 영광은 하나님이 그의 백성들 가운데 임재하실 때 나타났다. 구약에서는 모세에게 십계명을 주실 때 시내 산을 덮는 구름으로, 광야에서는 성막에 머물러 있던 구름으로 하나님의 영광을 보여 주셨다(출 24:16;40:35). 또한 하나님의 영광은 구름으로도 나타났고, 폭풍으로도 나타났으며, 언약궤 위에도 임재했다(왕상 8:10-11;시 29:3;사 6:1-4).

그 밖에도 하나님의 영광은 구원받은 모든 백성 중에서, 에스겔에게, 베들레헴의 목자들에게, 스데반에게 나타났다(사 44:23;겔 1:28;눅 2:9;행 7:55). 그리고 모든 세계에 나타날 것이다(시 96:13;사 66:18). 그런데 하나님의 영광과 인간의 사이에는 넘지 못할 간격이 있으며(롬 3:23) 죄가 있는 우리 인간은 거룩하고 영광스러운 하나님을 보면 죽을 수밖에 없다(사 6:5).

그러나 이 간격을 메워 줄 분이 있으니 그분이 바로 예수님이시다(요 14:7). 그분은 하나님의 영광을 가장 잘 나타낸 모습으로 이 땅에 오셨다. 예수님이 우리 가운데 거하시므로 하나님의 영광을 보여 주신 것이다(요 1:14). 예수님은 사역을 통해, 특별히 죽으심과 부활을 통해 하나님의 영광을 드러내셨다. 예수님은 영광 가운데 존귀하게 되셨으며 영광 중에 다시 오실 것이다(살전 4:14-17).

13 제가 주를 위해 웅장한 성전, 곧 주께
서 영원히 계실 곳을 지었습니다."
14 그곳에 모인 온 이스라엘 백성들이
서 있는 동안 왕은 그들에게로 뒤돌
아서 백성들을 향해 축복했습니다.
15 그러고 나서 왕이 말했습니다.
"이스라엘의 하나님 여호와께 찬양
을 드리자. 여호와께서는 그분의 입
으로 내 아버지 다윗에게 말씀하신
것을 그 손으로 이루셨다. 여호와
께서 말씀하시기를
16 '내가 내 백성 이스라엘을 이집트에
서 이끌어 낸 날부터 내가 이스라
엘 지파 가운데 한 성을 선택해 그
곳에 내 이름이 있을 만한 성전을
지으라고 한 적이 없었다. 다만 내
가 다윗을 선택해 내 백성 이스라엘
을 다스리게 했다'라고 하셨다.
17 내 아버지 다윗이 이스라엘의 하나
님 여호와의 이름을 위해 성전을
건축하고 싶어 하셨다.
18 그러나 여호와께서 내 아버지 다윗
에게 '네가 내 이름을 위해 성전을
짓겠다는 마음을 갖고 있으니 그것
은 잘한 것이다.
19 그러나 그 성전을 지을 사람은 네
가 아니다. 네 몸에서 태어날 네 아
들이다. 그가 내 이름을 위해 성전
을 건축할 것이다'라고 하셨다.
20 이제 여호와께서 그 약속하신 것을
이루셨다. 여호와께서 약속하신 대
로 내가 내 아버지 다윗의 뒤를 이
어 이스라엘의 왕위에 올랐고 내가
이스라엘의 하나님 여호와의 이름
을 위해 성전을 건축하게 하신 것
이다.
21 내가 또 여호와께서 우리 조상들을
이집트 땅에서 인도해 내실 때 그들
과 맺으신 언약이 담긴 궤를 놓아
둘 곳을 성전 안에 마련했다."

솔로몬의 봉헌 기도 (대하 6:12-42)

22 그러고 나서 솔로몬이 여호와의 제단
앞에 서서 이스라엘 온 회중이 보는
가운데 하늘을 향해 손을 뻗으며
23 이렇게 말했습니다.
"이스라엘의 하나님 여호와여, 하
늘 위에도 땅 밑에도 주와 같은 신
은 없습니다. 주께서는 마음을 다
해 주 앞에서 행하는 주의 종들에
게 언약을 지키고 자비를 베푸시는
분입니다.
24 주께서는 주의 종 제 아버지 다윗에
게 하신 약속을 지키셨습니다. 주
의 입으로 약속하시고 주의 손으로
이루신 것이 오늘과 같습니다.
25 그러므로 이스라엘의 하나님 여호
와여, 주의 종인 제 아버지 다윗에
게 하신 그 약속, 곧 '네 아들들이
그 길을 조심해서 네가 내 앞에서
행한 대로 그들도 내 앞에서 살아
간다면 네 후손 가운데 이스라엘의
왕위에 앉을 사람이 끊어지지 않으
리라'고 하신 그 약속을 지켜 주십
시오.
26 이스라엘의 하나님이여, 이제 제가
기도합니다. 주의 종 다윗에게 하

신 약속의 말씀이 이뤄지게 해 주
십시오.
27 그러나 하나님께서 정말 땅에 사시
겠습니까? 하늘 아니라 하늘의 하
늘이라도 주를 다 모실 수 없는데
하물며 제가 만든 이 성전은 어떻
겠습니까!
28 그러나 내 하나님 여호와여, 주의
종의 기도와 자비를 구하는 소리에
귀 기울이시고 오늘 주의 종이 주
앞에서 기도할 때 그 부르짖음과
기도를 들어 주십시오.
29 주께서 '내 이름이 거기 있으리라'고
하신 곳인 이 성전을 밤낮으로 주
목하고 보시며 주의 종이 이곳을
향해 하는 기도를 들어 주십시오.
30 주의 종과 주의 백성 이스라엘이
이곳을 향해 기도할 때 그 구하는
것을 들어 주십시오. 주가 계신 곳
하늘에서 들어 주시고 주께서 들으
실 때 용서해 주십시오.
31 어떤 사람이 자기 이웃에게 지은
잘못 때문에 맹세를 해야 할 때 그
가 이 성전, 곧 주의 제단 앞에 와
서 맹세하면
32 주께서는 하늘에서 들으시고 행해
주십시오. 주의 종들을 심판하셔
서 악인을 정죄하고 그 행위를 그
머리에 돌리시되 의인에게는 의롭
다 하시고 그 의로운 대로 갚아 주
십시오.
33 주의 백성 이스라엘이 주께 죄를
지어 적들에게 패배를 당했다가도
돌이켜 주의 이름을 부르며 이 성
전에서 주께 기도하고 간구하면
34 주께서는 하늘에서 들으시고 주의
백성 이스라엘의 죄를 용서하시며
주께서 그 조상들에게 주신 그 땅
을 그들에게 되돌려 주십시오.
35 주의 백성들이 주께 죄를 지었기
때문에 주께서 하늘을 닫아 비가
오지 않는 벌을 주셨을 때 그들이
이곳을 향해 기도하며 주의 이름
을 부르고 죄에서 돌이키면
36 주께서는 하늘에서 들으시고 주의
종들과 주의 백성 이스라엘의 죄를
용서해 주십시오. 그들이 가야 할
선한 길을 가르쳐 주시고 주의 백
성에게 유업으로 주신 그 땅에 비
를 내려 주십시오.
37 그 땅에 기근이 있거나 전염병이나
병충해가 돌거나 곰팡이나 메뚜기
나 황충이 생기거나 적들이 그들의
성을 함락하는 등 어떤 재앙이나
질병이 있을 때
38 주의 백성 이스라엘이 각각 자기
마음에 재앙을 깨닫고 이 성전을
향해 자기 손을 뻗으며 기도를 드
리거나 간구하면
39 주께서는 주가 계신 곳 하늘에서
들으시고 용서해 주십시오. 주께서
는 사람의 마음을 아시니 각 사람
에게 그가 한 모든 일에 따라 행하
시고 갚아 주십시오. 오직 주만이
모든 인생의 마음을 아십니다.
40 그러면 그들이 주께서 우리 조상들

에게 주신 이 땅에서 사는 동안 항
상 주를 경외할 것입니다.
41 또 주의 백성 이스라엘에 속하지
않지만 주의 위대한 이름 때문에
먼 땅에서 온 이방 사람들이라도
42 그들이 주의 위대한 이름과 주의
강한 손과 주의 쭉 뻗친 팔에 대해
듣고 와서 이 성전을 향해 기도하
면
43 주께서는 주가 계시는 곳 하늘에
서 들으시고 이 이방 사람들이 주
께 무엇을 구하든 다 들어주십시
오. 그러면 이 땅의 모든 민족들이
주의 백성 이스라엘처럼 주의 이름
을 알고 주를 경외할 것이요, 또 제
가 지은 이 성전이 주의 이름으로
불리는 것을 알게 될 것입니다.
44 주의 백성들이 주께서 보내시는 곳
에 적과 싸우러 나갈 때 그들이 주
께서 선택하신 이 성과 제가 주의
이름을 위해 지은 이 성전을 향해
여호와께 기도하면
45 주께서는 하늘에서 그들의 기도와
간구를 들으시고 그 일을 돌아봐
주십시오.
46 죄를 짓지 않는 사람이 없으니 그
들이 주께 죄를 지어 주께서 그들
에게 진노하시고 적들의 손에 넘겨
주셔서 그들이 포로가 돼 멀든지
가깝든지 적들의 땅으로 끌려갈 때
47 만약 그들이 포로로 잡혀 있는 그
땅에서 마음을 돌이켜 회개하고
주께 간구하며 '우리가 죄를 짓고
잘못을 저질렀으며 악한 행동을 했
습니다'라고 말하면
48 또 만약 그들이 마음과 정성을 다
해 자기들을 사로잡아 간 적들의 땅
에서 주께 돌아와 주가 그 조상들
에게 주신 그 땅, 곧 주께서 선택하
신 성을 향해, 제가 주의 이름을 위
해 지은 이 성전을 향해 기도하면
49 주께서는 주가 계신 곳, 하늘에서
그들의 기도와 그들의 간구를 들으
시고 그 일을 살펴 주십시오.
50 그리고 주께 죄지은 주의 백성들을
용서해 주십시오. 그들이 주께 저
지른 모든 허물을 용서하시고 그
사로잡아 간 사람들이 그들을 불
쌍히 여기게 해 주십시오.
51 그들은 철을 단련하는 용광로 같
은 이집트에서 이끌어 내신 주의
백성들이며 주의 유업입니다.
52 주께서는 주의 종의 간구와 주의
백성 이스라엘의 간구를 살펴 주시
고 그들이 부르짖을 때마다 귀 기
울여 주십시오.
53 주 여호와여, 주께서 우리 조상들
을 이집트에서 이끌어 내실 때 주
의 종 모세를 통해 선포하신 대로
주께서는 그들을 세상 모든 민족들
과 구별해 주의 유업이 되게 하신
것입니다."
54 솔로몬은 무릎을 꿇고 하늘을 향해
손을 뻗어 여호와께 이 모든 기도와
간구를 마치고 여호와의 제단 앞에서
일어났습니다.

55 그는 일어나 큰 소리로 이스라엘 온
회중을 축복하며 말했습니다.
56 "여호와를 찬양하라. 여호와는 약
속하신 대로 그 백성 이스라엘에게
안식을 허락하셨다. 여호와께서 그
종 모세를 통해 주신 모든 선한 약
속들이 하나라도 이뤄지지 않은 것
이 없다.
57 우리 하나님 여호와께서 우리 조상
들과 함께하셨던 것처럼 우리와 함
께하시기를 빈다. 그분이 우리를 떠
나거나 버리시는 일이 없기를 빈다.
58 그분이 우리 마음을 그분께로 돌
이켜 그분의 길을 가게 하시고 그
분이 우리 조상들에게 주신 그분
의 명령과 규례와 법도를 지키게
하시기를 빈다.
59 그리고 내가 여호와 앞에서 간구했
던 내 이 말들이 우리 하나님 여호
와께 밤낮으로 가까이 있어 여호와
께서 그 종의 일과 그 백성 이스라
엘의 일을 날마다 돌보셔서
60 이 땅의 모든 민족들이 여호와께서
하나님이시며 그 외에는 아무도 없
음을 알게 하시기를 빈다.
61 그러니 너희 마음은 오늘처럼 여호
와의 규례를 따라 살고 그 명령을
지키면서 우리 하나님 여호와께 온
전히 헌신하도록 해야 할 것이다."

성전 봉헌식 (대하 7:4-10)

62 그리고 왕은 왕과 함께 있던 온 이스
라엘과 더불어 여호와 앞에 제사를
드렸습니다.
63 솔로몬은 화목제물을 드렸는데 그가
여호와께 드린 것은 소 2만 2,000마
리, 양 12만 마리였습니다. 이렇게 왕
과 모든 이스라엘 사람들은 여호와의
성전을 봉헌했습니다.
64 그날 왕은 여호와의 성전 앞쪽 가운
데 뜰을 거룩히 구별하고 거기에서
번제와 곡식제와 화목제의 기름을 드
렸습니다. 여호와 앞의 청동 제단이
너무 작아 번제물과 곡식제물과 화목
제물의 기름을 놓을 수 없었기 때문
입니다.
65 그때 솔로몬이 온 이스라엘과 함께 그
절기를 지켰는데 *하맛 어귀에서부터
이집트 국경의 강에 이르기까지 넓은
지역에 사는 많은 사람들이 모였습니
다. 그들은 하나님 여호와 앞에서 7일
동안 절기를 지내고 또 7일을 지내서
모두 14일 동안 절기를 지켰습니다.
66 그는 8일째에 사람들을 돌려보냈습니
다. 그들은 왕을 축복하고 여호와께
서 그의 종 다윗과 그 백성 이스라엘
을 위해 하신 모든 선한 일에 기뻐하
고 즐거워하며 그 장막으로 돌아갔습
니다.

여호와께서 솔로몬에게 나타나시다

9 솔로몬이 여호와의 성전과 왕궁 건
축을 마치고 또 그가 바라던 모든
일을 이루고 난 뒤
2 여호와께서 전에 기브온에서 나타나
셨던 것처럼 솔로몬에게 두 번째 나타
나셨습니다.

8:65 히브리어, 르보 하맛

3 여호와께서 그에게 말씀하셨습니다.
"네가 내 앞에서 기도하고 간구한
것을 내가 들었다. 네가 지은 이 성
전을 내가 거룩히 구별해 내 이름
을 영원히 거기에 두겠다. 내 눈과
마음이 항상 그곳에 있을 것이다.
4 이제 너는 네 아버지 다윗이 한 것
처럼 내 앞에서 충성스러운 마음
으로 정직하게 살며 내가 명령한
모든 것을 실천하고 내 규례와 법
도를 잘 지켜라.
5 그러면 내가 네 아버지 다윗에게
'이스라엘의 왕좌에 앉을 사람이 네
게서 끊어지지 않으리라'고 약속한
대로 내가 네 이스라엘 왕위를 영
원히 세울 것이다.
6 그러나 *너나 네 아들들이 만약
나를 따르지 않고 등을 돌려 내가
네 앞에 둔 내 명령과 규례를 지키
지 않고 다른 신들에게 가서 섬기
고 숭배하면
7 내가 이스라엘에게 준 그 땅에서
그들을 끊어 내고 내 이름을 위해
내가 거룩하게 구별한 이 성전을
네 눈앞에서 던져 버릴 것이다. 그
렇게 되면 이스라엘은 모든 민족들
가운데 비웃음거리와 조롱거리가
될 것이다.
8 그리고 비록 이 성전이 지금 이토
록 으리으리하더라도 지나가는 모
든 사람들이 깜짝 놀라며 '여호와
께서 이 땅과 이 성전에 왜 이런 일
을 하셨을까?' 하고 비웃을 것이다.
9 그러면 사람들은 '그들이 자기 조
상들을 이집트에서 이끌어 내신 그
하나님 여호와를 버리고 다른 신들
을 숭배하고 섬겼기 때문에 여호와
께서 이 모든 재앙을 그들에게 내
리신 것이다'라고 대답할 것이다."

솔로몬의 다른 업적들 (대하 8:1-18)

10 솔로몬이 여호와의 성전과 왕궁, 이

9:6 히브리어, '너희'

하용조 목사의
행복한 **메시지**

신앙의 장애물

참된 신앙을 갖는 것은 결코 쉬운 일이 아닙니다. 왜냐하면 신앙은 '하나님 앞에서'(코람데오)이기 때문입니다. 다른 사람은 쉽게 속일 수 있을지 몰라도 자기 자신과 하나님은 속일 수 없습니다. 예수님은 신앙의 장애물을 3가지로 말씀하셨습니다.
첫째는 탐심입니다. 이것은 우리 신앙을 파괴하는 가장 강력한 세력이자 모든 죄악을 불러일으키는 요인입니다. 둘째는 게으름입니다. 이것은 우리 신앙을 침체의 늪으로 빠지게 하는 요인입니다. 게으름과 나태함에서 벗어나지 못하면 우리 신앙은 메마르고 영적인 힘을 잃어버립니다. 셋째는 비판입니다. 이것은 남의 약점과 잘못을 들추어내는 신앙적인 자기 의(義)로 매우 위험한 영적 독소입니다. 참된 신앙을 위해서는 우리 안에 있는 탐심과 게으름과 비판하는 태도를 제거하는 일이 무엇보다 시급합니다.

두 건축물 짓기를 20년 만에 마치고
11 두로 왕 히람에게 갈릴리 땅에 있는
20개의 성들을 주었습니다. 히람이
백향목과 잣나무와 금을 솔로몬이 원
하는 대로 제공했기 때문입니다.
12 그러나 히람은 두로에서 와서 솔로몬
이 자기에게 준 성들을 보고 별로 기
뻐하지 않았습니다.
13 히람이 물었습니다. "내 형제여, 어떻
게 내게 이런 성들을 주었소?" 그러고
는 그 성들을 *가불 땅이라고 불렀습
니다. 그리하여 오늘날까지 그 이름
이 남아 있습니다.
14 히람이 왕에게 금 *120달란트를 보냈
습니다.
15 솔로몬 왕이 일꾼을 징집한 이유는
여호와의 성전과 자기 왕궁과 밀로와
예루살렘 성벽과 하솔과 므깃도와 게
셀을 건축하기 위해서였습니다.
16 이집트 왕 바로가 전에 게셀에 올라가
함락한 뒤 불을 지르고 그곳 가나안
주민들을 죽이고 그 성을 솔로몬의
아내가 된 자기 딸에게 결혼 선물로
주었습니다.
17 그래서 솔로몬이 게셀을 건축했습니
다. 그는 아래쪽 벧호론을 건축했고
18 바알랏과 유다 땅에 속한 광야의 다
드몰과
19 자신의 국고성들과 전차와 기병대가
주둔하는 성들을 건축했습니다. 솔
로몬은 또 예루살렘과 레바논과 그가
다스리는 모든 영토에 걸쳐 무엇이든
자기가 짓고 싶어 하는 것은 다 지었
습니다.
20 이스라엘 백성이 아닌 아모리 사람,
헷 사람, 브리스 사람, 히위 사람, 여
부스 사람 가운데 그 땅에 남아 있던
사람들,
21 곧 이스라엘 자손들이 완전히 *진멸
하지 못해 그 땅에 남아 있던 사람들
을 솔로몬이 노예로 삼아 노역의 의
무를 지도록 동원했습니다. 그리하여
지금까지도 그렇게 하고 있습니다.
22 그러나 이스라엘 백성들은 한 명도 노
예로 삼지 않았습니다. 이스라엘 사
람들은 군사와 관리와 군지휘관과 전
차 부대 지휘관과 기병대가 됐습니다.
23 그들은 또한 솔로몬의 일을 맡아 지
휘한 감독관이 됐는데 550명의 감독
관이 일하는 사람들을 관리했습니
다.
24 바로의 딸이 다윗 성에서 올라와 솔로
몬이 자기를 위해 지어 준 왕궁으로
옮겼습니다. 그 후에 솔로몬은 밀로를
건축했습니다.
25 솔로몬은 여호와를 위해 지은 제단에
서 1년에 세 번씩 번제와 화목제를 드
렸고 여호와 앞에 놓인 제단에서 분
향도 했습니다. 이렇게 솔로몬은 성전
건축을 마쳤습니다.
26 솔로몬 왕은 또한 에돔 땅 홍해 가의
엘롯 근처 에시온게벨에서 배들을 만
들었습니다.
27 히람은 그때도 바다에 대해 잘 아는

9:13 히브리어, '쓸모없는' 9:14 120달란트는 약 4.11
톤 9:21 히브리어, 헤렘. 생명이나 물건을 완전히 멸
하여 여호와께 바치는 것을 말함.

선원들인 자기 종들을 보내 솔로몬의
사람들과 함께 일하게 했습니다.
28 그들은 오빌에 가서 금 *420달란트를
얻어 솔로몬 왕에게 가져왔습니다.

스바 여왕이 솔로몬을 찾아오다 (대하 9:1–12)

10 스바 여왕이 여호와의 이름으
로 인해 알려진 솔로몬의 명성
을 듣고 어려운 질문을 갖고 그를 시
험하려고 찾아왔습니다.
2 여왕은 수많은 수행원을 거느리고 향
품과 많은 양의 금과 보석들을 싣고
예루살렘에 도착했습니다. 그는 솔로
몬에게 와서 마음속에 갖고 있던 모
든 것을 질문했습니다.
3 솔로몬은 모든 질문에 대답했습니다.
그 어떤 것도 왕이 답하기 어려운 것
은 없었습니다.
4 스바 여왕은 솔로몬의 모든 지혜와
그가 지은 왕궁을 보고
5 또 그 식탁의 음식과 신하들의 자리
와 시중드는 종들의 접대와 그 옷차
림새와 술 맡은 신하와 여호와의 성
전에서 드리는 번제를 보고 눈이 휘
둥그레졌습니다.
6 그녀가 왕에게 말했습니다. "내 나라
에서 들었던 대로 왕이 이루신 일과
지혜에 대한 소문이 사실이었군요.
7 내가 와서 내 눈으로 직접 보기 전에
는 그 소문을 믿지 못했습니다. 그런
데 내가 들은 소문은 사실의 절반도
되지 않는군요. 지혜로 보나 부로 보
나 왕은 내가 들은 소문보다 뛰어나
십니다.
8 왕의 *백성들은 참 행복하겠습니다.
왕의 곁에서 계속 그 지혜를 들을 수
있는 왕의 신하들은 얼마나 행복하
겠습니까!
9 왕의 하나님 여호와를 찬양합니다.
그분이 왕을 기뻐해 왕을 이스라엘의
왕좌에 앉히셨으니 말입니다. 여호와
께서 이스라엘을 영원히 사랑하셔서
당신을 왕으로 삼아 공평과 의를 지
속하게 하신 것입니다."
10 여왕은 왕에게 금 *120달란트와 많
은 양의 향품과 보석들을 선물했습니
다. 그 후로는 스바 여왕이 솔로몬 왕
에게 선물한 만큼 많은 향품이 들어
온 적이 없습니다.
11 (오빌에서 금을 가져온 히람의 배들
은 또 거기서 백단목과 보석을 많이
운반해 왔는데
12 왕은 그 백단목을 사용해 여호와의
성전과 왕궁의 계단을 만들었고 노래
하는 사람들을 위해 하프와 비파를
만들었습니다. 그 후로 그렇게 많은
백단목이 들어온 적이 없었고 오늘까
지 본 적도 없습니다.)
13 솔로몬 왕은 스바 여왕에게 왕의 관례
에 따라 선물한 것 외에도 여왕이 원
하고 구하는 것을 모두 주었습니다.
그 후 여왕은 그곳을 떠나 수행원들
과 함께 자기 나라로 돌아갔습니다.

솔로몬의 영화 (대하 9:13–29)

14 솔로몬이 해마다 거둬들이는 금의 무

9:28 420달란트는 약 14.38톤
10:8 칠십인역과 시리아어역과 불가타에는 '부인들'
10:10 120달란트는 약 4.11톤

게는 *666달란트였고
15 그 밖에 상인들과 무역업자들의 조공
물과 모든 아랍 왕들과 그 통치자들
에게서도 거둬들였습니다.
16 솔로몬 왕은 금을 두드려 큰 방패
200개를 만들었는데 각 방패마다 금
*600세겔이 들어갔습니다.
17 그는 또 금을 두드려 작은 방패 300
개를 만들었으며 각 방패마다 금 *3
마네가 들어갔습니다. 왕은 그것들을
레바논 나무 궁에 두었습니다.
18 또 왕은 상아로 큰 왕좌를 만들고 순
금을 입혔습니다.
19 왕좌에 오르는 계단은 여섯 개가 있
었고 왕좌의 등받이 꼭대기는 둥근
모양으로 돼 있었습니다. 왕좌 양옆에
팔걸이가 있었고 팔걸이 옆에 사자가
한 마리씩 서 있었습니다.
20 여섯 개의 계단 위에 사자 12마리가
양옆에 서 있었습니다. 그 어떤 나라
에도 이렇게 만든 것은 없었습니다.
21 솔로몬의 술잔은 모두 금으로 만들었
고 레바논 나무 궁에 있는 그릇들은
모두 순금이었습니다. 은으로 만든
것은 하나도 없었습니다. 솔로몬 시대
에는 은이 가치가 없었기 때문입니다.
22 왕이 *무역선들을 히람의 배와 함께
바다에 두어서 3년에 한 번씩 금과
은과 상아와 원숭이와 공작을 실어
나르게 했습니다.
23 솔로몬 왕의 부와 지혜가 세상의 다
른 어떤 왕들보다 뛰어났습니다.
24 온 세상 사람들이 하나님께서 솔로몬
마음에 두신 지혜를 들으러 그 앞에
오기를 원했습니다.
25 사람들이 각각 금은으로 만든 물건
과 옷과 갑옷과 향품과 말과 노새 같
은 선물을 해마다 정해진 대로 들고
왔습니다.
26 솔로몬이 전차와 말들을 모아 보았더
니 전차가 1,400대, 말이 1만 2,000
마리가 있었습니다. 솔로몬은 그것을
전차 두는 성에 두기도 했고 예루살렘
에 직접 두기도 했습니다.
27 솔로몬이 왕으로 있을 때 예루살렘에
서 은은 돌처럼 흔하게 됐고 백향목
은 평지의 뽕나무처럼 많아졌습니다.
28 솔로몬의 말들은 이집트와 구에에서
수입한 것으로 왕의 상인들이 구에에
서 제값을 주고 사 온 것이었습니다.
29 전차는 한 대당 은 *600세겔을 주고
말은 한 필당 은 *150세겔을 주고 이
집트에서 수입해 왔습니다. 또 그들은
그것을 헷 사람들과 아람 사람들의
모든 왕들에게 되팔기도 했습니다.

솔로몬의 아내들

11 한편 솔로몬 왕은 바로의 딸을
비롯해 많은 이방 여인들을 사
랑했습니다. 모압 여자, 암몬 여자, 에
돔 여자, 시돈 여자, 헷 여자들이었습
니다.
2 여호와께서 전에 이 민족들에 대해
이스라엘 자손들에게 말씀하셨습니

10:14 666달란트는 약 22.82톤 10:16,29 600세겔은 약 6.84킬로그램 10:17 3마네는 약 1.7킬로그램 10:22 히브리어, '다시스 선단' 10:29 150세겔은 약 1.7킬로그램

다. "너희는 그들과 서로 결혼하지 말
라. 그들은 분명 너희 마음을 자기 신
들에게 돌릴 것이다." 그럼에도 불구
하고 솔로몬은 그들을 사랑했습니다.
3 그에게는 700명의 후비가 있었고 300
명의 첩이 있었는데 그 후비들이 솔로
몬의 마음을 돌려놓았습니다.
4 솔로몬이 나이 들자 왕비들이 그의
마음을 다른 신들에게로 돌려놓았고
솔로몬은 그 아버지 다윗의 마음과
달리 그의 마음을 하나님 여호와께
다 드리지 않았습니다.
5 그는 시돈 사람의 여신 아스다롯과 암
몬 사람의 가증스러운 신 *밀곰을 따
랐습니다.
6 솔로몬은 여호와 보시기에 악을 행했
습니다. 그는 자기 아버지 다윗과는
달리 여호와를 온전히 따르지 않았습
니다.
7 솔로몬은 예루살렘 동쪽 언덕에 모압
의 가증스러운 신 그모스를 위해, 또
암몬 사람의 가증스러운 신 몰록을
위해 산당을 지었습니다.
8 솔로몬은 이방에서 온 자기 왕비들을
위해서도 그렇게 했고 왕비들은 그
우상들을 위해 분향하고 제사를 지
냈습니다.
9 그러자 여호와께서 솔로몬에게 진노
하셨습니다. 그가 이스라엘의 하나님
여호와에게서 마음을 돌이켰기 때문
입니다. 여호와께서는 그에게 두 번씩
이나 나타나셨고
10 이 일에 대해 다른 신들을 따르지 말
라고 명령하셨습니다. 솔로몬은 여호
와의 명령을 지키지 않았습니다.
11 그리하여 여호와께서 솔로몬에게 말
씀하셨습니다. "네가 이런 일을 해 내
가 네게 명령한 내 언약과 내 규례를
지키지 않았구나. 그러므로 내가 이
나라를 반드시 네게서 찢어 내어 네
신하에게 줄 것이다.
12 그러나 네 아버지 다윗을 생각해서
네 시대에는 그렇게 하지 않고 네 아
들의 손에서 빼앗아 찢을 것이다.
13 나라 전체를 찢어 내지는 않고 내 종
다윗과 내가 선택한 예루살렘을 생각
해서 네 아들에게 한 지파를 줄 것이
다."

솔로몬의 대적들

14 그러고 나서 여호와께서 솔로몬의 적
을 일으키셨는데 그는 에돔 사람 하닷
으로 에돔 왕가의 자손이었습니다.
15 전에 다윗이 에돔과 싸울 때 죽은 사
람들을 묻으러 올라간 군사령관 요압
이 에돔의 남자들을 다 쳐서 죽인 일
이 있었습니다.
16 요압과 모든 이스라엘은 에돔에서 모
든 남자를 죽여 없앨 때까지 그곳에
6개월 동안 머물렀습니다.
17 그러나 당시에 아직 어린 소년이었던
하닷은 자기 아버지의 신하 가운데
에돔 사람 몇 명과 함께 이집트로 도
망갔습니다.
18 그들은 미디안에서 출발해 바란으로
갔고 바란에서 사람들을 데리고 이집

11:5 또는 몰렉

트로 내려가서 이집트 왕 바로에게 갔
습니다. 그러자 바로는 하닷에게 집과
땅을 주고 먹을 것도 얼마큼씩 정해
서 주었습니다.
19 하닷은 바로의 은총을 얻게 됐습니
다. 바로는 자기 처제, 곧 다브네스 왕
비의 동생을 하닷에게 주어 결혼시켰
습니다.
20 다브네스의 동생은 하닷에게 아들 그
누밧을 낳아 주었고 다브네스는 그
아이를 바로의 궁에서 양육했습니다.
그리하여 그누밧은 바로의 궁에서 바
로의 자녀들과 함께 살았습니다.
21 하닷은 이집트에 있는 동안 다윗이 자
기 조상들과 함께 무덤에 묻힌 것과
군사령관 요압도 죽었다는 소식을 들
었습니다. 그러자 하닷이 바로에게 말
했습니다. "제가 제 나라로 가도록 보
내 주십시오."
22 바로가 물었습니다. "갑자기 네 나라
로 돌아가겠다니 여기서 부족한 것이
라도 있었느냐?" 하닷이 대답했습니
다. "아무것도 부족한 것이 없습니다.
하지만 가도록 해 주십시오!"
23 하나님께서 솔로몬에게 또 다른 적을
일으키셨습니다. 그는 엘리아다의 아
들 르손인데 자기 주인인 소바 왕 하
닷에셀에게서 도망쳐 나온 사람이었
습니다.
24 그는 다윗이 소바 사람들을 죽일 때
주변 사람들을 모아 반역자 무리의
우두머리가 됐습니다. 그들은 다메섹
으로 가서 정착하고 거기에서 다스렸
습니다.
25 르손은 솔로몬이 살아 있는 동안 이
스라엘의 적으로서 하닷이 한 것처럼
이스라엘을 괴롭혔습니다. 이같이 르
손은 *시리아를 다스렸고 이스라엘을
계속 대적했습니다.

여로보암이 솔로몬을 반역하다

26 또한 느밧의 아들 여로보암이 솔로몬
왕에게 반역했습니다. 여로보암은 솔
로몬의 신하 가운데 한 명으로 스레
다 출신의 에브라임 사람이었으며 그
어머니는 스루아라는 과부였습니다.
27 여로보암이 왕에게 반역한 일은 이러
합니다. 솔로몬이 밀로를 건축하고 아
버지 다윗 성의 무너진 곳을 보수할
때였습니다.
28 여로보암은 뛰어난 용사였습니다. 솔
로몬은 그 젊은이가 부지런한 것을
보고 요셉 집안의 모든 일을 맡아 감
독하게 했습니다.
29 그 무렵 여로보암은 예루살렘을 떠나
길을 가고 있었는데 가는 길에 실로
사람 예언자 아히야를 만났습니다. 아
히야는 새 옷을 입고 있었고 그 들판
에는 이 두 사람뿐이었습니다.
30 아히야는 자기가 입고 있던 새 옷을
붙잡아 12조각으로 찢고는
31 여로보암에게 말했습니다. "열 조각은
네가 가져라. 이스라엘의 하나님 여호
와께서 말씀하신다. '보아라. 솔로몬의
손에서 이 나라를 이렇게 찢어 내 네
게 열 지파를 주겠다.

11:25 아람을 가리킴.

32 그러나 내 종 다윗과 내가 이스라엘
모든 지파들 가운데 선택한 예루살렘
성을 위해서 한 지파는 솔로몬이 갖
게 하겠다.
33 내가 이렇게 하는 것은 *그들이 나를
버리고 시돈의 여신 아스다롯과 모압
의 신 그모스와 암몬 사람의 신 밀곰
을 숭배했으며 그 아버지 다윗과 달
리 내가 보기에 정직하지 않았고 내
규례와 법도를 지키지 않았기 때문이
다.
34 그러나 내가 솔로몬의 손에서 나라
전체를 빼앗지는 않을 것이다. 내 종
다윗이 내 명령과 내 규례를 지켜 내
가 그를 선택했으니 내가 다윗을 위해
서 솔로몬을 평생 동안 통치자로 삼
을 것이다.
35 내가 그 아들의 손에서 그 나라를 빼
앗아 네게 열 지파를 줄 것이다.
36 솔로몬의 아들에게는 내가 한 지파를
주어 내가 내 이름을 두기 위해 선택
한 성 예루살렘에서 내 종 다윗에게
준 등불이 항상 내 앞에 있게 할 것
이다.
37 그러나 내가 너를 택하리니 너는 네
마음이 원하는 대로 모든 것을 다스
릴 것이며 이스라엘의 왕이 될 것이
다.
38 만약 네가 내 종 다윗이 한 것처럼 내
가 무엇을 명령하든지 다 순종하고
내 길로 가며 내가 보기에 정직히 행
동해 내 규례와 명령을 지키면 내가
너와 함께하고 내가 다윗을 위해 영
원한 집을 세운 것같이 너를 위해서
도 영원한 집을 세우고 이스라엘을
네게 줄 것이다.
39 내가 이 일로 다윗의 자손들을 괴롭
게 하겠지만 영원히 괴롭게 하지는
않을 것이다.'"
40 그러므로 솔로몬은 여로보암을 죽이
려 했지만 여로보암은 이집트 땅으로
도망해 시삭 왕에게로 갔고 솔로몬이
죽을 때까지 그곳에 머물러 있었습니
다.

솔로몬의 죽음 (대하 9:29-31)

41 솔로몬의 통치기에 있었던 다른 모든
일들과 그 지혜는 솔로몬의 역대기에
기록돼 있습니다.
42 솔로몬은 예루살렘에서 온 이스라엘
을 40년 동안 다스렸습니다.
43 그는 죽어 그 아버지 다윗의 성에 묻
혔습니다. 그리고 그 아들 르호보암
이 왕위를 계승했습니다.

이스라엘이 르호보암을 반역하다 (대하 10:1-19)

12 르호보암이 세겜으로 갔습니
다. 온 이스라엘이 그를 왕으로
세우기 위해 세겜으로 간 것입니다.
2 솔로몬 왕 앞에서 도망쳐 이집트에 살
고 있던 느밧의 아들 여로보암이 이
소식을 들었습니다.
3 그들이 사람을 보내 여로보암을 불러
내 여로보암과 온 이스라엘 회중이 르
호보암에게 와서 말했습니다.
4 "왕의 아버지는 우리에게 무거운 멍

11:33 히브리어 사본을 따름. 칠십인역과 시리아어역
과 불가타에는 '솔로몬이 나를 버리고'

에를 지우셨습니다. 그러나 이제 그
혹독한 강제 노동의 의무와 왕의 아
버지께서 지우신 무거운 멍에를 가볍
게 해 주십시오. 그러면 저희가 왕을
섬기겠습니다."
5 르호보암이 대답했습니다. "돌아갔다
가 3일 후에 다시 오라." 그러자 사람
들이 돌아갔습니다.
6 르호보암 왕은 자기 아버지 솔로몬이
살아 있을 때 왕 앞에서 섬겼던 노인
들에게 조언을 구하며 물었습니다.
"이 사람들에게 어떻게 대답하면 좋
겠소?"
7 그들이 대답했습니다. "만약 오늘 왕
께서 이 사람들의 종이 돼 백성들을
섬기고 그들에게 선한 말로 대답하시
면 백성들이 영원히 왕의 종이 될 것
입니다."
8 그러나 르호보암은 그 노인들이 해
준 조언을 받아들이지 않고 자기를
섬기고 있던 함께 자란 젊은이들에게
조언을 구했습니다.
9 르호보암 왕이 그들에게 물었습니다.
"너희는 어떤 조언을 하겠느냐? '왕의
아버지가 우리에게 씌운 멍에를 가볍
게 해 달라'고 내게 말하는 이 백성들
에게 어떻게 대답해야겠느냐?"
10 함께 자란 젊은이들이 대답했습니다.
"왕께서는 '왕의 아버지는 우리에게
무거운 멍에를 지우셨으나 왕은 우리
멍에를 가볍게 해 달라'고 말한 이 백
성들에게 이렇게 말씀하십시오. '내
새끼손가락이 내 아버지의 허리보다
굵다.
11 내 아버지께서 너희에게 무거운 멍에
를 지우셨다고 했느냐? 나는 그 멍에
를 더 무겁게 할 것이다. 내 아버지께
서 채찍으로 치셨다면 나는 전갈로
칠 것이다.'"
12 왕이 "3일 뒤에 내게로 오라"고 한 지
시대로 여로보암과 그 모든 백성들이
르호보암에게로 왔습니다.
13 왕은 그 백성들에게 거친 말로 퉁명
스럽게 대답했습니다. 노인들에게서
받은 조언을 무시하고
14 젊은이들의 조언을 따라 말했습니다.
"내 아버지께서 너희 멍에를 무겁게
하셨다고 했느냐? 나는 더 무겁게 할
것이다. 내 아버지께서 너희를 채찍으
로 치셨다면 나는 전갈로 칠 것이다."
15 왕이 이렇게 백성들의 말을 듣지 않
았습니다. 이 일은 하나님께서 하신
것으로 여호와께서 실로 사람 아히야
를 통해 느밧의 아들 여로보암에게
하신 말씀을 이루시려는 것이었습니
다.
16 온 이스라엘은 왕이 자기들의 말을
듣지 않는 것을 보고 왕에게 대답했
습니다. "우리가 다윗과 무슨 상관이
있는가? 우리가 이새의 아들에게서
무슨 유업을 받겠는가? 이스라엘아,
네 장막으로 돌아가라. 다윗이여, 당
신 집안이나 돌아보라." 그러고 나서
이스라엘은 자기 장막으로 돌아갔습
니다.
17 그러나 유다의 여러 성에 살고 있던

이스라엘 자손들은 아직 르호보암의
통치를 받고 있었습니다.
18 르호보암 왕이 강제 동원 노동의 관
리를 맡고 있던 *아도람을 보냈지만
온 이스라엘이 그를 돌로 쳐 죽이고
말았습니다. 그러자 르호보암 왕은 서
둘러 자기 전차를 타고 가까스로 예
루살렘으로 도망했습니다.
19 이렇게 이스라엘이 다윗의 집에 반역
해 오늘날까지 이르렀습니다.
20 온 이스라엘이 여로보암이 돌아왔다
는 소식을 듣고 사람을 보내어 여로보
암을 회중 앞으로 불러내 온 이스라
엘을 다스릴 왕으로 세웠습니다. 다윗
의 집을 따르는 사람은 유다 지파밖
에 없었습니다.
21 르호보암이 예루살렘에 도착하자 유
다의 온 집안과 베냐민 지파를 소집했
는데 용사를 뽑아 보니 18만 명이었
습니다. 그들은 이스라엘 집안과 전쟁
을 일으켜 솔로몬의 아들 르호보암을
위해 나라를 되찾을 생각이었습니다.
22 그러나 하나님의 말씀이 하나님의 사
람 스마야에게 임했습니다.
23 "유다 왕 솔로몬의 아들 르호보암에게
또 유다와 베냐민 온 집안과 나머지
백성들에게 말하여라.
24 '여호와께서 말씀하신다. 너희는 올라

12:18 일부 칠십인역과 시리아어역에는 '아도니람'(왕상 4:6과 5:14을 보라.)

Q&A 세겜 땅, 왜 중요했을까?

참고 구절 | 왕상 12:25

솔로몬이 죽은 후 남왕국의 수도는 예루살렘이었고 북왕국의 수도는 세겜이었다. 세겜이라는 말은 '등' 또는 '어깨'라는 뜻인데 여로보암은 세겜을 중심으로 북왕국을 건설했다(왕상 12:25). 세겜은 비옥한 땅과 풍부한 물, 사통팔달의 교통로 등 사람이 살기에 좋은 조건들을 갖춘 곳이었다. 그래서 이곳엔 수천 년 전부터 사람들이 살아왔다.

이곳은 강우량이 적당하여 보리나 밀, 채소를 경작하기에 알맞았다. 또한 평지를 둘러싸고 있는 산비탈에는 포도나무, 무화과나무, 올리브 나무들이 있었고 목축에 좋은 풀밭이 널려 있었다. 헤브론에 살던 야곱이 아들들을 세겜 근처로 보내서 양을 치게 했다는 것만 보아도 세겜이 목축에 좋은 장소였음을 알 수 있다(창 37:12-15).

아브라함이 가나안 땅에 들어 와서 첫 제단을 쌓은 곳도 세겜이었다(창 12:7). 또한 이스라엘 백성들이 운명 공동체적 결단을 할 때도 세겜에 모였다(수 24:1). 이렇듯 세겜은 이스라엘의 중요한 종교적인 행사 장소로, 제의적 성소로 사용되었고 예루살렘과 함께 중요한 땅으로 인정되었다.

가지도 말고 네 형제 이스라엘 자손
들과 싸우지도 말라. 너희는 각자 집
으로 돌아가라. 이 일은 내게서 나온
것이기 때문이다.'" 그러자 그들이 여
호와의 말씀에 순종해 그 말씀에 따
라 다시 집으로 돌아갔습니다.

벧엘과 단에 세운 금송아지

25 그 후 여로보암은 에브라임 산지에 세
겜을 세우고 그곳에서 살았습니다.
그는 또 그곳에서 나와 부느엘을 건
축했습니다.
26 여로보암은 속으로 생각했습니다. '이
나라가 이제 다윗의 집으로 돌아갈
것 같다.
27 이 백성들이 예루살렘 여호와의 성전
에 제사를 드리러 올라가면 이 백성
들의 마음이 그들의 주인 유다의 왕
르호보암에게로 돌아갈 것이다. 그러
면 그들이 나를 죽이고 유다 왕 르호
보암에게 돌아갈 게 분명하다.'
28 그리하여 여로보암 왕은 조언을 구한
뒤에 금송아지 두 개를 만들고 백성
들에게 말했습니다. "예루살렘에 올라
가는 것이 너희에게 큰일이다. 이스라
엘아, 여기 너희를 이집트에서 이끌어
낸 너희 신들이 있다."
29 그러고는 금송아지 하나는 벧엘에 두
고 다른 하나는 단에 두었습니다.
30 이 일은 죄가 됐습니다. 백성들은 멀
리 단에까지 가서 그 금송아지를 경
배했습니다.
31 여로보암은 산당들을 짓고 레위 자손
이 아닌 보통 사람들을 제사장들로
세웠습니다.
32 그는 유다의 명절처럼 여덟째 달 15일
을 명절로 정하고 제단에서 제물을
바쳤습니다. 이렇게 그는 벧엘에서 자
기가 만든 금송아지들에게 희생제물
을 바쳤습니다. 또한 벧엘에서 자기가
만든 산당에 제사장들을 두었습니다.
33 여로보암이 자기 마음대로 정한 여덟
째 달 15일에 자신이 벧엘에 만들어
놓은 제단에서 희생제물을 바쳤습니
다. 그리고 이스라엘 자손들을 위해
명절로 정하고 제단에 제물을 바치고
분향했습니다.

유다에서 온 하나님의 사람

13 여호와의 말씀을 전하려고 하
나님의 사람 하나가 유다에서
벧엘로 왔습니다. 그때 여로보암은 분
향하려고 제단 곁에 서 있었습니다.
2 하나님의 사람이 여호와의 말씀으로
그 제단을 향해 소리쳤습니다. "오 제
단아, 제단아, 여호와께서 말씀하신
다. '요시야라는 아들이 다윗의 집에
태어날 것이다. 그가 네 위에서 분향
하는 산당의 제사장들을 네 위에서
제물로 바칠 것이요, 네 위에서 사람
들의 뼈를 태울 것이다.'"
3 바로 그날 그 하나님의 사람이 표적
을 보이며 말했습니다. "이것은 여호
와께서 말씀하시는 표적이다. 이 제단
은 산산조각 나고 그 위의 재들이 쏟
아질 것이다."
4 여로보암 왕은 하나님의 사람이 벧엘
제단을 향해 소리친 것을 듣고 제단

에서 손을 뻗으며 말했습니다. "저자
를 붙잡으라!" 그때 그를 향해 뻗은
왕의 손이 굳어 다시 거둘 수 없었습
니다.
5 또한 하나님의 사람이 여호와의 말씀
으로 보인 표적대로 제단은 산산조각
이 나고 재들이 쏟아졌습니다.
6 그러자 왕이 하나님의 사람에게 말했
습니다. "당신의 하나님 여호와께 은
총을 빌어서 내 손이 되돌아오도록
나를 위해 중보 기도해 주시오." 하나
님의 사람이 여호와께 간구했더니 왕
의 손이 되돌아와 이전처럼 됐습니
다.
7 왕이 하나님의 사람에게 말했습니다.
"내 집으로 가서 함께 좀 쉬시오. 내
가 당신에게 상을 주겠소."
8 그러나 하나님의 사람이 왕에게 대답
했습니다. "왕이 내게 왕 소유의 2분
의 1을 준다 해도 나는 왕과 함께 가
지 않겠습니다. 또 여기서는 빵도 먹
지 않고 물도 마시지 않겠습니다.
9 '너는 빵도 먹지 말고 물도 마시지 말
고 네가 왔던 길로 돌아가지도 마라'
라는 여호와의 명령을 내가 받았기
때문입니다."
10 그러고는 벧엘로 왔던 길이 아닌 다
른 길로 돌아갔습니다.
11 당시에 벧엘에는 나이 많은 한 예언자
가 있었습니다. 그의 아들들이 와서
하나님의 사람이 그날 벧엘에서 한
일을 모두 그에게 말해 주었습니다.
그들은 또한 그가 왕에게 한 말에 대
해서도 그 아버지에게 이야기했습니
다.
12 그 아버지가 그들에게 물었습니다.
"그가 어떤 길로 갔느냐?" 그 아들들
이 유다에서 온 하나님의 사람이 어
느 길로 갔는지 보았기 때문입니다.
13 그러고는 그가 아들들에게 말했습니
다. "나귀에 안장을 얹으라." 그들이 나
귀에 안장을 얹자 그는 나귀를 타고
14 하나님의 사람을 따라갔습니다. 예
언자는 상수리나무 아래에 앉아 있
는 그를 발견하고 물었습니다. "당신
이 유다에서 오신 하나님의 사람입니
까?" 그가 대답했습니다. "그렇소."
15 그러자 그 예언자가 그에게 말했습니
다. "내 집으로 가서 함께 빵을 좀 드
십시다."
16 하나님의 사람이 말했습니다. "나는
당신과 함께 돌아갈 수도 없고 당신
집에 들어갈 수도 없소. 또 이곳에서
는 빵도 먹을 수 없고 물도 마실 수
없소.
17 여호와의 말씀이 내게 '너는 빵도 먹
지 말고 물도 마시지 말고 네가 온 길
로 돌아가지도 마라'라고 하셨기 때
문입니다."
18 늙은 예언자가 대답했습니다. "나도
당신과 같은 예언자입니다. 천사가 여
호와의 말씀으로 내게 '저 사람을 네
집에 불러와 그에게 빵도 먹이고 물
도 마시게 하여라'라고 했습니다." 그
러나 그는 거짓말을 하고 있었습니다.
19 그리하여 하나님의 사람은 그와 함께

돌아가 그 집에서 빵을 먹고 물을 마
셨습니다.
20 그들이 식탁에 앉아 있는데 여호와의
말씀이 그를 데려온 늙은 예언자에게
임했습니다.
21 그가 유다에서 온 하나님의 사람에게
소리쳤습니다. "여호와께서 말씀하신
다. '네가 여호와의 말씀을 듣지 않고
네 하나님 여호와가 네게 주신 명령
을 지키지 않았다.
22 빵도 먹지 말고 물도 마시지 말라고
하였는데 네가 돌아가 그곳에서 빵도
먹고 물도 마시지 않았느냐? 그러니
네 시체가 네 조상들의 무덤에 들어
가지 못할 것이다.'"
23 하나님의 사람이 다 먹고 마신 뒤 그
예언자는 자기가 데려온 하나님의 사
람을 위해 나귀에 안장을 얹었습니다.
24 그 하나님의 사람이 길을 가는데 가
는 길에 사자를 만나 죽임을 당했습
니다. 그의 시체가 길에 나뒹굴었고
나귀와 사자가 함께 그 곁에 서 있었
습니다.
25 그곳을 지나가던 사람들이 시체가 길
에 나뒹굴고 시체 곁에 사자가 서 있
는 것을 보고 가서 그 늙은 예언자가
살고 있는 성에 알렸습니다.
26 잘 가고 있던 하나님의 사람을 데려
왔던 예언자는 그 소식을 듣고 말했
습니다. "그는 여호와의 말씀을 듣지
않은 하나님의 사람이다. 그러므로
여호와께서 그를 사자에게 넘겨주셔
서 사자가 그를 찢어 죽인 것이니 여
호와께서 그에게 말씀하신 대로 됐
다."
27 예언자가 아들들에게 말했습니다.
"나귀에 안장을 얹으라." 그들이 나귀
에 안장을 얹자
28 그는 나가서 그 시체가 길에 나뒹굴
고 나귀와 사자가 곁에 서 있는 것을
보았습니다. 사자는 시체를 먹지도
않았고 나귀를 찢지도 않았습니다.
29 그 선지자는 하나님의 사람의 시체를
수습해 나귀에 얹고 다시 자기 성으
로 데려와서 애곡하고 묻어 주었습니
다.
30 그는 시체를 자기 무덤에 안치하고 그
를 위해 애곡하며 말했습니다. "오,
내 형제여!"
31 시체를 묻고 난 뒤 그가 아들들에게
말했습니다. "내가 죽으면 저 하나님
의 사람을 묻은 무덤에 함께 묻으라.
내 뼈를 그의 뼈 곁에 묻으라.
32 그가 여호와의 말씀으로 벧엘 제단과
사마리아 여러 성에 있는 모든 산당
들을 향해 선포한 그 말씀이 반드시
이루어질 것이기 때문이다."
33 이 일 후에도 여로보암은 그 악한 길
에서 돌이키지 않았습니다. 또다시
산당에 여러 종류의 사람들을 제사
장들로 세웠습니다. 누구든 원하기만
하면 그가 구별해 산당의 제사장으
로 삼았습니다.
34 이것이 여로보암의 집에 죄가 돼 결국
그 집은 이 땅 위에서 끊어져 멸망에
이르게 됐습니다.

여로보암에 대한 아히야의 예언

14 그때 여로보암의 아들 아비야
가 병들었습니다.
2 여로보암이 자기 아내에게 말했습니
다. "당신이 내 아내인 줄 사람들이
모르게 변장하고 실로로 가시오. 예
언자 아히야가 거기 있을 것이오. 아
히야는 내가 이 백성을 다스릴 왕이
되리라고 말해 준 사람이오.
3 빵 열 덩이와 과자와 꿀 한 병을 가지
고 아히야에게 가시오. 그가 이 아이
에게 무슨 일이 일어날지 말해 줄 것
이오."
4 그리하여 여로보암의 아내는 여로보
암이 말한 대로 준비하고 실로에 있
는 아히야의 집으로 갔습니다. 아히야
는 나이 때문에 눈이 침침해져 앞을
잘 볼 수 없었습니다.
5 그렇지만 여호와께서 아히야에게 말
씀하셨습니다. "여로보암의 아내가 와
서 아들에 대해 네게 물을 것이다. 여
로보암의 아들이 아프기 때문이다.
그러면 너는 이러이러한 대답을 해
주어라. 여로보암의 아내는 들어오면
서 다른 사람인 양 행동할 것이다."
6 여로보암의 아내가 문으로 들어오는
발소리를 듣고 아히야가 말했습니다.
"여로보암의 아내여, 들어오시오. 왜
다른 사람인 양 변장하였소? 하나님
께서 나를 보내셔서 당신에게 나쁜
소식을 전하라 하셨소.
7 가서 여로보암에게 이스라엘의 하나
님 여호와께서 이렇게 말씀하신다고
전하시오. '내가 너를 이 백성 가운데
높여 내 백성 이스라엘의 통치자로
삼았다.
8 다윗의 집에서 나라를 찢어 내 네게
주었는데 너는 내 종 다윗이 내 명령
을 지키고 온 마음으로 나를 따르며
내가 보기에 정직한 일만 했던 것처
럼 행동하지 않았다.
9 너는 너보다 앞서 살았던 모든 사람
들보다 더 악을 행했다. 네가 너 자신
을 위해 다른 신들을 만들고 우상을
빚어 내 진노를 자아내고 나를 네 등
뒤에 버렸다.
10 그러므로 내가 여로보암의 집안에 재
앙을 내리겠다. 내가 종이나 자유인
을 가리지 않고 이스라엘에서 여로보
암에게 속한 남자를 모두 끊어 버릴
것이다. 내가 쓰레기를 불로 태우듯
다 태워 없애기까지 여로보암 집의 남
은 사람들을 없애 버릴 것이다.
11 여로보암에게 속한 사람들이 성에서
죽으면 개들이 그 시체를 먹을 것이
고 들에서 죽으면 공중의 새들이 그
시체를 먹을 것이다. 이것은 여호와께
서 말씀하신 것이다.'
12 그러니 당신은 집으로 돌아가시오.
당신이 성에 들어설 때 아이는 죽을
것이오.
13 그러면 온 이스라엘이 아이를 위해
애곡하고 그를 묻을 것이오. 그 아이
는 여로보암에게 속한 사람들 가운데
무덤에 묻힐 유일한 사람이오. 여로보
암의 집에서 이스라엘의 하나님 여호

와가 보시기에 선한 것이 그 아이에
게 있기 때문이오.
14 또 여호와께서 이스라엘을 다스릴 왕
을 직접 일으키시면 그 왕은 여로보암
의 집을 끊어 버릴 것인데 그날이 바
로 오늘이오.
15 여호와께서 이스라엘을 치셔서 마치
갈대가 물속에서 흔들리는 것처럼 만
드실 것이오. 여호와께서는 이스라엘
을 그 조상들에게 주신 이 좋은 땅에
서 뽑아내 유프라테스 강 너머로 흩으
실 것이오. 그들이 아세라 목상을 만
들어 여호와를 진노하게 했기 때문이
오.
16 그리고 여호와는 여로보암의 죄 때문
에 이스라엘을 버리실 것이오. 여로보
암이 자기만 죄지었을 뿐 아니라 이스
라엘도 죄짓게 했기 때문이오."
17 그러자 여로보암의 아내가 벌떡 일어
나 길을 나서서 디르사로 갔습니다.
여로보암의 아내가 자기 집 문지방에
막 들어서자 아이가 죽었습니다.
18 온 이스라엘은 아이를 묻어 주고 아
이를 위해 애곡했습니다. 모든 것이
여호와께서 그분의 종 아히야 예언자
를 통해 말씀하신 대로 됐습니다.
19 여로보암의 통치기에 있었던 다른 일
들, 곧 그가 어떻게 전쟁을 일으키고
어떻게 다스렸는지는 이스라엘 왕들
의 역대기에 기록돼 있습니다.
20 여로보암이 22년 동안 다스린 후 조
상들과 함께 잠들고 여로보암의 아들
나답이 그 뒤를 이어 왕이 됐습니다.

유다 왕 르호보암 (대하 11:5-12:15)

21 솔로몬의 아들 르호보암이 유다의 왕
이 됐습니다. 르호보암은 41세였습니
다. 르호보암은 여호와께서 여호와의
이름을 두기 위해 이스라엘 모든 지
파 가운데 선택하신 성 예루살렘에서
17년 동안 다스렸습니다. 그의 어머니
의 이름은 나아마였고 암몬 사람이었
습니다.
22 유다는 여호와 보시기에 악을 행했습
니다. 유다 백성들은 자기 조상들이
지은 모든 죄보다 더 많은 죄를 지어
서 그 죄들로 인해 하나님의 진노를
자아냈습니다.
23 그들은 또한 자기들을 위해 산당을
세웠고 높은 산과 푸른 나무가 있는
곳마다 우상과 아세라 목상을 세웠습
니다.
24 유다 땅에는 남창들도 있었습니다. 이
같이 이스라엘 백성들은 여호와께서
이스라엘 자손들 앞에서 쫓아내신 민
족들이 한 모든 가증한 일들을 똑같
이 했습니다.
25 르호보암 왕 5년에 이집트 왕 시삭이
예루살렘을 공격했습니다.
26 그는 여호와의 성전 보물과 왕궁의
보물들을 다 빼앗아 갔습니다. 그는
솔로몬이 만든 금 방패도 전부 빼앗
아 갔습니다.
27 그리하여 르호보암 왕은 그것들 대신
청동 방패를 만들어 왕궁 입구를 지
키는 호위대장들에게 맡겼습니다.
28 왕이 여호와의 성전에 갈 때마다 경

호병들이 방패를 들고 갔고 돌아와서
는 경호실에 가져다 놓았습니다.
29 르호보암 때 일어났던 모든 일과 그
가 한 모든 것은 유다 왕들의 역대기
에 기록돼 있습니다.
30 르호보암과 여로보암 사이에는 전쟁
이 끊이지 않았습니다.
31 르호보암은 조상들과 함께 잠들고 다
윗 성에 그들과 함께 묻혔습니다. 그
어머니의 이름은 나아마였고 암몬 사
람이었습니다. 르호보암의 아들 아비
얌이 뒤를 이어 왕이 됐습니다.

유다 왕 아비얌 (대하 13:1-14:1)

15 느밧의 아들 여로보암 왕 18년
에 *아비얌이 유다 왕이 됐습
니다.
2 그는 예루살렘에서 3년 동안 다스렸
습니다. 그의 어머니는 아비살롬의 딸
마아가였습니다.
3 아비얌은 아버지가 지은 모든 죄들을
그대로 따라 했습니다. 그 조상 다윗
의 마음과 달리 아비얌의 마음은 하
나님 여호와 앞에 온전하지 못했습니
다.
4 그런데도 다윗의 하나님 여호와께서
는 다윗을 위해 예루살렘에서 그에게
등불을 주셨는데 그 뒤를 이을 아들
을 세우시고 예루살렘을 강하게 하신
것입니다.
5 다윗이 여호와의 눈앞에서 정직하게
행동했고 헷 사람 우리아의 경우 말고
는 평생 동안 여호와의 명령을 지키지
않은 것이 하나도 없었기 때문입니다.
6 아비얌이 살아 있는 동안 *르호보암
과 여로보암 사이에 전쟁이 끊이지
않았습니다.
7 아비얌 때 일어났던 모든 일과 그가
한 모든 것은 유다 왕들의 역대기에
기록돼 있습니다. 아비얌과 여로보암
사이에 전쟁이 있었습니다.
8 아비얌은 그 조상들과 함께 잠들어
다윗 성에 묻혔습니다. 그리고 그 아
들 아사가 뒤를 이어 왕이 됐습니다.

유다 왕 아사 (대하 15:16-16:6)

9 이스라엘의 여로보암 왕 20년에 아사
가 유다 왕이 됐습니다.
10 아사는 예루살렘에서 41년 동안 다스
렸습니다. *그의 어머니는 아비살롬
의 딸 마아가였습니다.
11 아사는 그 조상 다윗이 한 것처럼 여
호와의 눈앞에 정직하게 행동했습니
다.
12 아사는 유다 땅에서 남창을 쫓아냈고
왕의 조상들이 만든 모든 우상들을
없애 버렸습니다.
13 그는 또 자기 어머니 마아가를 대비
자리에서 물러나게 했습니다. 그가
가증한 아세라 목상을 만들었기 때문
입니다. 아사는 그 목상을 찍어 기드
론 골짜기에서 태웠습니다.
14 비록 산당을 없애지는 않았을지라도
아사의 마음은 평생 여호와 앞에 온
전했습니다.

15:1 대다수 히브리어 사본을 따름. 일부 히브리어 사본과 칠십인역에는 '아비야'(대하 12:16을 보라.)
15:6 대다수 히브리어 사본을 따름. 일부 히브리어 사본과 시리아어역에는 '아비얌' 15:10 또는 그의 할머니

15 아사는 자기 아버지가 바친 물건들과
자기가 바친 물건들, 곧 은과 금과 그
릇들을 여호와의 성전에 갖다 두었습
니다.
16 아사와 이스라엘 왕 바아사의 사이에
는 그들이 살아 있는 동안 전쟁이 끊
이지 않았습니다.
17 이스라엘 왕 바아사는 유다를 공격하
러 올라가 라마를 건축하고 어느 누
구도 유다 왕 아사에게 왕래하지 못
하도록 막았습니다.
18 그때 아사는 여호와의 성전과 자기
왕궁 창고에 남아 있던 은과 금을 다
가져다 자기 부하들에게 주었습니다.
그리고 다메섹에 사는 다브림몬의 아
들이며 헤시온의 손자인 아람 왕 벤하
닷에게 보내며 말했습니다.
19 "내 아버지와 당신의 아버지 사이에
동맹을 맺었던 것처럼 나와 당신 사
이에도 동맹을 맺읍시다. 보시오. 내
가 당신에게 은과 금을 선물로 보내
니 당신은 이제 이스라엘 왕 바아사와
맺은 동맹을 깨뜨려서 바아사를 내게
서 물러가게 하시오."
20 벤하닷이 아사 왕의 말을 받아들이고
군사령관들을 보내 이스라엘 성들을
공격하게 했습니다. 벤하닷은 이욘과
단과 아벨벧마아가와 긴네렛 온 땅과
납달리 온 땅을 정복했습니다.
21 바아사가 이 소식을 듣고 라마를 건
축하던 일을 멈추고 디르사로 물러났
습니다.
22 그러자 아사 왕은 온 유다 백성에게
명령을 내려 바아사가 건축할 때 사
용하던 돌과 원목들을 라마에서 가져
오도록 했습니다. 아사 왕은 그것들
로 베냐민의 게바와 미스바를 건축했
습니다.
23 아사가 한 모든 일과 권세와 아사가
건축한 모든 성들은 유다 왕들의 역
대기에 기록돼 있습니다. 그는 말년에
발에 병이 났습니다.
24 그 후 아사는 자기 조상들과 함께 잠
들어 그 조상 다윗 성에 조상들과 함
께 묻혔습니다. 그리고 아들 여호사밧
이 뒤를 이어 왕이 됐습니다.

이스라엘 왕 나답

25 여로보암의 아들 나답은 유다의 아사
왕 2년에 이스라엘의 왕이 됐고 나답
은 2년 동안 이스라엘을 다스렸습니
다.
26 그는 여호와의 눈앞에 악한 일을 했
습니다. 그는 이스라엘을 죄짓게 했던
자기 아버지의 악한 길을 따르고 악
한 행동을 그대로 따라 했습니다.
27 잇사갈의 집안 아히야의 아들 바아사
가 그를 대적할 음모를 꾸미고 깁브돈
에서 그를 죽였습니다. 그때는 나답과
온 이스라엘이 블레셋 성 깁브돈을 포
위하고 있을 때였습니다.
28 바아사는 유다의 아사 왕 3년에 나답
을 죽이고 그의 뒤를 이어 왕이 됐습
니다.
29 그는 왕이 되자 여로보암 집안의 모
든 사람을 죽였습니다. 여로보암 집
안의 숨쉬는 사람은 하나도 남김없이

다 죽였습니다. 여호와께서 그의 종
실로 사람 아히야를 통해 말씀하신
그대로 된 것입니다.
30 이 일은 여로보암이 자기만 죄를 지
은 것이 아니라 이스라엘을 죄짓게 해
서 그가 이스라엘의 하나님 여호와를
진노하시게 했기 때문이었습니다.
31 나답 때 일어났던 모든 일과 그가 한
모든 것은 이스라엘 왕들의 역대기에
기록돼 있습니다.
32 아사와 이스라엘 왕 바아사 사이에는
그들이 살아 있는 동안 전쟁이 끊이
지 않았습니다.

이스라엘 왕 바아사

33 유다의 아사 왕 3년에 아히야의 아들
바아사가 디르사에서 온 이스라엘의
왕이 됐고 그는 24년 동안 다스렸습
니다.
34 그는 여호와 보시기에 악을 행했고 여
로보암의 길을 따르며 이스라엘을 죄
짓게 한 그 죄도 따라 했습니다.
16 그 후 바아사에 대한 여호와의
말씀이 하나니의 아들 예후에
게 임했습니다.
2 "내가 흙 속에서 너를 들어 올려 내
백성 이스라엘의 통치자로 삼았는데
네가 여로보암의 길을 걸어서 내 백성
이스라엘이 죄를 짓게 만들었고 그
죄들이 나를 진노하게 했다.
3 그래서 내가 반드시 바아사와 그의
집을 쓸어버리겠다. 또 내가 네 집을
느밧의 아들 여로보암의 집과 같이
만들 것이다.
4 바아사에게 속한 사람들이 성안에서
죽으면 개들이 먹고 들에서 죽으면
공중의 새들이 먹을 것이다."
5 바아사 때 일어난 모든 일과 바아사의
권세는 이스라엘 왕들의 역대기에 기
록돼 있습니다.
6 바아사는 그 조상들과 함께 잠들어
디르사에 묻혔습니다. 그리고 바아사
의 아들 엘라가 뒤를 이어 왕이 됐습
니다.
7 여호와의 말씀이 하나니의 아들인 예
언자 예후를 통해 바아사와 그의 집
에 임했습니다. 바아사가 여호와 보시
기에 악한 행동을 하고 그가 지은 죄
로 여호와의 진노를 자아내 바아사가
여로보암의 집과 같이 됐기 때문입니
다. 게다가 그는 여로보암의 집안을
멸망시키기까지 했습니다.

이스라엘 왕 엘라

8 유다의 아사 왕 26년에 바아사의 아
들 엘라가 이스라엘의 왕이 됐고 디르
사에서 2년 동안 다스렸습니다.
9 엘라가 디르사에 있는 왕궁 관리인
아르사의 집에서 술에 취해 있었는데
왕의 전차의 2분의 1을 관리하는 엘
라의 신하 장관 시므리가 반란을 일
으켰습니다.
10 유다의 아사 왕 27년에 시므리가 들어
가 엘라를 쳐 죽이고 그 뒤를 이어 왕
이 됐습니다.
11 그는 왕위에 앉아 다스리기 시작하자
마자 바아사의 온 집안을 다 죽였습
니다. 시므리는 친척이든 친구든 가리

지 않고 죽여 남자는 한 사람도 남겨
두지 않았습니다.
12 이렇게 시므리는 바아사의 집안을 멸
망시켰습니다. 여호와께서 예언자 예
후를 통해 바아사에게 하신 말씀대로
됐습니다.
13 그것은 바아사와 바아사의 아들 엘라
가 죄를 지었고 또 이스라엘을 죄짓
게 해 그들이 만든 우상들로 이스라
엘의 하나님 여호와의 진노를 자아냈
기 때문입니다.
14 엘라 때 일어난 모든 일과 엘라가 한
모든 일은 이스라엘 왕들의 역대기에
기록돼 있지 않습니까?

이스라엘 왕 시므리

15 유다 왕 아사 27년에 시므리가 디르사
에서 7일 동안 다스렸습니다. 이스라
엘 백성들이 블레셋 성 깁브돈을 공격
하려고 진을 치고 있었습니다.
16 진영에 있던 백성들이 시므리가 음모
를 꾸며 왕을 죽였다는 소식을 듣고
온 이스라엘은 군사령관 오므리를 그
날 그 진영에서 이스라엘의 왕으로
삼았습니다.
17 오므리와 그와 함께 있던 온 이스라엘
은 깁브돈에서 올라가 디르사를 포위
했습니다.
18 시므리는 성이 함락된 것을 보고 왕
궁의 요새로 들어가 왕궁에 불을 지
르고 그 불에 그도 죽었습니다.
19 그것은 그가 여호와의 눈앞에 악을
행하고 여로보암의 길을 따르고 이스
라엘을 죄짓게 한 그 죄를 그대로 따
라 했기 때문입니다.
20 시므리가 한 다른 일들과 시므리의
반란에 대해서는 이스라엘 왕들의 역
대기에 기록돼 있습니다.

이스라엘 왕 오므리

21 그 후 이스라엘 사람들은 두 파로 갈
라졌습니다. 절반은 기낫의 아들 디브
니를 따르며 디브니를 왕으로 추대했
고 다른 절반은 오므리를 따랐습니다.
22 그러나 오므리의 추종자들이 기낫의
아들 디브니를 따르던 사람들을 이겼
습니다. 그래서 디브니가 죽고 오므리
가 왕이 됐습니다.
23 유다 왕 아사 31년에 오므리가 이스라
엘 왕이 됐고 오므리는 12년 동안 다
스렸는데 그 가운데 6년은 디르사에
서 다스렸습니다.
24 오므리는 은 *2달란트를 주고 세멜에
게서 사마리아 산지를 사서 산 위에
성을 건축하고 그 산의 이전 주인인
세멜의 이름을 따서 그 성을 사마리
아라고 불렀습니다.
25 그러나 오므리는 여호와의 눈앞에 악
을 행했고 이전 모든 왕들보다 더 많
은 악행을 저질렀습니다.
26 그는 느밧의 아들 여로보암의 길을 따
라갔고 이스라엘을 죄짓게 했습니다.
그리고 우상을 만들어 이스라엘의 하
나님 여호와의 진노를 자아냈습니다.
27 오므리가 한 다른 일들과 오므리의
권세는 이스라엘 왕들의 역대기에 기
록돼 있습니다.

16:24 2달란트는 약 68.54킬로그램

28 오므리는 그의 조상들과 함께 잠들고
사마리아에 묻혔습니다. 그리고 오므
리의 아들 아합이 뒤를 이어 왕이 됐
습니다.

아합이 이스라엘 왕이 되다

29 유다 왕 아사 38년에 오므리의 아들
아합이 이스라엘의 왕이 됐습니다. 오
므리의 아들 아합은 사마리아에서 22
년 동안 이스라엘을 다스렸습니다.
30 오므리의 아들 아합은 여호와 보시기
에 이전 모든 사람들보다 더 많은 악
을 행했습니다.
31 그는 느밧의 아들 여로보암의 죄를
따라 하는 것을 가볍게 여겼을 뿐 아
니라 시돈 사람의 왕 엣바알의 딸 이
세벨과 결혼하고 바알을 섬기며 숭배
했습니다.
32 그는 자기가 사마리아에 지은 바알 신
전에서 바알을 위해 제단을 쌓았습니
다.
33 아합은 또한 아세라 목상을 만들고
이전 모든 이스라엘 왕들보다도 더한
일로 이스라엘의 하나님 여호와의 진
노를 자아냈습니다.
34 아합의 시대에 벧엘 사람 히엘이 여리
고를 재건했습니다. 히엘이 기초를 쌓
을 때 그 맏아들 아비람을 잃었고 문
을 만들어 달 때 막내아들 스굽을 잃
었습니다. 이것은 여호와께서 눈의 아
들 여호수아에게 말씀하신 그대로 된
것입니다.

엘리야가 극심한 가뭄을 선언하다

17 그때 길르앗에 살던 사람들 가
운데 디셉 사람 엘리야가 아합
에게 말했습니다. "내가 섬기는 이스
라엘의 하나님 여호와께서 살아 계심
을 두고 맹세하는데 앞으로 몇 년 동
안 내 말이 없으면 이슬도 없고 비도
없을 것이다."

까마귀들이 엘리야를 먹이다

2 여호와께서 엘리야에게 말씀하셨습니
다.

Q&A 히엘의 여리고 성 재건축 사건

참고 구절 | 왕상 16:34

여호수아는 여리고 성을 정복하고 나서 누구든지 여리고 성을 다시 쌓는다면 그 사람은 저주를 받을 것이라고 예언했다(수 6: 26). 이것은 이스라엘 백성이 가나안에 들어가기 전, 정복한 성읍이 영원히 폐허로 남아 결코 재건되는 일이 없을 것(신 13:16)이라는 하나님의 말씀이 성취된 것이다.

그 후 아합 시대에 벧엘 사람 히엘이 이 말씀을 기억하지 못하고 여리고 성을 다시 세우려고 했다. 여호수아의 예언대로 히엘은 기초를 쌓을 때 맏아들 아비람을 잃었고 성문을 달 때 막내아들 스굽을 잃었다(왕상 16:34). 이것은 여리고 성 함락 후 여호수아가 예언한 지 500년이 지난 때의 일이었다.

히엘의 여리고 성 재건축 사건은 시대가 변해도 하나님의 말씀이 그대로 이루어짐을 단적으로 보여 주는 것이었다(민 23:19;사 55:11;마 5:18).

3 "너는 여기를 떠나 동쪽으로 가서 요
단 강 앞 그릿 시내 가에 숨어 지내라.
4 그리고 너는 그 시냇물을 마셔라. 내
가 까마귀들에게 명령해 거기 있는
네게 먹을 것을 가져다주게 하겠다."
5 그리하여 엘리야는 가서 여호와의 말
씀대로 했습니다. 요단 강 앞 그릿 시
내 가로 가서 지냈습니다.
6 까마귀들이 아침저녁으로 엘리야에
게 빵과 고기를 날라다 주었습니다.
그리고 엘리야는 그곳의 시냇물을 마
셨습니다.

엘리야와 사르밧 과부

7 얼마 뒤 시냇물이 다 말라 버렸습니
다. 그 땅에 비가 내리지 않았기 때문
입니다.
8 그러자 여호와께서 그에게 말씀하셨
습니다.
9 "너는 일어나 시돈의 사르밧으로 가서
지내라. 내가 그곳에 있는 한 과부에
게 네게 먹을 것을 주라고 명령해 두
었다."
10 엘리야는 일어나 사르밧으로 갔습니
다. 엘리야가 성문에 다다르자 과연
한 과부가 그곳에서 나뭇가지들을 줍
고 있었습니다. 엘리야가 그 여인을
불러 말했습니다. "목을 축이게 그릇
에 물 좀 떠다 주시오."
11 과부가 물을 가지러 가려고 할 때 엘
리야가 그녀를 불러 말했습니다. "빵
도 좀 주시오."
12 그녀가 대답했습니다. "당신의 하나
님 여호와께서 살아 계심을 두고 맹
세하는데 제게 빵은 없고 통에 밀가
루 한 줌과 병에 기름이 조금 있을
뿐입니다. 제가 나뭇가지를 주워 집
에 가서 저와 제 아들을 위해 음식을
만들어 먹고는 죽을 생각이었습니
다."
13 엘리야가 그에게 말했습니다. "두려워
하지 마시오. 가서 당신이 말한 대로
하되 먼저 그것으로 나를 위해 조그
마한 빵 한 개를 구워 주시오. 그리고
나서 당신과 당신 아들을 위해 먹을
것을 만드시오.
14 이스라엘의 하나님 여호와께서 '여호
와가 땅에 비를 내리는 그날까지 통
의 밀가루가 떨어지지 않겠고 병의 기
름이 마르지 않으리라' 하고 말씀하셨
소."
15 과부는 가서 엘리야가 말한 대로 했
습니다. 그러자 그 여자와 엘리야와
그 식구가 여러 날을 먹었는데도
16 통의 밀가루가 떨어지지 않고 병의
기름이 마르지 않았습니다. 여호와께
서 엘리야를 통해 말씀하신 대로 된
것입니다.
17 그런데 얼마 후 이 집의 주인인 사르
밧 과부의 아들이 병들었습니다. 병
세가 점점 심해지더니 마침내 숨을
거두고 말았습니다.
18 사르밧의 과부가 엘리야에게 말했습
니다. "하나님의 사람이여, 내가 당신
과 무슨 상관이 있다고 이렇게 와서
내 죄를 생각나게 하고 내 아들을 죽
게 합니까?"

19 엘리야가 대답했습니다. "당신 아들
을 데려오시오." 엘리야는 과부의 팔
에서 아들을 받아 자기가 지내고 있
는 위층 방으로 올라가서 자기 침대
에 눕혔습니다.
20 그리고 여호와께 부르짖었습니다. "내
하나님 여호와여, 어찌하여 제가 머
무는 집의 이 과부에게 재앙을 내려
그 아들을 죽게 하셨습니까?"
21 그러고 나서 몸을 쭉 펴서 죽은 그
아이의 몸 위에 세 번 엎드리고 여호
와께 부르짖었습니다. "오 내 하나님
여호와여, 기도하오니 이 아이의 혼이
다시 돌아오게 해 주십시오."
22 여호와께서 엘리야의 기도를 들어 주
셨습니다. 아이의 혼이 돌아와 아이
가 살아난 것입니다.
23 엘리야가 아이를 안고 그 집 위층 방
에서 아래로 내려가 아이를 그 어머
니에게 주며 말했습니다. "보시오. 당
신 아들이 살았소!"
24 그러자 여자가 엘리야에게 말했습니
다. "이제 당신이 하나님의 사람인 것
과 당신의 입에서 나오는 여호와의 말
씀이 진실임을 알겠습니다."

엘리야와 오바댜

18 시간이 흘러 3년째 되는 해에
여호와의 말씀이 엘리야에게
임했습니다. "가서 아합을 만나거라.
내가 이 땅에 비를 내릴 것이다."
2 그리하여 엘리야가 아합을 만나러 갔
습니다. 그때 사마리아에는 기근이 극
심했는데
3 아합이 자기 왕궁 관리를 맡고 있는
오바댜를 불렀습니다. 오바댜는 여호
와를 지극히 경외하는 사람이었습니
다.
4 오바댜는 이세벨이 여호와의 예언자
들을 죽일 때 100명의 예언자들을 데
려다가 50명씩 동굴에 숨기고 그들에
게 빵과 물을 먹였던 사람입니다.
5 아합이 오바댜에게 말했습니다. "온
땅을 두루 다니며 모든 샘물과 모든
시내를 둘러보아라. 혹시 말과 노새
에게 먹일 풀을 찾을 수 있을지 모른
다. 그러면 우리 가축들이 저대로 죽
게 버려두지 않고 살릴 수 있을 것이
다."
6 그리하여 그들은 자기들이 살필 땅을
나누고 아합은 이쪽으로, 오바댜는
저쪽으로 가서 조사했습니다.
7 오바댜가 길을 가다가 엘리야를 만났
습니다. 오바댜는 그를 알아보고 땅
에 엎드리며 말했습니다. "내 주 엘리
야여, 당신이십니까?"
8 그가 대답했습니다. "그렇다. 가서 네
주인에게 '엘리야가 여기 있다'라고 말
하여라."
9 그러자 오바댜가 말했습니다. "제가
무슨 죄를 지었다고 당신께서 당신의
종을 아합의 손에 넘겨 죽게 하십니
까?
10 당신의 하나님 여호와께서 살아 계심
을 두고 맹세하는데 제 주인이 당신
을 찾으려고 모든 나라와 모든 왕국
에 사람을 보내지 않은 곳이 없었습

니다. 그리고 '엘리야가 여기 없다'라
고 하면 그 나라와 족속에게 당신을
찾지 못했다는 맹세를 하도록 했습니
다.
11 그런데 이제 당신께서 저더러 주인에
게 가서 '엘리야가 여기 있다' 하고 말
하라는 것입니까?
12 제가 당신을 떠나고 나면 여호와의 영
이 당신을 어디로 데려가실지 모르는
데 제가 가서 아합에게 말했다가 아
합이 당신을 찾지 못하면 저를 죽일
것입니다. 당신의 종인 저는 어려서부
터 여호와를 경외해 왔습니다.
13 내 주여, 이세벨이 여호와의 예언자들
을 죽일 때 제가 어떻게 했는지 듣지
못하셨습니까? 제가 여호와의 예언자
100명을 50명씩 동굴에 나눠 숨기고
빵과 물을 먹였습니다.
14 그런데 저더러 제 주인에게 가서 '엘
리야가 여기 있다' 하고 말하라는 것
입니까? 그는 저를 죽이고 말 것입니
다!"
15 그러자 엘리야가 말했습니다. "내가
섬기는 만군의 여호와께서 살아 계심
을 두고 맹세한다. 내가 오늘 반드시
아합 앞에 나아가겠다."

갈멜 산의 엘리야

16 그리하여 오바댜는 가서 아합을 만나
말했습니다. 그러자 아합이 엘리야를
만나러 왔습니다.
17 아합은 엘리야를 보자 말했습니다.
"네가 바로 이스라엘에 문제를 일으
키는 자로구나!"
18 그러자 엘리야가 대답했습니다. "나는
이스라엘에 문제를 일으킨 적이 없
소. 당신과 당신 아버지의 집안이 문

성·경·상·식 물 / 그릿 시내

• **물** 산소와 수소의 결합체(H_2O)인 물은 지구의 4분의 3을 덮고 있을 뿐 아니라 인체의 70%를 차지한다. 물은 모든 생명체와 깊은 관련이 있다.
특별히 구약 시대에 있어서 물은 모든 것의 기본이었다. 비는 하나님의 선하심의 한 징표로 간주될 정도였다. 그리고 물은 영적인 복과 회복의 상징이었다(시 23:2;사 12:3;35:6–7;호 6:3).
물이 모자란다는 것은 이스라엘 백성에게 있어서 가장 심각한 일 가운데 하나였으며, 예언자들은 그것을 하나님의 심판으로 해석하기도 했다(렘 14:1–9;욜 1:15–20;암 4:7–8).

• **그릿 시내** 팔레스타인 지역에는 1년 내내 흐르는 시내나 강이 없다 해도 과언이 아니다. 강과 시내는 샘에서 흘러나오는 물로 인해 흐르게 되는데, 한철만 흐르는 시내를 '와디'(Wadi, 계절천)라고 한다. 와디는 비가 오지 않을 때는 바닥을 드러내지만 일단 비가 오기 시작하면 격류가 흐르는 시내가 된다. 와디가 말라 있을 때는 그 주변에 아무것도 없다가 물이 흐르기만 하면 어느새 이름 모를 풀과 꽃들이 피어난다.
엘리야가 아합을 피하여 숨었던 그릿 시내도 와디였다. 하나님이 그릿 시내에서 물을 마시라고 하신 것을 보면 엘리야가 숨었을 때는 물이 흐르는 시기였던 것 같다.

제를 일으킨 것이오. 당신은 여호와
의 명령을 저버리고 바알을 따랐소.
19 그러니 이제 온 이스라엘에 일러 나
를 보러 갈멜 산으로 오게 하시오. 그
리고 이세벨의 식탁에서 함께 먹는
바알 예언자 450명과 아세라 예언자
400명을 데려오시오."
20 그리하여 아합은 온 이스라엘 자손들
을 불러 모으고 그 예언자들을 갈멜
산에 모이도록 했습니다.
21 엘리야가 온 백성들 앞에 나가 말했
습니다. "너희가 이 둘 사이에서 얼마
나 더 머뭇거리겠느냐? 여호와가 하
나님이시면 여호와를 따르라. 그러나
바알이 하나님이면 바알을 따르라." 그
러나 백성들은 한마디 대꾸도 하지
않았습니다.
22 그러자 엘리야가 백성들에게 말했습
니다. "여호와의 예언자는 나 혼자만
남았다. 그러나 바알의 예언자는 450
명이나 된다.
23 우리에게 소 두 마리를 가져와라. 저
들에게 하나를 골라 각을 떠서 나뭇
가지 위에 올리게 하되 불은 붙이지
말라. 나도 다른 하나를 준비해 나뭇
가지 위에 올리고 불은 붙이지 않을
것이다.
24 그러고 나서 너희는 너희 신들의 이
름을 부르라. 나는 여호와의 이름을
부를 것이다. 불로 대답하는 신, 그가
바로 하나님이시다." 그러자 온 백성
들이 말했습니다. "당신의 말이 좋습
니다."
25 엘리야가 바알의 예언자들에게 말했
습니다. "너희의 수가 많으니 먼저 너
희가 소 한 마리를 골라 준비하라. 너
희 신의 이름을 부르고 불은 붙이지
말라."
26 그리하여 그들은 소 한 마리를 가져
다가 준비했습니다. 그러고는 아침부
터 정오까지 바알의 이름을 불렀습니
다. "바알이여, 우리에게 대답해 주십
시오." 그러나 아무 소리도 없었고 아
무도 응답하지 않았습니다. 그러자
바알 예언자들은 자기들이 만든 제단
주위를 돌며 뛰었습니다.
27 정오가 되자 엘리야가 바알 예언자들
을 비웃으며 말했습니다. "더 큰 소리
로 하라. 그가 신이니 아마 깊은 생각
에 빠졌거나 너무 바쁘거나 여행을
떠났나 보다. 어쩌면 자고 있을지 모
르니 깨워야 되지 않나 싶다."
28 그러자 그들은 더 큰 소리를 질러 대
며 자기들의 관습대로 피가 흘러나오
기까지 칼과 창으로 자기 몸을 찔러
상하게 했습니다.
29 정오가 지나고 저녁 곡식제사를 드릴
때까지 바알 예언자들은 계속 미친
듯이 날뛰었습니다. 그러나 아무 대
답이 없었고 아무 소리도 없었고 그
누구도 돌아보지 않았습니다.
30 그러자 엘리야가 온 백성들에게 말했
습니다. "내게 가까이 오라." 그들이
다 그에게로 가까이 오자 엘리야는
부서진 여호와의 제단을 고쳤습니다.
31 엘리야는 야곱의 아들들의 지파 수에

따라 돌 12개를 가져왔습니다. 이 야
곱은 옛날에 여호와께서 '네 이름을
이스라엘이라 하리라' 하고 말씀하셨
던 사람입니다.
32 엘리야는 그 돌들을 가지고 여호와의
이름으로 제단을 세우고 제단 주위
에 *2세아 정도의 씨를 담을 만한 구
덩이를 팠습니다.
33 그러고 나서 엘리야는 제단 위에 나
뭇가지를 쌓아 놓고 소 한 마리를 각
으로 떠서 나뭇가지 위에 올려놓고
말했습니다. "네 개의 항아리에 물을
가득 채워 번제물과 나뭇가지들 위에
부으라."
34 그가 또 말했습니다. "다시 한 번 하
라." 그러자 사람들이 다시 그렇게 했
습니다. 그가 명령했습니다. "다시 한
번 더 하라." 그러자 사람들이 세 번
째로 그렇게 했습니다.
35 물이 제단 위로 흐르고 구덩이에도
물이 가득 찼습니다.
36 저녁 곡식제사를 드릴 시간이 되자
예언자 엘리야가 제단 가까이 나와서
말했습니다. "아브라함과 이삭과 이스
라엘의 하나님 여호와여, 주께서 이
스라엘의 하나님이 되시는 것과 제가
주의 종이며 이 모든 일을 주의 명령
으로 했음을 오늘 알려 주십시오.
37 여호와여, 내게 응답해 주십시오. 오
여호와여, 응답하셔서 주는 여호와
하나님이시며 주께서 그들의 마음을
돌이키게 하시는 분임을 이 백성들이
알게 해 주십시오."
38 그러자 여호와의 불이 내려와 번제물
과 나뭇가지와 돌과 흙을 태웠고 구
덩이에 고인 물마저 다 말려 버렸습니
다.
39 온 백성들이 이것을 보자 엎드려 소
리쳤습니다. "여호와, 그분이 하나님
이시다. 여호와, 그분이 하나님이시
다."
40 그러자 엘리야가 백성들에게 명령했
습니다. "바알 예언자들을 붙잡으라.
한 명도 도망치지 못하게 하라." 그들
은 바알 예언자들을 붙잡았습니다.
엘리야는 바알 예언자들을 기손 골짜
기로 데려가 그곳에서 죽였습니다.
41 엘리야가 아합에게 말했습니다. "큰비
소리가 들리니 이제 올라가서 먹고
마시도록 하십시오."
42 그러자 아합은 올라가 먹고 마셨습니
다. 그러나 엘리야는 갈멜 산 꼭대기
로 올라가 얼굴을 무릎 사이에 파묻
고 땅에 꿇어 엎드렸습니다.
43 그가 자기 종에게 말했습니다. "올라
가서 바다 쪽을 바라보아라." 그러자
엘리야의 종이 올라가서 보았습니다.
그리고 대답했습니다. "아무것도 없습
니다." 엘리야는 일곱 번을 "다시 가거
라" 하고 말했습니다.
44 일곱 번째에 그 종이 말했습니다. "사
람 손바닥만 한 작은 구름이 바다에
서 올라오고 있습니다." 그러자 엘리
야가 말했습니다. "올라가서 아합에게
말하여라. '비가 와서 길이 막히기 전

18:32 2세아는 약 15.2리터

에 전차를 준비해 내려가십시오' 하고
말이다."
45 한편 하늘은 구름과 바람으로 시커
멓게 되고 바람이 일어나 큰비가 내
리기 시작했습니다. 아합은 전차를 타
고 이스르엘로 갔습니다.
46 여호와의 능력이 엘리야에게 내려왔
습니다. 그는 허리띠를 동여매고 아합
보다 먼저 이스르엘로 달려갔습니다.

엘리야가 호렙 산으로 도망하다

19 아합은 이세벨에게 엘리야가
한 모든 일과 엘리야가 모든 예
언자들을 칼로 죽였다는 이야기를
해 주었습니다.
2 그러자 이세벨은 엘리야에게 사람을
보내 말했습니다. "만약 내일 이맘때
까지 내가 네 목숨을 죽은 예언자들
가운데 하나의 목숨처럼 되게 하지
못하면 내가 우리 신들에게서 천벌을
받아 마땅하다."
3 엘리야는 이 상황을 보고 목숨을 지
키려고 일어나 도망쳤습니다. 그는 유
다의 브엘세바에 이르자 자기 종을 거
기에 남겨 두고
4 혼자서 하룻길을 가서 광야에 다다
랐습니다. 그는 로뎀 나무 아래 앉아
서 죽기를 기도했습니다. "여호와여,
이제 이것으로 충분하니 제 목숨을
가져가 주십시오. 저는 저의 조상들
보다 나은 것이 없습니다."
5 그러고는 로뎀 나무 아래 누워 잠이
들었습니다. 그때 천사가 그를 만지며
말했습니다. "일어나서 뭘 좀 먹어라."
6 엘리야가 둘러보니 머리맡에 뜨거운
숯으로 구워 낸 빵 한 덩이와 물 한
병이 있었습니다. 그는 그것을 먹고

하용조 목사의 행복한 메시지

두려워하지 마라!

구약 시대에 가장 어두웠던 시절은 아합 왕 때였습니다. 아합 왕은 우상을 숭배하는 이세벨이 시키는 대로 나라를 다스렸습니다. 하나님의 사람들을 잡아 죽이고 제단을 허물었습니다. 그때 예언자 엘리야가 갈멜 산에서 바알과 아세라를 섬기는 예언자들과 대결을 했습니다. 엘리야는 혼자였고 그들은 850명이었습니다. 그러나 엘리야가 하나님께 기도했을 때 하늘에서 불이 내려와 번제물과 제단을 불살랐습니다. 그리고 엘리야는 바알과 아세라를 섬기는 예언자들을 모두 죽였습니다.

그 일로 인해 엘리야는 이세벨에게 미움을 받고 쫓기게 되었습니다. 그때도 그는 혼자였습니다. 외로움과 두려움에 처해 호렙 산에 이르렀을 때 하나님의 음성이 들립니다. "엘리야야, 엘리야야, 두려워하지 마라. 너는 혼자가 아니다. 내가 7,000명을 숨겨 놓았다."

여러분이 정말 기도하는 사람이라면 여러분이 정말 옳은 일을 하고 있다면 걱정하지 마십시오. 여러분이 혼자인 것 같지만 결정적인 순간에 알지 못하는 사람이 와서 도울 것입니다. 숨어 있던 사람들이 나타날 것입니다.

마시고 난 뒤 다시 누웠습니다.
7 여호와의 천사가 다시 와서 그를 만지
며 말했습니다. "일어나 뭘 좀 먹어라.
네 갈 길이 아직 멀었다."
8 그리하여 그는 일어나 먹고 마셨습니
다. 그 음식으로 기운을 차린 뒤 엘리
야는 밤낮으로 40일 동안을 걸어가
서 하나님의 산인 호렙 산에 이르렀
습니다.
9 그는 거기에서 동굴 속으로 들어가
그날 밤을 지냈습니다.

여호와께서 엘리야에게 나타나시다

그때 여호와께서 엘리야에게 말씀하
셨습니다. "엘리야야, 여기서 뭘 하고
있느냐?"
10 엘리야가 대답했습니다. "저는 만군의
하나님 여호와를 매우 열심으로 섬겼
습니다. 그러나 이스라엘 자손들이 주
의 언약을 버리고 주의 제단을 부수
며 주의 예언자들을 칼로 죽여서 이
제 저만 혼자 남았습니다. 그런데 저
들이 이제는 제 목숨까지 빼앗으려
합니다."
11 여호와께서 말씀하셨습니다. "산으로
가서 여호와 앞에 서 있어라. 이제 곧
내가 지나가겠다." 그러고는 크고 강
한 바람이 불어와 여호와 앞에서 산
을 가르고 바위를 부수었습니다. 그
러나 여호와께서는 그 바람 속에 계
시지 않았습니다. 바람이 지나간 뒤
에 지진이 일어났습니다. 그러나 여호
와께서는 그 지진 속에도 계시지 않
았습니다.
12 지진이 물러간 뒤에는 불이 있었습니
다. 그러나 여호와께서는 그 불 속에
도 계시지 않았습니다. 그런데 불이
지나간 뒤에 작은 소리가 들렸습니다.
13 엘리야가 그 소리를 듣고 겉옷으로 자
기 얼굴을 가리고 나가 동굴 입구에
섰습니다. 그러자 갑자기 한 음성이
그에게 들려왔습니다. "엘리야야, 여
기서 뭘 하고 있느냐?"
14 엘리야가 대답했습니다. "저는 만군의
하나님 여호와를 큰 열심으로 섬겼습
니다. 그러나 이스라엘 자손들이 주
의 언약을 버리고 주의 제단을 부수
며 주의 예언자들을 칼로 죽여 이제
저만 혼자 남았습니다. 그런데 저들
이 이제는 제 목숨까지 빼앗으려 합
니다."
15 그러자 여호와께서 엘리야에게 말씀
하셨습니다. "네가 왔던 길로 돌아가
다메섹 광야로 가거라. 너는 그곳에
가서 하사엘에게 기름 부어 아람 왕
이 되게 하여라.
16 또 님시의 아들 예후에게 기름 부어
이스라엘의 왕이 되게 하고 아벨므홀
라 사밧의 아들 엘리사에게 기름 부어
네 뒤를 이어 예언자가 되게 하여라.
17 하사엘의 칼을 피해 도망치는 사람은
예후가 죽일 것이고 예후의 칼을 피
해 도망치는 사람은 엘리사가 죽일 것
이다.
18 그러나 내가 바알에게 무릎을 꿇
지 않고 입을 맞추지도 않은 사람들
7,000명을 이스라엘에 남겨 두었다."

엘리사의 소명

19 그러자 엘리야는 그곳을 떠나 사밧의
아들 엘리사를 찾았습니다. 엘리사는
12쌍의 황소를 앞세우고 밭을 갈고
있었는데 마침 열두째 황소 두 마리
를 몰고 있었습니다. 엘리야는 엘리사
가 밭 가는 옆으로 지나가면서 자기
겉옷을 엘리사에게 던졌습니다.
20 그러자 엘리사가 자기 소들을 버려
두고 엘리야를 따라가서 말했습니다.
"저희 아버지와 어머니께 작별 인사
를 드리게 해 주십시오. 그리고 당신
을 따라가겠습니다." 엘리야가 대답했
습니다. "돌아가거라. 내가 네게 무엇
을 하였느냐?"
21 그러자 엘리사는 엘리야 곁을 떠나 돌
아가 소 한 쌍을 끌어다 잡고 밭 가
는 기구로 불을 지펴 고기를 구워서
사람들에게 나눠 주며 먹게 했습니
다. 그러고 나서 엘리사는 일어나 엘
리야를 따르며 그를 섬겼습니다.

벤하닷이 사마리아를 쳐들어오다

20 그때 아람 왕 벤하닷이 모든 군
대를 소집했습니다. 벤하닷은
각자 전차와 말들을 끌고 온 32명의
영주들과 함께 올라가 사마리아를 에
워싸고 공격했습니다.
2 그는 사마리아 성 안에 있는 이스라엘
왕 아합에게 사람을 보내 말했습니
다. "벤하닷이 말씀하신다.
3 '네 은과 금이 내 것이고 네가 가장
사랑하는 네 아내와 자식들도 내 것
이다.'"
4 이스라엘 왕이 대답했습니다. "내 주
왕이여, 왕의 말씀대로 하십시오. 나
와 내가 가진 모든 것은 왕의 것입니
다."
5 벤하닷의 사람들이 다시 와서 말했습
니다. "벤하닷이 말씀하신다. '내가 네
은과 금과 네 아내들과 자식들을 내
게 넘기라고 사람을 보냈다.
6 그러나 내가 내일 이맘때쯤 내 신하
들을 보낼 것이니 그들이 네 왕궁
을 수색하고 네 신하들의 집을 수색
해 네 눈에 든 것들을 다 가져올 것이
다.'"
7 이스라엘 왕은 그 땅의 모든 장로들
을 소집해 말했습니다. "벤하닷이 우
리를 곤경에 빠뜨리려고 하는 것을
보시오. 그가 내 아내들과 내 자식들
과 내 은과 내 금을 달라고 사람을
보냈는데 내가 거절할 수가 없었소."
8 장로들과 백성들이 모두 대답했습니
다. "그 말을 듣지도 말고 동의하지도
마십시오."
9 그리하여 이스라엘 왕은 벤하닷의 사
람들에게 대답했습니다. "내 주 왕께
전하라. '왕의 종에게 처음 요구하신
것은 모두 들어 드리겠으나 지금의
이 요구는 들어 드릴 수가 없습니다'
라고 말이다." 그들이 나가 벤하닷에
게 그 말을 전했습니다.
10 그러자 벤하닷은 아합에게 다른 말을
전해 왔습니다. "내가 사마리아를 완
전히 멸망시키겠다. 만약 나를 따르
는 백성들이 그 손으로 사마리아에서

부서진 조각을 한 줌이라도 줍는다면
신들이 내게 천벌을 내리셔도 좋다."
11 이스라엘 왕이 대답했습니다. "'갑옷
을 입는 사람이 갑옷을 벗는 사람처
럼 자랑해서는 안 된다'라고 전하라."
12 벤하닷이 다른 왕들과 장막에서 술
을 마시다가 이 말을 듣고는 자기 군
사들에게 명령했습니다. "공격할 준비
를 하라." 그리하여 그들은 사마리아
성을 공격할 준비를 했습니다.

아합이 벤하닷을 물리치다

13 그때 갑자기 한 예언자가 이스라엘 왕
아합에게 다가와 말했습니다. "여호와
께서 말씀하십니다. '이 엄청난 군대
가 보이느냐? 내가 오늘 네 손에 이
들을 주리라. 그러면 너는 내가 여호
와임을 알게 될 것이다.'"
14 아합이 물었습니다. "하지만 누구를
통해 하시겠느냐?" 예언자가 대답했
습니다. "여호와께서 '지방 장관들의
젊은 장교들을 통해 할 것이다'라고
하십니다." 아합이 물었습니다. "누가
전쟁을 시작하겠느냐?" 예언자가 대
답했습니다. "왕이 하십시오."
15 그리하여 아합이 모든 지방 장관들의
젊은 장교를 다 소집했더니 232명이
었습니다. 그러고 나서 온 백성들, 곧
이스라엘 자손들을 모아 보았더니 모
두 7,000명이었습니다.
16 그들은 정오에 공격하러 나갔습니다.
그때 벤하닷과 그와 동맹을 맺은 32
명의 영주들은 장막에서 한창 취해
있었습니다.
17 지방 장관들의 젊은 장교들이 먼저
나갔습니다. 그때 벤하닷이 보낸 정
찰병들이 와서 보고했습니다. "군사
들이 사마리아 성에서 나오고 있습니
다."

성·경·상·식

모세와 엘리야의 공통점

일어난 일들	모 세	엘리야
호렙 산에서 하나님을 만남.	출 3:1–4:17	왕상 19:8–18
하나님이 불을 통해 자신을 나타내심.	출 13:21;19:18;24:17; 레 10:2;민 11:1;16:35	왕상 18:38;19:12; 왕하 1:10,12;2:11
기적적으로 음식을 공급해 주심.	출 16장	왕상 17:8–16
기적을 통해 하나님의 능력을 보여 주심.	출 7–12장	왕상 18:30–39
여호와가 하나님이심을 강조하심.	신 6:4	왕상 18:37–39
후계자를 세움.	신 31:7–8;수 1:1–9 여호수아 ('여호와는 구원이시다.')	왕하 2:12–14 엘리사 ('하나님은 구원이시다.')
장사 지낸 묘를 알 수 없음.	신 34:6–7	왕하 2:11–12
후계자 대에 가서야 요단 강을 건너게 됨.	수 3:14–17	왕하 2:13–14
변화산 사건에서 예수님께 나타남.	마 17:3	마 17:3

18 벤하닷이 말했습니다. "만약 그들이
화평하자고 나오는 것이면 사로잡고
전쟁을 하려고 나오는 것이어도 사로
잡으라."
19 지방 장관들의 젊은 장교들은 자기
뒤를 따르는 군대를 이끌고 성에서
나왔고
20 각각 적군을 만나는 대로 죽였습니
다. 그러자 아람 사람들이 도망쳤고
이스라엘 사람들이 쫓아갔습니다. 아
람 왕 벤하닷은 기마병 몇 명과 함께
말을 타고 도망쳐 버렸습니다.
21 이스라엘 왕이 진격해 말들과 전차들
을 공격하고 아람 사람들을 크게 무
찔렀습니다.
22 그 후 그 예언자가 이스라엘 왕에게
와서 말했습니다. "왕은 가서 힘을 키
우고 앞으로 무슨 일을 해야 할지 생
각해 보십시오. 내년 봄에 아람 왕이
올라와 왕을 공격할 것입니다."
23 한편 아람 왕의 신하들이 아람 왕에
게 조언을 했습니다. "저들의 신은 산
의 신입니다. 그래서 저들이 우리보다
센 것입니다. 하지만 우리가 평지에서
싸운다면 분명 저들보다 강할 것입니
다.
24 그러니 이렇게 하십시오. 모든 지방
장관들을 자리에서 물러나게 하고 군
사령관들로 바꾸십시오.
25 또 왕은 말이면 말, 전차면 전차까지
전에 싸움에 져서 잃은 군대와 같은
군대를 소집하셔야 합니다. 그리하여
우리가 평지에서 이스라엘과 싸울 것
이고 그때는 우리가 분명 그들보다
강할 것입니다." 아람 왕은 신하들의
말을 듣고 그대로 실행에 옮겼습니
다.
26 이듬해 봄에 벤하닷이 아람 사람들을
모아 이스라엘과 싸우기 위해 아벡으
로 올라갔습니다.
27 이스라엘 자손들도 소집돼 물품을 공
급받고는 그들에게 맞서 나갔습니다.
아람 사람들이 온 들판을 가득 메운
것에 비해서 그들 맞은편에 진을 친
이스라엘 자손들은 마치 두 무리의
염소 떼 같았습니다.
28 그때 하나님의 사람이 와서 이스라엘
왕에게 말했습니다. "여호와께서 말
씀하십니다. '아람 사람들이 여호와
는 산의 신이지 골짜기의 신이 아니라
고 했다. 그러므로 내가 이 엄청난 군
대를 네 손에 줄 것이다. 그러면 너는
내가 여호와임을 알게 될 것이다.'"
29 그들은 7일 동안 서로 마주 대한 채
진을 치고 있었습니다. 7일째 되는 날
드디어 싸움이 시작됐습니다. 이스라
엘 자손들이 하루 만에 아람의 보병
10만 명을 죽였습니다.
30 나머지는 아벡 성 안으로 도망쳤는데
그 성벽이 그들 2만 7,000명 위에 무
너지고 말았습니다. 벤하닷은 성안으
로 도망쳐 골방에 몸을 숨겼습니다.
31 벤하닷의 신하들이 그에게 말했습니
다. "보십시오. 우리가 듣기로 이스라
엘 집의 왕들은 자비로운 왕이라고
합니다. 우리가 굵은베를 허리에 매

고 머리에 밧줄을 두르고 이스라엘
왕에게 나가면 이스라엘 왕이 아마
우리 목숨을 살려 줄 것입니다."
32 그들은 허리에 굵은베를 매고 머리에
밧줄을 두르고 이스라엘 왕에게 가
서 말했습니다. "왕의 종 벤하닷이 '나
를 살려 주소서'하고 말합니다." 왕이
대답했습니다. "그가 아직 살아 있느
냐? 그는 내 형제다."
33 벤하닷의 사람들이 이것을 좋은 징조
로 여기고 재빨리 이 말을 받아 말했
습니다. "그렇습니다. 왕의 형제 벤하
닷입니다." 왕이 말했습니다. "가서 그
를 데려오너라." 벤하닷이 밖으로 나
오자 아합은 그를 자기 전차에 태웠
습니다.
34 그러자 벤하닷이 제안했습니다. "내
아버지께서 왕의 아버지에게서 빼앗
은 성들을 돌려 드리겠습니다. 또 내
아버지가 사마리아에 시장을 만든 것
처럼 왕도 다메섹에 왕을 위해 시장
을 만드십시오." 아합이 말했습니다.
"내가 이 조약 때문에 당신을 놓아주
겠소." 그리하여 아합은 조약을 맺고
벤하닷을 돌려보냈습니다.

한 예언자가 아합을 규탄하다

35 예언자들의 아들들 가운데 어떤 사
람이 여호와께 명령을 받고 자기 동료
에게 말했습니다. "나를 쳐라." 그러나
동료 예언자가 때리기를 거절했습니
다.
36 그러자 그 예언자가 말했습니다. "네
가 여호와의 말씀에 순종하지 않았으
니 네가 나를 떠나자마자 사자가 너
를 죽일 것이다." 그러고 나서 그 사
람이 나가자마자 정말 사자가 나타나
그를 죽였습니다.
37 그 예언자가 다른 사람을 만나 말했
습니다. "나를 때려라." 그러자 그 사
람은 예언자를 때려 다치게 했습니
다.
38 그러자 예언자는 길을 떠나 눈을 가
려 변장하고 길가에 서서 왕이 오기
를 기다렸습니다.
39 왕이 지나가자 예언자는 왕에게 소리
쳤습니다. "왕의 종이 치열한 싸움터
에 나갔는데 거기서 한 사람이 포로
를 데려와 '이 사람을 잘 지켜라. 어쩌
다가 놓치면 그 대신 네 목숨을 가져
갈 것이다. 아니면 네가 은 *1달란트
를 내야 한다'고 말했습니다.
40 그런데 왕의 종이 여기저기 바쁘게
다니다 보니 포로로 끌려온 사람이
사라지고 말았습니다." 이스라엘 왕이
말했습니다. "그건 네가 자청한 일이
니 네가 그 벌을 받아 마땅하다."
41 그때 예언자가 재빨리 눈에서 머리
끈을 풀어 냈습니다. 그러자 이스라엘
왕은 그가 예언자들 가운데 하나임
을 알아차렸습니다.
42 그가 왕에게 말했습니다. "여호와께
서 말씀하십니다. '너는 *내가 죽이기
로 작정한 사람을 놓아주었다. 그러
니 네 목숨이 그 목숨을 대신하고 네

20:39 1달란트는 약 34.27킬로그램 20:42 히브리어, 헤렘. 생명이나 물건을 완전히 멸하여 여호와께 바치는 것을 말함.

백성들이 그 백성들을 대신하게 될
것이다.'"
43 이스라엘 왕은 화가 나 사마리아에 있
는 자기 왕궁으로 갔습니다.

나봇의 포도원

21 얼마 후 한 사건이 벌어졌습니
다. 이스르엘 사람 나봇에게는
이스르엘에 포도원이 하나 있었는데
사마리아 왕 아합의 왕궁 가까이 있
었습니다.
2 아합이 나봇에게 말했습니다. "네 포
도원은 내 왕궁에서 가까우니 내가
채소밭으로 가꾸고 싶다. 그러니 내
게 달라. 그 대신 내가 더 좋은 포도
원을 주겠다. 네가 원한다면 그 값을
돈으로 주겠다."
3 그러자 나봇이 대답했습니다. "내 조
상들에게 물려받은 재산을 왕에게
주는 것은 여호와께서 금하신 일입니
다."
4 그러자 아합은 매우 언짢아하며 화가
나 집으로 돌아왔습니다. 이스르엘
사람 나봇이 "내가 내 조상들에게 물
려받은 재산을 왕에게 주지 않겠다"
라고 말했기 때문입니다. 그는 화가
나서 자기 침대에 누워 먹지도 않았
습니다.
5 그 아내 이세벨이 들어와 그에게 물
었습니다. "무슨 언짢은 일이 있었습
니까? 왜 아무것도 드시지 않습니
까?"
6 그가 대답했습니다. "내가 이스르엘
사람 나봇에게 '네 포도원을 팔아라.
네가 원한다면 네 포도원 대신에 다
른 포도원을 주겠다'라고 했소. 그런
데 나봇이 '내 포도원을 왕에게 주지
않겠다'라고 했소."
7 아합의 아내 이세벨이 말했습니다.
"이스라엘의 왕인 당신이 그게 뭡니
까? 일어나 먹을 것을 드시고 기운을

Q&A 나봇의 포도원을 빼앗을 수 없었던 이유

참고 구절 | 왕상 21:1-16

이집트를 탈출한 후 가나안 땅에 들어간 이스라엘은 제비를 뽑아 지파별로 땅을 분배했다. 지파 내에서는 족속별로, 족속 내에서는 가정별로 땅을 나누어 주었다.

분배된 땅은 엄격하게 구분되어 경곗돌(신 19:14;27:17)을 옮기지 못하게 했다. 삶의 수단이 땅이었기 때문에 경곗돌을 옮기는 것은 땅을 빼앗는 것이나 마찬가지였고 그 땅 소유자의 생계를 위협하는 것이었기 때문이다. 그러므로 조상이 물려준 땅을 보호하고 전수하는 것은 율법 최대의 관심사였다. 이것을 안 아합은 나봇의 포도원에 대해 그 값어치만큼 돈을 주거나 다른 것과 교환하자고 제의를 했다(왕상 21:2). 열조의 기업은 왕의 권력으로도 빼앗을 수가 없었던 것이다. 그러나 율법을 모르는 이방 여인 이세벨은 아합의 행동을 이해할 수 없었다. 땅은 왕의 소유물이며 왕은 그 땅에 대해 절대적인 권한이 있다는 이방 사상을 가진 이세벨은, 결국 나봇을 모함하여 죽인 후 포도원을 빼앗아 아합에게 주었다.

차리십시오! 내가 이스르엘 사람 나봇
의 포도원을 왕께 드리겠습니다."
8 이세벨은 아합의 이름으로 편지를 몇
통 쓰고는 그 위에 옥새를 찍고 나봇
과 같은 성에 사는 장로들과 귀족들
에게 보냈습니다.
9 그 편지에는 이렇게 쓰여 있었습니다.
"금식을 선포하고 나봇을 백성들 가
운데 높이 앉히라.
10 그리고 두 명의 건달을 나봇의 맞은
편에 앉히고 나봇이 하나님과 왕을
저주했다고 증언하게 하라. 그리고 나
봇을 밖으로 데리고 나가 돌로 쳐 죽
이라."
11 그리하여 그 성에 살던 장로들과 귀
족들은 이세벨이 편지에 지시한 대로
했습니다.
12 그들은 금식을 선포하고 나봇을 백성
들 가운데 높이 앉혔습니다.
13 그러고 나서 건달 두 명이 들어와 나
봇의 맞은편에 앉더니 백성들 앞에서
나봇에 대해 고소하며 말했습니다.
"나봇이 하나님과 왕을 저주했다." 그
러자 사람들은 나봇을 성 밖으로 끌
고 나가 돌로 쳐 죽였습니다.
14 그리고 이세벨에게 말을 전했습니다.
"나봇이 돌에 맞아 죽었습니다."
15 이세벨은 나봇이 돌에 맞아 죽었다는
소식을 듣자 아합에게 말했습니다.
"일어나 이스르엘 사람 나봇이 왕에
게 팔지 않겠다던 포도원을 차지하십
시오. 나봇은 이제 죽었습니다."
16 아합은 나봇이 죽었다는 소리를 듣고
일어나 이스르엘 사람 나봇의 포도원
을 차지하려고 내려갔습니다.
17 그때 여호와의 말씀이 디셉 사람 엘리
야에게 임했습니다.
18 "너는 일어나 내려가서 사마리아에 살
고 있는 이스라엘 왕 아합을 만나라.
그가 나봇의 포도원을 차지하려고 지
금 그곳에 내려가 있다.
19 너는 그에게 '여호와께서 말씀하신다.
네가 사람을 죽이고 그 재산을 차지
하지 않았느냐?' 라고 하여라. 또 '여
호와께서 말씀하신다. 개들이 나봇의
피를 핥은 바로 그곳에서 개들이 네
피도 핥을 것이다'라고 말하여라."
20 아합이 엘리야에게 말했습니다. "내
원수야, 네가 나를 찾았구나." 엘리야
가 대답했습니다. "내가 왕을 찾은 것
은 당신이 여호와 보시기에 악을 행하
기 위해 자신을 팔았기 때문이오.
21 여호와께서 말씀하시오. '내가 네게
재앙을 내릴 것이다. 내가 네 자손들
을 쓸어버리겠고 종이든 자유인이든
가리지 않고 아합에게 속한 모든 남
자를 이스라엘에서 끊어 버릴 것이다.
22 내가 네 집을 느밧의 아들 여로보암
의 집과 아히야의 아들 바아사의 집처
럼 만들 것이다. 네가 내 진노를 자아
냈고 이스라엘을 죄짓게 했기 때문이
다.'
23 그리고 이세벨에 대해서도 여호와께
서 말씀하시오. '개들이 이스르엘 성
벽 옆에서 이세벨을 먹을 것이다.'
24 아합에게 속한 사람이 성안에서 죽으

면 개들이 먹을 것이며 들판에서 죽
으면 공중의 새들이 먹을 것이다."
25 아합과 같이 여호와의 눈앞에 악을
행하려고 자기 자신을 판 사람은 일
찍이 없었습니다. 이것은 모두 아합의
아내 이세벨이 그를 충동질했기 때문
입니다.
26 아합은 여호와께서 이스라엘 자손들
앞에서 쫓아내신 아모리 사람들이 한
것처럼 우상을 숭배해 여호와께서 혐
오하시는 일을 했습니다.
27 아합은 이 말을 듣고 자기 옷을 찢으
며 굵은베 옷을 몸에 걸치고 금식했
습니다. 또 굵은베 위에 누웠고 힘없
이 다녔습니다.
28 그러자 여호와의 말씀이 디셉 사람 엘
리야에게 내려왔습니다.
29 "아합이 내 앞에서 겸손해진 것을 보
느냐? 그가 내 앞에서 겸손해졌으니
내가 그의 시대에는 재앙을 내리지
않고 그 아들의 시대가 되면 그 집안
에 재앙을 내릴 것이다."

미가야가 아합에 대해 예언하다 (대하 18:2-27)

22 아람과 이스라엘 사이에 3년
동안 전쟁이 없었습니다.
2 그런데 3년째 되는 해에 유다 왕 여호
사밧이 이스라엘 왕을 만나러 내려갔
습니다.
3 이스라엘 왕이 자기 신하들에게 "길르
앗 라못이 우리 것이 아니냐? 그런데
그것을 아람 왕에게서 되찾기 위해
우리가 아무것도 못하고 있으리요" 하
고 말했던 적이 있습니다.
4 그리하여 그가 여호사밧에게 물었습
니다. "왕이 나와 함께 가서 길르앗 라
못을 치겠소?" 여호사밧이 이스라엘
왕에게 대답했습니다. "내가 왕과 하
나이며 내 백성들이 왕의 백성들과
하나이고 내 말들이 왕의 말들과 하
나입니다."
5 그러나 여호사밧은 이스라엘 왕에게
이렇게 말했습니다. "먼저 여호와의
말씀이 어떤지 여쭤 봅시다."
6 그러자 이스라엘 왕이 400명 정도 되
는 예언자들을 모으고 물었습니다.
"내가 길르앗 라못의 군대와 싸우러
올라가는 것이 좋겠소, 아니면 그만
두는 것이 좋겠소?" 예언자들이 대답
했습니다. "가십시오. 여호와께서 그
곳을 왕의 손에 주실 것입니다."
7 그러자 여호사밧이 말했습니다. "여기
여호와께 여쭤 볼 수 있는 또 다른 여
호와의 예언자가 없습니까?"
8 이스라엘 왕이 여호사밧에게 대답했
습니다. "여호와께 여쭤 볼 수 있는 사
람이 이믈라의 아들 미가야라고 아직
한 사람 있습니다. 그러나 그 예언자
가 나에 대해서는 좋은 예언은 하지
않고 항상 나쁜 예언만 해서 내가 그
를 싫어합니다." 여호사밧이 대답했습
니다. "왕께서는 그렇게 말해서는 안
됩니다."
9 그러자 이스라엘 왕이 자기 신하 가
운데 한 사람을 불러 말했습니다. "이
믈라의 아들 미가야를 당장 데려오너
라."

10 이스라엘 왕과 유다 왕 여호사밧은 왕
복으로 차려입고 사마리아 성문 앞
타작마당에 보좌를 놓고 앉아 있었
습니다. 그리고 각 예언자들이 왕들
앞에서 예언하고 있었습니다.
11 그때 그나아나의 아들 시드기야가 자
기가 만든 철 뿔들을 가지고 말했습
니다. "여호와께서 말씀하십니다. '이
것으로 너희가 아람 사람들을 찔러
멸망시킬 것이다.'"
12 다른 모든 예언자들도 똑같이 예언하
며 말했습니다. "길르앗 라못으로 싸
우러 나가 승리를 얻으십시오. 여호와
께서 그 성을 왕의 손에 주실 것입니
다."
13 미가야를 부르러 갔던 사람이 미가야
에게 말했습니다. "보시오. 다른 예언
자들은 다 한결같이 왕을 격려하고
있습니다. 그러니 당신도 그들과 같이
말하고 격려해 주시오."
14 그러자 미가야가 말했습니다. "여호와
께서 살아 계심을 두고 맹세하는데
나는 여호와께서 말씀하신 것만을 왕
에게 말하겠다."
15 미가야가 도착하자 왕이 그에게 물었
습니다. "미가야야, 우리가 길르앗 라
못에서 전쟁을 일으켜도 되겠느냐,
안 되겠느냐?" 미가야가 대답했습니
다. "가서 승리하십시오. 여호와께서
그 성을 왕의 손에 주실 것입니다."
16 왕이 그에게 말했습니다. "내가 몇 번
이나 맹세하게 해야 네가 여호와의 이
름으로 진실만을 말하겠느냐?"
17 그러자 미가야가 대답했습니다. "내가
보니 온 이스라엘이 목자 없는 양처
럼 산 위에 흩어져 있습니다. 여호와
께서 말씀하시기를 '이들에게 주인이
없으니 각각 평안히 자기 집으로 돌
아가게 하여라'라고 하셨습니다."
18 이스라엘 왕이 여호사밧에게 말했습
니다. "저 사람이 나에 대해서 좋은
예언은 하지 않고 나쁜 예언만 한다
고 말하지 않았습니까?"
19 미가야가 말을 이었습니다. "그러니
여호와의 말씀을 들으십시오. 내가 보
니 여호와께서 하늘 보좌 위에 앉아
계시고 하늘의 모든 군대가 여호와의
오른쪽과 왼쪽에 서 있었습니다.
20 여호와께서 '누가 아합을 속여 길르앗
라못에 올라가서 죽게 하겠느냐?'고
하셨습니다. 그러자 누구는 이렇게
하겠다고 하고 누구는 저렇게 하겠다
고 했습니다.
21 그때 한 영이 앞으로 나오더니 여호와
앞에 서서 말했습니다. '제가 그를 속
이겠습니다.'
22 여호와께서 물으셨습니다. '어떻게 하
겠느냐?' 그가 대답했습니다. '제가 나
가서 거짓말하는 영이 돼 아합의 모
든 예언자들의 입에 들어가겠습니다.'
여호와께서 말씀하셨습니다. '너는 그
를 잘 속이고 그가 속아 넘어가게 할
것이다. 가서 그렇게 하여라.'
23 그러니 지금 보십시오! 여호와께서 왕
의 모든 예언자들의 입에 거짓말하는
영을 불어넣으신 것입니다. 여호와께

서 왕에게 재앙을 내릴 작정을 하셨
습니다."
24 그러자 그나아나의 아들 시드기야가
가까이 와서 미가야의 뺨을 때리며
말했습니다. "여호와의 영이 나를 떠
나 어떻게 네게로 가서 말씀하셨느
냐?"
25 미가야가 대답했습니다. "네가 골방
에 들어가 숨게 되는 날 알게 될 것이
다."
26 그러자 이스라엘 왕이 명령했습니다.
"미가야를 붙잡아 이 성의 통치자 아
몬과 왕자 요아스에게 돌려보내라.
27 내가 말하는데 이자를 감옥에 넣고
내가 무사히 돌아올 때까지 고생의
빵과 고생의 물만 먹이라."
28 미가야가 선포했습니다. "당신이 무사
히 돌아온다면 여호와께서 나를 통
해 말씀하시지 않았을 것입니다." 그
가 또 말했습니다. "너희 온 백성들
아, 내 말을 명심하라."

아합이 길르앗 라못에서 죽다 (대하 18:28-34)

29 그리하여 이스라엘 왕과 유다 왕 여호
사밧이 길르앗 라못으로 싸우러 올라
갔습니다.
30 이스라엘 왕이 여호사밧에게 말했습
니다. "나는 변장을 하고 싸움터로 들
어갈 테니 왕은 왕복을 입고 있으시
오." 그리하여 이스라엘 왕은 변장을
하고 싸움터로 들어갔습니다.
31 그때 아람 왕은 자기 군대의 전차 부
대장 32명에게 "크든 작든 다른 사람
과 싸우지 말고 오직 이스라엘 왕과
싸우라"고 명령해 두었습니다.
32 전차 부대장들이 여호사밧을 보고는
"저자가 분명 이스라엘 왕이구나" 하
고 뒤돌아 여호사밧과 싸우려고 하자
여호사밧이 소리를 질렀습니다.
33 전차 부대장들은 그가 이스라엘 왕이
아닌 것을 알고는 쫓아가지 않았습니
다.
34 그런데 누군가가 무심코 쏜 화살이
이스라엘 왕의 갑옷 솔기 사이에 꽂
혔습니다. 왕은 자기 전차의 병사에
게 말했습니다. "전차를 돌려 싸움터
를 빠져나가거라. 내가 부상당했다."
35 전쟁은 시간이 지나갈수록 더 치열해
져 갔고 왕은 전차에 기대어 서서 아
람 사람들을 막다가 저녁때가 되자
죽고 말았습니다. 그 상처에서 피가
흘러 전차 바닥을 흥건히 적셨습니다.
36 해가 지자 이스라엘 군대 내에서 외치
는 소리가 들렸습니다. "모두들 자기
성으로 돌아가라. 모두 자기 고향으
로 돌아가라."
37 그렇게 왕이 죽었고 사마리아로 옮겨
져 묻혔습니다.
38 그들은 사마리아에 있는 못에서 그
전차를 씻었는데 여호와께서 선포하
신 말씀대로 개들이 죽은 아합의 피
를 핥았습니다. 그 못은 창기들이 목
욕하는 곳이었습니다.
39 아합이 한 모든 일을 포함한 아합 시
대의 다른 사건들과 아합이 지은 상
아 궁전과 그가 건축한 성들에 관해
서는 이스라엘 왕들의 역대기에 기록

돼 있습니다.
40 아합은 그 조상들과 함께 잠들고 그
의 아들 아하시야가 뒤를 이어 왕이
됐습니다.

유다 왕 여호사밧 (대하 20:31-21:1)

41 아사의 아들 여호사밧이 이스라엘 왕
아합 4년에 유다 왕이 됐습니다.
42 여호사밧은 35세에 왕이 됐고 예루살
렘에서 25년 동안 다스렸습니다. 그
어머니의 이름은 아수바로 실히의 딸
이었습니다.
43 그는 모든 일에 그 아버지 아사의 길
을 따라 행하며 그 길에서 떠나지 않
았고 여호와 보시기에 정직히 행했습
니다. 그러나 산당은 없애지 못했으
므로 백성들이 산당에서 계속 제사
를 드리고 분향했습니다.
44 여호사밧은 또한 이스라엘 왕과도 평
화롭게 지냈습니다.
45 여호사밧 시대의 다른 일들과 여호사
밧이 이룩한 업적과 그가 전쟁을 일
으킨 것은 유다 왕들의 역대기에 기
록돼 있습니다.
46 여호사밧은 아버지 아사의 통치 시대
후에도 여전히 남아 있던 남자 창기
들을 그 땅에서 없애 버렸습니다.
47 그때 에돔에는 왕이 없었고 대리인이
통치했습니다.
48 그때 여호사밧은 *무역선을 만들고
금을 구하러 오빌로 보냈습니다. 그러
나 그 배들은 에시온게벨에서 파선돼
가지 못했습니다.
49 그때 아합의 아들 아하시야가 여호사
밧에게 말했습니다. "내 종들이 왕의
종들과 함께 배를 타게 해 주십시오."
그러나 여호사밧은 거절했습니다.
50 그 후 여호사밧은 조상들과 함께 잠
들고 자기 조상 다윗 성에 조상들과
함께 묻혔습니다. 그리고 여호사밧의
아들 여호람이 그 뒤를 이어 왕이 됐
습니다.

이스라엘 왕 아하시야

51 아합의 아들 아하시야는 유다 왕 여호
사밧 17년에 사마리아에서 이스라엘
왕이 됐고 이스라엘을 2년 동안 다스
렸습니다.
52 아하시야는 여호와의 눈앞에서 악을
행했습니다. 그는 자기 아버지의 길과
자기 어머니의 길과 이스라엘을 죄짓
게 한 느밧의 아들 여로보암의 길을
그대로 따랐습니다.
53 아하시야는 바알을 섬기고 숭배해 이
스라엘의 하나님 여호와의 진노를 자
아냈습니다. 그는 자기 아버지가 하던
그대로 했습니다.

22:48 히브리어, '다시스 선단'

열왕기하

2 Kings

분열된 남유다와 북이스라엘이 우상 숭배로 인해 점점 타락하다가 급기야 몰락하는 과정을 기록한다. 먼저 북이스라엘이 하나님을 떠나므로 앗시리아에 의해 멸망했고, 남유다 역시 돌이키지 않으므로 바벨론에 포로로 끌려가게 된다. 저자는 왕국의 흥망성쇠가 언약에 대한 순종 여부에 달려 있음을 강조한다. 대표 예언자는 엘리사다.

아하시야에 대한 여호와의 심판

1 아합이 죽은 뒤 모압이 이스라엘에
대항해 반란을 일으켰습니다.
2 그때 아하시야는 사마리아의 자기 다
락방 난간에서 떨어져 중상을 입었습
니다. 그러자 아하시야는 심부름꾼들
을 보내며 말했습니다. "가서 에그론
의 신 *바알세붑에게 내가 이 병에서
회복되겠느냐고 물어보아라."
3 여호와의 천사가 디셉 사람 엘리야에
게 말했습니다. "일어나 올라가서 사
마리아 왕이 보낸 심부름꾼들을 만나
서 말하여라. '이스라엘에는 하나님이
안 계셔서 너희가 에그론의 신 *바알
세붑에게 물으러 가느냐?'
4 그러므로 여호와께서 이렇게 말씀하
신다. '너는 네가 누워 있는 그 침대를
떠나지 못하고 분명 죽게 될 것이다.'"
그리하여 엘리야는 가서 천사가 말해
준 그대로 했습니다.
5 아하시야의 심부름꾼들이 왕에게 돌
아오자 왕이 그들에게 물었습니다.
"너희가 왜 돌아왔느냐?"
6 심부름꾼들이 대답했습니다. "어떤
사람이 저희를 만나러 올라와 저희에
게 '너희를 보낸 왕에게 돌아가 말하
라. 여호와께서 말씀하신다. 이스라엘
에는 하나님이 안 계셔서 네가 에그
론의 신 *바알세붑에게 물으러 가느
냐? 그러므로 너는 네가 누워 있는
그 침대를 떠나지 못할 것이라고 말
하라'라고 했습니다."
7 왕이 그 심부름꾼들에게 물었습니
다. "너희를 만나러 와서 이 이야기를
해 준 사람의 모습이 어떠하더냐?"
8 그들이 대답했습니다. "그는 털이 많
은 사람이었고 허리에 가죽띠를 두르
고 있었습니다." 왕이 말했습니다. "그
사람은 디셉 사람 엘리야다."
9 그러고 나서 그는 엘리야에게 오십부
장과 오십부장의 부하 50명을 함께

1:2,3,6 파리들의 주

보냈습니다. 그 오십부장이 산꼭대기
에 앉아 있는 엘리야에게 올라가 말
했습니다. "하나님의 사람이여, 왕께
서 내려오라고 말씀하십니다."
10 엘리야가 오십부장에게 대답했습니
다. "내가 만약 하나님의 사람이라면
하늘에서 불이 내려와 너와 네 부하
50명을 태워 버릴 것이다." 그러자 하
늘에서 불이 내려와 오십부장과 그
부하들을 태워 버렸습니다.
11 그러자 왕이 엘리야에게 다른 오십부
장과 그의 부하 50명을 보냈습니다.
오십부장이 엘리야에게 말했습니다.
"하나님의 사람이여, 왕께서 당장 내
려오라고 말씀하십니다."
12 엘리야가 대답했습니다. "내가 만약
하나님의 사람이라면 하늘에서 불이
내려와 너와 네 부하 50명을 태워 버
릴 것이다." 그러자 하나님의 불이 하
늘에서 내려와 오십부장과 오십부장
의 부하들을 태워 버렸습니다.
13 그러자 왕은 세 번째로 다른 오십부
장과 그의 부하 50명을 보냈습니다.
그 세 번째 오십부장은 올라가 엘리
야 앞에 무릎을 꿇고 간청했습니다.
"하나님의 사람이여, 제발 당신의 종
들인 저와 이 부하 50명의 목숨을 소
중하게 여겨 주십시오.
14 보십시오. 하늘에서 불이 떨어져 저
번에 왔던 오십부장 두 명과 그의 부
하들이 모두 불타 버렸습니다. 그러
나 이제 제 목숨만은 소중하게 여겨
주십시오."
15 여호와의 천사가 엘리야에게 말했습
니다. "이 사람과 함께 내려가거라. 그
를 두려워하지 마라." 그리하여 엘리
야는 일어나 그와 함께 왕에게로 내
려갔습니다.
16 그가 왕에게 말했습니다. "여호와께
서 말씀하신다. 이스라엘에는 하나님
이 안 계셔서 네가 에그론 신 바알세
붑에게 물으라고 심부름꾼들을 보냈
느냐? 그러므로 너는 누워 있는 그
침대를 떠나지 못할 것이다. 너는 반
드시 죽게 될 것이다."
17 아하시야는 엘리야가 전한 여호와의
말씀대로 죽고 말았습니다. 아하시야
는 아들이 없었으므로 *여호람이 왕
위를 계승했는데 그때는 유다 왕 여
호사밧의 아들 여호람 2년이었습니다.
18 아하시야의 다른 모든 일과 그가 한
일은 이스라엘 왕들의 역대기에 기록
돼 있습니다.

엘리야가 하늘로 올라가다

2 여호와께서 엘리야를 회오리바람
으로 하늘로 들어 올리려 하실 때
엘리야가 엘리사와 함께 길갈에서 나
왔습니다.
2 엘리야가 엘리사에게 말했습니다. "여
기 있어라. 여호와께서 나를 벧엘로
보내셨다." 그러자 엘리사가 말했습니
다. "여호와의 살아 계심과 선생님의
살아 계심을 두고 맹세하는데 저는
선생님 곁을 떠나지 않겠습니다." 그
리하여 그들은 벧엘로 내려갔습니다.

1:17 또는 요람

3 벧엘에 있던 예언자의 제자들이 엘리
사에게 나와 물었습니다. "여호와께서
당신의 선생님을 오늘 데려가려고 하
시는데 알고 계십니까?" 엘리사가 대
답했습니다. "나도 알고 있으니 조용
히 하여라."
4 그러자 엘리야가 엘리사에게 말했습
니다. "엘리사야, 여기 있어라. 여호와
께서 나를 여리고로 보내셨다." 그러
자 그가 대답했습니다. "여호와께서
살아 계심과 선생님의 살아 계심을
두고 맹세하는데 저는 선생님 곁을
떠나지 않겠습니다." 그리하여 그들은
여리고로 갔습니다.
5 여리고에 있던 예언자의 제자들이 엘
리사에게로 와서 물었습니다. "여호와
께서 당신의 선생님을 오늘 데려가려
고 하시는데 알고 계십니까?" 엘리사
가 대답했습니다. "나도 알고 있으니
조용히 하여라."
6 엘리야가 엘리사에게 말했습니다. "여
기 있어라. 여호와께서 나를 요단 강
으로 보내셨다." 그러자 그가 대답했
습니다. "여호와의 살아 계심과 선생
님의 살아 계심을 두고 맹세하는데
저는 선생님 곁을 떠나지 않겠습니
다." 그리하여 그들 두 사람은 계속
같이 갔습니다.
7 예언자의 제자 50명이 멀리서 요단 강
앞에 서 있는 엘리야와 엘리사를 쳐다
보고 서 있었습니다.
8 엘리야가 자기 겉옷을 둘둘 말아 강
물을 내리쳤습니다. 그러자 강물이
양쪽으로 갈라졌고 그들 두 사람은
마른 땅을 밟고 건너가게 됐습니다.
9 강을 다 건너간 뒤 엘리야가 엘리사에
게 말했습니다. "내가 네 곁을 떠나가
기 전에 내가 너를 위해 무엇을 해 주
기 원하는지 말해 보아라." 엘리사가
대답했습니다. "선생님에게 있는 영이
두 배나 제게 있게 해 주십시오."
10 엘리야가 말했습니다. "네가 어려운
부탁을 하는구나. 그러나 내가 너를
떠나 들려 올라가는 것을 네가 보면

Q&A 엘리야의 승천 사실에 대하여

참고 구절 | 왕하 2:1–11

엘리야가 엘리사와 말을 하며 길을 걷는 중에 갑자기 불 전차와 불 말이 나타나 회오리바람에 들려 하늘로 올라가는 사건이 발생했다(왕하 2:11). 엘리야의 승천을 의심한 엘리사의 제자들은 그의 시체라도 찾자고 엘리사에게 간청했다. 엘리사는 제자들의 요청을 허락하였고 제자들은 용사 50명을 보내 3일 동안 찾았지만 엘리야의 시체는 찾지 못했다.

오늘날에도 엘리야의 승천 사실을 의심하며 엘리야가 엘리사를 단순히 떠난 것이라고 말하는 사람들이 있다. 그러나 엘리야의 승천은 엘리야 자신이 승천에 대해 말한 것과 엘리사의 증언, 예언자 생도들의 보고에서 사실임을 알게 된다(왕하 2:1–11). 에녹도 죽지 않고 승천했으며(창 5:24), 예수님도 부활하여 하늘로 올라가셨다(눅 24:50–53)

그렇게 될 것이다. 그러나 보지 못하
면 그렇게 되지 않을 것이다."
11 그들이 계속 이야기하면서 걸어가고
있는데 갑자기 불 전차와 불 말들이
나타나더니 그들 둘을 갈라놓았습니
다. 그러고는 엘리야가 회오리바람에
들려 하늘로 올라갔습니다.
12 엘리사는 이 광경을 보고 소리쳤습니
다. "내 아버지여, 내 아버지여, 이스
라엘의 전차와 마병이여!" 엘리사는
엘리야가 더 이상 보이지 않자 자기
겉옷을 잡아 찢었습니다.
13 그는 엘리야가 떨어뜨린 겉옷을 집어
들고 돌아가 요단 강 둑에 섰습니다.
14 그러고는 엘리야가 떨어뜨린 겉옷을
잡아 요단 강 물을 내리치며 말했습
니다. "엘리야의 하나님 여호와여, 지
금 어디 계십니까?" 그가 강물을 치
자 강이 양쪽으로 갈라졌습니다. 그
가 강을 건넜습니다.
15 여리고에 있던 예언자의 제자들이 보
고 있다가 말했습니다. "엘리야의 영
이 엘리사 위에 내려왔다." 그리고 그
들은 그를 맞으러 와서 그 앞에 절했
습니다.
16 그들이 말했습니다. "보십시오. 당신
의 종들에게 50명의 용사가 있습니
다. 그들이 가서 당신의 선생님을 찾
도록 하겠습니다. 아마 여호와의 영께
서 그분을 들어다가 어디 산 위에나
골짜기에 두셨을지 모르겠습니다." 엘
리사가 대답했습니다. "아니다. 보낼
것 없다."
17 그러나 엘리사가 거절하기 민망할 정
도로 예언자의 제자들이 고집을 부리
자 엘리사는 그들을 보내라고 했습니
다. 그리하여 그들은 50명의 용사들
을 보냈습니다. 그들이 3일 동안 찾으
려고 애썼지만 엘리야를 찾을 수 없
었습니다.
18 용사들이 여리고에 머물고 있던 엘리
사에게 돌아오자 엘리사가 그들에게
말했습니다. "내가 가지 말라고 하지
않았더냐?"

물을 고치다

19 그 성에 사는 사람들이 엘리사에게
말했습니다. "우리 주여, 보십시오. 선
생님께서도 보시다시피 이 성이 위치
는 좋지만 수질이 좋지 않아 땅이 황
폐합니다."
20 엘리사가 말했습니다. "새 그릇에 소
금을 담아 가져오라." 그러자 사람들
이 가져왔습니다.
21 엘리사는 물이 솟아오르는 곳으로 가
서 그곳에 소금을 뿌려 넣으며 말했
습니다. "여호와께서 말씀하신다. '내
가 이 물을 고쳤으니 다시는 이 물 때
문에 죽음이나 황폐함이 생기지 않
을 것이다.'"
22 물은 엘리사가 말한 대로 오늘날까지
도 깨끗합니다.

엘리사가 조롱당하다

23 엘리사는 그곳에서 벧엘로 올라갔습
니다. 엘리사가 길을 가고 있는데 어
린아이들 몇몇이 성에서 나와 엘리사
를 놀려 대며 말했습니다. "대머리야,

올라가거라. 대머리야, 올라가거라."
24 엘리사는 뒤돌아서 놀려 대는 아이들
을 보고는 여호와의 이름으로 그들을
저주했습니다. 그러자 곧 암곰 두 마
리가 숲 속에서 나와 어린아이들 가
운데 42명을 물어 찢었습니다.
25 그 후 엘리사는 갈멜 산으로 갔다가
거기에서 다시 사마리아로 돌아갔습
니다.

모압이 배반하다

3 아합의 아들 *여호람이 유다 왕 여
호사밧 18년에 사마리아에서 이스
라엘 왕이 됐고 여호람은 12년 동안
다스렸습니다.
2 여호람은 여호와의 눈앞에 악을 저질
렀지만 그의 부모만큼 악을 저지르지
는 않았습니다. 여호람은 자기 아버지
가 만든 바알 우상을 없애 버렸습니
다.
3 그럼에도 불구하고 그는 이스라엘을
죄짓게 한 느밧의 아들 여로보암의 죄
들을 따라 하고 그 죄를 떠나지 않았
습니다.
4 모압 왕 메사는 양을 치는 사람이었
습니다. 메사는 정기적으로 이스라엘
왕에게 어린양 10만 마리와 숫양 10
만 마리의 털을 바쳤습니다.
5 그러나 아합 왕이 죽자 모압 왕은 이
스라엘 왕을 배반했습니다.
6 그때 여호람 왕이 사마리아에서 출정
하며 온 이스라엘을 동원했습니다.
7 여호람은 또 가서 유다 왕 여호사밧에
게 전갈을 보내 말했습니다. "모압 왕
이 내게 반란을 일으켰습니다. 나와
함께 가서 모압과 싸우지 않겠습니
까?" 여호사밧이 대답했습니다. "내가
올라가겠습니다. 나와 당신은 하나요,
내 백성과 당신 백성이 하나요, 내 말
들이 당신 말들과 하나입니다."
8 여호람이 물었습니다. "어떤 길로 올
라가면 좋겠습니까?" 그가 대답했습

3:1 또는 요람

Q&A 엘리사는 왜 아이들에게 저주를 퍼부었을까?

참고 구절 | 왕하 2:23-25

엘리사가 벧엘로 올라갈 때 젊은 아이들이 "대머리야 올라가거라!" 하면서 놀리자 엘리사는 여호와의 이름으로 그들을 저주했다. 그러자 수풀에서 암곰 둘이 나와서 42명이나 되는 아이들을 물어 찢었다(왕하 2:23-25). 왜 엘리사는 아이들에게 저주를 퍼부었던 것일까?

사실 엘리사의 대머리는 하나님의 징벌로 여겨지던 문둥병에 의해 생긴 것이 아니므로 결코 비난받을 것이 아니었다. 그런데도 당시 이스라엘 백성들은 하나님을 떠나 우상 숭배에 빠져 있었기 때문에 하나님의 사람을 업신여겨서 이렇게 조롱했던 것이다. 또한 '올라가거라'는 말은 엘리야의 승천을 불경스럽게 표현한 말로, 이것 역시 하나님을 조롱하는 것이었다. 그래서 하나님은 예언자 엘리사를 조롱한 그들에게 저주를 내리셨던 것이다.우리는 이 일을 통해 하나님은 자신을 경멸하는 사람들을 반드시 징계하시는 분임을 알게 된다(신 27:14-26).

니다. "에돔 광야 길이 좋겠습니다."
9 그리하여 이스라엘 왕이 유다 왕, 에
돔 왕과 함께 출정했습니다. 그들은 7
일 동안 행군했는데 군대와 따르는
가축들이 마실 물이 떨어졌습니다.
10 이스라엘 왕이 소리쳤습니다. "아, 큰
일이다. 여호와께서 우리 세 왕을 함
께 불러서 모압의 손에 넘겨주시려나
보다."
11 여호사밧이 물었습니다. "여기 여호와
의 예언자가 없습니까? 우리가 그를
통해 여호와께 여쭤야겠습니다." 이스
라엘 왕의 신하 하나가 대답했습니다.
"사밧의 아들 엘리사가 여기 있습니
다. 그는 엘리야의 손에 물을 붓던 사
람입니다."
12 여호사밧이 말했습니다. "여호와의 말
씀이 그에게 있구나." 그리하여 이스
라엘 왕과 여호사밧과 에돔 왕이 엘리
사에게로 내려갔습니다.
13 그러나 엘리사는 이스라엘 왕에게 말
했습니다. "내가 왕과 무슨 상관이 있
습니까? 왕의 아버지와 어머니의 예
언자들에게 가 보십시오." 이스라엘
왕이 대답했습니다. "아니다. 여호와
께서 우리 세 왕을 함께 불러 모압의
손에 넘겨주려고 하신다."
14 엘리사가 말했습니다. "내가 섬기는 만
군의 여호와께서 살아 계심을 두고 맹
세하는데 유다 왕 여호사밧의 체면을
생각하지 않았더라면 내가 왕을 생각
지도 않고 보지도 않았을 것입니다.
15 어쨌든 하프 켜는 사람을 데려와 보
십시오." 하프 켜는 사람이 연주하고
있는데 여호와의 능력이 엘리사에게
내려왔습니다.
16 그러자 엘리사가 말했습니다. "여호와
께서 말씀하십니다. '이 골짜기에 도
랑을 많이 파라.'
17 여호와께서 말씀하십니다. '너희가 바
람도, 비도 보지 못하겠지만 이 골짜
기에는 물이 가득 찰 것이다. 그러니
너희와 너희 소들과 너희 가축들이
물을 마실 수 있을 것이다.'
18 이것은 여호와의 눈에는 하찮은 일입
니다. 그분이 또한 모압 사람들을 당
신 손에 넘겨주실 것입니다.
19 그러면 당신들이 모든 견고한 성과
모든 중요한 성을 공격하고 또 모든
좋은 나무를 베어 내고 모든 샘물을
막고 모든 좋은 밭을 돌로 채워 못 쓰
게 만들 것입니다."
20 이튿날 아침 곡식제사를 드릴 때 갑
자기 에돔 쪽에서 물이 나오더니 그
땅이 물로 가득 찼습니다.
21 그때 모압의 모든 사람들은 그 왕들
이 자기들과 싸우려고 올라왔다는
말을 듣고 갑옷을 입을 수 있는 나이
부터 그 이상의 모든 사람이 다 모여
국경에 섰습니다.
22 그들은 아침 일찍 일어났습니다. 해
가 물 위를 비추고 있었는데 건너편
모압 사람들에게는 그 물이 마치 피
처럼 붉게 보였습니다.
23 그들이 말했습니다. "피다. 저 왕들이
분명 자기들끼리 싸우다가 서로 죽였

나 보다. 모압 사람들아, 이제 가서 약
탈하자."
24 모압 사람들이 이스라엘 진영에 들어
가자 이스라엘 사람들이 일어나 모압
사람들과 싸웠습니다. 그들은 도망치
기 시작했고 이스라엘 사람들은 그
땅에 들어가 모압 사람들을 죽였습니
다.
25 그들은 성들을 무너뜨리고 비옥한 밭
에 각 사람이 돌을 던져 밭들이 모두
돌밭이 되게 했습니다. 그들은 샘들을
다 막았고 좋은 나무들을 다 베어 버
렸습니다. 그들은 길하레셋의 돌들만
남겨 두었는데 그마저도 무릿매를 가
진 사람들이 둘러싸고 공격했습니다.
26 모압 왕은 전세가 당해 낼 수 없을 정
도로 기우는 것을 보고 칼을 찬 700
명의 군사들을 데리고 에돔 왕이 있
는 쪽으로 뚫고 나가려고 했지만 그
역시 실패하고 말았습니다.
27 그러자 모압 왕은 왕위를 이을 자기
맏아들을 데려다가 성벽 위에서 번제
를 드렸습니다. 그곳에 이스라엘을 향
한 분노가 하늘을 찔렀습니다. 그러
자 이스라엘 사람들은 그곳을 떠나
자기들의 땅으로 돌아갔습니다.

과부의 기름

4 예언자의 제자들의 아내들 가운데
어떤 여인이 엘리사에게 울부짖으
며 말했습니다. "선생님의 종인 제 남
편이 죽었습니다. 선생님의 종이 여호
와를 경외한 것은 선생님이 아실 것
입니다. 그런데 빚쟁이가 제 두 아들
을 종으로 삼으려고 지금 오고 있습
니다."
2 엘리사가 그 여인에게 말했습니다.
"내가 어떻게 도와주면 좋겠느냐? 집
안에 무엇이 있는지 말해 보아라." 그
여인이 대답했습니다. "선생님의 여종
이 가진 것이라고는 기름 한 병밖에
없습니다."
3 엘리사가 말했습니다. "가서 네 이웃
들에게 두루 다니며 빈 그릇들을 빌
려 오너라. 빈 그릇들을 빌리되 조금
만 달라고 하지 마라.
4 너는 네 두 아들과 집에 들어가 빌려
온 모든 그릇에 기름을 붓고 가득 찬
그릇은 옆으로 놓아두어라."
5 그 여인은 엘리사 곁을 떠나 아들들
과 함께 문을 닫고 들어갔습니다. 두
아들은 그릇들을 그 여인에게로 가져
왔고 그 여인은 계속 기름을 부었습
니다.
6 모든 그릇이 다 차자 그 여인이 아들
에게 말했습니다. "그릇을 더 가져오
너라." 아들이 대답했습니다. "남은 그
릇이 없습니다." 그러자 기름은 더 이
상 나오지 않았습니다.
7 그 여인이 가서 하나님의 사람에게
말하자 하나님의 사람이 말했습니다.
"가서 기름을 팔아 네 빚을 갚아라.
남은 것으로 너와 네 두 아들이 살
수 있을 것이다."

수넴 여인의 아들이 되살아나다

8 어느 날 엘리사는 수넴에 갔습니다.
거기에는 한 귀부인이 있었는데 그 여

인이 엘리사에게 음식을 먹으라고 권
했습니다. 이렇게 그는 그곳을 지날
때마다 거기에 들러서 먹곤 했습니
다.
9 그 여인이 남편에게 말했습니다. "그
가 하나님의 거룩한 사람인 줄 압니
다. 그가 우리에게 자주 들르시는데
10 우리가 하나님의 거룩한 사람을 위해
옥상 위에 작은 방 하나를 만들고 침
대와 탁자와 의자와 등잔을 마련합시
다. 그가 우리에게 오실 때마다 머무
실 수 있도록 말입니다."
11 어느 날 엘리사가 와서 그 방에 들어
가 누웠습니다.
12 엘리사가 종 게하시에게 말했습니다.
"수넴 여인을 불러라." 그래서 그가 여
인을 부르자 여인이 엘리사 앞에 와
서 섰습니다.
13 엘리사가 게하시에게 말했습니다. "저
여인에게 '당신이 우리를 위해 이렇게
정성을 다해 수고했으니 우리가 당신
을 위해 무엇을 해 주었으면 좋겠는
가? 내가 대신이나 군사령관에게 구
해 줄 것이 있는가?' 하고 말하여라."
여인이 대답했습니다. "저는 제 백성
들 가운데서 살아가는 데 어려움이
없습니다."
14 엘리사가 물었습니다. "저 여인을 위
해 무엇을 해 주는 것이 좋겠느냐?"
게하시가 말했습니다. "글쎄요. 저 여
인은 아들이 없는데 남편은 나이가
많습니다."
15 그러자 엘리사가 말했습니다. "여인을
불러라." 그가 여인을 부르자 여인이
문간에 와서 섰습니다.
16 엘리사가 말했습니다. "내년 이맘때쯤

성·경·상·식

엘리사가 행한 기적들

엘리사가 행한 기적	기적의 재료	유사한 사건
넘치는 기름을 받은 과부(왕하 4:1-7)	기름	엘리야가 사르밧 과부에게 행했던 기적(왕상 17:8-16). 고아와 과부를 불쌍히 여기셨던 예수님의 사역.
아들을 얻은 수넴 여인(왕하 4:8-37)	생명	엘리야가 사르밧 과부에게 행했던 기적(왕상 17:17-24). 죽은 사람을 살리신 예수님의 사역.
독을 해독한 이적(왕하 4:38-41)	가루	독사에 물렸지만 아무렇지 않았던 바울(행 28:1-6). 우리의 죄를 해독해 주신 예수님.
보리 떡 20개의 이적(왕하 4:42-44)	떡과 채소	예수님의 오병이어(마 14:13-21)와 칠병이어(막 8:1-9)의 기적.
나아만의 나병을 고친 기적(왕하 5:1-19)	물	예수님이 나병을 고치신 일(마 8:2-4;10:8; 17:11-19).
떠오른 도끼의 기적(왕하 6:1-7)	물	
장님이 된 아람 군대(왕하 6:18-19)		

당신이 아들을 품에 안게 될 것이오."
그러자 여인이 말했습니다. "하나님의
사람이여, 주의 여종을 속이지 마십
시오."
17 그러나 여인은 임신했고 엘리사가 말
한 그때가 되자 아들을 낳았습니다.
18 그 아이가 자랐습니다. 어느 날 아이
는 아버지와 함께 곡식을 거두는 곳
에 나가 있었습니다.
19 그가 아버지에게 말했습니다. "내 머
리야! 내 머리야!" 아버지가 종에게
말했습니다. "아이를 어머니에게 데려
가라."
20 종이 아이를 업고 아이 어머니에게로
데려갔습니다. 아이는 정오까지 어머
니의 무릎에 앉아 있다가 죽고 말았
습니다.
21 여인이 올라가 하나님의 사람의 침대
에 아이를 눕히고 문을 닫고 밖으로
나갔습니다.
22 그가 남편을 불러 말했습니다. "종 한
명과 나귀 한 마리를 보내 주세요. 내
가 빨리 하나님의 사람에게 갔다가
돌아오겠습니다."
23 그가 물었습니다. "왜 오늘 가겠다는
것이오? 초하루도 아니고 안식일도
아니지 않소?" 그러나 여인은 "걱정하
지 마십시오. 잘될 것입니다"라고 말
했습니다.
24 여인은 나귀에 안장을 얹고 종에게
말했습니다. "나귀를 몰고 달려가거
라. 내가 말하지 않는 한 나 때문에
천천히 갈 필요 없다."
25 그러고는 길을 떠나 갈멜 산에 있는
하나님의 사람에게로 갔습니다. 하나
님의 사람은 멀리서 그 여인을 보고
그 종 게하시에게 말했습니다. "보아
라. 수넴 여인이다.
26 달려가서 그녀를 맞고 '당신 괜찮습니
까? 남편은 어떻습니까? 아이는 괜찮
습니까?' 하고 물어라." 여인이 대답했
습니다. "다 괜찮습니다."
27 여인은 산에 있는 하나님의 사람에게
다가가서 그의 발을 세게 붙잡았습니
다. 게하시가 가서 떼어 놓으려고 했
습니다. 그러나 하나님의 사람이 말
했습니다. "가만두어라. 그 여인은 지
금 쓰라린 고통 속에 있다. 하지만 하
나님께서 내게 감추시고 왜 그런지
말씀하지 않으셨다."
28 여인이 말했습니다. "주여, 제가 아들
을 달라고 했습니까? 제가 '저를 속이
지 마십시오'라고 하지 않았습니까?"
29 엘리사가 게하시에게 말했습니다. "떠
날 채비를 하고 손에 내 지팡이를 쥐
고 가거라. 네가 누구를 만나도 인사
하지 말고 누가 네게 인사하더라도
대답하지 마라. 내 지팡이를 그 아이
의 얼굴에 얹어라."
30 그러나 아이의 어머니가 말했습니다.
"여호와의 살아 계심과 선생님의 살
아 계심을 두고 맹세하는데 저는 선
생님 곁을 떠나지 않겠습니다." 그러
자 그가 일어나 여인을 따라갔습니다.
31 게하시는 먼저 앞서가서 아이의 얼굴
에 지팡이를 얹었습니다. 그러나 아이

는 아무 소리를 내지도 않고 듣는 기
척도 없었습니다. 게하시는 돌아가 엘
리사를 만나 말했습니다. "아이가 깨
어나지 않습니다."
32 엘리사가 집에 들어가 보니 아이는
죽은 채 엘리사의 침대에 누워 있었
습니다.
33 그가 들어가 문을 닫고 여호와께 기
도했습니다. 그 안에는 둘뿐이었습니
다.
34 그는 침대에 올라가 아이 위에 누웠
습니다. 입에는 입을, 눈에는 눈을,
손에는 손을 댔습니다. 그가 몸을 뻗
어 아이 위에 눕자 아이의 몸이 따뜻
해지기 시작했습니다.
35 엘리사는 몸을 일으켜 방 안에서 왔
다 갔다 하다가 다시 침대에 올라가
아이의 몸을 덮었습니다. 아이가 재채
기를 일곱 번 하더니 눈을 떴습니다.
36 엘리사가 게하시를 불러 말했습니다.
"수넴 여인을 불러라." 그가 그렇게 했
습니다. 여인이 오자 그가 말했습니
다. "아들을 데려가시오."
37 여인이 들어가 엘리사 발 앞에 엎드려
절했습니다. 그러고는 아들을 데리고
나갔습니다.

솥 안에 있는 죽음의 독

38 엘리사가 길갈로 돌아왔는데 그때 그
땅에 기근이 들었습니다. 예언자의
제자들이 엘리사 앞에 앉아 있을 때
그가 자기 종에게 말했습니다. "큰 솥
을 얹어 놓고 이 사람들을 위해 국을
끓여라."
39 그중 한 사람이 채소를 캐러 밭에 나
갔다가 박넝쿨을 발견했습니다. 그는
박을 따서 옷에 가득히 담아 가져왔
습니다. 그는 돌아와 국 끓인 솥에 그
것을 썰어 넣었습니다. 그러나 그것이
무엇인지는 아무도 몰랐습니다.
40 사람들에게 국을 퍼 주자 사람들이
그것을 먹으려다가 소리를 질렀습니
다. "하나님의 사람이여, 솥 안에 죽
음이 있습니다." 그래서 그들이 먹지
못하고 있는데
41 엘리사가 말했습니다. "밀가루를 좀
가져오너라." 엘리사가 솥에 밀가루를
넣고 말했습니다. "사람들에게 먹으
라고 퍼 주어라." 그러자 솥 안에 있던
독이 없어졌습니다.

백 명을 먹이다

42 어떤 사람이 바알 살리사로부터 왔는
데 첫 수확한 것으로 구운 보리빵 20
개와 햇곡식을 자루에 넣어 하나님의
사람에게 가져왔습니다. 엘리사가 말
했습니다. "이것을 저 사람들에게 주
어 먹게 하여라."
43 엘리사의 종이 물었습니다. "뭐라고
요? 100명의 사람들 앞에 이것을 내
놓으라고요?" 그러자 엘리사가 대답
했습니다. "이것을 사람들에게 주어
먹게 하여라. 여호와께서 말씀하신다.
'그들이 먹고도 남을 것이다.'"
44 그러자 엘리사의 종은 사람들 앞에
그것을 내놓았고 여호와의 말씀대로
그들이 다 먹고도 남았습니다.

나아만이 나병을 고침받다

5 아람 왕의 군사령관인 나아만은 주
인에게 대단한 신임을 받고 있었습
니다. 그를 통해 여호와께서 아람에
승리를 안겨 주셨기 때문입니다. 나아
만은 이렇게 용맹스러운 사람이기는
했지만 *나병 환자였습니다.
2 전에 아람 군대가 이스라엘을 치러 나
갔다가 이스라엘 땅에서 한 여자아이
를 포로로 잡아 왔습니다. 그 아이는
나아만의 아내를 섬기게 됐습니다.
3 아이가 여주인에게 말했습니다. "주인
님께서 사마리아에 계신 그 예언자를
만나실 수만 있다면 좋겠습니다. 그
분이 주인님의 나병을 고쳐 주실 수
있을 것입니다."
4 나아만이 자기 주인에게 가서 말했습
니다. "이스라엘에서 온 여자 아이가
이러이러하게 말했습니다."
5 아람 왕이 대답했습니다. "물론 가야
지. 내가 이스라엘 왕에게 편지를 써
주겠다." 그리하여 나아만은 은 *10달
란트와 금 *6,000세겔과 옷 열 벌을
가지고 길을 떠났습니다.
6 나아만은 또 이스라엘 왕에게 줄 편지
도 가지고 갔습니다. 그 편지에는 이
렇게 쓰여 있었습니다. "내가 내 종 나
아만을 왕께 보내니 이 편지를 받아
보시고 왕께서 그의 나병을 고쳐 주
십시오."
7 이스라엘 왕은 편지를 읽고 자기 옷
을 찢으며 말했습니다. "내가 하나님
이냐? 내가 어떻게 사람을 죽이고 살
릴 수 있겠느냐? 이자가 왜 내게 사
람을 보내 나병을 고쳐 달라고 하는
것이냐? 그러니 너희는 잘 생각해서
그가 내게 싸움을 걸어오는 것인지
알아보라."
8 하나님의 사람 엘리사가 이스라엘 왕
이 자기 옷을 찢었다는 말을 듣고 이
스라엘 왕에게 심부름하는 사람을
통해 말을 전했습니다. "왜 옷을 찢었
습니까? 그 사람을 내게 오도록 하십
시오. 그러면 그가 이스라엘에 예언자
가 있음을 알게 될 것입니다."
9 그러자 나아만이 말들과 전차들을 거
느리고 와서 엘리사의 집 문 앞에 멈
추었습니다.
10 엘리사는 심부름하는 사람을 집 밖
으로 보내 나아만에게 말했습니다.
"가서 요단 강에서 몸을 일곱 번 씻으
시오. 그러면 당신의 피부가 회복돼
깨끗해질 것이오."
11 그러자 나아만은 화가 나 돌아가면서
말했습니다. "내 생각에는 그가 직접
내게 나아와 서서 그의 하나님 여호
와의 이름을 부르고 상처 위에 손을
흔들어 내 나병을 고칠 줄 알았다.
12 다메섹에 있는 아바나 강과 바르발 강
이 이스라엘의 강물보다 낫지 않느
냐? 내가 거기서 씻고 깨끗해질 수
없었겠느냐?" 그러고는 화가 나서 돌
아서 버렸습니다.
13 나아만의 종들이 그에게 와서 말했습
니다. "내 아버지여, 만약 저 예언자가

5:1 히브리어로 여러 가지 악성 피부병을 가리키는 말로 반드시 나병만을 뜻하지는 않는다. 5:5 10달란트는 약 342.7킬로그램, 6,000세겔은 약 68.4킬로그램

당신께 엄청난 일을 하라고 했다면
하지 않으셨겠습니까? 하물며 그가
당신께 '몸을 씻어 깨끗하게 되라'고
말하는데 못할 까닭이 있습니까?"
14 그러자 그는 하나님의 사람이 말한
대로 내려가 요단 강에 일곱 번 몸을
푹 담갔습니다. 그러자 그의 피부가
어린아이의 피부처럼 회복돼 깨끗해
졌습니다.
15 그러자 나아만과 그의 모든 수행원들
이 하나님의 사람에게 다시 돌아갔
습니다. 나아만이 하나님의 사람 앞
에 서서 말했습니다. "이제야 내가 이
스라엘 외에 다른 어디에도 하나님이
계시지 않음을 알게 됐습니다. 당신
의 종이 드리는 이 선물을 받아 주시
기 바랍니다."
16 예언자가 대답했습니다. "내가 섬기는
여호와께서 살아 계심을 두고 맹세하
는데 나는 어떤 것도 받을 수 없소."
나아만의 간청에도 불구하고 엘리사
는 선물을 받지 않았습니다.
17 그러자 나아만이 말했습니다. "당신
께서 받지 않으시겠다니 당신의 종인
제게 노새 두 마리에 실을 만한 흙을
주십시오. 당신의 종이 여호와 외에
다른 어떤 신에게도 번제나 다른 제
사를 드리지 않을 것입니다.
18 그러나 여호와께서 오직 이 한 가지
일에 있어서 당신의 종을 용서하시기
바랍니다. 내 주인이 림몬의 신전에
들어가 숭배하고 내 팔에 기대면 나
도 림몬의 신전에서 절을 하는데 내
가 림몬의 신전에서 절을 하더라도 여
호와께서 이 일 때문에 벌하지 마시고
당신의 종을 용서하시기 바랍니다."
19 엘리사가 말했습니다. "평안히 가시
오." 나아만이 떠나 얼마쯤 갔을 때

절박한 기도

하용조 목사의 행복한 **메시지**

나아만 장군이 요단 강에 여섯 번 들어갔을 때까지 나병은 낫지 않았습니다. 그런데 일곱 번째 들어갔을 때 나병이 나았습니다. 엘리야가 여섯 번 기도했을 때까지 하늘은 변화가 없었습니다. 그러나 일곱 번째 기도했을 때 구름 조각이 나타났습니다. 이스라엘 백성이 여리고 성을 이렛날 여섯 번 돌았을 때까지 아무런 조짐도 없었습니다. 그런데 일곱 번째 돌았을 때 성벽이 무너졌습니다.

기도하고 어떠한 증표나 조짐이 없다고 기도를 포기하지 마십시오. 하나님께서는 기적을 경험시키기 위하여 때로는 우리를 사면초가로 몰아가십니다. 사람의 방법이 아닌 하나님의 방법으로 문제가 해결되는 것을 경험하게 하십니다. 여러분이 알고 있는 이치에 맞지 않는다고 절망하거나 포기하지 마십시오. 하나님의 때가 있고 하나님의 방법이 있습니다. 예수님이 이 세상에 오실 때 아무 때나 오신 것이 아닙니다. 때가 차매 처녀의 몸에서 예수님이 태어나셨습니다. 내 인생은 하나님의 계획 안에 있음을 기억하십시오.

20 하나님의 사람 엘리사의 종 게하시가
속으로 말했습니다. "내 주인이 저 아
람 사람 나아만에게 관대해 그 가져온
것을 받지 않으셨다. 여호와께서 살아
계심을 두고 맹세하는데 내가 그를
뒤쫓아 가서 뭘 좀 얻어 내야겠다."
21 그리하여 게하시는 나아만을 뒤쫓아
갔습니다. 나아만은 게하시가 달려오
는 것을 보고 마차에서 내려 그를 맞
았습니다. "무슨 일이 있느냐?" 하고
나아만이 물었습니다.
22 게하시가 대답했습니다. "별일 아닙니
다. 내 주인께서 나를 보내며 말씀하
시기를 '예언자의 제자 두 명이 에브
라임 산지에서 방금 왔으니 이들에게
은 *1달란트와 옷 두 벌을 주시오'라
고 하셨습니다."
23 나아만이 말했습니다. "여기 *2달란트
를 받아라." 그는 게하시에게 그것을
받으라고 권하며 가방 2개에 은 *2달
란트를 넣어 옷 두 벌과 함께 그 두
종에게 주었습니다. 나아만의 두 종
들은 그것을 가지고 게하시를 앞서
갔습니다.
24 게하시는 산에 이르자 그 종들에게서
물건을 받아 집에다 감춰 두고 나아
만의 종들을 돌려보냈습니다.
25 그리고 게하시가 들어가 자기의 주인
엘리사 앞에 서자 엘리사가 물었습니
다. "게하시야, 어디 갔다 왔느냐?" 게
하시가 대답했습니다. "당신의 종은
아무 데도 가지 않았습니다."
26 그러자 엘리사가 게하시에게 말했습
니다. "그 사람이 너를 맞으러 마차에
서 내렸을 때 내 영이 너와 함께 있지
않았느냐? 지금이 돈이나 옷을 받고
올리브 밭이나 포도원이나 양과 소
떼나 남의 남종이나 여종을 받을 때
냐?
27 그러므로 나아만의 나병이 너와 네
자손에게 영원히 있을 것이다." 그러
자 게하시가 엘리사 앞에서 나오는데
눈처럼 하얗게 나병이 들고 말았습니
다.

도끼머리가 떠오르다

6 예언자의 제자들이 엘리사에게 말
했습니다. "보십시오. 우리가 선생
님과 함께 사는 곳이 너무 좁습니다.
2 우리가 요단 강으로 가서 각자 나무
를 구해 거기에 우리가 살 만한 곳을
짓는 것이 좋겠습니다." 엘리사가 말
했습니다. "가라."
3 그러자 그 가운데 한 사람이 말했습
니다. "선생님도 종들과 함께 가 주십
시오." 엘리사가 대답했습니다. "같이
가겠다."
4 엘리사는 그들과 함께 갔습니다. 그리
고 그들은 요단 강으로 가서 나무를
베기 시작했습니다.
5 그런데 그 가운데 한 사람이 나무를
베다가 도끼를 물속에 빠뜨리고 말았
습니다. 그가 소리쳤습니다. "내 주여,
이 도끼는 빌려 온 것입니다."
6 하나님의 사람이 물었습니다. "어디에

5:22 1달란트는 약 34.27킬로그램 5:23 2달란트는 약 68.54킬로그램

빠졌느냐?" 그가 그 빠진 장소를 가
리키자 엘리사는 나뭇가지를 꺾어 그
곳에 던져서 도끼가 떠오르게 했습니
다.
7 엘리사가 말했습니다. "네가 직접 꺼
내어라." 그러자 그 사람은 손을 뻗어
떠오른 도끼를 꺼냈습니다.

엘리사가 아람 군사들의 눈을 멀게 하다

8 그때 마침 아람 왕은 이스라엘과 전
쟁 중이었습니다. 아람 왕은 자기 신
하들과 의논한 후에 말했습니다. "내
가 이러이러한 곳에 내 진영을 세울
것이다."
9 하나님의 사람이 이스라엘 왕에게 사
람을 보내 말을 전했습니다. "그곳을
지나지 않도록 명심하십시오. 아람 사
람들이 그곳으로 내려올 것이니 말입
니다."
10 그리하여 이스라엘 왕은 하나님의 사
람이 말해 준 장소로 사람을 보내 철
저히 경계하게 했습니다. 엘리사가 알
려 준 대로 왕이 그곳을 경계한 것이
한두 번이 아니었습니다.
11 이 일 때문에 아람 왕은 몹시 불안했
습니다. 아람 왕은 자기 신하들을 불
러 따져 물었습니다. "우리 가운데 누
가 이스라엘 왕과 내통하고 있는지 내
게 말하라."
12 왕의 신하 가운데 한 사람이 말했습
니다. "내 주 왕이여, 저희들이 한 일
이 아닙니다. 이스라엘에는 엘리사라
는 예언자가 있어 왕께서 침실에서 하
시는 말씀조차도 이스라엘 왕에게 전
하는 줄로 압니다."
13 그가 명령했습니다. "가서 엘리사가
어디 있는지 알아보아라. 내가 사람
을 보내 엘리사를 사로잡을 것이다."
그러자 보고가 들어왔습니다. "그가
도단에 있습니다."
14 그러자 아람 왕은 도단에 말과 전차
와 중무장한 군대를 보냈습니다. 아
람 왕이 보낸 군대가 밤에 은밀히 가

Q&A 도끼가 떠오르는 기적

참고 구절 | 왕하 6:1-7

예언자의 제자 중 한 사람이 엘리사와 제자들이 거할 집을 짓기 위해 나무를 베다가 도끼를 물에 빠뜨렸다.
빌려 온 도끼를 잃어버렸으니 율법대로라면 그 생도는 이웃에게 빌린 것을 갚지 못하는 것에 대해 적절한 보상을 해야 한다(출 22:14). 빌려 온 도끼를 잃고 어쩔 줄 모르는 제자를 위해 엘리사가 나섰다. 엘리사가 도끼가 빠진 장소에 나뭇가지를 꺾어 던지자 도끼가 물 표면으로 떠올랐다. 성경에는 분명히 엘리사가 도끼를 물 위로 떠오르게 했음을 알 수 있다(왕하 6:7). 어떻게 쇠로 만든 무거운 도끼가 물에 뜰 수 있었을까?
이것은 과학적으로는 설명될 수 없다. 성경에는 예수님과 베드로가 물 위를 걸었던 사건(마 14:25,29), 오병이어(마 14:13-21)의 기적 등 과학적으로 설명 불가능한 일이 많이 기록되어 있다.

서 그 성을 에워쌌습니다.
15 하나님의 사람의 종이 일찍 일어나
나가 보니 말과 전차를 이끌고 온 큰
군대가 성을 에워싸고 있었습니다. 종
이 물었습니다. "내 주여, 우리가 어떻
게 해야 합니까?"
16 예언자가 대답했습니다. "두려워하지
마라. 우리와 함께하는 사람들이 저
들과 함께하는 사람들보다 많다."
17 그리고 엘리사가 기도했습니다. "여호
와여, 그의 눈을 열어 보게 하소서."
그러자 여호와께서 그 청년의 눈을
여셨습니다. 그가 보니 불 말과 불 전
차가 산에 가득했는데 그 불 말과 불
전차들이 엘리사를 둘러싸고 있는 것
이었습니다.
18 아람 군대가 엘리사를 향해 내려올
때 엘리사가 여호와께 기도했습니다.
"저 사람들의 눈이 멀게 해 주소서."
그러자 엘리사의 말대로 여호와께서
아람 사람들의 눈을 멀게 하셨습니
다.
19 엘리사가 아람 사람들에게 말했습니
다. "여기는 길도 아니고 성도 아니다.
나를 따라오라. 그러면 너희가 찾는
사람에게 데려다 주겠다." 그러고는
그들을 사마리아로 데려갔습니다.
20 아람 군대가 사마리아에 이르자 엘리
사가 말했습니다. "여호와여, 이 사람
들의 눈을 열어 보게 하소서." 그러자
여호와께서 그들의 눈을 여셨고 그리
하여 그들이 보니 자기들이 사마리아
에 있는 것이었습니다.
21 이스라엘 왕이 아람 군대를 보고 엘리
사에게 물었습니다. "내 아버지여, 내
가 저들을 죽일까요?"
22 엘리사가 대답했습니다. "저들을 죽이
지 마십시오. 칼과 활로 사로잡은 사
람들이라고 한들 죽일 수 있겠습니
까? 저들 앞에 먹을 것과 물을 주어
먹고 마시게 한 뒤 제 주인에게 돌아
가게 하십시오."
23 그리하여 이스라엘 왕은 아람 사람들
을 위해 큰 잔치를 베풀어 그들을 먹
고 마시게 한 후 보냈습니다. 아람 군
대는 자기 주인에게로 돌아갔습니다.
이렇게 해서 아람 군대는 이스라엘 영
토에 다시는 쳐들어오지 못하게 됐습
니다.

에워싸인 사마리아의 기근

24 얼마 후 아람 왕 벤하닷이 모든 군대
를 소집하고 올라와 사마리아를 포위
했습니다.
25 그래서 사마리아 성은 굶주림이 심했
습니다. 포위는 오랫동안 계속돼 나
귀 머리 하나는 은 *80세겔에 팔리고
비둘기 똥 *4분의 1갑은 은 *5세겔에
팔릴 지경이 됐습니다.
26 이스라엘 왕이 성벽 위를 지나가고 있
었는데 한 여자가 왕에게 부르짖어
애원했습니다. "내 주 왕이여, 저를
도와주십시오!"
27 왕이 대답했습니다. "여호와께서 도
와주지 않는데 내가 어떻게 너를 도

6:25 80세겔은 약 912그램, 4분의 1갑은 0.3리터, 5세겔은 약 57그램

울 수 있겠느냐? 타작마당에서 얻겠
느냐? 포도주 틀에서 얻겠느냐?"
28 그러고는 여자에게 물었습니다. "그
래, 무슨 일이냐?" 그녀가 대답했습
니다. "이 여자가 제게 말하기를 '네
아들을 오늘 내놓아라. 오늘 그 아이
를 먹자. 그리고 내일은 내 아들을 먹
자'라고 했습니다.
29 그래서 우리가 제 아들을 삶아 먹었
습니다. 그런데 다음 날 저 여자에게,
'네 아들을 내놓아라. 우리가 먹자'라
고 했지만 저 여자가 아들을 숨겨 버
리고 말았습니다."
30 왕은 그 여자의 말을 듣고 나서 자기
옷을 찢었습니다. 왕이 성벽을 지나가
자 백성들은 왕이 속옷으로 굵은베
옷을 입고 있는 것을 보았습니다.
31 왕이 말했습니다. "만약 사밧의 아들
엘리사의 머리가 오늘 그에게 붙어 있
으면 하나님께서 내게 천벌을 내리셔
도 좋다."
32 그때 엘리사는 자기 집에 앉아 있었고
장로들이 그 곁에 앉아 있었습니다.
왕이 사람을 자기보다 먼저 보냈는데
그가 도착하기 전에 엘리사가 장로들
에게 말했습니다. "살인자의 아들이
사람을 보내 내 머리를 베려고 하는
것이 안 보입니까? 보십시오. 그가 보
낸 사람이 오면 문을 닫고 안으로 들
이지 마십시오. 그 뒤에 이스라엘 왕
의 발소리가 들리지 않습니까?"
33 엘리사가 아직 말을 끝내기도 전에
왕이 보낸 사람이 엘리사에게로 내려
왔습니다. 왕의 말은 이러했습니다.
"이 재앙이 분명히 여호와께로부터
왔다. 그런데 왜 내가 여호와를 더 기
다려야 하는가?"

7 그러자 엘리사가 말했습니다. "여호
와의 말씀을 들으십시오. 여호와께
서 말씀하십니다. 내일 이맘때 사마
리아 성문에서 고운 밀가루 *1스아가
은 *1세겔에 팔리고 보리 *2스아가
*1세겔에 팔릴 것이라고 하십니다."
2 그러자 왕의 신임을 받는 한 장관이
하나님의 사람에게 말했습니다. "보십
시오. 여호와께서 하늘에 창을 내신
다 한들 이 같은 일이 일어날 수 있겠
습니까?" 엘리사가 대답했습니다. "네
가 네 눈으로 직접 보게 될 것이다.
그러나 너는 그것을 먹지 못할 것이
다."

포위가 풀리다

3 그때 나병 환자 네 사람이 성문 앞에
있었습니다. 그들이 서로 말했습니다.
"왜 우리가 여기 앉아 죽기를 기다리
겠느냐?
4 우리가 성안으로 들어간다고 해도 성
안에 기근이 심하니 거기서 죽을 것
이다. 그렇다고 우리가 여기 앉아 있
어도 죽을 게 뻔하다. 그러니 아람 군
대에 가서 항복하자. 그들이 우리를
살려 주면 살 것이고 죽이면 죽는 것
이다."
5 해 질 무렵 그들이 일어나 아람 사람

7:1 1스아는 약 7.6리터, 1세겔은 약 11.4그램, 2스아는 약 15.2리터

들의 진영으로 갔습니다. 나병 환자
들이 아람 진영 끝에 다가가 보니 놀
랍게도 아무도 없었습니다.
6 여호와께서 아람 사람들이 전차 소
리, 말소리가 섞인 거대한 군대 소리
를 듣게 하셨습니다. 이에 아람 군인
들이 서로 말했습니다. "보라. 이스라
엘 왕이 헷의 왕들과 이집트 사람의
왕들을 고용해 우리를 공격하려 한
다."
7 그리하여 그들은 해 질 무렵에 일어
나 자기 천막과 말들과 나귀와 진영
을 그대로 두고 도망쳤습니다. 목숨
만이라도 건지려고 도망친 것입니다.
8 나병 환자들은 진영 끝에 이르자 한
천막에 들어가 먹고 마셨습니다. 그
리고 은과 금과 옷가지들을 가지고
가서 숨겨 두고 다시 와서 다른 천막
에 들어가 물건을 가지고 가서 또 숨
겨 두었습니다.
9 그러다가 나병 환자들이 서로 말했습
니다. "우리가 아무래도 잘못하고 있
다. 오늘은 좋은 소식이 있는 날인데
우리가 잠자코 있으니 말이다. 우리가
날이 밝을 때까지 이 소식을 전하지
않으면 벌을 받을 것이다. 지금 바로
가서 왕궁에 이 소식을 알리자."
10 그리하여 나병 환자들은 가서 성문지
기들을 큰 소리로 부르고 말했습니
다. "우리가 아람 사람들의 진영에 들
어갔는데 놀랍게도 사람이 하나도 없
고 아무 소리도 들리지 않았습니다.
그저 말과 나귀들만 매여 있고 천막
도 그대로 있었습니다."
11 성문지기들은 이 소식을 큰 소리로
외쳤고 왕궁에도 보고했습니다.
12 왕이 밤에 일어나 자기 신하들에게
말했습니다. "아람 사람들이 이렇게
한 까닭을 말해 주겠다. 그들은 우리
가 굶주리고 있는 것을 안다. 그래서
그 진영에서 나가 들에 숨어 말하기
를 '그들이 성 밖으로 나오면 우리가
그들을 사로잡고 성안으로 들어가자'
라고 한 것이다."
13 그러자 왕의 신하 한 사람이 대답했
습니다. "몇 사람을 보내 아직 성안에
남아 있는 말 다섯 마리를 끌고 오게
하십시오. 그것들은 이 성안에 남은
이스라엘의 온 무리와 마찬가지일 것
입니다. 보소서. 망하게 된 사람들 가
운데 남은 이스라엘의 온 무리와 같
을 것입니다. 그러니 이 말들에 사람
을 태워 보내 알아보는 것이 좋겠습
니다."
14 그리하여 그들은 전차 두 대를 골라
말을 맸습니다. 왕은 그들을 아람 군
대 쪽으로 보내며 말했습니다. "가서
알아보라."
15 그들은 요단 강까지 아람 군대를 쫓
아갔는데 길에는 온통 옷가지며 무기
들로 가득했습니다. 아람 사람들이
급히 서둘러 도망치면서 내버린 것들
이었습니다. 그래서 사람들이 돌아가
왕에게 보고했습니다.
16 그러자 백성들이 밖으로 나가 아람
사람들의 진영에서 물건을 약탈했습

니다. 그리하여 고운 밀가루 *1스아
가 *1세겔에, 보리 *2스아가 *1세겔
에 팔리게 됐습니다. 여호와께서 말씀
하신 대로였습니다.
17 전에 왕이 신임하는 장관을 세워 성
문을 맡도록 했었는데 그 장관이 성
문 길에서 사람들에게 밟혀 죽었습니
다. 왕이 하나님의 사람에게 내려갔
을 때 하나님의 사람이 예언한 대로
였습니다.
18 그때 하나님의 사람이 왕에게 내일
이맘때쯤 사마리아 성문에서 보리
*2스아가 *1세겔에, 고운 밀가루 *1
스아가 *1세겔에 팔릴 것이라고 말
했는데
19 그 장관이 하나님의 사람에게 "보시
오. 여호와께서 하늘에 창을 내신다
한들 이 같은 일이 일어날 수 있겠습
니까?"라고 했습니다. 이에 하나님의
사람이 대답하기를 "네가 네 눈으로
직접 보게 될 것이다. 그러나 너는 그
것을 먹을 수 없을 것이다"라고 했었
습니다.
20 그런데 이 일이 정말 그 장관에게 일
어났습니다. 그가 성문 길에서 사람
들에게 밟혀 죽었습니다.

수넴 여인이 전토를 되찾다

8 엘리사가 전에 아들을 살려 주었던
여인에게 말했습니다. "당신은 가
족들과 함께 일어나 가서 지낼 만한
곳에 머물러 있으시오. 여호와께서
기근을 불러일으키셔서 앞으로 7년
동안 기근이 내릴 것이니 말이오."
2 그 여인은 일어나 하나님의 사람의
말대로 그 가족들과 함께 가서 블레
셋 땅에서 7년 동안 지냈습니다.
3 7년이 끝나자 그 여인은 블레셋 땅에
서 돌아와 자기 집과 땅을 돌려 달라
고 호소하러 왕에게 갔습니다.
4 그때 왕은 하나님의 사람의 종 게하
시와 대화를 나누며 말했습니다. "엘
리사가 한 큰일들을 다 이야기해 보
아라."
5 그래서 게하시가 왕에게 엘리사가 죽
은 사람을 살린 것에 대해 말하고 있
었습니다. 그때 엘리사가 아들을 살
려 준 그 여인이 와서 자기 집과 땅을
달라고 했습니다. 게하시가 말했습니
다. "내 주 왕이여, 바로 이 여인입니
다. 엘리사가 살려 낸 사람이 이 여인
의 아들입니다."
6 왕이 여인에게 묻자 여인은 그에게
말해 주었습니다. 그러자 그는 그 여
인을 위해 관리 한 사람을 세우고 말
했습니다. "이 여인에게 속했던 것을
모두 돌려주어라. 그녀가 이 땅을 떠
난 그날부터 지금까지 거두어들인 모
든 수확도 합쳐서 주어라."

하사엘이 벤하닷을 살해하다

7 엘리사는 다메섹으로 갔습니다. 그때
아람 왕 벤하닷이 병들어 있었습니다.
왕은 하나님의 사람이 왔다는 소식
을 들었습니다.
8 그가 하사엘에게 말했습니다. "네가

7:16,18 1스아는 약 7.6리터, 1세겔은 약 11.4그램, 2스아는 약 15.2리터

선물을 들고 가서 하나님의 사람을
만나라. 그를 통해 여호와께 '내가 이
병에서 낫겠습니까?' 하고 여쭤 보아
라."
9 그리하여 하사엘이 엘리사를 만나러
갔습니다. 하사엘은 다메섹의 모든 진
귀한 물건들로 준비한 선물을 낙타
40마리에 가득 싣고 가서 엘리사 앞
에 서서 말했습니다. "당신의 아들 아
람 왕 벤하닷이 나를 보내 '내가 병이
낫겠습니까?'라고 물으라고 했습니다."
10 엘리사가 대답했습니다. "가서 왕에게
말하여라. '왕은 반드시 나을 것이다'
라고 말이다. 그러나 여호와께서 내게
보여 주셨는데 그는 분명 죽을 것이
다."
11 그리고 엘리사는 하사엘이 부끄러움
을 느낄 만큼 그의 얼굴을 쏘아보다
가 마침내 울기 시작했습니다.
12 하사엘이 물었습니다. "내 주께서 왜
우십니까?" 엘리사가 대답했습니다.
"네가 이스라엘 자손들에게 어떤 해
를 끼칠지 내가 알기 때문이다. 네가
이스라엘의 견고한 성에 불을 지르고
젊은이들을 칼로 죽이며 아이들을
땅바닥에 던져 버리고 임신한 여인들
의 배를 가를 것이다."
13 하사엘이 말했습니다. "개만도 못한
사람인 제가 어떻게 그런 엄청난 일
을 하겠습니까?" 엘리사가 대답했습
니다. "여호와께서 네가 아람 왕이 될
것을 내게 보여 주셨다."
14 그러자 하사엘은 엘리사 곁을 떠나 자
기 주인에게로 돌아갔습니다. 벤하닷
이 물었습니다. "엘리사가 네게 뭐라
고 말했느냐?" 하사엘이 대답했습니
다. "왕께서 반드시 나으실 거라고 했
습니다."
15 그러나 이튿날 하사엘은 두꺼운 천을
가져다가 물속에 푹 담근 다음 그것
을 왕의 얼굴에 덮었습니다. 그러자
왕이 죽었습니다. 그리고 하사엘은 벤
하닷의 뒤를 이어 왕이 되었습니다.

유다 왕 여호람 (대하 21:1-20)

16 이스라엘 왕 아합의 아들 요람 5년, 여
호사밧이 유다 왕으로 있을 때에 여
호사밧의 아들 여호람이 유다 왕으로
다스리기 시작했습니다.
17 여호람은 32세에 왕이 됐고 예루살렘
에서 8년 동안 다스렸습니다.
18 여호람은 아합의 집이 그랬듯이 이스
라엘 왕들의 길을 그대로 따랐습니
다. 여호람이 아합의 딸을 아내로 맞
았기 때문이었습니다. 그는 여호와의
눈앞에 악을 저질렀습니다.
19 그럼에도 불구하고 여호와께서는 자
기 종 다윗을 위해 유다를 멸망시키
지 않으셨습니다. 여호와께서 전에 다
윗과 그 자손들에게 영원히 등불을
주겠다고 약속하셨기 때문입니다.
20 여호람 시대에 에돔이 유다에 반역하
고 그 통치를 벗어나 자기들의 왕을
세웠습니다.
21 그리하여 *여호람은 자신의 모든 전
차들을 모아 이끌고 사일로 갔습니

8:21 히브리어, 요람

다. 그는 밤에 나아가 자기와 전차 대
장들을 포위하고 있던 에돔 사람들
을 공격했습니다. 그러자 그 백성들
은 장막으로 도망쳤습니다.
22 그리하여 에돔은 유다에 반역해서 오
늘날까지 유다의 지배를 벗어나 있게
됐습니다. 립나도 같은 시기에 반란을
일으켰습니다.
23 *여호람의 다른 일들과 그가 한 모든
일은 유다 왕들의 역대기에 기록돼
있습니다.
24 *여호람은 자기 조상들과 함께 잠들
었고 다윗 성에 그 조상들과 함께 묻
혔습니다. 그리고 그 아들 아하시야가
그의 뒤를 이어 왕이 됐습니다.

유다 왕 아하시야 (대하 22:1-6)

25 이스라엘 왕 아합의 아들 요람 12년에
유다 왕 여호람의 아들 아하시야가 다
스리기 시작했습니다.
26 아하시야는 22세에 왕이 됐고 예루살
렘에서 1년 동안 다스렸습니다. 그 어
머니의 이름은 아달랴로 이스라엘 왕
오므리의 손녀입니다.
27 아하시야는 아합의 집이 간 길을 그대
로 따라 아합의 집이 한 대로 여호와
보시기에 악을 저질렀습니다. 아하시
야는 아합 집안의 사위였던 것입니다.
28 아하시야가 아합의 아들 요람과 함께
길르앗 라못으로 아람 왕 하사엘과 싸
우러 나갔는데 이 싸움에서 요람은
아람 사람들에 의해 부상을 당했습니
다.
29 그리하여 요람 왕은 아람 왕 하사엘과
싸우다가 라마에서 아람 사람들에게
서 입은 상처를 치료하기 위해 이스르
엘로 돌아갔습니다. 그래서 유다 왕
여호람의 아들 아하시야도 아합의 아
들 요람을 만나려고 이스르엘로 내려
왔습니다. 그가 부상을 입었기 때문
입니다.

예후가 이스라엘 왕으로 기름 부음을 받다

9 예언자 엘리사는 예언자의 제자들
가운데 한 사람을 불러 말했습니
다. "떠날 채비를 하고 이 기름병을
들고 길르앗 라못으로 가거라.
2 거기 도착하면 님시의 손자이며 여호
사밧의 아들인 예후를 찾아라. 그러
고 나서 들어가 그를 형제들 사이에
서 불러내 안쪽 방으로 데려가거라.
3 그리고 이 기름병을 가져다가 예후의
머리에 붓고 '여호와께서 말씀하신다.
내가 네게 기름을 부어 이스라엘 왕
으로 삼는다'라고 선포하여라. 그리고
문을 열고 도망쳐라. 머뭇거려서는 안
된다."
4 그리하여 그 소년 예언자는 길르앗 라
못으로 갔습니다.
5 소년 예언자가 도착해 보니 예후가 군
대 장관들과 함께 앉아 있었습니다.
소년 예언자가 말했습니다. "장군님께
전할 말씀이 있습니다." 예후가 물었
습니다. "우리 가운데 누구 말이냐?"
그가 대답했습니다. "바로 장군님입니
다."
6 예후가 일어나 집 안으로 들어갔습니

8:23,24 히브리어, 요람

다. 그러자 예언자가 예후의 머리에
기름을 붓고 말했습니다. "이스라엘의
하나님 여호와께서 말씀하십니다. '내
가 네게 기름을 부어 여호와의 백성
이스라엘의 왕으로 삼는다.
7 너는 네 주 아합의 집을 쳐야 한다.
내가 이세벨의 손에 의해 내 종 예언
자들과 다른 모든 여호와의 종들이
흘린 피에 대해 복수할 것이다.
8 아합 집안의 사람은 다 죽을 것이다.
내가 이스라엘에서 종이든 자유인이
든 할 것 없이 아합의 모든 남자를 끊
어 버릴 것이다.
9 내가 아합의 집을 느밧의 아들 여로보
암의 집과 아히야의 아들 바아사의 집
과 똑같이 만들 것이다.
10 그리고 개들이 이스르엘 땅에서 이세
벨을 먹을 것이다. 그러나 아무도 이
세벨을 묻어 주지 않을 것이다.'" 그러
고 나서 그는 문을 열고 도망쳤습니
다.
11 예후가 왕의 신하들에게 나왔더니
한 사람이 예후에게 물었습니다. "괜
찮소? 저 미친 사람이 왜 당신에게
온 것이오?" 예후가 대답했습니다.
"당신들이 그 사람과 그 사람이 한
말을 알 것이오."
12 왕의 신하들이 말했습니다. "그렇지
않소. 우리에게 말해 보시오." 예후가
말했습니다. "그가 내게 이러이러하게
말했소. '여호와께서 말씀하신다. 내
가 네게 기름을 부어 이스라엘의 왕
으로 삼는다'라고 말이오."
13 왕의 신하들은 각각 얼른 자기 옷을
벗어 예후의 발아래 깔았습니다. 그
러고는 나팔을 불며 소리쳤습니다.
"예후가 왕이다."

예후가 요람과 아하시야를 죽이다

14 그리하여 님시의 손자이며 여호사밧
의 아들 예후는 요람을 반역하는 음
모를 꾸몄습니다. 그때 요람과 온 이
스라엘은 아람 왕 하사엘과 맞서 싸워
서 길르앗 라못을 지키고 있었습니다.
15 그러나 *요람 왕은 아람 왕 하사엘과
싸우다가 아람 사람에게 부상당한 것
을 치료하기 위해 이스르엘로 돌아
온 상태였습니다. 예후가 말했습니다.
"너희가 내 뜻을 좋게 여긴다면 아무
도 성 밖으로 나가 이스르엘에 이 소
식을 전하러 가지 못하게 하라."
16 그러고 나서 그가 전차를 타고 이스
르엘로 달려갔습니다. *요람이 그곳
에 누워 있었고 유다 왕 아하시야가
그를 만나러 내려와 있었습니다.
17 이스르엘 망대를 지키는 파수병이 서
있다가 예후의 군대가 다가오는 것을
보고 외쳤습니다. "군대가 보입니다."
*요람이 명령했습니다. "한 사람을 말
에 태워 보내라. 그들을 만나 '평안의
소식이냐?' 하고 묻게 하여라."
18 한 사람이 말을 타고 나가서 예후를
만나 물었습니다. "왕께서 '평안의 소
식이냐?'하고 물으십니다." 예후가 대
답했습니다. "네가 평안과 무슨 상관
이 있느냐? 뒤로 가 나를 따라라." 파

9:15-17 히브리어, 여호람

수병이 보고했습니다. "보낸 사람이
그들에게 가서 돌아오지 않습니다."
19 그리하여 왕은 다른 사람을 말에 태
워 보냈습니다. 왕이 보낸 사람이 그
들에게 가서 말했습니다. "왕께서 '평
안의 소식이냐?' 하고 물으십니다." 예
후가 대답했습니다. "네가 평안과 무
슨 상관이 있느냐? 뒤로 가 나를 따
라라."
20 파수병이 보고했습니다. "보낸 사람
이 그들에게 가서 이번에도 돌아오지
않습니다. 그런데 말을 모는 것이 님
시의 손자 예후 같습니다. 미친 사람
처럼 몰고 있습니다."
21 *요람이 명령했습니다. "내 전차를 준
비하여라." 전차가 준비되자 이스라엘
왕 *요람과 유다 왕 아하시야가 각각
자기 전차를 타고 나갔습니다. 그들
은 이스르엘 사람 나봇의 땅에서 예
후와 마주하게 됐습니다.
22 *요람이 예후를 보고 물었습니다. "예
후야, 평안의 일이냐?" 예후가 대답했
습니다. "네 어머니 이세벨이 들여온
저 많은 우상들과 마술들이 있는데
어떻게 평안하겠느냐?"
23 *요람이 뒤돌아서 도망치며 아하시야
에게 소리 질렀습니다. "아하시야여,
모반입니다."
24 그러자 예후는 힘껏 활을 당겨 *요람
의 두 어깨 사이를 쏘았습니다. 화살
은 *요람의 가슴을 뚫었고 *요람은
전차 안에서 나뒹굴었습니다.
25 예후가 자기의 전차 사령관인 빗갈에
게 말했습니다. "요람의 시체를 들어
이스르엘 사람 나봇의 밭에 던져라.
너와 내가 함께 전차를 타고 요람의
아버지 아합의 뒤를 따라다닐 때 여
호와께서 그에 대해 예언하신 것을 기
억하여라.

9:21-24 히브리어, 여호람

인간이 저지르는 죄들

하용조 목사의 행복한 **메시지**

성경에는 죄를 설명하는 여러 가지 단어가 있습니다. 첫째는 '하마르티아'입니다. 이것은 '(과녁을) 빗나갔다'는 뜻으로 진리에서 벗어난 것을 말합니다. 둘째는 '파라바시스'입니다. 이것은 '(짚고) 넘어간다'는 뜻으로 죄를 지으면 안 되는 선이 있는데 그 경계를 넘어선 것을 말합니다. 셋째는 '파라프토마'입니다. 이것은 '떨어지다' 또는 '미끄러지다'라는 뜻으로 진리에 서 있지 못하고 악으로 떨어진 상태, 곧 악으로 미끄러진 것을 말합니다. 넷째는 '아노미아'입니다. 이것은 '불법을 행한다'는 뜻으로, 알면서 의도적으로 악과 불법을 행하는 것을 말합니다. 다섯째는 '오페일레마'입니다. 이것은 '(의무를 불이행하여) 빚지다'라는 뜻으로 마땅히 지불해야 할 것을 지불하지 않은 상태를 말합니다.
사람들이 이러한 죄에 빠지게 되는 이유는 무엇일까요? 바로 욕심 때문입니다. 인간의 마음을 지배하는 탐욕, 그것이 죄에 빠지게 하는 가장 무서운 원인을 제공합니다.

26 '나 여호와가 말한다. 어제 내가 나봇
의 피와 그의 아들들의 피를 보았다.
나 여호와가 말한다. 내가 이 땅에서
네게 갚아 줄 것이다.' 그러니 *이제
여호와의 말씀대로 요람의 시체를 들
어 그 땅에 던져라."
27 유다 왕 아하시야는 이 광경을 보고
*벳하간으로 가는 길로 도망쳤습니
다. 그러자 예후는 아하시야를 쫓아가
며 "전차를 타고 있는 저자도 쏴 죽여
라!"하고 소리쳤습니다. 전차를 타고
도망가던 아하시야는 이블르암 근처
구르로 올라가는 길에서 부상을 당했
습니다. 그리고 아하시야는 므깃도까
지 도망쳐 거기에서 죽었습니다.
28 아하시야의 신하들은 아하시야의 시
체를 전차에 싣고 예루살렘으로 데려
와 그 조상들과 함께 다윗 성 그의 무
덤에 묻어 주었습니다.
29 아하시야는 아합의 아들 요람 11년에
유다 왕이 됐습니다.

이세벨이 죽다

30 그 후 예후는 이스르엘로 갔습니다.
이세벨은 이 말을 듣고 눈에 화장하
고 머리를 매만진 뒤 창문으로 내다
보았습니다.
31 예후가 성문으로 들어오자 이세벨이
물었습니다. "자기 주인을 죽인 너 시
므리야, 평안하냐?"
32 그러자 예후가 얼굴을 들어 창문을
쳐다보고 소리쳤습니다. "누가 내 편
이 될 것이냐? 누구냐?" 두세 명의
내시들이 밖을 내다보았습니다.
33 예후가 말했습니다. "저 여자를 던지
라!" 그러자 내시들이 이세벨을 내던
졌습니다. 이세벨의 피가 벽과 말들
에 튀었고 예후는 발로 이세벨의 시체
를 짓밟았습니다.
34 예후가 들어가 먹고 마시며 말했습니
다. "가서 저 저주받은 여자를 찾아서
묻어 주라. 그 여자가 왕의 딸이었기
때문이다."
35 사람들이 이세벨을 묻어 주려고 나가
찾아 보니 남은 것은 해골과 발과 손
바닥뿐이었습니다.
36 그들이 돌아와 예후에게 말했습니다.
그러자 예후가 말했습니다. "과연 여
호와께서 자기 종 디셉 사람 엘리야를
통해 하신 말씀대로구나. '이스르엘
땅에서 개들이 이세벨의 살을 먹을
것이다.
37 이세벨의 시체가 이스르엘 땅에서 밭
에 거름같이 될 것이니 여기 이세벨
이 누워 있다고 말할 사람이 없을 것
이다.'"

아합의 집안을 몰살하다

10 아합에게는 사마리아에 70명의
아들이 있었습니다. 그래서 예
후는 편지를 써서 사마리아의 이스르
엘 관리들과 장로들과 아합의 아들들
을 교육하던 사람들에게 보냈습니다.
예후는 편지에 이렇게 써 보냈습니다.
2 "너희 주인의 아들들이 너희와 함께
있고 너희에게 전차와 말과 견고한 성
과 무기가 있으니 이 편지가 너희에게

9:26 왕상 21:19을 보라. 9:27 정원의 집

도착하자마자
3 너희 주인의 아들들 가운데 가장 뛰
어난 사람을 뽑아 그 아버지의 왕위
에 앉히고 너희 주인의 집안을 위해
싸우라."
4 그러나 그들은 매우 두려워하며 말했
습니다. "두 왕이 그를 당해 내지 못
했는데 우리가 어떻게 당해 낼 수 있
겠는가?"
5 그래서 왕궁 관리와 성의 총독과 장
로들과 아합의 아들들을 교육하던 사
람들이 예후에게 심부름꾼을 보내 이
렇게 말했습니다. "우리는 당신의 신
하니 당신의 명령은 무엇이든 따르겠
습니다만 누군가를 왕으로 세우지는
않겠습니다. 그냥 당신이 보기에 좋
은 대로 하십시오."
6 그러자 예후가 두 번째 편지를 써 보
냈습니다. "너희가 만약 내 편이 돼
내 말을 듣겠다면 너희 주인의 아들
들의 머리를 가지고 내일 이맘때까지
이스르엘에 있는 내게로 오라." 그때
왕자들 70명은 자기들을 교육하던 그
성의 지도자들과 함께 있었습니다.
7 편지가 도착하자 그 사람들은 왕자
70명을 잡아다가 모두 죽이고 그들의
머리를 바구니에 넣어 이스르엘에 있
는 예후에게로 보냈습니다.
8 심부름꾼이 도착해 예후에게 말했습
니다. "그들이 왕자들의 머리를 가져
왔습니다." 그러자 예후가 말했습니
다. "그 머리들을 성문 입구에 두 무
더기로 쌓아 아침까지 두어라."
9 이튿날 아침에 예후는 밖으로 나가
백성들 앞에 서서 말했습니다. "너희
는 죄가 없다. 내 주인을 반역해 죽인
사람은 바로 나다. 그러나 누가 이 모
든 사람을 죽였느냐?
10 여호와께서 아합의 집을 향해 하신
말씀 가운데 어느 것 하나도 땅에 떨
어지지 않았다는 것을 알아야 한다.
여호와께서는 그 종 엘리야를 통해
말씀하신 것을 이루신 것이다."
11 그러고 나서 예후는 아합의 집안 가
운데 이스르엘에 살아남은 사람들을
모두 죽였습니다. 또 아합의 고관들
과 가까운 친구들과 제사장들을 다
죽여 그 집안에 살아남은 사람이 아
무도 없게 했습니다.
12 그러고 나서 예후는 길을 떠나 사마리
아로 갔습니다. 가는 도중 벳에켓 하
로임에서
13 예후는 유다 왕 아하시야의 형제들을
만나게 됐습니다. 예후가 물었습니다.
"너희는 누구냐?" 그들이 대답했습니
다. "우리는 아하시야의 형제들입니다.
우리는 왕자들과 왕후의 아들들에게
문안드리러 내려왔습니다."
14 예후가 명령했습니다. "저들을 사로잡
으라." 그러자 아하시야의 형제들 42
명을 사로잡아 벳에켓의 웅덩이에서
다 죽이고 한 명도 남기지 않았습니
다.
15 예후는 그곳을 떠난 뒤 자기를 만나
러 오고 있던 레갑의 아들 여호나답
을 만나게 되었습니다. 예후가 여호나

답을 맞으며 말했습니다. "내가 너를
믿듯이 너도 나를 믿느냐?" 여호나답
이 대답했습니다. "그렇습니다." 예후
가 말했습니다. "그렇다면 나와 손을
잡자." 여호나답이 예후의 손을 잡자
예후는 그를 잡아 올려 전차에 태웠
습니다.
16 예후가 말했습니다. "나와 함께 가서
내가 여호와께 얼마나 열심인지 보아
라." 이렇게 하여 예후는 여호나답을
자기 전차에 태우고 데려갔습니다.
17 예후는 사마리아에 이르러 사마리아
에 남아 있던 아합 집안사람들을 모
두 죽였습니다. 그는 여호와께서 엘리
야에게 하신 말씀을 따라 아합 집안
을 멸망시킨 것입니다.

바알 제사장들을 죽이다

18 그 일 후에 예후는 온 백성들을 불러
모으고 말했습니다. "아합은 바알을
조금 섬겼지만 예후는 많이 섬길 것이
다.
19 그러니 이제 바알의 예언자들과 종들
과 제사장들을 모두 내게로 불러오
라. 한 사람도 빠져서는 안 된다. 내가
바알에게 큰 제사를 드릴 것이다. 누
구든 빠진 사람은 목숨을 지킬 수 없
을 것이다." 그러나 예후는 바알을 섬
기는 사람들을 멸망시키기 위해 속임
수를 쓴 것이었습니다.
20 예후가 말했습니다. "바알을 경배하는
큰 집회를 열라." 그러자 바알을 섬기
는 사람들이 큰 집회를 선포했습니다.
21 그러고 나서 예후는 이스라엘 모든 곳
에 사람을 보냈습니다. 그러자 바알을
섬기는 사람들이 빠짐없이 다 왔습니
다. 그들이 바알 신전에 들어오니 바
알 신전이 이 끝에서 저 끝까지 꽉 들
어찼습니다.
22 그러자 예후가 예복을 관리하는 사
람에게 말했습니다. "바알을 섬기는
사람들에게 예복을 내주어라." 그러
자 예복을 관리하는 사람이 그들에
게 예복을 내주었습니다.
23 그러고 나서 예후와 레갑의 아들 여호
나답은 바알 신전으로 들어가 바알을
섬기는 사람들에게 말했습니다. "여
기 너희에게 여호와의 종은 하나도
없고 오직 바알을 섬기는 사람들만
있는지 살펴보라."
24 그러고 나서 그들은 제물과 번제를
드리기 위해 들어갔습니다. 예후는
바깥에 80명을 세워 두고 "내가 너희
에게 넘겨준 사람 가운데 한 사람이
라도 도망가면 그를 놓친 사람이 대
신 죽게 될 것이다"라고 경고해 두었
습니다.
25 번제를 다 드리자 즉시 예후가 호위
병과 장교들에게 명령했습니다. "들어
가 한 사람도 나오지 못하게 하고 죽
여라." 그러자 호위병들과 장교들은
칼로 그들을 죽여 밖으로 내던지고는
바알 신전의 안쪽 방으로 들어갔습니
다.
26 호위병들과 장교들은 바알 신전에서
목상을 꺼내 와 불태워 버렸습니다.
27 그들은 또 바알 목상을 깨뜨렸고 바

알 신전을 무너뜨려 변소로 만들었습
니다. 그리하여 그것이 오늘날까지 이
르렀습니다.
28 이렇게 예후는 이스라엘에서 바알을
없애 버렸습니다.
29 그러나 예후는 이스라엘을 죄짓게 한
느밧의 아들 여로보암의 죄, 곧 벧엘
과 단에 있는 금송아지를 섬기는 죄
의 길에서는 돌아서지 못했습니다.
30 여호와께서 예후에게 말씀하셨습니
다. "너는 내가 보기에 옳은 일을 했
고 내 마음에 생각한 일들을 아합의
집에 다 이루었으니 네 자손들이 4대
까지 이스라엘 왕좌에 앉게 될 것이
다."
31 그러나 예후는 이스라엘의 하나님 여
호와의 법을 지키는 데는 마음을 다
하지 못했습니다. 그는 이스라엘을 죄
짓게 한 여로보암의 죄에서 떠나지 못
했습니다.
32 그 무렵 여호와께서는 이스라엘의 영
토를 떼어 다른 나라에 넘겨주기 시
작하셨습니다. 하사엘이 이스라엘의
모든 국경을 공격했는데
33 그곳은 요단 강 동쪽의 길르앗 모든
지방, 곧 갓과 르우벤과 므낫세 사람
의 땅으로 아르논 골짜기에 있는 아로
엘에서부터 길르앗과 바산까지였습니
다.
34 예후의 다른 모든 일과 예후의 모든
업적은 이스라엘 왕들의 역대기에 기
록돼 있습니다.
35 예후는 자기 조상들과 함께 잠들어
사마리아에 묻혔습니다. 그리고 예후
의 아들 여호아하스가 뒤를 이어 왕
이 됐습니다.
36 예후가 사마리아에서 이스라엘을 다
스린 기간은 28년이었습니다.

아달랴와 요아스 (대하 22:10-23:15)

11 아하시야의 어머니 아달랴는 자
기 아들이 죽은 것을 보고 일
어나 왕가의 모든 사람을 다 죽였습
니다.
2 그러나 *요람 왕의 딸이며 아하시야
의 누이인 여호세바는 왕자들이 죽임
을 당하는 가운데서 아하시야의 아
들 요아스를 몰래 빼내 도망쳐 나왔
습니다. 그리고 요아스가 죽임당하지
않게 하려고 왕자와 그의 유모를 침
실에 숨겼습니다.
3 요아스는 자기 유모와 함께 여호와의
성전에서 6년 동안 숨어서 지냈고 그
동안 아달랴가 그 땅을 다스렸습니
다.
4 7년째 되는 해에 여호야다가 사람을
보내 가리 사람의 백부장들과 호위병
의 백부장들을 여호와의 성전에 있는
자기에게로 불러들였습니다. 여호야
다는 백부장들과 언약을 맺고 여호와
의 성전에서 그들이 맹세하도록 시켰
습니다. 그리고는 왕의 아들을 그들
에게 보여 주었습니다.
5 여호야다는 그들에게 말했습니다. "너
희가 할 일은 이렇다. 안식일에 당번
을 나눠 3분의 1은 왕궁을 지키고

11:2 히브리어, 여호람

6 3분의 1은 수르 문을 지키고 3분의 1
은 호위대 뒤에 있는 문을 지키라. 이
와 같이 너희는 왕궁을 철저히 지키
라.
7 안식일에 임무를 쉬는 너희 가운데
두 무리는 왕을 위해 여호와의 성전
을 지키라.
8 너희는 각자 손에 무기를 들고 왕 주
위에 둘러서서 왕을 호위하라. 누구
든 너희 대열에 다가오는 사람은 죽
이라. 너희는 왕이 드나드실 때 왕께
가까이 있으면서 왕을 지켜야 한다."
9 백부장들은 제사장 여호야다가 명령
한 그대로 했습니다. 그들은 각각 자
기 부하들, 곧 안식일에 당번인 부하
들과 임무를 쉬는 부하들을 이끌고
제사장 여호야다에게 갔습니다.
10 그러자 여호야다는 여호와의 성전에
있던 다윗 왕의 창과 방패들을 백부
장들에게 주었습니다.
11 호위병들은 손에 무기를 든 채 왕을
둘러싸고 성전 오른쪽부터 성전 왼쪽
까지 제단과 성전 곁에 섰습니다.
12 여호야다는 왕의 아들을 데리고 나
와 왕관을 씌우고 율법책을 왕의 아
들에게 주었습니다. 그러자 사람들은
그에게 기름을 부어 그를 왕으로 삼
고 박수를 치며 "왕께 만세!"라고 소
리 질렀습니다.
13 아달랴는 호위병들과 사람들이 지르
는 소리를 듣고 여호와의 성전에 있
는 사람들에게로 갔습니다.
14 아달랴가 보니 거기에는 왕이 관습대
로 기둥 곁에 서 있었습니다. 관료들
과 나팔수들이 왕 곁에 있었고 그 땅
의 모든 백성들이 기뻐하며 나팔을
불었습니다. 그러자 아달랴는 자기 옷
을 찢으며 "반역이다! 반역이다!" 하고
외쳤습니다.
15 제사장 여호야다가 군대를 지휘하는
백부장들에게 명령했습니다. "저 여
자를 *대열 밖으로 끌어내고 저 여자
를 따르는 사람은 누구든지 칼로 죽
이라." 이는 제사장이 "여호와의 성전
안에서는 그를 죽이지 말라" 하고 말
해 두었기 때문입니다.
16 그리하여 그들은 아달랴가 왕궁의 말
이 다니는 길로 지나갈 때 붙잡아 거
기에서 죽였습니다.
17 그러고 나서 여호야다는 왕과 백성들
이 여호와와 언약을 맺어 여호와의
백성들이 되게 했습니다. 그는 또한
왕과 백성들 사이에도 언약을 맺게
했습니다.
18 그 땅의 모든 백성들이 바알 신전으
로 가서 바알 신전을 부서뜨렸습니다.
그들은 제단과 우상들을 산산조각
냈고 제단 앞에 있던 바알 제사장 맛
단을 죽였습니다. 그 후 제사장 여호
야다는 여호와의 성전에 관리들을 세
웠습니다.
19 그는 백부장들과 가리 사람들과 호위
병들과 그 땅의 모든 백성들을 거느
리고 왕을 모시고 여호와의 성전에서
내려와 호위병의 문 쪽 길을 지나 왕

11:15 또는 구역

궁으로 갔습니다. 이렇게 그는 왕위
에 올랐고
20 그 땅의 모든 백성들이 기뻐했습니
다. 아달랴가 왕궁에서 칼로 죽임을
당했기 때문에 예루살렘 성은 평화를
되찾고 조용해졌습니다.
21 요아스가 왕이 됐을 때 그는 7세였습
니다.

요아스가 성전을 수리하다 (대하 24:1-16)

12 예후 7년에 요아스가 왕이 돼
예루살렘에서 40년을 다스렸습
니다. 요아스의 어머니 이름은 시비아
이며 브엘세바 출신이었습니다.
2 요아스는 제사장 여호야다가 이끌어
준 기간 내내 여호와 보시기에 올바
르게 행했습니다.
3 그러나 산당들은 없애지 않았습니다.
백성들이 여러 산당에서 제사와 분향
을 계속했기 때문입니다.
4 요아스가 제사장들에게 말했습니다.
"여호와의 성전에 거룩한 제물로 바
친 은, 곧 세금으로 바친 은, 개인적
인 서원으로 바친 은, 성전에 자진해
서 가져온 은을
5 모든 제사장이 각각 아는 사람에게
서 받아서 그것으로 어디든 성전이
부서진 곳을 보수하는 데 사용하도
록 하라."
6 그러나 요아스 왕 23년까지 제사장들
은 성전의 부서진 곳을 보수하지 않
았습니다.
7 그리하여 요아스 왕이 제사장 여호야
다와 다른 제사장들을 불러서 물었
습니다. "왜 성전의 부서진 곳을 보수
하지 않았느냐? 이제 더 이상 아는
사람에게서 은을 받아 두지 말고 그
것을 성전 부서진 곳을 보수하는 데
쓰도록 직접 내주어라."
8 제사장들은 백성들에게 은을 더 이
상 받지 않고 스스로 성전의 부서진
곳을 보수하지도 않는 것에 동의했습
니다.
9 제사장 여호야다는 상자 한 개를 가
져다가 뚜껑에 구멍을 내고 그것을
제단 옆 여호와의 성전 입구 오른쪽
에 놓아두었습니다. 입구를 지키는
제사장들은 백성들이 여호와의 성전
에 가져온 모든 은을 그 상자에 넣었
습니다.
10 그 상자에 은이 많이 있는 것을 보면
왕의 서기관과 대제사장이 와서 여호
와의 성전에 바친 은을 세어 가방 속
에 넣었습니다.
11 그 세어 넣은 은을 그들이 여호와의
성전을 공사하는 감독관들에게 가져
다주어 그 은으로 여호와의 성전에서
일하는 사람들에게 보수를 지급하게
했습니다. 곧 목수와 건축가들과
12 석수장이들에게 주어 여호와의 성전
의 부서진 곳을 보수하기 위해 목재
와 다듬은 돌을 사고 성전 복구에 드
는 다른 모든 비용으로 사용하게 했
습니다.
13 여호와의 성전에 바친 은은 여호와의
성전의 은대야와 부집게와 물 뿌리는
대접과 나팔과 금 기물이나 은 기물

만드는 데는 쓰지 않았습니다.
14 그 은을 일꾼들에게 주어 성전을 보
수하게 했습니다.
15 성전을 공사하는 감독관들은 그 은
을 받아 일꾼들에게 주는 사람들과
은 사용에 대한 회계를 안 했는데 그
것은 은을 맡은 사람들이 성실하게
일했기 때문입니다.
16 속건제나 속죄제로 바친 은은 여호와
의 성전에 바치지 않았습니다. 그것은
제사장들이 가졌습니다.
17 그때쯤 아람 왕 하사엘이 올라와 가드
를 공격해 함락시켰습니다. 그러고 나
서 하사엘은 예루살렘으로 올라갔습
니다.
18 그러자 유다 왕 요아스는 자기 조상
인 유다 왕 여호사밧과 여호람과 아하
시야가 바친 모든 신성한 물건들과 요
아스 자신이 바친 예물들과 여호와
성전의 창고와 왕궁에 있던 모든 금
을 챙겨 아람 왕 하사엘에게 보냈습니
다. 그러자 그가 예루살렘에서 물러갔
습니다.
19 요아스의 다른 일들과 그가 한 모든
일은 유다 왕들의 역대기에 기록돼
있습니다.
20 요아스의 신하들이 요아스를 대적해
반역하고 실라로 내려가는 길 가 밀로
의 집에서 요아스를 죽였습니다.
21 요아스를 죽인 신하들은 시므앗의 아
들 요사갈과 소멜의 아들 여호사바드
였습니다. 요아스는 죽어서 자기 조상
들과 함께 다윗 성에 묻혔습니다. 그
리고 요아스의 아들 아마샤가 뒤를
이어 왕이 됐습니다.

이스라엘 왕 여호아하스

13 유다 왕 아하시야의 아들 요아
스 23년에 예후의 아들 여호아
하스가 사마리아에서 이스라엘의 왕
이 돼 17년 동안 다스렸습니다.
2 그는 이스라엘 백성들을 죄짓도록 만
든 느밧의 아들 여로보암의 죄를 그대
로 따라 했습니다. 여호아하스는 여호
와 보시기에 악을 저질렀고 그 죄에
서 떠나지 못했습니다.
3 그래서 여호와께서는 이스라엘에 매
우 화가 나셨고 이스라엘을 얼마 동
안 아람 왕 하사엘과 하사엘의 아들
벤하닷의 손에 넘기셨습니다.
4 그러자 여호아하스가 여호와께 은총
을 간구했습니다. 여호와께서는 그
간구를 들으셨습니다. 아람 왕이 얼
마나 혹독하게 이스라엘을 억누르고
있는지 보셨기 때문입니다.
5 여호와께서는 이스라엘에게 구원자
를 보내 주셨습니다. 그리하여 이스
라엘 자손들은 아람 사람의 지배에서
벗어나 이전처럼 자기 집에서 살게 됐
습니다.
6 그러나 그들은 이스라엘을 죄짓게 한
여로보암 집안의 죄를 떠나지 못하고
계속 그 죄를 지었습니다. 또 사마리아
에는 아세라 목상이 여전히 남아 있
었습니다.
7 여호아하스의 군대에 남은 것은 기병
50명과 전차 열 대와 보병 1만 명뿐이

었습니다. 아람 왕이 백성들을 짓밟
아 멸망시켜 타작 때의 먼지처럼 만
들었기 때문입니다.
8 여호아하스의 다른 일들과 그가 한
모든 일과 그의 업적은 이스라엘 왕
들의 역대기에 기록돼 있습니다.
9 여호아하스는 자기 조상들과 함께 잠
들어 사마리아에 묻혔습니다. 그리고
여호아하스의 아들 *요아스가 뒤를
이어 왕이 됐습니다.

이스라엘 왕 요아스

10 유다 왕 요아스 37년에 여호아하스의
아들 요아스가 사마리아에서 이스라
엘 왕이 돼 16년 동안 다스렸습니다.
11 요아스는 여호와 보시기에 악을 저질
렀고 이스라엘 백성을 죄짓게 한 느밧
의 아들 여로보암의 죄를 그대로 따
르며 계속 그 죄들을 저질렀습니다.
12 요아스의 다른 모든 일과 요아스가
한 일들과 유다 왕 아마샤와 싸운 일
을 포함한 요아스의 업적에 대해서는
이스라엘 왕들의 역대기에 기록돼 있
습니다.
13 요아스는 자기 조상들과 함께 잠들고
여로보암이 그 뒤를 이어 왕이 됐습
니다. 요아스는 사마리아에 이스라엘
왕들과 함께 묻혔습니다.
14 그때 엘리사가 죽을병을 앓고 있었습
니다. 이스라엘 왕 요아스가 엘리사에
게 내려와 그를 보고 통곡하며 말했
습니다. "내 아버지여, 내 아버지여,
이스라엘의 전차와 마병이여."
15 엘리사가 말했습니다. "활과 화살을
가져오십시오." 그러자 요아스가 직접
활과 화살을 가져왔습니다.
16 엘리사가 이스라엘 왕에게 말했습니
다. "활을 잡으십시오." 왕이 활을 잡
자 엘리사는 자기 손을 왕의 손에 얹
었습니다.
17 엘리사가 말했습니다. "동쪽으로 난
창문을 여십시오." 그러자 왕이 동쪽
창문을 열었습니다. 엘리사가 말했습
니다. "활을 쏘십시오." 그러자 요아스
가 활을 쏘았습니다. 그러자 엘리사가
소리쳤습니다. "여호와의 구원의 화살
입니다. 아람에게서 이스라엘을 구원
하실 화살입니다. 왕은 아벡에서 아
람 사람들과 싸워 그들을 완전히 멸
망시킬 것입니다."
18 그러고 나서 엘리사가 말했습니다.
"화살을 집으십시오." 그러자 왕이 화
살을 집었습니다. 엘리사가 이스라엘
왕에게 말했습니다. "땅을 치십시오."
그러자 그가 세 번 내리치고 멈추었
습니다.
19 하나님의 사람이 그에게 화를 내며
말했습니다. "대여섯 번 쳤어야 아람
사람들을 완전히 멸망시킬 수 있습니
다. 그러나 이제 왕이 아람을 세 번밖
에 못 칠 것입니다."
20 그 후 엘리사는 죽어 땅에 묻혔습니
다. 그해 봄에 모압 사람들이 떼를 지
어 이스라엘 땅을 습격했습니다.
21 그때에 이스라엘 사람들이 어떤 죽은
사람을 땅에 묻고 있다가 갑자기 침

13:9 또는 여호아스

입자 한 떼가 보이자 그 시체를 엘리
사의 무덤에 던져 버렸습니다. 그 시
체는 엘리사의 무덤에 내려가 엘리사
의 뼈에 닿자 다시 살아나 두 발로 일
어섰습니다.
22 아람 왕 하사엘이 여호아하스 시대 내
내 이스라엘을 억눌렀습니다.
23 그러나 여호와께서는 아브라함과 이
삭과 야곱과 맺으신 언약 때문에 이스
라엘을 은혜롭게 대하시며 그들을 불
쌍히 여기시고 관심을 보이셨습니다.
그리하여 오늘날까지 그들을 멸망시
키지 않으시고 여호와 앞에서 쫓아내
지 않으셨습니다.
24 아람 왕 하사엘이 죽자 하사엘의 아
들 벤하닷이 뒤를 이어 왕이 됐습니
다.
25 그러자 여호아하스의 아들 요아스는
자기 아버지 여호아하스가 전쟁 가운
데 빼앗긴 성들을 하사엘의 아들 벤
하닷에게서 되찾았습니다. 요아스는
그를 세 번 무찌르고 이스라엘 성들
을 되찾았습니다.

유다 왕 아마샤 (대하 25:1-24)

14 이스라엘 왕 여호아하스의 아
들 *요아스 2년에 유다 왕 *요
아스의 아들 아마샤가 다스리기 시작
했습니다.
2 아마샤는 25세에 왕이 돼 예루살렘에
서 29년 동안 다스렸습니다. 그의 어
머니의 이름은 여호앗단으로 예루살
렘 출신이었습니다.
3 아마샤는 여호와 보시기에 올바르게
행했으나 그의 조상 다윗만큼은 하지
못했습니다. 아마샤는 모든 일에 그
의 아버지 요아스가 한 대로 했습니
다.
4 그러나 산당은 없애지 않아 백성들은
여전히 여러 산당에서 제사드리고 분
향했습니다.
5 아마샤는 왕권을 든든히 한 후에 선
왕인 자기 아버지를 죽인 신하들을
처형했습니다.
6 그러나 그 신하들의 아들들은 모세
의 율법책의 기록에 따라서 죽이지
않았습니다. 모세의 율법책에 여호와
께서 "*아버지는 그 자녀들로 인해 죽
임당해서는 안 되고 자녀들은 그 아
버지로 인해 죽임당해서는 안 된다.
각자 자기 죄로 인해 죽임을 당할 것
이다"라고 명령하셨습니다.
7 아마샤는 소금 골짜기에서 에돔 사람
1만 명을 죽였습니다. 그리고 전쟁을
일으켜 셀라를 함락하고 그 이름을
욕드엘이라고 불렀는데 그 이름이 오
늘날까지도 있습니다.
8 그때 아마샤가 예후의 손자이며 여호
아하스의 아들인 이스라엘 왕 요아스
에게 사람을 보내 말했습니다. "와서
서로 보고 싸우자."
9 그러나 이스라엘 왕 요아스는 유다 왕
아마샤에게 대답했습니다. "레바논의
가시나무가 레바논의 백향목에게 사
람을 보내 '네 딸을 내 아들에게 주어
결혼하게 하여라'라고 하자 레바논의

14:1 또는 여호아스 14:6 신 24:16을 보라.

들짐승이 지나가면서 그 가시나무를
발로 밟아 버렸다.
10 네가 에돔을 물리쳤다고 네 마음이
교만하기 짝이 없구나. 네 승리를 자
랑하되 왕궁에나 머물러 있어라. 왜
사서 문제를 일으키며 너와 유다의
멸망을 자초하느냐?"
11 그러나 아마샤는 듣지 않았습니다. 그
리하여 이스라엘 왕 요아스가 유다와
싸우러 나갔습니다. 요아스와 유다 왕
아마샤는 유다의 벧세메스에서 서로
맞닥뜨리게 됐습니다.
12 유다 사람들은 이스라엘에 패하자 흩
어져 각자 자기 집으로 도망갔습니
다.
13 이스라엘 왕 요아스는 아하시야의 손
자이며 요아스의 아들인 유다 왕 아
마샤를 벧세메스에서 사로잡았습니
다. 그러고 나서 요아스는 예루살렘으
로 가서 예루살렘 성벽의 에브라임 문
에서부터 모퉁이 문까지 *400규빗을
무너뜨렸습니다.
14 요아스는 여호와의 성전과 왕궁 창고
에 있던 모든 금과 은과 모든 기물들
을 가져갔습니다. 또 사람들을 인질
로 사로잡아 사마리아로 데려갔습니
다.
15 요아스의 다른 모든 일과 요아스의 업
적과 그가 유다 왕 아마샤와 싸운 일
은 이스라엘 왕들의 역대기에 기록돼
있습니다.
16 요아스는 자기 조상들과 함께 잠들고
이스라엘 왕들과 함께 사마리아에 묻
혔습니다. 그리고 그의 아들 여로보암
이 뒤를 이어 왕이 됐습니다.
17 유다 왕 요아스의 아들 아마샤는 이스
라엘 왕 여호아하스의 아들 요아스가
죽은 뒤 15년을 더 살았습니다.
18 아마샤의 다른 모든 일은 유다 왕들

14:13 400규빗은 약 180미터

Q&A 아버지의 죄가 아들에게도 미칠까?

참고 구절 | 왕하 14:5-6

아마샤는 왕이 된 후 선왕을 죽인 신하들을 처형했지만 그 자녀들은 죽이지 않았다(왕하 14:5-6). 이것은 이방인들의 관습을 따르지 않은 것이다.

당시엔 한 사람이 공동체에 영향을 주는 죄를 지었다면 당사자뿐 아니라 그 가족도 처벌하는 연대 처형이 있었다. 예를 들면 여리고 성을 정복할 때 아간이 범죄했기 때문에 그 가족 모두가 죽임을 당했다(수 7:24-25). 또 십계명에도 보면 하나님을 미워하는 자의 죄에 대해서는 자식 삼사 대에 이르기까지 갚으신다고 했다(출 20:5). 비록 한 개인의 죄일지라도 그 죄는 간접적으로 사회 전체에 영향을 주는 죄였기 때문이다. 결국 개인의 죄는 그 사회에 대한 책임이 있었기 때문이다. 그러나 하나님은 각자의 죄에 대해서는 자신이 책임을 지고 죗값을 치르게 하셨다.

선한 왕 아마샤는 아비로 인하여 자녀를 죽이지 말라는 하나님의 법을(신 24:16) 철저히 지켰던 것이다(왕하 14:6)

의 역대기에 기록돼 있습니다.
19 예루살렘에서 아마샤 왕을 반역하는
음모가 있었습니다. 아마샤가 라기스
로 피신했는데 반역자들은 사람을 보
내 라기스까지 그를 뒤쫓았고 거기서
그를 죽였습니다.
20 그들은 죽은 아마샤를 말에 태워 끌
고 가 그 조상들과 함께 다윗 성 예루
살렘에 묻었습니다.
21 그 후 온 유다 백성들은 16세인 *아
사랴를 데려다가 그의 아버지 아마샤
를 대신해 왕으로 삼았습니다.
22 그는 아마샤가 자기 조상들과 함께
잠든 후 엘랏을 건축해 유다 땅으로
되돌려 놓았습니다.

이스라엘 왕 여로보암 2세

23 유다 왕 요아스의 아들 아마샤 15년
에 이스라엘 왕 요아스의 아들 여로보
암이 사마리아에서 왕이 됐고 그는 41
년 동안 다스렸습니다.
24 여로보암은 여호와 보시기에 악을 저
질렀고 이스라엘에게 죄짓게 한 느밧
의 아들 여로보암의 모든 죄를 떠나
지 않았습니다.
25 여로보암은 *하맛 어귀에서부터 *아
라바 바다까지 이스라엘의 국경을 회
복시켰습니다. 그것은 이스라엘의 하
나님 여호와께서 그분의 종인 가드헤
벨 출신 아밋대의 아들인 예언자 요나
를 통해 하신 말씀에 따른 것이었습
니다.
26 여호와께서 이스라엘의 고통이 얼마
나 심한지 보신 것입니다. 종이나 자
유인이나 이스라엘을 돕는 사람이 없
었습니다.
27 여호와께서는 이스라엘의 이름을 하
늘 아래에서 지워 버리겠다고 하신
적이 없으셨기 때문에 요아스의 아들
여로보암의 손으로 그들을 구해 내셨
습니다.
28 여로보암의 다른 일들과 그가 한 모
든 일, 곧 전쟁을 일으킨 것과 또 다
메섹과 하맛을 이스라엘에 편입시킨
일 등 그의 군사적 업적들은 이스라
엘 왕들의 역대기에 기록돼 있습니다.
29 여로보암은 자기 조상들, 곧 이스라엘
왕들과 함께 잠들었습니다. 그리고
여로보암의 아들 스가랴가 뒤를 이어
왕이 됐습니다.

유다 왕 아사랴 (대하 26:1-23)

15 이스라엘 왕 여로보암 27년에
유다 왕 아마샤의 아들 아사랴
가 다스리기 시작했습니다.
2 아사랴는 16세에 왕이 돼 예루살렘에
서 52년 동안 다스렸습니다. 그의 어
머니의 이름은 여골리야로 예루살렘
출신이었습니다.
3 아사랴는 자기 아버지 아마샤가 했던
것처럼 여호와 보시기에 올바르게 행
했습니다.
4 그러나 산당들은 아직 없애지 않았
습니다. 그래서 백성들이 여전히 여러
산당에서 제사와 분향을 했습니다.
5 여호와께서 왕을 벌하셨으므로 아사

14:21 또는 웃시야 14:25 히브리어, 르보 하맛
14:25 염해를 가리킴.

랴는 죽는 날까지 *나병 환자가 돼 괴
로움을 겪으며 별채에서 살았습니다.
왕의 아들 요담이 왕궁 일을 관리하
고 그 땅의 백성들을 다스렸습니다.
6 아사랴의 다른 일들과 그가 한 모든
일은 유다 왕들의 역대기에 기록돼
있습니다.
7 아사랴는 자기 조상들과 함께 잠들었
고 자기 조상들과 함께 다윗 성에 묻
혔습니다. 그리고 아사랴의 아들 요담
이 뒤를 이어 왕이 됐습니다.

이스라엘 왕 스가랴

8 유다 왕 아사랴 38년에 여로보암의 아
들 스가랴가 사마리아에서 이스라엘
왕이 돼 6개월 동안 다스렸습니다.
9 스가랴는 자기 아버지가 그랬던 것처
럼 여호와 보시기에 악을 저질렀습니
다. 스가랴는 이스라엘에게 죄짓게 한
느밧의 아들 여로보암의 죄를 떠나지
못했습니다.
10 야베스의 아들 살룸이 음모를 꾸며
스가랴에게 반역하고 스가랴를 *백성
들 앞에서 죽이고 뒤이어 왕위에 올
랐습니다.
11 스가랴의 다른 모든 일은 이스라엘
왕들의 역대기에 기록돼 있습니다.
12 여호와께서 예후에게 *"네 자손들이
4대까지 이스라엘의 왕좌에 앉을 것
이다" 하고 말씀하신 대로 이뤄졌습
니다.

이스라엘 왕 살룸

13 야베스의 아들 살룸은 유다 왕 *웃시
야 39년에 왕이 돼 사마리아에서 한
달 동안 다스렸습니다.
14 가디의 아들 므나헴이 디르사에서 사
마리아로 올라와 사마리아에서 야베
스의 아들 살룸을 죽이고 그를 대신
해 왕이 됐습니다.
15 살룸의 다른 모든 일과 그가 주도한
모반 사건은 이스라엘 왕들의 역대기
에 기록돼 있습니다.
16 그때 므나헴은 디르사에서 와서 딥사
와 그 성 모든 사람들과 딥사의 주변
지역을 공격했습니다. 딥사 성의 사
람들이 므나헴에게 성문을 열어 주지
않았기 때문에 므나헴은 딥사를 공격
하고 모든 임산부들의 배를 가르기까
지 했습니다.

이스라엘 왕 므나헴

17 유다 왕 아사랴 39년에 가디의 아들
므나헴이 이스라엘 왕이 돼 사마리아
에서 10년 동안 다스렸습니다.
18 므나헴은 여호와 보시기에 악을 저질
렀습니다. 그는 다스리는 동안 이스라
엘에게 죄짓게 한 느밧의 아들 여로보
암의 죄를 떠나지 않았습니다.
19 앗시리아 왕 *불이 그 땅을 침략했습
니다. 므나헴은 왕권을 견고히 세우
기 위해 *불에게 은 *1,000달란트를
주었습니다.
20 므나헴은 앗시리아 왕에게 돈을 주기
위해 이스라엘의 모든 부자들에게 돈

15:5 히브리어로 여러 가지 악성 피부병을 가리키는 말로 반드시 나병만을 뜻하지는 않는다. 15:10 일부 칠십인역에는 '이블르암에서' 15:12 왕하 10:30을 보라. 15:13 또는 아사랴 15:19 또는 디글랏 빌레셀(29절을 보라.) 15:19 1,000달란트는 약 34.7톤

을 걷었는데 한 사람당 은 *50세겔씩
을 거두었습니다. 이렇게 해서 앗시리
아 왕은 그 땅에 더 이상 머물지 않고
물러갔습니다.
21 므나헴의 다른 일들과 그가 한 모든
일은 이스라엘 왕들의 역대기에 기록
돼 있습니다.
22 므나헴은 자기 조상들과 함께 잠들었
습니다. 그리고 므나헴의 아들 브가히
야가 뒤를 이어 왕이 됐습니다.

이스라엘 왕 브가히야

23 유다 왕 아사랴 50년에 므나헴의 아들
브가히야가 사마리아에서 이스라엘
왕이 돼 2년 동안 다스렸습니다.
24 브가히야는 여호와 보시기에 악을 저
질렀습니다. 브가히야는 이스라엘에
게 죄짓게 한 느밧의 아들 여로보암의
죄를 떠나지 않았습니다.
25 브가히야의 관리들 가운데 한 사람인
르말랴의 아들 베가가 길르앗 사람 50
명과 함께 브가히야를 반역했습니다.
그들은 사마리아 왕궁 요새에서 브가
히야를 죽이고 아르곱과 아리에도 죽
였습니다. 이렇게 베가는 브가히야를
죽이고 뒤이어 왕이 됐습니다.
26 브가히야의 다른 일들과 그가 한 모
든 일은 이스라엘 왕들의 역대기에 기
록돼 있습니다.

이스라엘 왕 베가

27 유다 왕 아사랴 52년에 르말랴의 아들
베가가 사마리아에서 이스라엘 왕이
돼 20년 동안 다스렸습니다.
28 베가는 여호와 보시기에 악을 저질렀
습니다. 그는 이스라엘에게 죄짓게 한
느밧의 아들 여로보암의 죄를 떠나지
않았습니다.
29 이스라엘의 베가 왕 시대에 앗시리아
왕 디글랏 빌레셀이 와서 이욘, 아벨
벧마아가, 야노아, 게데스, 하솔, 길르
앗, 갈릴리, 납달리 온 땅을 빼앗았고
이스라엘 백성들을 포로로 잡아 앗시
리아로 끌고 갔습니다.
30 그 후 웃시야의 아들 요담 20년에 엘
라의 아들 호세아가 르말랴의 아들 베
가를 반역해 그를 죽이고 뒤를 이어
왕이 됐습니다.
31 베가의 다른 일들과 그가 한 모든 일
은 이스라엘 왕들의 역대기에 기록돼
있습니다.

유다 왕 요담 (대하 27:1-9)

32 이스라엘 왕 르말랴의 아들 베가 2년
에 유다 왕 웃시야의 아들 요담이 다
스리기 시작했습니다.
33 요담은 25세에 왕이 됐고 예루살렘에
서 16년 동안 다스렸습니다. 그의 어
머니의 이름은 여루사로 사독의 딸이
었습니다.
34 요담은 자기 아버지 웃시야가 한 대로
여호와 보시기에 올바르게 행동했습
니다.
35 그러나 산당들을 없애지는 않았습니
다. 그래서 백성들이 여전히 여러 산
당에서 제사와 분향을 했습니다. 요
담은 여호와의 성전의 윗문을 건축했
습니다.

15:20 50세겔은 약 570그램

36 요담의 다른 일들과 그가 한 일들은
유다 왕들의 역대기에 기록돼 있습니
다.
37 그때 여호와께서 아람 왕 르신과 르말
랴의 아들 베가를 보내 유다를 공격
하게 하셨습니다.
38 요담은 자기 조상들과 함께 잠들었고
자기 조상 다윗의 성에 그 조상들과
함께 묻혔습니다. 그리고 요담의 아들
아하스가 뒤를 이어 왕이 됐습니다.

유다 왕 아하스 (대하 28:1-27)

16 르말랴의 아들 베가 17년에 유
다 왕 요담의 아들 아하스가 다
스리기 시작했습니다.
2 아하스는 20세에 왕이 됐고 예루살렘
에서 16년 동안 다스렸습니다. 아하스
는 그 조상 다윗과는 달리 그의 하나
님 여호와 보시기에 올바른 일을 하
지 못했습니다.
3 아하스는 이스라엘 왕들의 길을 그
대로 따라 했고 여호와께서 이스라엘
자손들 앞에서 쫓아내신 민족들의
혐오스러운 일을 본받아 *자기 아들
을 불 속으로 지나가게까지 했습니다.
4 그는 산당과 산꼭대기와 푸른 나무
아래에서 제사하고 분향했습니다.
5 그 후 아람 왕 르신과 르말랴의 아들
인 이스라엘 왕 베가가 예루살렘으로
올라와 전쟁을 일으켰습니다. 그들은
아하스를 포위했지만 굴복시키지는
못했습니다.
6 그때 아람 왕 르신이 엘랏을 빼앗아
아람에 편입시키고 엘랏에서 유다 사
람들을 쫓아냈습니다. 그러자 에돔
사람들은 엘랏으로 옮겨 갔습니다.
그리하여 에돔 사람들이 오늘날까지
엘랏에서 살고 있습니다.
7 아하스가 앗시리아 왕 디글랏 빌레셀
에게 사람을 보내 말했습니다. "나는
당신의 종이며 당신의 아들입니다. 아
람 왕과 이스라엘 왕이 나를 공격하
고 있으니 올라와 나를 그들의 손에
서 구해 주십시오."
8 그리고 아하스는 여호와의 성전과 왕
궁 금고에 있던 은과 금을 가져다가
앗시리아 왕에게 선물로 보냈습니다.
9 앗시리아 왕은 그 말을 듣고 다메섹을
치러 올라가 그 성을 함락시켰습니다.
앗시리아 왕은 다메섹 거주민들을 포
로로 잡아 길 성으로 끌고 갔고 르신
을 죽였습니다.
10 그러자 아하스 왕이 다메섹으로 가서
앗시리아 왕 디글랏 빌레셀을 만났습
니다. 그는 다메섹에 있는 제단을 보
고는 제단의 모형도와 세밀한 구조를
그려 제사장 우리야에게 보냈습니다.
11 그러자 제사장 우리야는 아하스 왕이
다메섹에서 보낸 것대로 제단을 만들
었고 아하스 왕이 다메섹에서 돌아오
기 전에 제단 건축을 다 끝내 놓았습
니다.
12 아하스 왕은 다메섹에서 돌아와 제단
을 보고 다가가 그 위에 제물을 드렸
습니다.

16:3 또는 자기 아들을 불살라 제물로 바치기까지 했습니다.

13 아하스는 번제와 곡식제사를 드렸고
전제를 붓고 화목제의 피를 제단 위
에 뿌렸습니다.
14 그는 또한 여호와 앞에 있었던 청동
제단을 성전 앞, 곧 새 제단과 여호와
의 성전 사이에서 가져다가 새 제단
북쪽에 두었습니다.
15 그러고 나서 아하스 왕은 제사장 우리
야에게 이런 명령을 내렸습니다. "저
새로 만든 큰 제단 위에 아침 번제물
과 저녁 곡식제물과 왕의 번제물과
곡식제물과 이 땅 모든 백성들의 번
제물과 곡식제물과 전제물을 드려라.
번제물의 피와 희생제물의 피를 모두
이 제단에 뿌려라. 이 청동 제단은 내
가 여호와의 말씀을 구할 때 쓸 것이
다."
16 그리하여 제사장 우리야는 아하스 왕
이 시키는 대로 했습니다.
17 아하스 왕은 청동대야 받침의 옆면에
있는 청동판을 떼어 내고 청동대야
를 거기에서 옮기고 청동 소가 받치
고 있는 청동 바다를 떼어 내 돌 받
침 위에 얹었습니다.
18 그는 성전 안에 지어진 안식일에 이
용하는 현관을 치웠고 앗시리아 왕에
게 경의를 표하기 위해 여호와의 성전
바깥에 있는 왕의 출입로를 없애 버
렸습니다.
19 아하스의 다른 일들은 유다 왕들의
역대기에 기록돼 있습니다.
20 아하스는 자기 조상들과 함께 잠들었
고 다윗 성에 그 조상들과 함께 묻혔
습니다. 그리고 아하스의 아들 히스기
야가 뒤를 이어 왕이 됐습니다.

이스라엘 마지막 왕 호세아

17 유다 왕 아하스 12년에 엘라의
아들 호세아가 사마리아에서
이스라엘 왕이 돼 9년 동안 다스렸습
니다.
2 호세아는 여호와 보시기에 악을 저질
렀지만 이전의 이스라엘 왕들과는 달
랐습니다.
3 앗시리아 왕 살만에셀이 호세아를 공
격하려고 올라왔습니다. 호세아는 살
만에셀의 종이 돼 그에게 조공을 바
쳤습니다.
4 그러나 앗시리아 왕은 호세아가 반역
하고 있음을 알아챘습니다. 호세아가
해마다 앗시리아 왕에게 바치던 조공
을 끊고 이집트 왕 소에게 사절을 보
낸 것입니다. 그리하여 앗시리아 왕은
호세아를 잡아 감옥에 가두었습니다.
5 앗시리아 왕은 이스라엘 모든 지방을
침략했고 사마리아까지 올라가 3년
동안 그곳을 포위했습니다.
6 호세아 9년에 앗시리아 왕은 사마리아
를 함락시켰고 이스라엘 사람들을 앗
시리아로 끌고 가 할라와 *하볼 강 가
에 있는 고산과 메대 사람들의 여러
성에 정착시켰습니다.

이스라엘이 죄로 인해 유배되다

7 이 모든 일은 이스라엘 자손이 자기
들을 이집트에서 이끌어 내 이집트
왕 바로의 손에서 벗어나게 해 주신

17:6 또는 고산 강 가에 있는 하볼

자기들의 하나님 여호와께 죄를 지었
기 때문에 일어난 것입니다. 또 그들
이 다른 신들을 경외하고
8 여호와께서 이스라엘 자손들 앞에서
쫓아내신 나라들의 관습과 이스라엘
왕들이 행한 잘못들을 그대로 따라
했기 때문입니다.
9 이스라엘 자손들은 그들의 하나님 여
호와 모르게 옳지 않은 일을 했습니
다. 망대부터 성곽까지 자기들의 온
성에 산당을 지은 것입니다.
10 그들은 자기들을 위해 산꼭대기마다
푸른 나무 아래 목상과 아세라 상을
세워 놓았습니다.
11 그리고 그 모든 산당에서 이스라엘
자손들은 여호와께서 그들 앞에서 쫓
아내신 나라들이 했던 것처럼 분향했
습니다. 이스라엘 자손들은 악을 행
해 여호와의 진노를 자아냈습니다.
12 여호와께서 "너희는 이렇게 하지 말
라"고 말씀하셨음에도 불구하고 그들
은 우상을 숭배했습니다.
13 그래도 여호와께서는 모든 예언자들
과 선견자들을 통해 이스라엘과 유다
에 경고하셨습니다. "너희는 악한 길
에서 떠나고 내가 네 조상들에게 명
령하고 내 종 예언자들을 통해 너희
에게 보낸 그 모든 율법에 따라 내 계
명과 규례를 지키라."
14 그러나 이스라엘 백성은 듣지 않았고
그들의 하나님 여호와를 믿지 않았던
조상들처럼 고집스럽게 행했습니다.
15 그들은 여호와의 규례와 여호와께서
그 조상들과 맺으신 그 언약과 그들
을 향해 경고하신 말씀을 모두 거부
했습니다. 그들은 우상들을 따라 스
스로 우상 숭배자가 됐습니다. 여호
와께서 그들에게 "저들처럼 하지 말
라"고 명령하셨음에도 이웃 나라들
을 따랐습니다.
16 이렇게 이스라엘 백성은 하나님 여호
와의 모든 명령을 버리고 떠나 자기
들을 위해 송아지 모양의 우상 두 개
와 아세라 상을 만들었습니다. 또 하
늘의 별 무리를 숭배하고 바알을 섬
겼습니다.
17 그들은 자기 아들딸들을 *불 속으로
지나가게 하고 점술과 마법을 행하고
자신을 팔아 여호와 보시기에 악을 행
하며 여호와의 진노를 자아냈습니다.
18 그러므로 여호와께서는 이스라엘에
크게 진노하시고 이스라엘 백성을 그
분 앞에서 쫓아내셨습니다. 그리하여
유다 지파밖에 남은 지파가 없었습니
다.
19 그러나 유다조차도 그 하나님 여호
와의 명령을 지키지 않고 이스라엘이
만들어 낸 규례들을 따랐습니다.
20 그리하여 여호와께서는 온 이스라엘
자손들을 저버리셨습니다. 여호와께
서 이스라엘 백성을 벌하셔서 약탈자
의 손에 넘겨주어 그분 앞에서 쫓아
내셨습니다.
21 여호와께서 이스라엘을 다윗의 집에
서 찢어 내고 두 나라로 나누셨을 때

17:17 또는 불살라 제물로 바치기도 하고

이스라엘은 느밧의 아들 여로보암을
왕으로 삼았습니다. 여로보암은 이스
라엘이 여호와를 떠나도록 꾀어내고
그들로 큰 죄를 짓게 했습니다.
22 이스라엘 자손들은 여로보암이 지은
모든 죄들을 따르고 그 길을 떠나지
않았습니다.
23 그래서 여호와께서 그의 모든 종들,
곧 예언자들을 통해 경고하신 대로
이스라엘을 그 앞에서 쫓아내신 것입
니다. 이렇게 이스라엘은 자기 고향
땅에서 쫓겨나 앗시리아에 포로로 끌
려갔고 오늘까지 이르게 됐습니다.

사마리아에 이주시키다

24 앗시리아 왕은 바벨론과 구다와 아와
와 하맛과 스발와임에서 사람들을 데
려다가 이스라엘 자손들을 대신해 사
마리아 여러 성에 정착시켰습니다. 그
들은 사마리아를 차지하고 여러 성에
서 살았습니다.
25 각 민족들이 그곳에 처음 살 때는 여
호와를 경외하지 않았습니다. 그리하
여 여호와께서는 그들에게 사자들을
보내셔서 그들 몇 사람을 죽게 하셨
습니다.
26 이것이 앗시리아 왕에게 보고됐습니
다. "왕께서 이주시켜 사마리아 여러
성에 정착한 사람들은 그 땅 신의 법
도를 모르고 있습니다. 그래서 그가
사자들을 보내 그들을 죽였는데 그
것은 그 사람들이 그 땅 신의 법도를
모르기 때문인 듯합니다."
27 그러자 앗시리아 왕은 이런 명령을 내
렸습니다. "그곳에서 포로로 끌고 온
제사장들 가운데 한 사람을 그곳으
로 돌려보내 살게 하고 그 땅 신의 법

성·경·상·식

사마리아

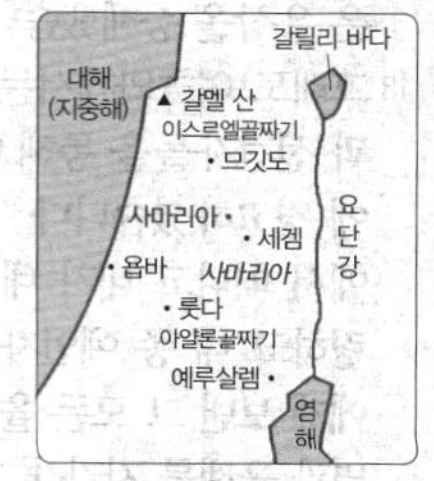

사마리아는 북왕국 이스라엘의 수도이자 그 주변을 일컫는 말이다. 이곳은 예루살렘에서 북쪽으로 약 56km, 대해로부터는 35km 정도 떨어진 곳이다. 원래는 가나안 사람인 세멜의 소유였는데 오므리 왕이 은 2달란트를 주고 이 땅을 산 후 주인이었던 세멜의 이름을 따라 사마리아라고 이름하였다(왕상 16:23-24).
이곳에 바알 성전이나 다른 종교의 사당들이 있었기 때문에 예언자들은 이곳을 우상 숭배의 중심지라고 생각했다(렘 23:13). 예후는 왕이 된 후 이방 성전들을 제거했으며(왕하 10:26-27) 사마리아는 여러 번 앗시리아의 공격을 받다가 끝내 함락되고 말았다(왕하 17:23).
그 후 앗시리아는 사마리아를 식민지로 만드는 정책을 썼다. 이곳에 살던 상층 계급의 사람들을 강제로 이주시키는 대신 이방인들을 데려와 살게 했다(왕하 17:24). 이렇게 해서 자연스럽게 인종이 혼합되었다. 이 후 유대인들은 사마리아 사람들을 혼혈된 종족이라고 하여 적대하며 상종하려고도 하지 않았다(요 4:9).

도를 그 백성들에게 가르쳐 주도록
하라."
28 그리하여 사마리아에서 포로로 잡혀
간 제사장들 가운데 한 사람이 와서
벧엘에 살게 됐고 여호와를 경외하는
법을 그들에게 가르쳐 주었습니다.
29 그럼에도 불구하고 각 민족은 자기들
이 거주하고 있는 여러 성에서 자기
의 신들을 만들었고 사마리아 사람들
이 만들어 놓은 여러 산당에 갖다 두
었습니다.
30 바벨론 사람들은 숙곳브놋을 만들었
고 굿 사람들은 네르갈을 만들었으며
하맛 사람들은 아시마를 만들었고
31 아와 사람들은 닙하스와 다르닥을 만
들었고 스발와임 사람들은 자기 자식
들을 불에 태워 스발와임의 신들인 아
드람멜렉과 아남멜렉에게 바쳤습니다.
32 그들은 여호와를 경외하여 각계각층
에서 자기들을 위해 산당의 제사장
들을 뽑아 그 산당에서 자기들을 위
해 제사를 드리도록 했습니다.
33 이주한 각 민족들은 여호와를 경외했
지만 그와 동시에 자기들이 원래 고
향에서 가져온 관습에 따라 자기들의
신들도 섬겼습니다.
34 오늘날까지 그들은 본래의 관습을 고
집하고 있습니다. 그들은 여호와를 경
외하지도 않고 여호와께서 전에 이스
라엘이라 이름하신 야곱의 자손들에
게 주신 규례와 법도와 율법과 계명
을 지키지 않고 있습니다.
35 여호와께서는 이스라엘 자손들과 언
약을 맺으시며 이스라엘 자손들에게
이렇게 명령하셨습니다. "너희는 다
른 신들을 경외하지 말고 그들에게
절하지 말며 섬기지 말고 제사하지도
말라.
36 너희는 오직 강한 능력과 쭉 뻗친 팔
로 너희를 이집트 땅에서 이끌어 낸
여호와만을 경외하고 여호와만을 경
배하며 여호와께만 제물을 드릴 것이
며
37 여호와께서 너희를 위해 기록한 규례
와 법도와 율법과 계명을 영원히 지
키고 다른 신들을 경외하지 말라.
38 내가 너희와 맺은 언약을 너희는 잊
지 말고 다른 신들을 경외하지 말라.
39 오직 너희 하나님 여호와를 경외하
라. 그분이 너희를 모든 원수들의 손
에서 구하실 것이다."
40 그러나 이 민족들은 듣지 않았고 본
래의 관습을 고집했습니다.
41 이렇게 그들은 여호와를 경외하고 또
우상들을 섬겼습니다. 그리하여 오늘
날까지도 그들의 자자손손이 그 조상
들이 하던 대로 계속하고 있습니다.

유다 왕 히스기야 (대하 29:1-2;31:1)

18 이스라엘 왕 엘라의 아들 호세
아 3년에 유다 왕 아하스의 아
들 히스기야가 다스리기 시작했습니
다.
2 히스기야는 25세에 왕이 돼 예루살렘
에서 29년 동안 다스렸습니다. 그의
어머니의 이름은 아비로 스가리야의
딸이었습니다.

3 히스기야는 자기 조상 다윗이 한 모
든 것을 따라 여호와 보시기에 정직
한 일을 했습니다.
4 그는 산당들을 없애고 주상들을 깨
버렸으며 아세라 상을 찍고 모세가 만
든 청동 뱀을 산산조각 냈습니다. 그
때까지도 이스라엘 자손들이 그것을
느후스단이라 부르면서 분향했기 때
문입니다.
5 히스기야는 이스라엘의 하나님 여호
와를 신뢰했습니다. 모든 유다 왕들
가운데 그만한 사람은 그 전에도, 그
후에도 없었습니다.
6 그는 여호와를 굳건히 의지해 그분을
떠나지 않고 따랐으며 여호와께서 모
세에게 주신 계명들을 지켰습니다.
7 여호와께서 히스기야와 함께하셨기에
그는 가는 곳마다 번영했습니다. 히스
기야는 앗시리아 왕에 대항하고 더 이
상 그를 섬기지 않았습니다.
8 히스기야는 가사와 그 영토에 이르기
까지 블레셋 사람들을 물리쳐서 망대
와 견고한 성까지 다 점령했습니다.
9 히스기야 왕 4년에, 곧 이스라엘 왕 엘
라의 아들 호세아 7년에 앗시리아 왕
살만에셀이 사마리아로 진군해 포위
했습니다.
10 3년 동안의 전쟁 끝에 그들은 그 성
을 차지하게 됐습니다. 히스기야 6년,
곧 이스라엘 왕 호세아 9년에 사마리
아가 함락됐습니다.
11 앗시리아 왕은 이스라엘 백성들을 앗
시리아까지 포로로 끌고 가 할라와
*하볼 강 가에 있는 고산과 메대 사람
의 여러 성에 정착시켰습니다.
12 이런 일이 일어난 것은 이스라엘 백성
들이 그들의 하나님 여호와의 말씀에
순종하지 않고 여호와의 언약과 여호
와의 종 모세가 명령한 모든 것을 어
겼기 때문입니다. 이스라엘 백성들은
여호와의 명령을 듣지도, 행하지도
않았습니다.
13 히스기야 왕 14년에 앗시리아 왕 산헤
립이 성벽으로 둘러싸인 유다의 모든
견고한 성들을 공격해 함락시켰습니
다.
14 그러자 유다 왕 히스기야는 라기스에

18:11 또는 고산 강 가에 있는 하볼

성·경·상·식

이스라엘 멸망의 원인들

1. 하나님 말씀을 듣지 않고 조상들처럼 고집스럽게 행해 하나님을 믿지 않았다(왕하 17:14).
2. 여호와의 규례, 언약, 경고하신 말씀을 거부했다(왕하 17:15).
3. 우상 숭배자가 됐고 이웃 나라들을 따랐다(왕하 17:15).
4. 송아지 모양의 우상 2개와 아세라 상을 만들고 하늘의 별 무리를 숭배했고 바알을 섬겼다(왕하 17:16).
5. 자녀를 불 속으로 지나가게 했다(왕하 17:17).
6. 점술과 마법을 행하고 악을 행했다(왕하17:17).

있는 앗시리아 왕에게 사람을 보내 이
렇게 말했습니다. "내가 잘못했습니
다. 물러가 주기만 한다면 요구하는
대로 뭐든지 하겠습니다." 앗시리아
왕은 유다 왕 히스기야에게 은 *300
달란트와 금 *30달란트의 조공을 요
구했습니다.
15 그러자 히스기야는 그에게 여호와의
성전과 왕궁 창고에 있던 모든 은을
내주었습니다.
16 또 그때 유다 왕 히스기야는 여호와의
성전 문들의 금과 자기가 성전 기둥
에 입혀 놓은 금을 벗겨 앗시리아 왕
에게 주었습니다.

산헤립이 예루살렘을 위협하다
(대하 32:1-19;사 36:1-22)

17 앗시리아 왕은 라기스에서 예루살렘을
공격하기 위해 큰 군대와 함께 다르단
과 랍사리스와 랍사게를 히스기야 왕
에게로 보냈습니다. 그들은 올라가 예
루살렘에 도착해 '세탁자의 들판'으로
가는 길 가 위쪽 연못의 수로 옆에 멈
춰 섰습니다.
18 그들은 왕을 불러냈습니다. 그러자
왕궁 관리 대신인 힐기야의 아들 엘
리야김과 서기관 셉나와 아삽의 아들
인 역사를 기록하는 사람 요아가 그
들에게 나갔습니다.
19 랍사게가 그들에게 말했습니다. "히스
기야에게 이렇게 말하여라. '위대하신
왕 앗시리아 왕께서 말씀하신다. 네가
무엇을 믿고 이렇게 당당하냐?
20 네가 전략도 있고 군사력도 있다고
하지만 다 빈말일 뿐이다. 네가 도대
체 누굴 믿고 반역하는 것이냐?
21 이제 보아라. 네가 저 상한 갈대 지
팡이인 이집트를 믿나 본데 만일 사
람이 그것을 의지하면 그것이 의지한
그 사람의 손을 찌르고 들어간다. 이
집트 왕 바로는 자기를 믿고 의지하
는 자들에게 다 그렇게 한다.
22 너희는 내게 너희 하나님 여호와를
믿는다고 하겠지만 히스기야가 유다
와 예루살렘에 사는 백성에게 예루살
렘에 있는 이 제단 앞에서만 경배해
야 한다며 산당과 제단을 모두 없애
버리지 않았느냐?
23 그러니 와서 내 주인인 앗시리아 왕과
내기하라. 만약 네가 말 탈 사람을 구
할 수만 있다면 내가 네게 말 2,000
마리를 줄 것이다.
24 네가 전차와 말들을 이집트에서 가져
온다 한들 네가 내 주인의 신하들 가
운데 가장 작은 한 사람이라도 물리
칠 수 있겠느냐?
25 게다가 내가 여호와의 말씀도 받지 않
고 이곳을 공격해 멸망시키려고 온
줄 아느냐? 여호와께서 직접 내게 이
나라로 진군해 멸망시키라고 하셨
다.'"
26 그러자 힐기야의 아들 엘리야김과 셉
나와 요아가 랍사게에게 말했습니다.
"당신의 종들이 아람 말을 알아들으
니 우리에게 아람 말로 말씀하시고
히브리 말로 하지 마십시오. 성벽에

18:14 300달란트는 약 10.28톤, 30달란트는 약 1.03톤

있는 백성들이 듣고 있습니다."
27 그러나 랍사게가 대답했습니다. "내
주인이 나를 보내실 때 이런 말을 네
주인과 네게만 하고 성벽에 앉아 있
는 저 사람들에게는 하지 말라고 하
신 줄 아느냐? 저들도 너희처럼 자기
대변을 먹고 소변을 마시게 될 것이
다."
28 그러고 나서 랍사게가 서서 히브리 말
로 크게 외쳤습니다. "위대하신 왕 앗
시리아 왕의 말씀을 들으라.
29 왕께서 하시는 말씀이다. '너희는 히
스기야에게 속지 말라. 그가 너희를
내 손에서 구해 낼 수 없을 것이다.
30 히스기야가 너희더러 여호와를 신뢰
하라고 해도 설득당하지 말라. 그가
여호와께서 분명 너희를 구해 내실
것이며 이 성이 앗시리아 왕의 손에
넘어가지 않을 것이라고 말해 너희로
여호와를 신뢰하도록 설득하지 못하
게 하라.
31 그의 말에 귀 기울이지 말라.' 앗시리
아 왕이 하시는 말씀이다. '나와 평화
조약을 맺고 내게로 나오라. 그리고
너희 모두가 각자 자기 포도나무와
무화과나무의 열매를 먹고 각자 자기
우물물을 마시라.
32 그러면 내가 가서 너희를 너희 땅과
같은 곳, 곧 곡식과 새 포도주가 나는
땅, 빵과 포도원이 있는 땅, 올리브 밭
과 꿀이 있는 땅으로 데려갈 것이다.
너희는 그 땅에서 죽지 않고 살 것이
다. 히스기야가 너희에게 '여호와께서
구해 내실 것이다' 하며 설득해도 그
말을 듣지 말라.
33 앗시리아 왕의 손에서 그 땅을 구해
낸 신이 있었느냐?
34 하맛과 아르밧의 신들이 어디 있느
냐? 스발와임과 헤나와 아와의 신들
이 어디 있느냐? 그들이 내 손에서
사마리아를 구해 냈느냐?
35 그 나라들의 모든 신들 가운데 누가
그 땅을 내 손에서 구해 낼 수 있었느
냐? 그러니 여호와라고 내 손에서 예
루살렘을 구해 낼 수 있겠느냐?'"
36 그러나 백성들은 아무런 대답도 하지
않고 잠잠히 있었습니다. "대답하지
말라"는 왕의 명령이 있었기 때문입니
다.
37 그러자 왕궁 관리 대신인 힐기야의
아들 엘리야김과 서기관 셉나와 아삽
의 아들인 역사를 기록하는 사람 요
아가 히스기야에게로 가서 옷을 찢으
며 랍사게의 말을 전했습니다.

예루살렘의 구원을 예언하다 (사 37:1-7)

19 이 말을 들은 히스기야 왕은 자
기 옷을 찢고 굵은베 옷을 입
은 후 여호와의 성전으로 들어갔습니
다.
2 그는 왕궁 관리 대신 엘리야김과 서기
관 셉나와 나이 든 제사장들에게 모
두 굵은베 옷을 입혀 아모스의 아들
인 예언자 이사야에게로 보냈습니다.
3 그들이 이사야에게 말했습니다. "히
스기야 왕께서 말씀하십니다. '오늘은
고난과 징계와 수치의 날입니다. 마치

아이가 나오려 하나 해산할 힘이 없
는 것과 같습니다.
4 랍사게가 자기 주인 앗시리아 왕의 보
냄을 받아 살아 계신 하나님을 조롱
한 말을 당신의 하나님 여호와께서
다 들으셨을 것입니다. 당신의 하나님
여호와께서 들으신 바에 따라 그를
징계하실 것이니 아직 살아남아 있는
사람들을 위해 기도드려 주십시오.'"
5 히스기야 왕의 신하들이 이사야에게
갔을 때
6 이사야가 그들에게 말했습니다. "너
희 주인에게 말하라. 여호와께서 말
씀하신다. '네가 들은 말, 곧 앗시리아
왕의 부하들이 나를 모독한 그 말로
인해 두려워하지 마라.
7 내가 반드시 그에게 한 영을 불어넣
을 것이니 그가 어떤 소문을 듣고는
자기 땅으로 돌아가게 될 것이다. 그
러면 내가 그를 자기 땅에서 칼에 맞
아 죽게 할 것이다.'"
8 랍사게가 앗시리아 왕이 이미 라기스
를 떠났다는 말을 듣고는 돌아가 립나
와 싸우고 있는 왕을 찾아갔습니다.
9 그때 산헤립은 *에티오피아 왕 디르하
가가 나와서 자기와 싸우려고 한다는
보고를 받았습니다. 그러자 산헤립은
다시 사람을 보내 히스기야에게 이런
말을 전했습니다.
10 "너는 유다 왕 히스기야에게 이렇게
말하여라. '네가 믿는 그 신이 예루살
렘은 앗시리아 왕의 손에 넘어가지 않
을 것이라 해도 속지 마라.
11 보아라. 너는 앗시리아 왕들이 많은
나라들을 완전히 멸망시키면서 어떻
게 했는지 들었을 것이다. 그런데 네
가 구원받겠느냐?
12 내 조상들이 멸망시킨 그들을 그 나
라의 신들이 구했더냐? 고산과 하란
과 레셉의 신들과 들라살에 있는 에덴
사람들의 신들이 구해 주었더냐?
13 하맛 왕과 아르밧 왕과 스발와임 성의
왕과 헤나와 아와의 왕들이 다 어디
있느냐?'"

히스기야의 기도

14 히스기야는 그 사신들의 손에서 편지
를 받아 읽었습니다. 그러고 나서 그
는 여호와의 성전으로 올라가 여호와
앞에 그 편지를 펴 놓았습니다.
15 그리고 히스기야는 여호와 앞에 기도
드렸습니다. "그룹들 사이에 계신 이
스라엘의 하나님 여호와여, 오직 주
만이 세상 모든 나라의 하나님이십니
다. 주께서 하늘과 땅을 지으셨습니
다.
16 여호와여, 귀를 기울여 들으소서. 여
호와여, 눈을 열어 보소서. 산헤립이
살아 계신 하나님을 모독하는 말을
들어 보소서.
17 여호와여, 앗시리아 왕들이 그 나라
들과 그 땅들을 폐허로 만든 것이 사
실입니다.
18 또 그 왕들이 그들의 신들을 불 속에
던져 넣어 멸망시켰습니다. 그들은 신
이 아니라 사람 손으로 만든 나무 조

19:9 히브리어, 구스. 나일 강 상류 지역을 말함.

각과 돌덩이였기 때문입니다.
19 그러니 우리 하나님 여호와여, 이제
우리를 그 손에서 구하셔서 주만이
여호와 하나님이심을 세상의 모든 나
라들이 알게 해 주십시오."

이사야가 산헤립의 멸망을 예언하다
(사 37:21-38)

20 그러자 아모스의 아들 이사야가 히스
기야에게 사람을 보내 말했습니다.
"이스라엘의 하나님 여호와께서 말씀
하십니다. '내가 앗시리아 왕 산헤립에
대한 네 기도를 들었다.'
21 이것은 여호와께서 산헤립을 향해 하
신 말씀입니다.
'처녀 딸 시온이 너를 경멸하고 너
를 조롱했다. 딸 예루살렘이 도망
하는 네 뒤에서 머리를 흔들었다.
22 네가 누구를 꾸짖고 모독했느냐?
네가 누구에게 목소리를 높이고
눈을 부릅떴느냐? 이스라엘의 거
룩한 자가 아니냐?
23 너는 사자들을 보내 주를 조롱하
며 말했다. 내가 무수한 전차를 이
끌고 여러 산들의 꼭대기에 오르고
레바논의 경계까지 이르렀다. 내가
거기서 키 큰 백향목들과 숲에서
가장 좋은 잣나무들을 베어 냈다.
내가 국경 끝, 열매 많은 숲에 들어
갔다.
24 내가 다른 나라에 우물을 파고 그
곳에서 물을 마셨다. 내 발바닥으
로 이집트의 모든 하천을 말려 버
렸다고 했다.
25 네가 듣지 못했느냐? 내가 그것을
정했고 옛적에 그것을 계획했었다.
이제 내가 그것을 이루니 네가 견
고한 성들을 돌무더기가 되게 한
것이다.
26 그래서 거기 사는 백성들이 힘이
없고 놀라고 당황하게 됐다. 그들
은 들풀과 푸른나물 같고 지붕 위
에 난 풀과 자라기 전에 말라 버린
곡식 같다.
27 그러나 나는 네가 어디 머무는 것
과 언제 드나드는 것과 네가 내게
분노한 것을 다 알고 있다.
28 네가 내게 화를 내고 네 거만함이
내 귀에 미쳤으니 내가 네 코에 내
갈고리를 꿰고 네 입에 내 재갈을
물리며 네가 온 길로 다시 돌아가
게 할 것이다.'
29 이것은 왕에게 보여 주는 표적입니다.
'곧 네가 올해는 스스로 자라는 것
을 먹고 내년에는 그것에서 나온
것을 먹을 것이다. 그러나 3년째에
는 씨를 뿌리고 수확하며 포도원
을 가꾸어 그 열매를 먹을 것이다.
30 유다 집에서 피하고 남은 사람들은
다시 한 번 땅 아래로 뿌리를 내리
고 위로 열매를 낼 것이다.
31 남은 사람들이 예루살렘에서 나오
고 피한 사람들이 시온 산에서 나
올 것이다. 만군의 여호와의 열심이
이 일을 성취할 것이다.'
32 그러므로 여호와께서 앗시리아 왕에
대해 말씀하십니다.

'그가 이 성에 들어가지 못하겠고
거기에서 화살 하나도 쏘지 못할
것이다. 또 방패를 들고 그 앞에 오
지도 못하고 토성을 쌓지도 못할
것이다.
33 그는 왔던 길로 돌아갈 것이고 이
성으로 들어오지 못할 것이다.'
여호와께서 말씀하십니다.
34 '내가 나를 위해, 또 내 종 다윗을
위해 이 성을 지켜 구할 것이다.'"
35 그날 밤에 여호와의 천사가 나가 앗
시리아 진영에서 앗시리아 군사 18만
5,000명을 죽였습니다. 이튿날 아침
일찍 사람들이 일어나 보니 모두 죽
은 시체뿐이었습니다.
36 그러자 앗시리아 왕 산헤립은 진영을
철수하고 물러갔습니다. 그는 니느웨
로 돌아가 거기 머물렀습니다.
37 그러던 어느 날 산헤립이 자기 신 니
스록의 신전에서 경배하고 있었는데
그의 아들 아드람멜렉과 사레셀이 산
헤립을 칼로 치고는 아라랏 땅으로 도
망갔습니다. 그리고 산헤립의 아들 에
살핫돈이 뒤를 이어 왕이 됐습니다.

히스기야의 병 (대하 32:24-26;사 38:1-8,21-22)

20 그즈음에 히스기야가 병들어
죽게 됐습니다. 아모스의 아
들 이사야 예언자가 히스기야에게 와
서 말했습니다. "여호와께서 말씀하십
니다. '네 집을 정리하여라. 네가 죽고
살지 못할 것이다.'"
2 히스기야는 얼굴을 벽 쪽으로 돌리고
여호와께 기도했습니다.
3 "여호와여, 내가 주 앞에서 신실하게
온 마음을 다해 행하고 주께서 보시
기에 선한 일을 했다는 것을 기억해
주십시오." 그리고 히스기야는 매우
슬프게 울었습니다.
4 이사야가 중간 뜰을 떠나기 전에 여
호와의 말씀이 그에게 임했습니다.
5 "내 백성의 지도자 히스기야에게 돌
아가서 말하여라. '네 조상 다윗의 하
나님 여호와가 말한다. 내가 네 기도
를 듣고 네 눈물을 보았다. 내가 반드
시 너를 고쳐 줄 것이다. 지금부터 3
일째 되는 날 너는 여호와의 성전으
로 올라가거라.
6 그러면 네 수명을 15년 연장해 줄 것
이다. 그리고 내가 너와 이 성을 앗시
리아 왕의 손에서 구해 낼 것이다. 내
가 나를 위해 또 내 종 다윗을 위해
이 성을 지켜 줄 것이다.'"
7 그러고 나서 이사야가 말했습니다.
"무화과 반죽을 준비하라." 그들은 그
것을 준비해 히스기야의 종기에 발랐
습니다. 그러자 히스기야가 회복됐습
니다.
8 히스기야가 이사야에게 물었습니다.
"여호와께서 나를 고치시고 내가 3일
째 되는 날 여호와의 성전에 올라갈
거라는 표적이 무엇입니까?"
9 이사야가 대답했습니다. "왕에게 여호
와께서 약속하신 일을 실행하실 거라
는 표적이 여기에 있습니다. 해 그림
자를 앞으로 10도 가게 할까요, 아니
면 뒤로 10도 가게 할까요?"

10 히스기야가 말했습니다. "해 그림자가
앞으로 10도 가는 것은 쉬운 일입니
다. 뒤로 10도 가게 해 주십시오."
11 그러자 예언자 이사야가 여호와께 간
구했습니다. 여호와께서는 아하스의
해시계에 드리워진 그림자를 10도 뒤
로 가게 하셨습니다.

바벨론에서 온 사신들 (사 39:1-8)

12 그때 발라단의 아들인 바벨론 왕 부로
닥발라단이 히스기야에게 편지와 선
물을 보내 왔습니다. 히스기야가 병들
었다는 말을 들었기 때문입니다.
13 히스기야는 사신들의 말을 듣고 자기
창고에 있는 모든 것, 곧 은과 금과
향품과 귀한 기름과 자기 모든 무기
등 자기 보물 창고에 있는 모든 것을
보여 주었습니다. 왕궁과 온 나라 안
에 있는 것들 가운데 그들에게 보여
주지 않은 것이 없었습니다.
14 그러자 예언자 이사야가 히스기야 왕
에게 와서 물었습니다. "저 사람들이
무슨 말을 했습니까? 저들이 어디서
왔습니까?" 히스기야가 말했습니다.
"그들은 먼 나라 바벨론에서 왔습니
다."
15 예언자가 물었습니다. "그들이 왕궁에
서 무엇을 보았습니까?" 히스기야가
말했습니다. "그들은 내 왕궁에 있는
것을 다 보았습니다. 내 보물 가운데
내가 그들에게 보여 주지 않은 것은
하나도 없습니다."
16 그러자 이사야가 히스기야에게 말했
습니다. "여호와의 말씀을 들으십시
오.
17 '보아라. 네 왕궁에 있는 모든 것과
네 조상들이 오늘날까지 쌓아 둔 것
들을 바벨론에 빼앗겨 아무것도 남지
않을 날이 반드시 올 것이다.' 여호와
께서 말씀하십니다.
18 '또한 네가 낳을 네 혈육, 곧 네 자손
들 가운데 일부는 끌려가 바벨론 왕
의 궁전에서 내시가 될 것이다.'"
19 그러자 히스기야가 이사야에게 대답
했습니다. "당신이 전한 여호와의 말
씀은 좋은 말씀입니다." 히스기야는
'적어도 내가 살아 있는 동안에는 평
화와 안전이 있지 않겠는가?' 하고 생
각했기 때문입니다.
20 히스기야의 다른 모든 일과 그의 모
든 업적과 히스기야가 연못과 굴을
만들어서 그 성에 물을 댄 일 등은 유
다 왕들의 역대기에 기록돼 있습니다.
21 히스기야는 자기 조상들과 함께 잠들
고 히스기야의 아들 므낫세가 뒤를 이
어 왕이 됐습니다.

유다 왕 므낫세 (대하 33:1-20)

21 므낫세는 12세에 왕이 돼 55년
동안 예루살렘에서 다스렸습니
다. 그의 어머니의 이름은 헵시바입니
다.
2 므낫세는 여호와 보시기에 악한 일을
했습니다. 그는 여호와께서 이스라엘
백성들 앞에서 쫓아내신 나라들의
혐오스러운 관습을 따랐습니다.
3 므낫세는 자기 아버지 히스기야가 무
너뜨린 산당들을 다시 지었고 또 이

스라엘 왕 아합이 한 것처럼 바알의
제단을 세웠으며 아세라 목상을 만들
었습니다. 그리고 그는 하늘의 별 무
리를 경배하고 섬겼습니다.
4 므낫세는 여호와께서 "내가 예루살렘
에 내 이름을 둘 것이다"라고 말씀하
신 그 여호와의 성전에 제단을 만들
었습니다.
5 또 여호와의 성전 안팎의 두 뜰에 하
늘의 모든 별 무리를 위한 제단을 만
들었습니다.
6 므낫세는 자기 아들을 *불 속으로 지
나가게 했고 점을 치고 마법을 행했으
며 신접한 사람들과 영매들에게 조언
을 구했습니다. 그는 여호와 보시기에
악한 일을 많이 해 그분의 진노를 자
아냈습니다.
7 므낫세는 자기가 만든 아세라 목상을
성전에 세워 두었습니다. 여호와께서
는 전에 이 성전에서 다윗과 그 아들
솔로몬에게 말씀하셨습니다. "이 성전
에 그리고 내가 온 이스라엘 지파들
가운데 선택한 예루살렘에 내가 내
이름을 영원히 둘 것이다.
8 만약 이스라엘이 내가 명령한 모든
것을 행하고 내 종 모세가 그들에게
명령한 모든 율법을 지킨다면 내가
그 조상들에게 준 땅에서 떠나 방황
하는 일이 다시는 없게 하겠다."
9 그러나 그들은 듣지 않았습니다. 므낫
세는 그들을 잘못 인도해 여호와께서
이스라엘 자손들 앞에서 멸망시키신
나라들보다 더 악한 일을 하게 했던
것입니다.
10 그래서 여호와께서는 그분의 종인 예
언자들을 통해 말씀하셨습니다.
11 "유다 왕 므낫세가 이런 가증스러운
죄들을 지었다. 그는 자기보다 전에
있던 아모리 사람들보다 더 악한 일
을 했고 또 유다가 자기 우상들을 섬
기는 죄에 빠지게 했다.
12 그러므로 이스라엘의 하나님 여호와
가 말한다. '보라. 내가 예루살렘과 유
다에 재앙을 보내 그 소식을 듣는 사
람마다 귀가 울리게 할 것이다.
13 내가 사마리아에 사용한 줄자와 아합
의 집에 사용한 추를 예루살렘에 펼
칠 것이다. 내가 예루살렘을 씻어 내
되 사람이 접시를 씻어 엎어 놓는 것
처럼 완전히 씻어 낼 것이다.
14 내가 내 유업 가운데 남은 사람들을
버려 그들의 원수들 손에 넘길 것이
다. 그러면 그들은 모든 원수들에게
먹이가 되고 전리품이 될 것이다.
15 그들이 내 눈앞에서 악을 행해 그 조
상들이 이집트에서 나온 그날부터 오
늘날까지 내 진노를 자아냈기 때문이
다.'"
16 므낫세는 유다가 죄를 짓도록 만들어
그들이 여호와 보시기에 악을 행하게
한 일 외에도 죄 없는 사람들의 피를
흘리게 한 일이 무척 많았습니다. 그
리하여 그 피가 예루살렘의 이 끝에
서 저 끝까지 가득하게 됐습니다.
17 므낫세의 통치기에 있었던 다른 일들,

21:6 또는 불살라 제물로 바치기도 하고

곧 므낫세가 한 모든 일과 므낫세가
지은 죄는 유다 왕들의 역대기에 기
록돼 있습니다.
18 이렇게 해서 므낫세는 자기 조상들과
함께 잠들었고 자기 왕궁의 정원, 곧
웃사의 정원에 묻혔습니다. 그리고 므
낫세의 아들 아몬이 뒤를 이어 왕이
됐습니다.

유다 왕 아몬 (대하 33:21–25)

19 아몬은 22세에 왕이 돼 예루살렘에서
2년 동안 다스렸습니다. 그의 어머니
의 이름은 므슬레멧으로 욧바 하루스
의 딸입니다.
20 아몬은 자기 아버지 므낫세가 그랬듯
이 여호와 보시기에 악을 저질렀습니
다.
21 아몬은 자기 아버지의 모든 길을 답
습해 자기 아버지가 섬기던 우상들을
섬기고 숭배했습니다.
22 그는 그 조상들의 하나님 여호와를
버리고 여호와의 길로 가지 않았습니
다.
23 아몬의 신하들이 그를 반역해 왕궁
에서 왕을 살해했습니다.
24 그러나 그 땅의 백성들이 아몬 왕을
반역한 사람들을 모두 죽이고 그 아
들 요시야를 왕위에 올렸습니다.
25 아몬의 다른 모든 일과 그가 한 일은
유다 왕의 역대기에 기록돼 있습니다.
26 그는 웃사의 정원에 있는 자기 무덤에
묻혔습니다. 그리고 아몬의 아들 요시
야가 뒤를 이어 왕이 됐습니다.

율법책을 발견하다 (대하 34:1–28)

22 요시야는 8세에 왕이 돼 예루
살렘에서 31년 동안 다스렸습
니다. 그의 어머니의 이름은 여디다로
보스갓 아다야의 딸입니다.
2 요시야는 여호와 보시기에 올바른 일
을 했고 자기 조상 다윗의 모든 길을
걸었으며 좌로나 우로나 치우치지 않
았습니다.
3 요시야 왕 18년에 요시야는 므술람의
손자이며 아살리야의 아들인 서기관
사반을 여호와의 성전으로 보내며 말
했습니다.
4 "대제사장 힐기야에게 가서 여호와의
성전에 바친 은, 곧 문지기들이 백성
들에게서 받아 모아 놓은 것을 세어
라.
5 그것을 성전 일을 돌보는 감독관들의
손에 넘겨주고 그들이 여호와의 성전
의 일꾼들에게 주게 해 성전의 부서
진 곳을 보수하도록 하여라.
6 목수와 건축가와 미장공들에게 주고
성전 보수를 위해 쓸 목재와 다듬은
돌을 사도록 하여라.
7 그러나 그들에게 맡긴 은의 사용에
대해 회계할 필요는 없다. 그들이 성
실하게 일하기 때문이다."
8 대제사장 힐기야가 서기관 사반에게
말했습니다. "내가 여호와의 성전에서
율법책을 발견했습니다." 그가 사반
에게 율법책을 주었고 사반은 그것을
읽었습니다.
9 그러고 나서 서기관 사반은 왕께 가
서 보고했습니다. "왕의 관리들이 여

호와의 성전에 있는 은을 모아서 성
전 일을 하는 감독들에게 맡겼습니
다."
10 그러고 나서 서기관 사반은 왕에게
"제사장 힐기야가 책 한 권을 주었습
니다" 하고 왕 앞에서 그것을 읽었습
니다.
11 왕은 율법책에 있는 말씀을 듣고 자
기 옷을 찢었습니다.
12 왕은 제사장 힐기야와 사반의 아들
아히감과 미가야의 아들 악볼과 서기
관 사반과 왕의 시종 아사야에게 이렇
게 명령을 내렸습니다.
13 "가서 나와 백성들과 온 유다를 위해
지금 발견된 이 책의 말씀에 대해 여
호와께 여쭈라. 우리 조상들이 이 책
의 말씀들을 지키지 않고 우리에 관
해 기록된 모든 것에 따라 행동하지
않았기 때문에 여호와께서 우리에게
크게 진노하신 것이다."
14 제사장 힐기야와 아히감과 악볼과 사
반과 아사야가 살룸의 아내인 예언자
훌다에게 가서 말했습니다. 살룸은 할
하스의 손자이며 디과의 아들로 궁중
예복을 관리하고 있었습니다. 훌다는
예루살렘의 두 번째 구역에 살고 있었
습니다.
15 훌다가 그들에게 말했습니다. "이스라
엘의 하나님 여호와께서 이렇게 말씀
하시니 당신들을 내게 보낸 그 사람
에게 가서 말하시오.
16 '여호와가 말한다. 보라. 내가 유다 왕
이 읽은 그 책의 모든 말대로 이곳과
여기에 사는 사람들에게 재앙을 내리
려 한다.
17 그들이 나를 버리고 다른 신들에게
분향하며 그들 손으로 만든 모든 우
상들로 내 진노를 자아냈으니 내 진
노가 이곳을 향해 타올라 꺼지지 않
을 것이다.'
18 여호와께 묻기 위해 당신들을 보낸 유
다 왕에게 이렇게 말하시오. '이스라
엘의 하나님 여호와가 네가 들은 그
말에 관해 말한다.
19 이곳과 여기에 사는 사람들이 저주
를 받고 폐허가 될 거라고 내가 말한
것을 듣고 네 마음이 순해지고 네가
여호와 앞에 겸손해졌으며 또 네가
네 옷을 찢고 내 앞에서 통곡했기에
나도 네 소리를 들었다. 여호와가 말
한다.
20 그러므로 내가 반드시 너를 네 조상
들에게 가게 할 것이고 네가 평화롭
게 묻힐 것이다. 또 내가 이곳에 내리
는 그 모든 재앙을 네가 눈으로 보지
않게 될 것이다.'" 그러자 그들은 왕에
게 훌다의 대답을 전했습니다.

요시야가 언약을 갱신하다 (대하 34:3-7,29-33)

23 그 후 왕은 사람들을 보내 유
다와 예루살렘의 모든 장로들
을 불러 모았습니다.
2 그러고는 유다의 모든 사람들을 데리
고 여호와의 성전으로 올라갔습니다.
제사장과 예언자와 아이로부터 어른
에 이르기까지 예루살렘의 모든 거주
민들이 왕과 함께 갔습니다. 왕은 그

들이 듣는 가운데 여호와의 성전에서
발견된 언약책의 모든 말씀을 읽었습
니다.
3 왕이 기둥 곁에 서서 여호와 앞에서
언약을 세워 여호와를 따르고 그 계
명과 법도와 규례를 온 마음과 온 정
신으로 지키며 그 책에 기록된 언약
의 말씀들을 행하기로 했습니다. 그
러자 온 백성들이 그 언약을 지키기
로 맹세했습니다.
4 왕이 대제사장 힐기야와 그 아래 제
사장들과 문지기들에게 명령해 여호
와의 성전에서 바알과 아세라와 하늘
의 모든 별 무리를 위해 만든 모든 물
품들을 꺼내도록 했습니다. 그는 그
것들을 예루살렘 밖 기드론 들판에서
불태워 그 재를 벧엘로 가져가게 했
습니다.
5 그는 유다 왕들이 유다 성들과 예루살
렘 주변의 여러 산당에서 분향하라고
세운 이방 제사장들을 쫓아내고 또
바알과 해와 달과 12별자리와 하늘의
모든 별 무리에게 분향하던 사람들도
쫓아냈습니다.
6 그는 아세라 목상을 여호와의 성전에
서 가져다가 예루살렘 밖 기드론 시내
로 가져가 거기에서 불태우고 빻아서
가루를 만들어 평민들의 무덤에 뿌렸
습니다.
7 또 남창의 집들이 여호와의 성전 안
에 있어 거기에서 여자들이 아세라
목상을 위해 천을 짜곤 했는데 그 집
들도 없애 버렸습니다.
8 그리고 요시야는 유다의 여러 성에 있
는 모든 제사장들을 불러다가 게바에
서 브엘세바에 이르기까지 제사장들
이 분향하던 산당들을 부정하게 했
습니다. 그는 또 성문 앞의 산당들을
부서뜨렸는데 그곳은 성의 총독 '여호
수아의 문' 입구, 곧 성문 왼쪽에 있었
습니다.
9 산당의 제사장들은 예루살렘에서 여
호와의 제단에 올라가지 못하고 단지
그 형제들과 함께 누룩 없는 빵을 먹
었습니다.
10 요시야는 힌놈의 아들 골짜기에 있는
도벳을 부정하게 해 그 어떤 사람도
몰렉을 위해 자기 아들이나 딸을 *불
속으로 지나가게 하지 못하도록 했습
니다.
11 또 여호와의 성전 입구, 곧 나단멜렉
이라는 이름을 가진 관리의 방 근처
뜰에는 유다 왕들이 태양에 바친 말
들이 있었는데 그는 그것들을 없애
버렸고 태양의 전차들도 불태워 버렸
습니다.
12 또 유다 왕들이 아하스의 다락방 지
붕에 세운 제단들과 므낫세가 여호와
의 성전 안팎의 두 뜰에 만든 제단들
을 허물고 그곳에서 그것을 빻아 그
가루를 기드론 시내에 버렸습니다.
13 또한 왕은 예루살렘 앞, 곧 '멸망의
산' 오른쪽에 있던 산당들을 부정하
게 했습니다. 그 산당들은 이스라엘
왕 솔로몬이 전에 시돈 사람들의 가

23:10 또는 불살라 제물로 바치지 못하도록 했습니다.

증스러운 신 아스다롯과 모압 사람들
의 역겨운 신 그모스와 암몬 사람들
의 가증스러운 신 *밀곰을 위해 지었
던 것입니다.
14 요시야는 돌로 만든 우상들을 깨부수
고 아세라 목상들을 찍어 버렸으며 죽
은 사람들의 뼈로 그곳을 채웠습니다.
15 벧엘에 있는 제단과 느밧의 아들 여로
보암이 만들어 이스라엘을 죄짓게 한
산당도 헐어 버렸습니다. 그는 그 산
당을 불태우고 빻아서 가루로 만들
었고 아세라 목상도 불태웠습니다.
16 요시야가 돌아서서 보니 산 위에 무
덤들이 있었습니다. 그는 사람을 보
내 무덤에서 죽은 사람들의 뼈를 가
져다 제단 위에서 불태우고 제단을
부정하게 했습니다. 그래서 이 일에
대해 하나님의 사람이 전한 여호와의
말씀대로 됐습니다.
17 왕이 물었습니다. "내가 보고 있는 저
비석이 무엇이냐?" 그 성 사람들이
말했습니다. "그것은 하나님의 사람
의 무덤입니다. 그는 유다에서 와 왕
께서 벧엘 제단에 하신 이 일에 대해
예언한 사람입니다."
18 왕이 말했습니다. "그대로 놔두라. 그
의 뼈들은 아무도 건드리지 못하게
하라." 그래서 그들은 그의 뼈들과 사
마리아에서 온 예언자의 뼈들을 그대
로 놔두었습니다.
19 요시야는 이스라엘 왕들이 사마리아
여러 성에 만들어 여호와의 진노를
자아냈던 그 산당들을 없애고 부정하
게 했습니다. 그가 벧엘에서 했던 그
대로 했습니다.
20 요시야는 거기 있던 산당의 모든 제
사장들을 그 제단 위에서 죽이고 사
람의 뼈들을 그 위에서 불태운 후 예
루살렘으로 돌아왔습니다.
21 그러고 나서 왕은 온 백성들에게 명
령을 내렸습니다. "이 언약책에 기록
돼 있는 대로 우리 하나님 여호와를
위해 유월절을 지키라."

23:13 또는 몰렉

성·경·상·식

가나안 사람들의 예배 장소였던 산당

히브리어로 '바마'는 문자적으로 '높은 곳'이라는 뜻이며 산당을 말한다. 신들이 높은 곳에 산다고 믿어 산을 예배 장소로 정한 데서 생겨난 말이었다(민 22:41). 산당은 가나안 사람들이 신들을 섬기는 중요한 장소였다. 산당에서 신들에게 제사를 드릴 때는 자녀를 불태워 바치거나 문란한 성행위가 수반되곤 했다(민 25:1-3).

가나안 땅에 들어간 이스라엘 사람들은 가나안 사람들의 영향을 받아 산당을 예배 장소로 삼아 하나님께 제사드리곤 했다(삼상 9:12-25;10:5). 그들은 가나안 땅 곳곳에 산당을 세우고 제사를 드렸는데(삿 20:26;삼상 7:6;왕상 3:2-4) 그로 인해 자연스럽게 가나안 종교의 영향을 받게 되었다(렘 3:2). 이 때문에 산당을 제거하지 않은 왕들은 예언자들의 비난의 대상이 되었다(왕상 22:43). 히스기야 왕과 요시야 왕을 제외하고는(왕하 18:4;23:8,20) 대부분의 왕들이 산당을 제거하지 않았다. 오히려 히스기야의 아들 므낫세는 산당을 재건하는 죄를 범했다(왕하 21:3).

22 사사들이 이스라엘을 이끌던 사사 시
대부터 이스라엘의 왕들과 유다의 왕
들의 시대에 이르기까지 이렇게 유월
절을 지킨 적은 없었습니다.
23 요시야 왕 18년에 예루살렘에서 여호
와 앞에 이렇게 유월절을 지켰습니다.
24 또한 요시야는 신접한 사람들과 무당
들과 집안의 신들과 우상들과 그 밖
에도 유다와 예루살렘에 있는 모든
가증스러운 것들을 제거했습니다. 이
것은 제사장 힐기야가 여호와의 성전
에서 찾아낸 그 책에 기록된 율법의
말씀을 이루려는 것이었습니다.
25 요시야 왕 이전에도 이후에도 요시야
가 한 것같이 모세의 모든 율법에 따
라 온 마음과 온 정신과 온 힘으로 여
호와를 향한 왕은 없었습니다.
26 그럼에도 불구하고 여호와께서는 그
크고 불타는 진노를 돌이키지 않으셨
습니다. 여호와께서는 므낫세가 한 모
든 일 때문에 유다에 대해 진노하셨
습니다.
27 그리하여 여호와께서 말씀하셨습니
다. "내가 이스라엘처럼 유다 역시 내
눈앞에서 없애 버릴 것이다. 내가 선
택한 이 성 예루살렘과 *내 이름이 그
곳에 있을 거라고 했던 이 성전을 내
가 버릴 것이다."
28 요시야의 다른 모든 일들과 그가 한
모든 일은 유다 왕들의 역대기에 기
록돼 있습니다.
29 요시야가 왕으로 있는 동안 이집트
왕 바로 느고가 앗시리아 왕을 도와
유프라테스 강까지 나왔습니다. 요시
야 왕이 그와 싸우러 나갔는데 바로

23:27 왕상 8:29을 보라.

성·경·상·식 | **이스라엘의 종교 개혁**

- **아사의 종교 개혁** 남창을 쫓아내고 우상을 없앴으며, 아세라를 섬긴 어머니 마아가를 대비 자리에서 물러나게 했다. 그러나 산당은 없애지 않았다(왕상 15:9–24).
- **여호사밧의 종교 개혁** 부친 아사의 길을 따라 행했으나 산당은 없애지 않았다(왕상 22:41–50).
- **요아스의 종교 개혁** 하나님 보시기에 정직하게 행했고 성전을 수리했다. 그러나 산당은 없애지 않았다(왕하 12:1–21).
- **아마샤의 종교 개혁** 부친 요아스처럼 정직하게 행했으나 산당은 없애지 않았다(왕하 14:1–4).
- **웃시야의 종교 개혁** 부친 아마샤처럼 정직하게 행했으나 산당은 없애지 않았다(왕하 15:1–7).
- **요담의 종교 개혁** 부친 웃시야처럼 정직하게 행했으나 산당은 없애지 않았다. 성전의 윗문을 건축했다(왕하 15:32–34).
- **히스기야의 종교 개혁** 조상 다윗처럼 정직하게 행했으며 산당을 없앴다. 주상, 아세라 목상, 당시까지 백성들이 섬기던 모세가 만든 청동 뱀을 없앴다(왕하 18:1–8).
- **요시야의 종교 개혁** 성전을 수리하던 중 발견된 율법책 내용을 듣고 회개했다. 바알, 아세라 목상 등 우상을 제거하고 그 제사장들도 없앴다.
  남창의 집, 산당, 신접자, 박수, 드라빔 등도 없앴다. 몰록에게 바치는 인신 제사도 금했으며, 모세의 율법 그대로 유월절을 지켰다(왕하 23:4–20).

느고가 그를 만나서 므깃도에서 죽였
습니다.
30 요시야의 신하들은 요시야의 시체를
전차에 싣고 므깃도에서 예루살렘으
로 와 그의 무덤에 묻어 주었습니다.
그리고 그 땅의 백성들은 요시야의
아들 여호아하스를 데려다 기름을 붓
고 그 아버지를 대신해 왕으로 삼았
습니다.

유다 왕 여호아하스 (대하 36:2-4)

31 여호아하스는 23세에 왕이 돼 예루살
렘에서 3개월 동안 다스렸습니다. 그
의 어머니의 이름은 하무달로 립나 예
레미야의 딸입니다.
32 여호아하스는 자기 조상들이 그랬던
것처럼 여호와 보시기에 악을 저질렀
습니다.
33 바로 느고가 여호아하스를 하맛 땅 리
블라에 가두어 예루살렘에서 통치
하지 못하게 했고 유다로 하여금 은
100달란트와 금 1달란트를 조공으로
바치게 했습니다.
34 바로 느고는 요시야의 아들 엘리아김
을 그 아버지 요시야를 대신해 왕으
로 삼고 그 이름을 여호야김이라고
바꾸었습니다. 그리고 바로 느고는 여
호아하스를 잡아 이집트로 갔는데 그
는 거기서 죽고 말았습니다.
35 여호야김은 바로에게 은과 금을 바쳤
습니다. 그는 바로의 명령대로 돈을
내기 위해 그 땅에 세금을 부과해 그
땅 백성들 각각의 사정에 따라 은과
금을 거두어들였습니다.

유다 왕 여호야김 (대하 36:5-8)

36 여호야김은 25세에 왕이 돼 예루살렘
에서 11년 동안 다스렸습니다. 그의
어머니의 이름은 스비다로 루마 브다
야의 딸입니다.
37 여호야김은 자기 조상들이 그랬던 것
처럼 여호와 보시기에 악을 저질렀습
니다.

24

여호야김이 다스리는 동안에
바벨론 왕 느부갓네살이 침입
해 왔습니다. 그래서 여호야김은 3년
동안 느부갓네살의 속국 왕이 됐습니
다. 그러다가 여호야김은 마음이 바뀌
어 느부갓네살에게 반역했습니다.
2 여호와께서는 갈대아 사람들과 아람
사람들과 모압 사람들과 암몬 사람들
을 보내 유다를 습격하게 하셨습니다.
이것은 여호와께서 그분의 종인 예언
자들을 통해 하신 말씀에 따라 유다
를 멸망시키려고 그들을 보내신 것이
었습니다.
3 이런 일이 유다에 일어난 것은 분명히
여호와의 명령에 따른 것으로 유다 백
성들을 여호와의 눈앞에서 없애시려
는 것이었습니다. 므낫세가 저지른 모
든 죄와
4 또 그가 죄 없는 피를 흘렸기 때문이
었습니다. 그가 예루살렘을 죄 없는
피로 가득 메웠기에 여호와께서 그것
을 용서할 마음이 없으셨습니다.
5 여호야김의 다른 일들과 그가 했던
모든 일들은 유다 왕들의 역대기에
기록돼 있습니다.

6 여호야김은 자기 조상들과 함께 잠들
었고 여호야김의 아들 여호야긴이 뒤
를 이어 왕이 됐습니다.
7 이집트 왕이 다시는 자기 나라에서
나오지 않았습니다. 바벨론 왕이 이집
트의 시내로부터 유프라테스 강까지
이집트 왕의 모든 영토를 차지했기 때
문입니다.

유다 왕 여호야긴 (대하 36:9-10)

8 여호야긴은 18세에 왕이 돼 예루살렘
에서 3개월 동안 다스렸습니다. 그의
어머니의 이름은 느후스다로 예루살
렘 엘라단의 딸입니다.
9 여호야긴은 자기 조상들이 그랬던 것
처럼 여호와 보시기에 악을 저질렀습
니다.
10 그때 바벨론 왕 느부갓네살의 군대가
예루살렘으로 진격해 성을 포위했습
니다.
11 그리고 바벨론 왕 느부갓네살도 자기
군대가 포위하는 동안 직접 예루살렘
성까지 올라왔습니다.
12 그러자 유다 왕 여호야긴과 그 어머니
와 그 신하들과 귀족들과 지휘관들
이 느부갓네살에게 나왔습니다. 느부
갓네살은 여호야긴을 포로로 사로잡
았습니다. 느부갓네살 왕이 통치한 지
8년째의 일이었습니다.
13 여호와께서 선포하신 대로 느부갓네
살은 여호와의 성전과 왕궁에서 모든
보물들을 꺼내 가고 이스라엘 왕 솔
로몬이 여호와의 성전에 만들어 놓은
금 기구들을 모두 산산조각 냈습니
다.
14 느부갓네살은 또 예루살렘의 모든 백
성들을 포로로 잡아갔습니다. 모든
관료들과 모든 용사들을 합쳐 모두 1
만 명과 모든 직공들과 대장장이들까
지 그 땅에서 가장 가난한 사람들만
빼고는 남은 사람이 없었습니다.
15 느부갓네살은 여호야긴을 포로로 잡
아 바벨론으로 데려갔습니다. 그리고
왕의 어머니와 왕비들과 그의 관료들
과 그 땅의 지도자들도 예루살렘에서
바벨론으로 잡아갔습니다.
16 바벨론 왕은 또한 전쟁에 준비된 강
한 용사 7,000명과 직공과 대장장이
1,000명을 바벨론으로 잡아갔습니다.
17 느부갓네살은 여호야긴의 삼촌인 맛
다니야를 여호야긴 대신에 왕으로 세
우고 이름을 시드기야로 바꾸었습니
다.

유다 왕 시드기야 (대하 36:11-12;렘 52:1-3상)

18 시드기야는 21세에 왕이 돼 예루살렘
에서 11년 동안 다스렸습니다. 그의
어머니의 이름은 하무달로서 립나 예
레미야의 딸입니다.
19 시드기야는 여호야김이 그랬던 것처럼
여호와 보시기에 악을 저질렀습니다.
20 예루살렘과 유다에 이런 일이 일어난
것은 여호와의 진노 때문으로 여호와
께서는 결국 그들을 여호와 앞에서
쫓아내신 것입니다.

예루살렘의 멸망 (대하 36:13-21;렘 52:3하-33)

그때 시드기야가 바벨론 왕에게 대항
해 반역을 일으켰습니다.

25 시드기야 9년 열째 달 10일에
바벨론 왕 느부갓네살이 모든
군대를 거느리고 예루살렘으로 진격
해 진을 치고 그 주위에 공격용 성벽
을 쌓았습니다.
2 그리하여 예루살렘 성은 시드기야 왕
11년까지 계속 포위돼 있었습니다.
3 넷째 달 9일 성안에 기근이 극심해
그 땅 백성들이 먹을 양식이 떨어져
버렸습니다.
4 그때 성벽이 뚫리니 바벨론 사람들이
성을 포위해 진을 치고 있음에도 불
구하고 모든 군사들이 밤에 왕궁 뜰
옆에 있는 두 벽 사이 문으로 도망쳤
고 왕은 *아라바 길로 갔습니다.
5 그러나 바벨론 군대가 왕을 뒤쫓아
여리고 들판에서 시드기야를 따라잡
았고 시드기야의 모든 군사들은 뿔뿔
이 흩어져 버렸습니다.
6 그들이 시드기야 왕을 잡아 리블라의
바벨론 왕에게 끌고 가니 그가 거기
서 시드기야를 심문하고
7 시드기야가 보는 앞에서 그의 아들
들을 죽이고 시드기야의 눈을 빼고
청동사슬로 묶은 뒤 바벨론으로 끌고
갔습니다.
8 바벨론 왕 느부갓네살 19년 다섯째 달
7일에 바벨론 왕의 신하인 호위대장
느부사라단이 예루살렘으로 왔습니
다.
9 느부사라단이 여호와의 성전과 왕궁
과 예루살렘의 모든 집을 불태웠습니
다. 그는 중요한 건물들을 다 불태웠
습니다.
10 바벨론 모든 군대가 호위대장의 지휘
하에 예루살렘의 성벽을 다 무너뜨렸
습니다.
11 호위대장 느부사라단은 성안에 남아
있던 사람들과 바벨론 왕에게 항복한
사람들과 나머지 무리를 포로로 잡
아갔습니다.
12 그러나 호위대장은 그 땅의 가장 가
난한 사람들은 남겨 두어 포도원과
밭을 일구도록 했습니다.
13 바벨론 사람들은 여호와의 성전에 있
던 청동 기둥들과 받침대들과 청동
바다를 부수어 그 청동을 바벨론으
로 가져갔습니다.
14 그들은 또한 솥과 부삽과 부집게와
접시와 성전 일에 쓰는 모든 청동 기
구들도 가져갔습니다.
15 왕의 호위대장은 또 흔들리는 향로와
물 뿌리는 그릇 등 순금이나 순은으
로 만든 것들도 모두 가져갔습니다.
16 솔로몬이 여호와의 성전을 위해 만들
어 놓은 두 기둥과 바다와 받침대에
서 얻은 청동이 너무 많아 무게를 달
수 없을 정도였습니다.
17 각 기둥은 높이가 *18규빗이었고 기
둥 꼭대기에 붙어 있는 청동 머리는
높이가 *3규빗으로 둘레에 붙어 있
는 그물과 석류도 청동이었습니다.
다른 기둥도 똑같은 그물로 장식돼
있었습니다.

25:4 또는 요단 계곡 25:17 18규빗은 약 8.1미터, 3규빗은 약 1.35미터

18 호위대장은 대제사장 스라야와 그다
음 제사장 스바냐와 세 명의 성전 문
지기를 포로로 잡았습니다.
19 그는 또 아직 성에 남아 있는 사람들
가운데 군대 장관과 다섯 명의 왕실
고문을 사로잡고 또 그 땅의 백성들
을 징집하는 일을 맡은 서기관과 그
성에서 찾은 그 땅 백성들 60명을 사
로잡았습니다.
20 호위대장 느부사라단은 그들 모두를
붙잡아 리블라에 있는 바벨론 왕에게
끌고 갔습니다.
21 바벨론 왕은 하맛 땅 리블라에서 그들
을 죽였습니다. 이렇게 유다는 자기
땅을 떠나 포로로 잡혀갔습니다.
22 바벨론 왕 느부갓네살은 사반의 손자
이며 아히감의 아들인 그달리야를 세
워 자기가 유다 땅에 남겨 놓은 사람
들을 다스리게 했습니다.
23 모든 군대 장관들과 그 부하들은 바
벨론 왕이 그달리야를 총독으로 삼았
다는 말을 듣고 미스바에 있는 그달리
야에게로 갔습니다. 그들은 느다니야
의 아들 이스마엘, 가레아의 아들 요
하난, 느도바 사람 단후멧의 아들 스
라야, 마아가 사람의 아들 야아사니야
입니다.
24 그달리야는 그들과 그 부하들에게 맹
세하며 말했습니다. "바벨론 관리들
을 두려워하지 말라. 이 땅에 살면서
바벨론 왕을 섬기라. 그러면 너희가
잘될 것이다."
25 그러나 일곱째 달이 되자 왕실의 혈
통으로 엘리사마의 손자이며 느다니
야의 아들인 이스마엘이 열 사람과
함께 와서 그달리야를 죽이고 미스바
에서 그와 함께 있던 유다 사람들과
바벨론 사람들도 죽였습니다.
26 이에 작은 사람부터 큰사람에 이르기
까지 온 백성들과 군대 장관들이 바
벨론 사람들을 두려워해 일어나 이집
트로 도망쳤습니다.

여호야긴이 풀려나다 (렘 52:31-34)

27 유다 왕 여호야긴이 잡혀간 지 37년
되던 해, 곧 바벨론 왕 에윌므로닥이
통치하기 시작하던 해 열두째 달 27
일에 바벨론 왕은 유다 왕 여호야긴을
감옥에서 풀어 주었습니다.
28 바벨론 왕은 그에게 친절하게 말하고
바벨론에서 그와 함께 있던 다른 왕
들보다 더 높은 자리를 주었습니다.
29 그리하여 여호야긴은 죄수복을 벗고
남은 생애 동안 항상 왕의 식탁에서
먹게 됐습니다.
30 왕은 여호야긴에게 필요한 것을 평생
동안 날마다 공급해 주었습니다.

역대상

1 Chronicles

시대적으로는 사무엘상·하와 비슷한 기간을 다루는데, 성전의 역사를 중심으로 한다는 특징이 있다. 이스라엘을 중심으로 인류 역사를 재구성한 족보를 통해 하나님의 백성으로서의 자부심을 고취시키며(1–9장), 언약궤에 대한 다윗의 열심과 성전 건축을 위한 헌신적인 준비 작업을 통해 하나님의 영광스러운 통치를 강조한다(10–29장).

아담에서 아브라함까지의 역사 기록

(창 5:1–32;10:1–32;11:10–26)

노아의 아들들까지

1 아담, 셋, 에노스,
2 게난, 마할랄렐, 야렛,
3 에녹, 므두셀라, 라멕, 노아,
4 노아의 아들은 셈, 함, 야벳입니다.

야벳의 자손

5 야벳의 아들은 고멜, 마곡, 마대, 야
완, 두발, 메섹, 디라스입니다.
6 고멜의 아들은 아스그나스, *디밧, 도
갈마입니다.
7 야완의 아들은 엘리사, 다시스, 깃딤,
도다님입니다.

함의 자손

8 함의 아들은 구스, *미스라임, 붓, 가
나안입니다.
9 구스의 아들은 스바, 하윌라, 삽다, 라
아마, 삽드가입니다. 라아마의 아들은
스바, 드단입니다.
10 구스는 또 니므롯을 낳았는데 그는
세상에서 첫 용사가 됐습니다.
11 *미스라임에게서 루딤 족속, 아나밈
족속, 르하빔 족속, 납두힘 족속,
12 바드루심 족속, 가슬루힘 족속, 갑도림
족속이 나왔습니다. 가슬루힘 족속은
블레셋 족속의 조상이 됐습니다.
13 가나안은 맏아들 시돈과 헷을 낳았습
니다.
14 가나안에서 여부스 족속, 아모리 족
속, 기르가스 족속,
15 히위 족속, 알가 족속, 신 족속,
16 아르왓 족속, 스말 족속, 하맛 족속이
나왔습니다.

셈의 자손

17 셈의 아들은 엘람, 앗수르, 아르박삿,
룻, 아람, 우스, 훌, 게델, 메섹입니다.
18 아르박삿은 셀라를 낳고 셀라는 에벨

1:6 대다수 히브리어 사본을 따름. 많은 히브리어 사본과 불가타에는 '리밧'(창 10:3을 보라.) 1:8,11 이집트를 가리킴.

을 낳고
19 에벨은 두 아들을 낳았습니다. 한 아
들의 이름을 *벨렉이라고 지었는데
그 시절에 땅이 나뉘었기 때문입니다.
그 동생의 이름은 욕단입니다.
20 욕단은 알모닷, 셀렙, 하살마웻, 예라,
21 하도람, 우살, 디글라,
22 에발, 아비마엘, 스바,
23 오빌, 하윌라, 요밥을 낳았습니다. 이
모두가 욕단의 아들입니다.
24 셈, 아르박삿, 셀라,
25 에벨, 벨렉, 르우,
26 스룩, 나홀, 데라,
27 아브람, 곧 아브라함.

아브라함의 가계

28 아브라함의 아들은 이삭과 이스마엘
입니다.

하갈의 자손

29 이스마엘의 족보는 이러합니다. 이스
마엘의 맏아들은 느바욧이며, 그 아
래로 게달, 앗브엘, 밉삼,
30 미스마, 두마, 맛사, 하닷, 데마,
31 여둘, 나비스, 게드마입니다. 이들 모
두 이스마엘의 아들입니다.

그두라의 자손

32 아브라함의 첩 그두라가 낳은 아들은
시므란, 욕산, 므단, 미디안, 이스박, 수
아입니다. 욕산의 아들은 스바와 드단
입니다.
33 미디안의 아들은 에바, 에벨, 하녹, 아
비다, 엘다아입니다. 이들 모두 그두라
의 자손입니다.

사라의 자손

34 아브라함은 이삭을 낳았습니다. 이삭
의 아들은 에서와 이스라엘입니다.

에서의 아들들 (창 36:1-19,20-30)

35 에서의 아들은 엘리바스, 르우엘, 여
우스, 얄람, 고라입니다.
36 엘리바스의 아들은 데만, 오말, 스비,
가담, 그나스, 딤나, 아말렉입니다.
37 르우엘의 아들은 나핫, 세라, 삼마, 밋
사입니다.

에돔에 사는 세일 사람들

38 세일의 아들은 로단, 소발, 시브온, 아
나, 디손, 에셀, 디산입니다.

1:19 나뉨.

Q&A 역대기는 '다윗 왕조 실록'?

참고 구절 | 대상 1-3장

역대기는 히브리어로 '디브레 하야밈', 곧 날마다의 사건으로 '역대 지략', '연대기의 사건들'로도 부른다. 연대기(年代記)라는 말은 루터가 제일 먼저 사용한 제목으로 '거룩한 역사 전반에 걸친 연대기'라고 불렀던 '히에로니무스'라는 말에서 따온 것이다.
역대기는 지은이가 확실하게 알려져 있지 않지만 에스라가 썼을 것으로 추정한다. 전체적인 흐름으로 보거나 역대기의 끝맺는 말과 사건(대하 36:22-23)이 에스라서(스 1:1-3)와 자연스럽게 연결되는 점 등을 보면 그렇게 생각되기 때문이다.

왜 썼을까?

유대인들은 70여 년간의 포로 생활로 인해 하

39 로단의 아들은 호리와 호맘입니다. 딤
나는 로단의 여동생입니다.
40 소발의 아들은 *알랸, 마나핫, 에발,
스비, 오남입니다. 시브온의 아들은
아야와 아나입니다.
41 아나의 아들은 디손입니다. 디손의 아
들은 *하므란, 에스반, 이드란, 그란입
니다.
42 에셀의 아들은 빌한, 사아완, *야아간
입니다. 디산의 아들은 우스와 아란입
니다.

에돔의 왕들 (창 36:31–43)

43 다음은 이스라엘을 다스리는 왕이 있
기 전에 에돔을 다스린 왕들입니다.
브올의 아들 벨라는 자기 성의 이름
을 딘하바라고 지었습니다.
44 벨라가 죽자 보스라 출신인 세라의 아
들 요밥이 뒤를 이어 왕이 됐습니다.
45 요밥이 죽자 데만 족속 출신인 후삼이
뒤를 이어 왕이 됐습니다.
46 후삼이 죽자 브닷의 아들 하닷이 뒤
를 이어 왕이 됐습니다. 하닷은 모압
들판에서 미디안을 친 사람으로 그는
성의 이름을 아윗이라고 지었습니다.
47 하닷이 죽자 마스레가 출신인 사믈라
가 뒤를 이어 왕이 됐습니다.
48 사믈라가 죽자 *강가에 살았던 르호
봇 출신인 사울이 뒤를 이어 왕이 됐
습니다.
49 사울이 죽자 악볼의 아들 바알하난이
뒤를 이어 왕이 됐습니다.
50 바알하난이 죽자 하닷이 뒤를 이어
왕이 됐습니다. 그는 성의 이름을 *바
이라고 지었습니다. 그 아내의 이름은
므헤다벨인데 메사합의 손녀이자 마드
렛의 딸입니다.
51 하닷 또한 죽었습니다. 그 후에 에돔
의 족장은 딤나, 알랴, 여뎃,
52 오홀리바마, 엘라, 비논,
53 그나스, 데만, 밉살,

1:40 대다수 히브리어 사본을 따름. 많은 히브리어 사본과 일부 칠십인역에는 '알완'(창 36:23을 보라.) 1:41 대다수 히브리어 사본을 따름. 많은 히브리어 사본과 일부 칠십인역에는 '헴단'(창 36:26을 보라.) 1:42 대다수 히브리어 사본을 따름. 많은 히브리어 사본과 칠십인역에는 '아간'(창 36:27을 보라.) 1:48 유프라테스 강을 말함. 1:50 대다수 히브리어 사본을 따름. 많은 히브리어 사본과 일부 칠십인역과 불가타와 시리아어역에는 '바우'(창 36:39을 보라.)

나님의 선택을 받은 민족이라는 정체성이 무너져 있었다. 그런 그들에게 역대기 저자는 이스라엘의 계보를 통한 구원 역사와 다윗 왕권과 성전의 제사 제도, 하나님의 권위를 증명해 줌으로써 이스라엘이 여전히 하나님의 선택된 백성들임을 확고히 하고자 했다. 또한 그들을 향한 하나님의 약속(대상 17:7–14)이 변함없음을 보여 주기 위해서였다.

열왕기와는 어떻게 다른 걸까?

열왕기와 역대기는 연대기적 서술이란 점은 비슷하다. 그러나 열왕기는 이스라엘과 유다 왕국의 역사를 모두 기록한 반면 역대기는 유다 왕국을 중심으로 기록한 것이 다르다. 또한 열왕기는 두 나라 왕들에 대해 객관적으로 기록하고 왕들을 모세 율법에 의해 평가하지만 역대기는 성전 제사와 다윗을 기준으로 하여 왕들을 평가하고 있다.

열왕기는 역사가 하나님에 의해 주관됨을 보여 주지만 역대기는 역사를 통해 하나님의 영광이 드러나는 것을 보여 준다.

54 막디엘, 이람입니다. 이들은 모두 에돔
의 족장이었습니다.

이스라엘의 아들들

2

이스라엘의 아들은 르우벤, 시므
온, 레위, 유다, 잇사갈, 스불론,
2 단, 요셉, 베냐민, 납달리, 갓, 아셀입
니다.

유다

헤스론의 아들들까지

3 유다의 아들은 에르, 오난, 셀라입니
다. 이 세 사람은 가나안 사람 수아의
딸과 유다 사이에서 태어났습니다. 유
다의 맏아들 에르는 여호와께서 보시
기에 악했습니다. 그래서 여호와께서
그를 죽이셨습니다.
4 유다의 며느리 다말과 유다 사이에 베
레스와 세라가 태어났습니다. 유다는
모두 다섯 아들이 있었습니다.
5 베레스의 아들은 헤스론과 하물입니
다.
6 세라의 아들은 시므리, 에단, 헤만, 갈
골, *다라 이렇게 모두 다섯이었습니
다.
7 갈미의 아들은 *아갈인데 그는 *진멸
시켜 하나님께 바쳐야 하는 물건 때
문에 죄를 지어 이스라엘에 문제를
일으킨 사람입니다.
8 에단의 아들은 아사랴입니다.
9 헤스론이 낳은 아들은 여라므엘, 람,
*글루배입니다.

헤스론의 아들 람부터

10 람은 암미나답을 낳고 암미나답은 유
다 백성들의 지도자인 나손을 낳았습
니다.
11 나손은 *살마를 낳고 *살마는 보아스
를 낳고
12 보아스는 오벳을 낳고 오벳은 이새를
낳았습니다.
13 이새가 낳은 아들은 맏아들 엘리압,
둘째 아비나답, 셋째 시므아,
14 넷째 느다넬, 다섯째 랏대,
15 여섯째 오셈, 일곱째 다윗입니다.
16 그들의 자매는 스루야와 아비가일입
니다. 스루야의 세 아들은 아비새, 요
압, 아사헬입니다.
17 아비가일은 아마사의 어머니인데 아마
사의 아버지는 이스마엘 사람 예델입
니다.

헤스론의 아들 갈렙

18 헤스론의 아들 갈렙은 자기 아내 아
수바와 여리옷에게서 자식을 얻었습
니다. 그 아들은 예셀, 소밥, 아르돈입
니다.
19 아수바가 죽자 갈렙은 *에브랏과 결
혼해 훌을 낳았습니다.
20 훌은 우리를 낳고 우리는 브살렐을 낳
았습니다.
21 그 후에 헤스론은 60세에 길르앗의
아버지 마길의 딸과 결혼해 스굽을
낳았습니다.
22 스굽은 야일을 낳았는데 야일은 길르

2:6 대다수 히브리어 사본을 따름, 많은 히브리어 사본과 일부 칠십인역과 시리아어역에는 '다르다'(왕상 4:31을 보라.) 2:7 또는 아간(수 7:1을 보라.) 2:7 히브리어, 헤렘. 생명이나 물건을 완전히 멸하여 여호와께 바치는 것을 말함. 2:9 또는 갈렙(18절을 보라.) 2:11 칠십인역에는 '살몬'(룻 4:21을 보라.) 2:19 또는 에브라다

앗에서 23개의 성을 다스렸습니다.
23 그러나 그술과 아람이 그낫과 그 주변
의 정착지인 60개의 성과 야일의 성
을 빼앗았습니다. 이들 모두 길르앗의
아버지 마길의 자손입니다.
24 헤스론이 갈렙 에브라다에서 죽은 뒤
헤스론의 아내 아비야는 그에게서 드
고아의 *아버지인 아스훌을 낳았습니
다.

헤스론의 아들 여라므엘

25 헤스론의 맏아들 여라므엘의 아들은
맏아들 람이며, 그 아래로는 브나, 오
렌, 오셈, 아히야입니다.
26 여라므엘에게는 아내가 한 사람 더 있
었는데 그 이름은 아다라입니다. 아다
라는 오남의 어머니입니다.
27 여라므엘의 맏아들 람의 아들은 마아
스, 야민, 에겔입니다.
28 오남의 아들은 삼매와 야다입니다. 삼
매의 아들은 나답과 아비술입니다.
29 아비술의 아내의 이름은 아비하일인
데 그녀는 아반과 몰릿을 낳았습니다.
30 나답의 아들은 셀렛과 압바임입니다.
셀렛은 자식 없이 죽었습니다.
31 압바임의 아들은 이시인데 이시의 아
들은 세산이고 세산의 아들은 알래입
니다.
32 삼매의 동생인 야다의 아들은 예델과
요나단입니다. 예델은 자식 없이 죽었
습니다.
33 요나단의 아들은 벨렛과 사사입니다.
이들은 여라므엘의 자손입니다.
34 세산은 아들이 없고 딸뿐이었습니다.
그는 야르하라고 부르는 이집트 사람
종이 있었는데
35 세산이 자기 종 야르하에게 자기 딸
을 시집보냈고 그녀는 앗대를 낳았습
니다.
36 앗대는 나단을 낳고 나단은 사밧을
낳았습니다.
37 사밧은 에블랄을 낳고 에블랄은 오벳
을 낳았습니다.
38 오벳은 예후를 낳고 예후는 아사랴를
낳았습니다.
39 아사랴는 헬레스를 낳고 헬레스는 엘
르아사를 낳았습니다.
40 엘르아사는 시스매를 낳고 시스매는
살룸을 낳았습니다.
41 살룸은 여가먀를 낳고 여가먀는 엘리
사마를 낳았습니다.

갈렙의 자손

42 여라므엘의 동생 갈렙의 맏아들 메사
는 십을 낳고 그의 아들 마레사는 헤
브론을 낳았습니다.
43 헤브론의 아들은 고라, 답부아, 레겜,
세마입니다.
44 세마는 라함을 낳고 라함은 요르그암
을 낳고 레겜은 삼매를 낳았습니다.
45 삼매의 아들은 마온인데 마온은 벳술
을 낳았습니다.
46 갈렙의 첩 에바는 하란, 모사, 가세스
를 낳고 하란은 가세스를 낳았습니다.
47 야대의 아들은 레겜, 요단, 게산, 벨
렛, 에바, 사압입니다.
48 갈렙의 첩 마아가는 세벨과 디르하나

2:24 또는 성읍 지도자, 군대 지휘관

를 낳았습니다.
49 또 맛만나의 *아버지 사압을 낳고 막
베나와 기브아의 *아버지 스와를 낳
았습니다. 갈렙의 딸은 악사입니다.
50 갈렙의 자손, 곧 에브라다의 맏아들
훌의 아들인 기랏 여아림의 *아버지
소발,
51 베들레헴의 *아버지 살마, 벧가델의
*아버지 하렙입니다.
52 기랏 여아림의 *아버지 소발의 자손
은 하로에와 므누훗 사람의 절반이었
습니다.
53 기랏 여아림의 족속은 이델 족속, 붓
족속, 수맛 족속, 미스라 족속입니다.
이들로부터 소라 족속과 에스다올 족
속이 나왔습니다.
54 살마의 자손은 베들레헴, 느도바 족
속, 아다롯벧요압, 마하낫 족속의 절
반, 소라 족속이고
55 야베스에서 살던 서기관 족속들은 디
랏 족속, 시므앗 족속, 수갓 족속입니
다. 이들은 레갑 집안의 조상인 함맛
에게서 나온 겐 족속입니다.

다윗의 아들들

3 다윗이 헤브론에서 낳은 아들은 이
러합니다. 이스르엘 여인 아히노암
이 맏아들인 암논을 낳았고 갈멜 여
인 아비가일은 둘째 아들 다니엘을
낳았습니다.
2 그술 왕 달매의 딸 마아가는 셋째 아
들 압살롬을 낳고 학깃은 넷째 아들
아도니야를 낳았습니다.
3 아비달은 다섯째 아들 스바댜를 낳고
다윗의 아내 에글라는 여섯째 아들
이드르암을 낳았습니다.
4 이들은 헤브론에서 다윗이 낳은 여
섯 명의 아들입니다. 다윗은 헤브론에
서 7년 6개월 동안 다스렸습니다. 그
리고 다윗은 예루살렘에서 33년 동안
다스렸습니다.
5 예루살렘에서 낳은 자녀들은 이러합
니다. 시므아, 소밥, 나단, 솔로몬 이
네 사람은 암미엘의 딸 *밧수아가 낳
았습니다.
6 입할, *엘리사마, 엘리벨렛,
7 노가, 네벡, 야비아,
8 엘리사마, 엘랴다, 엘리벨렛 이렇게 모
두 아홉 사람은
9 모두 다윗의 아들입니다. 그리고 첩에
게서 난 아들들이 있었으며 그들의
누이 다말이 있었습니다.

유다의 왕들

10 솔로몬의 아들은 르호보암, 그 아들
은 아비야, 그 아들은 아사, 그 아들
은 여호사밧,
11 그 아들은 *요람, 그 아들은 아하시
야, 그 아들은 요아스,
12 그 아들은 아마샤, 그 아들은 *아사
랴, 그 아들은 요담,
13 그 아들은 아하스, 그 아들은 히스기
야, 그 아들은 므낫세,
14 그 아들은 아몬, 그 아들은 요시야입

2:49-52 또는 성읍 지도자, 군대 지휘관 3:5 하나의 히브리어 사본과 불가타에는 '밧세바'(삼하 11:3을 보라.) 3:6 일부 히브리어 사본에는 '엘리수아'(삼하 5:15와 대상 14:5를 보라.) 3:11 또는 여호람 3:12 또는 웃시야

니다.
15 요시야의 아들들은 맏아들 요하난,
둘째 여호야김, 셋째 시드기야, 넷째
*살룸입니다.
16 여호야김의 자손들은 그 아들 *여고
냐와 시드기야입니다.

포로기 이후 왕의 혈통

17 사로잡혀 간 *여고냐의 자손들은 그
아들 스알디엘,
18 말기람, 브다야, 세낫살, 여가먀, 호사
마, 느다뱌입니다.
19 브다야의 아들은 스룹바벨과 시므이
입니다. 스룹바벨의 아들은 므술람과
하나냐입니다. 슬로밋은 그들의 누이
입니다.
20 또 다섯 아들이 더 있었는데 그들은
하수바, 오헬, 베레갸, 하사댜, 유삽헤
셋입니다.
21 하나냐의 자손은 블라댜와 여사야이
고 르바야의 아들들, 아르난의 아들
들, 오바댜의 아들들, 스가냐의 아들
들입니다.
22 스가냐의 자손은 스마야, 스마야의
아들은 핫두스, 이갈, 바리야, 느아랴,
사밧 이렇게 모두 여섯입니다.
23 느아랴의 아들은 에료에내, 히스기야,
아스리감 이렇게 모두 셋입니다.
24 에료에내의 아들은 호다위야, 엘리아
십, 블라야, 악굽, 요하난, 들라야, 아
나니 이렇게 모두 일곱입니다.

유다의 다른 자손들

4 유다의 아들은 베레스, 헤스론, 갈
미, 훌, 소발입니다.
2 소발의 아들 르아야는 야핫을 낳고
야핫은 아후매와 라핫을 낳았습니다.
이들은 소라 족속입니다.
3 에담의 *아들은 이스르엘, 이스마, 잇
바스이고 그들의 누이는 하술렐보니
입니다.
4 그돌의 *아버지 브누엘, 후사의 *아버
지 에셀은 베들레헴의 *아버지인 에
브라다의 맏아들 훌의 아들들입니다.
5 드고아의 아버지 아스훌은 헬라와 나
아라라는 두 아내가 있었습니다.
6 나아라는 아훗삼, 헤벨, 데므니, 하아
하스다리를 낳았는데 이들은 나아라
의 자손입니다.
7 헬라의 아들은 세렛, 이소할, 에드난입
니다.
8 고스는 아눕, 소베바, 하룸의 아들 아
하헬 족속을 낳았습니다.
9 *야베스는 다른 형제들보다 더 존경
을 받았습니다. 그의 어머니가 *야베
스라는 이름을 붙여 주면서 "내가 아
이를 고통 가운데 낳았다"라고 말했
습니다.
10 야베스는 이스라엘의 하나님께 부르
짖었습니다. "여호와께서 제게 복에
복을 주시어 제 영역을 넓혀 주십시
오! 하나님의 손이 저와 함께하셔서
저를 해로운 것으로부터 지켜 주시고
고통을 당하지 않도록 해 주십시오."
그러자 하나님께서 야베스가 구하는
것을 허락하셨습니다.

3:15 또는 여호아하스 3:16,17 또는 여호야긴 4:3 히브리어, '조상'. 칠십인역과 불가타를 따름. 4:4 또는 성읍 지도자, 군대 지휘관 4:9 고통

11 수하의 형 글룹이 므힐을 낳았는데 므
힐은 에스돈의 아버지입니다.
12 에스돈은 베드라바, 바세아, 이르나하
스의 아버지 드힌나를 낳았습니다. 이
들이 레가 사람입니다.
13 그나스의 아들은 옷니엘과 스라야입
니다. 옷니엘의 아들은 하닷입니다.
14 므오노대는 오브라를 낳았습니다. 스
라야는 요압을 낳았는데 요압은 게하
라심에 사는 사람들의 조상입니다.
게하라심이라 불린 것은 그곳에 사는
사람들이 *장인들이었기 때문입니다.
15 여분네의 아들 갈렙의 아들은 이루,
엘라, 나암이고, 엘라의 아들은 그나
스입니다.
16 여할렐렐의 아들은 십, 시바, 디리아,
아사렐입니다.
17 에스라의 아들은 예델, 메렛, 에벨, 얄
론입니다. 메렛의 아내 가운데 하나가
미리암, 삼매, 에스드모아의 조상인 이
스바를 낳았습니다.
18 이들은 메렛과 결혼한 바로의 딸 비디
아의 아들입니다. 또 유다 사람인 그
의 아내 여후디야가 그돌의 조상 예렛
과 소고의 조상 헤벨과 사노아의 조상
여구디엘을 낳았습니다.
19 나함의 누이인 호디야의 아내의 아들
은 가미 사람 그일라의 아버지와 마아
가 사람 에스드모아입니다.

4:14 또는 기능공

Q&A 왜 역대기는 유다에 대해 자세히 썼을까?

참고 구절 | 대상 4:1-23

유다는 야곱의 첫째 아들이 아닌 넷째 아들일 뿐 아니라 요셉처럼 훌륭한 인물도 아니었다. 이방 여자와 결혼했고 며느리 다말을 창녀로 알고 동침하여 아들을 낳기도 한 사람이었다(창 38장). 그런데도 역대기에는 야곱의 아들들의 이름만 소개하고(대상 2: 1-2) 바로 유다 가문에 대해서 자세히 기록했다. 왜 유독 유다 지파를 자세히 소개한 것일까?

유다는 다말에게서 베레스를 낳고 베레스는 헤스론을, 헤스론은 람을, 람은 암미나답을, 암미나답은 나손을, 나손은 살마를, 살마는 보아스를, 보아스는 룻과 결혼하여 오벳을 낳고 오벳은 이새를 낳고 이새는 다윗을 낳았다(대상 2:3-15). 다시 말해서 유다는 다윗 왕의 선조가 되었던 것이다.

역대기서는 다윗 왕가에 대한 기록임과 동시에 하나님께서 다윗 왕에게 약속하신(삼하 7:4-17) 후손과 나라의 번영에 대한 언약을 신실히 지키셨음을 보여 주는 책이다. 그래서 역대기 저자는 야곱의 아들들 중 다윗의 조상이 되는 유다의 계보를 자세히 기록했던 것이다. 하나님은 유다 후손을 통해 다윗을 낳게 하셨고 다윗에게 약속하신 후손들을 통해 우리를 구원하신 예수님이 태어나게 하셨다(마 1장).

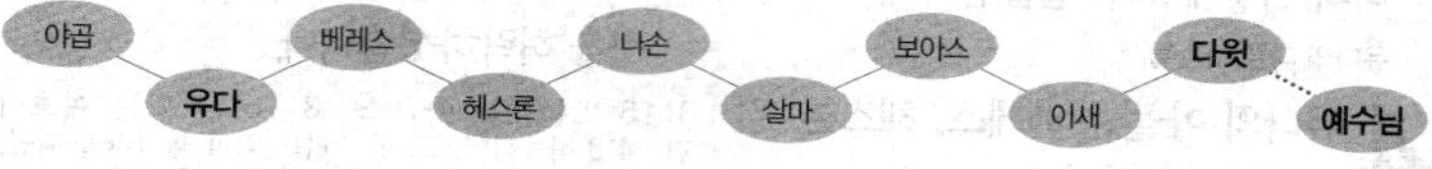

20 시몬의 아들은 암논, 린나, 벤하난, 딜
론입니다. 이시의 아들은 소헷과 벤소
헷입니다.
21 유다의 아들인 셀라의 자손은 레가의
아버지 에르, 마레사의 아버지 라아
다, 고운 삼베를 짜는 족속 아스베야
집안사람과
22 요김, 고세바 사람, 요아스, 모압을 다
스리던 사랍과 야수비네헴입니다. 이
것은 오래전에 적힌 것에서 밝혀진
것입니다.
23 셀라의 자손은 네다임과 그데라에서
옹기를 구우면서 살았고 거기서 왕과
함께 살며 왕을 위해 일했습니다.

시므온의 자손

24 시므온의 아들은 느무엘, 야민, 야립,
세라, 사울입니다.
25 사울의 아들은 살룸, 그 아들은 밉삼,
그 아들은 미스마이며
26 미스마의 아들은 함무엘, 그 아들은
삭굴, 그 아들은 시므이입니다.
27 시므이는 아들 16명과 딸 여섯 명이
있었는데 그 형제들에게는 자식이 많
지 않았습니다. 그리하여 그들 모든
집안은 유다 집안만큼 번창하지 못했
습니다.
28 시므온 자손이 살던 곳은 브엘세바,
몰라다, 하살수알,
29 빌하, 에셈, 돌랏,
30 브두엘, 호르마, 시글락,
31 벧말가봇, 하살수심, 벧비리, 사아라임
인데 다윗 왕 때까지 그 성읍들은 그
들의 것이었습니다.
32 여기에 이웃 마을들인 에담, 아인, 림
몬, 도겐, 아산 이렇게 다섯 개의 성읍
들과
33 이 성읍들 주위로 *바알에 이르기까
지 마을이 있었습니다. 이것이 그들
이 정착했던 곳이며 그들은 각각 족
보를 남겼습니다.
34 또 메소밥과 야믈렉 그리고 아마시야
의 아들은 요사와
35 요엘과 예후가 있는데 예후는 아시엘
의 증손이며 스라야의 손자이며 요시
비야의 아들입니다.
36 엘료에내, 야아고바, 여소하야, 아사
야, 아디엘, 여시미엘, 브나야와
37 시사가 있습니다. 시사는 스마야의 5
대 손자이며 시므리의 현손이며 여다
야의 증손이며 알론의 손자이며 시비
의 아들입니다.
38 위에 기록된 사람들은 그들 족속의
지도자들입니다. 그들의 집안은 수가
크게 늘어났습니다.
39 그들은 양 떼를 먹일 풀밭을 찾아 골
짜기 동쪽에 있는 그돌 지역까지 나
갔습니다.
40 그들은 풍성하고 좋은 풀밭을 찾아
냈는데 그 땅은 넓고 평화롭고 조용
했습니다. 그곳에는 전부터 함 사람
이 살고 있었습니다
41 위에 기록된 사람들은 유다 왕 히스
기야 때 왔습니다. 그들은 함 사람의
거주지와 모우님 사람을 쳐서 *진멸

4:33 일부 칠십인역에는 '바알랏'(수 19:8을 보라.)
4:41 히브리어, 헤렘. 생명이나 물건을 완전히 멸하여 여호와께 바치는 것을 말함.

시키고 그들 대신 오늘날까지 거기에
살고 있습니다. 그곳에 양 떼를 먹일
풀밭이 있었으므로 그들이 거기에 살
았습니다.
42 그리고 시므온 사람 500명은 이시의
아들 블라댜, 느아랴, 르바야, 웃시엘
을 우두머리로 삼고 세일 산으로 갔
습니다.
43 그들은 도망쳐서 살아남은 아말렉 사
람을 치고 오늘날까지 거기에 살고
있습니다.

르우벤의 자손

5 이스라엘의 맏아들인 르우벤의 아
들은 이러합니다. (르우벤은 맏아
들이었으나 자기 아버지의 침실을 더
럽혔기에 맏아들의 상속권이 이스라
엘의 아들인 요셉의 아들들에게로 넘
어갔습니다. 그리하여 그는 맏아들로
족보에 올라갈 수 없습니다.
2 비록 유다가 자기 형제들 가운데 가
장 뛰어나고 그로부터 주권자가 나왔
지만 맏아들의 권리는 요셉에게 있게
됐습니다.)
3 이스라엘의 맏아들인 르우벤의 아들
은 하녹, 발루, 헤스론, 갈미입니다.
4 요엘의 아들은 스마야, 그 아들은 곡,
그 아들은 시므이,
5 그 아들은 미가, 그 아들은 르아야,
그 아들은 바알,
6 그 아들은 브에라입니다. 브에라는 르
우벤 자손의 우두머리로서 앗시리아
왕 디글랏 빌레셀에게 포로로 사로잡
혀 간 사람입니다.
7 요엘 족속은 족보에 따라 기록됐으며
우두머리는 여이엘, 스가랴, 벨라입니
다.
8 벨라는 아사스의 아들이며 세마의 손
자이며 요엘의 증손입니다. 그들은 아
로엘에서부터 느보와 바알므온에 걸
친 영역에 살았습니다.
9 그들은 동쪽으로 가서 살았는데 유프
라테스 강에서부터 광야 끝에 이르는
땅까지 이르렀습니다. 그것은 길르앗
에서 살기에는 그 가축들의 수가 너
무 늘어났기 때문입니다.
10 사울 왕이 다스리는 동안 그들은 하
갈 사람과 싸워 그 손으로 물리쳤고
길르앗 동쪽 온 지역에 걸쳐 장막을
치고 살았습니다.

갓의 자손

11 르우벤 바로 옆 바산 땅에 갓 사람이
살았는데 그 영역은 살르가까지 이르
렀습니다.
12 요엘이 족장이었고 사밤이 그다음이
요, 또 그다음으로 야내와 바산에 살
던 사밧이었습니다.
13 그들의 집안 형제는 미가엘, 므술람,
세바, 요래, 야간, 시아, 에벨 이렇게
모두 일곱 명입니다.
14 이들은 아비하일의 아들인데 아비하
일은 후리의 아들이며 야로아의 손자
이며 길르앗의 증손이며 미가엘의 현
손이며 여시새의 5대 손자이며 야도
의 6대 손자이며 부스의 7대 손자입
니다.
15 압디엘의 아들이며 구니의 손자인 아

히가 그들 집안의 우두머리가 됐습니
다.
16 갓 사람이 살던 곳은 바산 길르앗과
그 주변에 펼쳐진 마을들과 샤론의
모든 초원 지대였습니다.
17 이 모두는 유다 왕 요담과 이스라엘
왕 여로보암이 다스리던 때 족보에 올
랐습니다.
18 르우벤 사람, 갓 사람, 므낫세 반 지파
에서 군사로 나가서 싸울 준비된 사
람은 4만 4,760명으로 그들은 전쟁을
위해 방패와 칼을 사용할 줄 알고 활
을 쏠 줄 아는 훈련된 사람이었습니
다.
19 그들은 하갈 사람, 여두르, 나비스, 노
답과 싸웠습니다.
20 그들과 싸울 때 하나님의 도움을 받
았는데 그들이 싸우는 가운데 하나
님께 부르짖었더니 하나님께서 하갈
사람과 그 모든 동맹국들을 그들 손
에 넘겨주셨습니다. 하나님이 그들의
기도를 들어주신 것은 그들이 하나님
을 믿었기 때문입니다.
21 그들이 빼앗아 온 하갈 사람의 가축
들은 낙타 5만 마리, 양 25만 마리,
나귀 2,000마리였습니다. 또 10만 명
의 사람을 포로로 사로잡아 왔고
22 많은 하갈 사람을 죽였습니다. 이 전
쟁은 하나님의 것이었기 때문입니다.
그들은 바벨론에 포로로 사로잡혀 가
기 전까지 그 땅에서 살았습니다.

므낫세 반 지파의 자손

23 므낫세 반 지파 사람은 번창해 바산에
서부터 바알헤르몬, 스닐, 헤르몬 산
에 걸쳐 살았습니다.
24 그들 집안의 우두머리들은 에벨, 이
시, 엘리엘, 아스리엘, 예레미야, 호다
위야, 야디엘입니다. 그들은 모두 용
감하며 유명한 우두머리였습니다.
25 그러나 그들은 조상의 하나님께 죄를
범하고 하나님께서 그 앞에서 멸망시
키신 가나안 땅 사람의 신들을 간음
하듯이 섬겼습니다.
26 그리하여 이스라엘의 하나님은 앗시
리아 왕 불과 앗시리아 왕 디글랏 빌레
셀의 마음을 움직여서 르우벤 사람과
갓 사람과 므낫세 반 지파를 포로로
사로잡혀 가게 해 할라, 하볼, 하라, 고
산 강 가로 끌려가게 하셨습니다. 그
래서 그들이 오늘날까지 거기 있게
됐습니다.

레위의 자손

6 레위의 아들은 게르손, 그핫, 므라
리입니다.
2 그핫의 아들은 아므람, 이스할, 헤브
론, 웃시엘입니다.
3 아므람의 자녀는 아론, 모세, 미리암입
니다. 아론의 아들은 나답, 아비후, 엘
르아살, 이다말입니다.
4 엘르아살은 비느하스를 낳고 비느하
스는 아비수아를 낳고
5 아비수아는 북기를 낳고 북기는 웃시
를 낳고
6 웃시는 스라히야를 낳고 스라히야는
므라욧을 낳고
7 므라욧은 아마랴를 낳고 아마랴는 아

히돕을 낳고
8 아히돕은 사독을 낳고 사독은 아히마
아스를 낳고
9 아히마아스는 아사랴를 낳고 아사랴
는 요하난을 낳고
10 요하난은 아사랴를 낳았습니다. 아사
랴는 솔로몬이 예루살렘에 지은 성전
에서 제사장으로 섬겼습니다.
11 아사랴는 아마랴를 낳고 아마랴는 아
히돕을 낳고
12 아히돕은 사독을 낳고 사독은 살룸을
낳고
13 살룸은 힐기야를 낳고 힐기야는 아사
랴를 낳고
14 아사랴는 스라야를 낳고 스라야는 여
호사닥을 낳았습니다.
15 여호사닥은 여호와께서 유다와 예루
살렘 사람을 느부갓네살 왕의 손에
포로로 사로잡혀 가게 하실 때 사로
잡혀 갔습니다.
16 레위의 아들은 *게르손, 그핫, 므라리
입니다.
17 *게르손의 아들의 이름은 립니와 시
므이입니다.
18 그핫의 아들은 아므람, 이스할, 헤브
론, 웃시엘입니다.
19 므라리의 아들은 말리와 무시입니다.
그 아버지를 따라 기록에 오른 레위
사람의 족속은 이러합니다.
20 *게르손에게서 난 자손은 그 아들 립
니, 그 아들 야핫, 그 아들 심마,
21 그 아들 요아, 그 아들 잇도, 그 아들
세라, 그 아들 여아드래입니다.
22 그핫의 자손은 그 아들 암미나답, 그
아들 고라, 그 아들 앗실,
23 그 아들 엘가나, 그 아들 에비아삽,
그 아들 앗실,
24 그 아들 다핫, 그 아들 우리엘, 그 아
들 웃시야, 그 아들 사울입니다.
25 엘가나의 아들은 아마새와 아히못입
니다.
26 엘가나의 자손은 그 아들 소배, 그 아
들 나핫,
27 그 아들 엘리압, 그 아들 여로함, 그
아들 엘가나입니다.
28 사무엘의 아들은 맏아들 요엘과 둘째
아비야입니다.
29 므라리의 자손은 말리, 그 아들 립니,
그 아들 시므이, 그 아들 웃사,
30 그 아들 시므아, 그 아들 학기야, 그
아들 아사야입니다.

성전에서 음악을 맡은 자들

31 언약궤가 평안한 곳에 있게 된 후 다
윗이 그곳에서 음악을 맡도록 세운
사람은 이러합니다.
32 그들은 솔로몬이 예루살렘에 여호와
의 성전을 지을 때까지 회막 앞에서
찬송하는 일로 섬겼습니다. 그들은
정해진 임무의 차례에 따라 자기 일
을 했습니다.
33 그 일을 섬겼던 사람과 그 아들들입
니다. 그핫의 자손 가운데 연주자인
헤만은 요엘의 아들이고 요엘은 사무
엘의 아들이고
34 사무엘은 엘가나의 아들이고 엘가나

6:16,17,20 또는 게르솜

는 여로함의 아들이고 여로함은 엘리
엘의 아들이고 엘리엘은 도아의 아들
이고
35 도아는 숩의 아들이고 숩은 엘가나의
아들이고 엘가나는 마핫의 아들이고
마핫은 아마새의 아들이고
36 아마새는 엘가나의 아들이고 엘가나
는 요엘의 아들이고 요엘은 아사랴의
아들이고 아사랴는 스바냐의 아들이
고
37 스바냐는 다핫의 아들이고 다핫은 앗
실의 아들이고 앗실은 에비아삽의 아
들이고 에비아삽은 고라의 아들이고
38 고라는 이스할의 아들이고 이스할은
그핫의 아들이고 그핫은 레위의 아들
이고 레위는 이스라엘의 아들입니다.
39 헤만의 오른쪽에서 섬겼던 헤만의 형
제 아삽은 베레갸의 아들이고 베레갸
는 시므아의 아들이고
40 시므아는 미가엘의 아들이고 미가엘
은 바아세야의 아들이고 바아세야는
말기야의 아들이고
41 말기야는 에드니의 아들이고 에드니
는 세라의 아들이고 세라는 아다야의
아들이고
42 아다야는 에단의 아들이고 에단은 심
마의 아들이고 심마는 시므이의 아들
이고
43 시므이는 야핫의 아들이고 야핫은 게
르손의 아들이고 게르손은 레위의 아
들입니다.
44 헤만의 왼쪽에서 섬기던 사람은 므라
리의 자손 가운데 에단입니다. 에단은
기시의 아들이고 기시는 압디의 아들
이고 압디는 말룩의 아들이고
45 말룩은 하사뱌의 아들이고 하사뱌는
아마시야의 아들이고 아마시야는 힐
기야의 아들이고
46 힐기야는 암시의 아들이고 암시는 바
니의 아들이고 바니는 세멜의 아들이
고
47 세멜은 말리의 아들이고 말리는 무시
의 아들이고 무시는 므라리의 아들이
고 므라리는 레위의 아들입니다.
48 그들의 형제 레위 사람들은 장막, 곧
하나님 집의 모든 임무를 맡았습니
다.
49 아론과 그의 자손은 번제단에서 제
물을 드렸으며 향단에 향을 피우는
일을 했습니다. 그들은 지성소에서 모
든 일을 하도록 세워졌으며 하나님의
종 모세가 명령한 모든 것에 따라 이
스라엘을 위해 죄를 씻는 일을 하기
로 돼 있었습니다.
50 아론의 자손은 그 아들 엘르아살, 그
아들 비느하스, 그 아들 아비수아,
51 그 아들 북기, 그 아들 웃시, 그 아들
스라히야,
52 그 아들 므라욧, 그 아들 아마랴, 그
아들 아히둡,
53 그 아들 사독, 그 아들 아히마아스입
니다.
54 그들이 사는 곳은 사방으로 지역 안
에 있으니 위치는 이러합니다. 그핫
족속, 곧 아론의 자손이 먼저 제비를
뽑아서 살 곳을 받았습니다.

55 그들은 유다 땅에 있는 헤브론과 그
주변 초지를 받았습니다.
56 그러나 성을 둘러싼 밭과 마을은 여
분네의 아들 갈렙에게 주었습니다.
57 그리하여 아론의 자손은 도피성을 받
게 됐는데, 곧 헤브론, 립나와 그 들,
얏딜, 에스드모아와 그 들,
58 힐렌과 그 들, 드빌과 그 들,
59 아산과 그 들, 벧세메스와 그 들이었
습니다.
60 또 베냐민 지파로부터 게바와 그 들,
알레멧과 그 들, 아나돗과 그 들을 받
게 됐습니다. 그핫 족속이 얻은 성읍
들은 모두 13개였습니다.
61 그핫 자손 가운데 남은 사람에게는
므낫세 반 지파 족속 가운데 제비를
뽑아 열 개의 성읍을 주었습니다.
62 게르손 자손에게는 잇사갈 지파, 아셀
지파, 납달리 지파, 바산에 있는 므낫
세 반 지파 가운데서 13개의 성읍을
주었습니다.
63 므라리 자손에게는 르우벤 지파, 갓
지파, 스불론 지파 가운데서 제비를
뽑아 그 족속대로 12개의 성읍을 주
었습니다.
64 이렇게 이스라엘 자손은 이 성들과
그 들을 레위 사람들에게 주었습니다.
65 유다 지파, 시므온 지파, 베냐민 지파
에서는 위에서 말한 성읍을 제비 뽑
아 레위 자손들에게 주었습니다.
66 그핫 자손 가운데 몇몇 족속은 에브
라임 지파에게서 자기 영토로 성읍을
얻었습니다.
67 또 에브라임 산지에서 도피성으로 받
게 된 것은 세겜과 그 들, 게셀과 그
들,
68 욕므암과 그 들, 벧호론과 그 들,
69 아얄론과 그 들, 가드림몬과 그 들이
었습니다.
70 또 그핫 자손 가운데 남은 족속에게
는 므낫세 반 지파 중에서 아넬과 그
들, 빌르암과 그 들을 주었습니다.
71 게르손 자손에게는 므낫세 반 지파 족
속에게서 바산의 골란과 그 들, 아스
다롯과 그 들을 주었고
72 잇사갈 지파에게서는 게데스와 그 들,
다브랏과 그 들,
73 라못과 그 들, 아넴과 그 들을 주었고
74 아셀 지파에게서는 마살과 그 들, 압
돈과 그 들,
75 후곡과 그 들, 르홉과 그 들을 주었고
76 납달리 지파에게서는 갈릴리의 게데
스와 그 들, 함몬과 그 들, 기랴다임과
그 들을 주었습니다.
77 므라리 자손의 남은 사람에게는 스불
론 지파에게서 림모노와 그 들, 다볼
과 그 들을 주었고
78 또 요단 건너 동쪽, 곧 여리고 맞은편
의 르우벤 지파에게서는 광야의 베셀
과 그 들, 야사와 그 들,
79 그데못과 그 들, 메바앗과 그 들을 주
었습니다.
80 또 갓 지파에게서는 길르앗의 라못과
그 들, 마하나임과 그 들,
81 헤스본과 그 들, 야셀과 그 들을 주었
습니다.

잇사갈의 자손

7 잇사갈의 아들은 돌라, 부아, 야숩,
시므론 이렇게 모두 넷입니다.
2 돌라의 아들은 웃시, 르바야, 여리엘,
야매, 입삼, 스므엘인데 그들은 돌라
집안의 우두머리였습니다. 다윗이 다
스리던 때 돌라의 자손은 용사로 그
족보에 올랐는데 그 수는 2만 2,600
명이었습니다.
3 웃시의 아들은 이스라히야입니다. 이
스라히야의 아들은 미가엘, 오바댜,
요엘, 잇시야인데 이 다섯 사람 모두
우두머리였습니다.
4 그들 집안의 족보에 따르면 그들은 전
쟁에 나갈 3만 6,000명을 보유하고
있었습니다. 그들의 아내와 자녀들이
많았기 때문이었습니다.
5 모든 잇사갈 족속에 속한 형제들은
용사들로 그 족보에 기록된 대로 모
두 8만 7,000명이었습니다.

베냐민의 자손

6 베냐민의 세 아들은 벨라, 베겔, 여디
아엘입니다.
7 벨라의 아들은 에스본, 우시, 웃시엘,
여리못, 이리 이렇게 모두 다섯으로
집안의 우두머리들이었습니다. 그 족
보에는 2만 2,034명의 용사들이 올랐
습니다.
8 베겔의 아들은 스미라, 요아스, 엘리에
셀, 엘료에내, 오므리, 여레못, 아비야,
아나돗, 알레멧이며 이 모두가 베겔의
아들입니다.
9 그 족보에는 집안의 우두머리들과 2
만 200명의 용사들이 올랐습니다.
10 여디아엘의 아들은 빌한입니다. 빌한
의 아들은 여우스, 베냐민, 에훗, 그나
아나, 세단, 다시스, 아히사할입니다.
11 이 여디아엘의 아들은 모두 집안의
우두머리였고 이들에겐 전쟁에 나갈
1만 7,200명의 용사들이 있었습니다.
12 일의 자손은 숩빔과 훕빔이고 아헬의
아들은 후심입니다.

납달리의 자손

13 납달리의 아들은 야시엘, 구니, 예셀,
빌하의 손자인 *살룸입니다.

므낫세의 자손

14 므낫세의 아들은 그 처가 낳은 아스리
엘이 있었고 그 첩인 아람 여자는 길
르앗의 아버지 마길을 낳았습니다.
15 마길은 훕빔과 숩빔의 누이 마아가라
하는 여자를 아내로 삼았습니다. 므
낫세의 둘째 아들의 이름은 슬로브핫
입니다. 그는 딸밖에 없었습니다.
16 마길의 아내 마아가는 아들을 낳고
베레스라고 이름을 지었습니다. 그 동
생의 이름은 세레스이고 세레스의 아
들은 울람과 라겜입니다.
17 울람의 아들은 브단입니다. 이들은 마
길의 아들이며 므낫세의 손자인 길르
앗의 아들입니다.
18 그의 누이 함몰레겟은 이스홋, 아비에
셀, 말라를 낳았습니다.
19 스미다의 아들은 아히안, 세겜, 릭히,
아니암입니다.

7:13 일부 히브리어 사본과 칠십인역에는 '실렘'(창 46:24과 민 26:49을 보라.)

에브라임의 자손

20 에브라임의 자손은 수델라, 그 아들
베렛, 그 아들 다핫, 그 아들 엘르아
다, 그 아들 다핫,
21 그 아들 사밧, 그 아들 수델라입니다.
그 아들 에셀과 엘르앗은 가드에 가
축을 빼앗으러 갔다가 가드 원주민에
게 죽임을 당했습니다.
22 그 아버지 에브라임은 그들을 생각하
며 여러 날을 슬퍼했는데 친척들이
와서 그를 위로했습니다.
23 그 후에 에브라임은 아내와 다시 잠
자리를 같이해 아내가 잉태해서 아
들을 낳았습니다. 그는 아이에게 브
리아라는 이름을 지어 주었습니다.
그 가정에 불행이 있었기 때문입니다.
24 에브라임의 딸은 세에라인데 그는 위
벧호론과 아래 벧호론 그리고 우센세
에라를 세웠습니다.
25 브리아의 아들은 레바와 레셉이고 레
셉의 아들은 델라이고 그 아들은 다
한이고
26 그 아들은 라단이고 그 아들은 암미
훗이고 그 아들은 엘리사마이고
27 그 아들은 눈이고 그 아들은 여호수
아입니다.
28 에브라임 자손의 땅과 사는 곳은 벧
엘과 주변 마을, 동쪽으로는 나아란,
서쪽으로는 게셀과 주변 마을, 또 아
사와 주변 마을에 이르는 세겜과 주
변 마을이었습니다.
29 므낫세 땅 쪽으로는 벧스안과 주변 마
을, 다아낙과 주변 마을, 므깃도와 주
변 마을, 돌과 주변 마을들이었습니
다. 이스라엘의 아들인 요셉 자손이
이렇게 여러 성에 살았습니다.

아셀의 자손

30 아셀의 아들은 임나, 이스와, 이스위,
브리아이고 그들의 누이는 세라입니다.
31 브리아의 아들은 헤벨과 비르사잇의
아버지인 말기엘입니다.
32 헤벨은 야블렛, 소멜, 호담, 그 누이 수
아를 낳았습니다.
33 야블렛의 아들은 바삭, 빔할, 아스왓
입니다. 이들이 야블렛의 아들입니다.
34 소멜의 아들은 아히, 로가, 호바, 아람
입니다.
35 그 동생 헬렘의 아들은 소바, 임나, 셀
레스, 아말입니다.
36 소바의 아들은 수아, 하르네벨, 수알,
베리, 이므라,
37 베셀, 홋, 사마, 실사, 이드란, 브에라입
니다.
38 예델의 아들은 여분네, 비스바, 아라
입니다.
39 울라의 아들은 아라, 한니엘, 리시아
입니다.
40 이들은 모두 아셀의 자손이며 집안의
우두머리였고 뽑힌 사람들로서 용감
한 군인이었고 뛰어난 지도자였습니
다. 전쟁에 나갈 만한 사람의 수는 족
보에 오른 대로 세면 2만 6,000명이
었습니다.

베냐민 지파 사울의 계보

8 베냐민은 맏아들 벨라, 둘째 아스
벨, 셋째 아하라,

2 넷째 노하, 다섯째 라바를 낳았습니
다.
3 벨라의 아들은 앗달, 게라, *아비훗,
4 아비수아, 나아만, 아호아,
5 게라, 스부반, 후람입니다.
6 에훗의 아들은 이러합니다. 이들은
게바에서 살던 집안의 우두머리로 마
나핫에 포로로 사로잡혀 갔습니다.
7 곧 에훗의 아들 나아만, 아히야, 게라
를 사로잡아 갔으며 게라는 웃사와 아
히훗을 낳았습니다.
8 사하라임은 두 아내 후심과 바아라를
내쫓은 뒤 모압에서 자녀들을 낳았습
니다.
9 아내 호데스에게서 낳은 자녀는 요밥,
시비야, 메사, 말감,
10 여우스, 사갸, 미르마입니다. 이 아들
들은 집안의 우두머리였습니다.
11 또 아내 후심에게서 아비둡과 엘바알
을 낳았습니다.
12 엘바알의 아들은 에벨, 미삼, 세멧입
니다. 세멧은 오노와 롯과 그 주변 마
을을 세웠습니다.
13 브리아와 세마는 아얄론에 사는 집안
의 우두머리로서 가드 주민들을 쫓아
냈습니다.
14 아히요, 사삭, 여레못,
15 스바댜, 아랏, 에델,
16 미가엘, 이스바, 요하는 모두 브리아의
아들입니다.
17 스바댜, 므술람, 히스기, 헤벨,
18 이스므래, 이슬리아, 요밥은 엘바알의
아들입니다.
19 야김, 시그리, 삽디,
20 엘리에내, 실르대, 엘리엘,
21 아다야, 브라야, 시므랏은 모두 시므이
의 아들입니다.
22 이스반, 에벨, 엘리엘,
23 압돈, 시그리, 하난,
24 하나냐, 엘람, 안도디야,
25 이브드야, 브누엘은 모두 사삭의 아들
입니다.
26 삼스래, 스하랴, 아달랴,
27 야아레시야, 엘리야, 시그리는 모두 여
로함의 아들입니다.
28 이들 모두는 족보에 오른 대로 집안
의 우두머리였고 예루살렘에서 살았
습니다.
29 기브온의 조상 여이엘은 기브온에 살
았습니다. 그 아내의 이름은 마아가
이고
30 그 맏아들은 압돈, 그다음으로는 술,
기스, 바알, 나답,
31 그돌, 아히오, 세겔,
32 시므아를 낳은 미글롯입니다. 그들도
역시 자기 친척들과 더불어 예루살렘
에서 살았습니다.
33 넬은 기스를 낳고 기스는 사울을 낳
고 사울은 요나단, 말기수아, 아비나
답, *에스바알을 낳았습니다.
34 요나단의 아들은 *므립바알입니다. 므
립바알은 미가를 낳았습니다.
35 미가의 아들은 비돈, 멜렉, 다레아, 아
하스입니다.

8:3 또는 에훗의 아버지 8:33 또는 이스보셋
8:34 또는 므비보셋

36 아하스는 여호앗다를 낳고 여호앗다
는 알레멧, 아스마웻, 시므리를 낳고
시므리는 모사를 낳고
37 모사는 비느아를 낳았습니다. 비느아
의 아들은 라바이고 그 아들은 엘르
아사이고 그 아들은 아셀입니다.
38 아셀은 여섯 아들이 있었는데 그들의
이름은 이러합니다. 아스리감, 보그
루, 이스마엘, 스아랴, 오바댜, 하난 이
모두가 아셀의 아들입니다.
39 그 동생 에섹의 아들은 맏아들 울람,
둘째 여우스, 셋째 엘리벨렛입니다.
40 울람의 아들들은 활을 사용할 줄 아
는 용감한 군사들이었습니다. 그들은
아들과 손자들이 많았는데 모두 150
명이었습니다. 이 모두가 베냐민의 자
손입니다.

9 온 이스라엘이 그 족보에 올랐고 이
스라엘 열왕기에 기록됐습니다.

예루살렘에 거주한 백성들

유다 사람들은 죄를 지음으로 인해
포로로 사로잡혀 바벨론으로 끌려갔
습니다.
2 그 후 먼저 자신들의 성읍에 다시 돌
아와 살게 된 사람들은 몇몇 이스라
엘 제사장들과 레위 사람들과 *느디
님 사람들이었습니다.
3 유다 자손과 베냐민 자손과 에브라임
자손과 므낫세 자손 가운데 예루살렘
에 살던 사람은
4 유다의 아들 베레스의 자손 가운데
우대인데, 그는 암미훗의 아들이고 오
므리의 손자이고 이므리의 증손이고
바니의 현손입니다.
5 실로 사람 가운데는 맏아들 아사야
와 그 아들입니다.
6 세라 자손 가운데는 여우엘과 그 형
제 690명입니다.
7 베냐민 자손 가운데는 핫스누아의 증
손이며 호다위아의 손자이며 므술람
의 아들인 살루와
8 여로함의 아들인 이브느야와 미그리
의 손자이며 웃시의 아들인 엘라와
이브니야의 증손이며 르우엘의 손자
이며 스바댜의 아들인 므술람입니다.

9:2 바쳐진 사람들

성·경·상·식 | 느디님 사람들

히브리어로 '느디님'은 '바쳐진 사람들'이라는 뜻으로 성막의 종들을 말한다. 이들은 원래 이방인들로 전쟁 포로로 잡혀 와 성막에서 봉사하도록 드려졌다(민 31:40,47). 이들은 하나님의 집을 위하여 레위인들을 도와 청소하고 물을 긷고 나무를 패고 그릇을 닦는 비천한 일들을 했다(수 9:23 참고).

바벨론 포로 생활에서 돌아온 느디님 사람들은 낮은 위치에도 불구하고 본래 그들의 맡은 역할을 충성스럽게 수행했다(스 8:20; 대상 9:2). 이들은 이스라엘 사회에서 한 계급을 이루어 구별된 성읍에 살았으며 세금이 면제되었다(스 7:24). 이들은 레위인들과 같이 안식일과 율법을 지켰고 다른 민족들과 혼인하는 것을 삼가했던 사람들이었다(느 10:28-30).

9 베냐민 자손은 그 족보대로 세면 그
수가 956명입니다. 이 모두가 그들 집
안의 우두머리였습니다.
10 제사장 가운데는 여다야, 여호야립,
야긴,
11 아사랴이니 아사랴는 하나님 집의 일
을 맡았고 힐기야의 아들이며 므술람
의 손자이며 사독의 증손이며 므라욧
의 현손이며 아히둡의 5대 손자입니
다.
12 아다야는 여로함의 아들이며 바스훌
의 손자이며 말기야의 증손입니다. 마
아새는 아디엘의 아들이며 야세라의
손자이며 므술람의 증손이며 므실레
밋의 현손이며 임멜의 5대 손자입니
다.
13 또 그 형제들이 있는데 그들은 그 집
안의 우두머리들로서 그 수가 1,760
명이었고 하나님의 집을 섬길 능력 있
는 사람들이었습니다.
14 레위 사람 가운데는 므라리 자손으로
서 핫숩의 아들이며 아스리감의 손자
이며 하사뱌의 증손인 스마야,
15 박박갈, 헤레스, 갈랄, 미가의 아들이
며 시그리의 손자이며 아삽의 증손인
맛다냐,
16 스마야의 아들이며 갈랄의 손자이며
여두둔의 증손인 오바댜, 아사의 아
들이며 엘가나의 손자이며 느도바 사
람의 마을에 살던 베레갸가 있었습니
다.
17 문지기들은 살룸, 악굽, 달몬, 아히만
과 그 형제들입니다. 살룸은 그들의
우두머리였습니다.
18 이 사람들은 전에 왕의 문 동쪽에 있
었고 레위 자손 진영의 문지기였습니
다.
19 고라의 증손이며 에비아삽의 손자이
며 고레의 아들인 살룸과 그 집안 출
신인 형제, 곧 고라 자손들은 *성막
의 문을 지키는 일을 했습니다. 그 조
상들도 여호와께서 계시는 집을 맡고
들어가는 곳을 지켰습니다.
20 옛적에 엘르아살의 아들 비느하스가
문지기들을 거느렸고 여호와께서 비
느하스와 함께하셨습니다.
21 므셀레먀의 아들 스가랴는 *회막 입
구의 문지기였습니다.
22 문지기로 뽑힌 사람의 수는 모두 212
명이었습니다. 그들은 자기 마을에서
족보에 올랐습니다. 그 문지기들은 다
윗과 선견자 사무엘이 그들을 믿었기
에 그 자리를 맡게 됐습니다.
23 그 문지기들과 그 자손은 대대로 여
호와의 집, 곧 *성막이라 불리는 집의
문들을 지키는 일을 맡았습니다.
24 문지기들은 동서남북 사방에 서서 지
켰습니다.
25 자기 마을에 있는 그 형제들은 번갈
아 가며 7일 동안 그 일을 했습니다.
26 네 명의 우두머리 문지기들은 레위
사람이었는데 하나님의 집의 안쪽 방
들과 보물을 지키는 일을 맡았습니
다.
27 그들은 하나님의 집 주변에서 밤을

9:19,23 성전을 가리킴. 9:21 성전을 가리킴.

새며 그곳을 지켰습니다. 또한 그들
은 아침마다 성전 문을 여는 책임이
있었습니다.
28 그들 가운데 몇몇은 제사에 쓰이는
기구와 그릇들을 맡았습니다. 그 물
건들을 들여가고 내갈 때마다 그 수
를 세었습니다.
29 다른 사람은 성전의 기구들과 제단의
모든 다른 물건들, 고운 밀가루, 포도
주, 기름, 향, 향품들을 맡았습니다.
30 그러나 몇몇 제사장들의 아들들은
향품을 섞어 향 기름을 만드는 일을
했습니다.
31 고라의 자손이며 살룸의 맏아들인 맛
디댜라는 레위 사람은 빵 굽는 일을
책임 맡게 됐습니다.
32 그들의 형제 그핫 자손 가운데 몇몇
은 안식일마다 내갈 빵을 준비하는
일을 맡았습니다.
33 찬송하는 사람은 레위 집안의 우두머
리들로서 성전 안에 있는 방에 머물
러 있었는데 다른 일은 하지 않고 밤
낮으로 자기 일을 했습니다.
34 이 모두가 레위 집안의 우두머리였고
그 족보에 우두머리로 올랐으며 예루
살렘에서 살았습니다.

사울의 계보 (대상 8:29-38)

35 기브온의 조상 여이엘은 기브온에 살
았습니다. 그 아내의 이름은 마아가
이고
36 그 맏아들은 압돈이며 그다음으로는
술, 기스, 바알, *넬, 나답,
37 그돌, 아히오, 스가랴, 미글롯입니다.
38 미글롯은 시므암을 낳았습니다. 그들
은 자기 친척들 가까이 예루살렘에서
살았습니다.
39 넬은 기스를 낳고 기스는 사울을 낳
고 사울은 요나단, 말기수아, 아비나
답, *에스바알을 낳았습니다.
40 요나단의 아들은 *므립바알이고 므립
바알은 미가를 낳았습니다.
41 미가의 아들은 비돈, 멜렉, 다레아, 아
하스이고
42 아하스는 *야라를 낳고 *야라는 알레
멧, 아스마웻, 시므리를 낳고 시므리
는 모사를 낳았습니다.
43 모사는 비느아를 낳았습니다. 비느아
의 아들은 르바야이고 그 아들은 엘
르아사이고 그 아들은 아셀입니다.
44 아셀은 여섯 아들이 있었는데 그 이
름은 아스리감, 보그루, 이스마엘, 스
아랴, 오바댜, 하난입니다. 이들이 아
셀의 아들입니다.

사울이 스스로 목숨을 끊다 (삼상 31:1-13)

10 블레셋 사람들이 이스라엘과
맞서 싸웠습니다. 이스라엘 사
람들이 블레셋 앞에서 도망치다가 길
보아 산에서 많이 죽었습니다.
2 블레셋 사람들이 사울과 그 아들들
을 끝까지 추격해서 그 아들 요나단,
아비나답, 말기수아를 죽였습니다.
3 사울 주변에서는 싸움이 더욱 치열해
졌습니다. 활잡이들이 사울을 따라잡
았고 사울이 화살에 맞아 상처를 입

9:36 대상 8:30에는 '넬'이 없음. 9:39 또는 이스보셋
9:40 또는 므비보셋 9:42 일부 히브리어 사본과 칠십
인역에는 '여호앗다'(대상 8:36을 보라.)

었습니다.
4 사울이 자기 병기를 든 사람에게 말
했습니다. "네 칼을 뽑아 나를 쳐라.
그러지 않으면 이 할례 받지 못한 놈
들이 와서 나를 조롱하고 죽일 것이
다." 그러나 그 방패 든 사람은 두려워
서 그렇게 하지 못했습니다. 그러자
사울은 자기 칼을 뽑아 세우고 그 위
에 몸을 던졌습니다.
5 사울의 병기를 든 사람은 사울이 죽
은 것을 보고 자기도 칼에 몸을 던져
죽고 말았습니다.
6 그리하여 사울과 그 세 아들과 그 온
집이 함께 죽었습니다.
7 골짜기에 있던 모든 이스라엘 사람들
은 군사들이 도망치고 사울과 그 아
들들이 모두 죽은 것을 보고 자기 성
읍들을 버리고 도망쳤습니다. 그러자
블레셋 사람들이 와서 그곳에 살게
됐습니다.
8 이튿날 블레셋 사람들이 와서 죽은
사람들의 옷을 벗기다가 사울과 그
아들이 길보아 산에 죽어 있는 것을
발견했습니다.
9 그들은 사울의 옷을 벗기고 머리와
갑옷을 가져갔고 블레셋 온 땅에 사
람을 보내 그 우상들과 백성들에게
이 소식을 널리 알렸습니다.
10 그들은 자기들의 신전에 사울의 갑옷
을 가져다 두고 사울의 머리는 다곤
신전에 매달았습니다.
11 길르앗 야베스에 사는 사람 모두가 블
레셋 사람들이 사울에게 한 짓에 대
해 낱낱이 들었습니다.
12 그중 용감한 군사들이 모두 가서 사
울과 그 아들들의 시체를 거두어 야
베스로 가져왔습니다. 그러고는 야베
스에 있는 상수리나무 아래 그 뼈들
을 묻고 7일 동안 금식했습니다.
13 사울이 죽은 것은 그가 여호와께 죄
를 지었기 때문입니다. 그는 여호와의
말씀을 지키지 않았을 뿐 아니라 무
당에게 찾아가 도움을 구하고
14 여호와께 묻지 않았습니다. 그리하여
여호와께서는 사울을 죽이시고 이새
의 아들 다윗에게 그 나라를 넘겨주
셨습니다.

다윗이 이스라엘의 왕이 되다 (삼하 5:1-10)

11 온 이스라엘이 헤브론에 있는
다윗에게 몰려와 말했습니다.
"우리는 왕의 혈육입니다.
2 전에 사울이 왕이었을 때도 이스라엘
을 이끌고 전쟁터에 나가신 분은 왕
이셨습니다. 또 왕의 하나님 여호와께
서 '네가 내 백성 이스라엘의 목자가
되고 내 백성 이스라엘을 다스리게
될 것이다'라고 말씀하셨습니다."
3 이스라엘의 모든 장로들이 헤브론에
있는 다윗 왕에게 오자 다윗은 여호
와 앞에서 그들과 약속을 맺었습니
다. 여호와께서 사무엘을 통해 약속하
신 대로 이루어졌습니다. 그들은 다윗
을 온 이스라엘을 다스릴 왕으로 세
웠습니다.

다윗이 예루살렘을 정복하다

4 다윗과 온 이스라엘 군사들은 예루살

렘, 곧 여부스로 갔습니다. 그곳에 여
부스 사람들이 살았습니다.
5 여부스 사람들이 "너는 여기 들어올
수 없다"라고 다윗에게 말했지만 다윗
은 시온 산성을 빼앗고 다윗 성이라고
불렀습니다.
6 다윗은 "누구든 앞장서서 여부스를
공격하는 사람은 사령관이 될 것이
다"라고 말했습니다. 그 말을 듣고 스
루야의 아들 요압이 먼저 올라가 여
부스를 공격해 사령관이 됐습니다.
7 그 후 다윗은 그 산성에서 살았고 그
성은 다윗 성으로 불렸습니다.
8 다윗은 성을 다시 쌓았는데 밀로에서
부터 성벽을 쌓았고 성의 나머지 부
분을 요압이 다시 쌓았습니다.
9 만군의 여호와께서 다윗과 함께 계셨
기 때문에 다윗은 점점 더 강해졌습
니다.

다윗의 용사들 (삼하 23:8-39)

10 다윗이 거느리는 용사들의 우두머리
들은 이렇습니다. 이 사람들은 온 이
스라엘과 함께 다윗을 도와 나라를
얻게 하고 다윗이 왕이 돼서 왕의 힘
이 온 땅에 미치도록 도와주었는데
여호와께서 약속하신 대로 이루어졌
습니다.
11 다윗의 용사들은 이러합니다. 학몬 사
람의 아들 야소브암은 *30명의 우두
머리였는데 그는 창을 들어 300명을
단번에 죽였습니다.
12 그다음으로는 아호아 사람 도도의 아
들 엘르아살인데 그는 세 용사 가운
데 하나였습니다.
13 엘르아살은 블레셋 사람들이 싸우려
고 바스담밈에 모였을 때 다윗과 함께
있었습니다. 보리가 가득한 밭이 있
었는데 이스라엘 군사들은 블레셋 사
람들에게서 도망쳤지만
14 그는 보리밭 한가운데 굳게 서서 밭
을 지키며 블레셋 사람들을 죽였습니
다. 여호와께서 이스라엘에 큰 승리를
가져다주셨습니다.
15 블레셋 무리가 르바임 골짜기에 진을
치고 있을 때 30명의 우두머리 가운
데 세 사람이 아둘람 동굴에 있는 다
윗에게 내려왔습니다.
16 그때 다윗은 요새 가운데 있었고 블
레셋 군대는 베들레헴에 머물러 있었
습니다.
17 다윗이 간절하게 말했습니다. "아, 누
가 베들레헴 성문 곁 우물에서 물을
길어다 주었으면 좋겠다!"
18 이 말을 듣고 그 세 용사가 블레셋 군
사들을 뚫고 베들레헴 성문 곁 우물
에서 물을 떠서 다윗에게 가져왔습니
다. 그러나 다윗은 세 용사가 가져온
물을 기꺼이 마시지 않고 여호와께
부어 드렸습니다.
19 다윗이 말했습니다. "하나님이여, 저
는 이 물을 마시지 못하겠습니다! 자
기 목숨을 걸고 갔다 온 이 사람들의
피를 제가 어떻게 마실 수 있겠습니
까?" 그들이 물을 길어 오려고 목숨
을 걸었기에 다윗은 마실 수 없었습니

11:11 일부 칠십인역에는 '세 용사'(삼하 23:8을 보라.)

다. 이것이 세 용사들이 한 일이었습
니다.
20 요압의 동생 아비새는 이 세 용사들
중 우두머리였습니다. 그는 창을 들
어 300명을 죽였는데 이 일로 세 용
사 가운데 유명해졌습니다.
21 아비새는 둘째 세 용사보다 더 큰 명
예를 얻었으나 첫째 세 용사 안에 들
지는 못하고 그들의 사령관이 됐습니
다.
22 여호야다의 아들인 브나야는 *용사의
아들이며 갑스엘 사람으로 많은 행적
을 남겼습니다. 그는 사자같이 용맹
한 모압 사람 *둘을 죽였고 눈 오는
날 함정에 내려가 사자를 죽이기도
했습니다.
23 또 *5규빗이나 되는 큰 이집트 사람
을 쓰러뜨리기도 했습니다. 그 이집트
사람이 베틀 채 같은 창을 손에 가지
고 있었지만 브나야는 몽둥이를 들고
그에게로 달려가 이집트 사람의 손에
서 창을 빼앗아 그 창으로 이집트 사
람을 죽였습니다.
24 여호야다의 아들 브나야가 이런 일을
했으므로 그 또한 세 용사들만큼이
나 유명했습니다.
25 그는 30명의 우두머리 가운데 어느
누구보다 큰 존경을 받았으나 첫째
세 용사들 안에 들지는 못했습니다.
다윗은 브나야를 자기 경호 대장으로
삼았습니다.
26 그 밖의 용사들은 이러합니다. 요압
의 동생 아사헬, 베들레헴 사람 도도
의 아들 엘하난,
27 하롤 사람 삼훗, 블론 사람 헬레스,
28 드고아 사람 익게스의 아들 이라, 아
나돗 사람 아비에셀,
29 후사 사람 십브개, 아호아 사람 일래,
30 느도바 사람 마하래, 느도바 사람 바
아나의 아들 헬렛,
31 베냐민 자손의 기브아 사람 리배의 아
들 이대, 비라돈 사람 브나야,
32 가아스 시냇가에 사는 *후래, 아르바
사람 아비엘,
33 바하룸 사람 아스마웻, 사알본 사람
엘리아바,
34 기손 사람 하셈의 아들들, 하랄 사람
사게의 아들 요나단,
35 하랄 사람 사갈의 아들 아히암, 울의
아들 엘리발,
36 므게랏 사람 헤벨, 블론 사람 아히야,
37 갈멜 사람 헤스로, 에스배의 아들 나
아래,
38 나단의 동생 요엘, 하그리의 아들 밉
할,
39 암몬 사람 셀렉, 스루야의 아들 요압
의 병기 잡은 베롯 사람 나하래,
40 이델 사람 이라, 이델 사람 가렙,
41 헷 사람 우리아, 알래의 아들 사밧,
42 르우벤 자손의 우두머리로 르우벤 자
손 시사의 아들인 아디나, 또 그가 거
느린 30명,
43 마아가의 아들 하난, 미덴 사람 요사
밧,

11:22 또는 갑스엘 출신의 용사로 11:22 또는 아리엘의 아들 둘을 11:23 5규빗은 약 2.3미터 11:32 또는 하롤

44 아스드랏 사람 웃시야, 아로엘 사람 호
담의 아들 사마와 여이엘,
45 시므리의 아들 여디아엘, 그 동생 디
스 사람 요하,
46 마하위 사람 엘리엘, 엘라암의 아들
여리배와 요사위야, 모압 사람 이드마,
47 엘리엘, 오벳, 므소바 사람 야아시엘이
었습니다.

용사들이 다윗과 함께하다

12 다음 사람들은 다윗이 기스의
아들 사울에게 쫓겨났을 때 시
글락으로 다윗에게 찾아온 사람들이
며 전쟁터에서 다윗을 도운 용사들이
기도 합니다.
2 이들은 활을 가졌고 오른손과 왼손,
곧 양손으로 화살을 쏘거나 무릿매
돌을 던질 수 있었으며 베냐민 지파
출신으로 사울의 친척들이었습니다.
3 그들의 우두머리는 아히에셀이고 그
다음은 요아스인데 이들은 기브아 사
람 스마아의 두 아들입니다. 또 아스
마웻의 아들 여시엘과 벨렛, 브라가,
아나돗 사람 예후도
4 30명의 용사에 들었습니다. 30명의
지도자 격인 사람은 기브온 사람 이
스마야와 예레미야, 야하시엘, 요하난,
그데라 사람 요사밧,
5 엘루새, 여리못, 브아랴, 스마랴, 하룹
사람 스바댜,
6 고라 사람인 엘가나, 잇시야, 아사렐,
요에셀, 야소브암,
7 그돌 사람 여로함의 아들인 요엘라와
스바댜입니다.
8 갓 사람 가운데 몇몇이 광야에 있는
다윗의 요새로 도망쳐 왔습니다. 그
들은 용감한 용사들이었고 전쟁에 나
갈 준비가 돼 있었으며 방패와 창을
잘 다룰 수 있었습니다. 그들의 얼굴
은 사자 같고 빠르기는 산을 내달리
는 사슴 같았습니다.
9 에셀이 그 우두머리이고 둘째 오바댜,
셋째 엘리압,
10 넷째 미스만나, 다섯째 예레미야,
11 여섯째 앗대, 일곱째 엘리엘,
12 여덟째 요하난, 아홉째 엘사밧,
13 열째 예레미야, 열한째 막반내입니다.
14 이 갓 사람은 군대 사령관이 돼 작게
는 100명을 지휘하고 크게는 1,000명
을 지휘했습니다.
15 이들이 첫째 달에 요단 강 물이 모든
언덕에 넘칠 때 강을 건너가 골짜기에
살고 있는 모든 사람을 쫓아내서 동
쪽과 서쪽으로 도망치게 했습니다.
16 베냐민 사람과 유다 출신의 몇몇 사람
도 요새로 다윗을 찾아왔습니다.
17 다윗은 나가서 그들을 맞이하고 "너
희가 평화를 위해 나를 도우려고 내
게 왔다면 나는 너희와 연합할 준비
가 돼 있다. 그러나 내 손에 잘못이
없음에도 불구하고 너희가 나를 배
반해 내 적들에게 넘겨주려고 왔다면
우리 조상들의 하나님께서 보시고 너
희를 심판하시길 바란다"라고 말했습
니다.
18 그때 성령께서 30명 용사의 우두머리
인 아마새에게 오셔서 아마새를 사로

잡았습니다. 아마새가 말했습니다.
"다윗이여, 우리는 당신의 것입니
다. 이새의 아들이여, 우리는 당신
과 함께할 것입니다. 평화, 평화가
당신께 있기를 빕니다. 당신을 돕
는 자들에게 평화가 있기를 빕니
다. 당신의 하나님이 당신을 도우
실 것입니다."
그리하여 다윗은 그들을 받아들여
군대의 사령관으로 삼았습니다.
19 다윗이 블레셋 사람과 함께 가서 사울
과 싸우고 있을 때 므낫세 사람 가운
데 몇몇이 다윗에게로 도망쳐 왔으나
다윗과 그들은 블레셋 사람을 돕지
못했습니다. 왜냐하면 블레셋 지도자
들이 의논한 뒤에 다음과 같은 말을
하면서 그들을 돌려보냈기 때문입니
다. "저 사람은 우리를 죽여 우리 목
을 가지고 제 주인 사울에게 항복할
지도 모른다."
20 다윗이 시글락에 가 보니 므낫세 사람
이 다윗에게 도망쳐 와 있었습니다.
그들은 아드나, 요사밧, 여디아엘, 미
가엘, 요사밧, 엘리후, 실르대인데 그
들은 모두 므낫세의 군사 1,000명을
거느린 부장이었습니다.
21 그들은 다윗을 도와 적 무리를 물리
쳤는데 이는 그들 모두가 용감한 군
사이고 군대의 사령관들이었기 때문
입니다.
22 사람들이 날마다 다윗을 도우러 왔으
며 다윗의 군사는 큰 군대가 됐습니
다. 그 모습은 마치 하나님의 군대와
같았습니다.

헤브론에서 다른 용사들이 다윗과 함께하다

23 하나님이 말씀하신 대로 사울의 왕권
을 다윗에게 넘겨주기 위해 헤브론으
로 다윗에게 온 무장한 사람의 수는
이렇습니다.
24 방패와 창을 들고 전쟁을 위해 준비
한 유다 사람 6,800명,
25 싸울 준비가 된 큰 용사들인 시므온
사람 7,100명,
26 레위 사람 4,600명,
27 아론 집안의 우두머리인 여호야다와
그와 함께한 사람 3,700명,
28 용감하고 젊은 용사인 사독과 그 집
안 출신 우두머리 22명이 포함돼 있
습니다.
29 사울의 친척 베냐민 사람 3,000명이
나아왔는데 그들 대부분은 그때까지
사울의 집안에 충성하고 있었습니다.
30 자기 족속에게 유명했던 에브라임의
용감한 용사들 2만 800명,
31 특별히 세움을 받아서 다윗을 왕으로
세우려고 온 므낫세 반 지파 사람 1만
8,000명,
32 때를 알고 이스라엘이 할 일을 알았
던 잇사갈 사람들 가운데 우두머리
200명과 그들 수하의 그 모든 친족
들,
33 모든 종류의 무기로 전쟁에 나갈 준
비가 된 노련한 군인들이며 다윗만을
돕기로 한마음으로 충성을 바친 스불
론 사람 5만 명,
34 납달리 사람 가운데 1,000명의 장교

들과 방패와 창을 가진 3만 7,000명
의 군인들,
35 싸울 준비가 된 단 사람 2만 8,600명,
36 잘 훈련된 군인들로서 싸울 준비가
된 아셀 사람 4만 명,
37 모든 종류의 무기로 무장하고 요단
강 동쪽에서 온 르우벤 사람과 갓 사
람과 므낫세 반 지파 사람 12만 명이
었습니다.
38 충성스러운 마음으로 싸울 준비를
잘 갖춘 이 모든 용사들은 다윗을 온
이스라엘을 다스릴 왕으로 세우기 위
해 굳은 결심을 하고 헤브론으로 갔
으며 이스라엘 남은 백성들도 다윗을
왕으로 세우는 데는 한마음이었습니
다.
39 그 무리는 그곳에서 다윗과 함께 먹
고 마시며 3일을 보냈고 그 가족들이
그들에게 먹을 것을 보냈습니다.
40 뿐만 아니라 잇사갈, 스불론, 납달리
처럼 먼 곳에서도 사람들이 나귀와
낙타와 노새와 황소에 먹을 것을 싣
고 왔습니다. 밀가루, 무화과 과자, 건
포도, 포도주, 기름, 소와 양을 먹을
것으로 많이 가져와 이스라엘 백성
가운데 기쁨이 넘쳤습니다.

하나님의 궤를 옮기다 (삼하 6:1-11)

13 다윗은 자기 군대의 모든 지도
자들과 천부장들과 백부장들
과 의논한 후
2 온 이스라엘 백성에게 말했습니다.
"너희가 좋게 생각하고 또 우리 하나
님 여호와의 뜻이라면 이스라엘 온
땅 곳곳의 성과 들에서 우리와 함께
살고 있는 제사장들과 레위 사람들
을 우리에게 오게 하자.
3 그런 후에 하나님의 궤를 가져오자.
사울이 다스리던 때에는 우리가 궤
앞에서 하나님께 묻지 않았기 때문이
다."
4 모든 백성들이 옳다고 생각해 온 백
성이 이 일을 그대로 따르기로 했습
니다.
5 그리하여 다윗은 이집트의 시홀 강에
서부터 하맛 어귀까지 온 이스라엘 백
성들을 불러 모으고 기럇 여아림에서
하나님의 궤를 가져오려 했습니다.
6 다윗이 온 이스라엘 백성들을 거느리
고 유다의 바알라, 곧 기럇 여아림으
로 올라가서 여호와 하나님의 궤를
가져오려 했습니다. 그 궤는 여호와의
이름으로 불렸는데 여호와께서 궤 위
의 두 그룹들 사이에 계시기 때문입
니다.
7 그들은 아비나답의 집에서 하나님의
궤를 새 수레에 실어 옮겼습니다. 웃
사와 아히오가 그 수레를 몰았습니다.
8 다윗과 온 이스라엘 백성들은 온 힘
을 다해 노래와 수금과 비파와 탬버린
과 심벌즈와 나팔을 연주하며 하나님
앞에서 즐거워했습니다.
9 그들이 기돈의 타작마당에 이르렀을
때 소들이 갑자기 날뛰므로 웃사가
손을 뻗어 궤를 붙들었습니다.
10 여호와께서 웃사에게 불이 일듯이 노
하셔서 웃사를 치셨는데 웃사가 궤를

손으로 만졌기 때문이었습니다. 웃사
는 거기 하나님 앞에서 죽고 말았습
니다.
11 여호와의 벌이 웃사에게 내리자 다윗
은 화가 났습니다. 그래서 그곳을 오
늘날까지 *베레스 웃사라고 합니다.
12 그날 다윗은 하나님을 두려워해 말했
습니다. "이래서야 어찌 하나님의 궤
를 내가 있는 곳으로 모셔 올 수 있을
까?"
13 다윗은 그 궤를 다윗 성 안으로 모셔
들이지 못하고 가드 사람 오벧에돔의
집으로 향했습니다.
14 하나님의 궤는 오벧에돔의 집에 석 달
동안 있었으며 여호와께서 오벧에돔
의 집안과 그가 가진 모든 것에 복을
주셨습니다.

다윗의 왕궁과 가족 (삼하 5:11-16)

14 그때 두로 왕 히람이 다윗에게
사절단을 보냈는데 다윗에게
왕궁을 지어 주려고 백향목과 함께
석수장이와 목수들을 같이 보냈습니
다.
2 다윗은 여호와께서 자신을 이스라엘
을 다스릴 왕으로 세워 주신 것과 그
백성 이스라엘을 위해 그의 나라를
높이셨다는 것을 깨달았습니다.
3 예루살렘에서 다윗은 또 많은 아내들
을 얻었고 더 많은 아들딸들을 낳았
습니다.
4 그가 예루살렘에서 낳은 아들의 이름
은 삼무아, 소밥, 나단, 솔로몬,
5 입할, 엘리수아, 엘벨렛,
6 노가, 네벡, 야비아,
7 엘리사마, 브엘랴다, 엘리벨렛입니다.

다윗이 블레셋을 무찌르다 (삼하 5:17-25)

8 다윗이 기름 부음을 받아 온 이스라
엘을 다스릴 왕이 됐다는 말을 블레
셋 사람들이 듣고, 온 블레셋 군대가
일어나 다윗을 찾으러 올라왔습니다.
다윗은 이 말을 듣고 그들과 싸우기
위해 앞으로 나아갔습니다.
9 그때 블레셋 사람들은 이미 와서 르
바임 골짜기를 공격했습니다.
10 다윗이 하나님께 물었습니다. "제가
나가서 블레셋 사람들을 공격해도 되
겠습니까? 저들을 제 손에 넘겨주시
겠습니까?" 여호와께서 다윗에게 대
답하셨습니다. "가라. 내가 저들을 네
손에 넘겨주겠다."
11 그리하여 다윗과 그의 군사들은 *바
알브라심으로 올라가 그곳에서 블레
셋 군사들을 쳐부수었습니다. 다윗이
말했습니다. "여호와께서 봇물을 터
뜨려 물이 쏟아지듯이 내 손으로 내
원수들을 치셨다." 그래서 그곳은 *바
알브라심이라고 불리게 됐습니다.
12 블레셋 군사들은 우상들을 그곳에
두고 달아났습니다. 다윗은 그것들을
불사르라고 명령했습니다.
13 블레셋 사람들이 다시 골짜기를 공격
했습니다.
14 다윗이 다시 하나님께 물었습니다. 하
나님께서 그에게 말씀하셨습니다. "곧
장 올라가지 말고 블레셋 주변에서 원

13:11 웃사를 치심. 14:11 휩쓸어 버리시는 주

을 그리듯 뒤를 돌아가서 뽕나무 맞
은편에서 공격해라.
15 뽕나무 꼭대기에서 걸음 걷는 소리가
들리자마자 싸우러 나가라. 여호와께
서 블레셋 군대를 치시려고 네 앞서
먼저 나가셨다."
16 다윗은 하나님께서 명령하신 대로 했
고 다윗의 군사들은 기브온에서부터
게셀에 이르기까지 블레셋 군사들을
쳐 죽였습니다.
17 이렇게 해 다윗의 이름이 모든 나라
에 알려졌습니다. 여호와께서는 모든
나라들이 다윗을 두려워하게 하셨습
니다.

하나님의 궤를 예루살렘으로 옮기다
(삼하 6:12-22)

15 다윗은 다윗 성에 자신을 위해
궁궐을 세우고 하나님의 궤를
모셔 둘 장소를 마련하고 장막을 세
웠습니다.
2 다윗이 말했습니다. "레위 사람 외에
는 어느 누구도 하나님의 궤를 멜 수
없다. 여호와께서 그들을 선택해 여호
와의 궤를 메고 영원히 그분을 섬기
도록 하셨기 때문이다."
3 다윗은 여호와의 궤를 메다가 자신이
마련해 둔 장소에 옮기려고 온 이스라
엘을 예루살렘으로 불러 모았습니다.
4 그가 불러 모은 사람은 아론의 자손
과 레위 사람으로
5 그핫 자손에서 우두머리 우리엘과
120명의 형제들,
6 므라리 자손에서 우두머리 아사야와
220명의 형제들,
7 *게르솜 자손에서 우두머리 요엘과
130명의 형제들,
8 엘리사반 자손에서 우두머리 스마야
와 200명의 형제들,
9 헤브론 자손에서 우두머리 엘리엘과
80명의 형제들,
10 웃시엘 자손에서 우두머리 암미나답
과 112명의 형제들입니다.
11 그리고 다윗은 두 제사장 사독과 아
비아달, 레위 사람 우리엘, 아사야, 요
엘, 스마야, 엘리엘, 암미나답을 불렀
습니다.
12 다윗이 그들에게 말했습니다. "너희
는 레위 사람의 우두머리다. 너희와
너희 형제 레위 사람은 자신을 거룩
하게 하고 이스라엘의 하나님 여호와
의 궤를 내가 마련해 둔 장소로 모셔
오도록 하라.
13 여호와께서 우리에게 노해 치신 것은
우리가 하나님의 궤를 옮길 때 처음
부터 너희 레위 사람이 어깨에 메지
않았기 때문이었다. 우리가 하나님의
궤를 어떻게 옮겨야 할지 여호와께 그
방법을 먼저 물어보지 않았기 때문이
다."
14 그러자 제사장들과 레위 사람은 이
스라엘의 하나님 여호와의 궤를 메어
모셔 오기 위해 자신의 몸을 거룩하
게 했습니다.
15 그리고 레위 사람은 하나님의 궤를
막대에 꿰어 어깨에 메고 옮겼습니

15:7 또는 게르손

다. 모세가 여호와의 말씀을 따라 명
령한 대로였습니다.
16 다윗은 레위 사람의 지도자들에게 말
해 형제들을 세워 수금과 비파와 심
벌즈의 반주에 맞춰 즐거운 노래를
크게 부르게 했습니다.
17 레위 사람이 요엘의 아들 헤만과 그
형제 가운데 베레야의 아들 아삽, 그
형제 므라리 사람 가운데 구사야의
아들 에단을 세웠고
18 그다음으로는 그 형제들인 스가랴,
벤, 야아시엘, 스미라못, 여히엘, 운니,
엘리압, 브나야, 마아세야, 맛디디야,
엘리블레후, 믹네야, 문지기들인 오벧
에돔과 여이엘을 세웠습니다.
19 연주자들인 헤만, 아삽, 에단은 청동
심벌즈를 치게 했습니다.
20 스가랴, 아시엘, 스미라못, 여히엘, 운
니, 엘리압, 마아세야, 브나야는 *알라
모트에 맞춰 비파를 타게 했고
21 맛디디야, 엘리블레후, 믹네야, 오벧에
돔, 여이엘, 아사시야는 *쉐미니트에
맞춰 수금을 켜게 했습니다.
22 레위 사람의 우두머리인 그나냐는 노
래를 맡게 했습니다. 그는 노래를 잘
했으므로 노래를 가르쳤습니다.
23 베레갸와 엘가나는 궤 앞에서 문을
지키게 했습니다.
24 제사장들인 스바냐, 요사밧, 느다넬,
아미새, 스가랴, 브나야, 엘리에셀은
하나님의 궤 앞에서 나팔을 불게 했
습니다. 오벧에돔과 여히야도 역시 궤
앞에서 문을 지키게 했습니다.
25 이렇게 다윗과 이스라엘의 장로들과
천부장들은 오벧에돔의 집에 가서 여
호와의 언약궤를 메어 왔고 그들은
기뻐했습니다.
26 하나님께서 여호와의 언약궤를 메어
오는 레위 사람을 도와주셨으므로
수송아지 일곱 마리와 숫양 일곱 마
리를 제물로 바쳤습니다.
27 그때 다윗은 고운 삼베로 만든 겉옷
을 입고 있었는데 궤를 메고 오는 모
든 레위 사람이나 노래하는 사람이나
성가대를 지휘하는 그나냐도 모두 고
운 삼베옷을 입었습니다. 다윗은 또
삼베로 만든 에봇을 입었습니다.
28 온 이스라엘은 뿔나팔과 나팔을 큰
소리로 불고 심벌즈를 치며 비파와 수
금을 힘 있게 켜며 여호와의 언약궤
를 메어 왔습니다.
29 여호와의 언약궤가 다윗의 성으로 들
어올 때 사울의 딸 미갈이 창문으로
내다보고 있었습니다. 미갈은 다윗 왕
이 춤을 추며 즐거워하는 것을 보고
마음속으로 왕을 비웃었습니다.

하나님의 궤 앞에서 섬기는 자들

16 그들은 하나님의 궤를 모셔다
가 다윗이 친 장막 안에 두었고
하나님 앞에 번제와 화목제를 드렸습
니다.
2 다윗은 번제와 화목제를 다 드린 후
백성들을 여호와의 이름으로 축복했
습니다.
3 그리고 그는 남자 여자 모두 이스라엘

15:20 음악 용어, 높은 음 15:21 음악 용어, 옥타브

백성 하나하나에게 빵 한 덩이와 고
기 한 조각과 건포도 과자 하나를 나
눠 주었습니다.
4 다윗은 몇몇 레위 사람을 뽑아 여호와
의 궤 앞에서 섬기고 이스라엘의 하
나님 여호와를 찬양하며 감사를 드리
게 했습니다.
5 그 우두머리는 아삽이었고 그다음은
스가랴, 그다음은 여이엘, 스미라못,
여히엘, 맛디디아, 엘리압, 브나야, 오
벧에돔, 여이엘이었습니다. 그들은 비
파와 수금을 켜고 아삽은 심벌즈를
치고
6 제사장인 브나야와 야하시엘은 정해
진 시간마다 하나님의 언약궤 앞에서
나팔을 불었습니다.
7 그날 다윗은 아삽과 그 형제들에게
먼저 여호와께 감사하라고 말했습니
다.
8 여호와께 감사를 드리라. 그분의 이
름을 부르라. 그분이 하신 일을 모
든 민족들에게 알리라.
9 그분을 노래하라. 그분을 찬양하
라. 그분이 하신 놀라운 일들을
*말하라.
10 그분의 거룩한 이름에 영광이 있기
를, 여호와를 찾는 사람들의 마음
에 기쁨이 있기를.
11 여호와를 바라보고 그분의 힘을
바라보라. 그분의 얼굴을 항상 찾
으라.
12 그분이 하신 놀라운 일과 그분이
베푸신 기적과 그분이 하신 판단
을 기억하라.
13 이스라엘의 자손아, 그분의 종들
아, 야곱의 아들아, 그분이 선택하
신 너희들아,
14 그분은 우리 하나님 여호와시다.
그분의 판단이 온 땅에 있구나.
15 그분이 그분의 약속, 곧 천대에 걸
쳐 명령하신 말씀을 *너희는 영원
히 기억하라.
16 아브라함과 맺으신 약속과 이삭에
게 맹세하신 약속이 바로 그것이다.

16:9 또는 묵상하라. 16:15 히브리어를 따름(명령문). 일부 칠십인역에는 '그분은 영원히 기억하신다.'(평서문, 시 105:8을 보라.)

Q&A 언약궤를 가져온 후, 다윗은 왜 찬양대를 뽑았을까?

참고 구절 | 대상 16:1-6

다윗은 오벧에돔의 집에서 언약궤를 가져온 후 레위 지파에게 전문적으로 찬양하는 일을 맡겼다(대상 6:31-32). 그들은 성전이 세워질 때까지 성막 앞에서 찬송하는 일을 했고 후에는 솔로몬이 성전을 세우자 성전에서 찬송하는 일을 계속하였다(대하 5:12-13).

사실 그때까지 찬양하는 일은 특별한 사람들에게 맡겨지지 않았다. 찬양은 하나님의 백성이라면 누구나 다 해야 하는 일이었기 때문이다. "이 백성은 나를 찬양하게 하려고 내가 손수 만든 사람들이다."(사 43:21) 이미 이스라엘 백성들은 노래와 춤과 악기를 사용해서 하나님을 찬양했다(출 15:20;삼하 6:5). 다윗 역시 찬양의 대가였다(삼상 16:16,23). 그런데 왜 다윗은 특별

17 그분은 이것을 야곱에게 율례로,
이스라엘에게 영원히 계속되는 약
속으로 세우셨다.
18 "내가 너희 몫으로 가나안 땅을 너
희에게 주겠다."
19 너희들의 수는 너무나 적어 보잘것
없었고, 그 땅에서 낯선 나그네였으
며
20 이 민족 저 민족에게로, 이 나라
저 나라로 떠돌아다녔다.
21 그분은 어느 누구도 그들을 억압
하지 못하게 하셨고 그들로 인해서
여러 왕들을 꾸짖으셨다.
22 "내가 기름 부은 백성을 건드리지
말라. 내 예언자들을 해치지 말라."
23 온 땅아, 여호와께 노래를 부르라.
날마다 그분의 구원을 널리 알리
라.
24 저 여러 나라에 그분의 영광을 알
리라. 그분이 행하신 놀라운 일을
모든 민족들에게 알리라.
25 여호와는 위대하시고 찬양받으시
기에 가장 마땅하다. 그분은 모든
신보다 존경받으시고 두려워해야
할 분이시다.
26 모든 나라들의 모든 신들은 헛것
들이나 여호와께서는 하늘을 만드
신 분이다.
27 영광과 위엄이 그분 앞에 있고 힘과
기쁨이 그분이 계시는 곳에 있다.
28 온갖 민족들의 족속들아, 영광과
능력을 여호와께 돌리라. 여호와께
돌리라.
29 그분의 이름에 걸맞은 영광을 여호
와께 돌리라. 그분 앞에 예물을 갖
고 나가라. 아름답고 거룩한 것으
로 여호와께 절하라.
30 온 땅아, 그분 앞에 두려워하며 떨
라. 세상이 든든히 세워졌으니 흔
들리지 않는다.
31 하늘은 기뻐하고 땅은 즐거워하며
모든 민족들은 "여호와께서 다스리
신다!"라고 말하라.
32 바다와 그 안에 가득한 모든 것이
소리를 낼 것이다. 밭과 그 안의 모
든 것이 즐거워할 것이다.

한 사람을 뽑아서 찬양하는 일을 맡긴 것일까? 다윗은 무엇보다도 하나님을 찬양하는 일이 중요함을 알았기 때문이다(대상 9:33). 또한 하나님을 찬양하는 일에 전문성과 질적인 향상을 이루고 싶었던 것이다(대하 5:12-13).

누가 뽑혔나? 찬양대로 뽑힌 사람들은 레위 지파였다. 특별히 레위 지파 중에서 그핫의 자손들이었다(대상 6:33). 특히 아삽, 헤만, 여두둔의 자손들은 성전에서 찬송하는 일을 전문적으로 수행한 사람들이었다(대상 25:1). 아삽은 다윗 시대의 성전 음악가로서 많은 노래를 만들었는데 그중 12편이 시편에 수록되어 있다(시 50편;73-83편). 헤만은 처음으로 조직된 성가대의 지휘자였다(대상 6:33). 여두둔은(대상 16:41) 시편 39편이 '여두둔으로 한 노래'라는 표제가 붙을 만큼 다윗 때에 성가대에서 큰 역할을 했던 인물이었다(시편 39편 참고).

33 그때 숲 속의 나무들이 노래할 것
이다. 그것들이 즐거워하며 여호와
앞에서 노래할 것이다. 그분이 땅
을 심판하러 오시기 때문이다.
34 여호와께 감사를 드리라. 그분은
선하시며 그분의 사랑은 영원하다.
35 너희는 이렇게 외치라. "우리 구원
자 하나님이여, 우리를 구원하소
서. 우리를 모으시고 모든 나라들
에서 우리를 구해 내소서. 우리가
주의 거룩한 이름에 감사를 드리고
주의 영광을 찬양하게 하소서."
36 이스라엘의 하나님 여호와를 찬양
하라. *영원토록, 영원토록 찬양하
라.
그러자 모든 백성들이 "아멘" 하며 여
호와를 찬양했습니다.
37 다윗은 아삽과 그 형제들을 하나님의
언약궤 앞에 있게 해 거기서 날마다
정해진 대로 섬기게 했습니다.
38 또 그들과 함께 일하게 오벧에돔과 68
명의 형제들도 두었습니다. 여두둔의
아들 오벧에돔과 호사는 문지기로 삼
았습니다.
39 다윗은 제사장 사독과 그 형제 제사
장들을 기브온의 높은 곳에 있는 여
호와의 장막 앞에서
40 여호와께서 이스라엘에게 주신 여호
와의 율법에 따라 아침저녁으로 번제
단에 번제를 드리게 했습니다.
41 그들과 함께 헤만과 여두둔과, 선택을
받아 이름이 기록된 나머지 사람들
이 "그분의 사랑은 영원할 것이다" 하
며 여호와께 감사를 드렸습니다.
42 헤만과 여두둔은 나팔과 심벌즈와 거
룩한 노래를 위한 다른 악기들을 연
주하게 했습니다. 여두둔의 아들은
문 앞을 지키게 했습니다.
43 그리고 모든 백성들이 각각 자기 집
으로 돌아갔고 다윗도 자기 집을 축
복하기 위해 돌아갔습니다.

다윗에게 주신 하나님의 언약 (삼하 7:1-17)

17 다윗이 왕궁에서 살 때 나단 예
언자에게 말했습니다. "나는 여
기 백향목 왕궁에 사는데 여호와의
언약궤는 장막에 있소."
2 나단이 다윗에게 대답했습니다. "왕께
서 마음에 생각하신 일이 있으면 무
엇이든 하십시오. 하나님이 왕과 함
께하십니다."
3 그날 밤 하나님께서 나단에게 말씀하
셨습니다.
4 "가서 내 종 다윗에게 말하여라. 여
호와께서 하시는 말씀이다. 내가
있을 집을 지을 사람은 네가 아니
다.
5 내가 이스라엘 백성들을 이집트에
서 이끌어 낸 그날부터 지금까지
나는 집에 있지 않았다. 나는 이 장
막, 저 장막으로 이리저리 옮겨 다
녔다.
6 내가 온 이스라엘 백성들과 함께 옮
겨 다니면서 내 백성 이스라엘을
다스리라고 명령한 *지도자들 가

16:36 또는 영원부터 영원까지 17:6 또는 사사(대상 17:10을 보라.)

운데 누구에게 '왜 내게 백향목으
로 집을 만들어 주지 않느냐'고 말
한 적이 있느냐?
7 그러니 내 종 다윗에게 말하여라.
'만군의 여호와께서 하시는 말씀이
다. 내가 너를 풀밭, 곧 양을 쫓아
다니던 자리에서 데려다 내 백성 이
스라엘을 다스릴 사람으로 삼았다.
8 네가 어디로 가든 내가 너와 함께
했고 네 앞에서 네 모든 원수들을
멸망시켰다. 이제 내가 이 땅의 위
대한 사람들의 이름처럼 네 이름을
위대하게 하겠다.
9 그리고 내 백성 이스라엘을 위해
한 곳을 정해 그곳에 그들을 심을
것이다. 그들이 자기들의 집에 살게
될 것이며 옮겨 다니지 않고 괴롭힘
을 당하지 않을 것이다. 예전처럼
악한 사람이 그들을 해치지 못할
것이다.
10 또한 내 백성 이스라엘을 다스릴
사사들을 세울 때와 같지 않고 내
가 네 모든 원수들을 네게 복종하
게 할 것이다. 여호와께서 친히 너
를 위해 집을 세우실 것이다.
11 네 날이 다 돼 네 조상들에게 갈
때가 되면 내가 네 자손을 일으켜
네 뒤를 잇게 할 것이다. 네 아들
가운데 하나를 왕으로 세우고 내
가 그의 나라를 굳세게 할 것이다.
12 그는 나를 위해 집을 세울 것이다.
그리고 나는 그의 왕위를 영원히
굳게 세워 줄 것이다.
13 내가 그의 아버지가 되고 그는 내
아들이 될 것이다. 내가 네 전에 있
던 왕에게서는 사랑을 거두었으나
그에게서는 사랑을 결코 거두지 않
을 것이다.
14 내가 내 집과 내 나라 위에 영원히
그를 왕으로 세울 것이다. 그 왕의
자리는 영원히 흔들리지 않을 것이
다.'"
15 나단은 이 모든 계시의 말씀을 다윗
에게 전했습니다.

다윗의 기도 (삼하 7:18-29)

16 그러자 다윗 왕은 여호와 앞에 들어
가 앉아 말했습니다.
"여호와 하나님이여, 제가 누구이며
제 집안이 무엇이기에 이토록 저를
극진히 대우하십니까?
17 하나님께서 보시기에 이 종은 보잘
것없는 사람입니다. 하나님이여, 여
호와께서 종의 집의 먼 앞날에 대
해서 말씀해 주셨습니다. 여호와
하나님이여, 주께서는 저를 사람
가운데 가장 귀한 사람으로 높여
주셨습니다.
18 이렇게 주의 종을 높여 주시니 다
윗이 주께 무슨 말을 더하겠습니
까? 주께서 주의 종을 잘 아십니
다.
19 여호와여, 주의 종을 위해 주의 뜻
에 따라 주께서 이 위대한 일을 하
셨고 이 모든 위대한 약속을 알려
주셨습니다.
20 여호와여, 주 같으신 분은 없습니

다. 우리가 우리 귀로 들은 대로 주
말고는 참신이 없습니다.
21 땅에 있는 누가 주의 백성 이스라
엘과 같습니까? 하나님께서 가서
이스라엘을 구하시고 주의 백성으
로 삼아 주셨습니다. 이집트에서 이
끌어 내신 주의 백성들 앞에서 다
른 나라들과 그 신들을 주께서 내
쫓고 이스라엘을 위해 크고 놀라운
기적을 일으키셨습니다.
22 주께서는 주의 백성 이스라엘을 영
원히 주의 것으로 세우셨습니다.
여호와여, 주께서는 그들의 하나님
이 되셨습니다.
23 여호와여, 이제 주의 종과 그 집에
대해 하신 약속을 영원히 굳게 세
워 주십시오. 약속하신 말씀대로
하셔서
24 반드시 그렇게 이뤄지게 하시고 주
의 이름이 영원히 높임을 받게 하
십시오. 그러면 사람이 '만군의 여
호와, 이스라엘을 다스리시는 하나
님은 이스라엘의 하나님이시다!'라
고 말할 것입니다. 그리고 주의 종
다윗의 집은 주 앞에 굳게 세워 주
십시오.
25 내 하나님이여, 주께서 종을 위해
집을 세우실 것을 주의 종에게 듣
게 하셨습니다. 그래서 주의 종이
감히 기도를 올려 드립니다.
26 여호와여, 오직 주만이 하나님이십
니다! 주께서 주의 종에게 이런 좋
은 것으로 약속하셨습니다.
27 이제 주께서 주의 종의 집에 기꺼
이 복을 주셨으니 그 집이 주 앞에
영원히 계속되게 해 주십시오. 여
호와여, 주께서 복을 주셨으니 영
원히 복을 받을 것입니다."

다윗의 승리 (삼하 8:1-18)

18 그 후에 다윗은 블레셋 사람들
을 쳐서 굴복시켰습니다. 그는
가드와 그 주변 마을들을 블레셋에게
서 빼앗았습니다.
2 다윗은 또 모압을 쳤고 모압 사람들
은 다윗의 종이 돼 조공을 바치게 됐
습니다.
3 또한 다윗은 유프라테스 강을 따라
지배권을 넓히려고 하는 소바 왕 하
닷에셀과 싸워 하맛까지 갔습니다.
4 다윗은 1,000대의 전차와 7,000명의
기마병과 2만 명의 보병을 빼앗고 말
은 전차용 말 100마리만을 남기고
나머지 말은 모두 발의 힘줄을 끊어
버렸습니다.
5 다메섹의 아람 사람이 소바 왕 하닷에
셀을 도우러 오자 다윗은 아람 사람 2
만 2,000명을 죽였습니다.
6 다윗은 다메섹의 아람에 군대를 두었
고 아람 사람은 그에게 굴복해 조공
을 바쳤습니다. 여호와께서는 다윗이
가는 곳마다 승리하게 하셨습니다.
7 다윗은 하닷에셀의 부하들이 가져온
금 방패들을 빼앗아 예루살렘으로 가
져왔습니다.
8 또 다윗은 하닷에셀의 성들인 *디브

18:8 또는 데바

핫과 군에서 많은 양의 청동을 가져
왔으며 솔로몬은 그것으로 청동 바다
와 기둥과 여러 가지 청동그릇들을
만들었습니다.
9 하맛 왕 도우는 다윗이 소바 왕 하닷
에셀의 모든 군사를 무찔렀다는 소식
을 듣고
10 자기 아들 *하도람을 다윗 왕에게 축
하 인사를 하도록 보내, 도우와 싸운
적이 있던 하닷에셀과 싸워 이긴 것
을 축하했습니다. 하도람은 금, 은, 청
동으로 만든 온갖 종류의 물품들을
가져왔습니다.
11 다윗 왕은 이 물건들을 여호와께 바
쳤습니다. 에돔과 모압, 암몬 사람, 블
레셋 사람, 아말렉 등 이 모든 나라들
에서 빼앗은 은과 금도 함께 바쳤습
니다.
12 스루야의 아들 아비새는 소금 골짜기
에서 에돔 사람 1만 8,000명을 죽였
습니다.
13 그는 에돔에 군대를 두었고 모든 에돔
사람은 다윗에게 굴복했습니다. 여호
와께서는 다윗이 가는 곳마다 승리하
게 하셨습니다.

다윗의 신하들 (삼하 20:23-26)

14 다윗은 온 이스라엘을 다스리고 모든
백성들에게 공평하고 올바르게 행했
습니다.
15 스루야의 아들 요압은 군사를 지휘했
고 아힐룻의 아들 여호사밧은 역사를
기록하는 사람이 됐고
16 아히둡의 아들 사독과 아비아달의 아
들 *아비멜렉은 제사장이 됐으며 사
워사는 서기관이 됐습니다.
17 여호야다의 아들 브나야는 그렛 사람
과 블렛 사람을 지휘했고 다윗의 아
들은 왕을 섬기는 신하가 됐습니다.

다윗이 암몬을 무찌르다 (삼하 10:1-19)

19 그 후 암몬 사람의 왕 나하스가
죽고 그 아들이 뒤를 이어 왕
이 됐습니다.
2 다윗이 말했습니다. "내가 나하스의
아들 하눈에게 은혜를 베풀어야겠
다. 그의 아버지가 내게 은혜를 베풀
었기 때문이다." 그리하여 다윗은 하
눈의 아버지의 죽음을 위로하려고 암
몬 땅의 하눈에게 신하들을 보냈습니
다. 다윗의 종들이 위로의 뜻을 표하
려고 암몬 사람의 땅에 이르렀습니다.
3 암몬의 귀족들이 하눈에게 말했습니
다. "다윗이 위로의 뜻을 전하기 위해
당신께 사람을 보낸 것이 왕의 아버
지를 공경했기 때문이라고 생각하십
니까? 다윗이 성읍을 엿보고 살펴서
손에 넣으려고 종들을 보낸 것 아니
겠습니까?"
4 그러자 하눈은 다윗의 종들을 붙잡
아 수염을 깎고 겉옷을 엉덩이 중간
까지 자른 뒤에 돌려보냈습니다.
5 사람들이 다윗에게 와서 그 사람들
이 당한 일에 대해 말했습니다. 다윗
은 사람을 보내 엄청난 수치를 당한
그들을 맞이하게 했습니다. 그리고

18:10 또는 요람 18:16 또는 아히멜렉(삼하 8:17을 보라.)

왕이 말했습니다. "수염이 자랄 때까
지 여리고에 머물다가 돌아오너라."
6 암몬 사람은 자기들이 다윗에게 밉게
보인 줄을 알고 *아람 나하라임, 아람
마아가, 소바에 *1,000달란트의 은을
보내 전차와 마병을 고용했습니다.
7 그들은 3만 2,000대의 전차와 마아가
왕과 그 군사를 고용한 후 메드바 가
까이로 가서 진을 쳤습니다. 암몬 사
람은 자기들의 성읍에서 모여 와 싸
움터로 갔습니다.
8 다윗은 이 소식을 듣자마자 요압과
모든 용사를 보냈습니다.
9 암몬 사람은 나아와 자기들의 성문에
진을 쳤고 이미 와 있던 왕들은 따로
들판에 떨어져 있었습니다.
10 요압은 앞뒤에 적이 진을 친 것을 보
고 이스라엘에서 뛰어난 군사 가운데
서 고르고 골라 아람 사람을 상대로
진을 쳤습니다.
11 나머지 군사들은 요압의 동생인 아비
새의 지휘 아래 암몬 사람을 상대로
진을 쳤습니다.
12 요압이 말했습니다. "아람 사람이 나
보다 강하면 나를 도우러 와야 한다.
그러나 암몬 사람이 너보다 강하면
내가 너를 도우러 가겠다.
13 마음을 굳게 먹어라. 우리 백성들과
우리 하나님의 성을 위해 용감하게
싸우자. 여호와께서 보시기에 옳은
일을 하실 것이다."
14 그리고 요압과 그의 군대가 아람 사람
과 싸우기 위해 나가자 아람의 군사
들은 도망쳐 버렸습니다.
15 아람 사람이 도망치는 것을 본 암몬
사람은 요압의 동생 아비새 앞에서
도망쳐 성안으로 들어가 버렸습니다.
그래서 요압은 예루살렘으로 돌아갔
습니다.
16 아람 사람은 자기들이 이스라엘에게

19:6 메소포타미아의 북서 지역을 가리킴. 19:6 1,000달란트는 약 34.27톤

성·경·상·식

암몬 자손

암몬 자손은 롯과 롯의 딸 사이에서 근친상간으로 태어난 벤암미의 후손들이다(창 19:38). 이들이 거주하던 지역은 아르논 강에서 얍복 강에 이르는 곳으로 랍바가 중심지였다(신 2:19–22; 3:11). 암몬 자손은 이스라엘과는 형제 나라 사이였지만 이스라엘 역사에서 계속 적대 세력으로 등장했다. 그들은 이집트에서 나온 이스라엘을 저주하려 했으므로 영원히 여호와의 회중에 들지 못했다(신 23:3–6).

사사 시대에도 이스라엘을 괴롭혔고(삿 10:6,9,18) 나하스 왕은 길르앗 야베스를 공격했다가 사울에게 패했다(삼상 11:1–11). 다윗 왕 시대에는 이스라엘과 잠시 우호적인 관계였으나 나하스 왕이 죽자 그의 아들 하눈은 이스라엘을 공격했다(대상 19:7). 그러다가 솔로몬 왕 시대에 정략결혼을 통해 우호적인 관계를 유지하기도 했다(왕상 11:1). 그러나 유다 사람들이 바벨론 포로 생활에서 귀환하여 예루살렘 성벽을 재건할 때 이들은 또 다시 방해 세력으로 등장했다(느 4:3–7).

진 것을 보고 사람을 보내 아람 사람
을 다시 *강 건너로 불러냈습니다. 하
닷에셀 군대의 사령관 소박이 그들을
이끌었습니다.
17 다윗은 이 소식을 듣고 온 이스라엘
을 모아서 요단 강을 건너갔습니다.
그는 아람 사람들을 향해 나아가 그
반대편에 진을 쳤습니다. 다윗은 그곳
에서 아람 사람과 맞서 그들과 싸웠
습니다.
18 그러나 아람 사람들은 이스라엘 앞에
서 쫓겨 도망쳤습니다. 다윗은 아람의
전차병 7,000명과 보병 4만 명을 죽
이고 또 그 군대의 사령관 소박도 죽
였습니다.
19 하닷에셀의 부하들은 자기들이 이스
라엘에 진 것을 보고 다윗과 평화롭
게 지내고 다윗을 섬기기로 했습니다.
그 후로 아람 사람은 암몬 사람을 도
우려 하지 않았습니다.

랍바를 함락시키다 (삼하 12:26-31)

20 봄이 돼 왕들이 전쟁터에 나갈
때가 되자 요압이 군사를 이끌
고 나갔습니다. 그는 암몬 사람의 땅
을 쳐서 무찌르고 랍바로 가서 그곳
을 에워쌌습니다. 그러나 다윗은 예루
살렘에 남아 있었습니다. 요압은 랍바
를 쳐서 멸망시켰습니다.
2 다윗은 그 나라 *왕의 머리에서 왕관
을 빼앗아 자기 머리에 썼습니다. 보
석이 박혀 있는 그 왕관의 무게는 금
*1달란트나 됐습니다. 다윗은 그 성에
서 값진 물건을 많이 빼앗아 가져왔
습니다.
3 그곳에 있던 사람을 끌어다가 톱질과
써레질과 도끼질을 시키고 벽돌을 굽
게 했습니다. 다윗은 암몬의 모든 성
들을 이렇게 했습니다. 그리고 모든
군사를 거느리고 예루살렘으로 돌아
왔습니다.

블레셋과의 전쟁 (삼하 21:15-22)

4 이후에 게셀에서 이스라엘이 블레셋
사람과 전쟁했습니다. 그때 후사 사
람 십브개가 거인족의 자손 가운데
한 사람인 십배를 죽이자 블레셋 사
람은 항복했습니다.
5 다시 블레셋 사람과 전쟁할 때 야일
의 아들 엘하난이 자루가 베틀 채 같
은 창을 가진 가드 사람 골리앗의 동
생 라흐미를 죽였습니다.
6 가드에서 일어난 또 다른 전쟁에서는
거인족의 자손으로서 손가락과 발가
락이 여섯 개씩 모두 24개인 거인이
있었습니다.
7 그가 이스라엘을 조롱하자 다윗의 형
시므아의 아들 요나단이 그를 죽여
버렸습니다.
8 이들은 가드에 있던 거인족의 후손들
이었지만 다윗과 그의 부하들의 손에
쓰러졌습니다.

다윗이 인구를 조사하다 (삼하 24:1-17)

21 사탄이 일어나 이스라엘을 치
려고 다윗에게 이스라엘의 인
구를 조사할 마음을 불어넣었습니다.

19:16 유프라테스 강을 가리킴. 20:2 또는 밀곰, 곧 몰록을 가리킴(왕상 11:7,33을 보라). 20:2 1달란트는 약 34킬로그램

2 다윗이 요압과 백성의 우두머리들에
게 말했습니다. "너희는 가서 브엘세
바에서부터 단까지 이스라엘 백성들
의 수를 세고 돌아와 백성들이 얼마
나 많은지 내게 보고하여라."
3 요압이 대답했습니다. "여호와께서 왕
의 백성을 100배나 늘려 주시기를 원
합니다. 내 주 왕이여, 그 백성 모두
가 내 주의 종이 아닙니까? 내 주께
서 왜 이렇게 하기를 원하십니까? 왜
이스라엘이 죄를 지어 벌받게 하십니
까?"
4 그러나 왕이 요압을 재촉해 명령했습
니다. 요압은 왕의 앞에서 물러나와
이스라엘 전역을 두루 다닌 뒤 예루살
렘으로 돌아왔습니다.
5 요압이 다윗에게 백성들의 수를 보고
했습니다. "이스라엘에서 칼을 다룰
줄 아는 용사들은 110만 명이고 유다
에는 47만 명이 있었습니다."
6 그러나 왕의 명령을 못마땅하게 여긴
요압은 레위와 베냐민을 숫자에 넣지
않았습니다.
7 이 일은 하나님이 보시기에도 악한
일이었습니다. 그리하여 하나님께서
이스라엘에 벌을 내리셨습니다.
8 다윗이 하나님께 말했습니다. "제가
이 일을 해서 큰 죄를 지었습니다. 이
제 주의 종의 죄를 용서해 주십시오.
제가 너무나도 어리석은 짓을 저질렀
습니다."
9 여호와께서 다윗의 선견자 갓에게 말
씀하셨습니다.
10 "가서 다윗에게 말하여라. '여호와께
서 이렇게 말씀하신다. 내가 세 가지
벌을 보일 것이다. 그 가운데 하나를
네가 선택하여라. 네가 고른 대로 내
가 벌을 내리겠다.'"
11 그러자 갓이 다윗에게 나아가서 말했
습니다. "여호와께서 왕이 받을 벌을

Q&A 다윗의 인구 조사는 누가 시킨 것일까?

참고 구절 | 대상 21:1

다윗의 인구 조사를 누가 시켰느냐에 대해 사무엘하와 역대상에 각각 다르게 기록되어 있다. 사무엘하에서는 하나님이 다윗에게 인구 조사를 시킨 주체로 나와 있고 역대상에서는 사탄이 시킨 것으로 되어 있다. "여호와께서 다시 이스라엘에게 진노하시게 됐습니다. 그래서 그들을 치시려고 다윗을 부추기셔서 이스라엘과 유다의 인구를 조사하게 하셨습니다."(삼하 24:1) "사탄이 일어나 이스라엘을 치려고 다윗에게 이스라엘의 인구를 조사할 마음을 불어넣었습니다."(대상 21:1) 어느 것이 정확한 것일까? 이것은 성경을 기록한 기자의 관점을 이해하면 납득이 간다. 사무엘하를 기록한 기자는 다윗의 오만한 인구 조사가 다윗과 이스라엘에게 영적인 각성을 주기 위해 하나님이 주도적으로 일하게 하신 것이라고 본다. 그래서 하나님을 주체로 묘사한 것이다. 그러나 역대기 기자는 인간 범죄의 주체는 사탄이고 하나님이 사탄을 심판과 훈련, 연단의 도구로 사용하심을 보여 준 것이다.

고르라고 말씀하십니다.
12 '3년 동안 굶주리든가, 3개월 동안 적
들에게 쫓겨 다니든가, 3일 동안 이스
라엘 사방 땅에 재난, 곧 전염병을 돌
게 해 이스라엘을 고통스럽게 하는
여호와의 칼을 택할 것인가 네가 선택
해 말하여라.' 이제 저를 보내신 분께
대답할 수 있도록 결정을 내리십시
오."
13 다윗이 갓에게 말했습니다. "나는 너
무나 고통스럽다. 그분의 긍휼하심이
아주 크시기 때문에 나는 여호와의
손에 쓰러지는 것을 선택하겠다. 나
는 사람의 손에 쓰러지는 것을 선택
하지 않을 것이다."
14 그래서 여호와께서 이스라엘에 재앙
을 내리셨습니다. 여호와께서 전염병
을 보내 이스라엘 백성 7만 명이 죽었
습니다.
15 하나님께서 예루살렘을 멸망시키기
위해 천사를 보내셨습니다. 그러나 천
사가 멸망시키려 하자 여호와께서 그
비참한 광경을 보고 그 재난을 슬퍼
하시며 돌이켜 멸망시키고 있는 천사
에게 말씀하셨습니다. "이제 됐다! 네
손을 거두어라." 그때 여호와의 천사
는 여부스 사람 *오르난의 타작마당
곁에 서 있었습니다.
16 다윗이 고개를 들어 바라보니 여호와
의 천사가 하늘과 땅 사이에 서 있었
습니다. 그 손에 칼을 들고 예루살렘
을 가리키고 있었습니다. 다윗과 장로
들은 굵은베 옷을 입고 얼굴을 땅에
대고 엎드렸습니다.
17 다윗이 하나님께 말했습니다. "백성
들의 수를 세라고 명령한 사람은 제
가 아닙니까! 죄를 짓고 잘못을 저지
른 사람은 저입니다. 이들은 그저 양
무리일 뿐입니다. 이들이 무슨 일을
했습니까? 여호와 내 하나님이여, 저
와 제 집안을 치시고 주의 백성들에
게 재난을 내리지 말아 주십시오."

다윗이 제단을 쌓다 (삼하 24:18-25)

18 그러자 여호와의 천사가 갓에게 명령
해 다윗더러 여부스 사람 오르난의 타
작마당으로 올라가서 여호와를 위해
제단을 쌓으라고 말했습니다.
19 다윗은 갓이 여호와의 이름으로 이른
그 말씀에 순종해 올라갔습니다.
20 오르난이 밀을 타작하다가 뒤를 돌아
보니 천사가 있었습니다. 오르난은 그
와 함께 있던 네 아들과 함께 몸을
숨겼습니다.
21 그때 다윗이 다가왔습니다. 오르난이
내다보다 다윗을 알아보고 타작마당
에서 나와서 얼굴을 땅에 대고 다윗
에게 절했습니다.
22 다윗이 오르난에게 말했습니다. "네
타작마당을 내게 팔아라. 넉넉히 값
을 치를 테니 이 땅을 내게 팔아라.
여기에다 여호와께 제단을 쌓아야 백
성들에게 내린 재난이 멈출 것이다."
23 오르난이 다윗에게 말했습니다. "그냥
가지십시오! 내 주 왕께서는 무엇이
든 좋으실 대로 하십시오. 보십시오.

21:15 또는 아라우나

제가 번제로 바칠 소와 땔감으로 쓰
도록 타작 기계를 드리고 곡식제사로
바칠 밀을 드리겠습니다. 제가 이 모
든 것을 다 드리겠습니다."
24 다윗 왕이 오르난에게 대답했습니다.
"아니다. 나는 넉넉히 값을 치를 것이
다. 내가 여호와께 네 것을 드리거나
내가 값을 치르지 않은 번제를 드릴
수 없다."
25 그리하여 다윗은 오르난에게 그 땅
값으로 금 *600세겔을 저울에 달아
주었습니다.
26 다윗은 그곳에서 여호와께 제단을 쌓
고 번제와 화목제를 드렸습니다. 그
는 여호와께 부르짖었고 여호와께서
는 그에게 하늘에서부터 번제단에 불
을 내림으로써 대답하셨습니다.
27 그리고 여호와께서 천사에게 말씀하
시자 천사는 칼을 칼집에 넣었습니다.
28 여호와께서 여부스 사람 오르난의 타
작마당에서 자신에게 대답하신 것을
보고 다윗은 그곳에서 제물을 드렸습
니다.
29 모세가 광야에서 만든 여호와의 장막
과 번제단은 그 당시 기브온의 높은
곳에 있었습니다.
30 그러나 다윗이 여호와의 천사의 칼을
두려워해서 감히 그 앞으로 가 하나
님께 물을 수 없었습니다.

22 다윗이 말했습니다. "여기가 여
호와 하나님의 집이며 또 여기
가 이스라엘을 위한 번제단이다."

성전 건축을 위한 준비

2 다윗은 이스라엘에 살고 있는 외국
사람들을 불러 모으라고 명령했습니
다. 그중에서 석수장이들을 세워 하
나님의 집을 짓기 위한 돌을 다듬게
했습니다.
3 그는 철을 많이 준비해 문짝과 돌쩌

21:25 600세겔은 약 6.8킬로그램

하용조 목사의 행복한 **메시지**

인정받고 싶은 유혹을 피하라

우리가 하나님 앞에서 어떤 신앙적인 행위를 했을 때, 그것이 예배든지 찬양이든지 혹은 구제나 봉사, 헌금이든지 간에 이는 물건을 샀을 때 영수증이 지불되는 것처럼 이미 그 신앙적 행위에 대한 '상'이 지불되었음을 기억해야 합니다. 하나님 앞에서 무엇을 하고자 마음먹는 순간 이미 상이 임한 것이요, 영수증이 나간 것입니다.
그럼에도 불구하고 또다시 사람에게 칭찬을 받으려고 하는 행위는 영수증을 두 번 받으려는 것과 같습니다. 만일 우리가 세상 사람으로부터 칭찬이나 인정을 받으면 우리는 더 이상 하나님으로부터 받을 것이 없습니다. 따라서 사람을 의식해서 하는 행위를 피해야만 마지막 날에 하나님께서 우리에게 주시는 상급이 클 것입니다. 사탄은 완전하고 영원한 복 대신에 일시적이고 현실적인 복으로 우리를 유혹합니다. 하나님께서 주시는 영적인 복보다 사람들이 말하는 감미로운 칭찬에 우리의 관심을 쏟지 않도록 주의하십시오.

귀에 쓸 못을 만들게 했고 무게를 달
수 없을 만큼 많은 청동도 준비해 두
었습니다.
4 또 셀 수 없을 만큼 많은 백향목도
준비했습니다. 시돈 사람과 두로 사람
은 다윗에게 엄청난 양의 백향목을
가져왔습니다.
5 다윗이 말했습니다. "내 아들 솔로몬
은 아직 어리고 경험이 없다. 그러나
여호와를 위해 지어야 할 그 집은 아
주 크고 아름다워서 모든 나라들이
보기에 대단한 명성과 영광을 지녀야
한다. 그러므로 내가 그것을 위해 준
비할 것이다." 그리하여 다윗은 자기
가 죽기 전에 필요한 것을 많이 준비
했습니다.
6 다윗은 아들 솔로몬을 불러 이스라엘
의 하나님 여호와를 위한 집을 짓는
일을 맡겼습니다.
7 다윗이 솔로몬에게 말했습니다. "내
아들아, 나는 내 하나님 여호와의 이
름을 위해 집을 지으리라고 마음을
먹었다.
8 그러나 여호와께서 내게 이렇게 말씀
하셨다. '너는 많은 피를 흘렸고 많은
싸움을 치렀다. 내 이름을 위해 집을
지을 사람은 네가 아니다. 네가 내 앞
에서 이 땅에 많은 피를 흘렸기 때문
이다.
9 보아라. 네게 한 아들이 태어날 것이
다. 그는 평안의 사람이 될 것이다. 내
가 그에게 사방에 있는 그 모든 적들
에게서 평안을 안겨 줄 것이다. 그의
이름은 *솔로몬이니 내가 그가 살아
있는 동안 이스라엘에 평화와 안정을
줄 것이다.
10 그가 바로 내 이름을 위해 집을 지을
사람이다. 그는 내 아들이 될 것이고
나는 그의 아버지가 될 것이다. 그리
고 내가 이스라엘을 다스릴 그의 왕
좌를 영원히 세워 줄 것이다.'
11 내 아들아, 여호와께서 너와 함께하
시고 네가 잘되며 네게 말씀하신 대
로 네가 네 하나님 여호와의 집을 짓
기 바란다.
12 여호와께서 네게 지혜와 슬기를 주셔
서 네가 이스라엘을 다스릴 때 네 하
나님 여호와의 율법을 잘 지키기 원
한다.
13 만일 여호와께서 이스라엘을 위해 모
세에게 주셨던 율례와 규례를 잘 지
키면 너는 잘될 것이다. 강해지고 용
기를 가져라. 두려워 말고 놀라지 마
라.
14 내가 여호와의 성전을 위해 애써서
금 *10만 달란트, 은 *100만 달란트,
무게를 달 수 없을 만큼 많은 청동과
철, 또 나무와 돌을 준비했다. 이제
너는 그것에 더할 것이다.
15 네게는 일꾼들이 많다. 석수장이들
과 목수들과 갖가지 재주가 있는 사
람은 물론
16 금, 은, 청동, 철을 잘 다루는 사람도
수없이 많다. 이제 일을 시작하여라.

22:9 평화 22:14 10만 달란트는 약 3,427톤, 100만 달란트는 약 34,270톤

여호와께서 너와 함께하신다."
17 그리고 다윗은 이스라엘의 모든 지도
자들에게 자기 아들 솔로몬을 도우라
고 명령했습니다.
18 다윗이 그들에게 말했습니다. "여호와
너희 하나님이 너희와 함께 계시지
않느냐? 너희에게 모든 면에서 평안
을 허락하지 않으셨느냐? 이 땅의
주민들을 내게 넘겨주셨고 이 땅은
여호와와 그분의 백성들에게 복종한
다.
19 그러므로 너희는 마음과 영을 다해
여호와 너희 하나님을 찾으라. 여호와
하나님의 성소를 짓는 일을 시작해
여호와의 언약궤와 하나님께 속한 거
룩한 물건들을 여호와의 이름을 위해
지어질 성전에 가져다 두도록 하라."

레위의 자손

23 다윗이 나이가 들어 늙었습니
다. 그는 자기 아들 솔로몬을
이스라엘을 다스릴 왕으로 세웠습니
다.
2 그는 또한 제사장들과 레위 사람을
비롯한 모든 이스라엘의 지도자들을
불러 모았습니다.
3 30세 이상인 레위 사람을 세었더니
그 수가 3만 8,000명이었습니다.
4 이들 가운데 2만 4,000명이 여호와의
성전 일을 맡았고 6,000명이 관리와
재판관의 일을 맡았습니다.
5 4,000명은 문지기가 되고 4,000명은
다윗이 찬송을 하기 위해 준비한 악
기들을 갖고 여호와를 찬송하는 일
을 맡게 됐습니다.
6 다윗은 레위 사람을 게르손, 그핫, 므
라리의 자손에 따라 그 계열을 나누
었습니다.

게르손의 자손

7 게르손 자손은 라단과 시므이입니다.
8 라단의 아들은 우두머리 여히엘, 세
담, 요엘 이렇게 모두 셋입니다.
9 시므이의 아들은 슬로밋, 하시엘, 하
란 이렇게 모두 셋입니다. 이들은 라
단의 우두머리들이었습니다.
10 또 시므이의 아들은 야핫, *시나, 여우
스, 브리아 이렇게 모두 넷입니다.
11 그 우두머리는 야핫이었고 그다음은
시사였습니다. 여우스와 브리아는 아
들이 많지 않아서 그들과 한집안으로
여겼습니다.

그핫의 자손

12 그핫의 아들은 아므람, 이스할, 헤브
론, 웃시엘 이렇게 넷입니다.
13 아므람의 아들은 아론과 모세입니다.
아론과 그의 자손은 구별돼서 영원히
몸을 거룩하게 해 여호와 앞에서 분
향하고 섬기며 여호와의 이름으로 영
원히 축복하게 했습니다.
14 하나님의 사람 모세의 아들은 레위
지파에 속했습니다.
15 모세의 아들은 게르솜과 엘리에셀입
니다.
16 게르솜의 아들은 우두머리 스브엘입
니다.
17 엘리에셀의 아들은 우두머리 르하뱌

23:10 또는 시사(대상 23:11을 보라.)

입니다. 엘리에셀은 다른 아들은 없었
으나 르하뱌의 아들은 수가 매우 많
았습니다.
18 이스할의 아들은 우두머리 슬로밋입
니다.
19 헤브론의 아들은 우두머리 여리야,
둘째 아마랴, 셋째 야하시엘, 넷째 여
가므암입니다.
20 웃시엘의 아들은 우두머리 미가와 그
다음으로 잇시야입니다.

므라리의 자손

21 므라리의 아들은 마흘리와 무시입니
다. 마흘리의 아들은 엘르아살과 기스
입니다.
22 엘르아살은 아들 없이 죽었고 오직
딸만 있었습니다. 그들은 사촌 형제
인 기스의 아들과 결혼했습니다.
23 무시의 아들은 마흘리, 에델, 여레못
이렇게 모두 셋입니다.
24 이들은 집안에 따라 기록한 레위 자
손입니다. 자기 이름이 등록된 우두
머리들로서 여호와의 성전에서 섬기
는 20세 이상의 일꾼들이었습니다.
25 다윗은 말했습니다. "이스라엘의 하나
님 여호와께서 그 백성들에게 평안을
주시고 영원히 예루살렘에 머물기 위
해 오셨으므로
26 레위 사람은 더 이상 장막이나 그 일
에 쓰이는 기구들을 어깨에 메어 옮
길 필요가 없다."
27 다윗의 마지막 말에 따라서 20세 이
상의 레위 사람 수를 세었습니다.
28 레위 사람의 임무는 여호와의 성전을
섬기는 일에 아론의 자손을 돕는 것
이었습니다. 성전 뜰과 골방을 맡아
관리하며 모든 거룩한 물건들을 깨끗
하게 하는 일, 곧 하나님의 집에서 해
야 할 여러 가지 일들이었습니다.
29 그들은 상에 가져갈 빵, 곡식제사를
위한 밀가루, 무교병, 빵 굽기와 반죽
하기, 모든 저울과 자를 맡아 관리했
습니다.
30 그들은 새벽과 저녁마다 서서 여호와
께 감사하고 찬송했습니다.
31 안식일과 초하루와 정해진 명절에 여
호와께 번제를 드릴 때마다 그렇게 했

성·경·상·식

하나님을 섬겼던 레위 사람들

성전을 지은 후 레위인들은 더 이상 성막을 옮길 필요가 없었다(대상 23:25-26). 그러나 성전에서 할 일은 많았다. 다윗은 레위 자손 중 30세 이상된 사람들을 모았는데 모두 3만 8,000명이었다. 이들은 레위의 세 아들인 게르손, 그핫(고핫), 므라리의 후손에 따라 24반열로 나뉘었고 여러 가지 일들을 맡게 되었다(대상 23:28-32).

그중 2만 4,000명에게 성전 뜰에서 봉사하는 일, 골방에서 봉사하는 일, 거룩한 물건들을 깨끗하게 하는 일, 상에 가져갈 빵과 곡식제사를 위한 밀가루와 무교병을 준비하는 일, 빵 굽기와 반죽하기, 저울과 자를 맡는 일, 새벽과 저녁마다 감사하고 찬송하는 일, 안식일과 초하루와 정해진 명절을 준비하는 일, 기타 직무와 수종 드는 일 등 성전의 일을 맡게 했다. 6,000명은 율법을 가르치는 서기관으로, 4,000명은 문지기로, 4,000명은 성가대로 세웠다.

습니다. 그들은 여호와 앞에서 명령하
신 수와 방법대로 계속 섬겼습니다.
32 그리고 또 레위 사람은 회막의 임무,
성소의 임무, 그들의 형제 아론의 자
손의 임무를 지켜 여호와의 집에서
섬기는 일을 했습니다.

제사장의 반열

24 이들은 아론 자손의 계열입니
다. 아론의 아들은 나답, 아비
후, 엘르아살, 이다말입니다.
2 그러나 나답과 아비후는 아버지보다
먼저 죽었고 아들이 없었습니다. 그래
서 엘르아살과 이다말이 제사장이 됐
습니다.
3 다윗은 엘르아살의 자손 사독과 이다
말의 자손 아히멜렉을 그들의 맡은 일
에 따라 섬기도록 나누었습니다.
4 이다말의 자손보다 엘르아살의 자손
에서 많은 지도자들이 나왔는데 엘르
아살 자손의 집안에서 16명의 우두머
리가 나오고 이다말 자손의 집안에서
여덟 명의 우두머리가 나왔습니다.
5 그들은 제비를 뽑아 공평하게 일을
나누었습니다. 엘르아살과 이다말 자
손 가운데 성소 일을 관리하는 사람
과 하나님의 일을 관리하는 사람들
이 있기 때문입니다.
6 느다넬의 아들이며 레위 사람인 서기
관 스마야는 왕과 그 신하들과 제사
장 사독, 아비아달의 아들 아히멜렉,
제사장들과 레위 사람 집안의 우두머
리들이 있는 자리에서 그들의 이름을
기록했습니다. 일꾼 하나는 엘르아살
집안에서 뽑고 하나는 이다말 집안에
서 제비 뽑았습니다.
7 첫째로 여호야립이 뽑혔고 둘째로 여
다야가 뽑혔고
8 셋째로 하림이 뽑혔고 넷째로 스오림
이 뽑혔고
9 다섯째로 말기야가 뽑혔고 여섯째로
미야민이 뽑혔고
10 일곱째로 학고스가 뽑혔고 여덟째로
아비야가 뽑혔고
11 아홉째로 예수아가 뽑혔고 열째로 스
가냐가 뽑혔고
12 열한째로 엘리아십이 뽑혔고 열두째
로 야김이 뽑혔고
13 열셋째로 흡바가 뽑혔고 열넷째로 예
세브압이 뽑혔고
14 열다섯째로 빌가가 뽑혔고 열여섯째
로 임멜이 뽑혔고
15 열일곱째로 헤실이 뽑혔고 열여덟째
로 합비세스가 뽑혔고
16 열아홉째로 브다히야가 뽑혔고 스무
째로 여헤스겔이 뽑혔고
17 스물한째로 야긴이 뽑혔고 스물두째
로 가물이 뽑혔고
18 스물셋째로 들라야가 뽑혔고 스물넷
째로 마아시야가 뽑혔습니다.
19 이와 같은 계열로 그들은 여호와의
성전에 들어가서 이스라엘의 하나님
여호와께서 아론에게 명령하신 대로
조상 아론이 그들에게 세운 규례에
따라 섬겼습니다.

레위 자손 중에 남은 자들

20 나머지 레위 자손은 이렇습니다. 아므

람의 아들 가운데서는 *수바엘, *수
바엘의 아들 가운데서는 예드야,
21 르하뱌에게는 그 아들 가운데 우두머
리 잇시야,
22 이스할의 아들 가운데서는 *슬로못,
*슬로못의 아들 가운데서는 야핫,
23 헤브론의 아들 가운데서는 맏아들 여
리야, 둘째 아마랴, 셋째 야하시엘, 넷
째 여가므암,
24 웃시엘의 아들 가운데서는 미가, 미가
의 아들 가운데서는 사밀,
25 미가의 동생 잇시야, 잇시야의 아들
가운데서는 스가랴,
26 므라리의 아들 가운데서는 마흘리, 무
시이며 야아시야의 아들 브노,
27 므라리의 자손 가운데서 야아시야에
게서 난 브노, 소함, 삭굴, 이브리,
28 마흘리에게서 난 엘르아살, 엘르아살
은 아들이 없고
29 기스에게서 난 그의 아들 여라므엘,
30 무시의 아들 마흘리, 에델, 여리못입니
다. 이들은 각자의 집안에 따른 레위
사람입니다.
31 그들은 또한 자기 형제들인 아론의
자손처럼 다윗 왕과 사독과 아히멜렉
과 제사장들과 레위 집안의 우두머
리들이 보는 자리에서 제비 뽑혔습니
다. 가장 맏형이 되는 집안이나 가장
아우 되는 집안이나 똑같이 그렇게
했습니다.

음악을 맡은 자들

25 다윗은 군사령관들과 함께 아
삽, 헤만, 여두둔의 아들 가운
데 몇몇을 따로 세워 수금과 비파와
심벌즈의 반주에 맞춰 노래 부르며 예
언하는 일을 맡겼습니다. 이 일을 맡
은 사람의 수는 다음과 같습니다.
2 아삽의 아들 가운데서는 삭굴, 요셉,
느다냐, 아사렐라입니다. 아삽의 아들
은 아삽 밑에서 왕의 명령에 따라 노
래하며 예언했습니다.
3 여두둔으로 말하면 그 아들은 그달리
야, 스리, 여사야, 시므이, 하사뱌, 맛디
디야 이렇게 모두 여섯이었는데 그들
은 그 아비 여두둔 밑에서 수금을 사
용해 여호와께 감사와 찬양을 드리며
예언했습니다.
4 헤만으로 말하면 그 아들은 북기야,
맛다냐, 웃시엘, 스브엘, 여리못, 하나
냐, 하나니, 엘리아다, 깃달디, 로맘디
에셀, 요스브가사, 말로디, 호딜, 마하
시옷입니다.
5 이들 모두는 왕의 선견자 헤만의 아
들입니다. 헤만을 높이시겠다는 하나
님의 약속에 따라 하나님은 헤만에게
아들 14명과 딸 세 명을 주셨습니다.
6 이 모든 사람은 여호와의 집을 섬기
는 일로 그 아버지 밑에서 여호와의
성전에서 심벌즈와 수금과 하프로 노
래하며 섬겼습니다. 아삽과 여두둔과
헤만은 왕의 수하에 있었습니다.
7 그들은 그 형제들까지 합해 288명이
었는데 그들 모두는 여호와를 찬송
하는 일에 익숙한 사람들이었습니다.
8 그들은 나이가 적든 많든, 선생이든

24:20 또는 스브엘 24:22 또는 슬로밋

제자든 똑같이 제비 뽑아 자기 일을
얻었습니다.
9 첫째로는 아삽의 아들 가운데 요셉이
뽑혔습니다. 둘째로는 그달리야로 그
와 그 형제와 아들 12명이 뽑혔습니
다.
10 셋째로는 삭굴로 그와 그 아들과 형
제 12명이 뽑혔습니다.
11 넷째로는 *이스리로 그와 그 아들과
형제 12명이 뽑혔습니다.
12 다섯째로는 느다냐로 그와 그 아들과
형제 12명이 뽑혔습니다.
13 여섯째로는 북기야로 그와 그 아들과
형제 12명이 뽑혔습니다.
14 일곱째로는 여사렐라로 그와 그 아들
과 형제 12명이 뽑혔습니다.
15 여덟째로는 여사야로 그와 그 아들과
형제 12명이 뽑혔습니다.
16 아홉째로는 맛다냐로 그와 그 아들
과 형제 12명이 뽑혔습니다.
17 열째로는 시므이로 그와 그 아들과
형제 12명이 뽑혔습니다.
18 열한째로는 *아사렐로 그와 그 아들
과 형제 12명이 뽑혔습니다.
19 열두째로는 하사뱌로 그와 그 아들과
형제 12명이 뽑혔습니다.
20 열셋째로는 수바엘로 그와 그 아들과
형제 12명이 뽑혔습니다.
21 열넷째로는 맛디디야로 그와 그 아들
과 형제 12명이 뽑혔습니다.
22 열다섯째로는 여레못으로 그와 그 아
들과 형제 12명이 뽑혔습니다.
23 열여섯째로는 하나냐로 그와 그 아들
과 형제 12명이 뽑혔습니다.
24 열일곱째로는 요스브가사로 그와 그
아들과 형제 12명이 뽑혔습니다.
25 열여덟째로는 하나니로 그와 그 아들
과 형제 12명이 뽑혔습니다.

25:11 또는 스리(대상 25:3을 보라.) 25:18 또는 웃시엘(대상 25:4을 보라.)

성·경·상·식

제비뽑기

성경에는 어떤 일을 결정할 때 흔히 제비 뽑는 방법을 사용했다. '제비'의 종류로는 '우림과 둠밈', '나무나 토기 조각패', '동물의 간', '동전' 등 여러 가지가 있었다.

일상생활에서 제비 뽑았던 예는 이스라엘 자손의 가나안 땅 분배, 출전할 병력 선발(삿 20:9), 재난에 대한 원인 규명(욘 1:7) 등이 있고, 포로 이후 시대에는 예루살렘 성에 거주할 주민 선발(느 11:1), 하만의 제비뽑기(에 3:7)와 로마 군인들이 예수님의 옷을 제비 뽑아 나눈 일(마 27:35;막 15:24) 등이 있었다.

종교적인 일에 사용된 예로는 두 염소 중에서 여호와께 드리는 속죄제물과 광야에 내보낼 아사셀을 가리는 경우(레 16:8-10), 성전 직무 할당(대상 25:8; 26:13; 느 10:34), 가룟 유다를 대신하여 맛디아를 사도로 뽑은 일(행 1:26) 등을 들 수 있다. 또한 사울이 사무엘로부터 기름 부음을 받기는 했지만(삼상 10:1) 백성들 앞에서 왕으로 선택된 것은 제비뽑기를 통해서였다(삼상 10:17-21). 요나단이 아버지의 명을 어기고 꿀을 찍어 먹은 일이 드러나게 된 것도 역시 제비뽑기를 통해서였다(삼상 14:36-42).

26 열아홉째로는 말로디로 그와 그 아들
과 형제 12명이 뽑혔습니다.
27 스무째로는 엘리아다로 그와 그 아들
과 형제 12명이 뽑혔습니다.
28 스물한째로는 호딜로 그와 그 아들과
형제 12명이 뽑혔습니다.
29 스물두째로는 깃달디로 그와 그 아들
과 형제 12명이 뽑혔습니다.
30 스물셋째로는 마하시옷으로 그와 그
아들과 형제 12명이 뽑혔습니다.
31 스물넷째로는 로맘디에셀로 그와 그
아들과 형제 12명이 뽑혔습니다.

성전 문지기들

26 문지기들의 계열은 이렇습니
다. 고라 족속 아삽의 자손 가
운데 하나인 고레의 아들 므셀레마입
니다.
2 므셀레먀의 아들로는 맏아들 스가랴,
둘째 여디아엘, 셋째 스바댜, 넷째 야
드니엘,
3 다섯째 엘람, 여섯째 여호하난, 일곱
째 엘여호에내입니다.
4 오벧에돔의 아들로는 맏아들 스마야,
둘째 여호사밧, 셋째 요아, 넷째 사갈,
다섯째 느다넬,
5 여섯째 암미엘, 일곱째 잇사갈, 여덟
째 브울래대였습니다. 하나님께서 오
벧에돔에게 복을 주셨습니다.
6 그 아들 스마야도 두어 아들이 있는
데 그들은 무척 능력 있는 사람이었
으며 그 아버지 집안에서 지도자들이
었습니다.
7 스마야의 아들은 오드니, 르바엘, 오
벳, 엘사밧이고 엘사밧의 형제 엘리후
와 스마갸도 능력 있는 사람이었습니
다.
8 이 모두가 오벧에돔의 자손입니다. 그
들과 그 아들과 그 형제들은 능력 있
는 사람으로서 일을 잘했습니다. 오벧
에돔의 자손은 모두 62명입니다.
9 므셀레먀의 아들과 형제들은 능력 있
는 사람으로 18명입니다.
10 므라리 자손인 호사에게 아들이 있었
는데 맏아들은 시므리입니다. 그는 원
래 첫째가 아니었지만 그 아버지가 그
를 맏아들로 세웠습니다.
11 둘째는 힐기야, 셋째는 드발리야, 넷
째는 스가랴입니다. 호사의 아들과 형
제들은 모두 13명입니다.
12 이들은 문지기의 우두머리로서 자기
형제들과 같이 여호와의 성전을 섬기
는 일을 맡았습니다.
13 그들의 집안에 따라 젊든지 나이가
들었든지 각 문을 지키기 위해 똑같
이 제비 뽑았습니다.
14 *셀레먀는 동쪽 문을 뽑았습니다. 그
리고 지혜로운 참모인 그 아들 스가
랴는 북쪽 문을 뽑았습니다.
15 남쪽 문에는 오벧에돔이 뽑혔고 창고
에는 그의 아들이 뽑혔습니다.
16 서쪽 문과 위쪽 길로 통하는 살래겟
문에는 숩빔과 호사가 뽑혔습니다. 이
들은 나란히 서서 지켰습니다.
17 레위 사람은 동쪽에는 하루에 여섯
명, 북쪽에는 하루에 네 명, 남쪽에

26:14 또는 므셀레먀(대상 26:9을 보라.)

는 하루에 네 명, 창고에는 한 번에
두 명씩 지켰습니다.
18 서쪽 문의 회랑에는 네 명, 길가의 회
랑에는 두 명이 지켰습니다.
19 이것은 고라와 므라리 자손인 문지기
들이 맡은 일입니다.

창고를 맡은 자들과 기타 직무자들

20 레위 사람 가운데 아히야는 하나님의
집의 창고와 제물로 바친 물건을 위
한 창고를 맡았습니다.
21 라단 자손은 라단에서 거슬러 올라가
면 게르손 자손인데 게르손 사람 라단
에게 속한 집안의 우두머리는 여히엘
리입니다.
22 여히엘리의 아들은 스담과 그 동생 요
엘입니다. 그들은 여호와 집의 창고를
맡았습니다.
23 아므람 자손과 이스할 자손과 헤브론
자손과 웃시엘 자손 가운데서는
24 모세의 아들이며 게르솜의 자손인 스
브엘이 창고를 맡았습니다.
25 그의 형제 엘리에셀에게서 난 자는
그 아들 르하뱌, 그 아들 여사야, 그
아들 요람, 그 아들 시그리, 그 아들
슬로못입니다.
26 슬로못과 그의 형제들은 모든 창고를
맡았습니다. 그 창고는 다윗 왕과 천
부장과 백부장 집안의 우두머리들과
다른 군사령관들이 성전에 바친 물건
들을 위한 것입니다.
27 그들은 전쟁에서 빼앗은 물건들 가운
데 구별해서 여호와의 성전을 보수하
는 데 바쳤습니다.
28 선견자 사무엘이 바친 모든 것과 기스
의 아들 사울과 넬의 아들 아브넬과
스루야의 아들 요압이 바친 모든 것
과 또 바쳐진 모든 물건들을 슬로못
과 그 형제들이 관리했습니다.
29 이스할 자손 가운데 그나냐와 그 아
들은 성전 바깥의 일을 맡았는데 그
들은 이스라엘을 다스리는 관리와 재
판관이 됐습니다.
30 헤브론 자손 가운데서는 하사뱌와 그
동족인 1,700명의 용사들이 요단 강
서쪽에서 여호와를 위한 모든 일과
왕을 섬기는 일을 맡았습니다.
31 헤브론 사람 가운데서는 여리야가 그
집안의 족보에 따라 우두머리가 됐습
니다. 다윗이 다스린 지 40년 되는 해
에 족보에서 헤브론 자손 가운데 길르
앗 야셀에 용사들이 있다는 것을 발
견했습니다.
32 여리야는 2,700명의 형제들이 있는데
그들은 용사며 우두머리들이었습니
다. 다윗 왕은 그들이 르우벤 자손과
갓 자손과 므낫세 반 지파를 관리하
며 하나님과 관련된 모든 일과 왕을
위한 일을 맡아보도록 했습니다.

군대의 반열

27 이스라엘 자손의 계열은 이러
합니다. 곧 한 해 동안 매달 들
어가고 나가며 왕을 섬겼던 군사의
계열로 집안의 우두머리들, 천부장
들, 백부장들, 그 밖의 지휘관들입니
다. 이 계열은 2만 4,000명으로 이뤄
져 있습니다.

2 첫째 달 첫 번째로 일할 지휘관은 삽
디엘의 아들 야소브암이 맡았습니다.
그의 계열에 2만 4,000명이 있었습니
다.
3 그는 베레스의 자손으로 첫째 달에
일할 모든 부대의 우두머리를 맡았습
니다.
4 둘째 달에 일할 지휘관은 아호아 사
람 도대가 맡았습니다. 미글롯이 그
계열의 지도자였습니다. 그의 계열에
2만 4,000명이 있었습니다.
5 셋째 달의 군사령관은 대제사장 여호
야다의 아들 브나야입니다. 그는 우두
머리였고 그의 계열에 2만 4,000명이
있었습니다.
6 브나야는 바로 그 30명 가운데 용사
였고 그 30명을 다스리는 사람이었습
니다. 그의 아들 암미사밧이 이 계열
을 맡았습니다.
7 넷째 달의 사령관은 요압의 동생인
아사헬입니다. 그의 아들 스바댜가 그
다음입니다. 이 계열에 2만 4,000명
이 있었습니다.
8 다섯째 달의 사령관은 이스라 사람
삼훗입니다. 이 계열에 2만 4,000명이
있었습니다.
9 여섯째 달의 사령관은 드고아 사람
익게스의 아들 이라입니다. 이 계열에
2만 4,000명이 있었습니다.
10 일곱째 달의 사령관은 에브라임 자손
에 속한 발론 사람 헬레스입니다. 이
계열에 2만 4,000명이 있었습니다.
11 여덟째 달의 사령관은 세라 족속인
후사 사람 십브개입니다. 이 계열에 2
만 4,000명이 있었습니다.
12 아홉째 달의 사령관은 베냐민 자손인
아나돗 사람 아비에셀입니다. 이 계열
에 2만 4,000명이 있었습니다.
13 열째 달의 사령관은 세라 족속인 느
도바 사람 마하래입니다. 이 계열에 2
만 4,000명이 있었습니다.
14 열한째 달의 사령관은 에브라임 자손
에 속한 비라돈 사람 브나야입니다.
이 계열에 2만 4,000명이 있었습니다.
15 열두째 달의 사령관은 옷니엘 자손에
속한 느도바 사람 헬대입니다. 이 계
열에 2만 4,000명이 있었습니다.

지파의 지도자들

16 이스라엘 지파들을 다스리는 지도자
들은 이러합니다. 르우벤 지파는 시그
리의 아들 엘리에셀이 맡았고 시므온
지파는 마아가의 아들 스바댜가 맡았
습니다.
17 레위는 그무엘의 아들 하사뱌가 맡았
고 아론은 사독이 맡았습니다.
18 유다는 다윗의 형 엘리후가 맡았고 잇
사갈은 미가엘의 아들 오므리가 맡았
습니다.
19 스불론은 오바댜의 아들 이스마야가
맡았고 납달리는 아스리엘의 아들 여
레못이 맡았습니다.
20 에브라임 자손은 아사시야의 아들 호
세아가 맡았고 므낫세 반 지파는 브다
야의 아들 요엘이 맡았습니다.
21 길르앗에 있는 므낫세 반 지파는 스가
랴의 아들 잇도가 맡았고 베냐민은 아

브넬의 아들 야아시엘이 맡았습니다.
22 단은 여로함의 아들 아사렐이 맡았습
니다. 이들은 이스라엘 지파의 지도
자들이었습니다.
23 다윗은 20세 이하의 남자들은 세지
않았습니다. 여호와께서 이스라엘에
게 하늘에 있는 별처럼 많은 수를 주
시겠다고 약속하셨기 때문입니다.
24 스루야의 아들 요압은 사람의 수를
세기 시작했지만 끝내지 못했습니다.
이렇게 사람의 수를 세는 것 때문에
이스라엘에 벌이 내렸고 다윗 왕의 책
에 이 숫자는 올라가지 않았습니다.

왕의 재산을 맡은 자들

25 아디엘의 아들 아스마웻은 왕의 창고
관리를 맡았습니다. 웃시야의 아들
요나단은 밭과 성과 마을과 산성의
창고 관리를 맡았습니다.
26 글룹의 아들 에스리는 땅을 일구는
농부들 관리를 맡았습니다.
27 라마 사람 시므이는 포도밭 관리를
맡았고 스밤 사람 삽디는 포도밭에서
나는 포도주 창고를 관리하는 일을
맡았습니다.
28 게델 사람 바알하난은 서쪽 평야에
있는 올리브 나무와 뽕나무 관리를
맡았습니다. 요아스는 올리브기름 창
고를 맡았습니다.
29 사론 사람 시드래는 사론에서 먹이는
소 떼 관리를 맡았습니다. 아들래의
아들 사밧은 골짜기에 있는 소 떼 관
리를 맡았습니다.
30 이스마엘 사람 오빌은 낙타 관리를
맡았습니다. 메로놋 사람 예드야는 나
귀 관리를 맡았습니다. 하갈 사람 야
시스는 양 떼 관리를 맡았습니다.
31 이들 모두는 다윗 왕의 재산 관리를
맡은 신하들입니다.
32 다윗의 삼촌 요나단은 지혜가 있어 참
모가 됐고 서기관이기도 했습니다. 학
모니의 아들 여히엘은 왕의 아들을
돌보았습니다.
33 아히도벨은 왕의 참모가 됐습니다. 아
렉 사람 후새는 왕의 친구가 됐습니
다.
34 브나야의 아들 여호야다와 아비아달
은 아히도벨의 자리를 물려받아 왕의
고문이 됐습니다. 요압은 왕의 군사령
관이었습니다.

성전 건축을 위한 다윗의 계획

28 다윗이 이스라엘의 모든 관리
를 예루살렘에 불러 모았습니
다. 그들은 각 지파의 관리, 왕을 섬
기는 부대의 사령관, 천부장과 백부
장, 왕과 그의 아들이 가진 모든 재
산과 가축을 맡은 관리, 왕궁 관리의
지도자, 용사들과 모든 용감한 전사
들이었습니다.
2 다윗 왕이 일어나 말했습니다. "내 형
제들과 내 백성들아, 내 말을 잘 들으
라. 내가 마음속에 우리 하나님의 발
받침판인 여호와의 언약궤를 둘 집을
지을 생각이었다. 그리하여 나는 성
전을 지을 준비를 했다.
3 그러나 하나님께서 내게 '내 이름을
위해 집을 지을 사람은 네가 아니다.

너는 용사라 피를 너무 많이 흘렸기
때문에 할 수 없다'라고 말씀하셨다.
4 그러나 이스라엘의 하나님 여호와께
서는 우리의 모든 집안에서 나를 선
택해 영원히 이스라엘을 다스릴 왕이
되게 하셨다. 그는 유다를 지도자로
선택하셨고 유다의 집에서는 내 집안
을 선택하셨으며 내 아버지의 아들
가운데서는 나를 기뻐하셔서 온 이스
라엘을 다스릴 왕으로 삼으셨다.
5 여호와께서 내게 아들을 많이 주셨는
데 내 모든 아들 가운데서는 내 아들
솔로몬을 선택해 이스라엘 위에 있는
여호와의 나라의 왕의 자리에 앉게
하시고 이스라엘을 다스리게 하셨다.
6 여호와께서 내게 말씀하셨다. '네 아
들 솔로몬이 내 집과 내 마당을 지을
사람이다. 내가 솔로몬을 내 아들로
선택했고 나는 그의 아버지가 될 것
이다.
7 그가 만약 변하지 않고 지금처럼 내
규례와 율례를 힘써 지키면 내가 그
의 나라를 영원히 세울 것이다.'
8 그러므로 이제 너희는 온 이스라엘과
여호와의 회중이 보는 앞에서, 또 우
리 하나님께서 들으시는 가운데 너희
하나님 여호와의 모든 명령을 지키려
고 애쓰라. 그래서 너희가 이 좋은 땅
을 물려받아 누리고 너희 자손에게
이 땅을 영원히 넘겨줄 수 있도록 하
라.
9 내 아들 솔로몬아, 하나님을 네 아버
지로 알고 온 마음을 드리며 기꺼이
그분을 섬겨라. 여호와께서는 모든 마
음을 살피시고 사람의 생각과 의도를
헤아리신다. 만약 네가 그분을 찾으면
만날 것이요, 만약 네가 그분을 버리
면 그분이 너를 영원히 버리실 것이다.
10 그러므로 너는 깊이 생각하여라. 여
호와께서 너를 선택해 성소로서 성전
을 짓도록 하셨기 때문이다. 힘써서
이 일을 하여라."

성·경·상·식

성전 건축을 위한 다윗의 준비

다윗은 하나님의 전을 건축하고 싶은 소원이 간절했으나 하나님께서 허락하지 않으셨다(대상 22:7–8). 그의 아들에 의해 성전을 건축하게 하신다는 말씀을 듣고(대상 22:9–10) 성전 건축을 위한 준비에 최선을 다했다(대상 22:14–16). 다윗이 준비한 것은 다음과 같다.

- 성전 건축할 돌(대상 22:2)
- 못으로 사용할 철과 청동(대상 22:3)
- 시돈과 두로의 백향목(대상 22:4)
- 금 10만 달란트, 은 100만 달란트(대상 22:14)
- 석수, 목수, 갖가지 재주가 있는 사람(대상 22:15)
- 성전 봉사를 할 제사장, 레위인들을 모으고 직무를 배정(대상 23:2–26장)
- 성전의 설계도(대상 28:11–19)
- 성전을 꾸밀 각종 보석(대상 29:2)

11 그다음에 다윗은 자기 아들 솔로몬에
게 성전 현관, 집, 창고, 다락, 골방,
속죄소의 설계도를 주었습니다.
12 그는 성령께서 그 마음에 불어넣으신
것, 곧 여호와의 성전 뜰과 모든 주변
방들과 하나님의 성전의 창고와 제사
물건 창고에 대한 모든 계획을 그에
게 알려 주었습니다.
13 그는 솔로몬에게 제사장들과 레위 사
람의 계열에 대해, 여호와의 성전에서
섬기는 모든 일들에 대해, 또한 그 섬
기는 일에 쓰일 모든 물건들에 대해
설명해 주었습니다.
14 그는 여러 종류의 제사에 쓰일 모든
금그릇에 대해 금의 무게를 정해 주
었고 여러 종류의 제사에 쓰일 모든
은그릇에 대해 은의 무게를 정해 주
었습니다.
15 곧 금 등잔대와 금 등잔의 금의 무게
를 적당하게 달아 정했고 또 은 등잔
대와 은 등잔의 은의 무게는 각각 쓰임
새에 따라 적당하게 정해 주었습니다.
16 진설병을 놓을 상에 들어갈 금의 무
게를 정하고 은으로 만든 상에 들어
갈 은의 무게도 정해 주었습니다.
17 포크와 접시와 잔을 만들 순금의 무
게, 곧 금잔을 만들 순금의 무게, 은
잔을 만들 은의 무게도 정해 주었습
니다.
18 향을 피우는 제단을 만들 순금의 무
게와 또한 그들의 날개를 펴서 여호
와의 언약궤를 덮고 있는 그룹을 금
으로 만드는 데 필요한 설계도를 주
었습니다.
19 다윗이 말했습니다. "이 모든 것은 여
호와께서 내게 주신 것을 내가 받아
적은 것이다."
20 다윗은 또 그 아들 솔로몬에게 말했
습니다. "강하고 용감하게 이 일을 하
여라. 두려워하거나 놀라지 마라. 내
하나님 여호와께서 너와 함께하시기
때문이다. 여호와의 성전을 짓는 이
일을 모두 마칠 때까지 여호와께서
너를 떠나지 않고 너를 버리지 않으
실 것이다.
21 제사장들과 레위 사람들은 하나님의
성전에서 짓는 모든 일에 도울 준비
가 돼 있으며 기술이 있는 사람 가운
데 뜻있는 사람은 누구나 기쁜 마음
으로 너를 도울 것이다. 모든 지도자
들과 백성들이 네 모든 명령을 따를
것이다."

성전 건축을 위한 예물들

29 다윗 왕이 모인 모든 이스라엘
백성에게 말했습니다. "내 아
들 솔로몬을 하나님께서 선택하셨으
나 아직 어리고 경험이 부족하다. 이
성전은 사람을 위한 것이 아니라 여
호와 하나님을 위한 것이므로 이 일
은 중요하다.
2 하나님의 성전을 위해 내가 온 힘을
다해 준비해 두었다. 금이 필요한 데
는 금을, 은이 필요한 데는 은을, 청
동이 필요한 데는 청동을, 철이 필요
한 데는 철을, 나무가 필요한 데는 나
무를 준비했다. 또 마노, 꾸밀 보석,

반짝이는 여러 가지 색의 돌, 갖가지
귀한 보석, 대리석을 매우 많이 준비
했다.
3 거룩한 성전을 위해 내가 준비한 것
에 더해 하나님의 성전에 바칠 마음
으로 내가 가진 금은을 하나님의 성
전에 드렸다.
4 오빌의 금 *3,000달란트와 순은
*7,000 달란트는 성전 벽을 덮고
5 금그릇과 은그릇을 만들며 기술자들
이 하는 모든 일에 쓰일 것이다. 그러
니 오늘 누가 여호와께 자신의 것을
기꺼이 기쁨으로 드리겠느냐?"
6 그러자 지파의 우두머리들과 이스라
엘 지파의 지도자들과 천부장들과
백부장들과 왕의 일을 맡은 관리들
이 즐겁게 드렸습니다.
7 그들이 하나님의 성전 짓는 일을 위
해 드린 것은 금 *5,000달란트, 금 *1
만 다릭, 은 *1만 달란트, 청동 *1만
8,000달란트, 철 *10만 달란트였습니
다.
8 보석을 가진 사람은 누구든지 그것
을 여호와의 성전 창고에 드려 게르손
사람 여히엘이 관리하도록 했습니다.
9 백성들은 지도자들이 자진해서 드리
는 것을 두고 기뻐했습니다. 그들이
한결같이 기쁨으로 마음을 다해 여
호와께 드렸기 때문입니다. 다윗 왕도
무척 기뻐했습니다.

다윗의 기도

10 다윗은 온 이스라엘의 모인 무리들이
보는 앞에서 여호와를 찬송하며 말했
습니다.
"우리 조상 이스라엘의 하나님 여호
와여, 주께 찬양을 드립니다. 주를
영원토록, 영원토록 찬양합니다.
11 여호와여, 위대함과 능력과 영광과
승리와 위엄이 다 주의 것입니다.
하늘과 땅에 있는 모든 것이 다 주
의 것입니다. 여호와여, 나라도 주
의 것입니다. 주는 높으셔서 모든
것을 다스리시며 세상 모든 것의
머리이십니다.
12 부와 명예가 주께로부터 나옵니다.
주께서는 모든 것을 다스리시는 분

29:4 3,000달란트는 약 102.8톤, 7,000달란트는 약 238.89톤 29:7 5,000달란트는 약 171.35톤, 1만 다릭은 8.4그램 나가는 금화 1만 개, 1만 달란트는 약 342.7톤, 1만 8,000달란트는 약 616.86톤, 10만 달란트는 약 3,427톤

성·경·상·식 | 돈의 역사

아주 옛날에는 지폐나 동전이 사용되지 않았다. 땅이나 가축, 곡물, 기름, 포도주, 씨앗 등이 고대에서 흔히 사용한 물물 교환의 도구였다. 그러다 점차적으로 금속이 물물 교환을 대신하여 거래에 사용되기 시작했다. 특히 금과 은은 상거래에서 아주 중요한 수단으로 사용되었는데 은 조각의 가치는 무게로 결정되었다. 달란트, 세겔과 같은 단위는 원래 금, 은의 무게를 표시하는 단위였다. 그러던 것이 점차 '돈'의 의미를 지닌 뜻으로 사용되게 되었다. 이스라엘은 바벨론 포로기 이후에 금, 은, 청동으로 첫 동전을 주조했는데 달란트, 세겔이란 명칭이 비로소 돈의 단위로 쓰이게 되었다.

입니다. 주의 손에는 힘과 능력이
있어 모든 사람을 누구든지 높이시
고 힘을 주실 수 있습니다.
13 우리 하나님이여, 이제 우리가 주께
감사드립니다. 주의 영광스러운 이
름을 찬양합니다.
14 그러나 제가 누구이기에, 제 백성
들이 누구이기에 이렇게 많은 것을
드릴 수 있게 하셨습니까? 모든 것
은 주께로부터 나온 것이니 우리가
주의 손에서 받은 것을 드린 것일
뿐입니다.
15 우리는 우리 조상들처럼 주께서 보
시기에 나그네이며 잠깐 머무는 낯
선 사람들입니다. 이 땅에서 사는
날은 그림자 같아서 희망이 없습니
다.
16 우리 하나님 여호와여, 주의 거룩
한 이름을 위해 성전을 지어 드리
려고 준비한 이 모든 풍족한 것은
다 주의 손에서 나온 것이며 모든
것이 다 주의 것입니다.
17 내 하나님이여, 주께서는 마음을
살피시고 정직함을 기뻐하시는 줄
압니다. 이 모든 것은 제가 정직한
마음으로 즐겁게 드린 것입니다. 이
제 여기 있는 주의 백성들이 즐겁
게 주께 드리는 모습을 보니 매우
기쁩니다.
18 여호와여, 우리 조상 아브라함과 이
삭과 이스라엘의 하나님이여, 주의
백성들이 마음속에 영원히 주를
섬기는 마음을 갖게 하시고 그 마
음을 주께로 돌이켜 계속 충성하도
록 지켜 주십시오.
19 또 내 아들 솔로몬이 온 마음을 바
쳐 주의 명령과 법과 율례를 지켜
이 모든 일을 하고 제가 성전을 짓
기 위해 준비한 모든 것으로 성전
을 짓게 해 주십시오."
20 그리고 다윗이 모인 온 무리에게 말했
습니다. "너희 하나님 여호와를 찬양
하라." 그러자 백성들은 모두 그들 조
상의 하나님 여호와를 찬양했습니다.
그들은 여호와와 왕 앞에서 머리를
숙여 절했습니다.

솔로몬이 왕으로 공인되다

21 이튿날 그들은 여호와께 제사를 드리
고 번제물을 바쳤습니다. 수송아지
1,000마리, 숫양 1,000마리, 어린양
1,000마리, 또 부어 드리는 전제물을
바쳤습니다. 온 이스라엘을 위해 많은
다른 제물을 드렸습니다.
22 그날 백성들은 여호와 앞에서 크게
기뻐하며 먹고 마셨습니다. 그리고 여
호와 앞에서 다윗의 아들 솔로몬에게
기름 부어 다시 왕으로 세우고 사독
에게 기름 부어 제사장으로 세웠습니
다.
23 솔로몬은 여호와께서 주신 자리에 앉
아 자기 아버지 다윗을 이어 왕이 됐
습니다. 솔로몬이 잘 다스리니 온 이
스라엘이 그에게 순종했습니다.
24 모든 지도자들과 용사들과 다윗 왕
의 여러 아들도 솔로몬 왕에게 충성
을 맹세했습니다.

25 여호와께서 온 이스라엘이 보는 앞에
서 솔로몬을 높여 주셨고 왕의 위엄
을 주셔서 이전의 어떤 이스라엘 왕보
다 더 뛰어나게 하셨습니다.

다윗의 죽음

26 이새의 아들 다윗은 온 이스라엘을
다스렸습니다.
27 그는 7년 동안 헤브론에서 다스렸고
33년 동안 예루살렘에서 다스렸습니
다. 모두 40년 동안 이스라엘을 다스
렸습니다.
28 다윗은 나이가 많아 늙도록 부자였으
며 높임을 받고 영예를 누리다가 죽었
습니다. 그 아들 솔로몬이 뒤를 이어
서 왕이 됐습니다.
29 다윗 왕이 다스리던 때 있던 모든 일
은 처음부터 끝까지 선견자 사무엘의
글과 예언자 나단의 글과 선견자 갓의
글에 적혀 있습니다.
30 거기에는 또한 다윗이 왕이 된 일과
왕으로서 다스린 일이 적혀 있고 다
윗과 이스라엘과 다른 모든 나라들에
서 지난 시대에 일어난 일도 다 적혀
있습니다.

역대하

2 Chronicles

열왕기상·하와 비슷한 시기를 다루는데, 최대한 정치적 관점보다는 성전의 역사를 중심으로 기술하고 있다. 왕이나 예언자들보다는 제사장들의 시각이 집중적으로 부각되며, 성전이 있었던 남왕국 유다의 역사에 대해 자세히 다룬다. 성전 예배와 선한 왕들의 종교 개혁을 강조하며, 죄에 대한 철저한 심판을 드러낸다.

솔로몬이 지혜를 구하다 (왕상 3:1-15)

1 다윗의 아들 솔로몬 왕의 지위가
든든하게 섰습니다. 그의 하나님
여호와께서 솔로몬과 함께하셔서 누
구보다도 뛰어나게 하셨습니다.
2 솔로몬은 온 이스라엘의 천부장들, 백
부장들, 재판관들, 온 이스라엘의 지
도자들과 집안의 우두머리들을 불렀
습니다.
3 솔로몬과 이스라엘 온 회중은 기브온
에 있는 산당으로 갔는데 여호와의
종 모세가 광야에서 만든 하나님의
회막이 그곳에 있었기 때문입니다.
4 그러나 하나님의 궤는 다윗이 기럇 여
아림에서부터 예비한 곳인 예루살렘
으로 이미 메어서 옮겨 갔으니 이는
그가 예루살렘에 하나님의 궤를 위해
장막을 쳤기 때문입니다.
5 훌의 손자이며 우리의 아들인 브살렐
이 만든 청동 제단은 기브온에 있는
여호와의 장막 앞에 있었습니다. 솔로
몬과 이스라엘 회중이 그리로 나아갔
습니다.
6 솔로몬이 회막에서 여호와 앞 청동 제
단에 올라가 그 위에 번제물 1,000마
리를 드렸습니다.
7 그날 밤 하나님께서 솔로몬에게 나타
나서 말씀하셨습니다. "내가 네게 무
엇을 주기를 바라느냐? 너는 내게 구
하여라."
8 솔로몬이 하나님께 대답했습니다. "주
께서는 제 아버지 다윗에게 큰 은총
을 베푸셨고 저로 아버지의 뒤를 이
어 왕이 되게 하셨습니다.
9 이제 여호와 하나님이여, 제 아버지
다윗에게 약속하신 것을 확실히 이루
어 주십시오. 주께서 저를 땅의 먼지
처럼 많은 백성을 다스릴 왕으로 삼
으셨으니
10 제게 지혜와 지식을 주셔서 이 백성

을 잘 이끌게 해 주십시오. 누가 이렇
게 많은 주의 백성들을 어떻게 다스
릴 수 있겠습니까?"
11 하나님께서 솔로몬에게 말씀하셨습니
다. "이것이 네 마음의 소원이냐? 네
가 부나 재산이나 명예나 네 원수의
죽음을 구하지 않고 또 장수하기를
구하지 않고 오로지 내가 너를 왕으
로 삼아 맡긴 내 백성들을 다스리기
위한 지혜와 지식을 구했다.
12 나는 네게 지혜와 지식을 줄 뿐만 아
니라 내가 이전이나 이후에 어떤 왕
도 갖지 못한 그런 부와 재산과 명예
를 더불어 주겠다."
13 그 후 솔로몬은 기브온의 산당에 있
는 회막을 떠나 예루살렘으로 돌아와
이스라엘을 다스렸습니다.
14 솔로몬은 전차와 기마병을 모았습니
다. 1,400대의 전차와 1만 2,000마리
의 말을, 전차를 두는 성과 왕이 있
는 예루살렘에 두었습니다.
15 왕으로 말미암아 예루살렘에는 금과
은이 돌처럼 흔하고 백향목도 경사진
평지에서 자라는 뽕나무만큼 많았습
니다.
16 또 솔로몬은 말들을 이집트와 구에에
서 가져왔는데 왕의 상인들이 값을
주고 사서 가져온 것이었습니다.
17 그들은 이집트에서 전차 한 대에 은
*600세겔, 말 한 마리에 *150세겔을
주고 사들였습니다. 그리고 이것을 헷
사람의 모든 왕들과 아람의 왕들에게
되팔기도 했습니다.

성전 건축을 위한 준비 (왕상 5:1-18)

2 솔로몬은 여호와의 이름을 위해 성
전을 짓고 또 자기를 위해 왕궁을
짓기로 결정했습니다.
2 그는 짐꾼 7만 명과 산에서 돌을 캐
낼 일꾼 8만 명과 감독할 사람 3,600
명을 뽑았습니다.
3 솔로몬은 또 두로 왕 *후람에게 사람
을 보내 이렇게 말했습니다. "전에 내
아버지 다윗이 왕궁을 지을 때 백향
목을 보내 주었듯 내게도 백향목을
보내 주십시오.
4 내가 지금 내 하나님 여호와의 이름
을 위해 성전을 짓고 그분 앞에 향기
로운 향을 태우며 늘 거룩한 빵을 내
고 안식일과 초하루와 우리 하나님
여호와께서 정하신 명절에 아침저녁
으로 번제를 드리려고 합니다. 이것
은 이스라엘이 지켜야 할 영원한 규례
입니다.
5 내가 건축할 성전은 아주 클 것입니
다. 우리 하나님께서는 다른 어떤 신
보다 크시기 때문입니다.
6 하늘과 하늘들의 하늘도 그분을 다
모실 수 없는데 누가 그분을 위해 성
전을 지을 수 있겠습니까? 또 내가
누구라고 그분을 위해 성전을 짓겠습
니까? 단지 그분 앞에 번제드릴 집을
지을 따름입니다.
7 그러니 이제 금, 은, 청동, 철을 잘 다
루는 대장장이와 자주색, 빨간색, 파

1:17 600세겔은 약 6.84킬로그램, 150세겔은 약 1.71 킬로그램 2:3 또는 히람(왕상 5:2;7:13을 보라.)

란색 실로 천을 잘 짜는 사람과 조각
을 잘하는 기술자들을 보내 주셔서
내 아버지 다윗께서 준비하신 유다와
예루살렘에 있는 내 기술자들과 함께
일할 수 있도록 해 주십시오.
8 또 내게 레바논에서 백향목과 잣나무
와 백단목을 보내 주십시오. 당신의
일꾼들은 레바논에서 나무 자르는 기
술이 좋다고 알고 있습니다. 내 일꾼
들이 당신의 일꾼들을 도와 함께 일
할 것입니다.
9 내가 지을 성전은 크고 아름다우니
내가 쓸 나무를 많이 보내 주십시오.
10 나무를 자르는 당신의 일꾼들에게는
내가 밀 *2만 고르와 보리 *2만 고르
와 포도주 *2만 밧과 기름 *2만 밧을
주겠습니다."
11 두로 왕 후람은 솔로몬에게 답장을 보
냈습니다. "여호와께서 자기 백성들을
사랑하셔서 당신을 그들의 왕으로 삼
으셨습니다."
12 후람은 덧붙여 말했습니다. "하늘과
땅을 만드신 이스라엘의 하나님 여호
와를 찬양합니다! 그분은 다윗 왕에
게 지혜와 슬기를 지닌 총명한 아들
을 주셔서 여호와를 위해 성전을 짓
고 또 자신을 위해 왕궁을 건축하게
하셨습니다.
13 내가 당신에게 총명하고 훌륭한 기술
자인 *후람을 보내 드립니다.
14 그의 어머니는 단 자손의 사람이고
아버지는 두로 사람으로 그는 금, 은,
청동, 철, 또 돌과 나무를 잘 다룰 수
있으며 자주색, 빨간색, 파란색 실,
고운 베를 다루는 기술이 뛰어난 사
람입니다. 그는 모든 종류의 조각에
도 익숙하고 어떤 모양이라도 주는
대로 잘 만들어 낼 것입니다. 그가 당

2:10 2만 고르는 약 4,400킬로리터, 2만 밧은 약 440킬로리터 2:13 히브리어 사본에는 '내 아버지 후람에게 속한 사람을 보내드립니다.'

하용조 목사의 행복한 **메시지**

몸을 드리십시오

왜 그리스도인들이 목말라할까요? 헌금도 하고 봉사도 열심히 하는데 뭔가 허전합니다. 왜 그럴까요? 제물이 되기를 거부하기 때문입니다. 교회와 사회뿐만 아니라 가정에도 제물이 필요합니다. 희생양이 있으면 가정이 행복합니다.

신앙생활은 몸을 드리는 것입니다. 영만큼 중요한 것이 바로 몸이기 때문입니다. 그리스도인의 삶은 영이 아니라 몸을 드리는 삶입니다. 이것이 예배요, 신앙입니다. 하지만 제물이 된다는 것은 쉬운 일이 아닙니다. 그렇지만 그리스도인은 우리 가정의 제물이 되고 사회의 제물이 되어야 합니다. 이것이 그리스도인이 해야 할 일입니다. 제물이 되기 위해서 우리는 다음의 2가지 원칙을 지켜야 합니다(롬 12:1–2). 첫째는 세상을 본받지 않는 것입니다. 우리는 세상 안에 살지만 세상의 법칙대로 살지 않는 사람입니다. 둘째는 하나님의 뜻을 분별하고 순종하는 것입니다.

신의 기술자들과 내 주 당신의 아버
지 다윗의 기술자들과 함께 일할 것
입니다.
15 내 주께서는 약속하신 대로 내 종들
에게 밀과 보리와 기름과 포도주를
보내 주시기 바랍니다.
16 그러면 당신이 쓰실 만큼 우리가 레
바논에서 나무를 베어 바다에 띄워
뗏목으로 엮어 욥바까지 보내 드리겠
으니 당신이 나무를 예루살렘까지 운
반해 가시기 바랍니다."
17 솔로몬은 이스라엘에 있는 모든 외국
사람들의 수를 조사했습니다. 그의
아버지 다윗이 했던 인구 조사 이후
의 일이었습니다. 그 수는 15만 3,600
명이었습니다.
18 그는 그 가운데 7만 명을 짐꾼으로, 8
만 명을 산에서 돌을 캐는 일꾼으로
삼고 3,600명을 감독하는 사람으로
삼아 백성들에게 일을 시키게 했습니
다.

솔로몬이 성전을 건축하다 (왕상 6:1-38)

3 솔로몬은 예루살렘의 모리아 산에
여호와의 성전을 건축하기 시작했
습니다. 그곳은 여호와께서 그의 아버
지 다윗에게 나타나셨던 곳이며 여부
스 사람 *오르난의 타작마당으로 다
윗이 결정한 장소였습니다.
2 솔로몬이 짓기 시작한 때는 그가 다
스린 지 4년째 해 *둘째 달 둘째 날이
었습니다.
3 솔로몬이 세운 하나님의 성전 기초는
옛날에 사용하던 자로 길이가 *60규
빗, 너비가 *20규빗이었습니다.
4 성전 앞 현관은 성전 너비에 맞춰 너
비는 20규빗, 높이는 *120규빗이었습
니다. 그는 현관 안에는 순금을 입혔
습니다.
5 본당의 천장에는 잣나무를 댔고 겉에
순금을 입혔으며 종려나무와 사슬
무늬를 새겼습니다.
6 또 성전을 보석으로 아름답게 꾸몄습
니다. 그가 사용한 금은 바르와임 금
이었습니다.
7 그는 성전의 *천장과 들보와 문지방
과 벽과 문짝에 금을 입혔고 벽에는
그룹의 모양을 새겼습니다.
8 또 지성소를 만들었는데 그 길이는
성전 너비와 같이 20규빗, 너비도 20
규빗이었습니다. 그 안쪽에는 순금
*600달란트를 입혔습니다.
9 못의 무게는 금 *50세겔이나 됐고 또
한 다락에 있는 방에도 금을 입혔습
니다.
10 지성소에는 두 그룹 모양을 만들어
금을 입혀 두었으며
11 그룹들의 날개 길이는 모두 20규빗이
었습니다. 왼편 그룹의 한쪽 날개는
*5규빗으로 성전 벽에 닿았고 다른
한쪽 날개도 길이가 *5규빗으로 오
른편 그룹의 날개에 닿았습니다.
12 오른편 그룹의 한쪽 날개는 길이가 5

3:1 또는 아라우나(삼하 24:18-25을 보라.) 3:2 시브월, 태양력으로 4월 중순 이후 3:3 60규빗은 약 27미터, 20규빗은 약 9미터 3:4 120규빗은 약 54미터, 일부 칠십인역과 시리아어역에는 '20규빗' 3:7 히브리어, '전', '집' 3:8 600달란트는 약 20.56톤 3:9 50세겔은 약 570그램 3:11 5규빗은 약 2.25미터

규빗으로 성전 벽에 닿았고 다른 한
쪽 날개도 역시 길이가 5규빗으로 왼
편 그룹의 날개에 닿았습니다.
13 이 그룹들의 날개는 20규빗입니다. 그
들은 성전 바깥쪽을 향해 발로 서 있
었습니다.
14 솔로몬은 성전 휘장을 파란색, 자주
색, 진홍색 실과 고운 베로 만들고 그
위에 그룹의 모양을 수놓았습니다.
15 성전 앞쪽에는 두 기둥을 만들었는
데 그 높이는 *35규빗이었고 각 기둥
꼭대기의 머리는 5규빗이었습니다.
16 또 성소 안과 같이 사슬을 만들어 기
둥 위에 두르고 100개의 석류를 만들
어 사슬에 달았습니다.
17 그는 그 두 기둥을 성전 앞에 세웠는
데 하나는 남쪽에, 다른 하나는 북쪽
에 세웠습니다. 남쪽 기둥은 *야긴이
라 부르고 북쪽 기둥은 *보아스라 불
렀습니다.

성전의 기구들 (왕상 7:23-51)

4 솔로몬은 청동 제단을 만들었는데
그 길이가 20규빗, 너비가 20규빗,
높이가 10규빗이었습니다.
2 후람은 솔로몬의 명령에 따라 청동을
부어 바다 모양을 둥그렇게 만들었는
데 지름이 10규빗, 높이가 5규빗, 둘
레는 *30규빗이었습니다.
3 그 가장자리 아래에는 *황소 모양이
*매 규빗마다 10개씩 청동 바다 주위
를 두르고 있었습니다. *황소 모양들
을 만들 때는 청동 바다와 붙여 두
줄로 만들었습니다.
4 청동 바다는 12마리 황소 위에 있었
는데 셋은 북쪽을, 셋은 서쪽을, 셋
은 남쪽을, 셋은 동쪽을 향하고 있었
습니다. 청동 바다는 그 위에 있었고
소의 뒤꽁무니는 중앙을 향해 있었습
니다.
5 청동 바다의 두께는 *한 손바닥 정도
였고 가장자리는 백합화 모양의 잔
가장자리와 같았습니다. 청동 바다는
*3,000밧의 물을 담을 수 있었습니
다.
6 또 씻을 물을 담을 수 있는 대야 열
개를 만들어 다섯 개는 남쪽에, 다섯
개는 북쪽에 두었습니다. 그 안에서
번제에 사용되는 물건들을 씻었습니
다. 청동 바다에서는 제사장들이 손
을 씻었습니다.
7 후람은 정해진 규격에 따라 금 등잔
대 열 개를 만들어 성전 안에 두었는
데 다섯 개는 남쪽에, 다섯 개는 북
쪽에 두었습니다.
8 그는 상도 열 개를 만들어 성전 안에
두었는데 다섯 개는 남쪽에, 다섯 개
는 북쪽에 두었고 또한 금으로 대접
100개를 만들었습니다.
9 또 제사장의 뜰과 큰 뜰과 뜰의 문을
만들었고 그 문짝에는 청동을 입혔
습니다.
10 그는 청동 바다를 성전 남쪽의 남동

3:15 35규빗은 약 15.75미터 3:17 그가 세우다.
3:17 그에게 힘이 있다. 4:2 30규빗은 약 13.5미터
4:3 또는 박(왕상 7:24을 보라.) 4:3 1규빗은 약 45센
티미터 4:5 한 손바닥은 약 8센티미터 4:5 3,000밧
은 약 66킬로리터

쪽 귀퉁이에 두었습니다.
11 후람이 또 솥과 부삽과 대접을 만들
었습니다. 이렇게 후람은 솔로몬의 명
령을 받들어 하나님의 성전에서 하던
일을 모두 마쳤습니다.
12 기둥 두 개와, 기둥 꼭대기의 공 모양
의 머리 두 개와, 기둥 꼭대기의 두
개의 공 모양의 머리를 덮는 그물 두
개와
13 그 기둥 꼭대기의 공 모양의 머리를
덮는 두 그물을 위해 각 그물마다 두
줄씩 400개의 석류가 있었습니다.
14 받침대와 받침대 위의 대야들과
15 청동 바다와 그 아래의 12개의 황소
모양들과
16 솥과 부삽과 고기용 갈고리와 모든
관련된 기구들이었습니다. 후람이 솔
로몬 왕을 위해 여호와의 성전에 만
들어 준 모든 물건들은 번쩍이는 윤
을 낸 청동으로 만들어졌습니다.
17 솔로몬 왕이 숙곳과 *스레다 사이의
요단 강 평지에서 가져온 진흙 틀에
청동을 부어 냈습니다.
18 솔로몬이 만든 이 모든 것들은 엄청나
게 많아서 사용된 청동의 무게를 잴
수가 없었습니다.
19 솔로몬은 또 하나님의 성전에 있는 모
든 물건들을 만들었습니다. 금 제단
과 진설병을 두는 상들과
20 정해진 대로 안쪽 성소 앞에서 불을
켤 순금 등대와 그 등잔들과
21 순금으로 만든 꽃과 등잔과 부젓가락
과
22 순금으로 만든 부집게와 대접과 숟가
락과 불 옮기는 접시와 금으로 만든
맨 안쪽 지성소의 문과 성전 본당으
로 통하는 문들입니다.

5 솔로몬이 여호와의 성전을 위해 한
모든 일이 끝났습니다. 그는 아버
지 다윗이 바친 은과 금과 모든 기구
들을 가져와 하나님의 성전 창고에
두었습니다.

언약궤를 성전으로 옮기다 (왕상 8:1-9)

2 그러고 나서 솔로몬은 이스라엘 장로
들과 각 지파의 우두머리들, 곧 이스
라엘 집안의 우두머리들을 예루살렘
에 불러 모았습니다. 다윗의 성 시온
에서부터 여호와의 언약궤를 메어 옮
겨 오려는 것이었습니다.
3 일곱째 달 명절에 모든 이스라엘 사
람들이 왕에게 모였습니다.
4 모든 이스라엘 장로들이 도착하자 레
위 사람들이 언약궤를 멨습니다.
5 레위 사람인 제사장들이 언약궤를 메
고 올라가고 회막과 그 안에 있는 모
든 거룩한 물건들을 옮겼습니다.
6 솔로몬 왕과 그 곁에 모인 온 이스라
엘 회중은 언약궤 앞에서 양과 소로
제사를 드렸는데 그 수가 많아 셀 수
도 없고 기록할 수도 없었습니다.
7 제사장들이 여호와의 언약궤를 모셔
다가 제자리, 곧 성전 안쪽 지성소로
옮겨 그룹들의 날개 아래 두었습니다.
8 그룹들은 언약궤가 놓인 곳 위에 날
개를 펼쳐 언약궤와 그것을 메는 막

4:17 또는 사르단

대들을 덮고 있었습니다.
9 이 막대들은 아주 길어서 그 끝이 안
쪽 방 앞쪽에서 보였습니다. 그러나
성소 밖에서는 보이지 않았습니다.
그것은 지금까지도 여전히 거기에 있
습니다.
10 언약궤 안에는 이스라엘 백성들이 이
집트에서 나온 후 여호와께서 그들에
게 약속을 주신 호렙에서 모세가 그
안에 넣은 두 개의 돌판이 있었고 그
것 외에 다른 아무것도 없었습니다.
11 이때 제사장들은 성소에서 나왔습니
다. 그곳에 있던 제사장들은 순서와
상관없이 모두 자기 몸을 깨끗하게
하고 섬길 준비를 했습니다.
12 음악을 담당한 모든 레위 사람들, 곧
아삽, 헤만, 여두둔과 그의 아들들과
형제들은 제단 동쪽에 서서 고운 베
옷을 입고 심벌즈와 비파와 하프를
연주했습니다. 또 그들을 따라 120명
의 제사장들이 나팔을 불었습니다.
13 나팔 부는 사람들과 노래하는 사람
들이 한 소리로 한꺼번에 소리를 내
여호와께 찬양과 감사를 드렸습니다.
나팔과 심벌즈와 다른 악기들의 연주
에 맞춰 그들은 여호와께 감사하며
찬양하고 목소리를 높여 노래했습니
다. "그분은 선하시다. 그분의 사랑은
영원하다." 그러자 여호와의 성전이
구름으로 뒤덮였습니다.
14 제사장들은 그 구름으로 인해 서서
계속 연주할 수 없었습니다. 여호와의
영광이 하나님의 성전에 가득했기 때
문입니다.

6 그때 솔로몬이 말했습니다.
"여호와께서는 캄캄한 구름 속에
계시겠다고 말씀하셨으나
2 제가 주를 위해 아름다운 성전을
지었습니다. 주께서 영원히 계실 곳
입니다."
3 이스라엘 온 회중이 그곳에 서 있는
동안 왕은 얼굴을 돌이켜 그들을 축
복했습니다.
4 왕이 말했습니다.

Q&A

교회당은 성전인가?

참고 구절 | 대하 6:1-12

우리는 가끔 교회 건물에 대해 지나치게 중요성을 부여하거나 이와는 정반대로 지나치게 소홀히 하는 경우를 보게 된다. 우리가 드나드는 교회당을 구약의 성전과 똑같은 의미로 볼 수 있을까?

솔로몬은 성전이라는 제한된 장소 안에 하나님을 수용할 수 없음을 알았기 때문에 성전을 기도하는 장소일 뿐 그 이상도 그 이하로도 생각하지 않았다(대하 6:18). 그럼에도 그는 성전을 하나님께 제사드림으로 죄 사함을 받는 곳이며(대하 6:21), 하나님의 말씀이 선포되는 특별한 장소로 인식했다(출 25:22). 그래서 그는 성전을 하나님을 위해 세워진 신성한 장소라고 생각했던 것이다(대하 6:20).

그런데 솔로몬 이후 예수님 때까지 이스라엘 사람들은 성전에 대한 솔로몬의 균형잡힌 관점

"이스라엘의 하나님 여호와를 찬양
하자. 그분이 그 입으로 내 아버지
다윗에게 약속하신 것을 이제 이루
셨다. 그분이 말씀하셨다.
5 '내가 내 백성들을 이집트에서 이끌
어 낸 그날부터 이스라엘의 어느 지
파나 어느 성을 선택해 내 이름을
둘 성전을 짓게 하지 않았다. 내 백
성 이스라엘을 다스릴 지도자로 어
떤 다른 사람을 선택하지도 않았
다.
6 그러나 이제 내가 내 이름을 둘 곳
으로 예루살렘을 선택했고 내 백성
이스라엘을 다스릴 사람으로 다윗
을 선택했다'라고 하셨다.
7 내 아버지 다윗은 이스라엘의 하나
님 여호와의 이름을 위해 성전을
지을 마음이 있으셨다.
8 그러나 여호와께서 내 아버지 다윗
에게 말씀하시기를 '네 마음에 내
이름을 위해 성전을 짓겠다는 마
음이 있으니 네 마음이 갸륵하다.
9 그러나 너는 성전을 지을 사람이
아니다. 오직 네 몸에서 낳을 네 아
들이 내 이름을 위해 성전을 지을
것이다'라고 하셨다.
10 이제 여호와께서 말씀하신 대로 이
루셨다. 나는 내 아버지 다윗의 뒤
를 이어 이스라엘의 왕좌에 앉아
있다. 그리고 내가 이스라엘의 하
나님 여호와의 이름을 위해 성전을
지었다.
11 내가 바로 그곳에 이스라엘 백성들
과 맺은 여호와의 언약을 넣은 언
약궤를 두었다."

솔로몬의 봉헌 기도 (왕상 8:22-53)

12 그러고 나서 솔로몬은 여호와의 제단
앞에서 온 이스라엘 회중과 마주서서
그의 손을 폈습니다.
13 솔로몬은 이미 청동으로 단을 만들었
는데 길이가 *5규빗, 너비가 *5규빗,
높이가 *3규빗이었고 바깥뜰 가운데
두었습니다. 그가 그 단에 서서 온 이

6:13 5규빗은 약 2.25미터, 3규빗은 약 1.35미터

을 왜곡시켜 생각해 왔다. 어떤 사람들은 성전을 건물 그 이상으로 취급했다. 성전이라는 건물만 있으면 하나님은 언제나 임재하신다고 착각했던 것이다.

반대로 성전을 단순히 일반 건물과 같이 낮게 취급하기도 했다. 예수님은 성전에서 장사하는 사람들을 강하게 꾸짖으셨고(막 11:17), 성전의 거룩한 상징에 대해 무지한 바리새인들을 책망하기도 하셨다(마 23:16-22).

오늘날도 이러한 모습들을 흔히 보게 된다. 교회 건물의 중요성과 거룩성에 대한 생각 때문에 지나치게 교회당을 신성시하는 경우가 있다. 그러나 교회 건물만을 유일한 하나님의 집이라고 주장할 수는 없다. 하나님이 계신 곳은 어디나 거룩하기 때문이다. 그래서 하나님의 영이 임하는 우리의 몸을 '성전'이라고 부르는 것이다(고전 3:16; 6:19). 반대로 교회 건물을 단순한 건물만으로 취급하지 않고 거룩하게 여겨야 할 이유는 거룩하신 하나님을 예배하고 만나는 장소이기 때문이다.

스라엘 회중 앞에 무릎을 꿇고 하늘
을 향해 손을 폈습니다.
14 그가 말했습니다.
"이스라엘의 하나님 여호와여, 하늘
과 땅에 주와 같은 하나님은 없습
니다. 주께서는 온 마음으로 주의
길을 가는 주의 종들에게 약속을
지키시며 사랑을 베푸시는 분이십
니다.
15 주께서는 주의 종 제 아버지 다윗
에게 하신 약속을 지키셨습니다.
주의 입으로 약속하신 것을 오늘
과 같이 주의 손으로 이루신 것입
니다.
16 이제 이스라엘의 하나님 여호와여,
주의 종인 제 아버지 다윗에게 하
신 그 약속, 곧 '네 아들들이 네가
내 앞에서 행한 대로 모든 일에 내
법을 따라 산다면 이스라엘의 왕좌
에 앉을 사람이 내 앞에서 끊어지
지 않으리라'고 하신 그 약속의 말
씀을 지켜 주십시오.
17 이스라엘의 하나님 여호와여, 이제
주의 종 다윗에게 하신 약속의 말
씀을 이루어 주시기를 원합니다.
18 그러나 하나님께서 정말 땅에서 사
람과 함께 계실 수 있겠습니까? 하
늘과 하늘들의 하늘도 주를 다 모
실 수 없는데 하물며 제가 지은 이
성전이겠습니까?
19 그러나 내 하나님 여호와여, 주의
종의 기도와 자비를 구하는 소리에
귀 기울여 주십시오. 종이 주 앞에
서 부르짖으며 드리는 이 기도를
들어 주십시오.
20 주께서 주의 이름을 두시겠다던 이
곳 성전을 향해 주의 눈을 밤낮 여
시어 종이 이곳을 향해 드리는 기
도를 들어 주십시오.
21 종과 주의 백성 이스라엘이 이곳을
향해 기도할 때 그 기도를 들어 주
십시오. 주께서 계신 곳, 곧 하늘에
서 들어 주시고 들으실 때 용서해
주십시오.
22 사람이 자기 이웃에게 잘못을 저질
러 맹세를 해야 할 때 그가 와서 이
곳 주의 제단 앞에서 맹세를 하면
23 하늘에서 들어 주시고 행해 주십
시오. 주의 종들 사이에 심판하셔
서 죄 있는 사람에게는 그 악을 저
지른 만큼 벌을 머리에 내림으로써
갚아 주십시오. 죄 없는 사람에게
는 죄 없다고 선포해 그 정직함이
서게 해 주십시오.
24 주의 백성 이스라엘이 주께 죄를
지어 적들에게 패배를 당해도 다시
돌아와 주의 이름을 부르며 이 성
전에서 주께 기도하고 간절히 구하
면
25 주께서는 하늘에서 들어 주시고
주의 백성 이스라엘의 죄를 용서하
시고 그들을 그들과 그 조상들에
게 주신 그 땅으로 돌아오게 해 주
십시오.
26 주의 백성들이 주께 죄를 지어 하
늘이 닫히고 비가 오지 않을 때 그

들이 이곳을 향해 기도하며 주의
이름을 부르고 그들이 죄에서 돌이
키면
27 주께서는 하늘에서 들어 주시고
주의 종들과 주의 백성인 이스라엘
의 죄를 용서해 주십시오. 그들에
게 옳은 삶의 길을 가르쳐 주시고
주의 백성에게 기업으로 주신 땅에
비를 내려 주십시오.
28 이 땅에 가뭄과 전염병이 있을 때
곡식이 시들거나 깜부기병이 나거
나 메뚜기와 병충해가 생기거나 적
들이 그들의 성을 에워싸거나 온갖
재난이나 질병이 올 때
29 주의 백성 이스라엘 가운데 누구라
도 각각 자신의 재난과 고통을 깨
닫고 이 성전을 향해 자기 손을 펼
치며 무엇을 위해서든지 기도나 간
구를 드릴 때
30 주께서는 주의 계신 곳 하늘에서
들어 주시고 용서를 베풀어 주십시
오. 주께서는 각 사람의 마음을 아
시므로 각 사람에게 그 행위대로
갚아 주십시오. 주께서만 사람의
마음을 아시기 때문입니다.
31 그리하여 주께서 그 조상들에게
주신 이 땅에서 살아가는 동안 그
들이 주를 경외하며 언제나 주의
길로 가게 하십시오.
32 주의 백성 이스라엘에 소속하지 않
은 이방 사람이 주의 위대한 이름
과 능력 있는 손과 쭉 뻗친 팔로 인
해 먼 땅에서 와서 이 성전을 향해
기도하면
33 주께서 계시는 곳, 하늘에서 들어
주셔서 이방 사람이 주께 구하는
것은 무엇이든 들어 주십시오. 그
리하여 이 땅의 모든 민족들이 주
의 백성 이스라엘처럼 주의 이름을
알고 두려워하게 하며 제가 지은
이 집이 주의 이름으로 불리는 줄
을 알게 하십시오.
34 주의 백성들이 주께서 보내시는 어
느 곳이든 적들과 싸우러 나갈 때
그들이 주께서 선택하신 이 성과
제가 주의 이름을 위해 지은 이 성
전을 향해 주께 기도하면
35 주께서는 하늘에서 그들의 기도와
그들의 간구를 들어 주시고 그 일
을 돌아보아 주십시오.
36 죄를 짓지 않는 사람이 없으니 저
희가 주께 죄를 지어 주께서 저희
에게 진노하셔서 그 적들의 손에
넘겨 저희가 포로가 돼서 멀거나
가까운 땅으로 끌려간 후에
37 만약 저희가 포로로 사로잡혀 있
는 그곳에서 마음을 돌이켜 회개하
고 그 포로로 지내는 땅에서 간구
하며 '우리가 죄를 지었습니다. 우리
가 잘못을 저질렀고 악한 일을 했
습니다'라고 말하거나
38 또 만약 저희가 끌려가 포로로 잡
혀 있던 그 땅에서 마음과 영을 다
해 주께 돌아와 주께서 저희 조상
들에게 주신 땅과 주께서 주신 성
과 제가 주의 이름을 위해 지은 이

성전을 향해 기도하면
39 주께서 계신 곳 하늘에서 저희의
기도와 저희의 간구를 들어 주시
고 그 일을 돌아보아 주십시오. 주
께 죄를 지은 주의 백성들을 용서
해 주십시오.
40 내 하나님이여, 주께서 눈을 여시
고 이제 이곳에서 드린 기도에 귀
기울여 주십시오.
41 여호와 하나님이여, 일어나 주께서
평안히 계실 곳, 주와 주의 능력의
궤와 함께 계실 곳으로 오십시오.
여호와 하나님이여, 주의 제사장들
이 구원을 입게 하시고 주의 성도
들이 주의 선하심을 기뻐하게 해
주십시오.
42 여호와 하나님이여, 주께서 기름 부
은 사람을 버리지 마시고 주의 종
다윗에게 베푸신 사랑을 기억해 주
십시오."

성전 봉헌식 (왕상 8:62-66)

7 솔로몬이 기도를 마치자 하늘에서
불이 내려와 번제물과 희생제물을
태웠고 여호와의 영광이 성전에 가득
찼습니다.
2 여호와의 영광이 성전에 가득 찼으므
로 제사장들이 감히 그곳에 들어갈
수 없었습니다.
3 모든 이스라엘 백성들은 불이 내려온
것과 여호와의 영광이 성전에 있는
것을 보고 돌을 깐 땅에 엎드려 경배
하며 여호와께 감사하고 찬양하며 말
했습니다.
"그분은 선하시다. 그분의 사랑은
영원하다."
4 그러자 왕과 모든 백성들이 여호와
앞에 희생제물을 드렸습니다.
5 솔로몬 왕은 소 2만 2,000마리와 양
12만 마리를 희생제물로 드렸습니다.
이렇게 왕과 모든 백성들은 하나님의
성전을 드리는 예식을 했습니다.
6 제사장들은 맡은 일에 따라 섬기고
여호와를 위해 악기를 연주할 레위 사
람들도 그렇게 했습니다. 그 악기들은
다윗 왕이 레위 사람들로 하여금 여호
와를 찬양하게 하기 위해 만든 것입
니다. "그분의 사랑은 영원하다"라고
찬양하며 악기를 사용해 감사를 드렸
습니다. 레위 사람들 맞은편에서 제사
장들이 나팔을 불었고 모든 이스라엘
백성들이 서 있었습니다.
7 솔로몬은 여호와의 성전 앞뜰 가운데
를 거룩하게 구별하고 거기에서 번제
와 화목제의 기름을 드렸습니다. 솔로
몬이 만든 청동 제단에 모든 번제물
과 곡식제물과 기름을 다 놓을 수 없
었기 때문입니다.
8 이렇게 솔로몬은 7일 동안 절기를 지
켰는데 하맛 어귀에서부터 이집트 시
내에 이르기까지 온 이스라엘 무리들
이 모여 와서 매우 많은 사람들이 그
와 함께했습니다.
9 성전을 드리는 예식을 7일 동안 한 후
또 7일 동안 절기를 지키고 8일째 되
는 날 그들은 함께 모였습니다.
10 *일곱 번째 달 23일에 그는 백성들을

집으로 돌려보냈습니다. 그들은 여호
와께서 다윗과 솔로몬과 그 백성 이
스라엘에게 베푸신 모든 은혜로 인해
마음이 즐겁고 기뻤습니다.

여호와께서 솔로몬에게 나타나시다 (왕상 9:1-9)

11 솔로몬이 여호와의 성전과 왕궁 건설
을 다 마치고 여호와의 성전과 자신
의 왕궁에 해야 할 모든 일을 계획한
대로 잘 이루었습니다.
12 여호와께서 밤에 솔로몬에게 나타나
말씀하셨습니다.
"내가 네 기도를 들었고 이곳을 제
사받기 위한 성전으로 삼았다.
13 내가 하늘을 닫아 비가 오지 않거
나 메뚜기 떼에 명령해 이 땅의 생
산물을 갉아 먹게 하거나 내 백성
들 가운데 전염병을 보낼 때
14 내 이름으로 불리는 내 백성들이
악한 길에서 돌이켜 스스로 낮아
져 기도하고 내 얼굴을 구하면 내
가 하늘에서 듣고 그들의 죄를 용
서하며 그 땅을 고칠 것이다.
15 내 눈을 열고 이곳에서 드리는 기
도에 내 귀를 기울일 것이다.
16 내가 이미 이곳을 선택해 거룩하게
하며 내 이름이 거기에 영원히 있
으니 내 눈과 내 마음은 항상 그곳
에 있을 것이다.
17 네가 만약 내 앞에서 네 아버지 다
윗이 행한 것처럼 내가 명령한 모
든 것을 행하고 내 규례와 법도를
지키면
18 내가 '네 후손 가운데 이스라엘을
다스릴 사람이 끊어지지 않게 하리
라'고 네 아버지 다윗과 언약한 대
로 네 나라의 왕위를 굳게 할 것이
다.
19 그러나 *네가 내게 등을 돌려서 내
가 *네게 준 규례와 명령들을 버리
고 나를 떠나 다른 우상들을 섬기
고 경배하면
20 내가 너희에게 준 내 땅에서 이스
라엘을 뽑아내고 내 이름을 위해
거룩하게 한 이 성전을 내 앞에서
버려 모든 민족들 사이에 속담거리
와 웃음거리가 되게 하겠다.
21 이 성전이 지금은 귀하게 여김을
받지만 그때가 되면 지나가는 사람
들마다 놀라서 '왜 여호와께서 이
땅과 이 성전을 이렇게 비참하게
만드셨는가?' 하면
22 사람들은 '그들이 자기 조상들을
이집트에서 이끌어 내신 그 하나님
여호와를 저버리고 다른 우상들을
흔쾌히 받아들여 경배하고 섬겼기
때문에 여호와께서 이 모든 재앙을
그들에게 내리셨다'라고 대답할 것
이다."

솔로몬의 다른 업적들 (왕상 9:10-28)

8 솔로몬이 20년 동안 여호와의 성전
과 자기 왕궁을 지었습니다.
2 솔로몬은 *후람이 자기에게 준 성을
다시 고쳐 짓고 그곳에 이스라엘 백성
들을 살게 했습니다.

7:10 에다님 월, 태양력으로 9월 중순 이후 7:19 히브리어 사본에는 복수형 '너희가', '너희에게' 8:2 또는 히람(왕상 5:2;7:13을 보라.)

3 그때 솔로몬은 하맛소바로 내려가 그
곳을 빼앗았습니다.
4 그는 또 광야에 다드몰을 건축하고
하맛에는 모든 창고 성들을 건축했습
니다.
5 솔로몬은 위쪽 벧호론과 아래쪽 벧호
론을 성벽과 문과 문빗장이 있는 요
새로 만들었습니다.
6 바알랏과 그 모든 창고 성들을 비롯
해 그의 전차들과 말들을 위한 모든
성들을 건축했습니다. 예루살렘과 레
바논과 그가 다스리는 모든 땅에 걸
쳐 그가 짓기로 생각한 것은 무엇이
든 다 지었습니다.
7 거기 남아 있던 이스라엘 백성이 아
닌 헷 사람들, 아모리 사람들, 브리스
사람들, 히위 사람들, 여부스 사람들,
8 곧 이스라엘 사람들이 멸망시키지 못
했던 그 땅에 남아 있던 그들의 자손
들은 솔로몬의 노예로 부역을 했고 오
늘날까지도 노예로 남아 있습니다.
9 그러나 솔로몬이 이스라엘 백성들은
한 명도 노예로 삼지 않았습니다. 그
들은 군인들이거나 관리들의 우두머
리거나 전차와 기마병의 대장들이었
습니다.
10 솔로몬이 계획한 일을 맡아 감독하는
사람은 250명으로 저희가 백성을 다
스렸습니다.
11 솔로몬은 다윗의 성에 있던 바로의 딸
을 그녀를 위해 지어 놓은 궁으로 데
려갔습니다. 그는 "내 아내는 이스라
엘 왕 다윗의 성에 살아서는 안 된다.
그곳은 여호와의 궤가 들어가 있던
거룩한 곳이기 때문이다"라고 말했습
니다.
12 솔로몬은 성전 현관 앞에 만든 여호와
의 제단에서 여호와께 번제를 드렸습
니다.
13 모세가 명령한 대로 안식일, 초하루,
또 세 차례의 명절인 무교절, 칠칠절,
초막절에 정해진 대로 드려야 할 제
사를 드렸습니다.
14 그는 자기 아버지 다윗이 정한 가르침
에 근거해 제사장들을 그 계열대로
일하게 했고 레위 사람들은 규례에
따라 날마다 찬양하고 제사장들을
돕도록 했습니다. 그는 또한 계열에
따라 여러 문들을 지키는 문지기들도
세웠습니다. 이것은 하나님의 사람 다
윗이 명령한 것이었습니다.
15 제사장들이나 레위 사람들은 창고에
관한 일을 비롯해 어떤 일이든지 왕
이 명령한 것을 어기지 않았습니다.
16 솔로몬은 여호와의 성전에 기초가 놓
인 그날부터 다 짓기까지 모든 일을
마쳤습니다. 그리하여 여호와의 성전
이 부족한 것 하나 없이 완성됐습니
다.
17 그 후 솔로몬이 에돔의 바닷가 에시온
게벨과 엘롯에 갔는데
18 후람이 자기 부하를 시켜 배들과 바
다를 잘 아는 사람들을 솔로몬에게
보냈습니다. 이들은 솔로몬의 사람들
과 함께 오빌에 가서 거기서 금 *450

8:18 450달란트는 약 15.42톤

달란트를 얻어 솔로몬 왕에게 가져왔
습니다.

스바의 여왕이 솔로몬을 찾아오다 (왕상 10:1-13)

9 스바 여왕이 솔로몬의 명성에 대해
듣고 어려운 질문으로 그를 시험하
고자 찾아왔습니다. 스바 여왕은 많
은 수행원을 거느리고 향료와 많은
양의 금과 보석들을 낙타에 싣고 예
루살렘에 왔습니다. 솔로몬에게 와서
그녀의 마음속에 있는 모든 생각을
솔로몬과 더불어 이야기했습니다.
2 솔로몬은 그녀의 모든 질문에 다 대
답했으며 설명하지 못한 것이 없었습
니다.
3 스바 여왕은 솔로몬이 지혜로움을 알
았고 그가 지은 왕궁을 보았습니다.
4 그 식탁의 음식과 신하들의 자리와
종들이 일하는 모습과 그들이 입은
옷과 그 술잔을 시중드는 사람들과
그들이 입은 옷과 여호와의 성전에
올라가는 계단을 보고 너무 놀랐습
니다.
5 여왕이 왕에게 말했습니다. "내 나라
에서 들은 왕이 하신 일과 왕의 지혜
에 대한 소문이 사실이었습니다.
6 내가 와서 내 눈으로 직접 보지 않고
는 이런 일들을 믿을 수가 없었습니
다. 그런데 내가 들은 것은 왕의 지혜
의 절반도 못 되는군요. 왕은 내가 들
은 소문보다 훨씬 더 뛰어납니다.
7 왕의 백성들은 참 행복하겠습니다.
계속 왕 곁에 서서 그 지혜를 들을
수 있는 왕의 신하들은 참 행복하겠
습니다.
8 왕의 하나님 여호와를 찬양합니다.
여호와께서 왕을 기뻐해 왕의 하나님
여호와를 위해 이스라엘의 왕좌에 앉
히셨으니 말입니다. 왕의 하나님은 이
스라엘을 사랑하시고 영원히 굳게 하
시려고 왕을 그들을 다스릴 왕으로
삼아 공평과 의로 다스리게 하셨습니
다."
9 그러고 나서 여왕은 왕에게 금 *120
달란트와 많은 양의 향료와 보석들을
주었습니다. 지금까지 누구도 스바 여
왕이 솔로몬 왕에게 준 향료 같은 것
을 가져온 적이 없었습니다.
10 (후람의 신하들과 솔로몬의 신하들은
오빌에서 금을 가져왔고 또 거기서 백
단목과 보석을 많이 가져왔습니다.
11 왕은 그 백단목을 사용해 여호와의
성전과 왕궁의 난간을 만들었고 음악
가들을 위해 수금과 비파를 만들었
습니다. 예전에는 이런 백단목을 유다
땅에서 볼 수 없었습니다.)
12 솔로몬 왕은 스바 여왕에게 그가 바
라고 구하는 모든 것을 주었습니다.
그는 여왕이 가져온 것보다 더 많이
주었습니다. 여왕은 그곳을 떠나 수
행원들과 함께 자기 나라로 돌아갔습
니다.

솔로몬의 영화 (왕상 10:14-29)

13 솔로몬이 해마다 거둬들이는 금의 양
은 *666달란트였습니다.

9:9 120달란트는 약 4.11톤 9:13 666달란트는 약 22.82톤

14 그 밖에 상인들과 무역업자들이 금
을 가져왔습니다. 또 아라비아 왕들과
이스라엘 지도자들도 솔로몬에게 금
과 은을 가져왔습니다.
15 솔로몬 왕은 금을 두드려 큰 방패
200개를 만들었는데 각 방패마다
*600세겔의 금이 들어갔습니다.
16 그는 또한 금을 두드려 작은 방패
300개를 만들었는데 각 방패마다
*300세겔의 금이 들어갔습니다. 왕
은 그것들을 '레바논 나무 왕궁'에 두
었습니다.
17 그리고 왕은 상아로 큰 왕좌를 만들
고 순금을 입혔습니다.
18 왕좌에는 여섯 개의 계단이 있었고
금으로 된 발 받침이 달려 있었습니
다. 왕좌 양쪽에 팔걸이가 있었는데
팔걸이 옆쪽에 사자가 하나씩 서 있
었습니다.
19 여섯 개의 계단 위에 사자 12마리가
서 있었습니다. 계단 양쪽 끝마다 사
자가 한 마리씩입니다. 그 어떤 나라
도 이런 왕좌를 만든 나라가 없었습
니다.
20 솔로몬이 마시는 모든 그릇은 모두
금이었고 '레바논 나무 왕궁'에 있는
모든 살림살이들은 순금이었습니다.
은으로 만든 것은 하나도 없었습니
다. 솔로몬 시대에는 은을 귀하게 여
기지 않았기 때문입니다.
21 왕은 무역을 하는 배들을 갖고 있었
는데 그 배로 *후람의 사람들과 함께
다시스로 다니며 3년에 한 번씩 금과
은과 상아와 원숭이와 공작새를 실
어 왔습니다.
22 솔로몬 왕은 부와 지혜에 있어서 이
땅의 다른 어떤 왕들보다 뛰어났습니
다.
23 세상의 모든 왕들은 하나님께서 솔로
몬에게 주신 지혜를 듣고 싶어서 솔로
몬을 만나려고 했습니다.
24 솔로몬을 만나러 오는 사람들마다 선
물을 들고 왔습니다. 그것은 금은으
로 만든 물건과 옷과 무기와 향료와
말과 노새 같은 것들을 정한 대로 해
마다 가지고 왔습니다.
25 솔로몬에게 말과 전차를 두는 마굿간
이 4,000칸, 기마병들이 1만 2,000명
있었습니다. 그는 그것들을 전차를
두는 성과 왕이 사는 예루살렘에 나
눠서 두었습니다.
26 솔로몬은 유프라테스 강에서부터 블
레셋 땅과 이집트의 경계까지 모든 왕
들을 다스렸습니다.
27 왕은 예루살렘에서 은을 돌처럼 흔한
것으로 만들었고 백향목은 평지의
뽕나무처럼 널려 있게 만들었습니다.
28 솔로몬의 말들은 이집트와 다른 나라
들에서 들여왔습니다.

솔로몬의 죽음

29 솔로몬이 다스리던 때 처음부터 끝까
지 있었던 다른 일들은 예언자 나단
의 기록과 실로 사람 아히야의 예언서
와 선견자 잇도가 느밧의 아들 여로보

9:15 600세겔은 약 6.84킬로그램 9:16 300세겔은 약 3.42킬로그램 9:21 또는 히람

암에 관해 적은 계시의 책에 적혀 있
습니다.
30 솔로몬은 예루살렘에서 온 이스라엘
을 40년 동안 다스렸습니다.
31 솔로몬은 자기 조상들과 함께 잠들었
고 그 아버지 다윗의 성에 묻혔습니
다. 그리고 그 아들 르호보암이 뒤를
이어 왕이 됐습니다.

이스라엘이 르호보암을 반역하다 (왕상 12:1-20)

10 르호보암은 세겜으로 갔습니
다. 온 이스라엘 백성들이 그를
왕으로 삼으려고 그곳에 가 있었기
때문입니다.
2 느밧의 아들 여로보암이 솔로몬 왕을
피해 이집트에 있었는데 이 소식을 듣
고 이집트에서 돌아왔습니다.
3 이스라엘은 여로보암에게 사람을 보
냈습니다. 여로보암과 백성들은 르호
보암에게 와서 말했습니다.
4 "왕의 아버지는 우리에게 무거운 짐
을 지우셨습니다. 그러나 이제 힘든
부역의 의무와 솔로몬 왕이 우리에게
지우신 무거운 짐을 줄여 주십시오.
그러면 우리가 왕을 섬기겠습니다."
5 르호보암이 대답했습니다. "3일 있다
가 다시 내게로 와라." 그러자 백성들
이 물러갔습니다.
6 르호보암 왕은 자기 아버지 솔로몬
이 살아 있었을 때 섬겼던 원로들에
게 도움을 구하며 물었습니다. "이 사
람들에게 어떻게 대답해야 하겠습니
까?"
7 그들이 대답했습니다. "만약 오늘 왕
께서 이 사람들에게 너그럽게 대하고
그들을 기뻐해 좋은 말로 대답하신다
면 그들이 항상 왕의 종이 될 것입니
다."
8 그러나 르호보암은 원로들이 준 도움
의 말을 듣지 않고 자기와 함께 자라
서 자기를 섬기는 젊은 사람들에게
도움을 구했습니다.
9 르호보암 왕은 그들에게 물었습니다.
"너희는 어떤 말을 하겠느냐? '왕의
아버지가 우리에게 지운 짐을 가볍게
해 달라' 하고 말하는 저 사람들에게
내가 어떻게 대답해야겠느냐?"
10 그와 함께 자란 젊은 사람들이 대답
했습니다. "'왕의 아버지는 우리에게
무거운 짐을 지우셨으나 우리 짐을
가볍게 해 주십시오'라고 말했던 저
사람들에게 '내 새끼손가락이 내 아
버지의 허리보다 더 굵다.
11 내 아버지께서 너희에게 무거운 짐을
지웠다고 했느냐? 나는 더 무겁게 하
리라. 내 아버지께서 가죽 채찍으로
치셨다면 나는 쇠 채찍으로 너희를
치겠다'라고 말씀하십시오."
12 3일 후 여로보암과 그 모든 백성들이
르호보암에게 나왔습니다. 왕이 "3일
있다가 다시 나를 찾아오라" 하고 말
했기 때문입니다.
13 왕이 원로들에게서 받은 도움의 말을
뿌리치고 그 백성들에게 무자비하게
대답했습니다.
14 그는 젊은 사람들의 말을 따라 말했
습니다. "내 아버지께서 너희 짐을 무

겁게 하셨다고 했느냐? 나는 더 무겁
게 할 것이다. 내 아버지께서 너희를
가죽 채찍으로 치셨다면 나는 쇠 채
찍으로 너희를 치겠다."
15 왕은 이렇게 백성의 말에 귀 기울이
지 않았습니다. 일이 이렇게 된 것은
하나님께서 하신 것으로 여호와께서
예전에 실로 사람 아히야를 통해 느밧
의 아들 여로보암에게 하신 말씀을
이루려는 것이었습니다.
16 온 이스라엘은 왕이 그들의 말에 귀
기울이기를 거부했다는 말을 듣고 왕
에게 대답했습니다. "우리가 다윗과
무슨 상관이 있는가? 이새의 아들과
나눌 몫이 없다. 이스라엘아, 우리네
집으로나 돌아가자. 다윗아, 네 집안
이나 돌보아라." 그러고 나서 그 이스
라엘 사람들은 집으로 돌아갔습니다.
17 그러나 유다 성들에 살고 있던 이스라
엘 백성들은 아직 르호보암의 다스림
을 받았습니다.
18 르호보암 왕이 부역을 관리하고 있던
*하도람을 이스라엘 백성에게 보냈지
만 온 이스라엘은 그에게 돌을 던져
죽이고 말았습니다. 르호보암 왕은
서둘러 자기 전차를 타고 예루살렘으
로 도망쳐 버렸습니다.
19 이렇게 이스라엘은 다윗의 집에 반역
해 지금까지 이르렀습니다.

11 르호보암은 예루살렘에 도착하
자 유다의 온 집안과 베냐민 지
파를 불러 모았습니다. 용사들의 수
는 18만 명이었습니다. 이들은 이스라
엘과 싸워 솔로몬의 아들 르호보암을
위해 나라를 되찾을 생각이었습니다.
2 그러나 하나님의 말씀이 하나님의 사
람 스마야에게 임했습니다.
3 "유다 왕 솔로몬의 아들 르호보암과
유다와 베냐민 지파의 모든 이스라엘
백성들에게 말하여라.
4 '여호와께서 말씀하신다. 네 형제들과
싸우려고 올라가지 말라. 너희는 각
각 집으로 돌아가라. 이 일은 내가 일
으킨 일이다'라고 말하여라." 그러자
그들은 여호와의 말씀에 순종해 여로
보암을 치러 가지 않고 돌아섰습니다.

르호보암이 유다를 요새화하다

5 르호보암은 예루살렘에 살면서 유다
를 지키기 위해 성들을 건축했는데
6 베들레헴, 에담, 드고아,
7 벧술, 소고, 아둘람,
8 가드, 마레사, 십,
9 아도라임, 라기스, 아세가,
10 소라, 아얄론, 헤브론이었습니다. 이
성들은 유다와 베냐민의 튼튼한 성들
이었습니다.
11 르호보암은 그 성들을 더욱 굳게 해
사령관들을 두고 먹을 것과 올리브기
름과 포도주를 쌓아 두었습니다.
12 르호보암은 이 모든 성들에 방패와
창을 두어 강하게 했습니다. 이렇게
유다와 베냐민은 르호보암에게 속했
습니다.
13 온 이스라엘의 제사장들과 레위 사람
들이 자기들이 살던 지역을 떠나 르

10:18 또는 아도니람

호보암에게 왔습니다.
14 레위 사람들은 여로보암과 그 아들들
이 여호와의 제사장들인 자기들을 버
려 제사장의 일을 못하게 했기 때문
에 자기 초지와 재산마저 버리고 유다
와 예루살렘으로 오게 됐습니다.
15 여로보암은 자기를 위해 스스로 제사
장들을 세우고 산당에다 자기가 만
든 숫염소 우상과 송아지 우상들을
섬기게 했습니다.
16 이스라엘의 모든 지파 가운데 이스라
엘의 하나님 여호와를 찾기로 마음을
정한 사람들은 레위 사람들을 따라
예루살렘으로 와서 자기 조상들의 하
나님인 여호와께 제사를 드렸습니다.
17 그들은 3년 동안 유다 왕국을 강하게
했고 솔로몬의 아들 르호보암을 강하
게 했는데 이는 3년 동안 그들이 다윗
과 솔로몬을 본받아 살았기 때문입니
다.

르호보암의 가족

18 르호보암은 마할랏과 결혼했는데 마
할랏은 다윗의 아들인 여리못과 이새
의 아들 엘리압의 딸 아비하일 사이에
서 난 딸입니다.
19 마할랏은 그에게서 세 아들 여우스,
스마랴, 사함을 낳았습니다.
20 그 후 르호보암은 압살롬의 딸 마아가
와 결혼했고 그는 아비야, 앗대, 시사,
슬로밋을 낳았습니다.
21 르호보암은 다른 아내들과 첩들보다
압살롬의 딸 마아가를 더욱 사랑했습
니다. 그는 아내가 18명, 첩이 60명이
었으며 아들이 28명, 딸이 60명이었
습니다.
22 르호보암은 마아가의 아들 아비야를
그 형제들 가운데 맏아들로 삼아 왕
으로 세울 생각이었습니다.
23 그는 이 일을 지혜롭게 했습니다. 그
모든 아들들을 유다와 베냐민 땅 전
지역 튼튼한 성읍들로 흩어 보내 그
들에게 많은 양식을 주고 아내를 많
이 구해 주었습니다.

시삭이 예루살렘을 쳐들어오다 (왕상 14:25-28)

12 르호보암의 나라가 든든해지고
힘이 강해지자 그는 여호와의

성·경·상·식

이스라엘 자손이 섬기던 숫염소

고대 이집트인들은 태양, 달, 별 등 천체뿐만 아니라 나일 강 그리고 심지어는 각종 동물 형상까지도 신으로 섬겼다. 이집트에서 노예살이를 했던 이스라엘 백성들은 이런 이방 종교의 영향에서 완전히 벗어날 수는 없었다.

레위기 17장 7절을 보면 "음란한 방법으로 섬기던 숫염소에게 더 이상 희생제물을 잡아 바치면 안 된다"고까지 구체적으로 경고하고 있다. 여기서 음란히 섬긴다는 뜻은 우상 숭배에 대한 묘사다. 이스라엘 백성이 이집트에 거하는 동안 이미 그들은 '숫염소'를 섬기기 시작했고(수 24:14; 겔 20:7) 북왕국 이스라엘의 첫 왕이 된 여로보암 역시 숫염소를 숭배했다(대하 11:15). 또한 에스겔 선지자는 과거 이스라엘 백성이 이집트에서 음란하게 우상을 섬겼던 일을 상기시키며(겔 23:3), 이러한 행위로 인하여 이스라엘이 하나님의 심판을 받았다고 말했다(겔 23:49).

율법을 버렸습니다. 온 이스라엘이 그
를 본받았습니다.
2 저희가 여호와께 죄를 범했기 때문에
르호보암 왕 5년에 이집트 왕 시삭이
예루살렘을 공격했습니다.
3 전차 1,200대, 기마병 6만 명을 비롯
해 셀 수 없이 많은 리비아, 숩, *에티
오피아 사람들이 이집트와 함께 공격
했습니다.
4 시삭은 유다의 견고한 성읍들을 점령
하고 예루살렘까지 쳐들어왔습니다.
5 그때 시삭 때문에 유다 지도자들이
예루살렘에 모였습니다. 예언자 스마
야가 르호보암과 유다 지도자에게 가
서 말했습니다. "여호와께서 말씀하십
니다. '너희가 나를 버렸으니 나도 너
희를 버려 시삭에게 주겠다.'"
6 이스라엘 지도자들과 왕은 자기들을
낮추어 말했습니다. "여호와는 의로
우십니다."
7 여호와께서 그들이 겸손해진 것을 보
셨습니다. 여호와의 말씀이 스마야에
게 내려왔습니다. "저들이 겸손해졌으
니 내가 저들을 멸망시키지 않고 곧
구해 줄 것이다. 내 진노를 시삭을 통
해 예루살렘에 쏟지 않을 것이다.
8 그러나 저희가 시삭에게 복종하게 될
것이니 나를 섬기는 것과 다른 나라
왕들을 섬기는 것이 어떻게 다른지
알게 될 것이다."
9 이집트 왕 시삭은 예루살렘을 공격하
면서 여호와의 성전의 보물들과 왕궁
의 보물들을 다 빼앗아 버렸습니다.
그는 솔로몬이 만든 금 방패도 빼앗
았습니다.
10 르호보암 왕은 금 방패 대신에 청동
으로 방패들을 만들어 왕궁 문을 지
키는 경호 책임자들에게 주었습니다.
11 왕이 여호와의 성전에 갈 때마다 경
호대들은 그 방패들을 들고 갔다가
경호실에 도로 가져다 놓았습니다.
12 르호보암이 스스로 겸손했기에 여호
와께서 진노를 그에게서 거두시고 그
를 완전히 멸망시키지는 않으셨습니
다. 그래서 유다도 형편이 나아졌습니
다.
13 르호보암 왕은 예루살렘에서 힘을 강
하게 해 계속 다스릴 수 있었습니다.
그가 왕이 된 것은 41세 때였고 여호
와께서 모든 이스라엘 지파 가운데 자
기 이름을 두시려고 선택하신 성, 곧
예루살렘에서 17년 동안 다스렸습니
다. 그 어머니는 이름이 나아마로 암
몬 사람이었습니다.
14 그는 오로지 여호와를 찾는 데 마음
을 두지 않아 악한 일을 저질렀습니
다.
15 르호보암이 한 일은 처음부터 끝까지
예언자 스마야의 기록과 선견자 잇도
의 족보에 적혀 있습니다. 르호보암과
여로보암 사이에 늘 싸움이 있었습니
다.
16 르호보암은 자기 조상들과 함께 잠들
었고 다윗의 성에 묻혔습니다. 그 아
들 *아비야가 그 뒤를 이어 왕이 됐

12:3 나일 강 상류 지역을 가리킴. 12:16 또는 아비얌

습니다.

유다 왕 아비야 (왕상 15:1-8)

13 여로보암이 다스린 지 18년에
*아비야가 유다 왕이 됐습니다.
2 그는 예루살렘에서 3년 동안 다스렸
습니다. 그 어머니는 이름이 *미가야
로 기브아 사람 우리엘의 *딸이었습
니다. 아비야와 여로보암 사이에는 전
쟁이 있었습니다.
3 아비야는 40만 명의 용사들을 데리
고 싸움터로 나갔고 여로보암은 80만
명의 큰 군대로 그를 맞섰습니다.
4 아비야는 에브라임 산지의 스마라임
산 위에 서서 말했습니다. "여로보암
과 온 이스라엘아, 내 말을 잘 들으라.
5 너희는 이스라엘의 하나님 여호와께
서 소금 언약으로 이스라엘의 왕권을
다윗과 그 자손들에게 영원히 주신
것을 알지 못하느냐?
6 그러나 다윗의 아들 솔로몬의 신하였
던 느밧의 아들 여로보암이 그 주인에
게 반역을 저질렀다.
7 건달과 불량배들이 그의 주위에 모여
서 솔로몬의 아들 르호보암을 반역했
으나 그때 르호보암이 어리고 약해서
그들을 능히 막을 수 없었다.
8 이제 너희가 다윗의 자손들의 손에
있는 여호와의 나라에 저항하려 하
는구나. 너희는 군사가 많고 여로보암
은 너희 신이라고 금송아지를 만들어
너희 가운데 두었다.
9 너희가 아론의 아들들인 여호와의 제
사장들과 레위 사람들을 쫓아내고
다른 나라의 백성들처럼 너희 스스로
제사장을 삼지 않았느냐? 누구든 수
송아지 한 마리와 숫양 일곱 마리를
가지고 오는 자마다 헛된 신의 제사
장이 될 수 있게 했다.
10 우리에게는 여호와께서 우리 하나님
이 되시고 우리는 그분을 저버리지
않았다. 여호와를 섬기는 제사장들은
아론의 아들들이고 레위 사람들이 그
들을 돕고 있다.
11 매일 아침저녁으로 그들이 여호와께
번제와 향기로운 향을 드리고 있다.
그들은 깨끗한 상에 빵을 올려놓고
매일 저녁마다 금 등잔대에 불을 켠
다. 우리는 우리 하나님 여호와의 명
령들을 잘 지키고 있으나 너희는 그
분을 저버렸다.
12 보라. 하나님께서 우리와 함께하시며
우리의 대장이 되신다. 나팔을 든 그
분의 제사장들이 너희를 향해 나팔
을 불어 우리로 싸우게 하려 한다. 이
스라엘 사람들아, 너희 조상들의 하
나님 여호와와 싸우지 말라. 너희가
이기지 못한다."
13 여로보암이 유다의 뒤쪽으로 둘러서
몰래 군사를 보냈습니다. 여로보암이
유다 앞에 있는 동안 여로보암의 군
사들이 뒤쪽을 치려고 한 것입니다.
14 유다 사람이 뒤를 돌아보니 앞뒤로
공격을 당하고 있었습니다. 그러자 그
들은 여호와께 부르짖었습니다. 제사

13:1 또는 아비얌 13:2 또는 마아가(대하 11:20과 왕상 15:2을 보라.) 13:2 또는 손녀

장들이 나팔을 불었습니다.
15 유다 사람들은 소리를 질렀습니다.
그 소리를 들으시고 하나님께서 아비
야와 유다 앞에서 여로보암과 온 이스
라엘을 치셨습니다.
16 이스라엘 사람들은 유다 앞에서 도망
쳤고 하나님께서는 그들을 유다 사람
들의 손에 넘겨주셨습니다.
17 아비야와 그의 용사들은 이스라엘 군
사들을 많이 죽였습니다. 이스라엘
군사들 가운데 죽은 사람은 50만 명
이었습니다.
18 이스라엘 군사들은 그 일로 완전히
항복하게 됐고 유다 사람들은 그 조
상들의 하나님 여호와께 의지해 승리
를 거뒀습니다.
19 아비야는 여로보암을 쫓아가서 벧엘,
여사나, 에브론 성과 그 주변 마을을
빼앗았습니다.
20 여로보암은 아비야 시대에 세력을 되
찾지 못했으며 여호와께서 그를 치심
으로 말미암아 죽었습니다.
21 그러나 아비야는 점점 힘이 커졌습니
다. 그는 14명의 아내를 얻어 22명의
아들과 16명의 딸을 두었습니다.
22 아비야가 한 나머지 일, 곧 그의 다른
일과 말은 예언자 잇도의 주석 책에
적혀 있습니다.

14 아비야는 그 조상들과 함께 잠
들었고 다윗의 성에 묻혔습니
다. 그리고 그 아들 아사가 뒤를 이어
왕이 됐고 그의 시대에 나라가 10년
동안 평안했습니다.

유다 왕 아사

2 아사는 그 하나님 여호와의 눈앞에
선하고 올바르게 행동했습니다.
3 그는 그 땅에서 이방 제단과 산당들
을 없애고 돌기둥을 깨고 아세라 우
상을 찍어 버렸습니다.
4 아사는 유다에게 그 조상들의 하나님
여호와를 찾고 하나님의 율법과 명령
을 지키게 했습니다.
5 아사는 유다의 모든 성들에서 산당과
태양상을 없애 버렸고 그의 다스림
아래 나라가 평안했습니다.
6 여호와께서 아사에게 평안을 주셨기
에 수년 동안 전쟁이 없었습니다. 아
사는 나라가 평안한 때 유다의 요새
들을 건축했습니다.
7 아사가 유다 사람에게 말했습니다.
"이 땅이 아직 우리 앞에 있을 때 성
들을 건축하고 그 주위에 탑과 성문
과 빗장이 있는 성벽을 쌓자. 우리가
우리 하나님 여호와를 찾고 찾았기에
그분이 우리의 사방에 평안을 주셨
다." 그러자 그들은 성을 건축하고 잘
살았습니다.
8 아사에게는 큰 방패와 창을 가진 유
다 사람의 군사 30만이 있었고 작은
방패와 활을 가진 베냐민 사람의 군
사 28만이 있었습니다. 이 모두는 용
감한 용사들이었습니다.
9 에티오피아 사람 세라가 유다를 치려
고 100만의 군대와 300대의 전차를
이끌고 진군해 마레사까지 이르렀습
니다.

10 아사가 그를 맞서 싸우러 나갔고 마레
사의 스바다 골짜기에서 진을 치고 싸
울 태세를 갖추었습니다.
11 그때 아사가 그의 하나님 여호와께 부
르짖어 말했습니다. "여호와여, 힘없
는 사람들이 강한 사람들에게 대항
할 때 도와줄 분은 주밖에 없습니다.
우리 하나님 여호와여, 우리를 도와
주십시오. 우리가 주를 의지하고 주
의 이름으로 이 큰 군대에 맞서 나왔
습니다. 여호와여, 주께서는 우리 하
나님이십니다. 사람이 주를 이기지
못하게 하십시오."
12 여호와께서 아사와 유다 앞에서 에티
오피아 사람들을 치시자 에티오피아
사람들은 도망쳤습니다.
13 아사와 그 군대가 그랄까지 그들을
쫓아갔습니다. 수많은 에티오피아 사
람들이 쓰러졌고 살아남은 사람이 없
었습니다. 그들은 여호와와 그의 군
대 앞에서 망했습니다. 유다 사람들
은 수많은 물건을 빼앗았습니다.
14 여호와께서 그 성읍들에 두려움을 내
리셨기 때문에 그들은 그랄 주변의
모든 성읍들을 쳤습니다. 그 성읍들
안에 많은 물건들을 빼앗았습니다.
15 그들은 또 가축을 치는 사람들의 천
막을 공격해 양들과 염소들과 낙타
들을 빼앗아 예루살렘으로 돌아왔습
니다.

아사의 개혁

15 하나님의 영이 오뎃의 아들 아
사랴에게 임했습니다.
2 그는 아사를 만나러 나가 말했습니
다. "아사 왕과 온 유다와 베냐민 지파
야, 내 말을 잘 들으라. 너희가 여호
와와 함께하는 한 여호와께서 너희와
함께 계실 것이다. 너희가 그분을 찾
으면 그분을 찾게 될 것이지만 너희
가 그분을 버리면 그분이 너희를 버
리실 것이다.
3 이스라엘은 오랫동안 참하나님이 없

인간의 노력과 구원

하용조 목사의 행복한 **메시지**

올림픽 때 높이뛰기 경기를 보며 신기하게 생각한 적이 있습니다. 금메달을 딴 선수가 무려 2m 넘게 뛴 것이었습니다. 그런데 사람이 그렇게 높이 뛴들 하늘을 날 수 있겠습니까? 수영 선수가 아무리 금메달을 많이 딴들 태평양을 건널 수 있겠습니까? 한강이나 현해탄은 건널 수 있을지 모릅니다. 그러나 모두 하나님 보시기에 도토리 키 재기에 불과합니다.
구원도 마찬가지입니다. 다른 사람보다 좋은 일을 하고 다른 사람보다 좀 낫다고 해서 구원을 받을 수 있을 것 같습니까? 아닙니다. 인간의 노력이나 의지나 선행으로는 절대 구원을 받을 수 없습니다. 그런데도 인간은 본성적으로 교만해서 남보다 좀 낫다 싶으면 얼마나 떠드는지 모릅니다. 이것이 인간의 모습입니다. 하지만 구원은 내가 잘나서 받는 것도 아니고, 내가 뛰박질을 잘한다고 얻는 것도 아닙니다. 오로지 하나님의 긍휼 때문에 받는 것입니다.

었고 가르치는 제사장도 율법도 없이
지내 왔다.
4 그 어려움 가운데서 이스라엘의 하나
님 여호와께 돌아와 그분을 찾으므
로 하나님께서는 백성들을 만나 주셨
다.
5 그때 나가는 사람이나 들어오는 사람
에게 평안이 없었다. 그 땅에 사는 모
든 사람들이 큰 혼란에 빠져 있었다.
6 민족이 민족을 치고 성읍이 성읍을
치니 하나님께서 모든 고난으로 그들
을 힘들게 하셨다.
7 그러나 너희는 강해지고 포기하지 말
라. 너희가 한 일에 대해 상이 있을
것이다."
8 아사는 이 말, 곧 *오뎃의 아들인 예
언자 아사랴의 예언을 듣고 용기를 얻
었습니다. 아사 왕은 유다와 베냐민
온 땅 그리고 에브라임 산지에서 빼앗
은 성들에서 그 역겨운 우상들을 없
애 버렸습니다. 그는 또 여호와의 성
전 현관 앞에 있는 여호와의 제단을
고쳤습니다.
9 그는 온 유다와 베냐민 사람들과 그
들 가운데 살고 있던 에브라임, 므낫
세, 시므온 사람들을 불러 모았습니
다. 하나님 여호와께서 아사와 함께하
시는 것을 보고 이스라엘에서도 많은
사람들이 아사에게로 돌아왔습니다.
10 그들은 아사가 다스린 지 15년 셋째
달에 예루살렘에 모였습니다.
11 그날 그들은 자기들이 빼앗은 것 가
운데 소 700마리, 양 7,000마리를 여
호와께 제물로 올려 드렸습니다.
12 그들은 온 마음과 영혼을 다해 조상
들의 하나님 여호와를 찾겠다고 약속
했습니다.
13 이스라엘의 하나님 여호와를 찾지 않
는 사람들은 작든 크든, 남녀를 불문
하고 다 죽이기로 했습니다.
14 그들은 큰 소리로 부르고 나팔 소리
와 뿔 소리로 여호와께 맹세했습니다.
15 온 유다는 그들이 마음을 다해 맹세
한 것이 기뻤습니다. 그들은 마음을
다해 하나님을 찾았고 여호와께서도
백성들과 만나 주셨습니다. 여호와께
서는 그들 주변에 평안을 주셨습니다.
16 아사 왕은 또한 자기 어머니 마아가를
대비 자리에서 물러나게 했습니다. 그
가 역겨운 아세라 우상을 만들었기
때문입니다. 아사는 그 우상을 찍어
기드론 골짜기에서 태웠습니다.
17 그가 이스라엘에서 산당을 없애지는
않았지만 아사는 그 마음을 평생 여
호와께 온전히 바쳤습니다.
18 아사 왕은 그와 그 아버지가 바친 은
과 금과 물건들을 거룩한 예물로 여
호와의 성전에 드렸습니다.
19 아사가 다스린 지 35년째까지 더 이
상 전쟁이 없었습니다.

아사의 말년 (왕상 15:17-22)

16 아사가 다스린 지 36년째에 이
스라엘 왕 바아사가 유다를 치
러 올라와서 아무도 유다 왕 아사에

15:8 불가타와 시리아어역을 따름. 히브리어 사본에는 '의 아들인 아사랴'가 없음.

게 오가지 못하도록 라마 성을 건축
했습니다.
2 아사는 여호와의 성전과 자기 왕궁의
창고에 있던 은과 금을 가져다가 다메
섹을 다스리는 *아람 왕 벤하닷에게
보냈습니다.
3 아사가 말했습니다. "내 아버지와 당
신의 아버지 사이에 있던 것처럼 나
와 당신 사이에 조약을 맺읍시다. 내
가 당신에게 은과 금을 보냅니다. 이
제 이스라엘 왕 바아사와 맺은 조약
을 깨십시오. 그러면 그가 내게서 물
러갈 것입니다."
4 벤하닷은 아사 왕의 말을 듣고 이스
라엘 성들을 치기 위해 그의 군사령
관들을 보냈습니다. 그들은 이욘, 단,
*아벨마임, 납달리의 모든 창고 성들
을 함락시켰습니다.
5 바아사가 이 소식을 듣고 라마를 건
축하던 것을 멈췄습니다.
6 아사 왕은 모든 유다 사람들을 불렀
고 그들은 바아사가 라마에서 쓰려고
하던 돌과 나무들을 가져왔습니다.
아사 왕은 그것들로 게바와 미스바를
건축했습니다.
7 그때 선견자 하나니가 유다 왕 아사에
게 와서 말했습니다. "왕이 왕의 하나
님 여호와가 아니라 아람 왕을 의지했
기 때문에 아람 왕의 군대가 왕의 손
에서 벗어났습니다.
8 *에티오피아와 리비아 사람들은 전차
와 말의 수가 많고 강한 군대가 아니
었습니까? 그럼에도 왕이 여호와를
의지했기 때문에 여호와께서 그들을
왕의 손에 넘기셨던 것입니다.
9 여호와의 눈은 세상을 두루 볼 수 있
어서 그 마음이 온전히 그분께 향하
는 사람들을 힘 있게 하십니다. 왕은
이번 일에서 어리석게 행했으니 이제
전쟁에 휘말릴 것입니다."
10 아사는 이 말을 듣고 선견자에게 화
를 냈습니다. 왕은 매우 화가 나서 하
나니를 감옥에 가뒀습니다. 그때 아사
는 백성들 몇몇을 학대하기도 했습니
다.
11 아사가 한 다른 일들은 처음부터 끝
까지 유다와 이스라엘 왕의 역사책에
적혀 있습니다.
12 아사가 다스린 지 39년에 그는 발에
병이 났습니다. 병이 아주 심했는데
아사 왕은 여호와를 찾지 않고 의사
들만 찾았습니다.
13 그 후 아사가 다스린 지 41년에 아사
는 자기 조상들과 함께 잠들었습니
다.
14 백성들은 그 조상 다윗의 성에 자기
를 위해 만들어 둔 무덤에 아사를 묻
었습니다. 백성들은 좋은 향기가 나
도록 온갖 향료로 채운 침대에 그를
뉘었고 그를 기리기 위해 크게 불을
밝혔습니다.

유다 왕 여호사밧

17 아사 왕의 아들 여호사밧이 뒤
를 이어 왕이 됐고 이스라엘에

16:2 시리아를 가리킴. 16:4 또는 벧마아가의 아벨(삼하 20:15을 보라.) 16:8 나일 강 상류 지역을 가리킴.

대항하기 위해 스스로 힘을 길렀습니
다.
2 그는 유다의 모든 요새들에 군대를
주둔시키고 유다와 그 아버지 아사가
함락시킨 에브라임 성들에 군대를 두
었습니다.
3 여호와께서 여호사밧과 함께하셨습니
다. 그는 그 조상 다윗이 처음에 걸었
던 길을 가며 바알에게 묻지 않았습
니다.
4 여호사밧은 이스라엘의 행위를 좇지
않고 그 조상의 하나님을 찾고 그분
의 명령을 따랐습니다.
5 그래서 여호와께서 그 나라를 든든히
세워 주셨습니다. 유다는 여호사밧에
게 예물을 가져왔고 그는 큰 부와 명
예를 갖게 됐습니다.
6 여호사밧은 여호와의 길을 가기로 마
음먹고 유다에서 산당과 아세라 우상
을 없애 버렸습니다.
7 여호사밧이 다스린 지 3년에 그는 자
기 신하들인 벤하일, 오바댜, 스가랴,
느다넬, 미가야를 보내 유다의 성들에
서 가르치게 했습니다.
8 그들은 레위 사람들로 스마야, 느다
냐, 스바댜, 아사헬, 스미라못, 여호나
단, 아도니야, 도비야, 도바도니야를 보
냈고 또한 제사장인 엘리사마와 여호
람이 함께 갔습니다.
9 그들은 여호와의 율법책을 가져가 유
다 모든 성읍에서 가르쳤습니다. 유다
의 온 성들을 두루 다니며 백성들을
가르쳤습니다.
10 여호와에 대한 두려움이 유다 주변의
모든 나라들에 번져 그들은 여호사밧
에게 싸움을 걸지 못했습니다.
11 몇몇 블레셋 사람들은 여호사밧에게
예물을 보내고 조공으로 은을 보내
기도 했고 아라비아 사람들은 숫양
7,700마리와 숫염소 7,700마리를 보
냈습니다.
12 여호사밧은 더욱 세력이 강해져 유다
에 요새들과 창고성들을 지었고
13 유다 성들에 양식을 많이 쌓아 두었
습니다. 또 예루살렘에 용감한 군사
들을 두었습니다.
14 군사는 족속대로 이름이 올라 있었
습니다. 유다 집안의 천부장들 가운
데 사령관인 아드나가 부하 30만 명
을 거느리고
15 다음으로는 여호하난이 부하 28만 명
을 거느리고
16 그다음으로는 여호와를 섬기겠다고
스스로 나선 시그리의 아들 아마시야
가 부하 20만 명을 거느렸습니다.
17 베냐민 사람으로는 용감한 군인 엘리
아다가 활과 방패를 가진 부하 20만
명을 거느리고
18 여호사밧은 싸울 준비가 돼 있는 군
사 18만 명이 있었습니다.
19 이들은 모두 왕을 섬기는 군사들인
데 그들 외에도 왕은 유다 온 땅의 요
새들에 군사들을 두었습니다.

미가야가 아합에 대해 예언하다 (왕상 22:1-28)

18 그때 여호사밧은 큰 부와 명예
를 누렸습니다. 그리고 결혼을

통해서 아합과 동맹을 맺었습니다.
2 몇 해 후 여호사밧은 아합을 만나러
사마리아로 내려갔습니다. 아합은 그
와 그 수행원들을 위해 많은 양과 소
를 잡았고 함께 길르앗 라못을 공격
하자고 권했습니다.
3 이스라엘 왕 아합이 유다 왕 여호사밧
에게 물었습니다. "나와 함께 가서 길
르앗 라못을 공격합시다." 여호사밧이
대답했습니다. "나와 왕이 같은 생각
이고 내 백성과 왕의 백성이 마찬가
지니 우리가 왕과 함께 싸우겠습니
다."
4 그리고 여호사밧은 이스라엘 왕에게
말했습니다. "먼저 여호와의 뜻이 어
떤지 여쭤 봅시다."
5 그러자 이스라엘 왕이 예언자 400명
을 데려다 물었습니다. "우리가 길르
앗 라못에 전쟁을 일으켜도 되겠느냐,
안 되겠느냐?" 그들이 대답했습니다.
"가십시오. 여호와께서 그곳을 왕의
손에 주실 것입니다."
6 그러나 여호사밧이 말했습니다. "우
리가 물어볼 만한 여호와의 예언자가
여기에 또 없습니까?"
7 이스라엘 왕이 여호사밧에게 대답했
습니다. "우리를 위해 여호와께 여쭤
볼 수 있는 사람이 아직 한 명 있습니
다만 그 사람은 나에 대해서는 항상
나쁜 말만 하며 한마디도 좋은 예언
을 해 준 적이 없기에 내가 그를 싫어
합니다. 그는 이믈라의 아들 미가야입
니다." 여호사밧이 대답했습니다. "왕
께서는 그렇게 말씀해서는 안 됩니
다."
8 그러자 이스라엘 왕이 자기 신하 한
사람을 불러 말했습니다. "이믈라의
아들 미가야를 당장 불러오너라."
9 이스라엘 왕과 유다 왕 여호사밧은 왕
의 옷을 입고 사마리아 성문 입구에
각각 왕좌를 놓고 앉아 있었습니다.
예언자들이 두 왕 앞에서 예언하고
있었습니다.
10 그때 그나아나의 아들 시드기야가 자
기가 만든 철뿔들을 가지고 말했습니
다. "여호와께서 말씀하십니다. '이것
으로 너희가 아람 사람들을 찔러 멸
망시킬 것이다.'"
11 모든 예언자들도 똑같이 예언하며 말
했습니다. "길르앗 라못을 공격하면
승리할 것입니다. 여호와께서 그곳을
왕의 손에 주셨기 때문입니다."
12 미가야를 부르러 갔던 사람이 미가야
에게 말했습니다. "다른 예언자들은
모두 한결같이 왕의 승리를 예언하고
있습니다. 당신도 그들과 같이 왕의
승리를 말하는 게 좋겠습니다."
13 그러나 미가야가 말했습니다. "내가
여호와를 두고 맹세하는데 나는 여호
와께서 말씀하신 것만을 말하겠다."
14 미가야가 이르자 왕이 그에게 물었습
니다. "미가야야, 우리가 길르앗 라못
에서 전쟁을 일으켜도 되겠느냐, 안
되겠느냐?" 미가야가 대답했습니다.
"공격하십시오. 그러면 승리할 것입니
다. 저들을 왕의 손에 주실 것입니다."

15 왕이 미가야에게 말했습니다. "네가
몇 번이나 맹세해야 여호와의 이름으
로 진실만을 말하겠느냐?"
16 그러자 미가야가 대답했습니다. "내가
온 이스라엘이 목자 없는 양처럼 산
위에서 흩어지는 것을 보았는데 여호
와께서 '이 백성들은 주인이 없다. 각
각 평안히 자기 집으로 돌아가게 하
라'라고 말씀하셨습니다."
17 이스라엘 왕이 여호사밧에게 말했습
니다. "저 사람은 내게 나쁜 말만 하
고 한마디도 좋은 예언은 한 적이 없
다고 말하지 않았습니까?"
18 미가야가 말을 이었습니다. "그러니
여호와의 말씀을 들으십시오. 내가 여
호와께서 하늘 보좌 위에 앉아 계신
것을 보았습니다. 하늘의 모든 군대
가 그분의 오른쪽과 왼쪽에 서 있었
습니다.
19 여호와께서 '누가 아합을 꾀어 길르앗
라못에 올라가서 죽게 하겠느냐?'고
하셨습니다. 누구는 이렇게 하겠다고
하고 누구는 저렇게 하겠다고 했습니
다.
20 드디어 한 영이 앞으로 나오더니 여호
와 앞에 서서 말했습니다. '제가 그를
꾀겠습니다.'
21 여호와께서 물으셨습니다. '어떻게 하
겠느냐?' 그가 대답했습니다. '제가 나
가서 그의 모든 예언자들의 입에 들
어가 거짓말하는 영이 되겠습니다.' 여
호와께서 말씀하셨습니다. '너는 그를
잘 꾈 것이다. 가서 그렇게 하여라.'
22 그래서 지금 여호와께서는 왕의 이
예언자들의 입에 거짓말하는 영을 불
어넣으신 것입니다. 여호와께서 왕에
게 재난을 준비하셨습니다."
23 그러자 그나아나의 아들 시드기야가
가까이 와서 미가야의 뺨을 때리며
말했습니다. "여호와의 영이 언제 내
게서 나와 네게 말씀하셨느냐?"
24 미가야가 대답했습니다. "네가 다락
방에 들어가 숨는 날 알 것이다."
25 그러자 이스라엘 왕이 명령했습니다.
"미가야를 붙잡아 아몬 성주와 왕의
아들 요아스에게 끌고 가서
26 말하기를 '왕이 말씀하신다. 이 사람
을 감옥에 넣고 내가 무사히 돌아올
때까지 빵과 물 이외에는 아무것도
주지 말라'고 하라."
27 미가야가 선포했습니다. "왕이 무사히
돌아온다면 여호와께서 나를 통해 말
씀하시지 않았을 것입니다." 그러고
나서 그가 덧붙였습니다. "너희 온 백
성들아, 내 말을 다 기억하라."

아합이 길르앗 라못에서 죽다 (왕상 22:29-35)

28 그리하여 이스라엘 왕과 유다 왕 여호
사밧은 길르앗 라못으로 올라갔습니
다.
29 이스라엘 왕이 여호사밧에게 말했습
니다. "내가 변장을 하고 전쟁터로 들
어갈 테니 왕은 왕의 옷을 입고 있으
시오." 그리하여 이스라엘 왕은 변장
을 하고 전쟁터로 갔습니다.
30 그때 아람 왕은 자신의 전차 지휘관
들에게 "이스라엘 왕 외에는 크든 작

든 그 누구와도 싸우지 말라"라고 명
령해 두었습니다.
31 전차 지휘관들이 여호사밧을 보고
'저 자가 이스라엘 왕임이 틀림없다'라
고 생각하고 달려들어 그를 공격했습
니다. 그러나 여호사밧이 소리를 지르
자 여호와께서 그를 도와주셨습니다.
하나님께서 군사들을 여호사밧에게
서 물러나게 하셨습니다.
32 전차 지휘관들은 여호사밧이 이스라
엘 왕이 아닌 것을 알고 그를 쫓아가
지 않았습니다.
33 그런데 누군가가 무심코 쏜 화살이
이스라엘 왕의 갑옷 솔기를 뚫고 몸
에 꽂혔습니다. 왕이 자기가 타고 있
던 전차 모는 병사에게 "전차를 몰아
싸움터를 빠져나가자. 내가 부상을
입었다"라고 말했습니다.
34 하루 종일 전쟁은 더 치열해져 갔고
왕은 전차에 버티고 서서 저녁때까지
아람 사람들을 막아 냈으나 해가 질
무렵 이스라엘 왕은 죽었습니다.

19 유다 왕 여호사밧이 무사히 예
루살렘의 자기 왕궁으로 돌아
왔습니다.
2 하나니의 아들인 선견자 예후가 그를
만나러 와서 왕에게 말했습니다. "왕
께서 사악한 사람을 돕고 여호와를
미워하는 사람들을 사랑하면 되겠습
니까? 이 일로 여호와의 진노가 왕께
내렸습니다.
3 그러나 왕 안에는 선한 것이 있습니
다. 왕이 이 땅에서 아세라 우상들을
없애고 하나님을 찾는 데 마음을 두
었기 때문입니다."

여호사밧이 재판관을 세우다

4 예루살렘에서 살고 있던 여호사밧은
다시 브엘세바에서부터 에브라임 산

Q&A 여호사밧의 재판 제도 개혁 내용

참고 구절 | 대하 19:1-11

선견자 예후로부터 책망을 들은 여호사밧은 여러 가지 개혁을 단행했다. 특히 재판 제도에 있어서는 유다 전국에 있는 요새들과 예루살렘에 재판관들을 세웠다(대하 19:5-11). 이것은 백성들이 하나님의 말씀대로 살도록 하기 위한 것이었다.

다음은 여호사밧의 재판 제도 개혁 내용으로 재판관이 가져야 할 자세와 해야 할 역할이다.

첫째, 재판관은 하나님을 위해 재판을 해야 한다(대하 19:6). 재판은 백성들의 송사를 해결하는 일이었지만(대하 19:8) 궁극적으로는 하나님의 일이었다.

둘째, 재판관은 신중하게 재판해야 한다(대하 19:7). 하나님은 불공평과 치우침이 없으시고 뇌물을 받지 않으신다. 재판관은 하나님의 대리자로서 하나님을 두려워하는 마음으로 깊이 생각하고 재판해야 한다.

셋째, 재판관의 권위는 하나님께서 부여해 주신 것이다. 재판관이 판결을 내릴 때마다 하나님이 함께하신다(대하 19:6).

넷째, 재판관은 백성들을 경고하고 교육해야 한다(대하 19:10). 재판관은 재판뿐만 아니라 백성들이 죄를 짓지 않도록 경고하고 교육하여 범죄를 예방해야 한다.

지에 이르기까지 백성들 가운데로 나
가서 백성들이 그 조상들의 하나님
여호와께로 돌아오게 했습니다.
5 여호사밧은 그 땅 유다의 요새마다
재판관들을 세웠습니다.
6 그가 재판관들에게 말했습니다. "너
희가 하는 일을 가만히 생각해 보라.
너희가 사람을 위해 재판하는 것이
아니라 여호와를 위해 재판하는 것이
다. 너희가 판결을 내릴 때마다 여호
와께서 너희와 함께하신다.
7 이제 여호와를 두려워하는 마음으로
깊이 생각해서 재판하라. 우리 하나
님 여호와께서는 불공평과 치우침도
없으시며 뇌물을 받지 않으신다."
8 여호사밧은 예루살렘에도 레위 사람
들, 제사장들, 이스라엘의 우두머리
들을 세워 여호와의 율법을 섬기고
다툼을 해결하도록 했습니다.
9 여호사밧은 그들에게 이런 명령을 내
렸습니다. "너희는 여호와를 두려워
하는 마음으로 믿음을 갖고 마음을
다해 섬겨야 할 것이다.
10 이 성들에 살고 있는 너희 형제가 너
희 앞에 들고 오는 사건이 피 흘린 일
이든지, 율법이나 명령이나 규례나 법
도에 관한 것이든지 너희는 그들에게
경고해 여호와께 죄짓는 일이 없게 해
야 한다. 그러지 않으면 그분의 진노
가 너희와 너희 형제들에게 내릴 것
이다. 이렇게 하면 너희가 죄짓지 않
을 것이다.
11 여호와에 관해서는 어떤 일이든지 대
제사장 아마랴가 너희를 다스릴 것이
고, 왕에 관해서는 어떤 일이든지 이
스마엘의 아들인 유다 지파의 지도자
스바댜가 다스릴 것이며, 레위 사람들
이 너희 앞에서 관리로 섬길 것이다.
담대하게 행동하라. 여호와께서 선하
게 행하는 사람들과 함께하실 것이
다."

여호사밧이 모압과 암몬을 무찌르다

20 이 일 후에 모압 사람들과 암몬
사람들이 *마온 사람들과 함
께 여호사밧에 대항해 싸우려고 왔습
니다.
2 어떤 사람들이 여호사밧에게 가서 말
했습니다. "큰 군대가 *바다 저쪽 *아
람에서부터 왕을 치러 오고 있습니
다. 벌써 하사손다말, 곧 엔게디까지
이르렀습니다."
3 여호사밧은 두려운 마음으로 여호와
께 마음을 다해 간구하고는 온 유다
에 금식을 명령했습니다.
4 유다 백성들은 여호와께 도움을 청하
려고 함께 모였습니다. 유다의 모든
성에서 모여 와서 여호와를 찾았습니
다.
5 그때 여호사밧이 여호와의 성전 새
뜰 앞에 모인 유다와 예루살렘 무리들
가운데 일어났습니다.
6 여호사밧이 말했습니다. "우리 조상들
의 하나님 여호와여, 주께서는 하늘

20:1 일부 칠십인역을 따름. 히브리어 사본에는 '암몬'
20:2 사해를 가리킴. 20:2 대부분의 히브리어 사본과 칠십인역과 불가타를 따름. 하나의 히브리어 사본에는 '에돔'

에 계신 하나님이 아니십니까? 주께
서 모든 민족의 나라들을 다스리십니
다. 능력과 힘이 주의 손에 있으니 어
느 누구도 주께 대항할 수 없습니다.
7 우리 하나님이여, 주께서 주의 백성
이스라엘 앞에서 이 땅에 살던 사람
들을 쫓아내시고 그 땅을 주의 친구
인 아브라함의 자손들에게 영원히 주
시지 아니하셨습니까?
8 그들이 거기 살면서 주의 이름을 위
해 성소를 짓고는 말했습니다.
9 '심판의 칼이나 전염병이나 기근 등
재난이 우리에게 닥쳐와도 우리가 주
의 이름이 있는 이 성전, 주께서 계시
는 곳에 서서 고난 가운데 주께 부르
짖으면 주께서 우리 소리를 듣고 우리
를 구원해 주시겠다'라고 하셨습니다.
10 여기 암몬과 모압과 *세일 산에서 온
사람들이 있습니다. 이스라엘이 이집
트에서 나올 때 주께서는 이스라엘이
그들의 땅에 들어가도록 허락하지 않
으셨습니다. 그리하여 이스라엘은 그
들에게서 물러나 그들을 멸망시키지
않았습니다.
11 그런데 그들이 우리에게 갚는 것을 보
십시오. 주께서 우리에게 기업으로
주신 땅에서 우리를 쫓아내려고 합니
다.
12 우리 하나님이여, 주께서 그들을 심
판하지 않으시겠습니까? 우리는 우리
를 공격하고 있는 저 큰 군대에 맞설
힘이 없습니다. 우리는 어떻게 해야
할지 모르겠습니다. 오직 우리 눈은
여호와만 바라볼 뿐입니다."
13 유다의 모든 사람들은 그들의 아내들
과 자식들과 어린아이들과 함께 여호
와 앞에 섰습니다.
14 그때 여호와의 영이 이스라엘 회중 가
운데 있는 아삽 자손 레위 사람 야하
시엘에게 임했습니다. 그는 맛다냐의
현손이며 여이엘의 증손이며 브나야
의 손자이며 스가랴의 아들이었습니
다.
15 야하시엘이 말했습니다. "여호사밧 왕
과 유다와 예루살렘에 사는 모든 사
람들이여, 잘 들으십시오. 여호와께서
여러분에게 말씀하십니다. '큰 군대가
있다고 해서 두려워하거나 놀라지 말
라. 이 전쟁은 너희 전쟁이 아니라 내
것이다. 하나님의 전쟁이다.
16 내일 너희는 그들을 향해 내려가라.
그들이 시스 고개로 올라올 것이니
너희는 여루엘 광야의 골짜기 끝에서
그들을 만날 것이다.
17 이 전쟁에서 너희는 싸울 것이 없다.
유다와 이스라엘아, 그저 너희 자리를
지키고 굳게 서서 너희와 함께하는
여호와의 구원을 보라. 두려워하지 말
고 놀라지 말라. 내일 그들을 맞으러
나가라. 여호와가 너희와 함께하실 것
이다.'"
18 여호사밧은 얼굴을 땅에 대고 절했고
유다와 예루살렘 모든 백성들은 엎드
려 여호와를 경배했습니다.
19 레위 사람들 가운데 그핫 자손과 고

20:10 에돔 사람을 가리킴.

라 자손 몇 사람이 일어나 매우 큰 소
리로 이스라엘의 하나님 여호와를 찬
양했습니다.
20 아침 일찍 그들은 드고아 광야로 향
했습니다. 그들이 출발하자 여호사밧
이 서서 말했습니다. "유다와 이스라
엘의 백성들아, 내 말을 잘 들으라. 너
희 하나님 여호와를 믿으라. 그러면
너희가 든든히 설 것이다. 그분의 예
언자를 믿으라. 그러면 너희가 이길
수 있을 것이다."
21 여호사밧은 백성들과 의논해 찬양하
는 사람들을 세웠습니다. 그들이 군
대보다 앞서 나아가면서 찬양했습니
다. "여호와께 감사를 드리자. 그분의
사랑은 영원하다."
22 그들이 노래하며 찬송을 시작하자 여
호와께서 유다에 침입한 암몬과 모압
과 세일의 군사들을 칠 복병을 숨기
시고 그들을 치게 하셔서 그들이 패
했습니다.
23 암몬과 모압 군사들은 세일 산에서
온 군사들을 대항해 일어나 세일 사
람들을 죽였습니다. 그들이 세일 군
사들을 다 죽이고 나서는 자기들끼리
서로 죽였습니다.
24 유다 사람들은 그 광야가 보이는 곳
으로 가서 그 큰 군대를 살펴보았습
니다. 그들이 본 것은 땅바닥의 시체
들뿐이었습니다. 아무도 피해 도망친
사람이 없었습니다.
25 여호사밧과 군사들은 그들의 물건들
을 빼앗으려고 갔습니다. 그들 가운
데 엄청난 양의 값진 물건과 *옷과 양
식들이 널려 있었는데 다 가져갈 수
없을 정도로 양이 많았습니다. 그래
서 다 모으는 데만 3일이 걸렸습니다.
26 4일째 되는 날 그들은 *브라가 골짜기
에 모여 여호와를 찬양했습니다. 그
리하여 그곳이 지금까지도 브라가 골
짜기라 불리는 것입니다.
27 유다와 예루살렘의 모든 군사들은 여
호사밧을 앞세우고 기뻐하며 예루살
렘으로 돌아왔습니다. 여호와께서 그
원수들을 이기는 기쁨을 주셨기 때
문입니다.
28 그들은 예루살렘으로 들어가 하프와
수금과 나팔을 연주하며 여호와의 성
전으로 갔습니다.
29 여호와께서 이스라엘의 적들과 어떻
게 싸우셨는지에 대해서 들은 모든
다른 나라들은 여호와를 두려워했습
니다.
30 그리하여 여호사밧의 나라가 평화로
웠습니다. 하나님께서 그의 주변에 평
안을 주셨기 때문입니다.

여호사밧의 통치 말기 (왕상 22:41-50)

31 여호사밧은 35세에 유다 왕이 됐고 예
루살렘에서 25년 동안 다스렸습니다.
그 어머니는 실히의 딸 아수바였습니
다.
32 여호사밧은 모든 일에 그 아버지 아사
의 길로 행해 그 길에서 떠나지 않았
습니다. 그는 여호와의 눈앞에 옳은

20:25 일부 히브리어 사본과 불가타를 따름. 대부분의 히브리어 사본에는 '시체' 20:26 찬양

일을 했습니다.
33 그러나 산당이 많아 백성들은 아직
그 마음을 그 조상들의 하나님 여호
와께 돌리지 못했습니다.
34 여호사밧이 다스리던 때 다른 일들은
처음부터 끝까지 하나니의 아들 예후
의 글, 곧 이스라엘 왕의 역사책에 적
혀 있습니다.
35 나중에 유다 왕 여호사밧은 매우 악
한 이스라엘 왕 아하시야와 조약을 맺
었습니다.
36 두 왕은 연합해서 다시스로 항해할
배들을 만들었는데 그들은 에시온게
벨에서 배들을 만들었습니다.
37 마레사 사람 도다와후의 아들 엘리에
셀이 여호사밧에 대해 예언하며 말했
습니다. "왕이 아하시야와 조약을 맺
었으므로 여호와께서 왕이 만든 것
을 부수실 것입니다." 그의 말대로 배
는 부서져서 다시스로 가지 못했습니
다.

21 그 후 여호사밧은 자기 조상들
과 함께 잠들었고 다윗의 성에
그들과 함께 묻혔습니다. 그의 아들
여호람이 뒤를 이어 왕이 됐습니다.
2 여호사밧의 아들들, 곧 여호람의 동
생들은 아사랴, 여히엘, 스가랴, 아사
랴, 미가엘, 스바댜였습니다. 이들은
유다 왕 여호사밧의 아들들이었습니
다.
3 그들의 아버지는 그들에게 많은 금과
은과 값비싼 물건들을 유다의 요새들
과 함께 선물로 주었지만 맏아들이었
던 여호람에게는 왕의 자리를 주었습
니다.

유다 왕 여호람 (왕상 8:17-24)

4 여호람이 자기 아버지를 이어 왕위에
오르고 힘이 강해지자 자기 형제들과
이스라엘의 지도자들을 칼로 죽였습
니다.
5 여호람은 32세에 왕이 됐고 예루살렘
에서 8년 동안 다스렸습니다.
6 그는 아합의 집이 했던 것처럼 이스라
엘 왕들이 가는 길을 갔습니다. 그가
아합의 딸과 결혼했기 때문입니다. 그
는 여호와의 눈앞에서 악한 일을 저
질렀습니다.
7 그러나 여호와께서는 다윗과 맺으신
약속 때문에 다윗의 집을 멸망시키려
고 하지 않으셨습니다. 그분은 그와
그 자손들을 위한 등불이 영원히 꺼
지지 않게 하겠다고 약속하셨습니다.
8 여호람의 시대에 에돔이 유다에게 반
란해서 에돔 스스로 왕을 세웠습니
다.
9 여호람이 지휘관과 전차를 다 거느리
고 에돔으로 갔으나 에돔 군사들에게
전차 지휘관들과 함께 포위를 당했습
니다. 여호람은 밤에 일어나 틈을 타
서 에돔의 포위망을 뚫고 달아났습니
다.
10 그리하여 오늘날까지 에돔이 유다와
대항해 맞서 있습니다. 그때 립나도
들고일어났습니다. 이런 일은 여호람
이 자기 조상들의 하나님 여호와를
저버렸기 때문에 일어났습니다.

11 그는 또한 유다의 산에 산당들을 짓
고 예루살렘 백성들이 스스로를 더럽
히게 했으며 유다를 잘못된 길로 이
끌었습니다.
12 여호람은 예언자 엘리야에게 편지를
받았습니다. "네 조상 다윗의 하나님
여호와께서 말씀하신다. '너는 네 아
버지 여호사밧이나 유다 왕 아사의 길
을 걷지 않고
13 오히려 이스라엘 왕들의 길을 가고 있
다. 네가 유다와 예루살렘 백성들을
이끌어 아합의 집이 그랬던 것처럼 스
스로 더럽히고 있다. 네가 또 네 아버
지 집안에서 너보다 선한 형제들을
죽였다.
14 이제 여호와께서 네 백성들과 네 아
들들과 네 아내들과 네 모든 재물을
큰 재난으로 칠 것이다.
15 너 자신도 창자에 무서운 병이 들어
마침내 네 창자가 밖으로 터져 나오
게 될 것이다.'"
16 여호와께서 블레셋 사람들과 에티오
피아 사람들 가까이에 사는 아라비아
사람들이 여호람에 대해 적대감을 일
으키게 하셨습니다.
17 그들은 유다를 공격해 침입했고 왕의
아들과 아내들과 함께 왕궁의 모든
재물을 빼앗았습니다. 여호람의 막내
아들 *여호아하스 말고는 아들이 하
나도 남지 않았습니다.
18 이 모든 일 후에 여호와께서 창자에
고칠 수 없는 병을 내려 여호람을 치
셨습니다.
19 두 해 만에 그의 창자는 병 때문에
터져 나왔고 여호람은 심한 고통 가
운데 죽었습니다. 백성들이 여호람에
게는 그의 조상들에게 향불을 피운
것같이 슬퍼하지 않고 향불을 피우지
않았습니다.
20 여호람은 32세에 왕이 됐고 예루살렘
에서 8년 동안 다스렸습니다. 여호람
이 죽었지만 아무도 아쉬워하지 않았
으며 그는 다윗의 성에 묻혔습니다.
그러나 왕들의 무덤에 묻히지 못했습
니다.

유다 왕 아하시야 (왕하 8:25-29;9:21-28)

22 예루살렘에 사는 백성들은 여
호람의 뒤를 이어 막내아들 아
하시야를 왕으로 세웠습니다. 아라비
아 사람들과 함께 습격해 온 군사들
이 그의 형들을 다 죽였기 때문입니
다. 그리하여 유다 왕 여호람의 아들
아하시야가 다스리기 시작했습니다.
2 아하시야는 *42세에 왕이 됐고 예루
살렘에서 1년 동안 다스렸습니다. 그
어머니는 이름이 아달랴로 오므리의
손녀였습니다.
3 아하시야도 또한 아합의 집이 간 길을
따라갔습니다. 그 어머니가 악을 행
하도록 했던 것입니다.
4 아하시야는 아합의 집이 한 대로 여호
와의 눈앞에서 악을 행했습니다. 그
아버지의 죽음 후에 아합 가문의 사
람들은 왕을 잘못된 길로 이끌어 멸

21:17 또는 아하시야(대하 22:1을 보라.) 22:2 히브리어를 따름. 일부 칠십인역과 시리아어역에는 '22세'(왕하 8:26을 보라.)

망했습니다.
5 아하시야가 또한 아합의 집 사람들의
말을 따라 이스라엘 왕 아합의 아들
*요람과 함께 아람 왕 하사엘과 싸우
려고 길르앗 라못으로 갔을 때 아람
사람들에 의해 *요람이 부상을 당했
습니다.
6 그리하여 *요람 왕은 *라마에서 아람
왕 하사엘과의 싸움 중에 아람 사람
들에게서 입은 부상을 치료하기 위해
이스르엘로 돌아갔습니다. 그러자 유
다 왕 여호람의 아들 *아사랴는 아합
의 아들 *요람을 만나려고 이스르엘
로 내려갔는데 이는 *요람 왕이 병들
었기 때문입니다.
7 아하시야가 *요람을 찾아갔다가 죽게
됐는데 이것은 하나님께서 계획하신
일이었습니다. 아하시야는 *요람을 만
나러 갔다가 님시의 아들 예후를 만
났습니다. 예후는 여호와께서 아합의
집을 멸망시키도록 세우신 사람이었
습니다.
8 예후가 아합의 집을 벌할 때 그는 유
다의 지도자들과 아하시야의 시중을
들던 아하시야의 친척들까지 죽였습
니다.
9 예후는 아하시야를 찾으러 다녔고 사
마리아에 숨은 아하시야를 예후의 사
람들이 사로잡았습니다. 아하시야는
예후에게 죽임을 당했습니다. 백성들
은 "그는 온 마음으로 여호와를 찾던
여호사밧의 아들이었다"라고 말하며
아하시야를 묻어 주었습니다. 그리하
여 아하시야의 집에는 나라를 다스릴
만한 힘을 가진 사람이 하나도 없었
습니다.

아달랴와 요아스 (왕하 11:1-3)

10 아하시야의 어머니 아달랴는 자기 아
들이 죽자 유다 집안 왕의 자손들을
다 죽였습니다.
11 그러나 여호람 왕의 딸인 *여호사브
앗은 아하시야의 아들 요아스를 빼내
왕자들이 죽임을 당하는 중에 도망
쳐 나와 요아스와 그의 유모를 침실
에 숨겨 두었습니다. 여호사브앗은 여
호람 왕의 딸이며 아하시야 왕의 누이
이며 제사장 여호야다의 아내였습니
다.
12 요아스는 아달랴가 그 땅을 다스리는
6년 동안 그들과 함께 여호와 성전에
숨어 살았습니다.

23

7년째 되는 해에 여호야다 제
사장이 힘을 냈습니다. 그는
백부장들과 약속을 했습니다. 그들
은 여로함의 아들 아사랴, 여호하난의
아들 이스마엘, 오벳의 아들 아사랴
와 아다야의 아들 마아세야, 시그리의
아들 엘리사밧이었습니다.
2 그들은 유다를 두루 다니며 유다의
모든 성들에서 레위 사람들과 이스라
엘 집안의 우두머리들을 모았습니다.
그들이 예루살렘으로 오자
3 온 이스라엘 회중은 하나님의 성전에
서 왕과 언약을 세웠습니다. 여호야다

22:5-7 또는 여호람 22:6 또는 라못 22:6 또는 아하시야 22:11 또는 여호세바

가 그들에게 말했습니다. "여호와께서
다윗의 아들들에게 약속하신 대로
왕의 아들이 다스려야 한다.
4 너희는 이렇게 하라. 너희 레위 사람
들과 제사장들 가운데 안식일에 당번
인 3분의 1은 왕궁을 지키고
5 3분의 1은 왕궁 문을 지키고 3분의 1
은 기초문을 지켜라. 그리고 모든 백
성은 여호와의 성전 뜰에 있어야 한
다.
6 당번인 제사장들과 레위 사람들은 거
룩하니 여호와의 성전에 들어가고 다
른 누구도 여호와의 성전에 들어가서
는 안 된다. 다른 모든 사람들은 여호
와께서 지시한 대로 성전 밖에 서 있
어야 한다.
7 레위 사람들은 왕 주위를 둘러서되
각자 손에 무기를 들라. 누구든 성전
으로 들어오는 자는 죽이라. 왕이 어
디로 가든 함께 있어야 한다."
8 레위 사람들과 유다의 모든 사람들은
여호야다 제사장이 명령한 그대로 했
습니다. 각자 자기 부하들, 곧 안식일
에 당번인 부하들과 비번인 부하들
을 거느리고 있었습니다. 제사장 여호
야다가 안식일에 일을 마친 사람들마
저 내보내지 않았습니다.
9 여호야다는 백부장들에게 하나님의
성전에 있는 다윗 왕의 창과 크고 작
은 방패들을 주었습니다.
10 여호야다는 모든 사람들의 손에 무기
를 들려서 제단과 성전 가까이에서,
성전의 남쪽에서 북쪽으로 왕 주변에
둘러 세웠습니다.
11 여호야다와 그 아들들은 왕의 아들
요아스를 데리고 나와 요아스에게 왕
관을 씌웠습니다. 그들은 요아스에게
율법책을 주며 왕으로 선포했습니다.
그들은 요아스에게 기름 부었고 "왕
만세!" 하며 소리 질렀습니다.
12 아달랴는 사람들이 달려가며 왕을
찬송하는 소리를 듣고 여호와의 성전
에 있는 그들에게로 갔습니다.
13 아달랴가 보니 왕이 성전 입구의 기
둥 곁에 서 있었습니다. 관리들과 나
팔수들이 왕 곁에 있었고 그 땅의 모
든 백성들은 기뻐하며 나팔을 불었
으며 악기를 연주하며 노래하는 사
람들은 찬양을 인도하고 있었습니다.
그러자 아달랴가 자기 옷을 찢으며
"반역이다! 반역이다!" 하고 외쳤습니
다.
14 제사장 여호야다가 군대를 맡은 백부
장들을 내보내며 말했습니다. "저 여
자를 *성전 밖으로 끌어내고 그녀를
따르는 사람은 누구나 칼로 죽이라."
제사장은 또 "그녀를 여호와의 성전
안에서는 죽이지 말라"라고 명령했습
니다.
15 그리하여 그들이 길을 열어 주었습니
다. 아달랴가 말 문 입구에 닿았을 때
붙잡아 거기서 그녀를 죽였습니다.
16 여호야다는 자신과 백성들과 왕이 여
호와의 백성들이 되기로 약속을 세우
게 했습니다.

23:14 또는 반열 밖으로

17 모든 백성들은 바알 신전으로 가서
신전을 허물어뜨렸습니다. 그들은 제
단들과 우상들을 깨뜨리고 제단 앞
에서 바알 제사장 맛단을 죽였습니
다.
18 제사장 여호야다는 여호와의 성전을
레위 사람들인 제사장들의 손에 맡
겨 돌보게 했습니다. 이들은 모세의
율법에 기록된 대로 여호와께 번제를
드리려고 다윗이 세운 사람들이었습
니다. 이들은 성전에서 다윗의 규례대
로 기뻐 노래하며 여호와께 제사했습
니다.
19 그는 또한 여호와 성전에 문지기들을
세워 부정한 사람은 아무도 들어오
지 못하게 했습니다.
20 그는 백부장들, 귀족들, 백성들의 지
도자들과 그 땅의 모든 백성들과 함
께 왕을 여호와의 성전에서 모시고
윗문을 통해 왕궁에 들어가서 왕을
왕의 자리에 앉혔습니다.
21 그 땅의 온 백성들은 기뻐했습니다.
아달랴가 칼로 죽임을 당한 후에 그
성은 평안해졌습니다.

요아스가 성전을 수리하다 (왕하 12:1-16)

24 요아스는 7세 때 왕이 됐고 그
는 예루살렘에서 40년을 다스
렸습니다. 그 어머니의 이름은 시비아
로 브엘세바 사람이었습니다.
2 요아스는 제사장 여호야다가 살아 있
는 동안 여호와의 눈앞에서 옳은 일
을 했습니다.
3 여호야다는 요아스 왕을 위해 두 명
의 아내를 얻어 주었습니다. 요아스는
여러 명의 아들과 딸을 낳았습니다.
4 얼마 후 요아스는 여호와의 성전을 고
치기로 마음먹었습니다.
5 그는 제사장들과 레위 사람들을 불
러 말했습니다. "유다의 성들로 가서
온 이스라엘이 해마다 내야 할 돈을
거두라. 그것으로 너희 하나님의 성
전을 고칠 생각이다. 지금 당장 하라."

하용조 목사의 행복한 메시지

불을 켜고 다니십시오!

자동차 면허를 따서 처음 운전을 했을 때의 일입니다. 운전을 하고 있는데 모든 차들이 제 차에 달라붙는 것 같았습니다. 한참 손에 땀을 쥐면서 운전을 하는데 교통경찰이 저를 불러 세웠습니다. 제가 무엇을 잘못했냐고 경찰에게 물었더니 그는 제게 "불을 켜고 다니십시오!"라고 충고해 주었습니다.

교회 안에도 남의 불빛에 의지해서 그냥 지나다니는 사람들이 있습니다. 지금 성령이 여러분에게 이렇게 말씀하십니다. "불을 켜고 다녀라!" 자동차는 가로등이 환하게 비추는 도로에서만 다니는 것이 아닙니다. 어느 날 칠흑같이 어두운 시골길을 가야 할 때도 있습니다. 그때에 전조등이 나갔다면 갈 수 없습니다. 여러분 가족의 믿음이 아니라 여러분 자신의 믿음이 있어야 합니다. 이를 위해 여러분 안에 하나님의 말씀과 능력과 거룩이 있어야 합니다.

그러나 레위 사람들은 그 일을 서두
르지 않았습니다.
6 왕은 대제사장 여호야다를 불러 말했
습니다. "어째서 대제사장은 여호와의
종 모세의 명령에 따라서 증거 장막
을 위해 이스라엘 무리들이 레위 사
람들에게 내야 할 세금을 유다와 예
루살렘에서 거두지 않았소?"
7 이는 악한 여자 아달랴의 아들들이
하나님의 성전을 부수고 들어가 거룩
한 물건들을 바알에게 바쳤기 때문이
었습니다.
8 왕의 명령이 떨어지자 상자 하나를
만들어 여호와의 성전 문 밖에 두었
습니다.
9 그리고 유다와 예루살렘에 명령을 내
렸습니다. 그것은 하나님의 종 모세
가 광야에서 이스라엘에게 정한 세금
을 여호와께 바쳐야 한다는 것이었습
니다.
10 모든 관리들과 모든 백성들은 기뻐하
며 바칠 것을 가져와 상자 안이 가득
찰 때까지 넣었습니다.
11 상자가 가득 차면 레위 사람들은 그
상자를 왕의 신하들에게 가져갔습니
다. 돈이 많이 들어 있는 것을 보면
왕의 비서관과 대제사장의 시종이 와
서 그 상자를 비우고 있던 자리에 다
시 갖다 놓았습니다. 이렇게 되풀이
해 많은 돈을 모았습니다.
12 왕과 여호야다는 그 돈을 여호와의
성전 공사를 맡은 사람들에게 주었습
니다. 그들은 여호와의 성전을 고치며
석수장이와 목수와 철과 청동으로
성전을 보수하는 일꾼들을 고용했습
니다.
13 그 일을 맡은 사람들이 열심히 일해
성전 수리는 잘 진행됐습니다. 그들
은 하나님의 성전을 수리해 본래 모
습대로 더욱 튼튼하게 만들었습니다.
14 일을 마치자 그들은 남은 돈을 왕과
여호야다에게 가져왔습니다. 그들은
그것으로 여호와의 성전에서 쓸 번
제 기구들과 접시와 다른 금은 물건
들을 만들었습니다. 여호야다가 살아
있는 동안 날마다 여호와의 성전에서
계속해서 번제를 드렸습니다.
15 여호야다는 점점 나이가 들어 130세
에 죽었습니다.
16 여호야다는 다윗의 성에 있는 왕실
묘지에 왕들과 함께 묻혔습니다. 그
가 이스라엘과 하나님과 성전을 위해
선한 일을 했기 때문입니다.

요아스의 악행

17 여호야다 제사장이 죽은 뒤 유다의
관리들이 와서 왕에게 엎드려 절하니
요아스 왕이 그들의 말을 들었습니다.
18 유다 백성들은 그 조상들의 하나님
여호와의 성전을 버리고 아세라 상과
우상들을 경배했습니다. 이 죄로 인
해 하나님의 진노가 유다와 예루살렘
에 내렸습니다.
19 여호와께서 백성들을 돌아오게 하시
려고 예언자들을 그들에게 보내셔서
말씀하셨지만 백성들은 듣지 않았습
니다.

20 그러자 하나님의 영이 제사장 여호야
다의 아들 스가랴에게 내려왔습니다.
스가랴가 백성들 앞에 서서 말했습니
다. "하나님께서 말씀하신다. '너희가
왜 여호와의 명령을 듣지 않느냐? 너
희는 번영하지 못할 것이다. 너희가
여호와를 버렸기 때문에 여호와께서
너희를 버리셨다.'"
21 무리들이 스가랴를 죽일 음모를 꾸미
고 왕의 명령을 따라 스가랴를 여호
와의 성전 뜰에서 돌로 쳐 죽였습니
다.
22 요아스 왕은 스가랴의 아버지 여호야
다가 자신에게 베푼 친절을 기억하지
못하고 그의 아들을 죽였습니다. 스
가랴는 쓰러져 죽으면서 "여호와께서
이 일을 살펴보시고 갚아 주십시오"
라고 말했습니다.
23 1년 후에 아람 왕의 군대가 요아스를
치려고 와서 유다와 예루살렘에 침입
해 백성들의 모든 지도자들을 죽였습
니다. 그들은 빼앗은 모든 물건을 다
메섹에 있는 왕에게 보냈습니다.
24 아람 군대가 작은 군사로 쳐들어왔으
나 여호와께서는 더 큰 군대를 그들
의 손에 붙이셨습니다. 유다가 조상
의 하나님 여호와를 버렸으므로 요아
스에게 벌을 내린 것입니다.
25 아람 사람들은 요아스에게 큰 상처를
입히고 버리고 갔습니다. 요아스의 신
하들은 제사장 여호야다의 아들을
죽인 일로 인해 반란을 일으켜 침대
에 누워 있는 요아스를 죽였습니다.
요아스는 죽어서 다윗의 성에 묻혔지
만 왕들의 무덤에는 묻히지 못했습니
다.
26 요아스에게 반란을 일으킨 사람들은
암몬 여자 시므앗의 아들 *사밧, 모압
여자 *시므릿의 아들 *여호사밧이었
습니다.
27 요아스의 아들들에 관한 것과 요아스
에 대한 많은 예언들과 하나님의 성
전 수리에 관한 일은 왕들의 역사책
주석에 적혀 있습니다. 그리고 요아스
의 아들 아마샤가 뒤를 이어 왕이 됐
습니다.

유다 왕 아마샤 (왕하 14:2-20)

25 아마샤는 25세에 왕이 됐고 예
루살렘에서 29년 동안 다스렸
습니다. 그 어머니의 이름은 여호앗단
으로 예루살렘 사람이었습니다.
2 아마샤는 여호와의 눈앞에서 올바르
게 행했지만 온 마음을 다한 것은 아
니었습니다.
3 아마샤는 나라가 굳게 선 후 자기 아
버지를 죽인 관리들을 죽였습니다.
4 그러나 그들의 자녀들은 죽이지 않
았는데 이것은 모세의 책, 곧 율법에
기록된 말씀을 따른 것입니다. 여호
와께서 "아버지를 *자녀로 인해 죽이
지 말고 자녀를 아버지로 인해 죽이
지 말며 각 사람은 자기 자신의 죄로
인해 죽어야 한다"라고 말씀하셨습니
다.

24:26 또는 요사갈(왕하 12:21을 보라.) 24:26 또는 소멜(왕하 12:21을 보라.) 24:26 또는 여호사바드(왕하 12:21을 보라.) 25:4 신 24:16을 보라.

5 아마샤는 유다 백성들을 불러 온 유다와 베냐민 땅을 위해 그 집안별로 백부장과 천부장을 세웠습니다. 그리고 20세 이상인 남자들을 불러 모았는데 창과 방패를 다룰 수 있는 사람들 30만 명이었습니다.

6 또 이스라엘에서 10만 명의 용사들을 은 *100달란트를 주고 고용했습니다.

7 어떤 하나님의 사람이 그에게 와서 말했습니다. "왕이여, 이스라엘 군대는 왕과 함께 가서는 안 됩니다. 여호와께서는 이스라엘, 곧 에브라임의 모든 자손과 함께하지 않으십니다.

8 왕이 전쟁터에 나가 아무리 용감하게 싸워도 하나님께서는 적들 앞에서 왕을 거꾸러뜨리실 것입니다. 하나님께는 돕기도 하시고 패하게도 하실 힘이 있습니다."

9 아마샤가 하나님의 사람에게 말했습니다. "내가 이스라엘 군대에게 준 100달란트는 어쩌란 말이냐?" 하나님의 사람이 대답했습니다. "여호와께서는 그보다 더 많이 주실 수 있습니다."

10 그러자 아마샤는 에브라임에서 자기에게 온 군대를 자기 집으로 돌려보냈습니다. 그들은 유다 백성에게 크게 화를 내며 고향으로 돌아갔습니다.

11 그러고 나서 아마샤는 용기를 내 자기 군대를 소금 골짜기로 이끌고 갔습니다. 거기서 아마샤는 세일 사람들 1만 명을 죽였습니다.

12 유다 군대는 또 다른 1만 명의 사람들을 사로잡았고 그들을 절벽 꼭대기에서 떨어뜨리니 모두 몸이 부서졌습니다.

13 아마샤가 싸움에 나가지 못하도록 돌려보낸 군대는 사마리아부터 벧호론 사이에 있는 유다 성들을 습격했습니다. 그들은 3,000명의 사람들을 죽이고 물건을 많이 빼앗아 갔습니다.

14 아마샤는 에돔 사람들을 죽이고 돌아가는 길에 세일 사람들의 우상들을 가져갔습니다. 아마샤는 그것들을 자기 신들로 삼고 그 앞에서 절하고 번제물을 올렸습니다.

15 여호와의 진노가 아마샤에게 내렸고 여호와께서 아마샤에게 예언자를 보내 말씀하셨습니다. "네가 어떻게 저 자들의 신들에게 구하느냐? 그것들이 자기 백성들을 그 손으로 구하지 못했다."

16 예언자의 말이 아직 끝나기도 전에 왕이 예언자에게 말했습니다. "우리가 너를 왕의 참모로 삼았느냐? 닥쳐라. 왜 화를 스스로 불러오느냐." 그러자 예언자가 예언을 그치면서 말했습니다. "왕이 이런 일을 하고도 제 경고를 듣지 않으시니 저는 하나님께서 왕을 멸망시키려고 결정하신 것을 이제 알 것 같습니다."

17 유다 왕 아마샤는 자기 신하들의 의견을 물은 뒤 예후의 손자이며 여호아하스의 아들인 이스라엘 왕 요아스에게 사람을 보내 말했습니다. "자,

25:6 100달란트는 약 3.42톤(대하 25:9을 보라.)

와서 나와 겨루어 보자."
18 그러나 이스라엘 왕 요아스는 유다 왕
아마샤에게 대답했습니다. "레바논의
가시나무가 레바논의 백향목에게 사
람을 보내 '네 딸을 보내 내 아들과
결혼시켜라'라고 말하였더니 레바논
의 들짐승이 나와 그 가시나무를 발
로 짓밟아 버렸다.
19 네가 에돔을 물리쳤다고 교만해졌구
나. 이제 집에 가만히 머물러 있어라.
왜 문제를 일으켜 너와 유다의 멸망을
부르느냐?"
20 그러나 아마샤는 듣지 않았으니 그 일
이 하나님께로부터 왔기 때문입니다.
유다 백성들이 에돔의 신들에게 구했
으므로 하나님께서 그들을 원수들의
손에 넘겨주시려고 그렇게 하신 것이
었습니다.
21 그러자 이스라엘 왕 요아스가 공격해
서 그와 유다 왕 아마샤는 유다의 벧
세메스에서 맞섰습니다.
22 유다는 이스라엘에 패했고 모든 사람
이 뿔뿔이 흩어져 자기 집으로 도망
쳐 버렸습니다.
23 이스라엘 왕 요아스는 *여호아하스의
손자이며 요아스의 아들인 유다 왕
아마샤를 벧세메스에서 사로잡았습니
다. 그리고 요아스는 아마샤를 예루살
렘으로 데려갔고 에브라임 문에서부
터 모퉁이 문까지 *400규빗의 예루살
렘 성벽을 무너뜨렸습니다.
24 요아스는 여호와의 성전과 왕궁 창고
에서 오벧에돔이 지키던 모든 금과 은
과 모든 물건들과 왕궁 보물을 빼앗
고 사람들도 인질로 잡아 사마리아로
돌아갔습니다.
25 유다 왕 요아스의 아들 아마샤는 이스
라엘 왕 여호아하스의 아들 요아스가
죽은 뒤 15년을 더 살았습니다.
26 아마샤가 다스린 다른 일들은 처음부
터 끝까지 유다와 이스라엘의 왕의 역
사책에 적혀 있습니다.
27 아마샤가 여호와를 따르는 데서 돌아
선 후 예루살렘에서는 반란이 일어났
고 아마샤는 라기스로 도망했습니다.
그러나 반란자들은 라기스까지 사람
을 보내 거기서 아마샤를 죽였습니다.
28 그들은 아마샤를 말에 실어 와 그의
조상들과 함께 유다의 성에 장사했습
니다.

유다 왕 웃시야 (왕하 14:21-22;15:1-7)

26 온 유다 백성들은 16세인 *웃
시야를 그 아버지 아마샤를 대
신해 왕으로 삼았습니다.
2 웃시야는 아마샤가 자기 조상들과 함
께 잠든 후 엘롯을 다시 건축해 유다
땅이 되게 했습니다.
3 웃시야는 16세에 왕이 됐고 예루살렘
에서 52년 동안 다스렸습니다. 그의
어머니 이름은 여골리아였고 예루살
렘 사람이었습니다.
4 웃시야는 자기 아버지 아마샤가 했던
것처럼 여호와의 눈앞에 옳게 행동했
습니다.

25:23 또는 아하시야(왕하 14:13을 보라.) 25:23 400규빗은 약 180미터 26:1 또는 아사랴(대상 3:12과 왕하 14:21을 보라.)

5 그는 하나님을 두려워하도록 가르쳐
준 스가랴가 살아 있는 동안 하나님
을 구했습니다. 웃시야가 여호와를 찾
는 동안은 하나님께서 그가 하는 일
을 잘되게 해 주셨습니다.
6 그는 블레셋 사람들과의 전쟁에 나
가 가드, 야브네, 아스돗 성들을 헐었
습니다. 그리고 아스돗 가까이 블레셋
사람들 가운데 성들을 지었습니다.
7 하나님께서 웃시야를 도우셔서 블레
셋 사람들과 구르바알에 사는 아라비
아 사람들과 마온 사람들을 치게 하
셨습니다.
8 암몬 사람들은 웃시야에게 조공을 바
쳤고 웃시야의 이름은 이집트 국경에
까지 널리 퍼졌습니다. 그의 세력이
아주 막강했기 때문입니다.
9 웃시야는 예루살렘의 '모퉁이 문', '골
짜기 문', 성벽 굽이에 망대들을 세워
굳게 했습니다.
10 웃시야는 또한 광야에 망대들을 세웠
고 많은 우물을 팠는데 산자락과 평
원에 그의 가축들이 많이 있었기 때
문입니다. 웃시야는 또 산과 비옥한
땅에 있는 자기 밭과 포도밭에 농부
들도 두었는데 그가 농사를 좋아했기
때문입니다.
11 웃시야에게는 잘 훈련된 군대가 있었
는데 그들은 왕의 관리인 하나냐의
지휘 아래 서기관 여이엘과 장군 마아
세야가 군대를 조직해서 싸우러 나갔
습니다.
12 그 용사들을 지휘하는 족장들의 수
는 다 합쳐 2,600명이었습니다.
13 그들 아래 전쟁을 위해 훈련된 30만
7,500명의 군사들이 있었고 그들은

Q&A 잘하던 웃시야가 왜 실패를 했는가?

참고 구절 | 대하 26:4–23

웃시야는 남왕국 유다의 10대 왕으로 다윗과 솔로몬 시대처럼 유다의 황금기를 가져온 사람이었다. 16세에 왕위에 올라 스가랴의 가르침을 받아 하나님의 보시기에 옳은 일을 행했고 정치·군사·경제적으로 나라를 부강하게 하여 국제적인 명성을 얻기도 했다. 하지만 인생의 마지막은 불행했다. 왜 그랬을까?

첫째, 하나님을 두려워하지 않았기 때문이다. 처음부터 그가 하나님을 두려워하지 않았던 것은 아니다. 예언자 스가랴가 살아 있는 동안 그는 스가랴의 가르침을 받아 하나님을 두려워했고 하나님의 눈앞에서 옳게 행했다(대하 26:4–5). 하지만 스가랴가 죽자 하나님을 두려워하는 마음을 잃고 멸망의 길을 걸었다.

둘째, 하나님을 찾지 않았기 때문이다. 그가 하나님을 찾는 동안은 하나님이 그가 하는 일을 잘되게 해 주셨다. 하지만 "스가랴 예언자가 살아 있는 동안 하나님을 구했습니다."(대하 26:5)라는 표현은 그가 스가랴가 죽은 이후에는 하나님을 찾지 않았다는 것을 반증해 준다.

셋째, 스스로 교만해졌기 때문이다(대하 26:16). 하나님의 도움으로 나라가 부강해 지고 자신의 이름이 높아지자 그는 자고하여 교만해졌다. 결국 제사장들의 만류에도 불구하고 그는 성소에 들어가 제단에 분향하려다가 하나님께 벌을 받고 나병에 걸려 죽고 말았다.

건장하고 전쟁에서 왕을 도와 적과
싸우는 자들이었습니다.
14 웃시야는 온 군대에 방패와 창과 투
구와 갑옷과 활과 무릿매를 주었습니
다.
15 웃시야는 예루살렘에서 기술자들에게
기계를 만들어 망대와 성벽 모퉁이에
두고 화살을 쏘고 큰 돌을 날려 보내
라고 했습니다. 웃시야의 이름은 널리
널리 퍼져 나갔으니 이는 그가 놀라
운 도우심을 받아 강해졌기 때문입니
다.
16 그러나 웃시야는 강해진 후에 교만해
져 멸망하게 됐습니다. 웃시야는 그의
하나님 여호와께 죄를 범했고 제단에
향을 피우려고 여호와의 성전으로 들
어갔습니다.
17 제사장 아사랴는 다른 용감한 여호
와의 제사장 80명을 데리고 웃시야를
따라 들어갔습니다.
18 그들은 웃시야를 막아서며 말했습니
다. "웃시야여, 왕이 여호와께 분향하
는 것은 옳지 않습니다. 향을 피우는
일은 거룩하게 구별된 아론의 자손들
인 제사장들만이 하는 일입니다. 성
소에서 나가십시오. 왕이 죄를 범했
으니 왕이 여호와 하나님께 영광을
얻지 못할 것입니다."
19 자기 손에 향로를 들고 있던 웃시야는
화를 냈습니다. 웃시야가 여호와의 성
전에 있는 분향하는 제단 앞에서 제
사장들에게 화를 내자 웃시야의 이마
에 *나병이 생겼습니다.
20 대제사장 아사랴와 다른 모든 제사
장들이 그의 이마에 나병이 생긴 것
을 보고 서둘러 웃시야를 쫓아냈습니
다. 여호와께서 웃시야를 벌하시니 웃
시야도 스스로 서둘러 나갔습니다.
21 웃시야 왕은 나병에 걸려 죽었습니다.
웃시야는 나병에 걸린 채 한 집에 떨
어져 홀로 살았고 여호와의 성전에서
끊어졌습니다. 그 아들 요담이 왕궁
을 맡아 그 땅의 백성들을 다스렸습
니다.
22 웃시야가 다스린 다른 일들은 처음
부터 끝까지 아모스의 아들인 예언자
이사야가 적어 두었습니다.
23 웃시야는 자기 조상들과 함께 잠들었
고 왕들의 무덤에서 떨어진 묘지에
묻혔는데 그가 나병에 걸렸기 때문입
니다. 그의 아들 요담이 그의 뒤를 이
어 왕이 됐습니다.

유다 왕 요담 (왕하 15:32-38)

27 요담은 25세에 왕이 됐고 예루
살렘에서 16년 동안 다스렸습
니다. 그의 어머니는 사독의 딸로 이
름이 여루사였습니다.
2 요담은 자기 아버지 웃시야처럼 여호
와의 눈앞에 올바르게 행동했으며 그
의 아버지와는 달리 여호와의 성전에
들어가지 않았습니다. 그러나 백성들
은 계속 악한 일을 저질렀습니다.
3 요담은 여호와의 성전 위쪽 문을 재
건했고 오벨 산의 성벽을 더 지었습니
다.

26:19 히브리어로는 여러 가지 악성 피부병을 뜻함.

4 요담은 유다 산지에 성들을 짓고 수풀
이 무성한 지역에 요새와 망대를 세
웠습니다.
5 요담은 암몬 사람들의 왕과 싸워 그
들을 이겼습니다. 그해에 암몬 사람
들은 요담에게 은 *100달란트와 밀
*1만 고르와 보리 *1만 고르를 바쳤
습니다. 암몬 사람들은 그 이듬해에
도 또 3년째 되는 해에도 같은 양을
바쳤습니다.
6 요담은 그의 하나님 여호와 앞에서
신실하게 행동했으므로 점점 강해졌
습니다.
7 요담이 다스리던 다른 일들은 그가
일으킨 모든 전쟁과 그가 한 다른 일
들과 함께 이스라엘과 유다의 왕들의
역사책에 적혀 있습니다.
8 그는 25세에 왕이 됐고 예루살렘에서
16년 동안 다스렸습니다.
9 요담은 자기 조상들과 함께 잠들었고
다윗의 성에 묻혔습니다. 그리고 그
아들 아하스가 요담의 뒤를 이어 왕
이 됐습니다.

유다 왕 아하스 (왕하 16:1-20)

28 아하스는 20세에 왕이 됐고 예
루살렘에서 16년 동안 다스렸
습니다. 그 조상 다윗과 달리 아하스
는 그의 하나님 여호와의 눈앞에서
옳은 일을 하지 않았습니다.
2 그는 이스라엘 왕들의 길을 걸어갔고
바알 신상들을 부어 만들었습니다.
3 아하스는 힌놈의 아들 골짜기에서 제
물을 바쳤는데 여호와께서 이스라엘
백성들 앞에서 쫓아내신 그 민족들
의 역겨운 죄를 따라 자기 아들들까
지 불에 넣어 제물로 바쳤습니다.
4 아하스는 산당과 언덕과 모든 푸른
나무 아래에서 제물을 바치고 분향
했습니다.
5 그리하여 하나님 여호와께서는 아하
스를 아람 왕에게 넘겨주셨습니다. 아
람 사람들이 아하스를 쳤고 많은 백
성들을 포로로 잡아 다메섹으로 끌
고 갔습니다. 여호와께서 또한 그를
이스라엘 왕의 손에 넘기셨는데 이스
라엘 왕이 아하스를 쳐서 수많은 사
람들을 죽였습니다.
6 르말랴의 아들 베가가 유다에서 하루
동안 12만 명의 군사를 죽였습니다.
이는 유다가 그 조상들의 하나님 여
호와를 저버렸기 때문입니다.
7 에브라임 용사인 시그리는 왕의 아들
마아세야와 왕궁 관리자 아스리감과
총리대신 엘가나를 죽였습니다.
8 이스라엘 사람들은 그들의 형제들 가
운데 아내와 아들과 딸을 포함해서
20만 명을 포로로 잡아갔습니다. 그
들은 많은 물건을 빼앗아 사마리아로
가져갔습니다.
9 오뎃이라는 여호와의 예언자가 있었
는데 그가 사마리아로 돌아가고 있는
이스라엘의 군대를 만나러 나가서 그
들에게 말했습니다. "너희 조상들의
하나님 여호와께서 유다에게 진노하

27:5 100달란트는 약 3.42톤, 1만 고르는 약 2,200킬로리터

셨기에 그들을 너희 손에 주신 것이
다. 그러나 너희가 하늘까지 미칠 만
큼 잔인하게 유다 백성들을 죽였다.
10 이제는 너희가 유다와 예루살렘의 사
람들을 너희 종으로 삼으려 한다. 너
희 또한 너희 하나님 여호와를 배반
하는 죄가 없다고 하겠느냐?
11 이제 내 말을 잘 들으라. 너희가 포로
로 끌고 온 너희 형제들을 돌려보내
라. 이는 여호와의 무서운 진노가 너
희 위에 있기 때문이다."
12 에브라임의 지도자들인 요하난의 아
들 아사랴, 무실레못의 아들 베레갸,
살룸의 아들 여히스기야, 하들래의 아
들 아마사가 전쟁터에서 돌아오는 사
람들을 막으며 말했습니다.
13 "저 포로들을 여기 들어오게 할 수
없다. 이 일은 우리가 여호와 앞에 죄
를 짓는 것이다. 우리 죄에 죄를 더하
고 싶으냐? 우리 죄가 이미 커서 무
서운 진노가 이스라엘에 다가와 있
다."
14 그러자 군사들은 관리들과 온 이스라
엘 무리들에게 포로와 빼앗은 물건을
주었습니다.
15 위의 지도자 네 명이 포로들을 데려
갔고 그들은 빼앗은 것들로 벌거벗은
사람들을 입혀 주었습니다. 그들은
포로들에게 옷가지와 신발, 먹을 것
과 마실 것과 약을 주었습니다. 약한
사람들은 나귀에 태웠습니다. 이스라
엘 군사들은 자기 형제들을 종려나무
성 여리고까지 데려다 주었고 자기들
은 사마리아로 돌아갔습니다.
16 그때 아하스 왕은 앗시리아 *왕에게
도움을 청하려고 사람을 보냈습니다.
17 에돔 사람들이 다시 와서 유다를 공
격하고 포로들을 끌고 가는 동안
18 블레셋 사람들이 유다 평지와 남방을
습격했던 것입니다. 그들은 벧세메스,
아얄론, 그데롯과 소고, 딤나, 김소와
그 주변 마을들을 점령하고 거기에
살았습니다.
19 이스라엘 왕 아하스가 유다에 악한 일
을 저지르고 여호와께 그토록 죄를
지었으므로 여호와께서 유다를 낮추
셨던 것입니다.
20 앗시리아 왕 디글랏 빌레셀이 아하스
왕에게 왔지만 디글랏 빌레셀은 오히
려 아하스 왕을 괴롭힐 뿐이었습니다.
21 아하스는 여호와의 성전과 왕궁과 방
백들의 집에서 값진 물건을 가져다가
앗시리아 왕에게 주었지만 디글랏 빌
레셀은 아하스를 돕지 않았습니다.
22 이런 어려운 때 아하스 왕은 더욱 여
호와께 죄를 범했습니다.
23 그는 자기를 친 다메섹의 신들에게
제물을 바치면서 "아람 왕들의 신들
이 그들을 도와주었으니 내가 그들에
게 제물을 바쳐야겠다. 그러면 그 신
들이 나도 도와줄 것이다"라고 생각
했습니다. 그러나 그것들이 아하스 왕
의 멸망과 온 이스라엘의 멸망을 불
렀습니다.

28:16 하나의 히브리어 사본과 칠십인역과 불가타를 따름. 대부분의 히브리어 사본에는 '왕들'

24 아하스는 하나님의 성전의 기구들을
다 모아 버렸습니다. 아하스는 여호와
의 성전 문들을 닫고 예루살렘의 길
모퉁이마다 제단을 세워 두었습니다.
25 유다의 성마다 아하스는 다른 신들에
게 분향할 산당들을 만들어 그 조상
들의 하나님 여호와의 진노를 자아냈
습니다.
26 아하스가 다스린 다른 일들과 그가
한 모든 행동들은 처음부터 끝까지
유다와 이스라엘의 왕들의 역사책에
적혀 있습니다.
27 아하스는 자기 조상들과 함께 잠들
었고 예루살렘에 장사됐으나 이스라
엘 왕들의 무덤에 두지 않았습니다.
아하스의 아들 히스기야가 뒤를 이어
왕이 됐습니다.

히스기야가 성전을 정화하다 (왕하 18:1-3)

29 히스기야는 25세에 왕이 됐고
예루살렘에서 29년 동안 다스
렸습니다. 그 어머니는 이름이 아비야
로 스가랴의 딸이었습니다.
2 히스기야는 자기 조상 다윗이 한 것처
럼 여호와의 눈앞에서 옳은 일을 했
습니다.
3 히스기야 왕 1년 *첫째 달에 그는 여
호와의 성전 문을 열고 수리했습니다.
4 그는 제사장들과 레위 사람들을 불
러 동쪽 광장에 모으고
5 말했습니다. "레위 사람들아, 내 말을
들으라. 지금 너희 자신을 거룩하게
구별하고 우리 조상들의 하나님 여호
와의 성전을 거룩하게 하라. 성소에
서 모든 더러운 것들을 없애 버려라.
6 우리 조상들은 죄를 범해 우리 하나
님 여호와의 눈앞에 악한 짓을 하고
그분을 저버렸다. 그들은 여호와께서
계시는 곳에서 얼굴을 돌리고 그분에
게 등을 돌렸다.
7 그들은 또 성전 현관문을 닫고 등불
을 꺼 버렸다. 성소에서 분향하지도
않고 이스라엘의 하나님께 번제를 드
리지도 않았다.
8 유다와 예루살렘에 여호와의 진노가
내리고 우리 조상들을 내버려서 두려
움과 놀람 그리고 비웃음거리로 만드
셨다. 너희가 지금 너희 눈으로 보고
있는 대로다.
9 그런 까닭에 우리 조상들이 칼에 쓰
러지고 우리 아들딸과 우리 아내들이
포로로 사로잡혀 있다.
10 이제 내가 이스라엘의 하나님 여호와
와 언약을 세워 무서운 진노를 우리
에게서 돌이키려 한다.
11 내 아들들아, 이제는 게으르지 말라.
여호와께서 너희를 선택해 그분 앞에
서서 그분을 섬기고 그분 앞에 시중
들며 분향하게 하셨다."
12 그러자 레위 사람들이 일을 시작했습
니다. 그들은 그핫 자손들 가운데 아
마새의 아들 마핫, 아사랴의 아들 요
엘, 므라리 자손들 가운데 압디의 아
들 기스, 여할렐렐의 아들 아사랴, 게
르손 자손들 가운데 심마의 아들 요
아, 요아의 아들 에덴,

29:3 아빕 월, 태양력으로 3월 중순 이후

13 엘리사반 자손들 가운데 시므리, 여우
엘, 아삽 자손들 가운데 스가랴, 맛다
냐,
14 헤만 자손들 가운데 여후엘, 시므이,
여두둔 자손들 가운데 스마야, 웃시엘
이었습니다.
15 그들은 자기 형제들을 모아 거룩하게
구별하고 여호와의 말씀대로 왕이 명
령한 것에 따라 여호와의 성전에 들
어가 깨끗하게 했습니다.
16 제사장들도 여호와의 성소로 들어가
깨끗하게 했습니다. 그들이 여호와의
성전에서 발견되는 모든 더러운 것들
을 여호와의 성전 뜰로 끌어내면 레위
사람들은 그것들을 가져다가 기드론
골짜기에 버렸습니다.
17 그들이 정결하게 하는 일을 시작한
것은 *첫째 달 1일이었고 그달 8일에
여호와의 현관까지 정결하게 했습니
다. 그리고 그 후 8일 동안 그들은 여
호와의 온 성전을 깨끗하게 해 *첫째
달 16일에 그 일을 마쳤습니다.
18 그들은 히스기야 왕에게 들어가 말했
습니다. "우리가 여호와의 온 성전을
정결하게 했습니다. 번제단과 그 모든
기구들과 거룩한 빵을 놓는 상과 그
모든 물건들을 깨끗하게 했습니다.
19 우리는 아하스 왕이 다스리던 때 그
가 죄를 저질러서 없앤 모든 물건들
을 다시 준비해 정결하게 했습니다.
그것은 지금 여호와의 제단 앞에 있
습니다."
20 이튿날 아침 일찍 히스기야 왕은 성안
의 관리들을 모아 여호와의 성전으로
올라갔습니다.
21 그들은 그 나라와 성소와 유다를 위
해 수송아지 일곱 마리, 숫양 일곱 마
리, 어린양 일곱 마리를 속죄제물로
드렸습니다. 왕은 제사장들과 아론의
자손들에게 그 제물을 여호와의 제
단에 올리라고 명령했습니다.

29:17 아빕 월, 태양력으로 3월 중순 이후

Q&A 히스기야는 왜 종교 개혁을 했을까?

참고 구절 | 대하 29장

히스기야는 왕에 오르자마자 성전의 문을 열고 성전을 수리하고 정화하는 등 개혁을 단행했다(대하 29장). 그가 종교 개혁을 단행한 이유는 무엇이었을까?

당시에 앗시리아는 북이스라엘을 멸망시키고 유다의 많은 영토를 유린했다. 히스기야는 이 모든 일이 앗시리아에 의해서가 아니라 하나님의 진노에 의해서 일어난 사건으로 깨달았다(대하 29:8). 그래서 그는 하나님께서 돌아가기 위해 아하스 시대에 닫혀진 성전 문을 열고 더럽혀진 성전을 정화하여 예배를 회복시켰다(대하 29:3-36).

또 그는 예루살렘 길모퉁이마다 세워 둔 우상의 제단과 분향단을 제거하고(대하 30:14-15) 온 이스라엘과 함께 유월절을 지켰다(대하 30장). 그리고 그는 제사장과 레위인의 계열과 몫을 정비하여 성전에서 직무를 잘 감당하게 했다(대하 31:2-19).

22 그러자 그들은 수송아지들을 잡았고
제사장들은 그 피를 가져다 제단 위
에 뿌렸습니다. 그들은 숫염소들을
잡았고 그 피를 제단에 뿌리고 또 어
린양들을 잡아서 그 피를 제단에 뿌
렸습니다.
23 속죄제물인 염소들을 왕과 이스라엘
무리들 앞으로 끌어왔고 그들이 안수
했습니다.
24 그러자 제사장들은 염소들을 잡아
온 이스라엘을 위한 속죄제물로 그
피를 제단에 올렸습니다. 왕이 온 이
스라엘을 위해 번제물과 속죄제물을
드리라고 했습니다.
25 그는 레위 사람들이 다윗과 왕의 선
견자 갓과 예언자 나단이 정해준 대
로 심벌즈와 비파와 수금을 손에 들
고 여호와의 성전에 있도록 했습니다.
이것은 여호와께서 그 예언자들을 통
해 명령하신 것입니다.
26 레위 사람들은 다윗의 악기들을, 제
사장들은 나팔을 갖고 섰습니다.
27 히스기야는 제단에서 번제를 올리라
는 명령을 내렸습니다. 제사가 시작되
자 여호와를 찬양하는 소리가 나팔
과 이스라엘 왕 다윗의 악기들의 반
주에 맞춰 시작됐습니다.
28 노래를 부르고 나팔 소리가 울리는
동안 온 이스라엘 회중이 경배하며
절했습니다. 이 모든 것은 번제가 끝
날 때까지 계속됐습니다.
29 제사가 끝나자 왕과 그와 함께 있던
모든 사람은 무릎을 꿇고 경배를 드
렸습니다.
30 히스기야 왕과 그의 신하들은 레위
사람들에게 다윗과 선견자 아삽의 시
로 여호와를 찬양하게 했습니다. 그
들은 기쁨으로 찬양을 불렀고 고개
를 숙이고 경배를 드렸습니다.
31 히스기야가 말했습니다. "너희가 이제
너희 자신을 여호와께 거룩히 구별했
으니 와서 여호와의 성전에 희생제물
과 감사의 제물을 드리라." 그러자 이
스라엘 무리들이 희생제물과 감사제
물을 가져왔고 마음에 원하는 자마
다 번제물을 가져왔습니다.
32 이스라엘 무리들이 가져온 번제물의
수는 수소 70마리, 숫양 100마리, 어
린양 200마리였는데 이 모든 것은 여
호와께 드리는 번제물이었습니다.
33 희생제물로 거룩하게 한 동물들은 수
소 600마리, 양 3,000마리였습니다.
34 모든 번제물의 가죽을 벗기기에는 제
사장들의 수가 너무 적었습니다. 그래
서 그 형제인 레위 사람들이 일을 마
칠 때까지 돕고 또 다른 제사장들이
거룩하게 구별되기까지 도와주었습
니다. 레위 사람들은 자신을 거룩하
게 하는 데 제사장들보다 더 열심이
있었습니다.
35 번제물과 함께 화목제물의 기름도 많
았고 번제와 함께 드리는 *전제물도
매우 풍성했습니다. 이렇게 여호와의
성전에서 섬기는 일이 갖추어졌습니
다.

29:35 또는 부어 드리는 제물

36 이 일이 갑작스럽게 이루어졌으나 하
나님께서 백성을 위해 준비하셨으므
로 히스기야와 온 백성이 기뻐했습니
다.

히스기야가 유월절을 지키다

30 히스기야는 온 이스라엘과 유
다에 명령을 내리고 또 에브라
임과 므낫세에 편지를 보냈습니다. 예
루살렘에 있는 여호와의 성전에 와서
이스라엘의 하나님 여호와께 유월절
을 지켜 드리라는 것이었습니다.
2 왕과 그의 신하들과 예루살렘의 온
이스라엘 무리들은 *둘째 달에 유월
절을 지키기로 결정했습니다.
3 자신을 거룩하게 구별한 제사장들이
부족하고 백성들도 예루살렘에 모이
지 못했기 때문에 정한 때 유월절을
지킬 수 없었던 것입니다.
4 그 일은 왕에게나 온 이스라엘 무리
들에게 다 옳게 여겨졌습니다.
5 왕은 브엘세바부터 단에 이르기까지
이스라엘 온 땅에 명령을 내려 백성
들이 예루살렘에 와서 이스라엘의 하
나님 여호와의 유월절을 지키도록 했
습니다. 유월절이 오랫동안 그 기록
된 규례대로 지켜지지 못했던 것입니
다.
6 왕의 명령을 좇아 전하는 사람들이
왕과 그의 신하들의 편지를 들고 이스
라엘과 유다를 두루 다녔습니다. 편지
의 내용은 이렇습니다. "이스라엘 백
성들아, 아브라함과 이삭과 이스라엘
의 하나님 여호와께 돌아오라. 그러면
그분이 앗시리아 왕들의 손을 벗어나
남게 된 너희에게 돌아오실 것이다.
7 하나님 여호와께 죄를 범했던 너희
조상들과 너희 형제들처럼 되지 말
라. 너희가 보았듯이 여호와께서 그들
을 멸망하게 하셨다.
8 너희 조상들처럼 목을 곧게 해서는
안 된다. 여호와께 순종하라. 그분이
영원히 거룩하게 하신 성소로 오라.
너희 하나님 여호와를 섬겨 그분의
무서운 진노가 너희에게서 떠나게 하
라.
9 너희가 만약 여호와를 섬기면 너희
형제들과 너희 자녀들은 그 사로잡은
사람들에게 자비를 얻어 이 땅으로
돌아오게 될 것이다. 너희 하나님 여
호와는 은혜롭고 자비가 많으신 분이
기 때문이다. 너희가 그분께로 돌아오
면 그분은 너희에게서 얼굴을 돌리지
않으실 것이다."
10 전하는 사람들은 에브라임과 므낫세
의 여러 성들을 다녀 스불론까지 이
르렀지만 백성들은 그들을 조롱하며
비웃었습니다.
11 그러나 아셀, 므낫세, 스불론의 몇몇
사람들은 겸손해져서 예루살렘으로
왔습니다.
12 유다에서는 하나님께서 백성들에게
한마음을 주사 여호와의 말씀을 따
라 왕과 그의 신하들이 명령한 것을
따르게 하셨습니다.
13 둘째 달에 백성들의 큰 무리가 무교

30:2 시브 월, 태양력으로 4월 중순 이후

절을 지키러 예루살렘에 모였습니다.
14 그들은 예루살렘에 있는 거짓 신을
위한 제단들을 없애고 분향단을 모
두 없애 기드론 골짜기에 버렸습니다.
15 그들은 *둘째 달 14일에 유월절 어린
양을 잡았습니다. 제사장들과 레위
사람들은 부끄러워서 자신을 거룩하
게 하고 여호와의 성전에 번제물을
갖다 놓았습니다.
16 그들은 하나님의 사람 모세의 율법에
정해진 대로 자기 자리에 섰습니다.
제사장들은 레위 사람들이 갖다 준
그 피를 뿌렸습니다.
17 무리 가운데 많은 사람들이 자신을
거룩하게 하지 않았으므로 레위 사람
들이 정결하지 않은 모든 사람들을
위해 유월절 어린양을 잡았습니다.
18 에브라임, 므낫세, 잇사갈, 스불론에서
온 많은 사람들의 대부분이 자신을
거룩하게 하지 않고 유월절 양을 먹
어 규례를 어겼습니다. 그러나 히스기
야는 그들을 위해 이렇게 기도했습니
다. "선하신 여호와여, 용서해 주십시
오.
19 하나님, 곧 그 조상들의 하나님 여호
와를 찾으려고 마음을 준비한 사람은
비록 성소의 규정에 따르면 부정할지
라도 누구든지 용서해 주십시오."
20 여호와께서 히스기야의 기도를 듣고
백성들을 고쳐 주셨습니다.
21 예루살렘에 모인 이스라엘 사람들은
7일 동안 기쁨에 넘쳐 무교절을 지켰
습니다. 레위 사람들과 제사장들은
여호와의 악기 반주에 맞춰 날마다
여호와께 찬양을 올려 드렸습니다.
22 히스기야가 여호와를 섬기는 일을 잘
알고 행동하는 모든 레위 사람들을
격려해 주었습니다. 그들은 7일 동안
절기 음식을 먹고 화목제물을 드리
고 그 조상들의 하나님 여호와를 찬
양했습니다.
23 그러고 나서 온 이스라엘 무리들은 절
기를 7일 더 지키기로 했습니다. 그때
부터 다시 7일 동안 즐거워하며 절기
를 지켰습니다.
24 유다 왕 히스기야는 이스라엘 무리들
을 위해서 수송아지 1,000마리, 양
7,000마리를 주었고 신하들은 그들
에게 수송아지 1,000마리, 양 1만 마
리를 주었습니다. 자신을 거룩하게
한 제사장들의 수도 많았습니다.
25 유다의 온 이스라엘 무리들은 제사장
들과 레위 사람들과 이스라엘에서 모
인 모든 사람들과 또 이스라엘에 와
있는 이방 사람들과 유다에 살고 있
던 사람들과 함께 기뻐했습니다.
26 예루살렘에는 큰 기쁨이 있었습니다.
이스라엘 왕 다윗의 아들 솔로몬의 시
대로부터 이런 일은 예루살렘에 없었
습니다.
27 제사장들과 레위 사람들은 백성들을
축복하기 위해 섰고 하나님께서는 그
들의 소리를 들어 주셨습니다. 그들
의 기도가 하늘, 곧 그 거룩한 곳까지
미쳤습니다.

30:15 시브 월, 태양력으로 4월 중순 이후

31

이 모든 일이 끝나자 거기 있던
이스라엘 백성들은 유다 성들
로 나가 *거룩하다는 돌들을 부수고
아세라 우상들을 찍어 버렸습니다. 그
들은 유다와 베냐민 온 지역에서, 에
브라임과 므낫세에서 산당들과 제단
들을 없앴습니다. 그것을 모두 없애
고 난 후 이스라엘 백성들은 자기 성
과 자기 고향으로 돌아갔습니다.

예배를 위한 예물들

2 히스기야는 제사장들과 레위 사람들
의 계열을 정했는데 각각 제사장이나
레위 사람의 일에 따라 정했습니다.
곧 번제물이나 화목제물을 드리며 여
호와께서 계시는 곳의 문에서 섬기고
감사를 드리고 찬양하는 일이었습니
다.
3 왕은 자기가 가진 것에서 여호와의
율법에 정해진 대로 아침저녁으로 번
제에 쓸 짐승을 드리게 하고 안식일
과 초하루와 절기들에 드릴 번제를
위해 쓰게 했습니다.
4 그는 제사장들과 레위 사람들이 여호
와의 율법을 지키는 일에 헌신하도록
예루살렘에 사는 백성들에게 명령해
제사장들과 레위 사람들의 몫을 가져
오게 했습니다.
5 명령을 내리자 이스라엘 백성들은 곡
식과 새 포도주와 기름과 꿀과 밭에
서 난 모든 것의 첫 수확을 아낌없이
냈습니다. 그들이 모든 것의 십일조
로 가져온 것은 매우 많았습니다.
6 유다 성들에 사는 이스라엘 사람들과
유다 사람들도 자기 소와 양의 십일조
를 가져왔고 그들의 하나님 여호와께
바칠 거룩한 것들의 십일조를 가져와
더미를 이루어 쌓아 놓았습니다.
7 백성들은 이 일을 *셋째 달에 시작해
*일곱째 달에 끝냈습니다.
8 히스기야와 그의 신하들이 와서 그
쌓아 놓은 것을 보고 여호와를 찬양
하고 그 백성 이스라엘을 축복했습니
다.
9 히스기야는 제사장들과 레위 사람들
에게 그 쌓아 놓은 더미에 대해 물었
습니다.
10 그러자 사독 집안사람 대제사장 아사
랴가 대답했습니다. "백성들이 여호와
의 성전에 바칠 것을 가져오기 시작
해 우리가 충분히 먹었고 남은 것도
많습니다. 여호와께서 그 백성들을
축복하셔서 이렇게 많이 남은 것입니
다."
11 히스기야가 여호와의 성전에 창고를
마련하도록 명령을 내려 창고들이 지
어졌습니다.
12 그들은 예물과 십일조와 바쳐진 거
룩한 물건들을 그리로 들여놓았습니
다. 레위 사람 고나냐가 이 물건들을
관리했고 그 형제 시므이는 관리하는
일에 버금가는 사람이 됐습니다.
13 히스기야 왕과 하나님의 성전 관리를
맡은 신하 아사랴가 여히엘, 아사시야,
나핫, 아사헬, 여리못, 요사밧, 엘리엘,

31:1 종교적인 의미를 담고 있는 돌 기둥 31:7 시완 월, 태양력으로 5월 중순 이후 31:7 에다님 월, 태양력으로 9월 중순 이후

이스마갸, 마핫, 브나야를 세워 고나냐
와 그 형제 시므이 밑에서 감독관이
됐습니다.
14 동쪽 문지기인 레위 사람 임나의 아
들 고레는 하나님께 드리는 낙헌제를
맡아 여호와께 바친 것과 거룩하게
구별된 예물을 나눠 주었습니다.
15 에덴, 미냐민, 예수아, 스마야, 아마랴,
스가냐는 제사장들의 성에 다니면서
그들의 형제 제사장들 모두에게 나눠
주었습니다.
16 또한 그들은 3세 이상 된 남자들로
족보에 이름이 기록된 사람들 외에도
여호와의 성전에 들어가 일하는 순서
에 따라 여러 가지 맡은 일을 하는 모
든 사람들에게 다 나눠 주었습니다.
17 그리고 그들은 족보에 자기 집안별로
기록된 제사장들과 그 일과 순서에
따라 20세 이상 된 레위 사람들에게
도 나눠 주었습니다.
18 그들은 이 족보에 적혀 있는 모든 무
리의 어린아이, 아내, 아들과 딸을 빠
뜨리지 않았습니다. 이들은 자신을
거룩하게 구별한 사람들이기 때문입
니다.
19 아론의 자손들에게 주어진 성이나 다
른 성에 살고 있는 제사장들의 모든
남자와 레위 사람들의 족보에 기록된
모든 남자에게도 먹을 몫을 나눠 주
었습니다.
20 히스기야가 이 일을 했습니다. 그는
유다 온 지역에서 하나님 여호와 앞
에 선하고 올바르고 충성된 일을 했
습니다.
21 하나님의 성전을 섬기는 것과 율법과
계명에 순종하는 것에 있어서 그는
하나님을 찾았고 온 마음으로 일했습
니다. 그리하여 그는 번영하게 됐습니
다.

산헤립이 예루살렘을 위협하다 (왕하 18:13–37;19:14–19,35–37;사 36:1–22;37:8–38)

32 히스기야가 충성스럽게 이 모
든 일을 다 한 후에 앗시리아
왕 산헤립이 와서 유다를 쳤습니다.
산헤립은 견고한 성들을 포위하고 그
들을 점령하려고 했습니다.
2 히스기야는 산헤립이 예루살렘을 치
러 온 것을 보고

성·경·상·식 **산헤립**

'신은 형제를 증가시켜 주신다'는 뜻의 이름을 가진 산헤립은 앗시리아의 왕이었다. 아버지 사르곤의 뒤를 이어 왕이 된 그는(BC 705–681년) 히스기야를 치기 위해 예루살렘으로 진격해 왔다(대하 32:1–2). 유다 백성들에게 사자를 보내서 항복하라고 요구했을 뿐 아니라 유다가 앗시리아인들을 막지 못하며 하나님은 유다를 구원하시지 못할 것이라고 조롱했다(대하 32:17).
이에 대해 히스기야와 이사야 선지자는 유다를 구해 달라고 간절히 기도했다. 결국 하나님은 이들에게 천사를 보내셔서 친히 앗시리아 군대를 치게 하셨다(왕하 19:35). 그 후 산헤립은 니느웨에서 니스록 신에게 제사드릴 때 그의 자녀들에게 살해당했다(왕하 19:37).

3 그 신하들과 용사들과 의논해 성 밖
의 샘에서 물의 근원을 막기로 했습
니다. 그들은 왕을 도왔습니다.
4 많은 백성들이 모여 모든 샘과 그 땅
을 굽어 흐르는 물길을 막아 버리고
말했습니다. "어떻게 앗시리아 *왕들
이 이 많은 물을 얻겠는가?"
5 히스기야는 성벽의 무너진 부분 이
곳저곳을 다 고치고 그 위에 망대를
짓는 데 힘을 쏟았습니다. 그는 바깥
쪽으로 성벽을 하나 더 세워 다윗의
*성을 더욱 강하게 했습니다. 히스기
야는 또한 무기와 방패들을 많이 만
들었습니다.
6 그는 사람들을 지휘할 군사령관들을
세우고 그들을 성문 앞 광장 자기 앞
에 모으고 위로의 말을 하며 용기를
북돋웠습니다.
7 "마음을 강하게 먹고 용기를 내라. 앗
시리아 왕과 그 큰 군대로 인해 두려
워하거나 낙심하지 말라. 우리에게 그
보다 더 큰 힘이 있다.
8 그에게는 육체의 팔뿐이지만 우리에
게는 우리 하나님 여호와께서 계신
다. 그분이 우리를 도와 우리를 대신
해 싸워 주실 것이다." 그러자 백성들
은 유다 왕 히스기야의 말을 듣고 용
기를 얻었습니다.
9 그 후 앗시리아 왕 산헤립과 그 모든
군대들이 라기스를 포위하고 자기 신
복들을 예루살렘으로 보내 유다 왕
히스기야와 예루살렘에 있는 유다의
모든 백성들에게 말을 전했습니다.
10 "위대하신 앗시리아 왕께서 말씀하신
다. 지금 너희가 포위된 예루살렘에
있는데 무엇을 믿고 이렇게 당당하
냐?
11 히스기야가 '우리 하나님 여호와께서
앗시리아 왕의 손에서 우리를 구해 내
시리라'고 말하는데 그가 너희를 잘
못 이끌어 굶주림과 목마름으로 죽
게 하는 것이다.
12 히스기야는 여호와의 산당들과 제단
들을 없애고 유다와 예루살렘에 명령
을 내려 '너희는 한 제단 앞에서 경배
하고 거기에 번제물을 올리라'고 하지
않았느냐?
13 나와 내 조상들이 다른 땅의 모든 민
족들에게 어떻게 했는지 알지 못하느
냐? 그 민족들의 신들이 그들의 땅을
내 손에서 건져 낼 수 있었느냐?
14 내 조상들에게 멸망당한 그 민족들
의 모든 신들 가운데 누가 그 백성들
을 구해 낼 수 있었느냐? 그런데 하
물며 너희 신이 너희를 내 손에서 건
져 낼 것 같으냐?
15 이제 히스기야가 너희를 속이고 너희
를 잘못 이끌지 못하게 하라. 그를 믿
지 말라. 어떤 민족이나 나라의 어떤
신도 자기 백성들을 내 손이나 내 조
상들의 손에서 건져 내지 못했다. 그
러니 너희 신이 어떻게 내 손에서 너
희를 건져 낼 수 있겠느냐!"
16 산헤립의 신복들도 여호와 하나님과

32:4 히브리어 사본을 따름. 칠십인역과 시리아어역에는 '왕' 32:5 또는 성의 밀로를(대상 11:8을 보라.)

그 종 히스기야를 더욱 비난했습니다.
17 산헤립 왕은 또 이스라엘의 하나님 여
호와를 모독하는 내용의 편지를 썼습
니다. "다른 땅 민족들의 신들이 그
백성들을 내 손에서 구해 내지 못했
던 것처럼 히스기야의 신도 자기 백성
들을 내 손에서 구해 내지 못할 것이
다."
18 그리고 그들은 히브리 말로 성벽 위
에 있던 예루살렘 사람들에게 크게
외쳤습니다. 그들은 성을 함락시키려
고 백성들에게 두려움을 주며 괴롭게
했습니다.
19 그들은 예루살렘의 하나님을 사람의
손으로 만든 세상의 다른 민족들의
신들처럼 훼방하며 지껄였습니다.
20 히스기야 왕과 아모스의 아들인 예언
자 이사야는 이 일에 대해 하늘을 향
해 큰 소리로 기도했습니다.
21 그러자 여호와께서 한 천사를 보내 앗
시리아 왕의 군대의 모든 용사들과
지도자들과 신하들을 죽이셨습니다.
앗시리아 왕은 부끄러움에 휩싸여 자
기 땅으로 물러가 자기 신의 신전으
로 들어갔는데 그의 아들 몇몇이 그
를 칼로 죽였습니다.
22 이렇게 여호와께서는 히스기야와 예
루살렘의 백성들을 앗시리아 왕 산헤
립의 손과 다른 모든 사람들의 손에
서 구해 내셨습니다. 여호와께서는 그
들을 여러모로 돌보아 주셨습니다.
23 많은 사람들이 예루살렘으로 여호와
를 위해 예물들을 가져왔고 유다 왕
히스기야에게 값진 선물들을 가져왔
습니다. 그때부터 히스기야는 모든 민
족들에게 존경을 받았습니다.

히스기야의 교만, 성공, 죽음
(왕하 20:1–3,12–21;사 38:1–3;39:1–8)

24 그때 히스기야가 병이 들어 죽게 됐습
니다. 히스기야는 여호와께 기도를 드

Q&A 기도와 일, 어떤 것부터 할까?

참고 구절 | 대하 32:20–23

문제에 직면했을 때 기도부터 해야 할까? 아니면 일부터 해야 할까? 히스기야 왕은 앗시리아 왕 산헤립의 침략을 당했을 때 이 2가지를 함께 병행해서 현명하게 대처했다.

위기에 직면한 그는 간절히 기도하면서(대하 32:20) 실제적으로 위기를 극복할 수 있는 방안을 생각해 실행했다. 그래서 그는 기혼 샘의 윗 샘물을 막아 저장했다(대하 32:2–8). 이것은 예루살렘 성이 포위당할 경우 적들에게 식수를 공급하지 않으면서도 자신들은 견딜 수 있도록 한 것이었다. 예루살렘 성이 앗시리아의 침략에 무릎 꿇지 않고 끝까지 버틸 수 있었던 것은 이런 히스기야의 지혜와 믿음 때문이었다. 또한 그는 백성들을 이간하려는 앗시리아 왕의 편지를 받았지만 요동하지 않고 오직 하나님만을 의지했다(대하 32: 17–20).

문제에 직면했을 때 기도와 일 중 어떤 것에 더 치중하는가? 히스기야는 둘 중 하나만을 선택하지 않았다. 믿음과 지식을 총동원한 가운데 오직 한 분 하나님만을 바라보았다.

렸고 여호와께서는 히스기야에게 응
답해 기적을 주셨습니다.
25 그러나 히스기야는 마음이 교만해져
그에게 보여 주신 은혜에 보답하지
않았습니다. 그리하여 히스기야와 유
다와 예루살렘에 여호와의 진노가 내
렸습니다.
26 히스기야는 자기 마음의 교만함을 회
개했고 예루살렘 사람들도 회개했습
니다. 그리하여 히스기야가 사는 동
안에 여호와의 진노가 그들에게 내리
지 않았습니다.
27 히스기야는 큰 부와 명예를 가졌고
은, 금, 보석, 향료, 방패 등 온갖 값
진 물건들을 두는 창고를 만들었습니
다.
28 히스기야는 또한 추수한 곡식과 새
포도주와 기름을 두는 창고를 지었습
니다. 또 여러 종류의 짐승들을 위해
외양간을 만들고 양들을 위해 우리
들을 갖췄습니다.
29 그는 많은 양과 소들을 위해 성을 더
만들었습니다. 하나님께서 그에게 많
은 재산을 주셨던 것입니다.
30 기혼 샘의 위쪽을 막아 다윗 성의 서
쪽으로 물길을 튼 사람도 바로 히스
기야였습니다. 히스기야가 하는 모든
일이 잘됐습니다.
31 그러나 바벨론의 지도자들이 그 땅에
나타난 기적들에 대해 묻기 위해 사
절단을 보냈습니다. 하나님께서는 히
스기야를 시험해 그의 마음속에 있는
모든 것을 알아보려고 했습니다. 하
나님께서는 히스기야 왕이 마음대로
하도록 내버려 두셨습니다.
32 히스기야가 다스리던 다른 일들과 그
의 헌신적인 행동은 아모스의 아들인
예언자 이사야의 예언서와 유다와 이
스라엘의 왕들의 역사책에 적혀 있습
니다.
33 히스기야는 그 조상들과 함께 잠들었
고 다윗의 자손들의 무덤이 있는 높
은 곳에 묻혔습니다. 온 유다와 예루
살렘 백성들은 히스기야가 죽었을 때
경의를 표했습니다. 그리고 그의 아
들 므낫세가 뒤를 이어 왕이 됐습니
다.

유다 왕 므낫세 (왕하 21:1-18)

33 므낫세는 12세에 왕이 됐고 55
년 동안 예루살렘에서 다스렸
습니다.
2 그는 여호와께서 이스라엘 백성들 앞
에서 쫓아내신 민족들의 역겨운 일들
을 따름으로써 여호와의 눈앞에서 악
한 일을 저질렀습니다.
3 므낫세는 자기 아버지 히스기야가 무
너뜨린 산당들을 다시 지었고 또 바
알의 제단을 세웠으며 아세라 상을
만들었습니다. 그는 또한 하늘의 별
들을 경배하고 섬겼습니다.
4 그는 여호와께서 "내 이름을 예루살렘
에 영원히 두겠다"라고 말씀하신 그
여호와의 성전에 우상을 위한 제단을
만들었습니다.
5 여호와의 성전 안팎의 뜰에 하늘의
모든 별들을 위한 제단을 만들었습

니다.
6 므낫세는 자기 아들들을 힌놈의 아
들 골짜기에서 *불 속에 넣어 희생제
물로 바쳤고 점을 치고 마법을 행했
으며 신접한 사람들과 무당들의 말을
믿었습니다. 므낫세는 여호와의 눈앞
에 악한 일을 많이 저질러서 여호와
의 진노를 자아냈습니다.
7 그는 자기가 조각해 만든 아세라 상
을 가져다 하나님의 성전에 두었습니
다. 이 성전은 여호와께서 다윗과 그
아들 솔로몬에게 "내가 온 이스라엘
지파들 가운데 선택한 예루살렘에,
그리고 이 성전에 내가 영원히 내 이
름을 두겠다.
8 만약 그들이 마음을 다해 모세를 통
해 준 모든 율법과 규례와 법도에 따
라, 내가 명령한 모든 것을 지켜 행
하면 내가 다시는 이스라엘 백성들의
발이 내가 너희 조상들에게 준 땅에
서 떠나 방황하지 않게 할 것이다"라
고 말씀하신 곳이었습니다.
9 그러나 므낫세는 유다와 예루살렘 백
성들을 잘못 이끌어 이스라엘 백성들
앞에서 여호와께서 멸망시키신 그 민
족들보다 더 악한 짓을 하게 만들었
습니다.
10 여호와께서는 므낫세와 그 백성들에
게 말씀하셨지만 그들은 듣지 않았습
니다.
11 그러자 여호와께서 그들에게 앗시리
아 왕의 군사령관들을 보냈는데 그들
은 므낫세를 포로로 잡아 코에 고리
를 꿰고 청동사슬로 묶어 바벨론으로
끌어갔습니다.
12 그는 고난 가운데 하나님 여호와의
은혜를 구하고 그 조상들의 하나님
앞에서 매우 겸손해졌습니다.
13 그리하여 므낫세는 여호와께 기도드
렸고 여호와께서는 그의 맹세에 마음
이 움직여 그의 간구를 들어주셨습
니다. 여호와께서는 므낫세를 그의 나
라 예루살렘으로 돌려보내셨습니다.
그러자 므낫세는 여호와가 하나님이
심을 알게 됐습니다.
14 그 후 므낫세는 골짜기에 있는 기혼
샘의 서쪽 다윗의 성에 바깥 성벽을
재건했는데 '물고기 문' 입구에서부터
오벨 산지를 둘러쌓았고 더욱 높게 지
었습니다. 그는 유다의 모든 든든한
성들에 군사령관들을 두었습니다.
15 그는 이방신들을 없애고 여호와의 성
전에서 자기가 성전 산과 예루살렘에
지어 놓은 모든 제단들을 비롯한 우
상들을 없앴습니다.
16 므낫세는 여호와의 제단을 보수하고
그 위에 화목제물과 감사제물을 드렸
으며 유다에게 이스라엘의 하나님 여
호와를 섬기라고 명령했습니다.
17 그러나 백성들은 하나님 여호와께만
제사를 드리되 계속 산당에서 제사
를 드렸습니다.
18 므낫세가 다스리던 다른 일들과 그가
그의 하나님께 드린 기도와 이스라엘
의 하나님 여호와의 이름으로 선견자

33:6 히브리어, '불 가운데로 지나가게 했으며'

들이 한 말들은 이스라엘 왕들의 역
사책에 적혀 있습니다.
19 므낫세의 기도와 하나님께서 그의 맹
세를 듣고 마음을 움직이신 일, 그의
모든 죄와 허물, 그가 겸손해지기 전
에 산당을 짓고 아세라 상과 우상을
만들어 둔 것, 이 모든 것은 호새의
책에 적혀 있습니다.
20 므낫세는 자기 조상들과 함께 잠들었
고 자기 왕궁에 묻혔습니다. 그리고
그의 아들 아몬이 뒤를 이어 왕이 됐
습니다.

유다 왕 아몬 (왕하 21:19-26)

21 아몬은 22세에 왕이 됐고 예루살렘에
서 2년 동안 다스렸습니다.
22 아몬은 자기 아버지 므낫세가 한 것처
럼 여호와의 눈앞에 악한 일을 저질
렀습니다. 아몬은 므낫세가 만든 모든
우상들을 경배하고 희생제물을 바쳤
습니다.
23 그러나 그 아버지 므낫세와 달리 아몬
은 여호와 앞에서 겸손하지 않았습니
다. 아몬은 죄악을 쌓아만 갔습니다.
24 아몬의 신하들이 그에게 반역해 아몬
을 그의 왕궁에서 죽였습니다.
25 그 후 그 땅의 백성들은 아몬 왕에게
반역한 모든 사람들을 죽였고 그의
아들 요시야를 왕으로 삼았습니다.

요시야의 개혁 (왕하 22:1-2)

34 요시야는 8세에 왕이 됐고 예
루살렘에서 31년 동안 다스렸
습니다.
2 요시야는 여호와의 눈앞에 올바르게
행동했고 그 조상 다윗의 길을 걸어
좌우로 치우치지 않았습니다.
3 그가 다스린 지 8년째 되던 아직 어
릴 때 요시야는 그의 조상 다윗의 하
나님을 찾았습니다. 그가 다스리던
12년에 그는 유다와 예루살렘에서 산
당과 아세라 상과 조각해 만든 우상
들과 부어 만든 형상들을 없앴습니
다.
4 요시야 앞에서 백성들이 바알의 제단
들을 부수었고 그 위에 있던 분향단
들을 산산조각 냈으며 아세라 상과
우상과 새긴 우상들을 깨뜨렸습니다.
요시야는 이것들을 산산조각 내 그것
들에 희생제물을 드리던 사람들의 무
덤에 뿌렸습니다.
5 요시야는 그 제사장들의 뼈들을 그들
의 제단에서 태워 유다와 예루살렘을
깨끗하게 했습니다.
6 므낫세, 에브라임, 시므온 성들과 납달
리까지 그 주변의 폐허가 된 곳에서
그렇게 했습니다.
7 요시야는 제단들과 아세라 상을 부수
고 우상들을 가루로 만들며 이스라
엘 온 땅의 모든 분향단을 찍어 내고
예루살렘으로 돌아왔습니다.
8 요시야가 다스리던 18년에 그 땅과
성전을 깨끗하게 하려고 아살랴의 아
들 사반과 그 성의 지도자 마아세야
를 역사를 기록하는 사람 요아하스의
아들 요아와 함께 보내 그의 하나님
여호와의 성전을 수리하게 했습니다.
9 그들은 대제사장 힐기야에게 가서 하

나님의 성전에 바쳐진 돈을 주었습니
다. 그 돈은 문지기들인 레위 사람들
이 므낫세, 에브라임과 이스라엘에 남
은 모든 사람들과 온 유다와 베냐민
사람들과 예루살렘에 사는 사람들에
게서 거둔 것이었습니다.
10 그들은 그것을 여호와의 성전 일을
감독하도록 세운 사람들에게 맡겼습
니다. 이 사람들은 성전을 보수해 건
축하는 일꾼들에게 그 돈을 주었습
니다.
11 그들은 다듬은 돌과 나무를 사도록
목수와 건축하는 사람들에게 돈을
주었으며 유다 왕들이 헐어 버린 건
물의 천장과 들보를 만들게 했습니
다.
12 그 사람들은 성실하게 일했습니다.
그들을 감독하고 지시하는 사람들은
레위 사람들로 므라리 자손들인 야핫
과 오바댜, 그핫 자손들인 스가랴와
무술람이었습니다. 악기 연주에 익숙
했던 모든 레위 사람들도 함께했습니
다.
13 그 사람들은 또한 짐꾼들을 관리했
고 모든 일에 있어서 기술자들을 감
독했습니다. 몇몇 레위 사람들은 관
리, 서기관, 문지기가 됐습니다.

율법책을 발견하다 (왕하 22:3-20)

14 그들이 여호와의 성전에 들어가 드려
진 돈을 꺼내고 있을 때 제사장 힐기
야가 모세에게 주신 여호와의 율법책
을 발견했습니다.
15 힐기야가 서기관 사반에게 말했습니
다. "내가 여호와의 성전에서 율법책
을 발견했습니다." 그는 율법책을 사
반에게 주었습니다.
16 그러자 사반은 그 책을 왕에게로 가
져가서 말했습니다. "왕의 관리들이
맡겨진 모든 일을 잘하고 있습니다.
17 그들은 여호와의 성전에 있던 돈을
잘 처리해 감독관들과 일꾼들에게
맡겼습니다."
18 그러고 나서 서기관 사반은 왕에게
말했습니다. "제사장 힐기야가 제게
책 한 권을 주었습니다." 그리고 사반
은 왕 앞에서 그것을 읽었습니다.
19 왕은 율법책에 있는 말씀을 듣고 자
기 옷을 찢었습니다.
20 왕은 제사장 힐기야, 사반의 아들 아
히감, *미가의 아들 압돈, 서기관 사
반, 왕의 시종 아사야에게 이렇게 명
령을 내렸습니다.
21 "너희는 가서 나와 백성들과 온 유다
를 위해 지금 발견된 이 책에 기록된
것에 대해 여호와께 여쭤 보라. 우리
조상들이 여호와의 말씀을 지키지 않
았기에 우리에게 내린 여호와의 진노
가 너무 크다. 우리는 이 책에 기록된
모든 것을 따르지 않았다."
22 힐기야와 왕이 보낸 사람들은 여예언
자 훌다에게 갔습니다. 훌다는 *하스
라의 손자이며 *독핫의 아들로 예복
을 관리하는 사람 살룸의 아내였습니
다. 훌다는 예루살렘의 둘째 구역에

34:20 또는 미가야의 아들 악볼(왕하 22:12을 보라.)
34:22 또는 할하스(왕하 22:14을 보라.) 34:22 또는 디과(왕하 22:14을 보라.)

살고 있었습니다.
23 훌다가 그들에게 말했습니다. "이스라
엘의 하나님 여호와께서 말씀하시니
너희를 내게 보낸 그 사람에게 말하
라.
24 '여호와가 말한다. 내가 유다 왕 앞에
서 읽힌 그 책에 기록된 모든 재난을
이곳과 그 백성들에게 보내려 한다.
25 그들이 나를 버리고 다른 신들에게
분향해 그들 손으로 만든 모든 우상
들로 내 진노를 자아냈으니 내 진노
가 이곳에 쏟아져서 꺼지지 않을 것
이다.'
26 너희를 보내 여호와께 여쭤 보게 한
유다 왕에게 말하라. '이스라엘의 하
나님 여호와께서 네가 들은 그 말에
관해 말하건대
27 네가 이곳과 백성들에 대해 하나님
이 말한 것을 듣고 네 마음이 약해지
고 또 네가 하나님 앞에서 겸손해져
서 네 옷을 찢고 내 앞에서 통곡했으
니 나도 네 말을 듣겠다. 여호와가 말
한다.
28 그러므로 내가 너를 네 조상들에게
가게 할 것이고 너는 평화롭게 묻힐
것이다. 너는 내가 이곳과 여기에 사
는 사람들에게 내릴 그 모든 재앙을
보지 않을 것이다.'" 그들은 그 대답
을 왕에게 전했습니다.
29 왕은 유다와 예루살렘의 모든 장로들
을 불렀습니다.
30 그는 유다 사람들과 예루살렘 사람들
과 제사장들과 레위 사람, 곧 크고 작
은 모든 백성들을 데리고 여호와의 성
전으로 올라갔습니다. 그는 여호와의
성전에서 발견된 그 언약책의 모든 말
씀을 크게 읽어 들려주었습니다.
31 왕은 기둥에 기대서서 여호와 앞에서
그 언약을 새롭게 세워 여호와를 따
르고 그분의 계명과 증거와 규례를
온 마음과 온 영혼을 다해 지키고 이
책에 기록된 그 언약의 말씀에 순종
하기로 했습니다.
32 그리고 왕은 예루살렘과 베냐민 사람
들도 이 언약을 하게 했습니다. 예루
살렘 백성들은 하나님, 곧 그들의 조
상들의 하나님의 언약을 좇아 행했습
니다.
33 요시야는 이스라엘 백성들이 사는 모
든 땅에서 우상들을 없애고 이스라엘
에 있던 모든 사람들이 그들의 하나
님 여호와를 섬기게 했습니다. 그가
사는 동안 그들은 그들의 조상들의
하나님 여호와를 따랐습니다.

요시야가 유월절을 지키다 (왕하 23:21–23)

35 요시야는 예루살렘에서 유월절
을 지켰습니다. *첫째 달 14일
에 유월절 양을 잡았습니다.
2 요시야는 제사장들에게 일을 맡기고
여호와의 성전에서 일하는 그들을 격
려했습니다.
3 그가 온 이스라엘을 가르치고 여호와
께 자신을 거룩하게 구별했던 그 레
위 사람들에게 말했습니다. "이스라엘
왕 다윗의 아들인 솔로몬이 지은 성

35:1 아빕 월, 태양력으로 3월 중순 이후

전에 거룩한 궤를 두라. 그것을 다시
는 너희 어깨에 메어 옮기지 말라. 마
땅히 너희 하나님 여호와와 그분의
백성 이스라엘을 섬기라.
4 이스라엘 왕 다윗과 그 아들 솔로몬
의 글을 따라 너희 족속의 순서대로
스스로 준비하라.
5 너희 형제, 곧 모든 백성의 족속의 순
서대로, 또 레위 족속의 순서대로 성
소에 서서
6 유월절 양을 잡고 너희 자신을 거룩
하게 구별하고 너희 형제들을 위해
양들을 준비해 여호와께서 모세를 통
해 명령하신 대로 행하라."
7 요시야는 거기 모인 모든 백성들에게
유월절 제물로 양과 어린 염소 3만 마
리와 수소 3,000마리를 자기가 가진
것 가운데 내주었습니다.
8 그의 신하들도 스스로 백성들과 제
사장들과 레위 사람들에게 바쳤습니
다. 하나님의 성전을 섬기는 힐기야,
스가랴, 여히엘은 제사장들에게 유월
절 양 2,600마리와 수소 300마리를
내주었습니다.
9 또한 레위 사람들의 지도자들인 고나
냐와 그 형제들인 스마야와 느다넬,
또 하사뱌, 여이엘, 요사밧은 유월절
제물로 양 5,000마리와 소 500마리
를 레위 사람들에게 주었습니다.
10 예배가 준비되자 제사장들과 레위 사
람들은 왕의 명령에 따라 자기 자리
에 섰습니다.
11 유월절 양을 잡아서 제사장들은 그
피를 받아 뿌렸고 레위 사람들은 잡
은 짐승의 가죽을 벗기고
12 번제물을 옆으로 옮겨 모세의 책에
기록된 대로 백성들의 족속의 순서에
따라 모두 여호와께 드릴 수 있도록
했습니다. 그들은 소도 그렇게 했습
니다.
13 그들은 유월절 양들을 정해진 대로
불에 굽고 거룩한 예물들은 솥과 가
마와 냄비에 삶아 모든 백성들에게
곧바로 나눠 주었습니다.
14 이후에 그들은 자신들과 제사장들을
위한 준비를 했습니다. 아론의 자손
인 제사장들은 밤이 될 때까지 번제
물과 기름을 드렸습니다. 그리하여 레
위 사람들은 자기들과 아론의 제사장
들을 위해 준비를 했습니다.
15 아삽의 자손인 노래하는 사람들은 다
윗과 아삽과 헤만과 왕의 선견자 여두
둔이 명령한 곳에 있었습니다. 각 문
을 지키는 문지기들은 자기 자리를
떠나지 않았습니다. 그의 형제 레위
사람들이 그들을 위한 준비를 했기
때문입니다.
16 그날 이렇게 여호와를 섬기는 모든 일
이 잘 준비돼 요시야 왕이 명령한 대
로 유월절을 지키고 번제물을 여호와
의 제단에 드렸습니다.
17 거기 모인 이스라엘 백성들은 유월절
을 지키고 이어서 7일 동안 무교절을
지켰습니다.
18 이렇게 유월절을 지킨 것은 예언자 사
무엘의 시대 이래로 이스라엘에서 한

번도 없었습니다. 그리고 이스라엘의
어떤 왕도 요시야가 제사장들과 레위
사람들과 예루살렘 백성들과 거기 모
인 온 유다와 이스라엘 사람들과 함
께 지킨 그런 유월절을 지킨 적이 없
었습니다.
19 이 유월절은 요시야가 다스리던 18년
에 지켰습니다.

요시야의 죽음 (왕하 23:28-30)

20 이 모든 일 후, 곧 요시야가 성전을
잘 정돈한 뒤에 이집트 왕 느고가 유
프라테스 강 가에 있는 *갈그미스를
치려고 올라왔습니다. 요시야는 그를
맞아 싸우러 나갔습니다.
21 느고는 요시야에게 사람을 보내 말했
습니다. "유다 왕이여, 왕과 내가 무
슨 상관이 있겠소? 내가 이번에 치려
는 것은 왕이 아니라 나와 싸우는 그
족속이오. 하나님께서 나로 속히 하
도록 명령하셨소. 하나님께서 나와
함께 계시니 하나님을 막는 짓을 멈
추시오. 그래야 하나님께서 왕을 멸
망시키지 않으실 것이오."
22 그러나 요시야는 물러나기를 싫어하
고 그와 싸우기 위해 변장했습니다.
요시야는 느고가 하나님의 명령으로
한 말을 듣지 않고 그와 싸우러 므깃
도 평지로 나갔습니다.
23 싸우는 가운데 활 쏘는 사람들이 요
시야 왕을 쏘아 맞혔습니다. 요시야
는 자기 신하에게 말했습니다. "내가
많이 다쳤으니 나를 데려가라."
24 신하들은 왕의 전차에 있던 요시야를
다른 전차에 옮겨 태우고 예루살렘으
로 모셔 왔지만 요시야는 예루살렘에
이른 후에 죽었습니다. 요시야는 자기
조상들의 무덤에 묻혔고 온 유다와
예루살렘이 그를 위해 슬퍼했습니다.
25 예레미야는 요시야를 위해 슬퍼하는
노래를 지었고 오늘날까지 모든 노래
하는 남자들과 여자들이 이 슬픈 노
래로 요시야를 기리고 있습니다. 이
노래들은 이스라엘에 지금까지 내려
오며 가사는 애가 가운데 적혀 있습
니다.
26 요시야가 다스리던 나머지 일들과 여
호와의 율법에 기록된 대로 행한 모
든 선한 일과
27 그의 업적은 처음부터 끝까지 이스라
엘과 유다의 왕들의 역사책에 적혀
있습니다.

36

그 땅의 사람들이 요시야의 아
들 여호아하스를 데려다가 그
아버지의 뒤를 이어 예루살렘에서 왕
으로 삼았습니다.

유다 왕 여호아하스 (왕하 23:31-35)

2 여호아하스는 23세에 왕이 됐고 예루
살렘에서 3개월 동안 다스렸습니다.
3 이집트 왕이 그를 예루살렘의 왕의 자
리에서 쫓아냈습니다. 그리고 유다로
하여금 은 *100달란트와 금 *1달란트
를 바치게 했습니다.
4 이집트 왕은 여호아하스의 형제인 엘
리아김을 유다와 예루살렘을 다스릴

35:20 그미스의 신전 36:3 100달란트는 약 3.42톤, 1달란트는 약 34.27킬로그램

왕으로 세웠고 엘리아김의 이름을 여
호야김으로 바꿨습니다. 그러나 느고
는 엘리아김의 형제인 여호아하스를
이집트로 데려갔습니다.

유다 왕 여호야김 (왕하 23:36-24:7)

5 여호야김은 25세에 왕이 됐고 예루살
렘에서 11년 동안 다스렸습니다. 그는
여호와의 눈앞에서 악한 일을 저질렀
습니다.
6 바벨론 왕 느부갓네살이 그 땅을 공격
해 여호야김을 쇠사슬로 묶어 바벨론
으로 끌고 갔습니다.
7 느부갓네살은 또 여호와의 성전에서
기구들을 바벨론으로 가져가 자기 신
전에 두었습니다.
8 여호야김이 다스리던 다른 일들과 그
가 했던 역겨운 짓들과 그의 못된 짓
들은 이스라엘과 유다의 왕들의 역사
책에 적혀 있습니다. 그리고 그 아들
여호야긴이 뒤를 이어 왕이 됐습니다.

유다 왕 여호야긴 (왕하 24:8-17)

9 여호야긴은 *8세에 왕이 됐고 예루살
렘에서 3개월 10일을 다스렸습니다.
그는 여호와의 눈앞에서 악한 일을
저질렀습니다.
10 *새해 초에 바벨론 왕 느부갓네살이
그에게 사람을 보내 그를 바벨론으로
데려갔는데 그때 여호와의 성전에 있
는 값진 물건들도 함께 가져갔습니다.
그는 여호야긴의 *삼촌 시드기야를
유다와 예루살렘을 다스릴 왕으로 삼
았습니다.

유다 왕 시드기야
(왕하 24:18-20;25:1-21;렘 52:1-11)

11 시드기야는 21세에 왕이 됐고 예루살
렘에서 11년 동안 다스렸습니다.
12 시드기야는 하나님 여호와의 눈앞에
서 악한 일을 저질렀고 예언자 예레미
야가 여호와의 말씀을 전했으나 겸손
하게 듣지 않았습니다.
13 느부갓네살 왕은 그로 하여금 하나님
의 이름으로 충성을 맹세하도록 했는
데 왕은 느부갓네살에게 반항했습니

36:9 대부분의 히브리어 사본을 따름. 하나의 히브리어 사본과 일부 칠십인역과 시리아어역에는 '18세'(왕하 24:8을 보라.) 36:10 또는 그해 봄에, 해가 바뀔 무렵에 36:10 히브리어, 형제(왕하 24:17을 보라.)

성·경·상·식 | 시드기야, 유다 최후의 왕

여호야긴이 바벨론으로 끌려간 후 느부갓네살은 여호야긴의 삼촌이자 요시야 왕의 셋째 아들인 시드기야를 꼭두각시 왕으로 세웠다. 원래 그의 이름은 '맛다니야'였는데 바벨론에 예속된 표시로 '시드기야'라고 바벨론식으로 개명했다(왕하 24:17-18; 대상 3:15). 시드기야는 11년 동안 통치했는데 선하지 않았다. 바벨론에 대항하여 부질없이 이집트를 의지했다. 그래서 예루살렘 멸망과 더불어 그는 여리고에서 바벨론군에게 사로잡혀 가, 느부갓네살 앞에서 두 눈이 뽑히고 죽는 날까지 옥에 있었다(대하 36:11-21).

시드기야 왕의 이런 최후는 이미 선지자 예레미야의 입을 통해 하신 말씀 그대로였다(렘 34:21; 39:1-10).

다. 그는 목이 곧고 마음을 굳게 해
이스라엘의 하나님 여호와께 돌아오
지 않았습니다.
14 제사장들의 모든 지도자들과 백성들
도 저 민족들의 모든 역겨운 일들을
따라 했습니다. 그들은 여호와께서 예
루살렘에서 거룩하게 구별하신 여호
와의 성전을 더럽히면서 더욱 죄를 범
했습니다.

예루살렘의 멸망

15 그들의 조상들의 하나님 여호와께서
그분의 예언자들을 보내 계속 말씀
하셨습니다. 이는 그분이 그분의 백
성들과 그분이 택하신 곳을 불쌍히
여기셨기 때문입니다.
16 그러나 그들은 하나님께서 보낸 예언
자들을 조롱하고 그들의 말을 무시했
으며 그분의 예언자들을 비웃었습니
다. 마침내 여호와의 진노가 그분의
백성들을 향해 일어났고 전혀 돌이킬
길이 없게 됐습니다.
17 그분은 그들을 바벨론 왕의 손에 붙
이셨습니다. 바벨론 사람들이 와서 성
소에서 젊은 사람들을 칼로 죽였습니
다. 젊은 남자나 여자, 약한 사람이나
건강한 사람을 가리지 않고 죽였습니
다. 하나님께서는 그들을 모두 느부갓
네살에게 넘겨주셨습니다.
18 느부갓네살은 하나님의 성전에서 크
고 작은 모든 물건과 여호와의 성전
에 있는 보물과 왕과 신하들의 보물
들을 바벨론으로 가져갔습니다.
19 그들은 하나님의 성전에 불을 지르고
예루살렘 성벽을 무너뜨렸습니다. 그
들은 모든 왕궁과 거기 있는 모든 값
진 것을 부숴 버렸습니다.
20 느부갓네살의 칼을 피해 살아남은 사
람들은 바벨론으로 끌려갔고 거기서
느부갓네살 왕과 그의 아들들의 종이
됐습니다. 페르시아 제국이 바벨론을
물리칠 때까지 그렇게 살았습니다.
21 예레미야를 통해 하신 여호와의 말씀
이 이루어져 땅이 안식년을 누림같이
70년 동안 황폐했습니다.
22 *페르시아 왕 고레스 1년에 여호와께
서 예레미야를 통해 하신 말씀을 이
루셨습니다. 여호와께서 페르시아 왕
고레스의 마음을 감동시키시니, 그가
나라 온 지역에 칙령을 내려 이렇게
널리 알렸습니다.
23 "페르시아 왕 고레스는 말한다. '하늘
의 하나님 여호와께서 세상의 모든
나라들을 내게 주셨다. 하나님께서
나를 세우셔서 유다의 예루살렘에 성
전을 짓게 하셨다. 이제 너희 가운데
하나님의 백성인 사람은 누구나 다
예루살렘으로 돌아가도록 하라. 하나
님 여호와께서 너희와 함께하실 것이
다.'"

36:22 BC 538년

에스라

E z r a

포로로 끌려간 이스라엘 백성들이 70년 만에 고레스 칙령에 의해 1, 2차에 걸쳐 예루살렘으로 귀환하여 성전을 재건하고 종교 개혁을 일으키는 내용을 담고 있다. 살기 좋은 바벨론을 두고 황폐한 예루살렘으로 돌아온 소수의 백성들은 많은 방해와 난관 속에서 성전을 완공하고, 학사 에스라를 통해 위대한 영적 부흥을 경험한다.

고레스가 포로 귀환을 명령하다

1 여호와께서 예레미야의 입으로 하
신 말씀을 이루기 위해 *페르시아
왕 고레스 1년에 페르시아 왕 고레스
의 마음을 감동시키셔서 그가 온 나
라에 칙령을 공포하고 공문을 보내게
하셨습니다.
2 "페르시아 왕 고레스가 말한다. '하늘
의 하나님 여호와께서 내게 세상의
온 나라를 주셨고 그분을 위해 유다
의 예루살렘에 성전을 세울 임무를
주셨다.
3 너희 가운데 하나님을 섬기는 여호와
의 백성이 누구냐? 하나님이 함께하
시기를 바라노니 여호와를 섬기는 백
성들은 이제 유다의 예루살렘으로 올
라가 이스라엘의 하나님 여호와의 집
을 지으라. 그분은 예루살렘에 계신
하나님이시다.
4 포로로 잡혀 온 백성들이 어디에 살
든 그 지역의 사람들은 그들에게 금
은과 물품과 가축으로 도와주고 예
루살렘에 있는 하나님의 집을 위해 기
꺼이 헌금을 드릴 수 있게 하라.'"
5 그리하여 유다와 베냐민 가문의 우두
머리와 제사장과 레위 사람은 하나님
께서 영을 움직이신 모든 사람들과
함께 일어나 여호와의 집을 지으려고
예루살렘으로 올라갔습니다.
6 그 주변 사람은 모두 그들에게 금은
과 물품과 가축과 귀한 선물로 도와
주었고 모든 예물도 기꺼이 내주었습
니다.
7 더구나 고레스 왕은 느부갓네살이 예
루살렘에서 가져와 자기 신전에 들여
놓았던 여호와의 성전 기물을 꺼냈습
니다.
8 페르시아 왕 고레스는 재무관 미드르
닷의 손으로 그것을 가지고 나오게
했으며 미드르닷은 그 수를 세어 유다
의 총독 세스바살에게 주었습니다.

1:1 BC 538년

9 그 목록은 금쟁반 30개, 은쟁반
1,000 개, 칼 29개,
10 금대접 30개, 그다음은 은대접 410
개, 다른 그릇들 1,000개로,
11 다 합해 금그릇, 은그릇이 5,400개나
있었습니다. 포로로 잡혀갔던 사람들
이 바벨론에서 예루살렘으로 올라갈
때 세스바살이 이것을 모두 가져갔습
니다.

귀환한 백성들의 명단 (느 7:4-73)

2 다음은 바벨론 왕 느부갓네살에 의
해 바벨론 포로로 잡혀갔다가 풀려
나 올라온 사람들의 명단입니다. 그
들은 예루살렘과 유다로 돌아와 각각
고향에 있는 자기 성으로 갔습니다.
2 이들은 스룹바벨, 예수아, 느헤미야,
스라야, 르엘라야, 모르드개, 빌산, 미
스발, 비그왜, 르훔, 바아나와 함께 돌
아온 사람들입니다. 이스라엘의 사람
들 가운데 남자들의 수는
3 바로스 자손이 2,172명,
4 스바댜 자손이 372명,
5 아라 자손이 775명,
6 예수아와 요압 계보의 바핫모압 자손
이 2,812명,
7 엘람 자손이 1,254명,
8 삿두 자손이 945명,
9 삭개 자손이 760명,
10 바니 자손이 642명,
11 브배 자손이 623명,
12 아스갓 자손이 1,222명,
13 아도니감 자손이 666명,
14 비그왜 자손이 2,056명,
15 아딘 자손이 454명,
16 히스기야 족보의 아델 자손이 98명,
17 베새 자손이 323명,
18 요라 자손이 112명,
19 하숨 자손이 223명,
20 깁발 자손이 95명이었습니다.
21 베들레헴 사람이 123명,
22 느도바 사람이 56명,
23 아나돗 사람이 128명,
24 아스마웻 자손이 42명,
25 *기랴다림과 그비라와 브에롯 자손이
743명,
26 라마와 게바 자손이 621명,
27 믹마스 사람이 122명,

2:25 또는 기랴 여아림(느 7:29을 보라.)

성·경·상·식

에스라서의 특징

다양한 형태의 내용이 기록된 에스라서는 다음과 같은 특징들이 있다.
첫째, 모세 오경이나 다른 역사서와는 달리 1인칭으로 기록된 책이다(스 7:12-9:15). 느헤미야서에도 이런 형태가 나타난다(느 1:1-7:73;12:27-43;13:1-31). 둘째, 여러 서신들이 등장하고 있다는 점이다. 고레스 칙령을 히브리어로 풀어쓴 서신으로부터(스 1:2-4) 시작해 아람어로 쓴 서신이 6개나 나타난다(스 4:9-16,17-22;5:7-17;6:3-5,6-12;7:12-26). 셋째, 성전 기명의 목록이나(스 1:9-10) 사람의 명단이 많이 언급되고 있다는 점이다(스 2:1-70;8:2-14;10:18-43).

28 벧엘과 아이 사람이 223명,
29 느보 자손이 52명,
30 막비스 자손이 156명,
31 다른 엘람 자손이 1,254명,
32 하림 자손이 320명,
33 로드와 하딧과 오노 자손이 725명,
34 여리고 자손이 345명,
35 스나아 자손이 3,630명이었습니다.
36 제사장으로는 예수아의 계보 여다야 자손이 973명,
37 임멜 자손이 1,052명,
38 바스훌 자손이 1,247명,
39 하림 자손이 1,017명이었습니다.
40 레위 사람으로는 *호다위야 가문의 예수아와 갓미엘 자손이 74명,
41 노래하는 사람으로는 아삽 자손이 128명,
42 성전 문지기로는 살룸, 아델, 달문, 악굽, 하디다, 소배 자손이 모두 139명이었습니다.
43 *느디님 사람으로는 시하 자손, 하수바 자손, 답바옷 자손,
44 게로스 자손, 시아하 자손, 바돈 자손,
45 르바나 자손, 하가바 자손, 악굽 자손,
46 하갑 자손, 사믈래 자손, 하난 자손,
47 깃델 자손, 가할 자손, 르아야 자손,
48 르신 자손, 느고다 자손, 갓삼 자손,
49 웃사 자손, 바세아 자손, 베새 자손,
50 아스나 자손, 므우님 자손, 느부심 자손,
51 박북 자손, 하그바 자손, 할훌 자손,
52 바슬룻 자손, 므히다 자손, 하르사 자손,
53 바르고스 자손, 시스라 자손, 데마 자손,
54 느시야 자손, 하디바 자손들이 있었습니다.
55 솔로몬을 섬기던 신하들의 자손으로는 소대 자손, 하소베렛 자손, 브루다 자손,
56 야알라 자손, 다르곤 자손, 깃델 자손,
57 스바댜 자손, 하딜 자손, 보게렛하스바임 자손, 아미 자손이 있었습니다.
58 위에 기록한 모든 느디님 사람의 자손과 솔로몬의 종의 자손이 392명이었습니다.
59 다음은 델멜라, 델하르사, 그룹, 앗단, 임멜에서 올라온 사람인데 이들은 자기 조상이 누구인지, 누구의 자손인지, 정말 이스라엘 사람인지 증명할 수 없는 사람들이었습니다.
60 그들은 들라야 자손, 도비야 자손, 느고다 자손인데 모두 652명이었습니다.
61 제사장 가운데 하바야 자손, 학고스 자손, 바르실래 자손이 있었습니다. 바르실래는 길르앗 사람 바르실래의 딸과 결혼한 사람으로 장인 족보의 이름으로 불렸습니다.
62 이들은 자기의 족보를 찾았지만 찾을 수 없어 부정한 사람으로 분류돼 제사장 명단에서 제외됐습니다.
63 총독은 그들에게 명령해 우림과 둠밈을 가지고 섬길 제사장이 있기 전에

2:40 또는 호드야(느 7:43을 보라.) 2:43 바쳐진 사람들이라는 뜻으로, 성전에서 봉사했던 사람들을 말함.

는 가장 거룩한 음식을 먹지 말라고
했습니다.
64 포로에서 돌아온 회중이 다 합쳐 4만
2,360명이었습니다.
65 그 외에도 남녀종이 7,337명이었고,
노래하는 남녀가 200명이 있었습니
다.
66 또 말 736마리, 노새 245마리,
67 낙타 435마리, 나귀 6,720마리가 있
었습니다.
68 몇몇 족장은 예루살렘 여호와의 집에
도착해 그 자리에 하나님의 집을 재
건하기 위해 기꺼이 예물을 드렸습니
다.
69 그들은 이 일을 위해 각자 자기 능
력에 따라 그 보물 창고에 금 *6만
1,000다릭과 은 *5,000마네와 제사
장이 입을 옷 100벌을 드렸습니다.
70 이렇게 해 제사장들과 레위 사람들과
노래하는 사람들과 문지기들과 느디
님 사람들이 각각 자기 성들에 정착
했고 모든 이스라엘 사람들도 자기 고
향의 성에 정착했습니다.

제단을 다시 세우다

3 이스라엘 자손들이 각각 고향에 정
착한 지 *일곱째 달이 지난 후에
백성들이 예루살렘에 일제히 모였습
니다.
2 그때 요사닥의 아들 예수아와 동료
제사장들과 스알디엘의 아들 스룹바
벨과 그 동료들이 일어나 이스라엘의
하나님의 제단을 다시 짓기 시작했습
니다. 하나님의 사람 모세의 율법에
기록된 대로 그 위에 번제를 드리기
위해서였습니다.
3 그들은 그 땅의 민족들을 두려워하면
서도 옛터의 기초 위에 제단을 세우
고 그곳에서 아침저녁으로 여호와께
번제를 드렸습니다.
4 그들은 기록된 대로 초막절을 지키고
법령에 정해져 있는 횟수대로 번제를
드렸습니다.
5 그리고 정기적으로 드리는 번제와 월
삭과 거룩하게 구별돼 정해진 여호와
의 모든 절기의 번제와 여호와께 기꺼
이 드리는 예물로 가져온 것을 끊임
없이 올려 드렸습니다.
6 아직 여호와의 성전 기초가 놓이기
전이었지만 그들은 *일곱째 달 1일부
터 여호와께 번제를 드리기 시작했습
니다.

성전을 다시 건축하다

7 백성들은 석공과 목수에게 돈을 주
고, 시돈과 두로 사람에게 먹을 것과
마실 것과 기름을 주고 페르시아 왕
고레스의 허가를 받은 대로 레바논에
서 욥바까지 해안을 따라 백향목을
운반하게 했습니다.
8 그들이 예루살렘에 있는 하나님의 집
에 도착한 지 2년 *둘째 달이 되었을
때에 스알디엘의 아들 스룹바벨과 요
사닥의 아들 예수아와 그 나머지 동
료 제사장과 레위 사람과 포로로 잡
혀갔다가 예루살렘에 돌아온 모든 사

2:69 6만 1,000다릭은 약 512.4킬로그램, 5,000마네는 약 2.85톤 3:1,6 티쉬리 월, 태양력으로 9월 중순 이후 3:8 이야르 월, 태양력으로 4월 중순 이후

람이 성전을 짓는 일에 착수했고 20
세 이상의 레위 사람을 세워 여호와
의 집 짓는 일을 감독하게 했습니다.
9 예수아와 그 아들들과 그 형제들, *호
다위야의 자손 갓미엘과 그 아들들,
헤나닷의 아들과 형제 등 이 레위 사
람들이 다 같이 하나님의 집 짓는 사
람들을 감독했습니다.
10 건축자들이 여호와의 성전 기초를 놓
을 때 제사장들은 예복을 입고 나팔
을 들었고 아삽 자손인 레위 사람은
심벌즈를 들고 이스라엘 왕 다윗이 명
령한 대로 여호와를 찬양했습니다.
11 그들은 여호와께 찬송과 감사의 노래
를 불렀습니다. "여호와는 선하시니
이스라엘을 향한 그분의 인자하심이
영원하다." 온 백성들이 여호와께 큰
소리로 찬양하며 함성을 질렀습니다.
하나님의 집의 기초가 놓였기 때문이
었습니다.
12 그러나 나이가 지긋한 여러 제사장과
레위 사람과 족장들, 곧 전에 있던 첫
성전을 본 사람들은 자기 눈앞에 성
전 기초가 놓이는 것을 보고 목 놓아
울었습니다. 다른 많은 사람들은 기
뻐 소리쳤습니다.
13 사람들이 어찌나 크게 소리를 질렀는
지 기뻐하는 소리와 우는 소리를 구
별할 수 없었고 그 소리는 멀리까지
들렸습니다.

성전 재건의 반대

4 유다와 베냐민의 대적은 포로로 잡
혀갔던 사람들이 돌아와 이스라엘
의 하나님 여호와를 위해 성전을 건
축한다는 소식을 듣고
2 스룹바벨과 가문의 우두머리에게 찾
아와 말했습니다. "당신들이 건축하
는 일을 우리가 돕겠소. 당신들처럼
우리도 당신들의 하나님을 경배하기

3:9 또는 호드야(느 7:43을 보라.)

하용조 목사의 행복한 메시지

그냥 견디며 사십시오

환경이 어렵다고 목표를 바꾸지 마십시오. 고난이 온다고 해서 하나님의 계획을 포기하지 마십시오. 그냥 밀고 나아가십시오. 그것이 하나님의 명령이자 뜻입니다.
인간 최대의 약점은 고난 속에서 오래 버티지 못한다는 것입니다. 사람은 누구든지 행복하고 편하고 쉬운 길을 가려고 합니다. 우리는 평생 그렇게 살아왔습니다. 그러나 고난을 견디고 이겨 내는 법을 익혀야 합니다. 도망치고 피해 가도 다른 길이 없습니다. 그 자리에서 그냥 견뎌야 합니다. "하나님, 왜 복을 주시지 않습니까?"라고 말하지 마십시오. 견디고 기다리면 신실하신 하나님께서 반드시 응답해 주실 것입니다.
믿음은 고난을 겪을 때 순수해지고 역경을 만날 때 강해집니다. 그리고 성장합니다. 이것은 갓 태어난 어린아이가 자라는 과정과 비슷합니다. 진짜와 가짜는 다릅니다. 실패와 좌절, 거절과 상처를 경험하고 수많은 시련과 연단의 과정을 통과하면 진짜가 됩니다.

때문이오. 우리도 우리를 여기까지
끌고 온 앗시리아 왕 에살핫돈 때부터
하나님께 제사를 드려 왔으니 말이
오."
3 그러나 스룹바벨과 예수아와 나머지
이스라엘 가문의 우두머리는 그들에
게 말했습니다. "당신들은 하나님의
성전을 짓는 일에 우리와 아무 상관
이 없소. 우리는 페르시아의 고레스
왕이 명령한 대로 오직 우리끼리 여
호와를 위해 그 집을 지을 것이오."
4 그러자 그 땅 사람들은 유다 백성들
의 마음을 약하게 하고 겁을 주어 건
축하지 못하게 했습니다.
5 그들은 또 참모들을 고용해 페르시아
왕 고레스 시절 내내, 심지어 페르시
아 왕 다리오 왕 때까지 그 계획을 방
해했습니다.

아하수에로와 아닥사스다 시대의 반대

6 *아하수에로 왕이 다스리던 초기에
그 땅 사람들은 유다와 예루살렘 사
람에 대해 상소문을 올렸습니다.
7 또 아닥사스다 때 비슬람, 미드르닷,
다브엘과 그 동료들이 페르시아 왕 아
닥사스다에게 상소문을 올렸습니다.
그 상소문은 아람 말로 쓰였다가 그
후 번역됐습니다.
8 *사령관 르훔과 서기관 심새가 아닥
사스다 왕에게 예루살렘 주민을 고소
하는 편지를 다음과 같이 썼습니다.
9 사령관 르훔과 서기관 심새와 다른
동료들, 곧 재판장, 총독, 관리, 비서
관들과 그 밖의 다른 나라 사람들 디
나와 아바삿과 다블래와 아바새와 아
렉 사람, 바벨론 사람, 수산과 데해와
엘람 사람과
10 귀족 *오스납발이 추방시켜 사마리아
의 여러 성과 유프라테스 강 건너 지
역에 정착시킨 사람들이 편지를 올립
니다.
11 다음은 그들이 보낸 상소문의 사본입
니다. "유프라테스 강 건너 지역에 있
는 왕의 종들이 아닥사스다 왕께 편
지를 올립니다.
12 왕께 알려 드립니다. 왕으로부터 우리
에게 올라온 유다 사람들이 예루살렘
으로 갔습니다. 그들은 반역을 일삼
던 악한 성을 다시 세우고 있습니다.
그들은 성벽을 세우고 기초를 재건하
고 있습니다.
13 왕께서 아셔야 할 일은 만약 예루살
렘에 성이 세워지고 성벽이 재건되면
그들이 더 이상 조공이나 관세나 조
세를 내지 않을 것입니다. 그러면 왕
실 예산에 막대한 손실이 있을 것입
니다.
14 왕궁의 녹을 먹는 입장에서 우리는
왕께서 수치당하는 것을 차마 보지
못하므로 이 전갈을 보내 왕께 알려
드립니다.
15 그러니 왕께서는 조상의 기록을 조사
할 필요가 있을 것입니다. 왕께서 기
록을 살펴보시면 이 성은 반역의 성
이요, 왕들과 여러 지방에 피해를 입

4:6 페르시아 왕 크세르크세스 4:8 4:8-6:18은 아람어로 기록됨. 4:10 또는 아슈르바니발

혔으며 옛날부터 반란이 일어났다는
것을 알 것입니다. 이 성이 멸망당한
것도 그 때문이었습니다.
16 만약 이 성이 재건되고 그 성벽이 세
워지면 유프라테스 강 건너 지방에는
왕의 소유가 없게 될 것임을 우리가
왕께 알려 드립니다."
17 왕은 다음과 같이 답장을 보냈습니
다. "사령관 르훔과 비서관 심새와 사
마리아와 유프라테스 강 건너에 사는
그 동료들에게 칙서를 내린다. 평안
을 빈다.
18 너희가 우리에게 보낸 편지는 내 앞
에서 번역돼 분명히 낭독됐다.
19 내가 편지의 내용을 듣고 명령을 내
려 조사를 해 보니 이 성은 과거에 여
러 왕들을 대적해 일어난 기록이 있
고 반역과 반란이 그 성에서 계속해
서 일어났음이 밝혀졌다.
20 예루살렘에 강력한 왕들이 있어 유프
라테스 강 건너편 전 지역을 다스려
왔으며 그들이 조공과 조세와 관세를
거둬들였다.
21 그러므로 이제 칙령을 내려 그 사람
들이 하는 일을 중단시키라. 그 후에
내가 다시 칙령을 내릴 것이다.
22 이 문제를 느슨하게 다루지 않도록
주의하라. 왜 굳이 해악을 키워 왕실
에 손실을 끼치겠느냐?"
23 아닥사스다 왕의 칙서 사본을 읽은
르훔과 비서관 심새와 그 동료들은
당장 예루살렘의 유다 사람들에게 달
려가 강제로 그들을 내쫓고 성전 짓
는 일을 중단시켰습니다.
24 그리하여 예루살렘에 있는 하나님의
집 짓는 일은 중단됐고 페르시아 왕
다리오 2년까지 중단된 채로 있었습
니다.

다리오에게 올린 닷드내의 보고

5 예언자 학개와 잇도의 자손인 예언
자 스가랴가 유다와 예루살렘에 사
는 유다 사람들에게 이스라엘 하나님
의 이름으로 예언했습니다.
2 그러자 스알디엘의 아들 스룹바벨과
요사닥의 아들 예수아가 일어나 예루
살렘 하나님의 집을 다시 세우기 시
작했습니다. 그때 하나님의 예언자들
이 그들과 함께하며 도왔습니다.
3 그때 유프라테스 강 건너편 총독 닷
드내와 스달보스내와 그 동료들이 이
스라엘 백성들에게 가서 말했습니다.
"누가 당신들에게 성전을 재건하고
이 건물을 복구하라고 명령했소?"
4 *그들은 또 다음과 같이 말했습니다.
"성전 건축에 참여하고 있는 사람의
이름이 무엇인지 아시오?"
5 그러나 하나님께서 유다 장로들을 지
켜 주셨기에 그들은 건축자들을 더
이상 저지할 수 없었습니다. 그래서
다리오 왕에게 이 사실을 보고하고
답신을 받을 때까지 기다려야 했습니
다.
6 이것은 유프라테스 강 건너편 지방의
총독 닷드내와 스달보스내와 그 동료

5:4 칠십인역을 따름. 아람어 본문에는 '우리는 그들에게 성전 재건을 돕는 사람들의 이름을 밝혔다.'

들과 관리들이 다리오 왕에게 보낸
상소문의 사본입니다.
7 그들이 왕에게 보낸 보고서는 다음
과 같습니다. "다리오 왕께 문안드립
니다.
8 왕께 알려 드립니다. 우리가 유다 지
방에 가 보니 사람들이 위대하신 하
나님의 성전을 짓기 위해 큰 돌을 쌓
고 그 성벽의 대들보를 놓고 있었습
니다. 이 일이 빠른 속도로 진행되고
있으며 그들의 손으로 훌륭하게 짓고
있습니다.
9 우리가 그 백성의 장로들에게 '누가
성전을 재건하고 이 건물을 복구하라
고 명령했느냐?'고 물었습니다.
10 또 공사를 책임지고 있는 우두머리들
의 이름을 적어 왕에게 알려 드리기
위해 그들의 이름을 물었습니다.
11 그들은 우리에게 이같이 대답했습니
다. '우리는 하늘과 땅의 주인이신 하
나님의 종으로서 수년 전에 세웠던
성전을 지금 재건하고 있습니다. 이
성전은 이스라엘의 위대한 왕께서 지
어 완공한 것인데
12 우리 조상들이 하늘의 하나님의 진노
를 사게 돼 여호와께서 우리 조상들
을 갈대아 사람인 바벨론 왕 느부갓네
살에게 넘겨주셨습니다. 느부갓네살
왕은 성전을 허물고 백성들을 바벨론
으로 잡아갔습니다.
13 그러나 바벨론 왕 고레스 1년에 고레
스 왕이 우리에게 하나님의 집을 다
시 세우라는 명령을 내렸습니다.
14 고레스 왕은 심지어 느부갓네살 왕이
전에 예루살렘 성전에서 가져다 바벨
론 *신당에 들여놓았던 하나님의 집
의 금은 집기들까지 바벨론 *신당에
서 다 내주었습니다. 그 후 고레스 왕
은 자기가 총독으로 임명한 세스바살
이라는 사람에게 그것들을 내주며
15 이 집기들을 가지고 가서 예루살렘의
성전 안에 보관하고 옛터에 성전을
다시 세우라고 말했습니다.
16 그리하여 세스바살이 와서 예루살렘
하나님의 집의 기초를 놓았고 그날부
터 지금까지 공사를 계속해 왔는데
아직도 끝나지 않은 것입니다.'
17 그러므로 왕께서 기쁘게 여기시면 바
벨론의 왕실 문서 보관소에서 고레스
왕이 과연 예루살렘에 하나님의 집을
다시 세우라는 명령을 내렸는지 조
사해 주십시오. 그다음 왕께서 이 문
제에 대해 원하시는 바를 결정하셔서
우리에게 보내 주십시오."

다리오의 칙령

6 다리오 왕은 명령을 내려 바벨론의
문서 보관소에 보관된 서류를 조
사했습니다.
2 그때 메대 지방의 악메다 궁에서 두
루마리 책이 나왔고 거기에 이렇게
기록돼 있었습니다.
3 "고레스 왕 1년에 고레스 왕이 예루살
렘의 하나님의 성전에 관해 칙령을 내
렸습니다. '성전, 곧 희생제사와 번제
를 드리는 곳을 재건하도록 하라. 그

5:14 또는 궁전

기초를 놓되 높이 60규빗, 너비 60규
빗으로 하고
4 큰 돌을 세 층으로 올리고 그 위에
목재를 한 층 놓으라. 거기에 드는 비
용은 왕실에서 충당할 것이다.
5 또 하나님의 집의 금은 집기들, 곧 느
부갓네살이 예루살렘 성전에서 바벨
론에 가져온 것들은 다시 예루살렘 성
전의 원래 있던 곳으로 갖다 놓되 각
각 제자리에 두도록 하라.'"
6 다리오 왕은 회답을 보내기를 "그러므
로 이제 유프라테스 강 건너편 총독
닷드내와 스달보스내와 그 지방에 있
는 동료 관리들은 거기에 신경 쓰지
말라.
7 하나님의 성전 짓는 일을 가만히 두
라. 유다 총독과 유다 장로들이 원래
자리에 하나님의 성전을 재건하게 놓
아두라.
8 또한 내가 칙령을 내리노니 너희는
하나님의 집을 짓는 유다 장로들을
위해 할 일이 있다. 곧 이 사람들에게
드는 경비는 왕실의 것으로 충당하되
유프라테스 강 건너편 지방의 세금에
서 다 내도록 해 성전 짓는 일에 지장
이 없도록 하라.
9 하늘의 하나님께 번제물로 드릴 수송
아지와 숫양과 어린양, 또 밀과 소금
과 포도주와 기름 등 필요한 것은 무
엇이든지 예루살렘 제사장들이 요청
하는 대로 날마다 빠짐없이 주도록
하라.
10 그리하여 그들이 하늘의 하나님이 기
뻐하시는 제물을 드리고 왕과 왕자들
의 안위를 위해 기도하게 하라.
11 또 내가 칙령을 내리노니 누구든 이
칙령을 변경하면 그 집에서 들보를
빼내 그것으로 그를 꿰어 매달 것이
요, 그 집은 이 때문에 거름 더미가
될 것이다.

Q&A 성경에서 조서를 내렸던 때는 언제인가?

참고 구절 | 스 6:3, 8, 11, 12, 14

페르시아 왕 고레스는 예루살렘의 성전 건축에 필요한 경비와 재료를 주라는 조서를 보냈다(대하 36:22;스 1:1;3:7;5:13,17;6:3,8,11,12,14).

페르시아 왕 아닥사스다는 예루살렘의 성전 건축을 금지시키는 조서를 내렸고(스 4:17,23), 에스라의 귀국을 허락하는 조서를 발표하기도 했다(스 7:11,13,21;8:36). 또한 아닥사스다 왕은 느헤미야가 유다까지 안전하게 귀환할 수 있도록 조서를 내렸으며 성벽 건축에 필요한 재목을 주게 했다(느 2:7-9).

아하수에로 왕은 자신의 명령을 거절한 왕비를 폐하는 조서를 발표했고(에 1:20,22), 하만에 의해 이스라엘 백성을 죽이라는 조서가 내려졌을 때(에 3:9,12,14-15;4:8) 그것을 취소하는 조서도 내렸다(에 8:8-14;9:13-14). 느부갓네살 왕은 하나님을 모욕하는 사람은 죽일 것이라는 조서를 내렸다(단 3:29;5:29). 니느웨 왕은 요나의 선포를 듣고 모든 백성에게 금식하며 회개하라는 조서를 내렸다(욘 3:5-10).

12 어떤 왕이나 백성이라도 손을 들어
이 칙령을 바꾸거나 예루살렘 성전을
허무는 사람은 그의 이름을 그곳에
두신 하나님께서 멸망시키실 것이다.
나 다리오가 칙령을 내리니 즉각 수
행하도록 하라."

성전의 완공과 봉헌식

13 유프라테스 강 건너편 총독 닷드내와
스달보스내와 그 동료들은 다리오 왕
이 보낸 칙령에 따라 일을 즉시 수행
했습니다.
14 그리하여 유다 장로들은 예언자 학개
와 잇도의 자손 스가랴의 예언에 힘입
어 건축을 성공적으로 진행해 나갔
습니다. 그들은 이스라엘의 하나님의
명령에 따라 페르시아 왕 고레스, 다
리오, 아닥사스다의 칙령에 따라 드디
어 성전을 완공했습니다.
15 성전이 완공된 것은 다리오 왕 6년
*아달 월 3일이었습니다.
16 제사장들, 레위 사람들, 나머지 포로
로 잡혀갔다 돌아온 사람들 등 모든
이스라엘 백성은 기쁨으로 하나님의
집 봉헌식을 거행했습니다.
17 그들은 하나님의 집 봉헌식을 위해
황소 100마리, 숫양 200마리, 어린
양 400마리를 드리고 모든 이스라엘
을 위한 속죄제물로 이스라엘의 지파
수에 따라 숫염소 12마리를 드렸습니
다.
18 그다음에 모세의 책에 기록된 대로
제사장을 각 분반대로, 레위 사람을
그 계열대로 예루살렘의 하나님을 섬
기게 했습니다.

유월절

19 포로로 잡혀갔다 돌아온 사람들은
*첫째 달 14일에 유월절을 지켰습니
다.
20 제사장과 레위 사람은 함께 몸을 정
결하게 했고 다 정결하게 된 후에 포
로로 잡혀갔던 모든 사람을 위해, 자
기 형제 제사장을 위해, 또 자신들을
위해 유월절 양을 잡았습니다.
21 그리하여 포로로 잡혀갔다 돌아온
이스라엘 백성과 스스로 이방 민족의
부정한 관습을 버리고 자기를 구별하
여 이스라엘의 하나님 여호와를 찾는
모든 사람이 유월절 음식을 먹었습니
다.
22 그들은 또 7일 동안 기쁜 마음으로
무교절을 지켰습니다. 여호와께서 그
들을 기쁘게 하셨고 또 그들에 대한
*앗시리아 왕의 마음을 바꿔 주셔서
그가 오히려 하나님, 곧 이스라엘 하
나님의 집을 건축하는 데 있어 그들
을 도와주게 하셨기 때문입니다.

에스라가 예루살렘으로 돌아오다

7 이 일이 있은 후 페르시아 왕 아닥
사스다의 통치기에 에스라라는 사
람이 있었습니다. 그는 스라야의 아
들이자 아사랴의 손자, 힐기야의 증
손,
2 살룸의 현손, 사독의 5대손, 아히둡의
6대손,

6:15 태양력으로 2월 중순 이후 6:19 니산 월, 태양력으로 3월 중순 이후 6:22 페르시아 왕 다리오

3 아마랴의 7대손, 아사랴의 8대손, 므
라욧의 9대손,
4 스라히야의 10대손, 웃시엘의 11대손,
북기의 12대손,
5 아비수아의 13대손, 비느하스의 14대
손, 엘르아살의 15대손, 대제사장 아
론의 16대손이었습니다.
6 이 에스라가 바벨론에서 올라왔습니
다. 그는 이스라엘의 하나님 여호와께
서 주신 모세의 율법에 정통한 서기
관으로서 그의 하나님 여호와의 손길
이 그 위에 있었기 때문에 왕은 에스
라가 요청한 것이라면 다 들어주었습
니다.
7 또 이스라엘 백성 일부와 제사장과
레위 사람과 노래하는 사람과 문지기
와 느디님 사람 가운데 일부도 아닥
사스다 왕 7년에 예루살렘으로 올라
왔습니다.
8 에스라는 아닥사스다 왕 7년 *다섯째
달에 예루살렘에 도착했습니다.
9 에스라는 첫째 달 1일에 바벨론을 출
발해, 그의 하나님의 은혜의 손길이
그 위에 있었기 때문에, *다섯째 달 1
일에 예루살렘에 도착할 수 있었습니
다.
10 에스라는 이전부터 여호와의 율법을
연구하고 지키며 이스라엘에게 율례
와 규례를 가르치겠다고 마음을 정했
습니다.

아닥사스다가 에스라에게 보낸 칙서

11 다음은 이스라엘을 위한 여호와의 계
명의 말씀과 율례에 정통한 서기관이
자 제사장인 에스라에게 아닥사스다
왕이 보낸 칙서의 사본입니다.
12 *"모든 왕의 왕인 아닥사스다가 하늘
의 하나님의 율법을 가르치는 서기관
이자 제사장인 에스라에게 칙서를 내
리노라. 평안을 비오.
13 이제 내가 칙령을 내리겠소. 내 나라
안에 있는 이스라엘 백성들이나 제사
장이나 레위 사람 가운데 그대와 함
께 예루살렘에 가고 싶어 하는 사람
은 다 가도 좋소.
14 당신은 왕과 일곱 명의 참모에 의해
당신의 손안에 있는 하나님의 율법에
따라 유다와 예루살렘 사정을 알아보
려고 보냄받은 것이므로
15 예루살렘에 거처를 두신 이스라엘의
하나님께 왕과 참모들이 예물로 드릴
은과 금을 가져가고
16 바벨론 지방에서 얻을 모든 금은과
백성들과 제사장이 예루살렘에 있는
그들의 하나님의 성전에 기꺼이 서원
한 제물도 가져가시오.
17 이 돈으로 즉각 황소와 숫양과 어린
양을 사서 곡식제사와 전제와 함께
예루살렘에 있는 당신의 하나님의 성
전 제단에 바치시오.
18 남은 금은에 대해서는 당신과 당신의
형제 유다 사람들이 당신의 하나님의
뜻에 따라 가장 좋다고 여기는 일을
하도록 하시오.
19 당신의 하나님 성전에 바치라고 당신

7:8,9 압 월, 태양력으로 7월 중순 이후 7:12 7:12–26은 아람어로 기록됨.

에게 맡긴 모든 기물들을 예루살렘에
계신 하나님께 갖다 바치시오.
20 그리고 당신의 하나님의 성전을 위해
그 밖에 필요한 것, 곧 당신이 쓸 것이
있으면 왕실 국고에서 갖다 쓰시오.
21 이제 나 아닥사스다 왕은 강 건너편의
재무관들에게 명령하니 하늘의 하나
님의 율법을 가르치는 서기관이자 제
사장인 에스라가 요청하는 것은 무엇
이든 신속하게 내주되
22 은 *100달란트, 밀 *100고르, 포도주
*100밧, 올리브기름 *100밧의 범위
내에서 주고 소금은 제한 없이 주도
록 하라.
23 무슨 일이든 하늘의 하나님께서 명
령하신 일이면 하늘의 하나님의 성전
을 위해 신속하게 수행하도록 하라.
하나님의 진노가 왕인 나와 내 왕자
들의 영토에 있게 할 수야 없지 않느
냐?
24 너희가 알아 둘 것은 제사장이나 레
위 사람이나 노래하는 사람이나 문지
기나 느디님 사람이나 하나님의 집에
서 일하는 다른 사람 가운데 어느 누
구에게도 너희가 조세나 조공이나 관
세를 부과하지 못한다는 점이다.
25 그리고 에스라 당신은 당신에게 있는
당신의 하나님의 지혜를 따라 행정관
과 재판관을 세워 강 건너편에 사는
모든 백성, 당신의 하나님의 율법을
아는 사람까지 모두 재판하도록 하시
오. 그리고 율법을 모르는 사람은 당
신들이 알아서 가르치도록 하시오.
26 누구든 당신의 하나님의 율법과 왕의
법령을 지키지 않는 사람은 사형이
든, 추방이든, 재산 몰수든, 투옥이든
즉각 처벌을 하시오."
27 우리 조상들의 하나님 여호와를 찬
양하십시오. 여호와께서 이렇게 왕의
마음에 예루살렘에 있는 여호와의 집
을 아름답게 하려는 마음을 주셨고
28 왕과 그 고문관들과 왕의 모든 고관
들 앞에서 선한 은총을 내게 베푸셨
습니다. 내 하나님 여호와의 손길이
내 위에 있었으므로 내가 용기를 얻
고 이스라엘 출신의 지도자들을 모아
나와 함께 올라가게 했습니다.

에스라와 함께 돌아온 족장들의 명단

8 다음은 아닥사스다 왕 때 나와 함
께 바벨론에서 올라온 각 가문의
족장들과 그 족보입니다.
2 비느하스 자손 가운데는 게르솜, 이다
말 자손 가운데는 다니엘, 다윗 자손
가운데는 핫두스,
3 스가냐 자손, 곧 바로스 자손 가운데
는 스가랴와 그와 함께 등록된 남자
들이 150명입니다.
4 바핫모압 자손 가운데는 스라히야의
아들 엘여호에내와 그와 함께 등록된
남자들이 200명입니다.
5 *스가냐 자손 가운데는 야하시엘의
아들과 그와 함께 등록된 남자들이
300명입니다.

7:22 100달란트는 약 3.42톤, 100고르는 약 22킬로리터, 100밧은 약 2.2킬로리터 8:5 히브리어 사본을 따름. 일부 칠십인역에는 '삿두의 자손 가운데는 야하시엘의 아들 스가냐'(스 2:8을 보라.)

6 아딘 자손 가운데는 요나단의 아들
에벳과 그와 함께 등록된 남자들이
50명입니다.
7 엘람 자손 가운데는 아달리야의 아들
여사야와 그와 함께 등록된 남자들
이 70명입니다.
8 스바댜 자손 가운데는 미가엘의 아들
스바댜와 그와 함께 등록된 남자들
이 80명입니다.
9 요압 자손 가운데는 여히엘의 아들
오바댜와 그와 함께 등록된 남자들
이 218명입니다.
10 *슬로밋 자손 가운데는 요시뱌의 아
들과 그와 함께 등록된 남자들이
160명입니다.
11 베배 자손 가운데는 베배의 아들 스
가랴와 그와 함께 등록된 남자들이
28명입니다.
12 아스갓 자손 가운데는 학가단의 아들
요하난과 그와 함께 등록된 남자들
이 110명입니다.
13 아도니감 자손 가운데는 아우들, 곧
엘리벨렛, 여우엘, 스마야와 그들과 함
께 등록된 남자들이 60명입니다.
14 비그왜 자손 가운데는 우대와 사붓과
그들과 함께 등록된 남자들이 70명입
니다.

예루살렘으로의 귀환

15 나는 아하와로 흐르는 강에 사람들
을 모으고 거기서 3일 동안 진을 쳤습
니다. 나는 백성과 제사장을 둘러보
았는데 레위 사람을 찾을 수 없었습
니다.
16 그래서 지도자인 엘리에셀, 아리엘,
스마야, 엘라단, 야립, 엘라단, 나단,
스가랴, 므술람과 통찰력이 뛰어난 요
야립과 엘라단을 불러
17 가시뱌 지방의 지도자인 잇도에게 보
내며 잇도와 그 형제인 가시뱌 지방의
*느디님 사람에게 할 말을 일러 주었
습니다. 우리 하나님의 집을 위해 섬
길 사람을 우리에게 보내 달라는 것
이었습니다.
18 하나님의 은혜로운 손길이 우리 위에
있었기 때문에 그들은 이스라엘의 손
자이자 레위의 아들인 말리의 자손
가운데 통찰력 있는 사람 세레뱌와
그 아들과 형제 18명을 우리에게 데
려왔습니다.
19 하사뱌와 므라리 자손 가운데 여사야
와 그 형제와 조카 20명,
20 또 느디님 사람들, 곧 다윗과 그의 관
리들이 레위 사람을 도우라고 세운
느디님 사람 가운데 220명도 데리고
왔습니다. 이들 모두 이름이 등록됐
습니다.
21 그때 나는 아하와 강 가에서 금식을
선포해 우리가 하나님 앞에서 스스로
낮춰 우리와 우리 자녀와 우리 모든
재산을 위해 안전한 여정이 되게 해
달라고 기도했습니다.
22 우리는 이전에 왕에게 "하나님을 바
라보는 모든 사람에게는 우리 하나님

8:10 히브리어 사본을 따름. 일부 칠십인역에는 '바니의 자손 가운데는 요시뱌의 아들 슬로밋'(스 2:10을 보라.) 8:17 '바쳐진 사람들'이라는 뜻으로, 성전에서 봉사했던 사람들을 말함.

의 은혜로운 손길이 그 위에 있고 하
나님을 버리는 모든 사람에게는 그의
능력과 진노가 그를 대적하십니다"라
고 말한 적이 있어서 왕에게 차마 우
리를 여행길에서 적으로부터 지켜 줄
보병과 마병을 요구할 수 없었습니다.
23 그래서 우리가 이 일을 두고 금식하
며 하나님께 기도했더니 하나님께서
우리 간청을 들어주셨습니다.
24 나는 제사장 가운데 지도자 12명, 곧
세레뱌와 하사뱌와 그 형제 열 명을
따로 세우고
25 그들에게 왕과 그의 참모들과 귀족들
과 거기 있던 모든 이스라엘 백성들
이 우리 하나님의 집을 위해 드린 예
물인 금, 은, 집기를 달아 주었습니다.
26 내가 그들에게 달아 준 것은 은이
*650달란트, 은그릇이 *100달란트,
금이 *100달란트이며
27 *1,000다릭 나가는 금접시 20개, 반
질반질 윤이 나고 금처럼 귀한 좋은
청동그릇 두 개였습니다.
28 나는 그들에게 말했습니다. "여러분
은 여호와께 속한 거룩한 사람들입니
다. 이 집기들도 거룩한 것입니다. 은
과 금은 여러분 조상들의 하나님 여
호와께 기꺼이 드리는 예물이니
29 여러분이 예루살렘에 있는 여호와의
집 골방에서 여러 제사장과 레위 사
람과 이스라엘 족장들 앞에서 그 무
게를 달 때까지 그것들을 잘 지키십
시오."
30 그러자 제사장들과 레위 사람들은 예
루살렘에 있는 우리 하나님의 집으로
가져가기 위해 무게를 달아 놓은 금
은과 집기들을 받았습니다.
31 그 후 우리는 *첫째 달 12일에 아하와
강 가를 떠나 예루살렘으로 갔습니
다. 우리 하나님의 손길이 우리 위에
있었고 여호와께서 가는 길 내내 우
리를 적들과 매복한 사람들로부터 지
켜 주셨습니다.
32 마침내 우리는 예루살렘에 도착해 거
기에서 3일을 지냈습니다.
33 넷째 날에 우리는 하나님의 집에서
금과 은과 집기들을 달아서 제사장
우리야의 아들 므레못의 손에 맡겼습
니다. 비느하스의 아들 엘르아살이 그
와 함께 있었고 레위 사람인 예수아
의 아들 요사밧과 빈누이의 아들 노
아댜도 함께 있었습니다.
34 모든 것을 수와 무게로 계산했고 전
체의 무게를 그 자리에서 기록해 두
었습니다.
35 이방 땅에 포로로 잡혀갔다가 돌아
온 사람들이 그제야 이스라엘의 하나
님께 번제를 드렸습니다. 모든 이스라
엘을 위해 황소 12마리, 숫양 96마리,
어린양 77마리를 드리고 또 속죄제물
로는 숫염소 12마리를 드렸습니다. 이
것은 모두 여호와께 드린 번제물입니
다.
36 그들은 또 왕의 대신들과 유프라테스
강 건너편 총독들에게 왕의 명령을

8:26 650달란트는 약 22.27톤, 100달란트는 약 3.42톤
8:27 1,000다릭은 약 8.4킬로그램 8:31 니산 월, 태양력으로 3월 중순 이후

전했습니다. 그러자 명령을 받은 관
리들은 백성들이 하나님의 집을 지을
수 있도록 지원했습니다.

이방 사람의 결혼에 대한 에스라의 기도

9 이런 일을 마치고 나자 관리들이
내게 와서 말했습니다. "이스라엘
의 백성들, 제사장과 레위 사람들이
이 땅 민족들과 스스로 구별하지 않
고 그들의 가증스러운 관습들, 곧 가
나안 사람들, 헷 사람들, 브리스 사람
들, 여부스 사람들, 암몬 사람들, 모압
사람들, 이집트 사람들, 아모리 사람
들의 관습들을 따르고 있습니다.
2 이스라엘 백성들은 이 땅 사람들의
딸을 데려와 아내와 며느리로 삼고
거룩한 씨를 이방 민족과 섞고 있습
니다. 사실 지도자들과 관리들이 앞
장서서 이런 죄악을 저지르고 있습니
다."
3 나는 이 말을 듣고 나서 내 속옷과
겉옷을 찢고 머리털과 수염을 잡아
뜯고는 기가 막혀 앉아 있었습니다.
4 포로로 잡혀갔다 돌아온 사람들의
이런 죄 때문에 이스라엘의 하나님의
말씀을 두려워하는 모든 사람이 내
게 모였습니다. 나는 저녁 제사 때까
지 망연자실하게 앉아 있었습니다.
5 저녁 제사 때가 되자 나는 무거운 마
음을 털고 일어나 내 속옷과 겉옷을
찢은 채로 무릎을 꿇고 내 하나님 여
호와께 손을 들고
6 기도했습니다.
"하나님이여, 제가 주께, 하나님께
얼굴을 들기가 너무 부끄럽고 민망
스럽습니다. 우리의 죄가 우리 머리
보다 높고 우리의 죄악이 하늘까지
닿았기 때문입니다.
7 조상들 때부터 지금까지 우리 죄악
이 너무 컸습니다. 우리 죄 때문에
우리 자신은 물론 우리 왕들과 우
리 제사장들이 이 땅의 왕의 손에
넘겨져 칼에 맞고 포로로 잡혀가고
약탈당하고 수모를 겪으면서 오늘
까지 왔습니다.

Q&A 국제결혼이 죄인가요?

참고 구절 | 스 9:2

세계화된 사회에서 다른 나라 사람과 결혼하는 것이 죄가 되는 것일까? 그 당시 왜 에스라는 이스라엘 백성들이 가나안, 헷, 브리스, 여부스, 암몬, 모압, 이집트, 아모리 사람들과 결혼한 것 때문에 옷을 찢고 머리털, 수염까지 뜯으며 하나님께 기도했을까?

에스라는 이스라엘 백성이 가나안에 들어가기 전에 하나님께서 그 땅에 사는 사람들과 결혼하지 말라고 명하신 말씀을 기억하고 있었기 때문이었다(신 7:3-4). 그래서 그는 이스라엘 사람들의 죄를 깨달았을 때 그것을 자신의 죄로 느끼고 하나님께 회개했다(스 9:3-4). 사실 하나님이 금하신 이방 민족과의 결혼도 이스라엘 백성들이 포로로 잡혀가게 한 죄 중 하나였다(스 9:10-14). 이에 대한 해결책으로 에스라는 모든 이방 민족과의 결혼 문제를 즉각적으로 해결

8 그러나 이제 잠시 동안 우리 하나
님 여호와께서 은혜를 베풀어 주
셔서 살아남은 사람들을 우리에게
남겨 두시고 그분의 성소에 굳건한
자리를 마련해 주셨습니다. 우리
하나님께서 우리의 눈을 밝히고 속
박에서 조금씩이나마 회복시켜 주
십니다.
9 우리는 매인 사람들이었지만 하나
님께서는 우리가 속박당했을 때에
도 우리를 버리지 않으시고 오히려
페르시아 왕 앞에서 우리에게 자비
를 베풀어 회복을 허락하셨고 우
리 하나님의 집을 다시 짓고 그 허
물어진 것을 복구하게 하셨고 유다
와 예루살렘에서 보호받을 수 있는
성벽을 주셨습니다.
10 우리 하나님이여, 이런 일이 있었는
데 우리가 주의 계명을 저버렸으니
우리가 무슨 말을 하겠습니까?
11 주께서 주의 종 예언자에게 계명을
주시며 말씀하시지 않았습니까?
'너희가 들어가 차지하게 될 이 땅
은 이 땅 민족의 부정한 것들로 가
득 찬 땅이다. 이 끝부터 저 끝까지
가증한 것으로 가득 차 있고 더러
운 것이 들끓는 곳이니
12 너희 딸을 그들의 아들에게 시집보
내지 말고 그들의 딸을 너희 아들
을 위해 데려오지 말고 어떤 경우
에도 그들과 동맹을 맺지 말라. 그
래야 너희가 강해져서 그 땅의 좋
은 것을 먹고 그 땅을 너희 자식들
에게 영원한 기업으로 남기게 될
것이다.'
13 우리에게 일어난 일은 우리의 악행
과 우리의 큰 죄악에서 비롯된 것
입니다. 그러나 우리 하나님이신 주
께서는 우리 죄악보다 형벌을 가볍
게 하시고 우리에게 이렇게 구원을
주셨습니다.
14 그런데 우리가 다시 주의 계명을
어기고 그런 가증스러운 짓을 하는
민족들과 섞여 혈연을 맺어야 되겠

하기 위해 대규모 집회를 소집했다(스 10:7). 여기서 이스라엘 백성들은 이방 민족과 결혼한 죄를 회개하며 이방 여인과 그들 사이에 난 자녀들과 헤어지기로 결단했고 하나님의 명령을 어긴 죄악을 청산했다(스 10:12-19).

에스라의 이러한 조치에 대해 우리는 어떻게 해석하고 삶에 적용해야 하는가? 성경을 자세히 보면 하나님은 단순히 이방 민족과의 결혼을 금하신 것이라기보다는 이방 종교와의 혼합 결혼을 금하셨음을 알 수 있다. 모세는 구스 여자와 결혼했으며(민 12:1) 보아스는 모압 여인 룻과 결혼했다(룻 4:13). 이방 사람들과의 결혼을 금하신 것은 하나님을 떠나 그들의 우상을 숭배하게 될 것을 우려해서였다. 이 문제는 오늘날 교회에서 심각하게 취급되어야 한다. 불신자와의 결혼은 단순한 결혼 이상의 문제를 가져올 수 있다. 불신자와 결혼하므로 하나님을 떠나 우상 숭배나 불신의 죄에 빠지기 쉽기 때문이다. 이것은 단순히 인종적인 문제가 아니라 영적인 문제다(고후 6:14-18).

습니까? 주께서 우리를 노여워해
한 사람도 남거나 피할 사람이 없
도록 모조리 멸망시키는 게 당연하
지 않겠습니까?
15 이스라엘의 하나님 여호와여, 주는
의로우십니다! 우리가 오늘과 같이
살아남게 되었기 때문입니다. 보십
시오. 우리가 여기 주 앞에, 우리의
죄악 가운데 있습니다. 그것 때문
이라면 우리 가운데 하나라도 주
앞에 설 수 없습니다."

백성들이 죄를 자복하다

10 에스라가 하나님의 집 앞에 엎
드려 울며 기도하고 죄를 고백
할 때 남녀와 어린아이 할 것 없이 이
스라엘 사람들이 무리를 지어 그에게
모여들어 통곡했습니다.
2 그때 엘람 자손 가운데 하나인 여히
엘의 아들 스가냐가 에스라에게 말했
습니다. "우리가 이 땅의 이방 여자와
결혼해 우리 하나님께 죄를 지었습니
다. 그러나 이런 일에도 불구하고 이
스라엘에게는 아직 소망이 있습니다.
3 우리가 우리 하나님 앞에 언약을 세
워 내 주의 교훈과 우리 하나님의 계
명을 두려워하는 사람들의 충고에 따
라 모든 이방 여자들과 그 자녀들을
내보내기로 합시다. 율법에 따라 그렇
게 하도록 합시다.
4 자, 일어나십시오. 이 문제는 당신 손
에 달렸습니다. 우리가 힘이 돼 줄 테
니 용기를 내 그렇게 하십시오."
5 그리하여 에스라가 일어나 지도자인
제사장과 레위 사람과 모든 이스라엘
에게 이 말에 따르기를 맹세하게 하
니 그들이 맹세했습니다.
6 에스라는 하나님의 집 앞에서 물러나
엘리아십의 아들 여호하난의 방으로
갔습니다. 그는 포로로 잡혀갔다 돌
아온 사람들의 죄를 애통하며 빵도
물도 입에 대지 않았습니다.
7 그때 포로로 잡혀갔다 돌아온 사람
은 모두 예루살렘에 모이라는 칙령이
유다와 예루살렘 전역에 걸쳐 공포됐
습니다.
8 누구든지 3일 안에 나타나지 않는 사
람은 관리들과 장로들의 결정에 따라
모든 재산을 박탈하고 포로로 잡혀
갔다 돌아온 사람의 모임에서 내쫓는
다는 내용이었습니다.
9 그리하여 유다와 베냐민 모든 사람들
이 3일 안에 예루살렘에 모였습니다.
그날은 *아홉째 달 20일이었습니다.
모든 백성들이 하나님의 집 앞 광장
에 앉아 그 문제와 쏟아지는 비로 인
해 떨고 있었습니다.
10 그때 제사장 에스라가 일어나 그들에
게 말했습니다. "여러분이 죄를 지었
습니다. 이방 여자와 결혼함으로써 이
스라엘에 죄를 더했습니다.
11 그러므로 이제 여러분의 조상들의 하
나님 여호와께 죄를 고백하고 여호와
께서 기뻐하시는 일을 하십시오. 이
방 민족과 관계를 끊고 여러분의 이
방 아내와도 관계를 끊으십시오."

10:9 기슬르 월, 태양력으로 11월 중순 이후

12 그러자 온 회중이 큰 소리로 대답했
습니다. "당신이 옳습니다! 우리는 당
신이 말씀하신 대로 해야 합니다.
13 그러나 여기 백성들이 많이 있고 지
금은 비가 내리는 계절이므로 우리는
밖에 서 있을 수가 없습니다. 게다가
이 일은 하루 이틀에 해결될 문제가
아닙니다. 이 일로 죄를 지은 사람이
많기 때문입니다.
14 온 회중을 대표해 우리 관리들을 세
우고 여러 성읍에 사는 사람 가운데
이방 여자와 결혼한 사람은 모두 각
마을의 장로와 재판장과 함께 정해진
시간에 오도록 해 이 문제로 인한 우
리 하나님의 불같은 진노가 우리에게
서 떠나가게 해 주십시오."
15 이 일에 반대한 사람은 오직 아사헬
의 아들 요나단과 디과의 아들 야스
야였고 이들에게 동조한 사람은 므술
람과 레위 사람 삽브대뿐이었습니다.
16 포로로 잡혀갔다 돌아온 많은 사람
들은 에스라의 의견을 지지했습니다.
제사장 에스라는 각 가문에 따라 이
름별로 몇몇 우두머리를 따로 세웠습
니다. 그들은 *열째 달 1일에 자리에
앉아 사례들을 조사했습니다.
17 이방 여자와 결혼한 모든 사람을 조
사한 그 일은 다음 해 첫째 달 1일에
끝났습니다.

이방인과 결혼하는 죄를 지은 자들

18 다음은 제사장 자손 가운데 이방 여
자와 결혼한 사람들입니다. 요사닥의
아들 예수아와 그 형제들의 자손 가
운데 마아세야, 엘리에셀, 야립, 그달
랴가 있었습니다.
19 그들은 모두 손을 들어서 아내를 내
보내기로 서약하고 각각 자기 죄를
위해 양 떼 가운데 숫양 한 마리를
속건제로 드렸습니다.
20 임멜 자손 가운데 하나니와 스바댜,
21 하림 자손 가운데 마아세야, 엘리야,
스마야, 여히엘, 웃시야,
22 바스훌 자손 가운데 엘료에내, 마아세
야, 이스마엘, 느다넬, 요사밧, 엘라사
가 있었습니다.
23 레위 사람 가운데 요사밧, 시므이, 글
리다라고도 하는 글라야, 브다히야,
유다, 엘리에셀이 있었고
24 노래하는 사람 가운데 엘리아십, 문
지기 가운데는 살룸, 델렘, 우리가 있
었습니다.
25 또 다른 이스라엘 사람으로 바로스
자손 가운데 라먀, 잇시야, 말기야, 미
야민, 엘르아살, 말기야, 브나야,
26 엘람 자손 가운데 맛다냐, 스가랴, 여
히엘, 압디, 여레못, 엘리야,
27 삿두 자손 가운데 엘료에내, 엘리아
십, 맛다냐, 여레못, 사밧, 아시사,
28 베배 자손 가운데 여호하난, 하나냐,
삽배, 아들래,
29 바니 자손 가운데 므술람, 말룩, 아다
야, 야숩, 스알, 여레못,
30 바핫모압 자손 가운데 앗나, 글랄, 브
나야, 마아세야, 맛다냐, 브살렐, 빈누
이, 므낫세,

10:16 데벳 월, 태양력으로 12월 중순 이후

31 하림 자손 가운데 엘리에셀, 잇시야,
말기야, 스마야, 시므온,
32 베냐민, 말룩, 스마랴,
33 하숨 자손 가운데 맛드내, 맛닷다, 사
밧, 엘리벨렛, 여레매, 므낫세, 시므이,
34 바니 자손 가운데 마아대, 아므람, 우엘,
35 브나야, 베드야, 글루히,
36 와냐, 므레못, 에랴십,
37 맛다냐, 맛드내, 야아수,
38 *바니, 빈누이, 시므이,
39 셀레먀, 나단, 아다야,
40 막나드배, 사새, 사래,
41 아사렐, 셀레먀, 스마랴,
42 살룸, 아마랴, 요셉,
43 느보 자손 가운데 여이엘, 맛디디야,
사밧, 스비내, 잇도, 요엘, 브나야가 있
었습니다.
44 이상은 모두 이방 여자와 결혼한 사
람이었고 이들 가운데 일부는 이방
아내와의 사이에 자식도 있었습니다.

10:38 히브리어 사본을 따름. 칠십인역에는 38절이 '빈누이의 자손 가운데 시므이와'

느헤미야

Nehemiah

페르시아에 남아 있던 느헤미야와 일부 유다 사람들이 성벽의 부재로 인한 예루살렘의 비참한 상황을 안타까워하며 3차로 귀환하여 52일 만에 성벽을 건축하고 국가를 새롭게 한 과정을 소개하고 있다. 사면초가의 열악한 상황에서도 느헤미야는 모든 백성들의 역량을 총결집하여 단시간 내에 영적 부흥과 사회 개혁을 이루었다.

느헤미야의 기도

1 하가랴의 아들 느헤미야의 말입니
다. 아닥사스다 왕 20년 *기슬르 월
내가 수산 성에 있을 때에
2 내 형제 가운데 하나니가 몇몇 사람
들과 함께 유다에서 왔습니다. 그래
서 나는 포로로 잡혀 오지 않고 그곳
에 남아 있는 유다 사람들의 안부와
예루살렘의 형편을 물었습니다.
3 그들이 내게 말했습니다. "포로로 잡
혀 오지 않고 그 지방에 남아 있는
사람들은 지금 큰 고난과 수모를 당
하고 있습니다. 예루살렘 성벽은 무너
졌고 그 성문들은 다 불에 탔습니다."
4 나는 이 말을 듣고 그만 주저앉아 울
고 말았습니다. 나는 몇 날 며칠 동안
슬픔에 잠긴 채 금식하면서 하늘의
하나님 앞에 기도하며
5 말했습니다.
"하늘의 하나님 여호와, 크고 두려
운 하나님이여, 하나님을 사랑하고
그 계명을 지키는 사람들과 맺은
사랑의 언약을 지키시는 하나님이
여,
6 주의 종들인 이스라엘 백성들을 위
해 주의 종이 밤낮으로 주 앞에 기
도하니 주께서는 귀를 기울이시고
눈을 떠서 이 기도를 들으소서. 저
와 제 조상의 집을 비롯해 우리 이
스라엘 족속이 주님을 거역했던 죄
를 고백합니다.
7 우리가 주께 매우 악하게 굴었습니
다. 주께서 주의 종 모세에게 주신
계명과 율례와 규례를 우리가 지키
지 않았습니다.
8 주께서 주의 종 모세에게 하신 말
씀을 기억하소서. '너희가 만약 죄
를 지으면 내가 너희를 여러 민족
들 가운데로 흩어 버릴 것이고
9 만약 너희가 내게 돌아와 내 계명
을 지키면 너희 포로 된 사람들이

1:1 태양력으로 11월 중순 이후, BC 446년

하늘 끝에 있더라도 내가 그들을
거기에서부터 불러 모아 내 이름을
위해 선택해 놓은 곳으로 데려올
것이다'라고 하시지 않았습니까?
10 그들은 주께서 주의 큰 능력과 주
의 강한 손으로 구속하신 주의 종
이요, 주의 백성들입니다.
11 주여, 이 종의 기도와 주의 이름을
경외하기를 기뻐하는 주의 종들의
기도에 귀를 기울이소서. 오늘 주
의 종이 이 사람 앞에서 은총을 입
고 잘되게 하소서."
그때 나는 왕에게 술을 따라 올리는
사람이었습니다.

아닥사스다가 느헤미야를 예루살렘에 보내다

2 아닥사스다 왕 20년 *니산 월에 나
는 왕에게 술을 따르는 일을 맡았
기에 술을 가져다 왕에게 따라 드렸
습니다. 평소와는 다르게 내가 왕 앞
에서 슬픈 기색이 있는 것을 보고
2 왕이 내게 물었습니다. "네가 아프지
도 않은데 네 안색이 왜 그리 슬퍼 보
이느냐? 마음에 근심이 있는 게 분명
하구나." 나는 무척 두려웠지만
3 왕에게 말했습니다. "왕께서는 만수
무강하옵소서! 제 조상들이 묻혀 있
는 성이 폐허가 됐고 그 성문들이 불
에 타 허물어졌으니 어찌 슬프지 않
겠습니까?"
4 왕이 내게 물었습니다. "네가 무엇을
원하느냐?" 그때 내가 하늘의 하나님
께 기도하고
5 왕에게 대답했습니다. "왕께서 기뻐
하시고 종이 왕께 은총을 입었다면
왕께서는 저를 조상들이 묻혀 있는
유다 땅으로 보내 그 성을 다시 건축
하게 하소서."
6 그때 왕 옆에 왕비도 앉아 있었는데
왕이 내게 물었습니다. "그렇게 다녀
오려면 얼마나 걸리겠느냐? 언제쯤
돌아오겠느냐?" 왕이 나를 보내기를
허락한 것입니다. 그래서 나는 왕에
게 기한을 정해 말했습니다.
7 내가 다시 왕에게 말했습니다. "만약
왕께서 기뻐하신다면 제가 유다에 도
착할 때까지 무사히 통과할 수 있도
록 유프라테스 강 건너 총독들에게
보여 줄 친서를 써 주시겠습니까?
8 그리고 왕의 산림 감독 아삽에게 친
서를 내리셔서 성전 옆 성문과 성벽
과 제가 살게 될 집의 들보 재목을 내
주도록 해 주십시오." 왕은 내게 허락
해 주었습니다. 내 하나님의 은혜로운
손길이 내 위에 있었기 때문입니다.
9 왕은 군대 장교들과 기마병을 나와
함께 보내 주었고 나는 이렇게 유프라
테스 강 건너 총독들에게 가서 왕의
친서를 전했습니다.
10 호론 사람 산발랏과 관리인 암몬 사람
도비야가 이 소식을 들었습니다. 어떤
사람이 이스라엘 족속의 재건을 위해
왔다는 말에 그들은 심기가 몹시 불
편해졌습니다.

느헤미야가 예루살렘 성벽을 순시하다

11 나는 예루살렘으로 가서 그곳에서 3

2:1 태양력으로 3월 중순 이후, BC 445년

일 동안 머물렀습니다.
12 그러던 중 밤에 몇 사람을 데리고 순
찰을 나갔습니다. 나는 내 하나님께
서 내 마음에 예루살렘을 위해 할 일
을 정해 두신 것을 아무에게도 말하
지 않은 상태였습니다. 내가 타고 있
던 말 외에는 탈 것도 없었습니다.
13 그 밤에 나는 '골짜기 문'으로 나갔습
니다. *'용 우물'과 '거름 문'으로 향하
면서 살펴보니 예루살렘 성벽은 다 무
너졌고 성문들은 모두 불에 탄 채로
버려져 있었습니다.
14 그러고는 '샘 문'과 '왕의 못'을 향해 갔
습니다. 그러나 너무 비좁아 말을 타
고 지나갈 수조차 없었습니다.
15 그래서 나는 밤에 시내를 따라 올라
가면서 성벽을 살피고 '골짜기 문'을
지나 되돌아왔습니다.
16 관리들은 내가 어디에 갔는지 무엇을
했는지 알지 못했습니다. 내가 유다
사람이나 제사장이나 귀족이나 관리
나 그 일을 하게 될 다른 어떤 사람에
게도 이것을 말하지 않았기 때문이었
습니다.
17 그 후 나는 그들에게 말했습니다. "우
리가 당면한 고난은 여러분이 보는
바와 같소. 예루살렘은 폐허가 됐고
그 성문들은 불에 타 버렸소. 자, 이
제 우리가 예루살렘 성벽을 재건합시
다. 그러면 우리가 다시는 수치를 당
하지 않을 것이오."
18 나는 또한 내 하나님의 은혜로운 손
길이 내게 있는 것과 왕이 내게 말한
것을 그들에게 말해 주었습니다. 그
들이 대답했습니다. "우리가 재건을
시작합시다." 이렇게 해 그들은 이 선
한 일을 시작했습니다.
19 그러나 호론 사람 산발랏과 관리인 암
몬 사람 도비야와 아라비아 사람 게셈
이 이 말을 듣고 우리를 조롱하고 비
웃었습니다. 그들이 말했습니다. "너
희가 무슨 짓을 하려는 것이냐? 왕에
게 반역이라도 할 참이냐?"
20 내가 그들에게 대답했습니다. "하늘
의 하나님께서 우리를 위해 이 일을
꼭 이뤄 주실 것이다. 성벽 재건은 주
의 종인 우리의 할 일이다. 너희는 아
무 몫도 없고 권리도 없고 역사적 명
분도 없다."

성벽의 건축자들

3 대제사장 엘리아십과 그 동료 제사
장이 함께 일어나 '양 문'을 다시 세
웠습니다. 그들은 그 문을 거룩하게
하고 문짝을 달고는 '함메아 탑'에서부
터 '하나넬 탑'까지 성벽을 쌓고 봉헌
했습니다.
2 그다음 구획은 여리고 사람들이 건축
했고 그다음은 이므리의 아들 삭굴이
건축했습니다.
3 '물고기 문'은 하스나아의 아들들이 세
웠습니다. 그들은 거기다 들보를 얹고
문짝과 자물쇠와 빗장을 달았습니
다.
4 그다음 구획은 학고스의 손자이며 우
리야의 아들인 므레못이 복구했고 그

2:13 또는 뱀 우물

다음은 므세사벨의 손자이며 베레갸
의 아들인 므술람이 복구했으며 그다
음은 바아나의 아들 사독이 복구했습
니다.
5 그다음 구획은 드고아 사람들이 복
구했는데 그 귀족들은 여호와의 일에
협조하지 않았습니다.
6 '옛 문'은 바세아의 아들 요야다와 브
소드야의 아들 므술람이 복구했는데
그들이 거기에다 들보를 얹고 문짝과
자물쇠와 빗장을 달았습니다.
7 그다음은 기브온 사람 믈라댜와 메로
놋 사람 야돈과 기브온과 미스바 사
람들이 함께 복구해 유프라테스 강
건너 총독의 보좌에까지 갔습니다.
8 그다음 구획은 금세공인 할해야의 아
들 웃시엘이 복구했고 그다음은 향수
제조업자인 하나냐가 복구했습니다.
이렇게 해 그들은 '넓은 벽'에 이르기
까지 성을 복원해 놓았습니다.
9 그다음 구획은 예루살렘의 반쪽 구역
의 통치자이며 후르의 아들인 르바야
가 복구했고
10 그다음은 하루맙의 아들 여다야가 자
기 집 맞은편을 복구했으며 그다음
은 하삽느야의 아들 핫두스가 복구했
습니다.
11 그다음 구획과 '풀무 탑'은 하림의 아
들 말기야와 바핫모압의 아들 핫숩이
복구했으며
12 그다음 구획은 예루살렘의 반쪽 구역
의 통치자이며 할로헤스의 아들인 살
룸과 그 딸들이 복구했습니다.
13 '골짜기 문'은 하눈과 사노아 주민이 복
구했는데 거기에다 그들이 문을 다시
세우고 문짝과 자물쇠와 빗장을 달

성·경·상·식

느헤미야가 재건한 성문들

- **양 문**(Sheep gate, 느 3:1; 12:39) : 제물(양)들을 베데스다 못에서 씻어 이 문으로 통과시켰기 때문에 생긴 이름. 성의 동북쪽에 있으며, 옆에 베데스다 못이 있었다(요 5:1).
- **물고기 문**(Fish gate, 느 3:3) : 북쪽 문으로 요단 강과 갈릴리에서 잡은 물고기를 이 문을 통해 들여온 데서 생긴 이름이다.
- **옛 문**(Old gate, 느 3:6) : 오늘날의 다메섹 문에 해당되는 문으로 생각된다.
- **골짜기 문**(Valley gate, 느 3:13) : 남서편에 있는 문으로, 힌놈의 골짜기를 마주하고 있어 붙여진 이름이다. 웃시야 왕이 견고한 망대를 세운 문이었다(대하 26:9).
- **거름 문**(Dung gate, 느 3:14) : 남쪽 중앙에 있는 문으로, 성안의 모든 오물을 실어 내는 문이었다.
- **샘 문**(Fountain gate, 느 3:15) : 실로암 못 가에 있었기 때문에 붙여진 이름이다.
- **물 문**(Water gate, 느 3:26) : 성에서 쓰는 물을 실어 들여서 붙여진 이름이다. 물 문 앞 광장에서 에스라는 율법책을 낭독했다(느 8:1).
- **말 문**(Horse gate, 느 3:28) : 동쪽에 있는 문으로(렘 31:40), 말이나 말 탄 사람이 통과한 문으로 보인다. 또 아달랴가 여호야다에 의해 죽임을 당한 문이다(대하 23:15).
- **동 문**(East gate, 느 3:29) : 물 문과 같은 문으로 본다.
- **에브라임 문**(Gate of Ephraim, 느 12:39)
- **감옥 문**(Prison gate, 느 12:39)

았습니다. 그들은 또한 '거름 문'까지
성벽 *1,000규빗을 복구했습니다.
14 '거름 문'은 벧학게렘 지방의 통치자이
며 레갑의 아들인 말기야가 복구해
문을 다시 세우고 문짝과 자물쇠와
빗장을 달았습니다.
15 '샘 문'은 미스바 지방의 통치자이며 골
호세의 아들인 살룬이 복구해 문을
다시 세우고 그 위에 지붕을 올리고
는 문짝과 자물쇠와 빗장을 달았습
니다. 그는 또한 왕의 궁정 옆에 있는
*실로암 못의 성벽을 다윗의 성에서
내려오는 계단까지 복구했습니다.
16 그다음은 벧술 지방의 반쪽 구역의
통치자이며 아스북의 아들인 느헤미
야가 다윗의 *무덤 맞은편에서부터
'인공 못'과 '영웅의 집'까지 복구했습
니다.
17 그다음은 레위 사람인 바니의 아들
르훔이 복구했고 그다음은 그일라의
반쪽 구역을 통치하는 하사뱌가 자기
지방을 복구했습니다.
18 그다음은 그일라의 나머지 반쪽 구역
의 통치자이며 헤나닷의 아들인 *바
왜가 그 친척들과 함께 복구했습니다.
19 그다음은 미스바의 통치자이며 예수
아의 아들인 에셀이 무기고로 올라가
는 곳의 맞은편부터 성의 굽은 곳까
지 그다음 구획을 복구했고
20 그다음은 삽배의 아들 바룩이 성의
굽은 곳부터 대제사장 엘리아십의 집
입구까지 그다음 구획을 열심히 복구
했습니다.
21 그다음은 학고스의 손자이며 우리야
의 아들인 므레못이 엘리아십의 집
입구에서부터 그 집 끝까지 그다음
구획을 복구했습니다.
22 그다음은 그 주변 지역에 사는 제사
장들이 복구했고
23 그다음은 베냐민과 핫숩이 자기들 집
앞을 복구했으며 아나냐의 손자이자
마아세야의 아들인 아사랴가 자기 집
주변을 복구했습니다.
24 그다음은 헤나닷의 아들 빈누이가 아
사랴의 집부터 성의 굽은 곳을 지나
성의 모퉁이까지 그다음 구획을 복구
했습니다.
25 또한 우새의 아들 발랄은 성 모퉁이
맞은편과 경호대 근처 왕궁 위의 '돌
출 탑'을 복구했고 그다음은 바로스
의 아들 브다야가 복구했으며
26 오벨 언덕에 사는 *느디님 사람들이
동쪽으로 난 '물 문' 맞은편과 '돌출
탑'까지 복구했습니다.
27 그다음으로 드고아 사람들이 큰 '돌
출 탑'에서부터 오벨 성벽까지의 다음
구획을 복구했습니다.
28 '말 문' 위로는 제사장들이 각각 자기
집 앞을 복구했고
29 그다음은 임멜의 아들 사독이 자기
맞은편을 복구했습니다. 그다음은
동문지기 스가냐의 아들 스마야가 복

3:13 1,000규빗은 약 450미터 3:15 또는 실로아, 셀라 3:16 칠십인역과 일부 불가타와 시리아어역을 따름. 히브리어로는 '무덤들' 3:18 대부분의 히브리어 사본을 따름. 두 개의 히브리어 사본과 시리아어역에는 '빈누이'(느 3:24을 보라.) 3:26 '바쳐진 사람들'이라는 뜻으로, 성전에서 봉사했던 사람들을 말함.

구했습니다.
30 그다음은 셀레먀의 아들 하나냐와 살
랍의 여섯째 아들 하눈이 그다음 구
획을 복구했습니다. 그다음으로는 베
레갸의 아들 므술람이 자기 방 앞을
복구했습니다.
31 그다음은 금세공인 말기야가 복구해
함밉갓 문 맞은편 *느디님 사람들과
상인들의 집과 성 모퉁이 다락방까지
갔고
32 성 모퉁이 다락방 양 문 사이는 금세
공인들과 상인들이 복구했습니다.

성벽 재건의 반대

4 산발랏은 우리가 성벽을 쌓는다는
말을 듣고 분노하고 몹시 분개했습
니다. 그는 유다 사람들을 조롱하며
2 그의 동료들과 사마리아 군대 앞에서
빈정거리며 말했습니다. "저 유다 사
람 약골들이 무엇을 하는 것이냐?
그 성벽을 복원하겠다는 것이냐? 제
사를 드리겠다는 것이냐? 하루 만에
공사를 끝내겠다는 것이냐? 타 버린
돌들을 저 흙무더기 속에서 원상 복
구하겠단 말이냐?"
3 그 곁에 있던 암몬 사람 도비야가 맞
장구치며 말했습니다. "그들이 무엇을
건축하든 여우라도 한 마리 올라가면
그 돌 성벽이 다 허물어질 것이다!"
4 우리 하나님이여, 우리의 기도를 들으
소서. 우리가 멸시당하고 있습니다.
그들이 하는 욕이 그들에게 되돌아가
게 하소서. 그들이 포로가 돼 남의 땅
으로 끌려가게 하소서.
5 그들의 죄악을 덮지 마시고 그들의
죄를 주 앞에서 지우지 마소서. 그들
은 우리 앞에서 주의 얼굴에 욕설을
퍼부었습니다.
6 백성들이 마음을 다해 열심히 일한
결과 우리는 성벽 전체를 절반 높이
까지 복구했습니다.
7 그러나 산발랏과 도비야, 아라비아 사
람들과 암몬 사람들과 아스돗 사람들
은 예루살렘 성벽이 복원돼 허물어진
부분들이 점점 메워진다는 소식을 듣
고 몹시 분노했습니다.
8 그들은 함께 음모를 꾸며 예루살렘에
와서 싸우고 훼방을 놓으려고 했습니
다.
9 그래서 우리는 우리의 하나님께 기도
하는 한편, 밤낮으로 경비병을 세워
이 위협에 대비했습니다.
10 그런데 유다에 있는 사람들은 "할 일
은 아직 산더미 같은데 일꾼들의 힘
이 다 빠져 버려 우리가 성벽을 쌓을
수가 없다"라고 불평했습니다.
11 또 우리의 원수들은 "그들이 알아채
기 전에 우리가 그들 가운데 들어가
서 그들을 죽이고 그 일을 중단시켜
야겠다"라고 말했습니다.
12 그들 가까이 사는 유다 사람들도 우
리에게 와서 그들이 사방에서 우리를
치려 한다고 열 번씩이나 말했습니다.
13 그래서 나는 사람들을 가문별로 칼
과 창과 활로 무장시켜서 성벽 뒤 낮

3:31 '바쳐진 사람들'이라는 뜻으로, 성전에서 봉사했던 사람들을 말함.

고 넓게 펼쳐진 곳에 배치했습니다.
14 백성들이 두려워하는 것을 보고 나
는 귀족들과 관리들과 나머지 백성들
에게 말했습니다. "그들을 두려워하
지 마시오. 위대하고 두려우신 여호
와를 기억하고 여러분의 형제와 자녀
와 아내와 가정을 위해 싸우시오."
15 우리의 원수들은 우리가 그들의 계
략을 알았고 하나님이 그들의 계획을
꺾으셨다는 것을 들었습니다. 그제야
우리는 모두 성으로 돌아와 각자 하
던 일을 계속했습니다.
16 그날부터 내 부하들의 절반은 그 일
을 계속하고 나머지 절반은 갑옷을
입고 창과 방패와 활로 무장을 했습
니다. 그리고 관리들은 유다의 모든
백성들 뒤에 진을 쳤습니다.
17 건축 자재를 실어 나르는 사람들은
한 손으로는 일을 하고 다른 한 손으
로는 무기를 들었습니다.
18 그리고 성벽을 쌓는 사람들도 각자
칼을 허리에 차고 일했습니다. 다만
나팔 부는 사람만 나와 함께 있었습
니다.
19 그때 내가 귀족들과 관리들과 나머
지 백성들에게 말했습니다. "이 일이
크고 방대하기 때문에 일하는 지역이
넓어 우리는 성벽을 따라 서로 너무
멀리 떨어져 있습니다.
20 그러니 여러분은 어디에 있든지 나팔
소리를 들으면 우리 쪽으로 집결하시
오. 우리 하나님께서 우리를 위해 싸
우실 것이오!"
21 이렇게 해 우리는 새벽 동틀 때부터
별이 뜰 때까지 일을 계속했고 백성들
의 절반은 창을 들고 일을 했습니다.
22 그때 나는 또 백성들에게 말했습니
다. "각 사람과 그 부하들은 밤에는
예루살렘 성안에서 지내면서 경계를
서고 낮에는 일을 하시오."
23 나도, 내 형제도, 내 부하도, 나와 함
께 경비하는 사람도 옷을 벗지 않았
고 각자 무기를 갖고 있었으며 심지어
물 마시러 갈 때도 그렇게 했습니다.

느헤미야가 가난한 자들을 돕다

5 그때 백성들과 그 아내들 사이에
그들의 유다의 형제들을 원망하는
소리가 있었습니다.
2 어떤 사람은 "우리에게는 자녀가 많
다. 우리 자신을 비롯해서 많은 식구
가 먹고살기 위해서는 곡식을 얻어야
한다"라고 말했고
3 또 어떤 사람은 "우리는 기근 동안 곡
식을 얻기 위해 우리 밭과 우리 포도
원과 우리 집을 저당 잡혔다"라고 말
했으며
4 또 어떤 사람은 이렇게 말했습니다.
"우리는 세금 낼 돈을 꾸기 위해 우리
밭과 포도원을 잡혔다.
5 우리는 우리 친척들과 한 몸이요, 한
핏줄이다. 보라. 우리의 자식들은 그
들의 자식이나 다름없는데 우리가 우
리 자녀들을 종으로 내주게 됐다. 우
리의 딸 가운데 일부는 이미 종으로
팔렸고 우리의 밭과 포도원이 남의
것이 됐으니 우리는 그들을 속량할

힘이 없다."
6 그들의 원성과 탄식을 듣고 나는 몹
시 화가 났습니다.
7 내가 속으로 이 말들을 곰곰이 생각
하고 나서 귀족들과 관리들을 꾸짖으
며 말했습니다. "당신들은 지금 각기
자기 형제에게 폭리를 취하고 있소!"
나는 그들을 책망하기 위해 큰 집회
를 열고
8 그들에게 말했습니다. "우리는 이방
민족들에 팔려 갔던 우리 유다의 형
제들을 힘닿는 대로 속량해 오지 않
았소? 그런데 지금 당신들은 여러분
의 형제들을 또 팔고 있단 말이오."
그들은 할 말이 없어 침묵했습니다.
9 그래서 내가 계속 말했습니다. "당신
들이 하는 일은 옳지 못하오. 이제 여
러분이 이방 민족들의 비방을 피하기
위해서라도 우리 하나님을 경외하며
살아야 하지 않겠소?
10 나와 내 형제들과 내 부하들도 백성
들에게 돈과 곡식을 꿔 줄 테니 이제
부터는 폭리를 취하는 일을 제발 그
만두시오!
11 그들의 밭과 포도원과 올리브 농장과
집들을 오늘 당장 그들에게 돌려주고
당신들이 그들에게 추징한 폭리, 곧
돈과 곡식과 새 포도주와 기름의 100
분의 1도 돌려주시오."
12 그들이 말했습니다. "우리는 돌려주
고 그들에게서 아무것도 받지 않겠습
니다. 말씀하신 대로 다 준행하겠습
니다." 그래서 내가 제사장들을 불렀
고 귀족들과 관리들로 하여금 약속
대로 하겠다고 맹세를 시켰습니다.
13 나는 또한 내 주머니를 털어 보이면
서 말했습니다. "이 약속을 지키지 않
는 사람은 하나님께서 이런 식으로

하용조 목사의 행복한 **메시지**

주님의 송아지가 죽었소!

한 농부가 밖에서 일을 하다가 매우 기쁜 표정으로 뛰어 들어왔습니다. 그는 부인에게 "방금 우리 소가 새끼 두 마리를 낳았소!"라고 하면서 좋아했습니다. 그는 부인에게 "한 마리는 흰 송아지이고 다른 한 마리는 얼룩 송아지인데 둘 중에 한 마리는 잘 키워서 주님을 위해서 쓰고 다른 한 마리는 우리를 위해서 씁시다!"라고 말했습니다. 그러자 부인이 어떤 송아지를 주님께 드릴 건지 물었습니다. 농부는 지금 둘 다 새끼니까 걱정 말고 잘 키우기나 하자고 대답했습니다.

몇 달이 지난 어느 날 농부가 슬픈 표정으로 들어와 부인에게 말했습니다. "우리 주님의 송아지가 방금 죽었소!" 그러자 부인이 되물었습니다. "어느 송아지가 주님의 것이고 우리의 것인지 정하지 않았는데 무슨 소리예요?" 그러자 농부는 "내 마음속으로 흰 송아지를 주님의 것으로 결정했는데 그 송아지가 죽었소!"라고 대답했습니다. 하나님께 우선순위를 두지 않으면 항상 주님의 송아지가 죽게 되어 있습니다.

그 집과 재산을 털어 버리실 것이오.
그런 사람은 털리고 털려서 마침내 빈
털터리가 될 것이오!" 이 말에 모든
회중이 "아멘" 하고 여호와를 찬양했
습니다. 그다음 백성들은 약속을 이
행했습니다.
14 나는 유다 땅 총독으로 임명되던 해,
곧 아닥사스다 왕 20년부터 32년까지
12년 동안 총독으로 있었지만 나와
내 형제들은 총독의 몫으로 나오는
녹을 먹지 않았습니다.
15 그러나 내 앞에 있었던 총독들은 백
성들에게 힘겨운 세금을 물리고 음식
과 포도주뿐 아니라 은 *40세겔을 갈
취했습니다. 심지어 총독들 밑에 있
는 사람들도 백성들을 착취했습니다.
그러나 나는 하나님을 경외하였으므
로 그런 짓을 하지 않았습니다.
16 나는 땅 한쪽도 사지 않고 오직 이 성
벽을 쌓는 일에만 헌신했고 내 부하
들 역시 성벽 쌓는 일에만 마음을 썼
습니다.
17 또한 150명의 유다 사람과 관리들이
내 상에서 음식을 먹었고 또 주변 나
라에서 우리를 찾아온 이방 민족들
도 함께 먹었으므로
18 날마다 나를 위해 황소 한 마리와 좋
은 양 여섯 마리, 닭 여러 마리 그리
고 10일에 한 번은 온갖 종류의 포
도주도 풍성하게 마련해야만 했습니
다. 이 모든 것에도 불구하고 나는 총
독의 몫으로 나오는 음식을 요구하지
않았습니다. 왜냐하면 이런 요구가
백성들에게 큰 짐이 됐기 때문입니다.
19 하나님이여, 제가 이 백성들을 위해
한 선한 일을 기억하시고 은혜를 베
풀어 주소서.

거세어져 가는 성벽 재건의 반대

6 내가 성벽을 다시 건축해 허물어
진 부분들을 남김없이 다 메웠다
는 것을 산발랏과 도비야와 아라비아
사람 *게셈과 그 나머지 원수들이 들
었습니다. 그러나 그때까지도 나는 아
직 성문의 문짝을 달지 못했습니다.
2 그때 산발랏과 *게셈이 내게 이런 전
갈을 보냈습니다. "오시오. 우리가 오
노 평지의 한 마을에서 만납시다." 그
러나 사실은 나를 해치려는 수작이었
습니다.
3 그래서 나는 그들에게 사람을 보내
다음과 같이 대답했습니다. "내가 큰
공사를 하고 있으므로 내려갈 수가
없소. 어떻게 내가 자리를 비워 일을
중지시키고 당신들에게 내려가겠소?"
4 그들은 네 번씩이나 똑같은 전갈을
내게 보냈고 나 역시 매번 똑같이 대
답했습니다.
5 그리고 다섯 번째도 산발랏은 자기
종의 손에 봉하지 않은 편지를 들려
보냈는데
6 다음과 같은 내용이었습니다. "당신
과 유다 사람들이 반역을 꾀하고 있
고 그래서 성벽도 건축하는 것이라는
소문이 여러 나라에 돌고 있으며 *게
셈도 그 말이 맞다고 했소. 게다가 이

5:15 40세겔은 약 456그램 6:1,2,6 또는 가스무

소문에 따르면 당신이 그들의 왕이
되려고 하며
7 심지어 예언자를 세우고 예루살렘에
서 당신에 대해 '유다에 왕이 있다!'라
고 선포하려고 한다는 말을 들었소.
이제 이 소문이 왕께도 보고될 것이
오. 그러니 이제 우리가 만나서 함께
의논합시다."
8 나는 그에게 이런 회답을 보냈습니다.
"당신이 한 말은 모두 거짓이오. 당신
이 꾸며 낸 것일 뿐 실제로 그런 일은
없소."
9 그들은 우리에게 겁주려 했습니다. 그
렇게 하면 우리가 낙심해 공사를 끝
내지 못할 것이라고 생각한 것입니다.
그러나 하나님이여, 이제 제 손을 강
하게 하소서.
10 어느 날 므헤다벨의 손자이며 들라야
의 아들 스마야가 두문불출하므로
내가 그 집에 갔더니 그가 말했습니
다. "사람들이 당신을 죽이러 올 것이
니 우리가 성전 안 하나님의 집에서
만나 성전 문을 닫읍시다. 그들이 밤
에 당신을 죽이러 올 것입니다."
11 그러나 내가 말했습니다. "나 같은 사
람이 도망가야 되겠소? 나 같은 사람
이 성전 안으로 들어가 목숨이나 구
하겠소? 나는 가지 않겠소!"
12 그 순간 나는 하나님이 그를 보내지
않았다는 것을 알았습니다. 도비야와
산발랏이 그를 매수해 그가 나에 대
해 이런 예언을 했습니다.

Q&A 느헤미야가 성벽을 다시 쌓으려 했던 이유는?

참고 구절 | 느 6:15

느헤미야는 예루살렘 성벽이 훼파되고 성문이 불살라졌다는 소식을 듣자 눈물로 금식하며 하나님께 도움을 구했다(느 1:1-2:10). 4개월이나 지속된 기도를 통해 느헤미야는 고국에 돌아오게 되었을 뿐만 아니라 성벽을 재건할 경비와 재료들을 왕에게 받아 오게 되었다.

그가 예루살렘 성벽을 보수하려는 것은 자신의 생각에 의해서가 아니라 하나님께서 그의 마음을 감화시켜 하나님의 뜻에 의해 행하게 하신 것이었다(느 2:11-12).

왜 하나님은 하필이면 멀리 수산 궁에 사는 느헤미야를 예루살렘으로 돌아오게 하셔서 성벽을 보수하게 하신 걸까? 성벽 재건이 그토록 중요했던 이유는 무엇이었을까?

고대 세계에서 성벽은 그 성읍 사람들의 생존을 보장해 주는 없어서는 안 될 중요한 것이었다. 성벽을 쌓는 것은 그 나라의 정치적인 자주권을 보여 주는 것이기도 했다. 그래서 느헤미야는 예루살렘 성벽을 쌓아 이스라엘이 포로 생활에서 해방되어 자주적인 한 나라가 되었음을 보여 주고 정치적인 중심지인 예루살렘을 외침으로부터 보호하려고 했던 것이다. 또한 포로 생활에서 귀환한 백성들을 성벽 재건 작업에 참여시켜 민족의 동질성과 자주의식을 회복시키려는 의도도 들어 있었다.

예루살렘 성벽을 쌓은 영적인 이유로는 선민 이스라엘의 거룩성을 회복하고 유지하기 위해서였다. 예루살렘 성벽은 이방 민족과 이스라엘과의 거룩성을 구별하기 위한 경계를 상징하는 것이었다.

13 그들이 나를 협박하려고 그를 매수
해 내가 두려움에 휩싸인 나머지 그
렇게 하다가 죄를 짓게 하며 오명을
쓰게 해 결국 나를 비방하려는 것이
었습니다.
14 하나님이여, 도비야와 산발랏의 소행
을 보시고 그들을 기억하소서. 또한
여예언자 노아댜와 저를 위협하려던
그 나머지 예언자들도 기억하소서.
15 이렇게 해 성벽 건축이 52일 만인
*엘룰 월 25일에 끝났습니다.

성벽 재건의 완공과 저항

16 우리 원수들이 모두 이 소식을 듣고
주변 나라들이 보고 모두 두려워하고
절망감에 휩싸였습니다. 하나님께서
하신 일임을 그들도 알게 됐습니다.
17 또한 그즈음 유다의 귀족들은 도비야
에게 여러 통의 편지를 보냈고 도비야
의 답장도 계속 왔습니다.
18 도비야는 아라의 아들 스가냐의 사위
였고 또 그 아들 여호하난은 베레갸
의 아들 므술람의 딸과 결혼한 사이
였으므로 유다에는 그와 동맹한 사
람들이 많았습니다.
19 그들은 계속해 그의 선한 행실을 내
앞에서 이야기했고 또 내 말을 그에
게 전했습니다. 그래서 도비야는 나
를 협박하기 위해 편지를 보냈습니다.

7 성벽을 건축하고 문짝들을 달고
나서 문지기와 노래하는 사람들과
레위 사람들을 임명했습니다.
2 나는 내 동생 하나니와 성의 사령관
하나냐를 세워 예루살렘을 다스리게
했습니다. 하나냐는 사람됨이 충직하
고 많은 사람들보다 하나님을 더 경
외하는 사람이었기 때문입니다.
3 내가 그들에게 말했습니다. "해가 높
이 뜰 때까지 예루살렘 성문들을 열
지 말고 문지기가 지키고 있는 동안
에도 문을 단단히 닫고 빗장을 질러
놓아야 한다. 그리고 예루살렘 주민
들을 경비로 세워 각기 지정된 초소
와 자기 집 앞을 지키게 하라."

귀환한 백성들의 명단 (스 2:1-70)

4 그 성은 크고 넓은데 성안에 사는 사
람들은 얼마 없고 제대로 지은 집들
도 아직 얼마 없었습니다.
5 그런데 하나님이 내게 귀족들과 관
리들과 일반 백성들을 모아 종족별
로 인구를 조사할 마음을 주셨습니
다. 마침 나는 처음 돌아온 사람들의
족보를 찾게 됐는데 거기에는 다음과
같이 적혀 있었습니다.
6 이들은 바벨론 느부갓네살 왕에게 포
로로 잡혀간 사람들 가운데 다시 고
향으로 돌아온 사람들입니다. 그들은
예루살렘과 유다로 돌아와 각기 자기
마을로 갔습니다.
7 이들과 동행한 사람은 스룹바벨, 예수
아, 느헤미야, *아사랴, 라아먀, 나하마
니, 모르드개, 빌산, 미스베렛, 비그왜,
느훔, 바아나였습니다. 이들 이스라엘
사람들의 명단은 이러합니다.
8 바로스의 자손이 2,172명,

6:15 태양력으로 8월 중순 이후, BC 445년 10월 2일
7:7 또는 스라야(느 11:11을 보라.)

9 스바댜의 자손이 372명,
10 아라의 자손이 652명,
11 바핫모압의 자손, 곧 예수아와 요압의 족보를 잇는 자손이 2,818명,
12 엘람의 자손이 1,254명,
13 삿두의 자손이 845명,
14 삭개의 자손이 760명,
15 *빈누이의 자손이 648명,
16 브배의 자손이 628명,
17 아스갓의 자손이 2,322명,
18 아도니감의 자손이 667명,
19 비그왜의 자손이 2,067명,
20 아딘의 자손이 655명,
21 아델의 자손, 곧 히스기야의 자손이 98명,
22 하숨의 자손이 328명,
23 베새의 자손이 324명,
24 하립의 자손이 112명,
25 기브온의 자손이 95명이었습니다.
26 베들레헴과 느도바 사람이 188명,
27 아나돗 사람이 128명,
28 벧아스마웻 사람이 42명,
29 기랴 여아림과 그비라와 브에롯 사람이 743명,
30 라마와 게바 사람이 621명,
31 믹마스 사람이 122명,
32 벧엘과 아이 사람이 123명,
33 그 밖에 느보 사람이 52명,
34 그 밖에 엘람 자손이 1,254명,
35 하림 자손이 320명,
36 여리고 자손이 345명,
37 로드와 하딧과 오노 자손이 721명,
38 스나아 자손이 3,930명이었습니다.
39 제사장들은 예수아 집안 여다야의 자손이 973명,

7:15 또는 바니(스 2:10을 보라.)

성·경·상·식 바벨론 포로 생활에서의 귀환

	1차 (BC 537년)	2차 (BC 458년)	3차 (BC 444년)
인도자	스룹바벨(세스바살), 예수아	에스라	느헤미야
페르시아 왕	고레스	아닥사스다 1세	아닥사스다 1세
조서 내용	포로민 귀향 허가, 성전 건축 허가, 성전 그릇 반환, 성전 건축 재료 지원	포로민 귀향 허가, 제물·재정 지원, 성직자 세금 면제, 관리 조직 허용	예루살렘 중건 허가, 건축 재료 지원
귀환자 수	일반 회중 42,360명 노비 7,337명 노래하는 자 200명 합계 49,897명	남자 1,496명 레위인 38명 수종자 220명 합계 1,754명 여자, 어린이 5,000명(?)	통계가 없음.
관련 사건	성전 건축 시작(사마리아인의 방해로 BC 520년까지 중단), 제사드림, 장막절 지킴, 성전 건축 다시 시작(스 1:1-4:6; 4:24-6:22).	이방인과의 결혼으로 상실된 신앙의 순수성을 회복하기 위한 개혁이 에스라에 의해 주도됨(스 7:1-10:44).	사마리아인들의 반대에도 불구하고 성벽이 52일 만에 완성됨. 에스라가 율법을 가르침(느 1:1-13:31).

40 임멜의 자손이 1,052명,
41 바스훌의 자손이 1,247명,
42 하림의 자손이 1,017명이었습니다.
43 레위 사람들은 *호드야 자손인 예수
아와 갓미엘 자손이 74명이었고
44 노래하는 사람들은 아삽의 자손 148
명이었습니다.
45 성전 문지기들은 살룸 자손, 아델 자
손, 달문 자손, 악굽 자손, 하디다 자
손, 소배 자손이 138명이었습니다.
46 *느디님 사람들은 시하 자손, 하수바
자손, 답바옷 자손,
47 게로스 자손, 시아 자손, 바돈 자손,
48 르바나 자손, 하가바 자손, 살매 자손,
49 하난 자손, 깃델 자손, 가할 자손,
50 르아야 자손, 르신 자손, 느고다 자손,
51 갓삼 자손, 웃사 자손, 바세아 자손,
52 베새 자손, 므우님 자손, *느비스심
자손,
53 박북 자손, 하그바 자손, 할훌 자손,
54 바슬릿 자손, 므히다 자손, 하르사 자
손,
55 바르고스 자손, 시스라 자손, 데마 자
손,
56 느시야 자손, 하디바 자손이었습니다.
57 솔로몬의 신하들의 자손은 소대 자
손, 소베렛 자손, 브리다 자손,
58 야알라 자손, 다르곤 자손, 깃델 자손,
59 스바댜 자손, 핫딜 자손, 보게렛하스
바임 자손, *아몬 자손이었습니다.
60 *느디님 사람들과 솔로몬의 신하들의
자손이 392명이었습니다.
61 다음은 델멜라와 델하르사와 그룹과
앗돈과 임멜에서 올라온 사람들인데
그 종족이 이스라엘의 자손인지에 대
해서는 증거가 없었습니다.
62 이들 가운데 들라야의 자손, 도비야
의 자손, 느고다의 자손이 642명,
63 제사장 가운데 호바야 자손, 학고스
자손, 바르실래 자손이 있었는데 바르
실래는 길르앗 사람 바르실래의 딸과
결혼한 사람으로서 그 이름으로 불렸
습니다.
64 이들은 자기 족보를 찾았지만 얻지
못하고 결국 부정하게 여겨져 제사장
계열에 들지 못했습니다.
65 그래서 총독은 그들에게 명령해 우림
과 둠밈으로 다스리는 제사장이 나오
기 전에는 지성물을 먹지 못하게 했
습니다.
66 온 회중의 수가 4만 2,360명이었고
67 거기에 남녀종들이 7,337명, 남녀 노
래하는 사람들이 245명이었습니다.
68 *또 말이 736마리, 노새가 245마리,
69 낙타가 435마리, 나귀가 6,720마리였
습니다.
70 어떤 족장들은 건축하는 일을 위해
기부했습니다. 총독은 금 *1,000드라
크마와 대접 50개와 제사장의 옷 530
벌을 보물 창고에 드렸고
71 어떤 족장들은 금 *2만 드라크마와

7:43 또는 호다위아(스 2:40) 7:46,60 '바쳐진 사람들'이라는 뜻으로, 성전에서 봉사했던 사람들을 말함. 7:52 또는 느부심(스 2:50을 보라.) 7:59 또는 아미(스 2:57을 보라.) 7:68 일부 히브리어 사본을 따름(스 2:66을 보라). 대부분의 히브리어 사본에는 68절이 없음. 7:70 금1,000드라크마는 약 8.4킬로그램 7:71 2만 드라크마는 약 168킬로그램

은 *2,200마네를 보물 창고에 드렸습
니다.
72 나머지 백성들이 드린 것을 다 합치
면 금 2만 드라크마와 은 *2,000마네
와 제사장의 옷 67벌이었습니다.
73 제사장들과 레위 사람들과 성전 문
지기들과 노래하는 사람들과 느디님
사람들과 몇몇 백성들과 온 이스라엘
사람들은 저마다 자기 고향에 정착했
습니다.

에스라가 율법책을 낭독하다

8 그러고 나서 *일곱째 달이 됐고 그
때 이스라엘 자손들은 모두 자기
마을에 있었습니다. 그때 모든 백성
들이 '물 문' 앞 광장에 일제히 모였습
니다. 그러고는 학사 에스라에게 여호
와께서 이스라엘에게 주신 모세의 율
법책을 가져와 읽어 달라고 했습니다.
2 그리하여 *일곱째 달 1일에 제사장
에스라가 남녀 회중과 알아들을 만
한 모든 백성들 앞에 율법책을 들고
나왔습니다.
3 그러고는 '물 문' 앞 광장에서 남녀와
알아들을 만한 모든 사람들에게 이
른 아침부터 정오까지 율법을 큰 소
리로 낭독했습니다. 그러자 모든 백성
들이 그 율법책에 귀를 기울였습니다.
4 학사 에스라는 그 행사를 위해 특별
히 만든 높은 나무 강단에 서 있었습
니다. 그 오른쪽에는 맛디댜, 스마, 아
나야, 우리야, 힐기야, 마아세야가 서
고 그 왼쪽에는 브다야, 미사엘, 말기
야, 하숨, 하스밧다나, 스가랴, 므술람
이 함께 있었습니다.
5 에스라가 백성들 위에 서서 그들이 보
는 앞에서 그 책을 펼쳤습니다. 그가
책을 펴자 백성들이 다 일어났습니다.
6 에스라가 위대하신 하나님 여호와를
찬양하자 온 백성이 손을 들고 "아멘,
아멘" 하고 대답하며 얼굴을 땅에 대
고 납작 엎드려 여호와께 경배했습니
다.
7 예수아, 바니, 세레뱌, 야민, 악굽, 사브
대, 호디야, 마아세야, 그리다, 아사랴,
요사밧, 하난, 블라야와 레위 사람들
이 거기 서 있는 백성들에게 율법을
설명해 주었습니다.
8 그들이 그 책, 곧 하나님의 율법을 읽
고 그 읽은 것을 백성들이 *알아듣도
록 설명해 주었습니다.
9 온 백성들이 율법의 말씀을 듣고 울
었습니다. 그러자 총독 느헤미야와 제
사장이자 학사인 에스라와 백성들을
가르치던 레위 사람들이 모든 백성들
에게 말했습니다. "이날은 우리 하나
님 여호와의 거룩한 날이니 슬퍼하거
나 울지 말라."
10 느헤미야가 그들에게 말했습니다. "가
서 좋은 음식과 단것을 마시고 아무
것도 준비하지 못한 사람들에게도 나
누어 주라. 이날은 우리 주의 거룩한
날이니 슬퍼하지 말라. 여호와를 기뻐
하는 것이 너희 힘이다."
11 그러자 레위 사람들도 온 백성들을

7:71 2,200마네는 약 1.25톤 7:72 2,000마네는 약 1.14톤 8:1,2 티쉬리 월, 태양력으로 9월 중순 이후 8:8 히브리어를 아람어로 통역해 줌.

진정시키며 말했습니다. "오늘은 거룩
한 날이니 조용히 하고 슬퍼하지 마
시오."
12 그리하여 온 백성들이 가서 먹고 마
시고 먹을 것을 나눠 주며 큰 잔치를
벌였습니다. 자기들이 들은 말씀을
이제 깨달았기 때문입니다.
13 그 이튿날 온 백성들의 족장들과 제
사장들과 레위 사람들이 모여 율법의
말씀을 들으려고 학사 에스라를 둘러
쌌습니다.
14 그들은 율법에 기록된 것으로 여호와
께서 모세를 통해 명령하신 것을 발
견했습니다. 곧 이스라엘 백성들은 일
곱째 달 절기 동안에 초막에서 살라
는 것과
15 *"산간 지대로 나가서 올리브 나무와
야생 올리브 나무 가지, 은매화나무
가지, 야자나무 가지와 또 다른 활엽
수 가지를 가져와 기록된 대로 초막
을 지으라" 하는 말씀을 그들이 사는
여러 마을과 예루살렘에 선포하고 전
하라는 것이었습니다.
16 그리하여 백성들은 밖으로 나가 가지
를 주워 와서 초막을 지었는데 각자
지붕 위에, 뜰 안에, 하나님의 집 뜰
안에, '물 문' 앞 광장에, 에브라임 문
앞 광장에 지었습니다.
17 포로로 잡혀갔다가 돌아온 무리들은
모두 초막을 짓고 그 안에 살았습니
다. 눈의 아들 여호수아 시절부터 그
날까지 이스라엘 백성들이 이렇게 한
적이 없었기 때문에 그들은 기쁨을
감출 수 없었습니다.
18 에스라는 첫날부터 마지막 날까지 날
마다 하나님의 율법책을 낭독했습니
다. 그들은 7일 동안 절기를 지켰고 8
일째 되는 날에는 규례에 따라 공회
를 열었습니다.

백성들이 죄를 자복하다

9 그달 24일에 이스라엘 백성들이 모
두 모여 금식하고 베옷을 입고 머
리에 흙먼지를 뒤집어썼습니다.
2 그리고 스스로 모든 이방 사람들과
의 관계를 끊고 제자리에 선 채로 자
기들의 죄와 자기 조상들의 죄악을
고백했습니다.
3 그들은 또 각자의 자리에서 일어서
서 낮 시간의 4분의 1은 그들의 하나
님 여호와의 율법책을 읽고 또 4분의
1은 죄를 고백하며 그들의 하나님 여
호와께 경배했습니다.
4 레위 사람인 예수아, 바니, 갓미엘, 스
바냐, 분니, 세레뱌, 바니, 그나니가 단
상에 서서 큰 소리로 그들의 하나님
여호와께 부르짖었습니다.
5 그리고 레위 사람들, 곧 예수아, 갓미
엘, 바니, 하삽느야, 세레뱌, 호디야, 스
바냐, 브다히야가 백성들을 향해 외쳤
습니다. "모두 일어나서 주 너희 하나
님을 영원토록 찬양하라! 주의 영광
의 이름을 송축합니다. 주께서는 모든
찬송과 찬양 위에 높임을 받으소서.
6 오직 주만이 여호와이십니다. 주께서
는 하늘과 하늘 위의 하늘과 그 위에

8:15 레 23:40을 보라.

떠 있는 별 무리와 땅과 그 안에 있는
모든 것, 바다와 그 안에 있는 모든
것을 다 짓고 생명을 주셨으니 하늘
의 만물이 주를 경배합니다.
7 주께서는 여호와 하나님이십니다. 주
께서 아브람을 선택해 갈대아 우르에
서 끌어내시고 아브라함이라는 이름
을 주셨습니다.
8 그 마음이 주께 신실한 것을 보시고
주께서 가나안 족속과 헷 족속과 아
모리 족속과 브리스 족속과 여부스
족속과 기르가스 족속의 땅을 그 자
손에게 주시겠다고 그와 언약하셨는
데 의로우신 주께서는 주의 약속을
지키셨습니다.
9 주께서는 우리 조상들이 이집트에서
고난받는 것을 보시고 또한 그들이
*홍해에서 부르짖는 소리를 들으시고
10 표적과 기사를 바로와 그의 모든 대
신들과 그 땅의 모든 백성들에게 보
내셨습니다. 이집트 사람들이 그들에
게 얼마나 교만하게 굴었는지 주께서
아신 것입니다. 이렇게 해 주께서 오
늘의 명성을 얻으셨습니다.
11 주께서는 우리 조상들 앞에서 바다
를 갈라 그들이 마른 땅을 딛고 건너
가게 하셨지만 그들을 핍박하는 사
람들은 깊은 물에 돌을 던지듯 깊음
속에 던지셨습니다.
12 그들을 낮에는 구름기둥으로 인도하
시고 밤에는 불기둥으로 갈 길을 비
춰 주셨습니다.
13 주께서는 시내 산에 내려오셔서 그들
에게 말씀하시고 의로운 규례와 참된
율법과 선한 율례와 계명을 그들에게
주셨으며
14 주의 거룩한 안식을 그들에게 알려
주시고 주의 종 모세를 통해 계명과
율례와 율법을 가르쳐 주셨습니다.
15 그들이 굶주렸을 때 하늘에서 양식
을 내려 주셨고 그들이 목말랐을 때
바위에서 물을 내어 먹이셨습니다. 그
리하여 주께서 전에 손을 들고 그들
에게 주기로 맹세하신 그 땅에 들어
가 차지하라고 하셨습니다.
16 그러나 우리 조상들은 교만하고 목이
곧아져서 주의 계명을 듣지 않았습니
다.
17 그들은 순종하지 않았고 주께서 그들
가운데 일으키신 기적을 곧 잊었습니
다. 그들은 목이 곧아져 거역하고 우
두머리를 세워 종살이하던 곳으로 돌
아가려고 했습니다. 그러나 주께서는
용서하시는 하나님이요, 은혜와 긍휼
이 많으시며 더디 화내시고 사랑이
많으신 분이기에 그들을 저버리지 않
으셨습니다.
18 그들이 자기를 위해 송아지 형상을
부어 만들고 '이것이 바로 너를 이집트
에서 인도해 낸 너희 하나님이다'라고
하며 하나님을 모독했을 때에도 그랬
습니다.
19 주께서는 주의 큰 긍휼로 그들을 광
야에 버려두지 않으셨습니다. 낮에는
구름기둥이 떠나지 않고 그 길을 안

9:9 또는 갈대 바다

내했고 밤에는 불기둥으로 그들이 가
는 길을 밝히 비춰 주셨습니다.
20 또 주의 선한 영을 주어 그들을 가르
치셨습니다. 주께서는 그들의 입에 만
나가 끊이지 않게 하시며 그들이 목
말라하면 물을 주셨습니다.
21 주께서는 그렇게 40년 동안 광야에서
그들을 돌보셨기에 그들이 부족한 것
이 없었습니다. 옷도 낡지 않고 발도
부르트지 않았습니다.
22 주께서는 여러 나라들과 민족들을
우리 조상에게 굴복시켜 주셨고 그
영역을 나눠 주셨습니다. 그리하여
그들은 헤스본 왕 시혼의 땅과 바산
왕 옥의 땅을 차지했습니다.
23 주께서는 그들의 자손들을 하늘의 별
처럼 많게 하셨고 그들의 조상들에게
약속하신 땅으로 인도하면서 그 땅을
차지하게 하셨습니다.
24 그리하여 그 자손들은 들어가 그 땅
을 차지했습니다. 주께서는 그들 앞에
서 그 땅에 살고 있던 가나안 족속들
을 굴복시키시고 그 왕들과 그 땅 백
성들과 함께 다 그들 손에 넘겨줘 그
들 마음대로 하게 하셨습니다.
25 그들은 굳건한 성들과 비옥한 땅을 점
령하고 온갖 좋은 것들로 가득한 집
들과 파 놓은 우물과 포도원과 올리
브 나무 숲과 풍성한 과일나무들을
다 차지했으며 배불리 먹어 살찌고 주
님께서 주신 큰 복을 누렸습니다.
26 그럼에도 불구하고 그들은 불순종했
고 주를 거역했습니다. 주의 율법을
뒤로 제쳐 두고, 그들을 주께로 돌이
키려고 타이르는 예언자들을 죽이기
까지 했습니다.
27 그래서 주께서 그들을 그 적들의 손
에 넘겨 억압당하게 하셨습니다. 그러
나 그들이 고통 가운데 주께 울부짖
으면 주께서 하늘에서 들으시고 주의
큰 긍휼을 베푸셔서 그들에게 구원
자들을 주시고 그들을 원수의 손에
서 구해 내셨습니다.
28 그러나 그들은 평안해지면 또다시 주
앞에 악행을 저질렀습니다. 그때에는
주께서 그들을 원수의 손에 그냥 내
버려 둬 그들을 원수의 지배 아래에
두셨습니다. 그러다가도 그들이 다시
돌이켜 주께 부르짖으면 주께서 하늘
에서 듣고 주의 긍휼로 그들을 때마
다 구해 주셨습니다.
29 주께서는 그들에게 주의 율법으로 돌
아오라고 경고하셨지만 그들은 교만
해 주의 계명에 순종하지 않고 사람
이 지키기만 하면 살 수 있는 주의 율
법을 거역하는 죄를 지었습니다. 그들
은 고집스럽게도 주께 등을 돌려 대
고 목을 뻣뻣이 세우고는 도무지 말
을 들으려 하지 않았습니다.
30 주께서는 수년 동안 그들을 참아 주
셨고 주의 예언자를 통해 주의 영으
로 그들을 타이르셨지만 그들은 들은
척도 하지 않았습니다. 그리하여 주
는 그들을 이웃 민족들의 손에 넘기
셨습니다.
31 그러나 은혜와 긍휼이 많은 하나님께

서는 그 큰 긍휼로 그들을 완전히 멸
망시키거나 버리지 않으셨습니다.
32 우리 하나님이시여, 주의 언약과 사
랑을 지키시는 위대하고 강하고 두려
운 하나님이시여, 앗시리아 왕들이 쳐
들어온 날로부터 오늘까지 우리와 우
리 왕들과 우리 왕자들과 우리 제사
장들과 우리 예언자들과 우리 조상들
과 주의 모든 백성들이 겪은 이 모든
고난을 작은 것으로 여기지 마소서.
33 우리에게 이 모든 일이 일어난 것은
주의 잘못이 아닙니다. 우리는 잘못했
지만 주께서는 성실히 행하셨습니다.
34 우리 왕들과 우리 지도자들과 우리
제사장들과 우리 조상들은 주의 율
법을 따르지도 않았고 주의 계명과
주께서 주신 경고에 신경 쓰지도 않
았습니다.
35 그들은 그 나라에 살면서 주가 그들
앞에 두신 넓고 비옥한 땅에서 주가
주신 큰 복을 누리면서도 주를 섬기
지도 않고 그 악한 길에서 돌이키지
도 않았습니다.
36 그러나 보소서. 우리가 오늘 종이 됐
습니다. 주께서 우리 조상들에게 그
땅이 내는 과일과 다른 좋은 것들을
먹으라고 주신 그 땅에서 우리가 종
이 됐습니다.
37 우리 죄들 때문에 이 땅의 풍성한 소
산이 주께서 우리 죄를 벌하시려고
세우신 이방 왕들의 것이 됐습니다.
그들이 우리 몸과 우리 가축들을 자
기들 좋을 대로 다스리니 우리가 너
무 괴롭습니다."

언약에 서명한 자들

38 "이 모든 것을 생각하며 우리가 언약
을 굳게 세웁니다. 이것을 문서로 남기
고 우리 지도자들과 우리 레위 사람들
과 우리 제사장들이 서명을 합니다."

10 서명한 사람들은 이러합니다.
하가랴의 아들인 총독 느헤미
야와 시드기야,
2 스라야, 아사랴, 예레미야,
3 바스훌, 아마랴, 말기야,
4 핫두스, 스바냐, 말룩,
5 하림, 므레못, 오바댜,
6 다니엘, 긴느돈, 바룩,
7 므술람, 아비야, 미야민,
8 마아시야, 빌개, 스마야로 이들은 모
두 제사장이었습니다.
9 또 레위 사람들로는 아사냐의 아들
예수아, 헤나닷의 자손인 빈누이, 갓미
엘,
10 그리고 이들의 형제인 스바냐, 호디야,
그리다, 블라야, 하난,
11 미가, 르홉, 하사뱌,
12 삭굴, 세레뱌, 스바냐,
13 호디야, 바니, 브니누가 있었습니다.
14 백성의 지도자들로는 바로스, 바핫모
압, 엘람, 삿두, 바니,
15 분니, 아스갓, 베배,
16 아도니야, 비그왜, 아딘,
17 아델, 히스기야, 앗술,
18 호디야, 하숨, 베새,
19 하립, 아나돗, 노배,
20 막비아스, 므술람, 헤실,

21 므세사벨, 사독, 얏두아,
22 블라댜, 하난, 아나야,
23 호세아, 하나냐, 핫숩,
24 할르헤스, 빌하, 소벡,
25 르훔, 하삽나, 마아세야,
26 아히야, 하난, 아난,
27 말룩, 하림, 바아나입니다.
28 이 밖에 그 나머지 백성들, 곧 제사장
들, 레위 사람들, 성전 문지기들, 노래
하는 사람들, *느디님 사람들, 또 하
나님의 율법을 위해 다른 민족들과
스스로 구별한 모든 사람들과 그 아
내들과 그 아들딸들, 지각과 통찰력
이 있는 사람들 모두가
29 그 형제 귀족들과 마음을 같이해 하
나님의 종 모세를 통해 주신 하나님
의 율법을 따르고 우리 주 여호와의
모든 계명과 규례와 율례를 잘 지키
기로 맹세했으며 그것을 어기면 저주
를 달게 받겠다고 맹세했습니다.
30 그들은 또한 맹세하기를 '우리 딸을
그 땅의 민족에게 시집보내거나 우리
아들들을 그들의 딸과 결혼시키지 않
겠다'라고 했습니다.
31 또 다른 민족이 안식일에 물건이나
곡식을 팔러 오더라도 안식일과 거룩
한 날에는 우리가 사지 않을 것이며
또 7년마다 땅을 쉬게 하고 모든 빚
을 탕감하겠다고 했습니다.
32 우리는 또 우리 하나님의 집을 섬기
기 위해 해마다 의무적으로 *3분의 1
세겔을 바치는 것을 규례화해서
33 진설병과 정기적으로 드리는 곡식제
사와 번제, 안식일과 초하루와 정해
진 명절에 드리는 제물과 거룩한 물
건들과 이스라엘을 위한 속죄제와 우
리 하나님의 집의 모든 일을 하는 데
쓰기로 했습니다.
34 우리 제사장들과 레위 사람들과 백성
들은 제단의 땔감 드리는 일에 제비를
뽑아 각 종족에 따라 해마다 정해진
시간에 우리 하나님의 집에 나무를 가
져와 율법에 기록된 대로 우리 하나님
여호와의 제단 위에서 태우게 했고
35 또 해마다 우리 땅의 첫 수확물과 모
든 과일나무의 첫 열매를 여호와의
집에 가져오게 했으며
36 율법에 기록된 대로 우리 장자들과
우리 가축의 처음 난 것, 곧 우리 양
떼와 우리 소 떼의 처음 난 것들을 우
리 하나님의 집에 가져와 우리 하나
님의 집을 섬기는 제사장들에게 주기
로 했습니다.
37 또한 우리는 우리가 드릴 예물로 우
리 밀의 첫 수확물과 모든 종류의 나
무 열매와 새 포도주와 기름의 첫 수
확물을 제사장들에게 가져와 우리
하나님의 집 방에 들이고 우리 땅에
서 난 것의 십일조를 레위 사람들에
게 가져오기로 했습니다. 레위 사람
들은 우리가 일하는 모든 성들에서
십일조를 받아야 할 사람들이기 때
문입니다.
38 레위 사람들이 십일조를 받을 때는

10:28 '바쳐진 사람들'이라는 뜻으로, 성전에서 봉사했던 사람들을 말함. 10:32 3분의 1세겔은 약 3.8그램

아론의 자손인 제사장이 레위 사람들
과 함께 있어야 하고 레위 사람들은
받은 십일조의 십일조를 우리 하나님
의 집에 있는 방들, 곧 창고에 두기로
했습니다.
39 이스라엘 백성들과 레위 사람들은 자
기가 드린 곡물과 새 포도주와 기름
을 거룩한 물건이 보관돼 있는 방, 곧
성전을 섬기는 제사장들과 성전 문지
기들과 노래하는 사람들이 있는 방
으로 가져가도록 했습니다. 이렇게 해
우리가 우리 하나님의 집을 소홀히
하지 않을 것을 다짐했습니다.

예루살렘의 새로운 거주자들

11 백성들의 지도자들은 예루살렘
에 살게 됐습니다. 나머지 백성
들에 대해서는 제비를 뽑아 10분의 1
은 거룩한 성 예루살렘에서 살게 했
고 그 나머지 10분의 9는 각자 자기
의 성읍에서 살게 했습니다.
2 또 모든 백성들은 예루살렘에 살기로
자원하는 사람들을 축복해 주었습니
다.
3 예루살렘에 살게 된 각 지방의 지도
자들은 다음과 같습니다. 다른 이스
라엘 사람들, 제사장들, 레위 사람들,
*느디님 사람들, 솔로몬의 신하들의
자손들은 각각 자기가 물려받은 유다
여러 성읍에서 살았습니다.
4 예루살렘에는 유다와 베냐민 출신도
몇몇 살았습니다. 유다의 자손들로는
베레스의 자손으로 웃시야의 아들이
며 스가랴의 손자이며 아마랴의 증손
이며 스바댜의 현손이며 마할랄렐의
5대손인 아다야와
5 바룩의 아들이며 골호세의 손자이며
하사야의 증손이며 아다야의 현손이
며 요야립의 5대손이며 스가랴의 6대
손이며 실로의 7대손인 마아세야가
있었습니다.
6 예루살렘에 살던 베레스의 자손들은
다 합쳐 468명이었는데 이들은 다 용
사들이었습니다.
7 베냐민의 자손들로는 므술람의 아들

11:3 바쳐진 사람들이라는 뜻으로, 성전에서 봉사했던 사람들을 말함.

성·경·상·식 | 느헤미야서에 나타난 명단들

에스라서와 마찬가지로 느헤미야서도 많은 사람들의 명단이 반복해서 기록되어 있다. 느헤미야서의 총 406절 가운데 179절이 이들 명단의 기록으로, 이는 느헤미야서 전체의 3분의 1이 넘는 엄청난 내용이다. 다음은 그 명단이 기록된 본문들이다.

1. 성벽을 쌓은 사람들의 명단 : 느 3:1–32
2. 돌아온 포로들의 명단 : 느 7:6–73
3. 언약에 서명한 사람들의 명단 : 느 9:38–10:27
4. 예루살렘에 사는 거주자들의 명단 : 느 11:3–36
5. 느헤미야 시대까지 귀향한 제사장들과 레위 사람들의 명단 : 느 12:1–26
6. 두 성가대의 행렬과 그 명단 : 느 12:32–42

이며 요엣의 손자이며 브다야의 증손
이며 골라야의 현손이며 마아세야의 5
대손이며 이디엘의 6대손이며 여사야
의 7대손인 살루와
8 그다음의 갑비와 살래를 비롯해 928
명이 있었습니다.
9 시그리의 아들 요엘이 그들의 감독이
었고 핫스누아의 아들 유다가 그 다
음가는 사람이었습니다.
10 제사장들로는 요아립의 아들 여다야
와 야긴과
11 힐기야의 아들이며 므술람의 손자이
며 사독의 증손이며 므라욧의 현손이
며 *하나님의 집을 맡은 사람 아히둡
의 5대손인 스라야가 있었습니다.
12 그를 도와 성전에서 일하는 그 형제
들 822명이 있었고 또 여로함의 아들
이며 블라야의 손자이며 암시의 증손
이며 스가랴의 현손이며 바스훌의 5
대손이며 말기야의 6대손인 아다야와
13 족장인 그 형제들 242명이 있었습니
다. 또 아사렐의 아들이며 아흐새의
손자이며 므실레못의 증손이며 임멜
의 현손인 아맛새와
14 용사인 그 형제들 128명이 있었는데
그들의 감독은 하그돌림의 아들 삽디
엘이었습니다.
15 레위 사람들로는 핫숩의 아들이며 아
스리감의 손자이며 하사뱌의 증손이
며 분니의 현손인 스마야와
16 하나님의 집의 바깥 일을 맡은 레위
사람들의 우두머리 두 사람 삽브대와
요사밧이 있었고
17 또 미가의 아들이며 삽디의 손자이며
아삽의 증손인 맛다냐가 있었는데 그
는 감사의 찬송과 기도를 인도하는
지휘자입니다. 박부갸는 그 형제들 가
운데 다음가는 지휘자였습니다. 또
삼무아의 아들이며 갈랄의 손자이며
여두둔의 손자인 압다가 있었습니다.
18 그 거룩한 성에 살게 된 레위 사람들
은 다 합쳐 284명이었습니다.
19 성전 문지기들로는 악굽과 달몬과 그
형제들 172명이 있었습니다.
20 그 나머지 이스라엘 사람들은 제사장
들과 레위 사람들과 함께 각각 자기
가 물려받은 기업이 있는 유다의 여러
성읍에서 살았습니다.
21 *느디님 사람들은 오벨 언덕에 살았
고 시하와 기스바가 그들을 다스렸습
니다.
22 예루살렘에 있는 레위 사람들의 감독
은 바니의 아들이며 하사뱌의 손자이
며 맛다냐의 증손이며 미가의 현손인
웃시였는데 그는 하나님의 집에서 예
배드릴 때 노래를 맡은 아삽 자손들
가운데 하나였습니다.
23 노래하는 사람들에 관해서는 왕의
명령이 있었는데 그것은 그들에게 날
마다 일정량의 양식을 공급하라는 것
이었습니다.
24 유다의 아들인 세라의 자손들 가운데
하나인 므세사벨의 아들 브다히야는
왕의 대신이 돼 백성들에 관한 모든

11:11 모든 예배를 주관하는 사람 11:21 '바쳐진 사람들'이라는 뜻으로, 성전에서 봉사했던 사람들을 말함.

일을 담당했습니다.
25 마을과 거기 딸린 밭들이 있었는데
유다 자손의 몇몇 사람들은 기럇 아르
바와 그 주변 마을들, 디본과 그 주변
마을들, 여갑스엘과 그 주변 마을들,
26 예수아, 몰라다, 벧벨렛,
27 하살수알, 브엘세바와 그 주변 마을
들,
28 시글락, 므고나와 그 주변 마을들,
29 에느림몬, 소라, 야르뭇,
30 사노아, 아둘람과 그 마을들, 라기스
와 그 들판, 아세가와 그 주변 마을들
에 살았습니다. 이렇게 그들은 브엘세
바에서 '힌놈의 골짜기'까지 장막을 치
고 살았습니다.
31 그리고 베냐민 자손들은 게바, 믹마스
와 아야, 벧엘과 그 주변 마을들,
32 아나돗, 놉, 아나냐,
33 하솔, 라마, 깃다임,
34 하딧, 스보임, 느발랏,
35 로드, 오노와 '수공업자들의 골짜기'에
걸쳐 살았습니다.
36 유다에 있던 일부 레위 사람들은 베
냐민에 정착했습니다.

제사장들과 레위 사람들

12 스알디엘의 아들 스룹바벨과
예수아와 함께 돌아온 제사장
들과 레위 사람들은 이러합니다. 스라
야, 예레미야, 에스라,
2 아마랴, 말룩, 핫두스,
3 스가냐, *르훔, 므레못,
4 잇도, *긴느도이, 아비야,
5 *미야민, 마아댜, 빌가,
6 스마야, 요야립, 여다야,
7 살루, 아목, 힐기야, 여다야입니다. 이
들은 예수아 때의 제사장 가문의 우
두머리와 그 동료들입니다.
8 레위 사람들은 예수아, 빈누이, 갓미
엘, 세레뱌, 유다, 맛다냐였는데 맛다
냐는 그 형제들과 함께 감사의 노래
를 맡은 사람이었습니다.
9 또 그들의 형제인 박부갸와 운노는 예
배를 드릴 때 그들 맞은편에 서 있는
사람들이었습니다.
10 예수아는 요야김을 낳고 요야김은 엘
리아십을 낳고 엘리아십은 요야다를
낳고
11 요야다는 *요나단을 낳고 *요나단은
얏두아를 낳았습니다.
12 요야김 때의 제사장 가문의 우두머리
들은 이러합니다. 스라야 가문은 므
라야, 예레미야 가문은 하나냐,
13 에스라 가문은 므술람, 아마랴 가문
은 여호하난,
14 말루기 가문은 요나단, *스바냐 가문
은 요셉,
15 하림 가문은 아드나, *므라욧 가문은
헬개,
16 잇도 가문은 스가랴, 긴느돈 가문은
므술람,
17 아비야 가문은 시그리, 미냐민, 곧 모
아댜 가문은 빌대,

12:3 또는 하림(느 7:42;12:15과 스 2:39을 보라.) 12:4 대부분의 히브리어 사본을 따름. 많은 히브리어 사본과 불가타에는 '긴느돈'(느 12:16을 보라.) 12:5 또는 미냐민(느 12:41을 보라.) 12:11 또는 요하난(느 12:22을 보라.) 12:14 또는 스가냐(느 12:3을 보라.) 12:15 또는 므레못(느 12:3을 보라.)

18 빌가 가문은 삼무아, 스마야 가문은
여호나단,
19 요야립 가문은 맛드내, 여다야 가문
은 웃시,
20 *살래 가문은 갈래, 아목 가문은 에
벨,
21 힐기야 가문은 하사뱌, 여다야 가문
은 느다넬이었습니다.
22 엘리아십, 요야다, 요하난, 얏두아 때
의 레위 사람들 가운데서 우두머리들
과 제사장들의 이름은 페르시아 왕
다리오의 통치기에 기록됐습니다.
23 엘리아십의 아들 요하난 때까지 레위
자손의 우두머리들도 역대기 책에 기
록됐습니다.
24 레위 사람들의 우두머리들은 하사뱌,
세레뱌, 갓미엘의 아들 예수아인데 이
들은 하나님의 사람 다윗이 명령한
대로 자기 형제들과 마주 보고 두 무
리로 나뉘어 서로 마주 보고 서서 화
답하며 찬양과 감사를 드리는 사람
들이었습니다.
25 맛다냐, 박부갸, 오바댜, 므술람, 달몬,
악굽은 성문 앞을 지키는 문지기들이
었습니다.
26 이들은 예수아의 아들이며 요사닥의
손자인 요야김과 총독 느헤미야와 제
사장이자 학사인 에스라 때에 섬긴
사람들입니다.

예루살렘의 성벽 봉헌식

27 예루살렘 성벽 봉헌식을 거행하기 위
해 레위 사람들을 그 모든 거처에서
찾아 예루살렘으로 데리고 왔습니다.
심벌즈와 하프와 수금에 맞춰 감사의
찬송을 부르며 즐겁게 찬양하며 봉헌
식을 거행하기 위해서였습니다.
28 이에 노래하는 사람들이 예루살렘 외
곽 지역, 곧 느도바 사람들의 마을과
29 벧길갈과 게바와 아스마웻 들판에서
모여들었습니다. 노래하는 사람들은
예루살렘 외곽에 자기네 마을을 이루
고 있었던 것입니다.
30 제사장들과 레위 사람들은 스스로
정결 의식을 치른 뒤 백성들과 성문
들과 성벽을 정결하게 했습니다.
31 그 후 나는 유다 지도자들을 성벽 꼭
대기에 올라오게 하고 찬양대 둘을
세우되 하나는 성벽 꼭대기에서 오른
쪽으로 '거름 문'을 향해 행진하게 했
습니다.
32 그 뒤에는 호세아와 유다 지도자의
절반이 따라갔고
33 아사랴, 에스라, 므술람,
34 유다, 베냐민, 스마야, 예레미야가 함
께 갔으며
35 나팔 든 제사장들과 요나단의 아들
이며 스마야의 손자이며 맛다냐의 증
손이며 미가야의 현손이며 삭굴의 5
대손이며 아삽의 6대손인 스가랴와
36 그 형제들, 곧 스마야, 아사렐, 밀랄래,
길랄래, 마애, 느다넬, 유다, 하나니가
하나님의 사람 다윗의 악기를 들고
따라갔습니다. 학사 에스라가 그 행진
에 앞장섰습니다.
37 그들은 '샘 문'에서 곧장 다윗 성의 계

12:20 또는 살루(느 12:7을 보라.)

단을 올라 성벽으로 올라가다가 다윗
의 집을 지나 동쪽 '물 문'에 이르렀습
니다.
38 다른 찬양대는 반대 방향으로 행진
했고 그 뒤는 내가 성벽 꼭대기에서
나머지 절반의 사람들과 함께 따라갔
습니다. 그리하여 '풀무 탑'을 지나 넓
은 성벽에 이르렀다가
39 '에브라임 문', '옛 문', '물고기 문', '하
나넬 탑', '함메아 탑'을 지나 '양 문'까
지 가서 '감옥 문'에서 멈춰 섰습니다.
40 그리하여 그 두 찬양대는 하나님의
집으로 들어가 자리를 잡았고 나와
지도자들 절반도 그렇게 했습니다.
41 제사장인 엘리아김, 마아세야, 미냐
민, 미가야, 엘료에내, 스가랴, 하나냐
는 나팔을 들고 있었는데
42 마아세야, 스마야, 엘르아살, 웃시, 여
호하난, 말기야, 엘람, 에셀도 함께 있
었습니다. 노래하는 사람들은 그들의
선견자 예스라히야와 함께 큰 소리로
찬양했습니다.
43 또한 그들은 그날 희생제사를 크게
드리고 즐거워했습니다. 하나님께서
그들에게 큰 기쁨을 주셨기 때문입니
다. 아내들과 어린아이들도 즐거워했
습니다. 그리하여 예루살렘에서 즐거
워하는 소리가 멀리까지 들렸습니다.
44 그리고 그날 예물과 첫 수확물과 십
일조를 모아 두는 창고를 맡을 사람
들을 임명해 제사장들과 레위 사람
들을 위해 율법에 정해진 몫을 여러
성들의 들에서 거둬들이도록 했습니
다. 항상 준비하고 서 있는 제사장들
과 레위 사람들을 유다가 기뻐했기
때문입니다.
45 노래하는 사람들과 성전 문지기들은
다윗과 그 아들 솔로몬의 명령에 따
라 그들의 하나님을 섬기는 일과 정
결하게 하는 일을 수행했습니다.
46 오래전 다윗과 아삽 시대에도 노래하
는 사람들과 하나님께 찬양과 감사
를 드리는 노래를 지휘하는 사람들
이 있었습니다.
47 그렇기에 스룹바벨과 느헤미야 시대에
도 모든 이스라엘이 노래하는 사람들
과 성전 문지기들을 위해 날마다 필
요한 몫을 주었고 레위 사람들을 위
해 그 몫을 거룩하게 구별해 두었습
니다. 또 레위 사람들은 아론의 자손
들을 위해 그 몫을 거룩하게 구별해
두었습니다.

느헤미야의 마지막 개혁

13 그날 백성들이 듣는 앞에서 모
세의 책을 큰 소리로 낭독했습
니다. 그런데 거기에 암몬 사람과 모압
사람은 영원히 하나님의 회중에 들지
못한다는 기록이 나왔습니다.
2 그들이 빵과 물을 줘 이스라엘 백성
들을 반기기는커녕 오히려 발람을 매
수해 그들을 저주하게 했기 때문입니
다. 그러나 우리 하나님께서는 그 저
주를 복으로 바꾸어 주셨습니다.
3 이 율법을 들은 백성들은 이방 피가
섞인 사람들을 이스라엘에서 몰아냈
습니다.

4 이 일이 있기 전에 우리 하나님 집의
창고를 맡고 있던 제사장 엘리아십은
도비야와 가깝게 지내며
5 그에게 큰 방을 하나 내주었는데 그
방은 전에 곡식제물과 유향과 성전의
물건을 두고 레위 사람들과 노래하는
사람들과 성전 문지기들을 위해 십일
조로 거둔 곡식과 새 포도주와 기름
과 제사장들에게 주는 제물들을 두
던 방이었습니다.
6 그러나 이 모든 일이 진행되고 있을
때 나는 예루살렘에 없었습니다. 바벨
론 왕 아닥사스다 32년에 내가 왕에게
갔다가 며칠 후에 왕의 허락을 받고
7 다시 예루살렘으로 돌아왔던 것입니
다. 그제야 나는 엘리아십이 도비야에
게 하나님의 집 뜰에 있는 방을 내준
그 어처구니없는 소행을 알게 됐습니
다.
8 나는 너무 화가 나서 그 방에서 도비
야의 모든 살림살이를 밖으로 내던지
고는
9 방들을 정결하게 하라고 명령을 내리
고 나서 하나님의 집의 기구들과 곡
식제물과 유향을 그 방에 다시 들여
놓았습니다.
10 그리고 레위 사람들이 받게 돼 있는
몫을 받지 못한 것과 직무를 수행해
야 하는 레위 사람들과 노래하는 사
람들이 자기네 땅으로 돌아가 버린
사실도 알게 됐습니다.
11 그래서 나는 관리들을 꾸짖으며 "하
나님의 집이 버려지다니 어떻게 된 일
이오?"라고 묻고는 그들을 소집해 각
각의 자리에 복직시켰습니다.
12 그러자 온 유다가 곡식과 새 포도주
와 기름의 십일조를 가져와 창고에
들였습니다.
13 나는 제사장 셀레먀와 학사 사독과
레위 사람 브다야를 창고 책임자로 임
명하고 삭굴의 아들이며 맛다냐의 손
자인 하난을 그 밑에 세웠습니다. 그
들은 모두 정직하고 믿을 만한 사람
으로 인정받는 사람들이었기 때문입
니다. 형제들에게 분배하는 것이 그
들의 직무였습니다.
14 하나님이여, 제가 이렇게 한 것을 기
억하소서. 제가 하나님의 집을 위해
또 그 직무를 위해 일을 성실하게 수
행한 것을 잊지 마소서.
15 그 무렵 나는 사람들이 유다에서 안
식일에 포도주 틀을 밟고 곡식을 들
여와 나귀에 싣고 포도주, 포도, 무화
과와 그 밖에 온갖 물건을 다 싣고는
안식일에 예루살렘으로 갖고 들어오
는 것을 보고 그들에게 그날에 음식
을 팔지 말라고 경고했습니다.
16 예루살렘에는 두로 사람들도 살고 있
었는데 그들이 물고기와 온갖 종류
의 상품을 갖고 와서 안식일에 예루
살렘에서 유다 사람들에게 팔고 있었
습니다.
17 그래서 내가 유다 귀족들을 꾸짖으며
말했습니다. "당신들이 안식일을 모독
하다니 이게 가당하기나 한 짓이오?
18 당신들의 조상들도 똑같은 짓을 해서

하나님이 우리와 이 성에 이 모든 재
앙을 내리신 게 아니오? 그런데 당신
들이 지금 안식일을 더럽히며 이스라
엘에 더 큰 진노를 부르고 있소."
19 나는 안식일 전날 예루살렘 성문들에
어둠이 드리울 때 그 문들을 닫고 안
식일이 끝날 때까지 열지 말라고 명령
했습니다. 또 내 부하들 가운데 몇 사
람을 성문들 앞에 세워 안식일에 아
무것도 싣고 들어오지 못하게 했습니
다.
20 그러자 온갖 물건을 싣고 온 상인들
과 장사꾼들이 예루살렘 성 밖에서
한두 번 밤을 새웠습니다.
21 내가 그들에게 경고하며 말했습니다.
"너희가 왜 성 밖에서 밤을 새우는 것
이냐? 다시 이렇게 하면 내가 가만두
지 않을 것이다." 그 이후 다시는 그들
이 안식일에 나타나지 않았습니다.
22 그러고 나서 나는 레위 사람들에게
자신을 정결하게 하고 성문을 지켜
안식일을 거룩하게 하라고 명령했습
니다. 하나님이여, 제가 이렇게 한 것
을 기억하시고 주의 큰 사랑을 따라
저를 불쌍히 여기소서.
23 또한 그 무렵 나는 유다 사람들이 아
스돗, 암몬, 모압 여자들과 결혼하는
것을 보았습니다.
24 그 자식들 가운데 절반이 아스돗 말
은 해도 유다 말은 할 줄 몰랐습니다.
25 나는 그들을 꾸짖고 저주를 내렸고
그 사람들 가운데 몇 사람은 때리기
도 하고 머리채도 잡아당겼습니다.
또 그들에게 하나님의 이름으로 맹세
하게 하며 말했습니다. "너희는 너희
딸들을 그들의 아들들에게 시집보내
지 말고 그들의 딸도 너희 아들이나
너희에게 시집오게 하지도 말라.
26 이스라엘의 왕 솔로몬이 그래서 죄지
은 것이 아니냐? 많은 나라들 가운
데 그 같은 왕은 없었다. 그가 하나님
의 사랑을 한 몸에 받아 하나님께서
그를 온 이스라엘을 다스리도록 왕으
로 세우셨지만 이방 여자들 때문에
그마저 죄에 빠지고 만 것이다.
27 그러니 이제 너희가 이방 여자들과
결혼해 이 모든 끔찍한 악을 저지르
고 우리 하나님께 죄짓고 있다는 말
을 우리가 들어야겠느냐?"
28 그런데 대제사장 엘리아십의 아들인
요야다의 아들들 가운데 하나가 호론
사람 산발랏의 사위였습니다. 그래서
내가 그를 내 앞에서 쫓아 버렸습니
다.
29 하나님이여, 그들을 기억하소서. 그들
은 제사장의 직분과 제사장의 언약
과 레위 사람들의 언약을 저버린 사
람들입니다.
30 그리하여 나는 제사장들과 레위 사
람들을 이방의 모든 것으로부터 정결
하게 하고 각각의 직무대로 그들에게
책임을 맡겨
31 정해진 때에 땔감을 드리는 일과 첫
열매를 드리는 일을 하게 했습니다.
하나님이여, 저를 기억하시고 은총을
내리소서.

에스더

Esther

페르시아에 남아 있던 유다 사람들이 하만의 음모로 인하여 몰살의 위험에 처했을 때, 하나님의 섭리 가운데 모르드개의 기지와 왕비 에스더의 결단을 통해 극적으로 생명을 건진 내용을 담고 있다. 귀환하지 않은 유다 사람들 역시 언약 백성의 일원이며, 하나님의 인도와 보호 아래 있음을 보여 준다. 부림절의 기원이 들어 있다.

왕후 와스디의 폐위

1 *아하수에로 시절에 일어난 일입니
다. *아하수에로는 인도에서부터
*에티오피아에 이르기까지 127개 지
방을 다스렸습니다.
2 그 당시 아하수에로 왕은 수산 왕궁
에 있는 왕좌에서 다스리고 있었는데
3 그가 통치한 지 3년째 되는 해에 모
든 장관들과 대신들을 위해 잔치를
베풀었습니다. 페르시아와 메대의 장
수들과 귀족들과 지방 장관들이 참
석했습니다.
4 그는 180일 내내 자기 왕국의 광대한
부와 영예와 화려한 위엄을 나타냈습
니다.
5 이 기간이 끝나자 왕은 왕궁의 비밀
정원에서 수산 왕궁에 있는 높고 낮
은 모든 사람들을 위해 7일 동안 계
속되는 잔치를 열었습니다.
6 그 정원에는 흰색, 초록색, 푸른색의
고운 삼베 휘장들이 자주색 고운 삼
베 줄로 대리석 기둥의 은고리에 걸려
있었고 금과 은으로 된 긴 의자들이
화반석, 백석, 운모석, 흑석으로 모자
이크된 바닥에 길게 배치돼 있었습니
다.
7 금잔으로 마실 것을 내왔는데 그 잔
들은 모양새가 각각 달랐고 왕의 포
도주는 풍부해서 떨어질 줄 몰랐습니
다.
8 음주의 규칙은 '*제한을 두지 말 것'
이었습니다. 왕이 모든 손님들이 각
자 원하는 대로 할 수 있게 하라고 궁
전의 집사들에게 명령했습니다.
9 와스디 왕비도 아하수에로 왕궁에서
여자들을 위한 잔치를 베풀고 있었습
니다.
10 7일째 되는 날 포도주를 거나하게 마
신 아하수에로 왕은 기분이 좋아서

1:1 페르시아 왕 크세르크세스 1:1 나일 강 상류 지역을 가리킴. 1:8 억지로 마시게 하지 않고, 많이 마시고 싶은 사람은 많이, 적게 마시고 싶은 사람은 적게 마시게 했다는 뜻임.

아하수에로 왕을 섬기는 일곱 명의
내시, 곧 므후만, 비스다, 하르보나, 빅
다, 아박다, 세달, 가르가스에게 말해
11 와스디 왕비를 왕관을 쓴 차림으로
왕 앞으로 데려오게 했습니다. 와스디
왕비는 보기에 아름다웠기에 그녀의
아름다움을 사람들과 귀족들에게 보
이기 위해서였습니다.
12 그러나 내시들이 전달한 왕의 명령에
도 와스디 왕비는 오기를 거절했습니
다. 그러자 왕은 격노해 화가 불붙듯
했습니다.
13 왕이 규례와 법률의 전문가들에게
묻는 것이 관례였기 때문에 왕은 사
례를 아는 박사들에게 물었습니다.
14 페르시아와 메대의 일곱 귀족들인 가
르스나, 세달, 아드마다, 다시스, 메레
스, 마르스나, 므무간은 왕을 가장 가
깝게 모시는 사람들로 왕과 대면할
수 있었고 왕국에서 가장 높은 자리
를 차지하고 있었습니다.
15 왕이 물었습니다. "규례에 따르면 와
스디 왕비를 어떻게 해야 하느냐? 그
녀가 내시들이 전달한 내 명령을 거
역했다."
16 그러자 므무간이 왕과 귀족들 앞에서
대답했습니다. "와스디 왕비는 왕뿐
아니라 모든 귀족들과 아하수에로 왕
의 모든 통치 구역의 백성들에게까지
잘못을 저지른 것입니다.
17 왕비의 행동이 모든 여자들에게 알
려지면 그들이 자기 남편을 무시하며
'아하수에로 왕이 와스디 왕비에게 그
앞으로 나오라고 명령했는데 왕비는
가지 않았다'라고 할 것입니다.
18 바로 오늘이라도 왕비의 행동에 대해
들은 페르시아와 메대의 귀부인들이
왕의 모든 귀족들에게 그렇게 말할
것입니다. 그러면 불미스러운 일과 잡
음이 끊이지 않을 것입니다.
19 그러니 왕께서 좋게 여기신다면 와스
디가 다시는 아하수에로 왕의 면전에

Q&A | 에스더서에도 복음이 있나요?

참고 구절 | 에 1–10장

10장이나 되는 에스더서에는 처음부터 끝까지 '하나님'이라는 말이 한 번도 나오지 않는다. 반면에, 이방 왕의 이름은 28번이나 나온다. 율법이나 기도 같은 내용도 없고 오직 이방인 독재자의 도움으로 이스라엘 백성들이 위기를 모면하게 된 역사를 적었을 뿐이다. 그러나 에스더서에는 하나님의 역사(役事) 속에서 이루어진 이스라엘의 역사(歷史)를 담고 있다.

에스더가 민족을 위해 나서기 전에 3일 동안 금식했던 것(에 4:16), 하만의 아내가 자기 남편이 모르드개 앞에 무릎을 꿇게 될 것을 알았던 것(에 6:13), 왕이 무슨 이유인지 모르지만 잠을 청할 수 없었던 것(에 6:1) 등등 하나님의 섭리가 아니면 도저히 일어날 수 없는 일들이 에스더서 전반에 걸쳐 나타나고 있다.

그래서 주석가 매튜 헨리는 에스더서에 대해 "하나님의 이름은 없지만 하나님의 손길이 여기에 있다."고 표현했다.

나타나서는 안 되고 왕께서는 왕비
자리를 그녀보다 나은 다른 사람에게
주신다는 것을 왕의 칙령으로 내리시
고 페르시아와 메대의 법으로 기록해
번복되는 일이 없도록 하십시오.
20 왕의 칙령이 그 모든 광대한 왕국에
선포되고 나면 고위층부터 하층민까
지 모든 여자들이 자기 남편을 공경
하게 될 것입니다."
21 왕과 귀족들은 이 조언이 마음에 들
었습니다. 그래서 왕은 므무간이 제안
한 대로 했습니다.
22 왕은 그가 다스리는 각 지역의 지방
마다 문자와 민족들의 언어대로 조서
를 보내 집안을 다스리는 것은 남자
이며 남편이 쓰는 언어가 그 가정의
언어가 돼야 한다고 명령했습니다.

왕후가 된 에스더

2 그 후 아하수에로 왕은 분노가 가
라앉자 와스디와 와스디가 한 일과
와스디에 대해 취한 조치를 기억했습
니다.
2 왕을 섬기는 젊은이들이 말했습니다.
"왕을 위해 젊고 아름다운 처녀들을
찾아 보십시오.
3 왕께서는 왕국의 모든 지방에 관리
를 임명하시고 젊고 아름다운 소녀들
을 모두 수산 궁의 후궁으로 모이게
해 여자들을 관리하는 왕의 내시 헤
개의 관리 아래 두시고 그녀들을 가
꿀 여성용 미용품을 주셔서 아름답
게 가꾸게 하십시오.
4 그러고 나서 왕께서 보시기에 마음에
드는 소녀를 와스디를 대신해 왕비로
세우십시오." 왕은 이 조언을 흡족히
여기고 그대로 따랐습니다.
5 그때 수산 왕궁에 한 유다 사람이 있
었는데 그의 이름은 모르드개였고 베
냐민 지파 사람으로 기스의 증손이며
시므이의 손자이며 야일의 아들이었
습니다.
6 기스는 바벨론 왕 느부갓네살이 예루
살렘에서 유다 왕 *여호야긴을 포로
로 잡아 올 때 함께 포로로 잡혀 온
사람이었습니다.
7 모르드개에게는 하닷사, 곧 에스더라
는 사촌 여동생이 있었습니다. 그녀
는 부모가 없어서 모르드개가 기르고
있었습니다. 소녀는 아름답고 사랑스
러웠습니다. 부모가 죽자 모르드개가
그녀를 자기 딸로 삼았습니다.
8 왕의 명령과 칙령이 공포되자 많은
소녀들이 수산 왕궁으로 불려 들어
가 헤개의 관리 아래 있게 됐습니다.
에스더도 왕궁으로 이끌려 가 여성들
을 관리하는 헤개에게 맡겨졌습니다.
9 헤개는 에스더가 마음에 쏙 들어 특
별한 대우를 해 주었습니다. 헤개는
에스더에게 신속히 미용품과 특별한
음식을 주었고 왕궁에서 뽑힌 일곱
명의 하녀들을 붙여 후궁의 가장 좋
은 곳으로 옮겨 주었습니다.
10 에스더는 자기의 민족 배경과 집안 배
경을 밝히지 않았습니다. 모르드개가
밝히지 말라고 명령했기 때문입니다.

2:6 또는 여고냐(대상 3:16을 보라.)

11 모르드개는 에스더가 잘 있는지, 무
슨 일은 없는지 알아보려고 날마다
후궁 뜰 앞을 거닐었습니다.
12 이제 소녀들은 차례대로 아하수에로
왕에게 들어가기 전에 여자들에게 정
해진 규례대로 12개월 동안 아름답
게 가꿔야 했습니다. 곧 6개월 동안은
몰약 기름으로, 6개월 동안은 향수와
여성용 미용품으로 가꾸었습니다.
13 이렇게 해야만 왕에게 나아갈 수 있
었고 그때는 원하는 것은 무엇이든
다 줘서 후궁에서 왕궁으로 가지고
들어갈 수 있었습니다.
14 소녀가 저녁때 그리로 들어갔다가 아
침에 나오면 후궁을 관리하는 왕의
내시 사아스가스가 후궁으로 데려갔
습니다. 그리고 왕이 마음에 들어 이
름을 불러 주지 않으면 왕에게로 다
시 들어갈 수 없었습니다.
15 이제 모르드개의 삼촌 아비하일의 딸,
곧 모르드개가 자기 딸로 삼은 에스더
가 왕에게 들어갈 차례가 됐습니다.
에스더는 후궁을 관리하는 왕의 내시
헤개가 정해 준 것 외에는 다른 것을
요구하지 않았습니다. 에스더는 그녀
를 보는 모든 사람들에게 사랑을 받
았습니다.
16 에스더가 아하수에로 왕 7년 열째 달,
곧 데벳 월에 왕궁의 아하수에로 왕
에게 들어갔습니다.
17 왕은 다른 어떤 여자들보다 에스더를
더 사랑했습니다. 그리하여 에스더는
다른 처녀들보다 더 많은 은총을 입
어 왕은 에스더의 머리에 관을 씌우고
와스디를 대신할 왕비로 세웠습니다.
18 그리고 왕은 귀족들과 신하들을 불
러 큰 잔치를 베풀었습니다. 에스더를
위한 잔치였습니다. 그는 각 지방에
휴일을 선포하고 왕의 직함에 어울리
는 선물을 보냈습니다.

모르드개가 암살 음모를 밝히다

19 두 번째로 처녀들을 모집할 때 모르드
개는 왕의 문 앞에 앉아 있었습니다.
20 한편 에스더는 모르드개가 그녀에게
당부한 대로 자기 집안과 민족에 대
해 밝히지 않았습니다. 에스더는 자
신을 키워 준 모르드개의 가르침을
계속 따르고 있었습니다.
21 모르드개가 왕의 문 앞에 앉아 있던
그때 문지방을 지키던 왕의 내시 *빅
단과 데레스 두 사람이 아하수에로
왕에게 원한을 품고 살해할 음모를
꾸미고 있었습니다.
22 그러나 모르드개가 그 음모를 듣고 에
스더 왕비에게 말하자 에스더가 왕에
게 모르드개의 이름으로 이 음모를
전했습니다.
23 그 보고된 내용을 조사해 보니 사실
임이 드러났습니다. 그렇게 돼 그 두
내시는 나무에 매달리게 됐습니다.
이 모든 것은 왕이 보는 앞에서 궁중
일기에 기록됐습니다.

유다 사람들을 멸족하기 위한 하만의 계획

3 이런 일들이 있은 후 아하수에로
왕은 아각 사람 함므다다의 아들

2:21 또는 빅다나(에 6:2을 보라.)

하만의 지위를 모든 귀족들 가운데
가장 높은 자리에 올려 주었습니다.
2 왕의 문에 있는 왕의 모든 신하들은
하만에게 무릎을 꿇고 경의를 표했습
니다. 왜냐하면 그에게 그렇게 하라
는 왕의 명령이 내려졌기 때문입니다.
그러나 모르드개는 무릎을 꿇지도,
경의를 표하지도 않았습니다.
3 그러자 왕의 문에 있던 신하들이 모
르드개에게 물었습니다. "왜 왕의 명
령을 거역하느냐?"
4 날마다 그들이 모르드개를 설득하려
했지만 그는 그 말을 듣지 않았습니
다. 그리하여 그들은 자신이 유다 사
람임을 밝힌 모르드개의 행동이 어떤
결과를 초래하는지 보려고 하만에게
고자질했습니다.
5 하만은 모르드개가 자신에게 절하지
도, 경의를 표하지도 않는 것을 보고
화가 치밀어 올랐습니다.
6 그런데 하만은 모르드개가 어디 출신
인지 알게 된 후 모르드개 한 명만 죽
이는 것으로는 별 가치가 없다고 생
각했습니다. 그리하여 하만은 아하수
에로 왕국 전역에 있는 모르드개의
민족인 유다 사람들을 모조리 쓸어버
릴 묘안을 찾아냈습니다.
7 아하수에로 왕 12년 첫째 달, 곧 *니
산 월에 사람들이 하만 앞에서 부르,
곧 제비를 뽑아 월일을 정했습니다.
*제비를 뽑은 결과는 열두째 달, 곧
*아달 월이었습니다.
8 그 후 하만이 아하수에로 왕에게 말
했습니다. "왕의 왕국 모든 지방에 있
는 여러 민족들 사이에 흩어져 살고
있는 한 민족이 있는데 그들의 관습
은 다른 모든 민족들과 다르고 또 그
들은 왕의 법률을 따르지 않고 있습
니다. 그들을 그냥 내버려 두는 것은
왕께 좋을 것이 없습니다.
9 왕께서 원하신다면 그들을 멸망시키
라는 칙령을 내리십시오. 그러면 제
가 은 *1만 달란트를 왕궁의 창고에
헌납해 왕의 업무를 맡은 사람에게
주겠습니다."
10 그러자 왕은 손가락에서 자기의 인장
반지를 빼어 유다 사람의 원수인 아각
사람 함므다다의 아들 하만에게 주며
11 말했습니다. "그 돈은 네가 가져라. 또
한 그 민족도 네가 하고 싶은 대로 처
리하여라."
12 그리하여 *첫째 달 13일에 왕의 비서
관들이 소집됐습니다. 하만이 명령한
모든 것들은 각 지방의 문자와 각 민
족의 언어로 기록돼 왕의 총독들과
여러 지방의 통치자들과 여러 민족의
귀족들에게 하달됐습니다. 이 칙령은
아하수에로 왕의 이름으로 쓰였고 그
인장 반지로 봉인됐습니다.
13 특사들이 모든 유다 사람들을 노소
를 불문하고 여자와 아이들까지 *열
두째 달, 곧 아달 월 13일 하루 동안

3:7 태양력으로 3월 중순 이후 3:7 칠십인역을 따름. 히브리어 사본에는 '제비를 뽑은 결과는'이 없음. 3:7 태양력으로 2월 중순 이후 3:9 1만 달란트는 약 342.7톤 3:12 니산 월, 태양력으로 3월 중순 이후 3:13 태양력으로 2월 중순 이후

모조리 죽이고 학살하고 그 물건들
을 약탈하라는 명령을 왕이 다스리
는 여러 지방으로 보냈습니다.
14 이 칙령의 사본을 모든 지방에 알리
고 모든 백성들에게 공포해 그날에
대비하게 했습니다.
15 특사들은 왕의 명령을 받들어 급하
게 나갔습니다. 수산 궁에도 그 칙령
이 공포됐습니다. 왕과 하만은 앉아
서 마셨습니다. 그러나 수산 성 안은
술렁거렸습니다.

모르드개가 에스더에게 도울 것을 권하다

4 모르드개는 이 모든 일에 대해 알
게 되자 자기 옷을 찢고 베옷을 입
고 재를 뒤집어쓴 채 괴로워 큰 소리
로 울며불며 성안으로 들어갔습니다.
2 그러나 왕의 문까지만 갈 수 있었습
니다. 베옷 입은 사람은 들어갈 수 없
었던 것입니다.
3 왕의 명령이 담긴 칙령이 도착한 지역
마다 유다 사람들은 금식하고 울며불
며 통곡했습니다. 많은 사람들이 베
옷을 입고 재를 뒤집어썼습니다.
4 에스더의 하녀들과 내시들이 와서 모
르드개의 일에 관해 전하자 에스더는
너무나 괴로웠습니다. 에스더는 그에
게 베옷을 벗고 다른 옷을 입으라고
옷을 보냈지만 모르드개는 그 옷을
받지 않았습니다.
5 그러자 에스더는 자기 시중을 드는
왕의 내시 하닥을 불러 모르드개가
무슨 일로 괴로워하는지, 그 이유는
무엇인지 알아 오라고 명령을 내렸습
니다.
6 그리하여 하닥은 왕의 문 앞 성 광장
에 있는 모르드개에게 갔습니다.
7 모르드개는 그에게 무슨 일이 있었는
지 낱낱이 말해 주었고 하만이 유다
사람들을 학살하는 대가로 왕의 금
고에 정확하게 얼마를 헌납하겠다고
약속했는지도 덧붙였습니다.
8 그는 또한 수산 성에 공포된 학살을
명령한 그 칙령의 사본도 그에게 넘겨
주면서 에스더에게 보여 주고 설명해

성·경·상·식

금식 기도의 유익

- **신앙의 유익** 금식 기도의 유익은 성경의 인물들을 살펴보면 잘 알 수 있다. 모세는 40주야를 금식 기도하고 십계명을 받았으며, 다니엘은 10일 동안 채식과 물만 먹으며 신앙을 지켰다(단 1:12-13). 엘리야는 이세벨을 피해 도망칠 때 40주야를 금식하며 걸어서(왕상 19:8) 호렙 산에 도착했고 거기서 하나님의 음성을 들었다. 예수님도 광야의 금식 기도(마 4:2) 후 공생애를 시작하셨고, 바울도 주님을 만난 직후 3일을 금식 기도한 후에(행 9:9-11) 사역을 했다.
- **건강의 유익** 금식은 인간의 신체를 자연적으로 치유하는 능력을 활성화해 주고 몸속의 노폐물을 깨끗하게 청소해 준다. 따라서 현대인의 고질적인 병들을 고칠 수 있는 좋은 방법이라고 할 수 있다.
- **정신의 유익** 금식하는 기간 중에는 잠재의식이 활발하게 작용하고 정신 집중이 잘되어 성령의 역사를 더욱 강하게 느낄 수 있다.

주라고 했습니다. 그리고 에스더에게
왕께 가서 자비를 구하고 민족을 위
해 간청해 달라는 말도 전해 달라고
부탁했습니다.
9 하닥은 돌아와 에스더에게 모르드개
가 한 말을 전했습니다.
10 그러자 에스더가 모르드개에게 전할
말을 지시했습니다.
11 "왕의 모든 신하들과 각 지방의 백성
들은 남자든 여자든 왕이 부르시지
도 않았는데 안뜰에 계신 왕께 다가
가는 것이 오직 하나의 법, 곧 죽음
을 의미하는 것임을 알고 있습니다.
단 하나, 왕께서 금으로 된 규를 내밀
경우에만 목숨을 부지할 수 있습니
다. 그런데 내가 왕께 부름받지 않은
지 벌써 30일이 지났습니다."
12 에스더의 말이 모르드개에게 전해졌
습니다.
13 모르드개는 이런 대답을 전했습니다.
"네가 유다 사람들 가운데 혼자 왕의
집에 있다고 해서 이 일을 피할 수 있
다고 생각하지 마라.
14 네가 만약 이번에 침묵한다면 다른
어디에서든 유다 사람들은 안녕과 구
원을 얻을 것이다. 그러나 너와 네 아
버지의 집안은 망할 것이다. 하지만
네가 이때를 위해 왕비의 자리에 오
르게 됐는지 누가 알겠느냐?"
15 그러자 에스더는 모르드개에게 이런
대답을 보냈습니다.
16 "가서 수산 성 안에 있는 모든 유다
사람들을 모으고 저를 위해 금식해
주십시오. 3일 동안 밤낮으로 먹지도
마시지도 마십시오. 저와 제 하녀들
도 그렇게 금식할 것입니다. 그러고
나서 비록 법을 어기는 일이지만 제
가 왕께 나가겠습니다. 제가 죽게 되
면 죽겠습니다."
17 그리하여 모르드개는 나가서 에스더
의 모든 지시대로 했습니다.

왕에 대한 에스더의 소청

5 제3일에 에스더는 왕비의 예복으
로 차려입고 왕궁 앞에 있는 왕궁
안뜰에 섰습니다. 왕은 왕궁 입구의
반대편에 있는 왕좌에 앉아 있었습니
다.
2 왕이 에스더 왕비가 뜰에 서 있는 것
을 보고 기뻐하며 손에 있던 금으로
된 규를 내밀었습니다. 그러자 에스더
가 다가와 규 끝을 만졌습니다.
3 왕이 물었습니다. "에스더 왕비, 무슨
일이오? 무슨 할 말이 있소? 내가 이
나라의 반이라도 떼어서 당신에게 주
겠소."
4 에스더가 대답했습니다. "제가 오늘
왕을 위해 잔치를 준비했으니 왕께서
허락하신다면 하만과 함께 오셨으면
합니다."
5 왕이 말했습니다. "당장 하만을 들라
하라. 우리는 에스더가 부탁한 대로
할 것이다." 그리하여 왕과 하만이 에
스더가 준비한 잔치에 참석했습니다.
6 왕은 그들과 포도주를 마시면서 에스
더에게 다시 물었습니다. "이제 당신의
소원이 무엇이오? 내가 들어주겠소.

뭘 해 주면 좋겠소? 내가 이 나라의
반이라도 떼어서 당신에게 주겠소."
7 에스더가 대답했습니다. "제 소원, 제
가 부탁드릴 것은 이것입니다.
8 제가 왕께 은혜를 입고 왕께서 제 소
원을 이뤄 주시고 제 부탁을 들어주
시기를 좋게 여기시면 제가 잔치를 준
비하겠으니 왕께서는 하만과 함께 와
주십시오. 내일 제가 왕의 말씀대로
하겠습니다."

모르드개에 대한 하만의 분노

9 하만은 그날 기쁘고 기분이 좋아 밖
으로 나갔습니다. 그러나 왕의 문 앞
에 있는 모르드개가 눈에 들어왔습니
다. 그런데 모르드개는 하만을 보고
일어서지도 않았고 두려운 기색도 없
었습니다. 하만은 모르드개를 보고 화
가 끓어올랐습니다.
10 그러나 하만은 꾹 참고 집으로 돌아
갔습니다. 자기 친구들과 아내 세레스
를 부른
11 하만은 많은 재산과 많은 아들들에
대해서와, 왕이 자기를 얼마나 존중
해 주는지, 다른 귀족들이나 대신들
보다 얼마나 높은 위치에 있는지 자
랑했습니다.
12 그리고 덧붙였습니다. "그런데 그게 다
가 아니야. 에스더 왕비께서 준비한
잔치에 왕과 동반으로 초대된 사람이
나 말고 더 있겠어? 그리고 왕비께서
내일도 왕과 함께 오라고 초대하셨어.
13 하지만 저 유다 사람 모르드개가 왕
의 문 앞에 앉아 있는 한 이 모든 것
들도 만족스럽지가 않아."
14 그 아내 세레스와 그의 모든 친구들
이 그에게 말했습니다. "*50규빗 높이
로 나무를 세우고 아침에 왕께 모르
드개를 거기에 매달자고 하십시오. 그
러고 나서 왕과 함께 저녁 식사를 들
러 가시면 얼마나 즐겁겠습니까!" 하
만은 이 제안을 좋게 받아들이고 나
무를 세우게 했습니다.

모르드개가 존귀하게 되다

6 그날 밤 왕은 도무지 잠이 오지 않
았습니다. 그래서 역대기, 곧 자신
의 통치 기록을 가져와 읽게 했습니
다.
2 그런데 거기 문을 지키던 왕의 두 신
하 빅다나와 데레스가 아하수에로 왕
을 암살하려던 음모를 모르드개가 폭
로했다는 대목이 있었습니다.
3 왕이 물었습니다. "이 일로 모르드개
가 어떤 영예와 지위를 받았느냐?"
왕을 섬기는 젊은이들이 대답했습니
다. "그를 위해 시행된 것은 아무것도
없었습니다."
4 왕이 말했습니다. "누가 뜰에 있느
냐?" 그때 하만이 자기가 세워 둔 나
무에 모르드개를 매달려고 한다는 것
을 왕께 말하기 위해 막 왕궁 바깥뜰
에 들어섰습니다.
5 그 시종들이 대답했습니다. "하만이
뜰에 서 있습니다." 왕이 명령했습니
다. "들여보내라."
6 하만이 들어서자 왕이 그에게 물었습

5:14 50규빗은 약 22.5미터

니다. "왕이 영예를 주려고 하는 사
람이 있는데 어떻게 해 주는 게 좋겠
는가?" 하만은 속으로 생각했습니다.
'나 말고 왕이 영예를 주려고 하는 사
람이 또 누가 있겠는가?'
7 그래서 그가 왕에게 대답했습니다.
"왕께서 영예를 주시려는 사람이 있
다면
8 왕이 입으시는 왕복과 왕이 타시는
왕의 말을 내어 오게 하시고 그 머리
에 왕관을 씌우십시오.
9 왕복과 말은 왕의 가장 높은 귀족에
게 맡겨 왕께서 영예를 주려고 하시
는 그 사람에게 그 옷을 입히고 말에
태워 성의 거리를 돌면서 '왕께서 영
예를 주시려고 하는 사람에게는 이
렇게 해 주신다!' 하고 외치게 하십시
오."
10 왕이 하만에게 명령했습니다. "당장
가서 왕복과 말을 가져다 네가 말한
대로 왕의 문에 앉아 있는 유다 사람
모르드개에게 똑같이 하여라. 네가
말한 것 가운데 어느 하나라도 생략
해서는 안 된다."
11 그리하여 하만은 예복과 말을 가져갔
습니다. 그는 모르드개에게 예복을 입
히고 말에 태워서 성의 거리로 다니
며 "왕께서 영예를 주시려고 하는 사
람에게는 이렇게 해 주신다!" 하고 외
쳤습니다.
12 그러고 나서 모르드개는 왕의 문으로
돌아갔습니다. 그러나 하만은 수심이
가득한 얼굴로 곧장 집으로 달려가
13 자기 아내 세레스와 모든 친구들에게
무슨 일이 있었는지 다 말해 주었습
니다. 그의 조언자들과 그 아내 세레
스가 그에게 말했습니다. "당신의 체
면을 떨어뜨린 모르드개가 유다 출신
인 이상 당신이 그를 당해 낼 수 없을
것입니다. 당신은 틀림없이 망하게 될
것입니다!"
14 그들 사이에 이런 이야기가 오고 가
는 사이에 왕의 내시들이 도착했습니
다. 그들은 에스더가 준비한 잔치에
서둘러 하만을 데려갔습니다.

하만이 매달리다

7 그리하여 왕과 하만은 에스더와 함
께 잔치에 갔습니다.
2 둘째 날 그들이 포도주를 마시고 있
는데 왕이 다시 에스더에게 물었습니
다. "에스더 왕비, 당신의 소원이 무엇
이오? 내가 들어주겠소. 당신이 뭘 부
탁하려는 것이오? 내가 이 나라의 반
이라도 떼어 주겠소."
3 그러자 에스더 왕비가 대답했습니다.
"왕이여, 제가 왕의 은총을 입었다면,
저를 좋게 여기신다면, 제 목숨을 살
려 주십시오. 이것이 제 소원입니다.
그리고 제 동족을 살려 주십시오. 이
것이 제 부탁입니다.
4 저와 제 동족이 팔려서 멸망과 죽음
과 학살을 당하게 생겼습니다. 우리
가 그저 남녀종들로 팔리게 됐다면
가만히 있었을 것입니다. 그 같은 일
로 왕이 괴로워하실 필요가 없기 때
문입니다."

5 아하수에로 왕이 에스더 왕비에게 물
었습니다. "그가 누구요? 감히 그런
일을 벌이려고 마음먹은 자가 어디
있소?"
6 에스더가 말했습니다. "그 원수이며
적수는 바로 이 사악한 인간, 하만입
니다." 그러자 하만은 왕과 왕비 앞에
서 하얗게 질렸습니다.
7 왕은 몹시 분노해 일어서서 잔치 자
리에서 떠나 왕궁 정원으로 들어갔습
니다. 그러나 하만은 왕이 이미 자기
운명을 결정한 것을 알고 에스더 왕
비에게 목숨만 살려 달라고 빌었습니
다.
8 왕이 왕궁 정원에서 잔치 자리로 돌
아왔습니다. 하만은 에스더가 기대어
앉았던 긴 의자 위에 꿇어 엎드려 있
었습니다. 왕이 말했습니다. "저자가
내 집에서 나와 함께 있는 왕비를 폭
행하려는 것 아니냐?" 왕의 입에서
이 말이 나오자마자 사람들이 하만의
얼굴을 가렸습니다.
9 그러자 왕의 시종을 들던 내시 하르
보나가 말했습니다. "하만의 집에 *50
규빗 되는 나무가 세워져 있습니다.
그가 왕을 도우려고 음모를 폭로한
모르드개를 매달려고 그것을 만들었
다고 합니다." 왕이 말했습니다. "저자
를 거기 달라!"
10 그래서 그들은 하만이 모르드개를 매
달려고 준비한 그 나무에 하만을 달
았습니다. 그제야 왕의 분노가 가라
앉았습니다.

유다 사람들을 위한 왕의 칙서

8 바로 그날에 아하수에로 왕은 에스
더 왕비에게 유다 사람들의 원수인
하만의 집을 내주었습니다. 그리고 모
르드개는 왕의 앞으로 나아오게 됐습
니다. 모르드개가 자신에게 얼마나 가
까운 사람인지 에스더가 말했기 때문
입니다.
2 왕은 하만에게서 거둔 그 인장 반지
를 빼어 모르드개에게 내주었습니다.
그리고 에스더는 모르드개를 세워 하
만의 집을 관할하게 했습니다.
3 에스더는 다시 왕의 발 앞에 꿇어 울
면서 간청했습니다. 왕에게 아각 사

7:9 50규빗은 약 22.5미터

성·경·상·식

인장 반지

인장 반지는 다양한 모양과 재질의 도장이 반지에 부착된 것을 말한다. 고대에서 인장 반지는 여러 동식물 문양이나 신들의 형상, 소유자 이름, 문자를 새겨 넣어 인장 반지 소유자의 신분이나 지위를 나타냈다. 성경에서 인장 반지는 권력의 대리 행사를 하는 데 사용되었다. 이세벨이 편지에 권위를 부여하려고 아합의 인장 반지를 썼으며(왕상 21:8) 하만과 모르드개에 의한 조서에 아하수에로 왕의 인장 반지를 찍어 공포함으로 조서에 왕의 권위를 부여했다(에 3:10,12;8:2,8,10). 인장 반지는 문서 승인을 위해서도 사용되었으며(느 9:38;10:1;렘 32:10-11) 구조물의 권리를 획득한 표시로 사용되기도 했다(단 6:17;마 27:66).

람 하만이 유다 사람들을 미워해 꾸
민 그 악한 계획을 취소해 달라고 빌
었습니다.
4 그러자 왕은 에스더에게 금으로 만든
규를 내밀었고 에스더는 일어나 왕
앞에 섰습니다.
5 에스더가 말했습니다. "만일 왕께서
좋게 여기신다면, 만일 왕께서 제게
은총을 베푸시고 이것을 옳게 생각
하신다면, 만일 저를 좋게 여기신다
면, 아각 사람 함므다다의 아들 하만
이 왕의 모든 통치 구역 안에서 유다
사람들을 죽이려는 음모로 쓴 칙령
을 취소해 주시기 바랍니다.
6 제가 어떻게 제 동족에게 재앙이 내
리는 것을 눈뜨고 볼 수 있겠습니까?
제 집안이 망하는 것을 제가 어떻게
눈뜨고 볼 수 있겠습니까?"
7 아하수에로 왕이 에스더 왕비와 유다
사람 모르드개에게 대답했습니다. "하
만이 유다 사람들을 공격했으므로 내
가 그의 집을 에스더에게 주고 그를
나무에 매단 것이오.
8 그러니 이제 당신 보기에 가장 좋은
대로 왕의 이름으로 유다 사람들을
위해 다른 칙령을 써서 왕의 인장 반
지를 찍으시오. 어떤 문서도 왕의 이
름을 쓰고 그 반지로 도장을 찍지 않
은 것은 효력이 없으니 말이오."
9 왕의 서기관들이 즉각 소집됐습니다.
*셋째 달, 곧 시완 월 23일이었습니다.
그들은 모르드개가 내린 모든 명령
을 써서 인도에서 에티오피아에 걸친
127개 지방의 유다 사람들과 지방 관
리들과 총독들과 귀족들에게 보냈습
니다. 이 명령은 각 지방의 문자와 그
백성들의 언어로 각각 쓰였고 유다 사
람들을 위해서는 그들의 문자와 언어
로 쓰였습니다.
10 모르드개는 아하수에로 왕의 이름으
로 칙서를 쓰고 왕의 인장 반지로 도
장을 찍어 왕의 일에 쓰는 준마에 특
사들을 태워 보냈습니다.
11 왕의 칙서의 내용은 이러했습니다.
"모든 성에서 유다 사람들이 모여 스
스로 보호할 수 있는 권리를 허락한
다. 만일 어떤 민족이나 지역이 유다
사람들을 친다면 그들을 멸망시키고
죽이고 여자와 어린아이와 함께 그
군대를 섬멸시키고 그들의 재산을 약
탈해도 된다."
12 유다 사람들이 아하수에로 왕의 모든
통치 구역 안에서 이렇게 할 수 있도
록 정해진 날짜는 *열두째 달, 곧 아
달 월 13일이었습니다.
13 이 칙서의 사본이 모든 지방에서 법률
로 제정되고 모든 민족에게 공포됨으
로써 유다 사람들은 그날 그들의 적들
에게 원수를 갚을 준비를 했습니다.
14 왕의 말을 탄 특사들은 왕의 명령에
따라 급히 달려갔습니다. 칙서는 수
산 궁에도 공포됐습니다.

유다 사람들의 승리

15 모르드개는 푸른색, 흰색의 예복을

8:9 태양력으로 5월 중순 이후 8:12 태양력으로 2월 중순 이후

입고 커다란 금관을 쓰고 고운 자색
베옷을 입고 왕 앞에서 물러나왔습
니다. 수산 성은 기뻐하고 즐거워했습
니다.
16 유다 사람들에게 행복과 기쁨, 즐거
움과 영예가 있었습니다.
17 왕의 칙서가 전달된 각 지방과 각 성
에서는 유다 사람들 사이에 기쁨과
즐거움이 넘쳐서 잔치를 베풀었고 그
날을 축일로 삼았습니다. 그리고 그
땅에 사는 여러 민족들 가운데 많은
사람들이 유다 사람들을 두려워했기
때문에 자기 스스로 유다 사람이 되
기도 했습니다.

9 *열두째 달, 곧 아달 월 13일로 왕
의 칙령이 시행되는 날이었습니다.
그날 유다 사람의 원수들이 유다 사
람들을 없애려고 했지만, 상황이 뒤
바뀌어 유다 사람들이 오히려 자기들
을 미워하는 사람들을 없애게 됐습니
다.
2 아하수에로 왕의 모든 통치 구역에서
유다 사람들이 성안에 모였습니다. 자
기들의 멸망을 바라던 사람들을 치
기 위함이었습니다. 아무도 유다 사
람들에게 대항해 설 수 없었는데 다
른 모든 민족들이 유다 사람들을 두
려워했기 때문입니다.
3 모든 지방의 귀족들과 대신들과 총
독들과 왕의 관리들이 유다 사람들
을 도와주었습니다. 모르드개가 두려
웠기 때문입니다.
4 모르드개는 왕궁의 주요 인사였고 그
의 명성은 온 지방에 자자해졌으며
그의 힘은 점점 더 막강해졌습니다.
5 유다 사람들은 칼로 모든 원수들을
쓰러뜨려 학살하고 멸망시켜 버렸습
니다. 그들은 자기들을 미워하는 사
람들에게 마음껏 갚아 주었습니다.
6 수산 왕궁에서 유다 사람들이 죽인
사람은 500명이었습니다.
7 또 그들이 죽인 사람은 바산다다, 달
본, 아스바다,
8 보라다, 아달리야, 아리다다,
9 바마스다, 아리새, 아리대, 왜사다였는
데
10 그들은 함므다다의 아들인 유다 사람
의 원수 하만의 열 아들들이었습니
다. 그러나 그들은 물건에는 손을 대
지 않았습니다.
11 수산 성에서 죽임당한 사람들의 숫자
가 바로 그날 왕에게 보고됐습니다.
12 왕이 에스더 왕비에게 말했습니다.
"유다 사람들이 수산 왕궁에서 500명
과 하만의 아들 열 명을 죽여 없앴다
니 왕의 나머지 통치 구역에서는 어
떻겠소? 이제 당신의 소원이 무엇이
오? 내가 들어주겠소. 당신이 무엇을
부탁하겠소? 그것 또한 해 주겠소."
13 에스더가 대답했습니다. "왕께서 기
뻐하신다면 수산 성의 유다 사람들이
내일도 오늘처럼 칙서대로 그렇게 할
수 있게 하시고 하만의 열 아들의 시
체를 나무에 달게 하소서."
14 그러자 왕은 이것을 시행하도록 명령

9:1 태양력으로 2월 중순 이후

을 내렸습니다. 칙령이 수산 성에 공
포됐습니다. 그러자 하만의 열 아들
의 시체가 매달렸습니다.
15 수산 성의 유다 사람들은 아달 월 14
일에도 모여 수산 성에서 300명을 죽
였습니다. 그러나 물건에는 손을 대
지 않았습니다.
16 한편 왕의 통치 구역들 안에 남아 있
던 유다 사람들도 스스로 보호하고
그 원수들로부터 안녕을 얻기 위해
모였습니다. 그들은 자기들을 미워하
는 7만 5,000명을 죽였지만 물건에는
손대지 않았습니다.
17 이것은 아달 월 13일에 일어났고 14
일에는 그들이 쉬며 그날을 잔치하며
기뻐하는 날로 삼았습니다.
18 그러나 수산의 유다 사람들은 13일,
14일에 모였고 15일에는 쉬며 그날을
잔치하며 기뻐하는 날로 삼았습니다.
19 이렇게 해서 성벽이 없는 지방의 작
은 마을에 사는 유다 사람들은 아달
월 14일을 즐기며 잔치를 베풀고 그날
을 축일로 삼아 서로 선물을 나누었
습니다.

부림절을 지키다

20 모르드개는 이 모든 일들을 기록해
원근 각처 아하수에로 왕의 통치 구
역 전역의 모든 유다 사람들에게 편
지로 보내서
21 그들이 아달 월 14일, 15일을 해마다
절기로 지키게 했습니다.
22 유다 사람들이 그 원수들에게서 안
녕을 찾은 날로, 그들의 슬픔이 바뀌
어 기쁨이 되고 그 신음이 바뀌어 축
제의 달이 됐기 때문입니다. 그는 그
날을 잔치하며 기뻐하는 날로 지키
고 서로 음식을 나누고 가난한 사람
들에게 선물을 주라고 써 보냈습니
다.
23 그리하여 유다 사람들은 모르드개가
그들에게 지시한 내용대로 그 절기를
계속 지켰습니다.
24 아각 사람 함므다다의 아들인 모든 유
다 사람의 원수 하만이 유다 사람들
을 멸망시킬 일을 꾸미고 부르, 곧 제
비를 뽑았지만
25 왕비가 왕 앞에 나가 하만의 음모를
밝히자 왕이 조서를 내려 하만이 유
다 사람들을 두고 꾸민 그 악한 계획
이 그 머리 위에 돌아가 그와 그 아
들들이 나무에 매달리게 됐습니다.
26 그러므로 '부르'라는 말을 따서 이날
을 부림절이라고 부르게 됐습니다. 이
편지에 적힌 모든 것과 그들이 그 일
에 관해 본 것과 그들에게 알려진 일
때문에
27 유다 사람들은 자신들과 그 후손과
그들에게 붙은 모든 사람들을 위해
이 두 날을 기록된 대로 해마다 그때
에 틀림없이 지키도록 했습니다.
28 이날들을 꼭 기억해 모든 집안마다
모든 세대에서, 모든 지방과 모든 성
에서 지켜야 했습니다. 유다 사람들
은 이 부림절을 지키는 일이 그치지
않도록 했으며 그 후손 가운데서 그
날이 잊혀지지 않도록 했습니다.

29 이렇게 아비하일의 딸 에스더 왕비는
유다 사람 모르드개와 함께 전권을
가지고 이 부림절에 관해 두 번째 편
지를 써서 확증했습니다.
30 모르드개는 평화와 진실한 말이 담긴
편지들을 아하수에로 왕국의 127개
지방에 있는 모든 유다 사람들에게
보내
31 유다 사람 모르드개와 에스더 왕비가
정한 대로, 그 금식하고 슬퍼하던 것
으로 인해 그들 스스로 자신들과 그
후손을 위해 결정한 대로 그 정해진
때를 부림절로 제정했습니다.
32 에스더의 명령에 따라 부림절에 관한
규례가 확정됐고 책에 기록돼 있습니
다.

모르드개의 존귀

10 아하수에로 왕은 왕국 전역과
바다의 섬들에 조공을 바치도
록 했습니다.
2 그의 모든 권세 있는 행적은 왕이 높
여 준 모르드개가 승승장구하게 된
모든 내용과 함께 메대와 페르시아
왕들의 연대기에 기록돼 있지 않습니
까?
3 유다 사람 모르드개는 아하수에로 왕
다음가는 사람으로 유다 사람들 가
운데 출중한 사람이었고 많은 유다
동족 사람들에게 큰 존경을 받았는
데 그가 자기 백성들을 위해 일했고
모든 유다 사람들의 안녕을 위해 힘
썼기 때문입니다.

욥기

Job

의인 욥의 고난을 통해 인간의 부족함과 하나님의 섭리를 보여 주는 지혜 문학이다. 어려운 시련과 고통 가운데 욥은 끝까지 하나님에 대한 절대 신앙을 포기하지 않았다. 고난이 전적으로 욥의 죄에서 기인한다는 친구들의 경박한 단정에도 불구하고, 욥은 치열한 변론을 통해 하나님의 위대하심과 주권을 입증하고 있다.

서막

1 우스 땅에 욥이라는 사람이 살고
있었습니다. 이 사람은 흠이 없고
정직할 뿐 아니라 하나님을 경외하며
악을 멀리하는 사람이었습니다.
2 그는 아들 일곱과 딸 셋을 두었습니
다.
3 또한 그는 양 7,000마리, 낙타 3,000
마리, 소 500쌍, 암나귀 500마리 외
에 종도 많이 있었습니다. 욥은 동방
에서 가장 큰 사람이었습니다.
4 욥의 아들들은 집집마다 돌아가며 잔
치를 벌이곤 했는데 그때마다 세 누
이도 초대해 함께 먹고 마셨습니다.
5 이 잔치 기간이 끝나고 나면 욥은 그
들을 불러 성결하게 하고 아침 일찍
일어나 그들의 수대로 번제를 드렸습
니다. '내 자식들이 죄를 짓고 마음으
로 하나님을 저주했을지도 모른다'고
생각했기 때문입니다. 욥은 항상 이
와 같이 했습니다.
6 하루는 *하나님의 아들들이 여호와
앞에 와 서 있는데 *사탄도 그들과 함
께 왔습니다.
7 여호와께서 사탄에게 말씀하셨습니
다. "네가 어디에서 왔느냐?" 사탄이
여호와께 대답했습니다. "땅에서 여기
저기를 왔다 갔다 하다 왔습니다."
8 그러자 여호와께서 사탄에게 말씀하
셨습니다. "내 종 욥을 유심히 살펴보
았느냐? 땅 위에 그런 사람이 없다.
그는 흠이 없고 정직한 자로서 하나
님을 경외하고 악을 멀리하는 사람이
다."
9 이에 사탄이 여호와께 대답했습니다.
"욥이 아무런 이유 없이 하나님을 경
외하겠습니까?
10 주께서 그와 그 집안과 그가 가진 모
든 것의 사면에 울타리를 쳐 주지 않
으셨습니까? 주께서 욥이 손대는 일
에 복을 주셔서 그 가축이 땅에서 늘

1:6 또는 천사들 1:6 히브리어, '고발자'

어 가는 것입니다.
11 하지만 주께서 손을 뻗어 그가 가진
모든 것을 쳐 보십시오. 그러면 그가
분명 주의 얼굴에 대고 저주할 것입
니다."
12 여호와께서 사탄에게 말씀하셨습니
다. "좋다. 그의 모든 재산을 네 마음
대로 해도 좋다. 그러나 그의 몸에는
손가락 하나도 대지 마라" 하시니 사
탄이 여호와 앞에서 물러났습니다.
13 하루는 욥의 아들딸들이 맏형의 집
에서 잔치를 벌이고 포도주를 마시고
있었습니다.
14 그때 한 심부름꾼이 욥에게 와서 말
했습니다. "소들은 밭을 갈고 있고 나
귀들은 그 근처에서 풀을 뜯고 있었
는데
15 스바 사람들이 갑자기 들이닥치더니
그것들을 빼앗아 가고 종들을 칼로
쳐 죽였습니다. 저만 혼자 피해 이렇
게 주인님께 말씀드리러 온 것입니다."
16 그가 아직 말을 채 끝내기도 전에 또
한 사람이 와서 말했습니다. "하나님
의 불이 하늘에서 떨어져 양 떼와 종
들을 다 집어삼켰습니다. 저만 혼자
피해 이렇게 주인님께 말씀드리러 왔
습니다."
17 그가 아직 말을 채 끝내기도 전에 또
한 사람이 와서 말했습니다. "갈대아
사람들이 세 무리로 떼를 지어 쳐들
어와서 낙타들을 빼앗아 가고 종들
은 칼로 쳐 죽였습니다. 저만 혼자 피
해 이렇게 주인님께 말씀드리러 왔습
니다."
18 그가 아직 말을 채 끝내기도 전에 또
한 사람이 와서 말했습니다. "주인님의
아들딸들이 맏아드님 댁에서 잔치를
벌이며 포도주를 마시고 있었습니다.

Q&A 욥기가 뭐지?

참고 구절 | 욥 1-42장

욥기는 의인에게 왜 고난이 있는가에 대한 '고난의 신비'를 다룬 책이다. 욥이란 인물과 일어난 사건들에 대해서는 여러 의견이 있다. 욥기의 내용들은 실제로 일어난 일이며, 욥을 아브라함과 동시대의 인물로 보기도 한다. 서론장인 1, 2장과 결론장인 42장을 제외하고는 모든 장이 시의 형식으로 기록되어 있으며 등장인물 간의 대화와 해설이 곁들여 있다.

• **1-2장** 사탄의 참소로 재산, 자녀들, 건강을 잃고 고난당하는 하나님의 사람 욥에 대한 내용이다.

• **3-31장** 엘리바스, 소발, 빌닷은 죄로 인한 고난을 말하며 회개를 촉구하나 욥은 자신의 무죄와 의로움을 변론한다.

• **32-37장** 친구들과 욥의 대화를 듣던 엘리후는 의인에게도 고난이 있으며 하나님은 그럴 만한 이유를 갖고 계신다고 말한다.

• **38-42장** 하나님은 욥에게 무한하신 창조의 능력을 말씀하신다. 하나님에 대한 잘못된 이해를 가진 세 친구를 책망하시며 하나님의 생각은 사람이 다 알 수 없고 오직 하나님을 경외하는 것이 사람의 본분임을 깨닫게 하신다.

19 그런데 갑자기 광야에서 돌풍이 불어
오더니 집의 네 모퉁이를 쳤습니다.
그러자 집이 그 젊은이들 위에 폭삭
내려앉았고 그들이 죽고 말았습니다.
저만 혼자 피해 이렇게 주인님께 말
씀드리러 왔습니다."
20 이 말에 욥은 벌떡 일어나 겉옷을 찢
고 머리털을 밀어 버리고 땅에 엎드
려 경배하며
21 말했습니다. "내가 내 어머니의 모태
에서 벌거벗고 나왔으니 떠날 때도 벌
거벗고 갈 것입니다. 여호와께서 주신
것을 여호와께서 가져가시니 여호와
의 이름이 찬양받으시기를 바랍니다."
22 이 모든 일에도 불구하고 욥은 죄를
짓거나 하나님을 원망하지 않았습니
다.

2 또 하루는 *하나님의 아들들이 여
호와 앞에 와 서 있었는데 사탄도
그들과 함께 와서 그분 앞에 섰습니
다.
2 여호와께서 사탄에게 물으셨습니다.
"네가 어디에서 왔느냐?" 사탄이 여호
와께 대답했습니다. "땅에서 여기저기
를 왔다 갔다 하다 왔습니다."
3 그러자 여호와께서 사탄에게 말씀하
셨습니다. "내 종 욥을 유심히 살펴보
았느냐? 땅 위에 그런 사람이 없다.
그는 흠이 없고 정직한 자로서 하나
님을 경외하고 악을 멀리하는 사람이
다. 그리고 네가 나를 부추겨 아무 이
유 없이 망하게 했는데도 그는 아직
까지 *충성심을 잃지 않았다."
4 그러자 사탄이 여호와께 대답했습니
다. "가죽은 가죽으로 바꾸어야지요!
사람이 자기 목숨을 위해서는 가진
모든 것을 다 내주기 마련입니다.
5 그러니 손을 뻗어 그의 뼈와 살을 쳐
보십시오. 그러면 그가 틀림없이 주의
얼굴에 대고 저주할 것입니다."
6 여호와께서 사탄에게 말씀하셨습니
다. "보아라. 그가 네 손안에 있다. 그
러나 그 목숨만은 살려 두어야 한다."
7 그리하여 사탄은 여호와 앞에서 물러
가 욥을 그 발바닥에서 머리끝까지
악성 종기가 나도록 쳤습니다.
8 그러자 욥은 잿더미에 앉아서 토기 조
각을 쥐고 자기 몸을 긁어 댔습니다.
9 그 아내가 그에게 말했습니다. "아직
도 그 잘난 충성심이나 붙들고 있다
니! 차라리 하나님을 저주하고 죽어
버려요!"
10 그러나 그가 아내에게 대답했습니다.
"정말 *어리석은 여자처럼 말하는군.
그래, 우리가 하나님께 좋은 것만 받
고 고난은 받지 않겠다는 것이요?"
이 모든 일에도 불구하고 욥은 입술
로 죄짓지 않았습니다.
11 욥의 세 친구가 그에게 닥친 이 모든
고난에 대해 듣고는 각각 자기 집을
나섰습니다. 데만 사람 엘리바스와 수
아 사람 빌닷과 나아마 사람 소발은
그에게 가서 그와 함께 슬퍼하고 위
로할 마음으로 만나기로 약속했던 것

2:1 또는 천사들 2:3 또는 온전함. 2:10 히브리어에서는 도덕적 결함을 뜻함.

입니다.
12 그들이 멀리서 눈을 들어 보았는데
도무지 욥을 알아볼 수 없었습니다.
그들은 소리 높여 울며 옷을 찢고 하
늘을 향해 재를 날려서 자신들의 머
리에 뿌렸습니다.
13 그러고 나서 그들은 그와 함께 바닥
에 눌러앉아 7일 밤낮을 같이 지냈습
니다. 그가 당한 고난이 엄청난 것을
보고 그들은 그에게 아무 말도 할 수
없었던 것입니다.

욥이 입을 열어 말하다

3 그 후 욥은 입을 열어 자기가 태어
난 날을 저주하며
2 이렇게 말했습니다.
3 "내가 태어난 그날이 사라졌더라면,
사내아이를 배었다고 말하던 그 밤도
없었더라면,
4 그날이 어둠이 됐더라면, 위에 계신
하나님이 신경도 쓰지 않으셨더라면,
그날에 동이 트지도 않았더라면 얼마
나 좋았을까.
5 어둠과 죽음의 그림자가 그날을 가렸
더라면, 구름이 그날 위에 덮였더라
면, 그날의 캄캄함이 그날을 엄습했
더라면 얼마나 좋았을까.
6 그날 밤이여, 어둠이 그 밤을 사로잡
았더라면, 그 밤이 한 해의 날에서 빠
졌더라면, 그 밤이 어떤 달의 날에도
들지 않았더라면 얼마나 좋았을까.
7 오, 그 밤이 잉태할 수 없는 밤이었더
라면, 기뻐 외치는 소리가 그 밤에 들
리지 않았더라면 얼마나 좋았을까.
8 *날을 저주하는 자들, *리워야단을
깨울 수 있는 자들이 그 밤을 저주했
더라면 얼마나 좋았을까.
9 그 밤의 새벽 별들이 어두워졌더라
면, 날이 새기를 기다려도 밝지 않고
동이 트는 것을 보지 못했더라면 얼
마나 좋았을까.
10 그 밤이 내 어머니의 태의 문을 닫지
않았고 내 눈앞에서 고난을 숨기지
않았기 때문이다.
11 내가 왜 모태에서 죽지 않았던가? 그
배 속에서 나오면서 왜 숨을 거두지
않았던가?
12 나를 받을 무릎이 왜 있었던가? 나를
먹일 유방이 왜 있었던가?
13 그렇지 않았더라면 지금 내가 조용히
누워서 자고 또 쉬었을 텐데.
14 자기들을 위해 폐허를 재건한 이 땅
의 왕들과 그 신하들과 함께 있었을
텐데.
15 또는 금을 가진 지도자들, 은으로 집
을 가득 채운 지도자들과 함께 있었
을 텐데.
16 또는 낙태된 아이처럼, 세상 빛을 보
지 못한 아기처럼 돼 있을 텐데.
17 거기는 악인이 소란을 멈추고 지친
사람들이 쉼을 얻으며
18 갇힌 사람들이 함께 쉬고 억압하는
자의 소리가 들리지 않는 곳이다.
19 거기서는 작은 사람, 큰사람이 함께
있고 종이 그 주인에게서 놓여 있지

3:8 또는 바다 3:8 바다에 산다고 생각되던 거대한 동물로 고대 사람들은 혼돈을 가져오는 신화 속의 생물로 이해함.

않는가!
20 왜 비참한 사람들에게 빛을 주시고
고통스러워하는 영혼에게 생명을 주
시는가?
21 죽음을 기다리는 사람들이 죽음이
오지 않아 숨겨진 보물을 찾는 것보
다 더욱 간절히 죽음을 찾다가
22 마침내 무덤에 이르게 되면 기뻐서
어쩔 줄 몰라 하지 않겠는가?
23 하나님의 울타리에 싸여 그 인생길이
숨겨진 사람에게 왜 빛을 주시는 것
인가?
24 내가 먹기 전에 한숨이 나오고 내 신
음이 물처럼 쏟아져 나오는구나.
25 내가 그토록 두려워하던 것이 내게
닥쳤고 내가 무서워하던 일이 내게 일
어났구나.
26 내게 평안도 없고 쉼도 없고 조용함
도 없고 그저 고난만 와 있구나."

엘리바스

4 그러자 데만 사람 엘리바스가 말했
습니다.
2 "누가 자네에게 말을 걸면 자넨 짜증
이 나겠지? 그렇지만 누가 말하지 않
고 물러서 있겠는가?
3 생각해 보게. 자네가 많은 사람을 가
르쳤고 약한 손을 가진 사람에게 힘
을 주지 않았는가.
4 넘어지는 사람을 말로 붙들어 주었고
무릎이 연약한 사람에게 힘을 주지
않았는가.
5 그런데 자네가 이 지경이 됐다고 힘이
빠지고 문제가 생겼다고 힘들어하다니
6 자네의 경외함이 자네의 자신감이었
고 자네가 올바르게 사는 것이 자네
의 소망이 아니었나?
7 잘 생각해 보게. 누가 죄 없이 망하겠
나? 정직한 사람이 끊어지는 일이 어
디 있나?
8 내가 본 바로는 죄악을 경작하는 사
람, 고난의 씨를 뿌리는 사람은 그대
로 거두더군.
9 하나님의 입김에 그들은 망하고 그분
의 콧김에 끝장나는 것이네.
10 사자의 포효 소리, 사나운 사자의 으
르렁대는 소리는 사라지고 젊은 사자
의 이빨은 부러지고
11 늙은 사자가 먹이가 없어 죽고 암사자
의 새끼들이 다 흩어져 버린다네.
12 한마디 말이 내게 살짝 들려오기에
내 귀가 좀 들어 보았네.
13 사람들이 깊은 잠에 빠져드는 그 밤
의 불안한 꿈속에서
14 두려움과 떨림이 나를 사로잡아 내
모든 뼈를 흔들었다네.
15 그러고 나서 한 영이 내 얼굴 앞으로
지나갔네. 내 몸의 털이 다 쭈뼛 서
버렸지.
16 그 영이 가만히 서 있었지만 나는 그
모습이 어떤지 알 수 없었다네. 내 눈
앞에 한 형상이 서 있고 적막이 흐르
는데 내가 어떤 음성을 듣게 됐지.
17 '인간이 하나님보다 더 의로울 수 있
겠느냐? 사람이 그 창조자보다 더 깨
끗할 수 있겠느냐?
18 보라. 하나님께서는 당신의 종들조차

믿지 않으시고 당신의 천사들조차 허
물이 있다 하시는데
19 하물며 진흙집에서 살면서 흙먼지 속
에 그 기초를 두며 하루살이처럼 눌
려 죽을 사람들이야 오죽하겠는가?
20 그들은 아침에 살았다가 저녁이 되면
멸망하고 아무도 생각해 주는 사람
없이 영원히 멸망하는 법이네.
21 그들의 장막 줄이 뽑히지 않겠는가?
그들은 죽어도 참 지혜 없이 죽는다
네.'"

5 "자네에게 대답할 사람이 있다면
지금 불러 보게. 거룩한 이들 가운
데 누가 자네를 돌아보겠나?
2 분노는 어리석은 사람을 죽이고 질투
는 바보 같은 사람을 죽인단 말이지.
3 어리석은 사람이 뿌리박는 것을 본
적이 있는데 그 집이 갑자기 저주를
받더군.
4 그 자식들은 무사한 것과는 거리가
멀어서 성문 앞에서 짓눌리고 있는데
도 구해 주는 사람이 없더군.
5 그들이 추수한 것은 배고픈 사람이
먹어 치우되 가시나무에서 난 것까지
도 먹고 그 재산은 목마른 사람들이
집어삼킨다네.
6 어려움은 흙먼지에서 나는 게 아니고
고난은 땅에서 생겨나는 게 아니지.
7 그러나 불꽃이 위로만 솟듯이 사람
은 고난받기 위해 태어나는 것일세.
8 나 같으면 하나님을 찾아서 하나님께
내 사정을 맡겼을 텐데.
9 그분은 크고도 헤아릴 수 없는 일을
하시고 기적을 셀 수 없이 보이시며
10 땅에 비를 내리시고 밭에 물을 대시
며
11 낮은 사람들을 높은 곳에 세우시고
슬퍼하는 사람들을 안전한 곳으로
들어 올리신다네.
12 또 교활한 사람의 계략을 좌절시켜 그
손이 일을 이루지 못하게 하신다네.
13 지혜로운 사람들을 자기 꾀에 빠뜨리
시고 간교한 사람의 계획이 뒤틀리게
하시네.
14 대낮에도 그들이 어둠을 맞닥뜨리니
정오에도 밤에 하듯이 더듬고 다닌다
네.
15 그러나 그분은 궁핍한 사람들을 칼
날과 같은 그들의 입에서 구해 내시
고 힘 있는 사람들의 손아귀에서 구
해 내신다네.
16 그렇기에 가난한 사람들에게 희망이
있고 불의가 자기 입을 막는 것 아니
겠나.
17 이보게, 하나님께서 바로잡아 주시는
사람은 복이 있다네. 그러니 *전능하
신 분의 훈계를 거절하지 말게.
18 그분은 상처를 주기도 하시지만 또
싸매 주기도 하시고, 다치게도 하시지
만 그 손길이 또 치료도 하신다네.
19 그분이 여섯 재앙에서도 자네를 구해
내시고, 아니 일곱 재앙에서도 자네에
게 아무 해도 끼치지 않게 하실 걸세.
20 기근 속에서도 그분은 자네를 죽음
에서 구속하시고 전쟁에서도 칼의 권

5:17 히브리어, 샤다이

세로부터 자네를 구속하실 걸세.
21 자네는 혀의 채찍에서 보호받을 것이
고 멸망이 닥칠 때 두려워할 필요가
없을 걸세.
22 자네는 멸망과 기근을 비웃을 것이고
땅의 짐승들을 두려워할 필요가 없
을 걸세.
23 자네가 밭의 돌들과 언약을 맺고 들
짐승들이 자네와 잘 어울려 지낼 테
니 말이네.
24 자네는 자네 장막에 아무 탈이 없음
을 알게 될 것이고, 자네 거처를 살펴
보아도 아무것도 잃은 것이 없음을
알게 될 걸세.
25 자네의 자손이 많아지고 자네의 후손
이 땅의 풀처럼 될 것을 자네가 알게
될 걸세.
26 때가 되면 곡식 단을 모아들이듯이
자네가 수명이 다해서야 무덤으로 갈
것이네.
27 아, 그렇군. 우리가 고찰해 본 것이니
이 말이 맞을 걸세. 그러니 자네의 유
익을 위해 그것을 알았으면 좋겠네."

욥

6 그러나 욥이 대답했습니다.
2 "내 고뇌를 달아 볼 수만 있다면,
내 이 비참함을 저울에 올려 볼 수만
있다면 얼마나 좋을까!
3 틀림없이 바다의 모래보다 무거울 것
이다. 그 때문에 내 말이 경솔했구나.
4 전능하신 분의 화살이 내 속에 박혀
서 내 영이 그 독을 마셨으니 하나님
에 대한 두려움이 나를 향해 줄지어
서 있구나.
5 풀이 있는데 들나귀가 울겠는가? 꼴
이 있는데 소가 울겠는가?
6 소금 없이 맛없는 음식이 넘어가겠는
가? 달걀흰자에 무슨 맛이 있겠는가?
7 나는 그것을 건드리기도 싫다. 그런
것을 먹으면 속이 메스꺼워진다.
8 내가 구하는 것이 있는데 하나님께서
내가 바라는 것을 해 주셨으면
9 하나님께서 선뜻 나를 죽여 주셨으
면, 그 손을 놓아 나를 끊어 버리셨으
면 좋겠다는 것이네!
10 그러면 내가 편안해질 텐데. 그래, 고
통 속에서도 기뻐 뛸 텐데. 내가 거룩
하신 분의 말씀을 거역하지 않았으니
까.
11 내게 무슨 힘이 남아 있어 소망이 있
겠는가? 내 마지막이 어떠하겠기에
살아야 하는가?
12 내가 무슨 돌 같은 힘이라도 있단 말
인가? 내 몸이 청동이라도 된단 말인
가?
13 나 스스로를 도울 힘이 내게 없지 않
느냐? 지혜가 내게서 사라지지 않았
느냐?
14 전능하신 분을 경외하는 마음을 저
버릴지라도 친구라면 고난받는 사람
에게 동정심을 보여야 하는데,
15 내 형제들은 시내처럼, 흘러가는 시
냇물처럼 그냥 지나가 버릴 뿐이구나.
16 얼음이 녹아 시냇물이 시커멓게 되고
물속에서 눈이 녹아 넘치게 흘러도
17 날이 따뜻해지면 물이 없어지고 더워

지면 그 자리에서 아예 사라져 버리
는구나.
18 물길에서 벗어나면 갈 곳 없어 사라
지는구나.
19 데마의 대상들이 그 물을 찾고 스바
의 상인들도 기다렸다.
20 그들이 바랐기 때문에 당황했던 것이
고 거기에 가서는 실망뿐이었던 것일
세.
21 이제 자네들도 아무 도움이 안 되네.
내가 무너진 것을 보고는 더럭 겁이
나나 보네.
22 내가 언제 무엇을 좀 달라, 네 재산에
서 얼마를 떼어 달라,
23 적의 손에서 나를 구해 달라, 극악무
도한 자의 손아귀에서 돈 주고 나를
빼 달라고 하던가?
24 나를 가르쳐 보시게나. 내가 입 다물
고 있겠네. 내가 어디서부터 잘못됐
는지 가르쳐 보란 말이네.
25 바른말은 실로 힘이 있는 법이지. 그
러나 자네들은 도대체 뭘 나무라고
싶은 건가?
26 자네들이 말을 책잡으려는 것 같은데
절망에 빠진 사람의 말은 그저 바람
같은 것 아닌가?
27 자네들은 고아를 놓고 제비뽑기하고
친구들조차 팔아넘기겠군.
28 그러니 자네들은 조용히 하고 나를
잘 보게나. 내가 자네들의 얼굴에 대
고 거짓말이라도 하겠는가?
29 부탁하는데 잘 돌아보고 불의한 일
을 하지 말도록 하게나. 내 의가 아직
여기 있으니 다시 생각해 보게나.
30 내 혀에 불의가 있던가? 내 입이 악한
것을 분별하지 못하겠는가?"

7 "사람이 땅에서 사는 것이 고된 종
살이가 아닌가? 그 삶이 품꾼의 삶
과 다를 바가 무엇이겠는가?
2 종이 땅거미 지기를 간절히 기다리는
것같이, 품꾼이 하루 품삯을 애타게
기다리는 것같이
3 나도 몇 달 동안 허무한 일을 당하고
비참한 밤이 나를 위해 정해졌다네.
4 내가 누울 때 '내가 언제나 일어날까?
밤이 언제 끝날까?' 하지만 새벽까지

Q&A 왜 우리에게 고난이 생기는 것일까?

참고 구절 | 욥 6장

고난 앞에서 죽는 것이 더 낫다고 말하며 자신의 무죄를 주장하는 욥에게 친구들은 "죄 없이 고난당하는 자는 없다. 고난은 죄를 뿌린 대가다"라며 회개를 촉구했다. 욥의 친구들처럼 우리들도 '콩 심은 데 콩 나고 팥 심은 데 팥 난다'는 인과응보식 사고에 익숙하다. 정말로 고난은 죄로 인한 형벌일까?

고난은 때때로 죄로 인한 형벌일 때가 있다. 모세를 비방하다 나병에 걸렸던 미리암(민 12:9–10), 하나님께 범죄함으로 인해 망했던 아하스(대하 28:22–23) 등 성경 곳곳에서 죄로 인해 고난당하는 모습을 볼 수 있기 때문이다.

그러나 예수님은 날 때부터 소경된 사람이 그 사람의 죄나 부모의 죄 때문에 소경이 된 게 아이리저리 뒤척인다네.
5 내 몸은 벌레와 흙먼지로 옷 입었고
내 살은 곪아 터졌다네.
6 내 인생이 베틀의 북보다 빠르게 지
나가니 소망도 없이 끝나고 마나 보
네.
7 내 인생이 바람임을 기억해 주십시
오. 내 눈이 다시는 좋은 것을 보지
못할 것 같습니다.
8 지금 나를 보는 눈이 더는 나를 못
보고 주의 눈이 나를 찾아도 내가 더
는 존재하지 않을 것입니다.
9 구름이 사라져 없어지듯이 *무덤으
로 내려가는 자는 돌아오지 않는 법
입니다.
10 그가 다시는 자기 집에 돌아오지 못
하고 그가 있던 자리도 더는 그를 알
지 못할 것입니다.
11 그러므로 내가 입을 다물지 못하겠습
니다. 내 영이 이렇게 고통을 받으면
서 말하고 내 영혼이 이렇게 쓰라려
하면서 원망할 것입니다.
12 내가 *바다입니까, 아니면 *바다의
*괴물입니까? 주께서 왜 나를 감시하
십니까?
13 내가 '내 침대가 나를 편하게 해 주겠
지, 내 보금자리가 내 원망을 받아 주
겠지'라고 하면
14 주께서는 꿈속에서 두렵게 하시고 환
상으로 무섭게 하십니다.
15 내 영혼이 차라리 질식해서 죽는 게
이런 몸으로 사는 것보다 낫다 싶습
니다.
16 나는 사는 게 싫습니다. 영원히 살 것
도 아닌데 나를 혼자 내버려 두소서.
내 인생이 허무하기 짝이 없습니다.
17 사람이 무엇인데 주께서 그를 크게
생각하시고 그에게 그렇게 많은 관심
을 쏟으십니까?
18 왜 그렇게 아침마다 감시하시고 순간
마다 시험하십니까?
19 주께서 언제까지 나를 떠나지 않으시
겠습니까? 침을 꼴깍 삼키는 동안만
이라도 나를 가만히 내버려 두지 않

7:9 히브리어, 스올 7:12 히브리어, 얌 7:12 히브리어, 타닌

니라고 말씀하심으로써 고난과 죄는 늘 직접적인 연관을 가지고 있다는 유대인들의 생각을 고쳐 주셨다(요 9:1-3).
또한 하나님 나라를 위해 고난받기를 자처했던 사도들과 믿음의 조상들을 볼 때(히 11:4-40) 고난이 죄와 반드시 직접적인 연관이 있다는 것은 잘못된 생각임을 알게 된다. 하나님은 고난에 대한 욥의 친구들의 생각이 잘못되었음을 지적해 주셨다(욥 42:7).
그러면 고난은 왜 생기는 것일까? 하나님은 욥의 고난에 대해서 침묵하셨다. 대신에 하나님이 지으신 세상과 그 가운데 행하신 일들을 나열하시며(욥 40:1-41:34) 하나님만이 세상의 이치와 전부를 다 아시는 주권자이심을 말씀하셨다. 고난의 이유에 대한 유일한 답은 하나님 자신이셨다. 하나님은 무슨 일이든지 하실 수 있는 권리를 가지셨다. 하나님께서 이렇게 하시는 것은 피조물인 우리가 어떤 상황에서도 하나님만 경외하게 하려는 것이다(전 3:14). 이것이 바로 고난의 신비다.

으시겠습니까?
20 오 사람을 감시하시는 분이여, 내가
죄를 지었다 해도 그것이 주께 무슨
일이 되겠습니까? 주께서 왜 나를 과
녁으로 삼으셔서 *내가 내 자신에게
짐이 되게 하십니까?
21 주는 왜 내 허물을 용서하지 않으시
고 내 죄를 없애 주지 않으십니까? 이
제 내가 흙먼지 속에 누울 것입니다.
주께서 아침에 나를 찾으셔도 내가
더는 없을 것입니다."

빌닷

8 그때 수아 사람 빌닷이 대꾸했습니
다.
2 "자네가 언제까지 그런 말을 하겠는
가? 언제까지 거친 바람처럼 말하겠
는가?
3 하나님께서 심판을 잘못하시겠는가?
*전능하신 분이 정의를 왜곡하시겠는
가?
4 자네의 자식들이 그분께 죄를 지었다
면 그 죄 때문에 그들을 버리시지 않
았겠는가?
5 그러나 자네가 하나님을 간절히 찾으
며 전능하신 분께 은총을 구한다면
6 또 자네가 순결하고 정직하다면 지금
이라도 그분께서 자네를 위해 직접
일어나 자네의 의의 자리를 회복시키
실 것이네.
7 자네의 시작은 보잘것없을지라도 자
네의 나중은 심히 창대하게 될 걸세.
8 부탁하는데 이전 세대에게 물어보아
그 조상들이 알아낸 것을 들을 준비
를 하게.
9 (우리가 *어제 태어나서 아는 것이 없
고 이 땅에서의 우리 인생은 그림자
에 불과한 것이네.)
10 조상들이 자네에게 가르쳐 주고 말
해 주지 않겠는가? 조상들이 마음에
서 나온 말로 쏟아 내지 않겠는가?
11 늪 없이 왕골이 자라겠는가? 물 없이
갈대가 자라겠는가?
12 아직 푸른색이 돌아 꺾을 때가 되지
않았는데도 다른 풀보다 먼저 시들어
버리지 않는가?
13 하나님을 잊고 사는 사람의 운명도
마찬가지라네. 하나님 없는 사람의
소망은 망해 버릴 것이네.
14 그가 바라는 것은 끊어질 것이고 그
가 의지하는 것은 거미줄 같을 것이
라네.
15 그가 자기 집에 기대어도 집이 서 있
지 못할 것이고 그가 단단히 붙잡아
도 집이 버티지 못할 거란 말일세.
16 그가 해 아래의 싱싱한 식물같이 새
가지가 정원 가득 뻗어 나오고
17 그 뿌리가 서로 얽혀 바위 더미를 두
르고 돌 속에서도 자리를 찾지만
18 만약 그 자리에서 뽑히면 그 자리도
'너를 본 적이 없다'고 하며 밀어낼 것
이네.
19 이보게, 이것이 그런 길의 기쁨이나
그 땅에서는 다른 것이 자랄 것이네.

7:20 대부분의 마소라 사본을 따름. 일부 마소라 사본과 고대 히브리의 서기관 전통과 칠십인역에는 '내가 주께 짐이 되었습니까?' 8:3 히브리어, 샤다이 8:9 또는 갓 태어난 사람과 같아서

20 분명히 하나님께서는 온전한 사람을
버리지도 않고 악을 행하는 사람을
도와주지도 않는 분이시라네.
21 그리하여 그분이 자네 입을 웃음으
로 채우시고 자네 입술을 기쁨으로
채우실 것이네.
22 자네를 미워하는 사람들은 수치로
옷 입고 악한 사람의 장막은 완전히
사라질 것이라네."

욥

9 그러자 욥이 대답했습니다.
2 "그 말이 맞는 줄은 나도 물론 아
네. 그러나 인생이 어떻게 하나님 앞
에 의로울 수 있겠는가?
3 제 아무리 그분과 따져 보려 해도 천
에 하나도 대답할 수 없을 것이네.
4 그 지혜가 심오하고 그 힘이 막강하
니 그분을 거역하고도 잘된 사람이
누구겠는가?
5 그분이 진노해 산들을 옮기고 뒤집으
시더라도 그들은 알지 못한다네.
6 그분은 땅을 그 자리에서 흔드시고
그 기둥을 떨게 하시며
7 그분이 해에게 명령하시면 해가 뜨지
않으며 별빛까지도 봉인해 버리신다
네.
8 그분은 혼자 하늘을 펴시고 바다 물
결을 밟으신다네.
9 그분은 북두칠성과 삼성과 묘성과 비
밀의 남쪽 방을 만드신 분,
10 알 수 없는 큰일들을 하시는 분, 셀
수 없이 많은 기적을 보이시는 분 아
닌가.
11 그분이 내 곁을 지나가셔도 내가 보
지 못하고 그분이 내 앞을 지나가셔
도 내가 깨닫지 못한다네.
12 이보게, 그분이 빼앗아 가시면 누
가 막겠는가? 그분께 '무엇을 하십니
까?'라고 누가 물을 수 있겠는가?
13 하나님께서 진노를 억누르지 않으시
면 *라합을 돕는 무리들도 그분 아래
굴복하거늘
14 하물며 내가 어떻게 그분께 대답할
수 있겠는가? 내가 도대체 무슨 말을
골라 그분과 논쟁하겠는가?
15 내가 의인이었어도 그분께 감히 대답
하지 못하고 다만 내 재판자에게 간
구할 뿐 아니겠나.
16 내가 그분을 불러 그분이 내게 응답
하셨다 해도 나는 그분이 내 음성을
듣고 계시리라고 믿지 못하겠네.
17 그분이 폭풍으로 나를 상하게 하시
고 아무 이유 없이 내게 많은 상처를
내시니 말이네.
18 숨 돌릴 틈도 없이 쓰라린 고통으로
나를 채우신다네.
19 힘으로 하자니 그분은 힘이 세시고
재판으로 하자니 누가 *그를 불러내
주겠는가?
20 내가 아무리 나를 정당화해도 내 입
이 나를 정죄할 것이요, 내가 아무리
스스로 온전하다 해도 내 입이 내 죄
를 증명할 것이네.
21 내가 온전하다 해도 내가 나 자신을

9:13 고대 근동 신화에 나오는 바다 속의 괴물
9:19 칠십인역을 따름. 히브리어 사본에는 '나를'

알 수가 없으니 내가 살아 있다는 게
정말 싫을 뿐이네.
22 모든 게 다 똑같은 게야. 그러게 내가
말하지 않던가? 그분은 온전한 사람
이나 악한 사람이나 마찬가지로 멸망
시키신다고 말일세.
23 재앙이 갑자기 닥쳐 죽게 돼도 그분
은 죄 없는 사람이 시험당하는 것을
비웃으실 것이네.
24 이 땅이 악한 사람의 손에 떨어져도
그분은 그 땅의 재판관들의 얼굴을
가리실 것이네. 그분이 아니면 대체
누구겠는가?
25 내 인생이 달리는 사람보다 빨라서
좋은 것을 보지도 못하고 날아가 버
리는구나.
26 내 인생이 갈대배와 같이 빨리 지나
가며 먹이를 보고 날아 내리는 독수
리와 같이 쏜살같이 지나가는구나.
27 내가 '내 원통함을 잊어버리고 내 무
거운 짐을 떨어내고 웃음을 보이리라'
해도
28 아직도 내 모든 고난이 두렵습니다.
주께서 내가 죄 없다고 하지 않으실
줄 내가 알기 때문입니다.
29 내가 정녕 악한 사람이라면 왜 이처
럼 헛되이 고생을 해야 합니까?
30 내가 *눈 녹은 물로 몸을 씻고 잿물
로 손을 깨끗이 씻어도
31 주께서 나를 시궁창에 빠뜨리실 것이
니 내 옷마저도 나를 싫어할 것입니
다.
32 그분은 나와 같은 사람이 아니시니
내가 그분께 대답할 수도 없고 서로
대면하여 시비를 가릴 수도 없구나.
33 우리를 중재할 누군가가 있어 우리
둘 사이에 그 손을 얹어 줄 이도 없구
나.
34 그분의 회초리가 내게서 사라지고 그
분에 대한 두려움이 나를 짓누르지
않기를 바라노라.
35 그러면 내가 그분을 두려워하지 않고
말할 것이다. 그러나 나는 지금 그런
위치에 있지 않구나."

10 "인생 살기가 정말 괴롭구나.
그러니 내 원통함을 터뜨리고
쓰라린 내 마음을 토로할 것이다.
2 내가 하나님께 말씀드립니다. 나를 정
죄하지 마시고 주께서 무슨 이유로
내게 이러시는지 말씀해 주십시오.
3 주께서 손으로 지으신 나는 억압하
고 멸시하시면서 도리어 악인이 꾀하
는 일은 좋게 보시는 것이 선한 일입
니까?
4 주께 있는 것이 육신의 눈입니까? 사
람이 보듯이 보십니까?
5 주의 날이 사람의 날과 같습니까? 주
의 해가 사람의 해와 같습니까?
6 내 잘못을 찾고 내 죄를 탐색하시다
니요!
7 주께서는 내가 악하지 않은 것을 아
시고 나를 주의 손에서 빼낼 자가 없
음도 아십니다.
8 주의 손이 나를 만들고 나를 두루 다
듬어 주셨는데 이제 와서 나를 멸망

9:30 또는 비누로

시키시려 하십니까?
9 주께서 나를 진흙같이 빚으셨다는
것을 잊지 마소서. 나를 다시 흙으로
돌려보내시렵니까?
10 주께서 나를 우유같이 쏟아붓고 치
즈같이 굳히지 않으셨습니까?
11 내게 가죽과 살로 옷 입히시고 뼈와
힘줄로 짜서 나를 만들지 않으셨습니
까?
12 주께서 내게 생명을 주시고 은총을
베푸셨고 나를 돌보시고 내 영혼을
지키셨습니다.
13 주께서 이런 것들을 주의 마음에 숨
겨 두셨지요. 주께서 이를 염두에 두
고 계심을 내가 압니다.
14 내가 죄를 지으면 주께서 지켜보시고
내 죄악에서 나를 면해 주지 않으십
니다.
15 내가 악하다면 내게 재앙이 있을 것
입니다. 하지만 내가 의인이어도 고개
를 들지 못합니다. 수치와 고난을 지
긋지긋하게 겪고 있습니다.
16 내가 머리라도 들면 주께서 사자처럼
나를 사냥하시며 다시 내게 권능을
보이십니다.
17 주께서 나를 대적하는 증인들을 새
로 세우시고 주의 진노가 내게 더해
가고 있으니 군대가 번갈아 나를 칩
니다.
18 어째서 주께서 나를 모태에서 끌어내
셨습니까? 아무 눈에도 띄지 않게 죽
어 버렸다면 좋았을 것입니다!
19 내가 차라리 없었어야 했는데! 차라
리 모태에서 무덤으로 바로 갔어야
했는데!
20 이제 내 인생도 얼마 없지 않습니까?
그러니 끝내 주십시오. 나를 내버려
두어 잠시나마 편안하게 해 주십시오.
21 내가 돌아오지 못하는 곳, 어두침침
한, 죽음의 그림자가 드리운 땅에 가
기 전
22 어둠 그 자체의 땅, 죽음의 그림자와
혼돈의 땅, 빛조차 어둠 같은 그런 땅
으로 가기 전에 그리해 주십시오."

소발

11

나아마 사람 소발이 대꾸했습니
다.
2 "말이 많으니 대답은 해야 하지 않겠
는가? 말 많은 사람을 의롭다 하겠는
가?
3 속 빈 자네의 말에 사람들이 잠잠히
있겠는가? 자네가 비아냥거리는데 자
네를 망신 줄 사람이 없겠는가?
4 자네가 '내 주장은 순수하고 나는 주
가 보시기에 깨끗합니다' 하는군.
5 그러나 하나님께서 말씀하시고 그 입
술을 열어 자네를 치시기를 빌 뿐이
네.
6 그분이 자네에게 지혜의 비밀을 보여
주시기를 바라네. 지혜는 양면을 갖
고 있다네. 하나님께서 자네의 죄 가
운데 얼마를 잊어 주셨음을 알게나.
7 자네가 아무리 연구해도 하나님을 알
아낼 수 있겠는가? 자네가 전능하신
분을 완전히 찾아낼 수 있겠는가?
8 하늘보다 높은데 자네가 무엇을 할

수 있겠는가? *지하 세계보다 깊은데
자네가 무엇을 알 수 있겠는가?
9 재 보자면, 땅보다 길고 바다보다 넓
단 말일세.
10 그분이 두루 다니시며 사람을 잡아
서 재판을 여시면 누가 그분을 막을
수 있겠는가?
11 그분은 허황된 생각을 하는 사람들
을 알아보시는데 악을 보고 분간하
지 못하시겠는가?
12 미련한 사람이 지혜로워지기를 기다
리느니 차라리 들나귀가 사람 낳기를
기다리는 게 나을 걸세.
13 그러나 만약 자네가 마음을 다잡고
그분께 자네의 손을 뻗으면
14 만약 자네의 손에 있는 죄를 치워 버
리고 어떤 악도 자네의 장막 안에 있
지 못하게 하면
15 자네가 흠 없이 얼굴을 들 수 있을 걸
세. 자네가 굳게 서서 두려워하지 않
을 걸세.
16 자네가 고난을 잊어버릴 것이니 기억
하더라도 고작 흘러간 물 같을 걸세.
17 그리고 자네의 나날들이 정오의 빛보
다 환할 것이고 어둠은 아침같이 밝
아질 걸세.
18 자네는 이제 괜찮아질 것이네. 아직
희망이 있으니 말이야. 그래, 자신을
잘 추스르고 편히 쉬게 될 걸세.
19 자네가 누울 때도 아무도 두려움을
주지 않을 것이고 많은 사람이 자네
의 비위를 맞추려고 애쓸 것이네.
20 그러나 악인의 눈은 앞을 보지 못하
고 피할 길이 없을 것이며 그 소망은
숨이 끊어지는 것뿐일세."

욥

12 그러자 욥이 대답했습니다.
2 "참으로 자네들만 사람이로
군. 그러니 자네들이 죽으면 지혜도
죽겠군!
3 그러나 자네들과 마찬가지로 내게도
통찰력이 있다네. 내가 자네들보다
못하지는 않다네. 그래, 이런 것들을
누가 모르겠는가?
4 하나님을 부르고 응답을 받던 내가,
참, 내 친구들에게 웃음거리가 되고
말았구나. 의롭고 정직한 내가 웃음
거리가 됐구나!
5 평안하게 사는 사람은 재앙을 멸시하
나 그 발이 곧 미끄러질 사람에게는
그 재앙이 덮치는 법일세.
6 강도들의 장막의 일이 잘되고 하나님
의 진노를 자아내는 사람들이 무사
한 것은 하나님께서 그들의 손에 풍
성하게 주셨기 때문이네.
7 하지만 짐승들에게 물어보게나. 자네
들에게 가르쳐 줄 것이네. 공중의 새
들에게 물어보게나. 자네들에게 말해
줄 테니.
8 아니면 땅에 말해 보게나. 자네들에
게 가르쳐 줄 테니. 그것도 아니면 바
다의 고기들이 자네들에게 알려 줄
것이네.
9 여호와의 손이 이 일을 하셨다는 것
을 이 모든 것들 가운데 그 어떤 것이

11:8 또는 '죽음', 히브리어, '스올'

모르겠는가?
10 모든 살아 있는 것들의 목숨이 그 손
에 달려 있고 모든 사람의 호흡이 그
손에 달려 있는 것이네.
11 귀가 말을 듣지 못하겠는가? 입이 맛
을 보지 못하겠는가?
12 나이 든 사람들에게는 지혜가 있고
장수한 사람들에게는 통찰력이 있는
것이네.
13 지혜와 힘은 하나님께 있는 것이고
계략과 통찰력도 그분의 것이네.
14 보게나. 그분이 부수신 것은 다시 세
울 수 없고 그분이 가둬 놓은 사람은
석방되지 못하는 법이네.
15 이보게. 그분이 물을 막으시면 가뭄
이 생기고 그분이 물을 보내시면 땅
에 홍수가 생기는 법이네.
16 힘과 지혜는 그분께 있는 것이니 속
는 사람과 속이는 사람이 다 그분의
것이지 않은가.
17 그분은 계략을 꾸미는 사람들을 맨
발로 끌고 가시고 재판관들을 바보
로 만드시고
18 왕들의 띠를 푸시고 그 허리를 조이
신단 말일세.
19 또 제사장들을 벌거벗겨 끌고 가시고
힘 있는 사람들을 무너뜨리시며
20 신실한 사람의 말을 제거하시고 노인
들의 통찰력을 빼앗아 가시며
21 통치자들에게 멸시를 쏟으시며 권세
자의 권세를 약하게 하신다네.
22 또 어둠의 깊은 것을 밝혀내시고 죽
음의 그림자를 빛 가운데로 끌어내시
지 않는가!
23 민족들을 일으켰다가도 멸망시키시
고 민족들을 확장시켰다가도 다 흩어
버리신다네.
24 세상의 지도자들의 마음을 빼앗아
버리시고 그 백성들이 길 없는 광야
에서 방황하게 하시고
25 그들이 빛도 없는 어둠 속을 더듬고
다니게 하시고 술 취한 사람처럼 비

Q&A '인과응보'에 대한 욥의 견해

참고 구절 | 욥 12:23

욥의 친구들은 좋은 일은 선한 사람들에게, 나쁜 일은 악한 사람들에게 일어난다고 생각했다. 인간의 경험에 비추어 볼 때 의인은 번성하고 악인은 벌을 받는다는 인과응보식의 사고를 했다. 반면 욥은 하나님이 원하시면 의인에게도 고난을 주실 수 있다고 생각했다. 모든 인생의 문제는 하나님께 달려 있다고 보았다. 또 그는 "민족들을 일으켰다가도 멸망시키시고 민족들을 확장시켰다가도 다 흩어 버리신다네"라고(욥 12:23) 말했다. 욥은 하나님이 개인의 문제뿐만 아니라 국가의 운명까지도 주관하시는 분이며 모든 것의 통치자, 주권자시라는 것을 알았다. 토기를 어떤 모양으로 빚을지는 토기장이 마음에 달려 있다. 마찬가지로 창조된 세계와 사람들을 어떤 모습으로 살게 할 것인지에 대한 최고 결정권을 가진 분은 바로 하나님이시다. 그분이 창조자이시기에 이 모든 것의 주권자가 되시는 것이다.

틀거리게 하신다네."

13 "아, 내 눈이 이 모든 것을 보았
고 내 귀가 듣고 깨달았다네.
2 자네들이 아는 것을 나도 아니 나는
자네들보다 못하지 않다네.
3 정말 전능하신 분께 말하고 싶다네.
하나님께 좀 따져 묻고 싶다네.
4 그러나 자네들은 거짓말을 지어내는
자들이니 자네들은 모두 쓸모없는 의
사들일세!
5 자네들이 모두 입 좀 다물고 있었으
면 좋겠군! 그게 차라리 지혜롭겠어.
6 내 변론을 듣고 내 입술의 항변을 들
어들 보게나.
7 자네들이 악하게 말하는 게 하나님
을 위해서인가? 자네들이 속 빈 말을
하는 게 그분을 위해서인가?
8 자네들이 그분의 편을 들겠다는 것인
가? 자네들이 하나님을 위해 논쟁하
겠다는 것인가?
9 그분이 자네들을 살펴보셔도 좋겠
나? 사람이 사람을 속이듯이 자네들
도 그분을 속일 수 있겠나?
10 자네들이 쓸데없이 편을 가르면 그분
이 틀림없이 자네들을 꾸짖으실 거
야.
11 그분의 뛰어남이 두렵지 않은가? 그
분을 두려워하는 마음이 자네들에게
임하지 않겠는가?
12 자네들이 말하는 격언은 잿더미 같고
자네들의 변론은 진흙 벽에 써 놓은
것에 불과하네.
13 그러니 이제 조용히 하고 내가 말하
는 대로 내버려 두게. 무슨 일이 내게
일어나도 좋네.
14 내가 왜 내 이로 내 살점을 물고 내
손으로 내 목숨을 끊겠나?
15 *그분이 나를 죽이신다 해도 나는 그
분을 신뢰할 것이네. 그러나 그분 앞
에서 내 사정을 밝힐 것이네.
16 그분 또한 내 구원이 되실 것이네. 위
선자들은 그분 앞에 감히 나오지 못
할 것이니 말이네.
17 내 말을 잘 듣고 내가 하는 말에 귀
를 기울이게나.
18 이보게. 이제 재판받을 준비가 다 됐
네. 내가 무죄가 될 것으로 알고 있
네.
19 누가 나에게 시비를 걸고 다투겠는
가? 그렇다면 나는 입을 다물고 차라
리 죽고 말겠네.
20 이 두 가지만은 내게 허락해 주십시
오. 그러면 내가 주로부터 숨지 않을
것입니다.
21 주의 손을 내게서 멀리 가져가시고
주의 두려움으로 나를 두렵게 하지
마십시오.
22 그리고 나를 부르십시오. 내가 대답
하겠습니다. 아니면 내가 말하겠으니
주께서 대답해 주십시오.
23 내가 저지른 잘못과 지은 죄가 얼마
나 많습니까? 내 허물과 내 죄를 알
려 주십시오.
24 왜 주의 얼굴을 숨기시고 나를 주의
적으로 여기십니까?

13:15 또는 '그가 나를 죽이시리니 내가 희망이 없네.'

25 주께서 낙엽을 괴롭히시겠습니까?
마른 겨를 쫓아다니시겠습니까?
26 주께서 내 쓰라린 과거를 기록하시고
내 어린 시절의 죄를 상속받게 하십
니다.
27 주께서 또 내 발을 차꼬에 채우시고
내 모든 길을 뚫어지게 지켜보며 내
발자국을 제한하시니 말입니다.
28 그러니 사람이 썩은 것처럼 쇠약해지
고 좀먹은 옷 같습니다."

14 "여자가 낳은 사람은 사는 날이
얼마 되지 않고 고난으로 가득
해
2 꽃처럼 피어났다 시들어 버리고 그림
자처럼 덧없이 사라지는데
3 주께서 그런 사람을 눈여겨보시겠습
니까? 주께서 *나를 데려가 심판하시
겠습니까?
4 누가 더러운 것 가운데 깨끗한 것을
낼 수 있겠습니까? 아무도 할 수 없
습니다!
5 사람이 사는 날이 정해져 있고 그 달
수가 주께 있는 것을 보면 주께서 사
람이 넘을 수 없는 한계를 정해 주신
것입니다.
6 그러니 그가 쉴 수 있도록 눈을 떼
주십시오. 그가 일꾼처럼 그날을 채
울 때까지 말입니다.
7 나무는 베일지라도 다시 싹이 돋고
부드러운 가지가 또 나오리라는 희망
이 있습니다.
8 땅속에서 그 뿌리가 늙고 그 밑동이
흙 속에서 죽는다 해도
9 물 기운이 있으면 그 싹이 돋아나고
새로 심은 듯이 가지가 나옵니다.
10 그러나 사람은 죽으면 사라집니다. 참
으로 사람이 숨을 거두면 온데간데없
이 사라집니다.
11 바다에서 물이 사라지고 강이 잦아
들어 바짝 마르게 되는 것같이
12 사람도 한번 누우면 일어나지 못합니
다. 하늘이 사라질 때까지 일어나지
못하고 그 잠에서 깨어나지 못합니다.
13 오, 주께서 나를 *무덤에 숨기시고 주
의 진노가 지나갈 때까지 나를 감추
시면 얼마나 좋겠습니까! 주께서 내
게 시간을 정해 주시고 나를 기억하
신다면 얼마나 좋겠습니까!
14 사람이 죽으면 다시 살 수 있겠습니
까? 내게 정해진 모든 날 동안 나는
내가 *회복될 날이 오기만을 기다릴
것입니다.
15 주께서 불러만 주신다면 내가 주께
대답하겠습니다. 주께서는 손수 만드
신 것을 간절히 바라실 것입니다.
16 주께서 지금 내 발걸음을 세고 계시
니 주께서는 내 죄를 뒤쫓지 않으시
고
17 내 허물을 자루 속에 넣어 봉하시고
내 죄를 꿰매어 덮어 주실 것입니다.
18 그러나 산이 무너져 내리듯이, 바위
가 그 자리에서 옮겨 가듯이,
19 물이 돌들을 닳게 하듯이, 급류가 땅
의 흙먼지들을 쓸어버리듯이, 주께서

14:3 히브리어를 따름. 칠십인역과 불가타와 시리아 어역에는 '그를' 14:13 또는 죽음. 히브리어, 스올 14:14 또는 해방된

는 사람의 소망을 없애 버리십니다.
20 주께서 사람을 영원히 이기시니 그가
사라집니다. 주께서 그의 낯빛을 바
꾸시고 멀리 보내십니다.
21 그 아들들이 영광을 누려도 그는 알
지 못하며 그들이 비천해져도 그는
알지 못합니다.
22 그는 그저 자기 몸의 고통만 느낄 뿐
이요, 자기를 위해서 슬피 울 수 있을
뿐입니다."

엘리바스

15 그러자 데만 사람 엘리바스가
대꾸했습니다.
2 "지혜로운 사람이 헛된 지식으로 대
답하겠는가? 동쪽 바람으로 그의 배
를 채우겠는가?
3 말도 안되는 소리로 논쟁하겠는가?
아무짝에도 쓸모없는 말로 싸우겠는
가?
4 그래, 자네가 하나님 경외하기를 내
던져 버리고 하나님 앞에 기도하기를
그치고 있네.
5 자네 죄가 자네 입을 가르쳐서 교활
한 사람의 말만 골라 하고 있네.
6 자네의 입이 자네를 정죄하지 내가 정
죄하는 게 아니네. 자네 입술이 자네
에게 불리하게 증언하는 거야.
7 자네가 첫 번째로 태어난 사람이며
자네가 산보다 먼저 만들어졌는가?
8 자네가 하나님의 비밀을 들었으며 자
네만 지혜를 알고 있는가?
9 우리는 모르고 자네만 아는 게 무엇
인가? 우리가 알지 못하는 사실을 자
네만 깨달은 게 무엇인가?
10 우리 가운데는 백발의 노인들도, 나이
가 많은 사람들도 있고 자네 아버지보
다 훨씬 나이 많은 사람들도 있네.
11 하나님의 위로가 충분하지 않던가?
부드러운 말씀조차도 충분하지 않던
가?
12 어찌하여 자네가 이토록 흥분해 눈
을 치켜뜨고
13 영으로 하나님을 원망하고 입으로 그
런 말들을 쏟아 내는가?
14 사람이 무엇이라고 깨끗할 수 있겠
나? 여자가 낳은 자가 무엇이라고 의
로울 수 있겠는가?
15 이보게. 그분은 그분의 거룩한 사람
들을 신뢰하지 않으신다네. 진정 그
분 보시기에는 하늘도 깨끗하지 않다
네.
16 그런데 하물며 죄악을 물 마시듯 들
이키는 추악하고 부패한 사람이야 오
죽하겠는가!
17 내 말을 들어 보게. 내가 설명해 주겠
네. 내가 본 것을 말해 주지.
18 지혜로운 사람들이 그 조상들에게서
들은 것을 숨김없이 전해 준 것이네.
19 그 조상들에게만 그 땅이 할당됐고
그 어떤 이방 사람도 그들 가운데로
지나가지 못할 때였네.
20 악한 사람은 일평생 고통을 당하게
돼 있고 억압자는 그 햇수가 자기에
게 쌓이게 돼 있네.
21 소름끼치는 소리가 그 귀에 들리고
잘돼 가는 것 같을 때 멸망자가 그를

덮칠 것이네.
22 그는 어둠에서 벗어나기를 바라지 못
하고 칼을 기다리고만 있는 것이네.
23 그는 먹을 것을 찾아 미친 듯이 돌아
다니며 '어디 있나?' 하고 어둠의 날이
바로 코앞에 닥쳤음을 알고 있다네.
24 고난과 고뇌가 그를 두렵게 하고 싸
울 태세를 갖춘 왕처럼 그를 덮칠 것
이라네.
25 그가 하나님께 주먹을 휘두르고 전능
하신 분 앞에서 자기 힘을 다지며
26 목을 세우고 강한 방패를 가지고 그
분을 향해 달려들었기 때문이네.
27 그 얼굴에 기름기가 가득하고 그 허
리에 살이 피둥피둥 쪘어도
28 그는 황폐한 마을, 아무도 살지 않는
집, 돌무더기가 돼 버릴 집에서 사는
것이네.
29 그가 부자가 되지 못하고 그 재산이
남아 있지 않을 것이고 그 땅에 뿌리
박지 못할 것이네.
30 그는 어둠에서 떠나지 못할 걸세. 불
꽃이 그 가지들을 말리고 그분의 입
김에 그가 사라져 버릴 것이네.
31 속아 넘어간 그가 헛것을 믿지 않도
록 해야 할 것이네. 그러면 그 보상이
또 헛것이 될 테니 말이야.
32 그의 때가 이르기 전에 그 일이 다 이
루어질 것이고 그 가지는 푸를 수 없
을 것이네.
33 아직 익지 않은 열매가 떨어지는 포
도나무 같고 꽃이 떨어져 버리는 올리
브 나무 같을 것이네.
34 위선자들의 무리는 자식을 낳지 못할
것이고 뇌물을 좋아하는 사람들의
장막은 불탈 것이네.
35 그들은 악행을 잉태해 재난을 낳으며
그 뱃속은 기만을 준비하고 있는 것
일세."

욥

16 그러자 욥이 대답했습니다.
2 "나도 그런 것들은 많이 들어
보았네. 자네들이 위로라고 하는 말
이 다 형편없네.
3 쓸데없는 말에 끝이 있겠나? 그렇게
말하는 저의가 무엇인가?
4 하긴 자네들이 나 같은 상황이라면
나도 자네들처럼 말했을지 모르지.
나도 자네들에게 그럴듯한 언변을 늘
어놓고 쯧쯧 하며 고개를 절레절레
흔들었을지 모르지.
5 하지만 입으로 자네들을 격려하고 내
입술을 움직여 자네들을 위로했을 걸
세.
6 말을 해도 고통이 가시지 않고 입을
다물어 보아도 사라지지 않습니다.
7 이제 주께서 나를 지치게 하시고 내
온 집안을 황폐케 하셨습니다.
8 주께서 나를 피골이 상접하게 만드셔
서 증거로 삼고 내 여윈 모습도 내게
불리한 증거가 됩니다.
9 주께서 진노로 나를 찢으시고 나를
미워하시며 이를 가시고 나의 원수가
돼 나를 노려보십니다.
10 사람들이 입을 쩍 벌리고 달려들고
수치스럽게도 내 뺨을 치며 한통속

이 돼 나를 적대시하니
11 하나님께서 나를 경건치 않은 사람들
에게 넘기시고 악인의 손아귀에 던져
넣으셨습니다.
12 나는 평안하게 살고 있었는데 주께서
나를 산산이 부숴 버리셨습니다. 내
목을 잡고 나를 흔들어 산산조각 내
며 나를 그 표적으로 삼으셨습니다.
13 주의 화살이 나를 사방에서 두루 쏘
았고 사정없이 내 콩팥을 둘로 찢었
으며 내 쓸개를 땅바닥에 쏟아 놓으
셨습니다.
14 주께서는 상처에 또 상처가 나게 나
를 깨뜨리시고 용사처럼 내게 달려드
십니다.
15 나는 굵은베를 기워 내 살 위에 덮었
으며 내 뿔은 먼지 속에 처박혔습니
다.
16 내 얼굴은 하도 울어서 벌겋게 됐고
내 눈꺼풀에는 죽음의 그림자가 드리
웠습니다.
17 그러나 내 손은 여전히 불의와 상관
이 없고 내 기도도 순결합니다.
18 오 땅이여, 내 피를 덮지 말아 다오.
내 부르짖음이 머물 곳이 없게 하라!
19 보라. 지금도 내 증인이 하늘에 계시
고 내 보증인이 높은 곳에 계신다.
20 내 친구들은 나를 비웃지만 내 눈은
하나님께 눈물을 쏟아 놓는다.
21 사람이 자기 친구를 위해 간구하듯
하나님과 함께한 사람을 위해 누군가
가 간청한다면!
22 몇 년이 지나면 나는 영영 돌아오지
못할 길을 떠날 것이다."

17

"내 기운이 없어졌고 내 수명이
다했으니 무덤이 나를 위해 준
비돼 있구나.
2 조롱하는 사람들이 내 옆에 있지 않

하용조 목사의 행복한 **메시지**

억울한 고난

고난보다 더 무서운 것은 고뇌입니다. 하나님을 잘 믿고 있다고 생각했는데 왜 내게 억울한 일이 생기는가? 욥은 이러한 고뇌 끝에 예수님을 만나게 됩니다. 그리고 다음과 같은 고백을 합니다. "내 구속자가 살아 계시고 그분이 결국에는 이 땅 위에 서실 것을 나는 알고 있다네. 내 살갗이 다 썩은 뒤에라도 내가 육신을 입고서 하나님을 뵐 걸세. 내가 그분을 뵐 것이요, 내 두 눈으로 그를 뵐 걸세. 내 간장이 내 안에서 타들어 가는구나."(욥 19:25-27) 욥은 예수님을 직접적으로 말하지는 않았지만 그의 고백에서 구속자는 온 인류의 죄와 고난을 대신 지실 메시아를 가리키고 있습니다. 이것이 고난 가운데서 욥이 경험한 하나님입니다. 예수님은 우리 죄와 고난을 대신 감당하셨습니다. 그런데 우리가 고난을 당하는 것은 당연하지만 왜 예수님이 고난을 당하셔야 했습니까? 예수님은 자기 죄와 실수 때문이 아니라 우리 죄와 허물을 대신 담당하셨기에 고난을 받으셨던 것입니다. 욥의 경험과 같이 하나님의 사람들은 고난 속에서 예수님을 만나고 그분을 구속자로 고백하게 되는 것입니다.

느냐? 내 눈이 그들의 분노를 쳐다보
고 있지 않느냐?
3 이제 놓아주시고 친히 나를 위해 보
증해 주십시오. 나와 손바닥을 마주
칠 사람이 누구겠습니까?
4 주께서 그들의 마음을 닫아 깨닫지
못하게 하셨으니 그들을 높여 주지도
않으실 것입니다.
5 한몫 받으려고 친구를 험담하는 사
람은 그 자식들의 눈이 멀게 될 것입
니다.
6 그분이 나를 사람들의 웃음거리로 삼
으셨으니 사람들이 내 얼굴에 침을
뱉습니다.
7 내 눈이 슬픔으로 침침해지고 내 몸
의 모든 지체들은 그림자 같구나.
8 정직한 사람은 이 일에 놀라고 죄 없
는 사람은 위선자들 때문에 격동할
것이다.
9 그러나 의인은 자기 길을 갈 것이요,
깨끗한 손을 가진 사람들은 더욱 강
해질 것이다.
10 그러나 너희 모두는 돌아오라. 내가
너희 가운데 지혜로운 사람을 찾지
못하겠노라.
11 내 인생이 지나갔고 내 계획과 내 마
음의 생각마저도 부서졌도다.
12 그들이 밤을 낮으로 바꾸니 어둠으
로 인해 빛이 짧구나.
13 내가 바라는 것이 있다면 *무덤으로
내 집을 삼는 것이요, 어둠 속에 내
침대를 깔아 놓는 것이로다.
14 내가 무덤에게 '너는 내 아버지다'라고
말하고 벌레에게 '내 어머니, 내 자매
다'라고 했도다.
15 그러니 내 소망은 어디 있느냐? 내 소
망을 누가 보겠느냐?
16 내 소망이 나와 함께 *무덤으로 내려
가겠느냐? 나와 함께 흙 속에 묻혀
버리겠느냐?"

빌닷

18 그러자 수아 사람 빌닷이 대꾸
했습니다.
2 "자네 도대체 언제까지 말을 할 건
가? 정신 좀 차리게. 우리도 말 좀 하
세.
3 어떻게 우리가 짐승 취급을 받고, 자
네 눈에 그렇게 비열하다고 여겨지는
것인가?
4 분노로 스스로를 갈기갈기 찢어 놓
는 자여, 자네가 땅을 황무지로 만들
겠는가? 바위를 그 자리에서 옮기자
는 것인가?
5 악인의 등불은 꺼지고 그 불꽃은 타
오르지 않을 걸세.
6 그 장막에서는 빛이 어두워지고 그
곁의 등불도 함께 꺼질 걸세.
7 그 힘찬 발걸음이 약해지고 자기 꾀
에 자기가 넘어갈 걸세.
8 그 발은 스스로 그물에 걸리고 그 올
가미에 빠지게 되지.
9 그의 발꿈치는 덫에 걸리고 올가미가
그를 얽어맬 걸세.
10 그를 잡으려고 땅에 올가미가 놓여 있
고 그가 가는 길에 덫이 놓여 있다네.

17:13,16 또는 죽음. 히브리어, 스올

11 사방에서 그를 무섭게 하며 그가 발걸
음을 뗄 때마다 끝없이 따라다닌다네.
12 그는 굶주려 힘이 빠질 것이고 파멸
이 그 곁에서 준비하고 있다가
13 그 힘 있던 살을 파먹고 죽음의 장자
가 그 힘을 삼키고 말 걸세.
14 그의 자신감은 그 장막에서 뿌리째
뽑히고 공포의 왕에게로 끌려갈 걸
세.
15 그의 장막에서 사는 것 가운데 그의
것은 하나도 없을 것일세. 그가 사는
곳에는 유황이 뿌려질 걸세.
16 그 뿌리는 밑에서부터 말라 버리고
위로는 가지들이 잘릴 걸세.
17 그에 대한 기억은 이 땅에서 사라져
없고 그 이름은 거리에서 존재하지
않을 걸세.
18 그는 빛에서 어둠으로 빠져들고 이
세상에서 쫓겨날 걸세.
19 그는 그 백성들 가운데 아들도, 후손
도 없을 것이며 그가 살던 곳에는 남
은 사람이 아무도 없을 걸세.
20 그 선대가 두려움에 싸였듯이 그 후
대가 그 운명을 보고 놀랄 걸세.
21 악한 사람의 집은 반드시 그렇게 되
고 이것이 바로 하나님을 알지 못하
는 사람이 사는 곳일세."

욥

19

그때 욥이 대답했습니다.
2 "자네들이 언제까지 내 영혼
을 괴롭히고 말로 나를 갈가리 찢어
놓겠는가?
3 자네들이 열 번이나 나를 비난하는
구나. 나를 의심하고도 부끄러워하지
않는구나.
4 내가 정말 잘못을 했다 하더라도 내
잘못은 내 문제일 뿐일세.
5 자네들이 진정 나를 짓밟아 높아지려
하고 나를 꾸짖어 고발하려거든
6 하나님께서 이미 나를 거꾸러뜨리시
고 그 그물로 나를 둘러싸셨음을 이
제 알게나.
7 보라. 내가 아무리 잘못됐다고 부르
짖어도 응답이 없고 아무리 크게 부
르짖어도 공정한 처분이 없다네.
8 그분이 내 길을 가로막아 지나가지
못하게 하셨고 내 길에 어둠을 깔아
놓으셨다네.
9 내게서 명예를 벗기시고 내 머리의 면
류관을 빼앗아 버리셨다네.
10 그분이 사방으로 나를 치시니 내가
죽는구나. 내 소망을 송두리째 뽑아
버리셨다네.
11 그분이 나를 향해 진노의 불을 켜시
고 나를 당신의 원수같이 여기시는구
나.
12 그 군대가 한꺼번에 나와 나를 향해
진군해 내 장막 주위에 진을 치는구
나.
13 그분이 내 형제들을 내게서 멀리 두
셨으니 내가 아는 사람들이 나를 완
전히 외면한다네.
14 내 친척들이 다 떠나고 내 친구들도
나를 잊었다네.
15 내 집에 살던 사람들과 내 여종들이
나를 낯선 사람 취급하니 나는 그들

이 보기에 이방 사람이라네.
16 내가 내 종을 불러도 대답하지 않으
니 오히려 내가 입으로 애걸했다네.
17 내 아내도 내 입김을 싫어하고 내 형
제들도 나를 혐오스러워했다네.
18 심지어 어린아이들까지도 나를 경멸
하며 내가 일어났더니 나를 비웃었다
네.
19 내 속을 털어놓는 친구들도 다 나를
싫어하고 내가 사랑하는 사람들도 내
게서 고개를 돌렸다네.
20 나는 이제 가죽과 뼈만 남았고 겨우
잇몸만 남아 있구나.
21 자네들, 내 친구들아, 너희는 나를 불
쌍히 여기라. 나를 불쌍히 여기라. 하
나님의 손이 나를 치셨으니 말이다.
22 자네들이 왜 하나님이 하시듯 나를
핍박하는가? 내 살로 배부르지 않았
는가?
23 내 말이 기록된다면! 오, 그게 책에
쓰여진다면!
24 철필과 납으로 바위에 영원히 새겨진
다면!
25 내 구속자가 살아 계시고 그분이 결
국에는 *이 땅 위에 서실 것을 나는
알고 있다네.
26 *내 살갗이 다 썩은 뒤에라도 내가
*육신을 입고서 하나님을 뵐 걸세.
27 내가 그분을 뵐 것이요, 내 두 눈으로
그를 뵐 걸세. 내 간장이 내 안에서
타들어 가는구나.
28 자네들은 '우리가 그를 무엇으로 칠
까?', 또 '문제의 뿌리는 그에게서 찾
을 수 있다'라고 말하는군.
29 자네들은 칼을 두려워하게. 진노는
칼의 징벌을 부르기 때문일세. 그러
고 나면 자네들은 *심판이 있음을 알
게 될 걸세."

소발

20 그러자 나아마 사람 소발이 대
꾸했습니다.
2 "어쩔 수 없이 내 생각을 토로해야겠

19:25 또는 내 무덤 위에 19:26 또는 내가 깬 다음에, 비록 이 몸은 다 썩어도 그때에 내가 19:26 또는 육신과 떨어져서 19:29 또는 심판하시는 분이

성·경·상·식

고난

성경이 보여 주는 고난은 세상에서 말하는 고난과 근본적으로 다르다. 성경은 그리스도인들이 당하는 고난을 하나님의 복 가운데 하나라고까지 말한다. 고난을 통해 깨닫게 되는 바는 다음과 같다.

첫째, 고난을 통해 사람은 자신의 허물과 죄악을 바로 깨닫고 주의 말씀을 지키고 주의 율례를 배우게 된다(시 119:67, 71). 둘째, 고난당하는 다른 사람을 이해하고 위로할 수 있게 된다(고후 1:4). 셋째, 예수님이 당하신 고난에 동참하는 영광을 누리게 된다(고후 1:5). 넷째, 고난을 통해 겸손해지고 하나님을 전적으로 의지하는 신앙의 인격자가 되어 간다(욥 23:10; 고후 1:9).

고난당할 때 신자들이 가질 태도는 계속 선한 일을 행하는 가운데 자기의 영혼을 신실하신 창조주께 맡겨야 하는 것이다(벧전 4:19). 또한 고난의 유익을 생각하며 오히려 기쁘게 여기고 인내를 온전히 이루어야 한다(약 1:2-4). 그리고 기도를 통해 하나님의 도우심을 구해야 한다(약 5:13).

군. 참 답답하다.
3 나를 모욕하고 훈계하는 말을 듣고는
내 영이 깨닫는 바가 있어 대답할 수
밖에 없구나.
4 자네는 옛날부터 내려온 이 일을 알
지 못하는가? *사람이 이 땅에 살게
되면서부터
5 악인의 승리는 짧고 위선자의 기쁨은
순간이라는 것 말일세.
6 그 뛰어남이 하늘을 찌르고 그 머리
가 구름에 닿는다 해도
7 그는 자기 똥처럼 영원히 스러지는 법
일세. 그를 본 사람들이 '그가 어디 있
느냐?' 할 걸세.
8 그는 꿈처럼 날아가 버려 더 이상 찾
을 수가 없을 것이며 정녕 밤에 보는
환상처럼 사라져 버릴 걸세.
9 그를 본 눈이 다시는 그를 못 볼 것이
고 그가 살던 곳도 다시는 그를 보지
못할 걸세.
10 그 자손은 가난한 사람에게 은혜를
구하겠고 가난한 사람의 손이 그들의
재물을 되찾을 걸세.
11 그 뼈는 젊은 기운으로 가득 찼었지
만 그 기운도 그와 함께 흙먼지 속에
누울 걸세.
12 악이 그 입에 달아 그가 그것을 혀 밑
에 숨기더라도
13 그가 그것을 아끼고 아껴서 버리지
못하고 입속에 물고 있더라도
14 그가 먹은 것은 뱃속에서 변해 그 안
에서 독사의 독이 돼 버릴 걸세.
15 그는 자기가 삼킨 재물을 뱉어 낼 걸
세. 하나님께서 그것들을 그 뱃속에
서 토해 내게 하실 걸세.
16 그가 뱀의 독을 빨고 독사의 혀가 그
를 죽일 걸세.
17 그는 흐르는 시내, 꿀과 젖이 흐르는
시내를 보지 못할 걸세.
18 그는 그토록 애를 써도 자기는 먹지
못하고 돌려주어야 하고 자기가 장사
해서 얻은 이익을 누리지 못할 걸세.
19 그가 가난한 사람들을 억압하고 내
버려 두었으며 자기가 짓지도 않은 집
을 강제로 빼앗았기 때문일세.
20 그 뱃속이 편안할 날이 없을 것이고
그가 원하는 어떤 것도 갖지 못할 걸
세.
21 그가 삼킬 만한 것이 아무것도 남지
않고 그리하여 그가 잘되는 것을 누
구도 볼 수 없을 걸세.
22 그는 풍족한 중에도 모자라고 모든
악한 사람의 손이 그를 덮칠 걸세.
23 그가 자기 배를 채우려 할 때 하나님
께서는 그를 향해 타오르는 진노를
쏟으시고 그가 먹고 있는 가운데 비
같이 퍼부으실 걸세.
24 그가 철 무기를 피해 도망치겠으나
강철로 된 활이 그를 관통할 걸세.
25 그가 몸에서 그 화살을 빼내면 번쩍
거리는 화살촉이 그 쓸개에서 나올
것이고 그리하여 공포가 그를 덮칠
걸세.
26 그의 비밀스러운 곳에 모든 어둠이
드리우고 피우지도 않은 불이 그를

20:4 또는 아담

태워 버리며 그 장막에 남은 것을 삼
켜 버릴 걸세.
27 하늘이 그의 죄를 드러내고 땅이 그
를 대적해 들고일어날 걸세.
28 그 집이 융성해지기를 그치고 그분의
진노의 날에 그 재물들이 떠내려갈
걸세.
29 이러한 것이 하나님께서 악인에게 주
신 몫이요, 하나님께서 그들에게 정
하신 유업일세."

욥

21 그러자 욥이 받아 대답했습니
다.
2 "내 말을 잘 들어 보게. 이것으로 자
네들의 위로를 삼으시게.
3 내가 말하는 동안 좀 참고 있다가 내
말이 끝나면 조롱하게나.
4 내가 사람을 원망하는 것인가? 그렇
다면 내가 어떻게 괴롭지 않을 수 있
겠나?
5 나를 잘 보고 놀라게. 자네들의 손으
로 입을 막게.
6 나는 이것을 생각하면 끔찍해서 몸서
리가 쳐진다네.
7 어떻게 악인은 그렇게 세력을 키우면
서 늙을 때까지 계속 사는 건가?
8 그들의 눈앞에서 그 자식들이 그들과
함께 굳건히 서고 그 자손들도 그렇
게 되면서 말일세.
9 그 집들은 안전하고 두려울 게 없으
며 하나님의 매도 그들 위에는 있지
않다네.
10 그 수소는 문제 없이 번식하고 그 암
소들은 유산하는 일 없이 새끼를 낳
는다네.
11 그들은 자기 자식들을 양 떼처럼 내
보내고 그 어린 자녀들은 춤을 춘다
네.
12 그들이 탬버린과 하프를 쥐고 피리 소
리에 즐거워하고 있다네.
13 그들은 부유한 나날을 누리다가 한순
간에 *무덤으로 내려간다네.
14 그런데도 그들은 하나님께 '우리를 내
버려 두십시오! 우리는 당신의 길을
알고 싶은 마음이 없습니다.
15 전능자가 누구이기에 우리가 그를 섬
겨야 합니까? 그에게 기도해서 얻을
게 무엇입니까?'라고 말한다네.
16 그들의 복이 그들의 손에 있지 않으
며 악한 사람들의 계획은 내게서 멀
다네.
17 그런데 악인의 등불이 꺼지는 일이
몇 번이나 있었는가? 그들에게 재난
이 몇 번이나 닥쳤는가? 하나님께서
진노해 슬픔을 안겨 주시던가?
18 그들이 바람 앞의 짚과 같이, 폭풍에
휘날리는 겨와 같이 된 적이 있는가?
19 '하나님께서 그 범죄를 쌓아 두셨다
가 그 자식들에게 갚는다'고 하지만
그에게 갚아 주어야 그가 깨닫게 되
리라.
20 그 눈이 그 멸망을 보게 되고 전능하
신 분의 진노를 마셔야 할 걸세.
21 그의 달수가 다해 죽게 되면 제집에
무슨 관심이 있겠는가?

21:13 히브리어, 스올

22 하나님께서 높은 사람들도 심판하시
는데 누가 하나님께 지식을 가르칠
수 있는가?
23 어떤 사람은 죽을 때까지도 기력이
정정해 행복하고 평안하게 삶을 마친
다네.
24 그의 몸은 기름기가 넘치고 그 뼈는
골수로 미끈거린다네.
25 그런데 어떤 사람은 좋은 것은 누린
적이 없이 죽을 때도 고통 가운데 죽
는다네.
26 이들이 다 같이 흙 속에 누울 것이
요, 구더기가 그들 위에 득실거리지
않겠는가.
27 자네들이 무슨 생각을 하는지, 나를
해하려는 자네들의 속셈을 다 잘 알
고 있다네.
28 자네들이 말하기를 '그 대단하던 사
람의 집이 어디 있는가? 악한 사람들
이 살던 곳이 어디 있는가?' 하는데
29 자네들이 지나가는 사람들에게 묻지
않았는가? 그들이 한 말을 자네들이
깨닫지 못했는가?
30 악인이 멸망의 날에 목숨을 부지하
고 진노의 날에도 살아남는다고 말하
지 않던가?
31 누가 그 얼굴에 대고 어쩌고저쩌고하
겠는가? 그가 한 일에 대해 누가 갚
겠는가?
32 그가 무덤으로 실려 갈 것이고 사람
들이 그 무덤을 지켜 줄 것이네.
33 골짜기의 흙덩어리가 그를 부드럽게
덮어 줄 것이고 셀 수 없는 사람들이
그보다 앞섰듯이 모든 사람이 그 뒤
를 따를 것이네.
34 그러니 자네들이 대꾸하는 게 다 거
짓인데 그렇게 지껄인다고 내게 위로
가 되겠는가!"

엘리바스

22 그때 데만 사람 엘리바스가 대
꾸했습니다.
2 "사람이 하나님께 도움이 되겠는가?
아무리 지혜롭다고 해도 하나님께 도
움이 되겠는가?
3 자네가 의롭다는 게 전능하신 분께
어떤 기쁨이 되겠는가? 자네 행위가

Q&A 조상들의 죄 때문에 저주가 흐르는가?

참고 구절 | 욥 21:19

욥의 친구들은 욥의 고난이 조상의 죄 때문이라고 말했다(욥 5:4; 20:10). 하나님은 조상의 죄악을 쌓아 두셨다가 그 자손에게 갚으신다는 것이다(욥 21:19). 출이집트기나 신명기의 기록을 보면 욥의 친구들의 주장이 일면 타당성이 있는 것 같다(출 20:5; 신 5:9). 그러나 아비의 죄를 자손에게 갚으신다는 말씀은 죄가 가진 영향력의 심각성을 경고하신 것이다. 하나님은 죄의 책임을 그 당사자에게서 찾으시는 분이시다(겔 18:20).

예수 안에 있는 자들은 죄와 저주에서 해방된 사람들이며(롬 8:1-2; 갈 3:13) 새 피조물이 된 사람들이다(고후 5:17). 가계에 저주가 흐른다는 시각은 비복음적이다.

흠 없었다고 해서 그분이 무엇을 얻
겠는가?
4 자네가 그분을 경외했기 때문에 그분
이 꾸짖으셨단 말인가? 그래서 자네
를 심판하신다는 건가?
5 자네 악함이 큰 것 아닌가? 자네 죄
악이 끝이 없는 것 아닌가?
6 자네는 이유 없이 형제에게 담보를 요
구했고 사람들의 옷을 벗겨 버렸네.
7 또 자네는 지친 사람에게 물을 주지
않고 굶주린 사람에게 빵을 주지 않
았네.
8 권세 있는 사람이 땅을 얻었고 존귀
한 사람이 거기 살았네.
9 또 자네는 과부를 빈손으로 보냈고
고아들의 팔을 꺾어 버렸네.
10 그렇기 때문에 지금 올가미가 자네를
둘러싸고 있고 갑작스러운 공포가 덮
치는 것이네.
11 아니, 너무 어두워 자네가 앞을 볼 수
없고 홍수가 자네를 덮고 있는 것이
네.
12 하나님께서 하늘 높은 곳에 계시지
않은가? 높은 곳에 있는 별들이 얼마
나 높은지 좀 보게!
13 그런데 자네는 '하나님이 어떻게 아시
겠나? 그분이 이런 먹구름을 뚫고 심
판하시겠나?
14 빽빽한 구름이 그분을 가려 보실 수
없고 하늘을 이리저리 돌아다녀도 우
리를 보지 못하신다'고 하니
15 악인이 밟은 전철을 자네가 밟으려는
것인가?
16 그들은 때가 되기 전에 끊어졌고 그
기초가 홍수에 쓸려가 버렸네.
17 그들이 하나님께 '우리를 떠나 주십시
오' 라고 했고 '전능하신 분께서 우리
를 위해서 무엇을 하실 수 있겠습니
까?'라고 했다네.
18 하지만 그분은 그 집들을 좋은 것으
로 채워 주셨네. 그러나 악인의 계획
은 나와는 거리가 멀다네.
19 의인들은 보고 즐거워하고 죄 없는
사람은 그들을 보고 웃는다네.
20 '우리가 가진 것은 끊어지지 않았지만
그들의 재물은 불이 삼켜 버렸다'고
할 것이라네.
21 자네는 그분과 화해하고 맘을 편히
하게. 그러면 자네에게 좋은 일이 올
것이네.
22 부탁하는데 그분의 입에서 나오는 가
르침을 받아들이고 그분의 말씀을
자네 마음에 차곡차곡 쌓아 두게.
23 자네가 전능하신 분께 돌아가고 죄악
을 자네 장막에서 치우면 다시 회복
될 걸세.
24 황금을 티끌 위에 버리고 오빌의 금
을 시내의 자갈들 위에 버리게.
25 그리하면 전능하신 분이 자네 보물이
되고 자네에게 귀한 은이 될 것이네.
26 그러면 자네는 전능하신 분 안에서
기쁨을 찾게 되고 자네 얼굴을 하나
님께로 들게 될 걸세.
27 자네가 그분께 기도할 것이고 그분이
자네 말을 들으실 걸세. 그리고 자네
는 그 서원한 것을 지키게 될 걸세.

28 또한 마음먹는 일이 이루어질 것이고
자네의 길에 빛이 비칠 걸세.
29 사람이 낮추어질 때 네가 높여지게
되리라고 하지 않는가? 그분은 겸손
한 사람을 구원하신다네.
30 그분은 죄 없는 사람을 풀어 주시니
자네 손이 깨끗하다면 풀려날 걸세."

욥

23 그러자 욥이 대답했습니다.
2 "오늘까지도 내 쓰라린 원망
은 계속되는구나. 내가 당한 일이 너
무 심해서 신음 소리도 나오지 않는
구나.
3 오, 내가 그분을 어디서 찾을지 알 수
만 있다면! 내가 그분의 거처에 갈 수
만 있다면!
4 내가 그분 앞에서 내 사정을 내놓고
내 입을 할 말로 채웠을 텐데.
5 그분이 내게 뭐라고 대답하실지 알고
그분이 내게 하시는 말씀을 곰곰이
생각했을 텐데.
6 그분이 엄청난 힘으로 나를 반대하
실까? 아닐세. 그분은 오히려 귀를 기
울여 들어 주실 걸세.
7 정직한 사람이라면 그곳에서 그분과
변론할 수 있을 것이네. 그리고 나의
심판자로부터 영원히 구원을 받을 것
이네.
8 그러나 내가 앞으로 가도 그분이 계
시지 않고 뒤로 가도 그분을 찾을 수
없구나.
9 그분이 왼쪽에서 일하고 계실 때도
그분을 뵙지 못하고 그분이 오른쪽으
로 돌이키시나 도무지 만나 뵐 수 없
구나.
10 그러나 그분은 내가 가는 길을 아시
는데 그분이 나를 시험하시고 나면
내가 순금같이 나올 것이다.
11 내 발이 그분의 발자취를 딛고 옆길
로 새지 않았으며 그분의 길을 지켰
다네.
12 나는 그분의 입술의 계명을 떠나지
않았고 그분의 입에서 나오는 말씀을
꼭 필요한 양식보다 귀하게 여겼네.
13 그러나 그분이 정하신 뜻이 있는데
누가 바꾸겠는가? 그분은 무엇이든
원하시면 그대로 하시는 분이네.
14 그분은 나를 위해 정하신 일을 이루
시고 또 그분께는 아직도 그런 계획
이 많이 있다네.
15 그래서 내가 그분 앞에서 이렇게 괴
로워하고 내가 그분을 생각하며 두려
워하는 것이라네.
16 하나님께서 나를 낙심케 하시고 전능
하신 분이 내게 어려움을 주시는구
나.
17 그러나 내가 어둠 앞에서도 끊어지지
않았네. 그분이 내 얼굴을 어둠으로
덮지 않으셨다."

24 "어찌하여 전능하신 분이 시간
을 정하시지 않았을까? 그분
을 아는 사람들이 왜 그분의 날을 보
지 못하는 것인가?
2 사람들이 경계를 표시하는 돌들을
치우고 양 떼를 훔쳐다가 자기들이
치면서

3 고아의 나귀를 몰아내고 과부의 소
를 담보로 잡으며
4 궁핍한 사람을 길에서 몰아내고 그
땅의 가난한 사람을 숨어 살게 하는
구나.
5 가난한 사람들이 광야의 들나귀처럼
먹을 것을 얻으려고 일거리를 찾아
나서는구나. 광야가 그들과 그 자식
들을 위해 먹을 것을 낸다.
6 그들은 들판에서 알곡을 모으고 악
인의 포도원에서 남은 것을 주우며
7 옷이 없어 벌거벗은 채로 밤을 지내
고 추위에도 덮을 것이 아무것도 없
구나.
8 산에 내리는 소나기로 흠뻑 젖고 쉴
곳이 없어 바위를 안고 있구나.
9 어떤 사람들은 고아를 품에서 빼앗
아 가고 가난한 사람에게서 담보를
잡고 있다.
10 그들을 옷 없이 벌거벗고 다니게 하
고 굶주린 사람에게서 곡식 단을 빼
앗아 간다.
11 그들이 담 안에서 기름을 짜고 포도
주 틀을 밟지만 여전히 목마르다.
12 사람들이 성 밖에서 신음하고 상처받
은 영혼들이 부르짖으나 하나님께서
는 그들에게 잘못을 묻지 않으신다.
13 빛을 거역하는 사람들도 있는데 그들
은 그 길을 알지 못하고 그 길에 머물
러 있지도 않는다.
14 살인자는 새벽에 일어나 가난하고 궁
핍한 사람들을 죽이고 밤이 되면 도
둑같이 되는구나.
15 간음하는 사람의 눈도 역시 해가 지
기를 기다리며 '어떤 눈도 나를 보지
못할 것이다'라고 하며 얼굴을 가린
다.
16 그들은 낮에 보아 둔 집을 어둠이 깔
리면 부수고 들어가니 빛을 알지 못
한다.
17 그들에게는 아침이 한밤과 마찬가지
다. 그들은 짙은 어둠의 두려움에 친
숙한 사람이로다.
18 그들은 물 위에 빨리 떠내려가고 그
들의 산업인 밭은 땅에서 저주를 받
아 자기 포도원에 갈 일이 없게 되는
구나.
19 더위와 가뭄이 눈 녹은 물을 말려 버
리듯 *무덤도 죄지은 사람들을 그렇
게 한다.
20 그런 사람을 낳은 모태가 그를 잊어버
리고 벌레들이 그를 달게 먹고 다시
는 기억되지 않고 사악함이 나무처럼
부러져 버릴 것이다.
21 그런 사람은 아이 못 낳는 여자를 학
대하고 과부에게 선을 베풀지 않는
다.
22 그러나 그분은 그 능력으로 세력가
들을 끌어가시니 그분이 일어나시면
어느 누구도 생명을 확신할 수 없을
것이다.
23 그분은 안전을 보장해 주시는 것 같
지만 그 눈은 항상 그들의 길을 보고
계신다네.
24 그들은 잠시 동안 높여졌다가 곧 없

24:19 히브리어, 스올

어지고 낮추어진다. 다른 모든 사람처
럼 끌려 나와서 곡식 이삭처럼 베이
게 되는 것이라네.
25 만약 그렇지 않다고 해도 나더러 거
짓말한다고 반박하고 내 말이 헛소리
라고 할 사람이 누구겠나?"

빌닷

25 그때 수아 사람 빌닷이 대꾸했
습니다.
2 "주권과 위엄이 그분께 있으니 그분
이 높은 곳에서 평화를 세우신다.
3 그분의 군대를 셀 수 있겠는가? 그
빛이 일어나면 누가 받지 않겠는가?
4 그렇다면 사람이 어떻게 하나님 앞에
서 의로워질 수 있겠는가? 여자가 낳
은 사람을 어떻게 깨끗하다고 하겠는
가?
5 하나님 보시기에는 달도 밝지 않고 심
지어는 별들도 맑다고 할 수 없는데
6 하물며 벌레 같은 사람이야, 구더기
인생이야 오죽하겠는가!"

욥

26 그러자 욥이 대답했습니다.
2 "자네들이 힘없는 사람을 잘
도 도왔구나! 약한 팔을 잘도 구해 냈
구나!
3 자네들이 지혜 없는 사람에게 무슨
조언을 했다는 건가? 큰 깨달음이라
도 가르쳐 주었다는 건가?
4 자네들이 누구에게 말해 주었다는
건가? 누구의 영이 자네들에게서 나
왔는가?
5 죽은 사람들이 물속에서 떨고 거기
살고 있는 것들도 그러하다.
6 하나님 앞에서는 *무덤이 훤히 드러
나고 *멸망의 구덩이도 가릴 게 없다.
7 그분은 허공에 북쪽 하늘을 펼쳐 놓
으시고 아무것도 없는 공간에 땅을
매달아 놓으신다.
8 그분은 물을 두터운 구름으로 싸시
지만 구름이 그 밑에서 터지는 일은
없다.
9 또 그 보좌 앞을 가리시고 그 위에 그
분의 구름을 펼쳐 놓으신다.
10 그분은 수면에 수평선을 그어 빛과
어둠의 경계가 되게 하신다.
11 그분이 꾸짖으시면 하늘 기둥이 흔
들리고 깜짝 놀란다.
12 능력으로 바다를 잠잠하게 하시고 지
혜로 라합을 쳐부수신다.
13 그 숨결로 하늘을 맑게 하시고 손으
로 달아나는 뱀을 찌르셨도다.
14 오, 이런 것들은 그분이 하신 일의 일
부분일 뿐이라네. 그분에 대해 듣는
것은 희미한 소리일 뿐이라네. 과연
권능에 찬 우렛소리를 누가 깨달을
수 있을까!"

친구들에게 하는 욥의 마지막 대답

27 욥이 계속해서 비유를 들어 말
했습니다.
2 "내 의를 빼앗아 가신 하나님, 내 영
혼을 힘들게 하신 전능자께서 살아
계시는 이상,
3 내 안에 아직 숨이 붙어 있고 하나님
의 숨결이 내 코에 남아 있는 이상,

26:6 히브리어, 스올 26:6 히브리어, 아바돈

4 내 입술이 악을 말하지 않고 내 혀가
속이는 말을 내뱉지 않겠네.
5 나는 결단코 자네들이 옳다고 말하
지 않겠네. 내가 죽을 때까지 나의 온
전함을 포기하지 않겠네.
6 내가 나의 의로움을 굽히지 않을 것
이고 내가 살아 있는 한 내 마음이
나를 원망하지 않을 걸세.
7 내 원수들이 악인처럼 되고 내게 들
고일어난 사람들이 불의한 사람처럼
될 것이네.
8 위선자가 얻은 게 있다고 한들 하나
님께서 그 영혼을 가져가시는데 무슨
소망이 있겠는가?
9 그에게 고난이 닥친다고 하나님께서
그 부르짖는 소리를 들으시겠는가?
10 그가 전능하신 분을 기뻐하겠는가?
그가 항상 하나님을 부르겠는가?
11 내가 하나님의 권능을 자네들에게 가
르쳐 주겠네. 전능하신 분의 뜻을 감
추지 않겠네.
12 자네들이 다 이것을 직접 보고도 왜
그렇게 헛소리만 하고 있는가?
13 하나님께서 악인에게 정하신 몫, 억
압자들이 전능하신 분께 받을 기업
은 이것이네.
14 그 자식이 많더라도 칼에 죽을 운명
이요, 그 자손들은 결코 배불리 먹지
못할 것이네.
15 살아남더라도 질병으로 죽어 묻힐 것
이고 그 과부들은 울지도 못할 것이
네.
16 그가 은을 흙먼지처럼 쌓아 두고 옷
을 진흙더미처럼 쌓아 두더라도
17 그가 쌓아 놓은 것은 의인이 입고 그
은은 죄 없는 사람들이 나눠 가질 것

Q&A 욥기에도 예수님이 계신가요?

참고 구절 | 욥 1:8;2:3

성경 66권은 예수님에 대한 기록이다(요 5:39). 과연 욥기에도 예수님의 모습이 그려져 있을까? 물론이다. 다른 성경들보다 좀 더 구체적으로 나와 있다. 흠이 없고 정직한 자로서 하나님을 경외하고 악을 멀리 하는 사람이라고 칭찬받았던 욥이 자신의 죄와 상관없이 고난당하는 모습은 아무런 죄 없이 고난받으신 예수님을 생각나게 한다(욥 1:8;2:3). 예수님은 인간 세상에 살면서 욥이 당할 수 있는 고난 이상의 고난을 겪으셨다. 사람들로부터 거절당하셨을 뿐 아니라 동생들에게 미쳤다는 소리까지 들으셨다. 발가벗겨지는 수치도 당하셨고 뺨도 맞으셨다. 욥이 고난받을 때 하나님께 자신의 고통을 호소한 것은 예수님이 십자가 위에서 하나님께 절규하셨던 모습을 생각나게 한다(마 27:46). 또한 욥이 자신을 정죄한 친구들을 위해 중보 기도한 것은 예수님이 십자가 위에서 자신을 못 박은 사람들을 위해 하나님께 그들의 죄를 용서해 달라고 기도하신 것과 비슷하다(눅 23:34).

남모르는 고통을 당할 때 우리는 하나님께서 지금 나의 고통을 보고 계신가 하는 의심이 생길 때가 있다. 그러나 하나님은 누구보다도 우리의 고통을 잘 알고 계시며 도울 길들을 마련하실 수 있는 분이다. 왜냐하면 그분은 이런 고통 속으로 자신의 독생자 예수님을 보내셨기 때문이다(요 1:14)

이네.
18 그가 지은 집은 거미집 같고 파수꾼
이 지어 놓은 초막 같을 것이네.
19 그가 부자가 돼 누워도 그것으로 마
지막이요, 눈을 뜨고 나면 모든 것이
없어지고 말 것이네.
20 공포가 물처럼 그를 덮치고 폭풍이
밤에 그를 휩쓸어 가며
21 동쪽에서 바람이 불어 그를 낚아채
가되 폭풍처럼 그가 살던 곳을 휩쓸
어 갈 것이네.
22 하나님께서 그를 아끼지 않으시고 던
져 버리시리니 그 손으로부터 도망치
려고 안간힘을 쓰겠지.
23 사람들이 그를 보고 손뼉을 치고 비
아냥거리며 그를 내쫓을 것이네."

막간 : 지혜는 어디에서 얻는가?

28 "은을 캐내는 광산이 있고 금
을 정련하는 제련소가 있다네.
2 철은 땅속에서 캐내고 동은 광석에서
제련해 내는 것인데
3 사람은 어둠의 끝까지 가서 구석구석
찾아서 광석을 캐낸다네.
4 마을에서 멀리 떨어진 곳에, 인적이
드문 곳에 갱도를 파고는 줄을 타고
매달려서 외롭게 일을 하는구나.
5 땅으로 말하면 그 위에서는 먹을거리
가 자라지만 그 밑은 불로 들끓고 있
고
6 *사파이어가 그 바위에서 나오고 그
흙먼지 속에는 사금도 있도다.
7 그 길은 솔개도 알지 못하고 매도 보
지 못했으며
8 그 길은 사나운 짐승들도 밟은 적이
없고 사자도 지나간 적이 없도다.
9 사람은 그 바위에 손을 대고 산을 뿌
리째 파헤치며
10 그 바위를 뚫어 물길을 내고 그 눈으
로 모든 보물을 찾아내며
11 *강을 둑으로 막고 숨겨진 것들을 훤
히 드러낸다.
12 그러나 지혜는 어디에서 찾을 수 있
겠는가? 통찰력은 어디에 있는가?
13 사람은 그 가치를 알지 못하니 사람
사는 땅에서는 그것을 찾을 수 없다.
14 깊은 물은 '그것은 내 안에 없다'고 하
고 바다도 '내게는 없다'고 말하는구
나.
15 그것은 금으로 살 수 없고 은으로도
그 값을 치를 수 없으며
16 오빌의 금으로도, 귀한 루비나 *사파
이어로도 그 가치를 당할 수 없다.
17 금이나 유리에 비할 수 없고 순금 세
공품과도 바꿀 수 없으며
18 산호나 수정은 말할 것도 없으니 이
는 지혜의 값은 진주 이상이기 때문
이다.
19 그것은 *에티오피아의 토파즈에 비할
수 없고 순금으로 가치를 따질 수도
없다.
20 그렇다면 지혜는 어디에서 오는 것인
가? 통찰력은 어디에 있는 것인가?
21 그것은 모든 생물의 눈에 숨겨져 있
고 공중의 새에게도 감추어져 있다.

28:6,16 또는 청금석 28:11 히브리어를 따름. 칠십인역과 불가타에는 '강의 근원을 찾아내고' 28:19 히브리어. 구스

22 *멸망과 죽음이 말하기를, '우리가 그
이름만을 소문으로 들었다'고 하는구
나.
23 하나님께서 지혜의 길을 헤아리시고
그분만이 지혜가 어디 있는지 아신
다.
24 그분은 땅끝을 보시고 하늘 아래 모
든 것을 보신다.
25 그리하여 바람의 세기를 정하시고 물
의 양을 재신다.
26 그분이 비에게 명령하시고 천둥의 길
을 내셨을 때
27 그때 그분은 지혜를 보시고 그에게
말씀을 건네시며 그를 굳게 세우시고
시험해 보셨다.
28 그러고는 사람에게 말씀하셨다. '주를
경외하는 것이 지혜요, 악에서 떠나
는 것이 명철이다.'"

욥의 마지막 변론

29 욥이 계속 비유를 들어 말했습
니다.
2 "내가 지나가 버린 달들과 같이 될 수
만 있다면 하나님께서 나를 지켜 주
시던 그날과 같이 될 수만 있다면!
3 그때는 그분의 등불이 내 머리를 비
추고 그 빛으로 내가 어둠 속을 걸어
갔었는데!
4 하나님과의 친밀한 사귐이 내 집에
있던 내 한창때와 같을 수만 있다면!
5 그때는 전능하신 분이 여전히 나와
함께 계시고 내 자식들이 내 주위에
있었다.
6 내 발자취가 버터로 씻겼고 바위가
내게 올리브기름을 쏟아부었다.
7 그때는 내가 성문으로 나갔고 거리에
내 자리를 만들었으며
8 청년들은 나를 보고 옆으로 비키고
노인들은 일어서서 나아오고
9 높은 사람들은 말을 멈추고 손으로
자기 입을 막았다.
10 귀족들이 소리를 죽이고 그 혀는 입
천장에 달라붙었으며
11 누구든 내 말을 듣기만 하면 나를 축
복하고 나를 보기만 하면 나를 인정
했었다.
12 내가 울부짖는 빈민과 도와줄 사람
없는 고아를 구해 주었기 때문이었
다.
13 죽어 가는 사람도 나를 축복했고 과
부의 마음이 나 때문에 기뻐 노래했
었다.
14 내가 의를 옷 삼아 입었고 공의가 내
겉옷이요, 내 면류관이었다.
15 내가 눈먼 사람들에게는 눈이 됐고
발을 저는 사람에게는 발이 됐으며
16 가난한 사람에게는 아버지 같은 존재
였으며 또 무슨 문제가 생기면 해결
해 주었고
17 악인의 턱을 깨뜨리고 그 이 사이에
물고 있는 것을 다시 찾아 주기도 했
었다.
18 그러고는 내 생각에 '나는 내 집에서
죽을 것이요, 내 날들은 모래알처럼
많구나.
19 내 뿌리가 물가로 뻗어 나갔고 내 가

28:22 히브리어, 아바돈

지들에는 밤새 이슬이 맺혔구나.
20 내 영광은 날로 새로워지고 내 활은
내 손에서 계속 새 힘을 얻는구나'라
고 했다.
21 사람들은 내 말을 귀 기울여 듣고 내
조언을 잠잠히 기다렸다.
22 내가 말을 끝내면 그들은 더 말하지
않았는데 내 말이 그들 귀에 이슬같
이 내려앉은 까닭이다.
23 그들이 나를 기다림이 마치 비를 기
다리는 것 같았으며 또한 봄비를 기
다리듯이 입을 벌리고 있었다.
24 내가 그들에게 웃어 보이면 그들은
어리둥절해했고 내 낯빛을 일그러지
게 하는 일은 하지 않았다.
25 내가 윗자리에 앉아서 그들의 길을
지시해 주었고 군대를 거느린 왕처럼
슬피 우는 사람을 위로해 주었다."

30 "그러나 이제는 나보다 젊은 사
람들이 나를 조롱하는구나.
내가 전에 그 아버지들을 양 지키는
개들만큼도 못하다고 여겼는데,
2 그래, 그들도 다 늙었는데 그 손의 힘
이 내게 무슨 소용이 있겠는가?
3 그들은 궁핍과 기근으로 파골이 상접
해 메마른 땅과 황무지에서 방랑하며
4 떨기나무 숲에서 쓴 나물을 캐 먹으
며 싸리나무 뿌리를 뜯어 먹고 살았
다.
5 사람들이 도둑을 쫓듯 그들에게 소
리를 질러 대면 그들은 사람들 사이
에서 쫓겨나
6 골짜기 절벽에, 땅굴에, 바위 굴에 살
곤 했다.
7 그들은 떨기나무 숲에서 나귀처럼 소
리 지르고 가시나무 아래 모여 있었
다.
8 그들은 어리석은 사람의 자식들이요,
밑바닥 인생의 자식들로, 제 땅에서
쫓겨난 인간들이었다.
9 그런데 이제 그 자식들이 나를 두고
노래를 불러 댄다. 내가 그들의 조롱
거리가 됐다.
10 그들이 나를 싫어하고 멀찍이 떨어져
서 망설임 없이 내 얼굴에 침을 뱉는
다.
11 그분이 내 활시위를 느슨하게 풀어
놓고 나를 괴롭히시니 그들마저 내
앞에서 굴레를 풀어 던지는구나.
12 내 오른쪽에는 저 젊은이들이 일어
나 내 발을 밀쳐 내고 나를 대항하며
멸망의 길을 가는구나.
13 저들이 내 길에 흠집을 내고 누구의
도움도 없이 나를 잘도 무너뜨리는구
나.
14 성벽 틈으로 들어오는 것처럼 몰려
들어오고 폭풍처럼 나를 덮치는구나.
15 공포가 나를 엄습하며 내 영광은 바
람처럼 지나가고 내 행복도 구름처럼
사라져 버리는구나.
16 이제 내 영혼이 속에서 쏟아져 버리
고 고통의 나날이 나를 붙들었다.
17 밤이 되면 뼈가 쑤시고 뼈를 깎는 아
픔이 끊이지 않는다.

30:18 칠십인역을 따름. 히브리어에는 '하나님이 그 거
센 힘으로 나에게 옷과 같이 되시어서'

18 *엄청난 힘이 내 옷을 잡아채는구나.
내 옷깃같이 나를 휘감는구나.
19 그분이 나를 진흙 속에 던지셨고 내
가 흙덩이처럼, 잿더미처럼 돼 버렸다.
20 내가 주께 부르짖는데도 주께서는 듣
지 않으시며 내가 일어서도 주께서는
나를 보아 주지 않으십니다.
21 주께서 이토록 내게 잔혹하셔서 주의
강한 손으로 나를 치십니다.
22 또 나를 들어 바람에 날아가게 하시
고 폭풍으로 나를 쓸어버리십니다.
23 나는 주께서 모든 살아 있는 것에게
정해진 집, 곧 죽음으로 나를 끌고
가실 것을 압니다.
24 그러나 사람이 망해 가면서 어찌 손
을 뻗지 않겠습니까? 재앙을 당할 때
어찌 도움을 청하지 않겠습니까?
25 내가 고난당하는 사람들을 위해 울
어 주지 않았던가? 내 영혼이 가난한
사람들을 위해 안타까워하지 않았던
가?
26 내가 선을 바랐는데 악이 왔고 빛을
기다렸는데 어둠이 왔구나.
27 내 속이 끓고 편하지 않았다. 고난의
날들이 내게 닥쳤기 때문이다.
28 내가 햇빛도 비치지 않는 곳에서 울
며 다니다가 회중 가운데 서서 도움
을 청하게 됐다.
29 내가 자칼의 형제가 됐고 타조의 동
무가 됐구나.
30 내 피부가 검게 그을리고 내 뼈는 고
열로 타들어 가는구나.
31 내 수금 소리는 통곡으로 변하고 내
피리 소리는 애곡으로 변해 버렸다."

31

"내가 내 눈과 언약한 것이 있
는데 어떻게 처녀에게 한눈을
팔겠는가?
2 그리한다면 위에 계신 하나님께 무슨
몫을 받으며 높은 곳에 계시는 전능
하신 분께 무슨 기업을 받겠는가?
3 불의한 사람에게는 파멸이, 악한 일
을 저지른 사람에게는 재앙이 닥치지
않겠는가?
4 그분이 내 길을 보시고 내 발걸음을
다 세지 않으시는가?
5 내가 잘못된 길로 갔거나 내 발이 속
이는 데 빨랐는가?
6 그랬다면 내가 공평한 저울에 달려서
하나님께서 나의 흠 없음을 알게 되
시기를 바란다.
7 내 발걸음이 바른길에서 벗어났거나
내 마음이 내 눈이 바라는 대로 이
끌렸거나 내 손에 어떠한 오점이라도
묻어 있다면
8 내가 심은 것을 다른 사람이 먹어도
좋고 심지어는 내 곡식들이 뿌리째
뽑혀도 좋을 것이다.
9 내 마음이 여자의 유혹에 빠져 내 이
웃집 문 앞을 기웃거리기라도 했다면
10 내 아내가 다른 남자의 곡식을 갈아
주고 다른 남자가 그와 누워도 좋을
것이다.
11 이런 것은 극악무도한 죄요, 심판받
아 마땅한 죄일 것이다.
12 이런 것은 *멸망하기까지 태우는 불

31:12 히브리어, 아바돈

이니 나의 모든 소출을 뿌리째 뽑아
냈을 것이다.
13 내 남종이나 여종이 나에 대해 원망
이 있을 때 내가 그들의 말을 무시해
버렸다면
14 하나님께서 일어나실 때 내가 어떻게
하겠는가? 내게 찾아와 물으실 때 내
가 어떻게 대답하겠는가?
15 나를 모태에서 지으신 분이 그들도 짓
지 않으셨는가? 우리 모두를 모태에
서 지으신 분이 같은 분이 아니신가?
16 내가 가난한 사람의 소원을 들어주지
않았거나 과부의 눈으로 실망케 했던
가?
17 나만 혼자 내 몫을 먹고 고아들과 나
누어 먹지 않았던가?
18 실상은 내가 젊을 때부터 아버지처럼
고아를 키워 주었고 나면서부터 과부
를 돌보아 주었다.
19 내가 옷이 없어 죽어 가는 사람이나
덮을 것이 없는 궁핍한 사람을 보고
도
20 내 양털 이불로 그를 따뜻하게 해 주
어서 그들이 진실로 나를 축복하지
않았던가?
21 내가 성문에서 나를 도와줄 사람이
있는 것을 보고 내 손을 들어 고아를
쳤다면
22 내 팔이 어깨에서 떨어져 나가고 내
팔의 관절이 부러져도 좋다.
23 나는 하나님의 재앙이 두렵고 그분의
위엄 때문에도 그런 짓은 하지 못한
다.
24 내가 금을 신뢰했다면, 순금에게 '너
는 내 의지하는 것이다'라고 말했다
면,
25 내가 내 많은 재물 때문에 내 손으로
많이 얻었다고 기뻐했다면,
26 내가 빛나는 해를 보거나 달이 훤하
게 뜨고 지는 것을 보고
27 내 마음이 은근히 유혹당했거나 내
손에 스스로 입을 맞추었다면,
28 이런 것도 심판받아 마땅한 죄다. 내
가 높이 계신 하나님을 부인한 것이
기 때문이다.
29 내가 나를 미워하는 사람이 망한다
고 기뻐하거나 그에게 닥친 고난을 흐
뭇해한 적이 있는가?
30 실상 내가 그 영혼을 저주하며 내 입
으로 죄지은 적이 없다.
31 내 장막 안에 있는 사람들이 이렇게
말하지 않던가? '그가 주는 고기를 먹
고 배부르지 않은 사람을 보았느냐?'
라고.
32 그러나 내 집 문이 항상 열려 있었으
므로 낯선 사람이라도 거리에서 밤을
지내지 않았다.
33 내가 아담처럼 내 악을 마음속에 숨
겨 허물을 덮은 적이 있는가?
34 내가 많은 사람을 두려워하거나 집안
의 멸시를 무서워해 잠잠히 있고 밖
에도 나가지 않은 적이 있는가?
35 누가 내 말을 좀 들어 주었으면! 여기
나의 서명이 있으니 *전능하신 분께
서 내게 응답하셨으면! 내 대적이 쓴

31:35 히브리어, 샤다이

고소장이라도 있었으면!
36 그러면 내가 분명 그것을 내 어깨에
걸치고 관처럼 머리에 쓰고는
37 내 모든 발걸음을 그분께 낱낱이 고
하고 왕족처럼 그분께 다가갈 것이다.
38 내 땅이 나에 대해 원망하거나 내 밭
고랑이 불평한다면,
39 내가 값을 치르지도 않고 그 수확을
삼켜 버려서 소작농의 목을 조르기라
도 했다면,
40 밀 대신 찔레가 나오고 보리 대신 잡
초가 나와도 좋다." 욥이 이렇게 말을
마쳤습니다.

엘리후

32 이렇듯 욥이 스스로 의롭다고
생각하자 이 세 사람이 더 이
상 대꾸하지 않았습니다.
2 그러자 람족 출신인 부스 사람 바라겔
의 아들 엘리후는 화가 불끈 솟았습
니다. 그가 욥에게 화가 난 것은 자기
가 하나님보다 의롭다고 했기 때문입
니다.
3 또 세 친구들에게도 화가 났는데, 그
것은 *그들이 욥에게 반박할 것이 없
으면서도 정죄하고 있기 때문이었습
니다.
4 엘리후는 그들이 자기보다 나이가 많
기 때문에 그들의 말이 끝나기를 기
다리고 있었습니다.
5 그런데 세 사람이 더 이상 답변을 하
지 못하는 것을 보자 화가 났던 것입
니다.
6 그리하여 부스 사람 바라겔의 아들
엘리후가 대답했습니다. "나는 나이
가 어리고 여러분은 연세가 있으시니
내가 두려워서 감히 내가 아는 것을
말씀드리지 못하고
7 '나이가 말해 주겠지. 나이가 들수록
지혜가 생기는 법'이라고 생각했습니
다.

32:3 마소라 사본을 따름. 고대 히브리의 서기관 전통에는 '그들이 욥에게 반박할 것이 없었으므로, 결국 하나님께 잘못이 있는 것처럼 되었기 때문이었습니다.'

하용조 목사의 행복한 **메시지**

고난의 99%

어떤 사람들은 고난을 받을 때 자기가 욥이라도 된 듯 착각합니다. 그러나 우리가 받는 고난의 99%는 우리 죄 때문에 마땅히 당하는 고난이라 해도 과언이 아닐 겁니다. 그럼에도 불구하고 우리는 자기 잘못으로 매를 맞으면서도 "하나님! 이러실 수 있습니까?" 하며 하나님을 원망합니다. 한 점 죄 없으신 예수님도 아무 말 없이 불의한 재판을 받으셨는데 우리는 고난을 당할 때 말을 너무 많이 합니다. 우리가 받는 고난은 우리가 저지른 죄의 결과요, 우리가 준 상처의 대가입니다.

반면에 우리도 억울한 일을 당하고 말도 안 되는 불이익을 받을 때가 있습니다. 그럴 때는 예수님을 생각하십시오. 예수님을 생각하면서 어떤 경우에는 침묵으로, 어떤 경우에는 기도로, 어떤 경우에는 사랑으로 이겨 나갈 수 있습니다.

8 그러나 깨달음을 주는 것은 사람 속
에 있는 영이요, 전능하신 분의 입김
이더군요.
9 어르신들만이 항상 지혜로운 것은 아
니고 나이 든 사람만이 올바르게 판
단하는 것이 아니었습니다.
10 그러므로 내가 말하는 것을 잘 들어
보십시오. 나도 내 의견을 말하겠습
니다.
11 보십시오. 여러분이 얘기하시는 동안
내가 기다렸고 여러분이 할 말을 찾
는 동안 그 논리를 내가 들었습니다.
12 물론 여러분의 말씀을 나는 주의 깊
게 들었습니다. 그러나 여러분 가운
데 한 분도 욥의 잘못을 증명하지 못
했고 여러분 가운데 한 분도 그가 하
는 말에 대답하지 못했습니다.
13 그러니 '우리가 지혜를 찾았다. 사람
이 아니라 하나님께서 그를 반박하실
것이다'라고 하지 마십시오.
14 사실 욥과 내가 논쟁을 했다면 여러
분이 한 말처럼 그에게 대답하지 않
았을 것입니다.
15 그들이 놀라 대답이 없고 할 말을 잃
었습니다.
16 그들이 묵묵부답으로 서 있으니 더는
못 기다리겠습니다.
17 나도 내 할 말을 하고 나도 내 의견을
말해야겠습니다.
18 내가 할 말이 가득 차서 더 이상은
참을 수 없습니다.
19 보십시오. 내 속이 마개를 꼭꼭 막아
놓은 포도주 같고 새 가죽 부대와 같
아서 곧 터지려고 합니다.
20 내가 말해야 속이 후련하겠습니다.
내 입술을 열어 대답해야겠습니다.
21 나는 아무 편도 들지 않고 사람에게
아첨하는 말은 하지 않을 것입니다.
22 어차피 나야 아첨하는 말을 할 줄 모
르니까요. 그렇게 한다면 나를 지으
신 분이 나를 곧 데려가실 것입니다."

33 "이제 욥이여, 내 말을 듣고 내
가 하는 모든 말에 귀 기울이
시기 바랍니다.
2 보십시오. 내가 입을 열고 내 입의 혀
가 말을 시작합니다.
3 내 말은 정직한 내 마음에서 나오고
내 입술은 아는 것을 솔직하게 쏟아
낼 것입니다.
4 하나님의 영이 나를 지으셨고 전능하
신 분의 숨이 내게 생명을 주셨습니
다.
5 그러니 할 수만 있다면 내게 대답하
십시오. 일어나서 할 말을 한번 준비
해 보십시오.
6 보십시오. 나도 하나님 앞에서 당신이
나 마찬가지며 나 또한 진흙으로 빚
어진 사람입니다.
7 보십시오. 내가 어떻게 겁을 줘도 당
신이 놀라지 않고 내가 어떻게 해도
당신을 짓누르지 못할 것입니다.
8 그러나 내가 듣는 데서 당신이 분명
히 말했습니다. 나는 당신이 하는 말
을 들었습니다.
9 '나는 죄도 없고 잘못도 없다. 나는 결
백하며 불의도 없다.

10 그런데 하나님께서 내게서 흠을 잡으
시고 나를 당신의 원수로 여기신다.
11 그분이 내 발에 차꼬를 채우시고 내
모든 길을 가까이서 감시하신다'고 하
더군요.
12 보십시오. 내가 말하겠습니다. 이 점
에 있어서 당신은 옳지 못합니다. 왜
냐하면 하나님은 사람보다 크시기 때
문입니다.
13 어찌하여 당신은 그분을 거역해 다툽
니까? *하나님은 하시는 일을 굳이
설명하지 않으십니다.
14 사실은 하나님께서 한두 번 말씀하시
지만 사람이 깨닫지 못하는 것입니다.
15 사람이 꿈을 꿀 때나, 밤중에 환상을
볼 때나, 침대에서 깊은 잠에 빠졌을
때
16 하나님께서 사람의 귀를 열고 그들이
받을 교훈을 거기에 인 치시고
17 사람으로 하여금 그 행실에서 돌아서
게 하시고 교만하지 않도록 하십니다.
18 그 영혼을 구덩이에서 지키시고 그
생명이 칼에 쓰러지지 않게 하십니
다.
19 또는 병상에서 당하는 고통이나 뼈
마디가 쑤시는 고통을 징벌로 주기도
하십니다.
20 그렇게 되면 입맛을 잃어버려 진수성
찬도 싫어하게 됩니다.
21 몸이 말라서 살을 찾아볼 수 없게 되
고 보이지 않던 뼈가 불거져 나올 것
입니다.
22 이렇게 그 영혼이 무덤 가까이 이르
고 그 목숨이 *파괴자들에게 가까이
다가갑니다.
23 그러다가 1,000명의 천사 가운데 하
나가 그 곁에서 해석자가 돼 그에게
무엇이 옳은지 말해 줄 것입니다.
24 그리하여 그에게 자비를 베풀고는 '그
를 구해서 구덩이에 내려가지 않게
하여라. 내가 그를 위해 대속물을 찾
았다'고 말씀하실 것입니다.
25 그렇게 되면 그 몸이 어린아이의 몸처
럼 새롭게 되고 그 어린 시절처럼 회
복될 것입니다.
26 그가 하나님께 기도해 그분의 은총
을 받고 그가 하나님의 얼굴을 보고
기뻐 외칠 것입니다. 그분이 그의 의
를 회복시켜 주실 것입니다.
27 그가 사람들을 보고 말합니다. '내가
죄를 짓고 옳은 것을 왜곡시켰는데
그분은 나를 벌하지 않으셨습니다.
28 그분이 그 영혼을 구해 구덩이에 내
려가지 않게 하셨고 그래서 내 생명
이 빛을 보게 됐습니다'라고.
29 정말 이런 일들은 하나님께서 사람에
게 종종 하시는 일입니다.
30 사람의 영혼을 구덩이에서 돌이키시
고 생명의 빛을 비추어 주시는 것 말
입니다.
31 오, 욥이여! 내 말을 잘 듣고 잠잠히
계십시오. 내가 말하겠습니다.
32 할 말이 있다면 하십시오. 나야말로
당신이 옳았기를 바라는 사람이니 어

33:13 또는 하나님은 사람의 말에 대답하지 않으신다고 말입니다. 33:22 또는 죽은 자들에게

디 말해 보십시오.
33 그렇지 않다면 내 말을 듣고 잠잠히
계십시오. 내가 당신에게 지혜를 가
르치겠습니다."

34

그러고는 엘리후가 말을 이었
습니다.
2 "지혜로운 분들이여, 내 말을 들으십
시오. 학식이 많은 분들이여, 내 말에
귀 기울이십시오.
3 혀가 맛을 보듯이 귀는 말을 분별합
니다.
4 무엇이 옳은지 우리 스스로 분별해
봅시다. 무엇이 선한지 함께 알아봅시
다.
5 욥이 '나는 의롭다. 그러나 하나님께
서 내 공의를 빼앗아 가셨다.
6 내가 옳은데도 아니라고 해야겠나?
내가 죄가 없는데도 치유할 수 없는
상처를 입었다'고 합니다.
7 누가 욥처럼 하나님을 조롱하는 말을
물 마시듯 하겠습니까?
8 그는 악을 행하는 사람들과 친구로
지내고 악한 사람들과 어울려 지냅니
다.
9 '사람이 하나님을 기쁘시게 하는 게
다 무슨 소용이냐?'라고 말합니다.
10 그러니 지각이 있는 분들이여, 내 말
을 들으십시오. 악을 행하는 것은 하
나님과 거리가 멀고 불의를 저지르는
것은 전능하신 분과는 아무 상관이
없는 일입니다.
11 그분은 사람이 행한 대로 갚으시고
사람이 살아온 대로 대하십니다.
12 그렇습니다. 하나님께서는 절대로 악
을 행하지 않으시고 전능하신 분께서
는 절대로 공의를 왜곡하지 않으십니
다.
13 누가 땅을 그분께 맡기기라도 했습니
까? 누가 온 세상을 그분 손에 두기
라도 했습니까?
14 만약 그분이 마음먹고 그 영과 숨을
거두신다면
15 모든 육신은 다 같이 숨을 거두고 사
람은 흙먼지로 돌아갈 것입니다.
16 당신이 지각이 있다면 이것을 들어
보십시오. 내가 하는 말에 귀 기울이
십시오.
17 공의를 미워하는 분이 다스리시겠습
니까? 의로우신 전능자를 당신이 정
죄하겠습니까?
18 그분은 왕에게라도 '너는 쓸모없는 인
간이다', 귀족들에게도 '너희가 불결
하다'고 못하시겠습니까?
19 그분은 통치자라고 편을 들어 주지
않으시고 부자라고 해서 가난한 사람
보다 더 생각해 주지 않으십니다. 그
들 모두가 그분의 손으로 지으신 것
들이니 말입니다.
20 그들은 순식간에 죽습니다. 백성들은
한밤중에 재앙을 만나 사라집니다.
아무리 장사라도 손 하나 대지 않으
시고 없애 버리실 수 있습니다.
21 그분의 눈이 사람의 행위를 지켜보
시고 하는 일마다 일일이 살펴보십니
다.
22 거기에는 악을 행하는 사람이 숨을

만한 어둠도, 죽음의 그림자도 없습
니다.
23 하나님께서는 사람들에게 다른 권리
를 주지 않으셨습니다. 그저 하나님
의 심판으로 들어가야 할 뿐입니다.
24 그분은 세력가들을 수도 없이 산산조
각 내시고 그들 대신 다른 사람들을
그 자리에 세우십니다.
25 그분이 그들의 행위를 아시기 때문에
밤중에 그들을 엎어 멸망하게 하시는
것입니다.
26 그분은 사람들이 보는 앞에서 드러나
게 그들을 악하다고 치십니다.
27 그들이 그분에게서 등을 돌려 그분
의 길을 전혀 생각하지 않았기 때문
입니다.
28 이렇게 해서 가난한 사람들의 부르짖
음이 하나님께 올라가고 결국 고난당
하는 소리를 그분이 들으십니다.
29 그러나 그분이 잠잠히 계신다 해도
누가 문제 삼겠습니까? 그분이 그 얼
굴을 가리신다면 누가 그분을 뵙겠습
니까? 어떤 민족이든 어떤 사람이든
마찬가지입니다.
30 이는 경건하지 못한 사람이 다스리지
못하게 하고 또한 백성들이 함정에
빠지지 않게 하시려는 것입니다.
31 사람이 하나님께 '내가 벌을 받았습
니다. 더는 죄를 짓지 않겠습니다.
32 그러니 내가 보지 못하는 것을 가르
쳐 주십시오. 내가 잘못했다면 다시
는 그러지 않겠습니다'라고 말씀드린
적이 있습니까?
33 당신이 반대한다고 해서 그분이 당신
생각대로 갚아 주시겠습니까? 내가
아니라 당신이 선택할 일입니다. 그러
니 당신이 아는 것을 말해 보십시오.
34 지각 있는 사람이라면 내게 말할 것
입니다. 지혜 있는 사람이라면 내 말
을 들을 것입니다.
35 '욥이 무식하게 말을 하니 그 말에는
지혜가 없다'고 말입니다.
36 내가 바라는 것은 욥이 악한 사람처
럼 대답했으니 끝까지 시련을 받는 것
입니다!
37 그는 죄를 짓고 거기에다 반역까지
했습니다. 우리 가운데서 박수를 치
고 하나님을 대적하는 말들을 자꾸
하고 있습니다."

35

엘리후가 이어 말했습니다.
2 "당신이 '내가 하나님보다 의
롭다'고 하다니 그게 옳다고 생각합니
까?
3 당신이 '그것이 내게 무슨 유익이 있
습니까? 내가 죄를 깨끗이 없애면 얻
을 것이 무엇입니까?'라고 했으니 말
입니다.
4 내가 당신과 당신 친구들에게 대답하
겠습니다.
5 우러러 하늘을 보십시오. 당신보다
훨씬 높이 있는 구름을 보십시오.
6 당신이 죄를 짓는다고 그분께 무슨
영향이 있겠습니까? 당신의 죄가 많
다 해도 그분과 무슨 상관이 있겠습
니까?
7 당신이 의롭다 해서 그분께 무엇을

드리겠습니까? 그분이 당신 손에서
무엇을 얻으시겠습니까?
8 당신의 악은 당신 같은 사람에게 해
를 끼치고 당신의 의도 인간들에게나
영향을 줄 것입니다.
9 사람들은 억압이 심해지면 울부짖게
되며 힘 있는 사람들의 팔에 눌려서
부르짖습니다.
10 그러나 아무도 '나를 지으신 하나님
이 어디 계시냐? 밤에 노래하게 하시
고
11 땅의 짐승들보다 우리에게 더 많은
것을 가르쳐 주시며 우리를 공중의
새들보다 더 지혜롭게 하시는 분이
어디 계시냐?'라고 말하지 않습니다.
12 그들이 거기에서 부르짖어도 아무 대
답이 없는 것은 악한 사람들의 교만
때문입니다.
13 그들의 헛된 간구를 하나님께서 듣지
않으시고 전능하신 분께서 주목하지
않으시는 것입니다.
14 당신이 '그분을 뵐 수 없다'고 할지라
도 그분 앞에 심판이 놓여 있으니 당
신은 그를 기다리십시오.
15 하나님은 벌을 주시지 않으시며 죄를
짓는다 해도 별로 관심을 가지지 않
으신다고 생각하시지요?
16 그러니 당신 욥이 입을 열어 헛된 말
을 하고 알지도 못하는 말을 자꾸 하
는 것입니다."

36 엘리후가 계속 말했습니다.
2 "조금만 더 참아 주면 하나
님 대신 해야 할 말을 들려 드리겠습
니다.
3 내가 멀리서 지식을 가져와서 나를 지
으신 분께 의를 돌려 드릴 참입니다.
4 내 말은 진정 거짓말이 아니니 온전
한 지식을 가진 이 사람이 당신과 함
께 있습니다.
5 하나님은 전능하시지만 누구도 멸시
하지 않으십니다. 그분은 힘과 지혜
에 있어서 전능하십니다.
6 그분은 악인의 생명을 보존하지 않으
시고 억눌린 사람의 권리를 보장하시
며
7 의인에게서 눈을 떼지 않으시고 왕과
함께 왕좌에 앉혀 영원히 세우고 높
이십니다.
8 그러나 만일 그들이 사슬에 매여 있거
나 고난의 끈에 단단히 묶여 있다면
9 그들이 무슨 짓을 했는지 그들이 해
온 범죄를 깨닫도록 말씀해 주시는
것입니다.
10 그분은 또 그들의 귀를 열어 교훈을
듣게 하시고 그들에게 죄에서 돌아서
라고 명령하십니다.
11 만약 그들이 순종하고 그분을 섬기면
그날들 동안 번영하고 그 연수만큼
즐겁게 살겠으나
12 만약 순종하지 않으면 칼에 쓰러지고
아무것도 모르는 채 죽을 것입니다.
13 그러나 불경한 사람들은 마음속에
분노를 쌓아 놓고는 그분이 그들을
묶어도 도와 달라고 부르짖지 않습니
다.
14 그들은 젊어서 죽고 그 목숨이 남창

들처럼 끊어질 것입니다.
15 그분은 가난한 사람들을 그 고난에
서 구해 주시고 억압당하는 가운데
귀를 열어 주십니다.
16 그러므로 그분은 당신을 고난의 입에
서 꺼내 고난이 없는 넓은 데로 옮겨
주셨고 당신의 식탁에는 기름진 음식
으로 가득 채워 주셨습니다.
17 그러나 당신은 악인이 받을 심판으로
가득합니다. 심판과 공의가 당신을
붙들고 있는 것입니다.
18 엄청난 분노로 일을 그르치지 않도록
하십시오. 속전을 많이 바친다고 용
서받는 것은 아닙니다.
19 당신의 재물, 아니 금이나 다른 어떤
힘도 당신을 고난에서 구해 내지 못
할 것입니다.
20 사람들이 그 있던 곳에서 사라져 버
리는 그런 밤을 기다리지 마십시오.
21 삼가 악을 생각하지 마십시오. 당신
은 고난이 아니라 악을 선택한 것입
니다.
22 보십시오. 하나님의 권능이 심히 크
니 누가 그분처럼 가르치겠습니까?
23 누가 그 길을 그분께 정해 주었습니
까? 누가 그분께 '주께서 잘못했다'고
말하겠습니까?
24 당신은 사람들이 늘 노래해 왔듯이
그분이 하신 일을 찬양해야 함을 기
억하십시오.
25 모든 사람이 그것을 보았습니다. 사
람이라면 아무리 멀리서도 볼 수 있
습니다.
26 보십시오. 하나님이 얼마나 위대하신
지! 우리는 그분을 알지 못하고 그분
의 연수를 헤아릴 수조차 없습니다.
27 그분은 물을 증발시켜서 끌어 올리시
고 그것으로 빗방울을 만드십니다.
28 구름이 그것을 떨어뜨리면 모든 사람
위에 내리는 비가 됩니다.
29 그분이 어떻게 구름을 펼치시는지,
어떻게 그 장막에서 천둥소리를 내시
는지 누가 알겠습니까?
30 보십시오. 그분이 번갯불을 펼치시고
바다의 밑바닥을 덮으십니다.
31 그분은 이런 것들로 백성을 심판하시
며 먹을 것을 넉넉하게 공급해 주십
니다.
32 두 손에 번개를 쥐시고 과녁을 맞히
라고 명령하십니다.
33 천둥소리가 폭풍이 올 것을 암시하니
심지어 가축까지도 그것이 오는 것을
알게 됩니다."

37 "이러니 내 마음도 떨리고 펄쩍
펄쩍 뛰는 것입니다.
2 잘 들어 보십시오. 천둥 같은 그분의
음성, 그 입에서 나오는 우레 같은 소
리를 말입니다.
3 그 소리를 모든 하늘 아래 펼치시고
번개를 땅끝까지 보내십니다.
4 그런 뒤에 천둥과 같은 위엄 있는 음
성이 울려 퍼지고 그분의 위엄 있는
목소리가 우렁차게 울려 퍼집니다.
5 하나님께서는 놀라운 음성을 울리시
며 우리가 이해하지 못하는 엄청난
일들을 하십니다.

6 그분은 눈에게 '땅에 떨어지라'고 명
하시고 비에게도 '억수로 쏟아지라'고
명하십니다.
7 그분은 모든 사람의 손을 봉해 사람
으로 하여금 그분이 하시는 일을 알
게 하십니다.
8 그러면 짐승들이 굴에 들어가 그 자
리에 그대로 있게 됩니다.
9 남쪽에서는 태풍이 나오고 북쪽에서
는 한기가 나옵니다.
10 하나님의 입김에 서리가 내리고 넓디
넓은 물이 얼어붙습니다.
11 또 두터운 구름을 물기로 적시시고
번개 구름을 널리 퍼뜨리시니
12 구름은 그분의 계획대로 운행되는 것
으로, 땅의 온 지상에서 그분이 명령
하시는 대로 수행합니다.
13 그분이 징벌을 내리실 때나 혹은 땅
을 위해서나 혹은 은총을 베푸실 때
도 비를 내리십니다.
14 오, 욥이여! 이 말을 들어 보십시오.
가만히 서서 하나님의 기이한 일들을
생각해 보십시오.
15 하나님께서 언제 구름을 움직이시고
그 번갯불을 내시는지 압니까?
16 구름이 어떻게 공중에 잘 매달려 있
는지, 지식이 완전하신 분의 이런 기
이한 일들을 알기나 합니까?
17 남쪽에서 바람이 불어와 땅이 고요
해지고 당신 옷이 어떻게 따뜻해지는
지 압니까?
18 당신이 그분과 함께 부어 만든 거울
처럼 단단한 하늘을 펼칠 수 있습니
까?
19 우리가 그분께 무슨 말을 해야 할지
가르쳐 주십시오. 도무지 캄캄해 무
엇이 무엇인지 알 수 없습니다.
20 하고 싶은 말이라고 그분께 다 고하
겠습니까? 삼킴을 당하고 싶어서 말
한단 말입니까?
21 사람들이 구름 속의 빛을 보지 못할
때도 있지만 바람이 지나가면 다시
맑아지는 법입니다.
22 북방에서 금빛이 나오고 하나님께는
두려운 위엄이 있습니다.
23 우리는 능력이 크신 전능하신 분께
나아갈 수 없습니다. 그분의 심판이
나 무한한 공의는 왜곡될 수 없습니
다.
24 그러므로 사람이 그분을 경외하는 것
입니다. 그분은 스스로 지혜롭다는
사람을 거들떠보지도 않으십니다."

여호와께서 말씀하시다

38 그때 여호와께서 회오리바람
가운데서 나타나 욥에게 대답
하셨습니다.
2 "알지도 못하면서 말로 이치를 어둡
게 하는 사람이 누구냐?
3 너는 대장부처럼 허리를 묶고 나서라.
내가 네게 물을 테니 내게 대답해 보
아라.
4 내가 땅의 기초를 놓을 때 네가 어디
있었느냐? 아는 게 있으면 말해 보아
라.
5 누가 그 크기를 정했느냐? 네가 아느
냐? 또 누가 그 위에 줄을 쳤느냐?

6 그 단단한 기초는 무엇 위에 세웠느
냐? 모퉁잇돌은 누가 놓았느냐?
7 그때 새벽 별들이 함께 노래하고 모
든 *천사들이 기뻐 외치지 않았느냐?
8 바닷물이 모태에서 빠져나오듯 쏟아
져 나올 때 누가 문을 닫아서 그것을
막았느냐?
9 그때 내가 구름을 바다의 옷으로 삼
아 짙은 어둠으로 그것을 둘렀고
10 내가 그것의 한계를 정해 그 문과 빗
장을 세우고
11 '너는 이만큼까지만 오고 더는 나오
지 말라. 네 도도한 물결이 여기서 멈
출 것이다' 하지 않았느냐?
12 네가 아침에게 명령을 내린 적이 있느
냐? 새벽에게 그 자리를 알게 해서
13 그것이 땅끝을 붙잡고 악인을 그 가
운데서 흔들어 떨쳐 낸 적이 있느냐?
14 땅이 도장 찍힌 진흙처럼 변하고 만
물이 옷처럼 나타났도다.
15 악인에게서 그 빛이 거둬지며 그 높
이 든 팔은 부러진다.
16 네가 바다의 근원에 가 본 적이 있느
냐? 깊은 물 밑으로 걸어 본 적이 있
느냐?
17 죽음의 문이 네게 열린 적이 있느냐?
죽음의 그림자의 문들을 본 적이 있
느냐?
18 땅이 얼마나 드넓은지 깨달은 적이
있느냐? 네가 이 모든 것을 안다면
말해 보아라.
19 빛의 근원지로 가는 길이 어디냐? 어
둠이 있는 자리는 어디냐?
20 네가 그것들을 제자리로 데려갈 수
있느냐? 그것들의 집으로 가는 길을
아느냐?
21 너는 그때 이미 태어난 몸이니 물론
알겠지! 네가 살아온 날이 얼마나 많
으냐?
22 네가 눈의 창고에 들어가 본 적이 있
으며 우박의 창고를 본 적이 있느냐?
23 그것은 내가 고난의 때를 위해, 전쟁
과 전투의 날을 위해 준비해 놓은 것

38:7 히브리어, '하나님의 아들들'

Q&A 세상의 크기는 약 40,009km?

참고 구절 | 욥 38:18

지구의 크기는 남극과 북극 둘레가 약 40,009km, 적도의 둘레가 약 40,053km이다. 약 2,200여 년 전 그리스의 수학자이자 천문학자인 에라스토테네스도 이와 비슷하게 지구의 크기를 계산해 냈다. 그는 지구가 둥글다고 생각했던 것이다. 하지만 욥 당시만 해도 사람들은 지구가 둥글다고 생각하지 않았다. 지구가 육지와 바다로 이루어진 커다란 평면이며 그 평면은 끝이 없다고 생각했다. 지구 둘레는 바다이며 바닷물이 흘러내리지 않는 것은 지구의 가장자리가 조금씩 솟아올라 있기 때문이라고 생각했다. 이런 시대에 살면서 마치 많은 것을 알고 있는 듯 말하는 욥에게 하나님은 "땅이 얼마나 드넓은지 깨달은 적이 있느냐?"고(욥 38:18) 물으셨다. 모든 것을 아시는 이는 오직 하나님뿐임을 말씀해 주셨던 것이다.

이다.
24 해가 뜨는 곳에 가 본 적이 있느냐?
동풍이 어느 쪽으로 흩어지는지 네
가 아느냐?
25 누가 폭우가 빠지는 수로를 파며 우
레의 길을 냈느냐?
26 사람이 살지 않는 땅, 아무도 없는 광
야에 비를 내리고
27 황폐하게 버려진 땅을 비옥하게 해
연한 풀에서 싹이 나게 하느냐?
28 비에게 아버지가 있느냐? 누가 이슬
방울을 낳았느냐?
29 얼음이 누구의 태에서 나왔느냐? 하
늘에서 내리는 서리는 누가 냈느냐?
30 물이 돌처럼 딱딱하게 굳고 깊은 물
의 수면이 얼어붙는다.
31 네가 북두칠성을 묶을 수 있느냐? 네
가 오리온의 줄을 풀 수 있느냐?
32 네가 때에 따라 별자리를 낼 수 있느
냐? *곰자리와 그 별들을 인도할 수
있느냐?
33 네가 하늘의 법칙을 아느냐? 네가 땅
을 다스리는 주권을 세울 수 있느냐?
34 네 소리를 구름까지 높여 스스로 홍
수로 뒤덮이게 할 수 있느냐?
35 네가 번개를 보내 번개가 가면서 '우
리가 여기 있다'고 말하게 할 수 있느
냐?
36 누가 속에 지혜를 두었느냐? 누가 마
음속에 지각을 주었느냐?
37 누가 지혜롭게도 구름을 셀 수 있느
냐? 누가 하늘의 물병들을 쏟을 수
있느냐?
38 티끌이 뭉쳐서 진흙이 되고 그 덩어
리들이 달라붙게 할 수 있느냐?
39 네가 사자를 위해 먹이를 사냥하겠느
냐? 배고픈 어린 사자를 배부르게 하
겠느냐?
40 그것들이 굴에 웅크리고 있고 덤불
속에 숨어 기다리고 있을 때 그렇게
하겠느냐?
41 까마귀 새끼들이 하나님께 부르짖고
먹이가 없어 돌아다닐 때 누가 그 까
마귀를 위해 먹이를 주겠느냐?"

39 "너는 산양이 언제 새끼를 낳
는지 아느냐? 암사슴이 새끼
배는 것을 네가 알 수 있느냐?
2 몇 달 만에 만삭이 되는지 네가 아느
냐? 또 언제 새끼를 낳는지 아느냐?
3 산양들이 웅크리고 앉아 그 새끼를
낳으면 그 산고가 끝난다.
4 그 새끼들이 무럭무럭 자라 들판에
서 강해지면 그 곁을 떠나서 돌아오
지 않는다.
5 누가 들나귀를 풀어 주었느냐? 누가
그 묶인 줄을 풀어 주었겠느냐?
6 내가 광야를 들나귀에게 주어 집으
로 삼고 소금기 있는 땅을 거처로 삼
게 했다.
7 들나귀는 마을의 북적댐을 보고 비웃
고 나귀 모는 사람의 소리도 무시한
다.
8 산지가 그의 초장이니 푸른 것이 있
는 데마다 찾아다닌다.
9 들소가 너를 기쁘게 섬기겠느냐? 네

38:32 또는 사자자리

구유 옆에서 가만히 있겠느냐?
10 네가 들소를 밭고랑에 줄로 묶어 둘
수 있느냐? 그것이 네 뒤에서 골짜기
를 경작하겠느냐?
11 들소가 힘이 세다고 네가 의지하겠느
냐? 네가 들소에게 무거운 짐을 지우
겠느냐?
12 네가 네 곡식을 가져와 타작마당에
모으는 일을 들소에게 맡기겠느냐?
13 타조가 재빠르게 날갯짓을 한다마는
그 날개와 깃털이 황새만은 못하지
않느냐?
14 타조는 그 알들을 땅에 낳고 흙 속에
서 따뜻하게 되도록 내버려 두고
15 누가 발로 밟든, 들짐승이 깨뜨리든
상관 않고 잊어버린다.
16 타조는 자기 새끼가 제 것이 아닌 듯
신경 쓰지 않는다. 산고가 헛수고가
되는 것쯤은 두려워하지 않는다.
17 이는 나 하나님이 타조에게서 지혜를
없애고 지각을 주지 않았기 때문이다.
18 그러나 타조가 그 몸을 높이 쳐들고
뛸 때는 말과 그 기수를 우습게 여기
는 법이다.
19 네가 말에게 힘을 주었느냐? 휘날리
는 갈기를 그 목에 둘러 주었느냐?
20 네가 말이 메뚜기처럼 잘 뛰게 할 수
있느냐? 그 위엄 있는 콧소리가 무섭
지 않느냐?
21 말은 앞발로 땅을 차며 그 힘을 과시
하고 무장한 사람들을 맞으러 달려
간다.
22 말은 두려움을 비웃고 무서움을 모르
며 칼을 보아도 뒤를 보이지 않으니
23 화살통과 번쩍이는 창과 단창이 그
앞에서 흔들려도
24 말은 힘차게, 무섭도록 한달음에 내
달리고 나팔 소리도 개의치 않는다.
25 나팔 소리가 울리면 말은 콧소리로
'히히힝!' 하고는 멀리서부터 싸움 냄
새를 맡고 장군들의 우레 같은 소리
와 함성을 듣는다.
26 매가 떠올라서 남쪽으로 그 날개를
뻗고 나는 것이 네 지혜로 인한 것이
냐?
27 독수리가 하늘로 날아오르고 높은
곳에 그 둥지를 만드는 것이 네 명령
으로 인한 것이냐?
28 독수리는 바위에 살고 바위틈과 든
든한 장소에 있으면서
29 거기에서 먹이를 찾되 그 눈은 멀리
서도 먹이를 볼 수 있다.
30 그 새끼들도 피를 빨아 먹으니 주검
이 있는 곳에는 독수리가 있다."

40 여호와께서 또 욥에게 말씀하
셨습니다.
2 "전능자와 싸운다고 그를 가르치겠느
냐? 하나님을 나무라는 사람아, 대답
해 보아라!"
3 그러자 욥이 여호와께 대답했습니다.
4 "보십시오. 저는 보잘것없는 사람입니
다. 제가 어떻게 주께 대답하겠습니
까? 손으로 입을 막을 뿐입니다.
5 한 번 내가 말했었지만 대답하지 않
을 것이며 두 번 말했지만 다시는 하
지 않겠습니다."

6 그러자 여호와께서 회오리바람 가운
데서 욥에게 말씀하셨습니다.
7 "너는 이제 대장부처럼 허리를 동여
매어라. 내가 네게 물을 테니 너는 대
답하도록 하여라.
8 네가 내 판결을 무너뜨리겠느냐? 네
가 나를 비난해서 의롭게 되려느냐?
9 네게 하나님의 팔 같은 팔이 있느냐?
네게 하나님같이 우레 같은 음성이
있느냐?
10 그렇다면 영광과 위엄으로 자신을 장
식하고 존귀와 아름다움으로 옷 입어
라.
11 네 극에 달한 분노를 쏟아 내고 교만
한 사람을 보고 그를 낮추어라.
12 교만한 사람을 다 눈여겨보아 그를
낮추고 악인은 그 서 있는 곳에서 밟
아 버려라.
13 그들을 모두 한꺼번에 흙먼지 속에
묻어 버리고 그 얼굴들을 몰래 싸매
두어라.
14 그때가 되면 네 오른손이 너를 구원할
수 있음을 내가 직접 인정할 것이다.
15 소처럼 풀을 먹는 *베헤못을 보아라.
내가 너를 지었듯이 그것도 지었다.
16 보아라. 그 힘은 허리에 있고 그 강함
은 배 근육에 있다!
17 꼬리는 백향목처럼 흔들리고 돌 같은
허벅지 힘줄은 서로 연결돼 있으며
18 뼈들은 놋으로 된 관 같고 뼈대는 철
빗장 같다.
19 그것은 하나님의 피조물 가운데 제일
가는 것이어서 그것을 지은 이가 칼
을 쥐어 주었고
20 모든 들짐승들이 노는 그 산들이 그
것을 위해서 먹을 것을 내느니라.
21 그것은 연꽃잎 아래, 늪지대의 갈대
숲 사이에 누우며
22 연꽃잎 그늘이 그것을 가려 주고 시
냇가의 버드나무가 그것을 둘러싸느
니라.
23 보아라. 강물이 넘쳐도 놀라지 않으
며 요단 강 물이 불어서 입에 차도 태
연하도다.
24 그것이 보고 있을 때 누가 그것을 잡
아 갈고리로 그 코를 꿸 수 있느냐?"

41 "네가 *리워야단을 낚을 수 있
느냐? 끈으로 그 혀를 묶을 수
있느냐?
2 그 코를 줄로 꿸 수 있느냐? 그 턱을
갈고리로 꿸 수 있느냐?
3 그것이 네게 빌고 또 빌겠느냐? 네게
점잖은 말로 말하겠느냐?
4 그것이 너와 언약을 맺겠느냐? 네가
그것을 평생 노예로 삼겠느냐?
5 네가 새 같은 애완동물로 삼겠느냐?
네 딸들을 위해 그것을 묶어 두겠느
냐?
6 어부들이 그것으로 잔치를 벌이겠느
냐? 상인들 사이에서 그것을 나누겠
느냐?
7 네가 그 가죽을 쇠꼬챙이로 찌를 수
있느냐? 그 머리를 작살로 찌를 수
있느냐?

40:15 하마나 코끼리와 같은 짐승 41:1 바다에 산다고 생각되던 거대한 동물로 고대 사람들은 혼돈을 가져오는 신화 속의 생물로 이해함.

8 네가 그것에 손을 대 보아라. 얼마나
혼이 났는지 기억하며 다시는 그렇게
하지 않을 것이다.
9 보아라. 그것을 굴복시키겠다는 생각
은 어림도 없으니 그것을 보기만 해
도 아찔하지 않느냐?
10 그것을 감히 자극할 만큼 용맹한 사
람은 없다. 그런데 누가 내 앞에 설
수 있겠느냐?
11 나를 막아서서 내가 갚아야 한다고
하는 사람이 누구냐? 하늘 아래 있
는 것이 다 내 것이다.
12 그 사지와 그 힘과 그 튼튼한 뼈대를
내가 말하지 않을 수 있겠느냐?
13 누가 그 가죽을 벗길 수 있느냐? 누
가 두 겹 비늘 사이를 뚫겠느냐?
14 누가 감히 그 얼굴 문을 열겠느냐?
그 둘러 난 이빨이 무시무시하니 말
이다.
15 그 비늘은 단단히 봉인된 듯 붙어 그
자랑이 된다.
16 비늘이 서로 꽉 붙어 있어서 바람도
통하지 않는다.
17 그것들이 서로 단단히 조여 있고 함
께 붙어 있어 떨어지지 않는다.
18 그가 재채기를 하면 빛이 번쩍이고
그 눈은 새벽의 눈꺼풀 같다.
19 그 입에서는 횃불이 나오고 불꽃이
튀며
20 그 코에서는 연기가 나오니 펄펄 끓는
냄비나 가마솥에서 나오는 것 같다.
21 그 숨은 숯에 불을 붙이고 그 입에서
는 불꽃이 나온다.
22 그 목에는 힘이 있으니 그 앞에서는
경악하게 된다.
23 그 살갗이 서로 연결되고 견고해 움
직이지 않는다.
24 그 마음은 돌처럼 단단하며 맷돌의
아래짝같이 단단하다.
25 그것이 일어나면 용사라도 두려워하
고 그것이 부수어 대면 기가 꺾인다.
26 칼이 닿아도 힘을 쓰지 못하고 창이
나 화살이나 작살도 아무 소용이 없
다.
27 그것은 철을 짚처럼 다루고 청동을
썩은 나무처럼 취급한다.
28 화살을 쏘아도 도망치지 않으며 무릿
매 돌도 겨와 같이 날려 버린다.
29 몽둥이도 지푸라기쯤으로 여기고 창
을 던지는 것을 보고도 피식 웃는다.
30 그 뱃가죽은 들쭉날쭉한 질그릇 조
각 같고 진흙 위에 타작 기계처럼 자
국을 내는구나.
31 그것은 깊은 물을 솥 끓이듯 하고 바
다를 기름 솥 끓이듯 한다.
32 또 가고 난 자취에 빛나는 길을 남기
니 사람이 보기에 깊은 물이 백발 같
다고 여긴다.
33 땅 위에 그 같은 것이 없으니 그는 두
려울 것 없이 지어졌다.
34 모든 교만한 것을 다 쳐다볼 수 있으
니 모든 교만한 자식들을 다스리는
왕이다."

욥

42 그러자 욥이 여호와께 대답하
며 말했습니다.

2 "나는 주께서 모든 일을 하실 수 있
고 계획하신 일은 무엇이든 이루신다
는 것을 알았습니다.
3 잘 알지도 못하고 주님의 뜻을 가린
자가 누구입니까? 내가 알지도 못하
는 일들을 말하고 너무 기이해서 알
수 없는 일들을 내가 내뱉었습니다.
4 간구하오니 들어 주십시오. 내가 말
하겠습니다. 내가 여쭙겠으니 대답해
주십시오.
5 내가 주에 대해 지금까지 내 귀로만
들었는데 이제 내 눈으로 주를 보게
됐습니다.
6 그래서 내가 스스로 한탄하며 티끌
과 재를 뒤집어쓰고 회개합니다."

끝막

7 여호와께서는 욥에게 이 말씀을 마치
시고 나서 데만 사람 엘리바스에게 말
씀하셨습니다. "내가 너와 네 두 친구
에게 진노했다. 너희는 나에 대해 내
종 욥처럼 옳게 말하지 않았다.
8 그러므로 너희는 수소 일곱 마리와
숫양 일곱 마리를 가지고 내 종 욥에
게 가서 너희 자신을 위해 번제를 드
려라. 내 종 욥이 너희를 위해 기도해
줄 것이다. 그러면 내가 그 기도를 받
아들여 너희의 어리석음대로, 너희가
나에 대해 내 종 욥처럼 옳은 말을 하
지 않은 것에 대해 갚지 않겠다."
9 그러자 데만 사람 엘리바스와 수아 사
람 빌닷과 나아마 사람 소발은 여호와
의 말씀대로 했고 여호와께서는 욥의
기도를 받으셨습니다.
10 욥이 그 친구들을 위해 기도를 마치
자 여호와께서는 욥의 상황을 돌이키
셨고 전에 있었던 것보다 두 배로 더
해 주셨습니다.
11 그러자 그 모든 형제들과 자매들과
전에 알고 지냈던 사람들이 그에게
와서 그 집에서 함께 먹었습니다. 여
호와께서 그에게 보내신 모든 고난을
위로하고 달래며 각각 *은 한 조각과
금가락지를 욥에게 주었습니다.
12 여호와께서는 욥의 말년에 초년보다
더 많은 복을 주셨습니다. 그리하여
그는 양 1만 4,000마리, 낙타 6,000
마리, 소 1,000쌍, 암나귀 1,000마리
를 갖게 됐습니다.
13 그는 또 일곱 아들과 세 딸도 얻었습
니다.
14 그는 큰딸을 *여미마, 둘째 딸을 *긋
시아, 셋째 딸을 *게렌합북이라고 이
름 지었습니다.
15 온 땅에서 욥의 딸들만큼 아름다운
여인들은 찾아볼 수 없었고 그 아버
지는 아들들에게 준 것처럼 딸들에
게도 유산을 나누어 주었습니다.
16 이후로 욥은 *140년을 더 살면서 아
들들과 손자들, 나아가 4대 자손까지
보았습니다.
17 그러고 나서 욥은 나이 들어 수명이
다해 죽었습니다.

42:11 히브리어로는 '케시타', 무게와 가치가 알려지지 않은 화폐 단위 42:14 히브리어, '비둘기' 42:14 히브리어, '계피 향' 42:14 화장 도구, 특히 눈 화장에 사용 42:16 칠십인역에는 240년

시편

Psalms

하나님의 존재와 성품에 대한 찬양, 역사 속에서 성취된 응답, 베푸신 은혜와 구원에 대한 감사, 비탄과 회의, 갈등과 두려움, 회개와 전적 신뢰 등이 적나라하게 드러나 있다. 다윗을 비롯한 시편 저자들은 다양한 삶의 정황과 위기 가운데서도 신실하게 자기 백성을 인도하시고 보호하시는 하나님에 대해 구체적으로 표현하고 있다.

제 1 권

시편 1-41

1 복이 있는 사람은 악한 사람들의
꾀를 따라가지 않고 죄인들의 길에
서지 않으며 남을 업신여기는 사람들
과 자리를 함께하지 않고
2 오직 여호와의 *율법을 즐거워하고
그 *율법을 밤낮으로 *깊이 생각하
는 자로다.
3 그는 시냇가에 심은 나무가 계절에 따
라 열매를 맺고 그 잎이 시들지 않는
것처럼 하는 일마다 모두 잘되리라.
4 악인은 그렇지 않으니 그저 바람에
날려 가는 겨와 같도다.
5 그러므로 악인들은 심판을 견디지 못
하며 죄인들은 의인의 모임에 참석하
지 못하리라.
6 의인의 길은 여호와께서 보호하시나
악인의 길은 망하리라.

2 어째서 나라들이 술렁거리며 민족
들이 *헛된 일을 꾀하는가?
2 세상의 왕들이 자기를 내세우고 통치
자들이 모여 여호와와 그 기름 부음
받은 이를 거스르며
3 "저들의 사슬을 끊자. 저들의 족쇄를
던져 버리자" 하는구나.
4 하늘에 앉으신 분이 웃으시며 주께서
그들을 비웃으시리라.
5 그러고는 진노하셔서 그들을 꾸짖고
그들을 놀라게 하시며
6 "내가 내 왕을 내 거룩한 산 시온에
세웠노라" 하시리라.
7 내가 이제 여호와의 율례를 선포하리
라. 그분께서 내게 말씀하셨도다. "너
는 내 아들이다. 내가 오늘 너를 낳았
노라.
8 내게 구하여라. 그러면 내가 이방 민
족들을 네게 기업으로 주어 온 세상
이 네 소유가 되게 하리라.
9 너는 그들을 *쇠지팡이로 다스리며

1:2 히브리어, 토라 1:2 또는 묵상하는, 읊조리는
2:1 히브리어 사본을 따름. 칠십인역에는 '격노하는가?'
2:9 또는 철퇴로

토기장이가 자기 그릇을 부숴 버리듯
그들을 부수리라."
10 그러므로 너희 왕들아, 지혜를 가지
라. 너희 세상 통치자들아, 경고를 들
으라.
11 여호와를 경외하며 섬기고 떨며 환호
하라.
12 그분의 아들께 입을 맞추라. 그러지
않으면 그분이 진노하셔서 가는 길에
네가 멸망하리니 그 진노는 급하시리
라. 그러나 여호와를 의지하는 사람
은 모두 복이 있도다.

다윗의 시, 아들 압살롬에게서 달아날 때 지은 시

3 여호와여, 내게는 적들이 어찌 이
리 많습니까! 나를 거스르고 맞서
는 사람이 많습니다.
2 많은 사람들이 나를 두고 "그는 하나
님께 구원을 얻지 못한다"라고 말합
니다. (*셀라)
3 그러나 여호와여, 주는 내 방패이시
며 *내 영광이시며 내 머리를 드시는
분이시니
4 내가 여호와께 큰 소리로 부르짖을
때 주의 거룩한 산에서 내게 반드시
응답해 주십니다. (셀라)
5 내가 누워 잠들었다 깨어나는 것은
여호와께서 나를 붙드시는 것이니
6 수많은 사람들이 나를 거슬러 둘러싼
다 해도 내가 두려워하지 않겠습니다.
7 여호와여, 일어나소서! 내 하나님이
여, 나를 건지소서! 주께서 내 모든
원수들의 턱을 치시고 악인들의 이를
부숴 주소서!
8 구원이 여호와께 있사오니 주의 백성
에게 복을 내리소서. (셀라)

다윗의 시, 지휘자를 따라 현악기에 맞춰 부른 노래

4 의로우신 내 하나님, 내가 부를 때
응답하소서. 곤경에서 나를 구원
하셨으니 나를 가엾게 여기시고 내
기도를 들으소서.
2 사람들아, 언제까지 *내 영광을 더럽
히며 헛된 것을 사랑하며 거짓을 구
하겠느냐? (셀라)
3 여호와께서 그분을 위해 경건한 사람
을 택하셨음을 알라. 내가 부르짖을
때 그분께서 들으실 것이라.
4 너희는 *두려워하며 죄를 짓지 말라.
자리에 누워 조용히 생각하라. (셀라)
5 의로운 제사를 드리고 여호와를 신뢰
하라.
6 많은 사람들이 "누가 우리에게 선한
것을 보여 주겠는가?" 하오니 여호와
여, 그 얼굴의 빛을 우리에게 비추소
서.
7 주께서 내 마음에 기쁨을 주셨으니
곡식과 새 포도주가 풍성할 때보다
더합니다.
8 내가 편히 눕고 자기도 하리니 나를
안전한 곳에 살게 하시는 분은 오직
여호와뿐이십니다.

다윗의 시, 지휘자를 따라 관악기에 맞춰 부른 노래

5 여호와여, 내 말에 귀를 기울여 주
소서. 내 탄식 소리를 들어 주소서.
2 내 왕, 내 하나님이여, 내가 주께 기도

3:2 음악 용어 3:3;4:2 또는 내 영광의 하나님 4:4 또는 화가 난다고

하오니 도와 달라고 외치는 내 울부
짖음에 귀를 기울이소서.
3 여호와여, 주께서 아침마다 내 목소
리를 들으시니 아침에 내 간구를 주
께 아뢰고 주의 응답을 기다립니다.
4 주는 악을 기뻐하시는 하나님이 아니
시니 악인이 주와 함께 있지 못할 것
입니다.
5 어리석은 사람들이 주 앞에 서지 못
하리니 이는 주께서 악을 행하는 모
든 사람들을 미워하시기 때문입니다.
6 주께서는 거짓말하는 사람들을 멸망
시키시고 다른 사람의 피를 흘리고
속이는 사람들을 미워하십니다.
7 그러나 나는 주의 크신 은혜를 입고
주의 집에 들어가 경외하는 마음으
로 주의 거룩한 성전을 향해 경배할
것입니다.
8 여호와여, 내게 적들이 있으니 나를
주의 의로운 길로 인도해 주시고 내
얼굴 앞에 주의 길을 곧게 하소서.
9 그들의 입에서 나오는 말은 한마디도
믿을 수 없고 그들의 생각은 멸망으
로 인도하며 그들의 목구멍은 열린 무
덤이며 그들의 혀는 거짓말만 합니다.
10 하나님이여, 그들을 멸망시키소서. 자
기 꾀에 스스로 빠지게 하소서. 헤아
릴 수 없이 많은 죄들이 있으니 그들
을 쫓아내소서. 그들이 주께 반역했
습니다.
11 그러나 주께 피하는 사람들은 모두
기뻐하고 기쁨에 겨워 소리치게 하소
서. 주께서 그들을 보호해 주소서. 주
의 이름을 사랑하는 사람들이 주 안
에서 즐거워하게 하소서.
12 여호와여, 주께서는 분명히 의인들에
게 복을 주시고 방패로 두르듯 주의
신실하신 사랑으로 그들을 둘러 주
실 것입니다.

다윗의 시, 지휘자를 따라 현악 *스미닛에 맞춘 노래

6 여호와여, 주의 노여움으로 나를
꾸짖지 마시고 주의 분노로 나를
벌하지 마소서.
2 여호와여, 내가 쇠약하오니 나를 가
엾게 여기소서. 여호와여, 내 뼈들이
고통당하고 있으니 나를 고쳐 주소
서.
3 내 영혼이 몹시 떨고 있습니다. 여호
와여, 언제까지입니까?
4 여호와여, 돌아오셔서 나를 구하소
서. 주의 신실하신 사랑으로 나를 구
원하소서.
5 죽으면 아무도 주를 기억할 수 없으
니 누가 *무덤에서 주를 찬양할 수
있겠습니까?
6 나는 신음하다 지쳐 버렸습니다. 내
가 밤새도록 울어 눈물로 침대를 적
셨으며 내 이불도 푹 젖었습니다.
7 내 눈은 슬픔으로 희미해지고 내 모
든 적들 때문에 약해졌습니다.
8 너희 악을 행하는 모든 사람들아, 내
게서 떠나라. 여호와께서 내 울부짖
음을 들으셨도다.
9 여호와께서 내 간청을 들으시고 여호

6편 팔현금을 뜻하는 음악 용어　6:5 또는 히브리어, 스올

와께서 내 기도를 들어주시리니
10 내 모든 적들이 두려워하며 부끄러움
을 당한 후 곧 물러가리라.

다윗의 *식가욘, 베냐민 사람 구시에 관해
여호와께 부른 노래

7 여호와 내 하나님이여, 내가 주를
믿습니다. 나를 쫓는 모든 사람들
에게서 나를 구원해 건져 주소서.
2 그러지 않으면 나를 구해 줄 이가 아
무도 없으니 그들이 사자같이 나를
물어뜯고 갈기갈기 찢어 놓을 것입니
다.
3 여호와 내 하나님이여, 만약 내가 이
일을 했다면, 그래서 내 손에 죄악이
있다면
4 내가 만약 나와 화해한 사람에게 악
한 행동으로 갚았거나 내 적에게 아
무 이유 없이 빼앗은 것이 있다면
5 내 적이 나를 쫓아와 붙잡게 하소서.
그가 내 영혼을 짓밟아 나를 땅속에
묻게 하시고 내 영광이 먼지 속에 있
게 하소서. (셀라)
6 여호와여, 진노하며 일어나소서. 내
적들에 맞서 일어나 싸워 주소서. 내
하나님이여, 나를 위해 일어나 심판
을 명하소서.
7 민족들 가운데 모인 무리가 주를 에
워싸리니 그들을 위해서 높은 자리
로 돌아오소서.
8 여호와께서 그 민족들을 심판하시니
여호와여, 내 의에 따라, 내 안에 있는
내 성실함에 따라 나를 판단하소서.
9 악인들의 악을 끊으시고 의인들을 세
워 주소서. 이는 의로우신 하나님이
마음과 생각을 살피는 분이시기 때문
입니다.
10 내 방패는 마음이 올바른 사람들을
구원하시는 하나님께 있도다.
11 하나님은 공정한 재판장이시요, 악인
들에게는 날마다 분노하시는 분이십
니다.
12 사람이 뉘우치지 않으면 그 칼을 가
실 것이며 그 활시위를 당겨 준비하
십니다.
13 하나님이 죽이는 무기를 준비하시며
불화살을 당길 채비를 하고 계시도
다.
14 보라. 악인이 악을 품고 있으며 해악
을 잉태해 거짓을 낳았도다.
15 그가 땅을 파서 웅덩이를 만들더니 자
기가 만든 구덩이에 자기가 빠졌도다.
16 자기가 꾸민 재난이 자신의 머리로
떨어지고 그 포악함이 그의 정수리에
떨어지리라.
17 내가 의로우신 여호와를 찬양하고 지
극히 높으신 여호와의 이름을 노래하
리라.

다윗의 시, 지휘자를 따라 *깃딧에 맞춘 노래

8 여호와 우리 주여, 주의 이름이 온
땅에 어찌 그리 장엄한지요! 주께
서 그 영광을 하늘 위에 두셨습니다.
2 어린아이들과 젖먹이들의 입으로 찬
양하게 하셨으니 주께서 대적들과 원
수들과 보복하는 사람들을 잠잠하게
하시려는 것입니다.

7편 문학 또는 음악 용어 8편 음악 용어

3 주의 손가락으로 만드신 주의 하늘과
주께서 달아 놓으신 달과 별들을 생
각해 봅니다.
4 사람이 무엇이기에 주께서 이렇게 마
음을 쓰시며 인자가 과연 무엇이기에
이토록 돌봐 주십니까?
5 주께서 사람을 *하늘에 있는 존재보
다 조금 못하게 만드시고 영광과 존
귀함의 관을 씌우셨습니다.
6 또 주의 손으로 만드신 것을 사람이
다스리게 하시고 모든 것을 사람의
발아래 두셨습니다.
7 곧 모든 양들, 소들, 들짐승들,
8 공중의 새들, 바다의 물고기들, 바닷
길을 헤엄쳐 다니는 모든 것들을 다
스리게 하신 것입니다.
9 여호와 우리 주여, 주의 이름이 온 땅
에 어찌 그리 장엄한지요!

다윗의 시. 지휘자를 따라 '아들의 죽음'이라는
곡조에 맞춰 부른 노래

*9 오 여호와여, 내가 온 마음을 다
해 주를 찬양하겠습니다. 주께서
행하신 놀라운 일들을 내가 모두 말
하겠습니다.
2 내가 주를 기뻐하고 즐거워하며 가장
높으신 주의 이름을 찬양하겠습니다.
3 주 앞에서는 내 적들이 뒤돌아서다가
넘어져 멸망할 것입니다.
4 주께서 내 권리와 내 사정을 변호해
주셨으며 주의 옥좌에 앉으셔서 나
를 의롭게 심판하셨습니다.
5 또 이방 민족들을 꾸짖으시며 악인
들을 멸망시키시며 그들의 이름을 영
원히 지워 버리셨습니다.
6 적들이 멸망해 영원히 사라지고 주께
서 그들이 살던 성들을 뿌리째 뽑으
셔서 이제 아무도 그 성을 기억하지
못합니다.
7 오직 여호와만이 영원히 다스리십니
다. 여호와께서 심판하시기 위해 옥
좌를 준비하셨습니다.
8 주께서는 세상을 의롭게 심판하실 것
이며 모든 민족을 다스리실 것입니다.
9 여호와는 억압받는 사람들의 피난처
이시며 환난 때 피할 요새이십니다.
10 여호와여, 주의 이름을 아는 사람들
은 주를 신뢰할 것입니다. 이는 주를
찾는 사람들을 주께서 결코 버리지
않으시기 때문입니다.
11 시온에 계시는 여호와를 찬양하라.
주께서 하신 일들을 온 세상에 선포
하라.
12 살인자에게 복수하시는 하나님께서
고통당하는 사람을 기억하시며 그들
의 울부짖음을 모른 척하지 않으시리
라.
13 오 여호와여, 나를 미워하는 사람들
이 나를 어떻게 괴롭히는지 보소서.
나를 불쌍히 여기시고 죽음의 문에
서 나를 들어 올리소서.
14 그리하시면 내가 시온 성문들에서 주
를 높이 찬양하며 주께서 나를 구원
하신 일을 찬양하며 기뻐할 것입니다.
15 이방 민족들은 자기들이 판 구덩이에

8:5 또는 하나님보다, 천사보다. 히브리어, 엘로힘
9편 9–10편은 각 절의 첫 글자가 히브리어 자음 문자 순서로 돼 있는 시. 칠십인역에는 한 편의 시로 묶여 있음.

빠졌으며 자기가 쳐 놓은 그물에 발
이 걸렸구나.
16 여호와께서 의로운 재판으로 자신을
알리셨으니 악인이 자기 손으로 한
일로 덫에 걸렸도다. (*힉가욘, 셀라)
17 악인들은 *지옥으로 갈 것입니다. 하
나님을 잊은 모든 민족들도 다 그렇
게 될 것입니다.
18 그러나 궁핍한 사람들이 항상 잊혀지
지는 않을 것이며 가난한 사람들의
소망이 영원히 없어지지는 않을 것입
니다.
19 여호와여, 일어나소서! 사람이 승리하
지 못하게 하시고 이방 나라들이 주
앞에서 심판을 받게 하소서.
20 여호와여, 그들이 두려움에 떨게 하
시고 자기들이 한낱 사람일 뿐임을
알게 하소서.

10 오 여호와여, 어찌하여 멀리 서
계시며 어찌하여 내가 어려울
때 숨어 계십니까?
2 악인들이 교만해 가난한 사람들을
학대하니 악인들이 자기 꾀에 넘어가
게 하소서.
3 악인들은 그 마음에 품은 악한 생각
을 자랑하고 여호와께서 미워하시는
욕심 많은 사람들을 축복합니다.
4 악인들은 교만하고 거만해 하나님을
찾지도 않으며 하나님이 없다고 생각
합니다.
5 그러나 그 길은 항상 잘되고 주의 심
판은 저 멀리 있어 그들에게 미치지
못하니, 악인들은 모든 반대자들에게
코웃음만 칩니다.
6 그는 마음속으로 '나는 절대 흔들리
지 않으리니 내게 어려움이 어디 있
겠는가?' 합니다.
7 그 입은 저주와 거짓과 위협으로 가
득 차 있고 그 혀에는 해악과 허영이
있습니다.
8 그는 으슥한 뒷골목에 앉으며 은밀한
곳에서 죄 없는 사람들을 죽입니다.
그가 노리는 것은 가난한 사람들입니
다.
9 그는 굴 안에 있는 사자같이 조용히
웅크리고 가난한 사람을 잡으려고 기
다리다가 가난한 사람을 잡으면 그물
로 덮쳐 끌고 갑니다.
10 그 잡힌 사람은 굽실거리며 비굴하게
살다 결국에는 그 힘 있는 사람 때문
에 쓰러지게 됩니다.
11 그는 마음속으로 '하나님이 잊어버리
셨다. 그분이 얼굴을 숨기시고 영원히
보지 않으시리라'고 합니다.
12 오 여호와여, 일어나소서! 오 하나님
이여, 주의 손을 높이 드소서. 힘없는
사람들을 잊지 마소서.
13 어째서 악인들이 하나님을 모독하게
내버려 두십니까? 그들이 속으로 '주
께서 벌을 주지 않으시리라'고 합니
다.
14 그러나 주께서는 그것을 보셨습니다.
그 학대와 억울한 것을 보시고 주의
손으로 갚아 주시려고 하시니 가난한
사람들이 그 몸을 주께 맡깁니다. 주

9:16 명상을 뜻하는 음악 용어 9:17 히브리어, 스올

께서는 고아들을 도와주시는 분입니
다.
15 악인들과 악을 행하는 사람들의 팔
을 부러뜨리소서. 모두 없어질 때까
지 그 악함을 들춰내소서.
16 여호와께서는 영원토록 왕이 되시리
니 이방 민족들이 그 땅에서 사라질
것입니다.
17 여호와여, 주께서는 힘없는 사람들의
소원을 들으셨습니다. 주께서 그들을
위로해 주시고 그 울부짖음에 귀 기
울이시어
18 고아들과 억압당하는 사람들의 변호
를 맡아 주실 것입니다. 그러면 세상
에 다시는 억압당하는 사람이 없을
것입니다.

다윗의 시, 지휘자를 위한 노래

11 내가 여호와를 의뢰하는데 어
째서 너희가 내 영혼에게 "새처
럼 산으로 피하여라" 하고 말하느냐?
2 보라. 악인들이 화살을 활에 대어 당
기고 마음이 바른 사람을 남몰래 쏘
려 하고 있구나.
3 기초가 무너지고 있는데 의인들이라
고 별 수 있겠는가?
4 여호와께서 그분의 거룩한 성전에 계
시고 여호와의 옥좌는 하늘에 있으니
그분이 눈을 열어 사람들을 지켜보신
다.
5 *여호와께서는 의인들을 시험하시고
악한 사람들과 폭력을 좋아하는 사
람들을 미워하신다.
6 악인들에게는 덫과 불과 유황과 무
서운 혼란을 비 오듯 쏟아부으실 것
이니 그것이 그들의 몫이 되리라.
7 의로우신 여호와께서는 의를 사랑하
시니 정직한 사람은 그분의 얼굴을
보리라.

다윗이 *스미닛에 맞춰 쓴 시, 지휘자를 위한 노래

12 여호와여, 도우소서. 경건한 사
람이 끊어졌습니다. 신실한 사
람들이 사람의 자손들 가운데서 사
라지고 말았습니다.
2 이웃 간에 서로 거짓말만 하고 입술
로는 아부하고 두 마음을 품습니다.
3 여호와께서 아부하는 입술과 자랑하
는 혀를 모두 잘라 버리시리라.
4 그들이 "우리가 우리의 혀로 이길 것
이다. 입술은 우리 *것인데 누가 우리
를 제어하겠는가?"라고 하지만
5 여호와의 말씀에 "가난한 사람이 억
압당하고 궁핍한 사람이 신음하면 그
때는 내가 일어나 고통스럽게 하는 사
람들로부터 지켜 주리라" 하셨도다.
6 여호와의 말씀은 순결해서 흙 도가니
에서 일곱 번 걸러 낸 은과 같도다.
7 오 여호와여, 주께서 우리를 안전하게
지켜 주시고 이 세대로부터 우리를
영원히 보존하소서.
8 타락한 사람들이 높임을 받고 악인
들이 곳곳에서 판을 치고 있습니다.

다윗의 시, 지휘자를 위한 노래

13 오 여호와여, 얼마나 더 나를
잊고 계시겠습니까? 영원히 그

11:5 또는 여호와 곧 의로우신 분은 악인을 시험하시고, 폭력을… 12편 팔현금을 의미하는 음악 용어 12:4 또는 보습

리 하시렵니까? 주의 얼굴을 얼마나
더 내게서 감추시겠습니까?
2 언제까지 내가 걱정해야 하며 언제까
지 내가 슬퍼해야 합니까? 도대체 얼
마나 더 내 적들이 내 위에 있겠습니
까?
3 오 여호와 내 하나님이여, 나를 보시
고 응답하소서. 내 눈을 뜨게 하소서.
내가 죽음의 잠에 빠질 것 같습니다.
4 그러면 내 적이 "내가 그를 이겼다" 하
고 내가 흔들릴 때 나를 괴롭히던 사
람들이 기뻐할 것입니다.
5 그러나 나는 주의 변함없는 사랑을
믿습니다. 내 마음이 주의 구원을 기
뻐합니다.
6 주께서 내게 은혜를 베푸셨으니 내가
여호와를 찬송할 것입니다.

다윗의 시, 지휘자를 위한 노래

14 *어리석은 사람들은 그 마음속
으로 '하나님이 없다'고 말합니
다. 그들은 썩었고 가증스러운 죄악
을 저지른 사람들이며 선을 행하는
사람이라고는 하나도 없습니다.
2 여호와께서 하늘에서 사람의 자손들
을 내려다보시며 지각이 있는 사람이
있는지, 하나님을 찾는 사람이 있는
지 살펴보셨지만
3 모든 이들이 곁길로 돌아섰고 다 함
께 썩어 선을 행하는 사람이라고는
없으니 정말 하나도 없습니다.
4 악을 행하는 사람들아, 무지해서 그
러느냐? 그들이 내 백성을 떡 먹듯 삼
키고 나 여호와를 부르지도 않는구나.
5 하나님이 의인의 세대와 함께 계시니
거기서 악한 사람들은 두려움에 사로
잡혔습니다.
6 너희가 가난한 사람의 계획을 비웃었
지만 오직 여호와께서 그들의 피난처
가 되시리라.
7 오, 이스라엘의 구원이 시온에서 나오
게 하소서! 여호와께서 그 포로 된 백
성을 자유롭게 하실 때 야곱이 즐거
워하고 이스라엘이 기뻐할 것입니다.

다윗의 시

15 여호와여, 주의 장막 안에 살
사람이 누구입니까? 주의 거룩
한 산에 살 사람이 누구입니까?
2 올바르게 행동하고 의를 행하며 마음
으로 진실을 말하고
3 혀로 헐뜯는 말을 하지 않으며 이웃
에게 해를 입히지 않고 동료에게 누
명을 씌우지 않으며
4 타락한 사람을 경멸하고 여호와를 경
외하는 사람을 존경하며 손해를 봐
도 맹세를 지키며
5 돈을 빌려 주면서 이자를 많이 받지
않고 뇌물을 받지 않고 죄 없는 사람
을 억울하게 하지 않는 사람입니다.
이렇게 행동하는 사람은 절대로 흔들
리지 않을 것입니다.

다윗의 *믹담

16 오 하나님이여, 내가 주를 신뢰
합니다. 나를 지켜 주소서.
2 내 영혼이 여호와께 고백합니다. "주

14:1 히브리어, 나발. 도덕적인 결함이 있는 사람을 뜻함. 16편 문학 또는 음악 용어

는 내 주시니 주를 떠나서는 어디에
도 내 행복이 없습니다."
3 이 세상에 있는 성도들은 고귀한 사
람들입니다. 그들과 함께하는 것이
내 기쁨입니다.
4 다른 신을 좇는 사람들은 더욱 근심
하게 될 것입니다. 나는 우상들에게
피의 잔을 바치지 않고 그 이름들도
내 입술에 올리지 않을 것입니다.
5 여호와께서는 내 *재산이시며 내가
마실 잔이시니 주께서 내가 받을 몫
을 지켜 주십니다.
6 내게 주신 땅은 아름다운 곳에 있으
니 내가 정말 좋은 곳을 내 몫으로
받았습니다.
7 내게 조언해 주시는 여호와를 찬양합
니다. 앞이 캄캄할 때도 내 속에서 갈
길을 알려 주시니
8 내가 여호와를 항상 내 앞에 모셔 둡
니다. 주께서 내 오른쪽에 계시니 내
가 흔들리지 않을 것입니다.
9 그러므로 내 마음이 기쁘고 뛸 듯이
즐거워하며 내 몸도 안전할 것입니다.
10 주께서 내 영혼을 *지옥에 버려두지
않으시고 주의 거룩한 분께서 썩지
않게 하실 것입니다.
11 주께서 내게 생명의 길을 보여 주시리
니 주 앞에서는 기쁨이 항상 넘칠 것
이요, 주의 오른손에는 영원한 즐거
움이 있을 것입니다.

다윗의 기도

17 오 여호와여, 내 의로움을 들
으소서. 내 울부짖음을 돌아보
소서. 내 기도에 귀 기울이소서. 거짓
없는 내 기도를 들어 주소서.
2 주는 언제나 공정하신 분이십니다.
주의 눈으로 결백하게 살펴봐 주십시
오.
3 주께서 내 마음을 자세히 살펴보시
고 밤에도 나를 살피셨습니다. 나를
시험해 보신다 해도 아무것도 찾지
못하실 것입니다. 나는 내 입술로 죄
짓지 않기로 작정했습니다.
4 다른 사람들이 어떠하든 나는 주의
입술의 말씀으로 멸망하는 사람들의
길에서 나 자신을 지켰습니다.
5 내가 주의 길을 가도록 붙잡아 주셔
서 내 발이 미끄러지지 않게 하소서.
6 오 하나님이여, 주께서 응답하실 줄
알고 내가 주를 부릅니다. 내게 귀를
기울이시고 내 말을 들으소서.
7 주를 신뢰하는 사람들을 그 적들에게
서 오른손으로 구원하시는 주여, 주
의 크고 놀라운 사랑을 보여 주소서.
8 나를 주의 눈동자처럼 지켜 주시고
주의 날개 그늘 아래 숨기셔서
9 나를 공격하는 악인들에게서, 나를
둘러싸고 죽이려는 내 적들에게서 지
켜 주소서.
10 그들은 자기 뱃속만을 기름으로 채우
고 입으로 거만하게 말합니다.
11 그들이 나를 쫓아와서 나를 에워싸
고 땅에 메어치려고 노려보고 있습니
다.
12 마치 먹이에 굶주린 사자 같기도 하

16:5 또는 기업, 유업, 산업 16:10 히브리어, 스올

고 웅크린 채 숨어 있는 젊은 사자 같
기도 합니다.
13 오 여호와여, 일어나소서. 그들을 끌
어내리고 던져 버리소서. 주의 칼로
악인들에게서 나를 건져 내소서.
14 오 여호와여, 주의 손으로 이런 사람
들에게서 나를 구하소서. 그들은 자
기들의 몫을 다 받고 사는 사람들입
니다. 그들은 주의 재물로 자신들의
배를 채우고 그 자식들도 풍족히 먹
이고 남은 재산을 자식들에게 남겨
주었습니다.
15 나는 떳떳하게 주의 얼굴을 볼 것입
니다. 내가 일어날 때 주를 닮아 가는
것으로 만족할 것입니다.

여호와의 종 다윗의 시, 지휘자를 위한 노래.
여호와께서 다윗을 그 모든 적들의 손과 사울의 손에서
구하셨을 때 다윗이 여호와께 노래한 시

18 내 힘이 되신 여호와여, 내가
주를 사랑합니다.
2 여호와는 내 바위이시요, 내 산성이
시요, 나를 건져 내는 분이시며 내 힘
이신 내 하나님은 내가 피할 바위이
십니다. 내 방패, 내 구원의 *뿔, 내
산성이십니다.
3 찬양받아 마땅하신 여호와를 내가
부르니 내가 내 적들로부터 구원을
받을 것입니다.
4 죽음의 줄이 나를 얽어매고 멸망의
급류가 나를 압도하며
5 *지옥의 줄이 나를 감아 매고 죽음
의 덫이 나를 막아섰습니다.
6 내가 고통 가운데 여호와를 부르고
내 하나님께 도와 달라고 울부짖었습
니다. 주께서 성전에서 내 목소리를
들으셨으니 내 울부짖는 외침이 주의
귀에 들렸습니다.
7 땅이 흔들리며 떨었고 산이 그 기초
부터 떨리고 흔들린 것은 그분이 진
노하셨기 때문입니다.
8 주의 코에서 연기가 피어오르고 그분
의 입에서는 불이 나와 삼키며 그 불
로 숯덩이에는 불이 붙었습니다.
9 주께서 하늘을 아래로 드리우고 내려
오셨는데 주의 발아래에는 어둠이 있
었습니다.
10 주께서 그룹을 타고 하늘을 나셨습니
다. 바람 날개로 하늘 높이 날아오르
셨습니다.
11 주께서 어둠을 은신처로 삼으시고 물
과 하늘의 먹구름으로 장막을 만드
셨습니다.
12 그 앞의 광채로부터 구름이 지나갔고
우박과 숯불이 함께 떨어졌습니다.
13 여호와께서 하늘에서 천둥같이 고함
을 치시니 지극히 높으신 분의 목소
리가 *우박과 숯불과 함께 쩡쩡 울렸
습니다.
14 주께서 화살을 쏘아 적들을 흩으시
고 번개를 쏘아 그들이 쩔쩔매게 하
셨습니다.
15 오 여호와여, 주의 꾸지람 소리와 주
의 콧김에 바다 계곡이 드러나고 땅

18:2 힘을 상징함. 18:5 히브리어, 스올 18:13 대부분의 히브리어 사본을 따름. 일부 히브리어 사본과 칠십인역에는 '우박과 숯불과 함께'가 없음(삼하 22:14을 보라).

의 기초가 드러났습니다.
16 주께서 높은 곳에서 손을 뻗어 나를
꼭 붙잡아 주셨으며 깊은 물속에서
나를 건져 내셨습니다.
17 주께서 강력한 내 적들에게서, 나를
미워하는 사람들에게서 나를 구해
내셨습니다. 그들은 나보다 강한 사
람들이기 때문입니다.
18 그들이 내 재난의 날에 나를 막아섰
지만 여호와께서 내 도움이 되셨습니
다.
19 주께서 나를 안전한 곳으로 데려가
셨습니다. 그분이 나를 기뻐하셨기에
나를 건져 주신 것입니다.
20 여호와께서 내 의로움에 따라 상을
주시고 내 손이 깨끗했기에 내게 보
상해 주셨습니다.
21 내가 여호와께서 명하신 길을 지켰고
내 하나님에게서 돌아서서 악을 행하
지 않았습니다.
22 나는 주의 모든 법을 지켰고 주의 명
령을 멀리한 적이 없습니다.
23 나는 주 앞에 흠 없이 살고 내 자신
을 지켜 죄를 짓지 않았습니다.
24 그래서 여호와께서 내 의로움에 따라
보상해 주시고 여호와 보시기에 내 손
이 깨끗했기에 갚아 주신 것입니다.
25 신실한 사람들에게는 주의 신실함을
보이시고 흠 없는 사람들에게는 주의
흠 없음을 보이시며
26 순결한 사람들에게는 주의 순결함을
보이시고 마음이 비뚤어진 사람들에
게는 주의 빈틈없음을 보이십니다.
27 주께서는 고통받는 사람들을 구원하
시고 교만한 눈들을 낮추십니다.
28 오 여호와여, 주께서 내 등불을 켜 두
시고 내 하나님께서 나를 둘러싼 어
둠을 밝혀 주셨습니다.
29 주의 도움으로 내가 군대들과 맞섰고
내 하나님과 함께 담을 기어올랐습니
다.
30 하나님의 길은 완전하고 여호와의 말
씀은 흠이 없으니 주께서는 자기를
신뢰하는 모든 사람들의 방패가 되십
니다.
31 여호와 외에 누가 하나님이겠습니까?
우리 하나님 외에 든든한 바위와 같
은 이가 누구겠습니까?
32 내게 힘을 주시고 내 길을 완전하게
하시는 분은 하나님이십니다.
33 주께서 내 발을 암사슴의 발과 같이
만드시고 나를 높은 곳에 세우십니
다.
34 주께서 나를 훈련시켜 싸우게 하시니
내 팔이 놋쇠로 만든 활을 당길 수
있습니다.
35 주께서 내게 주의 구원의 방패를 주셨
고 주의 오른손이 나를 붙드시며 주
의 온유함이 나를 크게 하셨습니다.
36 주께서 내가 가는 길을 넓혀 주셔서
내 발이 미끄러지지 않았습니다.
37 내가 내 적들을 쫓아가서 잡았으며
그들을 멸망시키기까지 물러서지 않
았습니다.
38 내가 그들이 일어서지 못하게 쳤더니
그들이 내 발아래 엎어졌습니다.

39 주께서 나를 힘으로 무장시켜 싸우
게 하시고 적들을 내 발아래 굴복하
게 하셨습니다.
40 주께서 내 적들이 물러나 도망치게
해 나를 미워하던 사람들을 멸망하
게 하셨습니다.
41 그들이 도와 달라고 울부짖었지만 그
들을 구원할 사람이 아무도 없었습
니다. 그들이 여호와께 부르짖었지만
주께서는 응답하지 않으셨습니다.
42 그때 내가 그들을 쳐서 바람에 날리
는 먼지같이 가루로 만들었고 길거리
의 진흙같이 그들을 쏟아 버렸습니
다.
43 주께서 사람들의 공격에서 나를 건져
내시고 나를 이방 민족들의 머리로
삼으셨으니 내가 알지도 못하는 민족
이 나를 섬깁니다.
44 그들이 내 말을 듣자마자 곧바로 순
종하고 이방 사람들이 내 앞에서 복
종합니다.
45 이방 사람들이 사기가 떨어져 자기들
의 요새에서 떨며 나옵니다.
46 여호와께서는 살아 계십니다! 내 반
석을 찬양합니다! 내 구원의 하나님
을 높여 드립니다!
47 주께서 나를 위해 원수를 갚아 주시
고 민족들이 내게 복종하게 해 주십
니다.
48 주께서 내 원수들에게서 나를 건져
내셨습니다. 주께서 내게 맞서는 사
람들보다 나를 높이시고 난폭한 사
람들에게서 나를 구해 내셨습니다.
49 오 여호와여, 그러므로 내가 이방 민
족들 가운데서 주께 감사하고 주의
이름을 찬양하겠습니다.
50 여호와께서 자기가 세운 왕에게 큰
구원을 안겨 주시며 그 기름 부은 이
에게 변함없는 자비를 베풀어 주시니
다윗과 그 자손에게 영원토록 베풀어
주십니다.

다윗의 시, 지휘자를 위한 노래

19

하늘이 하나님의 영광을 선포
하고 창공이 그 손으로 하신
일을 보여 줍니다.
2 날이면 날마다 말씀을 쏟아붓고 밤
이면 밤마다 지식을 나타냅니다.
3 말도 언어도 없고 들리지도 않는
4 그 *소리가 온 땅에 퍼져 나가고 그
말들이 세상 끝까지 이릅니다. 그분
이 해를 위해 저 하늘에다 장막을 치
셨습니다.
5 해가 자기 방에서 나오는 신랑같이,
경주하는 힘센 장사같이 기뻐하며
6 하늘 이 끝에서 올라와 반원을 그리
며 하늘 저 끝으로 집니다. 그 뜨거운
열기를 피해 숨을 사람이 아무도 없
습니다.
7 여호와의 율법은 완전해서 영혼을 되
살리고 여호와의 증거는 확실해서 어
리석은 사람을 지혜롭게 만들며
8 여호와의 율법은 올바르니 마음에 기
쁨을 주고 여호와의 계명은 순전해서
눈을 밝혀 줍니다.

19:4 칠십인역과 제롬역과 시리아어역을 따름. 히브리어 사본에는 '줄'

9 여호와를 경외하는 것은 신성한 일이
라 영원히 지속되며 여호와의 판결은
참되고도 의롭습니다.
10 이는 금보다, 순금보다 더 귀하고 벌
집에서 뚝뚝 떨어지는 꿀보다 더 답
니다.
11 주의 종들이 이것들로 경고를 받아
이를 지키면 큰 상이 있습니다.
12 누가 자기 실수를 낱낱이 알 수 있겠
습니까? 내게 감춰진 잘못을 깨끗하
게 하소서.
13 또한 주의 종이 알고도 죄짓는 일이
없게 하시고 그 죄가 나를 지배하지
못하게 하소서. 그러면 내가 흠이 없
게 되고 큰 죄에서 결백할 것입니다.
14 오 여호와여, 내 반석이여, 나를 구원
하신 주여, 내 입의 말과 내 마음의
묵상이 주께서 받으실 만한 것이 되
기를 원합니다.

다윗의 시, 지휘자를 위한 노래

20 네가 고통당하고 있을 때 여호
와께서 네게 응답하시고 야곱
의 하나님의 이름이 너를 보호해 주
시며
2 성소에서 너를 도와주시고 시온에서
너를 붙들어 주시기 원하노라.
3 네가 드린 모든 제물을 기억하시고
네 번제를 받으시기를 바라노라. (셀
라)
4 네 마음에 소망을 주시고 네 모든 계
획을 이뤄 주시기를 바라노라.
5 우리가 네 승리로 인해 기뻐 소리칠
것이며 우리 하나님의 이름으로 우리
깃발을 높이 세울 것이라. 여호와께
서 네 모든 간구를 이뤄 주시기를 바
라노라.
6 여호와께서 그 기름 부으신 이를 구
원하시는 줄 이제 내가 알았도다. 그
분이 구원하시는 그 오른손의 힘으로
거룩한 하늘에서 그에게 응답하시니
7 어떤 이는 전차를 의지하고 어떤 이
는 말을 믿으나 우리는 여호와 우리
하나님의 이름을 믿노라.
8 그들은 엎드러지고 쓰러지겠으나 우
리는 일어나서 굳건히 서리라.
9 *여호와여, 구원하소서! 우리가 부를
때 왕이시여, 응답하소서!

다윗의 시, 지휘자를 위한 노래

21 오 여호와여, 우리 왕이 주의
힘으로 인해 기뻐할 것입니다.
주께서 주신 구원으로 그가 몹시 기
뻐합니다.
2 주께서 그의 마음에 소망을 주셨고
그의 기도를 물리치지 않으셨습니다.
(셀라)
3 주께서 풍성한 복으로 그를 맞아 주
시고 그의 머리에 순금 왕관을 씌우
셨습니다.
4 그가 주께 생명을 구했더니 주께서
주셨습니다. 영원토록 오래 살게 해
주셨습니다.
5 주의 구원으로 인해 왕이 크게 영광
을 받았으며 주께서 영예와 위엄을
그에게 내려 주셨습니다.

20:9 또는 여호와여, 우리의 왕에게 승리를 안겨 주십시오.

6 주께서 그에게 영원한 큰 복을 베풀
어 주셨고 주의 얼굴을 보고 뛸 듯이
기뻐하게 하셨습니다.
7 왕이 주를 굳게 의지하기 때문입니
다. 지극히 높으신 분의 변함없는 사
랑으로 인해 그가 결코 흔들리지 않
을 것입니다.
8 왕이여, 왕의 손이 왕의 모든 적들을,
왕의 오른손이 왕을 미워하는 사람
들을 찾아낼 것입니다.
9 왕이 *분노할 때 가마처럼 그들을 불
태울 것입니다. 여호와께서도 진노하
시며 그들을 삼키실 것이니 그 불이
그들을 살라 먹을 것입니다.
10 왕은 그들이 낳은 것들을 이 땅에서,
그 자손을 인류 가운데서 멸망시킬
것입니다.
11 그들이 왕에게 악한 일을 행하려고
못된 짓을 꾸미지만 이루지 못할 것
입니다.
12 왕이 그들의 얼굴에 활을 겨누면 그
들이 등을 돌려 달아나게 될 것입니
다.
13 여호와여, 주의 힘으로 높임을 받으
소서. 우리가 주의 능력을 노래하며
찬양하겠습니다.

다윗의 시, 지휘자를 위해 *아옐렛사할에 맞춰 쓴 노래

22 내 하나님이여, 내 하나님이여,
왜 나를 버리셨습니까? 왜 이
토록 멀리 계셔서 나를 돕지 않으시
고 내 신음 소리를 듣지 않으십니까?
2 오 내 하나님이여, 내가 낮에도 부르
짖고 밤에도 외치는데 주께서는 듣지
않으십니까?
3 오 이스라엘이 찬양하는 주여, 주는
거룩하십니다.
4 우리 조상들은 주를 믿었습니다. 그
들이 주를 믿었기에 주께서 그들을
건져 내셨습니다.
5 그들이 주께 부르짖어 구원을 얻었습
니다. 그들이 주를 믿고 실망하지 않
았습니다.
6 나는 사람이 아닌 벌레에 불과하며
사람들의 비웃음거리며 민족들의 멸
시 덩어리입니다.
7 나를 보는 사람들은 모두 나를 비웃
습니다. 그들은 고개를 절레절레 흔들
고 입술을 삐죽거리며
8 "그가 여호와를 의지한다는데 여호와
께서 그를 구원하시라지. 주가 그를
사랑하신다니 그를 건지시겠지"라고
합니다.
9 그러나 주께서는 나를 태에서 나오게
하시고 내가 어머니 젖을 빨 때부터
주께 소망을 두게 하셨습니다.
10 나는 태어날 때부터 주의 품에 맡겨
졌고 내 어머니의 태에서부터 주께서
는 내 하나님이셨습니다.
11 나를 멀리하지 마소서. 고난이 가까이
있고 도울 사람이 하나도 없습니다.
12 많은 소들이 나를 둘러쌌습니다. 바
산의 힘센 소들이 나를 에워싸고 있
습니다.
13 포효하며 먹이를 찢는 사자처럼 그들

21:9 또는 나타나실 때 22편 아침 사슴을 뜻하는 음악 용어

이 입을 쩍 벌리고 달려듭니다.
14 나는 물처럼 쏟아졌고 내 뼈들은 다
어그러졌습니다. 내 마음은 초가 녹
아내리듯 창자 아래로 녹아내렸습니
다.
15 내 힘이 질그릇 조각처럼 말라 버렸
고 내 혀는 입천장에 붙어 버렸습니
다. *주께서 나를 죽음의 흙바닥에
두신 것입니다.
16 개들이 나를 둘러싸고 악인의 무리가
나를 에워싸 내 손발을 찔렀습니다.
17 내가 내 뼈들을 다 셀 수 있을 정도
가 됐으므로 사람들이 나를 뚫어져
라 쳐다봅니다.
18 그들이 자기들끼리 내 옷을 나누며
내 속옷을 두고 제비를 뽑습니다.
19 오 여호와여, 멀리 계시지 마소서. 오
내 힘이시여, 어서 나를 도우소서.
20 내 목숨을 칼로부터 건져 주시고 하
나뿐인 내 목숨을 개들의 세력에서
구해 주소서.
21 사자들의 입에서 나를 구해 주소서.
주께서는 들소들의 뿔에서 내 말을
들으셨습니다.
22 내가 내 형제들에게 주의 이름을 선
포하고 내가 사람들 가운데서 주를
찬송하겠습니다.
23 너희 여호와를 경외하는 사람들아,
주를 찬양하라! 너희 야곱의 모든 자
손들아, 주께 영광 돌리라! 너희 이스
라엘의 모든 자손들아, 주를 경외하
라!
24 주께서 고통받는 사람들을 무시하거
나 모른 체하지 않으셨고 그들을 외
면하지 않으셨으며 도와 달라고 울부
짖을 때 그 소리를 들으셨다.
25 많은 사람들이 모인 가운데 내 찬송
이 주께로부터 나옵니다. 주를 경외
하는 사람들 앞에서 내가 내 서원을
지킬 것입니다.
26 가난한 사람들이 먹고 배부를 것이
요, 여호와를 찾는 사람들이 주를 찬
양할 것이니 너희 마음이 영원히 살
리라!
27 땅끝에 사는 사람들이 여호와를 기
억하고 돌아올 것이요, 모든 민족들
이 속속 주 앞에 경배하리라.
28 그 나라는 여호와의 것이니 그분이
모든 민족들을 다스리신다.
29 세상의 모든 부유한 이들이 먹고 경
배할 것이며 아무도 자기 영혼을 스
스로 살릴 수 없으니 흙으로 돌아가
는 모든 사람들이 주 앞에 절하리라.
30 자손들이 주를 섬길 것이요, 모든 자
손들이 주에 대해 전해 들을 것이니
31 그들이 와서 앞으로 태어날 민족에게
주의 의를 선포하며 주께서 하신 일
을 말하리라.

다윗의 시

23 여호와는 나의 목자이시니 내
게 부족한 것이 없습니다.
2 그분이 나를 푸른 목장에 눕히시고
잔잔한 물가로 인도하십니다.
3 내 영혼을 회복시키시고 당신의 이름
을 위해 의로운 길로 인도하십니다.

22:15 또는 나는 죽음의 흙바닥에 매장됩니다.

4 내가 *죽음의 그림자가 드리운 골짜
기를 지날 때라도 악한 것을 두려워
하지 않는 이유는 주께서 나와 함께
계시기 때문입니다. 주의 지팡이와 막
대기가 나를 지키시고 보호하십니다.
5 주께서 내 적들 앞에서 내게 상을 베
푸시고 내 머리에 기름을 부으셨으니
내 잔이 넘칩니다.
6 내 평생에 선하심과 한결같은 사랑이
진실로 나와 함께하실 것이니 내가
여호와의 집에서 영원히 살 것입니다.

다윗의 시

24 땅과 그 안에 있는 모든 것, 세
상과 그 안에 사는 모든 것들
이 여호와의 것입니다.
2 여호와께서 바다 위에 땅의 기초를
세우셨으며 물 위에 그 터를 세우셨
습니다.
3 누가 여호와의 산에 오르겠습니까?
누가 그 거룩한 곳에 서겠습니까?
4 깨끗한 손과 순결한 마음을 가진 사
람, 곧 마음에 헛된 생각을 품지 않으
며 거짓으로 맹세하지 않는 사람입니
다.
5 그는 여호와께 복을 받고 구원해 주
시는 하나님께 의로운 사람이라고 인
정받을 것입니다.
6 이는 여호와를 찾는 세대며 그 야곱
의 하나님의 얼굴을 구하는 세대입니
다. (셀라)
7 오 너희 문들아, 고개를 들라. 너희
영원한 문들아, 들리라. 영광의 왕이
들어오신다.
8 누가 영광의 왕이신가? 힘 있고 강한
여호와, 전쟁에 강한 여호와이시다.
9 오 너희 문들아, 머리를 들라. 오 너
희 영원한 문들아, 열리라. 영광의 왕
께서 들어가신다.
10 이 영광의 왕이 누구신가? 만군의 여
호와, 그분이 영광의 왕이시다. (셀라)

다윗의 시

*__25__ 오 여호와여, 내 영혼이 주를
바라봅니다.
2 오 내 하나님이여, 내가 주를 신뢰합
니다. 내가 수치를 당하지 않게 하시
고 내 적들이 나를 이기지 못하게 하
소서.
3 주께 소망을 둔 사람은 수치를 당하
지 않겠고 이유 없이 죄를 짓는 사람
들은 수치를 당할 것입니다.
4 오 여호와여, 주의 길을 내게 보여 주
소서. 주의 길을 내게 가르쳐 주소서.
5 주의 진리로 나를 인도해 주시고 가
르쳐 주소서. 주는 나를 구원하실 하
나님이십니다. 내가 하루 종일 주만
바라봅니다.
6 오 여호와여, 오래전부터 있었던 주의
크신 자비와 사랑을 기억하소서.
7 내가 어릴 적에 지었던 죄들과 내 범
죄를 기억하지 마소서. 오 여호와여,
주는 선하시니 주의 사랑으로 나를
기억하소서.
8 여호와는 선하고 올바른 분이십니다.
그러므로 죄인들에게 바른길을 가르

23:4 또는 아주 캄캄한 골짜기 25편 각 절의 첫 글자가 히브리어 자음 문자 순서로 돼 있는 시

치십니다.
9 마음이 따뜻한 사람들을 옳은 길로
인도하시고 그들에게 그 길을 가르치
십니다.
10 여호와의 모든 길은 그 약속의 명령
을 지키는 사람들에게는 사랑과 진리
입니다.
11 오 여호와여, 내 죄가 크다 해도 주의
이름을 위해서라도 용서해 주소서.
12 그렇다면 여호와를 경외하는 사람이
누구입니까? 주께서 그에게 선택할
길을 가르쳐 주실 것입니다.
13 그의 영혼이 잘될 것이요, 그의 자손
이 이 땅을 유산으로 얻을 것입니다.
14 여호와께서는 그분을 경외하는 사람
들에게 친밀감을 가지고 그들에게 그
언약을 알리십니다.
15 내 눈이 항상 여호와를 바라보는 것
은 그분이 내 발을 덫에서 빼내실 것
이기 때문입니다.
16 내게 돌아오셔서 은혜를 베풀어 주
소서. 내가 외롭고 괴롭습니다.
17 내 마음의 근심이 갈수록 더하니 나
를 이 괴로움에서 끌어내 주소서.
18 내 괴로움과 고통을 보시고 내 모든
죄를 용서해 주소서.
19 내 적들이 얼마나 많이 늘어났는지,
그들이 얼마나 나를 미워하는지 보
소서!
20 오, 내 영혼을 지키시고 나를 구해 주
소서. 내가 주를 믿고 있으니 내가 수
치를 당하지 않게 하소서.
21 내가 주를 바라니 성실함과 정직함으
로 나를 보호하소서.
22 오 하나님이여, 이스라엘을 그 모든
고통에서 구원하소서.

다윗의 시

26

오 여호와여, 나는 진실하게
살아왔습니다. 나를 변호해 주
소서. 내가 여호와를 믿었으니 내가
미끄러지지 않을 것입니다.
2 오 여호와여, 나를 살피시고 시험해
내 마음과 내 생각을 알아보소서.
3 주의 사랑이 항상 내 앞에 있기에 내
가 한결같이 주의 진리를 따라 살아
갑니다.
4 나는 사기꾼들과 한자리에 앉지 않으
며 위선자들과도 어울리지 않습니다.
5 나는 악을 행하는 사람들의 모임을
싫어하며 악인들과 자리를 함께하지
않습니다.
6 오 여호와여, 내가 결백함을 보이려고
손을 씻으며 주의 제단을 두루 돌겠
습니다.
7 감사의 노래를 소리 높여 부르며 주
가 하신 놀라운 일들을 모두 말하겠
습니다.
8 여호와여, 주께서 사시는 집, 주의 영
광이 계시는 곳을 내가 사랑합니다.
9 죄인들과 함께 내 영혼을, 피 묻은 사
람들과 함께 내 생명을 거둬 가지 마
소서.
10 그들의 손에 악한 계략이 있고 그 오
른손에 뇌물이 가득합니다.
11 그러나 나는 진실하게 살 것이니 나
를 구원하시고 불쌍히 여기소서.

12 내 발이 평탄한 곳에 서 있으니 사람
들 가운데서 내가 여호와를 찬양할
것입니다.

다윗의 시

27 여호와는 내 빛이시요, 내 구
원이시니 내가 무엇을 두려워
하겠습니까? 여호와는 내 삶의 힘이
시니 내가 누구를 무서워하겠습니
까?
2 악한 사람들이, 내 원수들이, 내 적
들이 내 살을 뜯어 먹으려고 덮칠 때
그들은 걸려 넘어질 것입니다.
3 군대가 나를 향해 진을 쳐도 내 마음
은 두렵지 않을 것입니다. 내게 대항
하는 전쟁이 일어나더라도 내가 오히
려 담대할 것입니다.
4 한 가지 내가 여호와께 바라는 것이
있으니 내가 찾는 것은 이것입니다.
내가 평생 여호와의 집에 있어 여호와
의 아름다움을 바라보고 주의 성전
에서 여쭙는 것입니다.
5 고통스러운 날에 주께서 나를 그 장
막에 숨겨 주실 것이요, 그 천막의 은
밀한 곳에 나를 숨겨 주실 것입니다.
나를 바위 위에 높이 세워 주실 것입
니다.
6 그때 내 머리가 나를 둘러싸고 있는
적들 위에 높이 들려 올려질 것입니
다. 그러면 내가 주의 장막에서 기쁘
게 제사를 드리고 여호와께 노래하고
찬양할 것입니다.
7 오 여호와여, 내가 부르짖을 때 들으
소서. 나를 불쌍히 여기시고 응답하
소서.
8 주께서 *"내 얼굴을 바라보아라!" 하
실 때 내 마음이 *"오 여호와여, 주의
얼굴을 바라보겠습니다" 했습니다.
9 주의 얼굴을 내게서 숨기지 마시고
진노로 주의 종을 외면하지 마소서.
주께서 이제껏 내 도움이 되지 않으
셨습니까! 오 내 구원의 하나님이여,
나를 떠나지 마시고 버리지 마소서.
10 내 부모가 나를 버릴지라도 여호와는
나를 받으실 것입니다.
11 오 여호와여, 주의 길을 내게 가르치
소서. 내게 적들이 있으니 나를 평탄
한 길로 인도하소서.
12 거짓 증언하는 사람들이 내게 맞서며
일어나 잔혹한 숨을 거칠게 내쉬고
있으니 내 적들이 바라는 곳에 나를
넘겨주지 마소서.
13 살아 있는 사람들의 땅에서 여호와의
선하심을 보리라는 믿음이 없었던들
나는 기력을 잃었을 것입니다.
14 여호와를 바라보아라. 강하고 담대하
게 여호와를 바라보아라.

다윗의 시

28 오 여호와 내 반석이여, 내가
주를 부를 때 가만히 계시지
마소서. 주께서 가만히 계시면 내가
저 아래 구덩이에 내려간 사람들과
뭐가 다르겠습니까!
2 주의 지성소를 향해 손을 들어 주께
부르짖을 때 내 간구하는 소리를 들

27:8 또는 내게 와서 예배하라. 27:8 또는 주여, 내가 가서 예배하겠습니다.

으소서.
3 악인들과 함께, 죄지은 사람들과 함
께 나를 끌어내지 마소서. 그들은 이
웃에게 화평을 말하지만 마음속에는
못된 생각을 품고 있습니다.
4 그들의 행위에 따라, 그들이 저지른
악에 따라 갚아 주시며 그들의 손으
로 행한 대로 갚아 주시고 그들이 받
아 마땅한 벌을 내려 주소서.
5 그들은 여호와의 업적들과 그 손으로
하신 일들이 안중에도 없습니다. 여
호와께서 그들을 무너뜨리시고 다시
는 세우지 않으실 것입니다.
6 내 울부짖는 소리를 들으신 여호와를
찬양합니다.
7 여호와는 내 힘이시며 내 방패이십니
다. 내 마음이 주를 믿으니 주의 도움
을 받아 이토록 기뻐합니다. 내가 내
노래로 주께 찬양할 것입니다.
8 여호와는 백성들의 힘이시요, 그 기
름 부음 받은 이를 구원하는 힘이십
니다.
9 주의 백성들을 구원하시고 주의 기업
에 복을 주소서. 또 그들의 목자가 돼
영원토록 그들을 보살펴 주소서.

다윗의 시

29

오 너희 *힘 있는 사람들아,
영광과 능력을 여호와께 돌려
드리라.
2 그 이름에 합당한 영광을 여호와께
돌려 드리고 그 거룩한 아름다움으
로 여호와께 경배하라.
3 여호와의 음성이 물 위에 있으며 영
광의 하나님이 천둥 같은 소리를 내
시고 여호와께서 여러 물 위에 계십니
다.
4 여호와의 음성은 힘이 있고 여호와의
음성은 위엄이 가득합니다.
5 여호와의 음성은 백향목을 부러뜨리
며 여호와께서 레바논의 백향목을 산
산조각 내십니다.
6 그분께서는 레바논이 송아지처럼 뛰
게 하시고 *시룐이 들송아지처럼 뛰
게 하십니다.
7 여호와의 음성이 번갯불을 쪼개시며
8 여호와의 음성이 광야를 흔드십니다.
여호와께서 가데스 광야를 흔드십니
다.
9 여호와의 음성은 *암사슴이 새끼를
낳게 하시고 숲이 벌겋게 드러나게
하십니다. 그분의 성전에서는 모두가
"영광!"을 외칩니다.
10 여호와께서 홍수 위에 앉아 계시니
영원히 왕으로 앉으신 것입니다.
11 여호와께서 그 백성들에게 힘을 주시
고 그 백성들에게 평안의 복을 주십
니다.

다윗의 시, 성전 봉헌을 위한 노래

30

오 여호와여, 내가 주를 높입니
다. 주께서 나를 들어 올리셨
고 내 적들이 나를 보고 즐거워하지
못하게 하셨습니다.
2 오 여호와 내 하나님이여, 내가 주께
부르짖었더니 주께서 나를 고쳐 주셨

29:1 히브리어, '신의 아들들아' 29:6 헤르몬 산을 가리킴. 29:9 또는 상수리나무를 뒤틀리게 하시고

습니다.
3 오 여호와여, 주께서 나를 *무덤에서
끌어올리시고 나를 살려 내셔서 내가
저 아래 구덩이에 빠지지 않게 하셨
습니다.
4 너희 성도들아, 여호와께 노래하라.
그분의 거룩하심을 기억하며 찬양하
라.
5 그분의 진노는 잠깐이요, 그분의 은
총은 영원합니다. 밤새 울었더라도 아
침이면 기쁨이 찾아옵니다.
6 내가 잘되고 있을 때 "내가 결코 흔들
리지 않으리라" 했었는데
7 여호와여, 주의 은혜로 내가 산같이
굳건히 서 있다가 그렇게 주께서 그
얼굴을 숨기시니 괴로웠습니다.
8 오 여호와여, 내가 주께 부르짖었습니
다. 여호와께 내가 도와 달라고 기도
했습니다.
9 내가 저 아래 구덩이로 내려가는 것
이, 내가 죽는 것이 무슨 유익이 있겠
습니까? 흙덩이가 주를 찬양하겠습
니까? 주의 진리를 선포하겠습니까?
10 오 여호와여, 내 말을 들으시고 나를
불쌍히 여기소서. 오 여호와여, 나를
도와주소서.
11 주께서 내 슬픔이 춤이 되게 하셨고
내 베옷을 벗기고 기쁨의 옷을 입혀
주셨습니다.
12 그러므로 내가 가만히 있지 않고 끝
까지 마음으로 주를 찬양하겠습니
다. 오 여호와 내 하나님이여, 내가 영
원히 주께 감사를 드립니다.

다윗의 시, 지휘자를 위한 노래

31

오 여호와여, 내가 주를 신뢰하
오니 내가 결코 수치를 당하지
않게 하소서. 주의 의로 나를 건져 내
소서.
2 주의 귀를 내게 기울이시고 하루 속
히 나를 구해 주소서. 내 튼튼한 바
위가 되시고 나를 구원할 산성이 되
소서.
3 주는 내 반석이시요, 내 요새이시니
주의 이름을 위해 나를 이끄시고 인
도하소서.
4 주는 내 힘이시니 그들이 나를 잡으
려고 몰래 쳐 놓은 그물에서 나를 끌
어내소서.
5 주의 손에 내 영을 맡깁니다. 오 여호
와 진리의 하나님이여, 나를 구원하
소서.
6 나는 헛되고 거짓된 것들을 섬기는
사람들을 미워했고 오직 여호와만을
믿고 있습니다.
7 내가 주의 인자하심을 기뻐하고 즐거
워할 것입니다. 주께서 내 고통을 보
셨고 내 영혼의 고뇌를 아셨기 때문
입니다.
8 주께서 나를 적들의 손에 넘겨주지
않으셨고 넓은 곳에 내 발을 세우셨
습니다.
9 오 여호와여, 나를 불쌍히 여기소서.
내가 고통받고 있습니다. 내 눈이 슬
픔으로 흐려지고 내 몸과 영혼도 그
렇습니다.

30:3 히브리어, 스올

10 슬픔으로 내 목숨이 끊어질 것 같고
한숨으로 내 인생이 꺼질 듯합니다.
내 죄악으로 내 힘이 빠지고 내 뼈들
이 닳고 있습니다.
11 내가 내 모든 적들과 내 이웃들에게
비난의 대상이 되고 내 친구들도 나
를 보고 놀라 그들이 거리에서 나를
보아도 모른 척 피해 갑니다.
12 내가 죽은 것처럼 잊혀진 존재가 됐
고 깨진 질그릇 조각같이 돼 버렸습
니다.
13 여러 사람들이 비방하는 것을 내가
들었고 사방에는 위협이 있습니다. 그
들은 나를 반대할 음모를 꾸미면서
내 목숨을 빼앗아 가려고 궁리합니
다.
14 오 여호와여, 그러나 내가 주를 의지
합니다. '주는 내 하나님'이라고 고백
합니다.
15 내 하루하루가 주의 손에 달려 있으
니 내 적들에게서, 나를 괴롭히는 사
람들에게서 나를 구해 주소서.
16 주의 얼굴을 주의 종에게 환히 비춰
주시고 주의 변함없는 사랑으로 나
를 구원하소서.
17 오 여호와여, 내가 주께 부르짖으니
내가 수치를 당하지 않게 하소서. 악
인들은 수치를 당해서 잠잠히 *무덤
속에 있게 하소서.
18 그들의 거짓말하는 입술을 막아 주
소서. 그들이 의인들에 맞서 교만하
고 오만하게 말하고 있으니 말입니다.
19 오 주의 선함이 얼마나 크신지요! 주
를 경외하는 사람들을 위해 예비하
신 주의 선하심이 얼마나 크신지요!
이는 주께서 사람의 자손들 앞에서
주를 신뢰하는 이들에게 베풀어 주
신 것입니다.
20 주께서 그들을 교만한 사람들에게서
구하셔서 주 앞의 은밀한 곳에 숨겨
주시고 쏘아 대는 혀로부터 그들을
구해 조용한 장막에서 보호하실 것입
니다.
21 여호와를 찬양하라. 내가 성에서 포
위됐을 때 그분께서 내게 놀라운 사
랑을 보여 주셨도다.
22 내가 그렇게도 서슴없이 "내가 주의
눈 밖에 났구나" 했으나 그럼에도 불
구하고 내가 주께 부르짖을 때 주께
서는 자비를 구하는 내 음성을 들으
셨습니다.
23 오 너희 모든 성도들아, 여호와를 사
랑하라! 여호와께서는 신실한 사람들
은 보호하시나 교만한 사람들에게는
철저히 갚으신다.
24 여호와를 바라는 너희 모든 사람들
아, 담대하라. 그분이 너희 마음을 강
하게 하시리라.

다윗의 *마스길

32

죄를 용서받고 그 죄가 씻겨진
사람은 복이 있습니다.
2 여호와께서 그 죄를 묻지 않으시고
그 마음에 교활함이 없는 사람은 복
이 있습니다.
3 내가 죄를 고백하지 않고 온종일 신음

31:17 히브리어, 스올 32편 문학 또는 음악 용어

할 때 내 뼈들이 다 녹아내렸습니다.
4 밤낮으로 주의 손이 나를 짓누르시
니 한여름 뙤약볕에 있던 것처럼 내
원기가 다 빠져 버렸습니다. (셀라)
5 내가 주께 죄를 인정하고 내 범죄를
감추지 않겠습니다. "내가 내 범죄를
여호와께 고백하리라" 했더니 주께서
내 죄악을 용서하셨습니다. (셀라)
6 그러므로 경건한 사람이라면 모두 주
를 만나 주께 기도할 것입니다. 거센
물결이 일지라도 결코 그를 덮치지 못
할 것입니다.
7 주는 내 피난처이십니다. 주께서 나
를 모든 고난에서 보호하시며 구원의
노래로 나를 감싸실 것입니다. (셀라)
8 주께서 말씀하시기를 "내가 너를 지
도하고 네가 가야 할 길을 가르치며
너를 내 눈으로 인도하리라.
9 너는 말이나 노새처럼 되지 마라. 그
것들은 아는 게 없고 재갈과 굴레로
제어하지 않으면 가까이 오지 않는
다"라고 하셨습니다.
10 악인들에게는 슬픔이 많겠지만 여호
와를 신뢰하는 사람은 변함없는 사
랑이 그를 감쌀 것입니다.
11 너희 의인들아, 여호와를 기뻐하고 즐
거워하라. 마음이 정직한 너희 모든
사람들아, 기뻐 외치라!

33 너희 의인들아, 여호와를 기뻐
하라. 찬송은 마음이 정직한
사람에게는 당연한 것이다.
2 하프로 여호와를 찬양하고 열 줄 비
파로 연주하라.
3 새 노래로 찬양하고 솜씨를 내 우렁
차게 연주하라.
4 여호와의 말씀은 의롭고 진실하며 그
분은 모든 일을 진리로 하셨습니다.
5 여호와께서는 의와 공의를 사랑하시
며 이 땅은 그분의 변함없는 사랑으
로 가득 차 있습니다.
6 여호와의 말씀으로 하늘이 지어졌고
그 입김으로 하늘의 별들이 만들어
졌습니다.
7 여호와께서 바닷물을 모아 *쌓아 놓
으시고 깊은 물을 창고에 넣어 두십
니다.
8 온 땅은 여호와를 두려워하며 세상의
온 민족들은 그분을 경외하라.
9 주께서 말씀하시니 그대로 이루어졌
고 그분이 명령하시니 그것이 굳건히
섰습니다.
10 여호와께서 이방 민족들의 계획을 뒤
엎으시고 민족들이 꾸미는 일을 꺾으
십니다.
11 그러나 여호와의 계획은 영원히 서고
그 마음의 뜻도 대대로 설 것입니다.
12 여호와를 자기 하나님으로 삼은 민
족, 하나님께서 그분의 소유로 선택
하신 백성들은 복이 있습니다.
13 여호와께서 하늘에서 내려다보시고
모든 사람의 자손들을 지켜보십니다.
14 주께서 계시는 그곳에서 이 땅에 사
는 모든 사람들을 지켜보십니다.
15 주께서는 마음을 만드신 분이요, 그
들의 모든 행위를 아십니다.

33:7 또는 독에 담으시고

16 아무리 군대가 많아도 스스로 구원
받는 왕은 없고 용사가 아무리 힘이
세도 제 목숨을 구하지는 못합니다.
17 구원이 군마에 달려 있는 것이 아니
니 제 아무리 강한 힘이 있다 해도 대
체 누구를 구원하겠습니까!
18 그러나 여호와의 눈은 주를 경외하는
사람들, 그 변함없는 사랑을 바라는
사람들 위에 있습니다.
19 죽음에서 그들을 건지실 것이며 굶주
림에서도 살려 주실 것입니다.
20 우리 영혼이 여호와를 바라고 기다립
니다. 주는 우리 도움이시요, 우리 방
패이십니다.
21 우리 마음이 주 안에서 기뻐하는 것
은 우리가 그 거룩한 이름을 의지하
기 때문입니다.
22 오 여호와여, 우리가 주를 바라는 것
처럼 주의 변함없는 사랑을 우리에게
베풀어 주소서.

다윗의 시, 아비멜렉 앞에서 미친 척하다가
쫓겨났을 때 지은 시

*34 내가 항상 여호와를 찬양하
겠습니다. 내 입에서 그분을
찬양하는 것이 끊이지 않을 것입니다.
2 내 영혼이 여호와를 자랑할 것이니
겸손한 사람들이 듣고 기뻐할 것입니
다.
3 오, 나와 함께 여호와께 영광을 돌립
시다. 우리 함께 그분의 이름을 높입
시다.
4 내가 여호와를 찾으니 그분이 내게
응답하셨고 내 모든 두려움에서 나
를 건져 내셨습니다.
5 주를 바라보는 사람들은 밝게 빛났
고 그 얼굴이 결코 수치로 얼룩지지
않았습니다.
6 이 불쌍한 사람이 부르짖으니 여호와
께서 들으시고 그 모든 괴로움에서
구원하셨습니다.
7 여호와의 천사가 주를 경외하는 사람
들을 둘러서 진을 치고 구원하십니
다.
8 오 성도들이여, 여호와의 선하심을 맛
보고 깨달으십시오. 주를 믿는 사람
은 복이 있습니다.
9 오 성도들이여, 여호와를 경외하십시
오. 여호와를 경외하는 사람들은 부
족한 게 없을 것입니다.
10 젊은 사자들이라도 힘이 없고 굶주릴
수 있지만 여호와를 찾는 사람들은
좋은 것이 부족할 리 없습니다.
11 너희 자녀들아, 와서 내 말을 들으라.
내가 여호와를 경외하는 법을 가르쳐
줄 것이다.
12 생명을 사랑하는 사람이 누구겠는
가? 장수를 누리며 좋은 것을 보려는
사람이 누구겠는가?
13 혀를 악에서 지키고 입술을 거짓에서
지키라.
14 악에서 떠나 선을 행하고 평화를 찾
고 구하도록 하라.
15 여호와의 눈은 의인들에게 향해 있고
그 귀는 그 부르짖는 소리에 열려 있

*34편 각 절의 첫 글자가 히브리어 자음 문자 순서로 돼 있는 시

습니다.
16 여호와의 얼굴은 악을 행하는 사람
들을 노려보시니 그들에 대한 기억조
차 이 땅에서 끊어 버리십니다.
17 의인들이 부르짖으면 여호와께서는
그 소리를 들으시고 그 모든 고난에
서 그들을 건져 내십니다.
18 여호와께서는 마음이 상한 사람들 곁
에 계시고 뉘우치는 마음이 있는 사
람들을 구원하십니다.
19 의인들은 고난이 많으나 여호와께서
는 그 모든 고난에서 건져 내십니다.
20 그분이 의인의 모든 뼈를 보호하시리
니 그 뼈가 하나도 부러지지 않을 것
입니다.
21 악은 악인들을 죽일 것이며 의인을
미워하는 사람들은 버림받을 것입니
다.
22 여호와께서 그 종들의 영혼을 구원하
시니 그분께 피하는 사람은 아무도
버림받지 않을 것입니다.

다윗의 시

35 오 여호와여, 내가 다툴 때 내
편을 들어 주시고 나와 싸우
는 사람들과 싸워 주소서.
2 방패와 손 방패를 들고 일어나 나를
도와주소서.
3 창을 빼 들고 나를 괴롭히는 사람들
을 막아 주소서. "나는 네 구원이다"
하고 내 영혼에게 말씀하소서.
4 내 목숨을 노리는 사람들이 망신을
당하고 수치를 당하게 하소서. 나를
해치려는 사람들이 당황해 물러나게
하소서.
5 그들이 바람에 날리는 겨 같게 하시
고 여호와의 천사들이 그들을 쫓아내
게 하소서.
6 그들이 가는 길을 어둡고 미끄럽게
하시고 여호와의 천사들이 그들을 괴
롭히게 하소서.
7 그들이 이유 없이 나를 잡으려고 몰
래 그물을 쳐 놓았고 이유 없이 내 영
혼을 사로잡으려고 구멍을 파 놓았습
니다.
8 파멸이 그들에게 갑자기 닥치게 하소
서. 그들이 쳐 놓은 그물에 그들이 잡
히고 바로 그 파멸에 그들이 빠지게
하소서.
9 그러면 내 영혼이 여호와를 기뻐하고
주의 구원을 즐거워할 것입니다.
10 내 모든 *뼈들이 "오 여호와여, 힘겨
워하는 약한 사람들을 구해 내시고
돈도, 힘도 없는 사람들을 강한 사람
들에게서 구해 내시니 주와 같은 분
이 어디 있겠습니까?" 할 것입니다.
11 거짓말하는 증인들이 일어나 내가 알
지도 못하는 일에 대해 캐묻습니다.
12 그들은 내게 선을 악으로 갚아 내 영
혼을 망쳐 놓았습니다.
13 그러나 나는 그들이 병들었을 때 베
옷을 입고 금식하며 나를 낮추었고
내 기도가 응답 없이 내 가슴에 되돌
아왔을 때
14 그가 내 친구나 형제인 양 내 어머니
를 위해 통곡하듯 고개를 떨구고 다

35:10 또는 존재가

냈습니다.
15 그러나 내가 고통을 당하자 그들은
모여서 기뻐했고 내가 모르는 사이에
모여들어 나를 공격하며 끊임없이 나
를 찢습니다.
16 그들은 잔칫상에서 조롱하는 위선자
들과 함께 나를 보고 이를 갈았습니
다.
17 오 여호와여, 언제까지 지켜만 보시겠
습니까? 내 영혼을 파멸시키는 사람
들에게서 구해 주시고 내 하나밖에
없는 목숨을 저 사자들에게서 구해
주소서.
18 내가 큰 회중 가운데서 주께 감사드
리며 많은 백성들 가운데 주를 찬양
하겠습니다.
19 내 원수들이 나를 보고 통쾌해하지
않게 하소서. 아무 이유 없이 나를 미
워하는 사람들이 서로 눈짓하지 않
게 하소서.
20 그들은 평화를 말하지 않고 오히려
땅에서 조용히 있는 사람들을 향해
못된 거짓말만 꾸며 댑니다.
21 그들이 내게 입을 크게 벌리고는 "아
하, 아하, 우리 눈으로 똑똑히 봤다!"
라고 합니다.
22 오 여호와여, 주께서 이것을 보셨으니
잠잠히 계시지 마소서. 오 여호와여,
나를 멀리하지 마소서.
23 내 하나님이여, 내 주여, 박차고 일어
나시고 나를 위해 판단하시고 내 편
을 들어 주소서.
24 오 여호와, 내 하나님이여, 주의 의를
따라 판단하소서. 저들이 나를 보고
통쾌해하지 않게 하소서.
25 저들이 속으로 "아하, 우리 소원대로
됐다!"라고 하거나 "우리가 그를 삼켜
버렸다"라고 말하지 않게 하소서.
26 내가 당하는 고통을 통쾌해하는 사람
들은 다 수치를 당해 어쩔 줄 모르게
하소서. 내 앞에서 우쭐대는 사람들
이 수치와 불명예를 당하게 하소서.
27 내 의를 즐거워하는 사람들이 기뻐
외치며 즐거워하게 하소서. 그들이 항
상 "그 종이 잘되는 것을 기뻐하시는
여호와를 높이자"라고 말하게 하소
서.
28 내 혀가 하루 종일 주의 의를 말하고
주를 찬양할 것입니다.

여호와의 종 다윗의 시, 지휘자를 위한 노래

36 악인의 죄악이 내 마음에서 말
하기를 자기 눈앞에는 하나님
을 경외하는 마음이 없다고 합니다.
2 자기 범죄가 드러나지 않을 것처럼,
눈에 자기밖에 보이지 않는 듯 우쭐
대고 있습니다.
3 그가 하는 말은 죄악과 속임수니 지
혜롭거나 선하기는 다 틀렸습니다.
4 그는 잠자리에 누워서도 음모를 꾸미
고 스스로 좋지 않은 길에 발을 내디
디며 악한 것을 싫어하지 않습니다.
5 오 여호와여, 주의 인자하심이 하늘
에 있고 주의 신실하심이 구름까지
닿습니다.
6 주의 의는 거대한 산과 같고 주의 판
단은 크고 깊습니다. 오 여호와여, 주

께서 사람과 동물을 모두 돌보십니다.
7 오 하나님이여, 주의 변함없는 사랑
이 얼마나 소중한지요! 사람의 자손
들이 다 주의 날개 그늘 아래 피합니
다.
8 그들은 주의 집의 기름진 것으로 배
부를 것입니다. 주께서는 그들에게 주
의 기쁨의 강물을 마시게 하실 것입
니다.
9 생명의 샘물이 주께 있으니 주의 빛
으로 우리가 빛을 볼 것입니다.
10 오, 주를 아는 사람들에게 주의 사랑
을, 마음이 올곧은 사람들에게 주의
의를 베푸소서.
11 오만한 사람들의 발이 나를 쫓아오
지 못하게 하시고 악인들의 손이 나
를 제거하지 못하게 하소서.
12 범죄자들이 넘어져 있습니다. 저들이
엎어졌으니 다시 일어서지 못할 것입
니다!

다윗의 시

*37 악을 행하는 사람들 때문에
초조해하지 말며 죄악을 행
하는 사람들을 부러워하지 마십시
오.
2 그들은 풀처럼 곧 시들 것이요, 채소
처럼 말라 버릴 것입니다.
3 여호와를 신뢰하고 선을 행하십시오.
그러면 이 땅에서 살게 되고 먹을 걱
정이 없을 것입니다.
4 또한 여호와를 기뻐하십시오. 그러면
그분이 당신 마음의 소원을 이루어
주실 것입니다.
5 당신의 길을 여호와께 맡기십시오. 또
그분을 신뢰하십시오. 그러면 그분이
이루어 주실 것입니다.
6 그분이 당신의 의를 빛나게 하시고
당신의 의를 한낮처럼 밝히실 것입니
다.
7 여호와 안에서 잠잠히 그분을 참고
기다리십시오. 일이 잘돼 가는 사람
들, 곧 악한 짓을 하는 사람들이 있다
고 초조해하지 마십시오.
8 화를 그치고 분노를 참아 내십시오.
초조해하지 마십시오. 그렇게 하면
악으로 치달을 뿐입니다.
9 악을 행하는 사람은 사라지고 여호와
를 바라는 사람들은 이 땅을 유산으
로 얻을 것입니다.
10 얼마 후면 악인들이 더 이상 없을 것
이니 아무리 눈 씻고 찾아 봐도 없을
것입니다.
11 그러나 온유한 사람들은 땅을 유산
으로 얻을 것이고 큰 평화를 누리며
기뻐할 것입니다.
12 악인들이 의인들에게 음모를 꾸미고
이를 갈고 있습니다.
13 여호와께서는 그들을 보고 비웃으실
것입니다. 그들에게 멸망할 날이 올
줄 그분은 아십니다.
14 악인들이 칼을 빼고, 활을 겨누고 있
습니다. 가난하고 궁핍한 사람들을
쓰러뜨리려는 것입니다. 올바른 말을
하는 사람들을 죽이려는 것입니다.

37편 각 절의 첫 글자가 히브리어 자음 문자 순서로 돼 있는 시

15 그러나 그들의 칼이 자기 심장을 찌
를 것이요, 그들의 활이 부러질 것입
니다.
16 한 사람의 의인이 적은 것을 가졌어
도 여러 악인들이 많이 가진 것보다
낫습니다.
17 악인들의 팔은 부러지겠지만 여호와
께서는 의인들을 붙들어 주십니다.
18 여호와께서는 정직한 사람들이 어떻
게 살지 아시니 그들의 소유가 영원
할 것입니다.
19 그들은 재앙이 닥칠 때도 수치를 당
하지 않고 굶주림이 닥쳐올 때도 배
부를 것입니다.
20 그러나 악인들은 멸망할 것이요, 여
호와의 원수들은 어린양의 기름처럼
타 버릴 것이니 그들이 연기 속으로
사라질 것입니다.
21 악인들은 꾸고도 갚지 않지만 의인들
은 넉넉하게 베풀어 줍니다.
22 여호와께서 복 주시는 사람들은 이
땅을 유산으로 얻을 것이요, 그분이
저주하시는 사람들은 끊어질 것입니
다.
23 선한 사람의 걸음을 여호와께서 정하
시니 그분은 그 길을 기뻐하십니다.
24 그는 넘어지더라도 아주 엎어지지 않
을 것입니다. 여호와께서 그 손으로
붙잡아 주시기 때문입니다.
25 내가 젊어서나 이렇게 늙어서나 의인
이 버림받거나 그 자녀들이 구걸하는
것을 본 일이 없습니다.
26 그들이 항상 흔쾌히 베풀고 꾸어 주
니 그 자손이 복을 받습니다.
27 악에서 돌아서서 선을 행하십시오. 그
러면 이 땅에서 영원히 살 것입니다.
28 여호와께서는 공의를 사랑하시고 그
분의 성도들을 저버리지 않으십니다.
그들은 영원히 보호받으나 악인들의
후손은 끊어질 것입니다.
29 의인들은 땅을 유산으로 받고 거기서
영원히 살 것입니다.
30 의인들은 입으로 지혜를 말하고 혀로
는 공의를 말합니다.
31 하나님의 법이 그 마음에 있으니 그
의 발이 미끄러지는 일이 없습니다.
32 악인들이 의인들을 죽이려고 노려봅
니다.
33 그러나 여호와께서는 의인들을 그 손
에 버려두지 않으시고 심판을 받을
때 유죄를 선고하지 않으십니다.
34 여호와를 바라고 그 길을 지키십시
오. 그분이 당신을 높여 땅을 상속하
게 하실 것입니다. 악인이 끊어지는
것을 당신이 보게 될 것입니다.
35 내가 악인의 세력이 커져 그 본토에
심긴 푸른 나무처럼 번성하는 것을
보았지만
36 그는 곧 사라져 없어졌습니다. 내가 그
를 찾아 봤지만 찾을 수 없었습니다.
37 온전한 사람들을 주목하십시오. 정
직한 사람들을 지켜보십시오. *그런
사람들의 마지막은 평안할 것입니다.
38 그러나 죄인들은 모두 멸망할 것이며

37:37 또는 평화를 사랑하는 사람들에게는 자손이 번성할 것입니다.

*악인들은 결국 끊어질 것입니다.
39 의인들의 구원은 여호와께로부터 옵
니다. 그분은 고통당할 때 그들의 힘
이십니다.
40 여호와께서 그들을 돕고 건져 내실
것이며 그들을 악인들에게서 건져 구
원하실 것입니다. 이는 그들이 주를
믿기 때문입니다.

다윗의 시, 탄원서

38 오 여호와여, 진노해 나를 꾸
짖지 마시고 주의 분노로 나를
책망하지 마소서.
2 주의 화살이 나를 깊이 찌르고 주의
손이 나를 심하게 눌렀습니다.
3 주의 진노 때문에 내 몸에 멀쩡한 곳
이 없고 내 죄 때문에 내 뼈가 성하지
못합니다.
4 내 죄들이 무거운 짐처럼 나를 짓눌
러 내가 감당할 수 없습니다.
5 내 어리석음 때문에 내 상처가 곪아
터져 악취가 납니다.
6 내가 괴로워서 몸을 심히 구부린 채
하루 종일 신음하며 돌아다닙니다.
7 내 등이 지글지글 타는 것처럼 아프
며 내 몸에 멀쩡한 곳이 없습니다.
8 내가 힘이 없고 심하게 상했으며 마
음이 괴로워 신음합니다.
9 오 여호와여, 내가 바라는 것이 다 주
앞에 있습니다. 내 한숨 소리를 주께
숨기지 않겠습니다.
10 내 가슴이 뛰고 내 힘이 다 빠져 내
눈빛마저도 흐려졌습니다.
11 내 상처 때문에 내 친구들과 동료들
도 나를 피하고 내 이웃들도 나를 멀
리합니다.
12 내 목숨을 노리는 사람들이 덫을 놓
고 나를 해치려는 사람들이 악담을
퍼부으며 하루 종일 속일 궁리만 합
니다.
13 그러나 내가 귀머거리같이 듣지도 못
하고 벙어리같이 입도 벙긋하지 못했
습니다.
14 이렇게 나는 듣지 못하고 입은 있으나
대답할 수 없는 사람처럼 됐습니다.
15 오 여호와여, 내가 주를 갈망하니 주
께서 들어 주실 것입니다.
16 내가 말하기를 "내 말을 들어 주소
서. 그러지 않으면 그들이 나 때문에
기뻐할 것입니다. 내 발이 미끄러질
때 그들이 우쭐거릴 것입니다"라고 했
습니다.
17 내가 지금 넘어지게 됐으며 고통이
내 앞에서 떠나질 않습니다.
18 내가 내 죄를 고백하겠습니다. 또 내
가 내 죄로 인해 괴로워합니다.
19 그런데 내 적들은 활기차고 힘이 넘치
며 아무 이유 없이 나를 미워하는 사
람들이 수없이 많습니다.
20 내 적들은 선을 악으로 갚고 있습니
다. 이는 내가 선한 것을 따른다는 이
유 때문입니다.
21 오 여호와여, 나를 버리지 마소서. 오
내 하나님이여, 나를 멀리하지 마소서.
22 오 여호와여, 내 구원이시여, 어서 와
서 나를 도우소서.

37:38 또는 악인들의 자손은

다윗의 시, 지휘자 여두둔을 위한 노래

39 내가 "내 길을 지켜 내 혀가 죄
짓지 않게 하리라. 악인이 내
앞에 있는 한 내 입에 재갈을 물리리
라" 했으나
2 내가 말없이 잠잠히 있어 아예 선한
말조차 하지 않고 있으니 내 고통이
한층 더 심해집니다.
3 내 마음이 안에서 뜨거워져 묵상하
면서 속이 타서 급기야 부르짖지 않
을 수 없습니다.
4 "오 여호와여, 내 마지막을 보여 주소
서. 내가 얼마나 더 살지 보여 주소
서. 내 인생이 얼마나 덧없는지 알려
주소서.
5 주께서 내 삶을 한 뼘만큼 짧게 하셨
고 내 일생이 주가 보시기에 아무것
도 아니니 제아무리 높은 자리에 있
어도 사람이란 헛될 뿐입니다. (셀라)
6 사람이란 저마다 이리저리 다니지만
그림자에 불과하고 별것도 아닌 일에
법석을 떨며 누가 갖게 될지 모르는
재물을 차곡차곡 쌓아 둡니다.
7 하지만 주여, 내가 무엇을 기다리겠습
니까? 내 소망은 주께 있습니다.
8 내 모든 죄악에서 나를 구원하시고
어리석은 사람들의 조롱거리가 되지
않게 하소서.
9 내가 잠잠하고 입을 열지 않았으니
이는 주께서 하신 일이기 때문입니다.
10 주의 채찍을 내게서 없애 주소서. 주
께서 손으로 치시니 내가 거의 죽게
됐습니다.
11 주께서 죄지은 사람을 꾸짖어 고쳐
주실 때 그가 소중히 여기던 것을 좀
먹듯이 사라지게 하시니 사람이란 헛
것일 뿐입니다. (셀라)
12 오 여호와여, 내 기도를 들어 주소서.
부르짖는 내 소리에 귀 기울이소서.
내 눈물을 보시고 가만히 계시지 마
소서. 내 모든 조상들이 그랬듯이 나
도 이방 사람이 되고 나그네가 돼서
주와 함께할 수밖에 없습니다.
13 내게 눈길을 돌려 주소서. 그래서 내
가 떠나 없어지기 전에 내 기력을 되
찾게 해 주소서."

다윗의 시, 지휘자를 위한 노래

40 내가 참고 참으며 여호와를 기
다렸더니 그분이 내게 귀를 기
울이시고 내 부르짖음을 들으셨습니
다.
2 그분이 무서운 구덩이에서, 진흙탕
속에서 나를 끌어내셔서 내 발을 바
위 위에 두어 내가 안전하게 걷도록
하셨습니다.
3 그분이 내 입에 새 노래를, 우리 하나
님을 찬양하는 노래를 넣어 주셨습니
다. 많은 사람들이 보고 두려워하며
주를 믿게 될 것입니다.
4 여호와를 의지하고 교만한 사람들이
나 거짓의 길로 빠지는 사람들을 돌
아보지 않는 사람은 복이 있습니다.
5 오 여호와 내 하나님이여, 주께서 하
신 놀라운 일들이 너무나 많고 우리
를 향한 주의 생각이 너무나 많습니
다. 내가 그것들을 말하려고 해도 너

무 많아 일일이 다 열거할 수 없을 정
도입니다.
6 주께서는 제사와 제물을 원하지 않으
셨고 번제와 속죄제도 요구하지 않으
셨습니다. 주께서 내 귀를 열어 주셨
으니
7 그때야 "내가 여기 있습니다. 내가 왔
습니다. 나에 대해 기록한 것이 두루
마리 책에 있습니다.
8 오 내 하나님이여, 내가 기쁘게 주의
뜻을 행하겠습니다. 주의 법이 내 마
음속에 있습니다"라고 했습니다.
9 내가 집회에서 의로운 말씀을 선포했
습니다. 오 여호와여, 내가 내 입술을
막지 않았음을 주께서 아시지 않습니
까?
10 내가 마음에 주의 의를 숨기지 않았
고 주의 신실함과 주의 구원을 선포
했습니다. 집회에서 내가 주의 사랑
과 주의 진리를 감추지 않았습니다.
11 오 여호와여, 주의 자비를 내게서 거
두지 마소서. 주의 사랑과 주의 진리
로 항상 나를 보호하소서.
12 수도 없는 악이 나를 둘러싸고 있습
니다. 내 죄들이 나를 덮치니 앞을 볼
수가 없습니다. 그 죄들이 내 머리털
보다 많으니 내가 낙심했습니다.
13 오 여호와여, 어서 나를 구원하소서.
오 여호와여, 어서 빨리 나를 도우소
서.
14 내 영혼을 노리는 사람들이 수치와
망신을 당하게 하소서. 내가 멸망하
기를 바라는 사람들은 모두 수치를
당하고 물러나게 하소서.
15 내게 "아하, 아하!" 하는 사람들이 오
히려 수치를 당하고 물러나게 하소서.
16 그러나 주를 찾는 사람들은 모두 주
안에서 즐거워하며 기뻐하게 하소서.
주의 구원을 사랑하는 사람들이 "여
호와는 높임을 받으소서!" 하고 끊임
없이 말하게 하소서.
17 그러나 나는 가난하고 구차합니다.
주여, 나를 생각해 주소서. 주는 내
도움이시며 나를 건지시는 분이시니
오 내 하나님이여, 지체하지 마소서.

다윗의 시, 지휘자를 위한 노래

41 가난한 사람들을 생각해 주는
사람은 복이 있습니다. 고통당
할 때 여호와께서 그를 건지실 것입니
다.
2 여호와께서 그를 보호하시고 살려 주
실 것입니다. 그가 땅에서 복을 받을
것이며 주께서 그의 적들의 뜻대로
그를 내주지 않으실 것입니다.
3 그가 아플 때 여호와께서 그에게 힘
을 주시고 병상에서 일으켜 다시 건
강하게 해 주실 것입니다.
4 내가 "오 여호와여, 나를 불쌍히 여기
시고 내 영혼을 고쳐 주소서. 내가 주
께 죄를 지었습니다" 했습니다.
5 내 적들이 내게 악담을 합니다. "그가
언제 죽을까? 그의 이름이 언제 사라
질까?" 하며
6 나를 보러 와서는 빈말이나 늘어놓고
마음 가득 악을 모아 두었다가 밖으
로 나가서 퍼뜨리고 다닙니다.

7 나를 미워하는 사람들이 모두 합심
해 나를 두고 수군거리고 어떻게 하
면 나를 해칠까 계획을 세우면서
8 "그가 몹쓸 병에 걸려서 자리에서 다
시는 일어나지 못할 것이다"라고 합니
다.
9 내가 믿던 가까운 친구, 내 빵을 나눠
먹던 그 친구조차 나를 대적해 발꿈
치를 들었습니다.
10 그러나 오 여호와여, 내게 자비를 베
푸소서. 나를 일으켜 내가 그들에게
갚아 주게 하소서.
11 주께서 나를 기뻐하시는 줄 내가 압
니다. 내 적들이 나를 이기지 못하기
때문입니다.
12 내 진실함을 보신 주께서 나를 붙드
시고 주의 얼굴 앞에 영원히 세우십
니다.
13 이스라엘의 하나님 여호와를 영원부
터 영원까지 찬양합니다. 아멘, 아멘.

제 2 권

시편 42–72

고라 자손의 *마스길, 지휘자를 위한 노래

* **42** 오 하나님이여, 사슴이 목이
말라 헐떡거리며 시냇물을
찾듯이 내 영혼이 목이 말라 주를 찾
습니다.
2 내 영혼이 하나님을, 살아 계신 하나
님을 목말라합니다. 내가 언제 나아
가서 하나님을 뵐 수 있겠습니까?
3 사람들이 밤낮으로 내게 "네 하나님
이 어디 있느냐?" 하니 내 눈물이 밤
낮으로 내 음식이 됐습니다.
4 지난날들을 생각해 보면 내 영혼을
토해 내지 않을 수 없습니다. 내가 많
은 사람들과 함께 그 행렬을 이끌고
하나님의 집으로 가며 명절을 지키러
가는 사람들 사이에서 기뻐 외치며
찬양했습니다.
5 오 내 영혼아, 왜 그렇게 풀이 죽어
있느냐? 왜 이렇게 내 속에서 불안해
하느냐? 너는 하나님을 바라라. 그
도와주시는 얼굴을 보아라. 내가 오
히려 그분을 찬양하리라.
6 오 내 하나님이여, 내 영혼이 내 속에
서 풀 죽어 있으니 요단 땅 헤르몬 산,
곧 미살 산을 바라보며 내가 주를 기
억할 것입니다.
7 주의 폭포 소리에 깊은 바다가 깊은
바다를 부르고 주의 파도와 주의 물
결이 나를 덮칩니다.
8 그러나 낮에는 여호와께서 그 신실함
을 보여 주시고 밤에는 주의 노래가
내게 있으니 내 기도가 내 생명 되신
하나님께 닿을 것입니다.
9 내 반석이신 하나님께 내가 말할 것
입니다. "왜 나를 잊으셨습니까? 내가
왜 적들에게 억눌린 채 슬퍼하며 돌
아다녀야 합니까?"
10 내 원수들이 나를 조롱하며 날마다
"네 하나님이 어디 있느냐?" 하는 말
이 마치 칼이 내 뼈마디를 쑤시는 것
같습니다.

42편 문학 또는 음악 용어 42–43편 대부분의 히브리어 사본에는 한 편의 시로 묶여 있음.

11 오 내 영혼아, 왜 이렇게 풀이 죽어
있느냐? 왜 이렇게 내 속에서 불안해
하느냐? 너는 하나님을 바라라. 내가
오히려 그분을 찬양하리라. 그분은
내 얼굴을 도와주시는 분이시며 내
하나님이십니다.

43 오 하나님이여, 나를 판단하시
고 경건치 않은 민족들에 대한
내 호소를 듣고 변호해 주소서. 오,
거짓되고 악한 저 사람들에게서 나
를 구하소서.
2 주는 내 힘이 되시는 하나님이십니
다. 그런데 왜 나를 외면하십니까? 왜
내가 적들에게 억눌린 채 슬퍼하며
돌아다녀야 합니까?
3 오, 주의 빛과 주의 진리를 보내 주셔
서 나를 인도하게 하시고 주의 거룩
한 산과 주의 장막으로 나를 이끌어
주소서.
4 그러면 내가 하나님의 제단으로, 내
게 가장 큰 기쁨이 되시는 하나님께
로 나아갈 것입니다. 오 하나님이여,
내 하나님이여, 내가 하프로 주를 찬
양하겠습니다.
5 오 내 영혼아, 왜 그렇게 풀이 죽어
있느냐? 왜 그렇게 내 속에서 불안해
하느냐? 너는 하나님을 바라라. 내가
오히려 그분을 찬양하리라. 그분은
내 얼굴을 도와주시는 분이시며 내
하나님이십니다.

고라 자손의 *마스길, 지휘자를 위한 노래

44 오 하나님이여, 우리가 두 귀로
들었습니다. 그 옛날 우리 조
상들의 시대에 주께서 하신 일들을
그들이 우리에게 들려주었습니다.
2 주께서 주의 손으로 이방 민족들을
쫓아내시고 그 땅에 우리 조상들을
심어 놓으셨으며 주께서 그 민족들을
치시고 우리 조상들은 번창하게 하셨
습니다.
3 그들이 자기 칼로 그 땅을 차지한 것
이 아니고 자신들의 팔로 구원한 것
도 아닙니다. 오직 주의 오른손, 주의
팔, 주의 얼굴 빛으로 하신 것입니다.
주께서 그들에게 은총을 내리셨기 때
문입니다.
4 오 하나님이여, 주는 내 왕이십니다.
야곱을 위해 승리를 명령하소서.
5 주를 통해 우리가 우리 적들을 물리
칠 것이며 주의 이름을 통해 우리에
게 맞서 일어나는 사람들을 짓밟을
것입니다.
6 나는 내 활을 믿지 않을 것입니다. 내
칼도 내게 승리를 안겨 주지 못하기
때문입니다.
7 오직 주께서 우리를 우리 적들에게서
구원하셨고 우리를 미워하는 사람들
이 수치를 당하게 하셨습니다.
8 그러므로 우리가 하루 종일 하나님만
자랑합니다. 우리가 주의 이름을 영
원히 찬양합니다. (셀라)
9 그런데 이제 와서 주께서 우리를 외
면하시고 수치를 주십니까? 더 이상
우리 군대와 함께하지 않으십니까?
10 주께서 우리를 적 앞에서 물러나게

44편 문학 또는 음악 용어

하시니 우리를 미워하는 사람들이 우
리를 멋대로 약탈해 갑니다.
11 주께서 우리를 잡아먹힐 양처럼 내어
주셨고 이방 민족들 가운데로 흩어
버리셨습니다.
12 주께서 주의 백성을 헐값에 넘기시니
주께는 돈벌이도 되지 않습니다!
13 주께서 우리를 이웃의 비난거리가 되
게 하시고 주변 사람들의 조롱거리와
웃음거리가 되게 하셨습니다.
14 주께서 우리를 이방 민족들 가운데
본보기가 되게 하시니 저 사람들이
우리를 보고 고개를 젓습니다.
15 내가 하루 종일 혼란스럽고 내 얼굴
이 수치로 뒤덮였으니
16 이는 나를 비난하고 헐뜯는 사람들
의 빈정거림 때문이며 적들과 보복하
려는 사람들 때문입니다.
17 이 모든 일이 우리에게 임했으나 우리
가 주를 잊지 않고 주의 언약을 소홀
히 하지 않았습니다.
18 우리 마음이 돌아서지 않았으며 우리
발걸음도 주의 길을 벗어나지 않았습
니다.
19 그러나 주께서는 자칼의 처소에서 우
리를 쳐부수셨고 죽음의 그림자로 우
리를 덮으셨습니다.
20 우리가 혹시 우리 하나님의 이름을
잊었더라면 혹은 이방신들에게 손을
뻗었더라면
21 하나님께서 설마 모르셨겠습니까? 주
께서는 마음의 비밀도 다 아시지 않
습니까?
22 그러나 우리가 주를 위해 하루 종일
죽임을 당하니 마치 도살장에 끌려가
는 양 같은 신세입니다.
23 오 여호와여, 깨어나소서. 왜 주무시
고 계십니까? 일어나 우리를 영영 외
면하지 마소서.
24 왜 그렇게 주의 얼굴을 숨기시며 우
리의 처참함과 억압당하는 것을 잊고
계십니까?
25 우리 영혼이 흙먼지에 처박혔고 뱃가
죽이 땅에 붙었습니다.
26 일어나 우리를 도와주소서. 주의 변
함없는 사랑 때문에라도 우리를 구원
하소서.

고라 자손의 *마스길, 지휘자를 위해
소산님에 맞춰 쓴 사랑의 노래

45 내가 왕을 위해 아름다운 시
를 읊조리게 되니 마음이 떨리
지 않을 수 없습니다. 내 혀는 능숙한
작가의 붓입니다.
2 왕은 사람이 낳은 이 가운데 가장 아
름다운 분입니다. 왕의 입술 안으로
은혜가 쏟아졌으니 하나님께서 왕에
게 영원한 복을 주셨습니다.
3 오 지극히 강하신 이여, 왕의 칼을 옆
에 차고 영화와 위엄으로 옷 입으소
서.
4 왕은 진리와 겸손과 의를 위해 위엄
있게 말을 타고 당당히 나가소서. 왕
의 오른손이 두려운 일들을 가르쳐
줄 것입니다.
5 왕의 화살이 날카로워 왕의 적들의

45편 문학 또는 음악 용어

심장을 뚫으니 그들이 왕의 발아래
쓰러집니다.
6 오 하나님이여, 주의 옥좌는 영원할
것이며 주의 나라의 규는 공의의 규
가 될 것입니다.
7 왕이 의를 사랑하고 악을 싫어하니
하나님께서, 왕의 하나님께서 왕에게
기쁨의 기름을 부어 왕의 동료들 위
에 세우셨습니다.
8 왕의 모든 옷에서 몰약과 알로에와
계피 향이 나며 상아궁에서 흘러나오
는 현악 소리가 왕을 기쁘게 합니다.
9 왕이 소중히 여기는 여자들 가운데
여러 왕의 딸들이 있고 왕의 오른쪽
에는 오빌의 금으로 치장한 왕후가
있습니다.
10 오 딸아, 듣고 생각하고 귀를 기울여
라. 네 백성들과 네 아버지의 집은 이
제 잊어버려라.
11 그리하면 왕이 네 아름다움에 흐뭇
해하실 것이다. 그분이 네 주인이시니
너는 왕께 경배하여라.
12 두로의 딸이 선물을 들고 올 것이요,
부유한 백성들도 네 은총을 구할 것
이다.
13 왕의 딸이 그 안에서 모든 영광을 누
리니 그 옷은 금으로 수놓은 것입니
다.
14 그가 수놓인 옷을 입고 왕께로 인도
될 것이며 시녀들도 그 뒤를 따를 것
입니다.
15 그들은 기뻐하고 즐거워하며 이끄는
대로 왕궁으로 들어갈 것입니다.
16 왕의 자녀들은 왕의 조상의 자리를
이어받고 왕께서 그들을 온 땅의 왕
들로 삼을 것입니다.
17 내가 온 세대에 걸쳐 왕의 이름을 기
억하게 할 것이니 그러므로 백성들이
영원토록 왕을 찬양할 것입니다.

고라 자손의 시, 지휘자를 위해 *알라못에 맞춘 노래

46 하나님은 우리 피난처이시요,
힘이십니다. 고통당할 때 바로
눈앞에 있는 도움이십니다.
2 그러므로 땅이 없어진다 해도, 산들
이 바다 속에 빠진다 해도 우리는 두
려워하지 않을 것입니다.
3 바다 물결이 으르렁거리며 철썩거려
도 산들이 끓어올라 흔들린다 해도
두려워하지 않을 것입니다. (셀라)
4 지극히 높으신 분이 계시는 성소를
흐르며 하나님의 성을 기쁘게 하는
강이 있습니다.
5 하나님께서 그 성안에 계셔서 성이
흔들리지 않을 것이니 이것은 이른
아침에 하나님께서 도우시기 때문입
니다.
6 이방 민족들이 소동을 일으켜 왕국
들이 흔들렸지만 주께서 소리를 높이
시니 땅이 녹아 버렸습니다.
7 만군의 여호와께서 우리와 함께 계시
니 야곱의 하나님은 우리의 피난처이
십니다. (셀라)
8 와서 여호와께서 하신 일들을, 그분
이 어떻게 땅을 황폐하게 하셨는지를
보십시오.

46편 음악 용어

9 그분은 땅끝까지 전쟁을 그치게 하시
고 활을 부러뜨리시고 창을 두 동강
내시며 *병거를 불태우십니다.
10 "차분히 생각해 내가 하나님임을 알
라. 내가 이방 민족들 가운데서 높임
을 받고 내가 땅에서 높임을 받으리
라."
11 전능하신 여호와께서 우리와 함께 계
시니 야곱의 하나님은 우리 피난처이
십니다. (셀라)

고라 자손의 시, 지휘자를 위한 노래

47 오 너희 모든 백성들아, 손뼉을
치라. 승리의 소리로 하나님께
외치라.
2 지극히 높으신 여호와는 두려운 분이
시다. 온 땅을 다스리시는 위대한 왕
이시다.
3 그분은 사람들을 우리 아래 복종시
키시고 저 민족들을 우리 발아래 두
실 것이다.
4 우리를 위해 유산을 선택하셨는데 그
것은 바로 그분이 사랑하시는 야곱의
자랑거리다. (셀라)
5 기뻐 외치는 소리와 함께 하나님께서
나팔 소리 울리는 가운데 올라가셨
다.
6 찬양하라. 하나님을 찬양하라. 찬양
하라. 우리 왕을 찬양하라.
7 하나님은 온 땅의 왕이시니 찬양의
시로 노래하라.
8 하나님께서 이방 민족들을 통치하신
다. 하나님께서 그 거룩한 옥좌에 앉
으셨다.
9 백성들 가운데 귀족들이 아브라함의
하나님의 백성이 돼 모여 있구나. 이
땅의 *방패들이 하나님께 속해 있으
니 그분은 지극히 높임을 받으셨도
다.

고라 자손의 시, 노래

48 여호와는 위대하시니 우리 하
나님의 성에서, 그 거룩한 산
에서 크게 찬양을 받으실 것입니다.
2 그 터가 아름다우니 북쪽에 있는 위
대한 왕의 성, 시온 산이 온 세상의
기쁨이 됩니다.
3 그 성에 계시는 하나님은 자신을 피
난처로 알리셨습니다.
4 왕들이 연합해서 함께 나아갔다가
5 그 성을 보고 깜짝 놀라 안 되겠다
싶어 도망쳐 버렸습니다.
6 해산하는 여인처럼 그들이 두려움에
사로잡혔습니다.
7 주께서 다시스 배들을 동쪽 바람으로
부수셨습니다.
8 우리가 들은 대로 만군의 여호와의
성에서, 우리 하나님의 성에서 우리가
보았으니 하나님께서 그 성을 영원히
세우실 것입니다. (셀라)
9 오 하나님이여, 우리가 주의 성전에서
주의 변함없는 사랑을 생각했습니다.
10 오 하나님이여, 주의 이름과 같이 주
를 찬양하는 소리도 땅끝까지 이르렀
고 주의 오른손에는 의가 가득합니
다.
11 주께서 판단하시니 시온 산이 즐거워

46:9 또는 방패를 47:9 또는 군왕들이

하며 유다의 마을들이 기뻐합니다.
12 너희는 시온을 두루 돌아다니면서 그
망대들을 세어 보라.
13 그 성벽들을 잘 살펴보고 그 궁전을
두루 둘러보아 다음 세대에 그것들
을 말해 주라.
14 이 하나님이 영원토록 우리 하나님이
되시니 죽을 때까지 그분은 우리를
인도하실 것이다.

고라 자손의 시, 지휘자를 위한 노래

49 너희 모든 백성들아, 이 말을
들으라. 이 세상에 사는 모든
사람들아, 귀를 기울이라.
2 낮은 사람이나 높은 사람이나, 부자
나 가난한 사람이나 할 것 없이 다 들
으라.
3 내 입이 지혜의 말을 할 것이고 내 마
음의 묵상으로 꿰뚫어 알게 되리라.
4 내가 귀 기울여 잠언을 듣겠고 하프
를 켜면서 내 수수께끼를 풀리라.
5 재난의 날이 다가올 때, 내 발꿈치의
범죄가 나를 둘러쌀 때를 내가 왜 두
려워하겠는가?
6 자기 부를 의지하는 사람들은 돈이
많은 것을 자랑하지만
7 그 가운데 어느 누구도 결코 자기 형
제를 구원하지 못하고 형제를 위해
하나님께 대속할 제물을 바치지 못하
리라.
8 영혼을 대속하는 것은 너무나 엄청난
일이어서 어떤 값이라도 충분하지 않
으니
9 썩는 것을 보지 않고 영원히 살게 할
수는 없도다.
10 어리석은 사람이나 우둔한 사람들이
죽는 것같이 지혜로운 사람들도 죽고
그들의 재산은 결국 남에게 남기고
가는 것이다.
11 그들이 속으로는 자기 집이 영원히
남고 그 거처가 대대로 있을 것이라
며 그 땅도 자기들 이름을 따서 붙이
지만
12 *제아무리 명예가 있다 해도 사람이
란 오래가지 못하고 죽게 돼 있는 짐
승과 다를 것이 없다.
13 이것이 바로 어리석은 사람들의 운명
이니 오직 그들의 자손이 그들의 말
을 증명하리라. (셀라)
14 그들은 양과 같이 *무덤 안에 누워 있
으니 죽음이 그들을 다스리리라. 아침
이면 정직한 사람들이 그들을 다스릴
것이요, 그들의 아름다움은 *무덤에
서 사라져 그 흔적조차 없어지겠으나
15 오직 하나님께서 내 영혼을 무덤의
권세에서 구원하시고 나를 받아 주시
리라. (셀라)
16 누가 부자가 돼 그 집이 점점 더 화려
해져 간다고 해도 두려워할 것이 없
도다.
17 죽을 때는 아무것도 가져가지 못하고
그 화려함이 그를 따라 내려가지 못
하리라.
18 그가 사는 동안에는 스스로 복이 있
다 여기고 그가 잘돼서 사람들의 칭

49:12 히브리어 사본을 따름. 칠십인역과 시리아어역에는 12절과 20절이 같음. 49:14 히브리어, 스올(시 49:15을 보라.)

찬을 받을지라도
19 결국에는 자기 선조들에게로 돌아가
빛을 보지 못할 게 뻔하도다!
20 제아무리 명예가 있다 해도 깨닫지
못하는 사람은 스러지고 마는 짐승
과 다를 게 없다.

아삽의 시

50 전능하신 하나님, 바로 여호와
께서 말씀하셔서 해 뜨는 데부
터 해 지는 데까지 세상을 부르셨다.
2 완벽한 아름다움 그 자체인 시온에서
하나님께서 눈부시게 빛을 내셨다.
3 우리 하나님께서는 잠잠히 오시지 않
으실 것이다. 그분 앞에는 삼키는 불
이 있으며, 그 주위에는 맹렬한 폭풍
이 있을 것이다.
4 그분이 위로는 하늘을 부르시고 아
래로는 땅을 부르시니 그 백성들을
심판하시려는 것이다.
5 "제사로써 나와 언약을 맺은 내 성도
들을 내게로 모아 오너라."
6 하늘이 그 의를 선포할 것이다. 하나
님께서 친히 심판자가 되시기 때문이
다. (셀라)
7 "오 내 백성들아, 들으라. 내가 말한
다. 오 이스라엘아, 내가 너에 대해 할
말이 있다. 나는 하나님이다. 바로 네
하나님이다.
8 내가 네 희생제로 너를 책망하지 않
을 것이니 너는 계속해서 내 앞에 번
제를 드렸다.
9 나는 네 외양간의 황소도, 네 우리의
염소도 가져갈 생각이 없다.
10 숲 속의 동물이 다 내 것이며 수천의
산에 널려 있는 소들도 다 내 것이 아
니냐!
11 내가 산에 있는 새들을 다 알고 있고
들에 있는 동물들도 다 내 것이다.
12 내가 혹 굶주려도 네게 말하지는 않
을 것이다. 세상이 내 것이고 그 안의
모든 것이 내 것이니 말이다.
13 내가 황소 고기를 먹겠느냐? 아니면
염소 피를 마시겠느냐?
14 하나님께 감사의 제사를 드리고 지극
히 높으신 분께 네 서원을 이뤄라.
15 고통받을 때 나를 불러라. 내가 너를
건지겠고 네가 나를 영화롭게 할 것
이다."
16 그러나 악인들에게는 하나님께서 이
렇게 말씀하신다. "네가 무슨 권리로
내 법을 말하고 내 언약을 네 입에 담
느냐?
17 너는 가르침을 싫어해 내 말을 등 뒤
로 던져 버리고
18 도둑을 보면 동조하고 간음하는 사
람들과 어울리며
19 입은 악에게 내주고 혀로는 속임수를
일삼으며
20 네 형제를 비난하고 네 어머니의 아
들을 비방하는구나.
21 네가 이런 짓들을 해도 내가 입 다물
고 있었더니 나를 너와 같다고 생각
했느냐? 그러나 이제 내가 너를 질책
하고 네 눈앞에 네 죄를 차근차근 밝
혀 보이겠다.
22 너희 하나님을 잊은 사람들아, 이것

을 잘 생각해 보라. 그러지 않으면 내
가 너희를 산산조각 내도 구할 사람
이 없을 것이다.
23 감사의 제사를 드리는 사람은 내게
영광 돌리는 것이니 길을 곧게 닦는
사람에게는 내가 내 구원을 보여 주
겠다."

다윗의 시. 다윗이 밧세바와 간음하고 나서
나단 예언자가 다윗에게 왔을 때 지은 시.
지휘자를 위한 노래

51 오 하나님이여, 주의 신실하신
사랑으로 나를 불쌍히 여기소
서. 주의 크신 자비로 내 죄과를 지워
주소서.
2 내 모든 죄악을 씻어 주시고 내 죄를
없애 나를 깨끗이 하소서.
3 내가 내 죄과를 압니다. 내 죄가 나를
떠나지 않습니다.
4 내가 주께, 오직 주께만 죄를 지었고
주 앞에서 악한 일을 저질렀습니다.
그러니 주의 말씀이 옳으시고 주께서
순전하게 판단하실 것입니다.
5 나는 분명히 죄 가운데 태어났습니
다. 내 어머니가 죄 가운데 나를 잉태
한 것입니다.
6 주께서는 진실한 마음을 원하시니 내
마음 깊은 곳에 지혜를 알려 주실 것
입니다.
7 우슬초로 나를 깨끗하게 하소서. 그
러면 내가 깨끗해질 것입니다. 나를
씻어 주소서. 그러면 내가 눈보다 희
게 될 것입니다.
8 내게 기쁘고 즐거운 소리를 듣게 하
소서. 주께서 부러뜨리신 뼈들도 즐거
워할 것입니다.
9 주의 얼굴을 내 죄에서 가리시고 내
모든 죄악을 지워 주소서.
10 오 하나님이여, 내 속에 정결한 마음
을 창조하소서. 내 안에 정직한 영을
새롭게 하소서.
11 주 앞에서 나를 쫓아내지 마시고 주
의 성령을 내게서 거둬 가지 마소서.
12 주의 구원의 기쁨을 내게 회복시켜
주시고 주의 자유로운 영으로 나를
붙들어 주소서.
13 그러면 내가 범죄자들에게 주의 길을
가르칠 것이니 죄인들이 주께로 돌아
올 것입니다.
14 오 하나님이여, 나를 구원하신 하나
님이여, 피 흘린 죄에서 나를 구원하
소서. 그러면 내 혀가 주의 의를 노래
할 것입니다.
15 오 여호와여, 내 입술을 여소서. 그러
면 내 입이 주를 찬양할 것입니다.
16 주께서는 제사를 기뻐하지 않으시니
그러지 않았다면 내가 제사를 드렸을
것입니다. 주께서는 번제도 즐거워하
지 않으십니다.
17 하나님께서 바라시는 제사는 상한 영
혼입니다. 오 하나님이여, 주께서는
상하고 뉘우치는 마음을 외면하지 않
으십니다.
18 주의 선하신 뜻대로 시온이 번영하게
하소서. 예루살렘의 성벽을 세우소
서.
19 그때 주께서 의로운 제사, 곧 번제와

온전한 제물을 기뻐하시리니 그들이
수송아지들을 주의 제단에 바칠 것입
니다.

다윗의 *마스길, 에돔 사람 도엑이 사울에게 가서
"다윗이 아히멜렉의 집에 갔다"라고 전했을 때 지은 시,
지휘자를 위한 노래

52 너 힘센 사람아, 왜 네가 저지
른 못된 짓을 자랑하느냐? 하
나님의 선하심은 항상 있도다.
2 네 혀가 못된 짓을 꾸미고 있구나. 마
치 날카로운 면도날처럼 속임수를 쓰
고 있구나.
3 너는 선한 것보다 악한 것을 좋아하
고 의로운 말보다 거짓말을 더 잘하
는구나. (셀라)
4 이 간사한 혀야, 너는 집어삼키는 말
들이라면 뭐든지 좋아하는구나.
5 하나님께서 너를 영원히 멸망시키시
리라. 그분이 너를 끌어내어 네 장막
에서 뽑아내시고 산 사람들의 땅에
서 너를 뿌리째 뽑으시리라. (셀라)
6 의인들이 보고 두려워하며 그를 비웃
을 것이다.
7 "하나님을 자기의 힘으로 삼지 않고
자기 많은 재물만 믿고 사악함으로
힘을 키운 사람은 저렇게 되기 마련
이다!"
8 그러나 나는 하나님의 집에 있는 푸
른 올리브 나무같이 하나님의 신실하
신 사랑을 영원토록 의지합니다.
9 내가 주께서 하신 일에 대해 영원히
찬양하겠고 성도들 앞에서 선하신 주
의 이름을 받들겠습니다.

다윗의 마스길, 지휘자를 위해 *마할랏에 맞춰 쓴 노래

53 어리석은 사람들은 그 마음속
으로 '하나님이 없다'고 합니다.
그들은 썩어 빠졌고 가증스러운 죄악
을 저지른 사람들이며 선을 행하는
사람이라고는 하나도 없습니다.
2 하나님께서 하늘에서 사람의 자손들
을 내려다보시며 지각이 있는 사람이
있는지, 하나님을 찾는 사람이 있는
지 살펴보셨지만
3 모든 이들이 제각기 등을 돌리고 다
함께 썩어 선을 행하는 사람이라고는
없으니 정말 하나도 없습니다.
4 악을 행하는 사람들아, 무지해서 그
러느냐? 그들이 내 백성을 떡 먹듯
삼키고 나 하나님을 부르지도 않는구
나.
5 그들이 두려울 것이 없는 곳에서 두
려움에 사로잡혔으니 그들의 뼈를 하
나님께서 흩으셨기 때문입니다. 그들
이 수치를 당했으니 이것은 하나님께
서 그들을 멸시하셨기 때문입니다.
6 오, 이스라엘의 구원이 시온에서 나오
게 하소서! 하나님께서 그 포로 된 백
성을 자유롭게 하실 때 야곱이 즐거
워하고 이스라엘이 기뻐할 것입니다.

다윗의 *마스길, 십 사람이 사울에게 가서
"다윗이 우리 가운데 숨지 않았습니까?" 하고
말했을 때 지은 시, 지휘자를 위한 현악곡

54 오 하나님이여, 주의 이름으로
나를 구원하시고 주의 힘으로
나를 판단하소서.

52,54편 문학 또는 음악 용어 53편 음악 용어

2 오 하나님이여, 내 기도를 들으소서.
내 입으로 하는 말에 귀 기울이소서.
3 이상한 사람들이 내게 맞서 들고일어
나며 압제자들이 내 목숨을 노리고
있습니다. 그들은 하나님에 대해서는
안중에도 없습니다. (셀라)
4 보십시오. 하나님은 나를 돕는 분이
시며 여호와는 내 영혼을 붙들어 주
시는 분이십니다.
5 그분이 내 원수를 갚아 주실 것입니
다. 주의 진리로 그들을 끊어 주십시
오.
6 내가 기꺼이 주께 희생제를 드리겠습
니다. 오 여호와여, 주의 이름이 선하
시니 내가 주의 이름을 찬양하겠습니
다.
7 주께서 내 모든 고난에서 나를 건져
내셨고 내 적들에게 무엇을 하시려는
지 내 눈으로 똑똑히 보게 하셨습니
다.

다윗의 *마스길, 지휘자를 위한 현악곡

55

오 하나님이여, 내 기도에 귀
기울이소서. 내 간구로부터 자
신을 숨기지 마소서.
2 나를 돌아보시고 귀 기울이소서. 내
가 슬픔으로 편치 못해 탄식합니다.
3 이것이 다 내 적의 목소리 때문이며
악인들의 압제 때문입니다. 그들이 내
게 죄를 저지르고 분노하며 미워하고
있습니다.
4 내가 괴로워서 죽을 지경입니다. 죽
음의 공포가 나를 덮칩니다.
5 두려움과 떨림이 내게 다가왔고 공포
가 나를 덮었습니다.
6 그래서 내가 말했습니다. "내게 비둘
기처럼 날개가 있었더라면 멀리 날아
가 쉬었을 텐데!
7 저 멀리 도망가 광야에서 지냈을 텐
데. (셀라)
8 광풍과 폭풍을 피해 내가 쉴 곳으로
얼른 달아났을 텐데."
9 오 여호와여, 저들의 혀를 분열시키고
파멸시키소서. 내가 그 성안에서 폭
력과 분쟁을 보았습니다.
10 그들이 밤낮으로 성벽 위를 돌아다니
니 그 성안에 학대와 슬픔이 있습니
다.
11 사악함이 난무하고 협박과 거짓이 그
거리를 떠나지 않습니다.
12 만약 나를 모욕한 사람이 적이었다면
내가 참았을 것입니다. 만약 나를 보
고 우쭐대는 사람이 나를 미워했던
사람이라면 내가 그냥 숨고 말았을
것입니다.
13 그런데 바로 너라니! 가깝게 지내던
내 동료 내 친구라니!
14 우리가 즐겁게 어울리며 하나님의 집
에서 무리 지어 다녔었는데!
15 죽음이 내 적들을 갑자기 덮치게 하
소서. 그들이 산 채로 *지옥으로 내
려가게 하소서. 사악함이 그들이 사
는 곳에, 그들 가운데 있습니다.
16 오직 나는 하나님을 부를 것입니다.
그러면 여호와께서 나를 구원하실 것
입니다.

55편 문학 또는 음악 용어 55:15 히브리어, 스올

17 저녁이나 아침이나 한낮이나 내가 울
부짖으며 기도할 것입니다. 그러면 그
분이 내 소리를 들으실 것입니다.
18 그분은 나를 대적하는 전쟁으로부터
평안한 가운데 내 혼을 구해 주셨습
니다. 이것은 나를 대적하는 사람이
많았기 때문입니다.
19 옛날부터 계시는 그 하나님께서 그들
의 소리를 듣고 그들을 징벌하실 것
입니다. (셀라) 그들이 변할 줄 모르고
하나님을 두려워할 줄 모르기 때문입
니다.
20 그는 자기 손을 뻗어 자기 동료에게
대항하고 그의 언약을 깨뜨렸습니다.
21 그가 하는 말은 버터보다 부드러웠지
만 그 마음에는 전쟁을 품고 있었습
니다. 그의 말은 기름보다 매끄러웠지
만 실은 뽑힌 칼이었습니다.
22 네 짐을 여호와께 맡겨라. 그러면 그
분이 너를 붙드시고 결코 의인들이
흔들리게 두지 않으실 것이다.
23 오 하나님이여, 주께서 악인들을 저
아래 구덩이에 빠뜨리실 것입니다. 손
에 피를 묻히고 속임수를 쓰는 사람
들은 자기 수명의 반도 못 살 것입니
다. 그러나 나는 주를 의지할 것입니
다.

다윗의 *믹담, 가드에서 블레셋 사람에게
잡혔을 때 지은 시, 지휘자를 위해
*요낫 엘렘 르호김에 맞춰 쓴 노래

56 오 하나님이여, 나를 불쌍히
여기소서. 사람들이 나를 삼키
려고 하루 종일 공격합니다.
2 내 적들이 날마다 나를 삼키려고 합
니다. 오 지극히 높으신 주여, 나와
싸우는 사람들이 많습니다.
3 내가 두려울 때 주를 의지하겠습니
다.
4 내가 하나님을 의지하고 그 말씀을
찬양하니 두려울 게 없습니다. 죽을
수밖에 없는 육체가 내게 무엇을 할
수 있겠습니까?
5 그들은 날마다 내 말을 왜곡하고 나
를 해치려고 음모를 꾸미고 있습니다.
6 그들은 내 목숨을 노리기에 혈안이
돼서 모여 숨어서 내 걸음을 감시하
고 있습니다.
7 그들이 죄를 짓고도 도망칠 수 있겠
습니까? 오 하나님이여, 주의 진노로
저 사람들을 내던지소서.
8 주께서 내 방황을 굽어살피시니 내
눈물을 *주의 병에 담으소서. 그것들
이 주의 책에 적혀 있지 않습니까?
9 그러면 내가 주께 부르짖을 때 적들
이 물러날 것입니다. 내가 이것으로
하나님께서 내 편이심을 알게 되지
않겠습니까!
10 내가 하나님의 말씀을 찬양합니다.
내가 여호와의 말씀을 찬양합니다.
11 하나님을 의지하니 내게 두려울 게
없습니다. 사람이 내게 무엇을 할 수
있겠습니까?
12 오 하나님이여, 내가 주께 서원한 것
이 있으니 주께 감사 예물을 드리겠

56편 문학 또는 음악 용어 56편 히브리어, '먼 느티나무 위의 비둘기 한 마리' 56:8 또는 주의 가죽 부대에 담아 두십시오.

습니다.
13 주께서 나를 죽음에서 건져 내시고
내 발을 넘어지지 않게 지켜 주셔서
내가 하나님 앞, *산 사람들의 빛 가
운데 다니게 하셨습니다.

다윗의 *믹담, 사울을 피해 동굴에 있을 때 쓴 시,
지휘자를 위해 *알다스헷에 맞춰 쓴 노래

57 오 하나님이여, 나를 불쌍히
여기소서. 나를 불쌍히 여기소
서. 내 영혼이 주를 신뢰하오니 주의
날개 그늘 아래서 이 재난이 지나갈
때까지 피할 것입니다.
2 내가 지극히 높으신 하나님께, 나를
위해 무엇이든 하시는 하나님께 울부
짖습니다.
3 그분이 하늘로부터 나를 구원하시고
나를 삼키려는 사람들을 꾸짖으실 것
입니다. (셀라) 하나님께서 그의 신실
하신 사랑과 그의 진리를 보내실 것
입니다.
4 내 영혼이 사자들 가운데 있습니다.
불이 붙은 사람들 가운데 누워 있습
니다. 그들은 바로 사람의 자손들인
데 그 이는 창과 화살이요, 그 혀는
날카로운 칼입니다.
5 오 하나님이여, 하늘보다 높임을 받
으시고 주의 영광이 온 땅을 덮게 하
소서.
6 그들이 내 발을 걸려고 그물을 쳐 두
니 내 영혼이 원통합니다. 그들이 내
앞에 구덩이를 파 놓았지만 결국은
그들 스스로가 빠지고 말았습니다.
(셀라)
7 오 하나님이여, 내 마음이 정해졌습
니다. 내 마음이 정해졌습니다. 내가
내 마음을 다해 노래하고 찬양하겠
습니다.
8 내 영혼아, 깨어라! 하프와 수금아, 깨
어라! 내가 새벽을 깨우리라.
9 오 주여, 내가 백성 가운데서 주를 찬
양하겠습니다. 민족들 가운데서 주
를 노래하겠습니다.
10 주의 인자는 커서 하늘보다 높고 주
의 진리는 구름에까지 이릅니다.
11 오 하나님이여, 하늘보다 높임을 받
으시고 주의 영광이 온 땅을 덮게 하
소서.

다윗의 *믹담, 지휘자를 위해 *알다스헷에 맞춰 쓴 노래

58 오 통치자들이여, 너희가 정말
의로운 말을 하고 있느냐? 오
사람의 자손들아, 너희가 사람들 가
운데서 정말 정직하게 심판했느냐?
2 정말로 너희는 마음에 악을 품고 너
희 손은 땅에서 폭력의 수위를 가늠
하고 있구나.
3 악인들은 모태에서부터 길을 잃고 태
어나면서부터 곁길로 새어 거짓말만
하는구나.
4 그들의 독은 뱀의 독 같고 귀 막은 독
사의 독 같아서
5 마술사의 음성을 들으려 하지 않으며
능숙한 술객의 소리도 결코 듣지 않
는구나.
6 오 하나님이여, 그들의 입에 있는 이

56:13 또는 생명의 빛　57,58편 문학 또는 음악 용어　57,58편 히브리어, '파괴하지 말라.'

를 다 부러뜨리소서. 오 여호와여, 사
자들의 송곳니를 뜯어내소서!
7 그들이 흘러가는 물처럼 녹아 버리게
하소서. 그들이 활시위를 당길 때 그
화살들이 부러지게 하소서.
8 달팽이가 녹듯이 그들 모두가 없어지
게 하시며 조산한 아이처럼 해를 보
지 못하게 하소서.
9 생나무든 마른나무든 상관없이 가시
나무를 태우는 불로 주의 가마가 뜨
겁게 되기도 전에 악인은 바람에 휩
쓸려 가리라.
10 악인들이 복수당하는 것을 보고 의
인들은 기뻐하며 악인들의 피에 발을
씻게 되리라.
11 그때 사람들이 말하리라. "정말 의인
들이 상을 받고 정말 세상을 심판하
시는 하나님이 계시는구나."

다윗의 *믹담, 사울이 다윗을 죽이려고
다윗의 집에 사람들을 보냈을 때 쓴 시,
지휘자를 위해 *알다스헷에 맞춰 쓴 노래

59 오 내 하나님이여, 내 원수들
에게서 나를 건지소서. 내게
맞서 일어나는 사람들에게서 나를
보호하소서.
2 악을 행하는 사람들로부터 나를 건
지시고 피 묻은 사람들로부터 나를
구원하소서.
3 오 여호와여, 보소서. 그들이 내 영혼
을 해치려고 숨어서 기다립니다. 내
범죄 때문도 아니고 내 죄악 때문도
아닙니다. 힘 있는 사람들이 나를 해
치려고 모였습니다.
4 내가 잘못한 일이 없는데 그들은 나
를 보고 벼르고 있습니다. 주여, 일어
나 나를 도우시고 보살펴 주소서!
5 오 여호와 전능하신 하나님이여, 이스
라엘의 하나님이여, 주께서 일어나 모
든 이방 민족들을 징벌하소서. 악한
반역자들을 가엾게 여기지 마소서.
(셀라)
6 그들이 저녁이면 돌아와 개처럼 짖으
며 성을 돌아다닙니다.
7 그들이 그 입에서 토해 내는 것을 보
소서. 그 입술에서 칼을 토해 내며
"누가 듣겠느냐?"라고 합니다.
8 오 여호와여, 그러나 주께서는 그들
을 비웃고 저 모든 이방 민족들에게
코웃음 치실 것입니다.
9 하나님은 내 요새이시니 내가 그 힘
을 보고 주를 바라보겠습니다.
10 나를 가엾게 보시는 하나님께서 나
를 막아 주실 것입니다. 하나님께서
내 적들을 향해 내가 바라는 것을 보
게 하실 것입니다.
11 오 내 방패이신 여호와여, 그들을 죽
이지는 마소서. 그러면 내 백성들이
잊을지도 모릅니다. 주의 능력으로 그
들을 흩어 버리시고 끌어내리소서.
12 그 입의 죄와 그 입술의 말로, 그들이
뱉어 내는 저주와 거짓말로 그들이
교만할 때 사로잡게 하소서.
13 주께서 진노해 그들을 없애시되 하나
도 남김없이 없애 버리소서. 그리하여

59편 문학 또는 음악 용어 59편 히브리어, '파괴하지 말라.'

하나님께서 야곱을 다스리시는 것이
땅끝까지 알려지게 하소서. (셀라)
14 그리고 그들이 저녁이면 돌아와 개처
럼 짖으며 성을 돌아다니게 하소서.
15 그들이 먹이를 찾아 돌아다니다가 배
가 차지 않아 으르렁거리게 하소서.
16 그러나 나는 주의 능력을 노래할 것
입니다. 아침에 주의 신실하심을 노래
하겠습니다. 주는 내 산성이시며 고
통당할 때 내 피난처이셨기 때문입니
다.
17 오 내 힘이 되신 주여, 내가 주를 찬
송합니다. 오 하나님이여, 주는 내 산
성이시며 나를 긍휼히 보시는 하나님
이십니다.

교훈을 위한 다윗의 *믹담, 다윗이 *아람 나하라임과 *아람 소바와 싸우고 있는데 요압이 돌아와 소금 골짜기에서 1만 2,000명의 에돔 사람들을 죽였을 때 지은 시, 지휘자를 위해 *수산에듯에 맞춰 쓴 노래

60 오 하나님이여, 주께서 우리를
외면하셨고 우리를 흩으셨으
며 노여워하셨습니다. 그러나 이제는
우리에게 마음을 돌리소서!
2 주께서 땅을 흔들어 갈라지게 하셨습
니다. 땅이 갈라졌으니 그 틈을 메우
소서.
3 주께서 주의 백성에게 어려움을 주셨
고 포도주를 마시게 해 우리가 비틀
거립니다.
4 주를 두려워하는 사람들에게는 주께
서 깃발을 주셔서 진리를 위해 매달
게 하셨습니다. (셀라)
5 그리하여 주께서 사랑하시는 사람들
이 건짐받게 하시며 주의 오른손으로
구원하시고 내게 응답하소서!
6 하나님께서 그 거룩함 가운데 말씀하
셨습니다. "내가 기뻐하리라. 세겜을
나누고 숙곳 골짜기를 측량하리라.
7 길르앗이 내 것이요, 므낫세가 내 것
이며 에브라임이 내 투구이며 유다가
내 지팡이이며
8 모압이 내 목욕탕이로다. 에돔 위에
내가 내 신을 던질 것이요, 블레셋을
이기리라."
9 누가 나를 튼튼한 성으로 데려가겠는
가? 누가 나를 에돔으로 인도하겠는
가?
10 오 하나님이여, 우리를 버리신 분이
주가 아니겠습니까? 이제 우리 군대
와 함께하지 않으시겠습니까?
11 이 고통 속에서 우리를 도우소서. 사
람의 도움은 아무 소용이 없습니다.
12 하나님과 함께라면 우리가 용감해질
수 있습니다. 우리 적들을 짓밟으실
분이 바로 하나님이십니다.

다윗의 시, 지휘자를 위한 현악곡

61 오 하나님이여, 내 울부짖는 소
리를 들으소서. 내 기도에 귀
기울이소서.
2 내가 낙심할 때 땅끝에서부터 주께
부르짖을 것입니다. 나보다 높이 있는
바위로 나를 인도하소서.
3 주는 내 피난처이시며 적들로부터 지

60편 믹담은 문학 또는 음악 용어. 아람 나하라임은 메소포타미아 서북 지방의 아람 사람들. 아람소바는 시리아 중부 지방의 아람 사람들을 말함. 수산에듯은 언약의 나리꽃을 뜻함.

켜 주는 든든한 망대이십니다.
4 내가 주의 장막에 영원히 있을 것입
니다. 내가 주의 날개 밑으로 피하겠
습니다. (셀라)
5 오 하나님이여, 주께서 내 서원을 들
으셨고 주의 이름을 두려워하는 사
람들의 *유산을 내게 주셨습니다.
6 주께서 왕의 수명을 연장해 주셔서
그 나날이 여러 세대에 걸쳐 계속되
게 하소서.
7 그가 하나님 앞에 영원히 있을 것이
니 주의 인자하심과 진리를 세워 그
를 보호하소서.
8 그러면 내가 영원히 주의 이름을 찬
송하며 날마다 내 서원을 이루겠습니
다.

다윗의 시, 지휘자 여두둔을 위한 노래

62 내 영혼이 조용히 하나님만 기
다리는 것은 내 구원이 그분에
게서 나오기 때문이다.
2 그분만이 내 반석이시며 내 구원이시
며, 그분만이 내 산성이시니 내가 결
코 흔들리지 않으리라.
3 기울어 넘어지는 벽처럼, 흔들리는
울타리처럼 너희가 언제까지 사람을
모함하겠느냐? 너희가 다 죽임을 당
하리라.
4 너희는 그를 그 높은 자리에서 떨어
뜨릴 궁리만 하는구나. 너희가 거짓
말하기를 좋아하니 입으로는 축복하
지만 속으로는 저주하고 있다. (셀라)
5 내 영혼아, 조용히 하나님만 바라라.
내 소망이 그분에게서 나오는구나.
6 그분만이 내 바위이시며 내 구원이시
다. 그분이 내 산성이시니 내가 흔들
리지 않으리라.
7 *내 구원과 명예가 하나님께 달려 있
다. 그분은 든든한 반석이시며 피난
처이시다.
8 오 백성들아, 언제든지 그분을 의지
하라. 너희 마음을 그분께 쏟아 놓으
라. 하나님이 우리 피난처이시다. (셀
라)
9 비천한 사람도 헛것에 불과하고 귀족
도 역시 별것 아니다. 저울에 달면 둘
을 합쳐도 한낱 한숨에 지나지 않을
것이다.
10 사람을 억압하는 것을 힘으로 삼지
말고 남의 것을 훔치는 헛된 욕망을
품지 말라. 너희 재물이 늘어나더라
도 거기에 마음을 두지 말라.
11 하나님께서 한 번 말씀하셨을 때 내
가 들은 것은 두 가지인데 그것은 능
력이 바로 하나님께 있다는 것이다.
12 오 여호와여, 인자하심도 주의 것입니
다. 주께서는 분명 각 사람이 행한 대
로 갚아 주시는 분이십니다.

다윗의 시, 다윗이 유다 광야에 있을 때 지은 시

63 오 하나님이여, 주는 내 하나님
이시니 내가 주를 간절하게 찾
습니다. 물이 없어 메마르고 지친 땅
에서 내 영혼이 주를 목말라하며 내
육체가 주를 간절히 바랍니다.
2 내가 주를 성소에서 보았듯이 주의

61:5 또는 기업을 62:7 또는 가장 높으신 하나님은 내 구원과 명예이시다.

능력과 주의 영광을 보려는 것입니
다.
3 주의 인자하심이 생명보다 낫기에 내
입술이 주께 영광을 돌릴 것입니다.
4 이렇게 내가 살아 있는 동안 주를 찬
양하고 주의 이름 때문에 내 손을 들
어 올릴 것입니다.
5 내 영혼이 진수성찬으로 배부른 것
같고 기뻐하는 입술로 내 입이 주를
찬양할 것입니다.
6 내가 침대에서 주를 기억하고 밤에
보초를 서면서도 주를 생각합니다.
7 주는 내 도움이시니 내가 주의 날개
그늘에서 즐거워할 것입니다.
8 내 영혼이 주께 끝까지 매달리니 주
의 오른손이 나를 붙드십니다.
9 그러나 내 목숨을 노리는 사람들은
멸망할 것입니다. 그들은 땅속 저 아
래로 내려갈 것이며
10 칼에 쓰러져 여우들의 밥이 될 것입
니다.
11 오직 왕은 하나님을 즐거워할 것이며
그분의 이름으로 맹세하는 사람마다
기뻐할 것입니다. 그러나 거짓말쟁이
들은 말문이 막힐 것입니다.

다윗의 시, 지휘자를 위한 노래

64

오 하나님이여, 내 탄식하는
음성을 듣고 적들의 협박에서
내 목숨을 지켜 주소서.
2 악인들의 음모와 악을 행하는 사람
들의 소란으로부터 나를 숨기소서.
3 그들은 자기 혀를 칼처럼 날카롭게
만들어 모진 말을 화살처럼 겨누고는
4 숨어서 죄 없는 사람을 쏘았습니다.
거리낌 없이 순식간에 쏴 버렸습니다.
5 그들은 악한 계획으로 똘똘 뭉치고
덫을 숨겨 놓자며 *"아무도 못 본다"
라고 합니다.
6 또 죄악을 꾀하며 참 부지런히도 머
리를 굴립니다. 사람의 생각과 마음
은 정말 알 수 없는 것입니다.
7 그러나 하나님께서 화살로 쏘시면 그
들이 순식간에 상처를 입을 것입니
다.
8 그러면 그들이 스스로 자기 혀에 걸
려 넘어지게 될 것입니다. 그들을 보
는 사람들은 모두 도망칠 것입니다.
9 모든 사람이 다 두려워하며 하나님의
일을 선포할 것입니다. 하나님께서 하
신 일을 생각할 테니 말입니다.
10 의인들은 하나님을 즐거워하고 주를
믿을 것이며 마음이 정직한 사람들
은 모두 하나님을 찬양할 것입니다!

다윗의 시, 지휘자를 위한 노래

65

오 하나님이여, 찬송이 시온에
서 주를 기다립니다. 우리가 주
께 한 서원을 지킬 것입니다.
2 오 기도를 들으시는 주여, 주께 모든
영혼이 나올 것입니다.
3 우리가 죄를 짓고 헤매고 있을 때 주
께서 우리 죄악을 씻어 주실 것입니
다.
4 주께서 선택하셔서 가까이 데려와 주
의 뜰에 살도록 하신 사람들은 복이
있습니다! 우리가 주의 집, 곧 주의 성

64:5 또는 누가 우리를 볼 것이냐.

전의 온갖 좋은 것들로 채워질 것입
니다.
5 오 우리 구원의 하나님이여, 주께서
는 의로 이루신 놀라운 일들로 우리
에게 응답하실 것입니다. 주는 모든
땅끝과 머나먼 바다가 의지할 분이시
고
6 주의 능력으로 산을 세우셨고 주의
힘으로 무장하시며
7 포효하는 바다와 그 출렁거리는 물결
과 저 민족들의 폭동까지도 진압하
는 분이십니다.
8 땅끝에 사는 사람들이 주의 징조를
보고 두려워합니다. 해 뜨는 데부터
해 지는 데까지 주께서 기뻐하게 하
십니다.
9 주께서 땅을 돌보고 물을 대 주시며
하나님의 강이 물이 넘쳐 비옥하게
하십니다. 주께서 사람들에게 이렇게
곡식을 공급해 주시려고 다 준비해
놓으신 것입니다.
10 주께서는 밭고랑에 물을 흠뻑 대 주
시고 밭이랑을 고르게 펴시며 소나기
로 부드럽게 하시고 그 싹에 복을 주
십니다.
11 주께서 그 선하심으로, 한 해에 면류
관을 씌우시니 주의 길에 기름진 것
이 뚝뚝 떨어집니다.
12 들의 초지에도 뚝뚝 떨어져 언덕마다
기쁨이 있습니다.
13 초지가 양들로 옷 입었고 골짜기도
곡식으로 뒤덮였습니다. 그들이 기뻐
외치며 노래합니다.

시, 지휘자를 위한 노래

66

온 땅이여, 하나님께 기쁨의 소
리를 외치라!
2 그 이름의 영광을 노래하고 그분을
영화롭게 찬양하라!
3 하나님께 고백하라. "주께서 하신 일
들이 놀랍습니다! 주의 능력이 얼마
나 위대하신지 주의 적들이 주 앞에
서 복종합니다.
4 온 땅이 주께 경배하고 주를 찬송합
니다. 주의 이름을 찬송합니다." (셀
라)
5 하나님께서 하신 일들을 와서 보라.
사람의 자손들을 위해 이렇게 놀라
운 일들을 하신다.
6 바다를 마른 땅으로 바꿔 물 사이로
걸어 지나가게 하셨으니 거기서 우리
가 그분을 기뻐했다.
7 그분이 그 능력으로 영원히 다스리시
고 그 눈으로 이방 민족들을 지켜보
시니 반역자들은 들고일어나지 말라.
(셀라)
8 오 백성들아, 우리 하나님을 찬양하
라. 그분을 찬양하는 소리가 들리게
하라.
9 그분이 우리 목숨을 보존해 주시고
우리 발이 미끄러지지 않게 해 주신
다.
10 오 하나님이여, 주께서 우리를 시험하
셔서 은처럼 잘 단련시켜 주셨습니다.
11 주께서 우리를 그물에 걸리게 하셨고
우리 등에 짐을 지게 하셨습니다.
12 사람들이 우리 머리 꼭대기에 있게

하셨습니다. 우리가 불 사이로, 물 사
이로 지나가기도 했습니다. 그러나 결
국에는 풍성한 곳으로 우리를 데려오
셨습니다.
13 내가 주의 성전에 번제물을 들고 들
어가겠습니다. 주께 내 서원을 지키겠
습니다.
14 내가 고통당하고 있을 때 내 입술로
약속하고 내 입으로 말했던 그 서원
말입니다.
15 내가 주께 숫양의 향기와 함께 살진
짐승을 바치고 숫염소와 함께 수소를
드리겠습니다. (셀라)
16 하나님을 경외하는 너희 모든 사람들
아, 와서 귀 기울이라. 하나님께서 내
영혼에 하신 일들을 말해 주리라.
17 내가 내 입으로 그분께 울부짖었고
내 혀로 그분을 찬양했다.
18 내 마음에 혹시 죄를 품고 있었다면
주께서 듣지 않으셨을 것이다.
19 그러나 하나님께서 분명 내 말을 들
으셨도다. 내 기도하는 소리에 귀 기
울이신 것이다.
20 하나님을 찬양하라! 그분이 내 기도
에 등 돌리지 않으시고 그 인자하심
을 내게서 거두지 않으셨도다.

시, 지휘자를 따라 현악기에 맞춰 부른 노래

67 하나님, 우리에게 은혜를 베푸
시고 복을 주시며 그 얼굴을
우리에게 비추소서. (셀라)
2 그리하여 주의 길이 땅에 알려지고
구원하시는 주의 힘이 온 민족들 사
이에 알려지게 하소서.
3 오 하나님이여, 민족들이 주를 찬양
하게 하소서. 모든 민족들이 주를 찬
송하게 하소서.
4 민족들이 즐거워하며 기뻐 노래하게
하소서. 주께서 사람들을 공의롭게
심판하시고 땅 위의 민족들을 통치하
실 것입니다. (셀라)
5 오 하나님이여, 사람들이 주를 찬양
하게 하소서. 모든 백성들이 주를 찬
송하게 하소서.
6 그러면 이 땅의 수확물이 불어날 것
이고 하나님, 곧 우리 하나님께서 우
리에게 복을 주실 것입니다.
7 하나님께서 우리에게 복을 주실 것이
니 땅의 모든 끝도 그분을 두려워할
것입니다.

다윗의 시, 지휘자를 위한 노래

68 하나님께서 일어나 적들을 흩
으시게 하라. 그분을 미워하는
사람들이 그 앞에서 도망치게 하라.
2 연기가 바람에 날려 가듯 그들을 날
려 보내라. 불 앞에 초가 녹아내리듯
하나님 앞에서 악인들이 사라지게 하
라.
3 그러나 오직 의인들은 하나님 앞에서
기뻐하고 즐거워하게 하라. 그들이 뛸
듯이 기뻐하게 하라.
4 하나님께 노래하라. 그 이름을 찬양
하라. *하늘을 타고 다니시는 그분의
이름 여호와를 극찬하라. 그 앞에서
즐거워하라.
5 그 거룩한 곳에 계시는 하나님은 고

68:4 또는 광야에서 구름 수레를 타고 오시는

아들에게는 아버지이시며 과부들에
게는 변호인이 되신다.
6 하나님은 외로운 사람들을 위해 가
정을 이루시고 사슬에 묶인 사람들
을 풀어 주신다. 그러나 반역자들은
마른 땅에서 살리라.
7 오 하나님이여, 주께서 주의 백성들
앞에서 나가실 때 주께서 광야를 가
로질러 행진하실 때 (셀라)
8 땅이 흔들렸고 하늘이 하나님 앞에
서 비를 쏟았으며 시내 산마저 하나
님, 곧 이스라엘의 하나님 앞에서 흔
들렸습니다.
9 오 하나님이여, 주께서 소나기를 충
분히 내리셔서 시들해진 주의 기업을
다시 살려 주셨습니다.
10 주의 백성들의 모임이 그 땅에 자리
를 잡았습니다. 오 하나님이여, 주께
서 선하심으로 가난한 사람들을 채
워 주셨습니다.
11 주께서 이 말씀을 선포하시니 큰 무
리가 그것을 알립니다.
12 "왕들과 군대들은 허둥지둥 도망쳤고
진영 안의 사람들은 전리품을 나누었
다.
13 너희는 양 우리에서 잠을 잘지라도
그 날개는 은으로 덮이고 그 깃털은
빛나는 금으로 뒤덮인 비둘기처럼 되
리라."
14 *전능하신 분이 이 땅의 왕들을 흩
어 버리셨으니 그 모습이 살몬에 날리
는 눈처럼 하얗게 됐다.
15 하나님의 산이 바산의 산 같고 높은
봉우리가 바산의 봉우리 같다.
16 오 높은 봉우리들아, 너희가 왜 날뛰
느냐? 이곳은 하나님이 계시기로 하
신 산이다. 여호와께서 분명 거기에
영원히 계시리라.
17 하나님의 전차들은 수천, 수만이다.
여호와께서 그 가운데 계시니 시내
산 성소에 계신 것 같도다.
18 주께서 높이 올라가셨고 포로들을 사
로잡아 끌고 오셨으며 사람들에게 선
물을 받으실 때 반역자들에게도 받으
셨으니 여호와 하나님께서 거기 계시
려는 것이다.
19 날마다 우리 짐을 지시는 여호와 우
리 구원의 하나님을 찬양하라. (셀라)
20 우리 하나님은 구원의 하나님이시다.
죽음을 피할 길은 여호와께 있다.
21 그러나 하나님께서는 적들의 머리를,
곧 계속해서 죄짓는 사람들의 정수리
를 깨뜨리시리라.
22 여호와께서 말씀하셨다. "내가 바산
에서, 바다 깊은 곳에서 그들을 데려
올 것이니
23 네가 네 적들의 피에 발을 담그고 네
개들의 혀도 그 피를 핥으리라."
24 오 하나님이여, 그들이 주의 행렬을
보았습니다. 내 하나님이신 왕께서 성
소에 들어가시는 행렬입니다.
25 맨 앞에는 노래하는 사람들이, 그 뒤
에는 연주자들이 따라갔고 탬버린을
치는 소녀들이 함께 갔습니다.
26 큰 모임 가운데서 하나님을 찬양하고

68:14 히브리어, 샤다이

이스라엘의 집회에서 여호와를 찬양
하라.
27 작은 지파 베냐민이 있어 그들을 이
끄는구나. 유다의 왕자가 그 무리 가
운데 있고 스불론과 납달리의 왕자들
도 있구나.
28 주의 능력을 발휘하소서. 오 하나님
이여, 전에 하셨던 것처럼 주의 힘을
보여 주소서.
29 예루살렘에 있는 주의 성전을 위해
왕들이 주께 선물을 가져올 것입니
다.
30 창 든 무리와 황소 떼와 사람들의 송
아지들을 꾸짖으소서. 모두가 은 조
각을 들고 굴복할 때까지 말입니다.
전쟁을 기뻐하는 사람들을 흩어 버
리소서.
31 통치자들이 이집트에서 나올 것이요,
*에티오피아가 그 손을 하나님께 뻗
을 것입니다.
32 오 땅에 사는 사람들아, 하나님께 노
래하라. 오 여호와를 찬송하라. (셀라)
33 옛적부터 하늘 위의 하늘을 타고 다
니시는 분께 찬양하라. 보라. 주께서
그의 음성을 내보내시니 장엄한 음성
이구나.
34 하나님의 능력을 선포하라. 그 위엄이
이스라엘 위에 있고 그 능력은 구름
속에 있다.
35 오 하나님이여, 주께서 주의 성소에
서 나오시는 것이 놀라울 따름입니
다. 이스라엘의 하나님께서는 그 백
성들에게 능력과 힘을 주시는 분이시
다. 하나님을 찬양하라!

다윗의 시, 지휘자를 위해 *소산님으로 맞춰 쓴 노래

69 오 하나님이여, 나를 구원하소
서. 물이 내 목까지 차올랐습
니다.
2 내가 발 디딜 곳 없는 깊은 진창 속에
빠지고 깊은 물속에 들어왔으니 홍수
가 나를 집어삼킵니다.
3 내가 도와 달라 외치다 지쳤고 내 목
은 말라 버렸습니다. 내가 눈이 빠지
도록 하나님을 기다립니다.
4 이유 없이 나를 미워하는 사람들이
내 머리털보다 많습니다. 까닭 없이
내 적이 돼 나를 멸망시키려는 사람들
이 너무 강합니다. 내가 훔치지도 않
았는데 억지로 물어 주게 생겼습니다.
5 오 하나님이여, 내 어리석음을 주께
서 아시니 내 죄를 주께 숨길 수가 없
습니다.
6 오 만군의 주 여호와여, 주를 기다리
는 사람들이 나 때문에 망신을 당하
지 않게 하소서. 오 이스라엘의 하나
님이여, 주를 찾는 사람들이 나 때문
에 수치를 당하지 않게 하소서.
7 내가 주를 위해 곤욕을 참아 내려니
내 얼굴이 수치로 덮였습니다.
8 내가 내 형제들에게 외면당하고 내
어머니의 아들들에게 소외당했습니
다.
9 주의 집을 향한 열정이 나를 삼키고
주를 모욕하는 사람들의 욕설이 내

68:31 히브리어, '구스'. 나일 강 상류 지역을 가리킴.
69편 히브리어, '나리꽃'

게 쏟아집니다.
10 내가 울며 금식한 것이 오히려 내게
욕이 됐습니다.
11 내가 베옷을 입은 것이 오히려 그들
의 놀림거리가 됐습니다.
12 성문 앞에 앉아 있는 사람들이 나를
욕하고 술주정뱅이들이 나를 두고 노
래를 흥얼거립니다.
13 오 여호와여, 그러나 나는 주께서 은
혜를 베풀어 주실 그때 주께 기도합
니다. 오 하나님이여, 주의 신실하신
사랑으로 내게 응답하셔서 주의 확실
한 구원을 보여 주소서.
14 수렁에서 나를 구해 주시고 빠지지
않게 하소서. 나를 미워하는 사람들
에게서, 깊은 물에서 나를 건지소서.
15 홍수가 나를 덮치지 못하게 하시고
깊은 물이 나를 삼키지 못하게 하시
며 저 구덩이가 나를 넣고 입을 닫지
못하게 하소서.
16 오 여호와여, 주께서는 인자하시고
선하시니 내게 응답하소서. 주의 신
실하신 사랑으로 나를 돌아보소서.
17 주의 종에게 주의 얼굴을 숨기지 마
소서. 내가 고통당하고 있으니 어서
내게 응답하소서.
18 내게 가까이 와서 나를 구원하소서.
내 적들에게서 나를 구하소서.
19 주께서는 내가 당한 곤욕과 망신과
수치를 아십니다. 내 모든 적들이 주
앞에 있습니다.
20 조롱으로 인해 내 마음이 상했고 내
가 근심으로 어쩔 줄 모르겠습니다.
내가 동정을 구했지만 아무도 없었고
위로해 줄 사람을 찾았지만 하나도
없었습니다.
21 그들이 나더러 먹으라고 쓸개를 주었
고 내가 목말라한다고 식초를 마시게
했습니다.
22 그들 앞에 차려진 밥상이 덫이 되게
하시고 그들이 누리는 평화로움이 함
정이 되게 하소서.
23 그들 눈이 어두워져 보지 못하게 하
시고 그들 등이 영원히 굽어지게 하
소서.
24 주의 진노를 그들에게 쏟아부으시고
주의 격렬한 분노로 그들을 덮치소
서.
25 그들이 있는 곳이 황폐하게 돼 그들의
장막에 아무도 살지 못하게 하소서.
26 그들이 주께 맞은 사람들을 다시 핍
박하고 주께 상처받은 사람들의 고통
에 대해 다시 말하고 있으니
27 그들의 죄 위에 죄를 더해 그들이 주
께 용서받지 못하게 하소서.
28 그들을 생명책에서 지워 버려 의인들
과 함께 기록되지 못하게 하소서.
29 나는 지쳤고 슬픔으로 가득 차 있습
니다. 오 하나님이여, 주의 구원이 나
를 높은 곳으로 건지게 하소서.
30 내가 하나님의 이름을 찬송하고 감사
하며 주께 영광을 돌리겠습니다.
31 여호와께서는 소 한 마리보다, 뿔과
발굽 달린 황소 한 마리보다 이것을
더 기뻐하실 것입니다.
32 겸손한 사람들이 이것을 보고 기뻐할

것입니다. 너희 하나님을 찾는 사람
들아, 너희 마음이 살아나리라!
33 여호와께서는 가난한 사람들의 말을
들으시고 그 사로잡힌 백성들을 모른
척하지 않으신다.
34 하늘과 땅이 그분을 찬양하고 바다
와 그 안에 움직이는 모든 것도 그분
을 찬양하라.
35 하나님이 시온을 구원하실 것이요,
유다의 성들을 다시 지으시리라. 그러
고 나면 백성들이 거기 정착해 그 땅
을 차지하게 되리라.
36 그 종들의 씨가 그 땅을 기업으로 얻
을 것이요, 그분의 이름을 사랑하는
사람들이 거기 살게 되리라.

다윗의 청원시, 지휘자를 위한 노래

70 오 하나님이여, 어서 나를 구원
하소서. 오 여호와여, 어서 빨
리 나를 도우소서.
2 내 영혼을 노리는 사람들이 수치와
망신을 당하게 하소서. 내가 멸망하
기를 바라는 사람들은 모두 당황해
물러나게 하소서.
3 내게 "아하, 아하" 하는 사람들이 오
히려 수치를 당하고 물러나게 하소
서.
4 그러나 주를 찾는 사람들은 모두 주
안에서 즐거워하며 기뻐하게 하소서.
주의 구원을 사랑하는 사람들이 "하
나님은 높임을 받으소서!" 하고 끊임
없이 말하게 하소서.
5 그러나 나는 가난하고 구차합니다. 오
하나님이여, 어서 내게 오소서. 주는
내 도움이시며 나를 건지시는 분이시
니 오 여호와여, 지체하지 마소서.

71 오 여호와여, 내가 주를 믿으니
내가 결코 수치를 당하지 않게
하소서.
2 주의 의로 나를 구하시고 피하게 하
소서. 내게 귀 기울여 나를 구원하소
서.
3 주께서 내가 피할 반석이 되셔서 내
가 언제든지 가서 쉴 수 있게 하소서.
주는 내 바위이시요, 내 산성이시니
나를 구원하라 명령하소서.
4 오 내 하나님이여, 악인의 손에서, 악
하고 잔인한 사람들의 손에서 나를
구하소서.
5 오 주 하나님이여, 주께서는 내 소망
이 되시며 내 어린 시절부터 내 의지
가 되셨습니다.
6 내가 모태에서부터 주를 의지했고 나
를 내 어머니의 배 속에서 끌어내신
분은 주이시니 내가 항상 주를 찬양
하겠습니다.
7 나는 많은 사람들이 이상하게 쳐다보
는 사람이 됐으나 주는 내 견고한 피
난처이십니다.
8 내 입이 하루 종일 주를 찬양하는 것
과 주의 찬란한 영광을 말하는 것으
로 가득 차게 하소서.
9 내가 늙어도 내치지 마시고 내 기운
이 다 떨어져도 나를 버리지 마소서.
10 내 적들이 나를 욕하고, 숨어서 내 영
혼을 노리는 사람들이 서로 음모를
꾸밉니다.

11 그들이 "하나님이 그를 버리셨으니 그
를 쫓아가 잡으라. 아무도 그를 구하
지 못하리라"고 합니다.
12 오 하나님이여, 나를 멀리하지 마소
서. 내 하나님이여, 어서 와서 나를
도우소서.
13 내 적들이 수치를 당하고 멸망하게
하소서. 나를 해치려는 사람들이 치
욕과 불명예로 뒤덮이게 하소서.
14 그러나 내게는 항상 소망이 있으니
내가 더욱더 주를 찬양하겠습니다.
15 내가 셀 수 없는 주의 의와 주의 구원
을 내 입으로 하루 종일 말하겠습니
다.
16 내가 주 하나님의 힘으로 가서 주의
의를, 오직 주의 의만을 선포하겠습
니다.
17 오 하나님이여, 내가 어릴 때부터 주
께서 나를 가르쳐 주셔서 지금도 내
가 주의 놀라운 일들을 선포하는 것
입니다.
18 오 하나님이여, 내가 이렇게 늙어 백
발이 돼도 주의 능력을 다음 세대에
전할 때까지, 주의 권능을 장차 올 세
대에 전할 때까지 나를 버리지 마소
서.
19 오 하나님이여, 위대한 일들을 행하
신 주여, 주의 의가 너무도 높습니다.
오 하나님이여, 주와 같은 분이 어디
있겠습니까?
20 주께서는 비록 내게 크고도 심한 고
통을 맛보게 하셨지만 이제는 내 생
명을 다시 회복시키시고 땅의 깊은 곳
에서 나를 다시 끌어올리실 것입니다.
21 주께서 나를 더욱 성공하게 하시고
여러모로 나를 위로하실 것입니다.
22 오 내 하나님이여, 하프로 주를 찬양
하리니, 곧 주의 진리를 찬양하겠습
니다. 오 이스라엘의 거룩하신 분이
여, 내가 하프로 주를 찬송하겠습니
다.
23 내가 주께 노래할 때 내 입술이 기뻐
서 부르르 떨 것입니다. 주께서 구원
하신 내 영혼이 말입니다.
24 내 혀도 하루 종일 주의 의를 말할 것
입니다. 나를 해치려던 사람들이 수
치와 망신을 당했기 때문입니다.

솔로몬의 시

72 오 하나님이여, 왕에게 주의 판
단력을 주시고 왕의 아들에게
주의 의를 주소서.
2 그가 주의 백성들을 의롭게 판단하고
주의 가난한 사람들을 공평하게 판
단할 것입니다.
3 산들이 백성들에게 평안을 주고 작
은 언덕들도 의로 평화로워질 것입니
다.
4 왕이 백성들 가운데 가난한 사람들
을 판단해 주고 궁핍한 사람들의 자
녀들을 구원해 주며 억압하는 사람
들을 칠 것입니다.
5 해가 존재하는 한, 달이 존재하는 한
온 세대에 걸쳐 백성들이 주를 경외
하게 하소서.
6 왕이 잔디밭에 비가 내리듯 소나기가
땅을 적시듯 나아올 것이니

7 그가 다스릴 때 의인들이 번성하고
달이 없어질 때까지 그 번영이 계속
될 것입니다.
8 왕은 바다에서 바다까지, *강에서 땅
끝까지 다스릴 것입니다.
9 광야에 있는 사람들이 그 앞에서 절
하고 그의 적들이 먼지를 핥을 것입
니다.
10 다시스와 머나먼 섬들의 왕들이 조공
을 바치고 스바와 시바의 왕들이 그에
게 예물을 드릴 것입니다.
11 모든 왕들이 그에게 절하고 모든 민
족들이 그를 섬길 것입니다.
12 그는 궁핍한 백성들이 부르짖을 때
건지고 도와줄 사람이 없는 가난한
백성들을 또한 건질 것이며
13 가난한 사람들과 궁핍한 사람들을
불쌍히 여기고 궁핍한 사람들의 영혼
을 구원해 줄 것입니다.
14 왕이 백성들의 영혼을 속임수와 폭력
에서 구할 것입니다. 왕이 보기에 그
들의 피가 귀할 테니 말입니다.
15 왕은 장수할 것입니다! 스바의 금을
그가 받게 될 것입니다. 그를 위한 기
도가 끊이지 않을 것이고 날마다 그
를 칭찬하는 소리가 들릴 것입니다.
16 그 땅에 곡식이 풍성해 여러 언덕 위
에 쏟아져 내릴 것입니다. 그 열매가
레바논의 백향목처럼 물결치고 그의
백성들은 들풀처럼 무성하게 될 것입
니다.
17 그의 이름이 영원히 계속될 것입니
다. 해가 존재하는 한 지속될 것입니
다. 사람들이 그를 통해 복을 받을 것
이니 모든 민족들이 그를 복 받은 사
람이라 부르게 하소서.
18 여호와 하나님, 이스라엘의 하나님을
찬양합니다. 놀라운 일들을 하시는
분은 하나님뿐입니다.
19 주의 영광스러운 이름을 영원히 찬양
합니다. 온 땅이 주의 영광으로 가득
차게 하소서. 아멘, 아멘.
20 *이것으로 이새의 아들 다윗의 기도
가 끝납니다.

제 3 권

시편 73-89

아삽의 시

73 하나님은 진정 이스라엘에게
선하시고 마음이 깨끗한 사람
에게 선하신 분이시지만
2 나로 말하자면 발이 걸려 하마터면
미끄러질 뻔했습니다.
3 내가 악인들이 잘되는 것을 보고 그
어리석은 사람들을 부러워했기 때문
입니다.
4 그들은 아무 문제도 없고 도무지 힘
을 잃지 않습니다.
5 남들처럼 걱정 근심이 있는 것도 아
니고 남들처럼 병에 걸리는 것도 아닙
니다.
6 그러므로 그 목에는 교만이라는 목
걸이를 걸었고 그 몸에는 폭력이라는
옷을 걸쳤습니다.

72:8 유프라테스 강을 가리킴. 72:20 일부 사본은 19절에 포함돼 있으나 대부분의 사본에는 20절이 따로 분리돼 있다.

7 번들거리는 눈빛으로 빼기면서 다니
고 그 마음속 생각은 방탕하기 이를
데 없습니다.
8 그들이 갈 데까지 다 가서 악의에 찬
말을 하고 들어줄 수 없는 오만한 말
을 입에 담습니다.
9 입으로는 하늘을 대적하고 혀로는
안 가 본 땅이 없습니다.
10 그러므로 하나님의 백성들도 이곳으
로 돌아와 가득 찬 물을 다 마셔 버
리듯 그들의 말을 마셔 버리는 것입니
다.
11 그러면서 하는 말이 "하나님이 어떻
게 알겠느냐? 지극히 높으신 이가 뭘
알겠느냐?" 합니다.
12 이 불경한 사람들을 좀 보라. 세상에
서 번영하며 부를 쌓는구나.
13 내가 내 마음을 정결하게 지키고 내
가 손을 씻어 죄 없이 한 것이 헛일이
었던가!
14 내가 하루 종일 병들어 있고 아침마
다 벌을 받고 있으니 말입니다.
15 내가 만약 "그러니 나도 그렇게 살겠
다"라고 했다면 주의 자녀들을 배신
하는 일이 됐을 것입니다.
16 내가 이 모든 것을 이해하려고 애쓰
다가 너무 답답한 나머지
17 하나님의 성소로 들어가 그때서야 결
론을 얻었습니다.
18 주께서는 정말 그들을 미끄러운 곳에
세워 두셨고 멸망에 던지셨습니다.
19 그들이 멸망하는 게 얼마나 갑작스럽
던지, 그들이 공포에 완전히 휩쓸려
버렸습니다.
20 오 여호와여, 잠에서 깨어나면 꿈이
사라지듯 주께서 깨어나시면 그들을
형상조차 무시하실 것입니다.
21 내 마음이 괴롭고 내 창자가 뒤틀린
듯 아팠습니다.
22 내가 어리석었고 무지했습니다. 내가
주 앞에서 짐승 같았습니다.
23 그럼에도 불구하고 내가 항상 주와
함께 있습니다. 주께서 내 오른손을
붙들어 주십니다.
24 주의 지혜로 나를 인도하시고 나중
에 나를 영광스러운 곳으로 데려가실
것입니다.
25 하늘에서 주 말고 내게 누가 있겠습
니까? 땅에서도 내가 바라는 것은 주
밖에 없습니다.
26 내 몸과 내 마음은 다 쇠약해졌지만
오직 하나님께서 내 마음의 힘이시
요, 영원히 지속되는 내 몫이십니다.
27 주를 멀리하는 사람들은 멸망할 것이
니 주를 버리고 간음하는 사람은 다
주께서 멸망시키셨습니다.
28 그러나 나는 하나님과 가까이 있는
것이 좋습니다. 내가 주 하나님을 믿
어 왔기에 주께서 하신 모든 일들을
다 선포할 수 있는 것입니다.

아삽의 *마스길

74 오 하나님이여, 왜 우리를 영원
히 버리셨습니까? 주의 진노를
왜 주의 목장에 있는 양들에게 뿜어
내십니까?

74편 문학 또는 음악 용어

2 주께서 옛적에 사서 구원하신 백성들
을, 주의 소유로 삼으신 지파를 기억
하소서. 주께서 계시는 시온 산도 기
억하소서.
3 주의 걸음을 이 영원한 멸망에 올려
놓으소서. 이 모든 멸망은 적들이 성
소에 가져온 것입니다.
4 주의 적들이 주의 백성들 가운데서
으르렁거리고 자기 깃대를 표적으로
세웠습니다.
5 그들은 나무숲을 베려고 도끼를 휘
두르는 사람들처럼 보였습니다.
6 그들은 그 도끼와 망치로 그 안의 조
각품들을 모두 단숨에 깨부숴 버렸고
7 주의 성소에 불을 질렀으며 주의 이
름이 계신 곳을 땅에 처박아 더럽혔
습니다.
8 그들은 속으로 '우리가 이곳을 완전
히 쳐부수리라'고 하면서 땅에서 하나
님을 경배하던 곳들을 다 불태웠습니
다.
9 우리에게는 아무 표적도 없고 예언자
도 없으며 우리 가운데 이 일이 언제
까지 갈지 아는 사람이 없습니다.
10 오 하나님이여, 적들이 얼마나 더 주
를 조롱하겠습니까? 적이 주의 이름
을 영원히 욕하도록 두시겠습니까?
11 주께서는 왜 주의 손, 곧 주의 오른손
을 거두십니까? 주의 품에서 손을 빼
저들을 치소서!
12 오 하나님이여, 그러나 주께서는 옛적
부터 내 왕이셨습니다. 주께서 이 세
상 한가운데서 구원을 갖다 주십니다.
13 주께서 힘으로 바다를 가르셨고 바다
가운데 있던 *괴물의 머리를 깨뜨리
셨습니다.
14 *거대한 바다 짐승의 머리를 산산조
각 내셨고 그것을 광야의 생물들에
게 먹이로 주셨습니다.
15 주께서는 또한 샘물과 강물을 여셨고
강력한 강물을 말려 버리기도 하셨습
니다.
16 낮도 주의 것이요, 밤도 주의 것입니
다! 해도 달도 주께서 달아 두셨습니
다.
17 땅의 모든 경계도 주께서 세우셨고
여름도 겨울도 주께서 만드신 것입니
다.
18 오 여호와여, 적들이 주를 욕한 것을
기억하소서. 그들이 어리석게도 주의
이름을 모독했습니다.
19 오, 주의 비둘기의 영혼을 악인들의
소굴에 넘겨주지 마소서. 주의 가난
한 백성들의 무리를 영영 잊지 마소
서.
20 주의 언약을 생각해 주소서. 땅의 어
두운 곳이 폭력배들로 득실거립니다.
21 오, 억압당하는 사람들이 수치를 당
하고 돌아오는 일이 없게 하소서. 가
난한 사람들과 궁핍한 사람들이 주
의 이름을 찬양하게 하소서.
22 오 하나님이여, 일어나 주의 생각을
알려 주시고 어리석은 사람들이 날마
다 주를 모독하는 것을 기억하소서.
23 주의 적들의 소리를 지나치지 마소

74:13 히브리어, 타닌 74:14 히브리어, 리워야단

서. 주께 들고일어나는 사람들의 소
동이 점점 더 많아지고 있습니다.

아삽의 시, 지휘자를 위해 *알다스헷에 맞춰 쓴 노래

75

오 하나님이여, 우리가 주께 감
사를 드립니다. 주의 이름이 가
까이 있으니 주의 놀라운 일들이 선
포됩니다.
2 주께서 말씀하십니다. "내가 시간을
정해 바르게 심판하리라.
3 이 땅과 땅 위에 사는 모든 사람이
흩어질 때 내가 그 기둥을 굳게 붙잡
고 있으리라. (셀라)
4 내가 거만한 사람들에게는 '바보처럼
굴지 말라'고 했고 악인들에게는 '뿔
을 들지 말라.
5 너희 뿔을 높이 들지 말고 뻣뻣한 목
으로 말하지 말라'고 했다."
6 왜냐하면 높이는 일이 동쪽이나 서
쪽이나 남쪽에서 오는 것이 아니기
때문입니다.
7 오직 재판장이신 하나님께서 누구는
낮추시고 누구는 높이시는 것입니
다.
8 여호와의 손에는 한 잔이 있는데 그
잔에는 여러 가지가 섞여 거품이 나
는 포도주가 가득 담겨 있습니다. 그
분이 그 잔을 쏟아부으시면 땅의 모
든 악인들이 들이키고 들이켜 찌끼까
지 남김없이 마실 것입니다.
9 그러나 나는 영원히 선포할 것입니다.
야곱의 하나님을 찬양할 것입니다.
10 악인들의 뿔은 주께서 모두 꺾으실
것이나 의인들의 뿔은 높이 들릴 것
입니다.

아삽의 시, 지휘자를 따라 현악기에 맞춰 부른 노래

76

유다에 하나님이 알려지셨고
이스라엘에서 그 이름이 위대
합니다.
2 *살렘에 그 장막이 있고 시온에 그분
이 계시는 곳이 있습니다.
3 거기서 그분은 화살과 방패와 칼과
전쟁 무기를 다 부수셨습니다. (셀라)
4 주께서는 눈부시게 빛나고 사냥감이
있는 산들보다 뛰어나십니다.
5 용감한 사람들이 약탈을 당해 잠이
들었으니 용사들 가운데 그 누구도
손을 쓸 수가 없습니다.
6 오 야곱의 하나님이여, 주의 꾸지람에
말도, 전차도 기절해 버렸습니다.
7 경외할 분은 오직 하나님뿐이십니다.
주께서 한번 노하시면 누가 주 앞에
서겠습니까?
8 주께서 심판하시는 소리가 하늘에서
들려왔을 때 이 땅은 두려워 꼼짝도
하지 못했습니다.
9 하나님께서 심판하려고 일어나신 것
은 이 땅의 모든 연약한 사람들을 구
하시려는 것이었습니다. (셀라)
10 진실로 사람의 분노는 주께 찬송이
될 것이고 주의 진노에서 살아남은
사람들은 주께서 허리띠처럼 묶어 버
릴 것입니다.
11 여호와 너희 하나님께 서원하고 그 일
들을 이루라. 주위의 모든 땅들은 두

75편 히브리어, '파괴하지 말라.' 76:2 예루살렘의 또 다른 이름려워해야 할 그분께 예물을 드리라.
12 그분이 통치자들의 영을 잘라 내실
것이니 세상의 왕들이 그분을 두려워
할 것입니다.

아삽의 시, 지휘자 여두둔을 위해 쓴 노래

77 내가 하나님께 도와 달라고 부
르짖었습니다. 내 목소리로 하
나님께 내 말을 들어 달라고 부르짖
었습니다. 그랬더니 내게 귀를 기울이
셨습니다.
2 내가 고난 가운데 여호와를 찾았습니
다. 밤새도록 지치지 않고 손을 뻗었
고 내 영혼은 위로받기조차 거절했습
니다.
3 나는 주를 생각하면서 속상해했습니
다. 원망할 수밖에 없었고 내 영이 어
쩔 줄 몰랐습니다. (셀라)
4 주께서 눈을 감지도 못하게 하시니
너무 괴로워서 말도 못하겠습니다.
5 내가 옛날, 오래전 일을 생각해 봅니
다.
6 밤에 부르던 내 노래를 기억해 봅니
다. 내가 마음으로 깊이 생각하며 영
에게 곰곰이 물어봅니다.
7 "여호와께서 영원히 버리시려나? 더
이상 은총을 베풀지 않으시려나?
8 그 신실하신 사랑이 영원히 그쳤는
가? 그 약속이 영원히 끝장나 버렸
나?
9 하나님께서 은혜 베푸시기를 잊어버
리셨나? 진노하셔서 그 부드럽던 자
비의 마음을 거두셨나?" (셀라)
10 그러고 나서 나는 말했습니다. "내가
정말 연약하기 짝이 없구나. 지극히
높으신 분의 오른손에 붙잡혀 있을
때를 기억해 보자."
11 여호와께서 하신 일들을 내가 기억하
겠습니다. 내가 정말 오래전에 주께서
하신 기적들을 기억해 내겠습니다.
12 내가 또한 주의 모든 일들을 깊이 생
각하고 주께서 하신 일들을 말하겠
습니다.
13 오 하나님이여, 주의 길은 거룩합니
다. 우리 하나님처럼 위대한 신이 어
디 있겠습니까?
14 주께서는 기적을 일으키시는 하나님
이십니다. 저 백성들 가운데 주의 힘
을 보여 주시지 않으셨습니까!
15 주께서 그 팔로 주의 백성들을, 야곱
과 요셉의 아들들을 구원하시지 않으
셨습니까! (셀라)
16 오 하나님이여, 물들이 주를 보았습
니다. 물들이 주를 보고는 두려워서
저 깊은 곳까지 몸서리를 쳤습니다.
17 구름이 물을 쏟아부었고 하늘이 천
둥소리를 내보냈으며 주의 화살도 이
리저리 날아다녔습니다.
18 주의 천둥소리가 하늘에 있었고 주의
번개가 세상에 번쩍거렸으며 땅이 흔
들리고 요동쳤습니다.
19 주의 길이 바다 가운데 있고 주의 길
이 큰 물 가운데 있지만 주의 발자국
은 보이지 않습니다.
20 주께서는 주의 백성들을 양 떼처럼
모세와 아론의 손으로 인도하셨습니
다.

아삽의 *마스길

78
오 내 백성들아, 내 가르침을
들으라. 내 입으로 하는 말에
귀 기울이라.
2 내가 입을 열어 비유를 들고 옛날부
터 전해 오는 비밀스러운 일들을 말
해 주리라.
3 그것은 우리가 들어서 아는 것이고
우리 조상들이 우리에게 전해 준 것
이다.
4 우리가 그것들을 자녀들에게 숨기지
않고 여호와께서 하신 훌륭한 일들과
그 능력과 그분이 하신 놀라운 일들
을 다음 세대에 전해 줄 것이다.
5 그분은 야곱을 위해 계명을 세우시고
이스라엘을 위해 율법을 정하셔서 우
리 조상들에게 그것을 자녀들에게 가
르치라고 명령하셨다.
6 그래서 다음 세대가 그것을 알고 아
직 태어나지 않은 자녀들까지도 그것
을 알며 또 그 자녀들에게도 전하도
록 하셨다.
7 그러면 그들이 하나님을 의지하고 그
분이 하신 일들을 잊지 않으며 오직
그 계명을 지킬 것이고
8 그 조상들처럼 고집 세고 반항적인
세대가 되지 않을 것이다. 그들의 마
음은 하나님께 바르지 못했고 영으로
도 하나님께 신실하지 못했다.
9 에브라임의 자손들은 무장해 활을
지니고 있었지만 전투하던 날에는 뒤
로 물러나고 말았다.
10 그들은 하나님의 언약을 지키지 않았
고 그 율법대로 살기를 거부했다.
11 그들은 하나님께서 하신 일들과 자기
들에게 보여 주신 그 놀라운 일들을
다 잊어버렸다.
12 그분이 이집트 땅 소안 들판에서 그들
의 조상들이 보는 앞에서 일으키신
기적을 잊은 것이다.
13 바다를 가르고 물을 벽처럼 세우셔
서 그들을 그 가운데로 지나가게 하
신 것을 말이다.
14 그러고 나서 하나님께서 낮에는 구름
으로, 밤에는 불빛으로 그들을 인도
하셨고
15 광야에서 바위를 쪼개 바닷물만큼
많은 물을 주셨으며
16 바위의 쪼개진 틈에서도 시내를 내어
강물처럼 흐르게 하셨다.
17 그러나 그들은 광야에서 지극히 높으
신 분을 성나게 함으로써 더더욱 하
나님께 죄를 지었다.
18 그들은 욕심껏 음식을 구하면서 의도
적으로 하나님을 시험했다.
19 하나님께 이런 못된 말을 했던 것이
다. "하나님께서 과연 광야에서 음식
상을 준비하시겠는가?
20 보라. 하나님이 바위를 치셨더니 물
이 흘러나와 시내가 줄줄 넘쳤는데
과연 빵도 주실 수 있겠는가? 백성들
에게 고기를 마련하시겠는가?"
21 여호와께서 그 말을 듣고 몹시 진노
하셨다. 야곱을 향해 불이 붙었고 이
스라엘을 향해 진노하셨다.

78편 문학 또는 음악 용어

22 그들이 하나님을 믿지 않았고 그 구
원을 의지하지 않았기 때문이다.
23 그런데도 그분은 저 높이 있는 구름
에게 명령하시고 하늘 문을 열어
24 만나를 비같이 내려 하늘의 곡식을
그 백성들에게 주셨도다.
25 그래서 사람이 천사의 빵을 먹게 된
것이다. 그것도 충분히 먹을 만큼 보
내 주셨다.
26 그분은 하늘에서 동쪽 바람이 불게
하시고 능력으로 남쪽 바람을 보내셨
다.
27 그분은 먼지가 일듯 그들에게 고기를
내려 주셨는데 그것은 바닷가의 모래
알처럼 많은 새들이었다.
28 그분은 새들이 그 진영 안에, 그들이
사는 곳에 떨어지게 하셨다.
29 그리하여 그들은 배부를 때까지 실컷
먹게 됐다. 하나님께서 그들이 욕심
부린 대로 주신 것이다.
30 그러나 그들은 그 욕망을 벗어던질
줄 몰랐다. 그 음식이 아직 그들의 입
속에 있을 때
31 하나님의 진노가 그들에게 닥쳤다.
하나님께서 그들 가운데 가장 살찐
사람들을 죽이시고 이스라엘의 청년
들을 뽑아내 죽이신 것이다.
32 이 모든 것에도 그들은 여전히 죄를
지었고 하나님의 놀라운 일들을 보
고도 믿지 않았다.
33 그리하여 하나님께서는 그들에게 헛
된 날들을 보내게 하셨으며 그들의
세월을 고통스럽게 끝나게 하셨다.
34 하나님께서 그들을 죽이시자 그들은
그때서야 하나님을 찾았고 다시 간절
하게 하나님께 마음을 돌이켰다.
35 그제야 그들은 하나님이 그들의 반석
이심을, 지극히 높으신 하나님이 그들
의 구속자이심을 기억했던 것이다.
36 그러나 여전히 입만 놀릴 뿐 혀로는
거짓말을 했다.
37 그 마음은 하나님께 충성되지 못했고
하나님의 언약에 성실하지 못했다.
38 그러나 하나님께서는 불쌍한 마음이
가득해 그들의 죄악을 용서하시고 그
들을 멸망시키지 않으셨다. 몇 번이나
진노가 솟구치는 것을 참고 참으신
것이다.
39 그들이 그저 육체에 지나지 않는 존재
인 것을, 다시 돌아오지 않는 지나가
는 바람인 것을 기억하셨기 때문이다.
40 그들이 광야에서 얼마나 진노를 부
르고 사막에서 얼마나 걱정을 끼쳤는
지!
41 뒤돌아 하나님을 시험하고 이스라엘
의 거룩하신 분을 막아선 것이다.
42 그들은 하나님의 손과 하나님께서 그
들을 억압하는 사람들에게서 구원하
신 날을 기억하지 않았다.
43 하나님께서 이집트에서 보여 주신 표
적과 소안 지역에서 보여 주신 놀라
운 일들을 잊어버린 것이다.
44 강물을 피로 변하게 해 그들이 마실
수 없게 하셨고
45 파리 떼를 보내 그들을 삼키게 하셨
고 개구리를 보내 그들을 파멸시키셨

으며
46 그들이 수확한 것을 해충들에게, 그
수고한 것을 메뚜기들에게 주셨다.
47 또 그들의 포도나무를 우박으로 치시
고 무화과나무가 서리 맞게 하셨으며
48 소들은 우박에, 가축들은 번갯불에
내어 주셨고
49 그들을 향해 그 타오르는 분노와 진
노와 분과 고뇌를 멸망시키는 천사들
의 군대를 통해 내려보내셨다.
50 하나님께서 진노의 길을 트셨기에 영
혼들을 아낌없이 죽음에 내어 주셨
고 전염병에 넘겨주셨다.
51 그리하여 이집트에서 처음 태어난 모
든 것들, 곧 함의 장막에 있는 그 힘
의 근원을 치셨다.
52 그러나 그분의 백성들은 양 떼처럼
몰고 나와 광야에서 양같이 이끄셨
다.
53 그들을 안전하게 인도하시니 그들에
게는 두려움이 없었지만 백성의 적들
은 바다가 집어삼켜 버렸다.
54 그리하여 그분은 백성들을 그 거룩
한 땅의 경계까지, 그 오른손이 얻어
낸 그 산까지 인도하셨다.
55 그분은 백성 앞에서 이방 민족들을
쫓아내시고 그 땅을 그들에게 기업으
로 나눠 주셨고 이스라엘 지파들을
그 땅에 정착하게 하셨다.
56 그러나 그들은 지극히 높으신 하나님
을 시험해 거역했으며 그 계명을 지키
지 않았다.
57 그들은 자기 조상들처럼 등 돌리고
성실하지 못했으며 속이는 활처럼 빗
나갔다.
58 산당을 만들어 하나님의 진노를 자
아냈고 조각된 우상들로 그분의 질투
심을 일으켰다.
59 하나님께서는 그들의 말을 듣고 진노
해 이스라엘을 완전히 외면하셨다.
60 그리하여 실로의 장막을, 곧 그분이
사람들 가운데 직접 세우신 그 장막
을 버리셨다.
61 그분의 힘을 드러내는 궤를 포로와
함께 내어 주셨으며 그 영광을 적들
의 손에 넘겨주셨고
62 그 백성들을 칼에 내어 주셨다. 그분
의 백성들에게 몹시 화가 나신 것이
다.
63 청년들은 불탔고 처녀들은 결혼하지
못하며
64 제사장들은 칼에 맞아 죽었고 그 과
부들은 슬퍼하며 울지도 못했다.
65 그때 여호와께서 잠에서 깨어나신 것
같이, 포도주를 마시고 외치는 용사
같이
66 그 적들의 뒤를 쫓아가 치셨고 영원
히 수치를 당하게 하셨다.
67 더구나 요셉의 장막도 거부하셨고 에
브라임 지파도 선택하지 않으셨다.
68 오직 유다 지파를, 곧 그분이 사랑하
신 시온 산을 선택하셨다.
69 그분의 성소를 높은 왕궁처럼, 영원
히 세워 두신 땅처럼 지으셨다.
70 하나님은 또한 다윗을 선택해 그분의
종으로 삼으셨고 그를 양 우리에서

끌어내
71 새끼를 둔 어미 양을 치던 그를 불러
그분의 백성 야곱을, 그분의 소유 이
스라엘을 치는 목자가 되게 하셨다.
72 그리하여 다윗은 참된 마음으로 그들
을 먹이고 능숙한 솜씨로 그들을 인
도했던 것이다.

아삽의 시

79 오 하나님이여, 이방 민족들이
주의 백성에게 쳐들어와서 주
의 성전을 더럽히고 예루살렘을 폐허
로 만들었습니다.
2 주의 종들의 시체를 공중의 새들에
게 먹이로 주고 주의 성도들의 살점
을 땅의 짐승들에게 주어 버렸습니
다.
3 그들의 피를 온 예루살렘에 물처럼 쏟
아부어도 그들을 묻어 주는 사람이
없습니다.
4 우리가 이웃들에게 원망거리가 되고
주변 사람들에게 조롱거리와 비웃음
거리가 됐습니다.
5 오 여호와여, 언제까지입니까? 주께
서 영원히 진노하시겠습니까? 주의
질투가 불같이 타오르겠습니까?
6 주를 인정하지 않는 이방 민족들에
게, 주의 이름을 부르지 않는 왕국들
에게 주의 진노를 쏟아부으소서.
7 이는 그들이 야곱을 삼켰고 그들이
사는 땅을 파멸시켰기 때문입니다.
8 예전에 지은 죄악을 기억해 우리에게
묻지 마소서. 우리를 가엾게 여기셔
서 어서 우리를 지켜 주소서. 우리가
이토록 천하게 됐습니다.
9 오 우리 구원의 하나님이여, 주의 이
름의 영광을 위해 우리를 도와주소
서. 주의 이름을 위해 우리를 건지시
고 우리 죄를 깨끗하게 하소서.
10 이방 민족들이 "그들의 하나님이 어
디 있냐?"라고 해도 되겠습니까? 주
의 종들이 흘린 피를 주께서 갚아 주
셔서 우리 눈앞에서 이방 민족들이
주를 알게 하소서.
11 갇힌 사람들이 탄식하는 소리가 주
앞에 미치게 하소서. 죽이기로 정해
진 사람들을 주의 크신 힘으로 보존
하소서.
12 오 주여, 우리 이웃들이 주께 퍼부은
모독을 그들의 품에 일곱 배로 갚아
주소서.
13 그러면 주의 백성이요, 주의 목장의
양들인 우리가 주께 영원히 감사를
드리겠습니다. 대대로 주를 찬양하겠
습니다.

아삽의 시, 지휘자를 위해 *소산님에둣에 맞춰 쓴 노래

80 오 요셉을 양 떼처럼 이끄시는
이스라엘의 목자여, 귀를 기울
이소서. 그룹 사이의 옥좌에 앉으신
주여, 빛을 내소서.
2 에브라임과 베냐민과 므낫세 앞에서
주의 힘을 떨치시고 오셔서 우리를
구원하소서.
3 오 하나님이여, 우리를 회복시키소서.
우리 위에 주의 얼굴을 비추소서. 그
러면 우리가 구원을 받을 것입니다.

80편 히브리어, '언약의 나리꽃'

4 오 만군의 하나님 여호와여, 얼마나
더 주의 백성들의 기도에 진노하시겠
습니까?
5 주께서 그들에게 눈물 젖은 빵을 먹
이시고 많은 눈물을 마시게 하셨습니
다.
6 우리가 이웃에게 논쟁거리가 되게 하
시니 적들이 우리를 비웃습니다.
7 오 만군의 하나님이여, 우리를 회복시
키소서. 주의 얼굴을 우리 위에 비추
소서. 그러면 우리가 구원을 받을 것
입니다.
8 주께서 이집트에서 포도나무 가지 하
나를 가져다가 이방 민족들을 내쫓으
시고 그 포도나무를 심으셨습니다.
9 그것을 위해 터를 준비해 뿌리를 내
리고 땅을 가득 채우게 하셨습니다.
10 산들이 그 그림자로 덮였고 그 가지
들은 멋진 백향목 같았습니다.
11 그 굵은 가지들은 *바다까지 뻗어 내
렸고 그 가지들은 *강까지 미쳤습니
다.
12 주께서는 왜 그 울타리를 허셔서 지
나가는 사람들이 모두 그 열매를 따
먹게 하셨습니까?
13 숲 속에서 멧돼지가 나와 그것을 짓
밟고 들짐승들이 그것을 삼키지 않습
니까!
14 오 만군의 하나님이여, 우리에게 돌
아오소서! 우리가 주를 간절히 바랍
니다. 하늘에서 우리를 내려다보시고
이 포도나무를 지켜 주소서.
15 주의 오른손으로 심으신 포도원과
주께서 친히 강하게 하신 *나뭇가지
를 지켜 주소서.
16 주의 포도나무가 잘려 불에 탑니다.
주의 안색이 달라지자 저들이 스러집
니다.
17 주의 오른손에 잡힌 사람에게, 곧 주
께서 친히 강하게 하신 인자에게 손
을 얹어 주소서.
18 우리가 주를 떠나지 않겠습니다. 우리
를 회복시키소서. 그러면 우리가 주
의 이름을 부르겠습니다.
19 오 만군의 하나님 여호와여, 우리를
회복시키소서. 주의 얼굴을 우리 위
에 비추소서. 그러면 우리가 구원을
받을 것입니다.

아삽의 시, 지휘자를 위해 *깃딧에 맞춰 쓴 노래

81

우리의 힘이신 하나님께 큰 소
리로 노래하라. 야곱의 하나님
께 기뻐 외치라.
2 시를 읊고 탬버린과 아름다운 하프와
수금을 연주하라.
3 월삭 때, 정해진 때, 우리 명절에 나
팔을 불라.
4 이것이 이스라엘을 위한 규칙이요, 야
곱의 하나님의 법이다.
5 하나님께서 이집트 땅을 치러 나가실
때 요셉에게 이것을 명하셨다. 내가
거기서 알지 못하는 *언어를 들었다.
6 "내가 그 어깨의 짐을 내려 주었고 그
손의 바구니를 내려 주었다.
7 네가 고통당하며 부르기에 내가 구

80:11 바다는 대해를 가리킴. 80:11 강은 유프라테스 강을 가리킴. 80:15 또는 아들 81편 음악 용어 81:5 또는 소리

해 주었고 천둥 치는 은밀한 곳에서
네게 응답했으며 내가 너를 므리바의
물에서 시험했다. (셀라)
8 오 내 백성들아, 들으라. 내가 너희에
게 경고한다. 오 이스라엘아, 네가 내
말을 듣기를 원한다면
9 너희 가운데 다른 신을 두지 말고 이
방신에게 경배하지 말라.
10 나는 너를 이집트에서 끌어낸 네 하
나님 여호와니 입을 크게 벌려라. 그
러면 내가 채워 주겠다.
11 그러나 내 백성들이 내 말에 귀 기울
이지 않고 이스라엘이 내게 복종하려
는 마음이 없구나.
12 내가 그들을 그 마음의 욕망대로 내
버려 두었더니 그들이 자기 마음이
가는 대로 행하는구나.
13 내 백성들이 오직 내 말에 귀 기울이
려 했다면, 이스라엘이 내 길을 따르
려 했다면
14 내가 순식간에 그 적들을 굴복시키
고 내 손으로 그들을 쳐 버렸을 텐데!
15 나를 미워하는 사람들이 너희에게
순종했을 것이며 너희들의 시대는 영
원히 계속됐을 것이다.
16 내가 가장 좋은 밀을 먹여 주었을 것
이고 바위에서 나는 꿀을 배불리 먹
여 주었을 것이다."

아삽의 시

82

하나님께서 강한 사람들의 모
임에 서서 신들 가운데서 심판
하십니다.
2 "너희가 언제까지 불공평하게 심판하
며 악인들의 편을 들겠느냐? (셀라)
3 약자들과 고아들을 변호하고 가난한
사람들과 억압당하는 사람들의 권리
와 이익을 보호하라.
4 약하고 궁핍한 사람들을 구해 주고
악인들의 손에서 건져 주라.
5 그러나 그들은 알지도, 이해하지도
못한다. 그들이 어둠을 헤매며 다니
니 땅의 모든 기초가 흔들리는구나.
6 내가 '너희는 신들이니 지극히 높으신
분의 모든 아들들'이라고 했으나
7 너희는 보통 사람들처럼 죽기도 하고
다른 통치자들처럼 쓰러지기도 하리
라."
8 오 하나님이여, 일어나 이 땅을 심판
하소서. 모든 민족들이 주의 소유입
니다.

아삽의 시, 노래

83

오 하나님이여, 침묵하지 마소
서. 오 하나님이여, 조용히 계
시지 마시고 가만히 내버려 두지 마
소서.
2 주의 적들이 소동을 벌이고 주를 미
워하는 사람들이 고개를 들었습니다.
3 그들이 주의 백성들에 대해 교활한
음모를 꾸미고 주께서 숨겨 두신 사
람들을 치려고 계략을 짭니다.
4 적들이 "그들을 잘라 내 나라가 되지
못하게 하자. 그래서 이스라엘의 이름
이 다시는 기억되지 못하게 하자"라고
했습니다.
5 그들이 한마음으로 계략을 짜고 주
를 반대하며 연합하고 있습니다.

6 이들은 에돔의 장막이고 이스마엘 사
람들이며 모압의 장막이고 하갈 사람
들이며
7 *그발, 암몬, 아말렉, 블레셋, 두로 사
람들입니다.
8 앗시리아도 합세해 롯의 자손들에게
힘을 더해 주었습니다. (셀라)
9 주께서 미디안 사람들에게 하신 것처
럼 하소서. 그들에게도 기손 강에서
시스라와 야빈에게 하신 것처럼 하소
서.
10 그들은 엔돌에서 망했고 땅에 굴러다
니는 쓰레기같이 됐습니다.
11 그들의 귀족들을 오렙처럼, 스엡처럼
만드시고 그들의 왕자들이 모두 세바
처럼, 살문나처럼 되게 하소서.
12 그들은 "우리가 하나님의 집들을 차
지하자"라고 했습니다.
13 오 내 하나님이여, 그들을 바퀴같이,
바람에 날리는 겨같이 만드소서.
14 불이 숲을 사르듯, 불꽃이 산을 태우
듯
15 주의 세찬 바람으로 그들을 괴롭게
하시고 그들이 주의 폭풍을 두려워하
게 하소서.
16 오 여호와여, 그들의 얼굴이 수치로
가득하게 하셔서 주의 이름을 찾게
하소서.
17 그들이 영원히 수치와 고통을 당하게
하시고 망신을 당하고 멸망하게 하소
서.
18 그 이름이 홀로 여호와이신 주만이
온 땅 위에 지극히 높으신 분임을 그
들이 알게 하소서.

고라 자손의 시, 지휘자를 위해 *깃딧에 맞춰 쓴 노래

84

오 만군의 여호와여, 주의 장
막이 얼마나 사랑스러운지요!
2 내 영혼이 여호와의 뜰을 애타게 그리
워하다가 지쳤습니다. 내 마음과 육체
가 살아 계신 하나님께 부르짖습니다.
3 오 만군의 여호와여, 내 왕, 내 하나님
이여, 주의 제단 가까운 곳에 참새도
집을 찾았고 제비도 자기 새끼를 둘
보금자리를 찾았습니다.
4 주의 집에 사는 사람들은 복이 있습
니다. 그들이 항상 주를 찬양할 것입
니다. (셀라)
5 주께 힘을 얻고 마음에 시온의 대로
가 있는 사람들은 복이 있습니다.
6 그들이 *바카 골짜기를 지나가니 샘
물이 생깁니다. 이른 비도 그 골짜기
를 가득 채웁니다.
7 그들은 점점 더 힘을 얻어 나아가서
시온에서 하나님 앞에 나타날 것입니
다.
8 오 만군의 하나님 여호와여, 내 기도
를 들어 주소서. 오 야곱의 하나님이
여, 내 말에 귀 기울이소서. (셀라)
9 오 우리 방패이신 하나님이여, 주께서
기름 부음 받은 이의 얼굴을 돌봐 주
소서.
10 주의 뜰에 하루 있는 것이 다른 곳에
천 날 있는 것보다 낫습니다. 악인들
의 장막에 있느니 문지기로서라도 차

83:7 또는 비블로스 84편 음악 용어 84:6 또는 눈물 골짜기

라리 내 하나님의 집에 있겠습니다.
11 여호와 하나님은 해요, 방패이시니 여
호와께서 은혜와 영광을 내려 주실
것입니다. 정직하게 행동하는 사람들
에게 좋은 것을 아끼지 않으실 것입
니다.
12 오 만군의 여호와여, 주를 의지하는
사람은 복이 있습니다.

고라 자손의 시, 지휘자를 위한 노래

85 여호와여, 주께서 주의 땅에
은혜를 베푸셨습니다. 포로 된
야곱을 회복시키셨습니다.
2 주의 백성들의 죄악을 용서하셨고 그
모든 죄들을 덮어 주셨습니다. (셀라)
3 주의 모든 진노를 거두셨고 주의 극
한 진노를 돌이키셨습니다.
4 오 우리 구원의 하나님이여, 우리를
회복시키시고 우리를 향한 진노를 거
두소서.
5 우리에게 영원히 진노하시겠습니까?
주의 분노를 대대로 끌고 가시겠습니
까?
6 주의 백성들이 주를 즐거워하도록 우
리를 다시 회복시키지 않으시겠습니
까?
7 오 여호와여, 우리에게 주의 신실한
사랑을 보여 주시고 주의 구원을 허
락해 주소서.
8 하나님 여호와의 말씀을 내가 듣겠습
니다. 주께서 백성들에게, 성도들에
게 말씀하시는 것은 평화입니다. 부
디 그들이 어리석게 되돌아가지 않게
하소서.
9 주의 구원이 분명히 주를 두려워하는
사람들 가까이 있으니 주의 영광이
우리 땅에 있을 것입니다.
10 가엾게 여기는 마음과 진리가 만나고
의와 평화가 서로 입을 맞춥니다.
11 진리가 땅에서 샘솟고 의가 하늘에서
내려다볼 것입니다.
12 여호와께서 진정 좋은 것을 주실 것
이니 우리 땅이 수확할 것이 많을 것
입니다.
13 의가 주 앞에 가서 우리를 주께서 걸
으시는 길에 둘 것입니다.

다윗의 기도

86 오 여호와여, 주의 귀를 기울
여 들어 주소서. 내가 가난하
고 궁핍합니다.
2 나는 거룩한 사람이니 내 영혼을 보
호하소서. 오 주는 내 하나님이십니
다. 주를 의지하는 주의 종을 구원하
소서.
3 오 여호와여, 나를 불쌍히 여기소서.
내가 날마다 주께 부르짖습니다.
4 오 주여, 내 영혼을 주께 올려 드리니
주의 종의 마음을 기뻐하소서.
5 주여, 주께서는 선하시고 기꺼이 용서
하시며 주를 부르는 모든 사람을 가
엾게 여기는 분이십니다.
6 오 여호와여, 내 기도를 들으소서. 내
가 간청하는 소리에 귀 기울이소서.
7 내가 고통당할 때 주를 부르면 주께
서는 내게 응답하실 것입니다.
8 오 주여, 신들 가운데 주와 같은 분
이 없습니다. 주의 행적과 비길 만한

것도 없습니다.
9 오 주여, 주께서 만드신 모든 민족들
이 주 앞에 와서 경배하고 주의 이름
에 영광을 돌릴 것입니다.
10 주께서는 위대하시고 놀라운 일들을
하시니 오직 주만이 하나님이십니다.
11 오 여호와여, 주의 길을 내게 가르치
소서. 그러면 내가 주의 진리 안에서
다닐 것입니다. 내 마음을 하나로 모
으셔서 주의 이름을 두려워하게 하소
서.
12 오 주 내 하나님이여, 내 온 마음으로
주를 찬양하고 영원히 주의 이름에
영광 돌리겠습니다.
13 주께서 나를 가엾게 여기시는 마음이
크시고 가장 깊은 *죽음에서 나를 건
지셨기 때문입니다.
14 오 하나님이여, 교만한 사람들이 내
게 맞서 들고일어났습니다. 폭력을 행
하는 무리가 내 목숨을 노립니다. 주
에 대해서는 안중에도 없는 사람들입
니다.
15 오 주여, 그러나 주께서는 크신 자비
의 하나님이시고 은혜롭고 오래 참으
며 돌보시는 마음과 진리가 넘치는
분이십니다.
16 오 주여, 나를 돌아보시고 불쌍히
여기소서. 주의 종에게 힘을 주시고
*주의 여종의 아들을 구원하소서.
17 주의 은혜의 증거를 내게 주어 나를
미워하는 사람들이 그것을 보고 수
치를 당하게 하소서. 여호와여, 주께
서 나를 도우셨고 나를 위로하셨습
니다.

고라 자손의 시, 노래

87

주께서 거룩한 산에 터를 세우
셨습니다.
2 여호와께서는 야곱의 다른 곳들보다
시온의 문들을 더 사랑하십니다.
3 오 하나님의 성아, 너를 향해 영광스
럽다고 하는구나. (셀라)
4 내가 나를 아는 사람들 가운데 *라
합과 바벨론에 관해 말하리라. 블레셋
과 두로와 *에티오피아를 보라. 이곳
사람들도 시온에서 태어났다 하리라.
5 시온에 대해서는 이렇게 말하리라.
"이 사람과 저 사람이 다 시온에서 났
고 지극히 높으신 분이 직접 시온을
세우셨다."
6 여호와께서 그 백성들을 등록하실 텐
데 그때는 "이 사람이 시온에서 났다"
라고 하실 것입니다. (셀라)
7 그들이 악기를 연주하고 노래하면서
"내 모든 샘물이 주께 있다"라고 하리
라.

고라 자손의 시, 에스라 사람 헤만의 *마스길,
지휘자를 위해 *마할랏르안놋에 맞춰 쓴 노래

88

오 여호와여, 내 구원의 하나님
이여, 내가 밤낮으로 주 앞에
서 부르짖었습니다.
2 내 기도가 주 앞에 이르게 하시고 내
부르짖음에 귀를 기울이소서.
3 내 영혼이 고통으로 가득하며 내 목

86:13 히브리어, 스올 86:16 또는 주의 신실한 아들 87:4 이집트를 가리키는 시적 표현 87:4 히브리어, 구스. 나일 강 상류 지역을 가리킴. 88편 문학 또는 음악 용어 88편 히브리어, '역경의 고통'

숨이 *죽음에 가까이 다가가 있습니
다.
4 내가 저 아래 구덩이에 빠진 사람들
처럼 여겨지고 힘없는 사람 같으며
5 죽은 사람처럼 버려져 무덤 속에 누
운 사람, 곧 주의 기억에서 완전히 사
라지고 주의 손에서 끊어져 버린 사
람 같습니다.
6 주께서 나를 가장 깊은 구덩이 속에,
어둠 속에, 깊은 곳에 두셨습니다.
7 주의 진노가 무겁게 나를 짓누르고
주의 모든 파도가 나를 덮쳤습니다.
(셀라)
8 내 가장 친한 친구들도 나로부터 멀
리 떼어 놓으셨고 그들이 나를 피하
게 하셨습니다. 내가 꼭꼭 갇혀서 나
갈 수가 없습니다.
9 내 눈이 근심과 걱정으로 신음합니
다. 여호와여, 내가 날마다 주를 부르
고 내 손을 주께 뻗었습니다.
10 죽은 사람들에게 기적을 베푸시겠습
니까? 죽은 사람들이 일어나 주를 찬
양하겠습니까? (셀라)
11 주의 사랑이 *무덤에서 선포되겠습니
까? 주의 의가 멸망 가운데 선포되겠
습니까?
12 주의 기적들이 어둠 속에서 알려지고
주의 의가 망각의 땅에서 알려지겠습
니까?
13 오 여호와여, 그러나 내가 주께 부르
짖었으니 아침에 내 기도가 주 앞을
막아설 것입니다.
14 여호와여, 왜 나를 던져 버리십니까?
왜 주의 얼굴을 내게서 숨기십니까?
15 내가 어릴 적부터 계속 고통을 겪었
고 죽음의 문턱을 넘나들었습니다.
주께서 주시는 공포를 느낄 때마다
미칠 것 같습니다.
16 주의 진노가 나를 휩쓸어 가고 주의
공포가 나를 끊었습니다.
17 그들이 날마다 나를 홍수처럼 둘러
싸고 완전히 집어삼켰습니다.
18 주께서 내 친구들과 사랑하는 사람
들을 내게서 빼앗아 가시니 어둠만이
나의 가장 가까운 친구가 됐습니다.

에스라 사람 에단의 *마스길

89 내가 주의 사랑을 영원히 노
래하겠습니다. 내 입으로 주의
신실하심을 온 세대에 알리겠습니다.
2 내가 "주의 사랑이 영원히 세워질 것
입니다. 주께서 주의 신실하심을 하
늘에 세우실 것입니다"라고 말하겠습
니다.
3 "나는 내가 선택한 사람들과 언약을
맺었고 내 종 다윗에게 맹세하기를
4 '내가 네 씨를 영원히 세우고 네 왕좌
를 모든 세대에 튼튼히 하겠다'고 했
다." (셀라)
5 오 여호와여, 하늘이 주의 기적을 찬
양할 것입니다. 성도들의 집회에서 주
의 신실함도 찬양할 것입니다.
6 하늘 위에서 누가 여호와와 비길 수
있겠습니까? 신들 가운데 여호와 같
은 이, 누가 있겠습니까?

88:3 히브리어, 스올 88:11 히브리어, 아바돈 89편 문학 또는 음악 용어

7 성도들이 모임에서 하나님을 몹시 두
려워할 것입니다. 하나님께서는 주변
에 있는 그 누구보다 더욱 경외해야
할 분이십니다.
8 오 만군의 하나님 여호와여, 주 같은
분이 누가 있겠습니까? 주의 주변에
누가 그토록 신실하겠습니까?
9 주께서는 파도치는 바다를 다스리시
며 그 일어나는 물결을 잔잔하게 하
십니다.
10 주께서 *라합을 죽임당한 자같이 깨
뜨리셨고 주의 강한 팔로 주의 원수
들을 흩어 버리셨습니다.
11 하늘이 주의 것이요, 땅도 주의 것이
니 주께서 세상과 그 안에 있는 모든
것을 지으셨습니다.
12 주께서 남북을 창조하셨으니 다볼과
헤르몬이 주의 이름을 기뻐할 것입니
다.
13 주께는 강한 팔이 있고 주의 손은 강
하며 주의 오른손은 높습니다.
14 정의와 공의가 주의 옥좌의 기초이며
사랑과 진리가 주의 얼굴 앞에 나아
갑니다.
15 기쁨의 소리를 아는 사람들은 복이
있습니다. 오 여호와여, 그들은 주의
얼굴 빛 가운데 다니는 사람들입니다.
16 그들은 하루 종일 주의 이름을 즐거
워하며 주의 의 안에서 높아집니다.
17 주께서는 그들의 힘의 영광이십니다.
주께서 주의 은혜로 우리 *뿔을 높이
올려 주실 것입니다.
18 진정 여호와는 우리의 방패이시니 이
스라엘의 거룩한 분이 우리 왕이십니
다.
19 주께서 언젠가 환상 가운데 주의 거
룩한 사람들에게 말씀하셨습니다.
"내가 한 용사에게 힘을 주었다. 내가
백성 가운데 택한 사람을 높였다.
20 내가 내 종 다윗을 찾아내 내 거룩한
기름을 그에게 부어 주었다.
21 내 손으로 그를 붙들고 내 팔이 그에
게 힘을 주리니
22 적들이 그를 협박하지 못하고 사악한
자들이 그를 억압하지 못하리라.
23 내가 그 앞에서 그 적들을 짓밟고 그
를 미워하는 자들을 치리라.
24 내 신실함과 자비가 그와 함께할 것
이니 내 이름으로 그 *뿔이 높이 들
리리라.
25 내가 그의 손을 바다 가운데 두고 그
의 오른손을 강 가운데 두리라.
26 그가 나를 불러 '주는 내 아버지이시
며 내 하나님이시며 내 구원의 반석
이십니다'라고 하리라.
27 내가 또 그를 내 맏아들로 삼고 이 땅
의 왕들보다 높이 올리리라.
28 내가 내 사랑을 영원히 그에게 두고
그와 맺은 언약을 어기지 않으리라.
29 내가 그의 후손들을 영원히 지속되
게 하고 그의 왕좌도 하늘이 존재하
는 한 있게 하리라.
30 만약 그 자손들이 내 법을 버리고 내
판단대로 따르지 않으며

89:10 히브리어, '폭풍', '거만', 고대 근동 신화에서 말하는 바다 괴물 89:17,24 힘을 상징함.

31 내 법을 어기고 내 계명을 지키지 않
으면
32 그때는 내가 막대기로 그 죄를 다스리
고 채찍으로 그 죄악을 징벌하리라.
33 그러나 내 사랑을 그에게서 완전히
거두지는 않을 것이며 내 신실함도
저버리지 않으며
34 내 언약도 깨지 않고 내 입술로 한 말
도 번복하지 않으리라.
35 내가 내 거룩함으로 맹세한 것이 있
으니 내가 어떻게 다윗에게 한 말이
거짓말이 되게 하겠느냐?
36 그 씨가 영원히 이어지겠고 그의 왕좌
가 해처럼 내 앞에 지속될 것이며
37 하늘의 신실한 증인인 달처럼 영원히
설 것이다." (셀라)
38 그러나 주께서는 기름 부으신 이를
미워해 쫓아 버리셨고 그에게 진노하
셨습니다.
39 주의 종과 맺은 언약을 무효로 만드
시고 그 왕관이 땅에 던져져 먼지를
뒤집어쓰게 하셨습니다.
40 주께서는 또한 그의 모든 벽을 허물고
그의 요새를 황폐하게 만드셨습니다.
41 지나가는 사람들이 다 그를 약탈해
그가 이웃들의 조롱거리가 됐습니다.
42 주께서 그의 적들의 오른손을 들어
주셨고 그의 모든 원수들을 기쁘게
하셨습니다.
43 또 그의 칼날을 무디게 해 그가 전투
에 서지 못하게 하셨고
44 그의 영광이 끝나게 하셨고 그의 왕
좌를 땅에 내치셨습니다.
45 그의 젊은 나날을 단축시키고 그를
수치로 뒤덮으셨습니다. (셀라)
46 오 여호와여, 언제까지입니까? 영원
히 스스로를 숨기시겠습니까? 주의
진노가 언제까지 불같이 타겠습니
까?
47 내 때가 얼마나 짧은지 기억하소서.
주께서 지으신 인생들이 어찌 그리
허무한지요!
48 *죽음을 보지 않고 살 수 있는 사람
이 누가 있겠습니까? 그가 *죽음의
권세에서 자신을 구원할 수 있겠습니
까? (셀라)
49 오 주여, 전에 주께서 보이신 그 사랑
이 어디로 갔습니까? 주께서 주의 진
리로 다윗에게 맹세하신 그 사랑 말
입니다.
50 주여, 주의 종이 조롱당한 것을 기억
하소서. 모든 강한 민족들이 나를 원
망한 것을 내 마음에 품고 있음을 기
억하소서.
51 오 여호와여, 주의 적들이 그것으로
조롱하고 그들이 주의 기름 부음 받
은 이의 발걸음을 조롱했습니다.
52 여호와를 영원히 찬양하라! 아멘. 아
멘.

제 4 권

시편 90–106

하나님의 사람 모세의 기도

90 주여, 주께서는 온 세대에 걸
쳐 우리의 거처가 되셨습니다.

89:48 히브리어, 스올

2 산들이 나타나기도 전에, 주께서 땅
과 세상을 만드시기도 전에 영원부터
영원까지 주께서는 하나님이십니다.
3 주께서 사람들을 먼지로 돌아가게 하
면서 "오 사람의 자손들아, 흙으로 돌
아가라" 하십니다.
4 주께서 보시기에 1,000년은 금방 지
나간 하루 같고 밤 한때 같습니다.
5 주께서 그것들을 홍수처럼 휩쓸어 가
시니 그것은 잠 한숨 자고 일어난 것
같고 아침에 돋는 풀 한 포기 같습니
다.
6 아침에 싹이 돋았다가 저녁이 되면
이내 마르고 시들지 않습니까!
7 우리가 주의 진노 때문에 스러지고
주의 격분으로 인해 고난받습니다.
8 주께서 우리 죄악을 주 앞에 들추시
고 우리의 은밀한 죄들을 주의 얼굴
빛 가운데 낱낱이 드러내셨습니다.
9 우리의 모든 나날들이 주의 진노 아
래 지나가고 우리가 살아온 세월은
회자되는 이야깃거리가 됩니다.
10 우리의 일생이 70이고, 혹시 힘이 남
아 더 살아 봤자 80인데, 그저 고통
과 슬픔의 연속이며 그것도 금세 지
나가니 우리가 멀리 날아가 버리는
것 같습니다.
11 주의 진노의 힘을 누가 알겠습니까?
주의 진노로 인한 두려움을 누가 알
겠습니까?
12 그러니 우리가 인생을 바로 셀 수 있
도록 가르치소서. 그래야 우리가 마
음에 지혜를 담게 될 것입니다.
13 오 여호와여! 돌아오소서. 대체 언제
까지입니까? 주의 종들을 불쌍히 여
기소서.
14 오, 아침에 주의 변함없는 사랑이 충
만하게 하소서. 그리하여 우리가 기
뻐 노래하고 일평생 기뻐하게 하소서.
15 주께서 우리를 힘들게 하신 날들만
큼, 우리가 고통을 당한 햇수만큼 우
리를 기쁘게 하소서.
16 주의 행동을 주의 종들에게 보여 주
시고 주의 영광을 주의 자녀들에게
보여 주소서.
17 우리 하나님 여호와의 아름다움이 우
리 위에 있게 하시고 우리 손으로 한
일을 우리에게 세워 주소서. 제발 우
리 손으로 한 일을 세워 주소서.

91 지극히 높으신 분의 비밀스러
운 곳에 사는 자는 *전능하신
그분의 그늘 아래 머물게 되리라.
2 내가 여호와를 내 피난처이시요, 내
요새이시며 내가 의지하는 하나님이
라고 말하리라.
3 참으로 그분은 너를 새 사냥꾼의 덫
에서, 죽을병에서 구원하실 것이다.
4 하나님께서 너를 그 깃털로 감싸 주시
니 네가 그 날개 아래로 피할 것이며
그 진리가 네 방패와 성벽이 되리라.
5 너는 밤에 엄습하는 공포나 낮에 날
아오는 화살을 두려워하지 않을 것이
다.
6 어둠을 활보하는 흑사병이나 한낮에
넘치는 재앙도 두려워하지 않으리라.

91:1 히브리어, 샤다이

7 네 곁에서 1,000명이 넘어지고 네 오
른쪽에서 1만 명이 쓰러져도 네게는
가까이 이르지 않으리라.
8 너는 그저 네 두 눈으로 악인들이 어
떤 대가를 치르는지 똑똑히 보게 될
것이다.
9 네가 지극히 높으신 분을, 피난처이신
여호와를 네가 있을 곳으로 삼으면
10 어떤 해악도 네게 닥치지 않고 어떤
재앙도 네 장막 가까이에 이르지 못
하리라.
11 그분이 천사들에게 명령해 네 모든
길을 지켜 주라고 하실 것이기 때문
이다.
12 천사들이 손으로 너를 들어 올려 네
발이 돌에 맞는 일도 없으리라.
13 네가 사자와 독사를, 젊은 사자와 살
모사를 짓밟으리라.
14 여호와께서 말씀하신다. "그가 나를
사랑하니 내가 그를 구하리라. 그가
내 이름을 알았으니 내가 그를 높이
올리리라.
15 그가 나를 부를 것이니 내가 응답하
리라. 내가 그의 고통과 함께하겠고
그를 건져 영광스럽게 하리라.
16 그가 원하는 만큼 오래 살게 해 주고
내 구원을 그에게 보이리라."

시, 안식일을 위한 노래

92 오 지극히 높으신 분이여, 여호
와께 감사하고 주의 이름을 찬
양하는 것이 좋습니다.
2 아침에는 주의 사랑을, 밤에는 주의
신실하심을 알리는 것이 좋습니다.
3 열 줄 현악기와 수금과 하프의 선율
에 맞춰 하는 것입니다.
4 여호와여, 주께서 행하신 일들이 나
를 기쁘게 하니 그 일들 덕분에 내가
기뻐할 것입니다.
5 오 여호와여, 주께서 하시는 일이 얼
마나 위대한지요! 주의 생각이 얼마
나 깊은지요!
6 우둔한 사람은 알지 못하고 어리석은
사람은 깨닫지 못합니다.
7 악인들이 잡초처럼 돋아나고 모든 범
죄자들이 번성하더라도 결국에는 영
원히 멸망할 것입니다.
8 여호와여, 그러나 주는 영원토록 지
극히 높으신 분이십니다.
9 오 여호와여, 참으로 주의 적들이, 참
으로 주의 적들이 멸망할 것입니다.
악을 행하는 모든 사람들이 흩어질
것입니다.
10 그러나 주께서 내 *뿔은 들소의 뿔처
럼 높이실 것입니다. 내게 좋은 기름
을 부으실 것입니다.
11 적들이 내가 바라던 대로 된 것을 내
눈이 볼 것이고 내게 들고일어나던 악
인들이 내가 바라던 대로 된 것을 내
귀가 들을 것입니다.
12 의인들은 종려나무처럼 번성하고 레
바논의 백향목처럼 자랄 것입니다.
13 여호와의 집에 심긴 사람들이니 우리
하나님의 뜰에서 번성할 것입니다.
14 그들은 노년에도 여전히 열매를 맺고
진액이 가득하고 싱싱할 것입니다.

92:10 힘을 상징함.

15 그들은 "여호와는 정직한 분이시다.
그분은 내 바위이시니 그분 안에는
악함이라곤 없다"는 것을 나타낼 것
입니다.

93 여호와께서 다스리시며 위엄으
로 옷 입으셨습니다. 여호와께
서 힘으로 옷 입고 능력으로 무장하
셨습니다. 세상이 든든히 세워졌으니
흔들리지 않습니다.
2 주의 옥좌는 오래전에 세워졌고 주께
서는 영원부터 계셨습니다.
3 오 여호와여, 바다가 소리를 높이고
또 높입니다. 바다가 그 물결을 높이
듭니다.
4 높이 계신 여호와는 강하시니 큰 물
이 쏟아지는 소리보다 강력하시고 바
다에서 부서지는 파도 소리보다 강력
하십니다.
5 주의 증언은 틀림없습니다. 오 여호와
여, 거룩함이 영원히 주의 집이 될 것
입니다.

94 오 하나님 여호와여, 복수는
주의 것입니다. 오 하나님이여,
모습을 드러내소서.
2 오 땅의 심판자여, 몸을 일으켜 교만
한 사람들에게 마땅한 것으로 갚아
주소서.
3 여호와여, 악인들이 얼마나 더, 악인
들이 얼마나 더 환호하겠습니까?
4 그들이 얼마나 더 험악한 말을 쏟아붓
겠습니까? 악을 행하는 사람들은 다
자기 자랑하기에 급급하지 않습니까?
5 오 여호와여, 그들이 주의 백성들을
갈가리 찢고 주께서 선택하신 민족을
망치고 있습니다.
6 과부들과 나그네들을 죽이고 고아들
을 살해하며
7 "여호와는 보지 못한다. 야곱의 하나
님은 생각하지 못한다"라고 합니다.
8 백성들 가운데 너희 우둔한 사람들
아, 생각해 보라. 너희 어리석은 사람
들아, 얼마나 더 있어야 지혜로워지겠
느냐?
9 귀를 지으신 분이 듣지 못하시겠느
냐? 눈을 지으신 분이 보지 못하겠느
냐?
10 이방 민족들을 훈계하시는 분이 바로
잡지 않으시겠느냐? 사람을 가르치
시는 분이 모르시겠느냐?
11 여호와께서는 사람의 생각을 아시고
그런 생각들이 얼마나 헛된지도 다
아십니다.
12 오 여호와여, 주의 훈계를 받고 주의
법의 가르침을 받는 사람은 복이 있
습니다.
13 주께서 그를 고통스러운 나날에서 벗
어나게 하시고 악인들을 위해 구덩이
를 파실 때까지 평안하게 하실 것입
니다.
14 여호와께서 그 백성들을 모른 척하지
않으시고 그 택하신 민족을 결코 버
리지 않으실 것입니다.
15 그러나 심판은 다시 의를 따라갈 것
이니 마음이 정직한 사람들이 다 그
것을 따를 것입니다.
16 누가 나를 위해 악인들에게 들고일어

날까? 나를 위해 누가 악을 저지르는
사람들에게 들고일어날까?
17 여호와께서 나를 도와주지 않으셨다
면 내 영혼은 침묵 속에 빠졌을 것입
니다.
18 내가 "내 발이 미끄러진다"라고 했더
니 오 여호와여, 주의 사랑이 나를 붙
드셨습니다.
19 내 마음이 복잡할 때 주의 위로가 내
영혼을 기쁘게 합니다.
20 율법을 핑계로 악한 일을 꾸미는 썩
어 빠진 재판장이 어떻게 주와 상관
이 있겠습니까?
21 그들은 의인들을 반대하며 함께 모이
고 죄 없는 사람들에게 사형을 선고
합니다.
22 그러나 여호와는 내 산성이시요, 내
하나님은 내가 피할 바위가 되셨습니
다.
23 그분은 그 죄악이 그들에게 돌아가게
하시고 그 악으로 인해 그들을 끊어
내실 것입니다. 여호와 우리 하나님께
서 그들을 끊어 내실 것입니다.

95 와서 우리가 여호와께 기뻐 노
래 부르자. 우리 구원의 바위
에게 큰 소리로 기뻐 외치자.
2 우리가 감사하며 그분 앞에 와서 즐
겁게 소리 높여 그분을 찬양하자.
3 여호와는 위대하신 하나님이시며 모
든 신들 위에 위대하신 왕이시다.
4 땅의 깊음이 그 손안에 있고 산의 힘
도 그분의 것이다.
5 바다도 그분이 만드셨으니 그분의 것
이며 육지도 그분 손으로 지으신 것
이다.
6 와서 우리가 엎드려 절하자. 우리를
지으신 여호와 앞에 무릎을 꿇자.
7 그분은 우리 하나님이시고 우리는 그
분 목장의 백성들이요, 그분 손에 딸
린 양들이다. 너희는 그분의 음성을
들으라.
8 *므리바에서처럼, *맛사 광야에서 시
험당했을 때처럼 완고한 마음을 품지
말라.
9 그때 너희 조상들이 내가 행한 일을
보았으면서도 나를 시험하고 또 시험
하지 않았느냐!
10 내가 40년 동안 그 세대를 노여워하
며 말했다. "그들은 마음이 비뚤어진
백성들이어서 내 길을 모른다."
11 그래서 내가 진노하며 "그들은 결코
내 안식에 들어오지 못하리라"고 맹
세했던 것이다.

96 여호와께 새 노래로 노래하라.
온 땅이여, 여호와께 노래하
라.
2 여호와께 노래하고 그 이름을 찬양하
며 날마다 그 구원을 선포하라.
3 이방 민족들 가운데 그 영광을 선포
하며 모든 백성들에게 그 놀라운 일
들을 선포하라.
4 여호와는 위대하시고 가장 큰 찬송
을 받으실 분이시며 모든 신들 위에
경외받으실 분이시다.
5 이방 민족들의 신들은 모두 우상이지

95:8 므리바는 '다툼', 맛사는 '시험'이라는 뜻

만 여호와께서는 하늘을 만드신 분이
시다.
6 영화로움과 위엄이 그분 앞에 있고
능력과 아름다움이 그 성소 안에 있
도다.
7 오 모든 민족들아, 여호와께 영광을
돌리고 여호와의 능력을 찬양하라.
8 그 이름에 합당한 영광을 여호와께
돌리고 제물을 가져와 그 뜰로 들어
가라.
9 거룩한 옷을 입고 여호와를 경배하
라. 온 땅이여, 그분 앞에서 두려워하
라.
10 이방 민족들 가운데서 "여호와께서
다스리신다"라고 선포하라. 세상이
든든하게 세워졌으니 흔들리지 않으
리라. 그분이 사람들을 공정하게 심
판하시리라.
11 하늘은 즐거워하고 땅은 기뻐하라.
바다와 그 안에 있는 모든 것이 기뻐
울리고
12 들과 그 안에 있는 것이 다 기뻐하리
라. 숲의 모든 나무들도 기뻐 노래하
리라.
13 여호와께서 오신다. 그분이 이 땅을
심판하시려고 오신다. 그분이 세상을
의로 심판하시고 사람들을 그분의 진
리로 심판하시리라.

97

여호와께서 다스리시니 땅은
기뻐하라. 여러 섬들은 즐거워
하라.
2 구름과 짙은 어둠이 그분을 둘러쌌고
의와 심판 위에 그분의 왕좌가 있다.
3 불이 그분 앞에서 나와 사방에 있는
적들을 살라 버리는구나.
4 그분의 번개가 세상을 밝혔으니 이
땅이 보고 떨었고
5 산들이 여호와 앞에서, 온 땅의 주 앞
에서 초처럼 녹아내렸다.
6 하늘이 그분의 의로우심을 선포하고
모든 백성들이 그분의 영광을 보았다.
7 조각된 형상을 숭배하는 모든 사람
들은, 우상을 자랑하는 사람들은 수
치를 당할 것이다. 너희 모든 신들아,
그분을 경배하라.
8 오 여호와여, 주의 심판 소식을 듣고
시온이 즐거워했고 유다의 *딸들이
기뻐했습니다.
9 여호와여, 주께서는 온 땅 위에 가장
높으신 분이십니다. 주께서는 모든 신
들보다 훨씬 높으십니다.
10 여호와를 사랑하는 사람들은 악을
미워하라. 그분이 성도들의 영혼을
보호하시고 악인들의 손에서 건져 주
신다.
11 의인들 위에는 빛이 심기고 마음이
정직한 사람에게는 기쁨이 있다.
12 너희 의인들아, 여호와를 즐거워하고
그 거룩한 이름을 기억하며 감사를
드리라.

시

98

여호와께 새 노래로 노래하라.
하나님이 놀라운 일들을 행하
셨다. 그 오른손과 그 거룩한 팔로 승
리를 이루셨다.

97:8 또는 성읍들

2 여호와께서 그 구원을 알려 주셨다.
그 의로우심을 이방 민족들이 보는
데서 나타내셨다.
3 그분이 이스라엘 집에 주신 사랑과
그 신실하심을 기억하셨으니 모든 땅
끝이 우리 하나님의 구원을 보았도다.
4 온 땅이여, 여호와께 기뻐 외치라. 함
성을 지르고 즐거워하며 찬송을 부르
라.
5 하프에 맞추어 여호와께 노래하라. 하
프를 켜고 찬송의 소리를 내라.
6 나팔과 양의 뿔로 찬양하라. 왕이신
여호와 앞에 기쁨의 소리를 내라.
7 바다와 그 안에 있는 모든 것들과 세
상과 그 안에 사는 모든 것들은 소리
를 내라.
8 강들은 손뼉을 치고 산들은 함께 기
뻐하라.
9 여호와께서 땅을 심판하러 오신다.
그분은 세상을 정의롭게 심판하시고
사람들을 공정하게 심판하실 것이다.

99

여호와께서 다스리시니 백성
들이 떨 것이요, 그분이 그룹
들 사이에 앉으셨으니 땅이 흔들릴
것이다.
2 시온에 계신 여호와는 위대하시고 모
든 백성들 위에 우뚝 선 분이시다.
3 그들이 주의 크고 두려운 이름을 찬
양하게 하라. 그 이름은 거룩하시다.
4 왕의 힘은 공의를 사랑하는 것입니
다. 주께서는 공평을 세우셨고 심판
과 의를 야곱 안에 이뤄 내셨습니다.
5 여호와 우리 하나님을 높이고 그분의
발판 앞에 경배하라. 그분은 거룩하
시다.
6 그분의 제사장들 가운데 모세와 아론
이 있었고 그분의 이름을 부르는 사
람들 가운데 사무엘이 있었는데 그들
이 여호와를 불렀더니 주께서 응답하
셨다.
7 그분은 구름기둥 가운데서 그들에게
말씀하셨고 그들은 주의 말씀과 그들
에게 주신 율례를 지켰다.
8 오 여호와 우리 하나님이여, 주께서
*그들에게 응답하셨습니다. 그들이
행한 대로 갚아 주기도 하셨지만 주
께서는 그들을 용서하시는 하나님이
기도 하셨습니다.
9 여호와 우리 하나님을 높이고 그 거
룩한 산에서 경배하라. 여호와 우리
하나님은 거룩하시도다.

감사드리는 시

100

온 땅이여, 여호와께 기뻐
외치라.
2 기쁨으로 여호와를 섬기고 노래하며
그분 앞으로 나아가라.
3 여호와가 하나님이신 줄 알라. 그분이
우리를 만드셨으니 우리는 그분의 백
성들이고 그 목장의 양들이다.
4 감사하면서 그 문으로 들어가고 찬양
하면서 그 뜰로 들어가라. 그분께 감
사하고 그 이름을 찬양하라.
5 여호와는 선하시니 그 인자하심이 영
원하고 주의 진리가 온 세대에 걸쳐
지속될 것이다.

99:8 또는 이스라엘에게

다윗의 시

101 내가 주의 사랑과 공의를
노래하겠습니다. 오 여호와
여, 내가 주를 찬양하겠습니다.
2 내가 온전한 삶을 살기 위해 노력하
겠습니다. 그런데 주께서는 언제 내게
오시겠습니까? 내가 내 집에서 완전
한 마음으로 행동할 것이고
3 내 눈앞에 악한 것을 두지 않겠습니
다. 내가 빗나간 사람들의 행위를 싫
어하니 그들이 내게 붙어 있지 않을
것입니다.
4 심술궂은 마음이 내게서 떠날 것입니
다. 내가 악한 사람을 알지 못하게 될
것입니다.
5 누구든 그 이웃을 몰래 헐뜯는 사람
은 내가 끊어 버릴 것입니다. 누구든
지 눈이 높고 마음이 교만한 사람은
내가 참지 않을 것입니다.
6 내 눈이 이 땅의 신실한 사람들 위에
있을 것이니 그들이 나와 함께 있을
것입니다. 온전한 길로 다니는 사람
은 나를 섬길 것입니다.
7 속이기를 일삼는 사람은 내 집에 있
지 못하고 거짓말하는 사람은 내 앞
에 서지 못할 것입니다.
8 이 땅의 모든 악인들을 내가 아침마
다 멸망시키고 악을 행하는 모든 사
람들을 여호와의 성에서 끊어지게 할
것입니다.

연약한 사람이 낙심해 여호와 앞에서 하소연하는 기도

102 오 여호와여, 내 기도를 들
으소서. 내 울부짖는 소리
가 주께 미치게 하소서.
2 내가 괴로워할 때 주의 얼굴을 내게
서 숨기지 마시고 주의 귀를 내게 기
울이소서. 내가 부르면 바로 응답하
소서.
3 내 하루하루가 연기처럼 사라지고 내
뼈들이 난로처럼 타오릅니다.
4 내 마음이 풀처럼 짓밟히고 말라 버
려 먹는 것조차 잊었습니다.
5 내가 큰 소리로 탄식하니 피골이 상
접했습니다.
6 내가 광야의 펠리컨 같고 사막의 올
빼미 같습니다.
7 내가 누워도 잠을 못 이루니 지붕 위
에 혼자 있는 한 마리 새 같습니다.
8 내 적들이 하루 종일 나를 조롱하고
있습니다. 미치도록 나를 싫어하는
사람들이 맹세코 나를 반대하겠다고
합니다.
9 내가 재를 빵처럼 먹고 눈물을 물처
럼 마십니다.
10 이것은 주의 크나큰 진노 때문입니다.
주께서 나를 들어 내던지셨습니다.
11 내 하루하루가 길게 기울어지는 그림
자 같으니 내가 풀처럼 시들어 갑니
다.
12 오 여호와여, 그러나 주께서는 왕좌
에 영원히 계실 것입니다. 주의 명성
이 온 세대에 걸쳐 전해질 것입니다.
13 주께서 일어나 시온을 불쌍히 여기실
것입니다. 이제 시온에게 은총을 베
푸실 때가, 그 정해진 때가 왔습니다.
14 주의 종들이 시온의 돌을 보고 즐거

워하며 그 먼지들까지 좋아할 것입니
다.
15 이방 민족들이 여호와의 이름을 두려
워하고 이 땅의 모든 왕들이 주의 영
광을 경외할 것입니다.
16 여호와께서 시온을 다시 세우시고 영
광스럽게 나타나실 것입니다.
17 그분은 빈곤한 사람들의 기도를 고려
하시고 그들의 간청을 무시하지 않으
실 것입니다.
18 이제 올 세대를 위해 기록할 것이 있
습니다. 그러면 아직 태어나지 않은
백성들이 여호와를 찬양할 것입니다.
19 "그분이 높은 성소에서 내려다보시고
하늘에서 땅을 지켜보셨다.
20 갇힌 사람들의 신음 소리를 들으시고
죽을 지경에 놓인 사람들을 풀어 주
시려는 것이다."
21 이로써 여호와의 이름이 시온에 선포
되고 그분에 대한 찬양이 예루살렘에
울려 퍼질 것입니다.
22 그때 민족들과 나라들이 모여 여호와
를 섬기게 될 것입니다.
23 그분은 내가 아직 한창때인데도 내
힘을 꺾으셨고 내 삶을 단축시키셨습
니다.
24 그래서 내가 말했습니다. "오 내 하나
님이여, 내가 아직 한창때니 나를 데
려가지 마소서. 주의 날은 모든 세대
까지 계속되지 않습니까!
25 태초에 주께서 땅의 기초를 놓으셨고
하늘도 주의 손으로 지으신 작품입니
다.
26 그것들은 다 없어지겠지만 주는 계실
것입니다. 그것들은 다 옷처럼 낡아
해질 것입니다. 주께서 옷을 갈아입듯
바꾸신다면 그것들은 없어지겠지만
27 주께서는 여전히 한결같으시고 주의
날들은 끝이 없을 것입니다.
28 주의 종의 자녀들이 계속 이어질 것
이고 그들의 후손이 주 앞에 설 것입
니다."

다윗의 시

103

오 내 영혼아, 여호와를 찬
양하라. 내 속에 있는 모든
것들아, 그 거룩하신 이름을 찬양하
라.
2 내 영혼아, 여호와를 찬양하고 그분
께서 베풀어 주신 모든 은혜를 잊지
마라.
3 그분은 네 모든 범죄를 용서하시고
네 모든 질병을 고치시며
4 네 생명을 멸망에서 구속하시고 사랑
과 자비로 네게 관 씌우시며
5 좋은 것으로 네 입을 채워 네 청춘을
독수리같이 새롭게 하신다.
6 여호와께서는 억압당하는 모든 사람
들을 위해 의와 심판을 행하신다.
7 하나님께서는 모세에게 그가 갈 길을
알려 주셨고 이스라엘 백성들에게 그
분이 행하신 일들을 보여 주셨다.
8 여호와께서는 자비로우시고 은혜로
우시며 화를 더디 내시고 사랑이 넘
쳐나는 분이시다.
9 항상 꾸짖지는 않으시고 끝까지 진노
를 품지도 않으시리라.

10 하나님께서는 우리를 죄인으로 대하
지 않으셨고 우리 죄악에 따라 갚지
않으셨다.
11 하늘이 땅 위에 높이 있는 것처럼 하
나님을 경외하는 사람들에 대한 그분
의 사랑도 크다.
12 동쪽이 서쪽에서 먼 것처럼 하나님
께서는 우리 죄악을 우리에게서 멀리
옮기셨다.
13 아버지가 자식을 불쌍히 여기듯 여
호와께서도 주를 경외하는 사람들을
불쌍히 여기신다.
14 우리의 체질을 아시고 우리가 흙임을
기억하시기 때문이다.
15 인생으로 말하자면 우리의 나날은 풀
과 같고 들꽃처럼 번성하지만
16 바람이 불면 어디론가 사라지고 그
자리는 언제 그랬냐는 듯 흔적조차
없다.
17 그러나 여호와의 사랑은 영원에서 영
원까지 여호와를 경외하는 사람들 위
에 있고 그 의는 자녀의 자녀들,
18 곧 그 언약을 지키고 계명을 기억하
고 순종하는 사람들에게 이를 것이
다.
19 여호와께서 하늘에 옥좌를 마련하셨
으니 그분의 나라가 모든 것을 다스
린다.
20 힘이 넘쳐 하나님의 명령대로 수행하
고 그 말씀하시는 음성을 듣는 너희
천사들아, 여호와를 찬양하라.
21 너희 하늘의 모든 군대들아, 그분이
기뻐하시는 일을 하는 그분의 종들
아, 여호와를 찬양하라.
22 하나님의 지배권 아래 있는 하나님의
모든 피조물들아, 여호와를 찬양하
라. 오 내 영혼아, 여호와를 찬양하라.

104 오 내 영혼아, 여호와를 찬
양하라. 오 여호와 내 하나
님이여, 주께서는 정말 위대하십니다.
주께서는 영예와 위엄으로 옷 입으셨
습니다.
2 주께서는 빛을 옷 입듯 두르시고 하
늘을 휘장처럼 펼치시며
3 물 위에 들보를 얹으시고 구름으로
마차를 삼으시며 바람 날개 위를 거
니십니다.
4 바람을 주의 천사들로 삼으시고 불
꽃을 주의 종들로 삼으십니다.
5 하나님께서 땅의 기초를 세우셨으니
이 땅이 결코 흔들리지 않습니다.
6 주께서 땅을 옷으로 덮듯 깊은 물로
덮으셨으니 물이 산들 위에 섰습니
다.
7 그러나 주께서 꾸짖으시니 물들이 도
망쳤습니다. 주의 천둥 같은 소리에
물들이 정신없이 도망쳤습니다.
8 물들은 산들 위에 넘쳐흐르고 골짜
기로 내려가서 주께서 정해 주신 곳
까지 갔습니다.
9 주께서 물의 경계를 지어 더는 넘치
지 못하게 하셨으니 다시는 물이 땅
을 덮지 못할 것입니다.
10 하나님께서 골짜기에서 샘물이 나게
하십니다. 그 물이 산 사이로 흐르게
하시니

11 모든 들짐승이 마시고 들나귀가 타는
듯한 갈증을 풉니다.
12 나뭇가지 사이에서 노래 부르는 공중
의 새들도 물가에 깃들고 있습니다.
13 주께서 그 높은 방에서 산들을 촉촉
하게 적셔 주십니다. 이 땅이 주께서
일하신 결과로 흡족합니다.
14 주께서 *소를 먹일 풀과 사람이 먹을
채소를 길러 이 땅에서 양식이 나게
하시니
15 그것은 사람의 마음을 기쁘게 하는
포도주, 그 얼굴을 빛나게 하는 기름,
그 마음에 힘을 주는 빵입니다.
16 여호와의 나무들은, 그분이 심으신
레바논의 백향목들은 진액이 가득해
17 새들이 거기에 깃들고 학들이 소나무
에 둥지를 틉니다.
18 높은 산들은 산양들이 피할 곳이고
바위는 오소리들의 은신처입니다.
19 여호와께서 달을 두어 계절을 나타내
셨고 해에게는 그 지는 때를 알게 하
셨습니다.
20 주께서 어둠을 만드시면 바로 밤이
되고 숲의 모든 짐승들이 기어 나옵
니다.
21 젊은 사자들이 먹이를 찾아 으르렁거
리며 하나님께서 주시는 먹이를 구하
고
22 해가 뜨면 저희들끼리 몰려 들어가
자기 굴속에 눕습니다.
23 사람은 일하러 나와 저녁때까지 수고
합니다.
24 오 여호와여, 주께서 하시는 일이 얼
마나 다양한지요! 주께서 그 모든 것
을 지혜로 지으셨으니 이 땅이 주의
부요함으로 가득합니다.
25 바다도 저토록 거대하고 넓으며 그
안에는 기어 다니는 것들이 큰 것, 작
은 것 할 것 없이 수없이 많습니다.
26 거기서 배들이 왔다 갔다 하고 주께
서 손수 지으신 *리워야단이 그 안에
서 놀고 있습니다.
27 이 모든 것들이 주를 보며 때에 맞춰
양식 주시기를 기다립니다.
28 주께서 양식을 주시면 그들이 모이고
주께서 손을 펴시면 아주 만족하다가
29 주께서 얼굴을 숨기시면 불안해하고
그들의 숨을 거두시면 죽어서 흙으로
되돌아갑니다.
30 주께서 *주의 영을 보내시면 그들이
새롭게 창조돼 지면을 새롭게 합니다.
31 여호와의 영광은 영원히 계속될 것입
니다. 여호와께서는 그분이 하신 일
을 기뻐하실 것입니다.
32 하나님께서 땅을 쳐다보시면 땅이 벌
벌 떨고 산을 만지시면 산들이 연기
를 내뿜습니다.
33 내가 사는 한 여호와를 찬양할 것입
니다. 내가 존재하는 동안 내 하나님
을 찬양하겠습니다.
34 그분을 잠잠히 생각하는 것이 너무
나 달콤하니 내가 여호와 안에서 기
뻐합니다.
35 그러나 죄인들은 땅에서 사라지게 하

104:14 또는 가축을 104:26 바다에 산다고 생각되던 거대한 동물로 고대 사람들은 혼돈을 가져오는 신화 속의 생물로 이해함. 104:30 또는 주님의 숨

시고 악인들은 더 이상 존재하지 않
게 하소서. 오 내 영혼아, 여호와를
찬양하라. *여호와를 찬양하라.

105 여호와께 감사하고 그분의
이름을 부르라. 그분이 하
신 일들을 사람들 가운데 알리라.
2 그분께 노래하고 찬송하며 그분이 하
신 놀라운 일들을 말하라.
3 그 거룩하신 이름을 자랑하라. 여호
와를 찾는 사람들은 마음으로 즐거
워하라.
4 여호와를 찾고 그분의 능력을 바라보
라. 영원히 그분의 얼굴을 찾으라.
5 하나님께서 하신 놀라운 일들과 그
기적들과 그분이 선포하신 심판들을
기억하라.
6 오 그분의 종 아브라함의 후손아, 오
그 선택하신 백성 야곱의 자손들아
7 그분은 우리 하나님 여호와이시니 그
심판이 온 땅에 있구나.
8 그분은 언약을 영원히 기억하시고 명
령하신 말씀을 천대까지 기억하신다.
9 이것은 그분이 아브라함과 맺은 언약
이요, 이삭에게 하신 맹세이며
10 야곱에게 율법으로 세우신 것이며 이
스라엘에게 영원한 언약으로 세우신
것이다.
11 "너희가 받을 유산으로 내가 너희에
게 가나안 땅을 주리라"고 하신 것이
다.
12 그들이 고작 몇 사람밖에 안 돼 그
땅에서 나그네로 지낼 때
13 이 땅에서 저 땅으로, 이 나라에서
저 나라로 옮겨 다닐 때
14 하나님께서는 아무도 그들을 해치지
못하게 하셨고 오히려 그들을 위해
왕들을 꾸짖으셨다.
15 "내가 기름 부은 이들에게 손대지 말
며 내 예언자들을 해치지 말라"고 하
셨다.
16 그 땅에 굶주림을 내리시고 그들 식
량의 공급원을 모두 끊으셨다.
17 그러나 그들 앞에 한 사람을 보내셨
으니 노예로 팔렸던 요셉이다.
18 그들은 그의 발을 차꼬로 상하게 했
고 목에는 쇠사슬을 채웠지만
19 여호와의 말씀이 이루어질 때까지 말
씀이 그를 연단했다.
20 왕이 사람을 보내 요셉을 풀어 주었
으니 백성의 통치자가 그를 자유롭게
한 것이다.
21 왕이 요셉에게 왕의 집을 관리하고
모든 재산을 관할하게 했으며
22 관료들을 마음대로 교육하고 원로들
에게 지혜를 가르치게 했다.
23 그때 이스라엘도 역시 이집트로 들어
가게 됐다. 야곱이 함의 땅에서 나그
네로 살게 된 것이다.
24 여호와께서는 그분의 백성들이 점점
불어나 그들의 적들보다 더 강해지게
하셨고
25 적들의 마음을 바꿔 주의 백성들을
미워하게 하셨으며 그분의 종들에게
음모를 꾸미게 하셨다.

104:35 또는 할렐루야. 칠십인역에서는 이 구절부터 105편이 시작함.

26 또 그분의 종 모세와 직접 선택하신
아론을 보내셨다.
27 그들은 이집트 사람들 가운데서 하나
님의 표적을 보였고 함의 땅에서 하나
님의 기적들을 행했다.
28 하나님께서 어둠을 보내 그 땅을 어
둡게 하시니 사람들이 그 말씀을 거
부하지 못했다.
29 하나님께서는 물을 피로 바꿔 물고기
들을 죽이셨고
30 그 땅에 개구리들을 가득 채워 왕의
침실에까지 들어가게 하셨다.
31 하나님께서 말씀하시니 파리 떼가 날
아들었고 온 나라에 *이가 득실거렸
다.
32 하나님께서는 또 우박을 비처럼 쏟아
붓고 온 땅에 번개가 치게 하셨으며
33 포도나무들과 무화과나무들을 치고
그 땅에 있는 나무들을 산산조각 내
셨다.
34 그분이 말씀하시니 이런저런 메뚜기
떼가 수도 없이 몰려들어
35 그 땅의 채소란 채소는 다 먹어 치웠
고 그 밭에서 난 열매들도 삼켜 버렸
다.
36 그러고 나서 그분은 그 땅의 모든 처
음 난 것들, 곧 모든 기력의 시작인
장자를 치셨다.
37 그러고는 이스라엘을 데리고 나오시
되 은과 금을 가지고 나오게 하셨으
니 그들 지파 가운데 약한 사람이라
고는 하나도 없었다.
38 이집트 사람들은 두려움에 떨고 있었
기 때문에 그들이 떠나자 기뻐했다.
39 하나님께서는 구름을 이불처럼 펴시
고 밤에는 불을 비춰 주셨다.
40 백성들이 구하면 하나님께서는 메추
라기를 불러 주셨고 하늘의 빵으로
배부르게 하셨다.
41 그분이 바위를 여시니 물이 펑펑 솟
아 나와 강물처럼 마른 땅을 적셨다.
42 그분의 거룩한 약속과 그분의 종 아
브라함을 기억하신 것이다.
43 그분은 기뻐하며 백성들을 이끌어 내
셨다. 즐거워하며 선택하신 사람들을
이끌어 내신 것이다.
44 그러고는 그들에게 이방 민족들의 땅
을 주셨다. 그리하여 그들은 이방 민
족들이 일구어 놓은 것을 상속하게
됐다.
45 그들이 하나님의 율례를 지키고 그
율법에 순종하게 하시려는 것이었다.
*여호와를 찬양하라.

106

*여호와를 찬양하십시오.
여호와께 감사를 드리십시
오. 그분은 선하시고 그 인자하심은
영원합니다.
2 누가 과연 여호와의 놀라운 행적을
입에 담을 수 있으며 누가 그분의 모
든 공적을 나타낼 수 있겠습니까?
3 심판을 염두에 두고 항상 의를 행하
는 사람들은 복이 있습니다.
4 오 여호와여, 주께서 주의 백성에게
은혜를 베푸실 때 나를 기억하소서.
주의 구원을 가지고 나를 도우러 오

105:31 또는 모기 105:45;106:1 또는 할렐루야

소서.
5 주께서 택하신 이들이 잘되는 것을
내게 보게 해 주의 나라의 기쁨을 나
누게 하시고 주의 유산을 자랑하게
하소서.
6 우리가 조상들처럼 죄를 지었습니다.
우리가 잘못을 저질렀고 악한 짓을
했습니다.
7 우리 조상들은 이집트에 있을 때 주
의 기적을 전혀 이해하지 못했고 그
많은 주의 자비를 기억하지 못했으며
오히려 바다, 곧 *홍해에서 진노를 자
아냈습니다.
8 그러나 하나님께서는 그분의 이름을
위해 그들을 구원해 위대한 능력을
알리셨습니다.
9 하나님께서 홍해를 꾸짖으시니 홍해
가 말라 버렸고 그리하여 광야를 지
나듯 깊은 물을 가로질러 그들을 이
끌어 내셨습니다.
10 이렇게 그들을 미워하는 사람들의 손
에서 구원하시고 적들의 손에서 건져
내신 것입니다.
11 그리고 그 적들은 물이 덮어 버려 한
사람도 살아남지 못했습니다.
12 그때야 그들은 주의 말씀을 믿고 주
를 찬양했습니다.
13 그러나 그들은 곧 하나님이 하신 일
을 잊어버리고는 주의 가르침을 기다
리지 않고
14 오히려 광야에서 심하게 욕심을 부렸
으며 사막에서 하나님을 시험했습니
다.
15 하나님께서는 그들이 요구하는 것을
들어주셨지만 영혼이 쇠약해지는 병
도 보내셨습니다.
16 그들이 진영에서 모세와, 여호와께 거
룩하게 구별된 아론을 질투하자
17 땅이 입을 벌려 다단을 삼키고 아비
람 일당을 묻어 버렸습니다.
18 그 일당에게 붙은 불꽃이 그 악인들
을 다 태웠습니다.
19 그들은 호렙에서 송아지를 만들고 우
상을 숭배했습니다.
20 이렇게 그들은 자기들의 영광을 풀
먹는 황소의 모습과 바꾸었습니다.
21 이집트에서 위대한 일을 하신 구원자
하나님을 잊어버렸고
22 함의 땅에서 일어났던 기적들과 홍해
에서 일어난 놀라운 일들도 다 잊어
버렸습니다.
23 급기야는 하나님께서 그들을 멸망시
키겠다고 말씀하셨고 그러자 그분이
선택하신 모세가 그분 앞에 서서 어
떻게든 하나님의 진노를 되돌려 그들
을 멸망시키시지 않게 했습니다.
24 그때 그들은 그 좋은 땅을 무시하고
하나님의 말씀을 믿지 않았으며
25 자기 장막 안에서 불평하며 여호와의
음성을 듣지 않았습니다.
26 그리하여 하나님께서는 손을 들고 그
들을 광야에서 내치려고 하셨습니다.
27 그 자손들을 민족들 가운데 내치고
그 땅에서 흩어 버리겠다고 하셨습니
다.

106:7 히브리어, 얌 숩(시 106:9,22을 보라.)

28 그들은 스스로 바알브올에게 붙어 죽
은 것들에게 바친 제물을 먹고
29 이러한 짓으로 여호와의 진노를 샀습
니다. 그리하여 그들 가운데 전염병이
돌았습니다.
30 그때 비느하스가 일어나 중재해 가까
스로 전염병이 그치게 됐습니다.
31 이것 때문에 그는 의롭다고 여겨졌고
이 사실은 모든 세대에 걸쳐 지속되
고 있습니다.
32 또한 그들은 므리바 물가에서 그분의
진노를 샀고 그로 인해 모세가 괴로
움을 당하게 됐습니다.
33 그들이 *모세의 마음을 상하게 했기
에 모세가 그 입술로 경솔하게 말했
던 것입니다.
34 그들은 여호와께서 명령하신 대로 이
방 민족들을 멸망시키지 않았고
35 오히려 그 민족들과 섞여 그들의 관
습을 배우고
36 그들의 우상들을 경배했으니 그것이
그들에게 덫이 되고 말았습니다.
37 심지어는 자기 아들딸들을 귀신들에
게 제물로 바쳤고
38 죄 없는 피, 곧 가나안의 우상들에게
자기 아들들과 딸들을 바쳐 피를 흘
리니 그 땅이 온통 피로 얼룩지고 말
았습니다.
39 이렇게 그들은 스스로를 더럽혔고 자
기들이 만든 것들로 음행했습니다.
40 그러므로 여호와의 진노가 그 백성들
을 향해 불이 붙어 선택하신 백성을
미워하시기까지 하신 것입니다.
41 그분은 그들을 이방 민족들의 손에
내어 주셔서 그들을 미워하는 사람들
의 지배를 받게 하셨습니다.
42 적들이 그들을 억압해 결국 그 손 아
래에 굴복시켰습니다.
43 하나님께서 여러 번에 걸쳐 그들을
건져 내셨으나 그들은 자기들의 생각
대로 행동해 그분의 진노를 샀고 결
국 자기들의 죄악 때문에 낮아지게
됐습니다.
44 그러나 하나님께서는 그들의 부르짖
음을 들으시고 그 고통을 돌아보셨고
45 그들을 위해 그분의 언약을 기억하시
고 그 엄청난 인자하심에 따라 마음
을 돌이켜
46 그들을 사로잡아 간 모든 사람들이
그들을 불쌍히 여기게 하셨습니다.
47 오 여호와 우리 하나님이여, 우리를
구원하시고 이방 민족들 가운데서 우
리를 모으시어 주의 거룩한 이름에
감사를 드리고 주를 찬양하는 것을
자랑하게 하소서.
48 이스라엘의 하나님 여호와를 영원에
서 영원까지 찬양하라. 모든 백성들
은 "아멘!" 하라. *여호와를 찬양하라.

제 5 권

시편 107–150

107

여호와께 감사하라. 그분
은 선하시고 그 인자하심
이 영원하시다.
2 여호와께서 구원하신 사람들은 이처

106:33 또는 하나님의 영을 106:48 또는 할렐루야

럼 말해야 한다. 하나님께서 적들의
손에서 구원해
3 그들을 땅에서, *동서남북에서 모으
셨다.
4 그들은 정착할 성을 찾지 못하고 광
야 황무지에서 방황하다가
5 굶주리고 목이 말라 영혼의 기력을
잃은 일이 있었다.
6 그 고통 가운데 그들이 여호와께 부
르짖었더니 그분이 그들을 고통에서
건져 주시고
7 바른길로 인도하시어 정착할 성으로
들어가게 해 주셨다.
8 여호와의 선하심과 사람의 자손들에
게 하신 그 놀라운 일들로 인해 사람
들은 주를 찬양하라.
9 그분이 목마른 영혼들에게 넉넉하게
물을 주시고 굶주린 영혼들에게 좋
은 것으로 채워 주셨다.
10 그들이 어둠 속에, 죽음의 그림자 가
운데 앉아 쇠사슬에 묶인 채 고난에
빠진 일도 있었다.
11 하나님의 말씀을 거역하고 지극히 높
으신 분의 가르침을 무시했기 때문이
다.
12 그래서 그분이 그들의 마음에 어려움
을 주어 낮추셨던 것이다. 그들이 넘
어져도 돕는 사람 하나 없었다.
13 그때 그들이 그 고통 가운데서 여호
와께 부르짖었더니 그분이 그들을 구
원해 주셨다.
14 그분이 그들을 어둠에서, 죽음의 그
림자 속에서 끌어내시고 그들을 묶고
있던 것을 끊으셨다.
15 여호와의 변함없는 사랑과 사람의 자
손들에게 하신 그 놀라운 일들을 생
각하며 여호와께 감사하라.
16 이는 주께서 청동으로 된 문을 허무
셨고 철 빗장을 잘라 버리셨기 때문
이다.
17 어리석은 사람들이 반항하고 죄악을
저질렀기 때문에 곤란을 겪게 된 일
도 있었다.
18 그들의 영혼이 모든 음식을 거부하고
죽음의 문턱까지 이르렀을 그때,
19 그 고통 가운데서 여호와께 부르짖었
더니 그분이 그들을 구원해 주셨다.
20 그분이 말씀을 보내 그들을 고쳐 주
시고 그들을 파멸에서 구해 주셨다.
21 여호와의 선하심과 사람의 자손들에
게 하신 그 놀라운 일들을 두고 여호
와께 감사하라.
22 감사제물을 바치고 기쁨의 노래로 그
분이 하신 일들을 선포하는 것이 마
땅하다.
23 배를 타고 바다에 나가 큰 물에서 장
사하는 사람들이 있는데
24 그들은 여호와께서 하신 일을, 깊은
물에서 그분이 하신 놀라운 일들을
본다.
25 하나님께서 명령해 큰바람을 일으키
시면 큰 물결이 일어난다.
26 그 물결이 하늘까지 올라갔다가 깊은
곳에 내려가기도 할 때 그들의 영혼
이 걱정으로 녹아 없어진다.

107:3 히브리어에는 '동서북 바다'

27 그들이 이리저리 구르고 술 취한 것처
럼 비틀거리며 어쩔 줄 모른다.
28 그때 그들이 그 고통 가운데 여호와
께 부르짖으면 그분께서 그들을 고통
가운데서 끌어내 주실 것이다.
29 하나님께서 폭풍을 잠잠하게 하시면
바다 물결도 잔잔해진다.
30 물결이 가라앉으면 그들이 기뻐하고
여호와께서는 그들을 원하는 항구까
지 인도해 주신다.
31 오 사람들아, 여호와의 선하심과 사
람의 자손들에게 하신 그 놀라운 일
들을 두고 여호와께 감사하라.
32 집회에서 그분을 높이고 원로들의 공
회에서 그분을 찬양하라.
33 그분이 강물을 광야로, 샘물을 마른
땅으로 변하게 하시고
34 비옥한 땅을 소금밭으로 변하게 하시
는 것은 그곳에 사는 사람들이 악하
기 때문이다.
35 그분이 광야를 흐르는 물로, 마른 땅
을 샘물로 바꾸시며
36 거기에 굶주린 사람들을 데려와 살게
하시며 그들이 살 성읍을 준비하게
하신다.
37 밭에 씨를 뿌리고 포도원을 만들어
많은 수확을 얻게 하신다.
38 또 그들에게 복을 주어 그들의 수가
크게 늘어나게 하시고 그들의 가축
떼가 줄지 않게 하신다.
39 그리고 다시 억압과 재앙과 슬픔으로
그들의 수가 줄게 해 그들을 낮추신
다.
40 귀족들에게는 모욕을 주시고 길이 아
닌 곳에서, 광야 가운데서 방황하게
하신다.
41 그러나 궁핍한 사람들은 그 어려움에
서 높이 드시고 그 가족들을 양 떼처
럼 늘려 주신다.
42 의인들은 그것을 보고 기뻐할 것이
요, 악인들은 다 그 입을 다물 것이
다.
43 지혜로운 사람들과 이 일을 명심할
사람들은 여호와의 큰 사랑을 깨달
을 것이다.

다윗의 시, 노래

108

*오 하나님이여, 내 마음이
정해졌습니다. 내가 내 마
음을 다해 노래하고 찬양하겠습니다.
2 하프와 수금아, 일어나라! 내가 새벽
을 깨우리라.
3 오 여호와여, 내가 백성 가운데서 주
를 찬양하겠습니다. 민족들 가운데서
주를 노래하겠습니다.
4 주의 인자는 커서 하늘보다 높고 주
의 진리는 구름에까지 이릅니다.
5 오 하나님이여, 하늘보다 높임을 받
으시고 주의 영광이 온 땅을 덮게 하
소서.
6 그리하여 주께서 사랑하시는 사람들
이 건짐을 받게 하시며 주의 오른손
으로 구원하시고 내게 응답하소서!
7 하나님께서 *그 거룩함 가운데서 말
씀하셨습니다. "내가 기뻐하리라. 세겜

108:1 마소라 본문을 따름. 히브리어 사본과 칠십인역과 시리아어역에는 본문이 추가돼 있음(시 57:7,8을 보라). 108:7 또는 그 성소에서

을 나누고 숙곳 골짜기를 측량하리라.
8 길르앗이 내 것이요, 므낫세가 내 것
이며 에브라임이 내 투구이며 유다가
내 지팡이며
9 모압이 내 목욕탕이로다. 에돔 위에
내가 내 신을 던질 것이요, 블레셋을
이기리라."
10 누가 나를 튼튼한 성으로 데려가겠는
가? 누가 나를 에돔으로 인도하겠는
가?
11 오 하나님이여, 우리를 버리신 분이
주가 아니겠습니까? 이제 우리 군대
와 함께하지 않으시겠습니까?
12 이 고통 속에서 우리를 도우소서. 사
람의 도움은 아무 소용이 없습니다.
13 하나님과 함께라면 우리가 용감해질
수 있습니다. 우리 적들을 짓밟으실
분이 바로 하나님이십니다.

다윗의 시, 지휘자를 위한 노래

109

오 내가 찬양하는 하나님
이여, 가만히 있지 마소서.
2 악인들과 속임수를 쓰는 사람들이
그 입을 벌려 나를 반대하고 있습니
다. 거짓말하는 혀로 나를 대적해 말
했습니다.
3 또 못된 말로 나를 둘러싸고 이유 없
이 나를 공격했습니다.
4 내 사랑에 대해서 그들은 미움으로
보답합니다. 그러나 나는 기도할 뿐입
니다.
5 그들이 내 선을 악으로 갚고 사랑을
미움으로 갚으니
6 주께서 *악한 사람을 그 위에 세우시
고 고소자가 그 오른쪽에 서게 하소
서.
7 그가 재판받으면 유죄 판결이 나게 하
시고 그의 기도가 죄가 되게 하소서.
8 그가 사는 날이 얼마 안 되게 하시고
다른 사람이 그 자리를 차지하게 하
소서.
9 그 자녀들이 고아가 되게 하시고 그
아내가 과부가 되게 하소서.
10 그 자녀들이 돌아다니며 구걸하게 하
시고 폐가가 된 집을 떠나 양식을 찾
게 하소서.
11 빚쟁이에게 그 소유를 다 저당 잡히
게 하시고 나그네에게 그 수고한 열매
를 다 빼앗기게 하소서.
12 그에게 친절을 베푸는 사람이 없게
하시고 고아 된 그 자녀들을 불쌍히
여기는 사람이 없게 하소서.
13 그 자손들이 끊어져 그들의 이름이
다음 세대에서 지워지게 하소서.
14 그 조상들의 죄악이 여호와 앞에 기
억되게 하시고 그 어머니의 죄가 절대
로 지워지지 않게 하소서.
15 그들의 죄가 언제나 여호와 앞에 남
아 있어 그가 이 땅에 사는 사람들의
기억에서 끊어지게 하소서.
16 그가 친절을 베풀 생각은 하지 않고
가난하고 궁핍한 사람과 마음이 상
한 사람을 괴롭혀 마음 상한 사람들
을 죽였습니다.
17 그가 저주하기를 좋아했으니 그 저주
가 그에게 이르게 하소서. 그가 축복

109:6 또는 마귀를

하기를 기뻐하지 않았으니 복이 그에
게서 멀리 떠나게 하소서.
18 그가 저주하기를 옷 입듯 했으니 저
주가 물이 몸을 적시듯 하고 기름이
뼈에 스미듯 하게 하소서.
19 저주가 외투처럼 그를 두르고 허리띠
처럼 그를 영원히 매게 하소서.
20 나를 비난하는 사람들에게, 내 영혼
을 두고 악담하는 사람들에게 여호와
께서 이렇게 갚아 주소서.
21 오 주 여호와여, 주의 이름을 위해 나
를 선하게 대하시고 주의 사랑이 선
하시니 나를 건지소서.
22 내가 가난하고 궁핍하며 내 마음이
내 안에서 상했습니다.
23 내가 날이 저물 때의 그림자처럼 쇠
약해졌습니다. 내가 메뚜기 떼처럼 이
리저리 날려 다닙니다.
24 금식으로 인해 내 무릎이 약해졌고
내 몸은 살이 빠져 수척해졌습니다.
25 내가 그들에게 조롱거리가 됐으니 그
들이 나를 쳐다보고는 고개를 흔들
어 댔습니다.
26 오 내 하나님 여호와여, 나를 도우소
서. 주의 인자하심을 따라 나를 구원
하소서.
27 그리하여 이것이 주의 손인 줄을 그
들이 알게 하소서. 오 여호와여, 주께
서 그 일을 하셨습니다.
28 그들은 저주하라고 두시고 오직 주께
서는 복을 주소서. 그들이 들고일어
나면 수치를 당하게 하시고 주의 종
은 기뻐하게 하소서.
29 내 적들이 부끄러움으로 옷 입게 하
시고 겉옷을 두르듯 그들의 수치로
스스로를 덮게 하소서.
30 내 입으로 내가 여호와께 많은 찬송
을 드리고 많은 무리 가운데서 주를
찬양하겠습니다.
31 그분은 가난한 사람들의 오른쪽에
서시어 그 영혼을 정죄하는 사람들에
게서 그를 구원해 주실 것입니다.

다윗의 시

110 여호와께서 내 주에게 말씀
하셨습니다. "내가 네 적을
네 발의 발판으로 삼을 때까지 내 오
른쪽에 앉아 있으라."
2 여호와께서 시온에서 주의 힘의 지팡
이를 내미시고 주의 적들 가운데서
다스리실 것입니다.
3 주께서 능력을 보이시는 날에 주의
백성들이 거룩한 아름다움을 차려입
고 동트는 곳에서 기꺼이 나아올 것
입니다. 주께는 이슬 같은 주의 청년
들이 있지 않습니까!
4 여호와께서 맹세하셨으니 마음이 바
뀌지 않을 것입니다. "너는 멜기세덱
의 계열을 따르는 영원한 제사장이
다" 하신 것입니다.
5 왕의 오른쪽에 계시는 주께서 그 진
노의 날에 왕들을 치실 것입니다.
6 그분이 이방 민족들을 심판하시어 그
곳을 죽은 사람들로 가득 채우고 여
러 나라의 우두머리들을 치실 것입니
다.
7 그분이 길가의 시냇물을 마시고 고개

를 드실 것입니다.

*111 *여호와를 찬양하라. 내가
정직한 사람들의 공회와 집
회에서 내 온 마음을 다해 여호와를
찬양하리라.
2 여호와께서 하시는 일이 위대하기에
그 일을 기뻐하는 사람들이 다 연구
하는구나!
3 그분의 행적에 영광과 위엄이 있으며
그 의는 영원히 계속된다.
4 그 기적들을 기억하게 하셨으니 여호
와께서는 은혜롭고 자비가 넘치는 분
이시다.
5 그분은 자기를 경외하는 이들에게 양
식을 주시며 그들과의 언약을 영원히
마음에 두신다.
6 그 백성들에게 일하시는 능력을 보여
주시어 이방 민족들의 유산을 주기까
지 하신다.
7 그 손으로 하시는 일들은 참되고 공
의롭고 그 법도는 다 믿을 수 있다.
8 그것들이 진리와 정직함으로 된 일이
니 영원토록 굳건히 서 있을 것이다.
9 그분이 백성들에게 구원을 보내 주셨
고 언약에 명령해 영원하라고 하셨으
니 그 이름이 거룩하고 위대하다.
10 여호와를 경외하는 것이 지혜의 근본
이니 그 계명을 따르는 사람들은 다
훌륭한 통찰력이 있어 영원히 여호와
를 찬양할 것이다.

*112 여호와를 찬양하라. 여호
와를 경외하고 그 계명을
크게 기뻐하는 사람은 복이 있으니
2 그 자손이 그 땅에서 강해질 것이요,
정직한 사람들의 세대에게 복이 있을
것이다.
3 그 집에 부와 재물이 있고 의로움도
영원히 계속될 것이다.
4 어둠 속에서도 빛이 일어나 정직한
사람들을 비출 것이니 그는 은혜를
베풀 줄 알고 인정 많고 의롭구나.
5 선한 사람은 아낌없이 베풀고 기꺼이
빌려 주니 그런 사람은 분별력 있게
일을 처리할 것이다.
6 그는 영원히 흔들리지 않을 것이며
의인들은 영원히 기억될 것이다.
7 그가 나쁜 소식을 두려워하지 않는
것은 여호와를 의지하는 그 마음이
확고하기 때문이다.
8 마음에 흔들림이 없어 두려워하지 않
을 것이니 끝내 그의 적들은 그가 바
라던 대로 될 것이다.
9 그가 가난한 사람들에게 선물을 나
눠 주었으니 그의 의가 영원히 지속
될 것이고 그 뿔이 영광으로 높이 들
릴 것이다.
10 악인들이 그것을 보고 아쉬워할 것이
요, 이를 갈며 녹아 없어질 것이니 악
인들이 바라는 것은 성취되지 않으리
라.

113 *여호와를 찬양하라. 오 여
호와의 종들아, 찬양하라.
여호와의 이름을 찬양하라.
2 지금부터 영원히 여호와의 이름을 찬

111,112편 각 절의 첫 글자가 히브리어 자음 문자 순서로 돼 있는 시 111:1;113:1 또는 할렐루야

양하라.
3 해 뜨는 데부터 해 지는 데까지 여호
와의 이름이 찬양받으리라.
4 여호와는 모든 민족들보다 높으시고
그 영광은 하늘보다도 높도다.
5 여호와 우리 하나님 같은 이가 누가
있겠는가? 높은 곳에 계신 분이
6 하늘과 땅에 있는 것들을 살펴보시
려고 스스로를 낮추시지 않았는가?
7 그분은 가난한 사람들을 흙구덩이에
서 일으키시고 궁핍한 사람들을 퇴
비 더미에서 들어 올려
8 왕자들과 함께 앉히는 분이시다. 바
로 그 백성들의 왕자들과 함께 말이
다.
9 또 잉태하지 못하는 여자가 떳떳하게
가정을 지켜 결국 자식을 가진 행복
한 어머니가 되게 하신다. *여호와를
찬양하라.

114 이스라엘이 이집트에서 나
올 때, 야곱의 집이 이방 언
어를 말하는 민족에게서 나올 때
2 유다가 하나님의 성소가 됐고 이스라
엘이 그분의 영토가 됐다.
3 바다가 그것을 보고 도망쳤고 요단은
물러갔으며
4 산들은 숫양들처럼 펄쩍펄쩍 뛰었고
언덕들은 어린양들처럼 깡충깡충 뛰
었다.
5 오 바다야, 네가 무엇 때문에 도망쳤
느냐? 오 요단아, 네가 무엇 때문에
물러갔느냐?
6 너희 산들아, 너희가 무엇 때문에 숫
양들처럼 펄쩍펄쩍 뛰었느냐? 너희
언덕들아, 너희가 무엇 때문에 어린
양들처럼 깡충깡충 뛰었느냐?
7 오 땅이여, 너는 여호와 앞에서, 야곱
의 하나님 앞에서 떨라.
8 그분은 반석을 흐르는 물이 되게 하
셨고 단단한 바위를 샘물이 되게 하
셨다.

115 오 여호와여, 영광이 우리에
게 있지 않습니다. 영광이
우리에게 있지 않고 오직 주의 이름
에 있습니다. 영광은 주의 인자와 주
의 진리에 있습니다.
2 왜 이방 민족들이 "그들의 하나님이
어디 있느냐?"라고 말하게 하겠습니
까?
3 우리 하나님께서는 하늘에 계셔서 무
엇이든 기뻐하시는 일을 하지 않으셨
습니까!
4 그러나 그들의 우상은 은과 금이요,
사람의 손으로 만든 것입니다.
5 그것들은 입이 있어도 말하지 못하며
눈이 있어도 보지 못하며
6 귀가 있어도 듣지 못하고 코가 있어
도 냄새 맡지 못하며
7 손이 있어도 잡지 못하고 발이 있어
도 걷지 못하며 그 목구멍으로 소리
조차 내지 못합니다.
8 우상을 만드는 사람들은 우상처럼
될 것이요, 우상을 의지하는 사람들
도 그렇게 될 것입니다.
9 오 이스라엘이여, 여호와를 의지하라.

113:9 또는 할렐루야

그분이 너희의 도움이시요, 방패이시
다.
10 오 아론의 집아, 여호와를 의지하라.
그분이 너희의 도움이시요, 방패이시
다.
11 너희 여호와를 경외하는 사람들아,
여호와를 의지하라. 그분이 너희의
도움이시요, 방패이시다.
12 여호와께서 우리를 마음에 두고 계시
니 그분이 우리에게 복 주시리라. 그
분이 이스라엘의 집에 복을 주시고
아론의 집에 복을 주시리라.
13 작은 사람이나 큰사람이나 여호와를
경외하는 사람들에게 복을 주시리라.
14 여호와께서 너희와 너희 자손들 모두
를 번성케 하시리라.
15 너희가 하늘과 땅을 지으신 여호와께
복을 받으리니
16 하늘은, 저 온 하늘은 여호와의 것이
나 그분께서 땅은 사람의 자손들에
게 주셨다.
17 죽은 사람이 여호와를 찬양하는 것
이 아니며 침묵으로 내려가는 사람
들은 여호와를 찬양하지 못하지만
18 우리는 여호와를 찬양할 것이니 지금
부터 영원히 찬양하리라. *여호와를
찬양하라.

116 내가 여호와를 사랑합니다.
그분이 내 소리를 들으셨고
내 기도를 들으셨습니다.
2 그분이 내게 귀를 기울이셨으니 내가
사는 한 그분을 부를 것입니다.
3 죽음의 슬픔이 나를 얽어매고 *지옥
의 고통이 내게 미쳐 내가 고통과 슬
픔에 잠겨 있던
4 그때 여호와의 이름을 불렀습니다.
"오 여호와여, 주께 간구합니다. 나를
구원하소서!"
5 여호와는 은혜롭고 의로우십니다. 우
리 하나님은 자비가 가득하십니다.
6 여호와께서는 순박한 사람들을 보호
하는 분이셔서 내가 어려움을 당했
을 때 나를 구원해 주셨습니다.
7 오 내 영혼아, 편히 쉬어라. 여호와께
서 지금까지 네게 관대하셨도다.
8 오 여호와여, 주께서 내 영혼을 죽음
에서 건져 주시고 내 눈에서 눈물을
거둬 주시며 내 발이 넘어지지 않게
하시어
9 내가 생명의 땅에서 여호와 앞에 다
니게 하셨습니다.
10 내가 믿었기에 "인생이 왜 이렇게 고
달프냐?"라고 한 것 아닙니까!
11 내가 어쩔 줄 몰라 하며 "사람은 다
거짓말쟁이다"라고 한 적도 있었습니
다.
12 여호와께서 내게 베푸신 그 모든 은
혜를 내가 어떻게 다 갚겠습니까?
13 내가 구원의 잔을 들고 주의 이름을
부르며
14 모든 백성들 앞에서 여호와께 내 서
원을 지키겠습니다.
15 성도들의 죽음은 여호와께서 보시기
에 귀합니다.
16 오 여호와여, 내가 진정 주의 종입니

115:18 또는 할렐루야 116:3 히브리어, 스올

다. 나는 주의 종이며 주의 여종의 아
들입니다. 주께서 나를 사슬에서 풀
어 주셨습니다.
17 내가 주께 감사제물을 드리고 여호와
의 이름을 부르겠습니다.
18 내가 모든 백성들 앞에서 여호와께
내 서원을 지키겠습니다.
19 오 예루살렘아, 네 가운데서, 여호와
의 집 뜰에서 내가 갚으리라. *여호와
를 찬양하라.

117 너희 모든 민족들아, 여호와
를 찬양하라. 너희 모든 백
성들아, 여호와를 찬양하라.
2 우리를 향한 그분의 사랑이 크고 여
호와의 진리가 영원히 지속될 것이다.
*여호와를 찬양하라.

118 여호와께 감사하라. 그분은
선하시고 그분의 사랑은 영
원하시다.
2 이스라엘은 "그분의 사랑은 영원하
다"라고 하라.
3 아론의 집은 "그분의 사랑은 영원하
다"라고 하라.
4 여호와를 경외하는 사람들은 "그분
의 사랑은 영원하다"라고 하라.
5 내가 고통 가운데서 여호와께 부르짖
었더니 여호와께서 응답하시어 나를
넓게 펼쳐진 곳에 세워 주셨습니다.
6 여호와께서 내 편이시니 내가 두려워
하지 않겠습니다. 사람이 내게 어떻
게 하겠습니까?
7 여호와께서 내 편이 돼 나를 도와주
시니 나를 미워하는 사람들은 내가
바라던 대로 될 것입니다.
8 여호와를 믿는 것이 사람을 의지하는
것보다 낫고
9 여호와를 믿는 것이 통치자들을 의지
하는 것보다 낫습니다.
10 모든 민족들이 나를 둘러쌌지만 나
는 여호와의 이름으로 그들을 멸망시
킬 것입니다.
11 그들이 나를 사방으로 둘러싸고 분
명 그들이 나를 에워쌌으나 나는 여
호와의 이름으로 그들을 멸망시킬 것
입니다.
12 그들은 벌 떼처럼 내게 몰려들었지만
불붙은 가시덤불이 금세 꺼지듯 죽어
버렸습니다. 여호와의 이름으로 내가
그들을 멸망시킬 것입니다.
13 내가 넘어지도록 네가 나를 떠밀었지
만 여호와께서 나를 도와주셨다.
14 여호와께서 내 힘이시요, 내 노래이시
며 내 구원이 되셨습니다.
15 기쁨과 승리의 외침이 의인들의 장막
에 울리는구나. "여호와의 오른손이
엄청난 일을 하시니
16 여호와의 오른손이 높이 들렸도다. 여
호와의 오른손은 엄청난 일을 행하셨
도다!"
17 내가 죽지 않고 살아서 여호와께서
하신 일을 선포할 것입니다.
18 여호와께서 나를 심하게 징벌하긴 하
셨어도 죽음에 넘기지는 않으셨습니
다.
19 나를 위해 의의 문들을 열어라. 내가

116:19;117:2 또는 할렐루야

들어가 여호와께 감사할 것이다.
20 이것은 여호와의 문이니 의인들이 그
안으로 들어갈 것이다.
21 주께서 내게 응답하시고 내 구원이
되셨으니 내가 주를 찬양하겠습니다.
22 건축자들이 버린 돌이 머릿돌이 됐습
니다.
23 이 일은 여호와께서 하신 일이요, 우
리 보기에 참 놀라운 일이다.
24 이날은 여호와께서 지으신 날이니
*이날에 우리가 즐거워하고 기뻐하
자.
25 오 여호와여, 간구합니다. 우리를 구
원하소서. 오 여호와여, 간구합니다.
우리가 잘되게 하소서.
26 여호와의 이름으로 나오는 사람은 복
이 있습니다. 우리가 여호와의 집에서
너희를 축복했도다.
27 여호와는 우리에게 빛을 주시는 하나
님이시니 제물을 제단의 뿔에 묶어
두어라.
28 주는 내 하나님이시니 내가 주를 찬
양하겠습니다. 주는 내 하나님이시니
내가 주를 높이겠습니다.
29 오, 여호와께 감사하라. 그분은 선하
시고 인자하심이 영원하시다.

א 알렙

*119 행위가 흠이 없고 여호와의
율법대로 사는 사람들은
복이 있습니다.
2 여호와의 교훈을 지키고 온 마음을
다해 여호와를 찾는 사람들은 복이
있습니다.
3 그들은 죄를 저지르는 일이 없고 여
호와의 길로 행합니다.
4 주께서는 주의 교훈을 부지런히 지키
라고 명령하셨습니다.
5 주의 율례들을 지키도록 나의 길들
을 인도하소서!
6 내가 주의 모든 계명을 깊이 되새기
면 수치당할 일이 없을 것입니다.
7 내가 주의 의로운 법을 배울 때 정직
한 마음으로 주를 찬양할 것입니다.
8 내가 주의 율례를 지킬 것이니 나를
버리지 마소서.

ב 베트

9 청년이 어떻게 그 길을 깨끗하게 지
킬 수 있겠습니까? 주의 말씀을 따라
주의하는 것입니다.
10 내가 온 마음을 다해 주를 찾았으니
내가 주의 계명에서 벗어나 방황하는
일이 없게 하소서.
11 내가 주께 죄짓지 않으려고 주의 말
씀을 마음에 품었습니다.
12 오 여호와여, 찬양을 받으소서. 주의
율례를 내게 가르치소서.
13 주의 입에서 나오는 모든 법도를 내
입술로 선포했습니다.
14 사람이 재물이 많은 것을 좋아하듯
나는 주의 교훈 따르기를 좋아합니
다.
15 내가 주의 교훈을 묵상하고 주의 길
을 깊이 생각하며
16 주의 율례를 기뻐하니 내가 주의 말

118:24 또는 주와 함께 119편 각 연이 히브리어 자음 문자 순서로 되어 있고, 각 연마다 첫 글자가 같은 히브리어 자음 문자로 되어 있는 시

씀을 잊지 않겠습니다.

ג 김멜

17 주의 종을 너그럽게 대해 나를 살게
하시고 주의 말씀을 지키게 하소서.
18 내 눈을 열어 주의 법이 얼마나 놀라
운지 보게 하소서.
19 내가 땅에서는 나그네이니 주의 계명
을 내게서 숨기지 마소서.
20 주의 법을 이토록 바라다가 내 영혼
이 지쳤습니다.
21 주의 계명에서 떠난 저주받은 교만한
사람들을 주께서 꾸짖으셨습니다.
22 조롱과 경멸을 내게서 없애 주소서.
나는 주의 교훈을 지켰습니다.
23 통치자들이 앉아서 나를 욕해도 주
의 종은 주의 율례를 잠잠히 생각했
습니다.
24 주의 교훈은 내 기쁨이요, 내 갈 길
을 인도해 주는 길잡이입니다.

ד 달렛

25 내 영혼이 진흙 바닥에 나뒹굴고 있
으니 말씀하셨던 것처럼 나를 되살리
소서.
26 내가 내 길을 자세히 설명했더니 주
께서 들어주셨습니다. 주의 율례를
내게 가르치소서.
27 주의 교훈의 길을 내가 깨닫게 하소
서. 그러면 내가 주의 놀라운 일을 말
하겠습니다.
28 내 영혼이 무거워 녹아내립니다. 주의
약속대로 내게 힘을 돋워 주소서.
29 거짓된 길에서 나를 벗어나게 하시고
주의 법을 내게 은혜로 허락하소서.
30 내가 진리의 길을 선택했고 내 마음
을 주의 법에 두었습니다.
31 오 여호와여, 내가 주의 교훈을 꼭 붙
잡으니 내가 수치를 당하지 않게 하
소서.
32 주께서 내 마음을 넓혀 주실 때 내가
주의 계명의 길로 달려가겠습니다.

ה 헤

33 오 여호와여, 주의 율례를 가르치소
서. 그러면 내가 끝까지 그 율례를 지
키겠습니다.
34 내게 깨달음을 주소서. 그러면 내가
주의 법을 지키고 내 온 마음을 다해
순종하겠습니다.
35 내가 주의 계명을 따르도록 나를 인
도하소서. 내가 거기서 기쁨을 얻습
니다.
36 내 마음이 주의 교훈에 기울게 하시
고 탐욕으로 치닫지 않게 하소서.
37 내 눈이 쓸데없는 것을 보지 않게 하
시고 *주의 약속대로 나를 되살리소
서.
38 마음을 바쳐 주를 경외하는 주의 종
에게 주의 약속을 이루소서.
39 내가 두려워하는 수치를 가져가소서.
주의 법은 선합니다.
40 내가 얼마나 주의 교훈을 갈망해 왔
는지 모릅니다! 주의 의로 나를 되살
리소서.

ו 바브

41 오 여호와여, 주의 말씀대로 주의 변
함없는 사랑과 주의 구원이 내게 임

119:37 또는 주의 길로

하게 하소서.
42 그러면 나를 조롱하는 사람에게 그것
으로 응답할 수 있을 것입니다. 내가
주의 말씀을 의지하기 때문입니다.
43 진리의 말씀을 내 입에서 빼앗지 마
소서. 내가 주의 법을 바랐습니다.
44 그러므로 내가 주의 법을 끊임없이
영원토록 지킬 것입니다.
45 내가 주의 교훈을 지니고 있으니 자
유롭게 다닐 것입니다.
46 내가 부끄러움 없이 왕들 앞에서 주
의 교훈을 말하겠습니다.
47 내가 주의 계명을 기뻐하리니 이는
내가 그 계명들을 사랑하기 때문입니
다.
48 내가 사랑하는 주의 계명을 향해 내
손을 높이 들고 주의 율례를 묵상하
겠습니다.

ז 자인

49 종에게 하신 주의 말씀을 기억하소
서. 주께서 그것으로 내게 소망을 주
셨습니다.
50 내가 고통당하는 가운데서도 위로를
받은 것은 주의 약속이 나를 되살린
덕분입니다.
51 교만한 사람들이 한없이 나를 조롱
했지만 내가 주의 법에서 물러나지
않았습니다.
52 오 여호와여, 내가 주의 오래된 법을
기억하고 거기서 위로를 얻습니다.
53 주의 법을 버린 악인들 때문에 내가
분노에 사로잡혔습니다.
54 주의 율례는 내가 어디에 가든 내 노
래가 됐습니다.
55 오 여호와여, 밤에 내가 주의 이름을
기억했고 주의 법을 지켰습니다.
56 내가 가진 것이 이것이니 이는 내가
주의 교훈들을 지켰기 때문입니다.

ח 헤트

57 오 여호와여, 주는 내 몫이십니다. 내
가 주의 말씀을 지키겠다고 말했습니
다.
58 내가 온 마음을 다해 주의 은총을 구
했으니 주의 약속대로 내게 은혜를
베푸소서.
59 내가 내 행위를 깊이 생각하고는 주
의 교훈으로 내 발걸음을 돌렸습니
다.
60 내가 주의 계명을 지키는 데 신속하
고 지체하지 않았습니다.
61 악한 무리가 나를 꽁꽁 묶었지만 내
가 주의 법을 잊지 않았습니다.
62 한밤중에 내가 일어나 주의 의로운
법을 두고 주께 감사하겠습니다.
63 나는 주를 경외하는 모든 사람들, 주
의 교훈을 따르는 모든 사람들의 친
구입니다.
64 오 여호와여, 이 땅이 주의 사랑으로
가득합니다. 주의 율례를 내게 가르
치소서.

ט 테트

65 오 여호와여, 주의 약속대로 주의 종
에게 선하게 대하소서.
66 내가 주의 계명을 믿었으니 선한 판
단과 지식을 내게 가르치소서.
67 내가 고난을 받기 전에는 방황했는데

이제는 주의 말씀을 지킵니다.
68 주는 선하시고 주께서 하시는 일도
선하십니다. 주의 율례를 내게 가르
치소서.
69 교만한 사람들이 나에 대해서 거짓말
을 꾸며 댔지만 나는 온 마음을 다해
주의 교훈을 지키겠습니다.
70 그들의 심장은 기름만 끼어 있지만
나는 주의 법을 기뻐하고 있습니다.
71 내가 고난을 받는 것이 내게는 잘된
일입니다. 이는 내가 주의 율례를 배
우게 되기 때문입니다.
72 주의 입의 법이 내게는 수천 개의 은,
금보다 귀합니다.

י 요드

73 주의 손이 나를 만들고 지으셨으니
내게 통찰력을 주셔서 주의 계명을
배우게 하소서.
74 주를 경외하는 사람들이 나를 보고
즐거워하게 하소서. 내가 주의 말씀
을 바랐습니다.
75 오 여호와여, 나는 주의 법이 옳다는
것과 주께서 신실함으로 내게 고통을
주셨음을 압니다.
76 기도하오니 주의 *변함없는 사랑이
주의 종에게 하신 약속에 따라 내게
위로가 되게 하소서.
77 주의 자비를 내리셔서 내가 살게 하
소서. 주의 법은 내 기쁨이기 때문입
니다.
78 교만한 사람들이 내게 이유 없이 잘
못을 저질렀습니다. 그러나 나는 주
의 교훈을 기억하겠습니다.
79 주를 경외하는 사람들이, 주의 교훈
을 깨닫는 사람들이 내게로 돌아오
게 하소서.
80 내 마음이 주의 율례 속에 깨어 있어
서 내가 수치를 당하지 않게 하소서.

כ 카프

81 내 영혼이 주의 구원을 바라다가 지
쳤습니다. 그래도 나는 주의 말씀에
소망을 둡니다.
82 내 눈이 주의 말씀을 찾다가 흐려져
서 말합니다. "주께서 언제 나를 위로
하시겠습니까?"
83 내가 비록 연기 속의 가죽 부대같이
됐어도 주의 율례는 잊지 않습니다.
84 주의 종의 날이 얼마나 더 남았습니
까? 나를 괴롭히는 사람들을 주께서
언제 심판하시겠습니까?
85 주의 법을 따르지 않는 교만한 사람
들이 나를 빠뜨리려고 함정을 파 놓
았습니다.
86 주의 모든 계명들은 진실합니다. 사
람들이 이유 없이 나를 괴롭히고 있
으니 나를 도우소서.
87 그들이 나를 땅에서 거의 없애 버리
려 했으나 내가 주의 교훈을 버리지
않았습니다.
88 주의 인자하심을 따라 나를 되살리
소서. 그러면 내가 주의 입의 교훈을
지키겠습니다.

ל 라메드

89 오 여호와여, 주의 말씀이 하늘에 영
원히 서 있고

119:76 또는 인자하심을

90 주의 신실하심은 온 세대에 걸쳐 있
습니다. 주께서 이 땅을 세우셨으니
땅이 존재하는 것입니다.
91 그것들이 주의 법도를 따라 지금까지
계속되는 것은 그 모든 것이 주를 섬
기기 때문입니다.
92 주의 법이 내 기쁨이 아니었다면 내
가 고통당하다 멸망했을 것입니다.
93 내가 주의 교훈을 결코 잊지 않는 것
은 주께서 그 교훈으로 나를 되살리
셨기 때문입니다.
94 내가 주의 것이니 나를 구원하소서.
내가 주의 교훈을 찾으니 말입니다.
95 악인들은 나를 죽이려고 기다리고 있
지만 나는 주의 교훈을 깊이 생각하
겠습니다.
96 내가 보니 모든 완전한 것에도 한계
가 있었지만 주의 계명에는 한계가
없습니다.

מ 멤

97 오, 내가 얼마나 주의 법을 사랑하는
지요! 내가 하루 종일 그것을 묵상합
니다.
98 주께서 그 계명으로 나를 내 원수들
보다 더 지혜롭게 하셨습니다. 주의
계명이 항상 나와 함께 있기 때문입
니다.
99 내 모든 스승들보다 내게 더 많은 통
찰력이 있습니다. 주의 교훈을 묵상
하기 때문입니다.
100 내가 노인들보다 더 잘 깨닫습니다.
주의 교훈을 지키기 때문입니다.
101 내가 주의 말씀을 지키려고 모든 악
의 길에 빠지지 않도록 발을 잘 간수
했습니다.
102 주께서 직접 나를 가르치셨기 때문에
내가 주의 법을 떠나지 않았습니다.
103 주의 말씀이 내 입에 어쩌면 이렇게
달콤한지요! 내 입에 꿀보다 더 답니
다!
104 내가 주의 교훈에서 깨달음을 얻으
니 모든 잘못된 길을 싫어합니다.

נ 눈

105 주의 말씀은 내 발의 등불이요, 내
길의 빛입니다.
106 내가 주의 의로운 법을 따르기로 맹
세했으니 그렇게 할 것입니다.
107 내가 많은 고난을 당했습니다. 오 여
호와여, 주의 약속대로 나를 되살리
소서.
108 간구하건대 내 입의 낙헌제를 받으
시고 오 여호와여, 주의 법을 내게
가르치소서.
109 내 영혼이 계속 내 손안에 있어도 내
가 주의 법을 잊지 않습니다.
110 악인들이 나를 덮치려고 덫을 놓았
어도 나는 주의 교훈에서 떠나지 않
았습니다.
111 내가 주의 교훈을 영원히 내 재산으
로 삼았습니다. 그것이 내 마음의 기
쁨이기 때문입니다.
112 내가 내 마음을 주의 율례에 기울였
으니 끝까지 수행할 것입니다.

ס 사멕

113 나는 헛된 생각들을 싫어하고 주의
법을 사랑합니다.

114 주는 내 피난처이시요, 내 방패이시
니 내가 주의 말씀을 바랍니다.
115 너희 악을 행하는 사람들아, 내게서
물러가라. 나는 내 하나님의 계명을
지킬 것이다!
116 주의 약속에 따라 나를 붙잡아 주소
서. 그래야 내가 살 것입니다. 내 소
망이 부끄럽지 않게 하소서.
117 나를 붙드소서. 그러면 내가 무사할
것입니다. 내가 끊임없이 주의 율례
를 염두에 두겠습니다.
118 주의 율례를 떠나는 사람은 모두 주
께서 짓밟으셨습니다. 그들의 속임수
는 헛것이기 때문입니다.
119 이 땅의 모든 악인들은 주께서 찌꺼
기처럼 버리십니다. 그러므로 나는
주의 교훈을 사랑합니다.
120 내 육체가 주를 두려워하며 벌벌 떱
니다. 나는 주의 법이 두렵습니다.

ע 아인

121 내가 의롭고 정의를 행했으니 나를
억압하는 사람들에게 나를 내주지
마소서.
122 주의 종에게 평안함을 보장해 주시
고 교만한 사람들이 나를 억압하지
못하게 하소서.
123 내 눈이 주의 구원을 찾다가, 주의
의의 말씀을 찾다가 희미해졌습니
다.
124 주의 종을 주의 인자하심에 따라 다
루시고 주의 율례를 내게 가르치소
서.
125 나는 주의 종입니다. 내게 통찰력을
주어 주의 교훈을 깨닫게 하소서.
126 여호와여, 주께서 행동하실 때입니
다. 주의 법을 그들이 깨어 버리고
있습니다.
127 그러므로 내가 주의 계명을 금보다,
순금보다 더 사랑합니다.
128 그러므로 주의 모든 교훈을 의롭다
고 여깁니다. 나는 모든 잘못된 길을
미워합니다.

פ 페

129 주의 교훈은 놀랍습니다. 그래서 내
영혼이 그것을 지킵니다.
130 주의 말씀을 펼치면 빛이 나와 우둔
한 사람들에게 깨달음을 줍니다.
131 내가 주의 계명에 목말라 입을 열고
헐떡거립니다.
132 주여, 주의 이름을 사랑하는 사람들
에게 하시듯 나를 돌아보고 불쌍히
여기소서.
133 내 발걸음을 주의 말씀에 따라 인도
하시고 어떤 죄도 나를 다스리지 못
하게 하소서.
134 사람의 억압에서 나를 건져 주소서.
그러면 내가 주의 교훈을 지킬 것입
니다.
135 주의 얼굴을 이 종에게 비추시고 주
의 율례를 내게 가르치소서.
136 주의 법이 지켜지지 않으면 내 눈에
서 눈물이 강물처럼 쏟아집니다.

צ 짜데

137 오 여호와여, 주는 의로우시고 주의
판단은 올바릅니다.
138 주께서 정하신 교훈은 의롭고 모두

믿을 수 있습니다.
139 내 적들이 주의 말씀을 잊었기에 내
열정이 나를 지치게 했습니다.
140 주의 말씀은 매우 순결합니다. 주의
종이 그것을 사랑합니다.
141 내가 낮고 비천하다 해도 주의 훈계
를 잊지 않았습니다.
142 주의 의는 영원하고 주의 법은 진실
합니다.
143 고난과 번민이 나를 사로잡아도 주
의 계명은 내 기쁨입니다.
144 주의 교훈의 의는 영원하니 내게 통
찰력을 주소서. 그러면 내가 살 것입
니다.

ק 코프

145 오 여호와여, 내가 온 마음을 다해
주께 부르짖었습니다. 내게 응답하소
서. 내가 주의 율례를 지키겠습니다.
146 내가 주께 부르짖었습니다. 나를 구
원하소서. 내가 주의 교훈을 지키겠
습니다.
147 내가 동트기 전에 일어나 부르짖었으
며 주의 말씀을 믿었습니다.
148 내가 주의 약속을 생각하느라 한밤
중에도 눈을 뜨고 있습니다.
149 주의 인자하심으로 내 소리를 들으
소서. 오 여호와여, 주의 약속대로
나를 되살리소서.
150 악한 계략을 짜는 사람들이 가까이
다가오고 있습니다. 주의 법과는 거
리가 먼 사람들입니다.
151 오 여호와여, 주께서 가까이 계시고
주의 모든 계명은 진실합니다.
152 주께서 그 교훈을 영원히 세우신 것
을 내가 오래전부터 알고 있습니다.

ר 레쉬

153 내 고난을 보시고 나를 건져 주소
서. 내가 주의 법을 잊지 않았습니
다.
154 나를 변호하시고 구속해 주소서. 주
의 약속대로 나를 되살리소서.
155 구원이 악인들과 거리가 먼 것은 그
들이 주의 율례를 구하지 않기 때문
입니다.
156 오 여호와여, 주의 자비가 너무나 크
시니 주의 법에 따라 나를 되살리소
서.
157 나를 괴롭히는 사람들과 적들의 수
가 많지만 나는 주의 교훈에서 떠나
지 않았습니다.
158 나는 믿지 않는 사람들을 보고 안타
까웠습니다. 그들이 주의 말씀을 지
키지 않으므로 혐오합니다.
159 내가 주의 교훈을 얼마나 사랑하는
지 보소서. 오 여호와여, 주의 인자
하심으로 나를 되살리소서.
160 태초부터 주의 말씀은 참되며 주의
의로운 법은 하나같이 영원합니다.

ש 신과 쉰

161 통치자들이 이유 없이 나를 괴롭히
지만 내 마음은 주의 말씀을 경외하
며 서 있습니다.
162 내가 많은 전리품을 얻은 것처럼 주
의 약속을 기뻐합니다.
163 내가 거짓말은 싫어하고 혐오하지만
주의 법은 사랑합니다.

164 주의 의로운 법으로 인해 하루에 일
곱 번씩 주를 찬양합니다.
165 주의 법을 사랑하는 사람들에게는
큰 평강이 있습니다. 그러니 그들을
넘어뜨릴 만한 것이 없습니다.
166 여호와여, 내가 주의 구원을 기다렸
고 주의 계명을 따랐습니다.
167 내가 주의 교훈을 너무 사랑하기에
내 영혼이 그것을 지켰던 것입니다.
168 내 모든 행위가 주께 알려졌으니 내
가 주의 교훈과 주의 법을 지킨 것입
니다.

ת 타브

169 오 여호와여, 내 부르짖음이 주 앞에
닿게 하소서. 주의 약속대로 내게 깨
달음을 주소서.
170 내가 간절히 구하는 소리가 주 앞에
미치게 하소서. 주의 약속대로 나를
건져 주소서.
171 주께서 주의 율례로 나를 가르치실
때 내 입술에 찬양을 담게 하소서.
172 내 혀가 주의 말씀을 노래하게 하소
서. 주의 모든 계명이 의롭기 때문입
니다.
173 내가 주의 교훈을 선택했으니 주의
손이 나를 돕게 하소서.
174 오 여호와여, 내가 주의 구원을 사모
하니 주의 법은 내 기쁨이 됐습니다.
175 내 영혼이 살아 주를 찬양하게 하시
고 주의 법이 나를 붙들게 하소서.
176 내가 잃어버린 양처럼 길을 잃었으니
주의 종을 찾으소서. 내가 주의 계명
을 잊지 않았으니 말입니다.

성전에 오르며 부르는 노래

120 내가 고난 가운데 여호와
께 부르짖었더니 그분께서
들어주셨습니다.
2 오 여호와여, 거짓말하는 입술과 속
이는 혀에서 내 영혼을 구하소서.
3 오 속이는 혀야, 주께서 무엇으로 더
하시며 무엇으로 네게 행하시겠느냐?
4 용사들의 예리한 화살로, 로뎀 나무
숯불로 하시리라.
5 내가 메섹에 살고 게달의 장막에 있으
니 내게도 재앙이 있으리라!
6 내 영혼이 평화를 싫어하는 사람들
과 함께 오랫동안 살았습니다.
7 나는 평화를 원하나 내가 말할 때 그
들은 싸우려 하는구나.

성전에 오르며 부르는 노래

121 내가 산을 향해 눈을 든다.
내 도움이 어디서 오겠는
가?
2 내 도움은 하늘과 땅을 만드신 여호
와께로부터 온다.
3 그분은 네 발을 미끄러지지 않게 하
시리라. 너를 지키시는 그분은 졸지
도 않으시리라.
4 이스라엘을 지키시는 그분은 졸지도
않으시고 주무시지도 않으신다.
5 여호와는 너를 지켜 주시는 분이시니
여호와께서 네 오른편에서 그늘이 되
신다.
6 낮의 해도, 밤의 달도 너를 해치지 못
하리라.
7 여호와께서 모든 해악에서 너를 지켜

주시며 네 영혼을 지켜 주시리라.
8 여호와께서 네가 나가고 들어오는 것
을 지금부터 영원히 지키시리라.

다윗의 시, 성전에 오르며 부르는 노래

122 그들이 "여호와의 집에 가
자"라고 했을 때 나는 기뻐
했다.
2 오 예루살렘아, 우리 발이 네 성문 안
에 서 있다.
3 예루살렘은 밀집된 성읍처럼 지어져
있으니
4 지파들, 곧 여호와의 지파들이 그곳
으로 올라가 이스라엘에게 주신 율
례대로 여호와의 이름에 감사를 드린
다.
5 거기 심판의 왕좌가, 다윗의 집의 왕
좌가 있구나.
6 예루살렘의 평화를 위해 기도하라.
"예루살렘을 사랑하는 사람들이 잘되
게 하소서.
7 그 성안에 평화가 있게 하시고 그 궁
전 안에 번영이 있게 하소서."
8 내 형제들과 친구들을 위해 내가 "네
안에 평강이 있기를 바란다"라고 말
하리라.
9 우리 하나님 여호와의 집으로 인해
내가 네 복을 구하리라.

성전에 오르며 부르는 노래

123 오 하늘에 계시는 분이여,
내 눈을 들어 주를 봅니다.
2 종들의 눈이 그 주인의 손을 바라보
듯, 여종의 눈이 그 여주인의 손을 바
라보듯 내 눈이 우리 하나님 여호와
를 바라봅니다. 주께서 우리에게 그
자비를 베푸실 때까지 말입니다.
3 오 여호와여, 우리를 불쌍히 여기소
서. 우리를 불쌍히 여기소서. 우리가
너무나도 많은 비난을 받았습니다.
4 우리의 영혼이 안락에 빠진 사람들
의 심한 조롱과 교만한 사람들의 비
난으로 가득 차 있습니다.

다윗의 시, 성전에 오르며 부르는 노래

124 이제 이스라엘은 말해 보
라. 만약 여호와께서 우리
편이 아니셨다면
2 사람들이 우리에게 들고일어났을 때,
여호와께서 우리 편이 아니셨다면
3 그들이 우리를 향해 분노의 불을 지
폈을 때, 그들이 우리를 산 채로 잡아
먹었을 것이고
4 홍수가 우리를 삼키고 급류가 우리
영혼을 덮치며
5 넘쳐 일어나는 물이 우리 영혼을 휩
쓸어 갔으리라.
6 여호와를 찬양하라. 그분은 우리를
그들의 먹이로 내주지 않으셨다.
7 새가 사냥꾼의 덫에서 나오듯 우리
영혼이 벗어났구나. 새덫이 부서져 우
리가 벗어났도다.
8 우리의 도움은 하늘과 땅을 지으신
여호와의 이름에 있도다.

성전에 오르며 부르는 노래

125 여호와를 의지하는 사람들
은 흔들리지 않고 영원히
든든해 시온 산과 같을 것입니다.
2 산들이 예루살렘을 둘러싼 것처럼 여

호와께서도 그 백성들을 지금부터 영
원히 둘러싸실 것입니다.
3 의인들에게 분배된 땅 위에 악인들의
힘이 미치지 못할 것입니다. 만약 그
렇다면 의인들이 악인들의 손을 빌려
악을 행할지도 모르지 않습니까!
4 오 여호와여, 선한 사람들과 마음이
정직한 사람들을 선하게 대하소서.
5 그러나 굽은 길로 돌아선 사람들은
여호와께서 악을 행하는 사람들과 함
께 내쫓아 버리실 것입니다. 그러나 이
스라엘 위에는 평강이 있을 것입니다.

성전에 오르며 부르는 노래

126

여호와께서 *시온의 포로
들을 다시 데려오실 때 우
리가 꿈꾸는 사람들 같았습니다.
2 우리 입에는 웃음이 가득하고 우리
혀에는 노래가 가득했습니다. 그때
이방 민족들 가운데 있는 이들이 "여
호와께서 그들에게 큰일을 하셨다"
했습니다.
3 여호와께서 우리를 위해 큰일을 하셨
으니 우리가 정말 기쁩니다.
4 오 여호와여, 포로 된 우리를 *남쪽
의 시내처럼 회복시키소서.
5 눈물로 씨 뿌리는 사람들은 기뻐하
며 거두게 될 것입니다.
6 귀한 씨를 들고 울며 나가는 사람들
은 반드시 기뻐하며 단을 거두어 돌
아오게 될 것입니다.

솔로몬의 시, 성전에 오르며 부르는 노래

127

여호와께서 집을 짓지 않
으시면 건축자들은 헛수고
하는 것이다. 여호와께서 성을 지키지
않으시면 파수꾼이 지키고 서 있는
것도 헛일이다.
2 너희가 일찍 일어나는 것도, 늦게까지
자지 않으며 고생해서 얻은 것을 먹
는 것도 헛되다. *여호와께서는 사랑
하시는 사람들에게 잠을 주시기 때문
이다.
3 자식들은 여호와의 유산이요, 모태의
열매는 그분께 받는 상이다.
4 젊을 때 낳은 아들들은 용사들의 손
에 든 화살과 같다.
5 화살통이 화살로 가득 찬 사람은 복
이 있으니 그들이 문 앞에서 적들과
싸워도 수치를 당하지 않을 것이다.

성전에 오르며 부르는 노래

128

여호와를 경외하는 사람은
누구나, 그분의 길로 행하
는 사람은 누구나 복이 있도다.
2 네가 네 손으로 수고한 것을 먹을 것
이요, 네가 행복해지고 잘되리라.
3 네 아내는 네 집안 곳곳에서 열매 맺
은 포도나무 같겠고 네 자식들은 올
리브 나무들처럼 네 식탁 주위에 둘
러앉으리라.
4 여호와를 경외하는 사람은 이런 복을
받으리라.
5 여호와께서 시온에서 네게 복 주시리
라. 너는 평생토록 예루살렘이 잘되는
것을 보리라.

126:1 또는 시온의 운명을 회복시키셨을 때 126:4 히브리어, 네게브. 네게브 시내는 늘 말라 있음. 127:2 또는 여호와께서는 사랑하시는 사람들에게는 그가 잠을 자는 동안에도 복을 주신다.

6 네 자식의 자식들을 보기까지 하리
라. 이스라엘에 평화가 있기를!

성전에 오르며 부르는 노래

129

이스라엘은 말할 것이다.
"그들이 내 어린 시절부터
나를 여러 번 억압했습니다.
2 그들이 내 어린 시절부터 여러 번 나
를 억압했지만 나를 이기지는 못했습
니다.
3 밭을 가는 사람들이 내 등을 갈아 길
게 고랑을 만들었습니다.
4 그러나 여호와께서는 의로우신 분이
시라 그분이 악인들의 줄을 끊어 주
셨습니다."
5 시온을 미워하는 사람들은 다 수치
를 당하고 물러가라.
6 그들은 자라기도 전에 시들어 버리는
지붕 위의 풀 같아서
7 베는 사람이 자기 손을 채우지 못하
고 모으는 사람이 그 품을 채우지 못
하리라.
8 지나가는 사람들도 "여호와의 복이
네게 있기를 빈다. 여호와의 이름으로
우리가 너를 축복한다"라고 하지 않
으리라.

성전에 오르며 부르는 노래

130

오 여호와여, 깊은 곳에서
내가 주께 부르짖었습니다.
2 주여, 내 소리를 들으소서. 자비를 바
라며 부르짖는 내 소리에 주의 귀를
기울이소서.
3 여호와여, 주께서 죄를 지적하신다면
오 주여, 누가 견뎌 낼 수 있겠습니까?
4 그러나 용서가 주께 있으니 주는 경
외를 받으실 분이십니다.
5 내가 여호와를 바라고 내 영혼이 기
다리며 여호와의 말씀에 소망을 두고
있습니다.
6 내 영혼이 주를 기다리는 것이 아침
이 오기를 기다리는 파수꾼보다 더
간절합니다. 정녕 파수꾼이 아침이
오기를 기다리는 것보다 더합니다.
7 이스라엘은 여호와를 바라라. 변함없
는 신실하심이 여호와께 있고 온전한
구원이 그분께 있도다.
8 그분이 손수 이스라엘을 그 모든 죄
악에서 구원하시리라.

다윗의 시, 성전에 오르며 부르는 노래

131

오 여호와여, 내 마음이 교
만하지 않고 내 눈이 높지
않습니다. 내가 너무 큰일들과 나에
게 벅찬 일들을 행하지 않습니다.
2 진실로 내가 내 영혼을 가만히, 잠잠
히 있게 하니 젖 뗀 아이가 그 어미와
함께 있는 것 같고 내 영혼도 젖 뗀
아이와 같습니다.
3 오 이스라엘아, 지금부터 영원히 여호
와를 바라라.

성전에 오르며 부르는 노래

132

오 여호와여, 다윗과 그가
당한 모든 어려움을 기억
하소서.
2 그가 여호와께 맹세했습니다. 야곱의
전능하신 분께 서원했습니다.
3 "내가 내 집에 들어가지도, 잠자리에
들지도 않고

4 내 눈이 잠들지도, 내 눈꺼풀이 졸지
도 않겠습니다.
5 내가 여호와를 위한 곳, 야곱의 전능
하신 하나님이 계시는 곳을 찾을 때
까지 말입니다."
6 *그곳이 에브라다에 있다는 말을 듣
고 *나무들이 무성한 들판에서 찾았
습니다.
7 "우리가 그분이 계신 곳에 가서 그분
의 발 앞에서 경배를 드릴 것입니다.
8 오 여호와여, 주와 주의 능력의 언약
궤는 일어나 쉬실 곳으로 들어가소서.
9 주의 제사장들은 의로 옷 입고 주의
성도들은 기뻐 외치게 하소서."
10 주의 종 다윗을 위해 주의 기름 부음
받은 이를 외면하지 마소서.
11 여호와께서 진심으로 다윗에게 맹세
하셨으니 번복하지 않으실 것입니다.
"네 몸에서 나온 것 가운데 하나를
내가 네 왕좌에 앉히리라.
12 만약 네 자녀들이 내 언약을 지키고
내가 가르칠 교훈을 지키면 그들의
자녀들도 네 왕좌에 영원히 앉게 되
리라"고 하셨습니다.
13 여호와께서 시온을 선택하셨고 주께
서 계실 곳이 되기를 바라셨습니다.
14 "이곳이 영원토록 내 안식처가 되리
라. 내가 여기 있을 것이다. 내가 그것
을 바란다.
15 내가 시온에게 먹을 것이 많도록 복
을 주어 성의 가난한 사람들이 배부
르게 먹게 할 것이다.
16 또한 *제사장들에게 구원의 옷을 입
힐 것이니 성도들이 기뻐 외치리라.
17 여기에 내가 다윗을 위해 *뿔에 싹이
트게 하리니 내가 기름 부은 이를 위
해 *등불을 세워 두었다.
18 그의 적들에게는 내가 수치의 옷을
입힐 것이나 그는 머리 위의 면류관
으로 찬란히 빛나리라."

다윗의 시, 성전에 오르며 부르는 노래

133

형제가 함께 한마음으로
사는 것이 얼마나 선하고
얼마나 보기 좋은가!
2 그것은 마치 귀한 기름을 머리에 부
어 수염에까지, 곧 아론의 수염에까지
흘러내리고 그 옷깃에까지 흘러내리
는 것 같고
3 또 헤르몬의 이슬이 시온 산에 내리
는 것 같구나. 거기서 여호와께서 복
을 내리셨으니 바로 영원한 생명이로
다.

성전에 오르며 부르는 노래

134

밤에 여호와의 집에 서 있
는 너희 여호와의 모든 종
들아, 여호와를 찬양하라.
2 성소에서 손을 들고 여호와를 찬양하
라.
3 하늘과 땅을 지으신 여호와께서 시온
에서 너희에게 복 주시기를 원한다.

135

*여호와를 찬양하라. 여호
와의 이름을 찬양하라. 오

132:6 또는 법궤가 있다는 말을 에브라다에서 듣고 132:6 기랴다림 또는 기럇 여아림을 가리킴(스 2:25과 느 7:29을 보라). 132:16 또는 제사장들로 의로운 일을 하게 하고 132:17 힘 있는 자, 곧 왕을 상징함. 132:17 '통치가 지속되게 하겠다.'는 뜻 135:1 또는 할렐루야

여호와의 종들아, 그분을 찬양하라.
2 너희 여호와의 집, 우리 하나님의 집
뜰에 서 있는 사람들아,
3 *여호와를 찬양하라. 여호와는 선하
시다. 그 이름을 찬양하라. 그 이름
은 듣기에 아름답다.
4 여호와께서 야곱을 선택해 자신의 것
으로 삼으시고 이스라엘을 선택해 자
신의 특별한 보물로 삼으셨다.
5 여호와께서는 위대하시고 우리 주는
모든 신들보다 위대하심을 내가 안
다.
6 여호와께서는 하늘과 땅에서, 바다와
모든 깊은 곳에서 기뻐하시는 일이라
면 무엇이든 하신다.
7 여호와께서는 땅끝에서 안개를 일으
키고 비와 함께 번개를 보내시며 그
창고에서 바람을 내보내신다.
8 또 사람이든 가축이든 이집트에서 처
음 난 것들을 치셨다.
9 오 이집트야, 여호와께서 너희 가운데
바로와 그 모든 종들에게 그 표적과
기사를 보내셨다.
10 그분은 또 큰 민족들을 치셨고 강한
왕들을 죽이셨다.
11 아모리 사람의 왕 시혼과 바산 왕 옥
과 가나안의 모든 왕들이며
12 그 땅을 유산으로 주시되 그분의 백
성들인 이스라엘에게 유업으로 주셨
다.
13 오 여호와여, 주의 이름은 영원합니
다. 오 여호와여, 주에 대한 기억은 온
세대까지 계속될 것입니다.
14 여호와께서 그 백성들을 변호하시고
그 종들을 긍휼히 여기실 것입니다.
15 이방 민족의 우상들은 은과 금이요,
사람의 손으로 만든 것이다.
16 입이 있어도 말을 못하고 눈이 있어
도 보지 못하며
17 귀가 있어도 듣지 못하고 그 입에 숨
이 없다.
18 그것을 만드는 사람들이 그것처럼 되
고 그것을 의지하는 사람들도 다 그
렇게 되리라.
19 오 이스라엘의 집아, 여호와를 찬양
하라. 오 아론의 집아, 여호와를 찬양
하라.
20 오 레위의 집아, 여호와를 찬양하라.
너희 여호와를 경외하는 사람들아,
여호와를 찬양하라.
21 예루살렘에 계시는 여호와께 시온에
서 찬양을 드립니다. *여호와를 찬양
하라.

136

여호와께 감사하라. 그분
은 선하시며 그 인자하심
이 영원하시다.
2 신들의 하나님께 감사하라. 그 인자
하심이 영원하시다.
3 주의 주께 감사하라. 그 인자하심이
영원하시다.
4 홀로 위대한 일들을 하시는 분께 감
사하라. 그 인자하심이 영원하시다.
5 지혜로 하늘을 지으신 분께 감사하
라. 그 인자하심이 영원하시다.
6 물 위에 이 땅을 펼치신 분께 감사하

135:3,21 또는 할렐루야

라. 그 인자하심이 영원하시다.
7 큰 빛들을 지으신 분께 감사하라. 그
인자하심이 영원하시다.
8 해를 지어 낮을 다스리게 하신 분께
감사하라. 그 인자하심이 영원하시다.
9 달과 별을 지어 밤을 다스리게 하신
분께 감사하라. 그 인자하심이 영원
하시다.
10 이집트에서 처음 난 것들을 치신 분
께 감사하라. 그 인자하심이 영원하
시다.
11 그들 가운데서 이스라엘을 데리고 나
오신 분께 감사하라. 그 인자하심이
영원하시다.
12 강한 손과 쭉 뻗친 팔로 그렇게 하신
분께 감사하라. 그 인자하심이 영원
하시다.
13 *홍해를 쫙 갈라지게 하신 분께 감사
하라. 그 인자하심이 영원하시다.
14 그 가운데로 이스라엘을 지나가게 하
신 분께 감사하라. 그 인자하심이 영
원하시다.
15 바로와 그 군대를 *홍해 속에 빠뜨리
신 분께 감사하라. 그 인자하심이 영
원하시다.
16 그 백성들을 광야로 인도하신 분께
감사하라. 그 인자하심이 영원하시다.
17 큰 왕들을 치신 분께 감사하라. 그 인
자하심이 영원하시다.
18 유명한 왕들을 죽이신 분께 감사하
라. 그 인자하심이 영원하시다.
19 아모리 사람들의 왕 시혼을 죽이신
분께 감사하라. 그 인자하심이 영원
하시다.
20 바산 왕 옥을 죽이신 분께 감사하라.
그 인자하심이 영원하시다.
21 그 땅을 유산으로 주신 분께 감사하
라. 그 인자하심이 영원하시다.
22 바로 주의 종 이스라엘에게 그 땅을
유산으로 주신 분께 감사하라. 그 인
자하심이 영원하시다.
23 비천한 처지에 있는 우리를 기억하신
분께 감사하라. 그 인자하심이 영원
하시다.
24 우리 적들에게서 우리를 *해방시키신
분께 감사하라. 그 인자하심이 영원
하시다.
25 모든 육체에게 먹을 것을 주시는 분
께 감사하라. 그 인자하심이 영원하
시다.
26 하늘의 하나님께 감사하라. 그 인자
하심이 영원하시다.

137 바벨론 강 가에 앉아 우리
가 시온을 기억하면서 울었
습니다.
2 거기 버드나무 가지에 우리가 하프를
매달았습니다.
3 우리를 사로잡아 온 사람들이 우리
에게 노래를 시키고 우리를 고문하는
사람들이 기쁨의 노래를 부르라고 했
기 때문입니다. 그들은 "시온의 노래
가운데 하나를 부르라!" 하고 말했습
니다.
4 우리가 어떻게 남의 땅에서 여호와의
노래를 부를 수 있겠습니까?

136:13,15 히브리어, 얍 숩 136:24 또는 건지신

5 오 예루살렘아, 만약 내가 너를 잊는
다면 내 오른손이 그 재주를 잃게 될
것이다.
6 내가 너를 기억하지 못한다면, 내가
예루살렘을 내 가장 큰 기쁨으로 여
기지 않는다면 내 혀가 내 입천장에
붙어 버릴 것이다.
7 오 여호와여, 예루살렘이 넘어지던 날
에 에돔이 한 일을 기억하소서. 그들
이 부르짖으며 "무너뜨리라. 그 기초
까지 다 무너뜨리라"라고 했습니다.
8 오 멸망할 수밖에 없는 바벨론의 딸
아, 네가 우리에게 한 대로 갚아 주는
사람은 복이 있으리라.
9 네 어린아이들을 잡아다가 바위에 메
어치는 사람은 복이 있으리라.

다윗의 시

138 내 마음을 다해 주를 찬양
하겠습니다. 내가 신들 앞
에서 주를 찬양하겠습니다.
2 주의 거룩한 성전을 향해 내가 경배
하겠고 주의 인자하심과 주의 진리를
생각하며 주의 이름을 찬양하겠습니
다. 이는 *주께서 주의 이름과 주의
말씀을 모든 것 위에 높이셨기 때문
입니다.
3 내가 부르짖는 날에 주께서 응답하셨
고 내 영혼을 담대하고 용감하게 만
드셨습니다.
4 오 여호와여, 땅의 모든 왕들이 주의
입의 말씀을 듣고 주를 찬양하게 하
소서.
5 그들이 여호와의 길을 노래하게 하소
서. 주의 영광이 크기 때문입니다.
6 여호와께서는 높이 계시지만 낮은 사
람들을 돌아보십니다. 그러나 교만한
사람들은 멀리서도 아십니다.
7 내가 고통 가운데 처해 있더라도 주
께서는 나를 회복시키실 것입니다.
내 적들의 분노를 향해 주의 손을 뻗
으실 것이고 주의 오른손이 나를 구
원하실 것입니다.
8 여호와께서 나를 위한 뜻을 이루실
것입니다. 오 여호와여, 주의 인자하
심이 영원합니다. 주의 손으로 만드
신 것을 버리지 마소서.

다윗의 시, 지휘자를 위한 노래

139 오 여호와여, 주께서 나를
살펴보셨으니 나를 아실
것입니다.
2 내가 앉고 서는 것을 아시고 멀리에
서도 내 생각을 아십니다.
3 주께서는 내가 길을 다니는 것과 내
가 눕는 것을 아시니 내가 하는 모든
일을 샅샅이 알고 계십니다.
4 오 여호와여, 내가 말을 혀에 담기도
전에 주께서는 그것마저 다 아십니다.
5 주께서는 나를 앞뒤로 둘러싸 주시고
내게 손을 얹으셨습니다.
6 그토록 잘 아시다니 너무도 놀랍고
너무도 높아서 나는 이를 수 없습니
다.
7 내가 주의 영을 떠나 어디로 가겠습
니까? 내가 주 앞을 떠나 어디로 피

138:2 히브리어, '주께서 주의 말씀을 주의 모든 이름 위에 높이셨기 때문입니다.'

하겠습니까?
8 내가 하늘로 올라가도 거기에 계시며
*지옥에 잠자리를 마련해도 거기에
계십니다.
9 내가 새벽 날개를 타고 바다 저 끝에
내려앉더라도
10 어디에서든 주의 손이 나를 인도하시
며 주의 오른손으로 나를 꼭 붙드실
것입니다.
11 내가 "어둠이 나를 가리고 밤이 나를
둘러 달라" 해도
12 어둠조차 주로부터 숨지 못하며 밤도
낮처럼 환하게 빛날 것입니다. 주께는
어둠이나 빛이나 다를 바 없으니 말
입니다.
13 주께서는 내 장기를 지으셨고 내 어
머니의 모태에서 나를 만드셨습니다.
14 내가 주를 찬양합니다. 주께서 나를
경이롭게, 멋지게 지으셨습니다. 주의
작품은 정말 놀랍습니다. 내 영혼이
너무나 잘 알고 있습니다.
15 내가 아무도 모르는 데서 지어지고
땅속 가장 아래쪽에서 지음을 받았
을 때 내 것 하나하나가 주께 숨겨진
것이 없었습니다.
16 아직 완성되지도 않았는데 내 *틀을
주의 눈으로 보셨고 아직 아무것도
없을 때도 나를 구성한 재료들이 이
미 낱낱이 주의 책에 적혀 있었습니
다.
17 오 하나님이여, 주의 생각이 내게 *너
무나 귀합니다! 그 수가 얼마나 크고
많은지요!
18 내가 다 셀 수 있다면 모래알보다 많
을 것입니다. 깨어나 보면 나는 여전
히 주와 함께 있습니다.
19 오 하나님이여, 주께서 분명 악인들
을 죽이실 것입니다. 너희 피 묻은 사
람들아, 내게서 물러가라!
20 그들이 주를 나쁘게 말하고 주의 적
들이 주의 이름을 헛되이 말합니다.
21 오 여호와여, 주를 미워하는 사람들
을 미워하지 않으며 주께 들고일어나
는 사람들을 싫어하지 않을 수 있겠
습니까?
22 내가 그들을 철저하게 미워하며 내가
그들을 적으로 여깁니다.
23 오 하나님이여, 나를 살펴 내 마음을
알아주시고 나를 시험해 내 생각을
알아주소서.
24 내 안에 혹시라도 악한 것이 있는지
보시고 나를 영원한 길로 인도하소
서.

다윗의 시, 지휘자를 위한 노래

140 오 여호와여, 나를 악한 사
람들에게서 건져 내소서.
폭력을 행하는 사람들에게서 나를
보호하소서.
2 그들은 마음에 악한 계획을 세우고
날마다 모여서 싸움을 일으킵니다.
3 그들이 자기 혀를 뱀의 혀같이 날카
롭게 만들었으니 뱀의 독이 그 입술
아래 있습니다. (셀라)
4 오 여호와여, 악인들의 손에서 나를

139:8 히브리어, 스올 139:16 또는 형질 139:17 또
는 얼마나 심오한지요!

지켜 주시고 내 발을 걸어 넘어지게
하려는 폭력을 행하는 사람들에게서
나를 보호하소서.
5 교만한 사람들이 덫과 올가미를 숨겨
놓고 내가 가는 길목에 그물을 쳐 놓
았으며 나를 잡으려고 함정을 파 놓
았습니다. (셀라)
6 내가 여호와께 "주는 내 하나님"이라
고 했으니 오 여호와여, 내 부르짖는
소리를 들으소서.
7 오 주 하나님이여, 내 구원의 힘이여,
주께서 전쟁의 날에 내 머리를 덮어
주셨습니다.
8 오 여호와여, 악인들이 바라는 대로
허락하지 마소서. 그들의 계획이 성
공하지 못하게 하소서. 그들이 높아
질까 두렵습니다. (셀라)
9 나를 둘러싼 사람들의 머리에 그들의
입술이 담은 그 음모가 덮치게 하소
서.
10 불타는 숯불이 그들에게 떨어지게 하
소서. 그들을 불 속에, 깊은 구덩이
속에 던져 다시는 일어나지 못하게
하소서.
11 욕하는 사람들이 그 땅에 서지 못하
게 하시고 폭력을 행하는 사람들에
게 악이 따라가게 하소서.
12 여호와께서 고난당하는 사람들의 사
정을 변호하시고 가난한 사람들의 권
리와 이익을 보장해 주시는 것을 내
가 압니다.
13 분명 의인들은 주의 이름에 감사를
드리고 정직한 사람들은 주 앞에서
살 것입니다.

다윗의 시

141 여호와여, 내가 주를 부릅
니다. 어서 속히 내게로 오
소서. 내가 주를 부를 때 내 소리에
귀 기울이소서.
2 내 기도가 주 앞에 피운 향처럼 올라
가게 하시고 내 손을 드는 것이 저녁
제물처럼 되게 하소서.
3 오 여호와여, 내 입에 파수꾼을 두시
고 내 입술의 문을 지켜 주소서.
4 내 마음이 악한 것에 이끌려 죄악을
저지르는 사람들과 함께 악한 것을
일삼지 않게 하시고 그들의 진수성찬
을 먹지 않게 하소서.
5 *의인들이 나를 치게 하소서. 이것이
친절이 될 것입니다. 의인들이 나를
꾸짖게 하소서. 이것이 내 머리를 상
하지 않게 하는 좋은 기름이 될 것입
니다. 그러나 내 기도는 악인들에게
재앙을 부르게 하소서.
6 그들의 통치자들이 절벽에서 내던져
질 때 내 말이 옳았음을 알게 될 것입
니다.
7 그들이 "사람이 나무를 잘라 쪼개
만든 땔감처럼 *무덤의 입구에 우리
뼈들이 흩어져 있다"라고 할 것입니
다.
8 오 주 하나님이여, 내 눈이 주께 맞추
어졌습니다. 내가 주를 의지합니다.
내 영혼을 죽음에 넘기지 마소서.

141:5 또는 의로우신 분, 곧 하나님 141:7 히브리어, 스올

9 그들이 나를 잡으려고 놓은 덫과 범
죄자들이 파 놓은 함정에서 나를 지
켜 주소서.
10 악인들은 자기 그물에 스스로 빠지
게 하시고 나는 안전하게 지나가게
하소서.

다윗의 *마스길, 다윗이 굴에 있을 때 한 기도

142

내가 목소리를 내어 여호와
께 부르짖었습니다. 내 목
소리로 여호와께 기도했습니다.
2 내가 그분 앞에 내 불평을 털어놓았
으며 그분 앞에 내 어려움을 보여 드
렸습니다.
3 내 영이 마음속에서 실망할 때도 내
길을 아는 분은 하나님이셨습니다.
내가 걸어가는 길에 그들이 몰래 덫
을 숨겨 놓았습니다.
4 내 오른쪽을 보아도 나를 아는 사람
이 아무도 없었고 내가 피할 곳도 없
었으며 내 영혼에 관심을 갖는 사람
도 없었습니다.
5 오 여호와여, 내가 주께 부르짖습니
다. "주는 내 피난처이시요, 살아 있
는 사람들의 땅에서 받는 내 몫이십
니다."
6 내 부르짖음에 귀 기울이소서. 나는
너무나도 비참합니다. 나를 핍박하는
사람들에게서 나를 구하소서. 그들
은 나보다 강합니다.
7 내 영혼을 감옥에서 풀어 주셔서 내
가 주의 이름을 찬양하게 하소서. 주
께서 나를 너그럽게 대하시면 의인들
이 내 주위에 몰려들 것입니다.

다윗의 시

143

오 여호와여, 내 기도를 들
으시고 내 기도에 귀 기울
이소서. 주의 신실하심과 주의 의로
내게 응답하소서.
2 주의 종이 심판을 받지 않게 하소서.
살아 있는 사람 누구도 주 앞에 의로
운 사람이 없습니다.
3 적들이 내 영혼을 괴롭혔습니다. 내
생명을 땅바닥에 내리꽂았고 죽은 지
오래된 사람들처럼 나를 어둠 속에서
살게 했습니다.
4 그러니 내 영혼이 깊이 실망하고 내
마음이 속에서 절망합니다.
5 내가 지난날을 기억하며 주께서 하신
모든 일들을 묵상합니다. 주의 손으
로 하신 일들을 생각합니다.
6 내가 주께 손을 뻗습니다. 내 영혼이
바짝 마른 땅같이 주를 목말라합니
다. (셀라)
7 오 여호와여, 어서 빨리 응답하소서.
내 영이 죽어 가고 있습니다. 주의 얼
굴을 내게서 숨기지 마소서. 내가 저
아래 구덩이에 빠지는 사람들과 똑같
이 될까 두렵습니다.
8 내가 주를 의지하니 아침에 주의 변
함없는 사랑을 듣게 하소서. 주께 내
영혼을 올려 드리니 내가 가야 할 길
을 보여 주소서.
9 오 여호와여, 내 적들에게서 나를 구
하소서. 내가 주께로 피해 숨습니다.
10 나를 가르쳐 주의 뜻대로 하게 하소

142편 문학 또는 음악 용어

서. 주는 내 하나님이십니다. 주의 영
은 선하십니다. 나를 평탄한 땅으로
인도하소서.
11 오 여호와여, 주의 이름 때문에라도
나를 되살리소서. 주의 의로우심 때
문에라도 내 영혼을 고통에서 건져
내소서.
12 주의 변함없는 사랑으로 내 적들을
끊어 버리시고 내 영혼을 해치는 모
든 사람들을 멸망시키소서. 나는 주
의 종입니다.

다윗의 시

144 내 반석이신 여호와를 찬
양합니다. 그분은 전쟁을
위해 내 손을, 전투를 위해 내 손가락
을 훈련시키십니다.
2 그분은 내 선함이시요, 내 요새이시
며 내 산성이시며 나를 건지는 분이
시요, 내 방패이시며 내가 의지하는
분이시며 *내 백성들을 내 밑에 복종
시키는 분이십니다.
3 오 여호와여, 사람이 무엇이라고 주께
서 그를 돌보시며 인자가 무엇이라고
주께서 생각하십니까!
4 사람은 한낱 헛것에 불과합니다. 그
인생은 지나가는 그림자 같습니다.
5 오 여호와여, 하늘을 낮게 드리우고
내려오소서. 산들을 건드려 연기 나
게 하소서.
6 번개를 보내 적들을 흩어 버리시고 주
의 화살을 쏘아 그들을 물리치소서.
7 높은 곳에서 주의 손을 뻗어 내려 거
센 물결과 이방 사람의 자손들의 손
에서 나를 건지시고 구하소서.
8 그들은 입으로 헛된 것을 말하며 그
오른손으로는 속이는 일만 합니다.
9 오 하나님이여, 내가 주께 새 노래를
부르겠습니다. 수금과 현악기로 주를
찬양하겠습니다.
10 주께서는 왕들에게 승리를 안겨 주
는 분이십니다. 주의 종 다윗을 해치
는 칼에서 건져 내시는 분이십니다.
11 이방 사람의 자손들의 손에서 나를
건지시고 나를 구하소서. 그들은 입
으로 헛된 것을 말하며 그 오른손으
로는 속이는 일만 합니다.
12 그러면 우리 아들들은 나무가 자라듯
할 것이고 우리 딸들은 왕궁 모퉁이에
서 번쩍이는 조각 기둥 같을 것입니다.
13 우리 창고에 각종 식량이 가득하고
우리 양들이 길가에 1,000배, 1만 배
로 늘어날 것이며
14 우리 황소들이 *힘든 일도 너끈히 해
낼 것입니다. 또 성벽을 침범하는 일이
나 포로로 잡혀가는 일이 없고 거리에
서 불평하는 소리도 없을 것입니다.
15 이런 백성들은 복이 있습니다. 여호와
를 하나님으로 모신 백성들은 복이
있습니다.

다윗의 찬송시

***145** 왕이신 내 하나님이여, 내
가 주를 높이고 영원토록

144:2 대부분의 마소라 사본을 따름. 많은 마소라 사본과 사해 문서와 아퀼라역과 제롬역과 시리아어역에는 '뭇 백성' 144:14 히브리어, '무거운 짐을 지고 다닐' 145편 각 절의 첫 글자가 히브리어 자음 문자 순서로 되어 있는 시

주의 이름을 찬양하겠습니다.
2 내가 날마다 주를 찬양하고 영원토
록 주의 이름을 찬양하겠습니다.
3 여호와께서는 위대하시니 찬양받기
에 마땅하신 분이십니다. 주의 위대
하심은 어느 누구도 헤아리지 못합니
다.
4 한 세대가 다음 세대에게 주의 일들
을 찬양하고 주의 능력 있는 행적을
선포할 것입니다.
5 내가 주의 위엄 있고 영광스러운 영
예와 행하신 놀라운 일들을 말하겠
습니다.
6 사람들이 주가 하신 두려운 일들이
얼마나 힘이 있었는지 말할 것이니 나
도 주의 위대하심을 선포하겠습니다.
7 그들이 주의 선하심이 얼마나 컸는지
기억해서 말하며 주의 의를 노래할
것입니다.
8 여호와는 은혜롭고 자비가 넘치시며
노하기를 더디 하시고 사랑이 크십니
다.
9 여호와께서는 모두에게 선하십니다.
그분이 지으신 모든 것에 자비를 베
푸십니다.
10 오 여호와여, 주께서 지으신 모든 것
이 주를 찬양하고 주의 성도들이 주
를 찬양할 것입니다.
11 그들이 주의 나라의 영광을 말하며
주의 능력을 말할 것입니다.
12 그러면 모든 사람의 자손들이 주의
능력 있는 행적과 주의 나라의 영광
스러운 위엄을 알게 될 것입니다.
13 *주의 나라는 영원한 나라요, 주의
통치는 온 세대에 이를 것입니다.
14 여호와께서는 넘어지는 사람들 모두
를 붙들어 주시고 엎드린 사람들 모
두를 일으키십니다.
15 모든 눈들이 주를 바라보니 주께서는
때에 맞춰 그들에게 먹을 것을 주십
니다.
16 주께서 손을 펴서 살아 있는 모든 것
의 소원을 이루어 주십니다.
17 여호와께서는 모든 길에 의로우시고
하시는 모든 일에 거룩하십니다.
18 여호와께서는 주를 부르는 모든 사람
들, 진심으로 주를 부르는 모든 사람
들 가까이에 계십니다.
19 주께서는 그분을 경외하는 사람들의
소원을 이루어 주시고 그들의 부르짖
음을 듣고 구원해 주실 것입니다.
20 여호와께서는 그분을 사랑하는 모두
를 지켜보시지만 악인들은 다 멸망시
키십니다.
21 내 입이 여호와를 찬양하리라. 모든
육체는 그분의 거룩한 이름을 영원토
록 찬양하라.

146

*여호와를 찬양하라. 오
내 영혼아, 여호와를 찬양
하라.
2 내가 평생 여호와를 찬양하겠고 내가
존재하는 한 내 하나님을 찬양하겠
습니다.
3 왕들을 의지하지 말고 사람의 자손

145:13 대부분의 마소라 사본을 따름. 하나의 마소라 사본과 사해 사본과 시리아어역과 칠십인역에는 추가 본문이 있음. 146:1 또는 할렐루야

들을 의지하지 마십시오. 거기에는
도움이 없습니다.
4 그 숨이 떠나가면 땅으로 돌아가고
바로 그날에 그들의 계획은 사라집니
다.
5 야곱의 하나님을 도움으로 삼고 그
하나님 여호와를 바라는 사람은 복
이 있습니다.
6 하늘과 땅과 바다와 그 안에 있는 모
든 것을 지으신 분, 그분은 진리를 영
원히 지키십니다.
7 그분은 억압받는 사람들을 위해 심
판해 주시고 배고픈 사람들에게 먹
을 것을 주십니다. 여호와는 갇힌 사
람들을 풀어 주시고
8 여호와는 눈먼 사람들의 눈을 뜨게
하시며 여호와는 엎드린 사람들을 일
으키시고 여호와는 의인들을 사랑하
십니다.
9 여호와는 나그네들을 보호하시며 고
아와 과부를 붙들어 주십니다. 그러
나 악인들의 길은 좌절시키십니다.
10 오 시온아, 여호와께서 영원히 다스리
시며 네 하나님이 온 세대에 걸쳐 다
스리신다. *여호와를 찬양하라.

147

*여호와를 찬양하라. 우리
하나님께 찬양하는 것이 얼
마나 좋은지요! 그분을 찬양하는 것
이 얼마나 기쁘고 당연한 일인지요!
2 주께서는 예루살렘을 지으시고 이스
라엘에서 쫓겨 나간 사람들을 모으시
며
3 마음이 상한 사람을 고치시고 그들
의 상처를 싸매십니다.
4 주께서는 별들의 수를 세시고 그 하
나하나에 모두 이름을 붙여 주십니
다.
5 우리 주는 위대하시고 능력이 크시며
그 통찰력은 한이 없으십니다.
6 여호와께서는 마음이 따뜻한 사람들
을 높여 주시고 악인들은 땅에 던지
십니다.
7 여호와께 감사의 찬송을 부르라. 우
리 하나님께 하프로 찬양하라.
8 그분은 하늘을 구름으로 덮으시고
땅에 비를 내리시며 산에 풀이 자라
게 하십니다.
9 그분은 가축을 위해 먹이를 주시고
어린 까마귀가 부르면 먹이를 주십니
다.
10 여호와께서는 말의 힘을 기뻐하지 않
으시고 사람의 다리도 기뻐하지 않으
십니다.
11 여호와께서는 그분을 경외하는 사람
들과 그 변함없는 사랑을 바라는 사
람들을 기뻐하십니다.
12 오 예루살렘아, 여호와를 찬양하라.
오 시온아, 네 하나님을 찬양하라.
13 그분은 네 문들의 빗장을 강하게 하
셨고 네 안에 있는 네 백성들에게 복
을 주셨다.
14 또 네 경계 안에 평화를 주시고 가장
고운 밀가루로 너를 배불리신다.
15 그분이 주의 계명을 땅에 보내시니
그 말씀이 빨리 퍼져 나갑니다.

146:10;147:1 또는 할렐루야

16 그분은 양털같이 눈을 내려 주시고
서리를 재같이 흩으십니다.
17 또 우박을 자갈처럼 집어 던지시니
그 추위를 누가 견뎌 낼 수 있겠습니
까?
18 그분은 말씀을 보내어 얼음을 녹이
시고 또 바람을 보내 물이 돼 흐르게
하십니다.
19 그분은 야곱에게 말씀을 들려주시고
이스라엘에게 규례와 명령을 나타내
셨습니다.
20 다른 어떤 민족에게도 이렇게 하신
적이 없으시니 그들은 그분의 명령을
알지 못했습니다. *여호와를 찬양하
라.

148 *여호와를 찬양하라. 하늘
에서 여호와를 찬양하고
높은 곳에서 그분을 찬양하라.
2 그분의 모든 천사들아, 그분을 찬양
하라. 그분의 모든 군대들아, 그분을
찬양하라.
3 해와 달아, 그분을 찬양하라. 너희 빛
나는 모든 별들아, 그분을 찬양하라.
4 너 가장 높은 하늘아, 너 하늘 위의
물들아, 그분을 찬양하라.
5 여호와의 이름을 찬양하라. 그분의
명령으로 그것들이 창조됐다.
6 그분이 그것들을 그 자리에 두어 영
원토록 있게 하셨고 결코 없어지지
않을 법령을 주셨다.
7 땅에서부터 여호와를 찬양하라. 너희
용들과 모든 바다 깊은 물들아,
8 번개와 우박, 눈과 구름, 그분의 명령
을 수행하는 폭풍아,
9 산들과 모든 언덕들아, 과일나무들과
모든 백향목들아,
10 들짐승들과 모든 가축들, 기어 다니
는 것들과 날아다니는 새들아,
11 땅의 왕들과 모든 백성들, 땅의 모든
고관들과 재판관들아,
12 총각들과 처녀들, 노인들과 아이들
아,
13 여호와의 이름을 찬양하라. 그 이름
만이 위대하시고 그 영광이 땅과 하
늘 위에 있다.
14 그분은 백성들을 위해 *뿔을 높이
드시니 그분의 모든 성도들, 곧 그분
께 가까이 있는 백성 이스라엘 자손
들의 찬양을 높이신다. 너희는 *여호
와를 찬양하라.

149 *여호와를 찬양하라. 새 노
래로 여호와께 노래하며 성
도들의 집회에서 그분을 찬양하라.
2 이스라엘은 자기를 만드신 분을 즐거
워하며 시온의 자녀들은 그 왕을 기
뻐하라.
3 춤을 추며 그분의 이름을 찬양하고
탬버린과 하프로 그분께 찬양하라.
4 여호와께서 그 백성들을 기뻐하시니
그분은 겸손한 사람들에게 구원의
관을 씌우실 것이다.
5 성도들은 이 영예를 즐거워하고 그들
의 잠자리에서 큰 소리로 노래하라.
6 그들의 입에 하나님을 향한 찬양이

147:20;148:1,14;149:1 또는 할렐루야 148:14 힘 있는 자, 곧 왕을 상징함.

있게 하고 그들의 손에는 양날 선 칼
이 있어
7 이방 민족들 위에 복수의 일격을 가
하고 그 백성에게 벌을 내리며
8 그들의 왕들을 사슬로 묶고 그들의
귀족들에게 쇠고랑을 채우며
9 그들을 위해 기록된 형벌을 시행하게
하라. 이것이 그의 모든 성도들의 영
광이다. 너희는 *여호와를 찬양하라.

150 *여호와를 찬양하라. 그분
의 성소에서 하나님을 찬
양하라. 그분의 능력이 머무는 하늘
에서 여호와를 찬양하라.
2 그분의 놀라운 일들을 두고 여호와
를 찬양하라. 그분은 한없이 위대하
시니 그것을 따라 여호와를 찬양하
라.
3 나팔 소리로 여호와를 찬양하라. 하
프와 수금으로 여호와를 찬양하라.
4 탬버린을 치고 춤을 추며 여호와를
찬양하라. 현악기와 오르간으로 여호
와를 찬양하라.
5 큰 소리 나는 심벌즈로 여호와를 찬
양하며 심벌즈의 높은 소리로 여호와
를 찬양하라.
6 호흡이 있는 모든 것들은 여호와를
찬양하라. *여호와를 찬양하라.

149:9;150:1,6 또는 할렐루야

잠언

Proverbs

삶의 현장에서 발생하는 여러 문제들에 대한 적절한 대처 방안과 함축적인 결론이 수록되어 있는 지혜 문학이다. 솔로몬을 비롯한 저자들은 하나님과 동행하는 가운데 일상생활 속에서 지혜롭고 경건하게 살아가는 방법을 실천적으로 제시하고 있다. 짧은 격언과 속담, 통찰력 있는 비유와 교훈이 들어 있다.

목적과 주제

1 다윗의 아들 이스라엘 왕 솔로몬의 잠언이다.

2 이것은 지혜와 교훈을 얻게 하고 슬기로운 말씀을 깨달으며

3 지혜롭게, 의롭게, 공평하게, 정직하게 행동하도록 교훈을 얻게 하려는 것으로

4 *어리석은 사람들에게는 깊이 생각할 수 있는 슬기를 주고 아직 어린 사람들에게는 지식과 옳은 것을 판단할 수 있는 능력을 주기 위한 것이다.

5 지혜로운 사람들은 듣고 그 배움을 더할 것이며 슬기로운 사람들은 더욱 슬기를 얻게 될 것이다.

6 잠언과 비유와 지혜로운 사람의 말씀과 이해하기 어려운 말의 진정한 의미를 깨닫게 될 것이다.

7 여호와를 두려워하며 섬기는 것이 지식의 시작인데 *어리석은 사람들은 지혜와 교훈을 가볍게 여긴다.

머리말 : 지혜를 받아들이라는 권면

죄인들의 유혹에 대한 경고

8 *내 아들아, 네 아버지의 교훈을 잘 듣고 네 어머니의 가르침을 버리지 마라.

9 그것은 네 머리의 아름다운 화관이요, 네 목에 두를 목걸이다.

10 *내 아들아, 죄인들이 너를 꾀더라도 거기에 넘어가지 마라.

11 그들이 "우리를 따라와라. 우리가 몰래 숨어 있다가 사람을 잡자. 우리가 죄 없는 사람을 아무 이유 없이 가만히 기다리고 있다가

12 그들을 *무덤처럼 산 채로 삼키고 지옥에 떨어지는 사람처럼 통째로 삼켜 버리자.

13 그러면 우리가 온갖 종류의 귀중품

1:4 히브리어, 프타임. 도덕적 방향감각이 없어서 악으로 기울어질 수 있는 단순한 사람을 가리킴(잠 1:22을 보라). 1:7 히브리어, 에빌림. 잠언과 구약의 여러 곳에서 도덕적 결함이 있는 사람을 가리킴. 1:8,10 히브리어에서 스승이 제자를 부르는 말로도 쓰임. 1:12 또는 '음부', '죽음'. 히브리어, 스올

들을 얻고 우리 집을 남에게 빼앗은
것들로 가득 채울 것이다.
14 그러니 너는 우리와 함께 제비를 뽑
아라. 이 모든 것을 우리와 함께 나누
어 가지자"라고 해도
15 내 아들아, 너는 그들을 따라가지 말
고 그들이 가는 길에 한 발짝도 들여
놓지 마라.
16 저들의 발은 죄를 짓는 데 조금도 주
저하지 않고 사람을 죽이는 데 재빠
르기 때문이다.
17 새들이 다 보고 있는 데서 그물을 치
는 것처럼 소용없는 일이 또 있을까!
18 그들은 결국 숨어 있다가 자기 피를
흘리게 되고 숨어 기다리다 자기 목
숨을 잃게 될 뿐이다.
19 정당하지 않은 이득을 욕심내는 사
람들은 결국 자기 생명만 잃게 될 뿐
이다.

지혜의 책망

20 지혜가 길거리에서 소리치며 광장에
서 외친다.
21 *복잡한 길목에서 부르짖고 성문 어
귀에서 외친다.
22 "너희 어리석은 사람들아, 언제까지
어리석은 것을 좋아하겠느냐? 빈정대
는 사람들이 언제까지 빈정대기를 즐
거워하고 *미련한 사람들은 언제까
지 지식을 미워하겠느냐?
23 너희가 내 책망을 듣고 돌이키면 내
가 내 영을 너희에게 쏟아부어 내 말

1:21 히브리어 사본을 따름. 칠십인역에는 '성벽 위에서' 1:22 히브리어, 크씰림. 히브리어 에빌림과 함께 잠언과 구약의 여러 곳에서 도덕적 결함이 있는 사람을 가리킴(잠 1:7을 보라).

Q&A | 잠언은 어떤 책인가?

참고 구절 | 잠 1:1

잠언은 우리에게 지혜롭게 사는 법을 가르쳐 주는 하나님의 책, 곧 지혜서이다. 히브리어 '마샬'에서 번역된 '잠언'이라는 단어는 '경계의 말씀'이라는 뜻을 지닌다. 원어 '마샬'은 비교를 통해 어떤 사물의 속성을 나타내는 의미를 지니고 있다.

잠언은 지혜와 어리석음, 의인과 악인, 생명과 죽음 등 지극히 대조적인 것들을 대비시킴으로써 진리를 뚜렷이 제시하는 경구의 말씀으로 격언, 속담과 비슷한 것이다. 잠언은 많은 말 대신 지혜로운 원리들을 짧은 문장으로 기록하여 읽는 이들을 가르친다.

잠언이라는 책 이름은 히브리 성경의 첫 낱말인 '솔로몬의 잠언'이라는 말에서 유래되었다. 잠언의 대부분은 솔로몬이 기록했는데(왕상 4:32) 르무엘과 아굴 등 다른 지혜로운 사람들도 함께 기록했다(잠 30:1;31:1).

잠언을 기록한 목적은 "어리석은 사람들에게 깊이 생각할 수 있는 슬기를 주고 아직 어린 사람들에게 지식과 옳은 것을 판단할 수 있는 능력을 주기 위한 것"(잠 1:4)이다. 또한 지혜로운 사람들은 배움을, 슬기로운 사람들은 슬기를 더하게 하기 위한 것이다.

잠언의 지혜는 실제적인 총명, 정신적 예민성 그리고 기능적인 숙련성을 뜻하기도 하지만 주님과의 올바른 관계에서 나오는 도덕적이며 정직한 삶을 포함한다. 이것은 하나님을 경외하는 삶을 사는 능력을 말한다.

을 너희가 깨닫도록 할 것이다.
24 그러나 내가 불러도 너희가 듣지 않
았고 내가 내 손을 뻗어도 거들떠보
지 않았다.
25 너희가 내 모든 조언을 무시하고 내
책망을 전혀 받아들이지 않았으니
26 이제 나도 너희 재앙을 보고 웃을 것
이며 너희에게 두려운 일이 닥칠 때
내가 비웃을 것이다.
27 재앙이 폭풍처럼 너희를 덮치고 재난
이 회오리바람처럼 너희를 휩쓸 것이
고 근심과 고난이 너희를 덮칠 것이다.
28 그제야 너희들이 나를 부르겠지만 내
가 대답하지 않을 것이며 너희들이
나를 찾겠지만 찾을 수 없을 것이다.
29 그것은 너희들이 지식을 미워하고 여
호와를 두려워하며 섬기기로 선택하
지 않았으며
30 내 교훈을 받아들이지 않고 내 모든
책망을 무시했기 때문이다.
31 그러므로 너희는 자기가 뿌린 씨의
열매를 먹고 자기 꾀에 배가 부를 것
이다.
32 *어리석은 사람들은 자기 마음대로
하다가 죽을 것이고 *미련한 사람들
은 스스로 잘난 체하다 망할 것이다.
33 그러나 누구든 내 말을 듣는 사람은
안전하고 재앙받을 걱정 없이 평안하
게 살 것이다."

지혜가 주는 도덕적 유익

2 *내 아들아, 네가 내 말을 받아들이
고 내 명령을 마음속 깊이 간직해
2 지혜에 귀를 기울이고 지혜를 깨닫는
데 마음을 쏟는다면,
3 네가 지식을 찾아 부르짖고 깨달음을
얻으려고 목소리를 높인다면,
4 네가 은이나 숨은 보물을 찾듯 지혜
를 찾는다면,
5 네가 여호와를 두려워하며 섬기는 것
을 깨닫고 하나님을 아는 지식을 얻
게 될 것이다.
6 여호와께서 지혜를 주시며 여호와의
입에서 지식과 깨달음이 나오기 때문
이다.
7 그분은 정직한 사람들을 위해 분별
할 수 있는 지혜를 예비하시고 흠 없
이 행하는 사람들의 방패가 되시니
8 의로운 사람의 길을 보호하시고 주께
충실한 사람들의 길을 지켜 주신다.
9 그러면 너는 무엇이 바르고, 의롭고,
공평한지 깨닫게 되고 모든 선한 길
을 알게 될 것이다.
10 지혜가 네 마음에 들어가고 지식이
네 영혼을 즐겁게 할 것이다.
11 분별력이 너를 보호하고 깨달음이 너
를 지킬 것이다.
12 지혜가 악한 사람의 길과 거짓말을 하
는 자들에게서 너를 구원할 것이다.
13 그들은 정직한 길을 떠나 어두운 길
로 다니고
14 악을 행하기를 즐거워하고 악한 사람
의 못된 짓을 좋아하니
15 그들의 길은 구불구불하며 그 행실
은 비뚤어지고 잘못됐다.

1:32 잠 1:4의 난외주를 보라. 1:32 잠 1:22의 난외주를 보라. 2:1 히브리어에서 스승이 제자를 부르는 말로도 쓰임.

16 지혜는 너를 음란한 여자에게서 지켜
주고 말로 너를 꾀는 부정한 여자에
게서 너를 구원할 것이다.
17 그런 여자는 젊은 시절의 남편을 버
리고 하나님 앞에서 맺은 언약을 잊
어버린 사람이다.
18 그녀의 집은 죽음에 이르는 길이며
그 길은 지옥으로 내려가는 길이다.
19 그녀에게로 가는 사람은 아무도 다시
돌아올 수 없고 다시는 생명의 길로
돌아오지 못한다.
20 그러므로 너는 선한 사람들이 가는
길로 가고 의로운 사람이 가는 길로
만 가거라.
21 정직한 사람은 그 땅에서 살 것이요,
흠 없이 사는 사람은 살아남게 될 것
이지만
22 악인은 그 땅에서 끊어지고 성실하지
않은 사람들은 뿌리째 뽑힐 것이다.

지혜가 주는 행복

3 *내 아들아, 내 가르침을 잊지 말
고 내 명령을 네 마음에 잘 간직하
여라.
2 그러면 너는 오래 살고 잘살게 될 것
이다.
3 사랑과 성실을 저버리지 말고 그것을
네 목에 매고 네 마음 판에 새겨라.
4 그러면 네가 하나님과 사람 앞에서
사랑과 귀중히 여김을 얻을 것이다.
5 네 마음을 다해 여호와를 믿고 네 지
식을 의지하지 마라.
6 네가 하는 모든 일에서 그분을 인정
하여라. 그러면 그분이 *네 갈 길을
알려 줄 것이다.
7 스스로 지혜롭다 생각하지 말고 여호
와를 두려워하며 섬기고 악에서 떠나

3:1 히브리어에서 스승이 제자를 부르는 말로도 쓰임. 3:6 또는 길을 인도하실 것이다.

Q&A ‘여호와를 두려워한다’는 것은 무엇인가?

참고 구절 | 잠 3:7

여기서 ‘두려움’이란 공포심이 아닌 ‘존경하는 마음에서 나오는 경외심’을 뜻한다.

‘하나님을 두려워한다’는 것은 삶의 모든 영역에서 하나님의 절대 주권을 인정하는 가운데 하나님을 전적으로 믿고 의지하며 순종하는 삶의 자세를 말한다. 하나님이 이 세상의 주인이심을 확실히 믿기에 하나님을 두려워하게 되고 그분의 말씀에 순종하게 되는 것이다. 그러므로 진정으로 하나님을 두려워하는 사람은 스스로 자신이 지혜롭다고 생각하거나 말하지 않는다. 그들은 인간이 스스로의 지혜와 능력으로 자신의 삶과 역사를 이끌어 갈 수 없다는 것을 절실하게 느끼고 있는 사람들이다.

그래서 하나님을 진정으로 두려워하는 사람은 자신의 지혜로 아무리 멋진 계획을 세워도 그 일의 결과는 역사의 주인이신 하나님께 달려 있다고 고백한다(잠 16:9; 21:30). 사람의 지혜와 깨달음을 의지하기보다는 인류의 역사와 삶을 다스리시는 하나님께 지혜를 구하며(잠 2:6) 하나님께 맡긴다(잠 16:3). 하나님을 두려워하는 사람은 하나님을 인정하기에 늘 자신을 낮추고 겸손하게 되는 것이다(잠 15:33).

거라.
8 이것이 *네 몸을 건강하게 하며 네
뼈에 영양분이 될 것이다.
9 네 재물과 네 수확물의 첫 열매로 여
호와를 공경하여라.
10 그러면 네 창고가 가득 차고 네 포도
주 통에 새 포도주가 넘칠 것이다.
11 *내 아들아, 여호와의 훈계를 업신여
기지 말고 그 꾸지람을 싫어하지 마
라.
12 여호와께서는 사랑하는 사람을 훈계
하고 벌주시되 아버지가 그 기뻐하는
아들에게 하는 것과 같이 하신다.
13 지혜를 찾고 깨달음을 얻는 사람은
행복하다.
14 그것이 은이나 금보다 더 가치 있고
유익하기 때문이다.
15 지혜는 보석보다 더 귀하니 네가 갖
고 싶어 하는 그 어떤 것과도 비교할
수 없다.
16 지혜의 오른손에는 장수가 있고 그
왼손에는 부귀와 영화가 있으니
17 그 길은 즐거운 길이고 그 모든 길에
는 평화가 있다.
18 지혜는 그것을 붙잡는 사람에게는 생
명나무이니 지혜를 붙드는 사람은 복
이 있다.
19 여호와께서는 지혜로 땅의 기초를 놓
으셨고 통찰력으로 하늘을 세우셨
다.
20 그 지식으로 깊은 물이 갈라지고 구
름이 이슬을 내리게 됐다.
21 *내 아들아, 온전한 지혜와 분별력을
지켜 그것들이 네게서 떠나지 않게
하여라.
22 그것이 네게 생명이 될 것이요, 네 목
에 두를 목걸이가 되리니
23 그러면 네가 네 길을 안전하게 갈 것
이고 발이 덫에 걸려 넘어지지 않을
것이다.
24 네가 잠자리에 들 때 두렵지 않을 것
이고 단잠을 자게 될 것이다.
25 갑자기 밀려오는 재앙을 두려워하지
말고 악인들에게 멸망이 닥쳐도 두려
워하지 마라.
26 여호와는 네가 의지할 분이시니 네
발이 걸려 넘어지지 않게 지켜 주실
것이다.
27 네가 선을 행할 수 있는 능력이 있으
면 도움이 필요한 사람에게 기꺼이
선을 베풀어라.
28 가진 것이 있을 때 네 이웃에게 "갔다
가 다시 오게나. 내일 주겠네"라고 말
하지 마라.
29 네 곁에서 평안히 잘 있는 네 이웃에
게 나쁜 짓을 하지 마라.
30 네게 아무 해도 입히지 않은 사람에
게 괜히 시비를 걸지 마라.
31 폭력을 휘두르는 사람을 부러워하지
말고 그의 어떠한 행동도 본받지 마
라.
32 여호와께서는 악한 사람을 미워하시
고 정직한 사람을 믿고 그와 함께 있
기를 기뻐하신다.

3:8 또는 네 골수로 윤택하게 할 것이다. 3:11,21 히브리어에서 스승이 제자를 부르는 말로도 쓰임.

33 악인의 집에는 여호와의 저주가 있으
나 의인의 집에는 축복이 있다.
34 그분은 스스로 잘난 체하는 사람을
비웃으시고 겸손한 사람에게는 은혜
를 베푸신다.
35 지혜로운 사람은 영광을 얻지만 *어
리석은 사람들이 노력해 얻는 것은
부끄러움뿐이다.

반드시 지혜를 얻으라

4 *자녀들아, 아버지의 가르침을 잘
듣고 주의해 깨달음을 얻으라.
2 내가 너희에게 좋은 가르침을 줄 테
니 너희는 내 교훈을 버리지 말라.
3 나도 어려서는 내 아버지의 아들이었
고 내 어머니가 사랑하는 외아들이었
는데
4 그때 내 아버지는 나를 이렇게 가르
치셨다. "내가 하는 말을 기억하고 잊
지 마라. 내 명령을 지켜라. 그러면 네
가 잘살 것이다.
5 지혜와 깨달음을 얻어라. 내 말을 잊
지 말고 내가 하는 말에서 벗어나지
마라.
6 지혜를 버리지 마라. 그러면 지혜가
너를 보호할 것이다. 지혜를 사랑하
여라. 그러면 지혜가 너를 지킬 것이
다.
7 지혜가 무엇보다 중요하니 지혜를 얻
어라. 네가 가진 모든 것을 희생하고
서라도 깨달음을 얻어라.
8 지혜를 존경하여라. 그러면 지혜가
너를 높여 줄 것이다. 지혜를 붙잡아
라. 그러면 지혜가 너를 영광스럽게
할 것이다.
9 지혜가 네 머리에 우아한 화관을 씌
워 주고 영광스러운 왕관을 네게 줄
것이다."
10 오 *내 아들아, 내가 하는 말을 잘 듣
고 받아들여라. 그러면 네가 장수할
것이다.
11 내가 네게 지혜의 길을 가르쳐 주고
너를 바른길로 이끌어 주었으니
12 네가 걸을 때 네 걸음에 걸리는 것이
없고 네가 달릴 때 넘어지지 않을 것
이다.
13 내 교훈을 꼭 붙잡고 굳게 지켜라. 그
것이 네 생명이기 때문이다.
14 악인의 길에 발을 내딛지 말고 악한
사람의 길로 다니지 마라.
15 그 길을 피하고 지나가지 말며 돌아
서거라.
16 그들은 악한 짓을 하지 않으면 잠을
못 자고 누군가를 해치지 않으면 잠
이 오지 않는 사람들이다.
17 그들은 악한 방법으로 얻은 빵을 먹
고 폭력으로 빼앗은 술을 마신다.
18 그러나 의인의 길은 동틀 무렵 비추
는 빛과 같아서 점점 밝아져 환한 대
낮같이 되지만
19 악인의 길은 어둠 같아서 넘어져도
무엇에 걸려 넘어졌는지조차 모른다.
20 *내 아들아, 내가 하는 말을 주의하
고 내 말에 귀를 기울여라.
21 그것을 네게서 떠나지 않게 하고 그

3:35 잠 1:22의 난외주를 보라. 4:1,10,20 히브리어에서 스승이 제자를 부르는 말로도 쓰임.

것을 네 마음속 깊이 잘 간직하여라.
22 내 말은 깨닫는 자들에게 생명이 되
고 그들의 온몸을 건강하게 해 준다.
23 무엇보다도 네 마음을 지켜라. 네 마
음에서 생명의 샘이 흘러나오기 때문
이다.
24 더러운 말을 버리고 거짓되고 남을
해치는 말은 입 밖에도 내지 마라.
25 네 눈은 앞만 똑바로 보고 다른 곳으
로 시선을 돌리지 말고
26 네가 발 디딜 곳을 잘 살피고 네 모든
길을 곧게 하며 확실히 행하여라.
27 좌우로 치우치지 말고 네 발을 악에
서 멀리하여라.

간음에 대한 경고

5 *내 아들아, 내 지혜에 주의하고
내가 깨달은 것에 귀를 기울여라.
2 그러면 네가 분별력을 갖게 돼 지혜
로운 말만 할 것이다.
3 창녀의 입술은 꿀처럼 달콤하고 그
말은 기름보다 미끄러우나
4 그것은 결국 쑥처럼 쓰고 양날 칼처
럼 날카롭게 될 뿐이다.
5 그 여자의 발은 죽음으로 가고 그 걸
음은 *무덤을 향해 달려간다.
6 그녀는 생명의 길에는 관심이 없고 자
기의 길이 비뚤어져도 그것을 깨닫지
못한다.
7 그러니 너희 자녀들아, 내 말을 듣고
내가 하는 말에서 떠나지 말라.
8 그런 여자를 멀리하고 그 여자의 집
문 근처에는 얼씬도 하지 말라.
9 그렇게 하지 않으면 네가 네 명예를
남에게 빼앗기고 네 목숨을 잔인한
사람에게 빼앗길지도 모른다.
10 네가 모르는 사람들이 네 재물로 잔
치를 벌이고 네가 수고한 것이 남의
집으로 돌아갈 것이다.
11 결국 네 몸이 병들게 된 후 네 인생의
끝에 가서 너는 탄식하며
12 말할 것이다. "내가 왜 교훈을 싫어하
며 꾸지람을 무시했을까!
13 내가 선생님의 말씀에 순종하지 않고
나를 가르쳤던 그분들의 말에 귀 기
울이지 않았더니
14 모든 사람들이 보는 앞에서 망하게
생겼구나!"
15 너는 네 샘물에서 물을 마시고 네 우
물에서 흐르는 물만 마셔라.
16 네 샘이 널리 흘러넘치고 네 시냇물
이 거리에 넘치게 하겠느냐?
17 그 물을 너만의 것이 되게 하고 다른
사람과는 절대로 나누지 마라.
18 네 샘이 복된 줄 알아라. 네가 젊을
때 만난 아내를 기뻐하여라.
19 그녀를 사랑스러운 암사슴, 우아한
암노루처럼 여겨라. 그 품을 항상 만
족하며 그녀의 사랑을 항상 기뻐하여
라.
20 *내 아들아, 왜 외간 여자에게 마음
을 빼앗기겠느냐? 왜 다른 여자의 가
슴을 껴안겠느냐?
21 사람이 하는 일은 여호와의 눈앞에 있
으니 그분이 그 모든 길을 살피신다.

5:1,20 히브리어에서 스승이 제자를 부르는 말로도 쓰임. 5:5 또는 '음부', '죽음', 히브리어, 스올

22 악인은 자기 죄악에 걸리고 그 죄의
올무에 걸려든다.
23 그는 훈계를 받지 않아서 죽고 그토
록 어리석은 채로 방황할 것이다.

어리석음에 대한 경고

6 *내 아들아 만약 네가 네 친구를
위해 담보를 세우거나 만약 남을
위해 보증을 섰다면
2 너는 네가 한 말로 덫에 걸린 것이요,
네가 한 말에 스스로 잡히게 된 것이
다.
3 내 아들아, 네가 네 친구의 손에 잡혔
으니 너는 네 이웃에게 가서 겸손히
간청하여라!
4 잠을 자지도 말고 졸지도 말고
5 노루가 사냥꾼의 손에서 벗어나듯이,
새가 사냥꾼의 손에서 벗어나듯이
너 자신을 구하여라.
6 너, 게으름뱅이야, 개미에게 가서 그
들이 하는 것을 보고 지혜를 얻어라.
7 개미들은 장군도, 감독도, 통치자도
없는데
8 여름에 먹을 것을 저장해 두고 추수
때에 양식을 모은다.
9 너, 게으름뱅이야, 너는 언제까지 자
겠느냐? 언제 잠에서 깨어 일어나겠
느냐?
10 "조금만 더 자자, 조금만 더 눈 좀 붙
이자, 조금만 더 손을 모으고 자자"
하다가
11 가난이 *강도처럼 네게 이르고 빈곤
이 무장한 사람처럼 이르게 될 것이
다.
12 못된 사람, 악한 사람은 거짓말만 하
고 다니고
13 그들은 눈짓과 발짓과 손짓으로 서로
신호를 한다.
14 또 그들은 마음에 심술이 있어 계속
악한 일을 꾀하며 싸움을 부추긴다.
15 그러므로 재앙이 한순간에 그들을
덮칠 것이며 그들은 갑자기 파멸해
회복될 수 없을 것이다.
16 여호와께서 미워하시며 그분이 정말
로 싫어하시는 것 예닐곱 가지가 있다.

6:1 히브리어에서 스승이 제자를 부르는 말로도 쓰임.
6:11 또는 거지처럼

성·경·상·식 잠언의 표현 기법

잠언은 격언, 교훈, 수수께끼, 우화, 찬양시, 예화, 자서전적 이야기와 고백 등 다양한 형태로 기록되어 있다. 격언은 재치 있고도 기억할 만한 문체로 간결하게 기록된 금언을 말한다(잠 10:7; 11:24; 14:31; 15:33; 17:22-28; 18:16). 교훈은 일반적으로 평행법을 통해 소개되며 권위 있는 교사가 제자에게 전달하는 형태다(잠 1-9장; 22:17-24:22).

또 대답하기 힘든 질문 형태인 수수께끼로 서술하기도 하고(잠 1:6; 6:16-19; 30:18-33) 은유법을 확장시킨 우화를 사용하기도 했다(잠 5:15-23). 의인화된 지혜를 찬양하는 시도 있으며(잠 1:20-33) 지혜로운 사람들에 의해 가르쳐진 교훈을 구체적인 예화 형태로 설명하기도 했고(잠 7:6-23; 24:30-34) 현인이 자신의 경험을 제자나 독자에게 소개하는(잠 4:3-9) 등 여러 가지 문학적 형태로 기록되어 있다.

17 곧 거만한 눈, 거짓말하는 혀, 죄 없
는 피를 흘리는 손,
18 악한 계략을 꾸미는 마음, 악한 일을
하려는 데 빠른 발,
19 거짓말을 쏟아붓는 거짓 증인, 형제
들 사이에 불화를 심는 사람이다.

간음에 대한 경고

20 *내 아들아, 네 아버지의 계명을 지
키고 네 어머니의 가르침을 버리지
마라.
21 그것을 네 마음에 잘 간직하며 네 목
에 걸고 다녀라.
22 네가 다닐 때 그것이 너를 인도할 것
이요, 네가 잘 때 그것이 너를 지켜
줄 것이요, 네가 깨면 그것이 너와 말
을 할 것이다.
23 이 계명은 등불이요, 이 율법은 빛이
며 가르침 있는 꾸지람은 생명의 길이
니
24 너를 악한 여자로부터, 외간 여자의
아첨하는 말로부터 지켜 줄 것이다.
25 네 마음에서 그 여자의 아름다움을
탐하지 말고 그 여자가 눈짓으로 너
를 홀리지 못하게 하여라.
26 창녀는 네게 빵 한 덩이만 남게 하고
음란한 여자는 네 귀한 목숨을 빼앗
아간다.
27 불을 품었는데 그 옷이 타지 않겠느
냐?
28 뜨거운 숯불 위를 걷는데 발이 데지
않겠느냐?
29 남의 아내와 간음하는 사람도 마찬가
지다. 그녀를 건드리는 사람은 죄 없
다고 할 수 없을 것이다.
30 도둑이 굶주려 배를 채우려고 도둑질
을 했다면 사람에게 멸시받지는 않으
나
31 그가 잡히면 자기 집의 모든 물건을
내놓아야 하리니 일곱 배로 갚아 주
어야 한다.
32 그러나 여자와 간음한 사람은 생각이
모자라는 자니 그렇게 하는 사람은
자기 영혼을 망치는 것이다.
33 그는 상처를 받고 망신을 당할 것이
요, 그 수치가 결코 씻겨지지 않을 것
이다.
34 질투가 남편의 분노를 일으키니 그가
원수를 갚는 날에는 용서가 없을 것
이다.
35 그는 어떤 보상도 받지 않을 것이요,
네가 아무리 많은 선물을 주더라도
받으려고 하지 않을 것이다.

음녀에 대한 경고

7 *내 아들아, 내 말을 지키고 내 계
명을 네 속에 간직하여라.
2 네가 내 계명을 지키면 잘살게 될 것
이니 내 가르침을 네 눈동자처럼 지
켜라.
3 그것을 네 손가락에 매고 네 마음 판
에 새겨 넣어라.
4 지혜에게 "너는 내 누이"라고 말하고
통찰력을 "내 친구"라고 불러라.
5 그것이 너를 외간 여자에게서, 말로
아첨하는 이방 여자에게서 지켜 줄

6:20;7:1 히브리어에서 스승이 제자를 부르는 말로도 쓰임.

것이다.
6 내 집 창문에서 창살 틈으로 내다보니
7 *어리석은 사람들 가운데, 그 젊은이
들 가운데서 지혜 없는 청년이 내 눈
에 띄었다.
8 그가 모퉁이 근처 길로 내려가 그 여
자의 집 쪽으로 걸어가고 있었다.
9 때는 어스름할 무렵, 날이 저물고 밤
의 어둠이 내릴 무렵이었다.
10 그때 한 여자가 창녀의 옷을 입고 교
활한 속셈으로 그를 맞으러 나왔다.
11 그 여자는 수다스럽고 고집이 세며
그 발은 집 안에 있는 적이 없고
12 바깥에서, 길거리에서, 길모퉁이마다
숨어서 기다린다.
13 여자가 그 청년을 붙잡고 입을 맞추
며 뻔뻔한 얼굴로 이렇게 말했다.
14 "내가 집에서 화목제를 드렸는데 오
늘에서야 내 서원을 이루었답니다.
15 그래서 당신을 맞으려고 나왔고 그토
록 당신의 얼굴을 찾다가 이제야 만
났네요!
16 내가 침대를 이집트의 무늬 넣은 천
으로 씌워 놓았고
17 또 몰약과 알로에와 계피 향을 뿌려
놓았지요.
18 와서 우리 아침까지 깊은 사랑을 나
눠요. 우리가 서로 사랑을 즐겨요!
19 남편은 멀리 여행을 떠나서 집에 없
고
20 돈지갑을 두둑이 채워 가지고 갔으니
보름이 돼야 집에 올 거예요."
21 그 여자가 온갖 사탕발림하는 말로
그를 유혹하고 그 입술의 꼬드기는
말로 그에게 떼를 썼다.
22 그가 단번에 그 여자를 따라갔는데
그 꼴이 소가 도살장으로 가는 것 같
고 *바보가 족쇄에 매이러 가는 것
같았다.
23 화살이 간을 꿰뚫기를 기다리는데

7:7 잠 1:4의 난외주를 보라. 7:22 히브리어를 따름. 시리아어역과 칠십인역에는 '사슴'

성·경·상·식

지혜

지혜는 훈련과 경험, 특별한 재능에 의해 얻어진 비범한 기술이나 능력을 말한다. 세상의 도덕적 질서에 맞추어 살 수 있는 능력을 뜻하기도 한다. 그러나 참된 지혜는 사람이 만들어 내거나 훈련과 경험으로 얻을 수 있는 것이 아니다. 그것은 오직 하나님에게서 나오며(잠 2:6), 하나님이 태초에 일하시기 전에 만들어진 것이다(잠 8:22–26). 그러므로 하나님을 두려워하는 것은 참지혜와 지식을 얻는 시작이요, 슬기의 근본이다(잠 1:7;9:10).
이러한 지혜가 잠언에서는 교훈(잠 1:2–3), 분별력(잠 10:13), 현명함(잠 22:3), 배움(잠 1:5) 등으로 표현되었고, 또한 여인이나 완전한 인격체로 묘사되기도 했다(잠 8장). 인격체로서의 지혜는 신적이며 영적 생명의 근원이며 자기를 받아들이는 모든 자에게 유익을 주는 분, 곧 인간의 몸으로 오신 예수 그리스도를 의미하기도 한다. 이러한 지혜를 소유한 사람에게는 생명(잠 10:27; 14:27;22:4), 만족함(잠 19:23), 마음의 평안(잠 15:16), 선한 삶(잠 8:13;16:6) 등 많은 복들이 약속되어 있다.

새가 자기 목숨이 걸린 줄도 모르고
덫으로 날아드는 것 같았다.
24 그러니 *내 자녀들아, 내 말을 잘 듣
고 내가 하는 말에 주의를 기울이라.
25 네 마음이 그 여자의 길로 기울지 않
게 하고 그 여자의 길에서 방황하지
않게 하여라.
26 그 여자 때문에 상처 나서 쓰러진 사
람이 많다. 그 여자로 인해 죽임당한
힘센 남자들이 참으로 많다.
27 그 여자의 집은 *지옥으로 가는 길이
니 죽음의 방으로 내려가는 것이다.

지혜의 부름

8 지혜가 부르지 않느냐? 통찰력이
소리를 높이지 않느냐?
2 길가의 높은 곳, 길이 만나는 지점에
지혜가 서 있다.
3 성으로 들어가는 문 옆, 그 입구에서
지혜가 부르짖는다.
4 "오 사람들아, 내가 너희를 부르고 너
희들에게 소리를 높인다.
5 너희 *우둔한 사람들아, 지혜를 얻으
라. 너희 *어리석은 사람들아, 통찰
력을 얻으라.
6 잘 들으라. 내가 뛰어난 것을 말하고
내 입술을 열어 옳은 것을 말할 것이
다.
7 내 입술이 악을 너무나도 싫어하니
내 입이 진리를 말할 것이다.
8 내가 하는 모든 말이 다 의로우니 비
뚤어지거나 잘못된 것은 하나도 없
다.
9 알아듣는 사람에게는 아주 분명한
말이요, 지식을 찾는 사람들에게는
옳은 말이다.
10 은이 아니라 내 훈계를 받아들이고
순금보다는 지식을 받아들이라.
11 지혜가 루비보다 귀하고 너희가 바라
는 그 어떤 것도 지혜와 비교할 수 없
다.
12 나 지혜는 신중함과 함께 살며 재치
가 있고 창의적인 지식을 소유하고
있다.
13 여호와를 경외하는 것은 악을 미워하
는 것이다. 나는 교만함과 거만함, 악
한 행실과 고집이 센 입을 싫어한다.
14 조언은 내 것이요, 온전한 지혜도 내
것이다. 나는 통찰력이 있으며 힘이
있다.
15 나로 인하여 왕들이 통치하고 방백들
이 의로운 법을 만들 수 있다.
16 나로 인하여 왕자들과 귀족들이 바
르게 다스리고 세상의 재판관들도
옳은 판결을 내릴 수 있는 것이다.
17 나는 나를 사랑하는 자들을 사랑하
니 일찍부터 나를 찾는 자들은 나를
찾을 것이다.
18 부와 명예가 나와 함께 있다. 그렇다.
든든한 부와 의가 내게 있다.
19 내 열매는 금보다, 아니 순금보다 낫
고 내가 거둬들이는 것은 순은보다
낫다.
20 나는 의의 길로 다니고 공의의 길 가
운데로 걸으며

7:24 잠 4:1의 난외주를 보라. 7:27 히브리어, 스올
8:5 잠 1:4의 난외주를 보라. 잠 1:22의 난외주를 보라.

21 나를 사랑하는 사람들에게는 재산
을 상속받게 해 그들의 창고가 가득
차게 할 것이다.
22 여호와께서 태초에 일하시기 전, 그
사역이 시작될 때 여호와는 이미 *나
를 가지고 계셨고
23 나는 영원부터, 세상이 시작되기 전
처음부터 *세워져 있었다.
24 바다가 없었을 때, 물이 넘치는 샘이
없었을 때 내가 이미 났으니
25 산들이 자리 잡기 전에, 언덕이 생겨
나기 전에 나는 이미 태어났다.
26 그때는 그분이 땅이나 들이나 세상의
가장 높은 곳의 흙도 만드시기 전이
었다.
27 여호와께서 하늘을 마련하실 때, 그
분이 깊은 물의 표면에 수평선을 표
시하실 때 내가 거기 있었다.
28 그분이 저 위 구름들을 만드시고 깊
은 샘이 솟아나오게 하실 때
29 그분이 또 바다의 경계를 정해 물이
그 명령을 어기지 못하게 하실 때, 땅
의 기초를 정하실 때
30 내가 바로 그분 곁에 있는 *장인이었
다. 내가 날마다 그분의 기쁨이 되고
항상 그 앞에서 즐거워하며
31 세상의 살 만한 공간 안에서 즐거워
하고 사람의 아들들을 기뻐했다.
32 그러니 오 내 자녀들아, 내 말을 잘
들으라. 내 도를 잘 지키는 자들은 복
이 있다.
33 내 훈계를 듣고 지혜롭게 되라. 그것
을 거부하지 말라.
34 내 말을 듣고 날마다 내 문을 지켜보
고 내 문기둥에서 기다리는 사람은

8:22 히브리어, 카나니. 칠십인역과 시리아어역에는 '나를 낳으셨다.', '나를 창조하셨다.' 히브리어에는 '나를 데리고 계셨다.' 8:23 또는 형성되다, 만들어지다. 8:30 또는 기능공

하용조 목사의 행복한 **메시지**

지혜로운 사람의 특징

신앙생활을 끝까지 아름답게 유지하려면 지혜와 분별력이 필요합니다. 지혜가 부족하고 하나님의 뜻을 분별하지 못하는 이유가 무엇입니까? 그것은 성경을 읽지 않고 기도하지 않기 때문입니다. 하나님께서는 성경을 통해 자신의 뜻을 나타내시고 기도를 통해 지혜를 더하십니다. 그리고 지혜로운 사람들을 통해서 일하십니다. 그렇다면 지혜로운 사람은 일을 함에 있어 어떤 특징이 있을까요?

첫째, 지혜로운 사람은 다른 사람과 부딪치지 않습니다. 이것은 비겁한 것과 다릅니다. 다른 사람의 마음을 상하게 하지 않으면서 일을 이루어 갑니다. 둘째, 지혜로운 사람은 실수를 반복하지 않습니다. 반면에 미련한 사람은 실수를 반복합니다. 잠언에 보면 개가 그 토한 것을 다시 먹듯이 어리석은 사람도 자기 어리석음을 되풀이한다는 말이 있습니다(잠 26:11). 셋째, 지혜로운 사람은 신중하면서도 창의적으로 일을 합니다(잠 8:12). 넷째, 지혜로운 사람은 결국에 영광을 얻습니다. 그리스도인은 성령 안에서 지혜와 분별력을 갖고 살아야 합니다.

복이 있다.
35 누구든 나를 찾는 자는 생명을 찾고
여호와께 은총을 받을 것이다.
36 그러나 내게 죄짓는 자는 자기 영혼
을 해치는 것이니 나를 싫어하는 모
든 사람은 죽음을 사랑하는 사람들
이다."

지혜와 어리석음의 초청

9 지혜가 그 집을 짓고 일곱 기둥을
깎아 만들고는
2 짐승을 죽여 고기를 마련하고 포도
주를 잘 빚어 상을 차렸다.
3 그렇게 하고 나서 그는 자기 여종을
사람들에게 보냈는데 여종은 그 성의
가장 높은 곳에서 큰 소리로 말했다.
4 "어리석은 사람은 다 여기로 오너라!"
그리고 지각이 부족한 사람에게 말
했다.
5 "와서 내 음식을 먹고 내가 만든 포도
주를 마셔라.
6 네 *어리석음을 버려라. 그러면 살 것
이다. 지각 있는 길로 가거라."
7 "냉소적인 사람을 책망하는 사람은
부끄러움을 당하고 악한 사람을 꾸
짖는 사람은 오히려 비난을 받는다.
8 냉소적인 사람을 꾸짖지 마라. 그가
너를 미워할지도 모른다. 지혜로운
사람을 꾸짖어라. 그러면 그가 너를
사랑할 것이다.
9 지혜로운 사람을 훈계하여라. 그가
더욱 지혜로워질 것이다." 의로운 사
람을 가르쳐라. 그가 배우는 게 많아
질 것이다.
10 "여호와를 경외하는 것이 지혜의 근
본이요, 거룩한 분을 아는 것이 슬기
의 근본이다.
11 내 옆에 있으면 네가 사는 날이 많아
질 것이요, 네 수명이 몇 해 늘어날
것이다.
12 네가 지혜롭다면 그 지혜가 네게 유
익할 것이요, 네가 거만하다면 그 거
만은 너를 해롭게 할 것이다."
13 어리석은 여자는 수다스럽고 지각이
없어 아무것도 모른다.
14 그녀가 자기 집 문 앞에, 성의 가장
높은 곳에 자리 잡고 앉아
15 자기 길을 부지런히 가고 있는 사람
들을 불러
16 "어리석은 사람은 모두 이리로 오라!"
한다. 지각없는 사람에게 그녀가 말
한다.
17 "훔친 물이 달고 몰래 먹는 음식이 맛
있다!"
18 그러나 그 지각없는 사람은 죽음의
그늘이 그곳에 드리워져 있는 것을
모르고 그 여자를 찾아온 손님들이
*지옥의 깊은 곳에 있는 것을 모른
다.

솔로몬의 잠언

10 솔로몬의 잠언이다. 지혜로운
아들은 그 아버지에게 기쁨을
주고 어리석은 아들은 그 어머니에게
근심을 안겨 준다.
2 악인의 보물은 아무 유익이 없지만
의는 죽음에서 사람을 구해 낸다.

9:6 잠 1:4의 난외주를 보라. 9:18 히브리어, 스올

3 여호와께서 의인의 영혼은 굶주리지
않게 하시지만 악인의 욕심은 내던져
버리신다.
4 게으른 사람은 가난하게 되고 부지런
한 사람은 부요하게 된다.
5 여름에 곡식을 거두는 사람은 지혜
로운 아들이요, 추수 때 잠만 자는
사람은 망신스러운 아들이다.
6 의인의 머리에는 복이 있고 악인의
입은 폭력으로 가득하다.
7 의인은 그 이름까지도 칭찬을 들으며
기억되지만 악인의 이름은 잊혀진다.
8 마음이 지혜로운 자는 계명을 받아
들이지만 말만 많은 바보는 망할 것
이다.
9 정직하게 사는 사람은 미래가 보장되
지만 허랑방탕하게 사는 사람은 결국
엔 드러난다.
10 눈을 흘기는 사람은 근심하게 하고
말만 많은 바보는 망할 것이다.
11 의인의 입은 생명의 샘이지만 악인의
입은 폭력으로 가득하다.
12 미움은 다툼을 일으켜도 사랑은 모
든 허물을 덮는다.
13 분별력 있는 사람의 입술에는 지혜가
있지만 분별력 없는 사람의 등에는
회초리가 필요하다.
14 지혜로운 사람은 지식을 쌓고 어리석
은 사람의 입은 멸망을 재촉한다.
15 부자의 재물은 자신의 견고한 성이
요, 가난한 사람은 그 가난 때문에
망한다.
16 의인의 수고는 생명에 이르고 악인이
얻은 것은 죄에 이른다.
17 훈계를 지키는 사람은 생명 길에 있
어도 꾸지람을 거부하는 사람은 길
을 잃게 된다.
18 거짓말하는 입술로 미움을 감추는
사람과 남을 비난하는 사람은 어리석
은 사람이다.
19 말이 많으면 죄를 짓기 쉽지만 말을
조심하는 사람은 지혜롭다.
20 의인의 혀는 순은과 같지만 악인의
마음은 가치가 적다.
21 의인의 입술은 많은 사람을 먹여 살
리지만 *어리석은 사람은 지혜가 모
자라 죽게 된다.
22 여호와는 복을 주셔서 사람을 부요하
게 하시지만 그 복에 다른 근심을 함
께 주지 않으신다.
23 *어리석은 사람은 악한 행동을 하면
서 기쁨을 느끼지만 분별력 있는 사
람은 지혜에서 기쁨을 누린다.
24 악인에게는 그 두려워하던 일이 덮칠
것이요 의인은 그 바라는 것을 얻게
될 것이다.
25 폭풍이 휩쓸고 가면 악인은 없어지지
만 의인은 영원히 굳게 서 있을 것이
다.
26 게으른 사람은 그를 보낸 사람에게
있어서 이에 식초 같고, 눈에 연기 같
다.
27 여호와를 경외하면 수명이 길겠으나
악인의 연수는 짧아질 것이다.

10:21 잠 1:7의 난외주를 보라. 10:23 잠 1:22의 난외주를 보라.

28 의인의 소망은 기쁨이 되지만 악인의
기대는 사라질 것이다.
29 여호와의 길이 의인에게는 힘이 되지
만 악을 행하는 자들에게는 파멸이
될 뿐이다.
30 의인은 절대로 없어지지 않으나 악인
은 그 땅에 거하지 못할 것이다.
31 의인의 입은 지혜를 불러오지만 못된
혀는 잘릴 것이다.
32 의인의 입술은 기쁘게 하는 것을 알
지만 악인의 입은 못된 것만 말한다.

11

여호와는 속이는 저울을 싫어하
시고 정확한 추를 기뻐하신다.
2 교만한 사람에게는 부끄러움이 따르
지만 겸손한 사람에게는 지혜가 따르
다.
3 정직한 사람의 성실함은 그들을 인도
하고 범죄한 사람의 속임수는 그들을
망하게 한다.
4 진노의 날에 재물은 아무 쓸모가 없
지만 의리는 죽을 사람을 구해 낸다.
5 흠 없는 사람은 그의 의로 그가 갈
길을 곧게 하지만 악인은 자기 악함
때문에 걸려 넘어진다.
6 정직한 사람의 의는 그들을 구원하지
만 범죄자들은 자신의 악함에 걸려
넘어진다.
7 악한 사람이 죽으면 그가 기대하던
것은 사라진다. 불의한 사람들의 소
망은 사라지고 마는 것이다.
8 의로운 사람은 고난에서 빠져나오게
되지만 악인은 그 대신 고난에 빠진
다.
9 하나님을 경외하지 않는 사람은 그
입으로 이웃을 망하게 하지만 의인은
지식으로 구원받는다.
10 의인이 번영하면 그 성이 기뻐하고 악
인이 쓰러지면 그 성에 함성이 울린
다.
11 정직한 사람의 복으로 인해 그 성은
흥하게 되지만 악인의 입 때문에 그
성은 망한다.
12 지혜 없는 사람은 그 이웃을 무시하지
만 지각 있는 사람은 잠잠히 있는다.
13 소문을 퍼뜨리는 사람은 남의 비밀을
드러내고 믿을 만한 사람은 그 일을
감춰 둔다.
14 지도자가 없으면 백성은 망하지만 조
언자가 많으면 승리가 있다.
15 남을 위해 보증을 서는 사람은 보증
으로 괴로움을 당하지만 보증 서기를
거절하는 사람은 안전하다.
16 덕이 있는 여자는 명예를 얻고 힘센
남자들은 재물을 얻는다.
17 자비로운 사람은 자기 영혼에 유익을
주지만 잔인한 사람은 자기 육체를
괴롭힌다.
18 악한 사람에게 돌아오는 상은 헛되지
만 의를 심는 사람은 반드시 상을 얻
는다.
19 의의 길을 가는 사람은 생명에 이르
지만 악을 추구하는 사람은 죽음에
이른다.
20 악한 마음을 가진 사람은 여호와께
서 싫어하시지만 흠 없는 길을 가는
사람은 기뻐하신다.

21 이것을 꼭 붙잡으라. 악인은 반드시
징벌을 받게 돼 있지만 의인의 자손
은 구원을 받을 것이다.
22 아름다운 여자가 분별력이 없으면 돼
지 코에 금고리와 같다.
23 의인의 소원은 선한 것뿐이지만 악인
이 기대할 것은 진노뿐이다.
24 거저 주는 사람은 더 많이 얻게 되지
만 지나치게 아끼는 사람은 가난에
이른다.
25 남에게 베풀기 좋아하는 사람은 번영
하고 남에게 물을 주는 사람은 자신
도 목이 마르지 않게 될 것이다.
26 곡식을 쌓아 놓은 사람은 백성들이
저주하지만 그것을 선뜻 파는 사람에
게는 복이 있을 것이다.
27 부지런히 선을 구하는 사람은 은총
을 얻지만 악을 좇아가는 사람은 그
악이 자기 머리 위에 떨어질 것이다.
28 자기 부를 의지하는 사람은 쓰러지지
만 의인은 가지처럼 쭉쭉 뻗어 나갈
것이다.
29 집안에 문제를 일으키는 사람은 바람
을 물려받을 것이요 어리석은 사람은
마음이 지혜로운 사람의 종이 될 것
이다.
30 의인이 받는 열매는 생명나무이고 마
음을 사는 사람은 지혜롭다.
31 보라. 의인이 이 땅에서 자신이 한 대
로 대가를 받는데 하물며 악인과 죄
인은 얼마나 더하겠느냐!

12 훈계를 사랑하는 사람은 지식
을 사랑하지만 꾸지람을 싫어
하는 사람은 짐승과 다를 바 없다.
2 선한 사람은 여호와께 은총을 얻지만
악을 도모하는 사람은 여호와께서 정
죄하신다.
3 사람이 악으로는 굳게 설 수 없지만
의인의 뿌리는 흔들리지 않을 것이
다.
4 덕이 있는 아내는 남편의 면류관이지
만 남편을 부끄럽게 하는 아내는 남
편의 뼈를 썩게 하는 것과 같다.
5 의인의 생각은 옳으나 악인의 계략은
속임수뿐이다.
6 악인의 말은 숨어서 다른 사람들이
피 흘리기를 기다리지만 정직한 사람
의 입은 사람들을 구할 것이다.
7 악한 사람들은 쓰러지면 사라져 버리
지만 의인의 집은 굳게 설 것이다.
8 사람은 그 지혜에 따라 칭찬을 받지
만 비뚤어진 마음을 가진 사람은 멸
시를 당할 것이다.
9 먹을 것도 없으면서 높은 체하는 것
보다 비천해도 종을 부리는 게 낫다.
10 의인은 자기 가축의 생명도 돌봐 주
지만 악인은 따뜻한 온정을 베푼다
하더라도 잔인하다.
11 자기 땅을 일구는 사람은 먹을 것이
넉넉하지만 헛된 것을 좇는 사람은
지각이 없다.
12 악인은 불의한 이익을 바라지만 의인
의 뿌리는 많은 열매를 낸다.
13 악한 사람은 자신의 입술 때문에 죄
의 덫에 걸려들지만 의인은 고난에서
빠져나갈 것이다.

14 사람은 열매 있는 말을 해 좋은 것으
로 배부르고 손이 수고한 만큼 보상
을 받을 것이다.
15 바보는 자기 길이 옳다고 하지만 지혜
로운 사람은 조언에 귀를 기울인다.
16 어리석은 사람의 분노는 당장에 드
러나지만 현명한 사람은 수치를 덮는
다.
17 진실을 말하는 사람은 의를 나타내
지만 거짓 증인은 거짓을 말한다.
18 칼로 찌르는 듯 아픔을 주는 말이 있
으나 지혜로운 사람의 혀는 병을 고
친다.
19 진실한 입술은 영원히 남지만 거짓말
하는 혀는 오래가지 못한다.
20 악을 도모하는 사람의 마음에는 속
임수가 있지만 평화를 도모하는 사
람에게는 기쁨이 있다.
21 의인은 해를 당하지 않지만 악인은
고난으로 가득할 것이다.
22 거짓말하는 입술은 여호와께서 싫어
하시지만 진실한 사람들은 기뻐하신
다.
23 현명한 사람은 지식을 마음에 간직하
지만 *어리석은 사람의 마음은 어리
석음을 폭로한다.
24 부지런한 사람의 손은 남을 다스리게
되지만 게으른 사람은 남의 부림을
받게 된다.
25 마음속의 근심은 자신을 가라앉게
하지만 친절한 말은 그 마음을 상쾌
하게 한다.
26 의인은 *그 이웃을 바른길로 이끌어
가지만 악인은 이웃을 방황하게 한다.
27 게으른 사람은 그 사냥해 온 것마저
굽지 않으나 부지런한 사람은 귀한

12:23 잠 1:22의 난외주를 보라. 12:26 또는 이웃을 신중하게 사귀지만

Q&A 언어 폭력

참고 구절 | 잠 13:2

성경은 “선한 사람은 그 입술의 열매로 좋은 것을 맛보지만 죄짓는 사람의 영혼은 폭력을 맛보게 될 것이다”라고(잠 13:2) 말한다. 힘으로 대결하는 것만이 폭력인가? 언어 폭력이라는 말을 들어 보았을 것이다. 육체적인 폭력의 희생만큼이나 언어로 인한 상처도 크고 깊을 수 있다. 그러기에 우리는 선하고 복되며 아름다운 말을 써야 한다. 하지만 자신의 입을 지키는 것은 무척이나 어려운 일이다. 습관적인 욕설이나 비어, 부정적이고도 나쁜 말을 하기가 얼마나 쉬운가.

성경은 말을 함부로 하는 사람은 망하게 된다고 했다(잠 13:3). 이는 우리가 주의해서 말을 하면 우리 영혼을 보전하고 인생을 누릴 할 수 있지만, 생각 없이 함부로 말을 하면 우리 영혼을 더럽게 할 뿐만 아니라 인생을 망친다는 것이다. 무심코 내뱉은 말 한마디가 다른 사람의 마음에 평생 지워지지 않는 상처를 남길 수도 있고, 다른 사람과의 관계를 회복할 수 없는 지경에 이르게까지도 할 수 있다. 사소한 말 한마디가 우리 인생에 얼마나 지대한 영향력을 가지는지 생각해 보라.

재물을 얻는다.
28 의의 길에는 생명이 있고 죽음은 없
다.

13 지혜로운 아들은 아버지의 훈
계를 듣지만 거만한 사람은 그
꾸지람을 듣지 않는다.
2 선한 사람은 그 입술의 열매로 좋은
것을 맛보지만 죄짓는 사람의 영혼은
폭력을 맛보게 될 것이다.
3 말을 조심하는 사람은 생명을 지키지
만 말을 함부로 하는 사람은 망하게
된다.
4 게으름뱅이의 영혼은 아무리 원하는
것이 있어도 얻는 것이 없지만 부지런
한 사람의 영혼은 원하는 것을 넉넉
하게 얻는다.
5 의인은 거짓말을 싫어하지만 악인은
염치도 없으며 망신스러운 일을 할
뿐이다.
6 의는 정직한 길을 가는 사람을 지키
지만 악은 죄인을 거꾸러뜨린다.
7 부자인 척해도 빈털터리가 있고 가난
한 척해도 큰 재물을 가진 사람이 있
다.
8 재물로 자기 목숨을 살릴 수도 있지
만 가난하면 협박받는 일은 없다.
9 의인의 빛은 밝게 비추지만 악인의
등불은 금세 꺼진다.
10 교만하면 다툼만 일으킬 뿐이지만 충
고를 받아들이는 사람들에게는 지혜
가 있다.
11 부정하게 얻은 돈은 점점 없어지지만
수고해 모은 것은 더 늘어난다.
12 소망이 이루어지지 않으면 마음이 아
프지만 소원이 이루어지면 그것은 생
명나무가 된다.
13 말씀을 무시하는 사람은 망하지만 계
명을 존중하는 사람은 상을 받는다.
14 지혜로운 사람의 가르침은 생명의 샘
이니 죽음의 덫에서 벗어나게 한다.
15 선한 통찰력은 은총을 베풀지만 죄
인들의 길은 험난하다.
16 현명한 사람은 모두 잘 알고 행동하
지만 어리석은 사람은 자신의 어리석
음을 훤히 드러내 보인다.
17 못된 *전령은 사람을 고난에 빠지게
하지만 믿음직한 사신은 일을 바로잡
는다.
18 훈계를 거부하는 사람에게는 가난과
수치가 닥치지만 꾸지람을 받아들이
는 사람은 존경받는다.
19 소원이 이루어지면 자기 영혼에게 즐
거운 일이다. 그러나 어리석은 사람은
악에서 돌이키기를 싫어한다.
20 지혜로운 사람들과 동행하는 사람은
더욱 지혜로워지지만 어리석은 사람
들과 어울리는 사람은 망하게 된다.
21 죄인에게는 재앙이 따르지만 의인에
게는 좋은 보상이 따른다.
22 선한 사람은 그 후손들을 위해 유산
을 남기지만 죄인의 재물은 의인을
위해 쌓는 것이다.
23 가난한 사람의 밭에 먹을 것이 많아
도 공의가 사라지면 그것은 사라지고
만다.

13:17 또는 심부름꾼

24 회초리를 아끼는 것은 아들을 사랑
하지 않는 것이다. 아들을 사랑하는
사람은 제때에 징계한다.
25 의인은 먹고 난 후 배부르지만 악인
의 배 속은 항상 주린다.

14 지혜로운 여자는 자기 집을 짓
지만 어리석은 여자는 자기 손
으로 집을 무너뜨린다.
2 정직하게 사는 사람은 여호와를 경외
하지만 잘못 사는 사람은 여호와를
무시한다.
3 *어리석은 사람의 말은 교만해 매를
자청하지만 지혜로운 사람의 말은 자
신을 지켜 준다.
4 소가 없으면 구유는 깨끗하지만 풍성
한 수확은 소의 힘에서 나오는 법이다.
5 믿을 만한 증인은 거짓말하지 않지만
거짓 증인은 거짓말을 쏟아 낸다.
6 거만한 사람은 지혜를 구해도 찾지
못하지만 오직 통찰력 있는 사람은
쉽게 지식을 얻는다.
7 어리석은 사람이 있으면 그에게서 멀
리 떨어져라. 그 입술에서는 지식을
얻지 못한다.
8 현명한 사람의 지혜는 생각하고 행동
하게 하지만 *어리석은 사람의 어리
석음은 자기를 속이게 한다.
9 *어리석은 사람은 죄를 우습게 보나
의인들 가운데는 은총이 있다.
10 마음의 고통은 자기만 알고 마음의
기쁨도 다른 사람과 나누지 못한다.
11 악인의 집은 망할 것이요, 정직한 사
람의 장막은 번성할 것이다.
12 사람이 옳다고 여기는 길이어도 결국
에는 죽음에 이를 뿐이다.
13 웃어도 마음은 아플 수 있으며 기뻐
도 끝은 슬플 때가 있다.
14 마음이 타락한 사람은 악한 행위로
보응이 가득 찰 것이요, 선한 사람은
자신의 행실로 보상을 만족하게 받는
다.
15 *어리석은 사람은 온갖 말을 믿으나
현명한 사람은 생각하고 그 길을 살
핀다.
16 지혜로운 사람은 두려워 악을 멀리하
지만 어리석은 사람은 성급하고 조심
할 줄 모른다.
17 쉽게 화내는 사람은 어리석게 행동하
고 악한 일을 꾸미는 사람은 미움을
받는다.
18 우둔한 사람은 어리석음을 유산으로
받으나 현명한 사람은 지식의 면류관
을 쓴다.
19 악한 사람은 선한 사람 앞에서 엎드
리고 불의한 사람은 의인의 문 앞에
엎드려 절한다.
20 가난한 사람은 이웃들에게도 따돌림
을 당하지만 부자는 친구가 많다.
21 이웃을 멸시하는 사람은 죄짓는 자
요, 가난한 사람에게 친절을 베푸는
사람은 복이 있다.
22 악을 꾀하는 사람은 잘못된 길을 가
지만 선을 계획하는 사람은 자비와
진리를 얻는다.

14:3,9 잠 1:7의 난외주를 보라. 14:8 잠 1:22의 난외주를 보라. 14:15 잠 1:4의 난외주를 보라.

23 열심히 일하면 유익이 있지만 말만
하면 가난해질 뿐이다.
24 지혜로운 사람의 재물은 그에게 면류
관이 되지만 어리석은 사람의 어리석
음은 어리석음만 낳는다.
25 진실한 증인은 영혼을 구해 내지만
거짓 증인은 거짓말만 늘어놓는다.
26 여호와를 경외하는 사람에게는 강한
믿음이 생기고 그의 자녀들에게는 피
난처가 있다.
27 여호와를 경외하는 것은 생명의 샘으
로 사람을 죽음의 덫에서 건져 낸다.
28 인구가 많은 것은 왕에게 영광이 되
지만 백성들이 없는 것은 통치자의
멸망이다.
29 조급하게 화를 내지 않는 사람은 큰
명철이 있지만 성질이 급한 사람은 어
리석음을 드러낸다.
30 평온한 마음은 육체에 생명이 되지만
질투심은 뼈를 썩게 한다.
31 가난한 사람을 억압하는 사람은 그
를 지으신 분을 비난하는 자요, 궁핍
한 사람에게 친절을 베푸는 사람은
하나님을 높여 드리는 자이다.
32 악인은 자기 악함 때문에 쓰러지지만
의인은 죽음이 닥쳐도 소망이 있다.
33 지혜는 통찰력 있는 사람의 마음에
머물지만 어리석은 사람들의 마음 안
에 있는 것은 다 드러나게 된다.
34 정의는 나라를 높이지만 죄는 민족
을 욕되게 한다.
35 지혜로운 신하는 왕의 총애를 얻지만
수치를 일으키는 신하에게는 진노가
내린다.

15 온유한 대답은 진노를 가라앉
히지만 과격한 말은 분노를 일
으킨다.
2 지혜로운 사람의 혀는 지식을 바르게
사용하지만 어리석은 사람의 입은 어
리석음을 쏟아 낸다.
3 여호와의 눈은 어디든지 있어 악인과
선인을 지켜보신다.
4 따뜻한 말은 생명나무와 같지만 가시
돋친 말은 영혼을 상하게 한다.
5 *어리석은 사람은 아버지의 훈계를
무시하지만 현명한 사람은 꾸지람을
받아들인다.
6 의인의 집에는 재물이 많이 쌓이지만
악인의 소득은 고통을 가져온다.
7 지혜로운 사람의 입술은 지식을 퍼뜨
리지만 어리석은 사람의 마음은 그렇
지 않다.
8 악인의 제사는 여호와께서 싫어하시
지만 정직한 사람의 기도는 기뻐하신
다.
9 악인의 길은 여호와께서 싫어하시지
만 의를 따르는 사람들은 사랑하신
다.
10 옳은 길을 저버리는 사람에게는 엄한
징계가 있고 꾸지람을 싫어하는 사람
은 죽게 될 것이다.
11 *지옥과 멸망도 여호와 앞에서 드러
나는데 하물며 사람의 마음이야 더
욱 그렇지 않겠느냐?

15:5 잠 1:7의 난외주를 보라. 15:11 히브리어, 스올과 아바돈

12 거만한 사람은 자기를 꾸짖는 사람을
좋아하지 않으며 지혜로운 사람에게
가지도 않는다.
13 행복한 마음은 얼굴에 환히 드러나지
만 마음이 상하면 영혼도 상하게 마
련이다.
14 지각 있는 마음은 지식을 구하지만
어리석은 사람의 입은 어리석음을 즐
긴다.
15 고통받는 사람에게는 모든 날이 다
불행하지만 마음이 기쁜 사람에게는
매일이 잔칫날이다.
16 재산이 부족한 듯해도 여호와를 경외
하는 것이 큰 재물 때문에 고민하며
사는 것보다 낫다.
17 사랑이 있는 곳에서 풀을 먹으며 사
는 것이 서로 미워하면서 살진 송아
지를 먹는 것보다 낫다.
18 화를 쉽게 내는 사람은 다툼을 일으
키지만 화를 천천히 내는 사람은 마
음을 가라앉혀 준다.
19 게으름뱅이의 길은 가시덤불로 막혀
있는 것 같지만 의인의 길은 평탄하
다.
20 지혜로운 아들은 아버지에게 기쁨을
선사하지만 어리석은 사람은 어머니
를 무시한다.
21 지혜를 멸시하는 사람은 어리석음을
기뻐하지만 지각 있는 사람은 옳은
길로 걷는다.
22 의견을 수렴하지 않으면 계획은 무산
되지만 조언자가 많으면 그 일은 성공
한다.
23 적절한 대답은 사람을 기쁘게 하니
때맞춰 하는 말이 얼마나 좋은지!
24 지혜로운 사람이 가는 생명의 길은
위쪽으로 나 있어서 그가 아래쪽에
있는 *지옥의 길을 벗어나게 한다.
25 교만한 사람의 집은 여호와께서 허무
시지만 과부가 사는 곳의 경계선은
튼튼히 세워 주신다.
26 악인의 생각은 여호와께서 싫어하시
지만 순결한 사람의 말은 기뻐하신다.
27 욕심 많은 사람은 집안에 문제를 일
으키지만 뇌물을 거절하는 사람은
살게 될 것이다.
28 의인은 대답할 때 깊이 생각하며 말
하지만 악인의 입은 악한 것을 쏟아
낸다.
29 여호와께서는 악인을 멀리하시지만
의인의 기도는 들으신다.
30 밝은 얼굴은 사람을 기쁘게 하고 좋
은 소식은 사람을 낫게 한다.
31 생명을 살리는 꾸지람에 귀 기울이는
사람은 지혜로운 사람들 가운데 있
다.
32 훈계를 싫어하는 사람은 자기 영혼을
가볍게 여기지만 꾸지람을 듣는 사람
은 깨달음을 얻는다.
33 *여호와를 경외하는 것이 지혜 있는
훈계이며 겸손함이 있어야 영광이 따
른다.

16 마음의 계획은 사람에게 있어
도 결정은 여호와께 있다.

15:24 히브리어, 스올 15:33 또는 지혜는 여호와를
경외하라고 가르치며 겸손함은 영광이 뒤따른다.

2 사람의 행위가 자기 눈에는 다 깨끗
해 보여도 여호와께서는 그 마음을
꿰뚫어 보신다.
3 네가 하는 일을 여호와께 맡겨라. 그
러면 네가 생각하는 것이 이루어질
것이다.
4 여호와께서는 모든 것을 그 쓰임에 맞
게 지으셨으니 악인들은 재앙의 날에
쓰일 것이다.
5 마음이 교만한 사람은 하나님이 싫어
하시니 그들은 반드시 벌을 받게 될
것이다.
6 사람이 어질고 진실하게 살면 죄를
용서받고 여호와를 경외하면 악을 피
할 수 있다.
7 사람의 행위가 여호와를 기쁘시게 하
면 원수들까지도 그와 화평하게 지낼
수 있게 하신다.
8 적게 가지고 의로운 것이 많이 벌면
서 올바르지 못한 것보다 낫다.
9 사람이 마음으로 자기 앞길을 계획한
다 해도 그 걸음은 여호와께서 이끄
신다.
10 왕의 판결은 하나님의 판결이니 왕은
공의롭게 판결해야 한다.
11 공정한 저울과 추는 여호와의 것이고
주머니 속의 모든 추들도 다 그분이
만드신 것이다.
12 왕은 악을 행하는 것을 싫어해야 한
다. 오직 공의로만 왕위가 굳게 세워
지기 때문이다.
13 왕들은 정직한 말을 기뻐하고 올바르
게 말하는 사람을 높이 평가한다.
14 왕의 진노는 저승사자와 같지만 지혜
로운 사람은 왕의 진노를 달랜다.
15 왕의 얼굴빛이 밝아야 생명을 얻을

하용조 목사의 행복한 **메시지**

하나님의 뜻을 알 수 있는 방법

종은 주인의 마음을 알아야 하고 성도는 하나님의 마음을 알아야 합니다. 무슨 일이든지 알면 쉽고 모르면 어렵습니다. 성경에는 하나님의 뜻을 검증할 수 있는 3가지 시금석이 있습니다(살전 5:16-18).

첫째, 기쁨입니다. 하나님의 뜻을 행하는데 마음이 기쁘지 않는 것은 문제가 있는 것입니다. 손해냐 이익이냐가 아닙니다. 사람의 뜻은 어느 한 길을 선택한 뒤에 불안하지만 하나님의 뜻은 힘든 길일지라도 마음에 기쁨이 있습니다. 둘째, 기도입니다. 하나님의 뜻을 행하면 계속 기도하게 되고 기도로 이루어집니다. 마지막으로 감사입니다. 하나님의 뜻을 행하면 모든 것이 하나님의 은혜로 이루어지므로 감사가 넘치게 됩니다.

종이 주인의 마음을 알아야 주인을 섬길 수 있듯이 성도는 하나님의 마음을 알아야 하나님을 섬길 수 있습니다. 하나님의 뜻을 알아야 합니다. 좋은 일이라서가 아니라 하나님의 뜻이기에 하십시오. 유익이 되고 성공을 주고 부요하게 되는 일일지라도 하나님의 뜻이 아니면 단호히 거절하십시오.

수 있으며 그 은총은 *늦은 비를 뿌
리는 구름 같다.
16 금보다 지혜를 구하는 것이, 은보다
통찰력을 얻는 것이 얼마나 더 나은
지!
17 악을 피하는 것이 정직한 사람의 넓
은 길이니 그 길을 지키는 사람은 그
영혼도 지키는 것이다.
18 교만에는 멸망이 따르고 거만에는
몰락이 따른다.
19 겸손한 사람과 함께하며 마음을 겸손
하게 하는 것이 교만한 사람들과 함
께 약탈물을 나누는 것보다 낫다.
20 일을 지혜롭게 처리하는 사람은 잘되
고 여호와를 믿는 사람은 누구나 복
이 있다.
21 마음이 지혜로운 사람은 신중하다는
말을 듣고 *상냥한 말은 지혜를 늘려
준다.
22 통찰력을 지닌 사람은 그 통찰력이
생명의 샘이지만 *어리석은 사람은
그 어리석음이 길잡이가 된다.
23 지혜로운 사람의 마음은 자기 입을
가르치고 *자기 입술에 배움을 더해
준다.
24 기분 좋은 말은 꿀송이 같아서 영혼
을 즐겁게 하고 아픈 뼈를 고치는 힘
이 된다.
25 사람이 보기에 옳은 길이어도 결국에
는 죽음에 이르는 길이 있다.
26 사람이 자신을 위해 일하는 것은 그
굶주린 입이 요구하기 때문이다.
27 경건하지 못한 사람들은 악한 일을
하고 그들의 말은 타오르는 불과 같
다.
28 악한 사람은 싸움을 불러일으키고
다른 사람에 대해 수군거리는 사람은
친한 친구들을 떼어 놓는다.
29 난폭한 사람은 그 이웃을 꾀어내어
좋지 못한 길로 끌어간다.
30 눈짓하는 것은 악한 일을 계획하려
는 것이고 음흉하게 웃는 사람은 악
한 일을 저지른다.
31 옳은 길을 걸어왔다면 흰머리는 영광
의 면류관이 될 것이다.
32 화내는 데 더딘 사람은 용사보다 낫
고 마음을 다스릴 줄 아는 사람은 성
을 빼앗는 사람보다 낫다.
33 제비는 사람이 뽑지만 그 모든 결정
은 여호와께 있다.

17 마른 빵을 먹더라도 평안하고
조용한 것이 *온갖 맛있는 음
식이 가득하고도 다투며 사는 것보
다 낫다.
2 지혜로운 종은 주인의 부끄러운 짓을
하는 아들을 다스리고 그 *형제들과
함께 유산을 나눠 받는다.
3 도가니는 은을, 용광로는 금을 단련
하지만 여호와께서는 마음을 단련하
신다.
4 악인은 악한 말에 마음을 두고 거짓
말쟁이는 못된 말에 귀 기울인다.
5 가난한 사람을 조롱하는 사람은 그
지으신 분을 비난하는 자요, 남이 당

16:15 또는 봄비 16:21 또는 부드러운 말 16:22 잠 1:7의 난외주를 보라. 16:23 또는 말에 설득력이 있다. 17:1 히브리어, '제사 음식' 17:2 또는 아들들

한 재앙을 기뻐하는 사람은 벌을 피
할 수 없다.
6 손자는 노인의 면류관이요, 부모는
그 자녀의 영광이다.
7 *훌륭한 말이 어리석은 사람에게 어
울리지 않는데 하물며 거짓말하는
입술이 통치자에게 어울리겠느냐!
8 뇌물은 그 뇌물을 쓰는 사람에게 요
술방망이 같아서 어디에 쓰든지 안
되는 일이 없다.
9 허물을 덮어 주는 것은 사랑을 구하
는 것이요, 문제를 자꾸 들추어내는
사람은 가까운 친구를 갈라놓는다.
10 어리석은 사람을 100번 때리느니 지
혜로운 사람을 한 번 꾸짖는 게 더 깊
이 박힌다.
11 반역하는 데만 마음을 쓰는 악한 사
람은 잔인한 사람에게 잡힐 것이다.
12 어리석은 사람을 만나는 것보다 새끼
를 빼앗긴 곰을 만나는 것이 낫다.
13 사람이 선을 악으로 갚으면 그 집에
서 재앙이 결코 떠나지 않는다.
14 다툼을 시작하는 것은 댐에 구멍 내
는 것과 같으니 다툼이 일어나기 전
에 말다툼을 그치라.
15 악인을 의롭다 하는 사람이나 의인
을 정죄하는 사람 모두를 여호와께서
싫어하신다.
16 어리석은 사람은 손에 돈이 있어도
지혜를 살 마음이 없는데 어떻게 지
혜를 얻겠느냐?
17 항상 사랑하는 것이 친구이고 어려
울 때 도움이 되려고 태어난 것은 형
제다.
18 분별력 없는 사람이 서약을 함부로
하고 자기 친구를 위해 보증을 선다.
19 다툼을 좋아하는 사람은 죄를 좋아
하고 집을 꾸미기 좋아하는 사람은
파멸을 구한다.
20 사악한 마음을 가진 사람이 잘될 리
없고 거짓말하는 혀를 가진 사람은
고난에 빠지게 마련이다.
21 미련한 자식을 낳은 부모는 그 자식
때문에 슬픔을 당하고 어리석은 자
식을 둔 부모는 기쁨이 없다.
22 즐거운 마음은 병을 낫게 하지만 근
심하는 마음은 뼈를 말린다.
23 악인은 남몰래 뇌물을 받고 옳은 재
판을 굽게 한다.
24 통찰력 있는 사람은 가까이에서 지혜
를 찾지만 어리석은 사람의 눈은 땅
끝에 있다.
25 어리석은 아들은 그 아버지에게 걱정
을 끼치고 그 어머니의 마음을 쓰라
리게 한다.
26 의인을 징벌하거나 고귀한 사람이 정
직하다고 채찍질하는 것은 옳지 않
다.
27 지식이 있는 사람은 말을 아끼고 통
찰력 있는 사람은 성급해하지 않는다.
28 어리석은 사람도 조용히 하면 지혜롭
게 보이고 입을 다물고 있으면 슬기로
워 보인다.

18

다른 사람과 어울리지 못하는
사람은 자기 욕심만 채우려 하

17:7 또는 거만한 말이

고 모든 지혜를 배격한다.
2 어리석은 사람은 깨닫는 것을 좋아하
지 않고 자기 의견을 내세우기만 한
다.
3 악인이 오면 멸시가 뒤따라오고 부끄
러운 일이 오면 망신도 온다.
4 슬기로운 사람의 입에서 나오는 말은
깊은 물과 같고 지혜의 샘은 흐르는
시냇물과 같다.
5 재판할 때 의인을 넘어뜨리려고 악인
의 편을 드는 것은 옳지 않다.
6 어리석은 사람의 입술은 다툼을 일
으키고 그 입은 매를 부른다.
7 어리석은 사람의 입은 자기를 멸망하
게 하고 그 입술은 그 영혼의 덫이 된
다.
8 남의 말을 하는 것은 맛있는 음식과
같아서 사람의 뱃속 깊이 내려간다.
9 자기 일을 게을리하는 사람은 일을
망치는 사람의 형제다.
10 여호와의 이름은 견고한 망대이니 의
인이 거기로 달려가면 안전하다.
11 부자의 재물은 견고한 성과 같으니
그는 그것을 마치 높은 성벽인 것처
럼 여긴다.
12 사람의 마음이 교만하면 파멸이 뒤따
르지만 겸손하면 영광이 뒤따른다.
13 듣기도 전에 대답하는 사람은 미련함
그 자체이고 망신만 당한다.
14 사람의 병은 정신력으로 이겨 낼 수
있지만 마음이 상하면 누가 견딜 수
있겠는가?
15 신중한 사람의 마음은 지식을 얻고
지혜로운 사람의 귀는 지식을 찾게
된다.
16 선물은 사람이 가는 길을 여유롭게
해 주고 그를 높은 사람들 앞으로 인
도해 준다.
17 원고가 자기 사건을 말할 때는 그의
말이 옳아 보이나 이웃이 오면 진실
은 밝혀지는 법이다.
18 제비뽑기는 말다툼을 끝내고 강하게

Q&A 교만은 왜 위험한가?

참고 구절 | 잠 18:12

교만은 스스로 높아지려는 마음으로, 하나님의 주권을 인정하지 않고 자기 자신의 뜻대로 행동하는 것을 말한다. 교만은 하나님처럼 높아지려고 했던 사탄에게서 시작되었으며 아담과 하와를 타락시킨 주범이다(창 3:5).

이처럼 교만은 하나님의 백성을 타락시키는 사탄의 주요 도구로서 정욕에 빠지게 하거나(단 5:20-23) 악한 마음을 품게 하고(시 10:2), 자기 자랑, 자기 기만에 빠지게 하여 결국 파멸에 이르게 한다(잠 18:12).

하나님은 이렇게 사탄적인 속성으로 하나님을 대적하는 교만한 자를 물리치실 수밖에 없다. 그분은 피조물인 우리들에게 예수님을 내어 주시기까지 한 겸손하신 분이기 때문이다.

잠언에 나오는 교만에 관한 말씀들

잠언 11장 2절; 13장10절; 15장 25절; 16장 5절; 16장 18절; 18장 12절; 21장 4절; 29장 23절

반박하는 사람들 사이에 해결을 지
어 준다.
19 마음이 상한 형제를 달래기는 견고한
성을 손에 넣기보다 어렵다. 그들의
다툼은 꺾이지 않는 성문의 빗장과
같다.
20 사람은 그 입에서 나오는 것으로 만
족하고 그 입술에서 거두는 것으로
배부르게 된다.
21 죽고 사는 것이 혀의 능력에 달려 있
으니 혀 쓰기를 좋아하는 사람들은
그 열매를 먹을 것이다.
22 아내를 맞이한 사람은 좋은 것을 얻
은 것이며 여호와께 은혜를 받은 것이
다.
23 가난한 사람이 자비를 간절히 구해도
부자는 혹독하게 대답한다.
24 많은 친구를 가진 사람은 해를 입기
도 하지만 형제보다 더 가까운 친구
도 있다.

19 가난하지만 진실하게 사는 사
람이 어리석고 입술이 고약한
사람보다 낫다.
2 또 지식 없이 열심히만 하는 것은 좋
지 않으며 너무 서두르면 죄짓기 쉽
다.
3 사람이 자기가 어리석어 자기 길을 망
치고는 속으로 여호와를 원망한다.
4 돈이 있으면 많은 친구가 생기지만 가
난한 사람은 이웃에게 따돌림을 당
한다.
5 거짓 증인은 벌을 피하지 못하며 거
짓말을 잘하는 사람도 벌을 피하지
못할 것이다.
6 통치자 주위에는 비위를 맞추는 사람
이 많고 선물을 잘 주는 사람에게는
모두가 달려들어 친구가 되려 한다.
7 가난한 사람은 형제라도 다 피하는데
친구들이야 더더욱 피하지 않겠느냐!
그가 아무리 그들에게 말하려 해도
아무런 소용이 없다.
8 지혜를 얻는 것은 자기 영혼을 사랑
하는 일이고 깨달음을 간직하는 사
람은 잘되게 돼 있다.
9 거짓 증인은 벌을 피하지 못하며 거짓
말을 잘하는 사람은 쓰러질 것이다.
10 어리석은 사람에게 사치는 어울리지
않는다. 종이 왕들을 다스리는 것은
더더욱 그렇다!
11 분별력이 있으면 화를 참고 허물을
덮어 주는 것은 그의 영광이 된다.
12 왕이 분노하면 사자가 울부짖는 것
같고 그 은총은 풀잎 위의 이슬과 같
다.
13 어리석은 아들은 아버지에게 재난이
되고 다투는 아내는 계속 떨어지는
빗방울과 같다.
14 집과 재물은 아버지에게서 상속받지
만 현명한 아내는 여호와께 받는다.
15 게으르면 깊은 잠에 빠지고 나태한
사람은 굶주리게 된다.
16 훈계에 순종하는 사람은 그 영혼을
지키고 그런 행위를 경멸하는 사람은
죽게 될 것이다.
17 가난한 사람을 불쌍히 여기는 사람
은 여호와께 빌려 드리는 것이니 그

가 한 일에 대해 그분이 갚아 주실 것
이다.
18 네 아들을 훈계할 때 소망이 있다. 그
러나 아들이 괴로워 죽겠다고 할 때
까지 하지는 마라.
19 성질이 불같은 사람은 벌을 받아야
한다. 그런 사람을 한 번 구해 주게
되면 또 구해 줘야 할 일이 생긴다.
20 조언에 귀 기울이고 훈계를 받아들여
라. 그러면 결국에는 네가 지혜롭게
될 것이다.
21 사람의 마음에는 많은 계획이 있으나
오직 여호와의 뜻만이 이뤄진다.
22 *사람은 성실해야 한다. 거짓말쟁이
가 되느니 가난뱅이가 되는 것이 낫
다.
23 여호와를 경외하면 생명을 얻는다. 생
명을 가진 사람은 만족하며 살고 재
앙을 만나지 않을 것이다.
24 게으름뱅이는 손을 그릇에 넣고는 다
시 입으로 들어 올려 떠먹는 것조차
하지 않는다.
25 거만한 사람을 치면 *우둔한 사람도
깨닫게 된다. 지각 있는 사람을 꾸짖
으면 지식을 얻게 될 것이다.
26 자기 아버지를 구박하고 자기 어머니
를 쫓아내는 사람은 수치와 망신을
당하게 하는 아들이다.
27 *내 아들아, 지식의 말씀에서 벗어나
게 하는 훈계는 듣지 마라.
28 경건하지 못한 증인은 공의를 우습게
여기고 악인의 입은 죄악을 꿀꺽 삼
켜 버린다.
29 거만한 사람을 위해서는 심판이 준비
돼 있고 *어리석은 사람의 등에는 매
가 준비돼 있다.

20

포도주는 다른 사람을 조롱하
게 하고 독주는 떠들게 한다.
이런 것들에 빠지는 것은 지혜롭지
않다.
2 왕이 분노하는 것은 사자가 으르렁대
는 것 같으니 왕의 분노를 자아내는
것은 자기 목숨을 거는 일이다.
3 다툼을 그치는 것은 영광이 되나 어
리석은 사람은 다들 쓸데없이 참견한
다.
4 게으름뱅이는 춥다고 밭을 갈지 않으
니 추수 때 구걸해도 아무것도 얻지
못할 것이다.
5 사람의 생각은 깊은 물속과 같아서
지각 있는 사람만이 길어 낼 수 있다.
6 대부분 스스로 선하다고 하는데 정
말로 성실한 사람은 어디 있는가?
7 의인은 진실하게 살고 그의 자손은
그로 인해 복을 받는다.
8 왕은 그 심판의 보좌에 앉아서 그 눈
으로 모든 악을 흩어 버린다.
9 누가 "내 마음을 순결하게 지켰으니
나는 깨끗하고 죄가 없다"라고 말할
수 있겠는가?
10 제멋대로 된 저울과 자는 모두 여호
와께서 싫어하신다.
11 어린아이라도 그의 행동으로 그가 한
일이 깨끗한지 더러운지, 옳은지 그

19:22 또는 탐욕은 부끄러운 것이다. 19:25 잠 1:4의 난외주를 보라. 19:27 히브리어에서 스승이 제자를 부르는 말로도 쓰임. 19:29 잠 1:22의 난외주를 보라.

른지 알 수 있다.
12 듣는 귀와 보는 눈은 모두 여호와께
서 지으신 것이다.
13 잠을 좋아하지 마라. 가난해질지 모
른다. 깨어 있어라. 그러면 넉넉히 먹
을 것이다.
14 물건을 사면서 "좋지 않다, 좋지 않
다" 하고는 가서 자기가 산 것을 자랑
하고 다닌다.
15 금이 있고 루비가 많아도 정말 귀한
보석은 지식을 말하는 입술이다.
16 타인을 위해 보증이 된 사람은 옷을
잡히며 외인의 보증이 된 사람은 자
기의 몸을 잡힌다.
17 사람들은 속여서 얻은 빵이 달다고
하지만 나중에는 그 입이 자갈로 가
득 차게 된다.
18 계획이 있어야 목표를 달성한다. 전쟁
은 전략을 세워 놓고 하여라.
19 남의 말을 하고 다니는 사람은 비밀
을 누설하게 돼 있으니 입을 함부로
놀리는 사람과는 어울리지 마라.
20 자기 부모를 저주하는 사람은 자신이
암흑 속에 있을 때 그 등불이 꺼질 것
이다.
21 처음부터 쉽게 얻은 재산은 행복하게
끝을 맺지 못한다.
22 "내가 악을 꼭 갚겠다"라고 벼르지 말
고 여호와를 기다려라. 그러면 그분
이 너를 구원해 주실 것이다.
23 서로 다른 추는 여호와께서 싫어하시
는 것이며 속이는 저울은 나쁜 것이
다.
24 사람의 걸음은 여호와께서 인도하시
니 사람이 어떻게 자기 길을 알 수 있
겠는가?
25 서원하고 난 후에 그 생각이 달라지
면 그것이 덫이 된다.
26 지혜로운 왕은 악인을 키질하며 타작
용 바퀴를 그 위로 굴린다.
27 *여호와께서는 등불처럼 사람의 영혼
을 비추시나니 사람의 마음속 깊은
곳까지 낱낱이 살피신다.
28 인자와 진리는 왕을 보좌하고 정의는
그 왕좌를 든든히 한다.
29 청년의 영광은 그 힘에 있고 노인의
아름다움은 백발에 있다.
30 상처가 나도록 때려야 악이 없어진다.
매질은 사람의 속 깊은 곳까지 들어
간다.

21 왕의 마음은 여호와의 손에 달
려 있어 강물과 같이 여호와께
서 원하시는 대로 돌리신다.
2 사람의 행위가 다 자기 눈에는 옳게
보이지만 그 마음은 여호와께서 살펴
보신다.
3 의와 공의를 행하며 사는 것은 희생
제사를 드리는 것보다 여호와께서 더
기뻐하신다.
4 거만한 눈과 교만한 마음, *악인이
경작하는 것은 죄다.
5 부지런한 사람의 생각은 풍성한 결과
에 이르지만 마음만 급한 사람은 궁
핍함에 이를 뿐이다.

20:27 또는 사람의 영혼은 여호와의 등불이다. 21:4 또는 악인이 성공하는 것은

6 거짓말하는 혀로 얻은 보물은 죽음
을 구하는 자들의 사라지는 물거품
과 같다.
7 악인의 강도질은 자기를 멸망시키리
니 그들이 올바르게 살기를 거절하기
때문이다.
8 죄인의 길은 악하고 굽어 있지만 깨
끗한 사람의 길은 올바르다.
9 잘 다투는 아내와 넓은 집에서 사는
것보다 지붕 한 모퉁이에 혼자 사는
것이 낫다.
10 악인의 마음은 악한 것만을 바라니
그는 자기 이웃에게도 은혜를 베풀지
못한다.
11 거만한 사람이 벌을 받으면 *우둔한
사람이 지혜로워지며 지혜로운 사람
이 훈계를 받으면 지식을 얻게 된다.
12 의로우신 하나님께서는 악인의 집을
주목하시고 그를 망하게 하신다.
13 가난한 사람의 부르짖음에 귀를 막으
면 자기도 부르짖게 될 때 아무에게
도 응답받지 못할 것이다.
14 남몰래 주는 선물은 화를 달래고 품
에 감춘 뇌물은 큰 진노를 누그러뜨
린다.
15 공의가 이루어지면 의인은 기뻐하고
악인은 파멸하게 된다.
16 깨달음의 길에서 떠난 사람은 죽은
사람들과 함께 있게 될 것이다.
17 쾌락을 좋아하는 사람은 가난해지고
포도주와 기름을 좋아하는 사람도
결코 부자가 되지 못할 것이다.
18 악인은 의인 대신 치르는 몸값이 되
고 죄를 범한 사람은 정직한 사람 대
신 치르는 몸값이 된다.
19 다투기 좋아하고 쉽게 화내는 아내와
사느니 광야에서 혼자 사는 것이 낫
다.
20 *의인의 집에는 값진 보물과 기름이
있지만 어리석은 사람은 자기가 가진
것을 다 없애 버린다.
21 의와 자비를 추구하는 사람은 생명
과 *의와 명예를 얻는다.
22 지혜로운 사람은 강자들의 성읍에 올
라가서 그들이 믿고 있는 요새를 무
너뜨린다.
23 입과 혀를 지키는 사람은 자기 자신
을 재앙으로부터 지킨다.
24 하늘 높은 줄 모르고 교만하게 행동
하는 사람, 그는 교만하고 오만하며
냉소적인 사람이다.
25 게으름뱅이의 욕심은 그 자신까지 죽
이니 자기 손으로 어떤 일도 하기 싫
어하기 때문이다.
26 악인은 하루 종일 욕심만 부리나 의
인은 아낌없이 베푼다.
27 악인의 제물이 역겨우면 악한 의도로
가져온 제물은 어떻겠는가!
28 거짓 증인은 망할 것이나 진실한 증
인의 말에는 힘이 있다.
29 악인은 얼굴이 굳어지나 정직한 사람
의 길은 순탄하다.
30 어떤 지혜나 깨달음, 계획도 여호와께
대항할 수 없다.

21:11 잠 1:4의 난외주를 보라. 21:20 또는 지혜로운 사람의 21:21 또는 번영

31 전쟁을 위해 말이 준비돼도 승리는
여호와께 달렸다.

22

많은 재산보다는 명예를 선택
하는 것이 더 낫고 은과 금보
다는 은총을 받는 것이 더 낫다.
2 부와 가난은 이런 공통점이 있는데
둘 다 여호와께서 만드신 것이다.
3 현명한 사람은 위험을 보고 피하지만
*우둔한 사람은 계속 나아가다가 화
를 당하고 만다.
4 겸손하고 여호와를 경외하는 사람은
부와 명예와 생명을 얻게 된다.
5 악인의 길에는 가시와 덫이 있지만 자
기 영혼을 지키는 사람은 그런 것들
과는 거리가 멀다.
6 어린아이에게 바른길을 가르치라. 그
러면 나이 들어서도 그 길을 떠나지
않을 것이다.
7 부자는 가난한 사람을 다스리고 빚
진 사람은 빚쟁이의 종이 된다.
8 죄악을 심는 사람은 거둘 것이 없으
며 분노하며 휘두르는 막대기는 부러
질 것이다.
9 남을 잘 보살펴 주는 자는 복이 있을
것이다. 이는 그가 자기 먹을 것을 가
난한 사람에게 나눠 주기 때문이다.
10 거만한 사람을 쫓아내라. 그러면 다
툼이 없어지리니 논쟁과 모욕하는 일
이 그칠 것이다.
11 순결한 마음을 사랑하는 사람은 그
가 하는 은혜로운 말 때문에 왕의 친
구가 될 것이다.
12 여호와의 눈은 지식을 지키시지만 범
죄자의 말은 좌절시키신다.
13 게으름뱅이는 "밖에 사자가 있으니
내가 거리에서 죽임당할 것 같다!"라
고 한다.
14 외간 여자의 입은 깊은 구덩이니 여
호와께 미움받는 사람은 거기에 빠질
것이다.
15 어린아이의 마음은 어리석기 짝이 없
지만 가르침의 막대기가 어리석음을
멀리 쫓아낼 수 있다.
16 재물을 늘리기 위해 가난한 사람을
못 살게 구는 사람과 부자에게 자꾸
갖다 바치는 사람은 반드시 가난해질
것이다.

지혜자의 서른 가지 말씀

첫 번째 말씀

17 귀를 기울여 지혜로운 사람의 말을
듣고 내가 가르치는 것을 네 마음에
잘 새겨라.
18 네가 이것들을 네 마음속에 잘 간직
해 그것을 모두 네 입술로 말하면 네
게 즐거움이 된다.
19 이는 네가 여호와를 의뢰하며 살도록
내가 오늘 네게 가르쳐 주는 것이다.
20 내가 네게 가장 뛰어난 조언과 지식
을 써 주었으니
21 네가 진리의 말씀을 분명히 알고 네
게 어떤 사람이 오더라도 진리의 말
씀으로 대답할 수 있게 하려는 것이
다.

두 번째 말씀

22 가난하다고 그 가난한 사람에게서 함

22:3 잠 1:4의 난외주를 보라.

부로 빼앗지 말고 불쌍한 사람을 성
문에서 학대하지 마라.
23 여호와께서 그들을 위해 변호하시고
그들을 약탈한 사람들을 약탈하실
것이기 때문이다.

세 번째 말씀

24 성급한 사람과 어울리지 말고 화를
잘 내는 사람과 함께 다니지 마라.
25 네가 그 행동을 배워 네 영혼이 덫에
걸리게 될지 모른다.

네 번째 말씀

26 너는 담보를 잡히거나 남의 빚보증을
서지 마라.
27 네가 갚을 것이 없게 되면 네가 누워
있는 침대까지 빼앗기지 않겠느냐?

다섯 번째 말씀

28 옛날에 네 조상들이 세운 경곗돌을
옮기지 마라.

여섯 번째 말씀

29 자기 일에 솜씨가 부지런한 사람을
보았느냐? 그런 사람은 왕들 앞에 설
것이며 낮고 천한 사람들 앞에 서지
는 않을 것이다.

일곱 번째 말씀

23 네가 높은 사람과 함께 앉아
음식을 먹게 되거든 네 앞에
누가 앉아 있는지 잘 보고
2 만약 네가 많이 먹는 것을 좋아하는
사람이라면 네 목에 칼을 두어서라도
참아라.
3 그리고 그 온갖 맛난 음식에 군침 흘
리지 마라. 그 음식은 너를 속이려는
것이다.

여덟 번째 말씀

4 부자가 되려고 애쓰지 말고 네 자신
의 지혜를 버려라.
5 너는 별것도 아닌 것에 주목하지 마
라. 재물은 분명 스스로 날개를 달고
독수리가 하늘로 날아가듯 날아가 버
린다.

아홉 번째 말씀

6 너는 인색한 사람의 빵을 먹지 말며
그가 온갖 맛있는 음식을 먹는 것을
보고 탐내지 마라.
7 그 마음에 생각하는 그대로 사람도 그
런즉, 그가 네게 "먹고 마셔라"라고 말
하지만 그 속마음은 네 편이 아니다.
8 네가 조금만 먹어도 토해 내게 되고
네 아첨도 아무런 소용이 없을 것이
다.

열 번째 말씀

9 어리석은 사람의 귀에다 말하지 마
라. 그는 네가 말한 지혜를 조롱할 것
이다.

열한 번째 말씀

10 옛 경곗돌을 옮기지 말고 고아들의
밭에는 들어가지 마라.
11 그들을 구원해 주시는 분은 강하시
니 그들이 너에 대해 탄원하는 것을
들어주실 것이다.

열두 번째 말씀

12 훈계를 네 마음에 받아들이고 지식
의 말씀에 네 귀를 기울여라.

열세 번째 말씀

13 어린아이를 바로잡는 일을 그만두지
마라. 네가 매를 때린다고 죽기야 하

겠느냐?
14 매를 때려서라도 그 영혼을 *지옥에
서 구해 내야 하지 않겠느냐?

열네 번째 말씀

15 내 아들아, 네 마음이 지혜로우면 내
마음도 기쁠 것이다.
16 네가 바른말을 하면 내 마음이 즐거
울 것이다.

열다섯 번째 말씀

17 죄인들을 부러워하지 말고 늘 오직 여
호와를 경외하는 일에만 마음을 써라.
18 분명 네 미래가 밝아지고 네가 기대
하는 것은 끊어지지 않을 것이다.

열여섯 번째 말씀

19 내 아들아, 잘 듣고 지혜를 얻어서 네
마음을 바른길로 이끌어라.
20 술을 많이 마시는 사람과 고기를 즐
기는 사람들과 어울리지 마라.
21 술 취하고 식탐하는 자는 가난해지
고 잠자기를 좋아하는 자는 누더기를
입게 된다.

열일곱 번째 말씀

22 너를 낳은 네 아버지의 말을 잘 듣고
네 어머니가 늙더라도 무시하지 마라.
23 진리를 사들이되 그것을 다시 팔지
마라. 지혜와 훈계와 지각도 마찬가
지다.
24 의인의 아버지에게는 큰 기쁨이 있고
지혜로운 아들을 가진 사람은 그로
인해 기뻐할 것이다.
25 네 부모가 기뻐할 것이며 너를 낳은
어머니가 즐거워할 것이다.

열여덟 번째 말씀

26 내 아들아, 나를 주시해 보고 내가
걸어온 길을 따르도록 하여라.
27 창녀는 깊은 함정이며 외간 여자는
좁은 구덩이다.
28 그녀는 숨어서 남자를 노리다가 남자
들 가운데 배신자들을 길러 낸다.

열아홉 번째 말씀

29 재앙이 누구에게 있느냐? 근심이 누

23:14 히브리어, 스올

Q&A 성경은 왜 아이들에게 '매'를 대라고 하나요?

참고 구절 | 잠 23:13-14

잠언에는 아이들에게 매(회초리)를 대라고 말하는 구절이 몇 군데 나온다. 혹자는 이것이 '아동 학대를 지지하는 것이 아니냐'는 생각을 할지도 모른다. 분명한 것은 성경은 아동 학대를 지지하지 않는다는 것이다. 이것은 훈육의 한 가지 방법으로 경우에 따라서 매를 통해 자녀 교육을 해야 할 필요성에 대해서 말한 것이다.

부모는 아이들이 멸망의 길을 걷지 않고 바른 길로 가도록 징계로써 매를 사용해야 한다(잠 23:13-14). 매는 어리석음을 없애 주고(잠 22:15) 지혜를 준다(잠 29:15). 그리고 가정에 평안과 기쁨을 가져온다(잠 29:17).

훈육으로 매를 사용할 때는 주의할 점이 있다. 첫째는 사랑으로 매를 들라는 것이다(잠 13:24). 둘째는 제때 매를 사용해야 한다는 것이다(잠 13:24). 셋째는 (훈계로써) 매는 교훈이 병행되어야 한다는 것이다(엡 6:4). 넷째는 정도를 벗어나 매를 사용하면 안 된다는 것이다(잠 19:18).

구에게 있느냐? 다툼이 누구에게 있
느냐? 불평이 누구에게 있느냐? 원
인 모를 상처가 누구에게 있느냐? 충
혈된 눈이 누구에게 있느냐?
30 술에 찌든 사람들, 섞은 술을 찾아다
니는 사람들이다.
31 포도주는 붉고 잔에서 번쩍이며 마실
때 좋게 넘어가니 너는 그것을 보지
도 마라.
32 결국에는 그것이 너를 뱀처럼 물고
독사처럼 독을 쏠 것이다.
33 네 눈이 외간 여자를 보고 네 마음이
타락한 말을 할 것이다.
34 너는 바다 한복판에 누운 것 같고 돛
대 꼭대기에 누워 있는 것 같을 것이
다.
35 그러고는 "아무리 때려 봐라. 내가 아
픈가. 아무리 때려 봐라. 내가 고통을
느낄 수 있나. 내가 언제나 깨어서 다
시 술을 마실까?" 할 것이다.

스무 번째 말씀

24 악인을 부러워하지 말고 그들
과 어울리려고 하지 마라.
2 그 마음은 나쁜 일 할 것만 계획하고
그 입술은 악한 말만 한다.

스물한 번째 말씀

3 집은 지혜로 지어지고 통찰력으로
튼튼해진다.
4 지식 때문에 방마다 귀하고 아름다
운 보물들이 가득 찬다.

스물두 번째 말씀

5 지혜로운 사람은 강하고 지식 있는
사람은 더 강해진다.
6 너는 지혜로운 계책이 있을 때만 전
쟁을 일으켜라. 조언자들이 많아야
승리할 수 있다.

스물세 번째 말씀

7 어리석은 사람에게는 지혜가 너무 높
이 있어서 그는 사람들이 모인 데서
입을 열지 못한다.

스물네 번째 말씀

8 악을 꾀하는 사람은 교활한 사람이
라 불릴 것이다.
9 어리석은 생각은 죄요, 거만한 사람
은 사람들이 싫어한다.

스물다섯 번째 말씀

10 네가 고난의 때에 비틀거리면 네 힘이
약하다는 것을 드러내는 것이다.
11 죽음으로 끌려가는 사람들을 구하고
죽임당하게 된 사람들을 구해 내어
라.
12 만약 네가 "이것에 대해 우리가 아는
바가 없다"라고 할지라도 마음을 살
펴보시는 분이 그것을 알아채지 못
하시겠느냐? 네 생명을 지키시는 분
이 그것을 모르시겠느냐? 그분이 각
사람이 행한 대로 갚지 않으시겠느
냐?

스물여섯 번째 말씀

13 *내 아들아, 꿀이 좋으니 먹어라. 꿀
송이를 먹으면 입에 달 것이다.
14 마찬가지로 지혜는 네 영혼에 달다.
네가 그것을 찾으면 네게 상이 있을
것이고 네가 기대하는 바가 끊어지지
않을 것이다.

24:13 히브리어에서 스승이 제자를 부르는 말로도 쓰임.

스물일곱 번째 말씀

15 오, 악한 사람아! 의인의 집에 숨어
있지 마라. 그가 쉬는 곳을 무너뜨리
지 마라.
16 의인은 일곱 번 넘어져도 다시 일어나
지만 악인은 재앙을 만나면 넘어진다.

스물여덟 번째 말씀

17 네 원수가 쓰러질 때 좋아하지 마라.
그가 걸려 넘어질 때 네 마음에 기뻐
하지 마라.
18 그러면 여호와께서 보고 기뻐하지 않
으시고 그 진노를 네게로 돌이키실지
모른다.

스물아홉 번째 말씀

19 악한 사람 때문에 초조해하거나 악인
을 부러워하지 마라.
20 악한 사람은 상이 없고 악인의 등불
은 꺼져 버린다.

서른 번째 말씀

21 내 아들아, 여호와와 왕을 경외하고
반역자들과 함께하지 마라.
22 이는 그런 사람들에게 갑자기 재앙이
닥칠 것이기 때문이다. 여호와와 왕이
어떤 몰락을 가져다줄지 누가 알겠느
냐?

지혜자의 또 다른 말씀

23 이것은 지혜로운 사람의 말이다. 재
판할 때 편견이 있는 것은 좋지 않다.
24 죄인에게 "의롭다"라고 하는 사람은
누구든지 사람들의 저주를 받고 민
족들의 비난을 받게 된다.
25 그러나 죄인을 꾸짖는 사람은 잘되고
좋은 복을 받을 것이다.
26 바른말 해 주는 것이 진정한 우정이
다.
27 바깥일을 다 해 놓고 네 밭을 다 마
무리한 후에야 집안을 세워라.
28 아무 이유 없이 네 이웃에게 불리한
증언을 하지 말고 네 입술로 속이지
마라.
29 "그가 내게 한 그대로 나도 그에게 해
줄 것이다. 그가 한 짓을 갚아 주리
라"라고 하지 마라.
30 내가 게으름뱅이의 밭과 생각 없는
사람의 포도밭을 지나가면서 보니
31 가시가 여기저기에 나 있고 땅은 잡
초로 덮여 있으며 돌담은 무너져 있
었다.
32 그때 내가 살펴본 것을 곰곰이 생각
해 보고 교훈을 얻었다.
33 조금만 더 자자, 조금만 더 졸자, 조
금만 더 손을 모으고 쉬자 하면
34 가난이 *강도같이, 궁핍함이 방패로
무장한 군사같이 네게 이를 것이다.

솔로몬의 또 다른 잠언

25 이것들 또한 솔로몬의 잠언으
로 유다 왕 히스기야의 신하들
이 기록한 것이다.
2 일을 감추는 것은 하나님의 영광이
요, 일을 살피는 것은 왕의 영광이다.
3 하늘이 높고 땅이 깊은 것처럼 왕의
마음도 살필 수가 없다.
4 은의 찌꺼기를 없애라. 그래야 은세공
업자가 그릇으로 만들 수 있다.
5 왕 앞에서 악인을 없애라. 그러면 그

24:34 또는 거지처럼

왕좌가 의로 세워질 수 있다.
6 왕 앞에서 나서지 말고 위대한 사람
들의 자리에 서 있지 마라.
7 그가 네게 "이리 올라오너라"라고 하
는 것이 너를 보고 있는 귀족들 앞에
서 너를 낮추는 것보다 낫다.
8 네가 본 것을 성급하게 법정으로 가
지고 가지 마라. 네 이웃이 모욕이라
도 하면 결국에 어떻게 하려고 그러
느냐?
9 다툴 일이 있으면 당사자와 직접 하
고 다른 사람에게까지 그 비밀을 드
러내지 마라.
10 그 말을 듣는 사람이 너를 모욕할지
모르고 너에 대한 좋지 않은 평판이
끊이지 않을지 모른다.
11 적절한 말을 하는 것은 은쟁반에 금
사과와 같다.
12 지혜로운 꾸짖음이 그 말을 들을 줄
아는 사람의 귀에는 금귀고리나 순금
장식과 같다.
13 믿음직한 사절은 그를 보낸 사람에게
추수 때의 차가운 눈같이 그 주인의
영혼을 시원하게 해 준다.
14 선물을 한다고 거짓말로 자랑하는
사람은 비 없는 구름과 바람 같다.
15 인내는 통치자를 설득할 수 있고 부
드러운 혀는 뼈를 녹일 수 있다.
16 꿀을 찾았느냐? 그러면 적당히 먹어
과식해 토하지 않게 하여라.
17 이웃집을 자주 드나들지 마라. 그러
면 그가 너를 지겨워하며 싫어하게
된다.
18 이웃에 대해 불리한 증언을 하는 사
람은 방망이나 칼이나 뾰족한 화살
과 같다.
19 고난의 때에 진실하지 못한 사람을
믿는 것은 부러진 이나 어긋난 발과
같다.
20 마음이 무거운 사람에게 노래를 불
러 주는 것은 추운 날에 겉옷을 빼앗
거나 소다에 식초를 붓는 것과 같다.
21 네 원수가 굶주리면 먹을 것을 주고
그가 목말라하면 마실 물을 주어라.
22 이렇게 하면 네가 그의 얼굴을 부끄
럽게 하는 것이며 여호와께서 네게
상 주실 것이다.
23 북쪽 바람이 비를 불러오는 것처럼
뒤에서 험담하는 혀는 얼굴에 분노
를 일으킨다.
24 잘 다투는 아내와 넓은 집에서 사는
것보다 지붕 한 모퉁이에서 혼자 사
는 게 낫다.
25 먼 땅에서 들려오는 좋은 소식은 지
친 영혼에게 주는 시원한 물과 같다.
26 악인에게 무릎 꿇는 의인은 진흙 섞
인 샘이나 더러워진 우물 같다.
27 꿀을 너무 많이 먹는 것이 좋지 않듯
이 자기 스스로 영광을 구하는 것은
좋지 않다.
28 자제력이 없는 사람은 성벽이 무너져
내린 성과 같다.

26 어리석은 사람에게는 영광이
어울리지 않으니 그것은 마치
한여름의 눈이나 추수 때의 비와 같
다.

2 떠도는 참새나 날아가는 제비처럼 이유 없이 퍼붓는 저주는 아무에게도 들이닥치지 않는다.

3 말에는 채찍이, 나귀에는 굴레가, *어리석은 사람의 등에는 매질이 필요하다.

4 어리석은 사람에게 그 어리석음에 맞춰 대답해 주지 마라. 그러지 않으면 너 자신도 그와 같이 돼 버린다.

5 어리석은 사람에게 그 어리석음에 맞춰 대답해 보아라. 아마 스스로 지혜로운 줄 알 것이다.

6 어리석은 사람의 손에 전할 말을 들려 보내는 것은 자기 발을 자르고 손해를 불러들이는 것과 같다.

7 저는 사람의 다리가 힘이 없듯이 어리석은 사람의 입에서 나오는 잠언도 그렇다.

8 어리석은 사람에게 영광을 돌리는 것은 무릿매에 돌을 매는 것과 같다.

9 어리석은 사람의 입에서 나오는 잠언은 술 취한 사람의 손에 들린 가시나무와 같다.

10 *어리석은 사람이나 그냥 지나가는 사람을 고용하는 사람은 아무에게나 활을 쏘아 대는 궁수와 같다.

11 개가 그 토한 것을 다시 먹듯이 어리석은 사람도 자기 어리석음을 되풀이한다.

12 자기 스스로 지혜롭다고 생각하는 사람을 보았느냐? 그보다는 차라리 어리석은 사람에게 더 소망이 있다.

13 게으름뱅이는 "길에 사자가 있다. 사자가 거리에 어슬렁거리고 있다!"라고 한다.

14 문짝이 경첩에 붙어 돌아가듯이 게으름뱅이도 자기 침대에서 뒹군다.

15 게으름뱅이는 손을 그릇에 넣고도 입에 떠 넣는 것조차 귀찮아한다.

16 게으름뱅이는 신중하게 대답하는 일곱 사람보다 자기가 더 지혜롭다고 생각한다.

17 지나가다가 자기 일도 아닌 다툼에 간섭하는 것은 개의 귀를 잡는 것과 같다.

18-19 이웃을 속이고 나서 "농담이었다"라고 말하는 사람은 횃불을 던지고 화살을 쏴 사람을 죽이는 미친 사람과 같다.

20 나무가 없으면 불이 꺼지듯이 남의 말을 하는 사람이 없으면 다툼도 그친다.

21 숯불에 숯을 넣고 타는 불에 나무를 넣는 것처럼 다투기 좋아하는 사람은 싸움에 불을 붙인다.

22 남의 말을 하는 것은 맛있는 음식 같아서 사람의 뱃속 깊이 내려간다.

23 악한 마음을 품고서 *그럴듯한 말을 하는 입술은 *은도금을 한 질그릇과 같다.

24 남을 미워하는 사람은 입술로 그럴듯하게 꾸미지만 속에는 딴마음을 품고 있다.

26:3 잠 1:22의 난외주를 보라. 26:10 또는 모든 것을 지으신 하나님은 어리석은 사람이나 범죄자들에게 모두 보응하신다. 26:23 히브리어, '열변을 토하는' 26:23 또는 질그릇 위의 은 찌꺼기와 같다.

25 그 말이 그럴듯해도 그를 믿지 마라.
마음에 일곱 가지 역겨운 것이 있다.
26 미움을 속여 감추더라도 그 악이 회
중 앞에 드러나게 될 것이다.
27 사람이 함정을 파면 자기가 빠지게
되고 돌을 굴리면 그 돌이 다시 자기
에게로 굴러 온다.
28 거짓말하는 혀는 그 혀 때문에 고난
당하는 사람들을 싫어하고 아첨은
파멸을 가져온다.

27 내일 일을 자랑하지 마라. 네
가 하루 동안에 무슨 일이 일
어날지 알 수 없기 때문이다.
2 남이 너를 칭찬하게 하고 스스로 하
지 마라. 칭찬은 남이 해 주는 것이지
자기 스스로 하는 것이 아니다.
3 돌은 무겁고 모래는 짐이 되지만 어
리석은 사람의 분노는 그 둘을 합친
것보다 더 무겁다.
4 화내는 것이 무섭고 진노가 폭풍 같
다지만 질투 앞에 누가 당해 낼 수 있
겠는가?
5 숨은 사랑보다는 드러내고 꾸짖는 것
이 낫다.
6 친구의 꾸지람은 진실하나 원수의 입
맞춤은 속이는 것이다.
7 배부른 사람은 꿀도 싫어하지만 배고
픈 사람에게는 쓴 것도 달다.
8 자기 집을 떠나 방황하는 사람은 둥
지를 떠나 헤매는 새와 같다.
9 기름과 향수가 마음을 기쁘게 하듯
친구의 진심 어린 충고도 그러하다.
10 네 친구와 네 아버지의 친구를 버리
지 말고 재앙이 닥쳤을 때 네 형제의
집으로 가지 마라. 가까운 이웃이 멀
리 사는 형제보다 낫다.
11 내 아들아, 지혜롭게 돼 내 마음을 기
쁘게 하여라. 그러면 나를 욕하는 사
람에게 내가 대답할 수 있을 것이다.
12 현명한 사람은 위험을 미리 보고 피
하지만 *우둔한 사람은 그대로 가다
가 고난을 당한다.
13 타인을 위해 보증이 된 사람은 옷을
잡혀야 하며 외인의 보증이 된 사람
은 자기의 몸을 잡혀야 한다.
14 아침 일찍 큰 소리로 그 이웃을 축복
하면 그것은 오히려 저주로 여겨질 것
이다.
15 다투기 좋아하는 아내는 비 오는 날
끊임없이 새는 물과 같고
16 그런 여자를 다스리는 것은 바람을
다스리려는 것 같으며 손으로 기름을
잡으려는 것 같다.
17 철이 철을 날카롭게 하듯 사람이 그
친구의 얼굴을 빛나게 한다.
18 무화과나무를 잘 돌보는 사람은 그
열매를 먹을 것이요 윗사람의 시중을
잘 드는 사람은 영예를 얻을 것이다.
19 얼굴이 물에 비치듯이 사람의 마음
은 그 사람됨을 나타낸다.
20 *지옥과 파멸은 결코 만족이 없듯이
사람의 눈도 만족함이 없다.
21 은은 도가니에서, 금은 풀무에서 단
련되듯 사람도 칭찬으로 사람됨을 시

27:12 잠 1:4의 난외주를 보라. 27:20 히브리어, 스올과 아바돈

험해 볼 수 있다.
22 어리석은 사람을 절구에 넣고 낟알과
함께 공이로 찧을지라도 그 어리석음
은 벗겨지지 않는다.
23 네 양 떼의 상태를 잘 알고 네 가축
떼를 주의 깊게 살펴라.
24 이는 부가 영원히 지속되지 않으며
면류관이 대대로 이어지는 것이 아니
기 때문이다.
25 풀을 베면 새 풀이 자라나니 산에서
나는 꼴을 거둘 수 있다.
26 그러면 양으로 옷을 만들고 염소들로
밭 값을 치를 수 있을 것이다.
27 그리고 네 염소젖은 넉넉해 너와 네
가족뿐만 아니라 네 여종도 먹일 수
있을 것이다.

28 악인은 누가 따라오지 않아도
도망치지만 의인은 사자처럼
당당하다.
2 나라에 반역이 일어나면 통치자가 자
주 바뀌지만 통찰력과 지식이 있는
사람이 다스리면 그 나라는 오래간
다.
3 가난한 사람을 억압하는 가난한 사
람은 먹을 것을 하나도 남기지 않는
폭우와 같다.
4 율법을 저버리는 사람들은 악인을 칭
찬하고 율법을 지키는 자는 악인에게
저항한다.
5 악한 사람은 공의를 이해하지 못하지
만 여호와를 찾는 사람은 모든 것을
깨닫는다.
6 가난해도 올바르게 사는 사람이 추
악하게 사는 부자보다 낫다.
7 율법을 지키는 사람은 지혜로운 아들
이다. 방탕한 사람들과 사귀는 사람

하용조 목사의 행복한 메시지

간음의 유혹을 피하십시오

간음은 잘못된 성욕에서 비롯된 불의한 관계입니다. 비정상적인 관계에서 이루어지는 간음은 인간의 영혼을 죽이는 무서운 암과 같으며 인류를 파멸시키는 핵폭탄과 같습니다. 그러면 우리가 어떻게 간음에 빠지지 않을 수 있을까요?
첫째는 유혹을 피해야 합니다. 유혹할 수 있는 모든 것들을 근원적으로 잘라 버려야 합니다. 유혹에 빠지기 쉬운 직업이라면 빨리 직업을 바꾸십시오. 그 안에서 유혹을 이겨 보겠다고 발버둥 쳐 봐야 아무 소용이 없습니다. 둘째는 육신을 다스려야 합니다. 성경은 정욕을 위하여 육신을 사용하지 말라고 했습니다. 우리 육신은 그대로 두면 한없이 버릇없게 되는 못된 습성을 가지고 있습니다. 따라서 우리는 육신을 다스리는 훈련을 해야 합니다(롬 8:13). 셋째는 말을 조심해야 합니다. 더럽고 음란한 말을 하지 마십시오. 음란한 사진과 영화를 보면서 죄 안 짓겠다고 말하는 것은 어리석은 말입니다(엡 5:3). 마지막으로, 늘 깨어 기도하고 말씀 안에서 성령 충만을 받아야 합니다. 우리 힘으로는 안 됩니다. 십자가의 보혈을 의지하고 성령의 인도하심을 받으십시오.

들은 그 아버지를 망신시킨다.
8 높은 이자로 자기 재산을 늘리는 것
은 결국 가난한 사람을 불쌍히 여기
는 사람을 위해 모으는 셈이 된다.
9 율법을 듣지 않고 귀를 돌리는 사람
은 그 기도조차 가증스럽다.
10 의인을 악한 길로 가게 하는 사람은
자기 구덩이에 자기가 빠지지만 정직
한 사람은 복을 받게 된다.
11 부자는 스스로 지혜롭다고 하지만
가난해도 지각 있는 사람은 그 속을
꿰뚫어 본다.
12 의인이 기뻐할 일이 생기면 큰 영광
이 있지만 악인이 일어나면 사람들은
숨는다.
13 자기 죄를 감추는 사람은 잘되지 못
하지만 누구든 자기 죄를 고백하고
그것을 끊어 버리는 사람은 불쌍히
여김을 받는다.
14 여호와를 항상 경외하는 사람은 복
을 받지만 마음이 완고한 사람은 고
난에 빠진다.
15 가난한 백성을 다스리는 악한 통치자
는 울부짖는 사자나 굶주린 곰과 같
다.
16 지각없는 통치자 역시 극심한 억압자
지만 탐욕을 싫어하는 사람은 오래
살 것이다.
17 피를 흘린 죄가 있는 사람은 죽을 때
까지 도망자 신세가 된다. 아무도 그
를 도와주지 못하게 하여라.
18 올바르게 사는 사람은 구원을 얻을
것이요 악하게 사는 사람은 갑자기
넘어질 것이다.
19 자기 땅을 잘 일구는 사람은 풍성한
양식을 얻지만 헛된 것을 좇는 사람
은 가난에 찌들 것이다.
20 성실한 사람은 복을 많이 받지만 벼
락부자가 되려고 애쓰는 사람은 벌을
면치 못한다.
21 사람에 따라 차별하는 것은 좋지 않
으니 사람은 한 조각 빵 때문에 죄를
지을 수 있기 때문이다.
22 벼락부자가 되려는 사람은 죄악에 눈
이 어두워 가난이 자기에게 닥칠 것
을 깨닫지 못한다.
23 바르게 꾸짖는 사람이 결국에는 아
첨하는 사람보다 더 많은 총애를 받
는다.
24 자기 부모의 것을 억지로 빼앗고 "죄
가 아니다"라고 하는 사람은 살인자
와 한패거리다.
25 마음이 교만한 사람은 분쟁을 일으
키지만 여호와를 의지하는 사람은 삶
이 윤택해진다.
26 자기를 의지하는 사람은 어리석은 사
람이나 지혜롭게 사는 사람은 구원
을 얻는다.
27 가난한 사람에게 베푸는 사람은 부
족할 것이 없으나 가난한 사람을 보
고 못 본 체하는 사람은 많은 저주를
받을 것이다.
28 악인이 일어나면 사람들은 숨지만 그
가 망하면 의인은 많이 나타난다.

29 여러 번 꾸짖어도 자기 고집만
부리는 사람은 갑자기 멸망하

되 결코 회복되지 못할 것이다.
2 의인이 많으면 백성들은 기뻐하지만
악인이 다스리면 백성들이 신음한다.
3 지혜를 사랑하는 사람은 그 아버지
를 기쁘게 하지만 창녀와 어울려 다
니는 사람은 자기 재물을 탕진한다.
4 왕은 공의로 나라를 세우지만 뇌물
을 좋아하는 왕은 나라를 망하게 한
다.
5 자기 이웃에게 아부하는 사람은 자기
발에 걸릴 그물을 놓는 셈이다.
6 악한 사람은 죄를 짓다가 덫에 걸리
지만 의인은 노래하며 기뻐한다.
7 의인은 가난한 사람의 사정을 잘 알
지만 악인은 전혀 신경 쓰지 않는다.
8 거만한 사람들은 성을 시끄럽게 하지
만 지혜로운 사람은 분노를 가라앉힌
다.
9 지혜로운 사람이 어리석은 사람과 싸
우면 어리석은 사람이 화를 내든지
비웃기 때문에 그 다툼은 조용할 수
없다.
10 남을 피 흘리게 하기를 좋아하는 사
람은 정직한 사람을 싫어하지만 의인
은 그런 영혼을 찾는다.
11 어리석은 사람은 그 마음을 다 드러
내지만 지혜로운 사람은 끝까지 담아
둘 줄 안다.
12 통치자가 거짓말에 귀 기울이면 그
모든 신하가 다 악하게 된다.
13 가난한 사람과 압제자가 *함께 사는
데 여호와께서 이 둘에게 다 볼 수 있
는 눈을 주셨다는 것이다.
14 왕이 가난한 사람을 공정하게 심판하
면 그 왕좌는 영원히 세워질 것이다.
15 매와 꾸지람은 지혜를 주지만 제멋대
로 하도록 내버려 둔 아이는 그 어머
니를 망신시킨다.
16 악인들이 많아지면 죄악도 늘어나지
만 의인들은 그들의 파멸을 보게 될
것이다.
17 네 아들을 바로잡아 주어라. 그러면
그가 너를 평안하게 하고 또 네 마음
에 기쁨을 줄 것이다.
18 계시가 없으면 백성들은 망하나 율법
을 지키는 사람은 복이 있다.
19 단순한 말로는 종을 가르칠 수 없다.
이는 그가 알아듣는다 해도 따르지
않기 때문이다.
20 네가 성급하게 말을 하는 사람을 보
았느냐? 그보다는 차라리 어리석은
사람에게 더 소망이 있다.
21 종을 어려서부터 곱게 키우면 결국에
는 아들인 양한다.
22 화가 난 사람은 다툼을 일으키고 화
를 잘 내는 사람은 죄를 많이 짓는다.
23 사람이 교만하면 낮아지지만 겸손한
마음을 가진 사람은 영광을 얻는다.
24 도둑과 어울리는 것은 자기 영혼을
미워하는 것이니 저주하는 소리를 들
어도 변명할 수 없다.
25 사람을 두려워하면 덫에 걸리지만 여
호와를 의지하는 사람은 누구나 안전
하다.
26 통치자의 은총을 구하는 사람은 많

29:13 또는 서로 만나는데

으나 모든 사람의 심판은 여호와께로
부터 나온다.
27 의인은 불의한 사람을 싫어하고 악인
은 정직한 사람을 싫어한다.

아굴의 잠언

30 이것은 야게의 아들 아굴의 잠
언이다. 아굴이 이디엘에게, 곧
이디엘과 우갈에게 말한 것이다.
2 "나는 사람들 가운데 가장 무식하다.
내게는 사람의 지각이 없다.
3 나는 지혜를 배운 적이 없고 거룩하
신 분을 잘 알지도 못한다.
4 하늘에 올라갔다가 내려온 자가 누
구인가? 바람을 손으로 모은 자가 누
구인가? 자기 옷으로 물을 모은 자가
누구인가? 모든 땅끝을 세운 자가 누
구인가? 그 이름이 무엇이며 그 아들
의 이름이 무엇인가? 네가 알면 말해
다오!
5 하나님의 모든 말씀은 순전하고 하나
님은 당신을 믿는 자들에게 방패가
되신다.
6 그 말씀에 아무것도 더하지 마라. 그
러지 않으면 그분이 너를 꾸짖으실 것
이며 네가 거짓말쟁이가 될 것이다.
7 내가 주께 두 가지를 구했으니 내가
죽기 전에 그것들을 이루어 주십시
오.
8 허영과 거짓을 내게서 멀리하시고 내
게 가난도, 부도 허락하지 마시고 오
직 내게 필요한 양식으로 나를 먹여
주십시오.
9 그러지 않으면 내가 배불러서 주를
부인하며 '여호와가 누구냐?'라고 할
지 모르고, 아니면 너무 가난해서 도
둑질을 하여 내 하나님의 이름을 부
끄럽게 할지도 모릅니다.
10 주인에게 가서 종에 대해 일러바치지
마라. 그러면 종이 너를 저주하며 죄
가 네게 돌아갈까 두렵다.
11 자기 아버지를 저주하고 자기 어머니
를 축복하지 않는 무리가 있는데
12 그들은 스스로 깨끗하다고 생각하지
만 그들은 아직 더러움을 씻어 내지
않았다.
13 오, 그들의 눈이 얼마나 거만한지! 눈
꺼풀을 치켜 올리고 남을 깔보는 무
리가 있다.
14 그 무리는 이가 칼 같고 턱은 큰 칼
같아서 가난한 사람들을 이 땅에서
삼키고 궁핍한 사람들을 사람들 가
운데서 삼킨다.
15 거머리에게는 두 딸이 있는데 '주시
오, 주시오' 하며 부르짖는다. 결코 만
족하지 못하는 것이 세 가지 있으며,
'충분하다!'라고 하지 않는 것이 네 가
지 있구나.
16 그것은 *무덤, 잉태하지 못하는 태,
물이 차지 않은 땅, 그리고 결코 '충분
하다!'라고 하지 않는 불이다.
17 아버지를 조롱하고 어머니에게 순종
하는 것을 비웃는 사람은 골짜기의
까마귀들이 그 눈을 파낼 것이요, 독
수리 새끼가 그것을 먹을 것이다.
18 내게 너무 신기한 것이 세 가지 있고

30:16 히브리어, 스올

정녕 내가 알 수 없는 것이 네 가지
있구나.
19 그것은 하늘을 나는 독수리가 지나
간 자취, 바위를 기어 다니는 뱀이 지
나간 자취, 바다 한가운데로 배가 지
나간 자취, 남자가 여자와 함께한 자
취이다.
20 음란한 여자가 지나간 자취도 그렇
다. 그는 먹고 나서 입을 닦듯이 '난
하나도 잘못한 것이 없다'라고 한다.
21 땅을 흔드는 것이 세 가지 있으며 도
저히 참을 수 없는 것이 네 가지 있구
나.
22 그것은 종이 왕이 되는 것, 어리석은
사람이 잔뜩 먹는 것,
23 밉살스러운 여자가 결혼하는 것, 여종
이 여주인의 자리를 차지하는 것이다.
24 땅에 사는 작은 것 가운데 굉장히 지
혜로운 것이 네 가지 있는데
25 그것은 힘없는 종류지만 여름에 양식
을 쌓을 줄 아는 개미와
26 연약한 족속이지만 바위 속에 집을
짓는 *오소리와
27 왕이 없어도 일제히 줄을 지어 행진
하는 메뚜기와
28 손에 잡힐 만한데도 왕궁에 드나드는
도마뱀이다.
29 당당하게 걷는 것이 세 가지 있고 늠
름하게 다니는 것이 네 가지 있구나.
30 그것은 짐승 가운데 가장 힘세고 어
느 누가 와도 물러서지 않는 사자와
31 사냥개와 숫염소와 아무도 맞설 수
없는 왕이다.
32 네가 만약 어리석게도 스스로 우쭐댔
거나 악한 일을 꾀했다면 네 손으로
네 입을 막아라!
33 우유를 통에 넣어 휘저으면 버터가
되고 코를 비틀면 코피가 나듯 분노
를 일으키면 다툼이 난다."

르무엘 왕의 잠언

31 *르무엘 왕의 어록, 곧 그 어머
니가 그를 가르친 잠언이다.
2 "오 내 아들아, 무엇을 말해 줄까? 오
내 태에서 나온 아들아, 무엇을 말해
줄까? 오 내가 서원한 아들아, 무엇
을 말해 줄까?
3 네 힘을 여자들에게 허비하지 말고
네 기력을 왕들을 멸망시키는 일에
쏟지 마라.
4 르무엘아, 왕에게 어울리지 않는 일이
있다. 포도주를 마시는 것이 왕에게
적합하지 않으며 독한 술을 좋아하
는 것이 통치자들에게 합당하지 않
다.
5 이는 그들이 술을 마시고 율법을 잊
어버려 고난받는 백성들의 판결을 불
리하게 할까 두렵기 때문이다.
6 독한 술은 죽을 사람에게 주고 포도
주는 마음이 무거운 사람에게나 주
어라.
7 그들이 마시고 그 가난을 잊어버리고
그 비참함을 더 이상 기억하지 않도
록 말이다.
8 너는 벙어리처럼 할 말을 못하는 사

30:26 또는 토끼, 바위너구리 31:1 또는 맛사의 왕 르무엘이라고도 함.

람을 위해 입을 열어 변호하여라.
9 입을 열어 공정하게 재판하고 가난하
고 궁핍한 사람들의 편이 돼 주어라."

맺음말 : 현숙한 여인

10 *현숙한 여인을 누가 찾을 수 있느
냐? 그녀는 루비보다 훨씬 더 값지다.
11 그녀의 남편이 그녀를 마음으로 끝까
지 믿으니 부족한 것이 없을 것이다.
12 그녀가 사는 날 동안 남편에게 도움
이 되고 해가 되지 않는다.
13 그녀는 양모와 마를 골라 부지런히
손을 놀려 일한다.
14 그녀는 상인들의 배와 같아서 양식을
멀리서 구해 온다.
15 또 아직 어두울 때 일어나 식구들을
위해 음식을 준비하고 여종들이 일할
몫을 챙겨 준다.
16 또 생각하고 생각한 후에 밭을 사고
자신이 번 돈으로 포도원을 지으며
17 허리를 단단히 동이고 그 팔로 힘차
게 일을 한다.
18 장사가 잘될 것을 알고는 등불을 밤
에도 꺼뜨리지 않고
19 손으로 솜뭉치를 들고 손가락으로는
물레를 잡는다.
20 그녀의 한 손은 가난한 사람들을 돕
고 다른 한 손은 궁핍한 사람들을 돕
는다.
21 눈이 와도 집안사람들을 걱정하지 않
으니 이는 그들을 모두 자주색 옷으
로 따뜻하게 입히기 때문이다.
22 그녀는 자기 침대보를 만들고 자주색
명주로 옷을 지어 입는다.
23 그녀의 남편은 성문에서 그 땅 장로
들 가운데 앉고 그곳에서 존경을 받
는다.
24 그녀는 고운 베옷을 지어 팔고 상인
들에게 띠를 공급해 준다.
25 능력과 존귀함이 그녀의 옷이며 *미
래에 대한 두려움도 없다.
26 그녀는 입을 열면 지혜가 나오고 그
녀의 혀에는 따뜻한 훈계가 있다.
27 그녀는 또 집안의 크고 작은 일을 보
살피고 일하지 않고 얻은 빵은 먹지
않는다.
28 그녀의 자녀들이 일어나 그녀를 찬양
하고 그녀의 남편도 그녀를 축복하고
칭찬하며
29 "덕을 끼치는 여자들이 많지만 당신
은 그들 모두보다 뛰어나다"라고 한
다.
30 고운 것도 거짓되고 아름다움도 잠깐
이지만 여호와를 경외하는 여자는 칭
찬을 받을 것이다.
31 그녀의 손에서 난 것을 그녀에게 돌
려라. 그녀가 한 일에 대해 성문 안에
서 칭찬이 자자하게 하여라.

31:10 10-31절은 각 절의 첫 글자가 히브리어 자음 문자 순서로 돼 있음. 31:25 또는 다가올 날

전도서

Ecclesiastes

솔로몬 저작설이 별다른 이의 없이 통용되고 있으며, 하나님 없는 인생의 무의미함과 헛됨에 대해 풍부한 경험과 해박한 지식을 토대로 설득력 있게 입증하는 지혜 문학이다. 저자는 세상적인 업적이나 성취, 수고와 쾌락, 인간의 지식과 지혜의 한계를 생생하게 드러내는 동시에, 인생의 본분인 하나님을 경외하는 삶으로 적극 초청하고 있다.

모든 것이 허무하다

1 다윗의 아들이자 예루살렘 왕이었
던 *전도자의 말씀입니다.
2 전도자가 말합니다. "허무하다. 허무
하다. 정말 허무하다. 모든 것이 허무
하다!"
3 사람이 *해 아래에서 열심히 일해서
얻는 것이 무슨 소용이 있는가?
4 한 세대가 가고 다른 세대가 오지만
이 땅은 영원히 남아 있으며
5 해는 늘 떴다가 지고는 다시 그 떴던
곳으로 급히 돌아간다.
6 바람은 남쪽으로 불다가 다시 북쪽
으로 돌이키며 이리저리 돌다가 다시
그 불던 대로 돌아가고
7 모든 강물이 바다로 흘러가지만 바다
는 가득 차는 법이 없고 강물은 흘러
나왔던 그곳으로 다시 돌아간다.
8 모든 것에 피곤함이 가득 차 있어 사
람의 말로는 다할 수 없고 눈은 아무
리 보아도 만족스럽지 못하고 귀는
아무리 들어도 채워지지 않는구나.
9 예전 것이나 지금 것이 똑같고 예전
일이나 지금 일이 다 똑같으니 해 아
래 새로운 것이 없구나.
10 그러니 "보라. 새것이로다"라고 할 만
한 것이 있겠는가? 그것은 이미 오래
전부터 우리 시대 이전에도 있었던 것
이다.
11 이전 세대의 일은 기억하지 못하고 이
제 올 일도 한번 지나가면 그 이후에
는 기억에서 사라지게 마련이다.

지혜도 허무하다

12 나 전도자는 예루살렘에서 이스라엘
을 다스리는 왕이었다.
13 내가 하늘에서 행해지는 모든 일에
대해 마음을 다해 지혜로 찾고 탐구
하는데 이는 괴로운 일이었으며 하나
님께서 사람들에게 주셔서 참으로 수

1:1 히브리어, 코헬렛. '설교자', '총회 연설자', '교사' (전 1:12;7:27;12:8을 보라.) 1:3 또는 세상(전 1:9,14;2:17;3:16;4:1,3,7,15;5:13,18;6:1,12;8:9,15,17;9:3,6,9,11,13;10:5을 보라.)

고하게 하신 것이다.
14 내가 해 아래 있었던 일들을 모두 보
았는데 그것은 다 허무하고 *뜬구름
잡는 일이다.
15 구부러진 것은 펼 수 없고 모자라는
것은 채울 수 없구나.
16 내가 마음속으로 말했다. '나는 지혜
를 많이 쌓았다. 나보다 앞서 예루살
렘을 다스린 그 어느 누구보다 더 많
은 지혜를 얻었고 지혜와 지식을 많
이 가졌다.'
17 또한 나는 무엇이 지혜이며 무엇이 바
보스럽고 어리석은 것인지 알려고 마
음을 쏟았는데 결국 내가 배운 것은
이것 또한 뜬구름 잡는 일이라는 것
이다.
18 지혜가 많을수록 근심도 많고 아는
것이 많을수록 고민도 늘어난다.

쾌락도 허무하다

2 내가 또 마음속으로 말했다. '자,
시험 삼아 내가 무엇을 즐거워하는
지 알아보자.' 결국 이것 역시 허무할
뿐이었다.
2 내가 웃음에 대해서 "미친 짓이다"라
고 했고 쾌락에 대해서는 "그게 무엇
이냐?"라고 했다.
3 내가 포도주에서 즐거움을 찾아 보려
고 했지만 내 마음은 여전히 지혜 쪽
으로 기울었다. 참 어리석게도 사람
들이 하늘 아래에 살면서 무엇을 하
며 살아야 좋을지 알아보려고도 했
다.
4 그래서 나는 이것저것 큰일들을 벌였
다. 나 자신을 위해 집들을 지었고 포
도원도 심어 보았다.
5 정원과 과수원을 만들고 그 안에 온
갖 과일나무들을 심었다.
6 나무를 기르는 숲에 물을 대려고 못
도 만들었다.
7 남녀종들을 사들이기도 했으며 내 집
에서 종들이 태어나게도 했다. 나는
또 나보다 앞서 예루살렘에서 다스렸
던 어느 누구보다도 많은 소와 양 떼
들을 소유해 보았다.

Q&A

전도서가 뭐지?

참고 구절 | 전 2–3장

전도서는 전도자의 말씀이다(전 1:1). 전도자는 히브리어로 '코헬렛'이다. 이는 '사람이 모인 곳에서 연설하는 사람', '교사', '설교자'라는 뜻이다. 이 단어를 칠십인역에서 '에클레시아스테스'로 번역했고 여기에서 영어 제목인 Ecclesiastes(전도서)가 나왔다.

전도서는 솔로몬이 노년에 쓴 책으로 알려져 있다(전 1:1). 그는 지혜를 얻었고 명성을 날렸으며 많은 보물을 모으고 많은 첩을 거느리면서 호사를 누리고 향락에 빠져 봤지만 결국에 그가 깨달은 것은 하나님이 없는 삶은 '무의미하다'는 것이다. 하나님을 떠난 삶은 '허무'하고 '공허'할 뿐이라는 것이다. 따라서 의미 있는 삶을 위해 전도자는 하나님을 경외하고 그분의 계명을 지키라고 권면하면서 또한 하나님께서 모든 행위를 심판하실 것이라고 경고한다(전 12:13–14).

8 금은과 왕들의 보물과 여러 지방의
독특한 보물을 나 자신을 위해 모으
기도 했다. 노래하는 남녀들과 남자
들이 좋아하는 첩들도 수없이 많이
거느렸다.
9 이렇게 나는 나보다 앞서 예루살렘에
있던 그 누구보다도 크게 세력 있는
사람이 돼 남부러울 게 없었고 지혜
도 여전히 내게 있었다.
10 나는 무엇이든지 내 눈이 원하는 것
은 멀리하지 않았고 무엇이든지 내
마음이 기뻐하는 것은 절제하지 않
았다. 내 마음이 내 모든 수고를 기뻐
했고 이것이 내 모든 수고에 대한 보
상이었다.
11 그러나 내 손이 한 모든 일과 내가 이
루려고 그토록 노력한 것을 살펴보니
모든 것이 허무하고 뜬구름 잡는 일
이었다. 해 아래에 유익한 것은 하나
도 없었다.

지혜와 어리석음도 허무하다

12 그러고 나서 내가 다시금 지혜에 대
해 곰곰이 생각하고 바보스럽고 어리
석은 것에 대해서도 생각해 보았다.
왕위에 오를 사람이라고 무슨 일을
더하겠는가? 이미 돼 있는 일 말고
더 있겠는가?
13 빛이 어둠보다 나은 것처럼 지혜가 어
리석은 것보다 낫다는 것을 내가 알
았다.
14 지혜로운 사람은 그 머리에 눈이 있
고 어리석은 사람은 어둠 속에서 헤
맨다. 그러나 결국 내가 깨닫게 된 것
은 이들 모두가 똑같은 운명이라는
것이다.
15 그러고 나서 내가 속으로 '어리석은
사람에게 일어나는 일이 나에게도 똑
같이 일어나는데 내가 무엇이 더 지
혜롭다고 하겠는가?'라고 했다. 그리
고 속으로 '이것 또한 허무하구나'라
고 말했다.
16 지혜로운 사람도 어리석은 사람과 마
찬가지로 영원히 기억되지 않는다. 이
들 모두 다 미래에는 잊혀지고 만다.
지혜로운 사람이 어떻게 죽는가? 어
리석은 사람이 죽는 것과 같다.

수고도 허무하다

17 그래서 나는 사는 것이 싫어졌다. 해
아래 이루어진 모든 일이 내게는 괴
로움이었기 때문이다. 그 모든 것이
허무하고 뜬구름 잡는 일이었다.
18 나는 내가 해 아래에서 그토록 노력
해서 얻은 모든 것이 싫었다. 나도 내
뒤를 이을 사람에게 이것들을 남겨
주어야 하기 때문이다.
19 그런데 그가 지혜로울지 어리석을지
누가 알겠는가? 어쨌든 내가 그토록
노력해서 얻은 모든 것, 내가 해 아래
에서 지혜를 쏟아부은 모든 것을 그
가 다스릴 것이다. 이것 또한 허무하
다.
20 그래서 내 마음은 내가 해 아래에서
노력해서 얻은 모든 일을 보고 낙심
하기 시작했다.

1:14 또는 바람(잠 2:11,17,26;4:16;6:9;호 12:1을 보라.)

21 이는 자기 지혜와 지식과 공정함으로
수고해서 얻은 것을 그렇게 수고하지
않은 다른 사람에게 넘겨주어야 하기
때문이다. 이것 또한 허무한 것이요
큰 악이다.
22 사람이 그토록 애쓰고 해 아래에서
마음이 쓰라리기까지 노력해 얻는 것
이 과연 무엇인가?
23 그 인생은 내내 고달프고 뼈를 깎는
고통이다. 밤에도 그 마음이 쉬지 못
하니 이것도 역시 허무하구나.
24 먹고 마시고 하는 일이 잘되는 것보
다 사람에게 더 좋은 것이 무엇이겠
는가? 그런데 내가 보니 이것 또한 하
나님의 손에 달려 있다.
25 나보다 먹고 즐기는 일에 나은 사람
이 어디 있을까?
26 하나님은 하나님 보시기에 좋은 사람
에게 지혜와 지식과 복을 주시지만 죄
인에게는 온갖 노력으로 모으고 쌓게
하시고 그것을 하나님 보시기에 좋은
사람에게 넘겨주게 하신다. 이것 또한
허무하고 뜬구름 잡는 일이다.

모든 것에는 때가 있다

3 모든 것에는 시기가 있고 하늘 아
래 모든 일에는 목적에 따라 때가
있으니
2 태어날 때와 죽을 때가 있고, 심을 때
와 뿌리째 뽑을 때가 있고,
3 죽일 때와 치료할 때가 있고, 허물 때
와 세울 때가 있고,
4 울 때와 웃을 때가 있고, 슬퍼할 때와
춤출 때가 있고,
5 돌을 던질 때와 모을 때가 있고, 품을
때와 멀리할 때가 있고,
6 찾을 때와 포기할 때가 있고, 간직할
때와 던져 버릴 때가 있고,
7 찢을 때와 꿰맬 때가 있고, 잠잠할 때
와 말할 때가 있고,
8 사랑할 때와 미워할 때가 있고, 전쟁
의 때와 평화의 때가 있다.
9 사람이 열심히 일해서 얻는 것이 무
엇인가?
10 내가 보니 그것은 하나님께서 사람들
에게 주신 고통이었다.
11 하나님은 모든 것을 그분의 때에 아
름답게 만드시고 사람들의 마음속에
영원을 사모하는 마음을 주셨다. 그
러나 하나님께서 하시는 일의 처음과
끝을 다 알지는 못하게 하셨다.
12 그저 사람은 기쁘게 살면서 선을 행
하는 것보다 더 나은 것이 없다.
13 또 사람이라면 먹고 마시고 하는 일
이 잘되기를 바라는데 이것이야말로
하나님이 주시는 선물이다.
14 또 하나님께서 하시는 일은 무엇이든
영원하다는 것도 안다. 아무것도 거
기에 더할 수도 뺄 수도 없다. 하나님
께서 이렇게 하시는 것은 사람으로
하여금 하나님을 경외하게 하려는 것
이다.
15 예전에 있었던 일이 지금도 있고 앞으
로 일어날 일도 이미 있었던 것이다.
하나님께서는 *지나간 일을 또 되풀
이하신다.

3:15 또는 과거를 다시 불러오신다.

16 게다가 내가 또 해 아래에서 본 것은
심판의 자리에 악이 있고 의의 자리
에 범죄가 있다는 것이다.
17 내가 마음속으로 '의인들과 악인들
모두 하나님께서 심판하실 것이다.
모든 목적과 모든 일에는 때가 있기
때문이다'라고 했다.
18 또 사람에 대해 생각했다. '하나님께
서 그들이 짐승과 다름없음을 분명히
알게 하셨다.
19 사람에게 닥치는 것이 짐승에게 닥
치는 것과 같으니, 곧 같은 일이 그들
에게 닥친다. 사람이 죽는 것처럼 짐
승도 죽는다. 사람이나 짐승이나 목
숨이 하나이기는 마찬가지다. 사람이
짐승보다 더 나을 것도 없으니 모든
것이 허무하구나.
20 모두가 한곳으로 되돌아간다. 모두가
흙에서 나왔으니 모두가 흙으로 돌아
가는 것이다.
21 사람의 영혼은 위로 올라가고 짐승의
혼은 땅속으로 내려간다고 하는데 그
것을 누가 알겠는가?'
22 이렇듯 사람이 기쁘게 자기 일을 하
는 것보다 더 나은 것이 없음을 내가
알았다. 그것이 그가 받은 몫이기 때
문이다. 그가 죽은 뒤에 무슨 일이 일
어나는지 알고 싶다고 누가 그를 다
시 데려올 수 있겠는가?

억압, 수고, 동무

4 내가 다시 해 아래에서 일어나고
있는 모든 억압당하는 일을 살펴보
았다. 억압받는 사람들이 눈물을 흘
리지만 그들을 위로해 줄 사람이 없
다. 억압하는 사람들은 힘을 행사하
는데 억압받는 사람들을 위로하는
사람이 없다.
2 그러므로 이미 죽은 사람들이 아직
살아 있는 사람들보다 복이 있다는
생각이 들었다.
3 그러나 이들보다 더 복이 있는 사람
은 아직 태어나지 않아서 해 아래에
서 자행된 온갖 악을 보지 못한 사람
이다.
4 또 나는 모든 노력과 모든 성취가 결
국 이웃을 시기하는 마음에서 비롯
된 것임을 깨달았다. 이것 또한 허무
하고 뜬구름 잡는 일이다.
5 어리석은 사람은 팔짱을 끼고는 자기
몸만 축내는구나.
6 한 손에만 가득하고 평안한 것이 양
손에 가득하고 고통과 번뇌가 있는
것보다 낫다.
7 내가 또 돌이켜 해 아래에서 허무한
것들을 보았다.
8 혈혈단신으로 아들도 형제도 없는 사
람이 있는데 그는 끝도 없이 열심히
수고한다. 그러나 쌓여 가는 재물도
그의 눈에는 도무지 흡족하지 않고
"내가 누구를 위해 이렇게 열심히 일
하나? 내 영혼이 왜 이렇게 누리지도
못하고 있나?"라고 말하지도 않으니
이것 또한 허무하고 비참한 일이다.
9 하나보다 둘이 더 낫다. 둘이 함께 노
력하면 더 좋은 결과를 얻기 때문이
다.

10 넘어지게 되면 하나가 다른 하나를
일으켜 줄 수 있다. 그러나 혼자여서
넘어져도 일으켜 줄 사람이 없으면
얼마나 불쌍한가!
11 또 둘이 함께 누우면 따뜻해지지만
혼자라면 어떻게 따뜻해지겠는가?
12 혼자서는 질 일도 둘이서는 당해 낼
수 있으니 세 겹줄은 쉽게 끊어지지
않는다.

출세도 허무하다

13 남의 말을 받아들일 줄 모르는 늙고
어리석은 왕보다는 가난해도 지혜로
운 청년이 백 번 낫다.
14 그런 청년은 감옥에 있다가도 나와서
다스릴 수 있다. 그가 그 나라에서 가
난하게 태어났어도 말이다.
15 해 아래 다니는 모든 사람이 왕의 후
계자가 된 그 청년을 따랐다.
16 이게 모든 무수한 백성들의 속성이니
그 이전 세대도 마찬가지였다. 그다음
세대는 그를 기뻐하지 않을 것이다.
이것 또한 허무하고 뜬구름 잡는 일
이다.

하나님께 서원한 것은 갚으라

5 너는 하나님의 집에 갈 때 네 걸음
을 조심하여라. 가까이 다가가 귀
기울여 듣는 것이 자기가 잘못한 줄
도 모르는 어리석은 사람들이 희생제
를 드리는 것보다 나으니 이는 어리석
은 사람들은 자신들이 악을 행한다
고 생각하지 않기 때문이다.
2 네 입을 쉽게 놀리지 말고 조급한 마
음에 하나님 앞에 아무 말이나 내뱉
지 마라. 하나님께서는 하늘에 계시
고 너는 땅에 있으니 네 말수를 적게
하여라.
3 일이 많으면 꿈을 많이 꾸듯이 말이
많으면 어리석은 소리가 나온다.
4 네가 하나님께 서원한 것이 있으면 그
것을 지키는 데 미적거리지 마라. 그
분은 어리석은 사람을 기뻐하지 않으
신다. 네가 서원한 것을 갚아라.
5 서원을 하고 지키지 않느니 차라리
서원하지 않는 것이 낫다.
6 네 입 때문에 네 육체가 죄짓는 일이
나 천사 앞에서 "내가 실수로 서원했
다"라고 말하는 일이 없게 하여라. 왜
네 말에 하나님이 진노하셔서 네 손
으로 세운 것을 망가뜨리시게 하려
하느냐?
7 꿈 많고 말 많은 것도 허무할 뿐이다.
오직 너는 하나님을 경외하여라.

재물도 허무하다

8 네가 어떤 지방에서 가난한 사람이
억압받는 것과 공의와 권리가 박탈
당하는 것을 보더라도 그런 일에 놀
라지 마라. 높은 사람이라도 더 높은
사람에게 감시를 당하고 또 그들보다
더 높은 사람이 있다.
9 더구나 이 땅에서 나는 것은 모두를
위한 것이다. 왕이라도 밭에서 나는
것으로 살지 않느냐!
10 돈을 사랑하는 사람마다 돈으로 만
족하는 법이 없고 부를 사랑하는 사
람마다 재산이 아무리 불어나도 만
족하는 법이 없다. 이것 또한 허무한

것이다.
11 재산이 많아지면 먹는 사람들도 많아
진다. 그러니 주인의 눈요깃거리 말고
는 그것들이 무슨 이득이 되겠는가?
12 일하는 사람은 먹는 것이 적든 많든
단잠을 자나 부자는 그의 풍부함 때
문에 잠을 이루지 못한다.
13 내가 해 아래에서 통탄할 만한 악을
보았는데 오히려 재물이 그것을 소유
한 사람들에게 해가 되는 일이다.
14 재물은 어떤 재앙이 생기면 몽땅 잃
어버리게 되기도 한다. 아들을 낳았
어도 남겨 줄 것이 하나도 남지 않을
수도 있다.
15 그가 자기 어머니의 모태에서 벌거벗
은 모습대로 나올 때처럼 돌아가며
그가 열심히 일해서 얻은 것은 아무
것도 가져가지 못할 것이다.
16 이것 또한 통탄할 만한 악인데 사람
이 올 때처럼 되돌아가게 된다는 것
이다. 겨우 한 자락 바람을 잡으려고
이토록 열심히 일했으니 무슨 이익이
있겠는가?
17 사람은 평생을 어둠 속에서 먹고 슬
픔만 넘쳐 나고 병마에 시달릴 뿐이
다.
18 내가 깨닫게 된 것은 하나님께서 사
람에게 주신 생애 동안 해 아래에서
먹고 마시고 열심히 일해서 보람을
얻는 것이 가장 선하고 분수에 합당
하다는 것이다. 이것이 사람이 받은
몫이다.
19 만약 하나님께서 부와 재산을 주셔
서 누리게 하시고 또 제 몫으로 챙길
힘을 받게 하신 사람은 그것이 하나
님의 선물임을 알아야 할 것이다.
20 하나님께서는 사람의 마음에 기쁨을
주실 것이니 인생살이를 그리 심각하
게 생각할 것은 없다.

6 내가 해 아래에서 또 악한 것을 보
았는데 그것은 사람들 가운데서
흔히 볼 수 있는 일이다.
2 하나님께서 부와 재산과 명예를 주셔
서 그 영혼이 원하는 것이 하나도 부
족하지 않게 하시고 그것들을 그가
누리는 것이 아니라 다른 사람들이
누리게 하시니 이것 또한 허무하고
통탄할 만한 재앙이다.
3 사람이 100명의 자녀를 두고 장수할
수 있지만 그가 아무리 오래 살아도
그 영혼이 평안함을 누리지 못하고
제대로 묻히지도 못한다면 차라리 사
산아가 그보다 더 낫다.
4 사산아는 허무하게 왔다가 어둠 속
으로 사라지니 그 이름이 어둠으로
덮일 것이다.
5 비록 사산아가 해를 보지도 못하고
아무것도 아는 게 없다 해도 그 사람
보다는 더 평안히 안식하지 않는가!
6 정녕 사람이 1,000년의 두 배를 살아
도 그 평안함을 누리지 못한다면 말
이다. 모두가 같은 곳으로 가는 것이
아닌가?
7 사람이 열심히 일하는 것은 입을 위
한 것이지만 그 식욕은 결코 만족하
는 법이 없다.

8 지혜로운 사람이 어리석은 사람보다
무엇을 더 가졌겠는가? 가난한 사람
이 살아 있는 사람들 앞에서 어떻게
행동해야 할지 안다고 해서 얻을 것
이 무엇이겠는가?
9 눈으로 보는 것이 마음으로 갈망하
는 것보다 낫다. 그러나 이것 또한 허
무하고 뜬구름 잡는 일이다.
10 이미 존재하고 있는 것은 무엇이든지
이름이 있다. 사람이 어떤 존재인지
도 알려져 있다. 그렇다고 사람이 자
기보다 강한 자와 다툴 수 있겠는가!
11 말이 많으면 많을수록 허무함은 더해
만 간다. 그러니 많은 말이 사람에게
무슨 유익이 있겠는가?
12 그림자처럼 지나가는 허무한 날들 동
안에 인생 가운데 사람에게 선한 것
이 무엇인지 누가 알겠는가? 죽은 다
음에 해 아래 무슨 일이 있을지 누가
말해 주겠는가?

지혜

7 좋은 이름이 좋은 향수보다 낫고
죽는 날이 태어나는 날보다 낫다.
2 초상집에 가는 것이 잔칫집에 가는
것보다 낫다. 모든 사람은 죽게 돼 있
으니 말이다. 살아 있는 사람은 이것
을 명심해야 한다.
3 슬픔이 웃음보다 나은 것은 슬픔 어
린 얼굴이 그의 마음을 바로잡기 때
문이다.
4 지혜로운 사람의 마음은 초상집에 있
지만 어리석은 사람의 마음은 잔칫집
에 있다.
5 지혜로운 사람의 꾸지람을 듣는 것이
어리석은 사람의 노래를 듣는 것보다
낫다.
6 어리석은 사람의 웃음은 솥 밑에서
가시나무 타는 소리 같으니 이것 또
한 허무하다.
7 억압하는 것은 지혜로운 사람을 미치
게 만들고 뇌물은 마음을 부패시킨
다.
8 일의 끝이 시작보다 낫고 인내하는
마음이 교만한 마음보다 낫다.
9 너는 조급하게 분노하지 마라. 분노
는 어리석은 사람의 가슴에 머무는
것이다.
10 "어떻게 옛날이 지금보다 나은가?"라
고 하지 마라. 그런 질문은 지혜롭지
못하다.
11 지혜는 유산처럼 좋은 것이다. 해를
보는 사람이라면 지혜의 덕을 보지
않는 사람이 없다.
12 돈이 방패막이가 되듯 지혜도 방패막
이가 된다. 그러나 지혜를 깨우쳐 아
는 지식이 더 뛰어난 이유는 지혜가
그것을 가진 사람에게 생명을 주기
때문이다.
13 하나님께서 하시는 일을 생각해 보아
라. 하나님께서 구부리신 것을 누가
펼 수 있겠는가?
14 잘되어 갈 때는 기뻐하고 고난의 때
에는 생각하여라. 이 두 가지 다 하나
님께서 만드신 것이다. 이는 사람으
로 하여금 그의 미래에 대해 헤아려
알지 못하게 하시려는 것이다.

15 나는 내 허무한 삶 가운데 이 두 가
지를 다 보았다. 의인들이 자신의 의
로움 가운데 망해 가는 것과 악인들
이 자신의 악함 가운데 장수하는 것
말이다.
16 그러니 지나치게 의롭게 살려고 하지
말며 지나치게 지혜롭게도 살려고 하
지 마라. 무엇 때문에 멸망을 자초하
겠는가?
17 또 지나치게 악하게 살지도 말고 그렇
다고 어리석게 살지도 마라. 무엇 때
문에 때가 되기 전에 죽으려고 하는
가?
18 하나를 붙잡되 다른 하나도 놓지 않
는 게 좋다. 하나님을 경외하는 사람
은 양극단을 피해야 한다.
19 지혜는 성안에 있는 열 명의 용사들
보다 지혜로운 한 사람을 더 강하게
한다.
20 선한 일만 하고 절대로 죄짓지 않는
의인은 세상에 없다.
21 사람들이 하는 모든 말에 신경 쓰지
마라. 그러지 않으면 네 종이 너를 저
주하는 말도 들릴지 모른다.
22 너 자신도 여러 번 남을 저주했던 것
을 네 마음이 알 것이다.
23 이 모든 것을 내가 지혜로 시험해 보
고는 "내가 지혜로워지기로 결심했다"
라고 했으나 그것은 내 능력 밖이었
다.
24 지혜라는 것이 그토록 멀고 깊이를
알 수 없이 심오하니 누가 그것을 알
겠는가?
25 그리하여 내가 마음을 바쳐 지혜와
사물의 이치를 알아내려고 살펴보고
연구해 악한 것이 얼마나 어리석은지
얼마나 바보스럽고 미련한지 알아보
려고 했다.
26 그러고 나서 내가 깨달은 것은 마음
이 덫과 그물 같고 손이 사슬 같은 여
자는 죽음보다 더 지독하다는 것이
다. 하나님을 기쁘시게 하는 사람은
그런 여자에게서 피할 수 있다. 그러
나 죄인은 사로잡힐 것이다.

영적 식중독

하용조 목사의 행복한 **메시지**

요즘 웰빙에 대한 인식이 확산되면서 건강에 대한 관심 또한 높아졌습니다. 그래서 사람들은 몸에 좋은 음식이나 희귀한 약들을 찾아서 헤매고 다닙니다. 그러나 좋은 것을 찾아 먹는 것도 중요하지만 나쁜 것을 안 먹는 것이 더 중요하다는 것을 알아야 합니다. 아무리 좋은 음식을 먹고 영양을 잘 섭취했다 할지라도 자칫 상한 음식을 먹고 식중독이라도 걸리게 되면 좋은 음식을 먹은 것이 다 무의미하게 됩니다.

신앙생활도 마찬가지입니다. 참된 것을 믿고 받아들이는 것도 중요하지만 동시에 거짓된 것을 대담하게 거부하고 버리는 것도 중요합니다. 안 할 것은 안 하고, 버릴 것은 버리고, 막을 것은 막아야 건강한 신앙생활을 할 수 있습니다.

27 *전도자가 말한다. "보라. 이것이 내
가 깨달은 것이다. 내가 모든 이치를
알아내기 위해서 하나씩 하나씩 살펴
보았지만
28 도무지 알 수가 없다. 내 영혼이 계속
찾아 보았지만 남자 가운데는 1,000
명 가운데 한 명 그것을 알아낼 수 있
을까 여자 가운데는 한 명도 없었다.
29 내가 깨우친 것은 오직 이것이다. 하
나님께서는 사람을 바르게 만드셨지
만 사람들은 온갖 짓을 다했다는 것
이다."

8 누가 지혜로운 사람 같겠는가? 누
가 사물의 이치를 알겠는가? 지혜
는 사람의 얼굴을 빛나게 하고 굳은
표정을 바꾸어 준다.

왕께 복종하라

2 내가 충고하는데 왕의 명령을 지키고
하나님 앞에서 서원한 것을 지켜라.
3 왕 앞에서 서둘러 물러나오지 말고
그가 싫어할 일에 동조하지 마라. 악
한 일에 끼어들지 마라. 왕은 무엇이
든 자기 좋을 대로 하기 때문이다.
4 왕의 말은 막강하니 누가 그에게 "당
신이 무엇을 하십니까?" 하고 말하겠
는가?
5 왕의 명령을 지키는 사람은 누구든
해를 받지 않을 것이다. 지혜로운 사
람의 마음은 언제 어떻게 행동할지
분별한다.
6 사람에게 불행이 크게 닥치더라도 모
든 일에 시기와 방법이 있다.
7 미래를 아는 사람은 없다. 무슨 일이
일어날지 누가 말해 줄 수 있겠는가?
8 바람을 다스려 바람을 막아서게 할
사람이 없듯이 죽음의 날에 힘을 쓸
수 있는 사람도 없다. 전쟁을 모면할
길도 없고 악조차도 악에 내던져진
사람들을 건져 내지 못한다.
9 내가 이 모든 것을 보았고 해 아래에
서 일어난 모든 일에 내 마음을 바쳐
보았다. 사람이 사람을 다스리다가
해를 입는 때도 있다.
10 나는 악한 사람들이 무덤에 묻히는
것을 보았는데 그들이 성소로부터 왔
다가 갔으나 그들은 그처럼 행했던
도성에서 잊혀졌다. 이것 또한 얼마나
허무한가!
11 악한 일에 대해 판결이 빠르게 집행
되지 않으면 사람들은 악한 짓을 저
지르려는 마음으로 가득 차게 된다.
12 죄인은 악을 100번 저지르고도 오래
살기도 한다. 그러나 하나님을 경외
하는 사람들, 하나님 앞에 두려워할
줄 아는 사람들은 잘될 것이라는 것
을 내가 분명히 안다.
13 그러나 악인들은 하나님을 경외하지
않기 때문에 잘되지 않을 것이고 오
래 살지도 못할 것이며 그림자처럼 살
다가 갈 것이다.
14 세상에서 일어나는 허무한 일이 또
있으니 악인이 받아야 할 것을 의인
들이 받고 의인들이 받아야 할 것을
악인들이 받는 것이다. 이것 또한 내
가 보기에 허무한 일이다.

7:27 히브리어, 코헬렛. '설교자', '총회 연설자', '교사'

15 그러므로 나는 인생을 즐거워하라고
권한다. 사람이 먹고 마시고 즐거워
하는 것보다 해 아래에서 더 좋은 것
이 없기 때문이다. 하나님께서 해 아
래에서 사람에게 주신 생애의 날들
동안 그가 수고하는 가운데 이것은
항상 함께 있을 것이다.
16 나는 마음을 바쳐 지혜를 알고 세상
에서 일어나는 일을 보려고 했다. (밤
낮 잠을 못 이루는 때도 있었다.)
17 그때 나는 하나님께서 하시는 모든
일, 곧 해 아래에서 일어나는 일들을
사람이 알 수 없다는 것을 알았다.
아무리 애써도 사람은 알 수 없다. 지
혜로운 사람이 자기는 안다고 주장해
도 실은 그도 그것을 알 능력이 없는
것이다.

모든 사람의 공동 운명

9 내가 이 모든 것을 생각하고 나서
결론을 내리기는 의인들과 지혜로
운 사람들과 그들이 하는 일은 모두
하나님의 손에 달려 있고 그 누구도
자기 앞에 놓인 것이 사랑인지 미움
인지 알지 못한다는 것이다.
2 모든 사람 앞에 놓인 운명은 다 같다.
의인이나 악인이나 선한 사람이나
*나쁜 사람이나 정결한 사람이나 부
정한 사람이나 희생제물을 드리는 사
람이나 드리지 않는 사람이나 다 마
찬가지다. 선한 사람도 똑같고 나쁜
사람도 똑같고 맹세하는 사람도 똑같
고 두려운 마음에 맹세하지 못하는
사람도 똑같다.
3 이것은 해 아래에서 일어나는 모든
일들 가운데 악한 것이다. 모든 사람
의 운명이 다 같으니, 곧 사람들은 마
음이 악으로 가득 차서 미친 듯이 살
아가다가 결국 죽은 사람들에게로 돌
아가는 것이다.
4 무엇이든 살아 있는 쪽에 끼어 있으
면 소망이 있으니 비록 개라도 살아
있으면 죽은 사자보다 낫다.
5 산 사람은 자기가 죽을 것을 알지만
죽은 사람은 아무것도 모른다. 죽은
사람들은 더 받을 상도 없고 그들에
대한 기억도 사라져 버린다.
6 죽은 사람들에게는 사랑이나 미움이
나 질투도 이제 사라져 버렸으니 해
아래에서 일어나는 어떤 일에도 그들
이 참여할 수 없을 것이다.
7 너는 가서 기쁨으로 네 음식을 먹고
즐거운 마음으로 네 포도주를 마셔
라. 하나님이 네 일을 기쁘게 받으셨
으니 말이다.
8 너는 항상 흰옷을 입고 머리에는 기
름을 발라라.
9 허무한 생애 동안, 하나님께서 해 아
래에서 네게 주신 허무한 일생 동안
네 사랑하는 아내와 즐겁게 살아라.
이것이 이생에서 네 몫이요 네가 해
아래에서 열심히 일한 것에 대한 몫
이다.
10 무엇이든지 네 손으로 할 만한 일을
찾으면 온 힘을 다해 하여라. 네가 가

9:2 칠십인역(아퀼라역)과 불가타와 시리아어역을 따름. 히브리어 사본에는 '나쁜 사람이나'가 없음.

게 될 *무덤 속에는 일도, 계획도, 지
식도, 지혜도 없기 때문이다.
11 내가 해 아래에서 또 다른 것을 보았
는데 발 빠르다고 경주에서 이기는
것이 아니고 강하다고 전쟁에서 승리
하는 것도 아니며 지혜롭다고 먹을
것이 생기지 않고 총명하다고 재물이
생기지 않으며 배웠다고 총애를 받는
것도 아니다. 오직 그들 모두에게 때
와 기회가 있을 뿐이다.
12 게다가 사람은 자기 때가 언제인지 모
른다. 촘촘한 그물에 물고기가 걸리
는 것처럼, 올무에 새가 걸리는 것처
럼 재앙이 갑자기 닥치면 사람들은
덫에 걸리는 것이다.

지혜가 어리석음보다 낫다

13 내가 또 해 아래에서 이런 지혜를 보
았는데 참 놀라웠다.
14 사람이 조금밖에 살지 않는 작은 성
이 있었다. 그런데 아주 대단한 왕이
대적해 와서 그 성을 둘러싸고 공격
태세를 갖추었다.
15 그 성에는 가난하지만 지혜로운 사람
이 살고 있었는데 그가 자신의 지혜
로 성을 구해 냈다. 그러나 아무도 그
가난한 사람을 기억하지 않았다.
16 그때 나는 "지혜가 힘보다 낫기는 한
데 가난하면 무시만 당하고 말이 먹
혀 들어가지 않는구나" 했다.
17 어리석은 사람의 외침보다는 지혜로
운 사람들의 조용한 말에 더욱 귀 기
울여야 한다.
18 지혜가 전쟁의 무기보다 낫다. 그러나
죄인 한 사람이 많은 좋은 것들을 망
치게도 한다.

10 죽은 파리가 향유에 썩은 냄새
가 나게 하듯이 하찮은 어리석
은 짓 하나가 지혜와 명예를 망가뜨린
다.
2 지혜로운 사람의 마음은 바른 쪽으
로 쏠리지만 어리석은 사람의 마음은
그릇된 쪽으로 치우친다.
3 어리석은 사람은 자기가 얼마나 바보인
지를 길 가다가도 모두에게 드러낸다.
4 만약 통치자가 네게 화를 내거든 네
가 있던 자리를 떠나지 마라. 가만히
있으면 크게 상한 감정을 진정시킨다.
5 내가 해 아래에서 통치자의 실수와
관련된 또 한 가지 악을 보았는데
6 그것은 어리석은 사람을 높이 앉히고
부자를 낮은 자리에 앉힌다는 것이다.
7 종들이 말을 타고 앉았고 왕자들이
종들처럼 두 발로 걸어가는 것을 내
가 보았다.
8 구덩이를 파는 사람은 거기에 빠질
것이요, 벽을 허무는 사람은 뱀에게
물릴 것이다.
9 돌을 캐는 사람은 그 돌에 치일 것이
요, 통나무를 쪼개는 사람은 그것 때
문에 위험을 당할 것이다.
10 도끼가 무디고 날이 날카롭지 못하
면 힘이 더 들게 마련이다. 그러나 지
혜는 일의 능률을 올려 준다.
11 주문을 걸기도 전에 뱀에게 물리면
마술사가 무슨 소용이 있겠는가?

9:10 또는 '음부', '죽음'. 히브리어, 스올

12 지혜로운 사람의 입에서 나오는 말은
은혜롭지만 어리석은 사람의 입술은
그 자신을 삼키고 만다.
13 어리석은 사람의 입에서 나오는 말은
처음에는 어리석은 것이더니 결국에
는 사악하고 미친 소리로 끝난다.
14 어리석은 사람은 말이 많다. 사람은
모름지기 앞으로 닥칠 일을 모른다.
죽은 후에 일어날 일을 누가 그에게
말해 주겠는가?
15 어리석은 사람들의 수고는 자신을 피
곤하게 할 뿐이다. 그는 성으로 가는
길도 알지 못하기 때문이다.
16 왕이 *어린아이이며, 고관들이 아침
부터 잔치를 벌이는 나라여, 네게 재
앙이 있을 것이다.
17 고결한 사람이 왕이 되고 고관들이
쾌락을 위해서가 아니라 생존을 위해
서 제때에 먹는 나라여, 네게는 복이
있다.
18 사람이 게으르면 들보가 내려앉고 그
손이 게으르면 지붕이 샌다.
19 잔치는 웃으려고 베푸는 것이다. 포
도주는 즐거움을 주나 돈은 모든 것
을 해결해 준다.
20 너는 생각으로라도 왕을 저주하지 말
고 침실에서라도 부자를 저주하지 마
라. 공중의 새가 네 말을 실어 나를
것이요, 날개 있는 것들이 네가 한 말
을 전할 것이다.

만사에 힘쓰라

11 네 빵을 물 위에 던져라. 여러
날 후에 네가 다시 찾게 될 것
이다.
2 그 땅에 어떤 재앙이 닥칠지 알지 못
하니 일곱, 여덟 몫으로 나누어 두어
라.
3 구름에 물이 가득하면 비가 돼 땅에
쏟아진다. 나무가 남쪽으로 쓰러지든
북쪽으로 쓰러지든 쓰러진 곳에 그대
로 놓여 있는 법이다.
4 바람이 어디로 불지 살피다가는 심지
못할 것이요, 구름만 쳐다보다가는
거두지 못할 것이다.
5 네가 바람이 어디서 오는지 알지 못
하고 임신한 여인의 배 속에서 태아
의 뼈들이 어떻게 자라는지 알지 못
하는 것처럼 모든 것을 지으신 하나
님의 일도 알지 못한다.
6 아침에 씨를 뿌리고 저녁에 네 손을
거두지 마라. 이는 이것이 싹틀지, 저
것이 싹틀지, 아니면 둘 다 잘 자랄지
모르기 때문이다.

청년의 때에 너의 창조주를 기억하라

7 빛은 참으로 달콤하며 눈으로 해를
보는 것은 기분 좋은 일이다.
8 사람이 오래 살려면 다 즐겁게 누리
도록 하여라. 그러나 어두운 날도 많
을 것이니 그날들도 기억하도록 하여
라. 앞으로 닥칠 일은 다 허무하다.
9 청년이여, 네 젊음을 즐거워하여라.
네 젊은 시절을 마음으로 기뻐하여
라. 네 마음이 가는 대로, 네 눈에 보
이는 대로 따라가거라. 다만, 이 모든
것들에 하나님의 심판이 있다는 것을

10:16 또는 종이고

알아라.
10 그러므로 네 마음에서 근심을 떨어내
고 네 몸에서 악을 떨쳐 버려라. 어린
시절과 젊은 시절은 허무한 것이다.

12 젊은 시절에 너는 네 창조자를
기억하여라. 고통의 날들이 닥
치기 전에 "인생에 낙이 없다"라고 할
때가 오기 전에
2 해와 빛과 달과 별들이 어두워지기
전에, 비 온 후에 다시 먹구름이 끼기
전에 그렇게 하여라.
3 그때가 되면 집 지키다가 손이 떨리고
다리에 힘이 빠져 엎어지고 이가 몇
개 안 남아 씹지 못하고 눈이 침침해
져 창문 밖으로 보이는 게 없어진다.
4 또 거리로 나가는 문들이 닫히고 곡
식 가는 소리가 어렴풋해지고 새 소
리에 일어나며 노래하는 모든 딸들이
조용하게 될 것이다.
5 또 높은 곳을 두려워하게 되고 길에
나다니기조차 무서워하며 머리 위에
는 허옇게 꽃이 피고 메뚜기도 짐이
되며 욕망이 더는 일어나지 않을 그
때, 그때가 되면 사람은 자신의 영원
한 고향으로 가고 조문객들이 슬퍼하
며 거리를 다니게 될 것이다.
6 그분을 기억하여라. 은줄이 *끊어지
기 전에, 금대접이 부서지기 전에, 물
항아리가 샘 곁에서 깨어지기 전에,
우물가의 도르래가 부서지기 전에,
7 육체가 본래 왔던 흙으로 돌아가기
전에, 영이 그것을 주신 하나님께로
돌아가기 전에 그분을 기억하여라.
8 *전도자가 말한다. "허무하고 허무하
다. 모든 것이 허무하다!"

일의 결론

9 *전도자는 지혜로울 뿐 아니라 사람
들에게 지식을 가르쳤으며 묵상하고
연구해 많은 잠언을 정리했습니다.
10 *전도자가 연구해 합당한 말들을 찾
아냈으니 그가 기록한 것은 올바른
것이고 진리의 말씀입니다.
11 지혜로운 사람의 말은 찌르는 막대기
같고 회중의 선생들이 단단히 박은
못과 같습니다. 이 모두가 한 목자에
게서 받은 것입니다.
12 내 아들아, 이것들 외에도 더 훈계를
받도록 하여라. 책은 아무리 많이 써
도 끝이 없고 연구를 많이 하는 것은
몸을 지치게 한다.
13 모든 것의 결론은 이것이다. 하나님
을 경외하고 그분의 계명을 지켜라.
이것이 사람의 본분이다.
14 하나님께서는 선악 간에 모든 행위를
그 숨은 일까지도 낱낱이 심판하신
다.

12:6 히브리어, '풀리고' 12:8,9,10 히브리어, 코헬렛. '설교자', '총회 연설자', '교사'

아가

Song of songs

'아름다운 노래'라는 뜻의 제목을 가진 솔로몬의 사랑 시로서, 신부인 술람미 여인에 대한 애틋한 마음과 진심어린 고백이 숨김없이 담겨 있다. 하나님의 형상으로 창조된 남녀 간의 순수한 사랑과 행복한 결혼 생활에 대해 아름다운 필치로 묘사하고 있으며, 신약의 그리스도와 교회의 관계를 예표한다. 유월절 제8일째에 낭송되었다.

1 노래들 가운데 가장 아름다운 노
래, 솔로몬의 노래입니다.

술람미

2 그의 입술로 내게 입 맞추게 하소서.
당신의 사랑은 포도주보다 더 달콤합
니다.
3 당신에게서 풍겨나는 감미로운 그 향
기, 그대 이름은 부어 놓은 향수 같
아 젊은 여인들이 당신을 사랑할 수
밖에 없어요.
4 나를 데려가 주세요. 조금만 더 서둘
러 주세요. 왕의 침실로 나를 이끌어
주세요.

친구들

우리가 즐거워하며 그대 안에서 기뻐
할 것입니다. 우리가 포도주보다 더 달
콤한 그대의 사랑을 기억할 것입니다.

술람미

젊은 여인들이 그대를 사랑함이 당연
합니다.
5 비록 내 살결은 검지만 나는 사랑스
럽답니다. 예루살렘의 딸들이여, 비록
내가 게달의 장막처럼 검다 해도 솔로
몬의 휘장처럼 아름답습니다.
6 내가 햇볕에 그을려 검다 해도 나를
업신여기지는 마세요. 내 오빠들의
성화에 못 이겨 그들의 포도원을 돌
보느라 정작 내 포도원은 돌보지 못
한 것이랍니다.
7 내 사랑하는 그대여, 내게 말해 주세
요. 당신의 양 떼를 어디에서 먹이시
는지, 한낮에는 어디에서 쉬게 하시
는지. 왜 나로 하여금 이리저리 헤매
며 당신 친구들의 양 떼 가운데서 그
대를 찾게 하시나요?

친구들

8 가장 아름다운 여인이여, 만약 그대
가 모른다면 양 떼를 따라가 보세요.
그리고 목자의 천막 곁에서 그대의 어
린 염소를 먹이며 기다려 보세요.

솔로몬

9 내 사랑이여, 바로의 전차를 끌고 달

리는 준마에 그대를 비유할까요?
10 땋은 머리카락으로 흘러내린 그대의
두 뺨이, 보석으로 감은 그대의 목이
너무도 아름답네요.
11 우리가 금으로 엮어 은으로 장식한
귀걸이를 그대에게 만들어 드리겠습
니다.

술람미

12 왕께서 식탁에 앉아 계실 때 내 나드
향이 향기를 발했으니
13 내가 사랑하는 그분은 내 젖가슴 사
이에 품은 몰약 주머니입니다.
14 내 사랑 그분은 내게 엔게디 포도원
의 한 송이 고벨화입니다.

솔로몬

15 내 사랑, 그대가 얼마나 아름다운지
요! 너무나 아름다워요. 그대의 눈은
비둘기 같네요.

술람미

16 내 사랑이여, 당신은 얼마나 멋진지
요! 너무나 준수한 그대, 푸른 풀밭은
우리의 침대랍니다.

솔로몬

17 백향목은 우리 집의 기둥이며 잣나
무는 우리 집의 서까래입니다.

술람미

2 나는 사론의 *수선화요, 골짜기의
백합화입니다.

솔로몬

2 저 젊은 여인들 가운데 있는 내 사랑
은 가시 속에 핀 백합화 같네요.

술람미

3 저 젊은 남자들 가운데 있는 내 사랑
은 숲 속 나무들 사이에 서 있는 사
과나무 같아요. 그의 그늘 아래 앉는

2:1 또는 장미

Q&A 남녀 간의 사랑 이야기가 성경에 실릴 수 있나?

참고 구절 | 아 1–8장

아가서는 원색적인 남녀 간의 사랑 이야기이고 하나님이라는 단어가 한 번도 나오지 않기 때문에 오래전부터 성경 학자들 간에 많은 해석적 견해차를 보인 책이다.

더구나 남녀 간의 사랑을 노래한 아가서가 유대인들이 대대로 지켜오는 유월절에 낭독되는 성경 중 하나라는 사실을 생각하면 더욱 의구심이 생긴다. 그러나 아가서를 쓴 목적을 알면 아가서의 사랑 이야기를 이해할 수 있다.

히브리어로 '쉬르 하쉬림', 곧 '노래 중의 노래'로 불리는 아가서는 솔로몬과 술람미 여인의 사랑을 통해 남녀 간의 순전한 사랑과 결혼의 아름다움을 교훈하기 위해 쓰였다.

하나님은 남자와 여자를 창조하시고 이들의 결혼을 허락하셨다(창 1:27;2:20–24). 그러므로 사랑의 감정과 순결한 성은 아름다운 것으로 하나님이 주신 축복이다.

아가서는 이러한 남녀 간의 사랑만을 격찬한 책은 아니다. 성경에는 하나님과 성도 간의 사랑을 남녀 간, 부부간의 사랑으로 비유하여 표현한 곳이 많이 있는데 아가서 역시 하나님과 이스라엘과의 사랑, 예수님과 신부인 교회와의 사랑을 은유적으로 보여 주고 있다(마 9:15;고후 11:2;엡 5:31–32).

것이 기쁨이랍니다. 그의 열매가 내
입에 너무 달콤하네요.
4 그는 연회가 펼쳐진 곳에 나를 데려
가셨죠. 내 위에서 펄럭이는 그분의
깃발은 사랑이랍니다.
5 건포도로 내게 힘을 주세요. 사과로
내게 새 기운을 북돋워 주세요. 나는
사랑 때문에 병이 났답니다.
6 그가 왼팔에 나를 눕혀 내 머리를 안
으시고 오른팔로 나를 감싸 안아 주
시네요.
7 예루살렘의 딸들이여, 노루와 들사슴
을 두고 내가 부탁합니다. 그가 원하
기 전까지는 내 사랑을 일으키지 말
고 깨우지 마세요.
8 내가 사랑하는 분의 목소리가 들려오
네요! 보세요! 저기 그분이 오시네요!
산을 뛰어넘고 언덕을 내달려 오시네
요.
9 내가 사랑하는 그분이 노루처럼, 어
린 사슴처럼 달려오네요. 보세요! 우
리 집 담장 너머에 서 계시는 그분을.
그가 창문으로 바라보며 창살 틈으
로 들여다보고 계시네요.
10 내가 사랑하는 그분이 입을 열어 내
게 말씀하십니다. "내 사랑이여, 일어
나세요. 아름다운 내 사람이여, 나와
함께 가요.
11 겨울은 지나갔으며 내리던 비도 그쳤
고
12 땅에는 꽃들이 피어나며 새들이 노래
하는 때가 왔어요. 우리 땅에는 비둘
기 우는 소리가 들려옵니다.
13 무화과나무는 푸른 열매를 맺었고
꽃을 피운 포도나무는 향기를 퍼뜨
리니 내 사랑이여, 일어나 오세요.
내 사랑하는 그대여, 나와 같이 떠나
요."

솔로몬

14 바위틈에 숨은 내 비둘기여, 산기슭
은밀한 곳에 숨어 있는 내 비둘기여,
그대의 얼굴을 보여 주세요. 그대의
목소리를 듣고 싶어요. 그대 목소리
는 감미롭고 그대 얼굴은 사랑스럽습
니다.
15 우리를 위해 여우들을 잡아요. 꽃이
만발한 우리 포도원을 망치려는 저
작은 여우들을 잡아요.

술람미

16 내가 사랑하는 그분은 내 것입니다.
나는 그분의 것입니다. 백합화 사이
에서 양 떼를 먹이고 계시는 그분,
17 날이 저물고 그림자가 사라질 때까
지 내 사랑하는 분이여, 돌아오세요.
*베데르 산에 있는 노루처럼, 어린 사
슴처럼 달려 내게로 오세요.

3 밤마다 나는 내 침상에서 내 마음
깊이 사랑하는 그분을 찾습니다.
그러나 그분을 찾을 수 없네요.
2 이제 일어나 길거리로, 광장으로 나
가 봅니다. 내 마음 깊이 사랑하는 그
분을 찾아 봅니다. 하지만 그토록 그
분을 찾아도 그는 보이지 않네요.
3 성안을 순찰하는 파수꾼들을 만나
이렇게 묻습니다. "내 마음 깊이 사랑

2:17 히브리어, '바위 언덕'

하는 그분을 못 보셨나요?"
4 그들을 지나치자마자 내 마음 깊이
사랑하는 그분을 만났습니다. 나는
놓칠세라 그분을 꼭 붙들고는 내 어
머니의 집으로, 내 어머니께서 나를
가지신 그 방으로 들어갔답니다.
5 예루살렘의 딸들이여, 노루를 두고 들
사슴을 두고 내가 부탁합니다. 내 사
랑이 원하기 전까지는 내 사랑을 일
으키지 말고 깨우지 마세요.
6 연기가 기둥처럼 올라가듯이 상인들
이 가져온 모든 향품들로 만든 몰약
과 유향의 향기를 흩날리며 저 거친
들에서 올라오는 이 사람은 누구입니
까?
7 보세요! 솔로몬께서 타신 가마입니다.
60명의 이스라엘 전사들이 호위하고
있네요.
8 손에 칼을 굳게 쥔 그들은 모두 전장
의 뛰어난 용사들입니다. 그들은 허리
에 칼을 차고 한밤의 그 어떤 습격도
물리칠 대비를 하고 있습니다.
9 솔로몬 왕께서 자신을 위해 레바논 나
무로 그 가마를 만드셨습니다.
10 그 기둥은 은으로, 바닥은 금으로 만
들어졌고 자리에는 자줏빛 덮개가 깔
렸습니다. 그 안은 예루살렘 딸들의
사랑 어린 장식으로 채워졌습니다.
11 시온의 딸들이여, 이리로 나오세요.
그분의 결혼식 날, 그분의 마음이 기
뻐 뛰시던 그날, 그분의 어머니께서
씌워 준 왕관, 그 왕관을 쓰고 계신
솔로몬 왕을 보세요.

솔로몬

4 내 사랑 그대여, 당신은 얼마나 아
름다운지요! 너무나 아름다워요.
베일 너머 당신의 눈은 비둘기 같군
요. 당신의 머리칼은 길르앗 산에서
내려오는 염소 떼와 같네요.
2 당신의 이는 목욕하고 나와 방금 털
을 깎은 암양 떼와 같습니다. 하나하
나가 모두 짝을 이루어 그 가운데 홀
로된 것이 없네요.
3 그대의 입술은 새빨간 매듭 같고 그
대의 입은 사랑스럽습니다. 베일 너머
그대의 뺨은 쪼개 놓은 석류 한쪽 같
아요.
4 당신의 목은 무기를 두려고 세운 다
윗의 탑과 같으니 거기에는 1,000개
의 방패들, 전사들의 방패들이 걸려
있습니다.
5 그대의 두 젖가슴은 백합화 사이에서
풀을 뜯는 두 마리 쌍둥이 노루 같아
요.
6 날이 저물고 그림자가 사라질 때까지
나는 몰약의 산을, 유향의 언덕을 오
르겠습니다.
7 내 사랑이여, 당신은 정말 아름답습
니다. 그대에게 흠이라고는 없습니다.
8 레바논에서 나와 함께 가요. 내 신부
여! 레바논에서 나와 함께 가요. 아마
나와 스닐과 헤르몬 꼭대기에서, 사자
굴에서, 표범들의 산에서 내려오세
요.
9 내 누이여, 내 신부여, 그대가 내 마
음을 빼앗아 갔습니다. 그대의 단 한

번 눈길로, 당신 목에 있는 단 하나의
장식으로, 그대는 내 마음을 빼앗아
갔습니다.
10 내 누이여, 내 신부여, 그대의 사랑이
얼마나 달콤한지요! 그대의 사랑은 어
떤 포도주보다도 감미롭고 그대의 향
기는 그 어떤 향내와도 비교할 수 없
네요.
11 내 신부여, 그대의 입술에서는 꿀송
이가 흘러나오고 그대의 혀 밑에 맺
혀 있는 젖과 꿀이 느껴집니다. 당신
옷의 향기는 레바논의 향기 같네요.
12 내 누이여, 내 신부여, 그대는 잠가
놓은 정원입니다. 닫아 놓은 우물이
며 봉해 놓은 샘물입니다.
13 당신에게서 나는 것은 석류나무와 탐
스러운 여러 가지 과일, 고벨화, 나드
초,
14 나드, 번홍화, 창포, 계수와 같은 갖가
지 향나무들, 몰약, 침향과 같은 귀한
향품들입니다.
15 그대는 동산에 있는 샘, 솟아나는 우
물이며 레바논에서 흘러나오는 시냇
물입니다.

술람미

16 북풍아, 일어라! 남풍아, 불어라! 내
동산에 불어 주렴. 내 향기가 멀리까
지 퍼지도록. 내가 사랑하는 그분께
서 이 동산에 찾아와 탐스러운 과일
을 드시도록.

솔로몬

5 내 누이여, 내 신부여, 내가 내 정
원을 찾아왔습니다. 내 향품과 함
께 몰약을 거두고 내 꿀송이와 꿀을
먹고 내 포도주와 젖을 마셨습니다.

친구들

친구들이여, 먹고 마셔요. 사랑하는
사람들이여, 마음껏 들어요.

술람미

2 나는 자고 있었지만 내 마음은 깨어
있었습니다. 들어 보세요! 내가 사랑
하는 그분이 문을 두드리시네요. 내
누이여, 내 사랑이여, 문을 열어 주세
요. 내 비둘기여, 흠 없는 내 사람이
여, 내 머리는 이슬에 흠뻑 젖었고 내
머리칼에는 밤이슬이 가득합니다.
3 나는 이미 옷을 벗었는데 다시 입어
야 하나요? 나는 발을 씻었는데 다시
더럽혀야 하나요?
4 내가 사랑하는 그분이 문틈으로 손
을 들이미시니 내 마음이 그분으로
인해 두근거리기 시작합니다.
5 내가 사랑하는 그분을 위해 문을 열
려고 일어날 때 몰약이 내 손에서, 몰
약의 즙이 내 손가락을 타고 흘러 문
빗장에 닿습니다.
6 내가 사랑하는 그분을 위해 문을 열
었는데 내 사랑하는 그분은 떠나고
없네요. 그분이 없어 내 마음은 무너
져 내립니다. 그분을 찾았지만 찾을
수 없습니다. 그분을 불렀지만 대답
이 없습니다.
7 성안을 순찰하던 파수꾼들이 나를
발견하고는 나를 때려 상처를 내고
저 성벽을 지키는 사람들은 내 겉옷
을 빼앗아 갔습니다.

8 예루살렘의 딸들이여, 내가 부탁합니
다. 만약 내가 사랑하는 그분을 만나
거든 내가 사랑 때문에 병이 났다고
말해 주세요.

친구들

9 가장 아름다운 여자여, 당신이 사랑
하는 분이 다른 이보다 얼마나 더 나
은가요? 당신이 사랑하는 분이 다른
이보다 얼마나 낫기에 우리에게 이렇
게 부탁하나요?

술람미 여인

10 내가 사랑하는 그분은 깨끗한 외모
에 혈색이 붉은 건강한 분이랍니다.
수많은 사람들 가운데서도 뛰어나지
요.
11 그의 머리는 순금 같고 굽이치는 머
릿결은 까마귀처럼 검습니다.
12 그의 눈은 시냇가의 비둘기 같은데
젖으로 목욕한 듯 보석처럼 아름답
게 박혀 있습니다.
13 그의 볼은 향기로 가득한 꽃밭 같고
그의 입술은 몰약이 뚝뚝 떨어지는
백합화 같습니다.
14 그의 두 팔은 황옥이 박힌 황금 방망
이 같고 그의 몸은 *사파이어로 장식
한 매끄러운 상아 같습니다.
15 그의 두 다리는 순금 받침 위에 세운
대리석 기둥 같고 그의 모습은 레바
논 같고 백향목처럼 뛰어납니다.
16 그의 입은 달콤하기 그지없으니 그가
가진 모든 것이 사랑스럽습니다. 예루
살렘의 딸들이여, 이분이 바로 내가
사랑하는 그분, 내 친구입니다.

친구들

6
가장 아름다운 여자여, 그대가 사
랑하는 그분이 어디로 가셨나요?
그대가 사랑하는 그분이 어느 곳으
로 가셨나요? 우리 함께 그분을 찾아
봐요.

술람미

2 내가 사랑하는 그분은 그의 동산으
로, 향기로운 꽃밭으로 내려가 동산
에서 양 떼를 먹이시며 백합화를 꺾
고 계시겠죠.
3 나는 내가 사랑하는 그분의 것이고
내가 사랑하는 그분은 내 것입니다.
백합화 사이에서 그분이 양 떼를 먹
이시네요.

솔로몬

4 내 사랑이여, 그대는 디르사처럼 아
름답고 예루살렘처럼 사랑스럽습니
다. 깃발을 높이 든 군대처럼 위엄이
있습니다.
5 그대가 바라보는 두 눈을 나는 감당
할 수 없으니 그대여 눈을 돌려 주세
요. 당신의 머리칼은 길르앗 산에서
내려오는 염소 떼와 같네요.
6 당신의 이는 목욕하고 나와 방금 털
을 깎은 암양 떼와 같습니다. 하나하
나가 모두 짝을 이루어 그 가운데 홀
로된 것이 없네요.
7 베일 너머 당신의 뺨은 쪼개 놓은 석
류 한쪽 같군요.
8 60명의 왕비가 있고 80명의 후궁이
있으며 궁녀들은 수도 없이 많지만

5:14 또는 청금석

9 내 비둘기, 온전한 내 사람은 하나뿐
입니다. 어머니의 외동딸이며 그녀를
낳은 어머니가 가장 귀히 여기는 딸,
젊은 여인들이 그녀를 보고 복이 있
다 말하고 왕비들과 후궁들도 그녀를
칭찬합니다.

친구들

10 새벽처럼 찬란하고 달과 같이 아름답
고 해와 같이 빛나며 깃발을 높이 든
군대처럼 위엄 있는 여자가 누구일까
요?

솔로몬

11 내가 골짜기에 새로 난 것들, 포도나
무에 싹이 났는지 석류나무에 꽃이
피었는지 보려고 호두나무 동산으로
내려갔을 때
12 나도 모르는 사이에 내 마음이 나를
이끌어 *백성들의 존귀한 병거 위로
올라타게 합니다.

친구들

13 돌아와요, 돌아와요, *술람미여. 돌아
와요, 돌아와요, 우리가 그대를 볼 수
있도록.

솔로몬

14 *그대들은 왜 마하나임이 춤추는 것
을 보듯 *술람미를 보려고 합니까?

7 귀한 사람의 딸이여, 신을 신은 그
대의 발이 얼마나 아름다운지요.
우아한 그대의 다리는 장인의 손으로
정성 들여 세공한 보석과 같습니다.
2 당신의 배꼽은 혼합 포도주를 가득
부은 둥근 잔 같고 그대의 허리는 백
합화로 두른 밀단 같습니다.
3 그대의 젖가슴은 암사슴의 쌍둥이
새끼 같고
4 그대의 목은 상아탑 같습니다. 그대
의 눈은 바드랍빔 문 곁에 있는 헤스
본 연못 같고 그대의 코는 다메섹을
향한 레바논 탑 같습니다.
5 그대의 머리는 갈멜 산처럼 그대에게
왕관이 되고 그대의 머리칼은 붉은
융단 같습니다. 왕이 그 머리칼에 포
로가 되고 말았습니다.
6 내 사랑이여, 그대가 얼마나 아름답
고 얼마나 매혹적인지 나를 기쁘게
하네요.
7 그대의 키는 종려나무처럼 크고 늘씬
하며 그대의 젖가슴은 그 열매 송이
같아요.
8 나는 말했습니다. "내가 그 종려나무
에 올라가서 그 열매를 따오겠어요."
그대 젖가슴은 포도송이 같고 그대
콧김은 사과 향내 같으며
9 그대 입은 가장 귀한 포도주 같습니
다.

술람미

그 포도주가 내 사랑하는 그분에게
로 가서 그 입술과 이로 부드럽게 흘
러가기를.
10 나는 내가 사랑하는 그분의 것이고
그분의 마음은 나를 향해 있습니다.
11 내가 사랑하는 분이여, 우리 함께 들

6:12 또는 암미나답의 병거에, 왕자들이 타는 병거에 6:14 대부분의 사본들은 13절로 되어 있고 개역한글 성경은 14절로 되어 있음. 6:13,14 '사랑하는 자'라는 뜻. '수넴 여인'의 변화형이거나 '솔로몬의 여인'을 나타내는 솔로몬의 여성형임. 7:11 또는 고벨화 숲(아 1:14;4:13을 보라.)

로 나가요. 그곳 *마을에서 밤을 지
내요.
12 이른 아침 포도원에 나가 포도 싹이
돋았는지, 꽃이 피었는지, 석류꽃이
피었는지 함께 봐요. 거기서 제 사랑
을 드리겠어요.
13 *자귀나무가 향기를 발하고 우리 문
앞에는 온갖 탐스러운 열매들이 있
어요. 새것도 묵은 것도 내 사랑하는
분이여, 내가 당신을 위해 간직해 두
었답니다.

8 당신이 내 오빠였다면, 내 어머니
의 젖을 먹고 자란 오빠였다면 내
가 밖에서 당신을 만나 입을 맞춰도
아무도 내게 손가락질하지 않을 텐
데.
2 내가 당신을 이끌어 나를 가르치신
내 어머니의 집으로 모셔 올 텐데. 내
가 향기로운 포도주를, 내 석류주를
당신께 드릴 텐데.
3 그가 왼팔에 나를 눕혀 내 머리를 안
으시고 오른팔로 나를 감싸 안아 주
시네요.
4 예루살렘의 딸들이여, 내가 부탁합니
다. 그가 원하기 전까지는 내 사랑을
일으키지 말고 깨우지 마세요.

친구들

5 사랑하는 사람에게 기대어 거친 들
에서 올라오는 저 여인은 누구인가
요?

술람미

사과나무 아래에서 내가 당신을 깨웠
습니다. 당신의 어머니께서 당신을 가
지시고 산고를 겪으며 거기에서 당신
을 낳으셨습니다.
6 나를 당신 마음에 도장처럼 새기고
나를 당신 팔에 도장처럼 새겨 두세
요. 사랑은 죽음만큼이나 강하고 질
투는 *무덤만큼이나 잔인해 불꽃처
럼 거세게 타오릅니다.
7 많은 물도 그 사랑의 불을 끌 수 없으
며 홍수도 그것을 덮어 끌 수 없습니
다. 누군가 자기 모든 재산을 다 주고
사랑과 바꾸려 한다면 그는 웃음거리
가 될 것입니다.

친구들

8 우리에게 있는 어린 누이는 아직 젖

7:13 또는 합환채 8:6 히브리어, 스올

성·경·상·식 **사랑은 죽음같이 강하고**

술람미 여인은 사랑하는 사람에게 자신을 도장처럼 팔에 새겨 두라고 했다(아 8:6). 당시 지위가 높은 사람들은 자신의 소유를 표시할 때 찍는 인장 반지를 항상 가지고 다녔다(창 38:18; 렘 22:24). 그러므로 이 표현은 그의 권위를 상징하는 도장만큼이나 소중하고 보배로운 사람이 되기를 바라는 마음을 드러낸 것이었다.

더 나아가 그녀는 사랑하는 이에 대한 자신의 사랑이 피할 수도 거역할 수도 없는 죽음만큼이나 강한 것이라고 했다(아 8:6). 술람미 여인의 이러한 고백은 죽을지언정 예수님을 버리지 않았던 순교자들의 믿음을 떠올리게 한다.

가슴도 없는데 그녀가 청혼을 받는
날이 되면 우리 누이를 위해 무엇을
해 줄까요?
9 그녀가 성벽이라면 그 위에 은 망대
를 세워 줄 텐데. 그녀가 문이라면 백
향목 판자로 닫아 줄 텐데.

술람미

10 나는 성벽이며 내 젖가슴은 망대 같
으니 그분이 보시기에 *만족할 거예
요.
11 솔로몬께서는 바알하몬에 포도원을
가지셨는데 가꾸는 자들에게 그 포
도원을 맡겨 두시고 그들이 열매의
값으로 은 *1,000세겔을 가져오도록
하셨습니다.
12 그러나 내 포도원은 내 마음대로 할
수 있으니 솔로몬이여, 당신을 위한
*1,000세겔이 있습니다. 그리고 포도
원을 가꾸는 사람들을 위한 *200세
겔이 있습니다.

솔로몬

13 동산에서 거하는 그대여, 친구들이
그대의 음성에 귀 기울이고 있어요.
내게 그대 목소리를 들려주세요.

술람미

14 내가 사랑하는 분이여, 서둘러 오세
요. 향기로운 산에 있는 노루처럼, 어
린 사슴처럼 내게로.

8:10 또는 평화를 얻은 자 같습니다. 8:11,12 1,000세겔은 약 11.4킬로그램 8:12 200세겔은 약 2.28킬로그램

이사야

Isaiah

'성경의 축소판', '구약의 복음서'로 불리는 예언서로서, 앞부분(1-39장)은 회개와 심판을, 뒷부분(40-66장)은 회복과 소망을 선포한다. 예언자 이사야는 본서에서 하나님을 떠난 이스라엘 백성들에게 강력한 책망과 경고를 전하는 동시에 메시아를 통한 구원과 영광을 전달한다. 선민사상을 뛰어 넘어 세계 선교를 예고한다.

1 이것은 유다 왕 웃시야, 요담, 아하
스, 히스기야 시대에 아모스의 아
들 이사야가 유다와 예루살렘에 대해
본 이상입니다.

거역한 백성

2 하늘아, 들으라! 땅아, 귀 기울이라!
여호와께서 말씀하셨다. "내가 자식
들이라고 기르고 키웠으나 그들이 나
를 거역했구나.
3 황소도 자기 주인을 알고 나귀도 자
기 주인의 구유를 아는데 이스라엘은
알지 못하고 내 백성은 깨닫지 못하
는구나."
4 아! *어긋나 버린 민족! 죄악을 진 백
성! 악행하는 종자! 타락한 자식들!
그들이 여호와를 저버렸구나. 그들이
이스라엘의 거룩하신 분을 경멸했구
나. 그들이 완전히 등을 돌려 남이 돼
버렸구나.
5 왜 너희는 계속 반역해 매를 더 맞으
려고 하느냐? 머리는 온통 병들었고
마음은 온통 혼미해졌구나.
6 발바닥부터 머리까지 성한 곳이 없구
나. 상한 곳과 멍든 곳과 새로 맞은
상처뿐, 짜내고 싸매고 기름으로 상
처를 가라앉히지도 못했구나.
7 너희 땅은 황폐해졌고 너희 성들은
불태워졌다. 너희 땅은 너희 눈앞에
서 이방 사람들에게 삼켜졌으며 이방
사람들에게 파괴된 것처럼 폐허만 남
았다.
8 시온의 딸이 포도원의 초막처럼, 오
이밭의 원두막처럼, 에워싸인 성처럼
겨우 남았다.
9 만군의 여호와께서 우리 몇몇을 살아
남게 하지 않으셨다면 우리는 소돔같
이, 고모라같이 됐을 것이다.
10 여호와의 말씀을 들으라, 너희 소돔의
지도자들아! 우리 하나님의 율법에 귀
기울이라, 너희 고모라의 백성들아!

1:4 히브리어, 호테. '(과녁에서) 벗어나다.'라는 뜻에서 '실수하다.', '죄짓다.'라는 뜻이 파생됨.

11 여호와께서 말씀하신다. "그 많은 너
희 제물을 무엇하려고 내게로 가져오
느냐? 나는 숫양의 번제와 살진 짐승
의 기름도 지겹다. 나는 황소와 어린
양과 염소의 피도 기쁘지 않다.
12 너희가 내 얼굴을 보려고 나올 때 누
가 너희에게 이것을 달라고 요구하더
냐? 내 뜰만 밟을 뿐이다.
13 더 이상 헛된 제물을 가져오지 말라.
제물 타는 냄새도 역겹다. 초하루와
안식일과 집회의 선포를 견딜 수 없
다. 악을 행하면서 성회를 여는 것을
참을 수 없다.
14 너희 초하루와 정한 절기들, 나는 그
것들이 싫다. 그것들이 내게는 짐만
될 뿐이다. 그것들을 짊어지기에 내
가 지쳐 버렸다.
15 너희가 아무리 손을 펼쳐 기도해도
나는 눈을 가리고 너희들을 보지 않
을 것이다. 너희가 아무리 기도를 많
이 해도 나는 듣지 않을 것이다. 너희
손에는 피가 가득하구나.
16 손을 씻고 스스로 깨끗하게 하라. 내
눈앞에서 너희의 악한 행실을 버리
라. 악한 일을 그만두고
17 좋은 일 하기를 배우라! 정의를 추구
하고 *압제하는 사람들을 바른길로
인도하라. 고아를 위해 변호하고 과
부를 위해 싸워 주라.
18 자! 와서 우리 함께 판가름해 보자."
여호와께서 말씀하신다. "비록 너희
죄가 주홍빛 같더라도 눈처럼 희게
될 것이다. 비록 그 죄가 *지렁이처럼
붉어도 양털처럼 될 것이다.

1:17 또는 압제받는 사람들을 도와주어라. 1:18 히브리어, 톨라. 포도나무에 사는 붉은색의 지렁이. 이스라엘에서는 시체를 먹는 더러운 동물로 알려져 있음.

성·경·상·식 이사야가 활동했던 시대의 유다 왕들

이사야가 남왕국 유다에서 활동할 당시에 국제 정세는 여러 가지로 불안정했다. 북쪽의 앗시리아는 남하 정책을 펼치고 있었고 남쪽에서는 이집트가 북쪽으로 세력을 확장하려던 때였다. 다음은 이사야가 활동했던 시대의 유다 왕들이다.

웃시야	이때 유다는 경제적으로 부강하게 되었고 정치적 강국으로 발돋움했다(대하 26:6-15). 그러나 신앙이나 가치관은 타락한 상태였다. 초기에는 모범적이었던 웃시야는 후에 제사장의 직분을 침해하는 죄를 범해 나병에 걸려 죽었다.
요담	하나님을 경외하는 왕이었으며 아버지 웃시야와 함께 다스리다가 BC 739년경부터 단독으로 통치했다.
아하스	아람과 이스라엘이 동맹하자 위협을 느낀 그는(왕하 16:5; 사 7:2-6) 이사야에게 도움을 구했다. 그러나 이사야의 말을 듣지 않고 앗시리아의 디글랏 빌레셀에게 도움을 요청했다(왕하 16:7). 그리고 우상 숭배를 하여 아들을 우상의 제물로 바치기까지 했다(왕하 16:3-4). 하나님보다는 사람을 의지한 왕이었다.
히스기야	국가적, 개인적으로 어려운 상황에서 이사야에게 조언을 구했던 경건한 왕이었다(왕하 19:1-2). 앗시리아의 산헤립이 침략했을 때 하나님의 도움으로 구원을 얻었으며(왕하 19:35), 병들었을 때 간절히 기도하여 15년이나 수명이 연장되기도 했다(왕하 20:5-6).

19 만약 너희가 기꺼이 순종한다면 너희
는 그 땅에서 좋은 것을 먹게 될 것이
다.
20 그러나 만약 너희가 거역하고 반항한
다면 칼이 너희를 집어삼킬 것이다."
이것은 여호와께서 친히 입으로 말씀
하신 것이다.
21 그 신실했던 성이 어쩌다가 창녀가
됐는가? 정의가 가득하고 그 안에 공
의가 깃들어 있더니 지금은 온통 살
인자들뿐이구나.
22 네 은은 찌꺼기가 됐고 네 포도주는
물이 섞여 묽어졌구나.
23 네 귀족들은 반역자들이요, 도둑들
과 한패로구나. 그들은 모조리 뇌물
을 좋아하고 사례금을 쫓아다니는구
나. 고아를 변호하지도 않고 과부의
송사는 받아 주지도 않는구나.
24 그러므로 주, 곧 만군의 여호와, 이스
라엘의 전능하신 분이 말씀하신다.
"아! 내가 내 대적들에게서 받은 한을
풀어 버리겠다. 내 원수들에게 앙갚
음하겠다.
25 내가 네게로 손을 돌려 네 찌꺼기를
녹여 깨끗하게 하고 네 모든 불순물
들을 걷어 낼 것이다.
26 옛날처럼 내가 네 사사들을 다시 세
우고 처음처럼 네 모사들을 다시 세
울 것이다. 그런 후에야 너는 의의 도
성, 신실한 고을이라고 불릴 것이다."
27 시온은 정의로 구속함을 얻고 돌아
온 사람들은 공의로 구속함을 얻을
것이다.
28 그러나 반역자들과 죄인들은 함께 부
서질 것이며 여호와를 저버린 사람들
은 멸망할 것이다.
29 "너희가 쾌락을 일삼던 상수리나무
때문에 부끄러움을 당할 것이며 너희
가 선택한 그 동산 때문에 수치를 당
할 것이다.
30 너희는 잎사귀 마른 상수리나무처럼,
물 없는 동산처럼 될 것이다.
31 강한 사람은 삼 부스러기가 되고 그
가 한 일은 불티가 될 것이다. 또한
이 둘이 함께 불에 타는데도 아무도
그것을 끌 수 없을 것이다."

여호와의 산

2 이것은 아모스의 아들 이사야가 본
유다와 예루살렘에 관한 말씀입니
다.
2 마지막 날에 여호와의 성전이 있는
산이 산들의 머리 위에 우뚝 서고 언
덕들보다 높이 솟아 모든 민족들이
그리로 물밀듯이 몰려올 것이다.
3 많은 백성들이 오면서 말할 것이다.
"자, 올라가자, 여호와의 산으로! 야곱
의 하나님의 집으로! 그분이 우리에
게 그분의 길을 가르쳐 주실 것이니
우리가 그분의 길을 걸어가자!" 율법
이 시온에서 나오고 여호와의 말씀이
예루살렘에서 나온다.
4 그분이 민족들 사이에서 재판하시고
많은 백성들을 중재해 판결하실 것이
니 그들이 자기 칼을 쳐서 쟁기를 만
들고 창을 쳐서 낫을 만들 것이다. 민
족이 민족에 대항해 칼을 들지 않으

며 군사 훈련도 다시는 하지 않을 것
이다.
5 야곱의 집아! 와서 여호와의 빛 가운
데 걸어가자.

여호와의 날

6 주께서 주의 백성 야곱의 집을 버리
셨습니다. 이는 동쪽에서 온 미신이
그들에게 가득 찼기 때문입니다. 그
들은 블레셋 사람들처럼 점을 치고
이방 사람들과 손을 잡고 언약을 맺
었습니다.
7 그 땅에는 *은과 금이 가득하며 보석
도 끝이 없습니다. 그 땅에는 말들이
가득하고 병거도 끝이 없습니다.
8 그 땅에는 우상들이 가득합니다. 그
들은 자기 손으로 만든 작품에, 자기
손가락으로 만든 것에 절을 합니다.
9 사람들이 누구나 절하고 엎드리니 그
들을 *용서하지 마십시오.
10 바위틈으로 들어가라. 땅속에 숨으
라. 여호와의 두려운 얼굴과 위엄을
발하는 광채를 피하라!
11 인간의 오만한 눈이 감기고 사람들의
거만함이 꺾일 것이니 그날에 여호와
그분만이 홀로 드높으실 것이다.
12 그날은 만군의 여호와께 속한 날, 모
든 거만한 사람들과 높임받는 사람들
과 기고만장한 사람들이 낮아지는 날
이다.
13 또 높이 뻗은 레바논의 모든 백향목
과 바산의 모든 상수리나무와
14 드높은 모든 산과 솟아오른 모든 언
덕과
15 드높은 모든 탑과 튼튼한 모든 성벽
과
16 다시스의 모든 배와 멋들어진 모든
조각물이 낮아지는 날이다.
17 사람의 거만이 땅에 떨어지고 인간의
오만은 낮아질 것이다. 그날에 여호와
그분만이 홀로 드높으시고
18 우상들은 모조리 사라질 것이다.
19 여호와께서 땅을 흔들기 위해 일어나
실 때 사람들은 그분의 두려운 얼굴
과 위엄을 발하는 광채를 피해 바위
틈의 동굴로, 땅속 구덩이로 들어갈
것이다.
20 그날에 사람들은 자기들을 위해 만
들었던 은 우상과 금 우상을 두더지
와 박쥐들에게 던져 버릴 것이다.
21 여호와께서 땅을 흔들기 위해 일어나
실 때 사람들은 그분의 두려운 얼굴
과 위엄을 발하는 광채를 피해 바위
구멍과 절벽 틈으로 들어갈 것이다.
22 사람 높이는 것을 그만두라. 그의 숨
이 코에 붙어 있으니 뭐가 그리 대단
하겠느냐?

예루살렘과 유다에 임할 심판

3 보라. 주 만군의 여호와께서 예루살
렘과 유다에서 그들이 의지하는 지
팡이와 막대기, 곧 그들이 의지하는
모든 빵과 모든 물을 치워 버리신다.
2 영웅과 전사, 재판관과 예언자, 점쟁
이와 장로,
3 *오십부장과 귀족, 모사, 솜씨 있는

2:7 신 17:16–17을 보라. 2:9 또는 일으켜 세우지 마
십시오. 3:3 일반적인 부대 단위

장인과 주문을 외는 마법사를 치워
버리신다.
4 "내가 철부지들을 그들의 우두머리로
세우고 장난꾸러기들이 그들을 다스
리게 할 것이다.
5 그래서 백성들이 서로서로 억압할 것
이다. 어떤 사람은 자기 동료에게 거
칠게 대하고 젊은이는 노인에게 버릇
없이 대하고 천박한 사람은 존경받는
사람에게 무례하게 대할 것이다."
6 어떤 사람은 자기 아버지 집에서 자
기 형제 하나를 붙들고 이렇게 말할
것이다. "네게는 겉옷이 있으니 우리
의 우두머리가 돼 다오. 이제 이 폐허
더미가 네 손안에 있다."
7 그러나 그는 바로 그날에 이렇게 소
리 높여 말할 것이다. "나는 의사가
아니다! 내 집에는 빵도 없고 겉옷도
없다. 그러니 나를 이 백성의 우두머
리로 세우지 마라."
8 그렇구나. 예루살렘이 휘청거리고 유
다가 쓰러지는구나. 이것은 그들이 말
과 행동으로 여호와께 반항하고 그분
의 영광스러운 눈길을 무시했기 때문
이다.
9 그들의 얼굴 표정이 스스로 대답해
주는구나. 그들은 소돔처럼 자기들의
죄를 숨기지도 않고 떠벌리고 다니는
구나. 아! 그들에게 재앙이 있을 것이
다. 그들은 화를 입어도 마땅하다.
10 의로운 사람에게 말하라. "그들이 행
한 일의 열매를 그들이 먹으니 이 얼
마나 좋은가."
11 아! 악한 사람에게는 화가 있을 것이
다. 그의 손으로 저지른 일이 그에게
로 돌아가는 것은 마땅하다.
12 어린아이들이 내 백성을 괴롭히고
*여인들이 다스리는구나. 내 백성아,
그들이 너를 엉뚱한 길로 이끌고 네
가 걷는 길을 엉망으로 만들어 놓는
구나.
13 여호와께서 변론하시려고 일어서신
다. 그분이 백성들을 심판하시려고
일어서신다.
14 여호와께서 그분의 백성의 장로들과
우두머리들을 상대로 재판을 시작하
신다. "내 포도원을 불태운 사람들이
바로 너희들이다. 가난한 사람에게서
약탈한 것이 너희들의 집에 있다.
15 너희들이 내 백성을 짓밟고 가난한
사람들의 얼굴을 맷돌질하다니 어떻
게 그들에게 그럴 수 있느냐? 만군의
주 여호와의 말씀이다."
16 여호와께서 말씀하셨다. "시온의 딸들
이 얼마나 거만한지 목을 길게 뽑고
다니면서 눈으로 추파를 던지고 종
종걸음으로 걸어 다니면서 발 장신구
를 차고 딸랑거리는구나.
17 그러므로 여호와께서 시온의 딸들의
머리 위에 딱지가 생기게 하실 것이
다. 여호와께서 그들을 발가벗겨 은밀
한 곳을 드러내실 것이다."
18 그날에 주께서 장식품들을 벗겨 버
리실 것이다. 발목 장식, 머리띠, 반달
장신구,

3:12 칠십인역에는 '채권자들이'

19 귀걸이, 팔찌, 너울,
20 머리 장식, 발찌, 허리띠, 향수병, 부
적,
21 반지, 코걸이,
22 연회복, 겉옷, 목도리, 손지갑,
23 손거울, 모시옷, 머릿수건, 면사포를
몽땅 벗겨 버릴 것이다.
24 그래서 향기 대신 썩은 냄새가 나고,
허리띠 대신 포승으로 묶이고, 곱게
다듬은 머리카락 대신 대머리가 되
고, 우아한 옷 대신 삼베 자루를 걸치
고, 아름다움 대신 수치스러운 자국
이 남을 것이다.
25 네 남자들은 칼에 쓰러지고 네 용사
들은 전쟁으로 쓰러질 것이다.
26 시온의 성문들은 슬퍼하고 통곡할 것
이며 남김없이 파괴돼 땅으로 무너져
내릴 것이다.

4 그날에 일곱 여자가 한 남자를 붙
잡고 이렇게 말할 것이다. "빵도 우
리가 알아서 먹고 옷도 우리가 알아
서 입을 테니 *그저 당신의 이름으로
불리게만 해 주십시오. 우리가 과부
라는 비난만 받지 않게 해 주십시오."

여호와의 가지

2 그날에 여호와의 어린 가지는 아름답
고 영광스러울 것이며 그 땅의 열매
는 이스라엘에서 살아남은 사람들에
게 자랑거리와 찬미거리가 될 것이다.
3 그리고 시온에 남은 사람들과 예루살
렘에 남아 있는 사람들은 거룩하다고
불릴 것이며 예루살렘의 생존자로 모
두 기록될 것이다.
4 주께서 시온의 딸들의 더러움을 씻어
주실 때 심판의 영과 불의 영으로 예
루살렘의 피를 닦아 내 깨끗하게 하
실 것이다.
5 그러고는 여호와께서 시온 산이 서 있
는 모든 지역과 그곳에 모인 사람들
위에 낮에는 구름과 연기를, 밤에는
불꽃과 밝은 빛을 만들어 주실 것이
다. 그렇다. 그것은 모든 영광 위에 펼
쳐진 덮개가 될 것이다.
6 그 초막은 한낮의 더위를 피할 그늘
이 돼 줄 것이며 폭풍과 비를 피할 피
난처와 은신처가 돼 줄 것이다.

포도원의 노래

5 이제 내가 사랑하는 내 임을 위해
노래하겠다. 이 노래는 그의 포도
원에 관한 내 사랑의 노래다. 내 사랑
하는 임은 비옥한 산자락에 포도원
을 가지고 있었네.
2 그는 땅을 파고 돌을 골라내고 아주
좋은 포도나무를 심고 한가운데는
망대를 세우고 포도 짜는 틀까지도
깎아 놓고서 좋은 포도가 열리기를
기다렸는데 들포도가 맺히고 말았네.
3 "예루살렘 주민들아! 유다 사람들아!
이제 나와 내 포도원 사이를 판가름
해 보라.
4 내가 내 포도원을 위해 더 어떻게 해
야 한단 말이냐? 내가 거기에서 하지
않은 일이 무엇이냐? 나는 좋은 포도
맺히기를 기다렸는데 왜 이렇게 들포
도만 열렸느냐?

4:1 결혼해 달라는 청혼의 표현임.

5 그러므로 이제 내가 내 포도원에 무
엇을 할 것인가를 너희에게 알려 주
겠다. 내가 그 울타리를 걷어 내서 그
곳이 망가지게 하겠다. 그 담을 헐어
내서 그곳이 마구 짓밟히게 하겠다.
6 그곳을 황폐하게 버려두겠다. 가지치
기도 하지 않고 김도 매 주지 않고 가
시나무와 찔레나무가 자라나게 하겠
다. 내가 먹구름에게도 명령해 포도
원 위에는 비를 뿌리지도 못하게 하
겠다."
7 그렇다. 만군의 여호와의 포도원은 이
스라엘의 집이며 그분의 기쁨이 되는
식물은 유다 사람들이다. 그분은 공
의를 기대하셨는데 오히려 피 흘림만
있다니. 정의를 기대하셨는데 오히려
울부짖음만 있다니.

재앙과 심판

8 아! 너희에게 재앙이 닥칠 것이다. 이
집 저 집, 이 밭 저 밭 더 이상 남은
땅이 없도록 끝도 없이 사들여 그 땅
한가운데 혼자 앉아 살려고 하는 사
람들아!
9 만군의 여호와께서 내 귀에 대고 말
씀하신다. "많은 집들이 틀림없이 황
폐하게 될 것이다. 크고 좋은 집이라
도 주인 없이 덩그러니 남을 것이다.
10 열흘 갈이 포도원이 겨우 포도주 *1
바트만 내고, *1호멜의 씨가 겨우 *1
에바밖에 내지 못할 것이다."
11 아! 너희에게 재앙이 있을 것이다. 아
침부터 일어나 독한 술을 찾아다니고

5:10 1바트는 약 22리터, 1호멜은 약 220리터, 1에바는 약 22리터

성·경·상·식

예언자

예언자의 기원은 모세 시대로 거슬러 올라간다. 하나님은 레위 족속을 택하여 대대로 성전의 일에 전념하게 하셨다. 이와 함께 하나님은 필요에 따라 사람을 택하셔서 하나님의 말씀을 전하도록 하셨는데 이들이 바로 예언자다.
예언자들은 왕과 백성들 앞에서 그들의 죄악을 담대히 지적했다(왕하 17:13). 이스라엘의 예언 시대는 BC 9세기에서 5세기에 이르는 약 500년 동안이었고, 세례 요한이 등장하기 전까지의 약 400년 동안은 예언자가 전혀 나타나지 않은 침묵의 기간이었다. 특히 이스라엘이 남북 왕국으로 분열되어 제각기 하나님을 대적하고 정치 · 경제 · 도덕적으로 타락했을 때 하나님은 예언자들을 세우셔서 심판과 복의 길을 알려 주셨다. 이 기간 동안에 하나님의 말씀을 기록으로 남겨 놓은 예언자는 16명에 이른다. 이들을 시기별로 분류하면 다음과 같다.

북이스라엘이 앗시리아에 멸망당할 때 활동했던 예언자들(6명)	요엘, 요나, 아모스, 호세아, 이사야, 미가
남유다가 바벨론에 멸망당할 때 활동했던 예언자들(7명)	예레미야, 에스겔, 다니엘, 오바댜, 나훔, 하박국, 스바냐
바벨론 포로 생활에서 본토로 귀환할 때 활동했던 예언자들(3명)	학개, 스가랴, 말라기

해가 지고도 여전히 포도주에 취하
는 사람들아!
12 그들이 잔치에는 수금과 하프, 탬버린
과 피리와 포도주를 갖추었지만 여호
와께서 하신 일에는 관심도 없고 그
분의 손으로 하신 일은 거들떠보지
도 않는구나.
13 그러므로 내 백성은 아는 것이 없어
서 포로로 잡혀가게 될 것이다. 귀족
들은 굶주릴 것이고 서민들은 목이
탈 것이다.
14 그러므로 *무덤이 제 입맛이 돋아나
서 한없이 그 입을 벌릴 것이다. 귀족
들과 서민들과 떠드는 사람과 기뻐
날뛰는 사람이 그 안으로 빠져 들어
갈 것이다.
15 그래서 인간은 비천해지고 사람은 낮
아질 것이다. 거만한 사람들의 눈이
낮아질 것이다.
16 그러나 만군의 여호와께서는 공의로
인해 드높아지실 것이고 거룩하신 하
나님은 정의로 인해 공경을 받으실 것
이다.
17 그때에 *새끼 양들이 제 목장에서처
럼 풀을 뜯을 것이고 다른 곳에서 온
양들마저 살진 양이 먹고 남은 황무
지에서 먹을 것이다.
18 아! 너희에게 재앙이 있을 것이다. 속
임수의 줄을 당겨 악행을 끌어오며
수레 줄을 당기듯 죄를 끌어오는 사
람들아!
19 너희들은 이렇게 빈정거리고 있구나.
"우리가 볼 수 있도록 하나님께서 서
둘러 보시지 그래. 하나님께서 하시
던 일을 빨리 끝내 보시지 그래. 이스
라엘의 거룩하신 분의 계획이 빨리
이뤄지면 우리가 알아나 줄 텐데."
20 아! 너희들에게 재앙이 있을 것이다.
나쁜 것을 좋다고 하고 좋은 것을 나
쁘다고 하는 사람들아! 어둠을 빛이
라고 하고 빛을 어둠이라고 하는 사
람들아! 쓴 것을 달다고 하고 단것을
쓰다고 하는 사람들아!
21 아! 너희에게 재앙이 있을 것이다. 스
스로 똑똑한 사람이라고 보고 스스
로 많이 안다고 여기는 사람들아!
22 아! 너희에게 재앙이 있을 것이다. 포
도주 마시는 데 장수이고 술을 섞는
데 유능한 사람들아!
23 뇌물을 받고 죄인에게는 무죄를 선고
하면서 무고한 사람들은 변호도 하
지 않는 사람들아!
24 그러므로 날름거리는 불길이 지푸라
기를 삼키듯, 마른 풀이 불꽃에 스러
지듯, 그들의 뿌리가 썩고 꽃잎은 티
끌처럼 흩날려 올라가 버릴 것이다.
그들이 만군의 여호와의 가르침을 저
버리고 이스라엘의 거룩하신 분의 말
씀을 업신여겼기 때문이다.
25 그러므로 여호와께서 그분의 백성을
향해 분통을 터뜨리셔서 손을 뻗어
그들을 때리시니 산들이 진동하고 그
들의 시체가 마치 거리 한가운데 널려
진 썩은 고기 같구나. 그래도 여전히

5:14 또는 죽음. 히브리어, 스올 5:17 칠십인역을 따름. 히브리어 사본에는 '낯선 사람들이'

분노가 풀리지 않으셔서 그 손이 아
직도 올라가 있구나.
26 그가 멀리 있는 나라들을 향해 깃발
을 치켜드시고 휘파람을 불어 그들
을 땅끝에서부터 부르신다. 보라. 번
개처럼 쏜살같이 달려오는 모습을!
27 그들 가운데 지치거나 비틀거리는 사
람이 없고 졸거나 잠자는 사람도 없
으며 허리띠가 풀리거나 신발 끈이
끊어진 사람도 없구나.
28 그들의 화살은 날카롭게 날이 섰고
모든 활은 팽팽히 당겨져 있으며 말
발굽은 차돌같이 단단하고 병거 바
퀴는 회오리바람같이 돌아가는구나.
29 그들은 암사자처럼 고함을 치고 젊은
사자가 포효하듯 소리를 지르는구나.
그들이 으르렁거리며 먹이를 움켜 숨
어 버리니 빼낼 사람이 아무도 없구
나.
30 그날에 그들은 이 백성을 향해 성난
바다가 몰아치듯이 으르렁거릴 것이
니 사람이 그 땅을 바라보면 보이는
것은 어둠과 고난뿐일 것이다. 빛조차
도 구름에 가려 어두워질 것이다.

이사야의 사명

6 웃시야 왕이 죽던 해에 나는 드높
은 보좌에 앉으신 여호와를 보았
다. 그런데 그 옷자락이 성전을 가득
채우고 있었다.
2 그분 위에는 스랍들이 서 있었는데
각각 여섯 날개를 가지고 있었다. 두
날개로는 자기 얼굴을 가리고, 두 날
개로는 발을 가리고, 두 날개로는 날
고 있었다.
3 그들은 서로를 향해 큰 소리로 노래
했다. "거룩하시다! 거룩하시다! 거룩
하시다! 만군의 여호와여! 그분의 영
광이 온 땅에 가득하시다."
4 크게 외치는 소리에 문설주들이 흔들
렸고 성전은 연기로 가득 찼다.

하용조 목사의 행복한 **메시지**

경제 붕괴의 발단

경제 붕괴의 발단은 어디입니까? 경제 붕괴는 부패 정치에서 시작됩니다. 정치가 부패하지 않으면 경제는 흔들리지 않습니다. 바른 정치 위에 탄탄한 경제가 세워집니다. 그런데 왜 정치가 부패하는지 아십니까? 정치인이 부패해서가 아닙니다. 국민의 도덕성이 땅에 떨어졌기 때문입니다. 정치를 견제할 만한 국민의 도덕성이 없을 때 정치는 타락하고 부패하는 것입니다. 그렇다면 왜 국민의 도덕성이 타락하는 것일까요? 그것은 국민 의식 가운데 도덕을 지킬 만한 영적인 힘이 결여되었기 때문입니다. 결국 국민의 도덕성 문제는 종교의 타락에서 비롯된 것입니다.

오늘날 교회가 본연의 역할을 다하지 못하고 하나님의 경고를 무시하고 있습니다. 교회가 사는 길은 오직 하나밖에 없습니다. 바로 지금, 하나님 앞에 무릎을 꿇고 통곡하며 회개하는 길뿐입니다.

5 내가 말했다. "아! 내게 재앙이 있겠
구나! 내가 죽게 됐구나! 나는 입술
이 더러운 사람인데, 입술이 더러운
사람들 사이에 내가 살고 있는데, 내
눈이 왕이신 만군의 여호와를 보았으
니!"
6 그러자 스랍들 가운데 하나가 제단에
서 불집게로 집어 온 불붙은 숯을 손
에 들고 내게로 날아와서
7 그것을 내 입에 대고 말했다. "보아라.
이것이 네 입술에 닿았으니 네 죄는
사라졌고 네 허물은 덮어졌다."
8 그리고 내 주께서 말씀하시는 음성
을 들었다. 그분이 말씀하셨다. "내가
누구를 보낼까? 누가 우리를 위해 갈
까?" 그래서 내가 말했다. "제가 여기
있습니다. 저를 보내 주십시오!"
9 그분이 말씀하셨다. "너는 가서 이 백
성에게 말하여라. *'듣기는 들어도 너
희는 깨닫지 못할 것이다. 보기는 보
아도 너희는 알지 못할 것이다.'
10 이 백성들의 마음을 둔하게 하고 귀
를 어둡게 하고 눈을 감기게 하여라.
그들이 눈으로 보고 귀로 듣고 마음
으로 깨닫고 돌아와 치료를 받을까
걱정이다."
11 그래서 내가 말했다. "언제까지입니
까? 내 주여!" 그분이 대답하셨다. "성
읍들이 황폐해 아무도 살지 않을 때
까지, 집에는 사람이 없고 땅은 황폐
해져 황무지가 될 때까지
12 여호와께서 사람을 멀리 쫓아 보내
그 땅 가운데에 버려진 곳이 많을 때
까지다.
13 만약 사람의 10분의 1이 그 땅에 남
아 회개할지라도 그들마저 밤나무와
상수리나무처럼 불에 타게 될 것이
다. 그러나 그 나무들이 쓰러질 때 그
루터기는 남아 있듯이 거룩한 씨가
남아서 그 땅의 그루터기가 될 것이
다."

임마누엘의 징조

7 웃시야의 손자이며 요담의 아들인
아하스가 유다의 왕으로 다스릴 때
*아람의 르신 왕과 르말리야의 아들
인 이스라엘 왕 베가가 예루살렘과 전
투를 하기 위해 올라왔다. 그러나 그
들은 예루살렘을 정복할 수 없었다.
2 다윗 왕실에 "아람이 *에브라임에 진
을 쳤다"라는 말이 전해졌다. 그러자
아하스와 그 백성의 마음이 마치 숲
속의 나무들이 바람 앞에서 흔들리
듯 떨렸다.
3 그러자 여호와께서 이사야에게 말씀
하셨다. "너와 네 아들 *스알야숩은
'세탁자의 들판' 길 가에 있는 윗저수
지의 수로 끝으로 나가서 아하스를
만나거라.
4 그리고 그에게 이렇게 말하여라. '조
용히 기다리고 두려워하지 마라. 아람
왕 르신과 르말리야의 아들이 분노한
다 할지라도 그들은 연기 나는 두 부

6:9 칠십인역을 따름. 히브리어 사본에는 '너희가 듣기는 늘 들어라, 그러나 깨닫지는 못한다. 너희가 보기는 늘 보아라. 그러나 알지는 못한다.' 7:1 또는 시리아 7:2 또는 에브라임과 동맹을 맺었다. (여기서 에브라임은 북이스라엘을 가리킴.) 7:3 남은 자가 돌아올 것이다.

지깽이 토막에 불과하니 거기에 마음
약해지지 마라.
5 아람과 에브라임과 르말리야의 아들
이 음모를 꾸미며 말하기를
6 우리가 유다로 밀고 올라가 겁을 주
고 침입해서는 다브엘의 아들을 왕으
로 세워 버리자고 하지만
7 주 여호와가 말한다. 그런 일은 일어
나지 않는다. 그런 일은 없을 것이다.
8 아람의 머리는 다메섹이고 다메섹의
머리는 르신일 뿐이기 때문이다. 그
리고 65년 안에 에브라임은 산산조각
나서 더 이상 한 민족이 되지 못할 것
이기 때문이다.
9 또한 에브라임의 머리는 사마리아이
고 사마리아의 머리는 르말리야의 아
들일 뿐이기 때문이다. 만약 너희가
굳게 믿지 않으면 결코 굳게 서지 못
할 것이다.'"
10 여호와께서 다시 아하스에게 말씀하
셨다.
11 "너는 네 하나님 여호와께 표적을 보
여 달라고 요구하여라. 저 깊은 무덤
에서 오는 것이든, 저 높은 위에서 오
는 것이든 표적을 구해 보아라."
12 그러나 아하스가 말했다. "저는 요구
하지 않겠습니다. 여호와를 시험하지
않겠습니다."
13 그러자 이사야가 말했다. "다윗 왕실
은 이제 들으십시오. 다윗 왕실은 사
람들을 지치게 한 것도 모자라 이제
내 하나님마저도 지치게 합니까?
14 그러므로 주께서 친히 다윗 왕실에
표적을 주실 것입니다. 보십시오. 처
녀가 잉태해 아들을 낳고 그를 *임마
누엘이라고 부를 것입니다!
15 그 아이가 그른 것을 거절하고 옳은
것을 선택할 줄 아는 나이가 되면 버
터와 꿀을 먹을 것입니다.
16 그렇습니다. 그 아이가 그른 것을 거
절하고 옳은 것을 선택할 나이가 되
기 전에 당신이 두려워하는 두 왕의
땅은 버려질 것입니다.

7:14 히브리어, '하나님이 우리와 함께하신다.'

성·경·상·식

예언의 성취

예언자들이 예언한 메시지가 예언자 당대에 바로 이루어지거나 먼 훗날 다른 일을 통해서 이루어지기도 하고, 하나의 메시지가 하나 또는 둘 이상으로 성취되기도 하는 것을 '예언 성취의 복합성'이라고 한다.

예를 들면 '주의 날'이 다양한 의미를 지니며 그 성취의 때도 이중성을 가지는 것이 그렇다. '주의 날'은 이스라엘의 회복을 의미하기도 하지만 궁극적으로는 예수님의 재림의 때를 가리키는 것이기 때문이다.

아하스 시대에 태어난 '임마누엘'이라 불리는 아이에 대한 예언도(사 7:14) 이사야 시대에 이루어졌으나 신약에 와서 예수님의 탄생으로 그 예언이 이중으로 성취된 것이 좋은 예다. 그러므로 성경의 예언을 읽을 때는 그 예언의 목적과 배경, 예언이 말하는 내용의 정확한 뜻을 파악하는 것이 중요하다.

17 여호와께서 에브라임이 유다로부터
떨어져 나가던 날 이후로 한 번도 오
지 않았던 시절을 당신과 당신의 백
성과 당신의 조상의 집에 오게 하실
것입니다. 그때에 그가 앗시리아 왕을
불러올리실 것입니다."

앗시리아, 여호와의 도구

18 그날에 여호와께서는 휘파람을 불어
이집트의 나일 강 끝에서 파리 떼를
부르시고 앗시리아 땅에서 벌 떼를 부
르실 것이다.
19 그러면 모두들 몰려와서 거친 골짜기
와 바위틈과 모든 풀밭과 모든 가시
덤불 위에 내려앉을 것이다.
20 그날에 주께서 유프라테스 강 너머에
서 빌려 온 면도칼, 곧 앗시리아 왕을
통해 머리털과 *발털을 밀고 수염마
저도 완전히 밀어 버리실 것이다.
21 그날에는 사람마다 어린 암소 한 마
리와 양 두 마리를 기르게 될 것이다.
22 그리고 그것들이 내는 젖이 많아서
버터를 먹을 수 있을 것이다. 그 땅에
남아 있는 사람들은 모두 버터와 꿀
을 먹을 수 있을 것이다.
23 그날에는 은 *1,000세겔의 값어치를
하는 1,000그루의 포도나무가 있는
곳이 온통 찔레나무와 가시나무로 뒤
덮일 것이다.
24 이렇게 온 땅이 찔레나무와 가시나무
로 뒤덮여서 사람들은 화살과 활을
갖고서야 그곳으로 들어갈 것이다.
25 그러나 괭이로 경작된 모든 산들에는
찔레나무와 가시나무가 덮이므로, 너
는 겁이 나서 그리로 들어가지 못할
것이다. 그래서 그곳은 소나 풀어 놓
고 양이나 밟고 다니는 곳이 되고 말
것이다.

이사야와 징표로서의 자녀들

8 여호와께서 내게 말씀하셨다. "큰
판을 가져다 그 위에 누구나 읽을
수 있는 글자로 *'마헬살랄하스바스'
라고 써라.
2 내가 제사장 우리야와 여베레기야의
아들 스가랴를 불러서 믿을 만한 증
인으로 삼아야겠다."
3 그리고 내가 *여예언자를 가까이했는
데 그가 임신해 아들을 낳았다. 그러
자 여호와께서 내게 말씀하셨다. "그
아이의 이름을 '마헬살랄하스바스'라
고 지어라.
4 그 아이가 '아빠', '엄마'라고 부를 줄
알기도 전에 앗시리아 왕 앞에 다메섹
의 재물과 사마리아의 약탈물을 바칠
것이다."
5 여호와께서 내게 다시 말씀하셨다.
6 "이 백성이 평온히 흐르는 *실로아 물
은 싫어하고 르신과 르말리야의 아들
을 기뻐해 날뛰는구나.
7 그러므로 보아라. 나, 주가 거세게 몰
아치는 *강물, 곧 앗시리아 왕과 그의
모든 위력을 그들 위로 넘쳐흐르게
할 것이다. 그 강물이 모든 물길을 넘

7:20 히브리어로 발은 '생식기'를 상징함. 7:23 1,000세겔은 약 11.4킬로그램 8:1 히브리어, '급히 노략하고, 서둘러 강탈하라.' 8:3 이사야의 아내 8:6 기혼 샘에서 실로암 못으로 흐르는 예루살렘의 물 8:7 유프라테스 강을 가리킴.

고 모든 둑을 넘쳐흘러
8 유다까지 침범해 휩쓸고 지나가면서
그 강물이 목에까지 차오를 것이다.
그러나 *임마누엘이여, 그가 날개를
펼쳐 네 땅을 전부 덮을 것이다."
9 너희 민족들아, 함성을 질러 보라! 그
래도 산산이 부서지고 말 것이다. 귀
기울이라! 멀리 있는 모든 나라들아,
허리를 동여 보라! 그래도 부서질 것
이다. 허리를 동여 보라! 그래도 부서
질 것이다.
10 전략을 세워 보라! 그래도 소용없을
것이다. 말을 지껄여 보라! 그래도 이
루지 못할 것이다. 하나님께서 *우리
와 함께하시기 때문이다.
11 여호와께서 그분의 손으로 나를 강하
게 붙잡고 이 백성들의 길을 따르지
말라고 경고하며 말씀하셨다.
12 "이 백성이 음모라고 말하는 모든 것
에 대해서 음모라고 말하지 마라. 그
들이 두려워하는 것을 두려워하지 말
고 떨지도 마라.
13 너희는 만군의 여호와 그분을 거룩하
다고 여겨야 한다. 너희가 두려워하고
떨어야 할 분은 다름 아닌 그분이다.
14 그분은 성소도 되시지만 이스라엘의
두 집에는 걸리는 돌도 되시고 부딪
히는 바위도 되시며 예루살렘 주민에
게는 함정과 올가미도 되신다.
15 많은 사람들이 거기에 걸려 비틀거리
고 넘어지고 깨지며 덫에 걸리고 잡
힐 것이다."
16 나는 증거 문서를 묶어 매고 내 제자
들과 함께 이 가르침을 봉인하고는
17 여호와를 기다릴 것이다. 그분이 야곱
의 집에 얼굴을 숨기고 계시지만 나
는 그분을 기다리겠다.
18 여기에 여호와께서 주신 자녀들과 나
를 보아라. 우리는 시온 산에 계시는
만군의 여호와께서 이스라엘에게 주
신 표적과 상징이다.

흑암에 빛이 비치다

19 그런데 사람들은 너희에게 이렇게 말
하고 있다. "속살거리고 중얼거리는
마법사와 무당을 찾아가십시오. 어느
백성이든 자기 신에게 찾아가지 않습
니까? 살아 있는 사람 대신 죽은 사
람에게 찾아가지 않습니까?"
20 율법과 증거에 따르면 이런 말을 하
는 사람은 기필코 동트는 것을 보지
못할 것이다.
21 그들은 고생하며 배고파하며 이 땅
을 헤맬 것이다. 그리고 그들이 굶주
리면 화가 나서 위를 쳐다보고 그들
의 왕, 그들의 하나님을 저주할 것이
다.
22 그러고는 땅을 굽어보겠지만 고통과
어둠과 괴로운 암흑밖에 없고 마침내
그 짙은 어둠 속으로 내쫓길 것이다.
9 그러나 고통을 겪고 있는 사람들
에게 어둠은 이제 사라졌다. 전에
는 그가 스불론 땅과 납달리 땅이 모
욕을 당하도록 내버려 두셨지만, 이
후로는 바닷길과 요단 강 저편의 땅과

8:8 히브리어, '하나님이 우리와 함께하신다.' 8:10 히브리어, 임마누엘

이방 사람들이 사는 갈릴리를 영광스
럽게 하셨다.
2 어둠 속에서 걷던 백성이 큰 빛을 보
았고 *죽음의 그림자가 드리운 땅에
사는 사람들 위에 빛이 비쳤다.
3 '주께서 이 백성을 번성케 하셨고 기
쁨을 키워 주셨습니다. 사람들이 추
수할 때 기뻐하고 전리품을 나눌 때
즐거워하듯이 그들이 주 앞에서 기뻐
합니다.
4 그들을 짓누르던 멍에와 어깨를 내리
치던 회초리와 압제자의 몽둥이를,
미디안을 꺾으시던 날처럼 주께서 부
숴 버리셨기 때문입니다.
5 쿵쿵거리며 짓밟았던 모든 군화와 피
범벅이 된 모든 군복이 땔감으로 불
에 타 사라졌기 때문입니다.'
6 한 아이가 우리를 위해 태어났다. 우
리가 한 아들을 얻었다. 그의 어깨에
는 주권이 있고 그의 이름은 기묘자,
모사, 전능하신 하나님, 영원하신 아
버지, 평화의 왕이라 불릴 것이다.
7 그분의 넘치는 주권과 평화는 다윗의
보좌와 그의 왕국 위에 끝없이 펼쳐
질 것이다. 지금부터 영원히 공평과
정의로 그것을 견고히 세우실 것이다.
만군의 여호와의 열정이 이것을 이루
실 것이다.

이스라엘에 대한 여호와의 진노

8 내 주께서 야곱에게 말씀을 던지셨고
그 말씀이 이스라엘에게 떨어지고 있
다.
9 그러나 모든 백성들, 곧 에브라임과
사마리아 주민들은 이것을 알고 있지
만 마음이 교만하고 자만심에 가득
차서 말하기를
10 "벽돌이 무너졌지만 우리가 다듬은
돌로 다시 짓고 무화과나무가 찍혀
쓰러졌지만 우리가 백향목으로 바꿔
심겠다" 하는구나.
11 그래서 여호와께서 르신의 대적들을
자극하셨고 그의 원수들을 부추기셨
다.
12 동쪽에서는 아람 사람들이, 서쪽에서
는 블레셋 사람들이 모두 입을 벌려
이스라엘을 삼켜 버렸다. 그러고도 여
전히 그분의 분노가 풀리지 않아 아
직도 그분의 손이 펴져 있다.
13 그런데도 이 백성은 자기들을 치신
분에게 돌아오지도 않고 만군의 여호
와를 찾지도 않았다.
14 그러므로 여호와께서 이스라엘의 머
리와 꼬리, 곧 종려나무와 갈대를 하
루에 잘라 버리실 것이니
15 그 머리는 장로와 귀족이고 그 꼬리
는 거짓을 가르치는 예언자다.
16 이 백성을 바르게 이끌어야 할 사람
들이 잘못 이끌고 있으니 그들의 인
도를 받는 사람들이 휩쓸릴 수밖에
없다.
17 그러므로 주께서는 젊은이들을 향해
기뻐하지 않고 고아들과 과부들을
불쌍히 여기지 않으신다. 모두가 경건
하지 못해 못된 짓을 하고 입으로는
몰상식한 말을 내뱉고 있기 때문이

9:2 또는 어둠의 땅에

다. 그러고도 여전히 그분의 분노가
풀리지 않아 아직도 그분의 손이 펴
져 있다.
18 그렇다. 악은 불처럼 타올라 찔레나
무와 가시나무를 삼켜 버리고 숲의
관목들을 태워 버리니 연기 기둥이
휘감아 올라가는구나.
19 만군의 여호와께서 분노하셔서 땅이
타 버리니 이 백성이 땔감처럼 돼 버
렸구나. 어느 누구도 자기 형제들을
아끼지 않는구나.
20 오른쪽에서 갈라 먹어도 배가 고프
고 왼쪽에서 뜯어 먹어도 배부르지
않아서 각 사람이 자기 *동족의 살을
먹고 있구나.
21 므낫세는 에브라임을, 에브라임은 므
낫세를 먹고 그들이 하나가 돼 유다
를 덮치고 있구나. 그러고도 여전히
그분의 분노가 풀리지 않아 아직도
그분의 손이 펴져 있다.

10 아! 너희에게 재앙이 있을 것이
다. 악법을 공포하고 괴롭히는
법령을 만드는 사람들아!
2 너희는 악한 사람들의 권익을 빼앗고
가난한 내 백성의 공의를 강탈하며
과부들의 재산을 약탈하고 고아들의
물건을 빼앗았다.
3 벌을 받는 날에, 멀리서 약탈하러 오
는 날에 너희는 어떻게 하려고 하느
냐? 너희가 누구에게로 도망가서 도
움을 청하려고 하느냐? 너희의 재산
은 어디에다 쌓아 두려고 하느냐?
4 포로들 틈에서 무릎을 꿇거나 살해
당한 시체들 사이에 쓰러지는 것 말
고는 할 일이 없을 것이다. 그러고도
여전히 그분의 분노가 풀리지 않아
아직도 그분의 손이 펴져 있다.

앗시리아에 임할 여호와의 심판

5 "아! 너희에게 재앙이 있을 것이다. 내
진노의 막대기인 앗시리아야! 그 손에
쥐어진 몽둥이는 내 분노다.
6 내가 그를 경건하지 않은 민족에게
보내면서 나를 격노케 한 민족을 약
탈해 노획물을 챙기고 강도짓을 하고
그들을 길가의 진흙처럼 짓밟으라고
명령했더니
7 그는 이렇게 하려고 생각하거나 이렇
게 할 마음조차 품지 않고 오로지 무
작정 닥치는 대로 몰살시키고 많은
민족들을 쳐부술 생각뿐이었다.
8 그러고는 한다는 소리가 '내 수하 지
휘관들은 왕이나 다름없지 않은가?
9 갈로는 갈그미스처럼 망하지 않았는
가? 하맛도 아르밧처럼 망하지 않았
는가? 사마리아도 다메섹처럼 망하지
않았는가?
10 내가 이미 그 우상의 나라들을 손에
넣은 것처럼, 예루살렘과 사마리아보
다 더 많은 우상을 가진 나라들을 손
에 넣은 것처럼,
11 내가 이미 사마리아와 그 우상들을
손에 넣은 것처럼, 예루살렘과 그 우
상들인들 왜 손에 넣지 못하겠는
가?'"
12 주께서 시온 산과 예루살렘에서 하실

9:20 또는 팔의

모든 일들을 마치신 후에 "내가 앗시
리아 왕이 맺은 오만한 마음의 열매
와 기품이 넘치는 거만한 눈을 심판
하겠다"라고 말씀하신다.
13 그는 이렇게 지껄이고 있다. "나는 내
손의 힘과 내 지혜로 이 일을 해냈다.
이것은 다 내가 똑똑하기 때문이다.
나는 민족들의 경계선을 치워 버리고
쌓아 놓은 보물들을 약탈했으며 *용
사처럼 주민들을 굴복시켰다.
14 마치 새가 보금자리를 차지하듯 내
손이 백성들의 재물을 움켜쥐었고 버
려진 알들을 모으듯 온 땅을 늘려 모
았지만 날개를 퍼덕이거나 입을 벌리
거나 찍 소리 내는 사람이 없었다."
15 도끼가 도끼질하는 사람에게 칭찬을
듣겠느냐, 아니면 톱이 톱질하는 사
람에게 뻐기겠느냐? 이것은 지팡이
가 자기를 들고 있는 사람을 휘두르
는 것과 같고 몽둥이가 나무가 아닌
사람을 들어 올리는 것과 같다.
16 그러므로 주 만군의 여호와께서 살찐
사람들을 쇠약하게 하시고 그의 재
물에 불을 질러 태워 버리실 것이다.
17 이스라엘의 빛은 불이 되고 이스라엘
의 거룩하신 분은 불꽃이 되셔서 가
시나무와 찔레나무를 하루에 불태워
삼켜 버리시고
18 병자의 힘이 점점 소진돼 가듯이 그
우거진 숲과 풍요로운 과수원을 영혼
과 육체까지 몽땅 시들게 하실 것이
다.
19 그 숲의 나무들이 거의 남지 않아서
어린아이라도 수를 세어 적을 수 있
을 것이다.

이스라엘의 남은 자들

20 그날에 이스라엘의 남은 사람들과 야
곱 집의 생존자들은 그들을 친 사람
에게 더 이상 기대지 않고 이스라엘의
거룩하신 여호와께 굳게 기댈 것이다.
21 *남은 사람들은 돌아올 것이다. 야곱
의 남은 사람들이 강하신 하나님께
로 돌아올 것이다.
22 이스라엘아! 네 백성이 바닷가의 모래
같이 많아도 *남은 사람들만이 돌아
올 것이다. 멸망이 결정됐고 공의가
넘쳐흐르고 있으니
23 주 만군의 여호와께서 끝을 내겠다고
결정하신 대로 온 땅에 이루실 것이
다.
24 그러므로 주 만군의 여호와께서 이렇
게 말씀하신다. "시온에 사는 내 백성
아, 이집트가 한 것처럼, 앗시리아가
막대기로 너희를 치고 몽둥이를 너희
에게 치켜들더라도 그를 두려워하지
말라.
25 이제 오래지 않아 너희에게 품었던
노여움은 풀리겠지만 내 분노가 그에
게로 향할 것이다."
26 만군의 여호와께서 오렙 바위에서 미
디안을 치신 것처럼, 이집트에서 나오
는 길에 지팡이를 바다 위에 드신 것
처럼 그에게 격분하셔서 채찍질하실
것이다.
27 그날에 그가 네 어깨에 지웠던 짐이

10:13 또는 용사 같은 10:21,22 히브리어, 스알야숩

내려지고 네가 살이 붙어서 그의 멍
에가 네 목에서 부서질 것이다.
28 앗시리아가 아얏으로 올라가 미그론
을 지나서 믹마스에 그의 무기들을
내려놓고는
29 여울을 건너서 "우리가 게바에 진을
쳤다"라고 말하니 라마 사람들은 떨
고 사울의 고향 기브아 사람들은 도
망치는구나.
30 딸 갈림아, 울부짖어라! 라이사야, 잘
들어라! 아나돗아, 대답하여라!
31 맛메나는 도망쳤고 게빔 사람들은 피
신했다.
32 이날 앗시리아는 놉에 우뚝 서서 딸
시온의 산, 예루살렘 언덕을 향해 그
의 손을 흔들 것이다.
33 보라. 주 만군의 여호와께서 무섭게
그 가지들을 치시니 높이 솟은 나무
들이 찍혀 베어지고 키가 큰 나무들
이 낮아질 것이다.
34 그가 도끼로 숲에 일격을 가하시니
당당하던 레바논이 쓰러질 것이다.

이새에게서 나올 가지

11 이새의 줄기에서 한 싹이 나오
고 그의 뿌리에서 가지가 돋아
나 열매를 맺을 것이다.
2 그리고 여호와의 영이 그에게 머물 것
이다. 곧 지혜와 통찰의 영, 모략과
용기의 영, 지식과 여호와를 경외하
는 영이 그에게 머물 것이다.
3 그는 여호와를 즐겨 경외하고 눈에 보
이는 대로 판결하지 않고 귀에 들리
는 대로 결정하지 않을 것이다.
4 오히려 그는 약한 사람들을 공의로
판결하고 세상에서 학대받는 사람들
을 위해 정직하게 결정을 내릴 것이
다. 그는 그 입의 몽둥이로 세상을 치
고 그 입술의 바람으로 죄를 범한 사
람들을 죽일 것이다.
5 그는 정의로 그의 허리띠를 띠고 신

성·경·상·식 메시아에 대한 예언들

이사야서는 구원을 주제로 담고 있다. 이사야는 하나님이 심판을 하시는 한편 '남은 사람'을 통해 흩어진 백성을 구원하실 것을 예언했다. 또한 이사야는 약 800년 후에 이스라엘뿐만 아니라 온 세계를 구원하러 오실 메시아 예수님의 모습을 미리 보았던 것이다. 35회 이상 예수 그리스도의 탄생, 인격, 칭호, 사명 등을 상세히 예언하고 있는 본문을 살펴보자.

탄생	출생(7:14), 혈통(11:1), 기름 부음 받음(11:2)
인격	영적 분별력(11:3), 공의(11:4), 정의(11:5), 침묵(42:2), 부드러움(42:3), 인내(42:4), 빛남(42:6), 연민(53:4), 온유(53:7), 순결하심(53:9), 죄인을 대신함(53:10), 구원의 능력(53:11), 존귀(53:12)
칭호	임마누엘(7:14), 전능하신 하나님(9:6), 평화의 왕(9:6), 기름 부음 받은 자(11:2), 의로운 왕(32:1), 하나님의 종(42:1), 여호와의 팔(53:1)
사명	빛을 주는 자(9:2), 심판자(11:3), 책망하는 자(11:4), 입법자(42:4), 자유하게 하는 자(42:7), 죄를 담당하는 자(53:4-6), 유일한 구주(53:5), 중보자(53:12)

실함으로 그의 몸 띠를 삼을 것이다.
6 늑대가 어린양과 함께 살고 표범이 새
끼 염소와 함께 누우며 송아지와 어
린 사자와 살진 짐승이 함께 있는데
어린아이가 그들을 이끌고 다닐 것이
다.
7 암소와 곰이 함께 풀을 뜯고 그 새끼
들이 함께 뒹굴며 사자가 소처럼 짚
을 먹을 것이다.
8 젖먹이가 독사의 구멍 곁에서 장난하
고 어린아이가 뱀의 굴에 손을 넣을
것이다.
9 그들은 내 거룩한 산 모든 곳에서 해
치거나 다치게 하지도 않을 것이다.
물이 바다를 덮고 있듯이 세상이 여
호와를 아는 지식으로 가득할 것이
기 때문이다.
10 그날에 이새의 뿌리가 나타나 민족들
의 깃발이 될 것이다. 나라들이 그에
게 찾아오고 그가 있는 곳은 영화롭
게 될 것이다.
11 그날에 주께서 다시 손을 뻗어 앗시리
아와 이집트와 바드로스와 *에티오피
아와 엘람과 *시날과 하맛과 해안 지
대로부터 그의 남은 백성들을 되찾으
실 것이다.
12 그는 여러 나라들을 향해 깃발을 들
고 쫓겨난 이스라엘 백성들을 모으시
며 땅끝 사방에서부터 흩어진 유다
백성들을 부르실 것이다.
13 에브라임의 질투는 사라지고 *유다를
괴롭히던 자들은 끊어질 것이니 에브
라임은 유다를 질투하지 않고 유다는
에브라임을 괴롭히지 않을 것이다.
14 그들은 서쪽 블레셋을 공격하고 힘을
합쳐 동쪽 사람들을 약탈하며 에돔
과 모압을 그들의 손에 넣고 암몬 사
람들까지도 굴복시킬 것이다.
15 여호와께서 이집트 바다의 물목을 말
리시고 유프라테스 강 위에 뜨거운
바람과 함께 손을 휘저으시며 그것을
쳐서 일곱 갈래로 물길을 갈라 사람
들이 신발을 신고 건너게 하실 것이
다.
16 그래서 이스라엘이 이집트 땅에서 올
라오던 때처럼 그것이 앗시리아에서
살아남은 그의 백성들이 돌아올 큰
길이 될 것이다.

찬송의 노래

12 그날에 너는 이렇게 말할 것이
다. "여호와여, 주께 감사합니
다. 주께서 제게 분노하셨지만 주의
분노를 돌이키시고 저를 위로하시니
감사합니다.
2 보십시오. 하나님은 제게 구원이시니
제가 믿고 두려워하지 않겠습니다. 주
여호와는 제 힘과 노래이시며 제게
구원이 되셨기 때문입니다."
3 너는 구원의 샘에서 기뻐하며 물을
길을 것이다.
4 그리고 그날에 너는 이렇게 말할 것
이다. "여호와께 감사하라. 그분의 이
름을 부르라. 그분이 하신 일들을 민
족들 가운데 알리고 그분의 이름이

11:11 나일 강 상류 지역을 가리킴. 11:11 바벨론을 가리킴. 11:13 또는 유다의 적개심은

높아졌다고 선포하라.
5 여호와를 노래하라. 그분이 위엄 있
게 일하셨으니 이 일을 온 세상에 알
리라.
6 시온의 주민아! 소리치며 기뻐 외치
라. 너희 가운데 계시는 위대한 분은
바로 이스라엘의 거룩하신 분이기 때
문이다."

바벨론에 대한 예언

13 아모스의 아들 이사야가 받은
바벨론에 내려진 판결이다.
2 벌거숭이산에 깃발을 올리고 소리를
높이고 손짓으로 그들을 불러 귀족
들의 문으로 들어가라고 하라.
3 나는 내가 거룩하게 구별한 정병들에
게 명령했다. 내 용사들을 불러서 내
노여움을 풀게 했다. 그들은 의기양
양하며 사기가 충천해 있다.
4 산 위에서 울려 퍼지는 저 소리는 많
은 백성이 모인 소리 같구나! 나라들
이 떠드는 저 소리는 여러 민족이 모
인 소리 같구나! 만군의 여호와께서
전투를 위해 군대를 사열하신다.
5 그들은 먼 땅, 하늘 끝에서 온다. 여
호와와 그분의 진노의 무기가 온 땅
을 파괴하러 온다.
6 슬피 울라! 여호와의 날이 가까이 왔
다. *전능하신 분이 오시면 파멸뿐이
다.
7 그러므로 모든 손이 축 늘어지고 모
든 사람의 마음이 녹아내릴 것이다.
8 그들은 공포와 고통과 번민에 사로잡
히고 해산하는 여인이 몸을 뒤틀듯
괴로워할 것이다. 사람들이 혼비백산
해 동료를 쳐다보는데 그 얼굴들이
모두 벌겋게 달아올라 있다.
9 보라. 여호와의 날이 온다. 처참한 그
날, 진노와 맹렬한 분노로 얼룩진 날,
그 땅을 황폐하게 만들고 죄인들이
그 땅에서 몰살되는 날이 온다.
10 하늘의 별들과 별자리들이 빛을 뽐내
지 못하며 해가 떠올라도 어두컴컴하
고 달도 빛을 비추지 않을 것이다.
11 "내가 세상의 죄악을 처벌하고 악인
들의 사악함을 징벌하겠다. 잘난 체
하는 사람들의 거만함을 끝장내고
무자비한 사람들의 오만함을 낮추고
야 말겠다.
12 내가 사람을 순금보다 드물고 오빌의
금보다 희귀하게 만들어 버리겠다.
13 그러므로 내가 하늘을 흔들어 놓겠
다. 그러면 땅도 흔들려서 그 자리에
있지 않을 것이다." 그날은 만군의 여
호와께서 노여워하시고 진노를 불태
우시는 날이다.
14 그들은 쫓기는 노루처럼, 모는 사람
없는 양 떼처럼, 제각각 자기 동족에
게로 돌아가고 뿔뿔이 자기 고향으로
도망치다가
15 발각되는 대로 찔려 죽고 잡히는 대
로 칼에 쓰러질 것이다.
16 그들의 어린아이들은 그들이 보는 데
서 갈기갈기 찢겨 죽고 그들의 집은
빼앗기며 그들의 아내들은 겁탈을 당
할 것이다.

13:6 히브리어, 샤다이

17 보라. 내가 메대 사람들을 선동해 바
벨론을 치겠다. 메대 사람들은 은 같
은 것에는 관심이 없고 금도 좋아하
지 않는다.
18 그들은 활을 쏴 젊은이들을 쓰러뜨리
고 갓난아기를 불쌍히 여기지 않으며
아이들을 동정하지도 않는다.
19 왕국들 가운데 가장 영화롭고 갈대
아 사람들의 영광과 자랑거리인 바벨
론은 하나님이 전복시켰던 소돔과 고
모라처럼 될 것이다.
20 그곳은 영원히 인적이 사라지고 대대
로 아무도 살지 않을 것이다. 아라비
아 사람도 그곳에 천막을 치지 않고
양치기들도 그곳에 양들을 쉬게 하지
않을 것이다.
21 대신에 들짐승들이 그곳에 누워 쉬
고 사람이 살던 집에는 맹수들로 가
득 차고 부엉이들이 깃들여 살고 들
양들이 그곳에서 뛰어다닐 것이다.
22 바벨론 사람들이 살던 궁전에서는 자
칼들이 울부짖고 호화롭던 왕궁에서
는 늑대들이 울 것이다. 그때가 다가
오고 있고 그날은 미뤄지지 않을 것
이다.

14

여호와께서 야곱을 불쌍히 여
기셔서 다시 한 번 이스라엘을
선택하시고 그들의 땅에 평안히 자리
잡게 하실 것이다. 나그네들이 그들
과 어울리고 야곱의 집에서 함께 살
게 될 것이다.
2 여러 민족이 이스라엘 백성을 데려다
그들이 있던 곳으로 보내줄 것인데,
이스라엘의 집은 여호와의 땅에서 그
들을 남종과 여종으로 삼을 것이다.
그래서 자기들을 사로잡았던 사람을
사로잡고 자기들을 압제하던 사람들
을 다스리게 될 것이다.
3 그리고 여호와께서 아픔과 불안과 네
가 당해야 했던 심한 노동에서 네게
쉼을 주시는 그날에
4 너는 바벨론 왕을 비꼬아 이런 이야
기를 만들어 노래할 것이다. 웬일이
냐. 폭군이 없어지다니! 그 난폭함이
사라지다니!
5 여호와께서 악당들의 막대기와 지배
자들의 규를 부러뜨리셨구나.
6 화를 내면서 백성들을 쉬지도 않고
치고받더니, 분을 내면서 민족들을
무자비하게 굴복시키더니
7 이제 모든 땅이 고요해지고 평온해져
서 환호성을 터뜨리는구나.
8 심지어 향나무와 레바논의 백향목도
너를 보고 기뻐하면서 이렇게 말하는
구나. "네가 쓰러져 누워 버렸으니 아
무도 우리를 베러 올라오지 않겠구
나."
9 저 아래 *무덤으로 네가 오는 것을
맞으려고 흥분에 휩싸여 있구나. 한
때 *세상을 통치하다가 죽은 사람들
의 유령을 깨우고 각 나라의 모든 왕
들을 보좌에서 일어나게 하는구나.
10 그들이 네게 이렇게 말할 것이다. "너
도 역시 우리처럼 약해졌구나. 너도

14:9 또는 음부. 히브리어, 스올 14:9 문자적인 의미는 '염소들'. 염소는 종종 양 떼를 이끎.

우리와 같은 신세가 됐구나."
11 네 의기양양함이 네 하프 소리와 함
께 *무덤으로 내려갔으니 네 아래에
깔린 것은 구더기들이고 네 위에 덮
인 것은 지렁이들이로구나.
12 웬일이냐, 새벽의 아들 샛별아. 네가
하늘에서 떨어지다니! 민족들을 무찌
르던 네가 땅에 처박히다니!
13 너는 속으로 이렇게 말했었지. "내가
하늘로 올라가서 하나님의 별들보다
더 높은 곳에 내 보좌를 높이 세우겠
다. 북쪽 끝에 있는 신들의 회의 장소
인 산꼭대기에 내가 앉겠다.
14 내가 구름 꼭대기 위로 올라가서 가
장 높으신 분과 같아지겠다."
15 그러나 결국엔 너는 저 아래 *무덤으
로, 구덩이의 맨 밑에까지 내려가고
있구나.
16 너를 보는 사람들은 너를 가만히 쳐
다보면서 곰곰이 생각할 것이다. '이
사람이 과연 땅을 뒤흔들고 여러 나
라를 떨게 하던 그 사람인가?
17 세상을 황무지로 만들고 성읍들을
무너뜨리며 포로들을 고향으로 돌려
보내지 않던 그 사람인가?'
18 다른 모든 나라의 왕들은 자기의 무
덤에 명예롭게 누워 있는데
19 너는 마치 역겨운 오물처럼 무덤도 없
이 던져졌구나. 너는 마치 짓밟힌 시
체처럼 칼에 찔려 죽은 사람들 속에
뒤덮여 있다가 구덩이 속 돌 틈으로
던져졌구나.
20 너는 네 땅을 망쳐 놓고 네 백성들을
죽였기 때문에 선왕들과 함께 묻히지
도 못하는구나. 악한 사람들의 자손
은 영원히 이름이 불려지지 않을 것
이다.
21 그 조상들의 죄를 물어 그 자손을 학
살할 곳을 마련해 두어라. 그들이 일

14:11,15 또는 음부. 히브리어, 스올

하용조 목사의
행복한 **메시지**

고난받는 종

우리가 당하는 고난을 살펴보면 크게 3가지로 구분해 볼 수 있습니다. 첫째는 애매하게 당하는 고난입니다. 고난의 원인이 다른 데서 발생하여 나에게까지 미친 고난을 말합니다. 둘째는 자기 죄와 허물로 당하는 고난입니다. 자기의 잘못과 실수로 인해 마땅히 받는 고난을 말합니다. 이 고난은 아무 유익이 없습니다. 셋째는 선을 행하다가 당하는 고난입니다. 적극적으로 다른 사람을 돕고 진리를 위해 헌신하며 선을 행하다가 얻는 고난을 말합니다.
어떤 형태의 고난이든지 고난을 대하는 태도가 고난 그 자체만큼 중요한 의미를 갖습니다. 억울하게 고난을 당한다 할지라도 하나님을 생각하면서 참으면 분명 아름다운 선을 이룰 것입니다(벧전 2:19). 그리스도인은 선을 위해 고난받는 자로 부름을 받았습니다. 이를 위해 예수님이 선을 위해 고난받는 종의 본보기가 되셨습니다. 예수님은 욕하지도 분노하지도 원망하지도 않으셨습니다. 모든 것을 참고 견디셨습니다.

어나 땅을 상속하고 세상을 자기 성
읍들로 채우지 못하도록 말이다.
22 "만군의 여호와께서 말씀하신다. 내
가 일어나 그들을 치겠다. 바벨론이라
는 이름과 거기서 살아남은 사람들,
그 자손과 후손을 잘라 내 버리겠다.
여호와의 말씀이다."
23 "내가 또 그곳을 고슴도치가 살 곳과
물웅덩이로 바꿔 버리겠다. 내가 멸
망의 빗자루로 바벨론을 쓸어버리겠
다. 만군의 여호와의 말씀이다."
24 만군의 여호와께서 맹세해 말씀하셨
다. "기필코 내가 계획한 대로 되고
내가 작정한 그대로 이뤄질 것이다.
25 내가 앗시리아를 내 땅에서 산산조각
내고 내 산에서 그를 짓밟아 버릴 것
이다. 그러면 그가 이스라엘에게 씌운
멍에가 풀어지고 그가 그들의 어깨에
지운 짐이 벗겨질 것이다."
26 이것이 온 땅을 향해 세워 놓은 계획
이다. 이것이 온 나라들을 향해 편
손이다.
27 만군의 여호와께서 작정하셨는데 누
가 훼방을 놓겠느냐? 그분이 손을 펴
셨는데 누가 그 손을 오므리게 하겠
느냐?

블레셋에 대한 예언

28 이것은 아하스 왕이 죽던 해에 선포
된 판결이다.
29 모든 블레셋 사람들아! 너희를 내리
쳤던 막대기가 부러졌다고 기뻐하지
말라. 뱀의 뿌리에서 독사가 나오고
그 열매가 날아다니는 불뱀이 될 테
니 말이다.
30 극빈자들은 배불리 먹고 빈곤한 사
람들은 편안히 몸을 눕히겠지만 네
뿌리는 내가 굶겨 죽이고, 네 남은 사
람마저도 죽여 버리겠다.
31 성문아, 통곡하라! 성읍아, 울부짖으
라! 너희 블레셋 사람들아, 소멸되라!
북쪽에서 대군이 흙먼지를 일으키며
내려오는데 아무도 그 대오에서 떨어
져 나온 사람이 없구나.
32 블레셋 사신들에게 어떻게 대답을 하
겠느냐? "여호와께서 시온을 세우셨
으니 고통당하는 백성들은 그리로 와
서 피할 수 있다"라고 말하라.

모압에 대한 예언

15 모압에 내려진 판결이다. 알이
유린당하던 그 밤에 모압이 망
했다. 길이 유린당하던 그 밤에 모압
이 망했다.
2 모압이 신전과 디본 산당으로 올라가
서 울고 느보와 메드바를 위해서 통
곡하는구나. 모두 머리를 밀고 수염
을 깎는구나.
3 길가에서는 사람들이 삼베를 두르고
지붕과 광장에서는 모두들 통곡하며
주저앉아 울고 있구나.
4 헤스본과 엘르알레가 울부짖는데 그
목소리가 야하스까지 들리는구나. 그
러므로 무장한 모압 사람들이 큰 소
리로 울어서 넋이 나가 버렸다.
5 모압을 보니 내 마음이 우는구나. 모
압의 피난민들이 소알까지, 에글랏 슬
리시야까지 도망치고 울면서 루힛 고

개로 올라가는구나. 호로나임 길에서
그들이 괴로워서 소리를 지르는구나.
6 니므림의 물은 말라서 사막이 돼 버
렸고 풀들은 시들어서 풀밭이 사라
지고 푸르름이 더 이상 남지 않았구
나.
7 그러므로 그들은 자기들이 벌어 쌓아
놓은 재물을 갖고 버드나무 시내를
건너고 있다.
8 그들의 울부짖음은 모압 경계를 따라
메아리치고 그들의 통곡 소리는 에글
라임까지 들리고 그들의 아우성 소리
는 브엘엘림까지 미친다.
9 *디몬의 물은 피로 가득하다. 그러나
내가 디몬에 재앙을 더하겠다. 모압의
피난민들과 그 땅의 살아남은 사람
들에게 사자를 보내겠다.

16 그 땅의 지배자에게 양들을 보
내라. 셀라에서 광야를 거쳐 딸
시온의 산으로 양들을 보내라.
2 퍼덕거리며 떠도는 새처럼, 둥지에서
떨어진 새끼 새처럼 모압의 여인들은
아르논 나루터에서 서성거리고 있다.
3 "조언해 주고 중재해 주어라. 한낮에
는 밤처럼 네 그림자를 드리워서 쫓
겨난 사람들을 숨겨 주고 피난민을
그림자 밖으로 몰아내지 마라.
4 모압에서 쫓겨난 사람들이 네게 머물
게 해 주어라. 너는 그들에게 그들을
유린하는 사람들로부터 숨을 피난처
가 돼 주어라." 그렇다. 폭력이 끝나고
파괴가 멈추고 짓밟는 자가 이 땅에
서 사라질 때
5 인자함으로 보좌가 세워지고 다윗의
장막에서 나온 한 사람이 신실함으
로 그 위에 앉을 것이다. 그는 공의를
구하고 지체하지 않고 정의를 행할
것이다.
6 우리는 모압이 교만하다고 들었다. 그
찌를 듯한 교만과 자긍심과 우쭐거림
과 오만함, 그러나 그 자랑거리들은
허풍이다.
7 그러므로 모압 사람들이 통곡하는구
나. 모두가 모압을 두고 통곡하는구
나. 길하레셋에서 먹던 건포도 빵을
생각하며 슬피 울며 괴로워하고 있구
나.
8 헤스본의 들판과 십마의 포도나무가
시들어 버렸기 때문이다. 한때 그 가
지가 야셀에까지 뻗어 나가 광야로 퍼
져 나갔고 그 싹이 자라서 바다 너머
까지 뻗어 나갔었는데 여러 나라 군
주들이 포도나무들을 짓밟아 버렸다.
9 그래서 야셀이 십마의 포도나무를 두
고 울 때 나도 함께 울고 있다. 헤스본
아, 엘르알레야, 내가 눈물로 너를 적
시는구나. 다 익은 네 여름 열매와 네
수확물을 보고 기뻐 외치던 소리가
그쳤구나.
10 과수원에는 기쁨과 즐거움이 사라져
버렸고 포도원에는 노랫소리나 환호
성이 울려 퍼지지 않고 포도주 틀에
는 포도 밟는 사람이 없구나. 내가 그
환호성을 그치게 했다.
11 그래서 모압 때문에 내 내장이 하프

15:9 또는 디본(사 15:2과 렘 48:18을 보라.)

처럼 떨리고 길하레셋 때문에 내 창자
가 뒤틀린다.
12 모압 사람들이 산당에 올라가 얼굴을
비쳐도 몸만 피곤해질 뿐이고 성소에
들어가서 기도해도 아무 소용이 없을
것이다.
13 이것은 여호와께서 이미 오래전에 모
압을 두고 하신 말씀이다.
14 그러나 이제 여호와께서 이렇게 말씀
하신다. "머슴으로 고용된 기한처럼 3
년 안에 모압의 영화로움과 그 많은
주민들이 모두 치욕을 당할 것이며
결국 살아남은 사람도 아주 적고 보
잘것없을 것이다."

다메섹에 대한 예언

17 다메섹에 내려진 판결이다. "보
라. 다메섹은 이제 성읍이 아니
라 폐허 더미가 될 것이다.
2 아로엘의 성읍들은 버려져서 양 떼가
지나가다가 몸을 뉘어도 아무도 그들
을 놀라게 하는 사람이 없을 것이다.
3 에브라임은 요새가 사라지고 다메섹
은 주권을 잃어버리고 아람의 남은
사람들은 이스라엘 자손의 영광처럼
사라질 것이다. 만군의 여호와의 말
씀이다."
4 "그날에 야곱의 영화는 시들고 기름
진 몸은 야윌 것이다.
5 마치 농부가 곡식을 추수해서 거둬들
이고 이삭을 끌어안아서 모아들일 때
처럼, 르바임 골짜기에서 이삭을 주워
모을 때처럼 될 것이다.
6 올리브 나무를 칠 때 가지 꼭대기에
두세 알의 열매만 남고 굵은 가지에
네다섯 알의 열매만 남는 것과 같이
될 것이다. 이스라엘의 하나님 여호와
의 말이다."
7 그날에 사람들은 그들을 만드신 분
을 바라보고 이스라엘의 거룩하신 분
께 눈을 맞출 것이다.
8 자기들이 손으로 만든 제단은 바라보
지 않고 자기 손가락으로 만든 아세
라 상이나 태양 기둥은 쳐다보지 않
을 것이다.
9 그날에 그들의 튼튼한 성읍들은 마
치 히위 족과 아모리 족이 이스라엘
자손 앞에서 버려두고 도망친 성읍들
처럼 폐허가 되고 말 것이다.
10 그렇다. 너는 너를 구원하시는 하나
님을 잊어버리고 네 피할 바위를 기억
하지 않았다. 그러므로 네가 가장 좋
은 묘목을 심고 포도 가지를 수입해
서 심어서
11 심은 그날로 정성을 들여 울타리를
치고 다음 날 아침에 싹이 트게 해도
병이 들고 시들어 버리는 날에 추수
할 것은 아무것도 없을 것이고 그때
네 고통은 고칠 수도 없을 것이다.
12 아, 많은 민족들이 내지르는 소리가
날뛰는 바다의 파도 소리와 같고 많
은 백성들이 떠드는 고함 소리가 거
대한 물결이 밀어닥치는 소리와 같구
나!
13 비록 많은 사람들이 굽이치는 물결
처럼 으르렁거려도 하나님께서 그들
을 꾸짖으시면 그들은 바람에 날려

가는 산 위의 겨와 같이, 폭풍에 휘
말려 굴러가는 티끌과 같이 멀리멀리
쫓겨 도망칠 것이다.
14 저녁에 밀려왔던 엄청난 공포가 아침
이 오기 전에 이미 가고 없을 것이다!
이것이 우리를 약탈한 사람들의 몫
이고 우리를 노략한 사람들의 운명이
다.

에티오피아에 대한 예언

18 *에티오피아 강 너머 날벌레들
이 윙윙거리며 날아다니는 땅
에 재앙이 있을 것이다.
2 그들은 물에 파피루스 배들을 띄우고
강으로 특사를 보내는구나. 가라. 민
첩한 특사들아. 키가 크고 매끈한 피
부를 가진 민족, 멀리서도 사람들이
무서워하는 백성, 여러 줄기의 강이
흐르는 곳에 사는 사람들, 힘이 세어
적을 짓밟는 백성에게로 가라.
3 세상 모든 사람들아, 이 땅에 사는
사람들아, 깃발이 산 위에 세워지면
주목해 보고 나팔 소리가 울리면 잘
들으라.
4 여호와께서 내게 이렇게 말씀하신다.
"태양 빛에서 조용히 어른거려 내리
는 열기처럼 가을 추수의 열기 속에
서 고요히 사라지는 이슬처럼 나는
내 처소에서 잠잠히 살필 것이다."
5 그러다가 추수하기 전에 꽃이 지고
신 포도가 익어갈 때 그가 가지 치는
가위로 줄기를 베어 내고 길게 뻗은
가지들을 잘라 버리실 것이다.
6 그 가지들은 모두 버려져서 산에 사
는 맹금들과 들짐승들의 먹이가 될
것이니 독수리가 그것으로 여름을 나
고 모든 들짐승이 그것으로 겨울을
날 것이다.
7 그때에 만군의 여호와께서 예물을 받
으실 것이다. 키가 크고 매끈한 피부
를 가진 민족, 멀리서도 사람들이 무
서워하는 백성, 여러 줄기의 강이 흐
르는 곳에 사는 사람들, 힘이 세어 적
을 짓밟는 백성들이 만군의 여호와의
이름이 모셔진 시온 산으로 예물을
들고 올 것이다.

이집트에 대한 예언

19 이집트에 내려진 판결이다. 보
라. 여호와께서 날쌘 구름을 타
고 이집트로 가신다. 이집트의 우상
들이 그 앞에서 벌벌 떨고 이집트 사
람들의 마음이 그 안에서 녹아내릴
것이다.
2 "내가 이집트 사람들이 자기들끼리 들
고일어나게 하겠다. 그래서 형제끼리
싸우고 이웃끼리 싸우고 성들끼리 싸
우고 나라끼리 서로 싸울 것이다.
3 결국 이집트 사람들은 낙담할 것이
다. 내가 그들의 계획을 수포로 돌아
가게 하면 그들은 우상들과 죽은 사
람의 영들과 신접한 사람들이나 마술
사들을 찾아다니면서 물을 것이다.
4 내가 이집트를 잔혹한 군주의 손에
넘겨줄 것이니 난폭한 왕이 그들을
다스릴 것이다. 주 만군의 여호와의
말씀이다."

18:1 나일 강 상류 지역을 가리킴.

5 바닷물이 말라 버리고 나일 강도 바
닥까지 바싹 마를 것이다.
6 운하들에서는 악취가 나고 이집트의
시내들도 다 말라 버릴 것이다. 갈대
와 파피루스는 시들고
7 나일 강을 따라 난 식물들도, 나일 강
어귀에 난 식물들도 시들고 나일 강
을 따라 씨 뿌려진 밭마다 말라 버리
고 날아가 없어질 것이다.
8 어부들도 탄식할 것이다. 나일 강에
낚시를 던지던 어부들이 모두 신음하
며 애곡하고 물속에 그물을 던지던
사람들이 수척해질 것이다.
9 고운 삼베를 만드는 사람들과 실을
뽑아 천을 짜는 사람들도 낙심할 것
이다.
10 천을 짤 실들이 끊어지니 모든 품꾼
들이 실망할 것이다.
11 소안의 귀족들은 정말 어리석은 자들
이고 지혜롭다는 바로의 전략가들도
어리석은 조언만 하고 있으니 너희가
어떻게 바로에게 "나는 지혜로운 사
람들의 자손이고 옛 왕들의 후예입니
다"라고 말하겠느냐?
12 네 지혜로운 사람이 지금 어디에 있
느냐? 만군의 여호와께서 그들에게
세워 놓으신 이집트를 향한 계획을
네게 보이고 알려 달라고 해 보라.
13 소안의 귀족들은 어리석었고 *놉의
지도자들은 속았다. 그 지역의 지도
자들은 이집트를 잘못 이끌었다.
14 여호와께서 그들 속에 혼란의 영을
불어넣으셔서 마치 술주정꾼이 토하
면서 비틀거리듯 그들이 하는 모든
일에서 이집트를 비틀거리게 하고 있
구나.
15 이제 이집트가 할 수 있는 일은 하나
도 없다. 머리나 꼬리도, 종려나무 가
지나 갈대도 아무것도 할 수 없다.
16 그날에 이집트 사람들은 여인처럼 돼
만군의 여호와께서 그들을 향해 손
을 펴서 휘두르시는 것을 보고 두려
움에 벌벌 떨 것이다.
17 또 유다 땅은 이집트 사람들에게 공
포의 존재가 될 것이다. 누군가 그들
에게 '유다'라고 말하기만 해도 모두들
현기증을 일으키고 만군의 여호와께
서 그들에게 세우신 계획 때문에 그
들은 겁을 집어먹을 것이다.
18 그날에 이집트 땅에 있는 다섯 성읍
들은 가나안 말을 하면서 만군의 여
호와께 맹세할 것이다. 그 가운데 한
성읍은 *파괴의 성읍이라 불릴 것이
다.
19 그날에 이집트 땅 한복판에는 여호와
께 드리는 제단이 서겠고 이집트 국경
선에는 여호와께 드리는 기념비가 세
워질 것이다.
20 그것은 이집트 땅에서 만군의 여호와
를 위한 표적과 증거가 돼서, 그들이
압제를 받을 때 여호와께 부르짖으면
그분이 그들에게 구원자를 보내 그들
을 구해 내실 것이다.
21 이렇게 여호와께서 자신을 이집트 사

19:13 고대 이집트의 도시 멤피스를 가리킴. 19:18 대부분의 마소라 사본을 따름. 일부 마소라 사본과 사해 사본과 불가타에는 태양의 성읍 곧 헬리오폴리스

람들에게 알리시면, 그날에 그들이
여호와를 알게 돼 제물과 예물로 경
배하며 여호와께 맹세를 하고 그것을
지켜 행할 것이다.
22 여호와께서 이집트를 치신다. 그러나
치시고는 고쳐 주실 것이다. 그들이
여호와께로 돌아오면 그는 그들의 간
청을 들어주셔서 그들을 고쳐 주실
것이다.
23 그날에 이집트에서 앗시리아로 가는
큰길이 생겨서 앗시리아 사람들이 이
집트로, 이집트 사람들이 앗시리아로
갈 것이다. 그리고 이집트 사람들이
앗시리아 사람들과 함께 예배를 드릴
것이다.
24 그날에 이스라엘은 이집트와 앗시리
아 다음의 세 번째 나라가 돼 세상
가운데 복이 될 것이다.
25 만군의 여호와께서 그들에게 복을 주
시면서 이렇게 말씀하신다. "내 백성
이집트야, 내가 만든 앗시리아야, 내
상속자 이스라엘아, 복을 받으라."

이집트와 에티오피아에 대한 예언

20 때는 앗시리아 왕 사르곤이 보
낸 군사령관이 아스돗에서 전
투를 해 그곳을 점령한 해였다.
2 그때 여호와께서 아모스의 아들 이사
야에게 말씀하셨다. "가서 허리에 두
른 삼베 끈을 풀고 네 발에서 신을 벗
어라." 그는 말씀대로 옷을 벗은 채
맨발로 돌아다녔다.
3 그러자 여호와께서 말씀하셨다. "내
종 이사야가 옷을 벗고 맨발로 3년
동안 다닌 것은 이집트와 *에티오피
아에게 주는 표적과 상징이다.
4 이렇게 앗시리아 왕이 이집트의 포로
들과 에티오피아의 망명자들을 젊은
이나 늙은이나 할 것 없이 옷을 벗겨
맨발로 끌고 갈 것이고 이집트 사람
들은 엉덩이까지 드러낸 채로 끌려갈
것이다.
5 그래서 *에티오피아를 신뢰하고 이집
트를 자랑하던 사람들은 경악하고 부
끄러워할 것이다.
6 그날에 이 해안가에 사는 주민들은
이렇게 말할 것이다. '보라. 우리가 의
지했던 사람들, 우리가 앗시리아 왕에
게서 도망쳐서 구해 달라고 도움을
요청한 그 사람들이 이렇게 됐다면,
이제 우리는 어떻게 피해야 할까?'"

바벨론에 대한 예언

21 *바다 광야에 내려진 판결이
다. 남쪽에서 회오리바람이 쓸
려오듯 광야로부터, 무시무시한 땅으
로부터 침입자가 오고 있다.
2 나는 무서운 환상을 보았다. 반역자
가 반역하고 약탈자가 약탈하고 있
구나. 엘람아, 공격하라! 메대야, 에워
싸라! 내가 그 땅의 모든 신음 소리를
멈추게 하겠다.
3 이것 때문에 내 허리가 끊어질 듯 아
팠다. 마치 아기를 낳는 산모가 몸부
림치는 것처럼 아파서 어쩔 줄 몰랐
다. 너무 아파서 아무것도 들리지 않

20:3,5 나일 강 상류 지역을 가리킴. 21:1 바벨론을 가리킴.

았고 너무 무서워서 아무것도 보이지
않았다.
4 내 마음이 갈피를 잡지 못하고 두려
움으로 몸서리를 쳤다. 해가 지기를
그렇게도 바랐었는데 도리어 그것이
내게 두려움이 됐다.
5 그들이 식탁을 준비하고 깔개를 펼치
고 먹고 마시는구나. 너희 장군들아,
일어나라! 방패에 기름칠을 하라!
6 주께서 내게 이렇게 말씀하셨다. "가
서 파수꾼을 세우고 발견하는 대로
보고하게 하여라.
7 말들이 끄는 병거를 탄 사람들이나
나귀나 낙타를 탄 사람들을 발견하
면 주의 깊게 살펴보고 정신을 바짝
차리고 있어라."
8 그러자 *파수꾼이 소리쳤다. "나는
날마다 밤마다 망대를 지키고 서 있
습니다.
9 그런데 보십시오. 한 사람이 병거를
타고 오고 있습니다. 말을 탄 사람들
이 무리지어 오고 있습니다." 또 그가
소리 높여 말했다. "무너졌습니다! 바
벨론이 무너져 버렸습니다! 모든 신
상들이 땅에 떨어져 산산조각 났습니
다!"
10 짓밟혀 으깨진 내 겨레여! 타작마당에
서 으스러진 내 형제여! 내가 이스라
엘의 하나님 전능하신 여호와께 들은
것을 이렇게 너희에게 전해 주었다.

에돔에 대한 예언

11 *두마에 내려진 판결이다. 세일에서
누군가가 나를 부른다. "파수꾼이여,
밤이 얼마나 남았습니까? 파수꾼이
여, 밤이 얼마나 남았습니까?"
12 파수꾼이 대답한다. "아침이 왔지만
또 밤이 올 겁니다. 묻고 싶으시면 물
어보십시오. 또 와서 물어보십시오."

아라비아에 대한 예언

13 아라비아에 내려진 판결이다. 아라비
아의 숲과 초원에 장막을 치고 밤을
지내는 드단의 상인들아,
14 목마른 사람들에게 물을 가져다주
라. 데마 땅에 사는 사람들아, 피난민
들에게 먹을 것을 가져다주라.
15 그들은 칼을 피해 온 사람들이다. 그
들은 칼을 뽑고 활을 당기는 전쟁터
에서 도망친 사람들이다.
16 주께서 내게 이렇게 말씀하셨다. "머
슴으로 고용된 기한처럼 1년 안에 게
달의 모든 명성이 사라질 것이다.
17 게달 자손 가운데 활 쏘는 전사들이
살아남아도 그 수는 거의 없을 것이
다." 여호와 이스라엘의 하나님께서
말씀하셨다.

예루살렘에 대한 예언

22 '환상의 골짜기'에 내려진 판결
이다. 너희가 모두 지붕 위로
올라가 있다니 도대체 너희에게 무슨
일이 있기에 그러느냐?
2 소란스러운 성읍아, 흥청거리며 즐거
워하는 마을아! 너희 가운데 죽은 사
람들은 칼에 찔려 죽은 것도, 전쟁터
에서 죽은 것도 아니다.

21:8 사해 사본과 시리아어역을 따름. 마소라 사본에는 '사자가' 21:11 히브리어, '침묵', '고요'. 에돔을 가리킴.

3 너희 지도자들은 하나같이 도망쳐 버
렸다. 활 한 번 쏴 보지 못하고 몽땅
사로잡혔다. 사로잡힌 너희들도 멀리
도망쳤다가 모두 잡혀 갇히고 말았
다.
4 그래서 내가 말했다. "나 혼자 실컷
울 테니 다들 내 눈에서 사라지라. 내
딸 백성의 성읍이 멸망했다고 나를
위로하려 들지 말라."
5 주 만군의 여호와께서 '환상의 골짜기'
에 소란과 짓밟힘과 혼란의 날을 부
르셨기 때문이다. 그날에 성벽은 무너
지고 사람들은 산을 향해 소리를 지
른다.
6 엘람이 화살통을 들고 병거와 말을
탔고 기르는 방패를 꺼내 들었다.
7 빼어난 경관을 자랑하는 너희의 골짜
기에는 병거들로 가득 찼고 성문 앞
에는 마부들이 진을 쳤다.
8 그러고는 유다의 보호막을 뚫었다. 그
날에 너희는 삼림 집에 있는 무기들
을 보았고
9 다윗 성의 여기저기 무너진 곳도 많이
보았다. 그리고 아랫못에다가 물을
저장해 두기도 했다.
10 너희는 예루살렘의 가옥 수를 세어
보고 더러는 집을 허물어 그것으로
성벽을 막아 보기도 했다.
11 너희는 옛 못에 물을 끌어 들이려고
두 성벽 사이에 저수지를 만들기도
했다. 그러나 너희는 이 일을 행하신
분은 바라보지도 않았고 오래전부터
이 일을 계획하신 분은 쳐다보지도
않았다.
12 그날에 주 만군의 여호와께서 너를
불러 슬피 울고 통곡하며 너희의 머
리칼을 쥐어뜯고 베옷을 입게 하셨
다.
13 그러나 보라. 너희는 오히려 기뻐하고
즐거워하며 소를 잡고 양을 죽여 고
기를 먹고 포도주를 마시면서 "내일
이면 우리가 죽을 것이니 지금 먹고
마시자"라고 하는구나.
14 그래서 만군의 여호와께서 내 귀를
여시고 말씀하셨다. "너희가 죽는 날
까지 이 죄를 용서받지 못할 것이다."
주 만군의 여호와께서 말씀하셨다.
15 주 만군의 여호와께서 이렇게 말씀하
신다. "왕궁을 관리하는 시종장 셉나
에게 가서 말하여라.
16 네가 여기서 무슨 짓을 했느냐? 누구
를 위해 이곳에서 이런 짓을 했느냐?
너 자신을 위해 여기에 무덤을 깎아
만들다니, 이 높은 곳에 네 무덤을
깎아 놓았다니, 바위 안에 네가 쉴
곳을 파 두었다니."
17 보아라. 너 힘센 사람아. 여호와께서
너를 단단히 붙잡아서 멀리 던져 버
리실 것이다.
18 그가 너를 공처럼 돌돌 말아서 광활
한 땅에 내던지실 것이다. 거기에서
네가 죽어서 네 호화로운 병거들만
덩그러니 남을 것이다. 너는 네 주인
집의 수치거리다.
19 내가 너를 네 자리에서 쫓아낼 것이
니 너는 일자리를 빼앗길 것이다.

20 그날에 내가 힐기야의 아들인 내 종
엘리아김을 부르겠다.
21 내가 그에게 네 관복을 입히고 그에
게 네 띠를 둘러 주면서 네 권력을 그
에게 넘겨주겠다. 그는 예루살렘에 사
는 사람들과 유다 집의 아버지가 될
것이다.
22 그리고 내가 다윗 집의 열쇠를 그의
어깨에 두겠다. 그가 열면 닫을 사람
이 없고 그가 닫으면 열 사람이 없을
것이다.
23 내가 그를 잘 다져진 곳에 말뚝을 박
듯이 견고하게 해 줄 것이니 그가 선
왕의 집에 영광의 보좌가 될 것이다.
24 그 집의 모든 영광이 그에게 걸릴 것
이다. 작은 잔에서부터 항아리에 이
르기까지 모든 작은 그릇과 같은 그
의 자손과 그 후손의 영광이 그에게
달려 있을 것이다.
25 "만군의 여호와의 말씀이다. 그날에
잘 다져진 곳에 튼튼히 박혀 있던 말
뚝이 삭아서 부러지고 떨어져 나갈
것이니, 그 위에 걸어 놓은 것들이 깨
지고야 말 것이다." 이것은 여호와께
서 하신 말씀이다.

두로에 대한 예언

23 두로에 내려진 판결이다. 다시
스의 배들아, 슬피 울라. 두로
가 파멸돼서 들어갈 집도 없고 항구
도 없다. *깃딤 땅에서부터 이 소식이
그 배에 전해졌다.
2 잠잠하라. 선원들 덕분에 부자가 된
너희 섬 사람들아, 시돈의 상인들아.
3 시홀의 곡식들, 곧 나일 강에서 추수
한 것을 저 큰 강으로 수송해 두로가
국제 시장이 됐다.
4 부끄럽구나, 시돈아. 바다 곧 바다의
요새가 이렇게 말했다. "나는 산고도
없었고 아기를 낳지도 않았다. 아들
들을 키운 적도 없고 딸들을 기른 적
도 없다."
5 두로가 망했다는 소식이 이집트에 전
해지면 이집트도 그 소식을 듣고 기
가 꺾일 것이다.
6 다시스로 건너가서 슬피 울라, 너희
섬 사람들아.
7 이것이 정말 너희가 기뻐하던 성읍이
었느냐? 유구한 역사를 가진 성읍이
었느냐? 그 백성들을 멀리까지 원정
보낸 성읍이었느냐?
8 누가 두로를 향해 이 일을 계획했느
냐? 왕관을 씌우던 나라였고 그 상
인들은 귀족들이었고 그 무역상들은
세상에서 유명했던 그 두로가 아니었
는가?
9 이 일은 전능하신 여호와께서 계획하
신 것이다. 온갖 영화를 누리면서 우
쭐대던 교만한 사람을 낮추고 세상에
서 유명하던 사람을 시시하게 만드시
려고 계획하신 것이다.
10 다시스의 딸아, 나일 강을 건너듯 땅
이나 건너거라. 항구는 이제 없다.
11 여호와께서 바다에 손을 펴서 왕국
들을 떨게 하셨다. 여호와께서 가나안

23:1 또는 키프로스, 엘리사의 섬(창 10:4;민 24:24;사 23:12;렘 2:10;겔 27:7;행 4:36;11:19;13:4;15:39을 보라.)

의 요새들을 무너뜨리라고 명령하시
면서
12 이렇게 말씀하셨다. "너는 이제 더 이
상 기뻐하지 마라. 약탈을 당하고 있
는 처녀 딸 시돈아, 어디 한 번 일어나
서 건너편 *깃딤으로 가 보아라. 거기
서도 네가 쉴 수 없을 것이다."
13 *갈대아 사람들의 땅을 보아라. 그 백
성은 이제 없지 않느냐. 앗시리아 사
람들이 그곳을 들짐승들이나 있을
곳으로 만들어 버렸다. 그들이 망대
를 세우고 성을 공격하고 허물어서
폐허로 바꾸어 버렸다.
14 다시스의 배들아, 슬피 울라. 너희의
요새가 무너졌으니.
15 그날에 두로는 한 왕의 수명인 70년
동안 잊혀질 것이다. 70년이 지난 뒤
에는 창녀의 노래에 나오는 것과 같
은 일들이 두로에게 일어날 것이다.
16 "하프를 들고 성읍을 돌아다녀라. 잊
혀져 버린 창녀야. 하프를 멋지게 연
주하며 노래를 많이 불러라. 그래야
사람들이 너를 기억해 줄 것이다."
17 70년이 지나면 여호와께서 두로를 다
시 찾아오실 것이다. 그러면 두로는
창녀 생활을 다시 시작해 이 땅에 있
는 모든 나라들에게 부지런히 몸을
팔 것이다.
18 그러나 두로가 벌어 놓은 수익은 여
호와께 구별돼 바쳐져서 두로가 그것
을 간직하거나 쌓아 둘 수 없을 것이
다. 그들이 벌어 놓은 것은 여호와 앞
에 사는 사람들이 배불리 먹을 음식
과 우아하게 입을 옷을 사는 데 쓰일
것이다.

여호와께서 땅을 황폐하게 하시리라

24 보라. 여호와께서 이 땅을 텅
비게 하시고 황폐하게 하실 것
이다. 땅바닥을 쥐어 틀으셔서 주민
들을 흩으실 것이다.
2 백성이나 제사장이나 종이나 주인이
나 하녀나 여주인이나 사는 사람이나
파는 사람이나 빌려 주는 사람이나
빌리는 사람이나 채권자나 채무자나
똑같이 흩으실 것이다.
3 땅이란 땅은 모두 텅 비고 모조리 약
탈을 당할 것이다. 그렇다. 여호와께
서 이렇게 말씀하셨다.
4 땅은 마르고 시들어 간다. 세상은 쇠
약해지고 시들어 간다. 이 땅에서 지
위가 높은 사람들도 쇠약해져 간다.
5 땅은 사람들이 살면서 더럽혀졌다.
거기에서 사는 사람들이 율법을 지키
지 않고 규례를 어겨서 영원한 언약
을 깨뜨렸기 때문이다.
6 그러므로 저주가 땅을 삼켰고 거기에
서 사는 사람들이 형벌을 받아야 한
다. 그러므로 거기에서 사는 사람들
이 불에 타서 살아남은 사람들이 조
금밖에 없다.
7 새 포도주는 마르고 포도나무는 시
든다. 즐거워하던 사람들은 모두 앓
는 소리를 하고 있다.
8 탬버린의 흥겨운 기분이 가라앉고 흥

23:12 또는 키프로스, 엘리사의 섬(창 10:4; 민 24:24; 렘 2:10; 겔 27:7; 행 4:36; 11:19; 13:4; 15:39을 보라.) 23:13 바벨론을 가리킴.

청거리는 소리가 멈추었으며 즐거운
하프 소리도 잠잠하다.
9 포도주를 마시는 자리에 노래가 없
다. 독한 술은 마시는 사람들의 입에
쓰기만 하다.
10 성읍은 산산조각 나서 폐허가 된 채
로 남아있고 집집마다 문이 잠겨 오
가는 사람도 없다.
11 거리에서는 포도주를 달라고 아우성
이고 저녁이 되자 온통 슬픔에 잠기
고 모든 즐거움이 이 땅에서 사라진
다.
12 성읍은 폐허가 된 채로 남아 있고 성
문은 산산조각 나 버렸다.
13 이런 일이 이 땅에 일어나고 백성들
사이에 일어날 것이니 올리브 나무를
쳐서 수확할 때처럼, 포도를 딴 뒤에
남은 열매를 주울 때처럼 될 것이다.
14 그들은 소리를 높이고 기뻐 외칠 것
이다. 서쪽에서 여호와의 크심을 외치
는구나.
15 그러므로 동쪽에서도 여호와께 영광
을 돌리라. 바다의 섬들에서도 이스
라엘의 하나님 여호와의 이름을 높이
라.
16 땅끝에서 노래하는 소리가 들린다.
"의로우신 주께 영광을 돌리세!" 그러
나 나는 말한다. "나는 끝장났다! 나
는 끝장났다! 내게 이런 재앙이 닥치
다니! 배신자들이 끝내 배신을 했구
나! 반역자들이 딴마음을 먹었구나!"
17 두려운 일과 함정과 올가미가 너를

성·경·상·식 이사야서 속의 '작은 묵시록'

이사야 24-27장은 이사야서 속의 '작은 묵시록'이라고 불린다. 이전에 언급된 이스라엘 주변의 열방에 대한 예언을(13-23장) 결론지으며 온 인류와 우주에 대한 마지막 심판, 구원에 대한 찬양, 하나님의 백성 등에 대해 언급하기 때문이다. 특별히 이사야 24장에서 이사야는 하나님께서 세상의 마지막에 온 인류에게 하실 심판을 예언했다. 그 내용은 다음과 같다.

첫째, 사람들이 율법을 범하고 율례를 어기며, 영원한 언약을 깨뜨렸기 때문에(사 24:5) 심판을 받게 될 것이다. 하나님과 맺은 언약을 인간 편에서 어겼으므로 하나님의 심판을 받을 수밖에 없다는 것이다.

둘째, 심판의 결과 많은 사람들이 저주를 받고 불타며(사 24:6), 땅 역시 저주를 받아 소출을 내지 못하고(사 24:7), 약탈과 파괴가 일어나게 될 것이다(사 24:10-12).

셋째, 그럼에도 불구하고 소수가 남아 있을 것이며 이들이 하나님께 영광을 돌리며 세상이 죄로 인해서 멸망한 사실을 알릴 것이다(사 24:14-20).

넷째, 종말의 날에 하나님은 사탄과 땅의 악한 자들을 물리치심으로 진정한 왕이심을 보여 주실 것이다. 이때에는 하나님의 영광으로 인해 해와 달마저 빛을 잃을 것이다(사 24:21-23). 이러한 내용은 예수님께서 마태복음 24장에서 말씀하신 종말과 세상 끝날의 징조와 관련시켜 생각할 수 있다.

이사야는 세상 마지막에는 온 세상이 황무지처럼 되며 사회가 완전히 혼돈 상태에 빠지게 될 것이라고 예언했다.

기다리고 있다, 땅에 사는 사람들아.
18 무서운 비명에 놀라 도망치는 사람은
함정에 빠지고 함정에서 기어 올라오
는 사람은 덫에 걸릴 것이다. 하늘에
서 수문이 열리고 땅의 기반이 흔들
릴 것이다.
19 땅이 산산조각 나고 땅이 쩍쩍 갈라
지고 땅이 마구 흔들린다.
20 땅이 술에 취한 사람처럼 휘청거리고
오두막처럼 이리저리 흔들린다. 자기
가 지은 죄가 너무나 무거운 나머지
쓰러져서 다시는 일어나지 못할 것이
다.
21 그날에 여호와께서 위에 있는 하늘의
권세들과 아래에 있는 세상의 왕들
을 벌하실 것이다.
22 그들은 죄수들처럼 지하 감옥에 갇혀
있다가 오랜 세월이 지난 후 형벌을
받을 것이다.
23 만군의 여호와께서 시온 산과 예루살
렘에서 왕이 되시고 그의 영광을 장
로들에게 나타내실 것이니 달이 얼굴
을 들지 못하고 해가 부끄러워할 것
이다.

여호와를 찬양하라

25 여호와여, 주는 내 하나님이십
니다. 주께서 오래전에 계획하
신 놀라운 일들을 변치 않고 신실하
게 이루셨으니 내가 주를 높이고 주
의 이름을 찬양합니다.
2 주께서 성읍을 돌무더기로 만드셨고
튼튼한 성곽을 폐허로 만드셨으며 이
방 사람의 요새는 더 이상 성읍이라
고도 할 수 없게 만드셨으니 그 성읍
은 결코 재건될 수 없을 것입니다.
3 그러므로 강한 민족이 주께 영광을
돌리고 포악한 민족들의 성읍이 주
를 두려워할 것입니다.
4 주께서는 약한 사람들에게 요새가
되시고 고생하는 빈민들에게 요새가
되시고 폭풍우를 피할 피난처가 되시
며 폭염을 피할 그늘이 되십니다. 포
악한 사람들의 숨소리는 벽을 쳐 대
는 폭풍우와 같고
5 광야의 뙤약볕과 같습니다. 그러나
주께서는 이방 사람들의 소동을 잠재
우셨습니다. 따가운 빛이 구름 그늘
에 가려 힘을 잃듯이 포악한 자들의
노래가 사라졌습니다.
6 만군의 여호와께서 이 산에서 모든
민족에게 기름진 음식으로 잔치를 베
풀어 주실 것이다. 가장 좋은 고기와
가장 좋은 포도주를 내주실 것이다.
7 이 산에서 그가 모든 민족의 얼굴을
덮고 있던 수의를 걷어 버리시고 모
든 나라를 덮고 있던 수의를 치워 버
리실 것이다.
8 그는 죽음을 영원히 삼키실 것이다.
주 여호와께서 모든 얼굴에서 눈물을
닦아 주시고 주의 백성들의 수치를
온 땅에서 씻어 내실 것이다. 이것은
여호와께서 말씀하신 것이다.
9 그날에 이렇게 말할 것이다. "보십시
오. 이분이 우리 하나님이십니다. 우
리가 그분을 기다렸더니 그분이 우리
를 구원하셨습니다. 이분이 여호와이

십니다. 우리가 기다렸던 바로 그분이
십니다. 우리가 그분의 구원을 기뻐하
고 즐거워합시다."
10 여호와의 손이 이 산에 머물겠지만 모
압은 지푸라기가 거름 속에서 짓밟히
듯 그 아래에서 짓밟힐 것이다.
11 마치 헤엄치는 사람이 양손을 뻗어
헤엄치듯이 그가 그 속에서 양손을
뻗겠지만 하나님께서는 능숙하게 휘
젓는 그의 손을 내리누르시고 그들의
교만함을 꺾으실 것이다.
12 그분이 높고 단단한 네 성벽을 부서
뜨려 땅바닥까지 낮추실 것이다.

찬송의 노래

26 그날에 유다 땅에서는 이 노래
를 부를 것이다. 우리의 성읍
은 튼튼하다. 하나님께서 성벽과 방
벽을 겹겹이 세우셔서 우리를 구원하
셨다.
2 성문들을 열라. 신의를 지키는 의로
운 나라가 들어오게 하라.
3 '주를 한결같은 마음으로 의지하는
사람들에게 주께서 평화를 넘치도록
부어 주십시오. 그가 주님을 신뢰하
기 때문입니다.'
4 영원히 여호와를 신뢰하라. 여호와 그
분만이 영원한 바위이시기 때문이다.
5 그분은 거만한 사람들을 낮추시고
높은 성읍을 낮추셨다. 그 성읍을 땅
에까지 낮추시는데 땅바닥에 내동댕
이치셔서
6 전에 짓밟혔던 사람들이 그 성읍을
밟고 다닌다. 악하고 가난한 사람들
이 발바닥으로 밟고 다닌다.
7 '바르게 사는 사람의 길은 곧게 뻗어
있습니다. 주께서 바르게 사는 사람
의 길을 평탄하게 하십니다.
8 여호와여, 그렇습니다. 우리는 주의
공의의 길을 걸으면서 주를 기다립니
다. 우리의 영혼이 바라는 것은 주의
이름이며 주를 기억하는 것입니다.
9 내 영혼이 밤에 주를 바라고 내 마음
이 주를 부지런히 찾습니다. 주께서
이 땅을 심판하실 때 세상 사람들은
정의를 배우게 됩니다.
10 그러나 악인은 은혜를 입어도 정의를
배우지 못합니다. 정직한 땅에서조차
그들은 악한 일을 해 대고 여호와의
위엄을 무시해 버립니다.
11 여호와여, 주의 손이 높이 들렸지만
그들이 쳐다보지 않습니다. 주의 백
성들을 향한 주의 열정을 그들이 보
고 부끄러워하게 해 주십시오. 그리
고 주께서 불로 주의 원수들을 태워
버리십시오.
12 여호와여, 주께서 우리에게 평화를
주셨습니다. 우리가 한 일들조차도
모두 주께서 우리를 위해 해 주신 것
입니다.
13 여호와 우리 하나님이여, 주 말고도
다른 주인들이 우리를 다스렸지만 우
리는 주의 이름만을 기억하겠습니다.
14 그들은 이제 죽어서 다시 살지 못할
것입니다. 떠나간 영들은 일어나지 못
할 것입니다. 주께서 그들에게 벌을
주셔서 그들을 망하게 하셨고 주께서

그들에 관한 기억을 모두 지워 버리
셨습니다.
15 여호와여, 주께서 이 나라를 키우셨
습니다. 주께서 이 나라를 키우시고
이 땅의 모든 경계를 넓혀서 영광을
받으셨습니다.
16 여호와여, 괴로워서 그들이 주께로
찾아왔습니다. 주께서 그들을 징계하
실 때 그들이 기도를 쏟아 놓았습니
다.
17 아기를 가져 해산할 때가 된 여인이
아파서 몸부림치며 울부짖는 것같이
여호와여, 우리도 주 앞에서 울부짖
었습니다.
18 우리가 아기를 가져서 해산하듯이 몸
을 비틀었지만 바람밖에 낳은 것이
없어서 이 땅에 구원을 베풀지도 못
했고 세상의 주민들을 낳지도 못했습
니다.
19 그러나 이미 죽은 사람들 가운데서
주의 백성들이 살아날 것입니다. 그
들의 시체가 일어날 것입니다. 땅속에
있는 사람들아, 일어나서 환호성을
지르라. 주의 이슬은 빛나는 이슬이
어서 땅이 죽은 사람들을 도로 내놓
을 것입니다.'
20 내 백성아, 가거라. 네 방으로 들어가
서 문을 닫아걸고 그의 노여움이 지
나갈 때까지 잠깐 숨어 있어라.
21 보라. 여호와께서 그 계시던 곳에서
나오셔서 이 땅에 사는 사람들의 죄
를 물어 벌하실 것이다. 그러면 땅은
스며들었던 피를 드러내고 살해당한
사람들을 더 이상 숨기지 않을 것이
다.

이스라엘의 구원

27 그날에 여호와께서 단단하고
크고 강한 칼로 도망가는 뱀,
구불구불한 뱀 *리워야단을 벌하시고
바다에 사는 그 용을 죽이실 것이다.
2 그날에 사람들은 '기쁨을 주는 포도
원'을 노래할 것이다.
3 "나 여호와는 포도원지기다. 내가 꾸
준히 물을 주고 아무도 포도원을 해
치지 못하도록 밤낮으로 지킨다.
4 나는 노여워할 일이 없다. 그러나 어
쩌랴. 찔레나무와 가시나무가 있다면
나는 그들에게 싸움을 걸어 모조리
불살라 버릴 것이다.
5 그렇게 되지 않으려면 차라리 내 피
난처에 몸을 기대어라. 차라리 나와
화목하여라. 나와 화친을 맺어라."
6 다가올 날에 야곱이 뿌리를 박고 이
스라엘이 싹을 내고 꽃을 피우면 온
세상이 열매로 가득 찰 것이다.
7 여호와께서 그를 친 사람들을 치신
것처럼 그에게도 그렇게 치셨겠느냐?
그를 죽인 사람들을 살육한 것처럼
그에게도 그렇게 살육하셨겠느냐?
8 주께서 정확하게 측량하셔서 이스라
엘을 포로로 보내 그와 다투시고 동
풍이 불 때 강한 바람으로 이스라엘
을 쫓아 버리셨다.
9 그래서 이것으로 야곱의 죄가 용서를

27:1 바다에 산다고 생각되던 거대한 동물로 고대 사람들은 혼돈을 가져오는 신화 속의 생물로 이해함. 이스라엘을 억압하는 민족들을 상징함.

받았고 이것으로 그의 죄가 사라졌으
니 곧 모든 제단의 돌이 분필처럼 박
살이 나고 아세라 상이나 분향단이
서 있지 못하는구나.
10 요새와도 같던 성읍이 황량하게 인적
도 없이 광야처럼 버려져 있구나. 거
기서 송아지가 풀을 뜯고 누워 그 나
뭇가지들을 모조리 먹어 치우고 있구
나.
11 가지들이 마르면 꺾이는 법, 여인들
이 와서 그것을 땔감으로 삼고 있구
나. 이 백성이 이렇게도 분별력이 없
는 사람들이어서 그들을 지으신 분
이 불쌍히 여기지도 않고 그들을 만
드신 분이 은혜를 베풀지도 않으시는
구나.
12 그날에 여호와께서 굽이쳐 흐르는 유
프라테스 강에서부터 이집트의 강에
이르기까지 쓸어 내 너희 이스라엘
자손을 하나씩 하나씩 알곡처럼 모
으실 것이다.
13 그날에 큰 나팔이 울릴 것이니 앗시리
아 땅에서 방황하던 사람들과 이집트
에 포로로 잡혀간 사람들이 돌아와
서 예루살렘의 거룩한 산에서 여호와
를 경배할 것이다.

에브라임과 유다 지도자들에게 재앙이 있을 것이다

28 아! 너희에게 재앙이 있을 것
이다. 교만의 면류관아! 에브라
임의 술꾼들아! 포도주로 얼룩진, 기
름진 골짜기 꼭대기에 앉아서 찬란한
아름다움을 뽐내던 에브라임은 시들
어 가는 꽃이로구나.
2 보라. 주께서 힘 있고 강한 한 사람을
보내신다. 마치 쏟아지는 우박처럼,
파괴력을 가진 바람처럼, 마구 퍼부
어 범람하는 폭풍우처럼, 그가 폭력
으로 힘껏 땅에 내던질 것이다.
3 교만의 면류관아! 에브라임의 술꾼들
아! 너희가 그 발아래 짓밟힐 것이다.
4 포도주로 얼룩진, 기름진 골짜기 꼭
대기에 앉아서 찬란한 아름다움을
뽐내던 꽃들아! 시들어 가는 꽃들아!
너는 여름 추수 직전에 탱탱하게 영
글어 있는 무화과 같아서 누군가 보
자마자 손에 따서 꿀꺽 삼켜 버릴 것
이다.
5 그날에 만군의 여호와께서는 그 남은
백성들을 위해 영광스러운 면류관,
아름다운 화환이 되실 것이다.
6 그는 재판석에 앉은 사람들에게 공의
의 영이 되시고 성문에서 싸우는 사
람들에게 힘의 원천이 되실 것이다.
7 이 사람들 역시 포도주로 비틀거리고
독한 술로 휘청거리는구나. 제사장들
과 예언자들이 독한 술을 마셔 비틀
거리고 포도주를 들이켜 혼미해졌구
나. 그들이 독한 술에 빠져 비틀거리
니 환상을 잘못 풀이하고 판결을 내
리면서도 휘청거리는구나.
8 식탁마다 토한 것으로 가득하고 깨끗
한 곳이 하나도 없구나.
9 "그가 누구를 가르치려는 것이냐? 그
가 누구에게 그 말을 설명하고 있느
냐? 젖을 떼고 품에서 떠난 어린아이

들이나 깨닫게 하여라.
10 그들이 하는 말이라곤 이런 것이다.
*교훈에 교훈을, 교훈에 교훈을! 이
줄까지, 이 줄까지! 여기 조금, 저기
조금!"
11 좋다! 그렇다면 하나님께서도 더듬거
리는 말투와 다른 나라 방언으로 이
백성들에게 말씀하셔야겠구나.
12 그분이 말씀하시기를, "이곳이 쉴 곳
이다. 지친 사람들은 여기서 쉬라. 이
곳이 쉼터다"라고 하셨지만 그들은
들으려 하지 않았다.
13 그래서 여호와께서 그들에게 *"교훈
에 교훈을, 교훈에 교훈을! 이 줄까
지, 이 줄까지! 여기 조금, 저기 조금!"
이라고 말씀하실 수밖에 없다. 그래
서 그들은 가다가 쓰러져 뒹굴고 몸
이 상하고 걸리며 붙잡힐 것이다.
14 그러므로 예루살렘에서 이 백성들을
다스리는 너희 조롱꾼들아! 여호와의
말씀을 들으라.
15 너희가 자랑하기를, "우리는 죽음과
계약을 맺었고 *무덤과 협정을 체결
했다. 엄청난 징벌이 쓸고 지나가도
우리에게는 오지 않을 것이다. 우리
가 거짓말을 우리의 피난처로 삼고
속임수를 우리의 은신처로 삼았기 때
문이다"라고 하는구나.
16 그러므로 주 여호와께서 이렇게 말씀
하신다. "보아라. 내가 시온에 주춧돌
을 놓는다. 그것은 시험을 거친 돌로
서, 단단한 기초를 세우기 위한 귀중
한 모퉁잇돌이다. 이것을 믿는 자는
결코 조급하지 않을 것이다.
17 내가 공의로 척도를 삼고 정의로 저
울추를 삼겠다. 거짓말로 만든 피난
처는 우박이 덮쳐 부서지고 네 은신
처는 물이 차서 휩쓸려 가 버릴 것이
다.
18 네가 죽음과 맺은 계약은 무효가 되
고 *음부와 체결한 협정은 깨질 것이
다. 엄청난 재앙이 휩쓸고 지나갈 때
너는 그것에 맞아 쓰러질 것이다.
19 그것이 지나갈 때마다 너를 잡을 것
이다. 아침마다 쓸어 가고 낮에도 밤
에도 쓸어 갈 것이다." 이 말씀을 알
아듣는 것이 오히려 섬뜩한 공포가
될 것이다.
20 침대가 너무 짧아 몸을 뻗을 수 없고
담요가 너무 좁아 너를 다 쌀 수 없구
나.
21 여호와께서 브라심 산에서처럼 일어나
시고 기브온 골짜기에서처럼 몸을 일
으키실 것이다. 그가 일을 행하신다.
이상한 일을 행하신다. 그가 사역을
행하신다. 기이한 사역을 행하신다.
22 그러므로 사슬에 더욱 꽁꽁 매이지
않으려면 이제 비웃지 마라. 주 만군
의 여호와께서 이 온 땅을 멸하기로
작정하셨음을 내게 말씀하셨다.
23 귀를 기울이고 내 목소리를 들어라.
주목해 내 말을 들어라.
24 농부가 밭을 갈 때 끊임없이 밭만 갈
겠느냐? 땅을 파고 흙을 고르기만 하

28:10,13 예언자의 말을 흉내 내는 뜻 없는 소리
28:15 히브리어, 스올 28:18 히브리어, 스올

겠느냐?
25 땅을 평평하게 고르고 나면 소회향
씨를 심거나 대회향 씨를 뿌리지 않
겠느냐? 밀을 줄지어 심고 적당한 곳
에 보리를 심으며 가장자리에는 귀리
를 심지 않겠느냐?
26 이것은 하나님이 농부에게 가르쳐 주
신 것이다. 하나님이 가르치셨다.
27 소회향은 도리깨로 타작하지 않는다.
대회향 위로는 수레바퀴를 굴리지 않
는다. 소회향은 지팡이로 두드리고
대회향은 막대기로 두드린다.
28 빵을 만들려고 곡식을 갈 때 그것을
무작정 오래 빻는 것이 아니다. 사람
이 그 타작 수레를 그 위에 굴려도
말들이 그것을 부수게는 하지 않는
다.
29 이것 또한 만군의 여호와께서 가르쳐
주신 것이다. 그분의 모략이 놀랍고
지혜가 크시다.

슬프다, 다윗의 성읍이여

29 아! 너희에게 재앙이 있을 것이
다. *아리엘아, *아리엘아, 다윗
이 진을 쳤던 성읍아! 해를 거듭하고
절기가 돌아오겠지만
2 내가 *아리엘을 포위할 것이니 통곡
과 탄식 소리만 있을 것이다. 그것은
내게 *아리엘 같을 것이다.
3 내가 너를 둘러 진을 치고 사방에 탑
을 쌓아 너를 에워싸며 흙더미를 쌓
아 올려 너를 공격하겠다.
4 그러면 너는 땅보다 더 낮아져서 말
할 것이다. 네 말소리는 나직하게 흙
속에서 날 것이다. 네 목소리는 땅에
서 유령처럼 올라올 것이다. 중얼거리
는 네 목소리가 흙 속에서 새어 나올
것이다.
5 그러나 네 많은 원수들은 미세한 흙
먼지처럼 되고 포악한 무리는 바람에
흩날리는 겨처럼 될 것이다. 갑자기,
순식간에.
6 만군의 여호와께서 번개와 지진과 큰
소음을 내시며 회오리바람과 폭풍과
삼킬 듯한 불꽃으로 오실 것이다.
7 그러면 *아리엘과 싸우고 그 요새를
공격하며 그를 포위하는 모든 민족들
의 무리는 꿈에서나 볼 듯한 모습처
럼, 한밤중의 환상처럼 될 것이다.

29:1,2,7 히브리어, '하나님의 암사자', '번제단'. 히브리어로 '하나님의 암사자'와 '번제단'은 발음이 같음.

성·경·상·식 | **아리엘**

아리엘은 '하나님의 제단'이라는 뜻이다. 아리엘은 제단 아래로 떨어진 제물의 피를 모아 불태우는 데 사용했던 번제단의 불타는 부분을 말한다. 이사야가 예루살렘을 일컬어 아리엘이라고 한 것은(사 29:1) 예루살렘이 적들의 침입을 받아 아리엘처럼 피로 물들고 전쟁으로 인해 불타는 번제단처럼 황폐될 것을 예언한 것이다(사 29:2-4).

하나님은 유다 사람들이 하나님께 형식적이고 외식적인 제사를 드리며(사 29:13-14) 악을 행하는 것 때문에 예루살렘을 심판하실 것이라고 하셨다.

8 마치 배고픈 사람이 허겁지겁 먹는
꿈을 꾸다가 깨어나면 그 배고픔이
여전함과 같고 목마른 사람이 벌컥벌
컥 마시는 꿈을 꾸다가 갈증을 풀지
못한 채 기력 없이 깨어난 것과 같을
것이다. 시온 산과 싸우는 모든 민족
들의 무리가 이와 같을 것이다.
9 깜짝 놀라고 놀라라. 눈이 가려져 앞
을 보지 못하게 되라. 포도주를 마시
지도 않았는데 취할 것이다. 독한 술
에 취하지도 않았는데 비틀거릴 것이
다.
10 여호와께서 너희에게 깊은 잠을 주셨
다. 그분이 너희 눈을 봉인하셨으니
눈은 예언자요, 그분이 너희 머리를
덮으셨으니 머리는 선견자다.
11 이 모든 환상이 너희에게는 봉인된
두루마리의 말씀과도 같다. 그러니
만약 너희가 글을 읽을 수 있는 사람
에게 그 두루마리를 주면서 "이것을
꼭 읽어 주십시오"라고 부탁하면 그
는 "봉인돼 있어서 읽을 수 없습니다"
라고 대답할 것이다.
12 그러나 만약 너희가 글을 못 읽는 사
람에게 그 두루마리를 주면서 "이것
을 꼭 읽어 주십시오"라고 부탁하면
그는 "나는 읽을 줄 모릅니다"라고 대
답할 것이다.
13 여호와께서 말씀하신다. "이 백성이
입으로는 내게 다가오고 입술로는 나
를 공경하지만 그 마음은 내게서 멀
어져 있고 사람에게서 배운 관습대
로 나를 두려워할 뿐이다.
14 그러므로 내가 다시금 이 백성을 놀
라게 할 것이다. 지혜 있는 사람에게
서 지혜가 사라질 것이고 분별 있는
사람에게서 분별력이 없어질 것이다."
15 자기 계획을 숨기려고 여호와를 떠나
깊은 곳으로 들어가 어둠 속에서 음
모를 꾸미면서 "누가 우리를 보겠는
가? 누가 알겠는가?"라고 중얼거리는
사람들에게 재앙이 있을 것이다.
16 너희가 일들을 뒤집어서 마치 토기장
이를 진흙처럼 생각하고 있구나. 만
들어진 것이 만드신 분에게 "그가 나
를 만들지 않았어!"라고 말할 수 있느
냐? 빚어진 것이 그것을 빚으신 분에
게 "그는 아무것도 몰라!" 하고 말할
수 있느냐?
17 레바논이 금방 기름진 밭으로 변하고
기름진 밭이 금방 숲처럼 바뀌지 않
느냐?
18 그날에 듣지 못하던 사람이 두루마
리 책의 말씀을 듣고, 보지 못하던
사람이 암흑과 어둠 속에서 두 눈으
로 똑똑히 보게 될 것이다.
19 빈곤한 사람들이 다시금 여호와를 기
뻐하고 가난한 사람들이 이스라엘의
거룩한 분을 즐거워할 것이다.
20 포악한 사람이 사라지고 비꼬아 말하
는 사람이 없어질 것이며 나쁜 일 저
지르기를 호시탐탐 노리고 있는 사람
은 멸망할 것이다.
21 말로써 사람을 죄인으로 만들고 성문
에서 변호하는 사람을 함정에 빠뜨리
며 정직한 사람들을 거짓 증언으로

억울하게 하는 사람은 멸망할 것이다.
22 그러므로 아브라함을 구원하신 여호
와께서 야곱의 집에 이렇게 말씀하신
다. "야곱은 더 이상 부끄러움을 당하
지 않고 그의 얼굴이 더 이상 창백해
지지 않을 것이다.
23 그들 가운데서 내 손으로 만든 그 자
녀들을 보고 그들이 내 이름을 거룩
하다 여길 것이다. 야곱의 거룩한 이
를 거룩하게 받들고 이스라엘의 하나
님을 두려워하며 설 것이다.
24 그래서 정신이 비뚤어진 사람들은 분
별력을 얻고 불평하던 사람들은 가르
침을 받아들일 것이다."

반역하는 자식들은 재앙이 있을 것이다

30 여호와께서 말씀하신다. "아!
재앙이 있을 것이다. 반역하는
자식들아! 내 뜻을 무시하고 계획을
세우고 내 영을 무시하고 다른 이와
동맹을 맺으면서 죄에 죄를 더하고 있
구나.
2 내게 묻지도 않고 이집트로 내려가서
바로의 보호를 피난처로 삼고 이집트
의 그늘 아래 쉴 곳을 찾는구나.
3 그러나 바로의 보호가 도리어 너희에
게 부끄러움이 되고 이집트의 그늘이
너희에게 치욕이 될 것이다.
4 그 고관들이 소안으로 가고 그 사신
들이 하네스에 이르렀지만
5 도움이나 이익은커녕 수치와 치욕만
받고 쓸모도 없는 민족에게 모두가
수치를 당할 것이다."
6 네게브의 짐승들에게 내려진 판결이
다. 사절단들이 나귀의 등에 재물을
싣고 낙타의 혹에 자기 보물을 얹어
옮기며 고통과 고난의 땅, 수사자들
과 암사자들의 땅, 독사들과 날아다
니는 뱀들의 땅을 지나 그 무익한 민
족에게로 가는구나.
7 이집트의 도움은 쓸모없고 공허할 뿐
이다. 그러므로 내가 이집트를 "자리
에 앉아 있기만 하는 *라합"이라고 불
렀다.
8 이제 가서 이것을 돌판에 새기고 두
루마리에 기록해서 훗날을 위해 영원
한 증거가 되게 하라.
9 이 백성은 반역하는 백성, 속이는 자
식들, 여호와의 가르침은 듣지도 않는
자식들이로구나.
10 선견자들에게는 "더 이상 환상을 보
지 마시오!" 하고 예언자들에게는 "더
이상 진실을 예언하지 말고 거짓말이
라도 좋으니 듣기 좋은 말로 예언해
주시오!
11 지금 방식을 버리고 탈선을 좀 하시
오! 우리가 이스라엘의 거룩한 분을
대면하게 하는 일은 그만두시오!"라
고 하는구나.
12 그러므로 이스라엘의 거룩하신 분이
이렇게 말씀하신다. "너희가 이 말을
거부하면서 억누르고 벗어난 것을 신
뢰하고 그것에 의지했다.
13 그러므로 너희가 저지른 악은 마치
높은 담이 불쑥 나와 갑자기 순식간

30:7 히브리어, '폭풍', '거만'. 고대 근동 신화에서 말하는 바다 괴물로 이집트를 상징함.

에 무너져 내리는 것같이 되고
14 도자기가 완전히 박살 나 버려서 아
궁이에서 불을 담아 오거나 우물에
서 물을 퍼낼 수 있는 조각이 하나도
남아 있지 않는 것 같다."
15 주, 이스라엘의 거룩한 여호와께서 이
렇게 말씀하신다. "회개하고 쉼을 얻
는 것이 너희가 구원받을 길이고 잠
잠히 믿고 의지하는 것이 너희가 힘
을 얻는 길인데 너희는 그렇게 하려
하지 않는구나.
16 오히려 너희는 '아니다. 우리가 말을
타고 빨리 도망치겠다'라고 말하니 그
렇다면 그렇게 빨리 도망쳐 보라. 또
너희는 '우리가 빨리 달리는 말을 타
고 도망치겠다'라고 말하니 그렇다면
너희를 쫓아가는 사람들이 더 빠르
게 쫓아갈 것이다.
17 한 사람의 위협에 1,000명이 넋을 잃
고 도망치고 다섯 사람의 위협에 너
희가 모두 도망쳐 버려서 결국 너희
에게 남은 사람들이 산꼭대기에 남은
깃대 같고 언덕 위에 홀로 꽂힌 깃발
같을 것이다."
18 그러나 여호와께서는 너희에게 은혜
베풀기를 간절히 바라신다. 너희를
불쌍히 여기셔서 도우러 일어나신다.
여호와는 공의의 하나님이시기 때문
이다. 복되다. 그를 기다리는 모든 사
람들아!
19 예루살렘에 사는 시온 백성아, 너희는
더 이상 슬피 울지 않아도 된다. 너희
가 도와 달라고 부르짖을 때 그분은
큰 은혜를 베푸셔서 듣자마자 너희에
게 대답하실 것이다.
20 여호와께서 너희에게 고난의 빵과 역
경의 물을 주시더라도 더 이상 너희
선생들을 숨기지 않으실 것이니 너희
가 두 눈으로 직접 볼 것이다.
21 너희가 오른쪽으로나 왼쪽으로나 벗
어나려 하기만 하면 뒤에서 너희 귀
에 이렇게 들려줄 것이다. "이 길이다.
이쪽으로 걸으라."
22 그래서 너희는 은을 입힌 너희 우상
들과 금으로 덮은 너희 신상들을 더
러운 것으로 여기고 그것들을 여인들
이 달거리 때 입는 옷처럼 던져 버리
고는 "나가라!"라고 말할 것이다.
23 너희가 땅에 심은 씨앗이 자라도록
그분이 비를 내려 주실 것이니 그 땅
에서 나오는 것이 많고도 풍족할 것
이다. 또 너희 소 떼는 넓은 풀밭에서
풀을 뜯을 것이다.
24 흙을 가는 황소들과 나귀들이 키와
삽으로 잘 까부르고 개어 놓은 사료
와 먹이를 먹을 것이다.
25 대학살이 일어나고 탑들이 무너지는
날에 높은 산과 높이 솟은 언덕마다
시냇물이 흘러넘칠 것이다.
26 여호와께서 그 백성들의 상처를 싸매
시고 그가 때린 자리를 치료하시는
날에 달은 해처럼 빛을 내고, 햇볕은
7일 동안 내려 쪼인 햇볕을 한꺼번에
모아 놓은 밝기처럼 일곱 배나 더 밝
을 것이다.
27 보라. 여호와의 이름이 멀리서 오고

있다. 불타오르는 노여움과 빽빽이 피
어오르는 구름과 함께 멀리서 오고
있다. 그분의 입술에는 노여움이 가
득 서려 있고 혀는 마치 삼켜 버리는
불과 같다.
28 그분의 숨결은 밀어닥치는 시냇물처
럼 목에까지 받쳐 오른다. 키질을 하
셔서 저 민족들을 걸러 내 날려 버리
시고 저 민족들의 턱에다가 잘못 이
끄는 재갈을 물리신다.
29 그러면 너희가 거룩한 절기를 지키는
밤에 하는 것처럼 노래를 부르고 백
성들이 이스라엘의 바위, 여호와의 산
으로 피리를 불며 올라갈 때처럼 마
음이 즐거울 것이다.
30 여호와의 위엄 있는 소리를 들려주시
고 내려치시는 주의 팔을 보여 주신
다. 주께서 분노가 치밀어 오르시니
불이 타오르고 구름이 갑자기 생기
고 번개가 치고 폭풍이 쏟아지고 돌
덩이 같은 우박이 후려친다.
31 그렇다. 여호와의 음성이 앗시리아를
흩으시고 막대기로 그들을 치실 것이
다.
32 여호와께서 움켜잡으신 몽둥이로 그
들을 내리치실 때마다 탬버린과 하프
로 장단을 맞출 것이니 그가 전쟁터
에서 그분의 팔을 흔들면서 그들을
후려치실 것이다.
33 오래전에 벌써 *도벳이 준비돼 있었
다. 그것도 앗시리아 왕을 위해 준비
돼 있었다. 불구덩이가 깊고 넓게 만
들어졌고 불과 땔감도 넉넉히 마련돼
있었다. 여호와의 숨결이 타오르는 용
광로처럼 그것을 불사를 것이다.

이집트를 의지하는 사람들에게 재앙이 있을 것이다

31 아! 너희에게 재앙이 있을 것이
다. 도움을 청하러 이집트에 내
려가고 말들을 의지하고 그 병거들의
숫자와 그 기병들의 힘을 신뢰하지만
이스라엘의 거룩한 분은 찾지도 않고
여호와의 도움은 구하지도 않는 사람
들아!
2 그러나 여호와께서도 지혜로우셔서
재앙을 내리실 것이다. 그분은 말을
번복하시는 법이 없으시다. 일어나셔
서 악을 행하는 사람들의 집을 치고
악인을 돕는 사람도 치실 것이다.
3 그러나 이집트 사람은 사람일 뿐 *하
나님이 아니다. 그들의 군마는 고깃
덩어리일 뿐 영이 아니다. 여호와께서
그분의 손을 펴시면 돕던 사람도 걸
려 넘어지고 도움을 받던 사람도 쓰
러질 것이다. 둘 다 함께 멸망할 것이
다.
4 여호와께서 내게 말씀하신다. "사자가
으르렁거릴 때, 큰 사자가 먹잇감을
두고 으르렁거릴 때, 비록 목동들이
무리를 지어 몰려와서 목청껏 고함을
지른다 해도 사자가 그 고함 소리에
두려워하겠느냐? 그 떠드는 소리에
겁을 집어먹겠느냐? 만군의 여호와께
서도 이렇게 시온 산과 그 언덕에 내
려와서 싸워 주실 것이다.

30:33 히브리어, '불타는 곳' (제단) 31:3 또는 신

5 날개를 편 새들처럼 만군의 여호와께
서 그렇게 예루살렘을 보호하실 것이
다. 예루살렘을 덮어서 지켜 주시고,
낚아채 구해 내시고 쓰다듬어 아껴
주시고, 사슬을 풀어 구해 주실 것이
다."
6 이스라엘 백성아, 너희가 그토록 심하
게 배신했던 그분께 돌아오라.
7 그날에 누구든지 너희의 죄 있는 손
으로 만든 은 우상과 금 우상을 버릴
것이다.
8 "앗시리아는 사람이 휘두르지도 않은
칼에 쓰러질 것이다. 인간이 찌르지
도 않은 칼에 삼켜질 것이다. 그들이
그 칼 앞에서 도망칠 것이고 그들의
젊은이들이 강제 노역에 시달릴 것이
다.
9 바위처럼 믿었던 그들의 지휘관이 겁
에 질려 달아나고 그들의 사령관들은
소스라치게 놀라 깃발을 버리고 도망
칠 것이다. 이것은 시온에 불을 가져
다 놓으시고 예루살렘에 용광로를 장
만하신 여호와의 말씀이다."

공의로운 왕국

32 보라. 한 왕이 정의로 통치하고
귀족들이 공의로 다스릴 것이
다.
2 모든 통치자들이 바람을 피할 곳처
럼, 폭풍을 피할 곳처럼, 광야의 시냇
물처럼, 사막의 큰 바위 그늘처럼 될
것이다.
3 그때 감찰하는 관리는 더 이상 눈을
감지 않을 것이고 심리하는 관리는
귀를 기울여 들을 것이다.
4 경솔한 사람의 마음은 올바른 분별
력을 갖게 되고 어눌한 사람의 혀는
유창하고 또렷한 발음을 낼 것이다.
5 사람들은 더 이상 어리석은 자들을
존귀한 사람이라고 부르지 않고 더
이상 악당들을 고귀한 사람이라고 부
르지 않을 것이다.
6 어리석은 사람은 실없는 말을 하고
악한 일을 마음속으로 꾸며서 불경건
한 일을 하고 여호와께 함부로 말하
고 배고픈 사람을 그대로 내버려 두
고 목마른 사람에게서 물을 빼앗아
버리는 사람이다.
7 악당은 나쁜 무기를 갖고 다니고 약
한 사람들의 간청이 정당하지만 악한
계획을 꾸며 거짓말로 가난한 사람
들을 파멸시키기를 서슴지 않는 사람
이다.
8 그러나 고결한 사람은 고결한 계획을
세우고 고결하게 살아간다.

예루살렘의 여인들

9 태평한 여인들아, 일어나서 내 말을
잘 들으라. 자신만만한 딸들아, 내 말
에 귀를 기울이라.
10 한 해가 조금 더 지나면 자신만만하
던 사람들은 불안해할 것이다. 포도
수확을 하지 못하고 열매를 추수할
때가 오지 않을 것이기 때문이다.
11 태평한 여인들아, 마음을 졸이라. 믿
는 구석이 있다고 느끼는 딸들아, 벌
벌 떨라. 옷을 벗어 벌거숭이가 되고
허리에 굵은베를 두르라.

12 저 좋은 밭과 열매 많은 포도나무를
두고 가슴을 치라.
13 내 백성이 사는 땅에 가시와 찔레가
가득 자랄 테니 가슴을 치라. 큰 기
쁨을 주는 모든 집과 유쾌한 성읍을
두고 가슴을 치라.
14 요새는 버려지고 시끄러운 성은 적막
해지고 성채와 망대가 영원히 폐허가
돼 나귀들이 즐겁게 뛰고 양 떼가 풀
을 뜯을 곳이 될 테니 가슴을 치라.
15 마침내 높은 곳에서 우리에게 영이
쏟아져 내리면 광야는 기름진 밭이
되고 기름진 밭은 숲이 될 것이다.
16 그때 광야에 공의가 거하고 기름진
밭에 정의가 자리 잡을 것이다.
17 정의는 평화를 열매 맺어서 영원히
평화롭고 안전하게 만들 것이다.
18 내 백성이 평화로운 거처, 안전한 거
주지, 조용한 휴식처에서 살 것이다.
19 비록 우박으로 숲이 쓰러지고 성읍이
완전히 무너져도
20 복되다. 물이 있는 곳마다 씨를 뿌리
고 소와 나귀들을 풀어 놓아 키우는
너희들아!

고통과 도움

33 아! 너희에게 재앙이 있을 것이
다. 폭행 한 번 당하지 않았으
면서 남을 폭행하기만 한 사람들아!
배반 한 번 당하지 않았으면서 남을
배반하기만 한 사람들아! 네가 폭행
을 멈출 때 폭행을 당할 것이고 네가
배반을 멈출 때 배반을 당하게 될 것
이다.
2 여호와여, 우리에게 은혜를 베풀어
주십시오. 우리가 주를 기다립니다.
아침마다 우리의 힘이 돼 주시고 힘
들 때 우리의 구원이 돼 주십시오.
3 주께서 크게 고함을 치시면 백성은
달아나고 주께서 일어나시면 나라들
이 흩어집니다.
4 사람들이 메뚜기 떼처럼 모여들어 너
희를 약탈하고 메뚜기가 뛰어다니듯

하용조 목사의 행복한 메시지

하나님께서 나를 버리셨구나!

사람들은 두려움과 절망에 싸일 때 '하나님께서 나를 버리셨구나!' 혹은 '하나님께서 주무시고 계시는구나!' 혹은 '하나님께서는 내게 관심이 없으시구나!'라고 생각합니다. 그러나 사실은 정반대입니다. 하나님께서는 우리가 실패하여 낙심할 때 가장 가까이 계십니다. 부모가 건강한 자식에게는 무관심할지라도 병든 자식에게는 곁에서 관심을 쏟는 것과 마찬가지입니다. 부모가 곁에서 병든 자식에게 모든 관심을 쏟고 있음에도 불구하고 그 자식이 깨닫지 못하는 것은 병이 너무 중해서 그런 것입니다. 예수님은 우리의 실패와 절망 가운데 우리와 함께 계십니다. 우리가 낙심하여 이제 끝이라고 생각할 때 예수님은 역사하고 계십니다. 우리의 실패와 절망은 곧 하나님의 소망과 승리입니다. 인간의 끝이 하나님의 시작임을 기억하시기 바랍니다.

사람들이 그 위에 뛰어오를 것이다.
5 여호와는 드높으시다. 그분은 높은
곳에 거하시면서 공의와 정의로 시온
을 가득 채우고 계시기 때문이다.
6 그분은 너희 시대의 든든한 기초가
되시고 구원과 지혜와 지식이 쌓여
있는 보물 창고가 될 것이다. 그중에
서도 여호와를 두려워하는 것이 이
창고의 보물이다.
7 보라. 그들의 영웅들이 거리에서 울
부짖고 평화 사절단들이 비통하게 울
고 있다.
8 큰길이 황폐해져서 행인이 끊기며 계
약이 깨져서 성읍들이 보호를 받지
못하니 사람들은 배려받지 못한다.
9 땅은 신음하고 시들어만 간다. 레바
논은 수치를 당해 소멸됐고 *샤론은
아라바 사막 같고 바산과 갈멜은 나
뭇잎이 떨어져 벌거숭이가 된다.
10 "이제 내가 일어나겠다." 여호와께서
말씀하신다. "이제 내가 스스로 드높
여서 높임을 받아야겠다.
11 너희는 겨를 잉태해 지푸라기를 낳는
구나. 너희의 숨결은 불이 돼 너희를
삼켜 버리는구나.
12 백성들은 석회처럼 불살라지고 잘려
진 가시덤불처럼 불에 탈 것이다.
13 멀리 있는 사람들아, 내가 한 일을 들
으라. 가까이 있는 사람들아, 내 능력
을 인정하라!"
14 시온에 있는 죄인들이 두려워하고 불
경한 사람들은 겁에 잔뜩 질려 떨고
있구나. "우리 가운데 누가 삼키는 불
길을 견뎌 낼 것인가? 우리 가운데 누
가 영원한 불꽃을 견뎌 낼 것인가?"
15 올바로 살아가고 정직하게 말하고 강
제로 빼앗은 이익을 거절하고 뇌물은
손바닥을 흔들어 뿌리치고 살인 음
모는 귀를 막아 듣지 않고 나쁜 일은
눈을 감고 보지 않는 사람,
16 이런 사람이야말로 높은 곳에 살게
되고 절벽 요새에서 안전하게 쉬게
될 것이다. 먹을 빵도 떨어지지 않고
마실 물도 끊어지지 않을 것이다.
17 네 눈이 그 아름다운 왕을 보고 멀리
까지 뻗은 땅을 바라보게 될 것이다.
18 네 마음은 지난날 두려웠던 일을 떠
올릴 것이다. "관리하던 사람은 어디
있는가? 세금을 거두던 사람은 어디
있는가? 탑들을 관리하던 사람은 어
디 있는가?"
19 너는 더 이상 그런 사람들을 보지 못
할 것이고 이해할 수 없는 이상한 방
언으로 알아듣지도 못하게 말하는
사람들을 보지 못할 것이다.
20 우리 절기의 성읍 시온을 바라보아
라. 네 눈이 예루살렘, 평화로운 거주
지, 옮겨지지 않을 장막을 보게 될 것
이다. 그 말뚝은 결코 뽑히지 않을 것
이며 그 밧줄은 어느 것 하나도 끊어
지지 않을 것이다.
21 거기서 여호와께서 우리의 강한 분이
되실 것이다. 그곳은 넓은 강과 시내
가 흐르는 곳이 되겠지만 노 젓는 배

33:9 욥바 북쪽으로 지중해 해변을 따라 펼쳐진 평원을 가리킴.

가 그 위를 다니지 않을 것이고 큰 배
가 항해하지 않을 것이다.
22 여호와는 우리의 재판관이시며, 여호
와는 우리의 지휘관이시며, 여호와는
우리의 왕이시니 그분이 우리를 구원
하실 것이다.
23 네 돛대 줄이 풀려서 돛대가 그 자리
에 튼튼히 서 있지 않고 돛이 펼쳐지
지 않을 것이다. 그때에는 많은 약탈
물을 나눌 것이다. 다리를 저는 사람
도 그것을 나눠 가질 수 있을 것이다.
24 그리고 아무도 "내가 병들었다"라고
말하는 사람이 없고 거기 사는 백성
은 죄를 용서받을 것이다.

민족들에 대한 심판

34 민족들아, 가까이 와서 들으
라. 민족들아, 주목하라! 땅과
거기 가득한 모든 것들아, 들으라! 세
상과 거기에서 태어나는 모든 것들
아, 들으라!
2 여호와께서 모든 민족들에게 분노하
시고 모든 군대에게 노여워하셔서 그
들을 *완전히 멸망시키려고 하신다.
그들이 학살을 당하도록 넘겨주실 것
이다.
3 그들 가운데 살해를 당한 시체들은
밖으로 던져져서 그 시체들이 악취를
내고 산들이 그 피에 흠뻑 젖어 녹아
내릴 것이다.
4 하늘의 모든 별들은 사라지고 하늘
이 두루마리처럼 말려 올라갈 것이
다. 포도나무에서 시든 잎사귀가 떨
어지듯, 무화과나무에서 마른 무화과
가 떨어지듯, 모든 별들이 떨어질 것
이다.
5 내 칼이 하늘에서 마실 만큼 마셨으
니, 보라. 이제 에돔을 치려고 내려오
고 있다. 그들을 심판해 *완전히 멸망
시키려고 내려오고 있다.
6 여호와의 칼이 피에 절어 있고 기름
에 덮여 있다. 어린양들과 염소들의
피가 칼에 가득하고 숫양의 콩팥을
찌른 칼에 기름이 묻어 나온다. 그렇
다. 여호와께서 보스라에서 희생제물
을 삼고 에돔 땅에서 대학살을 감행
하신 것이다.
7 들소들과 함께 쓰러지고 송아지들과
수소들도 쓰러질 것이다. 땅은 피로
젖고 흙은 기름으로 가득 차게 될 것
이다.
8 그렇다. 그날은 여호와께서 보복하시
는 날이고 시온을 위해 대신 싸워 주
시며 보상하시는 해이다.
9 에돔의 시내는 역청으로 변하고 에돔
의 흙은 타오르는 유황으로 변할 것
이다. 그 땅은 온통 역청이 돼 타오를
것이다!
10 그 불은 밤낮으로 꺼지지 않고 연기
가 끊임없이 치솟아 올라갈 것이다.
대대로 그곳이 폐허로 남아서 아무도
다시는 그쪽으로 지나다니지 않을 것
이다.
11 매와 해오라기가 그곳을 차지하고 부
엉이와 까마귀가 그 안에 둥지를 틀

34:2,5 히브리어, 헤렘. 생명이나 물건을 완전히 멸하여 여호와께 바치는 것을 의미함. 무를 수가 없음.

것이다. 주께서 혼란의 줄과 공허의
추로 에돔을 측량하실 것이다.
12 그들은 그곳을 '거기 왕국 없음'이라
고 부를 것이다. 모든 귀족들이 사라
지고
13 대신 가시들만 그 성채들을 덮고 엉
겅퀴와 찔레만 그 요새들을 덮을 것
이다. 에돔은 자칼의 소굴이 되고 부
엉이의 보금자리가 될 것이다.
14 들짐승들은 이리 떼와 마주치고 숫염
소들은 자기 친구 염소를 부르며 울
어 댈 것이다. 물론 밤 짐승들도 거기
드러누워 쉴 곳을 찾게 될 것이다.
15 부엉이가 거기서 둥지를 틀고 알을 낳
아 알을 깨고 나온 어린것들을 자기
날개 아래에서 돌볼 것이다. 거기에
매들도 짝을 지어 함께 모일 것이다.
16 여호와의 두루마리를 찾아서 자세히
읽어 보라. 이 짐승들이 모두 기록돼
있을 것이고 짝이 없는 것이 하나도
없을 것이다. 주께서 친히 입으로 명
령을 내리셔서 이 짐승들을 모으실
것이기 때문이다.
17 그분이 그 짐승들을 위해서 제비를
뽑으시고 그분의 손으로 그들에게 적
절히 나눠 주시니 그들이 그 땅을 영
원히 차지하고 거기서 대대로 살게
될 것이다.

값 주고 사신 사람들의 기쁨

35 광야와 메마른 땅이 기뻐하며
사막이 즐거워서 백합화처럼
피어오를 것이다.
2 꽃들이 만발하고 기쁨에 겨워 어쩔
줄 모르고 즐거워서 환호성을 지를
것이다. 그들은 레바논의 영광을 받고
갈멜과 샤론의 광채를 받을 것이다.
그리고 여호와의 영광을 보고 우리
하나님의 광채를 보게 될 것이다.
3 맥없이 늘어진 손을 강하게 하고 비
틀거리는 무릎을 굳세게 할 것이다.
4 불안한 마음을 떨치지 못하는 사람
들에게 말하라. "힘을 내라. 두려워하
지 말라. 너희의 하나님을 보라. 하나
님께서 앙갚음하러 오신다. 하나님께

Q&A 이사야 34:16은 '성경 영감설'을 말하는 것인가?

참고 구절 | 사 34:16

많은 사람들은 이사야 34:16의 말씀이 '성경 영감설'을 뒷받침하고 있는 것으로 생각한다. '여호와의 두루마리'와 "모두 기록돼 있을 것이고"라는 말을 성경에 들어 있는 하나님의 말씀에 결함이 하나도 없다는 것을 뜻한다고 받아들인다. 그리고 "짝이 없는 것이 하나도 없을 것이다"라는 것을 신구약의 말씀이 다 짝을 이룬다거나 '성경은 성경으로 푼다'는 원칙을 뜻한 것이라고 생각한다.

그러나 "이"라는 지시대명사는 '짐승들'을 가리키는 것이며 "모두 기록돼 있을 것이고"라는 말은 이사야의 예언에(11–15절) 기록된 동물들이 하나도 빠짐없이 후일에 그 땅(에돔)을 점령하리라는 말씀이다. 곧 하나님께서 이사야를 통하여 예언하신 내용이 그대로 이루어질 것임을 말한 것이다.

서 오셔서 원수를 갚으시고 너희를
구원하신다."
5 그때 눈먼 사람의 눈이 열리고 귀먹
은 사람의 귀가 뚫릴 것이다.
6 그때 다리를 절던 사람이 사슴처럼
뛰고 말하지 못하던 혀가 기뻐서 소리
칠 것이다. 그렇다. 사막에서 물이 터
지고 강물이 광야로 쏟아질 것이다.
7 타는 듯한 모래밭이 물웅덩이로 변하
고 말라 버린 땅에 샘물이 솟아날 것
이다. 자칼이 뒹굴던 곳에는 풀 대신
갈대와 파피루스가 자랄 것이다.
8 그리고 거기에 큰길이 생길 것인데,
사람들은 그 길을 '거룩한 길'이라고
부를 것이다. 깨끗하지 않은 사람은
그 길로 다니지 못하고 지나다닐 만
한 사람만 지나다닐 것이다. 어리석
은 사람은 얼씬도 못할 것이다.
9 그곳에는 사자가 없고 사나운 짐승도
거기에서 어슬렁거리지 않을 것이다.
그런 짐승은 거기서 찾아볼 수 없고
오로지 구원을 받는 사람만이 지나
다닐 것이다.
10 여호와께서 값 주고 사신 사람들이
돌아올 것이다. 그들이 노래하면서
시온으로 들어갈 것이다. 그들의 머리
위에는 기쁨이 영원히 머물러서 기쁨
과 즐거움이 가득할 것이니 슬픔과
한숨은 사라져 버릴 것이다.

산헤립이 예루살렘을 위협하다
(왕하 18:13-37;대하 32:1-19)

36 히스기야 왕 14년에 앗시리아
왕 산헤립이 유다를 공격해 모
든 성읍들을 점령했다.
2 그때 앗시리아 왕은 라기스에서 랍사
게에게 많은 병력을 주면서 예루살렘
에 있는 히스기야 왕에게 보냈다. 랍
사게가 윗저수지의 수로, 곧 '세탁자의
들판' 길 가에 멈춰 섰을 때
3 왕궁 관리 힐기야의 아들 *엘리아김
과 서기관 셉나와 역사를 기록하는
사람 아삽의 아들 요아가 그를 맞으
러 나아왔다.
4 랍사게가 그들에게 말했다. "히스기야
에게 전하라. '위대한 왕이신 앗시리아
왕께서 이렇게 말씀하신다. 네가 무
엇을 믿고 있기에 그렇게 자신만만하
냐?
5 네가 전략과 군사력을 갖추었다고 큰
소리만 탕탕 치는데, 다 헛소리라는
사실을 알고 있다. 네가 지금 무엇을
믿고 내게 반항하는 것이냐?
6 이제 보아라. 네가 이집트를 믿고 있
는데 이집트는 뚝 부러진 갈대 지팡
이나 마찬가지다. 그것을 믿다가는 사
람의 손이나 찔려서 상처만 날 뿐이
다! 이집트 왕 바로를 믿고 있는 사람
들은 모두 그렇게 될 것이다.
7 그리고 너는 내게 우리는 우리의 하
나님 여호와를 의지하고 있다고 하겠
지만, 그러는 히스기야 너는 누구냐?
유다와 예루살렘에게 너희가 이 제단
앞에서만 경배해야 한다면서 산당들
과 제단들을 없애 버린 그 주인공이
아니냐?

36:3 또는 엘리야김

8 이제 와서 내 주인이신 앗시리아 왕과
겨루어 보아라. 네가 태울 사람이 있
다면 내가 네게 말 2,000마리를 주겠
다.
9 네가 이집트의 병거와 기병을 믿고 있
는데 어디 내 주인의 장교 가운데 제
일 하찮은 졸병이라도 물리칠 수 있
겠느냐?
10 더구나 내가 이 땅을 공격하고 멸망
시키려고 들어온 것이 여호와 없이 한
일인 줄 아느냐? 여호와께서 친히 내
게 이 나라를 치러 진격해서 멸망시
키라고 말씀하셨다.'"
11 그러자 엘리아김과 셉나와 요아가 랍
사게에게 말했다. "우리가 아람 말을
잘 합니다. 그러니 아람 말로 말씀하
시고 유다 말로 말씀하지는 마십시오.
성벽에서 사람들이 듣고 있습니다."
12 그러나 랍사게가 대답했다. "내 주인
께서 이 말을 너희의 주인이나 너희
에게만 전하라고 나를 보내신 줄 아
느냐? 너희와 똑같이 자기 똥을 먹고
자기 오줌을 먹게 될 저 사람들에게
도 전하라고 나를 보내신 것이다."
13 그러고는 랍사게가 서서 유다 말로 크
게 말했다. "위대한 왕이신 앗시리아
왕의 말씀을 들으라!
14 왕께서 말씀하신다. 히스기야에게 속
지 말라. 그는 너희를 구해 낼 수 없
다!
15 히스기야가 '여호와께서 반드시 우리
를 구해 주실 것이다. 이 성은 앗시리
아 왕의 손에 넘어가지 않을 것이다'
라고 하면서 여호와를 의지하도록 너
희를 설득하고 있는데 절대로 듣지
말라.
16 히스기야의 말에 귀 기울이지 말라.
앗시리아 왕이 이렇게 말씀하신다. '나
와 평화 조약을 맺고 내게로 나오라.
그러면 너희 한 사람 한 사람이 자기
포도나무와 무화과나무에서 먹을 것
을 얻고 자기 우물에서 마실 물을 얻
을 것이다.
17 내가 가서 너희의 땅과 같은 땅, 곧
곡식과 새 포도주가 있는 땅, 빵과 포
도원이 있는 땅으로 너희를 데려갈
것이다.'
18 히스기야가 '여호와께서 우리를 구해
주시리라'라고 말하면서 너희를 잘못
이끌지 못하게 하라. 어떤 민족의 신
이 앗시리아 왕의 손에서 자기 땅을
구해 낸 적이 있느냐?
19 하맛과 아르밧의 신들은 어디에 있느
냐? 스발와임의 신들은 또 어디에 있
느냐? 그들이 사마리아를 내 손에서
건져 냈느냐?
20 그 모든 나라들의 모든 신들 가운데
자기 땅을 내 손에서 구해 낸 신이 누
구냐? 그런데 하물며 여호와가 예루
살렘을 내 손에서 구해 낼 수 있겠느
냐?"
21 그러나 백성들은 묵묵부답이었다. 왕
이 "그에게 대답하지 말라"는 명령을
내려 놓았기 때문이다.
22 그러자 왕궁 관리 힐기야의 아들 엘
리아김과 서기관 셉나와 역사를 기록

하는 사람 아삽의 아들 요아가 히스
기야에게로 가서 자기 옷을 찢으면서
랍사게가 한 말을 전했다.

예루살렘의 구원을 예언하다 (왕하 19:1-7)

37 히스기야 왕이 이 말을 듣고는
자기 옷을 찢고 굵은베 옷을
입고 여호와의 성전으로 들어갔다.
2 그는 왕궁 관리 엘리아김과 서기관
셉나와 지도자 격인 제사장들에게 굵
은베 옷을 입혀서 아모스의 아들 예
언자 이사야에게로 보냈다.
3 그들이 이사야에게 말했다. "히스기
야께서 말씀하십니다. 오늘은 환난과
질책과 수치의 날입니다. 우리는 마치
아기를 낳을 때가 됐지만 낳을 힘이
없는 산모와도 같습니다.
4 그대의 하나님 여호와께서 살아 계신
하나님을 조롱하려고 자기 주인인 앗
시리아 왕의 보냄을 받고 온 랍사게의
말을 들으셨을 것이니 그대의 하나님
여호와께서 꾸짖으실 것입니다. 따라
서 아직 살아남은 사람들을 위해 기
도해 주십시오."
5 히스기야 왕의 신하들이 이사야에게
가서 이렇게 말하니
6 이사야가 그들에게 대답했다. "여러분
의 주인에게 이렇게 전하십시오. 여호
와께서 이렇게 말씀하십니다. '앗시리
아 왕의 부하들이 나를 조롱한 말을
듣고 두려워하지 말라.
7 보라. 내가 그에게 영을 씌워서 그가
뜬소문을 듣고 자기 나라로 돌아갔다
가 자기 땅에서 칼에 맞아 쓰러지게
하겠다.'"
8 *랍사게가 앗시리아 왕이 라기스를 떠
났다는 말을 듣고는 후퇴해 립나와
싸우고 있는 왕에게 가서 합세했다.
9 그때 *산헤립은 *에티오피아 왕 *디르
하가가 자기와 맞서 싸우려고 진격해
온다는 소식을 듣게 됐다. 그는 그 소
식을 듣고서 히스기야에게 사신을 보
내 말했다.
10 "유다 왕 히스기야에게 이렇게 전하여
라. 너희가 의지하고 있는 신은 '예루
살렘이 앗시리아 왕에게 넘어가지 않
을 것이다'라고 말하지만 거기에 속지
말라.
11 보라. 너희는 분명히 앗시리아 왕들이
그간 모든 나라들을 어떻게 진멸했
는지 들었을 것이다. 그런데도 너희가
구원받겠느냐?
12 내 조상들이 멸망시킨 그 민족들의
신들이 그들을 구해 냈느냐? 고산, 하
란, 레셉, 들라살에 있는 에덴 사람들
의 신들 말이다.
13 하맛 왕과 아르밧 왕과 스발와임 성이
나 헤나 성이나 이와 성의 왕은 모두
어디에 있느냐?"

히스기야의 기도

14 히스기야는 그 사람들에게서 받은 편
지를 읽어 내려갔다. 그러고 나서 여
호와의 성전으로 올라가서 여호와 앞
에 그 편지를 펼쳐 놓고

37:8 바벨론과 앗시리아의 고위 관리를 부르던 칭호(왕하 18:17과 사 36:4을 보라.) 37:9 앗시리아 센나게리브 왕을 가리킴. 37:9 나일 강 상류 지역을 가리킴. 37:9 이집트의 25대 왕(왕하 19:9을 보라.)

15 여호와께 기도를 드렸다.
16 "그룹 사이에 자리하신 이스라엘의 하
나님 만군의 여호와여, 주만이 세상
모든 나라들을 다스리시는 하나님이
십니다. 주께서 하늘과 땅을 만드셨
습니다.
17 여호와여, 귀를 열어 들어 보십시오.
여호와여, 눈을 열어 보십시오. 산헤
립이 살아 계신 하나님을 모독하려고
보내온 이 모든 말을 들어 보십시오.
18 여호와여, 앗시리아 왕들이 이 모든
민족들과 그들의 땅을 폐허로 만든
것은 사실입니다.
19 그들이 신들을 불 속에 던졌습니다.
그들은 신이 아니라 다만 사람의 손
으로 모양 낸 나무와 돌에 불과했기
때문입니다. 그러므로 그들은 멸망했
습니다.
20 여호와 우리 하나님이여, 이제 우리를
그의 손에서 구원해 주셔서 세상 모
든 나라가 오직 주만이 하나님이심을
알게 해 주십시오."

산헤립의 몰락 (왕하 19:20-37)

21 그때 아모스의 아들 이사야가 히스기
야에게 전갈을 보냈다. "여호와 이스
라엘의 하나님께서는 왕께서 앗시리
아 왕 산헤립을 두고 주께 올린 기도
를 들으셨다고 말씀하셨습니다.
22 이 말씀은 여호와께서 그를 두고 하
신 말씀입니다. '처녀 딸 시온이 너를
경멸하고 조롱하는구나. 딸 예루살렘
이 네가 후퇴할 때 뒤에서 머리를 흔
드는구나.
23 네가 감히 누구를 비방하고 모독했느
냐? 네가 감히 누구에게 목소리를 높
이고 거만하게 눈을 치켜뜨느냐? 이
스라엘의 거룩한 분이 아니냐!
24 너는 특사를 보내 주를 모독하면서
이렇게 말했다. "나는 내 병거들을 많
이 거느리고 산꼭대기를 정복하고 레
바논의 가장 높은 곳까지 올라가 보
았다. 가장 키가 큰 백향목과 가장
훌륭한 잣나무를 베어 내 보았다. 가
장 멀리 있는 꼭대기까지 가 보았고
가장 빽빽한 숲도 밟아 보았다.
25 우물을 파고 거기서 물을 마셔 보기
도 했다. 내 발바닥으로 이집트의 모
든 강물을 말려 버리기까지 했다."
26 그러나 너는 듣지 못했느냐? 그것은
내가 오래전에 이미 했던 일이었음을.
나는 옛날에 그 일을 계획했고 이제
내가 그 일을 다 이루었으니 그것은
튼튼한 성읍들을 돌무더기로 만들게
한 것이다.
27 그 백성들은 힘이 빠져서 실망하고
부끄러움을 당했다. 그들은 들판의
식물 같고 부드러운 푸른 싹 같으며
지붕에서 움텄다가 자라기도 전에 말
라 버린 풀과 같은 신세로구나.
28 그러나 나는 네가 어디 머물러 있는
지, 언제 오고 갈지, 어떻게 내게 화
를 낼지 다 알고 있다.
29 또 네가 내게 화를 내고 네 오만함이
내 귀에까지 미쳤으니 내가 네 코에
갈고리를 걸고 입에 재갈을 물려 네
가 왔던 그 길로 되돌려 보낼 것이다.'

30 히스기야 왕이여, 이것은 왕을 위한
표적입니다. '올해는 저절로 자라는
것을 먹겠고 내년에도 똑같이 올라오
는 것을 먹을 것이다. 그러나 3년째에
는 씨를 뿌리고 거둬들이고 포도원을
가꿔서 그 열매를 먹을 것이다.
31 유다 집의 남은 사람들이 다시금 아
래로는 뿌리를 내리고 위로는 열매를
맺을 것이다.
32 예루살렘에서 남은 사람들이 나오고
시온 산에서 살아남은 사람들의 무리
가 나올 것이다.' 만군의 여호와의 열
정이 이것을 이루실 것입니다."
33 "그러므로 여호와께서 앗시리아 왕을
두고 이렇게 말씀하십니다. '그는 이
성으로 들어오지도 못하고 이곳으로
화살 하나도 쏘지 못할 것이다. 방패
를 들고 전진하지도 못하고 이 성을
공격할 토성도 쌓을 수 없을 것이다.
34 그는 왔던 길로 되돌아가게 될 것이
다. 그는 이 성에 들어오지 못할 것이
다.' 여호와의 말씀이다.
35 '내가 나와 내 종 다윗을 위해 이 성
을 보호하고 구할 것이다!'"
36 그러고는 여호와의 천사가 밖으로 나
가서 앗시리아 진영에 있는 사람 18만
5,000명을 죽였다. 아침에 백성들이
일찍 일어나 보니 모두 죽은 시체들
뿐이었다!
37 그래서 앗시리아 왕 산헤립은 진영을
철수하고 물러가게 됐다. 그는 니느웨
로 돌아가서 머물렀다.
38 어느 날 그가 자기 신 니스록의 신전
에서 예배하고 있을 때 그의 아들 아
드람멜렉과 사레셀이 그를 칼로 쳐 죽
이고는 아라랏 땅으로 도망쳤다. 그
후 그 아들 에살핫돈이 뒤를 이어 왕
이 됐다.

히스기야의 병 (왕하 20:1-11;대하 32:24-26)

38 그 무렵 히스기야는 아파서 거
의 죽게 됐는데 아모스의 아
들 이사야가 그에게 가서 말했다. "여
호와께서 이렇게 말씀하십니다. 네가
곧 죽을 것이니 네 집을 잘 정리하도
록 하여라. 너는 다시 회복되지 못할
것이다."
2 히스기야는 얼굴을 벽 쪽으로 돌리고
여호와께 기도했다.
3 "여호와여, 제가 주님 앞에서 신실하
게 살아온 것과 온 마음으로 헌신하
면서 나아갔던 것과 주님의 눈에 선
한 일을 한 것을 기억해 주십시오." 그
리고 히스기야는 슬프게 울었다.
4 그러자 여호와의 말씀이 이사야에게
내려왔다.
5 "가서 히스기야에게 전하여라. '네 조
상 다윗의 하나님 여호와가 이렇게
말한다. 내가 네 기도를 들었고 네 눈
물을 보았다. 내가 네 수명을 15년 더
연장해 주겠다.
6 내가 너와 이 성읍을 앗시리아 왕의
손에서 구해 주고 이 성읍을 보호하
겠다.
7 나 여호와는 약속을 지킬 것이다. 그
래서 이것을 증거로 네게 보여 주겠
다.

8 내가 아하스의 해시계에서 해 그림자
를 10도 물러가게 하겠다.'" 그러자 해
그림자가 10도 물러가게 됐다.
9 유다 왕 히스기야가 병석에서 일어난
후 쓴 글이다.
10 "나는 이렇게 생각했다. '내 삶의 절정
기에 이렇게 떠나야 하는구나. 내 남
은 삶을 *음부의 문으로 넘겨야 하는
구나.'
11 나는 또 이렇게 생각했다. '내가 다시
는 여호와를 뵙지 못하겠구나. 사람이
사는 땅에서는 다시는 여호와를 뵙지
못하겠구나. 내가 더 이상 이 세상에
사는 사람들을 보지 못하겠구나.
12 목자가 자기 천막을 거두는 것같이
내 장막도 뽑혀서 옮겨지겠구나. 베를
걷어 마는 것같이 내 삶이 돌돌 말려
가 버리겠구나.' 주께서 베틀에서 나
를 끊으실 것이다. 주께서 나를 조만
간에 끝내실 것이다.
13 내가 밤이 새도록 기도했지만 주께서
는 사자처럼 내 모든 뼈들을 부수어
버리셨다. 주께서 나를 조만간에 끝
내실 것이다.
14 내가 제비처럼 학처럼 아우성쳤고 비
둘기처럼 신음했다. 내 눈은 하늘을
쳐다보다가 피곤해졌다. '여호와여, 괴
롭습니다. 저를 도와주십시오!'
15 그러나 주께서 내게 말씀하셨고 주께
서 행하신 일인데 내가 뭐라고 말할
수 있겠는가? 내 마음이 너무 괴로워
서 잠도 멀리 달아나고 말았다.
16 '주여, 이 모든 일 때문에 그리고 이
모든 일에도 불구하고 제가 다시 살
아났습니다. 주께서 저를 회복시켜 건
강을 주시고 저를 살게 하셨습니다.
17 보십시오. 제가 그런 고통을 당한 것

38:10 히브리어, 스올

Q&A '무화과 한 무더기'가 어떻게 히스기야를 살릴 수 있었을까?

참고 구절 | 사 38장

왕이 된 지 14년 후 히스기야는 병이 들어 죽게 되었다(사 38:1). 그의 병은 심한 뾰루지나 종기 혹은 암이었던 것 같다. 그의 죽음은 이사야 예언자를 통해 분명히 확인되었고 그는 유언만을 하면 되었다. 그러나 그는 벽에 얼굴을 대고 가식 없는 기도를 함으로 15년을 더 사는 행운을 얻었다(사 38:1-8).

그런데 이때 기도한 즉시 병이 나았던 것은 아니었다. 하나님은 이사야 예언자를 통해 그의 환부에 무화과 한 무더기를 붙이라고 하셨다(사 38:21). 그 당시 흔히 구할 수 있었던 무화과로 어떻게 병을 고칠 수 있었을까? 누구라도 종기에 그것을 붙이면 나을 수 있었을까?

그 당시 근동 지역에서는 종기에 대한 민간요법으로 무화과를 사용하곤 했다. 그렇지만 히스기야의 병이 나은 것은 무화과 자체에 어떤 특별한 효험이 있어서가 아니었다. 하나님은 무화과를 종처에 붙이게 하심으로 그의 불치병을 치료하신다는 것을 알게 하신 것이었다. 하나님은 그분의 능력을 보여 주시는 도구로 이 세상에 있는 것들을 사용하시는 분이시다(요 9:1-12).

은 분명히 제게는 유익이었습니다. 주
께서는 주의 사랑으로 멸망의 구덩이
에서 제 생명을 지키셨습니다. 주께서
제 모든 죄들을 주의 등 뒤로 던지셨
습니다.
18 *음부가 주를 찬양하지 못하고 죽음
이 주를 찬송하지 못하지만 저 아래
구덩이로 내려가는 사람들은 주의 신
실함을 바랄 수 없습니다.
19 오로지 살아 있는 사람들이 오늘 제
가 찬양하듯 주를 찬양할 수 있습니
다. 아버지가 자식들에게 주의 신실
하심을 말하고 있습니다.
20 여호와께서 저를 구원하시니 우리는
한평생 여호와의 성전에서 현악기를
타면서 노래하겠습니다.'"
21 이사야가 왕에게 말했다. "무화과 한
무더기를 가져다가 그 종기에 붙이십
시오. 그러면 왕께서 나으실 것입니
다."
22 히스기야가 물었다. "내가 여호와의
성전으로 올라가게 될 것이라는 증거
가 무엇인고?"

바벨론에서 온 사절단 (왕하 20:12-19)

39 그때에 바벨론 왕 발라단의 아
들 므로닥발라단이 히스기야에
게 편지와 선물을 보내왔다. 히스기야
가 병들었다가 나았다는 것을 그가
들었기 때문이다.
2 히스기야는 그 사절단을 환영하면서
보물 창고에 있는 것들, 곧 은과 금과
향품과 값비싼 기름과 갑옷 등 자기
창고에 있는 모든 것을 그들에게 보
여 주었다. 왕궁과 그 나라 전체에서
히스기야가 그들에게 보여 주지 않은
것은 하나도 없었다.
3 그러자 예언자 이사야가 히스기야 왕
에게 가서 물었다. "이 사람들이 무슨
말을 했습니까? 이 사람들은 어디에
서 온 사람들입니까?" 히스기야가 대
답했다. "그들은 먼 나라, 바벨론에서
내게 왔다고 했소."
4 예언자가 물었다. "그들이 왕의 왕궁
에서 무엇을 보았습니까?" 히스기야
가 말했다. "그들은 내 왕궁에 있는
모든 것을 보았소. 내 창고에서 내가
그들에게 보여 주지 않은 것은 하나
도 없소."
5 그러자 이사야가 히스기야에게 말했
다. "만군의 여호와의 말씀을 들으십
시오.
6 '네 왕궁에 있는 모든 것과 네 조상들
이 지금까지 보관해 둔 모든 것이 바
벨론으로 실려 갈 그때가 반드시 올
것이다. 그때는 아무것도 남지 않을
것이다.' 여호와께서 또 말씀하십니다.
7 '네 자손들과 네가 낳은 네 혈육 가운
데 몇몇은 포로로 끌려갈 것이고 그
들은 바벨론의 왕궁에서 내시가 될
것이다.'"
8 히스기야가 이사야에게 대답했다. "그
대가 전해 준 여호와의 말씀은 지당
하신 말씀이오." 그리고 히스기야는
이렇게 생각했다. '내가 살아 있는 동
안에는 평화롭고 안전하겠지.'

38:18 히브리어, 스올

하나님의 백성을 위한 위로

40 "위로하라. 내 백성을 위로하
라." 너희의 하나님께서 말씀하
신다.
2 "예루살렘의 마음을 위로하며 말하
라. 예루살렘의 복역 기간이 완전히
끝났고 형벌도 다 치렀으며 여호와의
손에서 그 죗값을 두 배나 받았다고
선포하라."
3 *한 소리가 외친다. "광야에 여호와의
길을 내라. 사막에 우리의 하나님께
서 오실 큰길을 곧게 닦으라.
4 모든 골짜기는 높이고 모든 산과 언
덕은 낮추고 가파른 곳은 고르게 하
고 울퉁불퉁한 곳은 평지로 만들라.
5 여호와의 영광이 드러날 것이니 모든
사람이 그것을 함께 보게 될 것이다.
여호와께서 친히 입으로 말씀하셨다."
6 한 소리가 명령한다. "외치라." 그래서
내가 말했다. "무엇이라고 외쳐야 합
니까?" "모든 사람은 풀과 같고 그 모
든 아름다움은 들판의 꽃과 같다.
7 여호와께서 입김을 부시면 풀은 시들
고 꽃은 떨어진다. 그렇다. 이 백성은
풀에 불과하다.
8 풀은 시들고 꽃은 떨어지지만 우리
하나님의 말씀은 영원히 서 있다."
9 시온에 좋은 소식을 전하는 사람아,
너는 높은 산으로 올라가거라. 예루살
렘에 좋은 소식을 전하는 사람아, 두
려워하지 말고 힘껏 외쳐라. 유다의
성읍들에게 말하여라. "보라. 너희 하
나님께서 여기 계시다!"
10 보라. 주 여호와께서 능력으로 오신
다. 친히 그 팔로 다스리실 것이다. 보
라. 그분이 상급을 갖고 오신다. 그분
의 보상이 그분의 앞에 있다.
11 그분은 목자처럼 자신의 양 떼를 돌
보시고 자신의 어린양들을 양팔로
끌어안아 가슴에 품으시고 젖먹이 딸
린 양들을 고이고이 이끄신다.
12 누가 손바닥으로 바닷물을 헤아렸
고 뼘으로 하늘을 쟀느냐? 누가 땅
의 흙을 바구니에 담았고 저울로 산
을 달았으며 천칭으로 언덕을 달았느
냐?
13 누가 여호와의 마음을 헤아렸고 그분
의 상담자가 돼 그분을 가르쳤느냐?
14 누구에게 여호와께서 자신을 이해시
켜 달라고 요청했느냐? 누가 그분에
게 공의의 길을 가르쳤고 지식을 가르
쳤으며 분별의 길을 알려 드렸느냐?
15 보라. 뭇 민족들은 물통에 담긴 물
한 방울 같고 저울 위에 놓인 흙과 같
을 뿐이다. 섬들도 고운 흙보다 더 가
볍다.
16 레바논의 숲도 제단의 장작으로 쓰기
에 모자라고 그곳의 짐승들도 번제물
로는 충분하지 않다.
17 그분 앞에서는 모든 민족이 아무것도
아니다. 그분은 그들을 아무것도 아
닌 것보다 더 하찮게 여기신다.
18 그렇다면 하나님을 누구와 견주겠으
며 어떤 형상과 닮았다고 하겠는가?

40:3 또는 광야에서 한 소리가 외친다. "여호와의 길을 내라."

19 우상? 그것은 장인들이 부어 만들고
도금장이가 그 위에 금을 입힌 다음
은으로 장식한 물건일 뿐이다.
20 너무 가난해서 그런 물건을 구할 수
없는 사람은 썩지 않는 나무를 골라
서 숙련된 기술자를 찾아가 썩지 않
을 우상을 만든다.
21 너희는 알지 못하느냐? 너희는 듣지
못했느냐? 태초부터 그것을 듣지 않
았느냐? 땅의 기초가 세워지기 전부
터 너희가 잘 알고 있지 않느냐?
22 그분은 땅 위의 둥근 천장에 앉으시
니 땅의 백성들은 메뚜기와 같다. 그
분은 하늘을 휘장처럼 펴시고 사람
이 사는 장막처럼 그것을 펼치신다.
23 그분은 귀족들을 있으나 마나 한 사
람으로 만들고 세상 통치자들을 쓸모
없는 사람으로 만드신다.
24 그들이 심기자마자, 씨가 뿌려지자마
자, 땅에 뿌리를 내리자마자, 그분은
입김을 불어 그들을 말려 버리시고
회오리바람이 그들을 겨처럼 쓸고 지
나가게 하실 것이다.
25 "너희는 나를 누구와 견주겠느냐? 누
가 나와 같겠느냐?" 거룩하신 분이
말씀하신다.
26 눈을 높이 들어 위를 쳐다보라. 누가
이 모든 것을 창조했느냐? 그분은 별
자리들을 하나하나 불러내어 그것들
을 각각 이름대로 부르신다. 그분의
능력은 크시고 힘은 강하시니 하나도
빠뜨리지 않고 부르신다.
27 야곱아, 네가 왜 이렇게 말하느냐? 이
스라엘아, 네가 왜 이렇게 이야기하느
냐? 왜 "내 길은 여호와께 숨겨져 있
고 내 공의는 하나님이 무시하신다"
하느냐?
28 너희가 알지 못하느냐? 너희가 듣지

Q&A 이사야서는 신구약 성경의 축소판?

참고 구절 | 사 40장

성경전서는 모두 66권이고 이사야서도 66장이다. 성경전서가 구약 39권, 신약 27권으로 구성되어 있듯이 이사야서 역시도 전반 39장(사 1-39장), 후반 27장(사 40-66장)으로 되어 있다.

구약 성경의 첫 부분이 인간의 타락으로 시작되듯 이사야서의 시작도 죄에 대한 지적으로 시작되고 있다(사 1:18). 구약 성경의 마지막 부분이 메시아 대망으로 끝나고 있는데 이사야 전반부의 끝부분 역시 메시아 왕국이 임할 것을 예언하는 것으로 끝나고 있다(사 34-35장). 신약 성경의 시작은 예수 그리스도의 탄생으로 시작되는데 이사야서의 후반부(사 40장 이후) 역시 예수 그리스도와 그의 역사에 대하여 외치고 있다. 신약 성경의 마지막은 새 하늘과 새 땅으로 끝나고 있는데 이사야서 마지막도 의인들이 거하는 새 하늘과 새 땅의 환상으로 끝나고 있다(사 66:22와 계 21:1을 비교해 보라).

한편 이사야서 제1부(사 1-39장)가 죄에 대한 준엄한 심판으로 가득 차 있는 것과는 지극히 대조적으로 제2부(사 40-66장)에는 복과 소망의 메시지로 가득 차 있다.

못했느냐? 여호와는 영원한 하나님이
시고 땅끝을 창조한 분이시다. 그분
은 지치거나 피곤해하지 않으시고 그
분의 통찰력은 아무도 탐구할 수 없
다.
29 그분은 지친 사람들에게 힘을 주시
고 약한 사람들에게 힘을 북돋워 주
신다.
30 젊은이라도 지쳐 피곤하고 장정이라
도 걸려 비틀거리겠지만
31 여호와를 바라는 사람들은 새로운
힘을 얻을 것이다. 독수리가 날개를
치면서 솟구치듯 올라갈 것이고 아무
리 달려도 지치지 않고 아무리 걸어
도 피곤하지 않을 것이다.

이스라엘을 돕는 자

41 "섬들아, 내 앞에서 잠잠하라!
백성들아, 힘을 새롭게 하라!
가까이 와서 말해 보라. 우리 함께 법
정에서 따져 보자.
2 누가 동방에서 사람을 일으켜 세우
고 의를 불러서 자기 발 앞에 두었느
냐? 누가 민족들을 그의 앞에 두고
왕들을 굴복하게 했느냐? 누가 그의
칼로 그들을 흙이 되게 하고 그의 활
로 바람에 흩날리는 겨가 되게 했느
냐?
3 누가 자기 발로 간 적이 없는 길로 그
들을 추격하되 상처도 없이 안전하게
지나가게 했느냐?
4 누가 처음부터 시대마다 사람을 불러
내 이 일을 이루게 했느냐? 처음이며
끝인 나 여호와가 이 일을 했다."
5 섬들이 보고 두려워하며 땅끝이 떨
고 있구나. 그들이 함께 모여 다가오
는구나.
6 서로가 서로를 도와주면서 자기 형제
들에게 "힘내라!" 하고 말하는구나.
7 기술자는 도금장이를 격려하고 망치
로 펴는 사람은 모루를 치는 사람을
격려하며 용접한 것을 보고 "잘했다"
라고 말하면서 그 우상에 못을 단단
히 박아 고정시키는구나.
8 "그러나 너 이스라엘, 내 종아, 내가
선택한 야곱아, 내 친구 아브라함의
자손들아,
9 내가 너를 땅끝에서, 머나먼 땅 모퉁
이에서 불러 너를 데려왔다. 그리고
내가 네게 이렇게 말했다. '너는 내 종
이다. 내가 너를 선택했고 너를 버리
지 않았다.'
10 그러니 두려워하지 마라. 내가 너와
함께 있다. 걱정하지 마라. 나는 네
하나님이다. 내가 너를 강하게 하고
너를 도와주겠다. 내 의로운 오른손
으로 너를 붙들어 주겠다.
11 너를 향해 화내던 사람들은 모두 부
끄러움을 당하고 수치를 당할 것이
다. 너와 다투던 사람들은 아무것도
아닌 것같이 돼 사라질 것이다.
12 네가 아무리 원수들을 찾아 보아도
발견하지 못할 것이다. 네게 싸움을
걸어오던 사람들은 아무것도 아닌 것
같이 될 것이다.
13 나는 네 오른손을 잡은 네 하나님 여
호와다. 내가 네게 말한다. '두려워하

지 마라. 내가 너를 도와주겠다.'
14 지렁이 야곱아, 이스라엘 사람아, 두
려워하지 마라. 내가 너를 도와주겠
다. 여호와의 말씀이다. 너를 구원하
시는 분은 이스라엘의 거룩한 분이시
다."
15 "보아라. 내가 너를 날카롭게 날이 선
새 타작 기계로 만들 것이다. 너는 산
들을 타작하고 부술 것이며 언덕을
겨처럼 만들 것이다.
16 네가 산들을 키질하면 바람이 그것
들을 휩쓸어 갈 것이며 회오리바람이
그것들을 흩어 버릴 것이다. 그러나
너는 여호와를 기뻐하면서 이스라엘
의 거룩한 분을 찬양할 것이다.
17 힘없고 가난한 사람들이 물을 찾지
만 물이 없어서 혀가 다 타 버렸다.
그러나 나 여호와는 그들에게 대답한
다. 나 이스라엘의 하나님은 그들을
버리지 않겠다.
18 내가 메마른 산에 강이 흐르고 골짜
기 사이에 시냇물이 흐르게 하겠다.
내가 광야를 물웅덩이로 바꾸고 메
마른 땅을 샘물로 만들겠다.
19 내가 광야에 백향목과 아카시아와 화
석류와 올리브 나무를 심겠다. 사막
에는 잣나무를 놓고 소나무와 회양목
도 함께 두겠다.
20 이것을 보고 사람들은 알게 될 것이
다. 여호와께서 친히 손으로 이 일을
하셨고 이스라엘의 거룩한 분이 만드
신 것임을 생각하고 깨닫게 될 것이
다."
21 여호와께서 말씀하신다. "소송을 걸어
보라." 야곱의 왕이 말씀하신다. "증거
를 내놓아 보라."
22 "너희의 우상들을 데려와서 우리에게
무슨 일이 일어날지 말하게 해 보라.
전에 어떤 일이 있었는지 말하게 해
보라. 우리가 그것을 듣고 고려해서
결국 어떤 일이 일어날지 알게 해 보
라. 아니면 앞으로 일어날 일을 말하
게 해 보라.
23 장차 될 일을 말해서 너희가 신들임
을 우리로 알게 해 보라. 좋은 일이
생기게 하든 나쁜 일이 생기게 하든
어떻게 좀 해 보라. 그러면 우리가 불
안해지든지 두려움에 빠지든지 할 텐
데.
24 보라. 너희는 아무것도 아니다. 너희
가 하는 일은 쓸모도 없는 것이다. 너
희를 신이라고 선택하는 사람을 보면
역겹다.
25 내가 북쪽에서 한 사람을 일깨웠으니
그가 오고 있다. 해 뜨는 곳에서 내
이름을 부르는 사람을 오게 했다. 그
는 토기장이가 진흙을 밟아 이기듯
통치자들을 회반죽처럼 밟는다.
26 어떤 우상이 태초부터 이 일을 우리
에게 말해 주어서 알게 했느냐? '그
말이 맞았어'라고 말하도록 미리 일
러 준 우상이 있느냐? 그렇게 말해
준 사람도 없고 선포한 사람도 없다.
아무도 너희의 말을 들은 사람이 없
다.
27 나는 처음에 시온에게 '보라. 그것들

을 보라' 하고 말했고 예루살렘에 기
쁜 소식을 전해 주었다.
28 그런데 내가 둘러보니 아무도 없구
나. 그들 가운데 물어볼 사람이 없구
나. 내가 물어도 아무도 대답할 사람
이 없구나.
29 보라. 그들은 모두 가짜다! 그들이 한
일은 하나도 없다. 그들의 우상들은
바람이며 헛것일 뿐이다."

여호와의 종

42 "내가 붙잡아 세운 내 종을 보
라. 내가 뽑았고 내가 기뻐하는
내 종을 보라. 내가 내 영을 그에게
불어넣었으니 그가 민족들에게 공의
를 가져다 줄 것이다.
2 그는 소리치거나 목소리를 높이지 않
고 거리에서는 목소리를 내지 않을
것이다.
3 그는 상한 갈대를 꺾지 않고 불길이
약해진 심지를 끄지 않을 것이다. 그
는 성실히 공의를 베풀고
4 그가 세상에 공의를 세울 때까지 마
음이 약해지지 않고 마음이 상하지
않을 것이다. 바닷가에 사는 사람들
도 그의 가르침을 기다릴 것이다."
5 하늘을 만들어 펼치시고 땅과 거기
서 생겨난 것들을 퍼뜨리시며 땅 위
에 사는 사람들에게 숨을 주시고 땅
위를 걸어 다니는 사람들에게 생명을
주시는 여호와 하나님께서 이렇게 말
씀하신다.
6 "나 여호와가 정의를 이루려고 너를
불렀다. 내가 네 손을 잡고 지켜 줄
것이니 너는 백성의 언약이 되고 이
방의 빛이 되며
7 눈먼 사람들의 눈을 뜨게 하고 갇힌
사람들을 감옥에서 나오게 하고 어
둠 속에 앉은 사람들을 지하 감옥에
서 풀어 줄 것이다.
8 나는 여호와다. 그것이 내 이름이다!
나는 내가 받을 영광을 다른 이에게
주지 않고 내가 받을 찬송을 우상들
에게 주지 않겠다.
9 보라. 전에 말한 일들은 다 이뤄졌다.
이제 내가 새로 일어날 일들을 알려
주겠다. 그 일들이 시작되기도 전에
내가 너희에게 말해 주겠다."

여호와를 찬송하는 노래

10 바다로 내려가는 사람들아, 그 안에
있는 모든 생물들아, 섬들과 그 안에
사는 모든 사람들아, 여호와께 새 노
래를 부르라. 땅끝에서부터 그를 찬
양하라.
11 광야와 거기 있는 성읍들아, 게달 사
람들이 사는 마을들아, 목소리를 높
이라. 셀라의 주민들아, 환호성을 지
르라. 산꼭대기에서 외치라.
12 여호와께 영광을 돌리며 섬에서 그를
찬송하라.
13 여호와께서 용사처럼 나서시고 전사
처럼 큰 소리로 고함을 지르며 그 원
수를 압도하실 것이다.
14 "오랫동안 내가 침묵하고 있었다. 내
가 조용히 물러서 있었다. 그러나 이
제 나는 해산하는 여인처럼 소리치고
숨이 차서 헐떡이고 있다.

15 내가 산들과 언덕들을 파괴하고 모든
초목을 시들게 하겠다. 강을 섬으로
만들고 웅덩이를 말려 버리겠다.
16 내가 눈먼 사람들을 그들이 모르는
길로 이끌고 그들이 다녀 보지 않은
길로 걷게 하겠다. 내가 그들 앞에서
어둠을 빛으로 바꾸고 굽은 곳을 바
르게 만들겠다. 이것이 내가 할 일들
이다. 내가 결코 그만두지 않겠다.
17 그러나 우상들을 믿는 사람들과 부
어 만든 형상들을 보고 '당신들이 우
리의 신들입니다'라고 하는 사람들은
크게 부끄러움을 당하고 돌아갈 것이
다."

눈멀고 귀먹은 이스라엘

18 "너희 귀먹은 사람들아, 들으라. 너희
눈먼 사람들아, 주목해 보라!
19 내 종 말고 또 누가 눈이 멀었느냐?
내가 보낸 내 사자 말고 또 누가 귀가
먹었느냐? 사명을 주어 보낸 내 종처
럼 눈이 먼 사람이 또 어디에 있단 말
이냐?
20 너는 많은 것을 보고도 마음에 담지
않았고 귀가 열려 있어도 귀담아듣지
않았다."
21 여호와께서는 그분의 의를 위해 그분
의 가르침을 높이고 존중받기를 기뻐
하셨다.
22 그런데 이 백성은 약탈당하고 빼앗겨
서 모두 구덩이에 빠져 있거나 감옥
에 갇혀 있다. 그들이 약탈을 당해도
건져 낼 사람이 아무도 없고 빼앗겨
도 "돌려주어라" 하고 말해 주는 사람
이 아무도 없다.
23 너희 가운데 누가 이 말에 귀 기울이
고 다가올 일을 유념해 듣겠느냐?
24 야곱을 약탈자에게 넘겨주고 이스라
엘을 노략자에게 내준 자가 누구냐?
그것은 바로 여호와가 아니냐? 우리
가 그분께 죄를 지었다. 그분의 길을
따르지 않았고 그분의 가르침에 순종
하지 않았다.
25 그러므로 그분이 불같이 노여워하시
고 잔혹한 전쟁을 그들에게 쏟아부으
셨다. 노여움이 불꽃처럼 그들을 에
워쌌지만, 깨닫지 못했고 분노가 그
들을 불태웠지만, 마음에 두지도 않
았다.

이스라엘의 유일한 구원자

43 그러나 이제 여호와께서 말씀
하신다. 야곱아, 너를 창조하신
분이 말씀하신다. 이스라엘아, 너를
만드신 분이 말씀하신다. "내가 너를
건져 주었으니 두려워하지 마라. 내가
네 이름을 불렀으니 너는 내 것이다.
2 네가 바다를 건널 때 내가 너와 함께
하겠고 네가 강을 건널 때 휩쓸려 가
지 않을 것이다. 네가 불 속을 걸어갈
때 타지 않을 것이고 불꽃이 네 몸을
태우지 못할 것이다.
3 나는 네 하나님 여호와, 이스라엘의
거룩한 자, 네 구원자다. 내가 이집트
를 네 대속물로 주었고 너를 대신해
서 *에티오피아와 *스바를 내주었다.

43:3 나일 강 상류 지역을 가리킴. 43:3 아라비아의 남서쪽에 위치한 나라(왕상 10:1;욥 6:19;시 72:10;사 45:14;60:6을 보라.)

4 네가 내 눈에 소중하고 귀한 만큼, 또
내가 너를 사랑하기 때문에 내가 너
를 대신해 다른 사람을 내주고 네 목
숨을 대신해 다른 민족들을 내주겠
다.
5 내가 너와 함께 있으니 두려워하지
마라. 내가 동쪽에서 네 자손들을 데
려오고 서쪽에서 너를 모으겠다.
6 내가 북쪽에다 '그들을 풀어 주어라'
하고 남쪽에다 '그들을 잡아 두지 마
라' 하고 말하겠다. '아무리 멀어도 내
아들들을 거기서 데려오고 땅끝에서
라도 내 딸들을 데려오게 하라.
7 그들은 내 *피붙이들, 내가 내 명예
를 걸고 창조하고 만들고 지은 내 백
성이다' 하고 말하겠다."
8 눈이 있어도 눈이 멀어 버린 사람들,
귀가 있어도 귀가 먹어 버린 사람들
을 출두시키라.
9 그 자리에 모든 민족이 함께 모였고
모든 백성이 모여 앉아 있다. 그들 가
운데 누가 이렇게 될 것이라고 선포했
고 누가 예전에 우리에게 미리 보여
주었느냐? 있다면 증인을 데려와서
자기들이 옳았음을 증명하게 하고 다
른 사람들이 듣고 "그것이 진실이다"
하고 말하게 해 보아라.
10 "여호와의 말씀이다. 너희가 내 증인
들이다. 내가 뽑은 내 종이다. 내가
너희를 뽑은 것은 너희가 나를 알고
믿고 내가 하나님임을 깨닫게 하려는
것이다. 나보다 앞서 만들어진 신이
없으며 나 이후로도 없을 것이다.
11 나, 내가 바로 여호와다. 나밖에는 구
원자가 없다.
12 내가 나타냈고 구원했고 선포했다. 너
희 중에는 그렇게 한 이방신이 없다.
너희가 내 증인들이다. 여호와의 말씀
이다."
13 "그렇다. 나는 태초부터 하나님이었
다. 어느 누구도 내 손에서 건져 낼
사람이 없다. 내가 하는 일을 누가 막
겠느냐?"

하나님의 긍휼과 이스라엘의 불성실

14 너희들을 건져 낸 이스라엘의 거룩
하신 분 여호와께서 이렇게 말씀하신
다. "나는 너희를 위해 바벨론에 사람
을 보내 모두 도망쳐 나오게 하겠다.
갈대아 사람들은 슬퍼서 목소리를 높
여 울부짖을 것이다.
15 나는 여호와이며 너희의 거룩한 자이
며 이스라엘의 창조자이며 너희의 왕
이다."
16 바다 가운데 길을 내시고 거센 물결
가운데 통로를 내신 여호와께서 이렇
게 말씀하신다.
17 병거와 말과 군대와 용사를 모두 이
끌어 내어 그곳에서 쓰러뜨리셔서 다
시는 일어나지 못하고 불이 꺼진 심
지처럼 사그라지게 하신 여호와께서
이렇게 말씀하신다.
18 "지나간 일들을 기억하지 말라. 과거
에 연연하지 말라.
19 보라. 내가 새 일을 하고 있다! 이제

43:7 내 이름으로 불리는 사람들을 뜻함. 이스라엘에서는 자식들에게 아버지의 이름을 붙임.

막 솟아나고 있는데 너희는 느끼지
못하느냐? 내가 광야에 길을 내고 사
막에 강을 만들고 있다.
20 들짐승과 자칼과 부엉이가 나를 공경
할 것이다. 내가 광야에 물을 대고 사
막에 강을 만들어서 내가 택한 백성
들이 마시게 할 것이기 때문이다.
21 이 백성은 나를 찬양하게 하려고 내
가 손수 만든 사람들이다.
22 그러나 야곱아, 너는 나를 부르지 않
았다. 이스라엘아, 너는 내게 싫증을
냈다.
23 너는 번제할 양을 내게 가져오지 않
았고 네 희생제물로 내게 영광을 돌
리지도 않았다. 나는 네게 곡식제물
로 부담을 주지 않았고 분향을 요구
해 귀찮게 하지도 않았다.
24 너는 내게 향품을 가져오지 않았고
네 희생제물의 기름으로 나를 흡족하
게 하지도 않았다. 대신 너는 네 죄들
을 내게 지우고 네 죄악으로 나를 괴
롭혔다.
25 나, 나는 나를 위해 네 죄를 닦아 없
애는 자이니 네 죄를 더 이상 기억하
지 않겠다.
26 내게 털어놓을 만한 옛일을 떠올려
보아라. 우리 함께 판가름을 해 보자.
네 결백을 주장해 보아라.
27 네 첫 조상부터 잘못을 저질렀고 네
중재자들마저 나를 배반했다.
28 그러므로 내가 *구별된 귀족들을 천
하게 했다. 내가 야곱을 *전멸되게 내
주고 이스라엘을 비웃음거리가 되게
버려둘 것이다."

선택된 자, 이스라엘

44 "그러나 내 종 야곱아, 잘 들어
라. 내가 선택한 이스라엘아,
2 여호와께서 말씀하신다. 너를 만들고
너를 태에서부터 지으신 분이 너를
도와줄 것이다. 내 종 야곱아, 내가
선택한 *여수룬아, 두려워하지 마라.
3 내가 메마른 땅에 물을 주고 마른 바
닥에 시냇물이 흐르게 하듯이 네 자
손에게 내 영을 주고 네 후손에게 내
복이 흐르게 하겠다.
4 그들은 들판에서 솟아나는 풀 같고
흐르는 시냇가의 버드나무 같을 것이
다.
5 그때에 '나는 여호와의 것이다'라고 말

43:28 또는 성소의 지도자들을　43:28 히브리어, 헤렘. 사람이나 물건을 완전히 파괴하거나 죽여서 주께 드리는 것을 의미함. 무를 수 없음.　44:2 이스라엘의 애칭

성·경·상·식 | 여수룬

여수룬은 '정직한 자', '의로운 자'라는 뜻으로 이스라엘을 지칭하는 말이다. 이는 이스라엘이 이상적으로 가져야 할 모습을 나타내며 시적인 표현을 할 때 쓰였다. 모세는 의로운 자로서 마땅히 하나님을 따라야 할 이스라엘이 이런 모습에서 벗어나자 이를 책망하면서 이스라엘을 빗대어 '여수룬'이라고 불렀다(신 32:15). 또한 이사야도 이스라엘을 부를 때 시적으로 표현하여 의로운 이스라엘이라는 뜻으로 '여수룬'이라 불렀다(사 44:2).

하는 사람도 있고 스스로를 야곱이라
고 부르는 사람도 있고 손에다가 '여
호와의 것'이라고 쓰는 사람도 있고
이스라엘이라고 불리는 것을 기뻐하
는 사람도 있을 것이다."

여호와 외에 다른 신은 없다

6 이스라엘의 왕이요, 이스라엘의 구세
주이신 전능하신 여호와께서 이렇게
말씀하신다. "나는 처음이요, 마지막
이다. 나밖에 다른 신이 없다.
7 도대체 누가 나와 같다는 것이냐? 있
다면 나서서 한번 설명해 보라. 옛날
에 내가 사람들을 세운 이래로 장차
일어날 일들을 내게 설명할 수 있는
자가 누구냐? 있다면 그 일을 미리
알려 보라.
8 너희는 떨지 말고 두려워하지 말라.
내가 옛적부터 이것을 말하고 설명해
주지 않았느냐? 너희가 내 증인들이
다. 나 말고 다른 신이 있느냐? 아니
다. 다른 반석은 없다. 나는 아는 바
가 없다."
9 우상을 만드는 사람은 모두 허망한
사람이다. 그들이 그렇게 기뻐하는
우상은 아무 이득도 주지 않는 것이
다. 우상을 편드는 사람은 눈먼 사람
이고 무식한 사람이니 부끄러움을 당
할 것이다.
10 아무런 이득을 바라지 않고 신의 모
양을 뜨고 우상을 부어 만드는 사람
이 있겠느냐?
11 그런 무리들은 모두 부끄러움을 당할
것이다. 우상을 만드는 장인들은 그
저 사람일 뿐이다. 그들 모두 함께 출
두하라. 모두들 잔뜩 겁을 집어먹고
함께 창피를 당할 것이다.
12 철공은 연장을 들고 숯불에 넣어 달
구고 망치로 두들겨 우상의 모양을
만든다. 이렇게 팔에 힘을 주고 만들
어 내다 보면 시장해지는 데다가 힘
도 빠진다. 물을 마시지 못하면 기진
맥진해진다.
13 목공은 줄자로 재 기본 틀을 잡고는
대패로 대충 밀다가 이리저리 재 보
고는 사람의 모양대로, 가장 아름다
운 사람의 모습으로 만들어 집에 모
셔 둔다.
14 그는 백향목을 베거나 혹은 삼나무
나 상수리나무를 가져다가 쓰기도 하
는데, 이 나무들은 키운 것이 아니라
숲 속에서 스스로 자란 나무다. 전나
무를 심어 두면 비가 그것을 자라나
게 하는 것이다.
15 이 나무는 사람들에게 땔감에 불과
하다. 목공은 어떤 나무를 가져다가
몸을 녹이기도 하고 거기다 불을 지
펴 빵을 굽기도 하지만 또 어떤 나무
로는 신상을 만들어 경배하고 우상
을 만들어 절하기도 한다.
16 똑같은 나무들 가운데 절반은 불에
태우는데 거기다가 음식을 만들기도
하고 고기를 구워서 배불리 먹기도
한다. 그는 또 몸을 녹이면서 말한다.
"아! 불을 보니까 따뜻해지는구나."
17 그리고 나머지 절반으로 신상, 곧 자
기의 우상을 만들고 거기에 절하고

경배한다. 그는 거기에다 기도하면서
"나를 구원해 주십시오. 당신은 내 신
입니다"라고 말한다.
18 모두들 아무것도 모르고 아무것도
이해하지 못한다. 그 눈에는 덕지덕
지 발라서 아무것도 볼 수 없고 그
마음들은 닫혀 있어서 아무것도 깨
닫지 못한다.
19 '내가 이 나무의 절반은 땔감으로 써
서 거기에다 빵을 굽고 고기를 구워
먹었다. 그렇다면 내가 남은 것으로
가증스러운 것을 만들어야 하는가?
내가 나무토막 하나에다 절해야 하는
가?' 이렇게 생각하는 사람이 없으니
모두들 지식도 없고 분별력도 없다.
20 재나 먹고 살아가니 마음이 비뚤어
질 수밖에. 마음이 비뚤어지니 자기
영혼을 돌보지 못할 수밖에. 그들은
"내 오른손에 들고 있는 것이 혹시 헛
것이 아닐까?"라고 말하지 않는다.
21 "야곱아, 이스라엘아, 이것들을 기억
하여라. 너는 내 종이다. 내가 너를
만들었다. 그렇다. 너는 내 종이다. 이
스라엘아, 내가 너를 잊지 않겠다.
22 내가 네 죄를 먹구름처럼 날려 버렸
고 네 허물을 아침 안개처럼 흩어 버
렸으니 내게로 돌아오너라. 내가 너를
구해 냈다."
23 여호와께서 이 일을 하셨으니 하늘
아, 노래하라. 땅 깊은 곳아, 소리 높
여 외치라. 산들아, 숲과 그 속에 있
는 모든 나무들아, 노래를 터뜨리라.
여호와께서 야곱을 구원하셔서 이스
라엘에서 영광을 받으셨다.

예루살렘에 사람이 살리라

24 너를 태에서부터 지으시고 구원하신
여호와께서 이렇게 말씀하신다. "나
는 여호와다. 모든 것을 만들었고 혼
자서 하늘을 펼쳤으며 땅을 펼쳐 냈
다. 누가 나와 함께 있었느냐?
25 거짓 예언자들의 징조를 무효로 만들
고 점쟁이들을 멍청이로 만든다. 지
혜로운 사람을 물리쳐서 그들의 지식
을 시시하게 만든다.
26 내 종의 말들을 이루고 화친을 전하
는 사자들의 예언을 이룬다. 예루살렘
에게 말한다. '여기에 사람이 살게 될
것이다.' 유다 성읍들에게 말한다. '이
성읍들이 재건될 것이다. 허물어진
것을 내가 회복시키겠다.'
27 깊은 물에게 말한다. '바싹 말라 버려
라. 내가 네 시내를 말려 버리겠다.'
28 고레스에게 말한다. '너는 내가 세운
목자이니 내가 기뻐하는 것을 네가
모두 이룰 것이다.' 예루살렘에게 말한
다. '너는 재건될 것이다.' 예루살렘 성
전에게 말한다. '네 기초가 세워질 것
이다.'"

45 여호와께서 그의 기름 부은 고
레스에게 이렇게 말씀하신다.
"내가 네 오른손을 잡고 민족들을 네
게 굴복시키고 왕들을 무장 해제시키
겠다. 네 앞에 있는 성문을 활짝 열어
줘서 성문들이 다시는 닫히지 않게
하겠다.
2 내가 너보다 앞서가서 산들을 평평하

게 밀어 버리겠다. 내가 청동 성문들
을 부수고 철 빗장들을 끊어 버리겠
다.
3 내가 어두운 곳에 감춰 둔 보물과 비
밀스러운 곳에 보관된 재물들을 네
게 주면 내가 바로 네 이름으로 불러
낸 이스라엘의 하나님 여호와임을 네
가 알게 될 것이다.
4 내 종 야곱을 돕고 내가 선택한 이스
라엘을 도우라고 네 이름을 불렀다.
그래서 네가 나를 알지 못했지만 내
가 네게 칭호를 준 것이다.
5 나는 여호와이며 다른 신은 없다. 나
밖에 다른 신은 없다. 비록 네가 나
를 알지 못하더라도 내가 네게 능력
을 주어서
6 해 뜨는 데부터 해 지는 데까지 사람
들이 나 말고는 다른 신이 없음을 알
게 하겠다. 나는 여호와이며 다른 신
은 없다.
7 나는 빛도 지었고 어둠도 만들었으며
평화도 만들었고 재앙도 일으켰다.
나 여호와가 이 모든 일을 한다.
8 하늘아, 위에서부터 떨어뜨리라. 정의
를 이슬처럼 내리게 하라. 땅이 입을
벌려 구원이 열매 맺고 정의가 싹트
게 하라. 나 여호와가 이것을 창조했
다.
9 아! 너희에게 재앙이 있을 것이다. 바
닥에 뒹구는 질그릇들 가운데 하나
인 주제에 자기를 만드신 분과 다투
는 자야! 진흙이 토기장이에게 '무엇
을 만드느냐?' 하고 묻겠느냐? 작품
이 작가에게 '이 사람은 도대체 손도
없느냐?' 하고 말하겠느냐?
10 아! 너희에게 재앙이 있을 것이다. 자
기 아버지에게, '도대체 무엇을 낳았
느냐?' 하고 말하거나, 자기 어머니에
게, '도대체 무엇을 낳느라고 그 고생
을 했느냐?' 하고 말하는 사람아!
11 이스라엘의 거룩하신 분, 곧 이스라엘
을 만드신 여호와께서 이렇게 말씀하
신다. 내 자식의 일로 감히 내게 묻고
있느냐, 아니면 내 손으로 만든 작품
에 대해 내게 명령하느냐?
12 땅을 만들고 그 위에 인류를 창조한
것은 바로 나다. 내가 손수 하늘을 펼
쳐 냈고 모든 별들에게 명령했다.
13 내가 정의를 세우기 위해 고레스를
일으켰으니 그의 모든 길을 평탄하게
하겠다. 그가 내 성읍을 재건하고 포
로 된 내 백성을 해방시키겠지만 어
떤 대가도, 보상도 없을 것이다." 만군
의 여호와께서 말씀하셨다.
14 여호와께서 이렇게 말씀하신다. "이
집트가 벌어들인 소득과 *에티오피아
가 벌어 놓은 재물이 네게로 넘어오
고 스바의 거인들이 네 것이 될 것이
다. 그들이 네 뒤에서 터벅터벅 걸으
며 사슬에 묶인 채 네게로 넘어올 것
이다. 그들이 네 앞에서 절하고 빌면
서 '틀림없이 하나님이 당신과 함께하
십니다. 그 밖에 다른 누구도 없습니
다. 그 밖에 다른 신은 없습니다'라고
말할 것이다."

45:14 나일 강 상류 지역을 가리킴.

15 '구원자이신 이스라엘의 하나님, 주께
서는 참으로 숨어 계신 하나님이십니
다.
16 우상들을 만든 사람들은 모두 부끄
러움을 당하고 모욕을 당할 것입니
다. 모두 함께 창피해서 줄행랑을 칠
것입니다.
17 그러나 이스라엘은 여호와께 구원을
받을 것입니다. 그리고 그 구원은 영
원할 것입니다. 주께서는 영원토록 결
코 수치를 당하거나 모욕을 당하지
않으실 것입니다.'
18 하늘을 창조하신 여호와께서 말씀하
신다. 하나님이신 분, 땅을 지어 만드
신 분, 땅을 견고하게 하신 분, 땅을
황무지로 창조하지 않으시고 사람이
살도록 지으신 분이 말씀하신다. "나
는 여호와다. 나밖에 다른 이가 없다.
19 나는 어둠의 땅 어딘가에서 비밀스럽
게 말하지 않았다. 나는 야곱의 자손
에게 '나를 찾아 봤자 헛수고다'라고
말하지 않았다. 나 여호와는 진실만
말하고 바른 것만 선포한다.
20 민족들 가운데서 살아남은 사람들
아, 함께 모여 오라. 나무로 만든 우
상들을 갖고 다니며 구원해 주지도
않는 신들에게 기도하는 사람아,
21 앞으로 무슨 일이 있을지 드러내 이
야기해 보라. 함께 모여 의논해 보라.
누가 이것을 오래전에 말해 주었느
냐? 누가 예전부터 이것을 일러 주었
느냐? 그것은 나, 바로 여호와가 아니
냐? 나밖에 다른 신이 없으니 나는
정의를 세우고 구원을 베푸는 하나님
이다. 나밖에는 아무도 없다.
22 내게 돌아와서 구원을 받으라, 너희
땅끝에 있는 모든 사람들아. 내가 하
나님이니 나밖에는 아무도 없다.
23 내가 나를 두고 맹세한다. 내 입에서
모든 공의로운 말이 나갔으니 결코
번복되지 않을 것이다. 모든 사람이
내게 무릎을 꿇을 것이고 모든 사람
이 내게 자기 나라 방언으로 맹세할
것이다.
24 그들은 나를 두고 '여호와께만 정의와
능력이 있다'라고 말할 것이다." 그에
게 화를 내는 사람들은 모두 그에게
로 나와 부끄러움을 당하게 되겠지만
25 이스라엘의 자손은 모두 여호와 안에
서 의롭다고 인정을 받고 자랑스러워
할 것이다.

바벨론의 우상들

46 벨이 엎드러지고 느보가 고꾸
라진다. 그들의 우상들이 짐승
과 가축 위에 실려 있구나. 너희가 실
어 나르는 우상들은 지친 짐승에게
큰 짐이 되는구나.
2 우상들은 넘어져 있고 함께 엎어져
있다. 그들은 짐 속에서 빠져나올 수
없어서 포로가 돼 끌려가고 있구나.
3 "야곱의 집아, 내 말을 잘 들으라. 이
스라엘 집의 모든 남은 사람들아, 너
희가 잉태됐을 때부터 내가 너희의
편이 돼 주었고 너희가 태어날 때부
터 내 품에 안아 주었다.
4 너희가 늙어도 나는 여전히 너희를

품에 안고 너희가 백발이 돼도 여전
히 너희 편을 들어 주겠다. 내가 만들
었으니 내가 감당하겠다. 내가 편을
들어 주고 내가 구해 내겠다.
5 너희가 나를 누구와 견주고 누구와
같다고 하겠느냐? 너희가 나를 누구
와 비교하면서 '닮았다'고 하겠느냐?
6 사람들이 자기 가방에서 금을 쏟아
내고 저울에다 은의 무게를 재고 금
세공업자를 고용해 신상을 만들고
서는 거기에다 절하고 경배하고 있구
나.
7 사람들은 그것을 자기 어깨에 올려
실어다가 놓아둘 자리에 세워 두지
만, 그것은 그 자리에서 움직이지도
못하고 그에게 부르짖어도 대답하지
도 못하고 어려울 때 그를 구원해 줄
수도 없다.
8 이것을 기억하고 가슴에 새기라. 너
희 반역자들아, 이것을 마음에 담아
두라.
9 예전의 일, 오래전에 있었던 일을 기
억하라. 나는 하나님이니 나밖에 다
른 신이 없다. 나는 하나님이니 나 같
은 이가 없다.
10 내가 처음부터 장차 일어날 일들을
밝혔고 오래전에 이미 아직 이뤄지지
않은 일들을 일러 주었다. 내 뜻은 이
뤄질 것이며 내가 하고 싶은 일들은
반드시 이루고야 만다.
11 내가 동쪽에서 독수리를 불러내고
먼 땅에서 내 뜻을 이룰 사람을 불러
낸다. 내가 말한 것을 내가 이루겠다.
내가 계획한 것을 내가 하고야 말겠
다.
12 마음에 살이 쪄서 공의로부터 멀어진
사람들아, 내 말에 귀 기울이라.
13 내가 내 공의를 가까이 부르고 있으
니 승리할 시간도 멀지 않다. 내 구원
을 미루지 않겠다. 내가 시온에게 구
원을 베풀고 이스라엘에게 내 영광을
나타내겠다."

바벨론의 멸망

47 "처녀 딸 바벨론아, 땅바닥에
앉아라. 딸 갈대아야, 보좌가
없으니 땅바닥에나 앉아라. 이제 더
이상 아무도 너를 보고 친절하고 우
아하다고 말하지 않을 것이다.
2 맷돌을 가져다가 밀이나 빻아라. 네
가리개를 벗고 치마를 걷어 올려 다
리를 드러내고 강을 건너가거라.
3 벌거벗은 몸이 드러나고 네 부끄러운
곳도 가려지지 않을 것이다. 내가 앙
갚음을 할 것이니 아무도 막을 사람
이 없을 것이다."
4 우리의 구원자, 그 이름은 만군의 여
호와, 이스라엘의 거룩하신 분이다.
5 "딸 갈대아야, 조용히 앉아 있다가 어
둠 속으로 사라져 버려라. 너를 왕국
들의 여왕이라 부르는 사람이 더 이
상 없을 것이다.
6 내가 내 백성에게 화를 내어 내 기업
을 더럽히고 그들을 네 손에 넘겨주
었는데 너는 그들을 무자비하게 다뤘
다. 나이 든 사람에게도 엄청난 멍에
를 지웠다.

7 너는 '언제까지나 내가 여왕이다!'라고
말했지만 이런 일은 속에 담아 두지
도 않았고 장차 일어날 일은 생각조
차 하지 않았다.
8 그러므로 이제 잘 들어라. 편안하게
빈둥거리면서 '나 말고는 아무도 없고
내가 최고다. 나는 결코 과부가 되지
않을 것이며 자식을 잃는 일도 없을
것이다'라고 속으로 말하는 너 음탕
한 족속아.
9 과부가 되는 일과 자식을 잃는 일, 이
두 가지 일이 한꺼번에, 그것도 한순
간에 너를 덮칠 것이다. 네가 아무리
점을 치고 온갖 주문을 다 외운다 해
도 그런 일들이 갑자기 한꺼번에 네
게 닥칠 것이다.
10 너는 나쁜 짓을 하고서도 '아무도 나
를 보지 못해!'라고 하면서 자신만만
해했다. 네 지혜와 지식이 너를 잘못
이끌어 '나 말고는 아무도 없고 내가
최고야!'라고 속으로 생각했다.
11 이제 재앙이 네게 닥칠 것이니 주문
을 외워도 쫓아내지 못할 것이다. 재
난이 너를 덮칠 것이니 그 어떤 것으
로도 진정시키지 못할 것이다. 네가
알지 못하는 파멸이 갑자기 네게 내
리 닥칠 것이다.
12 네가 어릴 때부터 부려 왔던 마법과
많은 요술을 갖고 어디 한번 버텨 보
아라. 혹시 잘될지 누가 알겠느냐?
네가 나를 겁나게 할지 누가 알겠느
냐?
13 너는 네게 조언해 주는 수많은 사람
들에게 싫증이 났다. 점성술사들과
달마다 예언해 주는 별자리 전문가
들을 나서게 해 보아라. 그들이 네게
닥칠 일로부터 너를 구하게 해 보아
라.
14 보아라. 그들은 지푸라기 같아서 불
에 타 버릴 것이다. 그 불은 몸을 녹
여 줄 정도의 숯불이 아니다. 옆에 앉
아서 쬘 정도의 불이 아니다. 그들은
엄청난 불꽃의 힘에서 자기 스스로
도 구해 낼 수 없을 것이다.
15 네게 이 같은 일들이 일어날 것이다.
네가 공을 들여 온 사람들, 네가 어
릴 때부터 거래하던 사람들은 모두
도망가 버려서 너를 구해 줄 사람이
아무도 없을 것이다."

패역한 이스라엘

48 "야곱의 집아, 이스라엘이라 불
리는 사람들아, 유다의 혈통
아, 이것을 잘 들으라. 너는 여호와의
이름으로 맹세하고 이스라엘의 하나
님을 부르고는 있지만 진실과 공의로
하지는 않는다.
2 그들은 스스로를 거룩한 성읍의 시
민들이라고 부르면서 그 이름 만군의
여호와 이스라엘의 하나님께 의지한
다고 말하는구나.
3 내가 오래전에 장차 일어날 일들을
미리 일러 주었다. 내가 내 입으로 그
들에게 알려 주었고 내가 그 일들을
갑자기 이루었다.
4 네가 얼마나 고집스러운지 나는 알고
있다. 네 목의 힘줄은 철심 같았고 네

이마는 청동 같았다.
5 그러므로 내가 오래전에 네게 말해
주었다. 그 일들이 일어나기 전에 네
게 알려 주어서 네가 '내 우상들이 그
렇게 했다. 내 나무 우상과 철 우상이
한 일이다'라고 말하지 못하게 했다.
6 네가 이 일들을 들었으니, 모든 것을
똑똑히 보아라. 그리고 네가 한번 말
해 보아라. 지금부터 내가 네게 새로
운 일을 말하겠다. 이것은 네가 알지
못하는 비밀스러운 일이다.
7 그 일은 오래전이 아니라 지금 막 창
조한 것이다. 오늘까지 네가 결코 듣
지 못했던 일이다. 그러므로 네가 '내
가 그런 것인 줄 이미 알고 있었어!'라
고 말할 수 없을 것이다.
8 나는 너를 듣지도 못하게 하고 알지
도 못하게 했다. 옛날부터 네 귀는 열
려 있지 않았다. 나는 네가 얼마나 반
항적이었는지 잘 알고 있었기 때문이
다. 나는 네가 태어나면서부터 반역
자라고 불릴 만한 사람이라는 것도
잘 알고 있었기 때문이다.
9 다만 내 이름 때문에 화낼 때를 늦추
고 있을 뿐이다. 내 명성 때문에 내가
노여움을 누르고 너를 끊어 내지 않
고 있는 것이다.
10 보아라. 내가 너를 제련했지만 은처럼
하지 않고 고난의 용광로에서 너를
시험했다.
11 나를 위해서, 오로지 나를 위해서 내
가 이렇게 하고 있는 것이다. 어떻게
내가 모욕을 당하도록 내버려 두겠느
냐? 어떻게 내 영광을 남에게 양보하
겠느냐?"

해방된 이스라엘

12 "야곱아, 내 말을 잘 들으라. 내가 불
러낸 이스라엘아, 내가 바로 그다. 내
가 처음이요, 마지막이다.
13 내 손으로 땅의 기초를 놓았고 내 오
른손으로 하늘을 펼쳤다. 내가 땅과
하늘을 부르면 다 함께 내 앞에 나와
선다.
14 너희 모두 함께 모여서 들어 보라. 우
상들 가운데 누가 이런 일을 일러 준
적이 있느냐? 여호와께서 그를 사랑
하셔서 바벨론에서 여호와의 뜻을 이
루고 그의 팔로 갈대아 사람을 쳐부
수실 것이다.
15 나, 바로 내가 말했다. 그렇다. 내가
그를 불렀다. 내가 그를 데려왔으니
그는 그의 방식대로 잘 수행할 것이
다.
16 내게 가까이 와서 이 말을 잘 들으라.
내가 처음부터 비밀리에 말하지 않았
다. 그 일이 이뤄진 때부터 내가 거기
있었다." 이제 주 여호와께서 나를 보
내셨고 그분의 영도 함께 보내셨다.
17 너를 구원하신 분, 이스라엘의 거룩
하신 분 여호와께서 이렇게 말씀하신
다. "나는 네 하나님 여호와다. 가장
좋은 것을 네게 가르치고 네가 가야
할 길로 이끄는 하나님이다.
18 네가 만약 내 명령에 귀를 기울였다
면 너는 강물처럼 평화롭고 바다의
파도처럼 공의로웠을 것이다.

19 네 자손들은 모래와 같고 네 후손들
은 낟알과 같았을 것이다. 그들의 이
름은 끊어지지 않았을 것이고 내 앞
에서 멸망하지 않았을 것이다."
20 너희는 바벨론을 떠나고 갈대아 사람
들로부터 도망치라! 그리고 환호성을
지르면서 알리라. "여호와께서 그분의
종 야곱을 구원하셨다." 이 소식을 땅
끝까지 전하라.
21 여호와께서 그들을 광야로 이끄셨지
만 그들은 목마르지 않았다. 그분이
그들을 위해 바위에서 물이 흘러나오
게 하셨다. 그분이 바위를 치시니 물
이 터져 나온 것이다.
22 여호와께서 말씀하신다. "악인들에게
는 평화가 없다."

여호와의 종

49 너희 섬들아, 잘 들으라. 너희
먼 곳의 민족들아, 귀를 기울
이라. 여호와께서 태중에서부터 나를
부르셨다. 내 어머니의 자궁에서부터
내 이름을 지으셨다.
2 그분이 내 입을 예리한 칼처럼 만드
셨고 주의 손 그림자 아래에 나를 숨
기셨다. 그분이 나를 날카로운 화살
로 만드셨고 그분의 화살통에 나를
숨기셨다.
3 그분이 내게 말씀하셨다. "너는 내
종, 이스라엘이다. 내가 네게서 영광
을 받겠다."
4 그러나 나는 말했다. "나는 헛수고만
했구나. 내가 힘을 쏟아부었지만 아
무것도 된 일이 없었고 헛힘만 썼구
나. 그러나 여호와께서 나를 제대로
판단해 주시고 내 하나님께서 내게
적절한 보상을 내리셨다."
5 나를 태에서부터 지어 그분의 종이
되게 하시고 야곱을 자기에게 돌아오
게 하시고 이스라엘을 그에게로 모이
게 하신다. 나는 여호와께서 보시기

성·경·상·식

종의 노래

이사야서에는 '종의 노래'로 불리는 4개의 노래가 나온다. 이 노래들은 각각 독립적인 것 같으나 주제의 통일성을 지니고 있다.
종이 주인공으로 등장하고, 그 종의 생애를 통해 이스라엘의 꿈이 실현되며, 그를 통해 하나님의 백성들과 세상에 대한 하나님의 계획이 성취될 것을 노래하고 있다. 그러므로 여기에 나오는 종은 장차 오실 메시아 예수 그리스도를 가리키며(마 12:17-21) 종의 임무는 이스라엘 자체에 적용될 수도 있다.

- **종의 노래 1** 하나님의 종은 이스라엘과 이방에게 하나님의 공의를 베풀 것이다(사 42:1-4).
- **종의 노래 2** 하나님의 종은 어머니의 태에서부터 이스라엘을 회복시킬 사명과 이방에 빛을 비추어 구원을 베풀 사명을 위해 부름받았다(사 49:1-6).
- **종의 노래 3** 하나님은 그의 종에게 원수의 공격에 견딜 수 있는 지혜를 주실 것이다(사 50:4-9).
- **종의 노래 4** 하나님의 종은 사람들의 죄 때문에 모욕과 멸시와 능욕, 고통을 받는 고난의 종이다(사 52:13-53:12).

에 귀중한 사람이 됐다. 내 하나님이
내 힘이 되셨다. 이제 여호와께서 말
씀하신다.
6 그가 말씀하신다. "네가 내 종이 돼서
야곱 지파들을 일으키고 이스라엘 가
운데 내가 보호해 놓은 사람들을 돌
아오게 하는 일이 네게는 아주 작은
일이다. 또한 땅끝까지 내 구원을 이
르게 하도록 내가 너를 뭇 나라의 빛
으로 삼아서 땅끝까지 내 구원이 이
르게 하겠다."
7 멸시를 당하고 민족들에게 미움을
사며 지배자들의 종이 된 사람에게
이스라엘을 구원하신 분, 거룩하신
여호와께서 이렇게 말씀하신다. "왕
들이 너를 보고 일어나고 귀족들이
너를 경배할 것이다. 신실하신 여호
와, 이스라엘의 거룩하신 분이 너를
택하셨기 때문이다."

이스라엘의 회복

8 여호와께서 이렇게 말씀하신다. "은혜
를 베풀 때 내가 네게 대답했고 구원
하는 날에 내가 너를 도왔다. 그러므
로 내가 너를 지키고 너를 백성들의
언약으로 삼겠다. 그 땅을 일으켜서
폐허가 된 기업들을 다시 나누고
9 갇힌 사람들에게는 '나오라!' 하고 말
하겠고 어둠 속에 있는 사람들에게
는 '풀려났다!' 하고 말하겠다. 그들은
길 위에서도 먹겠고 헐벗은 언덕이 모
두 그들의 목장이 될 것이다.
10 그들은 배고프거나 목마르지 않으며
뜨거운 바람이나 햇볕도 그들을 치지
못할 것이다. 그들을 불쌍히 여기는
분이 그들을 이끌어 물가에서 쉬게
하시기 때문이다.
11 내가 내 모든 산에 길을 만들고 내 큰
길들을 돋우겠다.
12 보라. 사람들이 멀리서 나올 것이다.
어떤 이는 북쪽에서 오고, 어떤 이는
서쪽에서 오고, 어떤 이는 *시님 땅에
서도 나올 것이다."
13 하늘아, 기뻐 소리치라. 땅아, 즐거워
하라! 산들아, 노래 부르라! 여호와께
서 그분의 백성들을 위로하시고 고난
을 당하던 사람들을 불쌍히 여기셨
다.
14 그러나 시온은 이렇게 말했다. "여호
와께서 나를 버리셨구나. 주께서 나
를 잊으셨구나."
15 "어머니가 자기의 젖먹이를 어떻게 잊
겠느냐? 자기 태에서 낳은 아들을 어
떻게 가엾게 여기지 않겠느냐? 혹시
그 어머니는 잊어버려도 나는 너를
잊지 않겠다!
16 보아라. 내가 너를 내 손바닥에 새겼
고 네 성벽이 언제나 내 앞에 있다.
17 네 자녀들이 발길을 재촉하고 있다.
그리고 너를 무너뜨리고 꼼짝 못하게
했던 사람들은 너를 떠날 것이다.
18 눈을 들어서 사방을 둘러보아라. 모
두들 모여서 네게로 오고 있다. 여호
와께서 맹세코 말씀하신다. 너는 그
들 모두를 장신구처럼 주렁주렁 달아
입고 신부처럼 그들로 온몸을 꾸밀

49:12 아스완을 가리킴.

것이다.
19 보아라. 네가 버려져서 쑥대밭이 됐
고 땅이 폐허가 됐지만 이제는 사람
이 너무 많아서 땅이 비좁을 것이고
너를 집어삼킨 사람들은 멀리 떠나가
버릴 것이다.
20 잃은 줄로만 알았던 네 자녀들이 네
귀에 대고 말할 것이다. '이곳은 내게
너무 좁습니다. 내가 살 만한 더 넓은
곳을 마련해 주십시오.'
21 그러면 너는 속으로 이렇게 말할 것
이다. '내가 자식을 잃고 더 낳지 못
하는 몸이 됐는데 누가 내게 이 아이
들을 낳아 주었을까? 포로로 끌려가
서 버림을 받았는데 누가 이 아이들
을 키웠을까? 가만 있자, 나만 홀로
살아남았는데 이 아이들은 도대체 어
디에서 왔을까?'"
22 주 여호와께서 말씀하신다. "보아라.
내가 뭇 나라를 향해 손을 들고 뭇
백성에게 내 깃발을 들어 신호를 할
것이니 그들이 네 아들들을 양팔에
안고 오며 네 딸들을 어깨에 메고 데
려올 것이다.
23 왕들이 네 양아버지가 되고 왕비들
이 네 유모가 될 것이다. 그들이 코를
땅에 대고 네게 절하고 네 발에 묻은
흙을 핥을 것이다. 그러면 너는 내가
여호와인 줄을 알게 되고 나를 기다
리는 사람은 수치를 당하지 않을 줄
알게 될 것이다."
24 힘센 사람에게서 전리품을 빼앗을
수 있느냐? *포악한 사람에게서 포
로를 빼낼 수 있느냐?
25 여호와께서 이렇게 말씀하신다. "포
로를 힘센 사람에게서 건져 내고 전
리품을 포악한 사람에게서 빼내 오겠
다. 내가 너와 다투던 사람과 싸우고
직접 네 자녀들을 건져 내겠다.
26 내가 너를 압제하던 사람들로 자기
살을 먹게 하고 자기 피를 달콤한 포
도주처럼 마시고 취하게 하겠다. 그
러면 모든 사람이 나 여호와가 네 구
원자, 네 속량자, 야곱의 강한 자임을
알게 될 것이다."

이스라엘의 죄악과 종의 순종

50 여호와께서 이렇게 말씀하신
다. "너희 어머니의 이혼 증서
가 여기 어디 있느냐? 내가 너희 어머
니를 쫓아내기라도 했느냐? 내가 어
느 채권자에게 너희를 팔았더냐? 보
라. 너희는 너희의 죄 때문에 팔린 것
이다. 너희의 잘못 때문에 너희 어머
니가 쫓겨난 것이다.
2 내가 왔을 때 왜 아무도 없었느냐? 내
가 불렀을 때 왜 아무도 대답하지 않
았느냐? 내 손이 너희를 구해 내지 못
할 만큼 너무 짧으냐? 내가 너희를 구
할 힘이 없겠느냐? 보라. 내가 꾸짖음
으로 바다를 말려 버리고 강을 광야
로 바꾸어 버린다. 물고기들이 물이
없어서 악취가 나고 목말라 죽게 된다.
3 내가 하늘을 어둠으로 옷 입히고 굵
은베 옷으로 덮어 버린다."

49:24 사해 사본과 불가타와 시리아어역을 따름. 히브리어 사본에는 '의로운 자에게서'

4 주 여호와께서 내게 가르치는 혀를
주시고 어떻게 하면 지친 사람을 말
로 되살릴 수 있는지 알게 하신다. 아
침마다 내 귀를 깨워 주셔서 마치 제
자를 대하듯 들려주신다.
5 주 여호와께서 내 귀를 열어 주시니
나는 배반하지도 않았고 등을 돌려
가 버리지도 않았다.
6 나는 나를 때리는 사람들에게 내 등
을 내주었고 내 수염을 뽑는 사람들
에게 내 뺨을 내주었다. 조롱하고 침
을 뱉는데도 나는 얼굴을 가리지 않
았다.
7 주 여호와께서 나를 도와주시니 조금
도 자존심이 상하지 않았다. 도리어
나는 내 얼굴을 부싯돌처럼 굳게 하
였다. 따라서 내가 부끄러움을 당하
지 않을 것을 안다.
8 나를 의롭다고 하시는 이가 가까이
계시는데 누가 나를 고소하겠는가?
우리 함께 법정에 가 보자! 누가 나를
상대로 고소했느냐? 내게 가까이 와
보라.
9 보라. 주 여호와께서 나를 도우시는
데 누가 감히 나를 두고 죄가 있다 하
느냐? 그들은 모두 옷처럼 낡아져서
좀에게 먹힐 것이다.
10 너희 가운데 여호와를 두려워하고 그
분의 종의 목소리에 순종하는 사람
이 누구냐? 비록 빛도 없이 어둠 속
을 걸어가는 사람이라도 여호와의 이
름을 의지하고 자기 하나님께 기대라.
11 보라. 너희가 모두 불을 붙여 횃불을
들고 불빛을 비추면서 다녀 보라. 그
횃불에 너희가 탈 것이다. 이것은 내
가 손수 너희에게 한 것이고 너희는
괴로워서 누워 뒹굴게 될 것이다.

시온을 위한 영원한 구원

51 "정의를 추구하며 여호와를 찾
는 사람들아, 내 말을 잘 들으
라. 너희를 떠낸 저 바위와 너희를 파
낸 저 구덩이를 바라보라.
2 너희의 조상 아브라함과 너희를 낳은
사라를 바라보라. 내가 그를 불렀을
때 그는 혼자였지만 내가 그에게 복
을 주어서 그 자손을 많게 했다.
3 그렇다. 여호와께서 시온을 위로하셨
다. 폐허가 된 시온의 모든 곳을 불
쌍히 여기셨다. 그분이 그 광야를 에
덴처럼 만드시고 그 사막을 여호와의
동산처럼 만드셨으니 그곳에는 기쁨
과 즐거움이 있고 감사의 노랫소리가
그곳에 울려 퍼질 것이다.
4 내 백성아, 내게 주목하라. 내 백성
아, 내게 귀를 기울이라. 가르침이 내
게서 나오고 내 공의가 뭇 백성의 빛
이 될 것이다.
5 내 정의는 가까이 왔고 내 구원은 이
미 나타났다. 내가 내 팔로 뭇 백성을
심판하겠다. 그러면 섬들이 나를 갈
망하고 내 팔에 희망을 둘 것이다.
6 눈을 들어 하늘을 바라보라. 아래로
땅을 내려다보라. 하늘은 연기처럼
사라지고 땅은 옷처럼 해어져서 거기
에 사는 사람들은 하루살이처럼 죽
을 것이다. 그러나 내 구원은 영원하

고 내 정의는 꺾이지 않을 것이다.
7 정의를 아는 사람들아, 내 가르침을
마음에 두는 사람들아, 내 말을 들으
라. 사람의 잔소리를 두려워하지 말
고 그들의 욕설에 겁먹지 말라.
8 좀이 그들을 옷처럼 먹고 벌레가 그
들을 양털처럼 먹을 것이지만 내 의
는 영원하고 내 구원은 대대에 미칠
것이기 때문이다."
9 깨어나십시오, 깨어나십시오, 힘으로
무장하십시오, 여호와의 팔이여! 옛
날 옛적에 그랬던 것처럼 깨어나십시
오! *라합을 심히 찢고 바다 괴물을
찌르신 분이 주가 아니십니까?
10 바다를, 깊고도 깊은 물을 완전히 말
리시고 바다 속 깊이 길을 만드셔서
구원받은 사람들을 건너가게 하신 분
이 주가 아니십니까?
11 여호와께서 구해 내신 사람들이 돌
아올 것입니다. 그들이 노래하며 시온
으로 올 것입니다. 영원한 기쁨이 그
들의 머리에 면류관이 될 것입니다.
기쁨과 즐거움이 그들을 사로잡을 것
이고 슬픔과 한숨이 달아날 것입니
다.
12 "나, 내가 너희를 위로하는 이다. 너
는 누구이기에 죽을 운명의 사람을
두려워하고 풀 같은 사람의 아들을
두려워하느냐?
13 너는 너를 지으신 여호와를 잊어버렸
구나. 하늘을 펼치시고 땅의 기초를
놓으신 여호와를 잊어버렸구나. 그러
고는 파멸이 정해진 그 압제자의 분
노 때문에 날마다 공포 속에 살고 있

51:9 히브리어, '폭풍', '거만'. 고대 근동 신화에서 말하는 바다 괴물. 혼돈과 악의 세력을 상징함.

하용조 목사의 행복한 **메시지**

천국, 하나님의 나라

하나님의 나라는 예수님의 생명으로 가득 차 있습니다. 예수 그리스도를 영접하셨습니까? 그렇다면 당신 안에 하나님의 나라가 있습니다. 땅이든 하늘이든, 살아서든 죽어서든 예수님이 나를 다스리고 주관하시는 그곳이 바로 천국 곧 하나님의 나라입니다. 그러나 예수님을 믿으면서도 세상 근심과 번민에 눌려 사는 사람들이 있습니다. 천국을 옆에 놓고도 지옥을 사는 사람들입니다.

하나님의 나라는 예수님이 계시는 곳이며 통치하시는 곳입니다. 부자나 가난한 자, 병든 자나 건강한 자, 성공한 자나 실패한 자에 대한 차별이 없습니다. 우리 마음에 하나님의 나라가 이루어졌다면 우리 삶은 고통스럽지 않습니다.

하나님의 나라는 하나님의 임재가 있는 곳입니다. 그런 의미에서 보면, 아브라함은 갈대아 우르를 떠나서 막벨라 굴에 장사될 때까지 하나님의 나라를 경험했습니다. 하나님께서 그와 동행하셨기 때문입니다. 하나님께서 임재하셨을 때 아브라함은 천국, 곧 하나님의 나라를 이 땅에서 경험한 것입니다.

구나. 도대체 그 압제자의 분노가 어
디에 있느냐?
14 움츠린 죄수들이 곧 해방될 것이다.
그들은 죽어서 구덩이에 묻히지도 않
고 빵이 부족하지도 않을 것이다.
15 나는 여호와 네 하나님이다. 바다를
휘저어 사나운 파도를 일으키는, 내
이름은 만군의 여호와다.
16 나는 네 입에 내 말을 담았고 내 손
그림자로 너를 덮었다. 하늘을 펼치
고 땅의 기초를 놓은 내가 시온에게
말한다. '너는 내 백성이다.'"

여호와의 진노의 잔

17 깨어나거라. 깨어나거라! 너, 여호와의
손에서 진노의 잔을 받아 마신 예루
살렘아, 일어나거라! 너는 사람을 비
틀거리게 하는 술잔을 모두 비워 버
렸구나.
18 자기가 낳은 모든 아들 가운데 저 여
자를 인도할 아들이 없구나. 자기가
키운 모든 아들 가운데 저 여자의 손
을 잡아 줄 아들이 없구나.
19 이 두 가지 재앙이 네게 닥쳤지만 누
가 너를 위해 함께 슬퍼해 주겠느냐?
폐허와 파멸과 굶주림과 칼뿐이니
*누가 너를 위로하겠느냐?
20 네 아들들은 여호와의 진노와 하나님
의 질책을 너무나도 많이 받아서 그
물에 걸린 영양처럼 거리의 모퉁이마
다 정신을 잃고 뻗어 있구나.
21 그러니 이제 이 말을 들어 보아라. 포
도주도 아닌 것에 취해 버린 가엾은
사람아!
22 네 주 여호와, 그분의 백성을 위해 싸
워 주시는 네 하나님께서 말씀하신
다. "보아라. 내가 네 손에서 비틀거
리게 하는 술잔, 내 진노의 잔을 빼
앗았으니 네가 다시는 그것을 마시지
않을 것이다.
23 이제 내가 그 잔을 너를 괴롭히던 사
람들의 손에 쥐어 주겠다. 그들은 전
에 네게 이렇게 말하던 사람들이다.
'엎드려라. 우리가 딛고 지나가겠다.'
그러면 너는 등을 마치 땅바닥인 양,
행인들이 다니는 길바닥인 양 만들지
않았었느냐?"

52

깨어나거라. 깨어나거라. 힘으
로 무장하여라. 시온아! 아름
다운 옷을 걸쳐라. 거룩한 성읍 예루
살렘아! 할례 받지 않은 사람과 부정
한 사람이 다시는 네게로 들어가지
못할 것이다.
2 흙먼지를 흔들어 털고 일어나서 보좌
에 앉아라. 예루살렘아! 네 목에서 사
슬을 풀어 버려라. 포로 됐던 딸 시온
아!
3 여호와께서 이렇게 말씀하신다. "네
가 값없이 팔려 갔으니 돈 없이 풀려
날 것이다."
4 주 여호와께서 이렇게 말씀하신다.
"내 백성이 처음에는 이집트로 내려
가서 거기 머물렀다. 그러고는 앗시리
아가 까닭도 없이 그들을 짓눌렀다.
5 그런데 이제는 여기서 그렇게 하고 있

51:19 사해 사본과 칠십인역과 시리아어역과 불가타를 따름. 히브리어 사본에는 '내가 어떻게 너를 위로하겠느냐?'

다. 여호와의 말씀이다. 내 백성이 이
유도 없이 끌려가고 그들을 지배하는
통치자들은 *야유를 퍼붓고 있는데
도 말이다. 여호와의 말씀이다. 그리
고 매일 온종일 내 이름이 업신여김
을 당하고 있는데 지금 내가 여기서
무엇을 하고 있는가?
6 이제 내 백성이 내 이름을 알게 될 것
이다. 이제 그날에 그들은 '내가 여기
있다'라고 말한 것이 바로 나임을 알
게 될 것이다."
7 너무나 반갑다! 좋은 소식을 안고 산
을 넘어 달려오는 저 발이여! 평화가
이르렀다고 통보하면서 좋은 소식을
들려주는구나. 구원이 이르렀다고 말
하면서 시온을 향해 "네 하나님이 왕
이 되셨다!"라고 하는구나.
8 파수꾼이 목소리를 높이는구나. 그들
이 한목소리로 환호성을 울리는구나.
모두가 여호와께서 시온으로 돌아오
시는 것을 목격하고 있기 때문이다.
9 모두 함께 환호성을 터뜨리라. 예루살
렘의 버려진 곳들아! 여호와께서 그
분의 백성을 위로하셨고 예루살렘을
구해 내셨다.
10 여호와께서 모든 나라가 보는 앞에서
그분의 거룩한 팔을 걷어붙이시니 온
땅 구석구석에서 우리 하나님의 구원
을 볼 것이다.
11 떠나라. 떠나라. 거기서 나오라! 부정
한 것은 건드리지도 말라! 그 가운데
서 나오라! 여호와의 그릇을 받들어
나르는 사람들아, 너희는 깨끗이 하
라.
12 그러나 너희는 서둘러 나오지 않아도
되고 쫓기듯 나오지 않아도 된다. 여

52:5 사해 사본과 불가타를 따름. 히브리어 사본에는 '그들을 보고 울부짖는다.'

Q&A 시온은 어떤 곳인가?

참고 구절 | 사 52:1

시온(사 52:1)은 원래 여부스 사람들의 영토이자 요새의 이름이었다(삼하 5:6). 다윗이 이곳을 빼앗아 '다윗 성'이라 이름하고(삼하 5:7–9) 통일 이스라엘의 정치·종교적 중심지로 삼았다. 다윗이 하나님의 언약궤를 안치하면서부터(왕상 8:1) 시온은 하나님께서 거하시는 곳의 대명사로 사용되었으며(시 20:1–2) 이스라엘 사람들에게 거룩한 산으로 인식되었다(시 2:6). 그래서 시온은 이스라엘의 상징이자 예루살렘을 나타내는 말로 사용되었다(시 48:12; 사 1:27; 렘 14:19).

이스라엘 사람들은 하나님은 시온에서 자신을 보여 주시며(암 1:2) 구원을 베푸시고(시 14:7; 53:6) 그곳에서 그의 백성에게 복을 주신다고 믿었다(시 128:5;134:3). 이 때문에 이스라엘 사람들은 포로 중에도 시온의 회복을 사모했는데, 시온의 회복은 하나님의 복과 임재의 회복을 의미하기 때문이었다(사 49:14;51:3;52:1–8;슥 2:10–11).

이와 같은 시온의 복과 관련하여 신약에서는 시온이 하나님의 도시, 새 하늘과 새 땅을 의미하는 상징으로 쓰였다(히 12:22;계 14:1).

호와께서 너희 앞에 가시고 이스라엘
의 하나님께서 너희를 보살피시기 때
문이다.

종의 고난과 영광

13 보라. 내 종이 *잘될 것이다. 그가 드
높아지고 존귀하게 될 것이다.
14 전에는 그의 몰골이 사람이라 할 수
없을 만큼 엉망이고 그의 풍채도 사
람의 모습이 아니어서 많은 사람들이
*그를 보고 놀랐지만
15 이제는 왕들이 지금껏 아무도 말해
주지 않은 것을 보고 아무에게도 들
어 보지 못한 것을 깨달아서 많은 나
라들이 그를 보고 물을 끼얹듯 놀라
고 왕들이 그 앞에서 입을 다물 것이
다.

53 *우리가 들은 이 소식을 누가
곧이 믿겠느냐? 여호와께서 그
분의 팔을 누구에게 드러내셨느냐?
2 그는 주 앞에서 마치 새싹과 같이, 메
마른 땅을 뚫고 나온 싹과 같이 자라
났다. 그는 수려한 풍채도 없고 화려
한 위엄도 없으니 우리가 보기에 볼
품이 없었다.
3 그는 사람들에게 멸시를 당하고 버림
을 받았을 뿐 아니라 *고통을 겪었고
언제나 병을 앓고 있었다. 사람들이
그를 보고서 얼굴을 가릴 만큼 그는
멸시를 당했으니 우리마저도 그를 무
시해 버렸다.
4 그러나 사실 그가 짊어진 병은 우리
의 병이었고 그가 짊어진 아픔은 우
리의 아픔이었다. 그런데도 우리는
그가 맞을 짓을 해서 하나님께서 그
를 때리시고 고난을 주신다고 생각했
다.
5 그러나 사실은 우리의 허물이 그를
찔렀고 우리의 악함이 그를 상하게
했다. 그가 책망을 받아서 우리가 평
화를 누리고 그가 매를 맞아서 우리
의 병이 나은 것이다.
6 우리는 모두 양처럼 길을 잃고 제각
각 자기 길로 흩어져 가 버렸지만 여
호와께서는 우리 모두의 죄악을 그에
게 지우셨다.
7 그는 학대를 받고 괴롭힘을 당했지만
입을 열지 않았다. 마치 도살장으로
끌려가는 어린양처럼, 마치 털을 깎
이는 잠잠한 어미 양처럼 그는 입을
열지 않았다.
8 그는 강제로 끌려가 재판을 받고 처
형을 받았지만 땅에서 그의 생명이
끊어지는 것을 보고서 그가 당하는
것은 내 백성의 죄악 때문이라고 중
얼거리기라도 한 사람이 우리 세대
가운데 누가 있느냐?
9 폭행을 한 적도 없고 거짓말을 입에
담은 적도 없었지만 사람들은 그의
무덤을 악인과 함께 두었고 그가 죽
은 후에 부자와 함께 묻어 버렸다.
10 그러나 그가 병들어 으스러진 것은
여호와께서 원하신 일이었다. 그가 그
의 생명을 속건제물로 내놓으면 그는

52:13 또는 형통할 것이다. 슬기롭게 행동할 것이다.
52:14 히브리어로는 '너' 53:1 또는 우리가 전한
53:3 또는 아픔과 고통을 알았다. 여러 가지 정신적, 육
체적 고통을 말함.

자손을 보면서 오래오래 살 것이다.
그리고 여호와께서 원하신 일이 그의
손에서 이뤄지고 있다.
11 그는 고통에서 벗어나서 그가 알고
있었던 자신의 사명을 제대로 이뤄
냈음을 보고 만족할 것이다. 내 종이
많은 사람들을 의롭게 할 것이다. 그
는 많은 사람의 죄악을 스스로 짊어
질 것이다.
12 그러므로 나는 그에게 많은 사람들
을 몫으로 나눠 주고 강한 사람들을
전리품으로 나눠 주겠다. 그가 자기
목숨을 죽음으로 내던지고 죄지은
사람들 가운데 하나로 여겨졌으며 많
은 사람의 죄를 대신 지고 죄지은 사
람들이 용서를 받도록 중재를 했기
때문이다.

시온의 장래 영광

54 "환호성을 질러라, 아이를 낳지
못하는 여인아! 환호성을 터뜨
리며 소리쳐라, 산고를 겪어 보지 못
한 여인아! 홀로 쓸쓸히 지내는 여인
의 자녀들이 결혼한 여인의 자녀보다
더 많기 때문이다." 여호와께서 말씀
하셨다.
2 "장막 터를 넓히고 장막의 휘장을 아
낌없이 활짝 펼쳐라. 장막 줄을 길게
늘이고 말뚝을 단단히 박아라.
3 네가 좌우로 터져 나갈 것이기 때문
이다. 네 자손이 뭇 나라를 차지하고
버려졌던 성읍들에 살게 될 것이다.
4 두려워하지 마라! 네가 부끄러움을
당하지 않을 것이다. 기죽지 마라! 네
가 창피를 당하지 않을 것이다. 너는
어린 시절의 부끄러움을 잊고 과부
시절의 창피를 더 이상 떠올리지 않
을 것이다.
5 너를 만드신 분이 네 남편이시다. 그
이름은 만군의 여호와시다. 이스라엘
의 거룩한 분이 네 구원자시다. 그분
은 '온 땅의 하나님'이라 불린다.
6 버림받은 여인처럼 마음에 상처를 입
은 너를 여호와께서 부르신다. 어린
시절에 버려진 여인과 같은 너를 여호
와께서 부르신다." 네 하나님께서 말
씀하셨다.
7 "내가 잠시 너를 버렸지만 큰 긍휼로
너를 다시 모으겠다.
8 노여움이 북받쳐서 내가 잠시 내 얼
굴을 네게서 숨겼지만 이제 영원한
사랑으로 네게 자비를 베풀겠다." 네
구원자 여호와께서 말씀하셨다.
9 "노아 시대에 다시는 땅을 물로 덮어
버리지 않겠다고 내가 맹세한 것처럼
이제 맹세한다. 나는 네게 화를 내지
않고 꾸짖지도 않겠다.
10 산들이 옮겨지고 언덕이 흔들려도 내
사랑은 네게서 옮겨지지 않고 내 평
화의 언약은 흔들리지 않을 것이다."
너를 가엾게 여기시는 여호와께서 말
씀하셨다.
11 "폭풍에 그렇게 고생하고도 위로조차
받지 못한 성읍아, 보라. 내가 홍옥으
로 벽을 쌓고 *사파이어로 주춧돌을
놓겠다.

54:11 또는 청금석

12 루비로 뾰족탑을 만들고 반짝이는 석
류석으로 성문을 만들고 보석으로
모든 성벽을 둘러쌓겠다.
13 네 자녀들은 모두 *여호와께 가르침
을 받고 평화를 마음껏 누릴 것이다.
14 너는 정의로 굳게 서겠고 압제는 네
게서 멀어질 것이니 두려워할 일이 없
을 것이다. 공포마저 멀리 사라져서
네게 가까이 오지 못할 것이다.
15 *너와 다투는 사람들이 생기겠지만
그것은 내가 허락한 것이 아니니 *너
와 다투는 사람들이 너 때문에 무릎
을 꿇을 것이다.
16 보라. 숨을 불어 숯불을 피우고 쓸
만한 무기를 만들어 내는 장인을 창
조한 것은 바로 나다. 또 부수고 파괴
하는 사람들도 내가 창조했다.
17 너를 치려고 만든 무기는 성능을 다
하지 못하고 너를 고소해서 법정에
세우는 혀마다 도리어 패소할 것이
다. 이것은 여호와의 종들이 받을 몫
이고 내가 그들에게 주는 권리다. 여
호와의 말이다."

목마른 사람들을 향한 초대

55 "너희 모든 목마른 사람들아,
물로 나아오라! 돈 없는 사람
들아, 너희도 와서 사 먹으라! 와서
돈을 내지 말고 값도 지불하지 말고
포도주와 우유를 사라.
2 왜 너희는 음식이 아닌 것에 돈을 쓰
고 배부르게 하지도 못할 것에 애를
쓰느냐? 들으라. 내 말을 잘 들으라.
그러면 너희가 좋은 것을 먹고 기름
진 것으로 즐길 것이다.
3 너희는 귀를 기울이고 내게로 오라.
내 말을 들으라. 그러면 너희가 살 것
이다. 내가 너희와 영원한 언약을 맺
을 텐데, 그것은 내가 다윗에게 약속
한 사랑이다.
4 보라. 내가 그를 뭇 백성 앞에 증인으
로 세웠고 뭇 백성의 지도자와 지휘
관으로 삼았다.
5 보라. 네가 알지 못하는 나라를 네가
부르면 너를 알지 못하는 나라가 네
게로 달려올 것이다. 네 하나님 여호
와, 이스라엘의 거룩한 분께서 너를
영화롭게 하셨기 때문이다."
6 만날 수 있을 때 여호와를 찾으라. 가
까이 계실 때 그를 부르라.
7 죄를 지은 사람은 그 길을 버리고 나
쁜 짓을 저지른 사람은 그 생각을 버
리라. 그리고 여호와께로 돌아오라.
그러면 그가 불쌍히 여기실 것이다.
우리의 하나님께로 돌아오라. 그가
너그럽게 용서하실 것이다.
8 "내 생각은 너희 생각과 다르고 내 길
은 너희 길과 다르다. 여호와의 말씀
이다.
9 하늘이 땅보다 높은 것처럼 내 길은
너희 길보다 높고 내 생각은 너희의
생각보다 높다.
10 하늘에서 비와 눈이 내리면 땅을 적
셔 싹이 나고 자라서 뿌릴 씨와 먹을
음식을 주기 전까지는 다시 하늘로

54:13 또는 여호와의 제자가 되고 54:15 또는 너를 공격하는 자들이, 또는 분쟁을 일으키는 자들이

돌아가지 않는 것처럼
11 내 입에서 나가는 말도 내가 원하는
것을 이루고 내가 보낸 사명을 성취
하지 않고는 허사로 내게 다시 돌아
오는 일이 없을 것이다.
12 그렇다. 너희는 기뻐하면서 그곳을 떠
나고 평안히 안내를 받으면서 돌아
올 것이다. 산과 언덕이 너희 앞에서
환호성을 터뜨리고 들의 나무가 모두
손뼉을 칠 것이다.
13 가시나무 대신 잣나무가 자라고 찔레
나무 대신 화석류가 자랄 것이다. 이
것은 영원히 없어지지 않는 표가 돼
여호와의 명성을 드높일 것이다."

이방 사람을 위한 구원

56 여호와께서 이렇게 말씀하신
다. "공의를 지키고 정의를 행
하여라. 내 구원이 가까이 왔고 내 정
의가 곧 드러날 것이다.
2 복되다. 이것을 행하는 사람아! 하나
님의 정의를 꼭 붙들고 안식일을 지
켜서 더럽히지 않고 손을 지켜서 어
떤 악한 일도 행하지 않는 사람아!"
3 이방 사람이라도 여호와께 속했다면
"여호와께서 나를 그분의 백성과 차
별하시는구나" 하고 말하지 못하게
하여라. 고자라도 "나는 마른 나무에
불과하구나" 하고 말하지 못하게 하
여라.
4 여호와께서 말씀하신다. "고자라도
내 안식일을 지키고 내가 기뻐하는
일을 골라서 하며 내 언약을 단단히
붙들기만 하면
5 내 성전과 내 성벽 안에 기념비를 세
워 주고 아들과 딸에게 물려주는 이
름보다 더 좋은 이름을 주겠다. 내가
그들에게 영원히 끊어지지 않는 이름
을 주겠다.
6 이방 사람이라도 여호와께 속하고 나
여호와를 섬기며 여호와의 이름을 사
랑하고 내 종이 돼서 안식일을 지켜
더럽히지 않고 내 언약을 굳게 지키기
만 하면
7 내가 그들을 내 거룩한 산으로 데려
와서 내 기도하는 집에서 그들을 기
쁘게 해 주겠다. 그들이 내 제단에 바
친 번제물과 희생제물을 내가 기꺼
이 받을 것이다. 내 집은 모든 백성이
모여서 기도하는 집이라고 불릴 것이
다."
8 쫓겨난 이스라엘 사람들을 모으시는
주 여호와의 말씀이다. "내가 이미 모
은 사람들 외에 더 많은 사람들을 또
모으겠다."

악한 사람들에 대한 여호와의 고발

9 들짐승들아, 숲 속의 짐승들아, 모두
들 와서 먹어 치우라!
10 이스라엘의 파수꾼은 모두 눈이 멀었
고 아무도 알아차리지 못하는구나.
그들은 모조리 짖지도 못하는 벙어리
개들이구나. 기껏 드러누워 꿈이나
꾸고 나른하게 잠자는 것만 좋아하
는구나.
11 게다가 그 개들은 식욕까지 왕성해서
도대체 만족할 줄 모르는구나. 그들
은 아는 것도 없는 목자들이어서 모

두들 자기 길만 고집하고 자기 이익
만을 챙기는구나.
12 "오라, 우리가 포도주를 내올 테니. 독
한 술로 취하도록 마시자! 내일도 오
늘처럼 마시자! 아니, 더 마시자!"

57 올바른 사람이 죽어도 아무도
마음에 두는 사람이 없고 경건
한 사람이 사라져도 아무도 알아차
리는 사람이 없다. 사실 올바른 사람
이 사라지는 것은 재앙을 떠나
2 평화를 누리러 가는 것이다. 올곧게
사는 사람은 자기 침상에 누워서 편
히 쉴 것이다.
3 "그러나 너희는 이리 가까이 오라, 무
당의 자식들아! 간통하는 자와 매춘
부의 종자들아!
4 너희가 누구에게 치근덕거리며 말하
느냐? 너희가 누구에게 입을 쩍 벌리
고 혀를 쑥 내미느냐? 너희는 어그러
진 자의 자식, 거짓말쟁이의 종자가
아니냐?
5 너희는 상수리나무 사이와 우거진 나
무 아래라면 어디에서나 정욕을 불태
우고 있다. 골짜기에서, 갈라진 바위
밑에서, 자식들을 잡아서 희생제물로
바치고
6 골짜기의 매끄러운 돌들을 자기 것으
로 골라서 그 돌들을, 바로 그 돌들
을 네 운명의 돌로 삼으며, 심지어 그
것들에게 술을 붓고 곡식을 바치기까
지 하니 이런 것들을 내가 어떻게 눈
감아 주겠느냐?
7 너는 높이 솟은 언덕에다 침대를 만
들어 놓고 심지어 거기에 올라가서
제사를 지냈다.
8 너는 문과 문설주 뒤에다 이방 사람
의 상징물을 두었다. 너는 나를 버리
고 옷을 벗고 누울 자리를 넓게 폈
다. 그리고 네가 좋아하는 사람들에
게서 화대를 받고 함께 누워 색을 즐
겼다.
9 또 너는 기름을 바르고 향수를 듬뿍
뿌리고 몰렉에게 나아갔다. 너는 네
*사신들을 멀리 보냈고 심지어는 *음
부에까지 내려보냈다.
10 너는 많은 여행으로 지쳤을 법도 한
데 '그만 해야지!' 하고 말하지 않고
도리어 네 우상이 네게 활력을 주어
서 네가 아프지 않은 것이라고 여겼
다.
11 누가 그렇게도 무섭고 두렵기에 너는
내게 거짓말이나 하고 나를 기억하지
도 못하며 나를 네 마음에 두지도 않
느냐? 내가 오랫동안 침묵을 지키고
있었다고 네가 나를 두려워하지 않는
것이냐?
12 네게 잘한 것이 얼마나 있는지 네가
한 일을 내가 드러내 보이겠다. 그때
네 우상들은 네게 아무런 도움도 주
지 못할 것이다.
13 소리를 질러서 네 우상들이 너를 건
져 내게 해 보아라! 도리어 바람이 그
것들을 몽땅 날려 버리고 입김이 그
것들을 가져가 버릴 것이다. 그러나
내게 피하는 사람은 땅을 물려받고

57:9 또는 우상들을 57:9 히브리어, 스올

내 거룩한 산을 상속받을 것이다."

회개하는 사람들을 위한 위로

14 여호와께서 또 말씀하신다. "돋우어
라. 돋우어서 길을 내어라. 내 백성이
가는 길에 장애물을 치워 버려라."
15 지극히 높으시고 영원히 보좌에 앉아
계시는 분, 그 이름이 거룩하신 분이
이렇게 말씀하셨다. "내가 높고 거룩
한 곳에 살고 있지만 잘못을 뉘우치
는 사람과도 함께 있고 기운이 빠진
사람과도 함께 있다. 기운이 빠진 사
람에게 생기를 불어넣고 상한 마음
을 되살려 주려는 것이다.
16 그렇다. 나는 줄곧 다투지만은 않는
다. 끊임없이 노여워하지도 않는다.
내가 만든 사람에게서 기운이 빠지고
숨이 약해지지나 않을까 해서다.
17 그의 사악한 탐욕 때문에 내가 화가
나서 그를 치고 얼굴을 가렸다. 그래
도 그는 자기 식대로 살았다.
18 그가 어떤 식으로 살아가는지 내가
보았기에 그를 고쳐 주겠다. 그를 이
끌어 주고 위로해 주겠다. 그와 그의
슬퍼하는 사람들도 위로해 주겠다.
19 내가 그들에게 입술의 열매를 맺게
하겠다. 멀리 있는 사람과 가까이 있
는 사람에게 평화가 있을 것이다. 평
화가 있을 것이다." 여호와께서 말씀
하셨다. "내가 그를 고쳐 주겠다."
20 그러나 악인들은 거친 파도가 몰아치
는 바다와 같아서 잠잠할 줄 모르고
진창과 진흙을 토해 낼 뿐이다.
21 "악인들에게는 평화가 없다." 내 하나
님께서 말씀하셨다.

참된 금식

58 "주저하지 말고 크게 외쳐라.
나팔처럼 목소리를 높여라. 내
백성에게 그들의 죄악을 드러내고 야

회개, 삶이 달라지지 않는 이유

하용조 목사의 행복한 **메시지**

회개는 성경의 핵심 메시지 중 하나입니다. 예수님이 말씀하셨습니다. "때가 찼고 하나님의 나라가 가까이 왔으니 회개하고 복음을 믿으라."(막 1:15) 오순절에 성령이 임하셨을 때 베드로가 한 말이 무엇입니까? "회개하십시오. 그리고 여러분의 죄를 용서받기 위해 예수 그리스도의 이름으로 여러분이 각각 세례를 받으십시오. 그러면 여러분이 성령의 선물을 받게 될 것입니다."(행 2:38) 사도 바울도 다음과 같이 회개를 선포했습니다. "회개하고 하나님께로 돌아와 회개에 합당한 행동을 보이라."(행 26:20)

오늘날 성도들이 그렇게 많은 회개에 대한 설교를 듣고도 삶의 변화가 없는 것은 회개가 아니라 후회를 했기 때문입니다. 부흥회 때마다 가슴을 치고 눈물을 흘려야 회개했다고 생각하는 사람이 있습니다. 눈물 흘리는 것을 회개로 착각한 사람입니다. 그리고 거기서 끝나고 맙니다. 그것은 회개가 아니라 일시적 감정입니다. 회개에는 죄를 후회하고 슬퍼하는 애통이 뒤따르지만 슬픔 자체가 회개는 아닙니다. 진정한 회개는 행동의 변화입니다.

곱의 집에 그들의 허물을 밝혀라.
2 그들은 날마다 나를 찾고 내 길 알기
를 기뻐하는 듯하니 그들이 마치 올
바르게 행동하고 하나님의 가르침을
저버리지 않은 민족 같구나. 그들은
무엇이 올바른 가르침인가를 내게 묻
고 하나님께 가까이 나아가는 것을
기뻐하는 듯 보인다.
3 그들은 '우리가 금식을 하는데 왜 주
께서는 보시지 않습니까? 우리가 통
회하며 괴로워하는데 왜 주께서는 모
른 체 하십니까?'라고 말한다. 그러나
보라. 금식하는 날에 너희는 너희가
즐겨하는 일을 하고 있고 너희가 부
리는 일꾼들을 혹사시키고 있구나.
4 보라. 너희는 싸우고 다투면서 금식
을 하고 못된 주먹질까지 하면서 금
식을 하는구나. 너희의 목소리가 높
은 곳에 들리게 하려면 차라리 오늘
같은 날에는 금식을 하지 말라.
5 이것이 내가 받고 싶은 금식이며 사
람이 통회하며 괴로워하는 날이란 말
이냐? 그저 갈대처럼 고개를 숙이기
만 하고 굵은베 옷과 재를 펼쳐 놓는
것뿐이 아니냐? 이것이 너희가 금식
이라고 부르는 것이냐? 이것이 너희
가 여호와께서 기꺼이 받으실 만한 날
이라고 부르는 것이냐?
6 내가 받고 싶은 금식은 이런 것들이
아니냐? 부당하게 묶인 사슬을 끌러
주고 멍에의 줄을 풀어 주는 것, 압제
받는 사람을 자유롭게 놓아주고 모
든 멍에를 부숴 버리는 것이 아니냐?
7 너희가 굶주린 사람에게 먹을 것을
나눠 주고 가난한 노숙자를 집에 맞
아들이는 것이 아니냐? 헐벗은 사람
을 보면 옷을 입혀 주고 네 혈육을
못 본 체하지 않는 것이 아니냐?
8 그렇게만 하면 네 빛이 새벽 동녘처
럼 터져 나올 것이고 네 상처는 빨리
아물 것이다. 그리고 네 옳음을 밝혀
주실 분이 네 앞에 가시고 여호와의
영광이 네 뒤에서 보살펴 주실 것이
다.
9 그때야 비로소 네가 부르면 여호와께
서 대답하실 것이다. 네가 도와 달라
고 외치면 그는 '내가 여기 있다' 하고
말씀하실 것이다. 네가 너희 가운데
서 억누르는 멍에와 손가락질과 못된
말을 없애 버린다면
10 네가 굶주린 사람에게 열정을 쏟고
괴롭힘을 당하는 사람의 소원을 들
어준다면, 네 빛이 어둠 가운데 떠올
라서 네 어둠이 대낮처럼 밝아질 것
이다.
11 여호와께서 너를 언제나 이끄시고 땡
볕이 내리쬐는 마른 땅에서도 배불리
시며 네 뼈를 단단하게 하실 것이다.
너는 마치 물 댄 동산 같고 *물이 끊
어지지 않는 샘 같을 것이다.
12 네 자녀들이 옛 폐허를 재건하고 대
대로 버려진 기초를 세울 것이다. 사
람들이 너를 '부서진 성벽을 다시 세
우는 사람', '거리를 사람 살도록 만든
장본인'이라고 부를 것이다.

58:11 히브리어 사본에는 '거짓말하지 않는'

13 네가 안식일에 발걸음을 삼가고 내
거룩한 날에 네가 즐겨하는 일을 하
지 않으면, 네가 안식일을 '기쁜 날'이
라고 부르고 여호와의 거룩한 날을
'귀한 날'이라고 하면, 네가 이날을 귀
하게 여겨 네 마음대로 하지 않고 네
가 즐겨하는 일을 하지 않고 수다를
떨지 않으면
14 그때에야 비로소 너는 여호와 안에서
기쁨을 누릴 것이고 내가 너를 땅에
서 높이 올려 네 조상 야곱의 유산을
먹고 살게 하겠다." 여호와께서 친히
입으로 말씀하셨다.

죄악, 고백, 구속

59 보라. 여호와의 손이 너무 짧아
서 구원하지 못하시는 것이 아
니다. 귀가 너무 어두워서 듣지 못하
시는 것이 아니다.
2 다만 너희의 죄악이 너희와 너희 하
나님 사이를 갈라놓았을 뿐이다. 너
희의 잘못이 하나님의 얼굴을 가렸기
때문에 하나님께서 너희의 말을 듣지
않으실 뿐이다.
3 너희의 손바닥은 피로 더럽혀졌고 너
희의 손가락은 죄악으로 물들었구나.
너희의 입술은 거짓말을 하고 너희의
혀는 못된 말을 주절거리는구나.
4 아무도 결백한 사람을 변호해 주지
않고 아무도 진실하게 판결을 내리지
않는구나. 허풍을 믿고 거짓말만 해
대는구나. 고통을 잉태했으니 슬픔을
낳을 수밖에 없지 않느냐.
5 그들은 독사의 알을 품고 거미줄을
친다. 그 알 가운데 하나만 먹어도 죽
을 것이고 알이 밟혀서 깨지면 독사
가 나올 것이다.
6 그들이 짠 거미줄로는 옷도 만들 수
없고 그들이 만든 것으로는 몸을 가
릴 수도 없다. 그들이 하는 짓이란 사
악한 행동뿐이고 손으로 저지르는 짓
이란 폭행뿐이다.
7 그들의 발은 나쁜 일을 하려고 뛰어
다니고 무고한 사람을 죽이려고 빨리
다닌다. 그들의 생각은 못된 궁리뿐
이고 그들이 가는 길에는 폐허와 파
멸만 깔려 있다.
8 그들은 평화의 길을 알지 못하며 그
들이 가는 길에는 공의가 없다. 그들
이 스스로 길을 굽혀 놓았으니 그 길
을 걷는 사람들은 모두 평화를 모를
수밖에 없다.
9 그러므로 공의는 우리에게서 멀고 정
의는 우리에게 미치지 못한다. 우리
는 빛을 기다리지만 보라, 암흑뿐이
다. 밝기만을 기다리지만 어둠 속을
걸어 다니고 있다.
10 우리는 눈먼 사람처럼 벽을 짚으며
다니고 눈이 없는 사람처럼 손의 감
각만으로 길을 더듬으며 다닌다. 대
낮에도 황혼 때처럼 헛디뎌 넘어지고
건강한 사람 같아 보여도 죽은 사람
이나 다름이 없다.
11 우리는 모두 곰처럼 부르짖고 비둘기
처럼 구슬프게 울면서 공의를 기다리
지만 찾을 수 없고 구원을 기다리지
만 우리에게서 멀어져만 간다.

12 "그렇습니다. 주님 앞에서 저지른 우
리의 죄악이 너무나 많습니다. 우리의
허물이 우리를 고발합니다. 우리의 죄
가 아직 우리에게 있으니 우리의 사
악함을 우리가 잘 알고 있습니다.
13 우리는 여호와를 거역하고 배반했습
니다. 우리의 하나님께 등을 돌리고
뒤에서 협잡과 반란을 의논했고 마음
에 거짓말을 품었고 또 중얼거렸습니
다.
14 그리고 공의는 뒤로 제쳐 두고 정의
는 저 멀리 멀어졌습니다. 성실이 길
바닥에서 비틀거리고 있으니 정직이
들어올 수도 없습니다.
15 성실이 없어지니 오히려 악을 피하는
사람이 약탈을 당합니다." 여호와께서
보셨다. 그런데 공의가 없음을 보시고
는 슬퍼하셨다.
16 사람이 없음을 보시고 놀라셨다. 중
재하는 사람이 없으니 기가 막혀 하
셨다. 그래서 주께서 손수 그분의 팔
로 구원하셨고 그분의 정의에만 의지
하셨다.
17 주께서 정의를 갑옷으로 입으시고 구
원을 투구 삼아 머리에 쓰셨다. 앙갚
음을 속옷으로 입으시고 열정을 겉
옷으로 두르셨다.
18 그들의 소행대로 갚으시고 적들에게
진노하시며 원수들에게 앙갚음하신
다. 섬들에게도 보복하신다.
19 해 지는 곳에서 여호와의 이름을 두
려워하고 해 뜨는 곳에서 그분의 영
광을 두려워할 것이다. 그분이 봇물
터지듯 오실 것이다. 여호와의 바람에
밀려 몰아치는 강물과 같이 오실 것
이다.
20 그분이 구원자로 시온에 오시고 야곱
가운데 자기 죄를 뉘우치는 사람에게
오신다. 여호와의 말씀이다.
21 "내가 그들과 맺은 내 언약은 이것이
다." 여호와께서 말씀하셨다. "네 위에
있는 내 영과 내가 네 입에 담은 내
말은 지금부터 영원히 네 입과 네 자
손의 입과 네 자손의 자손의 입에서
떠나지 않을 것이다." 여호와께서 말
씀하셨다.

시온의 영광

60 "일어나서 빛을 비추어라. 네
빛이 밝아지기 시작했다. 여호
와의 영광이 네 위에 떠올랐다.
2 이제 보아라. 어둠이 땅을 덮고 먹구
름이 뭇 백성 위에 있지만 여호와께
서 네 위에 떠오르시고 그분의 영광
이 네 위에 나타나고 있다.
3 나라들이 네 빛을 보고 나오고 왕들
이 네 떠오르는 광채를 보고 나오고
있다.
4 눈을 들어 사방을 둘러보아라. 모두
모여서 네게로 오고 있다. 네 아들들
이 멀리서 오고 네 딸들이 팔에 안겨
오고 있다.
5 그것을 보고서 네 얼굴이 상기돼 밝
아지고 네 가슴은 두근두근 고동치
며 벅차오를 것이다. 바다의 산물이
네게로 밀려오고 뭇 나라의 재물이
네게로 흘러올 것이다.

6 낙타 떼가 네 땅을 덮고 미디안과 에
바의 어린 낙타들이 네 땅을 채울 것
이다. 모든 스바 사람이 금과 향품을
들고 여호와를 찬양하면서 나아올 것
이다.
7 게달의 모든 양 떼가 네게로 모이며
느바욧의 숫양들을 네가 제물로 쓸
것이다. 나는 그것들을 내 제단 위에
서 제물로 기쁘게 받을 것이니 내가
내 성전을 영화롭게 하겠다.
8 저기 구름처럼 둥실거리며 몰려오는
저 사람들이 누구냐? 둥지로 돌아오
는 비둘기처럼 날아오는 저 사람들이
누구냐?
9 보아라. 섬들이 나를 바라보며 다시스
의 배들이 앞장서서 멀리서 내 자녀
를 데려오는구나. 은과 금도 함께 싣
고 오는구나. 여호와 네 하나님의 이
름을 높이고 너를 영화롭게 하신 이
스라엘의 거룩하신 분을 높이려고 오
는구나.
10 이방 사람이 네 성벽을 다시 쌓고 그
들의 왕들이 너를 섬길 것이다. 내가
비록 노여움에 너를 쳤지만 이제는
은혜를 베풀어서 너를 불쌍히 여기기
때문이다.
11 네 성문은 밤낮으로 닫히지 않고 언
제나 열려 있어서 사람들이 네게 여
러 나라의 재물을 가져오고 여러 나
라의 왕들을 포로로 이끌어 오게 하
겠다.
12 너를 섬기지 않는 민족이나 나라는
사라질 것이다. 그 나라들은 완전히
말라 버릴 것이다.
13 레바논이 자랑하는 잣나무와 소나무
와 회양목이 함께 네게로 올 것이다.
나는 그것으로 내 성전 터를 꾸며서
내 발이 쉬는 곳을 아름답게 만들겠
다.
14 너를 짓누르던 사람들의 자손이 네게
절하며 나아오고 너를 멸시하던 사람
들은 모두 네 발아래 엎드려서 너를
'여호와의 성읍', '이스라엘의 거룩한
분의 시온'이라고 부를 것이다.

성·경·상·식 | 예언서(선지서)

예언자들의 주된 메시지는 북이스라엘과 남유다가 불신앙과 우상 숭배의 죄를 짓는다면 이방 나라의 침입을 받아 포로가 될 것이라는 임박한 심판에 대한 것이었다. 예언자들이 쓴 책은 모두 16권이며 책의 분량에 따라서 대예언서, 소예언서로 나뉜다. 호세아, 아모스는 북이스라엘에 대해, 요나와 나훔은 앗시리아의 수도인 니느웨를 향해, 다니엘과 에스겔은 바벨론에 있는 유다 포로에 대해, 미가는 예루살렘과 사마리아에 대해, 오바댜는 에돔에 대해 각각 예언과 이상을 기록했다.

대예언서	이사야 · 예레미야 · 에스겔 · 다니엘
소예언서	호세아 · 요엘 · 아모스 · 오바댜 · 요나 · 미가 · 나훔 · 하박국 · 스바냐 · 학개 · 스가랴 · 말라기

15 전에는 네가 버림을 받고 미움을 받
아서 아무도 네 옆을 지나가는 사람
이 없었지만 이제는 내가 너를 영원
히 높여서 대대로 기쁨이 되게 하겠
다.
16 너는 뭇 나라의 젖을 빨고 왕실의 젖
을 빨아 먹을 것이다. 이것으로 너는
나 여호와가 네 구원자, 네 속량자, 야
곱의 강한 분임을 알게 될 것이다.
17 내가 청동 대신 네게 금을 주고 철 대
신 은을 가져다주며, 나무 대신 청동
을, 돌 대신에 철을 가져다주겠다. 내
가 평화를 네 통치자로 세우고 정의
를 네 지배자로 삼겠다.
18 그 어떤 폭행의 소문도 네 땅에서는
들리지 않을 것이고 유린이나 파괴의
소식도 네 국경 안에서는 들리지 않
을 것이다. 너는 네 성벽을 '구원'이라
부르고 네 성문을 '찬양'이라 부를 것
이다.
19 낮에는 해가 더 이상 너를 비출 필요
가 없고 달도 네게 빛을 비출 필요가
없을 것이다. 여호와께서 네 영원한
빛이 되시고 네 하나님께서 네 영광
이 되실 것이기 때문이다.
20 네 해가 다시는 지지 않을 것이며 네
달은 더 이상 기울지 않을 것이다. 여
호와께서 네 영원한 빛이 되실 것이
니 네 슬픔의 날도 끝날 것이다.
21 그때 네 백성은 모두 올바르게 살아서
영원히 그 땅을 차지할 것이다. 그들
은 내가 심은 싹이다. 내 영광을 드러
내기 위해 내 손으로 만든 작품이다.
22 가장 작은 사람이 1,000명으로 불어
나고 가장 약한 사람이 강한 민족이
될 것이다. 때가 되면 나 여호와가 이
일을 서둘러 이루겠다."

여호와의 은혜의 해

61 주 여호와의 영이 내 위에 있으
니 이것은 여호와께서 내게 기
름을 부어 가난한 사람들에게 좋은
소식을 전하게 하려는 것이다. 그분
이 나를 보내셔서 마음이 상한 사람
들을 감싸 주고 포로에게 자유를 선
포하고 *갇힌 사람은 풀어 주고
2 여호와의 은혜의 해와 우리 하나님의
보복의 날을 선포하며 슬퍼하는 모든
사람을 위로하게 하셨다.
3 시온에서 슬퍼하는 사람에게 재 대신
화관을 씌워 주고 슬픔 대신 기쁨의
기름을 발라 주며 통곡 대신 찬양을
옷 입게 하셨다. 그래서 사람들은 그
들을 가리켜서 여호와의 영광을 드러
내시려고 여호와께서 손수 심으신 '정
의의 상수리나무'라고 부른다.
4 그들은 예전에 폐허가 된 곳을 재건
하고 오래전에 황폐해진 곳을 일으킬
것이다. 그들은 대대로 무너진 채로
폐허가 됐던 성읍들을 다시 세울 것
이다.
5 이방 사람들이 너희의 양 떼를 돌보
고 다른 나라 사람들이 너희의 밭과
포도원에서 일할 것이다.
6 사람들이 너희를 '여호와의 제사장'
이라고 부르고 '우리 하나님의 일꾼'

61:1 또는 눈먼 자

이라고 부를 것이다. 너희는 여러 나
라의 재물을 먹고 그들의 보물을 자
랑할 것이다.
7 너희가 받은 수치는 갑절이어서 사람
들은 "불명예가 그들의 몫이다!"라고
외쳤다. 그러나 이제는 너희가 땅에
서 갑절이나 상속을 받고 영원히 그
기쁨을 누릴 것이다.
8 "나 여호와는 공의를 사랑하고 강도
질과 약탈을 미워하기 때문에 나는
그들이 고생한 대가를 성실히 갚아
주고 그들과 영원한 언약을 맺을 것
이다.
9 그들의 자손은 여러 나라에 알려지
고 그들의 후손은 여러 민족 가운데
알려질 것이다. 그들을 보는 사람마
다 그들이 여호와께서 복을 내리신
자손임을 인정하게 될 것이다."
10 나는 여호와를 생각하면 매우 기쁘
다. 내 영혼이 내 하나님을 생각하면
매우 즐겁다. 마치 신랑에게 제사장
의 관을 씌워 주고 신부에게 보석을
달아서 단장하듯이 그가 구원의 옷
을 내게 입히셨고 정의의 긴 옷으로
둘러 주셨기 때문이다.
11 흙이 싹을 틔우듯, 동산이 씨앗을 움
트게 하듯, 주 여호와께서는 모든 나
라들 앞에서 정의와 찬양이 싹트게
하실 것이다.

시온의 새 이름

62 시온을 위해 내가 잠잠히 있지
않을 것이다. 예루살렘을 위해
내가 쉬지 않을 것이다. 시온의 정의
가 빛나기 시작하고 예루살렘의 구원
이 횃불처럼 타오르기까지 내가 쉬지
않을 것이다.
2 이방 나라들이 네 정의를 보고 모든
왕들이 네 영광을 볼 것이다. 사람들
은 여호와께서 친히 지어 주신 새로
운 이름으로 너를 부를 것이다.
3 너는 여호와의 손에서 화려한 면류관
이 되고 우리 하나님의 손바닥에 놓
여 있는 왕관이 될 것이다.
4 다시는 너를 *'버림받은 여인'이라고
부르지 않고 네 땅을 *'쓸쓸한 여인'이
라고 부르지 않을 것이다. 오직 너를
*'하나님께서 좋아하는 여인'이라고
부르고 네 땅을 *'결혼한 여인'이라고
부를 것이다. 여호와께서 너를 좋아하
시고 네 땅을 신부로 맞는 신랑이 돼
주실 것이기 때문이다.
5 총각이 처녀와 결혼하듯 *너를 지으
신 분이 너와 결혼하실 것이다. 신랑
이 신부를 기뻐하듯 네 하나님께서
너를 기뻐하실 것이다.
6 예루살렘아, 내가 네 성벽에 파수꾼
을 세워 두었다. 그들은 밤이나 낮이
나 잠잠해서는 안 된다. 여호와를 일
깨워 드려야 할 너희는 가만히 있지
말고
7 그분이 예루살렘을 세우시고 세상의
자랑거리가 되게 하실 때까지 여호와
께서 쉬시지 못하도록 해야 한다.
8 여호와께서 그분의 오른손을 드시고

62:4 히브리어, 아주바 62:4 히브리어, 셰마마 62:4 히브리어, 헵시바 62:4 히브리어, 뿔라 62:5 또는 너의 아들들이

맹세하셨다. 그분의 강한 팔을 드시
고 맹세하셨다. "다시는 내가 네 곡식
을 네 원수들이 먹을 군량미로 내주
지 않겠다. 다시는 네가 땀 흘려 얻은
신선한 포도주를 이방 사람들에게
내주지 않겠다.
9 곡식을 거둔 사람이 그것을 먹고는
여호와를 찬양하고 포도를 거둔 사
람이 내 성소의 뜰에서 그것을 마실
것이다."
10 나아가라! 성문을 지나 나아가라! 백
성이 돌아올 길을 닦아라. 돋우어라!
큰길을 돋우어 만들고 돌들을 치워
라. 뭇 백성 위로 깃발을 올려라.
11 보아라. 여호와께서 땅끝까지 들리도
록 선포하셨다. "딸 시온에게 전하여
라. '보아라. 네 구원자가 오신다! 보아
라. 상급으로 따 내신 백성을 데리고
오신다. 보답으로 받으신 백성을 앞세
우고 오신다.'"
12 사람들은 그들을 '거룩한 백성', '여호
와께서 값을 주고 건져 내신 자들'이
라고 부르겠고 너를 '찾은 성읍', '버릴
수 없는 성읍'이라고 부를 것이다.

하나님의 보복과 구원의 날

63 에돔에서 오시는 이분은 누구
신가? 주홍빛 옷을 입고 보스
라에서 오시는 이분은 누구신가? 광
채로 옷을 입고 그 큰 힘으로 터벅터
벅 걸어오시는 이분은 누구신가? "나
는 정의를 말하며 구원할 만한 힘을
가진 자다."
2 왜 그대의 옷이 포도주 틀을 밟는 사
람의 옷처럼 붉게 물이 들었습니까?
3 "나는 혼자서 포도주 틀을 밟았다.
백성 가운데 아무도 나와 함께한 사
람이 없다. 내가 노여워서 그들을 내
리밟았고 분이 나서 그들을 짓밟았
다. 그러자 그들의 피가 내 옷에 튀어
서 내 옷이 온통 피로 더러워진 것이
다.
4 보복할 날이 됐고 구원할 해가 이르
렀다는 생각을 속으로 했지만
5 아무리 둘러봐도 도와줄 사람이 하
나도 없었다. 나는 기가 막혔다. '나를
격려해 주는 사람이 아무도 없다니.'
그래서 내가 손수 내 팔로 구원했고
내 분노에만 의지했다.
6 내가 화가 나서 민족들을 짓밟았고
내가 분이 나서 그들을 취하게 하고
그들의 피를 땅에 쏟아 냈다."

찬송과 기도

7 나는 여호와의 사랑을 떠올려 말하
고 여호와께서 우리를 위해 하신 모
든 일로 여호와를 찬양하겠다. 그분
이 이스라엘 집에 베푸신 많은 선한
일은 그분의 크신 은혜와 풍성한 사
랑으로 하신 일이었다.
8 그분이 말씀하셨다. "그들은 분명히
내 백성이며 나를 속이는 자녀들이
아니다." 그래서 그분은 그들의 구원
자가 되셨다.
9 그들 모두가 고난을 받을 때 그분도
친히 고난을 받으셨다. 천사를 보내
구하시지 않고 그분이 친히 그들을
구해 주셨다. 그들을 사랑하시고 가

엾게 여기셔서 그들을 구하신 것이
다. 긴긴 세월 동안 언제나 그들을 높
이 드시고 안아 주셨다.
10 그러나 그들이 반역하고 그분의 거룩
한 마음을 슬프게 했다. 그래서 그분
은 그들의 원수가 되셔서 친히 그들
과 싸우셨다.
11 그러다가 그들은 오래전 모세의 시절
을 떠올렸다. 양 떼를 거느리던 목자
를 바다에서 이끌어 올리신 그분이
지금은 어디에 계실까? 그들 가운데
그분의 거룩한 영을 넣어 주신 그분
이 지금은 어디에 계실까?
12 그분의 영광스러운 팔로 모세의 오른
손을 붙들어 이끄시고 백성 앞에서
물을 갈라서 그 이름을 영원히 명예
롭게 하신 그분이 지금은 어디에 계
실까?
13 말이 들판을 내달리듯 그들을 이끌
어 비틀거리지 않고 깊은 바다를 걸
어가게 하신 그분이 지금은 어디에
계실까?
14 평원으로 내려가는 소 떼처럼 여호와
의 영이 그들을 쉬게 하셨다. 주께서
이렇게 주의 백성을 인도하셔서 그
이름을 스스로 영광스럽게 하셨다.
15 하늘에서 내려다보시고 거룩하고 영
광스러운 주의 높은 보좌에서 굽어보
십시오. 주의 열정과 주의 강한 힘은
이제 어디에 있습니까? 주의 간절함
과 주의 긍휼이 우리에게서 이제 그
쳤습니다.
16 그러나 주께서는 우리 아버지십니다.
비록 아브라함이 우리를 알지 못하고
이스라엘이 우리를 인정하지 않는다
해도, 여호와여, 주는 우리 아버지시
고 옛날부터 주의 이름은 '우리의 속
량자'이십니다.
17 여호와여, 왜 우리를 주의 길에서 떠
나 헤매게 하시고 우리의 마음을 굳
어지게 하셔서 주를 두려워하지 않게
하십니까? 주의 종들을 굽어 살피시
고 주의 유산인 지파들을 생각하셔
서라도 돌아와 주십시오.
18 잠시 동안 주의 백성이 주의 성소를
차지했었지만 이제 우리의 원수들이
주의 성소를 짓밟았습니다.
19 우리는 주께서 오랫동안 전혀 다스린
적이 없는 사람들처럼 됐습니다. 주
의 이름을 부르지 않은 사람들처럼
됐습니다.

64

주께서 하늘을 손으로 찢으시
고 내려오시면 산들이 주 앞에
서 벌벌 떨 것입니다.
2 불이 나뭇가지를 활활 살라 버리듯
불이 물을 펄펄 끓게 하듯 내려오셔
서 주의 원수들에게 주의 이름을 알
리시고 저 나라들이 주 앞에서 떨게
해 주십시오!
3 주께서 내려오셔서 하신 일들은 우리
가 생각하지도 못했던 일입니다. 그
엄청난 일을 하셨을 때 산들이 주 앞
에서 벌벌 떨었습니다.
4 그 일은 예로부터 아무도 들어 보지
못한 일이었습니다. 귀로 듣지도 못
했고 눈으로 보지도 못한 일이었습니

다. 주 말고는 그 어떤 신이 자기를 기
다리는 사람들에게 이런 일을 할 수
있었습니까?
5 주께서는 정의를 기쁨으로 실천하고
주의 길을 걸으면서 주를 기억하는
사람을 찾으시면 기뻐하시는데, 보십
시오. 우리는 계속 잘못을 저질러서
주께서 노여워하셨습니다. 그러니 우
리가 어떻게 구원을 받겠습니까?
6 우리는 모두 부정한 사람처럼 됐으
니 우리가 실천한 모든 의로운 행동
은 더러운 옷과 같습니다. 우리는 모
두 나뭇잎처럼 시들었으니 우리의 죄
가 바람처럼 우리를 쓸어 내고 있습
니다.
7 아무도 주의 이름을 부르지 않고 주
를 붙들려고 애쓰는 사람도 없습니
다. 그래서 주께서 우리에게 얼굴을
숨기시고 우리의 죄 때문에 우리를
녹이셨습니다.
8 그러나 여호와여, 주는 우리의 아버지
십니다. 우리는 주의 진흙이고 주는
토기장이십니다. 우리는 모두 주의
손이 만드신 작품입니다.
9 여호와여, 너무 많이 노여워하지 마
십시오. 우리 죄를 영원히 기억하지
는 말아 주십시오. 우리를 눈여겨보
아 주십시오. 우리는 모두 주의 백성
입니다.
10 주의 거룩한 성읍들이 광야가 됐습
니다. 시온이 광야가 됐고 예루살렘이
폐허가 됐습니다.
11 우리의 조상이 주를 찬양하던 그곳,
거룩하고 영광스럽던 우리의 성전이
불에 타 버렸고 우리가 소중히 여기
던 모든 것이 황무지가 됐습니다.
12 여호와여, 이 모든 일에도 주께서 물
러서 계시겠습니까? 우리가 엄청난
고통을 당하는데도 그저 잠잠히 계
시겠습니까?

심판과 구원

65 "나는 내게 물어 오지도 않던
사람들에게도 대답해 주었다.
나를 찾지도 않던 사람들도 내가 만
나 주었다. 내 이름을 부르지도 않던
나라에게 '내가 여기 있다. 내가 여기
있다' 하고 말했다.
2 제멋대로 좋지 않은 길로 걸어가는
반역한 백성에게 나는 온종일 손을
벌리고 있었다.
3 이 백성은 그치지도 않고 동산에서
우상에게 제물을 바치고 벽돌 제단
에 분향하면서 언제나 내 화를 돋우
던 백성이다.
4 그들은 무덤 안에 들어가 앉아서 비
밀스러운 곳에서 밤을 새고 돼지고기
를 먹고 부정한 음식을 그릇에 담으
면서
5 '저리 물러서 있으라. 가까이 오지 말
라. 우리는 거룩한데 너희가 다가오면
너희도 거룩해질까 겁난다' 하고 말하
는구나. 이런 사람들을 보면 언제나
내 콧구멍에서 콧김이 솟는다. 분노
의 불길이 활활 타오른다.
6 보라. 이 모든 것이 내 앞에 기록돼
있으니 내가 침묵하지 않고 갚고야 말

겠다. 그들의 죄를 그들의 가슴에 고
스란히 앙갚음하겠다.
7 *그들의 죄와 *그들 조상들의 죄를
함께 갚아 주겠다." 여호와께서 말씀
하셨다. "그들이 산 위에서 희생제물
을 태우고 언덕에서 나를 모욕했으니
그들이 한 짓거리에 대한 값을 톡톡
히 쳐서 내가 그들의 가슴에다 갚아
주겠다."
8 여호와께서 이렇게 말씀하셨다. "포도
송이에 아직 즙이 남아 있으면 사람
들이 '그것을 터뜨리지 말라. 그 속에
복이 들었다' 하고 말하는 것처럼 나
도 내 종들을 생각해서 그렇게 하겠
다. 내가 그들을 모두 멸망시키지는
않겠다.
9 내가 야곱으로부터 자손이 나오게 하
고 유다로부터 내 산들을 차지하게
할 후손이 나오게 하겠다. 내가 뽑은
사람들이 그것을 유업으로 물려받고
내 종들을 거기에서 살게 하겠다.
10 나를 찾는 내 백성에게 사론 평야는
양 떼를 치는 풀밭이 되고 아골 골짜
기는 소 떼가 누워 쉬는 곳이 될 것이
다.
11 그러나 너희는 여호와를 저버리고 내
거룩한 산은 무시해 버리면서 미래의
행운을 점치려고 상을 펴고 운명을
떠보려고 섞은 포도주로 잔을 채웠다.
12 따라서 내가 너희의 운명을 칼에게
맡기겠다. 너희는 모두 학살하는 자
앞에 무릎을 꿇을 것이다. 내가 불러
도 너희는 대답하지 않았고 내가 말
해도 너희는 듣지 않았으며, 너희가
내 눈에 거슬리는 일을 했고 내가 기
뻐하지 않는 일만 골라서 저질렀기
때문이다."
13 그러므로 주 여호와께서 이렇게 말
씀하셨다. "보라. 내 종들은 먹겠지만
너희는 계속 배고플 것이다. 보라. 내
종들은 물을 마시겠지만 너희는 계속
목마를 것이다. 보라. 내 종들은 기뻐
하겠지만 너희는 부끄러움을 당할 것
이다.
14 보라. 내 종들은 마음이 즐거워서 환
호성을 지르겠지만 너희는 아픈 마음
을 부여잡으면서 울부짖고 속이 상해
통곡할 것이다.
15 너희가 남긴 이름을 두고 내가 뽑은
사람들이 두고두고 이렇게 저주할 것
이다. '주 여호와께서 너를 죽게 하시
겠지만 주의 종들에게는 새로운 이름
을 주실 것이다.'
16 누구든지 땅에서 복을 비는 사람은
*성실하신 하나님을 부르면서 빌고
땅에서 맹세하는 사람은 성실하신
하나님을 두고 맹세하게 될 것이다.
지난날의 고통은 잊혀지고 다시는 내
눈앞에 나타나지 않을 것이니."

새 하늘과 새 땅

17 "보라. 내가 새 하늘과 새 땅을 창조할
것이니 이전 일은 기억나지 않을 것이
고 마음에 떠오르지도 않을 것이다.
18 그러니 내가 창조하는 것을 기뻐하고
영원히 즐거워하라. 보라. 내가 예루

65:7 히브리어로는 '너희' 65:16 히브리어, 아멘

살렘을 기쁨의 성읍으로 창조하고 그
백성을 즐거움의 백성으로 만들겠다.
19 그래서 내가 예루살렘을 보고 기뻐하
고 내 백성을 보고 즐거워할 것이니
울음소리와 절규가 그 안에서 더 이
상 들리지 않을 것이다.
20 거기에는 며칠 살지도 못하고 죽는
아기가 더 이상 없고 제 명을 다하지
못하고 죽는 노인도 없을 것이다. 100
세에 죽으면 '아주 젊을 때 죽었구나'
하고 100세도 채우지 못하고 죽으면
'저주를 받았다'라고 말할 것이다.
21 사람들마다 자기가 지은 집에서 살고
자기가 심은 포도원에서 열매를 따
먹을 것이다.
22 자기가 지은 집에 다른 사람이 살거
나 자기가 심은 것을 다른 사람이 먹
는 일은 없을 것이다. 내 백성은 나무
처럼 오래 살겠고 그들이 손수 만든
것을 닳을 때까지 쓸 것이다.
23 그들은 헛고생을 하지 않을 것이고
불행의 씨앗이 될 자식은 낳지 않을
것이다. 그들은 여호와께 복받은 백성
이 되고 그들과 그 자손도 그렇게 될
것이다.
24 그들이 부르기 전에 내가 대답하고
그들이 아직 말하고 있을 때 내가 들
어 주겠다.
25 늑대와 어린양이 함께 풀을 뜯고 사
자가 소처럼 짚단을 먹으며 뱀이 흙
을 먹을 것이다. 그들이 내 거룩한 산
어디서나 서로 해치거나 죽이는 일이
없을 것이다." 여호와께서 말씀하셨
다.

성·경·상·식

이사야 65장에 나타난 천년 왕국 설계도

요한은 요한계시록에서 새 하늘과 새 땅(계 21:1)이 천년 왕국 다음에 올 것으로 기록했다. 그러나 이사야는 천년 왕국과 천국을 구분하지 않고 합해 말하고 있다(사 65:17-25). 다음은 이사야에 의해 계시된 천년 왕국의 모습이다.

이전 것은 기억되지 않는다(17절).	천년 왕국은 세상의 개조가 아니라 완전히 새로운 세계가 될 것이다. 그래서 이전의 하늘과 땅은 기억되거나 생각나지 않을 것이다(계 21:1).
울음이 없다(19절).	울음소리와 절규가 더 이상 들리지 않을 것이다.
수명이 길어진다(20절).	그 나라에서는 아이 때 죽는 자나 요절하는 자가 없으며 100세에 죽어도 아이라 할 것이다.
노동의 열매를 먹는다(22절).	자기가 지은 집에 다른 사람이 살지 않을 것이며 자기가 심은 것을 다른 사람이 먹지 않을 것이다.
자녀가 번성한다(23절).	그들이 낳은 자식은 재난을 당하지 않을 것이다.
기도가 즉시 응답된다(24절).	부르기 전에 하나님은 응답하시고 그들이 구하는 말을 마치기 전에 하나님은 허락하신다.
평화의 동산이다(25절).	모든 육식 동물이 더 이상 약소 동물을 해치지 않고 원래 창조 때처럼 초식 동물이 될 것이다(사 11:6-8).

심판과 소망

66 여호와께서 이렇게 말씀하셨
다. "하늘은 내 보좌이고 땅은
내 발판이다. 그런데 너희가 나를 위
해 어디에 집을 짓겠다는 말이냐? 어
디에서 나를 쉬게 한단 말이냐?
2 이 모든 것이 내가 손수 만든 것이 아
니냐? 그래서 이 모든 것이 내 것이
아니냐? 여호와의 말씀이다. 내가 굽
어보는 사람은 학대를 받아서 괴로워
하는 사람, 마음이 찢어지고 깨진 사
람, 내 말이라면 벌벌 떠는 사람이다.
3 그러나 소를 잡아 드리는 사람은 사
람을 죽이는 사람과 다름이 없고 양
을 잡아 드리는 사람은 개의 목을 꺾
는 사람과 다름이 없다. 곡식제사를
드리는 사람은 돼지의 피를 바치는
사람과 다름이 없고 분향을 드리는
사람은 우상 앞에 무릎을 꿇는 사람
이나 다름이 없다. 이렇게 제각각 자
기 식대로 마음을 먹고 가증한 것들
을 좋아했다.
4 그래서 나도 그들을 괴롭히기로 마음
을 먹고 그들이 무서워하는 것을 그
들에게 가져갈 것이다. 내가 불러도
그들이 대답하지 않았고 내가 말해
도 그들이 듣지 않았다. 그들이 내 눈
에 거슬리는 일을 했을 뿐 아니라 내
가 싫어하는 짓만 골라서 했기 때문
이다."
5 여호와의 말씀을 들으라. 너희는 그
분의 말씀에 떨고 있구나. "너희를 미
워하는 너희 형제는 내 이름을 부른
다는 이유로 너희를 따돌리면서 '어디
한번 여호와께서 영광을 드러내셔서
너희가 기뻐하는 모습을 좀 보자꾸
나' 하고 비꼬아 말하지만 그들이 도
리어 부끄러움을 당할 것이다.
6 성읍에서 아우성 소리가 난다. 성전
에서도 소리가 들린다. 이것은 여호와
께서 그분의 원수들에게 그들이 받아
마땅한 대로 앙갚음하시는 소리다.
7 시온은 진통이 시작되기도 전에 이미
낳았고 산고가 덮치기도 전에 아이를
낳았다.
8 누가 이런 일을 들은 적이 있느냐?
누가 이런 일을 본 적이 있느냐? 어떻
게 땅이 하루 만에 생기고 한 민족이
순식간에 생겨나겠느냐? 그러나 시온
은 진통이 시작되자마자 아이들을 낳
고 있구나.
9 내가 아이를 갖게 하려고 하는데 어
떻게 아이를 낳게 하지 않겠느냐?"
여호와께서 말씀하신다. "내가 아이
를 낳게 하려고 하는데 어떻게 나오
지 못하게 태를 닫겠느냐?" 네 하나
님께서 말씀하셨다.
10 "예루살렘을 사랑하는 사람들아, 그
성읍과 함께 기뻐하고 즐거워하라. 예
루살렘을 두고 슬퍼하던 사람들아,
그 성읍과 함께 매우 기뻐하라.
11 너희는 젖을 빠는 것처럼 그 위로하
는 품에서 만족할 것이고 젖을 깊이
빠는 것처럼 그 넉넉함에 기뻐할 것
이다."
12 여호와께서 이렇게 말씀하셨다. "보

라. 내가 예루살렘에 평화를 강물처럼
흐르게 하고 여러 나라의 재물을 범
람하는 시내처럼 넘치게 하겠다. 너
희는 그 성읍의 젖을 빨고 그 품에 안
기며 그 무릎에서 응석을 부릴 것이
다.
13 어머니가 자기 아이를 위로하듯이 내
가 너희를 위로하겠다. 그러면 너희가
예루살렘에서 위로를 받을 것이다."
14 너희가 이것을 보고 마음이 흐뭇하겠
고 너희의 뼈들이 무성한 풀처럼 잘
자라날 것이다. 주의 종들에게는 여
호와의 손이 드러나겠지만 대적들에
게는 여호와의 분노가 나타날 것이
다.
15 보라. 여호와께서 불을 타고 오신다.
그분의 병거들은 마치 회오리바람 같
구나. 그분이 분을 내셔서 뿜으시는
콧김은 불꽃을 내뿜는 책망이 돼 보
복한다.
16 그렇다. 여호와께서 불로 심판하시고
주의 칼로 모든 사람을 심판하실 것
이니 여호와께 죽을 사람이 많을 것
이다.
17 "스스로 거룩히 구별하고 몸을 정결
하게 한 뒤에 그 동산에 들어가서 돼
지고기와 쥐고기와 다른 가증스러운
것을 먹는 사람들과 함께 따라다니
는 사람들은 함께 끝장날 것이다. 여
호와의 말씀이다.
18 나는 그들의 행동과 생각을 알기 때
문에 때가 되면 언어가 다른 나라를
모두 모으겠다. 그러면 그들이 와서
내 영광을 볼 것이다.
19 내가 그들 가운데 징표를 두어서 내
가 살아남은 사람들 가운데 몇몇을
다시스와 뿔과 활잡이로 유명한 룻과
두발과 야완과 내 명성을 들은 적도
없고 내 영광을 본 적도 없는 저 먼
섬들에게로 보내서 여러 나라에 내
영광을 알릴 것이다.
20 그러면 마치 이스라엘 백성이 깨끗한
그릇에 선물을 담아서 여호와의 성전
에 드리는 것처럼 그들이 모든 나라
들로부터 너희의 모든 형제들을 말과
병거와 마차와 노새와 낙타에 태워서
예루살렘에 있는 내 거룩한 산으로 데
려올 것이다." 여호와께서 말씀하셨다.
21 "내가 그들 가운데 몇몇을 뽑아서 제
사장과 레위 사람으로 세우겠다." 여
호와께서 말씀하셨다.
22 "내가 만드는 새 하늘과 새 땅이 내
앞에 있는 것처럼 너희의 자손과 너
희의 이름도 그렇게 이어질 것이다.
여호와의 말이다.
23 매달 초하루와 안식일마다 모든 사람
이 내 앞에 와서 내게 절할 것이다."
여호와께서 말씀하셨다.
24 "그들이 나가서 나를 거역하던 사람
들의 시체를 볼 것이다. 그들을 갉아
먹는 *지렁이는 죽지 않을 것이고 그
들을 태우는 불도 꺼지지 않을 것이
니 모든 사람이 그것을 보고 역겨워
할 것이다."

66:24 히브리어, 톨라. 포도나무에 사는 붉은색의 지렁이. 이스라엘에서는 시체를 먹는 더러운 동물로 알려져 있음.

예레미야

Jeremiah

'눈물의 예언자'로 널리 알려진 예레미야의 저작으로, 어떻게 해서든지 이스라엘의 멸망을 막아 보고자 하는 예언자로서의 안타까움과 비통함이 드러나 있다. 임박한 심판에 대해 선포하도록 부름받은 예언자는 시종일관 백성들의 죄를 신랄하게 지적하며 즉각적인 회개를 촉구하지만 아무런 호응을 얻지 못하고 도리어 핍박을 당하게 된다.

1 베냐민 땅 아나돗의 제사장 가운데
힐기야의 아들 예레미야의 말입니
다.
2 유다 왕 아몬의 아들 요시야가 다스
린 지 13년 되던 해에 여호와의 말씀
이 예레미야에게 임했고
3 유다 왕 요시야의 아들 여호야김을 거
쳐 유다 왕 요시야의 아들 시드기야
11년 *다섯째 달에 예루살렘 사람들
이 포로로 끌려갈 때까지 계속됐습
니다.

예레미야의 소명

4 여호와의 말씀이 내게 임해 말씀하셨
다.
5 "내가 너를 모태에서 생기게 하기 전
에 너를 *알았고 네가 태어나기 전에
너를 거룩하게 구별했으며 너를 여러
민족들을 위한 예언자로 정했다."
6 내가 말했다. "주 여호와여, 보소서.
저는 어린아이라 말할 줄 모릅니다."
7 그러나 여호와께서 내게 말씀하셨다.
"너는 어린아이라고 말하지 마라. 내
가 너를 보내는 모든 사람에게 너는
가야만 하고 내가 네게 명령하는 모
든 것을 말해야 한다.
8 그들을 두려워하지 마라. 내가 너와
함께해 너를 구할 것이다. 여호와의
말이다."
9 그리고 여호와께서 손을 내밀어 내 입
에 대시고 내게 말씀하셨다. "보아라.
이제 내가 내 말을 네 입에 넣어 준다.
10 보아라. 오늘 내가 너를 여러 민족들
과 나라들 위에 임명해, 네가 그것들
을 뽑고 붕괴시키며 파괴하고 무너뜨
리며 건설하고 심게 하겠다."
11 여호와의 말씀이 내게 임해 말씀하셨
다. "예레미야야, 네게 무엇이 보이느
냐?" 내가 말했다. "*아몬드 나무 가
지가 제게 보입니다."
12 여호와께서 내게 말씀하셨다. "네가

1:3 암 월, 태양력으로 7월 중순 이후. BC 586년 1:5 또는 선택했고 1:11 히브리어, 샤케드(렘 1:12의 난외주를 보라.)

옳게 보았다. 내 말이 이루어지는 것
을 내가 *지켜보고 있다."
13 다시 여호와의 말씀이 내게 임해 말씀
하셨다. "네게 무엇이 보이느냐?" 내
가 대답했다. "끓는 솥이 북쪽에서부
터 기울어지는 것이 제게 보입니다."
14 여호와께서 내게 말씀하셨다. "재앙
이 북쪽에서부터 이 땅에 사는 모든
사람들 위에 쏟아질 것이다.
15 보아라. 내가 북방 나라의 모든 족속
들을 부를 것이다. 그들이 와서 각자
자기의 왕좌를 예루살렘 성문들 입구
에, 주위의 모든 성벽과 유다의 모든
성읍들에 세울 것이다. 여호와의 말
이다.
16 그들이 나를 저버리고 다른 신들에게
제물을 드리며 그들의 손으로 만든
것을 경배했으니 그들의 모든 죄악에
대해 내가 내 심판을 그들에게 선포
할 것이다.
17 그러니 너는 준비하고 있다가 일어나
내가 네게 명령하는 모든 것을 그들
에게 말하여라. 그들을 두려워하지
마라. 그러지 않으면 내가 너를 그들
앞에서 두렵게 할 것이다.
18 보아라. 오늘 내가 너를 견고한 성읍,
철 기둥, 청동 벽으로 만들어 온 땅,
곧 유다의 왕들과 그 관료들과 그 제
사장들과 그 땅의 백성들과 맞서게
했다.
19 그들이 너와 싸우겠지만 너를 이기지
못할 것이다. 내가 너와 함께해 너를
구할 것이기 때문이다. 여호와의 말이
다."

이스라엘이 하나님을 저버리다

2 여호와의 말씀이 내게 임해 말씀
하셨다.
2 "가서 예루살렘의 귀에 외쳐라. '여호와
가 이렇게 말한다. 네 어릴 적의 헌신
과 네 결혼 때의 사랑과 네가 광야,
곧 씨 뿌리지 못하는 땅에서 어떻게
나를 따랐는지를 내가 기억한다.
3 이스라엘은 여호와께 거룩함이요, 여
호와의 수확 가운데 첫 열매였다. 그
것을 삼킨 사람들 모두가 죄를 지었
으니 그들 위에 재앙이 임할 것이다.'
여호와의 말이다."
4 야곱의 집아, 이스라엘 집의 모든 족
속들아, 여호와의 말씀을 들으라.
5 여호와께서 이렇게 말씀하셨다. "너희
조상들이 내게서 무슨 불의함을 찾
아냈기에 그들이 나를 떠나 헛된 우
상을 따르고 우상처럼 헛되게 됐느
냐?
6 '우리를 이집트 땅에서 이끌어 내어
광야로, 사막과 협곡의 땅으로, 가뭄
과 죽음의 어둠이 드리운 땅으로, 아
무도 다니지 않고 아무도 살지 않는
땅으로 인도하신 여호와가 어디 계시
냐?' 하고 그들은 묻지 않았다.
7 내가 너희를 기름진 땅으로 데려가
그 열매와 좋은 것을 먹게 했다. 그러
나 너희는 와서 내 땅을 더럽혔고 내
유산을 혐오스러운 것으로 만들어

1:12 히브리어, 쇼케드. 히브리어 샤케드와 쇼케드는 발음이 비슷함.

버렸다.
8 '여호와가 어디 계시냐?' 하고 제사장
들이 묻지 않았고 율법을 취급하는
사람들이 나를 알지 못했고 지도자
들이 내게 죄를 저질렀다. 예언자들
은 바알의 이름으로 예언하며 헛된
우상들을 추종했다.
9 그러므로 내가 너희와 다툴 것이다.
또 너희 자손 대대로 다툴 것이다. 여
호와의 말이다.
10 *깃딤 해변가로 건너가서 보고 *게달
에 사람을 보내 자세히 살피고 이와
같은 일이 있었는지 알아보라.
11 어떤 민족이 자기 신들을 신이 아닌
것과 바꾸었느냐? 그런데 내 백성은
그들의 영광을 아무 유익이 없는 헛
된 우상들과 바꾸었다.
12 하늘아, 이것으로 인해 소스라치게
놀라라. 몹시 두려워해 황폐해지라.
여호와의 말이다.
13 내 백성이 두 가지 악을 저질렀다. 생
명수의 원천인 나를 버리고 스스로
물 저장소를 파서 만들었다. 그러나
그것은 물을 담지 못하는 깨진 물 저
장소였다.
14 이스라엘이 종이냐? 태어나면서부터
종이었느냐? 그런데 왜 약탈물이 됐
느냐?
15 어린 사자들이 이스라엘을 보고 포효
하고 소리를 질렀다. 그것들이 이스라
엘 땅을 폐허로 만들었으며 이스라엘
의 성읍들은 불에 타서 사람이 살지
않게 됐다.
16 또한 *놉과 다바네스 자손들이 네 머

2:10 또는 키프로스. 엘리사의 섬(창 10:4;민 24:24;사 23:12;겔 27:7;행 4:36;11:19;13:4;15:39을 보라.) 2:10 시로 아라비아 사막에 있는 베두인 족의 고향(창 25:13;대상 1:29;시 120:5;아 1:5;사 42:11;60:7;렘 49:28을 보라.) 2:16 고대 이집트의 도시 멤피스를 가리킴.

성·경·상·식

예레미야 시대의 왕들

- **요시야(BC 640–609년)** 8세에 왕이 된 후 성전을 수리하고 종교 개혁을 통해 우상 숭배를 배격했다. 하나님을 잘 섬겼던 선한 왕이었다. 므깃도에서 이집트 왕 느고와 싸우다가 전사했다(왕하 22:1–23:30).
- **여호아하스(BC 609년)** 예레미야서에서는 살룸이라고 불렸는데(렘 22:11) 이집트 왕 느고에 의해서 이집트로 잡혀가서 죽었다(왕하 23:31–34).
- **여호야김(BC 609–598년)** 이집트 왕 느고에 의해 왕이 되었으며 예레미야의 예언을 들었으나 회개하지 않았다(렘 22:18–21). 바벨론의 느부갓네살에게 굴복했다가 다시 반역하기도 했다(왕하 23:34–24:4).
- **여호야긴(BC 598–597년)** 18세 때 유다의 왕이 돼 석 달간 통치했던 포악한 왕이었다(왕하 24:8–9). 멸망에 대한 예레미야의 예언을 들었다(렘 22:24–25). 바벨론에게 항복해(왕하 24:10–12) 포로로 잡혀갔으나 융숭한 대접을 받았다(왕하 25:27–30).
- **시드기야(BC 597–586년)** 유다의 마지막 왕으로 친이집트 정책을 썼다(왕하 24:17–20). 예레미야 예언자의 예언을 무시했으며 결국 바벨론 포로로 잡혀갔다(렘 39:4–7).

리 꼭대기를 벌거벗게 했다.
17 너를 길에서 인도하는 네 하나님 여
호와를 네가 버림으로 이 일을 네 스
스로에게 초래한 것이 아니냐?
18 그런데 이제 왜 네가 이집트로 가서
*시홀의 물을 마시려는 것이냐? 왜 앗
시리아로 가서 그 *강물을 마시려는
것이냐?
19 네 악함이 너를 징계할 것이며 네 타
락이 너를 질책할 것이다. 그러므로
네 하나님 여호와를 버리는 것과 네
속에 나를 경외함이 없는 것이 얼마
나 악하고 쓰라린 것인지 네가 알고
깨달아라. 만군의 하나님 주 여호와
의 말이다."
20 "내가 오래전에 네 멍에를 부수고 너
를 묶은 밧줄을 끊어 주었더니 '나는
주를 섬기지 않겠다'라고 너는 말했
다. 모든 높은 언덕 위에서, 그리고 모
든 우거진 나무 아래 드러누워 너는
음란한 짓을 했다.
21 내가 너를 특별히 선택된 포도나무
로, 가장 확실한 씨앗으로 심었다. 그
런데 어떻게 네가 내게 퇴화한 야생
포도나무가 됐느냐?
22 네가 네 몸을 잿물로 씻고 많은 비누
로 닦아도 네 죄는 내 앞에 여전히
남아 있다. 주 여호와의 말이다.
23 '나는 더럽혀지지 않았다. 나는 바알
을 추종하지 않았다'라고 네가 어떻게
말할 수 있느냐? 골짜기에서의 네 행
위를 보아라. 네가 무엇을 했는지 생
각해 보아라. 너는 이리저리 날뛰는
발 빠른 어린 낙타 같고
24 광야에 익숙한 야생 나귀가 짝짓기
욕구로 숨을 헐떡거리는 것 같다. 누
가 그것의 욕구를 억제할 수 있느냐?
그것을 찾는 사람은 아무도 수고할
필요가 없다. 그것의 짝짓는 달에 그
것을 발견할 것이다.
25 너는 네 발이 맨발이 되지 않게 하고
네 목이 마르지 않게 하여라. 그러나
너는 말했다. '아무 소용이 없다! 내가
이방신들을 사랑하니 그들을 따라가

2:18 나일 강의 한 지류를 가리킴. 2:18 유프라테스 강을 가리킴.

성·경·상·식

예레미야서 속의 세계사

예레미야가 예언할 당시(BC 627-586년) 북이스라엘을 멸망시킬 정도로 강력했던 앗시리아는 쇠퇴의 길을 걷고 있었다. 앗시리아의 내부 문제로 팔레스타인에 대한 앗시리아의 영향력이 약해지자 이를 계기로 이집트가 자연스럽게 유다를 장악하게 되었다(렘 2:18). 그 결과 유다에는 친이집트 세력이 득세하게 되었다. 유다가 멸망할 당시 예레미야는 강성해져 가는 바벨론을 예견하면서 친바벨론 정책을 주장했다. 하지만 이미 이집트와 우호 관계를 가졌던 유다는 친이집트 정책을 고수했다.

한편 예레미야가 활동하던 시기에 바벨론이 근동 지역의 중심 세력으로 떠올랐다. 나보폴라살(BC 625-605년)이 신바벨론의 왕으로 등극하면서 메대와 연합군을 이루어 앗시리아를 공격하여 수겠다.'"
26 "도둑이 잡히면 수치를 당하듯 이스
라엘의 집, 곧 그들과 그들의 왕들과
그들의 관료들과 그들의 제사장들과
그들의 예언자들이 그렇게 수치를 당
했다.
27 그들이 나무에게 말한다. '당신이 내
아버지다.' 그리고 돌에게 말한다. '당
신이 나를 낳았다.' 이는 그들이 내게
서 등을 돌리고 얼굴을 내게 향하지
않았기 때문이다. 그러나 고난의 때
에 그들은 말한다. '일어나 우리를 구
원하소서!'
28 네 스스로가 만든 네 신들은 어디 있
느냐? 네 고난의 때에 그들이 너를
구해 줄 수 있다면 그들을 일어나게
하라! 오 유다여, 네 성읍들의 수만큼
네 신들이 있구나!
29 너희가 왜 나와 다투느냐? 너희 모두
가 내게 죄를 짓지 않았느냐? 여호와
의 말이다.
30 내가 헛되이 너희 자녀를 처벌했다.
그들은 훈계를 받아들이지 않았다.
너희의 칼이 성난 사자같이 너희 예
언자들을 삼켰다.
31 너희 이 세대여, 여호와의 말에 귀 기
울이라. 내가 이스라엘에게 광야가 됐
느냐, 아니면 깊은 어둠의 땅이 됐느
냐? 왜 내 백성이 '우리가 자유로우니
더 이상 주께로 가지 않겠다'라고 말
하느냐?
32 처녀가 자기 장식품을 잊을 수 있느
냐? 신부가 그녀의 예복을 잊을 수
있느냐? 그러나 내 백성들은 나를 잊
어버렸으며 그날들을 셀 수 없다.
33 사랑을 찾는 네 행위가 얼마나 익숙
한지! 너는 네 행위를 악한 여자들에
게까지도 가르칠 수 있다.
34 또 네 옷자락에서는 죄 없는 가난한
사람들의 피가 발견됐다. 그들이 강
도 짓 하다가 너를 만난 것도 아닌데
말이다. 이 모든 일들에도 불구하고
35 너는 '나는 죄가 없으니 분명히 그의
진노가 내게서 떠날 것이다'라고 말한
다. 보아라. 네가 '죄를 짓지 않았다'라
고 하니 내가 너를 심판할 것이다.

도인 니느웨를 함락시켰다(BC 612년). 그리고 그의 아들 느부갓네살이 앗시리아와 동맹을 맺고 바벨론을 견제하기 위해 올라온 이집트의 바로 느고를 갈그미스에서 물리치면서 근동 지역의 패권을 장악하고 왕위를 이어받았다(BC 605년).

그 후에 느부갓네살 왕은 유다를 침공하여 예루살렘을 함락하고 이집트 바로 느고가 세운 여호야김 왕과 유다 사람들을 포로로 잡아가고 유다를 속국으로 삼았다. 이후에 느부갓네살 왕은 유다를 재침공하여 여호야긴 왕과 유다 사람들을 포로로 잡아가고 왕궁의 보물들과 성전의 기물들을 바벨론으로 가져갔다. 시드기야가 왕위에 올라 다시 친이집트 정책을 펼치자 느부갓네살 왕은 신속하게 군대를 보내 예루살렘을 파괴하고 유다를 멸망시켰다(BC 586년).

36 왜 네가 네 길을 바꾸며 이리저리 돌
아다니느냐? 네가 앗시리아로 인해
수치를 당했던 것처럼 이집트로 인해
서도 수치를 당할 것이다.
37 거기서도 네가 두 손으로 네 머리를
싸고 떠날 것이다. 이는 네가 신뢰하
던 사람들을 여호와가 거부해서 네가
그들로 인해 번성하지 못할 것이기 때
문이다."

3 "한 남자가 그 아내와 이혼하고 그
아내가 그를 떠나 다른 남자의 아
내가 된다면 처음 남자가 그녀에게 다
시 돌아가겠느냐? 그러면 그 땅이 크
게 더럽혀지지 않겠느냐? 그런데 너
는 많은 사람들과 음란한 짓을 하고
도 내게 돌아오려느냐? 여호와의 말
이다.
2 눈을 들어 벌거숭이 언덕들을 보라.
네가 드러눕지 않은 곳이 어디에 있느
냐? 너는 광야의 *아라바 사람처럼
길가에 앉아서 사랑하는 사람들을
기다렸다. 너는 네 음란한 짓과 사악
함으로 이 땅을 더럽혔다.
3 그러므로 소나기가 오지 않고 봄비도
내리지 않았다. 그러나 너는 창녀의
낯을 갖고도 수치스럽게 생각하지 않
는다.
4 네가 지금 내게 외치지 않았느냐? '내
아버지여, 아버지는 내 어릴 때부터
친구입니다.
5 내게 계속 화내시겠습니까? 끝까지
노하시겠습니까?' 보라. 네가 이렇게
말하면서도 네가 할 수 있는 악한 짓
은 다 하고 있다."

불성실한 이스라엘

6 요시야 왕 때 여호와께서 내게 말씀
하셨다. "믿음 없는 이스라엘이 행한
것을 네가 보았느냐? 그가 모든 높은
언덕 위에 올라가 모든 푸른 나무 아
래서 음란한 짓을 했다.
7 이스라엘이 이 모든 것을 행한 후에
내게 돌아올 것이라고 나는 생각했
다. 그러나 이스라엘은 돌아오지 않
았다. 이스라엘의 신실하지 못한 자
매 유다가 그것을 보았다.
8 믿음 없는 이스라엘이 간음을 저지른
이 모든 일로 인해서 내가 그에게 이
혼 증서를 주고 쫓아내 버렸다. 그러
나 이스라엘의 신실하지 못한 자매 유
다가 두려운 줄도 모르고 자기도 역
시 나가서 음란한 짓 하는 것을 내가
보았다.
9 그가 음란한 짓 하는 것을 가볍게 여
겨서 이 땅을 더럽히고 돌과 나무와
간음했다.
10 그러나 이 모든 것에도 불구하고 이
스라엘의 신실하지 못한 자매 유다는
온 마음으로 내게 돌아오지 않고 거
짓으로 돌아올 뿐이었다. 여호와의
말이다."
11 여호와께서 내게 말씀하셨다. "믿음
없는 이스라엘이 신실하지 못한 유다
보다 의롭다는 것이 드러났다.
12 가서 이 말들을 북쪽을 향해 선포하
여라. 여호와의 말이다. '믿음 없는 이

3:2 아랍 사람을 가리킴.

스라엘아, 돌아오라.' 여호와의 말이
다. '나는 자비롭기 때문에 노한 얼굴
로 너희를 향하지 않을 것이다. 내가
한없이 화를 내지는 않겠다.
13 네가 네 하나님 여호와를 배반하고
모든 푸른 나무 아래서 이방신들을
향해 네 행동을 흩뜨리고 내 목소리
를 듣지 않았던 네 죄를 인정하기만
하라.' 여호와의 말이다."
14 "여호와의 말이다. 돌아오라. 믿음 없
는 자녀들아, 내가 너희 남편이다. 내
가 너희를 한 성읍에서 하나를, 한
족속에서 둘을 선택해 시온으로 데려
갈 것이다.
15 그리고 내 마음을 따르는 목자들을
내가 너희에게 주어 그들이 너희를
지식과 분별력으로 양육하게 할 것이
다.
16 여호와의 말이다. 그 무렵 이 땅에서
너희 수가 증가해 번성하게 될 때 사
람들이 '여호와의 언약궤'를 더 이상
말하지 않을 것이고 그것이 마음에
떠오르거나 기억되지도 않을 것이고
찾지도 않을 것이고 더 이상 만들지
도 않을 것이다."
17 "그때 그들은 예루살렘을 '여호와의
보좌'라고 부를 것이고 모든 민족들
이 그곳으로, 곧 여호와의 이름을 기
리기 위해 예루살렘으로 모일 것이다.
그들이 더 이상 그들의 악한 마음에
서 나오는 완고함을 따르지 않을 것
이다.
18 그때 유다의 집이 이스라엘의 집과 동
행해 함께 북쪽 땅에서부터 나와 내
가 너희 조상들에게 유산으로 준 땅
으로 갈 것이다."
19 "'내가 기꺼이 너희를 자녀로 삼고 또
여러 민족들 가운데 가장 아름다운
유산인 탐스러운 땅을 너희에게 주겠
다'라고 내가 말했다. 그리고 '너희는
나를 아버지라고 부르고 내게서 돌아
서지 말 것이다'라고 내가 말했다.
20 그러나 이스라엘의 집아, 너희는 신실
하지 못한 아내가 자기 남편을 떠나
는 것처럼 그렇게 나를 배반했다. 여
호와의 말이다."
21 저 벌거숭이 언덕에서 한 소리가 들
린다. 이스라엘 자손들이 그들의 행
동을 정도에서 벗어나게 하고 그들의
하나님 여호와를 잊고 말았기 때문에
울고 간청하는 소리다.
22 "믿음 없는 자녀들아, 돌아오라. 내가
너희의 믿음 없음을 고칠 것이다." "보
소서, 우리가 주께로 갑니다. 주는 우
리의 하나님 여호와이시기 때문입니
다.
23 언덕들과 산들 위에서의 소동은 확실
히 망상입니다. 이스라엘의 구원은 확
실히 우리 하나님 여호와께 있습니다.
24 우리의 어린 시절부터 수치스러운 것
이 우리의 조상들이 수고한 것, 곧 그
들의 양 떼와 소 떼 그리고 그들의 아
들딸들을 삼켜 버렸습니다.
25 우리를 우리의 수치 가운데 눕게 하
시고 우리의 불명예가 우리를 덮게
하십시오. 이는 우리와 우리 조상들

이 우리의 어린 시절부터 오늘날까지
우리 하나님 여호와께 죄를 지었고 우
리가 우리 하나님 여호와의 목소리를
듣지 않았기 때문입니다."

4 "여호와의 말이다. 이스라엘아, 네
가 돌아오려거든 내게로 돌아오라.
만약 네가 내 눈앞에서 네 가증스러
운 우상들을 제거하고 흔들리지 않
는다면
2 또 네가 진리와 정의와 의로움으로
'여호와께서 살아 계심'을 두고 맹세하
면 민족들이 여호와로 인해 복을 받
고 여호와로 인해 자랑할 것이다."
3 유다와 예루살렘 사람들에게 여호와
께서 이렇게 말씀하셨다. "너희가 묵
히고 있는 땅을 갈고 가시덤불 속에
씨를 뿌리지 말라.
4 유다 사람들과 예루살렘 주민들아,
너희 스스로 할례를 하고 너희 마음
에 할례를 해서 여호와께 속하라. 그
러지 않으면 너희 행위의 사악함으
로 인해 내 진노가 불처럼 나와 타리
니 아무도 그 불을 끄지 못할 것이
다."

북쪽에서 올 재앙

5 "유다에서 선언하고 예루살렘에서 선
포하라. '이 땅에서 나팔을 불라!' 또
큰 소리로 외쳐 말하라. '모이라. 요새
화된 성읍으로 들어가자.'
6 시온을 향해 기를 올리라! 도피하라.
머물지 말라. 내가 북쪽에서 재앙과
큰 파멸을 가져올 것이다.
7 사자가 그의 숲 속에서 나왔고 여러
민족을 멸망하게 하는 사람이 출발

Q&A 예레미야서에 담긴 핵심 메시지

참고 구절 | 렘 4장

예레미야는 범죄하는 백성들과 지도자들에게 심판의 필연성을 선포하면서도 하나님이 이스라엘을 다시 회복시키실 것이라는 소망과 위로의 메시지를 전했다.

- **죄** 요시야 왕의 개혁은 실패했다. 백성들은 여전히 우상을 숭배하고 이기적인 모습을 고치지 않았기 때문이었다. 지도자들도 하나님의 뜻대로 살지 않았다. 예레미야는 이런 죄를 지적하면서 하나님의 심판을 선포하고 회개를 촉구했다.
- **심판** 죄로 인해 예루살렘은 멸망할 것이며 성전은 훼파되어 백성들은 바벨론 포로로 잡혀갈 것이다. 선포된 하나님의 메시지를 거부했기 때문이다.
- **하나님의 주권** 하나님은 의로우신 창조주이시다. 그분은 자기 계획을 완성하기 위해 모든 피조물을 사랑과 지혜로 인도하신다. 또한 하나님의 때에 모든 일이 일어나게 하신다. 하나님은 이 모든 세상을 통치하시는 주인이시다.
- **새 마음** 예레미야는 유다가 멸망한 후에도 다시 하나님께서 회복시키실 것을 예언했다(렘 30-33장). 하나님은 새 목자인 메시아를 보내셔서 새로운 미래와 새 언약, 새로운 날로 그 백성들을 인도하실 것이다(렘 23:4-6;30:9;33:15). 메시아는 죄로 물든 마음을 하나님 사랑하는 마음으로 바꾸어 놓으실 분이시다.

했다. 그가 네 땅을 황무지가 되게 하
려고 자기 자리에서 나왔다. 네 성읍
들은 폐허가 돼서 거주하는 사람이
없게 될 것이다.
8 이로 인해 너희는 굵은베 옷을 입고
슬퍼하며 울부짖으라. 이는 여호와의
사나운 노여움이 우리를 떠나지 않았
기 때문이다.
9 여호와의 말이다. 그날에는 왕과 그
의 관료들이 용기를 잃게 되고 제사
장들이 무서워 떨며 예언자들이 깜
짝 놀랄 것이다."
10 그러고 나서 내가 말했다. "주 여호와
여, 주께서 '너희에게 평강이 있을 것
이다'라고 말씀하시며 이 백성과 예루
살렘을 완전히 속이셨습니다. 칼이 그
들의 생명에 미쳤기 때문입니다."
11 그때 이 백성들과 예루살렘에게 이
말씀이 들릴 것이다. "뜨거운 바람이
광야의 벌거숭이 언덕에서 내 백성의
딸을 향해 불어오지만 그것은 까불
러 골라내기 위한 것도 아니고 깨끗
하게 하려는 것도 아니다.
12 이보다 더 강한 바람이 나를 위해 불
어오리니 이제 내가 그들에게 심판을
선포할 것이다."
13 보라. 그가 구름처럼, 그의 전차들이
폭풍처럼 올라오며 그의 말들은 독수
리들보다 빠르다. 우리에게 화가 있을
것이다. 우리가 멸망하게 됐다.
14 예루살렘아, 네 마음에서 악을 씻어
내어라. 그러면 너희가 구원을 받을
것이다. 네 속에 사악한 생각들을 얼
마나 오래 품으려고 하느냐?
15 한 목소리가 단에서 선언하고 에브라
임 산에서 재앙을 선포한다.
16 "민족들에게 경고하고 예루살렘에 알
리라. '에워싸는 군대가 먼 땅에서 와
서 유다의 성읍들을 향해 고함을 지
른다.
17 밭을 지키는 사람처럼 그들이 유다를
둘러싼다. 유다가 나를 배반했기 때
문이다.' 여호와의 말이다."
18 "네 행동과 행위가 이 일들을 네게 가
져왔다. 이것이 네 죄악이다. 이것은
쓰라린 고통이요, 네 마음에까지 이
를 것이다."
19 내 고통아, 내 고통아! 내 마음이 고
통 속에서 몸부림친다. 내 마음의 고
통아! 내 마음이 심하게 뛰니 내가 잠
잠할 수 없다. 이는 내가 전쟁을 알리
는 나팔 소리를 들었기 때문이다.
20 재앙 위에 재앙이 따르고 온 땅이 황
폐하게 됐다. 갑자기 내 천막이, 순식
간에 내 숙소가 무너져 버렸다.
21 내가 얼마나 더 저 기를 보아야 하고
저 나팔 소리를 들어야 하는가?
22 "내 백성은 어리석어 나를 알지 못한
다. 그들은 어리석은 아이들이어서
분별력을 갖고 있지 않다. 그들은 악
을 행하는 데는 능숙하지만 선을 행
할 줄 모른다."
23 내가 땅을 보니 형태가 없고 비어 있
었다. 하늘을 보니 그곳에 빛이 없었
다.
24 내가 산들을 보니 산들이 진동하고

모든 언덕들이 흔들리고 있었다.
25 내가 보니 사람이 하나도 없었고 공
중의 새도 모두 날아가 버렸다.
26 내가 보니 *좋은 땅이 광야가 됐고
여호와 앞에서, 여호와의 맹렬한 진노
앞에서 여호와의 모든 성읍들이 붕괴
됐다.
27 그러므로 여호와께서 이렇게 말씀하
셨다. "온 땅이 폐허가 될 것이나 내
가 완전히 파멸시키지는 않을 것이
다.
28 이 일로 인해 땅이 슬퍼할 것이며 저
위의 하늘이 어두워질 것이다. 내가
이미 말했고 작정했으니 내가 긍휼히
여기지도, 돌이키지도 않을 것이다."
29 기마병들과 활 쏘는 사람들의 소리에
온 성읍이 도망간다. 몇몇은 숲 속으
로 들어가고 몇몇은 바위 위로 올라
간다. 모든 성읍이 버려지니 그 안에
아무도 살지 않을 것이다.
30 멸망당한 사람이여, 네가 무엇을 하
고 있느냐? 네가 주홍색 옷을 입고
금장식으로 치장하고 네 눈에 화장
을 하지만 네가 헛되이 아름답게 치
장하고 있다. 네 사랑하는 사람들이
너를 경멸하고 네 목숨을 찾을 것이
다.
31 해산하는 여자의 소리 같고 초산하
는 여자의 고통 소리와 같은 소리를,
*시온의 딸이 손을 뻗으며 숨을 헐떡
이는 소리를 내가 들었다. "아! 내게
화 있도다. 살인자들로 인해 내가 피
곤하다."

올바른 자가 한 사람도 없다

5 "예루살렘 거리를 이리저리 다니며
둘러보고 깨달아라. 광장에서 찾
아 보아라. 정의를 행하고 믿음을 추
구하는 사람을 단 한 사람이라도 네
가 발견하면 내가 이 성읍을 용서해
줄 것이다.
2 그들이 '여호와께서 살아 계심'으로
말하더라도 그들은 여전히 거짓으로
맹세한다."
3 "여호와여, 주의 눈이 믿음을 찾고 계
시지 않습니까? 주께서 그들을 내리
치셨지만 그들은 고통을 느끼지 않았
고 주께서 그들을 멸망케 하셨지만
그들은 고치기를 거부했습니다. 그들
은 얼굴을 바위보다 더 굳게 해 회개
하기를 거부했습니다."
4 그러므로 내가 말했다. "그들은 천하
고 어리석다. 여호와의 길, 곧 그들의
하나님의 판단을 그들이 모르기 때
문이다.
5 그래서 내가 지도자들에게 가서 그들
에게 말할 것이다. 이는 그들이 여호
와의 길, 곧 그들의 하나님의 판단을
알고 있기 때문이다." 그러나 그들도
다 같이 그 멍에를 부수고 결박을 끊
어 버렸다.
6 그러므로 숲 속에서 나오는 사자가
그들을 공격하며 광야에서 나오는 늑
대가 그들을 황폐하게 하며 표범이
그들의 성읍들을 지켜보고 있다가 그

4:26 히브리어, 갈멜 4:31 예루살렘과 그 주민을 인격화한 말임.

곳에서 나오는 사람 모두를 찢을 것
이다. 그들의 범법이 많고 그들의 배
반이 크기 때문이다.
7 "내가 어떻게 너를 용서하겠느냐? 네
자녀들이 나를 저버렸고 신이 아닌
것들로 맹세했다. 내가 그들을 배불
리 먹였더니 그들이 간음했고 창녀들
의 집으로 떼 지어 모였다.
8 그들은 잘 먹인 원기 왕성한 말이어
서 서로 이웃의 아내를 향해 소리를
냈다.
9 이런 일들로 인해 내가 그들을 처벌
하지 않겠느냐? 여호와의 말이다. 내
가 이런 민족에게 복수하지 않겠느
냐?
10 너희는 그의 포도밭에 가서 파괴하
라. 그러나 완전히 파멸시키지는 말고
가지들만 꺾어라. 그들은 이미 여호와
의 것이 아니다.
11 이스라엘의 집과 유다의 집이 내게 심
히 신실하지 못했다. 여호와의 말이
다."
12 그들이 여호와를 속이고는 이렇게 말
했다. "여호와는 아무것도 아니며 재
앙이 우리에게 임하지 않을 것이고
칼이나 기근도 우리가 보지 않을 것
이다.
13 예언자들은 바람이다. 말씀이 그들
가운데 있지 않으니 그러한 일은 그
들이나 당할 것이다."
14 그러므로 만군의 하나님 여호와께서
이렇게 말씀하셨다. "보라. 이 백성이
이런 말을 했으니 네 입에 있는 내 말
들을 내가 불로 만들고 이 백성을 나
무로 만들어 그 불이 그들을 삼키게
할 것이다.
15 보라. 이스라엘의 집아, 내가 먼 곳에
서 한 민족을 네게 데려올 것이다. 여
호와의 말이다. 그들은 강하고 오랜
역사를 가진 민족이다. 네가 그들의
언어를 알지 못하고 그들이 무슨 말
을 하는지 네가 알아듣지 못한다.
16 그들의 화살통은 열린 무덤 같고 그
들은 모두 강한 용사다.
17 그들은 네 추수와 네 양식을 먹어 치
우고 네 아들들과 딸들을 먹어 치우
며 네 양 떼와 소 떼를 먹어 치우고
네 포도나무와 무화과나무를 먹어
치울 것이다. 그들은 네가 의지하는
요새화된 성읍들을 칼로 파괴시킬
것이다.
18 그러나 그때도 내가 너희를 완전히
파멸시키지는 않을 것이다. 여호와의
말이다.
19 '왜 우리 하나님 여호와께서 우리에게
이 모든 일을 하셨는가?'라고 너희 백
성이 물을 때 너는 그들에게 이렇게
말하여라. '너희가 나를 저버리고 너
희 땅에서 이방신들을 섬긴 것처럼
너희가 이제 너희 땅이 아닌 곳에서
이방 사람들을 섬길 것이다.'
20 이것을 야곱의 집에 선언하고 유다에
선포하여라.
21 눈이 있어도 보지 못하고 귀가 있어
도 듣지 못하는 어리석고 분별력이
없는 백성아, 이것을 들으라.

22 여호와의 말이다. 너희는 나를 두려
워하지 않느냐? 내 앞에서 너희는 떨
리지 않느냐? 내가 모래를 바다의 경
계로 두었으니 영원한 경계가 돼 바다
가 그것을 넘을 수 없다. 파도가 뛰놀
아도 그것을 이길 수 없고 으르렁거
려도 그것을 넘을 수 없다.
23 그러나 이 백성은 배반하고 완고한
마음을 갖고 있어서 이미 반항하고
떠나가 버렸다.
24 '때를 따라 이른 비와 늦은 비를 주시
고 우리를 위해 추수 시기를 정해 주
시는 우리의 하나님 여호와를 우리가
경외하자'라고 그들은 마음속으로 말
하지 않는다.
25 너희 불법들이 이런 일들을 물리쳤고
너희 죄들이 너희에게서 좋은 것들을
빼앗았다.
26 내 백성 가운데 악한 사람들이 있어
서 그들은 새 잡는 사냥꾼처럼 매복
하고서 덫을 놓아 사람을 잡는구나.
27 새로 가득한 새장처럼 그들의 집은
속임수로 가득하다. 그러므로 그들은
크게 되고 부유해졌고
28 살이 찌고 윤이 났다. 그들은 사악한
행위의 한계를 알지 못했다. 그들은
정의를 실행하지 않고 고아의 권익을
변호하지 않고 가난한 사람들의 권익
을 지키지 않는다.
29 내가 이런 일들에 대해 그들을 처벌
하지 않겠느냐? 여호와의 말이다. 나
자신이 이런 민족에게 복수하지 않겠
느냐?
30 끔찍하고 무서운 일이 이 땅에서 일
어나고 있다.
31 예언자들이 거짓 예언을 하고 제사
장들이 자기 자신의 권위로 다스리
고 내 백성은 그것을 좋아한다. 그러
나 마지막 때에 너희가 어떻게 하려느
냐?"

포위당한 예루살렘

6 "베냐민 자손들아, 예루살렘으로부
터 도피하라! 드고아에서 나팔을
불고 벧학게렘에서 기를 올리라! 재앙
과 커다란 파멸이 북쪽에서 어렴풋하
게 보인다.
2 아름답고 우아한 딸 시온을 내가 멸
망시킬 것이다.
3 목자들이 그들의 양 떼를 몰고 와서
성읍 사방에 천막을 치고 각자가 원
하는 장소에서 양 떼를 먹일 것이다.
4 싸울 준비를 하라! 일어나라. 정오에
공격하자! 아, 낮이 기울고 저녁의 그
림자가 길어지는구나.
5 일어나라. 밤에 공격해서 시온의 성채
들을 파괴시키자!"
6 만군의 여호와께서 이렇게 말씀하셨
다. "나무를 베어 내고 예루살렘에 맞
서 성을 공격할 언덕을 쌓으라. 이 성
읍은 처벌을 받아야 한다. 성읍 안에
압제가 가득하다.
7 우물이 물을 솟구쳐 내듯 그 성읍이
그 악함을 쏟아 낸다. 폭력과 파괴의
소리가 그 안에서 들린다. 질병과 상
처가 내 앞에 계속 있다.
8 예루살렘아, 경고를 받아들이라. 그러

지 않으면 내가 너를 떠나고 너희 땅
을 아무도 살지 않는 황폐한 땅으로
만들 것이다."
9 만군의 여호와께서 이렇게 말씀하셨
다. "그들이 이스라엘의 남은 사람들
을 포도나무처럼 샅샅이 찾아낼 것이
다. 너는 포도를 따는 사람이 포도나
무 가지마다 다시 살펴보는 것처럼 남
은 사람들을 구하여라."
10 내가 누구에게 말하고 경고해 듣게
하겠는가? 그들의 *귀가 막혀서 들을
수 없다. 여호와의 말씀이 그들에게
는 책망이니 그들이 여호와의 말씀을
기뻐하지 않는다.
11 그러므로 나는 여호와의 진노로 가
득해 참기 어렵다. "그 진노를 거리에
있는 어린아이들에게, 또한 함께 모
여 있는 젊은이들에게 쏟아부어라.
남편과 아내 모두가 또 노인과 나이
많은 이가 포함될 것이다.
12 그 땅에 사는 사람들에게 내가 내 손
을 뻗을 때 그들의 집과 그들의 밭과
아내들이 함께 다른 사람들에게 넘어
갈 것이다. 여호와의 말이다.
13 이는 가장 작은 사람들부터 가장 큰
사람들까지 그들 모두가 부당한 소득
을 탐하며, 예언자들부터 제사장들까
지 모두가 거짓을 행하기 때문이다.
14 그들은 내 백성들의 상처를 건성으로
고쳐 주며 평안이 없는데도 '평안하
다, 평안하다'라고 말했다.
15 가증한 일을 한 것을 그들이 부끄러
워했느냐? 그들은 전혀 부끄러워하지
않았다. 그들은 얼굴을 붉히지도 않
았다. 그러므로 그들은 넘어지는 사
람들 가운데서 넘어질 것이다. 내가
그들을 처벌할 때 그들이 거꾸러질
것이다." 여호와께서 말씀하셨다.
16 여호와께서 이렇게 말씀하셨다. "길가
에 서서 보라. 옛길, 곧 선한 길이 어
디에 있는지 묻고 그 길을 걸으라. 그
러면 너희 영혼이 쉴 곳을 찾을 것이
다. 그러나 너희는 '우리가 그 길을 걷
지 않겠다'라고 말했다.
17 내가 너희 위에 파수꾼들을 세우고
말했다. '나팔 소리를 귀 기울여 들으
라!' 그러나 너희는 '우리가 귀 기울여
듣지 않겠다'라고 말했다.
18 그러므로 민족들아, 들으라. 증인들
아, 그들에게 벌어질 일을 보라.
19 땅아, 들으라. 보라. 내가 반드시 이
백성에게 그들의 책략의 열매인 재앙
을 가져올 것이다. 이는 그들이 내 말
에 귀 기울이지 않고 내 율법을 거부
했기 때문이다.
20 시바의 유향이나 먼 곳에서 가져온
향료가 나와 무슨 상관이냐? 너희 번
제물은 받을 만하지 않고 너희 희생
제물은 나를 기쁘게 하지 않는다."
21 그러므로 여호와께서 이렇게 말씀하
셨다. "보라. 내가 이 백성 앞에 거치
는 것을 둘 것이니 아버지들과 아들
들이 함께 그것들에 걸려 넘어질 것
이다. 이웃과 친구가 멸망할 것이다."

6:10 히브리어 사본에는 '귀에 할례를 받지 않아서'(행 7:51을 보라.)

22 여호와께서 이렇게 말씀하셨다. “보
라. 한 민족이 북쪽 땅에서 올 것이
다. 한 큰 민족이 땅끝으로부터 일어
날 것이다.
23 그들은 활과 창을 잡았고 잔인하고
무자비하다. 그들의 소리는 바다가
으르렁거리는 것 같고 그들은 말을
타고 전사처럼 대열을 지어 너를 공격
하려 한다. 딸 시온아.”
24 우리가 그들에 대한 소식을 듣고는
우리의 손이 무력해졌다. 고통이 우리
를 사로잡았으니 아픔이 해산하는 여
인의 아픔 같았다.
25 너희는 들판으로 나가지 말고 길거리
를 걸어 다니지 말라. 원수가 칼을 갖
고 있고 공포가 사방에 있다.
26 내 백성의 딸아, 굵은베 옷을 입고 재
에서 구르라. 외아들을 잃은 것처럼
쓰라린 통곡을 하라. 파괴자가 갑자
기 우리에게 올 것이기 때문이다.
27 “예레미야야, 내가 너를 내 백성 가운
데 시험하는 사람으로 세웠다. 너는
그들의 길을 알고 시험해야 한다.
28 그들은 모두가 완고한 반항자들이며
돌아다니며 비방하는 사람들이다. 그
들은 청동이고 철이며 그들 모두가
타락한 사람들이다.
29 풀무가 세게 불어서 납이 불에 타 없
어져 버리니 제련공이 헛되이 제련한
다. 이처럼 악한 사람들은 제거되지
않는다.
30 그들은 내버려진 은이라 불릴 것이다.
여호와가 그들을 버렸기 때문이다.”

무익한 거짓 종교

7 여호와로부터 예레미야에게 임한
말씀입니다.
2 “너는 여호와의 성전 문에 서서 이 말
씀을 선포하여라. ‘여호와를 경배하러
이 문으로 들어가는 모든 유다 사람
들아, 여호와의 말씀을 들으라.
3 이스라엘의 하나님 만군의 여호와께
서 이렇게 말씀하셨다. 너희 행동과
너희 행위를 바르게 하라. 그러면 내
가 너희를 이곳에 살게 할 것이다.’
4 ‘이것이 여호와의 성전이다. 여호와의
성전이다. 여호와의 성전이다’라고 하
는 거짓말들을 믿지 말라.
5 만약 너희가 참으로 너희 행동과 너
희 행위를 올바르게 하고 이웃 사이
에 참으로 정의를 행한다면,
6 만약 너희가 이방 사람과 고아와 과
부를 억압하지 않으며 이곳에서 죄
없는 피를 흘리지 않는다면, 그리고
너희가 다른 신들을 추종해서 스스
로 재앙을 초래하지 않는다면,
7 그러면 내가 너희를 이곳, 곧 내가 너
희 조상들에게 영원토록 준 이 땅에
서 살게 할 것이다.
8 그러나 보라. 너희가 쓸모없는 거짓된
말들을 믿고 있다.
9 너희가 도둑질하고 살인하고 간음하
고 거짓 맹세하고 바알에게 희생제물
을 태우고 너희가 알지 못하는 다른
신들을 추종하고서
10 내 이름으로 불리는 이 집, 내 앞에
와 서서 이 모든 가증한 일들을 하기

위해 '우리가 구원받았다'고 말하겠느
냐?
11 내 이름으로 불리는 이 집이 너희가
보기에 강도들의 소굴이 됐느냐? 내
가 똑똑히 지켜보고 있다. 여호와의
말이다.
12 너희는 이제 처음으로 내 이름을 둔
실로에 있는 내 거처로 가서 내가 내
백성 이스라엘의 죄악으로 인해 그곳
에 무엇을 했는지 보라.
13 여호와의 말이다. 너희가 이 모든 일
을 했음으로 인해 내가 너희에게 계
속해서 말해도 너희가 듣지 않았으며
내가 너희를 불러도 너희가 대답하지
않았다.
14 그러므로 이제 내 이름으로 불리며
너희가 의지하는 이 집에 그리고 내
가 너희와 너희 조상들에게 준 이곳
에, 내가 실로에 행한 것처럼 행할 것
이다.
15 내가 너희 모든 형제, 곧 에브라임 자
손 모두를 쫓아낸 것처럼 너희를 내
앞에서 쫓아낼 것이다."
16 "그러니 너는 이 백성을 위해 기도하
거나 그들을 위해 부르짖어 구하지
마라. 내게 간구하지 마라. 내가 네
말을 듣지 않을 것이다.
17 그들이 유다의 성읍들과 예루살렘 거
리에서 행하는 것을 너는 보지 못하
느냐?
18 자식들은 나무를 모으고 아버지들은
불을 피우고 여자들은 반죽을 해서,
'하늘의 여왕'을 위해 빵을 만들고 있
다. 그들은 다른 신들에게 전제물을

Q&A | 예언자에게 기도하지 말라니요?

참고 구절 | 렘 7:16

하나님께서 백성을 위한 중보 기도를 하지 말라는(렘 7:16) 무서운 명령을 예레미야에게 하신 이유는 뭘까?
첫째로 유다 백성들의 우상 숭배가 극도에 달했기 때문이었다. 그들은 다른 신들에게 전제물을 바치고 하늘의 여왕을 위하여 빵을 만들었다(렘 7:18). 자녀를 불에 태워 우상에게 바치고(렘 7:31) 바알에게 희생제물을 태우기 위해 전국 곳곳에 헤아릴 수도 없이 많은 제단을 세웠다(렘 11:13).
두 번째 이유는 이렇게 우상을 섬기면서도 자신들의 안전과 구원을 확보하기 위해 형식적이고 위선적인 성전 제사를 유지했기 때문이었다(렘 7:4,10-11).
세 번째로는 지도자들과 유다 백성들이 악을 행하는 것을 두려워하지 않았기 때문이었다. 이방인과 고아, 과부를 억압하고 죄 없는 사람을 죽이고(렘 7:6) 도둑질, 살인, 간음, 거짓 맹세(렘 7:9) 등 사회적인 불의를 일삼았으면서도 죄를 회개하지 않았기 때문이었다(렘 7:26). 그리고 가장 중요한 이유는 그들이 하나님의 말씀을 저버리고 하나님에게서 떠났기 때문이었다(렘 7:28).
이러한 유다의 죄악 때문에 하나님은 유다를 심판하시기로 이미 확정하고 계셨다(렘 6:27-30). 그래서 예레미야가 민족을 위한 기도를 드려도 하나님의 유다를 향한 심판 계획은 변경될 수 없었다.

부어 바쳐 나를 화나게 한다.
19 여호와의 말이다. 그들이 나를 화나
게 하는 것이냐? 그들이 자기 얼굴에
수치를 자초하는 것 아니냐?
20 그러므로 주 여호와 내가 이렇게 말
한다. '보라. 내 진노와 분노를 이곳
에, 사람과 짐승에게, 들판의 나무와
땅 위의 열매에 쏟아부을 것이다. 진
노가 불타 꺼지지 않을 것이다.'"
21 이스라엘의 하나님 만군의 여호와께
서 이렇게 말씀하셨다. "너희 희생제
물에 번제를 더해서 그 고기를 먹으
라!
22 이는 내가 너희 조상들을 이집트 땅
에서 이끌어 내던 날에 그들에게 번
제와 희생제물에 관해서는 말하거나
명령하지 않았기 때문이다.
23 오직 이 명령을 내가 그들에게 했다.
'내 목소리를 들으라. 그러면 *내가 너
희 하나님이 될 것이고 너희는 내 백
성이 될 것이다. 내가 너희에게 명령
한 모든 길로 걸으라. 그러면 너희가
잘될 것이다.'
24 그러나 그들은 순종하지도 않고 귀
기울이지도 않았다. 그들은 오히려
그들의 완고한 꾀와 그들의 악한 마
음을 따랐다. 그들은 떠났고 나아오
지 않았다.
25 너희 조상들이 이집트 땅에서 나온
그날부터 오늘까지 내가 너희에게 내
종 예언자들을 날마다 부지런히 보냈
다.
26 그러나 그들은 내 말을 듣지 않고 귀
를 기울이지도 않았으며 오히려 목을
곧게 세웠다. 그들은 그들의 조상들보
다 더 죄악을 저질렀다.
27 그러므로 네가 이 모든 말들을 그들
에게 말해도 그들은 네 말을 듣지 않
을 것이다. 네가 그들을 불러도 그들
은 네게 대답하지 않을 것이다.
28 그러면 그들에게 이렇게 말하여라.
'이 민족은 그들의 하나님 여호와의
목소리에 순종하지 않고 훈계를 받
아들이지 않는 민족이다. 진리가 사
라져 그들의 입술에서 끊어졌다.
29 너희 머리칼을 잘라 내 던져 버리고
슬픔의 노래를 갖고 벌거벗은 산에
올라가라. 여호와께서 자기의 진노 아
래 있는 이 세대를 거부하고 버리셨
기 때문이다.'"

학살의 골짜기

30 "여호와의 말이다. '유다 자손들이 내
눈앞에서 악을 행했다. 그들이 내 이
름으로 불리는 집에 가증스러운 우
상들을 두어 그곳을 더럽혔다.
31 그들이 힌놈의 아들 골짜기에 도벳 산
당을 짓고 자기 아들들과 딸들을 불
에 태웠다. 이것은 내가 명령하지도
않았고 내 마음에 떠올리지도 않았
던 일이다.
32 여호와의 말이다. 그러므로 보아라.
날이 오리니 그때는 그곳을 '도벳'이나
'힌놈의 아들 골짜기'라고 부르지 않
고 '학살의 골짜기'라고 부를 것이다.
빈자리가 없을 때까지 그들이 도벳에

7:23 출 6:7과 레 26:12을 보라.

매장될 것이다.
33 그러면 이 백성의 시체들이 공중의
새들과 땅의 짐승들의 먹이가 될 것
이고 그것들을 쫓아낼 사람이 아무
도 없을 것이다.
34 내가 유다의 성읍들과 예루살렘의 거
리에서 기뻐하는 소리, 즐거워하는
소리, 신랑의 소리, 신부의 소리를 그
치게 할 것이다. 이는 그 땅이 폐허가
될 것이기 때문이다.'"

8 "여호와의 말이다. '그때에 사람들
이 유다 왕들의 뼈와 유다 관료들
의 뼈, 제사장들의 뼈, 예언자들의
뼈, 예루살렘에 사는 사람들의 뼈를
그들의 무덤에서 꺼낼 것이다.
2 그리고 그들이 사랑하며 숭배하고 추
종하고 문의하고 경배하던 해와 달과
하늘의 모든 별 무리 앞에 그것들을
펼쳐 놓을 것이다. 그리고 그 뼈들은
거두어지지도 않고 묻히지도 않고 다
만 땅 위의 쓰레기 같을 것이다.
3 내가 그들을 추방한 각처에서 이 악
한 족속 가운데 살아남은 사람들이
살기보다는 죽기를 원할 것이다. 만군
의 여호와의 말이다.'

죄와 벌

4 너는 또 그들에게 말하여라. 여호와
께서 이렇게 말씀하셨다. 사람이 넘
어지면 다시 일어나지 않느냐? 사람
이 떠나가면 다시 돌아오지 않느냐?
5 그런데 왜 이 백성들은 떠나가느냐?
예루살렘은 왜 끊임없이 떠나가느냐?
그들은 거짓에 붙잡혀 돌아오기를 거
절한다.
6 내가 귀 기울여 들어 보았지만 그들
은 옳은 것을 말하지 않는다. '내가 무
엇을 했는가?'라고 말하며 자신의 악
함을 후회하는 사람이 아무도 없다.
말이 전쟁터로 돌진하는 것처럼 모든
사람들이 각자 자기 갈 길로 갔다.
7 하늘을 나는 황새도 자기의 정한 시
기를 알고 비둘기와 제비와 두루미도
자기가 올 때를 지키는데 내 백성은
여호와의 법규들을 알지 못하는구나.
8 보라. 서기관들의 거짓된 펜이 여호
와의 율법을 그릇되게 다루고 있는데
'우리는 지혜롭다. 우리에게 여호와의
율법이 있다'라고 어떻게 너희가 말할
수 있느냐?
9 지혜로운 사람들은 수치를 당할 것이
다. 그들이 당황하게 될 것이며 붙잡
히게 될 것이다. 보라. 그들이 여호와
의 말씀을 거부했으니 그들에게 도대
체 무슨 지혜가 있겠느냐?
10 그러므로 내가 그들의 아내들을 다
른 사람들에게, 그들의 밭들을 새 소
유주들에게 넘겨줄 것이다. 가장 작
은 사람들부터 가장 큰 사람들까지
그들 모두가 부정한 소득을 탐하고
예언자들부터 제사장들까지 그들 모
두가 거짓을 행하기 때문이다.
11 그들은 내 백성의 상처를 건성으로
고쳐 주었다. '평안하다, 평안하다'라
고 말하나 평안이 없다.
12 그들이 가증한 일을 할 때 부끄러워
했느냐? 아니다. 그들은 부끄러워하

지 않았다. 그들은 얼굴을 붉히지도
않았다. 그러므로 그들은 넘어지는
사람들 가운데서 넘어질 것이고 내가
그들을 처벌할 때 그들이 거꾸러질
것이다. 여호와의 말이다.
13 여호와의 말이다. '내가 그들의 수확
물을 거두어 갈 것이다. 포도나무에
는 포도가 없고 무화과나무에는 무
화과가 없을 것이며 그 나뭇잎조차
시들어 버릴 것이다. 또 내가 그들에
게 준 것들이 그들에게서 없어질 것
이다.'"
14 "우리가 왜 이렇게 앉아만 있는가? 함
께 모이라. 요새화된 성읍들로 들어
가 거기서 멸망하자. 이는 우리가 여
호와께 죄를 지었기 때문이다. 우리
하나님 여호와께서 우리를 망하게 하
시고 우리에게 독을 탄 물을 마시게
하셨다.
15 우리가 평안을 바랐지만 좋은 것이
오지 않았다. 치유의 때를 바랐지만
보라. 무서운 것만 있었다.
16 대적의 말들의 콧바람 소리가 단에서
부터 들리고 그들의 말들의 울음소리
에 온 땅이 진동한다. 그들이 와서 이
땅과 그 안의 모든 것, 성읍과 거기
사는 사람들을 삼켜 버렸다."
17 "보라. 내가 너희 가운데 뱀들, 곧 술
법으로 통제할 수 없는 독사들을 보
낼 것이다. 그것들이 너희를 물 것이
다. 여호와의 말이다."
18 내 슬픔을 달래려는데 내 마음이 내
안에서 기력을 잃었다.
19 보라. 먼 땅으로부터 내 백성 딸의 울
부짖는 소리가 있다. "여호와께서 시
온에 안 계시는가? 시온의 왕이 그
가운데 계시지 않는가?" "그들이 왜
그들의 조각한 우상들과 이방 우상
들로 내 진노를 일으켰는가?"
20 "추수 때가 지나가고 여름이 끝났지
만 우리는 구원받지 못한다."
21 내 백성의 딸이 상했기 때문에 내가
상했다. 내가 슬퍼하고 놀라움에 사
로잡혀 있다.
22 길르앗에는 향유가 없느냐? 그곳에
는 의사가 없느냐? 그런데 왜 내 백성
의 딸의 상처가 치료되지 않느냐?

9 오, 내 머리가 샘물이 되고 내 눈
이 눈물샘이 될 수 있다면! 그러면
내가 내 백성의 딸의 죽음을 위해 밤
낮으로 울어 댈 텐데.
2 오, 내가 광야에서 여행자들이 머물
곳을 얻을 수만 있다면! 그러면 내가
내 백성을 저버리고 멀리 떠나 버릴
텐데. 이는 그들 모두가 간음한 사람
들이며 반역하는 사람들의 무리이기
때문이다.
3 "그들은 자기의 혀를 활처럼 구부린
다. 그들이 이 땅에서 강한 것은 진리
가 아니라 거짓에 의한 것이다. 그들
이 한 죄에서 또 다른 죄로 나아가니
그들이 나를 인정하지 않는다. 여호와
의 말이다.
4 너희는 각각 친구들을 조심하고 어
떤 형제도 믿지 말라. 형제가 모두 속
이며 친구가 모두 중상모략하며 다닌

다.
5 모든 사람이 친구를 속이고 아무도
진리를 말하지 않는다. 그들은 자기
혀에 거짓말하는 것을 가르치고 죄를
짓느라 피곤하다.
6 *너는 거짓의 한가운데 살고 있다. 그
들은 거짓으로 인해 나를 인정하기를
거절한다. 여호와의 말이다."
7 그러므로 만군의 여호와께서 이렇게
말씀하셨다. "보라. 내가 그들을 금속
을 단련하듯 단련하고 시험할 것이
다. 내 백성의 죄를 내가 어떻게 할 것
인가?
8 그들의 혀는 죽음의 화살이어서 거짓
으로 속인다. 그들이 입으로는 이웃
에게 평안을 말하지만 마음속으로는
해칠 생각을 하고 있다.
9 여호와의 말이다. 이런 일로 인해 내
가 그들을 처벌하지 않겠으며 나 자
신이 이 같은 민족에게 복수하지 않
겠느냐?"
10 내가 산들을 위해 울며 애곡하고 광
야의 초원을 위해 슬퍼할 것이다. 그
것들이 황폐하게 돼서 지나가는 사람
이 아무도 없고 가축 떼의 울음소리
도 들리지 않는다. 공중의 새도, 짐승
도 도망가 사라졌다.
11 "내가 예루살렘을 폐허 더미로, 자칼
의 소굴로 만들 것이다. 내가 유다의
성읍들을 폐허가 되게 해 거주하는
사람이 없게 만들 것이다."
12 이것을 이해할 만한 지혜로운 사람이
누구인가? 여호와의 입이 말씀하신
것을 받아 선포하도록 한 사람이 누
구인가? 왜 이 땅이 파괴돼 광야처럼
황폐해져 지나가는 사람이 아무도 없
게 된 것인가?
13 여호와께서 말씀하셨다. "이는 그들
이 그들 앞에 내가 세워 둔 내 율법을
저버렸기 때문이다. 그들은 내 목소리
에 순종하지도, 그것을 따르지도 않
았다.
14 대신에 그들은 자기들의 마음의 완고
함을 따르고 자기 조상들이 그들에
게 가르친 대로 바알을 따랐다."
15 그러므로 이스라엘의 하나님 만군의
여호와께서 이렇게 말씀하셨다. "보
라. 내가 이 백성들에게 쓴 음식을 먹
이고 독 있는 물을 마시게 할 것이다.
16 내가 또 그들을 자기들이나 자기 조
상들이 알지 못한 민족들 가운데 흩
어 버릴 것이고 내가 그들에게 칼을
보내 그들을 다 없앨 것이다."
17 만군의 여호와께서 이렇게 말씀하셨
다. "너희는 잘 생각해서 애곡하는 여
자들을 불러오라. 능숙한 여자들을
불러오라.
18 그들이 서둘러 와서 우리를 위해 애
곡하게 하라. 그리하여 우리 눈에서
눈물이 흘러내리고 눈꺼풀에서 물이
흐르게 하라.
19 애곡하는 소리가 시온에서 들리는구
나. '우리가 이렇게 망했도다! 우리가
이렇게 큰 수치를 당했도다! 우리의
거처가 폐허가 됐으니 우리가 이 땅

9:6 히브리어 사본에는 단수임. 예레미야를 가리킴.

을 떠날 수밖에 없도다.'"
20 여자들아, 이제 여호와의 말씀을 들
으라. 너희 귀로 그분의 입의 말씀을
받으라. 너희 딸들에게 애곡하는 법
을 가르치고 서로에게 애가를 가르치
라.
21 죽음이 우리 창문을 통해 올라와 우
리 요새에 들어와서 어린아이들을,
거리에서 젊은 사람들을 광장에서 없
애려고 한다.
22 너는 말하여라. "이것은 여호와의 말
씀이다. '사람의 시체들이 들판에 있
는 쓰레기처럼, 추수 후의 곡식 단처
럼 넘어져 있겠지만 거두어 모을 사
람이 아무도 없을 것이다.'"
23 여호와께서 이렇게 말씀하셨다. "지
혜로운 사람은 자기 지혜를 자랑하지
못하게 하고 힘 있는 사람은 자기 힘
을 자랑하지 못하게 하며 부자는 자
기 부를 자랑하지 못하게 하라.
24 자랑하는 사람은 오직 이것을 자랑하
게 하라. 곧 그가 나를 깨달아 내가
이 땅에 인애와 정의와 의로움을 행
하는 여호와임을 아는 것을 자랑하게
하라. 이것들을 내가 기뻐한다. 여호
와의 말이다.
25 여호와의 말이다. 보라. 그날이 오고
있다. 내가 몸에만 할례를 받은 사람
을 모두 처벌할 것이다.
26 이집트, 유다, 에돔, 암몬의 자손, 모압
그리고 멀리 광야에 사는 모든 사람
들을 처벌할 것이다. 이는 이 모든 민
족들이 할례 받지 못했고 이스라엘의
온 집 또한 마음에 할례를 받지 못했
기 때문이다."

하나님과 우상들

10 이스라엘의 집아, 여호와께서
너희에게 하시는 말씀을 들으
라.
2 여호와께서 이렇게 말씀하셨다. "민
족들의 길을 배우지 말고 하늘의 표
적들을 두려워하지 말라. 민족들은
하늘의 표적들을 두려워한다.
3 이 민족들의 풍습은 헛된 것이다. 사
람들이 숲에서 나무를 베어다가 공예
가가 도끼로 그것에 모양을 만든다.
4 그들이 그것을 금과 은으로 장식하고
못과 망치로 고정시켜서 흔들거리지
않게 한다.
5 그들의 우상들은 참외밭의 허수아비
같아서 말할 수 없다. 그것들은 걷지
못하기 때문에 들어 날라야만 한다.
그것들을 두려워 말라. 그것들은 해
를 끼칠 수도, 유익을 줄 수도 없다."
6 여호와여, 주와 같은 분은 없습니다.
주는 위대하시며 주의 이름은 권능
이 크십니다.
7 민족들의 왕이여, 누가 주를 경외하
지 않겠습니까? 이것은 주께 당연한
것입니다. 민족들 가운데도, 모든 지
혜로운 사람들 가운데도, 모든 나라
가운데도 주와 같은 분은 없습니다.
8 그들은 모두 분별력이 없고 어리석습
니다. 나무로 만든 헛된 우상에게서
가르침을 받습니다.
9 은은 다시스에서, 금은 우바스에서 가

져와서 공예가와 세공장이가 만들고
보라색과 자주색으로 옷을 입혔으니
모든 것이 능숙한 장인들이 만든 것
입니다.
10 그러나 여호와는 참하나님이십니다.
그분은 살아 계신 하나님이며 영원한
왕이십니다. 그분이 진노할 때 땅이
흔들리고 그분의 진노를 민족들이 견
뎌 낼 수 없습니다.
11 *"너희는 그들에게 이같이 말하라.
'하늘과 땅을 만들지 않은 신들은 땅
에서 그리고 하늘 아래서 멸망할 것
이다.'"
12 그러나 하나님께서는 그분의 권능으
로 땅을 만드셨고 그분의 지혜로 세
계를 세우셨으며 그분의 분별력으로
하늘을 펼치셨습니다.
13 하나님께서 목소리를 내실 때 하늘에
많은 물이 생깁니다. 또 하나님께서
안개를 땅끝에서 올라오게 하시고 비
를 내리시기 위해 번개를 만드시며
그분의 창고에서 바람을 내보내 주십
니다.
14 모든 사람이 분별력이 없고 지식이
없고 세공장이들 모두가 그의 우상들
로 수치를 당합니다. 그들이 부어 만
든 우상들은 헛것이며 그것들 안에
는 호흡이 없습니다.
15 그것들은 쓸모가 없고 조롱거리일 뿐
입니다. 여호와께서 벌하실 때 그것들
은 망할 것입니다.
16 *야곱의 몫은 그것들과 같지 않습니
다. 이는 그분이 그분의 소유로 삼으
신 이스라엘을 포함해 모든 것을 만

10:11 11절은 아람어로 기록돼 있음. 10:16 하나님의 직함을 가리킴.

Q&A 하나님은 왜 그렇게 우상 숭배를 미워하실까?

참고 구절 | 렘 10장

오직 하나님만이 지혜자이시며 전능자이시고 (렘 10:6,12) 우상은 생명력이 없는 헛된 것임 (렘 10:3-5,14-15)을 알아야 한다. 왜 하나님은 우상 숭배를 그렇게도 미워하시며 계속적으로 우상 숭배를 했던 이스라엘에게 벌을 내리셨던 것일까?

그 이유는 우상 종교의 도덕적, 종교적, 사회적인 타락 때문이었다. 우상을 섬기는 사람들은 그들의 자녀들을 불로 태워 번제물로 바쳤다 (렘 19:5). 또한 풍요와 다산을 빌며 남녀 간의 음란한 성행위를 수반하기도 했다.

이처럼 우상 종교의 제의는 그 자체가 도덕적, 사회적인 타락을 가져오는데도 이러한 죄악들에 대해 무감각하게 만든다. 어떤 방식으로든 복만 받으면 그만이라고 생각하게 한다. 자기들의 이익을 위해서라면 사기와 거짓, 살인을 하더라도 생명력과 도덕성이 없는 우상 종교는 그것을 책망하지 않는다.

하나님이 우상 숭배를 미워하시는 가장 큰 이유는 우상을 섬기는 것 자체가 구원자이시자 창조주이신 하나님을 거부하는 죄를 범하는 것이기 때문이다. 하나님은 십계명에서 우상을 섬기지 말라고 엄하게 명령하셨다(출 20:3-5). 우상 숭배는 하나님의 존재 자체를 무시하고 부인하는 것으로 모든 죄 중에서 가장 근본적이고 가장 악한 죄이기 때문이다.

드신 분이기 때문입니다. 그분의 이
름은 만군의 여호와이십니다.

다가오는 멸망

17 포위당한 상태에서 살고 있는 사람이
여! 네 짐을 주워 모으고 이 땅을 떠
나라.
18 여호와께서 이렇게 말씀하셨다. "보
라. 이번에는 내가 이 땅에 사는 사람
들을 내던질 것이다. 그들에게 재난
을 가져와 그들이 고통을 겪도록 할
것이다."
19 내 상처로 인해 내게 화가 있도다! 내
상처가 심하구나! 그러나 내가 나 자
신에게 말했다. "이것은 내 고난이니
내가 견뎌 내야만 한다."
20 내 천막이 부서졌고 내 밧줄이 모두
끊어졌다. 내 *자녀들이 내 곁을 떠나
가고 더 이상 있지 않으니 내 천막을
쳐 줄 사람이, 내 숙소를 세울 사람
이 아무도 없다.
21 목자들은 분별력이 없고 여호와께 질
문하지 않는다. 그러므로 그들이 번
성하지 못하고 그들의 모든 양 떼가
흩어질 것이다.
22 보라. 소식이 오고 있다. 큰 소동이
북쪽 땅에서 오고 있다! 그것은 유다
의 성읍들을 폐허로, 자칼의 소굴로
만들 것이다.

예레미야의 기도

23 여호와여, 사람의 길이 자기에게 있지
않음을, 또 발걸음이 향하는 것이 걷
는 사람에게 있지 않음을 제가 압니
다.
24 여호와여, 저를 훈계하시되 오직 정의
로 하시고 주의 진노 가운데 하지 말
아 주십시오. 주께서 저를 사라지게
하실까 두렵습니다.
25 주를 인정하지 않는 민족들에게, 주
의 이름을 부르지 않는 족속들에게
주의 진노를 쏟아부으십시오. 이는
그들이 야곱을 집어삼켰기 때문입니
다. 그들이 야곱을 완전히 집어삼켰
고 야곱의 거주지를 황폐케 했습니다.

언약이 깨지다

11 여호와께서 예레미야에게 하신
말씀이다.
2 "이 언약의 말을 듣고 유다 백성과 예
루살렘에 사는 사람들에게 말해 주어
라.
3 그들에게 말하여라. 이스라엘의 하
나님 여호와께서 이렇게 말씀하셨다.
'이 언약의 말씀에 순종하지 않는 사
람은 저주를 받을 것이다.
4 내가 너희 조상들을 이집트 땅에서,
저 철을 녹이는 용광로에서 이끌어
낼 때 그들에게 이렇게 명령했다.' 내
가 말했다. '내 목소리에 순종하고 내
가 너희에게 명령하는 모든 것을 행
하라. 그러면 너희는 내 백성들이 되
고 나는 너희의 하나님이 될 것이다.
5 그러고 나서 젖과 꿀이 흐르는 땅을
너희 조상들에게 주리라고 내가 너희
조상들에게 맹세한 서약을 이룰 것이
다. 그 땅을 오늘날 너희가 소유하고
있다.'" 내가 대답했다. "아멘, 여호와

10:20 유다와 예루살렘 백성을 가리킴.

여!"
6 또 여호와께서 내게 말씀하셨다. "유
다의 성읍들과 예루살렘 거리에서 이
모든 말을 선포하여라. '이 언약의 말
씀을 듣고 행하라.
7 내가 너희 조상들을 이집트 땅에서
이끌어 내던 날부터 오늘까지 내가
그들에게 내 목소리에 순종하라고 거
듭 경고했다.
8 그러나 그들은 순종하지 않았고 귀를
기울이지도 않았다. 오히려 모두가 각
자 자기들의 악한 마음의 완고함을
따랐다. 그래서 내가 그들에게 지키라
고 명령한 이 언약의 모든 말씀을 그
들은 행하지 않았다.'"
9 여호와께서 내게 말씀하셨다. "유다
백성들과 예루살렘에 사는 사람들 사
이에 음모가 있다.
10 내 말에 순종하기를 거부하던 자기
조상들의 죄악으로 그들이 되돌아갔
다. 그들이 다른 신들을 추종해 그들
을 섬겼다. 이스라엘의 집과 유다의
집 둘 다 내가 그들의 조상들과 맺은
언약을 깨 버렸다.
11 그러므로 여호와가 이렇게 말한다.
'보라. 내가 그들이 피할 수 없는 재앙
을 내릴 것이다. 그들이 내게 부르짖
어도 내가 듣지 않을 것이다.
12 유다의 성읍들과 예루살렘에 사는 사
람들은 자신들이 희생제물을 태우던
신들에게로 가서 부르짖을 것이다. 그
러나 그것들은 재앙의 때에 그들을
전혀 구원하지 못할 것이다.
13 유다여, 네 성읍들의 수만큼 네게 신
들이 있도다. 네가 저 수치스러운 것,
곧 바알에게 희생제물을 태우려고 세
운 제단들이 예루살렘 거리들의 수만
큼이나 많도다.'
14 그러므로 너는 이 백성을 위해서 기
도하거나, 그들을 위해서 부르짖거나,
간구하지 마라. 이는 그들의 재앙의
때에 그들이 내게 부르짖어도 내가
듣지 않을 것이기 때문이다.
15 내 사랑하는 자가 많은 악한 행위를
했으니 내 집에서 무엇을 할 것인가?
희생제물이 너를 처벌로부터 면하게
할 수 있겠느냐? 너는 악을 행하고는
즐거워하는구나.
16 여호와께서 너를 아름답고 좋은 열매
를 맺는 푸른 올리브 나무라고 부르
셨다. 그러나 강한 폭풍 같은 소리로
여호와께서 그것을 불사르고 그 가지
들을 부러뜨릴 것이다.
17 너를 심으신 만군의 여호와께서 이스
라엘의 집과 유다의 집이 지은 죄악으
로 인해, 또한 그들이 바알에게 희생
제물을 태움으로써 여호와를 진노케
했기 때문에 네게 재앙을 선포하셨
다."

예레미야에 대한 음모

18 여호와께서 내게 알려 주셨기에 내가
그것을 알았다. 여호와께서 그들의 행
위를 내게 보여 주셨다.
19 나는 도살장으로 끌려가는 순한 어
린양 같았고 '우리가 그 나무와 그 열
매를 함께 없애자. 생명의 땅에서 그

를 잘라 버리자. 그래서 그의 이름이
더 이상 기억되지 못하게 하자' 하면
서 그들이 내게 음모를 꾸미고 있는
지 알지 못했다.
20 그러나 오 만군의 여호와여, 의롭게
심판하시고 생각과 마음을 시험하시
는 주여, 제가 주께 저의 사정을 아뢰
었으니 주께서 그들에게 복수하시는
것을 제가 보게 해 주십시오.
21 "그러므로 네 목숨을 찾는 아나돗 사
람들에 대해 여호와가 이렇게 말한
다. 너희가 '여호와의 이름으로 예언
하지 말라. 그러지 않으면 네가 우리
손에 죽을 것이다'라고 했다.
22 그러므로 만군의 여호와가 이렇게 말
한다. '보라. 내가 아나돗 사람들을 처
벌할 것이다. 젊은이들은 칼에 죽을
것이고 그들의 아들들과 딸들은 기근
으로 죽을 것이니
23 그들 가운데 남은 자가 없을 것이다.
이는 그들을 처벌할 때 내가 아나돗
사람들 위에 재앙을 내릴 것이기 때
문이다.'"

예레미야의 불평

12 여호와여, 제가 주와 변론할
때, 주께서는 의로우십니다. 그
러나 제가 주의 정의에 관해 이야기
하고자 합니다. 악한 사람의 길이 왜
번성합니까? 믿음 없는 사람들이 왜
안락하게 삽니까?
2 주께서 그들을 심으셔서 그들이 뿌리
를 내리고 자라 열매를 맺습니다. 그
들의 입술은 주께 가까이 있지만 그
들의 마음은 주께 멀리 떠나 있습니
다.
3 그러나 여호와여, 주께서 저를 아시고
저를 보시며 제 마음이 주와 함께 있
음을 시험해 알고 계십니다. 그들을
도살할 양들처럼 끌어내시고 도살할
날을 위해 그들을 따로 떼어 놓으십
시오.
4 언제까지 이 땅이 슬퍼하며 들판마다
풀이 마르겠습니까? 동물들도, 새들
도 사라졌으니 이는 그곳에 사는 사
람들이 악하기 때문입니다. 그 사람
들은 "그가 우리의 종말을 보지 못할
것이다"라고 말합니다.

하나님의 대답

5 "만약 네가 발로 사람들과 함께 달렸
는데 그들이 너를 지치게 했다면 네
가 어떻게 말들과 경주할 수 있느냐?
만약 네가 평안한 땅에서 비틀거려
넘어진다면 요단 강변의 수풀에서는
어떻게 하겠느냐?
6 네 형제들과 네 아버지의 집조차도,
그들조차도 너를 배신했다. 그들이
너를 반대해 큰소리를 냈다. 그들이
네게 좋은 말들을 해도 그들을 믿지
마라.
7 내가 내 집을 버렸고 내 소유로 택한
백성을 포기했다. 내가 깊이 사랑하
는 사람을 원수들의 손에 넘겨주었
다.
8 내 소유로 택한 백성이 내게 숲 속의
사자처럼 돼 내게 으르렁거린다. 그러
므로 내가 그들을 미워한다.

9 내 소유로 택한 백성이 내게 반점이
있는 매처럼 됐느냐? 다른 매들이 그
것 주위를 둘러싸고 있느냐? 너희는
가서 들판의 모든 짐승들을 모아 와
서 그들을 집어삼키게 하라.
10 많은 목자들이 내 포도밭을 망치고
내 밭을 발로 짓밟을 것이다. 그들은
내가 기뻐하는 밭을 황량한 황무지
로 만들 것이다.
11 그들이 그것을 황무지로 만들었으니
황무지, 곧 그것이 내게 애곡한다. 그
것에 관심을 가진 사람이 아무도 없
기 때문에 그 온 땅이 황폐하게 될 것
이다.
12 광야의 벌거벗은 모든 언덕 위에 파
괴자들이 이르렀고 여호와의 칼이 그
땅 한 끝에서 다른 끝까지 집어삼킬
것이다. 어느 누구도 안전하지 않을
것이다.
13 그들이 밀을 심어도 가시를 거둘 것
이고 지치도록 일을 해도 얻는 것이
없을 것이다. 그러므로 여호와의 맹렬
한 분노로 인해 네가 추수한 것으로
수치를 당할 것이다."
14 여호와께서 이렇게 말씀하셨다. "보
라. 내 백성 이스라엘에게 내가 유산
으로 준 땅에 손을 대는 내 모든 악
한 이웃들에 대해서 내가 그들을 그
땅에서 뽑고 유다의 집을 그들 가운
데서 뽑아내리라.
15 그러나 그들을 뽑은 뒤에 내가 그들
을 다시 불쌍히 여기고 그들 각각을
자기의 고향과 자기의 땅으로 데려갈
것이다.
16 만약 그들이 내 백성의 길을 부지런
히 배워 그들이 내 백성에게 바알로
맹세하라고 가르친 것처럼 '여호와께
서 살아 계신 것같이'라고 말하며 내
이름으로 맹세한다면 그들이 내 백성
가운데 세워질 것이다.
17 그러나 만약 그들이 순종하지 않으면
내가 그 민족을 완전히 뿌리 뽑아 멸
망시킬 것이다. 여호와의 말이다."

베 허리띠

13 여호와께서 내게 이렇게 말씀
하셨다. "너는 가서 베 허리띠
를 사서 네 허리에 두르고 물에 넣지
마라."
2 그래서 나는 여호와의 말씀을 따라
허리띠를 사서 내 허리에 둘렀다.
3 그러고 나서 여호와의 말씀이 내게
다시 임해 말씀하셨다.
4 "네가 사서 네 허리에 두르고 있는 허
리띠를 취하여라. 그리고 일어나 유
프라테스로 가서 그곳 바위틈 사이에
그것을 숨겨라."
5 나는 여호와께서 내게 명령하신 대로
가서 유프라테스 강 가에 그것을 숨
겼다.
6 여러 날 후 여호와께서 내게 말씀하
셨다. "일어나 유프라테스로 가서 내
가 네게 그곳에 숨겨 두라고 명령했
던 허리띠를 그곳에서 가져와라."
7 그래서 내가 유프라테스로 가서 허리
띠를 숨겼던 곳을 파내 허리띠를 찾
았다. 그러나 이제 그 허리띠는 썩어

서 완전히 쓸모없게 됐다.
8 그때 여호와의 말씀이 내게 임해 말
씀하셨다.
9 "여호와가 이렇게 말한다. '이와 마찬
가지로 내가 유다의 교만과 예루살렘
의 큰 교만을 썩게 할 것이다.
10 이 악한 백성이 내 말 듣기를 거부하
고 자기들의 마음의 완고함을 따르며
다른 신들을 추종해 그것들을 섬기
고 경배했으니 그들이 완전히 쓸모없
게 된 허리띠와 같이 될 것이다.'
11 여호와의 말이다. '허리띠가 사람의 허
리에 붙어 있는 것처럼 내가 이스라엘
의 집 모두와 유다의 집 모두를 내게
붙어 있게 해서 내 이름과 칭찬과 영
광을 위해 내 백성이 되게 하려 했다.
그러나 그들이 듣지 않았다.'"

포도주 가죽 부대

12 "그러므로 너는 그들에게 이 말을 하
여라. '이스라엘의 하나님 여호와께서
이렇게 말씀하셨다. 모든 병이 포도
주로 가득 찰 것이다.' 그러면 '모든 병
이 포도주로 가득 찰 것을 우리가 어
찌 모르겠는가?'라고 그들이 네게 말
할 것이다.
13 그때 너는 그들에게 말하여라. '여호
와께서 이렇게 말씀하셨다. 보라. 내
가 이 땅에 사는 모든 사람들과 다윗
의 보좌에 앉아 있는 왕들과 제사장
들과 예언자들과 예루살렘에 사는 사
람들을 모두 잔뜩 취하게 할 것이다.
14 내가 그들을 서로 충돌하게 할 것이
니 아버지와 아들조차도 서로 충돌하
게 할 것이다. 내가 그들에게 인정을
베풀지도 않으며 불쌍히 여기지도 않
으며 긍휼히 여기지도 않고 오히려 그
들을 멸망시킬 것이다.' 여호와의 말이
다."

포로의 위협

15 듣고 귀 기울이라. 교만하지 말라. 여
호와께서 말씀하셨다.
16 너희 하나님 여호와께서 흑암을 가져
오시기 전에, 너희 발이 어두운 산 위
에서 걸려 넘어지기 전에, 그분께 영
광을 돌리라. 너희가 빛을 바랄 때 그
분은 빛을 죽음의 그림자로 바꾸시고
짙은 어둠이 되게 하실 것이다.
17 그러나 너희가 그분의 말을 듣지 않
으면 내 영혼이 너희의 교만함 때문
에 은밀히 울 것이다. 여호와의 양 떼
가 포로로 잡혀갔기 때문에 내 눈이
몹시 슬퍼해 눈물을 흘릴 것이다.
18 왕과 그의 어머니에게 말하라. "낮은
곳으로 내려와 앉으라. 이는 너희의
영광스러운 왕관이 너희의 머리에서
떨어질 것이기 때문이다."
19 남쪽의 성읍들은 철저히 닫힐 것이고
그것들을 열 사람이 없을 것이다. 온
유다가 포로로 끌려가되 완전히 끌려
갈 것이다.
20 너희는 눈을 들어 북쪽에서 오는 사
람들을 보라. 네게 주어진 양 떼, 네
아름다운 양 떼가 어디에 있느냐?
21 여호와께서 네가 가르쳤던 사람들을
네 위에 우두머리로 임명한다면 네가
무슨 말을 하겠느냐? 해산하는 여인

처럼 고통이 너희를 사로잡지 않겠느
냐?
22 너는 마음속으로 "이런 일이 왜 내게
일어났을까?"라고 말할 것이다. 이 모
든 것은 네 죄악이 많아서 네 치마가
벗겨졌고 네 발꿈치가 상처를 입게
된 것이다.
23 에티오피아 사람들이 자기 피부색을
바꿀 수 있느냐? 표범이 자기 몸의
반점을 바꿀 수 있느냐? 그렇다면 악
한 짓에 익숙한 너희도 선을 행할 수
있을 것이다.
24 "광야 바람에 날아가는 겨처럼 내가
그들을 흩어지게 할 것이다.
25 이것이 네 몫이며 내가 네게 할당한
양이다. 여호와의 말이다. 이것은 네
가 나를 잊고 거짓 신들을 믿었기 때
문이다.
26 내가 네 치마를 얼굴까지 들어 올려
네 수치가 드러나게 할 것이다.
27 네가 간음한 것과 네 욕정의 소리와
네 수치스러운 음란한 짓과 들판의
언덕 위에서 저지른 네 가증스러운
행동을 내가 보았다. 예루살렘아, 네
게 화 있으리라! 얼마나 지나야 네가
깨끗해지겠느냐?"

가뭄, 기근, 칼

14 가뭄에 관해 예레미야에게 임
한 여호와의 말이다.
2 "유다가 슬퍼하고 그 성문들이 곤비
해 그 땅을 두고 통곡하며 예루살렘
의 부르짖음이 위로 올라간다.
3 귀족들이 물을 구하러 하인들을 보
내고 하인들이 우물에 가지만 물을
찾지 못한다. 그들이 빈 항아리로 돌
아오니 부끄럽고 당황해 그들의 머리
를 가린다.
4 그 땅에 비가 없어서 땅이 갈라지기
때문에 농부들이 부끄러워해 그들의
머리를 가린다.
5 풀이 없기 때문에 들판의 암사슴조
차도 새끼를 낳아서 내버린다.
6 들나귀들이 벌거벗은 언덕 위에 서서
자칼처럼 숨을 헐떡인다. 그들의 눈이
희미해졌는데 그 이유는 풀이 없기
때문이다."
7 여호와여, 우리 죄악이 우리에 대해
증거할지라도 주의 이름을 위해서라
도 무엇인가 해 주십시오. 우리의 타
락이 크고 우리가 주께 죄를 지었습
니다.
8 이스라엘의 소망이시여, 고난의 때에
구원하는 분이시여, 왜 주께서는 이
땅에서 이방 사람처럼, 하룻밤 지내
는 여행객처럼 행하십니까?
9 왜 주께서는 깜짝 놀란 사람처럼, 구
원할 힘이 없는 용사처럼 되셨습니
까? 그러나 여호와여, 주께서 우리 가
운데 계시고 우리가 주의 이름으로
불리니 우리를 떠나지 마십시오!
10 이 백성들에게 여호와께서 이렇게 말
씀하셨다. "그들은 방랑하기를 좋아
해서 자기의 발을 억제하지 않았다.
그러므로 여호와가 이제 그들을 즐거
이 받아들이지 않는다. 내가 그들의
죄악을 기억하고 그들의 죄를 처벌할

것이다."
11 그리고 여호와께서 내게 말씀하셨다.
"이 백성이 잘되게 해 달라고 기도하
지 마라.
12 그들이 금식하더라도 내가 그들의 부
르짖음을 듣지 않을 것이다. 그들이
번제와 곡식제사를 드려도 내가 받지
않을 것이다. 오히려 칼과 기근과 전
염병으로 내가 그들을 멸망시킬 것이
다."
13 그때 내가 말했다. "주 여호와여! 보소
서. 예언자들이 그들에게 '너희가 칼
을 보지 않을 것이다. 너희에게 기근
도 없을 것이다. 내가 너희에게 확실
한 평안을 줄 것이다'라고 말합니다."
14 그러자 여호와께서 내게 말씀하셨다.
"예언자들이 내 이름으로 거짓 예언
을 한다. 내가 그들을 보내지 않았고
그들을 임명하지도 않았고 그들에게
말하지도 않았다. 그들이 너희에게 거
짓 환상과 *점술과 헛된 것과 그들 마
음속에 있는 망상을 예언하고 있다.
15 그러므로 내 이름으로 예언하는 예언
자들에 대해 나 여호와가 이렇게 말
한다. 내가 그들을 보내지 않았는데
도 그들이 '칼이나 기근이 이 땅에 있
지 않을 것이다'라고 말한다. 그러니
그 예언자들이 칼과 기근으로 멸망할
것이다.
16 그리고 그들이 예언해 주는 백성은
기근과 칼로 인해 예루살렘의 길거리
로 내던져질 것이다. 그들이나 그들의
아내들이나 그들의 아들들이나 그들
의 딸들을 묻어 줄 사람이 아무도 없
을 것이다. 내가 그들의 죄악을 그들
위에 쏟을 것이다.
17 너는 그들에게 이 말을 전하여라. '내
눈에 눈물이 흘러내려 밤낮으로 끊
이지 않게 하라. 내 백성의 처녀 딸이
큰 상처를, 매우 심한 상처를 입었기
때문이다.
18 내가 들판에 나가면 칼로 죽은 사람
들을 보고 내가 성읍에 들어가면 기
근의 참혹한 피해를 본다. 예언자도,
제사장도 모두 그들이 알지 못하는
땅에서 돌아다닌다.'"
19 주께서는 유다를 완전히 버리셨습니
까? 주의 영혼이 시온을 몹시 싫어합
니까? 주께서는 왜 우리를 치시고 우
리를 치료하지 않으십니까? 우리가
평안을 바랐지만 좋은 것이 오지 않
았습니다. 보소서. 치료의 때를 바랐
지만 두려움만 있습니다.
20 여호와여, 우리가 우리 사악함을, 우
리 조상들의 죄악을 인정합니다. 우
리가 분명 주께 죄를 지었습니다.
21 그러나 주의 이름을 위해서라도 우리
를 미워하지 마십시오. 주의 영광의
보좌를 욕되게 하지 마십시오. 우리
와 맺은 주의 언약을 기억하시고 깨
뜨리지 마십시오.
22 여러 민족들의 우상들 가운데 비를
내릴 우상이 있습니까, 아니면 하늘
이 소나기를 내릴 수 있습니까? 우리
의 하나님 여호와여, 그런 분은 주가

14:14 또는 우상 숭배

아닙니까? 그러므로 우리가 주를 바
랍니다. 주께서 이 모든 것을 하시기
때문입니다.

15 그때 여호와께서 내게 말씀하
셨다. "모세와 사무엘이 내 앞
에 섰다고 하더라도 내 마음은 이 백
성들에게 향하지 않을 것이다. 그들
을 내 앞에서 쫓아낼 것이다.
2 그리고 그들이 네게 '우리가 어디로
가야 합니까?'라고 묻는다면 그들에
게 말하여라. '여호와께서 이렇게 말
씀하셨다. 죽을 사람들은 죽음으로
향하고, 칼을 맞을 사람들은 칼로 향
하고, 기근을 당할 사람들은 기근으
로 향하고, 포로가 될 사람들은 포로
됨으로 향하라.'"
3 "여호와의 말이다. 내가 그들에게 네
종류의 멸망시키는 것들을 보낼 것이
다. 죽이는 칼과 끌어가는 개들과 삼
키고 황폐하게 할 공중의 새들과 땅
의 짐승들이다.
4 유다 왕 히스기야의 아들 므낫세가 예
루살렘에서 한 짓으로 인해서 내가
그들을 세상 모든 나라들에게 공포
의 대상이 되게 할 것이다.
5 예루살렘아, 누가 네게 인정을 베풀겠
느냐? 누가 너를 위해 슬퍼하겠느냐?
누가 네 안녕을 묻기 위해 발길을 멈
추겠느냐?
6 여호와의 말이다. 네가 나를 버렸고
계속 타락했다. 그래서 내가 내 손을
네게 뻗어 너를 멸망시킬 것이다. 나
는 가엾게 여기는 것에 지쳤다.
7 내가 그 땅 성문에서 키질해 그들을
골라낼 것이다. 내가 그들에게서 자
식들을 빼앗아 가고 내 백성을 멸망
시킬 것이다. 이는 그들이 자기들의
행동을 돌이키지 않았기 때문이다.
8 내가 그들의 과부들을 바다의 모래보
다 더 많게 할 것이다. 정오에 내가 젊
은 사람들의 어머니들에게로 파괴자
를 데리고 와서 갑자기 그들에게 고

하용조 목사의 행복한 메시지

현대인의 불안

현대인의 마음속에는 불안과 두려움이 깊이 자리 잡고 있습니다. 그로 인해 신경 쇠약, 불면증, 협심증과 같은 신경 질환에 시달리는 사람들이 점점 늘고 있습니다. 불안과 두려움은 현대인의 무서운 적입니다. 불안과 두려움은 구체적인 대상에 의해 생기지만 전혀 대상이 없는데도 생길 때가 있습니다. 불안과 두려움이 지나치면 공포감에 사로잡히고 심한 경우에는 정신 착란을 일으키기도 합니다.

믿음은 두려움을 쫓아냅니다. 믿음은 두려움과 상반되기 때문입니다. 그러나 믿음이 연약한 그리스도인에게는 이 두 가지가 공존합니다. 그들은 믿는다고 하면서 불안해하고 두려워합니다. 진정한 그리스도인에게는 믿음과 두려움이 공존하지 않습니다. 그들은 믿음 안에서 확신과 용기로 두려움을 내쫓기 때문입니다.

통과 공포를 가져다줄 것이다.
9 일곱 자식을 낳은 어머니가 기력을
잃고 그녀의 마지막 숨을 쉬게 될 것
이다. 아직 낮인데도 그녀의 해가 져
서 그녀가 수치를 당하고 창피를 당
하게 될 것이다. 그들의 남은 사람들
을 내가 그들의 대적들 앞에서 칼에
넘겨줄 것이다. 여호와의 말이다."
10 내게 화가 있도다. 내 어머니여, 어머
니께서 나를 온 땅과 싸우고 다툴 사
람으로 낳으셨도다! 내가 빌려 주지
도, 빌리지도 않았건만 모두가 나를
저주하는구나.
11 여호와께서 말씀하셨다. "내가 너를
반드시 선의로 구원할 것이다. 내가
반드시 재앙의 때에, 고난의 때에 네
대적들로 하여금 네게 간구하게 할
것이다.
12 철, 곧 북쪽에서 오는 철 또는 청동
을 깨뜨릴 수 있는 사람이 있느냐?
13 네 땅 전역에 퍼져 있는 네 모든 죄로
인해 내가 네 재산과 네 보물들을 약
탈물로 대가 없이 줄 것이다.
14 *네가 알지 못하는 땅에서 내가 너로
하여금 네 대적을 섬기게 할 것이다.
이는 내 진노에 불이 붙어 너희를 사
를 것이기 때문이다."
15 여호와여, 주께서 아시오니 저를 기억
하시고 저를 돌보아 주십시오. 저를
위해 저를 핍박하는 사람들에게 복
수해 주십시오. 주께서는 오래 참는
분이시니 저를 떠나가게 하지 마십시
오. 주를 위해 제가 치욕을 당하는
것을 생각해 주십시오.
16 주의 말씀을 찾아 제가 먹으니 주의
말씀이 제게 기쁨이었고 제 마음의
즐거움이었습니다. 만군의 하나님 여
호와여, 이는 제가 주의 이름으로 불
리기 때문입니다.
17 제가 조롱하는 사람들의 무리 가운
데 앉지 않았고 즐거워하지도 않았습
니다. 주의 손으로 인해 제가 홀로 앉
았습니다. 이는 주께서 분노로 저를
채우셨기 때문입니다.
18 왜 제 고통은 계속되고, 왜 제 상처는
중하고 치료될 수 없습니까? 주께서
는 제게 물이 없는 샘처럼 속이는 시
내가 되시렵니까?
19 여호와께서 이렇게 말씀하셨다. "만
약 네가 돌아온다면 내가 너를 다시
데려오리니 네가 내 앞에 설 것이다.
만약 네가 쓸모없는 것에서 소중한
것을 골라내면 너는 내 입처럼 될 것
이다. 그들이 네게 돌아오게 하고 너
는 그들에게 돌아가지 마라.
20 내가 너를 이 백성에게 견고한 청동
성벽이 되게 할 것이다. 그들이 너와
싸우겠지만 너를 이기지 못할 것이
다. 이는 내가 너와 함께 있어 너를
구해서 건져 낼 것이기 때문이다. 여
호와의 말이다.
21 내가 너를 악한 사람들의 손에서 구
해 내고 너를 잔인한 사람들의 손에

15:14 일부 히브리어 사본과 칠십인역과 시리아어역을 따름(렘 17:4을 보라). 대부분의 히브리어 사본에는 '내가 네 대적으로 하여금 너를 네가 알지 못하는 땅으로 끌고 가게 할 것이다.'

서 되찾아 올 것이다."

재앙의 날

16 여호와의 말씀이 내게 임해 말
씀하셨다.
2 "네가 이곳에서는 아내를 얻거나 아
들들이나 딸들을 낳지 마라."
3 이곳에서 낳은 아들들과 딸들과 그
들을 낳은 어머니들과 이 땅에서 그
들을 낳은 아버지들에 대해서 여호와
께서 이렇게 말씀하셨다.
4 "그들은 치명적인 질병으로 죽을 것
이다. 아무도 그들을 위해 통곡하지
도 않고 그들을 묻어 주지도 않을 것
이며 그들은 다만 땅 위의 쓰레기 같
을 것이다. 그들이 칼과 기근으로 멸
망하게 될 것이고 그들의 시체는 공
중의 새들과 땅의 짐승들의 먹이가
될 것이다."
5 여호와께서 이렇게 말씀하셨다. "초상
집에 들어가지 마라. 통곡하기 위해
가거나 그들을 위해 슬퍼하지 마라.
이는 내가 이 백성에게서 내 평안과
내 인애와 내 긍휼히 여김을 거두어
들였기 때문이다. 여호와의 말이다.
6 큰사람이나 작은 사람이나 모두 이
땅에서 죽을 것이다. 아무도 그들을
묻어 주지 않을 것이고 그들을 위해
통곡하거나 그들을 위해 자기 몸을
베거나 머리를 밀지도 않을 것이다.
7 또 죽은 사람들을 위해 통곡하는 사
람을 위로하려고 빵을 떼어 줄 사람
이 없을 것이다. 아무도 그의 아버지
나 어머니를 위해 그들을 위로하려고
마실 것을 주지 않을 것이다.
8 또 잔칫집에 들어가 사람들과 함께
앉아 먹고 마시지 마라.
9 이스라엘의 하나님 만군의 여호와가
이렇게 말한다. 보아라. 내가 네 눈앞
에, 그리고 네가 살아 있는 날 동안
이곳에서 기뻐하는 소리, 즐거워하는
소리, 신랑의 소리, 신부의 소리가 그
칠 것이다.

Q&A 왜 예레미야에게 결혼하지 말라고 하셨을까?

참고 구절 | 렘 16:2

예레미야를 부르신 하나님은 그에게 결혼하지 말고 자녀도 낳지 말라고 하셨다(렘 16:2). 결혼 금지 메시지에는 예루살렘 멸망의 확실성을 분명히 알려 주시려는 의도가 담겨 있다. 결혼을 하나님의 복 중 하나로 생각한(잠 18:22) 이스라엘 사람들에게 결혼하지 말라는 메시지는 유다가 하나님의 심판을 받아 이러한 복을 상실하게 될 것이라는 의미였다. 또한 결혼 금지 메시지는 다가올 심판과 환난을 준비하라는 의미로 해석할 수도 있다. 바울도 환난의 때를 대비하여 독신으로 지내는 것도 좋다고 권면했다(고전 7:26).

한편 자녀를 통해 자신의 삶을 계속 이어 간다고 여긴 이스라엘 사람들은 결혼을 하고 자녀를 두는 것을 하나님의 굉장한 복으로 생각했다(창 22:17; 시 127:3-5). 그런데도 아내를 얻지 말고 아들딸을 낳지 말라고 하신 것은 심판과 징벌을 상징적으로 보여 준 것이었다.

10 네가 이 모든 것을 이 백성에게 말했
을 때 그들이 네게 말할 것이다. '왜
여호와께서 우리에게 이 모든 큰 재
앙을 선포하십니까? 우리가 무슨 잘
못을 했습니까? 우리가 우리 하나님
여호와께 무슨 죄를 지었습니까?'
11 그러면 너는 그들에게 말하여라. '여
호와의 말이다. 너희 조상들이 나를
버리고 다른 신들을 추종해 그들을
섬기고 그들에게 경배했다. 그들이
나를 버렸고 내 법을 지키지 않았다.
12 너희는 너희 조상들보다도 더 악하게
행동했다. 보라. 너희 각자가 자기의
악한 마음의 완고함을 따르고 내게
순종하지 않았다.
13 그러므로 내가 이 땅에서 너희를 끌
어내어 너희나 너희 조상들이 알지
못하던 땅으로 쫓아낼 것이다. 그리
고 그곳에서 너희가 밤낮으로 다른
신들을 섬길 것이다. 이는 내가 너희
에게 은혜를 베풀지 않을 것이기 때
문이다.'
14 여호와의 말이다. 그러므로 보아라.
날들이 오고 있는데 그때 사람들은
'이스라엘 자손들을 이집트 땅에서 이
끌어 내신 여호와께서 살아 계심'으로
맹세하지 않고
15 오히려 '이스라엘 자손들을 북쪽 땅과
추방했던 모든 땅에서 이끌어 내신
여호와께서 살아 계심'으로 맹세할 것
이다. 내가 그들을 그들의 조상들에
게 준 그들의 땅으로 되돌아가게 할
것이다.

16 여호와의 말이다. 보아라. 내가 많은
어부들을 보낼 것이니 어부들이 그
들을 낚을 것이다. 그 후에 내가 많은
사냥꾼들을 보낼 것이니 사냥꾼들이
모든 산과 모든 언덕 그리고 바위틈
에서 그들을 사냥할 것이다.
17 이는 내 눈이 그들의 모든 행동을 보
고 있기 때문이다. 그들이 내게서 숨
지 못하고 그들의 죄 또한 내 눈앞에
서 숨기지 못한다.
18 내가 우선 그들의 부정과 그들의 죄
를 두 배로 갚을 것이다. 이는 그들이
내 땅을 그들의 가증스러운 우상들
의 시체로 더럽혔고 그들의 혐오스러
운 우상들로 내 유산을 가득 채웠기
때문이다."
19 여호와여, 내 힘이시며 내 요새이시며
환난 날에 내 피난처이시여, 민족들
이 땅끝에서 주께로 와서 말합니다.
"우리 조상들이 거짓과 아무 유익도
주지 못하는 가치 없는 것을 상속했
습니다.
20 사람이 스스로 신들을 만들 수 있
습니까? 그런 것들은 신들이 아닙니
다."
21 "그러므로 보아라. 내가 그들로 하여
금 알게 할 것이다. 이번에도 내가 그
들에게 내 힘과 내 능력을 알게 할 것
이다. 그러면 그들이 내 이름이 여호
와라는 것을 알게 될 것이다."

17 "유다의 죄가 철필로 기록돼 금
강석의 뾰족한 끝으로 그들의
마음판과 그들의 제단 뿔에도 새겨졌

다.
2 그들의 자녀들이 그들의 제단들과 높
은 언덕 위 푸른 나무들 곁에 서 있
는 아세라를 기억한다.
3 들에 있는 내 산아, 네 나라 도처에
있는 죄로 인해 내가 네 재산과 네 모
든 보물들을, 네 산당들을 약탈물로
줄 것이다.
4 내가 네 몫으로 준 땅을 너는 잃을 것
이다. 네가 알지 못하는 땅에서 내가
너로 하여금 네 대적들을 섬기게 할
것이다. 이는 네가 내 진노에 불을 붙
여 그것이 영원히 탈 것이기 때문이
다."
5 여호와께서 이렇게 말씀하셨다. "사람
을 의지하고 육체를 그의 힘으로 삼
는, 그래서 그 마음이 여호와를 떠나
는 사람은 저주를 받는다.
6 그는 사막의 덤불과 같아서 좋은 일
이 생겨도 보지 못하고 광야의 메마
른 땅에서, 아무도 살지 않는 소금 땅
에서 살 것이다.
7 그러나 여호와를 의지하고 여호와를
신뢰하는 사람은 복을 받을 것이다.
8 그는 물가에 심어서 시냇가에 뿌리를
내린 나무 같을 것이다. 더위가 닥쳐
와도 두려워하지 않으며 그 잎이 항
상 푸르다. 가뭄의 해에도 걱정이 없
으며 그치지 않고 열매를 맺는다."
9 마음은 모든 것보다 거짓되고 몹시
병들어 있다. 누가 그것을 이해할 수
있겠는가?
10 "나 여호와는 마음을 살펴보며 생각
을 시험해 각 사람을 그의 행동에 따
라, 그의 행위의 열매에 따라 보상한
다."
11 부당한 수단으로 부를 얻는 사람은
자기가 낳지 않은 알을 품은 자고새
같다. 그 인생의 반이 지나갈 때 부가
떠날 것이고 결국에 그는 어리석은
사람이 될 것이다.
12 태초부터 높은 곳에 자리한 영광스러
운 보좌는 우리의 성소가 있는 곳입
니다.
13 여호와여, 이스라엘의 소망이시여, 주
를 버리는 사람들은 모두 수치를 당
할 것입니다. 주를 떠나는 사람은 땅
에 기록될 것입니다. 이는 그들이 생
명수의 샘물인 여호와를 버렸기 때문
입니다.
14 여호와여, 저를 치유해 주십시오. 그
러면 제가 치유될 것입니다. 저를 구
원해 주십시오. 그러면 제가 구원받
을 것입니다. 주께서는 제가 찬양하
는 분이시기 때문입니다.
15 보십시오. 그들이 저에게 말합니다.
"여호와의 말씀이 어디 있느냐? 지금
임하게 하라!"
16 그러나 저는 주의 목자가 되는 것을
피하지도 않았고 재앙의 날을 바라지
도 않았습니다. 제 입술에서 나온 것
을 주께서 아시니 그것이 주 앞에 있
습니다.
17 제게 두려움이 되지 마십시오. 재앙
의 날에 주는 제 피난처이십니다.
18 저를 핍박하는 사람들이 수치를 당

하게 하시고 저로 수치를 당하지 않
게 해 주십시오. 그들로 낙담하게 하
시고 저로 낙담하지 않게 해 주십시
오. 그들에게 재앙의 날이 이르게 해
주십시오. 두 배의 멸망으로 그들을
멸망시켜 주십시오!

안식일을 거룩하게 지키라

19 여호와께서 내게 이렇게 말씀하셨다.
"너는 가서 유다의 왕들이 드나드는
백성의 성문과 또 예루살렘의 모든
성문에 서라.
20 그리고 그들에게 말하여라. '이 문들
로 들어가는 유다의 왕들과 온 유다
와 모든 예루살렘에 사는 사람들아,
여호와의 말씀을 들으라.
21 여호와께서 이렇게 말씀하셨다. 너희
는 스스로 조심해 안식일에 짐을 지
거나 그것을 예루살렘 성문 안으로
가져오지 말라.
22 안식일에 너희 집에서 짐을 지고 나가
지도 말고 어떤 일도 하지 말라. 오직
내가 너희 조상들에게 명령한 대로
안식일을 거룩하게 지키라.
23 그러나 그들은 듣지도 않고 귀를 기
울이지도 않았다. 오히려 그들은 목
을 곧게 세워 들으려고 하지도 않고
훈계를 받으려고도 하지 않았다.
24 여호와의 말씀이다. 그러나 만약 너희
가 주의해 내 말을 듣고 안식일에 이
성읍의 성문들로 짐을 지고 들어오지
않으며 안식일을 거룩하게 지켜 그날
에 아무 일도 하지 않으면
25 다윗의 보좌에 앉은 왕들이 관료들과
함께 이 성읍의 성문들을 통과해 들
어올 것이다. 왕들과 그 관료들이 유
다 사람들과 예루살렘에 사는 사람들
과 함께 전차와 말을 타고 이 성읍의
성문들로 들어올 것이다. 그리고 이

성·경·상·식

예레미야서에 나오는 비유들

아몬드 나무 가지	끓는 솥	썩은 베 허리띠	토기장이와 진흙	깨진 토기 병
이스라엘을 심판하시는 중에도 남은 자들을 보호하신다는 상징(렘 1:11-12).	우상 숭배와 죄악이 만연한 유다를 바벨론을 통해 심판하신다는 상징(렘 1:13 -16).	하나님의 백성이라고 자랑하는 유다가 쓸모없는 베 허리띠처럼 버림받게 될 것이라는 비유(렘 13:1-11).	유다를 포함한 모든 나라를 일으키기도 하시고 멸하기도 하시는 하나님의 주권을 상징(렘 18:1-10).	유다가 자신의 죄 때문에 깨진 토기 병처럼 철저히 심판받을 것을 나타냄(렘 19:1-13).

성읍에 영원히 살 것이다.
26 유다 성읍들과 예루살렘 주변 지역에
서, 베냐민 땅에서, 서부 저지대에서,
산간 지대에서, 그리고 남쪽 지방에
서 사람들이 번제물과 희생제물과 곡
식제물과 유향과 감사제물을 여호와
의 집으로 가져올 것이다.
27 그러나 안식일을 거룩하게 하라는 내
말에 너희가 순종하지 않고 안식일에
짐을 지고 예루살렘 성문으로 들어가
면 내가 그 성문들에 불을 지를 것이
다. 그 불이 예루살렘의 성채들을 삼
킬 것이고 꺼지지 않을 것이다.'"

토기장이의 집

18 여호와로부터 예레미야에게 임
한 말씀이다.
2 "너는 일어나 토기장이의 집으로 내
려가라. 그곳에서 내가 네게 내 말을
들려줄 것이다."
3 그리하여 나는 토기장이의 집으로 내
려갔다. 보아라. 그가 물레 위에서 일
하고 있었다.
4 그런데 그가 진흙으로 만들고 있던 그
릇이 토기장이의 손에서 망가지는 것
이었다. 그는 자기가 보기에 좋은 대
로 그것을 다른 그릇으로 만들었다.
5 그러고 나서 여호와의 말씀이 내게
임해 말씀하셨다.
6 "여호와의 말이다. 이스라엘의 집아,
내가 너희에게 이 토기장이처럼 하지
못하겠느냐? 보아라. 이스라엘의 집
아, 진흙이 토기장이 손에 있는 것처
럼 너희도 내 손안에 있다.
7 내가 어떤 민족이나 나라에 대해 뽑
고 붕괴시키고 파괴할 것을 말했을
때
8 내가 경고한 그 민족이 그들의 죄악
에서 돌아서면 내가 그들에게 행하려

무화과 두 바구니	줄과 멍에	토지 매입	진흙에 감춘 돌	강 속에 던져진 책
좋은 무화과는 바벨론 포로 후 회복될 백성을 상징. 나쁜 무화과는 바벨론에 항거하거나 이집트로 도망간 사람들을 비유(렘 24장).	바벨론의 침략은 불가피하며 유다는 바벨론의 지배를 받아들여야 함을 상징(렘 27-28장).	반드시 유다 백성을 바벨론에서 다시 돌아오게 하여 회복시키실 것을 상징(렘 32장).	유다인들이 피해 도망간 이집트도 바벨론에 의해 멸망당할 것임을 나타냄(렘 43:8-13).	바벨론이 반드시 멸망당할 것임을 상징(렘 51:59-64).

고 생각했던 재앙을 돌이킬 것이다.
9 또 내가 어떤 민족이나 나라에 대해
세우고 심을 것을 말했을 때
10 그들이 내가 보기에 악을 행하고 내
목소리에 순종하지 않는다면 내가 그
들에게 유익하리라고 말했던 그 선한
것을 돌이킬 것이다.
11 그러므로 이제 유다 사람들과 예루살
렘에 사는 사람들에게 말하여라. '여
호와께서 이렇게 말씀하셨다. 보라.
내가 네게 내릴 재앙을 준비하고 너
를 칠 계획을 세우고 있다. 그러므로
너희 각자는 자기의 악한 길에서 돌
아와 너희의 행동과 행위를 선하게
하라.'
12 그러나 그들은 말했다. '그것은 소용
없는 일이다. 우리는 우리 자신의 계
획을 따를 것이다. 우리 각자는 자기
의 악한 마음의 완고함을 따를 것이
다.'"
13 그러므로 여호와께서 이렇게 말씀하
셨다. "민족들 가운데 물어보라. 누가
이와 같은 일을 들어 보았느냐? 처녀
이스라엘이 아주 끔찍한 일을 저질렀
다.
14 레바논의 눈이 그 바위 절벽에서 사
라지겠느냐? 먼 근원에서부터 오는
차가운 물줄기가 멈추겠느냐?
15 그러나 내 백성은 나를 잊어버리고
헛된 우상들에게 희생제물을 태웠다.
그리고 그것들이 그들을 그들의 길에
서, 그 옛길에서 넘어지게 했다. 그것
들이 그들을 곁길, 곧 닦이지 않은 길
로 행하게 했다.
16 그들의 땅이 황폐하게 되고 끊임없는
조롱거리가 될 것이다. 그곳을 지나가
는 사람마다 놀라서 머리를 흔들 것
이다.
17 동쪽에서 부는 바람처럼 내가 원수
앞에서 그들을 흩을 것이다. 그들의
재앙의 날에 내가 그들에게 내 얼굴
이 아니라 내 등을 보일 것이다."
18 그러자 그들이 말했다. "오라. 우리가
예레미야를 칠 계획을 세우자. 제사장
으로부터 율법이, 지혜자들로부터 지
혜가, 예언자로부터 말씀이 사라지지
않을 것이다. 그러므로 오라. 우리가
그를 혀로 공격하고 그가 말하는 어
떤 것에도 주의하지 말자."
19 여호와여, 제 말에 귀 기울이시고 제
적들의 목소리를 들어 보십시오!
20 선을 악으로 갚아도 되는 겁니까? 그
러나 그들은 제 목숨을 노리고 구덩
이를 팠습니다. 제가 주 앞에 서서 그
들을 위해 선한 것을 말해 주의 진노
가 그들에게서 떠나게 하려고 했음을
기억해 주십시오.
21 그러므로 그들의 자손들을 기근에 넘
기시고 그들을 칼의 세력에 넘겨주십
시오. 그들의 아내들이 자식을 잃게
하시고 과부가 되게 해 주십시오. 그
들의 남자들이 죽임을 당하게 하시고
그들의 젊은 남자들이 전쟁에서 칼에
맞아 죽게 해 주십시오.
22 주께서 갑자기 그들에게 군대를 보낼
때 그들의 집에서 부르짖는 소리가

들리게 해 주십시오. 이는 그들이 저
를 잡으려고 구덩이를 파고 제 발을
노리고 덫을 놓았기 때문입니다.
23 그러나 여호와여, 주께서는 저를 죽
이려는 그들의 모든 음모를 아십니다.
그들의 죄악을 용서하지 마시고 그들
의 죄를 주의 눈앞에서 지워 버리지
마십시오. 그들이 주 앞에서 넘어지
게 하시되 주의 진노의 때에 그들을
처벌해 주십시오.

19 여호와께서 이렇게 말씀하셨
다. "가서 토기장이의 토기 병
하나를 사라. 백성의 장로 몇 사람과
제사장들의 장로 몇 사람을 데리고
2 하시드 문 입구에 있는 힌놈의 아들
골짜기로 가라. 그곳에서 내가 네게
말하는 것을 선포해
3 말하여라. '유다의 왕들과 예루살렘에
사는 사람들아, 여호와의 말씀을 들
으라. 이스라엘의 하나님 만군의 여호
와께서 이렇게 말씀하셨다. 보라. 내
가 이곳에 그 소리를 듣는 사람마다
그의 귀가 울릴 재앙을 내릴 것이다.
4 그들이 나를 버렸고 이곳을 이방신들
의 자리로 만들었기 때문이다. 그들
이 이곳에서 자기들이나 자기들의 조
상이나 유다 왕들이 알지 못했던 다
른 신들에게 희생제물을 태웠고 이곳
을 죄 없는 사람들의 피로 가득 채웠
다.
5 그들은 또 바알의 산당들을 지어 자
기 아들들을 불로 태워 바알에게 번
제물로 바쳤다. 이것은 내가 명령하지
도, 말하지도, 내 마음에 떠오르지도
않았던 일이다.
6 그러므로 여호와의 말씀이다. 보라.
이곳이 더 이상 '도벳'이나 '힌놈의 아
들 골짜기'라고 불리지 않고 '학살의
골짜기'라고 불릴 날이 올 것이다.
7 이곳에서 내가 유다와 예루살렘의 계
획들을 *헛되게 만들 것이다. 내가 그
들을 그들의 원수들 앞에서 그들의
목숨을 찾는 사람들의 손에 의해서
칼로 쓰러지게 하겠다. 내가 그들의
시체들을 공중의 새들과 땅의 짐승
들에게 먹이로 줄 것이다.
8 내가 이 성읍을 황폐하게 하고 조롱
거리로 만들 것이다. 이곳을 지나가
는 사람마다 이곳의 모든 재앙에 놀
라고 비웃을 것이다.
9 내가 그들로 하여금 자기 아들들의
살과 자기 딸들의 살을 먹게 할 것이
다. 그들의 대적들과 그들의 목숨을
찾는 사람들이 그들을 포위하고서
압박할 때 그들이 서로의 살을 뜯어
먹을 것이다.'
10 그러고 나서 너는 너와 함께 간 사람
들이 보는 앞에서 그 토기 병을 깨뜨
리고
11 그들에게 말하여라. '만군의 여호와
께서 이렇게 말씀하셨다. 토기장이의
그릇이 한 번 깨지면 다시 원상회복
될 수 없는 것처럼 내가 이 백성과 이
성읍을 그렇게 깨뜨릴 것이다. 묻을

19:7 '헛되게 만들다.'라는 뜻의 히브리어 바카와 '토기 병'을 뜻하는 히브리어 바크부크가 발음이 비슷함(렘 19:1,10을 보라).

땅이 없을 때까지 사람들이 죽은 사
람들을 도벳에 묻을 것이다.
12 여호와의 말씀이다. 내가 이곳과 이
곳에 사는 사람들에게 이렇게 해서
이 성읍을 도벳처럼 만들 것이다.
13 예루살렘의 집들과 유다 왕들의 집들
이 이곳 도벳처럼 더럽혀질 것이다.
이는 그들이 모든 집 지붕 위에서 하
늘의 모든 별자리들에게 희생제물을
태우고 다른 신들에게 전제물을 부었
기 때문이다.'"
14 그러고 나서 예레미야는 여호와께서
그를 보내 예언하도록 하신 도벳에서
돌아와 여호와의 성전 뜰에 서서 모
든 백성에게 말했습니다.
15 "이스라엘의 하나님 만군의 여호와께
서 말씀하셨다. '보라! 내가 이 성읍에
대해 선포한 모든 재앙을 이 성읍과
그 모든 마을들에 보낼 것이다. 그들
이 목을 곧게 해 내 말을 들으려고 하
지 않았기 때문이다.'"

예레미야와 바스훌

20 임멜의 아들 제사장 바스훌
은 여호와의 성전 관리장이었
는데 그는 예레미야가 예언하는 것을
들었다.
2 그때 바스훌은 예언자 예레미야를 때
리고 여호와의 성전 곁 *베냐민 윗문'
에 있는 형틀에 그를 묶었다.
3 다음 날 바스훌이 예레미야를 형틀에
서 풀어 줄 때 예레미야가 그에게 말
했다. "여호와께서 네 이름을 바스훌
이라 부르지 않고 *마골밋사빕이라고
부르신다.
4 이는 여호와께서 이렇게 말씀하시기
때문이다. '보아라. 내가 너를 너 자신
과 네 모든 친구들에게 공포가 되게
할 것이다. 그들이 그들의 원수들의
칼에 쓰러지는 것을 네 두 눈이 볼 것
이다. 내가 온 유다를 바벨론 왕의 손
에 넘겨줄 것이고 그가 그들을 바벨
론으로 사로잡아 가거나 칼로 죽일
것이다.
5 또 이 성읍의 모든 재물과 모든 생산
물과 모든 귀중품과 유다 왕들의 모
든 보물을 내가 그들의 원수들의 손
에 넘겨줄 것이다. 그들은 그것을 약
탈물로 취해 바벨론으로 가져갈 것이
다.
6 그리고 너 바스훌과 네 집에 사는 모
든 사람이 포로가 돼 바벨론으로 갈
것이다. 거기서 네가 죽어 묻히게 될
것이다. 너와 너의 거짓 예언을 들었
던 네 친구들 모두가 그곳에서 죽어
묻히게 될 것이다.'"

예레미야의 불평

7 여호와여, 주께서 저를 *속이셔서 제
가 속았습니다. 주께서는 저보다 강
해 저를 이기셨습니다. 제가 온종일
조롱거리가 됐으니 모두가 저를 조롱
합니다.
8 제가 말할 때마다 부르짖으며 폭력과
멸망을 선언합니다. 그리하여 여호와
의 말씀으로 인해 제가 온종일 모욕

20:2 예루살렘의 성문들 가운데 하나를 가리킴. 20:3 '사방에 공포', 곧 '사면초가'라는 뜻(렘 6:25 참조) 20:7 또는 설득하셔서 제가 설득당했습니다.

과 비난을 받습니다.
9 그러나 "내가 여호와를 언급하지 않
고 더 이상 그분의 이름으로 말하지
않겠다"라고 말하면 여호와의 말씀이
제 마음속에서 불, 곧 내 뼛속에 갇
힌 불 같습니다. 내가 그것을 견디는
데 지쳐서 참을 수가 없습니다.
10 많은 사람들이 수군거리는 소리를 내
가 듣습니다. "사방에 공포가 있다!
그를 고발하라! 우리도 고발하도록
하자!" 내 모든 친구들이 내가 넘어지
기를 기다립니다. "아마 그가 속아 넘
어갈 것이다. 그러면 우리가 그를 덮
치고 그에게 복수하자."
11 그러나 여호와께서는 힘센 용사로서
나와 함께하십니다. 그러므로 나를
핍박하는 사람들이 넘어지고 나를
압도하지 못할 것입니다. 그들이 성공
하지 못하기 때문에 크게 수치를 당
할 것입니다. 그들의 영속하는 치욕
은 결코 잊혀지지 않을 것입니다.
12 만군의 여호와여, 의인들을 시험하시
고 생각과 마음을 보시는 주여, 주께
제가 제 사정을 아뢰었으니 주께서
그들에게 복수하시는 것을 제가 보
게 해 주십시오.
13 여호와께 노래하라! 여호와를 찬양하
라! 그분이 가난한 사람들의 목숨을
악한 사람들의 손에서 건져 내신다.
14 내가 태어난 그날이 저주받을지어다!
내 어머니가 나를 낳은 그날이 복을
받지 못할지어다!
15 내 아버지에게 소식을 전해 주며 "당
신에게 아이가 태어났습니다. 아들입
니다!"라고 말해 내 아버지를 매우 기
쁘게 해 주던 사람에게, 그 소식을 내
아버지에게 가져온 사람에게 저주가
있을지어다!
16 그 사람이 여호와께서 뒤엎으시고 후
회하지 않으신 그 성읍들처럼 될지어
다! 그로 하여금 아침에는 부르짖는
소리를, 정오에는 전쟁의 소리를 듣게
할지어다!
17 이는 여호와께서 나를 태에서 죽이지
않으셨으며 내 어머니가 내 무덤이 되
게 하지 않으셨으며 내 어머니의 태
가 부른 채로 항상 있게 하지 않았기
때문이다.
18 내가 왜 태에서 나와서 고생과 슬픔
을 보고 수치 속에 내 날들을 보내는
가?

하나님께서 시드기야의 요청을 거부하시다

21 시드기야 왕이 말기야의 아들
바스훌과 마아세야의 아들 제
사장 스바냐를 예레미야에게 보냈을
때 여호와로부터 예레미야에게 임한
말씀입니다.
2 "바벨론의 왕 느부갓네살이 우리를 공
격하고 있으니 우리를 대신해서 여호
와께 문의해 보아라. 혹시 여호와께서
우리를 위해 경이로운 일들을 행하시
면 그가 우리에게서 물러갈 것이다."
3 그러나 예레미야가 그들에게 말했습
니다. "너희는 시드기야에게 이렇게
말하라.
4 '이스라엘의 하나님 여호와께서 이렇

게 말씀하셨다. 보라, 성벽 밖에서 너
를 포위하고 있는 바벨론 왕과 *갈대
아 사람들과 싸울 때 네 손에 있는
전쟁용 무기들을 내가 돌이킬 것이
다. 그리고 내가 그들을 이 성읍 안으
로 모아들일 것이다.
5 내뻗은 손과 강한 팔로써 진노와 분
노와 심한 격분 속에서 나 자신이 너
와 싸울 것이다.
6 내가 이 성읍에 사는 사람들을, 사람
과 짐승 모두를 칠 것이다. 그리고 그
들은 끔찍한 전염병으로 죽을 것이다.
7 여호와의 말씀이다. 그 후에 내가 유
다 왕 시드기야와 그의 관료들과 전염
병과 칼과 기근에서 살아남은 이 성
읍 백성을 바벨론 왕 느부갓네살의 손
에, 그들의 대적들의 손에, 그리고 그
들의 생명을 찾는 사람들의 손에 넘
겨줄 것이다. 그가 칼날로 그들을 내
리칠 것이다. 그가 그들을 불쌍히 여
기거나 인정을 베풀거나 동정하지 않
을 것이다.'
8 그리고 이 백성들에게 말하라. '여호
와께서 이렇게 말씀하셨다. 보라. 내
가 너희 앞에 생명의 길과 죽음의 길
을 놓았다.
9 누구든지 이 성읍에 머물러 있는 사
람은 칼과 기근과 전염병으로 죽을
것이다. 그러나 누구든지 나가서 너희
를 포위하고 있는 *갈대아 사람들에
게 항복하는 사람은 살 것이고 그의
목숨이 그에게 노획물처럼 될 것이다.
10 여호와의 말씀이다. 내가 내 얼굴을
이 성읍으로 향한 것은 재난을 위해
서지 좋은 일을 위해서가 아니다. 이
성읍은 바벨론 왕의 손에 넘어갈 것
이고 그가 이 성읍을 불로 태울 것이
다.'
11 그리고 유다 왕의 집에 말하라. '여호
와의 말씀을 들으라.
12 다윗의 집아, 여호와께서 이렇게 말
씀하셨다. 아침마다 정의를 실행하고
압제자의 손에서 강탈당한 자를 구
하라. 그러지 않으면 너희가 행한 악
으로 인해 내 분노가 불같이 나갈 것
이고 아무도 끌 수 없게 탈 것이다.
13 여호와의 말씀이다. 보라. 골짜기와
평원 바위에 사는 사람이여, 우리를
대적해 내려올 사람이 누구며 우리의
거주지로 들어올 사람이 누구냐고
말하는 사람아, 내가 너를 대적하고
있다.
14 여호와의 말씀이다. 그러나 내가 너희
행위의 열매를 따라 너희를 처벌할
것이다. 내가 그의 숲에 불을 질러 그
불이 그 주변에 있는 모든 것을 삼킬
것이다.'"

악한 왕들에 대한 심판

22 여호와께서 이렇게 말씀하셨
다. "유다 왕의 집으로 내려가
그곳에서 이 말을 선포하여라.
2 너는 말하여라. '다윗의 보좌에 앉아
있는 유다 왕아, 너와 네 신하들과 이
성문들로 들어가는 네 백성아, 여호
와의 말씀을 들으라.

21:4,9 또는 바벨론

3 여호와께서 이렇게 말씀하셨다. 정의
와 의를 행하고 강탈당한 사람을 압
제자의 손에서 구해 주라. 이방 사람
이나 고아나 과부에게 잘못 행하거나
폭력을 행하지 말고 이곳에서 죄 없
는 피를 흘리지 말라.
4 만약 너희가 진실로 이 일을 행한다
면 다윗의 보좌에 앉는 왕들이, 그의
신하들이, 그의 백성이 전차와 말을
타고 이 집 문들로 들어올 것이다.
5 그러나 만약 너희가 이 말들을 듣지
않으면 내가 나 자신을 두고 맹세하
는데 이 집은 폐허가 될 것이다.' 여호
와의 말이다."
6 유다 왕의 집에 대해 여호와께서 이렇
게 말씀하셨다. "네가 내게 길르앗과
같고 레바논의 정상과 같지만 내가 반
드시 너를 광야처럼, 사람이 살지 않
는 성읍들처럼 만들 것이다.
7 내가 너를 파괴할 사람들을 준비할
것이니 그들이 각자 자기의 무기를 들
고 네 훌륭한 백향목들을 잘라서 불
속에 던질 것이다.
8 많은 민족들이 이 성읍을 지나가며
그들이 서로 물을 것이다. '여호와께
서 왜 이 큰 성읍에 이렇게 하셨는
가?'
9 그리고 그들이 대답할 것이다. '그들
이 그들의 하나님 여호와의 언약을
저버리고 다른 신들을 경배하고 그들
을 섬겼기 때문이다.'"
10 죽은 사람을 위해 눈물을 흘리지 말
며 그를 위해 슬퍼하지 말라. 오히려
길을 떠난 사람을 위해 슬프게 울라.
이는 그가 다시 돌아오지 못하고 자
기가 태어난 땅을 보지 못할 것이기
때문이다.
11 그의 아버지 요시야의 뒤를 이어 통
치하다 이곳을 떠난 유다 왕 요시야
의 아들 *살룸에 대해 여호와께서 이
렇게 말씀하셨다. "그가 다시는 이곳
으로 돌아오지 못할 것이다.
12 포로로 끌려간 그곳에서 그가 죽을
것이고 이 땅을 다시는 보지 못할 것
이다.
13 불의로 자기 왕궁을 건설하고 불공평
으로 자기의 다락방을 지으며 자기의
이웃을 품삯 없이 부리고 그에게 임
금을 지불하지 않는 사람에게 화 있
을 것이다.
14 그가 말한다. '넓은 다락방들이 있는
큰 집을 내가 지을 것이다.' 그가 거기
에 창문들을 만들고 백향목 판을 입
히며 붉은색으로 칠한다.
15 네가 백향목을 더 많이 썼기 때문에
네가 왕이 되는 것이냐? 네 아버지는
먹고 마시는 것으로 만족하고 정의와
의를 행하지 않았느냐? 그때 그는 모
든 것이 잘됐다.
16 그가 가난한 사람과 궁핍한 사람의
주장을 변호했고 그래서 모든 것이
잘됐다. 바로 이것이 나를 아는 것 아
니냐? 여호와의 말이다.
17 그러나 네 눈과 네 마음은 부정직한

22:11 또는 여호아하스(왕하 23:30과 대상 3:15을 보라.)

소득과 죄 없는 피를 흘리는 것과 압
제와 폭력을 행사하는 것에만 쏠려
있다."
18 그러므로 유다 왕 요시야의 아들 여
호야김에 대해 여호와께서 이렇게 말
씀하셨다. "'아 내 형제여! 아 내 자매
여!' 하고 그들이 그를 위해 애도하지
않을 것이다. '아 내 주인이여! 아 그
의 영광이여!' 하고 그들이 그를 위해
애도하지 않을 것이다.
19 질질 끌려가 예루살렘 성문 밖에 던
져져서 그가 나귀같이 매장당할 것이
다.
20 레바논으로 올라가 소리쳐라. 바산에
서 네 목소리를 높여라. 아바림에서
소리쳐라. 이는 네 모든 사랑하는 사
람들이 다 멸망했기 때문이다.
21 네가 평안할 때 내가 네게 말했지만
너는 '내가 듣지 않겠다!'라고 말했다.
이것이 어릴 적부터 네 습관이 됐다.
너는 내 목소리에 순종하지 않았다.
22 바람이 네 모든 목자들을 이끌 것이
고 네 사랑하는 사람들이 포로로 끌
려갈 것이다. 그때 네 모든 사악함으
로 인해 네가 수치를 당하고 굴욕을
당할 것이다.
23 *레바논에 살면서 백향목에 둥지를
틀고 있는 사람이여, 해산하는 여인
의 고통 같은 고통이 네게 올 때 네가
얼마나 신음하겠느냐!
24 여호와의 말이다. 내가 살아 있는 것
으로 맹세한다. 유다 왕 여호야김의
아들 *고니야가 내 오른손에 있는 인
장 반지라 해도 내가 너를 빼내 버릴
것이다.
25 네 목숨을 찾는 사람들의 손에, 네가
두려워하는 사람들의 손에, 바벨론
왕 느부갓네살의 손에, 그리고 *갈대
아 사람들의 손에 내가 너를 넘겨줄
것이다.
26 내가 너와 너를 낳아 준 네 어머니를
너희가 태어나지 않은 다른 나라로
내던질 것이다. 그곳에서 너희가 죽
을 것이다.
27 그들이 돌아오기를 바라는 이 땅으
로 그들은 돌아오지 못할 것이다."
28 이 사람 *고니야는 경멸을 받는 깨진
토기인가? 아무도 원하지 않는 그릇
인가? 왜 그와 그 자손들이 내던져져
그들이 알지 못하는 땅에 던져지는
가?
29 땅이여, 땅이여, 땅이여, 여호와의 말
씀을 들으라!
30 여호와께서 이렇게 말씀하셨다. "이
사람을 자식이 없는 사람으로, 그의
평생 번성하지 못할 사람으로 기록하
라. 그의 자손 가운데 어느 누구도 다
윗의 보좌에 앉을 사람이, 유다를 통
치하며 번성할 사람이 다시는 없을
것이기 때문이다."

의로운 가지

23 "여호와의 말이다. 내 목장의
양을 멸하고 흩어 버리는 목자

22:23 레바논 나무로 만들어진 예루살렘에 있는 궁전을 가리킴(왕상 7:2을 보라). 22:24,28 또는 여호야긴(왕하 24:6,8을 보라.), 여고냐의 축약형(대상 3:16과 렘 24:1을 보라.) 22:25 또는 바벨론

들에게 화가 있도다!"
2 그러므로 내 백성을 돌보는 목자들에
대해서 이스라엘의 하나님 여호와께
서 이렇게 말씀하셨다. "너희가 내 양
떼를 흩어 버리고 그들을 쫓아냈으며
그들에게 주의를 주지 않았다. 보라.
너희의 악한 행위로 인해 내가 너희
에게 벌 줄 것이다. 여호와의 말이다.
3 내가 내 양 떼의 남은 사람들을 추방
했던 모든 나라들에서 모아 그들의
목장으로 다시 데려올 것이다. 그들
이 다산하고 번성할 것이다.
4 내가 그들을 돌볼 목자들을 그들 위
에 세울 것이다. 그들이 다시는 두려워
하거나 놀라지 않을 것이고 잃어버리
지도 않을 것이다. 여호와가 말한다.
5 여호와의 말이다. 보라. 그날이 오리
니 그때에 내가 다윗에게 의로운 가
지를 일으킬 것이다. 그가 왕으로서
지혜롭게 통치하고 이 땅에서 정의와
의를 실천할 것이다.
6 그날에 유다가 구원을 얻고 이스라엘
이 안전하게 살게 될 것이다. '여호와
우리의 의', 이것이 그가 불릴 이름이
다.
7 여호와의 말이다. 그러므로 보라. 그
날들이 오리니 그때는 그들이 '이스라
엘 자손들을 이집트 땅에서 이끌어
내신 여호와께서 살아 계신 것같이'라
고 더 이상 말하지 않고
8 '이스라엘 집의 자손들을 북쪽 땅에
서, 그들을 쫓아내었던 모든 나라들
에서 이끌어 내신 여호와께서 살아
계신 것같이'라고 말할 것이다. 그리
고 그들이 자기 땅에서 살 것이다."

거짓말하는 예언자들

9 예언자들에 관해 말한다. 내 마음이
속에서 부서지고 내 모든 뼈가 흔들
린다. 내가 술 취한 사람 같고 포도주
에 만취한 사람 같다. 이는 여호와 때
문이고 그분의 거룩한 말씀 때문이
다.

성·경·상·식

예레미야가 말하는 '참예언자'를 구별하는 6가지 방법

1. **도덕성 테스트** 예언자는 영적인 권위와 함께 도덕적으로 문제가 없어야 한다(렘 23:13–14).
2. **영향력 테스트** 예언자의 말을 들은 사람들이 실제적으로 돌이키지 않는다면 하나님께로부터 온 예언자인지 확인할 필요가 있다(렘 23:14).
3. **복음 테스트** 십자가와 회개의 메시지 없이 무조건 '평안하다.'는 메시지만을 전한다면 그 사람은 거짓 예언자다(렘 23:16–17).
4. **영성 테스트** 어떤 사람도 비밀한 장소에서 하나님과의 시간을 보내지 않는다면 그 사람은 참된 예언자가 될 수 없다(렘 23:18–22).
5. **신학적인 테스트** 하나님의 친밀한 모습과 엄위한 모습을 둘 다 균형 있게 이해하고 있어야 한다(렘 23:23–24).
6. **메시지 테스트** 하나님은 꿈이나 특별한 환상으로도 말씀하시지만 예언자들 마음에 메시지를 주셔서 선포하게 함으로 자신의 말씀을 전달한다(렘 23:25–32).

10 이 땅이 간음하는 사람들로 가득하
다. 저주 때문에 이 땅이 슬퍼하고 광
야의 초장들이 말랐다. 그들의 행위
가 악하고 그들이 힘쓰는 일도 의롭
지 않다.
11 "예언자도 제사장도 모두 경건하지 않
고 내 성전에서조차 그들의 악함을
내가 발견한다. 여호와의 말이다.
12 그러므로 그들의 길이 그들에게 미끄
럽게 될 것이고 그들이 어두운 곳으
로 쫓겨날 것이며 그곳에서 쓰러질 것
이다. 정해진 때에 내가 그들에게 재
앙을 가져올 것이다. 여호와의 말이
다.
13 사마리아의 예언자들 가운데 내가 불
미스러운 일을 보았다. 그들이 바알에
의해 예언하고 내 백성 이스라엘을
타락하게 했다.
14 내가 또한 예루살렘 예언자들에게서
도 끔찍한 것을 보았다. 그들이 간음
하고 거짓된 길을 간다. 그들이 악을
행하는 사람들의 손을 강하게 해 자
기의 사악함으로부터 아무도 돌아오
지 않게 한다. 그들은 모두 내게 소돔
같고, 예루살렘에 사는 사람들은 고
모라 같다."
15 그러므로 예언자들에 관해 만군의 여
호와께서 이렇게 말씀하셨다. "보라.
내가 그들에게 쓴 음식을 먹이고 독
이 든 물을 마시게 할 것이다. 이는
예루살렘의 예언자들에게서 타락함
이 나와 온 땅으로 나갔기 때문이다."
16 만군의 여호와께서 이렇게 말씀하셨
다. "너희에게 예언하는 예언자들의
말을 듣지 말라. 그들은 너희에게 헛
된 희망을 가르친다. 그들은 여호와
의 입에서 나온 것이 아니라 자기 자
신의 마음에서 나온 환상을 말한다.
17 그들은 나를 멸시하는 사람들에게
계속해서 이렇게 말한다. '여호와의
말씀이다. 너희가 평안할 것이다.' 그
리고 그들은 자기 마음의 완고함을
따르는 모든 사람들에게 이렇게 말한
다. '어떤 재앙도 너희에게 오지 않을
것이다.'
18 그러나 그들 가운데 누가 여호와의
말씀을 보거나 듣기 위해서 여호와의
회의에 서 보았는가? 누가 그분의 말
씀을 듣고 귀 기울였는가?
19 보라. 여호와의 폭풍이 진노해 나올
것이다. 회오리바람이 악한 사람들의
머리 위에 소용돌이칠 것이다.
20 여호와의 노여움이 여호와 그분의 마
음에 목적한 것들을 실행하고 성취하
기까지 결코 돌아서지 않을 것이다.
마지막 날에 너희가 이것을 분명히
이해할 것이다.
21 내가 이 예언자들을 보내지 않았으나
그들이 스스로 달려 나갔고 내가 그
들에게 말하지 않았으나 그들이 예언
했다.
22 그러나 그들이 내 회의에 섰고 내 백
성에게 내 말을 듣게 했다면 그들의
악한 행동에서, 그들의 악한 행위에
서 그들을 돌이켰을 것이다.
23 여호와의 말이다. 내가 가까운 데 있

는 하나님이고 멀리 떨어져 있는 하
나님은 아니냐?
24 여호와의 말이다. 내가 볼 수 없도록
어느 누가 은밀한 곳에 숨을 수 있느
냐? 여호와의 말이다. 내가 하늘과
땅에 충만하지 않겠느냐?
25 내 이름으로 거짓되게 예언하는 예언
자들이 말하는 것을 내가 들었다. '내
가 꿈을 꾸었다! 내가 꿈을 꾸었다!'라
고 그들이 말한다.
26 이 거짓말하는 예언자들의 마음속
에서 이런 일이 언제까지 계속되겠느
냐? 그들은 자기 마음속의 망상을 예
언한다.
27 그들은 마치 그들의 조상이 바알로
인해 내 이름을 잊은 것처럼 그들 서
로 간에 말하는 자기들의 꿈으로 내
백성들이 내 이름을 잊게 만들려고
궁리한다.
28 여호와의 말이다. 꿈을 가진 예언자
는 꿈을 말하고 내 말을 가진 사람은
내 말을 진실하게 말하라. 밀짚이 알
곡과 무슨 상관이 있느냐?
29 여호와의 말이다. 내 말이 불과 같지
않느냐? 또 바위를 조각으로 깨뜨리
는 망치와 같지 않느냐?
30 여호와의 말이다. 그러므로 보라. 내
가 그 예언자들을 대적할 것이다. 그
들은 서로에게서 내 말을 훔친다.
31 여호와의 말이다. 보라. 그 예언자들
을 내가 대적할 것이다. 그들은 '여호
와께서 말씀하셨다'라며 자기 혀를 놀
린다.
32 여호와의 말이다. 보라. 거짓된 꿈들
을 예언하는 사람들을 내가 대적할
것이다. 그들은 거짓된 꿈들을 말하
며 그들의 거짓말들과 무모함으로 내
백성을 그릇되게 인도하고 있다. 그러
나 나는 그들을 보내지도 않았고 임
무를 주지도 않았다. 그들은 이 백성
들에게 전혀 유익이 되지 않는다. 여
호와의 말이다."

거짓된 신탁

33 "이 백성이나 예언자나 제사장이 네
게 '여호와의 *신탁이 무엇이냐?' 물
을 때 너는 그들에게 말하여라. '*무
슨 신탁 말이냐? 내가 너희를 버리겠
다. 여호와의 말이다.'
34 예언자나 제사장이나 그 밖에 누가
'이것이 여호와의 신탁이다!'라고 주장
하면 내가 그와 그의 집을 처벌할 것
이다.
35 너희는 각자 자기 친구나 자기 형제에
게 이렇게 말할 것이다. '여호와께서
뭐라고 대답하셨느냐?' 또는 '여호와
께서 뭐라고 말씀하셨느냐?'
36 그러나 '여호와의 신탁'이라고 다시는
언급하지 말라. 이는 각자 자신의 말
이 자기의 신탁이 돼 살아 계신 하나
님, 곧 우리 하나님 만군의 여호와의
말씀을 너희가 왜곡하기 때문이다.
37 너는 예언자에게 이렇게 말하여라.
'여호와께서 네게 뭐라고 대답하셨느

23:33 또는 부담. 사람을 매개자로 하여 신의 뜻을 나타내거나 물음에 답하는 일을 가리킴. 23:33 또는 너희가 부담이다. 히브리어, 맛사('말씀' 혹은 '부담'이라는 뜻을 둘 다 지니고 있음.)

나?' 또는 '여호와께서 뭐라고 말씀하
셨느냐?'
38 '여호와의 신탁'이라고 너희가 주장한
다 하더라도 여호와께서 이렇게 말씀
하셨다. 너희가 '여호와의 신탁'이라는
이 말을 했기 때문에 내가 너희에게
보내 '여호와의 신탁'이라고 말하지 말
라고 했다.
39 그러므로 보라. 내가 너희를 확실히
잊을 것이다. 그리고 내가 너희와 너
희 조상에게 준 이 성읍과 함께 너희
를 내 눈앞에서 내버릴 것이다.
40 내가 너희에게 영원한 모욕과 잊혀지
지 않을 영원한 수치를 줄 것이다."

무화과 두 바구니

24 바벨론 왕 느부갓네살이 유다
왕 여호야김의 아들 *여고냐와
유다의 관료들과 공예가들과 세공장
이들을 포로로 잡아 예루살렘에서 바
벨론으로 끌고 간 후에 여호와께서 여
호와의 성전 앞에 놓인 두 바구니의
무화과를 내게 보여 주셨다.
2 한 바구니에는 처음 익은 무화과 같
은 아주 좋은 무화과들이 담겨 있었
고 다른 바구니에는 나빠서 먹을 수
없을 정도인 아주 나쁜 무화과들이
담겨 있었다.
3 여호와께서 내게 말씀하셨다. "예레미
야야, 네가 무엇을 보느냐?" 내가 대
답했다. "무화과들입니다. 좋은 무화
과들은 아주 좋은데 나쁜 무화과들
은 너무 나빠서 먹을 수 없을 정도로
나쁩니다."
4 그때 여호와의 말씀이 내게 임해 말
씀하셨다.
5 "이스라엘의 하나님 여호와가 이렇게
말한다. '내가 이곳에서 갈대아 땅으
로 보내 버린 유다의 포로들을 이 좋
은 무화과들처럼 그렇게 좋게 여길 것
이다.
6 내 눈이 그들을 좋게 보아 그들을 이
땅으로 돌려보낼 것이다. 내가 그들
을 세우고 허물어뜨리지 않을 것이고
그들을 심고 뽑지 않을 것이다.
7 내가 그들에게 나를 아는 마음을 주
어 내가 여호와임을 알게 할 것이다.
그들은 내 백성이 될 것이고 나는 그
들의 하나님이 될 것이다. 이는 그들
이 그들의 온전한 마음으로 내게 돌
아올 것이기 때문이다.'
8 여호와가 이렇게 말한다. '내가 유다
왕 시드기야와 그의 관료들과 이 땅
에 남아 있는 예루살렘의 남은 사람들
과 이집트 땅에 거하는 사람들을 너
무 나빠서 먹을 수 없을 정도인 나쁜
무화과들처럼 그렇게 처리할 것이다.
9 내가 그들을 세상의 모든 나라들에
게 두려움과 모욕의 대상이 되게 하
고 또 내가 그들을 추방하는 모든 곳
에서 그들이 수치와 비웃음과 조롱
과 저주의 대상이 되게 할 것이다.
10 내가 그들과 그들의 조상들에게 준
땅에서 그들이 멸망할 때까지 그들에
게 칼과 기근과 전염병을 보낼 것이
다.'"

24:1 또는 여호야긴

70년 동안의 포로 생활

25 유다 왕 요시야의 아들 여호야
김 4년 곧 바벨론 왕 느부갓네
살 *1년에 모든 유다 백성들에 관해
예레미야에게 임한 말씀입니다.
2 이 말씀을 예언자 예레미야가 모든 유
다 백성들과 예루살렘에 사는 모든
사람들에게 말했습니다.
3 유다 왕 아몬의 아들 요시야 *13년부
터 오늘까지 23년 동안 여호와의 말
씀이 내게 임했다. 내가 너희에게 거
듭 말했지만 너희가 듣지 않았다.
4 그리고 여호와께서 그분의 종인 모든
예언자들을 너희에게 거듭 보내셨지
만 너희는 듣지도 않았으며 귀 기울
여 들으려고도 하지 않았다.
5 여호와께서는 예언자들을 통해 이렇
게 말씀하셨다. "이제 너희는 각기 자
기의 악한 행동과 악한 행위에서 돌
아서라. 그러면 너희가 여호와께서 너
희와 너희 조상들에게 주신 땅에서
영원토록 살 것이다.
6 다른 신들을 추종해 그들을 섬기고
경배하지 말라. 너희 손으로 만든 것
들로 나를 화나게 하지 말라. 그러면
내가 너희에게 아무런 해도 가하지
않을 것이다."
7 "여호와의 말이다. 그러나 너희가 내
말을 듣지 않았고 너희 손으로 만든
것들로 나를 화나게 해 너희 스스로
에게 해를 가져왔다."
8 그러므로 만군의 여호와께서 이렇게
말씀하셨다. "너희가 내 말을 듣지 않
았다."
9 "여호와의 말이다. 보라. 내가 북쪽 모
든 민족들과 내 종 바벨론 왕 느부갓
네살을 불러다가 이 땅과 거기에 사
는 사람들과 둘러싸고 있는 모든 민
족들을 대적하게 할 것이다. 내가 그
들을 *진멸할 것이다. 내가 그들을 공
포의 대상과 조롱거리와 영원한 폐허
로 만들 것이다.

25:1 BC 605년 25:3 BC 627년 25:9 히브리어, 헤렘. 생명이나 물건을 완전히 멸하여 여호와께 드리는 것을 의미함. 무를 수 없음.

Q&A 포로 귀환, 몇 번에 걸쳐 이루어졌나?

참고 구절 | 렘 25:9-11

이스라엘 백성이 바벨론에 포로로 잡혀간 것은 4차례에 걸쳐 이루어졌다. 1차(BC 605년)에는 다니엘과 왕족, 귀족 계급을(단 1:1-6), 2차(BC 597년)에는 여호야긴 왕을 포함한 백성들과 관료들, 용사, 대장장이들을(왕하 24:14), 3차(BC 586년)에는 예루살렘 성전과 성이 함락될 때 시드기야 왕과 백성들을(렘 25:9-11), 4차(BC 581년)에는 느부갓네살의 경호 대장인 느부사라단이 남아 있던 유다인들을 잡아갔다(왕하 25:11).

70년 동안의 포로 생활 후 이스라엘은 페르시아 왕 고레스에 의해 자유의 몸이 되었다(BC 538년). 백성들은 모두 3차에 걸쳐 이스라엘 땅으로 돌아왔는데, 포로 귀환을 인도한 지도자들은 1차에는 스룹바벨(스 2:2), 2차에는 에스라, 3차에는 느헤미야였다.

10 또 내가 그들에게서 기뻐하고 즐거워
하는 소리, 신랑과 신부의 소리, 맷돌
소리와 등불 빛이 사라지게 할 것이다.
11 이 온 땅이 황폐하게 되고 폐허가 될
것이다. 이 민족들이 70년 동안 바벨
론 왕을 섬길 것이다.
12 그러나 70년이 다 되면 내가 바벨론
왕과 그 민족 *갈대아 사람들의 땅을
그들의 죄악으로 인해 처벌할 것이다.
그리고 그것을 영원한 황무지로 만들
것이다. 여호와의 말이다.
13 내가 그 땅에 대해 말한 모든 것들과
예레미야가 모든 민족들에 대해 예언
해 이 책에 기록한 모든 것을 내가 그
땅에 가져올 것이다.
14 그들 자신도 많은 민족들과 큰 왕들
을 섬길 것이다. 내가 그들에게 그들
의 행위와 그들의 손이 행한 것들에
따라 갚아 줄 것이다."

하나님의 진노의 잔

15 이스라엘의 하나님 여호와께서 내게
말씀하셨다. "너는 내 손에서 이 진노
의 포도주 잔을 가져가 내가 너를 보
내는 모든 민족들로 하여금 마시게
하여라.
16 그들이 마시고 비틀거릴 것이며 내가
그들 가운데 보낼 칼로 인해서 그들
이 미칠 것이다."
17 그리하여 내가 여호와의 손에서 그
잔을 가져다가 여호와께서 나를 보내
신 모든 민족들로 하여금 마시게 했
다.
18 예루살렘과 유다 성읍들과 그의 왕들
과 그의 관료들로 하여금 마시게 해
오늘날처럼 폐허와 황폐한 것이 되게
했고 조롱거리와 저주의 대상이 되게
했다.
19 이집트 왕 바로와 그의 신하들과 그
의 관료들과 그의 모든 백성을,
20 또 모든 이방 사람들, 우스 땅의 모든
왕들, 블레셋 땅의 모든 왕들, 곧 아스
글론, 가사, 에그론과 아스돗의 남은
사람들,
21 에돔과 모압, 암몬 자손들,
22 두로의 모든 왕들과 시돈의 모든 왕
들, 바다 건너 해안 지방의 왕들,
23 드단, 데마, 부스, 털을 모지게 깎은
모든 사람들,
24 아라비아의 모든 왕들, 광야에 사는
이방 사람들의 모든 왕들,
25 시므리의 모든 왕들, 엘람의 모든 왕
들, 메대의 모든 왕들,
26 가까이에 혹은 멀리 있는 북쪽 지방
의 모든 왕들 한 사람 한 사람 그리
고 지상에 있는 세상의 모든 왕국들
로 하여금 마시게 했다. 그리고 그들
다음에 *세삭 왕이 마실 것이다.
27 "그러므로 너는 그들에게 말하여라.
'이스라엘의 하나님 만군의 여호와가
이렇게 말한다. 마시고 취하고 토하
라. 넘어지고 다시 일어나지 말라. 이
는 내가 너희 가운데 보낼 칼로 인한
것이다.'
28 그러나 그들이 네 손에서 그 잔을 받

25:12 또는 바벨론 25:26 바벨론을 가리키는 암호. 칠십인역에는 '바벨론'

아 마시기를 거절하면 너는 그들에게
말하여라. '만군의 여호와께서 이렇게
말씀하셨다. 너희는 반드시 마셔야만
한다!
29 보라. 내가 내 이름으로 불리는 성읍
에 재난을 일으키기 시작하니 너희가
참으로 처벌을 면할 수 있겠는가? 너
희가 처벌을 면하지 못할 것이다. 이
는 내가 칼을 불러서 땅 위에 사는 모
든 사람들 위에 내릴 것이기 때문이
다. 만군의 여호와의 말씀이다.'
30 그러므로 너는 그들에게 이 모든 말
을 예언하여라. 그들에게 말하여라.
'여호와께서 높은 곳에서 외치실 것이
다. 그분의 거룩한 처소에서 그분의
소리를 낼 것이다. 그분이 그분의 양
우리를 향해 힘차게 외치실 것이다.
그분이 포도를 밟는 사람들처럼 땅에
사는 모든 사람들을 향해 소리치실
것이다.
31 요란한 소리가 땅끝까지 울릴 것이다.
이는 여호와께서 민족들에 대해 문책
하실 것이기 때문이다. 그분이 모든
인류를 심판하시고 악한 사람들을
칼에 넘겨주실 것이다.' 여호와의 말씀
이다."
32 만군의 여호와께서 이렇게 말씀하셨
다. "보라! 재앙이 민족에서 민족으로
나아갈 것이고 큰 폭풍이 땅끝에서
부터 일어날 것이다."
33 그날에 여호와에 의해 살해된 사람들
이 땅 이 끝에서부터 땅 저 끝까지 널
려 있을 것이다. 그들을 애도하거나
시체를 거두어 묻을 사람이 없을 것
이고 다만 땅 위 쓰레기 같을 것이다.
34 너희 목자들아, 통곡하고 울부짖으
라. 너희 양 떼를 이끄는 사람들아,
잿더미에서 뒹굴라. 이는 너희가 살
해당할 때가 왔기 때문이다. 귀한 그
릇이 깨지듯이 너희가 넘어져 깨질
것이다.
35 목자들이 도망갈 데가 없고 양 떼를
이끄는 사람들이 도피할 곳이 없을
것이다.
36 목자들의 외치는 소리, 양 떼를 이끄
는 사람들의 울부짖는 소리, 이는 여
호와께서 그들의 목초지를 황폐하게
하셨기 때문이다.
37 여호와의 맹렬한 진노로 인해 평화로
운 목초지가 황폐하게 됐다.
38 그분은 사자처럼 그분의 굴을 떠날
것이다. 이는 그 압제자의 *잔인함으
로 인해, 그분의 맹렬한 진노로 인해
그들의 땅이 황폐하게 될 것이기 때
문이다.

예레미야가 죽음의 위협을 당하다

26 유다 왕 요시야의 아들 여호야
김의 통치 *초기에 이 말씀이
여호와께로부터 임했습니다.
2 "여호와가 이렇게 말한다. 여호와의
집 뜰에 서서 여호와의 집에 경배하
러 오는 유다의 모든 성읍 사람들에
게, 내가 네게 명령하는 모든 말을 전
하여라. 한 마디도 빠뜨리지 마라.

25:38 대부분의 히브리어 사본을 따름. 일부 히브리어 사본과 칠십인역에는 '칼'(렘 46:16;50:16을 보라.) 26:1 BC 608년

3 혹시 그들이 귀 기울여 듣고 각자 그
의 악한 행동으로부터 돌이킬지도 모
른다. 그러면 그들 행위의 악함으로
인해 내가 그들에게 행하려고 했던
재앙을 돌이킬 것이다.
4 너는 그들에게 말하여라. '여호와께서
이렇게 말씀하셨다. 너희가 내 말에
귀 기울이지 않고 내가 너희 앞에 놓
은 내 율법을 따르지 않으면
5 또 내가 너희에게 되풀이해서 보냈으
나 너희가 귀 기울이지 않았던 내 종
들, 예언자들의 말에 너희가 귀 기울
이지 않으면
6 내가 이 집을 실로처럼 만들고, 이 성
읍을 세상 모든 민족들 가운데서 저
주의 대상이 되게 할 것이다.'"
7 제사장들과 예언자들과 모든 백성이
예레미야가 여호와의 집에서 이 말을
하는 것을 들었다.
8 그러나 여호와께서 모든 백성에게 말
하라고 명령하신 모든 것을 예레미야
가 온 백성들에게 말하기를 마치자
제사장들과 예언자들과 모든 백성이
그를 붙잡고 말했다. "네가 반드시 죽
어야만 한다!
9 왜 네가 여호와의 이름으로 이 집이
실로같이 되고 이 성읍이 황폐하게
돼 사람이 살지 않게 될 것이라고 예
언하느냐?" 그러고는 모든 백성이 여
호와의 집에서 예레미야 주위로 모여
들었다.
10 유다의 관료들이 이 일들을 듣고서,
왕궁에서 나와 여호와의 집으로 올라
가서, '여호와의 집의 새 문' 입구에 자
리를 잡고 앉았다.
11 그러자 제사장들과 예언자들이 그 관
료들과 모든 백성에게 말했다. "이 사
람이 죽는 것이 합당하니 이는 당신
들의 귀로 들은 것처럼 그가 이 성읍
을 대적해서 예언을 했기 때문이다."
12 그러자 예레미야가 모든 관료들과 모
든 백성에게 말했다. "여호와께서 나
를 보내 이 집과 이 성읍에 대해 너희
가 들은 모든 말들을 예언하라고 하
셨다.
13 그러므로 너희는 이제 너희의 행동과
행위를 올바르게 하고 여호와 너희
하나님의 목소리에 순종하라. 그러면
여호와께서 너희에 대해 말씀하신 재
앙을 마음에서 돌이키실 것이다.
14 보라. 나는 너희 손안에 있다. 너희
생각에 좋고 올바른 것으로 내게 행
하라.
15 그러나 만약 너희가 나를 죽이면 너
희는 죄 없는 피를 너희와 이 성읍과
그 안에 사는 사람들 위에 흘리게 하
는 것이라는 점을 분명히 알라. 이는
여호와께서 진정 나를 너희에게 보내
너희의 귀에 이 모든 말들을 하라고
하셨기 때문이다."
16 그러자 관료들과 모든 백성이 제사장
들과 예언자들에게 말했다. "이 사람
이 죽는 것이 합당하지 않다. 이는 그
가 우리 하나님 여호와의 이름으로
우리에게 말했기 때문이다."
17 그 땅의 장로들 가운데 몇 사람이 일

어나 백성의 모든 회중에게 말했다.
18 "유다 왕 히스기야 때 모레셋의 미가
가 이렇게 *예언한 적이 있다. '만군
의 여호와께서 이렇게 말씀하셨다. 시
온이 밭처럼 경작될 것이고 예루살렘
이 폐허 더미가 될 것이며 성전의 산
이 숲의 높은 곳처럼 될 것이다.'
19 그때 유다 왕 히스기야와 모든 유다가
그를 죽였는가? 오히려 그가 여호와
를 두려워해 여호와께 간구하지 않았
는가? 그리하여 그들에게 선언하신
재앙에 대해 여호와께서 마음을 돌이
키지 않았는가? 우리는 우리 자신 위
에 큰 재앙을 가져오려 하고 있다."
20 여호와의 이름으로 예언하는 또 한
사람이 있었는데 기럇 여아림 출신이
며 스마야의 아들인 우리야였다. 그
는 이 성읍과 이 땅에 대해 예레미야
와 같은 말로 예언했다.
21 여호야김 왕과 그의 모든 용사들과
그의 모든 관료들이 그의 말을 듣고
서 왕이 그 사람을 죽이려고 했다. 그
러나 우리야가 그 소식을 듣고 두려워
서 도망해서 이집트로 갔다.
22 그러자 여호야김 왕이 악볼의 아들 엘
나단을 비롯해 몇 사람을 이집트로
보냈다.
23 그들은 이집트에서 우리야를 데려와
서 여호야김 왕에게 데려갔고, 여호야
김 왕은 그를 칼로 죽이고 그의 시체
를 평민들의 묘지에 던졌다.
24 그러나 사반의 아들 아히감의 손이 예
레미야와 함께해 예레미야가 백성들
손에 넘겨져 죽임을 당하지 않게 됐
다.

느부갓네살을 섬겨야 하는 유다

27 유다 왕 요시야의 아들 *여호
야김의 통치 초기에 여호와께
로부터 이 말씀이 예레미야에게 임했
습니다.
2 여호와께서 내게 이렇게 말씀하셨다.
"너는 줄과 *멍에를 만들어 네 목에
걸어라.
3 그러고 나서 예루살렘에 있는 유다 왕
시드기야에게 온 사신들을 통해 에돔
왕, 모압 왕, 암몬 자손의 왕, 두로 왕,
시돈 왕에게 전갈을 보내라.
4 그 사신들에게 명령해 자기 군주들에
게 전하라고 하여라. '이스라엘의 하
나님 만군의 여호와가 이렇게 말한
다. 너희 군주들에게 이렇게 말하라.
5 내가 큰 능력과 펼친 팔로 땅과 땅 위
의 인간과 짐승을 만들었다. 그리고
내가 보기에 합당한 사람에게 내가
그것을 주었다.
6 이제 내가 이 모든 나라들을 내 종
바벨론 왕 느부갓네살의 손에 넘겨줄
것이다. 내가 또한 들짐승들을 그에
게 주어 그를 섬기도록 할 것이다.
7 바벨론 땅이 멸망할 때가 오기까지
모든 민족들이 느부갓네살과 그의 아
들과 그의 손자를 섬길 것이다. 그러
나 그 후 많은 민족들과 큰 왕들이

26:18 미 3:12을 보라. 27:1 대부분의 히브리어 사본을 따름. 일부 히브리어 사본과 시리아어역에는 '시드기야(렘 27:3,12;28:1을 보라.) 대부분의 칠십인역 사본에는 1절이 없음. 27:2 정치적 복종을 상징함.

그를 정복할 것이다.
8 그러나 어떤 민족이나 나라가 바벨
론 왕 느부갓네살을 섬기지 않거나 자
기 목을 바벨론 왕의 멍에 아래에 숙
이지 않는다면 내가 그의 손으로 그
들을 처벌해 칼과 기근과 전염병으로
그 민족을 멸망시킬 것이다. 여호와의
말이다.
9 그러므로 너희가 바벨론 왕을 섬기지
않을 것이라고 말하는 너희의 예언자
들이나 너희의 점쟁이들이나 너희의
꿈꾸는 사람들이나 너희의 무당들과
너희의 마술사들에게 너희는 귀 기울
이지 말라.
10 그들은 너희에게 거짓을 예언해 그
결과 너희를 너희의 땅에서 멀리 떠
나게 할 것이다. 내가 너희를 쫓아낼
것이고 너희가 멸망할 것이다.
11 그러나 어떤 민족이라도 바벨론 왕
의 멍에 아래에 자기 목을 숙이고 그
를 섬긴다면 내가 그들을 자기의 땅
에 남게 할 것이니 그들이 그 땅을 갈
고 그곳에서 살 것이다. 여호와의 말
이다.'"
12 내가 똑같은 말을 유다 왕 시드기야
에게 주었다. "너희의 목을 바벨론 왕
의 멍에 아래에 숙이고 그와 그의 백
성을 섬겨라. 그러면 너희가 살 것이
다.
13 왜 너와 네 백성들이 여호와께서 바
벨론 왕을 섬기지 않으려는 민족에게
말씀하신 대로 칼과 기근과 전염병으
로 죽으려 하느냐?
14 그러므로 '너희가 바벨론 왕을 섬기지
않을 것이다'라고 말하는 예언자들의
말에 너희는 귀 기울이지 말라. 이는
그들이 너희에게 거짓을 예언하기 때
문이다.
15 여호와의 말이다. '내가 그들을 보내
지 않았다. 그러나 그들은 내 이름으

하용조 목사의 행복한 **메시지**

한 사람을 찾습니다

하나님께서 예레미야에게 온 예루살렘 거리를 샅샅이 뒤져 한 사람을 찾아 보라고 말씀하셨습니다(렘 5:1). 그러나 넓은 거리를 헤매며 아무리 찾아도 예레미야는 그 사람을 찾을 수 없었습니다. 예레미야는 시간에 쫓기고 있었습니다. 만일 그 사람을 찾지 못하면 예루살렘에 하나님의 심판이 임할 것이기 때문이었습니다.

하나님께서 찾으시는 한 사람은 유명 인사도 성공한 사람도 아니었습니다. 학식이 높거나 덕망이 있거나 부한 사람도 결코 아니었습니다. 하나님께서 찾으시는 한 사람은 정의를 행하고 진리를 따르며 믿음을 추구하는 사람이었습니다. 왜 하나님께서는 정의를 행하며 믿음을 추구하는 사람을 찾으시는 것일까요? 정의와 진리와 믿음이 우리가 사는 이 사회를 건강하게 유지시켜 주는 끈이기 때문입니다. 정의와 믿음이 허물어진 사회는 지옥과 같은 곳이 될 것입니다. 하나님은 단 한 번도 자기 기준을 바꾸신 일이 없으십니다.

로 거짓을 예언하니 내가 너희를 쫓
아낼 것이고 너희가 멸망할 것이다.
너희도, 너희에게 예언하는 예언자들
도 다 멸망할 것이다.'"
16 그러고 나서 제사장들과 이 모든 백
성에게 내가 말했다. "여호와가 이렇
게 말한다. '보라. 여호와의 집의 기물
들이 바벨론에서 이제 속히 돌아올
것이다'라고 너희에게 예언하는 너희
예언자들의 말에 너희는 귀 기울이지
말라. 이는 그들이 너희에게 거짓을
예언하고 있기 때문이다.
17 너희는 그들의 말에 귀 기울이지 말
고 바벨론 왕을 섬기라. 그러면 너희
가 살 것이다. 이 성읍이 왜 폐허가
돼야 하느냐?
18 만약 그들이 예언자라면 그리고 여호
와의 말씀이 그들과 함께한다면 그들
로 하여금 만군의 여호와께 간청해
여호와의 집과 유다 왕의 집과 예루살
렘에 남아 있는 기물들이 바벨론으로
가지 못하도록 해야 할 것이다.
19 기둥들과 *청동 바다와 받침대와 이
성읍에 남아 있는 다른 기물들에 대
해서 만군의 여호와가 이렇게 말한
다.
20 바벨론 왕 느부갓네살이 유다 왕 여호
야김의 아들 *여고니야를 유다와 예
루살렘의 모든 귀족들과 함께 예루살
렘에서 바벨론으로 포로로 잡아갈
때 가져가지 않았던,
21 여호와의 집과 유다 왕의 집과 예루살
렘에 남아 있는 기물들에 대해서 이
스라엘의 하나님 만군의 여호와가 이
렇게 말한다.
22 '그것들이 바벨론으로 옮겨질 것이고
내가 그것들을 돌아볼 그날까지 거
기 남아 있을 것이다. 후에 내가 그것
들을 가져와 이곳에 다시 둘 것이다.'
여호와의 말이다."

거짓 예언자 하나냐

28 그해 유다 왕 시드기야의 통치
4년 다섯째 달에 기브온 출신
예언자 앗술의 아들 하나냐가 여호와
의 집에서 제사장들과 모든 백성 앞
에서 내게 말했다.
2 "이스라엘의 하나님 만군의 여호와가
말한다. '내가 바벨론 왕의 멍에를 깨
뜨릴 것이다.
3 내가 2년 안에 바벨론 왕 느부갓네살
이 이곳에서 바벨론으로 가져간 여호
와의 집의 모든 기물들을 이곳에 다
시 가져다 놓을 것이다.
4 또한 유다 왕 여호야김의 아들 *여고
니야와 바벨론으로 간 유다의 모든
포로들을 내가 이곳으로 다시 데려올
것이다. 이는 내가 바벨론 왕의 멍에
를 깨뜨릴 것이기 때문이다.' 여호와의
말이다."
5 그러자 예언자 예레미야가 여호와의
집에 서 있는 제사장들과 모든 백성
앞에서 예언자 하나냐에게 대답했다.
6 예언자 예레미야가 말했다. "아멘! 여
호와께서 그렇게 하시기를 빈다! 여호

27:19 히브리어 사본에는 '그 바다' 27:20;28:4 또는 여호야긴

와의 집 기물들과 포로로 끌려간 모
든 사람들이 바벨론에서 이곳으로 다
시 돌아올 것이라고 예언하는 네 말
을 여호와께서 이루시기를 빈다.
7 그러나 내가 네 귀에 그리고 모든 백
성의 귀에 말하는 이 말을 이제 들으
라.
8 너와 나 이전에 오래전부터 있었던 예
언자들이 많은 나라들과 큰 왕국들
에 대해 전쟁과 재앙과 전염병을 예언
했다.
9 그러나 평화를 예언하는 예언자는 그
의 예언이 이루어졌을 때에야 여호와
께서 진실로 보내신 예언자로 인정될
것이다."
10 그러자 예언자 하나냐가 예언자 예레
미야의 목에서 멍에를 취해 깨뜨리며
11 모든 백성 앞에서 말했다. "여호와가
이렇게 말한다. '이와 같이 내가 2년
안에 모든 민족들의 목에서 바벨론
왕 느부갓네살의 멍에를 깨뜨릴 것이
다.'" 이에 예언자 예레미야는 자기 갈
길을 갔다.
12 예언자 하나냐가 예언자 예레미야의
목에서 멍에를 깨뜨린 후에 여호와의
말씀이 예레미야에게 임했습니다.
13 "가서 하나냐에게 말하여라. '여호와
가 이렇게 말한다. 네가 나무 멍에를
깨뜨렸지만 그것 대신에 철 멍에를
만들 것이다.
14 이스라엘의 하나님 만군의 여호와가
이렇게 말한다. 내가 이 모든 민족들
의 목에 철 멍에를 놓아서 바벨론 왕
느부갓네살을 섬기게 할 것이니 그들
이 그를 섬기게 될 것이다. 내가 또한
그에게 들짐승들도 주었다.'"
15 그리하여 예언자 예레미야가 예언자
하나냐에게 말했다. "하나냐여, 잘 들
어라! 여호와께서 너를 보내시지 않았
다. 그러나 네가 이 백성으로 하여금
거짓말을 믿게 하고 있다.
16 그러므로 여호와께서 이렇게 말씀하
셨다. '보아라, 내가 너를 지면에서 제
할 것이다. 올해 네가 죽을 것이다. 이
는 네가 여호와에 대해 거역하는 말
을 했기 때문이다.'"
17 그해 일곱째 달에 예언자 하나냐는
죽었다.

포로로 끌려간 자들에게 보낸 편지

29 이것은 예언자 예레미야가 느
부갓네살이 예루살렘에서 바벨
론으로 잡아간 포로들 가운데 남은
장로들과 제사장들과 예언자들과 모
든 백성에게 예루살렘에서 보낸 편지
의 내용입니다.
2 이 일은 *여고니야 왕과 그의 어머니
와 내시들과 유다와 예루살렘의 관료
들과 공예가들과 세공장이들이 예루
살렘을 떠난 후에 일어났습니다.
3 이 편지는 유다 왕 시드기야가 바벨론
왕 느부갓네살에게 보냈던 사반의 아
들 엘라사와 힐기야의 아들 그마랴를
통해서 바벨론으로 보내졌습니다.
4 이스라엘의 하나님 만군의 여호와 내
가 예루살렘에서 바벨론으로 포로로

29:2 또는 여호야긴

가게 한 모든 포로들에게 이렇게 말
한다.
5 "집들을 짓고 그곳에서 살라. 정원을
만들고 그곳에서 나는 열매를 먹으
라.
6 아내를 취해 아들들과 딸들을 낳으
라. 너희 아들들을 위해 그 아내들을
취하고 너희 딸들을 결혼시켜 그들이
아들딸들을 낳게 하라. 너희가 그곳
에서 번성하고 수가 줄지 않게 하라.
7 또한 내가 너희를 포로로 가게 한 성
읍의 평안을 간구하라. 그 성읍을 위
해 여호와께 기도하라. 이는 그 성읍
이 평안해야 너희도 평안할 것이기
때문이다."
8 이스라엘의 하나님 만군의 여호와께
서 말씀하셨다. "너희 가운데 있는 예
언자들과 점쟁이들이 너희를 속이지
못하게 하라. 또 그들이 꾼 꿈 이야기
에 너희는 귀 기울이지 말라.
9 그들이 내 이름으로 너희에게 거짓되
게 예언한다. 내가 그들을 보내지 않
았다. 여호와의 말이다."
10 여호와께서 이렇게 말씀하셨다. "바벨
론에서 70년이 차면 내가 너희를 돌
아보아 너희를 이곳으로 돌아오게 할
것이라는 내 은혜로운 약속을 너희에
게 이행할 것이다.
11 여호와의 말이다. 내가 너희를 위해
갖고 있는 계획들을 내가 알고 있으
니 그것은 평안을 위한 계획이지 재
앙을 위한 것이 아니며 너희에게 미
래와 소망을 주기 위한 것이다.
12 그러면 너희가 나를 부르고 와서 내
게 기도할 것이고 나는 너희 말을 들
을 것이다.
13 너희가 너희의 온 마음으로 나를 찾
을 때 너희가 나를 찾고 나를 발견할
것이다.
14 여호와의 말이다. 내가 너희에게 발견
될 것이다. 그리고 *내가 너희의 포로
상태를 돌이킬 것이다. 내가 너희를
추방했던 모든 곳들과 모든 민족들로
부터 너희를 모을 것이다. 그리고 내
가 너희를 포로로 끌려가게 했던 그
곳으로 다시 데려올 것이다. 여호와의
말이다.
15 너희가 "여호와께서 바벨론에서도 우
리를 위해 예언자들을 일으키셨다"라
고 말했기 때문에
16 다윗의 보좌에 앉은 왕에 대해서, 이
성읍에 사는 모든 백성에 대해서, 너
희와 함께 포로로 가지 않은 너희 형
제들에 대해서 여호와가 이렇게 말한
다.
17 만군의 여호와가 말한다. 보라. 내가
그들에게 칼과 기근과 전염병을 보낼
것이다. 내가 그들을 먹을 수 없을 정
도로 아주 형편없는 무화과처럼 만들
것이다.
18 내가 칼과 기근과 전염병으로 그들을
추적할 것이다. 또한 내가 그들을 땅
의 모든 나라들에게 공포의 대상이
되게 하며, 그들을 그곳으로 쫓아낸
모든 민족들 가운데서 저주와 두려움

29:14 또는 내가 너희의 운명을 회복시켜 주겠다.

과 조롱과 모욕의 대상이 되게 할 것
이다.
19 이는 그들이 내 말에 귀 기울이지 않
았기 때문이다. 여호와의 말이다. 내
가 그들에게 내 종 예언자들을 계속
해서 보냈지만 너희가 듣지 않았다.
여호와의 말이다."
20 그러므로 내가 예루살렘에서 바벨론
으로 보냈던 너희 모든 포로들아, 여
호와의 말을 들으라.
21 내 이름으로 너희에게 거짓을 예언하
는 골라야의 아들 아합과 마아세야의
아들 시드기야에 대해 이스라엘의 하
나님 만군의 여호와가 이렇게 말한
다. "보라. 내가 그들을 바벨론 왕 느
부갓네살의 손에 넘겨줄 것이니 그가
너희 눈앞에서 그들을 죽일 것이다.
22 그들로 인해서 바벨론에 있는 유다의
모든 포로들이 이 저주하는 말을 사
용할 것이다. '여호와께서 너를 바벨론
왕이 불 속에 태워 버린 시드기야와
아합과 같이 하실 것이다.'
23 이는 그들이 이스라엘에서 극악한 짓
을 했고 그 이웃의 아내들과 간음했
고 내가 그들에게 명령하지도 않은
거짓말들을 내 이름으로 말했기 때
문이다. 내가 이것을 알고 있고 내가
증인이다. 여호와의 말이다."

스마야에게 보낸 전갈

24 너는 느헬람 사람 스마야에게 말하여
라.
25 "이스라엘의 하나님 만군의 여호와가
말한다. 예루살렘에 있는 온 백성과
제사장 마아세야의 아들 스바냐와 모
든 제사장들에게 네가 네 이름으로
편지를 써 보냈다.
26 '여호와께서 제사장 여호야다를 대신
해 너를 제사장으로 임명하고 여호와
의 집 책임자로서 예언자처럼 행동하
는 모든 미친 사람을 형틀에 채우게
하고 *칼을 씌우게 하셨다.
27 그런데 너는 왜 너희에게 예언하는
아나돗 출신 예레미야를 꾸짖지 않느
냐?
28 그가 바벨론에 있는 우리에게 편지를
보내 말했다. 시간이 오래 걸릴 것이
니 집들을 짓고 그곳에서 살라. 정원
을 만들고 그곳에서 나는 열매를 먹
으라.'"
29 제사장 스바냐가 예언자 예레미야가
듣는 데서 이 편지를 읽었다.
30 그때 여호와의 말씀이 예레미야에게
임해 말씀하셨다.
31 "모든 포로들에게 이렇게 써 보내라.
'느헬람 사람 스마야에 대해서 여호와
가 이렇게 말한다. 내가 그를 보내지
않았는데도 스마야가 너희에게 예언
하고 너희로 하여금 거짓말을 믿게
했다.
32 그러므로 여호와가 이렇게 말한다. 보
라. 내가 느헬람 사람 스마야와 그 자
손들을 처벌할 것이다. 그에게 이 백
성 가운데 거할 자손이 없을 것이다.
그러므로 내가 내 백성에게 해 줄 좋
은 일도 보지 못할 것이다. 그가 나에

29:26 죄인에게 씌우던 긴 판자로 된 형틀

대해 거역하는 말을 했기 때문이다.'
여호와의 말이다."

이스라엘의 회복

30 여호와께로부터 예레미야에게
임한 말씀입니다.
2 "이스라엘의 하나님 여호와가 이렇게
말한다. '내가 네게 말한 모든 말들을
책에 기록하여라.'
3 여호와의 말이다. '보라. 내가 내 백성
*이스라엘과 유다를 포로 상태에서
돌아오게 할 날들이 이를 것이다.' 여
호와가 말한다. '내가 그들의 조상들
에게 주었던 땅으로 내가 그들을 돌
아오게 할 것이니 그들이 그 땅을 차
지할 것이다.'"
4 이것은 여호와께서 이스라엘과 유다
에게 하신 말씀들입니다.
5 "여호와가 이렇게 말한다. '우리가 *떨
리는 소리를 들으니 공포요, 평화가
아니다.
6 남자가 아이를 낳을 수 있는지 물어
보라. 그런데 왜 해산 중인 여인처럼
모든 남자들이 손을 허리에 대고 있
고 모든 얼굴이 창백해져 있는 것을
내가 보는가?
7 아, 그날이 크므로 그와 같은 날이 없
을 것이다. 그날이 야곱의 고난의 때
나 그가 그 고난의 때에 구원받을 것
이다.'
8 만군의 여호와의 말이다. '그날에 내
가 그들의 목에서 멍에를 깨뜨리고
그들을 묶는 끈을 끊어 버릴 것이다.
이방 사람들이 그들을 더 이상 종으
로 삼지 못할 것이다.
9 그들은 그들의 하나님 여호와를 섬기
고 내가 그들을 위해 일으킬 그들의
왕 다윗을 섬길 것이다.'
10 여호와의 말이다. '그러므로 내 종 야
곱아, 두려워하지 말라. 이스라엘아,
놀라지 말라. 보라. 내가 너를 먼 곳
에서 구원할 것이고 포로 된 땅에서
네 자손을 구원할 것이다. 야곱이 다
시 돌아와 평화와 안전을 얻고 그를
두렵게 할 사람이 아무도 없을 것이
다.'
11 여호와의 말이다. '내가 너와 함께해
너를 구원할 것이다. 내가 너를 흩었
던 모든 민족들을 완전히 멸망시킬지
라도 너는 내가 완전히 멸망시키지 않
을 것이다. 그러나 내가 너를 정의로
훈계하고 네가 결코 처벌을 면하게는
하지 않을 것이다.'
12 여호와께서 이렇게 말씀하셨다. '네
상처는 치료할 수 없고 네 부상이 중
하다.
13 네 소송을 변호할 사람이 아무도 없
고 네 부상을 치료할 약이 없으니 너
는 치유될 수 없다.
14 너를 사랑하던 사람들은 모두 너를
잊어버렸고 너를 찾지 않는다. 원수가
다치게 하듯이 내가 너를 다치게 했
고 잔인한 사람을 처벌하듯이 너를
처벌했다. 이는 네 범죄가 너무 크고
네 죄들이 너무 많기 때문이다.

30:3 또는 이스라엘과 유다의 운명을 회복시켜 주겠다.
30:5 전쟁과 파괴의 소리를 뜻함.

15 왜 네 상처를 두고 부르짖느냐? 네
고통은 치료될 수 없다. 네 범죄가 크
고 네 죄들이 많기 때문에 내가 네게
이런 일을 한 것이다.
16 그러나 너를 삼키는 사람들이 모두
삼켜질 것이며 네 모든 원수들이 포
로가 될 것이다. 너를 약탈하는 사람
들이 약탈당할 것이며 너를 착취하
는 사람 모두를 내가 착취물로 만들
것이다.'
17 여호와의 말이다. '그러나 내가 너를
회복시켜 건강하게 하고 네 상처들을
치료해 줄 것이다. 이는 그들이 너를
추방당한 사람, 아무도 돌보지 않는
시온이라고 부르기 때문이다.'
18 여호와가 이렇게 말한다. '보라. 내가
야곱 장막의 포로 된 것을 회복시키
고 그가 거처하는 곳들을 긍휼히 여
길 것이다. 성읍이 언덕 위에 다시 세
워지고 궁궐이 본래 있던 자리에 있
게 될 것이다.
19 그들에게서 감사의 노래와 기쁨의 소
리가 나올 것이다. 내가 그들을 번성
하게 할 것이니 그들의 수가 줄지 않
을 것이다. 내가 또 그들을 영화롭게
할 것이니 그들이 비천하게 되지 않
을 것이다.
20 그들의 자녀들이 예전같이 되고 그들
의 회중이 내 앞에 세워질 것이니 그
들을 억압하는 사람들을 다 내가 처
벌할 것이다.
21 그들의 지도자가 그들 가운데서 나
오고 그들의 통치자가 그들 가운데서
일어날 것이다. 내가 그를 가까이 데
리고 올 것이니 그가 내게 가까이 올
것이다. 누가 감히 스스로 내게 가까
이 나아오겠느냐?' 여호와의 말이다.
22 너희는 내 백성이 되고 나는 너희 하
나님이 될 것이다."
23 보라. 여호와의 폭풍이 진노해 나올
것이다. 휘몰아치는 폭풍이 악한 사
람들의 머리 위에 회오리칠 것이다.
24 여호와의 맹렬한 노여움이 여호와께
서 그분의 마음의 목적을 실행하고
성취하시기까지 돌아서지 않을 것이
다. 마지막 때 너희가 이것을 이해할
것이다.

31 여호와의 말씀이다. "그때에 내
가 이스라엘 모든 지파의 하나
님이 되고 그들은 내 백성이 될 것이
다."
2 여호와께서 이렇게 말씀하셨다. "칼
에서 살아남는 백성은 광야에서 은
총을 얻을 것이다. 내가 가서 이스라
엘을 쉬게 할 것이다."
3 여호와께서 *오래전에 우리에게 나타
나 말씀하셨다. "내가 영원한 사랑으
로 너를 사랑했기에 내가 인애로 너
를 이끌었다.
4 처녀 이스라엘아, 내가 다시 너를 세
울 것이니 네가 세워질 것이다. 네가
다시 탬버린을 잡고 네가 기뻐하는
사람들과 함께 춤추며 나올 것이다.
5 네가 다시 사마리아 언덕 위에 포도
나무들을 심을 것이다. 농부들이 심

31:3 또는 먼 곳으로부터 와서

을 것이고 그 열매를 먹을 것이다.
6 파수꾼이 에브라임 언덕에서 '일어나
라. 우리가 시온으로, 우리의 하나님
여호와께로 올라가자' 하고 외칠 날이
있을 것이다."
7 여호와께서 이렇게 말씀하셨다. "야곱
을 위해 기쁨으로 노래하라. 민족들
의 머리가 되는 사람을 위해 소리치
라. 선포하고 찬양하며 말하라. '여호
와여, 주의 백성 이스라엘의 남은 사
람을 구원하소서.'
8 보라. 내가 북쪽 땅에서 그들을 데려
오고 땅끝에서 그들을 모을 것이다.
그들 가운데는 눈먼 사람과 다리를
저는 사람과 임신한 여인들과 해산하
는 여인들도 함께할 것이니 큰 무리
가 돌아올 것이다.
9 그들이 울며 올 것이고 간구함으로
내가 그들을 이끌 것이다. 내가 그들
을 시냇가로 인도하고 평탄한 길로 인
도해 그들이 걸려 넘어지지 않게 할
것이다. 이는 내가 이스라엘의 아버지
며 에브라임은 내 맏아들이기 때문이
다.
10 민족들아, 여호와의 말씀을 듣고 멀
리 있는 섬들에 이 말을 선포하라. '이
스라엘을 흩은 자가 그들을 모을 것
이고 목자처럼 그의 양 떼를 지킬 것
이다.'
11 여호와께서 야곱의 몸값을 지불했고
저보다 강한 자의 손에서 그들을 구
속했기 때문이다.
12 그들이 와서 시온의 높은 곳에서 노
래하고 곡식과 새 포도주와 기름과
어린양 떼와 소 떼를 주신 여호와의
선하심을 기뻐할 것이다. 그들의 영혼
은 물 댄 정원 같을 것이고 그들이 더
이상 슬퍼하지 않을 것이다.
13 그때에는 처녀들이 춤을 추며 기뻐하
며 젊은 사람들과 늙은 사람들이 함
께 기뻐할 것이다. 내가 그들의 애곡
을 즐거움으로 바꿀 것이고 그들을
위로하고 슬픔 대신에 기쁨을 줄 것
이다.
14 내가 풍성함으로 제사장들의 영혼을
만족하게 하고 내 백성은 내 선함으
로 만족하게 할 것이다. 여호와의 말
이다."
15 여호와께서 이렇게 말씀하셨다. "라마
에서 한 소리가 들리니 애곡과 몹시
우는 소리다. 라헬이 그녀의 자식으
로 인해 울고 있다. 그녀의 자식으로
인해 위로받기를 거절하니 이는 더
이상 자식이 없기 때문이다."
16 여호와께서 이렇게 말씀하셨다. "네
목소리를 삼가서 울지 말며 네 눈을
삼가서 눈물을 흘리지 마라. 이는 네
일이 보상받을 것이기 때문이다. 여호
와의 말이다. 그들이 대적의 땅에서
돌아올 것이다.
17 그래서 네 미래에는 소망이 있다. 여
호와의 말이다. 네 자녀들이 그들의
영토로 돌아올 것이다.
18 내가 *에브라임의 탄식 소리를 분명
히 들었다. '주께서 나를 훈계하셨습

31:18 북왕국 이스라엘을 가리킴.

니다. 길들이지 않은 송아지 같은 내
가 훈계를 받았습니다. 나를 회복시
켜 주십시오. 그러면 내가 돌아오겠
습니다. 이는 주께서 내 하나님 여호
와이시기 때문입니다.
19 길을 잃은 후에 내가 회개했습니다.
내가 알게 된 후에 내가 내 허벅지를
쳤습니다. 내가 부끄럽게 되고 모욕
을 당한 것은 내가 내 어릴 적 수치를
지니고 있기 때문입니다.'
20 에브라임이 내 사랑하는 아들이 아
닌가? 내게 기쁨을 주는 자식이 아닌
가? 내가 그를 자주 책망해 말하지만
아직도 그를 기억한다. 그러므로 내
창자가 그로 인해 고통을 받으니 내
가 분명 그를 긍휼히 여길 것이다. 여
호와의 말이다.
21 너 자신을 위해 길 표지판을 세우라.
너 자신을 위해 방향 푯말을 세우라.
대로, 곧 네가 갔던 길을 잘 생각하
라. 처녀 이스라엘아, 돌아오라. 네 성
읍들로 돌아오라.
22 타락한 딸아, 네가 얼마나 더 방황하
겠느냐? 여호와가 땅 위에 새로운 것
을 창조하셨으니 여자가 남자를 *에
워쌀 것이다."
23 이스라엘의 하나님 만군의 여호와께
서 이렇게 말씀하셨다. "내가 *그들의
포로들을 돌아오게 할 때 유다 땅과
그 성읍들의 사람들이 다시 이런 말
을 하게 될 것이다. '의의 처소여, 거룩
한 산이여, 여호와께서 네게 복을 주
신다.'
24 유다와 그의 모든 성읍들에 농부들
과 양 떼를 몰고 다니는 사람들이 다
함께 살 것이다.
25 내가 고갈한 영혼을 만족시켰고 시들
은 영혼을 새롭게 했기 때문이다."
26 이에 내가 깨어나 둘러보았다. 내 잠
이 내게 달콤했다.
27 "여호와의 말이다. 내가 이스라엘의
집과 유다의 집을 사람의 씨와 짐승
의 씨로 심을 날들이 오고 있다.
28 내가 그들을 지켜보아 뽑고, 붕괴시키
고, 무너뜨리고, 파괴하고, 재앙을 가
져왔듯이 그들을 지켜보아 세우고 심
을 것이다. 여호와의 말이다.
29 그때에는 사람들이 더 이상 '아버지
가 신 포도를 먹었으니 그 자식들의
이가 시다'라고 말하지 않을 것이다.
30 모든 사람이 각각 자기 죄로 인해 죽
을 것이다. 신 포도를 먹는 자는 누구
나 자기 이가 시릴 것이다.
31 여호와의 말이다. 내가 이스라엘의 집
과 유다의 집과 새 언약을 맺을 날들
이 오고 있다.
32 이 언약은 그들의 조상들의 손을 붙
잡고 이집트 땅에서 나오게 하던 날,
내가 그들의 조상과 맺은 언약과는
같지 않다. 내가 그들의 남편이었음에
도 그들은 내 언약을 깨뜨렸다. 여호
와의 말이다.
33 여호와의 말이다. 이것이 내가 그날들
후에 이스라엘의 집과 맺을 언약이다.

31:22 또는 보호할 것이다. 31:23 또는 그들의 운명을 회복시켜 줄 때

내가 내 율법을 그들의 생각 속에 주
고 그들의 마음에 기록할 것이다. 그
리하여 나는 그들의 하나님이 되고
그들은 내 백성이 될 것이다.
34 그들은 각자 자기 이웃에게 또는 자
기 형제에게 더 이상 '여호와를 알라'
하고 말하지 않을 것이다. 이는 가장
작은 사람들부터 가장 큰 사람들까
지 그들 모두가 나를 알 것이기 때문
이다. 내가 그들의 죄를 용서하고 그
들의 죄를 더 이상 기억하지 않을 것
이다. 여호와의 말이다."
35 여호와께서 이렇게 말씀하셨다. "해
를 낮의 빛으로 주고 달과 별을 밤의
빛으로 명하시고 바다를 흔들어 파
도가 소리치게 하는 이, 그의 이름은
만군의 여호와다.
36 여호와의 말이다. 이러한 법칙들이 내
앞에서 어긋나지 않는 한 이스라엘
자손 또한 내 앞에서 한 민족으로 남
아 있기를 영원히 멈추지 않을 것이
다."
37 여호와께서 이렇게 말씀하셨다. "저
위의 하늘이 측량될 수 있고 저 아래
땅의 기초가 조사될 수 있다면 나도
이스라엘 자손들이 행한 모든 것으로
인해 이스라엘 자손들을 버릴 수 있
을 것이다. 여호와의 말이다.
38 여호와의 말이다. 보라. 이 성읍이 여호
와를 위해 '하나넬의 탑'으로부터 '모
퉁이 문'까지 재건될 날이 오고 있다.
39 측량하는 줄자가 그곳에서부터 곧바
로 가렙 언덕까지 갈 것이고 그다음
고아로 돌아갈 것이다.
40 시체들과 재의 골짜기 전체와 기드론
시내와 동쪽의 *'말 문' 모퉁이에 이
르는 모든 들판이 여호와께 거룩한
곳이 될 것이다. 그 성읍이 결코 다시
는 뽑혀 무너지지 않을 것이다."

예레미야가 밭을 사다

32 유다 왕 시드기야 *10년 느부
갓네살 18년에 여호와께로부터
예레미야에게 임한 말씀입니다.
2 그때에 바벨론 왕의 군대가 예루살렘
을 포위하고 있었고 예언자 예레미야
는 유다 왕의 집 경호대 뜰에 갇혀 있

31:40 예루살렘의 북쪽 성문을 가리킴. 32:1 BC 587년

성·경·상·식

신약을 통해서 본 예레미야

- **예레미야는 영적인 능력의 소유자였다** 예수님 당시의 사람들은 예레미야를 엘리야, 세례 요한, 예수님처럼 영적인 능력을 가진 사람으로 보았다(마 16:13-16).
- **마태는 예레미야의 예언을 인용했다** 마태는 베들레헴에서 일어난 유아 살해 장면을 묘사할 때 예레미야의 글을 인용했다(마 2:17-18).
- **예레미야에게 주셨던 새 언약은 신약에서 다시 설명되었다** 하나님은 예레미야에게 새 언약을 주셨다(렘 31:31-34). 이 새 언약은 그리스도의 구속 사역으로 이루어졌다(히 8:7-13). 이는 다윗의 자손 예수로 말미암아 성취된 은혜의 언약이었다.

었다.
3 유다 왕 시드기야가 그를 감옥에 가
두며 말했다. "너는 왜 '여호와께서 이
렇게 말씀하셨다. 보라. 내가 이 성읍
을 바벨론 왕의 손에 넘겨줄 것이니
그가 이곳을 차지할 것이다.
4 유다 왕 시드기야는 *갈대아 사람들
의 손에서 빠져나가지 못할 것이고 반
드시 바벨론 왕의 손에 넘겨져 그와
얼굴을 맞대고 이야기하고 눈을 맞대
고 볼 것이다.
5 그가 시드기야를 바벨론으로 잡아갈
것이고 내가 그를 돌아볼 때까지 그
곳에 있을 것이다. 너희가 *갈대아 사
람들과 싸우더라도 너희가 그들을 이
기지 못할 것이다. 여호와의 말이다'라
고 예언을 하느냐?"
6 예레미야가 말했다. "여호와의 말씀이
내게 임해 말씀하셨습니다.
7 보아라. 네 삼촌인 살룸의 아들 하나
멜이 네게 와서 말한다. '아나돗에 있
는 내 밭을 사라. 그것을 사서 되찾을
권리가 네게 있다.'
8 그러자 여호와의 말씀대로 내 삼촌의
아들인 하나멜이 경호대 뜰에 있는
내게 와서 말했습니다. '베냐민 땅 아
나돗에 있는 내 밭을 사라. 그 상속권
이 네게 있고 그것을 사서 되찾을 권
리가 네게 있으니 네가 사라.' 이것이
여호와의 말씀인 것을 내가 알았습니
다.
9 그래서 내가 내 삼촌의 아들인 하나
멜에게서 아나돗에 있는 밭을 사고 그
에게 은 *17세겔을 달아 주었습니다.
10 내가 증서를 써서 봉인하고 증인을
세우고 저울로 은을 달아 주었습니
다.
11 내가 매매 증서를 법과 규례에 따라
봉인한 것과 봉인하지 않은 것을 다
가져다가
12 내 삼촌의 아들인 하나멜과 매매 증
서에 서명한 증인들과 경호대 뜰에
앉아 있던 모든 유다 사람들 앞에서
매매 증서를 마세야의 손자이며 네리
야의 아들인 바룩에게 주었습니다.
13 그들 앞에서 내가 바룩에게 명령했습
니다.
14 '이스라엘의 하나님 만군의 여호와가
이렇게 말한다. 이 증서들, 즉 봉인한
증서와 봉인하지 않은 증서를 가져다
가 토기 안에 담아서 오랫동안 보관
하여라.
15 이스라엘의 하나님 만군의 여호와가
이렇게 말한다. 사람들이 이 땅에서
집과 밭과 포도밭들을 다시 사게 될
것이다.'
16 내가 매매 증서를 네리야의 아들 바
룩에게 건네준 후에 내가 여호와께 기
도했습니다.
17 '아, 주 여호와여, 보소서. 주께서 큰
능력과 펼친 팔로 하늘과 땅을 만드
셨습니다. 주께는 너무 어려워서 못
할 일은 없습니다.
18 주께서 수천 명에게 인애를 베푸시고
조상들의 죄악을 그들의 자손들의 품

32:4,5 또는 바벨론 32:9 17세겔은 약 193.8그램

에 갚으십니다. 크고 능하신 하나님이
여, 주의 이름은 만군의 여호와이십
니다.
19 주의 뜻은 위대하시고 주의 일에 능
력이 있으십니다. 주의 눈이 사람의
모든 길을 주목하시니 주께서는 모든
사람에게 각자 자기의 행동과 행위의
열매에 따라 갚아 주십니다.
20 이집트 땅에서 그리고 오늘날까지 이
스라엘과 모든 인류 가운데 주께서
표적과 기사를 행하시어 주의 이름을
오늘과 같이 되게 하셨습니다.
21 주께서 주의 백성 이스라엘을 표적과
기사로, 강한 손과 펼친 팔로, 큰 두
려움으로 이집트 땅에서 이끌어 내셨
습니다.
22 그들의 조상들에게 주시겠다고 주께
서 맹세하신 이 땅, 곧 젖과 꿀이 흐
르는 땅을 주께서 그들에게 주셨습니
다.
23 그리하여 그들이 와서 그 땅을 차지
하게 됐습니다. 그러나 그들은 주의
목소리에 순종하지도 않고 주의 율법
을 따르지도 않았습니다. 주께서 그
들에게 행하라고 명령하셨던 모든 것
가운데 어떤 것도 그들이 행하지 않
았습니다. 그리하여 주께서 이 모든
재앙을 그들에게 가져오셨습니다.
24 보소서. 저 흙 언덕 쌓은 것을! 그들
이 이 성읍을 차지하려고 왔습니다.
이 성읍은 칼과 기근과 전염병을 보
았습니다. *갈대아 사람들의 손에 이
성읍이 넘어갈 것입니다. 주께서 말씀
하신 일이 일어났습니다. 보소서. 주
께서 그것을 보고 계십니다.
25 여호와여, 그런데 이 성읍이 *갈대아
사람들 손에 주어졌는데도 주께서는
내게 은을 주고 그 밭을 사고 증인을
세우라고 말씀하십니다.'"
26 그때 여호와의 말씀이 예레미야에게
임했습니다.
27 "보아라. 나는 모든 육체의 하나님 여
호와다. 내게 너무 어려워서 못할 일
이 있느냐?
28 그러므로 여호와가 이렇게 말한다. 내
가 이 성읍을 *갈대아 사람들과 바벨
론 왕 느부갓네살의 손에 넘겨줄 것이
다. 그가 이것을 취할 것이다.
29 이 성읍을 공격하는 *갈대아 사람들
이 이 성읍에 와서 불을 지를 것이다.
그들은 지붕에서 바알에게 분향하고
다른 신들에게 전제물을 부어 나를
화나게 했던 사람들의 집과 함께 이
성읍을 태워 버릴 것이다.
30 이스라엘 자손과 유다 자손이 그들의
어린 시절부터 내 눈앞에서 악한 짓
만 했다. 이스라엘 자손들은 그들의
손으로 만든 것으로 나를 화나게 했
다. 여호와의 말이다.
31 건축한 그날부터 오늘까지 이 성읍이
내 노여움과 분노를 일으켰기 때문에
내가 이것을 내 눈앞에서 없애 버릴
것이다.
32 이스라엘 자손과 유다 자손이 그들이
행한 모든 악으로 인해 나를 화나게

32:24,25,28,29 또는 바벨론

했다. 그들이나 그들의 왕들이나 그
들의 관료들이나 그들의 제사장들과
그들의 예언자들이나 유다 사람들이
나 예루살렘에 사는 사람들이 다 그
러했다.
33 그들이 내게 얼굴이 아니라 등을 돌
렸다. 내가 그들을 거듭해서 가르쳤으
나 그들이 훈계를 들으려 하지도 않
았고 받아들이지도 않았다.
34 그들이 내 이름으로 불리는 집에 그
들의 가증스러운 우상들을 세우고
그곳을 더럽혔다.
35 그들은 힌놈의 아들 골짜기에 바알의
산당을 짓고는 자기 아들들과 딸들
을 불 속으로 지나가게 해 *몰렉에게
바쳤다. 이러한 일은 내가 명령하지도
않았고 내 마음에 떠오르지도 않았
던 일인데 그들이 이 가증스러운 일
을 해서 유다로 하여금 죄짓게 했다."
36 "그러므로 이제 '그것이 칼과 기근과
전염병으로 바벨론 왕의 손에 주어질
것이다'라고 너희들이 말하는 이 성
읍에 대해 이스라엘의 하나님 여호와
께서 말씀하셨다.
37 보라. 내 노여움과 분노와 큰 격분으
로 내가 그들을 쫓아냈던 모든 땅에
서 내가 그들을 모을 것이다. 내가 그
들을 이곳으로 돌아오게 하고 그들
을 안전하게 살게 할 것이다.
38 그들은 내 백성이 되고 나는 그들의
하나님이 될 것이다.
39 그리고 내가 그들에게 한마음과 한길
을 주어 그들이 자기와 자기 자손들
의 복을 위해서 나를 항상 경외하게
할 것이다.
40 내가 영원한 언약을 그들과 맺어 그
들에게서 돌이켜 떠나지 아니하고 그
들에게 복을 줄 것이다. 내가 그들의
마음에 나를 경외함을 두어 그들이
나를 떠나지 않게 할 것이다.
41 내가 그들에게 복을 주는 것을 기뻐
할 것이고 내가 내 온 마음과 내 온
정신으로 확실하게 그들을 이 땅에
심을 것이다.
42 여호와가 이렇게 말한다. 내가 이 모
든 큰 재앙을 이 백성에게 내린 것같
이 내가 그들에게 약속한 모든 복도
그렇게 그들에게 내릴 것이다.
43 '황폐해 사람이나 동물이 없고 *갈대
아 사람들의 손에 주어졌다' 하며 너
희들이 말하는 이 땅에서 밭이 매매
될 것이다.
44 베냐민 땅과 예루살렘 주변 지역들과
유다 성읍들과 산간 지방의 성읍들과
서쪽 평원의 성읍들과 남쪽 성읍들
에서 사람들이 은을 주고 밭들을 사
고 매매 증서에 서명해 봉인하고 증
인을 세울 것이다. 이는 내가 *그들을
포로 생활에서 돌아오게 할 것이기
때문이다. 여호와의 말이다."

회복의 약속

33 예레미야가 아직 경호대 뜰에
갇혀 있을 때 또다시 여호와의
말씀이 예레미야에게 임해 말씀하셨

32:35 암몬 사람들의 신을 가리킴. 32:43 또는 바벨론 32:44 또는 그들의 운명을 회복시켜 줄 것이기 때문이다.

습니다.
2 "땅을 만든 여호와, 땅을 형성하고 세
운 여호와, 그 이름이 여호와라 하는
이가 이렇게 말한다.
3 '내게 부르짖어라. 그러면 내가 네게
대답하겠고 네가 알지 못하는 크고
비밀스러운 일들을 네게 알려 줄 것
이다.'
4 흙 언덕과 칼에 대항해 붕괴된 이 성
읍에 있는 집들과 유다 왕의 집에 대
해 이스라엘의 하나님 여호와가 이렇
게 말한다.
5 '그들이 갈대아 사람들과 싸우기 위해
서 왔지만 내가 진노와 분노로 죽인
사람들의 시체로 이 성읍을 채울 것
이다. 이는 그들의 모든 죄악으로 인
해 이 성읍에서 내가 내 얼굴을 숨길
것이기 때문이다.
6 그러나 보라. 내가 이 성읍에 건강과
치유를 가져올 것이다. 내가 그들을
치료해 그들에게 풍성한 번영과 안정
을 드러내 보일 것이다.
7 내가 *유다의 포로와 이스라엘의 포
로를 돌아오게 하고 그들을 처음과
같이 세울 것이다.
8 그들이 내게 저지른 모든 죄악을 내
가 그들에게서 씻어 내고 그들이 내
게 저지른 모든 죄악과 나에 대한 반
역을 내가 용서할 것이다.
9 그러면 내가 그들을 위해 해 준 모든
복들에 대해 땅 위의 모든 민족들이
듣고 이 성읍은 내게 기쁨과 찬양과
영광의 이름이 될 것이다. 내가 이 성
읍에 제공한 모든 복과 모든 평안으
로 인해 그들이 두려워하고 떨 것이
다.'
10 여호와가 이렇게 말한다. '이곳은 사
람도, 짐승도 없는 황무지다'라고 너
희가 말하고 있는 이곳에, 황폐하게
돼 사람도 동물도 살지 않게 된 유다
성읍들과 예루살렘 거리에 다시 소리
가 들릴 것이다.
11 그것은 기쁨의 소리와 즐거움의 소리
고, 신랑의 소리와 신부의 소리고, '만
군의 여호와께 감사를 드리라. 여호와
는 선하시고 그분의 인자는 영원하기
때문이다'라고 말하며 여호와의 집에
감사의 제물을 드리는 사람의 소리
다. 이는 내가 이 땅의 포로들을 처음
과 같이 돌아오게 할 것이기 때문이
다. 여호와가 말한다.
12 만군의 여호와가 이렇게 말한다. '황
폐하게 돼 사람이나 짐승이 살지 않
는 이 모든 성읍들에 양 떼를 눕게
할 목자들의 목초지가 다시 생길 것
이다.
13 산간 지대의 성읍들과 서쪽 평원의
성읍들과 남쪽 성읍들과 베냐민 땅과
예루살렘 주변 지역과 유다의 여러 성
읍들에서 양 떼가 양의 숫자를 세는
사람의 손 아래로 다시 지나가게 될
것이다.' 여호와가 말한다.
14 여호와의 말이다. '보라. 내가 이스라
엘의 집과 유다의 집과 약속한 좋은
일을 행할 날이 오고 있다.

33:7 또는 유다와 이스라엘의 운명을 회복시켜 놓겠다.

15 그날에, 그리고 그때에 내가 다윗에게
서 한 의로운 가지가 나오게 할 것이
니 그가 이 땅에서 정의와 의를 실행
할 것이다.
16 그날에 유다가 구원을 얻고 예루살렘
이 안전하게 살게 될 것이다. '여호와
우리의 의', 이것은 그의 이름이다.
17 여호와가 이렇게 말한다. '이스라엘의
집 보좌에 앉을 사람이 다윗에게서
결코 끊어지지 않을 것이다.
18 내 앞에서 번제를 드리고 곡식제물
을 태우고 희생제물을 드릴 사람이
레위 사람 제사장들에게서 영원히 끊
어지지 않을 것이다.'"
19 여호와의 말씀이 예레미야에게 임했
습니다.
20 "여호와가 이렇게 말한다. '너희가 낮
과 맺은 내 언약과 밤과 맺은 내 언약
을 파기할 수 있어서 낮과 밤이 정해
진 시간에 오지 못한다면
21 내가 내 종 다윗과 맺은 내 언약도 파
기될 수 있을 것이고 그의 보좌에 앉
아 다스릴 아들이 없을 것이다. 나를
섬기는 레위 사람 제사장들과 맺은
내 언약도 파기될 수 있을 것이다.
22 하늘의 별 무리들을 셀 수 없고 바다
의 모래알을 측량할 수 없는 것처럼
내가 내 종 다윗의 자손과 나를 섬기
는 레위 사람들을 번성하게 할 것이
다.'"
23 여호와의 말씀이 예레미야에게 임해
말씀하셨습니다.
24 "'자신이 선택한 두 족속을 여호와께
서 버리셨다'고 이 백성이 말한 것을
네가 듣지 못했느냐? 그들이 이렇게
내 백성을 경멸해 그들을 한 민족으
로 더 이상 여기지 않는다.
25 여호와가 이렇게 말한다. '낮과 밤에
대한 내 언약이 흔들릴 수 없고 하늘
과 땅에 대한 내 규례가 무너질 수 없
는 것처럼
26 내가 야곱과 내 종 다윗의 자손을 버
리지 않을 것이며 그 자손 가운데서
아브라함과 이삭과 야곱의 자손을 다

성·경·상·식

예레미야서에 나타난 예수님

예레미야는 생애 자체가 예수님과 비슷한 점이 많이 있을 뿐만 아니라 장차 오실 메시아 예수님의 모습을 구체적으로 예언하고 있다.

- **목자이신 예수님** "내가 그들을 돌볼 목자들을 그들 위에 세울 것이다. 그들이 다시는 두려워하거나 놀라지 않을 것이고 잃어버리지도 않을 것이다"(렘 23:4).
- **의로우신 예수님** "그날에 유다가 구원을 얻고 이스라엘이 안전하게 살게 될 것이다. '여호와 우리의 의', 이것이 그가 불릴 이름이다"(렘 23:6).
- **왕이신 예수님** "그들은 그들의 하나님 여호와를 섬기고 내가 그들을 위해 일으킬 그들의 왕 다윗을 섬길 것이다"(렘 23:5; 30:9 참조).
- **의로운 가지이신 예수님** "그날에, 그리고 그때에 내가 다윗에게서 한 의로운 가지가 나오게 할 것이니 그가 이 땅에서 정의와 의를 실행할 것이다"(렘 33:15).

스릴 사람을 선택할 것이다. 내가 *그
들의 포로들을 돌아오게 하고 그들
을 긍휼히 여길 것이다.'"

시드기야에 대한 경고

34 바벨론 왕 느부갓네살과 그 모
든 군대와 그의 통치하에 있는
땅의 모든 나라들과 모든 백성들이
예루살렘과 그 주변의 모든 성읍들과
싸우고 있을 때 여호와께로부터 예레
미야에게 임한 말씀입니다.
2 "이스라엘의 하나님 여호와가 이렇게
말한다. 유다 왕 시드기야에게 가서
말하여라. '여호와가 이렇게 말한다.
보아라. 내가 이 성읍을 바벨론 왕의
손에 줄 것이니 그가 이곳을 불로 태
워 버릴 것이다.
3 너는 그의 손에서 빠져나오지 못할
것이고 오히려 확실히 붙잡혀 그의
손에 넘겨질 것이다. 네가 바벨론 왕
을 눈을 맞대고 볼 것이며 그가 너와
얼굴을 맞대고 말할 것이다. 그리고
너는 바벨론으로 갈 것이다.'"
4 "그러나 유다 왕 시드기야여, 여호와
의 말씀을 들어라. 너에 관해 여호와
께서 이렇게 말씀하셨다. 네가 칼에
죽지 않고
5 평화롭게 죽을 것이다. 백성이 네 조
상들, 곧 네 선왕들을 위해서 분향했
던 것처럼 너를 위해서 분향하고, '슬
프다, 주인이여!'라고 너를 위해서 애
곡할 것이다. 내가 이것을 약속한다.
여호와의 말이다."
6 그 후 예언자 예레미야가 예루살렘에
서 유다 왕 시드기야에게 이 모든 말
을 했다.
7 그때는 바벨론 왕의 군대가 예루살렘
과 아직 남아 있는 유다의 성읍들인
라기스와 아세가와 싸우고 있었다. 그
성읍들은 유다의 성읍들 가운데 남
아 있던 요새화된 성읍들이었다.

종들의 자유

8 시드기야 왕이 예루살렘에 있는 모든
백성에게 자유를 선포하는 언약을 맺
은 후에 여호와께로부터 예레미야에
게 임한 말씀입니다.
9 그 언약은 모든 사람이 각자 자기의
히브리 사람인 남녀종들을 해방시켜
어느 누구도 그 형제 유다 사람을 그
들의 종이 되게 하지 않는다는 것이
었습니다.
10 그리하여 이 언약에 동참한 모든 관
료들과 모든 백성이 각각 자기의 남녀
종들을 해방시켜 더 이상 노예 상태
로 있게 하지 않기로 하고 남녀종들
을 놓아주었습니다.
11 그러나 그 후 그들은 마음을 바꾸어
자기들이 해방한 남녀종들을 데려와
다시 종으로 삼았습니다.
12 그때 여호와의 말씀이 여호와께로부
터 예레미야에게 임해 말씀하셨습니
다.
13 "이스라엘의 하나님 여호와가 이렇게
말한다. 내가 너희 조상들을 이집트
땅, 그들이 종이었던 집에서 이끌어
내던 날 그들과 내가 언약을 맺었다.

33:26 또는 그들의 운명을 회복시켜 주고

14 *"7년째 되는 해에 너희는 너희에게
팔린 히브리 형제를 풀어 주어라. 그
가 너를 6년 동안 섬겼으니 네가 그를
해방해야 한다.' 그러나 너희 조상들
은 내 말을 듣지도 않았고 귀를 기울
이지도 않았다.
15 최근에 너희는 회개를 하고 내 눈앞
에 옳은 일을 했다. 너희 각자가 자기
이웃에게 자유를 선포했다. 그리고
너희가 내 이름으로 불리는 집에서,
내 앞에서 언약을 맺었다.
16 그러나 너희가 또 돌이켜 내 이름을
더럽혔다. 그들 마음에 원하는 대로
가도록 너희가 해방시켜 준 그 남녀
종들을 너희가 다시 데려왔다. 너희
가 그들을 다시 종으로 삼아 너희의
종이 되게 했다."
17 "그러므로 여호와가 이렇게 말한다.
너희가 내게 순종하지 않았다. 너희
가 각각 자기의 형제와 이웃에게 자
유를 선포하지 않았다. 보라. 내가 너
희에게 자유를 선포해 칼과 전염병과
기근으로 죽게 할 것이다. 여호와의
말이다. 내가 너희를 세상의 모든 나
라들에 두려움의 대상이 되게 할 것
이다.
18 송아지를 둘로 자르고 그 조각 사이
를 지나가며 내 앞에서 맺은 언약의
조항을 지키지 않고 내 언약을 어긴
사람들을,
19 곧 송아지 조각들 사이를 지나간 유
다의 지도자들과 예루살렘의 지도자
들, 내시들, 제사장들, 이 땅의 모든
백성을
20 내가 대적들의 손에, 그들의 목숨을
찾는 사람들의 손에 넘겨줄 것이다.
그들의 시체가 공중의 새들과 땅의
짐승들의 먹이가 될 것이다."
21 "내가 유다 왕 시드기야와 그의 관료
들을 대적들의 손에, 그들의 목숨을
찾는 사람들의 손에 그리고 너희들에
게서 물러간 바벨론 왕 군대의 손에
넘겨줄 것이다.
22 여호와의 말이다. 보라. 내가 명령을
내려 그들을 이 성읍으로 돌아오게
할 것이다. 그들이 이 성읍을 공격해
서 취하고 불로 태울 것이다. 그러면
내가 유다의 성읍들을 폐허로 만들
것이니 그곳에 아무도 살지 못할 것
이다."

레갑 자손

35 유다 왕 요시야의 아들 여호야
김의 때에 여호와께로부터 예
레미야에게 임한 말씀입니다.
2 "레갑 족속의 집에 가서 그들에게 말
해 그들을 여호와의 집에 있는 한 방
으로 데려다가 그들에게 포도주를 마
시게 하여라."
3 그리하여 나는 하바시냐의 손자 예레
미야의 아들 야아사냐와 그의 형제들
과 그의 모든 아들들과 모든 레갑 족
속 사람들을 데리고
4 그들을 여호와의 집으로 데려가 익다
랴의 아들 하나님의 사람 하난의 아
들들의 방으로 들여보냈다. 그곳은

34:14 신 15:1-3을 보라.

관료들의 방 옆쪽에, 문지기 살룸의
아들 마아세야의 방 위쪽에 있었다.
5 나는 레갑 족속의 자손들 앞에 포도
주가 가득 담긴 대접과 잔을 주고 그
들에게 말했다. "포도주를 드시오."
6 그러나 그들이 대답했다. "우리는 포
도주를 마시지 않습니다. 레갑의 아
들인 우리 조상 요나답께서 우리에게
명령했습니다. '너희와 너희 자손들은
영원히 포도주를 마시지 말라.
7 또한 너희는 집을 짓거나 씨를 뿌리거
나 포도밭을 만들지 말고 이런 것들
가운데 어떤 것도 소유하지 말라. 오
직 너희는 일생 동안 천막에서 살라.
그러면 너희가 유목하는 땅에서 오랫
동안 살 수 있을 것이다.'
8 레갑의 아들인 우리 조상 요나답의
목소리에 우리가 귀 기울여서 그가
우리에게 명령한 모든 것에 순종해
왔습니다. 우리와 우리의 아내들과
우리의 아들들, 그리고 우리의 딸들
이 포도주를 마신 적이 없고
9 우리의 거주할 집을 우리가 짓지 않
았으며 포도밭이나 밭이나 씨앗도 우
리가 갖지 않았습니다.
10 우리가 천막에서 살았고 우리 조상
요나답이 명령한 모든 것을 따라 순
종하고 실행했습니다.
11 그러나 바벨론 왕 느부갓네살이 이 땅
에 왔을 때 우리가 말했습니다. *'갈대
아 사람의 군대와 아람 사람의 군대
때문에 우리가 예루살렘으로 가자.' 그
래서 우리가 예루살렘에 머물고 있습
니다."
12 그때 여호와의 말씀이 예레미야에게
임해 말씀하셨습니다.
13 "이스라엘의 하나님 만군의 여호와가
이렇게 말한다. 가서 유다 사람들과
예루살렘에 사는 사람들에게 말하여
라. '너희가 교훈을 얻고 내 말에 귀
기울이지 않겠느냐?' 여호와의 말이
다.
14 '그의 자손들에게 포도주를 마시지
말라고 명령한 레갑의 아들 *요나답
의 말을 그들이 지켜서 그들이 오늘
날까지 포도주를 마시지 않고 있는
것은 그들이 조상들의 명령을 순종
하고 있기 때문이다. 그러나 내가 너
희에게 거듭 말했는데도 너희는 내게
순종하지 않았다.
15 내가 내 모든 종 예언자들을 너희에
게 거듭 보내면서 말했다. "너희는 각
자 자기의 악한 행동에서 떠나 너희
행위를 올바르게 하고 다른 신들을
추종해 그들을 섬기지 말라. 그러면
내가 너희와 너희 조상들에게 준 이
땅에서 너희가 살 것이다." 그러나 너
희는 내게 귀를 기울이지도 않고 듣
지도 않았다.
16 레갑의 아들 요나답의 자손들은 자기
들에게 명령한 그들 조상의 명령을
지켰지만 이 백성은 내게 순종하지
않았다.'"
17 "그러므로 이스라엘의 하나님 만군의

35:11 또는 바벨론 35:14 또는 여호나답(왕하 10:15을 보라.)

여호와의 말이다. '보라! 내가 선포한
모든 재앙을 유다와 예루살렘에 사는
모든 사람들에게 내릴 것이다. 이는
내가 그들에게 말했으나 그들이 듣지
않았고 내가 그들을 불렀으나 그들이
대답하지 않았기 때문이다.'"
18 그러고 나서 예레미야가 레갑 족속의
집에 말했다. "이스라엘의 하나님 만
군의 여호와께서 이렇게 말씀하셨다.
'너희가 너희 조상 요나답의 명령에
순종하고 그의 모든 명령들을 지켰으
며 그가 너희에게 명령한 모든 것대
로 실행했다.'
19 그러므로 이스라엘의 하나님 만군의
여호와께서 이렇게 말씀하셨다. '내
앞에 설 사람이 레갑의 아들 요나답
에게서 영원히 끊어지지 않을 것이
다.'"

여호야김이 예레미야의 두루마리를 불사르다

36 유다 왕 요시야의 아들 여호야
김 4년에 여호와의 말씀이 예
레미야에게 임해 말씀하셨습니다.
2 "두루마리 책을 가져다가 요시야 때
내가 네게 말하기 시작한 날부터 오
늘까지 이스라엘과 유다와 다른 모든
민족들에 대해 내가 네게 말한 모든
것을 그것에 기록하여라.
3 혹시 유다 집이 내가 그들에게 행하
려고 생각하는 모든 재앙에 대해 듣
고서 그들 각자가 자기의 악한 길에
서 떠날지 모른다. 그러면 내가 그들
의 악함과 그들의 죄를 용서할 것이
다."
4 그리하여 예레미야는 네리야의 아들
바룩을 불렀고 바룩은 두루마리 책에
여호와께서 예레미야에게 말씀하신
모든 것을 예레미야의 말에 따라 기
록했다.
5 그러고 나서 예레미야가 바룩에게 명
령했다. "나는 지금 감금당해 여호와
의 성전에 올라갈 수 없으니
6 네가 올라가서 내 말에 따라 네가 기
록한 두루마리 책에 있는 여호와의
말씀을 금식하는 날 여호와의 집에서
백성이 듣는 가운데 읽어 주어라. 여
러 성읍들에서 온 모든 유다 백성이
듣는 데서도 그것들을 읽어 주어라.
7 혹시 그들이 여호와 앞에서 간구하며
각자 자기의 악한 길에서 떠날지 모
른다. 이는 여호와께서 이 백성을 향
해 선포하신 그분의 노여움과 분노가
컸기 때문이다."
8 네리야의 아들 바룩이 예언자 예레미
야가 명령한 모든 것을 실행해 여호와
의 성전에서 여호와의 말씀의 책을 읽
었다.
9 유다 왕 요시야의 아들 여호야김 5년
아홉째 달에 예루살렘에 있는 모든
백성과 유다 여러 성읍에서 예루살렘
으로 온 모든 백성들에게 여호와 앞
에서 금식이 선포됐다.
10 그때 바룩이 여호와의 성전 *'새 문' 입
구 위쪽 뜰에 있는 사반의 아들 서기
관 그마랴의 방에서 모든 백성이 듣
도록 그 책에 기록된 예레미야의 말

36:10 예루살렘에 있는 한 성문의 이름을 가리킴.

들을 읽었다.
11 사반의 손자 그마랴의 아들 미가야가
그 책에 기록된 여호와의 말씀들을
모두 듣고는
12 왕의 집으로 내려가 서기관의 방으로
갔다. 보라. 그곳에는 모든 관료들, 곧
서기관 엘리사마, 스마야의 아들 들라
야, 악볼의 아들 엘라단, 사반의 아들
그마랴, 하나냐의 아들 시드기야와 다
른 모든 관료들이 앉아 있었다.
13 바룩이 백성이 듣는 데서 책을 읽어
줄 때 그가 들은 모든 말을 미가야가
그들에게 알려 주었다.
14 그러자 모든 관료들이 구시의 증손
셀레먀의 손자 느다냐의 아들 여후디
를 바룩에게 보내 말했다. "네가 백성
이 듣는 데서 읽어 준 그 두루마리를
갖고 오너라." 그리하여 네리야의 아
들 바룩이 두루마리를 그의 손에 갖
고 그들에게로 갔다.
15 그들이 바룩에게 말했다. "앉아서 우
리가 듣는 데서 그것을 읽어 보아라."
그리하여 바룩은 그들에게 그것을 읽
어 주었다.
16 그들이 이 모든 말씀을 들었을 때 그
들이 두려워하며 서로 쳐다보고서 바
룩에게 말했다. "우리가 이 모든 말씀
을 왕께 알려야겠다."
17 그리고 그들이 바룩에게 물었다. "이
모든 것을 네가 어떻게 썼는지 말해
보아라. 예레미야가 그것을 입으로 말
했느냐?"
18 바룩이 그들에게 대답했다. "그가 이
모든 말을 내게 말하고 내가 책에 잉
크로 기록했습니다."
19 그러자 관료들이 바룩에게 말했다.
"너와 예레미야는 가서 숨어 있어라.
아무도 너희가 어디 있는지 알지 못

하용조 목사의 행복한 **메시지**

성경의 권위

성경은 단테의 「신곡」, 괴테의 「파우스트」, 밀턴의 「실락원」 같은 책들과는 근본적으로 다릅니다. 성경은 인간이 기록했지만, 변함이 없고 일점일획도 틀림이 없는 하나님의 말씀입니다. 하나님께서는 영이시기에 아무도 하나님을 볼 수도 만날 수도 없습니다. 하지만 하나님의 말씀을 듣고 읽고 행함으로 우리는 하나님을 알고 믿을 수 있게 되는 것입니다.

성경의 권위를 무너뜨리는 어떤 이론도 받아들이지 마십시오. 성경은 하나님의 말씀입니다. 성경의 권위를 높이십시오. 그러면 여러분의 권위가 높아질 것입니다. 성경을 소중하게 여기고 여러분이 성경의 말씀대로 살아 나갈 때에 자녀가 잘되고, 가정이 잘되고, 모든 일이 형통하게 될 것입니다.

좋은 설교를 자주 그리고 잘 들으십시오. 그리고 아침마다 성경을 읽으십시오. 한 걸음 더 나아가 말씀을 가르치십시오. 성령이 임하시면 누구든지 성경을 가르칠 수 있습니다. 성경을 가르치는 일은 가장 영광스러운 일입니다.

하게 하여라."
20 그들은 그 두루마리를 서기관 엘리사
마의 방에다 놓은 후 뜰에 있는 왕에
게 가서 그에게 모든 것을 보고했다.
21 왕은 여후디를 보내 두루마리를 가져
오게 했다. 여후디는 서기관 엘리사마
의 방에서 그것을 가져왔다. 왕과 그
의 옆에 서 있던 모든 관료들이 듣는
데서 여후디가 그것을 읽어 주었다.
22 그때는 아홉째 달이어서 왕이 겨울
궁에 머물러 있었고 왕 앞에는 불 피
운 화로가 있었다.
23 여후디가 서너 편을 읽어 주고 나면
왕이 그것들을 서기관의 칼로 잘라
화롯불 속에 던졌다. 결국 두루마리
가 전부 화롯불 속에서 타 없어졌다.
24 왕이나 왕의 신하들은 이 모든 말씀
을 듣고서 두려워하지도, 자기 옷을
찢지도 않았다.
25 엘라단과 들라야와 그마랴가 왕께 두
루마리를 태우지 말라고 간청해도 그
는 그들의 말에 귀 기울이지 않았다.
26 대신에 왕은 왕의 아들 여라므엘과
아스리엘의 아들 스라야와 압디엘의
아들 셀레먀에게 명령해 서기관 바룩
과 예언자 예레미야를 붙잡도록 했다.
그러나 여호와께서 그들을 숨겨 놓으
셨다.
27 예레미야의 말에 따라 바룩이 기록한
말씀이 있는 두루마리를 왕이 태워
버린 후에 여호와의 말씀이 예레미야
에게 임해 말씀하셨습니다.
28 "다른 두루마리를 가져다가 유다 왕
여호야김이 태워 버린 첫 번째 두루
마리에 있던 이전의 모든 말씀을 그
것에 기록하여라.
29 또 유다 왕 여호야김에게 말하여라.
여호와께서 이렇게 말씀하셨다. 네가
이 두루마리를 불태우며 이렇게 말했
다. '너는 왜 바벨론 왕이 분명히 와서
이 땅을 황폐케 하고 사람과 짐승이
그곳에서 끊어지게 될 것이라고 기록
했느냐?'
30 그러므로 유다 왕 여호야김에 관해 여
호와께서 이렇게 말씀하셨다. 여호야
김에게서 다윗의 보좌에 앉을 사람이
없을 것이다. 그의 시체가 던져져 낮
의 열기와 밤의 서리에 노출될 것이
다.
31 내가 그들의 죄악으로 인해 그와 그
의 자식들과 그의 신하들을 처벌할
것이다. 내가 그들에게 선포한 모든
재앙을 그들과 예루살렘에 사는 사람
들과 유다 백성에게 오게 할 것이다.
이는 그들이 믿지 않았기 때문이다."
32 그리하여 예레미야는 다른 두루마리
를 가져다가 네리야의 아들 서기관 바
룩에게 주었다. 바룩은 그 두루마리
에 유다 왕 여호야김이 불로 태워 버
린 책에 있던 모든 말씀을 예레미야
가 말하는 대로 기록했다. 그 외에도
많은 비슷한 말씀이 더해졌다.

감옥에 갇힌 예레미야

37 요시야의 아들 시드기야 왕이
여호야김의 아들 *고니야를 대

37:1 또는 여호야긴

신해서 통치했다. 바벨론 왕 느부갓네
살이 유다 땅을 다스리는 왕으로 그
를 임명했다.
2 시드기야 왕과 그의 신하들과 이 땅
의 백성이 예언자 예레미야를 통해 선
포된 여호와의 말씀에 귀 기울이지
않았다.
3 그러나 시드기야 왕이 셀레먀의 아들
여후갈과 마아세야의 아들인 제사장
스바냐를 예언자 예레미야에게 보냈
다. "우리 하나님 여호와께 우리를 위
해 기도하여라."
4 그때 예레미야가 아직 감옥에 갇히지
않았으므로 예레미야는 백성 가운데
출입하고 있었다.
5 바로의 군대가 이집트에서 나왔다. 예
루살렘을 포위하고 있던 *갈대아 사
람들이 그 소식을 듣고 예루살렘으로
부터 떠났다.
6 그때 여호와의 말씀이 예언자 예레미
야에게 임해 말씀하셨습니다.
7 "이스라엘의 하나님 여호와가 이렇게
말한다. 너희를 내게 보내 물어보도
록 한 유다 왕에게 이렇게 말하여라.
'보라. 너희를 돕기 위해서 나온 바로
의 군대가 자기 땅 이집트로 되돌아
갈 것이다.
8 그러면 *갈대아 사람들이 돌아와 이
성읍을 공격해서 취하고 불로 태울
것이다.'
9 여호와가 이렇게 말한다. '*갈대아 사
람들이 반드시 우리에게서 떠날 것이
다'라고 말하며 너희 자신을 속이지
말라. 그들은 떠나지 않을 것이다!
10 너희가 너희와 싸우고 있는 바벨론의
모든 군대를 물리쳐서 그들에게 부상
자들만 남는다고 할지라도 그들이 자
기의 막사에서 일어나 이 성읍을 불
로 태울 것이다."
11 바로의 군대로 인해 갈대아 사람들의
군대가 예루살렘에서 물러간 뒤에
12 예레미야는 베냐민 땅으로 가서 그곳
백성 가운데 자기 몫의 재산을 받기

37:5,8,9 또는 바벨론

성·경·상·식 | 예언

우리는 보통 예언을 앞날의 길흉화복을 미리 말하는 것으로 생각한다. 이런 생각 때문에 예언을 예언(豫言), 곧 장래 일을 미리(豫) 말하는 일로 여기게 된 것이다. 그래서 영어의 예언(prophecy)이라는 말은 '미래의 일을 미리 알리는 것'으로 뜻풀이가 되고 '내일 일을 미리 말하기'와 동의어로 쓰이기도 한다. 물론 구약의 예언이라는 말에 이런 뜻이 전혀 없는 것은 아니다. 하지만 예언자들이 선포한 메시지는 그것이 심판의 메시지이든 구원의 메시지이든 그 목적은 그 시대의 청중을 회개시키고 격려하기 위한 성격이 강하다.

그러므로 구약은 물론 신약에서의 예언은 '장래 일을 미리 말하기'보다는 본질적으로 '하나님께서 맡겨 주신 말씀을 전하기'라는 뜻이 더 강하게 들어 있다. 성경의 예언은 '맡길 예(預)'와 '말씀 언(言)'의 결합으로, 말 그대로 '맡겨 주신 말씀'이라는 뜻이다. 성경의 예언은 구원과 관련해 '현재'와 '미래'를 위해 주신 하나님의 말씀이다.

위해 예루살렘을 떠났다.
13 그러나 그가 '베냐민 성문'에 이르렀을
때 그곳에서 하나냐의 손자 셀레먀
의 아들 이리야라는 문지기 우두머리
가 예언자 예레미야를 붙잡고 말했다.
"너는 우리를 배반하고 *갈대아 사람
들에게 항복하려고 한다!"
14 예레미야가 말했다. "거짓말이다! 나
는 바벨론 사람들에게 항복하려는 것
이 아니다!" 그러나 이리야는 그의 말
을 들으려 하지 않았다. 이리야는 오
히려 예레미야를 붙잡아 그를 관료들
에게 데리고 갔다.
15 관료들은 예레미야에게 화가 나서 그
를 때리고 서기관 요나단의 집에 가두
었다. 그때 그곳은 감옥으로 사용됐
기 때문이다.
16 예레미야가 토굴 속 감옥에 들어가 그
곳에서 여러 날 머물렀다.
17 그때 시드기야 왕이 사람을 보내 그
를 왕궁으로 데려갔다. 왕은 그에게
비밀리에 물었다. "혹시 여호와로부
터 어떤 말씀이 있느냐?" 예레미야가
말했다. "있습니다." 그러고 나서 그가
말했다. "왕은 바벨론 왕의 손에 넘겨
질 것입니다!"
18 그리고 예레미야가 시드기야 왕에게
말했다. "제가 왕과 왕의 신하들과 이
백성에게 무슨 죄를 지었기에 왕께서
저를 감옥에 가두셨습니까?
19 왕께 '바벨론 왕이 왕과 이 땅을 치러
오지 않을 것이다'라고 예언했던 왕의
예언자들은 어디에 있습니까?
20 내 주 왕이여, 그러니 이제 부디 들으
시고 제 간청을 받아 주십시오. 저를
서기관 요나단의 집으로 돌려보내지
마십시오. 제가 그곳에서 죽을까 두
렵습니다."
21 그러자 시드기야 왕이 예레미야를 경
호대 뜰에 있게 하고 성읍 안에 빵이
다 없어지기까지 빵 굽는 사람의 거
리에서 날마다 빵 한 덩이씩 그에게
갖다 주라고 명령했다. 그래서 예레미
야는 경호대 뜰에 머물렀다.

구덩이에 던져진 예레미야

38 맛단의 아들 스바댜와 바스훌
의 아들 그다랴와 셀레먀의 아
들 *유갈과 말기야의 아들 바스훌이
예레미야가 모든 백성에게 선포하던
말을 들었다.
2 "여호와께서 이렇게 말씀하셨다. '누
구든지 이 성읍에 머물러 있는 사람
은 칼과 기근과 전염병으로 죽을 것
이다. 그러나 누구든지 *갈대아 사람
들에게 나아가는 사람은 살 것이다.
그의 목숨이 그에게 전리품처럼 될
것이다. 그가 살 것이다.'
3 여호와께서 이렇게 말씀하셨다. '이
성읍이 반드시 바벨론 왕의 군대의
손에 넘겨질 것이니 그가 이 성읍을
취할 것이다.'"
4 그러자 관료들이 왕에게 말했다. "이
사람을 죽이십시오. 그가 이런 말들
을 선포해서 모든 백성의 손과 이 성

37:13 또는 바벨론 38:1 또는 여후갈(렘 37:3을 보라.) 38:2 또는 바벨론

읍에 남아 있는 군사들의 손을 약하
게 하고 있습니다. 이 사람이 이 백성
의 평안을 추구하지 않고 해를 추구
하고 있습니다."
5 시드기야 왕이 대답했다. "보라. 그가
너희 손안에 있다. 왕은 너희의 뜻에
반대해서 아무것도 할 수 없다."
6 그러자 그들이 예레미야를 데려다가
경호대 뜰에 있는 왕의 아들 말기야
의 웅덩이에 던져 넣었는데 예레미야
를 밧줄로 내려놓았다. 그 웅덩이 안
에는 물이 없고 진흙만 있었기 때문
에 예레미야는 진흙 속에 빠졌다.
7 그때 왕궁의 내시 *에티오피아 사람
에벳멜렉이 예레미야를 웅덩이 속에
넣었다는 소식을 들었다. 왕이 베냐민
성문에 앉아 있을 때
8 에벳멜렉이 왕궁에서 나와 왕에게 말
했다.
9 "내 주 왕이여, 이 사람들이 예언자
예레미야에게 행한 모든 것은 악합니
다. 그들이 그를 구덩이에 던져 넣었
는데 성읍 안에 더 이상 빵이 없기
때문에 그가 그 안에서 굶어 죽을 것
입니다."
10 그러자 왕이 에티오피아 사람 에벳멜
렉에게 명령했다. "너는 여기서 30명
을 데리고 가서 예언자 예레미야가 죽
기 전에 그를 웅덩이에서 끌어 올려
내어라."
11 그러자 에벳멜렉은 사람들을 데리고
왕궁 창고 아래 있는 방으로 가 그곳
에서 천 조각들과 낡은 옷가지를 꺼
내 밧줄에 매달아 웅덩이 안에 있는
예레미야에게 내려 주었다.
12 에티오피아 사람 에벳멜렉이 예레미
야에게 말했다. "이 천 조각들과 낡은
옷가지를 겨드랑이에 대고 밧줄을 그
아래 두르시오." 예레미야가 그렇게
했다.
13 그러자 그들이 밧줄로 예레미야를 끌
어 올려 그를 웅덩이에서 건져 냈다.
그리하여 예레미야는 경호대 뜰에 머
물렀다.

시드기야가 예레미야에게 다시 물어보다

14 그 후에 시드기야 왕이 사람을 보내
예언자 예레미야를 여호와의 성전 세
번째 문으로 데려오게 했다. 왕이 예
레미야에게 말했다. "내가 네게 한 가
지 물어보겠다. 아무것도 내게 숨기
지 마라."
15 예레미야가 시드기야에게 말했다. "만
약 내가 왕께 말하면 왕이 나를 죽이
지 않겠습니까? 내가 왕께 조언을 해
도 왕은 내게 귀 기울이지 않을 것입
니다."
16 그러나 시드기야 왕은 예레미야에게
비밀리에 맹세했다. "우리 영혼을 지
으신 여호와께서 살아 계신 것같이
내가 너를 죽이거나 네 목숨을 찾는
이 사람들의 손에 넘기지 않을 것이
다."
17 그러자 예레미야가 시드기야에게 말
했다. "이스라엘의 하나님, 만군의 하
나님 여호와께서 말씀하셨습니다. '만

38:7 나일 강 상류 지역을 가리킴.

약 네가 바벨론 왕의 고관들에게 항
복하면 살 것이고 이 성읍이 불타지
않을 것이다. 너와 네 가족이 살 것이
다.
18 그러나 네가 바벨론 왕의 고관들에게
항복하지 않으면 이 성읍은 갈대아
사람들 손에 넘겨지고 그들이 이 성
읍을 불로 태울 것이다. 그러면 너는
그들의 손에서 빠져나가지 못할 것이
다.'"
19 시드기야 왕이 예레미야에게 말했다.
"나는 갈대아 사람들에게 항복한 유
다 사람들이 두렵다. *갈대아 사람들
이 나를 그들 손에 넘겨주어 그들이
나를 학대할지 모른다."
20 예레미야가 대답했다. "그들이 왕을
넘겨주지 않을 것입니다. 제가 왕께
말한 것을 행하시고 여호와께 순종하
십시오. 그러면 왕이 잘되고 왕은 살
것입니다.
21 그러나 만약 왕께서 항복하기를 거부
하시면 여호와께서 내게 보여 주신 일
들이 그대로 일어날 것입니다.
22 보십시오. 유다 왕궁에 남아 있는 모
든 여자들이 바벨론 왕의 고관들에
게 끌려가면서 왕께 이렇게 말할 것
입니다. '네가 신뢰하던 친구들이 너
를 속여서 너를 망하게 했다. 네 발이
진흙 속에 빠지니 너를 버렸다.'
23 왕의 모든 아내들과 자식들은 *갈대
아 사람들에게 끌려갈 것입니다. 왕
도 그들의 손에서 빠져나오지 못하고
바벨론 왕의 손에 붙잡힐 것이고 이
성읍이 불타게 될 것입니다."
24 그러자 시드기야가 예레미야에게 말
했다. "아무에게도 이것을 알리지 마
라. 그러지 않으면 네가 죽을 것이다.
25 만약 관료들이 내가 너와 이야기했다
는 것을 들으면 그들이 네게 와서 말
할 것이다. '네가 왕에게 무슨 말을
했는지 우리에게 말하여라. 우리에게
숨기지 마라. 그러면 우리가 너를 죽
이지 않을 것이다. 왕이 네게 무엇을
말했느냐?'
26 그러면 너는 그들에게 이렇게 말하여
라. '내가 왕에게 요나단의 집에 가면
죽게 될 테니 그곳으로 돌려보내지
말아 달라고 간청했다.'"
27 모든 관료들이 예레미야에게 와서 물
었다. 그러자 그는 왕이 명령한 말대
로 그들에게 말했다. 그리하여 그들
은 그에게 더 이상 말하지 않았다. 이
는 아무도 왕과의 대화를 듣지 못했
기 때문이다.
28 그리하여 예레미야는 예루살렘이 함
락되는 날까지 경호대 뜰에 머물렀
다. 예루살렘이 함락될 때 예레미야는
그곳에 있었다.

예루살렘의 멸망 (왕하 25:1-12;렘 52:4-16)

39 유다 왕 시드기야 9년 열째 달
에 바벨론 왕 느부갓네살과 그
의 모든 군대가 와서 예루살렘을 포
위했다.
2 그리고 시드기야 11년 넷째 달 그달 9
일에 그 성읍이 함락됐다.

38:19,23 또는 바벨론

3 그 후에 바벨론 왕의 모든 관료들이
와서 '중간 성문'에 자리를 잡았다. 그
들은 네르갈사레셀, 삼갈르보, 내시의
우두머리 살스김, 점쟁이의 우두머리
네르갈사레셀 그리고 바벨론 왕의 다
른 모든 관료들이었다.
4 유다 왕 시드기야와 그의 모든 군사
들이 그들을 보고는 도망갔다. 그들
은 밤에 왕의 정원 길로 해서 두 성벽
사이의 문을 통해 성읍을 떠나 아라
바로 도망갔다.
5 그러나 *갈대아 군대가 그들을 뒤쫓
아 갔고 여리고 평원에서 시드기야를
따라잡았다. 그들이 시드기야를 붙잡
아 하맛 땅 리블라에 있는 바벨론 왕
느부갓네살에게 데려갔다. 그곳에서
그는 시드기야를 판결했다.
6 그리고 바벨론 왕은 리블라에서 시드
기야가 보는 앞에서 그의 아들들을
죽였고 유다의 모든 귀족들도 다 죽
였다.
7 그는 또 시드기야의 눈을 뽑고 청동
족쇄로 묶어 바벨론으로 데려갔다.
8 *갈대아 사람들은 왕궁과 백성의 집
들을 불로 태우고 예루살렘 성벽을
붕괴시켰다.
9 경호 대장 느부사라단이 성읍 안에
남아 있던 백성과 자기에게 항복한
사람들과 그 외 남아 있던 백성을 바
벨론으로 사로잡아 갔다.
10 그러나 경호 대장 느부사라단은 가진
것이 아무것도 없는 일부 가난한 사
람들을 유다 땅에 남겨 두고 그들에
게 포도밭과 밭을 주었다.
11 그때 바벨론 왕 느부갓네살이 경호 대
장 느부사라단을 통해서 예레미야에
관해 명령을 내렸다.
12 "그를 데려다가 돌봐 주어라. 그를 해
치지 말고 그가 네게 말하는 대로 그
에게 해 주어라."
13 그리하여 경호 대장 느부사라단과 내
시의 우두머리 느부사스반과 점쟁이
의 우두머리 네르갈사레셀과 바벨론
왕의 모든 관료들은 사람을 보내
14 경호대 뜰에서 예레미야를 데려왔다.
그들은 예레미야를 사반의 손자 아히
감의 아들 그다랴에게 넘겨주어 집으
로 돌려보냈다. 그리하여 예레미야는
백성 가운데서 살았다.
15 예레미야가 아직 경호대 뜰에 갇혀
있을 때 여호와의 말씀이 예레미야에
게 임해 말씀하셨습니다.
16 "에티오피아 사람 에벳멜렉에게 가서
말하여라. '이스라엘의 하나님 만군의
여호와께서 말씀하셨다. 보아라. 내가
이 성읍에 복이 아니라 재앙을 내릴
것이다. 그날에 그것들이 네 앞에서
이뤄질 것이다.
17 여호와의 말이다. 그러나 내가 그날에
너를 구해 낼 것이다. 너는 네가 두려
워하는 사람들의 손에 넘겨지지 않을
것이다.
18 내가 반드시 너를 구해 낼 것이니 너
는 칼에 쓰러지지 않고 네 목숨이 네
게 전리품처럼 될 것이다. 이는 네가

39:5,8 또는 바벨론

나를 믿기 때문이다. 여호와의 말이
다.'"

예레미야가 풀려나다

40 경호 대장 느부사라단이 바벨
론으로 사로잡혀 가고 있는 유
다와 예루살렘의 모든 포로들 가운데
사슬에 묶여 있는 예레미야를 라마에
서 풀어 준 후에 여호와께로부터 예레
미야에게 임한 말씀입니다.
2 경호 대장이 예레미야를 데리고 가서
그에게 말했다. "네 하나님 여호와께
서 이곳에 이 재앙을 선포하셨고
3 이제 여호와께서 그 재앙을 이루셨고
선포하신 대로 행하셨다. 이 모든 것
은 너희가 여호와께 죄를 지었고 그분
의 목소리에 순종하지 않았기 때문
에 일어났다.
4 그러나 이제 보아라. 오늘 네 손에 묶
여 있는 사슬로부터 내가 너를 풀어
줄 것이다. 네가 나와 함께 바벨론으
로 가는 것이 좋게 여겨지면 가라. 내
가 너를 잘 돌봐 주겠다. 그러나 네가
나와 함께 바벨론으로 가는 것이 좋
지 않게 여겨지면 가지 마라. 보아라.
온 땅이 네 앞에 놓여 있다. 어디든
지 네 생각에 좋고 적당한 곳으로 가
라."
5 그러나 예레미야가 떠나기 전에 느부
사라단이 덧붙여 말했다. "사반의 손
자 아히감의 아들 그다랴에게로 돌아
가라. 바벨론 왕께서 그를 유다 성읍
들의 총독으로 임명하셨다. 그와 함
께 네 백성 사이에서 살아라. 아니면
어디든 네 생각에 적당한 곳으로 가
라." 그러고 나서 경호 대장은 예레미
야에게 먹을 것과 선물을 주고 그를
가게 했다.
6 그리하여 예레미야는 미스바에 있는
아히감의 아들 그다랴에게로 가서 이
땅에 남아 있던 백성 사이에서 함께
살았다.

그다랴가 암살되다 (왕하 25:22-24)

7 바벨론 왕이 아히감의 아들 그다랴를
그 땅의 총독으로 임명했다는 것과
남녀와 어린아이들과 바벨론에 사로
잡혀 가지 않은 그 땅의 가난한 사람
들을 그에게 맡겼다는 소식을 들판에
있는 군대 장관들과 그들의 군사들
이 들었다.
8 느다냐의 아들 이스마엘, 가레아의 두
아들 요하난과 요나단, 단후멧의 아들
스라야, 느도바 사람 에배의 아들들,
마아가 사람의 아들 *여사냐와 그들
의 부하들이 미스바에 있는 그다랴에
게 왔다.
9 사반의 손자 아히감의 아들 그다랴는
그들과 그들의 부하들에게 맹세하며
말했다. "*갈대아 사람들을 섬기는 것
을 두려워하지 말라. 이 땅에 살면서
바벨론 왕을 섬기라. 그것이 너희에게
좋을 것이다.
10 나 또한 미스바에 살면서 우리에게 오
는 *갈대아 사람들 앞에서 너희를 대
표할 것이다. 너희는 포도주와 여름

40:8 또는 야아사니야(왕하 25:23을 보라.)
40:9,10 또는 바벨론

열매와 기름을 모아서 너희의 그릇에
보관하고 너희가 취한 너희 성읍들에
서 살라."
11 바벨론 왕이 유다에 사람들을 남겨
두었다는 것과 그들의 총독으로 사반
의 손자 아히감의 아들 그다랴를 임
명했다는 것을 모압과 암몬 족속과
에돔과 다른 나라에 있는 모든 유다
사람들이 들었다.
12 자기들이 쫓겨나 있던 모든 곳에서
모든 유다 사람들이 돌아와서 유다
땅 미스바의 그다랴에게 왔다. 그리고
그들은 포도주와 여름 열매들을 아
주 많이 모았다.
13 가레아의 아들 요하난과 들판에 있던
그들의 군대 장관들이 미스바에 있는
그다랴에게로 와서
14 그에게 말했다. "암몬 족속의 왕인 바
알리스가 당신을 살해하려고 느다냐
의 아들 이스마엘을 보낸 것을 아십
니까?" 그러나 아히감의 아들 그다랴
는 그들의 말을 믿지 않았다.
15 그러자 가레아의 아들 요하난이 미스
바에 있는 그다랴에게 은밀히 말했다.
"내가 가서 느다냐의 아들 이스마엘
을 죽이게 해 주시오. 아무도 모를 것
입니다. 그 사람이 당신의 목숨을 빼
앗아 당신에게 모여든 모든 유다 사
람들을 다시 흩어지게 하고 유다에
남은 사람들이 멸망당하게 해서야 되
겠습니까?"
16 그러나 아히감의 아들 그다랴는 가레
아의 아들 요하난에게 말했다. "이런
일을 하지 마라! 이스마엘에 대해 네
가 말하는 것은 거짓이다."

41 *일곱째 달에 왕족이며 왕의
장관인 엘리사마의 손자 느다냐
의 아들 이스마엘이 열 명의 사람들
을 데리고 미스바에 있는 아히감의 아
들 그다랴에게 왔다. 그곳에서 그들
이 함께 음식을 먹고 있다가
2 느다냐의 아들 이스마엘과 그와 함께
온 열 명의 사람들이 일어나 사반의
손자이며 아히감의 아들인 그다랴를
칼로 쳐서 바벨론 왕이 그 땅의 총독
으로 임명한 그를 죽였다.
3 이스마엘은 또한 미스바에서 그다랴
와 함께 있던 모든 유다 사람들과 그
곳에 있던 *갈대아 군사들도 죽였다.
4 그다랴가 살해된 이튿날에도 아무도
그에 대해 알지 못했다.
5 그때 수염을 깎고 자기 옷을 찢고 몸
에 상처를 낸 80명의 사람들이 그들
의 손에 곡식제물과 유향을 갖고 세
겜과 실로와 사마리아에서 와서 여호
와의 집에 드리려고 했다.
6 느다냐의 아들 이스마엘이 그들을 맞
으러 미스바에서 나와서 계속 울며
가다가 그들을 만나자 이렇게 말했
다. "아히감의 아들 그다랴에게 가라."
7 그들이 성읍 안으로 들어갔을 때 느
다냐의 아들 이스마엘과 그와 함께
있던 사람들이 그들을 죽이고는 웅덩
이 속에 던졌다.

41:1 에다님 월, 태양력으로 9월 중순 이후. BC 586년
41:3 또는 바벨론

8 그러나 그들 가운데 열 명의 사람들
이 이스마엘에게 말했다. "우리를 죽
이지 마십시오! 우리에게 들에 숨겨
놓은 밀과 보리와 기름과 꿀이 있습
니다." 그러자 그가 멈추고 그들의 형
제들과 함께 그들을 죽이지 않았다.
9 이스마엘이 그다랴 때문에 죽인 모든
사람들의 시체들을 던져 넣은 웅덩이
는 아사 왕이 이스라엘 왕 바아사를
두려워해서 만든 것이었다. 느다냐의
아들 이스마엘은 그 웅덩이를 시체들
로 가득 채웠다.
10 이스마엘은 미스바에 있던 남은 사람
들을 전부 포로로 잡았다. 그들은 왕
의 딸들이며 모두 미스바에 남아 있
던 백성으로 경호 대장 느부사라단이
아히감의 아들 그다랴에게 위임한 사
람들이었다. 느다냐의 아들 이스마엘
은 그들을 포로로 잡고 암몬 족속에
게로 가려고 떠났다.
11 가레아의 아들 요하난과 그와 함께
있던 모든 군대 장관들이 느다냐의
아들 이스마엘이 저지른 모든 죄악에
대해 들었다.
12 그들은 그들의 모든 군사들을 데리고
느다냐의 아들 이스마엘과 싸우러 나
갔다. 그들은 기브온에 있는 큰 연못
에서 그를 만났다.
13 이스마엘에게 끌려가던 모든 백성은
가레아의 아들 요하난과 그와 함께
있는 모든 군대 장관들을 보고서 기
뻐했다.
14 이스마엘이 미스바에서 포로로 잡아
온 모든 백성은 돌이켜 가레아의 아
들 요하난에게로 넘어갔다.
15 그러나 느다냐의 아들 이스마엘과 여
덟 명의 사람들은 요하난에게서 도망
쳐서 암몬 족속에게로 갔다.

이집트로 도피하다

16 가레아의 아들 요하난과 그와 함께
있는 모든 군대 장관들이 느다냐의
아들 이스마엘이 아히감의 아들 그다
랴를 살해한 뒤에 미스바에서 포로로
잡아간 백성의 남은 사람들 모두, 곧
군사들, 여자들, 어린아이들, 내시들
을 데리고 기브온에서 돌아왔다.
17 그리고 그들은 이집트로 가려고 떠나
베들레헴 근처 *게롯김함에 머물렀다.
18 이는 *갈대아 사람들 때문이었다. 바
벨론 왕이 그 땅의 총독으로 세운 아
히감의 아들 그다랴를 느다냐의 아들
이스마엘이 죽였기 때문에 그들은 갈
대아 사람들을 두려워했다.

42 모든 군대 장관들과 가레아의
아들 요하난과 호사야의 아들
*여사냐와 가장 작은 사람들부터 가
장 큰 사람들까지 모든 백성이 가까
이 나아와
2 예언자 예레미야에게 말했다. "당신은
우리의 간구를 들어 주시고 또 우리
를 위해 그리고 이 모든 남은 사람들
을 위해 당신의 하나님 여호와께 기도
해 주십시오. 당신의 눈으로 보는 것
처럼 한때 우리의 수가 많았지만 이

41:17 히브리어, '김함의 여관' 41:18 또는 바벨론
42:1 또는 아사랴(렘 43:2을 보라.)

제 조금밖에 남지 않았습니다.
3 우리가 가야 할 길과 우리가 해야 할
일을 당신의 하나님 여호와께서 우리
에게 말씀해 주시도록 기도해 주십시
오."
4 예언자 예레미야가 그들에게 말했다.
"내가 너희 말을 들었으니 내가 너희
가 말한 대로 너희 하나님 여호와께
기도할 것이다. 여호와께서 너희에게
응답하시는 모든 말들을 내가 너희에
게 말해 주고 너희에게 어떤 것도 숨
기지 않을 것이다."
5 그러자 그들이 예레미야에게 말했다.
"여호와께서 우리 사이에 진실하고 신
실한 증인이 되소서. 우리가 당신의
하나님 여호와께서 당신을 보내 우리
에게 하시는 모든 말씀에 따르겠습니
다.
6 좋든 나쁘든 당신을 보내 간구하고
있는 우리 하나님 여호와의 목소리에
순종할 것입니다. 우리가 우리 하나
님 여호와의 목소리에 순종하면 우리
가 잘될 것입니다."
7 열흘이 지난 후에 여호와의 말씀이
예레미야에게 임했습니다.
8 예레미야는 가레아의 아들 요하난과
그와 함께 있던 모든 군대 장관들과
가장 작은 사람들부터 가장 큰 사람
들까지 모든 백성을 불러 놓고
9 그들에게 말했다. "너희가 나를 보내
너희의 간구를 드려 달라고 했던 이
스라엘의 하나님 여호와께서 이렇게
말씀하셨다.
10 '만약 너희가 이 땅에 머무르면 내가
너희를 세우고 무너뜨리지 않을 것이
다. 내가 너희를 심고 너희를 뽑지 않
을 것이다. 이는 내가 너희에게 내린
재앙에 대해 내가 마음을 돌이키기
때문이다.
11 여호와의 말이다. 너희가 두려워하는
바벨론 왕을 두려워하지 말라. 그를
두려워하지 말라. 이는 내가 너희와
함께해 너희를 구하고 그의 손에서
건져 낼 것이기 때문이다.
12 내가 너희를 긍휼히 여기리니 그가
너희를 긍휼히 여겨서 너희 땅으로
돌려보낼 것이다.'
13 그러나 만약 너희가 '우리가 이 땅에
살지 않겠다'라고 말하며 너희 하나님
여호와의 목소리에 순종하지 않고
14 '아니다. 우리가 이집트 땅으로 가겠
다. 그곳에서는 우리가 전쟁을 보거
나 전쟁의 나팔 소리를 듣거나 빵에
주리거나 하지 않을 것이니 우리가 그
곳에서 살겠다'라고 말한다면
15 유다의 남은 사람들아, 여호와의 말
을 들으라. 이스라엘의 하나님 만군의
여호와가 이렇게 말한다. '만약 너희
가 이집트로 가겠다고 결정하고 그곳
에 가서 살면
16 너희가 두려워하는 칼이 그곳 이집트
땅에서 너희를 따라붙을 것이고 너희
가 두려워하는 기근이 이집트까지 너
희를 바싹 따라올 것이며 너희가 그
곳에서 죽게 될 것이다.
17 이집트로 가서 그곳에서 살겠다고 결

정한 모든 사람들은 칼과 기근과 전
염병으로 죽게 될 것이다. 내가 그들
에게 가져올 재앙에 살아남는 사람이
나 피하는 사람이 없을 것이다.'
18 이스라엘의 하나님 만군의 여호와께
서 말씀하신다. '내 노여움과 분노가
예루살렘에 사는 사람들 위에 쏟아부
어진 것처럼 너희가 이집트로 갈 때
내 분노가 너희 위에 쏟아부어질 것
이다. 너희는 악담과 경악의 대상이
될 것이고 저주와 모욕의 대상이 될
것이다. 너희가 다시는 이곳을 볼 수
없을 것이다.'"
19 "유다의 남은 사람들아, 여호와께서
너희에 대해 말씀하셨다. '이집트로
가지 말라.' 내가 오늘 너희에게 경고
하는 것을 분명히 알라.
20 너희가 나를 너희 하나님 여호와께
보내며 '우리를 위해 우리의 하나님 여
호와께 기도해 주십시오. 우리의 하
나님 여호와께서 우리에게 말씀하시
는 모든 것을 우리에게 말해 주십시
오. 그러면 우리가 그대로 할 것입니
다'라고 말했을 때 너희는 너희의 목
숨을 거는 실수를 했다.
21 내가 오늘 너희에게 말했지만 그분이
나를 너희에게 보내 말씀하신 모든
것에 대해서 너희가 너희의 하나님 여
호와의 목소리에 순종하지 않았다.
22 그러므로 너희가 가서 살고 싶어 하
는 곳에서 너희가 칼과 기근과 전염
병으로 죽게 될 것이라는 것을 너희
가 분명히 알라."

43 예레미야가 모든 백성에게 그
들의 하나님 여호와의 이 모든
말씀, 곧 그들의 하나님 여호와께서
자기를 그들에게 보내셔서 말하게 한
그 말씀을 말하는 것을 끝냈을 때
2 호사야의 아들 아사랴와 가레아의 아
들 요하난과 모든 교만한 사람들이
예레미야에게 말했다. "당신은 거짓말
을 하고 있다! 우리 하나님 여호와께
서 '너희가 이집트에서 살기 위해 그
곳으로 가지 말라'고 말하라고 당신
을 보내시지 않았다.
3 오직 네리야의 아들 바룩이 당신을
부추겨서 우리를 대적하게 하고 우리
를 *갈대아 사람들 손에 넘겨주어 그
들이 우리를 죽이거나 우리를 바벨론
에 포로로 잡아가도록 한 것이다."
4 이렇게 가레아의 아들 요하난과 모든
군대 장관들과 모든 백성이 유다 땅
에 머물러 있으라는 여호와의 목소리
에 순종하지 않았다.
5 오히려 가레아의 아들 요하난과 모든
군대 장관들은 유다의 남은 사람들,
곧 그들이 쫓겨난 모든 나라로부터
유다 땅에서 살기 위해 돌아온 사람
들,
6 곧 남자들과 여자들과 어린아이들과
왕의 딸들과 경호 대장 느부사라단이
사반의 손자 아히감의 아들 그다랴와
함께 남겨 둔 사람들과 예언자 예레
미야와 네리야의 아들 바룩을 데리고
7 여호와께 불순종해 이집트에 들어가

43:3 또는 바벨론

다바네스까지 이르렀다.
8 다바네스에서 여호와의 말씀이 예레
미야에게 임해 말씀하셨습니다.
9 "너는 유다 사람들이 보는 앞에서 네
손에 큰 돌 몇 개를 가져다가 다바네
스에 있는 바로의 집 입구에 있는 포
장된 곳에 진흙으로 묻어라.
10 그리고 그들에게 말하여라. '이스라엘
의 하나님 만군의 여호와가 말한다.
보라. 내가 내 종 바벨론 왕 느부갓네
살을 불러서 여기에 내가 묻은 이 돌
들 위에 그의 보좌를 둘 것이니 그는
그 위에 왕의 큰 장막을 펼칠 것이다.
11 느부갓네살이 와서 이집트 땅을 공격
해 죽을 사람은 죽이고 사로잡을 사
람은 사로잡고 칼에 맞을 사람은 칼
에 맞게 할 것이다.
12 *내가 이집트의 신전들에 불을 지를
것이니 그가 그것들을 불태우고 그들
을 포로로 잡을 것이다. 목자가 자기
옷으로 자신을 감싸듯이 그가 이집트
땅으로 자기 몸을 감쌀 것이다. 그리
고 안전하게 이집트를 떠날 것이다.
13 그는 이집트 땅에 있는 벧세메스 기둥
들을 깨뜨리고 이집트의 신전들을 불
로 태워 버릴 것이다.'"

우상 숭배로 인한 재앙

44 이집트 땅, 곧 믹돌, 다바네스,
*놉, 바드로스 땅에 살고 있는
모든 유다 사람들에 관해 예레미야에
게 임한 여호와의 말씀입니다.
2 "이스라엘의 하나님 만군의 여호와가
말한다. 내가 예루살렘과 유다의 모든
성읍들에 내린 모든 재앙을 너희가

43:12 또는 그가 44:1 고대 이집트의 도시 멤피스를 가리킴.

성·경·상·식 예언서 해석의 원리

1. 그 시대의 문화적, 역사적인 맥락을 반영해야 한다.
당시의 독자, 청중들에게 그 메시지가 무엇을 의미했는지 조심스럽게 이해해야 한다.

2. 메시지의 문학적인 표현법을 이해해야 한다.
예언서에는 글자 그대로만 해석해서는 안 되는 상징적인 표현들이 많이 나온다. 예를 들면 아스돗과 이집트가 사마리아의 죄악에 대하여 증인으로 불려 온다고 했을 때(암 3:9) 이 표현은 문자 그대로 블레셋 사람들과 이집트 사람들이 사마리아에 와서 법정 증인석에 앉는다는 의미가 아니라 이스라엘의 무시무시한 멸망을 강조하려는 표현 기법이다.

3. 상징적인 행동, 사건, 인물, 사물의 본질을 이해해야 한다.
호세아가 창녀와 결혼한 것이나 이사야가 3년 동안 벌거숭이로 다닌 것, 예레미야가 썩은 베 허리띠를 취한 행동 등 예언자들의 이상한 행동은 일종의 상징 행위들이다. 당시에 일어난 사건들을 바르게 이해할 때 그런 상징적인 행동과 사건에 대한 해석이 가능하다.

4. 그리스도 중심의 원리를 늘 염두에 두어야 한다.
여기저기 흩어진 조각 그림들을 맞추는 퍼즐처럼 구약 예언의 초점은 예수님의 초림과 재림이며 그 사이에 나타날 사건들을 미리 보여 준다.

보았다. 보라. 오늘날 그 성읍들이 폐
허가 돼 그곳에 아무도 살지 않는다.
3 이는 그들이 그들이나 너희나 너희
조상들이 알지 못하는 다른 신들에
게 향을 태우며 섬김으로써 나를 화
나게 한 죄악 때문이다.
4 그러나 내가 너희에게 내 종 예언자
들을 거듭 보내서 말했다. '내가 미워
하는 이 가증한 일을 하지 말라!'
5 그러나 그들은 듣지도, 귀 기울이지
도 않았다. 그들은 자신의 죄악으로
부터 돌아서지도, 다른 신들에게 희
생제물을 태우는 것을 그만두지도
않았다.
6 그러므로 내 진노와 내 분노가 쏟아
져 유다 성읍들과 예루살렘 거리에
불붙었고 그것들이 오늘날처럼 황폐
한 곳과 폐허가 됐다.
7 이제 이스라엘의 하나님, 만군의 하나
님 여호와가 이렇게 말한다. 왜 너희
가 너희 자신에게 이 큰 악을 저질러
너희의 남자와 여자와 어린아이와 젖
먹이를 유다 가운데서 끊어지게 하고
너희에게 남은 사람을 하나도 남기지
않게 하려는 것이냐?
8 왜 너희가 살기 위해 간 이집트 땅에
서 다른 신들에게 희생제물을 태우
며 너희의 손으로 만든 것으로 나를
화나게 해서 너희가 끊어 버림을 당
하고 또 땅의 모든 민족들에게 저주
와 모욕의 대상이 되려고 하느냐?
9 유다 땅과 예루살렘 거리에서 그들이
저지른 너희 조상의 죄악과 유다 왕
들의 죄악과 그들의 왕비들의 죄악과
너희의 죄악과 너희 아내들의 죄악을
너희가 잊었느냐?
10 오늘날까지도 그들이 자기 자신을 낮
추지 않고 두려워하지도 않으며 내가
너희와 너희 조상들 앞에 세운 내 율
법과 율례를 따르지도 않았다.
11 그러므로 이스라엘의 하나님 만군의
여호와가 이렇게 말한다. 보라. 내가
너희에게 재앙을 내리고, 온 유다를
멸망시키기로 결정했다.
12 이집트 땅으로 가서 그곳에서 살겠다
고 결정한 유다의 남은 사람들을 내
가 제거할 것이다. 그들 모두는 이집
트 땅에서 멸망할 것이다. 그들은 칼
로 넘어지고 기근으로 멸망할 것이다.
가장 작은 사람부터 가장 큰 사람까지
그들은 칼과 기근으로 죽게 될 것이
다. 그들은 악담과 경악의 대상이 되
고 저주와 모욕의 대상이 될 것이다.
13 내가 예루살렘을 처벌했듯이 이집트
땅에 사는 사람들을 칼과 기근과 전
염병으로 처벌할 것이다.
14 이집트 땅으로 가서 그곳에서 살고
있는 유다의 남은 사람들 가운데 도
피하는 사람이나 살아남는 사람이
없을 것이다. 그들이 돌아가 살기를
갈망했던 유다 땅으로 돌아가지 못할
것이다. 몇몇 도피하는 사람들을 빼
고는 그들이 돌아가지 못할 것이다."
15 그때 그들의 아내들이 다른 신들에게
희생제물을 태운 사실을 알고 있는
모든 남자들과 그 곁에 서 있던 모든

여자들과 이집트 땅 바드로스에 사는
백성의 큰 무리가 예레미야에게 대답
했다.
16 "당신이 여호와의 이름으로 우리에게
선포한 말에 대해 우리가 귀 기울이
지 않겠습니다!
17 우리 입에서 나온 모든 말을 우리가
반드시 실행할 것입니다. 우리는 우
리와 우리 조상들과 우리 왕들과 우
리 관료들이 유다의 성읍들과 예루살
렘의 거리에서 했던 그대로 하늘의
여왕에게 희생제물을 태우고 전제물
을 부어 드릴 것입니다. 그때는 우리
가 먹을 것도 많았고 우리가 부유했
고 우리가 어떤 재앙도 보지 않았습
니다.
18 그런데 우리가 하늘의 여왕에게 희생
제물을 태우고 전제물을 부어 드리기
를 멈춘 그때부터 모든 것이 부족했
고 칼과 기근으로 우리가 멸망당했습
니다."
19 그리고 여자들이 말했습니다. "우리
가 하늘의 여왕에게 희생제물을 태
우고 전제물을 부어 드릴 때 우리 남
편들의 허락 없이 하늘 여왕의 형상
대로 제사용 과자를 만들고 전제물
을 부었겠습니까?"
20 그러자 이렇게 대답하는 남자들과 여
자들, 모든 백성에게 예레미야가 말했
다.
21 "너희와 너희 조상들과 너희 왕들과
너희 관료들과 그 땅의 백성이 유다
의 성읍들과 예루살렘의 거리에서 희
생제물을 태운 것에 대해 여호와께서
그것을 기억하지 아니하셨겠느냐? 그
것이 여호와께 생각나지 아니하셨겠
느냐?
22 여호와께서 너희 행위의 악함과 너희
가 행한 가증한 짓들을 더 이상 참을
수 없으셨기 때문에 오늘날처럼 너희
땅이 폐허가 되고 경악과 저주의 대
상이 돼 그곳에 사는 사람이 없게 됐
다.
23 너희가 희생제물을 태우고 여호와께
죄를 짓고 여호와의 목소리에 순종하
지 않고 그분의 율법과 규례와 계명
을 따르지 않았기 때문에 이 재앙이
오늘날처럼 너희에게 일어났다."
24 예레미야가 모든 백성과 모든 여자들
에게 말했다. "이집트 땅에 있는 모든
유다야, 여호와의 말씀을 들으라.
25 이스라엘의 하나님 만군의 여호와께
서 이렇게 말씀하셨다. 너희와 너희
아내들이 입으로 말하고 그것을 손
으로 행했다. '우리가 하늘의 여왕에
게 희생제물을 태우고 전제물을 그녀
에게 부어 드리겠다고 한 맹세를 반
드시 실행할 것이다'라고 했으니 너희
의 맹세를 반드시 이루라! 너희의 맹
세를 반드시 실행하라!
26 그러므로 이집트 땅에 사는 모든 유
다 사람들아, 여호와의 말씀을 들으
라. 여호와께서 말씀하셨다. 보라. 내
가 내 큰 이름으로 맹세하니 이집트
온 땅에서 어떤 유다 사람의 입에서
도 '여호와께서 살아 계신 것같이'라

고 말해 내 이름이 불려지는 일이 다
시는 없을 것이다.
27 보라. 내가 복을 위해서가 아니라 재
앙을 위해서 그들을 지켜볼 것이다.
이집트 땅에 있는 모든 유다 사람들
이 칼과 기근으로 완전히 멸망할 것
이다.
28 칼을 피하고 이집트 땅에서 유다 땅
으로 돌아갈 사람들이 적을 것이다.
이집트 땅에서 살려고 그곳으로 간
유다의 모든 남은 사람들이 내 말과
그들의 말 가운데 누구의 말이 이루
어질 것인지 알게 될 것이다."
29 "여호와의 말이다. '이것이 너희에게
내가 이곳에서 너희를 처벌할 표적이
될 것이다. 내 말이 너희에게 재앙으
로 반드시 이루어질 것이라는 것을
너희가 알게 될 것이다.'
30 여호와가 이렇게 말한다. '보라. 내가
유다 왕 시드기야를 그의 목숨을 찾
는 원수인 바벨론 왕 느부갓네살에게
넘겨준 것처럼, 이집트 왕 바로 호브라
를 그의 대적들의 손과 그의 목숨을
찾는 사람들의 손에 넘겨줄 것이다.'"

바룩에게 전한 말씀

45 유다 왕 요시야의 아들 여호야
김 4년에 예레미야가 불러 주
는 말에 따라 바룩이 이 말씀들을 책
에 기록한 후 예언자 예레미야가 네리
야의 아들 바룩에게 한 말입니다.
2 "바룩아, 네게 이스라엘의 하나님 여
호와께서 이렇게 말씀하셨다.
3 네가 말했다. '내게 화가 있도다! 이는
여호와께서 내 고통에 슬픔을 더하셨
기 때문이다. 내가 탄식으로 피곤하
고 쉼을 찾지 못한다.'"
4 여호와께서 말씀하셨다. "그에게 이것
을 말하여라. '여호와께서 이렇게 말
씀하셨다. 보아라. 내가 세운 것을 내
가 무너뜨릴 것이고 내가 심은 것을
내가 뽑아 버릴 것이다. 내가 온 땅에
그리하겠다.
5 그런데도 네가 네 자신을 위해 큰일
들을 추구하느냐? 그것들을 추구하
지 마라. 보아라. 이는 내가 모든 사
람에게 재앙을 가져올 것이기 때문이
다. 그러나 네가 가는 모든 곳에서 내
가 네 목숨을 전리품처럼 건져 줄 것
이다.' 여호와의 말이다."

이집트에 관한 말씀

46 민족들에 대해 여호와의 말씀
이 예언자 예레미야에게 임했
습니다.
2 이집트에 대한 말씀입니다. 유다 왕
요시야의 아들 여호야김 4년에 유프
라테스 강 가 갈그미스에서 바벨론 왕
느부갓네살이 물리친 이집트 왕 바로
느고의 군대에 관해 말씀하셨습니다.
3 "크고 작은 방패를 준비해 전쟁에 나
가라!
4 기병들아, 말에 안장을 채우고 올라
타라! 투구를 쓰고서 너희의 위치를
지키라! 창을 갈고 갑옷을 입으라!
5 내가 무엇을 보는가? 그들이 놀라고
뒤로 물러가고 있다. 그들의 용사들
이 패해 도망가고 있으며 뒤도 돌아

보지 않는다. 공포가 사방에 있다. 여
호와의 말이다.
6 발 빠른 사람이 도망치지 못하고 강
한 사람도 피하지 못한다. 유프라테스
강 가 북쪽에서 그들이 넘어지고 쓰
러진다.
7 나일 강처럼 일어나는 이 사람이 누
구인가? 물을 물결치게 하는 강물처
럼 일어나는 이 사람이 누구인가?
8 이집트가 나일 강처럼 일어나고 물을
물결치게 하는 강들과 같다. 이집트가
말한다. '내가 일어나 세상을 덮을 것
이다. 내가 성읍들과 그곳에 사는 사
람들을 멸망시킬 것이다.'
9 말들아, 달리라! 전차들아, 진격하라!
용사들아, 나가라! 방패를 든 *에티
오피아와 *붓 사람들아! 활을 당기는
*루딤 사람들아!
10 그날은 만군의 주 여호와의 날이다.
대적에게 복수하는 복수의 날이다.
칼이 삼켜서 배가 부르며 그들의 피
로 취할 것이다. 이는 유프라테스 강
가 북쪽 땅에서 만군의 주 여호와가
희생을 낼 것이기 때문이다.
11 이집트의 처녀 딸아! 길르앗으로 올라
가 유향을 취하라. 네가 헛되이 많은
약을 쓰나 네게는 치유가 없다.
12 네 수치를 민족들이 듣고 네 부르짖
음이 땅에 가득할 것이니 한 용사가
다른 용사에 걸려 넘어지고 그들 둘
다 함께 쓰러질 것이다."
13 바벨론 왕 느부갓네살이 이집트를 공
격하러 올 것에 대해 여호와께서 예언
자 예레미야에게 하신 말씀입니다.
14 "이집트에서 선포하고 믹돌에서 선언
하라. *놉과 *다바네스에서 선언하라.
'네 위치를 지키고 준비하라. 이는 칼
이 네 주변을 삼킬 것이기 때문이다.'
15 왜 너희 용사들이 쓰러지겠느냐? 그

46:9 나일 강 상류 지역을 가리킴. 46:9 오늘날의 리비아 지역을 가리킴(겔 30:5;38:5;행 2:10을 보라). 46:9 고대 이집트의 정치적 영향권 아래서 살았던 민족을 가리킴(창 10:13과 대상 1:11을 보라). 46:14 고대 이집트의 도시 멤피스를 가리킴. 46:14 고대 이집트의 나일 강 삼각주 동편 언덕에 있었던 도시를 가리킴(렘 2:16; 43:7-9을 보라).

하용조 목사의 행복한 **메시지**

성령 충만과 경계해야 할 것들

그리스도인들이 전심을 다해 올라야 할 고지는 바로 성령 충만입니다. 심혈을 기울여 추구해야 할 주제 역시 바로 성령 충만입니다. 그런데 성령의 충만을 사모하는 그리스도인들이 경계해야 할 것들이 있습니다.

첫째는 교만입니다. 교만은 사탄의 가장 위력적인 독으로 하나님께서는 교만한 사람을 물리치십니다. 성령 충만은 예수님처럼 겸손해지는 것입니다. 둘째는 탐욕입니다. 탐욕은 죄의 시작입니다. 성령의 마지막 열매는 절제입니다. 셋째는 정욕입니다. 윤리, 도덕적인 면에서 실수가 없어야 합니다. 거룩과 성결을 추구하십시오. 성령 충만을 지속하는 비결입니다.

들이 서지 못한 것은 여호와가 그들
을 쫓아냈기 때문이다.
16 그들이 계속해서 넘어질 것이고 한
사람이 또 한 사람 위에 쓰러질 것이
다. 그들이 말한다. '일어나라! 압제자
의 칼날에서 벗어나 우리의 동족에게
로, 고향 땅으로 돌아가자.'
17 그곳에서 그들이 외칠 것이다. '이집트
왕 바로는 허풍선이일 뿐이다. 그는
정해진 때를 놓쳤다.'"
18 그의 이름이 만군의 여호와 되시는
왕의 말씀이다. "나의 삶을 두고 맹세
한다. 산들 가운데서 다볼 같고 바다
곁의 갈멜 같은 사람이 나올 것이다.
19 이집트에 사는 사람들아, 너는 짐을
꾸려 포로로 잡혀갈 준비를 하라. 이
는 *놉이 황폐하게 되고 아무도 살지
않게 될 것이기 때문이다.
20 이집트가 아름다운 암송아지이나 그
의 멸망이 북쪽에서부터 오고 있다.
21 그들 가운데 있는 용병들은 살진 송
아지 같으나 그들 역시 돌아서서 함
께 도망칠 것이다. 그들이 버티지 못
할 것이다. 이는 재앙의 날이 그들에
게 오고 있고 그들이 처벌받을 때가
오기 때문이다.
22 대적이 군대를 거느리고 행진할 때 이
집트가 도망하는 뱀처럼 소리를 낼
것이다. 그들이 이집트를 치러 도끼를
갖고 올 것이다.
23 여호와의 말이다. 숲이 빽빽하더라도
그들이 숲을 찍어 낼 것이다. 그들은
메뚜기 떼보다 많아서 그 수를 셀 수
없다.
24 이집트의 딸이 수치를 당해 북쪽 사
람들의 손에 넘겨질 것이다."
25 이스라엘의 하나님 만군의 여호와께
서 말씀하셨다. "보라. 내가 *노의 아
몬과 바로와 이집트와 그의 신들과
그의 왕들, 곧 바로와 바로를 의지하
는 사람들을 처벌할 것이다.
26 내가 그들의 목숨을 찾는 사람들의
손에, 바벨론 왕 느부갓네살과 그의
신하들의 손에 그들을 넘겨줄 것이
다. 그러나 그 후에는 이집트가 예전
처럼 사람 사는 곳이 될 것이다. 여호
와의 말이다."
27 "내 종 야곱아, 두려워하지 말라. 이스
라엘아, 놀라지 말라. 보라. 내가 너를
먼 곳에서 구원하고 네 자손들을 그
들의 포로 된 땅에서 구원할 것이다.
야곱이 돌아와 평화와 안정을 얻을
것이니 아무도 그를 두렵게 하지 못
할 것이다.
28 여호와의 말이다. 내 종 야곱아, 내가
너와 함께하니 두려워하지 말라. 너
를 쫓아낸 모든 민족들을 내가 완전
히 멸망시킬 것이나 너는 완전히 멸망
시키지 않을 것이다. 그러나 내가 너
를 정의로 훈계해 전혀 처벌받지 않
게 하지는 않을 것이다."

블레셋에 관한 말씀

47 바로가 가사를 공격하기 전 블
레셋 사람들에 대해 예언자 예

46:19 고대 이집트의 도시 멤피스를 가리킴. 46:25 테베를 가리킴.

레미야에게 임한 여호와의 말씀입니
다.
2 여호와께서 이렇게 말씀하셨다. "보
라. 물이 북쪽에서 일어나 흘러넘치
는 급류가 되고 땅과 그 안의 모든 것
위에, 성읍과 그 안에 사는 사람들
위에 흘러넘칠 것이다. 사람들이 소리
치고 그 땅에 사는 모든 사람들이 울
부짖을 것이다.
3 준마들의 말발굽 소리, 전차의 달리
는 소리, 바퀴가 덜거덕거리는 소리에
아버지들은 손에 기운이 없어져 자기
자식을 돌아보지 못할 것이다.
4 이는 모든 블레셋 사람들을 멸망시키
고 두로와 시돈을 도울 수 있는 모든
남은 사람들이 끊어질 날이 오기 때
문이다. 여호와가 블레셋 사람들을,
*갑돌 해변에 남은 사람들을 멸망시
킬 것이다.
5 가사가 삭발하게 되고 아스글론이 파
괴됐다. 평원의 남은 사람들아, 네가
언제까지 네 몸에 상처를 내겠느냐?
6 '여호와의 칼이여, 네가 언제까지 쉬
지 않겠느냐? 그만하고 칼집에 들어
가서 조용히 있어라!'
7 여호와가 그 칼을 보냈는데 어떻게
그 칼이 쉴 수 있느냐? 내가 아스글
론과 해변 지역을 치라고 그 칼을 보
냈다."

모압에 관한 말씀

48 모압에 관해 이스라엘의 하나
님 만군의 여호와께서 이렇게
말씀하셨다. "느보에 화가 있으리라.
그곳이 황폐해졌다. 기랴다임이 수치
를 당해 사로잡히고 *미스갑이 수치
를 당하고 파괴됐다.
2 모압이 더 이상 칭찬받지 않을 것이
다. 헤스본에서 사람들이 모압을 몰
락시킬 음모를 꾸밀 것이다. '가라. 저
민족을 끝내 버리자.' 맛멘아, 너 또한
멸망하게 될 것이다. 칼이 너를 뒤쫓
아 갈 것이다.
3 호로나임에서 들리는 부르짖는 소리,
큰 파괴와 파괴의 소리를 들으라.
4 모압이 파괴돼 그 어린아이들이 부르
짖을 것이다.
5 루힛으로 올라가는 길에서 비참하게
울면서 그들이 올라가고 있다. 호로나
임으로 내려가는 길에서 파괴로 인한
괴로운 부르짖음이 들린다.
6 도망가라. 네 목숨을 위해 도망가라!
광야의 덤불처럼 되라.
7 네 업적과 재산을 네가 의지하니 너
또한 포로가 될 것이고 그모스가 그
의 제사장들과 관료들과 함께 포로
로 끌려갈 것이다.
8 파괴자가 모든 성읍으로 오고 있으
니 어느 성읍도 피하지 못할 것이다.
여호와가 말한 대로 골짜기가 폐허가
되고 평원이 황폐하게 될 것이다.
9 모압에 날개를 달아 주어 날아서 떠
나가게 하라. 그의 성읍들이 황폐하
게 돼 그곳에 아무도 살지 않게 될 것
이다.

47:4 크레타를 가리킴. 48:1 히브리어, '요새', '은신처', '피난처'. 모압에 있는 지명을 가리킴.

10 여호와의 일을 게을리하는 사람은 저
주를 받을 것이다! 칼을 갖고도 피를
흘리지 않는 사람은 저주를 받을 것
이다!
11 모압이 어릴 적부터 평안을 누렸고
포로로 끌려간 적이 없었다. 잘 가라
앉은 찌꺼기 위의 포도주처럼 이 술
통에서 저 술통으로 옮겨 부어지지
않았다. 그러므로 그 맛이 그대로고
그 향이 변하지 않았다.
12 여호와의 말이다. 보라. 내가 그를 부
어 버릴 사람을 그에게 보내 그릇들
을 비우고 그의 병들을 깨뜨릴 것이
다.
13 이스라엘의 집이 그들이 신뢰하던 벧
엘 때문에 수치를 당했던 것처럼 모압
이 그모스 때문에 수치를 당할 것이
다.
14 '우리는 용사들이다. 전쟁의 군사들이
다'라고 너희가 어떻게 말할 수 있는
가?
15 모압이 폐허가 되고 그 성읍들이 침
략당하고 가장 뛰어난 젊은이들이
살해당해 쓰러질 것이다. 만군의 여
호와가 왕으로 하는 말이다.
16 모압의 재앙이 가까이에 있다. 그의
재난이 신속히 올 것이다.
17 그의 주변에 사는 모든 사람들아, 그
의 명성을 아는 모든 사람들아, 그를
위해 애곡하라. '어떻게 그 강력한 지
팡이가, 어떻게 그 영광스러운 막대기
가 깨졌는가!'
18 '디본의 딸'에 사는 사람아, 네 영광에
서 내려와 메마른 땅바닥에 앉아라.
모압의 파괴자가 너를 대적해 와서 요
새화된 네 성읍들을 파괴할 것이다.
19 아로엘에 사는 사람아, 길가에 서서
살펴보아라. 도망가는 남자와 도피하
는 여자에게 물어보아라. '무슨 일이
있었느냐?'
20 모압이 수치를 당했다. 이는 그가 파
괴됐기 때문이다. 울부짖고 소리치
라! 모압이 폐허가 됐다고 아르논 가
에서 선포하라.
21 심판이 평원에 내렸다. 곧 홀론에, 야
사에, 메바앗에,
22 디본에, 느보에, 벧디블라다임에,
23 기랴다임에, 벧가물에, 벧므온에,
24 그리욧에, 보스라에, 모압 땅의 멀고
가까운 모든 성읍들에 내렸다.
25 모압의 *뿔이 잘렸고 그 팔이 부러졌
다. 여호와의 말이다.
26 모압을 술 취하게 하라. 이는 그가 여
호와에 대해 교만해졌기 때문이다. 모
압이 자기가 토한 것에서 뒹굴 것이니
그가 조롱거리가 될 것이다.
27 이스라엘이 너희에게 조롱거리가 아
니었느냐? 그가 도둑들 가운데서 잡
히지 않았느냐? 네가 그에 대해 말할
때마다 네가 조롱하며 고개를 흔들었
다.
28 모압에 사는 사람들아, 네 성읍들을
버리고 바위틈에서 살며 동굴 입구
에 둥지를 트는 비둘기처럼 되라.
29 우리가 모압의 자만에 대해 들었다.

48:25 힘을 상징함.

그의 교만함, 그의 거만함, 그의 자
만, 그의 마음의 오만함에 대해 들었
다. 그는 지나치게 거만하다.
30 여호와의 말이다. 내가 그의 거만함
을 안다. 그것은 헛된 것이다. 그의 자
랑은 아무것도 성취하지 못한다.
31 그러므로 내가 모압을 두고 울부짖을
것이다. 모압의 모든 사람들을 두고
소리칠 것이다. 내가 길헤레스 사람들
을 위해 애곡할 것이다.
32 십마의 포도나무야, 야셀을 위해 우
는 것보다 내가 너를 위해 울고 있다.
네 가지들이 바다를 넘어 지나가 야
셀 바다까지 도달했으나 파괴자가 네
여름 열매와 네 포도송이 위에 떨어
졌다.
33 기쁨과 즐거움이 과수원과 모압 땅에
서 사라졌다. 내가 포도주 틀에서 포
도주를 그치게 했으니 기쁨의 소리를
지르며 포도주 틀을 밟을 사람이 없
을 것이다. 외치는 소리가 있더라도
기쁨의 소리가 아니다.
34 헤스본의 외치는 소리로부터 엘르알
레까지 그리고 야하스까지, 소알에서
부터 호로나임을 지나 에글랏 셀리시
야까지 그들의 외치는 소리가 일어났
다. 이는 니므림 물까지도 말라 버렸
기 때문이다.
35 여호와의 말이다. 모압 산당에서 제
물을 바치며 자기 신들에게 분향하
는 사람들을 내가 그치게 할 것이다.
36 그러므로 내 마음이 모압을 위해 피
리 소리같이 슬퍼한다. 내 마음이 또
한 길헤레스 사람들을 위해 피리 소
리같이 슬퍼한다. 그들이 모아 놓은
재산이 사라졌기 때문이다.
37 모든 머리가 깎이고 모든 수염이 잘
리고 모든 손에 상처가 나고 허리에
는 굵은베 옷을 걸치고 있다.
38 모압의 모든 지붕 위에 그리고 그의
모든 광장에 애곡하는 소리만 있다.
이는 아무도 원하지 않는 그릇처럼
내가 모압을 깨뜨렸기 때문이다. 여호
와의 말이다.
39 '모압이 어떻게 파괴됐는가! 모압이 어
떻게 수치로 인해 그 등을 돌리고 달
아났는가!' 하고 말하며 그들이 울부
짖는다. 그리하여 모압이 그의 주위
에 있는 모든 사람들에게 조롱거리가
되고 공포의 대상이 될 것이다."
40 여호와께서 이렇게 말씀하셨다. "보
라! 그가 독수리처럼 습격할 것이다.
모압 위로 그의 날개를 펼칠 것이다.
41 *크리욧이 점령당하고 요새들이 함
락될 것이다. 그날 모압의 용사들의
마음은 해산하는 여인의 마음 같을
것이다.
42 모압이 여호와에 대해 교만해졌기 때
문에 멸망당해 더 이상 한 민족이 되
지 못할 것이다.
43 모압에 사는 사람아, 공포와 웅덩이
와 덫이 너를 덮칠 것이다. 여호와의
말이다.
44 공포를 피하는 사람은 웅덩이에 빠질
것이고 웅덩이에서 나오는 사람은 덫

48:41 모압의 한 성읍을 가리킴.

에 걸릴 것이다. 내가 모압을 처벌할
때가 오게 할 것이기 때문이다. 여호
와의 말이다.
45 헤스본 그늘 아래 도망자들이 무력하
게 서 있다. 불이 헤스본에서 나오고
불꽃이 시혼 한가운데서 나와서 모압
의 이마를, 소동하는 사람들의 머리
를 삼킬 것이다.
46 모압아, 네게 화가 있도다! 그모스 사
람들이 멸망당했다. 네 아들들이 포
로로 잡혀가고 네 딸들이 포로가 됐
다.
47 그러나 내가 마지막 날에 모압의 포
로를 다시 돌아오게 할 것이다. 여호
와의 말이다." 모압에 관한 심판이 여
기서 끝난다.

암몬에 관한 말씀

49 암몬 자손들에 대해 여호와께
서 이렇게 말씀하셨다. "이스라
엘이 아들들이 없느냐? 이스라엘이
상속자가 없느냐? 왜 *말감이 갓을
차지했느냐? 왜 그의 백성이 그 성읍
들에 살고 있느냐?
2 여호와의 말이다. 보라. 내가 암몬 자
손들의 랍바에 전쟁 소리가 들리게
할 날들이 오고 있다. 그곳이 폐허 더
미가 될 것이고 그 마을들은 불에 탈
것이다. 그때에 이스라엘이 자기를 몰
아냈던 사람들을 몰아낼 것이다." 여
호와께서 말씀하셨다.
3 "헤스본아, 통곡하라. 이는 아이가 파
괴됐기 때문이다! 랍바의 딸들아, 부
르짖으라! 굵은베 옷을 입고 애곡하
라. 성벽 안에서 이리저리 뛰어다니
라. 말감이 그의 제사장들과 그의 관
료들과 함께 포로로 잡혀갈 것이기
때문이다.
4 네가 왜 골짜기들을 자랑하느냐? 네
흐르는 골짜기를 왜 네가 자랑하느
냐? 타락한 딸아, 너는 네 재산을 의
지하며 '누가 나를 공격하겠는가?'라
고 말한다."
5 주 만군의 여호와께서 이렇게 말씀하
셨다. "보라. 내가 네 주변에 있는 무
서운 적들을 데려다가 너를 칠 것이
다. 너희가 쫓겨날 것이고 도망자들
을 모을 사람이 없을 것이다.
6 그러나 그 후에 암몬 자손들의 포로
를 내가 다시 돌아오게 할 것이다. 여
호와의 말이다."

에돔에 관한 말씀

7 에돔에 대해 만군의 여호와께서 말씀
하셨다. "데만에 더 이상 지혜가 없느
냐? 분별 있는 사람들에게서 모략이
없어졌느냐? 그들의 지혜가 사라졌느
냐?
8 드단에 사는 사람들아, 뒤돌아 도망
치라. 깊은 곳에 숨으라. 내가 에서의
재앙을 그에게 내릴 때가 됐다.
9 포도 따는 사람들이 와서 포도를 거
둘 때도 그들이 약간의 포도를 남겨
두지 않겠느냐? 도둑들이 밤에 오면
그들이 원하는 만큼만 훔치지 않겠느
냐?

49:1 몰렉 또는 밀곰으로 알려져 있는 암몬 사람의 신을 가리킴.

10 그러나 내가 에서를 벌거벗기고 그의
숨은 곳을 드러낼 것이니 그가 자신
을 숨길 수 없을 것이다. 그의 자손들
과 형제들과 이웃들이 멸망할 것이니
그가 더 이상 존재하지 않을 것이다.
11 네 고아들을 남겨 두라. 내가 그들의
생명을 보호할 것이다. 네 과부들 역
시 나를 의지하게 하라."
12 여호와께서 이렇게 말씀하셨다. "보
라. 그 잔을 마시지 않아도 될 사람들
도 반드시 마셔야 했다면 하물며 네
가 처벌받지 않겠느냐? 네가 처벌받
지 않을 수 없고 반드시 그 잔을 마셔
야 할 것이다.
13 여호와의 말이다. 내가 나를 두고 맹
세하나니 보스라가 경악의 대상, 모욕
의 대상, 공포의 대상 그리고 저주의
대상이 될 것이며 그 모든 성읍들이
영원히 폐허가 될 것이다."
14 내가 여호와께로부터 한 소식을 들었
다. 사절이 여러 나라에 보내졌다. "너
희는 함께 모여 와서 그를 대적해 일
어나 싸우라!
15 보라. 내가 민족들 가운데 너를 작게
만들고 사람들 가운데서 멸시당하게
할 것이다.
16 바위틈 사이의 은신처에 사는 사람
아, 산꼭대기를 차지하고 있는 사람
아, 너의 사나움이, 네 마음의 교만함
이 너를 속였다. 네가 독수리처럼 높
이 둥지를 만든다 해도 내가 너를 그
곳에서 끌어내릴 것이다. 여호와의 말
이다.
17 에돔이 경악의 대상이 될 것이다. 그
곳을 지나가는 사람마다 그의 모든
재앙에 놀라고 비웃을 것이다."
18 여호와께서 말씀하셨다. "소돔과 고모
라가 *이웃 성읍들과 함께 망한 것처
럼 그곳에 아무도 살지 않을 것이며
그곳에 어떤 사람도 살지 않을 것이
다.
19 보라. 무성한 초원을 향해 요단의 수
풀에서 올라오는 사자처럼 내가 순식
간에 에돔을 자기들의 땅에서 쫓아낼
것이다. 내가 이것을 위해 선택할 지
도자가 누구냐? 누가 나와 같고 누가
내게 도전할 수 있겠느냐? 어떤 목자
가 나를 대적해 설 수 있겠느냐?"
20 그러므로 에돔에 대해 세우신 여호와
의 계획과 데만에 사는 사람들에 대
한 그분의 뜻을 들으라. 양 떼의 어린
것들이 끌려갈 것이고 그들 때문에
그가 그들의 목초지를 반드시 황폐하
게 할 것이다.
21 그들이 넘어지는 소리에 땅이 흔들릴
것이다. 그들이 부르짖는 소리가 *홍
해에서도 들릴 것이다.
22 보라! 그가 독수리처럼 빨리 날아올
라 보스라 위에 날개를 펼 것이니 그
날에 에돔의 용사들의 마음이 해산
의 고통 가운데 있는 여자의 마음처
럼 될 것이다.

다메섹에 관한 말씀

23 다메섹에 대한 말씀이다. "하맛과 아

49:18 주로 아드마와 스보임을 가리킴(창 14:2,8과 신 29:23을 보라). 49:21 히브리어, 얌 숩

르밧이 수치를 당하니 이는 그들이
나쁜 소식을 들었기 때문이다. 그들
이 낙심하고 쉼이 없는 바다처럼 괴로
워한다.
24 다메섹이 기력을 잃어 도망가려고 돌
이키니 두려움이 그를 사로잡았다.
해산하는 여자처럼 걱정과 고통이 그
를 붙잡았다.
25 내가 기뻐하는 성읍! 칭송받던 성읍
이 왜 버려졌느냐?
26 그러므로 그의 젊은이들이 광장에서
쓰러질 것이고 그날에 그의 모든 군
사들이 멸망할 것이다. 만군의 여호
와의 말이다.
27 내가 다메섹 성벽에 불을 지를 것이
다. 그 불이 벤하닷의 성채들을 삼킬
것이다."

게달과 하솔에 관한 말씀

28 바벨론 왕 느부갓네살이 공격한 게달
과 하솔의 왕국들에 관해 여호와께서
이렇게 말씀하셨다. "일어나 게달로
올라가 동쪽 지방의 사람들을 멸망시
키라.
29 저들이 그들의 장막과 그들의 양 떼
를 빼앗고 그들의 휘장과 그들의 모
든 그릇들과 그들의 낙타들을 차지
할 것이다. 사람들이 그들에게 '사방
에 공포가 있다' 하고 외칠 것이다.
30 여호와의 말이다. 멀리 도망가라! 깊
은 곳에 머무르라. 하솔에 사는 사람
들아! 바벨론 왕 느부갓네살이 너를
대적해서 계획을 세웠다. 너를 대적해
서 계략을 생각해 냈다.
31 여호와의 말이다. 너는 일어나서 안전
하게 살고 있는 평안한 민족을 공격
하라. 성문도 없고 빗장도 없이 홀로
거주하는 민족을 공격하라.
32 그들의 낙타들이 약탈물이 될 것이
고 그들의 가축의 큰 무리는 전리품
이 될 것이다. 내가 먼 곳에 있는 사
람들을 바람에 흩어 버리고 그들 위
에 사방에서 재앙을 불러올 것이다.
여호와의 말이다.
33 하솔이 자칼의 소굴이 돼 영원히 폐
허가 될 것이니 그곳에 아무도 살지
않을 것이다. 그곳에 어떤 사람의 아
들도 살지 않을 것이다."

엘람에 관한 말씀

34 유다 왕 시드기야 통치 초기에 엘람에
대해 여호와의 말씀이 예언자 예레미
야에게 임해 말씀하셨습니다.
35 만군의 여호와께서 이렇게 말씀하셨
다. "보라. 엘람의 힘의 근원인 활을
내가 꺾을 것이다.
36 내가 하늘 사방에서 나온 사방의 바
람을 엘람에 보내 그들을 사방으로
흩어 버릴 것이다. 엘람에서 쫓겨난
사람이 가지 않을 나라가 없을 것이
다.
37 여호와의 말이다. 그들의 적들 앞에
서, 그들의 목숨을 찾는 사람들 앞에
서 내가 엘람을 놀라게 할 것이다. 내
가 그들 위에 재앙을, 내 맹렬한 진노
를 내릴 것이다. 내가 그들에게 칼을
보내 그들을 삼킬 것이다.
38 내가 엘람에 내 보좌를 두고 그곳에

서 왕과 그의 관료들을 멸망시킬 것
이다. 여호와의 말이다.
39 그러나 내가 마지막 날에 엘람의 포
로를 다시 돌아오게 할 것이다. 여호
와의 말이다."

바벨론에 관한 말씀

50 바벨론과 *갈대아 사람들의 땅
에 대해 예언자 예레미야를 통
해 여호와께서 하신 말씀입니다.
2 "민족들 가운데 선언하고 선포하여
라. 기를 세우고 선포하여라. 아무것
도 숨기지 말고 말하여라. '바벨론이
사로잡힐 것이다. *벨이 수치를 당할
것이다. 므로닥이 깨뜨려질 것이다.
그의 신상들이 수치를 당하고 그의
우상들이 깨뜨려질 것이다.'
3 북쪽에서 한 민족이 그를 대적해 올
라와 그의 땅을 황폐하게 만들 것이
다. 그곳에 거하는 사람이 없을 것이
다. 사람도, 짐승조차도 도망가 버릴
것이다.
4 여호와의 말이다. 그날에, 그때에 이
스라엘 자손과 유다 자손이 함께 올
것이다. 울며 와서 그들의 하나님 여
호와를 찾을 것이다.
5 그들이 시온으로 가는 길을 묻고 그
들의 얼굴을 그쪽으로 향할 것이다.
그리고 '오라! 잊혀지지 않을 영원한
언약으로 우리가 여호와와 연합하자'
라고 할 것이다.
6 내 백성은 잃어버린 양들이었다. 그들
의 목자들이 그들을 길 잃게 하고 산
위에서 헤매게 했다. 그들이 산으로,
언덕으로 다니며 그들의 쉴 곳을 잊
어버렸다.
7 그들을 만나는 사람들이 모두 그들
을 삼켰다. 그들의 대적들이 말했다.
'그들이 그들의 의의 처소며 그들의
조상들의 소망이신 여호와께 죄를 지
은 것이니 우리에게는 죄가 없다.'
8 바벨론 가운데서 떠나라. *갈대아 사
람들의 땅에서 나오라. 양 떼 앞에 앞
서가는 숫염소같이 되라.
9 보라. 내가 북쪽 땅에서 큰 민족들의
동맹군을 일으켜 바벨론을 치러 오
게 할 것이다. 그들이 바벨론에 맞서
대열을 짓고 바벨론을 사로잡을 것이
다. 그들의 화살은 노련한 용사의 화
살 같아서 헛되이 돌아오지 않을 것
이다.
10 그렇게 *갈대아가 약탈당할 것이다.
그를 약탈하는 사람은 다 배부를 것
이다. 여호와의 말이다.
11 내 땅을 약탈하는 사람들아, 너희가
즐거워하며 기뻐하고 있으니, 너희가
초원의 송아지처럼 뛰어다니고 황소
들처럼 소리를 내니
12 너희 어머니가 크게 수치를 당할 것
이다. 너를 낳아 준 그녀가 창피를 당
할 것이다. 보라. 그녀가 민족들 가운
데 가장 작은 자, 곧 광야, 메마른 땅,
사막이 될 것이다.
13 여호와의 격분으로 인해 그곳에 아무
도 살지 않게 되고 완전히 황폐하게

50:1,8,10 또는 바벨론 50:2 바벨론의 수호신이었던 므로닥(또는 마르둑)의 히브리식 이름으로 '주(主)'라는 뜻(사 46:1과 렘 51:44을 보라.)

될 것이다. 그 모든 재앙으로 인해 바
벨론을 지나는 사람마다 놀라며 비
웃을 것이다.
14 활을 당기는 모든 사람들아, 바벨론
주위에 대열을 지으라. 그를 향해 쏘
라! 화살을 아끼지 말라. 이는 그가
여호와께 죄를 지었기 때문이다.
15 사방에서 그를 향해 고함을 질러라!
그가 굴복하고 그의 성채가 쓰러지며
그의 성벽이 헐려 무너졌다. 이것은
여호와의 보복이니 그에게 복수하라.
그가 한 대로 그에게 갚아 주라.
16 바벨론에서 씨 뿌리는 사람과 추수
때 낫을 쥔 사람을 없애 버려라. 압제
자의 칼을 두려워해 모든 사람이 각
자 자기 백성에게로 돌아갈 것이고
모든 사람이 각자 자기 땅으로 도망
갈 것이다.
17 이스라엘은 사자들이 쫓아낸 흩어진
양 떼다. 처음에는 앗시리아 왕이 그
를 삼켰고 마지막에는 바벨론 왕 느
부갓네살이 그의 뼈를 부러뜨렸다."
18 그러므로 이스라엘의 하나님 만군의
여호와께서 이렇게 말씀하셨다. "보
라. 내가 앗시리아 왕을 처벌했듯이
바벨론 왕과 그의 땅을 처벌할 것이
다.
19 그러나 이스라엘은 내가 그의 목초지
로 돌려보낼 것이다. 그러면 그가 갈
멜과 바산에서 풀을 뜯고 그의 영혼
이 에브라임과 길르앗 언덕에서 만족
할 것이다.
20 여호와의 말이다. 그날과 그때에 이스
라엘의 죄악을 찾지만 아무것도 없을
것이다. 유다의 죄를 찾지만 발견되지
않을 것이다. 이는 내가 남은 사람들
을 용서할 것이기 때문이다.
21 여호와의 말이다. 너희는 므라다임 땅
을, 브곳에 사는 사람들을 공격하라.
그들을 뒤따라 쫓아가 죽이고 완전히
*멸망시키라. 내가 너희에게 명령한
모든 것을 하라.
22 전쟁의 소리와 큰 파괴의 소리가 그
땅에 있다!
23 온 땅의 망치가 어떻게 부서지고 깨
뜨려졌는가! 바벨론이 어떻게 민족들
사이에서 폐허가 됐는가!
24 바벨론아, 내가 네게 덫을 놓았다. 네
가 알아채지 못하고 걸렸다. 네가 여
호와를 대적했기 때문에 내가 너를
찾아 사로잡은 것이다.
25 여호와가 무기 창고를 열고 분노의 무
기들을 꺼냈다. 이는 만군의 주 여호
와가 *갈대아 사람들의 땅에 할 일이
있기 때문이다.
26 너희는 먼 곳으로부터 바벨론으로 오
라. 그의 곡물 창고를 열라. 그를 곡
물 더미처럼 쌓아 놓으라. 그를 완전
히 *멸망시키고 그에게 남은 사람이
하나도 없게 하라.
27 그의 어린 황소를 모두 죽이고 그것
들을 도살장에 내려보내라! 그들에게
화가 있도다! 그들의 날, 그들의 처벌
의 때가 왔기 때문이다.

50:21,26 히브리어, 헤렘. 생명이나 물건을 완전히 멸하여 여호와께 드리는 것을 의미함. 무를 수 없음.
50:25 또는 바벨론

28 바벨론 땅으로부터 도망가고 피신하
는 사람들의 소리가 있어 우리 하나
님 여호와의 복수, 곧 주의 성전을 파
괴한 이들에 대한 복수를 시온에서
선포한다.
29 활 쏘는 사람들을 바벨론에 불러 모
으라. 모든 활을 당기는 사람들아, 바
벨론 주변을 둘러 진을 치고 아무도
도망가지 못하게 하라. 그의 행위대
로 그에게 갚아 주라. 그가 한 대로
그에게 해 주라. 이는 그가 이스라엘
의 거룩한 분, 여호와께 교만하게 행
동했기 때문이다.
30 그러므로 그의 젊은이들이 광장에서
쓰러질 것이고 그의 모든 군사들이
그날에 멸망당할 것이다. 여호와의 말
이다.
31 만군의 주 여호와의 말이다. 보라. 교
만한 사람아, 내가 너를 대적하고 있
다. 이는 네 날, 곧 내가 너를 처벌할
때가 왔기 때문이다.
32 교만한 사람이 걸려 넘어질 것이나
그를 일으킬 사람이 없을 것이다. 내
가 그의 성읍들에 불을 지를 것이니
불이 그 주변의 모든 것을 다 삼킬 것
이다."
33 만군의 여호와께서 이렇게 말씀하셨
다. "이스라엘 자손과 유다 자손이 함
께 억압당하고 있다. 그들을 사로잡
은 사람들이 그들을 단단히 붙잡아
그들을 보내 주기를 거부한다.
34 그러나 그들의 구원자는 강하다. 만
군의 여호와가 그의 이름이다. 그가
그들의 소송을 적극적으로 변호해 그
땅에 안식을 주고 바벨론에 사는 사
람들에게는 불안을 줄 것이다.
35 여호와의 말이다. 칼이 *갈대아 사람
들 위에, 바벨론에 사는 사람들 위에,
그의 관료들과 현자들 위에,
36 그의 거짓 예언자들 위에 임하리니
그들이 어리석은 사람들이 될 것이
다. 칼이 그의 용사들 위에 임하리니
그들이 두려움으로 가득 찰 것이다.
37 칼이 그들의 말들과 마차들과 그의
중앙에 있는 모든 이방 사람들 위에
임하리니 그들이 무기력해져 여자들
같이 될 것이다. 칼이 그의 보물들 위
에 임하리니 그것들이 약탈당할 것이
다.
38 가뭄이 그의 물 위에 임하리니 그것
들이 말라 버릴 것이다. 이는 그곳이
우상들의 땅이요, 그들이 우상들에
미쳤기 때문이다.
39 그러므로 사막의 들짐승과 하이에나
가 그곳에 살 것이며 타조들도 그곳
에 살 것이나 다시는 영원히 사람이
살지 않을 것이고 대대로 사람이 살
지 않을 것이다.
40 여호와가 말한다. 하나님께서 소돔과
고모라를 그 이웃 성읍들과 함께 멸
망시킨 것처럼 그곳에 아무도 살지
않을 것이다. 그곳에 어떤 사람의 아
들도 살지 않을 것이다.
41 보라. 북쪽에서 한 민족이 오고 있다.
땅끝으로부터 한 큰 민족이, 많은 왕

50:35 또는 바벨론

들이 일어나고 있다.
42 그들은 활과 창을 잡고 있고 잔인하
고 무자비하다. 그들의 소리는 바다
가 으르렁거리는 것 같고 그들은 말
을 타고서 군사처럼 대열을 하고 너
를 공격하려고 한다. 바벨론의 딸아.
43 바벨론 왕이 그들에 대한 소식을 듣
고는 그의 손이 축 늘어져 버렸다. 고
통이, 해산하는 여인의 고통이 그를
사로잡았다.
44 보라. 무성한 초원을 향해 요단의 수
풀에서 올라오는 사자처럼 내가 순식
간에 바벨론을 그들의 땅에서 쫓아낼
것이다. 내가 이것을 위해 선택한 지
도자가 누구냐? 누가 나와 같고 누가
내게 도전할 수 있겠느냐? 어떤 목자
가 나를 대적해서 설 수 있겠느냐?"
45 그러므로 바벨론에 대해 세우신 여
호와의 계획과 *갈대아 사람들의 땅
에 대한 그분의 뜻을 들으라. 양 떼의
어린 것들까지 끌려갈 것이니 그들의
목초지가 반드시 황폐하게 될 것이
다.
46 바벨론이 사로잡히는 소리에 땅이 흔
들릴 것이다. 바벨론의 부르짖는 소리
가 민족들 사이에 울릴 것이다.

51

여호와께서 이렇게 말씀하셨
다. "보라. 내가 파괴자의 영을
일으켜 바벨론을, *렙가매에 사는 사
람들을 치게 할 것이다.
2 내가 이방 사람들을 바벨론으로 보내
그들이 그를 키질하고 그의 땅을 황
폐하게 할 것이다. 그의 재앙의 날에
그들이 사방에서 그를 칠 것이다.
3 활 쏘는 사람이 활을 당기게 하지 말
고 그가 일어나 갑주를 입게 하지 말
라. 그의 젊은이들에게 인정을 베풀
지 말고 그의 군대를 완전히 *멸망시
키라.
4 그들이 *갈대아 사람들의 땅에서 살
해되고 그들의 거리에서 치명적인 상
처를 입을 것이다.
5 이는 이스라엘과 유다가 이스라엘의
거룩한 분을 거역해 그들의 땅이 죄
악으로 가득 차 있었을지라도 만군의
여호와 하나님이 그들을 *버리지 않
았기 때문이다.
6 바벨론 한가운데서 도망가라! 각자 자
기의 목숨을 구하라! 바벨론의 죄악
으로 인해 멸망당하지 않도록 하라.
지금은 여호와의 보복의 때다. 여호와
가 그에게 복수할 것이다.
7 바벨론은 여호와의 손안에 있던 금잔
이었는데 그가 온 땅을 취하게 했다.
민족들이 거기에 담긴 포도주를 마셨
다. 그러므로 민족들이 그 포도주를
마시고 미쳤다.
8 바벨론이 갑자기 쓰러져 파멸할 것이
다. 그를 위해 울부짖으라! 그의 고통
을 위해 향유를 준비하라. 혹시 그가
치유될지 모른다.
9 '우리가 바벨론을 치유하려고 했으나
그가 치유되지 않으니 그를 버리고
각자 자기 땅으로 가자. 이는 그의 심

50:45 또는 바벨론 51:1 갈대아, 곧 바벨론을 가리키는 암호 51:3 렘 50:21의 난외주를 보라. 51:4 또는 바벨론 51:5 문자적으로 '과부가 된'

판이 하늘에까지 다다르고 창공에까
지 올라갔기 때문이다.'
10 '여호와께서 우리 의를 드러내셨다. 오
라. 우리의 하나님 여호와께서 하신
일을 시온에서 선포하자.'
11 화살을 갈고 방패를 들라! 여호와가
메대 왕들의 혼을 일으켰다. 바벨론에
대한 그의 목적은 바벨론을 멸망시키
는 것이다. 이는 이것이 여호와의 보
복, 곧 성전을 파괴한 이들에 대한 복
수이기 때문이다.
12 바벨론 성벽에 기를 세우라! 경비를
강화하고 파수꾼을 세우며 복병을
준비시키라! 바벨론에 사는 사람들을
향해 말씀하신 것을 여호와가 계획하
고 이룰 것이다.
13 *많은 물 가에 살아서 재물이 많은
사람아, 네 끝이 왔고 네가 끊어질 때
가 왔다.
14 만군의 여호와가 스스로를 두고 맹세
한다. '내가 너를 메뚜기 떼처럼 그렇
게 많은 사람들로 반드시 가득 채울
것이다. 그러면 그들이 너를 대적해
함성으로 응답할 것이다.'"
15 "그분은 권능으로 땅을 만드셨고 그
분의 지혜로 세계를 세우셨으며 그분
의 분별력으로 하늘을 펼치셨다.
16 그분이 목소리를 내면 하늘에 많은
물이 있게 된다. 그분은 땅끝에서 안
개가 올라오게 하시고 비를 위해 번
개를 만드시며, 그분의 창고에서 바
람을 내보내 주신다.
17 모든 사람이 분별력이 없고 지식이
없고 세공장이들 모두가 자신의 우
상들로 수치를 당한다. 이는 그가 녹
여 만든 우상들이 헛것이며 그것들
안에 생명이 없기 때문이다.
18 그것들은 헛것이고 기만하는 것이다.
그것들의 멸망의 때가 오면 그것들이
망할 것이다.
19 *야곱의 몫은 이것들과 같지 않다. 그
분은 자신의 소유로 삼으신 이스라엘
을 포함해 모든 것을 만드신 분이요,
만군의 여호와가 그분의 이름이다."
20 "너는 내 쇠몽둥이요, 내 전쟁 무기
다. 너를 통해 내가 민족들을 부수고
너를 통해 내가 나라들을 멸망시키며
21 너를 통해 내가 말과 그것을 탄 사람
을 부수고 너를 통해 내가 전차와 그
것을 탄 사람을 부수고
22 너를 통해 내가 또 남자와 여자를 부
수고 너를 통해 내가 늙은이와 젊은
이를 부수고 너를 통해 내가 청년과
처녀를 부수고
23 너를 통해 내가 목자와 그의 양 떼를
부수고 너를 통해 내가 농부와 그의
멍에에 매인 소를 부수고 너를 통해
내가 통치자와 지도자들을 부순다.
24 바벨론과 갈대아에 사는 모든 사람들
이 시온에서 저지른 그들의 모든 죄
악을 내가 너희 눈앞에서 갚아 줄 것
이다. 여호와의 말이다.
25 여호와의 말이다. 보라. 멸망의 산아,
온 땅을 멸망시키는 너를 내가 대적

51:13 바벨론의 많은 물(시 137:1을 보라.) 51:19 하나님의 직함을 가리킴.

하고 있다. 내가 너를 대적해 내 손을
펴서 너를 바위산에서 아래로 굴려
떨어뜨리고 너를 불에 타버린 산으로
만들 것이다.
26 사람들이 네게서 모퉁잇돌이나 주춧
돌을 가져가지 않을 것이니 너는 영
원히 황폐할 것이다. 여호와의 말이
다.
27 그 땅에 기를 세우라! 민족들 가운데
나팔을 불라! 그를 대적해서 민족들
을 준비시키고 그를 대적해서 나라들
을, 곧 아라랏, 민니, 아스그나스를 소
집하라. 그를 대적할 사령관을 세우
고 곤두선 메뚜기들처럼 말들을 올
려 보내라.
28 그를 대적해서 민족들을, 곧 메대의
왕들과 그의 통치자들과 그의 모든
지도자들과 그들이 다스리는 모든
땅을 준비시키라.
29 그 땅이 진동하고 소용돌이칠 것이
다. 여호와의 모든 계획이 바벨론을
대적해 세워져 바벨론 땅을 폐허로
만들어 아무도 살지 않게 할 것이다.
30 바벨론의 용사들이 싸움을 멈추고
그들이 요새에 머무르고 있는데 그들
의 힘이 다 소모돼 여자처럼 돼 버렸
다. 바벨론의 거주지가 불에 타고 그
의 성문 빗장들이 부서져 버렸다.
31 한 전달자가 달려가서 다른 전달자
를 만나고 한 전령이 달려가서 다른
전령을 만나서 바벨론 왕에게 보고했
다. '성읍 전체가 함락됐으며
32 나루터들이 점령당했으며 갈대밭들
이 불탔고 군사들이 겁에 질려 있습
니다.'"
33 이스라엘의 하나님 만군의 여호와께
서 이렇게 말씀하셨다. "바벨론의 딸
은 타작할 때의 타작마당 같다. 그를
타작할 때가 곧 올 것이다.
34 '바벨론 왕 느부갓네살이 나를 삼키고
나를 부수며 나를 텅 빈 그릇으로 만
들었다. 그가 괴물처럼 나를 삼켰고
내 좋은 음식으로 그의 배를 채우고
는 나를 토해 버렸다.
35 나와 내 육체에 가했던 폭력이 바벨
론 위에 있기를 빈다'고 시온에 사는
사람들이 말한다. '내 피가 *갈대아에
사는 사람들 위에 있기를 빈다'고 예
루살렘이 말한다."
36 그러므로 여호와께서 이렇게 말씀하
셨다. "보라. 내가 네 소송을 변호하
고 네 원수를 갚아 줄 것이다. 내가
그의 바다를 말리고 그의 샘을 메마
르게 할 것이다.
37 바벨론은 폐허 더미가 되고 자칼의
소굴이 되며 경악과 조롱의 대상이
되고 아무도 살지 않는 곳이 될 것이
다.
38 그들이 모두 함께 어린 사자들처럼
포효하고 새끼 사자들처럼 으르렁거
릴 것이다.
39 그들이 흥분해 있을 때 내가 그들을
위해 잔치를 벌이고 그들을 취하게
할 것이니 그들이 즐거워하다가 영원
히 잠들어 깨어나지 못할 것이다. 여

51:35 또는 바벨론

호와의 말이다.
40 도살장에 가는 어린양처럼 숫양과 숫
염소처럼 내가 그들을 끌어내릴 것이
다."
41 어떻게 *세삭이 함락될 것인가! 온 땅
의 자랑거리가 빼앗길 것인가! 어떻게
바벨론이 민족들 사이에서 놀람의 대
상이 될 것인가!
42 바다가 바벨론 위로 일어서고 으르렁
대는 파도가 그를 덮칠 것이다.
43 그의 성읍들이 황폐해져 메마른 땅
과 사막이 돼서 아무도 살지 않고 아
무도 지나가지 않게 될 것이다.
44 내가 바벨론의 벨을 처벌하고 그가
삼킨 것을 그의 입에서 내뱉게 할 것
이다. 민족들이 다시는 그에게로 흘
러가지 않을 것이다. 그리고 바벨론
성벽마저도 무너질 것이다.
45 내 백성아, 그 한가운데서 나오라. 너
희는 각기 여호와의 맹렬한 분노에서
자기 목숨을 구하라!
46 그 땅에 소문이 들리더라도 너희가
낙심하지 말고 두려워하지 말라. 이해
에는 이런 소문이, 다음 해에는 저런
소문이 있고 그 땅에 폭력이 있고 한
통치자가 다른 통치자에게 대적해서
일어설 것이다.
47 그러므로 보라. 내가 바벨론의 우상
들을 처벌하고 그의 온 땅이 수치를
당하고 그의 모든 살해된 사람들이
그 안에 쓰러져 있을 날들이 오고 있
다.
48 그때에 하늘과 땅과 그 안에 있는 모
든 것들이 바벨론으로 인해 기뻐 노
래할 것이다. 이는 북쪽에서부터 파
괴자가 그에게 올 것이기 때문이다.
여호와의 말이다.
49 바벨론으로 인해서 온 땅이 살해당
한 사람들같이 쓰러진 것처럼 이스라
엘의 살해당한 사람들로 인해서 바벨
론이 반드시 쓰러질 것이다.
50 너희 칼을 피한 사람들아, 서 있지 말
고 길을 떠나라! 너희가 먼 땅에서 여
호와를 기억하고 예루살렘을 너희 마
음에 두라."
51 "우리가 수치를 당했다. 책망을 받고
부끄러움이 우리 얼굴을 덮었다. 이
는 이방 사람들이 여호와의 성전의
거룩한 곳에 들어갔기 때문이다."
52 "여호와의 말이다. 그러므로 보라. 내
가 그의 우상들을 심판하고 그의 땅
전역에서 부상당한 사람들이 신음할
날들이 오고 있다.
53 바벨론이 하늘까지 미치고 그의 높은
성채를 요새화한다고 하더라도 파괴
자들이 내게서 그에게로 갈 것이다.
여호와의 말이다.
54 바벨론에서 부르짖는 소리여! *갈대아
사람들의 땅에서 들리는 큰 파괴의
소리로다!
55 이는 여호와가 바벨론을 멸망시키고
그에게서 큰소리가 사라지게 하기 때
문이다. 그들의 파도가 큰 물들처럼
으르렁대고 그들의 목소리의 소음이
터져 나온다.

51:41 바벨론을 가리키는 암호 51:54 또는 바벨론

56 파괴자가 바벨론을 향해 올 것이니
그의 용사들이 사로잡힐 것이고 그들
의 활이 부러질 것이다. 여호와는 보
복하는 하나님이다. 그는 반드시 보
응한다.
57 내가 그의 관료들과 현자들과 그의
통치자들과 지도자들과 용사들을 다
취하게 할 것이니 그들이 영원히 잠
들어 깨어나지 못할 것이다. 그의 이
름이 만군의 여호와인 왕의 말이다."
58 만군의 여호와께서 이렇게 말씀하셨
다. "바벨론의 두꺼운 성벽이 무너지
고 그의 높은 성문들이 불에 탈 것이
다. 백성이 헛수고를 하고 민족들이
불로 인해 지치고 말 것이다."
59 유다 왕 시드기야의 통치 4년에 마세
야의 손자 네리야의 아들 왕의 수행
관 스라야가 왕과 함께 바벨론으로 갈
때 예레미야가 그에게 준 말입니다.
60 예레미야는 바벨론에 올 모든 재앙들
을 한 책에 써 놓았는데 그것은 바벨
론에 대해 기록된 모든 말씀들입니
다.
61 예레미야가 스라야에게 말했다. "네가
바벨론에 도착하면 명심해 이 모든
말씀을 읽어라.
62 그러고 나서 '여호와여, 이곳을 멸망
시켜 사람이나 동물이 그 안에 살지
않게 되고 영원히 황폐하게 될 것이라
고 주께서 이곳에 대해 말씀하셨습니
다'라고 너는 말하여라.
63 네가 이 책을 다 읽은 다음에는 그것
에 돌을 묶어서 유프라테스 강 속으
로 던져라.
64 그리고 이렇게 말하여라. '내가 바벨
론에 내릴 재앙으로 인해 바벨론이 이
렇게 가라앉아 다시는 올라오지 못
할 것이니 그들이 지치게 될 것이다.'"
예레미야의 말이 여기서 끝납니다.

예루살렘의 멸망 (왕하 24:18-25:21)

52 시드기야가 왕이 됐을 때 21세
였습니다. 그가 예루살렘에서
11년 동안 통치했습니다. 그의 어머니
의 이름은 하무달이고 립나 출신으로
예레미야의 딸입니다.
2 시드기야는 여호야김이 행한 모든 것
을 따라 여호와 보시기에 악을 행했
습니다.
3 여호와의 노여움 때문에 결국 여호와
께서 그들을 자기 앞에서 쫓아내는
이런 일이 예루살렘과 유다에서 일어
났습니다. 그리고 시드기야는 바벨론
왕에게 반역했습니다.
4 그러자 시드기야 통치 9년 열째 달 10
일에 바벨론 왕 느부갓네살이 모든 군
대를 거느리고 예루살렘을 치러 와서
성읍 밖에 진을 치고 성읍을 둘러서
포위 벽을 쌓았습니다.
5 성읍은 시드기야 왕 11년까지 포위돼
있었습니다.
6 넷째 달 9일에 성읍 안에 기근이 극심
해 그 땅의 백성에게 양식이 하나도
남지 않게 됐습니다.
7 그때 성벽이 무너졌고 모든 군사들이
도망갔습니다. *갈대아 사람들이 성

52:7 또는 바벨론

읍을 둘러 포진하고 있는데도 그들은
밤에 왕의 정원 가까이에 있는 두 성
벽 사이의 문을 통해 성읍에서 나가
아라바 길로 갔습니다.
8 그러나 *갈대아 사람들의 군대가 시
드기야 왕을 뒤쫓아 가서 여리고 평원
에서 그를 따라잡았습니다. 그의 모
든 군사들은 그를 떠나 흩어져 버렸
습니다.
9 그들이 왕을 사로잡았습니다. 그들이
그를 하맛 땅 리블라에 있는 바벨론
왕에게 끌어갔고 바벨론 왕이 그를
판결했습니다.
10 그리고 바벨론 왕은 시드기야가 보는
앞에서 그의 아들들을 죽였고 또 리
블라에서 유다의 모든 관료들도 죽였
습니다.
11 그리고 그는 시드기야의 눈을 뽑고
청동 족쇄로 묶어 바벨론으로 끌어가
그가 죽는 날까지 그를 감옥에 가두
었습니다.
12 바벨론 왕 느부갓네살 19년 다섯째 달
10일에 바벨론 왕을 섬기는 경호 대
장 느부사라단이 예루살렘에 왔습니
다.
13 그는 여호와의 성전과 왕궁을 불태우
고 예루살렘의 모든 집들, 모든 큰 집
들을 불태웠습니다.
14 경호 대장을 따르던 *갈대아 사람의
모든 군대가 예루살렘을 둘러싸고 있
는 모든 성벽을 무너뜨렸습니다.
15 경호 대장 느부사라단은 백성 가운데
가난한 사람들과 성읍 안에 남아 있
던 백성과 바벨론 왕에게 항복한 사
람들과 남아 있던 세공장이들을 포
로로 끌어갔습니다.
16 그러나 경호 대장 느부사라단은 가난
한 사람들 일부를 그 땅에 남겨 두어
포도원을 관리하고 밭을 갈게 했습니
다.
17 *갈대아 사람들은 여호와의 성전에
있는 청동 기둥들과 여호와의 성전에
있는 받침대와 청동 바다를 깨뜨리고
부수어 그 모든 청동을 바벨론으로
가져갔습니다.
18 그들은 또한 솥, 부삽, 부집게, 사발,
접시와 성전 예배 때 쓰는 청동으로
만든 모든 기구들을 다 가져갔습니
다.
19 경호 대장은 또 대야, 화로, 사발, 솥,
촛대, 접시, 잔 등 순금과 순은으로
된 것들을 다 가져갔습니다.
20 솔로몬 왕이 여호와의 성전을 위해 만
든 두 기둥과 바다 하나와 그 아래 12
마리 청동 황소 받침대 등 이 모든 집
기들에서 나온 청동은 무게를 달 수
없을 정도였습니다.
21 기둥에 대해서 말하자면 기둥 하나
에 높이가 *18규빗, 둘레가 *12규빗
이었고 그 두께가 *손가락 네 개 너비
였고 속은 비어 있었습니다.
22 기둥 위에는 청동으로 된 머리가 있
었는데 그 머리는 높이가 *5규빗이었
고 머리 주위에 그물과 석류가 달려

52:8,14,17 또는 바벨론 52:21 18규빗은 약 8.1미터, 12규빗은 약 5.4미터, 손가락 네 개의 너비는 약 8센티미터 52:22 5규빗은 약 2.25미터

있었는데 모두 청동이었습니다. 다른
기둥도 석류들을 갖고 있어 그 모양
이 비슷했습니다.
23 그 사방에 석류 96개가 있었고 기둥
위로 둘린 그물 위에 있는 석류는 다
합쳐 100개였습니다.
24 경호 대장이 대제사장 스라야와 부
제사장 스바냐와 세 명의 문지기들을
붙잡았습니다.
25 또 군사들을 담당했던 장관 한 사람
과 성읍 가운데서 찾은 일곱 명의 왕
의 고문들과 그 땅 백성을 징집하던
군대의 최고 서기관과 성읍 가운데서
발견된 그 땅의 백성 60명을 성읍에
서 붙잡았습니다.
26 경호 대장 느부사라단이 그들을 잡아
리블라에 있는 바벨론 왕에게 끌고
갔습니다.
27 그 후에 바벨론 왕이 하맛 땅 리블라
에서 그들을 쳐 죽였습니다. 이렇게
유다가 자기 땅에서 떠나 포로로 잡
혀가게 됐습니다.
28 이것이 느부갓네살이 포로로 사로잡
아 간 백성입니다. 느부갓네살 7년에
유다 사람 3,023명,
29 느부갓네살 18년에 예루살렘에서 사로
잡아 옮긴 사람 832명,
30 느부갓네살 23년에 경호 대장 느부사
라단이 포로로 끌고 간 유다 사람 745
명, 모두 합해 4,600명이었습니다.

여호야긴이 풀려나다 (왕하 25:27-30)

31 유다 왕 여호야긴이 포로가 된 지 37
년째 되던 해 바벨론 왕 *에윌므로닥
이 왕으로 즉위한 해 열두째 달 25일
에 *에윌므로닥 왕이 유다 왕 여호야
긴의 머리를 들게 하고 감옥에서 꺼
내 주었습니다.
32 에윌므로닥 왕은 그에게 친절하게 말
하고 바벨론에 자기와 함께 있는 다
른 왕들보다 더 높은 자리를 내주었
습니다.
33 그리하여 여호야긴은 죄수복을 벗고
그의 남은 평생을 계속해서 바벨론
왕 앞에서 식사하게 됐습니다.
34 그의 쓰는 몫은 바벨론 왕이 날마다
그에게 필요한 몫을 죽는 날까지 그
의 남은 평생 동안 공급해 주었습니
다.

52:31 느부갓네살의 아들, 신바벨론의 왕을 가리킴(왕하 25:27-30을 보라).

예레미야애가

Lamentations

바벨론에 의해 함락된 하나님의 도성 예루살렘의 비극을 목격한 예레미야 예언자가 당시에 느낀 참담한 심정을 솔직히 표현한 조시이다. 영광스럽고 위대한 성 예루살렘에 대한 회한과 함께, 은혜를 따라 남은 자들에 대한 기대와 회복의 소망이 잘 드러나고 있다. 하나님의 공의와 사랑이 동시에 계시된다.

*1 사람으로 가득 찼던 성읍이 얼마
나 외롭게 앉아 있는지! 민족들
가운데 뛰어났던 성읍이 어찌 과부처
럼 됐는지! 열방들 가운데 공주였던
이 성읍이 노예가 되고 말았다.
2 예루살렘이 밤에 비통하게 울어 눈물
이 뺨 위로 흐른다. 그를 사랑하던 사
람들 가운데 위로하는 사람이 아무
도 없다. 그의 모든 친구들이 배신하
고 적이 되고 말았다.
3 유다는 고통과 고역을 겪은 후에 포
로가 돼 버렸다. 유다가 민족들 가운
데 살며 안식처를 찾지 못한다. 유다
를 추적하던 사람들이 그의 고난의
한복판에서 그를 따라잡는다.
4 절기를 지키러 오는 사람이 아무도
없으니 시온으로 가는 길이 슬피 애
곡한다. 시온의 모든 성문이 황폐했으
니 시온의 제사장들이 탄식한다. 처
녀들이 고통을 당하고 시온이 쓰라리
게 고통스러워한다.
5 그 적들이 주인이 되고 대적들이 번
성한다. 숱한 죄들로 인해 여호와께서
고통을 주셨다. 그의 자녀들은 끌려
가 적들 앞에서 포로가 됐다.
6 모든 영광이 딸 시온으로부터 떠났
다. 관료들은 풀밭을 찾지 못한 사슴
들과 같이 돼서 쫓아오는 사람들 앞
에서 힘없이 도망친다.
7 고난과 방황의 날에 예루살렘이 옛날
에 갖고 있었던 모든 귀한 것들을 기
억한다. 백성들이 적의 손에 떨어졌
을 때 그를 돕는 사람이 아무도 없었
다. 예루살렘의 원수들이 그를 보고
그의 몰락을 비웃었다.
8 예루살렘이 크게 죄를 지었기에 그가
불결하게 됐다. 그의 벌거벗은 것을
보았기 때문에 그를 존경하던 모든
사람들이 그를 경멸한다. 그가 스스
로도 탄식하며 외면한다.

1 장 1,2,4 장은 각 절의 첫 글자가 히브리어 알파벳으로 시작됨 .

9 예루살렘의 불결함이 그의 치마에 있
었는데 그는 자기의 미래에 대해 아
무런 생각을 하지 않았다. 그러므로
그의 몰락은 깜짝 놀랄 만하다. 그를
위로해 주는 사람이 아무도 없다. "여
호와여, 내 환난을 보십시오. 이는 대
적이 승리했기 때문입니다."
10 예루살렘의 모든 보물 위에 대적이 손
을 뻗쳤습니다. 주의 성소에 들어가
는 민족들을 그가 보았습니다. 그들
은 주의 회중에 들어오지 못하게 주
께서 명령하신 사람들입니다.
11 예루살렘의 모든 백성들이 빵을 찾
으며 탄식합니다. 그들의 귀중품들
을 먹을 것과 바꾸며 목숨을 유지합
니다. "오 여호와여, 살펴보소서. 내가
경멸을 받나이다."
12 "지나가는 모든 사람들아, 너희가 살
펴보라. 내게 가해진 내 고통과 같은
고통이 어디에 있는가? 여호와의 맹
렬한 진노의 날에 여호와께서 내게
그 고통을 당하게 하셨다."
13 "주께서 높은 곳에서 불을 내려 불
이 내 뼛속까지 사무치게 하셨다. 그
분이 내 발에 그물을 펼쳐 나를 뒤로
물러가게 하셨다. 나를 황폐하게 해
온종일 기운이 없게 하셨다."
14 "내 죄들이 멍에로 묶여지고 그것들
이 그분의 손으로 얽매어졌다. 그것
들이 내 목에 얹어 놓이니 그분이 나
를 힘쓰지 못하게 하셨다. 내가 당해
낼 수 없는 사람들의 손에 주께서 나
를 넘기셨다."
15 "내 가운데 있는 내 모든 용사들을
주께서 거절하셨다. 그분이 나를 대
적해서 군대를 소집해 내 젊은이들을
무너뜨리셨다. 주께서 처녀 딸 유다의
딸을 포도주 틀을 밟듯 밟으셨다."
16 "이것들 때문에 내가 우니 내 눈에서
눈물이 물같이 흐른다. 이는 나를 위
로할 사람, 내 영혼을 회복시킬 사람
이 내게서 멀리 떨어져 있기 때문이
다. 내 자식들이 황폐하니 이는 대적
들이 이겼기 때문이다."
17 시온이 손을 뻗지만 그를 위로할 사
람이 아무도 없다. 그의 이웃들이 그
의 적이 될 것이라고 여호와께서 야곱
을 향해 명령하셨다. 그들 가운데서
예루살렘이 불결하게 됐다.
18 "여호와께서는 의로우시나 내가 그분
의 명령을 거역했다. 모든 민족들이
여, 들으라. 내 환난을 보라. 내 처녀
들과 젊은이들이 포로로 끌려가고
말았다."
19 "내가 내 사랑하는 사람들을 불렀지
만 그들은 나를 속였다. 내 제사장들
과 내 장로들이 목숨을 유지하려고
먹을 것을 찾아다니다가 성읍 안에서
죽었다."
20 "여호와여, 보십시오! 내가 고통 가운
데 있고 내 내장이 끓어오릅니다. 내
마음이 내 속에서 뒤집히는 것은 내
가 크게 반역을 했기 때문입니다. 밖
에는 칼의 살육이 있고 집 안에는 죽
음이 있습니다."
21 "내가 탄식하는 것을 그들이 듣지만

나를 위로할 사람이 아무도 없습니
다. 내 모든 대적들이 내 고통 소리를
듣고 주께서 그렇게 하신 것을 즐거워
하고 있습니다. 주께서 선포하신 그날
이 오게 하셔서 그들도 나처럼 되게
하소서."
22 "그들의 모든 죄악들이 주 앞에 드러
나게 하소서. 내 모든 죄악으로 인해
주께서 내게 하셨듯이 그들에게 해
주소서. 이는 내 탄식이 많고 내 마음
이 기절할 지경이기 때문입니다."

2 주께서 어떻게 진노하셔서 딸 시온
을 구름으로 덮어 버리셨는지! 그
분이 이스라엘의 아름다움을 하늘에
서 땅으로 던져 버리셨다. 그분의 진
노의 날에 그분의 발판을 기억하지
않으셨다.
2 주께서 인정을 베풀지 않고 야곱의
모든 거처들을 삼켜 버리셨다. 그분
의 진노 가운데서 딸 유다의 요새들
을 무너뜨리셨다. 왕국과 관료들을
욕되게 땅에 내리치셨다.
3 그분의 맹렬한 분노로 이스라엘의 모
든 *뿔을 잘라 버리셨다. 원수 앞에
서 그분의 오른손을 거두셨다. 활활
타는 불이 주위의 모든 것을 집어삼
키듯이 야곱을 불태우셨다.
4 마치 대적처럼 그분은 활을 당기고
그분의 오른손은 준비돼 있다. 마치
적과 같이 눈에 즐거움을 주는 사람
을 모두 죽이셨다. 불처럼 그분의 진
노를 딸 시온의 장막에 쏟아부으셨
다.
5 주께서 마치 원수같이 돼서 이스라엘
을 집어삼키셨다. 이스라엘의 모든 성
채들을 집어삼키시고 요새들을 파괴
시키셨다. 딸 유다에게 애곡과 슬픔
을 많게 하셨다.
6 마치 정원의 초막을 허무는 것처럼
주께서는 공회가 모이는 곳을 파괴하
셨다. 여호와께서는 시온에서 정한 절
기와 안식일이 잊혀지게 하셨다. 그분
의 맹렬한 진노로 왕과 제사장을 쫓

2:3 힘을 상징함.

성·경·상·식

애가에 담긴 메시지

- **예루살렘의 멸망** 예레미야애가는 유대인의 수도 예루살렘의 멸망에 대한 애가(哀歌)다. 성전이 훼파되고 왕들이 끌려갔으며 백성들이 포로가 된 상황을 바라보며 안타까운 예언자의 심정을 노래한 것이다.
- **죄의 결과** 하나님은 백성들의 계속되는 반역에 대해 진노하셨고, 그 결과로 멸망하게 하셨다. 인간의 영광과 교만의 헛됨을 지적했다.
- **하나님의 자비** 하나님은 이스라엘 백성들에게 바벨론 포로 생활을 통한 고통을 경험하게 하셨다. 그분은 고통을 통해서 신실하지 못한 백성들을 되돌아오게 하실 만큼 자비로운 분임을 말했다.
- **소망** 하나님은 남아 있는 백성들에게 미래에 대한 소망을 주시는 분이며 연단 후에 하나님과의 진실되고도 뜨거운 사랑의 관계가 회복되리라는 메시지를 전했다.

아내셨다.
7 주께서는 그분의 제단을 거부하셨고
그분의 성소를 버리셨다. 성채의 벽
들을 원수의 손에 넘겨주셨다. 정해
진 절기의 날처럼 대적들은 여호와의
집에서 소리를 질렀다.
8 딸 시온의 성벽을 여호와께서는 파괴
하기로 작정하셨다. 그분은 줄자를
펼치셨고 파멸로부터 손을 거두지 않
으셨다. 그분이 요새와 성벽을 슬퍼하
게 하셨으니 그것들이 다 함께 쇠약
해 버렸다.
9 성문들이 땅속으로 가라앉았고 주께
서 빗장들을 깨뜨려 부수셨다. 왕과
관리들이 민족들 가운데 있으니 율법
이 더 이상 존재하지 않는다. 예언자
들도 여호와께로부터 환상을 받지 못
하게 됐다.
10 딸 시온의 장로들은 땅바닥에 앉아서
말이 없다. 그들은 머리 위에 흙을 뿌
리고 굵은베 옷을 입었다. 예루살렘의
처녀들은 땅바닥에 머리를 숙이고 있
다.
11 내 눈이 눈물로 상하게 되고 내 내장
이 끓어오른다. 내 간이 땅에 쏟아져
나왔으니 이는 딸 내 백성이 멸망했
기 때문이다. 이는 내 자식들과 아기
들이 성읍의 광장들에서 기운을 잃
고 있기 때문이다.
12 성읍의 광장에 마치 부상당한 사람처
럼 쓰러져서 자기 어머니의 품 안에
그들의 생명을 쏟아붓고는 "곡식과
포도주는 어디 있나요?" 하며 그들의
어머니에게 말한다.
13 딸 예루살렘아, 내가 너를 어떻게 위
로하겠느냐? 내가 너를 무엇에 비교
하겠느냐? 처녀 딸 시온아, 내가 너를
무엇에 비유해 위로하겠느냐? 네 상
처가 바다처럼 큰데 누가 너를 치료
해 주겠느냐?
14 네 예언자들이 너를 위해 거짓되고
헛된 것을 환상으로 보았다. 그들은
네가 포로 되는 것을 막도록 네 죄악
을 드러내는 일을 하지 못했다. 네게
거짓된 말과 현혹시키는 예언만 했다.
15 지나가는 사람들이 모두 너를 보고
손뼉을 친다. 딸 예루살렘을 보고 그
들이 비웃으며 머리를 흔든다. "이것
이 아름다움의 완성이라고 불리고
온 세상의 기쁨이라고 불리던 성읍인
가?"
16 네 원수들이 모두 너를 향해 그들의
입을 크게 벌렸다. 그들이 조롱하고
이를 갈며 말한다. "우리가 성읍을 집
어삼켰다. 이날은 진정 우리가 기다리
던 날이다. 우리가 이것을 찾았고 또
보았다."
17 여호와께서 계획하신 대로 하셨고 오
래전에 그분이 명령하신 말씀을 이루
셨다. 그분은 헐어 무너뜨리고 긍휼
히 여기지 않으셨다. 대적들이 너를
보고 즐거워하게 하셨고 네 적들의
*뿔을 높이셨다.
18 그들의 마음이 주께 소리 질러 외쳤
다. 딸 시온의 성벽아, 너는 밤낮으로

2:17 힘을 상징함.

눈물을 강물처럼 흘려라. 안도의 숨
을 쉬지 말고 네 눈을 쉬게 하지 마
라.
19 밤이 시작되는 시각에 일어나 부르짖
어라. 주 앞에서 네 마음을 물처럼 쏟
아부어라. 모든 길 어귀에 배고파서
쓰러지는 네 어린 자녀들의 생명을
위해 네 손을 그를 향해 들어 올려라.
20 "여호와여, 보시고 고려해 주소서. 주
께서 누구에게 이렇게 하셨습니까?
여자들이 자기 자식들을, 자기들의
귀여운 어린아이들을 먹어야만 하겠
습니까? 제사장과 예언자가 주의 성
소에서 죽임을 당해야만 하겠습니
까?"
21 "젊은이와 늙은이가 함께 맨땅 길바
닥에 드러누워 있습니다. 내 처녀들
과 젊은이들이 칼에 맞아 쓰러졌습니
다. 주의 진노의 날에 주께서 그들을
학살하시고 인정을 베풀지 않으시고
살육하셨습니다."
22 "마치 정해진 절기를 부르듯이 주께
서는 사방에서 공포를 부르십니다. 여
호와의 진노의 날에는 피할 사람도,
살아남을 사람도 없었습니다. 내가
돌보고 양육했던 사람들을 내 원수
들이 멸망시켰습니다."

*3 나는 여호와의 진노의 매로 고통
을 겪은 사람이다.
2 빛이 아닌 어둠 속에 나를 내몰아 다
니게 하셨다.
3 진정 나를 대적해서 하루 종일 계속
해서 나를 치고 또 치셨다.
4 내 살과 피부를 쇠약하게 하셨고 내
뼈들을 부러뜨리셨다.
5 *쓰라림과 고통으로 나를 에워싸고
둘러싸셨다.
6 오래전에 죽은 사람들처럼 나를 어두
운 곳에 머무르게 하셨다.
7 도망갈 수 없도록 나를 둘러싸고 내
사슬을 무겁게 하셨다.
8 내가 소리치고 부르짖어도 내 기도를

3장 각 연의 첫 글자가 같은 히브리어 알파벳으로 시작됨. **3:5** 히브리어 사본에는 '독'

하나님의 공의와 사랑

하용조 목사의 행복한 **메시지**

창세기부터 요한계시록까지 성경에는 하나님의 공의와 사랑이라는 두 강줄기가 있습니다. 구약의 의와 신약의 의가 그 하나이고 구약의 인애와 신약의 사랑이 다른 하나입니다. 이것은 구약과 신약을 이어 주는 다리이기도 합니다.
하나님의 공의는 하나님의 사랑에 뿌리를 두고 하나님의 사랑은 하나님의 공의에 기초를 두고 있습니다. 하나님의 공의와 사랑이라는 두 강줄기가 합쳐지고 서로 입맞춤한 곳이 바로 예수님이 달리신 십자가입니다. 따라서 우리는 하나님의 공의만큼 하나님의 사랑을 강조해야 하며 하나님의 사랑만큼 하나님의 공의를 강조해야 합니다.

닫아 버리셨다.
9 내 앞길에 다듬은 돌을 쌓아 내 길을
막으시고 내 갈 길을 뒤틀리게 하셨
다.
10 여호와는 나를 숨어 기다리는 곰과
같고 은밀한 곳에 숨어 있는 사자와
같으시다.
11 내 길을 잘못 들게 하시고 내 몸을 찢
어서 나를 황폐하게 하셨다.
12 그분의 활을 당기시고 나를 화살의
과녁으로 세우셨다.
13 그분의 화살통의 화살이 내 *심장을
뚫고 지나가게 하셨다.
14 내가 내 모든 백성의 조롱거리가 됐
고 그들은 하루 종일 노래를 부르며
나를 놀려 댔다.
15 그분은 나를 비통함으로 배부르게
하시고 쓰라림으로 취하게 하셨다.
16 자갈로 내 이를 부러뜨리셨고 재로
나를 덮으셨다.
17 그분이 내 심령에서 평안을 빼앗으셨
으니 내가 행복을 잊고 말았다.
18 그래서 내가 말했다. "내 인내와 소망
이 여호와로부터 사라져 버렸다."
19 내 고난과 내 방황, 비통함과 쓰라림
을 기억하소서.
20 내가 아직도 기억하고 있으며 내 영혼
이 내 안에서 낙심하고 있습니다.
21 그러나 내가 이것을 생각해 내기에
오히려 내게 소망이 있습니다.
22 *여호와의 인애하심이 끝이 없는 것
은 그분의 긍휼하심이 끝이 없기 때
문입니다.
23 그것들이 아침마다 새롭고 주의 신실
하심이 큽니다.
24 내 영혼이 말한다. "여호와는 내 유산
이시니 내가 주를 기다립니다."
25 그분을 기다리는 사람과 찾는 사람에
게 여호와께서는 선하십니다.
26 여호와의 구원을 조용히 기다리는 것
이 좋도다.
27 사람이 아직 젊을 때 멍에를 메는 것
이 좋도다.
28 그가 홀로 조용히 앉아 있게 하여라.
이는 여호와께서 그 위에 멍에를 놓으
셨기 때문이다.
29 그가 흙먼지 속에 겸손하게 하여라.
그러면 희망이 있을지 모른다.
30 자신을 치는 사람에게 뺨을 내밀어
그에게 수치로 가득 차게 하여라.
31 이는 주께서 영원히 버리지 않으실 것
이기 때문이다.
32 주께서 슬픔을 주시더라도 풍성한 인
애하심에 따라 긍휼히 여기실 것이
다.
33 이는 주께서 사람의 자녀들에게 고난
이나 슬픔 주시기를 즐겨하지 않으시
기 때문이다.
34 세상의 모든 갇힌 사람들이 발아래
서 짓밟히는 것,
35 지극히 높으신 분 앞에서 한 인간의
정의가 부인되는 것,
36 사람에게서 권리를 빼앗는 것은 주께
서 기뻐하지 않으시는 것이다.

3:13 히브리어 사본에는 '신장' 3:22 시리아어역과 불가타를 따름. 히브리어 사본에는 '우리가 끊어지지 않습니다.'가 있음.

37 주께서 그것을 명령하지 않으셨다면
누가 그것을 말할 수 있고 일어나게
할 수 있는가?
38 좋은 것과 나쁜 것이 지극히 높으신
분의 입에서 나오지 않는가?
39 자기 죄로 인해 벌받는데 살아 있는
사람이 어찌 불평을 하겠는가?
40 우리의 행동을 살펴보고 점검하고 우
리가 여호와께로 돌아가자.
41 하늘에 계신 하나님께 우리가 우리
마음과 손을 들어 올리자.
42 "우리가 죄를 짓고 반역을 했으며 주
께서 용서해 주지 않으셨습니다.
43 주께서는 진노로 스스로를 덮으시고
우리를 추적하셔서 인정을 베풀지 않
고 살해하셨습니다.
44 주께서는 구름으로 스스로를 덮으시
고 어떤 기도도 통과할 수 없게 하셨
습니다.
45 주께서는 우리를 민족들 사이에서 찌
꺼기와 쓰레기가 되게 하셨습니다.
46 우리의 모든 원수들이 우리를 향해
그들의 입을 벌렸습니다.
47 두려움과 함정이 우리 위에 임하고
황폐함과 멸망이 닥쳐왔습니다."
48 딸 내 백성의 멸망으로 인해 내 눈에
서 눈물이 강같이 흘러내립니다.
49 내 눈에서 눈물이 쉬지도 그치지도
않고 흘러내립니다.
50 여호와께서 하늘에서 내려다보시고
바라보실 때까지 그럴 것입니다.
51 내 성읍의 모든 딸들로 인해 내 눈이
내 영혼에 고통을 줍니다.
52 이유 없이 내 대적이 된 사람들이 새
처럼 나를 사냥합니다.
53 웅덩이에서 내 목숨을 끝내려고 그들
이 내게 돌을 던졌습니다.
54 물이 내 머리 위로 넘쳐흘렀기에 내
가 말했습니다. "나는 끝이 났도다!"
55 여호와여, 내가 저 깊은 구덩이에서
주의 이름을 불렀습니다.
56 주께서 탄원을 들으셨습니다. "구원
을 요청하는 내 부르짖음에 주의 귀
를 막지 마소서."
57 내가 주를 부를 때 주께서 가까이 오
시며 말씀하셨습니다. "두려워하지
마라!"
58 주여, 주께서 내 소송을 들으시고 내
생명을 구속해 주셨습니다.
59 여호와여, 내게 행해진 잘못을 주께
서 보셨으니 내 소송을 변호해 주십
시오.
60 나를 향한 그들의 모든 복수와 모든
계획을 주께서 보셨습니다.
61 나를 향한 그들의 욕설과 그들의 모
든 계획을 여호와여, 주께서 들으셨습
니다.
62 내 적들의 속닥거림과 중얼거림이 하
루 종일 나를 향해 있습니다.
63 그들을 보소서! 그들은 앉으나 서나
나를 조롱하는 노래를 하고 있습니
다.
64 여호와여, 그들의 손이 한 것을 그대
로 그들에게 갚아 주소서.
65 그들에게 완고한 마음을 주시고 주의
저주를 그들 위에 임하게 하소서!

66 주의 진노 가운데 그들을 추적하셔
서 여호와의 하늘 아래에서 그들을
멸망시키소서.

4 어떻게 금이 빛을 잃고 어떻게 순금
이 변해 버렸는가! 모든 길 어귀에
성소의 돌들이 흩어져 널려 있구나.
2 시온의 귀한 아들들이, 순금만큼 값
진 그들이 어떻게 토기장이가 손으로
만든 흙 항아리로밖에 여겨지지 않는
지!
3 자칼들도 젖을 꺼내 그들의 새끼들을
젖 먹이는데 광야에 있는 타조들처럼
딸 내 백성은 잔인해졌다.
4 젖먹이들의 혀가 목마름으로 입천장
에 달라붙고 아이들이 빵을 달라고
하지만 그들에게 주는 사람이 아무
도 없다.
5 한때 진수성찬을 먹던 사람들이 길
거리에 내버려졌고 자주색 옷을 입고
자란 사람들이 쓰레기 더미를 안고
있다.
6 딸 내 백성의 죄로 인한 처벌은 소돔
의 것보다 크구나. 도움의 손길 없이
소돔은 한순간에 무너졌다.
7 귀족들은 눈보다 깨끗했고 우유보다
희었다. 그들은 몸이 루비보다 붉고
그들의 생김새는 *사파이어 같았다.
8 그러나 이제 그들은 숯보다 검고 거리
에서 그들을 알아보는 사람이 없다.
그들의 살갗이 뼈에 달라붙어서 막대
기처럼 말라 버렸다.
9 칼에 맞아 죽은 사람들이 굶주림으
로 죽은 사람들보다 낫다. 들판에 생
산물이 없어서 굶주림으로 그들이
수척해진다.
10 인정 많은 여자들도 자기 손으로 자
기 자식들을 삶아 먹었다. 딸 내 백성
이 멸망할 때 자식들이 그들에게 양
식이 됐다.
11 여호와께서 화를 내시고 그분의 맹렬
한 분노를 쏟아 내셨다. 그분이 시온
에 불을 붙이시자 그 불이 시온의 기
초를 삼켜 버렸다.
12 적들과 대적들이 예루살렘의 성문들
로 들어갈 수 있을 것이라고는 그 땅
의 왕들도, 세상의 어느 누구도 믿지
않았다.
13 이것은 그의 예언자들의 죄와 그의
제사장들의 죄악 때문이었다. 그들이
예루살렘 한복판에서 의인들의 피를
흘렸기 때문이다.
14 이제 그들이 눈먼 사람들처럼 거리에
서 더듬으며 나아간다. 그들이 이렇
게 피로 더럽혀졌으니 아무도 그들의
옷을 만지려 하지 않는다.
15 "저리 가라! 부정하다!" 사람들이 그
들에게 소리친다. "저리 가라! 저리
가라! 만지지 말라!" 그들이 도망가
서 방황할 때 민족들 가운데서 사람
들이 말한다. "그들은 여기서 더 이상
살 수 없다."
16 여호와 그분이 그들을 흩어 버리셨
다. 그분이 더 이상 그들을 지켜보지
않으신다. 그들이 제사장들을 높이지
않고 장로들을 대접하지 않는다.

4:7 또는 청금석

17 그러나 우리가 헛되이 도움을 기다리
다가 우리 눈이 약해졌다. 우리를 구
원할 수 없는 민족을 우리가 바라고
기다렸다.
18 그들이 우리 발자취를 따라오니 우리
가 길거리에서 걸어 다닐 수 없었다.
우리의 끝이 가까이 왔고 우리 날들
이 다 됐다. 우리의 끝이 왔다.
19 우리를 쫓던 사람들은 하늘의 독수
리보다 재빨랐다. 그들이 우리를 쫓
아 산을 넘고 광야에서 매복하고 우
리를 기다렸다.
20 우리의 코의 호흡이 되시는 여호와의
기름 부음 받은 이가 그들의 함정에
잡혔다. 우리가 그를 두고 말했다. "그
의 그늘 아래서 우리가 민족들 가운
데 살겠다."
21 딸 에돔이여, 우스 땅에 살고 있는 이
여, 기뻐하고 즐거워하여라. 그러나
그 잔이 또한 네게로 넘어갈 것이니
네가 취하고 벌거벗게 될 것이다.
22 딸 시온이여, 네 죄악에 대한 벌이 끝

성·경·상·식 예루살렘 멸망을 선포한 예언자들

예루살렘이 함락되었을 때 유다 사람들은 깜짝 놀랐다. 그러나 예루살렘의 멸망이 갑작스러운 것은 아니었다. 그들의 끊임없는 우상 숭배와 여러 죄들에 대해 하나님께서 심판하신다는 예언자들의 경고에 그들이 귀 기울이지 않은 결과였을 뿐이다. 이러한 결과는 하나님께서 말씀하신 것을 반드시 이루신다는 사실을 보여 준다(애 2:17).

언제	누가	말씀의 내용
BC 1500년경	모세	· 말씀에 순종하면 복을, 불순종하면 심판을 받을 것이라 하심(레 26장; 신 28장). · 특히 하나님께 지속적으로 반역할 경우 타국의 침입을 받으며 성들이 파괴되고 포로로 붙잡혀 갈 것에 대해 말씀하심(신 28:25, 36).
BC 742–687년경	미가	· 불의와 우상 숭배의 죄로 인해 시온이 갈아엎은 밭처럼 되고 성전이 파괴될 것을 말씀하심(미 3:12).
BC 740–670년경	이사야	· 하나님께 대한 불순종, 우상 숭배, 위선적 예배, 교만의 죄를 책망하심(사 1–5장). · 예루살렘 멸망을 선언(사 29:1–10), 바벨론에 의해 예루살렘이 함락될 것을 말씀하심(사 39:5–7).
BC 640–609년경	스바냐	· 우상 숭배의 죄를 없애기 위해 유다 땅을 멸절하신다고 말씀하심(습 1:18).
BC 640–609년경	훌다	· 유다의 죄로 인해 말씀에 기록된 대로 재앙을 내리겠다고 하심(왕하 22:16–17).
BC 626–580년경	예레미야	· 예루살렘과 유다 지도자들에게 임박한 하나님의 심판을 경고하심(렘 1–39장).
BC 600년경	하박국	· 바벨론 사람들에 의해 황폐해진 예루살렘을 보며 하나님께 울부짖는 하박국에게 모든 역사를 주관하시는 분이 하나님이심을 말씀하심(합 1–3장).

날 것이니 주께서 더 이상 너를 포로
가 되게 하지 않을 것이다. 그러나 딸
에돔이여, 주께서 네 죄악을 처벌하시
고 네 죄악을 드러내실 것이다.

5 여호와여, 우리에게 일어난 것을
기억하소서. 보소서. 우리의 수치
를 보소서.
2 우리의 유산이 이방 사람들에게, 우
리의 집들이 외국 사람들에게 넘겨졌
습니다.
3 우리가 아버지 없는 고아가 됐고 우리
의 어머니들은 과부같이 됐습니다.
4 우리의 물도 돈을 지불해야만 하고
우리의 나무도 돈을 주고 사야만 합
니다.
5 우리를 뒤쫓는 사람들이 우리 발꿈
치에 닿았기에 우리가 지치고 쉬지도
못합니다.
6 우리가 음식을 충분히 얻으려고 이집
트와 앗시리아에 굴복했습니다.
7 우리 조상들이 죄를 지었으나 이제
가고 없습니다. 그들의 죄악을 우리가
감당하고 있습니다.
8 종들이 우리를 지배하는데 우리를 그
들의 손에서 구할 사람이 없습니다.
9 우리가 목숨을 걸고 빵을 얻는 것은
광야에 칼이 있기 때문입니다.
10 굶주림의 열기로 우리의 살갗이 화로
처럼 뜨겁습니다.
11 여인들은 시온에서, 처녀들은 유다의
성읍들에서 유린당했습니다.
12 관료들의 손이 매달렸고 장로들이 존
경받지 못하고 있습니다.
13 젊은이들이 맷돌을 지고 소년들이
나뭇짐으로 비틀거립니다.
14 장로들이 성문을 떠났고 젊은이들이
노래하기를 멈추었습니다.
15 우리 마음에 기쁨이 그쳤고 우리의
춤이 애곡으로 변해 버렸습니다.
16 우리 머리에서 면류관이 떨어졌으니
우리에게 화가 있도다! 이는 우리가
죄를 지었기 때문입니다.
17 이 때문에 우리 마음에 활기가 없고
이것들 때문에 우리 눈이 희미해집니
다.
18 시온 산이 폐허가 돼 여우들이 거기
서 어슬렁거립니다.
19 여호와여, 주는 영원히 통치하시며 주
의 보좌는 자손 대대로 지속됩니다.
20 왜 우리를 영원히 잊으시고 왜 우리
를 이토록 오랫동안 버려두십니까?
21 여호와여, 우리를 주께로 돌이켜서 우
리를 회복시키소서. 우리의 날들을
옛날처럼 새롭게 하소서.
22 주께서 우리를 완전히 버리시지 않았
고 주의 진노가 아주 심하지 않다면
그렇게 하소서.

에스겔

Ezekiel

바벨론에 포로로 끌려간 제사장 가문 출신의 예언자 에스겔이 남왕국 유다의 멸망의 원인과 의미를 규명함과 동시에, 미래에 일어날 소망을 보여 주는 내용이다. 소명(1-3장)을 받은 에스겔은 이스라엘(4-24장)과 열방(25-32장)에 대한 심판과 함께, 이스라엘의 회복(33-39장)과 새 성전의 영광(40-48장)을 소개한다.

에스겔이 본 첫 환상

1 30년째 되는 해 넷째 달 5일에 내
가 그발 강 가에서 포로들 가운데
있는데 하늘이 열려 하나님의 환상
을 보았다.
2 그때는 여호야긴 왕이 포로로 잡혀간
지 5년째 되던 해로 그달 5일에
3 *갈대아 사람의 땅 그발 강 가에 있
던 부시의 아들이며 제사장인 에스겔
에게 여호와의 말씀이 임했다. 그곳
에서 여호와의 손이 에스겔 위에 있었
다.
4 내가 보니 북쪽에서 폭풍이 불고 있
었다. 큰 구름과 번쩍거리는 불, 그
주위에는 광채가 있었고 광채의 중앙
은 불 가운데로부터 오는 황갈색 빛
과 같았다.
5 거기에 살아 있는 네 생물의 모습이
있었는데 그들의 생김새는 사람의 모
습이었다.
6 네 생물은 각각 네 개의 얼굴과 네 개
의 날개를 가지고 있었다.
7 네 생물의 다리는 일직선이었고 그들
의 발은 송아지 발 같았으며 광낸 청
동색같이 빛났다.
8 사방에 달린 그들의 날개 아래에는
사람의 손들이 달려 있었다. 네 생물
들에게는 각각 얼굴과 날개들이 있었
는데
9 그들의 날개들은 서로 닿아 있었다.
그들이 움직일 때는 뒤돌지 않고 각
자 자기 앞으로만 곧장 갔다.
10 그들의 얼굴 생김새로 말하자면 그
네 생물들은 사람의 얼굴을 갖고 있
는데 오른쪽은 사자 얼굴, 왼쪽은 황
소 얼굴, 뒤쪽은 독수리 얼굴을 갖고
있었다.
11 그들의 얼굴은 이렇게 생겼다. 그들의
날개는 위로 펼쳐져 있는데 각각 두
날개는 다른 생물과 서로 닿아 있고
다른 두 날개는 자기의 몸통을 덮고

1:3 또는 바벨론

있었다.
12 각 생물은 앞으로만 곧장 나아갔다.
영이 가는 곳마다 그들이 갔는데 가
면서 몸을 돌리지 않았다.
13 그 생물들의 생김새는 불타는 석탄
같은 모양이기도 하고 횃불 모양 같
기도 했다. 생물들 사이에서 불이 앞
뒤로 왔다 갔다 했다. 불은 밝았고 불
속에서 번개가 나왔다.
14 생물들이 번개 모양처럼 앞뒤로 왔다
갔다 했다.
15 내가 그 생물들을 보니 네 얼굴을 가
진 각각의 생물들 옆 땅 위에 바퀴가
하나씩 있었다.
16 그 바퀴들의 모양과 구조는 황옥이
빛나는 것 같고 네 개 모두 똑같이 생
겼다. 그들의 모양과 구조는 바퀴 안
에 바퀴가 있는 것처럼 생겼다.
17 바퀴들은 움직일 때 네 방향 가운데
어느 한 방향으로 움직였다. 그들은
나아가면서 옆으로 방향을 돌이키지
않았다.
18 그들 바퀴의 둘레는 높고 놀랍게 생
겼다. 바퀴 네 개가 다 그 둘레에 눈
들이 가득 달려 있었다.
19 생물들이 움직이면 바퀴들도 그 옆에
서 움직였고 생물들이 땅에서 들어
올려지면 바퀴들도 들어 올려졌다.
20 어디든지 영이 가려고 하면 생물들도
그곳에 갔고 바퀴들도 생물들을 따
라 들어 올려졌다. 생물들의 영이 바
퀴에 있었기 때문이다.
21 생물들이 움직이면 바퀴들도 움직이
고 생물들이 서면 바퀴들도 섰다. 생
물들이 땅에서 들어 올려지면 바퀴
들도 따라서 들어 올려졌다. 생물들
의 영이 바퀴들에 있었기 때문이다.
22 생물들의 머리 위로는 창공같이 생긴
것이 펼쳐져 있었는데 그것은 수정
같은 색깔을 띠었고 놀라울 따름이었
다.
23 창공 아래에는 그들의 날개가 서로를
향해 똑바로 펼쳐져 있었다. 각 생물
은 두 날개를 갖고 있었는데 하나로
는 자기 몸통의 한쪽을, 다른 하나로
는 다른 한쪽을 덮고 있었다.

성·경·상·식

에스겔이 본 네 생물

에스겔은 북쪽에서 온 큰 구름과 번쩍거리는 불, 폭풍 사이로 비치는 빛 속에 나타난 네 생물의 이상을 보았다. 그들의 얼굴은 사람, 사자, 황소, 독수리의 모습이었다(겔 1:4-24). 어떤 학자들은 이것이 지혜(사람), 힘(사자), 충성(황소), 민첩함(독수리)을 의미한다고 본다. 다른 이들은 하나님이 창조하신 고상한 생물의 형상 – 하나님의 창조물 중에서 가장 으뜸인 사람, 야생 동물 중에서 사자, 가축 중에서 황소, 새 중에서 독수리 – 을 언급한 것이라고 한다.

또 예수님과 연결해서 사자는 왕으로 오신 예수님(마태복음), 황소는 종으로 오신 예수님(마가복음), 사람은 인간으로 오신 예수님(누가복음), 독수리는 하나님의 아들로 오신 예수님(요한복음)을 표현했다고 보기도 한다.

24 생물들이 움직일 때 그들의 날갯소리
를 내가 들으니 많은 물소리 같기도
하고, *'전능한 분'의 목소리 같기도
하고 함성, 곧 군대의 소리 같기도 했
다. 생물들이 가만히 서 있을 때는 그
들의 날개를 내렸다.
25 생물들의 머리 위 천장 위쪽으로부터
한 소리가 들려왔다. 그들은 서 있을
때 그들의 날개를 내렸다.
26 그들의 머리 위 천장 위에는 *사파이
어 보석같이 생긴 보좌 모양이 있었
고 그 보좌 모양 위에 사람의 모습 같
은 형상이 높이 있었다.
27 내가 그의 허리로 보이는 부분에서
위쪽으로 올려다보니 그 안쪽 사방에
는 반짝이는 금속이 불의 모양을 하
고 있었다. 그의 허리로 보이는 부분
에서 아래쪽으로 내려다보니 불의 모
양이 있었고 그의 주변이 밝게 빛났
다.
28 비 오는 날 구름 속에 있는 무지개의
모습과 같이 그의 주변이 그렇게 밝
게 빛났다. 이는 여호와의 영광의 형
상의 모습이었다. 나는 그것을 보고
얼굴을 땅에 대고 엎드렸다. 그러자
말하는 이의 목소리가 내게 들렸다.

에스겔을 예언자로 부르시다

2 그분이 내게 말씀하셨다. "*사람
아, 일어서라. 내가 네게 말할 것이
다."
2 그분이 내게 말씀하실 때 영이 내게
들어와 나를 일으켜 세우셨다. 그리
고 그분이 내게 말씀하시는 것을 나
는 들었다.
3 그분이 내게 말씀하셨다. "사람아, 내
가 너를 이스라엘 자손들에게, 나를
반역한 패역의 민족에게 보낼 것이다.
그들과 그 조상들은 바로 오늘날까지
도 내게 죄악을 저지르고 있다.
4 그들은 뻔뻔스럽고 고집 센 백성이다.
내가 너를 그들에게 보내니 너는 그
들에게 말하여라. '주 여호와가 이렇
게 말한다.'
5 그들은 반역하는 족속이니 그들이
듣든 듣지 않든 예언자가 그들 가운
데 있음을 그들이 알 것이다.
6 그리고 너 사람아, 찔레와 가시가 너
와 함께 있고 네가 전갈들 가운데 살
더라도 네가 그들을 두려워하지 말고
그들의 말도 두려워하지 마라. 비록
그들이 반역하는 족속이나 그들의
말을 두려워하지도 말고 그들에게 겁
먹지도 마라.
7 그들은 반역하는 사람들이니 그들이
듣든 듣지 않든 너는 내 말을 그들에
게 전하여라.
8 그러나 너 사람아, 너는 내가 네게 하
는 말을 듣고 저 반역하는 집처럼 반
역하지 마라. 네 입을 벌려 내가 네게
주는 것을 먹어라."
9 그리고 내가 보니 한 손이 내게 뻗쳐
오는 것이었다. 그 손에는 두루마리
책이 있었다.
10 그분이 그것을 내 앞에 펼치시니 그

1:24 히브리어, 엘 샤다이 1:26 청금석 2:1 또는 사람의 아들아. 히브리어, 벤 아담

앞뒷면에 글이 있었는데 여기에 슬픔
과 탄식과 재앙이 기록돼 있었다.

3 그분이 내게 말씀하셨다. "사람아,
네가 보고 있는 그것을 먹어라. 이
두루마리를 먹고 이스라엘 족속에게
가서 말하여라."
2 내가 입을 벌리자 그분이 내게 이 두
루마리를 먹이셨다.
3 그리고 내게 말씀하셨다. "사람아, 내
가 네게 주는 이 두루마리로 네 배를
채우고 네 내장을 가득 채워라." 그래
서 내가 그것을 먹었는데 그것은 내
입에 꿀처럼 달콤했다.
4 그러자 그분께서 내게 말씀하셨다.
"사람아, 이스라엘 족속에게로 가서
그들에게 내 말을 전하여라.
5 너를 낯선 언어와 어려운 말을 하는
민족에게 보내는 것이 아니고 이스라
엘 족속에게 보내는 것이다.
6 네가 알아들을 수 없는 낯선 언어와
어려운 말을 하는 많은 민족들에게
보내는 것이 아니다. 내가 너를 그들
에게 보냈다면 그들은 분명 네 말에
귀 기울였을 것이다.
7 그러나 이스라엘 족속은 네 말에 기
꺼이 귀 기울이려고 하지 않을 것이
다. 그들이 내 말에 기꺼이 귀 기울이
려고 하지 않기 때문이다. 이스라엘
족속 모두가 뻔뻔스럽고 고집이 세기
때문이다.
8 그러나 내가 네 얼굴을 그들의 얼굴
에 맞서 강하게 했고 네 이마를 그들
의 이마에 맞서 강하게 했다.
9 내가 네 이마를 조약돌보다 단단한
부싯돌처럼 만들었으니 비록 그들이
반역하는 족속이나 그들을 두려워하
지도 말고 그들에게 겁먹지도 마라."
10 그리고 그분이 내게 말씀하셨다. "사
람아, 내가 네게 말하는 모든 말을
네 마음으로 받아들이고 네 귀로 들
어라.
11 그리고 포로가 된 네 민족의 자손들
에게 가서 그들에게 말하여라. 그들
이 듣든 듣지 않든 그들에게 말하여
라. '주 여호와가 이렇게 말한다.'"
12 그러자 영이 나를 들어 올리셨고 내
뒤에서 나는 큰 진동 소리를 내가 들
었다. "여호와의 거처에서 여호와의
영광을 찬양하여라!"
13 생물들의 날개들이 서로 접촉해 나
는 소리와 그 옆의 바퀴들 소리와 큰
진동 소리였다.
14 여호와의 영이 나를 들어 올려 데려
가실 때 내 영이 비통했고 나는 분노
했다. 그러자 여호와의 손이 강하게
나를 붙들어 주셨다.
15 그리하여 나는 그발 강 가 델아빕에
살고 있는 포로들에게 갔다. 그리고
그들이 살고 있는 곳, 그곳에서 내가
7일 동안 놀란 상태로 그들 가운데
머물러 있었다.

파수꾼으로 임명된 에스겔 (겔 33:1-9)

16 7일이 지난 후에 여호와의 말씀이 내
게 임해 말씀하셨다.
17 "사람아, 이스라엘의 집을 위해 내가
너를 파수꾼으로 삼았다. 그러니 내

입에서 나오는 말을 듣고 내 경고를
그들에게 전하여라.
18 내가 악한 사람에게 '네가 반드시 죽
을 것이다'라고 말했는데 네가 그에게
깨우쳐 주지 않거나 또는 악한 사람
이 자기의 악한 길에서 떠나 생명을
유지할 수 있도록 네가 경고하지 않
으면 그 악한 사람은 자기 죄로 인해
죽을 것이고 내가 그의 피에 대해 네
게 책임을 추궁할 것이다.
19 그러나 네가 그 악한 사람에게 경고
했는데도 그가 그 사악함이나 악한
길에서 돌아오지 않으면 그는 자기
죄로 인해 죽게 될 것이고 너는 네 목
숨을 구할 것이다.
20 또한 의로운 사람이 그의 의로움에서
돌이켜 불의를 행하면 내가 그 앞에
장애물을 두어 그가 걸려 넘어져 죽
게 될 것이다. 네가 그에게 경고하지
않았기 때문에 그는 자기의 죄로 인
해서 죽게 될 것이다. 그가 행한 의로
움은 기억되지 않을 것이며 내가 그
의 피에 대해 네게 책임을 추궁할 것
이다.
21 그러나 네가 만약 의로운 사람에게
죄짓지 말라고 경고해 그가 죄를 짓
지 않으면 그는 경고를 받아들였으므
로 반드시 살겠고 너도 네 목숨을 구
할 것이다."
22 그리고 그곳에서 여호와께서 손을 내
위에 얹으시고 말씀하셨다. "일어나
들판으로 나가라. 내가 그곳에서 네
게 말하겠다."
23 그래서 나는 일어나 들판으로 나갔
다. 그러자 내가 그발 강 가에서 본
그 영광과 같은 여호와의 영광이 그
곳에 있었다. 나는 땅에 엎드렸다.
24 그러자 여호와의 영이 내게 들어와
나를 일으켜 세우시고 내게 이야기하
셨다. 그분이 내게 말씀하시기를 "네
집에 가서 안에서 문을 닫아라.
25 그리고 너 사람아, 그들이 너를 밧줄
로 묶어 네가 그들에게 가지 못할 것
이다.
26 게다가 내가 네 혀를 입천장에 달라
붙게 할 것이니 그들이 반역하는 족
속이라 할지라도 네가 벙어리가 돼 그
들을 책망하지 못할 것이다.
27 그러나 내가 네게 이야기할 때 내가
네 입을 열 것이니 너는 그들에게 말
하여라. '주 여호와가 이렇게 말한다.'
들을 사람은 듣게 하고 듣지 않으려
하는 사람은 듣지 말게 하여라. 그들
은 반역하는 족속이기 때문이다."

예루살렘의 포위를 나타내는 상징 행위

4 "이제 너 사람아, 흙판을 가져다가
그것을 네 앞에 두고 예루살렘 성
읍을 그 위에 그려라.
2 그러고 나서 그곳을 포위하여라. 그
것을 둘러 포위망을 세우고 토성을
쌓고 진을 치며 그 주위에 성벽을 부
수는 쇳덩이들을 설치하여라.
3 또 너는 철판을 가져다가 너와 성 사
이에 그것을 철벽으로 세우고 네 얼
굴을 그것을 향해 돌려라. 그것은 포
위당할 것이고 너는 그것을 포위할

것이다. 이것이 이스라엘 족속을 향
한 표적이 될 것이다.
4 그리고 너는 왼쪽으로 누워 이스라엘
족속의 죄악을 네가 뒤집어써라. 너
는 네가 옆으로 누워 있는 날의 수만
큼 그들의 죄악을 감당해야 할 것이
다.
5 내가 그들이 죄지은 햇수를 네게 날
수로 정하니 그 날수가 390일이다. 그
러니 너는 이스라엘 족속의 죄를 감
당해야 할 것이다.
6 너는 이것을 끝내고 난 후에 다시 오
른쪽으로 누워라. 그리하여 유다 족
속의 죄를 감당하여라. 한 해를 하루
씩 쳐서 40일을 네게 지우겠다.
7 그러므로 너는 네 얼굴을 포위된 예
루살렘 쪽으로 향하고 팔을 걷어 올
리고 그곳에 대해 예언하여라.
8 내가 너를 밧줄로 묶어 네 포위 기간
이 끝날 때까지 네가 몸을 이쪽으로
저쪽으로 돌리지 못하게 할 것이다.
9 너는 밀과 보리와 콩과 팥과 조와 귀
리를 가져와 한 그릇에 담고 그것으
로 네 자신을 위해 빵을 만들어라. 그
리고 네가 390일을 옆으로 누워 있는
동안 그것을 먹어라.
10 네가 먹을 양식은 무게로 하루 *20세
겔이니 이것을 때를 따라 먹어라.
11 또한 물은 양으로 *6분의 1한을 측정
해서 이것을 때를 따라 마셔라.
12 너는 그것을 보리빵으로 먹되 백성들
이 보는 앞에서 *인분에 불을 피워서
그것을 구워라."
13 그리고 여호와께서 말씀하셨다. "내
가 이스라엘 자손을 다른 민족에게로
추방할 것이며 거기에서 그들이 이렇
게 더럽혀진 음식을 먹을 것이다."
14 그래서 내가 아뢰었다. "주 여호와여,
보소서. 제가 더럽혀진 적이 없습니
다. 제 어린 시절부터 지금까지 제가

4:10 세겔은 돈의 단위이면서 무게를 재는 단위. 20세겔은 약 228그램 4:11 힌은 액체를 재는 단위. 6분의 1힌은 약 1.01리터 4:12 사람의 똥

하용조 목사의 행복한 **메시지**

죄악의 무거운 짐을 버려라!

달리기 선수는 불필요한 것을 다 벗어 버리고 뛰니다. 아무리 비싼 다이아몬드 반지라도 경기장에서 그것을 끼고 뛰지 않습니다. 지갑도 핸드폰도 다 빼 놓고 뛰니다. 그저 운동복과 운동화만 있으면 됩니다.

신앙생활도 마찬가지입니다. 신앙에 방해가 되는 무거운 짐을 버리고 장애물을 치워야 합니다. 그것은 화려한 경력이나 자존심일 수 있습니다. 이런 것들은 신앙의 경주에서 발걸음을 무겁게 합니다. 통나무를 메고서는 산에 오르기 힘듭니다. 나쁜 습관, 오락, 향락을 끊어 버리지 않고는 신앙생활을 제대로 할 수 없습니다. 하루에 담배 몇 갑씩 피우면서 어찌 기도가 되며, 매일 술에 취해 다니면서 어찌 성령 충만하겠습니까? 진정으로 신앙생활을 하려면 자기와의 피눈물 나는 싸움을 해야 합니다. 자신을 묶고 있는 죄악의 사슬을 끊어 버려야 합니다.

죽은 것이나 짐승의 시체나 짐승에
의해 찢긴 고기를 먹어 본 적이 없고
정결하지 못한 고기가 제 입에 들어
간 적이 없습니다."
15 여호와께서 내게 말씀하셨다. "내가
네게 인분 대신에 쇠똥을 줄 테니 너
는 그것으로 네 빵을 굽도록 하여라."
16 여호와께서 내게 말씀하셨다. "사람
아, 내가 예루살렘에 식량 공급을 끊
을 것이니 백성들은 근심에 싸인 채
빵의 무게를 달아서 먹고 두려움에
싸인 채 물의 양을 재어 가며 마실 것
이다.
17 빵과 물이 모자라기 때문에 그들이
서로 놀라움에 싸인 채 그들의 죄악
으로 인해 쇠약해질 것이다."

하나님의 심판의 칼

5 "사람아, 너는 날카로운 칼을 가져
다가 그 칼을 이발사의 면도칼로
삼아 네 머리와 수염을 깎아라. 그리
고 저울로 양을 재고 그 털을 나눠라.
2 포위 기간이 끝나면 너는 그 털 가운
데 3분의 1을 성읍 안에서 불에 태워
라. 또 3분의 1을 가져다가 성읍 주위
를 돌아가며 칼로 쳐라. 다른 3분의 1
은 바람에 흩날려 보내라. 내가 그들
의 뒤를 따라서 칼을 뽑을 것이다.
3 너는 거기에서 몇 개를 가져다가 그
것들을 네 옷자락에 싸라.
4 또 그 가운데 얼마를 가져다가 그것
들을 불 속에 던져서 태워라. 그 속에
서 불이 나와 온 이스라엘 족속에게
번질 것이다."
5 주 여호와께서 이렇게 말씀하셨다.
"이것이 예루살렘이니 내가 민족들 가
운데 그 성읍을 두고 그 주변에 나라
들을 두었다.
6 예루살렘은 죄악을 행해 그 주변 민
족들과 나라들보다 더욱 내 규례와
법령을 거역했다. 그들은 내 규례를
거부했고 내 법령을 따르지 않았다."
7 그러므로 주 여호와께서 이렇게 말씀
하셨다. "너희가 제멋대로 행하는 것
이 네 주변 민족들보다 더해 내 법령
을 따르지 않고 내 규례를 지키지 않
으며 또 네 주변 민족들의 *규례조차
도 따라 행하지 않았다."
8 그러므로 주 여호와께서 이렇게 말씀
하셨다. "내가 네게 대적해서 민족들
이 보는 앞에서 네 가운데서 심판을
내릴 것이다.
9 네 모든 혐오스러운 것들 때문에 내
가 한 적이 없고 또 다시는 하지 않을
일을 내가 네게 행할 것이다.
10 그러므로 네 가운데서 아버지들은 자
기 아들들을 잡아먹고 아들들은 자
기 아버지들을 잡아먹게 될 것이다.
내가 네게 심판을 내릴 것이고 네 모
든 남은 사람들을 바람에 흩어 버릴
것이다.
11 그러므로 내가 내 삶을 두고 맹세한
다. 주 여호와의 말이다. 네가 네 모든
가증스러운 것들과 네 모든 혐오스러
운 일들로 내 성소를 더럽혔으므로 내

5:7 대부분의 히브리어 사본을 따름. 일부 히브리어 사본과 시리아어역에는 '규례를 따라 행했다.'

가 너를 쇠약하게 할 것이며 내 눈이
너를 불쌍히 여기지도 않고 또 내가
너를 긍휼히 여기지도 않을 것이다.
12 네 백성 가운데 3분의 1이 전염병으
로 죽거나 네 안에서 기근으로 멸망
할 것이며 3분의 1은 네 주위의 칼에
맞아 쓰러질 것이고 3분의 1은 내가
바람에 흩어 버리고 그들 뒤를 따라
가서 칼을 뽑을 것이다.
13 따라서 내 노여움이 다하면 내가 그
들에 대한 내 분노를 가라앉힐 것이
며 내가 측은하게 여길 것이다. 내가
내 분노를 그들에게 다하고 나면 나
여호와가 열정적으로 말했다는 것을
그들이 알게 될 것이다.
14 네 주변 민족들 가운데서, 지나가는
모든 사람들 보기에 내가 너를 폐허
로 만들고 모욕의 대상이 되게 할 것
이다.
15 내가 노여움과 분노와 무서운 질책으
로 네게 심판을 내릴 때 그것이 네 주
변 민족들에게 모욕의 대상과 조롱거
리가 되고 훈계와 경악의 대상이 될
것이다. 나 여호와가 말한다.
16 너희를 멸망시키려고 내가 끔찍한 기
근의 화살과 재난의 화살, 곧 멸망의
화살을 쏠 것이다. 그때 내가 너희에
게 기근을 더하고 너희의 식량 공급
을 단절할 것이다.
17 내가 기근과 들짐승들을 너희에게 보
낼 것이니 그것들이 너희 자식을 빼
앗아 갈 것이다. 전염병과 피 흘림이
너를 쓸고 지나갈 것이고 내가 너희에
게 칼을 보낼 것이다. 나 여호와가 말
했다."

이스라엘 산들이 맞이할 파멸

6 여호와의 말씀이 내게 임해 말씀
하셨다.
2 "사람아, 이스라엘의 산들을 바라보
고 그들에게 예언하여라.
3 그리고 너는 이렇게 말하여라. '이스
라엘의 산들아, 주 여호와의 말씀을
들으라. 산들과 언덕들과 시냇가와 골
짜기들에게 주 여호와께서 이렇게 말
씀하신다. 보라. 내가 너희에게 칼을
가져와 너희의 산당들을 파괴할 것이
다.
4 너희 제단들은 폐허가 되고 너희 분
향 제단들은 깨뜨려질 것이다. 내가
너희의 더럽혀진 사람들을 너희의 우
상들 앞에 쓰러뜨릴 것이다.
5 내가 이스라엘 자손의 시체들을 그들
의 우상들 앞에 두고 너희의 뼈들을
너희의 제단 주위에 흩어 놓을 것이
다.
6 너희의 모든 거주지에서 성읍들이 황
폐하게 되고 산당들이 폐허가 될 것
이다. 그래서 너희의 제단들은 황폐
하게 되며 폐허가 될 것이다. 너희의
우상들은 깨뜨려져 파괴될 것이다.
너희의 분향 제단들은 토막 내어지고
너희가 만든 것은 완전히 파괴될 것
이다.
7 더럽혀진 사람들이 너희 가운데서 쓰
러질 것이니 너희는 내가 여호와임을
알게 될 것이다.'"

8 "그러나 내가 남은 사람을 남겨 둘 것
이니 너희 가운데 칼을 피한 사람들
은 민족들과 나라들 가운데 흩어져
살아가게 될 것이다.
9 그러면 너희 가운데 피신해 포로가
된 사람들은 이방 민족들과 살면서
내게서 떠나버린 자기들의 음란한 마
음과 우상을 추종하는 자기들의 간
음하는 눈으로 인해 내 마음이 상했
다는 것을 기억할 것이다. 그들은 자
기들이 행했던 죄악과 자기들의 모든
혐오스러운 일들로 인해 자신들을 몹
시 싫어하게 될 것이다.
10 그러면 내가 여호와임을 그들이 알게
될 것이다. 내가 그들 위에 이 재앙을
내리겠다는 것은 헛된 말이 아니다."
11 주 여호와께서 이렇게 말씀하셨다.
"너는 손뼉을 치고 발을 구르며 말하
여라. 이스라엘 족속의 모든 사악하
고 혐오스러운 일로 인해 그들이 칼
과 기근과 전염병으로 쓰러질 것이다.
12 멀리 있는 사람은 전염병으로 죽고
가까이 있는 사람은 칼에 의해 쓰러
지고 살아남아 포위당한 사람은 기근
으로 죽을 것이다. 내가 그렇게 내 분
노를 그들에게 쏟을 것이다.
13 그들 가운데 학살당한 시체들이 그
들의 모든 제단 주위의 우상들 가운
데 그리고 높은 언덕마다, 산꼭대기
마다, 우거진 나무들과 잎이 무성한
상수리나무들 아래마다, 그들이 자기
모든 우상들에게 분향했던 곳마다
있을 때 너희는 내가 여호와임을 알
게 될 것이다.
14 그리고 내가 그들에게 내 손을 뻗쳐
서 그들의 모든 거주지에서 그 땅을
폐허로 만들고 *디블라의 광야보다
더 황폐하게 만들 것이다. 그러면 내
가 여호와임을 그들이 알게 될 것이
다."

마지막이 다가오다

7 여호와의 말씀이 내게 임해 말씀
하셨다.
2 "사람아, 이스라엘 땅에 대해 주 여호
와가 이렇게 말한다. '마지막이다! 마
지막이 이 땅의 사방 구석구석에 왔
다.
3 이제 마지막이 네 위에 왔으니 내가
네게 내 분노를 보일 것이다. 네 행동
에 따라 너를 심판하고 네 모든 혐오
스러운 일들에 대해 네게 갚아 줄 것
이다.
4 내 눈이 너를 불쌍히 여기지 않고 내
가 네게 인정을 베풀지도 않을 것이
다. 내가 네 행동에 따라 너희를 심판
하리니 네 혐오스러운 일들이 네 가
운데 나타날 것이다. 그러면 너는 내
가 여호와임을 알게 될 것이다.'"
5 주 여호와께서 이렇게 말씀하셨다.
"재앙이다! 기이한 재앙이다! 보라. 그
것이 오고 있다!
6 마지막이 오고 있다! 마지막이 오고
있다! 그것이 네게 나타나기 시작했
다. 보라. 그것이 오고 있다!

6:14 대부분의 히브리어 사본을 따름(렘 48:22에 나오는 벧디블라다임과 동일한 장소로 본다). 소수의 히브리어 사본에는 '리블라'(민 34:11을 보라.)

7 이 땅에 사는 이여, 파멸이 네게 오고
있다. 때가 이르렀고 날이 가까이 왔
다. 산 위에 즐거운 외침이 아니라 혼
란이 있다.
8 이제 곧 내가 내 분노와 노여움을 네
게 쏟아부으려 한다. 내가 네 행동에
따라 너를 심판하고 네 모든 혐오스
러운 일에 대해 네게 갚아 줄 것이다.
9 내 눈이 너를 불쌍히 여기지 않고 네
게 인정을 베풀지도 않을 것이다. 내
가 네 행동에 따라 네게 갚아 줄 것이
니 네 혐오스러운 일들이 네 가운데
나타날 것이다. 그러면 처벌하는 이
가 바로 나 여호와인 것을 너희가 알
게 될 것이다.
10 그날이다! 그날이 왔다! 파멸이 시작
됐다. 몽둥이에 꽃이 피고 교만이 싹
텄다.
11 폭력이 일어나서 죄악을 징벌할 몽둥
이가 됐다. 그들 가운데 아무도 남지
않고 그들의 재산도 사라질 것이며
그들에게 있어서 어떤 소중한 것도
남는 것이 없을 것이다.
12 때가 왔고 그날이 이르고야 말았다.
사는 사람도 기뻐하지 말고 파는 사
람도 슬퍼하지 말라. 진노가 그 온 무
리에게 올 것이기 때문이다.
13 파는 사람이 살아 있어도 판 것을 되
찾을 수 없을 것이다. 그 환상은 모든
무리에게 보여진 것이니 되돌릴 수 없
다. 자신의 죄악 가운데 살면서 자기
생명을 유지할 사람이 없을 것이다.
14 그들이 나팔을 불고 모든 것을 준비
한다 해도 전쟁에 나갈 사람이 없을
것이다. 내 진노가 그 온 무리에게 내
릴 것이기 때문이다.
15 밖에는 칼이 있고 안에는 전염병과
기근이 있다. 들판에 있는 사람은 칼
로 죽을 것이고 성읍 안에 있는 사람
은 기근과 전염병이 삼킬 것이다.
16 그들 가운데 살아남은 사람들은 산
으로 피신해 모두 자기 죄악으로 인
해 골짜기의 비둘기처럼 애통해할 것
이다.
17 모든 사람의 손에 힘이 빠지고 모든
사람의 무릎이 떨릴 것이다.
18 그들은 굵은베 옷으로 자신을 동여
맬 것이고 공포가 그들을 덮을 것이
다. 그들의 모든 얼굴에는 수치스러
움이 있고 그들의 머리는 모두 대머리
가 될 것이다.
19 그들은 자기의 은을 길거리에 던질 것
이고 그들의 금은 정결하지 못하게
될 것이다. 그들의 은과 금이 여호와
의 진노의 날에 그들을 구해 내지 못
할 것이고 그들의 영혼을 만족시키지
못하고 그들의 배를 가득 채우지도
못할 것이다. 그것은 그들을 걸려 넘
어지게 해 죄짓게 한 것이었기 때문이
다.
20 그들이 자신의 아름다운 장신구를
자랑하고 그것으로 그 혐오스러운
우상들과 가증스러운 것들을 만들었
다. 그러므로 내가 그것들을 정결하
지 못한 것으로 만들었다.
21 내가 그것을 이방 사람들 손에 약탈

물로 넘겨주고 세상의 사악한 사람들
에게 전리품으로 내줄 것이다. 그러면
그들이 그것을 더럽힐 것이다.
22 내가 내 얼굴을 그들로부터 돌릴 것
이고 그들은 내 비밀 거처를 더럽힐
것이다. 강도들이 거기 들어가 더럽힐
것이다.
23 너는 사슬을 만들어라. 그 땅에 피
흘리는 죄가 가득 차고 그 성읍에 폭
력이 가득 찼기 때문이다.
24 내가 민족 가운데 가장 악한 사람들
을 데려다가 그들의 집을 차지하게 할
것이다. 내가 강한 사람들의 교만을
멈추게 할 것이다. 그리고 그들의 성
소들이 더럽혀질 것이다.
25 환난이 오고 있다. 그러면 그들이 평
화를 구하겠지만 평화가 없을 것이
다.
26 재앙 위에 재앙이 올 것이며 소문에
소문이 더해질 것이다. 그러면 그들
이 예언자에게서 계시를 구할 것이
다. 제사장에게는 율법이 사라질 것
이고 장로들에게서는 조언이 사라질
것이다.
27 왕은 애통할 것이고 왕자는 절망에
휩싸일 것이며 그 땅의 백성의 손은
떨릴 것이다. 그들의 행동에 따라 내
가 그들을 심판하고 그들이 심판한
대로 내가 그들을 심판할 것이다. 그
러면 내가 여호와임을 그들이 알게
될 것이다."

성전 안에서의 우상 숭배

8 여섯째 해 여섯째 달 5일에 내가
내 집에 앉아 있고 내 앞에 유다의
장로들이 앉아 있는데 그때 주 여호
와의 손이 내 위에 내려왔다.
2 내가 보니 불의 모습과 같은 형상이
있었는데 그의 허리 아래쪽으로는 불
처럼 생겼고 그의 허리 위쪽으로는
밝은 모습이 금속 빛 같았다.
3 그는 손처럼 보이는 것을 뻗어 내 머
리털을 붙잡으셨다. 영이 땅과 하늘
사이로 나를 들어 올리셨고 하나님
의 환상 가운데 나를 예루살렘으로
데려가서 안뜰의 북쪽 문 입구로 이
끄셨는데 그곳은 질투를 불러일으키

성·경·상·식 담무스

담무스는 바벨론에서 섬기던 신이다. 사람들은 봄이 되면 담무스가 식물을 소생하게 하고 하천이 마르는 여름이 되면 식물이 시들고 죽어서 지하 세계로 내려갔다가 이듬해 봄에 다시 올라온다고 생각했다. 그래서 사람들은 여름에는 그의 죽음을 슬퍼하며 애곡하는 의식을 가졌고, 이듬해 봄이 되면 그가 살아났다고 하면서 기뻐했다.

이런 담무스 숭배는 이스라엘 백성들에게서도 볼 수 있었다. 하나님은 이상 중에 에스겔에게 그 모습을 보여 주셨다. 여호와의 집 북쪽 문 입구에서 여인들이 담무스를 위해 애곡하는 모습이었다(겔 8:14).

이 세상의 모든 생명을 주관하는 진정한 신은 오직 하나님 한 분뿐임에도 불구하고 이스라엘 백성들은 다른 신을 섬겼던 것이다.

는 우상이 서 있는 자리였다.
4 그리고 그곳에 내가 환상으로 보았던
모습과 같은 이스라엘 하나님의 영광
이 있었다.
5 그분이 내게 말씀하셨다. "사람아, 네
눈을 들어 북쪽을 보아라." 그래서 내
가 눈을 북쪽으로 드니 그곳 제단 문
북쪽 입구에 이 질투의 우상이 있었
다.
6 그분이 내게 말씀하셨다. "사람아, 그
들이 무엇을 하고 있는지 보이느냐?
이스라엘 집이 여기서 심히 혐오스러
운 짓을 행해서 나를 내 성소에서 멀
리 떠나게 하고 있다. 그러나 다시 돌
아보아라. 네가 더욱 혐오스러운 일
들을 보게 될 것이다."
7 그리고 그분은 나를 뜰 입구로 데려
가셨다. 내가 보니 벽에 구멍이 하나
있었다.
8 그분이 내게 말씀하셨다. "사람아, 이
벽을 뚫어라." 그래서 내가 벽을 뚫었
더니 문이 하나 있었다.
9 그러자 그분이 내게 말씀하셨다. "들
어가서 그들이 여기에서 하고 있는
사악하고 혐오스러운 일들을 보아
라."
10 그래서 내가 들어가서 보니 온갖 기
어 다니는 것들과 가증스러운 짐승들
과 이스라엘 집의 모든 우상들이 벽
전체에 새겨져 있었다.
11 그들 앞에는 이스라엘 족속의 장로들
가운데 70명과 사반의 아들 야아사냐
가 그들 가운데 서 있었다. 각 사람은
각자의 손에 향로를 들고 있었고 향
의 연기 냄새가 피어오르고 있었다.
12 그분이 내게 말씀하셨다. "사람아, 이
스라엘 족속의 장로들이 어둠 속에서
무엇을 하는지, 각자가 자기 우상의
방에서 무엇을 하는지 보았느냐? 그
들은 '여호와께서는 우리를 보지 않으
신다. 여호와께서 이 땅을 버리셨다'라
고 말한다."
13 그분이 내게 말씀하셨다. "다시 뒤돌
아보아라. 그들이 하고 있는 더욱 혐
오스러운 일들을 보게 될 것이다."
14 그리고 그분은 나를 여호와의 집 북
쪽 문 입구로 데려가셨는데 여자들이
담무스를 위해 애곡하며 그곳에 앉아
있었다.
15 그분이 내게 말씀하셨다. "사람아, 네
가 이것을 보았느냐? 다시 뒤돌아보
아라. 네가 이것보다 더욱 혐오스러
운 일들을 보게 될 것이다."
16 그리고 그분이 나를 여호와의 집 안
뜰로 데려가셨는데 그곳 여호와의 성
전 입구, 제단과 현관 사이에 25명가
량의 남자들이 있었다. 그들은 여호
와의 성전을 등지고 얼굴을 동쪽으로
향한 채 동쪽 태양을 향해 경배하고
있었다.
17 그분이 내게 말씀하셨다. "사람아, 네
가 이것을 보았느냐? 유다 족속이 여
기서 행하는 이런 혐오스러운 일들이
그들에게 별것이 아니라고 하겠느냐?
그들은 이 땅에 폭력이 가득 차게 해
또다시 나를 진노케 한다. 그들을 보

아라. 그들이 나뭇가지를 그들의 코
에 가져다 대고 있다.
18 그러므로 내가 또 진노로 행할 것이
다. 내 눈이 그들을 불쌍히 여기지 않
을 것이고 내가 그들에게 인정을 베
풀지도 않을 것이다. 그들이 내가 듣
는 데서 큰 소리로 울부짖어도 내가
그들에게 귀 기울이지 않을 것이다."

우상 숭배자들에게 다가올 심판

9 그리고 그분이 내가 듣는 데서 큰
소리로 외치셨다. "손에 살상 무기
를 들고 있는 사람들아, 이 성읍에 대
한 처벌이 다가오고 있다."
2 그런데 북쪽을 향해 있는 윗문 방향
에서 여섯 사람이 각각 자기의 손에
자기의 살상 무기를 들고 오고 있었
다. 그들 가운데 한 사람은 베옷을 입
었고 옆구리에는 필기구를 갖고 있었
다. 그들이 들어와서 청동 제단 옆에
섰다.
3 그러자 이스라엘 하나님의 영광이 이
제까지 머물러 있던 그룹에서 위로
올라와 성전의 문턱으로 옮겨 갔다.
그분은 베옷을 입고 옆구리에 필기구
를 갖고 있는 사람을 부르셨다.
4 여호와께서 그에게 말씀하셨다. "예루
살렘 성읍을 돌아다니며 그 가운데서
행해지고 있는 모든 혐오스러운 일들
에 대해 한숨짓고 탄식하는 사람들
의 이마에 표시를 하여라."
5 내가 듣는 데서 그분이 나머지 사람
들에게 말씀하셨다. "그를 따라 성읍
을 두루 돌아다니며 쳐 죽여라. 너희
눈은 그들을 불쌍히 여기지도 말고
그들에게 인정을 베풀지도 말라.
6 늙은이들, 젊은이들, 처녀들과 아이
들과 여자들을 학살해 폐허가 되게
하라. 그러나 표시가 있는 사람 어느
누구에게도 가까이 가지 말라. 내 성
소에서부터 시작하라." 그러자 그들이
성전 앞에 있던 장로들부터 시작했
다.

Q&A | 이마에 표를 하라?

참고 구절 | 겔 9장

에스겔은 예루살렘의 우상 숭배자들이 심판받는 이상을 보았다(겔 9장). 그런데 심판의 현장에서 놀랍게도 이마에 표시가 있는 사람들은 죽임을 당하지 않았다. 이들은 우상 숭배를 탄식하며 울었던 사람들로서, 베옷을 입고 옆구리에 필기구를 갖고 있는 사람이 이마에 표시를 해 주었던 사람들이었다(겔 9:3-4). 이것은 마치 이집트 탈출 때 마지막 재앙 사건을 떠오르게 한다(출 12:1-36).

또한 이 표는 마지막 날 하나님의 천사가 이마에 표시해 주는 '하나님의 인'을 생각나게 한다(계 7:2-3).

이처럼 이마에 받는 '표'는 하나님의 자비와 심판을 동시에 의미한다. 곧 이 표는 자기 민족의 죄에 대해 아파하며 하나님께 나아가는 자들에게는 하나님의 구원과 자비를 얻게 됨을 의미하나 하나님께 돌아오지 않는 자들에게는 심판을 알리는 표시였다.

7 그분이 그들에게 또 말씀하셨다. "성
전을 더럽히고 그 뜰을 학살당한 사
람들로 가득 채우라. 나아가라!" 그러
자 그들이 나아가 성읍 안에서 쳐 죽
였다.
8 그들이 쳐 죽이고 있을 때 나는 혼자
남겨져 있었다. 나는 얼굴을 땅에 대
고 울부짖으며 말했다. "주 여호와여,
주께서는 예루살렘에 주의 노여움을
퍼부으셔서 이스라엘의 남은 사람을
모두 죽이려고 하십니까?"
9 그러자 그분이 내게 대답하셨다. "이
스라엘과 유다 족속의 죄악이 너무나
크다. 이 땅이 피로 가득 차고 이 성읍
은 불법으로 가득 차 있다. 그들은 '여
호와께서 이 땅을 버리셨다. 여호와께
서 보고 계시지 않는다'라고 말한다.
10 그러니 내 눈이 그들을 불쌍히 여기
지 않고 내가 인정을 베풀지 않을 것
이다. 그러니 그들의 행동을 그들의
머리에 그대로 갚아 줄 것이다."
11 베옷을 입고 옆구리에 필기구를 갖고
있는 사람이 보고했다. "주께서 내게
명령하신 모든 것대로 내가 했습니
다."

하나님의 영광이 성전을 떠나시다

10 그룹들 머리 위 창공에 *사파이
어 보석으로 된 보좌같이 생긴
것을 내가 보았다.
2 그분께서 베옷을 입은 그 사람에게
말씀하셨다. "그룹 아래 있는 바퀴들
사이로 들어가거라. 너는 그룹 사이에
서 나오는 불타는 숯불을 손에 가득
담아다가 성읍에 흩어 뿌려라." 그러
자 내가 보는 앞에서 그가 들어갔다.
3 그 사람이 들어갈 때 그룹들은 성전
남쪽에 서 있었고 구름이 안뜰을 가
득 채웠다.
4 여호와의 영광이 그룹 위에서부터 일
어나 성전 문턱 위에 머무르니 성전이
구름으로 가득 차고 뜰은 여호와의
영광의 광채로 가득했다.
5 그룹들의 날갯소리가 뜰 바깥에까지
들리는데 그것은 *전능하신 하나님
께서 말씀하실 때 그분의 음성 같았
다.
6 그분께서 베옷을 입은 사람에게 "그
룹들의 바퀴들 사이에서 불을 집어
들어라"라고 명령하시자 그 사람이
들어가서 바퀴 곁에 섰다.
7 그러자 그룹들 가운데 하나가 그룹들
사이에 있던 불에 손을 뻗어 약간의
불을 집어 들어서 베옷 입은 사람의
손바닥에 주었다. 그러자 그는 그것
을 받아 들고 밖으로 나갔다.
8 그룹들에게는 그들의 날개들 아래에
사람의 손처럼 생긴 것이 보였다.
9 내가 보니 그룹들 곁에 네 바퀴가 있
는데 그룹 하나에 바퀴가 하나씩 있
었다. 그 바퀴들의 모양은 황옥이 빛
나는 것과 같았다.
10 그들의 생김새로 말하자면 네 개가
모두 한 모양이었으며 바퀴 안에 바
퀴가 있는 듯했다.
11 그들이 움직일 때 네 방향 가운데 한

10:1 또는 청금석 10:5 히브리어, 엘 샤다이

방향으로 움직이는데 어느 방향으로
출발하든지 바퀴가 돌 필요가 없었
다. 머리가 향한 방향대로 그들이 따
라갔다. 그래서 바퀴가 돌지 않았다.
12 그들의 등과 손과 날개를 비롯한 몸
통 전체와 네 그룹들의 바퀴들에는
온통 눈들이 가득 달려 있었다.
13 내가 들으니 바퀴들은 '도는 것'으로
불렸다.
14 각 그룹에게는 얼굴이 네 개씩 있었
다. 첫째 얼굴은 그룹의 얼굴이었고
둘째 얼굴은 사람의 얼굴, 셋째 얼굴
은 사자의 얼굴, 넷째 얼굴은 독수리
의 얼굴이었다.
15 그리고 그룹들은 올라갔다. 이들은
내가 그발 강 가에서 본 생물들이었
다.
16 그룹들이 움직일 때 그들의 옆에 있
는 바퀴들도 움직였다. 그리고 그룹들
이 그들의 날개를 들어 땅에서 떠오
를 때 바퀴들도 그들 곁에서 떠나지
않았다.
17 그룹들이 멈춰 서 있을 때는 바퀴들
도 멈춰 서 있었고 그룹들이 올라갈
때 바퀴들도 올라갔다. 생물들의 영
이 바퀴들 안에 있었기 때문이다.
18 그때 여호와의 영이 성전 문턱에서 나
와 그룹들 위에 멈춰 섰다.
19 내가 보는 앞에서 그룹들은 그들의
날개를 들어서 땅에서 떠올랐다. 그
들이 나아갈 때 바퀴들은 그들의 옆
에 있었다. 그들은 여호와의 성전 동
문 입구에 멈춰 섰고 이스라엘 하나님
의 영광이 그들 위에 있었다.
20 이들은 그발 강 가에서 내가 보았던
이스라엘의 하나님을 대신하는 생물
들이었다. 나는 그들이 그룹들인 것
을 알고 있었다.
21 각자가 네 개의 얼굴과 네 개의 날개
를 갖고 있었고 그들의 날개 아래에

Q&A 왜 하나님은 성전을 떠나셨는가?

참고 구절 | 겔 10:18

다윗은 죽기 전까지 하나님의 집인 성전을 지을 준비를 했고 솔로몬은 그것을 완공하여 하나님께 봉헌했다. 성전 봉헌식 때 하나님의 임재로 인해 성전 안에는 하나님의 영광으로 가득했다(대하 5:14). 솔로몬은 무릎을 꿇고 하늘을 향해 두 손을 펴서 기도하기를 "주께서 주의 이름을 두시겠다던 이곳 성전을 향해 주의 눈을 밤낮 여시어 종이 이곳을 향해 드리는 기도를 들어 주십시오."(대하 6:20)라고 했다.

에스겔은 이상 중에 놀라운 장면을 보게 되었다. 이스라엘 민족에게 있어서 가장 중요한 성전에서 하나님의 영이 떠나시는 장면이었다(겔 10:18). 왜 하나님은 성전을 떠나셨을까?

그것은 하나님만을 섬겨야 할 성전이 갖가지 우상으로 가득 찬 우상의 집이 되었기 때문이었다(겔 8:5-17). 그래서 하나님은 그분을 섬기지 않고 배역하는 백성들로부터, 제사를 받으시던 성전으로부터 떠나기로 하셨던 것이다(겔 11:23). 이것은 유다의 멸망을 예고하는 장면이었다.

는 사람의 손같이 생긴 것이 있었다.
22 그들의 얼굴 모양은 내가 그발 강 가
에서 보았던 얼굴들이다. 각 그룹은
앞으로만 곧장 갔다.

예루살렘에 임할 하나님의 확실한 심판

11 그러고 나서 주의 영이 나를 들
어 올려서 나를 여호와의 집 동
쪽으로 향한 동문으로 데려가셨다.
문 입구에는 사람 25명이 있었는데
그들 가운데 백성들의 지도자인 아술
의 아들 야아사냐와 브나야의 아들
블라댜가 보였다.
2 그분께서 내게 말씀하셨다. "사람아,
이들은 죄악을 도모하고 이 성읍에
악한 조언을 해 주고 있는 사람들이
다.
3 그들은 말하기를 '집을 지을 때가 가
까이 이르지 않았으니 이 성읍은 솥
이요, 우리는 고기다'라고 한다.
4 그러므로 저들을 대적해서 예언하여
라. 사람아, 예언하여라."
5 그리고 여호와의 영이 내 위에 내려와
내게 말씀하셨다. "너는 말하여라! '여
호와가 이렇게 말한다. 이스라엘 족속
아, 너희가 이렇게 말했지만 나는 너
희의 마음속에서 일어나고 있는 일들
을 알고 있다.
6 너희가 이 성읍 안에서 많은 백성들
을 살육했고 그 거리를 죽은 사람들
로 가득 채웠다.'"
7 그러므로 주 여호와께서 이렇게 말씀
하셨다. "너희가 그 성읍 가운데 던진
너희 죽은 사람들은 고기이며 이 성
읍은 솥이다. 그러나 내가 너희를 그
가운데서 끌어낼 것이다.
8 너희가 칼을 두려워했으니 내가 너희
위에 칼을 내릴 것이다. 주 여호와의
말이다.
9 내가 너희를 그 성읍 가운데서 끌어
내 이방 사람들의 손에 넘겨주고 너
희 위에 심판을 내릴 것이다.
10 너희는 칼에 의해 쓰러질 것이다. 이
스라엘의 영토에서 내가 너희를 심판
할 것이다. 그러면 내가 여호와임을
너희가 알게 될 것이다.
11 이 성읍이 너희를 보호하는 솥이 되
지 않고 너희가 그 솥에서 보호받는
고기가 되지 않을 것이다. 내가 이스
라엘의 경계에서 너희를 심판할 것이
다.
12 그러면 내가 여호와임을 너희가 알게
될 것이다. 너희가 내 규례를 따르지
도 않고 내 법령을 지키지도 않고 너
희 주변에 있는 이방 사람들의 관례
대로 행했기 때문이다."
13 내가 예언하고 있을 때 브나야의 아
들 블라댜가 죽었다. 그래서 내가 얼
굴을 땅에 대고 엎드려 큰 소리로 부
르짖었다. "주 여호와여, 주께서 이스
라엘의 남은 사람들을 완전히 멸망시
키려 하십니까?"

이스라엘의 회복에 대한 약속

14 여호와의 말씀이 내게 임해 말씀하셨
다.
15 "사람아, '여호와에게서 멀리 떠나거
라. 이 땅은 우리가 차지하도록 우리

에게 주어진 것이다'라고 예루살렘 주
민들이 말한 것은 네 형제, 네 친척,
네 친족과 이스라엘의 집을 두고 한
말이다."
16 "그러므로 너는 말하여라. '주 여호와
가 이렇게 말한다. 내가 그들을 멀리
이방 사람들 가운데로 추방하고 그들
을 여러 나라 가운데로 흩어 버렸지
만 그들이 쫓겨 간 여러 나라에서 내
가 얼마 동안 그들에게 성소가 됐다.'
17 그러므로 너는 말하여라. '주 여호와
가 이렇게 말한다. 내가 민족들 가운
데서 너희를 찾으며 흩어져 나간 여
러 나라에서 모아 올 것이다. 그리고
내가 이스라엘 땅을 너희에게 줄 것이
다.'
18 그러면 그들이 그곳으로 가서 그들의
모든 가증스러운 것들과 그들의 모든
혐오스러운 일들을 그곳에서 제거할
것이다.
19 내가 그들에게 *한마음을 주고 그들
속에 새로운 영을 불어넣을 것이다.
내가 그들에게서 돌같이 굳은 마음
을 제거하고 살같이 부드러운 마음을
줄 것이다.
20 그리하여 그들로 하여금 내 규례를
따르게 하고 내 법령을 지켜 행하게
할 것이다. 그러면 그들이 내 백성이
되고 나는 그들의 하나님이 될 것이
다.
21 그러나 그들의 가증스러운 것들과 혐
오스러운 일들을 마음으로 좇아가는
사람들에게는 그들의 행동을 그들의
머리에 갚아 줄 것이다. 주 여호와의
말이다."
22 그러자 그룹들이 그들의 날개를 펼쳤
는데 그들 곁에는 바퀴들이 있었고
이스라엘의 하나님의 영광이 그들 위
에 있었다.
23 여호와의 영광이 성읍 가운데서 올라
가 성읍의 동쪽에 있는 산 위에 멈춰
섰다.
24 그러자 하나님의 영이 환상 가운데
나를 들어서 *갈대아에 있는 포로들
에게로 데려가셨다. 그리고 내가 본
환상이 내게서 떠나갔다.
25 나는 포로들에게 여호와께서 내게 보
여 주신 모든 것을 말해 주었다.

포로 이송을 나타내는 상징 행위

12 여호와의 말씀이 내게 임해 말
씀하셨다.
2 "사람아, 너는 반역하는 족속 가운데
살고 있다. 그들은 볼 눈이 있어도 보
지 않고 들을 귀가 있어도 듣지 않는
다. 그들은 반역하는 족속이기 때문
이다.
3 그러므로 사람아, 너는 포로 생활에
대비해 짐을 싸서 대낮에 그들이 보
는 앞에서 포로로 끌려가듯 떠나거
라. 그들이 보는 앞에서 네가 있던 곳
을 떠나 다른 곳으로 포로로 끌려가
듯 떠나거라. 그들이 비록 반역하는
족속이라도 깨우칠는지도 모른다.
4 너는 낮에 그들이 보는 앞에서 포로
로 끌려가듯이 네 짐을 밖으로 내놓

11:19 또는 일치된 마음, 새 마음 11:24 또는 바벨론

아라. 또 저녁에는 그들이 보는 앞에
서 포로로 끌려가는 사람처럼 떠나거
라.
5 너는 그들이 보는 앞에서 성벽을 뚫
고 그곳을 통해서 네 짐들을 밖으로
옮겨라.
6 저녁때 그들이 보는 앞에서 그 짐들
을 어깨에 메고 밖으로 나가거라. 너
는 네 얼굴을 가리고 땅을 보지 않도
록 하여라. 내가 너를 이스라엘 족속
에게 징표가 되게 했기 때문이다."
7 그리하여 나는 명령받은 대로 했다.
낮에는 포로로 끌려가듯 짐을 내놓
고 저녁에는 손으로 벽을 뚫었다. 저
녁때는 그들이 보는 앞에서 그 짐들
을 어깨에 메고 밖으로 나갔다.
8 아침에 여호와의 말씀이 내게 임해
말씀하셨다.
9 "사람아, 반역하는 족속인 저 이스라
엘 족속이 네게 '네가 지금 무엇을 하
고 있느냐?' 하고 묻지 않느냐?
10 너는 그들에게 말하여라. '주 여호와
가 이렇게 말한다. 이 징조는 예루살
렘의 지도자와 그곳에 있는 온 이스
라엘의 집에 관한 것이다.'
11 그들에게 말하여라. '나는 너희의 징
표다.' 내가 한 것처럼 그렇게 그들이
행하게 될 것이다. 그들이 포로로 끌
려가게 될 것이다.
12 그들 가운데 있는 지도자가 저녁때
짐을 어깨에 메고 성벽을 뚫고 그 구
멍을 통과해 밖으로 나갈 것이다. 그
는 자기의 얼굴을 가려서 땅을 볼 수
없을 것이다.
13 내가 그 위에 내 그물을 펼칠 것이고
그는 내 덫에 붙잡힐 것이다. 내가 그

성·경·상·식

에스겔서에 담긴 메시지

- **하나님의 거룩하심** 에스겔은 부패하고 타락했던 이스라엘과는 달리 하나님은 아무런 흠이 없는 거룩하신 분이라고 말했다. 또 그 하나님은 예루살렘에만 계시지 않고 포로로 끌려와 있는 바벨론 땅에서도 백성들과 함께하신다고 밝혔다.
- **하나님의 심판** 하나님은 자기 백성들이 죄로부터 떠나 하나님께로 돌아오기를 원하셨으며 이를 위해 쓰신 방법이 예루살렘의 멸망과 바벨론 포로 생활이었다.
- **하나님의 회복하심** 에스겔은 죄로부터 돌아서는 사람은 하나님의 회복하심을 경험할 수 있다고 말했다. "하나님은 왕이요, 목자이시며 백성들에게 새 마음을 넣어 주시는 분이다. 하나님은 새 나라와 새 성전을 주실 것이다."
- **지도자들에 대한 책망** 에스겔은 백성들을 잘못 인도한 지도자들을 책망했다. 또한 현재 자신이 목자나 파수꾼처럼 사역하고 있으며 언젠가는 하나님의 완전한 목자이신 메시아가 오셔서 백성들을 다스리실 것이라고 말했다.
- **예배의 회복** 천사가 에스겔에게 나타나서 성전에 대한 환상을 보여 주었다. 현재는 백성들의 죄로 인해 하나님께서 성전으로부터 떠나 계시지만 미래에 다시 회복되리라는 것을 알려 주는 환상이었다. "하나님은 백성들을 정결하게 하셔서 진정한 예배를 회복시키시는 분이다."

를 *갈대아 사람들의 땅 바벨론으로
데려갈 것이다. 그러나 그는 그곳을
보지 못할 것이고 그곳에서 죽을 것
이다.
14 그의 주위에서 그를 도우려는 모든
사람들과 그의 모든 군대들을 내가
사방으로 흩어 버릴 것이다. 그리고
내가 칼을 뽑아 들고 그들을 뒤쫓을
것이다.
15 내가 그들을 민족들 가운데로 흩어지
게 하고 그들을 여러 나라에 퍼지게
할 때 그들은 내가 여호와임을 알게
될 것이다.
16 그러나 내가 그들 가운데 몇 사람을
칼과 굶주림과 전염병에서 살아남게
할 것이다. 그래서 그들은 어디를 가
든지 민족들 가운데서 그들의 모든
혐오스러운 일들을 이야기할 것이다.
그때 내가 여호와임을 그들이 알게
될 것이다."
17 여호와의 말씀이 내게 임해 말씀하셨
다.
18 "사람아, 떨면서 음식을 먹고 몸서리
치고 근심하면서 물을 마셔라.
19 이 땅 백성들에게 말하여라. '예루살
렘에 사는 사람들과 이스라엘의 땅에
게 주 여호와가 이렇게 말한다. 그들
이 근심하며 음식을 먹고 놀라면서
물을 마실 것이다. 그곳에 사는 모든
사람들의 폭력으로 인해서 그 땅 모
든 것이 폐허가 될 것이다.
20 사람 사는 성읍들이 폐허가 되고 그
땅이 황폐해질 것이다. 그러면 너희는
내가 여호와임을 알게 될 것이다.'"

더디지 않을 것이다

21 여호와의 말씀이 내게 임해 말씀하셨
다.
22 "사람아, '많은 날들이 지나가도 어느
계시도 실현되지 않는다'라는 이스라
엘 땅에서의 이 속담은 도대체 어떻
게 된 것이냐?
23 그러므로 그들에게 말하여라. '주 여
호와가 이렇게 말한다. 내가 이 속담
을 그치게 할 것이다.' 그러면 그들이
이스라엘에서 더 이상 이 속담을 인
용하지 않을 것이다. 그러나 그들에
게 말하여라. '모든 계시가 이뤄질 날
들이 가까이 다가오고 있다.
24 이스라엘 족속 가운데 거짓 계시나
말뿐인 점술이 더 이상 없을 것이다.
25 나는 여호와다. 내가 말하는 것은 무
엇이든지 그대로 이뤄질 것이다. 그리
고 더 이상 지체되지 않고 실현될 것
이다. 반역하는 족속아, 너희 생전에
내가 말하는 것을 내가 실현할 것이
다. 주 여호와의 말이다.'"
26 여호와의 말씀이 내게 임해 말씀하셨
다.
27 "사람아, 이스라엘 족속이 말하기를
'그가 계시하고 있는 것은 많은 날들
이 지난 후에 실현될 계시고 그는 먼
미래에 관한 예언을 하고 있다'라고
한다.
28 그러므로 그들에게 말하여라. '주 여
호와가 이렇게 말한다. 내가 말하는

12:13 또는 바벨론

모든 말들이 더 이상 지체되지 않고
실현될 것이다. 주 여호와의 말이다.'"

거짓 예언자들을 정죄하다

13 여호와의 말씀이 내게 임해 말
씀하셨다.
2 "사람아, 지금 예언하고 있는 저 이스
라엘의 예언자들을 향해 예언하여라.
자기 마음대로 예언하는 사람들에게
말하여라. '여호와의 말씀을 들어라!'
3 주 여호와께서 이렇게 말씀하셨다.
'자기 자신의 영을 따르고 아무것도
보지 못하는 *어리석은 예언자들에
게 화 있을 것이다!
4 이스라엘아, 네 예언자들은 황무지에
사는 여우들과 같다.
5 너희가 성벽을 보수하려고 성벽의 무
너진 곳으로 올라가거나 여호와의 날
에 전쟁에 견딜 수 있도록 이스라엘
족속을 위해 성벽을 쌓거나 하지 않
았다.
6 그들은 허황된 계시를 하고 거짓된
점괘를 여호와의 말씀이라고 말한다.
그러나 나 여호와는 그들을 보내지
않았다. 그런데도 그들은 그들의 말
이 이뤄지기를 기대하고 있다.
7 내가 말하지 않았는데도 너희가 여호
와의 말씀이라고 말하니 허황된 계시
를 보고 거짓된 점괘를 말한 것 아니
냐?
8 그러므로 나 주 여호와가 말한다. 너
희가 허황된 것을 말하고 거짓된 것
을 계시하기 때문에 내가 너희를 대
적한다. 주 여호와의 말이다.
9 허황된 계시를 하고 거짓된 점괘를
말하는 예언자들을 내 손이 대적할
것이다. 그들이 내 백성의 회중에 속
하지 못하고 이스라엘 족속의 족보에
도 기록될 수 없으며 이스라엘 땅에
들어가지도 못할 것이다. 그러면 너희
는 내가 주 여호와임을 알게 될 것이
다.'
10 그들이 내 백성들로 길을 잃게 해서
평안이 없는데도 '평안!'이라고 말하고
누가 성벽을 쌓으면 거기에 회반죽을
바른다.
11 회반죽을 바르는 사람들에게 너는
그것이 무너질 것이라고 말하여라.
폭우가 내릴 것이고 큰 우박이 떨어
질 것이며 폭풍이 그것을 파괴할 것
이다.
12 성벽이 무너질 때 '너희가 바른 그 회
반죽이 어디에 있느냐?'라고 누군가
가 너희에게 묻지 않겠느냐?"
13 "그러므로 '주 여호와가 이렇게 말한
다. 내 분노 가운데 내가 폭풍을 일
으키고 내 진노 가운데 폭우가 쏟아
질 것이며 큰 우박이 분노 가운데 떨
어져 그것을 붕괴시킬 것이다.
14 너희가 회반죽을 바른 벽을 내가 헐
어서 땅에 무너뜨려 그 기초가 드러
나게 할 것이다. 성벽이 무너지면 너
희가 그 안에서 멸망할 것이다. 그러
면 내가 여호와임을 너희가 알게 될
것이다.
15 그래서 그 성벽과 그것에 회반죽을

13:3 또는 악한

바른 자들 위에 내가 내 분노를 다
쏟을 것이다. 내가 너희에게 말할 것
이다. 성벽이 사라졌고 회반죽을 바
른 사람들도 사라졌다.
16 그들은 평안이 없는데도 그들에게 평
안의 계시를 말하며 예루살렘에 대해
예언해 준 이스라엘 예언자들이다. 주
여호와의 말이다.'"
17 "사람아, 너는 자기 마음대로 예언하
는 네 백성의 딸들을 향해서 예언하
여라.
18 너는 말하여라. '주 여호와가 이렇게
말한다. 자기 팔목마다 부적을 꿰매
어 차는 여자들과 사람의 머리에 너
울을 만들어 씌우며 영혼을 사냥하
려는 여자들에게 화 있을 것이다. 너
희가 내 백성들의 영혼을 사냥하고도
너희 영혼이 살 수 있을 것 같으냐?
19 너희가 보리 몇 줌과 빵 몇 조각으로
내 백성들 가운데서 나를 모독하고
거짓말을 곧이듣는 내 백성들에게 거
짓말을 해 죽어서는 안 될 사람들을
죽이고 살아서는 안 될 사람들을 살
렸다.
20 그러므로 나 주 여호와가 말한다. 너
희가 그곳에서 영혼들을 마치 새처럼
사냥하는 데 사용하는 너희 부적을
내가 대적하겠다. 내가 그것들을 너
희 팔에서 찢어 내고 너희가 마치 새
처럼 사냥한 바로 그들의 영혼들을
내가 해방시킬 것이다.
21 내가 또한 너희가 머리에 쓴 천 조각
을 찢어 버리고 내 백성들을 너희의
손에서 구해 낼 것이다. 그들은 더 이
상 너희의 손안에서 먹이가 되지 않
을 것이다. 그러면 내가 여호와임을
너희가 알게 될 것이다.
22 내가 고통을 주지 않은 의인의 마음
을 너희가 거짓말로 낙담시켰고 또 너
희가 악한 사람의 손을 강하게 해 악
한 길에서 그가 돌아서지 않게 했고
자기 생명을 구원하지 못하게 했기
때문에
23 너희가 더 이상 허황된 것을 계시하
지 못하고 점술 행위를 하지 못할 것
이다. 내가 너희의 손안에서 내 백성
을 구해 낼 것이다. 그러면 내가 여호
와임을 너희가 알게 될 것이다.'"

우상 숭배자들을 정죄하다

14 이스라엘의 장로들 몇 사람이
내게 와서 내 앞에 앉았다.
2 그러자 여호와의 말씀이 내게 임해
말씀하셨다.
3 "사람아, 이 사람들은 자신들의 마음
에 우상을 세우고 자신들을 죄에 빠
뜨리는 걸림돌을 앞에 두었다. 그런
데 내가 그들의 질문에 응해야겠느
냐?
4 그러므로 그들에게 선포하여 말하여
라. '주 여호와가 이렇게 말한다. 자기
마음에 자기의 우상을 세우고 자신
을 죄에 빠뜨리는 걸림돌을 자기 앞
에 두고서 예언자에게 오는 사람은
이스라엘 족속 어느 누구에게라도 여
호와가 그 많은 우상의 대가를 지불
할 것이다.

5 우상으로 인해 그들이 내게서 떠나
버렸으니 이제는 내가 모든 이스라엘
족속의 마음을 붙잡으려는 것이다.'
6 그러므로 이스라엘 족속에게 말하여
라. '주 여호와가 이렇게 말한다. 회개
하라! 너희의 우상들에게서 돌아서
고 모든 혐오스러운 일들로부터 돌아
서라!
7 이스라엘 족속 어느 누구나, 또 이스
라엘에 거주하는 어느 이방 사람이라
도 나를 떠나서 그의 마음에 우상을
세우고 자신을 죄에 빠뜨리는 걸림돌
을 앞에 둔 채 내게 문의하려고 예언
자에게 오는 사람은 나 여호와가 그
에게 친히 응답할 것이다.
8 내가 그 사람을 대면하고 본보기로
내가 그를 속담거리로 만들 것이다.
내가 그를 내 백성들 가운데서 죽일
것이다. 그러면 내가 여호와임을 너희
가 알게 될 것이다.
9 만약 예언자가 속아서 말을 하면 나
여호와가 그 예언자를 속도록 내버려
둘 것이다. 내가 손을 그에게 뻗어서
내 백성 이스라엘 가운데서 그를 멸망
시킬 것이다.
10 그들이 자기 죗값을 치러야 할 것이
다. 예언자의 죄나 그에게 문의하는
사람의 죄나 마찬가지일 것이다.
11 그러면 이스라엘 족속이 더 이상 내
게서 떠나 방황하지 않을 것이고 더
이상 모든 죄악으로 인해 더럽혀지지
않을 것이다. 오직 그들은 내 백성이
되고 나는 그들의 하나님이 될 것이
다. 주 여호와의 말이다.'"

피할 수 없는 예루살렘의 심판

12 여호와의 말씀이 내게 임해 말씀하셨
다.
13 "사람아, 만약 어떤 나라가 내게 신실
하지 못해서 내게 죄를 지으면 내가
그 나라에 손을 뻗어서 그 땅에 식량
공급을 끊을 것이다. 또한 기근을 보
내며 사람과 짐승을 멸종시킬 것이
다.
14 노아, *다니엘, 욥 이 세 사람이 그 안
에 있다고 해도 그들이 그들의 의로
움으로 인해서 자기들의 목숨만 건질
것이다. 주 여호와의 말이다.
15 만약 내가 사나운 짐승들을 그 땅에
지나다니게 해 그 땅을 메마르게 하
고 사나운 짐승 때문에 아무도 그곳
을 지나다닐 수 없게 돼 그 땅이 황무
지가 된다고 하자.
16 내가 목숨을 걸고 단언하건대 노아,
*다니엘, 욥 이 세 사람이 그 안에 있
다고 해도 그들은 아들들이나 딸들
을 구하지 못할 것이다. 오직 그들 자
신만 구할 것이다. 그리고 그 땅은 황
폐하게 될 것이다. 나 여호와의 말이
다.
17 또는 만약 내가 그 땅에 전쟁의 칼을
보내 '칼아, 그 땅을 통과해서 지나가
라'라고 말하고 내가 그 땅으로부터
사람과 짐승을 사라지게 한다면
18 내 삶을 두고 맹세한다. 이 세 사람이

14:14,16,20 또는 다넬. 히브리어 표기가 예언자 다니엘과 다르므로 서로 다른 인물일 수 있음.

그 안에 있다고 해도 그들이 아들들
이나 딸들을 구하지 못할 것이다. 오
직 자신들만 구할 것이다. 주 여호와
의 말이다.
19 또는 만약 내가 그 땅에 전염병을 보
내 내 분노를 그 땅에 피로 쏟아붓고
그곳으로부터 사람과 짐승을 사라지
게 한다면
20 내 삶을 두고 맹세한다. 노아, *다니
엘, 욥이 그 안에 있다고 해도 그들이
아들들이나 딸들을 구하지 못할 것
이다. 그들은 오직 자신들의 의로움
으로 인해서 자기 목숨만 구할 것이
다. 주 여호와의 말이다.
21 나 주 여호와가 이렇게 말한다. 칼과
기근과 들짐승과 전염병 이렇게 네
가지 무서운 심판을 내가 예루살렘에
보내 그 땅으로부터 사람과 짐승을
사라지게 할 때에 얼마나 해가 크겠
는가!
22 그러나 보라. 구원받을 몇몇 아들들
과 딸들이 그 안에 살아남을 것이다.
그들이 너희에게 올 것이다. 너희가
그들의 행동과 행위를 보면 내가 예루
살렘에 내린 재앙, 내가 그 위에 내린
모든 재앙에 대해 너희가 위로를 받
게 될 것이다.
23 너희가 그들의 행동과 행위를 보고
위로를 받게 될 것이다. 그러면 내가
예루살렘에 행한 모든 일이 이유 없
는 것이 아님을 너희가 알 것이다. 주
여호와의 말이다."

쓸모없는 포도나무와 같은 예루살렘

15 여호와의 말씀이 내게 임해 말
씀하셨다.
2 "사람아, 숲 속의 나무들 가운데 다
른 나무보다 포도나무가 나은 것이
무엇이냐?
3 포도나무에서 얻은 목재로 물건을 만
들 수 있느냐? 또 포도나무로 그릇을

성·경·상·식

에스겔서에 나오는 비유들

- **쓸모없는 포도나무** 열매 없는 포도나무가 불에 던져지듯이 이스라엘 백성들의 죄로 인해 심판 받을 것을 비유함(겔 15:1–8).
- **버려진 아이** 이스라엘 백성들이 하나님의 사랑과 긍휼을 배신하고 우상 숭배의 죄를 지어 심판 받음을 비유함(겔 16장).
- **두 마리 독수리와 포도나무** 시드기야가 바벨론에 대항하고 이집트를 의지하다가 멸망함을 비유함(겔 17장).
- **용광로** 예루살렘 포위라는 시련을 통해 백성을 단련하심을 비유함(겔 22:17–22).
- **두 창녀** 이스라엘과 유다의 영적 간음을 비유함(겔 23장).
- **녹슨 가마솥** 예루살렘에 임할 심판이 철저함을 비유함(겔 24:1–14).
- **파선한 배** 두로 심판의 확실성을 비유함(겔 27장).
- **무책임한 목자** 무책임한 지도자들을 심판하심을 비유함(겔 34장).
- **마른 뼈** 이스라엘이 다시 회복될 것을 상징함(겔 37장).

걸어 놓을 나무못이라도 만들 수 있
느냐?
4 그것은 땔감으로 불에 던져질 것이
다. 두 끝이 불에 타고 그 가운데도
그슬렸으니 그 포도나무가 어디에 쓸
모가 있겠느냐?
5 그것이 온전해도 아무것도 만들지 못
하는데 하물며 불에 타서 그슬렸다
면 무엇을 만드는 데 쓰겠느냐?
6 그러므로 주 여호와가 이렇게 말한
다. 내가 숲 속 나무들 가운데 포도
나무를 땔감으로 불에 내던진 것처럼
내가 예루살렘에 사는 사람들을 불
에 던질 것이다.
7 내가 그들을 대적할 것이다. 그들이
불 속에서 피해 나온다 해도 불이 다
시 그들을 삼킬 것이다. 그리고 내가
그들을 대적할 때 내가 여호와임을
너희가 알게 될 것이다.
8 그들이 신실하지 못했기 때문에 내가
그 땅을 황폐하게 만들 것이다. 주 여
호와가 말한다."

음란한 아내와 같은 예루살렘

16 여호와의 말씀이 내게 임해 말
씀하셨다.
2 "사람아, 예루살렘으로 하여금 그의
혐오스러운 일을 알게 하여라.
3 그리고 말하여라. '예루살렘에게 주 여
호와가 이렇게 말한다. 네 근본과 태
생은 가나안 땅에서 비롯됐다. 네 아
버지는 아모리 사람이고 네 어머니는
헷 사람이었다.
4 네 출생에 대해 말하자면 네가 태어
난 날 아무도 네 탯줄을 자르지도 않
았고 물로 깨끗하게 씻기지도 않았
다. 소금으로 문지르거나 포대기에
싸 주지도 않았다.
5 이런 것 가운데 어느 한 가지를 네게
해 줄 정도로 네게 인정을 베풀거나
너를 불쌍히 여기는 사람이 아무도
없었다. 도리어 너는 네가 태어나던
날 미움을 받아 들판에 버려졌다.
6 그때 내가 네 곁을 지나가다가 네가
핏덩이인 채로 발길질하는 것을 보았
다. 핏덩이인 네게 나는 '살아나라' 하
고 말했다. *핏덩이인 네게 나는 '살
아나라' 하고 말했다.
7 내가 너를 키워 들판의 식물처럼 번
성하게 했더니 네가 자라고 번성해
매우 아름다워졌다. 네 젖가슴은 모
양을 갖춰 갔고 네 머리칼은 자라났
다. 하지만 너는 벌거벗은 알몸이었
다.
8 그리고 내가 네 곁을 지나가다가 너
를 보니 네 나이가 사랑할 나이가 됐
다. 그래서 내가 내 겉옷을 네 위에
펼쳐서 네 알몸을 가려 주었다. 내가
네게 맹세를 해 너와 언약을 맺었고
너는 내 것이 됐다. 주 여호와의 말이
다.
9 내가 너를 물로 씻겨 네게서 피를 완
전히 씻어 내고 네게 기름을 부었다.
10 내가 네게 수놓은 옷을 입히고 네게
가죽 신발을 신겼다. 내가 네게 모시

16:6 대부분의 히브리어 사본을 따름. 소수의 히브리어 사본과 칠십인역과 시리아어역에는 '핏덩이인 … 하고 말했다.'가 한 번만 나옴.

옷을 입히고 그 위에 비단옷을 입혀
주었다.
11 내가 너를 장신구로 치장해서 네 손
에는 팔찌를, 네 목에는 목걸이를 걸
어 주었다.
12 그리고 네 코에는 코걸이를, 네 귀에
는 귀걸이를, 네 머리에는 아름다운
관을 씌워 주었다.
13 그래서 네가 금과 은으로 치장하고
모시와 비단과 수놓은 옷을 입었으
며 고운 밀가루와 꿀과 기름을 먹었
다. 너는 눈부시게 아름다워서 왕비
의 자리에 이르렀다.
14 그리고 네 아름다움으로 인해 네 명
성이 민족들 사이에 퍼져 나갔다. 내
가 베풀어 준 장식품으로 인해 네 아
름다움이 완벽해졌기 때문이다. 주
여호와의 말이다.
15 그러나 네가 네 아름다움을 믿고 네
명성에 의지해 음란한 짓을 했다. 너
는 지나가는 모든 사람들과 음란한
짓을 해 네 아름다움이 그의 것이 되
게 했다.
16 너는 네 겉옷 몇 벌을 가져다가 너 자
신을 위해 산당을 각양각색으로 치
장하고 그곳에서 음란한 짓을 했다.
이런 일은 일어나지 말았어야 했고
절대로 있어서는 안 될 일이었다.
17 너는 또 내가 준 금과 은으로 만든 장
신구를 가져다가 네 자신을 위해 남
자들의 형상을 만들어 그들과 음란
한 짓을 벌였다.
18 그리고 수놓은 네 옷들을 가져다가
그들에게 입히고 내 기름과 향을 그
들 앞에 올렸다.
19 또 내가 네게 주어서 먹게 한 고운 밀
가루와 기름과 꿀과 같은 음식을 너
는 그들 앞에 분향으로 드렸다. 네가
정말로 그렇게 했다. 주 여호와의 말
이다.
20 또 너는 네가 내게 낳아 준 네 아들
들과 딸들을 데려다가 희생제물로 잡
아서 우상들의 음식이 되게 했다. 네
음란한 행위들이 대수롭지 않은 일이
냐?
21 네가 내 자식들을 도살했다. 네가 그
들을 불 속으로 지나가게 해서 그들
을 우상들에게 바쳤다.
22 너는 모든 혐오스러운 일들과 음란한
행위를 하는 가운데 네가 벌거벗은
알몸으로 핏덩이인 채 발짓하던 네
어린 시절을 기억하지 못했다.
23 네가 모든 악을 행한 후에 화가 있을
것이다! 네게 화가 있을 것이다! 주 여
호와의 말이다.
24 네 자신을 위해 작은 언덕을 세우고
모든 광장에 사당을 만들었다.
25 네가 길 어귀마다 사당들을 세웠고
네 아름다움을 더럽혔다. 너는 지나
가는 모든 사람들에게 네 다리를 벌
리고 그들과 음란한 짓을 벌였다.
26 너는 또 네 이웃인 욕정이 가득한 이
집트 자손들과 음란한 짓을 행했고
수없이 음란한 행위를 벌여 나를 화
나게 했다.
27 그러므로 내가 네게 손을 뻗어 네 영

토를 축소시켰고 너를 혐오하는 사람
들, 곧 네 음란한 행동으로 모욕을 당
한 블레셋 사람들의 딸들에게 내가
너를 넘겨주었다.
28 그런데도 너는 만족하지 못해서 앗시
리아 자손들과도 음란한 짓을 했다.
네가 그들과 음란한 행위를 했지만
네가 여전히 만족하지 못했다.
29 그리고 너는 또 상인들의 땅 *갈대아
에서 더욱 음란한 짓을 했지만 너는
이것으로도 만족하지 못했다.
30 네 마음이 얼마나 타락했는지! 네가
이런 모든 짓을 행하니 이는 숙달된
창녀의 행위다. 주 여호와의 말이다.
31 네가 길 어귀마다 네 작은 언덕을 세
우고 모든 광장에 사당을 만들었다.
그런데 창녀와 달리 너는 돈을 받지
않으니 창녀와 같지도 않다.
32 남편 대신 모르는 사람들을 맞아들
이는 간음하는 아내여!
33 사람들은 모든 창녀에게 돈을 지불하
지만 너는 모든 네 애인들에게 네 돈
을 준다. 그들이 사방에서 네게로 와
서 너와 음란한 행위를 하도록 네가
그들에게 뇌물을 준다.
34 그러니 네 음란한 행위는 다른 여자
들과 다른 점이 있다. 아무도 너를 뒤
따르며 음란한 행동을 하려 하지 않
고 또 네게 돈을 주는 것이 아니라 네
가 돈을 준다는 점이다.
35 그러므로 창녀여, 여호와의 말씀을
들어라!
36 나 주 여호와가 이렇게 말한다. 네가
네 *재산을 쏟아붓고 네 애인들과 네
모든 혐오스러운 우상들과 음란한
행동을 하면서 네 알몸을 드러냈기
때문에, 네 자식들의 피를 그들에게
주었기 때문에
37 네가 사랑했던 남자건 미워했던 남자
건 상관없이 네 모든 남자들을 내가
모을 것이다. 내가 그들을 사방에서
네게 모아다가 그들에게 네 알몸을
드러내 보게 할 것이다.
38 간음한 여자와 피를 흘리게 한 여자
를 심판하듯 내가 너를 심판할 것이
다. 내가 진노와 질투의 피를 흘리게
할 것이다.
39 내가 너를 그들의 손에 넘겨줄 것이
니 그들이 네 작은 언덕들을 무너뜨
리고 네 사당들을 부술 것이다. 그들
은 네 옷을 벗기고 네 아름다운 장신
구들을 가져가고 너를 벌거벗기고 알
몸인 채로 버려둘 것이다.
40 그들은 무리를 데리고 와서 네게 돌
을 던지고 칼로 너를 찌를 것이다.
41 그들은 네 집들을 불태우고 많은 여
자들이 보는 앞에서 네게 심판을 내
릴 것이다. 내가 너로 하여금 음란한
행동을 그만두게 할 것이니 네가 네
애인에게 더 이상 돈을 주지 않을 것
이다.
42 그러고 나면 너에 대한 내 진노가 수
그러들 것이고 내 질투가 네게서 떠
날 것이다. 내가 잠잠하게 되고 더 이
상 화를 내지 않을 것이다.

16:29 또는 바벨론 16:36 또는 음욕을

43 네가 네 어린 시절을 기억하지 못하
고 이 모든 것들로 나를 분노하게 했
기 때문에 네가 한 행동대로 내가 네
머리 위에 갚아 줄 것이다. 그러면 네
가 모든 혐오스러운 우상 섬기는 일
들에 음행까지 더하지는 않을 것이
다. 주 여호와의 말이다.
44 속담을 인용하는 사람마다 너를 비
꼬아 그 어머니의 그 딸이라고 말할
것이다.
45 너는 남편과 자식을 미워한 네 어머
니의 딸이고 너는 남편들과 자식들을
싫어한 네 자매들의 동생이다. 너희
어머니는 헷 사람이고 너희 아버지는
아모리 사람이다.
46 네 언니는 딸들과 함께 북쪽에 살고
있는 사마리아이고 네 여동생은 딸들
과 함께 남쪽에 살고 있는 소돔이다.
47 너는 그들의 행동을 따르거나 그들의
혐오스러운 일을 하는 것뿐 아니라
오히려 그것이 대수롭지 않은 듯 모
든 행동에 있어서 그들보다 더 타락
했다.
48 내가 단언하건대 네 여동생 소돔과
그 딸들도 너와 네 딸들이 한 것처럼
은 하지 않았다. 주 여호와의 말이다.
49 이것이 네 여동생 소돔의 죄다. 그와
그 딸들에게는 교만함과 풍부한 식
량과 안정된 번영이 있었다. 그들은
가난한 사람들과 궁핍한 사람들을
돕지 않았다.
50 그들은 교만해 내 앞에서 혐오스러
운 짓들을 했다. 그리하여 내가 그것
을 보고 그들을 없애 버렸다.
51 사마리아는 네 죄의 반밖에 죄를 짓
지 않았다. 네가 그녀보다 혐오스러
운 일들을 더 많이 했고 네가 행한
네 모든 혐오스러운 일들로 네가 네
자매들을 오히려 의로워 보이게 했다.
52 자매들을 위해서 네가 용서를 간청했
으니 네 수치도 감당해 내어라. 네가
그들보다 더 가증하고 그들이 너보다
더 의롭기 때문이다. 네가 네 자매들
을 의롭게 했으니 부끄러운 줄 알고
네 수치를 감당하여라.
53 이것은 내가 그들, 곧 소돔과 그 딸들
의 포로 됨과 사마리아와 그 딸들의
포로 됨을 회복시키고 나서 네 포로
됨을 회복시켜
54 너로 하여금 네 수치를 감당하고 네
가 그들이 오히려 의롭게 보이도록 행
한 모든 일로 인해서 부끄러워하게 하
기 위해서다.
55 네 자매들인 소돔과 그 딸들이 그들
의 이전 상태로 되돌아갈 것이고 사
마리아와 그 딸들이 그들의 이전 상
태로 되돌아갈 것이고 너와 네 딸들
도 너희의 이전 상태로 되돌아갈 것
이다.
56 너는 교만하던 때에 네 자매인 소돔을
무시하고 네 입으로 말하지 않았다.
57 그것은 네 사악함이 드러나기 이전에
있었던 일이다. 그런데 이제는 *아람
의 딸들과 그 주변 사람들이 모두 너

16:57 대부분의 히브리어 사본과 칠십인역과 불가타를 따름. 많은 히브리어 사본과 시리아어역에는 '에돔'

를 모욕하고 블레셋 사람들의 딸들이
곳곳에서 너를 멸시한다.
58 너는 네 음란함과 혐오스러움의 대가
를 받아야 할 것이다. 나 여호와의 말
이다.
59 나 주 여호와가 이렇게 말한다. 네가
언약을 깨뜨림으로써 내 맹세를 무시
했으니 네가 행한 대로 내가 네게 할
것이다.
60 그러나 네 어린 시절 너와 맺은 언약
을 내가 기억하고 너와 영원한 언약
을 세울 것이다.
61 그러면 네가 네 언니와 동생을 맞이
할 때 네가 네 행동을 기억하고 부끄
러워하게 될 것이다. 내가 네게 그들
을 딸로 줄 것이지만 그것이 너와 맺
은 내 언약 때문은 아니다.
62 내가 너와 언약을 세울 것이다. 그러
면 내가 여호와임을 네가 알게 될 것
이다.
63 내가 네게 한 모든 일에 대해 너를 속
죄할 때 네가 기억하고 부끄러워하며
네 수치스러움으로 인해 다시는 입을
열지 못하게 하기 위해서다. 주 여호
와의 말이다.'"

두 마리 독수리와 포도나무

17 여호와의 말씀이 내게 임해 말
씀하셨다.
2 "사람아, 이스라엘 족속에게 수수께
끼와 비유를 말하여라.
3 너는 말하여라. '주 여호와가 이렇게
말한다. 날개가 크고 깃이 길고 술이
많고 다양한 색깔의 깃털을 가진 거
대한 독수리가 레바논으로 와서 백향
목 가장 높은 가지를 차지했다.
4 독수리가 그 맨 끝의 연한 가지를 꺾
어서 상인들의 땅으로 가져가 상인들
의 도시에 두었다.
5 그리고 독수리가 그 땅의 씨를 얼마
가져다가 비옥한 땅에 심었다. 그는
그것을 풍족한 물 가의 버드나무처럼
심었다.
6 그것은 싹이 트고 낮게 드리운 포도
나무가 됐다. 그 나무 가지들은 독수
리를 향해 있었고 그 뿌리들은 나무
밑에 있었다. 이렇게 씨가 포도나무
가 돼 굵은 가지들과 가는 가지들을
냈다.
7 그런데 날개가 크고 술 많은 깃털을
가진 다른 거대한 독수리가 나타났
다. 독수리가 자기에게 물을 줄까 해
서 이 포도나무는 독수리를 향해 심
긴 곳에서 뿌리를 뻗고 가지를 뻗었
다.
8 가지를 뻗고 열매를 맺으며 훌륭한
포도나무가 되기에 충분한 물 가 좋
은 땅에 그 포도나무는 이미 심겨 있
었다.'
9 그들에게 말하여라. '주 여호와가 이
렇게 말한다. 그 포도나무가 번성하
겠느냐? 독수리가 뿌리를 뽑고 열매
를 따 버려서 그것이 시들지 않겠느
냐? 새로 난 잎이 모두 시들어 버릴
것이다. 그것을 뿌리째 뽑는 데 강한
팔이나 많은 사람이 필요하지 않을
것이다.

10 그것이 심겼다고 해서 번성하겠느냐?
동쪽 바람이 그 나무에 불 때 그것이
완전히 시들지 않겠느냐? 그 심긴 밭
에서 시들어 버리지 않겠느냐?'"
11 여호와의 말씀이 내게 임해 말씀하셨
다.
12 "반역하는 족속에게 '이것이 무슨 뜻
인지 너희가 모르느냐?' 하고 말하여
라. '바벨론 왕이 예루살렘으로 와서
예루살렘 왕과 관료들을 잡아 그들을
바벨론으로 끌고 갔다.
13 그리고 그가 왕의 자손 하나를 취해
언약을 맺고 맹세하게 했다. 그는 그
땅의 지도자들을 끌어갔다.
14 이것은 그 나라의 지위가 실추되며
스스로 일어나지 못하고 그 조약을
지켜야만 일어날 수 있게 하려는 것이
었다.
15 그러나 그는 바벨론 왕에게 반역해
사절단을 이집트에 보내 그에게 말과
많은 군대를 지원하도록 했다. 그가
융성하겠느냐? 이런 일들을 한 그가
피신할 수 있겠느냐? 그가 그 조약을
깨고도 피신할 수 있겠느냐?
16 내 삶을 두고 맹세한다. 바벨론 왕이
그를 왕으로 삼았는데 그가 바벨론
왕의 맹세를 무시하고 바벨론 왕의 조
약을 어겼으니 그는 자신을 왕으로
세운 그 왕이 사는 곳, 바벨론 가운데
서 왕과 함께 있다가 죽을 것이다. 주
여호와의 말이다.
17 그들이 토성을 쌓고 포위 벽을 세워
서 많은 사람을 죽이려고 할 때 강력
한 군대와 큰 무리를 이끌고 있는 바

기도하고 믿어라!

하용조 목사의 행복한 **메시지**

기도에 있어 우리의 문제점은 기도를 하지 않는 데 있는 것이 아니라 기도한 것을 믿지 않는 데 있습니다.

한 마을에 극심한 가뭄이 들었습니다. 마을 사람들은 기우제를 드리고 백방으로 노력했으나 비는 오지 않았습니다. 그때 그 마을 교회의 목사님 가정에서도 비가 오기를 기도했습니다. 기도를 마치고 목사님이 전도하러 나가려는데, 아들이 아버지에게 우산을 건네주었습니다. 그러자 아버지가 말했습니다. "얘야! 날이 이렇게 맑은데 무슨 우산이냐?" 그러자 아들이 대답했습니다. "아빠, 방금 비가 오게 해 달라고 기도했잖아요!" 아들은 기도한 그대로 믿었습니다.

우리는 예화에 나온 아버지와 같이 비가 오게 해 달라고 기도하지만 믿지는 않습니다. 우산을 안 가지고 나갑니다. 우리는 기도를 하다 보면 자신도 모르게 어마어마한 기도를 할 때가 있습니다. 평소에는 생각지도 못한 기도를 할 때가 있습니다. 성령께서 시키시는 기도를 할 때가 있습니다. 그러나 그 기도가 이루어질 것에 대한 믿음이 내게 없는 것을 봅니다. 기도는 했는데 믿음이 없습니다. 예수님은 우리에게 이렇게 말씀하십니다. "너희가 기도할 때에 무엇이든지 믿고 구하는 것은 다 받을 것이다."(마 21:22)

로도 그 전쟁에서 아무것도 하지 못
할 것이다.
18 그가 맹세를 무시하고 언약을 어겼
다. 그가 맹세를 하고도 이 모든 일을
저질렀기 때문에 그는 피신하지 못할
것이다.
19 그러므로 나 주 여호와가 이렇게 말
한다. 내 삶을 두고 맹세하는데 그가
무시한 내 맹세와 그가 어긴 내 언약
을 내가 그의 머리에 갚을 것이다.
20 내가 내 그물을 그의 위에 펼칠 것이
니 그가 내 덫에 걸릴 것이다. 내가 그
를 바벨론으로 끌고 가 그가 내게 신
실하지 못했던 일에 대해 그곳에서
그를 심판할 것이다.
21 그의 모든 군대에서 도망친 사람은
모두 칼에 쓰러질 것이고 살아남은
사람들은 사방으로 흩어질 것이다.
그러고 나면 나 여호와가 말했음을
너희가 알게 될 것이다.
22 나 주 여호와가 이렇게 말한다. 내 스
스로 가장 높은 백향목 꼭대기에서
가지를 가져다 심을 것이다. 내가 그
꼭대기에 있는 가지들 가운데 연한
가지를 꺾어서 이를 높이 치솟은 산
에 심을 것이다.
23 내가 그것을 이스라엘의 높은 산 위
에 심을 것이니 그것이 가지들을 내
고 열매를 맺으며 훌륭한 백향목이
될 것이다. 갖가지 새들이 그 아래 둥
지를 틀 것이고 그 나무 가지 그늘에
서 살 것이다.
24 나 여호와가 키 큰 나무를 낮추고 키
작은 나무를 높였으며 푸른 나무를
말리고 마른 나무에 싹이 나게 했음
을 들판의 모든 나무들이 알 것이다.
나 여호와가 말했고 그렇게 이루었
다.'"

죄를 짓는 영혼은 죽으리라

18 여호와의 말씀이 내게 임해 말
씀하셨다. 말씀하시기를
2 "너희가 이스라엘의 땅에 대해 이 속
담을 인용하는데 도대체 무슨 뜻이
냐? '아버지들이 신 포도를 먹었는데
그들의 자식들의 이가 시다.'
3 주 여호와의 말이다. 내 삶을 두고 맹
세한다. 너희가 이스라엘에서 다시는
이 속담을 인용하지 못할 것이다.
4 모든 영혼은 다 내 것이다. 아비의 영
혼이나 아들의 영혼이나 다 내 것이다.
그러니 죄짓는 영혼은 죽을 것이다.
5 어떤 사람이 의로운 사람이어서 공정
하고 올바른 일을 한다고 하자.
6 그는 산 위에서 먹지 않고 이스라엘
족속의 우상들에게 눈을 들지 않으
며 자기 이웃의 아내를 욕보이지 않
고 월경 중인 여인을 가까이하지도
않는다.
7 그는 아무도 학대하지 않고 채무자에
게서 저당 잡은 것을 돌려준다. 물건
을 강탈하지 않고 배고픈 사람들에
게 자기의 음식을 주고 벌거벗은 사
람들에게 옷을 입혀 준다.
8 그는 이자를 위해 빌려 주지 않고 이
자를 받지도 않으며 *죄악 된 일에

18:8 또는 가난한 사람에게, 흉악한 일에

그의 손을 대지 않고 사람들 사이에
서 공정한 판결을 한다.
9 그가 내 법령을 따르고 내 규례를 지
켜서 충실히 실행한다. 그는 의로운
사람이니 그가 반드시 살 것이다. 주
여호와의 말이다.
10 그에게 폭력적인 아들이 있고 그 아
들이 피 흘리게 하는 사람으로서 악
한 일을 행한다고 하자.
11 그는 이러한 선한 일은 하나도 하지
않고 산 위에서 먹고 자기 이웃의 아
내를 욕보인다.
12 그는 가난한 사람들과 궁핍한 사람
들을 학대하고 물건을 강탈한다. 채
무자에게서 저당 잡은 것을 돌려주지
않고 우상들에게 눈을 들며 혐오스
러운 일들을 한다.
13 그는 이자를 위해 빌려 주고 이자를
받는다. 그런 사람이 살겠느냐? 그는
살지 못할 것이다! 이런 모든 혐오스
러운 일들을 했으니 그가 반드시 죽
을 것이다. 자신의 피가 자신에게 돌
아올 것이다.
14 그러나 그가 아들을 낳았다고 하자.
자기 아버지가 저지른 모든 죄들을
그의 아들이 보고 두려워하며 그렇게
하지 않았다고 하자.
15 그 아들은 산 위에서 먹지 않고 이스
라엘 족속의 우상들에게 눈을 들지
않으며 자기 이웃의 아내를 욕보이지
않고
16 아무도 학대하지 않고 채무자에게서
저당을 잡지 않고 물건을 강탈하지
않고 배고픈 사람들에게 자기의 음식
을 주고 벌거벗은 사람들에게 옷을
입혀 주었다고 하자.
17 그는 가난한 사람에게 그의 손을 대
지 않고 이자나 폭리를 받지 않으며
규례를 지키고 내 법령을 따랐다고
하자. 그는 자기 아버지의 죄로 인해
죽지 않고 반드시 살 것이다.
18 그러나 그의 아버지는 착취를 하고
자기 형제를 강탈하고 자기 동족들
가운데서 선하지 않은 일을 했기 때
문에 자기 죄로 인해 죽을 것이다.
19 그러나 너희는 말한다. '아들이 왜 아
버지의 죄를 감당하지 않느냐?'고 하
지만 그 아들이 공정하고 올바른 일
을 했고 내 모든 법령을 지키고 행했
으니 그는 반드시 살 것이다.
20 죄짓는 사람, 그가 죽을 것이다. 아들
이 자기 아버지의 죄를 감당하지 않
을 것이고 아버지가 자기 아들의 죄
를 담당하지 않을 것이다. 의인의 의
로움이 자기에게 돌아갈 것이고 악인
의 사악함이 자기에게 돌아갈 것이
다.
21 그러나 만약 악한 사람이 자기가 저
지른 모든 죄에서 돌아서서 내 모든
법령을 지키고 공정하고 올바른 것을
행하면 그는 반드시 죽지 않고 살 것
이다.
22 그가 저지른 범죄가 하나도 그에게
불리하게 기억되지 않을 것이다. 그가
행한 의로움으로 인해 그가 살 것이
다.

23 내가 악한 사람이 죽는 것을 조금이
라도 기뻐하겠느냐? 주 여호와의 말
이다. 오히려 그가 자기 길에서 돌이
켜 사는 것을 내가 기뻐하지 않겠느
냐?
24 그러나 의인이 자기의 의로움을 떠나
서 죄를 짓고 악한 사람이 하는 대로
모든 혐오스러운 일들을 한다면 그
가 살겠느냐? 그가 행했던 자기의 의
로움은 하나도 기억되지 않을 것이
다. 그가 신실하지 않게 행했던 것과
그가 저지른 죄들로 인해 그는 죽을
것이다.
25 그러나 너희는 말한다. '주의 방식이
공평하지 않다.' 이스라엘 족속아, 들
으라. 내 길이 공평하지 않은 것이냐?
너희의 길이 공평하지 않은 것 아니
냐?
26 의인이 자기의 의로움을 떠나 불의를
저지르면 그것 때문에 그는 죽을 것
이다. 그가 저지른 불의 때문에 그가
죽을 것이다.
27 그러나 악인이 자기가 저지른 악에서
떠나서 공정하고 올바른 일을 하면
그는 자기 목숨을 보존하게 될 것이
다.
28 그가 깨닫고 자기가 저지른 모든 죄
들을 떠나면 그가 반드시 살고 죽지
않을 것이다.
29 그러나 이스라엘 족속은 말한다. '주
의 길이 공평하지 않다.' 이스라엘 족
속아, 내 길이 공평하지 않은 것이
냐? 너희의 길이 공평하지 않은 것
아니냐?
30 이스라엘 족속아, 그러므로 내가 너
희를 각각 자기의 행동대로 심판할
것이다. 주 여호와의 말이다. 회개하
라! 너희의 모든 죄에서 돌아서라. 그
러면 죄악이 너희를 넘어지게 하는
걸림돌이 되지 않을 것이다.
31 너희가 저지른 모든 죄를 너희에게서
제거하고 스스로 새 마음과 새 영을
가지라. 이스라엘 족속아, 왜 너희가
죽으려고 하느냐?
32 나는 어느 누가 죽는 것을 기뻐하지
않는다. 주 여호와의 말이다. 그러니
회개하고 살라!"

이스라엘 지도자들을 위한 슬픔의 노래

19 "이스라엘의 지도자들을 위해
슬픔의 노래를 지어
2 불러라. '네 어머니가 누구냐? 암사자
다. 암사자가 사자들 사이에 누워 젊
은 사자들 사이에서 새끼들을 길렀
다.
3 암사자가 자기 새끼 하나를 길러 내
니 그가 젊은 사자가 됐다. 그가 먹이
를 잡는 법을 배워서 사람들을 삼켜
버렸다.
4 민족들이 그 젊은 사자에 대해 들었
고 젊은 사자가 그들의 함정에 빠졌
다. 그들이 젊은 사자를 갈고리로 꿰
어서 이집트 땅으로 끌어갔다.
5 암사자는 기다리다가 자기의 소망이
사라지는 것을 보고 다른 새끼 하나
를 데려와 젊은 사자로 키웠다.
6 그 새끼는 사자들 가운데로 돌아다

니며 젊은 사자가 됐다. 젊은 사자가
먹이를 잡는 법을 배워서 사람들을
삼켜 버렸다.
7 젊은 사자는 사람들의 성채들을 부
서뜨렸고 사람들의 성읍들을 폐허가
되게 했다. 그 땅과 그 안에 있는 모
든 사람들이 사자의 포효하는 소리
에 놀랐다.
8 그러자 주변 지역의 민족들이 젊은
사자를 대적해 그에게 그물을 펼치고
함정에 빠지게 했다.
9 그들은 그를 갈고리로 옥에 집어넣고
바벨론 왕에게 보내 버렸다. 그들이
그를 감옥에 가둬 이스라엘 산들에서
그 소리가 더 이상 들리지 않게 하려
는 것이었다.
10 네 어머니는 네 포도밭의 물가에 심
은 포도나무 같으니 풍부한 많은 물
로 인해 열매가 풍성하고 가지가 무
성하며
11 그의 가지들은 강해 지도자의 규로
쓰기에 적합했다. 그것은 무성한 나
뭇잎 위로 높이 솟았고 많은 가지들
가운데 단연 돋보였다.
12 그러나 그것은 진노 가운데 뿌리가
뽑혀 땅바닥에 던져졌고 동풍이 그
의 열매를 말려 버렸다. 그의 강한 가
지가 꺾이고 말라서 불이 그것을 삼
켜 버렸다.
13 그리하여 이제는 광야, 메마르고 가
문 땅에 심겼다.
14 불이 한 가지에서 피어올라서 그의
열매를 삼켜 버렸다. 이제 지도자의
규가 될 만한 그런 강한 가지는 하나
도 남지 않았다.' 이것이 슬픔의 노래
이며 후일에도 슬픔의 노래가 될 것
이다."

이스라엘의 반역을 진술하다

20 *7년째 되는 해 다섯째 달 10
일에 이스라엘의 장로들 몇 사
람이 여호와께 묻기 위해 와서 내 앞
에 앉았다.
2 그러자 여호와의 말씀이 내게 임해
말씀하셨다.
3 "사람아, 이스라엘의 장로들에게 선포
해 말하여라. '주 여호와가 이렇게 말
한다. 너희가 내게 물으려고 왔느냐?
내 삶을 두고 맹세하는데 묻기를 용
납하지 않을 것이다. 주 여호와의 말
이다.'
4 네가 그들을 심판하겠느냐? 사람아,
네가 심판하겠느냐? 그렇다면 그들의
조상의 혐오스러운 일들을 그들에게
알리고
5 그들에게 말하여라." 주 여호와께서
이렇게 말씀하셨다. "내가 이스라엘
을 선택했던 날, 나는 야곱 족속의 자
손들에게 내 손을 들어 맹세하며 이
집트 땅에서 그들에게 나를 나타내
보였다. 내가 그들에게 내 손을 들고
맹세했다. '나는 너희의 하나님 여호
와다.'
6 이집트 땅으로부터 내가 그들을 위해
찾아 마련해 둔 땅, 곧 젖과 꿀이 흐
르는 땅, 모든 땅 가운데 가장 아름

20:1 BC 591년

다운 땅으로 이끌어 내겠다고 그날
내가 그들에게 내 손을 들고 맹세했
다.
7 그러면서 내가 그들에게 말했다. '너
희는 각자 자기의 눈에 드는 가증스
러운 우상들을 던져 버리고 이집트의
우상들로 자신을 더럽히지 말라. 나
는 너희의 하나님 여호와다.'
8 그러나 그들은 내게 반역했고 내게
귀 기울이려고 하지 않았다. 그들은
각자 자기의 눈에 드는 가증스러운
우상들을 던져 버리지 않았고 이집트
의 우상들을 버리지도 않았다. 그리
하여 내 진노를 그들에게 쏟아부을
것이며 이집트 땅 가운데서 그들을
향해 내 분노를 발할 것이라고 내가
그들에게 말했다.
9 그러나 나는 내 이름으로 인해 여러
이방 민족들이 보는 앞에서 이스라엘
민족을 이집트 땅에서 이끌고 나옴으
로써 그들에게 내 자신을 나타내 보
였고 이스라엘이 이방 사람들 앞에서
내 이름을 더럽히지 않도록 했다.
10 그러므로 내가 그들을 이집트 땅에서
이끌어 내 그들을 광야로 데려갔다.
11 내가 그들에게 내 법령을 주고 내 규
례를 알게 했다. 그것을 지키는 사람
은 그것으로 인해 살 것이기 때문이
다.
12 또한 내가 그들에게 나와 그들 사이
의 징표로 안식일을 주었는데 그것은
나 여호와가 그들을 거룩하게 한다는
것을 그들로 하여금 알게 하려는 것
이었다.
13 그러나 이스라엘 족속은 광야에서 내
게 반역했다. 내 법령과 규례를 지키
는 사람은 그것으로 인해 살 것이라
고 했음에도 불구하고 그들은 내 법
령에 따르지 않았고 내 규례를 거부
했다. 그리고 그들은 내 안식일을 철
저히 더럽혔다. 그래서 내가 광야에
서 내 진노를 그들에게 쏟아부어 그
들을 멸망시키겠다고 말했다.
14 그러나 내 이름을 더럽히지 않기 위
해 이방 사람들이 보는 앞에서 이스
라엘을 이끌어 냈는데 그 이방 사람
들 앞에서 내 이름을 더럽힐 이 같은
일을 행하지는 않았다.
15 또한 광야에서 내 손을 들어 그들에
게 맹세했다. 내가 그들에게 준 땅,
곧 젖과 꿀이 흐르는 땅, 모든 땅 가
운데 가장 아름다운 땅으로 그들을
들여보내지 않을 것이다.
16 그것은 그들이 내 규례를 무시하고
내 법령을 따르지 않았으며 내 안식
일을 더럽혔기 때문이다. 그들의 마
음이 그들의 우상을 좇아갔던 것이
다.
17 그러나 내 눈이 그들을 불쌍히 여겨
서 그들을 멸망시키지 않았고 광야에
서 그들을 전멸시키지 않았다.
18 그리고 내가 광야에서 그들의 자손들
에게 말했다. '너희의 조상들의 법령
을 따르지 말고 그들의 규례를 지키
지 말라. 그들의 우상들로 너희 자신
을 더럽히지 말라.

19 나는 너희의 하나님 여호와다. 내 법
령을 따르고 내 규례를 지키고 그것
들을 행하라.
20 내 안식일을 거룩하게 지키라. 그것
이 나와 너희 사이에 징표가 돼 내가
너희 하나님 여호와임을 너희가 알게
될 것이다.'
21 그러나 그들의 자손들이 내게 반역했
다. 사람이 그대로 지켜 행하면 그로
인해 살 수 있음에도 불구하고 그들
은 내 법령을 따르지 않았고 내 규례
를 지켜 행하지 않았다. 그리고 그들
은 내 안식일을 더럽혔다. 그리하여
내가 내 진노를 그들에게 쏟아부어
광야에서 그들에게 분노를 발할 것이
라고 말했다.
22 그러나 내 이름을 더럽히지 않기 위
해 나는 내 손을 거두었다. 그래서 내
가 이스라엘 사람들을 이끌고 나온
것을 본 저 이방 사람들이 보는 앞에
서 내 이름이 더럽혀지지 않도록 했
다.
23 또한 광야에서 내 손을 들고 그들에
게 맹세했다. 내가 그들을 이방 사람
들 가운데 흩어 버리고 여러 나라에
퍼지게 하겠다.
24 이것은 그들이 내 규례를 실행하지
않았기 때문이다. 내 법령을 무시하
고 내 안식일을 더럽혔으며 그들의 눈
이 자기 조상의 우상을 뒤따르고 있
었기 때문이다.
25 그러므로 내가 그들에게 선하지 않은
법령과 그것을 의지해서는 살지 못할
규례를 주었다.
26 그들의 모든 첫아이를 불에 태울 제
물로 드리게 해 그들을 부정하다고
선포했는데 이것은 그들을 놀라게 해
내가 여호와임을 그들로 하여금 알게
하려는 것이다.
27 그러므로 사람아, 이스라엘 족속에
게 선포해 말하여라. '주 여호와가 이
렇게 말한다. 네 조상들이 이런 일을
저질러 내게 신실하지 못함으로 나를
모독했다.
28 내가 내 손을 들어 그것을 그들에게
주겠다고 맹세한 그 땅으로 그들을
오게 했을 때 그들은 어디든 높은 언
덕이나 나뭇잎이 우거진 나무를 보면
그곳에서 우상에게 희생제물을 바치
고 내 분노를 자아내는 그 제물을 그
곳에 바쳤다. 그들은 그곳에서 분향
을 하고 전제물을 그곳에 부었다.
29 그때 내가 그들에게 말했다. 너희가
찾아 가는 이 산당이 무엇이냐?'" (그
리하여 그 이름이 지금까지 *바마라
고 불린다.)

반역한 이스라엘이 회복되다.

30 "그러므로 너는 이스라엘 족속에게
말하여라. '주 여호와가 이렇게 말한
다. 너희가 너희 조상들의 방식대로
너희 자신을 더럽히고 그들의 가증스
러운 우상들을 뒤따라 음란한 행위
를 할 것이냐?
31 너희가 너희의 아들들을 불 속으로
지나가게 해 제물을 바치고 오늘날까

20:29 히브리어, '높은 곳'

지도 모든 우상들로 너희 자신을 더
럽혀 왔다. 이스라엘 족속아, 그런데
내가 너희의 질문을 허락하겠느냐?
내 삶을 두고 맹세하는데 내가 너희
에게 질문을 허락하지 않을 것이다.
주 여호와의 말이다.'"
32 '우리가 이방 사람, 곧 다른 나라 족속
처럼 돼서 나무와 돌을 섬기겠다'라고
너희가 말하는 너희 마음속의 생각
은 결코 이뤄지지 않을 것이다.
33 내 삶을 두고 맹세한다. 강한 손과 쭉
뻗친 팔과 쏟아부은 진노로 너희를
다스릴 것이다. 주 여호와의 말이다.
34 내가 강한 손과 쭉 뻗친 팔과 쏟아부
은 진노로 너희를 민족들에게서 이
끌어 내고 너희가 흩어져 있던 여러
나라들로부터 너희를 모을 것이다.
35 내가 너희를 민족들의 광야로 데려가
그곳에서 너희를 대면해 심판할 것이
다.
36 내가 이집트 땅의 광야에서 너희 조
상들을 심판했던 것처럼 너희도 그렇
게 심판할 것이다. 주 여호와의 말이
다.
37 내가 너희를 지팡이 아래로 지나가게
하며 너희를 언약의 관계에 들어가게
할 것이다.
38 내가 너희 가운데 내게 반역하는 사
람들과 죄짓는 사람들을 없애 깨끗하
게 할 것이다. 내가 그들이 머물러 살
고 있는 땅으로부터 그들을 이끌어
내겠지만 그들이 이스라엘 땅으로는
들어가지 못할 것이다. 그러면 내가
여호와임을 너희가 알게 될 것이다.
39 너희 이스라엘 족속아, 주 여호와가
말한다. 너희 각자는 자기의 우상을
따르고 섬기려면 그렇게 하라. 그러나
이후에는 너희가 다시금 내게 귀를
기울이며 더 이상 너희의 제물들과
우상들로 내 거룩한 이름을 더럽히지
말 것이다.
40 내 거룩한 산에서, 이스라엘의 높은
산에서, 그곳에서 이스라엘 족속 모
두와 그 땅의 모든 사람들이 나를 섬
길 것이다. 그래서 내가 그곳에서 그
들을 받아들일 것이고 그곳에서 내
가 너희의 제물과 너희가 드리는 첫
생산물과 더불어 너희의 모든 거룩한
것들을 요구할 것이다. 주 여호와의
말이다.
41 내가 너희를 여러 민족들로부터 이끌
어 내고 흩어져 있던 여러 나라들로
부터 너희를 모을 때 내가 너희를 향
기로 받을 것이다. 이방 사람들이 보
는 앞에서 너희에게 내가 거룩히 여
김을 받을 것이다.
42 내가 너희를 이스라엘 땅, 곧 너희 조
상들에게 줄 것이라고 내가 내 손을
들고 맹세한 그 땅으로 들어가게 할
때 내가 여호와임을 너희가 알게 될
것이다.
43 그곳에서 너희는 너희의 행동과 너희
자신을 더럽힌 모든 행위들을 기억하
게 될 것이고 너희가 행한 모든 죄악
으로 인해서 너희 자신을 몹시 미워
하게 될 것이다.

44 이스라엘 족속아, 내가 너희 악한 행
동들이나 너희 타락한 행위를 따라
그대로 갚지 않고 내 이름을 더럽히
지 않으려고 너희를 대할 때 내가 여
호와임을 너희가 알게 될 것이다. 주
여호와의 말이다."

남쪽에 대한 예언

45 여호와의 말씀이 내게 임해 말씀하셨
다.
46 "사람아, 네 얼굴을 남쪽을 향해 돌려
라. 남쪽을 향해 선포하고 남쪽 땅의
숲을 대적해서 예언하여라.
47 남쪽의 숲에 말하여라. '여호와의 말
씀을 들으라. 주 여호와가 이렇게 말
한다. 내가 네게 불을 붙일 것이니 불
이 네 안에 있는 모든 푸른 나무와
마른 나무를 다 삼킬 것이다. 타오르
는 불꽃이 꺼지지 않을 것이고 남쪽
에서부터 북쪽까지 모든 사람의 얼굴
이 불에 그슬릴 것이다.
48 나 여호와가 그것을 불붙인 것임을
모든 사람들이 알게 될 것이다. 그 불
은 꺼지지 않을 것이다.'"
49 그때 내가 말했습니다. "주 여호와여!
그들이 나를 두고 말합니다. '그는 비
유로 말하는 사람이 아니냐?'"

하나님의 심판의 칼로서의 바벨론

21 여호와의 말씀이 내게 임해 말
씀하셨다.
2 "사람아, 예루살렘을 향해 네 얼굴을
돌려라. 성소를 향해 선포하여라. 이
스라엘 땅을 향해 예언하여라.
3 너는 이스라엘 땅에 말하여라. '주 여
호와가 이렇게 말한다. 내가 너를 대
적한다. 내가 칼집에서 칼을 뽑아 네
게서 의인과 악인을 처단할 것이다.
4 내가 네게서 의인과 악인을 처단할
것이기 때문에 내 칼이 칼집에서 나
와 남쪽에서부터 북쪽까지 모든 사람
을 칠 것이다.
5 그러면 나 여호와가 칼을 칼집에서
뽑은 것을 모든 사람들이 알게 될 것
이다. 그 칼이 다시 칼집으로 돌아가
지 않을 것이다.'
6 그러므로 너 사람아, 탄식하여라. 너
는 그들이 보는 앞에서 허리가 끊어
지듯 쓰라림으로 탄식하여라.
7 그리고 '왜 네가 탄식하느냐?'고 그들
이 네게 물으면 너는 대답하여라. '소
식 때문이다. 그 소식이 이르면 모든
사람의 마음이 녹고 모든 사람의 손
에 힘이 빠질 것이다. 모든 사람의 영
이 기력을 잃고 모든 사람의 무릎이
떨릴 것이다.' 그 일이 다가오고 있다!
그 일은 반드시 일어날 것이다. 주 여
호와의 말이다."
8 여호와의 말씀이 내게 임해 말씀하셨
다.
9 "사람아, 예언하며 말하여라. '여호와
가 말한다. 칼아, 칼아, 날이 서고 광
이 난다!
10 학살을 위해 날이 세워졌고 번개처럼
번쩍이게 하려고 광이 내졌다! 그러
니 우리가 내 아들의 규를 즐거워하
겠느냐? 그 칼이 모든 나무를 멸시하
고 있다.

11 칼이 손에 쥐어지려고 광이 내졌다.
칼날이 세워지고 광이 내져서 학살
하는 사람의 손에 넘겨졌다'고 전하여
라.
12 '사람아, 소리 지르며 울부짖어라. 그
칼이 내 백성들을 대적하고 모든 이
스라엘의 지도자들을 대적하고 있기
때문이다. 내 백성들과 함께 그들이
칼에 던져질 것이다. 그러므로 너는
네 허벅지를 쳐라.
13 시험이 꼭 올 것이다. 그러니 칼이 규
를 멸시하면 어떻게 되겠느냐? 규가
없어질 것이다. 주 여호와의 말이다.'
14 그러니 너 사람아, 예언을 하고 손뼉
을 쳐라. 칼로 두 번 내려치고 세 번
내려쳐라. 이것은 학살하는 칼이니
사방에서 그들을 에워싸는 대학살의
칼이다.
15 그래서 마음이 녹고 걸려 넘어지는
사람들이 많을 것이다. 내가 학살의
칼을 그들의 모든 문에 두었다. 아!
그 칼이 번쩍거리게 만들어지고 학살
을 위해 광이 내졌다.
16 날을 세워라! 오른쪽으로! 왼쪽으로!
날이 향한 대로 가거라!
17 나도 손뼉을 칠 것이다. 그러면 내 분
노가 수그러들 것이다. 나 여호와가
말했다."
18 여호와의 말씀이 내게 임해 말씀하셨
다.
19 "너 사람아, 바벨론 왕의 칼이 가야
할 두 길을 표시하여라. 둘 다 같은
땅에서 나와야 한다. 표지판을 만들
어라. 성읍으로 가는 길 어귀에 만들
어라.
20 칼이 갈 길 하나는 암몬 족속의 랍바
쪽으로, 다른 하나는 유다와 견고한
성읍 예루살렘 쪽으로 표시해 두어
라.
21 바벨론 왕이 점을 치기 위해 두 길의
어귀에 서서 화살통의 화살들을 흔
들고 우상들에게 묻고 희생제물의 간
의 모양을 살펴볼 것이다.
22 그의 오른손에 예루살렘으로 가는 점
괘를 얻어 그가 성문에 성벽을 부수
는 쇳덩이들을 설치하고 토성을 쌓고
포위 벽을 세우려고 한다.
23 그들에게 맹세한 사람들 눈에는 틀
린 점괘 같아 보이겠지만 그 점괘는
예루살렘 사람들의 죄를 상기시킬 것
이다. 예루살렘 사람들은 포로로 잡
혀갈 것이다.
24 그러므로 나 주 여호와가 이렇게 말
한다. '너희가 너희의 죄를 상기시키
고 너희의 범죄를 드러나게 하고 너희
의 모든 행위에서 죄가 나타났기 때
문에 그리고 너희가 기억됐기 때문에
너희가 적의 손에 붙잡힐 것이다.
25 너, 더럽고 악한 이스라엘의 지도자
여, 네 날, 곧 네 죄가 끝날 때가 이르
렀다.
26 나 주 여호와가 이렇게 말한다. 머리
에 두른 띠를 벗고 왕관을 벗어라. 이
것은 이전과 같지 않을 것이다. 낮은
사람은 높아지고 높은 사람은 낮아
질 것이다.

27 폐허로다! 폐허로다! 내가 그것을 폐
허가 되게 할 것이다. 이것은 이전과
같지 않을 것이다. 그러다가 그 권리
를 가진 사람이 나타나면 내가 그에
게 그것을 줄 것이다.
28 그리고 너 사람아, 암몬 자손들과 그
들이 받을 모욕에 대해 주 여호와께
서 이렇게 말씀하신다고 예언하며 말
하여라. 칼이다! 칼이 뽑혔다! 학살하
기 위해, 집어 삼키게 하기 위해 광이
내지고 번개처럼 번쩍인다!
29 점쟁이들이 너를 위해 허황된 환상을
보고 네게 거짓된 점을 쳐 주고 너를
학살당한 악인의 목 위에 두려고 하
니 그들의 날, 죄악이 끝날 때가 이르
렀다.
30 칼을 칼집에 도로 넣어라. 네가 창조
된 곳에서 네가 태어난 땅에서 내가
너를 심판할 것이다.
31 내가 내 분노를 네게 쏟아붓고 내 진
노의 불을 너를 향해 불며 너를 잔인
한 사람들, 파괴에 능숙한 사람들의
손에 넘겨줄 것이다.
32 너는 불 속에서 땔감이 될 것이고 네
피가 그 땅 가운데 있을 것이며 네가
더 이상 기억되지 않을 것이다. 나 여
호와가 말했기 때문이다.'"

예루살렘의 죄에 대한 심판

22 여호와의 말씀이 내게 임해 말
씀하셨다.
2 "너 사람아, 네가 심판하겠느냐? 네
가 이 피투성이 *성읍을 심판하겠느
냐? 그러면 그 성읍의 혐오스러운 일
모두를 성읍에 상기시켜라.
3 그리고 말하여라. '주 여호와가 이렇
게 말한다. 성내에서 사람을 살해해
피를 흘림으로 보응의 때가 이르게
하고 또 우상들을 만들어 자기 스스
로를 더럽히는 성읍아,
4 네가 흘린 피로 인해 네게 죄가 있고
네가 만든 우상들로 스스로 더럽혀
졌다. 네가 네 날들을 가까이 오게 해
서 네가 살아갈 날이 다 됐다. 그러므
로 내가 너를 민족들의 모욕의 대상
으로 삼고 모든 나라들의 조롱거리가
되게 할 것이다.
5 혼란으로 가득 차고 이름이 더럽혀진
성읍아, 너로부터 가까이 있는 사람
들이나 멀리 있는 사람들이 다 너를
조롱할 것이다.
6 이스라엘의 지도자들은 성읍 안에서
자신의 권력을 이용해 사람을 살해했
다.
7 성읍 안에서 그들이 아버지와 어머니
를 업신여겼고 그 가운데서 그들이
이방 사람을 억압했으며 그 안에서
그들이 고아와 과부를 학대했다.
8 너희가 내 거룩한 물건들을 무시했고
내 안식일을 더럽혔다.
9 비방하며 사람을 살해해 피 흘리는
사람들이 성읍 안에 있고 그 안에 산
위에서 먹는 사람들이 있으며 그 가
운데 음란한 짓들을 행하는 사람들
이 있다.
10 너희 안에 자기 아버지의 알몸을 드

22:2 예루살렘을 가리킴.

러내는 사람들이 있고 너희 안에 월
경 중인 부정한 여자들을 범하는 사
람들도 있다.
11 성읍 안에서 어떤 사람은 이웃의 아
내와 혐오스러운 일을 행하고 어떤
사람은 사악하게도 자기 며느리를 더
럽히고 있다. 또 어떤 사람은 자기 자
매, 곧 자기 아버지의 딸을 범하고 있
다.
12 너희 안에 뇌물을 받고 피 흘리는 사
람들이 있다. 너는 고리대금과 엄청
난 이자를 받고 네 이웃의 것을 강탈
해 부당한 이득을 취했다. 그리고 너
는 나를 잊어버렸다. 주 여호와의 말
이다.
13 그러므로 보아라. 네가 취한 부당한
이득과 네 가운데서 네가 피 흘리게
한 일 때문에 내가 내 손바닥을 칠 것
이다.
14 내가 너를 처벌할 그날들에 네 마음
이 견딜 수 있고 네 손에 힘이 남아
있겠느냐? 나 여호와가 말했으니 내
가 그렇게 할 것이다.
15 내가 너를 민족들 가운데 흩뜨리고
나라들 사이에 퍼지게 해 네 더러운
것을 네게서 완전히 없애 버릴 것이다.
16 네가 민족들의 눈앞에서 네 스스로
를 더럽힐 것이니 그때 내가 여호와임
을 네가 알게 될 것이다.'"
17 여호와의 말씀이 내게 임해 말씀하셨
다.
18 "사람아, 이스라엘 족속이 내게 찌꺼
기가 됐다. 그들 모두가 용광로 안에
남은 청동, 주석, 철, 납이다. 그들은
은의 찌꺼기일 뿐이다.
19 그러므로 나 주 여호와가 이렇게 말
한다. '너희 모두가 찌꺼기가 됐다. 그
러므로 보라. 내가 너희를 모아다가
예루살렘 가운데로 가져갈 것이다.
20 사람들이 은, 청동, 철, 납, 주석을 용
광로에 모아다가 불을 불어넣어 녹이
는 것처럼 그렇게 내가 내 진노와 분
노 가운데서 너희를 모아다가 그 성
읍에 넣고 녹여 버릴 것이다.
21 내가 너희를 모아다가 내 진노의 불
을 너희 위에 불 것이다. 그러면 너희
가 그 안에서 녹아 버릴 것이다.
22 은이 용광로 안에서 녹듯이 너희도
그렇게 그 안에서 녹을 것이다. 그러
면 나 여호와가 내 분노를 너희에게
쏟아부었음을 너희가 알게 될 것이
다.'"
23 여호와의 말씀이 내게 임해 말씀하셨
다.
24 "사람아, 저 땅에 말하여라. '너는 진
노의 날에 깨끗함을 얻지 못한 땅이
요, 비도 없는 땅이다.'
25 그 안에서 그의 예언자들이 꾸미는
음모가 먹이를 찢으며 으르렁거리는
사자와 같다. 그들이 사람들을 집어
삼키고 보물과 값비싼 물건들을 빼앗
고 그 안에서 과부들을 많이 만들어
냈다.
26 그의 제사장들은 내 율법을 어기고
내 거룩한 물건들을 더럽혔으며 거룩
한 것과 거룩하지 않은 것을 구별하

지 않았다. 부정한 것과 정결한 것의
차이를 알려 주지 않았으며 내 안식
일 지키는 것에 대해 그들의 눈을 감
아 버렸으니 내가 그들 가운데서 더
러워지고 있다.
27 그 성읍의 지도자들은 먹이를 찢는
늑대들 같아서 그들은 피를 흘리고
사람을 죽이며 부당한 이득을 얻고
있다.
28 그의 예언자들은 허황된 계시를 보
고 그들에게 거짓된 점을 쳐 준다. 여
호와께서 말씀하시지도 않았는데 '주
여호와께서 이렇게 말씀하셨다'라고
말하면서 그들 위에 회칠을 했다.
29 그 땅의 사람들은 착취를 하고 강도
질을 했다. 가난한 사람들과 궁핍한
사람들을 억압하고 이방 사람들을
부당하게 학대했다.
30 이 땅을 위해 내 앞에서 성벽을 쌓고
성의 무너진 틈에 서서 나로 하여금
성읍을 멸망시키지 못하게 할 사람을
찾았지만 그들 가운데 한 사람도 찾
을 수가 없었다.
31 그러므로 내가 분노를 그들 위에 쏟
아붓고 내 진노의 불로 그들을 소멸
해 그들의 행동을 그들의 머리 위에
갚은 것이다. 주 여호와의 말이다."

행음하는 두 자매

23 여호와의 말씀이 내게 임해 말
씀하셨다.
2 "사람아, 두 여자가 있었는데 그들은
한 어머니의 딸들이다.
3 그들이 이집트에서 음란한 짓을 했고
어린 시절에 창녀가 됐다. 그곳에서
그들의 가슴이 짓눌렸고 그곳에서 그
처녀의 젖가슴이 만져졌다.
4 그들의 이름은 언니는 오홀라고 동생
은 오홀리바다. 그들은 나와의 사이에
서 아들들과 딸들을 낳았다. 그들의
이름을 말하자면 오홀라는 사마리아
고 오홀리바는 예루살렘이다.
5 오홀라는 그녀가 아직 내게 속했을
때 음란한 짓을 했다. 그녀는 이웃인
앗시리아 사람을 갈망했다.
6 그들은 자주색 옷을 입은 통치자들
과 지도자들로서 모두 잘생긴 젊은이
들이었으며 말을 타는 기마병들이었
다.
7 그녀는 앗시리아 사람들 가운데 모든
잘생긴 사람들과 음란한 짓을 했고
또 자기가 갈망하던 모든 사람들의
우상들로 자신을 더럽혔다.
8 그녀는 이집트에서부터의 음란한 짓
을 버리지 않았다. 그녀의 어린 시절
그들이 그녀와 함께 드러눕고 그녀의
처녀 젖가슴을 만졌다. 그리고 그녀
위에 그들의 정욕을 쏟아부었다.
9 그러므로 내가 그녀를 그녀의 애인들
의 손에, 그녀가 갈망하는 앗시리아
사람들 손에 넘겨주었다.
10 그들은 그녀를 벌거벗겼고 그녀의 아
들들과 딸들을 데리고 갔으며 그녀를
칼로 죽였다. 그녀는 여자들 사이에
서 웃음거리가 됐다. 그들이 그녀를
심판한 것이다.
11 그녀의 동생 오홀리바는 이것을 보았

다. 그러나 그녀는 언니보다 더 타락
했으며 그녀의 음란한 짓은 자기 언니
의 음란한 짓보다 더했다.
12 그녀는 이웃인 앗시리아 사람들을 갈
망했는데 그들은 통치자들과 지도자
들로서 화려한 옷을 입은 용사들이
었고 말을 타는 기마병들이었고 모두
잘생긴 젊은이들이었다.
13 내가 그녀 또한 자신을 더럽힌 것을
보았다. 그들 둘 다 똑같은 길을 간
것이다.
14 그러나 그녀는 음란한 짓을 더해 갔
다. 그녀는 벽에 새겨진 남자들의 모
습, 곧 붉은색으로 새겨진 바벨론 사
람들의 모습을 보았다.
15 허리에는 띠를 두르고 머리에는 길게
늘어뜨린 띠를 한 모습이 모두 갈대
아 태생인 바벨론 장교들처럼 보였다.
16 그녀는 그들을 보자마자 그들에게 정
욕을 품어 *갈대아에 사람을 보냈다.
17 그러자 바벨론 사람들은 그녀에게로
와서 애정 행위를 하는 침대로 들어
가 그들의 음란함으로 그녀를 더럽혔
다. 그녀는 그들로 인해 더러워진 뒤
그들과 사이가 멀어졌다.
18 그녀는 음란한 짓을 드러내 놓고 하
며 알몸을 드러내 보였다. 그래서 내
가 그녀의 언니와 사이가 멀어지게
된 것처럼 그녀와도 사이가 멀어지게
됐다.
19 그럼에도 그녀는 이집트 땅에서 음란
한 짓을 하던 어린 시절을 회상하면
서 음란한 짓을 더했다.
20 몸은 나귀와 같고 정력은 말과 같은
애인들을 그녀는 갈망했다.
21 이집트 사람들이 네 어린 젖가슴을
어루만졌던 어린 시절의 음란함을 네
가 그리워했다.
22 그러므로 오홀리바여, 주 여호와가 이
렇게 말한다. 너와 사이가 멀어진 네
애인들을 내가 선동해 너를 대적하게
할 것이다. 사방에서 그들을 네게 보
낼 것이다.
23 바벨론 사람들, 모든 갈대아 사람들,
브곳과 소아와 고아 사람들 그리고 그
들과 더불어 모든 앗시리아 사람들
말이다. 그들은 모두 잘생긴 젊은이
들이며 모두가 통치자들, 지도자들,
장교들, 유명한 사람들이며 모두가
말을 타는 사람들이다.
24 그들이 무기와 전차와 수레와 한 무
리의 사람들을 거느리고 너를 대적해
올 것이다. 그들은 크고 작은 방패를
갖고 투구를 쓰고 너를 대적해 사방
에 포진할 것이다. 내가 그들에게 심
판권을 넘겨줄 것이니 그들이 자기의
방식에 따라 너를 심판할 것이다.
25 내가 너를 향해 질투를 낼 것이니 그
들이 격분해 너를 대하며 네 코와 귀
를 자를 것이다. 그리고 네 남은 사람
들은 칼에 쓰러질 것이다. 그들은 네
아들들과 딸들을 끌고 갈 것이고 네
남은 사람들은 불에 삼켜질 것이다.
26 그들은 네 옷을 벗기고 네 아름다운
장신구를 빼앗을 것이다.

23:16 또는 바벨론

27 그래서 이집트 땅에서부터 했던 네
음란함과 창녀 짓을 내가 멈추게 할
것이다. 그리하여 네가 그들에게 눈
을 들지도 않으며 이집트를 더 이상
기억하지도 않을 것이다.
28 나 주 여호와가 이렇게 말한다. 네가
싫어하는 사람들, 너와 사이가 멀어
진 사람들의 손에 내가 너를 넘겨줄
것이다.
29 그들이 미워함으로 너를 대하고 네가
일해서 얻은 모든 것을 빼앗아 갈 것
이다. 그들이 너를 벌거벗기고 알몸으
로 버릴 것이다. 네가 알몸으로 창녀
짓 한 것, 곧 네 음란함과 창녀 짓이
드러나게 될 것이다.
30 이것들이 네게 행해지게 될 것은 네
가 민족들을 뒤따라서 음란한 짓을
하고 그들의 우상들로 더러워졌기 때
문이다.
31 네가 네 언니의 길을 뒤따라갔으니
내가 네 손에 그녀의 잔을 줄 것이다.
32 나 주 여호와가 이렇게 말한다. '크고
깊은 네 언니의 잔을 네가 들이키고
많이 담을 수 있는 그 큰 잔이 조롱
과 비웃음의 대상이 될 것이다.
33 공포와 황폐함이 담긴 잔아, 네 자매
사마리아의 잔아, 네가 술 취함과 슬
픔으로 가득할 것이다.
34 네가 그것을 마셔서 비우고 그것을
산산조각 나게 깨뜨리며 네 가슴을
찢을 것이다. 내가 말했기 때문이다.
주 여호와의 말이다.
35 그러므로 나 주 여호와가 이렇게 말
한다. 네가 나를 잊었고 나를 네 등
뒤로 밀어붙였기 때문에 네 음란함과
창녀 짓에 대해 네가 감당해야 할 것
이다."
36 여호와께서 내게 말씀하셨다. "사람
아, 네가 오홀라와 오홀리바를 심판하
겠느냐? 그렇다면 그들에게 그들의
혐오스러운 일들을 언급하여라.
37 그들이 간음했고 그들의 손에 피가
있기 때문이다. 그들이 우상들과 간
음했다. 심지어 그들이 내게 낳아 준
그들의 자식들을 제물로 바쳐 불 속
을 지나가게 했다.
38 그들은 또 내게 이런 일도 했다. 같은
날 그들이 내 성소를 더럽히고 내 안
식일을 모독했다.
39 그들이 자식들을 우상들에게 희생제
물로 바치고 나서 바로 그날 내 성소
에 들어와 그곳을 더럽힌 것이다. 그
들이 이런 짓을 내 집 가운데서 했다.
40 또한 두 자매는 사자를 보내 먼 곳으
로부터 오는 사람들을 불렀다. 그들
이 왔다. 너는 그들을 위해 목욕하고
네 눈에 화장을 하고 장신구로 치장
했다.
41 그리고 너는 우아하고 긴 의자에 앉
아서 그 앞에 상을 차리고 그 위에
내 분향과 기름을 놓아두었다.
42 떠들썩한 군중의 소리가 그곳에서 들
렸고 술 취한 몇몇 사람들을 광야로
부터 데려와서 그들이 두 자매의 팔
에 팔찌를 끼우고 두 자매의 머리에
아름다운 왕관을 씌웠다.

43 그때 간음으로 찌든 두 여자에 대해
내가 생각했다. '이제 그들이 저 여자
와 음란한 짓을 할까? 그리고 저 여
자와도?'
44 그들이 그 여자에게로 들어갔다. 사
람들이 창녀에게 들어가듯이 그들이
음란한 여자들인 오홀라와 오홀리바
에게 그렇게 들어갔다.
45 그러나 간음한 여자들을 심판하며
피를 흘린 여자들을 심판하듯이 의
인들이 저들을 심판할 것이다. 저들
이 음란한 여자들이고 저들의 손에
피가 묻어 있기 때문이다.
46 나 주 여호와가 이렇게 말한다. 저 두
자매를 대적해 한 무리를 일으켜 세
워라. 저들을 공포와 약탈에 넘겨주
어라.
47 그 무리가 저들에게 돌을 던지고 자
기의 칼로 저들을 벨 것이다. 그들이
두 자매의 아들들과 딸들을 죽이고
저들의 집을 불태울 것이다.
48 이렇듯 내가 그 땅으로부터 음란함을
멈추게 해서 모든 여자들이 교훈을
얻고 그들이 너희의 음란함과 같은
일을 하지 않을 것이다.
49 그들이 너희의 음란함을 너희에게 갚
아 줄 것이다. 너희는 너희의 우상들
에 대한 죄를 감당하게 될 것이다. 그
러면 내가 주 여호와임을 너희가 알
게 될 것이다."

솥으로서의 예루살렘

24 아홉째 해 열째 달 10일에 여
호와의 말씀이 내게 임해 말씀
하셨다.
2 "사람아, 이 날짜, 바로 이 날짜를 기
록하여라. 바벨론 왕이 바로 이날에
예루살렘을 포위했다.
3 이 반역하는 족속에게 비유를 들어
말해 주어라. 너는 그들에게 말하여
라. '주 여호와가 이렇게 말한다. 솥을
얹어라. 솥을 얹고 그 속에 물을 부어
라.
4 고기를 썰어 솥에 넣되 다리 살, 어깨
살 등 좋은 고기를 골라 넣고 가장
좋은 뼈로 솥을 채워라.
5 양 떼 가운데 가장 좋은 것을 잡아
라. 솥 밑에다 나무를 쌓고 그것을 끓
여라. 그 가운데에 뼈들을 넣고 푹 삶
아라.'
6 그러므로 나 주 여호와가 이렇게 말
한다. '피 흘린 성아! 화 있을 것이다.
안이 녹슨 솥의 녹은 없어지지 않을
것이다! 제비 뽑을 것 없이 한 조각씩
한 조각씩 그 고깃덩이를 꺼내어라.
7 죽임당한 사람이 흘린 피가 성읍 가
운데 있다. 그 피가 바위 위에 흘렀다.
땅바닥에 흘렀는데 그 위에 흙이 덮
이게도 하지 않았다.
8 진노를 일으켜 복수하려고 내가 그녀
의 피를 바위 위에 흐르게 해 덮이지
않게 한 것이다.'
9 그러므로 나 주 여호와가 이렇게 말
한다. '화 있을 것이다. 피 흘린 성아!
나 또한 나뭇더미를 크게 만들 것이
다.
10 나무를 쌓아 올리고 불을 붙이라. 고

기를 잘 삶고 양념을 섞어 넣고 뼈들
을 태우라.
11 그리고 석탄불 위에 빈 솥을 얹어 뜨
겁게 하고 그 청동을 달구라. 그리하
여 그것의 더러움이 그 속에서 녹고
그것의 녹이 타 없어질 것이다.
12 이 성읍이 온갖 일로 곤비하나 엄청
난 녹이 가마솥에서 없어지지 않았고
불 속에서도 없어지지 않았다.
13 네 더러움 가운데 음란함이 있다. 내
가 너를 깨끗하게 해 주었지만 네가
네 더러움으로부터 깨끗해지지 않았
기 때문에 내가 너를 향한 내 진노를
그만둘 때까지 네가 더 이상 깨끗하
지 않을 것이다.
14 나 여호와가 말했다. 때가 오고 있으
니 내가 실행할 것이다. 내가 참지 않
을 것이고 불쌍히 여기지도 않을 것
이며 가엾게 여기지도 않을 것이다.
네 행동과 네 행위에 따라 그들이 너
를 심판할 것이다. 주 여호와의 말이
다.'"

에스겔의 아내가 죽다

15 여호와의 말씀이 내게 임해 말씀하셨
다.
16 "사람아, 내가 네 눈의 기쁨을 일순간
에 빼앗을 것이다. 그러나 너는 슬퍼
하거나 울거나 눈물을 흘리지도 마라.
17 조용히 탄식하여라. 죽은 사람들을
위해 애곡하지 마라. 네 머리띠를 머
리에 두르고 네 발에 신을 신어라. 네
수염을 가리지 말고 애곡하는 사람
이 먹는 음식을 먹지 마라."
18 그래서 내가 아침에 백성들에게 말했
는데 저녁에 내 아내가 죽었다. 다음
날 아침 내가 명령을 받은 대로 했다.
19 그러자 백성들이 내게 물었다. "당신
이 이렇게 행동하는 것이 우리에게
무슨 의미가 있는지 우리에게 말해
주지 않겠습니까?"
20 그래서 내가 그들에게 말했다. "여호
와의 말씀이 내게 임해 말씀하셨다.
21 '이스라엘의 집에 말하여라. 주 여호와
가 이렇게 말한다. 너희 권세의 자랑

하용조 목사의 행복한 **메시지**

감출 수 없는 구원의 기쁨

월급을 백오십만 원 받는 회사원이 은행에서 통장을 조회했습니다. 놀랍게도 통장에 백억 원이 들어와 있는 것이었습니다. 처음에는 전산 착오려니 했지만, 며칠이 지나서 그것이 정말 자기에게 입금된 돈이라는 사실을 확인했습니다. 그는 자기에게 일어난 일이 도무지 믿기지 않았습니다. 그러나 시간이 지나면서 그 일로 인해 기쁨을 감출 수 없었습니다. 이제는 전세금 걱정 없이 살 수 있게 되었기 때문입니다.

앞선 예화에서 보았듯이 우리가 받은 구원의 기쁨은 그런 것입니다. 생각해 보면 예수님을 믿고 기절하지 않은 것이 신기합니다. 우리가 하나님의 자녀가 되어서 하나님의 나라를 상속받게 되었는데 어찌 가만히 있을 수 있겠습니까?

거리고 너희 눈으로 보기에 즐거움이
며 너희 마음의 애정의 대상인 내 성
소를 내가 더럽힐 것이다. 또 너희가
내버린 네 아들들과 딸들이 칼에 쓰
러질 것이다.
22 그리고 너희는 내가 한 그대로 하라.
너희는 수염을 가리지 말고 애곡하는
사람들이 먹는 음식을 먹지 말라.
23 또 너희의 머리에 머리띠를 두르고 너
희의 발에 신을 신으라. 너희는 슬퍼
하거나 울지 않고 다만 너희 죄들로
인해서 기력이 쇠약해지며 서로 바라
보고 탄식할 것이다.
24 에스겔이 너희에게 표적이 될 것이니
너희는 그가 행한 모든 것을 그대로
하라. 이런 일이 일어나면 내가 주 여
호와임을 너희가 알게 될 것이다.'
25 그리고 너 사람아, 그들의 요새, 그들
의 기쁨과 영광, 그 눈의 즐거움, 그들
의 마음의 욕구, 그리고 그들의 아들
들과 딸들을 내가 그들에게서 빼앗
을 날,
26 바로 그날에 한 도망자가 네게 와서
네 귀에 소식을 들려줄 것이다.
27 바로 그날에 네 입이 열릴 것이고 그
도망자에게 네가 말하고 더 이상 침
묵하지 않을 것이다. 이처럼 너는 그
들에게 표적이 될 것이고 내가 여호와
임을 그들이 알게 될 것이다."

암몬에 대한 예언

25 여호와의 말씀이 내게 임해 말
씀하셨다.
2 "사람아, 너는 네 얼굴을 암몬 자손들
에게로 향해 그들에 대해 예언하여
라.
3 암몬 자손들에게 말하여라. '주 여호
와의 말을 들으라.'" 주 여호와께서 이
렇게 말씀하셨다. "내 성소가 더럽혀
질 때 내 성소에 대해, 이스라엘의 땅
이 폐허가 될 때 이스라엘의 땅에 대
해, 유다의 집이 포로로 잡혀갈 때 유
다의 집에 대해 네가 '아하!'라고 말했
다.
4 그렇기 때문에 내가 너를 동쪽 사람
들에게 넘겨주어 그가 너를 소유하게
할 것이다. 그들이 너희 가운데 진을
치고 너희 가운데 거처를 마련할 것
이다. 그들이 네 열매를 먹고 네 우유
를 마실 것이다.
5 내가 랍바를 낙타의 우리로 삼을 것
이요 암몬 자손을 양 떼의 쉼터로 삼
을 것이다. 그러면 내가 여호와임을
너희가 알게 될 것이다.
6 나 주 여호와가 이렇게 말한다. 이스
라엘 땅에 대해 네가 손뼉을 치고 발
을 구르며 온 마음으로 경멸하며 기
뻐했기 때문에
7 내가 내 손을 네게 뻗어 너를 민족들
에게 전리품으로 줄 것이다. 내가 너
를 백성들 가운데서 죽일 것이고 나
라들 가운데 너를 멸망하게 할 것이
다. 내가 너를 폐망시킬 것이다. 그러
면 내가 여호와임을 네가 알게 될 것
이다."

모압에 대한 예언

8 주 여호와께서 이렇게 말씀하셨다.

" '유다 족속이 다른 모든 이방 민족
들과 같다'라고 모압과 세일이 말하기
때문에
9 모압 변방에 있는 성읍들, 그 땅의 영
광인 벧여시못, 바알므온, 기랴다임을
내가 깨끗이 없애 버릴 것이다.
10 그 땅과 암몬 자손들을 동쪽 사람들
에게 넘겨줘 차지하게 할 것이니 이는
암몬 자손들이 민족들 사이에서 기억
되지 않게 하려 함이다.
11 그리고 내가 모압에게 심판을 내릴 것
이다. 그러면 내가 여호와임을 그들이
알게 될 것이다."

에돔에 대한 예언

12 주 여호와께서 이렇게 말씀하셨다.
"에돔이 유다 족속에게 복수함으로써
크게 죄를 지었기 때문에
13 나 주 여호와가 이렇게 말한다. 내가
내 손을 에돔에 뻗어서 그들로부터
사람과 짐승이 사라지게 하며 그곳을
폐허로 만들 것이니 데만에서 드단까
지 그들이 칼에 쓰러질 것이다.
14 내가 내 백성 이스라엘의 손으로 에
돔에게 복수를 할 것이다. 그들이 내
진노와 분노에 따라서 그대로 에돔에
행할 것이다. 그러면 내 복수를 그들
이 알게 될 것이다. 주 여호와의 말이
다."

블레셋에 대한 예언

15 주 여호와께서 이렇게 말씀하셨다.
"블레셋 사람들이 복수심으로 행동
하고 마음속으로 경멸해 보복을 했
다. 오랜 적대심으로 이스라엘을 멸망
시키려고 했기 때문에
16 나 주 여호와가 이렇게 말한다. 내가
내 손을 블레셋 사람들에게 뻗어서
그렛 사람들을 죽이고 해변가에 살아
남은 사람들을 멸망시킬 것이다.
17 내가 분노의 책망으로 그들에게 엄청
난 복수를 할 것이니 내가 그들에게
복수를 할 때 내가 여호와임을 그들
이 알게 될 것이다."

두로에 대한 예언

26 11년째 되는 해 어느 달 1일에
여호와의 말씀이 내게 임해 말
씀하셨다.
2 "사람아, 두로가 예루살렘에 대해 '아
하! 백성들의 성문이 부서져서 내가
그곳을 점령했고 그곳이 폐허가 됐으
니 내가 번성할 것이로구나!'라고 말
했다.
3 그러므로 나 주 여호와가 이렇게 말
한다. 두로야, 내가 너를 대적하고 있
으니 바다가 파도를 일으키듯 내가
너를 대적해 많은 나라들을 일으킬
것이다.
4 그들이 두로 성벽을 무너뜨리고 그 망
대들을 무너뜨릴 것이다. 내가 두로에
서 폐허가 된 잔해를 긁어내고 두로
를 바위 표면처럼 만들 것이다.
5 두로는 바다 가운데 그물을 드리울
곳이 될 것이다. 내가 말했기 때문이
다. 주 여호와의 말이다. 두로는 민족
들의 약탈의 대상이 될 것이다.
6 그리고 들판에 있는 두로의 *딸은 칼

26:6 또는 성읍들

로 죽임당할 것이다. 그러면 내가 여
호와임을 그들이 알게 될 것이다.
7 나 주 여호와가 이렇게 말한다. 내가
왕 가운데 왕인 바벨론 왕 느부갓네
살을 북쪽에서부터 말과 전차와 기
병들과 큰 군대를 거느리고 두로에게
오게 할 것이다.
8 그가 들판에 있는 네 딸들을 칼로 죽
일 것이고 너를 대적해 포위 벽을 세
우고 토성을 쌓고 방패를 들 것이다.
9 또 그의 성벽 파쇄기로 네 성벽을 치
고 그의 도끼로 네 망대들을 붕괴시
킬 것이다.
10 그의 말들은 수가 많아서 그들의 흙
먼지가 너를 덮을 것이다. 성벽 무너
진 곳을 통해서 들어가는 사람처럼
그가 네 문들로 들어갈 때 기병들과
마차와 전차들 소리에 네 성벽들이
진동할 것이다.
11 그의 말들의 말굽들이 네 거리를 온
통 짓밟을 것이다. 그가 네 백성들을
칼로 죽일 것이며 네 튼튼한 기둥들
이 땅에 쓰러질 것이다.
12 그들이 네 재산을 약탈하고 네 상품
들을 빼앗을 것이다. 네 성벽을 무너
뜨리고 네 훌륭한 집들을 부수고 네
돌들과 목재와 폐허 부스러기들을 물
가운데 던질 것이다.
13 내가 네 노래 소리를 그치게 하고 하
프 켜는 소리가 더 이상 들리지 않게
할 것이다.
14 내가 너를 바위 표면처럼 만들 것이
니 너는 그물을 드리울 곳이 되고 결
코 다시 지어지지 않을 것이다. 나 여
호와가 말했기 때문이다. 주 여호와의
말이다.
15 두로에게 나 주 여호와가 이렇게 말
한다. 다친 사람들이 신음하고 네 가
운데서 학살이 자행될 때 네가 쓰러
지는 소리에 해안 지역들이 진동하지
않겠느냐?
16 그러면 바닷가의 모든 지도자들이 그
들의 보좌에서 내려와 예복을 벗으며
수놓은 옷을 벗을 것이다. 그들이 두
려움의 옷을 입을 것이고 그들이 땅
에 앉아 매 순간 떨며 너를 보고 놀
랄 것이다.
17 그러면 그들은 너를 위해 슬픔의 노
래를 지어 네게 불러 줄 것이다. '바다
의 사람들이 살던 곳, 자랑스럽던 도
시야, 네가 어떻게 멸망했느냐? 너와
네 주민들이 바다에서 강했고 모든
주민들에게 공포를 불러일으켰다.
18 이제 네가 쓰러진 그날에 해안 지역
들이 벌벌 떨고 바닷가의 섬들이 네
넘어짐을 보고 놀란다.'
19 주 여호와가 이렇게 말한다. 내가 너
를 아무도 살지 않는 성읍들처럼 황
폐한 성읍으로 만들고 내가 깊은 바
다를 네게 올라가게 해 광대한 물이
너를 덮을 때
20 그때 내가 너를 웅덩이에 내려갈 사
람들과 함께 옛날에 죽은 사람들에
게로 내려가게 할 것이다. 내가 너를
땅의 가장 밑바닥, 고대로부터 폐허
가 된 곳에서 구덩이에 내려갈 사람

들과 함께 살도록 할 것이다. 너는 아
무도 살지 않는 곳이 될 것이요, 나는
살아 있는 사람의 땅에서 영광을 세
울 것이다.
21 내가 너를 참혹하게 할 것이고 너는
더 이상 존재하지 않을 것이다. 누가
너를 찾는다 해도 영원히 다시는 발
견될 수 없을 것이다. 주 여호와의 말
이다."

두로를 위한 슬픔의 노래

27 여호와의 말씀이 내게 임해 말
씀하셨다.
2 "너 사람아, 두로를 위해 슬픔의 노래
를 지어라.
3 두로에게 말하여라. '너, 바다 입구에
위치해 많은 해안 지역 백성들의 무역
상이 되는 자야, 주 여호와께서 이렇
게 말씀하신다. 두로야, 너는 네 아름
다움이 완벽하다고 말한다.
4 네 영토는 바다 한가운데였고 너를
지은 사람들은 네 아름다움을 완벽
하게 했다.
5 그들은 *스닐 산의 잣나무로 네 모든
판자를 만들었고 레바논의 백향목을
가져다가 네게 돛대를 만들었다.
6 또 바산의 참나무로 그들은 네 노를
만들었고 *깃딤 해안의 회양목과 상
아로 네 갑판을 만들었다.
7 이집트의 수놓은 세모시로 네 돛의
깃발을 삼고 엘리사 섬의 푸른색, 자
주색 천으로 네 차양을 삼았다.
8 두로야, 시돈과 아르왓 사람들은 네
사공이었고 네 기술자들은 배에 올
라 네 선원이 됐다.
9 *그발의 숙련공들과 기술자들은 배
의 틈을 막으려고 배 위에 올랐다. 바
다의 모든 배들과 그들의 선원들은
네 상품을 사려고 왔다.
10 페르시아, 룻, 붓 사람들은 네 군대의
용병이 돼 방패와 투구를 네게 걸고
그들은 네게 영광을 주었다.
11 아르왓 사람들과 네 군대는 네 성벽
사방에 둘러 있었고 감맛 사람들은
네 여러 망대에 있었다. 그들은 네 성
벽 사방에 그들의 방패를 걸어 네 아
름다움을 완벽하게 했다.
12 *다시스는 네 많은 물건들을 보고 네
무역상이 됐으며 그들은 네게 은과
철과 주석과 납을 주고 네 물건들을
교역했다.
13 야완, 두발, 메섹은 네 무역상이 돼 네
상품을 사람 목숨과 청동으로 만든
그릇과 맞바꿨다.
14 도갈마 족속은 말과 전쟁용 말과 노
새들을 주고 네 물건들을 구입했다.
15 *드단 사람들도 네 무역상이었고 많
은 섬들은 네 시장이었다. 그들은 상
아와 흑단을 네게 물건 값으로 지불
했다.
16 네가 만든 물건이 많았기 때문에 *아
람은 너와 교역하는 사람이었으며 에
메랄드, 자주색 옷감, 수놓은 천들,

27:5 헤르몬을 가리킴. 27:6 또는 키프로스 27:9 비블로스를 가리킴. 27:12 스페인 남부의 해안 또는 사르디니아 섬을 가리킴. 27:15 또는 로단 27:16 대부분의 히브리어 사본을 따름. 일부 히브리어 사본과 시리아어역에는 '에돔'

세모시, 산호, 루비를 주고 네 물건들
을 구입했다.
17 유다와 이스라엘 땅 사람들은 너와
교역하는 사람들이었으며 민닛의 밀,
과자, 꿀, 기름, 유향을 주고 네 물건
들을 구입했다.
18 네가 만든 물건이 많고 네게 호화스
러운 물품이 많았기 때문에 다메섹이
헬본의 포도주와 자하르의 양털을 가
지고 너와 교역을 했다.
19 워단과 야완은 네 물건을 구입했는데
네 상품 가운데 세공한 철과 계피와
창포가 있었다.
20 드단은 안장용 담요로 너와 교역을
했다.
21 아라비아와 게달의 모든 지도자들은
네 손님들이었는데 그들은 어린양과
숫양과 염소들을 가지고 교역했다.
22 스바와 라아마의 상인들은 너와 교역
하되 최고급 향유와 각종 보석과 금
으로 네 물건을 구입했다.
23 하란, 간네, 에덴, 스바, 앗시리아, 길맛
의 상인들은 너와 교역했다.
24 그들은 훌륭한 옷감들로 너와 교역했
는데 교역한 물품의 종류들은 자주
색 옷감, 수놓은 옷들과 단단히 꼬인
줄로 만든 색색의 양탄자들로서 네
시장에 있었다.
25 다시스의 배들은 네 물건들을 실어
날랐다. 너는 바다 한가운데서 가득
채워지고 지극히 영화로웠다.
26 사공들은 너를 깊은 물로 데리고 나
가는데 동쪽 바람이 너를 바다 한가
운데서 조각낼 것이다.
27 네 부와 물건들과 상품들과 네 선원
들과 선장들과 배 수선공들과 네 무
역상들과 모든 군인들과 배에 탄 다
른 모든 사람은 네가 멸망하는 그날
에 바다 한가운데 빠질 것이다.
28 네 선장들의 울부짖는 소리에 해변
지역이 진동할 것이다.
29 노를 젓는 사람 모두와 선원들과 바
다의 선장들 모두가 그들의 배에서
내려 해변가에 설 것이다.
30 너 때문에 그들은 소리를 지르고 비
통해하며 울부짖으며 자기 머리 위에
흙을 뿌리고 재 위에서 뒹굴 것이다.
31 그들은 너로 인해 머리를 밀고 굵은
베 옷을 입을 것이다. 그들은 너를 위
해 고통에 겨워 울고 쓰라리게 슬피
울 것이다.
32 그들은 너를 두고 슬피 울며 너를 위
해 슬픔의 노래를 지어 부를 것이다.
바다 한가운데서 누가 두로같이 멸망
했느냐?
33 네 물품이 바다로 나갔을 때 너는 많
은 민족들을 만족시켰고 네 호화스
러운 물건들과 상품들로 너는 세상의
왕들을 부유하게 했다.
34 이제 너는 바다 깊은 곳에서 파선해
네 물품들과 네 모든 무리는 너와 함
께 빠졌다.
35 섬에 사는 모든 사람들은 너를 보고
놀라고 그들의 왕들은 몹시 두려워해
그들의 얼굴이 근심으로 뒤틀렸다.
36 민족들 가운데 상인들은 너를 비웃

는다. 네가 참혹하게 됐으니 너는 영
원히 다시 존재하지 못할 것이다.'"

두로 왕에 대한 예언

28 여호와의 말씀이 내게 임해 말
씀하셨다.
2 "사람아, 두로의 지도자에게 말하여
라." 주 여호와께서 이렇게 말씀하셨
다. "네 마음이 교만해 네가 말하기를
'나는 신이다. 내가 신의 자리에 앉았
다. 바다 한가운데 앉았다.' 그러나 너
는 사람이지 신은 아니다. 너는 네 마
음을 신의 마음같이 여긴다.
3 너는 *다니엘보다 지혜롭다. 어떤 비
밀도 네게 감춰질 수 없다.
4 네 지혜와 통찰력으로 너는 스스로
부를 얻었고 네 창고에 금과 은을 모
아 두었다.
5 너는 무역하는 재주가 뛰어나서 네
부를 늘렸고 네 부로 인해 네 마음은
교만해졌다.
6 그러므로 나 주 여호와가 말한다. 너
는 네 마음을 신의 마음같이 여겼으
니
7 내가 이방 사람들을, 가장 포악한 민
족을 네게 데려올 것이다. 네 지혜의
아름다움에 그들의 칼을 뽑아 들고
그들은 네 찬란함을 더럽힐 것이다.
8 그들이 너를 웅덩이로 던질 것이니 그
러면 너는 바다 한가운데서 학살당한
자의 죽음같이 죽을 것이다.
9 너를 학살하는 사람 앞에서 '나는 신
이다'라고 너는 말하겠느냐? 너를 학
살하는 사람의 손에서 너는 신이 아
니라 다만 사람일 뿐이다.
10 너는 이방 사람들의 손에서 할례 받
지 않은 사람의 죽음같이 죽을 것이
다. 내가 말했기 때문이다. 주 여호와
의 말이다."
11 여호와의 말씀이 내게 임해 말씀하셨
다.
12 "사람아, 두로 왕을 위해 슬픔의 노래
를 지어라. 그리고 그에게 말하여라.
'주 여호와가 이렇게 말한다. 너는 완
전함의 본보기였고 지혜가 가득했으
며 아름다움이 완벽했다.
13 너는 하나님의 정원 에덴에 있었다.
루비, 토파즈, 다이아몬드, 황옥, 오닉
스, 창옥, *사파이어, 남보석, 에메랄
드, 금, 온갖 보석으로 너를 치장했
다. 네가 창조되던 날 작은 북과 피리
가 너를 위해 준비됐다.
14 너는 수호의 그룹으로 기름 부음 받
았다. 내가 너를 세운 것이다. 그러므
로 너는 하나님의 거룩한 산에 있었
고 불타는 돌들 가운데 걸어 다녔던
것이다.
15 네가 창조된 그날부터 네 길이 완전했
는데 결국 네게서 죄악이 발견됐다.
16 네 무역이 왕성해지면서 네 가운데
폭력이 가득 찼고 결국 너는 죄를 짓
게 됐다. 그래서 하나님의 산으로부
터 나는 너를 더러운 것으로 여겼다.
수호 그룹아, 불타는 돌들 가운데서
나는 너를 멸망시켜 버렸다.

28:3 또는 다넬. 히브리어 표기가 예언자 다니엘과 다르므로 서로 다른 인물일 수 있음. 28:13 또는 청금석

17 네 아름다움으로 인해 네 마음은 교
만해졌고 네 영광으로 인해 너는 네
지혜를 더럽혔다. 그래서 내가 너를
땅에 내던지고 왕들 앞에서 구경거리
가 되게 했다.
18 네 많은 죄와 부정직한 거래로 너는
내 성소들을 더럽혔다. 그래서 내가
네 가운데서 불이 나오게 해 그것이
너를 삼키고 너를 보는 모든 사람들
앞에서 내가 너를 땅 위의 재로 만들
었다.
19 민족들 가운데 너를 아는 모든 사람
들은 너를 보고 놀란다. 너는 참혹하
게 될 것이니 너는 영원히 다시 존재
하지 못할 것이다.'"

시돈에 대한 예언

20 여호와의 말씀이 내게 임해 말씀하셨
다.
21 "사람아, 너는 얼굴을 시돈으로 향하
고 그에 대해 예언하며
22 말하여라. '주 여호와가 이렇게 말한
다. 시돈아, 나는 너를 대적하고 있다.
네 가운데서 나는 영광을 받게 될 것
이다. 내가 그에게 심판을 행하게 될
때, 그 안에서 내가 거룩하게 여겨질
때 내가 여호와임을 그들은 알게 될
것이다.
23 내가 그 위에 전염병을 보내고 그 거
리에 피가 흐르게 할 것이니 그를 대
적해서 사방에서 온 칼에 맞아 살해
된 사람들은 그 가운데 쓰러질 것이
다. 그러면 내가 여호와임을 그들은
알게 될 것이다.
24 이스라엘 사방으로부터 그들을 업신
여기던 이웃 나라들 가운데 찌르는
가시나 고통스러운 찔레가 되던 것들

성·경·상·식

예언자들의 주된 메시지, 정의

정의(正義)는 본래 '재판하다.'(샤파트)라는 말에서 유래한 용어다. 재판 결과 주어진 판결이 바로 '미스파트', 곧 '정의'인 것이다. 따라서 판결의 기준이 될 수 있는 원칙이나 관습 등은 정의를 결정짓는 기준이 된다. 이스라엘 사람들은 모든 일의 최종 재판은 하나님이 하신다고 생각했다. 하나님이 옳다고 판단하시는 것이 '정의'라고 보았던 것이다. 그들에겐 하나님이 주신 율례와 율법을 지키고 세우는 것이 곧 '정의'였다.

그러나 이스라엘 백성들은 끊임없이 하나님의 율례를 어겼다. 그들은 포도주에 물을 섞었다. 귀족들은 반역자들이요, 도둑들과 한패가 되었다. 또한 뇌물을 좋아하고 사례금을 좇아 다니며 고아를 변호하지 않고 과부의 송사는 받아 주지도 않았다(사 1:22-23). 이것이 그들이 행한 불의와 죄였다. 하나님은 율법을 통해 소외된 자들을 향한 깊은 관심과 사랑을 표현하셨다. 그리고 예언자들은 '정의'의 기준이신 하나님과, 하나님이 정하신 율법에 근거해 이스라엘 백성의 불의를 책망하며 정의를 호소했던 것이다.

한편, 정의는 우상 타파와 관련해서도 사용되었다. 아사 왕이나 히스기야 왕은 우상을 타파하고 여호와의 율례대로 살았을 때 선하고 올바른 왕, 곧 정의로운 왕이라고 칭함을 받기도 했다(대하 14:2; 31:20).

이 이스라엘 족속에 더 이상 없을 것
이다. 그러면 내가 주 여호와임을 그
들은 알게 될 것이다.
25 나 주 여호와가 이렇게 말한다. 내가
이스라엘 족속을 흩어져 있던 민족들
로부터 불러들일 때 내가 민족들이
보는 앞에서 그들에게 거룩하게 여겨
질 것이다. 그러면 내가 내 종 야곱에
게 준 땅에서 그들이 살게 될 것이다.
26 그들은 안심하고 그곳에서 살며 집들
을 세우고 포도밭을 만들 것이다. 그
들을 업신여기던 모든 주변 사람들을
내가 심판할 때 그들은 안심하고 살
게 될 것이다. 그러면 내가 그들의 하
나님 여호와임을 알게 될 것이다."

이집트에 대한 예언

바로에 대한 심판

29 *10년째 되는 해 열째 달 12일
에 여호와의 말씀이 내게 임해
말씀하셨다.
2 "사람아, 너는 네 얼굴을 이집트 왕 바
로를 향하고 그와 온 이집트에 대해
예언하여라.
3 너는 선포하고 말하여라. '주 여호와
께서 이렇게 말씀하셨다. 이집트 왕
바로여, 내가 너를 대적하고 있다. 나
일 강 가운데 드러누워 있는 커다란
괴물아, 네가 나일 강을 네 것이라고
하고 네 스스로 만든 것이라고 한다
마는
4 내가 네 턱에다 갈고리를 꿰고 네 강
의 고기들은 네 비늘들에 달라붙게
할 것이다. 내가 너를 네 강 가운데서
끌어 올릴 것이다. 네 강의 모든 물고
기들은 네 비늘들에 달라붙을 것이
다.
5 내가 너와 네 강의 모든 물고기를 광
야에 버릴 것이니 들판 위에서 네가
쓰러질 것이고 너는 거둬지거나 모아
지지 않을 것이다. 땅의 짐승들과 공
중의 새들에게 내가 너를 먹이로 주
었다.
6 그러면 이집트에 사는 모든 사람들은
내가 여호와임을 알게 될 것이다. 그
들은 이스라엘 족속에게 있어 갈대
지팡이였기 때문에
7 그들이 손으로 너를 붙잡으면 너는
부러져 그들의 손바닥을 찢었고 그들
이 네게 기대면 너는 부러져 그들의
모든 허리를 흔들리게 했다.
8 그러므로 나 주 여호와가 이렇게 말
한다. 내가 네게 칼을 내려서 네게서
사람과 짐승이 사라지게 할 것이다.
9 그리하여 이집트 땅은 폐허로 변해
황무지가 될 것이다. 그러면 내가 여
호와임을 그들은 알게 될 것이다. 네
가 말하기를 나일 강은 네 것이고 네
가 만들었다고 했으니
10 그래서 내가 너와 네 강을 대적하고
있다. 내가 이집트 땅을 믹돌에서부터
*수에네까지 그리고 에티오피아 경계
까지 폐허가 되게 하며 메마른 황무
지가 되게 만들 것이다.
11 사람의 발이 그곳을 지나가지 않을

29:1 예루살렘 포위가 시작된 지 거의 1년이 지난 때를 가리킴. BC 587년 1월 5일경 29:10 이집트의 도시 아스완을 가리킴.

것이고 짐승의 발도 그곳을 지나가지
않을 것이니 거기에 40년 동안 아무
도 살지 않을 것이다.
12 내가 이집트 땅을 황폐하게 된 땅들
가운데서 황무지로 만들고 그 성읍
들은 폐허가 된 성읍들 가운데서 40
년 동안 황무지가 될 것이다. 내가 이
집트 사람들을 여러 민족들 가운데
흩어 버리고 여러 나라에 퍼뜨릴 것
이다.
13 그러나 주 여호와가 이렇게 말한다.
40년이 끝날 때 그들이 흩어져 있던
그곳의 민족들로부터 내가 이집트 사
람들을 모을 것이다.
14 내가 이집트의 포로들을 다시 데려와
그들의 고향 땅인 *바드로스로 돌려
보낼 것이나 그들은 그곳에서 힘없는
나라가 될 것이다.
15 그 나라가 여러 나라 가운데 가장 약
하게 돼서 다시는 다른 나라 위에 높
아지지 못할 것이다. 내가 그들을 약
하게 만들어 그들이 다시는 다른 나
라 위에 군림하지 못할 것이다.
16 이집트는 더 이상 이스라엘 족속이
신뢰할 대상이 되지 못할 것이며 이
스라엘은 그들을 뒤따랐을 때의 죄만
생각나게 할 것이다. 그러면 내가 주
여호와임을 그들이 알게 될 것이다.'"

느부갓네살의 보상

17 27년째 되는 해 첫째 달 1일에 여호와
의 말씀이 내게 임해 말씀하셨다.
18 "사람아, 바벨론 왕 느부갓네살이 그
의 군대를 일으켜서 크게 수고해 두
로를 치게 했다. 힘든 전쟁으로 인해
병사들의 머리가 대머리가 됐고 모두
어깨가 벗겨졌다. 그러나 그와 그의
군대는 두로에서 그 대가를 얻어 내
지 못했다.
19 그러므로 나 주 여호와가 이렇게 말
한다. 내가 이집트 땅을 바벨론 왕 느
부갓네살에게 줄 것이니 그가 그 땅
의 재물을 빼앗으며 약탈하고 강탈
해 자기 군대에게 보수가 되게 할 것
이다.
20 그들이 나를 위해 일했으니 그 수고
한 대가로 내가 그에게 이집트 땅을
주었다. 주 여호와의 말이다.
21 그날 내가 이스라엘 족속에게 *한 뿔
이 솟아나게 할 것이고 내가 그들 가
운데서 네 입을 열 것이다. 그러면 내
가 여호와임을 그들이 알게 될 것이
다."

이집트를 위한 슬픔의 노래

30 여호와의 말씀이 내게 임해 말
씀하셨다.
2 "사람아, 예언하며 말하여라. '주 여호
와가 이렇게 말한다. 울부짖어라. 그
날에 화 있으리라!
3 그날이 가까이 왔기 때문이다. 여호와
의 날이 가까이 왔다. 그날은 구름의
날이며 이방 사람의 때가 될 것이다.
4 칼이 이집트 위에 내릴 것이고 학살
당한 사람들이 이집트에서 쓰러질 때
에티오피아에 고통이 있을 것이다. 그

29:14 상부 이집트(나일 강 상류 지역인 남쪽 이집트. 나일 강은 남쪽에서 북쪽으로 흐른다.)를 가리킴.
29:21 또는 새 힘을 가지게 하고

들이 그의 재산을 빼앗으니 그의 기
반이 무너져 내릴 것이다.
5 *에티오피아, *붓, 룻, 아라비아, 굽과
동맹국의 백성들은 그들과 함께 칼에
맞아 쓰러질 것이다.
6 나 주 여호와가 이렇게 말한다. 이집
트의 동맹국들은 넘어질 것이다. 교
만한 권세도 쓰러질 것이다. 믹돌에서
수에네까지 그 안에 있는 사람들은
칼에 맞아 쓰러질 것이다. 주 여호와
의 말이다.
7 그들은 황폐하게 돼 황폐하게 된 나
라들 가운데 있고 그들의 성읍은 폐
허가 된 성읍들 가운데 있을 것이다.
8 내가 이집트에 불을 붙이고 그를 돕
던 사람들이 모두 멸망하게 될 때 내
가 여호와임을 그들은 알게 될 것이
다.
9 그날에 내게서 사자들이 배를 타고
나와 안심하며 살고 있는 에티오피아
를 두렵게 할 것이다. 이집트의 날에
그들 위에 큰 고통이 내릴 것이다. 그
날은 반드시 온다!
10 나 주 여호와가 이렇게 말한다. 내가
또 바벨론 왕 느부갓네살의 손으로 이
집트의 번영을 멈추게 할 것이다.
11 그가 민족 가운데 가장 포악한 그의
백성과 함께 와서 그 땅을 멸망시키
려고 할 것이다. 그들은 칼을 뽑아 들
어 이집트를 치고 학살당한 사람들로
그 땅을 채울 것이다.
12 내가 나일 강의 물줄기를 말리고 그
땅을 악한 사람의 손에 팔아넘길 것
이다. 내가 이방 사람들의 손으로 그
땅과 그 안의 모든 것을 폐허로 만들
것이다. 나 여호와가 말했다.
13 나 주 여호와가 이렇게 말한다. 내가
그 우상들을 멸망시키고 *놉의 우상
들을 멸절시킬 것이다. 이집트 땅에
다시는 왕자가 없게 할 것이고 내가
이집트 땅에 두려움이 퍼지게 할 것이
다.
14 내가 *바드로스를 황폐하게 만들고
소안에 불을 지르며 *노에 심판을 행
할 것이다.
15 내가 내 진노를 이집트의 견고한 성
읍 *신에 쏟아붓고 *노의 번영을 단
절시킬 것이다.
16 이집트에 불을 붙일 것이니 *신이 고
통에 몸부림치고 *노가 갈라져 나뉠
것이다. *놉은 날마다 고난을 받을
것이다.
17 *아웬과 *비베셋의 젊은이들은 칼에
맞아 쓰러질 것이고 그 성읍들은 포
로로 끌려갈 것이다.
18 내가 그곳에서 이집트의 멍에를 깨뜨
릴 때 *드합느헤스에서의 그날은 어
두울 것이다. 그의 교만한 권세도 끝
이 날 것이다. 그 땅이 구름으로 덮일
것이며 그의 딸들은 포로로 끌려갈
것이다.

30:5 나일 강 상류 지역을 가리킴. 30:5 오늘날 리비아 지역을 가리킴(겔 38: 5;단 11:43;행 2:10을 보라). 30:13,16 고대 이집트의 도시 멤피스를 가리킴. 30:14 겔 29:14의 난외주를 보라. 30:14,15,16 테베를 가리킴. 30:15,16 펠루시움을 가리킴. 30:17 헬리오폴리스를 가리킴. 30:17 부바스티스를 가리킴. 30:18 이집트 동북쪽에 있는 성읍을 가리킴.

19 내가 이집트를 심판할 것이다. 그러면
내가 여호와임을 그들은 알게 될 것
이다.'"

바로의 팔이 꺾이다

20 11년째 되는 해 첫째 달 7일에 여호와
의 말씀이 내게 임해 말씀하셨다.
21 "사람아, 내가 이집트 왕 바로의 팔을
꺾었다. 그 팔을 낫게 하려고 싸매지
도 않았고 강해져서 칼을 쥘 수 있도
록 붕대를 대고 묶지도 않았다.
22 그러므로 나 주 여호와가 이렇게 말
한다. 내가 이집트 왕 바로를 대적하
고 있다. 내가 그의 두 팔, 곧 강한 팔
과 부러진 팔을 꺾어서 그의 손에서
칼이 떨어지게 할 것이다.
23 내가 이집트 사람들을 저 민족들 가
운데 흩어 버리고 여러 나라에 퍼뜨
릴 것이다.
24 내가 바벨론 왕의 팔을 강하게 하고
그의 손에 내 칼을 줄 것이지만 바로
의 팔은 내가 꺾을 것이다. 그러면 그
가 바벨론 왕 앞에서 상처를 입은 사
람처럼 신음할 것이다.
25 내가 바벨론 왕의 팔을 강하게 할 것
이지만 바로의 팔은 늘어뜨릴 것이다.
내가 바벨론 왕의 손에 내 칼을 주어
그가 그것을 이집트 땅으로 뻗칠 때
내가 여호와임을 그들은 알게 될 것
이다.
26 내가 이집트 사람들을 민족 가운데
흩어 버리고 여러 나라에 퍼뜨릴 것
이다. 그러면 내가 여호와임을 그들은
알게 될 것이다."

벌목한 레바논 백향목과 같은 바로

31 11년째 되는 해 셋째 달 1일에
여호와의 말씀이 내게 임해 말
씀하셨다.
2 "사람아, 이집트 왕 바로와 그의 무리
에게 말하여라. '네 장엄함을 누구에
게 비교하겠느냐?
3 앗시리아는 레바논의 백향목이었다.
그의 아름다운 가지는 숲에 그늘을
드리웠고 그 키는 컸으며 그 꼭대기
는 나뭇잎으로 빽빽했다.
4 물은 그것을 자라게 했고 깊은 샘은
그것을 높이 자라게 했으며 그의 강

성·경·상·식 **백향목**

백향목은 소나무과에 속하는 상록수로 보통 삼나무라고 부른다. 구약 성경에 나오는 백향목은 대부분 레바논의 백향목으로 재질이 뛰어나고 내구성이 강해 건축 재료로 많이 사용되었다. 다 자란 백향목은 그 높이가 대략 40m에 이른다.
다윗과 솔로몬은 성전과 궁궐을 건축하기 위해 레바논에서 백향목을 많이 수입했다(삼하 5:11;7:2;왕상 5:6;9:10–11). 또 바벨론 포로지에서 돌아와 성전을 재건할 때도 백향목을 얻으려고 레바논에 사람들을 보냈다(스 3:7). 백향목은 힘과 번영과 호화로움의 상징(시 92:12;사 2:13;겔 17:3, 22–23;슥 11:1–2)으로 이집트, 앗시리아, 바벨론에서도 건축 재료로 사용했다(사 14:8;37:24). 또 백향목은 향이 좋아 정결 의식에도 사용했다(레 14:4;민 19:6).

들은 그 심긴 곳 주위를 흘러가 그
물줄기가 들판의 모든 나무들에 흘러
들었다.
5 그리하여 그 나무의 높이는 들판의
모든 나무들 위에 우뚝 솟았다. 물이
풍족했기에 굵은 가지들이 많아졌고
잔가지들도 길게 뻗어 자랐다.
6 공중의 모든 새들은 그의 굵은 가지
에 둥지를 틀었다. 그리고 들판의 모
든 짐승들은 그의 잔가지들 아래서
새끼를 낳았으며 모든 위대한 민족들
은 그의 그늘 아래 살았다.
7 그의 뿌리는 풍족한 물에 닿아 있었
기에 그 가지는 크기와 길이가 아름
다웠다.
8 하나님의 정원에 있는 백향목들이라
도 그것을 능가하지 못했다. 잣나무
도 그의 굵은 가지에 견줄 수 없었고
단풍나무도 그의 잔가지에 비할 바가
아니었다. 하나님의 정원에 있는 어떤
나무도 아름다움에 있어서 그것과 비
교할 수가 없었다.
9 그 풍성한 가지들로 내가 그것을 아
름답게 만들었기 때문에 하나님의 정
원 에덴에 있는 모든 나무들은 그것
을 부러워했다.
10 그러므로 주 여호와가 이렇게 말한
다. 너는 키가 커서 네 꼭대기가 빽빽
한 나뭇잎 위로 솟았고 그의 마음이
그의 키로 인해 교만해졌기 때문에
11 내가 그것을 민족들의 우두머리의 손
에 넘겨줄 것이니 그가 그것을 잘 처
리할 것이다. 그 악함으로 인해 그것
을 쫓아낼 것이다.
12 가장 포악한 이방 민족이 그것을 잘
라서 버려두었으므로 그 나무의 가
지들은 산 위에, 또 모든 골짜기 위에
떨어졌다. 그 나무의 굵은 가지들은
그 땅의 모든 강가에 부러진 채 널려
있고 땅의 모든 백성은 그 나무의 그
늘 아래서 떠나 그것을 버렸다.
13 공중의 모든 새들은 그 쓰러진 나무
에 둥지를 틀고 들판의 모든 짐승들
은 그 나무의 가지들로 올 것이다.
14 그러므로 물가에 있는 어떤 나무라
도 다시는 그들의 큰 키로 자만하지
못할 것이고 그들의 꼭대기를 빽빽한
나뭇잎 위에 두지 못할 것이다. 또 물
이 잘 공급되는 어떤 나무라도 그들
의 높이에 이를 수 없을 것이다. 그들
은 모두가 다 죽음에 넘겨져서 땅 아
래 깊은 웅덩이로 내려가는 사람들
가운데 있게 될 것이다.'
15 나 주 여호와가 이렇게 말한다. '그 나
무가 *무덤으로 내려가던 그날에 내
가 그 나무를 애곡하게 하고 그 위에
깊은 물을 덮었다. 내가 강물을 막으
니 많은 강물이 멈추게 됐다. 내가 레
바논으로 하여금 그 나무를 위해 애
곡하게 했고 들판의 모든 나무들이
그로 인해 시들게 됐다.
16 내가 그 나무를 웅덩이로 내려갈 사
람들과 함께 *음부로 내려가게 했을
때 그 나무가 넘어지는 소리 때문에
민족들을 벌벌 떨게 했다. 그러자 에

31:15, 히브리어, 스올 31:16 히브리어, 스올

덴의 모든 나무들, 곧 물이 잘 공급된
레바논의 가장 훌륭하고 가장 좋은
나무들은 땅 아래서 긍휼히 여김을
받았다.
17 그들은 또한 그것과 함께 *음부로,
칼에 맞아 학살당한 사람들에게로
내려갔다. 그것의 강한 팔이었던 사
람들은 민족들 가운데서 그 나무의
그늘 밑에서 살았다.
18 에덴의 나무들 가운데 그 영광과 장
엄함을 너와 비교할 만한 것은 어떤
것이 있느냐? 그러나 너는 에덴의 나
무들과 함께 땅 아래로 내려가게 될
것이다. 너는 칼에 맞아 학살당한 사
람들과 함께 할례 받지 않은 사람들
가운데 드러눕게 될 것이다.' 이것은
바로와 그의 모든 무리에 대한 것이
다. 주 여호와의 말이다."

바로를 위한 슬픔의 노래

32 12년째 되는 해 열두째 달 1일
에 여호와의 말씀이 내게 임해
말씀하셨다.
2 "사람아, 이집트 왕 바로를 위해 슬픔
의 노래를 지어서 그에게 말해 주어
라. '너는 민족들 가운데 젊은 사자
같고 너는 바다에 있는 괴물 같다. 너
는 네 강물에서 튀어나와 네 발로 물
을 휘저으며 그들의 강들을 짓밟는
다.
3 나 주 여호와가 이렇게 말한다. 그러
므로 내가 많은 백성의 무리와 함께
내 그물을 네 위에 펼칠 것이니 그들
이 내 그물로 너를 끌어 올릴 것이다.
4 내가 너를 땅에 버릴 것이고 들판 위
에 내던져지게 할 것이다. 공중의 새
들로 하여금 모두 네 위에 둥지를 틀
게 할 것이고 온 땅의 짐승들이 너로
인해 배를 채우게 할 것이다.
5 내가 네 육체를 여러 산 위에 흩고 네
시체로 골짜기들을 채울 것이다.
6 또 내가 네 흐르는 피를 땅이 마시게
하고 여러 산에까지 흐르게 할 것이
니 강바닥이 네 피로 가득할 것이다.
7 내가 네 빛을 끌 때 하늘을 덮어 별
들을 어둡게 할 것이다. 내가 구름으
로 해를 가릴 것이니 달은 그의 빛을
내지 못할 것이다.
8 하늘의 모든 밝은 빛을 내가 네 위에
서 어둡게 하고 네 땅에 어둠을 보낼
것이다. 주 여호와의 말이다.
9 내가 네 멸망의 소식을 민족들 사이
에, 네가 알지 못하는 여러 나라에
들리게 할 때 내가 많은 백성들의 마
음을 불안하게 할 것이다.
10 내가 그들 앞에서 내 칼을 휘두를 때
내가 많은 백성들로 하여금 너로 인
해 놀라게 하고 그들의 왕들은 너로
인해 두려움에 휩싸일 것이다. 네가
무너지는 날에 그들은 각자 자기의
목숨을 위해 매순간 두려움으로 떨
것이다.
11 나 주 여호와가 이렇게 말한다. 바벨
론 왕의 칼이 네게 올 것이다.
12 민족 가운데 가장 포악한 용사들의
칼에 의해서 내가 네 무리를 쓰러지

31:17 히브리어, 스올

게 할 것이다. 그들은 이집트의 교만
을 산산이 부수고 그의 모든 무리들
을 전멸시킬 것이다.
13 내가 큰 물 가로부터 모든 짐승을 사
라지게 할 것이니 사람의 발이나 짐
승의 발굽이 다시는 그 물을 휘젓지
못할 것이다.
14 그때 내가 그 강물을 맑게 해 그 물
줄기가 기름처럼 흐르게 할 것이다.
주 여호와의 말이다.
15 내가 이집트 땅을 황무지로 만들고
그 땅에 있는 모든 것을 앗아갈 때,
또 내가 그 안에 사는 모든 사람을
쓰러뜨릴 때 내가 여호와임을 그들은
알게 될 것이다.'
16 이것이 슬픔의 노래다. 그들은 이것
을 노래 부를 것이다. 여러 민족의 딸
들은 이것을 노래 부를 것이다. 이집
트와 그의 모든 무리들을 위해 그들
은 이것을 노래 부를 것이다. 주 여호
와의 말이다."

이집트를 죽은 자들의 세계에 던지다

17 12년째 되는 해 어느 달 15일에 여호
와의 말씀이 내게 임해 말씀하셨다.
18 "사람아, 이집트의 무리들을 위해 슬
프게 울고 이집트와 강대한 민족들의
딸들을 웅덩이로 내려갈 사람들과 함
께 땅 아래로 내려가게 하여라.
19 그들에게 말하여라. '너는 누구보다
더 아름답다는 거냐? 아래로 내려가
할례 받지 못한 사람들과 함께 드러
누워라.'
20 그들은 칼에 학살당한 사람들 가운
데 쓰러질 것이다. 그들이 칼에 주어
졌으니 그들은 그와 그의 모든 무리
를 잡아끌 것이다.
21 용사 가운데서도 힘센 사람이 그를
돕는 사람들과 함께 *음부 가운데로
부터 그에게 말할 것이다. '그들은 내
려와 칼에 찔려 학살당한, 할례 받지
않은 사람들과 함께 누워 있다.'
22 앗시리아가 그 나라의 모든 군대와 함
께 그곳에 묻혀 있다. 그들 모두는 칼
로 학살당해 쓰러져 있으니 그 사방
에 무덤이 있다.
23 그들의 무덤은 구덩이 깊은 곳에 있
고 그의 군대는 그의 무덤 사방에 널
려 있다. 살아 있는 사람의 땅에서 끔
찍한 일을 자행했던 그들 모두는 칼
에 학살당해 쓰러져 있다.
24 엘람은 그곳에 묻혀 있고 그의 모든
무리가 그의 무덤 사방에 있다. 할례
받지 않고 땅 아래로 내려가고 또 살
아 있는 사람의 땅에서 끔찍한 일을
자행했던 그들 모두는 칼에 학살당
해 쓰러져 있다. 그리하여 웅덩이로
내려가는 사람들과 함께 그들은 수치
를 당하고 있다.
25 학살당한 사람들 가운데 엘람을 위
한 침대가 준비돼 있고 그 무덤 사방
에 엘람 군대의 여러 무덤이 있다. 그
들은 모두 할례 받지 않은 사람으로
서 칼에 학살당한 사람들이다. 그들
은 살아 있는 사람의 땅에서 끔찍한
일을 저질렀으므로 웅덩이에 내려가

32:21 히브리어, 스올

는 사람들과 함께 수치를 당하고 학
살당한 사람들 가운데 있다.
26 메섹과 두발은 그곳에 그의 모든 무
리와 함께 묻혀 있고 그 사방에 여러
무덤이 있다. 그들은 모두 할례 받지
않은 사람들로서 살아 있는 사람의
땅에서 끔찍한 일을 자행했기 때문에
칼에 학살당했다.
27 전쟁 무기를 갖고 *무덤에 내려가서
칼을 베개 삼고 죄악이 뼈에 새겨진
할례 받지 않은 죽은 용사들과 함께
그들은 드러눕지 않겠느냐? 용사들
이 살아 있는 사람의 땅에서 자행한
끔찍한 일 때문이다.
28 너는 할례 받지 않은 사람들 가운데
서 깨뜨려져서 칼로 학살당한 사람들
과 함께 드러눕게 될 것이다.
29 에돔, 곧 그의 왕들과 그의 모든 지도
자들은 그곳에 묻혀 있다. 그들의 권
세에도 불구하고 칼에 학살당한 사
람들 곁에 그들은 드러눕게 됐다. 그
들은 할례 받지 않은 사람들, 웅덩이
에 내려가는 사람들과 함께 드러누
울 것이다.
30 북쪽의 모든 왕자들과 시돈 사람들
은 거기에 묻혀 있다. 그들은 수치스
럽게도 그들의 권세로 자행한 끔찍한
일 때문에 학살당한 사람들과 함께
내려갔다. 그들은 칼에 학살당한 사
람들과 함께 할례 받지 않고 드러누
워서 웅덩이로 내려가는 사람들과 함
께 모두가 수치를 감당하고 있다.
31 칼에 학살당한 바로와 그의 모든 군
대가 그들을 보고 위로를 받을 것이
다. 주 여호와의 말이다.
32 내가 그를 시켜 살아 있는 사람들의
땅에 끔찍한 일을 자행하도록 했지만
바로와 그 모든 무리는 칼에 학살당
한 사람들과 함께 할례 받지 않은 사
람들 가운데 드러눕게 될 것이다. 주
여호와의 말이다."

파수꾼으로 재임명된 에스겔 (겔 3:16-21)

33 여호와의 말씀이 내게 임해 말
씀하셨다.
2 "사람아, 네 백성의 자손들에게 선포
하며 그들에게 말하여라. '만약 내가
어느 땅에 칼을 보내고 그 땅 백성들
은 그들의 땅에서 한 사람을 선택해
그들을 위해 그를 파수꾼으로 삼는
다면
3 또 칼이 그 땅에 오는 것을 그가 보고
나팔을 불어 백성들에게 경고한다면
4 그때 누구든지 나팔 소리를 듣고도
경고를 받아들이지 않는 사람이 있다
면 칼이 와서 그의 목숨을 빼앗을 때
그것은 자신의 책임이다.
5 그는 나팔 소리를 듣고도 경고를 받
아들이지 않았기에 그것은 자신의 책
임이다. 그러나 경고를 받아들이는
사람은 자기의 목숨을 구할 것이다.
6 그러나 만약 파수꾼이 칼이 오는 것
을 보고도 나팔을 불지 않고 백성들
에게 경고를 주지 않아서 칼이 나와
그들 가운데 누구의 목숨을 빼앗는
다면 그 사람은 자기 죄악으로 인해

32:27 히브리어, 스올

목숨을 빼앗기는 것이다. 그러나 그
의 죽음의 책임은 내가 그 파수꾼의
손에 물을 것이다.'
7 사람아, 내가 이스라엘 족속을 위해
너를 파수꾼으로 삼았다. 그러니 너
는 내가 하는 말을 듣고서 그들에게
내 경고를 들려주어라.
8 '악한 사람이여, 너는 반드시 죽을 것
이다'라고 내가 악한 사람들에게 말
할 때 네가 그 악한 사람에게 그의
행동으로부터 떠나라고 말하지 않으
면 그 악한 사람은 자기 죄로 인해 죽
게 되겠지만 그의 죽음의 책임은 내
가 네 손에서 물을 것이다.
9 그러나 만약 네가 그 악한 사람에게
경고해 그의 행동으로부터 떠나라고
하는데도 그가 그의 행동으로부터
떠나지 않으면 그는 자기 죄로 인해
죽을 것이다. 그리고 너는 네 목숨을
구하게 될 것이다.
10 사람아, 이스라엘 족속에게 말하여
라. 그들이 이렇게 말한다. '우리의 법
을 어김과 죄가 우리 위에 있어 그것
들 때문에 우리가 쇠약해지고 있다.
어떻게 하면 우리가 살 수 있겠는가?'
11 그러니 그들에게 말하여라. '내 삶을
두고 맹세한다. 나는 악인의 죽음보
다는 오히려 그들이 자기의 행동으로
부터 돌이켜 떠나 사는 것을 기뻐한
다. 돌이키라! 너희의 악한 행동으로
부터 돌이켜 떠나라! 이스라엘 족속
아, 너희가 왜 죽으려 하느냐? 주 여
호와의 말이다.'
12 그러므로 너 사람아, 너는 네 백성의
자손들에게 말하여라. '의인의 의로움
은 그가 죄를 짓는 날에는 그를 구하
지 못할 것이다. 그러나 악인의 악이
라도 그가 그의 악에서 돌이키는 날
에는 그 돌이킴으로 인해 그가 넘어
지지 않을 것이다. 의인이라도 그가
죄를 짓는 날에는 그 죄로 인해 그가
살지 못하리라.'
13 만약 내가 의인에게 그가 반드시 살
것이라고 말하는데 그가 자기의 의로
움을 믿고 불법을 행한다면 그의 모
든 의로움은 아무것도 기억되지 않을
것이다. 그는 그가 행한 불법으로 인
해 죽게 될 것이다.
14 '네가 반드시 죽을 것이다'라고 내가
악인에게 말할 때 그가 자기 죄에서
돌이켜 정의와 의로움을 행해
15 악한 사람이 담보를 돌려주고 약탈
한 것을 되돌려주며 생명을 주는 법
령을 따르고 불법을 행하지 않는다면
그는 반드시 살 것이고 죽지 않을 것
이다.
16 그가 저지른 죄들 가운데 어느 것도
그에게 나쁘게 기억되지 않을 것이다.
그가 정의와 의로움을 행했으니 그는
반드시 살 것이다.
17 그래도 너희 백성의 자손들은 말한
다. '주의 방식은 공평하지 않습니다.'
그러나 공평하지 않은 것은 그들의
행동이다.
18 만약 의인이 그의 의로움으로부터 떠
나서 불법을 행한다면 그는 그것으로

인해 죽을 것이다.
19 그러나 악인이 그의 악으로부터 떠나
서 정의와 의로움을 행한다면 그는
그것으로 인해 살 것이다.
20 그러나 너희는 말한다. '주의 방식은
공평하지 않습니다.' 이스라엘 족속아,
내가 너희를 각각 자기의 행동에 따
라 심판할 것이다."

예루살렘의 멸망을 설명하다

21 우리가 포로 된 지 12년째 되는 해 열
째 달 5일에 예루살렘에서 도망쳐 나
온 한 사람이 내게 와서 말했다. "성
읍이 함락됐다!"
22 그 도망자가 도착하기 전 저녁 무렵
에 여호와의 손이 내게 오셔서 다음
날 아침 그 도망자가 내게 오기 전에
내 입이 열렸다. 그리하여 나는 더 이
상 침묵하지 않게 됐다.
23 그때 여호와의 말씀이 내게 임해 말
씀하셨다.
24 "사람아, 이스라엘 땅의 이 폐허 속에
살고 있는 사람들이 말하고 있다. '아
브라함은 자기 혼자였는데도 이 땅을
차지했다. 우리는 수가 많으니 이 땅
은 분명 우리에게 차지하라고 주신
것일 것이다.'
25 그러므로 그들에게 말하여라. '주 여
호와가 이렇게 말한다. 너희가 고기
를 피째로 먹고 너희의 눈을 너희 우
상들에게로 들고 또 피를 흘리고 있
다. 그런데도 너희가 이 땅을 차지할
수 있겠느냐?
26 너희가 너희의 칼을 의지하고 혐오스
러운 일들을 행하며 각각 남의 아내
를 더럽히고 있다. 그런데도 너희가
이 땅을 차지할 수 있겠느냐?'
27 그들에게 이렇게 말하여라. '주 여호와
가 이렇게 말한다. 내 삶을 두고 맹세
한다. 폐허 속에 남아 있는 사람들은
칼로 쓰러질 것이고 저 들판 위에 있
는 사람들은 내가 들짐승들에게 주
어 삼키도록 할 것이며 요새와 동굴
속에 있는 사람들은 전염병으로 죽게
될 것이다.
28 내가 이 땅을 극심한 폐허로 만들 것
이고 교만한 권세는 끝이 날 것이다.
이스라엘의 산들은 황폐하게 돼 그곳
을 지날 사람이 없을 것이다.
29 그들이 행한 모든 혐오스러운 일들로
인해 내가 그 땅을 극심한 폐허로 만
들 때 내가 여호와임을 그들이 알게
될 것이다.'
30 사람아, 네 백성이 성벽 곁에서 또 집
대문 앞에서 너에 관해서 이야기하고
있다. 그들은 서로에게 말한다. '와서
여호와로부터 무슨 말씀이 나오는지
들어 보자.'
31 그들은 백성이 구경거리를 보러 나오
는 것처럼 네게 나와서 내 백성처럼
네 앞에 앉아 네 말을 듣지만 그들은
그것들을 실행하지는 않는다. 그들은
입으로는 사랑을 행하지만 그들의 마
음은 탐욕을 추구하고 있다.
32 너는 그들에게 아름다운 목소리로
사랑의 노래를 부르며 악기를 잘 연
주하는 사람일 뿐이다. 그들은 네 말

을 듣고도 실행하지 않는다.
33 이는 반드시 일어날 것이다. 그러면
그들 가운데 예언자가 있었음을 그들
은 알게 될 것이다."

여호와께서 이스라엘의 목자가 되실 것이다

34 여호와의 말씀이 내게 임해 말
씀하셨다.
2 "사람아, 이스라엘의 목자들을 대적
하며 예언하여라. 예언하며 그들 목
자들에게 말하여라. '주 여호와가 이
렇게 말한다. 자기 자신들만 돌보는
이스라엘의 목자들에게 화 있을 것이
다! 목자들은 양 떼를 먹여야 하지 않
느냐?
3 너희는 살진 양을 잡아 그 기름을 먹
고 양털로 옷을 지어 입지만 정작 양
떼를 먹이지 않는다.
4 너희가 약한 사람을 강하게 하지 않
고 병든 사람을 치료해 주지 않았다.
상처 입은 사람을 싸매 주지 않고 추
방된 사람을 다시 데려오지 않았다.
잃어버린 사람을 찾아오지 않고 그들
을 힘으로 잔인하게 다스렸다.
5 그리하여 그들은 목자가 없어 뿔뿔이
흩어졌고 그렇게 흩어지자 모든 들짐
승들의 먹이가 되고 말았다.
6 내 양 떼가 온 산들에서 모든 높은
언덕 위를 헤매며 돌아다녔다. 내 양
떼가 온 땅 위에 흩어졌지만 아무도
그들에 대해 문의하지도 그들을 찾아
보지도 않았다.
7 그러므로 목자들아, 여호와의 말씀을
들으라.
8 내 삶을 두고 맹세한다. 목자가 없어
서 내 양 떼가 약탈물이 되고 모든
들짐승들의 먹이가 됐고 또 내 목자
들은 내 양 떼를 찾지 않고 자기 자신
만 돌보고 내 양 떼는 먹이지 않았다.
주 여호와의 말이다.
9 그러므로 목자들아, 여호와의 말씀을
들으라.
10 나 주 여호와가 이렇게 말한다. 내가
그 목자들을 대적하고 있다. 내가 내
양 떼를 그들의 손에서 찾아올 것이
다. 내가 그들로 하여금 양 치는 일을
못하게 할 것이니 목자들은 더 이상
자기 자신들만 먹지 못할 것이다. 내
가 내 양 떼를 그들의 입에서 건져 낼
것이니 내 양 떼는 더 이상 그들의 먹
이가 되지 않을 것이다.
11 내가 내 양 떼를 찾아 보고 살펴볼
것이다.
12 목자가 그의 흩어진 양들 가운데 있
을 때 그날에 그가 그의 양 떼를 찾
아 나서듯이 내가 내 양을 찾아 나설
것이다. 구름이 끼고 어두운 날에 그
들이 뿔뿔이 흩어져 간 모든 곳에서
내가 그들을 구해 낼 것이다.
13 내가 그들을 여러 민족으로부터 데려
오고 그들을 여러 나라에서 모아들
여서 그들의 땅에 데려올 것이다. 이
스라엘의 산에서, 골짜기에서, 그 땅
의 모든 주거지에서 내가 그들을 먹
일 것이다.
14 좋은 목초지에서 내가 그들을 먹일
것이고 이스라엘의 높은 산들은 그들

의 우리가 될 것이다. 그곳에서 그들
은 좋은 우리에 드러누우며 이스라엘
산지의 풍성한 초지에서 먹게 될 것
이다.
15 내가 친히 내 양 떼를 먹이고 그들을
눕힐 것이다. 주 여호와의 말이다.
16 나는 잃어버린 사람을 찾고 추방된
사람을 데려오며 상처 입은 사람을
싸매 주고 약한 사람을 강하게 할 것
이다. 그러나 살찐 사람과 강한 사람
은 내가 멸망시키고 정의로 그들을
먹일 것이다.
17 너 내 양 떼야, 나 주 여호와가 이렇
게 말한다. 내가 양과 양 사이에서,
숫양들과 염소들 사이에서 심판할 것
이다.
18 너희가 좋은 목초지에서 풀을 뜯는
것이 어찌 하찮은 일이냐? 너희의 나
머지 풀밭을 너희는 자신의 발로 짓
밟아야만 하느냐? 너희가 맑은 물을
마시는 것이 어디 하찮은 일이냐? 너
희가 남은 것을 너희의 발로 더럽혀
야만 하느냐?
19 너희가 자신의 발로 짓밟은 것을 내
양 떼가 뜯어 먹고 너희가 자신의 발
로 더럽힌 것을 내 양 떼가 마셨다.
20 그러므로 그들에게 주 여호와가 이렇
게 말한다. 내가 살진 양과 마른 양
사이에서 심판할 것이다.
21 너희가 옆구리와 어깨로 밀어 대며
모든 약한 양들을 너희의 뿔로 받아
버렸기 때문에
22 내가 내 양 떼를 구해 낼 것이고 그들
은 더 이상 약탈당하지 않을 것이다.
내가 양과 양 사이에서 심판할 것이
다.
23 내가 그들 위에 한 목자, 곧 내 종 다
윗을 세울 것이니 그가 그들을 먹일
것이다. 그가 그들을 먹이며 그들의
목자가 될 것이다.
24 나 여호와는 그들의 하나님이 되고
내 종 다윗은 그들 가운데 왕이 될 것
이다. 나 여호와가 말했다.
25 내가 그들과 평화의 언약을 맺고 그
땅에서 악한 짐승들이 사라지게 할
것이니 그들은 광야에서도 안심하고
살며 숲 속에서도 잘 수 있을 것이다.
26 내가 그들과 내 산 주변을 복되게 할
것이다. 내가 때마다 비를 내려보낼
것이니 복된 비가 있을 것이다.
27 들판의 나무들은 열매를 내고 땅은
곡식을 낼 것이며 그들은 그들의 땅
에서 안전할 것이다. 내가 그들의 멍
에의 굴레를 깨뜨리고 그들을 종으
로 삼은 사람들의 손에서 구해 낼 때
내가 여호와임을 그들은 알게 될 것
이다.
28 그들은 저 민족들에게 더 이상 약탈
당하지 않을 것이며 들짐승들도 그들
을 삼키지 않을 것이다. 그들은 안심
하고 살게 될 것이며 그들을 두렵게
할 사람이 없을 것이다.
29 내가 그들을 위해 기름진 경작지를
마련해 줄 것이다. 그래서 그들은 그
땅에서 더 이상 기근으로 멸망을 당
하지 않고 다시는 이방 사람들의 모

욕을 당하지 않을 것이다.
30 그러면 그들의 하나님 나 여호와가 그
들과 함께할 것이고 그들은 내 백성,
곧 이스라엘 족속인 것을 그들이 알
게 될 것이다. 주 여호와의 말이다.
31 너희는 내 양, 곧 내 풀밭의 양이다.
너희는 백성이고 나는 너희의 하나님
이다. 주 여호와의 말이다.'"

에돔에 대한 예언

35 여호와의 말씀이 내게 임해 말
씀하셨다.
2 "사람아, 너는 세일 산을 향해서 예언
해
3 말하여라. '주 여호와가 이렇게 말한
다. 세일 산아, 내가 너를 대적한다.
내가 내 손을 뻗쳐 너를 대적하고 너
를 폐허가 되게 해 황무지로 만들 것
이다.
4 내가 네 성읍들을 폐허로 만들 것이
니 너는 황무지가 될 것이다. 그러면
내가 여호와임을 너는 알게 될 것이
다.
5 네가 오래전부터 적대감을 품고 있었
고 또 죄의 끝이 이르렀을 때에, 곧
재앙의 때에 네가 이스라엘 자손을
칼의 힘에 넘겨주었기 때문에
6 내 삶을 두고 맹세한다. 내가 네게 예
비할 것이니 피가 너를 따를 것이다.
주 여호와의 말이다. 네가 피를 미워
하지 않았기에 피가 너를 따를 것이
다.
7 내가 세일 산을 폐허가 되게 해 황무
지로 만들고 그곳에서 오고 가는 사
람을 죽일 것이다.
8 내가 그의 산을 학살당한 사람들로
채울 것이다. 칼에 학살당한 사람들
이 네 언덕과 네 골짜기와 네 모든 시
내에 넘어져 있을 것이다.
9 내가 너를 영원한 폐허로 만들 것이
니 네 성읍들에 아무도 살지 않을 것
이다. 그러면 내가 여호와임을 너희는
알게 될 것이다.'"
10 주 여호와께서 말씀하셨습니다. "나
여호와가 그곳에 있음에도 불구하고
'두 민족과 두 나라가 내 것이니 우리
가 그들을 차지할 것이다'라고 네가
말했다.
11 그러므로 내 삶을 두고 맹세한다. 네
가 그들을 미워했기 때문에 보여 주
었던 네 분노와 네 열망에 따라서 내
가 그렇게 행할 것이다. 나 주 여호와
의 말이다. 내가 너를 심판할 때 그들
가운데 나를 드러낼 것이다.
12 그러면 내가 여호와임을 너는 알게
될 것이다. '그들은 폐허가 됐고 우리
에게 넘겨져서 우리가 삼켰다'라고 네
가 이스라엘의 산들에 대해 말한 모
든 모욕을 나는 들었다.
13 이렇게 너희의 입으로 나를 대적해서
자랑하고 너희가 나를 대적해서 여러
말을 한 것을 내가 들었다.
14 나 주 여호와가 이렇게 말한다. 온 세
상이 기뻐할 때 내가 너를 황폐하게
만들 것이다.
15 이스라엘 족속의 유산이 황폐하게 된
것을 네가 기뻐한 것처럼 나도 네게

그렇게 할 것이다. 세일 산아, 너와 온
에돔 땅이 모두 다 황폐하게 될 것이
다. 그러면 내가 여호와임을 그들은
알게 될 것이다."

이스라엘 산들에 대한 소망

36 "너 사람아, 이스라엘 산들을
향해 예언해 말하여라. '이스라
엘의 산들아, 여호와의 말씀을 들으
라.'"
2 주 여호와께서 이렇게 말씀하셨다.
"'아하! 오래전부터 있던 높은 곳이
우리 차지가 됐다'라고 원수가 너희에
대해 말했으니
3 너는 예언해 말하여라. '주 여호와가
이렇게 말한다. 그들이 너희를 황폐
하게 하고 사방에서 너희를 짓밟아서
너희가 다른 민족들의 차지가 되고
사람들의 입에 올라 이야깃거리가 됐
으니
4 이스라엘의 산들아, 주 여호와의 말
씀을 들으라. 산들과 언덕들과 시내
들과 골짜기들과 폐허가 된 황무지들
과 너희 주위에 있는 나머지 민족들
에게 약탈당하고 조롱거리가 돼 버려
진 성읍들에게 나 주 여호와가 이렇
게 말한다.
5 내가 불타는 열망으로 다른 민족들
과 온 에돔에 대적해 말했다. 온 마음
으로 기뻐하며 마음속에 악의를 품
고 그들은 내 땅을 차지해 이 땅의 목
초지를 약탈했다.'
6 그러므로 너는 이스라엘 땅에 관해
예언하고 산들과 언덕들과 시내들과
골짜기들에게 말하여라. '주 여호와가
이렇게 말한다. 너희가 민족들에게
수치를 당했기 때문에 나는 분노의
열정으로 말한다.
7 그러므로 나 주 여호와가 이렇게 말
한다. 내가 내 손을 들고서 맹세했으
니 너희 주위의 민족들 또한 반드시
수치를 당할 것이다.
8 그러나 이스라엘의 산들아, 너희가
자신의 가지들을 내고 내 백성 이스
라엘에게 너희의 열매들을 생산할 것
이다. 그들은 곧 돌아올 것이기 때문
이다.
9 내가 너희를 돌볼 것이니 너희는 경
작되고 씨가 뿌려질 것이다.
10 내가 너희 위에, 이스라엘 족속 모두
위에, 사람의 수가 많아지게 할 것이
다. 성읍들에 사람이 살게 되고 폐허
가 된 곳들은 재건될 것이다.
11 내가 너희 위에 사람과 가축의 수를
늘어나게 해 주어 그들이 많아지고
번성할 것이다. 내가 예전처럼 너희
위에 사람이 살게 하고 이전보다 더
좋게 해 줄 것이다. 그러면 내가 여호
와임을 너희는 알게 될 것이다.
12 내가 너희 위에 사람들, 곧 내 백성
이스라엘을 다니게 할 것이다. 그들은
너희를 차지할 것이고 너희는 그들의
유산이 될 것이다. 너희가 다시는 그
들로 하여금 자식을 잃게 하지 않을
것이다.'
13 나 주 여호와가 이렇게 말한다. '너는
사람을 집어삼키고 네 민족으로 하여

금 백성을 잃게 한다'라고 그들이 너
희에게 말하기 때문에
14 네가 더 이상 사람을 집어삼키지 않
고 네 민족이 다시는 백성을 잃지 않
을 것이다. 주 여호와의 말이다.
15 나는 네가 더 이상 민족들의 모욕을
듣지 않게 하고 네가 더 이상 다른 백
성들의 조롱을 당하지 않게 할 것이
다. 네가 더 이상 네 민족을 넘어뜨리
게 하지 않을 것이다.'"

확실한 이스라엘의 회복

16 여호와의 말씀이 내게 임해 말씀하셨
다.
17 "사람아, 이스라엘 족속이 그들의 땅
에서 살고 있을 때 그들은 그들의 행
동과 행위로 그 땅을 더럽혔다. 그들
의 행동은 내게는 월경하는 정결하지
못한 여자와 같았다.
18 그들이 그 땅에서 흘린 피 때문에, 그
들이 그 땅을 자신들의 우상들로 더
럽혔기 때문에 내가 그들에게 진노를
쏟아부은 것이다.
19 내가 그들을 민족들 가운데로 흩어
버렸고 나라들 사이로 퍼지게 했다.
나는 그들의 행동과 행위대로 그들을
심판했다.
20 '이들은 여호와의 백성이지만 그의 땅
으로부터 그들이 떠났다'라고 사람들
이 그들에 관해 말했다. 그때 그들은
그곳으로 갔던 민족들에게로 친히 와
서 스스로 내 거룩한 이름을 모독했
다.
21 그러나 그곳으로 갔던 민족들 사이에
서 이스라엘 족속이 모독한 내 거룩
한 이름으로 인해 나는 자비를 베풀
었다.
22 그러므로 너는 이스라엘 족속에게 말
하여라. '주 여호와가 이렇게 말한다.
이스라엘 족속아, 내가 이런 일을 하
는 것은 너희를 위해서가 아니라 그
곳으로 갔던 민족들 사이에서 너희가
모독한 내 거룩한 이름 때문이다.
23 너희가 그들 가운데 더럽히고 민족들
사이에서 더럽혀진 내 위대한 이름을
내가 거룩하게 할 것이다. 내가 그들
이 보는 앞에서 너희를 통해 내 거룩
함을 보여 줄 때 내가 여호와임을 그
민족들은 알게 될 것이다. 주 여호와
의 말이다.
24 내가 너희를 저 민족들 가운데서 데
려오고 모든 나라에서 모아들여 너
희의 땅으로 데려갈 것이다.
25 내가 너희 위에 깨끗한 물을 뿌릴 것
이니 너희는 깨끗해질 것이다. 내가
너희의 모든 더러움과 너희의 모든
우상들로부터 너희를 깨끗하게 할 것
이다.
26 내가 너희에게 새로운 마음을 주고
너희 안에 새로운 영을 줄 것이다. 내
가 너희 육신으로부터 돌과 같이 굳
은 마음을 없애고 너희에게 살처럼
부드러운 마음을 줄 것이다.
27 그리고 내가 내 성령을 너희 안에 주
어서 너희로 하여금 내 법령을 따르
며 내 규례를 지키고 행하게 만들 것
이다.

28 그리고 너희는 내가 너희 조상들에게
준 그 땅에서 살게 될 것이다. 그러면
너희는 내 백성이 되고 나는 너희의
하나님이 될 것이다.
29 내가 너희를 너희의 모든 더러움에
서 구원해 낼 것이다. 내가 곡식을 불
러다가 그것을 풍성하게 만들고 너희
위에 기근을 내리지 않을 것이다.
30 내가 나무의 열매와 들판의 수확물
을 풍성하게 해 너희가 민족들 가운
데서 기근으로 인해 더 이상 수치를
당하지 않게 할 것이다.
31 그러면 너희가 너희 악한 행동과 좋
지 못한 행위를 기억할 것이고 너희
보기에 너희의 죄와 혐오스러운 일들
로 인해 너희 스스로를 몹시 싫어하
게 될 것이다.
32 너희를 위해서 내가 이렇게 하는 것
이 아니다. 주 여호와의 말이다. 이것
이 너희에게 알려졌으면 한다. 이스라
엘의 족속아, 너희 행동에 대해 부끄
러워하고 수치를 알라!
33 나 주 여호와가 이렇게 말한다. 내가
너희의 모든 죄악에서 너희를 깨끗이
씻어 줄 그날에 내가 너희를 여러 성
읍에서 살게 할 것이니 폐허가 재건
될 것이다.
34 지나다니는 모든 사람들이 보던 황무
지로 남아 있는 대신 황무지가 된 땅
이 경작될 것이다.
35 그들이 말한다. '황무지였던 이 땅이
에덴동산처럼 됐다. 폐허가 돼서 버려
졌고 또 무너뜨려졌던 성읍들이 이제
견고하게 세워지고 사람이 살게 됐다'
라고 할 것이다.
36 그러면 나 여호와가 무너뜨려진 것을
재건하고 황무지에 다시 나무를 심었
음을 너희 주변에 남아 있는 민족들
이 알게 될 것이다. 나 여호와가 말했
으니 내가 그렇게 할 것이다."
37 "나 주 여호와가 이렇게 말한다. '이스
라엘 족속을 위해서 이것을 해 주도
록 그들이 다시 한 번 더 간청하게 할
것이다. 내가 백성을 양 떼처럼 많게
할 것이다.
38 명절 기간에 예루살렘 제사에 쓰이는
양 떼처럼 폐허가 된 성읍들이 사람
의 무리들로 가득 찰 것이다. 그러면
내가 여호와임을 그들은 알게 될 것
이다.'"

마른 뼈들의 골짜기

37 여호와의 손이 내게 내려와서
여호와의 영으로 나를 이끌어
골짜기 가운데 데려다 놓으셨다. 그곳
은 뼈들로 가득했다.
2 그분은 나를 뼈 주위로 지나가게 하
셨다. 골짜기 바닥에 뼈가 아주 많았
다. 그 뼈들은 매우 말라 있었다.
3 그분께서 내게 물으셨다. "사람아, 이
뼈들이 살아날 수 있겠느냐?" 나는
말했다. "주 여호와여, 주께서 아십니
다."
4 그러자 그분께서 내게 말씀하셨다.
"이 뼈들에게 예언하여라. 그들에게
말하여라. '마른 뼈들아, 여호와의 말
씀을 들으라!

5 이 뼈들에게 주 여호와가 이렇게 말
한다. 내가 너희 안에 *생기를 들어가
게 할 터이니 너희는 살게 될 것이다.
6 내가 너희에게 힘줄을 붙이고 그 위
에 살을 붙이고 그 위에 살갗을 덮고
는 너희 안에 *생기를 불어넣을 것이
다. 그러면 너희는 살게 될 것이고 내
가 여호와임을 알게 될 것이다.'"
7 그리하여 나는 명령받은 대로 예언했
다. 그런데 내가 예언을 하자 덜그럭
거리는 소리가 나더니 뼈와 뼈가 맞
붙어서 뼈들이 함께 모였다.
8 내가 보니 힘줄과 살이 뼈들 위에 올
라왔고 살갗이 그것들을 덮었다. 그
러나 그것들 안에 *생기는 없었다.
9 그러자 그분께서 내게 말씀하셨다.
"사람아, *생기에게 예언하여라. 너는
*생기에게 예언해 말하여라. '주 여호
와가 이렇게 말한다. *생기야, 사방에
서 나와서 이 살해당한 사람들에게
불어서 그들이 살아나게 하여라.'"
10 그분께서 내게 명령하신 대로 내가 예
언했더니 *생기가 그들 안에 들어갔
다. 그러자 그들이 살아나서 두 발로
일어서서는 엄청나게 큰 군대가 됐다.
11 그러자 그분께서 내게 말씀하셨다.
"사람아, 이 뼈들은 모든 이스라엘 족
속이다. 그들이 말한다. '우리의 뼈들
은 말랐고 우리 소망은 사라졌으며
우리가 스스로를 쓰러뜨렸다.'
12 그러므로 예언하여라. 그들에게 말하
여라. '주 여호와가 이렇게 말한다. 내
백성들아, 내가 너희 무덤을 열어서

37:5,6,8,9,10 또는 바람, 영

마른 뼈 환상을 통한 회복

하용조 목사의 행복한 **메시지**

나라가 멸망하고 성전이 훼파된 절망적인 상황에서 하나님께서는 에스겔을 뼈가 가득한 골짜기로 데려가셨습니다. 하나님께서 에스겔에게 물으셨습니다. "이 뼈들이 살아날 수 있겠느냐?" 우리는 에스겔이 "100% 불가능합니다."라고 대답해야 마땅하다고 생각하지만 그는 이렇게 대답했습니다. "주 여호와여, 주께서 아십니다."

하나님께서 에스겔에게 말씀하셨습니다. "이 뼈들에게 예언하여라. 그들에게 말하여라. 마른 뼈들아, 여호와의 말씀을 들으라!" 뼈들에게 말하라는 것입니다. 설교를, 복음을 선포하라는 것입니다. 또 에스겔에게 말씀하셨습니다. "이 뼈들에게 주 여호와가 이렇게 말한다. 내가 너희 안에 생기를 들어가게 할 터이니 너희는 살게 될 것이다." 이는 생기, 곧 성령이 임하시면 뼈가 살아나게 된다는 말씀입니다.

여러분 가운데 지금 절망과 질병과 사업으로 인해 어려움을 겪는 분이 계십니까? 그렇다면 다른 것을 구하지 말고 "하나님의 생기가 제게 들어오게 해 주십시오. 하나님의 성령이 제게 들어오시기를 원합니다."라고 기도하십시오. 그러면 문제가 무엇이든 간에, 에스겔의 환상 속에서 마른 뼈에 힘줄과 살이 붙고 살갗이 덮인 것처럼 그 모든 일이 순식간에 다 해결될 것입니다.

무덤에서 올라오게 하고 너희를 이스
라엘 땅으로 데려갈 것이다.
13 내 백성들아, 무덤을 열어서 내가 너
희를 무덤에서 올라오게 할 때 내가
여호와임을 너희는 알게 될 것이다.
14 내가 너희 안에 내 영을 줄 것이니 너
희가 살아날 것이다. 너희를 너희의
땅에서 살게 할 것이다. 그러면 내가
여호와임을 너희는 알게 될 것이다.
내가 말했으니 내가 실천할 것이다.
여호와의 말씀이다.'"

한 왕이 다스리는 한 나라

15 여호와의 말씀이 내게 임해 말씀하셨
다.
16 "너 사람아, 너는 나무 막대기 하나
를 집어서 그 위에 적어라. '유다에게
그리고 그의 동료인 이스라엘 족속에
게.' 그리고 다른 나무 막대기를 집어
서 그 위에 적어라. '에브라임의 막대
기, 곧 요셉에게 그리고 그의 동료인
모든 이스라엘 족속에게.'
17 그리고 그것들을 서로 합쳐서 한 막
대기가 되게 하여라. 그것들은 네 손
에서 하나가 될 것이다.
18 네 백성의 자손들이 네게 '이것들이
무슨 뜻인지 네가 우리에게 말해 주
지 않겠느냐?' 하고 물을 때
19 그들에게 선포하여라. '주 여호와가 이
렇게 말한다. 내가 지금 에브라임의
손에 있는 요셉의 막대기와 그의 동
료인 이스라엘 지파를 집어 들어 유다
의 막대기에 합쳐 그들을 한 막대기
로 만들 것이다. 그것들이 내 손안에
서 하나가 될 것이다.'
20 네가 그들 위에 적은 막대기들을 그
들이 보는 앞에서 네 손에 쥐고
21 그들에게 선포하여라. '주 여호와가 이
렇게 말한다. 내가 이스라엘 족속을
그들이 들어가 살고 있는 그곳의 민
족들 사이에서 데리고 나올 것이다.
내가 그들을 사방에서 불러 모아서
그들의 땅으로 데리고 올 것이다.
22 내가 그들을 그 땅에서, 이스라엘의
산에서 한 민족으로 만들 것이다. 한
왕이 그들 모두를 다스릴 것이다. 그
들이 다시는 두 민족으로 되지 않을
것이다. 그들이 다시는 두 왕국으로
갈라지지 않을 것이다.
23 그들의 우상들이나 가증스러운 것
들이나 그들의 죄악의 어떤 것으로
도 다시는 그들 자신을 더럽히지 않
을 것이다. 그들이 행한 자신들의 모
든 타락한 행위에서 내가 그들을 구
해 내 그들을 깨끗하게 할 것이다. 그
러면 그들은 내 백성이 되고 나는 그
들의 하나님이 될 것이다.
24 내 종 다윗이 그들의 왕이 될 것이니
그들 모두는 한 목자를 갖게 될 것이
다. 그들은 내 규례를 따르고 내 법령
을 지키며 실행할 것이다.
25 그들은 내가 내 종 야곱에게 준 땅,
너희 조상들이 살았던 그 땅에서 살
게 될 것이다. 그들과 그들의 자손들
과 그들의 자손들의 자손들이 그곳에
서 영원히 살 것이다. 내 종 다윗은 영
원히 그들의 왕이 될 것이다.

26 내가 그들과 평화의 언약을 맺을 것
이다. 그것은 그들과의 영원한 언약
이 될 것이다. 내가 그들을 세우고 그
들의 수를 많게 할 것이다. 내가 내
성소를 영원히 그들 가운데 둘 것이
다.
27 내 처소가 그들과 함께 있을 것이다.
나는 그들의 하나님이 되고 그들은
내 백성이 될 것이다.
28 내 성소가 그들 가운데 영원히 있게
될 때 내가 이스라엘을 거룩하게 하
는 여호와임을 민족들은 알게 될 것
이다.'"

여호와께서 열국에게 승리하시다

38 여호와의 말씀이 내게 임해 말
씀하셨다.
2 "사람아, 너는 얼굴을 *마곡 땅에 있
는 곡, 곧 로스와 메섹과 두발의 왕에
게로 향하고 그에 대해 예언해
3 말하여라. '주 여호와가 이렇게 말한
다. 로스와 메섹과 두발의 왕인 곡아,
나는 너를 대적한다.
4 내가 너를 돌려 세우고 네 턱에 갈고
리를 끼워서 너와 네 모든 군대와 말
들과 완벽하게 무장한 기마병들과 크
고 작은 방패를 잡고 칼을 휘두르는
큰 무리를 이끌어 낼 것이다.
5 페르시아와 *에티오피아와 *붓이 모
두 방패를 들고 투구를 쓴 채 그들과
함께할 것이고
6 고멜과 그의 모든 군대와 멀리 북쪽
으로부터 도갈마 족속과 그의 모든
군대 등 많은 백성들이 너와 함께할
것이다.
7 너와 네 주위에 모인 네 모든 무리는
각오하고 준비하여라. 너는 그들의 지

38:2 앗시리아어, '곡의 땅' 38:5 나일 강 상류 지역을 가리킴. 38:5 오늘날 리비아 지역을 가리킴(겔 30:5; 단 11:43;행 2:10을 보라).

Q&A 아마겟돈 전쟁을 일으킬 '곡'은 누구인가?

참고 구절 | 겔 38장

에스겔 38-39장에 나오는 '곡'은 마곡 땅의 통치자이며 하나님께 대적하는 전쟁에서 악의 세력의 지도자로 나타난다.

이러한 '곡'에 대한 메시지를 해석하는 것은 어려운 일이다. 또한 에스겔서와 요한계시록에만 나오는(겔 38-39장; 계 20:8) 곡의 정체에 대해 확실한 대답을 하는 데에는 위험성이 따른다.

곡이 누구인가에 관한 해석은 다양하다. 어떤 이는 BC 660년경 오늘날의 터키인 소아시아 북쪽에 위치한 리디아의 왕 기게스일 것이라고 말한다. 또 어떤 사람은 라스샴라 문헌에 나오는 이방 신 가가라고 해석하기도 한다. 혹은 알렉산더 왕으로 보거나 역사적인 유명한 인물 중 하나라고 추측하기도 한다.

이러한 해석 중 대다수가 첫째 견해를 지지한다. 그러나 보다 바람직한 해석 방법은 곡이 누구냐 하는 사람 자체에 관심을 기울이기보다는 곡이라는 이름이 상징하는 의미를 살펴보는 것이다.

여기서 곡은 하나님의 백성인 이스라엘을 멸망시키려고 달려드는, 악한 적대 세력을 상징한다고 볼 수 있다.

휘관이 돼라.
8 여러 날 후에 너는 무장하라는 명령
을 받을 것이다. 여러 해가 지난 후에
칼로부터 회복된 땅, 여러 민족들이
떠난 후 오랫동안 폐허가 됐던 이스라
엘의 산지에 다시 세운 나라를 네가
공격하게 될 것이다. 그들은 다른 민
족들과 살다 돌아온 뒤에 모두 안심
하고 살고 있다.
9 너는 네 모든 군대와 너와 함께 있는
많은 백성들과 더불어 마치 폭풍이
오는 것처럼 올라올 것이며 너는 땅
을 덮는 구름과 같을 것이다.'"
10 "'주 여호와가 이렇게 말한다. 그날에
네 마음속에 여러 가지 생각이 떠올
라서 너는 악한 계획을 도모할 것이
다.
11 너는 말할 것이다. '내가 저 성벽 없는
땅을 공격할 것이다. 모두가 울타리
도 없고 창살도 없고 대문도 없이 안
심하며 평화롭게 살고 있는 사람들
을 침략할 것이다.
12 물건을 약탈하고 노략질하며 다시 사
람이 살게 된 그 폐허된 곳과 여러 민
족들에게 흩어져 있다가 다시 모여
들어서 가축과 재물을 얻고 그 땅의
*중심에 살고 있는 저 백성에게 손을
뻗으려고 한다.'
13 스바와 드단과 다시스의 상인들과 그
의 모든 성읍들은 네게 말할 것이다.
'네가 약탈하러 왔느냐? 네가 네 무
리를 모은 것이 노략질하고 은과 금
을 가져가고 가축과 물건을 빼앗고
많은 전리품을 얻으려고 한 것이냐?'
14 그러므로 사람아, 예언하여라. 곡에
게 말하여라. '주 여호와가 이렇게 말
한다. 그날에 내 백성 이스라엘이 안
심하고 살고 있을 때 네가 그것을 알
지 못하겠느냐?
15 네가 살고 있는 북쪽으로부터 너는
많은 백성들과 함께 올 것이다. 너희
들은 모두 말을 타는 큰 무리로 강한
군대다.
16 네가 내 백성 이스라엘을 공격하니
구름같이 땅을 덮을 것이다. 곡아, 훗
날에 나는 너로 하여금 내 땅을 침략
하게 할 것이다. 내가 그들 눈앞에서
너를 통해 내 거룩함을 드러낼 때 저
민족들로 하여금 나를 알게 하려는
것이다.
17 나 주 여호와가 이렇게 말한다. 내가
이전에 내 종인 이스라엘의 예언자들
을 통해 말한 이가 네가 아니냐? 이
스라엘을 치기 위해 내가 너를 보낼
것이라고 그들은 여러 해 동안 예언했
었다.
18 주 여호와의 말이다. 그날에 곡이 이
스라엘 땅을 치러 오면 내 진노가 내
얼굴에 나타날 것이다.
19 열정과 불타는 진노로 나는 말한다.
그날에 분명 이스라엘 땅에 큰 지진
이 있을 것이다.
20 바다의 물고기와 공중의 새와 들판의
짐승과 땅 위에 기어 다니는 모든 것
들과 땅 표면에 있는 모든 사람은 내

38:12 또는 배꼽

앞에서 두려움으로 떨 것이다. 산들
이 무너지고 절벽들이 넘어지며 모든
성벽이 땅에 쓰러질 것이다.
21 내가 곡을 대적해서 내 모든 산에서
칼을 부를 것이다. 주 여호와의 말이
다. 각 사람은 칼로 자기 형제를 칠
것이다.
22 나는 전염병과 피로써 그를 심판할 것
이다. 내가 폭우와 큰 우박과 불과 유
황을 그와 그의 군대와 그와 함께한
많은 백성들 위에 넘치게 할 것이다.
23 이렇게 나는 내 위대함과 내 거룩함
을 드러내어 많은 민족들이 보는 앞
에서 나를 알릴 것이다. 그러면 내가
여호와임을 그들은 알게 될 것이다.'"

39 "너 사람아, 곡을 대적해 예언
하며 말하여라. '주 여호와가 이
렇게 말한다. 로스와 메섹과 두발 왕
곡아, 내가 너를 대적한다.
2 내가 너를 돌려 세우며 이끌고 올 것
이다. 그리고 멀리 북쪽에서 데려와
너로 하여금 이스라엘의 산들을 공격
하게 할 것이다.
3 그리고 내가 네 왼손에 있는 활을 꺾
고 네 오른손에 있는 화살을 떨어뜨
릴 것이다.
4 너와 함께한 네 모든 군대와 백성들
과 더불어 너는 이스라엘의 산들 위
에 쓰러질 것이다. 내가 너를 온갖 종
류의 사나운 새들과 들판의 짐승들
에게 먹이로 줄 것이다.
5 너는 들판 위에 쓰러질 것이다. 내가
말했다. 주 여호와의 말이다.
6 내가 마곡에게 또 해안 지역에서 안
심하고 살고 있는 사람들에게 불을
보낼 것이니 내가 여호와임을 그들은
알게 될 것이다.
7 내가 내 백성 이스라엘 가운데 내 거
룩한 이름을 알리고 내 거룩한 이름
이 더 이상 모독당하지 않게 할 것이
다. 그러면 내가 여호와, 이스라엘의
거룩한 이임을 저 민족들은 알게 될
것이다.
8 때가 오고 있으니 이뤄질 것이다. 나
주 여호와의 말이다. 이날이 바로 내
가 말한 그날이다.
9 그러면 이스라엘의 여러 성읍들에 사
는 사람들이 나와서 큰 방패와 작은
방패, 활과 화살, 전투용 곤봉과 창
과 같은 무기에 불을 붙여서 태워 버
릴 것이다. 그들은 그것들로 7년 동안
불태울 것이다.
10 그들이 그 무기를 불태울 것이기 때
문에 그들은 들판에서 나무를 모으
거나 숲에서 나무를 베어 내지 않을
것이다. 그리고 그들의 것을 약탈해
간 사람들을 약탈할 것이고 그들의
것을 노략질한 사람들의 것을 노략질
할 것이다. 나 주 여호와의 말이다.
11 그날에 내가 곡에게, 이스라엘 안의
*바다 동쪽을 지나다니는 사람들의
골짜기에 매장지를 줄 것이다. 그것이
오고가는 사람들을 가로막을 것이
다. 곡과 그의 모든 무리가 그곳에 묻
힐 것이기에 그들이 그곳을 *하몬곡

39:11 또는 염해 39:11 곡의 무리(군대)

골짜기라고 부를 것이다.
12 이스라엘 족속은 그 땅을 깨끗하게
하려고 7개월에 걸쳐서 그들을 매장
할 것이다.
13 그 땅의 모든 백성은 그들을 매장할
것이다. 그 일로 인해 그들은 유명하
게 될 것이다. 그날에 나는 영광을 받
을 것이다. 주 여호와의 말이다.
14 그 땅을 깨끗하게 하기 위해 그들은
계속해서 사람들을 고용해서 그 땅
을 돌아다니며 땅 위에 남아 있는 것
들을 매장할 것이다. 7개월이 끝날 때
그들은 수색을 시작할 것이다.
15 수색하는 사람들은 그 땅을 돌아다
니다가 그 가운데 한 사람이 사람의
뼈를 보게 되면 그는 그 옆에 푯말을
세울 것이며 매장하는 사람들은 그
것을 하몬곡 골짜기에다 매장할 것이
다.
16 그 성읍의 이름 또한 *하모나라고 할
것이다. 이렇게 그들은 그 땅을 깨끗
하게 할 것이다.'
17 사람아, 나 주 여호와가 이렇게 말한
다. 너는 각종 새와 모든 들짐승에게
이렇게 말하여라. '너희는 사방에서
모여 내가 너희를 위해 준비한 내 희
생제사, 곧 이스라엘 산들 위에서 있
을 큰 희생제사에 오라. 그곳에서 너
희는 고기를 먹고 피를 마실 것이다.
18 숫양과 어린양과 염소와 황소와 같은
바산의 살진 짐승들을 먹듯이 너희가
용사들의 살을 먹고 그 땅 왕들의 피
를 마실 것이다.
19 내가 너희를 위해 준비한 희생제사에
서 너희는 기름을 배불리 먹고 피를
취할 때까지 마실 것이다.
20 너희는 내 식탁에서 말과 기마병과
용사들과 모든 군사들과 함께 배불
리 먹을 것이다. 주 여호와의 말이다.'
21 내가 저 민족들 가운데 내 영광을 드
러낼 것이니 내가 행한 내 심판과 그
들 위에 얹은 내 손을 모든 민족이
보게 될 것이다.
22 그러면 그날 이후에 내가 그들의 하
나님 여호와임을 이스라엘 족속은 알
게 될 것이다.
23 그리고 이스라엘의 족속이 내게 신실
하지 못했기 때문에 그들의 죄로 인
해 그들이 포로로 잡혀갔음을 이방
사람들이 알게 될 것이다. 내가 그들
에게 내 얼굴을 가렸다. 내가 그들을
원수들의 손에 넘겨줘서 그들은 모두
칼로 쓰러지게 된 것이다.
24 나는 그들의 부정과 그들의 범죄에
따라 그들을 대했다. 나는 그들에게
서 내 얼굴을 가렸다.
25 그러므로 나 주 여호와가 이렇게 말
한다. 내가 이제 야곱의 포로 된 사람
들을 돌아오게 하고 이스라엘 족속
모두를 긍휼히 여길 것이며 내 거룩
한 이름을 위해 열정을 다 할 것이다.
26 그러면 그들은 그들의 땅에서 안심하
며 살고 그들에게 두려움을 주는 사
람이 없을 때 그들의 수치와 그들이
내게 신실하지 못했던 모든 배신을

39:16 무리

감당하게 될 것이다.
27 내가 족속들로부터 그들을 돌아오게
하고 원수들의 땅들에서 내가 그들
을 불러 모아서 많은 민족들이 보는
앞에서 그들을 통해 내 거룩함을 드
러낼 때
28 내가 그들의 하나님 여호와임을 그들
은 알게 될 것이다. 내가 그들을 민족
들의 포로로 보냈지만 내가 그들을
그들의 땅으로 불러 모아서 그들 가
운데 어느 누구도 그곳에 더 이상 남
아 있게 하지 않을 것이다.
29 나는 더 이상 내 얼굴을 그들에게서
가리지 않을 것이다. 내가 내 영을 이
스라엘 족속에게 부어 주었기 때문이
다. 주 여호와의 말이다."

회복된 성전

40 우리가 포로 된 지 25년째 되
는 해, 성읍이 파괴된 지 14년
째 되는 해, 그해 첫째 달 10일 바로
그날 여호와의 손이 내 위에 있어 그
분께서 나를 그곳에 데려가셨다.
2 환상 속에서 하나님께서는 나를 이스
라엘 땅으로 데려가 아주 높은 산 위
에 세우셨는데 그곳 남쪽으로는 성읍
처럼 생긴 건물이 있었다.
3 그분께서 나를 그곳에 데려가셨는데
청동같이 빛나는 한 사람이 있는 것
을 보았다. 그는 모시로 만든 줄과 길
이를 재는 막대기를 자신의 손에 들
고 성문에 서 있었다.
4 그 사람이 내게 말했다. "사람아, 네
눈으로 보고 네 귀로 들으며 내가 네
게 보여 줄 모든 것을 마음에 새겨라.
내가 이것을 네게 보여 주려고 너를
여기에 데려왔다. 그러니 너는 네가
보는 모든 것을 이스라엘 족속에게
선포하여라."

바깥뜰로 나가는 동문

5 내가 보니 성전 밖으로 빙 둘러서 벽
으로 싸여 있었다. 그 사람의 손에는
길이를 재는 막대기가 들려 있었는데
그것의 길이는 보통 자의 *1규빗에다
가 한 뼘 더한 길이를 *1규빗으로 했
을 때 *6규빗이었다. 그는 그 벽을 쟀
는데 두께도 높이도 그 막대기 하나
와 같았다.
6 그리고 그는 동쪽 방향으로 향하고
있는 문으로 갔다. 그가 계단을 올라
가 한 문턱을 쟀더니 그 길이는 막대
기 하나였고 다른 문턱도 그 길이가
막대기 하나였다.
7 문지기 방은 그 길이와 너비가 막대
기 하나였고 그 방들 사이는 *5규빗
이었다. 그 문턱은 너비가 막대기 하
나였고 들어서면 현관이 있고 안쪽
문이 있었다.
8 그가 안쪽 문의 현관을 쟀더니 그 너
비는 막대기 하나였다.
9 그가 그 문의 현관을 쟀더니 *8규빗
이었고 문기둥들은 두께가 *2규빗이
었다. 그 문의 현관은 안쪽에 있었다.
10 동쪽 방향의 문 안쪽으로는 문지기
방이 오른쪽, 왼쪽에 각각 세 개씩 있

40:5 1규빗은 약 52.5센티미터, 6규빗은 약 3.2미터
40:7 5규빗은 약 2.6미터 40:9 8규빗은 약 4.2미터,
2규빗은 약 1.1미터

었다. 세 방 모두 크기가 같고 문기둥
도 양쪽이 다 같은 크기였다.
11 그가 문의 출입구의 너비를 쟀는데
*10규빗이었고 문의 길이가 *13규빗
이었다.
12 각 방 앞에는 칸막이가 있었는데 양
쪽 다 *1규빗씩이었고 그 방들은 한
쪽이 *6규빗, 또 한쪽도 *6규빗이었
다.
13 그리고 그는 이쪽 방 지붕 끝에서 반
대쪽 방 지붕 끝까지를 쟀다. 그 너비
는 *25규빗이었고 방문은 서로 마주
보고 있었다.
14 그가 현관을 쟀더니 너비가 *20규빗
이었다. 문 주위와 문기둥까지는 다
안뜰이었다.
15 출입구 문 앞에서 안쪽 문 현관 앞까
지는 *50규빗이었다.
16 문지기 방과 출입구 안쪽 벽에 각각
좁은 창이 있고 그 현관에도 창이 있
었다. 그 창들은 안쪽을 향해 죽 둘
려 있었고 각각의 문기둥에는 종려나
무가 새겨져 있었다.

바깥뜰

17 그리고 그는 나를 바깥뜰로 데리고
들어갔다. 바깥뜰에는 방들이 있고
그 뜰 전체를 둘러 바닥이 포장돼 있
었다. 그 포장된 바닥을 따라서 30개
의 방이 있었다.
18 그 포장은 문 양옆으로 죽 이어져 그
길이는 문의 통로와 같았다. 이것이
아래쪽 길이었다.
19 그리고 그가 아래쪽 문 앞부터 안뜰
바깥 앞까지 너비를 쟀다. 그 길이가
동쪽이나 북쪽이나 똑같이 *100규빗
이었다.

북문

20 바깥뜰에 북쪽 방향을 향해 문이 하
나 있었는데 그가 그 길이와 너비를
쟀다.
21 양쪽에 세 개씩 있는 문지기 방과 문
기둥과 현관은 이 전의 문과 크기가
같아 길이가 *50규빗, 너비가 *25규
빗이었다.
22 그 창문과 현관과 종려나무 장식도
동쪽 방향으로 향한 문과 크기가 같
았다. 일곱 개의 계단을 올라가면 그
앞에 현관이 있었다.
23 동쪽 문에서와 같이 안뜰 문이 북쪽
문 맞은편에 있었다. 그가 한쪽 문에
서 다른 쪽 문까지를 쟀더니 *100규
빗이었다.

남문

24 그리고 나서 그가 나를 남쪽으로 인
도했는데 남쪽 방향으로 난 문이 보
였다. 그가 그 문기둥과 현관을 쟀더
니 먼저 잰 것들과 같았다.
25 그 안에 창문들이 나 있고 그 현관에
도 창문들이 둘려 있었다. 그것도 다
른 문들의 창문들과 같았다. 길이가
*50규빗, 너비가 *25규빗이었다.
26 일곱 개의 계단을 올라가면 문들이

40:11 10규빗은 약 5.3미터, 13규빗은 약 6.8미터
40:12 1규빗은 약 52.5센티미터, 6규빗은 약 3.2미터
40:13,21,25 25규빗은 약 13.1미터 40:14 20규빗은 약 10.5미터 40:15,21,25 50규빗은 약 26.3미터
40:19,23 100규빗은 약 52.5미터

있고 그 앞에 현관이 있으며 그 양쪽
문기둥에는 종려나무가 새겨져 있었
다.
27 안뜰에 역시 남쪽 방향을 향해 난 문
이 있었는데 그가 그 문에서 남쪽 방
향을 향해 난 문까지를 쟀더니 *100
규빗이었다.

안뜰로 들어가는 문들

28 그리고 그는 남쪽 문을 통해 나를 안
뜰로 데려갔다. 그가 남쪽 문을 쟀더
니 먼저 잰 것들과 같았다.
29 문지기 방과 문기둥과 현관도 먼저
잰 것들과 같았다. 거기에도 창문들
이 나 있었고 현관에도 창문들이 죽
둘려 있었다. 길이가 *50규빗, 너비가
*25규빗이었다.
30 둘러서 있는 현관들은 길이가 *25규
빗, 너비가 *5규빗이었다.
31 그 현관은 바깥뜰을 향해 있었고 그
문기둥에는 종려나무가 새겨져 있었
으며 그곳으로 가려면 여덟 개의 계
단을 올라야 했다.
32 그리고 그는 나를 안뜰 동쪽 방향으
로 데리고 갔다. 그가 그 문을 쟀더니
먼저 잰 것들과 같았다.
33 문지기 방과 문기둥과 현관도 먼저
잰 것들과 같았다. 거기에도 창문들
이 나 있었고 현관에도 창문들이 죽
둘려 있었다. 길이가 *50규빗, 너비가
*25규빗이었다.
34 현관은 바깥뜰을 향해 있었고 양쪽
문기둥에는 종려나무가 새겨져 있었
다. 그곳으로 가려면 여덟 개의 계단
을 올라야 했다.
35 그러고 나서 그는 나를 북쪽 문으로
데려가 그곳을 쟀다. 먼저 잰 것들과
같았다.
36 문지기 방, 문기둥, 현관, 그리고 둘러
서 창문들이 나 있었다. 길이가 *50
규빗, 너비가 *25규빗이었다.
37 그 문기둥들은 바깥뜰을 향해 있었
고 양쪽 문기둥에는 종려나무가 새겨
져 있었다. 그곳으로 가려면 여덟 개
의 계단을 올라야 했다.

제물을 준비하는 방들

38 문들의 문기둥들 옆에는 출입문이 달
린 방이 있었는데 그곳은 번제물을
씻는 곳이었다.
39 문의 현관에는 양쪽에 각각 탁자가
두 개씩 있었다. 그곳에서 번제물, 속
죄제물과 속건제물을 잡았다.
40 바깥에서 북문 계단으로 올라오는
입구 양쪽에 탁자가 두 개씩 있었다.
41 이렇게 문 통로 이쪽에 네 개, 저쪽에
네 개, 이렇게 모두 여덟 개의 탁자가
있었고 그 위에서 희생제물들을 잡았
다.
42 그리고 그곳에는 돌을 다듬어 만든
네 개의 번제용 탁자가 있었는데 그것
은 각각 길이가 *1.5규빗, 너비가 *1.5
규빗, 높이가 *1규빗이었다. 그 위에
는 번제물과 다른 희생제물들을 죽이
는 데 쓰는 기구들을 놓아두었다.

40:27 100규빗은 약 52.5미터 40:29,33,36 50규빗은 약 26.3미터 40:29,30,33,36 25규빗은 약 13.1미터 40:30 5규빗은 약 2.6미터 40:42 1.5규빗은 약 79센티미터, 1규빗은 약 52.5센티미터

43 그리고 방 안에는 한 뼘 정도 되는 갈
고리들이 사면에 부착돼 있었고 탁자
들 위에는 제물용 고기들이 놓여 있
었다.

제사장들을 위한 방들

44 안뜰 안과 안쪽 문 밖에는 노래하는
사람들의 방들이 있었다. 하나는 북
쪽 문에서 남쪽을 바라보고 있었고
다른 하나는 남쪽 문에서 북쪽을 바
라보고 있었다.
45 그가 내게 말했다. "남쪽을 바라보고
있는 이 방은 성전 일을 맡은 제사장
들이 사용하는 방이고
46 북쪽을 바라보고 있는 방은 제단 일
을 맡은 제사장들이 사용하는 방이
다. 그들은 사독의 자손들로 레위 자
손이요, 여호와께 가까이 나아가 그
분을 섬기는 사람들이다."
47 그리고 그는 성전 뜰을 쟀다. 그곳은
정사각형으로 길이가 *100규빗, 너비
가 *100규빗이었다. 제단은 성전 앞
에 있었다.

새 성전

48 그는 나를 성전 현관으로 데려가서
현관의 문기둥을 쟀는데 이쪽이 *5규
빗, 저쪽도 *5규빗이었다. 그 문의 너
비는 이쪽이 *3규빗, 저쪽도 *3규빗
이었다.
49 현관은 길이가 *20규빗, 너비는 *11
규빗이었다. 현관으로 올라가는 계단
이 있었고 문기둥 옆에는 기둥들이
있었는데 하나는 이쪽에, 하나는 저
쪽에 있었다.

41

그리고 그는 나를 성소로 데려
갔다. 그러고는 그가 문기둥을
쟀는데 그 두께가 이쪽이 *6규빗, 저
쪽이 *6규빗이었다.
2 문 입구는 너비가 *10규빗이었고 문
양쪽 벽은 이쪽이 *5규빗, 저쪽이 *5
규빗이었다. 그는 성소도 쟀는데 그
길이는 *40규빗, 너비는 *20규빗이었
다.
3 그리고 그는 안으로 들어가서 문기둥
을 쟀는데 *2규빗이었고, 입구는 높
이가 *6규빗, 너비가 *7규빗이었다.
4 그리고 그가 성소를 가로질러서 쟀더
니 그 길이가 *20규빗, 너비가 *20규
빗이었다. 그가 내게 말했다. "이곳은
지극히 거룩한 곳이다."
5 그리고 나서 그는 성전 벽을 쟀다. 그
것은 *6규빗이었고 성전의 주위에 둘
러 있는 각 *쪽방은 너비가 *4규빗이
었다.
6 쪽방들은 세 층이었는데 한 방 위에
다른 방이 있는 형태로 한 층에 30개
씩 있었다. 성전 주위에 받침대가 놓
여 있어 그 쪽방들은 거기에 고정돼
있었고 성전 벽에 고정돼 있지는 않
았다.
7 성전 벽에 고정돼 방을 지지하고 있
는 받침대가 계단처럼 놓여 있었으므

40:47 100규빗은 약 52.5미터 40:48;41:2 5규빗은 약 2.6미터 40:48 3규빗은 약 1.6미터 40:49; 41:2,4 20규빗은 약 10.5미터 40:49 11규빗은 약 5.8미터 41:1,3,5 6규빗은 약 3.2미터 41:2 10규빗은 약 5.3미터, 40규빗은 약 21.2미터 41:3 2규빗은 약 1.1미터, 7규빗은 약 3.7미터 41:5 또는 골방 41:5 4규빗은 약 2.1미터

로 층이 올라갈수록 쪽방들은 넓어
졌다. 그러므로 아래층에서 중간층
을 지나 위층으로 올라감에 따라 그
구조물의 넓이가 넓어지게 된 것이다.
8 내가 보니 성전 둘레에 받침대가 놓
여 있었는데 그것은 쪽방의 기초로서
높이가 막대기 하나, 곧 *6규빗이었
다.
9 쪽방 바깥벽은 두께가 *5규빗이었다.
성전의 쪽방 바깥으로는 빈터가 있었
는데
10 방들 사이는 성전 주위로 삼면이 다
폭이 *20규빗이 됐다.
11 그 쪽방들의 출입문은 다 뜰을 향해
있었는데 하나는 북쪽 방향을 향하
고 하나는 남쪽을 향하고 있었다. 그
리고 그 주위에 둘러 있는 뜰의 폭은
*5규빗이었다.
12 *서쪽 방향 성전 뜰 맞은편에 서 있
는 건물은 너비가 *70규빗이었고 그
건물 사면의 벽은 두께가 *5규빗이며
그 길이는 *90규빗이었다.
13 그리고 그는 성전을 쟀는데 길이는
*100규빗이었고 서쪽 뜰은 그 건물과
벽까지 다 해서 길이가 *100규빗이었
다.
14 성전의 정면을 포함해서 동쪽 성전
뜰의 너비는 *100규빗이었다.
15 그러고 나서 그는 뜰 뒤의 맞은편에
있는 건물의 길이를 쟀는데 그 양쪽
쪽방들을 포함해서 *100규빗이었다.
이는 안쪽 성소와 뜰의 현관
16 문턱과 좁은 창문들을 포함한 것이
다. 문턱 안에 세 층에 둘러 있는 쪽
방은 땅에서 창문까지 나무판자를
댔고 창문들은 이미 가려져 있었다.
17 입구 위의 공간과 안쪽 성소까지, 바
깥 그리고 성소의 안팎 주위에 둘러
서 쳐진 벽도 그렇게 돼 있었다.
18 판자에는 그룹과 종려나무가 새겨져
있었고 종려나무는 그룹과 그룹 사이
에 있었다. 그룹은 각각 두 얼굴을 가
지고 있었다.
19 한쪽에는 종려나무를 향한 인간의
얼굴, 다른 쪽에는 종려나무를 향한
젊은 사자의 얼굴이 있었다. 그 모양
은 성전 전체를 둘러가며 새겨져 있
었다.
20 바닥에서부터 입구 위쪽 부분까지 그
룹과 종려나무가 성소 벽 전체에 새
겨져 있었다.
21 성전의 문기둥은 네모나게 생겼고 성
소의 정면도 그렇게 생겼다.
22 나무로 된 제단은 높이가 *3규빗, 길
이가 *2규빗이고 모서리와 길이와 옆
면이 나무로 만들어졌다. 그 사람이
내게 말했다. "이것은 여호와 앞에 있
는 탁자다."
23 성전과 성소에는 문이 두 개 있었는
데
24 문마다 두 개의 문짝을 가지고 있었
으며 두 개의 돌쩌귀가 달린 문짝들

41:8 6규빗은 약 3.2미터 41:9,11,12 5규빗은 약 2.6미터 41:10 20규빗은 약 10.5미터 41:12 성소와 분리된 건물이며 성전에서 나와 쓰레기를 처리하는 곳을 가리킴. 41:12 70규빗은 약 36.8미터, 90규빗은 약 47.3미터 41:13,14,15 100규빗은 약 52.5미터 41:22 3규빗은 약 1.6미터, 2규빗은 약 1.1미터

이었다. 이 문도 두 짝, 저 문도 두 짝
이었다.
25 성전 문에도 벽에 새겨진 것 같은 그
룹과 종려나무가 새겨져 있었고 성전
현관 밖의 정면에는 나무로 만든 디
딤판이 있었다.
26 현관 양쪽에는 좁은 창틀이 있었고
종려나무가 새겨져 있었다. 성전의 쪽
방에도, 디딤판 위에도 그렇게 돼 있
었다.

제사장들을 위한 방들

42 그 사람은 나를 북쪽 방향의
길을 통해서 바깥뜰로 데리고
나갔다. 그는 나를 성전 뜰 앞과 북
쪽을 향한 건물 앞에 있는 방들로 데
리고 갔다.
2 문이 북쪽을 향하고 있는 이 건물은
길이가 *100규빗, 너비가 *50규빗이
었다.
3 이 건물은 세 개 층의 쪽방이 있는
건물로서 *20규빗 되는 안뜰과 바깥
뜰 포장된 곳과 마주 대하고 있었다.
4 방들 앞으로는 안쪽을 향해 너비 *10
규빗, 길이 *100규빗의 복도가 있었
고 그것들의 문은 북쪽을 향해 있었
다.
5 맨 위에 있는 방이 가장 좁았는데 그
것은 아래층, 중간층보다 복도가 더
많은 공간을 차지하고 있었기 때문이
다.
6 방들은 3층으로 돼 있었고 성전 뜰에
있는 기둥들과 같은 기둥들이 없었
다. 그래서 위층이 아래층, 중간층보
다 좁아졌다.
7 바깥뜰을 향한 방들 앞에 있는 바깥
벽은 방들과 평행을 이루고 있었는데
그것의 길이는 *50규빗이었다.
8 바깥뜰을 향해 있는 방들의 길이는
*50규빗이었으며 성전을 마주 보고
있는 방들의 길이는 *100규빗이었다.
9 이들 아래쪽 방들은 바깥뜰에서 그
것들에 들어올 때 입구가 동쪽으로
나 있었다.
10 뜰 맞은편, 건물 맞은편 동쪽 방향의
뜰 두꺼운 벽에도 방들이 있었다.
11 그 방들 앞에도 통로가 있었고 그 형
태가 북쪽 방향의 방들과 비슷했다.
그 길이와 너비도 다른 방들과 같았
고 그 통로와 입구는 설계한 대로였
다.
12 남쪽 방향의 방들의 문과 대칭으로
문이 하나 있었는데 방들로 들어갈
때 동쪽 방향 벽 바로 앞 통로 어귀에
있었다.
13 그러고 나서 그가 내게 말했다. "성전
뜰 앞에 있는 북쪽 방들과 남쪽 방들
은 거룩한 방이다. 여호와께 나아가
는 제사장들이 지극히 거룩한 예물
들을 그곳에서 먹을 것이다. 그곳은
거룩한 곳이므로 그들이 지극히 거룩
한 제물들, 곧 곡식제사와 속죄제와
속건제의 제물들을 그곳에 둘 것이
다.
14 제사장들이 한번 성소에 들어가면 그

42:2,4,8 100규빗은 약 52.5미터 42:2,7,8 50규빗은 약 26.3미터 42:3 20규빗은 약 10.5미터 42:4 10규빗은 약 5.3미터

곳으로부터 그냥 바깥뜰로 나오지 못
하고 그들이 입고 섬기던 그들의 옷
을 벗어 놓고 나와야 한다. 이는 제사
장들의 옷이 거룩하기 때문이다. 그
들은 다른 옷으로 갈아입고 나서야
백성들을 위한 뜰에 가까이 갈 수 있
다."
15 그는 성전 안쪽을 다 재고 난 뒤 동
쪽 방향으로 향하고 있는 문으로 나
를 데리고 나가서 그 주변을 모두 쟀
다.
16 그가 길이를 재는 막대기로 동쪽을
쟀더니 *500규빗이었다.
17 그가 북쪽을 쟀더니 길이를 재는 막
대기로 *500규빗이었다.
18 그가 남쪽을 쟀더니 길이를 재는 막
대기로 *500규빗이었다.
19 그가 서쪽으로 가서 쟀더니 길이를
재는 막대기로 *500규빗이었다.
20 이렇게 그는 사면을 모두 쟀다. 사면
을 둘러 모두 벽이 있었는데 그 길이
가 *500규빗, 너비가 *500규빗이었
다. 그 벽은 거룩한 곳과 속된 곳을
구별하기 위한 것이었다.

하나님의 영광이 성전에 돌아오다

43 그 후 그 사람이 나를 동쪽 방
향으로 향하는 문으로 인도했
다.
2 그곳에서는 이스라엘 하나님의 영광
이 동쪽 방향으로부터 나오고 있었
다. 그분의 목소리는 세차게 흐르는
물소리 같았고 땅은 그분의 영광으로
인해 빛이 났다.
3 내가 본 환상의 형태는 주께서 그 성
읍을 멸망시키려고 오셨을 때 본 환
상의 모습과 같았고 또 내가 그발 강
가에서 본 환상의 모습과 같았다. 그

42:16,17,18,19,20 500규빗은 약 262.5미터

Q&A 에스겔이 '성전 환상'을 기록한 이유는?

참고 구절 | 겔 43:1–5

에스겔은 새 성전에 대한 환상을(겔 40–43장) 자세하게 기록했다. 특이하게도 에스겔의 성전 환상에는 솔로몬 성전과는 다르게 성소와 지성소의 치장, 법궤, 대제사장, 속죄일 등에 대한 설명이 없다. 그뿐만 아니라 성전 자체의 면적이 포로 이전의 예루살렘 도시의 총면적보다 더 넓게 기록되어 있다. 따라서 에스겔에게 보여 주신 성전 환상은 실제로 건축하라고 주신 청사진은 아니었던 것 같다. 그렇다면 왜 새 성전에 대한 환상을 4장에 걸쳐 기록했을까?

첫째, 성전은 백성들 가운데 하나님이 거하신다는 뚜렷한 상징으로서 중요했기 때문이었다. 하나님의 영광이 솔로몬 성전을 떠나셨을 때 심판이 시작되었다(겔 8–11장). 그러나 하나님의 영광이 새 성전에 다시 들어올 때(겔 43:1–5) 국가가 회복될 것이었다.

둘째, 새 성전은 새 언약에 따른 하나님과 이스라엘과의 관계를 다시 생각나게 해 주기 때문이었다. 예전에 모세에게 언약을 주시며 성막 짓는 방법을 자세히 지시하셨듯(출 25–40장) 새 성전은 하나님과의 새로운 관계를 뚜렷하게 제시해 주는 것이었다.

래서 내 얼굴을 땅에 대고 내가 엎드
렸다.
4 그러자 여호와의 영광이 동쪽 방향으
로 향한 문을 통해서 성전으로 들어
왔다.
5 그리고 주의 영이 나를 들어 올려서
안쪽 뜰로 데리고 가셨는데 여호와의
영광이 성전을 가득 채웠다.
6 나는 성전 쪽에서 누가 내게 말하는
것을 들었다. 한 사람이 내 옆에 서
있었다.
7 그분이 내게 말했다. "사람아, 이곳
은 내 보좌가 있을 곳이며 내 발이 있
을 곳이다. 이곳이 바로 이스라엘 자
손들 가운데서 내가 영원히 살 곳이
다. 이스라엘 족속, 곧 그들과 그들의
왕들이 다시는 그들의 창녀 짓으로나
그들의 산당에 있는 그들의 왕들의
시체로 인해 내 거룩한 이름을 더럽
히지 않을 것이다.
8 내 문턱 곁에 자기 문턱을 두고 내 문
기둥 곁에 그들의 문기둥을 두며 그
들과 나 사이에 벽을 두고서 그들이
자행한 혐오스러운 일들로 인해 그들
이 내 거룩한 이름을 더럽혔다. 그래
서 내가 진노해 그들을 멸망시켰다.
9 이제 창녀 짓과 그들의 왕들의 시체
들을 내게서 멀리하도록 하여라. 그러
면 내가 그들 가운데서 영원히 살 것
이다.
10 사람아, 성전의 모습을 이스라엘의
족속에게 알려 주어서 그들이 그들
의 죄악을 부끄러워하게 하고 그들로
하여금 성전의 모양을 측정하게 하여
라.
11 그리고 만약 그들이 행한 모든 일들
을 그들이 부끄러워하면 그 성전의
모양과 그 배열과 출입구들과 전체
모습과 모든 법령과 모든 법도와 모
든 율법을 그들에게 보여 주어라. 그
리고 그것을 그들이 보는 데서 기록
해 그들이 그의 모든 법도와 그의 모
든 법령들을 지키고 그것들을 실행하
도록 하여라.
12 이것이 성전의 법도다. 산꼭대기 주변
의 지역은 지극히 거룩할 것이다. 이
것이 성전의 율법이다."

회복된 제단

13 "이것들은 제단을 큰 규빗으로 측정
한 것이다. (큰 *1규빗은 *1규빗에다
한 뼘만큼 더한 길이다.) 밑받침은 높
이가 *1규빗, 너비가 *1규빗이고, 그
가장자리를 둘러 있는 경계는 너비가
한 뼘이다. 그리고 제단의 높이는 이
러하다.
14 바닥에 닿는 밑받침부터 아래쪽 단까
지는 높이가 *2규빗, 단의 너비가 *1
규빗이고 그 단부터 그다음 단까지는
높이가 *4규빗, 단의 너비가 *1규빗이
다.
15 번제단의 높이는 *4규빗이고 그 위에
솟은 뿔이 네 개다.
16 번제단은 길이가 *12규빗, 너비가
*12규빗으로 정사각형이다.

43:13,14 1규빗은 약 52.5센티미터 43:14 2규빗은 약 1.1미터 43:14,15 4규빗은 약 2.1미터 43:16 12규빗은 약 6.3미터

17 그 밑의 단도 길이가 *14규빗, 너비가
*14규빗으로 정사각형인데 그 가장
자리를 둘러 있는 경계는 *2분의 1규
빗이고 *1규빗짜리 받침이 둘러 있다.
제단의 계단은 동쪽을 향하고 있다."
18 그리고 그분이 내게 말했다. "사람아,
주 여호와가 이렇게 말한다. 이것들
은 제단 만드는 날에 그 위에서 번제
를 드리고 그 위에 피를 뿌리는 제단
에 관한 규례들이다.
19 사독의 후손들로 나를 섬기려고 내
게 다가오는 레위 사람들인 제사장들
에게 너는 속죄제물로 어린 수송아지
한 마리를 주어라. 주 여호와의 말이
다.
20 너는 그 피를 조금 가져다가 제단 위
의 네 뿔과 제단 아래 단 네 귀퉁이
와 그 가장자리에 발라서 제단을 정
결하게 하고 속죄하여라.
21 너는 속죄제물로 수송아지를 가져다
가 성소 밖에 있는 성전의 정해진 장
소에서 태워라.
22 둘째 날에는 네가 속죄제물로 흠 없
는 숫염소 한 마리를 드려서 수송아
지로 정결하게 한 것처럼 제단을 정결
하게 하여라.
23 네가 제단을 정결하게 하기를 끝마
쳤을 때 흠 없는 수송아지 한 마리와
양 떼 가운데 흠 없는 숫양 한 마리
를 드리도록 하여라.
24 네가 여호와 앞에 그것들을 드려라.
그리고 제사장들은 그 위에 소금을
뿌려서 그것들을 여호와께 번제로 드
릴 것이다.
25 너는 7일 동안 속죄제물로 매일 숫염
소 한 마리를 준비하고 또한 흠 없는
어린 수송아지와 양 떼 가운데 흠 없
는 숫양 한 마리씩을 준비하여라.
26 7일 동안 그들이 제단을 속죄하고
정결하게 해 봉헌할 것이다.
27 이날들이 끝나고 8일째 되는 날과 그
이후에는 제사장들이 네 번제물과
화목제물을 제단에 바칠 것이다. 그
러면 내가 너희를 받아들일 것이다.
주 여호와의 말이다."

회복된 제사장직

44 그리고 그분은 나를 동쪽을
향해 난 성소 바깥문 방향으
로 다시 데리고 갔다. 그런데 문이 닫
혀 있었다.
2 여호와께서 내게 말씀하셨다. "이 문
은 닫혀 있고 열리지 않을 것이다. 아
무도 이 문을 통해 들어올 수 없다.
이스라엘의 하나님 여호와가 이 문을
통해 들어갔기 때문이다. 그러므로
이 문은 닫혀 있을 것이다.
3 오직 왕만이 그 안에 앉아서 여호와
앞에서 음식을 먹을 수 있다. 그는 통
로의 현관쪽 문을 통해 들어올 수 있
을 것이요, 나갈 때도 같은 길로 나갈
것이다."
4 그러자 그분이 성전 앞 북쪽 문을 통
해 나를 데려갔다. 내가 보니 여호와
의 영광이 여호와의 성전을 가득 채

43:17 14규빗은 약 7.4미터, 2분의 1규빗은 약 26센티미터, 1규빗은 약 52.5센티미터

우고 있었다. 그래서 나는 얼굴을 땅
에 대고 엎드렸다.
5 여호와께서 내게 말씀하셨다. "사람
아, 내가 여호와의 성전에 대한 모든
규례와 모든 율법에 대해 네게 말하
는 것 모두를 네 마음속에 잘 간직하
여라. 네 눈으로 똑똑히 보고 네 귀
로 잘 들어라. 성전의 모든 입구와 성
소의 모든 출구에 대해 주의해야 한
다.
6 반역하는 이스라엘 족속에게 말하여
라. '주 여호와가 이렇게 말한다. 이스
라엘 족속아, 너희의 혐오스러운 일
들은 그것으로 충분하다!
7 너희가 마음과 몸에 할례를 받지 않
은 이방 사람들을 데려와 내 성소 안
에 있게 해서 내 성전을 더럽히고 너
희가 내게 음식과 기름과 피를 바쳤
으니 너희의 모든 혐오스러운 일들로
인해 너희가 내 언약을 깨 버렸다.
8 너희가 내 거룩한 물건들에 관한 의
무를 지키지 않았다. 도리어 너희는
사람을 둬 너희 대신 내 성소를 지키
게 했다.
9 나 주 여호와가 이렇게 말한다. 마음
과 몸에 할례를 받지 않은 이방 사람
은 이스라엘 자손들 가운데서 살고
있는 이방 사람들이라고 할지라도 어
느 누구도 내 성소에 들어오지 못할
것이다.
10 이스라엘이 길을 잃었을 때 내게서 멀
리 떠나고 또 길을 잃고 나를 떠나 그
들의 우상들을 좇았던 레위 사람들
은 자기의 죄를 감당해야 할 것이다.
11 그러나 그들은 성전 문지기로서, 또
성전을 섬기는 사람들로서 내 성소에
서 섬길 것이다. 그들은 백성들을 위
해 번제물과 희생제물을 잡고 백성들
앞에 서서 그들을 섬길 것이다.
12 그들이 우상들 앞에서 백성들을 섬
기고 도리어 이스라엘 족속이 죄에
빠지게 하는 걸림돌이 됐기 때문이
다. 그러므로 내가 그들에게 대적해
손을 들어 맹세하니 그들이 그들의
죄를 감당해야 할 것이다. 주 여호와
의 말이다.
13 그들은 네 제사장으로 내게 가까이
오지 못할 것이고 내 거룩한 물건 어
떤 것이나, 내 지극히 거룩한 제물 가
운데 어떤 것에도 가까이하지 못할
것이다. 그들은 그들의 수치와 그들이
자행한 혐오스러운 일들을 감당해야
할 것이다.
14 그러나 내가 성전의 직무와 모든 시
중과 그 안에서 해야 할 모든 일을 그
들에게 맡길 것이다.
15 그러나 이스라엘 자손이 내게서 떠나
길을 잃었을 때 충실하게 내 성소의
직무를 맡았던 사독 자손인 레위 사
람 제사장들은 나를 섬기기 위해 내
게 가까이 올 수 있다. 그들이 내 앞
에 서서 기름과 피로 제물을 내게 바
칠 것이다. 주 여호와의 말이다.
16 그들은 내 성소로 들어올 수 있을 것
이고 내 상에 가까이 다가와서 나를
섬기고 내가 맡긴 직무를 수행할 것

이다.
17 그들은 안뜰의 문으로 들어올 때 모
시옷을 입어야 한다. 그들이 안뜰 문
이나 성전 안에서 섬길 때 양털 옷을
입어서는 안 된다.
18 그들은 머리에 모시 띠를 두르고 허
리에 모시 속옷을 입을 것이다. 땀이
날 만한 것은 어떤 것도 걸쳐서는 안
된다.
19 바깥뜰로 나가 백성들에게로 나갈 때
그들은 안에서 섬길 때 입었던 옷을
벗어서 거룩한 방에 놓고 다른 옷들
을 입어야 한다. 그들이 그들의 옷으
로 백성들을 거룩하게 할 수 없도록
하려는 것이다.
20 그들은 머리를 면도하거나 기르지 말
아야 한다. 다만 그들의 머리를 잘 손
질하기만 해야 할 것이다.
21 어떤 제사장도 그들이 안뜰로 들어갈
때 포도주를 마셔서는 안 된다.
22 그들은 과부나 이혼한 여자를 아내
로 맞아들이지 말아야 하고 오직 이
스라엘 족속의 자손인 처녀나 제사장
남편을 두었던 과부를 맞아들일 것이
다.
23 그들은 내 백성들에게 거룩한 것과
속된 것의 구별을 가르치고 그들이
부정한 것과 정결한 것을 구별해 알
게 해야 한다.
24 어떤 논쟁이 있다면 제사장들은 재판
자가 돼서 내 규례에 따라서 심판해
야 한다. 제사장들은 모든 정해진 절
기에 내 율법과 내 법령을 지켜야 하
고 내 안식일을 거룩하게 지켜야 한
다.
25 제사장은 죽은 사람 가까이에 가서
자신을 더럽히지 말 것이다. 그러나
죽은 사람이 자기 아버지나 어머니나
아들이나 딸이나 형제나 결혼하지 않
은 자매일 때는 그가 자신을 더럽혀
도 된다.
26 그가 정결하게 된 뒤에 그는 7일을 기
다려야 한다.
27 성소에서 섬기려고 성소의 안뜰에 들
어가는 날 그는 자신을 위해 속죄제
물을 드려야 한다. 나 주 여호와의 말
이다.
28 그들의 *유산에 관해서 말하자면 내
가 그들의 *유산이다. 너희는 이스라
엘 가운데서 그들에게 어떤 재산도
주어서는 안 된다. 내가 그들의 재산
인 것이다.
29 그들은 곡식제물과 속죄제와 속건제
의 제물을 먹을 것이다. 이스라엘에
서 여호와께 *바쳐진 모든 것이 그들
의 것이 될 것이다.
30 모든 것의 첫 열매와 너희가 바친 모
든 특별한 예물 가운데 가장 좋은 것
이 제사장들의 것이 될 것이다. 너희
는 또한 너희의 첫 밀가루를 제사장
에게 주어서 너희 집에 복을 내리게
하라.
31 제사장들은 새나 짐승 가운데 자연
적으로 죽은 것이나 들짐승에 찢긴

44:28 또는 기업, 유업 44:29 또는 구별하여. 히브리어, 헤렘. 여호와께 바친 사람이나 물건으로서 취소할 수 없는 제물을 말함.

것을 먹지 말아야 한다.'"

회복된 이스라엘

45 "'너희가 땅을 제비 뽑아 나눠
유산으로 삼을 때 땅 가운데
한 구역을 여호와를 위해 거룩하게 구
별해 두라. 그 길이는 *2만 5,000규
빗, 너비는 *1만 규빗으로 해야 한다.
그 주변 구역은 모두 거룩할 것이다.
2 이 가운데 가로, 세로 *500규빗 되는
정사각형 구역은 성소를 위한 것이
다. 그 주변 가장자리 *50규빗은 비
워 둘 것이다.
3 이곳에서 길이 *2만 5,000규빗, 너비
*1만 규빗 되는 구역을 재서 그 안에
성소를 둘 것이니 그곳은 지극히 거
룩한 곳이다.
4 그곳은 거룩한 땅으로 성소를 섬기는
사람들, 곧 여호와를 섬기려고 가까
이 나아오는 제사장들에게 속한 땅
이다. 그곳은 제사장들의 집터요, 성
소를 위한 거룩한 곳이다.
5 길이 *2만 5,000규빗, 너비 *1만 규
빗의 구역은 성전에서 섬기는 레위 사
람들의 것으로 성읍을 세워 살게 하
라.'"
6 "'너희는 거룩한 구역 옆에다가 너비
*5,000규빗, 길이 *2만 5,000규빗의
구역을 정해 그 성읍의 소유지로 삼
으라. 그것은 이스라엘 족속 모두에
게 속한 것이다.
7 왕은 거룩한 지역과 성읍의 소유지의
양쪽 땅 모두를 소유하게 된다. 그 경
계는 거룩한 지역과 성읍의 소유지를
따라서 서쪽으로는 서쪽 경계까지, 동
쪽으로는 동쪽 경계까지고 그 길이는
서쪽 경계에서 동쪽 경계까지 한 지파
가 받는 땅과 나란히 있을 것이다.
8 이 땅은 이스라엘에서 왕의 소유지가
될 것이다. 그러면 내 왕들이 더 이상
내 백성들을 압제하지 않고 나머지

45:1,3,5,6 2만 5,000규빗은 약 13.1킬로미터 45:1,3,5 1만 규빗은 약 5.3킬로미터, 히브리어를 따름. 칠십인역에는 2만 규빗 45:2 500규빗은 약 262.5미터, 50규빗은 약 26.3미터 45:6 5,000규빗은 약 2.6킬로미터

Q&A 하나님은 왜 저울 사용법을 말씀하셨을까?

참고 구절 | 겔 45:9–12

구약 성경에는 우리가 지금 사용하지 않는 도량형의 단위들이 많이 나와 있다. 에스겔서에서도 하나님은 에바, 밧, 호멜, 게라, 마네 등 여러 종류의 도량형에 대해 말씀하셨다(겔 45:9–12). 왜 하나님은 이렇게 많은 종류의 저울 사용법을 말씀하셨을까?
그것은 도량형을 통하여 하나님의 공의와 정의의 속성을 보여 주시기 위함이었다. 특별히 왕들이 정의와 공의를 행하는 것을 하나님이 기뻐하신다는 것을 말씀하시기 위해서였다(겔 45:9). 하나님은 사유 재산 보호(출 20:17), 학대와 억압 금지(출 22:21–27), 공정한 임금 지급(신 24:14–15) 등 사회 정의에 대해 매우 강력하게 말씀하셨다. 하나님은 모든 면에서 우리가 하나님처럼 공의와 정의를 행하며 살아가길 원하신다.

땅을 그들의 지파에 따라 이스라엘
족속에게 줄 것이다.'
9 '나 주 여호와가 이렇게 말한다. 이스
라엘 왕들아, 이제 그만하라! 너희는
부정과 폭력을 버리고 정의와 의로움
을 행하며 내 백성들에게서 빼앗는
일을 중지하라. 나 주 여호와의 말이
다.
10 너희는 공평한 저울과 공평한 *에바
와 공평한 *밧을 사용해야 한다.
11 에바와 밧은 크기를 같게 해 밧이 *호
멜의 10분의 1, 에바가 *호멜의 10
분의 1이 되게 하라. 그 둘의 크기는
*호멜에 따라야 할 것이다.
12 *세겔은 *20게라다. *20세겔 더하기
*25세겔 더하기 *15세겔은 *1마네가
되는 것이다.'"
13 "'이것이 너희가 드려야 할 예물이다.
곧 밀 *1호멜에서 6분의 1에바를 드
리고 보리 *1호멜에서 *6분의 1에바
를 드려야 할 것이다.
14 기름은 규례대로 *1고르당 10분의 1
밧이다. *10밧은 *1호멜과 같으므로
*1고르는 *1호멜 또는 *10밧이다.
15 또 이스라엘의 풍성한 목초지에서
200마리 양 떼 가운데 1마리를 드릴
것이다. 이것들은 백성들의 속죄를
위해 곡식제사와 번제와 화목제로 쓰
일 것이다. 나 주 여호와의 말이다.
16 그 땅의 모든 백성들은 이 예물을 이
스라엘의 왕에게 드릴 것이다.
17 명절과 초하룻날과 안식일과 이스라
엘 족속의 모든 정해진 절기 때 번제
물과 곡식제물과 전제물을 드리는 것
은 왕이 할 일이다. 그는 이스라엘 집
의 속죄를 위해 속죄제, 곡식제사, 번
제, 화목제를 준비해야 한다.
18 나 주 여호와가 이렇게 말한다. 첫째
달 첫째 날에는 너희가 흠 없는 어린
수송아지를 잡고 성소를 정결하게 할
것이다.
19 제사장은 속죄제의 피를 가져다가 성
전 문기둥과 제단 아래 단 네 귀퉁이
와 안뜰 문의 문기둥에 바를 것이다.
20 너희 가운데 의도하지 않고 죄를 지
었거나 모르고 죄를 지은 사람을 위
해 매달 7일에도 이와 똑같이 해야
한다. 그렇게 해서 너희가 성전을 속
죄할 것이다.
21 첫째 달 14일에는 너희가 유월절을
지키라. 7일간의 명절 기간 동안 너희
는 누룩 없는 빵을 먹을 것이다.
22 그날 왕은 자신과 그 땅의 모든 백성
들을 위해서 속죄제물로서 수송아지
한 마리를 준비할 것이다.
23 명절의 7일 동안 그는 매일 흠 없는
수송아지 일곱 마리와 숫양 일곱 마
리를 번제물로 드려야 한다. 또 숫염
소 한 마리를 속죄제물로 여호와께
드려야 한다.
24 그는 곡식제사를 수송아지 한 마리

45:10 곡식을 측정하는 부피 단위 45:10 액체의 양을 측정하는 단위 45:11,13,14 1호멜은 약 220리터 45:12 1세겔은 약 11.4그램, 20게라는 약 0.6그램, 20세겔은 약 228그램, 25세겔은 약 285그램, 15세겔은 약 171그램, 1마네, 곧 60세겔은 약 684그램 45:13 6분의 1에바는 약 3.7그램 45:14 1고르, 곧 1호멜 또는 10밧은 약 220리터

에 *1에바씩, 숫양 한 마리에 *1에바
씩, 그리고 그 *1에바마다 기름 *1힌
씩을 같이 드려야 한다.
25 일곱째 달 15일의 명절에도 그는 7일
동안 이와 같이 해 속죄제물과 번제
물과 곡식제물과 기름을 드릴 것이
다.'"

46

"'나 주 여호와가 이렇게 말한
다. 안뜰 동쪽으로 향하는 문
은 일하는 6일간은 닫아 놓을 것이
다. 안식일에는 열어 놓을 것이다. 또
초하룻날에도 열어 놓을 것이다.
2 왕은 밖에서 문의 현관 통로를 통
해 들어와 문의 문기둥 옆에 서야 한
다. 제사장들은 왕의 번제와 화목제
를 준비해야 한다. 왕은 문턱에서 경
배를 드린 뒤 밖으로 나갈 것이다. 그
문은 저녁때까지 닫지 말 것이다.
3 이와 같이 이 땅 백성들도 안식일과
초하룻날에 그 문 입구에서 여호와
앞에 경배해야 한다.
4 왕이 안식일에 여호와께 드릴 번제물
은 흠 없는 어린양 여섯 마리와 흠 없
는 숫양 한 마리다.
5 곡식제물로 숫양 한 마리에 *1에바,
곡식제물로 어린양에 대해서는 그가
드리고 싶은 대로 드릴 것이다. *1에
바에 기름 *1힌을 함께 드려야 한다.
6 초하룻날에는 흠 없는 수송아지 한
마리, 어린양 여섯 마리, 숫양 한 마
리를 드려야 한다. 모두 흠이 없어야
할 것이다.
7 또 곡식제물은 수송아지 한 마리에
*1에바, 숫양 한 마리에 *1에바, 어린
양들에 대해서는 그가 드리고 싶은
대로 드릴 것이다. 또 *1에바에 기름
*1힌씩을 드릴 것이다.
8 왕이 들어갈 때는 그 문의 현관을 통
해 들어가고 나올 때도 같은 길로 나
와야 한다.
9 그 땅의 백성들이 정한 절기에 여호
와 앞에 나올 때 북쪽 문으로 들어와
서 경배한 사람은 남쪽 문으로 나갈
것이고 남쪽 문으로 들어와 경배한
사람은 북쪽 문으로 나갈 것이다. 그
가 들어온 문으로 돌아가지 말고 반
대쪽 문으로 나가야 하는 것이다.
10 왕은 그들 가운데 있어서 그들이 들
어올 때 그가 들어오고 그들이 나갈
때 그가 나가야 한다.
11 명절 때와 정해진 절기에 드릴 곡식
제물은 수소 한 마리에 *1에바, 숫양
한 마리에 *1에바, 어린양들에 관해
서는 그가 드리고 싶은 대로 드릴 것
이다. *1에바에 기름 *1힌씩을 같이
드려야 한다.
12 왕이 *자진해서 여호와께 번제물이
나 화목제물을 드릴 때는 그를 위해
동쪽 문을 열어 둘 것이다. 그는 안식
일에 그가 한 것처럼 번제와 화목제
를 드리고 나갈 것이다. 그가 나가고
나면 문을 닫을 것이다.
13 너희는 매일 1년 된 흠 없는 어린양을
여호와께 번제물로 바쳐야 한다. 아침

45:24;46:5,7,11 1에바는 약 22리터, 1힌은 약 4리터
46:12 왕에게 요구되는 것 이상으로

마다 그것을 준비해야 한다.
14 또 아침마다 그것과 함께 곡식제사를
준비하되 *6분의 1에바와 기름 *3분
의 1힌을 밀가루와 섞어서 드릴 것이
다. 여호와께 드리는 이 곡식제사는
영원히 계속될 규례다.
15 이렇게 어린양과 곡식제물과 기름을
준비해 아침마다 정규적인 번제로 드
려야 한다.
16 나 주 여호와가 이렇게 말한다. 왕이
자기의 유산을 자기 아들 가운데 하
나에게 선물로 주면 그것은 그의 자
손에게 속하게 돼 유산으로 그들이
소유할 것이다.
17 그러나 만약 왕이 자기 종들 가운데
하나에게 자기 유산을 선물로 주면
그것은 희년이 될 때까지 그 종의 것
이다. 그러나 그 후에는 그가 다시 왕
에게 돌려주어야 한다. 왕의 유산은
왕의 아들들의 것이기 때문이다. 유
산은 그들의 것이다.
18 왕은 백성들의 유산을 빼앗아서는
안 되고 그들을 그들의 소유지에서
쫓아내서도 안 된다. 왕이 자기 아들
들에게 유산으로 줄 것은 자기 소유
지에서 주어야 한다. 내 백성들 가운
데 어느 누구도 자기 소유지에서 떨
어져 나가서는 안 된다.'"
19 그리고 그 문의 옆에 있는 입구를 지
나 북쪽을 향한 제사장들의 거룩한
방들로 그 사람이 나를 데리고 갔는
데 서쪽 끝에 한 곳이 있었다.
20 그가 내게 말했다. "이곳은 제사장들
이 속건제물과 속죄제물을 요리하고
곡식제물을 굽는 곳이다. 이것은 그
들이 그 제물들을 바깥뜰로 가져가
서 백성들을 거룩하게 하는 일이 없
게 하려는 것이다."
21 그리고 그가 나를 바깥뜰로 데리고
가서 그 뜰의 네 모퉁이를 지나가게
했다. 그런데 각 뜰의 모퉁이마다 다
른 뜰이 있었다.
22 바깥뜰의 네 모퉁이에는 닫힌 뜰이
있었는데 그 길이는 *40규빗, 너비는
*30규빗이었다. 네 모퉁이에 있는 뜰
들은 크기가 같았다.
23 네 뜰 둘레에는 돌담이 있었는데 그
밑에는 고기 삶는 곳이 있었다.
24 그가 내게 말했다. "이곳은 부엌으로
성전에서 섬기는 사람들이 백성의 제
물을 요리하는 곳이다."

성전에서 흘러나오는 강

47 그리고 그 사람이 나를 다시
성전 입구로 데려갔는데 성전
문턱 아래로부터 물이 나와서 동쪽
으로 흘러가고 있었다. 성전이 동쪽
을 향하고 있었기 때문이다. 물은 성
전 오른쪽 아래, 제단의 남쪽에서 흘
러나오고 있었다.
2 그가 나를 데리고 북쪽 문 방향으로
나와서 나를 바깥 방향으로, 동쪽으
로 향하는 바깥 문 방향으로 인도해
갔다. 물이 오른쪽에서 흘러나오고
있었다.

46:14 6분의 1에바는 약 3.7그램, 3분의 1힌은 1.3리터
46:22 40규빗은 약 21미터, 30규빗은 약 15.8미터

3 그때 그 사람이 줄자를 손에 쥐고 동
쪽으로 가면서 그가 *1,000규빗을 재
고 나를 데리고 물속으로 갔다. 물이
내 발목까지 차올랐다.
4 그가 다시 *1,000규빗을 쟀다. 그러
고는 나를 데리고 물속으로 갔는데
물이 내 무릎까지 차올랐다. 그가 다
시 *1,000규빗을 쟀다. 그러고는 나
를 데리고 물속으로 갔는데 물이 내
허리까지 차올랐다.
5 그가 다시 *1,000규빗을 쟀다. 그러자
이제는 강물이 돼 내가 건널 수 없게
됐다. 물이 차올라서 헤엄치기에 충분
했고 도저히 건널 수 없는 강이 됐다.
6 그가 내게 물었다. "사람아, 이것을
보느냐?" 그리고 그가 나를 데리고
다시 강둑으로 돌아갔다.
7 내가 돌아가 보니 강둑을 따라 수많
은 나무들이 양쪽으로 서 있었다.
8 그가 내게 말했다. "이 물은 동쪽 지
역으로 흘러 *아라바로 가서 *바다로
들어간다. 강물이 *바다에 이르렀을
때 바닷물이 살아나는 것이다.
9 강물이 흘러가는 곳마다 떼 지어서
움직이는 모든 생물이 살 것이고 물
고기들이 수없이 많을 것이다. 이 물
이 그곳으로 가서 바닷물이 살아나게
되기 때문이다. 강물이 흘러가는 곳

47:3,4,5 1,000규빗은 약 525미터 47:8 요단 계곡을 가리킴. 47:8 염해를 가리킴.

성·경·상·식 성경에 묘사된 하나님 나라

• **생명수강** 온 인류에게 구원을 주시는 예수 그리스도의 보혈과 성령을 상징한다(요 4:10;7:38).
• **생명나무** 하나님의 은혜로 성도들이 풍성한 생명을 누리게 됨을 상징한다.

	에덴동산	새 성전	새 예루살렘
생명수강	"강 하나가 에덴으로부터 나와서 동산을 적시고 … 첫째 이름은 비손인데 … 기혼인데 … 티그리스인데 … 유브라데입니다"(창 :10-14).	"… 문턱 아래로부터 물이 나와서 동쪽으로 흘러가고 … 도저히 건널 수 없는 강이 됐다"(겔 7:1-5).	"그 후 천사는 하나님과 어린양의 보좌로부터 흘러나오는 수정같이 맑은 생명수 강을 내게 보여 주었습니다. 강물은 도성의 길 한가운데로 흐르고 있고"(계 22:1-2상).
생명나무	"여호와 하나님께서는 보기에도 아름답고 먹기에도 좋은 온갖 나무가 땅에서 자라게 하셨습니다. 동산 한가운데는 생명나무가 있었고 선악을 알게 하는 나무도 있었습니다"(창 2:9).	"… 강물이 바다에 이르렀을 때 바닷물이 살아나는 것이다. … 갖가지 먹는 열매를 맺는 나무들이 강둑을 따라 양쪽으로 자랄 것이다. … 달마다 열매가 열릴 것이다. 그 강물이 성소에서부터 흘러나오기 때문이다 … "(겔 47:6-12).	"강 양쪽에 있는 생명나무는 매달 열매를 맺어 열두 열매를 맺고 나뭇잎들은 나라들을 치료하는 데 쓰입니다"(계 22:2하).

마다 모든 것이 살 것이다.
10 어부들이 바닷가에 서 있을 것이다.
엔게디에서부터 에네글라임까지 그물
치는 곳이 있을 것이다. 그곳에 사는
물고기들은 그 종류에 있어서 *대해
의 물고기처럼 매우 많을 것이다.
11 그러나 그 늪과 습지는 살아나지 못
하고 소금 땅이 될 것이다.
12 갖가지 먹는 열매를 맺는 나무들이
강둑을 따라 양쪽으로 자랄 것이다.
그 나뭇잎이 시들지 않을 것이고 그
열매가 끊이지 않을 것이다. 달마다
열매가 열릴 것이다. 그 강물이 성소
에서부터 흘러나오기 때문이다. 그
열매는 음식이 되고 그 잎사귀들은
약이 될 것이다."

땅의 경계

13 주 여호와께서 이렇게 말씀하셨다.
"너희들이 이스라엘 열두 지파에게
유산으로 나눠 줄 땅의 경계는 다음
과 같다. 요셉은 두 몫을 얻을 것이다.
14 내가 너희 조상들에게 이 땅을 줄 것
이라고 내 손을 들어 맹세했기 때문
에 너희는 서로 동등하게 이 땅을 유
산으로 나눠 가지라. 이 땅은 너희의
유산이 될 것이다.
15 이것이 이 땅의 경계다. 북쪽 경계는
*대해에서부터 헤들론 길을 따라 르
모하맛을 지나 스닷까지,
16 하맛과 브로다까지, 다메섹 경계와 하
맛 경계 사이에 놓여 있는 시브라임
과 하우란 경계에 있는 하셀핫디곤까
지다.
17 그 경계는 *바다에서부터 다메섹 북
쪽 경계에 있는 *하살에논까지다. 또
북쪽에 있는 하맛 경계까지다. 이것이
북쪽 경계다.
18 동쪽 경계는 하우란과 다메섹 사이에
서부터 길르앗과 이스라엘 땅 사이에
있는 요단 강을 따라 동쪽 바다까지
다말에 이르렀다. 이것이 동쪽 경계다.
19 남쪽 경계는 다말에서부터 므리봇 가
데스의 물까지고 또 이집트 시내를 따
라 *대해까지다. 이것이 남쪽 경계다.
20 서쪽 경계는 *대해가 경계가 돼 반대
편 르보하맛까지다. 이것이 서쪽 경계
다.
21 너희는 이스라엘 지파에 따라 이 땅
을 유산으로 나눠야 한다.
22 너희는 너희 자신을 위해, 또 너희 가
운데 정착해 너희 가운데서 자식을
낳은 이방 사람들을 위해 이 땅을 유
산으로 할당하라. 너희는 그들을 이
스라엘의 자손으로 태어난 것으로 여
겨야 한다. 그들도 너희와 함께 이스
라엘 지파 가운데 유산을 할당받아
야 한다.
23 이방 사람이 어떤 지파에 정착했든
간에 너희는 그에게 그의 유산을 주
어야 한다. 주 여호와의 말이다."

땅의 분배

48 "이것들이 지파들의 이름들이
다. 북쪽 끝에서부터 헤들론 길
을 따라 르보하맛을 지나서 다메섹 경

47:10,15,19,20 지중해를 가리킴. 47:17 대해(지중해)를 가리킴. 47:17 또는 하살에난(민 34:9-10을 보라.)

계에 있는 하살에논까지, 곧 북쪽으
로 하맛 경계에 이르는 땅의 동쪽에
서 서쪽까지는 단의 몫이다.
2 단의 경계 다음 동쪽에서 서쪽까지가
아셀의 몫이다.
3 아셀의 경계 다음 동쪽에서 서쪽까지
가 납달리의 몫이다.
4 납달리의 경계 다음 동쪽에서 서쪽까
지가 므낫세의 몫이다.
5 므낫세의 경계 다음 동쪽에서 서쪽까
지가 에브라임의 몫이다.
6 에브라임의 경계 다음 동쪽에서 서쪽
까지가 르우벤의 몫이다.
7 르우벤의 경계 다음 동쪽에서 서쪽까
지가 유다의 몫이다.
8 유다 경계 다음 동쪽에서 서쪽까지가
너희가 따로 구별해 드릴 예물이다.
그곳은 너비가 *2만 5,000규빗, 길이
는 동쪽에서 서쪽까지 한 지파의 몫
과 같다. 그 땅 가운데 성소가 있을
것이다.
9 너희가 여호와께 구별해 드릴 예물은
길이가 *2만 5,000규빗, 너비가 *2만
규빗이다.
10 이 거룩한 예물은 제사장들에게 속
하게 될 것이다. 그것은 북쪽으로 길
이가 *2만 5,000규빗, 서쪽으로 너비
가 *1만 규빗, 동쪽으로 너비가 1만
규빗, 남쪽으로 길이가 *2만 5,000규
빗이다. 그 가운데 여호와의 성소가
있을 것이다.
11 그곳은 제사장들을 위한 곳인데 그
들은 사독의 자손들로 거룩하게 구별
된 사람들로서 내가 맡긴 임무를 잘
지켰다. 레위 사람들이 길을 잘못 간
것처럼 이스라엘 자손이 길을 잘못
갔을 때 그들은 길을 잘못 가지 않은
사람들이다.
12 그것은 지극히 거룩한 땅의 일부분으
로 그들에게 특별한 예물이 될 것이
며 레위 사람들의 땅과 경계를 이루
고 있다.
13 제사장들의 땅과 경계를 하고 있는
레위 사람들이 가질 땅은 길이가 *2
만 5,000규빗, 너비가 *1만 규빗이다.
전체 길이가 *2만 5,000규빗이고 너
비가 *1만 규빗이다.
14 그들은 그 땅을 팔아도 안 되며 교환
해서도 안 된다. 또 가장 좋은 땅인
이것을 다른 사람에게 넘겨서도 안
된다. 이것은 여호와께 거룩하기 때문
이다.
15 나머지 *5,000규빗 너비에 *2만
5,000규빗 길이의 땅은 성읍의 일반
적인 용도, 곧 집터와 목초지로 사용
될 것이다. 성읍이 그 한가운데 있을
것이다.
16 이것들이 그 크기다. 북쪽으로 *4,500
규빗, 남쪽으로 *4,500규빗, 동쪽으
로 *4,500규빗, 서쪽으로 *4,500규빗
이어야 한다.
17 성읍의 목초지는 북쪽으로 *250규

48:8,9,10,13,15 2만 5,000규빗은 약 13.1킬로미터 48:9 2만 규빗은 약 10.5킬로미터 48:10,13 1만 규빗은 약 5.3킬로미터 48:15 5,000규빗은 약 2.6킬로미터 48:16 4,500규빗은 약 2.4킬로미터 48:17 250규빗은 약 131미터

빗, 남쪽으로 *250규빗, 동쪽으로
*250규빗, 서쪽으로 *250규빗이어야
한다.
18 거룩한 땅에 길이로 접하고 있는 그
땅의 나머지 지역은 동쪽으로 *1만
규빗, 서쪽으로 *1만 규빗이다. 그 땅
은 거룩한 땅과 접하고 있으며 그곳
에서 생산되는 것은 성읍의 일꾼들
을 위한 양식이 될 것이다.
19 이스라엘 모든 지파에서 모인 성읍의
일꾼들이 그 땅을 경작할 것이다.
20 전체 영토는 정사각형으로 가로, 세
로가 각각 *2만 5,000규빗이다. 너희
는 예물로 그 거룩한 땅을 성읍의 소
유지와 함께 구별해 둬야 한다.
21 거룩한 땅과 성읍의 소유지 양편에 있
는 나머지 땅은 왕에게 속한다. 그 거
룩한 땅의 동쪽 경계까지 *2만 5,000
규빗, 서쪽으로는 서쪽 경계까지 *2만
5,000규빗이다. 이것은 다른 지파 몫
의 땅들과 접하고 있는 곳으로 왕에
게 속한 곳이다. 거룩한 땅과 성전의
성소가 그 한가운데 있을 것이다.
22 또한 레위 사람들의 소유지와 왕에게
속한 땅의 한가운데 있는 성읍의 소유
지와는 별도로 유다 경계와 베냐민 경
계 사이의 땅도 왕에게 속할 것이다.
23 나머지 지파들로 말하자면 그다음 동
쪽에서 서쪽까지가 베냐민의 몫이다.
24 베냐민의 경계 다음 동쪽에서 서쪽까
지가 시므온의 몫이다.
25 시므온의 경계 다음 동쪽에서 서쪽까
지가 잇사갈의 몫이다.
26 잇사갈의 경계 다음 동쪽에서 서쪽까
지가 스불론의 몫이다.
27 스불론의 경계 다음 동쪽에서 서쪽까
지가 갓의 몫이다.
28 갓의 경계는 남쪽으로 다말에서 므리
바 가데스의 물에까지 이르고 그리고
이집트 시내를 따라 *대해까지다.
29 이것이 너희가 이스라엘 지파들에게
유산으로 나눠 줄 땅이다. 이것들이
그들의 몫이 될 것이다. 주 여호와의
말이다."

새로운 성읍의 문들

30 "이것들이 그 성읍의 출입구들이다.
북쪽은 너비가 *4,500규빗이다.
31 그 성읍의 문들은 이스라엘 지파들의
이름을 따서 지었다. 북쪽의 세 문들
은 르우벤 문, 유다 문, 레위 문이다.
32 동쪽은 너비가 *4,500규빗인데 문이
세 개로 요셉 문, 베냐민 문, 단 문이
다.
33 남쪽은 너비를 재니 *4,500규빗인데
문이 세 개로 시므온 문, 잇사갈 문,
스불론 문이다.
34 서쪽은 너비가 *4,500규빗인데 문이
세 개로 갓 문, 아셀 문, 납달리 문이
다.
35 그 사면 둘레는 *1만 8,000규빗이다.
그 성읍의 이름은 그날부터 *여호와
삼마라고 할 것이다."

48:17 250규빗은 약 131미터 48:18 1만 규빗은 약 5.3킬로미터 48:20,21 2만 5,000규빗은 약 13.1킬로미터 48:28 지중해를 가리킴. 48:30,32,33,34 4,500규빗은 약 2.4킬로미터 48:35 1만 8,000규빗은 약 9.5킬로미터 48:35 히브리어, '여호와께서 거기 계심.'

다니엘

D a n i e l

'구약의 계시록'으로 평가받는 본서는 포로로 끌려간 다니엘과 세 친구들이 풀무 불과 사자 굴 속에서도 하나님의 인도와 보호하심으로 안전하게 살아날 수 있었음을 보여 준다. 아울러 다니엘이 본 환상(7-12장)을 통해 하나님께서 이스라엘의 멸망에도 불구하고 여전히 제국의 흥망성쇠를 주장하시는 역사의 주관자임을 선포한다.

다니엘이 바벨론에서 교육을 받다

1 유다 왕 여호야김이 왕이 돼 다스
린 지 3년째 되던 해입니다. 바벨론
왕 느부갓네살이 예루살렘에 쳐들어
와 예루살렘 성을 포위했습니다.
2 주께서 유다 왕 여호야김을 느부갓네
살 왕에게 포로로 넘겨주셨습니다.
그리고 하나님의 성전에 있던 기구
일부를 느부갓네살 왕의 손에 넘겨주
셨습니다. 그가 이 기구들을 *시날 땅
에 있는 자기들의 신전으로 가지고
가서 그 신전의 보물 창고에 두었습니
다.
3 그 후 왕은 내시의 우두머리인 아스
부나스에게 이스라엘 자손 가운데 왕
족과 귀족 몇 사람을 왕궁으로 데려
오라고 명령했습니다.
4 왕은 바벨론 왕궁에서 왕을 위해 일
할 이스라엘 젊은이들을 데려오게 했
습니다. 데려온 그들은 몸이 건강하
고 잘생겼습니다. 게다가 똑똑해 모
든 일에 지혜롭고 지식이 있으며 이해
가 빨랐습니다. 그들은 바벨론의 말
과 학문을 배웠습니다.
5 왕은 그들에게 왕이 먹는 귀한 음식
과 왕이 마시는 포도주에서 날마다
먹을 것을 주면서 3년 동안 교육시켰
습니다. 교육을 다 마친 후에는 바벨
론 왕을 위해 일하게 했습니다.
6 그 젊은이들 가운데 다니엘, 하나냐,
미사엘, 아사랴가 있었는데 모두 유다
자손이었습니다.
7 내시의 우두머리는 그들에게 새 이름
을 지어 주었습니다. 다니엘은 벨드사
살이라고 불렀고 하나냐는 사드락, 미
사엘은 메삭, 아사랴는 아벳느고라고
불렀습니다.
8 그러나 다니엘은 왕이 먹는 특별한
음식과 왕이 마시는 포도주로 자신
을 더럽히지 않겠다고 결심했습니다.
그래서 내시의 우두머리에게 자신을

1:2 바벨론의 고대 명칭

더럽히지 않도록 해 달라고 부탁했습
니다.
9 그때 하나님께서 다니엘이 내시의 우
두머리에게 은혜와 긍휼을 얻게 하셨
습니다.
10 내시의 우두머리가 다니엘에게 말했
습니다. "나는 내 주 왕이 두렵다. 왕
께서 너희가 먹을 음식과 포도주를
정해 주셨다. 그런데 너희가 먹지 않
아 너희 얼굴이 너희 또래 젊은이보
다 꺼칠한 것을 보시면 어떻게 되겠
는가? 그러면 너희 때문에 내 목숨이
왕 앞에서 위태로울 것이다."
11 그러자 다니엘은 내시의 우두머리가
다니엘과 하나냐와 미사엘과 아사랴
를 감독하라고 세운 관리에게 이렇게
말했습니다.
12 "열흘 동안만 당신의 종들을 시험해
보십시오. 우리가 채소와 물만 먹고
마신 후
13 왕의 귀한 음식을 먹은 젊은이들과
우리의 얼굴을 비교해 보십시오. 그
결과에 따라서 당신의 종들을 마음
대로 처리하십시오."
14 그는 다니엘의 요청을 받아들여서 열
흘 동안 그들을 시험해 보았습니다.
15 열흘이 지났을 때 그들의 얼굴을 보
니 왕이 내린 귀한 음식을 먹은 젊은
이들보다 훨씬 아름답고 건강하고 좋
아 보였습니다.
16 그래서 그들을 감독하는 관리는 그
들에게 먹도록 정해진 음식과 마실
포도주 대신 채소를 주었습니다.
17 하나님께서는 이 네 명의 젊은이들에
게 지식을 주셔서 모든 학문과 재주
에 뛰어나게 하셨습니다. 또한 다니엘
에게는 모든 종류의 환상과 꿈을 깨
닫는 특별한 능력까지 주셨습니다.
18 왕이 정한 기간이 되자 이스라엘 젊
은이들을 불러들이고 내시의 우두머
리는 그들을 데리고 가서 느부갓네살
앞에 세웠습니다.

Q&A 다니엘서는 구약의 계시록인가?

참고 구절 | 단 1–12장

성경 중에서 대표적인 묵시 문학서는 다니엘서와 요한계시록이다. '묵시 문학'이란 이상이나 상징을 통해서 감춰진 하나님의 뜻을 설명하고 미래에 대한 소망을 주는 내용으로 이루어진 문학을 말한다.

특히 다니엘은 메시아의 도래, 부활과 심판 등에 관한 하나님의 종말론적인 계획을 묵시와 환상, 그리고 메시지를 통해서 알려 주었다. 구체적으로는 바벨론 포로 생활 가운데서 하나님의 약속을 의심하고 절망하던 이스라엘 백성들에게 하나님이 열국의 우상보다 뛰어나시며 결단코 자기 백성들을 버리지 않으시는 분임을 확인시켜 주었다(단 3:28–29;6:26–27).

또한 세상 나라들은 언젠가 모두 망하지만 메시아의 왕국, 곧 하나님의 나라는 영원할 것임(단 2–7장)을 예언하였으며 이스라엘도 포로 생활에서 벗어날 것임(단 8–12장)을 예언하였다.

19 왕이 그들과 이야기를 나누어 보니
젊은이들 가운데 다니엘, 하나냐, 미
사엘, 아사랴보다 뛰어난 사람이 없었
습니다. 그래서 그들은 왕을 모시게
됐습니다.
20 왕은 그들에게 모든 일을 물어보았는
데 그들의 지혜와 총명이 그 나라 모
든 지역에 사는 어떤 마법사와 주술
사보다 열 배나 뛰어나다는 사실을
알게 됐습니다.
21 그리하여 다니엘은 고레스가 왕이 된
첫해까지 왕궁에 남아 있었습니다.

느부갓네살의 꿈

2 느부갓네살이 왕이 돼 다스린 지 2
년이 됐습니다. 하루는 느부갓네살
이 꿈을 꾸고서 마음이 답답하고 불
편해 잠을 잘 수가 없었습니다.
2 왕은 자기 꿈을 해몽해 줄 마법사들
과 주술사와 점쟁이와 바벨론의 점성
술사를 부르라고 명령했습니다. 그러
자 그들이 왕 앞에 와서 섰습니다.
3 왕이 그들에게 말씀했습니다. "내가
어떤 꿈을 꾸었는데 그 꿈의 뜻을 알
고 싶어 마음이 답답하고 불편하다."
4 그러자 바벨론 점성술사들이 아람 말
로 왕에게 대답했습니다. *"오 왕이시
여, 만수무강하십시오. 왕께서 그 꿈
을 종들에게 말씀해 주십시오. 그러
면 저희가 해몽해 드리겠습니다."
5 왕이 바벨론 점성술사들에게 말했습
니다. "내가 확실하게 명령한다. 만약
너희가 내 꿈의 내용과 해몽을 내게
말해 알려 주지 않으면 너희 몸을 칼
로 토막 내고 너희 집도 부숴 거름 더
미를 만들 것이다.
6 그러나 만약 너희가 내 꿈의 내용을
말하고 해몽한다면 나는 선물과 상
과 크고 영광스러운 명예를 주겠다.
그러니 그 꿈과 해몽을 한꺼번에 말
해 보라."
7 그들이 다시 대답했습니다. "왕이시
여, 그 꿈을 종들에게 말씀해 주십시
오. 그러면 저희가 해몽을 해 드리겠
습니다."
8 그러자 왕이 말했습니다. "내가 확실
히 알았다. 내가 내린 명령을 듣고서
너희가 시간을 끌려고 하는구나.
9 만약 내 꿈을 너희가 말하지 못한다
면 너희는 모두 같은 벌을 받을 것이
다. 너희가 시간이 지나 상황이 바뀌
기를 기다리면서 내 앞에서 거짓말과
터무니없는 말로 꾸며 말하려는 것
아니냐! 어서 그 꿈을 내게 말해 보
라. 그러면 너희가 해몽도 할 수 있음
을 내가 알 것이다."
10 바벨론 점성술사들이 왕에게 대답했
습니다. "왕께서 물으시는 것을 말씀
드릴 사람은 이 세상에 아무도 없습
니다. 아무리 위대하고 강한 왕이었
다 해도 마법사나 주술사나 바벨론
점성술사에게 그렇게 물어본 왕은 아
무도 없었습니다!
11 왕께서는 너무 어려운 일을 물으시는
것입니다. 인간 세계에 살지 않고 다
른 세계에 사는 신이어야만 왕께 그

2:4 단 2:4 인용구부터 7장까지는 아람어로 기록돼 있음.

것을 알려 드릴 수 있을 것입니다."
12 이 말을 듣고 왕은 크게 화를 냈습니
다. 그는 바벨론의 모든 지혜자들을
죽이라고 명령했습니다.
13 그 명령이 내려져서 지혜자들이 다
죽게 됐습니다. 사람들은 다니엘과
그 친구들도 죽이려고 찾았습니다.
14 왕의 호위대장인 아리옥이 바벨론의
지혜자들을 죽이러 나왔을 때 다니엘
이 지혜롭고 슬기로운 말로
15 왕의 호위대장에게 물었습니다. "왕
의 명령이 어찌 이렇게 급합니까?" 아
리옥은 다니엘에게 이 일에 대해 말
해 주었습니다.
16 다니엘은 왕에게 가서 *시간을 주면
자기가 왕에게 해몽해 주겠다고 말했
습니다.
17 그러고 나서 다니엘은 집으로 돌아와
서 친구인 하나냐, 미사엘, 아사랴에
게 이 일을 알렸습니다.
18 다니엘은 친구들에게 그와 친구들이
바벨론의 다른 지혜자들과 함께 죽임
을 당하지 않도록 이 알 수 없는 문제
를 앞에 놓고 하늘에 계신 하나님께
기도하자고 했습니다.
19 그날 밤 다니엘은 자기에게 나타난
환상을 보고 그 비밀을 알았습니다.
다니엘은 하늘의 하나님을 찬양했습
니다.
20 다니엘이 이렇게 찬송하며 말했습니
다. "지혜와 능력이 하나님의 것이니
하나님의 이름을 영원토록 찬양하라.
21 그분은 시간과 계절을 바꾸시고 왕
을 쫓아내기도 하시고 세우기도 하시
며 지혜자들에게 지혜를 더해 주시고
총명한 사람들에게 지식을 더해 주신
다.
22 그분은 깊숙이 숨겨진 일을 드러내시
고 어둠 속에 감춰진 것을 아신다. 또
그분에게는 빛이 함께한다.
23 오, 내 조상의 하나님이여! 주께서 내
게 지혜와 능력을 주시고 우리가 주
께 여쭈어 본 것을 내게 알려 주셨습
니다. 주께서 왕에 관한 일을 내게 알
려 주셨으니 주께 감사와 찬양을 드
립니다."

다니엘이 꿈을 해몽하다

24 그런 다음 다니엘은 아리옥에게 갔습
니다. 아리옥은 왕의 명령을 받아 바
벨론의 모든 지혜자들을 죽이라고 임
명된 사람이었습니다. 그가 아리옥에
게 말했습니다. "바벨론의 지혜자들
을 죽이지 마십시오. 나를 왕 앞에 데
려가면 내가 왕께 해몽해 드리겠습니
다."
25 아리옥은 다니엘을 당장 왕에게 데려
가서 말했습니다. "유다에서 온 포로
들 가운데 왕께 해몽해 드리겠다는
사람이 있습니다."
26 왕이 다니엘, 곧 벨드사살에게 물었습
니다. "내가 무슨 꿈을 꾸었는지 말하
고 그것을 해몽할 수 있느냐?"
27 다니엘이 왕 앞에서 대답했습니다.
"왕께서 물으신 왕의 꿈에 대해서는
지혜자도, 마법사도, 주술사도, 점성

2:16 또는 시간을 늦춰 주면

술사도 결코 대답할 수 없습니다.
28 오직 하늘에 계신 하나님만이 그 비
밀을 드러내실 수 있는 분입니다. 하
나님께서 느부갓네살 왕에게 일어날
일을 제게 알려 주셨습니다. 왕이 꾸
신 꿈, 곧 왕이 침대에 누워 있을 때
머릿속에 나타난 환상은 이렇습니다.
29 오, 왕이여! 왕께서는 침대에 누워 마
음속으로 앞으로의 일들을 생각하고
계셨습니다. 그때 비밀을 밝히시는 하
나님께서 앞으로 일어날 일을 왕께
알려 주셨습니다.
30 제게 왕의 꿈의 비밀을 알려 주신 것
은 제가 다른 사람들보다 더 지혜가
많기 때문이 아닙니다. 왕께 그 꿈의
뜻을 알려 드려서 왕께서 마음속으
로 생각하던 것을 왕께 알게 하려는
것입니다.
31 오, 왕이여! 왕께서는 어떤 커다란 신
상을 보셨습니다. 왕 앞에 빛이 찬란
한 신상이 서 있었는데 그 모습이 무
시무시했습니다.
32 신상의 머리는 순금이고 가슴과 팔
은 은이며 배와 허벅지는 청동이며
33 종아리는 쇠며 발은 쇠와 진흙이 절
반씩 섞여 있었습니다.
34 왕께서 보고 계실 때 아무도 손대지
않았는데 돌 하나가 날아오더니 쇠와
진흙으로 된 신상의 발을 쳐서 부숴
버렸습니다.
35 그러자 쇠, 진흙, 구리, 은, 금이 함께
산산조각 나서 여름철 타작마당 위
의 겨처럼 되더니 바람에 날려 흔적
도 없이 사라졌습니다. 그리고 신상
을 친 돌은 큰 산이 돼 온 땅에 가득
찼습니다.
36 이것이 왕의 꿈입니다. 이제 왕께 그
꿈을 해몽해 드리겠습니다.
37 오, 왕이여! 왕께서는 왕 가운데 위
대한 왕이십니다. 하늘의 하나님께서

성·경·상·식

느부갓네살의 꿈과 해몽

꿈의 내용	다니엘의 해석	꿈의 성취
순금으로 된 신상의 머리(2:32)	바벨론을 다스리는 느부갓네살(2:38)	신바벨론 제국(BC 605-538)
은으로 된 가슴과 팔(2:32)	바벨론보다 열등한 나라(2:39)	페르시아 제국(BC 538-333)
청동으로 된 배와 허벅지(2:32)	온 세상을 다스릴 나라(2:39)	그리스 제국(BC 333-63)
쇠로 된 종아리(2:33)	무엇이든 깨뜨리고 부수는 나라(2:40)	로마 제국(BC 63-AD 476)
쇠와 진흙에 섞인 발(2:33)	다른 인종과 서로 섞이며 나뉘게 될 나라(2:41-43)	로마 제국 이후 열강들(AD 476-현재)
날아온 돌(2:34)	모든 나라를 멸하고 영원히 서게 될 하나님이 세우시는 한 나라(2:44)	예수 그리스도를 통해 이루어질 하나님이 다스리시는 나라

왕께 나라와 권력과 능력과 영광을
주셨습니다.
38 사람과 들판의 짐승과 하늘의 새와
그들이 사는 어느 곳이든 모두 왕의
손에 주셔서 왕으로 하여금 모두 다
스리게 하셨습니다. 곧 왕이 금으로
된 머리이십니다.
39 왕 뒤에 다른 나라가 세워지지만 그
나라는 왕의 나라보다 못합니다. 그다
음에 나타날 세 번째 나라는 청동의
나라로 온 세상을 다스릴 것입니다.
40 또 네 번째 나라는 무엇이든 깨뜨리
고 부수는 쇠처럼 강할 것입니다. 그
나라는 마치 쇠가 무엇이든지 산산조
각 내듯 뭇 나라들을 부서뜨릴 것입
니다.
41 발과 발가락이 절반은 토기장이의 진
흙이고 절반은 쇠인 것을 왕께서 보
셨듯이 그 나라는 둘로 나뉠 것입니
다. 그러나 왕께서 쇠가 진흙과 섞여
있는 것을 보셨듯이 그 나라 안에는
철의 힘이 있을 것이지만
42 발가락에 철과 진흙이 반반 섞여 있
는 것같이 그 나라는 일부분은 강하
지만 일부분은 부서지기 쉬울 것입니
다.
43 또 왕께서 철과 진흙이 섞여 있는 것
을 보셨듯이 백성들은 다른 민족과
함께 살 것이지만 철이 진흙과 섞이
지 않는 것같이 서로 하나로 합치지
못할 것입니다.
44 이 여러 왕들의 시대에 하늘의 하나
님께서는 한 나라를 세우실 것입니다.
그 나라는 결코 망하지 않고 다른 민
족에게 넘어가지 않을 것입니다. 오히
려 모든 나라들을 쳐부숴 멸망시키고
그 나라는 영원히 서 있을 것입니다.
45 아무도 손대지 않은 돌이 산에서 나
와서 쇠와 구리와 진흙과 은과 금을
산산조각 낸 것을 왕께서 보셨습니
다. 이것은 위대하신 하나님께서 앞
으로 일어날 일을 왕께 보여 주신 것
입니다. 이 꿈은 확실하고 해몽도 틀
림없습니다."
46 그러자 느부갓네살 왕이 다니엘 앞에
엎드려 절하고 예물과 향유를 다니엘
에게 주라고 명령했습니다.
47 왕이 다니엘에게 말했습니다. "너희
하나님은 모든 신 가운데 신이요, 모
든 왕의 으뜸이시다. 네가 이 비밀을
풀 수 있었다니 네 하나님은 참으로
비밀들을 드러내시는 분이로구나."
48 왕은 다니엘의 지위를 높이고 그에게
귀한 선물을 많이 주었습니다. 그는
다니엘에게 바벨론 모든 지역을 다스
리게 했으며 바벨론에 사는 모든 지
혜자들의 어른으로 삼았습니다.
49 또한 다니엘이 왕에게 요청한 대로
왕은 사드락, 메삭, 아벳느고를 바벨론
지방을 다스리는 관리로 세웠습니다.
다니엘은 계속 왕궁에 있었습니다.

금 신상과 맹렬히 타는 풀무

3 느부갓네살 왕이 금으로 신상을
만들었는데 그 높이는 *60규빗, 너
비는 *6규빗이었습니다. 그 신상을 바

3:1 60규빗은 약 27미터, 6규빗은 약 2.7미터

벨론 지방 두라 평야에 세웠습니다.
2 느부갓네살 왕은 지방 장관, 행정관,
총독, 자문관, 재무관, 재판관, 법률
가와 지방의 모든 관리들에게 연락해
그가 세운 신상 제막식에 모두 참석
하도록 했습니다.
3 그리하여 느부갓네살 왕이 세운 신상
제막식에 지방 장관, 행정관, 총독,
자문관, 재무관, 재판관, 법률가와 지
방의 모든 관원들이 모여 느부갓네살
왕이 세운 신상 앞에 섰습니다.
4 그때 전령이 큰 소리로 외쳐 말했습
니다. "민족들과 나라들과 각각 다른
언어로 말하는 모든 사람들아, 너희
에게 명령한다.
5 뿔나팔과 피리와 하프와 비파와 양금
과 관악기의 음악 소리를 들으면 너
희는 느부갓네살 왕께서 세우신 이
금 신상에 절하라.
6 누구든지 엎드려 절하지 않는 사람은
당장 활활 타는 불구덩이 속에 던져
넣으리라."
7 뿔나팔과 피리와 하프와 비파와 양금
과 관악기의 음악 소리가 들리자 모
든 민족과 나라와 다른 언어로 말하
는 사람들이 느부갓네살 왕이 세운
금 신상 앞에 엎드려 절했습니다.
8 그때 어떤 바벨론 사람들이 앞장서서
유다 사람들을 고발했습니다.
9 그들은 느부갓네살 왕에게 말했습니
다. "왕이여, 만수무강하소서!
10 왕이여, 왕께서 명령을 내리셨습니
다. 뿔나팔과 피리와 하프와 비파와
양금과 관악기의 음악 소리가 들리
면 누구든지 그 금 신상에 엎드려 절
하라.
11 그리고 엎드려 절하지 않는 사람은
누구든지 활활 타는 불구덩이 속에
던져 넣으라고 하셨습니다.
12 그런데 왕께서는 유다 사람 사드락,
메삭, 아벳느고를 바벨론 지방의 일을
보라고 관리로 세우셨습니다. 왕이
여, 이 사람들은 왕의 말씀을 지키지
않고 왕이 섬기는 신들을 섬기지도
않으며 왕께서 세우신 금 신상에 절
하지 않습니다."
13 느부갓네살은 크게 화가 나서 사드락,
메삭, 아벳느고를 데려오라고 명령했
습니다. 그래서 이들은 왕 앞에 끌려
왔습니다.
14 느부갓네살이 그들에게 말했습니다.
"사드락, 메삭, 아벳느고야, 너희가 내
신들을 섬기지 않고 내가 세운 금 신
상에 절하지 않는다는데 그것이 정말
사실이냐?
15 지금이라도 너희가 준비하고 있다가
뿔나팔과 피리와 하프와 비파와 양금
과 관악기의 음악 소리가 들릴 때 내
가 세운 신상에 절한다면 잘하는 것
이다. 그러나 너희가 만약 절하지 않
는다면 너희를 당장 활활 타오르는
불구덩이 속에 던질 것이다. 그렇게
되면 너희를 내 손에서 구해 낼 수 있
는 신이 어디 있겠느냐?"
16 사드락, 메삭, 아벳느고가 왕에게 대
답했습니다. "왕이여, 이 일에 대해 왕

께 드릴 말씀이 없습니다.
17 만약 우리가 절하지 않을 경우 우리
가 섬기는 하나님께서 우리를 활활
타는 불구덩이 속에서 구해 주실 것
입니다. 그분이 우리를 왕의 손에서
구해 내실 것입니다.
18 왕이여, 그러나 그렇게 아니하실지라
도 우리가 왕의 신들을 섬기거나 왕
이 세우신 금 신상에 절하지 않을 줄
아십시오."
19 느부갓네살은 화가 머리끝까지 치밀
어 사드락, 메삭, 아벳느고를 향해 얼
굴을 붉혔습니다. 그는 불구덩이를
보통 때보다 일곱 배나 더 뜨겁게 달
구라고 명령하고
20 군대의 힘센 용사 몇 사람에게 사드
락, 메삭, 아벳느고를 묶은 채로 활활
타오르는 불구덩이 속에 던져 넣으라
고 명령했습니다.
21 세 사람은 겉옷과 속옷과 모자와 다
른 옷을 입은 채 묶여서 활활 타는
불구덩이 속에 던져졌습니다.
22 왕의 명령이 얼마나 엄하고 불구덩이
가 얼마나 뜨거웠던지 사드락, 메삭,
아벳느고를 붙들고 있던 군사들이 그
불에 타 죽었습니다.
23 사드락, 메삭, 아벳느고 이 세 사람은
꽁꽁 묶인 채로 활활 타는 불구덩이
속에 떨어졌습니다.
24 그때 느부갓네살 왕이 깜짝 놀라 급
히 자리에서 일어나며 자기의 보좌관
들에게 물었습니다. "우리가 묶은 채
로 불 속에 던져 넣은 사람은 세 명이
아니었느냐?" 그들이 대답했습니다.
"왕이여, 그렇습니다."
25 왕이 말했습니다. "보라! 불 속에서 네
사람이 걸어 다니는데 묶여 있지도 않
고 불에 타지도 않는구나. 그리고 네
번째 사람은 신들의 아들 같다."
26 느부갓네살은 활활 타는 불구덩이 어

하용조 목사의 행복한 **메시지**

순교자 폴리캅

AD 155년경, 기독교사에 길이 빛나는 한 순교자가 있었습니다. 그 이름은 폴리캅이었습니다. 로마 총독이 그를 체포해 수많은 군중들이 모인 원형 경기장에서 그리스도를 부인하고 저주하면 살려 주겠다고 회유를 했습니다. 그러자 폴리캅이 말했습니다. "내가 86년 동안 그분을 섬겨 왔지만 그분은 내게 절대로 해를 입히신 일이 없습니다. 그런데 내가 나의 왕이요, 나의 구주이신 그분을 어떻게 모독할 수 있겠습니까?" 로마 총독과 군중들이 분노해서 불에 태워 죽이려 하자 폴리캅이 다시 말했습니다. "나를 그대로 내버려 두시오. 불길을 참아 견디도록 내게 힘을 주시는 그분께서 그대들이 못으로 나를 고정시키지 않아도 내가 장작더미 위에서 움직이지 않고 끝까지 있도록 해 주실 것입니다." 이렇게 폴리캅은 주님을 위해 기꺼이 죽음을 선택했습니다. 믿음의 사람은 어떠한 박해와 역경에도 구차하게 자기 목숨을 위해서 주님을 배신하지 않습니다.

귀 가까이 다가가서 소리쳤습니다.
"높고 높으신 하나님의 종 사드락, 메
삭, 아벳느고야, 밖으로 나와 이리로
오너라!" 그러자 사드락, 메삭, 아벳느
고가 불 속에서 나왔습니다.
27 지방 장관, 행정관, 총독, 왕의 자문
관들이 그들 주위에 모여들어 살펴
보니 이 세 사람의 몸은 불에 데지도
않았고 머리털이 그슬리지도 않았으
며 옷도 멀쩡하며 탄 냄새조차 나지
않았습니다.
28 그러자 느부갓네살이 말했습니다. "사
드락, 메삭, 아벳느고의 하나님을 찬
양하라! 그분이 천사를 보내 그분의
종들을 구해 주셨다. 그들이 하나님
을 믿으므로 자기 몸을 바치면서 왕
의 명령을 거역하고 하나님 말고는
다른 신을 섬기지 않고 절하지 않았
다.
29 그러므로 이제 나는 선포한다. 어느
민족이나 나라나 어떤 언어로 말하
는 사람일지라도 사드락, 메삭, 아벳
느고의 하나님께 함부로 대항해 말을
하는 사람은 몸을 토막 내고 그의 집
을 거름 더미로 만들 것이다. 자기를
믿는 사람을 이렇게 구해 낼 수 있는
다른 신이 없기 때문이다."
30 그 후 왕은 바벨론 지방에서 사드락,
메삭, 아벳느고의 벼슬을 더욱 높여
주었습니다.

한 나무에 관한 느부갓네살의 꿈

4 느부갓네살 왕이 자기가 다스리는
온 세계에 사는 백성과 나라와 각
기 다른 언어로 말하는 사람에게 이
렇게 선포했습니다. "너희가 태평성대
를 누리기를 바란다!
2 높고 높으신 하나님께서 내게 보여
주신 표적과 기적을 기꺼이 드러내
알리려고 한다.
3 얼마나 위대한 표적인가! 얼마나 놀
라운 기적인가! 그분의 나라는 영원
하며 그분의 다스림은 대대로 계속될
것이다.
4 나 느부갓네살이 집에서 편히 쉬며
궁궐에서 잘 지내고 있는데
5 어떤 꿈을 꾸고 그 꿈 때문에 두려움
에 싸였다. 내 침대에 누워 생각하던
가운데 머리에 떠오른 환상으로 인해
마음이 답답하고 불편했다.
6 그래서 나는 그 꿈의 뜻을 알기 위해
바벨론의 모든 지혜자를 내 앞에 부
르라고 명령했다.
7 마법사, 주술사, 점성술사, 점쟁이가
불려 왔는데 내가 그들에게 내 꿈을
말해 주었지만 그들은 그 꿈을 풀지
못했다.
8 나중에 다니엘이 내 앞에 왔다. 그는
내 신의 이름을 따서 벨드사살이라고
불렀다. 다니엘 안에는 거룩한 *신들
의 영이 있었다. 나는 그에게 꿈을 말
해 주었다.
9 우두머리 마법사 벨드사살아, 네 안
에는 거룩한 신들의 영이 있어서 아
무리 숨겨 있는 비밀이라도 네가 풀지
못할 어려운 것이 없음을 알고 있다.

4:8 또는 하나님

내가 꿈에서 본 환상의 뜻을 풀어서
내게 말하여라.
10 내가 침대에 누워 있을 때 내 머릿속
에 나타난 환상은 이러하다. 나는 땅
한가운데 서 있는 매우 키가 큰 나무
한 그루를 보았다.
11 그 나무는 점점 자라서 강해지고 나
무 꼭대기가 하늘에 닿고 땅끝에서
도 잘 보였다.
12 그 잎은 아름다웠고 열매가 많이 열
려 세상 사람 누구든지 먹을 만큼 풍
족했다. 들짐승들이 나무 아래에서
살고 공중에 나는 새들은 가지 사이
에 깃들었다. 모든 생물이 그 나무에
서 먹이를 얻었다.
13 내가 침대에 누워 있는 동안 내 머릿
속에 환상이 나타났다. 내가 보니 감
시자, 곧 거룩한 분이 하늘에서 내려
오셨다.
14 그가 큰 소리로 말씀하셨다. '저 나무
를 베서 가지를 꺾고 잎사귀를 떨어
내고 열매를 떨어 버려라. 나무 아래
에 있는 짐승들을 쫓고 가지에서 새
들을 쫓아내거라.
15 그러나 나무의 그루터기와 뿌리는 땅
에 남겨 두어라. 그것을 철과 청동으
로 동여매 들판의 풀밭에 남겨 두어
라. 그것이 하늘 이슬에 젖고 땅의 풀
밭 가운데서 들짐승들과 함께하게 하
여라.
16 그 마음이 달라져 사람의 마음 같지
않고 짐승의 마음을 받아서 *일곱 때
를 지낼 것이다.
17 이 일은 감시자들이 명령한 것이요,
거룩한 이들이 말한 것으로 높고 높
으신 분이 인간 나라를 다스리시고
누구든지 그분이 원하는 사람에게
그 나라를 주시며 가장 천한 사람을
그 지위에 세우신다는 것을 사람들
에게 알리려는 것이다.'
18 이것이 나 느부갓네살 왕이 꾼 꿈이
다. 벨드사살아, 내게 그 뜻을 말해
보아라. 내 나라에 있는 지혜자들 가
운데 누구도 나를 위해 이것을 해몽
할 수 없었다. 그러나 거룩한 *신들의
영이 네 안에 있으니 너는 할 수 있을
것이다."

다니엘이 꿈을 해몽하다

19 벨드사살이라고 불리는 다니엘은 잠
시 동안 놀라고 당황했으며 고통스러
워 어쩔 줄 몰랐습니다. 그러자 왕이
말했습니다. "벨드사살아, 이 꿈이나
그 해몽 때문에 너무 놀라지 마라."
벨드사살이 대답했습니다. "내 주여,
그 꿈이 왕의 원수들에 관한 것이고
꿈의 뜻이 왕의 적들에게나 이뤄졌으
면 좋겠습니다.
20 왕께서 보신 나무가 점점 자라서 강
해지고 나무 꼭대기가 하늘에 닿고
땅끝에서도 볼 수 있으며
21 그 잎은 아름답고 열매가 많아 세상
사람의 먹을 것이 되며 그 아래에 들
짐승들이 살고 그 가지 사이에 공중
의 새들이 깃들었다고 하셨습니다.
22 왕이여, 그 나무는 바로 왕이십니다.

4:16 또는 일곱 해　4:18 또는 하나님

왕께서 점점 자라서 강해지시고 위대
함이 하늘에 닿아 왕의 다스림이 땅
끝까지 이를 것입니다.
23 또 왕께서 보니 감시자, 곧 거룩한 분
이 하늘에서 내려와 말씀하셨습니다.
'저 나무를 베어 없애 버려라. 그러나
그루터기와 뿌리는 땅에 남겨 두고
철과 청동으로 동여매 풀밭에 두어
라. 그것이 하늘 이슬에 젖고 들짐승
들과 함께하며 *일곱 때를 지내게 하
여라'라고 하셨습니다.
24 왕이여, 그것은 높고 높으신 분이 내
주 왕에게 내리신 명령으로 그 뜻은
이렇습니다.
25 왕께서는 백성들에게 쫓겨나 들짐승
과 함께 살며 소처럼 풀을 먹고 하늘
이슬에 젖게 되실 것입니다. 이렇게
*일곱 때를 지내고 나면 높고 높으신
분이 인간 나라를 다스리시고 누구
든지 그분이 원하는 사람에게 그 나
라를 주신다는 것을 왕이 알게 될 것
입니다.
26 또 그들이 나무 그루터기와 뿌리를
남겨 놓으라고 명령하였습니다. 왕이
*하나님께서 세상을 다스리신다는
것을 깨달은 다음에 왕의 나라가 굳
게 설 것입니다.
27 그러므로 왕이여, 부디 내 말을 받아
주십시오. 죄를 끊고 의를 행하며 가
난한 사람에게 자비를 베풀어 죄악
을 벗어 버리십시오. 그러면 혹시 왕
이 오래도록 계속 잘살게 될지 모르
겠습니다."

꿈이 실현되다

28 이 모든 일이 느부갓네살 왕에게 일어
났습니다.
29 12개월이 지난 뒤 어느 날 왕이 바벨
론 왕궁의 옥상을 거닐고 있었습니다.
30 왕이 말했습니다. "내가 세운 이 성
바벨론은 위대하지 않은가? 나는 내
큰 힘과 권력으로 내 위엄의 영광을
위해 이 도시를 건설했다."
31 그 말이 왕의 입에서 떨어지기도 전
에 하늘에서 소리가 내려왔습니다.
"느부갓네살 왕아, 네게 선언한다. 이
나라의 왕의 자리는 네게서 떠났다.
32 너는 사람들에게 쫓겨나서 들짐승과
함께 살며 소처럼 풀을 먹을 것이다.
네가 이렇게 *일곱 때를 지내고 나면

4:23,25,32 또는 일곱 해 4:26 아람어, '하늘'

성·경·상·식 **바벨론**

바벨론은 현재 이라크의 바그다드 남쪽 유프라테스 강 유역의 성이다. 니므롯이 건설한(창 10:10) 이곳은 바벨론 제국의 수도였다. 이곳은 우르 사람들의 지배 아래 있었고, 앗시리아의 산헤립에게 공격당하기도 했다. 앗시리아의 세력이 약해진 뒤 느부갓네살이 이 성을 재건했는데, 그는 이 성을 건설한 사실을 자랑했다(단 4:30).
나중에 느부갓네살의 뒤를 이어 왕이 된 벨사살은 바벨론의 왕궁에서 죽었으며(단 5:30), 바벨론은 멸망했다(사 47:1; 렘 50-51장).

높고 높으신 분이 인간 나라를 다스
리시고 누구든지 그분이 원하시는 사
람에게 그 나라를 주신다는 것을 알
게 될 것이다."
33 바로 그때 느부갓네살에게 말씀하신
것이 이뤄졌습니다. 그는 사람들에게
쫓겨나 소처럼 풀을 먹었습니다. 그
몸은 하늘 이슬에 젖었고 머리털은
독수리 깃털처럼 길었으며 손톱은 새
발톱처럼 자라났습니다.
34 "정해진 기간이 지나 나 느부갓네살
은 하늘을 우러러 눈을 들었다. 그때
나는 제정신이 돌아와 높고 높으신
분께 감사하고 영원히 살아 계시는
그분을 찬양하고 영광을 드렸다. 그
분의 다스리심은 영원할 것이며 그분
의 나라는 영원히 계속될 것이다.
35 그분은 세상에 사는 모든 사람들을
아무것도 아닌 것처럼 여기시고 하
늘의 군대와 세상에 사는 사람들에
게 그분의 뜻대로 행하신다. 어느 누
구도 그분의 손을 막을 수 없고 '무슨
일을 이렇게 하느냐?'고 말할 수 없
다.
36 내가 제정신이 든 바로 그 순간 내 나
라의 명예와 위엄과 권력이 내게 회
복됐다. 내 보좌관들과 관리들이 나
를 찾아왔고 내가 내 나라를 회복하
게 됐으며 더 큰 권력이 내게 더해졌
다.
37 이제 나 느부갓네살은 하늘의 왕을
찬양하고 영광을 돌려드리며 존경한
다. 그분이 하시는 일은 모두 진실하
고 그분이 행하시는 길은 의롭다. 그
분은 언제든지 자기를 스스로 높여
서 행하는 사람들을 낮추실 것이다."

벽에 쓰인 글씨

5 벨사살 왕이 신하들 1,000명을 위
해 큰 잔치를 열고 그 1,000명 앞
에서 술을 마셨습니다.
2 벨사살이 술을 마시다가 자기 *아버
지 느부갓네살이 예루살렘 성전에서
빼앗아 온 금그릇과 은그릇을 가져
오라고 명령했습니다. 왕과 귀족들과
왕비들과 후궁들과 함께 그것으로 술
을 마시기 위해서였습니다.
3 예루살렘 하나님의 성전에서 빼앗아
온 금그릇을 가져오자 왕과 귀족들과
왕비들과 후궁들은 그것으로 술을
마셨습니다.
4 그들은 술을 마시면서 금, 은, 쇠, 청
동, 나무, 돌로 만든 신들을 찬양했습
니다.
5 그때 사람의 손가락이 나타나서 왕
궁 촛대 맞은편 석고로 된 흰 벽에
글을 쓰기 시작했습니다. 왕은 그 손
가락이 글 쓰는 것을 똑똑히 보았습
니다.
6 그러자 왕은 즐거워하던 얼굴색이 창
백해지고 마음이 두렵고 고통스러웠
으며 다리에 힘이 빠져 후들거리고
무릎이 부딪히도록 벌벌 떨었습니다.
7 왕은 큰 소리로 마법사와 주술사와
바벨론 점성술사와 점쟁이들을 불렀
습니다. 왕은 바벨론의 지혜자들에

5:2 또는 조상, 선왕

게 말했습니다. “누구든지 이 글을 읽
고 그 뜻을 내게 말해 주는 사람에게
자주색 옷을 입히고 목에 금목걸이
를 달게 할 것이다. 또한 이 나라에서
*세 번째 높은 사람이 되게 할 것이
다.”
8 그래서 왕궁의 지혜자들이 모두 들
어왔습니다. 그러나 그들은 그 글을
읽지 못했고 왕에게 그 뜻을 알려 주
지도 못했습니다.
9 그러자 벨사살 왕은 마음이 더욱 두
렵고 답답해 얼굴색이 점점 더 창백
해졌습니다. 귀족들도 모두 놀랐습니
다.
10 왕과 귀족들의 말을 듣고 왕의 어머
니가 잔치가 벌어진 곳에 들어와 말
했습니다. “왕이여, 만수무강하소서!
두려워하지 마십시오. 걱정할 것 없
습니다!
11 왕의 나라에 거룩한 *신들의 영을 가
진 사람이 있습니다. *왕의 아버지가
왕이던 시절에 그는 신들의 지혜와
같은 똑똑함과 통찰력과 지혜가 있다
고 알려진 사람입니다. *왕의 아버지
이신 느부갓네살 왕은 그 사람을 마
법사, 주술사, 바벨론 점성술사, 점쟁
이들 가운데 으뜸 되는 자리에 세우
셨습니다.
12 부왕께서는 그 사람 다니엘을 벨드사
살이라고 부르셨습니다. 그는 뛰어난
영과 지식과 분별력을 가져서 꿈을
풀고 숨겨진 비밀을 밝히고 어려운 문
제를 해결하는 능력이 있었습니다. 이
제 다니엘을 부르십시오. 그가 그 글
의 뜻을 알려 줄 것입니다.”
13 그래서 다니엘이 왕 앞에 불려 갔습
니다. 그러자 왕이 다니엘에게 말했습
니다. “네가 내 *부왕께서 유다에서
포로로 잡아 온 유다 사람 다니엘이
냐?
14 네게는 *신들의 영이 있고 똑똑함과
통찰력과 뛰어난 지혜가 있다고 하더
구나.
15 내가 지혜자들과 주술사들을 불러서
이 글을 읽고 그 뜻을 말하라고 했지
만 그들이 그 뜻을 해석하지 못했다.
16 나는 네가 뜻을 알아내고 어려운 문
제를 푸는 데 능력이 있다고 들었다.
만약 네가 이 글을 읽고 그 뜻을 내
게 알려 주면 너는 자주색 옷을 입고
목에 금목걸이를 두를 것이며 또한
이 나라에서 세 번째 높은 벼슬자리
에 오를 것이다.”
17 그러자 다니엘이 왕께 말했습니다.
“선물은 거두시고 상은 다른 사람에
게나 주십시오. 어쨌든지 왕에게 나
타난 이 글을 읽고 왕께 그 뜻을 알
려 드리겠습니다.
18 왕이여, 높고 높으신 하나님께서 왕
의 아버지 느부갓네살에게 나라를 주
시고 큰 권력과 영광과 위엄을 주셨
습니다.
19 느부갓네살 왕이 가진 큰 권력으로
인해 모든 민족과 나라와 각기 다른

5:7 첫 번째는 나보니두스, 두 번째는 벨사살(단 5:1, 30을 보라.) 5:11,14 또는 하나님 5:11,13 왕의 조상, 선왕

언어를 말하는 사람들이 그 앞에서
떨고 두려워했습니다. 그 왕은 죽이
고 싶은 사람은 죽이고 살리고 싶은
사람은 살리며 명예를 높이고 싶은
사람은 높이고 낮추고 싶은 사람은
낮추었습니다.
20 그러나 그 마음이 높아지고 고집을
부리며 자기 생각대로만 행동해 그는
왕위에서 쫓겨나 그 영광을 빼앗겼습
니다.
21 그 왕은 사람들에게 쫓겨나서 그 마
음이 들짐승같이 됐고 들나귀와 함께
살면서 소처럼 풀을 먹었으며 그의
몸은 하늘 이슬에 젖었습니다. 그러
고 나서야 그는 높고 높으신 하나님께
서 사람의 나라를 다스리시고 누구든
지 그분이 원하시는 사람을 그 자리
에 세우신다는 것을 알게 됐습니다.
22 벨사살이여, 왕은 그의 *아들로서 이
모든 것을 알면서도 마음을 낮추지
않았습니다.
23 오히려 왕은 하늘의 주인을 거역하고
자신을 높였습니다. 예루살렘 성전에
서 가져온 그릇들을 왕 앞에 가져오
게 해 왕과 귀족들과 왕비들과 후궁
들이 다 그것으로 술을 마셨습니다.
왕은 또한 은, 금, 청동, 쇠, 나무, 돌
로 만든 신들, 곧 보지도 못하고 듣지
도 못하고 알지도 못하는 것들을 찬
양했습니다. 그러나 정말 왕의 생명
을 손에 쥐고 왕의 모든 갈 길을 이끄
시는 하나님께는 영광을 돌리지 않았
습니다.
24 그러므로 하나님께서 이 손가락을 보
내서 이 글을 쓰셨습니다.
25 여기 새겨진 글씨는 이렇습니다. *메
네 *메네 *테켈 그리고 *파르신
26 이 말의 뜻은 이렇습니다. 메네는 하
나님께서 왕의 나라의 시간을 재어
보니 이미 끝이 났다는 뜻이고
27 테켈은 왕을 저울에 달아 보니 무게
가 모자란다는 뜻이고
28 *페레스는 왕의 나라가 *나뉘어 메대
와 *페르시아 사람에게 넘어갔다는
뜻입니다."

5:22 또는 후계자, 후손 5:25 계산이 되다. 또는 화폐 단위인 미나를 뜻함. 5:25 저울에 달림. 또는 화폐 단위인 세겔을 뜻함. 5:25 페레스의 복수형, 페르시아. 또는 반 미나, 반 세겔을 뜻함. 5:28 파르신의 단수형 5:28 아람어, 페리삿 5:28 아람어, 파라스. '나뉘다.'라는 말과 '페르시아'라는 말이 아람어에서는 발음이 비슷함.

성·경·상·식

메네 메네 테켈 그리고 파르신

다니엘은 '메네 메네 테켈 그리고 파르신'이라고 적힌 글자를 해석했다(단 5:25). '메네'는 중량을 나타내는 '므나'라는 말로, 하나님께서 벨사살이 다스리는 왕국의 날수를 세어서 끝나게 하신다는 뜻이었다. '테켈'은 '무게를 달다.'라는 말로 벨사살이 하나님의 저울에 달려서 부족함이 발견되었다는 것을 뜻했다. 결국 벨사살의 행위는 하나님의 의로운 기준에 미달되어 죽임을 당했다. 마지막으로 '파르신'('페레스'의 복수형)은 '나뉘다.'라는 뜻으로, 하나님께서 벨사살의 나라를 나누어 메대와 페르시아 사람에게 주겠다고 하신 메시지였다.

29 듣고 나서 벨사살은 다니엘에게 자주
색 옷을 입히고 목에 금목걸이를 걸
어 주고 다니엘이 그 나라에서 세 번
째 높은 벼슬자리에 올랐다고 선포했
습니다.
30 바로 그날 밤 바벨론 왕 벨사살은 죽
임을 당했습니다.
31 그리고 메대 사람 다리오가 그 나라
를 차지하고 왕이 됐습니다. 다리오의
나이는 62세였습니다.

사자 굴 속의 다니엘

6 다리오는 자기가 생각한 대로 온
나라에 120명의 지방 장관을 세워
그 나라를 다스리게 했습니다.
2 또 그들 위에 세 명의 총리를 세웠는
데 그 가운데 한 사람이 다니엘이었
습니다. 이렇게 한 것은 지방 장관들
이 총리에게 보고하도록 해 왕에게
피해가 생기지 않게 하기 위해서였습
니다.
3 다니엘은 생각이 앞서서 다른 총리들
과 지방 장관들보다 훨씬 뛰어났습니
다. 그래서 왕은 다니엘이 온 나라를
다스리도록 맡길 생각이었습니다.
4 그러자 총리들과 지방 장관들은 나
라 일에 있어서 다니엘의 잘못을 찾
아 고발하려고 애를 썼습니다. 그러
나 그들은 다니엘에게서 어떤 실수나
잘못을 찾아낼 수 없었습니다. 다니엘
은 충성스러워 아무런 실수나 아무런
잘못도 없었기 때문입니다.
5 그래서 그들이 서로 말했습니다. "하
나님의 율법에 관련된 일이 아니면
우리가 다니엘에게서 고발할 거리를
찾을 수 없겠다."
6 그러고는 총리들과 지방 장관들이 모
여 왕에게 가서 말했습니다. "다리오
왕이여, 만수무강하소서!
7 이 나라 총리들과 행정관들과 지방
장관들과 자문관들과 관리들이 함께
의논한 것이 있습니다. 왕께서 한 가
지 법을 세우시고 엄하게 명령을 내
리시기 바랍니다. 이제부터 30일 동
안 왕이 아닌 어떤 다른 신이나 사람
에게 기도하는 사람은 누구든지 사
자 굴 속에 던져 넣기로 한다는 것입
니다.
8 왕이여, 이제 이 명령문에 왕의 도장

성·경·상·식

다니엘 시대의 왕들

왕	나라	사 건
느부갓네살 왕	바벨론	사드락, 메삭, 아벳느고를 불구덩이에 던져 넣음(단 1–3장). 7년 동안 정신병적인 증상을 보여 이상 행동을 함(단 4장).
벨사살 왕	바벨론	바벨론 제국의 멸망을 예언한 손가락 글씨를 봄(단 5장).
다리오 왕	메대-페르시아	다니엘을 사자 굴에 던져 넣음(단 6장).
고레스 왕	메대-페르시아	이스라엘 백성들을 이스라엘 땅으로 귀환시킴(스 1:1–11).

을 찍어서 왕이 도장을 찍은 메대와
페르시아 법은 사람들이 고칠 수 없
다는 법에 따라 다시 고치지 못하게
하십시오."
9 그리하여 다리오 왕은 그 명령문에
왕의 도장을 찍었습니다.
10 다니엘은 명령문에 왕의 도장이 찍힌
것을 알고 집으로 돌아갔습니다. 그
리고 그날도 이전에 하던 대로 창문
을 열어 둔 다락방에서 예루살렘을
향해 하루 세 번씩 무릎을 꿇고 하나
님께 기도드리며 감사를 올렸습니다.
11 사람들이 몰려와서 다니엘이 자기 하
나님께 도움을 구하며 기도하는 것을
보았습니다.
12 그들은 왕에게 가서 왕의 명령문에
대해 말했습니다. "왕이여, 왕께서 명
령문에 왕의 도장을 찍어서 이제부터
30일 동안 왕 외에 다른 신이나 사람
에게 기도하는 사람은 누구든 사자
굴 속에 던져 넣기로 하지 않으셨습
니까?" 왕이 대답했습니다. "그 명령
은 내려졌다. 그 명령은 메대와 페르
시아 법에 따라 사람들이 고칠 수 없
다."
13 그들이 왕에게 말했습니다. "왕이여,
사로잡혀 온 유다 사람 다니엘이 왕
과 왕께서 도장을 찍은 명령을 지키
지 않고 지금도 하루 세 번씩 하나님
께 기도하고 있습니다."
14 왕은 이 말을 듣고 마음이 몹시 괴로
웠습니다. 왕은 다니엘을 살리고 싶어
서 해 질 무렵까지 그를 구해 내려고
온 힘을 다했습니다.
15 사람들이 다시 왕에게 몰려와서 말
했습니다. "왕이여, 메대와 페르시아
법에 따르면 왕께서 한 번 내린 명령
이나 법은 고칠 수 없다는 것을 기억
하시기 바랍니다."
16 그래서 왕은 다니엘을 끌어다가 사자
굴 속에 던져 넣으라고 명령했습니다.
그러나 왕은 다니엘에게 말했습니다.
"네가 항상 섬기고 있는 네 하나님께
서 너를 구원하실 것이다."
17 그러고 나서 돌을 굴려다가 사자 굴
입구를 막고 왕과 귀족들의 도장을
찍었습니다. 아무도 다니엘에게 내린
처벌을 바꾸지 못하게 하려는 것이었
습니다.
18 왕은 왕궁으로 돌아가 아무것도 먹지
않고 즐거운 악기 소리도 그치게 하
고 밤새도록 뜬눈으로 지새웠습니다.
19 날이 새자마자 왕은 서둘러 사자 굴
로 달려갔습니다.
20 왕은 사자 굴에 가까이 가서 슬피 울
부짖으며 다니엘을 부르며 물었습니
다. "살아 계신 하나님의 종 다니엘아,
네가 항상 섬기는 네 하나님께서 너
를 사자들로부터 구해 주셨느냐?"
21 다니엘이 왕에게 말했습니다. "왕이
여, 만수무강하소서!
22 내 하나님께서 천사를 보내 사자들의
입을 막으셔서 사자가 나를 해치지
못했습니다. 제가 하나님 앞에 죄가
없다는 것이 분명하기 때문입니다. 왕
이여, 또 제가 왕께도 죄를 짓지 않았

습니다."
23 왕은 매우 기뻐하며 다니엘을 사자
굴에서 건져 올리라고 명령했습니다.
다니엘을 사자 굴 속에서 꺼내 살펴
보니 몸에 상처 하나 입지 않았습니
다. 이것은 그가 자기 하나님을 믿었
기 때문이었습니다.
24 왕은 다니엘을 고소했던 사람들을 끌
어오라고 명령했습니다. 그들은 아내
와 자식들과 함께 사자 굴 속에 던져
졌습니다. 그들이 사자 굴 밑바닥에
닿기도 전에 사자들이 그 사람들을
움켜서 그 뼈까지 부숴 버렸습니다.
25 다리오 왕은 온 땅 모든 백성들과 민
족들과 각기 다른 언어를 쓰는 사람
들에게 담화문을 내렸습니다. "너희
가 태평성대를 누리기를 바란다!
26 내가 이제 명령을 내린다. 내 나라 모
든 지역에 사는 모든 백성들은 다니
엘의 하나님 앞에서 떨며 두려워해야
한다. 하나님은 살아 계시고 영원히
변하지 않으시는 분이기 때문이다.
그 나라는 멸망하지 않으며 하나님의
다스림은 끝없이 계속될 것이다.
27 그는 구하기도 하시고 건져 내기도
하신다. 하늘에서든지 땅에서든지 표
적과 기적을 일으키시며 사자의 입에
서 다니엘을 구해 주셨다."
28 이렇게 해서 다니엘은 다리오 왕이 다
스리던 때와 페르시아 사람 고레스가
다스리는 동안 편안하게 살았습니다.

네 짐승에 관한 다니엘의 꿈

7 바벨론 왕 벨사살이 다스린 지 첫
해였습니다. 다니엘이 침대에 누워
있다가 꿈을 꾸니 머릿속에 환상이
떠올랐습니다. 그는 꿈의 내용을 적

하용조 목사의 행복한 **메시지**

다니엘의 위기 극복

왕의 명령에도 불구하고 다니엘은 하루 세 번씩 하나님께 기도하다가 굶주린 사자들이 있는 굴에 던져졌습니다. 다리오 왕이 다니엘을 사자 굴에서 꺼냈을 때 다니엘은 털끝 하나 상한 곳이 없었습니다. 다니엘이 사자 굴에 들어가기까지 하나님을 신뢰했기에 하나님께서는 사자들의 입을 막으시고 다니엘을 지켜 주셨던 것입니다(히 11:33).

위대한 사건 뒤에는 언제나 위대한 믿음이 있습니다. 위기를 극복한 배경에는 언제나 위대한 믿음이 있습니다. 위기가 문제가 아니라 믿음이 문제입니다. 사자가 문제가 아니라 사자 뒤에 계시는 하나님을 보느냐 보지 못하느냐가 문제입니다. 많은 사람들이 위기가 오면 위기에 갇혀 버리고 맙니다. 사건에 갇혀 버리고 맙니다. 그러나 위기가 왔을 때 하나님을 발견하면 위기는 쉽게 지나갑니다.

여러분은 지금 누구를 보고 있습니까? 자신을 보고 있습니까? 하나님을 보고 있습니까? 여러분은 정말로 하나님을 신뢰하고 있습니까? 그렇다면 여러분의 위기는 금방 지나갈 것입니다. 믿음은 나를 붙드는 것이 아니라 전능자를 붙드는 것입니다.

었는데 그 줄거리는 이렇습니다.
2 다니엘이 말했습니다. "나는 밤에 환
상을 보았습니다. 하늘에서 바람이
네 방향으로 큰 바다를 휘저으며 불
고 있었습니다.
3 그 바다에서 각각 모습이 다른 네 마
리의 큰 짐승이 나왔습니다.
4 첫 번째 짐승은 사자같이 생겼지만
독수리의 날개를 가졌습니다. 내가
보고 있는 동안 그 짐승은 날개가 뽑
히더니 땅에서 몸을 들어 올려 사람
처럼 두 발로 서고 사람의 마음을 가
졌습니다.
5 두 번째 짐승은 곰같이 생겼습니다.
그것은 몸을 들고 뒷발로 서 있었으
며 그 입의 이빨 사이에 갈비뼈 세 대
를 물고 있었습니다. 누군가 그 짐승
에게 '일어나서 고기를 많이 먹어라'
하고 말하는 소리가 들렸습니다.
6 계속해서 살펴보니 표범같이 생긴 짐
승이 있었습니다. 그 등에는 새의 날
개가 네 개 달려 있었습니다. 또 이
짐승은 머리가 네 개인데 다스리는
권력을 받았습니다.
7 그날 밤 환상 가운데 네 번째 짐승을
보았는데 그 짐승은 무섭고 사나우며
힘이 아주 강했습니다. 그 짐승은 쇠
로 된 큰 이빨로 부서뜨려 먹고 또 먹
다 남은 것은 발로 짓밟았습니다. 그
짐승은 먼저 나온 다른 짐승들과 달
리 뿔이 열 개나 있었습니다.
8 내가 그 뿔을 살펴보고 있는데 다른
작은 뿔 하나가 그 사이에서 났습니
다. 그리고 먼저 있던 뿔 가운데 세
개가 나중에 돋은 뿔 앞에서 뿌리째
뽑혔습니다. 그런데 이 나중에 돋은
뿔은 사람의 눈 같은 눈이 있고 입이
있어서 거만하게 큰소리로 말했습니
다.
9 또 내가 보니 왕의 자리가 보이고 옛
날부터 항상 살아 계신 분이 자리에
앉아 계셨습니다. 그의 옷은 눈처럼
희고 머리털은 양털처럼 희었습니다.
왕의 자리는 활활 타는 불꽃이고 왕
의 자리의 바퀴는 타는 불이었습니다.
10 그 앞에서 거센 불이 강처럼 흘러나
왔습니다. 그 앞에서 심부름하는 사
람들이 천천 명이요, 섬기는 사람들
이 만만 명이었습니다. 심판이 시작되
면서 책들이 펼쳐져 있었습니다.
11 나는 작은 뿔이 거만하게 큰소리로
말하는 것을 계속 살펴보고 있었습니
다. 내가 보고 있으려니까 넷째 짐승
이 죽임을 당하고 그 시체는 찢겨 타
는 불 속에 던져졌습니다.
12 나머지 세 짐승은 힘은 빼앗겼지만
목숨만은 얼마 동안 살아남게 됐습
니다.
13 내가 밤에 또 환상을 보았습니다. 사
람같이 생긴 분이 하늘 구름을 타고
오셨습니다. 그가 옛날부터 항상 살아
계신 분께 가서 그분 앞에 섰습니다.
14 사람같이 생긴 분은 하나님께 힘과
영광과 나라들을 받고 모든 백성들
과 나라들과 각기 다른 언어를 쓰는
사람들에게 경배를 받았습니다. 그분

의 다스림은 영원해서 결코 사라지지
않을 것이고 그분의 나라는 결코 멸
망하지 않을 것입니다."

꿈의 해석

15 "나 다니엘은 머릿속에 나타난 이 환
상 때문에 마음이 괴롭고 답답했습니
다.
16 내가 거기 서 있는 천사들 가운데 하
나에게 다가가서 이 모든 것의 참뜻
을 물었습니다. 그는 내게 이것들의
뜻을 알려 주었습니다.
17 '네 마리의 큰 짐승들은 세상에 일어
날 네 왕이다.
18 그러나 높고 높으신 분의 백성들이
그 나라를 얻고 영원하고 영원하고
영원하도록 누리게 될 것이다.'
19 나는 네 번째 짐승의 뜻을 알고 싶었
습니다. 다른 짐승과 달리 그 짐승은
아주 사나우며 쇠로 된 이빨과 청동
발톱이 있으며 삼키고 부수고 남은
것은 발로 짓밟았습니다.
20 또 머리에 있던 열 개의 뿔과 나중에
돋은 다른 뿔에 대해서도 알고 싶었
습니다. 나중 돋은 뿔 앞에서 먼저 있
던 세 뿔이 빠졌고 나중에 돋은 뿔에
는 눈들이 있고 큰소리로 거만하게
말을 하는 입도 있었으며 그 모습은
다른 뿔들보다 강해 보였습니다.
21 내가 보고 있는데 그 뿔이 하나님의
백성들과 싸워서 이기고 있었습니다.
22 그러나 옛날부터 항상 살아 계신 분
이 오셔서 높고 높으신 분의 백성들
편을 들어 심판하셨고 때가 되자 하
나님의 백성들에게 그 나라를 되찾
아 주셨습니다.
23 하나님을 모시고 서 있던 천사가 내
게 말했습니다. '넷째 짐승은 세상에
나타날 네 번째 나라다. 그 나라는
모든 나라와 달라서 온 세상을 집어
삼키며 발로 짓밟고 부서뜨릴 것이다.
24 열 개의 뿔은 그 나라에서 나올 열
명의 왕들이다. 그들 뒤에 한 왕이 일
어날 것이다. 그는 먼저 있던 왕들과
는 다르며 먼저 있던 세 명의 왕을 굴
복시킬 것이다.
25 그는 높고 높으신 분께 거만하게 대
항해 큰소리치며 높고 높으신 분의
백성들을 억누를 것이며 때와 법을
바꾸려고 할 것이다. 하나님의 백성
들은 *한 때, 두 때, 반 때 동안 그 왕
의 손에 넘겨질 것이다.
26 그러나 심판이 시작되면 그는 힘을
빼앗기고 완전히 멸망당할 것이다.
27 그리고 높고 높으신 하나님의 백성들
이 나라와 권력과 온 세상 여러 나라
를 다스리게 될 것이다. 그 나라는 영
원하며 세상의 힘 있는 모든 사람들
이 그를 섬기고 따를 것이다.'
28 이것이 환상의 끝입니다. 나 다니엘은
여러 가지 생각으로 두려워 얼굴이
창백하게 변했지만 이 일을 마음속에
간직해 두었습니다."

숫양과 숫염소에 관한 다니엘의 환상

8 나 다니엘에게 처음으로 환상이 나
타난 후 벨사살 왕이 다스린 지 3

7:25 또는 일 년과 이 년과 반 년

년이 되던 해에 다시 환상이 나타났
습니다.
2 나는 엘람 지방 수산 성에 있었으며
을래 강 가에서 환상을 보았습니다.
3 내가 눈을 들어 보니 강가에 두 개의
긴 뿔을 가진 숫양이 서 있었습니다.
긴 두 뿔 가운데 한 뿔이 다른 뿔보
다 더 길었고 그 긴 뿔이 나중에 돋
은 것이었습니다.
4 내가 보니까 그 숫양이 뿔로 서쪽과
북쪽과 남쪽을 들이받는데 어떤 짐
승도 그 숫양을 당하지 못하고 그 손
에서 구할 수 없었습니다. 그 숫양은
무엇이든지 자기 좋을 대로 했으며
점점 더 강해졌습니다.
5 내가 이 생각에 빠져 있는 가운데 갑
자기 숫염소 한 마리가 서쪽에서 나
와서 땅을 디디지도 않고 온 세상을
누비고 다녔습니다. 그 숫염소의 두
눈 사이에는 눈에 띄게 큰 뿔이 하나
있었습니다.
6 그 숫염소는 강가에서 본 두 뿔 달린
숫양에게로 다가가서 크게 화를 내며
숫양을 들이받았습니다.
7 숫염소는 더욱 화를 내며 숫양을 공
격하고 그 두 뿔을 부러뜨렸습니다.
숫양은 숫염소를 이길 힘이 없었습니
다. 숫염소가 숫양을 땅에 내리치고
발로 짓밟았지만 아무도 숫양을 그
손에서 구해 줄 수 없었습니다.
8 그 후 숫염소는 점점 강해졌습니다.
힘이 세질 대로 세지더니 그 큰 뿔이
부러져 버렸습니다. 그리고 그 자리에
뚜렷한 네 개의 뿔이 돋아 네 방향으
로 자랐습니다.
9 그 가운데 한 뿔에서 또 작은 뿔 하
나가 돋아서 남쪽과 동쪽과 영광스러
운 땅을 향해 매우 크게 자랐습니다.
10 그렇게 자라서 하늘 군대에 닿을 만
큼 자랐고 하늘 군대 가운데 몇몇과
별들 가운데 몇몇을 땅에 내치고는
발로 짓밟았습니다.
11 그 뿔은 스스로 자신을 높여 하늘 군
대의 주인처럼 높이더니 하나님께 날
마다 드리는 제사를 없애 버리고 하
나님의 성전마저 헐어 버렸습니다.
12 그 뿔로 인해 백성들은 죄를 범했고
백성들은 그 뿔에게 날마다 제사드렸
습니다. 진리는 땅에 떨어졌고 그 뿔
이 하는 일마다 잘됐습니다.
13 나는 거룩한 분이 말씀하시는 것을
들었습니다. 또 다른 거룩한 분이 그
거룩한 분에게 여쭈었습니다. "이 환
상에 나타난 일이 언제까지 계속되겠
습니까? 날마다 드리던 제사를 못 드
리고 멸망당할 죄를 범하며 성전이
헐리고 하나님의 백성이 짓밟히는 일
들이 언제까지 계속되겠습니까?"
14 천사가 내게 말씀했습니다. "그날까지
2,300일이 걸리며 그때는 성전이 깨
끗해질 것이다."

환상의 해석

15 나 다니엘이 이 환상을 보면서 그 뜻
을 알려고 할 때 사람의 모습을 한
분이 내 앞에 나타나 서 있었습니다.
16 을래 강의 두 언덕 사이에서 어떤 사

람이 큰 소리로 이렇게 말씀했습니
다. "가브리엘아, 네가 이 사람에게 이
환상의 뜻을 말해 주어라."
17 가브리엘이 내가 서 있는 곳으로 다
가왔습니다. 그가 오자 나는 두려워
서 얼굴을 땅에 대고 엎드렸습니다.
그가 내게 말씀했습니다. "사람아, 이
환상은 세상 끝 날에 관한 것이다."
18 그가 내게 말하는 동안 나는 땅에 엎
드려서 깊이 잠들었습니다. 그러자 그
는 나를 붙들어 일으켜 세웠습니다.
19 그가 말했습니다. "정해진 세상 끝 날
이 올 때 하나님의 분노하심으로 어
떤 일이 일어날지 내가 알려 주겠다.
20 네가 본 두 뿔 달린 숫양은 메대와 페
르시아 왕들이다.
21 숫염소는 그리스 왕이고 그 눈 사이
에 있는 큰 뿔은 그 첫 번째 왕이다.
22 그 뿔이 부러지고 그 자리에 네 뿔이
돋은 것은 그 나라가 갈라져 네 나라
가 일어난다는 뜻이다. 그러나 그 힘
은 첫 번째 나라만큼 강하지 않다.
23 네 나라가 다스리는 마지막 때 죄를
범하는 사람들이 많아지면서 한 왕
이 일어날 것이다. 그는 뻔뻔하고 속
임수를 잘 꾸며 대는 왕이다.
24 그의 힘은 강하겠지만 자기에게서 나
오는 힘이 아니다. 그가 마음먹은 대
로 무섭게 무너뜨리겠으나 하는 일마
다 잘될 것이며 힘 있는 사람과 거룩
한 백성들을 멸망시킬 것이다.
25 그는 꾀를 내 남을 속여서 원하는 것
을 다 이루고 자기 마음대로 스스로
높일 것이다. 그는 또 평화로운 틈을
타서 많은 사람들을 죽이고 왕의 왕
이신 하나님을 대항해 일어날 것이다.
그러나 그도 망하지만 사람의 힘으
로 망하지 않는다.
26 네게 보여 준 밤낮의 환상은 확실히
이뤄지지만 먼 훗날 일어날 일이니 너
는 그 환상들을 잘 간직해 두어라."
27 나 다니엘은 이 환상을 보고 놀라서
정신을 잃었습니다. 나는 며칠 동안
앓다가 회복돼 일어나 왕이 맡긴 일
을 했습니다. 그 환상은 아주 놀랍고
사람이 알기 힘든 것이었습니다.

다니엘의 기도

9 메대 사람인 *아하수에로의 아들
다리오가 왕이 돼 바벨론을 다스린
*첫해였습니다.
2 곧 그가 다스린 지 1년 되던 해에 나
다니엘은 하나님의 말씀이 기록된 책
을 보고 여호와께서 예언자 예레미야
에게 연수를 정해 말씀하셨음을 알
았습니다. 여호와께서는 예루살렘이
무너진 지 70년 만에 돌이키시겠다고
하셨습니다.
3 나는 먹지도 마시지도 않고 올이 굵
은 베옷을 입고 재를 뿌린 채 주 하
나님께 기도하며 구했습니다.
4 나는 하나님 여호와께 이렇게 기도하
고 고백하며 말씀드렸습니다. "여호와
여! 크고 두려우신 주 하나님이여, 주
를 사랑하고 주의 계명을 지키는 사
람들에게 말씀하신 약속을 지키시고

9:1 또는 크세르크세스 9:1 BC 539-538년

그들에게 자비를 베푸시는 하나님이
시여,
5 우리가 죄를 지었고 잘못을 저질렀습
니다. 우리가 악하게 행동했고 주의
법과 명령을 어기고 거역했습니다.
6 또 우리가 주의 종 예언자들이 우리
민족의 여러 왕과 귀족들과 조상들과
온 백성들에게 주의 이름으로 말씀
한 것을 듣지 않았습니다.
7 주여, 의로움은 주께 있으며 우리에
게는 오늘날처럼 부끄러움이 있을 뿐
입니다. 유다 사람들과 예루살렘에 사
는 사람과 각 나라로 쫓겨나 가까이
있거나 멀리 있는 사람, 곧 이스라엘
사람들이 모두 부끄러움을 당할 뿐입
니다. 그들은 주를 거역하며 죄를 범
했기 때문에 주께서 각 나라로 쫓아
내셨습니다.
8 여호와여, 우리가 부끄러움과 욕을
당하고 우리 왕들과 귀족들과 조상
들이 부끄러움을 당하는 것은 우리
가 주께 죄를 지었기 때문입니다.
9 주 우리 하나님께서는 자비와 용서를
베푸시지만 우리는 주께 반역했습니
다.
10 우리는 하나님 여호와의 음성을 듣지
않고 하나님의 종 예언자들을 시켜서
우리 앞에 세우신 율법을 지키지 않
았습니다.
11 온 이스라엘이 주의 율법을 지키지
않았고 주의 목소리 듣기를 싫어했습
니다. 그러므로 하나님의 종 모세의
율법에 기록된 맹세대로 저주가 우리

성·경·인·물 | 다니엘

- **이름의 뜻** 하나님은 나의 재판자
- **바벨론 이름** 벨드사살 (벨이여 그의 생명을 보존하소서.)
- **주소** 예루살렘 / 바벨론
- **직업** 바벨론 왕의 조언자. 셋째 치리자. 메대국 총리
- **약력**

바벨론 포로기 |

BC 605년, 여호야김 왕 때 1차 바벨론 포로로 잡혀갔다(단 1:1–7). 다니엘과 세 친구는 바벨론 식의 교육을 받고 바벨론의 음식을 먹어야 했지만 자신을 더럽히지 않겠다고 결심하여 채식만을 했다(단 1:8–16). 하나님께서 다니엘에게 학문과 재주, 지식을 주시고 환상과 꿈을 깨닫게 하셨다(단 1:17). 느부갓네살 왕이 꾼 두 번의 꿈을 해석하여 세계 역사의 변천사와 느부갓네살 왕의 장래 일에 대해 알려 주었다(단 2:25–45;4:19–27).

벨사살 왕이 잔치를 베풀 때 벽에 쓰인 글씨를 해석하여 벨사살 왕의 교만과 우상 숭배 때문에 그의 왕위가 폐하게 되고 바벨론이 멸망할 것을 예언했다(단 5:1–5,17–28,30–31). 이 일로 다니엘은 바벨론의 세 번째 높은 벼슬자리에 오르게 되었다(단 5:29).

메대, 페르시아 포로기 |

메대의 다리오 왕은 바벨론을 정복한 후 다니엘을 메대 나라의 총리로 삼았다(단 6:1–2). 다니엘을 시기하는 다른 총리와 장관들이 다리오 왕 외에는 다른 신을 섬기지 못하게 하는 명령문을 내렸다(단 6:3–9). 다니엘은 이것을 알고도 하나님께 기도하는 것을 멈추지 않아 결국 사자 굴에 던져졌다(단 6:10–18). 그러나 하나님의 보호하심으로 사자 굴에서 살아났고 오히려 그를 참소하던 사람들이 사자 굴에 던져져 죽임을 당했다(단 6:19–27).

에게 내렸습니다. 우리는 주께 죄를
지었기 때문에 심판을 받았습니다.
12 주께서는 큰 재앙을 우리에게 내리셨
습니다. 우리와 우리 지도자들을 벌하
셔서 주께서 말씀하신 것을 그대로 증
명하셨습니다. 온 천하에 예루살렘에
일어난 일과 같은 일은 없었습니다.
13 모세의 율법에 기록된 그대로 우리에
게 이 모든 재앙이 내렸습니다. 그러
나 우리는 죄에서 돌이켜서 주의 진
리를 알기 위해 우리 하나님 여호와
께 은총을 내려 달라고 구하지 않았
습니다.
14 그래서 여호와께서는 이 재앙을 준비
해 두셨다가 우리에게 내리셨습니다.
우리 하나님 여호와께서 하시는 모든
일은 의롭습니다. 그러나 우리는 하
나님의 목소리를 듣고 순종하지 않았
습니다.
15 주 우리 하나님이여, 주의 백성들을
강한 손으로 이집트에서 이끌어 내시
고 오늘날같이 이름이 유명해지신 주
여, 우리가 죄를 지었고 우리가 악을
저질렀습니다.
16 주여, 제가 기도합니다. 주의 모든 공
의에 따라서 주의 성 예루살렘, 주의
거룩한 산에 내린 주의 노하심을 거
둬 주소서. 우리의 죄와 우리 조상들
의 죄악으로 인해 예루살렘과 주의
백성들이 우리 주위에 사는 모든 사
람들의 비웃음을 받습니다.
17 그러므로 우리 하나님이여, 이제 주
의 종의 기도와 간절함을 들어 주십
시오. 하나님 자신을 위해 무너진 주
의 성전에 주의 얼굴 빛을 비춰 다시
세워 주십시오.
18 내 하나님이여, 귀를 기울여 들으시
고 눈을 떠서 보십시오. 주의 이름으
로 부르는 성이 무너지고 우리가 고
통당하고 있습니다. 우리가 주께 기도
하는 것은 우리가 잘한 것이 있어서
가 아닙니다. 주께서 큰 자비를 베푸
시는 분이기 때문입니다.
19 주여, 들어 주십시오! 주여, 용서해
주십시오! 주여, 들으시고 이뤄 주십
시오! 내 하나님이여, 주 자신을 위해
미루지 마십시오. 그곳은 주의 성이
며 이 사람들은 주의 백성들이기 때
문입니다."

70주

20 내가 이렇게 내 죄와 내 백성 이스라
엘의 죄를 스스로 밝혀 말하며 기도
했습니다. 내가 내 하나님 여호와 앞
에서 내 하나님의 거룩한 산을 위해
간절히 기도하고 있을 때입니다.
21 내가 아직 기도하고 있을 때였습니다.
내가 처음으로 환상을 보았을 때 보
았던 가브리엘이 재빨리 날아서 저녁
제사드릴 때쯤 내게 왔습니다.
22 그가 내게 알려 주었습니다. "다니엘
아, 이제 내가 네게 지혜와 깨달음을
주려고 왔다.
23 네가 기도를 시작할 때 그것을 말해
주라는 명령이 떨어져서 내가 왔다.
너는 큰 사랑을 받은 사람이다. 그러
므로 너는 이 일에 대해 생각하고 그

환상을 깨닫도록 하여라.
24 네 백성들과 네 거룩한 성을 위해 70
주의 기간이 정해졌다. 이 기간이 지
나면 이제 죄악이 그치고 죄를 영원
히 용서받으며 영원한 의가 드러나고
환상과 예언이 이뤄져 높고 거룩한
분이 기름 부음을 받게 될 것이다.
25 이것을 깨달아 알아라. 예루살렘을
다시 세우라는 명령이 있을 때부터 7
주와 그다음 62주가 지나면 기름 부
음 받은 왕이 오신다. 그때 예루살렘
성이 다시 세워지고 거리와 성벽이 세
워질 것이다. 그러나 이 일은 어려움
가운데 이뤄질 것이다.
26 62주간이 지난 후에 *기름 부음 받은
분은 죽고 아무것도 없을 것이다. 그
후 한 왕의 백성들이 와서 예루살렘
성과 성전을 무너뜨릴 것이다. 마지막
날은 홍수가 밀려온 것과 같으며 또
마지막까지 전쟁이 있어서 성이 황폐
해질 것이다.
27 그는 1주 동안 많은 사람들과 굳게
약속을 정할 것이다. 그가 1주의 절반
의 기간에 희생제사와 예물을 드리지
못하게 할 것이다. 또 흉측해 하나님
께서 미워하는 물건이 성전의 거룩한
장소에 세워질 것이다. 그러나 이미
정해진 마지막 날까지 그렇게 황폐하
게 만드는 사람에게 하나님의 노하심
이 쏟아질 것이다."

한 사람에 관한 다니엘의 환상

10 페르시아 왕 고레스가 왕이 된
지 *3년에 벨드사살이라 불리
는 다니엘이 환상을 보는 가운데 말
씀을 들었습니다. 그 말씀은 참되며
큰 전쟁에 관한 것입니다. 다니엘은
이 말씀을 분명히 알았고 그 환상을
깨달았습니다.
2 그때 나 다니엘은 3주 내내 슬퍼했습
니다.
3 나는 3주가 다 지날 때까지 좋은 음
식을 먹지 않았고 고기나 포도주를
입에 대지 않았으며 몸에 기름을 바
르지 않았습니다.
4 *첫째 달 24일에 내가 큰 강 티그리스
강 가에 서 있었습니다.
5 그곳에서 눈을 들어 바라보니 어떤
사람이 고운 베옷을 입고 허리에 우
바스의 금으로 만든 순금 띠를 띠고
있었습니다.
6 그의 몸은 황옥 같고 얼굴은 번개처
럼 환하고 눈은 횃불같이 불타고 팔
과 발은 빛이 나는 청동같이 번쩍이
고 목소리는 큰 무리가 외치는 소리
같았습니다.
7 그 환상을 본 사람은 나 다니엘 한 사
람뿐입니다. 나와 함께 있던 사람들
은 그것을 보지 못했지만 큰 두려움
에 사로잡혀 도망쳐 숨었습니다.
8 그래서 나는 혼자 남아 이 놀라운 환
상을 보게 됐습니다. 그런데 나는 온
몸에 힘이 빠지고 죽은 사람처럼 몸
의 색깔이 변하고 도무지 힘을 쓸 수
없었습니다.

9:26 또는 메시아 10:1 BC 539년에 바벨론을 정복하고 나서 3년 10:4 니산 월, 태양력으로 3월 중순 이후

9 그때 나는 말소리를 들었는데 듣고
있는 동안 나는 땅바닥에 얼굴을 대
고 엎드린 채 깊이 잠들었습니다.
10 내가 떨고 있는데 어떤 손이 나를 어
루만졌습니다. 그리고 나를 일으켜서
무릎과 손바닥으로 땅을 짚게 했습니
다.
11 그가 말씀하셨습니다. "하나님의 큰
사랑을 받은 사람 다니엘아, 내가 하
는 말을 잘 들어라. 나는 네게 가라고
보냄 받았으니 일어서거라." 내가 이
말을 듣고 일어섰으나 여전히 떨고 있
었습니다.
12 그러자 그가 말씀하셨습니다. "다니엘
아, 두려워하지 마라. 네가 깨달음을
얻으려고 네 하나님 앞에 낮아지고
겸손해지기로 결심한 그날부터 하나
님께서 네 말을 들으셨다. 네 기도 때
문에 내가 왔다.
13 그러나 페르시아 왕이 21일 동안 나
를 막았다. 나는 홀로 페르시아 왕들
과 함께 거기 남아 있었는데 하늘 군
대의 우두머리 가운데 하나인 미가엘
이 와서 나를 도왔다.
14 이제 내가 마지막 날에 네 백성들에
게 무슨 일이 일어날지 알려 주려고
왔다. 이 환상은 오랜 후에 일어날 것
이다."
15 그가 내게 이렇게 말하는 동안 나는
얼굴을 땅에 댄 채 한마디 말도 하지
못했습니다.
16 그런데 *사람같이 생긴 분이 내 입술
을 만졌습니다. 그러자 내가 입을 열
어 내 앞에 서 있는 분에게 말씀드렸
습니다. "내 주여, 이 환상 때문에 두
렵고 걱정돼 내가 힘을 잃었습니다.
17 내 주여, 내가 힘이 다 빠져 숨쉬기조
차 어려우니 내 주의 종이 어떻게 주
와 함께 말할 수 있겠습니까?"
18 그러자 사람같이 생긴 분이 다시 나
를 만지며 내게 힘을 주었습니다.
19 그가 말씀하셨습니다. "오 큰 사랑을
받는 사람아, 두려워하지 마라. 평안
하여라! 강하고 강하여라." 그가 이렇
게 말하니 나는 힘이 생겨서 말할 수
있었습니다. "내 주여, 주께서 제게 힘
을 주셨으니 말씀하십시오."
20 그가 말씀하셨습니다. "왜 내가 네게
왔는지 아느냐? 이제 나는 돌아가서
페르시아 왕과 싸울 것이다. 그리고
내가 나간 다음에 그리스 왕이 올 것
이다.
21 내가 진리의 책에 쓴 것을 먼저 네게
말해 주겠다. (그들과 싸우는 데 나
를 도울 이가 너희를 이끄는 천사 미
가엘뿐이다.

11

내가 메대 사람 다리오가 다스
린 지 첫해에 다리오가 힘을 더
내도록 도와주었다.)"

남쪽 왕과 북쪽 왕

2 "자, 이제 내가 참된 것을 네게 보여
주겠다. 페르시아에 세 명의 왕이 더
일어날 것이다. 그다음 네 번째 왕은
다른 모든 왕보다 훨씬 더 부자가 되

10:16 대부분의 마소라 사본을 따름. 하나의 마소라 사본과 사해 사본과 칠십인역에는 '사람의 손처럼 생긴 것이'

며 강해진다. 그가 그 재산으로 힘을
얻어서 모든 사람을 크게 움직여 그
리스를 칠 것이다.
3 그리고 한 힘 있는 왕이 일어나서 큰
능력으로 나라를 다스리고 자기가 하
고 싶은 대로 무엇이든 할 것이다.
4 그 왕이 가장 강할 때 나라는 하늘의
네 방향으로 갈라지지만 그 자손들에
게 돌아가지 않는다. 그의 나라는 그
가 다스리던 대로 되지 않고 뿌리째
뽑혀서 그 자손이 아닌 다른 사람들
이 이어갈 것이다.
5 남쪽 이집트 왕이 강해질 것이지만
그의 군대 장군들 가운데 하나가 그
보다 더욱 강해진다. 그가 큰 힘을 얻
고 나라를 다스리게 될 것이다.
6 몇 년 후에 그들은 동맹 관계가 될 것
이다. *남쪽 왕의 공주가 평화 조약
을 맺기 위해 *북쪽 왕에게 갈 것이
다. 그러나 그 공주가 힘을 잃고 남쪽
왕은 약해서 서지 못하고 그 다스림
도 계속되지 않을 것이다. 공주와 가
족들과 공주를 데리고 온 사람들과
공주를 지지하던 사람들이 함께 버림
받을 것이다.
7 그러나 그 공주의 집안에서 한 사람
이 일어나 왕의 자리를 이을 것이다.
그는 군대를 이끌고 북쪽 왕의 군대
를 치고 그의 성에 들어가 그들과 싸
워 이길 것이다.
8 그는 그 신들과 그들의 쇠로 된 우상
들과 은과 금으로 된 귀한 물건들을
빼앗아 이집트로 가져갈 것이다. 그리
고 몇 년 동안은 그가 북쪽 왕을 치
지 않고 내버려 둘 것이다.
9 북쪽 왕은 남쪽 왕의 나라로 쳐들어
가겠지만 결국 이기지 못하고 자기
나라로 돌아가게 될 것이다.
10 북쪽 왕의 아들들이 많은 군대를 모
아서 전쟁을 일으키는데 물이 흘러넘
치는 것같이 몰려올 것이다. 그 군대
는 남쪽 왕의 견고한 성까지 치게 될
것이다.
11 남쪽 왕은 크게 화가 나서 북쪽 왕과
싸우러 나올 것이다. 북쪽 왕은 큰 군
대를 일으키겠지만 그 군대는 적군의
손에 넘어갈 것이다.
12 남쪽 왕은 군대를 무찌르고 스스로
자신을 높여서 수만 명의 사람들을
죽일 것이다. 그러나 계속 이기지는
못한다.
13 북쪽 왕이 자기 나라로 돌아가 전보
다 더 큰 군대를 일으켜서 몇 년 후
전쟁에 쓸 많은 물건과 큰 군대를 거
느리고 쳐들어올 것이다.
14 그때 여러 사람들이 남쪽 왕을 치려
고 일어날 것이다. 또 너희 유다 백성
들 가운데 싸우기 잘하는 사람이 스
스로 높여 환상을 이루려 하겠지만
오히려 실패해 넘어질 것이다.
15 그러면 북쪽 왕은 와서 흙으로 성을
쌓고 견고한 성을 빼앗을 것이다. 남
쪽 군대는 그를 당하지 못하며 그 정
예 부대조차 북쪽 군대를 이길 힘이
없을 것이다.

11:6 이집트를 가리킴. 11:6 시리아를 가리킴.

16 북쪽 군대가 하고 싶은 대로 하지만
아무도 그를 당해 내지 못할 것이다.
그는 영광스러운 땅 이스라엘을 차지
하고 서서 힘으로 멸망시킬 것이다.
17 북쪽 왕은 온 나라의 힘을 다해 싸우
려 하다가 남쪽 왕과 평화 조약을 맺
을 것이다. 그리고 남쪽 나라를 멸망
시키기 위해 북쪽 왕의 딸을 남쪽 왕
에게 시집보내지만 그 계획대로 이뤄
지지 않고 이익이 없을 것이다.
18 그 후 북쪽 왕은 해변의 땅으로 눈을
돌려 많은 땅을 차지하겠지만 군대의
어떤 장군이 그를 끝장내고 부끄러운
값을 그에게 물릴 것이다.
19 이 일 후에 그는 자기 땅의 성으로 돌
아오다가 걸려 넘어져 다시 볼 수 없
게 될 것이다.
20 그 자리를 이어 왕이 된 사람은 영광
스러운 나라에 욕심 사납게 세금을
부과할 것이다. 그러나 몇 날이 못 돼
서 다툼이나 전쟁도 없이 아무도 모
르게 죽을 것이다.
21 그의 뒤를 이을 사람은 낮고 천한 사
람으로 왕의 영광스러운 자리를 받지
못할 사람이다. 그러나 그는 평화로
울 때 와서 음흉한 꾀를 써서 그 나
라를 차지할 것이다.
22 엄청난 군대가 넘치는 물같이 휩쓸고
가면 그 군대와 동맹한 왕도 모두 그
에게 깨질 것이다.
23 조약을 맺은 후에 그는 속임수를 쓰
며 적은 수의 백성을 거느리고 치고
올라와 점점 강해질 것이다.
24 그는 평화로울 때 가장 부유한 지방
으로 쳐들어가 자기 조상이나 조상
의 조상들조차 차마 하지 못했던 짓
을 할 것이다. 그는 힘으로 빼앗은 물
건들과 재산을 사람들에게 나누어

Q&A

성경에 '클레오파트라'에 대한 이야기가 나온다고?

참고 구절 | 단 11:17

다니엘 11장 17절에는 '왕의 딸'이 나오는데 이 사람이 바로 클레오파트라다. 다니엘이 예언한 지 400여 년 후, 클레오파트라는 아버지 안티오쿠스 3세의 뜻에 따라 이집트 왕과 정략결혼을 했다. 정략결혼을 하기까지의 과정은 다음과 같다.

시리아와 팔레스타인을 정복한 안티오쿠스는 남왕국인 이집트를 수중에 넣기 위해 진격하다가 그것을 화친 정책으로 변경했다. 그 화친 정책의 하나로 BC 194년에 자신의 딸을 이집트 왕 프톨레미 5세에게 아내로 주었다. 그러나 이집트를 멸망시키려던 안티오쿠스의 계획은 실패로 돌아갔다. 그의 딸은 이집트 최초의 클레오파트라가 되며 그녀는 아버지를 배반하고 남편에게 로마와 동맹을 맺으라고 권했다.

한편 안티오쿠스 대왕에게는 두 아들이 있었는데 이들이 계속하여 왕위를 계승했다. 따라서 다니엘 11:20에 나오는 '그 자리를 이어 왕이 된 사람'은 바로 안티오쿠스의 아들 셀류쿠스 4세를 말한다. 성경에 '미래형'으로 기록된 사건들이 역사책에서는 '과거형'으로 바뀌어 기록되었다.

우리는 여기서 성경의 예언들이 얼마나 구체적이고 사실적인가에 놀라게 된다.

줄 것이다. 음흉한 꾀를 내서 산성을
치지만 그가 다스리는 기간은 오래
되지 않을 것이다.
25 그는 힘을 떨치고 용감한 큰 군대를
거느리고 남쪽 왕을 칠 것이다. 남쪽
왕도 크고 힘센 군대로 맞서 싸울 것
이지만 그를 당해 내지 못할 것이다.
북쪽 왕이 속임수를 써서 그를 치기
때문이다.
26 남쪽 왕과 가까운 사이로 귀한 음식
을 같이 먹던 자들이 남쪽 왕을 죽이
므로 그의 군대는 흩어지고 많은 사
람들이 쓰러져 죽을 것이다.
27 이 두 왕은 한 식탁에 앉아서 먹지만
서로 해치려고 마음먹고 서로 거짓말
을 할 것이다. 그러나 일이 잘되지는
않을 것이다. 이 일은 하나님께서 정
하신 때 끝이 날 것이기 때문이다.
28 북쪽 왕이 많은 재물을 가지고 자기
나라로 돌아갈 것이다. 그러나 그의
마음은 거룩한 약속을 어기며 마음
대로 하고서 자기 나라로 돌아갈 것
이다.
29 정해진 시간이 되면 그는 다시 남쪽
으로 갈 것이다. 그러나 이번에는 전
과 다를 것이다.
30 *깃딤의 배들이 와서 그를 치므로 그
가 두려워하며 철수할 것이다. 그는
돌아가는 길에 거룩한 약속을 한 사
람들에게 분풀이를 할 것이다. 돌아
가서는 거꾸로 거룩한 약속을 저버린
사람들을 높일 것이다.
31 무장한 그의 군대가 일어나 성전 요
새를 더럽히고 날마다 드리는 제사를
못 드리게 할 것이며 하나님께서 미
워하시는 물건을 성전에 세워 멸망을
불러올 것이다.
32 그는 약속을 어기고 악하게 행동하
는 사람들을 꾀어내며 더럽히겠지만
하나님을 아는 백성들은 굳게 서고
용감하게 행동할 것이다.
33 백성들 가운데 지혜로운 사람들은
많은 사람을 가르칠 것이지만 그들은
오랫동안 칼과 불길에 사로잡히고 물
건을 빼앗기며 힘이 빠지고 약해질
것이다.
34 그들이 약해 쓰러질 때쯤 조금 도움
을 받을 것이다. 그러나 많은 사람이
속임수로 그들 편에 설 것이다.
35 그 몇몇 지혜로운 사람들은 죽임을
당할 것이다. 백성들은 단련되고 깨
끗해지고 하얗게 돼 마지막 날까지
이르게 될 것이다. 이런 일이 하나님
께서 정하신 때까지 있을 것이다."

자신을 스스로 높이는 왕

36 "이 왕은 자기 뜻대로 할 것이다. 그
는 스스로 높이고 모든 신보다 자기
가 크다고 하며 신들의 신에 맞서며
말할 수 없는 말을 할 것이다. 하나님
께서 노하시고 노가 그칠 때까지 그
는 잘될 것이다. 하나님께서 이런 일
이 일어나도록 정하셨으므로 반드시
그렇게 될 것이다.
37 그는 스스로 자기를 모든 것보다 크
게 높일 것이다. 자기 조상의 신들이

11:30 또는 키프로스

나 여자들이 사랑하는 신에 마음을
쓰지 않고 어떤 신도 섬기지 않을 것
이다.
38 그 대신 그는 요새를 지키는 신을 공
경할 것이다. 또 자기 조상들이 알지
못하는 신에게 금과 은과 보석과 값
비싼 보물을 드리며 섬길 것이다.
39 그는 이방신의 도움으로 싸워서 가
장 강한 산성들을 얻을 것이다. 그는
자신을 왕으로 받아들이는 사람에게
여러 백성들을 다스리게 하며 뇌물을
받고 땅을 나눠 줄 것이다.
40 마지막 때가 되면 남쪽 왕이 북쪽 왕
을 칠 것이다. 그러면 북쪽 왕은 전차
와 기마병과 많은 배를 거느리고 회
오리바람처럼 빠르고 강하게 그를 치
러 올 것이다. 북쪽 왕은 여러 나라에
쳐들어가 물이 휩쓸듯이 나라들을
지나갈 것이다.
41 북쪽 왕은 또 영광스러운 땅에 들어
갈 것이다. 그리고 많은 나라들을 쓰
러뜨리겠지만 에돔과 모압과 암몬의
높고 귀한 사람들은 그의 손아귀에
서 벗어날 것이다.
42 그가 여러 나라에 힘을 뻗으므로 이
집트 땅도 피하지 못할 것이다.
43 그는 이집트의 금은과 모든 보물을
자기 손에 넣을 것이다. 또 리비아 사
람들과 에티오피아 사람들도 그를 따
를 것이다.
44 그러나 동쪽과 북쪽에서 들어온 소
식을 듣고 그는 걱정하고 크게 화가
나 나가서 많은 사람을 무찌르고 죽
이려고 할 것이다.
45 그는 바다와 영광스럽고 거룩한 산
사이에 자신의 왕실 장막을 칠 것이
다. 그러나 마지막에 이르러서 그를
도와줄 사람이 아무도 없을 것이다."

마지막 때

12 "그때 네 민족을 지켜 주는 큰
천사 미가엘이 일어날 것이다.
나라가 생긴 때부터 그때까지 없던
큰 고통이 있을 것이다. 그러나 그때
네 백성들, 곧 그 책에 이름이 적힌
사람은 누구나 구원을 받을 것이다.
2 땅의 흙 속에서 자는 사람들 가운데
많은 사람이 깨어나서 어떤 사람은
영원한 생명을 받고 어떤 사람은 욕
과 함께 끝없이 부끄러움을 당하게
될 것이다.
3 지혜로운 사람은 하늘이 밝게 빛나
는 것처럼 빛날 것이고 많은 사람들
을 의로 이끄는 사람은 별처럼 영원
히 빛날 것이다.
4 너 다니엘은 마지막 때까지 이 말씀
을 간직하고 이 글을 은밀하게 덮어
두어라. 많은 사람이 이 참된 말씀을
찾아서 이리저리로 빨리 왔다 갔다
할 것이다."
5 나 다니엘은 다른 두 사람이 서 있는
것을 보았습니다. 한 사람은 이쪽 강
언덕에 있었으며 다른 한 사람은 저
쪽 강 언덕에 서 있었습니다.
6 그 가운데 한 사람이 강물 위에 고운
베옷을 입고 있는 사람에게 말했습니
다. "이 놀라운 일들이 언제 이루어지

겠습니까?"
7 그러자 강물 위에 있던 고운 베옷 입
은 사람이 그 오른손과 왼손을 하늘
을 향해 쳐들며 영원히 살아 계시는
분을 두고 맹세하며 말씀하는 것을
내가 들었습니다. "*한 때, 두 때, 반
때가 지나서 하나님의 백성들의 힘이
다 깨어질 때까지다. 그렇게 되면 모
든 일이 끝날 것이다."
8 나는 듣고도 무슨 뜻인지 몰랐습니
다. 그래서 내가 물었습니다. "내 주
여, 이 모든 일이 어떻게 끝나겠습니
까?"
9 그가 대답했습니다. "다니엘아, 가거
라. 그 말씀은 마지막 때까지 은밀하
게 간직하고 덮어 둘 것이다.
10 많은 사람이 깨끗하고 하얗게 단련
될 것이다. 그러나 악한 사람은 계속
악을 행할 것이다. 악한 사람은 알아
듣지 못하겠지만 지혜로운 사람은 알
게 될 것이다.
11 날마다 드리는 제사를 못 드리게 되
고 멸망을 불러오는 하나님의 미워
하는 물건이 성전에 세워지는 때부터
1,290일이 지나야 할 것이다.
12 1,335일이 이르기까지 참고 기다리는
사람은 복이 있을 것이다.
13 너는 마지막까지 네 길을 가거라. 네
가 죽어 평안히 잠들어 쉴 것이다. 너
는 마지막 날에 일어나서 네 상을 받
아 누릴 것이다."

12:7 또는 일 년과 이 년과 반 년

호세아

Hosea

타락한 이스라엘을 향한 하나님의 신실한 사랑을 강조하는 본서는 북왕국의 임박한 심판과 포로 생활에 대한 경고 및 즉각적인 회개를 강력히 촉구한다. 음란한 아내 고멜을 용서하는 호세아 예언자의 인내와 사랑을 통해 하나님의 마음을 표출하며, 언약에 근거한 회복의 소망을 제시함으로 메시아의 도래를 예고한다.

1 유다의 왕들인 웃시야, 요담, 아하
스, 히스기야의 시대, 곧 이스라엘
왕 요아스의 아들인 여로보암 시대에
여호와의 말씀이 브에리의 아들 호세
아에게 임했습니다.

호세아의 아내와 자녀들

2 여호와께서 처음으로 호세아를 시켜
말씀하실 때 여호와께서는 호세아에
게 이렇게 말씀하셨습니다. "너는 가
서 음란한 여자를 아내로 삼아 음란
한 자식들을 낳아라. 그 땅이 여호와
를 떠나 크게 간음을 저질렀기 때문
이다."
3 그리하여 호세아는 가서 디블라임의
딸 고멜과 결혼했고 그녀는 임신해
아들을 낳았습니다.
4 여호와께서 그에게 말씀하셨습니다.
"그의 이름을 *이스르엘이라 불러라.
잠시 후에 *이스르엘의 피 흘림에 대
해 내가 예후의 집을 처벌해 이스라엘
왕국의 끝을 낼 것이고
5 그날에 내가 이스르엘 계곡에서 이스
라엘의 활을 부러뜨릴 것이기 때문이
다."
6 고멜이 다시 임신해 딸을 낳았습니다.
그러자 여호와께서 그에게 말씀하셨
습니다. "그녀의 이름을 *로루하마라
고 불러라. 내가 이스라엘 나라에 더
이상 긍휼을 베풀지 않고 그들을 절
대로 용서하지 않을 것이기 때문이
다.
7 그러나 내가 유다 나라에는 긍휼을
베풀 것이다. 내가 그들을 그들의 하
나님 여호와로 구원할 것이지 활이나
칼이나 전쟁이나 말이나 기마병으로
구원하지 않을 것이다."
8 로루하마가 젖을 떼자 고멜은 임신해
아들을 낳았습니다.
9 그러자 여호와께서 말씀하셨습니다.
"그의 이름을 *로암미라 불러라. 너희

1:4 히브리어, '하나님께서 씨를 뿌리신다.' 1:6 히브리어, '긍휼히 여김을 받지 못한 사람' 1:9 히브리어, '내 백성이 아니다.'

는 내 백성이 아니고 나는 너희에게
하나님이 되지 않을 것이기 때문이
다.
10 그러나 이스라엘 자손의 수는 측량할
수도, 셀 수도 없는 바닷가의 모래처
럼 될 것이다. 또한 그들에게 '너희는
내 백성이 아니다'라고 말하던 그곳에
서 그들에게 '너희는 살아 계시는 하
나님의 자녀'라고 말하게 될 것이다.
11 그러면 유다 자손들과 이스라엘 자손
들이 함께 모여 한 지도자를 세우고
그 땅에서 올라올 것이다. 이스르엘
의 날이 클 것이기 때문이다."

2 "네 형제들을 *암미라고 하고 네
자매들을 *루하마라고 하여라.

이스라엘의 징벌과 회복

2 네 어머니와 시비를 가려라. 시비를
가려라. 그녀가 내 아내가 아니고 내
가 그녀의 남편이 아니기 때문이다.
그녀가 얼굴에서 음탕함을 없애고 젖
가슴 사이에서 간음을 없애게 하여
라.
3 그러지 않으면 내가 그녀를 발가벗기
고 그녀가 태어난 날처럼 그녀를 만
들 것이다. 내가 그녀를 광야처럼 만
들고 내가 그녀를 메마른 땅처럼 되
게 할 것이며 내가 그녀를 목말라 죽
게 할 것이다.
4 그녀의 자식들에게 내가 긍휼을 베풀
지 않을 것이다. 그들이 음란한 자식
들이기 때문이다.
5 그들의 어머니가 음란한 짓을 해서
그들을 수치스럽게 잉태했기 때문이
다. 그녀는 늘 습관처럼 말했다. '내게
빵과 물과 양털과 모시옷과 기름과
마실 것을 주는 내 애인들을 뒤따라
가겠다.'
6 그러므로 보아라. 내가 가시덤불로 길
을 막고 그녀를 벽으로 에워싸서 그
녀가 길을 찾지 못하게 하겠다.
7 그녀는 그녀의 애인들을 쫓아가지만
그들을 따라잡을 수 없고 그들을 찾
지만 발견하지 못할 것이다. 그러면
그녀가 말할 것이다. '내가 내 첫 남편
에게 돌아가겠다. 그때가 지금보다 좋
았다.'
8 그녀에게 곡식과 새 포도주와 새 기
름을 내가 주었다는 것을, 그들이 바
알을 위해 사용한 금과 은을 그녀에
게 넘치도록 준 이가 나였다는 것을
그녀는 알지 못했다.
9 그러므로 추수 때, 내 곡식을 수확할
때 내 포도주를 도로 가져갈 것이다.
그녀의 발가벗은 것을 덮어 가리라고
준 내 양털과 모시를 도로 빼앗을 것
이다.
10 이제 내가 그녀의 수치를 그녀의 애
인들의 눈앞에서 드러내 보일 것이다.
어느 누구도 그녀를 내 손에서 구해
내지 못할 것이다.
11 그녀의 모든 정기적인 명절들, 곧 해
마다 있는 절기와 매월 초하룻날과
안식일의 모든 축하 의식을 사라지게
할 것이다.

2:1 히브리어, '내 백성' 2:1 히브리어, '긍휼히 여김을 받은 사람'

12 그녀가 '저것이 내 애인들이 내게 준
몸값이다'라고 말한 포도나무와 무화
과나무를 내가 황폐하게 할 것이다.
내가 그것들을 덤불숲으로 만들고
들판의 짐승들이 그것들을 먹게 할
것이다.
13 그녀가 바알들에게 희생제물을 태워
바쳤던 날들을 내가 처벌할 것이다.
그녀가 반지와 보석으로 장식하고 그
녀의 애인들을 쫓아가며 나를 잊어버
렸다. 여호와의 말씀이다.
14 그러므로 보아라. 내가 그를 유인해
광야로 데리고 가서 그녀에게 부드럽
게 말할 것이다.
15 내가 그곳에서 그녀의 포도원을 돌려
주고 *아골의 골짜기를 소망의 문이
되게 할 것이다. 그곳에서 그녀는 자
신의 어린 시절처럼, 이집트에서 나왔
을 때처럼 대답할 것이다.
16 그날에 여호와의 말씀이 있을 것이
다. 너는 나를 '내 남편'이라고 부르고
다시는 나를 *'내 바알'이라고 부르지
않을 것이다.
17 내가 그녀의 입에서 바알들의 이름들
을 제거할 것이다. 그들이 다시는 그
들의 이름을 기억하지 않을 것이다.
18 그날에 내가 들판의 짐승들과 하늘
의 새들과 땅 위를 다니는 생물들과
함께 언약을 맺을 것이다. 내가 그 땅
에서 활과 칼과 전쟁을 제거해 그들
을 안전하게 눕게 할 것이다.

2:15 히브리어, '고통', '괴로움' 2:16 또는 내 주인

하용조 목사의 행복한 메시지

창녀와의 결혼

호세아서는 하나님께 신실하지 못한 백성과 하나님의 신실한 사랑에 대한 내용입니다. 하나님께서 호세아에게 음란한 여인과 결혼하라고 말씀하셨습니다. 세상에 있는 많은 여자들 가운데 왜 하필이면 창녀입니까? 이유를 알 수는 없지만 호세아는 하나님의 말씀대로 창녀와 결혼했고 자녀들을 낳았습니다. 하나님께서는 아이가 태어날 때마다 이름을 주셨습니다. 첫째는 '이스르엘', 둘째는 '로루하마', 셋째는 '로암미'. 이스르엘은 '하나님께서 흩으신다.'라는 뜻이고 로루하마는 '사랑받지 못한다.'라는 의미이며 로암미는 '내 백성이 아니다.'라는 뜻이었습니다. 하나님께서는 그 이름들을 통하여 하나님과 이스라엘의 관계가 끊어졌으며 그로 인해 이스라엘이 심판을 받게 될 것이라는 상징적 메시지를 주셨습니다. 죄는 하나님과 우리의 관계를 끊습니다. 그리고 심판에 이르게 합니다. 그러나 하나님께서는 우리를 포기하지 않으시고 다시 긍휼을 선포하십니다.

하나님께서 호세아에게 말씀하셨습니다. "내 백성이 아닌 사람에게 '너는 내 백성이다.'라고 말할 것이다." 또 "사랑받지 못한 자를 '사랑받는 자'라 부를 것이다." 그리고 "너희는 '내 백성이 아니라' 한 그곳에서 '그들이 살아 계신 하나님의 아들들'이라 불릴 것이다." 하나님께서는 죄인을 공의로 심판하시지만 버려두지 않으시고 사랑으로 회복시키시는 긍휼의 하나님이십니다.

19 내가 나를 위해 너와 영원히 혼약을
맺고 내가 의로움과 정의로 또 인애
와 긍휼로 혼약을 맺을 것이다.
20 내가 나를 위해 진실로 혼약을 맺을
것이다. 그러면 너는 여호와를 알게
될 것이다.
21 그날에 내가 대답할 것이다. 여호와의
말씀이다. 내가 하늘에 대답할 것이
다. 그리고 그들이 땅에 대답할 것이
다.
22 그러면 땅이 곡식과 새 포도주와 새
기름에 대답할 것이며 그러면 그들이
이스르엘에 대답할 것이다.
23 내가 친히 이 땅에 이스라엘을 심을
것이다. '긍휼히 여김을 받지 못한 사
람'을 내가 긍휼히 여길 것이다. '*내
백성이 아닌 사람'에게 '너는 *내 백성
이다'라고 말할 것이다. 그러면 그들
이 말할 것이다. '주는 내 하나님이십
니다.'"

호세아가 아내를 다시 받아들이다

3 그리고 여호와께서 내게 말씀하셨
다. "비록 이스라엘 자손들이 다른
신들에게로 향하고 건포도 빵을 사
랑한다 해도 여호와께서 그들을 사랑
하듯이 너도 비록 네 아내가 다른 사
람의 사랑을 받고 간음한 여자이지만
가서 다시 사랑하여라."
2 그리하여 내가 나를 위해 은 *15세겔
과 *1호멜 반의 보리로 그 여자를 샀
다.
3 그리고 나서 내가 그녀에게 말했다.
"너는 나와 함께 오랫동안 살아야 한
다. 너는 창녀 짓을 하거나 다른 남자
와 관계해서도 안 된다. 내가 너와 함
께할 것이다."
4 이스라엘 자손들이 오랫동안 왕이나
관리도 없고 제사나 제단이나 제사장
도 없고 가정에서 섬기는 우상도 없
이 살게 될 것이기 때문이다.
5 그러고 나면 이스라엘 자손들이 다시
돌아와 그들의 하나님 여호와와 그들
의 왕 다윗을 찾게 될 것이다. 그리고
마지막 때 그들은 떨면서 여호와께
나아와 여호와의 복을 받을 것이다.

이스라엘에 대한 고발

4 너희는 여호와의 말씀을 들으라.
이스라엘 자손들이여, 여호와께서
이 땅에 사는 사람들의 시비를 가려
주실 것이다. "이 땅에는 진리도 없고
인애도 없고 하나님을 아는 지식도
없다.
2 저주와 거짓과 살인과 도둑질과 간음
만 있을 뿐이다. 그들이 폭력을 사용
해 피가 피를 부르게 한다.
3 그러므로 이 땅이 애통하고 있으며
그 안에 사는 모든 사람들이 쇠약해
지고 있다. 들판의 짐승들과 하늘의
새들과 바다의 물고기들도 사라져 가
고 있다.
4 그러나 결코 어느 누구와도 시비를
가리지 말라. 어느 누구를 나무라지
도 말라. 네 백성들이 마치 제사장과
시비를 가리는 사람들 같다.

2:23 히브리어, 로암미 2:23 히브리어, 암미
3:2 15세겔은 약 171그램, 1호멜 반은 약 330리터

5 그래서 네가 밤낮 구별 없이 넘어지
게 되고 예언자도 너와 함께 넘어질
것이다. 그러면 내가 네 어머니의 목
숨을 빼앗을 것이다.
6 내 백성들이 지식이 없어서 망하게
될 것이다. 네가 지식을 거부했으니
나 또한 네가 내 제사장이 되는 것을
거부한다. 네가 네 하나님의 율법을
잊어버렸으니 나 또한 네 자식들을
잊어버릴 것이다.
7 제사장들이 늘어날수록 그들은 내게
더욱 많은 죄를 지었다. 내가 *그들의
영광을 수치로 바꿀 것이다.
8 그들은 내 백성들의 속죄제물을 먹고
백성들이 죄 범하기를 원하고 있다.
9 그러니 제사장들이 백성들처럼 됐다.
내가 그들의 행동을 처벌하고 그들의
행위대로 되돌려 줄 것이다.
10 그들이 먹어도 배부르지 않을 것이
고 음란한 짓을 해도 번성하지 않을
것이다. 그들이 여호와께 순종하기를
포기했기 때문이다.
11 음란한 짓과 포도주와 새 포도주에
마음을 빼앗기고 있다.
12 내 백성들이 나무 우상에게 물어보
고 그의 지팡이가 응답을 한다. 음란
한 영이 그들을 헤매게 해 그들이 그
들의 하나님을 떠나 음란한 짓을 한
다.
13 그들은 산꼭대기에서 희생제사를 지
내고 언덕 위 상수리나무와 버드나무
와 참나무 그늘이 좋아서 그 아래서
희생제물을 태워 바친다. 그러므로
너희 딸들이 음란한 짓을 하고 너희
며느리들이 간음한다.
14 내가 너희 딸들이 창녀 짓 할 때, 또
너희 며느리들이 간음할 때 그들을
처벌하지 않을 것이다. 남자들이 음
란한 짓을 하는 사람들과 교제하며
성전 창녀들과 함께 희생제물을 드리
기 때문이다. 지각없는 백성들은 망
하게 될 것이다!
15 너 이스라엘이여, 네가 비록 음란한
짓을 하더라도 유다는 죄를 짓지 말
라. 길갈로 가지 말고 *벧아웬으로 올
라가지 말고 '여호와의 살아 계심으로'
맹세하지 말라.
16 암소가 고집을 부리는 것처럼 이스라
엘이 고집을 부리고 있다. 이제 여호
와께서 그들을 넓은 초원에서 어린양
처럼 먹이시겠느냐?
17 에브라임이 우상에게 딱 붙었다. 그
를 홀로 내버려 두라!
18 그들의 마실 것이 다 떨어졌지만 그
들은 계속해 음란한 짓을 한다. 그들
의 지도자들은 수치스러운 짓을 사
랑하고 있다.
19 바람이 그의 날개로 그들을 쓸어버
릴 것이다. 그들이 바친 희생제물 때
문에 그들이 수치를 당할 것이다."

이스라엘에 대한 심판

5 "제사장들이여, 이것을 들으라! 이
스라엘의 집이여, 주의해 들으라!
왕족들이여, 귀 기울이라! 너희에게

4:7 마소라 본문을 따름. 고대 히브리의 서기관 전통에는 '나의' 4:15 히브리어, '악한 자의 집'(비교: 벧엘 – 히브리어, '하나님의 집')

심판이 있을 것이다. 너희가 미스바의
덫이 됐고 다볼에 쳐 놓은 그물이 됐
다.
2 반역자들이 학살에 깊게 빠져 있으니
내가 그들 모두를 책망할 것이다.
3 내가 에브라임을 안다. 이스라엘은 내
게서 숨지 못한다. 지금 에브라임 너
는 음란한 짓을 하고 이스라엘은 타
락했다."
4 그들이 자기 행위 때문에 그들의 하
나님께 돌아가지 못한다. 그것은 음
란한 영이 그들 마음속에 있고 그들
이 여호와를 알지 못하기 때문이다.
5 이스라엘의 교만이 그들에 대해 증언
하고 있다. 이스라엘과 에브라임은 자
기 죄로 인해 넘어질 것이며 유다 또
한 그들과 함께 넘어질 것이다.
6 그들이 그들의 양 떼와 소 떼를 데리
고 여호와를 찾아갈 것이다. 그러나
그들은 그분을 찾지 못할 것이다. 그
분이 그들 앞에서 스스로 떠나셨다.
7 그들이 여호와께 신실하지 못하게 행
동해 그들이 불륜의 자식들을 낳았
다. 이제 초승달이 그들과 그들의 땅
을 휩쓸어 삼킬 것이다.
8 "기브아에서 나팔을 불라. 라마에서
호각을 불라. *벧아웬에서 고함을 지
르기를 베냐민아, 네 뒤를 쫓는다 하
라.
9 책망의 날에 에브라임이 황무지가 될
것이다. 이스라엘의 지파 가운데 내가
확정된 일을 선포한다.
10 유다의 관리들은 경곗돌을 옮기는 사
람들 같다. 내가 그들 위에 내 진노를
물처럼 쏟아부을 것이다.
11 에브라임이 압제를 당하고 심판으로
짓밟히는 것은 그가 즐거이 우상을

5:8 호 4:15의 난외주를 보라.

Q&A 호세아의 자서전적 이야기가 왜 성경에 들어 있을까?

참고 구절 | 호 5:15-6:2

호세아는 음란한 여인과 결혼했다(호 1:2). 게다가 태어난 아이들의 이름마저도 복이 아닌 저주의 뜻이 담긴 이스르엘, 로루하마, 로암미라고 불렀다(호 1:4-9). 이렇게 불행한 결혼 생활을 했던 호세아의 일생이 왜 성경에 들어 있는 것일까?

하나님은 단순히 호세아의 비극적인 가정생활을 보여 주려고 하신 것이 아니었다. 호세아의 가정사를 통해 이스라엘이 온갖 죄악으로 타락하여(호 4:7-10, 12-13; 5:4; 8:1, 11-12) 이스르엘, 로루하마, 로암미라는 이름처럼 하나님의 징계를 받을 수밖에 없는 자들임을 보여 주시려는 것이었다. 그래서 자신들의 죄를 깨닫고 하나님께 회개하고 돌아오라는 메시지를 전하시기 위해서였다(호 5:15-6:2). 만일 회개하지 않으면 그들에게 심판이 임할 수밖에 없음을 또한 가르쳐 주시기 위해서였다(호 9:7-9). 그러나 이것만 말씀하시려는 것이 아니었다. 번번이 남편을 배신하고 음란한 삶을 살던 아내를 호세아가 그때마다 받아들이게 하심으로써 그의 인내와 변함없는 사랑을 통해 이스라엘 백성들의 배신에도 불구하고 변함없는 인애(헤세드)를 베푸시는 하나님이심을 보여 주시려는 것이었다(호 14:4-8).

쫓아다녔기 때문이다.
12 그러므로 내가 에브라임에게 좀먹음
같이 되고 유다 족속에게는 썩음과
같이 될 것이다.
13 에브라임이 자기 병을 보고 유다가 자
기 상처를 보았다. 에브라임은 앗시리
아에 가서 야렙 왕에게 사람을 보냈
다. 그러나 그는 너희를 고칠 수 없었
고 너희 상처를 낫게 할 수 없었다.
14 내가 에브라임에게는 사자같이 되고
유다 족속에게는 젊은 사자같이 될
것이다. 바로 내가 그들을 찢을 것이
다. 아무도 내 입에서 빼내 구해 줄
사람이 없을 것이다.
15 내가 내 자리로 돌아가서 그들이 죄
를 뉘우치고 나를 찾을 때까지 기다
릴 것이다. 그들이 고통 속에서 나를
간절히 찾을 것이다."

회개하지 않는 이스라엘

6 우리가 가서 여호와께로 돌아가자.
그가 찢으셨지만 우리를 고쳐 주
실 것이다. 그가 때리셨지만 우리를
싸매 주실 것이다.
2 이틀이 지나면 그가 우리를 살리실
것이다. 3일째에 그가 우리를 일으켜
세워서 우리가 그 앞에서 살 수 있을
것이다.
3 그래서 우리가 여호와를 알자. 여호와
를 알기 위해 전심전력하자. 그가 오
시는 것은 새벽이 오는 것처럼 분명하
다. 그는 마치 비처럼, 마치 땅을 적시
는 봄비처럼 우리에게 오실 것이다.
4 "에브라임아, 내가 네게 어떻게 할까?
유다야, 내가 네게 어떻게 할까? 너희
인애는 아침 구름과 같고 금방 사라
지는 새벽이슬과 같다.
5 그러므로 내가 예언자들을 시켜 그
들을 찍어 쪼개고 내 입에서 나오는
말로 너희를 처부쉈다. 너에 대한 심
판이 번개처럼 올 것이다.
6 내가 바라는 것은 인애이지 제사가
아니며 하나님을 아는 것이지 번제가
아니다.
7 그러나 그들이 *아담처럼 언약을 어
겼다. 그곳에서 그들이 내게 신실하
지 못하게 행동했다.
8 길르앗은 악을 행하는 사람들의 성읍
이어서 피 발자국으로 덮여 있다.
9 약탈자 무리가 매복해 사람을 기다
리는 것처럼 제사장들 무리도 그렇
다. 그들은 세겜으로 가는 길에서 살
인을 하며 수치스러운 죄악을 저지른
다.
10 이스라엘의 집에서 내가 끔찍한 일을
보았다. 그곳에서 에브라임이 음란한
짓을 하고 이스라엘이 더럽혀졌다.
11 내가 포로 된 내 백성을 회복시킬 때
유다 네게도 또한 추수할 때를 정해
놓았다."

7 "내가 이스라엘을 치료하려 할 때
에브라임의 죄악들이 드러나고 사
마리아의 사악함이 드러난다. 그들이
속임수를 쓰기 때문이다. 도둑이 안
으로 들어가며 약탈자가 길거리에서
강도질을 한다.

6:7 또는 사람처럼

2 그러나 그들은 내가 그들의 모든 죄
악들을 기억하고 있음을 마음에 두
고 있지 않다. 그들의 악한 행위가 그
들을 에워싸고 있으며 그들이 항상
내 앞에 있다.
3 그들이 그들의 사악함으로 왕을, 거
짓말로 관리들을 기쁘게 한다.
4 그들 모두가 간음한 사람들이다. 빵
굽는 사람의 데워진 화로처럼 반죽이
발효될 때 말고는 늘 데워진 화로처
럼 달아올라 있다.
5 왕의 축제날에 관리들은 포도주로 벌
겋게 취하고 왕은 조롱하는 사람들
에게 손을 내밀었다.
6 새 왕을 세우려고 음모를 꾸미는 사
람들의 마음은 화로처럼 달아오른다.
저녁 내내 부풀리고 있다가 아침에
불꽃처럼 타오른다.
7 그들 모두가 화로처럼 뜨겁다. 그들이
자기의 재판관들을 삼켜 버렸다. 그들
의 왕들 모두가 쓰러지고 그 가운데
나를 부르는 사람은 아무도 없었다.
8 에브라임이 다른 민족들과 섞이게 됐
다. 에브라임은 뒤집지 않고 한쪽만
구운 납작한 빵과 같이 됐다.
9 이방 사람들이 그의 힘을 삼켰지만
그는 알지 못하고 있다. 흰머리가 여
기저기 나 있지만 그는 알지 못하고
있다.
10 이스라엘의 교만이 그의 얼굴에 증언
하고 있지만 이 모든 것에도 불구하
고 그는 그의 하나님 여호와께 돌아
오지도 않고 그를 찾지도 않는다.
11 에브라임은 쉽게 속아 넘어가는 비둘
기 같다. 그들은 이집트를 부르고 앗
시리아에게 간다.
12 그들이 갈 때 내가 내 그물을 그들 위
에 던져서 그들을 하늘의 새들처럼
끌어내릴 것이다. 그들이 모여드는 소
리가 들리면 내가 그들을 징계할 것
이다.
13 그들에게 화가 있을 것이다! 그들이
내게서 떠났다! 그들에게 멸망이 있
을 것이다! 그들이 내게 반항했다! 내
가 그토록 그들을 구속하려 하는데
도 그들은 내게 거짓말을 한다.
14 침대에 누워서 부르짖을 때도 그들은
마음으로 내게 부르짖지 않는다. 그
들이 곡식과 새 포도주를 놓고서 함
께 모여도 내게서 등을 돌렸다.
15 내가 그들을 단련했고 팔에 힘을 주
었지만 그들이 내게 악을 계획했다.
16 그들은 지극히 높은 이에게로 돌아오
지 않았다. 그들은 믿을 수 없는 활과
같다. 그들의 무례한 혀로 인해 그들
의 관리들은 칼에 맞아 쓰러질 것이
다. 그들이 이것 때문에 이집트 땅에
서 조롱당할 것이다."

폭풍을 거두는 이스라엘

8 "네 입술에 나팔을 대어라! 그가
독수리처럼 여호와의 집을 덮치고
있다. 그들이 내 언약을 어기고 내 율
법에 반항했기 때문이다.
2 그들이 내게 '내 하나님'이라고 부르짖
는다. '이스라엘이 당신을 알고 있습니
다!'

3 그러나 이스라엘은 선한 것을 거부했
다. 원수가 그를 쫓을 것이다.
4 그들이 왕들을 세웠으나 나와는 관계
가 없다. 그들이 관리들을 세웠으나
내가 알지 못한다. 그들이 자기의 은
과 금으로 우상들을 만들었으니 그
들이 마침내 파멸되기 위해서다.
5 사마리아여, 네 송아지 우상을 버려
라! 내 진노가 그들을 향해 불탄다.
언제 그들이 순결해질 수 있겠느냐?
6 그것은 이스라엘에서 나왔다! 그것은
숙련공들이 만든 것이다. 그것은 하
나님이 아니다. 그러니 사마리아의 송
아지는 산산조각 날 것이다.
7 그들이 바람을 씨 뿌려 폭풍을 거둬
들일 것이다. 곡물 줄기에 싹이 없으
니 곡물을 생산하지 못할 것이다. 혹
시 무엇을 생산하더라도 이방 사람들
이 삼켜 버릴 것이다.
8 이스라엘이 삼켜졌다. 이제 그들은 민
족들 사이에서 쓸모없는 그릇처럼 됐
다.
9 혼자 방황하는 들나귀처럼 그들이 앗
시리아로 올라갔다. 에브라임이 그들
의 애인들에게 팔렸다.
10 또한 그들이 민족들 사이에 자신을
팔았다 해도 내가 이제 그들을 모을
것이다. 그들이 왕과 관리들의 압제
로부터 점점 더럽혀질 것이다.
11 에브라임이 속죄를 위해 제단을 많이
만들었는데 이것이 오히려 죄를 범하
게 하는 제단이 됐다.
12 내가 그에게 내 율법의 많은 것을 써
주었지만 그들은 마치 자기들과는 관
계없는 것으로 생각했다.
13 그들이 희생제물로 고기를 바치고 먹
지만 여호와는 그것들을 즐거이 받지
않는다. 이제 그들의 사악함을 기억하
고 그들의 죄를 처벌할 것이다. 그들
은 이집트로 돌아갈 것이다.
14 이스라엘이 자기를 만드신 분을 잊고
왕궁을 지었다. 유다가 요새화된 성
읍을 많이 건설했다. 그러나 내가 그
들의 성읍에 불을 보내 그들의 왕궁
들을 불사르게 할 것이다."

이스라엘에 임할 징벌

9 이스라엘아, 다른 민족들처럼 기뻐
하거나 즐거워하지 말라. 네가 네
하나님을 떠나 음란한 짓을 했고 모
든 타작마당에서 받는 음란한 짓의
대가를 좋아했기 때문이다.
2 타작마당과 포도주 틀이 먹을 것을
내지 못하고 그곳에서 새 포도주를
내지 못할 것이다.
3 그들이 여호와의 땅에서 살지 못하고
에브라임이 이집트로 돌아가고 앗시리
아에서 정결하지 못한 것을 먹게 될
것이다.
4 그들이 여호와께 포도주를 부어 드리
지도 않고 그들의 제사가 그분을 기
쁘게 하지도 않을 것이다. 그것은 그
들에게 애곡하는 사람의 빵처럼 돼서
그것을 먹는 사람들은 모두 정결하지
못하게 될 것이다. 그들의 빵은 자신
들을 위한 것이어서 여호와의 성전에
들어가지 못할 것이기 때문이다.

5 정기적으로 있는 명절, 해마다 있는
여호와의 절기에 너희가 무엇을 하겠
느냐?
6 보라. 비록 그들이 멸망을 피했더라
도 이집트가 그들을 모을 것이고 *놉
이 그들을 땅에 묻을 것이다. 은으로
만든 그들의 귀중품은 잡초로 덮일
것이고 가시덤불이 그들의 천막을 차
지할 것이다.
7 처벌의 날들이 오고 있다. 심판의 날
들이 오고 있다. 이스라엘이 이것을
알게 될 것이다. 네 죄들이 너무 많고
네 적개심이 너무 크기 때문에 예언
자가 바보로 여겨지고 영적인 사람이
미쳤다고 생각되는구나.
8 예언자는 내 하나님과 함께 에브라임
을 지키는 파수꾼이다. 그러나 예언
자는 그의 모든 길에서 새 잡는 사람
의 덫과 같고 그의 하나님의 집에서
마저 적개심을 품었다.
9 그들이 *기브아의 시대처럼 깊이 타
락에 빠졌다. 여호와께서 그들의 사
악함을 기억하시고 그들의 죄들을 처
벌하실 것이다.
10 "마치 광야에서 만난 포도송이처럼
내가 이스라엘을 발견했다. 내가 너희
조상들을 무화과나무에 처음으로 열
린 첫 무화과처럼 여겼다. 그러나 그
들이 바알브올에게 가서 그들 스스로
수치스러운 것에게 바쳤고 그들이 사
랑했던 그것들만큼이나 혐오스러운
것이 됐다.
11 에브라임의 영광이 새처럼 날아갈 것
이다. 출생도 없고 임신도 없고 잉태
도 없을 것이다.
12 그들이 자식들을 기른다 해도 내가
하나도 남김없이 그들을 빼앗을 것이
다. 내가 그들에게서 떠날 때 필히 그
들에게도 화가 있을 것이다.
13 내가 두로를 보았을 때처럼 에브라임
이 목초지에 심겨 있었다. 그러나 에
브라임은 자기 자식들을 학살자에게
끌어내어 줄 것이다."
14 여호와여, 그들에게 주소서. 무엇을
주시렵니까? 그들에게 잉태하지 못하
는 태와 말라 버린 젖가슴을 주소서.
15 "길갈에서 그들이 사악한 일을 했기
때문에 그곳에서 내가 그들을 미워
했다. 그들의 사악한 행위 때문에 내
가 그들을 내 집에서 쫓아낼 것이다.
내가 그들을 더 이상 사랑하지 않겠
다. 그들의 관리들은 모두 반역자들
이다.
16 에브라임은 찍혀 그들의 뿌리가 시들
고 열매를 생산하지 못할 것이다. 그
들이 아이를 배더라도 내가 그들의
태의 값진 열매들을 죽일 것이다."
17 내 하나님께서 그들을 거부하실 것이
다. 그들이 그분께 순종하지 않았기
때문이다. 그들은 민족들 사이에서
방랑자가 될 것이다.

10 이스라엘은 무성한 포도나무
여서 열매를 생산해 낸다. 그
의 열매가 점점 많아지자 그는 제단

9:6 고대 이집트의 도시 멤피스를 가리킴. 9:9 삿 19-21장을 보라.

을 더 많이 만들었다. 그의 땅이 번성
하자 그들이 돌기둥 우상을 더 많이
만들었다.
2 그들의 마음이 거짓되니 이제 그들
이 죗값을 감당해야 한다. 그분이 그
들의 제단들을 부수고 그들의 돌기둥
우상들을 무너뜨릴 것이다.
3 그러고 나면 그들이 말할 것이다. "우
리에게 왕이 없는 것은 우리가 여호
와를 두려워하지 않았기 때문이다.
그러나 그 왕이 우리를 위해 무엇을
했겠느냐?"
4 그들이 많은 말을 하면서 헛된 맹세
를 하고 언약을 맺었다. 그렇기에 밭
고랑의 독초처럼 심판이 여기저기에
서 일어날 것이다.
5 사마리아 사람들이 *벧아웬의 송아
지 우상 때문에 두려워할 것이다. 그
의 백성들이 그 우상을 두고 통곡하
고 그 우상의 영광을 기뻐하던 제사
장들도 마찬가지일 것이다. 그 우상
의 영광이 그들로부터 떠나갔기 때문
이다.
6 더구나 그 우상은 야렙 왕을 위한 선
물로서 앗시리아로 옮겨질 것이다. 에
브라임은 수치를 당하고 이스라엘은
그들의 우상들 때문에 부끄럽게 될
것이다.
7 바다 수면 위의 물거품처럼 사마리아
와 그 왕은 사라질 것이다.
8 이스라엘의 죄의 상징인 *아웬의 산
당들이 부서질 것이다. 그들의 제단
위에 가시와 엉겅퀴가 자라날 것이다.
그들이 산들에게 말할 것이다. "우리
를 덮어 버리라!" 언덕들에게 말할 것
이다. "우리 위에 무너지라!"
9 "이스라엘아, 기브아의 시대부터 네가
죄를 지었다. 그곳에 그들이 남아 있
다. 거기에서부터 이미 나를 거슬렀
는데 어찌 전쟁이 기브아에 있는 불의
의 자손들에게 미치지 않겠느냐?
10 내가 원하는 때 내가 그들을 징계할
것이다. 민족들이 그들에게 대적해 모
여서 그들의 두 죄목으로 그들을 구
속할 것이다.
11 에브라임은 곡식 밟기를 좋아하는 길
들인 암소 같다. 그러나 내가 그의 아
름다운 목에 멍에를 씌울 것이다. 내
가 에브라임에 마구를 채울 것이다.
유다가 밭을 갈고 야곱이 써레질을
할 것이다.
12 네 스스로 의의 씨앗을 심고 인애의
열매를 거두며 묵은 땅을 잘 갈아라.
지금이 여호와를 찾을 때다. 마침내
그분이 와서 의의 비를 너희에게 내
릴 것이다.
13 너희가 사악함을 심었고 죄악을 거둬
들였으며 거짓의 열매를 먹었다. 너희
가 너희 방법과 너희의 많은 용사들
을 의지했기 때문이다.
14 그러므로 네 백성들 가운데 소동이 일
어나고 네 모든 요새들이 황폐하게 될
것이다. 마치 전쟁의 날에 살만이 벧아
벨을 황폐하게 했던 것처럼 그때 어머

10:5 히브리어로 아웬은 '악한 자'를 뜻함. 벧아웬은 '하나님의 집'을 뜻하는 벧엘을 비꼬는 말 10:8 우상 숭배 장소를 경멸적으로 부르는 말

니가 자기 자식들 위로 내던져졌다.
15 네 사악함이 크기에 벧엘이여, 네게
이런 일이 일어날 것이다. 새벽 동이
트면 이스라엘 왕이 완전히 멸망할 것
이다."

이스라엘을 향한 하나님의 사랑

11 "이스라엘이 어린아이였을 때
내가 그를 사랑했고 이집트에서
내 아들을 불러냈다.
2 그러나 내가 그렇게 부르면 부를수록
그들은 내게서 떠나갔다. 그들이 바알
에게 제물을 바쳤고 우상들에게 희
생제물을 태워 바쳤다.
3 내가 그의 팔을 붙잡고 에브라임에게
걸음마를 가르쳤다. 그러나 내가 그
들을 치료해 주었음을 그들은 알지
못했다.
4 내가 그들을 인간의 줄로, 사랑의 끈
으로 이끌었고 그들의 목에서 멍에를
벗겼으며 그들에게 먹을 것을 주었다.
5 그들이 이집트 땅으로 돌아가지 않을
것이나 앗시리아가 그들의 왕이 될 것
이다. 그들이 돌아오기를 거부했기
때문이다.
6 칼이 그들의 성읍에서 춤을 추고 성
문의 빗장들을 부수며 그들의 계략
으로 인해 그들을 삼켜 버릴 것이다.
7 내 백성이 내게서 등을 돌리기로 작
정했다. 그들 모두가 지극히 높은 이
를 소리 내 부른다 해도 그가 그들을
일으켜 세우지 않을 것이다.
8 에브라임이여, 내가 어떻게 너를 포기
하겠느냐? 이스라엘이여, 내가 어떻
게 너를 넘겨주겠느냐? 내가 어떻게
너를 아드마처럼 하겠느냐? 내가 어
떻게 너를 스보임처럼 만들겠느냐?
내 마음이 바뀌어 내 긍휼이 뜨겁게
솟아오른다.
9 내가 내 진노를 쏟지 않고 내가 다시
는 에브라임을 멸망시키지 않을 것이
다. 나는 하나님이고 사람이 아니며
네 가운데 있는 거룩한 신이기 때문

성·경·상·식 | **인애**

히브리어 '헤세드'는 인애(호 10:12), 사랑(대상 16:41), 자비(창19:19), 호의(창 20:13), 애정(창 47:29)이라는 여러 말로 성경에 번역되었다. 특히, 인애(헤세드)는 '언약에 기초한 하나님의 불변하는 사랑'을 가장 잘 표현하는 단어다.

하나님은 그분의 백성들을 선택하실 때 어떤 조건을 보고서 선택하지 않으셨다. 오직 하나님의 무조건적인 사랑에 의해 택하셨다(신 7:7–8; 호 11:1). 그리고 하나님은 그분의 백성들과 언약을 맺으셨다. 그래서 백성들이 하나님을 배반하고(호 6:7; 13:6) 우상을 섬기며 죄를 지을 때도(호 11:2; 13:2) 하나님은 여전히 그들을 사랑하시며(호 11:8), 그분이 약속하신 언약을 신실하게 지키신다(겔 36:23, 28). 그뿐 아니라 하나님은 백성을 사랑하시기 때문에 징계하시며, 돌아올 때까지 기다리시는 분이다(호 14:4–7). 이것이 하나님의 인애다.

호세아서에 나타난 하나님은 바로 그분의 백성을 끝까지 사랑하시고 기다리시는 인애(헤세드)의 하나님이시다(호 2:14–23).

이다. 내가 진노함으로 오지 않을 것
이다.
10 그들이 여호와를 따라갈 것이며 그가
사자처럼 포효할 것이다. 그가 포효
하면 그의 자손들이 서쪽에서부터 떨
면서 나올 것이다.
11 이집트로부터 새들처럼, 앗시리아 땅
으로부터 비둘기들처럼 그들이 떨면
서 나올 것이다. 내가 그들을 각자의
집에서 살게 할 것이다. 여호와의 말
이다."

이스라엘의 죄

12 에브라임이 거짓말로, 이스라엘 족속
이 속임수로 내 주위를 둘러쌌다. 그
러나 아직도 유다는 하나님께, 신실하
시고 거룩하신 분께 반항하고 있다.

12 바람이 에브라임을 몰아치고
에브라임은 계속해서 동쪽 바
람을 뒤쫓아가며 거짓말과 폭력을 증
가시킨다. 그들이 앗시리아와 조약을
맺고 이집트에는 기름을 보낸다.
2 여호와께서 유다와 시비를 따질 일이
있다. 그분이 *야곱의 행동에 따라서
그를 처벌하시고 그의 행위에 따라서
그에게 되갚아 주실 것이다.
3 야곱이 어머니 배 속에서 자기 형의
발뒤꿈치를 붙잡았고 어른이 돼서는
하나님과 씨름했다.
4 그가 천사와 씨름해 천사를 압도하고
서 울면서 천사에게 은총을 구했다.
그가 하나님을 벧엘에서 만났고 그곳
에서 그분과 이야기했다.
5 그분은 만군의 하나님 여호와다. 여
호와는 그분의 잘 알려진 이름이다!
6 그러므로 너는 네 하나님께로 돌아가
야 한다. 인애와 정의를 준수하고 끊
임없이 네 하나님을 만나려고 기다려
라.
7 상인들은 속이는 저울을 손에 들고
착취하기를 좋아한다.
8 에브라임은 말한다. "나는 아주 부자
다. 나는 많은 재산을 가졌다. 내 모
든 재산에 대해서 그들이 불법이나
죄를 찾지 못한다."
9 "나는 너를 이집트 땅에서 이끌어 낸
네 하나님 여호와다. 내가 너를 다시
천막 안에서 살게 하기를 정기적으로
있는 명절처럼 살게 할 것이다.
10 내가 예언자들을 통해 말했고 그들에
게 여러 환상을 주었으며 예언자들을
통해 비유로 이야기했다."
11 길르앗은 악하다. 분명히 그들은 아
무 쓸모가 없다! 그들이 길갈에서 소
머리를 제물로 바치고 있으니 그들의
제단이 밭고랑 사이의 돌무더기처럼
될 것이다.
12 야곱이 *아람 땅으로 도망갔다. 이스
라엘이 아내를 얻으려고 일했으며 아
내를 얻으려고 양을 쳤다.
13 여호와께서는 예언자를 통해 이스라
엘을 이집트에서 이끌어 내셨고 예언
자를 통해 이스라엘을 지키셨다.
14 에브라임은 여호와를 몹시 화나게 했
다. 그래서 주께서는 그를 벌하시고

12:2 히브리어, '뒤꿈치를 잡다.'('속이다.'의 비유적인 표현) 12:12 메소포타미아 북서 지방을 가리킴.

주께서 받으신 수모를 그들에게 갚아
주실 것이다.

이스라엘에 대한 여호와의 진노

13 에브라임이 말할 때 세상이 벌
벌 떨었으며 그는 이스라엘에
서 자기 스스로 높였다. 그러나 그는
바알로 인해 죄를 짓고 죽었다.
2 이제 그들은 갈수록 더 많은 죄를 짓
는다. 그들 스스로 이해하는 대로 은
으로 우상들을 만든다. 모든 우상들
은 세공 장인들이 만든 것이다. 그것
들에 대해서 그들이 말한다. "그들이
인간을 희생제사로 드리고 송아지 우
상에 입을 맞춘다."
3 그러므로 그들은 마치 아침 구름 같
고 금세 사라지는 이른 이슬 같고 타
작마당에서 날리는 겨 같고 창문으
로 사라지는 연기 같을 것이다.
4 "그러나 나는 너를 이집트 땅에서 이
끌어 낸 네 하나님 여호와다. 너는 나
외에 다른 신을 알지 말라. 나 외에는
다른 구원자가 없다.
5 내가 광야에서, 그 가뭄의 땅에서 너
를 알았다.
6 내가 그들을 먹이자 배가 불렀고 그
들이 배가 부르자 교만해졌다. 그래
서 그들이 나를 잊어버렸다.
7 그래서 내가 그들에게 사자처럼 될 것
이고 길가의 표범처럼 그들을 지켜볼
것이다.
8 새끼를 잃은 암곰처럼 내가 그들에
게 맞서서 그들의 가슴을 찢을 것이
다. 내가 거기서 사자처럼 그들을 먹
어 삼키고 들짐승이 그들을 찢어 놓
을 것이다.
9 이스라엘이여, 네가 망하게 됐다. 너
를 도와주는 내게 네가 대항하기 때
문이다.
10 네 왕이 어디에 있느냐? 네 모든 성
읍들에서 너를 구해 줄 사람이 어디
있느냐? 네가 '나를 구원할 왕과 관
리들을 주소서'라고 말했던 네 재판

Q&A | "사망아 네가 어디 있느냐?"

참고 구절 | 호 13:14

죽음은 누구나 피해 갈 수 없는 인생의 과제다. 심지어 하나님조차도 아들의 죽음을 통해 사망의 고통을 실제로 경험하셨다. 그러나 호세아 예언자는 하나님께서 이미 믿는 백성들을 음부의 권세에서 구속하셨다고 선포했다. "내가 그들을 음부의 손에서 속량할 것이며 내가 그들을 죽음에서 건져 낼 것이다. 죽음아, 네 재앙이 어디에 있느냐? 무덤아, 네 멸망이 어디에 있느냐? 슬픔이 내 눈에서 숨겨질 것이다"(호 13:14).

그 후 오랜 시간이 흐른 뒤 바울 역시 사망에 대해서 거의 같은 표현을 했다(고전 15:55–57). 왜 그리스도인들이 성도들의 장례식에서 소망의 찬양을 힘차게 부를 수 있는가? 그것은 사랑하는 사람을 이 세상에서는 볼 수 없지만 하늘나라에서 새로운 모습으로 다시 볼 수 있다는 확신이 있기 때문이다. 그리고 예수님을 믿는 사람들이라면 모두 '평안한 안식'에 들어갈 수 있기 때문이다.

장들이 어디에 있느냐?
11 내가 내 진노로 네게 왕을 주었고 내
가 내 분노로 왕을 제거했다.
12 에브라임의 죄가 기록되고 그의 범죄
기록이 보관돼 있다.
13 해산하는 여자의 고통이 그에게 올
것이다. 그러나 그는 지혜가 없는 아
이다. 때가 돼도 태의 문을 열고 나오
지 않는다.
14 내가 그들을 *음부의 손에서 속량할
것이며 내가 그들을 죽음에서 건져
낼 것이다. 죽음아, 네 재앙이 어디에
있느냐? *무덤아, 네 멸망이 어디에
있느냐? 슬픔이 내 눈에서 숨겨질 것
이다.
15 그가 자기 형제들 가운데 번성해도
동쪽 바람이 불어오고 여호와의 바
람이 광야에서 불어올 것이다. 그의
샘물이 마를 것이고 그의 우물이 황
폐하게 될 것이다. 창고 안에 있는 그
의 모든 보물들이 약탈당할 것이다.
16 사마리아여, 너는 하나님께 불순종했
기 때문에 범죄했다. 그들의 아이들
이 저주를 받아 칼에 쓰러질 것이다.
임신한 여자들은 배가 갈릴 것이다."

복을 가져오는 회개

14 이스라엘아, 네 하나님 여호와
께 돌아오라. 네 죄악 때문에
네가 넘어지게 됐다!
2 너희는 말씀을 가지고 여호와께로 돌
아오라. 그에게 말하라. "모든 죄악을
제거해 주시고 은혜로 받아 주셔서
우리가 우리의 입술의 열매를 드리게
해 주소서.
3 앗시리아가 우리를 구할 수 없습니다.
우리가 말에 오르지 않을 것입니다.
우리 손으로 만든 것을 우리가 더 이
상 '우리의 신'이라고 말하지 않겠습니
다. 고아가 주께 긍휼히 여김을 받기
때문입니다."
4 "내가 그들의 변절을 용서하고 내가
그들을 기꺼이 사랑할 것이다. 내 진
노가 그들에게서 떠났기 때문이다.
5 나는 이스라엘에게 이슬 같고 이스라
엘은 백합화처럼 피어날 것이다. 레바
논의 백향목처럼 그 뿌리가 내릴 것
이다.
6 그의 어린 가지들은 자라날 것이고
그의 영광은 올리브 나무 같을 것이
고 그의 향기는 레바논의 백향목 같
을 것이다.
7 그들이 돌아와 내 그늘 아래 거주할
것이고 곡식처럼 소생할 것이며 포도
나무처럼 자라날 것이다. 그의 명성
은 레바논의 포도주와 같을 것이다.
8 에브라임이 말하기를 '내가 우상들과
더 이상 무슨 상관이 있는가?' 하는구
나. 그러므로 내가 듣고 보살펴 줄 것
이다. 나는 잎이 무성한 삼나무 같으
니 나로 인해 네 열매가 맺힐 것이다."
9 누가 지혜가 있어 이런 일을 분별하겠
느냐? 누가 분별력이 있어 이해하겠
느냐? 여호와의 길은 옳으니 의인들
이 그 길로 다닌다. 그러나 범죄자들
은 그 길에서 걸려 넘어진다.

13:14 히브리어, 스올

요엘

J o e l

당면한 메뚜기 재앙과 가뭄을 통해 미래에 임할 '여호와의 날'을 예고하는 본서는 범죄하고 돌이키지 않는 이스라엘에 대한 심판을 통해 여호와만이 유일한 신임을 강조한다. 아울러 이스라엘 백성들의 영적 회개와 결단을 강력히 촉구하며, 하나님의 구원과 축복, 보혜사 성령의 강림, 최후 승리 등을 선언한다.

1 브두엘의 아들 요엘에게 임한 여호
와의 말씀입니다.

메뚜기 떼의 습격

2 장로들아, 이 말을 들으라. 이 땅에
사는 모든 사람들아, 귀를 기울이라.
너희가 사는 동안 혹은 너희 조상들
이 사는 동안 이런 일이 일어난 적이
있었느냐?
3 이것을 너희 자녀들에게 말해 주고
너희 자녀들이 그들의 자녀들에게 또
그들의 자녀들이 그다음 세대에게 말
하게 하라.
4 풀무치가 남긴 것을 메뚜기가 먹었고
메뚜기가 남긴 것을 느치가 먹었고
느치가 남긴 것을 황충이 먹었다.
5 술 취한 사람들아, 깨어나 울라! 포도
주를 마시는 모든 사람들이여, 소리
내 울라! 달콤한 포도주가 너희 입술
에서 끊겼기 때문이다.
6 수가 많고 힘이 센 민족이 내 땅에 쳐
들어왔다. 그들의 이빨은 사자 이빨
같고 암사자의 어금니 같다.
7 그들이 내 포도나무를 망쳐 놓았고
내 무화과나무를 부러뜨렸다. 그들이
나무껍질을 다 벗겨 던져 버려서 나
뭇가지들이 하얗게 됐다.
8 어릴 때 정혼한 신랑을 잃은 *처녀가
굵은베 옷을 입고 슬퍼하듯 통곡하
라.
9 여호와의 집으로부터 곡식제물과 전
제물이 끊기니 여호와를 섬기는 제사
장들이 통곡한다.
10 들판이 황무지가 되고 땅은 신음한
다. 곡식을 완전히 망쳤고 새 포도주
도 말라 버렸으며 기름 생산이 멈춰
버렸으니 말이다.
11 농부들아, 밀과 보리에 대해서 부끄
러워하라. 포도원을 경작하는 사람
들아, 울부짖으라. 들판에 추수할 것
이 사라졌다.
12 포도나무가 말라 버렸고 무화과나무

1:8 또는 젊은 여인

가 시들어 버렸다. 석류나무와 대추
나무와 사과나무와 들판의 모든 나
무들이 말라 버렸다. 사람들에게서
기쁨이 말라 버렸다.

애가를 촉구하다

13 제사장들아, 굵은베 옷을 입고 통곡
하라. 제단을 섬기는 사람들아, 울부
짖으라. 내 하나님을 섬기는 사람들
아, 와서 굵은베 옷을 입고 밤을 지새
우라. 네 하나님의 집에 곡식제물과
전제물이 떨어졌다.
14 거룩한 금식을 선포하라. 거룩한 공
회를 소집하라. 너희 하나님 여호와
의 집으로 장로들과 이 땅에 사는 모
든 사람들이 모이게 하라. 그리고 여
호와께 부르짖으라.
15 아, 그날이여! 여호와의 날이 가까이
다가왔다. *전능자께서 보내신 파멸
이 다가온다.
16 바로 우리 눈앞에서 음식이 떨어지지
않았느냐? 기쁨과 즐거움이 우리 하
나님의 집에서 끊어지지 않았느냐?
17 씨가 흙덩어리 아래에서 썩어 버렸고
창고들마다 황폐하게 됐으며 곳간들
이 부서졌다. 곡식이 시들어 버렸기
때문이다.
18 풀 뜯을 데가 없어서 가축들이 신음
하고 소 떼가 허둥대는구나! 양 떼조
차도 고통을 당한다.
19 여호와여, 주께 내가 부르짖습니다.
불이 광야의 목초지를 태워 버렸고
불꽃이 들판에 있는 나무들을 모두
불살라 버렸습니다.
20 들판의 짐승들도 주를 갈망하고 있
습니다. 시냇물의 물줄기가 말라 버렸
고 불이 광야의 목초지를 태워 버렸
습니다.

메뚜기 떼와 같은 군대

2 시온에서 나팔을 불라. 내 거룩한
산에서 경보의 소리를 울리라. 이
땅에 사는 모든 사람들이 공포로 떨
게 하라. 여호와의 날이 오고 있다.
확실히 가까이 다가와 있다.
2 어둡고 암담한 날, 구름과 짙은 어둠
의 날, 새벽빛이 산 위에 퍼지는 것처
럼 수가 많고 강한 사람들이 오고 있
다. 이와 같은 일이 옛날에도 없었고
이후 여러 세대가 지나도 다시는 없
을 것이다.
3 그들 앞에는 불이 휩쓸고 있고 그들
뒤에는 불꽃이 타오르고 있다. 그들
이 오기 전에는 땅이 에덴동산과 같
았지만 그들이 지나간 뒤에는 황무지
만 남아 있다. 아무것도 그들을 피하
지 못한다.
4 그들의 모습은 말과 같다. 그들은 마
치 기마병처럼 달린다.
5 그들이 산들의 봉우리들을 건너뛰는
소리는 마치 전차 소리와도 같고 불
꽃이 덤불을 태우며 내는 소리와도
같다. 그들은 전쟁에 나가기 위해 행
렬을 갖춘 강한 군대와도 같다.
6 그 광경에 민족들은 두려워 떨고 얼
굴이 모두 창백해졌다.
7 그들은 용사들처럼 돌격하고 군사들

1:15 히브리어, 샤다이

처럼 성벽을 기어오른다. 모두가 길을
벗어나지 않고 행렬을 지어 행진한다.
8 그들은 서로 밀치지도 않고 각자의
길로 행진한다. 그들은 무기 사이로
뚫고 지나가며 그들의 행렬은 흩어지
지 않는다.
9 그들은 성안으로 돌진하며 성벽을 뛰
어넘는다. 집 위로 기어 올라가서 도
둑처럼 창문을 통해 들어간다.
10 그들 앞에서는 땅이 흔들리고 하늘
이 떤다. 해와 달은 어두워지고 별들
도 그들의 빛을 잃는다.
11 여호와께서 그분의 군대 앞에서 호령
하신다. 그분의 군대는 헤아릴 수 없
이 많고 그분의 명령을 수행하는 사
람들은 강력하다. 여호와의 날은 크
고 심히 두렵다. 누가 견뎌 낼 수 있는
가?

너희 마음을 찢어라

12 여호와의 말씀이다. "이제라도 너희가
금식하고 슬퍼하며 통곡하면서 너희
의 온 마음을 다해 내게 돌아오라."
13 너희의 옷이 아닌 너희의 마음을 찢
고 너희 하나님 여호와께 돌아오라.
그분은 은혜로우시고 긍휼이 많으시
며 화를 내는 데는 더디시고 사랑이
풍부하시며 마음을 돌이켜 재앙을
거두기도 하시는 분이시다.
14 그분께서 마음을 돌이켜 불쌍히 여
기시고 복을 주셔서 너희가 하나님
여호와께 바칠 곡식제물과 전제물을
바칠 수 있게 하실는지 누가 알겠느
냐?
15 시온에서 나팔을 불라. 거룩한 금식
을 선포하고 거룩한 공회를 소집하
라.

그리스도인의 사역 원칙

하용조 목사의
행복한 **메시지**

열심히 사역을 하다 보면 탈진하여 쓰러지는 그리스도인들이 있습니다. 사역의 정도는 다를 수 있지만 한 가지 짚고 넘어갈 것은 우리의 존재 목적이 사역에 있지 않다는 것입니다. 사역을 맡기신 하나님께 있다는 것입니다. 특히 목회자들이나 사역자들을 보면 사역은 있으나 예배는 없고, 헌신은 있으나 열매가 없는 것을 가끔 보게 됩니다. 얼굴에서는 기쁨 대신 피곤이 보이고 충만함 대신에 영적인 고갈 상태를 발견하게 됩니다. 사역을 바쁘게 하지만 감사와 기쁨과 평안이 없다면, 그것은 무엇인가 잘못된 것이 분명합니다.
여기에 사역하는 그리스도인들이 가져야 할 원칙이 있습니다. 첫째는 사역의 주체이신 하나님을 바라보아야 합니다. 사역을 하면서 하나님이 보이지 않는다면 다시 예배의 자리, 기도의 자리로 나아가 하나님을 바라보아야 합니다. 둘째는 하나님이 주시는 능력으로 사역해야 합니다. 제한된 자신의 능력으로 하지 말고 하나님이 주시는 능력으로 생각하고 판단하고 결정해야 합니다. 셋째는 사역의 목표를 하나님의 영광에 두어야 합니다. 사역의 목표는 오로지 하나님의 영광입니다. 목표가 잘못되었다면 즉시 사역을 멈추십시오.

16 백성을 모으고 공회를 거룩하게 하
라. 장로들을 모으고 어린아이들과
젖먹이들도 모으라. 신랑은 자기 방
에서 나오게 하고 신부도 자기 침실
에서 나오게 하라.
17 여호와를 섬기는 제사장들로 하여금
성전 현관과 제단 사이에서 울며 말
하게 하라. "여호와여, 주의 백성들을
불쌍히 여기소서. 주의 소유가 수치
를 당하지 않게 하시고 민족들의 웃
음거리가 되는 일이 없게 하소서. 민
족들이 서로 '그들의 하나님이 어디
있는가?'라고 말해서야 되겠습니까?"

여호와의 응답

18 그때 여호와께서 그분의 땅에 열정을
가지시고 그분의 백성들을 불쌍히 여
기셨다.
19 여호와께서 그분의 백성들에게 대답
해 말씀하신다. "보라. 내가 너희에게
곡식과 새 포도주와 새 기름을 줘서
너희가 배불리 먹게 하겠다. 내가 다
시는 너희를 이방 민족들의 조롱거리
가 되지 않게 하겠다.
20 내가 북쪽에서 온 메뚜기 군대를 너
희에게서 멀리 떠나게 하겠다. 그들의
선봉 부대는 *동쪽 바다로 향하고 그
들의 후미 부대는 *서쪽 바다로 향하
게 해 황폐하고 메마른 땅으로 쫓아
버릴 것이다. 그러면 시체 썩는 냄새
가 올라오고 악취가 올라올 것이다."
그분께서 큰일을 하셨다!
21 땅아, 두려워하지 말라. 즐거워하고
기뻐하라. 여호와께서 큰일을 하셨다.
22 들판의 짐승들아, 두려워하지 말라.
광야의 목초지에 싹이 트고 나무가
열매를 맺으며 무화과나무와 포도나
무가 풍성한 결실을 맺을 것이다.
23 시온의 자녀들아, 너희 하나님 여호와
안에서 즐거워하고 기뻐하라. *그분
께서는 너희에게 *가을비를 적절히
주실 것이다. 그분께서 너희에게 비
를 보내실 것이다. 전처럼 *가을비와
*봄비를 보내 주실 것이다.
24 타작마당에는 곡식이 가득하고 새
포도주와 새 기름이 큰 통에 넘칠 것
이다.
25 "내가 너희를 치려고 보낸 내 큰 군대
인 메뚜기, 느치, 황충, 풀무치가 먹
어 삼킨 그 햇수대로 내가 너희에게
보상해 주겠다.
26 너희가 충분히 먹고 배부를 것이고
너희를 위해 놀라운 일을 하신 너희
하나님 여호와의 이름을 찬양할 것이
다. 내 백성들이 영원히 수치를 당하
지 않을 것이다.
27 내가 이스라엘 가운데 있고 내가 너
희 하나님 여호와이며 나 외에는 다
른 신이 없음을 너희가 알게 될 것이
다. 내 백성들이 영원히 수치를 당하
지 않을 것이다.

여호와의 날

28 그러고 난 후에 내가 모든 사람 위에
내 영을 부어 주겠다. 너희 아들들과

2:20 동쪽 바다는 염해, 서쪽 바다는 대해(지중해)를 가리킴. 2:23 또는 주께서 너희에게 의의 교사를 보내실 것이다. 2:23 가을비는 이른 비, 봄비는 늦은 비를 가리킴.

딸들이 예언할 것이고 너희 늙은이들
은 꿈을 꾸며 너희 젊은이들이 환상
을 보게 될 것이다.
29 그날에 너희 하인들과 하녀들에게도
내가 내 영을 부어 줄 것이다.
30 내가 하늘과 땅에 징조를 보여 줄 텐
데 그것은 피와 불과 연기 기둥이다.
31 크고 두려운 여호와의 날이 오기 전
에 해가 어둠으로 바뀌고 달이 피로
바뀔 것이다.
32 그러나 여호와의 이름을 부르는 사람
은 누구나 구원받을 것이다. 나 여호
와가 말한 대로 시온 산과 예루살렘에
는 살아남은 사람이 있고 내 부름을
받을 이들도 있을 것이다."

열국에 대한 심판

3 "보라. 내가 유다와 예루살렘의 포
로들을 데려올 그날과 그때에
2 나는 모든 민족들을 불러 모아 *여호
사밧 골짜기로 데려갈 것이다. 내 백
성이며 내 유산인 이스라엘에 관해
그곳에서 그들을 심판할 것이다. 그
들은 내 백성을 민족들 사이로 흩어
버렸고 그들은 내 땅을 쪼개 나눠 가
졌다.
3 그들이 내 백성들을 두고 제비뽑기를
했고 남자 아이들을 창녀에게 내주었
으며 여자 아이들을 팔아서 포도주
를 사 마셨다.
4 두로와 시돈과 블레셋의 온 땅아, 너
희가 내게 무엇을 하려고 하느냐? 내
가 한 대로 너희가 내게 갚아 주겠다
는 것이냐? 너희가 내게 보복을 한다
면 나는 너희가 한 짓을 너희 머리 위
에다 그 즉시 갚아 줄 것이다.
5 너희가 내 은과 내 금을 취하고 값진
내 보물을 너희 신전으로 가져갔다.
6 너희가 유다 자손들과 예루살렘 자손
들을 그리스 사람들에게 팔아 자기

3:2 히브리어, '여호와께서 심판하신다.'

Q&A 베드로의 오순절 설교 본문은 뭘까?

참고 구절 | 욜 2:28-32

오순절 날 성령의 충만함을 받은 제자들은 성령께서 말하게 하심을 따라 각각 다른 언어로 하나님의 큰일을 말하기 시작했다. 그때 세계 각 나라에서 온 유대 사람들이 몰려와 각기 자기 언어로 말하는 소리를 듣고 이상하게 여기며 제자들이 새 술에 취했다고 조롱했다(행 2:13).

그때 베드로가 열한 사도와 더불어 성령을 의심하는 사람들에게 이렇게 외쳤다. "지금은 아침입니다. 어떻게 이 아침에 술에 취할 수가 있습니까? 이들은 술에 취한 것이 아니라 예언자 요엘의 예언대로 된 것입니다. 그 예언한 말씀이 드디어 오늘 이루어진 것입니다."

베드로는 요엘 2:28-32의 말씀을 인용하여 설교했다. "하나님께서 말씀하셨습니다. '마지막 날에 내가 내 영을 모든 육체에 부어 주겠다. 그래서 너희 아들들과 너희 딸들은 예언을 하고 너희 젊은이들은 환상을 보고 너희 나이 든 사람들은 꿈을 꿀 것이다.'"(행 2:17).

구약의 예언자들이 예언하며 기다렸던 그 성령이 임한 것이었다.

나라 땅에서 멀리 떠나보내 버렸다.
7 너희가 그들을 팔아넘겼지만 그곳에
서 그들을 일으켜 세우고 너희가 한
짓을 너희 머리 위에 돌려주겠다.
8 내가 너희 아들들과 딸들을 유다 자
손들의 손에 팔 것이고 그들이 다시
저 먼 나라 스바 사람들에게 팔 것이
다." 여호와께서 말씀하셨다.
9 너희는 민족들 가운데 이렇게 선포하
라. 전쟁을 준비하라! 용사들을 일으
키라! 군인을 모두 소집해 나아가게
하라.
10 너희 쟁기를 두들겨 펴서 칼을 만들
고 너희 낫으로 창을 만들라. 약한
사람들도 "나는 용사다!"라고 말하게
하라.
11 사방의 모든 민족들아, 어서 오라. 그
곳에 모이라. 여호와여, 당신의 용사
들을 내려보내소서!
12 "민족들이 일어나 *여호사밧 골짜기
로 나아가게 하라. 내가 그곳에서 사
방의 민족들을 심판하기 위해 머무
를 것이다.
13 낫을 휘두르라. 추수할 것이 익었다.
와서 포도를 밟으라. 포도주 틀이 가
득 찼고 큰 통에 흘러넘친다. 그들의
악함이 몹시 크구나!"
14 많은 사람들이, 정말 많은 사람들이
심판의 골짜기에 모여 있다! 심판의
골짜기에 여호와의 날이 가까이 왔다.
15 해와 달이 어두워지고 별들이 빛을
잃는다.
16 여호와께서 시온에서 큰 소리를 내시
고 예루살렘에서 말씀하시면 땅과 하
늘이 요동칠 것이다. 그러나 여호와께
서는 그분의 백성들에게는 피난처이
시요, 이스라엘 자손들에게는 요새가
되실 것이다.

하나님의 백성에게 주시는 축복

17 "너희 하나님 여호와인 내가 내 거룩
한 산 시온에 있음을 너희가 알게 될
것이다. 그러면 예루살렘은 거룩해질
것이고 이방 사람들이 더 이상 그곳
을 지나가지 않을 것이다.
18 그날이 오면 산들은 달콤한 포도주로
가득 찰 것이고 언덕들에는 젖이 흐
를 것이다. 유다의 모든 강줄기에 물
이 흐르고 여호와의 집에서는 샘물이
흘러나와 *싯딤 골짜기를 적실 것이
다.
19 그러나 이집트는 황무지가 되고 에돔
은 황량한 사막이 될 것이다. 그들이
유다 자손들에게 폭력을 휘둘렀고 그
들이 저들의 땅에서 죄 없는 피를 흘
리게 했기 때문이다.
20 그러나 유다는 영원히 존재할 것이고
예루살렘도 대대로 존재할 것이다.
21 내가 전에는 씻겨 주지 않았던 그들
의 피를 이제는 씻겨 줄 것이다." 여호
와께서 시온에 계시기 때문이다!

3:12 히브리어, '여호와께서 심판하신다.' 3:18 또는 아카시아 골짜기

아모스

A m o s

외적인 부요와 번영으로 인해 믿음을 잃어버리고 타락한 북이스라엘에 대해 경고하는 내용이다. 아모스는 하나님의 백성이면서도 이기심과 탐욕으로 가득 찬 백성들의 위선을 신랄하게 고발하며, 하나님의 말씀에 의거하여 공의를 행함으로써 온전한 삶에 도달하도록 촉구한다. 남은 자에 대한 약속이 들어 있다.

1 드고아의 목자 아모스가 이스라엘
에 대해 이상으로 받은 말씀입니
다. 그때 유다 왕은 웃시야였고 이스
라엘 왕은 *요아스의 아들 여로보암
이었으며 지진이 있기 2년 전입니다.
2 아모스가 말했습니다. "여호와께서 시
온에서 크게 소리치시고 예루살렘에
서 그 음성을 발하시리니 목자의 풀
밭이 시들고 갈멜 산 꼭대기가 마를
것이다."

이스라엘의 이웃 나라들에 대한 심판

3 여호와께서 이렇게 말씀하셨다. "다메
섹이 지은 서너 가지 죄 때문에 내가
그들을 처벌하는 일을 돌이키지 않겠
다. 그들이 철 타작기로 타작하듯 길
르앗을 압제했기 때문이다.
4 내가 하사엘의 집에 불을 보내서 벤하
닷의 성채들을 불사르겠다.
5 내가 다메섹 성문 빗장을 부수고 *아
웬 골짜기에 사는 사람들을 없애고
*벧에덴에서 규를 잡고 있는 왕을 없
애겠다. 아람 사람은 사로잡혀 길로
끌려갈 것이다." 여호와께서 하신 말
씀이다.
6 여호와께서 이렇게 말씀하셨다. "가사
의 서너 가지 죄 때문에 내가 그들을
처벌하는 것을 돌이키지 않겠다. 그
들이 사로잡은 사람을 끌어다가 모두
에돔에 팔아넘겼기 때문이다.
7 내가 가사의 성에 불을 보내 성채들
을 불사르겠다.
8 내가 또 아스돗에 사는 사람들을 없
애 버리고 아스글론에서 규를 잡고
있는 왕을 없애 버리겠다. 내가 또 손
을 돌려 에그론을 쳐 블레셋의 남은
사람들을 없애 버리겠다." 주 여호와
께서 말씀하셨다.
9 여호와께서 이렇게 말씀하셨다. "두로
의 서너 가지 죄 때문에 내가 그들을
처벌하는 것을 돌이키지 않겠다. 그

1:1 또는 여호아스 1:5 아웬은 '악한 자', 벧에덴은 '에덴의 집'을 뜻함.

들이 형제의 계약을 어기고 사로잡은
사람을 모두 에돔에 팔아넘겼기 때문
이다.
10 내가 두로의 성벽에 불을 보내 성채
들을 불사르겠다."
11 여호와께서 이렇게 말씀하셨다. "에돔
의 서너 가지 죄 때문에 내가 그들을
처벌하는 일을 돌이키지 않겠다. 그
들이 한 가닥의 동정심도 없이 칼을
가지고 자기 형제를 뒤쫓으며 그들이
항상 맹렬하게 화를 내며 끝없이 분

성·경·인·물 아모스

- **이름의 뜻** 짐을 드는
- **주소** 남 유다 드고아 → 북 이스라엘
- **직업** 양치는 목자, 뽕나무를 기르던 농부, 예언자
- **약력** 유다 왕 웃시야 시대에 양을 치며 뽕나무를 기르던 그는 하나님의 부르심을 받았다(암 7:14-15).

호세아와 같은 시대에 활동했으며 여로보암 2세가 다스리던 북이스라엘에 가서 예언 사역을 했다.

아모스는 영적 타락으로 인한 사회적, 도덕적인 죄를 지적하며 하나님이 원하시는 것은 공의를 행하는 것이라고 했다(암 5:14-15, 24). 공의로운 하나님의 법을 순종하지 못하는 이스라엘과 열방을 향해 심판이(암 1:1-2:16) 임할 것을 예언했다. 이스라엘 멸망에 대한 5가지 환상을 보았으며 이스라엘을 위해 중보기도를 드렸다(암 7:1-9:10).

이스라엘 멸망에 대한 아모스의 예언은 60여 년이 지난 후에 성취되었다(BC 722년). 그러나 이스라엘에 대한 심판만을 선포한 것이 아니라 회복에 대한 약속도 전했다(암 9:11-15).

노를 품었기 때문이다.
12 내가 데만에 불을 보내 보스라의 성
채들을 불사르겠다."
13 여호와께서 이렇게 말씀하셨다. "암몬
의 서너 가지 죄 때문에 내가 그들을
처벌하는 것을 돌이키지 않겠다. 그
들이 자기 영토를 넓히려고 길르앗의
임신한 여인들의 배를 갈랐기 때문이
다.
14 내가 랍바 성벽에 불을 놓아서 전쟁
하는 날, 함성과 회오리바람이 일어
나는 날에 폭풍 가운데서 성채들을
불사르겠다.
15 암몬의 왕은 자기 관리들과 함께 사
로잡혀 갈 것이다." 여호와께서 말씀
하셨다.

2 여호와께서 이렇게 말씀하셨다. "모
압의 서너 가지 죄 때문에 내가 그
들을 처벌하는 일을 돌이키지 않겠
다. 그들이 에돔 왕의 뼈를 불살라 재
를 만들었기 때문이다.
2 내가 모압에 불을 보내 그리욧의 성채
들을 불사르겠다. 함성과 요란스러운
나팔 소리 가운데 모압은 죽을 것이
다.
3 내가 그들의 왕을 없애고 왕의 모든
관리들을 죽일 것이다." 여호와께서
말씀하셨다.
4 여호와께서 이렇게 말씀하셨다. "유다
의 서너 가지 죄 때문에 내가 그들을
처벌하는 것을 돌이키지 않겠다. 그
들은 여호와의 율법을 거부하고 여호
와의 계명을 지키지 않으며 자기 조

상들이 따라가던 거짓 신을 좇아 헤
매기 때문이다.
5 그러므로 내가 유다에 불을 보내 예
루살렘의 성채들을 불사르겠다."

이스라엘에 대한 심판

6 여호와께서 이렇게 말씀하셨다. "이스
라엘의 서너 가지 죄 때문에 내가 그
들을 처벌하는 일을 돌이키지 않겠
다. 그들이 은을 받고 의인을 팔고 신
발 한 켤레를 받고 가난한 사람들을
팔았기 때문이다.
7 그들은 가난한 사람들의 머리를 땅
에 짓밟고 연약한 사람들의 정의를
부정했다. 또 아버지와 아들이 한 젊
은 여인에게 다니며 욕보여서 여호와
의 거룩한 이름을 더럽혔다.
8 그들은 모든 제단 옆에서 저당 잡은
옷을 깔고 누워 행음하며 그들의 신
전에서 벌금으로 거둔 포도주를 마시
고 있다.
9 비록 백향목처럼 키가 크고 상수리나
무처럼 튼튼한 아모리 사람일지라도
내가 이스라엘 앞에서 멸망시켰으니
내가 위에 맺힌 열매로부터 아래에
있는 뿌리까지 진멸했다.
10 내가 이스라엘을 이집트 땅에서 이끌
어 내 40년 동안 광야에서 인도했으
며 아모리 사람의 땅을 차지하게 했
다.
11 내가 너희 자손들 가운데서 예언자
를 세웠으며 너희 젊은이들 가운데서
*나실 사람을 삼았다. 이스라엘 자손
들아, 그렇지 않느냐?" 여호와께서 하
신 말씀이다.
12 "그러나 너희는 나실 사람에게 포도
주를 마시게 했고 예언자들에게 '예언
하지 말라'고 명령했다.
13 보라. 곡식 단을 가득 실은 수레가
땅을 짓누르듯 내가 너희를 짓누를
것이다.
14 그러므로 빨리 달려서 도망가는 사람
도 피할 수 없고 힘센 사람들도 힘을
쓰지 못하며 용사들도 자기 목숨을
구하지 못할 것이다.
15 활을 들고 있는 사람들도 서 있지 못
하고 발 빠른 사람들도 피하지 못하
며 말 탄 사람들도 자기 목숨을 구하
지 못할 것이다.
16 그날에는 용사 가운데 굳센 용사라
도 벌거벗은 채로 도망칠 것이다." 여
호와께서 하신 말씀이다.

이스라엘을 고발할 증인들을 소집하다

3 이스라엘 자손들아, 여호와께서 너
희를 심판하시는 말씀을 들으라.
여호와께서 이집트 땅에서 이끌어 낸
온 민족을 심판하시는 말씀을 들으
라.
2 "내가 이 세상의 모든 민족들 가운데
오직 너희만 안다. 그러므로 너희 모
든 죄로 인해 내가 너희를 심판할 것
이다."
3 두 사람이 뜻이 같지 않은데 어찌 둘
이 같이 갈 수 있겠는가?
4 사자가 포획한 먹이가 없는데 숲 속
에서 큰 소리로 부르짖겠는가? 젊은

2:11 민 6:1-8을 보라.

사자가 움켜잡은 먹이가 없는데 굴속
에서 으르렁대겠는가?
5 올무를 놓지 않았는데 새가 올무에
걸리겠는가? 잡힌 것이 없는데 덫이
땅에서 위로 튀어 올라 닫히겠는가?
6 성에서 나팔 소리로 경고를 울리는데
백성이 두려워하지 않겠는가? 여호와
께서 하지 않으시면 성읍에 재앙이
내려질 수 있겠는가?
7 주 여호와께서는 그분의 종인 예언자
들에게 자기의 비밀을 알리지 않고는
결코 어떤 일도 하지 않으신다.
8 사자가 부르짖는데 누가 두려워하지
않겠는가? 주 여호와께서 말씀하시는
데 누가 예언하지 않겠는가?
9 아스돗 성채들과 이집트 땅의 성채들
에 선포하라. "너희들은 사마리아 산
위에 모여서 그 성안에 있는 큰 혼란
과 그 성안에 있는 학대를 보라.
10 그들은 자기 성에서 폭력을 행하며
강탈을 일삼는 사람들로서 옳은 일
을 행할 줄 모른다." 여호와께서 하신
말씀이다.
11 그러므로 주 여호와께서 이렇게 말씀
하셨다. "적이 사면을 에워싸서 네 힘
을 약하게 하며 너희 성채들은 약탈
당할 것이다."
12 여호와께서 이렇게 말씀하셨다. "마치
목자가 사자의 입에서 자기 양의 다
리뼈 두 개와 귀 한 조각을 겨우 건져
낸 것처럼 사마리아에 사는 이스라엘
자손도 침대 모서리나 긴 의자의 다
리가 겨우 남는 것같이 구원을 받을
것이다."
13 만군의 하나님, 주 여호와께서 하신
말씀이다. "들으라. 그리고 야곱의 집
에 대고 증언하라.
14 내가 이스라엘의 죄를 심판하는 날에
벧엘의 제단을 무너뜨리며 제단의 뿔
을 꺾어 땅에 떨어뜨릴 것이다.
15 내가 겨울 궁궐과 여름 궁궐을 허물
것이다. 그러면 상아로 꾸며진 집들
이 파괴되고 큰 궁들이 무너져 사라
질 것이다." 여호와께서 하신 말씀이
다.

이스라엘이 하나님께 돌이키지 아니하다

4 사마리아 산에 있는 바산의 암소들
아, 가난한 사람을 억누르고 어려
운 사람을 억누르는 사람들아, 남편
에게 "마실 것을 가져다주세요!"라고
조르는 사람들아, 이 말씀을 들으라.
2 주 여호와께서 그분의 거룩함을 걸고
맹세하셨다. "사람이 너희를 갈고리에
꿰어 끌고 가며 너희의 남은 사람마
저 낚시 바늘에 걸어 끌고 갈 그날이
너희에게 올 것이다.
3 너희가 무너진 성벽을 지나 각각 앞
으로 바로 나가서 하르몬에 던져질 것
이다." 이것은 여호와께서 하신 말씀
이다.
4 "너희는 벧엘에 가서 죄를 짓고 길갈
에 가서 더 많은 죄를 지으라. 너희가
아침마다 너희의 제물을 바치고 3일
마다 너희의 십일조를 드리라.
5 누룩 넣은 빵을 태워서 감사제물을
드리고 자원제물을 드리며 큰소리로

자랑하라. 이스라엘 자손들아, 너희
가 이렇게 하기를 좋아하는구나." 주
여호와께서 하신 말씀이다.
6 "또 내가 너희 모든 성들에서 너희의
이빨을 쉬게 하고 네가 있는 모든 곳
에서 먹을 것이 떨어지게 했다. 그런
데도 너희는 내게 돌아오지 않았다."
여호와께서 하신 말씀이다.
7 "또 내가 추수하기 석 달 전에 너희에
게 비를 내리지 않았다. 어떤 성읍에
는 비를 내리고 어떤 다른 성읍에는
비를 내리지 않았다. 한쪽 땅은 비가
내렸지만 한쪽 땅은 비가 내리지 않
아 말라 버렸다.
8 두세 성읍 사람이 이 성읍, 저 성읍으
로 비틀거리며 물을 찾아다녀도 물을
실컷 마시지 못했다. 그런데도 너희는
내게 돌아오지 않았다." 여호와께서
하신 말씀이다.
9 "내가 밀에 잎마름병과 깜부기병이
크게 들게 해 너희를 쳤으며 병충해
로 과수원과 포도원을 망치고 메뚜
기로 무화과나무와 올리브 나무를 다
먹게 했다. 그런데도 너희는 내게 돌
아오지 않았다." 여호와께서 하신 말
씀이다.
10 "내가 이집트에서 한 것처럼 너희 가
운데 전염병을 보냈다. 너희 말을 빼
앗고 너희 젊은이들을 칼로 죽였다.
너희 진영에는 썩는 냄새가 코를 찌
르게 했다. 그런데도 너희는 내게 돌
아오지 않았다." 여호와께서 하신 말
씀이다.
11 "나 하나님이 소돔과 고모라를 무너
뜨린 것처럼 내가 너희를 무너뜨렸다.
너희는 불 속에서 꺼낸 타다 만 막대
기 같았다. 그런데도 너희는 내게 돌
아오지 않았다." 여호와께서 하신 말
씀이다.
12 "그러므로 이스라엘아, 내가 너희에게
이렇게 할 것이다. 내가 이렇게 하려
고 하니 이스라엘아, 너희는 하나님을

성·경·상·식 | 이스라엘에 대한 기소 목록

예언자 아모스는 이스라엘의 죄의 목록을 낱낱이 작성하여 그들의 죄악을 철저하게 고발했다. 이러한 죄 때문에 하나님의 심판 선고가 불가피함을 알았던 것이었다(암 3:3–6). 그럼에도 하나님은 여전히 아모스를 통해 구원과 회복에 대한 약속을 남기셨다(암 5:4–6,14–15; 9:11–15).

1. **부자들의 사치와 부정 축재** 겨울 궁궐과 여름 궁궐을 가지고 있으면서도 집 없는 자들을 돌보지 않고 오히려 그들의 것을 약탈함(암 3:10, 15).
2. **특권층과 지도자의 부패** 음주와 방종(암 4:1), 뇌물과 협박으로 공의를 버리고 불의한 재판을 하며 과부, 고아, 가난한 자를 압박하고 약탈하여 부정 축재함(암 5:10–12; 6:12–14).
3. **거짓된 상행위와 사회적인 사치** 소비자를 속이는 저울을(암 8:4–6) 사용하고 어려운 이웃을 돌보지 않으며 사치와 안락을 추구함(암 6:1–6).
4. **우상 숭배와 거짓 예배** 율법에 따른 바른 생활은 하지도 않으면서 제사 의식을 통해 하나님을 섬기고 있다고 착각함(암 4:4–5).

만날 준비를 하라."
13 산을 지으시고 바람을 일으키시고 자
기 뜻을 사람에게 보여 알리시고 새
벽빛을 어둡게 하시고 땅의 높은 곳
을 밟고 다니시는 분, 그분의 이름이
만군의 하나님 여호와이시다.

슬픈 노래와 회개의 촉구

5 이스라엘 백성아, 내가 너희에 관
해 지은 슬픈 노래를 들으라.
2 "처녀 이스라엘이 쓰러져서 다시 일어
나지 못할 것이다. 자기 땅에 버려져
도 일으켜 줄 사람이 아무도 없다."
3 주 여호와께서 이렇게 말씀하셨다.
"이스라엘의 집에서 1,000명이 싸우
러 나간 성읍에는 100명만 살아남고
100명이 싸우러 나간 성읍에는 열 명
만 살아남을 것이다."
4 여호와께서 이스라엘 백성에게 이렇
게 말씀하셨다. "너희는 나를 찾으라.
그러면 살 것이다.
5 벧엘을 찾지 말고 길갈로 가지 말고
브엘세바로도 가지 말라. 반드시 길갈
은 포로로 사로잡혀 가고 벧엘은 무
너져 쓸모없을 것이다."
6 여호와께 구하라. 그러면 너희가 살
것이다. 그러지 않으면 불이 난 것처
럼 요셉의 집을 집어삼킬 것이다. 벧
엘에는 불을 끌 사람이 아무도 없을
것이다.
7 정의를 쓰디쓴 쑥처럼 뒤틀어 버리고
의를 땅바닥에 내팽개치는 사람들
아!
8 황소자리와 오리온자리를 만드시고
죽음의 그림자인 어둠을 아침으로

하용조 목사의
행복한 **메시지**

가난한 자 돌보기

오늘날 교회는 가난한 자, 억눌린 자, 소외된 자에게 관심을 가져야 합니다. 그러나 우리가 사랑과 관심을 보일 때 한 가지 주의해야 할 것이 있습니다. 그것은 자만심입니다. 왜냐하면 우리가 사랑을 베풀 때 그것은 주인의 것을 우리가 대신 전달한 것에 불과하기 때문입니다. 사랑받을 만한 가치가 없는 사람에게 시간을 내주고 돈을 쓰고 먹을 것을 주어 보십시오. 그러면 이상한 느낌이 듭니다. 마치 하나님께서 내 가슴속에 계신 것과 같은 느낌이 들 것입니다. 하나님께서는 고아와 과부를 불쌍히 여기시고 가난한 자를 돌보시는 분이기 때문입니다. 그러면 가난한 자를 돌보기 위해서 우리는 어떻게 해야 합니까? 첫째는 가난한 자를 착취하고 학대하는 악한 사람들을 몰아내야 합니다. 시편 10:15에서 시편 기자는 이렇게 기도합니다. "악인들과 악을 행하는 사람들의 팔을 부러뜨리소서. 모두 없어질 때까지 그 악함을 들춰내소서." 둘째는 실제적인 관심을 갖고 가난한 자를 도와야 합니다. 말로만 하는 것은 중요하지 않습니다. 시편 10:12에는 "오 여호와여, 일어나소서! 오 하나님이여, 주의 손을 높이 드소서. 힘없는 사람들을 잊지 마소서."라고 했습니다. 이것은 우리가 하나님을 대신해 힘없는 사람들을 돌보아야 하는 것을 의미합니다.

바꾸시며 낮을 어둡게 해 깜깜한 밤
이 되게 하시고 바닷물을 불러서 땅
에 쏟으시는 분을 찾으라. 그분의 이
름은 여호와이시다.
9 그분은 힘센 사람을 순식간에 멸망시
키고 산성을 멸망시키는 분이시다.
10 사람들은 성문의 재판하는 곳에서
정직하게 판결하는 사람을 미워하고
정직하게 말하는 사람들을 싫어한다.
11 너희가 가난한 사람들을 짓밟고 그
들에게서 밀의 세금을 강제로 거둬들
였으므로 너희가 돌을 다듬어 멋지
게 집을 짓더라도 그 집에서 살지 못
할 것이다. 너희가 포도밭을 아름답
게 가꾸어도 그곳에서 나는 포도주
를 마시지 못할 것이다.
12 너희가 허물이 많고 얼마나 큰 죄를
저질렀는지 나는 알고 있다. 너희가
의인을 억누르고 뇌물을 받으며 *성
문 재판 자리에서 가난한 사람들을
억울하게 했다.
13 그런 때 지혜로운 사람은 말하지 않
고 잠잠히 있다. 그것은 때가 악하기
때문이다.
14 악한 일을 버리고 선한 일을 구하라.
그러면 너희가 살 것이다. 너희가 말
한 것같이 만군의 하나님 여호와께서
너희를 도우며 함께하실 것이다.
15 악한 일을 미워하고 선한 일을 사랑
하라. 성문 재판 자리에서 정의를 세
우라. 혹시 만군의 하나님 여호와께
서 요셉의 남은 백성들에게 자비를
베푸실지 모르겠다.
16 주 만군의 하나님 여호와께서 말씀
하셨다. "모든 광장에서 큰 소리로 울
것이고 거리마다 '아이고, 아이고' 하
며 슬퍼하는 소리가 나고 농부들을
불러다 울게 하고 울음꾼을 불러서
큰 소리로 울게 할 것이다.
17 모든 포도밭에서도 울 것이다. 이것
은 내가 너희 가운데로 지나가는 날
이 모든 일이 일어나 지나갈 것이기
때문이다." 여호와께서 이렇게 말씀하
셨다.

여호와의 날

18 화 있으리라! 여호와의 날을 기다리
는 사람아, 너희가 어째서 여호와의
날을 기다리느냐? 그날은 빛이 아니
라 어둠의 날일 것이다.
19 사람이 사자를 피해 도망치다가 곰을
만나고 사람이 자기 집에 들어가서
벽에 손을 댔다가 뱀에게 물리는 것
과 같을 것이다.
20 여호와의 날은 빛이 없는 어둠이며
캄캄해 밝음이 없는 어둠일 뿐이다.
21 "나는 너희 절기들을 미워하고 싫어
한다. 너희 종교적인 모임을 내가 기
뻐하지 않는다.
22 너희가 내게 번제와 곡식제사를 드려
도 내가 그것들을 받지 않을 것이다.
너희가 살진 짐승으로 화목제를 드려
도 내가 돌아보지 않을 것이다.
23 너희는 내 앞에서 노래 부르기를 그
치라! 너희가 켜는 하프 소리도 내가

5:12 또는 너희는 가난한 사람들이 성문에서 공정한 재판받을 권리를 박탈한다.

듣지 않겠다.
24 오직 정의를 강물처럼 흐르게 하고
의를 시냇물이 마르지 않고 흐르는
것처럼 항상 흐르게 하라.
25 오 이스라엘 백성아, 너희가 광야에
서 40년 동안 희생제물과 곡식제물을
내게 드렸느냐?
26 너희 왕 식굿과 너희 우상 기윤, 곧 너
희가 너희를 위해 별 모양으로 만든
너희 신을 너희가 짊어지고 다녀야
할 것이다.
27 그러므로 내가 너희를 다메섹 너머로
사로잡혀 가게 할 것이다." 만군의 하
나님이라고 불리는 여호와께서 하시
는 말씀이다.

교만한 자에게 화가 있도다

6 화 있을 것이다. 시온에서 안일하
게 사는 사람들과 사마리아 산에
서 스스로 만족하는 사람들아! 너희
는 여러 민족들 가운데 뛰어나고 유
명해서 이스라엘 백성들이 너희를 좇
는구나!
2 너희가 갈레로 건너가고 거기서 큰 성
하맛으로 가고 또 블레셋 사람의 가드
로 내려가 보라. 그 나라가 너희 나라
보다 더 나으냐? 그 땅이 너희 땅보
다 더 넓으냐?
3 너희는 재앙의 날이 멀다 하면서 그
날을 생각하기를 싫어하며 폭력의 자
리로 가까이 간다.
4 상아로 만든 침대에 누워 자고 침대
에서 게으르게 기지개를 켜며 양 떼
가운데 어린양이나 외양간에서 송아
지들을 잡아먹는구나.
5 비파 소리에 맞춰 헛된 노래를 부르
고 자기들을 위해 다윗처럼 악기를
만드는구나.
6 포도주를 대접으로 마시며 좋은 기
름을 바르면서 요셉의 백성이 망하는
것을 슬퍼하지 않는구나.
7 그러므로 이제 너희는 맨 먼저 포로
로 사로잡혀 가게 될 것이다. 흥청거
리는 잔치가 끝나므로 사람들의 떠드
는 소리가 사라질 것이다.

여호와께서 이스라엘의 영광을 혐오하시다

8 주 여호와께서 자기 자신을 두고서 맹
세하셨다. 만군의 하나님 여호와의 말
씀이다. "나는 야곱의 영광을 싫어하
고 야곱의 궁궐들을 미워한다. 그래서
내가 그 성읍과 성읍에 가득히 있는
모든 것을 적에게 넘겨줄 것이다."
9 그때 한 집에 열 사람이 남아 있어도
그들은 다 죽을 것이다.
10 시체들을 화장하려고 죽은 사람의
친척이 그 뼈들을 집 밖으로 내가다
가 집 깊은 구석에 숨어 있던 사람에
게 "아직 너와 함께한 사람이 더 있는
가?"라고 물을 것이다. 그 사람이 "아
무도 없다"라고 대답하면 그는 "조용
히 하여라. 우리가 여호와의 이름을
부르지 못할 것이다"라고 말할 것이
다.
11 보라. 여호와께서 명령을 내리셨으니
큰 집을 쳐서 조각조각 갈라지게 하
고 작은 집을 쳐서 완전히 무너지게
하실 것이다.

12 말들이 어떻게 바위 위를 달리며 소
가 어떻게 쟁기로 바위를 갈겠는가?
그런데 너희는 정의를 쓸개처럼 쓴 독
으로 만들었고 의의 열매를 쓴 쑥으
로 바꾸었다.
13 너희는 *로드발이 점령됐다고 기뻐하
며 "우리가 우리의 힘으로 *가르나임
을 차지하지 않았느냐?"라고 말한다.
14 "이스라엘의 백성들아. 내가 한 나라
를 일으켜 세워 너희를 칠 것이다. 그
들이 하맛 입구에서부터 아라바 골짜
기까지 너희를 억압할 것이다." 만군의
하나님 여호와께서 하신 말씀이다.

메뚜기, 불, 다림줄

7 주 여호와께서 내게 이것을 보여
주셨다. 보라. 왕에게 바칠 몫의 풀
을 벤 후 봄 풀의 싹이 다시 나기 시
작할 때 여호와께서 메뚜기 떼를 보
낼 준비를 하고 계셨다.
2 메뚜기 떼가 땅의 풀을 모두 다 갉아
먹어 버렸다. 내가 주께 말씀드렸다.
"주 여호와여, 부디 용서해 주십시오.
야곱이 아직 어리고 약하니 어떻게
이 일을 견딜 수 있겠습니까?"
3 그러자 여호와께서 이에 대해서 마음
을 돌이키셨다. "이 일이 일어나지 않
을 것이다." 여호와께서 말씀하셨다.
4 또 주 여호와께서 내게 이렇게 보여
주셨다. 주 여호와께서 불로 심판하기
를 명령하셨다. 불이 바다 깊숙한 곳
까지 마르게 삼키고 땅까지 살라 버
려 황폐하게 했다.
5 그때 내가 말씀드렸다. "주 여호와여,
멈춰 주십시오. 야곱이 아직 어리고
약하니 어떻게 이 일을 견딜 수 있겠
습니까?"
6 그러자 여호와께서 이에 대해서 마음
을 돌이키셨다. "이 일도 일어나지 않
을 것이다." 여호와께서 말씀하셨다.
7 또 주께서 내게 이것을 보여 주셨다.
주께서 손에 다림줄을 들고 수직으
로 쌓은 담 옆에서 담이 반듯한지 살

6:13 로드발은 '아무것도 없다.', 가르나임은 '두 뿔'을 뜻함.

Q&A

다림줄은 무엇인가?

참고 구절 | 암 7:7–8

다림줄은 추(무게가 나가는 돌이나 금속 등)를 매단 줄을 말한다. 다림줄은 벽을 쌓을 때 담벽의 수직 상태를 알아보기 위해서 사용하는 도구였다.

아모스는 하나님께서 손에 다림줄을 쥐고 담벽에 서 계신 환상을 보았다(암 7:7). 담은 이스라엘의 영적 · 도덕적인 상태를 말하는데 다림줄로 재어 본 결과, 담은 비뚤어져서 붕괴 위험에 있었다. 하나님은 이스라엘이 하나님께서 정해 놓으신 기준에 따라 살지 않았기 때문에 영적 · 도덕적으로 타락했고 그로 인해 멸망에 이르게 되었음을 환상을 통해 보여 주셨다.

여기서 우리들에게 주는 교훈은 옳고 그른 것이 개인의 양심이나 대중의 여론에 있지 않고 오직 하나님의 다림줄에 의해서만 평가된다는 것이다.

피며 서 계셨다.
8 여호와께서 내게 물으셨다. "아모스
야 무엇이 보이느냐?" 내가 대답했다.
"다림줄이 보입니다." 그러자 주께서
말씀하셨다. "내가 내 백성 이스라엘
가운데 다림줄을 세워서 그들을 살
필 것이다. 내가 더 이상 그들을 용서
하지 않을 것이다.
9 이삭의 산당들이 무너지고 이스라엘
의 성소들이 파괴돼 무너질 것이다.
내가 일어나서 여로보암의 집을 칼로
칠 것이다."

아모스와 아마샤

10 그때 벧엘의 제사장 아마샤가 이스라
엘 왕 여로보암에게 사람을 보내 이렇
게 알렸다. "이스라엘의 백성 가운데
아모스가 왕을 배반해 반란을 계획
했습니다. 이 나라가 아모스가 말한
모든 것을 참을 수 없습니다.
11 아모스가 이렇게 말했습니다. '여로보
암은 칼에 맞아 죽고 이스라엘은 분
명코 자기 땅에서 사로잡혀 포로로
끌려가게 될 것이다.'"
12 또 아마샤는 아모스에게도 말했다.
"예언자야, 너는 유다 땅으로 도망쳐
라. 유다에 가서 거기서 예언하며 벌
어먹어라.
13 더 이상 *벧엘에서는 예언하지 마라.
이곳은 여로보암 왕의 성소이며 왕의
궁궐이다."
14 아모스가 아마샤에게 이렇게 대답했
다. "나는 예언자가 아니고 예언자의
*아들도 아니다. 나는 다만 목자이며
뽕나무를 기르는 사람이다.
15 양 떼를 기르고 있는 내게 여호와께
서 말씀하셨다. '내 백성 이스라엘에
게 가서 예언하여라.'
16 그러니 이제 너는 여호와의 말씀을
들어라. 너는 내게 말했다. '이스라엘
에 대해 예언하지 말고 이삭의 집에
경고하는 말을 하지 마라.'
17 네가 그런 말을 해서 여호와께서는
이렇게 말씀하셨다. '네 아내가 성안
에서 창녀가 될 것이고 네 아들과 딸
들이 칼에 맞아 쓰러질 것이다. 네 땅
은 줄자로 재어 다른 사람에게 나눠
줄 것이고 너는 사로잡혀 가서 낯선
땅에서 죽게 될 것이다. 그리고 이스
라엘은 분명코 자기 땅에서 사로잡혀
포로로 끌려가게 될 것이다.'"

여름 과일 한 광주리

8 또 주 여호와께서 내게 잘 익은 여
름 *과일 한 광주리를 보여 주셨
다.
2 주께서 말씀하셨다. "아모스야, 무엇
이 보이느냐?" 내가 대답했다. "잘 익
은 여름 과일 한 광주리입니다." 주 여
호와께서 내게 말씀하셨다. "내 백성
이스라엘에 *끝이 왔다. 내가 더 이상
그들을 용서하지 않을 것이다.
3 그날에 왕궁의 즐거운 노래가 울부짖
음으로 바뀔 것이다. 시체가 너무 많
아서 사람들이 말없이 곳곳에 내다

7:13 히브리어, '하나님의 집' 7:14 또는 제자
8:1 히브리어, 카이츠 8:2 히브리어, 케츠, 히브리어
에서 '과일'을 뜻하는 카이츠와 '끝'을 뜻하는 케츠의 발
음이 비슷함.

버릴 것이다!" 주 여호와께서 하신 말
씀이다.
4 어려운 사람들을 짓밟고 이 땅의 가
난한 사람들을 망하게 하는 사람들
아, 이 말씀을 들으라.
5 너희는 이렇게 말한다. "*초하룻날이
언제 지나서 우리가 곡식을 팔 수 있
을까? 안식일이 언제 끝나 우리가 밀
을 팔 수 있을까? *에바를 작게 하고
*세겔을 크게 부풀리며 저울을 속이
고
6 은을 주고 가난한 사람을 사고 신발
한 켤레로 어려움에 빠진 사람을 사
며 밀 찌꺼기까지 팔아먹자."
7 여호와께서 야곱의 자랑을 걸고 맹세
하셨다. "내가 저희가 하는 모든 일을
절대로 잊지 않을 것이다.
8 이 일로 어찌 땅이 떨고 또 땅에 사
는 모든 사람들이 슬피 울지 않겠는
가? 온 땅이 나일 강처럼 넘치고 이집

8:5 또는 새 달 축제 8:5 에바는 곡물 도량 단위. 세겔은 화폐와 무게 단위임.

성·경·상·식

아모스가 본 5가지 환상

	내용	의미	성취
메뚜기 환상	다시 돋아나기 시작한 풀을 하나님이 만드신 메뚜기가 다 먹어 버리는 환상(암 7:1–3).	앗시리아 군대의 침략과 공격을 의미한다.	아모스의 중보 기도로 앗시리아의 공격은 일어나지 않았다.
불 환상	불이 큰 바다를 삼키고 땅까지 살라 버리는 환상(암 7:4–6).	메뚜기 환상보다 더 급박하고 심각한 심판을 의미한다.	이미 진행되고 있던 앗시리아의 디글랏 빌레셀의 침략이(왕하 15:29) 아모스의 중보 기도로 그치게 되었다.
다림줄 환상	주님이 다림줄을 이스라엘 가운데 두시고 용서하지 않으신다는 환상(암 7:7–8).	다림줄로 건물의 비뚤어진 부분을 재듯이 백성들의 죄를 측정하시겠다는 의미다.	앗시리아의 살만에셀 왕이 사마리아를 3년 동안 포위했다(왕하 17:5).
여름 과일 환상	하나님께서 '여름 과일 한 광주리'를 보여 주시면서, "내 백성 이스라엘에 끝이 왔다. 내가 더 이상 그들을 용서하지 않을 것이다"라고 하시는 환상(암 8:1–3).	'여름 과일'은 곧 '끝'을 의미한다. 이스라엘의 죄악의 열매는 심판 때 추수할 대상이 될 수 밖에 없음을 보여 준다.	이스라엘이 BC 722년에 멸망했다.
무너지는 기둥 환상	주님이 단 곁에 서서, 기둥 머리를 쳐서 기둥이 부서져 떨어지게 하라고 말씀하시는 환상(암 9:1–2).	예루살렘 성전과 제단의 파괴를 통해 범죄한 북이스라엘이 받는 징벌을 보여 준다(암 9:3–6).	성전은 BC 586년경에 파괴되었다(왕하 25:13–17).
결론	5가지 환상은 하나님의 진노 아래 놓인 이스라엘이 하나님의 심판으로 멸망할 것을 보여 준다. 하지만 이것이 끝은 아니다. 남은 자들은 반드시 구원받아 메시아 왕국의 백성으로 거듭날 것임을(암 9:8–11) 보여 주었기 때문이다.		

트의 강처럼 솟구쳤다 가라앉을 것이
다."
9 주 여호와께서 말씀하셨다. "그날에
내가 대낮에 해가 지게 하고 밝은 낮
에 땅을 캄캄하게 할 것이다.
10 너희 절기들을 슬픈 울음이 되게 하
고 너희 모든 노래를 죽은 사람을 위
한 소리가 되게 할 것이다. 모든 사람
의 허리에 굵은베 옷을 걸치고 모든
사람의 머리를 밀어 대머리가 되게
할 것이다. 내가 그때를 외아들이 죽
어 슬피 우는 것처럼 만들어 그 끝을
슬프고 고통스러운 날이 되게 할 것
이다."
11 주 여호와께서 하신 말씀이다. "보라.
그날이 곧 올 것이다. 내가 땅을 심하
게 주리게 할 것인데 먹을 것이 없어
서 주리는 것이 아니고 물이 없어 목
마른 것이 아니다. 여호와의 말씀을
듣지 못해 굶주리고 목마를 것이다.
12 사람들이 이 바다에서 저 바다로, 북
쪽에서 동쪽으로 비틀거리며 돌아다
닐 것이다. 여호와의 말씀을 찾아 이
리저리 급히 돌아다니겠지만 찾을 수
없을 것이다.
13 그날에 아름다운 처녀들과 젊은이들
이 목마름 때문에 힘을 잃을 것이다.
14 사마리아의 부끄러운 우상을 의지하
고 맹세해 말하기를 '단의 신이 살아
있는 한'이라고 하거나 '브엘세바의 신
이 살아 있는 한'이라고 말한다. 이것
을 의지하는 사람들은 다 쓰러져서
다시는 일어나지 못할 것이다."

멸망당할 이스라엘

9 나는 주께서 제단 곁에 서서 말씀
하시는 것을 보았다. "문지방이 흔
들릴 정도로 기둥머리를 쳐서 기둥이
백성들의 머리 위에 무너지게 하라.
살아남은 사람은 내가 칼로 죽일 것
이다. 한 사람도 도망가지 못하고 한
사람도 피할 수 없을 것이다.
2 그들이 *무덤으로 파고 들어가더라도
내 손이 *무덤에서 그들을 붙잡아 올
것이다. 그들이 하늘로 올라가더라도
내가 하늘에서 그들을 끌어 내릴 것
이다.
3 그들이 갈멜 산 꼭대기에 숨더라도 내
가 거기서 그들을 찾아 붙잡을 것이
다. 그들이 나를 피해 바다 밑바닥에
숨더라도 내가 거기서 *뱀에게 명령
해 그들을 물게 할 것이다.
4 그들이 적의 포로가 돼 사로잡혀 가
더라도 내가 거기서 칼에게 명령해
그들을 죽이게 할 것이다. 내가 복이
아니라 벌을 내리려고 그들을 지켜보
겠다."
5 주 만군의 여호와께서 땅을 만지시니
땅이 녹아내리고 거기 사는 사람들
이 슬피 운다. 온 땅이 나일 강이 넘
치는 것처럼 일어서며 이집트의 강이
낮아지는 것처럼 가라앉는다.
6 하늘에 그분의 집을 지으시고 땅에
창공의 기초를 세우셨다. 그분은 바
닷물을 불러들여 땅에 쏟아부으신

9:2 또는 음부. 히브리어, 스올 9:3 또는 바다 괴물, 바다 뱀

다. 이렇게 하시는 분의 이름이 여호
와이시다.
7 여호와께서 하신 말씀이다. "이스라엘
자손들아, 너희는 내게 에티오피아 사
람들과 같다. 내가 이스라엘을 이집트
땅에서 나오게 하고 또 블레셋 사람
을 *갑돌에서 나오게 하고 아람 사람
을 *길에서 나오게 했다.
8 보라. 주 여호와 내가 죄를 범한 나라
를 지켜보며 그 나라를 땅에서 망하
게 할 것이다. 그러나 야곱의 집은 완
전히 망하게 하지 않을 것이다." 여호
와께서 하신 말씀이다.
9 "내가 명령했다. 곡식을 한 알도 땅에
떨어지지 않게 체질하는 것처럼 내가
이스라엘 백성을 체질하듯 모든 민족
들 가운데서 걸러 낼 것이다.
10 내 백성 가운데 '우리에게 재난이 미
치지 않을 것이다'라는 거짓된 말을
하는 사람이 있을 것이다. 이런 말로
죄를 짓는 사람들 모두 칼에 찔려 죽
을 것이다."

이스라엘의 회복

11 "그날에 내가 다윗의 무너진 초막을
일으키고 허물어진 곳을 메울 것이
다. 무너진 것을 일으켜서 다시 옛날
처럼 세울 것이다.
12 이스라엘이 에돔의 남은 사람들과 하
나님의 이름으로 불리는 모든 민족
을 지배하게 될 것이다." 이것은 이 일
을 이루시는 여호와의 말씀이다.
13 여호와께서 말씀하셨다. "보라. 그날
이 올 것이다. 그때에는 곡식을 거두
자마자 밭을 갈고 씨를 뿌리자마자
포도주를 만들기 위해 포도를 밟을
것이다. 산들은 달콤한 포도주를 만
들어 내고 언덕은 포도주로 넘쳐흐를
것이다.
14 내가 내 백성 이스라엘을 포로 생활
에서 돌이키고 그들은 무너진 성읍들
을 다시 세우고 거기에서 살 것이다.
그들이 포도원을 가꾸고 거기서 나는
포도주를 마시며 과수원을 가꾸고
거기서 나는 열매를 먹을 것이다.
15 내가 이스라엘을 그들의 땅에 심고
그들은 내가 그들에게 준 땅에서 다
시는 뿌리째 뽑히지 않을 것이다." 네
하나님 여호와께서 말씀하셨다.

9:7 갑돌은 보통 지중해 연안의 크레테 섬을 가리키고,
길은 메소포타미아의 한 성읍을 가리킴.

오바다

Obadiah

형제 국가인 에돔의 죄악상을 준엄하게 고발하며 강도 높은 심판을 선포하는 내용이다. 오바댜 예언자는 에돔에 대한 회개의 촉구나 구원의 가능성을 전혀 언급하지 않고, 대신 고통받는 이스라엘의 영토 회복과 포로 귀환에 대한 소망을 전하고 있다. 구약의 가장 짧은 책으로, 메시아를 통한 종말론적 약속이 드러난다.

오바댜의 환상

1 오바댜의 환상입니다. 여호와 하나
님께서 에돔에 대해 말씀하셨습니
다. 여호와께서 *심부름꾼을 민족들
에게 보내시며 "너희는 일어나라. 에
돔과 싸우러 나가자"라고 하시는 말
씀을 들었습니다.
2 "보아라. 내가 너를 이방 민족들 가운
데 가장 작게 만들 것이니 네가 철저
히 멸시당하게 될 것이다.
3 높은 평원의 바위 굴 은신처에 살며
'누가 나를 땅바닥으로 끌어낼 것인
가?'라고 스스로 말하는 사람들아,
네 교만한 마음이 너를 속였다.
4 네가 독수리처럼 높이 날고 네가 별
들 사이에 둥지를 틀더라도 내가 거기
에서 너를 끌어낼 것이다." 여호와의
말씀이다.
5 "네게 도둑들이 들고 밤에 강도들이
들어도 그들이 취할 만큼만 훔쳐가지
않겠느냐? 네게 포도 따는 사람들이
와도 포도를 얼마쯤은 남겨 두지 않
겠느냐? 그런데 너는 얼마나 처참히
파괴될까!
6 *에서가 어찌 그렇게 샅샅이 뒤져지고
그가 숨겨 둔 보물이 약탈되었는가!
7 너와 동맹을 맺은 모든 사람들이 너
를 국경으로 몰아내고 너와 화평한
사람들이 너를 속이고 너를 제압했
다. 너와 함께 식사하던 사람들이 네
게 덫을 놓았지만 너는 이를 알지 못
하는구나."
8 여호와의 말씀이다. "그날에 내가 에
돔의 지혜 있는 사람들을 멸망시키며
에서의 산에 있는 지각 있는 사람들
을 멸망시키겠다.
9 드만아, 네 용사들이 두려움으로 질
릴 것이며 에서의 산에 있는 모든 사
람이 학살당해 전멸될 것이다.
10 네 동생 야곱에게 행한 폭력 때문에
네가 수치를 뒤집어쓸 것이고 네가 영

1:1 또는 사자, 전령 1:6 에돔의 조상

원히 멸망하게 될 것이다.
11 네가 수수방관하고 서 있던 그날, 곧
낯선 사람들이 야곱의 재산을 가져가
고 이방 사람들이 그의 문으로 쳐들
어가 예루살렘을 두고서 제비뽑기하
던 그날에 너도 그들 가운데 한 사람
과 같았다.
12 네 동생의 날, 곧 불행의 날에 너는
방관하지 말았어야 했다. 유다 자손
들이 멸망하는 날에 그들을 보고 너
는 즐거워하지 말았어야 했다. 그들의
고난의 날에 너는 입을 *크게 벌리지
말았어야 했다.
13 내 백성들의 재앙의 날에 네가 그들
의 성문으로 행진하지 말았어야 했
다. 그들의 재앙의 날에 너만은 그의
재앙을 방관하지 말았어야 했다. 그
들의 재앙의 날에 너는 그들의 재산
에 손대지 말았어야 했다.
14 도망가는 사람들을 죽이기 위해 길
목을 지키고 서 있지 말았어야 했다.
그들의 환난의 날에 너는 살아남은
사람들을 넘겨주지 말았어야 했다.
15 왜냐하면 모든 민족들에게 여호와의
날이 가까이 왔기 때문이다. 네가 행
한 행실이 그대로 네게 이뤄질 것이
며 네 행한 대로 네 머리 위로 돌아
갈 것이다.
16 너희가 내 *거룩한 산에서 마신 것처
럼 모든 민족들이 계속 마실 것이다.
그들이 마시고 또 마셔 그들이 본래
없었던 것처럼 될 것이다.
17 그러나 시온 산에는 피할 사람이 있
고 그곳은 거룩한 곳이 될 것이다. 야
곱 족속은 자기 유업을 차지하게 될
것이다.
18 야곱 족속은 불이 되고 요셉 족속은
불꽃이 될 것이다. 그러나 에서 족속

1:12 또는 크게 벌려 웃지 말았어야 했다. 1:16 시온 산을 가리킴.

Q&A 에돔은 어떤 곳인가?

참고 구절 | 옵 1:1

에돔의 수도는 오늘날 '페트라'(바위)라고 부르는 곳이다. 페트라는 세계 불가사의의 하나로 알려져 있다. 이 거대한 바위 도시로 들어가는 유일한 입구는 폭이 평균 3m 정도의 좁다란 통로다. 이 통로의 양 옆에는 높은 절벽이 있어 그 도시는 침입자들로부터 안전하게 보호받을 수 있었다. 그렇기 때문에 에돔 사람들은 교만했고 자신감에 차 있었다. 그리고 '털이 있다.'는 뜻을 지닌 세일 산은 '털북숭이' 에서가 살기 위해 갔던 땅이었다.

에돔의 죄는?

- 이스라엘 백성이 에돔 사람들을 정중히 대우해 주었음에도 불구하고(신 2:4;23:7), 그들은 이스라엘 백성이 이집트를 탈출하여 가나안 땅으로 가는 길에 그들의 영토를 통과하는 것을 거부했다(민 20:14-21).
- 에서의 후손인 에돔은 그의 형제 유다(야곱의 후손)가 재앙을 받던 날, 이를 모른 체했을 뿐만 아니라 오히려 기뻐하며 조소했다(옵 1:12).

은 그루터기가 돼 그들이 그것들을
태우며 삼킬 것이다. 에서 족속은 살
아남은 사람이 하나도 없을 것이다."
여호와께서 분명히 말씀하셨다.
19 "네게브 사람들이 에서의 산을 차지
할 것이다. 또 서쪽 평지의 사람들이
블레셋 땅을 차지할 것이다. 그들이
에브라임의 영토와 사마리아의 영토
를 차지할 것이다. 베냐민은 길르앗을
차지할 것이다.
20 포로 생활에서 가나안으로 돌아온 이
스라엘 사람들은 사르밧까지 영토를
갖게 될 것이다. 스바랏에 있는 예루
살렘 출신의 포로들은 네게브의 성읍
들을 갖게 될 것이다.
21 에서의 산을 다스리기 위해 *구원자
들이 시온 산으로 올라갈 것이다. 그
리고 그 나라는 여호와의 것이 될 것
이다."

1:21 또는 구원받은 사람들이

요나

Jonah

적대국 앗시리아의 수도 니느웨를 구원하시려는 하나님의 사랑과 멸망을 기대하는 예언자 요나의 미움이 대조적으로 드러난다. 편협한 유대 민족주의에 경도된 요나는 부르심을 거절했지만, 3일 동안의 물고기 배 속 체험을 통해 변화되어 니느웨에 영적 부흥을 일으킨다. 요나의 체험은 십자가와 부활의 예표이다.

요나가 여호와를 피해 도망하다

1 여호와의 말씀이 아밋대의 아들 요
나에게 임해 말씀하셨습니다.
2 "일어나 저 큰 성읍 *니느웨로 가서
그 도시에 선포하여라. 이는 그 도시
의 죄악이 내 앞에까지 이르렀기 때
문이다."
3 그러나 요나는 여호와로부터 도망쳐
나와 *다시스로 향했습니다. 그는 욥
바로 내려가서 그곳에서 다시스행 배
를 발견했습니다. 그는 뱃삯을 내고
여호와를 피하기 위해 배를 타고 다시
스로 향했습니다.
4 그러자 여호와께서 바다에 폭풍을 보
내셨습니다. 거친 폭풍우가 배를 위
협해 배는 거의 부서지게 됐습니다.
5 선원들이 두려워했고 사람들은 각
자 자기 신에게 소리쳐 부르짖었습니
다. 그러고는 배를 가볍게 해 보려고
짐들을 바다에다 던졌습니다. 그러나
요나는 배 밑층에 내려가 누워 깊이
잠들었습니다.
6 선장이 그에게 다가와서 말했습니다.
"네가 어떻게 잠을 잘 수 있느냐? 일
어나 네 하나님께 소리쳐 부르짖어라!
혹시 하나님께서 우리를 생각해서 우
리가 죽지 않게 될지도 모른다."
7 선원들이 서로 말했습니다. "이리 와
서 제비를 뽑아 이 재난이 누구 탓인
지 알아내자." 그들이 제비를 뽑았더
니 제비가 요나에게 뽑혔습니다.
8 그러자 그들이 그에게 물었습니다.
"우리에게 닥친 이 재난이 누구 때문
인지 말해 보아라. 네 직업은 무엇이
냐? 어디에서 오느냐? 어느 나라 사
람이냐? 네가 어느 민족이냐?"
9 요나가 대답했습니다. "나는 히브리
사람입니다. 바다와 땅을 만드신 하
늘의 하나님 여호와를 *섬기고 있습
니다."

1:2 메소포타미아에서 가장 오래된 도시 중 하나. 오늘날 이라크 티그리스 강변에 있는 도시. 고대 앗시리아의 수도 1:3 스페인을 가리킴. 1:9 또는 경외하고

10 그들은 크게 두려워하며 요나에게 말
했습니다. "너는 왜 이렇게 행동했느
냐?" 그들은 그가 여호와 앞에서 도
망치고 있다는 것을 알게 됐습니다.
그가 그들에게 말했기 때문입니다.
11 바다에 폭풍이 점점 더 거세졌습니
다. 그들이 그에게 말했습니다. "바다
를 진정시키려면 대체 우리가 네게 어
떻게 해야 하느냐?"
12 그가 대답했습니다. "나를 들어서 바
다 속에 던지십시오. 그러면 바다가
잠잠해질 것입니다. 이렇게 엄청난 폭
풍이 당신들에게 닥친 것은 나 때문
이라는 것을 잘 알고 있습니다."
13 그러나 그들은 육지로 돌아가려고 힘
껏 노를 저었습니다. 그래도 소용이
없었습니다. 바다에 폭풍이 더 거세
졌습니다.
14 그러자 그들이 여호와께 부르짖었습
니다. "여호와여, 제발 이 사람의 목
숨 때문에 저희가 죽게 하지 마십시
오. 죄 없는 피 흘림을 우리가 책임지
게 하지 마십시오. 여호와여, 주께서
는 원하는 대로 하십시오."
15 그리고 그들은 요나를 들어서 바다
속으로 던졌습니다. 그러자 사나운
바다가 잠잠해졌습니다.
16 그들이 여호와를 크게 두려워해 그들
은 여호와께 희생제물을 드리고 서원
했습니다.

요나의 기도

17 여호와께서는 큰 물고기를 준비하셔
서 요나를 삼키게 하셨습니다. 요나
는 그 물고기 배 속에서 3일 밤낮을
보냈습니다.

2 물고기 배 속에서 요나는 그의 하
나님 여호와께 기도를 드렸습니다.
2 그가 말했습니다.

Q&A 요나가 다시스로 간 까닭은?

참고 구절 | 욘 1:3

하나님은 요나에게 앗시리아의 수도인 니느웨로 가서 그들의 죄악과 부패상에 대해 외치라고 하셨다(욘 1:1-2). 하지만 그는 니느웨로 간 것이 아니라 욥바로 가서 멀리 서쪽에 있는 다시스(스페인의 한 도시라고 알려져 있음)로 가는 배를 탔다. 무엇 때문이었는가?

요나가 하나님의 명령을 받을 때는 이스라엘이 점차 부강해지던 여로보암 2세 때였다. 이때의 앗시리아는 이스라엘을 위협하는 적대적인 세력이었다. 더구나 앗시리아는 포악하고 잔인하기가 이를 데 없는 민족이었다. 요나는 이런 니느웨가 죗값을 받는 것은 당연하다고 생각하며

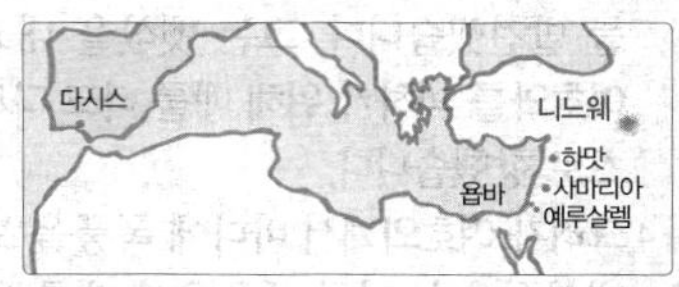

망하기를 바랐다. 그는 니느웨가 회개하고 하나님의 메시지를 받아들이는 것이 불공평하다고 생각했다(욘 4:2). 이스라엘만이 하나님의 사랑을 받을 자격이 있다고 믿었기 때문에 하나님이 이방 민족에게 사랑과 은혜를 베푸시는 것을 보고 싶지 않았다. 그러나 하나님의 생각은 달랐다(욘 4:11).

"내가 고난당할 때 내가 여호와를 불
렀더니 주께서 내게 대답하셨습니다.
*지옥의 깊은 곳에서 내가 도움을 부
르짖었더니 주께서 내 울부짖음을 들
으셨습니다.
3 주께서 나를 깊은 곳 바다 한가운데
에 던지셨습니다. 그러자 물결이 나
를 에워싸고 주의 파도와 소용돌이
가 나를 덮쳤습니다.
4 내가 말했습니다. *'내가 주의 눈앞에
서 쫓겨났지만 그럴지라도 나는 주의
거룩한 성전을 다시 바라보겠습니다.'
5 물이 내 영혼을 에워싸고 심연이 나
를 삼키고 해초가 내 머리를 감쌌습
니다.
6 산의 뿌리에까지 내가 내려갔습니다.
저 땅이 나를 오랫동안 가로막았습니
다. 그러나 내 하나님 여호와여, 주께
서 내 목숨을 구덩이에서 건져 올리
셨습니다.
7 내 영혼이 쇠약해져 갈 때 내가 여호
와를 기억했습니다. 내 기도가 주께
이르렀으며 주의 거룩한 성전에 올라
갔습니다.
8 쓸모없는 우상들에 집착하는 사람들
은 그들에게 베푸신 은혜를 버렸습니
다.
9 그러나 내가 감사의 노래로 주께 제
물을 드릴 것입니다. 내가 서원한 것
을 내가 잘 지킬 것입니다. 구원은 여
호와께로부터 옵니다."
10 그러자 여호와께서 물고기에게 명령
하셨고 물고기는 요나를 땅으로 토해
냈습니다.

요나가 니느웨로 가다

3 여호와의 말씀이 두 번째로 요나에
게 임했습니다.
2 "일어나 저 큰 성읍 니느웨로 가서 내
가 네게 전하는 이 말을 선포하여라."
3 요나는 여호와의 말씀에 순종해 니느
웨로 갔습니다. 그때 니느웨는 통과
하는 데만 걸어서 3일이 걸리는 아주
큰 성읍이었습니다.
4 요나는 성읍 안으로 들어간 첫날에
선포했습니다. "40일 후에 니느웨는
무너질 것이다."
5 니느웨 사람들은 하나님을 믿었습니
다. 그들은 금식을 선포하고 가장 높
은 사람부터 가장 낮은 사람에 이르
기까지 굵은베 옷을 입었습니다.
6 이 소식이 니느웨 왕에게 알려지자 그
는 왕좌에서 일어나 왕의 옷을 벗고
굵은베 옷을 두른 뒤 잿더미 위에 주
저앉았습니다.
7 그러고는 니느웨 온 지역에 선포했습
니다. "왕과 왕의 대신들의 이름으로
법령을 내리니 사람이든, 짐승이든,
소든, 양이든, 어느 누구도 아무것도
입에 대지 말라. 아무것도 먹지도 말
고 마시지도 말라.
8 오직 사람이든 짐승이든 굵은베 옷
을 두르고 하나님께 부르짖으라. 각자
가 자기의 악한 길과 자기의 손으로
행한 난폭을 회개해야 한다.

2:2 또는 음부. 히브리어, 스올 2:4 또는 내가 주의 눈앞에서 쫓겨났으니, 주의 거룩한 성전을 어떻게 다시 바라보겠습니까?

9 누가 알겠느냐? 하나님께서 마음을
바꾸셔서 자비하심으로 그분의 무서
운 진노를 누그러뜨리셔서 우리가 멸
망하지 않을지 모른다."
10 하나님께서 그들이 그 악한 길에서 돌
이킨 행위를 보셨을 때 마음을 누그
러뜨리시고 그들에게 내릴 거라고 말
씀하신 재앙을 내리지 않으셨습니다.

여호와의 자비에 대한 요나의 분노

4 그러나 요나는 몹시 기분이 상했습
니다. 그는 화가 났습니다.
2 그는 여호와께 기도했습니다. "여호와
여, 이것이 내가 고향에 있을 때 내가
말씀드린 것이 아닙니까? 이래서 내
가 서둘러 다시스로 도망간 것입니다.
주께서는 은혜롭고 동정심이 많은 하
나님이시고 진노하는 데 더디시고 사
랑은 충만하시며 재앙을 내리는 것을
주저하신다는 것을 내가 알고 있었습
니다.
3 여호와여, 이제 제발 내 목숨을 가져
가십시오. 내가 사는 것보다 죽는 편
이 낫겠습니다."
4 그러나 여호와께서 말씀하셨습니다.
"네가 화내는 것이 옳으냐?"
5 요나가 성읍 밖으로 나가 그 성읍 동
쪽에 자리를 잡고 앉았습니다. 그곳
에서 초막을 짓고서 그늘 아래서 그
성읍에 무슨 일이 일어날지 알 때까
지 앉아 있었습니다.
6 그러자 여호와 하나님께서 *넝쿨을
준비하셔서 그것이 요나 위로 자라나
요나의 머리에 그늘이 되게 하셨으며
그의 불쾌함을 없애 주셨습니다. 요
나는 *넝쿨 때문에 기분이 아주 좋아
졌습니다.
7 그러나 다음 날 새벽에 하나님께서는

4:6 히브리어, 키카욘

Q&A 넝쿨 아래서 요나가 만난 하나님

참고 구절 | 욘 4장

요나가 넝쿨 아래서 만난 하나님은 어떤 분이셨을까?

첫째, 이스라엘뿐만 아니라 다른 민족들도 사랑하시는 분이었다. 요나는 하나님께서 멸망시키겠다고 하셨던 니느웨 성 백성들이 회개하고 용서받은 것을 보자 무척 화를 내었다(욘 4:3-4). 그리고 햇볕으로부터 그늘을 만들어 주던 넝쿨이 벌레 먹어 시들고 불볕 더위가 몰려오자 괴로워하며 죽기를 간구했다(욘 4:8).

그러나 하나님은 이 일을 통해 아버지의 마음을 가르쳐 주셨다. 요나가 잠시 동안 아꼈던 넝쿨보다 더 소중한 사람들과 수많은 가축이 있는 니느웨를 하나님은 아끼신다고 말씀하셨고 그들이 회개할 때 용서하는 것이 옳은 일이 아니냐고 물으셨다. 하나님의 구원 계획과 섭리는 이스라엘 민족에만 국한되지 않고 모든 민족에게 해당되는 것임을 나타내신 것이었다.

둘째, 우주적으로 통치하시는 분이었다. 하나님의 명령을 거역하여 다시스로 도망갈 때 보내셨던 큰 폭풍, 바닷속에 던져진 요나를 삼킨 큰 물고기, 쑥쑥 자라게도 하셨다가 벌레를 보내 죽이신 넝쿨, 넝쿨을 갉아 먹게 하신 벌레 등 하나님의 통치가 미치지 않는 곳이 없음을 알려 주셨다.

벌레를 보내 그 벌레가 *넝쿨을 씹어
먹게 하시니 *넝쿨이 시들어 버렸습
니다.
8 해가 뜨자 하나님께서는 뜨거운 동
쪽 바람을 준비하셨습니다. 해가 요나
의 머리 위를 따갑게 내리쬐어 그는
힘이 빠졌습니다. 그는 죽기를 원했습
니다. 요나는 말했습니다. "내가 사는
것보다 죽는 것이 낫겠습니다."
9 그러자 하나님께서 요나에게 말씀하
셨습니다. "네가 그 *넝쿨 때문에 화
내는 게 옳으냐?" 그가 말했습니다.
"그렇습니다. 화가 나서 죽을 지경입
니다."
10 여호와께서 말씀하셨습니다. "네가
가꾸지도 않고 기르지도 않은 *넝쿨
도 너는 아꼈다. 하룻밤 사이에 자라
나 하룻밤 사이에 죽어 버렸는데도
말이다.
11 그런데 왼쪽과 오른쪽도 구별하지 못
하는 사람들이 12만 명이나 있고 가
축도 많이 있는 이 큰 성읍 니느웨를
내가 아끼지 않을 수 있겠느냐?"

4:7,9,10 히브리어, 키카욘

미가

Micah

이스라엘 특권층의 탐욕과 거짓을 고발하는 본서는 아모스서와 함께 하나님의 공의의 회복을 강력히 촉구한다. 이사야와 동시대에 활동한 미가 예언자는 여호와에 대한 신앙이 사회 정의와 거룩한 삶으로 표출되어야 함을 강조하며, 하나님의 주권과 언약의 신실함을 부각시킨다. 메시아의 베들레헴 탄생이 예언되어 있다(5:2).

1 유다 왕들인 요담, 아하스, 히스기
야 때에 모레셋 사람 미가에게 임
한 여호와의 말씀으로 사마리아와 예
루살렘에 관한 것입니다.
2 들으라. 모든 나라들아. 귀를 기울이
라. 땅과 그 안에 있는 모든 것들아,
주 여호와께서 말씀하셨다. 주께서
거룩한 성전에서 너희에 관해 증언하
셨다.

사마리아와 예루살렘에 대한 심판

3 보라! 여호와께서 자기 처소에서 나오
신다. 그분이 내려오셔서 땅의 높은
곳들을 밟으신다.
4 산들이 그분 아래에서 녹고 골짜기들
이 갈라지니 불 앞에서 녹아내리는
초와 같고 비탈로 쏟아지는 물과 같
다.
5 이 모든 것은 야곱의 악행과 이스라
엘 집안의 죄 때문이다. 야곱의 악행
의 원인이 무엇이냐? 사마리아가 아
니냐? 유다의 *산당의 원인이 무엇이
냐? 예루살렘이 아니냐?
6 "그러므로 내가 사마리아를 들판의
폐허같이 만들며 포도원 세울 자리
같이 만들 것이다. 내가 그 돌들을 골
짜기에 쏟아붓고 그 기초를 드러낼
것이다.
7 그 모든 우상들은 산산조각이 날 것
이고 바쳐진 예물들은 다 불에 타버
릴 것이며 그 모든 우상들을 내가 다
부숴 버릴 것이다. 매춘의 대가로 모
았으니 그것들이 다시 매춘의 대가로
나갈 것이다."

애통과 애곡

8 이 때문에 내가 울고 통곡할 것이며
맨발로 벌거벗은 채 다닐 것이다. 내
가 늑대처럼 울어 대며 타조처럼 통
곡할 것이다.
9 이는 그 상처가 치유될 수 없으며 유
다에까지 퍼졌기 때문이다. 그것이 내
백성의 성문에까지, 예루살렘에까지

1:5 우상 숭배가 행해지던 곳

이르렀다.
10 "너희는 이것을 *가드에서 말하지도
말고 *절대 울지도 말라. *베들레아브
라에서는 흙 속에서 뒹굴라.
11 *사빌에 사는 사람들아, 부끄럽게 벌
거벗고 가라. *시아난에 사는 사람은
나오지 말라. 벧에셀은 울게 되리니
그분이 그곳을 너희에게서 빼앗아 갈
것이다.
12 *마롯에 사는 사람은 애타게 복을 바
랐으나 여호와로부터 임한 재앙이 예
루살렘 성문에 내렸다.
13 *라기스에 사는 사람아, 전차에 빠른
말을 매어라. 그곳은 *딸 시온의 죄의
시작이다. 이스라엘의 악행이 네 안
에서 발견됐다.
14 그러므로 *너는 가드 모레셋에 이별
의 예물을 주어라. *악십의 집들이 이
스라엘 왕들에게 기만적이었음이 드
러날 것이다.
15 *마레사에 사는 사람아, 내가 네게
정복자를 보낼 것이니 이스라엘의 영
광이 아둘람에 이를 것이다.
16 네 기뻐하는 자녀들을 위해 네 머리
를 밀고 민둥 머리를 만들어라. 그들
이 네 곁을 떠나 포로로 사로잡혀 가
리니 독수리처럼 네 머리를 밀어라."

사람의 계획과 하나님의 계획

2 사악한 일을 꾸미는 사람들에게,
자기 침대에서 악을 꾀하는 사람
들에게 재앙이 있을 것이다. 동이 틀
때 그들이 그 일을 행하나니 이는 그
들이 권세가 있기 때문이다.
2 그들은 밭이 탐나면 뺏고 집도 강탈
하는구나. 그들은 사람과 그 집을 빼
앗고 그와 그 재산을 착취하는구나.
3 그러므로 여호와께서 이렇게 말씀하
셨다. "보라. 내가 이 집안에 재앙을
계획하고 있다. 너희가 결코 거기서
목을 빼지 못할 것이며 건방지게 다
니지 못할 것이다. 재앙의 때이기 때
문이다.
4 그날에 사람들이 너희를 조롱하며 이
런 슬픈 노래를 부를 것이다. '우리가
완전히 망했다. 내 백성의 소유물이
나뉘었다. 어찌 그분이 내게서 그것
을 빼앗아 갔는가! 우리의 밭을 반역
자에게 주셨다.'
5 그러므로 여호와의 회중 가운데서 제
비뽑기를 해서 땅을 분배받을 사람
이 없을 것이다.

거짓 예언자

6 그들이 말하기를 '너희는 예언하지 말
라. 이 일들에 대해서 예언하면 안 된
다. 부끄러움이 우리에게 미치지 않
을 것이다'라고 하는구나.
7 야곱의 집이여, '여호와의 인내가 짧으
신가, 이것들이 그분께서 행하신 일인
가' 하는 말을 왜 하느냐? 내가 한 말

1:10 히브리어 가드는 '말하다'를 뜻하는 히브리어와 발음이 비슷함. 1:10 히브리어 사본을 따름. 칠십인역에는 '악고에서 울지도 말라.' 히브리어 악고는 '울다'를 뜻하는 히브리어와 발음이 비슷함. 1:10 히브리어, '먼지투성이 집' 1:11 히브리어, '유쾌한' 1:11 히브리어 시아난은 '나오라.'를 뜻하는 히브리어와 발음이 비슷함. 1:12 히브리어 마롯은 '괴로움'을 뜻하는 히브리어와 발음이 비슷함. 1:13 히브리어 라기스는 '수레'를 뜻하는 히브리어와 발음이 비슷함. 1:13 예루살렘을 가리킴. 1:14 유다 백성을 가리킴. 1:14 히브리어, '속임' 1:15 히브리어, '정복자'

들이 바르게 사는 사람에게 유익하
지 않느냐?
8 요즘 내 백성이 원수처럼 들고일어났
다. 너희가 마치 전쟁에서 돌아오는
사람들처럼 무심코 지나가는 사람들
의 겉옷을 벗기고 있다.
9 너희가 내 백성의 아내들을 그 편안
한 집에서 쫓아냈으며 그 자녀들에게
서 내 영광을 영원히 빼앗아 버렸다.
10 일어나 가라. 이곳은 안식처가 아니
다. 이곳은 더럽혀졌으며 파괴됐고 철
저히 파멸되었기 때문이다.
11 만약 허풍과 허위에 찬 사람이 속이
기를 '내가 너희를 위해 포도주와 술
에 대해 예언하겠다' 하면 그가 바로
이 백성에게 적합한 예언자일 것이다.

약속된 구원

12 야곱이여, 내가 너희 모두를 반드시
모을 것이며 이스라엘의 남은 사람들
을 반드시 불러들일 것이다. 내가 그
들을 보스라의 양 떼처럼, 그 목초지
의 양 떼처럼 함께 모으니 사람들로
시끌벅적하게 될 것이다.
13 길을 여는 사람이 그들 앞에서 올라
갈 것이며 그들이 성문을 열고 통과
해 밖으로 나갈 것이다. 그들의 왕이
그들 앞서가니 나 여호와가 그들의 선
두가 될 것이다."

책망받은 통치자들과 예언자들

3 내가 말하노라. "야곱의 우두머리
들아, 이스라엘 집의 통치자들아,
들으라. 너희가 공의를 알아야 할 것
이 아니냐?
2 그러나 너희는 선한 것을 미워하고
악한 것을 사랑하며 내 백성의 가죽
을 벗기고 뼈에서 살점을 뜯어내는
사람들이다."
3 그들이 내 백성의 살점을 뜯어먹고
그들의 가죽을 벗기며 그들의 뼈를
산산조각 내고 가마솥의 고기처럼 찢

Q&A | 성경에서 '남은 사람'은 누구인가?

참고 구절 | 미 2:12–13

'남은 사람'은 하나님께서 불러 모으시고 구원하시는 하나님의 백성을 말한다(미 2: 12–13). 이들은 비록 소수이지만 하나님의 심판 때에도 은혜와 언약 안에서 믿음으로 살아가는 사람들이다(미 5:7–8). 앗시리아와 바벨론의 침략으로 북이스라엘과 남유다가 멸망하지만 하나님은 여전히 그분을 믿고 따르는 백성들을 남겨 두신다고 약속하셨다(사 10:20–23). 이들이 바로 남은 사람들이다(암 9:9).

노아 홍수 때는 노아가 남은 사람이었고(창 6:8–22) 소돔과 고모라 심판 때는 롯이 남은 사람이었다 (창 19:12–26). 모세는 이스라엘의 남자 중에 남은 사람이었다(출 2:1–10). 이스라엘이 가나안에 들어갈 때는 여호수아와 갈렙이 남은 사람이었다(민 14:29–30). 그리고 오늘날의 성도가 남은 사람이며(롬 9:25–26) 마지막 심판 때 생명책에 기록된 자가 남은 사람이다(계 20:15). 남은 사람은 오직 하나님만을 찾으며 공의를 행하는 자(습 2:3)로, 하나님께서 은혜로 구원하시는 사람들이다(사 1:9).

고 있다.
4 그러므로 그들이 여호와께 부르짖어
도 그분께서는 그들에게 대답하지 않
으실 것이다. 그분께서는 그때에 그들
에게서 얼굴을 숨기실 것이다. 이는
그들의 행실이 악하기 때문이다.
5 그러므로 자기 백성을 잘못 이끄는
예언자들에게 여호와께서 이렇게 말
씀하셨다. "이빨에 씹을 것이 있으면
평강을 외치지만 그 입에 아무것도
넣어 주지 않는 사람에게 전쟁을 준
비하는 사람들이여,
6 그러므로 너희에게 환상이 없는 밤이
오고 너희에게 점괘가 없는 어둠이
임할 것이다. 그 예언자들에게는 해
가 질 것이며 그들 때문에 낮이 어두
워질 것이다.
7 선견자들이 수치를 당하고 점쟁이들
이 창피를 당할 것이다. 하나님의 응
답이 없으므로 그들이 다 자기 입을
막을 것이다."
8 그러나 나는 여호와의 영과 능력으로
인해 공의와 능력이 가득하므로 야곱
에게 그 악행을, 이스라엘에게 그 죄
를 선포한다.
9 이것을 들으라. 야곱 집의 지도자들
이여, 이스라엘의 통치자들이여, 공의
를 싫어하고 곧은 것을 굽게 하는 사
람들이여,
10 시온을 피로, 예루살렘을 악으로 세
우는 사람들이여,
11 지도자들은 돈을 보고 판결하고 제
사장들은 돈을 받고 가르치고 예언
자들은 돈에 따라 점을 치는구나. 그
러면서도 그들이 여호와를 의지하는
것처럼 말하기를 "여호와께서 우리
가운데 계시지 않느냐? 우리에게 결
코 재앙이 없을 것이다"라고 하는구
나.
12 그러므로 너희 때문에 시온은 밭처럼
갈아엎어질 것이며 예루살렘은 폐허
가 되고 성전이 있는 산은 수풀에 뒤
덮일 것이다.

여호와의 산

4 그러나 훗날에는 여호와의 성전이
있는 산이 산들의 꼭대기에 우뚝
설 것이며 언덕들 위에 높임을 받을
것이며 백성들이 거기로 몰려들 것이
다.
2 많은 민족들이 오면서 말하기를 "오
라. 우리가 여호와의 산으로 올라가
며 야곱의 하나님의 집으로 올라가
자. 그분이 그분의 길을 우리에게 가
르치시리니 우리가 그분의 길에서 행
할 것이다"라고 할 것이다. 이는 율법
이 시온에서 나오고 여호와의 말씀이
예루살렘에서 나올 것이기 때문이다.
3 그가 여러 백성들 사이에 판결을 내
리시며 강한 민족들을 질책해 멀리
쫓아낼 것이다. 그러면 그들이 자기
칼을 두드려 쟁기를 만들고 자기 창
을 두드려 낫을 만들 것이다. 민족들
이 서로 칼을 들이대지 않을 것이며
다시는 전쟁을 준비하지 않을 것이다.
4 대신에 각 사람이 자기 포도나무 아
래에 앉으며 자기 무화과나무 아래에

앉을 것이며 두렵게 할 사람이 없을
것이다. 만군의 여호와의 입이 이같이
말씀하셨다.
5 모든 백성들이 각자 자기 신들의 이
름으로 행하나 우리는 영원히 우리
하나님 여호와의 이름으로 행할 것이
다.

여호와의 계획

6 여호와의 말씀이다. "그날에 내가 다
리 저는 사람들을 모으고 추방된 사
람들과 내가 환란을 당케 한 사람들
을 모으겠다.
7 내가 다리 저는 사람들로 남은 사람
들이 되게 하고 쫓겨난 사람들로 강
한 민족이 되게 할 것이다. 여호와께
서 시온 산에서 이제부터 영원히 그
들을 다스릴 것이다.
8 너, 양 떼를 지키는 망대여, 딸 시온
의 언덕이여, 이전처럼 주권이 네게로
돌아올 것이며 왕권이 딸 예루살렘에
게 돌아올 것이다."
9 너희가 지금 왜 큰 소리로 우느냐?
너희가 왕이 없어서 그러느냐? 너희
조언자가 사라졌느냐? 그 때문에 해
산하는 여인처럼 고통이 너희를 사로
잡고 있느냐?
10 오 딸 시온이여, 해산하는 여인처럼
몸부림치며 소리를 질러라. 이제 네가
이 성을 떠나 들판에 머물러야 하기
때문이다. 네가 바벨론까지 가서 거기
서 네가 구원을 얻고 거기서 여호와
께서 너를 네 원수들의 손에서 구속
하실 것이다.
11 지금 많은 민족들이 너희를 대항해
모여서 말하기를 "시온을 더럽히고 우
리가 지켜보자"라고 말한다.
12 그러나 그들이 여호와의 뜻을 알지
못하고 그의 계획을 깨닫지 못하고
있다. 그가 타작마당의 곡식 다발처
럼 그들을 모으실 것이다.
13 "오 딸 시온이여, 일어나 밟아라. 내가
쇠로 된 뿔을 네게 주며 구리로 된
굽을 네게 주겠다. 네가 많은 민족들
을 짓밟을 것이며 그들이 강탈한 것
들을 여호와께 드리고 그들의 재물을
온 세상의 주님께 바칠 것이다."

베들레헴에 나실 약속된 통치자

5

*오 딸 군대여, 군사를 모아라. 우
리가 포위를 당했으며, 그들이 이
스라엘을 다스리는 사람의 뺨을 막대
기로 칠 것이다.
2 "그러나 너 베들레헴 에브라다야, 비
록 네가 유다 족속들 중 아주 작지만
이스라엘을 다스릴 사람이 너로부터
나올 것이다. 그의 근본은 먼 옛날,
아주 오랜 옛날로 거슬러 올라간다."
3 그러므로 해산 중인 여인이 아이를
낳을 때까지는 그분께서 그들을 버려
두실 것이지만 그 후에는 그 형제들
가운데서 남은 사람들이 이스라엘 자
손들에게 돌아올 것이다.
4 그가 여호와의 능력으로 자기 하나님
여호와의 이름의 고귀함으로 일어나
서 자기 양 떼를 먹일 것이다. 그러면

5:1 또는 성벽으로 둘러싸인 성읍아, 네 성벽을 튼튼하게 하라.

그들이 안락하게 살게 될 것이니 이
는 그의 위대함이 땅끝까지 미칠 것
이기 때문이다.
5 그리고 그는 평화가 될 것이다. 앗시리
아 사람들이 우리 땅을 침범해 우리
의 성읍들을 짓밟을 때 우리가 그들
을 대항해 일곱 명의 목자와 여덟 명
의 지도자를 세울 것이다.
6 그들이 앗시리아 땅을 칼로 다스리며
뺀 칼로 니므롯을 다스릴 것이다. 앗
시리아 사람들이 우리 땅을 침입해
우리의 영토를 짓밟을 때 그가 앗시리
아 사람들에게서 구원하실 것이다.
7 야곱의 남은 사람들은 여러 민족들
가운데서 마치 여호와의 이슬 같고
풀밭에 내리는 소나기처럼 될 것이니
사람을 의지하거나 사람에게 소망을
두지 않을 것이다.
8 야곱의 남은 사람들은 민족들 가운
데서 그리고 많은 백성들 가운데서
마치 숲의 짐승들 가운데 있는 사자
같고 양 떼 가운데 있는 젊은 사자 같
을 것이니 그가 나서는 대로 짓밟고
찢으나 그에게서 아무도 빼내지 못할
것이다.
9 네가 네 손을 원수들 위에 높이 들 것
이며 네 모든 적들은 멸망당할 것이
다.
10 여호와의 말씀이다. "그날이 되면 내
가 네 가운데서 네 군마들을 없애 버
리고 네 전차들을 부수겠다.
11 내가 네 땅의 성들을 멸망시키고 네
모든 요새들을 무너뜨리겠다.
12 내가 네 손에서 마술을 그치게 하고
점치는 것이 네 가운데서 사라지게
하겠다.
13 내가 네 우상들과 네 가운데 있는 돌
우상들을 박살 내리니 네가 다시는
네 손으로 만든 것에 절하지 않을 것
이다.
14 내가 네 가운데서 아세라 상을 뽑아
내며 네 성들을 멸망시키겠다.
15 내가 순종하지 아니한 민족들에게 진
노와 분노로 갚겠다."

이스라엘에 대한 여호와의 변론

6 여호와께서 하시는 말씀을 들으라.
"*너는 일어나 산들에게 고소 내

6:1 미가를 가리킴.

성·경·상·식 베들레헴

약 800여 년 전에 미가는 베들레헴에서 예수님이 태어나실 것이라고 예언했다(미 5:2). 베들레헴은 예루살렘에서 남쪽으로 7-8km 떨어진 곳에 위치한 아주 작은 마을로, 라헬이 묻힌 곳이며(창 48:7) 다윗이 출생한 곳이자(삼상 17:12) 예수님이 태어나신 곳이다(마 2:1).
베들레헴은 '빵집'이라는 뜻이다. 그리고 에브라다는 '열매를 맺다.'라는 뜻으로 풍성하고 비옥함을 나타낸다. 실제로 베들레헴은 토지가 비옥하여 포도나무와 올리브 나무 열매가 많이 나서 붙여진 이름이라고 한다. 유대인들은 미가의 예언대로 메시아가 베들레헴에서 태어날 것이라고 믿었다. 그래서 예수님이 갈릴리 출신이기 때문에 그분이 메시아이심을 받아들이지 않았다(요 7:41-42).

용을 밝히고 언덕들이 네 소리를 듣
게 하여라.
2 산들아, 여호와의 고소 내용을 들으
라. 너희 견고한 땅의 기초들아, 들으
라. 여호와께서 자기 백성에 대해 소
송을 거신다. 이스라엘을 고소하신다.
3 내 백성아, 내가 네게 뭘 어쨌느냐?
내가 너를 어떻게 괴롭혔느냐? 대답
해 보아라.
4 내가 너를 이집트 땅에서 이끌어 냈
고 그 종살이하던 땅에서 너를 구해
냈으며 내가 네 앞에 모세와 아론과
미리암을 보냈다.
5 내 백성아, 모압 왕 발락이 어떤 계획
을 꾸미고 브올의 아들 발람이 그에
게 어떤 답을 주었으며 싯딤에서 길갈
로 가는 도중에 어떤 일이 있었는지
기억해 보라. 그러면 나 여호와가 의
롭게 행동한 것을 너희가 깨닫게 될
것이다."
6 내가 무엇을 가지고 여호와 앞에 나
아가며 높으신 하나님께 경배할까?
내가 번제물을 가지고 나아갈까? 1
년 된 송아지를 가지고 그분께 나아
갈까?
7 여호와께서 수천 마리의 숫양이나 수
만의 강 같은 기름을 기뻐하실까? 내
가 내 악행을 벗기 위해 내 맏아들을
드리고 내 영혼의 죄를 위해 내 몸의
열매를 드릴까?
8 오 사람아, 무엇이 좋은지 이미 그분
께서 네게 말씀하셨다. 여호와께서
네게 원하시는 것은 공의에 맞게 행
동하고 긍휼을 사랑하며 겸손히 네
하나님과 함께 행하는 것이다.

이스라엘의 죄악과 징벌

9 여호와께서 성을 향해 외치신다. 여
호와의 이름을 경외하는 것이 완전한

성·경·상·식

예언자들의 핵심 메시지

구약 예언자들의 메시지는 공의, 사랑, 하나님 경외라는 3가지 사상으로 요약된다(호 12:6; 미 6:8). 공의는 하나님의 의로운 성품을 말하며(시 7:9) 인간의 행동을 재는 기준이 되는 것이다(암 7:8). 예언자들은 하나님은 공의로 심판하시는 분임을 선포하면서 불의를 행치 말고 다른 사람을 정당하게 대우하라고 전했다(사 1:17; 암 5:14-15, 24).

사랑은 이웃과의 관계에서 인자, 자비, 인애, 친절, 긍휼, 온유, 충성 등을 행하는 것을 말한다(호 6:6).

하나님을 경외한다는 것은 주권자이신 하나님만을 신뢰하며 존경심 때문에 두려움까지 갖는 것을 말한다(호 13:4). 이스라엘 백성들은 현세적이고 물질적인 행복을 위해 바알과 같은 우상을 섬길 만큼 하나님께 대한 경외심이 없었다. 예언자들은 그들에게 하나님께로 돌아오라고 촉구했다(호 6:3).

미가를 비롯하여 그 당시 예언자들은 참된 믿음이란 공의, 사랑, 겸손이 수반되는 것이라고 했다. 이러한 예언자들의 메시지는 하나님을 사랑하고 이웃을 내 몸처럼 사랑하라는 예수님의 메시지에 요약되어 나타났다(마 22:37-40).

지혜다. "매와 그 매를 드신 분께 순
종하라.
10 사악한 집에 여전히 사악한 재물과
가증스러운 거짓 저울이 있느냐?
11 내가 사악한 저울과 엉터리 저울추를
가진 사람을 어찌 깨끗하다 하겠느
냐?
12 그 부자들은 포악함이 가득하고 그
주민들은 거짓말만 하며 그들의 입속
에 있는 혀는 속이는 말을 한다.
13 그러므로 내가 너를 치고 네 죄로 인
해 너를 폐허로 만들기 시작했다.
14 네가 먹어도 배부르지 못할 것이며
네가 항상 허기질 것이다. 네가 감춰
도 보관하지 못할 것이며 네가 보관
할지라도 내가 칼로 없앨 것이다.
15 네가 씨를 뿌려도 추수하지 못할 것이
며 올리브 열매를 밟아 짜도 기름을
얻지 못할 것이고 네가 포도를 밟아
짜도 포도주를 마시지 못할 것이다.
16 네가 오므리의 법도와 아합 집안의 모
든 행위를 따르며 그들의 뜻대로 행
했다. 그러므로 내가 너를 멸망시키며
네 거주자들을 비웃음거리가 되게 하
겠다. 너희가 내 백성들의 조롱을 받
아야 할 것이다."

이스라엘의 비참한 처지

7 내가 얼마나 비참한지! 나는 여름
과일을 다 따 간 뒤와 같고 포도를
다 거두고 난 뒤와 같구나. 먹을 만한
포도 한 송이 없고 먹고 싶은 무화과
첫 열매도 없구나.
2 경건한 사람들이 이 땅에서 사라졌
고 의인이라고는 한 사람도 남지 않
았구나. 그들은 모두 피를 보려고 숨
어서 기다리고 있고 각자 자기 형제
를 그물로 잡는구나.
3 두 손은 악을 행하는 데 뛰어나고 관
리와 재판관은 뇌물을 요구하며 권력
자들은 자기의 욕망이 내키는 대로
지시하고 그것을 위해 함께 일을 꾸
미는구나.
4 그 가운데 낫다 싶은 사람들도 가시
덤불 같고 그 가운데 의로운 것처럼
보이는 사람들도 가시 울타리 같구
나. 네 파수꾼들의 날이 이르렀고 네
징벌의 날이 이르렀구나. 이제 그들이
혼란에 빠졌구나.
5 이웃을 믿지 말며 친구를 신뢰하지
마라. 네 품에 누운 여자에게도 입을
조심하여라.
6 아들이 아버지를 무시하고 딸이 어머
니에게, 며느리가 시어머니에게 들고
일어날 것이니 자기 집안사람들이 자
기 원수가 될 것이다.
7 그러나 나는 여호와를 바라보고 내
구원이신 하나님을 기다릴 것이다.
내 하나님께서 내 말을 들어 주실 것
이다.

이스라엘은 일어날 것이다

8 내 원수여, 나를 보고 즐거워하지 마
라. 나는 쓰러져도 일어나며 어둠 속
에 앉았다 해도 여호와께서 내 빛이
돼 주신다.
9 내가 여호와께 죄를 지었으니 그분께
서 내 사정을 변호하셔서 내게 공의

를 베푸시기까지는 그분의 진노를 감
당할 것이다. 그분께서는 빛으로 이
끄시고 내가 그분의 의를 볼 것이다.
10 그렇게 되면 내 원수가 그것을 보고
부끄러움을 당할 것이니 그는 "네 하
나님 여호와가 어디 있느냐?"라고 했
던 사람이다. 내 두 눈으로 똑똑히
볼 것이니 이제 그가 거리의 흙처럼
짓밟히게 될 것이다.
11 네 성벽을 건축할 날, 곧 그날에 네
영역이 넓어질 것이다.
12 그날에 앗시리아로부터 이집트의 성
들까지 그리고 이집트로부터 유프라
테스 강까지, 이 바다로부터 저 바다
까지, 이 산으로부터 저 산까지 사람
들이 네게 나아올 것이다.
13 그 땅이 거기 사는 사람들 때문에,
곧 그들의 행위의 열매 때문에 황폐
하게 될 것이다.

기도와 찬송

14 주의 지팡이로 주의 백성을 돌보소
서. *기름진 풀밭 가운데 있는 숲에
서 홀로 살고 있는 주의 소유인 양 떼
를 보살피소서. 오래전에 그랬던 것처
럼 바산과 길르앗에서 꼴을 먹게 하
소서.
15 "너희가 이집트에서 나오던 그때처럼
내가 그들에게 내 기적들을 보일 것
이다."
16 나라들이 그 기적들을 보고 자신들
의 힘에 대해 부끄럽게 여길 것이다.
그들이 손으로 자기 입을 막으며 그
귀는 들리지 않게 될 것이다.
17 그들은 뱀과 땅에서 기는 벌레처럼
흙을 핥고 그들이 요새에서 나와서
떨며 우리 하나님 여호와를 두려워하
고 그를 무서워하게 될 것이다.
18 주와 같은 하나님이 어디 있겠습니
까? 주는 주의 소유, 주의 백성 가운
데 남은 사람들의 허물을 너그럽게
대하시며 죄악을 용서하십니다. 오래
도록 진노하지 않으시니 이는 긍휼
베풀기를 기뻐하시기 때문입니다.
19 다시 우리를 불쌍히 여기시고 우리의
죄악을 밟아서 우리의 모든 죄를 바
다 속 깊은 곳에 던져 주소서.
20 오래전에 우리 조상들에게 맹세하셨
듯이 야곱에게 성실을 베푸시며 아브
라함에게 긍휼을 베풀어 주소서.

7:14 또는 갈멜

나훔

Nahum

요나서와는 달리 이스라엘을 괴롭혀 온 니느웨의 멸망을 선포한다. 죄를 용서받은 니느웨는 은혜를 망각하고 이전보다 패역한 모습을 보였기에 공의에 입각하여 하나님의 엄중한 심판을 받게 된다. 본서는 하나님의 공의가 반드시 실현됨을 입증함으로써 택한 백성들에게 구원의 희망을 전달한다. 생생한 비유가 많이 사용된다.

1 니느웨에 관한 묵시입니다. 엘고스
사람 나훔이 본 환상을 기록한 책
입니다.

니느웨에 대한 여호와의 진노

2 여호와께서는 질투가 많으시고 복수
하시는 하나님이시다. 여호와께서는
복수하시고 진노하시는데 그분의 대
적들에게 복수하시고 그분의 원수에
게 진노하신다.
3 여호와께서는 진노하시는 데 더디시
고 힘이 강하신 분이시다. 하지만 죄
인들을 결코 그냥 내버려 두지 않으
신다. 그분의 길은 회오리바람과 폭
풍 속에 있고 구름은 그분의 발의 흙
먼지다.
4 그분께서는 바다를 꾸짖어 마르게 하
시고 모든 강들을 마르게 하신다. 그
래서 바산과 갈멜이 시들고 레바논의
꽃봉오리가 시든다.
5 산들이 그분 앞에서 진동하고 언덕들
이 사라져 없어진다. 그분 앞에서 땅,
곧 세상과 그 안에 사는 모두가 뒤집
어진다.
6 그분의 분노 앞에서 누가 버틸 수 있
겠는가? 그분의 노여움을 누가 당해
낼 수 있겠는가? 그분의 진노는 불처
럼 쏟아지고 그분에 의해서 바위들이
깨진다.
7 여호와께서는 선하시다. 환난 날에 피
난처가 되신다. 그분은 그분께 피하
는 사람들을 아신다.
8 그러나 그분께 맞서는 사람은 넘치는
홍수로 완전히 멸하시고 그분의 원수
들은 어둠 속으로 쫓아 버리실 것이
다.
9 너희가 여호와께 대항해 음모를 꾸며
도 그분께서는 완전히 없애실 것이다.
반항이 두 번 다시 일어나지 않을 것
이다.
10 그들은 가시덤불처럼 엉클어져 있고
술꾼들처럼 취해 있다. 그들은 마른
지푸라기처럼 완전히 불에 타 버릴 것

이다.
11 여호와께 대항해 악을 도모하는 사
람, 사악한 조언자가 바로 네게서 나
왔다.
12 여호와께서 이렇게 말씀하셨다. "그들
이 빈틈없고 숫자적으로 많을지라도
그들이 잘려 나가 사라지고 말 것이다.
내가 *네게 어려움을 주었지만 이제
다시는 *네게 어려움이 없을 것이다.
13 이제 내가 네 목에서 그 멍에를 부수
고 너를 묶고 있는 것을 끊어 버리겠
다."
14 여호와께서 *너에 대해 명령을 내리
셨다. "네 이름을 이어 갈 후손이 더
이상 없을 것이다. 네 신전에 있는 새
겨 만든 우상들과 녹여 만든 우상들
을 내가 없애 버리겠다. *너는 아무런
쓸모가 없기에 내가 네 무덤을 만들
것이다."
15 보아라. 저기 산 위에 좋은 소식을 가
져오는 사람의 발걸음을. 그가 평안
을 선포하는구나! 유다야, 네 정해진
절기를 지키고 네가 한 서원을 지켜
라. 악한 사람들이 다시는 너를 휩쓸
고 지나가지 않을 것이기 때문이다.
그는 완전히 없어져 버렸다.

니느웨의 멸망

2 침략군이 *너를 향해 왔다. 성을
지켜보아라. 길을 잘 살펴보아라.
준비를 단단히 해 보아라. 네 온 힘을
다해 보아라.
2 파괴자들이 이스라엘과 야곱을 폐허
로 만들고 그들의 포도나무 가지들을
망쳐 버렸다 할지라도 여호와께서 이
스라엘의 영광과 야곱의 영광을 회복
시켜 주실 것이다.
3 침략군 용사들의 방패는 붉은색이고
용맹스러운 군사들은 자주색 옷을
입었다. 그들이 준비된 날에 전차들
위의 쇠붙이는 번쩍거리고 방백나무
로 만든 창들은 요동친다.
4 전차들이 거리로 질주하며 광장에서
이리저리 내달리는구나. 마치 횃불처

1:12 유다를 가리킴. 1:14; 2:1 니느웨를 가리킴.

Q&A 요나 이후 니느웨 사람들은 어떻게 되었을까?

참고 구절 | 나 1:14

니느웨 사람들은 잔인했다. 그들은 약소민족들을 점령하여 무자비하게 죽였고 자기 민족 안에서도 피 흘림이 가득해서(나 3:1,19) 성경에서는 이곳을 '피의 성읍'이라고 부를 정도였다(나 3:1).

150여 년 전 요나가 니느웨의 멸망을 외쳤을 때 니느웨 사람들은 회개했지만 다시 잔악하고 교만해지기 시작했다. 그들은 식민지에 사신을 보내 막강한 군사력을 이용하여 조공을 걷어 모으고 진귀한 물품들을 노략했다(나 1:9,12). 특히 앗수바니팔(BC 669–627년) 때에는 그 악함이 절정에 달하여, 점령지 사람들을 죽여 그 머리를 피라미드처럼 쌓아 놓는 등 말로 표현하기 어려울 정도로 끔찍한 행동을 했다.

이렇게 잔인하고 우상 숭배까지 한 니느웨는 마침내 하나님의 심판을 받게 되었다(나 1:14).

럼 보이고 마치 번개처럼 빨리 달린
다.
5 그가 그의 장교들을 소집한다. 그들
은 비틀거리면서도 진격한다. 성벽에
재빨리 다다른다. 성을 공격할 준비
를 갖춘다.
6 강의 수문이 열리고 왕궁이 무너진
다.
7 이미 결정됐다. 왕비가 벌거벗겨져 포
로가 돼 끌려가고 그녀의 시녀들이
비둘기 소리처럼 구슬프게 울며 자기
가슴을 친다.
8 옛적부터 니느웨는 마치 물이 가득
찬 연못처럼 백성이 많았던 성이지만
이제 그들은 도망치고 있다. "서라! 서
라!" 외치지만 아무도 뒤를 돌아보지
않는다.
9 너희는 은을 약탈하라! 너희는 금을
약탈하라! 온갖 값진 것들과 한없이
많은 보물이 있다.
10 텅텅 비어 있고 아무것도 없으며 폐
허가 됐다. 마음이 녹아내리고 무릎
이 비틀거린다. 고통이 몸 전체에 퍼
지고 그들의 얼굴이 모두 창백해졌
다.
11 사자 굴이 어디에 있느냐? 어린 사자
들을 키웠던 곳이 어디에 있느냐? 수
사자와 암사자와 젖먹이 사자들이 두
려울 것 없이 다녔던 곳이 어디에 있
느냐?
12 사자가 자기 새끼를 위해 충분한 먹
이를 찢고 암사자를 위해 먹이를 잡
아다 주며 자기 굴을 먹이로 채우고
그 죽인 것으로 가득 채워 놓았던 사
자 굴이 어디 있느냐?
13 "보아라. 내가 너를 치겠다." 만군의
여호와께서 하신 말씀이다. "내가 네
전차들을 불태워 연기가 되게 하고
칼이 네 새끼 사자들을 집어삼킬 것
이다. 내가 이 땅에 네 먹이를 남겨
놓지 않겠다. 네가 보낸 사람의 목소
리가 더 이상 들리지 않을 것이다."

니느웨에 화가 있도다

3 피의 성읍에 화가 있을 것이다! 거
짓말과 약탈이 수없이 자행되고 노
략질이 결코 사라지지 않는 성!
2 채찍 소리, 바퀴 흔들리는 소리, 달리
는 말, 거침없이 달려오는 전차!
3 돌격하는 기마병, 번쩍이는 칼과 번
개같이 빛이 나는 창, 죽은 사람들과
시체 더미, 수없이 많은 시체들! 그리
고 사람들은 시체에 걸려 넘어진다.
4 이 모든 것은 네가 수없이 음탕한 창
녀 짓을 하고 마술을 써서 사람을 홀
린 탓이다. 여러 백성들을 음탕한 행
위로 팔아넘기고 유혹으로 족속들을
팔아넘겼기 때문이다.
5 "보아라. 내가 너를 치겠다." 만군의
여호와께서 하신 말씀이다. "내가 네
치마를 네 얼굴 위로 걷어 올려서 여
러 백성들에게 벌거벗은 너를 보이고
여러 왕국들에게 네 수치를 보일 것
이다.
6 내가 더러운 것을 네게 던지고 너를
웃음거리로 만들 것이며 너를 구경거
리로 만들 것이다.

7 너를 보는 모든 사람이 너를 피하며
말하기를 '니느웨가 폐허가 됐다. 누
가 이를 슬퍼하겠는가?'라고 하니 너
를 위로해 줄 사람을 내가 어디에서
찾겠느냐?"
8 나일 강 가에 위치하고 강물에 둘러
싸여 있으며 큰 물이 그 요새가 되고
큰 물이 그 성벽이 된 *노아몬보다 네
가 더 나은 것이 무엇이냐?
9 *에티오피아와 이집트는 네 강력한
힘이었고 *붓과 리비아는 네 동맹국
이었다.
10 그러나 그도 포로가 돼 사로잡혀 가
고 말았다. 아이들도 길거리 구석마
다 내동댕이쳐졌다. 귀족들도 제비뽑
기에 의해 잡혀가고 모든 지도자들도
사슬에 묶였다.
11 너 또한 술에 취해 비틀거리고 숨을
곳을 찾아야 할 것이다. 원수를 피해
숨을 곳을 찾아야 할 것이다.
12 네 모든 요새들은 첫 열매가 익은 무
화과와 같아서 흔들기만 하면 먹을
사람의 입으로 떨어질 것이다.
13 보아라. 네 한가운데 있는 군대는 여
자들뿐이다! 네 땅의 성문들은 네 원
수들에게 활짝 열리고 불이 그 빗장
들을 태워 버린다.
14 포위에 대비해서 물을 길어 두고 네
요새를 강화시켜라! 진흙탕에 가서
진흙을 뭉쳐서 벽돌을 만들어라!
15 그곳에서 불이 너를 삼킬 것이고 칼
이 너를 벨 것이다. 느치 떼처럼 너를
소멸할 것이다. 메뚜기 떼처럼 네 수
를 증가시켜 보아라! 느치 떼처럼 네
수를 증가시켜 보아라!
16 네가 네 상인들의 수를 늘려 하늘의
별들보다 많게 했으나 느치 떼처럼
허물을 벗고 나서 날아갈 것이다.
17 네 파수꾼들이 메뚜기 떼같이 많고
네 관료들이 메뚜기 떼처럼 많아도
추운 날 벽에 붙어 있다가 해가 뜨면
날아가는 느치 떼처럼 그들도 아무도
모르는 어디론가 떠나갈 것이다.
18 앗시리아 왕이여, 네 목자들은 졸고
있고 네 관리들은 누워 있다. 네 백성
들은 산으로 흩어졌는데 모을 사람
이 아무도 없다.
19 네 상처를 고칠 수 없고 네 부상은 심
각하다. 너에 관한 소식을 들은 사람
마다 너를 보고 손뼉을 치는구나. 끊
임없는 너의 악행을 당해 보지 않았
던 사람이 있겠느냐?

3:8 히브리어, '아몬의 도시'. 아몬은 나일 강 상류에 위치한 도시의 수호신 이름 3:9 에티오피아는 나일 강 상류 지역. 붓은 오늘날 리비아 지역을 가리킴.

하박국

Habakkuk

본서는 의인의 고통과 악인의 형통으로 인한 하박국 예언자의 영적 회의와 갈등을 적나라하게 드러낸다. 오직 의인은 믿음으로 살 것이라는 위대한 신앙 고백을 담고 있다. 모순된 현실을 보고 원망과 불평을 품었던 예언자는 하나님의 답변을 통해 의로운 섭리와 계획을 깨닫고 하나님을 찬양하며 즐거워한다.

1 예언자 하박국이 받은 묵시의 말씀
입니다.

하박국의 호소

2 오 여호와여, 제가 언제까지 부르짖어
야 합니까? 주께서 듣지 않으시고,
"폭력입니다"라고 제가 주께 외쳐도
주께서는 구해 주지 않으십니다.
3 왜 저로 하여금 불의를 보게 하십니
까? 왜 죄악을 쳐다보게 하십니까?
파괴와 폭력이 제 앞에 있습니다. 갈
등이 있고 싸움이 일어납니다.
4 그러므로 율법을 지키지 않고 정의가
아주 실행되지 못합니다. 악인이 의
인을 에워싸 버려서 정의가 왜곡되고
있습니다.

여호와의 응답

5 "다른 나라들을 보고 잘 살펴보아라.
놀라고 질겁할 것이다. 네가 살아 있
는 동안에 내가 어떤 일을 행할 것인
데 네게 말해 주어도 너는 믿지 못할
것이다.
6 보아라. 이제 *바벨론 사람들을 내가
일으킬 것이다. 그들은 사납고 과격
한 사람들이다. 남의 생활 터전을 빼
앗으려고 온 땅을 돌아다닐 것이다.
7 그들은 두렵고 무서운 사람들이다.
그들에게 정의와 권위는 그들 마음대
로다.
8 그들의 말들은 표범보다 빠르고 저녁
의 늑대들보다 사납다. 그들의 기마병
들은 무척이나 빨라서 멀리서부터 달
려온다. 그들은 마치 독수리가 먹이
를 잡아채듯 빠르게 날아온다.
9 그들 무리는 동쪽 바람처럼 모두가
폭력을 휘두르려고 와서 포로들을 모
래알처럼 모은다.
10 그들이 왕들을 비웃고 관리들을 조
롱할 것이다. 그들이 모든 요새를 비
웃고 흙 언덕을 쌓아서 그곳을 침략
한다.
11 그러나 자기 힘이 신이라고 여기는 죄

1:6 또는 갈대아

인들, 그들도 바람처럼 사라져 없어질
것이다."

하박국의 두 번째 호소

12 오 여호와여, 주께서는 영원 전부터
계시지 않습니까? 내 하나님, 거룩하
신 주여, *우리는 죽지 않을 것입니
다. 오 여호와여, 주께서는 심판을 위
해 그들을 세우셨습니다. 오 반석이
시여, 주께서는 그들을 세워 벌하셨
습니다.
13 주의 눈은 정결해서 죄악을 보시지
못하시고 죄악을 그냥 바라보시지 못
하십니다. 그런데 악한 사람이 자기보
다 의로운 사람들을 파괴시키고 있는
데 왜 반역자들을 조용히 바라보고
만 계십니까?
14 주께서는 사람을 바다의 물고기처럼
만드셨고 다스리는 이가 없는 기어다
니는 생물처럼 만드셨습니다.
15 그는 갈고리로 그들 모두를 낚아 올
리고 그물로 끌어 올리며 어망 안에
모아 담고는 즐거워하고 기뻐합니다.
16 그리고 자기 그물에다 제물을 바치고
자기 어망에다 분향을 합니다. 잡아
들인 것이 많고 그들의 음식이 풍성
하게 됐기 때문입니다.
17 이렇게 그들이 그물을 비우고 계속
무자비하게 민족들을 죽여도 됩니
까?

2 내가 초소에 서서 망대에 자리를
잡고 주께서 내게 무엇을 말씀하실
지, 내 호소에 주께서 뭐라고 응답하
실지 지켜보겠습니다.

여호와의 응답

2 그러자 여호와께서 내게 대답하셨다.
"이 묵시를 기록하여라. 판에 똑똑히
새겨서 달리는 사람도 읽을 수 있게
하여라.
3 왜냐하면 이 묵시는 정해진 때가 돼
야 이뤄지고 마지막 때를 말하고 있
으며 반드시 이뤄진다. 비록 늦어진
다 해도 너는 기다려라. 반드시 올 것
이며 지체되지 않을 것이다.
4 보아라. 마음이 교만한 사람은 의롭

1:12 고대 히브리 전통에는 '주께서는 영원히 살아 계시는 분이십니다.'

Q&A 의인은 그의 믿음으로 살 것이다

참고 구절 | 합 2:4

바벨론에 의해 유다를 징계하시겠다는 하나님의 말씀을 듣고, 하박국은 하나님이 불공정하시다고 항변했다(합 1:13). 그러나 하나님은 환난과 고난의 때에 하나님을 믿는 의인의 삶에 대해 말씀하셨다. 믿음으로 산다는 것은 무엇을 뜻하는가?
첫째로, 심판과 환난의 때에도 의인은 하나님께서 그분의 약속을 지키신다는 것을 믿고 그분만을 신뢰하고 의지하며 살아야 함을 뜻한다(히 10:37-38).
둘째로, 하나님을 믿는 믿음으로 의롭게 된 의인은 그 믿음 때문에 구원을 받는다는 뜻이다. 곧 믿음으로 살게 된다는 뜻이다(롬 1:17;갈 3:11).

지 않다. 그러나 의인은 그의 믿음으
로 살 것이다.
5 *포도주는 사람을 속인다. 거만한 사
람은 가만히 있지 못한다. *무덤처럼
목구멍을 넓게 열고 있는 그는 마치
죽음과 같아서 결코 만족함을 모른
다. 그는 모든 나라들을 자기에게로
모으고 모든 백성들을 자기 것으로
만들지만
6 이들 모두가 그를 속담거리로 삼고 그
에 대해 풍자와 비유를 말하지 않겠
느냐? '화 있을 것이다. 자기 소유가
아닌 것으로 부유하게 된 사람아! 이
런 일이 얼마나 더 계속되겠는가?'
7 갑자기 네 빚쟁이들이 일어나고 너를
공포로 떨게 할 사람들이 깨어 일어
나지 않겠느냐? 그러면 네가 그들의
약탈물이 될 것이다.
8 네가 많은 나라들을 약탈했기 때문
에 그 나라들 가운데 살아남은 백성
모두가 너를 약탈할 것이다. 네가 사
람의 피를 흘리게 하고 땅과 도시와
그 안에 사는 모든 주민들에게 폭력
을 행했기 때문이다.
9 화 있을 것이다. 부당하게 취한 것으
로 자기 집을 축재하는 사람아! 높은
곳에 자기 둥지를 틀어 재난으로부터
모면하려고 하는구나.
10 네가 여러 나라들을 멸망시키려고 계
획한 것이 네 집안에 수치를 불렀고
네 영혼에 죄가 됐다.
11 성벽의 돌이 울부짖을 것이고 나무
기둥이 맞장구칠 것이다.
12 화 있을 것이다. 피로 성을 짓고 죄악
으로 도시를 세우는 사람아!
13 보아라. 수고한 것이 불에 타 버리고
힘들게 한 일이 헛수고가 될 것인데
이것이 만군의 여호와께서 하신 일이
아니냐?
14 마치 물이 바다를 덮는 것같이 여호
와의 영광을 아는 지식이 세상에 가
득 찰 것이다.
15 화 있을 것이다. 자기 이웃에게 술을
통째로 마시게 해 술에 취해서 그들
의 벌거벗은 몸을 드러내 보이도록
하는 사람아!
16 네가 영광 대신에 수치로 가득 차게
될 것이다. 너 또한 마시고 *몸을 드
러내어라! 여호와께서 오른손에 들고
계신 잔을 네게 돌리실 것이며 수치
스러움이 네 영광을 가릴 것이다.
17 레바논에게 행한 폭력이 너를 압도하
고 동물들에게 행한 폐해가 너를 공
포에 떨게 할 것이다. 네가 사람의 피
를 흘리게 하고 땅과 도시와 그 안에
사는 모든 주민들에게 폭력을 행했기
때문이다.
18 우상이 무슨 유익이 되겠느냐? 사람
이 그것을 조각해 만들었을 뿐이다.
녹여 만든 신상도 거짓말을 가르치는
스승일 뿐이다. 왜냐하면 만든 사람
이 말하지 못하는 우상들을 만들고
자기가 만든 것을 믿기 때문이다.

2:5 포도주는 부유한 재산을 뜻함. 2:5 또는 음부. 히브리어, 스올 2:16 마소라 본문을 따름. 사해 문서와 아퀼라역과 불가타와 시리아어역과 칠십인역에는 '비틀거려라!'

19 화 있을 것이다. 나무에 대고 '깨어나
라!'고 하고 말 못하는 돌에게 '일어나
라!'고 하는 사람아! 그것이 가르칠 수
있겠느냐? 보아라. 그것은 금과 은으
로 덮여 있을 뿐 그 안에는 생기란 전
혀 없다.
20 그러나 여호와는 거룩한 성전에 있다.
온 땅은 그분 앞에서 잠잠하라."

하박국의 기도

3 이것은 *시기오놋 형식에 맞춘 예
언자 하박국의 기도입니다.
2 오 여호와여, 나는 주의 명성을 듣고
두려웠습니다. 오 여호와여, 주께서
하신 일을 이 시대에 다시 새롭게 하
셔서 이 시대에 알려지게 하소서. 진
노 가운데서도 자비를 기억하소서.
3 하나님께서는 데만에서 오셨으며 거
룩하신 분은 바란 산에서 오셨습니
다. (셀라) 그분의 영광이 하늘을 덮
고 땅에는 그분께 대한 찬송이 가득
합니다.
4 그분의 광채가 햇빛과 같았고 두 줄
기의 빛줄기가 그분의 손에서 번쩍이
니 그 안에 그분의 권능이 숨겨져 있
었습니다.
5 재앙이 그분 앞서서 나아갔고 전염병
이 그분의 뒤를 따라 나아갑니다.
6 그분께서 멈춰 땅을 측량하시며 그분
께서 바라보니 나라들이 떱니다. 영
원히 변치 않는 산들이 무너지고 오
랜 세월을 거친 언덕들이 무너져 버
립니다. 그분께서 하시는 일들만이
영원합니다.
7 내가 곤경에 처한 구산의 천막들을
보았고 미디안 땅의 휘장들이 떨고 있
는 것을 보았습니다.
8 주께서 주의 말들을 타시고 주의 승
리의 전차를 타시니 오 여호와여, 주
께서 시내들에게 화를 내셨습니까?

3:1 음악 용어, '애가 형식으로 부르라.'

하용조 목사의
행복한 **메시지**

밝고 따뜻한 세상 만들기

세상은 날로 각박해지고 있습니다. 삭막한 세상을 밝고 따뜻하게 만들기 위해서는 여러 가지 방법이 있겠지만 지금 당장 실천할 수 있는 몇 가지 방법을 소개합니다.
첫째, 미안하다고 말하십시오. 미안하다고 느껴질 때 주저하지 말고 입을 열어 정중하게 사과하십시오. 둘째, 감사하다고 말하십시오. 당연하게 여기던 작은 것부터 감사를 표현해 보십시오. 감사는 또 다른 감사를 만들어 냅니다. 셋째, 옳은 것은 옳다고 말하십시오. 옳은 것을 옳다고 말하는 것은 거짓된 세상 속에 진리를 선포하는 일이요, 어두운 세상에 빛을 밝히는 일과 같습니다. 왜 사람들이 옳은 것을 옳다고 말하지 못합니까? 그것은 죄로 인해 옳고 그름을 판단할 능력을 상실하여 양심이 마비되었기 때문입니다. 넷째, 틀린 것은 틀리다고 말하십시오. 이것은 옳은 것을 옳다고 말하는 것보다 더 어려운 일입니다. 틀린 것을 틀리다고 말하는 사람에게는 하늘의 상급이 있습니다.

아니면 강들에게 진노하신 것입니까?
그것도 아니면 바다에 분노하신 것입
니까?
9 주께서 활을 꺼내서 많은 화살들을
시위에 놓고 당기셨습니다. (셀라) 주
께서 강으로 땅을 쪼개셨습니다.
10 산들이 주를 보고 뒤틀리고 억수 같
은 물이 휩쓸며 내려갑니다. 깊은 바
다가 소리를 높이고 물줄기는 힘 있
게 높이 치솟습니다.
11 빛처럼 나는 주의 화살과 번쩍이는
주의 창 때문에 해와 달이 하늘에서
멈춰 버립니다.
12 주께서는 진노로 땅을 점령하셨고 분
노로 민족들을 짓밟으셨습니다.
13 주께서는 주의 백성을 구원하시려고,
주의 기름 부음 받은 사람을 구원하
시려고 나오셨습니다. 주께서 악한 사
람의 집 우두머리를 쳐부수셨고 발
에서부터 머리까지 발가벗기셨습니
다. (셀라)
14 그들이 몰래 숨어 있는 비참한 우리
를 삼키려고 입을 벌리고, 우리를 흩
어 버리려고 폭풍처럼 밀려올 때 주
께서 그들 용사의 우두머리를 주의
화살로 꿰뚫으셨습니다.
15 주께서는 말을 타시고 바다를 짓밟으
시고 물을 크게 휘저으십니다.
16 그 소리를 듣고 내 뱃속이 뒤틀립니
다. 그 소리에 내 입술이 떨립니다. 내
뼈가 썩어 들어가고 내 다리가 후들
거립니다. 그러나 나는 우리를 침략
하려고 오는 백성들에게 닥칠 재앙의
날을 조용히 기다릴 것입니다.
17 무화과나무가 싹이 트지 않고 포도
나무에 열매가 없다고 해도, 올리브
나무에서 수확할 것이 없고 밭은 먹
을 것을 생산하지 못해도, 우리 안에
양 떼가 없고 외양간에 소가 없다 해
도,
18 나는 여호와를 기뻐할 것이고 나의
구원이 되시는 하나님을 즐거워할 것
입니다.
19 주 여호와께서는 내 힘이십니다. 그분
은 내 발을 사슴의 발처럼 만드시고
그분은 높은 곳에서 나로 하여금 뛰
어다니게 하십니다.

이것은 지휘자에 의해 현악기에 맞춰
노래한 것입니다.

스바냐

Zephaniah

'여호와의 날'이 임박하였음을 경고하며 회개를 촉구하는 본서는 유다를 포함한 주변국들의 심판을 예고한다. 히스기야 왕의 후손인 스바냐 예언자는 고위층의 부패와 오염을 신랄하게 지적하며, 당면한 진노에서 벗어날 수 있도록 힘써 여호와를 찾고 구하도록 권면한다. 남은 자들의 회복과 기쁨이 생생하게 제시된다.

1 스바냐에게 주신 여호와의 말씀입
니다. 그의 아버지는 구시이고 할
아버지는 그다랴이며 증조할아버지
는 아마랴이고 고조할아버지는 히스
기야입니다. 때는 아몬의 아들 유다
왕 요시야 때였습니다.

여호와의 날에 시행될 온 땅에 대한 심판

2 "내가 땅 위에서 모든 것을 완전히 쓸
어버릴 것이다." 여호와께서 말씀하셨
다.
3 "내가 사람과 동물을 다 쓸어버리겠
다. 내가 공중의 새들과 바다의 물고
기들을 쓸어버리겠다. 남을 넘어뜨리
는 사람들과 악한 사람들도 함께 쓸
어버리겠다. 내가 땅 위에서 사람을
멸하겠다." 여호와께서 말씀하셨다.
4 "내가 내 손을 들어 유다를 치고 예루
살렘에 사는 모든 사람들을 치겠다.
나는 이곳에서 남은 바알의 신상들과
이방 제사장의 이름을 없애 버리겠
다.
5 지붕 위에서 하늘의 별들을 숭배하
는 사람들과 여호와께 경배하고 맹세
하지만 *말감에게도 맹세하고 있는
사람들과
6 여호와께 등을 돌리고 여호와를 찾지
도 않고 뜻을 묻지도 않는 사람들을
없애 버리겠다.
7 주 여호와 앞에서 조용히 하라. 여호
와의 날이 가까이 왔다. 여호와께서
희생제물을 준비하시고 그분의 손님
을 거룩하게 하셨다.
8 그리고 여호와의 희생제사 날에 내가
관료들과 왕자들과 *이방 옷을 입은
모든 사람을 벌하겠다.
9 바로 그날에 내가 *문지방에서 껑충
껑충 뛰는 모든 사람들을 벌하겠다.
곧 자기들의 신전을 폭력과 기만으로
가득 채우는 사람을 벌하겠다."
10 그날에 여호와께서 말씀하셨다. "그날

1:5 또는 밀곰, 몰록, 그들의 왕(왕상 11:5,7,33;왕하 23:13;대상 20:1,2을 보라.) 1:8 이방 종교의 제사에서 입는 옷을 가리킴. 1:9 삼상 5:5을 보라.

에 '물고기 문'에서는 우는 소리가 나
고 두 번째 구역에서는 엉엉 우는 소
리가 나고 언덕에서는 부서지는 소리
가 날 것이다.
11 너희 *막데스에 사는 사람들아, 엉엉
울라. 너희 모든 *가나안 백성이 망할
것이며 은을 달아서 장사하는 사람
들이 모두 망할 것이기 때문이다.
12 그때 내가 등불을 켜 들고 예루살렘
을 뒤지겠다. 술에 찌들어 희희낙락
하며 '여호와는 선을 행하지도 재앙을
내리지도 않으신다'라고 마음에 말하
는 사람을 벌하겠다.
13 그리고 그들의 재산이 약탈당할 것이
고 그들의 집들이 무너질 것이다. 그
들은 또 집을 짓겠지만 거기에 살 수
없을 것이다. 그들이 포도원을 만들
겠지만 포도주를 마시지 못할 것이
다."
14 여호와의 큰 날이 다가오는구나. 가까
이 왔으니 곧 올 것이다. 여호와의 날
의 소리는 비통할 것이다. 용사들이
거기서 울부짖을 것이다.
15 그날은 진노의 날, 절망과 고통의 날,
파멸과 황폐의 날, 어둡고 우울한 날,
구름과 두꺼운 먹구름이 뒤덮인 날이
다.
16 나팔 소리와 전쟁의 고함 소리가 견
고한 요새 위와 높은 탑 위에 있는
날이다.
17 내가 사람들에게 재앙을 보낼 것이니
그러면 그들은 보지 못하는 사람처럼
걷게 될 것이다. 그들이 여호와께 죄
를 지었으므로 그들의 피는 흙먼지처
럼 그들의 먹은 것도 오물처럼 쏟아
질 것이다.
18 그들의 은도, 그들의 금도 그들을 구
해 낼 수 없을 것이다. 여호와의 진노
의 날에 그의 질투의 불이 온 땅을
태울 것이다. 그분이 이 땅에 사는 모
든 사람들을 곧 없애실 것이다.

열국과 함께 심판 받을 유다와 예루살렘

유다가 회개하도록 소환되다

2 함께 모여 성회를 열라. 창피함을
모르는 백성아!
2 너희가 겨처럼 날려 *쫓겨나기 전에,
여호와의 무서운 진노가 너희에게 닥
치기 전에, 여호와의 진노의 날이 너
희에게 닥치기 전에,
3 이 땅의 모든 온유한 사람들아, 여호
와를 찾으라. 그분의 공의를 행한 사
람아 의를 구하라. 온유함을 구하라.
그러면 여호와의 진노의 날에 혹시
너희가 피할 수 있을지 모른다.

블레셋

4 가사는 버려지고 아스글론은 폐허가
될 것이다. 아스돗은 한낮에 쫓겨날
것이며 에그론은 뿌리째 뽑힐 것이다.
5 해안가에 사는 주민들, 그렛의 백성
아! 너희들에게 재앙이 내릴 것이다.
여호와께서 너희에게 말씀하신다.
"아! 블레셋 땅 가나안이여, 내가 너를
멸망시켜 아무도 살 수 없게 할 것이
다."

1:11 막데스는 시장 구역, 가나안은 상인들을 가리킴.
2:2 또는 정해진 때가 이르기 전에. 히브리어, '명령이 내리기 전에'

6 그 해안가는 풀밭이 되고 거기에 목
자들의 집과 양 떼의 우리가 있을 것
이다.
7 그 해안가는 유다 가문의 남은 사람
들의 소유가 돼 그들이 그곳을 목장
으로 쓸 것이다. 저녁에는 그들이 아
스글론의 집에 누울 것이다. 그들의
하나님 여호와께서 그들을 돌보실 것
이고 *포로 된 그들을 회복시키실 것
이다.

모압과 암몬

8 "내가 모압이 욕설하는 것과 암몬 사
람들이 모독하는 것을 들었다. 그들
은 내 백성에게 욕설을 퍼붓고 그들
의 땅 국경에서 의기양양했다."
9 이스라엘의 하나님 만군의 여호와께
서 하신 말씀이다. "그러므로 내가 삶
을 두고 맹세한다. 모압이 소돔과 같
이 되고 암몬 사람들이 고모라같이
될 것이다. 잡초가 우거지고 소금 구
덩이가 있어 영원히 폐허가 될 것이
다. 내 백성들 가운데 남은 사람들이
그들을 노략하고 내 나라에 살아남
은 사람들이 그들의 땅을 차지할 것
이다."
10 이것은 그들의 교만함으로 얻은 대가
인데 만군의 여호와의 백성들을 모욕
하고 그것을 뽐냈기 때문이다.
11 여호와께서 그들에게 무시무시한 존
재가 되실 것이다. 그 땅의 모든 신들
을 없애 버리실 것이며 온 땅의 백성
들이 저마다 자기가 있는 곳에서 그
분 앞에 무릎 꿇을 것이다.

에티오피아

12 "오 *에티오피아 사람들아, 너희 또한
내 칼에 죽임당할 것이다."

앗시리아

13 그분이 북쪽을 향해 손을 뻗어 앗시
리아를 멸망시키고 니느웨를 완전히
황무지로 만들어 사막처럼 쓸모없는
땅으로 만드실 것이다.
14 가축 떼와 온갖 동물들이 그 한가운

2:7 또는 그들의 운명을 회복시켜 주실 것이다. 2:12 나일 강 상류 지역을 가리킴. 히브리어, 구스

성·경·상·식

스바냐서의 특징

스바냐서는 스바냐에 대한 자세한 소개로 시작된다. 그는 4대 조상(히스기야 왕)까지 거슬러 올라가는 아주 상세한 족보와 함께 소개된 유일한 예언자다(습 1:1). 그가 왕족이었다는 사실 때문에 그는 궁정에 비교적 자유롭게 드나들 수 있었을 것이며, 이로 인해 유다 지도자들의 죄악상을 관찰하고 그것에 대해 외칠 수 있었을 것이다(습 1:8, 11-13; 3:3-4). 그리고 그에 의해 기록된 스바냐서에는 하나님의 엄격하심과 온유하심, 곧 하나님의 심판과 자비가 두드러지게 강조되어 있다(습 1:14-18; 3:14-20). 하나님의 심판은 주로 '여호와의 날'에 대한 비유적인 표현들로 묘사되었으며, 하나님의 자비는 주로 '남은 사람'과 '회복'을 통해 기술되었다. 그러면서도 다른 예언자들과 같이 그도 모든 열방들이 이스라엘의 하나님을 부르고 한마음으로 섬기게 될 날을 고대했다(습 3:9-10).

데 누울 것이고 광야의 부엉이와 올
빼미가 그 기둥 위에 깃들 것이며 창
문에서 노래를 부르고 문지방에서는
울 것인데 그분이 백향목 기둥들을
허옇게 드러내셨기 때문이다.
15 그 성은 걱정 근심 없이 희희낙락하
며 스스로 "세상엔 나뿐이며 나 말고
는 없다"라고 말한다. 그 성은 폐허가
돼 들짐승의 소굴이 될 것이다. 지나
가는 사람마다 수군덕거리고 손가락
질할 것이다.

예루살렘

3 반역과 오염과 압제의 성아, 재앙
이 네게 있을 것이다.
2 그 성은 누구의 목소리도 듣지 않았
고 어떤 권고도 받아들이지 않았다.
여호와를 신뢰하지 않았고 하나님께
가까이 가지도 않았다.
3 그 성의 관료들은 으르렁거리는 사자
들 같고 재판관들은 저녁 무렵의 늑
대들 같아 아침까지 아무것도 남기지
않는다.
4 예언자들은 분별력이 없고 믿을 수
없는 사람들이다. 제사장들은 성소
를 더럽히고 율법을 어겼다.
5 그 성의 여호와께서는 의로우시다. 그
분은 불의를 행치 않으신다. 아침마
다 그분의 공의를 베푸시며, 새 날이
올 때마다 어김없이 공의를 베푸신
다. 그러나 불의한 사람들은 수치를
모른다.

예루살렘이 회개하지 아니하다

6 "내가 나라들을 멸했다. 성 모퉁이
망대를 부수고 내가 그 거리들을 폐
허로 만들어 아무도 다니지 못하게
했다. 그들의 성이 파괴됐다. 한 사람
도, 단 한 명의 주민도 남지 않았다.
7 '적어도 너는 나를 경외할 것이고 내
가르침을 받아들일 것이다. 그러면
내가 그들을 징벌한다 해도 그들이
있는 곳을 멸하지는 않을 것이다'라고
생각했었다. 그러나 그들은 새벽같이
일어나 하는 짓마다 타락을 일삼았
다."
8 여호와께서 하신 말씀이다. "그러므
로 내가 *증인으로 일어나는 날까지
너희는 나를 기다리라. 내가 저 백성
들을 불러 모으고 그 왕국들을 모아
그들 위에 내 분노와 내 모든 진노를
쏟아붓기로 작정했다. 내 질투의 불
이 온 땅을 다 태울 것이다.

이스라엘의 남은 자의 회복

9 그러고 나서 내가 그 백성들이 순결
한 말을 하도록 바꿔서 그들 모두가
여호와의 이름을 부르고 한마음으로
그분을 섬기게 하겠다.
10 *에티오피아 강 너머에서 나를 경배
하는 사람들, 내가 흩어 버린 사람들
의 딸이 내게 바칠 제물을 가져올 것
이다.
11 그날에는 네가 내게 저질렀던 모든
범죄들 때문에 부끄러움을 당하지 않
을 것이다. 이는 내가 네 가운데서 교
만함으로 희희낙락하는 사람들을 없

3:8 또는 일어나 약탈하는 날까지 3:10 나일 강 상류 지역을 가리킴. 히브리어, 구스

애 버려 네가 다시는 내 거룩한 언덕
에서 더 이상 거만해지지 않게 할 것
이기 때문이다.
12 내가 네 가운데 겸손하고 가난한 백
성을 남겨 두겠다. 그러면 그들이 여
호와의 이름을 의지할 것이다.
13 이스라엘의 남은 사람들은 죄악을 행
치 아니하며 거짓말을 하지 않으며
그 혀에서는 속임수가 나오지 않을
것이다. 그들이 먹고 누울 것이며 아
무것도 두려워하지 않을 것이다."
14 오 시온의 딸아, 노래하라. 오 이스라
엘아, 외치라. 오 예루살렘의 딸아, 온
마음으로 즐거워하고 기뻐하라.
15 여호와께서 네게 내리셨던 심판을 없
애 버리셨고 네 원수를 쫓아내셨다.
이스라엘의 왕, 여호와께서 네 가운데
에 계신다. 다시는 네가 어떤 악도 두
려워하지 않을 것이다.
16 그날에 예루살렘은 듣게 될 것이다.
"시온아! 두려워하지 말라. 네 손에 힘
이 빠지지 않게 하라.
17 네 안에 계시는 네 하나님 여호와께
서는 구원을 베푸실 용사이시다. 그
분께서 너 때문에 무척이나 기뻐하실
것이다. 그분의 사랑 안에서 *너를 새
롭게 해 주시고 너로 인해 노래를 부
르시며 기뻐하실 것이다.
18 마치 절기인 것처럼 그러실 것이다.
내가 네게서 짐과 부끄러움을 없앨
것이다.
19 보아라. 그때 내가 네 모든 압제자를
처리하겠다. 내가 다리 저는 사람들
을 구해 내고 쫓겨난 사람들을 모을
것이다. 그들이 수치를 당한 모든 땅
에서 내가 그들에게 칭찬과 명성을
얻게 하겠다.
20 그때 내가 너희를 다시 데려오겠다.
그때 내가 너희를 모으겠다. 내가 너
희 눈앞에서 포로 된 너희를 회복시
킬 때 이 땅의 모든 백성들 가운데서
너희가 명성과 칭찬을 얻을 것이다."
여호와께서 하신 말씀이다.

3:17 또는 잠잠하게 하시고

학개

Haggai

본서는 포로에서 귀환한 백성들에게 4개월 동안 선포한 학개 예언자의 4편의 설교를 소개한다. 예언자는 백성들에게 우선적으로 중단된 예루살렘 성전 건축을 재개하도록 촉구한다. 백성들의 이기적이고 안일한 태도를 질타하는 동시에 새 성전의 찬란한 영광을 계시함으로써 스룹바벨과 여호수아를 중심으로 재건 사역이 시작되도록 자극한다.

여호와의 집을 건축하라는 호소

1 다리오 왕 2년째 되는 해 여섯째
달 1일에 여호와의 말씀이 예언자
학개를 통해 스알디엘의 아들 유다
총독 스룹바벨과 여호사닥의 아들 대
제사장 *여호수아에게 임했습니다.
2 만군의 여호와께서 이렇게 말씀하셨
다. "'여호와의 집을 지을 때가 되지
않았다'라고 이 백성들이 말한다."
3 그때 예언자 학개를 통해 주신 여호와
의 말씀입니다.
4 "성전은 무너진 채로 남아 있는데 너
희만 꾸며진 집에 살고 있을 때냐?"
5 그러므로 이제 만군의 여호와께서 이
렇게 말씀하셨다. "너희가 걸어온 길
을 잘 생각해 보라!
6 너희가 많이 심었지만 조금밖에 거두
지 못하고 먹어도 배부르지 않고 마
셔도 만족하지 못하고 입어도 따뜻하
지 않으며 일꾼이 품삯을 벌어도 구
멍 난 주머니에 넣는 격이 됐다."
7 만군의 여호와께서 이렇게 말씀하셨
다. "너희가 걸어온 길을 잘 생각해
보라!
8 산에 올라가 나무를 가져다 성전을
지으라. 내가 그 안에서 기뻐하며 그
것으로 영광을 받을 것이다." 여호와
께서 말씀하셨다.
9 "너희가 풍성함을 기대했지만 조금밖
에 거두지 못했고 너희가 집에 가지
고 왔으나 내가 불어 날려 버렸다. 왜
그랬겠느냐?" 만군의 여호와께서 하
시는 말씀이다. "내 집은 무너진 채로
남아 있는데 너희는 각자 자기 집 일
에 바쁘기 때문이다.
10 그러므로 하늘은 너희 위에 이슬 내
리기를 그치고 땅이 열매 내기를 멈
췄다.
11 내가 땅에, 산에, 곡식에, 새 포도주
에, 새 기름에, 땅이 생산해 내는 것

1:1 또는 예수아(스 2:2,36;10:18;느 8:7;슥 3:1-8을 보라.)

에, 사람에, 가축에, 너희 손이 만들
어 내는 모든 것 위에 가뭄이 들게 했
다."
12 그러자 스알디엘의 아들 스룹바벨과
여호사닥의 아들 대제사장 여호수아
와 남아 있는 모든 백성이 그들의 하
나님 여호와의 말씀과 예언자 학개의
말에 순종했다. 그들의 하나님 여호
와께서 그를 보내셨음을 알았기 때문
이었다. 그리고 백성들은 여호와 앞에
서 두려워했다.
13 여호와의 심부름꾼 학개가 여호와의
말씀을 백성들에게 전했다. "내가 너
희와 함께 있다. 여호와가 하는 말이
다."
14 여호와께서는 스알디엘의 아들 유다
총독 스룹바벨의 영과 여호사닥의 아
들 여호수아의 영과 남아 있는 모든
백성의 영을 일으키셨다. 그래서 그들
은 가서 그들의 하나님 만군의 여호
와의 집을 짓는 일을 했다.
15 다리오 왕 2년째 되는 해 여섯째 달
24일의 일이다.

약속된 새로운 성전의 영광

2 일곱째 달 21일에 여호와의 말씀이
예언자 학개에게 임했습니다.
2 "스알디엘의 아들 유다 총독 스룹바벨
과 여호사닥의 아들 대제사장 여호수
아와 남아 있는 모든 백성들에게 말
하여라.
3 '너희 가운데 이전 성전의 영광스러웠
던 모습을 본 사람이 남아 있느냐?
그런데 지금은 이 집이 너희에게 어떻
게 보이느냐? 너희 눈에도 하찮게 보
이지 않느냐?
4 그러나 스룹바벨아, 이제 용기를 내어
라.' 여호와가 하는 말이다. '여호사닥
의 아들 대제사장 여호수아야, 용기
를 내어라. 이 땅에 사는 모든 백성들
아, 용기를 내어라.' 여호와가 하는 말
이다. '내가 너희와 함께하니 일을 하
라.' 만군의 여호와가 하는 말이다.
5 '너희가 이집트에서 나올 때 내가 너
희와 맺은 언약에 따라 내 영이 너희

Q&A

학개는 왜 성전 건축을 주장했을까?

참고 구절 | 학 2:7, 9

이스라엘 백성에게 있어 성전은 하나님이 그들과 함께 계심을 상징하는 것이었다. 그리고 성전 건축을 통한 예배의 회복은 하나님과의 관계 회복을 의미하는 것이었다. 성전 재건은 하나님께 대한 그들의 믿음을 재확인한다는 의미에서 중요했기 때문이었다.

이미 학개 이전의 예언자들도 성전에 대한 메시지를 강하게 전했다. 에스겔은 하나님의 영광이 예루살렘으로 돌아와 거처로 삼으시는 것을 보았고(겔 43:1-5), 이사야와 미가는 말일에 열국이 하나님의 말씀을 들으려고 하나님의 전으로 몰려오는 환상을 보았다(사 2:2-4;미 4:1-4). 이러한 말씀들을 알고 있던 학개는 성전을 재건함으로써 하나님의 영광이 돌아오고 하나님의 약속들이 이루어지길 바랐던 것이다(학 2:7,9).

가운데 있으니 너희는 두려워하지 말
라.'
6 만군의 여호와가 이렇게 말한다. '이
제 조금 있으면 내가 다시 한 번 하늘
과 땅과 바다와 육지를 뒤흔들 것이
다.
7 또 내가 모든 민족들을 뒤흔들 것이
다. 그러면 모든 민족들의 보화가 들
어올 것이다. 내가 이 집을 영광으로
가득 채우겠다.' 만군의 여호와가 말
한다.
8 '은도 내 것이고 금도 내 것이다.' 만군
의 여호와가 하는 말이다.
9 '훗날 이 집의 영광이 이전의 영광보
다 클 것이다.' 만군의 여호와가 말한
다. '그리고 이곳에 내가 평안을 주겠
다.' 만군의 여호와가 하는 말이다."

부정한 백성에게 주시는 복

10 다리오 왕 2년째 되는 해 아홉째 달
24일에 여호와의 말씀이 예언자 학개
에게 임했습니다.
11 "만군의 여호와가 이렇게 말한다. '율
법에 관해서 제사장들에게 물어보아
라.
12 어떤 사람이 *거룩한 고기를 그 옷자
락 속에 싸 들고 가는데 그 옷자락이
빵이나 삶은 음식이나 포도주나 기름
이나 다른 음식에 닿았다면 그것도
거룩해지느냐고 물어 보아라.'" 그러
자 제사장들이 "그렇지 않습니다"라
고 대답했다.
13 그러자 학개가 말했다. "만약 시체를
만져 부정해진 사람이 이것들 가운데
어느 것 하나를 만졌다면 그것도 부
정해집니까?" "부정해집니다"라고 제
사장들이 대답했다.
14 그러자 학개가 대답했다. "'내 앞에서
이 백성들이 그렇고 이 나라가 그렇
다.' 여호와께서 하시는 말씀이다. '그
들 손으로 하는 모든 일이 그렇다. 그
들이 그곳에서 바치는 것이 모두 부
정한 것이다.
15 그러므로 이제 오늘부터 앞으로 어떻
게 될지 잘 생각해 보아라. 여호와의
성전에 돌 하나를 다른 돌 위에 쌓기
전에는 어땠느냐?
16 그때는 곡식 20섬을 쌓아도 10섬밖
에 없었고 포도주 틀에서 50통을 길
어 와도 20통뿐이었다.
17 너희와 너희 손으로 하는 모든 일에
내가 말라 죽게 하는 병과 곰팡이와
우박으로 쳤으나 너희가 내게로 마음
을 돌리지 않았다.' 여호와께서 하시
는 말씀이다.
18 '오늘부터 앞으로 어떻게 될지 잘 생
각해 보아라. 아홉째 달 24일부터 여
호와의 성전의 기초를 놓던 날부터
생각해 보아라.
19 창고에 씨앗이 아직도 남아 있느냐?
아직 포도나무와 무화과나무와 석류
나무와 올리브 나무가 열매를 맺지
못했지만 오늘부터는 내가 너희에게
복을 주겠다.'"

스룹바벨, 여호와의 인장 반지

20 그달 24일에 여호와의 말씀이 학개에

2:12 제사를 드리기 위해 선별된 고기를 가리킴.

게 다시 임했습니다.
21 "너는 유다 총독 스룹바벨에게 전하
여라. '내가 하늘과 땅을 뒤흔들겠다.
22 내가 왕국의 왕좌를 뒤엎고 민족들
의 왕국의 권세를 없애 버리겠다. 내
가 전차들과 거기 타고 있는 사람들
을 뒤엎을 것이다. 말들과 거기 타고
있는 사람들이 서로 자기 형제의 칼
에 넘어질 것이다.'
23 만군의 여호와가 하는 말이다. '그날
에 내가 너 스알디엘의 아들 내 종 스
룹바벨을 선택하겠다.' 여호와가 하는
말이다. '그리고 내가 너를 선택했으
니 내가 너를 *인장 반지처럼 만들겠
다.' 만군의 여호와가 하는 말이다."

2:23 일종의 옥새로서 도장으로 사용되는 반지

성·경·상·식

스룹바벨 성전

고레스의 포로 귀환 칙령으로 돌아온(BC 537년) 이스라엘 백성들이 이전에 건축된 솔로몬 성전의 기초 위에 다시 건축한 성전을 말한다. 포로 귀환 후 성전 재건축이 시작되었지만(BC 536년) 사마리아 사람들의 반대로 중단되었고 이스라엘 사람들도 자신들의 생업에 매달려 성전 재건을 완성하지 못했다. 그러다 BC 520년경 예언자 학개와 스가랴의 촉구로 성전 재건이 시작되어 BC 516년에 완성되었다(슥 6:13–15).

총독 스룹바벨이 중심이 되어 성전을 재건한 데서 스룹바벨 성전이라고 일컬었다. 솔로몬 성전에 비해 규모도 작고 볼품도 없었지만 하나님의 영광이 이전의 영광보다 더욱 크게 나타났다(학 2:9).

스가랴

Zechariah

메시아에 대한 풍부한 예언과 종말론적 사건을 담고 있는 본서는 포로에서 귀환한 이스라엘 백성들로 하여금 조속한 시일 내에 성전을 재건하여 영적 부흥에 이르도록 권면한다. 특히 선지자는 8가지 환상(1:7–6:8)을 통해 낙심한 이스라엘 백성들에게 위로와 심판을 전하며, 영광스러운 미래(9–14장)를 약속한다.

여호와께 돌이키라는 호소

1 다리오 왕이 다스린 지 2년 *여덟
째 달에 여호와께서 잇도의 손자이
며 베레갸의 아들인 예언자 스가랴에
게 말씀하셨습니다.
2 "나 여호와가 너희 조상들에게 몹시
화가 났다.
3 그러므로 너는 그들에게 말하여라.
만군의 여호와가 이렇게 말한다. '너
희는 내게 돌아오라.' 만군의 여호와의
말이다. '그러면 내가 너희에게 돌아
갈 것이다.' 만군의 여호와가 말한다.
4 너희는 너희 조상들을 본받지 말라.
일찍이 예언자들이 너희 조상들에게
'부디 너희는 악한 길과 악한 행위에
서 돌아오라'고 하시는 만군의 여호와
의 말씀을 외쳐 말했다. 그러나 그들
은 내 말을 듣지도 않았고 귀 기울이
지도 않았다. 나 여호와가 하는 말이
다.
5 너희 조상이 어디 있느냐? 예언자들
이 영원히 사느냐?
6 내가 내 말과 내 규례들을 너희 조상
들이 듣도록 내 종 예언자들에게 말
하라고 명령하지 않았느냐? 그러나
그들은 듣지 않고서 이제야 돌이켜
보며 이렇게 말한다. '만군의 여호와
께서 우리 길과 우리 행위를 따라 우
리에게 하기로 작정하신 그대로 우리
에게 이루셨다.'"

은매화나무 사이에 선 사람

7 다리오가 왕이 돼 다스린 지 2년 열한
째 달, 곧 *스밧 월 24일에 잇도의 손
자이며 베레갸의 아들인 스가랴 예언
자에게 여호와께서 말씀하셨습니다.
8 내가 밤중에 환상을 보았다. 어떤 사
람이 붉은 말을 타고서 골짜기에 있
는 은매화나무들 사이에 서 있었다.
그의 뒤에는 붉은 말과 갈색 말과 흰
말들이 있었다.

1:1 마르헤쉬완 월, 태양력으로 10월 중순 이후, BC 520년 1:7 태양력으로 1월 중순 이후, BC 519년

9 내가 물었다. "내 주여, 이것이 무엇입
니까?" 내게 말하던 그 천사가 내게
말했다. "이것들이 무엇인지 내가 네
게 보여 주겠다."
10 그러자 은매화나무 사이에 서 있는
사람이 대답해 말씀하셨다. "이것들
은 땅에 두루두루 돌아다니라고 여
호와께서 보내신 것들이다."
11 그것들이 은매화나무 사이에 서 있
는 여호와의 천사에게 말했다. "우리
가 땅에 돌아다녀 봤더니 온 땅이 조
용하고 평안했습니다."
12 그러자 여호와의 천사가 대답해 말했
다. "만군의 여호와여, 주께서는 언제
까지 예루살렘과 유다의 여러 성읍들
에 자비를 베풀지 않으시렵니까? 주
께서 이들을 노여워하신 지 벌써 70
년입니다."
13 여호와께서 나와 함께 말하던 천사에
게 은혜로운 위로의 말씀으로 대답
하셨다.
14 그 천사가 내게 말했다. "너는 외쳐라.
만군의 여호와께서 이렇게 말씀하신
다. '나는 *예루살렘과 시온을 무척
사랑한다.
15 안일을 즐기는 다른 여러 나라들로
인해 나는 몹시 화가 난다. 나는 내
백성에게 화를 조금 냈는데 다른 여
러 나라들은 내 백성에게 내가 벌주
는 것보다 더 큰 고통을 주었다.'
16 그러므로 여호와께서 이렇게 말씀하
신다. '내가 자비한 마음으로 예루살
렘으로 돌아가겠다. 그곳에 내 성전
이 세워질 것이다.' 만군의 여호와의
말이다. '예루살렘에 집을 짓기 위해
측량줄을 칠 것이다.'
17 또 외쳐라. 만군의 여호와께서 이렇
게 말씀하신다. '다시 내 성읍들이 넘
치도록 잘살게 되고 다시 여호와께서
시온을 위로하고 다시 예루살렘을 선
택할 것이다.'"

네 개의 뿔과 네 명의 대장장이

18 내가 눈을 들어 바라보니 그곳에 네
개의 뿔이 보였다.
19 나는 내게 말하던 그 천사에게 물었
다. "이것들이 무엇입니까?" 천사가
내게 대답했다. "이것들은 유다와 이
스라엘과 예루살렘을 흩어 버린 뿔들
이다."
20 그때 여호와께서 내게 네 명의 대장
장이를 보여 주셨다.
21 내가 물었다. "이들이 무엇을 하러 왔
습니까?" 여호와께서 대답하셨다. "이
뿔들은 유다를 흩어지게 해서 그 백
성 누구도 자기의 머리를 들지 못하
게 만든 나라들이다. 뿔을 들어 올려
유다를 흩어지게 하고 유다 땅을 짓
밟았다. 그러나 네 명의 대장장이들
은 그 뿔들로 하여금 두려움에 떨게
하고 다른 나라인 그 뿔을 꺾어 버리
려고 왔다."

측량줄을 잡은 사람

2 또 내가 눈을 들어 바라보니 어떤
사람이 손에 측량줄을 들고 있었
다.

1:14 또는 예루살렘과 시온을 위해 크게 질투한다.

2 내가 물었다. "어디로 가십니까?" 그
가 내게 말했다. "예루살렘을 측량해
너비와 길이가 얼마인지 알아보러 간
다."
3 내게 말하던 천사가 나가자 다른 천
사가 그 천사를 맞으러 나왔다.
4 두 번째 천사가 그 천사에게 말했다.
"달려가서 저 젊은이에게 이렇게 말
하여라. '예루살렘 안에 사람들과 가
축들이 많아져서 예루살렘은 더 이상
성벽으로 둘러쌀 수 없는 넓은 지역
이 될 것이다.'
5 나 여호와가 말한다. '내가 바깥으로
는 예루살렘의 불로 된 성벽이 돼 줄
것이며 안으로는 예루살렘의 영광이
되겠다.'
6 이제 어서 북쪽 땅에서 도망쳐라. 여
호와의 말이다. 내가 너희를 하늘의
네 방향에서 부는 바람처럼 흩어 버
렸다. 나 여호와의 말이다.
7 자, 도망쳐라! 바벨론 성에 살고 있는
시온아."
8 만군의 여호와께서 이렇게 말씀하셨
다. 너희를 괴롭힌 나라들에게 영광
스러운 일을 하기 위해 주께서 나를
보내시며 말씀하셨다. "너희를 건드리
는 나라는 주의 눈동자를 건드리는
것이다.
9 내가 손을 들어 그들을 치겠다. 그러
면 그들은 자기네 종들에게 모두 빼
앗길 것이다. 그러므로 너희는 만군
의 여호와께서 나를 보내셨음을 알게
될 것이다.
10 시온의 딸아, 소리쳐 노래하고 기뻐
하라. 내가 와서 너희와 함께 살겠다."
여호와께서 하신 말씀이다.
11 그날에 많은 나라들이 여호와께 와서
그들이 그분의 백성이 되며 그분은
너희와 함께 살 것이다. 그러면 만군
의 여호와께서 나를 네게 보내셨음을
네가 알게 될 것이다.
12 여호와께서 예루살렘을 다시 선택하
시고 그 거룩한 땅에서 유다를 그분
의 것으로 삼으실 것이다.

성·경·상·식

스가랴가 미리 본 예수님의 모습

예 언	신약의 성취
거룩한 곳에 앉으신 통치자의 모습(슥 2:10-13)	계 5:13;22:1-5
대제사장의 모습(슥 3:8)	벧전 2:5
성전 자리에 앉은 제사장의 모습(슥 6:12-13)	히 4:14;8:1-2
나귀를 탄 왕의 모습(슥 9:9-10)	마 21:4-5
은돈 30의 몸값(슥 11:12-13)	마 26:14-15
은돈 30을 토기장이에게 던져 줌(슥 11:13)	마 27:9-10
찔려서 상처 입은 나(슥 12:10)	요 19:34, 37
상처 입은 목자와 흩어진 양(슥 13:6-7)	마 26:31; 요 16:32

13 육체를 가진 모든 사람들아, 여호와
앞에서 잠잠하라. 그분께서 그 거룩
한 곳에서 일어나신다.

대제사장을 위한 정결한 옷

3 여호와께서 이것을 내게 보여 주셨
다. 대제사장 *여호수아가 여호와
의 천사 앞에 서 있고 *사탄이 *여호
수아의 오른쪽에 서서 *여호수아를
고소하고 있었다.
2 여호와께서 사탄에게 말씀하셨다. "사
탄아, 나 여호와가 너를 꾸짖는다! 예
루살렘을 선택하신 여호와가 너를 꾸
짖는다! 이 사람은 불에서 꺼낸 그슬
린 나무토막이 아니냐?"
3 그때 여호수아가 더러운 옷을 입고 천
사 앞에 서 있었다.
4 여호와께서 자기 앞에 서 있는 천사
들에게 명령하셨다. "여호수아의 저
더러운 옷을 벗기라." 그리고 여호와
께서 여호수아에게 말씀하셨다. "자,
내가 네 죄를 없애 버렸다. 이제 네게
아름다운 옷을 입힐 것이다."
5 그때 내가 말씀드렸다. "그의 머리에
깨끗한 관을 씌워 주십시오." 그러자
천사들이 그 머리에 깨끗한 관을 씌
우고 그에게 옷을 입혔다. 그동안 여
호와의 천사는 그 곁에 서 있었다.
6 여호와의 천사가 여호수아에게 말했
다.
7 "만군의 여호와께서 이렇게 말씀하신
다. '만약 네가 내 길로 행하고 내 명
령을 지키면 네가 내 집을 다스릴 것
이며, 또 내 뜰을 돌볼 것이다. 그리
고 너는 여기서 섬기는 천사들 가운
데 자유롭게 다닐 수 있다.
8 대제사장 여호수아야, 그리고 여호수
아 앞에 앉은 여호수아의 동료들아,
잘 들으라. 너희는 앞으로 생길 일의
표가 될 사람들이다. 보라. 내가 '순'이
라 부르는 내 종을 보내겠다.'
9 만군의 여호와가 말한다. '내가 여호
수아 앞에 세운 돌을 보라! 돌 하나
에 일곱 개의 눈이 있다. 내가 그 돌
위에 이 땅의 죄를 하루 만에 없애겠
다는 글을 새겨 놓겠다.
10 그날에는 너희가 너희 이웃을 서로 자
기 포도나무와 무화과나무 아래로 부
를 것이다.' 만군의 여호와가 말한다."

순금 등잔대와 두 올리브 나무

4 내게 말하던 천사가 다시 돌아와
서 잠에서 깨우듯 나를 깨웠다.
2 천사가 내게 말했다. "무엇이 보이느
냐?" 내가 말했다. "순금 등잔대가 보
입니다. 등잔대 꼭대기에 일곱 개의
대접이 달려 있고 대접마다 등잔불이
있으며 그 대접 아래로 일곱 개의 대
롱이 연결돼 있습니다.
3 그 등잔대 곁에 올리브 나무 두 그루
가 있는데 하나는 대접 오른쪽에 있
고 다른 하나는 대접 왼쪽에 있습니
다."
4 나와 말하던 천사에게 내가 물었다.
"내 주여, 이것들이 무엇입니까?"
5 나와 말하던 천사가 내게 말했다. "이

3:1 또는 예수아(스 2:2,36;10:18;느 8:7을 보라.)
3:1 히브리어, '고발자'

것들이 무엇인지 모르느냐?" 내가 대
답했다. "내 주여, 모르겠습니다."
6 그러자 그가 내게 말했다. "이것이 스
룹바벨에게 하신 여호와의 말씀이다.
'네 힘으로도 안 되고 네 능력으로도
안 되고 오직 내 영으로만 된다.' 만군
의 여호와가 말한다."
7 "큰 산아, 네가 뭐냐? 스룹바벨 앞에
서 네가 평평해질 것이다. 그가 성전
을 지을 머릿돌을 가지고 나올 때 '은
혜, 은혜가 거기 있다'라고 외치는 소
리가 있을 것이다."
8 여호와께서 다시 내게 말씀하셨다.
9 "스룹바벨의 손이 이 성전의 기초를
놓았다. 또 그의 손이 성전을 완성할
것이다." 그러므로 만군의 여호와께서
나를 너희에게 보내셨음을 너희가 알
것이다.
10 "시작이 초라하다고 하찮게 여기는
사람이 누구냐? 사람들은 스룹바벨
의 손에 측량줄이 있는 것을 보고 즐
거워할 것이다. 이 일곱 눈은 온 땅을
두루 돌아 살피시는 여호와의 눈이
다."
11 내가 천사에게 물었다. "등잔대 양쪽
에 있는 두 올리브 나무는 무엇입니
까?"
12 내가 다시 그에게 물었다. "금 기름을
흘려보내는 금 대롱 옆에 있는 두 올
리브 나무 가지는 무엇입니까?"
13 그가 내게 말했다. "이것들이 무엇인
지 모르느냐?" 내가 대답했다. "내 주
여, 모르겠습니다."
14 천사가 말했다. "이것들은 온 세상을
다스리는 여호와를 섬기는 기름 부음
받은 두 사람이다."

날아가는 두루마리

5 내가 다시 눈을 들어 바라보니 두
루마리가 날아다니고 있었다.
2 그가 내게 물었다. "무엇이 보이느
냐?" 내가 대답했다. "두루마리가 날
아다니는 것이 보입니다. 길이가 *20
규빗, 너비가 *10규빗입니다."
3 그가 내게 말했다. "이것은 온 땅에
두루 돌아다닐 저주다. 그 한쪽에는
'도둑질하는 사람은 모두 없어질 것'이
라고 쓰여 있고, 다른 쪽에는 '거짓 맹
세하는 사람은 모두 없어질 것'이라고
쓰여 있는데 쓰여 있는 그대로 될 것
이다."
4 만군의 여호와께서 말씀하셨다. "내
가 저주를 보낼 것이다. 그러면 그것
이 도둑의 집이나 내 이름을 들어 거
짓 맹세하는 사람의 집에 들어가서
그 집에 머물며 그 집의 들보와 돌들
을 모두 없애 버릴 것이다."

에바 속에 앉은 여인

5 내게 말하던 천사가 나와서 내게 말
했다. "너는 눈을 들어서 무엇이 나오
는지 보아라."
6 내가 물었다. "이것이 무엇입니까?" 천
사가 대답했다. "나온 것은 *에바다."
그리고 이어서 말했다. "이것은 온 땅
에 있는 악의 모습이다."

5:2 20규빗은 약 9미터, 10규빗은 약 4.5미터 5:6 히브리어, 에파. 곡물 도량 단위 또는 기구, '뒤주'

7 납으로 된 뚜껑이 들려 올려지니 *에
바 안에 한 여자가 앉아 있었다.
8 천사가 말했다. "이것은 악이다." 그는
그 여자를 *에바 안으로 밀어 넣고
*에바 입구를 납 뚜껑으로 덮었다.
9 또 내가 눈을 들어 바라보니 학의 날
개 같은 날개를 가진 두 여자가 그 날
개로 바람을 일으키며 나왔다. 그들
은 그 *에바를 하늘 높이 들어 올렸
다.
10 나는 내게 말하던 천사에게 물었다.
"그들이 *에바를 어디로 가져갑니
까?"
11 그가 대답했다. "*시날 땅으로 가서
*에바의 집을 지어 주려는 것이다. 다
지어지면 *에바를 거기 제자리에 놓
을 것이다."

네 대의 전차

6 또 내가 눈을 들어 바라보니 청동
으로 된 두 산 사이에서 전차 네
대가 나왔다.
2 첫째 전차는 붉은 말들이 끌고 둘째
전차는 검은 말들이 끌고
3 셋째 전차는 흰말들이 끌고 넷째 전
차는 얼룩진 힘센 말들이 끌고 있었
다.
4 내게 말하던 천사에게 내가 물었다.
"내 주여, 이것들이 무엇입니까?"
5 천사가 대답했다. "이것들은 온 세상
을 다스리는 주를 섬기다가 지금 떠
나온 하늘의 네 *영이다.
6 검은 말들이 끄는 전차는 북쪽 지방
으로 가고 흰말들이 끄는 전차가 그
뒤를 따라가며 얼룩진 말들이 끄는
전차는 남쪽 지방으로 간다."
7 힘센 말들이 나가서 땅을 두루 돌아
다니려고 기다리고 있었다. 천사가 말
했다. "여기서 나가서 땅에 두루 돌아

5:7–11 히브리어, 에파. 곡물 도량 단위 또는 기구, '뒤주' 5:11 바벨론을 가리킴. 6:5 또는 바람

하용조 목사의 행복한 메시지

누가 천국에 들어가는가?

하나님의 자녀는 하나님의 뜻을 행하고 사탄의 자녀는 사탄의 뜻을 행합니다. 반드시 기억해야 할 것은 사탄의 자녀는 하나님의 뜻을 행하지 못하고 하나님의 자녀만이 하나님의 뜻을 행할 수 있다는 것입니다.
그러면 누가 천국에 들어갈까요? 하나님의 뜻대로 행하는 자가 천국에 갑니다. 하나님의 뜻대로 행하는 자라는 말은 하나님의 자녀인 것을 전제로 합니다. 그러면 하나님의 자녀는 어떻게 될 수 있을까요? 요한복음 1:12에 "그분을 영접한 사람들, 곧 그분의 이름을 믿는 사람들에게는 하나님의 자녀가 될 권세를 주셨습니다."라고 했습니다. 따라서 그분, 곧 예수님을 마음에 영접해야 합니다.
하나님의 자녀가 된 사람들은 하나님의 뜻을 깨닫고 순종해야 합니다. 하나님의 뜻대로 사는 자만이 천국에 가기 때문입니다. 그리스도인의 최고 목표는 하나님의 뜻대로 사는 것입니다.

다니라." 그러자 곧 말들이 땅을 두루
돌아다녔다.
8 천사가 내게 큰 소리로 말했다. "북쪽
지방으로 나간 말들이 북쪽 지방에
서 내 마음을 시원하게 해 주었다."

여호수아를 위한 왕관

9 여호와께서 내게 말씀하셨다.
10 "바벨론에 포로로 사로잡혀 갔다 돌
아온 헬대, 도비야, 여다야가 스바냐
의 아들 요시아의 집에 와 있다. 너는
오늘 그 집에 가서 그들에게서 예물
을 얻어라.
11 은과 금을 얻어다가 왕관을 만들어
서 여호사닥의 아들 대제사장 여호수
아의 머리에 씌워라.
12 그리고 그에게 말하여라. 만군의 여호
와가 이렇게 말한다. '여기 '순'이라고
불리는 사람이 있다. 그가 자기 있는
곳에서 돋아나서 여호와의 성전을 지
을 것이다.
13 그가 여호와의 성전을 짓고 영광을
얻고 그 자리에 앉아서 다스릴 것이
다. 그의 자리 위에 제사장이 있을 것
인데 그 둘은 평화롭게 함께 일할 것
이다.'
14 그 왕관은 헬렘과 도비야와 여다야와
스바냐의 아들 헨을 기념하기 위해 여
호와의 성전에 둘 것이다.
15 멀리서 사람들이 와서 여호와의 성전
을 지을 것이다. 그때 만군의 여호와
께서 나를 너희에게 보내셨음을 너희
가 알 것이다. 너희가 여호와 너희 하
나님의 말씀을 듣고 순종하면 이 일
이 이루어질 것이다."

금식이 아니라 공의와 긍휼

7 다리오 왕이 다스린 지 4년 아홉째
달 곧 *기슬래 월 4일에 여호와께
서 스가랴에게 말씀하셨습니다.
2 벧엘 사람들이 사레셀과 레겜멜렉과
그 종들을 보내 여호와께 은혜를 구
했다.
3 만군의 여호와의 성전에 있는 제사장
들과 예언자들에게 물었다. "우리가
여러 해 동안 늘 하던 대로 다섯째 달
에 울며 금식해야 합니까?"
4 만군의 여호와께서 내게 말씀하셨다.
5 "이 땅의 모든 백성과 제사장들에게
말하여라. '너희가 지난 70년 동안 다
섯째 달과 일곱째 달에 금식하고 슬
피 울었는데 너희가 진심으로 나를
위해서 금식한 적이 있느냐?
6 너희가 먹고 마실 때 그저 너희 자신
을 위해 먹고 마시지 않았느냐?
7 너희가 이전부터 예언자들이 외친 여
호와의 말씀을 들었어야 하는 것이
아니냐? 그때에는 예루살렘과 그 주
변 성읍에 사람이 잘살았고 또 남쪽
지방과 서쪽 평원에도 사람이 살았었
다.'"
8 여호와께서 스가랴에게 말씀하셨다.
9 "만군의 여호와가 이미 이렇게 말했
다. '공정한 재판을 하라. 서로 사랑과
자비를 베풀라.
10 과부와 고아와 나그네와 가난한 사람
을 억누르지 말라. 너희가 서로 해치

7:1 태양력으로 11월 중순 이후, BC 518년

려는 악한 마음을 먹지 말라.'"
11 그러나 그들은 듣고 순종하지 않았으
며 등을 돌리고 듣기 싫어 귀를 막았
다.
12 여호와께서 이전의 예언자들에게 그
분의 영을 부어 주셔서 율법과 말씀
으로 가르치게 하셨다. 그러나 그들
은 귀 기울이지 않으려고 마음을 돌
같이 굳게 했다. 그래서 만군의 여호
와께서 크게 화를 내셨다.
13 만군의 여호와께서 말씀하셨다. "내
가 불렀을 때 그들이 듣지 않았으므
로 나도 그들이 부를 때 듣지 않겠다.
14 내가 회오리바람을 일으켜 그들을 그
들이 알지 못하는 나라들 가운데로
흩어 버리겠다. 그들이 흩어진 뒤 그
땅은 황폐해져서 아무도 다닐 수 없
게 될 것이다. 그들이 아름다운 땅을
황폐하게 만들었다."

여호와께서 예루살렘의 축복을 약속하시다

8 만군의 여호와께서 말씀하셨다.
2 "만군의 여호와가 말한다. 내가
시온을 매우 사랑한다. 시온을 치는
사람에게 불같이 화를 낼 만큼 매우
사랑한다."
3 여호와께서 이렇게 말씀하셨다. "내
가 시온으로 돌아왔으니 예루살렘에
서 살겠다. 그러면 예루살렘은 진리의
성읍이라 불릴 것이요, 만군의 여호
와의 산은 거룩한 산이라 불릴 것이
다."
4 만군의 여호와께서 이렇게 말씀하셨
다. "예루살렘 길거리에 다시 나이 든
어르신들이 손에 지팡이를 짚고 다닐
것이요,
5 성읍의 길거리에 어린 남자 아이들과
여자 아이들이 가득히 뛰놀 것이다."
6 만군의 여호와께서 말씀하셨다. "그
날에 이 일이 이 백성들 가운데 남은
사람의 눈에는 신기할 뿐이겠지만 그
렇다고 내 눈에도 신기한 일이겠느
냐?" 만군의 여호와께서 하신 말씀이
다.
7 만군의 여호와께서 이렇게 말씀하셨
다. "내가 동쪽 지방으로부터 그리고
서쪽 지방으로부터 내 백성들을 구원
하겠다.
8 그들을 데려와 예루살렘에서 살도록
할 것이다. 그들은 내 백성이 되고 나
는 그들에게 성실하고 의로운 하나님
이 될 것이다."
9 만군의 여호와께서 이렇게 말씀하셨
다. "만군의 여호와의 성전의 기초를
놓는 날 그곳에 있던 예언자들의 입
으로 내가 말했다. 이날 이 말씀을
듣는 너희는 성전이 지어지기까지 힘
을 내서 손을 강하게 하라.
10 그날 이전에는 사람이나 짐승이나 품
삯을 받지 못했다. 적들 때문에 아무
도 자유롭게 드나들지 못했다. 내가
모든 사람들로 서로 싸우게 했기 때
문이다.
11 그러나 이제 내가 이 백성 가운데 남
은 사람들에게 예전처럼 하지 않을
것이다. 나 만군의 여호와의 말이다.
12 하늘이 이슬을 내려서 씨앗은 잘 자

라고 포도나무가 열매를 맺으며 땅
이 곡식을 낼 것이다. 곧 평안하게 추
수를 할 것이다. 내가 이 백성 가운데
남은 사람들에게 이 모든 것을 갖게
하겠다.
13 유다 백성들아, 이스라엘 백성들아,
다른 민족들이 너희를 저주했다. 그
러나 이제 내가 너희를 구원할 것이
요, 너희는 복을 받을 것이다. 두려워
하지 말라. 힘을 내서 손을 강하게 하
라."
14 만군의 여호와께서 이렇게 말씀하셨
다. "너희 조상들이 내 화를 돋우었
을 때 내가 너희에게 재난을 내리기
로 마음먹고 너희를 불쌍히 여기지
않았다." 만군의 여호와께서 말씀하
셨다.
15 "그러나 이제 내가 마음을 돌려 예루
살렘과 유다 백성들에게 은혜를 베풀
기로 했으니 두려워하지 말라.
16 너희는 이렇게 해야 한다. 너희는 서
로 진실을 말하고 너희 성문 재판 자
리에서 참되고 정직한 재판을 베풀
라.
17 너희는 서로 악한 일을 하려고 생각
하지 말고 거짓 맹세하기를 좋아하지
말라. 이런 모든 것은 내가 미워하는
것이다. 나 여호와의 말이다."
18 만군의 여호와께서 내게 말씀하셨다.
19 "만군의 여호와가 이렇게 말한다. 넷
째 달과 다섯째 달과 일곱째 달과 열
째 달에 하는 금식의 날이 유다 백성
들에게 기쁘고 즐겁고 유쾌한 명절이
될 것이다. 그러니 너희는 진실하고
평화를 사랑하라."
20 만군의 여호와께서 이렇게 말씀하셨
다. "그 후에 많은 백성들과 여러 성
읍에 사는 사람들이 몰려올 것이다.
21 이 성읍의 사람들이 저 성읍으로 가
서 말할 것이다. '우리가 빨리 가서 만
군의 여호와를 찾고 여호와께 가서 기
도하자' 하면 서로 '나도 가자'라고 할
것이다.
22 많은 백성들과 강한 나라들이 만군
의 여호와를 찾고 여호와께 기도하러
예루살렘으로 올 것이다."
23 만군의 여호와께서 이렇게 말씀하셨
다. "그날이 이르면 다른 언어를 가진
다른 민족 열 명이 와서 한 명의 유다
사람의 옷자락을 꽉 붙잡고 말할 것
이다. '하나님이 너희들과 함께하신다
는 말을 우리가 들었으니 우리가 너
희들과 함께 가겠다.'"

이스라엘의 대적자들에 대한 심판

9 여호와께서 하신 경고의 말씀이다.
이 말씀이 하드락 땅과 다메섹에
내렸다. 세상 사람의 눈과 이스라엘
모든 지파의 눈이 여호와를 우러러보
았다.
2 하드락 땅 가까이 있는 하맛에도 경고
하며 지혜롭다고 하는 두로와 시돈에
도 경고의 말씀이 내릴 것이다.
3 두로는 자기들을 위해서 요새를 짓고
은을 티끌처럼 쌓고 순금을 거리의
진흙처럼 쌓아 두었다.
4 주께서 그가 가진 것을 빼앗고 쫓아

내시며 바다에서 떨치던 그의 힘을
무너뜨리시고 그를 불로 삼키실 것이
다.
5 아스글론이 그것을 보며 두려워할 것
이고 가사도 몹시 무서워할 것이며 에
그론도 바라던 것을 잃고 무서워할 것
이다. 가사에서 왕이 끊길 것이요, 아
스글론에는 사람이 살지 않을 것이다.
6 아스돗에 혼혈인들이 살 것이며 내가
블레셋 사람들의 교만을 꺾을 것이
다.
7 내가 블레셋의 입에서 피를 없애고
그의 이빨 사이에 낀 역겨운 것을 없
앨 것이다. 그들의 남은 사람은 우리
하나님께 돌아와 유다의 한 지도자
처럼 되고 에그론은 여부스 사람처럼
하나님의 백성이 될 것이다.
8 적이 오지 못하도록 막기 위해 내가
내 집을 둘러 진을 칠 것이다. 내가
내 눈으로 똑똑히 지키고 있으니 억
압하는 사람이 다시는 그곳으로 침입
하지 못할 것이다.

장차 오실 시온의 왕

9 시온의 딸아, 마음껏 기뻐하여라! 예
루살렘의 딸아, 소리쳐라! 보아라. 네
왕이 네게로 오신다. 그는 의로우시
며 구원을 베푸시는 분이다. 그는 겸
손하셔서 나귀를 타시니 새끼 나귀를
타고 오신다.
10 내가 에브라임에 있는 전차를 없애고
예루살렘에 있는 말을 없애고 전쟁용
활도 부러뜨릴 것이다. 그가 다른 민
족들에게 평화를 말하고 그가 바다
에서 바다까지 다스리며 유프라테스
강에서 땅끝까지 다스릴 것이다.
11 너로 말하자면, 내가 너와 피로 언약
을 맺었으므로 내가 너희 가운데 사
로잡힌 사람들을 물 없는 구덩이에서
풀어 줄 것이다.
12 사로잡혔으나 희망을 잃지 않은 사람
들아, 너희는 요새로 돌아갈 것이다.
오늘 너희에게 말한다. 내가 네게 두
배로 돌려줄 것이라고.
13 내가 유다를 활처럼 당기고 에브라임

Q&A 시온 왕은 왜 나귀를 타고 올까?

참고 구절 | 슥 9:9

나귀는 사람이 타거나 짐을 실어 나르는 데 사용되었다. 왕들은 대체적으로 노새를 타고 다닌 데 비해 일반 평민들은 나귀를 탔다. 그런데 예루살렘에 오시는 왕, 메시아는 노새가 아니라 새끼 나귀를 타고 온다는 것이다(슥 9:9). 새끼 나귀는 겸손과 평화를 상징하는 동물이다. 그러므로 왕이 새끼 나귀를 타고 온다는 것은 이 세상의 왕들과 달리 그가 겸손과 평화의 왕이심을 상징적으로 보여 주는 것이다. 예수 그리스도는 예루살렘에 들어오실 때 스가랴의 예언대로 새끼 나귀를 타고 오셔서 겸손과 평화의 왕이 되심을 보여 주셨다(마 21:1-7). "시온의 딸에게 말하라. '보라. 너희 왕이 너희에게 오신다. 그분은 겸손하셔서 나귀를 타셨으니 어린 나귀, 곧 멍에 메는 짐승의 새끼다.'"(마 21:5).

을 화살로 삼았다. 시온아, 내가 네
아들들을 일으켜 그리스 아들들을
치게 하고 내가 너를 용사의 칼처럼
쓸 것이다.

여호와께서 나타나실 것이다

14 그때 여호와께서 그분의 백성들에게
나타나셔서 화살을 번개처럼 쏘실 것
이다. 만군의 여호와께서 나팔을 부
시며 남쪽에서 부는 회오리바람처럼
앞으로 나가실 것이다.
15 만군의 여호와께서 그들을 보호하시
니 그들이 원수를 쳐부수고 무릿매
돌을 던지는 사람을 밟아 이길 것이
다. 그들이 술을 마신 듯이 적의 피에
취해 즐거이 부른다. 그들은 피로 가
득 찬 그릇 같고 피에 젖은 제단 모서
리 같을 것이다.
16 그날에 그들의 하나님 여호와께서 그
들을 그분의 백성의 양 떼처럼 구원
하실 것이다. 그들은 여호와의 땅에
서 왕관에 달린 보석처럼 빛날 것이
다.
17 그들이 얼마나 잘살고 얼마나 아름다
운지 청년들은 곡식으로 굳세어지고
처녀들은 새 포도주로 아름다워질 것
이다.

여호와께서 유다를 돌보실 것이다

10 봄비 내리는 철에 비를 오게
해 달라고 여호와께 구하라. 여
호와께서 먹구름을 만들고 그들에게
소나기를 내려 주셔서 밭의 채소를
사람들에게 주실 것이다.
2 우상들은 헛소리를 하고 점쟁이들은
거짓 환상을 보고 헛된 꿈을 말하므
로 그들의 위로는 헛되다. 백성은 목
자 없는 양같이 길을 잃고 헤매며 고
통당한다.
3 "내가 목자들을 향해 화를 내며 내가
숫염소 같은 지도자들을 벌할 것이
다. 만군의 여호와가 양 무리인 유다
백성을 보살펴서 그들을 전쟁에 나갈
날쌘 말처럼 만들 것이다.
4 그들에게서 모퉁잇돌 같은 사람이 나
오며 그들에게서 천막의 말뚝 같은
사람이 나오며 그들에게서 싸울 때의
활 같은 사람이 나오며 그들에게서
다스리는 모든 사람이 나올 것이다.
5 그들은 싸울 때 용사 같아서 질퍽한
거리에서 적을 짓밟을 것이다. 여호와
가 그들과 함께하므로 그들이 싸워
기마병들을 물리칠 것이다.
6 내가 유다 백성을 강하게 하고 요셉
백성을 구할 것이다. 내가 그들을 불
쌍히 여기므로 그들을 돌아오게 할
것이다. 그들은 내게 한 번도 버림받
지 않은 것처럼 될 것이다. 나는 그들
의 하나님 여호와다. 내가 그들의 말
을 들을 것이다.
7 에브라임 사람들은 용사같이 되며 그
들의 마음이 포도주를 마신 듯 기쁠
것이다. 그들의 자녀가 그것을 보고
기뻐하고 그들의 마음이 여호와로 인
해 즐거워할 것이다.
8 내가 그들에게 휘파람 불어 신호를
보내서 그들을 모을 것이다. 내가 그
들을 구원했으니 그들이 이전처럼 수

가 많아질 것이다.
9 내가 그들을 여러 민족들 가운데 심
을 것이고 그들은 먼 곳에서도 나를
기억할 것이다. 그들이 그 자녀들과
함께 다 살아서 돌아올 것이다.
10 내가 그들을 이집트에서 돌아오게 하
고 그들을 앗시리아에서 모아서 길르
앗과 레바논으로 데려올 것이니 그들
이 살 땅이 부족할 지경이다.
11 그들이 고통의 바다를 지나고 넘실거
리는 바다 물결을 이길 것이다. 나일
강이 다 말라 바닥을 드러내고 앗시
리아의 교만이 꺾이고 이집트를 다스
리는 힘이 사라질 것이다.
12 그들이 여호와를 의지함으로 내가 그
들을 강하게 할 것이고 그들은 여호
와의 이름을 받들면서 살 것이다. 나
여호와의 말이다."

11 레바논아, 네 문을 열어라. 불이
네 백향목을 사를 것이다.
2 잣나무야, 울부짖어라. 위풍당당하던
백향목이 쓰러지고 아름다운 나무가
꺾였다. 바산에 있는 상수리나무야,
울부짖어라. 울창한 숲이 베였다.
3 목자들이 울부짖고 있는 소리가 난
다. 그들의 자랑스러운 풀밭이 망가
져 버렸다. 젊은 사자가 으르렁거리는
소리가 난다. 요단 강 가의 무성한 수
풀이 황폐해졌다.

두 목자

4 내 하나님 여호와께서 이렇게 말씀하
셨다. "잡아먹힐 양 떼를 길러라.
5 양 떼를 산 사람들이 그것들을 잡아
도 그들에겐 죄가 없다. 그것들을 판
사람은 즐거워서 말한다. '여호와를
찬양하여라. 내가 부유하게 됐다.' 그
러나 그들의 목자들조차 그들을 불
쌍히 여기지 않는다."
6 여호와께서 하신 말씀이다. "내가 더
이상 이 땅에 사는 사람들을 불쌍히
여기지 않을 것이다. 내가 사람들을
그 이웃의 손과 왕의 손에 넘겨줄 것
이다. 그들이 이 땅을 치겠지만 내가
그들의 손에서 이 땅에 사는 사람들
을 구해 주지 않을 것이다."
7 내가 잡아먹히게 될 불쌍한 양 떼를
기를 것이다. 내가 막대기 두 개를 가
져다가 하나는 '은총'이라 부르고 또
하나는 '연합'이라 부르며 그 막대기로
양 떼를 돌보았다.
8 그리고 한 달 만에 나는 세 목자를
쫓아냈다. 그들이 내 마음에 들지 않
고 그들도 마음으로 나를 싫어했기
때문이다.
9 내가 말했다. "내가 너희를 기르지 않
을 것이다. 죽을 것은 죽고 망할 것은
망하라. 살아남은 것들은 서로 잡아
먹으라."
10 그런 다음에 '은총'이라고 쓴 내 막대
기를 가져다가 부러뜨리며 내가 모든
백성들과 맺은 약속을 깼다.
11 그날 약속이 깨졌다. 내 말을 듣고 따
르던 불쌍한 양들은 그것이 여호와의
말씀인 것을 알게 됐다.
12 내가 그들에게 말했다. "너희가 좋다
고 생각하면 내가 받을 몸값을 내게

주고 주기 싫으면 그만두라." 그러자
그들은 내 몸값으로 은돈 30을 달아
주었다.
13 여호와께서 내게 말씀하셨다. "은돈
30은 그들이 내 몸값으로 매긴 값
이다. 그 돈을 토기장이에게 던져 줘
라!" 나는 은돈 30을 여호와의 성전에
서 토기장이에게 던져 주었다.
14 그러고 나서 나는 '연합'이라고 부르는
두 번째 막대기를 부러뜨리며 유다와
이스라엘의 형제 관계를 끊어 버렸다.
15 여호와께서 내게 말씀하셨다. "너는
어리석은 목자의 양치기 도구들을 다
시 가져오너라.
16 보아라. 내가 이 땅에 새로운 한 목자
를 세울 것이다. 그는 양을 잃고 생각
하지 않으며 길을 잃은 양을 찾지 않
고 상처 입은 양을 고쳐 주지 않을 것
이다. 그는 튼튼한 양을 잘 기르지 않
으며 오히려 살진 양을 잡아먹고 또
양들의 발굽을 찢을 것이다.
17 화 있을 것이다. 양 떼를 버린 못된
목자여! 칼이 그의 팔과 오른쪽 눈을
칠 것이다. 그 팔은 말라서 아주 못쓰
게 되고 오른쪽 눈도 아주 멀어 버릴
것이다."

멸망당할 예루살렘의 대적자들

12 여호와께서 이스라엘에게 하신
경고의 말씀이다. 하늘을 펴고
땅의 기초를 놓으며 사람 안에 영을
지으신 여호와의 말씀이다.
2 "보라. 내가 예루살렘을 잔이 되게 하
겠다. 그 이웃의 모든 민족들이 그 잔
을 마시고 취해 쓰러질 것이다. 예루
살렘이 포위당할 때 유다까지 함께 포
위당할 것이다.

Q&A 은돈 30과 토기장이의 밭의 비밀

참고 구절 | 슥 11:12-13

스가랴 예언자는 예언의 품삯을 요구했다. 그때 유다 백성들은 스가랴에게 은돈 30을 주었다. 여호와께서는 스가랴에게 그 은돈 30을 토기장이에게 던지라고 말씀하셨다.

"그들은 내 몸값으로 은돈 30을 달아 주었다. … 그 돈을 토기장이에게 던져 줘라! 나는 은돈 30을 여호와의 성전에서 토기장이에게 던져 주었습니다"(슥 11:12-13). 은돈 30은 구약 시대에 종 1명의 값이었다(출 21:32). 이것은 가장 낮은 액수로 모욕적인 의미를 담고 있는데, 예언자 스가랴에 대한 백성들의 과소평가와 부정적인 평가를 보여 준 것이었다.

이것은 또한 예수님이 가룟 유다에 의해 은돈 30에 팔릴 정도로 부당하게 대우받으실 것을 미리 보여 준 것이었다(마 26:15). 예수님의 생명이 적들에게는 은돈 30정도로 하찮게 취급되었지만 그 가치를 아는 자들에게 그것은 계산할 수 없을 정도로 귀한 것이다.

그리고 하나님께서 유다 백성이 정한 고가(품삯)가 너무 불손하고 부적당하니 토기장이에게 던지라고 하셨던 것 역시 가룟 유다를 통해 그대로 성취되었다.

예수님을 판 가룟 유다는 은돈 30을 성전에 던졌고 대제사장은 그 은돈들을 주워 토기장이의 밭을 사서 나그네의 묘지로 삼았다(마 27:5-10).

3 땅의 모든 민족들이 예루살렘을 치러
고 모여들 것이다. 그날에 내가 예루
살렘을 모든 민족들에게 무거운 바위
가 되게 할 것이다. 그것을 들고 가려
는 모든 사람들이 심하게 상처를 입
을 것이다."
4 여호와께서 하신 말씀이다. "그날에
내가 모든 말을 쳐서 놀라게 하고 그
말을 탄 사람을 미치게 할 것이다. 유
다 백성을 지키고 모든 민족들의 말
을 쳐서 눈이 멀게 할 것이다.
5 유다의 지도자들은 마음속으로 말할
것이다. '예루살렘 사람들이 그들의
하나님이신 만군의 여호와로 말미암
아 힘을 얻는구나.'
6 그날에 내가 유다의 지도자들을 장작
더미 속에 놓은 난로 같게 하고 곡식
묶은 단 사이에 놓은 횃불 같게 할
것이다. 그들이 그 이웃 모든 나라들
을 불태울 것이다. 그러나 예루살렘은
그 자리에 그대로 남을 것이다.
7 나 여호와가 유다가 사는 곳을 가장
먼저 구원할 것이다. 다윗 집안의 영
광이나 예루살렘에 사는 사람들의 영
광이 유다가 누릴 영광보다 더 크지
않을 것이다.
8 그날에 나 여호와가 예루살렘에 사는
사람들을 보호할 것이다. 예루살렘
가운데 연약한 사람이라도 다윗 같고
다윗의 백성은 하나님 같고 사람들을
앞에서 이끄는 여호와의 천사같이 될
것이다.
9 예루살렘을 치러 오는 여러 나라들을
내가 멸망시키고 말 것이다.

그들이 찌른 자를 위한 애통

10 내가 다윗의 백성과 예루살렘에 사는
사람들 위에 은혜와 용서를 구하는
마음을 부어 줄 것이다. 그들은 그들
이 찔러서 상처를 입은 나를 보고 슬
피 울 것이다. 마치 외아들을 마음에
두고 슬피 울듯이 슬피 울 것이며 맏
아들을 마음에 두고 슬피 울듯이 슬
피 울 것이다.
11 그날에 예루살렘에서 크게 슬피 우는
소리가 마치 므깃도 골짜기에 있는 하
다드림몬에서 크게 슬피 울던 소리 같
을 것이다.
12 온 땅의 각 집안이 따로따로 슬피 울
것이다. 다윗 집안이 따로 울고 그들
의 아내들이 따로 울며 나단 집안이
따로 울고 그들의 아내들이 따로 울며
13 레위 집안이 따로 울고 그들의 아내
들이 따로 울며 시므이 집안이 따로
울고 그들의 아내들이 따로 울 것이
며,
14 모든 남은 백성들도 각각 따로 울고
그들의 아내들도 따로 슬피 울 것이
다."

죄로부터의 정결

13 "그날에 다윗의 백성과 예루살
렘에 사는 사람들의 죄와 더러
움을 깨끗하게 씻을 수 있는 샘이 열
릴 것이다."
2 만군의 여호와께서 말씀하셨다. "그
날에 내가 우상들의 이름을 이 땅에
서 없애 버리고 그것들이 더 이상 기

억도 되지 않게 할 것이다. 내가 또
이 땅에서 거짓 예언자들과 더러운
귀신을 없애 버릴 것이다.
3 만약 누가 아직도 예언을 한다 하면
그를 낳은 부모라 할지라도 그에게 말
할 것이다. '네가 여호와의 이름으로
거짓말을 하니 너는 죽어야 마땅하
다' 하며 그가 예언을 할 때 그를 낳은
부모가 그를 칼로 찌를 것이다.
4 그날에 모든 예언자가 자기가 예언하
는 환상을 부끄러워할 것이다. 예언
자들은 사람들에게 예언자처럼 보이
기 위해 걸치는 털옷을 입으려고 하
지 않을 것이다.
5 그들이 이렇게 말할 것이다. '나는 예
언자가 아니라 농부다. 내가 젊어서부
터 머슴 노릇을 했다.'
6 만약 누가 그에게 묻기를 '가슴에 있
는 이 상처들은 어떻게 된 것이오?'
하면 그는 대답할 것이다. '내가 친구
집에서 상처를 입었다.'"

목자를 쳐서 양들을 흩어 버리다

7 만군의 여호와께서 하신 말씀이다.
"칼아, 깨어 일어나 내 목자를 쳐라.
네 짝이 된 사람을 쳐라. 목자를 쳐
라. 그러면 양들이 흩어질 것이다. 나
는 흩어진 작은 것들 위에 내 손을 드
리울 것이다."
8 여호와께서 하신 말씀이다. "온 땅의
3분의 2는 멸망할 것이고 3분의 1은
거기 남아 있을 것이다.
9 3분의 1을 내가 불 속에 던져 넣어서
은을 제련하는 것처럼 그들을 단련할
것이다. 금을 시험하는 것처럼 그들
을 시험할 것이다. 그들이 내 이름을
부르면 내가 그들에게 대답할 것이다.
나는 그들에게 '너희는 내 백성들이
다'라고 말할 것이고 그들은 '여호와는
우리 하나님이시다'라고 말할 것이다."

여호와께서 오셔서 통치하시다

14 여호와께서 심판하실 날이 다
가오고 있다. 그날이 오면 너희
의 물건을 빼앗은 자들이 너희 앞에
서 서로 나눠 가질 것이다.
2 내가 모든 나라들을 예루살렘에 불러
모아 예루살렘과 싸우게 할 것이다.
그 성읍은 함락되고 집은 약탈당하
며 여자들은 겁탈당할 것이다. 그 성
읍 백성이 2분의 1이나 포로로 사로
잡혀 갈 것이다. 나머지 백성들은 죽
임당하지 않고 그 성읍에 남아 있을
것이다.
3 그때 여호와께서 나가서서 마치 전쟁
하는 날에 싸우듯이 그 나라들과 싸
우실 것이다.
4 그날이 오면 주께서 예루살렘의 동쪽
에 있는 올리브 산에 서 계실 것이다.
올리브 산이 동쪽과 서쪽으로 둘로
갈라져 매우 큰 골짜기를 만들 것이
다. 산의 2분의 1은 북쪽으로 옮겨지
고 다른 2분의 1은 남쪽으로 옮겨질
것이다.
5 그 골짜기가 아셀까지 이어지고 너희
는 그 골짜기로 도망칠 것이다. 마치
유다 왕 웃시야가 다스리던 시절에 지
진을 피해 도망치던 것처럼 도망갈 것

이다. 그때 내 하나님 여호와께서 오
실 것이며 모든 거룩한 사람들이 주
와 함께 올 것이다.
6 그날이 오면 빛이 없을 것이고 빛나
는 것들, 곧 해와 별이 없어질 것이다.
7 그날이 언제 올 지 여호와께서만 아
신다. 그날은 낮이 따로 없고 밤도 따
로 없으나 언제나 밝고 저녁이 돼도
오히려 밝을 것이다.
8 그날이 오면 생수가 예루살렘에서 흘
러나와서 2분의 1은 *동쪽 바다로 흘
러가고 2분의 1은 *서쪽 바다로 흘러
갈 것이다. 여름에도 흐르고 겨울에
도 흐를 것이다.
9 그날이 오면 여호와께서 온 세상의
왕이 되시며 오직 여호와만 홀로 주
가 되실 것이다. 오직 한 분이신 그분
의 이름만이 섬김을 받으실 것이다.
10 게바에서 예루살렘 남쪽 림몬까지 온
땅이 *아라바처럼 평야가 될 것이다.
그러나 예루살렘은 높이 솟아 있을
것이다. '베냐민 문'에서 '첫 문'을 지나
'모퉁이 문'까지 이르고 또 '하나넬 탑'
에서 왕궁의 포도주 틀까지 그 자리
에 남아 있을 것이다.
11 그곳에 사람들이 살고 다시는 멸망
하지 않을 것이다. 예루살렘은 안전할
것이다.
12 이것이 여호와께서 예루살렘을 치는
모든 민족들에게 내릴 재앙이다. 그
들이 아직 두 발로 서서 살아 있는
동안 살이 썩고 눈이 눈구멍 안에서
썩을 것이며 혀가 입안에서 썩을 것
이다.
13 그날이 오면 여호와께서 나라들 가운
데 큰 혼란을 보내실 것인데 그들은
서로 손을 붙들고 자기들끼리 싸울
것이다.

14:8 동쪽 바다는 사해 또는 염해, 서쪽 바다는 대해(지중해)를 가리킴. 14:10 히브리어, '사막 평원'

하용조 목사의 행복한 메시지

험지(險地)를 선택하는 삶

우리 인생은 무엇을 선택하느냐에 따라 달라집니다. 믿음은 언제나 좋은 선택을 하게 합니다. 믿음은 언제나 최선을 선택하게 합니다. 쾌락, 형통, 기쁨, 명예, 부 등은 세상의 선택입니다. 이것들은 다 지나가고 맙니다. 세상에는 영원한 것이 없습니다. 우리 인생은 순간입니다. 영원하지 않습니다. 하나님 안에서 가난함이 세상에서 부요함보다 낫고 하나님 안에서 실패가 세상에서 성공보다 낫습니다. 하나님을 모르고 건강한 것보다 차라리 병이 들어서 하나님을 아는 것이 더 낫습니다.

믿음은 좋은 환경이 아니라 좋은 하나님을 선택하게 합니다. 선교사들을 생각해 보십시오. 그들은 왜 좋은 환경, 좋은 직업, 밝은 미래를 버리고 죽음을 각오하면서 험지의 삶을 선택할까요? 그들에게는 영원에 대한 믿음이 있기 때문입니다. 믿음은 바른 선택을 하게 합니다. 포기해야 할 것을 포기하고 선택해야 할 것을 선택하게 합니다.

14 유다도 예루살렘을 지키려고 싸울 것
이며 예루살렘에 모든 이웃 나라들의
재물, 곧 금과 은과 옷이 엄청나게 많
이 쌓일 것이다.
15 이런 재난이 적의 진영에 있는 모든
동물들, 곧 말과 노새와 낙타와 나귀
에게 일어날 것이다.
16 그때 예루살렘을 치러 온 모든 나라
들 가운데서 살아남은 사람들은 해
마다 예루살렘으로 올라올 것이다.
그들은 거기서 만군의 여호와인 왕을
예배하고 초막절을 지낼 것이다.
17 이 땅의 어떤 백성이라도 예루살렘에
올라와서 만군의 여호와 되시는 왕을
예배하지 않으면 그들에게 비가 내리
지 않을 것이다.
18 만약 이집트 백성이 올라오지 않으
면 그들에게 비가 내리지 않아서 나
일 강이 마를 것이다. 초막절을 지내
러 올라오지 않는 어느 나라 사람들
에게든지 여호와께서 재앙으로 내리
치실 것이다.
19 이집트 사람이든 어느 나라 사람이든
초막절을 지키러 올라오지 않는 모든
사람들이 받을 벌이다.
20 그날이 오면 말의 목에 달린 방울에
까지 '여호와께 거룩히 드려진 것'이라
는 글이 새겨질 것이고 여호와의 성전
에 있는 솥들이 제단 앞의 대접같이
거룩하게 될 것이다.
21 예루살렘과 유다에 있는 모든 솥이
만군의 여호와께 거룩하게 바친 것이
돼 제사드리러 온 사람들이 모두 이
솥을 가져다가 그 솥에 제물로 드릴
고기를 삶을 것이다. 그리고 그날이
오면 만군의 여호와의 성전에 다시는
*가나안 사람이 없을 것이다.

14:21 상인들을 가리킴.

말라기

Malachi

구약의 마지막 책으로서, 성전 건축 이후 낙심에 빠진 이스라엘에 대해 영적 각성과 도덕적 개혁을 강력히 촉구하는 내용이다. 말라기 예언자는 하나님과의 언약을 파기한 이스라엘의 심판은 필연적일 수밖에 없음을 밝히고, 회개와 순종을 통해 하나님과의 관계를 회복하고 풍성한 축복에 이르도록 간곡히 호소한다.

1 여호와께서 *말라기를 통해 이스라
엘에게 경고하신 말씀입니다.

이스라엘이 하나님의 사랑을 의심하다

2 여호와께서 말씀하셨다. "내가 너를
사랑했다. 그런데 너는 '우리를 어떻
게 사랑하셨습니까?' 하는구나." 여호
와의 말씀이다. "에서는 야곱의 형이
아니냐? 그러나 내가 야곱은 사랑했
고
3 에서는 미워했다. 그래서 내가 그의
산들을 폐허로 만들었고 그의 유산
을 들짐승에게 주었다."
4 "우리가 쓰러졌어도 돌아가 그 폐허를
재건하겠다"라고 에돔은 말한다. 그러
나 만군의 여호와께서는 말씀하셨다.
"그들이 세운다 해도 내가 부숴 버릴
것이다. 그들은 '죄악의 땅', 곧 '영원히
여호와의 진노 아래 있는 백성들'이라
고 불릴 것이다.
5 그러면 너희는 그것을 보고 '여호와는
이스라엘 국경 밖에서도 위대하시다'
라고 말할 것이다."

흠 있는 제물로 인하여 깨진 언약

6 만군의 여호와께서 말씀하셨다. "내
이름을 소홀히 하는 제사장들아! 아
들은 아버지를 존경하고 종은 주인을
존경하는 법이다. 날더러 아버지라면
서 나를 존경함이 어디 있느냐? 날더
러 주인이라면서 나를 두려워함이 어
디 있느냐? 그러나 너희는 '우리가 어
떻게 주의 이름을 경멸했습니까?'라
고 말할 것이다.
7 너희는 내 제단에 부정한 빵을 올렸
다. 그러고도 너희는 '우리가 어떻게
주를 더럽혔습니까?'라고 말한다. 너
희는 여호와의 식탁을 소홀히 해도
된다고 생각한다.
8 너희가 눈이 먼 것들을 제물로 올린
다면 악한 것 아니냐? 다리 저는 것
이나 병든 것을 제물로 올린다면 악
한 것 아니냐? 그것들을 너희 총독

1:1 히브리어, '나의 전령'

에게 한번 바쳐 보라. 그가 너를 기뻐
하겠느냐? 그가 너를 좋게 여기겠느
냐?" 만군의 여호와께서 말씀하셨다.
9 "너희는 여호와께 불쌍히 여겨 달라
고 은혜를 간청해 보라. 너희 손으로
그런 짓을 했는데 그분이 너희를 좋
게 여기시겠느냐?" 만군의 여호와께
서 말씀하셨다.
10 "너희 가운데 누가 성전 문들을 닫아
서 내 제단에 쓸데없이 불을 지피는
일이 없었으면 좋겠다. 내가 너희를
기뻐하지 않는다." 만군의 여호와께서
말씀하셨다. "그리고 내가 너희 손에
있는 제물은 어떤 것도 받지 않겠다.
11 해 뜨는 데서부터 해 지는 데까지 내
이름이 이방 민족들 가운데서 높임
을 받을 것이다. 곳곳마다 내 이름을
위해 분향하며 정결한 제물이 바쳐질
것이다. 이는 내 이름이 이방 민족들
가운데서 높임을 받게 될 것이기 때
문이다." 만군의 여호와께서 말씀하셨
다.
12 "그러나 너희는 '여호와의 식탁이 더
럽혀졌으니 그 위에 있는 음식은 무
시해도 괜찮아'라고 말해 내 이름을
더럽히고 있다.
13 그리고 너희는 '보라. 진짜 귀찮은 일
이다'라고 말하며 그것을 멸시한다."
만군의 여호와께서 말씀하셨다. "너
희가 찢긴 것이나 다리 저는 것이나
병든 것을 가져와 제물로 바치고 있
는데 내가 네 손에서 그것을 달갑게
받겠느냐?" 여호와께서 말씀하셨다.
14 "자기 짐승 떼에서 수컷을 드릴 수 있
고 맹세도 했는데 주께 흠 있는 것을
바치며 속이는 사람에게는 저주가 있
을 것이다. 나는 위대한 왕이기 때문
이다. 민족들이 내 이름을 두려워하
기 때문이다." 만군의 여호와께서 말
씀하셨다.

Q&A "정말 우릴 사랑하시나요?"

참고 구절 | 말 1:2–5

이스라엘 백성은 하나님께 "우리를 어떻게 사랑하셨습니까?"(말 1:2)라고 질문을 했다. 그러자 하나님은 야곱과 에서를 예로 들어, 야곱이 에서보다 더 사랑할 만해서가 아니라 하나님 편에서 야곱을 주권적으로 선택하셨음을 밝히셨다(말 1:2).

하나님은 이미 아브라함, 이삭, 야곱 그리고 그 후손들과 언약을 맺으셨다(창 6:18;9:9–17;17:1–8). 하나님은 이스라엘을 자기 백성으로 인정하시고 그들을 보호하시며 필요를 채워 주겠다고 약속하셨다. 이에 대해 이스라엘 백성들도 오직 하나님만을 순종하고 신뢰하기로 맹세했다(수 24:1–27). 그러나 그들은 하나님께 신실하지 못했다. 하나님의 사랑을 잊고 반역하기 일쑤였다.

하나님은 반역한 이스라엘을 바벨론 군대를 통해 심판하셨지만 그들을 다시금 고향으로 돌아오게 하셔서 황폐된 예루살렘을 재건하게 하시고 회복시키셨다. 하나님은 맺으신 언약을 신실하게 지키시는 분이다.

제사장들에 대한 추가적인 경고

2 "오 제사장들아, 이제 이 훈계는 너
희를 위한 것이다.
2 너희가 듣지 않으면, 곧 너희가 내 이
름을 경외하겠다고 마음을 다지지 않
으면 내가 너희 위에 저주를 보낼 것
이고 내가 너희 복을 저주로 만들 것
이다." 만군의 여호와께서 말씀하셨
다. "그렇다. 나는 이미 그 복을 저주
로 만들었다. 너희가 나를 경외하겠
다고 마음을 다지지 않았기 때문이
다.
3 보라. 너희로 인해 내가 너희 자손을
꾸짖겠다. 내가 너희 절기 희생물에
게서 나온 오물을 너희 얼굴에 던질
것이고 너희를 그것과 함께 없애 버
릴 것이다.
4 그러면 너희는 레위와 맺은 계약이
계속되게 하기 위해 내가 이 훈계를
너희에게 주었다는 것을 알게 될 것
이다." 만군의 여호와께서 말씀하셨
다.
5 "내가 레위와 맺은 계약은 생명과 평
화의 언약이다. 그가 나를 경외하도
록 그와 언약을 맺었고 그는 나를 경
외하고 내 이름을 두려워했다.
6 그의 입에는 진리의 법이 있고 그의
입술에서 죄악이라고는 찾을 수 없었
다. 그가 나와 함께 평화롭고 올바르
게 행했고 많은 사람을 죄악에서 돌
아오게 했다.
7 제사장의 입술은 지식을 담아야 하
고 사람들은 그의 입에서 율법을 찾
는다. 그는 만군의 여호와의 사자이
기 때문이다.
8 그러나 너희는 그 길에서 벗어났고
네 법으로 많은 사람들을 걸려 넘어
지게 했다. 너희는 레위와 맺은 계약
을 깨뜨렸다." 만군의 여호와께서 말
씀하셨다.
9 "그러므로 내가 너희로 모든 백성들
앞에서 멸시당하고 천대받게 하겠다.
너희가 내 길을 지키지 않고 율법을
적용함에 있어서 치우침을 보였기 때
문이다."

이혼으로 인하여 깨진 언약

10 우리 모두가 한 아버지를 모시지 않
았느냐? 한 하나님이 우리를 창조하
지 않으셨느냐? 왜 우리가 형제끼리
신뢰를 저버려 우리 조상들이 받은
계약을 욕되게 하는 것이냐?
11 유다가 신의를 저버렸고 이스라엘과
예루살렘에서 역겨운 일을 저질렀다.
유다가 여호와께서 사랑하시는 그 성
소를 더럽혔고 이방신을 섬기는 여자
들과 결혼했다.
12 이 일을 하는 사람은 증인이든 보증
인이든 만군의 여호와께 제물을 갖다
바치는 사람이든 여호와께서 야곱의
장막에서 좇아내실 것이다.
13 너희가 저지른 또 다른 일이 있다. 그
분이 더 이상 너희 제물을 생각하지
않으시고 너희 손에서 나온 것들을
기쁘게 받지 않으신다고 여호와의 제
단을 눈물과 통곡과 울부짖음으로
덮었다.

14 너희는 "왜?"라고 묻는다. 이는 너와
네가 어려서 얻은 아내 사이에 여호와
께서 증인이 되시기 때문이다. 그녀가
네 동반자이며 너와 언약으로 맺어진
아내임에도 불구하고 네가 신의를 저
버렸기 때문이다.
15 여호와께서 하나가 되게 하시지 않았
느냐? 그분이 남은 영이 없어서 그러
셨느냐? 그렇다면 왜 하나이겠느냐?
경건한 씨를 찾으시려는 것이다. 그
러니 네 영을 잘 지키고 네가 어려서
결혼한 아내에게 신의를 저버리지 마
라.
16 이스라엘의 하나님 여호와께서 말씀
하셨다. "나는 이혼하는 것을 싫어한
다. *그의 옷을 폭력으로 덮는 것도
싫어한다." 만군의 여호와께서 말씀하
셨다. 그러니 너희 마음을 잘 지키고
신의를 저버리지 말라.

불의로 인하여 깨진 언약

17 너희가 말로 여호와를 괴롭게 하고도
"우리가 어떻게 그분을 피곤하게 했
습니까?" 하는구나. 너희는 "악을 행
하는 사람마다 여호와께서 좋게 보시
고 그분께서 기뻐하신다"라고 말하며
"공의의 하나님께서 어디 계시냐?"라
고 말한다.

3 "보라. 내가 내 심부름꾼을 보내
내 앞에 길을 닦게 하겠다. 그러고
나면 너희가 바라는 주께서 갑자기
그 성전에 올 것이다. 너희가 좋아하
는 계약의 심부름꾼 말이다. 그가 올
것이다." 만군의 여호와께서 말씀하셨
다.
2 "그러나 그가 오는 그날을 누가 견뎌
낼 수 있겠느냐? 그가 나타날 때 누
가 서겠느냐? 그는 금을 제련하는 사
람의 불 같고 세탁하는 사람의 비누
같을 것이다.
3 그가 은을 제련해 순은을 만드는 사
람처럼 앉아서 레위 자손들을 깨끗

2:16 또는 그의 옷으로 폭력을 가리는 것도 싫어한다.

Q&A 여호와의 날이 임하기 전 하나님이 보낼 사자는 누구인가?

참고 구절 | 말 3:1

말라기는 하나님의 심판이 임할 것인데 심판 전에 그의 백성들의 죄를 지적하고 회개하게 하는 일을 행할 하나님의 사자를 보내실 것이라고 말했다(말 3:1). 하나님이 보낼 사자는 누구를 말하는 것일까?
말라기의 이름이 '나의 사자'라는 의미를 갖고 있으며 심판을 피할 방법을(말 4:4) 백성들에게 제시한 그의 사역으로 보아 하나님의 사자는 말라기 자신이라고 보기도 한다(말 4:1–6). 그러나 '나의 사자'는 이사야 예언자도 예언한 바 있는 오실 왕의 길을 예비하는 사람을 말한다(사 40:3). 고대에는 왕이 행차하기 전 먼저 사자를 보내서 왕이 갈 길에 있는 돌을 옮기며 길을 곧고 바르게 닦는 풍습이 있었다. 이 세상에 오시는 참왕을 맞이하기 위해 왕의 길을 예비하며 광야에서 외칠 그 사람은 세례 요한으로, 그는 사람들을 죄에서 돌이켜 주께로 인도할 하나님의 사자라고 본다(마 3:1–3).

하게 할 것이다. 그가 금과 은처럼 그
들을 제련하면 그들이 여호와께 의로
예물을 드리게 될 것이다.
4 그러면 유다와 예루살렘의 제물들이
예전처럼, 곧 옛날처럼 여호와께서 기
뻐하실 만한 것이 될 것이다.
5 그러므로 내가 심판하기 위해 너희에
게 가까이 나아가겠다. 마법사들, 간
음하는 사람들, 거짓 증언하는 사람
들, 그리고 일꾼의 품삯을 착취하고
과부와 고아를 압제하고 이방 사람
의 권리를 박탈하면서도 나를 경외하
지 않는 사람들에 대해 즉시 증인이
되겠다." 만군의 여호와께서 말씀하셨
다.

십일조로 인하여 깨진 언약

6 "나 여호와는 변하지 않는다. 그러니
야곱의 자손들아, 너희는 멸망하지
않는다.
7 너희 조상들의 때부터 너희는 내 규
례에서 떠나 지키지 않았다. 내게 돌
아오라. 그러면 나도 너희에게 돌아가
겠다." 만군의 여호와께서 말씀하셨
다. "그러나 너희는 '우리가 어떻게 해
야 돌아갈 수 있습니까?'라고 말하는
구나.
8 사람이 하나님의 것을 훔칠 수 있을
까? 그런데 너희는 내 것을 훔쳤다.
그러나 너희는 '우리가 어떻게 주의
것을 훔쳤다고 그러십니까?'라고 말
하는구나. 너희가 내게서 훔친 것은
십일조와 예물이다.
9 너희가 저주 아래 있다. 너희와 너희
민족 전체가 내 것을 훔쳤으니
10 창고에 십일조 전부를 가져다 놓고
내 집에 먹을 것이 있게 하라. 이 일
로 나를 시험해 내가 하늘 창문을 열
고 너희가 쌓을 자리가 없도록 복을
쏟아붓지 않나 보라." 만군의 여호와
께서 말씀하셨다.
11 "내가 너희를 위해 먹어 치우는 것들
을 꾸짖고 너희 땅의 열매들을 망치
지 않게 하고 너희 포도나무 열매가
익기도 전에 떨어지는 일이 없게 하겠
다." 만군의 여호와께서 말씀하셨다.
12 "그러고 나면 모든 민족들이 너희가
복되다고 말하게 될 것이다. 너희 땅
이 기쁨의 땅이 될 것이기 때문이다."
만군의 여호와께서 말씀하셨다.

이스라엘이 거만하게 여호와께 항변하다

13 여호와께서 말씀하셨다. "너희가 내
게 불손한 말을 했다. 그러나 너희는
'우리가 무슨 말을 했다고 그러십니
까?'라고 말하는구나.
14 너희는 말하기를 '하나님을 섬기는 것
은 쓸데없는 일이다. 우리가 그분의
명령을 지키고 만군의 여호와 앞에서
슬픈 사람들처럼 왔다 갔다 한다고
해서 무슨 이득이 있느냐?
15 그러고 보니 우리가 교만한 사람들에
게 복이 있다고 해야 한다. 악한 사람
들은 번성하고 또 하나님께 도전하는
사람들은 화를 입지 않는다'라고 말
했다."

신실한 남은 자

16 그때 여호와께서는 여호와를 경외하

는 사람들이 서로 말하는 것을 귀 기
울여 들으셨다. 여호와를 두려워하고
그분의 이름을 존중하는 사람들을
여호와 앞에 있는 기억의 두루마리에
기록하셨다.
17 만군의 여호와께서 말씀하셨다. "그
들은 내 소유이다. 내가 행동할 그날
에 그들은 특별한 내 소유가 될 것이
다. 사람이 자기를 섬기는 아들을 아
끼는 것처럼 내가 그들을 아낄 것이
다.
18 그때 너희는 다시금 의인들과 악인들,
하나님을 섬기는 사람들과 섬기지 않
는 사람들을 구별하게 될 것이다."

심판과 언약 갱신

4 "보라. 그날은 반드시 올 것이다. 그
날은 용광로처럼 타오를 것이다.
모든 교만한 사람들과 악을 행하는
모든 사람들은 지푸라기 같을 것이고
이제 올 그날에 그들을 다 태워 버릴
것이다." 만군의 여호와께서 말씀하셨
다. "그들에게 뿌리 한 가닥이나 가지
하나도 남지 않을 것이다.
2 그러나 내 이름을 경외하는 너희에게
는 *의의 태양이 떠올라서 그 광선으
로 치료할 것이다. 그리고 너희는 외
양간에서 풀려난 송아지처럼 펄쩍펄
쩍 뛸 것이다.
3 그러고 나서 너희는 악한 사람들을
짓밟게 될 것이다. 내가 이런 일을 할
그날에 그들이 너희 발바닥 밑의 재
와 같을 것이다." 만군의 여호와께서
말씀하셨다.
4 "너희는 내가 호렙 산에서 온 이스라
엘을 위해 내 종 모세를 시켜서 명령
한 율법, 곧 규례와 법도를 기억하라.
5 보라. 그 크고 무서운 여호와의 날이
오기 전에 내가 너희에게 예언자 엘리
야를 보낼 것이다.
6 그가 부모의 마음을 자식에게 돌리
고 자식의 마음을 부모에게 돌릴 것
이다. 돌이키지 않으면 내가 가서 저
주로 이 땅을 칠 것이다."

4:2 또는 의의 태양이 떠올라서 그 날개로 치료할 것이다.

신약 전서

The New Testament

신약 목차

마태복음(28장) 1
마가복음(16장) 68
누가복음(24장) 111
요한복음(21장) 183
사도행전(28장) 239
로마서(16장) 305
고린도전서(16장) 335
고린도후서(13장) 364
갈라디아서(6장) 383
에베소서(6장) 394
빌립보서(4장) 404
골로새서(4장) 411
데살로니가전서(5장) 418
데살로니가후서(3장) 424
디모데전서(6장) 428
디모데후서(4장) 436
디도서(3장) 442
빌레몬서(1장) 446
히브리서(13장) 448
야고보서(5장) 469
베드로전서(5장) 476
베드로후서(3장) 484
요한일서(5장) 489
요한이서(1장) 498
요한삼서(1장) 500
유다서(1장) 502
요한계시록(22장) 505

총 27권 / 260장 / 7,957절

마태복음

M a t t h e w

유대인의 왕으로 오신 예수 그리스도를 소개하는 복음서로서, 예수 그리스도께서 구약의 성취로 오신 동시에 세상을 구원하는 메시아이심을 강조한다. 천국, 언약과 성취, 기독론 등이 중점적으로 전개되며, 인간의 의를 뛰어넘은 하나님의 완전한 의와 천국 백성의 윤리, 예수 그리스도의 인격과 사역에 대해 기술한다.

마
막
눅

예수 그리스도의 족보 (눅 3:23-38)

1 아브라함의 자손이며 다윗의 자손
인 예수 *그리스도의 족보입니다.
2 아브라함은 이삭을 낳고 이삭은 야곱
을 낳고 야곱은 유다와 그 형제들을
낳고
3 유다는 다말에게서 베레스와 세라를
낳고 베레스는 헤스론을 낳고 헤스론
은 람을 낳고
4 람은 아미나답을 낳고 아미나답은 나
손을 낳고 나손은 살몬을 낳고
5 살몬은 라합에게서 보아스를 낳고 보
아스는 룻에게서 오벳을 낳고 오벳은
이새를 낳고
6 이새는 다윗 왕을 낳았습니다. 다윗
은 원래 우리야의 아내였던 여인에게
서 솔로몬을 낳고
7 솔로몬은 르호보암을 낳고 르호보암
은 아비야를 낳고 아비야는 아사를 낳
고
8 아사는 여호사밧을 낳고 여호사밧은
요람을 낳고 요람은 웃시야를 낳고
9 웃시야는 요담을 낳고 요담은 아하스
를 낳고 아하스는 히스기야를 낳고
10 히스기야는 므낫세를 낳고 므낫세는
아몬을 낳고 아몬은 요시야를 낳고
11 요시야는 바벨론으로 잡혀갈 무렵에
*여고냐와 그 형제들을 낳았습니다.
12 바벨론으로 잡혀간 후로 *여고냐는
스알디엘을 낳고 스알디엘은 스룹바벨
을 낳고
13 스룹바벨은 아비훗을 낳고 아비훗은
엘리아김을 낳고 엘리아김은 아소르
를 낳고
14 아소르는 사독을 낳고 사독은 아킴을
낳고 아킴은 엘리웃을 낳고
15 엘리웃은 엘르아살을 낳고 엘르아살
은 맛단을 낳고 맛단은 야곱을 낳고
16 야곱은 마리아의 남편 요셉을 낳았고
마리아에게서 그리스도라 하는 예수

1:1 히브리어, 메시아. '기름 부음 받은 사람'(그리스어, 그리스도) 1:11,12 또는 여호야긴(대상 3:16과 렘 24:1을 보라.)

께서 태어나셨습니다.
17 그러므로 아브라함부터 다윗까지가
모두 14대요, 다윗부터 바벨론으로
잡혀갈 때까지가 모두 14대요, 바벨론
으로 잡혀간 때부터 그리스도께서 태
어나신 때까지가 모두 14대입니다.

요셉이 예수를 아들로 받아들이다

18 예수 그리스도의 태어나심은 이렇습
니다. 그의 어머니 마리아는 요셉과
약혼한 사이였습니다. 그런데 결혼하
기 전에 마리아가 성령으로 임신하게
된 사실이 알려졌습니다.
19 마리아의 남편 요셉은 의로운 사람이
었습니다. 그는 마리아가 사람들 앞
에 수치를 당하게 될까 봐 남모르게
파혼하려 했습니다.
20 요셉이 이런 생각을 할 때에 주의 천
사가 꿈에 나타나 말했습니다. "다윗
의 자손 요셉아, 두려워하지 말고 마
리아를 네 아내로 맞아라. 마리아가
가진 아기는 성령으로 임신된 것이다.
21 마리아가 아들을 낳을 것이니 그 이
름을 *'예수'라 하여라. *예수가 그의
백성을 그들의 죄로부터 구원할 것이
다."
22 이 모든 일이 일어나게 된 것은 주께
서 예언자를 통해 말씀하신 것을 성
취하기 위함이었습니다.
23 ㄱ"처녀가 잉태해 아들을 낳을 것이
요, 그를 '임마누엘'이라 부를 것이
다."
'임마누엘'이란 "하나님께서 우리와 함
께하신다"는 뜻입니다.
24 잠에서 깨어난 요셉은 주의 천사가
명령한 대로 마리아를 아내로 맞아들
였습니다.
25 그러나 요셉은 아들을 낳을 때까지
마리아와 잠자리를 같이하지 않았습
니다. 마리아가 아들을 낳자 요셉은
그 이름을 '예수'라고 지었습니다.

동방 박사들이 그리스도를 방문하다

2 헤롯 왕 때에 유대의 베들레헴에
서 예수께서 태어나시자 동방에서
*박사들이 예루살렘에 찾아와

1:21 그리스어, '주께서 구원하신다.'(히브리어, 여호수아) 2:1 점성가들 ㄱ 사 7:14

성·경·상·식

마태가 쓴 예수님의 족보

마태가 그의 복음서 서두에서 예수님의 족보를 제시한 데는 이유가 있다.
첫째, 예수님의 탄생은 아브라함(창 12, 15장)과 다윗(삼하 7장)과 맺으셨던 언약의 성취임을 확인시켜 주고 또 예수님은 하나님의 아들이시지만 인간의 역사 안에서 사람으로 태어나셨다는 것을 보여 주기 위해서였다.
둘째, 이 족보에는 다말(마 1:3), 라합(마 1:5), 룻(마 1:5), 우리야의 아내(마 1:6) 등이 기록되어 있는데, 이들은 창녀(수 2:1) 혹은 이방 여인이었으며(룻 1:4), 간통죄를 범했던(삼하 11:2-5) 여인도 있었다. 이것은 하나님께서 자기 백성을 선택하시는 조건은 오직 은혜이며, 예수님은 죄인과 이방인까지도 포함하는 모든 인류를 위해 오신 메시아이시라는 것을 알려 주기 위해서였다.

2 물었습니다. "유대 사람의 왕으로 나
신 분이 어디 계십니까? 우리는 동방
에서 그의 별을 보고 그에게 경배드
리러 왔습니다."
3 헤롯 왕은 이 말을 듣고 심기가 불편
했습니다. 예루살렘도 온통 떠들썩했
습니다.
4 헤롯은 백성의 대제사장들과 율법학
자들을 모두 불러 *그리스도가 어디
에서 태어날 것인지 캐물었습니다.
5 그들이 대답했습니다. "유대의 베들레
헴입니다. 예언자가 성경에 이렇게 기
록했기 때문입니다.
6 ㄱ'그러나 너 유대 땅 베들레헴아, 너
는 *유대의 통치자들 가운데 가장
작지 않구나. 네게서 통치자가 나와
내 백성 이스라엘의 목자가 될 것이
다.'"
7 그때 헤롯은 몰래 박사들을 불러 별이
나타난 정확한 시각을 알아냈습니다.
8 헤롯은 박사들을 베들레헴으로 보내
며 말했습니다. "가서 샅샅이 뒤져 그
아기를 꼭 찾으라. 그리고 아기를 찾
자마자 나에게도 알리라. 나도 가서
아기에게 경배할 것이다."
9 박사들은 왕의 말을 듣고 다시 길을
떠났습니다. 그런데 동방에서 보았던
그 별이 그들보다 앞서가서 아기가 있
는 곳 위에 멈춰 섰습니다.
10 박사들은 별을 보고 뛸 듯이 기뻤습
니다.
11 집으로 들어가 보니 아기가 그 어머
니 마리아와 함께 있었습니다. 그들은
엎드려 아기에게 경배하고 보물함을
열어 황금과 유향과 몰약을 예물로
드렸습니다.
12 그리고 그들은 꿈속에서 헤롯에게 돌
아가지 말라는 지시를 받고 다른 길
을 통해 자기 나라로 돌아갔습니다.

이집트로 도피하다

13 박사들이 떠난 후 주의 천사가 요셉
의 꿈에 나타나 말했습니다. "일어나
거라! 어서 아기와 그 어머니를 데리
고 이집트로 피신하여라. 헤롯이 아기
를 죽이려고 찾고 있으니 내가 말해
줄 때까지 거기에 머물러 있어라."
14 그래서 요셉이 일어나 아기와 그 어머
니를 데리고 한밤중에 이집트로 떠났
습니다.
15 그리고 헤롯이 죽을 때까지 그곳에
살았습니다. 이것은 주께서 예언자를
통해 하신 말씀을 이루신 것입니다.
ㄴ"내가 이집트에서 내 아들을 불러
냈다."
16 헤롯은 박사들에게 속은 것을 알고
분이 치밀었습니다. 그래서 그는 박사
들에게서 알아냈던 시간을 기준으로
베들레헴과 그 부근에 살고 있는 두
살 이하의 사내아이들을 모두 죽이라
고 명령했습니다.
17 이로써 예언자 예레미야를 통해 하신
말씀이 이루어졌습니다.
18 ㄷ"라마에서 슬퍼하며 크게 통곡하
는 소리가 들리니 라헬이 그 자녀

2:4 히브리어, 메시아. '기름 부음 받은 사람' 2:6 또는 유대의 고을들 ㄱ 미 5:2 ㄴ 호 11:1 ㄷ 렘 31:15

를 잃고 울고 있구나. 자녀들이 없
어졌으므로 위로받기도 거절하는
구나."

나사렛으로 돌아오다

19 헤롯이 죽은 후 주의 천사가 이집트
에 있던 요셉의 꿈속에 나타나
20 말했습니다. "일어나거라! 아기와 그
어머니를 데리고 이스라엘 땅으로 가
거라. 아기의 목숨을 노리던 사람들
이 죽었다."
21 그래서 요셉이 일어나 아기와 그 어머
니를 데리고 이스라엘 땅으로 갔습니
다.
22 그러나 요셉은 아켈라오가 그 아버지
헤롯의 뒤를 이어 유대 왕이 됐다는
소식을 듣고 그곳으로 가는 것이 두
려웠습니다. 요셉은 꿈에 지시를 받고
방향을 바꿔 갈릴리 지방으로 가서
23 나사렛이라는 동네로 들어가 살았습
니다. 이로써 예언자를 통해 ㄱ"그는
나사렛 사람이라 불릴 것이다"라고 하
신 말씀이 이루어졌습니다.

세례자 요한이 길을 준비하다
(막 1:1-8;눅 3:1-17;요 1:19-28)

3 그 무렵에 *세례자 요한이 나타나
유대 광야에서 전파하며
2 말했습니다. "회개하라. 하늘나라가
가까이 왔다."
3 세례자 요한은 바로 예언자 이사야가
말했던 그 사람입니다.
ㄴ"광야에서 외치는 사람의 소리가
있다. '주를 위해 길을 예비하라. 주
의 길을 곧게 하라.'"
4 요한은 낙타털로 옷을 지어 입고 허
리에는 가죽띠를 둘렀습니다. 그리고
메뚜기와 들꿀을 먹고 살았습니다.
5 예루살렘과 온 유대 지방과 요단 강
전 지역에서 사람들이 요한에게로 몰
려왔습니다.
6 그들은 요단 강에서 자기 죄를 고백
하면서 요한에게 *세례를 받았습니
다.
7 그러나 여러 바리새파 사람들과 사두
개파 사람들이 세례를 베풀고 있는
곳으로 몰려오는 것을 보고 요한이
말했습니다. "독사의 자식들아! 누가
너희더러 다가올 진노를 피하라고 하
더냐?
8 회개에 알맞은 열매를 맺으라.
9 너희는 행여나 속으로 '아브라함이 우
리 조상이다'라고 생각하지 말라. 내
가 너희에게 말한다. 하나님께서는
이 돌들로도 아브라함의 자손을 일으
키실 수 있다.
10 도끼가 이미 나무뿌리에 놓여 있다.
그러므로 좋은 열매를 맺지 않는 나
무는 모조리 잘려 불 속에 던져질 것
이다.
11 나는 너희가 회개하도록 물로 세례를
준다. 그러나 내 뒤에 오실 분은 나보
다 능력이 더 많으신 분이시다. 나는
그분의 신발을 들고 다닐 자격도 없
다. 그분은 너희에게 성령과 불로 세
례를 주실 것이다.

3:1 또는 침례자 3:6 또는 침례 ㄱ 사 11:1 ㄴ 사 40:3

12 그분이 손에 키를 들고 타작마당을
깨끗이 해 좋은 곡식은 모아 창고에
두고 쭉정이는 꺼지지 않는 불에 태
우실 것이다."

예수께서 세례를 받으시다
(막 1:9-11;눅 3:21-22)

13 그때 예수께서 요한에게 세례를 받으
시려고 갈릴리에서 요단 강으로 오셨
습니다.
14 그러나 요한은 이를 말리면서 예수께
말했습니다. "제가 오히려 선생님께
세례를 받아야 합니다. 그런데 제게
오시다니요!"
15 예수께서 대답하셨습니다. "지금은 그
렇게 하도록 하여라. 우리가 이와 같
이 해 모든 의를 이루는 것이 옳다."
그러자 요한은 그대로 따랐습니다.
16 예수께서 세례를 받으시고 물속에서
올라오셨습니다. 그때 예수께서는 하
늘이 열리고 하나님의 영이 비둘기처
럼 자신에게 내려오는 것을 보셨습니
다.
17 그리고 하늘에서 소리가 들려왔습니
다. "이는 내가 사랑하는 아들이다.
내가 그를 매우 기뻐한다."

예수께서 광야에서 시험을 받으시다
(막 1:12-13;눅 4:1-13)

4 그 후 예수께서 성령에 이끌려 광
야로 가셔서 마귀에게 시험을 받으
셨습니다.
2 40일 밤낮을 금식하신 후에 예수께
서 배가 고프셨습니다.
3 시험하는 자가 예수께 다가와 말했습
니다. "당신이 하나님의 아들이라면
이 돌들에게 빵이 되라고 해 보시오."
4 예수께서 대답하셨습니다. "성경에 기
록됐다.

ㄱ'사람이 빵으로만 사는 것이 아니
라 하나님의 입에서 나오는 모든
말씀으로 산다.'"

5 그러자 마귀는 예수를 거룩한 성으로
데리고 가서 성전 꼭대기에 세웠습니
다.
6 마귀가 말했습니다. "당신이 하나님
의 아들이라면 뛰어내려 보시오. 성
경에 기록됐소.

ㄴ'하나님이 너를 위해 천사들에게
명령하실 것이다. 그러면 천사들이
손으로 너를 붙잡아 네 발이 돌에
부딪히지 않도록 할 것이다.'"

7 예수께서 마귀에게 대답하셨습니다.
"성경에 또 기록됐다.

ㄷ'주 네 하나님을 시험하지 말라.'"

8 그러자 마귀는 다시 아주 높은 산꼭
대기로 예수를 데리고 가 세상 모든
나라와 그 영광을 보여 주었습니다.
9 그리고 마귀가 말했습니다. "당신이
만약 내게 엎드려 경배하면 이 모든
것을 당신에게 주겠소."
10 예수께서 마귀에게 말씀하셨습니다.
"사탄아, 내게서 물러가라! 성경에 기
록됐다.

ㄹ'주 네 하나님께 경배하고 오직 그
분만을 섬기라.'"

ㄱ 신 8:3 ㄴ 시 91:11,12 ㄷ 신 6:16 ㄹ 신 6:13

11 그러자 마귀는 예수를 떠나갔습니다.
그리고 천사들이 와서 예수를 섬겼습
니다.

예수께서 비로소 천국을 전파하시다
(막 1:14-15;눅 4:14-15)

12 요한이 감옥에 갇혔다는 소식을 듣
고 예수께서 갈릴리로 물러나셨습니
다.
13 예수께서 나사렛을 떠나 스불론과 납
달리 지역의 호숫가가 있는 가버나움
에 가서 그곳에 사셨습니다.
14 이는 예언자 이사야를 통해 하신 말
씀을 이루시려는 것입니다.
15 ㄱ"스불론 땅과 납달리 땅이여, 호수
로 가는 길목, 요단 강 건너편, 이방
사람의 갈릴리여,
16 어둠 가운데 살고 있는 백성이 큰
빛을 보았고 죽음의 그림자가 드리
운 땅에 앉아 있는 사람들에게 빛
이 비쳤다."
17 그때부터 예수께서 말씀을 전파하기
시작하셨습니다. "회개하라. 하늘나
라가 가까이 왔다."

예수께서 제자들을 첫 번째 부르시다
(막 1:16-20;눅 5:1-11)

18 예수께서 갈릴리 호수 가를 거니시다
가 두 형제, 베드로라고 하는 시몬과
그 동생 안드레를 보셨습니다. 그들
은 어부들로 호수에 그물을 던지고
있었습니다.
19 예수께서 말씀하셨습니다. "와서 나
를 따라라. 내가 너희를 사람 낚는 어
부로 삼을 것이다."
20 그러자 그들은 곧 그물을 버리고 예
수를 따랐습니다.
21 예수께서 계속 더 가시다가 다른 두
형제를 만나셨습니다. 그들은 세베대
의 아들 야고보와 그 동생 요한이었
습니다. 그들은 아버지 세베대와 함께
배에서 그물을 손질하고 있었습니다.
예수께서 부르시자
22 그들은 곧 배와 아버지를 두고 예수
를 따랐습니다.

예수께서 앓는 자들을 고치시다 (눅 6:17-19)

23 예수께서 갈릴리 지역을 두루 다니시
며 회당에서 가르치시고 *복음을 전
파하시며 사람들의 모든 질병과 아픈
곳을 고쳐 주셨습니다.
24 예수에 대한 소문이 온 시리아에 퍼
졌습니다. 그리하여 사람들이 병을
앓는 모든 사람들을 예수께 데리고
왔습니다. 그들은 온갖 질병과 고통
으로 괴로움을 당하는 사람들, 귀신
들린 사람들, 간질병에 걸린 사람들,
중풍에 걸린 사람들이었습니다. 예수
께서 그들을 고쳐 주셨습니다.
25 그러자 갈릴리, *데가볼리, 예루살렘,
유대, 요단 강 건너편 지역에서 온 수
많은 사람들이 예수를 따랐습니다.

산상 수훈의 서론

5 그때 예수께서 많은 무리를 보시고
산에 올라가 앉으시자 그의 제자
들이 다가왔습니다.
2 예수께서 입을 열어 그들을 가르치시

4:23 또는 기쁜 소식 4:25 그리스어, '열 도시'. 갈릴리 바다 동쪽과 남쪽에 위치해 있는 10개의 도시 동맹체를 가리킴. ㄱ 사 9:1, 2

며 말씀하셨습니다.

팔복 (눅 6:20-23)

3 "복되도다! 마음이 가난한 사람들
은, 하늘나라가 그들의 것이다.
4 복되도다! 슬퍼하는 사람들은, 그
들에게 위로가 있을 것이다.
5 복되도다! 온유한 사람들은, 그들
은 땅을 유업으로 받을 것이다.
6 복되도다! 의에 주리고 목마른 사
람들은, 그들은 배부를 것이다.
7 복되도다! 자비로운 사람들은, 그
들은 자비를 받을 것이다.
8 복되도다! 마음이 깨끗한 사람들
은, 그들은 하나님을 볼 것이다.
9 복되도다! 평화를 이루는 사람들
은, 그들은 하나님의 아들들이라
불릴 것이다.
10 복되도다! 의를 위해 핍박을 받는
사람들은, 하늘나라가 그들의 것이
다.
11 복되도다! 나 때문에 사람들의 모욕
과 핍박과 터무니없는 온갖 비난을
받는 너희들은,
12 기뻐하고 즐거워하라. 하늘에서 너희
들의 상이 크다. 너희들보다 먼저 살
았던 예언자들도 그런 핍박을 당했
다.

소금과 빛 (막 9:50;눅 14:34-35)

13 너희는 이 땅의 소금이다. 그러나 만
일 소금이 짠맛을 잃어버리면 어떻게
다시 짜게 되겠느냐? 아무 데도 쓸데
가 없어 바깥에 버려지고 사람들에게
짓밟힐 것이다.
14 너희는 세상의 빛이다. 산 위에 세워
진 도시는 숨겨질 수 없다.
15 등잔을 켜서 그릇으로 덮어 두지 않
고 등잔대 위에 두어 그 빛을 집 안
에 있는 모든 사람들에게 비추는 것
이다.
16 이와 같이 너희도 너희 빛을 사람들
에게 비추라. 그래서 그들이 너희 선
한 행실을 보고 하늘에 계신 우리 아

Q&A ‘산상 수훈’이란?

참고 구절 | 마 5-7장

‘산상 수훈’(산상 설교)은 ‘산 위에서 하신 예수님의 설교’이다(마 5-7장).

예수님께서 이 설교를 하신 이유는 하나님의 백성들이 이방 사람들의 태도나 방법을 본받지 않고(마 6:8), 하나님의 법을 따라 살도록 하기 위해서였다(마 5:48).

‘천국 시민의 법’, 곧 산상 수훈의 내용은 다음과 같다. 첫째, 천국 시민의 특징과 그들이 누리는 8가지 복(마 5:3-12). 둘째, 천국 시민의 참된 모습은 이 세상에서 빛과 소금이 되는 것임(마 5:13-16). 셋째, 하나님의 의를 실천하라고 명령하신 예수님의 권위(마 5:17-20). 넷째, 살인, 간음, 이혼, 맹세, 복수, 사랑 등을 예로 들어서 하나님 나라의 의를 가르치심(마 5:21-48). 다섯째, 천국 시민의 기본 생활인 구제(마 6:1-4), 기도와 금식(마 6:5-18), 재물관(마 6:19-34), 이웃에 대한 태도(마 7:1-12) 등이다.

버지께 영광을 돌리게 하라.

율법의 완성

17 내가 율법이나 예언자들의 말씀을 없
애러 왔다고 생각하지 말라. 없애러
온 것이 아니라 완전하게 하러 온 것
이다.
18 진실로 내가 너희에게 말한다. 하늘
과 땅이 없어지기 전에는 율법 가운
데 *한 점, 한 획이라도 없어지지 않
고 다 이루어질 것이다.
19 이 계명 가운데 아주 하찮은 것 하나
라도 어기고 또 남에게도 그렇게 하
도록 가르치는 사람은 하늘나라에서
가장 작은 사람이라고 불릴 것이다.
그러나 누구든지 이 계명을 지키며
가르치는 사람은 하늘나라에서 큰사
람이라고 불릴 것이다.
20 내가 너희에게 말한다. 너희가 율법학
자들이나 바리새파 사람들보다 더 의
롭지 않으면 결코 하늘나라에 들어가
지 못할 것이다.

살인

21 살인하지 말라. ㄱ'살인한 사람은 누
구든지 심판을 받을 것이다'라는 옛
사람들의 말을 너희가 들었다.
22 그러나 나는 너희에게 말한다. 형제에
게 *분노하는 사람도 심판을 받게 될
것이다. 또 형제에게 *'라가'라고 하는
사람도 공회에서 심문을 당할 것이
다. 그리고 '너는 바보다' 하는 사람은
누구든지 *지옥 불 속에 떨어질 것이
다.
23 그러므로 네가 만약 제단에 예물을
드리다가 네 형제가 너를 원망하고
있는 것이 생각나면
24 예물을 거기 제단 앞에 두고 우선 가
서 그 사람과 화해하여라. 예물은 그
다음에 돌아와 드려라.
25 너를 고소하는 사람과 함께 법정으
로 갈 때에는 도중에 서둘러 그와 화
해하도록 하여라. 그러지 않으면 그
가 너를 재판관에게 넘겨주고 재판관
은 너를 간수에게 내어 주어 감옥에
갇히게 될 것이다.
26 진실로 내가 너희에게 말한다. 네가
마지막 *1고드란트까지 다 갚기 전에
는 거기서 나오지 못할 것이다.

간음 (마 19:9;막 10:11-12;눅 16:18)

27 ㄴ'간음하지 말라'는 옛사람들의 말을
너희가 들었다.
28 그러나 나는 너희에게 말한다. 여자
를 음란한 눈으로 바라보는 사람은
누구든지 이미 마음으로 간음한 것
이다.
29 네 오른쪽 눈이 너를 죄짓게 하거든
그 눈을 뽑아 내버려라. 온몸이 지옥
에 던져지는 것보다 몸의 한 부분을
잃는 것이 더 낫다.
30 네 오른손이 너를 죄짓게 하거든 그
손을 잘라 내버려라. 온몸이 지옥에
던져지는 것보다 몸의 한 부분을 잃
는 것이 더 낫다.

5:18 그리스어, 한 이오타 5:22 어떤 사본에는 '까닭 없이 분노하는' 5:22 아람어, '속이 빈', '쓸모없는' 5:22 그리스어, 게헨나 5:26 1고드란트는 1앗사리온의 4분의 1이며, 당시 1회 목욕료와 같음. ㄱ 출 20:13;신 5:17 ㄴ 출 20:14;신 5:18

이혼

31 ㄱ"아내와 이혼하는 사람은 이혼 증서
를 주어야 한다'는 말이 있다.
32 그러나 나는 너희에게 말한다. 음행
한 경우를 제외하고 아내와 이혼하면
그 아내를 간음하게 만드는 것이다.
또 누구든지 이혼한 여자와 결혼하
는 사람도 간음하는 것이다.

맹세

33 또 옛사람들에게 ㄴ'네가 한 맹세를 어
기지 말고 주께 한 맹세는 꼭 지켜야
한다'는 말도 너희가 들었다.
34 그러나 나는 너희에게 말한다. 아예
맹세를 하지 말라. 하늘을 두고 맹세
하지 말라. 하늘은 하나님의 보좌이
기 때문이다.
35 땅을 두고도 하지 말라. 땅은 하나님
의 발판이기 때문이다. 또 예루살렘
을 향해서도 하지 말라. 예루살렘은
위대한 왕의 도시이기 때문이다.
36 네 머리를 두고 맹세하지 말라. 너는
머리카락 하나라도 희거나 검게 할
수 없기 때문이다.
37 너희는 그저 '예' 할 것은 '예' 하고, '아
니요' 할 것은 '아니요'만 하라. 그 이상
의 말은 악한 것에서 비롯된 것이다.

눈에는 눈으로 (눅 6:29-30)

38 ㄷ'눈에는 눈으로, 이에는 이로'라는
말도 너희가 들었다.
39 그러나 나는 너희에게 말한다. 악에
맞서지 말라. 누가 네 오른뺨을 치거
든 왼뺨마저 돌려 대어라.
40 누가 너를 고소하고 속옷을 가져가려
하거든 겉옷까지도 벗어 주어라.
41 누가 네게 억지로 *1밀리온을 가자고
하거든 2밀리온을 같이 가 주어라.
42 네게 달라고 하는 사람에게 주어라.
그리고 네게 꾸려고 하는 사람을 거
절하지 마라.

원수를 사랑하라 (눅 6:27-28,32-36)

43 ㄹ'네 이웃을 사랑하고 네 원수를 미
워하라'는 말도 너희가 들었다.
44 그러나 나는 너희에게 말한다. 너희
원수를 사랑하고 너희를 핍박하는
사람을 위해 기도하라.
45 그리하면 너희가 하늘에 계신 너희
아버지의 아들들이 될 것이다. 하나
님께서는 악한 사람이나 선한 사람이
나 똑같이 햇빛을 비춰 주시고 의로
운 사람이나 불의한 사람이나 똑같
이 비를 내려 주신다.
46 너희를 사랑해 주는 사람만 사랑한
다면 무슨 상이 있겠느냐? 세리라도
그 정도는 하지 않느냐?
47 형제에게만 인사한다면 남보다 나을
것이 무엇이겠느냐? 이방 사람도 그
정도는 하지 않느냐?
48 그러므로 하늘에 계신 너희 아버지가
온전하신 것같이 너희도 온전해야 한
다."

남모르게 구제하라

6 "너희는 사람들에게 보이려고 의
를 행하지 않도록 조심하라. 그러
지 않으면 하늘에 계신 너희 아버지

5:41 1밀리온은 약 1.5킬로미터, 2밀리온은 약 3킬로미터 ㄱ 신 24:1,3 ㄴ 레 19:12;민 30:2;신 23:21 ㄷ 출 21:24;레 24:20;신 19:21 ㄹ 레 19:18

께 상을 받지 못할 것이다.
2 그러므로 가난한 사람을 구제할 때
는 위선자들처럼 사람의 칭찬을 받으
려고 회당과 거리에서 나팔 불며 떠
들지 말라. 내가 진실로 너희에게 말
한다. 그런 사람들은 자기 상을 이미
다 받았다.
3 너는 가난한 사람을 구제할 때 오른
손이 하는 일을 왼손이 모르게 하여
라.
4 그래서 네 *착한 행실을 아무도 모르
게 하여라. 그리하면 남모르게 숨어
서 보시는 너희 아버지께서 너희에게
갚아 주실 것이다.

기도 (눅 11:2-4)

5 너희는 기도할 때 위선자들처럼 하지
말라. 그들은 사람들에게 보이려고
회당이나 길모퉁이에 서서 기도하기
를 좋아한다. 내가 진실로 너희에게
말한다. 그들은 이미 자기 상을 다 받
았다.
6 너는 기도할 때 방에 들어가 문을 닫
고 은밀하게 계시는 네 아버지께 기
도하여라. 그러면 은밀하게 계셔서 보
시는 네 아버지께서 네게 갚아 주실
것이다.
7 또 기도할 때는 이방 사람들처럼 빈
말을 반복하지 마라. 그들은 말을 많
이 해야 아버지께서 기도를 들어 주
실 거라고 생각한다.
8 너희는 이방 사람들처럼 기도하지 말
라. 너희 아버지께서는 너희가 구하기도
전에 무엇이 필요한지 아시는 분이다.
9 그러므로 이렇게 기도하라.
'하늘에 계신 우리 아버지, 주의 이
름을 거룩하게 하시며
10 주의 나라가 임하게 하시고 주의
뜻이 하늘에서와 같이 땅에서도
이루어지게 하소서.
11 오늘 우리에게 *꼭 필요한 *양식을
내려 주시고
12 우리가 우리에게 죄지은 자를 용서
한 것같이 우리 *죄도 용서해 주소
서.
13 그리고 우리를 시험에 들지 않게
하시고 *악에서 구하소서. *(나라
와 권세와 영광이 영원토록 아버지
께 있습니다. 아멘.)'
14 너희가 너희에게 죄지은 사람을 용서
하면 하늘에 계신 너희 아버지께서도
너희를 용서하실 것이다.
15 그러나 너희가 남의 죄를 용서하지
않으면 너희 아버지께서도 너희 죄를
용서하지 않으실 것이다.

금식

16 너희는 금식할 때 위선자들처럼 침울
한 표정을 짓지 말라. 그들은 자신들
이 금식하는 것을 사람들에게 보이려
고 침울한 표정을 짓는다. 내가 진실
로 너희에게 말한다. 그런 사람들은
이미 자기 상을 다 받았다.
17 너는 금식할 때 머리에 기름을 바르
고 얼굴을 씻어라.
18 그래서 네가 금식하는 것을 사람에

6:4 또는 구제함을 6:11 또는 일용할, 내일의 6:11 또는 빵 6:12 또는 빚 6:13 또는 악한 자에게서 6:13 이 구절이 없는 고대 사본도 있음.

게 보이지 말고 은밀하게 계셔서 보시
는 네 아버지께만 보이도록 하여라.
그리하면 은밀하게 계셔서 보시는 네
아버지께서 네게 갚아 주실 것이다.

하늘에 보물을 쌓아 두라
(눅 11:34-36;12:33-34;16:13)

19 너희는 자기를 위해 이 땅에 보물을
쌓아 두지 말라. 땅에서는 좀먹고 녹
슬어 못 쓰게 되고 도둑이 들어와 훔
쳐 가기도 한다.
20 그러므로 너희를 위해 보물을 하늘
에 쌓아 두라. 하늘에서는 좀먹거나
녹슬어 못 쓰게 되는 일도 없고 도둑
이 들어 훔쳐 가지도 못한다.
21 네 보물이 있는 곳에 네 마음도 있는
법이다.
22 눈은 몸의 등불이다. 눈이 좋으면 온
몸이 밝을 것이다.
23 그러나 눈이 나쁘면 온몸이 어두울
것이다. 그러므로 네 속에 있는 빛이
어두우면 그 어둠이 얼마나 심하겠느
냐?
24 아무도 두 주인을 섬기지 못한다. 한
쪽을 미워하고 다른 한쪽을 사랑하
거나, 한쪽을 중히 여기고 다른 한쪽
을 무시할 것이다. 너희가 하나님과
*재물을 함께 섬길 수 없다."

걱정하지 말라 (눅 12:22-34)

25 "그러므로 내가 너희에게 말한다. 자
기 생명을 위해 무엇을 먹을까 무엇
을 마실까 걱정하지 말고 자기 몸을
위해 무엇을 입을까 걱정하지 말라.
생명이 음식보다 소중하고 몸이 옷보
다 소중하지 않으냐?
26 공중에 나는 저 새들을 보라. 씨를
뿌리지도 거두지도 창고에 쌓아 두지
도 않지만 하늘에 계신 너희 아버지
께서 먹이신다. 너희는 새들보다 얼마
나 더 귀하냐?
27 너희 중 누가 걱정한다고 해서 자기
*목숨을 조금이라도 더 연장할 수 있
겠느냐?
28 어째서 너희는 옷 걱정을 하느냐? 들
에 핀 저 백합꽃이 어떻게 자라는지
보라. 일하거나 옷감을 짜지도 않는
다.
29 그러나 내가 너희에게 말한다. 그 모
든 영화를 누렸던 솔로몬도 이 꽃 하
나만큼 차려입지는 못했다.
30 오늘 있다가도 내일이면 불 속에 던져
질 들풀도 하나님께서 그렇게 입히시
는데 하물며 너희는 얼마나 더 잘 입
히시겠느냐? 믿음이 적은 사람들아!
31 그러므로 무엇을 먹을까, 무엇을 마
실까, 무엇을 입을까 걱정하지 말라.
32 이 모든 것은 이방 사람들이나 추구
하는 것이다. 하늘에 계신 너희 아버
지께서는 너희에게 이런 것이 필요하
다는 것을 아신다.
33 오직 너희는 먼저 그 나라와 그 의를
구하라. 그러면 이 모든 것도 너희에
게 더해 주실 것이다.
34 그러므로 내일 일을 걱정하지 말라.
내일 일은 내일이 맡아서 걱정할 것이

6:24 셈어. 맘몬 6:27 또는 그 키를 1규빗이라도 더 크게 할 수 있겠느냐?

요, 한 날의 괴로움은 그날에 겪는 것
으로 충분하다."

심판하지 말라 (눅 6:37-38,41-42)

7 "너희가 심판받지 않으려거든 심판
하지 말라.
2 너희가 심판하는 그 심판으로 심판
을 받을 것이며 너희가 저울질하는
그 저울질로 너희가 저울질당할 것이
다.
3 어째서 너는 네 형제의 눈에 있는 티
는 보면서 네 눈에 있는 들보는 깨닫
지 못하느냐?
4 네 눈에 아직 들보가 있는데 어떻게
형제에게 '네 눈에 있는 티를 빼 주겠
다'라고 할 수 있느냐?
5 이 위선자야! 먼저 네 눈에서 들보를
빼내어라. 그런 후에야 네가 정확히
보고 형제의 눈 속에 있는 티를 빼낼
수 있을 것이다.
6 거룩한 것을 개에게 주지 말고 너희
진주를 돼지에게 던지지 말라. 그러
지 않으면 그것들이 발로 그것을 짓
밟고 뒤돌아서서 너희를 물어뜯을지
모른다.

구하라, 찾으라, 두드리라 (눅 11:9-13)

7 구하라. 그러면 너희에게 주실 것이
다. 찾으라. 그러면 너희가 찾을 것이
다. 문을 두드리라. 그러면 너희에게
문이 열릴 것이다.
8 구하는 사람마다 받을 것이며 찾는
사람이 찾을 것이며 두드리는 사람에
게 문이 열릴 것이다.
9 너희 가운데 자녀가 빵을 달라고 하
는데 돌을 줄 사람이 있겠느냐?
10 자녀가 생선을 달라고 하는데 뱀을
주겠느냐?
11 너희가 악할지라도 자녀에게는 좋은
것을 줄 줄 아는데 하물며 하늘에 계

하용조 목사의
행복한 **메시지**

구하고, 찾고, 두드리는 법칙

"구하라. 그러면 너희에게 주실 것이다. 찾으라. 그러면 너희가 찾을 것이다. 문을 두드리라. 그러면 너희에게 문이 열릴 것이다."(마 7:7) 구하면 주시고, 찾으면 찾게 하시고, 두드리면 열리게 하시는 것이 하나님의 원리이자 영적인 세계의 법칙입니다. 얼마나 영감이 넘치고 소망이 가득 찬 말씀입니까?

이 놀라운 말씀을 학자가 들으면 위대한 학문을 낳을 것이고, 예술가가 붙들면 상상을 넘어선 우주의 아름다운 예술 작품을 만들어 낼 것입니다. 또 과학자가 깨달으면 아무도 발견하지 못했던 미지의 세계의 진리들을 캐내게 될 것이고, 사업하는 사람이 붙잡으면 반드시 성공하게 될 것입니다.

이 말씀은 마치 캐면 캘수록 끝없이 나오는 금광과 같고, 파면 팔수록 넘쳐흐르는 생수와도 같습니다. 우리가 어떠한 일을 만나든지 구하면 주시고, 찾으면 찾게 하시고, 두드리면 열리는 이 영적인 법칙을 기억한다면 낙심하지 않게 될 것입니다.

신 너희 아버지께서 구하는 사람에게
좋은 것을 주시지 않겠느냐?
12 그러므로 모든 일에 너희가 대접받고
싶은 대로 남을 대접하여라. 이것이
바로 율법과 예언서에서 말하는 것이
다.

좁은 문과 넓은 문 (눅 13:24)

13 좁은 문으로 들어가라. 멸망으로 인
도하는 문은 크고 그 길은 넓어 그곳
으로 들어가는 사람이 많다.
14 그러나 생명으로 인도하는 문은 좁고
그 길은 험해 그곳을 찾는 사람이 적
다.

참예언자와 거짓 예언자 (눅 6:43-44)

15 거짓 예언자를 조심하라. 그들은 양
의 탈을 쓰고 다가오지만 속은 사나
운 늑대다.
16 그 열매를 보면 너희가 그들을 알아
볼 수 있을 것이다. 가시나무에서 포
도를 따고 엉겅퀴에서 무화과를 얻겠
느냐?
17 이처럼 좋은 나무는 좋은 열매를 맺
고 나쁜 나무는 나쁜 열매를 맺는
다.
18 좋은 나무가 나쁜 열매를 맺을 수 없
고 나쁜 나무가 좋은 열매를 맺을 수
없다.
19 좋은 열매를 맺지 않는 나무는 모두
찍혀 불에 던져진다.
20 이와 같이 너희는 그 열매를 보고 그
들을 알게 될 것이다.

참제자와 거짓 제자 (눅 13:25-27)

21 내게 '주님, 주님' 하는 사람이라고 다
하늘나라에 들어가는 것이 아니다.
하늘에 계신 내 아버지의 뜻대로 행
하는 사람이라야 하늘나라에 들어갈
것이다.
22 그날에는 많은 사람들이 내게 말할
것이다. '주님, 주님, 우리가 주의 이름
으로 예언하고 주의 이름으로 귀신을
쫓아내며 주의 이름으로 많은 기적을
일으키지 않았습니까?'
23 그때 나는 그들에게 분명히 말할 것
이다. '나는 너희를 도무지 알지 못한
다. 불법을 행하는 사람들아, 썩 물러
가라!'

지혜로운 건축자와 어리석은 건축자 (눅 6:47-49)

24 그러므로 내가 하는 말을 듣고 그대
로 실천하는 사람은 바위 위에 집을
지은 지혜로운 사람과 같다.
25 비가 내려 홍수가 나고 바람이 불어
세차게 내리쳐도 그 집은 무너지지
않았다. 바위 위에 기초를 세웠기 때
문이다.
26 그러나 내가 하는 말을 듣고도 실천
하지 않는 사람은 모래 위에 집을 지
은 어리석은 사람과 같다.
27 비가 내려 홍수가 나고 바람이 불어
세차게 내리치니 그 집은 여지없이 모
두 다 무너졌다."
28 예수께서 이 말씀을 마치시니 사람들
은 그 가르침에 놀랐습니다.
29 이는 그들의 율법학자들과는 달리 예
수께서는 권위 있는 분답게 가르쳤기
때문입니다.

예수께서 한 나병 환자를 고치시다

(막 1:40-45;눅 5:12-16)

8 예수께서 산에서 내려오시자 큰 무
리가 따라왔습니다.
2 그때 한 *나병 환자가 다가와 예수 앞
에 무릎을 꿇고 말했습니다. "주님,
원하신다면 저를 깨끗하게 하실 수
있습니다."
3 예수께서는 손을 내밀어 그 사람에게
대시며 말씀하셨습니다. "내가 원한
다. 자, 깨끗하게 되어라!" 그러자 곧
그의 나병이 나았습니다.
4 그때 예수께서 그 사람에게 말씀하셨
습니다. "이 일을 누구에게도 말하지
않도록 조심하여라. 다만 가서 ㄱ제사
장에게 네 몸을 보이고 모세의 명령
대로 예물을 드려라. 그것이 그들에
게 증거가 될 것이다."

백부장의 믿음 (눅 7:1-10)

5 예수께서 가버나움에 들어가셨을 때
한 백부장이 예수께 와서 도움을 청
했습니다.
6 백부장이 말했습니다. "주여, 제 종이
중풍병으로 집에 누워 몹시 괴로워하
고 있습니다."
7 예수께서 그에게 말씀하셨습니다. "내
가 가서 고쳐 주겠다."
8 그러자 백부장이 대답했습니다. "주
여, 저는 주를 제 집 안에 모실 자격
이 없습니다. 그저 말씀만 하십시오.
그러면 제 종이 나을 것입니다.
9 저도 위로는 상관이 있고 밑으로는
부하들이 있는 사람입니다. 제가 부
하에게 '가라' 하면 가고 '오라' 하면 오
며 하인에게 '이것을 하라' 하면 그것
을 합니다."
10 예수께서 이 말을 듣고 놀랍게 여겨
따라온 사람들에게 말씀하셨습니다.
"내가 진실로 너희에게 말한다. 이스
라엘에서도 아직까지 이렇게 큰 믿음
을 본 적이 없다.
11 내가 너희에게 말한다. 많은 사람들
이 동쪽과 서쪽에서 모여들어 하늘
나라에서 아브라함과 이삭과 야곱과
함께 *앉을 것이다.
12 그러나 그 나라의 *아들들은 바깥
어두운 곳으로 쫓겨나 거기서 슬피
울며 이를 갈 것이다."
13 그리고 예수께서는 백부장에게 말씀
하셨습니다. "가거라. 네가 믿은 대로
될 것이다." 바로 그 시각에 그 종은
병이 나았습니다.

예수께서 많은 사람들을 고치시다

(막 1:29-34;눅 4:38-41)

14 예수께서 베드로의 집으로 들어가셔
서 베드로의 장모가 열병으로 앓아누
워 있는 것을 보셨습니다.
15 예수께서 그 장모의 손을 만지시자
열이 내렸고 장모는 곧 일어나 예수를
섬기기 시작했습니다.
16 날이 저물자 사람들이 예수께 귀신
들린 사람들을 많이 데려왔습니다.
예수께서는 말씀으로 귀신을 쫓아내

8:2 나병(한센병)을 포함한 여러 가지 악성 피부병을 가리킴. 8:11 그리스어, '비스듬히 눕다.' 유대 사람들이 식사할 때 취하는 자세 8:12 또는 상속자들
ㄱ 레 14:2 이하

셨고 아픈 사람들을 모두 고쳐 주셨
습니다.
17 이는 예언자 이사야를 통해 하신 말
씀을 이루시려는 것이었습니다.
ᄀ"그는 몸소 우리 연약함을 담당하
셨고 우리의 질병을 짊어지셨다."

예수를 따르는 사람의 대가 (눅 9:57-62)

18 예수께서 많은 무리가 자신을 둘러싸
고 있는 것을 보시고 제자들에게 호
수 건너편으로 가라고 명령하셨습니
다.
19 그때 한 율법학자가 예수께 다가와 말
했습니다. "선생님, 선생님이 가시는
곳이라면 어디든 따라가겠습니다."
20 예수께서 대답하셨습니다. "여우도
굴이 있고 하늘의 새들도 보금자리가
있지만 *인자는 머리를 둘 곳이 없구
나."
21 다른 제자가 말했습니다. "주님, 제가
먼저 가서 아버지의 장례를 치르게
해 주십시오."
22 그러나 예수께서 그에게 말씀하셨습
니다. "죽은 사람들에게 죽은 사람을
묻게 하고 너는 나를 따라라."

예수께서 풍랑을 잔잔케 하시다
(막 4:35-41;눅 8:22-25)

23 그러고는 예수께서 배에 오르셨고 제
자들도 뒤따랐습니다.
24 갑자기 바다에 큰 폭풍이 일어 배 안
으로 파도가 들이쳤습니다. 그러나
예수께서는 주무시고 계셨습니다.
25 제자들이 가서 예수를 깨우며 말했
습니다. "주님, 살려 주십시오. 우리가
빠져 죽게 생겼습니다!"
26 예수께서 대답하셨습니다. "왜 그렇게
무서워하느냐? 믿음이 적은 사람들
아!" 그러고는 일어나 바람과 파도를
꾸짖으셨습니다. 그러자 호수는 아주
잔잔해졌습니다.
27 사람들은 놀라며 서로 수군거렸습니
다. "도대체 저분이 누구시기에 바람
과 파도까지도 저분께 복종하는가?"

예수께서 귀신 들린 두 사람을 회복시키시다
(막 5:1-20;눅 8:26-39)

28 예수께서 호수 건너편 *가다라 지방
에 이르셨습니다. 그때 무덤에서 나오
던 귀신 들린 두 사람이 예수와 마주
쳤습니다. 이들은 너무 사나워서 아
무도 그 길을 지나다닐 수 없었습니
다.
29 그런데 그들이 소리를 질렀습니다.
"하나님의 아들 예수여, 우리가 당신
과 무슨 상관이 있습니까? 때가 되기
도 전에 우리를 괴롭히려고 여기까지
오셨습니까?"
30 거기에서 멀지 않은 곳에 큰 돼지 떼
가 먹이를 먹고 있었습니다.
31 귀신들이 예수께 간청했습니다. "만
일 우리를 쫓아내시려거든 저 돼지들
속으로 들여보내 주십시오."
32 예수께서 그들에게 "가라!" 하고 말씀
하셨습니다. 그러자 귀신들은 그 사
람들에게서 나와 돼지들에게로 들어
갔습니다. 그리고 돼지 떼는 일제히

8:20 또는 사람의 아들 8:28 또는 거라사(막 5:1과 눅 8:26을 보라.) ㄱ 사 53:4

비탈진 둑으로 내리달아 호수에 빠져
죽었습니다.
33 돼지를 치던 사람들은 마을로 뛰어
들어가 이 모든 일과 귀신 들린 사람
들에게 일어난 일을 알렸습니다.
34 그러자 온 마을 사람들이 예수를 만
나러 나왔습니다. 그리고 예수를 보
자 그 지역을 떠나 달라고 간곡히 부
탁했습니다.

예수께서 한 중풍환자를 용서하시고 고치시다
(막 2:1-12;눅 5:17-26)

9 예수께서 배를 타고 호수를 건너
자기 마을로 돌아오셨습니다.
2 사람들이 중풍 환자 한 사람을 자리
에 눕힌 채 예수께 데려왔습니다. 예
수께서는 그들의 믿음을 보시고 중풍
환자에게 말씀하셨습니다. "애야, 안
심하여라. 네 죄가 용서받았다."
3 이것을 보고 몇몇 율법학자들이 속으
로 말했습니다. '저 사람이 하나님을
모독하고 있구나.'
4 예수께서 그 생각을 알고 말씀하셨습
니다. "왜 그런 악한 생각을 품고 있느
냐?
5 '네 죄가 용서받았다' 하는 말과 '일어
나 걸어가라' 하는 말 중에 어느 말이
더 쉽겠느냐?
6 그러나 인자가 땅에서 죄를 용서하는
권세를 가지고 있음을 너희에게 알려
주겠다." 그리고 예수께서 중풍 환자
에게 말씀하셨습니다. "일어나 네 자
리를 들고 집으로 가거라."
7 그러자 그 사람은 일어나 집으로 돌
아갔습니다.
8 이를 보고 무리는 두려워하며 이런
권능을 사람에게 주신 하나님께 영
광을 돌렸습니다.

마태를 부르시다 (막 2:13-17;눅 5:27-32)

9 예수께서 그곳을 떠나 길을 가시다
가 마태라는 사람이 세관에 앉아 있

하용조 목사의 행복한 **메시지**

절대적인 존재

의사는 환자에게 있어서 절대적인 존재이지 건강한 사람에게는 아닙니다. 마찬가지로 예수님은 스스로 의인이라고 생각하는 사람에게는 별로 의미가 없는 분이십니다. 반면에 자기의 죄로 인해 심각하게 고민하는 사람에게는 절대적인 존재가 되십니다.
사람들이 왜 예수님에 대해서 심각하게 생각하지 않는 줄 아십니까? 그것은 스스로 죄인임을 깨닫지 못하기 때문입니다. 자기 죄에 대해서 단 한 번도 심각하게 생각해 본 일이 없기에 그들은 예수님을 절대적인 존재로 느끼지 못하는 것입니다.
중한 병이 몸에서 자라고 있는 것을 모르고 방탕하게 사는 사람들이 있듯이 죄인인 줄 모르고 교만 방자하게 사는 사람들이 있습니다. 지구상에는 의인이 한 사람도 없습니다(롬 3:10). 우리는 스스로 죄인임을 자각해야 합니다. 자신이 죄인임을 깨달을 때에야 비로소 예수님이 보이기 시작합니다.

는 것을 보셨습니다. 예수께서는 마태
에게 "나를 따라라!" 하고 말씀하셨
습니다. 그러자 마태가 일어나 예수를
따랐습니다.
10 예수께서 집에서 저녁을 *잡수실 때
에 많은 세리들과 죄인들도 와서 예수
와 그 제자들과 함께 음식을 먹었습
니다.
11 이것을 본 바리새파 사람들이 예수의
제자들에게 물었습니다. "어째서 너
희 선생님은 세리들과 죄인들과 함께
어울려 먹느냐?"
12 이 말을 듣고 예수께서 말씀하셨습니
다. "건강한 사람에게는 의사가 필요
하지 않으나 병든 사람에게는 의사가
필요하다.
13 너희는 가서 ᄀ'내가 원하는 것은 제사
가 아니라 자비다' 하신 말씀이 무슨
뜻인지 배워라. 나는 의인을 부르러
온 것이 아니라 죄인을 부르러 왔다."

예수께서 금식에 관하여 말씀하시다 (막 2:18-22;눅 5:33-39)

14 그때 요한의 제자들이 예수께 와서
물었습니다. "우리와 바리새파 사람들
은 금식을 하는데 왜 당신의 제자들
은 금식하지 않습니까?"
15 예수께서 대답하셨습니다. "신랑이 함
께 있는데 어떻게 결혼 잔치에 초대받
은 사람들이 슬퍼할 수 있겠느냐? 그
러나 신랑을 빼앗길 날이 올 것이다.
그때에는 그들도 금식할 것이다.
16 낡은 옷에 새로운 천 조각을 대고 깁
는 사람은 없다. 그렇게 하면 새로운
천 조각이 낡은 옷을 잡아당겨 더 찢
어지게 된다.
17 새 포도주를 낡은 가죽 부대에 담는
사람도 없다. 그렇게 하면 부대가 터
져 포도주가 쏟아지고 부대도 못 쓰
게 된다. 그러니 새 포도주는 새 부대
에 담아야 둘 다 보전된다."

예수께서 혈루병 앓는 여인을 고치시고 죽은 소녀를 살리시다 (막 5:21-43;눅 8:40-56)

18 예수께서 이 말씀을 하고 계실 때에
갑자기 회당장 한 사람이 와서 예수
앞에 무릎을 꿇고 말했습니다. "제 딸
이 방금 죽었습니다. 그러나 오셔서
아이에게 손을 얹어 주시면 다시 살
아날 것입니다."
19 예수께서 일어나 그와 함께 가셨습니
다. 제자들도 뒤따랐습니다.
20 바로 그때, 12년 동안 혈루병을 앓고
있던 한 여인이 예수 뒤로 다가와 예
수의 옷자락을 만졌습니다.
21 여인은 '예수의 옷자락만 만져도 내가
나을 것이다'라고 생각한 것입니다.
22 예수께서 돌아서서 그 여인을 보시며
말씀하셨습니다. "딸아, 안심하여라.
네 믿음이 너를 구원했다." 그 순간
여인은 병이 나았습니다.
23 예수께서 그 회당장의 집으로 들어가
셨습니다. 그곳에서 피리 부는 사람
들과 곡하는 사람들을 보시고
24 예수께서 말씀하셨습니다. "물러가라.
이 소녀는 죽은 것이 아니라 자고 있

9:10 그리스어, '비스듬히 눕다.' 유대 사람들이 식사할 때 취하는 자세 ᄀ 호 6:6

는 것이다." 그러자 사람들이 비웃었
습니다.
25 예수께서는 사람들을 집 밖으로 내
보내시고 방으로 들어가 소녀의 손을
잡으셨습니다. 그러자 소녀가 일어났
습니다.
26 그리고 이 소문은 그 지역 온 사방으
로 널리 퍼졌습니다.

예수께서 눈먼 사람들과 벙어리 된 자를 고치시다

27 예수께서 그곳을 떠나 길을 가시는데
눈먼 두 사람이 예수를 따라오면서
소리 질렀습니다. "다윗의 자손이여,
우리에게 자비를 베풀어 주소서!"
28 예수께서 어떤 집으로 들어가시자 눈
먼 사람들도 따라 들어갔습니다. 예
수께서 그들에게 물으셨습니다. "내가
너희를 보게 할 수 있다고 믿느냐?"
그들이 예수께 대답했습니다. "그렇습
니다. 주님!"
29 그러자 예수께서는 그들의 눈을 만지
시며 말씀하셨습니다. "너희 믿음대
로 되라."
30 그러자 그들의 눈이 열렸습니다. 예수
께서는 엄히 당부하셨습니다. "이 일
을 아무도 모르게 하라."
31 그러나 그들은 나가서 예수에 대한
소문을 그 지역 온 사방에 퍼뜨렸습
니다.
32 그들이 떠나간 뒤 사람들이 귀신 들
려 말 못하는 사람을 예수께 데려왔
습니다.
33 그리고 예수께서 귀신을 쫓아내시자
말 못했던 사람이 말을 하게 됐습니
다. 사람들은 놀라서 말했습니다. "이
스라엘에서 이와 같은 일을 본 적이
없다."
34 그러나 바리새파 사람들은 "그가 귀
신의 왕을 통해 귀신을 쫓아낸다"라
고 말했습니다.

일꾼이 적다

35 예수께서 모든 도시와 마을을 두루
다니시며 회당에서 가르치시고 하늘
나라 복음을 전파하시며 모든 질병과
아픔을 고쳐 주셨습니다.
36 예수께서 무리를 보시고 그들을 불쌍
히 여기셨습니다. 그들이 목자 없는
양처럼 시달리고 방황하고 있었기 때
문입니다.
37 그때 예수께서 제자들에게 말씀하셨
습니다. "추수할 것은 많은데 일꾼이
적구나.
38 그러므로 추수할 주인에게 추수할 들
판으로 일꾼을 보내 달라고 요청하
라."

예수께서 열두 제자를 파송하시다
(막 3:13-19;눅 6:12-16)

10 예수께서 열두 제자를 부르셔
서 그들에게 *더러운 귀신들을
쫓아내는 권능을 주시고 모든 질병과
모든 아픔을 고치게 하셨습니다.
2 열두 사도들의 이름은 이렇습니다. 먼
저 베드로라고도 하는 시몬과 그 동
생 안드레, 세베대의 아들 야고보와
그 동생 요한,

10:1 또는 악한 귀신

3 빌립, 바돌로매, 도마, 세리 마태, 알패
오의 아들 야고보, 다대오,
4 *열심당원 시몬 그리고 예수를 배반
한 가룟 사람 유다입니다.
5 예수께서 이 12명을 보내시며 이렇게
지시하셨습니다. "이방 사람들의 길
로 가지 말고 사마리아 사람이 사는
마을에도 들어가지 말고
6 오직 이스라엘 집의 잃어버린 양들에
게 가라.
7 가서 '하늘나라가 가까이 왔다'고 전
하라.
8 아픈 사람들을 고치고 죽은 사람들
을 살리고 *나병 환자들을 깨끗하게
고치며 귀신들을 쫓아내라. 너희가
거저 받았으니 거저 주라.
9 너희는 주머니에 금도 은도 동도 지니
지 말라.
10 여행 가방도 여벌 옷도 신발도 지팡
이도 챙기지 말라. 일꾼이 자기가 필
요한 것을 받아 쓰는 것은 당연한 일
이다.
11 어느 도시나 마을에 들어가든지 그
곳에서 마땅한 사람을 찾아내어 떠
날 때까지 그 집에 머무르라.
12 그 집에 들어갈 때는 평안을 빌라.
13 그 집이 평안을 받을 만하면 그 평안
이 거기 머물 것이고 그렇지 않으면
그 평안이 너희에게 되돌아올 것이
다.
14 누구든지 너희를 환영하지 않거나 너
희 말에 귀 기울이지 않으면 그 집이
든 그 마을이든 떠날 때 발에 묻은
먼지를 떨어 버리라.
15 내가 진실로 너희에게 말한다. 심판
날에 소돔과 고모라가 그 도시보다
차라리 견디기 쉬울 것이다.
16 내가 너희를 보내는 것이 양을 늑대
소굴로 보내는 것 같구나. 그러므로
뱀처럼 지혜롭고 비둘기처럼 순결해

10:4 그리스어, 카나나이오스. '가나나 사람' 10:8 나병(한센병)을 포함한 여러 가지 악성 피부병을 가리킴.

성·경·상·식

열두 제자에게 명하신 금기 사항

이방 사람들의 길로 가지 말라는(마 10:5) 말씀은 이스라엘에게 먼저 전도하고 그들이 받아들이지 않을 때는 다음 경로인 이방으로 가라는 뜻이다.

이것은 바울의 전도 여행에서도 입증된 바 있다(행 13:46; 19:8-10). 이 내용은 유대인을 상대로 쓴 마태복음에만 나온다.

또한 너희는 주머니에 금도 은도 동도 지니지 말고 여행 가방도 여벌 옷도 신발도 지팡이도 챙기지 말라고 말씀 하셨다(마 10:9-10). 이 물건들은 모두 그 당시 여행자의 필수품이었다. 금과 은은 로마와 헬라의 화폐이며 동전은 헤롯 왕의 화폐였다. 전대는 돈을 넣어서 허리에 차는 도구였고 주머니는 빵과 다른 것들을 넣고 다니는 여행 가방이었다. 두 벌 옷과 신은 갈아입고 신기 위한 것이며, 지팡이는 방어용 무기였다.

이 말씀의 뜻은 전도자는 이런 필수품도 갖지 말고 오직 하나님만 의지하며 하나님께서 공급해 주실 것을 믿고 가라는 의미다. 그러나 마가복음에는 지팡이를 가져가는 것은 허락했다(막 6:8).

야 한다.
17 사람들을 조심하라. 그들은 너희를
*법정에 넘겨주고 회당에서 너희를
채찍질할 것이다.
18 그리고 너희는 나 때문에 총독들과
왕들 앞에 끌려가 그들과 또 이방 사
람들에게 증인이 될 것이다.
19 그러나 그들에게 잡혀가더라도 무엇
을 어떻게 말할까 걱정하지 말라. 그
때에 너희가 말할 것을 일러 주실 것
이다.
20 말하는 이는 너희가 아니라 너희 안
에서 말씀하시는 너희 아버지의 영이
시다."
21 "형제가 형제를, 아버지가 자식을 배
신해 죽게 만들고 자식이 부모를 거
역해 죽게 만들 것이다.
22 너희는 내 이름 때문에 모든 사람에
게 미움을 받을 것이다. 그러나 끝까
지 견디는 사람은 구원을 받을 것이
다.
23 이 도시에서 핍박하면 저 도시로 피
신하라. 내가 진실로 너희에게 말한
다. 너희가 이스라엘의 모든 도시들
을 다 돌기 전에 인자가 올 것이다.
24 제자가 스승보다 높을 수 없고 종이
주인 위에 있을 수 없다.
25 제자가 스승만큼 되고 종이 주인만
큼 되면 그것으로 충분하다. 그들이
집주인을 바알세불이라 불렀거늘 하
물며 그 집안사람들에게는 얼마나 더
심하겠느냐!
26 그러므로 그런 사람들을 두려워하지
말라. 감추어진 것은 드러나지 않을
것이 없고 숨겨진 것은 알려지지 않
을 것이 하나도 없다.
27 내가 어두운 데서 말한 것을 너희는
밝은 데서 말하고 내가 너희 귀에 속
삭인 것을 너희는 지붕 위에서 외치
라!
28 육체는 죽여도 영혼은 죽일 수 없는
사람들을 두려워하지 말고 오직 영혼
과 육체를 한꺼번에 *지옥에 던져 멸
망시킬 수 있는 분을 두려워하라.
29 참새 두 마리가 *앗사리온 동전 한 개
에 팔리지 않느냐? 그러나 너희 아버
지의 뜻이 아니면 그 가운데 한 마리
도 땅에 떨어지지 않는다.
30 또한 하나님은 너희 머리카락 수까지
도 다 세고 계신다.
31 그러므로 두려워하지 말라. 너희는
많은 참새들보다도 더 귀하다.
32 누구든지 사람들 앞에서 나를 시인
하면 나도 하늘에 계신 내 아버지 앞
에서 그를 시인할 것이다.
33 그러나 누구든지 사람들 앞에서 나
를 부인하면 나도 하늘에 계신 내 아
버지 앞에서 그를 부인할 것이다.
34 내가 이 땅에 평화를 주러 왔다고 생
각하지 말라. 나는 평화가 아니라 칼
을 주러 왔다.
35 나는 아들이 아버지와, 딸이 어머니
와, 며느리가 시어머니와 서로 다투게
하려고 왔다.

10:17 산헤드린 공회를 가리킴. 10:28 그리스어, 게헨나 10:29 1앗사리온은 1데나리온의 16분의 1로, 매우 낮은 가치를 비유함.

36 그러므로 사람의 원수는 자기 집안
식구가 될 것이다.
37 누구든지 나보다 자기 부모를 더 사
랑하는 사람은 내게 합당하지 않다.
나보다 자기 아들딸을 더 사랑하는
사람도 내게 합당하지 않다.
38 또 누구든지 자기 십자가를 지지 않
고 나를 따르는 사람도 내게 합당하
지 않다.
39 자기 목숨을 얻으려는 사람은 그 목
숨을 잃을 것이요, 나를 위해 자기 목
숨을 잃는 사람은 그 목숨을 얻을 것
이다.
40 너희를 영접하는 사람은 나를 영접
하는 것이고, 나를 영접하는 사람은
나 보내신 분을 영접하는 것이다.
41 누구든지 예언자를 예언자로 여겨 영
접하는 사람은 예언자의 상을 받을
것이고 누구든지 의인을 의인으로 여
겨 영접하는 사람은 의인의 상을 받
을 것이다.
42 내가 진실로 너희에게 말한다. 누구
든지 내 제자라는 이유로 이 작은 사
람들 중 하나에게 냉수 한 그릇이라
도 주는 사람은 반드시 그 상을 놓치
지 않을 것이다."

예수와 세례자 요한 (눅 7:18-35)

11 예수께서 열두 제자에게 가르
치시기를 끝마친 후에 여러 마
을에서도 가르치시고 말씀을 전하시
기 위해 그곳을 떠나가셨습니다.
2 요한이 감옥에서 그리스도께서 하시
는 일에 대해 듣고 자신의 제자들을
보내
3 예수께 물었습니다. "오실 그분이 바
로 선생님이십니까, 아니면 저희가 다
른 사람을 기다려야 합니까?"
4 예수께서 대답하셨습니다. "돌아가서
너희가 여기서 보고 듣는 것을 요한
에게 전하라.
5 보지 못하는 사람들이 보고 다리를
저는 사람들이 걷고 *나병 환자들이
깨끗해지며 듣지 못하는 사람들이 듣
고 죽은 사람들이 살아나고 가난한
사람들에게 복음이 전파된다고 하라.
6 나로 인해 걸려 넘어지지 않는 사람
은 복이 있다."
7 요한의 제자들이 떠나자 예수께서는
사람들에게 요한에 대해 말씀하기 시
작하셨습니다. "너희가 무엇을 보려
고 광야로 나갔느냐? 바람에 흔들리
는 갈대냐?
8 그렇지 않으면 무엇을 보려고 나갔느
냐? 좋은 옷을 입은 사람이냐? 아니
다. 좋은 옷을 입은 사람은 왕궁에
있다.
9 그러면 무엇을 보려고 나갔느냐? 예
언자냐? 그렇다. 내가 너희에게 말한
다. 그는 예언자보다 더 위대한 인물
이다.
10 이 사람에 대해 성경에 이렇게 기록
됐다.
ㄱ"보라. 내가 네 앞에 내 사자를 보
낸다. 그가 네 길을 네 앞서 준비할

11:5 나병(한센병)을 포함한 여러 가지 악성 피부병을 가리킴. ㄱ 말 3:1

것이다.'
11 내가 진실로 너희에게 말한다. 지금까
지 여인에게서 난 사람 중에 *세례자
요한보다 더 큰 사람이 일어난 적은
없다. 그러나 하늘나라에서는 가장
작은 사람이라도 그보다는 크다.
12 세례자 요한 때부터 지금까지 하늘나
라는 침략당하고 있으니 침략하는
사람들이 차지하게 될 것이다.
13 모든 예언자들과 율법이 예언한 것은
요한까지다.
14 만약 너희가 이 예언을 받아들이기
원한다면 요한 그 사람이 바로 오기
로 되어 있는 엘리야다.
15 귀 있는 사람은 들으라."
16 "이 세대를 무엇에 비유할 수 있을까?
그들은 마치 장터에 앉아 다른 아이
들을 향해 이렇게 소리치는 아이들과
같다.
17 '우리가 너희를 위해 피리를 불어도
너희는 춤추지 않았고 우리가 애도하
는 노래를 불러도 너희는 슬피 울지
않았다.'
18 요한이 와서 먹지도 마시지도 않을
때는 사람들이 '저 사람이 귀신 들렸
다' 하더니
19 인자가 와서 이렇게 먹고 마시니 '여
기 먹보에다 술꾼 좀 보라. 게다가 세
리와 죄인과도 친구가 아닌가?' 하는
구나. 그러나 지혜는 그 행한 일로 옳
다는 것을 입증하는 법이다."

회개치 않는 도시에 화가 있도다 (눅 10:13-15)

20 그러고 나서 예수께서는 기적을 가장
많이 보여 주신 도시들을 꾸짖기 시
작하셨습니다. 그들이 회개하지 않았
기 때문입니다.
21 "고라신아! 네게 화가 있을 것이다. 벳
새다야! 네게 화가 있을 것이다. 너희
에게 베푼 기적들이 두로와 시돈에서
나타났다면 그들은 벌써 오래전에 베
옷을 입고 재를 뒤집어쓰고 앉아 회
개했을 것이다.
22 그러나 내가 너희에게 말한다. 심판
날에 두로와 시돈이 너희보다 견디기
더 쉬울 것이다.
23 그리고 너 가버나움아! 네가 하늘에
들려 올라갈 것 같으냐? 아니다. 너
는 저 *음부에까지 내려갈 것이다! 네
게 베푼 기적들이 소돔에서 나타났다
면 그 도시가 오늘까지 남아 있었을
것이다.
24 그러나 내가 너희에게 말한다. 심판
날에 소돔 땅이 너희보다 더 견디기
쉬울 것이다."

아버지께서 아들 안에서 나타나시다

(눅 10:21-22)

25 그때 예수께서 말씀하셨습니다. "아버
지, 하늘과 땅의 주님, 제가 찬양합니
다. 이 모든 것을 지혜롭고 학식 있는
사람들에게는 감추시고 어린아이들
에게는 나타내셨습니다.
26 그렇습니다. 아버지, 이것이 바로 아
버지의 은혜로우신 뜻입니다."
27 "내 아버지께서 모든 것을 내게 맡기
셨습니다. 아버지 외에는 아들을 아

11:11 또는 침례자 11:23 그리스어, 하데스

는 사람이 없고 아들과 또 아들이 택
해 계시해 준 사람들 외에는 아버지
가 누구인지 아는 사람이 없습니다."
28 "수고하고 무거운 짐을 진 모든 사람
은 다 내게로 오라. 내가 너희를 쉬게
할 것이다.
29 나는 마음이 온유하고 겸손하니 너희
는 내 멍에를 메고 내게서 배우라. 그
러면 너희 영혼이 쉼을 얻을 것이다.
30 내 멍에는 메기 쉽고 내 짐은 가볍다."

예수께서 안식일의 주인이시다
(막 2:23-3:6;눅 6:1-11)

12 그 무렵 안식일에 예수께서 밀
밭 사이로 지나가고 계셨습니
다. 예수의 제자들은 배가 고파서 이
삭을 따서 먹기 시작했습니다.
2 이것을 본 바리새파 사람들이 예수께
말했습니다. "보시오! 당신 제자들이
안식일에 해서는 안 될 일을 하고 있
소."
3 예수께서 대답하셨습니다. ㄱ"다윗과
그 일행이 굶주렸을 때 다윗이 한 일
을 읽어 보지 못했느냐?
4 다윗이 하나님의 집에 들어가 제사장
만 먹게 돼 있는 *진설병을 스스로
먹고 또 자기 일행에게도 나누어 주
지 않았느냐?"
5 ㄴ"또 제사장들이 안식일에 성전 안에
서 안식일을 어겨도 그것이 죄가 되
지 않는다는 것을 율법에서 읽어 보
지 못했느냐?
6 내가 너희에게 말한다. 성전보다 더
큰 이가 여기 있다.
7 ㄷ"내가 원하는 것은 제사가 아니라 자

12:4 또는 하나님께 바쳐진 빵, 제단빵 ㄱ 삼상 21:6 ㄴ 민 28:9-10 ㄷ 호 6:6

Q&A 안식일에 대한 예수님의 2가지 답변

참고 구절 | 마 12:2-8

안식일에 대한 예수님의 3가지 말씀

- "성전보다 더 큰 이가 여기 있다"(마 12:6) | 성전의 권위는 하나님을 섬기기 위해서는 성전에서 안식일을 범해도 죄가 되지 않을 만큼 높았다. 그러나 예수님은 성전보다 더 큰 최고의 권위가 있다고 말씀하신 것이다.
- "내가 원하는 것은 제사가 아니라 자비다"(마 12:7) | 안식일의 가장 기본적인 정신은 하나님의 자비와 긍휼의 마음이 전달되는 데 있다는 뜻이다.
- "인자는 안식일의 주인이다"(마 12:8) | 안식일을 지키는 것은 하나님을 섬기기 위한 것이지 그 자체가 목적이 아니라는 뜻이다.

예수님의 2가지 답변

- 다윗의 예 | 예수님은 다윗을 예로 드셨다. 사울에게 쫓겨 다니던 다윗이 시장했을 때 놉의 제사장 아히멜렉에게 가서 먹을 것을 달라고 요청했다. 그러자 아히멜렉은 안식일에 여호와 앞에 차려 놓았다 물려 낸 거룩한 빵을 다윗에게 주었다. 제사장만 먹을 수 있는 진설병을 제사장이 아닌 다윗이 먹었던 것이다(삼상 21:1-6).
- 레위기의 규례 | 비록 안식일이라 할지라도 제사장들이 성전 안에서 일을 해도 괜찮다고 하는 레위기 규례의 예를 말씀하셨다(민 28:9-10 참고).

비다'라고 하신 말씀의 뜻을 너희가
알았다면 너희가 죄 없는 사람들을
정죄하지 않았을 것이다.
8 인자는 안식일의 주인이다."
9 예수는 그곳을 떠나 유대 사람의 회
당으로 들어가셨습니다.
10 그곳에는 한쪽 손이 오그라든 사람
이 있었습니다. 그들은 예수를 고소
할 구실을 찾으려고 물었습니다. "안
식일에 병을 고치는 것이 옳습니까?"
11 예수께서 말씀하셨습니다. "만일 너
희 중 누군가 양 한 마리가 있는데 안
식일에 그 양이 구덩이에 빠진다면
붙잡아 꺼내 주지 않겠느냐?
12 하물며 사람이 양보다 얼마나 더 귀
하냐? 그러니 안식일에 선한 일을 하
는 것이 옳다."
13 그러고 나서 예수께서는 그 사람에
게 말씀하셨습니다. "네 손을 펴 보아
라!" 그러자 그 사람이 손을 쭉 폈고
그 손은 다른 손처럼 회복됐습니다.
14 그러나 바리새파 사람들은 밖으로 나
가 어떻게 하면 예수를 죽일까 음모
를 꾸몄습니다.

하나님의 택한 종

15 그러나 예수께서 이것을 알고 그곳을
떠나셨습니다. 많은 무리가 예수를
따라갔고 예수께서는 그들을 모두 고
쳐 주셨습니다.
16 그리고 자신에 대한 소문을 내지 말
라고 그들에게 경고하셨습니다.
17 이는 예언자 이사야를 통해 하신 말
씀을 이루시기 위한 것이었습니다.
18 ㄱ"보라. 내가 택한 내 종, 내가 사랑
하는 자, 내가 그를 기뻐한다. 내가
내 영을 그에게 주리니 그가 이방
에 정의를 선포할 것이다.
19 그는 다투지도 않고 울부짖지도 않
을 것이니 아무도 길에서 그의 음
성을 듣지 못할 것이다.
20 그는 정의가 승리할 때까지 상한
갈대도 꺾지 않고 꺼져 가는 심지
도 끄지 않을 것이다.
21 또 이방이 그 이름에 희망을 걸 것
이다."

예수와 바알세불

(막 3:20-30;눅 6:43-45;11:14-23;12:10)

22 그때 사람들이 귀신이 들려서 눈멀고
말하지 못하는 사람을 예수께 데리고
왔습니다. 그리고 예수께서 이 사람
을 고쳐 주시자 그 사람이 말도 하고
볼 수 있게 됐습니다.
23 그러자 모든 사람이 놀라며 말했습
니다. "이분이 혹시 그 다윗의 자손이
아닐까?"
24 그러나 이 말을 듣고 바리새파 사람
들은 "이 사람이 귀신의 왕 *바알세불
의 힘을 빌려 귀신을 내쫓는다"라고
말했습니다.
25 예수께서는 그 생각을 아시고 그들에
게 말씀하셨습니다. "어떤 나라든지
서로 갈라져 싸우면 망하게 되고 어
떤 도시나 가정도 서로 갈라져 싸우
면 무너진다.

12:24 구약에 등장하는 에그론의 신 바알세붑(왕하 1:2-3)과 동일한 신으로 간주되고 신약에서는 사탄이나 귀신들의 왕과 동일시되기도 함. ㄱ 사 42:1 이하

26 사탄이 사탄을 쫓아내면 사탄이 스스
로 갈라져 싸우는 것인데 그렇다면
사탄의 나라가 어떻게 설 수 있겠느
냐?
27 내가 바알세불의 힘을 빌려 귀신들을
내쫓는다면 너희 아들들은 누구의
힘을 빌려 귀신들을 쫓아내느냐? 그
러므로 그들이야말로 너희 재판관이
될 것이다.
28 그러나 내가 하나님의 영을 힘입어 귀
신들을 쫓아낸다면 하나님 나라가 이
미 너희에게 온 것이다.
29 사람이 먼저 힘센 사람을 묶어 놓지
않고서 어떻게 그 사람의 집에 들어가
물건을 훔칠 수 있겠느냐? 묶어 놓은
후에야 그 집을 털 수 있을 것이다."
30 "나와 함께하지 않는 사람은 나를 반
대하는 사람이고 나와 함께 모으지
않는 사람은 흩어 버리는 사람이다.
31 그러므로 내가 너희에게 말한다. 사
람의 모든 죄와 신성 모독하는 말은
용서받겠지만 성령을 모독하는 것은
용서받지 못할 것이다.
32 누구든지 인자를 욕하는 사람은 용
서받겠지만 성령을 모독하는 사람은
이 세대와 오는 세대에서도 용서받지
못할 것이다."
33 "나무가 좋으면 그 열매도 좋고 나무
가 나쁘면 그 열매도 나쁘다. 나무는
그 열매를 보면 알 수 있다.
34 독사의 자식들아! 너희가 악한데 어
떻게 선한 것을 말하겠느냐? 마음에
가득 차 있는 것이 입 밖으로 흘러나
오는 법이다.
35 선한 사람은 선한 것을 쌓았다가 선
한 것을 내놓고 악한 사람은 악한 것
을 쌓았다가 악한 것을 내놓는다.
36 그러나 내가 너희에게 말한다. 심판
날에 사람은 자기가 함부로 내뱉은
모든 말에 대해 해명해야 할 것이다.
37 네가 한 말로 의롭다는 판정을 받기
도 하고 네가 한 말로 죄가 있다는 판
정을 받기도 할 것이다."

요나의 표적 (막 8:11-12;눅 11:24-26,29-32)

38 그때 바리새파 사람들과 율법학자들
이 예수께 말했습니다. "선생님, 우리
에게 표적을 보여 주십시오."
39 예수께서 대답하셨습니다. "악하고
음란한 세대가 표적을 구하지만 예언
자 요나의 표적밖에는 보여 줄 것이
없다.
40 요나가 3일 밤낮을 큰 물고기 배 속
에 있었던 것처럼 인자도 3일 밤낮을
땅속에 있을 것이다.
41 심판 때에 니느웨 사람들이 이 세대
와 함께 일어나 그 죄를 심판할 것이
다. 그들은 요나의 선포를 듣고 회개
했기 때문이다. 그러나 요나보다 더
큰 이가 여기 있다.
42 심판 때에 남쪽 여왕이 이 세대와 함
께 일어나 그 죄를 심판할 것이다. 그
여왕은 솔로몬의 지혜를 들으려고 땅
끝에서 왔기 때문이다. 그러나 솔로몬
보다 더 큰 이가 여기 있다.
43 한 *더러운 귀신이 어떤 사람에게서

12:43 또는 악한 귀신

나와 쉴 곳을 찾으려고 물 없는 곳을
돌아다니다가 끝내 찾지 못했다.
44 그래서 그 더러운 귀신은 '내가 전에
나왔던 집으로 다시 돌아가야겠다'
라고 말했다. 그런데 가 보니 그 집은
아직 비어 있는 채로 깨끗이 치워져
있고 말끔히 정돈돼 있었다.
45 그러자 더러운 귀신은 나가서 자기보
다 더 사악한 다른 귀신들을 일곱이
나 데리고 와 그곳에 들어가 살았다.
그렇게 되면 그 사람의 마지막은 처
음보다 훨씬 더 나빠질 것이다. 이 악
한 세대에도 이렇게 될 것이다."

예수의 어머니와 동생들 (막 3:31-35;눅 8:19-21)

46 예수께서 사람들에게 여전히 말씀하
고 계실 때 예수의 어머니와 형제들
이 예수께 말하려고 밖에 서 있었습
니다.
47 *어떤 사람이 예수께 말했습니다. "보
십시오. 선생님의 어머니와 형제들이
선생님께 드릴 말씀이 있다며 밖에
서 있습니다."
48 예수께서 그에게 대답하셨습니다. "누
가 내 어머니이고 내 형제들이냐?"
49 그리고 손을 내밀어 제자들을 가리키
며 말씀하셨습니다. "보라. 내 어머니
이고 내 형제들이다.
50 누구든지 하늘에 계신 내 아버지의
뜻을 행하는 사람이 내 형제요, 자매
요, 어머니다."

씨 뿌리는 사람의 비유 (막 4:1-20;눅 8:4-15)

13 그날 예수께서 집에서 나와 호
숫가에 앉으셨습니다.
2 큰 무리가 주위로 모여들었기 때문에
예수께서는 배에 올라가 앉으셨고 사
람들은 모두 호숫가에 서 있었습니
다.
3 그러자 예수께서 많은 것을 비유로
말씀하셨습니다. "한 농부가 씨를 심

12:47 어떤 사본에는 47절이 없음.

성·경·상·식 **천국**

천국은 하늘 천(天), 나라 국(國)으로 '하늘나라'라는 뜻이다.
마태복음 13장의 천국 비유에는 어떤 의미가 담겨 있을까?

비유	의 미
씨 뿌리는 자	복음을 듣는 사람의 마음 상태에 따라 열매 맺는 정도가 다를 것이다(마 13:1-23).
가라지	참신앙인들과 거짓 신앙인들이 예수님의 초림과 재림 사이의 기간에 공존할 것이다(마 13:24-30, 36-43).
겨자씨	하늘나라는 미약하게 시작하지만 급격히 성장할 것이다(마 13:31-32).
누룩	하늘나라는 아주 작게 시작했으나 퍼져 엄청난 영향을 미칠 것이다(마 13:33).
숨겨진 보물	하늘나라는 값진 것이기에 큰 대가를 치르더라도 소유할 만한 것이다(마 13:44).
진주	예수님은 하나님과 우리 관계를 회복시키시기 위해 값진 피를 흘리셨다(마 13:45-46).
그물	심판 날에 천사들이 의인들과 악인들을 분리해 낼 것이다(마 13:47-50).

으러 나갔다.
4 그가 씨를 뿌리는데 어떤 씨는 길가
에 떨어져 새들이 와서 모두 쪼아 먹
었다.
5 또 어떤 씨는 흙이 많지 않은 돌밭에
떨어져 흙이 얕아 싹이 곧 나왔으나
6 해가 뜨자 그 싹은 시들어 버리고 뿌
리가 없어서 말라 버렸다.
7 또 다른 씨는 가시덤불에 떨어졌는데
가시덤불이 자라 무성해져 싹이 나
는 것을 막아 버렸다.
8 그러나 어떤 씨는 좋은 땅에 떨어져
100배, 60배, 30배 열매 맺었다.
9 귀 있는 사람은 들으라."
10 제자들이 예수께 와서 물었습니다.
"왜 사람들에게 비유로 말씀하십니
까?"
11 예수께서 대답하셨습니다. "너희에게
는 하늘나라의 비밀을 아는 것이 허
락됐으나 다른 사람들에게는 그렇지
않다.
12 가진 사람은 더 받아서 더욱 풍성해
질 것이고 가지지 못한 사람은 가진
것마저 빼앗길 것이다.
13 내가 비유로 가르치는 이유는 그들이
보아도 보지 못하고 들어도 듣지 못
하며 깨닫지 못하기 때문이다.
14 이사야의 예언이 그들에게 이루어지
는 것이다.
ㄱ'너희가 듣기는 들어도 깨닫지 못
하며 보기는 보아도 깨닫지 못할
것이다.
15 이 백성들의 마음이 굳어져서 귀는
듣지 못하고 눈은 감겨 있다. 이것
은 그들로 하여금 눈으로 보지 못
하게 하고 귀로 듣지 못하게 하고
마음으로 깨닫지 못하게 하고 돌아
서지 못하게 해 내가 그들을 고쳐
주지 않으려는 것이다.'
16 그러나 너희 눈은 볼 수 있으니 복이
있고 너희 귀는 들을 수 있으니 복이
있다.
17 내가 진실로 너희에게 말한다. 많은
예언자들과 의인들이 너희가 보는 것
을 보려 했지만 보지 못했고 너희가
듣는 것을 들으려 했지만 듣지 못했
다.
18 이제 씨 뿌리는 사람의 비유를 들어
보라.
19 하늘나라에 대한 말씀을 들어도 깨
닫지 못하면 악한 자가 와서 그 마음
속에 뿌려진 것을 빼앗아 간다. 이것
이 바로 길가에 뿌린 씨와 같은 사람
이다.
20 돌밭에 떨어진 씨는 말씀을 듣자마자
기쁨으로 받아들이지만
21 뿌리가 없기 때문에 오래가지 못한
다. 말씀 때문에 고난이나 핍박이 오
면 곧 걸려 넘어진다.
22 또 가시덤불 가운데 떨어진 씨는 말
씀은 들었지만 이 세상의 걱정과 돈
의 유혹이 말씀을 막아 열매 맺지 못
하는 사람이다.
23 그러나 좋은 땅에 떨어진 씨는 말씀
을 듣고 깨닫는 사람이다. 이 사람은

ㄱ 사 6:9,10

열매를 맺어 100배, 60배, 30배 결실
을 낸다."

가라지의 비유

24 **예수께서는 또 다른 비유를 들어 말**
씀하셨습니다. "하늘나라는 어떤 사
람이 자기 밭에 좋은 씨를 뿌린 것에
비유할 수 있다.
25 그런데 사람들이 모두 자고 있는 동
안 원수가 와서 밀 가운데 *가라지를
뿌리고 도망갔다.
26 밀이 줄기가 나서 열매를 맺을 때에
가라지도 보였다.
27 종들이 주인에게 와서 말했다. '주인
님께서는 밭에 좋은 씨를 뿌리지 않
으셨습니까? 그런데 도대체 저 가라
지가 어디에서 생겨났습니까?'
28 그러자 주인이 대답했다. '원수가 한
짓이다.' 종들이 물었다. '저희가 가서
가라지를 뽑아 버릴까요?'
29 주인이 대답했다. '아니다. 가라지를
뽑다가 밀까지 뽑을 수 있으니
30 추수할 때까지 둘 다 함께 자라도록
내버려 두어라. 추수 때에 내가 일꾼
들에게, 먼저 가라지를 모아 단으로
묶어 불태워 버리고 밀은 모아 내 곳
간에 거두어들이라고 하겠다.'"

겨자씨와 누룩의 비유 (막 4:30-34;눅 13:18-21)

31 **예수께서 또 다른 비유를 들어 말씀**
하셨습니다. "하늘나라는 사람이 자
기 밭에 가져다가 심어 놓은 겨자씨
와 같다.
32 겨자씨는 모든 씨앗들 가운데 가장
작은 씨앗이지만 자라면 모든 풀보다
더 커져서 나무가 된다. 그래서 공중
에 나는 새들이 와서 그 가지에 깃들
게 된다."
33 **예수께서 또 다른 비유를 들어 말씀**
하셨습니다. "하늘나라는 여인이 가
져다가 밀가루 *3사톤에 *섞어 온통
부풀게 하는 누룩과 같다."
34 **예수께서는 사람들에게 이 모든 것을**
비유로 말씀하셨습니다. 비유가 아니
면 아무 말씀도 하지 않으셨습니다.

13:25 독보리와 같은 잡초로 밀과 비슷하나 이삭이 나면 구별이 뚜렷해짐. 13:33 아람어, 곡물을 측정하는 단위. 3사톤은 약 37리터 13:33 그리스어, '감추었더니'

성·경·상·식

예수님의 교수법

'비유'란 그리스어로 파라볼레로 '옆에 놓다'라는 뜻이다. 이것은 어떤 것을 이해하기 위해 다른 것을 옆에 놓고 비교하여 이해하도록 도와주는 문학적 기법이다.

예수님은 제자들에게 천국 복음을 가르치시면서 비유를 많이 활용하셨다. 비유는 보통 이야기식이었는데 이런 가르침은 원래 유대인들에게 익숙했던 교육 방식이었다. 예수님은 이해하기 어려운 천국의 비밀을 듣는 사람들의 눈높이에 맞추어 쉽게 이해할 수 있도록 비유를 통해 설명하셨다. 예수님은 사람들에게 친숙한 자연, 일상생활, 평범하게 일어날 수 있는 일 등을 통해 감추어진 진리를 드러내셨다.

따라서 예수님이 사셨던 당시의 관습과 풍습, 그리고 문화적 배경 등을 안다면 우리는 예수님이 비유로 하신 말씀을 잘 이해할 수 있을 것이다.

35 이는 예언자를 통해 하신 말씀을 이
루시려는 것이었습니다.
ㄱ"내가 입을 열어 비유로 말할 것
이다. 세상이 창조된 이래로 감추
어진 것들을 말할 것이다."

가라지의 비유를 설명하시다

36 그러고 나서 예수께서는 무리를 떠나
집으로 들어가셨습니다. 제자들이 예
수께 와서 말했습니다. "밭에 난 가라
지 비유를 설명해 주십시오."
37 예수께서 대답하셨습니다. "좋은 씨
를 뿌린 사람은 인자다.
38 밭은 세상이고 좋은 씨는 하늘나라
의 자녀들을 뜻한다. 가라지는 악한
자의 아들들이고
39 가라지를 뿌린 원수는 마귀다. 추수
때는 세상의 끝이며 추수하는 일꾼
은 천사들이다.
40 가라지가 뽑혀 불태워지듯이 세상의
끝에도 그렇게 될 것이다.
41 인자가 자기 천사들을 보내면 천사들
은 죄를 짓게 하는 모든 것들과 악을
행하는 모든 사람들을 그 나라에서
가려내
42 활활 타오르는 불 아궁이에 던져 넣
을 것이다. 거기서 그들은 슬피 울며
이를 갈 것이다.
43 그때 의인들은 자기 아버지의 나라에
서 해같이 빛날 것이다. 귀 있는 사람
은 들으라."

숨겨진 보물과 진주의 비유

44 "하늘나라는 밭에 숨겨진 보물과 같
다. 어떤 사람이 그것을 발견하고는
감추어 두고 기뻐하며 돌아가 모든
재산을 팔아서 그 밭을 산다.
45 또 하늘나라는 좋은 진주를 찾아다
니는 상인과 같다.
46 그는 값진 진주를 발견하고 돌아가
모든 재산을 팔아서 그것을 산다."

그물의 비유

47 "또한 하늘나라는 바다에 던져 온갖
물고기를 잡는 그물과 같다.
48 그물이 가득 차면 어부들은 그물을
물가로 끌어내고는 앉아서 좋은 고기
는 바구니에 담고 나쁜 고기는 버린
다.
49 세상의 끝도 그렇게 될 것이다. 천사
들이 와서 의인 중에서 악인을 가려
내
50 활활 타오르는 불 아궁이에 던져 넣
을 것이다. 거기서 그들은 슬피 울며
이를 갈 것이다."
51 예수께서 물으셨습니다. "너희가 이
모든 것을 깨달았느냐?" 제자들이
"예" 하고 대답했습니다.
52 예수께서 그들에게 말씀하셨습니다.
"그러므로 하늘나라의 제자가 된 모
든 율법학자는 새것과 오래된 것을
자기 창고에서 꺼내 주는 집주인과
같다."

존경받지 못하는 예언자

53 예수께서 이런 비유들을 끝마친 후에
그곳을 떠나셔서
54 고향으로 돌아가 유대 사람의 회당
에서 사람들을 가르치기 시작하셨습

ㄱ 시 78:2

니다. 사람들이 놀라 물었습니다. "이
사람이 어디서 이런 지혜와 기적을
행하는 능력을 얻었는가?
55 이 사람은 한낱 목수의 아들이 아닌
가? 어머니는 마리아이고 동생들은 야
고보와 요셉과 시몬과 유다가 아닌가?
56 그 누이들도 모두 우리와 함께 있지
않는가? 그런데 이 사람은 도대체 이
모든 것들을 어디서 얻었는가?"
57 그러면서 사람들은 예수를 배척했습
니다. 그러자 예수께서 그들에게 말씀
하셨습니다. "예언자는 자기 고향과
자기 집에서는 배척당하는 법이다."
58 예수께서는 그곳에서 기적을 많이 베
풀지 않으셨습니다. 사람들이 믿지
않았기 때문입니다.

세례자 요한이 참수되다 (막 6:14-29;눅 9:7-9)

14 그때에 분봉 왕 헤롯이 예수의
소문을 듣고
2 신하들에게 말했습니다. "이 사람은
*세례자 요한이다. 그가 죽은 사람들
가운데서 살아났으므로 이런 기적을
일으키는 능력이 그에게 나타나는 것
이다."
3 전에 헤롯은 요한을 체포하고 결박해
감옥에 가둔 일이 있었습니다. 동생
빌립의 아내였던 헤로디아 때문이었
습니다.
4 요한은 헤롯에게 "그 여자를 데려간
것은 옳지 않다!"라고 여러 번 말했습
니다.
5 헤롯은 요한을 죽이고 싶었지만 그를
예언자로 여기는 백성들이 두려웠습
니다.
6 때마침 헤롯의 생일에 헤로디아의 딸
이 사람들 앞에서 춤을 추어 헤롯을
즐겁게 해 주었습니다.
7 헤롯은 그 소녀에게 맹세하면서 요청
하는 것은 무엇이든 주겠다고 약속했
습니다.
8 그 소녀는 자기 어머니가 시키는 대로
헤롯에게 말했습니다. "세례자 요한의
머리를 쟁반에 담아 주십시오."
9 헤롯 왕은 난감했지만 자기가 맹세한
것도 있고 손님들도 보고 있으므로
소녀의 요구대로 해 주라고 명령했습
니다.
10 헤롯은 사람을 보내어 감옥에서 요한
의 목을 베게 했습니다.
11 그리고 요한의 머리를 쟁반에 담아
소녀에게 주자, 소녀는 그것을 자기
어머니에게 가져갔습니다.
12 요한의 제자들이 와서 시체를 가져다
가 묻고 나서 예수께 가서 이 사실을
알렸습니다.

예수께서 오천 명을 먹이시다
(막 6:30-44;눅 9:10-17;요 6:1-14)

13 이 소식을 들은 예수께서는 거기서
배를 타고 조용히 외딴곳으로 가셨습
니다. 사람들이 이 소문을 듣고 여러
마을에서 나와 걸어서 예수를 따라갔
습니다.
14 예수께서 도착해서 보시니 많은 무
리가 있었습니다. 예수께서는 그들을
불쌍히 여기시고 아픈 곳을 고쳐 주

14:2 또는 침례자

셨습니다.
15 저녁때가 되자, 제자들이 예수께 다가
와서 말했습니다. "이곳은 외딴곳이
고 날도 이미 저물었습니다. 사람들
을 보내 마을로 가서 각자 음식을 사
먹게 하시지요."
16 예수께서 대답하셨습니다. "그들이 멀
리 갈 필요 없다. 너희가 그들에게 먹
을 것을 주라."
17 제자들이 대답했습니다. "우리가 가
진 것이라고는 여기 빵 다섯 개와 물
고기 두 마리뿐입니다."
18 예수께서 말씀하셨습니다. "그것을 내
게 가져오라."
19 예수께서는 사람들에게 풀밭에 앉으
라고 말씀하시고 빵 다섯 개와 물고
기 두 마리를 들고 하늘을 우러러 감
사 기도를 드리신 후 빵을 떼셨습니
다. 그 후 예수께서는 그 빵 조각을
제자들에게 나눠 주셨고 제자들은
사람들에게 나눠 주었습니다.
20 모든 사람들은 배불리 먹었습니다.
제자들이 남은 빵 조각을 거두어 보
니 12바구니에 가득 찼습니다.
21 먹은 사람은 여자와 아이들 이외에
남자만 5,000명쯤 됐습니다.

예수께서 물 위를 걸으시다
(막 6:45-56;요 6:15-21)

22 그 후 예수께서는 곧 제자들을 배에
태워 먼저 건너가게 하시고 무리를 집
으로 돌려보내셨습니다.
23 무리를 보낸 뒤 예수께서 혼자 기도
하러 산에 올라가셨다가 날이 저물기
까지 거기 혼자 계셨습니다.
24 제자들이 탄 배는 이미 육지에서 꽤
멀리 떨어져 있었는데 거친 바람으로
파도에 시달리고 있었습니다.
25 이른 새벽에 예수께서 물 위를 걸어
그들에게 다가가셨습니다.
26 제자들은 예수께서 물 위로 걸어오시
는 것을 보고 깜짝 놀랐습니다. 그들
이 두려워하며 "유령이다!" 하고 외쳤
습니다.
27 그러자 예수께서 곧 그들에게 말씀하

하용조 목사의 행복한 **메시지**

물 위를 걷는 베드로

베드로가 어떻게 물 위를 걸을 수 있었을까요? 그 이유를 두 가지로 생각해 볼 수 있습니다. 첫째는 베드로가 예수님의 말씀에 근거하여 행동했기 때문입니다. 먼저 물 위로 걸어오라는 예수님의 말씀이 있었고, 그 말씀에 의지하여 베드로가 물 위로 발을 옮겼기에 놀라운 기적을 체험했던 것입니다. 여기서 믿음은 자기 생각이나 신념과는 다른 것입니다.
둘째는 베드로가 예수님만 바라보았기 때문입니다. 예수님만 바라보고 예수님을 향하여 나아갔을 때 베드로는 놀랍게도 물 위를 걷고 있었습니다. 우리가 세상 안에서 살고 있지만 만물보다 더 위대하신 예수님만 바라볼 때 우리는 우리 삶에 역사하시는 초자연적인 하나님의 능력을 경험하게 됩니다.

셨습니다. "안심하라. 나다. 두려워하
지 말라."
28 베드로가 대답했습니다. "주여, 정말
로 주이시면 제게 물 위로 걸어오라
고 하십시오."
29 그러자 예수께서 "오너라" 하고 말씀
하셨습니다. 그러자 베드로는 배에서
내려 물 위로 걸어 예수께로 향했습
니다.
30 그러나 베드로는 바람을 보자 겁이
났습니다. 그러자 바로 물속으로 가
라앉기 시작했고 베드로가 소리쳤습
니다. "주여, 살려 주십시오!"
31 예수께서 곧 손을 내밀어 그를 붙잡
으시며 말씀하셨습니다. "믿음이 적
은 사람아, 왜 의심했느냐?"
32 그리고 그들이 함께 배에 오르자 바
람이 잔잔해졌습니다.
33 그때 배에 있던 사람들이 예수께 경
배드리며 말했습니다. "참으로 하나
님의 아들이십니다!"
34 그들이 호수를 건너 게네사렛 땅에
이르렀습니다.
35 그곳에 있던 사람들은 예수를 알아보
고 주변 온 지역에 소식을 전했습니
다. 사람들은 아픈 사람들을 모두 데
려와
36 예수의 옷자락이라도 만지게 해 달라
고 간청했습니다. 그리고 그 옷자락
을 만진 사람들은 모두 나았습니다.

더럽게 하는 것 (막 7:1-23)

15 그때 예루살렘에서 온 바리새
파 사람들과 율법학자들이 예
수께 다가와 물었습니다.
2 "왜 선생님의 제자들은 우리 장로들
의 전통을 지키지 않습니까? 음식을
먹기 전에 그들은 손을 씻지 않습니
다."
3 예수께서 대답하셨습니다. "너희는
어째서 너희의 전통 때문에 하나님의
계명을 어기느냐?
4 하나님께서는 ㄱ'네 부모를 공경하라'
라고 하셨고, ㄴ'누구든지 자기 부모를
저주하는 사람은 반드시 죽을 것이
다'라고 하셨다.
5 그러나 너희는 누가 자기 아버지나 어
머니에게 '내가 드려 도움이 될 것이
하나님께 드릴 예물이 됐습니다' 하고
말하면
6 자기 *부모를 공경하지 않아도 된다
고 말하니 너희 전통을 핑계로 하나
님의 말씀을 무시하는 것이 아니냐?
7 이 위선자들아! 이사야가 너희에 대
해 예언한 말이 옳았다.
8 ㄷ'이 백성들은 입술로만 나를 공경
하고 마음은 내게서 멀리 떠났다.
9 사람의 계명을 교훈으로 가르치고
나를 헛되이 예배한다.'"
10 예수께서 무리를 불러 말씀하셨습니
다. "잘 듣고 깨달으라.
11 입으로 들어가는 것이 사람을 불결하
게 하는 것이 아니라 입에서 나오는
것이 사람을 불결하게 하는 것이다."
12 그때 제자들이 예수께 와서 물었습니

15:6 그리스어, '아버지를' ㄱ 출 20:12; 신 5:16
ㄴ 출 21:17; 레 20:9 ㄷ 사 29:13

다. "바리새파 사람들이 이 말씀을 듣
고 비위가 상한 것을 아십니까?"
13 그러자 예수께서 대답하셨습니다. "하
늘에 계신 내 아버지께서 심지 않으
신 식물은 모두 뿌리째 뽑힐 것이다.
14 그들을 내버려 두라. 그들은 앞을 못
보는 인도자다. 눈먼 사람이 눈먼 사
람을 인도하면 둘 다 구덩이에 빠지
게 된다."
15 베드로가 말했습니다. "그 비유를 설
명해 주십시오."
16 예수께서 말씀하셨습니다. "너희가
아직도 깨닫지 못하겠느냐?
17 입으로 들어가는 것은 무엇이든 배
속으로 들어가서 결국 밖으로 빠져나
오지 않느냐?
18 그러나 입에서 나오는 것은 마음에서
나오는데 이런 것이 사람을 불결하게
한다.
19 마음에서 악한 생각, 살인, 간음, 음
란, 도둑질, 위증, 비방이 나온다.
20 이런 것이 사람을 불결하게 하지 씻
지 않은 손으로 먹는 것이 사람을 불
결하게 하는 것이 아니다."

가나안 여자의 믿음 (막 7:24-30)

21 예수께서 그곳을 떠나 두로와 시돈 지
방으로 가셨습니다.
22 그 지방에 사는 한 가나안 여자가 예
수께 와서 울부짖었습니다. "자비를
베풀어 주십시오! 주 다윗의 자손이
여! 제 딸이 귀신 들려 몹시 괴로워하
고 있습니다."
23 그런데 예수께서는 아무 대답도 없으
셨습니다. 그러자 제자들이 예수께
와서 간청했습니다. "저 여인을 돌려
보내시지요. 계속 우리를 따라오면서
소리 지르고 있습니다."
24 예수께서 대답하셨습니다. "나는 이
스라엘 집의 잃어버린 양들 외에는 보
냄을 받지 않았다."
25 그 여인이 예수 앞에 나아와 무릎을
꿇고 말했습니다. "주여, 나를 도와주
십시오!"
26 예수께서 대답하셨습니다. "자녀들의
빵을 가져다 개들에게 던져 주는 것
은 옳지 않다."
27 그 여인이 말했습니다. "그렇습니다,
주여. 하지만 개들도 주인의 상에서
떨어지는 부스러기는 먹습니다."
28 그제야 예수께서는 "여인아, 네 믿음
이 크구나! 네 소원대로 될 것이다"라
고 대답하셨습니다. 그리고 바로 그
때에 그 여인의 딸이 나았습니다.

예수께서 사천 명을 먹이시다 (막 8:1-10)

29 예수께서는 그곳을 떠나 갈릴리 호수
가로 가셨습니다. 그리고 산 위로 올
라가 앉으셨습니다.
30 큰 무리가 걷지 못하는 사람, 다리를
저는 사람, 눈먼 사람, 말 못하는 사
람과 그 밖에 많은 아픈 사람들을 예
수의 발 앞에 데려다 놓았고 예수께
서는 그들을 고쳐 주셨습니다.
31 사람들은 말 못하던 사람이 말을 하
고 다리를 절던 사람이 낫고, 걷지 못
하던 사람이 걷고, 눈먼 사람이 보게
된 것을 보고 모두 놀랐습니다. 그리

고 이스라엘의 하나님께 영광을 돌렸
습니다.
32 예수께서 제자들을 불러 말씀하셨습
니다. "이 사람들이 나와 함께 있은
지 벌써 3일이나 됐는데 먹을 것이 없
으니 불쌍하다. 저들을 굶겨 돌려보
냈다가는 가다가 도중에 쓰러질 텐데
그렇게 하고 싶지 않다."
33 제자들이 대답했습니다. "이렇게 외
딴곳에서 이 큰 무리를 다 먹일 만한
빵을 어디서 구하겠습니까?"
34 예수께서 물으셨습니다. "너희에게 빵
이 얼마나 있느냐?" 제자들이 대답했
습니다. "일곱 개입니다. 그리고 작은
물고기도 몇 마리 있습니다."
35 예수께서는 사람들에게 땅에 앉으라
고 말씀하셨습니다.
36 그러고는 빵 일곱 개와 물고기를 손
에 들고 감사 기도를 드리셨습니다.
그리고 그것을 떼어 제자들에게 주셨
고 제자들은 사람들에게 나누어 주
었습니다.
37 사람들은 모두 배불리 먹었으며 제자
들이 남은 빵 조각을 거두어 보니 일
곱 광주리에 가득 찼습니다.
38 먹은 사람은 여자들과 아이들 이외에
4,000명이 됐습니다.
39 예수께서는 사람들을 돌려보내신 후
배를 타고 마가단 지방으로 가셨습니
다.

표적을 구하다 (막 8:11-13;눅 12:54-56)

16
바리새파 사람들과 사두개파
사람들이 예수께 와서 시험하
기 위해 하늘에서 오는 표적을 보여
달라고 요청했습니다.
2 예수께서 대답하셨습니다. "*너희는
저녁에 하늘이 붉으면 '내일은 날씨가
좋겠구나' 하고
3 아침에 하늘이 붉고 흐리면 '비가 오
겠구나' 하고 예측한다. 너희가 하늘
의 징조는 분간할 줄 알면서 시대의
*표적은 분간하지 못하느냐?
4 악하고 음란한 세대가 표적을 찾지만
요나의 표적 말고는 아무것도 받지
못할 것이다." 그리고 예수께서는 그
들을 떠나가셨습니다.

바리새파 사람들과 사두개파 사람들의 누룩 (막 8:14-21)

5 제자들은 호수 건너편으로 갔는데 그
들이 빵을 가져오는 것을 잊었습니
다.
6 예수께서 말씀하셨습니다. "조심하
라! 바리새파 사람들과 사두개파 사
람들의 누룩을 주의하라."
7 그들은 자기들끼리 "우리가 빵을 두
고 와서 하시는 말씀인가 보다" 하며
수군거렸습니다.
8 예수께서는 그들이 수군거리는 것을
알고 물으셨습니다. "너희 믿음이 적
은 자들아, 왜 빵이 없는 것을 두고
말하느냐?
9 너희가 아직도 깨닫지 못하느냐? 빵
다섯 개로 5,000명을 먹이고 몇 바구
니나 모았는지 기억나지 않느냐?

16:2-3 어떤 초기 사본에는 '너희는 … 분간하지 못하느냐?'가 없음. 16:3 그리스어, 세메이온, '표징'

10 빵 일곱 개로 4,000명을 먹이고 몇
광주리나 모았느냐?
11 내가 빵을 두고 말하는 것이 아님을
너희는 어찌 깨닫지 못하느냐? 바리
새파 사람들과 사두개파 사람들의 누
룩을 주의하라."
12 그때에야 그들은 빵의 누룩이 아니라
바리새파 사람들과 사두개파 사람들
의 가르침에 대해 주의하라고 하시는
예수의 말씀을 알아차렸습니다.

베드로가 예수를 그리스도로 고백하다

(막 8:27–30;눅 9:18–21)

13 예수께서 가이사랴 빌립보 지방에 이
르러 제자들에게 물으셨습니다. "사
람들이 인자를 누구라고 하느냐?"
14 그들이 대답했습니다. "*세례자 요한
이라고도 하고 엘리야라고도 하고 예
레미야나 예언자 중 한 분이라고 하
는 사람도 있습니다."
15 "그러면 너희는 나를 누구라고 하느
냐?" 예수께서 물으셨습니다.
16 시몬 베드로가 대답했습니다. "주는
*그리스도이시며 살아 계신 하나님의
아들이십니다."
17 예수께서 대답하셨습니다. "요나의
아들 시몬아, 네가 복이 있다. 이것을
네게 계시하신 분은 사람이 아니라
하늘에 계신 내 아버지이시다.
18 그리고 내가 너에게 말한다. 너는 *베
드로다. 내가 이 *반석 위에 내 교회
를 세울 것이니 지옥의 *문들이 이것
을 이길 수 없을 것이다.
19 내가 네게 하늘나라의 열쇠들을 줄
것이다. 무엇이든 네가 땅에서 매면
하늘에서도 매일 것이요, 네가 땅에
서 풀면 하늘에서도 풀릴 것이다."
20 그 후에 예수께서는 제자들에게 자기
가 *그리스도이심을 아무에게도 말하
지 말라고 당부하셨습니다.

예수께서 자신의 죽음을 예고하시다

(막 8:31–9:1;눅 9:22–27)

21 그때부터 예수께서는 자신이 마땅히
예루살렘에 올라가서 장로들과 대제
사장들과 율법학자들의 손에 많은 고
난을 당해야 할 것과 죽임을 당했다
가 3일 만에 다시 살아나야 할 것을
제자들에게 드러내기 시작하셨습니
다.
22 그러자 베드로는 예수를 붙들고 거칠
게 소리 높였습니다. "주여! 절대로 안
됩니다! 그런 일이 주께 일어나서는
절대로 안 됩니다!"
23 예수께서 베드로를 돌아다보며 말씀
하셨습니다. "사탄아, 내 뒤로 물러가
거라! 너는 나를 넘어뜨리는 걸림돌
이다! 네가 하나님의 일은 생각하지
않고 사람의 일만 생각하는구나."
24 그때에 예수께서 제자들에게 말씀하
셨습니다. "누구든지 나를 따르려거
든 자기를 부인하고 자기 십자가를 지
고 따라야 한다.
25 누구든지 자기 목숨을 구하려는 사람
은 잃을 것이요, 누구든지 나를 위해
목숨을 잃는 사람은 얻게 될 것이다.

16:14 또는 침례자 16:16,20 히브리어, 메시아. '기름 부음 받은 사람' 16:18 그리스어, 페트로스 16:18 그리스어, 페트라 16:18 또는 세력이

26 사람이 온 세상을 다 얻고도 자기 목
숨을 잃으면 무슨 소용이 있겠느냐?
사람이 자기 목숨을 무엇과 맞바꾸
겠느냐?
27 인자가 천사들과 함께 아버지의 영광
으로 다시 올 것이다. 그때 인자는 각
사람이 행한 대로 갚아 줄 것이다.
28 내가 진실로 너희에게 말한다. 여기
서 있는 사람 가운데 죽음을 맛보기
전에 인자가 자기 왕권을 가지고 오
는 것을 볼 사람도 있을 것이다."

예수께서 변모되시다 (막 9:2-13;눅 9:28-36)

17 그리고 6일 후에 예수께서 베드
로와 야고보와 야고보의 동생
요한을 데리고 높은 산으로 올라가셨
습니다.
2 예수께서는 그들 앞에서 모습이 변모
돼 얼굴이 해처럼 빛나고 옷이 빛처
럼 새하얗게 됐습니다.
3 바로 그때 모세와 엘리야가 그들 앞
에 나타나 예수와 이야기를 나눴습니
다.
4 베드로가 예수께 말했습니다. "주여,
우리가 여기 있으니 참 좋습니다. 주
께서 원하신다면 제가 여기에다 초막
셋을 만들되 하나는 주를 위해, 하나
는 모세를 위해, 하나는 엘리야를 위
해 짓겠습니다."
5 베드로가 말하고 있을 때에 빛나는
구름이 그들을 덮더니 구름 속에서
소리가 들려왔습니다. "이는 내가 사
랑하는 아들이다. 내가 그를 기뻐한
다. 너희는 그의 말을 들으라!"
6 그 소리를 듣고 제자들은 너무나 두
려운 나머지 얼굴을 땅에 대고 엎드
렸습니다.
7 그때 예수께서 다가와 그들을 어루만
지며 말씀하셨습니다. "일어나라. 두
려워하지 말라."
8 그들이 눈을 들어 보니 예수 외에는
아무도 보이지 않았습니다.
9 산을 내려오면서 예수께서 그들에게
당부하셨습니다. "인자가 죽은 사람
들 가운데서 다시 살아날 때까지는
너희가 본 것을 아무에게도 말하지
말라."
10 그러자 제자들이 예수께 물었습니다.
"그런데 왜 율법학자들은 엘리야가 먼
저 와야 한다고 말하는 것입니까?"
11 예수께서 대답하셨습니다. "분명히 엘
리야가 와서 모든 것을 회복시킬 것이
다.
12 그러나 내가 너희에게 말한다. 엘리야
가 이미 왔다. 그런데 그들이 그를 알
아보지 못하고 자기들 마음대로 대했
다. 이와 같이 인자도 그들의 손에 고
난을 당할 것이다."
13 그제야 제자들은 예수께서 *세례자
요한을 두고 하신 말씀인 줄 깨달았
습니다.

예수께서 귀신 들린 아이를 고치시다
(막 9:14-29;눅 9:37-43상)

14 그들이 사람들에게 오자 어떤 사람
이 예수께 나와 그 앞에 무릎을 꿇으
며 말했습니다.

17:13 또는 침례자

15 "주여, 제 아들에게 자비를 베풀어 주
십시오. 간질병에 걸려 몹시 고통받고
있습니다. 자주 불 속에 몸을 던지고
물속에 뛰어들기도 합니다.
16 그래서 이 아이를 주의 제자들에게
데려왔지만 그들은 고치지 못했습니
다."
17 예수께서 대답하셨습니다. "아, 믿음
이 없고 타락한 세대여! 도대체 내가
언제까지 너희와 함께 있어야 하겠느
냐? 내가 언제까지 너희를 참아야 하
겠느냐? 아이를 데려오너라."
18 예수께서 귀신을 꾸짖으시자 귀신은
아이에게서 나갔고 바로 그 순간 아
이가 나았습니다.
19 그때 제자들이 예수께 다가와 따로
물었습니다. "어째서 저희는 귀신을
쫓아내지 못했습니까?"
20 예수께서 대답하셨습니다. "너희 믿
음이 적기 때문이다. 내가 진실로 너
희에게 말한다. 너희에게 겨자씨 한
알만 한 믿음만 있어도 이 산을 향해
'여기서 저기로 옮겨 가거라' 하면 옮
겨 갈 것이요, 너희가 못할 일이 없을
것이다."
21 *(없음)

예수께서 자신의 죽음을 두 번째 예고하시다
(막 9:30-32;눅 9:43하-45)

22 그들이 갈릴리에 모여 있을 때 예수께
서 그들에게 말씀하셨습니다. "인자
가 사람들의 손에 넘겨질 것이다.
23 그리고 그들이 인자를 죽일 것이다.
그러나 인자는 3일 만에 살아날 것이
다." 그러자 제자들은 큰 슬픔에 잠겼
습니다.

성전 세금

24 그들이 가버나움에 도착했을 때, 2*드
라크마의 세금을 걷는 사람들이 베드
로에게 와서 물었습니다. "당신네 선
생님은 *2드라크마를 안 내십니까?"
25 베드로가 대답했습니다. "내십니다."
베드로가 집으로 들어가니 예수께서
먼저 말을 꺼내셨습니다. "시몬아, 너
는 어떻게 생각하느냐? 이 세상의 왕
들은 누구로부터 관세와 주민세를 거
두느냐? 자기 아들들이냐, 다른 사람
들이냐?"
26 베드로가 대답했습니다. "다른 사람
들로부터 거둡니다." 예수께서 베드로
에게 말씀하셨습니다. "그렇다면 그
아들들은 세금이 면제된다.
27 하지만 그들의 비위를 건드리지 않도
록 바다에 가서 낚시를 던져라. 처음
올라오는 고기를 잡아 입을 벌려 보
면 *1세겔짜리 동전 한 닢이 있을 것
이다. 그 동전을 가져다가 나와 네 몫
으로 그들에게 주어라."

천국에서 큰 사람 (막 9:33-37;눅 9:46-48)

18 그때 제자들이 예수께 다가와
물었습니다. "하늘나라에서는
누가 가장 큰 사람입니까?"
2 예수께서 어린아이 하나를 불러 제자

17:21 어떤 사본에는 '그러나 이런 귀신은 기도와 금식이 아니고는 나가지 않는다.'가 있음. 17:24 20세 이상의 모든 남자가 매년 내야 하는 성전세(출 30:13)로, 2드라크마는 반 세겔 17:27 그리스어, 스타테르. 1스타테르는 1세겔, 곧 4드라크마와 같음.

들 가운데 세우고
3 말씀하셨습니다. "내가 진실로 너희
에게 말한다. 너희가 변화돼 어린아
이들처럼 되지 않으면 결코 하늘나라
에 들어갈 수 없을 것이다.
4 그러므로 누구든지 이 어린아이와
같이 자신을 낮추는 사람이 하늘나
라에서 가장 큰 사람이다.
5 또 누구든지 내 이름으로 이런 어린
아이 하나를 영접하면 나를 영접하
는 것이다.

넘어지게 하는 일 (막 9:42-48;눅 17:1-2)

6 누구든지 나를 믿는 이런 어린아이
가운데 한 명이라도 죄를 짓게 하는
사람은 큰 맷돌을 목에 달아 깊은 바
다에 빠뜨려지는 편이 차라리 나을
것이다.
7 사람들을 넘어지게 하는 일 때문에
이 세상에 화가 있다. 넘어지게 하는
일이 없을 수는 없으나 넘어지게 하
는 걸림돌과 같은 사람에게는 화가
있을 것이다.
8 네 손이나 네 발이 너를 죄짓게 하거
든 잘라 내버려라. 두 손, 두 발 다 가
지고 영원히 타는 불 속에 던져지느
니 불구자나 장애인으로 생명에 들어
가는 것이 낫다.
9 네 눈이 너를 죄짓게 하거든 빼내 버
려라. 두 눈을 가지고 *지옥 불 속에
던져지느니 한 눈만 가지고 생명에
들어가는 것이 낫다."

잃은 양의 비유 (눅 15:3-7)

10 "이 작은 사람들 가운데 한 명이라도
업신여기지 않도록 조심하라. 내가 너
희에게 말한다. 하늘에서 그들의 천
사들이 하늘에 계신 내 아버지의 얼
굴을 항상 뵙고 있다.
11 *(없음)
12 너희는 어떻게 생각하느냐? 양 100
마리를 가진 사람이 있는데 그 가운

18:9 그리스어, 게헨나 18:11 어떤 사본에는 '인자는 잃어버린 사람을 구원하려고 왔다.'가 있음.

하용조 목사의 행복한 **메시지**

찾으시는 사랑

하나님의 사랑은 '기다리시는 사랑'이 아니라 '찾으시는 사랑'입니다. 우리가 위기 상황에 처해 있을 때 하나님께서는 적극적으로 개입하시는 분입니다. 잃은 양의 비유를 보면, 목자는 양이 제 발로 찾아올 때까지 기다리지 않습니다. 목자는 사라진 양을 찾아 나섭니다. 산을 넘고 강을 건너는 고난의 길을 지나 양을 찾아옵니다.

죄 가운데서 스스로 빠져나올 수 있는 사람은 세상에 아무도 없습니다. 그래서 죄인을 위하여 예수님이 세상에 오셨습니다. 예수님은 골고다 언덕을 넘고 죽음의 강을 건너 부활하심으로 죄인을 구원하셨습니다. 우리가 돌아올 수 없는 처지에 있더라도 하나님은 우리를 절대로 포기하지 않으십니다. 우리가 어찌할 수 없는 상황에 있더라도 하나님은 우리를 포기하지 않으신다는 것을 기억하십시오.

데 한 마리가 길을 잃었다고 하면 그
가 99마리를 산에 두고 가서 길 잃은
그 양을 찾아다니지 않겠느냐?
13 내가 진실로 너희에게 말한다. 만약
그 양을 찾게 되면 그는 길 잃지 않은
99마리 양보다 오히려 그 한 마리 양
때문에 더욱 기뻐할 것이다.
14 이와 같이 이 어린아이 중 한 명이라
도 잃는 것은 하늘에 계신 너희 아버
지의 뜻이 아니다."

교회 안에서 죄를 다루는 법 (눅 17:3)

15 "만일 네 형제가 네게 죄를 짓거든 가
서 단 둘이 있는 자리에서 잘못을 지
적해 주어라. 그가 네 말을 들으면 너
는 네 형제를 얻는 것이다.
16 그러나 만일 네 말을 듣지 않으면 그
가 하는 모든 말에 두세 사람의 증언
을 얻기 위해 한두 사람을 데리고 가
거라.
17 그러나 만일 그가 그들의 말도 거부
하면 교회에 말하여라. 교회의 말조
차 듣지 않으면 너는 그를 이방 사람
이나 세리처럼 여겨라.
18 내가 진실로 너희에게 말한다. 무엇이
든 너희가 땅에서 매면 하늘에서도
매일 것이요, 무엇이든 너희가 땅에
서 풀면 하늘에서도 풀릴 것이다.
19 다시 내가 진실로 너희에게 말한다.
너희 가운데 두 사람이 땅에서 어떤
일이든지 마음을 모아 간구하면 하
늘에 계신 내 아버지께서 그들에게
이루어 주실 것이다.
20 두세 사람이 내 이름으로 모이는 곳
에는 나도 그들 가운데 있다."

용서할 줄 모르는 종의 비유

21 **그때 베드로가 예수께 와서 물었습니**
다. "주여, 제 형제가 제게 죄를 지으
면 몇 번이나 용서해야 합니까? 일곱
번까지 해야 합니까?"
22 **예수께서 대답하셨습니다.** "내가 너희
에게 말한다. 일곱 번만 아니라 70번
씩 일곱 번이라도 용서해야 한다.
23 그러므로 하늘나라는 마치 자기 종
들과 빚을 결산하려는 왕과 같다.
24 왕이 결산을 시작하자 *1만 달란트
빚진 사람이 왕 앞에 나오게 됐다.
25 그런데 그는 빚 갚을 돈이 없었기 때
문에 주인은 그 종에게 그 자신과 아
내와 자녀와 전 재산을 팔아 갚도록
명령했다.
26 그랬더니 종이 그 앞에 무릎을 꿇고
간청했다. '조금만 참아 주시면 모두
갚아 드리겠습니다.'
27 주인은 그 종을 불쌍히 여겨 그를 놓
아주고 빚을 없애 주었다.
28 그러나 그 종은 밖으로 나가 자기에
게 *100데나리온 빚진 동료 종을 찾
아냈다. 그는 동료의 멱살을 잡으며
'빚진 돈을 갚아라!' 하고 말했다.
29 그의 동료가 무릎을 꿇고 애걸했다.
'조금만 참아 주게. 내가 다 갚겠네.'
30 그러나 그는 참지 못하고 가서 빚을
다 갚을 때까지 동료를 감옥에 가두
어 버렸다.

18:24 1만 달란트는 노동자의 대략 16만 년 치 품삯과 같음. 18:28 100데나리온은 노동자의 100일 품삯과 같음.

31 이 일을 본 다른 동료 종들은 너무
기가 막혀서 주인에게 가서 이 일을
낱낱이 일러 바쳤다.
32 그러자 주인은 그 종을 불러서 말했
다. '이 악한 종아! 네가 나에게 애원
하기에 내가 네 빚을 모두 없애 주었
다.
33 내가 너를 불쌍히 여긴 것처럼 너도
네 동료를 불쌍히 여겼어야 하지 않
았느냐?'
34 그 주인은 화가 나서 그 종을 감옥 관
리들에게 넘겨주며 빚진 것을 다 갚
을 때까지 감옥에 가뒀다.
35 만일 너희가 진심으로 자기 형제를
용서하지 않는다면 하늘에 계신 내
아버지께서도 너희에게 이와 같이 행
하실 것이다."

이혼 (막 10:1-12)

19 예수께서 이 말씀들을 끝마친
후에 갈릴리를 떠나 요단 강 건
너편 유대 지방으로 가셨습니다.
2 많은 무리가 따라오자 예수께서는 거
기서 그들을 고쳐 주셨습니다.
3 바리새파 사람들이 다가와 예수를 시
험하려고 물었습니다. "이유가 된다면
사람이 그의 아내를 버리는 것이 적
법한 것입니까?"
4 예수께서 대답하셨습니다. "너희는
'사람을 창조하신 분이 처음에 남자
와 여자로 지으셨다'라는 말씀과
5 ㄱ'그러므로 남자가 자기 부모를 떠나
아내와 연합해 둘이 한 몸이 될 것이
다'라는 말씀을 읽어 보지 못했느냐?
6 그러므로 그들이 이제 둘이 아니라
하나다. 하나님께서 짝지어 주신 것
을 사람이 갈라놓지 못한다."
7 그들이 물었습니다. "그러면 ㄴ모세는
왜 남자에게 이혼 증서를 주고 아내
와 헤어지라고 명령했습니까?"
8 예수께서 대답하셨습니다. "모세가 이
혼을 허락한 것은 너희 마음이 완악
하기 때문이다. 그러나 원래는 그렇지
않았다.

ㄱ 창 2:24 ㄴ 신 24:1-4

성·경·상·식 **일만 달란트**

로마에서 통용되던 화폐 단위인 1달란트는 약 6,000데나리온이고, 한 데나리온은 노동자의 하루 품삯이었다. 따라서 1달란트는 16년 동안 노동자가 하루도 빠지지 않고 일한 임금과 같고, 1만 달란트는 노동자의 약 16만 년 임금에 해당되며 노동자의 하루 임금을 5만 원으로 계산하면 3조 원이나 된다. 당시 노예 1명의 최고가가 2,000데나리온이었는데, 최고가로 해도 3만 명을 노예로 넘겨야 갚을 수 있는 거액이다.

당시 로마가 사마리아에서 거둔 세금이 600달란트, 갈릴리와 베뢰아에서 거둔 세금이 200달란트, 팔레스타인 전역에서 거둔 세금 총액이 대략 800달란트였다고 한다. 그렇다면 1만 달란트는 팔레스타인 전역에서 거둬들인 세액의 10배가 넘는 금액이다. 이것은 그야말로 "그 자신과 아내와 자녀와 전 재산을 팔아"(마 18:25) 갚아도 갚지 못할 빚을 말한다.

9 내가 너희에게 말한다. 누구든지 음
행한 경우를 제외하고 아내와 이혼하
고 다른 여자와 결혼하는 사람은 간
음하는 것이다."
10 제자들이 예수께 말했습니다. "만일
남편과 아내의 관계가 그런 것이라면
차라리 결혼하지 않는 게 좋겠습니
다."
11 예수께서 대답하셨습니다. "모든 사
람이 이 말을 받아들일 수는 없다.
오로지 하나님께서 허락하신 사람들
만 받아들인다.
12 모태에서부터 고자로 태어난 사람도
있고 다른 사람이 고자로 만들어서
고자가 된 사람도 있고 또 하늘나라
를 위해 스스로 고자가 된 사람도 있
다. 이 말을 받아들일 수 있는 사람
은 받아들이라."

어린아이들과 예수 (막 10:13-16;눅 18:15-17)

13 그때 사람들이 예수께 어린아이들을
데리고 와서 예수께서 손을 얹어 기
도해 주시기를 원했습니다. 그러자 제
자들이 그들을 꾸짖었습니다.
14 예수께서 말씀하셨습니다. "어린아이
들을 내게 오게 하라. 그들을 막지
말라. 하늘나라는 이런 어린아이 같
은 사람들의 것이다."
15 예수께서 그들에게 손을 얹어 기도해
주시고 그곳을 떠나셨습니다.

부자와 하나님의 나라 (막 10:17-31;눅 18:18-30)

16 한 사람이 예수께 와서 물었습니다.
"선생님, 제가 영생을 얻으려면 어떤
선한 일을 해야 합니까?"
17 예수께서 대답하셨습니다. "왜 너는
선한 일을 내게 묻느냐? 선하신 분은
오직 한 분이시다. 네가 생명에 들어
가려면 계명들을 지켜라."
18 그 사람이 예수께 물었습니다. "어떤
계명을 말씀하십니까?" 예수께서 대
답하셨습니다. ㄱ"'살인하지 말라, 간
음하지 말라, 도둑질하지 말라, 거짓
증언하지 말라,
19 네 부모를 공경하라, ㄴ네 이웃을 네
몸과 같이 사랑하라.'"
20 그 청년이 말했습니다. "이 모든 것을
제가 지켰습니다. 제가 아직 무엇이
부족합니까?"
21 예수께서 대답하셨습니다. "만일 네
가 완전해지고자 한다면 가서 네 재
산을 팔아 그 돈을 가난한 사람에게
주어라. 그러면 네가 하늘에서 보물
을 얻을 것이다. 그리고 와서 나를 따
라라."
22 그러나 그 청년은 이 말을 듣고 슬픔
에 잠겨 돌아갔습니다. 그는 굉장한
부자였기 때문입니다.
23 그때 예수께서 제자들에게 말씀하셨
습니다. "내가 진실로 너희에게 말한
다. 부자는 하늘나라에 들어가기가
어렵다.
24 다시 내가 너희에게 말한다. 낙타가
바늘귀로 들어가는 것이 부자가 하
늘나라에 들어가는 것보다 쉽다."
25 제자들은 이 말씀을 듣고 매우 놀라
물었습니다. "그러면 도대체 누가 구

ㄱ 출 20:12-16; 신 5:16-20 ㄴ 레 19:18

원을 얻겠습니까?"
26 예수께서 그들을 바라보시며 말씀하
셨습니다. "사람에게는 불가능한 일이
다. 그러나 하나님께는 모든 것이 가
능하다."
27 베드로가 대답했습니다. "보십시오.
우리는 모든 것을 버리고 선생님을
따랐습니다! 그렇다면 우리는 무엇을
얻겠습니까?"
28 예수께서 그들에게 말씀하셨습니다.
"내가 진실로 너희에게 말한다. 새 세
상에서 인자가 자기의 영광스러운 보
좌에 앉게 되면 나를 따르는 너희도
열두 보좌에 앉아 이스라엘의 열두
지파를 심판할 것이다.
29 또한 내 이름을 위해 집이나 형제나
부모나 자녀나 논밭을 버린 사람은
누구나 100배나 받을 것이며 또 영생
을 물려받게 될 것이다.
30 그러나 먼저 된 사람이 나중 되고 나
중 된 사람이 먼저 되는 일이 많을 것
이다."

포도원 일꾼의 비유

20 "하늘나라는 자기 포도원에서
일할 일꾼을 고용하려고 이른
아침에 집을 나선 어떤 포도원 주인
과 같다.
2 그 주인은 하루 품삯으로 1*데나리온
을 주기로 하고 일꾼들을 포도원으
로 보냈다.
3 *오전 9시쯤 돼 그가 나가 보니 시장
에 빈둥거리는 사람들이 있었다.
4 그는 그들에게 '너희도 내 포도원에
가서 일하라. 적당한 품삯을 주겠다'
라고 했다.
5 그래서 그들도 포도원으로 들어갔다.
그 사람은 *12시와 *오후 3시쯤에도
다시 나가 또 그렇게 했다.
6 그리고 *오후 5시쯤 다시 나가 보니
아직도 빈둥거리며 서 있는 사람들이
있었다. 그는 '왜 하루 종일 하는 일
없이 여기서 빈둥거리고 있느냐?' 하
고 물었다.
7 그들은 '아무도 일자리를 주지 않습
니다'라고 대답했다. 주인이 그들에게
말했다. '너희도 내 포도원에 와서 일
하라.'
8 날이 저물자 포도원 주인이 관리인에
게 말했다. '일꾼들을 불러 품삯을 지
불하여라. 맨 나중에 고용된 사람부
터 시작해서 맨 처음 고용된 사람까
지 그 순서대로 주어라.'
9 오후 5시에 고용된 일꾼들이 와서 각
각 *1데나리온씩 받았다.
10 맨 처음 고용된 일꾼들이 와서는 자
기들이 더 많이 받으리라고 기대했
다. 그러나 각 사람이 똑같이 *1데나
리온씩 받았다.
11 그들은 품삯을 받고 포도원 주인을
향해 불평했다.
12 '나중에 고용된 일꾼들은 고작 한 시
간밖에 일하지 않았습니다. 그런데
하루 종일 뙤약볕에서 고되게 일한

20:2 1데나리온은 노동자의 하루 품삯이었음. 20:3 그리스어, 제3시 20:5 그리스어, 제6시 20:5 그리스어, 제9시 20:6 그리스어, 제11시 20:9,10 1데나리온은 노동자의 하루 품삯이었음.

우리와 똑같은 일당을 주시다니요?'
13 그러자 포도원 주인이 일꾼 중 하나
에게 대답했다. '여보게 친구, 나는 자
네에게 잘못한 것이 없네. 자네가 처
음에 *1데나리온을 받고 일하겠다고
하지 않았나?
14 그러니 자네 일당이나 받아 가게. 나
중에 온 일꾼에게 자네와 똑같이 주
는 것이 내 뜻이네.
15 내가 내 것을 내 뜻대로 하는 것이 정
당하지 않은가? 아니면 내가 선한 것
이 자네 눈에 거슬리는가?'
16 이처럼 나중 된 사람이 먼저 되고 먼
저 된 사람이 나중 될 것이다."

예수께서 자신의 죽음을 세 번째 예고하시다
(막 10:32-34;눅 18:31-34)

17 **예수께서 예루살렘으로 올라가시면서**
열두 제자를 따로 곁에 불러 놓으시
고 길에서 그들에게 말씀하셨습니다.
18 "보라. 우리는 지금 예루살렘으로 올
라가고 있다. 거기서 인자는 대제사
장들과 율법학자들에게 넘겨질 것이
고 그들은 인자에게 사형 선고를 내
릴 것이다.
19 그리고 그들이 인자를 이방 사람들에
게 넘겨주면 그들은 인자를 조롱하고
채찍으로 때리고 십자가에 못 박을
것이다. 그러나 인자는 3일째 되는 날
에 다시 살아날 것이다."

한 어머니의 요청 (막 10:35-45)

20 **그때 세베대의 아들들의 어머니가 자**
기 아들들과 함께 예수께 다가와 무
릎을 꿇으며 간청했습니다.
21 **예수께서 물으셨습니다.** "무엇을 원하
느냐?" 그 여인이 대답했습니다. "주
의 나라에서 제 두 아들 중 하나는
주의 오른편에, 다른 하나는 왼편에
앉게 해 주십시오."
22 **예수께서 그들에게 대답하셨습니다.**
"너희가 지금 무엇을 구하고 있는지
모르는구나. 내가 이제 마시려는 잔
을 너희가 마실 수 있겠느냐?" 그들
이 대답했습니다. "할 수 있습니다."
23 **예수께서 그들에게 말씀하셨습니다.**
"너희가 분명히 내 잔을 마시게 될 것
이다. 그러나 내 오른편이나 왼편에
앉는 것은 내가 정해 주는 것이 아니
다. 그 자리는 내 아버지께서 정하신
사람들에게 돌아갈 것이다."
24 **이 말을 들은 다른 열 명의 제자들은**
이 두 형제에게 분개했습니다.
25 **예수께서 제자들을 함께 불러 놓고**
말씀하셨습니다. "너희도 알듯이 이방
통치자들은 자기 백성들 위에 군림하
고 그 고관들도 권력을 행사한다.
26 너희는 그렇게 해서는 안 된다. 오히
려 누구든지 너희 중에서 큰사람이
되려는 사람은 너희를 섬기는 사람이
돼야 하고
27 누구든지 첫째가 되려는 사람은 너희
의 종이 돼야 한다.
28 인자 역시 섬김을 받으러 온 것이 아
니라 섬기러 왔고 많은 사람을 위해
자기 목숨을 대속물로 주려고 온 것
이다."

20:13 1데나리온은 노동자의 하루 품삯이었음.

눈먼 사람 두 명이 눈을 뜨다
(막 10:46-52;눅 18:35-43)

29 그들이 여리고를 떠날 때에 큰 무리가
예수를 따랐습니다.
30 눈먼 사람 두 명이 길가에 앉아 있다
가 예수께서 지나가신다는 말을 듣고
소리를 질렀습니다. "다윗의 자손이
신 주님, 저희를 불쌍히 여겨 주십시
오!"
31 사람들이 그들을 꾸짖으며 조용히
하라고 했습니다. 하지만 그들은 더
욱 큰 소리를 질렀습니다. "다윗의 자
손이신 주님, 우리를 불쌍히 여겨 주
십시오!"
32 예수께서 걸음을 멈추고 그들을 불러
물으셨습니다. "내가 너희에게 무엇을
해 주기 원하느냐?"
33 그들이 대답했습니다. "주님, 우리 눈
을 뜨게 해 주십시오."
34 예수께서 그들을 불쌍히 여기시고 그
들의 눈에 손을 대셨습니다. 그러자
그들이 곧 다시 보게 됐습니다. 그리
고 그들은 예수를 따랐습니다.

예수께서 왕으로 예루살렘에 입성하시다
(막 11:1-11;눅 19:28-38;요 12:12-19)

21 그들이 예루살렘에 가까이 와
서 올리브 산 기슭에 있는 벳바
게에 이르자 예수께서는 두 제자를
보내시며
2 그들에게 말씀하셨습니다. "너희는
저 건너편 마을로 가라. 거기에 가면
나귀 한 마리가 새끼 나귀와 함께 묶
여 있을 것이다. 그 나귀들을 풀어서
내게로 끌고 와라.
3 만일 누가 너희에게 무슨 말을 하거
든 '주께서 필요로 하신다'고 말하라.
그리하면 나귀들을 곧 내어 줄 것이
다."
4 이는 예언자를 통해 하신 말씀을 이
루시려는 것이었습니다.
5 ㄱ"시온의 딸에게 말하라. '보라. 너

ㄱ 사 62:11; 슥 9:9

하용조 목사의
행복한 **메시지**

왕의 즉위식

한 나라의 왕이 즉위할 때에 온 나라가 떠들썩하게 잔치를 합니다. 황태자의 결혼식조차도 얼마나 굉장한지 모릅니다. 세상의 왕이 즉위하거나 결혼을 해도 팡파르를 울리고 잔치를 베풀면서 온 나라가 왕을 영접합니다. 그런데 인간이 아닌 하나님께서 구원자로 이 세상에 오셨지만 누구 하나 예수님을 위해 대관식을 거행하거나 잔치를 베푼 사람이 없었습니다. 그래서 예수님은 스스로 인류의 왕으로서 예루살렘에 입성을 하시기로 결정하셨습니다. 이 사건에는 굉장히 깊은 진리가 숨어 있습니다. 예수님의 예루살렘 입성은 세상 왕들과 같이 명성이나 영예를 나타내는 것이 아니었습니다. 그것은 인류를 위한 고난과 죽음을 맞이하는 입성이었고 십자가를 향한 입성이었습니다. 그것은 예수님이 인류의 왕이시고 메시아이심을 선포하는 즉위식이었습니다.

희 왕이 너희에게 오신다. 그분은
겸손하셔서 나귀를 타셨으니 어
린 나귀, 곧 멍에 메는 짐승의 새끼
다.'"
6 제자들은 가서 예수께서 시키신 대로
했습니다.
7 그들은 나귀와 새끼 나귀를 끌고 와
서 그 등 위에 자기들의 겉옷을 얹었
습니다. 그러자 예수께서 그 위에 앉
으셨습니다.
8 큰 무리가 겉옷을 벗어 길에 폈고 어
떤 사람들은 나뭇가지를 꺾어서 길에
깔기도 했습니다.
9 앞서가는 무리들과 뒤따라가는 무리
들이 외쳤습니다.

"다윗의 자손께 *호산나!"
"주의 이름으로 오시는 분께 복이
있도다!"
"지극히 높은 곳에서 *호산나!"

10 예수께서 예루살렘에 들어가시자 온
성이 떠들썩해졌습니다. 사람들이 물
었습니다. "이 사람이 누구요?"
11 무리가 대답했습니다. "이분은 갈릴리
나사렛에서 오신 예언자 예수라오."

성전에서의 예수
(막 11:15-19;눅 19:45-48;요 2:13-22)

12 예수께서 성전에 들어가셔서 성전에
서 장사하던 사람들을 모두 내쫓으셨
습니다. 예수께서는 돈 바꿔 주는 사
람들의 상과 비둘기를 파는 사람들의
의자도 둘러엎으셨습니다.
13 예수께서 그들에게 말씀하셨습니다.
"성경에 이렇게 기록돼 있다.
ㄱ'내 집은 기도하는 집이라 불릴 것
이다.'
그런데 너희는 이 성전을 ㄴ'강도의 소
굴'로 만드는구나."
14 성전에서 눈먼 사람들과 다리를 저는
사람들이 예수께로 나아오자 예수께
서는 그들을 고쳐 주셨습니다.
15 그러나 대제사장들과 율법학자들은
예수께서 행하신 놀라운 일들과 어린
아이들이 성전에서 "다윗의 자손께
*호산나!" 하고 외치는 것을 보고 화
가 났습니다.
16 그들이 예수께 물었습니다. "이 어린
아이들이 무슨 말을 하는지 들립니
까?" 예수께서 대답하셨습니다. "물론
이다. 너희는 ㄷ'주께서 어린아이들과
젖먹이들의 입에서 찬양이 나오게 하
셨다' 하신 말씀을 읽어 보지 못했느
냐?"
17 그리고 예수께서 그들을 떠나 성 밖
베다니에 가서 그날 밤을 지내셨습니
다.

예수께서 무화과나무를 저주하시다
(막 11:12-14,20-24)

18 이른 아침 성으로 돌아오는 길에 예
수께서는 시장하셨습니다.
19 예수께서 길가에 있는 무화과나무 한
그루를 보고 가까이 가셨습니다. 그
러나 잎사귀밖에는 아무것도 없으므
로 그 나무에게 말씀하셨습니다. "다
시는 네가 열매를 맺지 못할 것이다!"

21:9,15 히브리어, '간구합니다. 우리를 구원하소서.'(시 118:25 참조) ㄱ 사 56:7 ㄴ 렘 7:11 ㄷ 시 8:2

그러자 즉시 나무가 말라 버렸습니
다.
20 제자들은 이것을 보고 놀라 물었습
니다. "어떻게 무화과나무가 이렇게
당장 말라 버렸습니까?"
21 예수께서 대답하셨습니다. "내가 진
실로 너희에게 말한다. 너희가 믿고
의심하지 않으면 이 무화과나무에 한
일을 너희도 할 수 있을 뿐 아니라 이
산에게 '들려서 바다에 빠져라' 하고
말해도 그대로 이루어질 것이다.
22 너희가 기도할 때 무엇이든지 믿고 구
하는 것은 다 받을 것이다."

예수의 권세를 두고 말하다
(막 11:27-33;눅 20:1-8)

23 예수께서 성전에 들어가서 가르치고
있을 때 대제사장들과 백성의 장로들
이 예수께 와서 물었습니다. "당신이
무슨 권세로 이런 일을 하는 것이오?
누가 이런 권세를 주었소?"
24 예수께서 대답하셨습니다. "나도 한
가지 물어보겠다. 너희가 대답하면
내가 무슨 권세로 이런 일을 하는지
말해 주겠다.
25 요한의 *세례가 어디서 왔느냐? 하늘
로부터냐, 아니면 사람으로부터냐?"
그들은 이것을 두고 서로 의논하며
말했습니다. "우리가 '하늘로부터 왔
다'고 하면 저 사람이 '그러면 왜 요한
을 믿지 않았느냐'고 할 테고
26 그렇다고 '사람으로부터 왔다'고 하면
사람들이 요한을 예언자로 믿고 있으
니 두려울 따름이다."
27 그래서 그들은 예수께 "잘 모르겠다"
라고 대답했습니다. 그러자 예수께서
말씀하셨습니다. "그렇다면 나도 무
슨 권세로 이런 일을 하는지 너희에
게 말하지 않겠다."

두 아들의 비유

28 "너희는 어떻게 생각하느냐? 어떤 사
람에게 두 아들이 있었다. 그 사람이
맏아들에게 가서 '얘야, 오늘 포도원
에 가서 일하여라' 하고 말했다.
29 *맏아들은 '싫습니다'라고 대답했지만
그 뒤에 그는 뉘우치고 일하러 갔다.
30 *그 후 아버지는 둘째 아들에게 가서
똑같이 말했다. 둘째 아들은 '예, 아
버지'라고 대답만 하고는 가지 않았
다.
31 두 아들 가운데 누가 아버지의 뜻
을 행했느냐?" 그들이 대답했습니다.
"맏아들입니다." 예수께서 그들에게
말씀하셨습니다. "내가 진실로 너희
에게 말한다. 세리들과 창녀들이 너
희보다 먼저 하나님 나라에 들어갈
것이다.
32 요한이 너희에게 의의 길을 보여 주려
고 왔는데, 너희는 그를 믿지 않았지
만 세리들과 창녀들은 그를 믿었다.
너희는 이것을 보고도 여전히 회개하
지 않고 그를 믿지 않았다."

소작인의 비유 (막 12:1-12;눅 20:9-19)

33 "또 다른 비유를 들어 보라. 포도원
을 만든 집주인이 있었다. 그는 포도

21:25 또는 침례 21:29 고대 사본들에는 맏아들은 가겠다고 하고 가지 않음. 21:30 고대 사본들에는 둘째 아들이 가지 않겠다고 하다 뉘우치고 일하러 감.

원 둘레에 울타리를 치고 땅을 파서
포도즙 짜는 틀을 만들고 망대를 세
웠다. 그리고 어떤 농부들에게 포도
원을 세주고 멀리 여행을 떠났다.
34 수확할 때가 가까워지자 주인은 열매
소출의 얼마를 받기 위해 자기 종들
을 농부들에게 보냈다.
35 그 농부들은 종들을 붙잡아 하나는
때리고 다른 하나는 죽이고 또 다른
하나는 돌로 쳤다.
36 그 후 주인은 다른 종들을 처음보다
더 많이 보냈다. 그러나 농부들은 그
종들에게도 똑같이 대했다.
37 마침내 주인은 '그들이 내 아들은 존
중하겠지'라며 자기 아들을 농부들에
게 보냈다.
38 그러나 농부들은 그 아들을 보자 자
기들끼리 수군거렸다. '이 사람은 상
속자다. 가서 그를 죽이고 그의 유산
을 빼앗아 버리자!'
39 그래서 그들은 아들을 붙잡아 포도
원 밖으로 끌어내 죽이고 말았다.
40 그렇다면 포도원 주인이 돌아와서 이
농부들에게 어떻게 하겠느냐?"
41 그들이 예수께 대답했습니다. "주인은
그 악한 사람들을 처참히 죽이고 제
때에 소출의 열매를 바칠 수 있는 다
른 농부들에게 포도원을 내어 줄 것
입니다."
42 예수께서 그들에게 말씀하셨습니다.
"너희가 성경에서 이런 말씀을 읽어
보지 못했느냐?
ㄱ'건축자들이 버린 돌이 머릿돌이
됐다. 주께서 이렇게 하셨으니 우
리 눈에 놀라울 뿐이다.'
43 그러므로 내가 너희에게 말한다. 하
나님 나라를 너희에게서 빼앗아 그
나라의 열매 맺는 백성에게 줄 것이
다.
44 *[누구든지 이 돌 위에 떨어지는 사
람은 산산조각이 날 것이며 이 돌이
어느 사람 위에 떨어지든지 맞는 사
람은 가루가 될 것이다.]"
45 대제사장들과 바리새파 사람들은 예
수의 비유를 듣고서 그것이 자기들을
가리켜 하시는 말씀인 줄을 알아차렸
습니다.
46 그들은 예수를 체포하고 싶었지만 백
성들이 두려웠습니다. 사람들이 예수
를 예언자로 여기고 있었기 때문입니
다.

혼인 잔치의 비유 (눅 14:15-24)

22 예수께서 다시 비유를 들어 그
들에게 말씀하셨습니다.
2 "하늘나라는 자기 아들을 위해 결혼
잔치를 베푸는 왕과 같다.
3 왕은 자기 종들을 보내 결혼 잔치에
초대받은 사람들을 불러오게 했다.
그러나 그들은 오지 않겠다고 했다.
4 왕은 다시 다른 종들을 보내면서 말
했다. '초대받은 사람들에게 내가 만
찬을 준비했다고 전하라. 황소와 살
진 송아지를 잡았고 모든 것이 준비
됐으니 어서 결혼 잔치에 오시라고

21:44 고대 사본들에는 44절의 내용이 없음. ㄱ 시 118:22 이하

하라.'
5 그러나 초대받은 사람들은 들은 척도
하지 않고 제각기 가 버렸다. 어떤 사
람은 자기 밭으로 가고 어떤 사람은
장사하러 가 버렸다.
6 그리고 또 다른 사람들은 그 종들을
붙잡아 모욕하고 죽이기까지 했다.
7 격분한 왕은 자기 군대를 보내 그 살
인자들을 죽이고 그들의 도시를 불태
워 버렸다.
8 그리고 왕은 자기 종들에게 말했다.
'결혼 잔치는 준비됐으나 내가 초대한
사람들은 자격이 없다.
9 너희는 길거리로 나가 만나는 사람마
다 잔치에 오라고 초대하라.'
10 그래서 종들은 길거리에 나가 악한
사람이나 선한 사람이나 눈에 띄는
대로 사람들을 모두 모아들였다. 그
렇게 해서 결혼 잔치 자리는 손님으
로 가득 차게 됐다.
11 그런데 왕이 손님들을 보려고 들어왔
다가 거기 어떤 사람이 예복을 입고
있지 않는 것을 보고
12 물었다. '이보게 친구, 그대는 어떻게
결혼 예복도 입지 않고 여기에 들어
온 거요?' 그는 아무 대답도 할 수 없
었다.
13 그러자 왕이 종들에게 말했다. '이 사
람의 손과 발을 묶어 바깥 어두운 곳
으로 내쫓으라. 거기서 슬피 울며 이
를 갈 것이다.'
14 이와 같이 초대받은 사람은 많지만
선택받은 사람은 적다."

가이사에게 세금을 바치는 것

(막 12:13-17;눅 20:20-26)

15 이에 바리새파 사람들이 나가 어떻게
하면 예수의 말을 트집 잡아 함정에
빠뜨릴까 궁리했습니다.
16 그들은 자기 제자들과 헤롯 당원들을
예수께 보내 물었습니다. "선생님, 우
리는 선생님이 진실한 분이시며 진리
에 따라 하나님의 도를 가르치신다고
알고 있습니다. 그리고 사람을 겉모습
으로 판단하지 않기 때문에 사람에
의해 좌우되는 분이 아니신 것도 압
니다.
17 그러니 말씀해 주십시오. 선생님의
의견은 어떻습니까? 저희가 *가이사
에게 세금을 바치는 것이 옳습니까,
옳지 않습니까?"
18 그러나 예수께서는 이들의 악한 속셈
을 알고 말씀하셨습니다. "이 위선자
들아! 왜 너희가 나를 시험하느냐?
19 세금으로 내는 돈을 내게 보이라." 그
들이 데나리온 하나를 예수께 보여 드
리자
20 예수께서 그들에게 물으셨습니다. "동
전에 있는 얼굴과 새겨진 글자가 누
구의 것이냐?"
21 그들은 "*가이사의 것입니다"라고 대
답했습니다. 그러자 예수께서 그들에
게 말씀하셨습니다. "그러므로 *가이
사의 것은 *가이사에게 바치고 하나
님의 것은 하나님께 바치라."

22:17,21 로마 황제의 칭호. 원래 로마 황제 율리우스 카이사르의 성(姓)

22 그들은 예수의 말씀을 듣고 경탄했습
니다. 그리고 예수를 남겨 둔 채 떠나
갔습니다.

부활 때 혼인 관계 (막 12:18-27;눅 20:27-40)

23 같은 날, 부활이 없다고 하는 사두개
파 사람들이 예수께 와서 질문했습니
다.
24 "선생님, 모세는 ㄱ남자가 자식 없이
죽게 되면 그 동생이 형수와 결혼해
서 형을 위해 자식을 낳아 주어야 한
다고 말했습니다.
25 그런데 우리 가운데 일곱 형제가 있
었습니다. 첫째가 결혼해 살다가 죽었
는데 자식이 없었기 때문에 그 동생
이 형수를 맡게 됐습니다.
26 그런데 둘째에게도, 셋째에게도 계속
해서 일곱째에 이르기까지 똑같은 일
이 일어났습니다.
27 그리고 마침내 그 여자도 죽었습니다.
28 일곱 사람 모두 그 여자와 결혼했으
니 그렇다면 부활 때에 그 여자는 일
곱 형제 가운데 누구의 아내가 되겠
습니까?"
29 예수께서 대답하셨습니다. "너희가 성
경이나 하나님의 능력을 모르기 때문
에 잘못 생각하고 있구나.
30 부활 때는 사람들이 시집도 장가도
가지 않는다. 그들은 하늘에 있는 천
사들처럼 될 것이다.
31 그러나 죽은 사람의 부활에 대해 말
하자면 하나님께서 너희에게 하신 말
씀을 읽어 보지 못했느냐?
32 ㄴ'나는 아브라함의 하나님, 이삭의 하
나님, 야곱의 하나님이다'라고 하셨으
니 하나님은 죽은 사람의 하나님이
아니라 산 사람의 하나님이시다."
33 무리가 이 말씀을 듣고 예수의 가르
침에 놀랐습니다.

가장 중요한 계명 (막 12:28-34;눅 10:25-28)

34 예수께서 사두개파 사람들의 말문을
막으셨다는 소문을 듣고 바리새파 사
람들이 함께 모였습니다.
35 그들 가운데 율법교사 한 사람이 예
수를 시험하려고 질문을 던졌습니다.
36 "선생님, 율법 가운데 어느 것이 가장
중요한 계명입니까?"
37 예수께서 대답하셨습니다. "ㄷ'네 마
음을 다하고 네 생명을 다하고 네 뜻
을 다해 주 네 하나님을 사랑하여라.'
38 이것이 가장 중요하고 으뜸 되는 계명
이다.
39 그리고 둘째 계명도 이와 같다. ㄹ'네
이웃을 네 몸처럼 사랑하여라.'
40 모든 율법과 예언자들의 말씀이 이
두 계명에서 나온 것이다."

그리스도가 누구의 자손인가?
(막 12:35-37;눅 20:41-44)

41 바리새파 사람들이 모여 있을 때 예
수께서 물으셨습니다.
42 "너희는 *그리스도를 어떻게 생각하
느냐? 그가 누구의 자손이냐?" 그들
은 "다윗의 자손이십니다" 하고 대답
했습니다.
43 그러자 예수께서 그들에게 말씀하셨

22:42 히브리어, 메시아. '기름 부음 받은 사람' ㄱ 신 25:5 ㄴ 출 3:6 ㄷ 신 6:5 ㄹ 레 19:18

습니다. "그렇다면 어떻게 다윗이 성령
의 감동으로 그를 '주'라고 불렀느냐?
그가 말하기를
44 ᄀ'주께서 내 주께 말씀하셨다. 내가
네 원수들을 네 발아래 굴복시킬
때까지 너는 내 오른편에 앉아 있
어라'
라고 했다.
45 다윗이 그리스도를 '주'라고 불렀는데
어떻게 그리스도가 다윗의 자손이 되
겠느냐?"
46 그러자 아무도 예수께 한마디 대답조
차 할 수 없었습니다. 그날 이후로는
감히 예수께 묻는 사람이 없었습니
다.

위선에 대한 경고

(막 12:38-40;눅 11:37-52;20:45-47)

23 그때 예수께서 무리들과 제자
들에게 말씀하셨습니다.
2 "율법학자들과 바리새파 사람들은 모
세의 자리에 앉아 있다.
3 그러므로 너희는 그들이 하는 말은
무엇이든 다 행하고 지키라. 그러나
그들의 행동은 본받지 말라. 그들은
말만 하고 행하지는 않는다.
4 그들은 지기 힘든 무거운 짐을 묶어
사람들의 어깨에 지우고는 정작 자신
은 그 짐을 옮기는 데 손가락 하나 움
직이려 하지 않는구나.
5 그들은 남에게 잘 보이려고 모든 행
동을 한다. 그들은 *성구 상자를 넓
게 만들고 옷술을 길게 늘어뜨리며
6 잔치에서는 상석을 좋아하고 회당에
서는 높은 자리를 좋아한다.
7 시장에 가면 인사받기를 좋아하고 사
람들한테 *'랍비'라고 불리기를 좋아
한다.
8 그러나 너희는 *'랍비'라고 불려서는
안 된다. 너희 선생은 오직 한 분뿐이
며 너희는 모두 형제들이기 때문이다.
9 또 너희는 누구든지 땅에 있는 사람
을 너희 아버지라 부르지 말라. 너희
아버지는 한 분뿐이시며 하늘에 계시
기 때문이다.
10 너희는 지도자라고 불려서도 안 된
다. 너희 지도자는 *그리스도 한 분
뿐이시기 때문이다.
11 너희 중 가장 큰 사람은 너희 종이 돼
야 할 것이다.
12 누구든지 자기를 높이는 사람은 낮
아지며 누구든지 자기를 낮추는 사람
은 높아질 것이다.

바리새파 사람들과 율법학자들에 대한 일곱 가지 화

13 너희에게 화가 있을 것이다. 율법학자
와 바리새파 위선자들아! 너희는 사
람들 앞에서 하늘나라 문을 닫아 버
렸다. 너희 자신만 들어가지 않을 뿐
아니라 들어가려는 사람들마저 막고
있구나.
14 *(없음)

23:5 유대 사람들이 기도할 때, 이마나 팔에 붙였던 상자(Batim)로 그 안에 말씀이 적힌 양피지를 넣음. 23:7,8 히브리어를 그리스어로 음역. '선생님' 23:10 히브리어, 메시아. '기름 부음 받은 사람' 23:14 어떤 사본에는 '너희에게 화가 있을 것이다! 율법학자와 바리새파 위선자들아! 너희는 과부의 집을 집어삼키고 가식적으로 기도를 길게 한다. 그러므로 너희는 더 큰 심판을 받을 것이다.'가 있음. ᄀ 시 110:1

15 너희에게 화가 있을 것이다. 율법학자
와 바리새파 위선자들아! 너희는 개
종자 한 사람을 만들려고 육지와 바
다를 두루 다니다가 정작 누군가 개
종자가 되면 너희보다 두 배나 더 악
한 *지옥의 자식으로 만든다.
16 너희에게 화가 있을 것이다. 앞을 못
보는 인도자들아! 너희는 '누구든지
성전을 두고 맹세한 것은 지키지 않
아도 되지만 성전의 금을 두고 맹세
한 것은 반드시 지켜야 한다'고 말한
다.
17 이 어리석고 앞을 못 보는 사람들아,
무엇이 더 중요하냐? 금이냐, 아니면
금을 거룩하게 하는 성전이냐?
18 너희는 또 '누구든지 제단을 두고 맹
세한 것은 지키지 않아도 되지만 제
단에 있는 제물을 두고 맹세한 것은
반드시 지켜야 한다'고 말한다.
19 앞을 못 보는 이 사람들아, 무엇이 더
중요하냐? 제물이냐, 아니면 제물을
거룩하게 하는 제단이냐?
20 그러므로 제단을 두고 맹세하는 사
람은 제단과 제단 위에 있는 모든 것
을 두고 맹세하는 것이다.
21 또 성전을 두고 맹세하는 사람은 성
전과 성전 안에 사시는 분을 두고 맹
세하는 것이다.
22 또 하늘을 두고 맹세하는 사람은 하
나님의 보좌와 그 보좌 위에 앉으신
분을 두고 맹세하는 것이다.
23 너희에게 화가 있을 것이다. 율법학자
와 바리새파 위선자들아! 너희는 박
하와 회향과 근채의 십일조를 바치면
서 율법 가운데 더 중요한 정의와 자
비와 신의는 무시해 버렸다. 그러나
십일조도 바치고 이런 것들도 소홀히
하지 말아야 했다.
24 앞을 못 보는 인도자들아! 너희가 하
루살이는 걸러 내고 낙타는 삼키는
구나.
25 너희에게 화가 있을 것이다. 율법학자
와 바리새파 위선자들아! 너희가 잔
과 접시의 겉은 깨끗이 잘 닦으면서
그 안은 욕심과 방탕으로 가득 차 있
구나.
26 눈먼 바리새파 사람들아! 먼저 잔 속
을 깨끗이 닦으라. 그래야 겉도 깨끗
해질 것이다.
27 너희에게 화가 있을 것이다. 율법학자
와 바리새파 위선자들아! 너희는 하
얗게 칠한 무덤과 같다. 겉은 그럴듯
해 보이지만 속은 죽은 사람의 뼈와
온갖 더러운 것들로 가득 차 있다.
28 이와 같이 너희도 겉으로는 사람들
에게 의롭게 보이지만 그 속에는 위
선과 불법이 가득 차 있다.
29 너희에게 화가 있을 것이다. 율법학자
와 바리새파 위선자들아! 너희는 예
언자들의 무덤을 만들고 의인들의 기
념비를 꾸미면서
30 '만일 우리가 우리 조상들의 시대에
살았더라면 예언자들을 피 흘리게
하는 데에 가담하지 않았을 것이다'
하고 말하는구나.

23:15 그리스어, 게헨나

31 그러나 이와 같이 너희는 예언자들을
죽인 사람들의 자손임을 스스로 증
언하고 있다.
32 그러므로 너희는 너희 조상들의 악한
일을 마저 채우라!
33 이 뱀들아! 이 독사의 자식들아! 너희
가 어떻게 지옥의 심판을 피하겠느냐?
34 그러므로 내가 너희에게 예언자들과
지혜로운 사람들과 율법학자들을 보
낸다. 그러나 너희는 그들 가운데 어
떤 사람들은 죽이거나 십자가에 못
박고 또 어떤 사람들은 회당에서 채
찍질하고 이 마을 저 마을로 쫓아다
니며 핍박할 것이다.
35 그러므로 의로운 아벨의 피부터 너희
가 성소와 제단 사이에서 살해한 바
라갸의 아들 *사가랴의 피까지 땅 위
에서 흘린 의로운 피가 모두 너희에
게 돌아갈 것이다.
36 내가 진실로 너희에게 말한다. 이 모
든 일이 이 세대에게 돌아갈 것이다.
37 예루살렘아, 예루살렘아! 예언자들을
죽이고 네게 보낸 사람들에게 돌을
던진 예루살렘아, 암탉이 병아리를 날
개 아래 품듯이 내가 네 자녀를 모으
려고 한 적이 몇 번이더냐? 그러나 너
희가 원하지 않았다.
38 보라. 이제 너희 집은 버림받아 황폐
해질 것이다.
39 내가 너희에게 말한다. '주의 이름으
로 오시는 분이 복되시다!' 하고 말할
때까지 너희가 다시는 나를 보지 못
할 것이다."

성전의 파괴와 마지막 때의 징조
(막 13:1-31;눅 21:5-33)

24 예수께서 성전에서 나와 걸어
가시는데 제자들이 다가와 성
전 건물을 가리켜 보였습니다.
2 예수께서 물으셨습니다. "너희는 이
모든 것이 보이지 않느냐? 내가 진실
로 너희에게 말한다. 여기에 있는 돌
하나라도 돌 위에 남지 않고 다 무너
져 내릴 것이다."
3 예수께서 올리브 산에 앉아 계시는데
제자들이 조용히 다가와 말했습니다.
"언제 그런 일이 일어나겠습니까? 선
생님께서 다시 오시는 때와 세상 끝
날에 어떤 징조가 있겠습니까? 우리
에게 말씀해 주십시오."
4 예수께서 대답하셨습니다. "어느 누
구에게도 현혹되지 않도록 조심하라.
5 많은 사람들이 내 이름으로 와서 '내
가 *그리스도다' 하고 주장하면서 많
은 사람들을 현혹할 것이다.
6 너희가 전쟁의 소식과 소문을 듣게
될 것이다. 그러나 결코 놀라지 말라.
이런 일이 반드시 일어나야 하겠지만
아직 끝이 온 것은 아니다.
7 민족과 민족이 서로 대항해 일어나고
나라와 나라가 서로 대항해 일어날
것이다. 곳곳에서 기근과 지진이 생
길 것이다.
8 이 모든 일은 진통의 시작일 뿐이다.
9 그런 후에 사람들이 너희를 핍박당하

23:35 또는 스가랴 24:5 히브리어, 메시아. '기름 부음 받은 사람'

도록 넘겨주고 너희를 죽일 것이며 모
든 민족이 나로 인해 너희를 미워할
것이다.
10 그때 많은 사람들이 시험을 당하고
서로 넘겨주며 미워할 것이다.
11 또 가짜 예언자들이 많이 나타나 많
은 사람들을 현혹하겠고
12 불법이 더욱 많아져 많은 사람들의
사랑이 식어 갈 것이다.
13 그러나 끝까지 굳게 서 있는 사람은
구원을 얻을 것이다.
14 그리고 이 하늘나라 복음이 온 세상
에 전파돼 모든 민족들에게 증언될
것이다. 그때서야 끝이 올 것이다."
15 "예언자 다니엘을 통해 예언된 ㄱ'멸망
의 가증한 상징물'이 거룩한 곳에 서
있는 것을 보면 (읽는 사람들은 깨달
으라)
16 유대 땅에 있는 사람은 산으로 도망
치라.
17 지붕 위에 있는 사람은 집 안 물건을
가지러 내려가지 말라.
18 들에 있는 사람은 겉옷을 가지러 돌
아가지 말라.
19 그날에는 임신한 여인들이나 젖먹이
를 둔 여인들에게 화가 있다.
20 너희가 도망하는 일이 겨울이나 안식
일에 일어나지 않도록 기도하라.
21 그때가 되면 큰 환난이 있을 것이다.
그런 환난은 세상이 시작된 이후 지
금까지 없었고 앞으로도 없을 것이
다.
22 그날들을 줄여 주시지 않았더라면
아무도 구원받지 못할 것이다. 그러
나 택하신 사람들을 위해 하나님께

ㄱ 단 9:27; 11:31; 12:11

하용조 목사의 행복한 **메시지**

멸망의 가증한 상징물

"멸망의 가증한 상징물이 거룩한 곳에 서 있는 것"이라는(마 24:15) 말씀은 다니엘서에 나오는 예언입니다. 이 말씀은 하나님의 성전에 우상이 자리 잡고 거룩한 곳에 멸망의 가증한 상징물이 서는 징표를 말합니다. 예수님 이전에도 실제로 이런 일이 있었습니다. BC 167년에 시리아의 안티오쿠스 에피파네스가 예루살렘 성전의 번제단을 없애고 제우스를 위한 제단을 세웠습니다. 그리고 예수님 승천 이후 AD 70년에 로마 군대가 예루살렘 성전을 무너뜨렸습니다.

예루살렘 성전이 무너지고 거룩한 곳에 멸망의 가증한 상징물이 들어선 것은 무엇을 의미합니까? 그것은 이스라엘의 형벌과 종말을 의미합니다. 하나님께서 이스라엘을 심판하실 때 성전을 먼저 파괴하셨습니다.

최근에도 이런 일들이 일어난 것을 우리는 압니다. 공산주의 이념이 소련과 중국을 지배했을 당시에 모든 교회가 파괴되었습니다. 교회가 공장과 창고로 바뀌었습니다. 그리고 기독교 국가에서는 교회가 술집과 디스코텍으로 바뀌고 있습니다.

서 그날들을 줄여 주실 것이다.
23 그때 누군가 너희에게 '보라, *그리스
도가 여기 있다' 또 '그가 저기 있다'라
고 해도 믿지 말라.
24 가짜 *그리스도들과 가짜 예언자들
이 나타나 놀라운 표적과 기사를 보
이면서 가능한 한 선택받은 사람들까
지도 현혹할 것이다.
25 보라. 그때가 오기 전에 내가 미리 너
희에게 일러두었다.
26 그러므로 누가 너희에게 '*그리스도
께서 저기 광야에 계시다'라고 해도
나가지 말고 또 '*그리스도께서 여기
골방에 계시다'라고 해도 믿지 말라.
27 번개가 동쪽에서 치면 서쪽까지 번쩍
이듯이 인자가 오는 것도 그럴 것이다.
28 시체가 있는 곳에는 독수리들이 모여
드는 법이다.
29 그 환난의 날들이 끝나자마자 '해가
어두워지고 달이 빛을 내지 않을 것
이며 별들이 하늘에서 떨어지고 하늘
의 세력들이 흔들릴 것이다.'
30 그때 인자의 표적이 하늘에 나타날
것이고 세상의 모든 민족이 통곡할
것이다. 그들은 인자가 능력과 큰 영
광 가운데 하늘의 구름을 타고 오는
것을 보게 될 것이다.
31 그리고 인자가 큰 나팔 소리와 함께
자기 천사들을 보낼 것이며 그들은
하늘 이 끝에서 저 끝까지 사방에서
그가 선택한 사람들을 모을 것이다.
32 무화과나무로부터 *교훈을 배우라.
그 가지가 연해지고 잎이 돋으면 여름
이 가까이 왔음을 알게 된다.
33 이와 같이 이런 모든 일을 보면 그때
가 바로 인자가 문 앞에 가까이 왔음
을 알게 될 것이다.
34 내가 진실로 너희에게 말한다. 이 세
대가 지나가기 전에 이 모든 일이 일
어날 것이다.
35 하늘과 땅은 없어질지라도 내가 한
말은 결코 없어지지 않을 것이다.

그날과 그때는 아무도 모른다

(막 13:32-37;눅 17:26-30,34-36;12:35-48)

36 그 날짜와 그 시각은 아무도 모른다.
하늘의 천사들도 모르고 아들도 모
른다. 오직 아버지만 아신다.
37 노아의 때에 그러했던 것처럼 인자가
오는 것도 그러할 것이다.
38 홍수가 나기 전 사람들은 노아가 방
주에 들어가던 그날까지도 먹고 마시
고 장가가고 시집가고 하다가
39 홍수가 나서 그들을 모두 쓸어 갈 때
까지 무슨 일이 일어나고 있는지 전
혀 알지 못했다. 인자가 올 때도 그와
같을 것이다.
40 두 사람이 들에 있다가 한 명은 취해
질 것이고 다른 한 명은 남겨질 것이며
41 두 여자가 맷돌을 갈다가 한 명은 취
해질 것이고 다른 한 명은 남겨질 것
이다.
42 그러므로 너희는 깨어 있으라. 너희
주께서 어느 날에 오실지 알 수 없기
때문이다.

24:23,24,26 히브리어, 메시아. '기름 부음 받은 사람' 24:32 또는 비유

43 그리고 이것을 명심하라. 만약 한밤
에 도둑이 몇 시에 올 줄 알았다면 집
주인은 깨어 있다가 도둑이 들어오지
못하게 했을 것이다.
44 그러므로 너희도 준비하고 있어야 한
다. 생각지도 않은 시간에 인자가 올
것이기 때문이다.
45 누가 신실하고 지혜로운 종이겠느냐?
주인이 그의 집 사람들을 맡기고 제
때에 양식을 나누어 줄 사람은 누구
겠느냐?
46 주인이 돌아와서 볼 때 주인이 시킨
대로 일을 하고 있는 그 종은 복이 있
을 것이다.
47 내가 진실로 너희에게 말한다. 주인
은 그 종에게 자기 모든 재산을 맡길
것이다.
48 그러나 그 종이 악한 마음을 품고 생
각하기를 '내 주인은 아직 멀리 있다'
라고 하며
49 함께 일하는 다른 종들을 때리고 술
좋아하는 친구들과 어울려 먹고 마
신다면
50 종이 미처 생각지도 못한 날에 그리
고 알지도 못한 시각에 그 종의 주인
이 돌아와
51 그 종을 처벌하고 위선자들과 함께
가두리니 그들은 거기서 슬피 울며
이를 갈 것이다."

열 처녀의 비유

25 "그때 하늘나라는 등불을 들
고 신랑을 맞이하러 나간 열
명의 처녀와 같을 것이다.
2 그 가운데 다섯 명은 어리석었고 다
섯 명은 슬기로웠다.
3 어리석은 처녀들은 등불은 가져왔지
만 기름은 챙기지 않았다.
4 하지만 슬기로운 처녀들은 등불과 함
께 그릇에 기름을 담아 가지고 왔다.
5 신랑이 늦도록 오지 않자 처녀들은
모두 졸다가 잠이 들어 버렸다.
6 한밤중에 갑자기 '신랑이 온다! 어서
나와서 신랑을 맞으라!' 하는 소리가
들렸다.
7 그러자 처녀들은 모두 일어나 자기
등불을 준비했다.
8 어리석은 처녀들은 슬기로운 처녀들
에게 '우리 등불이 꺼져 가는데 기름
을 좀 나눠 다오' 하고 부탁했다.
9 슬기로운 처녀들은 '안 된다. 너희와 우
리가 같이 쓰기에는 기름이 부족할지
도 모른다. 기름 장수에게 가서 너희
가 쓸 기름을 좀 사라' 하고 대답했다.
10 그러나 그들이 기름을 사러 간 사이
에 신랑이 도착했다. 준비하고 있던
처녀들은 신랑과 함께 결혼 잔치에
들어갔고 문은 닫혀 버렸다.
11 어리석은 처녀들은 나중에 돌아와 애
원했다. '주여! 주여! 우리가 들어가게
문을 열어 주십시오!'
12 그러나 신랑은 대답했다. '내가 진실
로 너희에게 말한다. 나는 너희를 알
지 못한다.'
13 그러므로 너희도 깨어 있으라. 그 날
짜와 그 시각을 알지 못하기 때문이
다."

금 달란트의 비유 (눅 19:11-27)

14 "또한 하늘나라는 어떤 사람이 자기
종들을 불러 재산을 맡기고 여행을
떠나려는 것과 같다.
15 그는 종들의 능력에 따라 각각 *5달
란트, *2달란트, *1달란트를 주고는
여행을 떠났다.
16 5달란트 받은 종은 곧장 가서 그 돈
으로 장사해 5달란트를 더 벌었다.
17 마찬가지로 2달란트 받은 종도 2달란
트를 더 벌었다.
18 그러나 1달란트 받은 종은 가서 땅에
구덩이를 파고 주인의 돈을 감춰 두
었다.
19 시간이 흘러 그 종들의 주인이 집으
로 돌아와 종들과 결산하게 됐다.
20 5달란트 받은 종이 주인에게 5달란트
를 더 가져와 말했다. '주인님, 주인님
은 제게 5달란트를 맡기셨습니다. 자,
보십시오. 제가 5달란트를 더 벌었습
니다.'
21 그러자 그의 주인이 대답했다. '잘했
다. 착하고 신실한 종아! 네가 작은
일에 충성했으니 이제 더 많은 일을
맡기겠다. 와서 네 주인의 기쁨을 함
께 나누자!'
22 2달란트 받은 종도 와서 말했다. '주인
님, 주인님은 제게 2달란트를 맡기셨
습니다. 자, 보십시오. 제가 2달란트를
더 벌었습니다.'
23 그의 주인이 대답했다. '잘했다. 착하
고 신실한 종아! 네가 작은 일에 충성
했으니 이제 더 많은 일을 맡기겠다.
와서 네 주인의 기쁨을 함께 나누자!'
24 그때 1달란트 받은 종이 와서 말했다.
'주인님, 저는 주인님이 굳은 분이라
심지 않은 데서 거두시고 씨 뿌리지
않은 곳에서도 곡식을 모으시는 것

25:15 5달란트는 3만 드라크마, 2달란트는 1만 2,000드라크마, 1달란트는 6,000드라크마

하용조 목사의 행복한 **메시지**

하나님의 불공평?

키가 작으면 작은 대로, 키가 크면 큰 대로 하나님께서 주신 것에 감사하십시오. 장미는 장미대로 좋고 국화는 국화대로 좋으며 무궁화는 무궁화대로 좋은 것입니다. 모든 꽃이 다 장미라면 얼마나 싫증이 나겠습니까? 저 깊은 산속에 이름 모를 조그만 꽃을 생각해 보십시오. 모든 사람에게 환영을 받는다고 다 좋은 것만은 아닙니다. 하나님께서 알아주신다면 비록 어느 부속품이 되었다고 할지라도 감사하고 감격하며 충만하게 살 수 있습니다.
하나님께서 사람마다 다른 달란트를 주신 것은 하나님의 불공평이 아닙니다. 도리어 그렇게 생각하는 것은 인간의 불공평한 생각일 뿐입니다. 하나님께서는 각 사람에 맞게 달란트를 주셔서 그것으로 하나님을 섬기며 살도록 하셨습니다. 따라서 더 받은 사람과 비교해서 열등감을 가지거나 혹은 못 받은 사람과 비교해서 우월감에 빠지는 것은 하나님의 뜻이 아닙니다. 하나님께서 주신 것에 감사하며 그분의 뜻을 위해 사십시오.

을 압니다.
25 그래서 저는 두려운 나머지 나가서
주인님의 돈을 땅에 감춰 두었습니
다. 보십시오. 여기 주인님의 것이 있
습니다.'
26 주인이 대답했다. '이 악하고 게으른
종아! 내가 심지 않은 데서 거두고 씨
뿌리지 않은 곳에서 곡식을 모으는
줄 알았느냐?
27 그렇다면 너는 내 돈을 돈놀이하는
사람에게라도 맡겼어야 하지 않느
냐? 그랬다면 내가 돌아와서 그 돈에
다 이자라도 받았을 것이다.
28 저 종에게서 1달란트를 빼앗아 10달
란트 가진 종에게 주어라.
29 누구든지 있는 사람은 더 많이 받아
풍성해질 것이며 없는 사람은 있는
것마저 모두 빼앗길 것이다.
30 이 쓸모없는 종을 바깥 어둠 속으로
내쫓아라. 거기서 슬피 울며 이를 갈
게 될 것이다.'"

양과 염소

31 "인자가 그의 영광 가운데 모든 천사
들과 함께 올 때에 그의 영광의 보좌
위에 앉을 것이다.
32 모든 민족들이 그 앞에 모이게 되고,
목자가 염소 중에서 양을 가려내듯
이 인자는 그들을 둘로 갈라
33 양들은 자기 오른쪽에, 염소들은 그
왼쪽에 둘 것이다.
34 그때 그 왕이 오른쪽에 있는 사람들
에게 말할 것이다. '이리 와서 세상의
창조 때부터 너희를 위해 마련해 두
신 나라를 상속하라.
35 너희는 내가 배고플 때 먹을 것을 주
었고 내가 목마를 때 마실 것을 주었
으며 내가 나그네 됐을 때 나를 맞아
들였다.
36 내가 헐벗었을 때 옷을 입혀 주었고
내가 병들었을 때 돌봐 주었으며 내
가 감옥에 갇혔을 때 나를 찾아 주었
다.'
37 그때 의인들이 대답할 것이다. '주여,
언제 주께서 배고프신 것을 보고 우
리가 먹을 것을 드렸으며 언제 주께
서 목마르신 것을 보고 우리가 마실
것을 드렸습니까?
38 언제 주께서 나그네 되신 것을 보고
우리가 맞아들였으며 언제 주께서 헐
벗으신 것을 보고 우리가 입을 것을
드렸습니까?
39 언제 주께서 병드시거나 감옥에 갇히
신 것을 보고 우리가 찾아갔습니까?'
40 왕이 대답할 것이다. '내가 진실로 너
희에게 말한다. 무엇이든 너희가 여기
있는 내 형제들 중 가장 보잘것없는
사람에게 한 것이 곧 내게 한 것이다.'
41 그러고 나서 왕은 왼쪽에 있는 사람
들에게 말할 것이다. '이 저주받은 사
람들아! 내게서 떠나 마귀와 그의 부
하들을 위해 마련된 영원한 불 속으
로 들어가라.
42 너희는 내가 배고플 때 먹을 것을 주
지 않았고 내가 목마를 때 마실 것을
주지 않았다.
43 내가 나그네 됐을 때 너희는 나를 맞

아들이지 않았고 내가 헐벗었을 때
입을 것을 주지 않았다. 내가 병들고
감옥에 갇혔을 때 너희는 나를 보살
펴 주지 않았다.'
44 그들 역시 대답할 것이다. '주여, 우리
가 언제 주께서 배고프시거나 목마
르시거나 나그네 되시거나 헐벗으시
거나 병드시거나 감옥에 갇히신 것
을 보고 돌보지 않았다는 말씀입니
까?'
45 왕이 대답할 것이다. '내가 진실로 너
희에게 말한다. 무엇이든 너희가 여기
있는 사람들 중 가장 보잘것없는 사
람에게 하지 않은 것이 곧 내게 하지
않은 것이다.'
46 그러므로 그들은 영원한 벌에, 의인
들은 영원한 생명에 들어갈 것이다."

예수를 죽이려는 음모
(막 14:1-2;눅 22:1-2;요 11:45-53)

26 예수께서 이 모든 말씀들을
끝마친 후에 제자들에게 말씀
하셨습니다.
2 "너희도 알다시피 이틀만 있으면 *유
월절이다. 그때 인자는 넘겨져 십자가
에 못 박힐 것이다."
3 그 무렵 대제사장들과 백성의 장로들
은 가야바라 하는 대제사장의 관저에
모여
4 교묘하게 예수를 체포해 죽일 음모를
꾸미고 있었습니다
5 그러나 그들은 "백성들이 소동을 일
으킬지도 모르니 명절 기간에는 하지
맙시다"라고 말했습니다.

베다니에서 향유를 부음 받은 예수
(막 14:3-9;요 12:1-8)

6 예수께서 베다니에 있는 *나병 환자
시몬의 집에 계실 때였습니다.
7 한 여인이 값진 향유가 가득 든 옥합
을 들고 와 식탁에 기대어 음식을 잡
수시는 예수의 머리에 향유를 부었습
니다.
8 제자들은 이것을 보고 분개하며 물
었습니다. "왜 향유를 저렇게 낭비하
는가?
9 이 향유를 비싼 값에 팔아 그 돈으로
가난한 사람들을 도울 수 있었을 텐
데."
10 이것을 아신 예수께서 말씀하셨습니
다. "왜 이 여인을 괴롭히느냐? 이 여
인은 내게 좋은 일을 했다.
11 가난한 사람들은 항상 너희와 함께
있겠지만 나는 항상 너희 곁에 있는
것이 아니다.
12 이 여인이 내 몸에 향유를 부은 것은
내 장례를 준비하기 위한 것이다.
13 내가 진실로 너희에게 말한다. 온 세
상 어디든지 복음이 전파되는 곳마다
이 여인이 한 일도 전해져서 사람들
이 이 여인을 기억하게 될 것이다."

유다가 예수를 넘겨주기로 합의하다
(막 14:10-11;눅 22:3-6)

14 그때 열두 제자 중 하나인 가룟 사람
유다가 대제사장들에게 가서
15 물었습니다. "예수를 당신들에게 넘겨

26:2 출 12:13,21-28을 보라. 26:6 나병(한센병)을 포함한 여러 가지 악성 피부병을 가리킴.

주면 내게 얼마나 주겠소?" 그들은 유
다에게 은돈 30을 쳐주었습니다.
16 그때부터 유다는 예수를 넘겨줄 기회
를 엿보았습니다.

마지막 만찬 (막 14:12-26;눅 22:7-23; 요 13:21-30;고전 11:23-25)

17 *무교절 첫날에 제자들이 예수께 와
서 물었습니다. "선생님께서 잡수실
유월절 음식을 어디에서 준비하면 좋
겠습니까?"
18 예수께서 대답하셨습니다. "성안에 들
어가 한 사람에게 가서 '우리 선생님
께서 말씀하시기를, 나의 때가 가까
워졌으니 내가 그대의 집에서 제자들
과 함께 유월절을 지키겠다 하십니다'
라고 전하라."
19 그리하여 제자들은 예수께서 지시하
신 대로 유월절을 준비했습니다.
20 저녁이 되자 예수께서 열두 제자와
함께 식탁에 기대어 앉으셨습니다.
21 모두들 식사를 하고 있을 때에 예수
께서 말씀하셨습니다. "내가 진실로
너희에게 말한다. 너희 중 하나가 나
를 배반할 것이다."
22 제자들은 큰 슬픔에 잠겨 저마다 예
수께 물었습니다. "주여! 저는 아니겠
지요?"
23 예수께서 대답하셨습니다. "나와 함
께 그릇에 손을 넣은 사람이 나를 배
반할 것이다.
24 인자는 자신에 대해 성경에 기록된
대로 가겠지만 인자를 배반하는 그
사람에게는 저주가 있을 것이다! 그
는 차라리 태어나지 않는 게 나았을
것이다."
25 그때 예수를 배반한 유다가 말했습니
다. "랍비여! 저는 아니겠지요?" 예수
께서 대답하셨습니다. "네가 말했다."
26 그들이 식사를 하고 있을 때에 예수
께서 빵을 들어 감사 기도를 드리신
후 떼어 제자들에게 주면서 말씀하셨
습니다. "받아서 먹어라. 이것은 내 몸
이다."
27 그리고 또 잔을 들어 감사 기도를 드
리신 후 제자들에게 주시면서 말씀하
셨습니다. "너희 모두 이것을 마시라.
28 이것은 죄 사함을 위해 많은 사람들
을 위해 흘리는 내 피, 곧 *언약의 피
다.
29 내가 너희에게 말한다. 나는 이제부
터 내 아버지의 나라에서 너희와 함
께 새 포도주를 마실 그날까지 다시
는 포도 열매로 만든 것을 마시지 않
을 것이다."
30 그들은 찬송을 부른 후에 올리브 산
으로 향했습니다.

예수께서 베드로의 부인을 예고하시다 (막 14:27-31;눅 22:31-34;요 13:36-38)

31 그때 예수께서 제자들에게 말씀하셨
습니다. "ㄱ'내가 목자를 치리니 양 떼
가 흩어질 것이다'라고 성경에 기록된
대로 오늘 밤에 너희는 모두 나를 버
릴 것이다.
32 그러나 내가 살아난 뒤에 너희보다

26:17 출 12:15-20을 보라. 26:28 어떤 사본에는 새 언약의 피 ㄱ 슥 13:7

먼저 갈릴리로 갈 것이다."
33 베드로가 대답했습니다. "모두들 주
를 버린다 해도 저는 결코 버리지 않
겠습니다."
34 예수께서 대답하셨습니다. "내가 진
실로 네게 말한다. 바로 오늘 밤 닭이
울기 전에 너는 세 번 나를 부인할 것
이다."
35 그러자 베드로가 외쳤습니다. "주와
함께 죽을지언정 결코 주를 모른다고
하지 않을 것입니다." 그러자 다른 제
자들도 모두 똑같이 말했습니다.

겟세마네 (막 14:32-42;눅 22:39-46)

36 그때에 예수께서 제자들과 함께 겟세
마네라고 하는 곳으로 가서 제자들에
게 말씀하셨습니다. "내가 저기에 가
서 기도하는 동안 여기 앉아 있으라."
37 예수께서 베드로와 세베대의 두 아
들을 데리고 가셨습니다. 예수께서는
슬픔에 잠겨 괴로워하셨습니다.
38 그때 예수께서 그들에게 말씀하셨습
니다. "내 마음이 너무 괴로워 죽을
지경이다. 너희는 여기 머물러 나와
함께 깨어 있도록 하라."
39 예수께서 조금 떨어진 곳으로 가셔서
얼굴을 땅에 파묻고 엎드려 기도하셨
습니다. "내 아버지, 할 수 있다면 이
잔을 내게서 거둬 주십시오. 그러나
내 뜻대로 하지 마시고 아버지의 뜻
대로 하십시오."
40 그리고 제자들에게 돌아와 보니 그들
은 자고 있었습니다. 예수께서 베드로
에게 물으셨습니다. "너희가 한 시간
도 나와 함께 깨어 있지 못하겠느냐?
41 시험에 들지 않도록 깨어서 기도하라.
마음은 간절한데 육신이 약하구나."
42 그리고 예수께서 다시 가서 기도하셨
습니다. "내 아버지, 내가 마시지 않고
서는 이 잔이 내게서 떠날 수 없다면
아버지의 뜻대로 해 주십시오."
43 예수께서 돌아와 보니 제자들은 또
잠이 들어 있었습니다. 그들은 너무
졸려서 눈을 뜰 수 없었습니다.
44 그래서 예수께서 그들을 두고 또다시
가셔서 세 번째로 똑같은 기도를 하
셨습니다.
45 그러고는 제자들에게 돌아와 말씀하
셨습니다. "이제는 자고 쉬라. 보라.
때가 가까이 왔다. 인자가 배반당해
죄인들의 손에 넘겨지게 됐구나.
46 일어나라. 가자! 보라. 저기 나를 넘겨
줄 사람이 가까이 오고 있다."

예수께서 잡히시다

(막 14:43-50;눅 22:47-53;요 18:3-11)

47 예수의 말씀이 채 끝나기도 전에 열
두 제자 중 하나인 유다가 다가왔습
니다. 유다 곁에는 대제사장들과 백성
의 장로들이 보낸 큰 무리가 칼과 몽
둥이로 무장하고 있었습니다.
48 그리고 예수를 넘겨줄 사람이 그들에
게 신호를 보내기로 정해 두었습니다.
"내가 입을 맞추는 사람이 바로 그
사람이니 그를 붙잡으시오."
49 곧바로 유다는 예수께 다가가 "랍비
여, 안녕하십니까?"라고 말하며 입을
맞추었습니다.

50 예수께서 대답하셨습니다. "친구여,
무엇을 하려고 여기에 왔느냐?" 그러
자 사람들이 한 발자국 앞으로 나오
더니 예수를 붙잡아 체포했습니다.
51 그때 예수의 일행 중 한 사람이 손을
뻗어 자기 칼을 빼고는 대제사장의
종을 내리쳐 그 귀를 잘랐습니다.
52 예수께서 그에게 말씀하셨습니다.
"네 칼을 칼집에 도로 꽂아라. 칼을
뽑는 사람들은 모두 칼로 망할 것이
다.
53 내가 내 아버지께 청하면 당장 12군
단보다 더 많은 천사들을 보내 주실
수 있다는 것을 너는 모르느냐?
54 그러나 만일 그렇게 하면 성경에서 이
런 일이 마땅히 일어나야 한다고 말
한 것이 어떻게 이루어지겠느냐?"
55 그때에 예수께서 무리에게 말씀하셨
습니다. "너희가 강도를 잡듯이 칼과
몽둥이로 나를 잡으러 왔느냐? 내가
날마다 성전에 앉아 가르쳤는데 너희
가 그때는 나를 체포하지 않았다.
56 그러나 이 모든 일은 예언자들의 글
을 이루기 위해 일어난 것이다." 그때
에 제자들이 모두 예수를 버리고 달
아났습니다.

예수께서 공회 앞에 서시다
(막 14:53-65;눅 22:54-55,63-71)

57 예수를 체포한 사람들은 예수를 대제
사장 가야바에게 끌고 갔습니다. 그
곳에는 율법학자들과 장로들이 모여
있었습니다.
58 베드로는 멀찌감치 예수를 따라가 대
제사장 관저의 뜰까지 갔습니다. 그
는 들어가 하인들과 함께 앉아서 결
말이 어떻게 되는지 지켜보았습니다.
59 대제사장들과 온 공회가 예수에 대한
거짓 증거를 찾아내어 죽이려고 했습
니다.
60 많은 사람들이 나서서 거짓 증언을
했지만 그들은 아무런 증거도 발견하
지 못했습니다. 결국 두 사람이 나와
61 주장했습니다. "이 사람이 '내가 하나
님의 성전을 헐고 3일 만에 다시 세
울 수 있다'고 말했습니다."
62 그러자 대제사장이 일어나 예수께 말
했습니다. "아무 대답도 안 할 작정이
냐? 이 사람들이 너에 대해 이렇게
불리한 진술을 하고 있지 않느냐?"
63 그러나 예수께서는 아무 말씀도 하지
않으셨습니다. 대제사장이 예수께 말
했습니다. "내가 살아 계신 하나님께
맹세하며 네게 명령하니 우리에게 말
해 보아라. 네가 *그리스도, 곧 하나
님의 아들이냐?"
64 예수께서 대답하셨습니다. "네가 스
스로 말했다. 내가 너희에게 말한다.
이제 앞으로는 인자가 권능의 보좌
오른편에 앉아 있는 것과 하늘 구름
을 타고 오는 것을 너희가 볼 것이다."
65 그러자 대제사장은 자기 옷을 찢으며
말했습니다. "이 사람이 하나님을 모
독하고 있소! 더 이상 무슨 증인이 필
요하겠소? 보시오! 여러분은 지금 하
나님을 모독하는 말을 들었소.

26:63 히브리어, 메시아. '기름 부음 받은 사람'

66 여러분은 어떻게 생각하시오?" 그들
은 "죽어 마땅합니다!"라고 대답했습
니다.
67 그러자 그들은 예수의 얼굴에 침을
뱉고 주먹으로 그를 때렸습니다. 또
어떤 사람들은 빰을 때리면서
68 말했습니다. "*그리스도야! 누가 너를
때렸는지 예언자처럼 말해 보아라."

베드로가 예수를 알지 못한다고 하다
(막 14:66-72;눅 22:56-62;요 18:15-18,25-27)

69 그때 베드로는 뜰에 앉아 있는데 한
하녀가 베드로에게 다가와 말했습니
다. "당신도 갈릴리 사람 예수와 함께
있었던 사람이군요."
70 그러나 베드로는 모든 사람들 앞에서
그 말을 부인하며 "네가 도대체 무슨
말을 하는지 나는 모르겠다"라고 했
습니다.
71 그러고는 대문 있는 데로 나왔는데
또 다른 하녀가 베드로를 보더니 거
기 있던 사람들에게 말했습니다. "이
사람도 나사렛 예수와 함께 있었어
요."
72 베드로는 다시 맹세코 부인하며 "나
는 그 사람을 모르오!"라고 했습니다.
73 얼마 지나지 않아 거기 서 있던 사람
들이 베드로에게 다가와 말했습니다.
"당신도 그들 중 한 사람인 것이 틀림
없소. 당신의 말씨를 보니 분명하오."
74 그러자 베드로는 저주하며 "나는 그
사람을 모른다!"라고 맹세했습니다.
바로 그때 닭이 울었습니다.
75 그제야 베드로는 예수께서 "닭이 울
기 전에 네가 세 번 나를 모른다고 할
것이다"라고 하신 말씀이 생각났습니
다. 그리고 베드로는 밖으로 나가 한
없이 눈물을 쏟았습니다.

유다가 목매어 죽다 (행 1:18-19)

27 이튿날 새벽 모든 대제사장들
과 백성의 장로들은 예수를 죽
이기로 결정했습니다.
2 그들은 예수를 묶어 끌고 가서 빌라도
총독에게 넘겨주었습니다.
3 예수를 배반한 유다는 예수께서 유죄
판결을 받으신 것을 보고 뉘우쳐 은
돈 30을 대제사장들과 장로들에게
돌려주며
4 말했습니다. "내가 죄 없는 사람의 피
를 팔아넘기는 죄를 지었소." 그러나
그들이 대답했습니다. "그게 우리와
무슨 상관이오? 당신 일이니 당신이
알아서 하시오."
5 그러자 유다는 그 돈을 성소에 내던
지고 뛰쳐나가 목을 매달아 자살했습
니다.
6 대제사장들은 그 은돈들을 주워 들
고 말했습니다. "이것은 피를 흘려 얻
은 돈이니 성전 금고에 넣어 두는 것
은 옳지 않다."
7 그래서 그들은 논의 끝에 그 돈으로
토기장이의 밭을 사서 나그네들을 위
한 묘지로 삼았습니다.
8 그래서 오늘날까지도 그 밭을 '피밭'이
라 부릅니다.
9 이로써 예언자 예레미야가 예언한 말

26:68 히브리어, 메시아. '기름 부음 받은 사람'

씀이 이루어졌습니다. [ㄱ]"그들은 은돈
30을, 곧 이스라엘 자손이 값을 매긴
사람의 몸값을 받아
10 토기장이의 밭을 사는 값으로 주었으
니 이는 주께서 내게 지시하신 것이
다."

예수께서 빌라도 앞에 서시다

(막 15:1-15;눅 23:1-5, 13-25;요 18:28-19:16)

11 예수께서 총독 앞에 서시자 총독은
예수께 물었습니다. "네가 유대 사람
의 왕이냐?" 예수께서 대답하셨습니
다. "네가 그렇게 말했다."
12 예수께서는 대제사장들과 장로들의
고소를 받고도 아무런 대답을 하지
않으셨습니다.
13 그러자 빌라도는 예수께 "이 사람들
이 여러 가지로 너를 반대하는 증언
이 들리지 않느냐?" 하고 물었습니
다.
14 그러나 예수께서는 단 한마디도 대답
하지 않으셨습니다. 그래서 총독은
매우 이상하게 여겼습니다.
15 명절이 되면 무리가 원하는 죄수 하
나를 총독이 풀어 주는 관례가 있었
습니다.
16 그때에 바라바라는 악명 높은 죄수가
있었습니다.
17 그러므로 빌라도는 모여든 군중에게
물었습니다. "내가 너희에게 누구를
놓아주었으면 좋겠느냐? 바라바냐,
아니면 그리스도라고 하는 예수냐?"
18 빌라도는 그들이 예수를 시기해 자기
에게 넘겨준 사실을 알고 있었습니다.
19 빌라도가 재판석에 앉아 있을 때 그
의 아내가 이런 전갈을 보내 왔습니
다. "당신은 그 의로운 사람에게 상관
하지 마세요. *어제 꿈에 제가 그 사
람 때문에 몹시 괴로웠어요."
20 그러나 대제사장들과 장로들은 무리
를 선동해 바라바는 풀어 주고 예수
는 죽이라고 요구하게 했습니다.
21 총독이 그들에게 말했습니다. "두 사
람 가운데 누구를 놓아주기 바라느
냐?" 무리들은 "바라바!"라고 대답했
습니다.
22 "그러면 그리스도라 하는 예수는 내
가 어떻게 하면 좋겠느냐?" 하고 빌라
도가 물었습니다. 그러자 그들이 모
두 대답했습니다. "십자가에 못 박으
시오!"
23 빌라도가 물었습니다. "도대체 그가
무슨 악한 일을 했다고 그러느냐?"
그러나 그들은 더 큰 소리로 "십자가
에 못 박으시오!" 하고 외쳤습니다.
24 빌라도가 자기로서는 어쩔 방도가 없
다는 것과 또 폭동이 일어나려는 것
을 보고 물을 가져다가 무리들 앞에
서 손을 씻으며 말했습니다. "나는 이
사람의 피에 대해 아무 죄가 없다. 이
일은 너희가 책임을 져야 한다."
25 그러자 모든 백성들이 일제히 대답했
습니다. "그 피에 대한 책임은 우리와
우리 자손들에게 돌리시오!"

27:19 그리스어, '오늘 꿈에' ㄱ 렘 32:6-9;슥 11:12, 13

26 그러자 빌라도는 바라바는 놓아주고
예수는 채찍질한 뒤 십자가에 못 박
도록 넘겨주었습니다.

군인들이 예수를 희롱하다

(막 15:16-20;요 19:2-3)

27 총독의 군인들이 예수를 총독 관저
로 끌고 가자 총독의 모든 군대가 예
수를 둘러쌌습니다.
28 그들은 예수의 옷을 벗기고 자주색
옷을 입혔습니다.
29 또 가시로 관을 엮어서 예수의 머리
에 씌우고는 그 오른손에 갈대를 들
게 했습니다. 그리고 그 앞에 무릎을
꿇고 희롱하며 말했습니다. "유대 사
람의 왕, 만세!"
30 그들은 예수께 침을 뱉고 갈대를 빼
앗아 머리를 때렸습니다.
31 이렇게 희롱하고 나서 군인들은 자주
색 옷을 벗기고 예수의 옷을 도로 입
혔습니다. 그러고는 십자가에 못 박기
위해 예수를 끌고 나갔습니다.

예수께서 십자가에 못 박히시다

(막 15:21-32;눅 23:26-43;요 19:17-27)

32 성 밖으로 나가는 길에 그들은 시몬
이라는 구레네 사람과 마주치게 됐습
니다. 그들은 그 사람에게 억지로 십
자가를 지고 가게 했습니다.
33 그들은 '골고다' 곧 '해골의 장소'라는
곳에 이르렀습니다.
34 거기에서 군인들은 예수께 쓸개 탄
포도주를 주어 마시게 했습니다. 그
러나 예수께서 맛보시고 마시지 않으
셨습니다.
35 군인들은 예수를 십자가에 못 박고
나서 예수의 옷을 두고 *제비를 뽑아
나눠 가졌습니다.
36 군인들은 거기에 앉아 계속 예수를

27:35 시 22:18을 보라.

하용조 목사의 행복한 **메시지**

십자가의 현장

사복음서는 모두 예수님이 십자가에 달리신 사건을 단 한마디로 이렇게 기록했습니다. "예수님이 십자가에 못 박히셨다." 그러나 이 짧은 한마디 안에 엄청나게 많은 사건들과 의미가 내포되어 있습니다. 예수님이 당하신 십자가 형벌은 로마의 사형 방법으로 로마 시민이 아닌 죄인 중에 극악한 죄를 저지른 범죄자를 처형하는 방법이었습니다. 고통뿐 아니라 불명예를 주는 형벌이었습니다. 이러한 예수님의 십자가 현장은 온 인류의 영적 상태를 단적으로 보여 줍니다.

예수님 당시의 사람들만 무감각했고 침묵을 했고 조롱했습니까? 아닙니다. 오늘날도 십자가 앞에서 많은 사람들이 똑같은 반응을 보이고 있습니다. 십자가를 부르면서도 예수님을 믿으면서도 예수님에게 욕을 돌리고 있는 사람들이 있습니다. 자신의 삶으로 하나님께 영광 돌리지 못하고 오히려 하나님께 수치가 되는 사람들과 2000년 전에 십자가 앞에 서 있었던 사람들은 결코 다르지 않습니다.

지켜보았습니다.
37 예수의 머리 위에는 그들이 '유대 사
람의 왕 예수'라는 죄패를 써 붙였습
니다.
38 두 명의 강도도 예수와 함께 십자가
에 못 박혔는데, 한 사람은 예수의 오
른쪽에, 다른 한 사람은 왼쪽에 달렸
습니다.
39 지나가던 사람들이 고개를 흔들고 예
수께 욕설을 퍼부으며
40 말했습니다. "성전을 헐고 3일 만에
짓겠다던 사람아! 네 자신이나 구원
해 봐라! 어디 네가 하나님의 아들이
라면 십자가에서 한번 내려와 봐라!"
41 대제사장들과 율법학자들과 장로들
도 마찬가지로 예수를 조롱하며
42 말했습니다. "남을 구원한다더니 정
작 자기 자신을 구원하지 못하는군!
그가 이스라엘의 왕이니 어디 한번
십자가에서 내려와 보라지. 그러면 우
리가 그를 믿어 주겠다.
43 그가 하나님을 믿는다고 하니 하나님
께서 정말 원하신다면 지금이라도 그
를 당장 구원하시겠지. 자기 스스로
'나는 하나님의 아들이다'라고 말했었
다."
44 예수와 함께 십자가에 못 박힌 강도들
도 마찬가지로 예수를 모욕했습니다.

예수께서 숨을 거두시다

(막 15:33-41;눅 23:44-49;요 19:28-30)

45 *정오부터 *오후 3시까지 온 땅이 어
둠으로 뒤덮였습니다.
46 오후 3시쯤 돼 예수께서 큰 소리로
ㄱ"엘리 엘리 라마 사박다니"라고 부르
짖으셨습니다. 이것은 "내 하나님, 내
하나님, 어째서 나를 버리셨습니까?"
라는 뜻입니다.
47 거기 서 있던 몇 사람들이 이 소리를
듣고 말했습니다. "이 사람이 엘리야
를 부르나 보다."
48 그들 가운데 한 사람이 달려가 해면
을 가져다가 신 포도주를 듬뿍 적셔
와서는 막대기에 매달아 예수께 마시
게 했습니다.
49 그러나 다른 사람들은 "가만두어라.
어디 엘리야가 와서 그를 구해 주나
보자"라고 말했습니다.
50 예수께서 다시 크게 외치신 후 숨을
거두셨습니다.
51 바로 그때, 성전 휘장이 위에서 아래
까지 두 쪽으로 찢어졌습니다. 땅이
흔들리며 바위가 갈라졌습니다.
52 무덤들이 열렸고 잠자던 많은 성도들
의 몸이 살아났습니다.
53 그들은 예수께서 부활하신 후에 무덤
에서 나와 거룩한 성에 들어가 많은
사람들에게 나타났습니다.
54 백부장과 그와 함께 예수를 지키고
있던 사람들은 이 지진과 그 모든 사
건을 보고 몹시 두려워하며 외쳤습니
다. "이분은 참으로 하나님의 아들이
셨다!"
55 거기에는 갈릴리에서부터 예수를 섬
기면서 따라온 많은 여자들이 멀찍이

27:45 그리스어에서 정오는 제6시, 오후 3시는 제9시를 가리킴. ㄱ 시 22:1

서서 지켜보고 있었습니다.
56 그들 가운데는 막달라 마리아와 야고
보와 요셉의 어머니 마리아와 세베대
의 아들들의 어머니도 있었습니다.

예수께서 장사되시다
(막 15:42-47;눅 23:50-56;요 19:38-42)

57 날이 저물자 아리마대 사람 요셉이라
는 한 부자가 왔습니다. 그 사람도 예
수의 제자였습니다.
58 요셉이 빌라도에게 가서 예수의 시신
을 달라고 청하자 빌라도는 내주라고
명령했습니다.
59 요셉은 시신을 가져다가 모시 천으로
쌌습니다.
60 그리고 바위를 뚫어서 만들어 둔 자
기의 새 무덤에 예수의 시신을 모신
다음 큰 돌을 굴려 무덤 입구를 막고
그곳을 떠났습니다.
61 막달라 마리아와 또 다른 마리아가 그
무덤 맞은편에 앉아 있었습니다.

경비병이 무덤을 지키다

62 이튿날, 곧 예비일 다음 날이 되자 대
제사장들과 바리새파 사람들이 빌라
도에게 가서
63 말했습니다. "총독 각하, 저 거짓말쟁
이가 살아 있을 때 '내가 3일 만에 다
시 살아날 것이다'라고 말한 것이 기
억납니다.
64 그러니 3일째 되는 날까지는 무덤을
단단히 지키라고 명령해 주십시오. 그
러지 않으면 그의 제자들이 와서 시
체를 훔쳐 놓고는 백성들에게 '그가
죽은 사람 가운데서 살아났다'라고
말할지도 모릅니다. 그러면 이번의 마
지막 속임수는 처음 것보다 더 나쁜
결과를 가져올 것입니다."
65 빌라도는 "경비병들을 데려가 무덤을
지키게 하라. 너희가 할 수 있는 한
단단히 무덤을 지키라" 하고 말했습
니다.
66 그리고 그들은 가서 돌을 봉인하고
경비병들을 세워 무덤을 단단히 지키
게 했습니다.

예수께서 살아나시다
(막 16:1-8;눅 24:1-12;요 20:1-10)

28 안식일 다음 날, 바로 그 주의
첫날 동틀 무렵에 막달라 마리
아와 다른 마리아가 무덤을 보러 갔습
니다.
2 그런데 갑자기 큰 지진이 일어나더니
주의 천사가 하늘에서 내려와 돌을
굴려 내고 그 돌 위에 앉았습니다.
3 그 천사의 모습은 번개와 같았고 옷
은 눈처럼 희었습니다.
4 경비병들은 그 천사를 보고 두려워
떨면서 마치 죽은 사람들처럼 됐습니
다.
5 그 천사가 여자들에게 말했습니다.
"두려워하지 말라. 너희가 십자가에
못 박히신 예수를 찾고 있는 것을 안
다.
6 예수께서는 여기 계시지 않고 말씀하
신 대로 살아나셨다. 여기 와서 예수
께서 누워 계셨던 자리를 보라
7 그리고 빨리 가서 그분의 제자들에게
'예수께서 죽은 사람 가운데서 살아

나셨고, 너희보다 먼저 갈릴리로 가시
니 그곳에서 너희가 예수를 보게 될
것이다'라고 말하라. 자, 이것이 내가
너희에게 전하는 말이다."
8 그러자 여인들은 서둘러 무덤을 떠났
습니다. 그들은 두려우면서도 한편으
로는 기쁨에 가득 차 제자들에게 알
리려고 뛰어갔습니다.
9 그때 갑자기 예수께서 여인들에게 나
타나 말씀하셨습니다. "평안하냐?"
그들은 예수께 다가가 예수의 발을
붙잡고 예수께 절했습니다.
10 그러자 예수께서 그들에게 말씀하셨
습니다. "두려워하지 말라. 가서 내 형
제들에게 갈릴리로 가라고 전하라. 그
곳에서 그들이 나를 만날 것이다."

경비병이 보고하다

11 그 여인들이 길을 가는 동안 몇몇 경
비병들은 성안으로 들어가서 대제사
장들에게 일어난 일들을 모두 보고했
습니다.
12 그러자 대제사장들은 장로들과 만나
계략을 꾸미고는 군인들에게 많은 돈
을 쥐어 주며 말했습니다.
13 "'예수의 제자들이 밤중에 와서 우리
가 잠든 사이에 시체를 훔쳐 갔다'라
고 말하라.
14 만약 이 소문이 총독의 귀에 들어가
더라도 우리가 잘 말해서 너희에게
문제가 없도록 해 주겠다."
15 그러자 군인들은 돈을 받고 시키는
대로 했습니다. 그래서 이 말이 오늘
날까지도 유대 사람들 사이에 널리
퍼지게 된 것입니다.

대위임령 (막 16:14-18;눅 24:36-49; 요 20:19-23;행 1:6-8)

16 열한 제자들이 갈릴리로 가서 예수께
서 일러 주신 산에 이르렀습니다.
17 그리고 그들은 예수를 뵙고 경배드렸
습니다. 그러나 어떤 사람들은 의심
했습니다.
18 그때 예수께서 다가오셔서 그들에게
말씀하셨습니다. "하늘과 땅의 모든
권세가 내게 주어졌다.
19 그러므로 너희는 가서 모든 민족을
제자로 삼아 아버지와 아들과 성령의
이름으로 *세례를 주고
20 내가 너희에게 명령한 모든 것을 그
들에게 가르쳐 지키게 하라. 보라. 내
가 세상 끝 날까지 너희와 항상 함께
있을 것이다."

28:19 또는 침례

마가복음

M a r k

하나님의 종으로 오신 예수 그리스도를 소개하는 복음서로서, 예수 그리스도께서 하나님의 구원 계획에 절대적으로 순종하여 십자가를 지시고 부활하셨음을 강조한다. '곧', '즉시'와 같은 단어가 많이 사용되었으며, 기적을 행하시는 주님의 능력과 역동적으로 하나님의 나라를 확장해 가는 모습이 부각되어 있다.

세례자 요한이 길을 준비하다
(마 3:1-12;눅 3:1-9,15-17;요 1:19-28)

1 *하나님의 아들 예수 그리스도에
관한 *복음은 이렇게 시작됩니다.
2 예언자 이사야의 글에
ㄱ"내가 네 앞에 내 심부름꾼을 보
낼 것이다. 그가 네 길을 준비할 것
이다."
3 ㄴ"광야에서 외치는 사람의 소리가
있다. '주를 위해 길을 예비하라. 그
분을 위해 길을 곧게 하라'"
라고 기록돼 있는 대로
4 *세례자 요한이 광야에 나타나서 죄
용서를 위한 회개의 *세례를 선포했
습니다.
5 유대 온 지방과 예루살렘 모든 사람
들이 요한에게 나아와 자기 죄를 고
백하고 요단 강에서 요한에게 세례를
받았습니다.
6 요한은 낙타털로 만든 옷을 입고 허
리에 가죽띠를 두르고 메뚜기와 들
꿀을 먹었습니다.
7 그리고 요한은 이렇게 선포했습니다.
"나보다 더 능력 있는 분이 내 뒤에
오실 텐데 나는 몸을 굽혀 그분의 신
발 끈을 풀 자격도 없다.
8 나는 너희에게 물로 세례를 주지만
그분은 너희에게 성령으로 세례를 주
실 것이다."

예수께서 세례와 시험을 받으시다
(마 3:13-4:11;눅 3:21-22;4:1-13)

9 그 무렵에 예수께서 갈릴리 나사렛에
서 요단 강으로 오셔서 요한에게 세례
를 받으셨습니다.
10 예수께서 물에서 막 나오실 때 하늘
이 열리고 성령이 비둘기처럼 자기에
게 내려오는 것을 보셨습니다.
11 그리고 하늘에서 소리가 들려왔습니
다. "너는 내가 사랑하는 아들이다.
내가 너를 무척 기뻐한다."

1:1 어떤 사본에는 '하나님의 아들'이라는 구절이 없음.
1:1 또는 기쁜 소식 1:4 또는 침례자 1:4 또는 침례
ㄱ 말 3:1 ㄴ 사 40:3

12 그러고 나서 곧 성령이 예수를 광야
로 내보내셨습니다.
13 예수께서 40일 동안 광야에 계시면서
사탄에게 시험을 받으셨습니다. 그때
예수께서 들짐승들과 함께 계셨는데
천사들이 예수를 시중들었습니다.

예수께서 복음을 전파하시다
(마 4:12-17;눅 4:14-15)

14 요한이 감옥에 갇힌 뒤 예수께서는
갈릴리로 가셔서 하나님의 복음을 선
포하셨습니다.
15 "때가 찼고 하나님 나라가 가까이 왔
으니 회개하고 복음을 믿으라!"

예수께서 제자들을 첫 번째 부르시다
(마 4:18-22;눅 5:1-11)

16 그리고 예수께서 갈릴리 호수 가를 거
닐다가 시몬과 그 동생 안드레가 호수
에 그물을 던지는 것을 보셨는데 그
들은 어부였습니다.
17 예수께서 말씀하셨습니다. "나를 따
라라. 내가 너희를 사람 낚는 어부가
되게 하겠다."
18 시몬과 안드레는 곧 그물을 버려두고
예수를 따랐습니다.
19 예수께서 조금 더 가시다가 세베대의
아들 야고보와 그 동생 요한이 배에
서 그물을 깁고 있는 것을 보시고
20 곧 그들을 부르셨습니다. 그러자 그
들도 아버지 세베대와 일꾼들을 배에
남겨 두고 곧바로 예수를 따랐습니다.

예수께서 더러운 귀신을 쫓아내시다
(눅 4:31-37)

21 그들은 가버나움으로 갔습니다. 곧
안식일이 돼 예수께서 회당에 들어가
셔서 말씀을 가르치시기 시작하셨습
니다.
22 그러자 사람들은 예수의 가르치심에
놀랐습니다. 율법학자들과 달리, 예수
께서는 권위 있는 분처럼 가르치셨기
때문입니다.
23 바로 그때, 회당 안에 더러운 귀신 들
린 사람 한 명이 울부짖었습니다.
24 "나사렛 예수여! 우리가 당신과 무슨
상관이 있습니까? 우리를 망하게 하
려고 오셨습니까? 나는 당신이 누구
신 줄 압니다. 하나님께서 보내신 거
룩한 분이십니다."
25 예수께서 귀신을 꾸짖으시며 말씀하
셨습니다. "조용히 하여라. 그리고 그
사람에게서 나와라!"
26 그러자 더러운 귀신은 그 사람에게
발작을 일으키더니 비명을 지르며 떠
나갔습니다.
27 사람들은 모두 너무나 놀란 나머지
서로 수군거렸습니다. "이게 무슨 일이
지? 권위 있는 새로운 가르침이로군.
저가 더러운 귀신에게 명령까지 하고
귀신도 그에게 복종하니 말이야."
28 그래서 예수에 대한 소문이 갈릴리
온 지역으로 삽시간에 퍼졌습니다.

예수께서 많은 사람들을 고치시다
(마 8:14-17;눅 4:38-41)

29 그들은 회당에서 나와 곧바로 야고보
와 요한과 함께 시몬과 안드레의 집으
로 갔습니다.
30 이때 시몬의 장모가 열병으로 앓아누

워 있었습니다. 사람들은 즉시 이 사
실을 예수께 말씀드렸습니다.
31 그래서 예수께서 그 여인에게 다가가
셔서 손을 잡고 일으키셨습니다. 그러
자 그 즉시 시몬 장모의 열이 떨어졌
습니다. 곧바로 그 여인은 그들을 시
중들기 시작했습니다.
32 그날 저녁 해 진 후에 사람들이 아픈
사람들과 귀신 들린 사람들을 전부
예수께로 데려왔습니다.
33 온 동네 사람들이 문 앞에 모여들었
습니다.
34 예수께서는 온갖 병에 걸린 사람들을
많이 고쳐 주셨습니다. 그리고 많은
귀신들도 내쫓아 주셨습니다. 예수께
서는 귀신들이 예수가 누구신지 알고
있기 때문에 귀신들이 말하는 것을
허락하지 않으셨습니다.

예수께서 외딴 곳에서 기도하시다

(눅 4:42-44)

35 매우 이른 새벽 아직 어둑어둑할 때
예수께서 일어나 외딴곳으로 가셔서
기도하셨습니다.
36 시몬과 그 일행들이 예수를 찾아 나
섰습니다.
37 그들이 마침내 예수를 만나자 소리쳐
말했습니다. "모든 사람들이 선생님
을 찾고 있습니다."
38 예수께서 대답하셨습니다. "가까운
이웃 마을들에 가서도 말씀을 전파
하도록 하자. 내가 이 일을 하러 왔
다."
39 그리하여 예수께서는 갈릴리에 두루
다니시며 여러 회당에서 가르치시고
귀신들을 쫓아내셨습니다.

예수께서 나병 환자를 고치시다

(마 8:1-4;눅 5:12-16)

40 어떤 *나병 환자가 예수께 다가와 무
릎을 꿇고 애원했습니다. "선생님께서
원하시기만 하면 저를 깨끗하게 해
주실 수 있습니다."
41 예수께서 불쌍히 여기시고 손을 내
밀어 그를 만지시며 말씀하셨습니다.
"내가 원한다. 자, 깨끗이 나아라!"
42 그러자 나병이 순식간에 사라지고 그
가 깨끗이 나았습니다.
43 예수께서는 곧바로 그를 보내시며 단
단히 당부하셨습니다.
44 "이 일에 대해 아무에게도 아무 말도
하지 마라. 다만 제사장에게 가서 네
몸을 보이고 네가 깨끗이 나은 것에
대해 ㄱ모세가 명령한 대로 예물을 드
려 사람들에게 증거를 삼아라."
45 그러나 그 사람은 나가서 이 일을 마
구 널리 퍼뜨렸습니다. 그 결과 예수
께서는 더 이상 드러나게 마을 안으
로 들어가지 못하고 마을 밖 외딴곳
에 머물러 계셨습니다. 그래도 사람
들은 여전히 사방에서 예수께로 모여
들었습니다.

예수께서 중풍 환자를 용서하시고 고치시다

(마 9:1-8;눅 5:17-26)

2 며칠 후 예수께서 가버나움으로 다
시 들어가시자 예수께서 집에 계신

1:40 나병(한센병)을 포함한 온갖 악성 피부병을 가리킴. ㄱ 레 14:2 이하

다는 소문이 퍼졌습니다.
2 그러자 얼마나 많은 사람들이 모여들
었던지 집 안은 물론 문밖까지도 발
디딜 틈이 없었습니다. 예수께서는 그
들에게 말씀을 전하셨습니다.
3 그때 네 사람이 한 중풍 환자를 예수
께 데리고 왔습니다.
4 그러나 사람들이 너무 많아 예수께
가까이 갈 수가 없었습니다. 그래서
그들은 예수께서 계신 곳 바로 위의
지붕을 뚫어 구멍을 내고 중풍 환자
를 자리에 눕힌 채 달아 내렸습니다.
5 예수께서는 그들의 믿음을 보시고 중
풍 환자에게 말씀하셨습니다. "얘야,
네 죄가 용서받았다."
6 거기 앉아 있던 율법학자들은 속으
로 생각했습니다.
7 '저 사람이 어떻게 저런 말을 할 수
있단 말인가? 하나님을 모독하고 있
구나. 하나님 한 분 말고 누가 죄를
용서할 수 있단 말인가?'
8 예수께서는 이들이 속으로 이렇게 생
각하는 것을 마음으로 곧 알아채시
고 율법학자들에게 말씀하셨습니다.
"왜 그런 생각을 하느냐?
9 중풍 환자에게 '네 죄가 용서받았다'
하는 말과 '일어나 자리를 들고 걸어
가거라' 하는 말 중 어느 말이 더 쉽겠
느냐?
10 그러나 인자가 땅에서 죄를 용서하는
권세가 있는 것을 너희에게 알려 주
겠다." 그리고 예수께서 중풍 환자에
게 말씀하셨습니다.
11 "내가 네게 말한다. 일어나 네 자리를
들고 집으로 가거라."
12 그러자 중풍 환자는 모든 사람들이
보는 앞에서 벌떡 일어나 자리를 들
고 밖으로 나갔습니다. 사람들은 모
두 크게 놀라 하나님께 영광을 돌리
며 "이런 일은 난생 처음 본다!"라고
말했습니다.

예수께서 레위를 부르시고 죄인들과 함께 식사하시다 (마 9:9-13;눅 5:27-32)

13 예수께서는 다시 호숫가로 나가셨습
니다. 많은 사람들이 나아오자 예수
께서 가르치기 시작하셨습니다.
14 그러고 나서 예수께서는 지나가시다
가 세관에 앉아 있는 알패오의 아들
레위를 만나셨습니다. "나를 따라오
너라." 예수께서 레위에게 말씀하시자
레위는 일어나 예수를 따랐습니다.
15 예수께서 레위의 집에서 식사를 하시
는데 많은 세리와 죄인들이 예수와
그분의 제자들과 함께 음식을 먹고
있었습니다. 이런 사람들이 예수를
많이 따랐기 때문입니다.
16 바리새파 사람인 율법학자들은 예수
께서 죄인들과 세리들과 함께 먹는
것을 보고 예수의 제자들에게 물었습
니다. "어째서 너희 선생님은 세리들
과 죄인들과 함께 어울려 먹느냐?"
17 예수께서 이 말을 들으시고 그들에게
말씀하셨습니다. "건강한 사람에게는
의사가 필요하지 않으나 병든 사람에
게는 의사가 필요하다. 나는 의인을
부르러 온 것이 아니라 죄인을 부르

러 왔다."

예수께서 금식에 관하여 말씀하시다
(마 9:14-17;눅 5:33-39)

18 요한의 제자들과 바리새파 사람들이
금식하고 있었습니다. 몇몇 사람들
이 와서 예수께 물었습니다. "요한의
제자들과 바리새파 사람의 제자들은
금식을 하는데 왜 당신의 제자들은
금식하지 않습니까?"
19 예수께서 대답하셨습니다. "신랑이 함
께 있는데 어떻게 결혼 잔치에 초대받
은 사람들이 금식을 할 수 있겠느냐?
신랑이 자기들과 함께 있는 한 금식
할 수 없다.
20 그러나 신랑을 빼앗길 날이 올 텐데
그날에는 그들이 금식할 것이다.
21 낡은 옷에 새 천 조각을 대고 깁는
사람은 없다. 그렇게 하면 새 천 조각
이 낡은 옷을 잡아당겨 더 찢어지게
된다.
22 또한 새 포도주를 낡은 가죽 부대에
담는 사람도 없다. 그렇게 하면 포도
주가 부대를 터뜨려 포도주와 부대
모두를 버리게 되기 때문이다. 새 포
도주는 새 부대에 담아야 하는 법이
다."

예수께서 안식일의 주인이시다
(마 12:1-8;눅 6:1-5)

23 안식일에 예수께서 밀밭 사이를 지나
가시는데 함께 가던 제자들이 *길을
내며 이삭을 자르기 시작했습니다.
24 바리새파 사람들이 예수께 말했습니
다. "보십시오. 어째서 저들이 안식
일에 해서는 안 될 일을 하는 것입니
까?"
25 예수께서 대답하셨습니다. ㄱ"다윗과
그 일행이 배가 고파 먹을 것이 필요
했을 때 다윗이 어떻게 했는지 읽어
보지 못했느냐?
26 아비아달 대제사장 때에 다윗이 하나
님의 집에 들어가 제사장만 먹게 돼
있는 *진설병을 다윗이 먹고 자기 일

2:23 또는 길을 가면서 2:26 또는 하나님께 바쳐진 빵, 제단 빵 ㄱ 삼상 21:6

하용조 목사의 행복한 메시지

새 포도주는 새 부대에!

새 포도주는 새 부대에 넣어야 합니다. 발효되지 않은 새 포도주를 헌 부대에 넣으면 포도주가 발효하면서 헌 부대는 터지고 맙니다. 따라서 새 포도주는 탄력이 있는 새 부대에 담아야 잘 보관할 수 있습니다.

새 부대는 비유로 영적으로 거듭난 백성을 가리킵니다. 새 포도주는 영원한 생명을 주시는 예수님과 그분의 피로 세운 새 언약을 가리킵니다. 따라서 새 언약은 새 백성과 맺어야 한다는 것입니다. 변화되지 않은 사람에게 그리스도는 의미가 없습니다. 옛사람을 벗어 버리고 새사람으로 옷 입어야 합니다. 예수님의 생명을 담기에 부족함 없는 새 부대가 되어야 합니다. 그래야 예수님의 생명이 내 안에서 역사하시는 것입니다.

행에게도 나눠 주지 않았느냐?"
27 그러고 나서 예수께서 바리새파 사람
들에게 말씀하셨습니다. "안식일이
사람을 위해 만들어진 것이지 사람
이 안식일을 위해 있는 것이 아니다.
28 그러므로 인자는 안식일에도 주인이
다."

예수께서 안식일에 고치시다

(마 12:9-14;눅 6:6-11)

3 예수께서 다시 회당으로 들어가셨
는데 그곳에 한쪽 손이 오그라든
사람이 있었습니다.
2 몇몇 사람들이 혹시 예수께서 안식일
에 그 사람을 고치지나 않을까 하며
예수를 고소할 구실을 찾으려고 가까
이에서 지켜보고 있었습니다.
3 예수께서 손이 오그라든 사람에게 말
씀하셨습니다. "일어나 앞으로 나오너
라."
4 그리고 예수께서 그들에게 물으셨습
니다. "안식일에 무슨 일을 하는 것
이 옳겠느냐? 선한 일이냐, 악한 일
이냐? 생명을 구하는 것이냐, 죽이는
것이냐?" 그러자 그들은 말없이 잠자
코 있었습니다.
5 예수께서 노하셔서 그들을 둘러보시
고 그들의 마음이 완악한 것을 마음
깊이 슬퍼하시며 그 사람에게 말씀하
셨습니다. "손을 펴 보아라." 그가 손
을 쭉 내밀자 그 손이 완전하게 회복
됐습니다.
6 그러자 바리새파 사람들은 그 길로
나가 헤롯 당원들과 함께 어떻게 하
면 예수를 죽일까 음모를 꾸미기 시
작했습니다.

큰 무리가 예수를 따르다

7 예수께서 제자들을 데리고 호숫가로
물러가시자 갈릴리에서 많은 사람들
이 예수를 따라왔습니다.
8 예수께서 행하신 일을 다 듣고 유대,
예루살렘, 이두매, 요단 강 건너편, 두
로와 시돈 지방에서 많은 사람들이
몰려왔습니다.
9 사람들이 너무 많아서 예수께서는 제
자들에게 작은 배 하나를 마련하라고
말씀하셨습니다. 무리가 자기에게 몰
려드는 것을 막으려는 것이었습니다.
10 예수께서 전에 많은 사람들을 고쳐
주셨기 때문에 온갖 병에 걸린 사람
들이 예수를 만지려고 밀려들었던 것
입니다.
11 더러운 귀신들은 예수를 보기만 하면
그 앞에 엎드러져 "당신은 하나님의
아들이십니다"라고 소리쳤습니다.
12 그러나 예수께서는 자기가 누구인지
말하지 말라고 엄하게 꾸짖으셨습니
다.

예수께서 열두 제자를 세우시다

(마 10:1-4;눅 6:12-16)

13 예수께서 산으로 올라가셔서 원하는
사람들을 불러 모으셨습니다. 그러자
그들이 예수께로 나아왔습니다.
14 예수께서는 12명을 따로 뽑아 *(이들
을 사도라 부르시고) 자기와 함께 있
게 하셨습니다. 그리고 그들을 내보

3:14 어떤 사본에는 괄호 안의 내용이 없음.

내셔서 전도도 하게 하시며
15 그들에게 귀신을 쫓는 권세도 주셨습
니다.
16 예수께서 세우신 12사람들은 베드로
라 이름 지어 준 시몬,
17 '우레의 아들들'이라는 뜻으로 '보아너
게'라 이름 지어 준 세베대의 아들 야
고보와 그 동생 요한,
18 안드레, 빌립, 바돌로매, 마태, 도마,
알패오의 아들 야고보, 다대오, *열심
당원 시몬과
19 예수를 배반한 가룟 유다였습니다.

예수께서 율법학자들과 가족들에게
비난을 받으시다 (마 12:22-32,46-50;
눅 8:19-21;11:14-23;12:10)

20 예수께서 집으로 들어가시니 또다시
사람들이 몰려들어 예수와 제자들은
음식 먹을 겨를조차 없었습니다.
21 예수의 가족들은 "예수가 미쳤다"라
는 소문을 듣고서 예수를 붙잡으러
찾아다녔습니다.
22 그래서 예루살렘에서 내려온 율법학
자들이 말했습니다. "예수가 *바알세
불에게 사로잡혀 있다. 그가 귀신들
의 우두머리의 힘을 빌려 귀신을 쫓
아내는 것이다."
23 그러자 예수께서 그들을 불러 놓고
비유로 말씀하셨습니다. "사탄이 어떻
게 사탄을 쫓아낼 수 있느냐?
24 만일 한 나라가 서로 갈라져 싸우면
그 나라가 제대로 서 있을 수 없고
25 만일 한 가정이 서로 갈라져 싸우면
그 가정이 제대로 서 있을 수 없다.
26 만일 사탄이 스스로 반란을 일으켜
갈라진다면 제대로 서지 못하고 스스
로 망할 것이다.
27 먼저 힘센 사람을 묶어 놓지 않고 그
집에 들어가 물건을 훔치는 사람은
아무도 없다. 묶고 나서야 그 집을 털
수 있는 것이다.
28 내가 너희에게 진실로 말한다. 사람
이 어떤 죄를 짓든지 어떤 비방의 말
을 하든지 그것은 모두 용서받을 수
있다.
29 그러나 누구든지 성령을 모독하는 사
람은 결코 용서받을 수 없다. 그것은
영원한 죄다."
30 예수께서 이 말씀을 하신 것은 사람
들이 "그가 악한 귀신이 들렸다"라고
말했기 때문입니다.
31 그때 예수의 어머니와 형제들이 찾아
왔습니다. 그들은 밖에 서서 사람을
시켜 예수를 불렀습니다.
32 많은 사람들이 예수 곁에 둘러앉아
있었는데 그들이 예수께 말했습니다.
"보십시오. 선생님의 어머니와 형제들
이 밖에서 선생님을 찾고 계십니다."
33 예수께서 그들에게 물으셨습니다. "누
가 내 어머니이고 내 형제들이냐?"
34 그러고는 곁에 둘러앉은 그들을 보며
말씀하셨습니다. "보라. 내 어머니와
내 형제들이다.
35 누구든지 하나님의 뜻을 행하는 사람

3:18 그리스어, 카나나이오스. '가나나 사람' 3:22 구약에 등장하는 에그론의 신인 바알세붑(왕하 1:2-3을 보라.)과 동일한 신으로 간주되고 신약에서는 사탄이나 귀신들의 왕과 동일시되기도 함.

이 바로 내 형제요, 자매요, 어머니다."

씨 뿌리는 사람의 비유 (마 13:1-23;눅 8:4-15)

4 예수께서 다시 호숫가에서 가르치
기 시작하셨습니다. 수많은 사람
이 예수 주위에 모여들었기 때문에 예
수께서는 호수에 배를 띄우고 배에
올라앉으셨습니다. 사람들은 모두 호
숫가를 따라 앉아 있었습니다.
2 예수께서 비유를 들어 그들에게 여러
가지를 가르치셨습니다. 그러면서 이
렇게 말씀하셨습니다.
3 "잘 들으라. 어떤 농부가 씨를 뿌리러
나갔다.
4 그가 씨를 뿌리고 있는데 어떤 씨는
길가에 떨어져 새들이 와서 모두 쪼
아 먹었다.
5 어떤 씨는 흙이 많지 않은 돌밭에 떨
어졌는데 흙이 얕아 싹이 금방 돋았
지만
6 해가 뜨자 그 싹은 말랐고 뿌리가 없
어서 시들어 버렸다.
7 다른 씨는 가시덤불 속에 떨어졌는데
가시덤불이 무성해져 그 기운을 막는
바람에 제대로 열매를 맺지 못했다.
8 또 다른 씨는 좋은 땅에 떨어져 싹이
나고 잘 자라서 30배, 60배, 100배의
열매들을 맺었다."
9 그리고 예수께서 말씀하셨습니다.
"들을 귀 있는 사람은 들으라!"
10 예수께서 혼자 계실 때 열두 제자들
과 그 곁에 있던 사람들이 그 비유가
무슨 뜻인지 물었습니다.
11 예수께서 대답하셨습니다. "너희에게
는 하나님 나라의 비밀을 아는 것이
허락됐으나 다른 사람들에게는 모든
것을 비유로 말한다.
12 이것은 ㄱ'그들이 보기는 보아도 알지
못하고 듣기는 들어도 깨닫지 못하게
해 그들이 돌아와서 용서를 받지 못
하게 하시려는 것이다.'"
13 그리고 예수께서 그들에게 말씀하셨
습니다. "이 비유를 알아듣지 못하겠
느냐? 그렇다면 다른 비유는 어떻게
알아듣겠느냐?
14 씨를 뿌리는 농부는 말씀을 뿌리는
사람이다.
15 말씀이 길가에 뿌려졌다는 것은 이런
사람을 두고 하는 말이다. 그들은 말
씀을 듣기는 하지만 곧 사탄이 와서
그들 안에 뿌려진 말씀을 가로채 간
다.
16 이와 마찬가지로 말씀이 돌밭에 떨어
졌다는 것은 이런 사람을 두고 하는
말이다. 그들은 말씀을 듣고 기뻐하
며 즉시 받아들이지만
17 뿌리가 없어서 오래가지 못하고 그
말씀 때문에 고난이나 핍박이 오면
곧 넘어진다.
18 또 다른 사람들은 말씀이 가시밭에
떨어진 것과 같아서 그들은 말씀을
듣기는 하지만
19 이 세상의 걱정, 돈의 유혹, 그 밖에
다른 많은 욕심이 들어와 말씀의 기
운을 막고 열매를 맺지 못하게 한다.
20 그러나 말씀이 좋은 땅에 떨어진 것

ㄱ 사 6:9,10

과 같은 사람들은 말씀을 듣고 받아
들여 30배, 60배, 100배의 열매를 맺
는다."

등잔대 위의 등불 (눅 8:16-18)

21 예수께서 그들에게 말씀하셨습니다.
"사람이 등불을 가져와 그릇 아래 두
거나 침대 밑에 숨겨 놓겠느냐? 등잔
대 위에 놓지 않겠느냐?
22 무엇이든 숨겨진 것은 드러나고 무엇
이든 감추어진 것은 나타나기 마련이
다.
23 들을 귀 있는 사람은 들으라."
24 또 예수께서 그들에게 말씀하셨습니
다. "너희는 듣는 말을 새겨들으라. 너
희가 헤아려 주는 만큼 너희가 헤아
림을 받을 것이요, 또 덤으로 더 헤아
려 받을 것이다.
25 누구든지 가진 사람은 더 받을 것이
요, 가지지 못한 사람은 그 있는 것마
저도 빼앗길 것이다."

자라는 씨의 비유 (마 13:31-32;눅 13:18-19)

26 예수께서 또 말씀하셨습니다. "하나
님 나라는 이런 모습이다. 어떤 사람
이 땅에 씨를 뿌리면
27 씨는 그 사람이 자고 있든 깨어 있든
밤낮없이 싹이 트고 자라난다. 그러
나 그는 씨가 어떻게 해서 그렇게 되
는지 알지 못한다.
28 땅이 스스로 곡식을 길러 내는 것이
다. 처음에는 줄기가 자라고 다음에
는 이삭이 패고 그다음에는 이삭에
알곡이 맺힌다.
29 그리고 곡식이 익는 대로 곧 농부가
낫을 댄다. 이제 추수할 때가 됐기 때
문이다."

겨자씨의 비유
(마 13:31-32,34-35;눅 13:18-19)

30 예수께서 또 말씀하셨습니다. "하나
님 나라를 무엇에 비교할 수 있을까?
어떤 비유로 설명할 수 있을까?
31 하나님 나라는 한 알의 겨자씨와 같
다. 그 씨는 땅에 심는 것 가운데 제
일 작은 씨지만
32 일단 심어 놓으면 자라나 어떤 식물
보다 더 큰 가지들을 뻗어 그 그늘에
공중의 새들이 깃들 수 있게 된다."
33 예수께서는 제자들과 그 곁에 있던
사람들이 잘 알아들을 수 있게 여러
가지 비유로 그들에게 말씀을 전하셨
습니다.
34 예수께서는 비유가 아니면 말씀하지
않으셨으나 제자들에게는 따로 모든
것을 일일이 설명해 주셨습니다.

예수께서 풍랑을 잔잔케 하시다
(마 8:23-27;눅 8:22-25)

35 그날 저녁이 되자 예수께서는 제자들
에게 말씀하셨습니다. "호수 저편으
로 건너가자."
36 제자들은 사람들을 뒤로하고 예수를
배 안에 계신 그대로 모시고 갔습니
다. 그러자 다른 배들도 함께 따라갔
습니다.
37 그때 매우 강한 바람이 불어와 파도
가 배 안으로 들이쳐 배가 물에 잠기
기 직전이었습니다.
38 예수께서는 배 뒷부분에서 베개를 베

고 주무시고 계셨습니다. 제자들이
예수를 깨우며 말했습니다. "선생님!
저희가 빠져 죽게 됐는데 모른 척하
십니까?"
39 예수께서 일어나셔서 바람을 꾸짖으
시고 파도에게 명령하셨습니다. "고요
하라! 잠잠하라!" 그러자 바람이 멈추
고 호수가 잔잔해졌습니다.
40 예수께서 제자들에게 말씀하셨습니
다. "왜 그렇게 무서워하느냐? 아직도
믿음이 없느냐?"
41 제자들은 크게 두려워하면서 서로
수군거렸습니다. "도대체 이분이 누구
시기에 바람과 파도까지도 복종하는
가?"

예수께서 귀신 들린 사람을 회복시키시다
(마 8:28-34;눅 8:26-39)

5 예수와 제자들은 *호수 건너편 *거
라사 지방으로 갔습니다.
2 예수께서 배에서 내리시자 더러운 귀
신 들린 사람이 무덤 사이에서 나와
예수와 마주치게 됐습니다.
3 그 사람은 무덤 사이에서 살았는데
아무도 그를 잡아맬 사람이 없었습니
다. 쇠사슬도 소용없었습니다.
4 그는 여러 번 쇠사슬로 손발이 묶이
기도 했지만 번번이 사슬을 끊고 발
에 찬 쇠고랑도 깨뜨렸습니다. 아무
도 그를 당해 낼 수 없었습니다.
5 그는 밤낮으로 무덤들과 언덕을 돌아
다니며 소리를 지르고 돌로 자기 몸
을 찢곤 했습니다.
6 그런데 그가 멀리서 예수를 보더니 달
려가 그 앞에 엎드려 절을 했습니다.
7 그러고는 찢어질 듯 큰 소리로 외쳤습
니다. "지극히 높으신 하나님의 아들

5:1 갈릴리 호수를 가리킴. 5:1 또는 가다라(마 8:28을 보라.)

Q&A

"고요하라! 잠잠하라!"

참고 구절 | 막 4:35-41

갈릴리 호수에 생기는 폭풍

갈릴리 호수는 갈릴리 언덕에 둘러싸여 있는 길이 20.8km, 폭 11.2km, 수심 50m 정도의 호수이다.

갈릴리 호수는 평상시에는 고요하나 갑작스러운 폭풍우가 일기도 하는데 이는 북쪽의 헬몬산에서 불어온 차가운 바람이 따뜻하게 데워진 호수의 공기와 부딪칠 때 생기는 것이다. 때로 2m가 훨씬 넘는 파도를 동반한 폭풍이 몰아치는 경우도 많다고 한다. 이러한 폭풍은 갈릴리 호수의 어부들에게 커다란 위협이 되었다.

예수님 말씀하시길 "고요하라! 잠잠하라!"

예수님은 갈릴리 어부 출신인 제자들 앞에서 파도에게 명령하시고 호수를 잔잔하게 하셨다(막 4:35-41).

강한 바람 때문에 두려워 떨던 제자들은 불가항력적인 폭풍의 횡포를 잠재우신 예수님을 보고 놀랄 따름이었다.

이것은 인간의 힘으로 도저히 제압할 수 없는 불가항력적인 사건으로 예수님이 자연도 다스리시는 분이시라는 사실이 드러난 놀라운 사건이었다.

예수여, 제가 당신과 무슨 상관이 있
습니까? 제발 저를 괴롭히지 마십시
오."
8 그것은 앞서 예수께서 그에게 "더러운
귀신아, 그 사람에게서 나와라!" 하고
말씀하셨기 때문입니다.
9 그때 예수께서 물으셨습니다. "네 이
름이 무엇이냐?" 그가 대답했습니다.
"내 이름은 *군대입니다. 우리 수가
많기 때문에 붙여진 이름입니다."
10 그리고 예수께 자기들을 이 지방에서
쫓아내지 말아 달라고 간청했습니다.
11 마침 큰 돼지 떼가 거기 비탈진 언덕
에서 먹이를 먹고 있었습니다.
12 더러운 귀신들이 예수께 애원했습니
다. "우리를 저 돼지들 속으로 보내
주십시오. 그 속으로 들어가게 해 주
십시오."
13 예수께서 허락하시자 더러운 귀신들
이 나와서 돼지들에게로 들어갔습니
다. 그러자 2,000마리 정도 되는 돼
지 떼가 비탈진 둑을 내리달아 호수
에 빠져 죽었습니다.
14 돼지를 치던 사람들이 마을과 그 일
대로 달려가서 이 사실을 알렸습니
다. 사람들은 무슨 일이 일어났는지
구경하러 달려 나왔습니다.
15 그들이 예수께 와서, *군대 귀신 들렸
던 그 사람이 옷을 입고 제정신이 들
어 거기 앉아 있는 것을 보았습니다.
그들은 덜컥 겁이 났습니다.
16 이 일을 본 사람들은 귀신 들렸던 사
람에게 무슨 일이 일어났으며 돼지들
은 어떻게 됐는지 그들에게 이야기해
주었습니다.
17 그러자 사람들은 예수께 제발 이 지
방에서 떠나 달라고 부탁했습니다.
18 예수께서 배에 오르시려는데 귀신 들
렸던 그 사람이 따라가겠다고 간청했
습니다.
19 예수께서는 허락하시지 않고 이렇게
말씀하셨습니다. "집으로 돌아가 주
께서 네게 얼마나 큰일을 해 주셨는
지, 어떻게 자비를 베푸셨는지 가족
들에게 말해 주어라."
20 그리하여 그 사람은 *데가볼리로 가
서 예수께서 자기를 위해 얼마나 큰
일을 베푸셨는지 말하고 다녔습니다.
그러자 이 말을 들은 사람들마다 모
두 놀랐습니다.

예수께서 혈루병 앓는 여인을 고치시고 죽은 소녀를 살리시다 (마 9:18-26;눅 8:40-56)

21 예수께서 배를 타고 다시 호수 건너편
으로 가셨습니다. 예수께서 호숫가에
계시는 동안 많은 사람들이 예수께로
모여들었습니다.
22 그때 야이로라 불리는 회당장이 예수
께 와서 예수를 보고 그 발 앞에 엎드
려
23 간절히 애원했습니다. "제 어린 딸이
죽어 갑니다. 제발 오셔서 그 아이에
게 손을 얹어 주십시오. 그러면 그 아
이가 병이 낫고 살아날 것입니다."

5:9,15 그리스어, 레기온. 로마의 군단을 말하며 대략 5,000명의 병사로 이루어짐. **5:20** 그리스어, '열 도시'. 갈릴리 바다 동쪽과 남쪽에 위치해 있는 10개의 도시 동맹체를 가리킴.

24 그러자 예수께서 그와 함께 가셨습니
다. 많은 사람들이 따라가면서 예수
를 둘러싸고 밀어 댔습니다.
25 그 가운데는 혈루병으로 12년 동안
앓고 있던 여인도 있었습니다.
26 이 여인은 여러 의사들에게 치료를
받으며 고생도 많이 하고 재산도 다
잃었지만 병이 낫기는커녕 악화될 뿐
이었습니다.
27 그러던 중 예수의 소문을 듣고 뒤에
서 무리들 틈에 끼어들어 와서 예수
의 옷자락에 손을 댔습니다.
28 '예수의 옷자락만 닿아도 내 병이 나
을 것이다'라고 생각한 것입니다.
29 그러자 곧 출혈의 근원이 마르면서
이 여인은 자신의 병이 나은 것을 몸
으로 느낄 수 있었습니다.
30 동시에 예수께서도 자신의 몸에서 능
력이 나간 것을 알아차리셨습니다. 예
수께서 사람들을 돌아보며 물으셨습
니다. "누가 내 옷자락에 손을 대었느
냐?"
31 제자들이 대답했습니다. "이렇게 많
은 사람들이 밀어 대는 것을 보시면
서 '누가 손을 대었느냐'고 물으십니
까?"
32 그러나 예수께서는 누가 옷을 만졌는
지 알아보려고 둘러보셨습니다.
33 그러자 자기에게 일어난 일을 알고 있
는 이 여인이 와서 예수의 발 앞에 엎
드려 두려움에 떨면서 사실대로 말했
습니다.
34 예수께서 여인에게 말씀하셨습니다.
"딸아, 네 믿음이 너를 구원했다. 이
제 안심하고 가거라. 그리고 병에서
해방돼 건강하여라."
35 예수의 말씀이 채 끝나기도 전에 야
이로 회당장의 집에서 사람들이 와서
말했습니다. "따님이 죽었습니다. 선
생님께 더 이상 폐 끼칠 게 뭐가 있겠
습니까?"
36 예수께서 그 말에 아랑곳하지 않으시
고 회당장에게 말씀하셨습니다. "두
려워하지 말고 믿기만 하여라."
37 그리고 예수께서 베드로와 야고보와
야고보의 동생 요한 외에는 아무도
따라오지 못하게 하셨습니다.
38 회당장의 집에 이르자 예수께서 많은
사람들이 울며 통곡하며 소란스러운
것을 보시고는
39 집 안으로 들어가 그들에게 말씀하
셨습니다. "어째서 소란하며 울고 있
느냐? 아이는 죽은 것이 아니라 그냥
자고 있는 것이다."
40 그러자 사람들이 예수를 비웃었습니
다. 예수께서 사람들을 모두 밖으로
내보내시고 아이의 부모와 함께 있는
제자들만 데리고 아이가 있는 방으
로 들어가셨습니다.
41 예수께서 그 아이의 손을 잡고는 아
이에게 "달리다굼!" 하고 말씀하셨습
니다. 이 말은 "소녀야, 내가 네게 말
한다. 일어나거라!" 하는 뜻입니다.
42 그러자 곧 아이가 일어나더니 걸어
다녔습니다. 이 소녀는 열두 살이었습
니다. 이 일을 본 사람들은 몹시 놀랐

습니다.
43 예수께서 이 일을 아무에게도 알리지
말라고 엄하게 말씀하셨습니다. 그리
고 "아이에게 먹을 것을 주라" 하고
말씀하셨습니다.

존경받지 못하는 예언자
(마 13:53-58;눅 4:16-30)

6 예수께서 그곳을 떠나 고향으로
가셨습니다. 예수의 제자들도 동행
했습니다.
2 안식일이 되자 예수께서는 회당에서
말씀을 가르치기 시작하셨습니다. 많
은 사람들이 그분의 말씀을 듣고 놀
라며 물었습니다. "저 사람이 이런 것
들을 어디서 배웠는가? 저런 지혜를
도대체 어디서 받았는가? 기적까지
일으키고 있지 않는가?
3 저 사람은 한낱 목수가 아닌가? 마리
아의 아들이고 야고보, 요셉, 유다, 시
몬과 형제가 아닌가? 그 누이들도 여
기 우리와 함께 있지 않는가?" 그러면
서 사람들은 예수를 *배척했습니다.
4 예수께서 그들에게 말씀하셨습니다.
"예언자는 자기 고향과 자기 친척과
자기 집에서는 배척당하는 법이다."
5 예수께서는 그저 아픈 사람들 몇 명
만 안수해 고쳐 주셨을 뿐 거기서 다
른 기적은 일으키실 수 없었습니다.
6 그리고 예수께서는 그들이 믿지 않는
것에 놀라셨습니다.

예수께서 열두 제자를 파송하시다
(마 10:1,5-15;눅 9:1-6)

그 후 예수께서 여러 마을을 두루 다
니시며 말씀을 전하셨습니다.
7 예수께서는 열두 제자를 불러 둘씩
짝지어 보내시며 더러운 귀신을 제어
할 권세를 주셨습니다.
8 그리고 이렇게 당부하셨습니다. "여행
길에 지팡이 외에는 아무것도 가져가
지 말라. 먹을 것이나 자루도 챙기지
말고 전대에 돈도 넣어 가지 말라.
9 신발만 신고 옷도 두 벌씩 가져가지
말라.
10 어느 집에 들어가든지 그 마을을 떠
나기 전까지는 그 집에 머물라.
11 어느 집이든지 너희를 반기지 않거나
너희 말에 귀 기울이지 않으면 떠나
면서 경고의 표시로 발에 붙은 먼지
를 떨어 버리라."
12 제자들은 나가서 사람들에게 회개하
라고 전파했습니다.
13 그들은 많은 귀신들을 쫓아내고 수많
은 환자들에게 기름 부어 병을 고쳐
주었습니다.

세례자 요한이 참수되다 (마 14:1-12;눅 9:7-9)

14 예수의 이름이 널리 알려지자 헤롯 왕
도 그 소문을 듣게 됐습니다. 어떤 사
람들은 "세례자 요한이 죽은 사람 가
운데에서 살아났다. 그래서 그런 기
적을 일으키는 능력이 그 사람 안에
서 역사하는 것이다"라고 말했습니
다.
15 또 "그는 엘리야다" 하는 사람도 있었
고 어떤 사람들은 "그는 예언자다. 옛
예언자들 가운데 한 사람과 같은 사

6:3 또는 꺼려했습니다. 달갑지 않게 여겼습니다.

람이다"라고 말하기도 했습니다.
16 이런 이야기를 듣고 헤롯이 말했습니
다. "내가 목을 벤 요한이 죽은 사람
가운데서 살아났나 보다!"
17 헤롯은 전에 요한을 체포하라는 명령
을 직접 내렸고 결국 요한을 잡아다
가 감옥에 가둔 적이 있었습니다. 헤
롯이 자기 동생 빌립의 아내 헤로디아
와 결혼한 것 때문에
18 요한이 헤롯에게 "동생의 아내를 데려
간 것은 옳지 않다"라고 말해 왔기 때
문입니다.
19 그래서 헤로디아는 원한을 품고 요한
을 죽이려 했습니다. 그러나 그렇게
할 수 없었습니다.
20 그것은 요한이 의롭고 거룩한 사람임
을 헤롯이 알고 그를 두려워하며 보
호해 주었기 때문입니다. 헤롯이 요한
의 말을 듣고 있으면 마음이 몹시 괴
로웠지만 그럼에도 그의 말을 달게
듣곤 했습니다.
21 그런데 때마침 좋은 기회가 왔습니
다. 헤롯은 자기 생일에 고관들과 천
부장들과 갈릴리의 인사들을 초청해
만찬을 베풀었습니다.
22 그때 헤로디아의 딸이 들어와 춤을
춰 헤롯과 손님들을 즐겁게 해 주었
습니다. 왕이 그 소녀에게 말했습니
다. "무엇이든 네가 원하는 것을 말해
보아라. 내가 다 들어주겠다."
23 헤롯은 그 소녀에게 맹세까지 하면서
약속했습니다. "네 소원이 무엇인지
말해 보아라. 내 나라의 절반이라도
떼어 주겠다."
24 소녀는 나가서 자기 어머니에게 물었
습니다. "무엇을 달라고 할까요?" 그
어머니가 대답했습니다. "세례자 요한
의 머리를 달라고 해라."
25 소녀가 곧장 왕에게 달려가 요구했습
니다. "지금 곧 세례자 요한의 머리를
쟁반에 담아 제게 주십시오."
26 왕은 몹시 난감했습니다. 그러나 자기
가 맹세한 것도 있고 손님들도 보고
있어서 그 요구를 도저히 거절할 수
없었습니다.
27 그래서 왕은 곧 호위병을 보내 요한의
목을 베어 오라고 명령했습니다. 호위
병은 가서 감옥에 있는 요한의 목을
베어
28 그 머리를 쟁반에 담아 가지고 돌아
와 소녀에게 주었습니다. 그 소녀는
그것을 자기 어머니에게 갖다 주었습
니다.
29 요한의 제자들이 이 소식을 듣자마자
달려와 시신을 가져다가 무덤에 안치
했습니다.

예수께서 오천 명을 먹이시다
(마 14:13-21;눅 9:10-17;요 6:1-14)

30 사도들이 예수께 돌아와 자기들이 한
일과 가르친 것을 모두 보고했습니
다.
31 그런데 거기에는 오가는 사람들이 너
무 많아 예수와 제자들은 먹을 겨를
조차 없었습니다. 예수께서 그들에게
말씀하셨습니다. "외딴곳으로 가서
잠시 쉬라."

32 그래서 그들은 따로 배를 타고 외딴
곳으로 갔습니다.
33 그런데 많은 사람들이 그들이 떠나는
것을 보고 그들을 알아보았습니다.
그러고는 여러 마을에서 달려 나와
길을 따라 걸어가서 그들보다 그곳에
먼저 가 있었습니다.
34 예수께서 도착해 많은 사람들을 보시
고 목자 없는 양들 같은 그들을 불쌍
히 여겨 그들에게 여러 가지로 가르
쳐 주기 시작하셨습니다.
35 날이 저물어 가자 제자들이 예수께
다가와서 말했습니다. "이곳은 *빈 들
인 데다 시간도 벌써 많이 늦었습니
다.
36 사람들을 보내 가까운 마을이나 동
네에 가서 각자 먹을 것을 사 먹게 하
시지요."
37 그러자 예수께서 대답하셨습니다. "너
희가 그들에게 먹을 것을 주라." 제자
들이 예수께 말했습니다. "그러면 우
리가 가서 *200데나리온어치를 사다
가 그들에게 먹이라는 말씀입니까?"
38 예수께서 물으셨습니다. "빵이 얼마
나 있느냐? 가서 알아보라." 그들이
알아보고 말했습니다. "빵 다섯 개와
물고기 두 마리가 있습니다."
39 그러자 예수께서는 사람들을 모두 풀
밭에 무리를 지어 앉히라고 제자들에
게 지시하셨습니다.
40 그래서 사람들은 100명씩, 50명씩 무
리를 지어 앉았습니다.
41 예수께서는 빵 다섯 개와 물고기 두
마리를 들고 하늘을 우러러 감사 기
도를 드린 후 빵을 떼셨습니다. 그리
고 제자들에게 주어 사람들 앞에 갖
다 놓으라고 하셨습니다. 예수께서는
물고기 두 마리도 그들 모두에게 나
눠 주셨습니다.
42 사람들은 모두 배불리 먹었습니다.
43 제자들이 남은 빵 조각과 물고기를
모으니 12바구니에 가득 찼습니다.
44 빵을 먹은 남자 어른만도 5,000명이
었습니다.

예수께서 물 위를 걸으시다
(마 14:22-36;요 6:15-21)

45 예수께서 곧 제자들을 배에 태워 호
수 건너편 벳새다로 먼저 가게 하시고
사람들을 돌려보내셨습니다.
46 그들을 보내신 뒤 예수께서는 기도하
려고 산으로 올라가셨습니다.
47 밤이 되자 배는 호수 한가운데 있었
고 예수께서는 혼자 뭍에 계셨습니
다.
48 예수께서는 제자들이 강한 바람 때문
에 노 젓느라 안간힘을 쓰는 것을 보
셨습니다. 이른 새벽에 예수께서 물
위를 걸어 그들에게 나아가시다 그들
곁을 지나가려고 하셨습니다.
49 예수께서 물 위를 걸어오시는 것을
본 제자들은 유령인 줄 알고 소리를
질렀습니다.
50 그들 모두 예수를 보고 겁에 질렸습
니다. 그러자 곧 예수께서 그들에게

6:35 또는 '광야', '외딴곳' **6:37** 200데나리온은 노동자의 200일 품삯과 같음.

말씀하셨습니다. "안심하라! 나다. 두
려워하지 말라."
51 그리고 예수께서 제자들이 탄 배에
오르시자 바람이 잔잔해졌습니다. 제
자들은 몹시 놀랐습니다.
52 그것은 제자들이 예수께서 빵을 먹이
신 기적을 보고도 아직 제대로 깨닫
지 못하고 마음이 둔해져 있었기 때
문입니다.
53 그들은 호수를 건너 게네사렛에 도착
해 배를 대었습니다.
54 그들이 배에서 내리자 사람들은 예수
를 즉시 알아보았습니다.
55 사람들은 온 지역을 뛰어다니며 예수
께서 계시는 곳이면 어디든지 아픈
사람들을 자리에 눕힌 채 짊어지고
오기 시작했습니다.
56 예수께서 가시는 곳이면 어디든지,
마을이든 도시든 농촌이든 할 것 없
이 사람들은 아픈 사람들을 *시장에
데려다 두고 예수의 옷자락이라도 만
질 수 있도록 간청했습니다. 그리고
손을 댄 사람들은 모두 병에서 나았
습니다.

더럽게 하는 것 (마 15:1-20)

7 예루살렘에서 온 바리새파 사람들
과 몇몇 율법학자들이 예수 곁에
모여 있다가
2 예수의 제자들 가운데 몇 사람이 손
을 씻지 않고 '더러운' 손으로 음식을
먹는 것을 보았습니다.
3 (바리새파 사람들과 모든 유대 사람
들은 장로들의 전통에 따라 손 씻는
정결 의식을 치르지 않고는 먹지 않
았고
4 시장에 다녀와서도 손을 씻지 않고는
음식을 먹지 않았습니다. 그들이 지
키는 규례는 이것 말고도 잔과 단지
와 놋그릇을 씻는 등 여러 가지가 있
었습니다.)
5 그래서 바리새파 사람들과 율법학자
들이 예수께 물었습니다. "왜 선생님
의 제자들은 장로들이 전해 준 전통
을 따르지 않고 '더러운' 손으로 음식
을 먹습니까?"
6 예수께서 대답하셨습니다. "너희 위
선자들에 대해 이사야가 예언한 말이
옳았다. 성경에 이렇게 기록됐다.
ㄱ'이 백성들은 입술로만 나를 공경
하고 마음은 내게서 멀리 떠났다.
7 사람의 훈계를 교리인 양 가르치고
나를 헛되이 예배한다.'
8 너희가 하나님의 계명은 버리고 사람
의 전통만 붙들고 있구나."
9 그리고 예수께서 그들에게 말씀하셨
습니다. "너희는 너희만의 전통을 지
킨다는 구실로 그럴듯하게 하나님의
계명을 제쳐 두고 있다!
10 모세는 ㄴ'네 부모를 공경하라'라고 했
고 ㄷ'누구든지 자기 부모를 저주하는
자는 반드시 죽을 것이다'라고 했다.
11 그러나 너희는 '내가 아버지나 어머니
에게 드리려던 것이 고르반, 곧 하나
님께 드리는 예물이 됐다'라고 하면

6:56 또는 장터거리, 길거리 ㄱ 사 29:13 ㄴ 출 20:12; 신 5:16 ㄷ 출 21:17; 레 20:9

그만이라면서
12 너희 부모를 더 이상 봉양하지 않으
니
13 너희는 전통을 핑계 삼아 하나님의
말씀을 유명무실하게 만드는 것이 아
니냐? 또 너희가 많은 일들을 이런
식으로 행하고 있다."
14 예수께서 다시 사람들을 불러 말씀
하셨습니다. "너희는 모두 내 말을 잘
듣고 깨달으라.
15 몸 밖에 있는 것이 사람 속으로 들어
가 사람을 '더럽게' 하지 못한다.
16 오히려 사람 속에서 나오는 것이 사
람을 '더럽게' 하는 것이다."
17 예수께서 사람들을 떠나 집 안으로
들어가시자 제자들이 이 비유에 대
해 물었습니다.
18 그러자 예수께서 물으셨습니다. "너희
는 아직도 깨닫지 못하느냐? 몸 밖에
서 사람 속으로 들어가는 것이 사람
을 '더럽게' 하지 못하는 것을 너희가
알지 못하느냐?
19 그것은 사람의 마음으로 들어가는
것이 아니라 배 속으로 들어갔다가
결국 몸 밖으로 나오기 때문이다." 그
러므로 예수께서는 모든 음식은 "깨
끗하다"라고 선포하신 것입니다.
20 예수께서 이어 말씀하셨습니다. "사람
안에서 나오는 것이 바로 사람을 '더
럽게' 하는 것이다.
21 사람 속에서, 곧 사람의 마음에서 나
오는 것은 악한 생각, 음란, 도둑질,
살인,
22 간음, 탐욕, 악의, 거짓말, 방탕, 질투,
비방, 교만, 어리석음이다.
23 이런 악한 것들은 모두 안에서 나오
고 사람을 '더럽게' 한다."

예수께서 수로보니게 여인의 믿음에 응하시다 (마 15:21-28)

24 예수께서는 그곳을 떠나 *두로와 시
돈 지방으로 가셨습니다. 어떤 집에
들어가 아무도 모르게 계시려 했지만
그 사실을 숨길 수가 없었습니다.
25 더러운 귀신 들린 어린 딸을 둔 여인
도 예수의 소식을 듣자마자 와서 그

7:24 어떤 사본에는 '두로 지방으로'

성·경·상·식

하나님께 바쳐진 선물

고르반은 '제물', '예물'이라는 뜻을 지닌 히브리어로 '하나님께 바쳐진 선물'을 말하며 개인적인 용도로는 쓰일 수 없었다. 고르반은 원래 하나님보다 다른 것을 높이지 않고 오직 하나님만 높이려는 깊은 신앙에서 시작되었다. 그래서 고르반이라는 말을 써서 맹세한 경우의 예물은 취소할 수 없었다.

하지만 유대인의 신앙을 나타내는 서약 가운데 하나였던 고르반을 원래의 취지를 상실하고 점차 악용되는 경우가 빈번해졌다. 하나님께 드렸다(고르반)는 핑계를 대며 부모를 봉양하지 않는 것을 정당화시켰던 것이다. 예수님은 고르반을 악용하여 부모를 공경하라는 하나님의 법을 지키지 않는 죄를 지적하셨다(막 7:7-13).

발 앞에 엎드렸습니다.
26 그 여인은 수로보니게 출신 그리스 사
람이었는데 자기 딸에게서 귀신을 쫓
아 달라고 예수께 애원했습니다.
27 예수께서 여인에게 말씀하셨습니다.
"자녀들을 먼저 배불리 먹게 해야 한
다. 자녀들이 먹을 빵을 가져다가 개
에게 던져 주는 것은 옳지 않다."
28 여인이 대답했습니다. "그렇습니다,
주여. 하지만 개들도 식탁 밑에서 자
녀들이 떨어뜨린 부스러기를 주워 먹
습니다."
29 그러자 예수께서 말씀하셨습니다.
"네가 그렇게 말했으니 어서 가 보아
라. 귀신이 네 딸에게서 나갔다."
30 여인이 집에 돌아가 보니 귀신은 떠나
가고 딸아이가 침대에 누워 있었습니
다.

예수께서 귀 먹고 말 더듬는 자를 고치시다

31 그 후 예수께서 다시 두로와 시돈 해
안을 떠나 *데가볼리 지방을 거쳐 갈
릴리 호수로 가셨습니다.
32 그곳에서 어떤 사람들이 듣지 못하고
말도 못하는 사람을 예수께 데려와
안수해 달라고 간청했습니다.
33 예수께서 그를 멀찌감치 따로 데리고
가셔서 그의 귓속에 손가락을 넣으시
고 손에 침을 뱉어서 그의 혀에 손을
대셨습니다.
34 그리고 예수께서 하늘을 쳐다보며 깊
은 숨을 크게 한 번 쉬고는 그에게
"에바다!"라고 말씀하셨습니다. 이 말
은 "열려라!"라는 뜻입니다.
35 그러자마자 그 사람은 귀가 뚫리고
혀가 풀리더니 제대로 말하기 시작했
습니다.
36 예수께서 "이 일을 아무에게도 말하
지 말라" 하고 사람들에게 명령하셨
습니다. 그러나 예수께서 하지 말라고
하실수록 그들은 더욱더 말하고 다녔
습니다.
37 그들이 몹시 놀라 이렇게 말했습니
다. "예수께서 행하시는 모든 것은 참
으로 대단하다. 듣지 못하는 사람도
듣게 하시고 말 못하는 사람도 말하
게 하신다!"

예수께서 사천 명을 먹이시다 (마 15:32-39)

8 그 무렵 또 수많은 사람들이 모여
들었습니다. 그들에게 먹을 것이
없었기 때문에 예수께서 제자들을 불
러 말씀하셨습니다.
2 "저들이 나와 함께 있은 지 벌써 3일
이 지났는데 먹을 것이라곤 없으니
참 불쌍하다.
3 멀리서 온 사람도 있으니 굶겨 보냈다
가는 가다가 도중에 쓰러질 것이다."
4 제자들이 말했습니다. "하지만 이렇
게 *빈 들에서 이 사람들을 다 먹일
만한 빵을 어디서 구하겠습니까?"
5 예수께서 물으셨습니다. "너희에게 빵
이 얼마나 있느냐?" 제자들이 대답했
습니다. "일곱 개입니다."
6 예수께서 사람들에게 땅에 앉으라고
말씀하셨습니다. 그러고는 빵 일곱

7:31 그리스어, '열 도시'. 갈릴리 바다 동쪽과 남쪽에 위치해 있는 10개의 도시 동맹체를 가리킴. 8:4 또는 광야, 외딴곳

개를 가지고 감사 기도를 드린 후 떼
어 제자들에게 주면서 사람들 앞에
가져다 두라고 하셨습니다. 그래서 제
자들은 그렇게 했습니다.
7 그들에게는 작은 물고기도 조금 있었
습니다. 예수께서는 물고기도 감사 기
도를 드린 후 제자들을 시켜 나눠 주
라고 하셨습니다.
8 사람들이 배불리 먹고 나서 제자들
이 남은 조각들을 거두어 보니 일곱
광주리에 가득 찼습니다.
9 거기에는 대략 4,000명의 남자가 있
었습니다. 예수께서 그들을 돌려보내
시고는
10 제자들과 함께 배를 타고 달마누다
지방으로 가셨습니다.
11 바리새파 사람들이 와서 예수께 시비
를 걸기 시작했습니다. 그들은 예수
를 시험하려고 하늘로부터 오는 표적
을 구했습니다.
12 예수께서는 깊이 탄식하시며 말씀하
셨습니다. "이 세대가 왜 표적을 구하
느냐? 내가 너희에게 진실로 말한다.
이 세대는 어떤 표적도 받지 못할 것
이다."
13 그러고 나서 예수께서는 바리새파 사
람들을 떠나 다시 배를 타고 호수 건
너편으로 가셨습니다.

바리새파 사람들과 헤롯의 누룩 (마 16:5-12)

14 제자들은 깜빡 잊고 빵을 가져가지
않았습니다. 그들이 가진 것이라고는
배 안에 있던 빵 한 개뿐이었습니다.
15 예수께서 제자들에게 경고하셨습니
다. "조심하라! 바리새파 사람들의 누
룩과 헤롯의 누룩을 주의하라."
16 제자들은 이 말씀을 두고 서로 수군
거렸습니다. "우리에게 빵이 없어서
그러시나 보다."
17 그들이 수군거리는 것을 다 아시고
예수께서 말씀하셨습니다. "왜 빵이
없는 것을 두고 말하느냐? 너희가 아
직도 알지 못하고 아직도 깨닫지 못
하느냐? 너희 마음이 둔해졌느냐?
18 너희가 눈이 있어도 보지 못하고 귀
가 있어도 듣지 못하느냐? 기억하지
못하느냐?
19 내가 빵 다섯 개를 5,000명에게 떼어
주었을 때 남은 조각을 몇 바구니나
거두었느냐?" 그들이 대답했습니다.
"12바구니였습니다."
20 "내가 빵 일곱 개를 4,000명에게 떼
어 주었을 때는 남은 조각을 몇 광주
리나 거두었느냐?" 그들이 대답했습
니다. "일곱 광주리였습니다."
21 그러자 예수께서 말씀하셨습니다. "너
희가 아직도 깨닫지 못하느냐?"

예수께서 벳새다에서 보지 못하는 사람을 고치시다

22 그리고 그들이 벳새다에 갔습니다. 사
람들이 보지 못하는 사람을 데려와
예수께 만져 달라고 간청했습니다.
23 예수께서 그 사람의 손을 잡고 마을
밖으로 데리고 나가셨습니다. 예수께
서 그 사람의 눈에 침을 뱉으시고 그
에게 손을 얹으시며 물으셨습니다.
"뭐가 좀 보이느냐?"

24 그러자 그 사람이 쳐다보며 말했습니
다. "사람들이 보입니다. 그런데 나무
가 걸어 다니는 것처럼 보입니다."
25 다시 한 번 예수께서 그 사람의 눈에
손을 얹으셨습니다. 그러자 그가 뚫
어지게 바라보더니 시력이 회복돼 모
든 것을 분명히 보게 됐습니다.
26 예수께서 그를 집으로 보내시며 말씀
하셨습니다. "마을 안으로 들어가지
마라."

베드로가 예수를 그리스도로 고백하다
(마 16:13-20;눅 9:18-21)

27 예수께서 제자들을 데리고 가이사랴
빌립보에 있는 여러 마을로 가셨습
니다. 가는 길에 예수께서 물으셨습
니다. "사람들이 나를 누구라고 하느
냐?"
28 제자들이 대답했습니다. "세례자 요한
이라고도 하고 엘리야라고도 합니다.
예언자 중 한 분이라고 하는 사람도
있습니다."
29 예수께서 물으셨습니다. "그러면 너희
는 나를 누구라고 하느냐?" 베드로가
대답했습니다. "주는 *그리스도이십니
다."
30 예수께서 제자들에게 자신에 대해 아
무에게도 말하지 말라고 단단히 주의
를 주셨습니다.

예수께서 자신의 죽음을 예고하시다
(마 16:21-23;눅 9:22)

31 예수께서 제자들에게 인자가 많은 고
난을 당하고 장로들과 대제사장들과
율법학자들에게 배척받아 죽임당했
다가 3일 만에 다시 살아나시게 될 것
임을 가르치기 시작하셨습니다.
32 예수께서 이 일을 드러내 놓고 말씀
하시자 베드로는 예수를 붙들고 그게
무슨 말이냐며 항의했습니다.
33 그러자 예수께서 제자들을 돌아다보
시고 베드로를 꾸짖으시며 말씀하셨
습니다. "사탄아, 내 뒤로 물러가거라!
네가 하나님의 일은 생각하지 않고
사람의 일만 생각하는구나."

십자가의 길 (마 16:24-28;눅 9:23-27)

34 그리고 예수께서 제자들과 그분을 따
르는 사람들을 다 불러 놓고 말씀하
셨습니다. "누구든지 나를 따르려거
든 자기를 부인하고 자기 십자가를 지
고 따라야 한다.
35 누구든지 자기 생명을 구하려고 하
는 사람은 잃어버릴 것이요, 누구든
지 나와 복음을 위해 자기 생명을 버
리는 사람은 구할 것이다.
36 사람이 온 세상을 다 얻고도 자기 생
명을 잃으면 무슨 소용이 있겠느냐?
37 사람이 자기 생명을 무엇과 맞바꾸겠
느냐?
38 누구든지 음란하고 죄 많은 이 세대
에서 나와 내 말을 부끄럽게 여기면
인자도 아버지의 영광을 입고 거룩한
천사들과 함께 올 때에 그를 부끄럽
게 여길 것이다."

9 예수께서 그들에게 말씀하셨습니
다. "내가 너희에게 진실로 말한다.
여기 서 있는 사람 가운데 죽기 전에

8:29 히브리어, 메시아. '기름 부음 받은 사람'

하나님 나라가 능력을 떨치며 오는
것을 볼 사람이 있다."

예수께서 변모되시다 (마 17:1-13;눅 9:28-36)

2 6일 후에 예수께서 베드로, 야고보, 요
한만 따로 데리고 높은 산으로 올라
가셨습니다. 그런데 예수께서 그들 앞
에서 모습이 변하셨습니다.
3 예수의 옷은 이 세상 그 누구도 더 이
상 희게 할 수 없을 만큼 새하얗고 광
채가 났습니다.
4 그리고 거기에 엘리야가 모세와 함께
그들 앞에 나타나 예수와 이야기를
나누었습니다.
5 베드로가 예수께 말했습니다. "주여,
우리가 여기 있는 것이 좋겠습니다.
우리가 초막 세 개를 만들어 하나에
는 주를, 하나에는 모세를, 하나에는
엘리야를 모시도록 하겠습니다."
6 모두들 몹시 두려웠기 때문에 베드로
는 무슨 말을 해야 좋을지 몰라 이렇
게 말했습니다.
7 그때 구름이 나타나 그들 위를 덮더
니 구름 속에서 소리가 들려왔습니
다. "이는 내 사랑하는 아들이다. 그
의 말을 들으라!"
8 그 순간 그들은 주위를 살펴보았습니
다. 그러나 그때는 이미 아무도 보이
지 않고 오직 예수만 그들과 함께 계
셨습니다.
9 산을 내려오시면서 예수께서 제자들
에게 단단히 일러두셨습니다. "인자가
죽은 사람 가운데에서 살아날 때까
지는 지금 본 것을 아무에게도 말하
지 말라."
10 제자들은 이 일을 마음에 새겨 두면
서도 '죽은 사람 가운데에서 살아난
다'는 것이 무슨 뜻인지 몰라 서로 물
어보았습니다.
11 제자들이 예수께 물었습니다. "왜 율
법학자들은 엘리야가 먼저 와야 한다
고 말한 것입니까?"
12 예수께서 대답하셨습니다. "참으로 엘

Q&A 예수님은 왜 변모되셨나?

참고 구절 | 막 9:2-8

예수님의 변형 사건은 공관 복음에 모두 기록된 것으로 중요한 의미를 지닌다(마 17:1-13;막 9:2-8;눅 9:28-36).

첫째, 예수님이 변모되신 사건은 제자들에게 용기와 소망을 주었다. 예수님의 수난 예고로(막 8:31) 인해 제자들은 다소 불안해졌을 것이다. 따라서 변모 사건은 예수님의 사역이 고난으로 끝나지 않고 하나님 나라의 영광으로 이어진다는 것을 보여 주는 희망의 메시지였다.

둘째, 예수님에 대한 하늘의 선포와 인정이 있었다(막 9:7). 예수님은 공생애 시작 전 세례를 받으실 때 이미 하나님으로부터 "너는 내가 사랑하는 아들이다. 내가 너를 무척 기뻐한다."라는 인정을 받으셨다(막 1:11). 예수님의 메시아 되심은 변모 사건에서 다시 한 번 확증되었다.

셋째, 구약 율법과 예언자의 대표격인 모세와 엘리야의 출현을 통해 예수님이 구약 예언의 성취이심이 확실히 밝혀졌다(막 9:4).

리야가 먼저 와서 모든 것을 회복시
킨다. 그런데 왜 성경에는 인자가 많
은 고난을 받고 멸시를 당할 것이라
고 기록된 것이냐?
13 내가 너희에게 말한다. 엘리야는 이미
왔다. 그런데 사람들은 그에 대해 성
경에 기록돼 있는 대로 그를 자기들
마음대로 대했다."

예수께서 귀신 들린 아이를 고치시다

(마 17:14-20;눅 9:37-43상)

14 그들이 다른 제자들에게 돌아와 보
니 그 제자들이 많은 사람들에게 둘
러싸여 율법학자들과 논쟁을 벌이고
있었습니다.
15 사람들은 모두 예수를 보자마자 몹
시 놀라며 달려와 맞이했습니다.
16 예수께서 물으셨습니다. "무슨 일로
이렇게 논쟁하고 있느냐?"
17 무리 가운데 한 사람이 대답했습니
다. "선생님, 제가 아들을 데려왔습니
다. 그 아이는 말 못하게 하는 더러운
귀신이 들려 있습니다.
18 귀신이 한번 아이를 사로잡으면 아이
가 땅에 거꾸러집니다. 그러면 아이
는 입에 거품을 물고 이를 갈면서 몸
이 뻣뻣하게 굳습니다. 그래서 선생님
의 제자들에게 귀신을 쫓아내 달라
고 부탁했지만 쫓아내지 못했습니다."
19 예수께서 말씀하셨습니다. "이 믿음
없는 세대야! 내가 언제까지 너희와
함께 있어야 하겠느냐? 내가 언제까
지 너희에게 참아야 하겠느냐? 아이
를 데려오라."
20 그러자 그들이 아이를 예수께 데려왔
습니다. 더러운 귀신은 예수를 보더니
곧 아이의 몸에 경련을 일으켰습니
다. 아이는 땅에 거꾸러지더니 입에
거품을 물고 뒹굴었습니다.
21 예수께서 아이의 아버지에게 물으셨
습니다. "이 아이가 언제부터 이렇게
됐느냐?" 그가 대답했습니다. "아주
어릴 때부터입니다.
22 귀신이 아이를 죽이려고 여러 번 불
속에 내던지고 물속에도 빠뜨렸습니
다. 그러나 선생님께서 어떻게든 하
실 수 있다면 제발 우리를 불쌍히 여
기시고 도와주십시오."
23 예수께서 말씀하셨습니다. "'하실 수
있다면'이 무슨 말이냐? 믿는 사람에
게는 모든 일이 가능하다."
24 그러자 곧 아이의 아버지가 소리쳤습
니다. "내가 믿습니다! 믿음이 부족한
나를 도와주십시오!"
25 많은 사람들이 이 광경을 보려고 달
려오는 것을 보시고 예수께서 귀신을
꾸짖으셨습니다. "듣지 못하게 하고
말 못하게 하는 귀신아, 내가 네게 명
령한다! 이 아이에게서 나와 다시는
들어가지 마라!"
26 더러운 귀신은 소리 지르며 아이에게
심한 경련을 일으키더니 나갔습니다.
아이가 죽은 것같이 돼 누워 있자 많
은 사람들이 수군거렸습니다. "아이
가 죽었나 보다."
27 그때 예수께서 아이의 손을 잡아 일
으키셨습니다. 그러자 아이가 벌떡 일

어셨습니다.
28 예수께서 집 안으로 들어가신 후에
제자들이 따로 물어보았습니다. "어
째서 저희는 귀신을 쫓아내지 못했습
니까?"
29 예수께서 대답하셨습니다. "이런 귀신
은 오직 *기도로만 쫓아낼 수 있다."

예수께서 자신의 죽음을 두 번째 예고하시다
(마 17:22-23;눅 9:43하-45)

30 그들은 그곳을 떠나 갈릴리를 지나가
게 됐습니다. 그러나 예수께서는 자기
일행이 어디로 가는지 사람들이 모
르기를 바라셨습니다.
31 이는 제자들을 가르치고 계셨기 때문
입니다. 예수께서 그들에게 말씀하셨
습니다. "인자는 배반을 당하고 사람
들의 손에 넘겨져 죽임당할 것이다.
그러나 3일 만에 그는 다시 살아날 것
이다."
32 그러나 제자들은 그 말씀이 무슨 뜻
인지 깨닫지 못했고 두려워서 예수께
묻지도 못했습니다.
33 그들이 가버나움으로 갔습니다. 집
안에 계실 때에 예수께서 제자들에게
물으셨습니다. "오는 길에 너희끼리
왜 논쟁했느냐?"
34 그러자 제자들은 말이 없었습니다.
그들은 길에서 누가 가장 큰 사람이냐
하는 문제로 다투었기 때문입니다.
35 예수께서 자리에 앉으시면서 열두 제
자를 불러 놓고 말씀하셨습니다. "누
구든지 첫째가 되려면 모든 사람의
끝찌가 돼야 하고 모든 사람을 섬기
는 종이 돼야 한다."
36 예수께서 한 어린아이를 데려와 그들
가운데에 세우셨습니다. 그리고 아이
를 팔로 껴안고 제자들에게 말씀하
셨습니다.
37 "누구든지 내 이름으로 이런 어린아
이 하나를 영접하는 사람은 나를 영
접하는 것이고 누구든지 나를 영접
하는 사람은 나를 영접하는 것이 아
니라 나를 보내신 분을 영접하는 것
이다."

우리를 반대하지 않으면 우리 편이다
(눅 9:49-50)

38 요한이 말했습니다. "선생님, 선생님
의 이름으로 귀신을 쫓아내는 어떤
사람을 보고 우리를 따르는 자가 아
니어서 우리가 그에게 하지 못하게 했
습니다."
39 예수께서 말씀하셨습니다. "못 하게
하지 마라. 내 이름으로 기적을 행하
고 나서 바로 나를 욕할 사람은 없
다.
40 누구든지 우리를 반대하지 않으면 우
리 편이다.
41 내가 너희에게 진실로 말한다. 너희
가 그리스도의 사람인 것을 알고 너
희에게 물 한 잔이라도 주는 사람은
반드시 자기가 받을 상을 잃지 않을
것이다.

넘어지게 하는 일 (마 18:6-9;눅 17:1-2)

42 또 누구든지 나를 믿는 어린아이들
중 하나라도 죄짓게 하는 사람은 차

9:29 어떤 사본에는 '기도와 금식으로만'

라리 큰 맷돌을 목에 달고 바다에 던
져지는 것이 나을 것이다.
43 네 손이 너를 죄짓게 하거든 잘라 버
려라. 두 손을 가지고 영원히 꺼지지
않는 지옥 불에 떨어지느니 성하지
않은 몸이 되더라도 생명에 들어가는
것이 더 낫다.
44 *(없음)
45 또 네 발이 너를 죄짓게 하거든 잘라
버려라. 두 발을 가지고 지옥에 던져
지느니 저는 다리로 생명에 들어가는
것이 더 낫다.
46 *(없음)
47 또 네 눈이 너를 죄짓게 하거든 뽑아
버려라. 두 눈을 가지고 지옥에 던져
지느니 한 눈만 가지고 하나님 나라
에 들어가는 것이 더 낫다.
48 *지옥은 '벌레도 죽지 않고 불도 꺼지
지 않는' 곳이다.
49 모든 사람이 소금에 절여지듯 불에
절여질 것이다.
50 소금은 좋은 것이다. 그러나 소금이
그 짠맛을 잃으면 어떻게 다시 짜게
되겠느냐? 그러므로 너희 가운데 *소
금을 간직하고 서로 화목하게 지내
라."

이혼 (마 19:1-12)

10 예수께서 그곳을 떠나 유대 지
방으로 가셔서 요단 강 건너편
으로 가셨습니다. 그러자 사람들이
또 예수께 몰려왔고 예수께서는 늘
하시던 대로 그들을 가르치셨습니다.
2 바리새파 사람들 몇 명이 와서 예수
를 시험하려고 물었습니다. "남자가
자기 아내와 이혼해도 됩니까?"
3 예수께서 대답하셨습니다. "모세가 어
떻게 하라고 명령했느냐?"
4 그들이 말했습니다. ㄱ"모세는 남자가
이혼 증서를 써 주고 아내와 헤어져
도 된다고 했습니다."
5 그러자 예수께서 말씀하셨습니다. "모
세가 그런 계명을 쓴 것은 완악한 너
희 마음 때문이다.
6 그러나 하나님께서 세상을 창조하실
때 '사람을 남자와 여자로 만드셨다.'
7 '그러므로 남자가 자기 부모를 떠나
아내와 더불어
8 둘이 한 몸이 될 것이다. 따라서 그들
이 이제 둘이 아니라 한 몸이다.'
9 그러므로 하나님께서 짝지어 주신 것
을 사람이 갈라놓아서는 안 된다."
10 집 안에서 제자들이 예수께 이 문제
에 대해 다시 물었습니다.
11 예수께서 대답하셨습니다. "누구든지
자기 아내와 이혼하고 다른 여자와
재혼하는 사람은 자기 아내에게 간음
하는 것이다.
12 또 그 아내가 자기 남편과 이혼하고
다른 남자와 재혼하는 것도 간음하
는 것이다."

어린아이들과 예수 (마 19:13-15;눅 18:15-17)

13 사람들이 어린아이들을 예수께 데리
고 와 어루만져 주시기를 원했습니다.
그러나 제자들이 그들을 꾸짖었습니

9:44,46 어떤 사본에는 '거기에서는 벌레도 죽지 않고 불도 꺼지지 않는다.'가 있음. 9:48 그리스어, 게헨나 9:50 또는 제맛을 ㄱ 신 24:1,3

다.
14 예수께서 이것을 보시고 노하시며 제
자들에게 말씀하셨습니다. "어린아이
들이 내게 오는 것을 허락하고 막지
말라. 하나님 나라는 이런 아이들과
같은 사람의 것이다.
15 내가 너희에게 진실로 말한다. 누구
든지 어린아이와 같이 하나님 나라
를 받아들이지 않는 사람은 결코 그
곳에 들어가지 못할 것이다."
16 그러고는 어린아이들을 꼭 껴안아 주
시며 손을 얹으시고 축복해 주셨습니
다.

부자와 하나님의 나라 (마 19:16-30;눅 18:18-30)

17 예수께서 밖에 나가려고 하시는데 한
사람이 예수께로 달려와 그 앞에 무
릎을 꿇고 물었습니다. "선하신 선생
님, 제가 영원한 생명을 얻으려면 어
떻게 해야 합니까?"
18 예수께서 대답하셨습니다. "네가 왜
나를 선하다고 하느냐? 오직 하나님
한 분 외에는 선한 분이 없다.
19 네가 ㄱ'살인하지 말라, 간음하지 말
라, 도둑질하지 말라, 거짓 증언하지
말라, 사기 치지 말라, 부모를 공경하
라' 하는 계명들을 알고 있을 것이다."
20 그가 말했습니다. "선생님, 저는 어릴
때부터 이것들을 모두 어김없이 지켜
왔습니다."
21 예수께서 그를 쳐다보고 사랑스럽게
여기시며 말씀하셨습니다. "네게 한
가지 부족한 것이 있다. 가서 네가 가
진 것을 모두 팔아 가난한 사람들에
게 나눠 주어라. 그리하면 하늘에서
보물을 얻게 될 것이다. 그리고 와서
나를 따라라."
22 이 말씀을 듣자 그 사람은 무척 근심
스러운 얼굴로 슬퍼하며 떠나갔습니
다. 그가 대단한 부자였기 때문입니다.
23 예수께서는 제자들을 둘러보시고 말
씀하셨습니다. "부자가 하나님 나라
에 들어가기가 참으로 어렵다."
24 제자들은 예수의 말씀에 무척 놀랐
습니다. 그러자 예수께서 다시 말씀하
셨습니다. "얘들아, 하나님 나라에 들
어가기가 얼마나 어려운지
25 부자가 하나님 나라에 들어가는 것
보다 낙타가 바늘귀를 지나가는 것이
더 쉽다."
26 제자들은 더욱 놀라서 서로 수군거렸
습니다. "그러면 도대체 누가 구원받
을 수 있다는 말인가?"
27 예수께서 그들을 보시고 말씀하셨습
니다. "사람은 할 수 없지만 하나님께
서는 하실 수 있다. 하나님께는 모든
것이 가능하다."
28 베드로가 예수께 말했습니다. "보시다
시피 우리는 모든 것을 버리고 주를
따랐습니다!"
29 예수께서 말씀하셨습니다. "내가 너희
에게 진실로 말한다. 나와 복음을 위
해 집이나 형제나 부모나 자식이나 자
기 땅을 버린 사람은
30 지금 이 세상에서 집과 형제자매와
어머니와 자녀와 땅을 100배나 더 받

ㄱ 출 20:12-16;신 5:16-20

되 핍박도 함께 받을 것이고 이제 올
세상에서는 영원한 생명을 받을 것이
다.
31 그러나 먼저 된 사람이 나중 되고 나
중 된 사람이 먼저 되는 일이 많을 것
이다."

예수께서 자신의 죽음을 세 번째 예고하시다
(마 20:17-19;눅 18:31-34)

32 그들이 예루살렘으로 올라가는 길이
었습니다. 예수께서 앞장서서 그리로
향하시자 제자들은 놀랐고 뒤따라가
던 사람들도 두려워했습니다. 예수께
서는 다시 열두 제자를 따로 불러 놓
으시고 앞으로 자신에게 일어날 일을
말씀해 주셨습니다.
33 "우리는 지금 예루살렘으로 올라가고
있다. 인자는 배반당해 대제사장들
과 율법학자들에게 넘겨질 것이다. 그
들은 인자를 죽이기로 결정하고 이방
사람들에게 넘겨줄 것이고
34 이방 사람들은 인자를 조롱하고 침
을 뱉고 채찍으로 때린 뒤 죽일 것이
다. 그러나 3일 만에 그는 다시 살아
날 것이다."

야고보와 요한의 요청 (마 20:20-28)

35 그러자 세베대의 두 아들 야고보와 요
한이 예수께 다가와 말했습니다. "선
생님, 저희의 소원을 들어주시기 원
합니다."
36 예수께서 물으셨습니다. "내가 너희에
게 무엇을 해 주었으면 좋겠느냐?"
37 그들이 대답했습니다. "주께서 영광
의 자리에 앉으실 때 저희 중 하나는
오른편에, 하나는 왼편에 앉게 해 주
십시오."
38 예수께서 그들에게 말씀하셨습니다.
"너희가 지금 무엇을 구하고 있는지
알고 있느냐? 내가 마시는 잔을 너희
가 마시며 내가 받는 *세례를 너희가
받을 수 있겠느냐?"
39 그들이 대답했습니다. "할 수 있습니
다." 예수께서 그들에게 말씀하셨습
니다. "너희도 정말 내가 마시는 잔을

10:38 또는 침례

성·경·상·식

예수님의 잔과 세례

왕의 잔치에서는 왕이 손님들에게 잔을 건네주는 것이 관습이었다. 그래서 '잔'은 하나님이 우리에게 건네주신 생명과 체험을 은유하는 것이다. 결국 '잔을 마신다'는 것은 좋은 것이든 나쁜 것이든 그 앞에 놓인 것을 완전히 이행하는 것을 가리킨다.

또 '세례'에 해당하는 그리스어 동사 '밥티조'는 '잠그다', '적시다', '가라앉다'라는 뜻으로, 보통 '재난에 빠지거나 파묻힌다'는 뜻으로 쓰인다. 이것의 과거 분사는 '잠겼다'는 뜻이고, 보통 어떤 체험에 잠겨 있는 것을 말할 때 쓰인다.

"내가 마시는 잔을 너희가 마시며 내가 받는 세례를 너희가 받을 수 있겠느냐?"라는(막 10:38) 예수님의 질문은 "내가 당할 십자가의 고통과 죽음에 잠기는 것을 직면할 수 있느냐, 그것에 동참할 수 있느냐"는 질문이다. 두 제자에게 십자가 없이는 면류관도 있을 수 없음을 가르치신 것이다. 하나님 나라에서 위대함의 기준은 십자가이다.

마시고 내가 받는 세례를 받을 것이
다.
40 그렇지만 내 오른편이나 왼편에 앉는
것은 내가 정해 주는 것이 아니다. 그
자리는 미리 정해 놓은 사람들에게
돌아갈 것이다."
41 다른 열 명은 이 말을 듣고 야고보와
요한에게 분개했습니다.
42 예수께서는 그들을 함께 불러 놓고
말씀하셨습니다. "너희도 알듯이 이
방 사람의 통치자라는 사람들은 백
성들 위에 군림하고 그 고관들도 권
력을 행사한다.
43 그러나 너희는 그렇게 해서는 안 된
다. 오히려 누구든지 너희 중에서 큰
사람이 되고 싶은 사람은 너희를 섬
기는 자가 돼야 하고
44 누구든지 으뜸이 되려는 사람은 모
든 사람의 종이 돼야 한다.
45 인자 역시 섬김을 받으러 온 것이 아
니라 섬기러 왔고 많은 사람들을 구
원하기 위해 치를 몸값으로 자기 생
명을 내어 주려고 온 것이다."

눈먼 사람 바디매오가 고침을 받다
(마 20:29-34;눅18:35-43)

46 그들은 여리고로 갔습니다. 예수와 제
자들이 많은 사람들과 함께 그 성을
떠나려는데 디매오의 아들 바디매오
라는 눈먼 사람이 길가에 앉아 구걸
하고 있다가
47 나사렛 예수라는 말을 듣고 소리치기
시작했습니다. "다윗의 자손 예수여,
나를 불쌍히 여겨 주십시오!"
48 많은 사람들이 그를 꾸짖으며 조용히
하라고 했습니다. 그러나 그는 더욱
더 큰 소리를 질렀습니다. "다윗의 자
손이여, 나를 불쌍히 여겨 주십시오!"
49 예수께서 걸음을 멈추시고 말씀하셨
습니다. "저 사람을 불러오너라." 그러
자 그들이 그 사람에게 말했습니다.
"안심하고 일어나라! 예수께서 너를
부르신다."
50 그는 겉옷을 던져 버리고 벌떡 일어
나 예수께로 갔습니다.
51 예수께서 그에게 물으셨습니다. "내
가 무엇을 네게 해 주기 원하느냐?"
앞을 못 보는 사람이 대답했습니다.
"*선생님, 제가 보기를 원합니다."
52 예수께서 말씀하셨습니다. "가거라.
네 믿음이 너를 구원했다." 그러자 그
즉시 그는 보게 됐고 예수를 따라 길
을 나섰습니다.

예수께서 왕으로 예루살렘에 입성하시다
(마 21:1-11;눅 19:28-40;요 12:12-19)

11 그들이 예루살렘에 가까이 와서
올리브 산 근처 벳바게와 베다니
에 이르렀을 때 예수께서 제자 두 명
을 보내시며
2 말씀하셨습니다. "저기 보이는 마을
로 들어가라. 그곳에 들어가 보면 아
직 아무도 탄 적이 없는 새끼 나귀 하
나가 매여 있을 것이다. 그 나귀를 풀
어서 이리로 끌고 와라.
3 만약 누가 '왜 이러느냐'고 물으면 '주
께서 필요하시니 쓰고 제자리에 갖다

10:51 히브리어, 랍비

놓겠다'고 하라."
4 그들이 가서 보니 길거리 어느 문 앞
에 새끼 나귀가 매여 있었습니다. 그
들이 나귀를 풀고 있는데
5 거기 서 있던 사람들이 물었습니다.
"뭘 하는 것이오? 왜 나귀를 풀고 있
소?"
6 그들이 예수께서 일러 주신 대로 대
답하자 그 사람들이 허락해 주었습니
다.
7 그들이 나귀를 예수께 끌고 와서 자
기들의 겉옷을 그 위에 얹어 드리자
예수께서 나귀를 타셨습니다.
8 많은 사람들이 길 위에 겉옷을 깔아
드렸고 또 어떤 사람들은 들에서 나
뭇가지를 꺾어 와 길에 깔기도 했습니
다.
9 앞서가는 사람들과 뒤따라가는 사람
들이 외쳤습니다.

"*호산나! 복이 있으리로다! 주의
이름으로 오시는 분이여!"
10 "복이 있도다! 다가오는 우리 조상
다윗의 나라여! 지극히 높은 곳에
서 호산나!"

11 예수께서 예루살렘에 도착하시자 성
전으로 들어가셨습니다. 예수께서는
모든 것을 둘러보시고는 이미 날이
저물었으므로 열두 제자들과 함께 베
다니로 나가셨습니다.

예수께서 무화과나무를 저주하시고 성전을 정화하시다 (마 21:12-13,18-22; 눅 19:45-48;요 2:13-22)

12 이튿날 베다니를 떠나시려는데 예수
께서 배가 고프셨습니다.
13 예수께서 멀리 잎이 무성한 무화과나
무를 보시고는 열매가 있을까 해서
가 보셨습니다. 가까이 다가가 보시니
잎만 무성할 뿐 무화과 열매는 없었
습니다. 무화과 철이 아니었기 때문입
니다.
14 예수께서 그 나무에게 말씀하셨습니
다. "이제부터 어느 누구도 네 열매를
따 먹지 못할 것이다." 예수의 제자들
도 이 말씀을 들었습니다.
15 예루살렘에 도착하시자마자 예수께서
성전으로 들어가 거기서 장사하던 사
람들을 내쫓기 시작하셨습니다. 예수
께서는 돈 바꿔 주는 사람들의 상과
비둘기를 파는 사람들의 의자를 둘러
엎으셨습니다.
16 그리고 어느 누구라도 장사할 물건들
을 들고 *성전 안으로 지나다니지 못
하게 하셨습니다.
17 그리고 예수께서 사람들을 가르치시
며 말씀하셨습니다.

"ㄱ'내 집은 모든 민족들이 기도하
는 집이라 불릴 것이다'

라고 성경에 기록돼 있지 않았느냐?
그런데 너희는 이곳을 ㄴ'강도의 소굴'
로 만들고 말았다."
18 이 말을 듣고 난 대제사장들과 율법
학자들은 예수를 죽일 방도를 궁리하
기 시작했습니다. 그들은 모든 사람
들이 예수의 가르치심에 놀라는 것을

11:9 히브리어, '간구합니다. 우리를 구원하소서.'(시 118:25 참조) 11:16 그리스어, '성전 바깥뜰' ㄱ 사 56:7 ㄴ 렘 7:11

보고 예수를 두려워했던 것입니다.
19 저녁때가 되자 예수와 제자들은 성
밖으로 나갔습니다.
20 이튿날 아침, 예수와 제자들이 지나
가다 뿌리째 말라 버린 무화과나무
를 보았습니다.
21 베드로는 생각이 나서 예수께 말했습
니다. "선생님, 보십시오! 저주하셨던
무화과나무가 말라 버렸습니다."
22 예수께서 대답하셨습니다. "하나님을
믿어라.
23 내가 너희에게 진실로 말한다. 누구
든지 저 산에게 '들려서 바다에 빠져
라!' 하고 마음에 의심하지 않고 말한
대로 될 줄 믿으면 그대로 이루어질
것이다.
24 그러므로 내가 너희에게 말한다. 무엇
이든지 너희가 기도하고 간구하는 것
은 이미 받은 줄로 믿으라. 그러면 너
희에게 그대로 이루어질 것이다.
25 서서 기도할 때에 어떤 사람과 등진
일이 있다면 그 사람을 용서해 주라.
그러면 하늘에 계신 너희 아버지께서
도 너희 죄를 용서해 주실 것이다."
26 *(없음)

예수의 권세를 두고 말하다
(마 21:23-27;눅 20:1-8)

27 그들이 다시 예루살렘으로 들어갔습
니다. 예수께서 성전을 거닐고 계시는
데 대제사장들과 율법학자들과 장로
들이 다가와서
28 물었습니다. "당신이 무슨 권세로 이
런 일을 하는 것이오? 누가 이런 권
세를 주었소?"
29 예수께서 대답하셨습니다. "나도 한
가지 물어보겠다. 대답해 보라. 그러
면 내가 무슨 권세로 이런 일을 행하
는지 말해 주겠다.
30 요한의 세례가 하늘로부터 왔느냐, 사
람으로부터 왔느냐? 말해 보라."
31 그들은 자기들끼리 의논하며 말했습
니다. "만약 우리가 '하늘로부터 왔다'
라고 하면 저 사람이 '그러면 왜 요한
을 믿지 않았느냐?'라고 할 것이다.
32 그렇다고 해서 '사람으로부터 왔다'라
고 할 수도 없지 않는가?" 많은 사람
들이 요한을 진정한 예언자로 믿고 있
었기 때문에 그들은 백성들이 두려웠
던 것입니다.
33 그래서 그들은 예수께 "잘 모르겠소"
라고 대답했습니다. 예수께서 말씀하
셨습니다. "그렇다면 나도 무슨 권세
로 이런 일을 하는지 너희에게 말하
지 않겠다."

소작인의 비유 (마 21:33-46;눅 20:9-19)

12 예수께서 그들에게 비유를 들
어 말씀하기 시작하셨습니다.
"어떤 사람이 포도원을 하나 만들어
울타리를 치고 땅을 파서 포도즙 짜
는 틀 자리를 만들고 망대를 세웠다.
그러고는 어떤 농부들에게 포도원을
세주고 멀리 떠났다.
2 수확할 때가 되자 주인은 포도원에서
난 소출 가운데 얼마를 받아 오라고

11:26 어떤 사본에는 '만약 너희가 용서하지 않으면 하늘에 계신 너희 아버지께서도 너희 죄를 용서하지 않으실 것이다.'가 있음.

종을 농부들에게 보냈다.
3 그런데 그들은 그 종을 잡아다가 때
리고는 빈손으로 돌려보냈다.
4 그러자 주인은 그들에게 다른 종을
보냈다. 그러나 그들은 그 종의 머리
를 때리고 모욕했다.
5 주인은 또 다른 종을 보냈지만 그들
은 그 종을 죽여 버렸다. 그러고 나서
도 주인은 계속해서 다른 종들을 많
이 보냈는데 농부들은 그 종들을 때
리고 더러는 죽이기도 했다.
6 주인에게는 이제 단 한 사람, 바로 사
랑하는 자기 아들이 남아 있었다. 그
는 마지막으로 아들을 보내면서 '그들
이 내 아들은 존중하겠지'라고 말했
다.
7 그러나 농부들은 자기들끼리 수군거
렸다. '이 사람은 상속자다. 가서 그를
죽이자. 그러면 그 유산은 우리 차지
가 될 것이다.'
8 그리하여 농부들은 아들을 데려다가
죽이고 포도원 밖으로 내던져 버렸다.
9 이렇게 되면 포도원 주인이 어떻게
하겠느냐? 그가 와서 그 농부들을
죽이고 다른 사람들에게 포도원을
줄 것이다.
10 너희는 성경에서 이런 말씀을 읽어
보지 못했느냐?
ㄱ"건축자들이 버린 돌이 집 모퉁이
의 머릿돌이 됐다.
11 주께서 이렇게 하셨으니 우리 눈에
놀랍게 보일 뿐이다.'"
12 그러자 그들은 예수께서 말씀하신 이
비유가 자기들을 가리켜 말씀하시는
것임을 알아차리고 예수를 체포할 방
도를 모색했습니다. 그러나 백성들을
두려워해 예수를 그대로 두고 가 버

ㄱ 시 118:22 이하

Q&A 악한 포도원 농부 비유에 담긴 의미

참고 구절 | 막 12:1–12; 마 21:33–46

- **이야기의 배경 설명** 이 비유는 1세기 갈릴리의 사회적인 상황을 잘 보여 준다. 부요한 외국 지주들은 넓은 토지를 소유하고 그것을 소작인들에게 임대해 주었다.
소작인들은 그 땅을 경작하며 지주가 멀리 떠나 있을 때에 그 포도원을 돌보았다. 그리고 수확의 일부분을 소작료로 지불하도록 계약을 맺었다. 추수 때가 되면 주인은 소작료를 거둬들이기 위해 종을 보내었고, 이때 그 종들과 소작인들 사이에 종종 시비가 일어나곤 했다.
- **이야기에 담긴 메시지** 예수님은 십자가에서 돌아가시기 직전에 이 비유를 말씀하셨다. 여기서 포도원은 이스라엘이고, 주인은 하나님이며, 농부들은 유대 지도자들이다. 종들은 하나님께서 구약 시대에 보낸 예언자들이며, 주인의 아들은 하나님의 아들인 예수 그리스도를 말한다. 농부들이 진멸된 것은 이스라엘이 망한 것을 의미하고, 다른 백성은 이방인들을 말한다.
- **이야기의 주제** 예수 그리스도의 삶과 죽음과 부활이다.

렸습니다.

가이사에게 세금을 바치는 것
(마 22:15-22;눅 20:20-26)

13 그들은 예수의 말씀을 트집 잡아 보
려고 바리새파 사람들과 헤롯 당원들
을 예수께로 보냈습니다.
14 그들이 예수께 다가와 말했습니다.
"선생님, 우리는 선생님을 참된 분으
로 알고 있습니다. 선생님은 사람을
겉모습으로 판단하지 않기 때문에 사
람으로 인해 동요되지 않고 하나님의
진리를 참되게 가르치신다고 들었습
니다. 그런데 우리가 *가이사에게 세
금을 내는 것이 옳습니까, 옳지 않습
니까?
15 우리가 세금을 내야 합니까, 내지 말
아야 합니까?" 예수께서는 위선적인
그들의 속셈을 다 아시고 말씀하셨습
니다. "왜 너희가 나를 시험하느냐?
데나리온 동전 하나를 가져와 내게 보
이라."
16 그들이 동전 하나를 가져오자 예수께
서 그들에게 물으셨습니다. "동전에
있는 얼굴과 새겨진 글자가 누구의 것
이냐?" 그들은 "가이사의 것입니다"
하고 대답했습니다.
17 그러자 예수께서 그들에게 말씀하셨
습니다. "가이사의 것은 가이사에게
바치고 하나님의 것은 하나님께 바치
라." 그들은 예수께 몹시 감탄했습니
다.

부활 때 혼인 관계 (마 22:23-33;눅 20:27-40)

18 부활이 없다고 주장하는 사두개파
사람들이 예수께 와서 물었습니다.
19 "선생님, 모세가 우리를 위해 쓰기를
ㄱ'만약 형이 자식 없이 아내만 남겨
놓고 죽으면 동생이 그 형수와 결혼
해서 형의 대를 이을 자식을 낳아야
한다'고 했습니다.
20 그런데 일곱 형제들이 있었습니다. 첫
째가 결혼을 했는데 자식 없이 죽었
습니다.
21 둘째가 그 형수와 결혼을 했는데 그
도 역시 자식 없이 죽었습니다. 셋째
도 마찬가지였습니다.
22 그렇게 일곱 형제 모두가 자식 없이
죽었고 결국 그 여자도 죽었습니다.
23 일곱 형제들이 다 이 여자와 결혼을
했으니 부활할 때에 이 여자는 누구
의 아내가 되겠습니까?"
24 예수께서 대답하셨습니다. "너희가 성
경도 모르고 하나님의 능력도 몰라서
그렇게 잘못 생각하는 것이 아니냐?
25 죽은 사람들이 살아날 때에는 시집
도 가지 않고 장가도 가는 일이 없다.
그들은 마치 하늘에 있는 천사들같
이 될 것이다.
26 죽은 사람의 부활에 대해서는 모세
의 책에 가시떨기나무가 나오는 곳에
서 하나님께서 모세에게 말씀하시기
를 ㄴ'나는 아브라함의 하나님, 이삭의
하나님, 야곱의 하나님이다' 하신 것
을 읽어 보지 못했느냐?
27 하나님께서는 죽은 사람들의 하나님

12:14 로마 황제의 칭호. 원래 로마 황제 율리우스 카이사르의 성(姓) ㄱ 신 25:5 ㄴ 출 3:6

이 아니라 살아 있는 사람들의 하나
님이시다. 너희가 크게 잘못 생각하
고 있다."

가장 중요한 계명 (마 22:34-40;눅 10:25-28)

28 율법학자들 가운데 한 사람이 와서
그들이 논쟁하는 것을 들었습니다.
예수께서 그들에게 대답을 잘하시는
것을 보고 예수께 물었습니다. "모든
계명들 가운데 어떤 것이 가장 중요
한 계명입니까?"
29 예수께서 대답하셨습니다. "첫째로 중
요한 계명은 이것이다. ㄱ'이스라엘아,
들으라! 주 우리 하나님은 오직 한 분
이시다.
30 네 마음과 네 목숨과 네 뜻과 네 힘
을 다해 주 네 하나님을 사랑하라'
하는 것이고
31 두 번째로 중요한 계명은 이것이다.
ㄴ'네 이웃을 네 몸과 같이 사랑하라'
하는 것이다. 이것보다 더 중요한 계
명은 없다."
32 그 사람이 대답했습니다. "선생님, 옳
은 말씀입니다. 하나님은 오직 한 분
이시고 하나님 한 분 외에는 다른 신
이 없다는 말씀이 옳습니다.
33 온 마음과 모든 지혜와 온 힘을 다해
하나님을 사랑하는 것과 이웃을 자
기 몸같이 사랑하는 것이 모든 번제
물과 희생제물보다 더 중요합니다."
34 예수께서는 그가 지혜롭게 대답하는
것을 보시고, "너는 하나님 나라로부
터 멀리 있지 않구나"라고 말씀하셨
습니다. 그 뒤로는 감히 예수께 더 묻
는 사람이 없었습니다.

그리스도가 누구의 자손인가?
(마 22:41-46;눅 20:41-44)

35 예수께서 성전에서 가르치시면서 물
으셨습니다. "어째서 율법학자들이
*그리스도를 다윗의 자손이라고 하느
냐?
36 다윗 자신이 성령으로 감동돼 이렇게
친히 말했다.

ㄷ'주께서 내 주께 말씀하셨다. 내가
네 원수들을 네 발아래 굴복시킬
때까지 너는 내 오른편에 앉아 있
어라.'

37 다윗 자신도 그분을 '주'라 부르는데
어떻게 그리스도가 다윗의 자손이 될
수 있겠느냐?" 많은 사람들이 예수의
말씀을 기쁘게 들었습니다.

율법학자들에 대한 경고
(마 23:1-36;눅 20:45-47)

38 예수께서 가르치시면서 말씀하셨습
니다. "율법학자들을 조심하여라. 이
들은 긴 옷을 입고 다니기를 좋아하
고 시장에서 인사받기를 좋아한다.
39 또 회당에서 높은 자리와 잔치에서
윗자리에 앉기를 좋아한다.
40 그들은 과부의 *집을 삼키고 남에게
보이려고 길게 기도한다. 이런 사람들
은 더 큰 심판을 받을 것이다."

가난한 과부의 헌금 (눅 21:1-4)

41 예수께서는 성전 헌금함 맞은편에 앉
아 사람들이 헌금함에 돈 넣는 것을

12:35 히브리어, 메시아. '기름 부음 받은 사람' 12:40 또는 가산, 재산 ㄱ 신 6:4 이하 ㄴ 레 19:18 ㄷ 시 110:1

보고 계셨습니다. 많은 부자들이 큰
돈을 넣었습니다.
42 그런데 가난한 과부 한 사람이 다가
오더니 *렙돈 동전 두 개, 곧 1고드란
트를 넣었습니다.
43 예수께서 제자들을 불러서 말씀하셨
습니다. "내가 너희에게 진실로 말한
다. 이 가난한 과부가 어느 누구보다
더 많은 헌금을 드렸다.
44 그들은 모두 풍족한 가운데서 드렸지
만 이 여인은 가난한 가운데서도 자
신이 가지고 있던 모든 것, 곧 자기
생활비 전부를 드렸다."

성전의 파괴와 마지막 때의 징조
(마 24:1-35;눅 21:5-33)

13 예수께서 성전을 떠나실 때 제
자들 가운데 한 사람이 말했습
니다. "선생님, 저것 좀 보십시오! 저
큰 돌들하며 웅장한 건물 좀 보십시
오!"
2 예수께서 그에게 말씀하셨습니다. "이
훌륭한 건물들을 보느냐? 여기 있는
돌 하나도 그냥 쌓여 있지 않고 하나
같이 모두 무너질 것이다."
3 예수께서 성전 맞은편 올리브 산에서
앉아 계실 때에 베드로와 야고보와
요한과 안드레가 따로 나아와 예수께
물었습니다.
4 "말씀해 주십시오. 그런 일이 언제 일
어납니까? 그런 일이 다 이루어질 무
렵에는 어떤 징조가 있겠습니까?"
5 예수께서 대답하셨습니다. "어느 누
구에게도 현혹되지 않도록 조심하라.
6 많은 사람들이 내 이름으로 와서 '내
가 바로 그다'라고 하며 많은 사람들
을 속일 것이다.
7 전쟁이 일어난 소식과 소문이 들려도
놀라지 말라. 그런 일은 반드시 일어
나야 하지만 아직 마지막은 아니다.
8 민족과 민족이 서로 대항해 일어나고
나라와 나라가 서로 대항해 일어날
것이다. 곳곳에서 지진이 일어나고 기
근이 들 것이다. 그러나 이런 일은 해
산하는 고통의 시작일 뿐이다.
9 너희는 정신을 바짝 차려야 한다. 너
희는 법정에 넘겨지고 회당에서 매질
당할 것이다. 그리고 나로 인해 왕과
총독들 앞에 서서 그들에게 증언하게
될 것이다.
10 먼저 복음이 세상 모든 민족에게 전
해져야 한다.
11 너희가 붙잡혀 가서 재판을 받게 될
때에 무슨 말을 할지 미리 걱정하지
말라. 때에 맞게 너희에게 주시는 말
만 하면 된다. 말하는 분은 너희가 아
니라 성령이시다.
12 형제가 형제를, 아버지가 자식을 배
신해 죽게 내어 줄 것이다. 자식들이
부모를 배역해 죽게 만들 것이다.
13 모든 사람들이 나로 인해 너희를 미
워할 것이다. 그러나 끝까지 견디는
사람은 구원받을 것이다.
14 '*멸망하게 하는 가증한 것'이 있어서
는 안 될 곳에 서 있는 것을 보면 (읽

12:42 2렙돈은 1고드란트, 곧 1데나리온의 64분의 1
13:14 단 9:27과 11:31과 12:11을 보라.

는 사람은 깨달아라) 유대에 있는 사
람들은 산으로 도망가라.
15 자기 집 지붕 위에 있는 사람은 거기
서 내려오지 말고 물건을 가지러 집
안으로 들어가지 마라.
16 들에 있는 사람은 겉옷을 가지러 돌
아가지 마라.
17 임신한 여인들이나 젖 먹이는 어머니
들에게는 그날들이 얼마나 끔찍할지
모른다.
18 이런 일이 겨울에 닥치지 않도록 기
도하라.
19 그때가 환난의 날들이 될 것이기 때문
이다. 이와 같은 환난은 태초에 하나
님께서 세상을 창조하신 이후 지금까
지 없었고 또 앞으로도 없을 것이다.
20 주께서 그날들을 줄여 주시지 않았더
라면 아무도 살아남지 못할 것이다.
그러나 주께서는 자신이 택하신 사람
들을 위해 그날들을 줄여 주셨다.
21 그때 누가 너희에게 '보라! 여기 *그리
스도가 있다!', '보라! *그리스도가 저
기 있다!'라고 해도 믿지 말라.
22 가짜 *그리스도들과 가짜 예언자들
이 나타나 표적과 기사를 보이면서
가능한 한 택함받은 사람들까지도
미혹할 것이다.
23 그러므로 정신을 바짝 차리라. 그때
가 오기 전에 이 모든 것을 너희에게
미리 일러두는 것이다.
24 '그러나 환난이 지나가면 해가 어두
워지고 달이 빛을 내지 않을 것이며
25 별들이 하늘에서 떨어지고 하늘의
세력들이 무너질 것이다.'
26 그때 사람들은 인자가 큰 권능과 영
광 가운데 구름을 타고 오는 것을 볼
것이다.
27 그때에 인자가 천사들을 보내 택함받
은 사람들을 땅끝에서 하늘 끝까지
사방에서 모을 것이다.
28 무화과나무를 보고 배우라. 그 가지
가 연해지고 새잎이 돋으면 여름이 가
까이 왔음을 안다.
29 이와 같이 이런 일들이 일어나는 것
을 보면 *그때가 바로 문 앞에 가까
이 온 줄을 알라.
30 내가 너희에게 진실로 말한다. 이 세
대가 지나가기 전에 이 모든 일이 일
어날 것이다.
31 하늘과 땅은 없어질지라도 내가 한
말들은 결코 없어지지 않을 것이다.

그날과 그때는 아무도 모른다
(마 24:36-44;눅 12:35-48)

32 그 날짜와 그 시각은 아무도 모른다.
하늘의 천사들도 모르고 아들도 모
른다. 오직 아버지만 아신다.
33 정신을 바짝 차리라! 항상 깨어 있으
라! 그때가 언제 올지 알지 못하기 때
문이다.
34 그것은 여행을 떠나는 사람에 비유할
수 있다. 사람이 집을 떠나면서 자기
종들에게 권한을 주고 각 사람에게
할 일을 맡기고 자기 문지기에게 집
을 잘 지키라고 명령하는 것과 같다.

13:21,22 히브리어, 메시아. '기름 부음 받은 사람' 13:29 또는 인자가

35 그러므로 너희는 항상 깨어 있으라.
집주인이 언제 돌아올지, 곧 저녁이
될지, 한밤이 될지, 새벽이 될지, 아침
이 될지 모르기 때문이다.
36 그가 갑자기 돌아와 너희가 자고 있
는 모습을 보게 되는 일이 없도록 하
라.
37 내가 너희에게 하는 이 말은 모든 사
람에게 하는 말이니 '깨어 있으라!'"

베다니에서 향유를 부음 받은 예수
(마 26:1-13;요 12:1-8)

14 유월절과 무교절이 되기 이틀
전이었습니다. 대제사장들과
율법학자들은 어떻게 예수를 체포해
죽일지 궁리하고 있었습니다.
2 그들은 "백성들이 소동을 일으킬 수
있으니 명절에는 하지 말자"라고 말했
습니다.
3 예수께서 베다니 마을에 '나병 환자
시몬'이라는 사람의 집에서 식탁에 기
대 먹고 계시는데 한 여인이 값비싼
순수한 나드 향유가 든 옥합 하나를
가져왔습니다. 그리고 그 여인은 옥합
을 깨뜨려 향유를 예수의 머리에 부
었습니다.
4 거기 있던 사람들이 화를 내며 서로
수군거렸습니다. "왜 향유를 저렇게
낭비하는가?
5 저것을 팔면 *300데나리온은 족히
될 텐데. 그 돈을 가난한 사람들에게
주었으면 좋았을 것을." 그러면서 그
들은 여인을 심하게 나무랐습니다.
6 예수께서 말씀하셨습니다. "가만두어
라. 어찌해 이 여인을 괴롭히느냐? 이
사람은 내게 좋은 일을 했다.
7 가난한 사람들이야 항상 너희 곁에
있으니 너희가 원하기만 하면 언제든
지 도울 수 있지만 나는 너희 곁에 항
상 있는 것이 아니다.
8 이 여인은 자기가 할 수 있는 일을 했
다. 내 몸에 향유를 부어 내 장례를
미리 준비한 것이다.
9 내가 너희에게 진실로 말한다. 온 세
상 어디든지 *복음이 전파되는 곳마
다 이 여인이 한 일도 전해져서 사람
들이 이 여인을 기억하게 될 것이다."
10 그때 열두 제자 가운데 하나인 가룟
유다가 예수를 배반해서 넘겨줄 심산
으로 대제사장들에게 갔습니다.
11 그들은 유다의 말을 듣고 무척 기뻐
하며 그에게 돈을 주기로 약속했습니
다. 그래서 유다는 예수를 넘겨줄 기
회를 엿보았습니다.

마지막 만찬 (마 26:17-30;눅 22:7-23;
요 13:21-30;고전 11:23-25)

12 무교절 첫날, 유월절 양을 잡는 날에
제자들이 예수께 물었습니다. "우리가
주를 위해 어디에 가서 유월절 음식
을 준비하는 것이 좋겠습니까?"
13 그러자 예수께서 제자 두 사람을 보
내시며 말씀하셨습니다. "성안으로 들
어가면 물동이를 메고 가는 사람을
만날 것이다. 그를 따라가거라.
14 그가 어디로 들어가든지 그 집주인에

14:5 300데나리온은 노동자 1년 품삯과 같음. 4:9 또는 기쁜 소식

게 '선생님께서 제자들과 함께 유월절
음식 먹을 방이 어디냐고 물으십니다'
라고 말하라.
15 그가 잘 마련해 놓은 넓은 다락방을
보여 줄 것이다. 거기에다 우리를 위
해 음식을 준비해 두라."
16 제자들이 떠나 성안으로 들어가 보니
모든 것이 예수께서 말씀하신 그대로
였습니다. 그리하여 그들은 유월절을
준비했습니다.
17 그날 저녁이 되자 예수께서 열두 제자
들과 함께 그 집에 도착하셨습니다.
18 함께 식탁에 기대어 음식을 나누는
동안 예수께서 말씀하셨습니다. "내
가 너희에게 진실로 말한다. 너희 가
운데 하나가 나를 배반할 것이다. 그
가 지금 나와 함께 먹고 있다."
19 그들은 슬픔에 잠겨 한 사람씩 예
수께 물었습니다. "설마 저는 아니지
요?"
20 예수께서 대답하셨습니다. "12명 가
운데 한 사람이다. 지금 나와 한그릇
에 빵을 찍어 먹는 사람이다.
21 인자는 자신에 대해 성경에 기록된
대로 가겠지만 인자를 배반하는 그
사람에게는 화가 있을 것이다! 그는
차라리 이 세상에 태어나지 않았더라
면 좋았을 것이다."
22 그들이 음식을 먹고 있는데 예수께서
빵을 들고 감사 기도를 드리신 후 떼
어 제자들에게 나눠 주며 말씀하셨
습니다. "이것을 받으라. 이것은 내 몸
이다."
23 그러고 나서 예수께서는 잔을 들고
감사 기도를 드리신 후 제자들에게
주셨습니다. 그러자 그들 모두 받아
마셨습니다.
24 예수께서 그들에게 말씀하셨습니다.
"이것은 많은 사람을 위해 흘리는 내
피, 곧 *언약의 피다.
25 내가 너희에게 진실로 말한다. 내가
하나님 나라에서 새 포도주를 마시
는 그날까지 포도나무에서 난 것을
다시는 마시지 않을 것이다."
26 그들은 찬송을 부른 뒤 올리브 산으
로 향했습니다.

예수께서 베드로의 부인을 예고하시다
(마 26:31-35;눅 22:31-34;요 13:36-38)

27 예수께서 그들에게 말씀하셨습니다.
"너희는 모두 나를 버릴 것이다. 성경
에 이렇게 기록돼 있다. ㄱ'내가 목자
를 치리니 양 떼가 흩어질 것이다'
28 그러나 내가 살아난 후에 너희보다
앞서 갈릴리로 갈 것이다."
29 베드로가 장담하며 말했습니다. "모
든 사람이 주를 저버린다 해도 저는
그렇게 하지 않을 것입니다."
30 예수께서 대답하셨습니다. "내가 네
게 진실로 말한다. 오늘 밤 닭이 두
번 울기 전에 네가 나를 모른다고 세
번 부인할 것이다."
31 그러나 베드로는 힘주어 말했습니다.
"주와 함께 죽을지언정 결코 주를 모
른다고 하지 않을 것입니다." 다른 모
든 제자들도 같은 말을 했습니다.

14:24 어떤 사본에는 '새 언약의' ㄱ 슥 13:7

겟세마네 (마 26:36-46;눅 22:39-46)

32 그들은 겟세마네라는 곳으로 갔습니
다. 예수께서 제자들에게 "내가 기도
하는 동안 여기 앉아 있으라" 하시고
33 베드로와 야고보와 요한만 따로 데리
고 가셨습니다. 그리고 매우 근심에
잠겨 괴로워하셨습니다.
34 예수께서 그들에게 말씀하셨습니다.
"내 마음이 너무 괴로워 죽을 지경이
다. 너희는 여기 머물러 깨어 있으라."
35 예수께서는 조금 떨어진 곳으로 가셔
서 땅에 엎드려 할 수만 있다면 그 순
간이 그냥 지나가게 해 주십사 기도
하셨습니다.
36 예수께서 말씀하셨습니다. "*아바 아
버지여! 아버지께는 모든 일이 가능
하시니 이 잔을 내게서 거두어 주십
시오. 그러나 내 뜻대로 하지 마시고
아버지의 뜻대로 하십시오."
37 그러고 나서 제자들에게 돌아와 보시
니 그들은 자고 있었습니다. 예수께서
베드로에게 말씀하셨습니다. "시몬아,
자고 있느냐? 네가 한 시간도 깨어 있
지 못하겠느냐?
38 시험에 들지 않도록 깨어서 기도하여
라. 마음은 간절한데 육신이 약하구
나."
39 예수께서는 다시 한 번 가셔서 똑같
은 말씀으로 기도하셨습니다.
40 그러고는 다시 오셔서 보시니 그들은
또 잠이 들어 있었습니다. 제자들이
너무 졸려 눈을 뜰 수 없었던 것입니
다. 그들은 예수께 무슨 말을 해야 좋
을지 몰랐습니다.
41 예수께서 세 번째 그들에게 돌아오셔
서 말씀하셨습니다. "아직도 졸며 쉬
고 있느냐? 이제 됐다. 때가 왔구나.
보라. 인자가 배반당해 죄인들의 손
에 넘겨지게 됐다.
42 일어나라! 가자! 저기 나를 배반할 자
가 오고 있다."

14:36 아람어, '아버지'

Q&A 예수님과 스가랴 예언자가 동시에 말한 "너희는 모두 나를 버릴 것이다."에 대하여

참고 구절 | 막 14:27

예수님은 스가랴 13장 7절의 말씀을 인용하셔서 "너희는 모두 나를 버릴 것이다. 성경에 이렇게 기록돼 있다. '내가 목자를 치리니 양 떼가 흩어질 것이다.'"(막 14:27)라고 예언하셨다.

이것은 제자들이 예수님의 수난과 죽음에 직면해서, 예수님과의 관계를 부인하고(막 14:30) 주님을 버릴 것을 말씀하신 것이다. 예수님은 자신을 버릴 제자들에 대해 목자의 말을 듣지 않고 오히려 목자를 버리고 달아나는 양의 모습으로 비유하셨다.

이것은 하나님께서 예수님을 죽음에 빠뜨리실 때 제자들이 온 사방으로 흩어질 것이라는 말씀이었다. 예수님은 자신을 이사야서에 나오는 하나님의 고난받는 종으로 생각하시면서 제자들에게 그렇게 말씀하셨던 것이다(사 53:4-6 참고).

예수께서 잡히시다 (마 26:47-56; 눅 22:47-53;요 18:3-11)

43 예수께서 아직 말씀하고 계시는데 열
두 제자 가운데 하나인 유다가 나타
났습니다. 그 곁에는 칼과 몽둥이로
무장한 사람들이 함께 있었습니다.
그들은 대제사장들과 율법학자들과
장로들이 보낸 사람들이었습니다.
44 예수를 넘겨주는 사람이 그들과 신호
를 미리 정했습니다. "내가 입을 맞추
는 사람이 바로 그 사람이니 그를 붙
잡아 단단히 끌고 가시오."
45 유다는 예수께 곧바로 다가가 "선생
님!" 하고 입을 맞추었습니다.
46 그러자 사람들이 예수를 붙잡아 체포
했습니다.
47 그때 옆에 서 있던 사람들 가운데 하
나가 자기 칼을 빼더니 대제사장 하
인의 귀를 쳐 잘라 버렸습니다.
48 예수께서 말씀하셨습니다. "너희가 강
도에게 하듯이 칼과 몽둥이를 들고
나를 잡으러 왔느냐?
49 내가 날마다 너희와 함께 있으면서
성전에서 가르칠 때에는 너희가 나를
잡지 않았다. 그러나 이것은 성경을
이루려고 하는 것이다."
50 제자들은 모두 예수를 버리고 달아났
습니다.
51 그런데 한 청년이 맨몸에 베 홑이불
을 두르고 예수를 따라가고 있었습니
다. 사람들이 그를 붙잡자
52 그는 홑이불을 버리고 벌거벗은 채
달아나 버렸습니다.

예수께서 공회 앞에 서시다 (마 26:57-68;눅 22:54-55,63-71)

53 그들은 예수를 끌고 대제사장에게로
갔습니다. 대제사장들과 장로들과 율
법학자들이 모두 모여들었습니다.
54 베드로는 멀찌감치 떨어져 예수를 따
라가 대제사장 집 뜰에까지 들어갔습
니다. 거기서 그는 경비병들 틈에 앉
아 불을 쬐고 있었습니다.
55 대제사장들과 온 공회가 예수를 죽이
려고 증거를 찾았지만 아무런 증거도
나오지 않았습니다.
56 많은 사람들이 예수에 대해 거짓 증
거를 댔지만 그들의 증언이 서로 맞
지 않았습니다.
57 그러자 몇몇 사람들이 일어나 예수에
대해 이렇게 거짓으로 증언했습니다.
58 "우리는 저 사람이 '내가 손으로 지은
이 성전을 헐고 손으로 짓지 않은 다
른 성전을 3일 만에 세우겠다'고 하는
소리를 들었습니다."
59 그러나 이 사람들이 한 증언도 서로
맞지 않았습니다.
60 그러자 대제사장이 그들 앞에 서서
예수께 물었습니다. "아무 대답도 안
할 작정이냐? 이 사람들이 너에 대해
이렇게 불리한 진술을 하고 있지 않
느냐?"
61 예수께서는 묵묵히 아무런 대답도 하
지 않으셨습니다. 대제사장이 다시
물었습니다. "네가 찬송받으실 하나님
의 아들, *그리스도냐?"

14:61 히브리어, 메시아. '기름 부음 받은 사람'

62 예수께서 대답하셨습니다. "내가 바
로 그다. 너희는 인자가 전능하신 분
의 오른편에 앉아 있는 것과 하늘 구
름을 타고 오는 것을 보게 될 것이
다."
63 대제사장은 자기 옷을 찢으며 말했습
니다. "더 이상 무슨 증인이 필요하겠
소?
64 하나님을 모독하는 저 말을 여러분이
들었는데 어떻게 생각하시오?" 그들
은 모두 예수가 사형을 받아야 마땅
하다고 정죄했습니다.
65 어떤 사람들은 예수께 침을 뱉었습니
다. 또 예수의 얼굴을 가리고 주먹으
로 때리며 말했습니다. "누가 때렸는
지 예언자처럼 맞혀 보아라!" 경비병들
도 예수를 끌고 가 마구 때렸습니다.

베드로가 예수를 알지 못한다고 하다
(마 26:69-75;눅 22:56-62;요 18:15-18,25-27)

66 베드로가 집 안뜰 아래쪽에 있는데
대제사장의 하녀 하나가 다가왔습니
다.
67 하녀는 불을 쬐고 있는 베드로를 보
고 가까이서 자세히 살펴보더니 말했
습니다. "당신도 나사렛 예수와 한패
지요?"
68 그러나 베드로는 부인했습니다. "네가
지금 무슨 말을 하는지 나는 알지도
못하고 깨닫지도 못하겠다." 그리고
베드로는 문밖으로 나갔습니다.
69 그 하녀가 거기서 베드로를 보고 둘
러서 있던 사람들에게 다시 말했습니
다. "이 사람도 저들과 한패예요."
70 베드로는 다시 부인했습니다. 조금 있
다가 옆에 서 있던 사람들이 베드로
에게 말했습니다. "너도 분명 저들과
한패가 틀림없어. 갈릴리 사람이잖
아."
71 그러나 베드로는 저주하고 맹세하며
말했습니다. "나는 당신들이 말하는
그 사람이 누군지 알지 못하오!"
72 바로 그때 닭이 두 번째 울었습니다.
그러자 베드로는 "닭이 두 번 울기 전
에 네가 나를 세 번 모른다고 할 것이
다"라고 하신 예수의 말씀이 생각나
엎드러져 울었습니다.

예수께서 빌라도 앞에 서시다
(마 27:1-2,11-26;눅 23:1-5,13-25;요 18:28-19:16)

15 새벽이 되자 곧 대제사장들은
장로들과 율법학자들과 온 공
회원들과 함께 회의를 소집했습니다.
그리고 그들은 예수를 묶어 끌고 가
서 빌라도에게 넘겨주었습니다.
2 빌라도가 물었습니다. "네가 유대 사
람의 왕이냐?" 예수께서 대답하셨습
니다. "그렇다. 네가 말한 대로다."
3 대제사장들은 여러 가지로 예수를 고
소했습니다.
4 그러자 빌라도가 다시 예수께 물었습
니다. "저 사람들이 너를 여러 가지로
고소하고 있는데 대답할 말이 없느
냐?"
5 그러나 예수께서는 더 이상 아무 대
답을 하지 않으셨습니다. 그래서 빌라
도는 이상히 여겼습니다.
6 명절이 되면 백성들이 요구하는 죄수

하나를 풀어 주는 관례가 있었습니
다.
7 그런데 폭동 때 살인한 죄로 감옥에
갇힌 반란자들 가운데 바라바라는
사람이 있었습니다.
8 군중들은 빌라도에게 관례대로 죄수
하나를 석방해 달라고 요구했습니다.
9 빌라도가 물었습니다. "너희는 내가
유대 사람의 왕을 풀어 주기를 바라
느냐?"
10 그는 대제사장들이 예수를 시기해서
자기에게 넘겨준 것을 알고 있었습니
다.
11 그러자 대제사장들은 군중들을 선동
해 오히려 바라바를 대신 풀어 줄 것
을 요구했습니다.
12 빌라도가 그들에게 물었습니다. "그렇
다면 이 유대 사람의 왕이라는 사람
을 내가 어떻게 하면 좋겠느냐?"
13 사람들이 소리 질렀습니다. "십자가에
못 박으시오!"
14 빌라도가 물었습니다. "도대체 그가
무슨 죄를 지었다고 그러느냐?" 그러
나 그들은 더 큰 소리로 외쳤습니다.
"십자가에 못 박으시오!"
15 그래서 빌라도는 군중들의 비위를 맞
추려고 바라바를 풀어 주었습니다. 빌
라도는 예수를 채찍질한 다음 십자가
에 못 박도록 넘겨주었습니다.

군인들이 예수를 희롱하다

(마 27:27-31;요 19:2-3)

16 군인들은 예수를 총독 관저 안에 있
는 뜰 안으로 끌고 갔습니다. 그리고
그들은 온 부대를 집합시켰습니다.
17 그들은 예수에게 자주색 옷을 입히
고 가시관을 엮어 그 머리에 씌웠습
니다.
18 그러고는 예수께 "유대 사람의 왕, 만
세!"라고 인사하기 시작했습니다.
19 그들은 갈대로 예수의 머리를 계속
때리고 예수께 침을 뱉고 무릎 꿇고
절을 했습니다.
20 예수를 이렇게 조롱한 후에 자주색
옷을 벗기고 예수의 옷을 도로 입혔
습니다. 그러고는 십자가에 못 박으려
고 예수를 끌고 나갔습니다.

예수께서 십자가에 못 박히시다

(마 27:32-44;눅 23:26-43;요 19:17-27)

21 어떤 사람이 시골에서 오는 길에 그
곳을 지나고 있었습니다. 그는 알렉산
더와 루포의 아버지인 구레네 사람 시
몬이었습니다. 그들은 시몬에게 예수
께서 지고 있던 십자가를 강제로 지
고 가게 했습니다.
22 군인들은 예수를 '골고다'라는 곳까지
끌고 갔습니다. (골고다는 '해골의 장
소'라는 뜻입니다.)
23 그들은 몰약을 탄 포도주를 예수께
주었습니다. 그러나 예수께서는 받아
마시지 않으셨습니다.
24 마침내 군인들은 예수를 십자가에 못
박고 예수의 옷을 나누고 누가 어떤
것을 가질지 제비를 뽑았습니다.
25 군인들이 예수를 십자가에 못 박은
것은 *아침 9시쯤이었습니다.

15:25 그리스어, 제3시

26 예수의 죄패에는 '유대 사람의 왕'이라
고 적혀 있었습니다.
27 그들은 예수와 함께 두 명의 강도를
하나는 그분의 오른쪽에, 하나는 그
분의 왼쪽에 매달았습니다.
28 *(없음)
29 지나가던 사람들이 고개를 흔들며
욕설을 퍼부었습니다. "아하! 성전을
헐고 3일 만에 짓겠다던 사람아!
30 십자가에서 내려와 네 자신이나 구원
해 보아라!"
31 대제사장들도 율법학자들과 함께 예
수를 조롱하며 자기들끼리 말했습니
다. "남을 구원한다더니 정작 자기 자
신은 구원하지 못하는군!
32 *그리스도, 이스라엘 왕아! 십자가에
서 내려와 보아라! 우리가 보고 믿도
록 해 보아라!" 함께 십자가에 매달린
두 사람도 예수를 모욕했습니다.

예수께서 숨을 거두시다
(마 27:45-56;눅 23:44-49;요 19:28-30)

33 *낮 12시가 되자 온 땅에 어둠이 뒤
덮이더니 *오후 3시까지 계속됐습니
다.
34 오후 3시가 되자 예수께서 큰 소리로
부르짖으셨습니다. "엘리 엘리 라마 사
박다니" 이 말은 "내 하나님, 내 하나
님, 어째서 나를 버리셨습니까?"라는
뜻입니다.
35 가까이 서 있던 몇 사람들이 이 소리
를 듣고 말했습니다. "들어 보라. 저
사람이 엘리야를 부른다."
36 한 사람이 달려가 해면을 신 포도주
에 듬뿍 적셔 막대기에 매달아 예수
께 마시게 하며 말했습니다. "보시오.
저가 엘리야를 부르고 있소."
37 그때 예수께서 큰 소리를 지르시고
숨을 거두셨습니다.
38 그리고 성전의 휘장이 위에서 아래까
지 두 쪽으로 찢어졌습니다.
39 예수를 마주 보고 서 있던 백부장은
예수께서 이렇게 *부르짖으시며 돌아
가시는 것을 보고 말했습니다. "이분
은 참으로 하나님의 아들이셨다!"

15:28 어떤 사본에는 '이처럼 그가 범죄자같이 여김을 받았다 한 성경이 이뤄졌습니다.'가 있음. 15:32 히브리어, 메시아. '기름 부음 받은 사람' 15:33 그리스어에서 낮 12시는 제6시, 오후 3시는 제9시를 가리킴. 15:39 어떤 사본에는 '부르짖으시며'가 없음.

성·경·상·식

골고다

'골고다'는 예수님께서 십자가에 못 박히신 곳으로, 예루살렘 성 밖에 있던 언덕이다(마 27:33;막 15:22;요 19:17). '골고다'라는 말은 '해골의 장소'라는(막 15:22) 뜻의 아람어에 해당하는 말을 그리스어에서 소리나는 대로 표기한 것이다. 또 다른 명칭 '갈보리'는 해골이라는 뜻의 '갈바'의 파생어인 갈바리아(Calvaria)에서 나온 말이다.

골고다는 사람의 두개골을 연상시키는 둥근 바위 언덕(동산이나 높은 산이 아니다)이었는데, 그 정확한 위치는 알 수 없다. 다만 4세기경부터는 현재의 '성묘 교회'가 있는 곳이라 추정하고 있으며, 최근에는 '고든의 갈보리'로 추정하기도 한다.

40 여인들도 멀리서 이 광경을 지켜보고
있었습니다. 그 가운데는 막달라 마리
아, 작은 야고보와 요세의 어머니 마
리아, 살로메도 있었습니다.
41 이 여인들은 갈릴리에서 예수를 따르
며 섬기던 사람들이었습니다. 그 외에
도 예수를 따라 예루살렘에 온 다른
여인들도 많았습니다.

예수께서 장사되시다
(마 27:57-61;눅 23:50-56;요 19:38-42)

42 이미 날이 저물었는데 그날은 예비
일, 곧 안식일 바로 전날이었습니
다.
43 아리마대 사람 요셉이 용감하게 빌라
도에게 가서 예수의 시신을 내어 달라
고 요청했습니다. 그는 존경받는 유대
공회원으로 그 자신도 하나님 나라
를 기다리는 사람이었습니다.
44 빌라도는 예수가 벌써 죽었는지 의아
하게 생각했습니다. 그래서 백부장을
불러 예수가 벌써 죽었는지 알아보았
습니다.
45 백부장으로부터 죽은 사실을 확인하
자 빌라도는 요셉에게 시신을 내주었
습니다.
46 요셉은 고운 모시 천을 사 가지고 와
서 예수의 시신을 내려다가 모시로
싸고는 바위를 파서 만든 무덤에 시
신을 모셨습니다. 그리고 무덤 입구
에 돌을 굴려 막아 놓았습니다.
47 막달라 마리아와 요세의 어머니 마리
아는 예수의 시신이 놓이는 곳을 지
켜보았습니다.

예수께서 살아나시다
(마 28:1-10;눅 24:1-12;요 20:1-18)

16 안식일이 지난 뒤 막달라 마리
아와 야고보의 어머니 마리아와
살로메는 예수의 시신에 바르려고 향
품을 사 두었습니다.
2 *그 주가 시작되는 첫날 이른 아침,
해가 막 돋을 때 여인들은 무덤으로
가고 있었습니다.
3 그들이 서로 말했습니다. “무덤 입구
에 있는 돌덩이를 누가 굴려 줄까?”
4 그런데 여인들이 눈을 들어 보니 돌
덩이가 이미 옮겨져 있었습니다.
5 여인들이 무덤에 들어가 보니 흰옷
입은 한 청년이 오른쪽에 앉아 있었
습니다. 그들은 깜짝 놀랐습니다.
6 그러자 그가 말했습니다. “놀라지 말
라. 십자가에 못 박히신 나사렛 예수
를 찾으러 온 것이 아니냐? 예수께서
는 살아나셨다. 이제 여기 계시지 않는
다. 여기 예수를 눕혔던 자리를 보라.
7 자, 이제 가서 그분의 제자들과 베드
로에게 전하라. ‘예수께서 너희보다 앞
서 갈릴리로 가실 것이며, 그분의 말
씀대로 거기서 너희가 예수를 보게
될 것이다.’”
8 여인들은 넋을 잃고 벌벌 떨면서 무
덤에서 도망쳐 나왔습니다. 너무나
무서워 아무에게 어떤 말도 할 수가
없었습니다.
9 *[예수께서 그 주가 시작되는 첫날 이

16:2 또는 안식 후 첫날 16:9-20 어떤 사본에는 9-20절이 없음.

른 아침, 부활하셔서 맨 처음으로 막
달라 마리아에게 나타나셨습니다. 막
달라 마리아는 전에 예수께서 일곱 귀
신을 쫓아 주신 여인입니다.
10 그녀는 전에 예수와 함께 지내던 사
람들에게 가서 전했습니다. 그들은
슬피 울며 통곡하고 있었습니다.
11 그러나 그들은 예수께서 살아나셨다
는 소식과 또 마리아가 그분을 직접
보았다는 말을 듣고도 믿지 않았습니
다.
12 그 후에 그들 가운데 두 제자가 시골
로 내려가고 있는데 예수께서 전과는
달라진 모습으로 그들 앞에 나타나셨
습니다.
13 이들은 다른 제자들에게 돌아가 이
사실을 알렸지만 이번에도 제자들은
믿지 않았습니다.
14 나중에 예수께서 열한 제자들이 음
식을 먹고 있을 때 그들에게 나타나
셔서 그들이 믿지 못하는 것과 마음
이 굳은 것을 꾸짖으셨습니다. 예수께
서 다시 살아나신 후 자신을 보았다
는 사람들의 말을 제자들이 믿지 못
했기 때문입니다.
15 예수께서 제자들에게 말씀하셨습니
다. "너희는 온 세상에 나가서 모든
사람들에게 *복음을 전파하라.
16 누구든지 믿고 *세례 받는 사람은 구
원을 받을 것이요, 누구든지 믿지 않
는 사람은 심판을 받을 것이다.
17 믿는 사람들에게는 이런 표적이 따
를 것이다. 그들은 내 이름으로 귀신
을 내쫓고 새 방언으로 말하며
18 손으로 뱀을 집어 들고 독을 마셔도
아무런 해를 받지 않으며 아픈 사람
들에게 손을 얹으면 병이 나을 것이
다."
19 주 예수께서 그들에게 말씀하신 후에
하늘로 들려 올라가셔서 하나님의 오
른편에 앉으셨습니다.
20 그리고 제자들은 곳곳에 다니면서
*복음을 전파하는데 주께서 그들과
함께 일하시고 표적들이 나타나게 하
셔서 그들이 전하는 말씀이 사실임
을 확증해 주셨습니다.]

16:15,20 또는 기쁜 소식 16:16 또는 침례

누가복음

L u k e

사람의 아들로 오신 예수 그리스도를 소개하는 복음서로서 역사적 확실성과 함께, 소외된 사람들에 대한 관심을 집중적으로 부각시키고 있다. 객관적이고 사실적인 조사 결과를 토대로 하여 예수 그리스도께서 인류의 구세주로 오셨음을 데오빌로에게 입증한다. 영혼 구원과 제자도, 성령과 기도에 대해 특별히 강조한다.

서언

1 많은 사람들이 우리 사이에 이루
어진 사건들에 대해 기록하려고 했
는데
2 그것은 처음부터 말씀의 목격자이며
일꾼이었던 사람들이 우리에게 전해
준 것과 같습니다.
3 존경하는 데오빌로님, 제 자신도 그
모든 사건을 처음부터 면밀히 조사해
당신을 위해 순서대로 써 보내는 것
이 좋겠다는 생각이 들었습니다.
4 이는 당신이 전에 배우신 것이 틀림
없는 사실임을 아시도록 하기 위해서
입니다.

세례자 요한의 출생을 예고하다

5 유대 헤롯 왕 때 사가랴라는 제사장
이 있었는데 그는 아비야 계열에 소속
된 사람이었습니다. 그 아내 또한 아
론의 자손이었는데 그녀의 이름은 엘
리사벳이었습니다.
6 둘 다 하나님 보시기에 의로운 사람
들이어서 주의 모든 계명과 규율을
흠잡을 데 없이 잘 지켰습니다.
7 그런데 이들에게는 자식이 없었습니
다. 엘리사벳이 아기를 가질 수 없는
몸이었고 둘 다 이미 나이가 많았기
때문입니다.
8 어느 날 사가랴는 자기 계열의 차례
가 돌아와 하나님 앞에서 제사장으
로 섬기게 됐습니다.
9 제사장직의 관례에 따라 제비를 뽑았
는데 사가랴는 주의 성전 안으로 들
어가 분향하는 일을 맡게 됐습니다.
10 그리고 사람들은 모두 밖에서 기도하
고 있었습니다.
11 그때 주의 천사가 사가랴에게 나타나
분향하는 제단 오른쪽에 섰습니다.
12 천사를 본 사가랴는 깜짝 놀라 두려
움에 사로잡혔습니다.
13 그러자 천사가 말했습니다. "두려워하
지 마라. 사가랴야, 하나님께서 네 기
도를 들으셨다. 네 아내 엘리사벳이

네게 아들을 낳아 줄 것이니 그 이름
을 요한이라 하여라.
14 그 아이는 네게 기쁨과 즐거움이 될
것이며 많은 사람이 그가 태어난 것
을 기뻐할 것이다.
15 그는 주께서 보시기에 위대한 사람이
될 것이기 때문이다. 또 그 아이는 포
도주나 독한 술을 마시지 않을 것이
고 모태에서부터 성령으로 충만할 것
이며
16 이스라엘의 많은 백성들을 그들의 주
하나님께 돌아오게 할 것이다.
17 그는 엘리야의 심령과 능력으로 주보
다 먼저 와서 아버지들의 마음을 그
자녀들에게로, 순종치 않는 자들을
의인의 지혜로 돌아서게 할 것이다.
그래서 주를 위해 예비된 백성들을
준비할 것이다."
18 사가랴가 천사에게 물었습니다. "제가
어떻게 이 말을 확신하겠습니까? 저
는 늙었고 제 아내도 나이가 많습니
다."
19 천사가 대답했습니다. "나는 하나님
앞에 서 있는 가브리엘이다. 나는 이
좋은 소식을 네게 말하라고 보내심을
받았다.
20 보아라. 너는 벙어리가 돼서 이 일이
일어날 그날까지 말을 하지 못할 것이
다. 이는 네가 그때가 되면 다 이루어
질 내 말들을 믿지 않았기 때문이다."
21 한편 사람들은 사가랴를 기다리고 있
었는데 그가 성전 안에서 너무 오래
지체하므로 이상하게 여겼습니다.
22 사가랴가 밖으로 나왔을 때 말을 하
지 못하자 사람들은 그가 성전 안에
서 환상을 본 줄 알았습니다. 사가랴
는 손짓만 했지 말을 못하는 채로 계
속 있었습니다.
23 직무 기간이 끝나자 사가랴는 집으로
돌아갔습니다.
24 그 후 사가랴의 아내 엘리사벳이 아기
를 갖게 돼 다섯 달 동안 숨어 지냈습
니다. 엘리사벳은 이렇게 말했습니다.
25 "주께서 이때에 이렇게 나를 돌아보

성·경·상·식 | 데오빌로, 누가복음의 수신자

데오빌로는 누가가 쓴 두 권의 책, 곧 누가복음과 사도행전의 수신자다(눅 1:3;행 1:1). '데오빌로'는 그리스어로 '하나님의 친구'라는 뜻이다. 이와 같은 편지 서두에 헌사를 쓰는 것은 당시 그리스 서신의 문학적 관습이었다. 그래서 이 사람은 실제 인물이 아니라 그리스도인 독자를 대표해 상징적으로 쓴 것이라고 주장하기도 한다.

그러나 데오빌로가 실제 인물이었다고 주장하는 학자들도 많다. 당시 이 이름은 그리스인과 유대인들 사이에 흔한 이름이었고, '존경하는 데오빌로님'이라고 신분을 특별히 밝힌 것을 보아 분명 실제 인물이었다는 것이 그들의 주장이다.

이 책이 고관의 자리에 있던 데오빌로에게 바쳐진 것이라 할지라도 개인을 위한 것은 아니었다고 본다. 본서의 내용이 보여 주는 것처럼 그 당시의 세계에 보낸 것이고, 모든 세대의 모든 교회에 보내진 것이다.

셔서 사람들 사이에서 내 수치를 없
애 주셨습니다."

예수의 탄생을 예고하다

26 그 후 여섯 달째에 하나님께서 천사
가브리엘을 갈릴리 나사렛 마을에 보
내
27 한 처녀에게 가게 하셨는데 그 처녀
는 다윗의 가문에 속한 요셉이라는
남자와 약혼한 마리아였습니다.
28 천사가 마리아에게 가서 말했습니다.
"기뻐하여라. 은혜를 입은 자여, 주께
서 너와 함께하신다."
29 천사의 말에 마리아는 당황하며 깜짝
놀라 '이게 무슨 인사인가' 하고 생각
했습니다.
30 그러자 천사가 말했습니다. "두려워하
지 마라. 마리아야, 네가 하나님의 은
혜를 받았다.
31 보아라. 네가 잉태해 아들을 낳을 것
이다. 그러면 그 이름을 예수라 하여
라.
32 그는 위대한 이가 될 것이요, 지극히
높으신 분의 아들이라 불릴 것이다.
주 하나님께서 그에게 그 조상 다윗
의 보좌를 주실 것이다.
33 그는 야곱의 집을 영원히 다스릴 것이
며 그의 나라는 결코 끝나지 않을 것
이다."
34 마리아가 천사에게 물었습니다. "처녀
인 제게 어떻게 이런 일이 있겠습니
까?"
35 천사가 대답했습니다. "성령께서 네게
임하실 것이며 지극히 높으신 분의
능력이 너를 감싸 주실 것이다. 그러
므로 태어날 거룩한 아기는 하나님의
아들이라고 불릴 것이다.
36 보아라. 네 친척 엘리사벳도 그렇게
많은 나이에 아이를 가졌다. 아이를
갖지 못하는 여자라 불렸는데 임신한
지 벌써 여섯 달째가 됐다.
37 하나님께는 불가능한 일이 전혀 없
다."
38 그러자 마리아가 대답했습니다. "보십
시오. 저는 주의 여종입니다. 당신의
말씀대로 제게 이루어지기를 원합니
다." 그러자 천사가 마리아에게서 떠
나갔습니다.

마리아가 엘리사벳을 방문하다

39 그 무렵 마리아가 일어나 유대 산골
에 있는 한 마을로 서둘러 갔습니다.
40 그리고 그녀는 사가랴의 집에 들어가
엘리사벳에게 인사를 드렸습니다.
41 엘리사벳이 마리아의 인사를 받을 때
배 속의 아기가 뛰놀았고 엘리사벳은
성령으로 충만해져
42 큰 소리로 외쳤습니다. "당신은 여인
들 중에 복을 받았습니다. 당신의 배
속에 있는 아기도 복을 받았습니다.
43 내 주의 어머니께서 내게 오시다니
이게 어찌된 일입니까?
44 보십시오. 당신의 인사말이 내 귀에
들릴 때 내 배 속에서 아기가 기뻐하
며 뛰놀았습니다.
45 주께서 하신 말씀이 정말 이루어질
것을 믿은 여인은 복이 있을 것입니
다."

마리아의 찬가

46 그러자 마리아가 말했습니다.
"내 영혼이 주를 찬양하며
47 내 영이 내 구주 하나님을 기뻐함은
48 그분이 자신의 여종의 비천함을 돌
아보셨기 때문입니다. 이제부터 모
든 세대가 나를 복 있다고 할 것이
니
49 이는 전능하신 그분이 내게 위대한
일을 하셨기 때문입니다. 그분의
이름이 거룩하시며
50 그분의 자비는 그분을 경외하는 사
람들에게 대대로 이어질 것입니다.
51 그분은 자신의 팔로 엄청난 일을
행하시고 마음의 생각이 교만한 사
람들을 흩어 버리셨습니다.
52 그분은 통치자들을 왕좌에서 끌어
내리시고 낮은 사람들을 높여 주
셨으며
53 배고픈 사람들을 좋은 것들로 배
불리시고 부유한 사람들을 빈손으
로 보내셨습니다.
54 그분은 자비를 기억하셔서 자기의
종 이스라엘을 도우셨습니다.
55 곧 우리 조상들에게 말씀하신 대
로 그 자비는 아브라함과 그 자손
에게 영원토록 있을 것입니다."
56 마리아는 엘리사벳과 함께 석 달 동
안 지낸 후에 자기 집으로 돌아갔습
니다.

세례자 요한의 출생

57 해산할 때가 돼 엘리사벳은 아들을
낳았습니다.
58 이웃 사람들과 친척들은 주께서 그녀
에게 큰 자비를 베푸셨다는 것을 듣
고 함께 기뻐해 주었습니다.
59 8일째 되는 날 그들이 아기에게 할례
를 하려고 와서 아버지의 이름을 따
라 그 아이의 이름을 사가랴로 지으
려 했습니다.
60 그때 아기의 어머니가 대답했습니다.
"안 됩니다. 이 아이는 요한이라고 불
러야 합니다."
61 그러자 사람들이 엘리사벳에게 말했
습니다. "당신 친척 중에는 그런 이름
을 가진 사람이 하나도 없습니다."
62 그러고는 그 아버지에게 아기의 이름
을 무엇이라 할 것인지 손짓으로 물
었습니다.
63 사가랴는 서판을 달라고 하더니 '아기
의 이름은 요한'이라고 썼습니다. 그
들은 모두 놀랐습니다.
64 그러자 사가랴의 입이 곧 열리고 혀가
풀려 말하기 시작하면서 하나님을 찬
양했습니다.
65 근처에 사는 사람들이 모두 두려워했
고 이 모든 일은 온 유대 산골에 두
루 퍼져 사람들의 이야깃거리가 됐습
니다.
66 이 말을 들은 사람마다 모두 이 일을
마음에 새기며 "이 아기가 대체 어떤
사람이 될까?" 하고 말했습니다. 그
것은 주의 손이 그 아기와 함께했기
때문입니다.

사가랴의 예언

67 그의 아버지 사가랴가 성령으로 충만

해 예언했습니다.
68 "주 이스라엘의 하나님을 찬양하
라. 주께서 자기 백성을 돌봐 구원
을 베푸셨다.
69 그분이 우리를 위해 자기의 종 다윗
의 집에 구원의 *뿔을 들어 올리셨
다.
70 이 일은 주의 거룩한 옛 예언자들
의 입을 통해 말씀하신 대로
71 우리를 원수와 우리를 미워하는 모
든 사람의 손에서 건지시는 구원이
로다.
72 주께서 우리 조상에게 자비를 베푸
셨고 자기의 거룩한 언약을 기억하
셨다.
73 이 맹세는 우리 조상 아브라함에게
하신 것으로
74 우리를 원수들의 손에서 구출하사
두려움 없이 주를 섬겨
75 우리가 주 앞에서 평생토록 거룩하
고 의롭게 살도록 하셨다.
76 너 아기야, 너는 지극히 높으신 분
의 예언자로 불릴 것이요, 주보다
앞서가서 주의 길을 예비할 것이
며
77 주의 백성에게 그들의 죄를 용서해
주어 구원의 지식을 전할 것이다.
78 이것은 우리 하나님의 온유하신 자
비로 말미암은 것으로서 태양이 높
은 곳에 떠올라
79 어둠과 죽음의 그늘에 앉은 우리에
게 빛을 비춰 우리의 발을 평화의
길로 인도할 것이다."
80 그 아기는 자라면서 영이 강건해졌고
이스라엘 백성들에게 공개적으로 나
타나는 날까지 광야에서 살았습니
다.

예수의 탄생 (마 1:18-25)

2 그 무렵 아우구스투스 황제가 칙령
을 내려 전 로마 통치 지역은 호적
등록을 하게 됐습니다.
2 이것은 구레뇨가 시리아의 총독으로
있을 때 실시된 첫 번째 호적 등록이
었습니다.
3 그래서 모든 사람은 호적을 등록하기
위해 각각 자기 고향으로 갔습니다.
4 요셉도 갈릴리 나사렛 마을을 떠나 다
윗의 마을인 유대 땅 베들레헴으로
올라갔습니다. 요셉은 다윗 가문의 직
계 혈통이었기 때문입니다.
5 그는 약혼한 마리아와 함께 호적을
등록하러 그곳에 갔습니다. 그때 마리
아는 임신 중이었습니다.
6 그들이 그곳에 머무르는 동안 해산할
때가 돼
7 마리아는 첫아들을 낳고는 아기를 천
으로 싸서 구유에 눕혔습니다. 여관
에는 그들이 들어갈 빈방이 없었기
때문입니다.
8 한편 목자들은 바로 그 지역 들판에
서 살며 밤에 양 떼를 지키고 있었습
니다.
9 주의 천사가 그들 앞에 나타나 주의
영광이 그들을 환하게 둘러 비추니
그들은 너무나 두려웠습니다.

1:69 힘을 상징함.

10 천사가 말했습니다. "두려워하지 마
라. 보아라. 내가 모든 백성에게 큰 기
쁨이 될 좋은 소식을 너희에게 알려
준다.
11 오늘 구주이신 주 *그리스도가 다윗
의 동네에서 태어나셨다.
12 너희가 천에 싸여 구유에 누워 있는
아기를 볼 것인데 그것이 너희에게 표
적이 될 것이다."
13 갑자기 그 천사와 함께 하늘의 군대
가 큰 무리를 이루며 나타나 하나님
을 찬양하며 말했습니다.
14 "지극히 높은 곳에서는 하나님께
영광이요 땅에서는 하나님의 은총
을 입는 사람들에게 평화로다."
15 천사들이 떠나 하늘로 올라가자 목
자들이 서로 말했습니다. "베들레헴
으로 가서 주께서 우리에게 말씀하신
이 일이 정말 일어났는지 보자."
16 그래서 그들은 서둘러 가서 마리아와
요셉과 아기를 찾아냈습니다. 과연 아
기는 구유에 누워 있었습니다.
17 그들은 아기를 보고 나서 그 아이에
관해 들은 말을 알려 주었고
18 그 말을 들은 모든 사람들은 목자들
이 한 말에 놀랐습니다.
19 그러나 마리아만은 이 모든 일을 마
음에 간직하고 곰곰이 되새겼습니다.
20 목자들은 자기들이 보고 들은 모든
것에 대해 하나님께 영광 돌리고 찬
양하며 돌아갔습니다. 그들이 듣고
본 모든 일대로 이루어진 것입니다.
21 8일째 되는 날 할례할 때가 되자 아
기가 잉태되기 전에 천사가 일러 준
대로 그 이름을 '예수'라 지었습니다.

아기 예수의 정결 의식

22 ㄱ모세의 율법에 따라 정결 의식을 치
를 때가 되자 요셉과 마리아는 아기를
데리고 예루살렘으로 갔습니다.
23 이것은 주의 율법에 ㄴ"첫 번째 태어
나는 모든 남자 아기는 하나님께 거
룩한 사람으로 불릴 것이다"라고 기
록된 대로 아기를 주께 드리고
24 또 ㄷ"산비둘기 한 쌍이나 어린 집비둘
기 두 마리"라고 한 주의 율법을 지켜
희생제물을 드리려는 것이었습니다.
25 당시 예루살렘에는 시므온이라는 사
람이 있었습니다. 이 사람은 의롭고
경건한 사람으로 하나님께서 이스라
엘을 위로하실 날을 손꼽아 기다리고
있었습니다. 그리고 성령께서 시므온
에게 머물러 계셨습니다.
26 그에게는 주의 *그리스도를 보기 전
에는 죽지 않으리라는 성령의 계시가
있었습니다.
27 시므온이 성령에 이끌려 성전 뜰 안
으로 들어갈 때 아기의 부모가 율법
의 규정대로 행하기 위해 아기 예수
를 데리고 들어왔습니다.
28 그러자 시므온이 아기를 팔에 안고 하
나님을 찬양하며 말했습니다.
29 "다스리시는 주여, 이제 주께서는
주의 종이 평안히 가게 해 주십니
다.

2:11,26 히브리어, 메시아. '기름 부음 받은 사람' ㄱ 레 12:2-6 ㄴ 출 13:2, 12 ㄷ 레 12:8; 5:11

30 제 두 눈으로 주의 구원을 보았습
니다.
31 이 구원은 주께서 모든 백성 앞에
마련하신 것으로
32 이방 사람에게는 계시의 빛이요,
주의 백성 이스라엘에게는 영광입
니다."
33 아기의 아버지와 어머니는 아기에 대
한 이 말에 무척 놀랐습니다.
34 그러자 시므온은 그들을 축복하고 그
어머니 마리아에게 말했습니다. "보십
시오. 이 아기는 이스라엘 가운데 많
은 사람을 넘어지게도 하고 일어서게
도 할 것이며 비난받는 표적이 되기
위해 세우심을 받았습니다.
35 칼이 당신의 마음도 찌를 것입니다.
그래서 이제 많은 사람의 마음속 생
각이 드러나게 될 것입니다."
36 또 아셀 지파의 바누엘의 딸인 *안나
라는 여자 예언자도 있었습니다. 안나
는 나이가 많았는데 결혼해서 남편과
7년 동안 살다가
37 그 후 84세가 되도록 과부로 지냈습
니다. 안나는 성전을 떠나지 않고 밤
낮으로 금식하고 기도하면서 하나님
을 섬겼습니다.
38 바로 그때 안나가 그들에게 다가와 하
나님께 감사하고 예루살렘의 구원을
간절히 고대하는 모든 사람에게 그
아기에 대해 이야기했습니다.
39 요셉과 마리아는 주의 율법에 따라 모
든 일을 마치고 난 뒤 갈릴리에 있는
자기 마을 나사렛으로 돌아왔습니다.
40 아이는 점점 자라 가며 강해지고 지
혜가 충만했으며 하나님의 은혜가 그
위에 있었습니다.

성전에서의 소년 예수

41 해마다 *유월절이 되면 예수의 부모
는 예루살렘으로 갔습니다.
42 예수께서 열두 살이 되던 해에도 그
들은 관례에 따라 절기를 지키러 예
루살렘에 올라갔습니다.
43 기간이 끝나 그 부모는 집으로 돌아
가는 길이었는데 소년 예수는 예루살
렘에 남아 있었습니다. 그러나 부모는
이 사실을 알지 못했습니다.
44 그들은 예수가 일행 속에 있으리라
생각하고 하룻길을 가다가 그제야 친
척들과 친구들 사이에서 예수를 찾기
시작했습니다.
45 그러나 찾지 못하자 그들은 예루살렘
으로 되돌아가서 예수를 찾았습니다.
46 3일이 지나서야 그들은 성전 뜰에서
예수를 찾게 됐습니다. 그는 선생들
가운데 앉아서 이야기를 듣기도 하고
묻기도 하고 있었습니다.
47 예수의 말을 들은 사람들마다 그가
깨닫고 대답하는 것에 몹시 감탄했습
니다.
48 그 부모는 예수를 보고 놀랐습니다.
그래서 그의 어머니가 말했습니다.
"얘야, 왜 우리에게 이렇게 했느냐?
네 아버지와 내가 얼마나 걱정하며
찾았는지 모른다."

2:36 그리스어, 한나 2:41 출 12:13,21-28을 보라.

49 그러자 예수가 말했습니다. "왜 나를
찾으셨습니까? 내가 마땅히 내 아버
지의 집에 있어야 하는 줄 모르셨습
니까?"
50 그러나 그들은 예수가 하는 말을 깨
닫지 못했습니다.
51 그러고 나서 예수는 부모와 함께 내
려가 나사렛으로 돌아가서 부모님께
순종하며 지냈습니다. 예수의 어머니
는 이 모든 일을 마음에 간직했습니
다.
52 그리고 예수는 지혜와 키가 점점 더
자라 가며 하나님과 사람들로부터 사
랑을 받았습니다.

세례자 요한이 길을 준비하다
(마 3:1-12;막 1:1-8;요 1:19-28)

3 디베료 황제가 다스린 지 15년째
되던 해, 곧 본디오 빌라도가 유대
총독으로, 헤롯이 갈릴리 분봉 왕으
로, 헤롯의 동생 빌립은 이두래와 드
라고닛 지방의 분봉 왕으로, 루사니아
가 아빌레네 지방의 분봉 왕으로,
2 안나스와 가야바가 대제사장으로 있
을 때 하나님의 말씀이 광야에 있는
사가랴의 아들 요한에게 내렸습니다.
3 그는 요단 강 전역을 두루 다니며 죄
용서를 위한 회개의 *세례를 전파했
습니다.
4 이것은 예언자 이사야의 책에 기록된
것과 같습니다.
ㄱ"광야에서 외치는 소리가 있다.
'주의 길을 예비하라. 그분의 길을
곧게 하라.
5 모든 골짜기는 메워지고 모든 산과
언덕은 낮아질 것이며 굽은 길은
곧아지고 험한 길은 평탄해질 것이
다.
6 그리고 모든 사람들이 하나님의 구
원을 보게 될 것이다.'"
7 *세례를 받으려고 찾아온 사람들에
게 요한이 말했습니다. "독사의 자식
들아! 누가 너희에게 다가올 진노를
피하라고 하더냐?
8 회개에 알맞은 열매를 맺으라. 속으
로 '아브라함이 우리 조상이다'라고 말
하지 말라. 내가 너희에게 말해 두는
데 하나님께서는 이 돌들로도 아브라
함의 자손을 만드실 수 있다.
9 도끼가 이미 나무뿌리에 놓여 있다.
그러므로 좋은 열매를 맺지 않는 나
무는 모조리 잘려 불 속에 던져질 것
이다."
10 사람들이 물었습니다. "그러면 우리
가 어떻게 해야 합니까?"
11 요한이 대답했습니다. "옷을 두 벌 가
진 자는 없는 자에게 나눠 주라. 먹
을 것이 있는 자도 그렇게 하라."
12 세리들도 *세례를 받으러 와서 물었
습니다. "선생님, 우리는 어떻게 해야
합니까?"
13 요한이 그들에게 말했습니다. "정해진
것보다 더 많은 세금을 걷지 말라."
14 군인들도 물었습니다. "그러면 우리는
어떻게 해야 합니까?" 요한이 대답했
습니다. "강제로 돈을 뜯어내거나 거

3:3,7,12 또는 침례 ㄱ 사 40:3 이하

짓으로 고발하지 말라. 너희가 받는
봉급으로 만족하라."
15 *그리스도가 오시기를 간절히 고대하
고 있던 백성들은 모두 마음속으로
요한이 혹시 *그리스도가 아닐까 생
각했습니다.
16 그러자 요한이 그들 모두에게 대답했
습니다. "나는 너희에게 물로 *세례를
준다. 그러나 이제 나보다 더 큰 능력
을 가진 분이 오실 텐데 나는 그분의
신발 끈도 풀 자격이 없다. 그분은 너
희에게 성령과 불로 *세례를 주실 것
이다.
17 그분은 손에 키를 들고 타작마당을
깨끗이 치우시며 알곡을 창고에 모아
들이고 쭉정이를 꺼지지 않는 불에
태우실 것이다."
18 그리고 요한은 또 다른 많은 말씀으
로 백성들을 권고하고 좋은 소식을
전파했습니다.
19 그런데 *분봉 왕 헤롯은 자기 동생의
아내 헤로디아에 관해, 또 헤롯 자신
이 저지른 악행에 관해 요한이 질책
하자
20 그 모든 것에다 악을 한 가지 더 행했
습니다. 요한을 잡아 감옥에 가두었
던 것입니다.

예수의 세례와 족보

(마 1:1-17;3:13-17;막 1:9-11)

21 모든 백성이 *세례 받을 때에 예수께
서도 *세례를 받으셨습니다. 예수께
서 기도하시자 하늘이 열리고
22 성령께서 비둘기 같은 형상으로 그분
위에 내려오셨습니다. 그리고 하늘에
서 한 소리가 났습니다. "너는 내 사
랑하는 아들이다. 내가 너를 기뻐한
다."
23 예수께서 사역을 시작하신 것은 30세
였으며 사람들이 생각하는 것처럼 요
셉의 아들이셨습니다. 요셉은 엘리의
아들입니다.
24 엘리는 맛닷의 아들이고 맛닷은 레위
의 아들이고 레위는 멜기의 아들이고
멜기는 얀나의 아들이고 얀나는 요셉

3:15 히브리어, 메시아. '기름 부음 받은 사람' 3:16,21 또는 침례 3:19 그리스어, 테트라아르케스

성·경·상·식 | 누가가 기록한 예수님 족보의 특징

누가와 마태가 기록한 족보 사이에는 몇 가지 다른 점이 있다. 누가는 그리스 전통에 따라 상향식으로 족보를 기록했는데 예수님으로부터 아담, 그리고 하나님에 이르는 족보를 기록했다. 이를 통해 누가는 이방인 독자들에게 예수님과 온 인류와의 연관성, 곧 예수님이 이방인을 포함한 전 인류를 구원하시기 위해 이 땅에 오신 사람의 아들(인자)이심을 나타내고 있다. 반면에 마태는 유대 전통에 따라 하향식으로 족보를 기록했는데 아브라함으로부터 시작해 다윗 왕조를 거쳐 예수님에 이르는 족보를 기록했다. 이를 통해 마태는 유대인 독자들에게 예수님이 바로 아브라함과 다윗의 자손인 메시아이심을 나타내고 있다. 또 누가는 마리아의 계보를 기록하여 나단의 혈통을 강조하는 반면에 마태는 요셉의 계보를 기록하여 솔로몬의 혈통을 강조하고 있다. 참고로 나단과 솔로몬 모두 다윗이 밧세바를 통해 낳은 아들들이다(대상 3:5).

의 아들입니다.
25 요셉은 맛다디아의 아들이고 맛다디
아는 아모스의 아들이고 아모스는 나
훔의 아들이고 나훔은 에슬리의 아들
이고 에슬리는 낙개의 아들입니다.
26 낙개는 마앗의 아들이고 마앗은 맛다
디아의 아들이고 맛다디아는 세메인
의 아들이고 세메인은 요섹의 아들이
고 요섹은 요다의 아들입니다.
27 요다는 요아난의 아들이고 요아난은
레사의 아들이고 레사는 스룹바벨의
아들이고 스룹바벨은 스알디엘의 아
들이고 스알디엘은 네리의 아들입니
다.
28 네리는 멜기의 아들이고 멜기는 앗디
의 아들이고 앗디는 고삼의 아들이고
고삼은 엘마담의 아들이고 엘마담은
에르의 아들입니다.
29 에르는 예수의 아들이고 예수는 엘리
에제르의 아들이고 엘리에제르는 요
림의 아들이고 요림은 맛닷의 아들이
고 맛닷은 레위의 아들입니다.
30 레위는 시므온의 아들이고 시므온은
유다의 아들이고 유다는 요셉의 아들
이고 요셉은 요남의 아들이고 요남은
엘리아김의 아들입니다.
31 엘리아김은 멜레아의 아들이고 멜레
아는 멘나의 아들이고 멘나는 맛다다
의 아들이고 맛다다는 나단의 아들이
고 나단은 다윗의 아들입니다.
32 다윗은 이새의 아들이고 이새는 오벳
의 아들이고 오벳은 보아스의 아들이
고 보아스는 *살라의 아들이고 *살라
는 나손의 아들입니다.
33 나손은 아미나답의 아들이고 아미나
답은 아니의 아들이고 아니는 헤스론
의 아들이고 헤스론은 베레스의 아들
이고 베레스는 유다의 아들입니다.
34 유다는 야곱의 아들이고 야곱은 이삭
의 아들이고 이삭은 아브라함의 아들
이고 아브라함은 데라의 아들이고 데
라는 나홀의 아들입니다.
35 나홀은 스룩의 아들이고 스룩은 르우
의 아들이고 르우는 벨렉의 아들이고
벨렉은 에벨의 아들이고 에벨은 살라
의 아들입니다.
36 살라는 가이난의 아들이고 가이난은
아박삿의 아들이고 아박삿은 셈의 아
들이고 셈은 노아의 아들이고 노아는
레멕의 아들입니다.
37 레멕은 므두셀라의 아들이고 므두셀
라는 에녹의 아들이고 에녹은 야렛의
아들이고 야렛은 마할랄렐의 아들이
고 마할랄렐은 가이난의 아들입니다.
38 가이난은 에노스의 아들이고 에노스
는 셋의 아들이고 셋은 아담의 아들
이고 아담은 하나님의 아들입니다.

예수께서 광야에서 시험을 받으시다

(마 4:1-11;막 1:12-13)

4 예수께서는 성령으로 충만해 요단
강에서 돌아오셨고 성령에 이끌려
광야로 나가
2 그곳에서 40일 동안 마귀에게 시험을
당하셨습니다. 그동안 아무것도 잡수
시지 않았기 때문에 그 기간이 끝나

3:32 또는 살몬

자 그분은 배가 고프셨습니다.
3 마귀가 예수께 말했습니다. "당신이
하나님의 아들이라면 이 돌에게 빵
이 되라고 말해 보시오."
4 예수께서 대답하셨습니다. "성경에
ㄱ'사람이 빵으로만 사는 것이 아니
다'
라고 기록됐다."
5 그러자 마귀는 예수를 높은 곳으로
이끌고 올라가 순식간에 세상 모든
나라를 보여 주었습니다.
6 그러고는 마귀가 예수께 말했습니다.
"내가 저 모든 권세와 그 영광을 당신
에게 주겠소. 이것은 내게 넘어온 것
이니 내가 주고 싶은 사람에게 주는
것이오.
7 그러니 당신이 내게 경배하면 모두 당
신 것이 될 것이오."
8 예수께서 대답하셨습니다. "성경에
ㄴ'주 너의 하나님께 경배하고 오직
그분만을 섬기라'
라고 기록됐다."
9 마귀는 예수를 예루살렘으로 이끌고
가더니 성전 꼭대기에 세우고 말했습
니다. "당신이 하나님의 아들이라면
여기서 뛰어내려 보시오.
10 성경에
ㄷ'그가 너를 위해 천사들에게 명령
해 너를 지킬 것이다.
11 그들이 손으로 너를 붙들어 네 발
이 돌에 부딪히지 않게 할 것이다'
라고 기록돼 있소."
12 예수께서 대답하셨습니다. "성경에
ㄹ'주 너의 하나님을 시험하지 말라'
라고 기록됐다."
13 마귀는 이 모든 시험을 마치고 때가
될 때까지 예수에게서 떠나갔습니다.

예수께서 나사렛에서 배척을 받으시다
(마 13:53-58;막 6:1-6)

14 예수께서 성령의 능력을 입고 갈릴리
로 돌아오시자 그분에 대한 소문이
전역에 두루 퍼졌습니다.
15 예수께서는 회당에서 가르치셨으며
모든 사람들로부터 영광을 받으셨습
니다.
16 예수께서 자신이 자라나신 나사렛에
오셨습니다. 안식일이 되자 예수께서
늘 하시던 대로 회당에 가셔서 성경
을 읽으려고 일어나셨습니다.
17 예언자 이사야의 두루마리를 건네받
으시고 두루마리를 펼쳐 이렇게 기록
된 곳을 찾아 읽으셨습니다.
18 ㅁ"주의 영이 내게 내리셨다. 이는
하나님께서 내게 기름을 부으셔서
가난한 사람들에게 복음을 전파하
도록 하기 위해서다. 하나님께서는
포로 된 사람들에게 자유를, 못 보
는 사람들에게 다시 볼 수 있음을,
억눌린 사람들에게 해방을 선포하
기 위해 나를 보내셨다.
19 주의 은혜의 해를 선포하도록 하기
위함이다."
20 예수께서는 두루마리를 말아서 시중
들던 자에게 돌려주시고 자리에 앉으

ㄱ 신 8:3 ㄴ 신 6:13 ㄷ 시 91:11,12 ㄹ 신 6:16
ㅁ 사 61:1 이하

셨습니다. 회당 안에 있던 모든 사람
의 눈이 일제히 예수를 주시했습니다.
21 그러자 예수께서 그들에게 말씀을 시
작하셨습니다. "오늘 이 말씀이 너희
가 듣는 자리에서 이루어졌다!"
22 그러자 모든 사람이 감탄하고 그분의
입에서 나오는 은혜로운 말씀에 놀
라며 "저 사람은 요셉의 아들이 아닌
가?"라고 물었습니다.
23 예수께서 그들에게 말씀하셨습니다.
"틀림없이 너희는 '의사야, 네 병이나
고쳐라!' 하는 속담을 들이대며 '우리
가 소문에 들은 대로 당신이 가버나움
에서 했다는 모든 일을 여기 당신의
고향에서도 해 보시오'라고 할 것이다."
24 예수께서 이어 말씀하셨습니다. "내
가 진실로 너희에게 말한다. 어떤 예
언자도 자기 고향에서는 인정받지 못
하는 법이다.
25 그러나 내가 진실로 너희에게 말한
다. 많은 과부들이 엘리야 시대에 이
스라엘에 있었다. 그때 3년 반 동안
하늘 문이 닫혀 온 땅에 극심한 기근
이 들었다.
26 그런데 하나님께서는 그 과부들 중
어느 누구에게도 엘리야를 보내지 않
으시고 오직 시돈에 있는 사렙다 마
을의 한 과부에게 보내셨다.
27 또 많은 *나병 환자들이 엘리사 예언
자 시대에 이스라엘에 있었다. 그러나
그들 중 어느 누구도 시리아 사람 나
아만 외에는 깨끗함을 받지 못했다."
28 회당 안에 있던 사람들은 모두 이 말
씀을 듣고 화가 잔뜩 났습니다.
29 그들은 일어나서 예수를 마을 밖으로
쫓아냈습니다. 그리고 마을이 세워진
산벼랑으로 끌고 가서 그 아래로 밀
쳐 떨어뜨리려고 했습니다.
30 그러나 예수께서는 사람들의 한가운

4:27 나병(한센병)을 포함한 온갖 악성 피부병을 가리킴.

Q&A 회당

참고 구절 | 눅 4:15–16, 20

회당은 유대인들이 '모이던 장소'로 이곳에서 예배, 재판, 율법 교육 등이 이루어졌다. 포로 생활로 인해 예루살렘 성전에서 예배드릴 수 없게 되면서부터 회당의 중요성이 더 커졌고, 신약 시대에는 유대인이 사는 곳이라면 어디에나 회당이 세워졌다(행 13:5). 유대인들은 안식일 외에도 회당에 자주 모였는데 남녀가 따로 떨어져 앉았다.

회당 안에는 의자와 책상, 율법을 넣어 두는 궤 등이 있었다. 회당을 관리하는 회당장은(막 5:22) 예배를 주관했고, 율법에 어긋나게 행동하는 사람이 있을 때 질책을 하기도 했다.

예배는 남자 10명이 모여야 이루어졌다. 찬양으로 시작하여 기도를 드린 후에 쉐마를 읽고(신 6:4–9), 다시 기도문을 암송하며, 성경을 낭독 · 해석하고, 축도하는 식으로 진행되었다.

예수님께서도 여러 회당에서 말씀을 전하셨는데, 특히 나사렛 회당에서 예언자 이사야의 글을 낭독하시고 복음을 선포하셨다(눅 4:16–30).

데를 지나 떠나가셨습니다.

예수께서 더러운 귀신을 쫓아내시다
(막 1:21-28)

31 예수께서는 갈릴리 가버나움 마을로
내려가셨습니다. 그리고 안식일이 되
자 사람들을 가르치셨습니다.
32 그분의 말씀이 얼마나 권위가 있었는
지 사람들은 그 가르침에 놀랐습니다.
33 회당에 더러운 영이 들린 사람이 있
었는데 그는 큰 소리로 외쳤습니다.
34 "아, 나사렛 예수여! 당신은 우리에게
무엇을 원하십니까? 우리를 망하게
하려고 오셨습니까? 나는 당신이 누
구신지 압니다. 하나님께서 보내신 거
룩한 분이십니다."
35 예수께서 그를 꾸짖어 말씀하셨습니
다. "조용히 하고 그 사람에게서 나와
라!" 그러자 귀신이 모든 사람들 앞에
서 그 사람을 땅에 내동댕이치고 떠나
갔는데 아무 상처도 입지 않았습니다.
36 모든 사람들이 놀라며 서로 말했습
니다. "이게 무슨 가르침인가? 저 사
람이 권위와 능력으로 더러운 영들에
게 명령하니 그들이 떠나가 버렸다."
37 그리하여 예수에 대한 소문은 그 주
변 지역까지 두루 퍼져 나갔습니다.

예수께서 많은 사람들을 고치시다
(마 8:14-17;막 1:29-34)

38 예수께서는 회당에서 나와 시몬의 집
으로 가셨습니다. 그런데 시몬의 장모
가 심한 열병에 시달리고 있었기 때
문에 사람들이 그녀를 위해 예수께
도움을 청했습니다.
39 예수께서 시몬의 장모를 굽어보시고
열병을 꾸짖으시자 열병이 사라졌습
니다. 장모는 곧 일어나 사람들을 시
중들기 시작했습니다.
40 해 질 녘이 되자 사람들이 온갖 환자
들을 모두 예수께 데려왔습니다. 예
수께서는 그들에게 일일이 손을 얹어
병을 고쳐 주셨습니다.
41 게다가 귀신들이 많은 사람들로부터
떠나가며 "당신은 하나님의 아들이십
니다!"라고 소리를 질렀습니다. 그러
나 예수께서는 귀신들을 꾸짖으시며
그들이 말하는 것을 허락하지 않으
셨습니다. 예수께서 *그리스도이신 것
을 그들이 알고 있었기 때문입니다.
42 날이 밝자 예수께서는 나가셔서 외딴
곳으로 가셨습니다. 사람들은 예수를
찾다가 어디 계신지 알아내고는 자기
들에게서 떠나가시지 못하게 붙들었
습니다.
43 그러자 예수께서 말씀하셨습니다.
"나는 다른 마을에서도 하나님 나라
의 복음을 전해야 한다. 내가 이 일을
위해 보내심을 받았기 때문이다."
44 그런 뒤 예수께서는 유대의 여러 회당
에서 말씀을 전하셨습니다.

예수께서 제자들을 첫 번째 부르시다
(마 4:18-22;막 1:16-20)

5 예수께서 하나님의 말씀을 들으려
는 사람들에게 둘러싸여 *게네사
렛 호수 가에 서 계셨습니다.

4:41 히브리어, 메시아. '기름 부음 받은 사람' 5:1 갈릴리의 다른 이름

2 예수께서 보시니 배 두 척이 호숫가
에 대어 있고 어부들은 배에서 내려
그물을 씻고 있었습니다.
3 예수께서는 그들 중 시몬의 배에 올라
타 그에게 배를 뭍에서 조금 떼어 놓
으라고 말씀하셨습니다. 그러고는 배
위에 앉아 사람들을 가르치셨습니다.
4 말씀을 마치신 후 예수께서 시몬에게
명령하셨습니다. "*물이 깊은 곳으로
나가 그물을 내리고 고기를 잡아라."
5 시몬이 대답했습니다. "선생님, 저희
가 밤새도록 애썼지만 아무것도 잡지
못했습니다. 그러나 선생님의 말씀대
로 제가 그물을 내려 보겠습니다."
6 어부들이 그 말씀대로 했더니 그물이
찢어질 정도로 많은 고기들이 잡혔습
니다.
7 그래서 그들은 다른 배에 있는 동료
들에게 와서 도와 달라고 손짓했습니
다. 그들이 와서 두 배에 고기를 가득
채우자 배가 가라앉을 지경이 되었습
니다.
8 시몬 베드로가 이 광경을 보고 예수
의 무릎 앞에 엎드려 말했습니다. "주
여, 제게서 떠나십시오. 저는 죄인입
니다!"
9 베드로와 그 모든 동료는 자기들이
잡은 고기를 보고 놀랐던 것입니다.
10 세베대의 아들들이며 시몬의 동료인
야고보와 요한도 놀랐습니다. 그때 예
수께서 시몬에게 말씀하셨습니다. "두
려워하지 마라. 이제부터 너는 사람
을 낚을 것이다."
11 그리하여 그들은 자신들의 배를 뭍에
대고 모든 것을 버려둔 채 예수를 따
라갔습니다.

예수께서 나병 환자를 고치시다
(마 8:1-4;막 1:40-45)

12 예수께서 한 마을에 계실 때에 온몸
에 *나병이 걸린 사람이 찾아왔습니
다. 그는 예수를 보자 얼굴을 땅에 대
고 절하며 간청했습니다. "주여, 원하
신다면 저를 깨끗하게 해 주실 수 있
습니다."
13 예수께서는 손을 내밀어 그 사람에게
대며 말씀하셨습니다. "내가 원하노
니 깨끗해져라!" 그러자 곧 나병이 그
에게서 떠나갔습니다.
14 그때 예수께서 그에게 명령하셨습니
다. "누구에게도 말하지 마라. 다만
가서 ㄱ제사장에게 네 몸을 보이고 몸
이 깨끗해진 것에 대해 모세가 명령
한 대로 예물을 드려라. 그것이 그들
에게 증거가 될 것이다."
15 그러나 예수에 대한 소문은 더욱더
퍼져 나가 많은 사람들이 그분의 말
씀도 듣고 병도 고치려고 모여들었습
니다.
16 하지만 예수께서는 외딴곳으로 물러
가 기도하셨습니다.

예수께서 중풍 환자를 용서하시고 고치시다
(마 9:1-8;막 2:1-12)

17 어느 날 예수께서 가르치고 계실 때

5:4 '물이 깊은 곳으로 나가'는 2인칭 단수 명령문이고, '그물을 내리고'는 2인칭 복수 명령문 5:12 나병(한센병)을 포함한 온갖 악성 피부병을 가리킴. ㄱ 레 14:2 이하

바리새파 사람들과 율법학자들이 갈
릴리의 모든 마을과 유대와 예루살렘
에서 와 앉아 있었습니다. 그리고 예
수께서는 주의 능력이 함께하므로 병
을 고치셨습니다.
18 그때 몇몇 사람들이 중풍병에 걸린
사람을 자리에 눕힌 채 들고 왔습니
다. 그들은 환자를 집 안으로 데리고
들어가 예수 앞에 눕히려 했지만
19 사람들이 너무 많아 안으로 들여놓
을 길이 없었습니다. 그들은 지붕으
로 올라가 기와를 벗겨 내고 그를 자
리에 눕힌 채 사람들 한가운데로 달
아 내려 예수 바로 앞에 놓았습니다.
20 예수께서는 그들의 믿음을 보고 "이
사람아, 네가 죄를 용서받았다"라고
말씀하셨습니다.
21 그러자 바리새파 사람들과 율법학자
들은 의아하게 생각하기 시작했습니
다. '이 사람이 대체 누구인데 하나님
을 모독하는가? 하나님 한 분 외에
누가 죄를 용서할 수 있단 말인가?'
22 예수께서는 그들의 생각을 다 알고
말씀하셨습니다. "너희는 왜 그런 생
각을 마음에 품느냐?
23 '네가 죄를 용서받았다' 하는 말과 '일
어나 걸어라' 하는 말 중 어느 것이 더
쉽겠느냐?
24 너희들은 *인자가 땅에서 죄를 용서
하는 권세를 가지고 있음을 알아야
한다." 예수께서 중풍 환자에게 말씀
하셨습니다. "내가 네게 말한다. 일어
나 네 침상을 가지고 집으로 가거라."
25 그러자 곧 그는 사람들 앞에서 일어
나 자기가 누웠던 침상을 들고 하나
님을 찬양하며 자기 집으로 돌아갔
습니다.
26 사람들은 모두 놀라며 하나님을 찬
양했고 두려움으로 가득 차 말했습
니다. "오늘 우리가 놀라운 일을 보았
다!"

예수께서 레위를 부르시고 죄인들과 함께 식사하시다 (마 9:9-13;막 2:13-17)

27 이 일 후에 예수께서는 밖으로 나가
레위라는 세리가 세관에 앉아 있는
것을 보고 말씀하셨습니다. "나를 따
라라!"
28 그러자 레위는 그 자리에서 벌떡 일어
나 모든 것을 버려두고 예수를 따랐
습니다.
29 레위는 예수를 위해 자기 집에서 큰
잔치를 열었습니다. 많은 세리들과 다
른 사람들이 그들과 함께 *음식을 먹
고 있었습니다.
30 그러자 바리새파 사람들과 그들의 율
법학자들이 예수의 제자들을 비방했
습니다. "당신들은 어찌해서 세리들
과 죄인들과 함께 어울려 먹고 마시
는 거요?"
31 예수께서 그들에게 대답하셨습니다.
"건강한 사람에게는 의사가 필요 없
고 병든 사람에게만 의사가 필요하
다.
32 나는 의인을 부르러 온 것이 아니라

5:24 또는 '사람의 아들' 5:29 그리스어, '기대어 누워서'

죄인을 불러 회개시키러 왔다."

예수께서 금식에 관하여 말씀하시다
(마 9:14-17;막 2:18-22)

33 그들이 예수께 말했습니다. "요한의
제자들은 자주 금식하고 기도하며 바
리새파 사람들의 제자들도 그렇습니
다. 그러나 당신의 제자들은 항상 먹
고 마십니다."
34 예수께서 대답하셨습니다. "너희 같으
면 신랑이 함께 있는 동안 초대받은
사람들을 금식하도록 하겠느냐?
35 그러나 신랑을 빼앗길 날이 올 것이
다. 그때가 되면 그들도 금식할 것이
다."
36 예수께서는 그들에게 이런 비유를 들
려주셨습니다. "낡은 옷을 기우려고
새 옷을 자르는 사람은 없다. 그렇게
하면 새 옷이 찢어져 못 쓰게 되고 새
옷의 조각도 낡은 옷에 어울리지 않
기 때문이다.
37 또 새 포도주를 낡은 가죽 부대에 넣
는 사람도 없다. 그렇게 하면 새 포도
주가 그 부대를 터뜨려서 포도주는
쏟아지고 부대도 못 쓰게 될 것이다.
38 새 포도주는 새 부대에 담아야 한다.
39 묵은 포도주를 마시고 나서 새 포도
주를 원하는 사람은 없다. '묵은 것이
좋다'고 여기기 때문이다."

예수께서 안식일의 주인이시다
(마 12:1-14;막 2:23-3:6)

6 안식일에 예수께서 밀밭을 지나가
시는데 제자들이 밀 이삭을 잘라
손으로 비벼서 먹었습니다.
2 그러자 몇몇 바리새파 사람들이 말했
습니다. "당신들은 왜 안식일에 해서
는 안 될 일을 하는 것이오?"
3 예수께서 그들에게 대답하셨습니다.
ㄱ"다윗과 그 일행이 굶주렸을 때 다윗
이 한 일을 읽어 보지 못했느냐?
4 다윗이 하나님의 집에 들어가 제사장
만 먹게 돼 있는 진설병을 자신이 먹
고 또 자기 일행에게도 나눠 주지 않
았느냐?"
5 그러고 나서 예수께서 바리새파 사람
들에게 말씀하셨습니다. "인자는 안
식일의 주인이다."
6 또 다른 안식일에 예수께서 회당에
들어가 가르치셨는데 거기에 오른손
이 오그라든 사람이 있었습니다.
7 바리새파 사람들과 율법학자들은 예
수를 고소할 구실을 찾으려고 안식일
에 예수께서 병을 고치시는지 안 고
치시는지 엿보고 있었습니다.
8 그러나 예수께서는 그들의 속마음을
꿰뚫어 보시고 손이 오그라든 사람
에게 말씀하셨습니다. "일어나 앞으
로 나오너라!" 그러자 그가 일어나 앞
으로 나왔습니다.
9 그리고 예수께서 그들에게 말씀하셨
습니다. "내가 너희에게 묻겠다. 안식
일에 선한 일을 하는 것과 악한 일을
하는 것 중 어느 것이 옳으냐? 사람
을 살리는 것과 죽이는 것 중 어느 것
이 옳으냐?"
10 예수께서는 그들 모두를 둘러보고는

ㄱ 삼상 21:6

그 사람에게 말씀하셨습니다. "네 손
을 펴 보아라!" 그가 손을 펴자 그의
손이 회복됐습니다.
11 그러나 그들은 화가 나서 예수를 어
떻게 해야 할지 서로 의논했습니다.

예수께서 열두 제자를 세우시다
(마 10:1-4;막 3:13-19)

12 그 무렵 예수께서 기도하시기 위해 산
으로 올라가 밤을 새워 하나님께 기
도하셨습니다.
13 날이 밝자 예수께서는 제자들을 불
러 그중 12명을 뽑아 사도로 부르셨
습니다.
14 예수께서 '베드로'라 이름 지으신 시몬
과 그 동생 안드레, 그리고 야고보, 요
한, 빌립, 바돌로매,
15 마태, 도마, 알패오의 아들 야고보,
*열심당원으로 불린 시몬,
16 야고보의 아들 유다, 배반자가 된 가
룟 유다였습니다.

예수께서 복과 화를 선포하시다 (마 4:23-5:12)

17 예수께서 제자들과 함께 산에서 내려
와 평지에 서 계셨습니다. 거기에는
제자들의 큰 무리가 있었고 또 온 유
대와 예루살렘과 두로와 시돈의 해안
지방에서 모여든 많은 백성이 큰 무
리를 이루고 있었습니다.
18 그들은 예수의 말씀도 듣고 자기들의
병도 고치고자 몰려온 사람들이었습
니다. 더러운 영들에게 시달리던 사
람들도 있었는데 그들은 낫게 됐습니
다.
19 그러자 사람들은 모두 예수를 만져
보려고 애썼습니다. 예수에게서 능력
이 나와 그들을 모두 고쳐 주었기 때
문입니다.
20 예수께서 눈을 들어 제자들을 보시
며 말씀하셨습니다.
"너희, 가난한 사람들은 복이 있으

6:15 그리스어, 셀롯

하용조 목사의 행복한 메시지

선택 기준

화려한 것과 쾌락 뒤에는 항상 죄가 있습니다. 그러나 좁은 길에는 영생이 있습니다. 불편하다고 불행한 것이 아닙니다. 편하다고 평안을 얻는 것도 아닙니다. 하지만 사람들은 미련해서 항상 넓고 편하고 좋은 것만 선택합니다.

여러분은 매일 매일 어디에 기준을 두고 선택하며 살고 있습니까? 여러분의 직장 기준은 무엇입니까? 월급도 많이 주고 다른 이들이 좀 더 부러워할 만한 직장입니까? 아니면 월급은 적어도 하나님께 영광을 올릴 수 있는 자리입니까? 결혼을 위한 배우자 선택 기준은 무엇입니까? 학벌 좋고 가문 좋고 능력 있는 그와 결혼하면 나를 행복하게 해 줄 것만 같기 때문에 선택하는 것은 아닙니까?

인생의 중요한 선택에 있어서 여러분의 기준은 무엇입니까? 넓은 길 뒤에는 멸망이 있습니다.

니 하나님 나라가 너희의 것이다.
21 너희, 지금 굶주리는 사람들은 복
이 있으니 너희가 배부르게 될 것
이다. 너희, 지금 울고 있는 사람들
은 복이 있으니 너희가 웃게 될 것
이다.
22 인자 때문에 너희를 미워하고 배척
하고 욕하고 너희 이름을 악하다고
밀쳐 내도 너희에게 복이 있을 것
이다.
23 그날에는 너희가 기뻐하고 즐거워하
라. 하늘에서 너희 상이 크기 때문이
다. 그들의 조상들도 예언자들에게
이렇게 대했다.
24 그러나 너희, 지금 부요한 사람들
은 화가 있다. 너희가 이미 너희의
위로를 다 받았기 때문이다.
25 너희, 지금 배부른 사람들은 화가
있다. 너희가 굶주리게 될 것이기
때문이다. 너희, 지금 웃고 있는 사
람들은 화가 있다. 너희가 슬퍼하
며 울게 될 것이기 때문이다.
26 모든 사람에게 칭찬받는 사람들은
화가 있다. 그들의 조상들도 거짓
예언자들에게 이렇게 대했다.

원수를 사랑하라 (마 5:38-48;7:12상)

27 그러나 내 말을 듣는 너희에게 내가
말한다. 너희 원수를 사랑하라. 너희
를 미워하는 사람들에게 잘해 주라.
28 너희를 저주하는 사람들을 축복하고
너희에게 함부로 대하는 사람들을
위해 기도하라.
29 누가 네 뺨을 때리거든 다른 뺨도 돌
려 대라. 누가 네 겉옷을 빼앗아 가고
속옷까지 가져간다 해도 거절하지 말
라.
30 누구든지 달라고 하면 주고 네 것을
가져가면 돌려받겠다고 하지 말라.
31 너희가 남에게 대접을 받고자 하는
대로 남을 대접하라.
32 자기를 사랑해 주는 사람들만 사랑
하면 무슨 칭찬이 있겠느냐? 죄인들
도 자기를 사랑해 주는 사람들을 사
랑한다.
33 잘해 주는 사람들에게만 잘해 준다
면 무슨 칭찬이 있겠느냐? 죄인들도
그만큼은 한다.
34 돌려받을 생각으로 남에게 꾸어 주
면 무슨 칭찬이 있겠느냐? 죄인들도
고스란히 돌려받을 생각으로 다른 죄
인들에게 빌려 준다.
35 그러나 너희는 원수를 사랑하고 잘해
주며 돌려받을 생각 말고 빌려 주라.
그러면 너희 상이 클 것이고 너희가
지극히 높으신 분의 아들이 될 것이
다. 하나님께서는 은혜를 모르는 사
람들과 악한 사람들에게도 인자하시
기 때문이다.
36 너희 아버지께서 자비로우신 것처럼
너희도 자비로운 사람이 되라.

판단하지 말라 (마 7:1-5)

37 남을 판단하지 말라. 그러면 너희도
판단받지 않을 것이다. 남을 정죄하
지 말라. 그러면 너희도 정죄받지 않
을 것이다. 용서하라. 그러면 너희도
용서받을 것이다.

38 남에게 주라. 그러면 너희가 받을 것
이다. 그것도 많이 꾹꾹 눌러 흔들어
서 넘치도록 너희 품에 안겨 줄 것이
다. 너희가 남을 저울질하는 만큼 너
희도 저울질당할 것이다."
39 예수께서 또한 그들에게 이런 비유를
들려주셨습니다. "눈먼 사람이 눈먼
사람을 인도할 수 있느냐? 그러면 둘
다 구덩이에 빠지지 않겠느냐?
40 학생이 스승보다 나을 수 없다. 그러
나 누구든지 다 배우고 나면 자기 스
승과 같이 될 것이다.
41 어째서 너는 네 형제의 눈에 있는 티
는 보면서 네 눈에 있는 들보는 깨닫
지 못하느냐?
42 네 눈에 있는 들보는 보지 못하면서
어떻게 형제에게 '형제여, 네 눈에 있
는 티를 빼자'라고 하겠느냐? 위선자
여, 먼저 네 눈에서 들보를 빼내라. 그
런 후에야 네가 정확히 보고 형제의
눈 속에 있는 티를 빼낼 수 있을 것이
다.

나무와 열매

43 좋은 나무는 나쁜 열매를 맺지 않고
나쁜 나무는 좋은 열매를 맺을 수 없
다.
44 나무마다 그 열매를 보면 안다. 가시
나무에서 무화과를 딸 수 없고 찔레
나무에서 포도를 딸 수 없는 법이다.
45 선한 사람은 마음속에 선한 것을 두
었다가 선한 것을 내놓고 악한 사람
은 마음속에 악한 것을 두었다가 악
한 것을 내놓는다. 사람은 마음에 가
득 찬 것을 입으로 말하는 법이다.

지혜로운 건축자와 어리석은 건축자
(마 7:24-27)

46 어째서 너희는 나를 '주여, 주여' 하고
부르면서 내가 말하는 것은 행하지
않느냐?
47 내게 와서 내 말을 듣고 그대로 실천
에 옮기는 사람이 어떤 사람과 같은
지 너희에게 보여 주겠다.
48 그는 땅을 깊이 파고 바위 위에 단단
히 기초를 세운 건축자와 같다. 홍수
가 나서 폭우가 덮쳐도 그 집은 흔들
리지 않았다. 그 집이 *잘 지어졌기
때문이다.
49 그러나 내 말을 듣고도 실천에 옮기
지 않는 사람은 기초 없이 맨땅에 집
을 지은 사람과 같다. 그 집은 폭우가
덮치는 즉시 무너져 폭삭 주저앉았
다."

백부장의 믿음 (마 8:5-13)

7 예수께서 듣고 있던 사람들에게
이 모든 말씀을 마치고 가버나움으
로 들어가셨습니다.
2 그곳에는 백부장 한 사람이 있었는
데 그가 신임하는 종 하나가 병이 들
어 거의 죽어 가고 있었습니다.
3 백부장은 예수의 소문을 듣고 유대
장로들을 예수께 보내 자기 종을 낫
게 해 달라고 부탁했습니다.
4 장로들이 예수께 와서 간곡히 부탁했
습니다. "이 사람은 선생님이 그렇게
해 주실 만한 사람입니다.

6:48 어떤 사본에는 '반석 위에 지은 집이기 때문이다.'

5 그는 우리 민족을 사랑하고 우리 회
당도 지어 주었습니다."
6 예수께서는 그들과 함께 가셨습니다.
예수께서 그 집에서 멀지 않은 곳에
이르렀을 때 백부장은 친구들을 보
내 예수께 이렇게 아뢰도록 했습니다.
"주여, 더 수고하실 필요가 없습니다.
저는 주를 제 집에 모실 자격이 없습
니다.
7 그래서 제가 직접 주께 나아갈 엄두
도 못 냈습니다. 그저 말씀만 하십시
오. 그러면 제 하인이 나을 것입니다.
8 저도 상관 아래 있으면서, 제 아래에
도 부하들이 있는 사람입니다. 제가
부하에게 '가라' 하면 가고 '오라' 하면
오고 하인에게 '이것을 하라' 하면 합
니다."
9 예수께서는 이 말을 듣고 백부장을
놀랍게 여겨 돌아서서 따라오던 사람
들에게 말씀하셨습니다. "내가 너희
에게 말한다. 이스라엘에서도 이렇게
큰 믿음을 본 적이 없다."
10 백부장이 보냈던 사람들이 집으로
돌아가 보니 그 종이 벌써 나아 있었
습니다.

예수께서 과부의 아들을 살리시다

11 그 후에 예수께서는 곧 나인이라는
마을로 가셨습니다. 제자들과 많은
무리가 예수를 따라갔습니다.
12 예수께서 성문 가까이에 이르셨을 때
사람들이 죽은 사람 한 명을 메고 나
오고 있었습니다. 죽은 사람은 한 과
부의 외아들이었습니다. 그리고 많은
마을 사람들이 그 여인과 함께 상여
를 따라오고 있었습니다.
13 주께서 그 여인을 보고 불쌍히 여기
며 말씀하셨습니다. "울지 마라."
14 그러고는 다가가 관을 만지셨습니다.

성·경·상·식 | 누가복음에 나타난 의학 용어

의사였던 누가는 성경의 다른 저자들이 사용하지 않은 의학 전문 용어들을 많이 사용했다.

- **아이를 갖게 되다** 임신했다는 의학적 용어이다(눅 1:24).
- **배 속의 아이가 뛰놀다** 태동을 가리킨다(눅 1:41).
- **온몸에 나병이 걸린 사람** '온몸'은 누가만이 나병에 대한 첨가 설명으로 사용한 의학적 용어였다(눅 5:12).
- **중풍병에 걸린 사람** 그리스어 원문에는 '중풍을 앓는 자'라고 되어 있는데, 이 말은 의학적인 표현법이다. 마가는 이 부분을 기록할 때 그냥 '중풍 환자'라고만 기록했다(막 2:3; 눅 5:18).
- **그 종이 벌써 나아 있었습니다** 마태복음 8:13의 "나았습니다"보다는 좀 더 강한 표현의 의학적인 용어이다(눅 7:10).
- **즉시 출혈이 멈췄습니다** '출혈이 멈췄다'는 의학적 표현이다(눅 8:44).
- **상처에 바르고 싸맸다** 의사인 누가에게는 친숙한 의학적 표현이었다(눅 10:34).
- **허리를 쭉 펴고 일어서서** '쭉 펴고'라는 단어는 의학적 용어로, 신체의 비정상적인 부분이나 잘못된 부분을 바로잡는 것을 말한다(눅 13:13).

관을 메고 가던 사람들이 멈춰 서자
예수께서 말씀하셨습니다. "청년아,
내가 네게 말한다. 일어나거라!"
15 그러자 죽은 사람이 일어나 앉아 말
하기 시작했습니다. 예수께서는 그를
그의 어머니에게 돌려보내셨습니다.
16 그들은 모두 두려움에 가득 차 하나
님을 찬양하며 말했습니다. "위대한
예언자가 우리 가운데 나타나셨다!
하나님께서 자기 백성을 돌봐 주셨
다."
17 예수에 대한 이 이야기가 온 유대와
그 주변 지역에 널리 퍼져 나갔습니
다.

예수와 세례자 요한 (마 11:2-19)

18 요한의 제자들이 모든 소식을 요한에
게 알렸습니다. 요한은 제자들 중 두
사람을 불러
19 주께 보내며 "선생님께서 오실 그분이
십니까? 아니면 저희가 다른 사람을
기다려야 합니까?"라고 물어보게 했
습니다.
20 그 사람들이 예수께 와서 말했습니
다. "*세례자 요한이 저희를 보내 물
어보라고 했습니다. 선생님께서 오실
그분이십니까? 아니면 저희가 다른
사람을 기다려야 합니까?"
21 바로 그때 예수께서 질병과 고통과
악한 영들에게 시달리는 사람들을
많이 고쳐 주시고 보지 못하는 많은
사람들도 볼 수 있게 해 주셨습니다.
22 예수께서 요한이 보낸 사람들에게 대
답하셨습니다. "돌아가서 너희가 여기
서 보고 들은 것을 요한에게 전하라.
보지 못하는 사람이 다시 보고 다리
를 저는 사람이 걷고 *나병 환자가
깨끗해지며 듣지 못하는 사람이 듣고
죽은 사람이 살아나고 가난한 사람
들에게 복음이 전파된다고 하라.
23 *나로 인해 걸려 넘어지지 않는 사람
은 복이 있다."
24 요한이 보낸 사람들이 떠나자 예수께
서는 사람들에게 요한에 대해 말씀
을 시작하셨습니다. "너희가 무엇을
보려고 광야에 나갔느냐? 바람에 흔
들리는 갈대냐?
25 그렇지 않으면 무엇을 보려고 나갔느
냐? 좋은 옷을 입은 사람이냐? 아니
다. 화려한 옷을 입고 사치에 빠져 사
는 사람은 왕궁에 있다.
26 그러면 무엇을 보려고 나갔느냐? 예
언자냐? 그렇다. 내가 너희에게 말한
다. 요한은 예언자보다 더 위대한 인
물이다.
27 이 사람에 대해 성경에 이렇게 기록
됐다.

ㄱ'보라. 내가 네 앞에 내 사자를 보
낸다. 그가 네 길을 네 앞서 준비할
것이다'

28 내가 너희에게 말한다. 여인에게서 난
사람 중에 요한보다 더 큰 사람은 없
다. 그러나 하나님 나라에서는 가장
작은 사람이라도 요한보다 더 크다."
29 (요한의 설교를 들은 사람들과 심지

7:20 또는 침례자 7:22 나병(한센병)을 포함한 온갖 악성 피부병을 가리킴. 7:23 또는 나를 의심하지 않는 사람은 ㄱ 말 3:1

어는 세리들도 요한의 *세례를 받았
고 하나님이 의로우신 분임을 드러냈
습니다.
30 그러나 바리새파 사람들과 율법학자
들은 요한에게 *세례를 받지 않았고
자기들을 향한 하나님의 계획을 물리
쳤습니다.)
31 "그러니 이 세대 사람들을 무엇에 비
교할 수 있을까? 그들은 무엇과 같을
까?
32 그들은 시장에 앉아서 서로 부르며
이렇게 말하는 아이들과 같다. '우리
가 너희를 위해 피리를 불어도 너희
는 춤추지 않았고 우리가 애곡해도
너희는 울지 않았다.'
33 세례자 요한이 와서 빵도 먹지 않고
포도주도 마시지 않자 너희는 '저 사
람이 귀신 들렸다'라고 하며
34 인자가 와서 먹고 마시니 너희가 말
하기를 '보라. 저 사람은 먹보에다 술
꾼으로 세리와 죄인의 친구다'라고 말
한다.
35 그러나 지혜의 자녀들이 결국 지혜가
옳다는 것을 인증하는 법이다."

죄 지은 여인이 예수께 향유를 붓다

36 한 바리새파 사람이 예수를 저녁 식
사에 초대했습니다. 그래서 예수께서
는 그 바리새파 사람의 집으로 들어
가 식탁에 기대어 앉으셨습니다.
37 그 마을에 죄인인 한 여자가 있었는
데 예수께서 그 바리새파 사람의 집
에 계시다는 것을 알고는 향유가 든
옥합을 가지고 와
38 예수의 뒤로 그 발 곁에 서서 울며 눈
물로 그분의 발을 적셨습니다. 그리
고 자신의 머리카락으로 발을 닦고
그 발에 자신의 입을 맞추며 향유를
부었습니다.
39 예수를 초대한 바리새파 사람이 이
광경을 보고 속으로 말했습니다. '만
약 이 사람이 예언자라면 자기를 만
지는 저 여자가 누구며 어떤 여자인
지 알았을 텐데. 저 여자는 죄인이 아
닌가!'
40 예수께서 그에게 말씀하셨습니다. "시
몬아, 네게 할 말이 있다." 그가 대답
했습니다. "선생님, 말씀하십시오."
41 "어떤 채권자에게 빚을 진 두 사람이
있었다. 한 사람은 *500데나리온을,
또 한 사람은 *50데나리온을 빚졌다.
42 두 사람 다 빚 갚을 돈이 없어 채권자
가 두 사람의 빚을 모두 없애 주었다.
그러면 두 사람 중 누가 그 채권자를
더 사랑하겠느냐?"
43 시몬이 대답했습니다. "더 많은 빚을
면제받은 사람이라고 생각합니다." 예
수께서 말씀하셨습니다. "네 판단이
옳다."
44 그러고 나서 예수께서는 그 여인을
돌아보고 시몬에게 말씀하셨습니다.
"이 여인이 보이느냐? 내가 네 집에
들어왔을 때 너는 내게 발 씻을 물도
주지 않았다. 그러나 이 여인은 자신
의 눈물로 내 발을 적시고 자신의 머

7:29,30 또는 침례 7:41 500데나리온은 노동자의 500일 품삯과 같음. 50데나리온은 노동자의 50일 품삯과 같음.

리카락으로 닦아 주었다.
45 너는 내게 입 맞추지 않았지만 이 여
인은 내가 들어왔을 때부터 계속 내
발에 입 맞추고 있다.
46 너는 내 머리에 기름을 부어 주지 않
았지만 이 여인은 내 발에 향유를 부
어 주었다.
47 그러므로 내가 네게 말한다. 이 여인
은 많은 죄를 용서받았다. 그것은 이
여인이 나를 많이 사랑했기 때문이
다. 그러나 적게 용서받은 사람은 적
게 사랑한다."
48 그러고 나서 예수께서 여인에게 말씀
하셨습니다. "네 죄들이 용서받았다."
49 식탁에 함께 앉아 있던 사람들이 수
군거리기 시작했습니다. "이 사람이
도대체 누군데 죄까지도 용서한다는
것인가?"
50 예수께서 여인에게 말씀하셨습니다.
"네 믿음이 너를 구원했다. 평안히 가
거라."

씨 뿌리는 사람의 비유 (마 13:1-23;막 4:1-20)

8 그 후에 예수께서는 여러 마을과
고을을 두루 다니시며 하나님 나
라의 복음을 선포하셨습니다. 열두
제자들도 예수와 함께 동행했습니다.
2 악한 영과 질병으로부터 고침받은 여
자들도 예수와 함께했습니다. 이들은
일곱 귀신이 떠나간 막달라 마리아였
고
3 헤롯의 청지기인 구사의 아내 요안나
또 수산나와 그 밖의 많은 여인들이
었습니다. 이들은 자신들의 재산으로
예수의 일행을 섬겼습니다.
4 많은 무리가 모여들고 각 마을에서
사람들이 예수께로 나아오니 예수께

4가지 종류의 밭

하용조 목사의 행복한 **메시지**

예수님은 씨 뿌리는 자가 씨를 뿌리는데 그 밭이 4가지 종류가 있다고 하셨습니다.
첫째는 씨가 길가에 뿌려진 경우입니다. 길가는 사람들이 밟고 다니고 마차가 다니기 때문에 오랜 세월이 지나면 단단한 돌 같은 길이 되고 맙니다. 그래서 순진하고 마음이 부드러울 때 복음을 전하면 아주 잘 들어갑니다.
둘째는 씨가 돌밭에 떨어진 경우입니다. 싹은 쉽게 나왔지만 뿌리가 깊지 못하기 때문에 결국 작열하는 태양 앞에 말라 버립니다. 이것은 겉보기에는 예수 잘 믿는 것처럼 보이지만 실제로 감정적이고 순간적인 신앙을 가진 사람들을 말합니다.
셋째는 씨가 가시덤불에 떨어진 경우입니다. 처음에는 씨가 뿌리를 내리면서 성장하지만 억센 가시덤불로 인해 기운이 막혀 열매를 맺지 못합니다. 예수님은 이것을 세상의 근심과 걱정으로 해석하셨습니다.
넷째는 씨가 좋은 땅에 떨어진 경우입니다. 이 땅은 농작물이 잘 자라도록 미리 일구어 놓은 기름진 땅을 말합니다. 씨가 싹을 트고 자라서 100배, 60배, 30배의 열매를 맺습니다. 좋은 땅과 같은 마음을 가진 사람은 좋지 않은 상황에서도 천국을 만드는 사람입니다.

서 그들에게 비유를 통해 말씀하셨습
니다.
5 "씨 뿌리는 사람이 씨를 뿌리러 나갔
다. 그가 씨를 뿌리자 그중 어떤 씨
는 길가에 떨어져 사람들에게 밟히고
하늘의 새들에게 다 먹혀 버렸다.
6 어떤 씨는 바위 위에 떨어졌는데 싹
이 돋았지만 물기가 없어서 곧 시들
어 버리고 말았다.
7 어떤 씨는 가시덤불 속에 떨어졌는데
가시덤불이 함께 자라서 그 기운을
막아 버렸다.
8 또 다른 씨는 좋은 땅에 떨어져 자라
나 100배나 많은 열매를 맺었다." 예
수께서 말씀을 마치고 큰 소리로 외
치셨습니다. "들을 귀 있는 사람은 들
으라!"
9 제자들은 예수께 이 비유가 무엇을
뜻하는지 물었습니다.
10 예수께서 말씀하셨습니다. "너희에게
는 하나님 나라의 비밀을 알게 해 주
었다. 그러나 내가 다른 사람들에게
는 비유로 말했다. 이것은 '그들이 보
아도 보지 못하고 들어도 깨닫지 못
하게' 하려는 것이다.
11 비유의 뜻은 이와 같다. 씨는 하나님
의 말씀이다.
12 길가에 떨어진 것은 하나님의 말씀을
들었으나 마귀가 와서 그 마음에서
말씀을 빼앗아 가는 바람에 믿지 못
하고 구원받지 못하는 사람들이다.
13 바위 위에 떨어진 것은 하나님의 말
씀을 듣고 기쁘게 받아들이지만 뿌
리가 없어 잠시 동안 믿다가 시련이
닥치면 곧 넘어지는 사람들이다.
14 가시밭에 떨어진 것은 하나님의 말씀
을 들었으나 이 세상의 걱정과 부와
쾌락에 사로잡혀서 자라지 못하고 온
전한 열매를 맺지 못하는 사람들이
다.
15 그러나 좋은 땅에 떨어진 것은 착하
고 좋은 마음으로 하나님의 말씀을
들은 뒤 그 말씀을 굳게 간직하고 인
내해 좋은 열매를 맺는 사람들이다.

등잔대 위의 등불 (막 4:21-25)

16 등불을 켜서 그릇으로 덮거나 침대
밑에 두는 사람은 아무도 없다. 오히
려 등불은 들어오는 사람들이 볼 수
있도록 등잔대 위에 두는 것이다.
17 숨겨 둔 것은 드러나고 감춰 둔 것은
알려지게 마련이다.
18 그러므로 너희는 내 말을 조심해서
들으라. 가진 사람은 더 받고 가지지
못한 사람은 가진 줄로 생각하는 것
조차 빼앗길 것이다."

예수의 어머니와 동생들
(마 12:46-50;막 3:31-35)

19 예수의 어머니와 형제들이 예수께로
왔으나 많은 사람들 때문에 예수께
가까이 갈 수가 없었습니다.
20 그래서 사람들이 예수께 말했습니다.
"선생님의 어머니와 형제들이 선생님
을 만나려고 밖에 서 있습니다."
21 예수께서 대답하셨습니다. "하나님의
말씀을 듣고 실천하는 사람이 바로
내 어머니요, 내 형제들이다."

예수께서 풍랑을 잔잔하게 하시다

(마 8:23-27;막 4:35-41)

22 하루는 예수께서 제자들에게 말씀하
셨습니다. "호수 저편으로 가자." 그래
서 그들은 배에 올라타고 떠났습니
다.
23 그들이 배를 저어 가는 동안 예수께
서는 잠이 드셨습니다. 그때 호수에
사나운 바람이 불어오더니 배에 물이
들이쳐 매우 위험한 상황이 됐습니
다.
24 제자들이 가서 예수를 깨우며 말했습
니다. "선생님! 선생님! 우리가 모두 빠
져 죽게 생겼습니다!" 그러자 예수께
서 일어나 바람과 파도를 꾸짖으시니
폭풍이 멈추고 호수가 다시 잔잔해졌
습니다.
25 예수께서 제자들에게 말씀하셨습니
다. "너희의 믿음이 어디에 있느냐?"
제자들은 두려움과 놀라움 속에서
서로 말했습니다. "이분이 도대체 누
구시기에 바람과 물을 호령하시니 바
람과 물조차도 이분께 복종하는가?"

예수께서 귀신 들린 사람을 회복시키시다

(마 8:28-34;막 5:1-20)

26 예수의 일행은 갈릴리 호수 건너편
*거라사 지방으로 배를 저어 갔습니
다.
27 예수께서 배에서 내리시자 그 마을에
사는 귀신 들린 사람과 마주치셨습니
다. 그는 옷도 입지 않은 채 집이 아
닌 무덤에서 산 지 벌써 오래된 사람
이었습니다.
28 그가 예수를 보자 소리를 지르며 예
수의 발 앞에 엎드려 "지극히 높으신
하나님의 아들 예수여, 내가 당신과
무슨 상관이 있습니까? 제발 저를 괴
롭히지 마십시오!"라고 찢어질 듯 큰
소리로 외쳤습니다.
29 이는 예수께서 그 사람에게서 나가라
고 더러운 영에게 명령하셨기 때문입
니다. (그 사람은 수시로 귀신에게 붙
들렸는데 손발을 쇠사슬에 묶어 둬
도 다 끊어 버리고 귀신에 이끌려 광
야로 뛰쳐나가곤 했습니다.)
30 예수께서 그에게 물으셨습니다. "네
이름이 무엇이냐?" 그가 대답했습니
다. "'*군대'입니다." 그 사람 속에 귀
신들이 많이 들어 있었기 때문입니
다.
31 귀신들은 자기들을 *지옥으로 보내
지 말아 달라고 예수께 간청했습니
다.
32 마침 많은 돼지 떼가 언덕에서 먹이
를 먹고 있었습니다. 귀신들이 예수께
돼지들 속으로 들어가게 해 달라고
애원하자 예수께서 허락하셨습니다.
33 귀신들은 그 사람에게서 나와 돼지들
에게 들어갔습니다. 그러자 돼지 떼
는 비탈진 둑으로 내리달아 호수에
빠져 죽게 됐습니다.
34 돼지를 치던 사람들이 그 광경을 보
고 달아나 마을과 그 일대에 이 일을

8:26 또는 가다라(마 8:28과 막 5:1을 보라.) 8:30 그리스어, 레기온. 로마의 군단을 말하며 대략 5,000명의 병사로 이루어짐. 8:31 그리스어, 아비소스, '밑이 없는 깊은 구멍'

알렸습니다.
35 그래서 사람들도 이 광경을 보려고
나왔습니다. 그들이 예수께 가 보니
정말 그 귀신 들렸던 사람이 제정신
이 들어 옷을 입고 예수의 발 앞에
앉아 있는 것이었습니다. 그러자 그들
은 두려웠습니다.
36 처음부터 이 광경을 지켜본 사람들
은 그 귀신 들렸던 사람이 어떻게 낫
게 됐는지 그들에게 말했습니다.
37 그러자 *거라사 주변의 모든 사람들
은 두려움에 가득 차 예수께 떠나 달
라고 간청했습니다. 그리하여 예수께
서는 배를 타고 그곳을 떠나셨습니
다.
38 귀신 들렸던 그 사람은 자신도 함께
가겠다고 예수께 애원했습니다. 그러
나 예수께서는 그를 보내며 말씀하셨
습니다.
39 "집으로 돌아가서 하나님께서 네게
하신 일을 다 말하여라." 그러자 그
사람은 온 마을을 다니며 예수께서
얼마나 큰일을 행하셨는지 전했습니
다.

예수께서 혈루병 앓는 여인을 고치시고 죽은 소녀를 살리시다
(마 9:18-26;막 5:21-43)

40 예수께서 돌아오시자 많은 사람들이
그분을 반겼습니다. 그들 모두가 예수
를 기다리고 있었습니다.
41 그때 야이로라는 회당장이 와서 예수
의 발 앞에 엎드리며 자기 집에 와 달
라고 간절히 애원했습니다.
42 열두 살 된 자기 외동딸이 죽어 가고
있었기 때문입니다. 예수께서 그리로
내려가시는데 많은 사람들이 밀어 댔
습니다.
43 그중에는 12년 동안 혈루병을 앓아
온 여인이 있었는데 의사들에게 재산
을 모두 썼지만 어느 누구도 그 여인
의 병을 고쳐 줄 수 없었습니다.
44 그 여인은 예수의 뒤로 비집고 다가가
그분의 옷자락에 손을 댔습니다. 그
러자 즉시 출혈이 멈췄습니다.
45 그때 예수께서 "누가 내게 손을 댔느
냐?"라고 물으셨습니다. 사람들이 모
두 만지지 않았다고 하자 베드로가
말했습니다. "선생님, 많은 사람들이
선생님을 밀어 대고 있습니다."
46 그러자 예수께서 말씀하셨습니다.
"누군가가 내게 손을 댔다. 내게서 능
력이 나간 것을 알고 있다."
47 그러자 여인은 더 이상 숨길 수 없음
을 알고 떨면서 앞으로 나와 예수의
발 앞에 엎드렸습니다. 여인은 모든
사람 앞에서 왜 예수께 손을 댔는지,
그리고 어떻게 병이 즉시 나았는지
말했습니다.
48 그러자 예수께서 여인에게 말씀하셨
습니다. "딸아, 네 믿음이 너를 구원
했다. 평안히 가거라."
49 예수께서 말씀을 채 마치시기도 전에
야이로 회당장의 집에서 사람이 와서
말했습니다. "따님이 죽었습니다. 선
생님께 더 폐를 끼치지 않는 것이 좋

8:37 또는 가다라(마 8:28과 막 5:1을 보라.)

겠습니다."
50 이 말을 듣고 예수께서 그에게 말씀
하셨습니다. "두려워하지 마라. 믿기
만 하면 아이가 나을 것이다."
51 예수께서는 야이로의 집에 이르러 베
드로와 요한과 야고보와 아이의 부모
외에는 아무도 들어오지 못하게 하셨
습니다.
52 사람들은 모두 그 아이에 대해 애도
하며 크게 울고 있었습니다. 예수께서
말씀하셨습니다. "울지 마라. 이 아이
는 죽은 것이 아니라 자고 있다."
53 그들은 아이가 죽은 것을 알기에 예
수를 비웃었습니다.
54 그러나 예수께서 그 아이의 손을 잡고
말씀하셨습니다. "아이야, 일어나라!"
55 그때 그 아이의 영이 돌아와 아이가
곧 일어났습니다. 그러자 예수께서 아
이에게 먹을 것을 갖다 주라고 말씀
하셨습니다.
56 그 아이의 부모는 무척 놀랐습니다.
그러나 예수께서는 이 일을 아무에게
도 말하지 말라고 그들에게 명령하셨
습니다.

예수께서 열두 제자를 파송하시다

(마 10:5-15;막 6:7-13)

9 예수께서는 열두 제자를 한자리에
불러 모으시고 모든 귀신들을 쫓
고 병을 고치는 능력과 권세를 주셨
습니다.
2 그리고 그들을 내보내시며 하나님 나
라를 전파하고 병든 사람들을 고쳐
주라고 하셨습니다.
3 예수께서 말씀하셨습니다. "길을 떠
날 때 아무것도 가져가지 말라. 지팡
이도 가방도 빵도 돈도 여벌 옷도 가
지고 가지 말라.
4 어느 집에 들어가든 그 마을을 떠날
때까지 그 집에 머물러 있으라.
5 만약 너희를 맞아 주지 않으면 그 마
을을 떠날 때 그들을 거스르는 증거
물로 발에 붙은 먼지를 떨어 버리라."
6 제자들은 나가서 여러 마을들을 두
루 다니며 곳곳에서 복음을 전파하
며 사람들을 고쳐 주었습니다.
7 분봉 왕 헤롯은 이 모든 일을 듣고 당
황했습니다. 왜냐하면 어떤 사람들이
요한이 죽은 자 가운데에서 살아났다
고 말했기 때문입니다.
8 또 어떤 사람들은 엘리야가 나타났다
고 했고 다른 사람들은 옛 예언자 중
하나가 되살아났다고 말했습니다.
9 그러자 헤롯은 "내가 요한의 목을 베
었는데 이런 소문이 들리는 그 사람
은 누구인가?" 하고 예수를 만나고자
했습니다.

예수께서 오천 명을 먹이시다

(마 14:13-21;막 6:30-44;요 6:1-14)

10 사도들이 돌아와 예수께 자기들이 한
일을 보고했습니다. 그러자 예수께서
는 그들을 따로 데리고 벳새다라는
마을로 가셨습니다.
11 그러나 사람들은 이 사실을 알아채
고 예수를 따라왔습니다. 예수께서는
그들을 맞이하고 하나님 나라에 대
해 말씀하시며 사람들을 고쳐 주셨

습니다.
12 날이 저물자 열두 제자가 예수께 다
가와 말했습니다. "우리가 외딴곳에
와 있으니 사람들을 보내 주변 마을
과 농가로 가서 잠잘 곳을 찾고 먹을
것을 얻게 하십시오."
13 예수께서 대답하셨습니다. "너희가 그
들에게 먹을 것을 주라." 제자들이 말
했습니다. "저희가 가진 것이라고는
빵 다섯 개와 물고기 두 마리뿐입니
다. 이 많은 사람들을 다 먹이려면 가
서 먹을 것을 사 와야 합니다."
14 그곳에는 남자만 5,000명 정도가 있
었기 때문입니다. 그러나 예수께서 제
자들에게 말씀하셨습니다. "사람들을
50명씩 둘러앉게 하라."
15 제자들은 그대로 사람들을 모두 앉
혔습니다.
16 예수께서는 빵 다섯 개와 물고기 두
마리를 손에 들고 하늘을 우러러 감
사 기도를 하셨습니다. 그러고는 그것
을 떼어 제자들에게 주면서 사람들
앞에 갖다 놓게 했습니다.
17 사람들이 모두 배불리 먹었습니다. 그
리고 제자들이 남은 조각들을 거두
어 보니 12바구니에 가득 찼습니다.

베드로가 예수를 그리스도로 고백하다
(마 16:13-20;막 8:27-30)

18 한번은 예수께서 혼자 기도하고 계셨
습니다. 제자들도 함께 있었는데 예수
께서 물으셨습니다. "사람들이 나를
누구라고 하느냐?"
19 제자들이 대답했습니다. "*세례자 요
한이라고도 하고 엘리야라고도 합니
다. 옛 예언자 중 한 사람이 되살아났
다고 하는 사람도 있습니다."
20 그러자 예수께서 물으셨습니다. "그러
면 너희는 나를 누구라고 하느냐?"
베드로가 대답했습니다. "하나님의
*그리스도이십니다."

예수께서 자신의 죽음을 예고하시다
(마 16:21-28;막 8:31-9:1)

21 예수께서는 "이 말을 아무에게도 하
지 말라" 하고 단단히 경고하며
22 말씀하셨습니다. "인자가 많은 고난
을 받고 장로들과 대제사장들과 율법
학자들에게 배척받아 끝내 죽임당하
고 3일 만에 살아나야 할 것이다."
23 그러고는 그들 모두에게 말씀하셨습
니다. "누구든지 나를 따르려면 자기
를 부인하고 날마다 자기 십자가를
지고 따라야 한다.
24 누구든지 자기 생명을 구하려는 사람
은 잃을 것이요, 누구든지 나를 위해
자기 생명을 잃는 사람은 구하게 될
것이다.
25 사람이 온 세상을 다 얻고도 자기를
잃거나 빼앗긴다면 무슨 소용이 있겠
느냐?
26 누구든지 나와 내 말을 부끄러워하
면 인자도 자기 영광과 아버지와 거
룩한 천사들의 영광 가운데 올 때 그
를 부끄러워할 것이다.
27 내가 진실로 너희에게 말한다. 여기

9:19 또는 침례자 9:20 히브리어, 메시아. '기름 부음 받은 사람'

서 있는 사람들 가운데 죽기 전에 하
나님 나라를 볼 사람이 있을 것이다."

예수께서 변모되시다 (마 17:1-8;막 9:2-8)

28 이런 말씀을 하신 뒤 8일쯤 지나 예수
께서는 베드로와 요한과 야고보를 데
리고 기도하러 산에 올라가셨습니다.
29 예수께서는 기도하는 동안 얼굴 모습
이 변하셨고 옷이 하얗게 빛났습니
다.
30 그런데 갑자기 두 사람이 나타나 예
수와 더불어 말을 하고 있었습니다.
이들은 모세와 엘리야였습니다.
31 그들은 영광에 싸여 나타나 예수께서
예루살렘에서 이루실 일, 곧 그분의
떠나가심에 대해 말하고 있었습니다.
32 베드로와 그 일행이 잠을 이기지 못
해 졸다가 완전히 깨서 예수의 영광
과 그분 곁에 두 사람이 서 있는 것을
보았습니다.
33 두 사람이 예수를 떠나려고 하자 베
드로가 예수께 말했습니다. "선생님,
우리가 여기 있으니 참 좋습니다. 우
리가 초막 세 개를 만들되 하나는 선
생님을 위해, 하나는 모세를 위해, 하
나는 엘리야를 위해 짓겠습니다." 그
러나 베드로는 자기가 무슨 말을 하
는지도 알지 못했습니다.
34 베드로가 이런 말을 하고 있을 때 구
름이 나와서 그들을 뒤덮었습니다.
구름 속으로 들어가게 되자 그들은
두려워했습니다.
35 그때 구름 속에서 소리가 들려왔습니
다. "이는 내 아들이요, 내가 택한 자
다. 그의 말을 들어라!"
36 그 소리가 사라지고 그들이 보니 예수
만 홀로 서 계셨습니다. 제자들은 입
을 다물고 자기들이 본 것을 그때는
아무에게도 말하지 않았습니다.

예수께서 귀신 들린 아이를 고치시다 (마 17:14-20;막 9:14-27)

37 이튿날 그들이 산에서 내려오자 많은
사람들이 예수를 맞았습니다.
38 그 무리 중 한 사람이 소리쳤습니다.
"선생님, 부탁입니다. 제 아들 좀 봐
주십시오. 제게는 하나밖에 없는 자
식입니다.
39 그런데 귀신이 이 아이를 사로잡아
갑자기 소리를 지르게 하고 아이에게
발작을 일으켜 입에 거품을 물게도
합니다. 그리고 이 아이를 상하게 하
면서 좀처럼 떠나지 않습니다.
40 선생님의 제자들에게 귀신을 쫓아 달
라고 간청했지만 그들은 해내지 못했
습니다."
41 예수께서 대답하셨습니다. "아, 믿음
이 없고 비뚤어진 세대여! 내가 언제
까지 너희와 함께 있으면서 참아야
하겠느냐? 네 아들을 이리로 데려오
너라."
42 그 아이가 오는 중에도 귀신은 아이
의 몸을 바닥에 내던지며 발작하게
만들었습니다. 그러나 예수께서는 더
러운 영을 꾸짖으시며 그 아이를 고
쳐 아버지에게 돌려보내셨습니다.
43 하나님의 위대하심에 모두 놀랐습니
다.

예수께서 자신의 죽음을 두 번째 예고하시다
(마 17:22-23;막 9:30-32)

예수께서 행하신 그 모든 일에 다들
놀라서 감탄하고 있을 때 그분이 제
자들에게 말씀하셨습니다.
44 "지금 내가 하는 말을 유의해 들으라.
인자가 배반을 당해 사람들의 손에
넘겨질 것이다."
45 그러나 제자들은 이 말씀을 깨닫지
못했습니다. 그들이 그 말씀을 이해
하지 못하도록 그 뜻이 감추어져 있
었기 때문입니다. 그들은 두려워서 예
수께 물어볼 수도 없었습니다.
46 예수의 제자들 사이에서 누가 제일
큰 사람인가를 두고 다툼이 일어났
습니다.
47 예수께서는 그들의 속마음을 다 아시
고 한 어린아이를 데려와 곁에 세우
며
48 말씀하셨습니다. "누구든지 이 어린
아이를 내 이름으로 영접하는 사람
은 나를 영접하는 것이다. 또 누구든
지 나를 영접하는 사람은 나를 보내
신 그분을 영접하는 것이다. 너희 가
운데에서 가장 작은 사람이 가장 큰
사람이다."
49 요한이 물었습니다. "선생님, 저희가
선생님의 이름으로 귀신을 쫓는 사람
을 보고 우리와 함께 따르는 사람이
아니라서 못하게 막았습니다."
50 예수께서 말씀하셨습니다. "그를 막지
마라. 누구든지 너희를 반대하지 않
는 사람은 너희를 위하는 사람이다."

사마리아 사람들의 배척

51 예수께서 승천하실 때가 가까이 오자
예루살렘으로 가실 것을 굳게 결심하
셨습니다.
52 그리고 예수께서는 사람들을 미리 앞
서 보내셨습니다. 그들은 가서 예수를
모실 준비를 하려고 사마리아의 한
마을에 들어갔습니다.
53 그러나 그곳 사람들은 예수를 반기지
않았습니다. 예수께서 예루살렘으로
가시는 길이었기 때문입니다.
54 제자인 야고보와 요한이 이것을 보고
"주여, *우리가 하늘에서 불을 불러
이 사람들을 멸망시켜 달라고 할까
요?"라고 물었습니다.
55 그러자 예수께서 뒤돌아 그들을 *꾸
짖으셨습니다.
56 그러고 나서 그들은 다른 마을로 갔
습니다.

예수를 따르는 사람의 대가 (마 8:19-22)

57 그들이 길을 가고 있는데 한 사람이
예수께 말했습니다. "선생님이 가시는
곳이라면 어디든 따라가겠습니다."
58 예수께서 대답하셨습니다. "여우도
굴이 있고 하늘의 새들도 보금자리가
있지만 인자는 머리 둘 곳조차 없구
나."
59 예수께서 다른 사람에게 말씀하셨습
니다. "나를 따라라." 그러자 그 사람

9:54 어떤 고대 사본에는 '엘리야가 한 것 같이 우리가'
9:55 어떤 고대 사본에는 "꾸짖으시고 말씀하셨습니
다. '너희는 어떤 영에 속해 있는 줄을 모르고 있다. 인
자가 온 것은 사람의 생명을 멸하려 함이 아니라 구원
하려 함이다.'"가 있음.

이 대답했습니다. "주여, 제가 먼저 가
서 아버지의 장례를 치르게 해 주십
시오."
60 예수께서 그에게 말씀하셨습니다. "죽
은 사람들에게 죽은 자를 묻게 하고
너는 가서 하나님 나라를 전파하여
라."
61 또 다른 사람이 말했습니다. "주여,
저는 주를 따르겠습니다. 하지만 제
가 먼저 가서 가족들에게 작별 인사
를 하게 해 주십시오."
62 예수께서 그에게 대답하셨습니다. "누
구든지 쟁기를 잡고 뒤를 돌아보는
사람은 하나님 나라에 적합하지 못
하다."

예수께서 70명을 파송하시다 (마 11:20-24)

10 그 후 주께서 다른 70명도 세
우시고 예수께서 친히 가려고
하신 각 마을과 장소에 둘씩 짝지어
먼저 보내셨습니다.
2 예수께서 그들에게 말씀하셨습니다.
"추수할 것은 많은데 일꾼이 적구나.
그러므로 추수하는 주인께 추수할
밭으로 일꾼들을 보내 달라고 청하
라.
3 이제 가라! 내가 너희를 보내는 것이
마치 양들을 이리 떼에게로 보내는
것 같구나.
4 지갑도 가방도 신발도 가져가지 말고
가는 길에 아무에게도 인사하지 말
라.
5 어느 집에라도 들어가면 먼저 '이 집에
평화가 있기를 빕니다' 하고 말하라.
6 그곳에 평화의 사람이 있으면 네 평
화가 그 사람에게 머물 것이요, 만약
그렇지 않으면 너희에게 돌아올 것이
다.
7 그 집에 머물면서 그들이 주는 것을
먹고 마시라. 일꾼은 자기 삯을 받는
것이 마땅하다. 이 집 저 집 옮겨 다
니지 말라.
8 어느 마을에 들어가서 너희를 받아
들이면 너희 앞에 차려진 음식을 먹
으라.
9 그리고 그곳에 사는 병자들을 고쳐
주고 '하나님 나라가 가까이 왔다'라
고 말하라.
10 그러나 어떤 마을에 들어가든지 사
람들이 너희를 환영하지 않으면 거리
로 나가 이렇게 말하라.
11 '우리 발에 붙은 너희 마을 먼지도 너
희에게 떨어 버리고 간다. 그러나 하
나님 나라가 가까이 왔다는 것을 알
아야 한다!'
12 내가 너희에게 말한다. 그날에 소돔
이 그 마을보다 견디기 더 쉬울 것이
다.
13 고라신아! 네게 화가 있을 것이다. 벳
새다야! 네게 화가 있을 것이다. 너희
에게 베푼 기적들이 두로와 시돈에서
나타났다면 그들은 벌써 오래전에 베
옷을 입고 재를 뒤집어쓰고 앉아 회
개했을 것이다.
14 그러나 심판 날이 되면 두로와 시돈
이 너희보다 견디기 더 쉬울 것이다.
15 그리고 너 가버나움아! 네가 하늘까

지 높아지겠느냐? 아니다. 너는 저
*음부에까지 내려갈 것이다!
16 너희 말을 듣는 사람은 내 말을 듣는
것이요 너희를 배척하는 사람은 나
를 배척하는 것이다. 또 나를 배척하
는 사람은 나를 보내신 그분을 배척
하는 것이다."
17 *70명이 기쁨에 넘쳐 돌아와 말했습
니다. "주여, 주의 이름을 대니 귀신들
도 우리에게 복종합니다!"
18 예수께서 말씀하셨습니다. "사탄이 하
늘에서 번개처럼 떨어지는 것을 내가
보았다.
19 보라. 내가 너희에게 뱀과 전갈을 밟
고 원수의 모든 능력을 이길 권세를
주었으니 그 어떤 것도 너희를 해치
지 못할 것이다.
20 그러나 귀신들이 복종하는 것을 기뻐
하지 말고 너희의 이름들이 하늘에
기록된 것을 기뻐하라."
21 그때 예수께서 성령으로 기쁨에 넘쳐
말씀하셨습니다. "하늘과 땅의 주인
이신 아버지여, 내가 아버지를 찬양
합니다. 이 모든 것을 지혜롭고 학식
있는 사람들에게는 감추시고 어린아
이들에게는 드러내셨으니 말입니다.
그렇습니다. 아버지여, 이것이 바로
아버지의 은혜로우신 뜻입니다.
22 내 아버지께서 모든 것을 내게 맡기
셨습니다. 아버지 외에는 아들이 누
구인지 아는 사람이 없습니다. 아들
과 또 아버지를 계시하려고 아들이
택한 사람 외에는 아버지가 누구인지
아는 사람이 없습니다."
23 그러고 나서 예수께서는 뒤돌아 제자
들에게 따로 말씀하셨습니다. "너희
가 보는 것을 보는 눈은 복이 있다.
24 내가 너희에게 말한다. 많은 예언자
들과 왕들이 지금 너희가 보는 것을
보고자 했으나 보지 못했고 너희가
지금 듣는 것을 듣고자 했으나 듣지
못했다."

선한 사마리아 사람의 비유

25 한 율법학자가 일어나 예수를 시험하
려고 물었습니다. "선생님, 제가 무엇
을 해야 영생을 얻을 수 있습니까?"
26 예수께서 말씀하셨습니다. "율법에 무
엇이라 기록돼 있느냐? 너는 그것을
어떻게 읽고 있느냐?"
27 율법학자가 대답했습니다. "ㄱ'네 마
음을 다하고 네 목숨을 다하고 네 힘
을 다하고 네 뜻을 다해 주 네 하나님
을 사랑하라'고 했고, 또 ㄴ'네 이웃을
네 몸같이 사랑하라'고 했습니다."
28 예수께서 대답하셨습니다. "네 대답
이 옳다. 그대로 행하면 네가 살 것이
다."
29 그런데 이 율법학자는 자신이 옳다
는 것을 보이려고 예수께 물었습니다.
"그러면 누가 제 이웃입니까?"
30 예수께서 대답하셨습니다. "한 사람
이 예루살렘에서 여리고로 가다가 강
도들을 만나게 됐다. 강도들은 그의
옷을 벗기고 때려 거의 죽게 된 채로

10:15 그리스어, 하데스, '지옥' 10:17 어떤 사본에는 72명으로 기록됨. ㄱ 신 6:5 ㄴ 레 19:18

내버려 두고 갔다.
31 마침 한 제사장이 그 길을 내려가는
데 그 사람을 보더니 반대쪽으로 지
나갔다.
32 이와 같이 한 레위 사람도 그곳에 이
르러 그 사람을 보더니 반대쪽으로
지나갔다.
33 그러나 어떤 사마리아 사람은 길을 가
다가 그 사람이 있는 곳에 이르러 그
를 보고 불쌍한 마음이 들어
34 가까이 다가가 상처에 기름과 포도주
를 바르고 싸맸다. 그러고는 그 사람
을 자기 짐승에 태워서 여관에 데려
가 잘 보살펴 주었다.
35 이튿날 사마리아 사람은 여관 주인에
게 *2데나리온을 주며 '저 사람을 잘
돌봐 주시오. 돈이 더 들면 내가 돌아
와서 갚겠소'라고 말했다.
36 너는 이 세 사람 중 누가 강도 만난
사람의 이웃이라고 생각하느냐?"
37 율법학자가 대답했습니다. "자비를 베
푼 사람입니다." 예수께서 그에게 말
씀하셨습니다. "너도 가서 이와 같이
하여라."

마르다와 마리아의 집에서

38 예수께서 제자들과 함께 길을 가다가
한 마을에 이르시니 마르다라는 여인
이 예수를 집으로 모셨습니다.
39 마르다에게는 마리아라는 동생이 있
었습니다. 그 동생은 주의 발 앞에 앉
아 예수께서 하시는 말씀을 듣고 있
었습니다.
40 그러나 마르다는 여러 가지 접대하는
일로 정신이 없었습니다. 그래서 마르
다가 예수께 다가와 말했습니다. "주
여, 제 동생이 저한테만 일을 떠맡겼
는데 왜 신경도 안 쓰십니까? 저를
좀 거들어 주라고 말씀해 주십시오!"
41 주께서 대답하셨습니다. "마르다야,

10:35 2데나리온은 노동자의 이틀 품삯과 같음.

성·경·상·식

누가복음에 등장하는 여인들

다른 복음서 기자들과는 달리 누가는 그 당시 소외 계층에 속했던 여인들에 대해 많은 관심을 보이고 있다. 그가 여인들에 관해 기록한 본문은 다음과 같다.

- 세례자 요한의 어머니 엘리사벳(1:5-25)
- 예수님의 어머니 마리아(1:26-38)
- 찬양하는 마리아(1:46-55)
- 예언하는 안나(2:36-38)
- 나인 성 과부(7:11-17)
- 용서받은 죄 많은 여인(7:36-50)
- 예수님을 섬긴 여인들(8:1-3)
- 혈루병을 앓던 여인(8:43-48)
- 마르다와 마리아(10:38-42)
- 마리아를 칭송한 여인(11:27-28)
- 귀신 들린 여인(13:10-17)
- 잃은 드라크마를 찾은 여인(15:8-10)
- 재판관의 마음을 움직인 과부(18:1-8)
- 두 렙돈을 헌금한 가난한 과부(21:1-4)
- 예수님을 따르며 슬피 우는 여인들(23:27-28)
- 골고다의 여인들(23:44-49)
- 무덤가의 여인들(23:55-56)
- 빈 무덤을 발견한 여인들(24:1-12)

마르다야, 너는 많은 일로 염려하며
정신이 없구나.
42 그러나 꼭 필요한 것은 한 가지뿐이
다. 마리아는 좋은 것을 선택했으니
결코 빼앗기지 않을 것이다."

예수께서 기도를 가르치시다 (마 6:9-15;7:7-11)

11 예수께서 어느 한 곳에서 기도
하고 계셨는데 기도를 마치시
자 제자 중 하나가 말했습니다. "주
여, 요한이 자기 제자들에게 기도하
는 것을 가르쳐 준 것처럼 주께서도
저희에게 가르쳐 주십시오."
2 예수께서 제자들에게 말씀하셨습니
다. "너희는 이렇게 기도하라.
*아버지여, 주의 이름이 거룩히 여
김을 받으시며 주의 나라가 임하게
*하소서.
3 날마다 우리에게 *필요한 양식을
내려 주시고
4 우리가 우리에게 빚진 모든 사람을
용서한 것같이 우리 죄도 용서해
주소서. 그리고 우리를 시험에 *들
지 않게 *하소서.'"
5 그러고 나서 예수께서 말씀하셨습니
다. "너희 중 누가 친구가 있는데 한
밤중에 그가 찾아와 '친구여, 내게 빵
세 덩이만 빌려 주게.
6 내 친구가 여행길에 나를 만나러 왔
는데 내놓을 게 없어서 그렇다네'라고
할 때
7 그 사람이 안에서 '귀찮게 하지 말게.
문은 다 잠겼고 나는 아이들과 함께
벌써 잠자리에 들었네. 내가 지금 일
어나서 뭘 줄 수가 없네'라고 거절할
수 있겠느냐?
8 내가 너희에게 말한다. 친구라는 이
유만으로는 그가 일어나 빵을 갖다
주지 않을지라도, 끈질기게 졸라 대
는 것 때문에는 일어나 필요한 만큼
줄 것이다.
9 그러므로 내가 너희에게 말한다. 구
하라. 그러면 너희에게 주실 것이다.
찾으라. 그리하면 너희가 찾을 것이
다. 문을 두드리라. 그러면 너희에게
열릴 것이다.
10 누구든지 구하는 사람마다 받을 것
이요, 찾는 사람마다 찾을 것이요, 두
드리는 사람에게 문이 열릴 것이다.
11 너희 가운데 어떤 아버지가 아들이
생선을 달라는데 뱀을 줄 사람이 있
겠느냐?
12 또 자녀가 달걀을 달라는데 전갈을
줄 아버지가 있겠느냐?
13 너희가 악할지라도 너희 자녀에게 좋
은 것을 줄 줄 알거든 하물며 하늘에
계신 너희 아버지께서 구하는 사람에
게 성령을 주시지 않겠느냐?"

예수와 바알세불
(마 12:22-30,43-45;막 3:20-27)

14 예수께서 말 못하는 귀신을 쫓아내고
계셨습니다. 그 귀신이 나오자 말 못
하던 사람이 말하게 됐고 사람들은

11:2 어떤 사본에는 '하늘에 계신 우리 아버지'
11:2 어떤 사본에는 '하소서.' 다음에 '주의 뜻이 하늘에서와 같이 땅에서도 이루어지게 하소서.'가 있음.
11:3 또는 내일 양식 11:4 또는 빠뜨리지 마소서.
11:4 어떤 사본에는 '하소서.' 다음에 '악에서(또는 악한 자에게서) 구하소서.'가 있음.

놀랐습니다.
15 그러나 그중 어떤 사람이 말했습니
다. "예수는 귀신의 왕 *바알세불의
힘을 빌려 귀신을 쫓아내는 것이다!"
16 또 어떤 사람들은 예수를 시험할 속
셈으로 하늘의 표적을 보이라고 요구
하기도 했습니다.
17 그러나 예수께서는 그들의 생각을 알
고 말씀하셨습니다. "어떤 나라든지
서로 갈라져 싸우면 망하게 되고 가
정도 서로 갈라져 싸우면 무너진다.
18 사탄도 역시 서로 갈라져 싸우면 사
탄의 나라가 어떻게 설 수 있겠느냐?
너희는 내가 바알세불의 힘을 빌려 귀
신을 내쫓는다고 하니
19 내가 바알세불의 힘을 빌려 귀신들을
내쫓는다면 너희 *아들들은 누구의
힘을 빌려 귀신들을 쫓아내느냐? 그
러므로 그들이야말로 너희의 재판관
이 될 것이다.
20 그러나 내가 *하나님의 손가락을 힘
입어 귀신들을 내쫓는다면 하나님
나라가 이미 너희에게 온 것이다.
21 힘센 사람이 완전 무장을 하고 집을
지키고 있다면 그 재산은 안전할 것
이다.
22 그러나 힘이 더 센 사람이 공격해 그
를 이기면 그가 의지하는 무장을 모
두 해제시키고 자기가 노략한 것을
나눠 줄 것이다.
23 나와 함께하지 않는 사람은 나를 반
대하는 사람이고 나와 함께 모으지
않는 사람은 흩어 버리는 사람이다.
24 한 더러운 영이 어떤 사람에게서 나
와 쉴 곳을 찾으려고 물 없는 곳을
돌아다니다가 끝내 찾지 못하고 '내가
전에 나왔던 집으로 다시 돌아가야
겠다'고 말했다.
25 그런데 그곳에 이르러 보니 집이 깨끗
하게 청소돼 있고 말끔히 정돈돼 있
었다.
26 그래서 더러운 영은 나가서 자기보다
더 사악한 다른 영들을 일곱이나 데
리고 와 그곳에 들어가 산다. 그러면

11:15 구약에 등장하는 에그론의 신인 바알세붑(왕하 1:2-3을 보라.)과 동일한 신으로 간주되고 신약에서는 사탄이나 귀신들의 왕과 동일시되기도 함. 11:19 귀신을 내쫓는 사람들을 말함. 11:20 하나님의 능력을 뜻함.

성·경·상·식 | ## 바알세불

신약 성경에서 귀신의 왕을 가리키는 말로 사탄의 별명이다(마 12:24,27;막 3:22;눅 11:15,18-19). 바알세불(Baal-Zebul)은 '주인'을 뜻하는 바알(Baal)과 '집'을 뜻하는 제불(Zebul)의 합성어로 '집주인'을 의미한다(마 10:25).

바알세불은 본래 구약 시대에 에그론에 살았던 블레셋 사람들이 숭배한 우상이었다. 이스라엘 사람들은 바알세불에 대한 조롱으로 이름을 의도적으로 바꾸어 불렀는데, 세불(Zebul)이라는 말 대신에 발음이 비슷한 세붑(Zebbub)이라는 말을 붙여서 '파리들의 주'라는 뜻의 바알세붑(Baal-Zebub)으로 불렀다(왕하 1:2-3,6,16).

그 사람의 마지막 상황은 처음보다
훨씬 더 나빠진다."
27 예수께서 이런 말씀을 하고 계실 때
사람들 사이에서 한 여인이 소리쳤습
니다. "선생님을 낳아 젖 먹이며 기르
신 어머니는 정말 복 있는 분입니다!"
28 예수께서 대답하셨습니다. "정말 복
있는 사람들은 하나님의 말씀을 듣
고 지키는 사람들이다."

요나의 표적 (마 12:38-42;막 8:12)

29 사람들이 점점 불어나자 예수께서 말
씀하시기 시작하셨습니다. "이 세대
는 악한 세대다. 그들은 표적을 구하
지만 요나의 표적 외에는 어떤 표적
도 받지 못할 것이다.
30 요나가 니느웨 사람들에게 표적이 된
것과 같이 인자도 이 세대에게 표적
이 될 것이다.
31 심판 때에 남쪽 나라의 여왕이 이 세
대 사람들과 함께 일어나 그들을 정
죄할 것이다. 그 여왕은 솔로몬의 지
혜를 듣기 위해 땅끝에서 왔기 때문
이다. 그러나 보라. 솔로몬보다 더 큰
이가 여기 있다.
32 심판 때에 니느웨 사람들은 이 세대
사람들과 함께 일어나 이 세대들을
정죄할 것이다. 그들은 요나의 선포를
듣고 회개했기 때문이다. 그러나 요나
보다 더 큰 이가 여기 있다.

몸의 등불 (마 5:15;6:22-23)

33 등불을 켜서 은밀한 장소에 두거나 그
릇으로 덮어 두는 사람은 없다. 오직
등불은 들어오는 사람들이 볼 수 있
도록 등잔대 위에 얹어 두는 법이다.
34 네 눈은 네 몸의 등불이다. 눈이 좋으
면 너희 온몸도 밝을 것이다. 그러나
눈이 나쁘면 몸도 어두울 것이다.
35 그러므로 네 안에 있는 빛이 어둡지
않은가 보라.
36 만약 너희 온몸이 빛으로 가득하고
어두운 부분이 하나도 없으면 마치
등불이 너희를 환하게 비출 때처럼
너희 몸도 온전히 빛날 것이다."

바리새파 사람들과 율법학자들에게 화가 있도다 (마 23:1-36;막 12:38-40;눅 20:45-47)

37 예수께서 말씀하실 때 바리새파 한

성·경·상·식

등불

팔레스타인 사람들은 집 안에 주야로 등불을 켜 두어야 했다. 당시의 실내는 어두웠기 때문이다(눅 15:8 참고). 켜 있는 등불은 건강, 활기 있는 삶을 의미했고 꺼진 등불은 그 반대를 상징했다. 성경에서는 등불이 눈으로 비유되곤 했다.

"네 눈은 네 몸의 등불이다. 눈이 좋으면 너희 온몸도 밝을 것이다. 그러나 눈이 나쁘면 몸도 어두울 것이다"(눅 11:34).

여기서 '좋으면'은 '단일한'의 뜻으로 눈병이 들어 이중으로 보이는 것과 대조되는 말이다. 영혼의 눈이 좋으면 하나님을 바로 보지만 눈이 나쁜 사람은 하나님과 재물을 같이 보기 때문에 영의 세계를 바로 볼 수 없다는 뜻이다.

사람이 자기 집에서 잡수시기를 청하
자 예수께서 안으로 들어가 식탁에
기대어 앉으셨습니다.
38 그런데 그 바리새파 사람은 예수께서
음식을 들기 전에 손을 씻지 않으시
는 것을 보고 놀랐습니다.
39 그러자 주께서 그에게 말씀하셨습니
다. "너희 바리새파 사람들은 잔과 접
시의 겉은 깨끗이 닦지만 너희 속에
는 욕심과 사악함이 가득 차 있다.
40 너희 어리석은 사람들아! 겉을 만든
분이 속도 만들지 않으셨느냐?
41 그 속에 있는 것으로 자비를 베풀라.
그러면 모든 것이 너희에게 깨끗해질
것이다.
42 너희 바리새파 사람들에게 화가 있을
것이다! 너희는 박하와 운향과 온갖
채소들의 십일조를 하나님께 바치면
서 정작 공의와 하나님의 사랑은 무
시해 버리는구나. 그런 것들도 행해
야 하지만 이런 것들도 소홀히 해서
는 안 된다.
43 너희 바리새파 사람들에게 화가 있을
것이다! 너희는 회당에서 높은 자리
에 앉기 좋아하고 시장에서 인사받기
좋아하는구나.
44 너희에게 화가 있을 것이다! 너희는
드러나지 않는 무덤 같아서 사람들이
밟고 다니나 무덤인 줄 모른다."
45 한 율법학자가 예수께 말했습니다.
"선생님, 선생님께서 이렇게 말씀하시
면 저희까지 모욕하는 것입니다."
46 예수께서 대답하셨습니다. "너희 율
법학자들에게도 화가 있을 것이다!
너희는 백성들에게 지기 힘든 어려운
짐을 지우면서 너희 자신은 손가락
하나도 까딱하려 하지 않는구나.
47 너희에게 화가 있을 것이다! 너희가
예언자들의 무덤을 만들고 있다. 바
로 너희 조상들이 그 예언자들을 죽
인 사람들이었다.
48 그래서 너희는 너희 조상들이 저지른
일을 인정하고 찬동하는 것이다. 그
들은 예언자들을 죽였고 너희는 그
예언자들의 무덤을 만들기 때문이다.
49 그러므로 하나님의 지혜도 말씀하셨
다. '내가 그들에게 예언자들과 사도
들을 보낼 것이다. 사람들이 그들 중
일부는 죽이고 일부는 핍박할 것이
다.'
50 그러므로 이 세대는 세상이 시작된
이래로 흘린 모든 예언자의 피에 대
해 책임져야 할 것이다.
51 아벨의 피부터 제단과 성소 사이에서
죽임을 당한 사가랴의 피까지 말이
다. 그렇다. 나는 너희에게 말한다. 이
세대가 책임져야 할 것이다.
52 너희 율법학자들에게 화가 있을 것이
다! 너희는 지식의 열쇠를 가로채 너
희 자신들도 들어가려고 하지 않고
들어가려고 하는 다른 사람들도 막
았다."
53 예수께서 그곳에서 나오실 때 바리새
파 사람들과 율법학자들은 예수를 격
렬하게 적대시하며 여러 가지 질문으
로 몰아붙이기 시작했습니다.

54 그들은 예수께서 말씀하시는 것에 트
집을 잡으려고 애썼습니다.

경고와 격려 (마 10:19-20;26-33;12:32)

12 그러는 동안 수천 명의 사람들
이 모여들어 서로 밟힐 지경이
됐습니다. 예수께서 먼저 제자들에게
말씀을 시작하셨습니다. "바리새파
사람들의 누룩을 조심하라. 그들의
행위는 위선이다.
2 감추어진 것이 드러나지 않을 것이 없
고 숨겨진 것이 알려지지 않을 것이
없다.
3 너희가 어둠 속에서 말한 것이 대낮
에 들릴 것이고 골방에서 속삭인 것
이 지붕 위에서 선포될 것이다.
4 내 친구들아, 너희에게 내가 말한다.
너희 몸은 죽일 수 있어도 그 후 더
이상 어떻게 할 수 없는 사람들을 두
려워하지 말라.
5 너희가 두려워해야 할 분을 내가 보
여 주겠다. 몸을 죽인 후에 *지옥에
던질 권세를 가진 그분을 두려워하
라. 그렇다. 내가 너희에게 말한다. 그
분을 두려워하라.
6 참새 다섯 마리가 *2앗사리온에 팔리
지 않느냐? 그러나 하나님께서는 그
중 참새 한 마리까지도 잊지 않으신
다.
7 하나님께서는 진정 너희 머리카락까
지도 다 세시는 분이다. 두려워하지
말라. 너희는 많은 참새들보다 더 귀
하다.
8 내가 너희에게 말한다. 누구든지 사
람들 앞에서 나를 시인하면 인자도
하나님의 천사들 앞에서 그를 시인할
것이다.
9 그러나 사람들 앞에서 나를 부인하
는 사람은 나도 하나님의 천사들 앞
에서 그를 부인할 것이다.
10 누구든지 인자를 욕하는 사람은 용
서받겠지만 성령을 모독하는 말을 한
사람은 용서받지 못한다.
11 회당이나 지도자들이나 권세 있는
자들 앞에 끌려가게 되더라도 스스
로 어떻게 대답할까, 무슨 말을 할까
염려하지 말라.
12 성령께서 그때 네가 무슨 말을 해야
할지 가르쳐 주실 것이다."

어리석은 부자의 비유

13 사람들 중에서 어떤 사람이 예수께
말했습니다. "선생님, 제 형제에게 유
산을 저와 나누라고 말씀해 주십시
오."
14 예수께서 대답하셨습니다. "이 사람
아, 누가 나를 너희 재판관이나 분배
인으로 세웠느냐?"
15 그러고는 사람들에게 말씀하셨습니
다. "너희는 조심해서 모든 탐욕을 삼
가라! 사람의 생명이 그 재산의 넉넉
함에 있는 것이 아니다."
16 그러고 나서 그들에게 한 비유를 말
씀하셨습니다. "한 부자가 수확이 잘
되는 땅을 가지고 있었는데
17 그가 혼자서 '어떻게 할까? 내 곡식을

12:5 그리스어, 게헨나 12:6 2앗사리온은 1데나리온의 8분의 1로, 매우 낮은 가치를 비유함.

쌓아 둘 곳이 없구나' 하고 생각했다.
18 그리고 말했다. '이렇게 해야겠다. 지
금 있는 창고를 부수고 더 크게 지어
내 모든 곡식과 물건을 거기에 쌓아
두어야겠다.
19 그리고 나서 내 영혼에게 말하겠다.
영혼아, 여러 해 동안 쓸 물건을 많이
쌓아 두었으니 편히 쉬고 먹고 마시
고 즐겨라.'
20 그러나 하나님께서 그에게 말씀하셨
다. '이 어리석은 사람아! 오늘 밤 네
영혼을 네게서 찾을 것이다. 그러면
네가 너를 위해 장만한 것들을 다 누
가 갖게 되겠느냐?'
21 자기를 위해 재물을 쌓아 두면서도
하나님께 대해 부요하지 못한 사람은
이와 같다."

걱정하지 말라 (마 6:25-34)

22 예수께서 제자들에게 말씀하셨습니
다. "그러므로 내가 너희에게 말한다.
네 목숨을 위해 무엇을 먹을까, 네 몸
을 위해 무엇을 입을까 걱정하지 말
라.
23 목숨이 음식보다 중요하고 몸이 옷보
다 중요한 것이다.
24 까마귀들을 생각해 보라. 심지도 거
두지도 않고 창고도 곳간도 없지만 하
나님께서 그것들을 먹이신다. 그런데
너희는 새들보다 얼마나 더 귀하냐?
25 너희 중 누가 걱정한다고 해서 *자기
목숨을 조금이라도 더 연장할 수 있
겠느냐?
26 너희가 이렇게 작은 일도 제대로 못
하면서 왜 다른 일들을 걱정하느냐?
27 백합꽃이 어떻게 자라는지 생각해
보라. 일하거나 옷감을 짜지도 않는
다. 그러나 내가 너희에게 말한다. 그
모든 영화를 누렸던 솔로몬도 이 꽃
하나만큼 차려입지 못했다.
28 오늘은 여기 있지만 내일은 불 속에
던져질 들풀들도 하나님이 그렇게 입
히시는데 하물며 너희는 얼마나 더
잘 입히시겠느냐? 믿음이 적은 사람
들아!
29 그러니 무엇을 먹을까, 무엇을 마실까
찾지도 말고 걱정하지도 말라.
30 이런 것들은 다 세상 사람들이 추구
하는 것이다. 아버지께서는 너희에게
이것들이 필요하다는 것을 아신다.
31 그러므로 너희는 오직 그분의 나라
를 구하라. 그리하면 이런 것들을 너
희에게 더해 주실 것이다.
32 두려워하지 말라, 적은 무리여, 너희
아버지께서 그 나라를 너희에게 주기
를 기뻐하신다.
33 너희 소유를 팔아 자선을 베풀라. 너
희는 자신을 위해 닳지 않는 지갑을
만들어 없어지지 않는 재물을 하늘
에 쌓아 두라. 그곳에는 도둑이 들거
나 좀먹는 일이 없을 것이다.
34 너희 재물이 있는 곳에 마음도 가는
법이다.

깨어 준비하고 있으라 (마 24:45-51)

35 항상 허리에 띠를 두르고 등불을 켜

12:25 또는 그 키를 1규빗이라도 더 크게 할 수 있겠느냐?

놓고 있어야 한다.
36 마치 주인이 결혼 잔치에서 돌아와
문을 두드릴 때 곧 열어 주려고 대기
하고 있는 사람들과 같이 되라.
37 주인이 돌아와서 종들이 깨어 있는
것을 보면 그 종들은 복이 있을 것이
다. 내가 진실로 너희에게 말한다. 그
주인은 허리에 띠를 두르고 그 종들
을 식탁에 앉힌 다음 곁에 와서 시중
을 들 것이다.
38 만약 주인이 한밤중이나 새벽에 오더
라도 깨어 있는 종들을 본다면 그 종
들은 복이 있을 것이다.
39 너희는 이것을 알라. 만약 집에 도둑
이 언제 들지 알았더라면 집주인은
도둑이 집에 들어오지 못하게 할 것
이다.
40 그러므로 너희도 준비하고 있어야 한
다. 인자가 생각지도 않을 때 올 것이
기 때문이다."
41 베드로가 물었습니다. "주여, 이 비유
를 저희에게 하신 것입니까, 아니면
모든 사람에게 하신 것입니까?"
42 주께서 대답하셨습니다. "누가 신실하
고 지혜로운 종이겠느냐? 주인이 자
기 종들을 맡기고 제때 양식을 나눠
줄 일꾼이 누구겠느냐?
43 주인이 돌아와 종이 시킨 대로 일하
는 것을 본다면 그 종은 복이 있을 것
이다.
44 내가 진실로 너희에게 말한다. 주인
은 그 종에게 자신의 모든 재산을 맡
길 것이다.
45 그러나 그 종이 '주인님이 오시려면
한참 멀었다'라는 생각에 남녀종들을
때리며 먹고 마시고 취해 버린다고 하
자.
46 그 종의 주인은 종이 생각지도 못한
날, 그가 알지 못하는 시각에 돌아와
서 그를 몹시 때린 뒤 믿지 않는 자들
과 함께 둘 것이다.
47 주인의 뜻을 알고도 준비하지 않거나
그 뜻대로 하지 않은 종은 매를 많이
맞을 것이다.
48 그러나 알지 못하고 매 맞을 일을 한
종은 적게 매를 맞을 것이다. 많이 받
은 사람에게는 많은 것을 요구하시고
많은 일을 맡은 사람에게는 많은 것
을 물으실 것이다.

평화가 아니라 분열을 일으키러 왔다
(마 10:34-36)

49 내가 세상에 불을 지르러 왔는데 이
미 그 불이 붙었으면 내가 무엇을 더
바라겠느냐?
50 그러나 나는 받아야 할 *세례가 있
다. 이 일이 이루어질 때까지 내가 얼
마나 괴로움을 당할는지 모른다.
51 내가 세상에 평화를 주러 왔다고 생
각하느냐? 내가 너희에게 말한다. 아
니다. 오히려 분열을 일으키러 왔다.
52 이제부터 한 집안에서 다섯 식구가
서로 갈라져 셋이 둘과 싸우고 둘이
셋과 싸울 것이다.
53 그들은 갈라져 부자간에, 모녀간에,
고부간에 서로 대립할 것이다."

12:50 또는 침례

시대를 분간하라 (마 5:25-26;16:2-3)

54 예수께서 사람들에게 말씀하셨습니
다. "너희는 구름이 서쪽에서 일어나
는 것을 보면 즉시 '폭풍우가 오겠구
나'라고 말한다. 그리고 그렇게 된다.
55 바람이 남쪽에서 불면 '날씨가 덥겠
구나'라고 한다. 그리고 그렇게 된다.
56 위선자들아! 너희가 땅과 하늘의 기
상은 분간할 줄 알면서 어떻게 지금
이 시대는 분간할 줄 모르느냐?
57 어찌해서 너희는 무엇이 옳은지 스스
로 판단하지 못하느냐?
58 너를 고소하는 사람과 함께 관원에
게 가게 되거든 너는 도중에 그 사람
과 화해하도록 최선을 다하여라. 그
러지 않으면 그가 너를 재판관에게
끌어가고, 재판관은 너를 형무소 관
리에게 넘기고, 형무소 관리는 너를
감옥에 가둘지 모른다.
59 내가 너희에게 말한다. 너희가 마지막
*1렙돈까지 다 갚기 전에는 그곳에서
나올 수 없을 것이다."

회개하지 아니하면 멸망하리라

13 바로 그때 몇몇 사람들이 와서
빌라도가 갈릴리 사람들의 피
를 그의 희생제물과 섞었다는 소식을
예수께 전했습니다.
2 예수께서 대답하셨습니다. "그 갈릴리
사람들이 다른 모든 갈릴리 사람들보
다 더 악한 죄인이어서 이런 변을 당
했다고 생각하느냐?
3 그렇지 않다. 내가 너희에게 말한다.
너희도 회개하지 않으면 모두 멸망할
것이다.
4 또 실로암에서 탑이 무너져 죽은 18
명은 어떠하냐? 다른 모든 예루살렘
사람들보다 그들이 죄를 더 많이 지
었다고 생각하느냐?
5 그렇지 않다. 내가 너희에게 말한다.
너희도 회개하지 않으면 모두 멸망할
것이다."
6 예수께서 이런 비유를 말씀하셨습니
다. "어떤 사람이 포도원에 무화과나
무를 한 그루 심었다. 그는 열매가 열
렸을까 해서 가 보았지만 하나도 보이
지 않았다.
7 그래서 그는 포도원지기에게 말했다.
'이 무화과나무에 열매가 있는지 보려
고 3년 동안이나 와 보았건만 하나도
없으니 나무를 베어 버려라. 무엇 때
문에 땅만 버리겠느냐?'
8 그러자 그 종이 대답했다. '주인님, 한
해만 그냥 두십시오. 그러면 제가 그
둘레를 파고 거름을 주겠습니다.
9 혹 내년에 열매가 열릴지도 모릅니다.
그렇지 않으면 그때 베어 버리십시
오.'"

안식일에 허리가 굽은 여인을 고치시다

10 예수께서 안식일에 한 회당에서 가르
치고 계셨습니다.
11 거기에는 18년 동안 병을 일으키는
영에게 시달리고 있는 여인이 있었습
니다. 그 여인은 허리가 굽어 똑바로
설 수가 없었습니다.

12:59 그리스의 가장 작은 화폐 단위로, 1렙돈은 1고드란트의 2분의 1과 같음.

12 예수께서 그 여인을 보고 앞으로 불
러내 말씀하셨습니다. "여인아, 네가
병에서 해방됐다!"
13 그리고 예수께서 여인에게 손을 얹으
셨습니다. 그러자 여인은 허리를 쭉
펴고 일어서서 하나님께 영광을 돌렸
습니다.
14 예수께서 안식일에 병을 고치신 것에
화가 난 회당장이 사람들에게 말했습
니다. "일할 날은 엿새나 있소. 그러니
그날에 와서 병을 고치고 안식일에는
하지 마시오."
15 주께서 그에게 대답했습니다. "이 위
선자들아! 너희가 각각 안식일에 황
소나 나귀를 외양간에서 풀어 내 끌
고 나가 물을 먹이지 않느냐?
16 그렇다면 아브라함의 딸인 이 여인이
18년 동안이나 사탄에게 매여 있었으
니 안식일에 이 매임에서 풀어 주는
것이 당연하지 않느냐?"
17 예수께서 이렇게 말씀하시자 그를 반
대하던 사람들이 모두 부끄러워했습
니다. 반면에 다른 사람들은 모두 예
수께서 행하신 모든 영광스러운 일을
보고 기뻐했습니다.

겨자씨와 누룩의 비유 (마 13:31-33;막 4:30-32)

18 예수께서 말씀하셨습니다. "하나님
나라는 무엇과 같은가? 그것을 무엇
에 비교할 수 있을까?
19 그것은 누군가 가져다 자기 밭에 심
은 겨자씨와 같다. 그 씨가 자라서 나
무가 되면 공중의 새들이 날아와 그
가지에 둥지를 튼다."
20 예수께서 다시 말씀하셨습니다. "하나
님 나라를 무엇에 비교할 수 있을까?
21 그것은 누룩과 같다. 어떤 여자가 가

Q&A 안식일과 주일

참고 구절 | 창 2:2-3; 눅 13:14

안식일

· 기원 : 하나님께서 천지를 창조하신 후 시작(창 2:2-3).

· 목적 : 하나님과 사람, 피조물이 쉼을 누리고 하나님께 예배하기 위함(레 23:3).

주 일

· 기원 : 예수님의 부활에서 시작됨(막 16:9).

· 목적 : 그리스도의 부활을 기념하고 성도들의 구원 완성을 기다리며 예배드리기 위함.

유대인의 안식일 병 고침 규정 유대인은 안식일에 일하는 것을 금지했으나 단 생명이 위독할 때는 병 고치는 일을 허용했다. 안식일에 행할 수 있는 의료 행위로는 여자가 아이를 낳을 경우 돌보아 줄 수 있었고, 목에 감염된 병을 치료할 수 있었다.

벽이 무너져 사람이 치었을 때 그가 죽었는지 살았는지 확인할 수 있을 만큼만 벽돌을 치울 수 있었다. 만일 살아 있는 것이 확인되면 구조할 수 있었으나 죽었을 경우에는 안식일이 지날 때까지 그냥 내버려 두어야 했다.

안식일에는 부러진 뼈도 치료할 수 없었고 삔 손이나 삔 발에 찬물을 뿌릴 수도 없었다. 잘린 손가락은 붕대만 감을 수 있을 뿐 약이나 연고를 바를 수 없었다.

져다 가루 *3사톤에 섞었더니 결국
온통 부풀어 올랐다."

좁은 문 (마 7:13-14,21-23)

22 예수께서는 예루살렘으로 가는 길에
여러 마을과 동네를 거치며 말씀을
가르치셨습니다.
23 어떤 사람이 예수께 물었습니다. "주
여, 구원받을 사람이 적습니까?" 예
수께서 그들에게 말씀하셨습니다.
24 "너희는 좁은 문으로 들어가기 위해
힘쓰라. 내가 너희에게 말한다. 많은
사람들이 그곳에 들어가려 하겠지만
들어가지 못할 것이다.
25 집주인이 일어나 문을 닫아 버리면
너희는 밖에 서서 문을 두드리면서
'주인님, 문을 열어 주십시오'라고 말
할 것이다. 그러나 주인은 '너희가 어
디서 왔는지 나는 모른다'라고 대답할
것이다.
26 그러면 너희는 '저희가 주인님 앞에서
먹고 마셨고, 또 주인님은 우리 동네
거리에서 가르치셨습니다'라고 할 것
이다.
27 그러나 주인은 '너희가 어디서 왔는지
나는 모른다. 불의를 행하는 모든 자
들아, 내게서 물러가라'라고 할 것이
다.
28 아브라함과 이삭과 야곱과 모든 예언
자들이 하나님 나라에 있고 너희 자
신은 정작 밖으로 내쳐진 것을 볼 때
너희는 거기서 슬피 울며 이를 갈 것
이다.
29 사람들이 동서남북 사방에서 와서
하나님 나라의 잔치 자리에 앉을 것
이다.
30 보라. 나중에 시작했으나 먼저 될 사
람이 있고 먼저 시작했으나 나중 될
사람이 있다."

예수께서 예루살렘으로 인하여 슬퍼하시다
(마 23:37-39)

31 그때 몇몇 바리새파 사람들이 예수께
와서 말했습니다. "여기서 떠나 다른
곳으로 가십시오. 헤롯이 당신을 죽
이려 합니다!"
32 예수께서 말씀하셨습니다. "그 여우에
게 가서 말하라. '오늘과 내일은 내가
귀신을 쫓아내고 사람들을 고쳐 줄
것이다. 그리고 셋째 날이 되면 내 뜻
을 이루리라.'
33 그러나 오늘과 내일 그리고 그다음
날에도 나는 마땅히 내 갈 길을 가야
한다. 예언자는 예루살렘 밖에서 죽
을 수 없는 법이다.
34 오 예루살렘아! 예루살렘아! 네가 예
언자들을 죽이고 네게 보낸 사람들
을 돌로 치는구나. 암탉이 제 새끼를
날개 아래에 품듯이 내가 얼마나 너
희 자녀들을 모으려고 했더냐? 그러
나 너희가 원하지 않았다!
35 보라! 이제 너희의 집은 황폐한 채로
남을 것이다. 내가 너희에게 말한다.
너희가 '주의 이름으로 오시는 그분
은 복이 있다'라고 말할 때까지 너희
가 다시는 나를 보지 못할 것이다."

13:21 아람어, 곡물을 측정하는 단위. 3사톤은 약 37리터

바리새파 지도자의 집에서의 예수

14 안식일에 예수께서는 음식을
잡수시러 한 바리새파 지도자
의 집으로 들어가셨습니다. 그때 사
람들은 예수를 가까이에서 지켜보고
있었습니다.
2 예수 앞에는 수종병 환자가 있었습니
다.
3 예수께서 바리새파 사람들과 율법학
자들에게 물으셨습니다. "안식일에
병을 고치는 것이 옳으냐, 옳지 않으
냐?"
4 그러나 사람들은 입을 다물고 있었습
니다. 그러자 예수께서 그 사람을 데
려다가 병을 고쳐 주고는 돌려보내셨
습니다.
5 그러고 나서 예수께서 그들에게 물
으셨습니다. "너희 중 누구든지 자기
*아들이나 소가 우물에 빠지면 안식
일이라도 당장 끌어내지 않겠느냐?"
6 사람들은 아무 대답도 할 수 없었습
니다.
7 예수께서 초대받은 손님들이 윗자리
를 고르는 것을 보시고 초대받은 사
람들에게 이런 비유를 들려주셨습니
다.
8 "결혼 잔치에 초대받으면 윗자리에 앉
지 마라. 혹시 너보다 더 높은 사람
이 초대받았을지 모른다.
9 만약 그렇다면 너와 그 사람을 모두
초대한 그 주인이 다가와 '이분에게
자리를 내 드리십시오'라고 할 것이다.
그러면 너는 부끄러워하면서 끝자리
로 내려가 앉게 될 것이다.
10 그러므로 초대받으면 끝자리에 가서
앉아라. 그러면 주인이 와서 '친구여,
이리 올라와 더 나은 자리에 앉으시
오'라고 할 것이다. 그렇게 되면 다른
모든 손님들 앞에서 네가 높아질 것
이다.
11 자기를 높이는 사람은 낮아지고 자기
를 낮추는 사람은 높아질 것이다."
12 그때 예수께서는 초대한 주인에게 말
씀하셨습니다. "점심이나 저녁을 베풀
때 친구나 형제나 친척이나 부유한
이웃을 초대하지 마라. 그렇게 하면
그들이 너희를 다시 초대해 갚을 수
있기 때문이다.
13 오히려 잔치를 베풀 때는 가난한 사
람들과 지체에 장애가 있는 사람들
과 다리 저는 사람들과 보지 못하는
사람들을 초대하여라.
14 그리하면 네가 복받을 것이다. 그들
이 네게 갚을 것이 없기 때문이다. 의
인들이 부활할 때 네가 갚음을 받을
것이다."

큰 잔치의 비유 (마 22:1-14)

15 예수와 함께 식탁에 앉은 사람들 중
하나가 이 말씀을 듣고 예수께 말했
습니다. "하나님 나라에서 먹는 사람
은 복이 있습니다."
16 예수께서 대답하셨습니다. "어떤 사
람이 큰 잔치를 준비하고 손님들을
많이 초대했다.
17 잔치가 시작되자 그는 종을 보내 자

14:5 또는 나귀

기가 초대한 사람들에게 '이제 준비가
다 됐으니 오십시오'라고 했다.
18 그러나 그들은 한결같이 핑계를 대기
시작했다. 어떤 사람은 '내가 이제 막
밭을 샀는데 좀 가 봐야겠습니다. 부
디 양해해 주십시오'라고 했고
19 다른 사람은 '내가 황소 다섯 쌍을 샀
는데 어떤지 가 보는 길입니다. 부디
양해해 주십시오'라고 했다.
20 또 다른 사람도 '내가 결혼을 해서 갈
수가 없습니다'라고 했다.
21 그 종이 돌아와 주인에게 그대로 전
했다. 그러자 그 집주인은 화가 나 종
에게 명령했다. '당장 길거리와 골목
으로 나가 가난한 사람들과 지체에
장애가 있는 사람들과 보지 못하는
사람들과 걷지 못하는 사람들을 데
려오너라.'
22 종이 말했다. '주인님, 분부대로 했습
니다만 아직도 자리가 남아 있습니
다.'
23 그러자 주인이 종에게 말했다. '큰길
과 산울타리로 나가서 사람들을 데려
다 내 집을 채워라.'
24 내가 너희에게 말한다. 처음에 초대
받은 사람들은 한 명도 내 잔치를 맛
보지 못할 것이다."

제자가 되는 사람의 대가 (마 5:13;막 9:50)

25 큰 무리가 예수와 함께 길을 가고 있
었는데 예수께서 뒤돌아서서 그들에
게 말씀하셨습니다.
26 "누구든지 내게 오면서 자기 부모와
아내와 자식과 형제 혹은 자매와 자
기 생명일지라도 나보다 더 사랑하면
내 제자가 될 수 없다.
27 누구든지 자기 십자가를 지지 않고
나를 따르는 사람은 내 제자가 될 수
없다.
28 너희 중 어떤 사람이 탑을 세우려 한
다고 하자. 그러면 먼저 자리에 앉아
완공할 때까지 어느 정도 비용이 드
는지 계산해 보지 않겠느냐?
29 만약 기초만 잘 닦아 놓고 일을 마칠
수 없다면 보는 사람마다 비웃으며
30 말할 것이다. '이 사람이 짓기를 시작
만 하고 끝내지는 못했구나.'
31 또 어떤 왕이 다른 나라 왕과 전쟁하
러 나간다고 하자. 그가 먼저 자리에
앉아 1만 명의 군사로 2만 명의 군사
를 이끌고 오는 왕을 대항할 수 있을
지 생각해 보지 않겠느냐?
32 만약 승산이 없다면 그가 아직 멀리
있을 때 사신을 보내 화친을 청할 것
이다.
33 이와 같이 너희 가운데 누구든지 자
기 소유를 다 포기하지 않으면 내 제
자가 될 수 없다.
34 소금은 좋은 것이다. 그러나 소금이
짠맛을 잃으면 무엇으로 다시 짜게
하겠느냐?
35 그것은 땅에도 거름에도 쓸모가 없어
밖에 내버려진다. 귀 있는 사람은 들
으라."

잃은 양의 비유 (마 18:12-14)

15 세리들과 죄인들이 모두 예수
의 말씀을 듣기 위해 모여들었

습니다.
2 그러자 바리새파 사람들과 율법학자
들이 크게 웅성거리기 시작했습니다.
"이 사람이 죄인들을 맞아들여 그들
과 함께 음식을 먹는다."
3 그러자 예수께서 그들에게 이런 비유
를 들려주셨습니다.
4 "너희 중 누가 100마리의 양을 가지
고 있었는데 그중 한 마리를 잃어버
렸다고 하자. 그러면 99마리의 양을
들판에 두고 그 잃어버린 양 한 마리
를 찾을 때까지 찾아다니지 않겠느
냐?
5 그리고 양을 찾게 되면 기뻐하며 양
을 어깨에 메고
6 집에 와서 친구들과 이웃을 불러 모
아 '나와 함께 기뻐해 주십시오. 잃어
버린 내 양을 찾았습니다'라고 할 것
이다.
7 내가 너희에게 말한다. 이와 같이 하
늘에서는 회개할 필요 없는 의인 99
명보다 회개하는 죄인 한 명을 두고
더 기뻐할 것이다.

잃은 드라크마의 비유

8 어떤 여자가 *열 개의 드라크마 동전
을 가지고 있다가 그중 하나를 잃어버
렸다고 하자. 여인이 등불을 켜고 집
안을 쓸며 동전을 찾을 때까지 샅샅
이 뒤지지 않겠느냐?
9 그리고 동전을 찾게 되면 친구들과
이웃을 불러 모아 '나와 함께 기뻐해
주십시오. 내가 잃어버린 동전을 찾
았습니다'라고 할 것이다.
10 내가 너희에게 말한다. 이와 같이 회
개하는 죄인 한 사람을 두고 하나님
의 천사들이 기뻐할 것이다."

잃은 아들의 비유

11 예수께서 말씀하셨습니다. "어떤 사
람에게 두 아들이 있었다.
12 작은아들이 아버지에게 말했다. '아버
지, 재산 중에서 제가 받을 몫을 주
십시오.' 그래서 아버지는 두 아들에
게 살림을 나눠 주었다.
13 며칠 뒤 작은아들은 자기가 가진 것

15:8 열 개의 드라크마는 (세메디로 사용된) 혼인 예물로 사랑의 증표였음.

성·경·상·식

여자의 열 드라크마

유대 사회에서는 결혼할 때 신랑 되는 남자가 아내로 맞이하는 여자에게 사랑의 표시로 열 드라크마를 주었다.

결혼한 여자에게 이 드라크마는 결혼반지와 같은 의미를 지닌 소중한 것이었다. 남편이 준 열 드라크마는 줄로 꿰어 머리를 치장하는 장식품(세메디)으로 사용되었다. 그런데 열 드라크마가 한 세트여서 그중 하나라도 잃어버리면 남아 있는 9개까지 사용할 수 없었다고 한다.

드라크마 하나를 잃어버린 여자는 이러한 이유 때문에 어두운 집 안에 불을 밝히고 샅샅이 훑어볼 수밖에 없었다. 그리고 한 드라크마를 찾았을 때 잔치를 벌일 만큼 기뻐했던 것이다. 여기서 다시 찾은 한 드라크마는 구원받은 한 영혼을 말한다.

을 모두 챙겨서 멀리 다른 나라로 떠
났다. 그러고는 거기서 방탕하게 살면
서 그 재산을 낭비했다.
14 그가 모든 것을 탕진했을 때 그 나라
전역에 심한 흉년이 들어 형편이 어려
워지기 시작했다.
15 그래서 그는 그 나라 사람에게 일자
리를 얻었는데 그 사람은 그를 들판
으로 내보내 돼지를 치게 했다.
16 그는 돼지가 먹는 쥐엄나무 열매로라
도 배를 채우고 싶었지만 그것마저
주는 사람이 없었다.
17 그제야 제정신이 들어서 말했다. '내
아버지 집에는 양식이 풍부해서 일꾼
들이 먹고도 남는데 나는 여기서 굶
어 죽는구나!
18 내가 일어나 아버지에게 돌아가 말해
야겠다. 아버지, 제가 하늘과 아버지
께 죄를 지었습니다.
19 저는 더 이상 아버지의 아들이라 불
릴 자격이 없으니 그저 하나의 일꾼
으로나 삼아 주십시오.'
20 그러고서 아들은 일어나 아버지에게
로 갔다. 아들이 아직 멀리 있는데 그
아버지는 아들을 보고 불쌍히 여겨
아들에게 달려가 그의 목을 껴안고
입을 맞췄다.
21 아들이 아버지에게 말했다. '아버지,
제가 하늘과 아버지께 죄를 지었습니
다. 이제 아들이라고 불릴 자격도 *없
습니다.'
22 그러나 아버지는 종들에게 말했다.
'어서 가장 좋은 옷을 가져와 이 아이
에게 입혀라. 손가락에 반지를 끼우
고 발에 신을 신겨라.
23 살진 송아지를 끌어다 잡아라. 잔치
를 벌이고 즐기자.
24 내 아들이 죽었다가 다시 살아났다.
이 아들을 잃었다가 이제 찾았다.' 이
렇게 그들은 잔치를 벌이기 시작했
다.
25 그런데 큰아들은 들에 나가 있었다.
그가 집 가까이에 이르렀을 때 음악
과 춤추는 소리가 들렸다.
26 그래서 하인 하나를 불러 무슨 일인
지 물어 보았다.
27 하인이 대답했다. '동생이 왔습니다.
동생이 건강하게 무사히 돌아와서 주
인어른께서 살진 송아지를 잡으셨습
니다.'
28 큰아들은 화가 나서 들어가려 하지
않았다. 그러자 아버지가 나와 그를
달랬다.
29 그러자 큰아들이 아버지에게 이렇게
말했다. '보십시오! 저는 여러 해 동안
아버지를 위해 종노릇하고 무슨 말씀
이든 어긴 적이 없습니다. 그런데 제
게는 친구들과 함께 즐기라며 염소
새끼 한 마리도 주시지 않았습니다.
30 그런데 창녀와 함께 아버지의 재산을
탕진한 아들이 집에 돌아오니까 아버
지는 그를 위해 살진 송아지를 잡으
셨습니다.'
31 아버지가 말했다. '얘야, 너는 항상 나

15:21 어떤 초기 사본에는 '없습니다.' 다음에 '나를 그저 하나의 일꾼으로나 삼아 주십시오.'가 있음.

와 함께 있지 않느냐? 또 내가 가진
모든 것이 다 네 것이다.
32 그러나 네 동생은 죽었다가 다시 살
아났고 내가 그를 잃었다가 찾았으니
우리가 잔치를 벌이며 기뻐하는 것이
당연하다.'"

불의한 청지기의 비유

16 **예수께서 제자들에게 말씀하
셨습니다.** "어떤 부자가 있었는
데 그 집 청지기가 주인의 재산을 낭
비하고 있다는 소문이 들렸다.
2 그래서 주인이 청지기를 불러들여 물
었다. '자네에 대해 들리는 말이 있는
데 이게 어찌된 일인가? 장부를 정리
하게. 이제부터 자네는 내 청지기가
될 수 없네.'
3 청지기는 속으로 생각했다. '주인이 내
게서 일자리를 빼앗으려 하는데 내가
무얼 할 수 있을까? 땅을 파자니 힘
에 부치고 빌어먹자니 창피하구나.
4 내가 무얼 할 수 있는지 알겠다. 내가
청지기 자리를 잃을 때 사람들이 나
를 자기 집으로 맞아들이도록 해야
겠다.'
5 그래서 그는 자기 주인에게 빚진 사
람들을 하나씩 불러들였다. 그가 첫
번째 사람에게 물었다. '당신이 우리
주인에게 진 빚이 얼마요?'
6 그 사람은 '올리브기름 *100바투스를
꾸었습니다'라고 대답했다. 청지기가
말했다. '당신의 빚 증서요. 어서 앉아
서 *50바투스라 적으시오.'
7 그러고 나서 청지기는 다른 사람에게
물었다. '당신의 빚은 얼마요?' 그 사
람은 '밀 *100코루스입니다'라고 대답
했다. 청지기가 말했다. '당신의 빚 문
서를 받아서 *80코루스라 적으시오.'
8 주인은 불의한 청지기의 약삭빠른 행
동을 보고 오히려 칭찬했다. 이 세상
의 자녀들이 자기들끼리 거래하는 데

16:6 100바투스는 약 3킬로리터, 50바투스는 약 1.5킬로리터 16:7 100코루스는 약 37킬로리터, 80코루스는 약 29.6킬로리터

하용조 목사의
행복한 **메시지**

원위치로 돌아가십시오!

탕자는 아버지의 집을 떠날 때 의기양양했습니다. 그는 신사복을 차려 입고 자신감에 넘쳐서 집을 나갔습니다. 처음에는 행복이 약속된 것 같았고 행복을 마치 손에 거머쥔 것만 같았습니다. 주변에는 애인도 있었고 친구도 많았습니다. 그러나 돈이 떨어지면서 애인도 친구도 떠나고 인생도 나락으로 떨어지고 말았습니다. 마침내 돼지를 치는 신세가 되어 자신의 삶을 한탄하다가 거지 차림으로 다시 아버지의 집으로 돌아옵니다. 여기서 그가 깨달은 것은 원위치로 돌아왔다는 것입니다.

원위치로 돌아가는 것은 부끄러운 일이 아닙니다. 진정으로 우리의 믿음을 발견하는 자리가 바로 그곳이기 때문입니다. 하나님께서는 환경이 아니라 우리의 마음을 바꾸십니다. 믿음의 사람들은 항상 다시 시작할 수 있습니다. 믿음에는 늦은 때가 없습니다.

는 빛의 자녀들보다 더 약삭빠르다.
9 내가 너희에게 말한다. 불의한 재물
로 너희를 위해 친구를 사귀라. 그래
서 재물이 다 없어질 때 그들이 너희
를 영원한 장막으로 환영하게 하라.
10 누구든지 적은 일에 충성하는 사람
은 많은 일에도 충성할 것이요, 누구
든지 적은 일에 불의한 사람은 많은
일에도 불의할 것이다.
11 그러니 불의한 *재물을 다루는 데 충
실하지 못했다면 누가 참된 재물을
너희에게 맡기겠느냐?
12 또 너희가 남의 재산을 다루는 데 충
실하지 못했다면 누가 너희에게 너희
몫의 재산을 주겠느냐?
13 한 종이 두 주인을 섬기지 못한다. 이
주인은 미워하고 저 주인을 사랑하든
가, 저 주인에게 헌신하고 이 주인은
무시하든가 할 것이다. 너희가 하나님
과 재물을 동시에 섬길 수 없다."
14 **돈을 좋아하는 바리새파 사람들이**
이 모든 것을 듣고 예수를 비웃었습
니다.
15 **예수께서 그들에게 말씀하셨습니다.**
"너희가 사람의 눈앞에서 스스로 의
롭다고 하지만 하나님은 너희 마음을
다 아신다. 사람들 중에 높임을 받는
것은 하나님 앞에 미움을 받는 것이
다.

부가적인 가르침들

16 율법과 예언자들의 시대는 요한의 때
까지다. 그 후부터는 하나님 나라의
복음이 전파되며 모든 사람이 그 나
라 안으로 침략해 들어가고 있다.
17 하늘과 땅이 사라지는 것이 율법에서
한 획이 떨어져 나가는 것보다 쉽다.
18 누구든지 남자가 자기 아내와 이혼하
고 다른 여자와 결혼하면 간음하는
것이다. 그리고 이혼한 여자와 결혼
하는 남자도 간음하는 것이다.

부자와 나사로

19 어떤 부자가 있었는데 그는 항상 자
색 옷과 고운 베옷을 입고 날마다 즐
기며 사치스럽게 살았다.
20 그 집 대문 앞에는 나사로라는 거지
가 상처투성이 몸으로 있었다.
21 그는 부자의 상에서 떨어지는 부스러
기로 배를 채우려고 했다. 그런데 심
지어는 개들마저 와서 그 상처를 핥
았다.
22 나중에 그 거지가 죽자 천사들이 그
를 아브라함의 품으로 데려갔다. 그
부자도 죽어서 땅에 묻혔다.
23 부자는 *지옥에서 고통을 당하고 있
었는데 고개를 들어 보니 저 멀리 아
브라함과 그의 품에 있는 나사로가 보
였다.
24 그가 아브라함에게 외쳤다. '조상 아브
라함이여, 저를 불쌍히 여겨 주십시
오. 나사로를 보내 그 손가락 끝에 물
한 방울 찍어서 제 혀를 시원하게 해
주십시오. 제가 지금 이 불 속에서 고
통을 당하고 있습니다.'
25 그러자 아브라함이 대답했다. '얘야,
네가 살아 있을 때를 기억해 보아라.

16:11 셈어, 맘몬 16:23 그리스어, 하데스

네가 온갖 좋은 것을 다 받는 동안 나
사로는 온갖 나쁜 것만 다 겪었다. 그
러나 지금은 그가 여기서 위로를 받
고 너는 고통을 받는다.
26 이뿐 아니라 너희와 우리 사이에는
커다란 틈이 있어 여기서 너희 쪽으
로 건너가고 싶어도 갈 수가 없고 거
기서도 우리 쪽으로 건너올 수가 없
다.'
27 부자가 대답했다. '그렇다면 제발 부
탁입니다. 나사로를 저희 아버지 집으
로 보내 주십시오.
28 제게 다섯 형제가 있으니 그들이 이
고통스러운 곳으로 오지 않도록 나사
로가 가서 경고하게 해 주십시오.'
29 아브라함이 대답했다. '그들에게는 모
세와 예언자들이 있으니 그들의 말을
들으면 될 것이다.'
30 부자가 말했다. '아닙니다. 조상 아브
라함이여, 누군가 죽었던 사람이 가
야만 그들이 회개할 것입니다.'
31 아브라함이 그에게 말했다. '그들이 모
세와 예언자들의 말을 듣지 않는다
면 비록 죽은 사람들 가운데 누가 살
아난다 해도 그들은 믿지 않을 것이
다.'"

죄, 믿음, 의무 (마 18:6-7;막 9:42)

17 예수께서 제자들에게 말씀하
셨습니다. "죄짓게 하는 일이
언제나 있게 마련이지만 죄짓게 하는
그 사람에게는 재앙이 있을 것이다.
2 누구든지 이 작은 사람들 가운데 하
나를 죄짓게 하면 차라리 자기 목에
맷돌을 매달고 바다에 빠지는 것이
더 나을 것이다.
3 너희는 스스로 조심하라! 네 형제가
죄를 지으면 꾸짖으라. 그리고 그가
회개하면 용서해 주라.
4 만약 그가 네게 하루에 일곱 번 죄를
짓고 그때마다 네게 와서 '회개한다'고
말하면 용서해 주라."
5 사도들이 주께 말했습니다. "우리에게
믿음을 더해 주십시오!"
6 예수께서 말씀하셨습니다. "너희 믿
음이 이 겨자씨 한 알 만큼만 있어도
이 뽕나무에게 '뿌리째 뽑혀 바다에
심겨라!'라고 하면 그 나무가 너희에
게 순종할 것이다.
7 너희 중 한 명에게 밭을 갈거나 양을
치는 종이 있다고 하자. 그 종이 들
에서 일하고 돌아오면 그에게 '들어와
앉아 먹어라'라고 하겠느냐?
8 오히려 '내 저녁을 준비하고 허리에
띠를 두르고 내가 다 먹고 마실 동안
내 시중을 들어라. 그러고 나서 너도
먹고 마셔라'라고 하지 않겠느냐?
9 자기가 말한 대로 종이 했다고 해서
주인이 그에게 고맙다고 하겠느냐?
10 이와 같이 너희도 명령받은 대로 다
마치고 나서 '우리는 쓸모없는 종입니
다. 그저 할 일을 했을 뿐입니다'라고
말해야 한다."

예수께서 나병 환자 열 명을 고치시다

11 예수께서 예루살렘으로 가시는 길에
사마리아와 갈릴리 사이로 지나가시
게 됐습니다.

12 예수께서 한 마을에 들어가시다가 열
명의 *나병 환자를 만나셨습니다. 그
들이 멀찍이 서서
13 큰 소리로 외쳤습니다. "예수 선생님!
저희를 불쌍히 여겨 주십시오."
14 예수께서 그들을 보고 말씀하셨습니
다. "제사장들에게 가서 너희 몸을 보
이라." 그러자 그들은 가는 도중에 몸
이 깨끗해졌습니다.
15 그들 중 한 사람은 자기 병이 나은 것
을 보고 큰 소리로 하나님께 영광을
돌리며 돌아왔습니다.
16 그는 예수의 발 앞에 엎드려 감사했
습니다. 그는 사마리아 사람이었습니
다.
17 예수께서 물으셨습니다. "열 명이 깨
끗해지지 않았느냐? 그런데 아홉 명
은 어디에 있느냐?
18 이 이방 사람 말고는 하나님께 영광
을 돌리려고 되돌아온 사람이 없단
말이냐?"
19 그리고 예수께서 그에게 말씀하셨습
니다. "일어나 가거라. 네 믿음이 너를
구원했다."

하나님 나라의 도래 (마 24:23-28,37-41)

20 바리새파 사람들이 하나님 나라가 언
제 올 것인지 물어보자 예수께서 대
답하셨습니다. "하나님 나라는 눈으
로 볼 수 있는 모습으로 오지 않는다.
21 또한 '보라. 여기에 있다', '보라. 저기
에 있다' 하고 말할 수도 없다. 하나님
나라는 너희 안에 있기 때문이다."
22 그리고 제자들에게 말씀하셨습니다.
"너희가 인자의 날들 중 단 하루라도
보고 싶어 할 때가 오겠으나 보지 못
할 것이다.
23 사람들이 너희에게 '보라. 저기에 있
다', '보라. 여기에 있다' 해도 너희는
그들을 따라 나서지 말고 찾아다니지
도 말라.

17:12 나병(한센병)을 포함한 온갖 악성 피부병을 가리킴.

Q&A 나병 환자, 왜 의사가 아닌 제사장에게 가야 했나?

참고 구절 | 눅 17:11-19

나병 환자는 다른 사람들이 접근하지 못하도록 "부정하다."라고 외치며 다녀야 했고(레 13:45) 동네 바깥 격리된 곳에서 살았다. 그렇지만 나병이 낫게 되면 제사장에게 찾아가 진찰을 받은 후에 정결 의식을 행하고 정결 선언을 받아야 했다(레 14:2).

누가복음 17장에 나오는 10명의 나병 환자는 예수님의 말씀대로 제사장에게 갔고(눅 17:14), 가는 도중에 모두 치유를 받았다. 예수님은 돌아온 한 사마리아인에게 "네 믿음이 너를 구원했다."라고 선포하심으로 그 사람이 육체만 구원받은 것이 아니라 영혼도 구원받았음을 확인시켜 주셨다.

왜 나병을 의사가 취급하지 않고 제사장들이 관리했을까? 나병의 특징은 전염된다는 것이며, 이 병은 '죄'를 상징했기 때문이다. 그래서 육체의 문제를 다루는 의사에게 진찰받지 않고 영의 문제를 다루는 제사장에게 갔던 것이다.

24 마치 번개가 하늘 이 끝에서 저 끝까
지 번쩍거리며 비치는 것처럼 인자도
*자기의 날에 그러할 것이다.
25 그러나 인자는 먼저 많은 고난을 당
하고 이 세대에게 버림받아야 한다.
26 인자의 때는 노아의 때와 같을 것이
다.
27 노아가 방주 안으로 들어가던 날까지
사람들은 먹고 마시고 장가가고 시집
가고 했다. 그리고 홍수가 일어나 그
들을 모두 쓸어 가 버렸다.
28 롯의 날에도 마찬가지였다. 사람들은
먹고 마시고 사고팔고 나무를 심고
집을 지었다.
29 그러나 롯이 소돔을 떠나던 날에 하
늘에서 불과 유황이 비처럼 쏟아져
그들 모두를 멸망시켰다.
30 인자가 나타날 그날도 이와 같을 것
이다.
31 그날에 지붕 위에 있는 사람은 자기
물건이 집 안에 있더라도 가지러 내려
가서는 안 된다. 이와 같이 들에 있는
사람도 무언가 가지러 집으로 돌아가
서는 안 된다.
32 롯의 아내를 기억해 보라!
33 누구든지 자기 생명을 구하려는 사람
은 잃을 것이요, 누구든지 자기 생명
을 잃는 사람은 보존할 것이다.
34 내가 너희에게 말한다. 그날 밤에는
두 사람이 한 침대에서 자다가 하나
는 취해질 것이고 하나는 남겨질 것
이다.
35 두 여인이 함께 곡식을 갈다가도 하
나는 취해질 것이고 하나는 남겨질
것이다."
36 *(없음)
37 제자들이 물었습니다. "주여, 이런 일
이 어디서 있겠습니까?" 예수께서 대
답하셨습니다. "시체가 있는 곳에 독
수리가 모여들 것이다."

끈질긴 과부의 비유

18 예수께서는 제자들이 항상 기
도하며 포기하지 않도록 하시
려고 비유를 말씀하셨습니다.
2 "어느 마을에 하나님을 두려워하지
도 않고 사람을 무시하는 재판관이
있었다.
3 그리고 그 마을에 한 과부가 있었는
데 그 여인은 수시로 재판관을 찾아
와 '내 원수에게 원한을 갚아 주십시
오'라고 간청하는 것이었다.
4 한동안 재판관은 들은 척도 하지 않
다가 마침내 이런 생각이 들었다. '내
가 하나님을 두려워하지 않고 사람을
무시하지만
5 이 과부가 자꾸 와서 나를 귀찮게 하
니 이 여인의 간청을 들어주어야겠
다. 그러지 않으면 계속 나를 찾아와
괴롭힐 것이다.'"
6 주께서 말씀하셨습니다. "너희는 이
불의한 재판관이 말한 것을 들으라.
7 하나님께서 밤낮으로 부르짖는, 그
택하신 백성들의 원한을 갚지 않으시
고 오랫동안 모른 체하며 내버려 두

17:24 어떤 사본에는 '자기의 날에'가 없음. 17:36 어떤 사본에는 '두 사람이 들에 있다가 하나는 취해질 것이고 하나는 남겨질 것이다.'가 있음.

시겠느냐?
8 내가 너희에게 말한다. 하나님은 속
히 그들의 원한을 풀어 주실 것이다.
그러나 인자가 올 때 이 세상에서 믿
음을 찾아볼 수 있겠느냐?"

바리새파 사람과 세리의 비유

9 자기가 의롭다고 생각하며 다른 사람
들을 업신여기는 몇몇 사람들에게 예
수께서 이런 비유를 들려주셨습니다.
10 "두 사람이 기도하러 성전에 올라갔
다. 한 사람은 바리새파 사람이었고
또 다른 사람은 세리였다.
11 바리새파 사람은 서서 자신에 대해
이렇게 기도했다. '하나님, 저는 다른
사람들, 곧 남의 것을 빼앗는 사람이
나 불의한 사람이나 간음하는 사람
과 같지 않고 이 세리와도 같지 않음
을 감사합니다.
12 저는 1주일에 두 번씩 금식하고 얻은
모든 것의 십일조를 냅니다.'
13 그러나 세리는 멀찍이 서서 하늘을
쳐다볼 엄두도 내지 못하고는 가슴
을 치며 말했다. '하나님, 이 죄인에게
자비를 베풀어 주십시오.'
14 내가 너희에게 말한다. 이 사람이 저
바리새파 사람보다 오히려 의롭다는
인정을 받고 집으로 돌아갔다. 누구
든지 자기를 높이는 사람은 낮아질
것이요, 자기를 낮추는 사람은 높아
질 것이다."

어린 아이들과 예수 (마 19:13-15;막 10:13-16)

15 사람들이 아기들을 예수께 데려와 만
져 주시기를 원했습니다. 제자들은
이 광경을 보고 그들을 꾸짖었습니
다.
16 그러나 예수께서는 그 아이들을 불러
말씀하셨습니다. "어린아이들이 내게
로 오는 것을 허락하고 막지 말라. 하
나님 나라는 이런 어린아이들의 것이
다.
17 내가 진실로 너희에게 말한다. 누구
든지 어린아이와 같이 하나님 나라
를 받아들이지 않는 사람은 거기에
들어가지 못할 것이다."

부자와 하나님의 나라 (마 19:16-30;막 10:17-31)

18 어떤 지도자가 예수께 물었습니다.
"선하신 선생님, 영생을 얻으려면 제
가 어떻게 해야 합니까?"
19 예수께서 대답하셨습니다. "네가 왜
나를 선하다고 하느냐? 오직 하나님
외에는 선한 분이 없다.
20 ㄱ'간음하지 말라, 살인하지 말라, 도
둑질하지 말라, 거짓 증언하지 말라,
네 부모를 공경하라'라는 계명을 네
가 알고 있다."
21 그가 말했습니다. "그런 모든 것은 제
가 어려서부터 다 지켰습니다."
22 이 말을 듣고 예수께서 말씀하셨습니
다. "네게 아직 부족한 것이 한 가지
있다. 네가 가진 것을 모두 팔아 가난
한 사람들에게 나눠 주어라. 그러면
하늘에서 보물을 가질 것이다. 그 후
에 와서 나를 따라라."
23 그 사람은 이 말씀을 듣고 슬픔에 깊
이 잠겼습니다. 그가 큰 부자였기 때

ㄱ 출 20:12-16; 신 5:16-20

문입니다.
24 예수께서 그를 쳐다보고 말씀하셨습
니다. "부자들이 하나님 나라에 들어
가기가 얼마나 어려운지 모른다.
25 부자가 하나님 나라에 들어가는 것보
다 낙타가 바늘구멍으로 지나가는 것
이 더 쉽다."
26 이 말씀을 듣고 있던 사람들이 물었
습니다. "그러면 누가 구원받을 수 있
겠습니까?"
27 예수께서 대답하셨습니다. "사람이
할 수 없는 일을 하나님께서는 하실
수 있다."
28 베드로가 예수께 말했습니다. "보십시
오. 저희는 가진 것을 모두 버리고 주
를 따랐습니다!"
29 예수께서 그들에게 말씀하셨습니다.
"내가 진실로 너희에게 말한다. 하나
님 나라를 위해 집이나 아내나 형제
나 부모나 자식을 버린 사람은
30 이 세상에서 여러 배로 받을 것이요,
또한 오는 세상에서 영생을 받을 것
이다."

예수께서 자신의 죽음을 세 번째 예고하시다
(마 20:17-19;막 10:32-34)

31 예수께서는 열두 제자를 곁에 불러
놓고 말씀하셨습니다. "보라. 우리는
예루살렘으로 올라간다. 예언자들이
인자에 대해 기록한 모든 것이 이뤄
질 것이다.
32 인자가 이방 사람들에게 넘겨져 조롱
과 모욕과 침 뱉음을 당할 것이다.
33 그들은 채찍질한 후에 그를 죽일 것
이다. 그러나 그는 3일째 되는 날 살
아날 것이다."
34 그러나 제자들은 이 말씀을 조금도
깨닫지 못했습니다. 이 말씀의 뜻이
그들에게 숨겨져 있기에 제자들은 예
수께서 하시는 말씀을 이해하지 못했
습니다.

보지 못하는 거지가 눈을 뜨다
(마 20:29-34;막 10:46-52)

35 예수께서 여리고에 가까이 이르셨을
때 길거리에 보지 못하는 한 사람이
앉아 구걸하고 있었습니다.
36 그는 많은 사람들이 지나가는 소리를
듣고 무슨 일인지 물었습니다.
37 사람들이 "나사렛 예수가 지나가신
다" 하고 말해 주었습니다.
38 그러자 그가 크게 외쳤습니다. "다윗
의 자손 예수여, 저를 불쌍히 여겨 주
십시오!"
39 앞서가던 사람들이 그를 꾸짖으며 조
용히 하라고 했습니다. 그러자 그는
더욱더 큰 소리로 "다윗의 자손이여,
저를 불쌍히 여겨 주십시오!"라고 외
쳤습니다.
40 예수께서 가던 길을 멈추고 "그 사람
을 데려오라" 하고 명령하셨습니다.
그가 가까이 다가오자 예수께서 물으
셨습니다.
41 "내가 네게 무엇을 해 주기를 원하느
냐?" 그가 대답했습니다. "주여, 다시
보고 싶습니다."
42 예수께서 그에게 말씀하셨습니다. "눈
을 떠라. 네 믿음이 너를 구원했다."

43 그러자 그는 곧 보게 됐고 하나님께
영광을 돌리며 예수를 따라갔습니다.
이 광경을 본 사람들도 모두 하나님
을 찬양했습니다.

세리장 삭개오

19 예수께서 여리고에 들어가 거
리를 지나가고 계셨는데
2 여리고에는 삭개오라는 사람이 있었
습니다. 그는 세리장이고 부자였습니
다.
3 삭개오는 예수께서 어떤 분인지 보려
고 했으나 많은 사람들 때문에 볼 수
가 없었습니다. 그는 키가 작았기 때
문입니다.
4 그는 예수를 잘 보기 위해 먼저 달려
가 뽕나무 위로 올라갔습니다. 예수
께서 그 길로 지나가실 것이기 때문
이었습니다.
5 예수께서 그곳에 이르셨을 때 위를
올려다보며 삭개오에게 말씀하셨습니
다. "삭개오야, 어서 내려오너라! 내가
오늘 네 집에서 묵어야겠다."
6 삭개오는 얼른 내려와 기뻐하면서 예
수를 맞이했습니다.
7 그런데 사람들은 이 광경을 보고 모
두 수군거렸습니다. "그가 죄인의 집
에 묵으려고 들어갔다."
8 삭개오는 서서 주께 말했습니다. "주
여, 보십시오! 제 소유물의 반을 떼어
가난한 사람들에게 주겠습니다. 누군
가를 속여 얻은 것이 있다면 네 배로
갚겠습니다."
9 예수께서 삭개오에게 말씀하셨습니
다. "오늘 구원이 이 집에 이르렀다.
이 사람도 아브라함의 자손이다.
10 인자는 잃어버린 사람을 찾아 구원하
러 왔다."

열 므나의 비유 (마 25:14-30)

11 그들이 이 말씀을 듣고 있을 때, 예수
께서 연이어 비유를 들려주셨습니다.
예수께서 예루살렘에 가까이 이르셨
고 또 사람들이 하나님 나라가 당장
이라도 나타날 것이라고 생각했기 때
문입니다.
12 예수께서 말씀하셨습니다. "어떤 귀족
이 왕위를 받아 오려고 먼 나라로 떠
나게 됐다.
13 그래서 열 명의 종을 불러 *10므나를
주면서 말했다. '내가 돌아올 때까지

19:13 10므나는 1,000드라크마

성·경·상·식 화폐로 사용한 므나

므나는 헬라와 로마에서 화폐로 사용했던 은화이다. 1므나는 약 100데나리온(1데나리온: 노동자 하루 임금)이 된다. 마태복음에 나와 있는 달란트(약 6,000 데나리온)와는 비교도 안 될 정도로 적은 돈이다. 마태복음 25장의 달란트 비유에서는 각 사람에게 5달란트, 2달란트, 1달란트씩 주었으나 여기서는 균등하게 1므나씩 주었다.
이 비유는 그리스도인이라면 직분에 관계없이 누구나 주님께서 재림하시기까지 받은 자본(재능)으로 장사(봉사)해서 복음을 전파하고 주의 사업을 확장시킬 의무가 있다는 것을 말해 준다.

이 돈으로 장사를 하라.'
14 그런데 백성들은 그를 미워하기에 사
절을 뒤따라 보내며 '우리는 이 사람
이 왕이 되는 것을 원하지 않습니다'
라고 전하게 했다.
15 그러나 그 귀족은 왕이 돼 집으로 돌
아왔다. 그는 자기가 돈을 준 종들을
불러 그들이 얼마나 장사를 했는지
알아보았다.
16 첫 번째 종이 와서 말했다. '주인님,
주인님이 주신 *1므나로 *10므나를
벌었습니다.'
17 그 주인이 대답했다. '잘했다! 내 착한
종아! 네가 작은 일에 충성했으니 열
개의 마을을 다스리는 권세를 주겠다.'
18 두 번째 종이 와서 말했다. '주인님,
주인님이 주신 *1므나로 *5므나를 벌
었습니다.'
19 그 주인이 대답했다. '네게는 다섯 개
의 마을을 다스리는 권세를 주겠다.'
20 그러자 다른 종이 와서 말했다. '주인
님, 주인님이 주신 *1므나가 여기 있
습니다. 제가 이것을 천에 싸서 잘 보
관해 두었습니다.
21 주인님은 엄하신 분이라서 맡기지 않
은 것을 찾아가시고 심지 않은 것을
거두어 가시기에 제가 두려웠습니다.'
22 그 주인이 대답했다. '이 악한 종아,
네 입에서 나온 말로 내가 너를 판단
하겠다. 내가 엄한 사람이어서 맡기
지 않은 것을 찾아가고 심지 않은 것
을 거두어 가는 줄 알고 있었느냐?
23 그러면 왜 내 돈을 은행에 저축하지
않았느냐? 그랬더라면 내가 돌아왔
을 때 이자까지 함께 찾을 수 있지 않
았겠느냐?'
24 그러고 나서 옆에 서 있는 사람들에
게 말했다. '이 *1므나를 빼앗아 *10
므나 가진 종에게 주어라.'
25 그들이 말했다. '하지만 주인님, 그는
벌써 *10므나나 갖고 있습니다.'
26 그가 대답했다. '내가 너희에게 말한
다. 가진 사람마다 더 많이 받을 것이
고 아무것도 가지지 않은 사람은 그
있는 것마저 빼앗길 것이다.
27 그리고 내가 자기들의 왕이 되는 것
을 원치 않은 이 원수들을 이리로 끌
어다가 내 앞에서 죽여라.'"

예수께서 왕으로 예루살렘에 입성하시다
(마 21:1-11;막 11:1-11;요 12:12-19)

28 **예수께서 이 말씀을 마치고 예루살렘
을 향해 앞장서서 올라가셨습니다.**
29 **예수께서 올리브 산 근처 벳바게와 베
다니에 가까이 이르셨을 때 두 제자
를 보내시며**
30 **말씀하셨습니다.** "반대쪽 마을로 가
거라. 그 마을에 들어서면 아직 아무
도 탄 적이 없는 새끼 나귀 한 마리가
매여 있을 것이다. 그것을 풀어서 끌
고 오라.
31 누가 '왜 풀어 가느냐'고 물으면 '주께
서 필요로 하신다'고 하라."
32 **보냄받은 사람들이 먼저 마을로 들어
가 보니 과연 예수께서 말씀하신 대**

19:16,18,20,24 1므나는 100드라크마 19:16,24,25 10므나는 1,000드라크마 19:18 5므나는 500드라크마

로 나귀가 있었습니다.
33 그들이 나귀를 풀고 있는데 나귀 주
인들이 그들에게 물었습니다. "무슨
일로 새끼 나귀를 푸는 거요?"
34 그들이 대답했습니다. "주께서 필요
로 하십니다."
35 그들은 예수께로 나귀를 끌고 와서
자기들의 겉옷을 던져 나귀 등에 얹
고 예수께서 타시도록 했습니다.
36 사람들은 예수께서 가시는 길 위에
자기들의 겉옷을 깔아 드렸습니다.
37 예수께서 올리브 산의 내리막길에 가
까이 이르시자 온 무리의 제자들이
기뻐하며 자기들이 본 모든 기적에
대해 큰 소리로 하나님을 찬양하기
시작했습니다.
38 "복되도다. 주의 이름으로 오시는
왕이여!"
"하늘에는 평화, 지극히 높은 곳에
서는 영광!"
39 무리 중에 있던 몇몇 바리새파 사람
들이 예수께 말했습니다. "선생님, 제
자들을 꾸짖으십시오."
40 예수께서 대답하셨습니다. "내가 너희
에게 말한다. 그들이 가만히 있으면
저 돌들이라도 외칠 것이다."
41 예루살렘에 가까이 이르신 예수께서
그 마을을 보고 눈물을 흘리시며
42 말씀하셨습니다. "오늘 네가 평화에
이르게 하는 일들을 알았더라면 좋
았을 텐데. 그러나 네 눈에는 이것이
지금 가려져 있구나.
43 네 원수들이 네 주위에 토성을 쌓고
너를 에워싸고 사방에서 너를 포위하
는 날이 올 것이다.
44 그들은 너를 짓밟고 너와 함께한 네
자식들도 짓밟을 것이다. 돌 위에 다
른 돌 하나라도 남겨 두지 않을 것이
다. 이것은 하나님께서 너를 찾아오
신 때를 네가 깨닫지 못했기 때문이
다."

성전에서의 예수
(마 21:12-17;막 11:15-19;요 2:13-22)

45 예수께서 성전에 들어가셔서 장사하
는 사람들을 내쫓기 시작하셨습니다.
46 예수께서 그들에게 말씀하셨습니다.
"성경에
ㄱ'내 집은 기도하는 집이 될 것이다'
라고 기록돼 있다. 그런데 너희가 이
곳을 ㄴ'강도들의 소굴'로 만들었구나."
47 예수께서는 날마다 성전에서 가르치
셨습니다. 그리고 대제사장들과 율법
학자들과 백성의 지도자들은 예수를
죽이려 했습니다.
48 그러나 어떻게 할 방도가 없었습니다.
모든 백성들이 예수의 말씀을 열심히
듣고 있었기 때문입니다.

예수의 권세를 두고 말하다
(마 21:23-27;막 11:27-33)

20 예수께서 성전에서 사람들을
가르치며 복음을 전하고 계실
때에 대제사장들과 율법학자들이 장
로들과 함께 예수께 다가와
2 말했습니다. "당신이 무슨 권세로 이
런 일을 하는 것인지 말해 보시오. 누

ㄱ 사 56:7 ㄴ 렘 7:11

가 이런 권세를 주었소?"
3 예수께서 대답하셨습니다. "나도 한
가지 물어보겠으니 내게 말하라.
4 요한의 *세례가 하늘로부터 왔느냐?
아니면 사람으로부터 왔느냐?"
5 그들은 서로 의논하며 말했습니다.
"만약 우리가 '하늘로부터 왔다'고 하
면 예수가 '그러면 왜 그를 믿지 않았
느냐'고 할 것이고
6 '사람으로부터 왔다'고 하면 요한을 예
언자라고 믿는 모든 백성들이 우리에
게 돌을 던질 것이다."
7 그래서 그들은 대답했습니다. "어디로
부터 왔는지 우리는 모르겠소."
8 예수께서 대답하셨습니다. "그렇다면
나도 무슨 권세로 이런 일을 하는지
너희에게 말하지 않겠다."

소작인의 비유 (마 21:33-46;막 12:1-12)

9 예수께서는 사람들에게 이런 비유를
들려주셨습니다. "어떤 사람이 포도
원을 만들어 농부들에게 세를 주고
오랫동안 떠나 있었다.
10 포도를 수확할 때가 되자 그는 종을
농부들에게 보내 열매 소출의 얼마
를 받아 오라고 했다. 그러나 농부들
은 그를 때리고 빈손으로 보내 버렸
다.
11 주인은 다른 종을 보냈다. 그러나 그
들은 그 종도 때리고 모욕하고 빈손
으로 돌려보냈다.
12 주인은 세 번째 종을 보냈지만 농부
들은 그 종마저 상처를 입혀 쫓아 보
냈다.
13 그러자 포도원 주인이 말했다. '이제
어떻게 할까? 사랑하는 내 아들을 보
내야겠다. 아마도 내 아들은 존중하
겠지.'
14 그러나 농부들은 그를 보자 서로 의
논하며 말했다. '이 사람은 상속자니
그를 죽이자. 그러면 그 유산이 우리
것이 될 것이다.'
15 이렇게 해서 그들은 아들을 포도원
밖으로 끌어내 죽였다. 그렇다면 이
포도원 주인은 그들에게 어떻게 하겠
느냐?
16 주인이 와서 그 농부들을 죽이고 포
도원을 다른 농부들에게 줄 것이다."
사람들은 이 이야기를 듣고 말했습니
다. "이런 일은 절대 없었으면 좋겠습
니다."
17 예수께서는 그들을 똑바로 쳐다보고
말씀하셨습니다. "그렇다면

ㄱ'건축자들이 버린 돌이 모퉁이의
머릿돌이 됐다'

라고 기록된 말씀이 무슨 뜻이겠느
냐?
18 누구든지 이 돌 위에 떨어지는 사람
마다 부서질 것이며 이 돌이 어느 사
람 위에 떨어지든지 맞는 사람은 가
루가 되고 말 것이다."
19 율법학자들과 대제사장들은 이 비유
가 자기들을 가리켜 하시는 말씀인
것을 알고 당장 예수를 체포할 방도
를 모색했습니다. 그러나 그들은 백성
들을 두려워했습니다.

20:4 또는 침례 ㄱ 시 118:22

가이사에게 세금을 바치는 것

(마 22:15-22;막 12:13-17)

20 기회를 엿보던 그들은 첩자들을 보내
어 의로운 사람들인 체 행동하도록
했습니다. 그리고 예수의 말씀에 트집
을 잡아 결국 권력 있는 총독에게 넘
겨주려는 속셈이었습니다.
21 첩자들이 예수께 물었습니다. "선생
님, 선생님의 말씀과 가르침이 옳은
줄 저희가 압니다. 또 사람을 겉모습
으로 판단하지 않고 언제나 진리에
따라 하나님의 길을 가르치시는 것도
압니다.
22 저희가 *가이사에게 세금을 내는 것
이 옳습니까, 옳지 않습니까?"
23 예수께서 그들의 겉과 속이 다름을
꿰뚫어 보고 말씀하셨습니다.
24 "*데나리온을 나에게 보여 다오. 동전
에 있는 얼굴과 새겨진 글자가 누구
의 것이냐?"
25 그들은 "가이사의 것입니다"라고 대
답했습니다. 예수께서 그들에게 말씀
하셨습니다. "그렇다면 가이사의 것은
가이사에게 바치고 하나님의 것은 하
나님께 바치라."
26 그들은 사람들 앞에서 예수의 말씀
에 트집을 잡을 수 없었습니다. 오히
려 예수의 대답에 놀라 말문이 막혀
버렸습니다.

부활 때 혼인 관계 (마 22:23-33;막 12:18-27)

27 부활이란 없다고 말하는 어떤 사두개
파 사람들이 찾아와 예수께 질문했습
니다.
28 그들이 말했습니다. "선생님, 모세의
기록에 따르면 ㄱ'형이 자식 없이 아내
를 두고 죽으면 그 동생이 과부가 된
형수와 결혼해 형 대신 자식을 낳아
야 한다'라고 했습니다.
29 그런데 일곱 형제가 있었습니다. 첫째
가 아내를 얻어서 살다가 자식 없이
죽었습니다.
30 그리고 둘째가 형수를 아내로 얻어
살다가 역시 자식 없이 죽었습니다.
31 그다음에 셋째가 그 형수와 결혼했고
이런 식으로 해서 일곱째까지 다 자
식 없이 죽었습니다.
32 그리고 마침내 그 여인도 죽었습니다.
33 그렇다면 일곱 형제가 모두 이 여인
과 결혼했으니 부활 때 이 여인은 누
구의 아내가 되는 것입니까?"
34 예수께서 대답하셨습니다. "이 세상
사람들은 시집가고 장가간다.
35 그러나 저 세상과 죽은 사람 가운데
부활에 합당하다고 여겨지는 사람들
은 시집도 가지 않고 장가도 가지 않
을 것이다.
36 그들은 천사들과 같아 다시는 죽는
일도 없다. 그들은 부활의 자녀이므
로 하나님의 자녀인 것이다.
37 모세도 가시떨기나무를 언급하는 곳
에서 죽은 사람들이 살아나는 것을
보여 주었다. 그는 주를 ㄴ'아브라함의
하나님, 이삭의 하나님, 야곱의 하나
님'이라고 부르고 있다.

20:22 로마 황제의 칭호. 원래 로마 황제 율리우스 카이사르의 성(姓) 20:24 로마의 은화로, 세금을 납부할 때 통용되었음. ㄱ 신 25:5 ㄴ 출 3:6

38 하나님께서는 죽은 사람들의 하나님
이 아니라 살아 있는 사람들의 하나
님이시기 때문이다. 모든 사람이 하
나님께는 살아 있다."
39 몇몇 율법학자들이 말했습니다. "선생
님, 옳은 말씀입니다."
40 그들은 감히 예수께 더 이상 질문할
엄두를 내지 못했습니다.

그리스도가 누구의 자손인가?
(마 22:41-46;막 12:35-37)

41 예수께서 그들에게 말씀하셨습니다.
"사람들이 왜 *그리스도를 다윗의 자
손이라 말하느냐?
42 다윗이 시편을 통해 직접 말했다.
ㄱ'주님께서 내 주께 말씀하셨다.
43 내가 네 원수들을 네 발아래 굴복
시킬 때까지 너는 내 오른편에 앉
아 있어라.'
44 다윗이 그리스도를 '주'라 부르는데 어
떻게 그리스도가 다윗의 자손이 되겠
느냐?"

율법학자들에 대한 경고
(마 23:1-36;막 12:38-40;눅 11:37-54)

45 모든 사람이 듣고 있을 때 예수께서
제자들에게 말씀하셨습니다.
46 "율법학자들을 주의하라. 그들은 긴
옷을 입고 다니기를 좋아한다. 또 시
장에서 인사받는 것과 회당과 잔치의
윗자리 차지하기를 좋아한다.
47 그들은 과부의 가산을 통째로 삼키
고 남에게 보이려고 길게 기도한다.
이들이 더 엄한 심판을 받을 것이
다."

가난한 과부의 헌금 (막 12:41-44)

21

예수께서 부자들이 성전 헌금
함에 예물을 넣고 있는 것을
보셨습니다.
2 또 어떤 가난한 과부가 *렙돈 두 개
를 넣는 것도 보셨습니다.
3 예수께서 말씀하셨습니다. "내가 진
실로 너희에게 말한다. 이 가난한 과
부가 다른 모든 사람들보다 더 많은
헌금을 했다.
4 이 모든 사람들은 다 넉넉한 가운데
서 예물을 드렸지만 이 여인은 매우
가난한 가운데서 가지고 있는 생활비
전부를 바쳤다."

성전의 파괴와 마지막 때의 징조
(마 24:1-31;막 13:1-27)

5 몇몇 사람들이 아름다운 돌과 하나
님께 바쳐진 봉헌물로 성전이 얼마나
아름답게 꾸며져 있는지 이야기하고
있었습니다. 그러나 예수께서는 이렇
게 말씀하셨습니다.
6 "너희가 지금 보고 있는 이것들이 돌
하나도 돌 위에 남지 않고 다 무너질
날이 올 것이다."
7 그들이 물었습니다. "선생님, 이런 일
이 언제 일어나겠습니까? 또 이런 일
이 일어날 때 어떤 징조가 있겠습니
까?"
8 예수께서 대답하셨습니다. "너희는
속지 않도록 조심하라. 많은 사람들
이 내 이름으로 와서 '내가 그다', '때

20:41 히브리어, 메시아. '기름 부음 받은 사람' 21:2 2렙돈은 1고드란트 ㄱ 시 110:1

가 됐다!'라고 말할 것이다. 그러나 그
들을 따라가지 말라.
9 전쟁과 난리에 대한 소문을 들어도
무서워하지 말라. 이런 일이 먼저 일
어나야 하지만 곧바로 종말이 오는
것은 아니다."
10 예수께서 그들에게 계속 말씀하셨습
니다. "민족과 민족이, 나라와 나라가
서로 맞서 싸울 것이다.
11 곳곳에서 큰 지진과 기근과 전염병이
생길 것이며 하늘에서 무서운 재앙과
큰 징조가 나타날 것이다.
12 그러나 이 모든 일이 일어나기 전에
사람들이 너희를 붙잡고 핍박해 회당
과 감옥에 넘겨줄 것이다. 너희는 내
이름 때문에 왕들과 총독들 앞에 끌
려갈 것이다.
13 그러나 이 일은 도리어 너희에게 증거
의 기회가 될 것이다.
14 그러므로 너희는 변호할 말을 미리
염려하지 않도록 결심하라.
15 너희의 모든 대적하는 자들이 맞서거
나 반박할 수 없는 말과 지혜를 내가
너희에게 줄 것이다.
16 너희의 부모와 형제와 친척과 친구들
까지도 너희를 넘겨줄 것이요, 너희
중 몇 사람을 죽일 것이다.
17 내 이름 때문에 너희는 모든 사람에
게 미움을 받을 것이다.
18 그러나 너희는 머리카락 하나도 잃지
않을 것이다.
19 너희가 인내함으로 너희 영혼을 얻을
것이다.
20 너희가 예루살렘이 군대들에게 포위
되는 것을 보면 곧 멸망이 가까이 온
줄로 알라.
21 그때가 되면 유대에 있는 사람들은
산으로 가고 안에 있는 사람들은 밖
으로 나가고 그 주변에 있는 사람들
은 안으로 들어가지 말라.
22 이때가 바로 기록된 모든 말씀이 이
루어지는 징벌의 날이다.
23 그날에 임신한 여인들과 젖 먹이는 여
인들에게 재앙이 있을 것이다. 크나
큰 재앙이 이 땅을 덮칠 것이며 이 백
성들에게 진노가 있을 것이다.
24 그들은 칼날에 쓰러질 것이며 모든
민족에게 포로로 잡혀갈 것이다. 이
방 사람들의 때가 차기까지 예루살렘
은 이방 사람들에게 짓밟힐 것이다.
25 해와 달과 별들에 징조가 있을 것이
다. 땅에서는 민족들이 바다와 파도
의 성난 소리에 괴로워하며 혼란스러
워할 것이다.
26 하늘의 세력들이 흔들릴 것이니 사람
들이 세상에 닥쳐올 일들을 내다보
고 너무나 두려워 기절할 것이다.
27 그때 사람들은 인자가 구름을 타고
능력과 큰 영광 가운데 오는 것을 보
게 될 것이다.
28 이런 일들이 일어나기 시작하거든 너
희는 일어나 머리를 높이 들라. 너희
의 구원이 가까이 왔기 때문이다."
29 예수께서는 그들에게 비유를 말씀하
셨습니다. "무화과나무와 다른 모든
나무들을 보라.

30 잎이 나면 그것을 보고 여름이 가까
이 온 것을 안다.
31 이와 같이 너희가 이런 일들이 일어
나는 것을 보면 하나님 나라가 가까
이 온 줄 알라.
32 내가 진실로 너희에게 말한다. 이 세
대가 지나가기 전에 이 모든 일이 일
어날 것이다.
33 하늘과 땅은 없어져도 내 말은 결코
없어지지 않을 것이다.
34 너희는 스스로 주의해서, 방탕함과
술 취함과 생활의 염려로 너희 마음
이 짓눌리지 않게 하라. 뜻밖에 그날
이 갑자기 너희에게 덫과 같이 닥치
지 않게 하라.
35 그날은 온 땅 위에 사는 모든 사람들
에게 닥칠 것이다.
36 그러므로 너희는 앞으로 일어날 이
모든 일을 피하고 또 인자 앞에 설 수
있도록 기도하면서 항상 깨어 있으
라."
37 예수께서 낮에는 성전에서 가르치시
고 밤에는 성 밖으로 나가 올리브라
고 하는 산에서 지내셨습니다.
38 모든 사람들은 예수의 말씀을 듣기
위해 아침 일찍부터 성전에 나아왔습
니다.

유다가 예수를 넘겨주기로 합의하다
(마 26:1-5,14-16;막 14:1-2,10-11;요 11:45-53)

22 유월절이라고도 하는 무교절이
다가왔습니다.
2 대제사장들과 율법학자들은 예수를
없앨 방법을 모색하고 있었습니다. 그
들은 백성들을 두려워했기 때문입니
다.
3 사탄이 그 열둘 중 하나인 가룟이라
는 유다에게 들어갔습니다.
4 유다는 대제사장들과 성전 경비대장
들에게 가서 어떻게 예수를 그들에게
넘겨줄지를 의논했습니다.
5 그들은 기뻐하면서 유다에게 돈을 주
기로 약속했습니다.
6 유다도 이에 동의하고 무리가 없을
때 예수를 그들에게 넘겨주려고 기회
를 엿보고 있었습니다.

마지막 만찬 (마 26:17-30; 막 14:12-26;요 13:21-30;고전 11:23-25)

7 유월절 양을 희생제물로 잡는 무교절
이 됐습니다.
8 예수께서는 베드로와 요한을 보내며
말씀하셨습니다. "가서 우리가 유월
절 음식을 함께 먹을 수 있도록 준비
하라."
9 그들이 물었습니다. "저희가 어디에서
준비하면 좋겠습니까?"
10 예수께서 대답하셨습니다. "성안으로
들어가면 물동이를 메고 가는 사람
을 만나게 될 것이다. 그가 들어가는
집으로 따라 들어가
11 그 집주인에게 '선생님께서 내 제자들
과 함께 유월절 음식을 먹을 방이 어
디냐고 물으셨습니다'라고 말하라.
12 그러면 그가 잘 정돈된 큰 다락방을
보여 줄 것이다. 그곳에서 준비하라."
13 그들이 가서 보니 예수께서 말씀하신
그대로였습니다. 그래서 그들은 유월

절 음식을 준비했습니다.
14 시간이 되자 예수께서는 사도들과 함
께 상에 기대어 앉으셨습니다.
15 그러고는 그들에게 말씀하셨습니다.
"내가 고난받기 전에 너희와 함께 유
월절 음식 먹기를 간절히 원했다.
16 내가 너희에게 말한다. 유월절이 하나
님 나라에서 온전히 이루어질 때까지
내가 다시는 그것을 먹지 않을 것이
다."
17 그리고 예수께서는 잔을 들고 감사
기도를 드린 후 말씀하셨습니다. "이
잔을 받아 너희가 서로 나눠 마시라.
18 하나님 나라가 올 때까지 내가 포도
열매에서 난 것을 마시지 않을 것이
다."
19 그리고 예수께서 빵을 들고 감사 기
도를 드린 후 떼어 제자들에게 주면
서 말씀하셨습니다. "이것은 내가 너
희를 위해 주는 내 몸이다. 이것을 행
해 나를 기념하라."
20 빵을 잡수신 후 예수께서 마찬가지로
잔을 들고 말씀하셨습니다. "이 잔은
너희를 위해 흘리는 내 피로 세우는
새 언약이다.
21 그러나 보라. 나를 배반할 자의 손이
지금 나와 함께 상 위에 있다.
22 인자는 정해진 대로 갈 것이지만 그
를 배반하는 자에게는 화가 있을 것
이다."
23 그들은 자기들 중 누가 이런 일을 하
겠는가 하고 서로 묻기 시작했습니다.
24 제자들 사이에서 누구를 가장 높은
사람으로 볼 것인지를 놓고 다툼이
벌어졌습니다.
25 예수께서 그들에게 말씀하셨습니다.
"이방 사람의 왕들은 자기 백성들을
다스리며 권세 부리는 자들은 자칭
'백성들의 은인'이라고 한다.
26 그러나 너희가 그래서는 안 된다. 오
히려 너희 중 가장 큰 사람은 가장 어
린 사람과 같이 돼야 하고 다스리는
사람은 섬기는 사람과 같이 돼야 한
다.
27 누가 더 높은 사람이냐? 밥상 앞에
앉아 있는 사람이냐, 그를 시중드는
사람이냐? 밥상 앞에 앉아 있는 사
람이 더 높지 않으냐? 그러나 나는
섬기는 사람으로 너희 가운데 있다.
28 너희는 내가 시련을 겪는 동안 나와
함께한 사람들이다.
29 그러니 내 아버지께서 내게 나라를
맡겨 주신 것처럼 나도 너희에게 나
라를 맡긴다.
30 너희는 내 나라 안에 들어와 내 밥상
에 앉아 먹고 마시며 보좌에 앉아 이
스라엘의 열두 지파를 심판하게 될
것이다.
31 시몬아, 시몬아, 보아라. 사탄이 너희
를 밀처럼 체질하겠다고 요구했다.
32 그러나 나는 네가 믿음을 잃지 않도
록 너를 위해 기도했다. 네가 돌이키
고 나면 네 형제들을 굳세게 하여라."
33 베드로가 대답했습니다. "주여, 저는
주와 함께라면 감옥이든 죽음이든 각
오가 돼 있습니다."

34 그러나 예수께서 대답하셨습니다. "베
드로야, 내가 네게 말한다. 오늘 닭이
울기 전에 네가 세 번 나를 모른다고
할 것이다."
35 그리고 예수께서 제자들에게 말씀하
셨습니다. "지갑이나 가방이나 신발
도 없이 내가 너희를 보냈을 때 너희
에게 부족한 것이 있었느냐?" 그들이
대답했습니다. "전혀 없었습니다."
36 예수께서 그들에게 말씀하셨습니다.
"그러나 지금은 지갑이 있으면 그것
을 지니고 가방도 챙겨라. 그리고 만
약 칼이 없으면 옷을 팔아서라도 하
나를 사라.
37 내가 너희에게 말한다. ㄱ'그는 무법자
들과 한패로 여겨졌다'라고 기록된 말
씀이 마땅히 내게 이루어져야 한다.
과연 나에 대해 기록된 말씀이 이제
이루어지고 있다."
38 제자들이 말했습니다. "주여, 보십시
오. 여기 칼 두 자루가 있습니다." 예
수께서 대답하셨습니다. "그것으로
충분하다."

예수께서 올리브 산에서 기도하시다
(마 26:36-46;막 14:32-42)

39 예수께서 예루살렘 밖으로 나가 여느
때처럼 올리브 산으로 가시자 제자들
도 따라갔습니다.
40 그곳에 도착하자 예수께서 그들에게
말씀하셨습니다. "너희가 시험에 빠지
지 않도록 기도하라."
41 예수께서는 제자들로부터 떨어져 돌
던지면 닿을 만한 곳으로 가서 무릎
을 꿇고 기도하셨습니다.
42 "아버지여, 만일 아버지의 뜻이면 내
게서 이 잔을 거두어 주십시오. 그러
나 내 뜻대로 하지 마시고 아버지의
뜻대로 되게 하십시오."
43 *그때 하늘로부터 천사가 나타나 예
수께 힘을 북돋아 드렸습니다.

22:43-44 어떤 초기 사본에는 43-44절이 없음. ㄱ 사 53:12

성·경·상·식

올리브 산, 예수님이 승천하신 곳

올리브 산은 예루살렘 맞은편 동쪽에 위치해 있으며 해발 823m 높이이다. 원래는 올리브 나무가 많았기 때문에 올리브 산이라고 불렸는데 AD 1세기경에 숲이 망가져 버렸다고 한다.
올리브 산은 구약 성경에서 다윗 왕이 압살롬을 피해 도망칠 때(삼하 15:30)와 스가랴 예언자가 예루살렘의 멸망을 예언할 때(슥 14:4)에 언급되었다. 신약 성경에서는 예수님이 이곳을 통해 예루살렘에 입성하셔서(눅 19:37) 낮에 성전에서 가르치시고 밤에 이곳에서 지내셨다(눅 21:37). 그리고 이곳에서 세상 종말에 대해 가르치셨고(마 24:3) 이곳에서 기도 후에 무리들에게 잡히셨다(눅 22:39). 부활하신 후 예수님은 이곳에서 승천하셨다(행 1:9-12).
오늘날 올리브 산에는 2000년이 지난 무덤부터 최근의 것까지 많은 무덤들이 있다. 그 까닭은 "그날이 오면 주께서 예루살렘의 동쪽에 있는 올리브 산에 서 계실 것이다."(슥 14:4)라는 스가랴 예언자의 예언을 믿은 유대인들이 메시아의 도래를 기다리며 올리브 산 근처에 묻히기를 원했기 때문이다. 이 예언은 사도행전 1장 11-12절에 이루어졌다.

44 예수께서는 고뇌 속에서 더욱 간절하
게 기도하셨습니다. 그러자 땀이 핏
방울같이 돼 땅 위에 떨어졌습니다.
45 예수께서 기도를 마치고 일어나 제자
들에게 가 보시니 그들은 슬픔에 지
쳐 잠들어 있었습니다.
46 예수께서 그들에게 말씀하셨습니다.
"왜 자고 있느냐? 일어나 시험에 들지
않도록 기도하라."

예수께서 잡히시다
(마 26:47-56;막 14:43-50;요 18:3-11)

47 예수께서 아직 말씀하고 계실 때 한
무리의 사람들이 나타났습니다. 열두
제자 중 하나이며 유다라 불리는 사
람이 그들을 이끌고 온 것입니다. 그
가 예수께 가까이 다가와 입을 맞추
었습니다.
48 그러자 예수께서 그에게 물으셨습니
다. "유다야, 네가 입맞춤으로 인자를
배반하려느냐?"
49 예수 곁에 있던 제자들이 돼 가는 일
을 보고 예수께 "주여, 우리가 칼로
칠까요?"라고 물었습니다.
50 그러고는 그중 하나가 대제사장의 종
의 오른쪽 귀를 잘라 버렸습니다.
51 그러자 예수께서 대답하셨습니다. "그
만둬라!" 그리고 그 종의 귀를 만져
고쳐 주셨습니다.
52 그리고 예수께서 자신을 체포하러 온
대제사장들과 성전 경비대장들과 장
로들에게 말씀하셨습니다. "너희가
강도를 잡듯이 칼과 몽둥이를 들고
나왔느냐?
53 내가 날마다 성전에서 너희와 함께
있었으나 너희는 내게 손도 대지 않
았다. 그러나 지금은 너희 때요, 어둠
이 기세를 부릴 때다."

베드로가 예수를 알지 못한다고 하다
(마 26:57-58,69-75;막 14:53-54,66-72;
요 18:15-18,25-27)

54 그들은 예수를 잡아끌고 대제사장의
집으로 데려갔습니다. 그러나 베드로
는 멀찌감치 떨어져 뒤따라갔습니다.
55 사람들이 마당 가운데 불을 지피고
함께 앉아 있는데 베드로도 그들 곁
에 앉았습니다.
56 베드로가 불을 쬐고 앉아 있는 것을
본 한 하녀가 그를 빤히 노려보면서
말했습니다. "이 사람도 예수와 함께
있었습니다."
57 그러나 베드로는 부인하며 말했습니
다. "여자여! 나는 그를 모르오."
58 조금 있으려니까 다른 어떤 사람이
베드로를 보고 말했습니다. "당신도
그들 중 하나였지?" 베드로가 말했습
니다. "이 사람아! 난 아니란 말이오!"
59 한 시간쯤 지나 또 다른 사람이 "이
사람이 갈릴리 사람인 것을 보니 그
와 함께 있었던 게 틀림없다"라며 장
담했습니다.
60 그러나 베드로가 말했습니다. "이 사
람아! 나는 당신이 대체 무슨 말을
하는지 모르겠소!" 바로 그때 베드로
의 말이 채 끝나기도 전에 닭이 울었
습니다.
61 주께서 돌아서서 베드로를 쳐다보셨

습니다. 그러자 베드로는 "오늘 닭이
울기 전에 네가 나를 세 번 부인할 것
이다"라고 하신 주의 말씀이 기억났
습니다.
62 베드로는 밖으로 나가 한없이 울었습
니다.

지키는 사람들이 예수를 희롱하다
(마 26:67-68;막 14:65)

63 예수를 지키는 사람들이 예수를 조롱
하고 때리기 시작했습니다.
64 그들은 예수의 눈을 가리고 물었습
니다. "누가 때리는지 알아맞혀 보아
라!"
65 사람들은 온갖 말로 예수께 모욕을
해 댔습니다.

예수께서 빌라도와 헤롯 앞에 서시다
(마 26:59-66;막 14:55-64)

66 날이 밝자 백성들의 장로들 곧 대제
사장들과 율법학자들이 공회를 소집
했고 예수께서 그들 앞에 끌려가셨습
니다.
67 그들이 말했습니다. "네가 *그리스도
라면 그렇다고 우리에게 말해 보아
라." 예수께서 대답하셨습니다. "내가
너희에게 말해도 너희는 믿지 않을
것이다.
68 또 내가 너희에게 물어보아도 너희는
대답하지 않을 것이다.
69 그러나 이제부터는 인자가 전능하신
하나님의 오른편에 앉게 될 것이다."
70 그러자 그들이 모두 물었습니다. "그
러면 네가 하나님의 아들이란 말이
냐?" 예수께서 대답하셨습니다. "내
가 그라고 너희가 말하고 있다."
71 그러자 그들이 말했습니다. "더 이상
무슨 증언이 필요하겠소? 우리가 직
접 이 사람의 입에서 나오는 말을 들
었으니 말이오."

23 온 무리가 모두 일어나 예수를
빌라도에게 끌고 갔습니다.
2 그리고 예수에 대한 고소가 시작됐
습니다. "이 사람이 우리 민족을 어지
럽게 하는 것을 보았습니다. 그는 가
이사께 세금을 바치는 것을 반대하며
자칭 *그리스도 곧 왕이라고 주장하
고 있습니다."
3 그러자 빌라도가 예수께 물었습니다.
"네가 유대 사람의 왕이냐?" 예수께
서 대답하셨습니다. "네가 말하고 있
다."
4 그러자 빌라도는 대제사장들과 무리
에게 말했습니다. "나는 이 사람에게
서 아무런 죄목도 찾지 못하겠다."
5 그러나 그들은 주장했습니다. "저 사
람이 갈릴리에서 시작해 여기 예루살
렘까지 유대 온 땅에서 가르치며 백
성들을 선동하고 있습니다."
6 이 말을 들은 빌라도는 이 사람이 갈
릴리 사람이냐고 물었습니다.
7 빌라도는 예수께서 헤롯의 관할에 속
한 것을 알고 때마침 예루살렘에 와
있던 헤롯에게 예수를 보냈습니다.
8 헤롯은 예수를 보고 매우 기뻐했습니
다. 그는 오래전부터 예수를 만나고
싶었습니다. 헤롯은 예수에 대한 소문

22:67;23:2 히브리어, 메시아. '기름 부음 받은 사람'

을 듣고 있었고 예수께서 어떤 기적
행하는 것을 보고 싶었기 때문입니
다.
9 헤롯이 많은 질문으로 물었지만 예수
께서는 아무 대답도 하지 않으셨습니
다.
10 대제사장들과 율법학자들은 곁에 서
서 예수를 격렬하게 고소했습니다.
11 그러자 헤롯과 그의 군인들은 예수를
조롱하고 모욕했습니다. 그러고는 예
수께 화려한 옷을 입혀 빌라도에게로
돌려보냈습니다.
12 헤롯과 빌라도가 전에는 원수처럼 지
냈으나 바로 그날에 서로 친구가 됐
습니다.
13 빌라도는 대제사장들과 지도자들과
백성들을 불러 모으고
14 말했습니다. "이 사람이 백성들을 선
동한다 해서 내게로 데려왔다. 하지
만 너희 앞에서 신문한 결과 너희가
고소한 것 같은 죄목을 찾지 못하겠
다.
15 헤롯도 역시 죄목을 찾을 수 없어 그
를 다시 우리에게 돌려보냈다. 이 사
람은 사형당할 만한 죄를 저지르지
않았다.
16 그러니 나는 이 사람을 매질이나 한
후에 풀어 주겠다."
17 *(없음)
18 그러자 사람들은 일제히 "그 사람을
없애시오! 그리고 우리에게 바라바를
풀어 주시오!" 하며 큰 소리로 외쳤습
니다.
19 바라바는 성안에서 일어난 폭동과 살
인으로 감옥에 갇혀 있는 사람이었습
니다.
20 빌라도는 예수를 풀어 주고 싶어서 그
들에게 다시 호소했습니다.
21 그러나 그들은 계속해서 소리 질렀습
니다. "그 사람을 십자가에 못 박으시
오! 십자가에 못 박으시오!"
22 빌라도가 세 번째로 말했습니다. "도
대체 그가 무슨 나쁜 일을 했다고 그
러느냐? 나는 이 사람에게서 사형에
처할 아무런 죄를 찾지 못했다. 그래
서 나는 그를 매질이나 해서 풀어 줄
것이다."
23 그러나 그들은 더욱 큰 소리로 예수
를 십자가에 못 박으라고 요구했습니
다. 그리고 그들의 소리가 이기고 말
았습니다.
24 마침내 빌라도는 그들의 요구대로 하
기로 결정했습니다.
25 빌라도는 그들의 요구대로 폭동과 살
인으로 감옥에 갇혀 있던 바라바를
풀어 주고 예수는 그들의 뜻대로 하
게 넘겨주었습니다.

예수께서 십자가에 못 박히시다
(마 27:32-44;막 15:21-32;요 19:17-27)

26 그들이 예수를 끌고 가다가 시골에서
올라오고 있던 구레네 사람 시몬을
붙잡아 십자가를 대신 지게 하고 예
수를 뒤따라가게 했습니다.
27 많은 사람들과 여자들이 큰 무리를 이

23:17 어떤 사본에는 '명절이 돼 빌라도는 죄수 한 사람을 그들에게 놓아주어야 했기 때문이다.'가 있음.

루어 예수를 따라갔습니다. 여자들은
예수에 대해 슬퍼하며 통곡했습니다.
28 예수께서는 뒤돌아서 여자들에게 말
씀하셨습니다. "예루살렘의 딸들아,
나로 인해 울지 말고 너희 자신과 너
희 자녀들을 위해 울라.
29 보라. 너희가 '임신하지 못하는 여인
과 한 번도 아기를 갖지 못한 태와 한
번도 젖을 먹이지 못한 가슴은 복이
있다'라고 말할 때가 곧 올 것이다.
30 그때 사람들이 산에다 대고 '우리 위
에 무너져 내려라!'라고 하며 언덕에
다 대고 '우리를 덮어 버려라!'라고 할
것이다.
31 나무가 푸를 때도 사람들이 이렇게
하는데 하물며 나무가 마를 때에는
무슨 일이 일어나겠느냐?"
32 죄수들인 다른 두 사람도 사형을 받
기 위해 예수와 함께 끌려갔습니다.
33 '해골'이라고 하는 곳에 이르자 그들
은 예수를 십자가에 못 박고 두 죄수
도 하나는 그 오른쪽에, 하나는 그
왼쪽에 못 박았습니다.
34 *예수께서 말씀하셨습니다. "아버지,
저들을 용서해 주소서. 저들은 자기
들이 하고 있는 일을 알지 못합니다."
그때 군인들은 제비를 뽑아 예수의
옷을 나눠 가졌습니다.
35 백성들은 서서 지켜보고 있었고 지도
자들은 심지어 예수를 조롱하며 말했
습니다. "이 사람이 다른 사람들은 구
원했다지. 자기가 택하심을 입은 하
나님의 *그리스도라면 자기도 구원하
라지."
36 군인들도 와서 예수를 조롱했습니다.
그들은 예수께 신 포도주를 들이대며
37 "네가 유대 사람의 왕이라면 어디 너
자신이나 구원해 보시지!"라고 말했
습니다.
38 예수의 머리 위에는 '이는 유대 사람
의 왕'이라고 *적힌 패가 붙어 있었습
니다.
39 십자가에 달린 죄수 중 하나가 예수

23:34 어떤 사본에는 '예수께서 … 못합니다."'가 없음. 23:35 히브리어, 메시아. 기름 부음 받은 사람' 23:38 어떤 사본에는 '그리스어와 라틴어와 히브리어로 적힌'이 있음.

성·경·상·식

죄수의 형벌 도구, 십자가

십자가는 고대 페르시아, 이집트, 앗시리아에서 죄수를 고문하고 처형하기 위해 나무로 만든 형틀이다. 페르시아 사람들에 의해 로마에 전해졌고 노예나 죄수를 사형에 처할 때 흔히 사용되었다. 십자가 형벌은 죄수의 양팔을 사람의 키보다 약간 큰 나무에 못 박아 고정시켜 매달려 있게 했다. 이렇게 되면 피가 몸의 밑으로 몰리게 되고 혈액 순환이 제대로 되지 않아 호흡이 빨라지고 심한 고통을 겪게 된다. 더구나 죄수의 죽음을 앞당기기 위해 십자가에 매달기 전 심한 채찍질도 했다. 말로 표현할 수 없는 고통으로 며칠을 보내며 죄수들은 서서히 십자가에서 죽어 갔다. 십자가의 처형 방법은 가혹하고 치욕적이어서 로마 사람들에게는 행하지 않았다. 그러나 예수님은 인류의 죄를 대속하기 위해 십자가의 극한 고통과 수치를 참으셨다.

를 모독하며 말했습니다. "네가 *그리
스도가 아니냐? 그러면 너와 우리를
구원해 보아라!"
40 그러나 다른 죄수는 그를 꾸짖으며
말했습니다. "너도 똑같은 십자가 처
형을 받고 있으면서 하나님이 두렵지
도 않느냐?
41 우리는 우리가 저지른 짓이 있으니
마땅히 받을 벌을 받는 것이지만 이
분은 잘못한 일이 아무것도 없다!"
42 그리고 말했습니다. "예수여, 당신의
나라에 들어가실 때 저를 기억해 주
십시오."
43 예수께서 그에게 대답하셨습니다. "내
가 진실로 네게 말한다. 오늘 네가 나
와 함께 낙원에 있을 것이다."

예수께서 숨을 거두시다

(마 27:45-56;막 15:33-41;요 19:28-30)

44 *정오쯤 돼 어둠이 온 땅을 뒤덮으니,
*오후 3시까지 계속됐습니다.
45 해가 빛을 잃었고 성전의 휘장 한가
운데가 찢어졌습니다.
46 예수께서 큰 소리로 부르짖으셨습니
다. "아버지여, 제 영혼을 아버지의 손
에 맡깁니다." 이 말씀을 하시고 나서
숨을 거두셨습니다.
47 백부장은 그 일어난 일을 지켜보고
하나님께 영광을 돌리며 말했습니다.
"이분은 참으로 의로운 분이셨다."
48 구경하려고 몰려든 사람들도 모두 이
사건을 보고 가슴을 치며 돌아갔습
니다.
49 그러나 예수를 알고 있던 모든 사람
들과 갈릴리에서부터 예수를 따라왔
던 여인들은 멀리 서서 이 일을 지켜
보았습니다.

예수께서 장사되시다

(마 27:57-61;막 15:42-47;요 19:38-42)

50 요셉이라는 유대 공회 회원이 있었는
데 그는 선하고 의로운 사람이었습니
다.
51 (그는 공회 회원들의 결정과 행동에
찬성하지 않았습니다.) 그는 유대의
아리마대 마을 출신으로 하나님 나라
가 오기를 기다리는 사람이었습니다.
52 그는 빌라도에게 가서 예수의 시신을
달라고 했습니다.
53 그는 십자가에서 시신을 내려 고운
삼베로 잘 싼 다음 바위로 만든 무덤
에 모셨습니다. 이 무덤에는 아직 아
무도 묻힌 적이 없었습니다.
54 그날은 안식을 준비하는 날이었고,
이제 곧 있으면 안식일이었습니다.
55 갈릴리에서부터 예수와 함께 왔던 여
인들이 요셉을 따라가 무덤과 그 안
에 예수의 시신이 어떻게 안장됐는지
를 보았습니다.
56 그리고 그들은 집으로 돌아가 향품
과 향유를 준비했습니다. 그리고 나
서 계명을 따라 안식일에 쉬었습니다.

예수께서 살아나시다

(마 28:1-10;막 16:1-8;요 20:1-10)

24 그 주의 첫날 이른 새벽에 여인
들은 준비한 향품을 가지고 무

23:39 히브리어, 메시아. '기름 부음 받은 사람' 23:44 그리스어에서 정오는 제6시, 오후 3시는 제9시

덤으로 갔습니다.
2 그런데 무덤 입구를 막은 돌덩이가
굴려져 있는 것을 발견했습니다.
3 그래서 그들이 안으로 들어가 보니
주 예수의 시신이 없었습니다.
4 그들이 이 일에 대해 어찌해야 할지
몰라 당황하고 있는데 빛나는 옷을
입은 두 사람이 갑자기 그들 곁에 섰
습니다.
5 여인들은 너무 무서워 얼굴을 땅에
대고 엎드렸습니다. 그러자 그 사람
들이 말했습니다. "살아 계신 분을 왜
죽은 사람들 사이에서 찾고 있느냐?
6 그분은 여기 계시지 않고 살아나셨
다! 예수께서 갈릴리에서 너희와 함께
계실 때 하신 말씀을 기억해 보라.
7 '인자가 마땅히 죄인의 손에 넘겨져
십자가에 못 박히고 3일째 되는 날에
다시 살아나야 한다'라고 하시지 않았
느냐?"
8 여인들은 예수의 말씀을 기억했습니
다.
9 여인들은 무덤에서 돌아와 열한 제자
들과 다른 모든 사람들에게 이 사실
을 모두 알렸습니다.
10 (그들은 막달라 마리아, 요안나, 야고
보의 어머니 마리아였습니다. 그들과
함께 있었던 다른 몇몇 여인들도 이
일을 사도들에게 말했습니다.)
11 그러나 사도들은 여인들의 말이 어처
구니없게 들렸으므로 그 말을 믿지
않았습니다.
12 하지만 베드로는 일어나 무덤으로 달
려갔습니다. 몸을 굽혀 안을 들여다
보니 고운 삼베 천만 놓여 있었습니
다. 그는 이상하게 생각하며 돌아갔
습니다.

엠마오 도상에서 (막 16:12-13)

13 바로 그날 그들 중 두 사람이 예루살
렘에서 약 *60스타디온 남짓 떨어져
있는 엠마오라는 마을로 가는 중이었
습니다.
14 그들은 일어난 이 모든 일에 대해 서
로 이야기하고 있었습니다.
15 그들이 이야기하며 토론하고 있는데
예수께서 가까이 가서 그들과 함께
걸어가셨습니다.
16 그러나 그들은 눈이 가려져서 예수를
알아보지 못했습니다.
17 그분께서 그들에게 물으셨습니다. "당
신들이 걸어가면서 서로 주고받는 이
말이 무슨 이야기요?" 그들은 슬픈
기색으로 가던 길을 멈추어 섰습니
다.
18 그중 글로바라는 사람이 그분께 물
었습니다. "예루살렘에 있으면서 최근
일어난 일을 혼자만 모르신단 말씀입
니까?"
19 그분이 물으셨습니다. "무슨 일이오?"
그들이 대답했습니다. "나사렛 예수에
관한 일 말입니다. 그분은 하나님과
모든 백성들 앞에서 행동과 말씀에
능력이 있는 예언자셨습니다.
20 그런데 우리 대제사장들과 지도자들
이 그분을 넘겨주어 사형 선고를 받

24:13 60스타디온은 약 11킬로미터

게 했고 십자가에 못 박았습니다.
21 그러나 우리는 이스라엘을 구속해 주
실 분이 바로 그분이라고 바라고 있
었습니다. 그뿐 아니라 그런 일이 있
은 지 벌써 3일째 됐는데
22 우리 중 몇몇 여인들이 우리를 놀라
게 했습니다. 그들이 아침 일찍 무덤
에 갔다가
23 그분의 시신을 찾지 못하고 돌아와서
천사들의 환상을 보았다고 했습니다.
그리고 그 천사들이 예수께서 살아
계신다고 말했다는 것입니다.
24 그래서 우리 동료 몇 사람이 무덤으
로 가 보았더니 그 여인들이 말한 대
로 그분을 볼 수 없었다는 것입니다."
25 예수께서 그들에게 말씀하셨습니다.
"어리석고 예언자들이 말한 모든 것
을 마음에 더디게 믿는 사람들이여!
26 *그리스도께서 마땅히 이런 고난을
겪고서 자기 영광에 들어가야 할 것
이 아니냐?"
27 그리고 예수께서는 모세와 모든 예언
자들로부터 시작해 성경 전체에서 자
기에 관해 언급된 것을 그들에게 자
세히 설명해 주셨습니다.
28 그들이 가려던 엠마오 마을에 다다르
자 예수께서는 더 가시려고 했습니다.
29 그러자 그들이 예수를 한사코 말렸습
니다. "저녁이 다 됐으니 여기서 우리
와 함께 계시지요. 날이 다 저물었습
니다." 그래서 예수께서 그들과 함께
묵으려고 집에 들어가셨습니다.
30 예수께서 그들과 함께 상에 기대어
앉아 빵을 들고 감사 기도를 드린 후
떼어 그들에게 나눠 주셨습니다.
31 그제야 그들의 눈이 열려 예수를 알
아보았습니다. 그러나 곧 예수께서 그
들의 눈앞에서 사라지셨습니다.
32 그들이 서로 물었습니다. "길에서 그
분이 우리에게 말씀하시고 성경을 풀
어 주실 때 우리 마음이 뜨거워지지
않았느냐?"
33 그들이 즉시 일어나 예루살렘으로 돌
아갔습니다. 가서 보니 거기에는 열한
제자가 다른 사람들과 함께 모여 있
었습니다.
34 이들이 말했습니다. "주께서 참으로
살아나셨고 시몬에게 나타나셨다!"
35 그러자 그 두 사람도 길에서 있었던
일과 예수께서 빵을 떼어 주실 때 그
들이 그분을 알아본 일을 이야기해
주었습니다.

예수께서 제자들에게 나타나시다
(마 28:16-20;막 16:14-18;요 20:19-23;행 1:6-8)

36 그들이 아직 이런 이야기를 하고 있
을 때 예수께서 바로 그들 사이에 나
타나셔서 말씀하셨습니다. "너희에게
평화가 있으라."
37 그들은 유령을 본 줄 알고 놀라며 무
서워했습니다.
38 예수께서 그들에게 말씀하셨습니다.
"어째서 두려워하며 마음에 의심이
일어나느냐?
39 내 손과 내 발을 보라. 바로 나다! 나
를 만져 보고 쳐다보라. 유령은 살과

24:26 히브리어, 메시아. '기름 부음 받은 사람'

뼈가 없다. 그러나 너희가 보다시피
나는 있지 않느냐?"
40 예수께서는 이렇게 말씀하시고 그 손
과 발을 보여 주셨습니다.
41 그들은 너무 기쁘고 놀라워 오히려
믿기지 않았습니다. 그때 예수께서 그
들에게 물으셨습니다. "여기에 먹을
것이 좀 있느냐?"
42 그들은 구운 생선 한 토막을 갖다 드
렸습니다.
43 그러자 예수께서는 그들 앞에서 생선
을 가져다가 잡수셨습니다.
44 예수께서 그들에게 말씀하셨습니다.
"내가 전에 너희와 함께 있을 때 모
세의 율법과 예언서와 시편에서 나에
대해 기록된 모든 일이 마땅히 이루
어져야 한다고 너희에게 말한 것이 바
로 이것이다."
45 그리고 예수께서 그들의 마음을 열어
성경을 깨닫게 해 주셨습니다.
46 예수께서 그들에게 말씀하셨습니다.
"이렇게 기록돼 있다. *그리스도께서
고난을 겪고 3일째 되는 날 죽은 사
람들 가운데서 살아날 것이며
47 또 예루살렘으로부터 시작해 모든 민
족에게 그의 이름으로 죄 용서를 받
게 하는 회개가 전파될 것이다.
48 너희는 이 일들의 증인이다.
49 보라. 내가 내 아버지께서 약속하신
것을 너희에게 보낸다. 그러므로 너
희는 위로부터 내려오는 능력을 입을
때까지 예루살렘에 머물러 있으라."

예수께서 하늘로 올려지시다
(막 16:19-20;행 1:9-11)

50 예수께서 제자들을 이끌고 베다니 앞
에까지 가시더니 거기서 두 손을 들
고 그들에게 복을 주셨습니다.
51 예수께서는 제자들에게 복을 주시는
중에 그들을 떠나 *[하늘로 들려 올
라가]셨습니다.
52 그러자 그들은 *[예수께 경배하며] 기
쁨에 넘쳐 예루살렘으로 돌아가
53 하나님을 찬양하면서 계속 성전에 있
었습니다.

24:46 히브리어, 메시아. '기름 부음 받은 사람' 24:51,52 어떤 사본에는 괄호 안의 구절이 없음.

요한복음

J o h n

하나님의 아들로 오신 예수 그리스도를 소개하는 복음서로서, 공관복음(마태, 마가, 누가)에서 생략된 부분들을 보충하는 동시에 단순한 표현을 사용하여 심오한 신학을 드러내고 있다. 예수 그리스도께서 베푸신 여러 이적들을 통해 신성을 효과적으로 입증하며, 성령 안에서 구원의 새 시대가 개막되었음을 알린다.

말씀이 육신이 되시다

1 태초에 *말씀이 계셨습니다. 그 말
씀은 하나님과 함께 계셨고 그 말
씀은 하나님이셨습니다.
2 그분은 태초에 하나님과 함께 계셨습
니다.
3 모든 것이 그분을 통해 지음받았으며
그분 없이 된 것은 아무것도 없었습
니다.
4 그분 안에는 생명이 있었습니다. 그
생명은 사람들의 빛이었습니다.
5 그 빛이 어둠 속에서 비추고 있지만
어둠은 그 빛을 *깨닫지 못했습니다.
6 하나님께서 보내신 사람이 있었습니
다. 그 이름은 요한이었습니다.
7 요한은 그 빛에 관해 증언하러 온 증
인이었는데 이는 그를 통해 모든 사
람이 믿게 하려는 것이었습니다.
8 요한 자신은 그 빛이 아니었습니다.
그는 다만 그 빛에 대해 증언하기 위
해 온 것입니다.
9 참빛이 있었습니다. 그 빛이 세상에
와서 모든 사람을 비추었습니다.
10 그분이 세상에 계셨고 그분이 세상
을 지으셨지만 세상은 그분을 알아보
지 못했습니다.
11 그분이 자기 땅에 오셨지만 그분의
백성들이 그분을 받아들이지 않았습
니다.
12 그러나 그분을 영접한 사람들, 곧 그
분의 이름을 믿는 사람들에게는 하
나님의 자녀가 될 권세를 주셨습니
다.
13 이 사람들이 하나님의 자녀로 태어난
것은 혈통이나 육정이나 사람의 뜻으
로 된 것이 아니라 하나님의 뜻으로
된 것입니다.
14 그 말씀이 육신이 돼 우리 가운데 계
셨기에 우리는 그분의 영광을 보았습
니다. 그것은 은혜와 진리가 충만한

1:1 그리스어, 로고스 1:5 또는 이기지 못했습니다.
받아들이지 못했습니다.

아버지의 *독생자의 영광이었습니다.
15 요한은 그분에 대해 증언해 외쳤습니
다. "내가 전에 '내 뒤에 오시는 그분
이 나보다 앞선 것은 나보다 먼저 계
셨기 때문이다'라고 말했는데 그분이
바로 이분이시다."
16 그분의 충만함으로부터 우리 모두는
분에 넘치는 은혜를 받았습니다.
17 율법은 모세를 통해 주셨지만 은혜와
진리는 예수 그리스도를 통해 왔습니
다.
18 지금까지 아무도 하나님을 본 사람이
없었습니다. 그러나 아버지 품에 계시
는 *독생자께서 하나님을 알려 주셨
습니다.

세례자 요한이 자신에 대하여 그리스도가 아니라고 말하다 (마 3:1-12;막 1:7-8;눅 3:15-17)

19 예루살렘의 유대 사람들이 제사장들
과 레위 지파 사람들을 보내 "당신은
누구시오?"라고 요한의 정체를 물었
을 때 요한이 한 증언은 이렇습니다.
20 그는 거절하지 않고 고백했습니다.
"나는 *그리스도가 아니오."
21 그들이 물었습니다. "그러면 당신은
누구요? 엘리야요?" 요한이 대답했습
니다. "아니오." "그러면 그 예언자요?"
그가 대답했습니다. "아니오."
22 그러자 그들이 말했습니다. "그러면
도대체 당신은 누구요? 우리를 보낸
사람들에게 가서 대답할 말을 좀 해
주시오! 당신은 자신을 누구라고 생
각하오?"
23 요한은 예언자 이사야의 말로 대답했
습니다.

ㄱ"나는 주를 위해 길을 곧게 하라
고 광야에서 외치는 사람의 소리
요."

24 보냄을 받은 유대 사람들 중에는 바
리새파 사람들이 보낸 이들이 있었습
니다.
25 그들이 요한에게 질문했습니다. "당신
이 *그리스도도 아니고, 엘리야도 아
니고, 그 예언자도 아니라면 어째서
*세례를 주시오?"

1:14,18 또는 '외아들' 1:20,25 히브리어, 메시아. '기름 부음 받은 사람' 1:25 또는 침례 ㄱ 사 40:3

성·경·상·식

요한복음을 쓴 목적

사도 요한은 요한복음을 쓴 목적을 "그러나 이것들이 기록된 목적은 여러분들로 하여금 예수가 그리스도이시며 하나님의 아들이심을 믿게 하고 또 믿어서 예수의 이름으로 생명을 얻도록 하기 위함입니다."(요 20:31)라고 밝히고 있다.

곧 요한은 예수님이 하나님의 아들이심을 증언하여 사람들이 예수님을 믿고 하나님의 자녀가 되게 하려고 이 책을 쓴 것이다(요 1:12;3:16). 예수님의 생애를 연대적으로 기록하는 데 비중을 두기보다는 예수님이 하나님의 아들로서 보여 주신 이적과 능력에 대해 많이 기록한 것이 다른 복음서와 다른 점이다(요 2:1-11;11:1-44 등). 또한 예수님께서 스스로 자신이 어떤 분인지를 밝히는 내용을 기록했다(요 6:35,48;8:12;9:5 등).

26 요한이 대답했습니다. "나는 물로 *세
례를 주지만 여러분 가운데 여러분이
알지 못하는 한 분이 서 계시오.
27 그분은 내 뒤에 오시는 분인데 나는
그분의 신발 끈을 풀 자격도 없소."
28 이 일은 요한이 *세례를 주던 곳, 요
단 강 건너편 베다니에서 있었던 일입
니다.

세례자 요한이 예수에 관하여 증언하다

29 다음 날 요한은 예수께서 자기에게 다
가오시는 것을 보고 말했습니다. "보
시오. 세상 죄를 지고 가시는 하나님
의 어린양이십니다.
30 내가 전에 '내 뒤에 오시는 분이 나보
다 앞선 것은 그분이 나보다 먼저 계
셨기 때문이다'라고 말했던 분이 바로
이분이십니다.
31 나도 이분을 알지 못했습니다. 그러
나 내가 와서 물로 *세례를 주는 까
닭은 바로 이분을 이스라엘에게 알리
기 위해서입니다."
32 그리고 요한은 또 이렇게 증언했습니
다. "나는 *성령이 하늘에서 비둘기
같이 내려와 그분 위에 머무는 것을
보았습니다.
33 나도 이분이 그분인 줄 알지 못했습
니다. 그러나 물로 *세례를 주라고 나
를 보내신 분이 '어떤 사람에게 성령
이 내려와 머무는 것을 네가 보게 되
면 그가 바로 성령으로 *세례를 줄
분임을 알라'고 일러 주셨습니다.
34 그런데 나는 그것을 보았습니다. 그래
서 이분이 하나님의 아들이라고 증언
하는 것입니다."

세례자 요한의 제자들이 예수를 따르다

35 다음 날 요한은 자기 두 제자와 함께
다시 그곳에 서 있다가
36 예수께서 지나가시는 것을 보고 말했
습니다. "보라. 하나님의 어린양이시
다."
37 그 말을 듣고 요한의 두 제자가 예수
를 따라갔습니다.
38 예수께서 뒤를 돌아 그들이 따라오는
것을 보고 물으셨습니다. "무엇을 원
하느냐?" 그들이 말했습니다. "랍비
여, 어디에 머물고 계십니까?"('랍비'
는 '선생'이라는 뜻입니다.)
39 예수께서 대답하셨습니다. *"와서 보
라." 그래서 두 제자는 가서 그분이
계시는 곳을 보고 그날 그분과 함께
지냈습니다. 때는 *오후 4시쯤이었습
니다.
40 요한의 말을 듣고 예수를 따라간 두
사람 중 한 사람은 시몬 베드로의 동
생 안드레였습니다.
41 안드레는 가장 먼저 자기 형 시몬을
찾아가 말했습니다. "우리가 메시아를
만났다." (메시아는 '그리스도'라는 뜻
입니다.)
42 그리고 그는 시몬을 예수께 데려왔습
니다. 예수께서 시몬을 보고 말씀하
셨습니다. "너는 요한의 아들 시몬이
구나. 이제 너는 게바라고 불릴 것이
다." (*'게바'는 '베드로'라는 뜻입니다.)

1:26,28,31,33 또는 침례 1:32 그리스어, '영'
1:39 또는 따라오라. 1:39 그리스어, 제10시
1:42 아람어, 게바. '바위', '반석'

예수께서 빌립과 나다나엘을 부르시다

43 다음 날 예수께서 갈릴리로 떠나시려
다 빌립을 만나 말씀하셨습니다. "나
를 따라라."
44 빌립도 역시 안드레와 베드로처럼 벳
새다 마을 출신이었습니다.
45 빌립은 나다나엘을 찾아가 말했습니
다. "모세가 율법에 기록했고 예언자
들도 기록했던 그분을 우리가 만났
소. 그분은 요셉의 아들 나사렛 예수
시오!"
46 나다나엘이 물었습니다. "나사렛에서
무슨 선한 것이 나오겠는가?" 빌립이
말했습니다. "와서 보시오!"
47 예수께서 나다나엘이 다가오는 것을
보시고 그에 관해 말씀하셨습니다.
"여기 참이스라엘 사람이 있다. 이 사
람에게는 거짓된 것이 없다."
48 나다나엘이 물었습니다. "어떻게 저를
아십니까?" 예수께서 대답하셨습니
다. "빌립이 너를 부르기 전 네가 무
화과나무 아래 있을 때에 내가 보았
다."
49 그러자 나다나엘이 대답했습니다. "랍
비여, 당신은 하나님의 아들이시며 이
스라엘의 왕이십니다."
50 예수께서 그에게 말씀하셨습니다. "내
가 무화과나무 아래 있던 너를 보았
다고 해서 믿느냐? 이제 그보다 더
큰 일도 보게 될 것이다."
51 그리고 예수께서 덧붙여 말씀하셨습
니다. "내가 진실로 진실로 너희에게
말한다. 너희는 하늘이 열리고 하나
님의 천사들이 인자 위에서 오르락내
리락하는 것을 보게 될 것이다."

예수께서 물을 포도주로 바꾸시다

2 3일째 되던 날, 갈릴리 가나에서 결
혼식이 있었습니다. 예수의 어머니
도 그곳에 계셨고
2 예수와 제자들도 그 결혼식에 초대받
았습니다.
3 그런데 포도주가 다 떨어지자 예수의
어머니는 예수께 와서 "포도주가 다
떨어졌구나"라고 말해 주었습니다.
4 예수께서 대답하셨습니다. "어머니,
그것이 나와 당신에게 무슨 관계가
있다고 그러십니까? 아직 내 때가 이
르지 않았습니다."
5 그러나 예수의 어머니는 하인들에게
말했습니다. "무엇이든 그가 시키는
대로 하라."
6 가까운 곳에 돌 항아리 여섯 개가 놓
여 있었습니다. 그것은 유대 사람들의
정결 의식에 쓰이는 것으로서 각각
물 *2-3메트레테스 들어가는 크기의
항아리였습니다.
7 예수께서 하인들에게 말씀하셨습니
다. "저 항아리들에 물을 채우라." 그
래서 그들은 항아리마다 물을 넘치도
록 가득 채웠습니다.
8 그러자 예수께서 그들에게 말씀하셨
습니다. "이제 물을 떠서 잔치 책임자
에게 갖다 주라." 그들은 그렇게 했습
니다.
9 잔치 책임자는 물이 변해 된 포도주

2:6 2-3메트레테스는 약 79-118.5리터

를 맛보았습니다. 그는 그 포도주가
어디에서 났는지 알지 못했지만 물을
떠 온 하인들은 알고 있었습니다. 잔
치 책임자는 신랑을 불렀습니다.
10 그러고는 이렇게 말했습니다. "누구
든지 처음에는 맛 좋은 포도주를 내
오다가 손님들이 취하면 덜 좋은 포
도주를 내는 법인데 당신은 가장 좋
은 포도주를 지금까지 남겨 두었군
요."
11 예수께서 이 첫 번째 *표적을 갈릴리
가나에서 행해 자기의 영광을 드러내
셨습니다. 그러자 예수의 제자들이
그를 믿었습니다.
12 그 후 예수께서는 어머니와 동생들과
제자들과 함께 가버나움으로 내려가
셔서 그곳에서 며칠 동안 머물러 계
셨습니다.

예수께서 성전 뜰을 정화하시다
(마 21:12-13;막 11:15-17;눅 19:45-46)

13 유대 사람들이 지키는 유월절이 다가
오자 예수께서는 예루살렘으로 올라
가셨습니다.
14 예수께서 성전 뜰에서 사람들이 소와
양과 비둘기를 팔고 또 탁자 앞에 앉
아 돈을 바꿔 주는 것을 보셨습니다.
15 예수께서는 노끈으로 채찍을 만들어
양과 소들을 모두 성전 밖으로 내쫓
고 돈을 바꿔 주던 사람들의 동전을
쏟고 탁자를 엎어 버리셨습니다.
16 그리고 비둘기를 팔던 사람들에게 말
씀하셨습니다. "이것들을 여기에서 치
워 버리라! 내 아버지의 집을 장사하
는 집으로 만들지 말라!"
17 예수의 제자들은 ㄱ"주의 집을 향한

2:11 그리스어, 세메이온 ㄱ 시 69:9

결혼의 소중함과 축복

하용조 목사의 행복한 **메시지**

결혼식에서 젊은 남녀가 성경에 손을 얹고 사랑을 서약하는 모습을 보신 적이 있을 것입니다. 그 모습을 보며 결혼의 신성함과 결혼이 주는 복에 대해서 생각해 보신 적이 있으십니까? 더 나아가 여러분은 순결한 신부로서 영원한 신랑이신 예수 그리스도를 사모해 보신 적이 있으십니까?
결혼은 남자가 부모를 떠나 여자와 한 몸을 이루는 것입니다. 더 이상 둘이 아니고 한 몸이기에 결코 나눌 수 없는 관계입니다. 결혼의 의미를 깨닫는 만큼 이혼의 확률은 적어집니다. 이혼의 동기를 들여다보면 거기에는 인간의 완악함이 도사리고 있습니다. 혹시 이혼을 생각하고 있다면 먼저 자기 안에 있는 죄악과 싸우십시오. 이기심을 제거하십시오. 우리가 싸울 대상은 사람이 아니라 하늘에 있는 악한 영들임을 기억하십시오. 피치 못하게 이혼을 했다면 다시는 그러한 비참한 일을 겪지 않도록 그리스도의 신부로서 거룩하게 사십시오.
결혼을 했든 독신으로 있든 우리의 영원한 신랑은 예수 그리스도이고 우리의 영원한 거처는 천국임을 기억하면서 살 수 있기를 바랍니다.

열정이 나를 삼킬 것이다"라고 기록
된 성경 말씀이 생각났습니다.
18 그때 유대 사람들이 예수께 물었습니
다. "당신이 이런 일을 할 수 있다는
것을 증명할 만한 무슨 표적을 우리
에게 보여 줄 수 있겠소?"
19 예수께서 그들에게 대답하셨습니다.
"이 성전을 허물라. 그러면 내가 3일
만에 다시 세우겠다."
20 그러자 유대 사람들이 대답했습니다.
"이 성전을 짓는 데에 46년이나 걸렸
는데 당신이 그것을 3일 만에 다시
세우겠다는 말이오?"
21 그러나 예수께서 말씀하신 성전은 바
로 자기 몸을 가리킨 것이었습니다.
22 나중에 예수께서 죽은 사람들 가운
데서 살아나셨을 때에야 제자들은
이 말씀을 기억했고 성경과 예수께서
하신 말씀을 믿었습니다.
23 예수께서 유월절을 맞아 예루살렘에
계시는 동안 많은 사람들이 그분이
행하시는 표적을 보고 그 이름을 믿
었습니다.
24 그러나 예수께서는 모든 사람을 알고
계셨기 때문에 자기 자신을 그들에게
맡기지 않으셨습니다.
25 또한 예수께서는 사람에 대해 그 누
구의 증언도 필요하지 않으셨습니다.
사람의 마음속에 있는 것까지 다 알
고 계셨기 때문입니다.

예수께서 니고데모를 가르치시다

3 바리새파 사람들 중에 니고데모라
는 사람이 있었는데 그는 유대 공
회 지도자였습니다.
2 그가 밤에 예수를 찾아와 물었습니
다. "랍비여, 우리는 당신이 하나님께
로부터 오신 선생님인 것을 알고 있
습니다. 하나님께서 함께하시지 않는
다면 선생님이 행하신 그런 표적들을
아무도 행할 수 없기 때문입니다."
3 예수께서 그에게 이렇게 말씀하셨습
니다. "내가 진실로 진실로 네게 말한
다. 누구든지 다시 태어나지 않으면
하나님 나라를 볼 수 없다."
4 니고데모가 예수께 물었습니다. "나이
가 들어 늙은 사람이 어떻게 다시 태
어나겠습니까? 태어나려고 어머니의
배 속으로 다시 들어갈 수 없지 않습
니까?"
5 예수께서 대답하셨습니다. "내가 진
실로 진실로 네게 말한다. 누구든지
물과 성령으로 태어나지 않으면 하나
님 나라에 들어갈 수 없다.
6 육체에서 난 것은 육체이고 성령으로
난 것은 영이다.
7 '다시 태어나야 한다'라고 말한 것을
너희는 이상히 여기지 말라.
8 *바람은 불고 싶은 대로 분다. 너는
그 소리를 듣지만 바람이 어디서 오
는지, 어디로 가는지 알지 못한다. 성
령으로 태어난 사람도 모두 이와 같
다."
9 니고데모가 예수께 물었습니다. "어떻
게 이런 일이 있을 수 있습니까?"
10 예수께서 말씀하셨습니다. "너는 이스

3:8 그리스어, 프뉴마. '영', '바람'

라엘의 선생이면서도 이런 일을 이해
하지 못하느냐?
11 내가 진실로 진실로 네게 말한다. 우
리는 아는 것을 말하고 본 것을 증언
하는데 너희는 우리 증언을 받아들
이지 않고 있다.
12 내가 땅의 것을 말해도 너희가 믿지
않는데 하물며 하늘의 것을 말하면
어떻게 믿겠느냐?
13 하늘에서 내려온 사람, 곧 인자 외에
는 하늘로 올라간 사람이 없다.
14 모세가 광야에서 뱀을 들어 올린 것
같이 *인자도 들려야 한다.
15 그것은 그를 믿는 사람마다 *영생을
얻게 하려는 것이다.
16 하나님께서 세상을 이처럼 사랑하셔
서 *독생자를 주셨으니 이는 그를 믿
는 사람마다 멸망하지 않고 영생을
얻게 하려는 것이다.
17 하나님께서 자신의 아들을 세상에
보내신 것은 세상을 심판하시려는 것
이 아니라 그 아들을 통해 세상을 구
원하시려는 것이다.
18 아들을 믿는 사람은 심판을 받지 않
는다. 그러나 믿지 않는 사람은 이미
심판을 받았다. 하나님의 *독생자의
이름을 믿지 않았기 때문이다.
19 그 심판은 이것인데, 곧 빛이 세상에
왔지만 사람들은 자기 행위가 악하기
때문에 빛 대신 어둠을 사랑한 것이
다.
20 악을 행하는 사람마다 빛을 미워하
고 자기 행위가 드러날까 두려워해
빛으로 나아오지 않는다.
21 그러나 진리를 따라 사는 사람은 빛
으로 나아온다. 그것은 자기의 행위
가 하나님 안에서 이루어졌음을 나타
내려는 것이다."

세례자 요한이 다시 예수에 관하여 증언하다

22 그 후 예수께서 제자들과 함께 유대
지방으로 가셔서 거기서 얼마 동안
제자들과 함께 머무르시며 *세례를
주셨습니다.
23 요한도 살렘 가까이에 있는 애논에서
세례를 주고 있었습니다. 그곳에는 물
이 많았기 때문입니다. 사람들이 나
아와 세례를 받았습니다.
24 이때는 요한이 아직 감옥에 갇히기
전이었습니다.
25 요한의 제자들 중 몇 사람과 어떤 유
대 사람 사이에 정결 의식과 관련해
논쟁이 붙었습니다.
26 요한의 제자들이 요한에게 와서 말했
습니다. "랍비여, 전에 요단 강 건너편
에서 선생님과 함께 계시던 분, 선생
님이 증언하셨던 그분이 지금 세례를
주고 있는데 사람들이 다 그분께로
가고 있습니다."
27 이 말에 요한이 대답했습니다. "하늘
에서 주시지 않으면 사람은 아무것도
받을 수 없다.
28 내가 전에 '나는 *그리스도가 아니고
그분보다 앞서 보냄을 받은 사람이다'

3:14 다른 고대 사본들에는 '하늘에 있는 인자도'
3:15 다른 고대 사본에는 '멸망하지 않고'가 있음.
3:16,18 또는 외아들 3:22 또는 침례 3:28 히브리
어, 메시아. 기름 부음 받은 사람'

라고 한 말을 증언할 사람들은 바로
너희다.
29 신부를 얻는 자는 신랑이다. 그러나
신랑의 친구는 신랑을 기다렸다가 신
랑의 음성을 들으면 그 음성으로 인
해 매우 기뻐한다. 나는 이런 기쁨으
로 충만하다.
30 그분은 흥해야 하고 나는 쇠해야 한
다.
31 위에서 오시는 그분은 모든 것 위에
계시는 분이시다. 땅에서 난 사람은
땅에 속해 땅의 것을 말한다. 그러나
하늘에서 오시는 그분은 모든 것 위
에 계신다.
32 그분은 보고 들은 것을 증언하신다.
그러나 아무도 그 증언을 받아들이
지 않는다.
33 그분의 증언을 받아들인 사람은 하
나님이 참되신 분임을 인정하는 것이
다.
34 하나님께서 보내신 그분은 하나님의
말씀을 전하신다. 그것은 하나님께서
그분에게 *성령을 한없이 주셨기 때
문이다.
35 아버지께서는 아들을 사랑하셔서 모
든 것을 아들의 손안에 맡기셨다.
36 아들을 믿는 사람에게는 영생이 있
다. 그러나 아들에게 순종하지 않는
사람은 생명을 보지 못하고 도리어
하나님의 진노를 받게 된다."

예수께서 사마리아 여인과 대화하시다

4 예수께서 요한보다 더 많은 사람들
을 제자로 삼아 *세례를 주신다는
소문이 바리새파 사람들의 귀에 들어
간 것을 예수께서 아셨습니다.
2 (사실 예수께서 직접 *세례를 주신 것
이 아니라 그의 제자들이 준 것이었
습니다.)
3 그래서 예수께서는 유대를 떠나 다시
갈릴리로 가셨습니다.
4 갈릴리로 들어가려면 사마리아 지방
을 거쳐야만 했습니다.
5 그리하여 예수께서는 사마리아의 수
가라는 마을로 들어가셨습니다. 그곳
은 옛날 야곱이 자기 아들 요셉에게
준 땅과 가까웠으며
6 야곱의 우물이 거기에 있었습니다. 여
행으로 피곤해진 예수께서는 그 우물
곁에 앉으셨습니다. 그때가 *낮 12시
쯤이었습니다.
7 한 사마리아 여인이 물을 길으러 나
왔습니다. 예수께서 여인에게 말을 거
셨습니다. "내게 물 좀 떠 주겠느냐?"
8 제자들은 먹을 것을 사러 마을에 들
어가고 없었습니다.
9 사마리아 여인이 예수께 말했습니다.
"당신은 유대 사람이고 저는 사마리아
여자인데 어떻게 제게 물을 달라고
하십니까?" *당시 유대 사람들은 사
마리아 사람과는 상대도 하지 않았기
때문입니다.
10 예수께서 여인에게 대답하셨습니다.
"네가 하나님의 선물을 알고 또 물

3:34 그리스어, 프뉴마. '영', '바람' 4:1,2 또는 침례
4:6 그리스어, 제6시 4:9 또는 당시 유대 사람들은 사
마리아 사람들이 사용한 그릇을 사용하지도 않았기 때
문입니다.

을 달라고 하는 사람이 누구인지 알
았다면 도리어 네가 그에게 부탁했을
것이고 그가 네게 생수를 주었을 것
이다."
11 여인이 예수께 말했습니다. "선생님,
선생님께는 두레박도 없고 이 우물은
깊은데 선생님께서는 어디에서 생수
를 구한단 말입니까?
12 선생님이 우리 조상 야곱보다 더 크
신 분이십니까? 야곱은 우리에게 이
우물을 주었고 그와 그의 아들들과
가축들도 다 여기에서 물을 마시지
않았습니까?"
13 예수께서 대답하셨습니다. "이 물을
마시는 사람마다 다시 목마를 것이
다.
14 그러나 내가 주는 물을 마시는 사람
은 영원히 목마르지 않을 것이다. 내
가 주는 물은 그 사람 안에서 계속
솟아올라 영생에 이르게 하는 샘물
이 될 것이다."
15 여인이 예수께 말했습니다. "선생님,
제게 그 물을 주십시오. 제가 목마르
지도 않고 다시는 물 길으러 여기까
지 나오지 않게 해 주십시오."
16 예수께서 여인에게 말씀하셨습니다.
"가서 네 남편을 불러오너라."
17 여인이 예수께 대답했습니다. "저는
남편이 없습니다." 예수께서 여인에게
말씀하셨습니다. "네가 남편이 없다
고 한 말이 맞다.
18 실은 전에 네게 남편이 다섯이나 있
었고 지금 함께 사는 남자도 네 남
편이 아니니 네가 지금 한 말이 맞구
나."
19 여인이 예수께 말했습니다. "선생님,
제가 보니 당신은 예언자이십니다.
20 우리 조상들은 이 산에서 예배를 드
렸는데 당신네 유대 사람들은 '예배는
예루살렘에서만 드려야 한다'라고 말
합니다."
21 예수께서 여인에게 말씀하셨습니다.
"여인아, 나를 믿어라. 이제 이 산도
아니고 예루살렘도 아닌 곳에서 아버
지께 예배드릴 때가 올 것이다.
22 너희 사마리아 사람들은 알지 못하는
것을 예배하지만 우리 유대 사람들은
알고 있는 것을 예배한다. 이는 구원
이 유대 사람들로부터 나오기 때문이
다.
23 이제 참되게 예배하는 사람들이 영
과 진리로 아버지께 예배드릴 때가
오는데 지금이 바로 그때다. 아버지께
서는 이렇게 예배드리는 사람들을 찾
고 계신다.
24 하나님은 영이시니 하나님께 예배드
리는 사람은 영과 진리로 예배드려야
한다."
25 여인이 예수께 말했습니다. "저도 *그
리스도라고 하는 메시아가 오실 것을
압니다. 메시아가 오시면 우리에게 모
든 것을 알려 주실 것입니다."
26 그러자 예수께서 여인에게 말씀하셨
습니다. "지금 네게 말하고 있는 내가
바로 그 메시아다."

4:25 히브리어. 메시아. '기름 부음 받은 사람'

제자들이 예수께 돌아오다

27 바로 그때 제자들이 돌아와 예수께서
한 여인과 말씀하시는 것을 보고 놀
랐습니다. 그러나 아무도 "무엇을 요
구하십니까?", "왜 저 여인과 말씀하
고 계십니까?"라고 묻는 사람이 없었
습니다.
28 여인은 물 항아리를 내버려 둔 채 마
을로 돌아가 사람들에게 말했습니다.
29 "와서 내 과거를 모두 말해 준 사람을
보십시오. 이분이 *그리스도가 아니
겠습니까?"
30 사람들이 마을에서 나와 예수께로
나아갔습니다.
31 한편 제자들은 예수께 청했습니다.
"랍비여, 뭘 좀 드십시오."
32 그러나 예수께서는 그들에게 말씀하
셨습니다. "내게는 너희가 알지 못하
는 양식이 있다."
33 그러자 제자들이 서로 수군거렸습니
다. "누가 벌써 잡수실 것을 갖다 드
렸는가?"
34 예수께서 말씀하셨습니다. "내 양식
은 나를 보내신 분의 뜻을 행하고 그
분의 일을 완성하는 것이다.
35 너희는 '넉 달이 더 지나야 추수할 때
가 된다'고 말하지 않느냐? 그러나
나는 너희에게 말한다. 눈을 들어 들
판을 보라. 이미 곡식이 익어 추수할
때가 됐다.
36 추수하는 사람은 이미 삯을 받았고
이제 영생의 곡식을 거두어들이고 있
다. 그리하여 씨를 뿌린 사람과 추수
하는 사람이 함께 기뻐할 것이다.
37 그러므로 '한 사람은 심고 한 사람은
거둔다'라는 말이 맞다.
38 나는 너희를 보내어 너희가 일하지도
않았는데 열매를 거두게 했다. 다른
사람들은 수고했고 너희는 그들이 수
고한 결실을 거두게 된 것이다."

많은 사마리아 사람들이 예수를 믿다

39 그 마을에 사는 많은 사마리아 사람
들은 여인이 '그분이 내 과거를 모두
말해 준 사람이다'라고 증언했기 때
문에 예수를 믿었습니다.
40 그래서 사마리아 사람들은 예수께 나
아와 그들과 함께 머물 것을 청했습
니다. 예수께서는 그곳에 이틀 동안
머무르셨습니다.
41 그래서 더 많은 사람들이 예수의 말
씀을 듣고서 믿게 됐습니다.
42 사람들이 여인에게 말했습니다. "이
제 우리가 믿는 것은 당신의 말 때문
에 믿는 것이 아니오. 우리가 그 말씀
을 직접 듣고 보니 이분이 참으로 세
상의 구주이심을 알게 됐소."

예수께서 왕의 신하의 아들을 고치시다

43 이틀 후에 예수께서 그곳을 떠나 갈릴
리로 가셨습니다.
44 (전에 예수께서는 예언자가 자기 고향
에서 존경받지 못함을 직접 증언하신
적이 있었습니다.)
45 예수께서 갈릴리에 도착하시자 갈릴
리 사람들은 예수를 환영했습니다.
그들은 유월절에 예루살렘에 갔다가

4:29 히브리어, 메시아. '기름 부음 받은 사람'

예수께서 거기서 행하신 일들을 모두
목격했던 것입니다.
46 예수께서는 전에 물로 포도주를 만드
셨던 곳인 갈릴리 가나에 다시 들르셨
습니다. 그곳에는 왕의 신하 한 사람
이 있었는데 그의 아들이 병에 걸려
가버나움에 있었습니다.
47 예수께서 유대에서 갈릴리로 오셨다
는 소문을 들은 왕의 신하는 예수께
로 가서, 오셔서 자기 아들을 고쳐 달
라고 애원했습니다. 그의 아들은 거
의 죽어 가고 있었습니다.
48 예수께서 그에게 말씀하셨습니다. "너
희는 표적이나 기사를 보지 않고서는
전혀 믿으려 하지 않는다."
49 신하가 말했습니다. "선생님, 제 아이
가 죽기 전에 내려와 주십시오."
50 예수께서 그에게 대답하셨습니다.
"가 보아라. 네 아들이 살 것이다." 그
는 예수의 말씀을 믿고 갔습니다.
51 신하가 집으로 가는 도중에 마중 나
온 하인들을 만나 아들이 살아났다
는 소식을 들었습니다.
52 그가 하인들에게 아이가 언제부터 좋
아졌느냐고 묻자 "어제 *오후 1시에
열이 떨어졌습니다" 하고 종들이 대
답했습니다.
53 아이의 아버지는, 예수께서 "네 아들
이 살 것이다"라고 말씀하셨던 바로 그
때였음을 알았습니다. 그래서 그와 그
의 온 집안이 예수를 믿게 됐습니다.
54 이것은 예수께서 유대에서 갈릴리로
돌아오신 후에 행하신 두 번째 *표적
이었습니다.

베데스다에서의 치유

5 그 후 예수께서는 유대 사람의 절
기가 돼 예루살렘으로 올라가셨습
니다.
2 예루살렘의 '양의 문' 근처에는 히브리
말로 *'베데스다'라고 하는 못이 있었

4:52 그리스어, 제7시 4:54 그리스어, 세메이온
5:2 그리스어, '은혜의 집'

Q&A 안식일이니까 물건을 운반하면 안 되잖아요?

참고 구절 | 요 5:1-15

모세의 십계명에 따르면 안식일에는 평상시에 하던 일을 중단하고 거룩하게 지켜야 한다고(출 20:8-11) 규정되어 있다. 하지만 유대인들은 여기에서 그치지 않고 안식일을 지키기 위한 세부적인 조항들을 만들었다.

예를 들어 '안식일에 공중 장소에서 개인 집으로 물건을 운반한 자는, 부주의하게 그랬다면 그 죄로 인해 제사를 드릴 것이며, 고의성이 있었다면 그 몸을 쪼개고 돌로 칠 것'이라는 조항도 있다. 병자가 누워 있는 상을 통째로 운반하는 것은 허락되었으나 침상만 운반하는 것은 일하는 것으로 간주해 금지했다.

이러한 것들을 항상 염두에 두던 유대인들은 안식일에 38년 된 병자에게 "일어나 네 자리를 들고 걸어가라"고 하셨던 예수님을 비방했다(요 5:10). 이렇듯 인간이 정한 조항이 하나님께서 주신 율법의 원래 의도를 가릴 때가 있다. 사실 안식일은 사람을 위해 있는 것이다(막 2:27).

는데 그 못 주위는 다섯 개의 기둥이
있었습니다.
3 여기에는 눈먼 사람들, 다리 저는 사
람들, 중풍 환자들 등 많은 장애인들
이 누워 있곤 했습니다. *[그들은 물
이 움직이기를 기다리고 있었습니다.
4 주의 천사가 가끔 내려와 물을 휘저
어 놓았는데 물이 움직일 때 맨 먼저
못에 들어가는 사람은 무슨 병에 걸
렸든지 다 나았습니다.]
5 거기에 38년 동안 병을 앓고 있던 사
람이 있었습니다.
6 예수께서 그가 거기 누워 있는 것을
보시고 또 그가 이미 오랫동안 앓아
온 것을 아시고 물으셨습니다. "네 병
이 낫기를 원하느냐?"
7 환자가 대답했습니다. "선생님, 물이
움직일 때 못에 들어가도록 나를 도
와주는 사람이 없습니다. 내가 가는
동안 다른 사람들이 나보다 먼저 물
속에 들어갑니다."
8 그러자 예수께서 그에게 말씀하셨습
니다. "일어나 네 자리를 들고 걸어가
거라."
9 그러자 그가 곧 나아서 자리를 들고
걸어갔습니다. 그날은 안식일이었습
니다.
10 그래서 유대 사람들은 병이 나은 사
람에게 말했습니다. "오늘은 안식일
이니 자리를 들고 가는 것은 옳지 않
소."
11 그러나 그가 대답했습니다. "내 병을
고치신 분이 내게 '자리를 들고 걸어
가거라'라고 하셨소."
12 그러자 유대 사람들이 그에게 물었습
니다. "당신에게 자리를 들고 걸어가
라고 말한 사람이 대체 누구요?"
13 병이 나은 사람은 그분이 누구인지
알 수 없었습니다. 그곳에는 많은 사
람들이 있었고 예수께서는 이미 떠나
셨기 때문입니다.
14 나중에 예수께서 성전에서 이 사람을
만나 말씀하셨습니다. "보아라. 네가
다 나았구나. 더 심한 병이 네게 생기
지 않도록 이제 다시는 죄를 짓지 마
라."
15 그 사람은 유대 사람들에게 가서 자
기 병을 고치신 분이 예수라고 말했
습니다.

아들의 권한

16 예수께서 안식일에 이런 일을 행하셨
기 때문에 유대 사람들은 예수를 핍
박했습니다.
17 예수께서 그들에게 말씀하셨습니다.
"내 아버지께서 지금까지 일하고 계시
니 나도 일한다."
18 유대 사람들은 이 말 때문에 더욱더
예수를 죽이려고 애썼습니다. 예수께
서 안식일을 어길 뿐만 아니라 하나님
을 자기 아버지라 부르며 자기를 하나
님과 동등하게 여기셨기 때문입니다.
19 예수께서 그들에게 이렇게 대답하셨
습니다. "내가 진실로 진실로 너희에
게 말한다. 아들 혼자서는 아무것도
할 수 없고 아들은 아버지께서 하시

5:3-4 어떤 사본에는 괄호 안의 구절이 없음.

는 것을 보는 대로 따라 할 뿐이다.
아들은 무엇이든지 아버지께서 하시
는 일을 그대로 한다.
20 아버지께서는 아들을 사랑하셔서 하
시는 일들을 모두 아들에게 보여 주
신다. 또한 이보다 더 큰 일들을 아들
에게 보여 주셔서 너희를 놀라게 하
실 것이다.
21 아버지께서 죽은 사람을 일으켜 생명
을 주시는 것같이 아들도 자기가 원
하는 사람들에게 생명을 준다.
22 아버지께서는 아무도 심판하지 않으
시고 아들에게 모든 심판을 맡기셨
다.
23 이는 모든 사람이 아버지를 공경하는
것같이 아들도 공경하게 하려는 것이
다. 아들을 공경하지 않는 사람은 그
를 보내신 아버지도 공경하지 않는다.
24 내가 진실로 진실로 너희에게 말한
다. 누구든지 내 말을 듣고 나를 보
내신 분을 믿는 사람은 영생이 있고
*심판을 받지 않는다. 그는 죽음에서
생명으로 옮겨졌다.
25 내가 진실로 진실로 너희에게 말한
다. 죽은 사람들이 하나님의 아들의
음성을 들을 때가 오는데 지금이 바
로 그때다. 그 음성을 듣는 사람들은
살 것이다.
26 아버지께서는 자기 안에 생명이 있는
것같이 아들에게도 생명을 주셔서
아들 안에 생명이 있게 하셨다.
27 또 아버지께서는 아들에게 심판할 수
있는 권한을 맡기셨는데 이는 아들
이 인자이기 때문이다.
28 이것에 놀라지 말라. 무덤 속에 있는
모든 사람들이 아들의 음성을 들을
때가 온다.
29 선한 일을 행한 사람들은 부활해 생
명을 얻고 악한 일을 행한 사람들은
부활해 심판을 받을 것이다.
30 나는 아무것도 내 마음대로 할 수 없
다. 나는 아버지께 들은 대로만 심판
하기 때문에 내 심판은 공정하다. 이
는 내가 내 뜻대로가 아니라 나를 보
내신 분의 뜻을 기쁘게 하려 하기 때
문이다.

예수에 관한 증언들

31 만약 내가 나 자신에 대해 증언한다
면 내 증언은 참되지 못하다.
32 나를 위해 증언하시는 분이 계시는데
나는 나에 대한 그분의 증언이 참인
것을 안다.
33 너희가 요한에게 사람들을 보냈을 때
그가 이 진리에 대해 증언했다.
34 내가 이 말을 하는 것은 사람의 증언
을 받으려는 것이 아니요, 다만 너희
로 하여금 구원을 얻게 하려는 것이
다.
35 요한은 타오르면서 빛을 내는 등불이
었고 너희는 잠시 동안 그 빛 안에서
즐거워했다.
36 그러나 내게는 요한의 증언보다 더
큰 증언이 있다. 아버지께서 내게 완
성하라고 주신 일들, 곧 내가 지금 하
고 있는 일이 바로 아버지께서 나를

5:24 또는 정죄

보내셨다는 것을 증언한다.
37 그리고 나를 보내신 아버지께서도 친
히 나에 대해 증언해 주신다. 너희는
그분의 음성을 들은 적도 없고 그분
의 모습을 본 적도 없다.
38 또한 그분의 말씀이 너희 안에 있지
도 않다. 이는 너희가 아버지께서 보
내신 이를 믿지 않기 때문이다.
39 너희가 성경 안에서 영생을 얻을 수
있다는 생각에 성경을 열심히 연구하
는구나. 성경은 바로 나에 대해 증언
하고 있다.
40 그러나 너희는 생명을 얻기 위해 내
게로 오려고 하지 않는다.
41 나는 사람들에게서 영광을 받지 않
는다.
42 나는 너희가 하나님을 사랑하는 마
음이 없다는 것을 안다.
43 내가 내 아버지의 이름으로 왔는데
너희는 나를 영접하지 않고 있다. 그
러나 누군가 다른 사람이 자기 이름
으로 오면 너희는 영접할 것이다.
44 너희는 서로 영광을 주고받으면서도
정작 유일하신 하나님으로부터 오는
영광은 얻으려고 하지 않으니 어떻게
믿을 수 있겠느냐?
45 그렇다고 내가 아버지 앞에서 너희를
고소하리라고는 생각하지 말라. 너희
를 고소하는 사람은 너희가 소망을
두고 있는 모세다.
46 만약 너희가 모세를 믿었다면 나를
믿었을 것이다. 모세가 나에 대해 기
록했기 때문이다.
47 그러나 너희가 모세의 글을 믿지 않
는데 어떻게 내 말을 믿겠느냐?"

예수께서 오천 명을 먹이시다
(마 14:13-21;막 6:30-44;눅 9:10-17)

6 이 일이 있은 지 얼마 후에 예수께
서 *갈릴리 바다, 곧 디베랴 바다
건너편으로 가셨습니다.
2 그러자 환자들에게 표적을 베푸시는
것을 본 많은 무리가 예수를 따랐습
니다.
3 예수께서는 산에 올라가서 제자들과
함께 앉으셨습니다.
4 그때는 유대 사람의 명절인 유월절이
가까운 때였습니다.
5 예수께서 눈을 들어 많은 사람이 자
기에게로 몰려오는 것을 보시고 빌립
에게 말씀하셨습니다. "우리가 어디에
서 빵을 사서 이 사람들을 먹이겠느
냐?"
6 예수께서는 빌립이 어떻게 하나 보시
려고 이렇게 질문하신 것일 뿐, 사실
자기가 하실 일을 미리 알고 계셨습
니다.
7 빌립이 예수께 대답했습니다. "한 사
람당 조금씩만 먹는다고 해도 *200
데나리온어치의 빵으로도 모자랄 것
입니다."
8 제자들 중 하나이며 시몬 베드로의
동생인 안드레가 말했습니다.
9 "여기 한 소년이 보리빵 다섯 개와 물
고기 두 마리를 가지고 있습니다. 그

6:1 그리스어, '티베리우스의 갈릴리 바다' 6:7 200데나리온은 노동자의 200일 품삯과 같음.

러나 이렇게 많은 사람들에게 그게
얼마나 소용이 있겠습니까?"
10 예수께서 말씀하셨습니다. "사람들을
모두 앉히라." 그곳은 넓은 풀밭이었
는데, 남자들이 둘러앉으니 5,000명
쯤 됐습니다.
11 예수께서는 빵을 들고 감사 기도를
드리신 후 앉아 있는 사람들에게 원
하는 만큼씩 나눠 주셨습니다. 물고
기를 가지고도 똑같이 하셨습니다.
12 그들이 모두 배불리 먹은 뒤에 예수
께서 제자들에게 말씀하셨습니다.
"남은 것은 하나도 버리지 말고 모아
두라."
13 그리하여 그들이 남은 것을 모아 보
니 보리빵 다섯 개로 먹고 남은 것이
12바구니에 가득 찼습니다.
14 사람들은 예수께서 행하신 표적을 보
고 말했습니다. "이분은 이 세상에 오
신다던 그 예언자가 틀림없다."
15 예수께서는 그들이 와서 강제로 자기
를 왕 삼으려 한다는 것을 아시고 혼
자서 다시 산으로 올라가셨습니다.

예수께서 물 위를 걸으시다
(마 14:22-27;막 6:45-52)

16 날이 저물자 예수의 제자들은 바다로
내려갔습니다.
17 거기서 그들은 배를 타고 바다를 건
너 가버나움으로 향했습니다. 날은 이
미 어두워졌고 예수께서는 아직 그들
이 있는 곳으로 오시지 않았습니다.
18 세찬 바람이 불어 물살이 거세어졌습
니다.
19 그들이 노를 저어 한 *25-30스타디온
쯤 갔을 때에 예수께서 물 위를 걸어
서 배 쪽으로 다가오시는 것이 보였
습니다. 그들은 두려웠습니다.
20 그러자 예수께서 그들에게 말씀하셨
습니다. "나다. 두려워하지 말라."
21 그러자 그들은 기꺼이 예수를 배 안
으로 모셨습니다. 배는 곧 그들이 가
려던 땅에 도착했습니다.
22 그다음 날 건너편 바닷가에 남아 있
던 많은 사람들은 그곳에 배가 한 척
밖에 없었던 것과 예수께서 제자들이
탄 배에 오르시지 않고 제자들끼리
건너갔다는 것을 알았습니다.
23 (그때 디베랴로부터 온 몇 척의 배가
주께서 감사 기도를 드리고 사람들에
게 빵을 먹이셨던 그곳 가까이에 닿
았습니다.)
24 그 사람들은 예수나 제자들이 모두
그곳에 없다는 사실을 알고 다시 배
를 타고 예수를 찾으러 가버나움으로
갔습니다.

생명의 빵이신 예수

25 그들은 바다 건너편에서 예수를 발견
하고 물었습니다. "랍비여, 언제 여기
에 오셨습니까?"
26 예수께서 대답하셨습니다. "내가 진
실로 진실로 너희에게 말한다. 너희
가 나를 찾는 까닭은 표적을 보았기
때문이 아니라 빵을 먹고 배가 불렀
기 때문이다.

6:19 스타디온은 그리스의 거리 측정 단위로, 25-30스타디온은 약 5-6킬로미터

27 썩어 없어질 양식을 위해 일하지 말
고 영생하기까지 남아 있을 양식을
위해 일하라. 인자가 너희에게 이 양
식을 줄 것이다. 아버지 하나님께서
인자를 인정하셨기 때문이다."
28 그러자 그들이 예수께 물었습니다.
"우리가 어떻게 하면 하나님의 일을
하겠습니까?"
29 예수께서 대답하셨습니다. "하나님의
일이란 바로 하나님께서 보내신 이를
믿는 것이다."
30 그러자 그들이 예수께 다시 물었습니
다. "그러면 우리가 보고 믿을 수 있
도록 어떤 표적을 보이시겠습니까?
무슨 일을 하시려는 것입니까?
31 우리 조상들은 광야에서 만나를 먹었
습니다. 성경에 이렇게 기록됐습니다.
ㄱ'그분은 하늘에서 빵을 내려 그들에
게 먹게 하셨다.'"
32 예수께서 말씀하셨습니다. "내가 진
실로 진실로 너희에게 말한다. 하늘
에서 빵을 내려 준 분은 모세가 아니
다. 오직 내 아버지께서 하늘로부터
참된 빵을 너희에게 내려 주시는 것
이다.
33 하나님의 빵은 하늘에서 내려와 세
상에 생명을 주시는 것이다."
34 그들이 말했습니다. "주여, 그 빵을
항상 우리에게 주십시오."
35 그러자 예수께서 그들에게 말씀하셨
습니다. "내가 바로 생명의 빵이다. 내
게 오는 사람은 결코 배고프지 않고
나를 믿는 사람은 결코 목마르지 않
을 것이다.
36 그러나 내가 이미 말한 대로 너희는
나를 보고도 여전히 믿지 않는구나.
37 아버지께서 내게 주신 사람들은 모
두 다 내게 올 것이요, 또 내게로 나
오는 사람은 내가 결코 내쫓지 않을
것이다.
38 내가 하늘에서 내려온 것은 내 뜻이
아니라 나를 보내신 하나님의 뜻을
이루려는 것이기 때문이다.
39 나를 보내신 분의 뜻은 그분이 내게
주신 모든 사람들 중 한 사람도 잃지

ㄱ 출 16:4, 15; 시 78:24; 105:40; 느 9:15

Q&A 생명의 빵

참고 구절 | 요 6:32-41

레위인들은 누룩 넣은 빵을 하나님께 흔드는 예물로 바쳤고(레 23:17), 성막과 성전에서는 12개의 거룩한 빵을 바쳤으며, 매주 새것으로 바꾸어 놓았다. 거룩한 빵은 늘 하나님 앞에 두어야 했다(출 25:30). 이렇게 하는 것은 하나님께서 이스라엘의 열두 지파와 함께하심을 상징하는 것이었다. 예수님도 기적을 베푸실 때 빵을 사용하셨고(막 6:41) 자신을 '참된 빵'(요 6:32), '생명의 빵'이라고(요 6:35) 하셨으며 성만찬에서는 빵을 떼어 주시면서 자신의 몸이라고 하셨다(마 26:26). 예수님 자신을 '생명의 빵'이라고 한 의미는 무엇일까?

첫째, 이집트를 나와 광야 생활 중에 이스라엘 백성들이 맛보았던 '만나'는 백성들의 삶을 유지

않고 마지막 날에 그들을 다시 살리
는 것이다.
40 내 아버지의 뜻은 아들을 보고 믿는
사람마다 영생을 얻게 하시는 것이니
내가 마지막 날에 그들을 다시 살릴
것이다."
41 이 말씀에 유대 사람들이 수군거리기
시작했습니다. 예수께서 "나는 하늘
에서 내려온 빵이다"라고 말씀하셨기
때문입니다.
42 그들이 말했습니다. "저 사람은 요셉
의 아들 예수가 아닌가? 그의 부모를
우리가 알지 않는가? 그런데 어떻게
'내가 하늘에서 왔다'고 말할 수 있는
가?"
43 예수께서 대답하셨습니다. "서로 수군
거리지 말라.
44 나를 보내신 아버지께서 이끌어 주시
지 않으면 어느 누구도 내게로 올 수
없다. 그러나 내게 오는 사람은 마지
막 날에 내가 다시 살릴 것이다.
45 예언서에 이렇게 기록됐다. ㄱ'그들은
모두 하나님의 가르침을 받을 것이다.'
아버지께로부터 듣고 배운 사람마다
내게로 온다.
46 이 말은 아버지를 본 사람이 있다는
것이 아니다. 오직 하나님께로부터 온
사람만이 아버지를 보았다.
47 내가 진실로 진실로 너희에게 말한
다. 믿는 사람은 영생을 가지고 있다.
48 나는 생명의 빵이다.
49 너희 조상들은 광야에서 만나를 먹었
지만 결국 죽었다.
50 그러나 여기 하늘에서 내려온 빵이
있는데 누구든지 이 빵을 먹으면 죽
지 않는다.
51 나는 하늘에서 내려온 살아 있는 빵
이다. 누구든지 이 빵을 먹는 사람은
영원히 살 것이다. 내가 줄 빵은 곧
세상의 생명을 위해 주는 내 살이다."
52 그러자 유대 사람들은 자기들끼리 논
쟁하기 시작했습니다. "이 사람이 어
떻게 자기 살을 우리에게 주어 먹게
한단 말인가?"
53 예수께서 그들에게 말씀하셨습니다.

ㄱ 사 54:13

시켜 준 생명의 수단이었다. 이러한 만나처럼 예수님은 하늘에서 내려온 참양식이셨다. 곧 하나님께 구하는 이들에게 주어지는 '영적이며 초자연적인 만나'이셨던 것이다.

둘째, '생명의 빵'이라는 말씀은 무교절 기간에 주어졌는데, 무교절은 이집트의 노예 생활로부터 벗어나게 하신 하나님의 구원을 기념하며 누룩을 넣지 않은 떡을 먹었던 절기였다. 이는 예수님의 구원 사역과 일맥상통하는 것이었다.

셋째, 예수님은 이 말씀을 하시기 전 5,000명이나 되는 사람들에게 육신의 양식인 빵을 제공해 주셨다. 이 기적은 예수님이 사람의 영적인 목마름까지 해결해 주실 수 있는 분임을 상징하는 것이었다(요 6:47-51).

모든 사람들이 예수님을 받아들인 것은 아니었다. 하지만 진정으로 예수님을 따랐던 사람들은 '생명의 빵'을 받아먹음으로 인해 '영원한 생명'을 소유하게 되었다.

"내가 진실로 진실로 너희에게 말한
다. 너희가 인자의 살을 먹지 않고 인
자의 피를 마시지 않으면 너희 안에
생명이 없다.
54 누구든지 내 살을 먹고 내 피를 마시
는 사람은 영생이 있고 내가 마지막
날에 살릴 것이다.
55 내 살이야말로 참된 양식이요, 내 피
야말로 참된 음료다.
56 누구든지 내 살을 먹고 내 피를 마시
는 사람은 내 안에 있고 나도 그 안
에 있다.
57 살아 계신 아버지께서 나를 보내셨고
내가 아버지로 인해 사는 것처럼 나
를 먹는 사람은 나로 인해 살 것이다.
58 이것은 하늘에서 내려온 빵이다. 너
희 조상들이 광야에서 먹고도 죽은
그런 빵이 아니다. 이 빵을 먹는 사람
은 영원히 살 것이다."
59 이것은 예수께서 가버나움 회당에서
가르치실 때 하신 말씀입니다.

많은 제자들이 예수를 떠나다

60 예수의 제자들 중 여럿이 이 말씀을
듣고 말했습니다. "이 말씀은 참 어렵
구나. 과연 누가 알아들을 수 있겠는
가?"
61 예수께서는 제자들이 이 말씀에 대
해 수군거리는 것을 알고 말씀하셨습
니다. "이 가르침이 너희 마음에 걸리
느냐?
62 만약 인자가 전에 있던 곳으로 올라
가는 것을 본다면 너희는 어떻게 하
겠느냐?
63 생명을 주는 것은 영이므로 육신은
아무 소용이 없다. 내가 너희에게 한
말은 영이요, 생명이다.
64 그런데 너희 중에 믿지 않는 사람들
이 있구나." 예수께서는 처음부터 누
가 믿지 않는지, 누가 자신을 배반할
지 알고 계셨던 것입니다.
65 예수께서 계속 말씀하셨습니다. "그러
므로 내가 너희에게 '아버지께서 허락
해 주신 사람이 아니고는 아무도 내
게로 올 수 없다'고 말한 것이다."
66 *이 말씀 때문에 예수의 제자 가운데
많은 사람이 떠나갔고 더 이상 그분
과 함께 다니지 않았습니다.
67 예수께서 열두 제자들에게 물으셨습
니다. "너희도 떠나고 싶으냐?"
68 시몬 베드로가 예수께 대답했습니다.
"주여, 영생의 말씀이 주께 있는데 저
희가 어디를 가겠습니까?
69 주는 하나님의 거룩하신 분임을 저희
가 믿고 또 압니다."
70 그러자 예수께서 대답하셨습니다.
"내가 너희 열둘을 택하지 않았느냐?
그러나 너희 중 하나는 마귀다!"
71 이것은 가룟 시몬의 아들 유다를 두
고 하신 말씀이었습니다. 그는 열두
제자 중 한 사람이었지만 나중에 예
수를 배신하게 될 사람이었습니다.

예수께서 초막절을 지키러 올라가시다

7 이 일 후에 예수께서는 갈릴리 지
방을 두루 다니셨습니다. 유대 사
람들이 자기를 죽이려고 하기 때문에

6:66 또는 이 때부터

유대 지방에서 다니기를 원하지 않으
셨던 것입니다.
2 그런데 유대 사람들의 명절인 *초막절
이 가까워지자
3 예수의 동생들이 예수께 말했습니다.
"이곳을 떠나 유대로 가십시오. 그래
서 형님이 하는 일을 형님의 제자들
도 보게 하십시오.
4 세상에 알려지기를 바라면서 숨어서
행동하는 사람은 없습니다. 형님이
이런 일을 할 바에는 자신을 세상에
드러내십시오."
5 예수의 동생들조차 예수를 믿지 않았
기 때문에 이렇게 말한 것입니다.
6 그러자 예수께서 그들에게 말씀하셨
습니다. "내 때는 아직 오지 않았다.
그러나 너희 때는 항상 준비돼 있다.
7 세상이 너희를 미워하지 못하고 나를
미워하는 것은 내가 세상이 하는 일
들을 악하다고 증언하기 때문이다.
8 너희는 명절을 지키러 올라가거라. 나
는 아직 내 때가 되지 않았으니 이번
명절에는 올라가지 않겠다."
9 이렇게 말씀하시고 예수께서는 갈릴
리에 남아 계셨습니다.
10 그러나 예수의 동생들이 명절을 지키
러 올라간 후에 예수께서도 아무도
모르게 올라가셨습니다.
11 명절 동안 유대 사람들은 예수를 찾
으며 말했습니다. "그 사람이 어디 있
소?"
12 그곳에 몰려든 많은 무리 가운데서는
예수에 대해 말들이 많았습니다. 어
떤 사람은 "그분은 선한 사람"이라고
하고 또 다른 사람은 "아니다. 그는
백성들을 현혹하고 있다"라고 말했습
니다.
13 그러나 앞에 나서서 예수께 대해 떳
떳이 말하는 사람은 아무도 없었습니
다. 유대 사람들이 두려웠기 때문입니
다.

예수께서 명절에 가르치시다

14 명절이 반쯤 지났을 때에야 비로소
예수께서는 성전으로 올라가 가르치
기 시작하셨습니다.
15 유대 사람들은 놀라서 말했습니다.
"이 사람은 배우지도 않았는데 어떻
게 이런 것을 아는가?"
16 예수께서 대답하셨습니다. "나의 가
르침은 내 것이 아니고 나를 보내신
분의 것이다.
17 누구든지 하나님의 뜻을 따르려는 사
람은 이 가르침이 하나님에게서 온 것
인지 내가 내 마음대로 말하는 것인
지 알 것이다.
18 자기 마음대로 말하는 사람은 자기
가 영광을 받으려고 하는 것이다. 그
러나 자기를 보내신 분의 영광을 위
해 일하는 사람은 진실하며 그 안에
거짓이 없다.
19 모세가 너희에게 율법을 주지 않았느
냐? 그러나 너희 중에 율법을 지키는
사람이 하나도 없구나. 도대체 너희
는 왜 나를 죽이려 하느냐?"
20 무리가 대답했습니다. "당신은 귀신

7:2 또는 장막절(신 16:13-17을 보라.)

들렸소. 누가 당신을 죽이려고 한다
는 것이오?"
21 예수께서 그들에게 말씀하셨습니다.
"내가 *한 가지 일을 행하자 너희 모
두가 놀랐다.
22 모세가 너희에게 할례법을 주었기
때문에 너희는 안식일에 *할례를 베
풀고 있다. (사실 할례는 모세에게서
온 것이 아니라 그 전 조상들에게서
온 것이다.) 그래서 너희는 안식일에
도 사람들에게 할례를 베푸는 것이
다.
23 이와 같이 모세의 율법을 어기지 않
으려고 사람이 안식일에도 할례를 받
는데 내가 안식일에 사람의 온몸을
성하게 해 주었다고 해서 너희가 어
찌 내게 화를 내느냐?
24 겉모양으로만 판단하지 말고 공정하
게 판단하라."

예수가 누구인가에 관한 의견 분열

25 바로 그때 몇몇 예루살렘 사람들이
말했습니다. "이 사람이 바로 그들이
죽이려는 사람이 아닌가?
26 보시오. 그가 여기서 공공연하게 말
하고 있는데도 저들이 아무 말도 하
지 못하는 것을 보니, 관리들도 정말
이 사람을 *그리스도로 알고 있는 것
이 아닌가?
27 우리는 이 사람이 어디에서 왔는지
알고 있다. 그러나 *그리스도가 오실
때에는 어디에서 오시는지 아는 사람
이 없을 것이다."
28 그러자 예수께서는 성전에서 가르치
시다가 큰 소리로 말씀하셨습니다.
"너희는 나를 알고 또 내가 어디에서
왔는지 안다. 그러나 나는 이곳에 내
스스로 온 것이 아니다. 나를 보내신
분은 참되시다. 너희는 그분을 알지
못하지만
29 나는 그분을 안다. 내가 그분에게서
왔고 그분은 나를 보내셨기 때문이다."
30 이 말에 그들은 예수를 붙잡으려고
했습니다. 그러나 아직 때가 되지 않
았기 때문에 아무도 그분에게 손댈
수 없었습니다.
31 그러나 무리 가운데서 많은 사람이
예수를 믿었습니다. 그들은 "*그리스
도께서 오시더라도 이분보다 더 많은
표적들을 행하시겠는가?"라고 말했
습니다.
32 사람들이 예수께 대해 이렇게 수군거
리는 것을 바리새파 사람들이 들었습
니다. 대제사장들과 바리새파 사람들
은 예수를 잡으려고 성전 경비병들을
보냈습니다.
33 예수께서 말씀하셨습니다. "나는 잠
시 동안 너희와 함께 있다가 나를 보
내신 분께로 갈 것이다.
34 너희가 나를 찾아도 만나지 못할 것
이요, 또 내가 있는 곳에 너희가 올
수도 없을 것이다."
35 그러자 유대 사람들이 서로 말했습니
다. "이 사람이 어디로 가기에 자기를

7:21 요 5:1-9을 보라. 7:22 태어난 지 8일 되는 날 남자아이의 포피를 자르는 유대 사람의 의식을 가리킴 (창 17장을 보라). 7:26,27,31 히브리어, 메시아. '기름 부음 받은 사람'

찾지 못할 것이라고 하는가? 그리스
사람들 가운데 흩어져 사는 유대 사
람들에게 가서 그리스 사람들을 가르
치겠다는 것인가?
36 또 '너희가 나를 찾아도 만나지 못할
것이요, 또 내가 있는 곳에 너희가 올
수도 없을 것이다'라고 한 말은 도대
체 무슨 뜻인가?"
37 초막절의 가장 중요한 날인 마지막
날에 예수께서 일어나 큰 소리로 말
씀하셨습니다. "누구든지 목마른 사
람은 다 내게로 와서 마시라.
38 누구든지 나를 믿는 사람마다 성경
의 말씀대로 생수의 강이 그의 배에
서 흘러나올 것이다."
39 이것은 예수를 믿는 사람들이 받게
될 성령을 가리켜서 하신 말씀이었습
니다. (그때까지 성령을 주시지 않았
던 것은 예수께서 아직 영광을 받지
않으셨기 때문입니다.)
40 예수의 말씀을 듣자마자 몇몇 사람들
이 말했습니다. "이분은 참으로 그 예
언자이시다."
41 어떤 사람들은 "이분은 *그리스도이
시다"라고 했습니다. 또 다른 사람들
은 "*그리스도가 어떻게 갈릴리에서
나온단 말인가?
42 성경에 ㄱ*그리스도는 다윗의 가문에
서 나실 것이며 다윗이 살던 동네 베
들레헴에서 나신다고 말하지 않았는
가?"라고도 했습니다.
43 사람들은 예수로 인해 서로 편이 갈
리게 됐습니다.
44 그들 가운데 예수를 잡고자 하는 사
람들도 있었으나 아무도 예수께 손을
대지는 못했습니다.

유대 지도자들의 불신앙

45 성전 경비병들이 돌아오자 대제사장
들과 바리새파 사람들이 그들에게 물
었습니다. "왜 그를 잡아 오지 않았느
냐?"
46 경비병들이 대답했습니다. "지금까지
이 사람처럼 말하는 사람은 없었습니
다."
47 바리새파 사람들이 경비병들에게 말
했습니다. "너희도 미혹된 것이 아니
냐?
48 유대 관원들이나 바리새파 사람들 중
에 그를 믿는 사람이 있더냐?
49 율법도 모르는 이 군중들은 저주를
받은 사람들이다."
50 그들 중 한 사람으로 전에 예수를 찾
아갔던 니고데모가 그들에게 말했습
니다.
51 "우리 율법에는 사람을 판결하기 전
에 먼저 그 사람의 말을 들어 보거나
또 그 사람이 행한 일을 알아보도록
돼 있지 않소?"
52 그들이 대답했습니다. "당신도 갈릴리
사람이오? 성경을 살펴보시오. 그러
면 갈릴리에서 예언자가 나온다는 말
씀이 없다는 것을 알게 될 것이오."
53 *[그리고 그들은 제각기 자기 집으로
돌아갔습니다.

7:41,42 히브리어, 메시아. '기름 부음 받은 사람' **7:53-8:11** 어떤 사본에는 7:53-8:11이 없음. ㄱ 삼하 7:12 이하;미 5:2

8 예수께서는 올리브 산으로 가셨습
니다.
2 이른 아침에 예수께서 다시 성전으로
가시자 많은 백성들이 예수께 나아왔
습니다. 예수께서 앉아서 그들을 가
르치실 때
3 율법학자들과 바리새파 사람들이 간
음을 하다가 잡힌 여인을 끌고 와서
사람들 앞에 세우고
4 예수께 말했습니다. "선생님, 이 여자
가 간음을 하다가 현장에서 붙잡혔
습니다.
5 모세는 율법에서 ㄱ이런 여자들은 돌
로 쳐 죽여야 한다고 우리에게 명령
했습니다. 선생님은 뭐라고 하시겠습
니까?"
6 그들이 이런 질문을 한 것은 예수를
시험해 고소할 구실을 찾으려는 속셈
이었습니다. 그러나 예수께서는 몸을
구부린 채 앉아서 손가락으로 바닥
에 *무엇인가를 쓰기 시작하셨습니
다.
7 그들이 계속 질문을 퍼붓자 예수께서
일어나서 그들에게 말씀하셨습니다.
"너희 가운데 죄 없는 사람이 먼저
이 여인에게 돌을 던지라."
8 그러고는 다시 몸을 굽혀 바닥에 무
엇인가를 쓰셨습니다.
9 이 말씀을 들은 사람들은 제일 나이
든 사람부터 하나 둘씩 슬그머니 사
라지기 시작했습니다. 결국 예수와 거
기 홀로 서 있던 여인만 남게 됐습니
다.
10 예수께서 일어나 여인에게 물으셨습
니다. "여인아, 그들은 어디 있느냐?
너를 정죄한 사람이 한 사람도 없느
냐?"
11 여인이 대답했습니다. "선생님, 없습니
다." 예수께서 말씀하셨습니다. "나도
너를 정죄하지 않겠다. 이제부터 다시
는 죄를 짓지 마라."]

예수의 증언에 관한 논쟁

12 예수께서 사람들에게 다시 말씀하셨
습니다. "나는 세상의 빛이다. 누구든
지 나를 따르는 사람은 어둠 속에 다
니지 않고 생명의 빛을 얻을 것이다."
13 바리새파 사람들이 예수께 말했습니
다. "당신이 당신 자신에 대해 증언하
니 당신의 증언은 진실하지 못하오."
14 예수께서 대답하셨습니다. "비록 내
가 나에 대해 증언한다 해도 내 증언
은 참되다. 나는 내가 어디에서 와서
어디로 가는지 알기 때문이다. 그러나
너희는 내가 어디에서 왔는지도 모르
고 또 어디로 가는지도 알지 못한다.
15 너희는 *사람의 기준대로 판단하지
만 나는 어느 누구도 판단하지 않는
다.
16 그러나 내가 판단한다 해도 내가 내
린 판단은 옳다. 그것은 내가 혼자가
아니라 나를 보내신 아버지와 함께하
기 때문이다.
17 너희 율법에도 ㄴ'두 사람이 증언하면
참되다'고 기록돼 있다.

8:6 어떤 사본에는 '그들 각자의 죄목을' 8:15 그리스어, '육체를 따라' ㄱ 레 20:10; 신 22:22 이하 ㄴ 신 17:6; 19:15

18 내가 나 자신을 위한 증인이요, 나를
보내신 아버지 또한 나에 대해 증언
하신다."
19 그러자 그들이 예수께 물었습니다.
"당신의 아버지는 어디 있소?" 예수께
서 대답하셨습니다. "너희는 나도 모
르고 내 아버지도 모른다. 너희가 나
를 알았더라면 내 아버지도 알았을
것이다."
20 이것은 예수께서 성전에서 가르치실
때 헌금함 앞에서 하신 말씀입니다.
그러나 아직 예수의 때가 되지 않았
기 때문에 예수를 잡는 사람이 아무
도 없었습니다.

예수가 누구인가에 관한 논쟁

21 예수께서 다시 그들에게 말씀하셨습
니다. "나는 떠나갈 것이고 너희는 나
를 찾다가 너희의 죄 가운데서 죽을
것이다. 내가 가는 곳에 너희는 올 수
없다."
22 이에 유대 사람들이 말했습니다. "저
사람이 자살하려나? 그래서 '내가 가
는 곳에 너희는 올 수 없다'라고 하는
것인가?"
23 그러자 예수께서 말씀하셨습니다. "너
희는 아래에서 왔고 나는 위에서 왔
다. 너희는 이 세상에 속했지만 나는
이 세상에 속하지 않았다.
24 그래서 나는 너희가 죄 가운데서 죽
을 것이라고 말했다. 만일 너희가 '내
가 곧 그'임을 믿지 않으면 너희는 너
희의 죄 가운데서 죽을 것이다."
25 그들이 물었습니다. "당신은 누구요?"
예수께서 대답하셨습니다. "내가 처
음부터 너희에게 말하지 않았느냐?
26 내가 너희에 대해 말할 것과 판단할
것이 많이 있다. 그러나 나를 보내신
분은 참되시며 나는 그분에게서 들
은 대로 세상에 말하는 것이다."
27 그들은 예수께서 아버지를 가리켜 말
씀하시는 것을 깨닫지 못했습니다.
28 그래서 예수께서 말씀하셨습니다. "너
희는 인자가 높이 들려 올려질 때에
야 '내가 곧 그'임을 알게 되고 또 내
가 내 뜻대로는 아무것도 하지 않고
오직 아버지께서 내게 가르쳐 주신
대로 말한다는 것을 알게 될 것이다.
29 나를 보내신 그분이 나와 함께하신
다. 그분이 나를 홀로 두지 않으시는
것은 내가 항상 그분이 기뻐하시는
일을 하기 때문이다."
30 예수께서 이와 같이 말씀하시자 많은
사람들이 예수를 믿게 됐습니다.

예수의 반대자가 누구의 자손인가에 관한 논쟁

31 예수께서 자기를 믿게 된 유대 사람
들에게 말씀하셨습니다. "만일 너희
가 내 말대로 산다면 너희는 참으로
내 제자들이다.
32 그리고 너희는 진리를 알게 될 것이
며 진리가 너희를 자유롭게 할 것이
다."
33 그들이 예수께 대답했습니다. "우리는
아브라함의 자손이고 어느 누구의 종
이 된 적도 없는데 당신은 어째서 우
리가 자유롭게 된다고 말합니까?"
34 예수께서 대답하셨습니다. "내가 진

실로 진실로 너희에게 말한다. 죄를
짓는 사람마다 죄의 종이다.
35 종은 집에 영원히 머물러 있을 수 없
지만 아들은 영원히 머물러 있다.
36 그러므로 아들이 너희를 자유롭게
하면 너희는 참으로 자유롭게 될 것
이다.
37 나는 너희가 아브라함의 자손인 것을
안다. 그런데 너희가 나를 죽이려고
하는구나. 내 말이 너희 안에 있을
자리가 없기 때문이다.
38 나는 내 아버지에게서 본 것을 말하
고 너희는 너희의 아비에게서 들은
것을 행하고 있다."
39 그들이 대답했습니다. "우리 조상은
아브라함입니다." 예수께서 말씀하셨
습니다. "너희가 만약 아브라함의 자
손이라면 아브라함이 한 일을 너희도
했을 것이다.
40 그러나 지금 너희는, 너희에게 하나님
께 진리를 듣고 말해 준 사람인 나를
죽이려고 한다. 아브라함은 이런 일을
하지 않았다.
41 너희는 너희의 아비가 했던 일을 하
고 있다." 그들이 예수께 말했습니다.
"우리는 음란한 데서 나지 않았습니
다. 우리 아버지는 오직 한 분 하나님
이십니다."
42 예수께서 그들에게 말씀하셨습니다.
"만약 하나님이 너희 아버지라면 너
희가 나를 사랑할 것이다. 내가 하나
님에게서 와서 지금 여기에 있기 때
문이다. 나는 내 뜻으로 온 것이 아니
라 하나님께서 나를 보내신 것이다.
43 어째서 너희는 내가 말하는 것을 깨
닫지 못하느냐? 그것은 너희가 내 말
을 들을 수 없기 때문이다.
44 너희는 너희 아비인 마귀에게 속해
있고 너희는 너희 아비가 원하는 것
을 하고자 한다. 그는 처음부터 살인
자였다. 또 그 안에 진리가 없기 때문
에 진리 안에 서지 못한다. 그는 거짓
말을 할 때마다 자기 본성을 드러낸
다. 이는 그가 거짓말쟁이이며 거짓의
아비이기 때문이다.
45 그러나 내가 진리를 말하기 때문에
너희는 나를 믿지 않는다.
46 너희 가운데 누가 내게 죄가 있다고
증명할 수 있느냐? 내가 진리를 말하
는데 어째서 나를 믿지 못하느냐?
47 하나님께 속한 사람은 하나님의 말씀
을 듣는다. 너희가 듣지 않는 까닭은
너희가 하나님께 속하지 않았기 때문
이다."

자신에 대한 예수의 증언

48 유대 사람들이 예수께 대답했습니다.
"우리가 당신을 사마리아 사람이라고
하며 귀신 들렸다고 하는데 그 말이
옳지 않소?"
49 예수께서 말씀하셨습니다. "나는 귀
신 들린 것이 아니다. 다만 나는 내
아버지께 영광을 돌리는 것인데 너희
는 나를 멸시하는구나.
50 나는 내 영광을 구하지 않는다. 그러
나 나를 위해 영광을 구하는 분이 계
시는데 그분은 심판자이시다.

51 내가 진실로 진실로 너희에게 말한
다. 누구든지 내 말을 지키는 사람은
결코 죽음을 보지 않을 것이다."
52 이 말씀에 유대 사람들이 예수께 말
했습니다. "이제 우리는 당신이 귀신
들렸다는 것을 알았소. 아브라함도
죽었고 예언자들도 죽었는데 당신은
'누구든지 내 말을 지키는 사람은 결
코 죽음을 보지 않을 것이다'라고 하
니
53 당신이 우리 조상 아브라함보다 크다
는 말이오? 아브라함도 죽었고 예언
자들도 죽었소. 당신은 대체 스스로
누구라고 생각하오?"
54 예수께서 대답하셨습니다. "만일 내
가 나를 영광되게 한다면 내 영광은
헛된 것이다. 나를 영광스럽게 하시는
분은 바로 너희가 너희 하나님이라고
말하는 내 아버지이시다.
55 너희는 그분을 알지 못하지만 나는
그분을 안다. 내가 만약 그분을 알지
못한다고 말한다면 나도 너희와 같이
거짓말쟁이가 될 것이다. 나는 분명
아버지를 알고 그분의 말씀을 지킨다.
56 너희 조상 아브라함은 내 날을 보리라
고 기대하며 기뻐하다가 마침내 보고
기뻐했다."
57 유대 사람들이 예수께 말했습니다.
"당신은 아직 나이가 50세도 안 됐는
데 아브라함을 보았단 말이오?"
58 예수께서 대답하셨습니다. "내가 진
실로 진실로 너희에게 말한다. 나는
아브라함이 태어나기 전부터 있었다."
59 그러자 유대 사람들이 돌을 들어 예
수께 던지려 했습니다. 그러나 예수께
서는 몸을 피해 성전 밖으로 나가셨
습니다.

예수께서 날 때부터 눈먼 사람을 고치시다

9 예수께서 길을 가시다가 날 때부터
눈먼 사람을 만나셨습니다.
2 제자들이 예수께 물었습니다. "랍비
여, 이 사람이 눈먼 사람으로 태어난
것이 누구의 죄 때문입니까? 이 사람
의 죄 때문입니까, 부모의 죄 때문입
니까?"
3 예수께서 대답하셨습니다. "이 사람
의 죄도, 그 부모의 죄도 아니다. 다
만 하나님께서 하시는 일들을 그에게
서 드러내시려는 것이다.
4 우리는 낮 동안에 나를 보내신 분의
일을 해야 한다. 밤이 오면 그때에는
아무도 일할 수 없다.
5 내가 세상에 있는 동안 나는 세상의
빛이다."
6 이 말씀을 하신 후 예수께서 땅에 침
을 뱉어서 진흙을 이겨 그 사람의 눈
에 바르셨습니다.
7 그리고 그에게 말씀하셨습니다. "실로
암 연못에 가서 씻어라." ('실로암'은 '보
냄을 받았다'는 뜻입니다.) 그 사람이
가서 씻고는 앞을 보게 돼 집으로 돌
아갔습니다.
8 이웃 사람들과 그가 전에 구걸하던
것을 보아 온 사람들이 물었습니다.
"이 사람은 앉아서 구걸하던 사람이
아닌가?"

9 몇몇 사람들은 그 사람이라고 말했
고 또 어떤 사람들은 "아니다. 그냥
닮았을 뿐이다"라고 말했습니다. 그러
나 그 사람이 말했습니다. "내가 바로
그 사람이오."
10 그들이 그 사람에게 물었습니다. "그
렇다면 어떻게 눈을 뜨게 됐느냐?"
11 그가 대답했습니다. "예수라는 분이
진흙을 이겨 내 눈에 바르고 '실로암
에 가서 씻으라'고 하셨소. 그래서 내
가 가서 씻었더니 이렇게 볼 수 있게
됐소."
12 사람들이 "예수가 어디 있느냐?" 하
고 묻자 그는 "모르겠소" 하고 대답했
습니다.

바리새파 사람들이 고침 받은 사람을 심문하다

13 그들은 전에 눈먼 사람이던 그를 바
리새파 사람들에게 데리고 갔습니다.
14 예수께서 진흙을 이겨 그 사람의 눈
을 뜨게 하신 날은 안식일이었습니다.
15 그래서 바리새파 사람들도 그가 어떻
게 보게 됐는지 물었습니다. 그러자
그 사람이 대답했습니다. "예수께서
내 눈에 진흙을 바르셨는데 내가 씻
고 나니 볼 수 있게 됐습니다."
16 몇몇 바리새파 사람들이 "이 사람이
안식일을 지키지 않은 것을 보니 하나
님께로부터 온 것이 아니오"라고 말
하자, 다른 사람들이 "죄인이라면 어
떻게 이런 표적을 보이겠소?" 하고 말
했습니다. 이렇게 그들은 의견이 갈라
졌습니다.
17 그들은 눈멀었던 사람에게 다시 물었
습니다. "예수에 대해 네가 할 말이 있
느냐? 그가 네 눈을 뜨게 하지 않았
느냐?" 그 사람이 대답했습니다. "그
분은 예언자이십니다."
18 유대 사람들은 아직도 그가 눈먼 사
람이었다가 보게 된 것을 믿지 못해
그의 부모를 불러다가
19 물었습니다. "이 사람이 당신의 아들
이오? 태어날 때부터 눈먼 사람이었
다는 아들이 맞소? 그런데 지금은 어
떻게 볼 수 있게 됐소?"
20 부모가 대답했습니다. "그가 우리 아
들이고 날 때부터 눈먼 사람이었다는
것을 우리가 알지만
21 그가 지금 어떻게 볼 수 있게 됐는지,
누가 그 눈을 뜨게 해 주었는지는 모
릅니다. 그에게 물어보십시오. 그 아
이가 다 컸으니 스스로 말할 수 있을
것입니다."
22 그 부모가 이렇게 말한 것은 유대 사
람들이 두려웠기 때문입니다. 유대 사
람들은 이미 예수를 *그리스도라 인
정하는 사람은 누구라도 회당에서
내쫓기로 결정했던 것입니다.
23 그래서 그 부모가 말하기를 "그 아이
가 다 컸으니 그에게 직접 물어보십시
오"라고 말했던 것입니다.
24 그들이 전에 눈멀었던 그 사람을 두
번째로 불러서 말했습니다. *"하나님
께 영광을 돌려라. 우리가 알기로 그
사람은 죄인이다."

9:22 히브리어, 메시아. '기름 부음 받은 사람' 9:24 수 7:19을 보라.

신 들린 사람의 말이 아니다. 귀신이
눈먼 사람의 눈을 뜨게 할 수 있겠느
냐?"라고 말했습니다.

예수의 증언에 관한 추가적인 논쟁

22 예루살렘에 *수전절이 이르렀는데 때
는 겨울이었습니다.
23 예수께서는 성전 안에 있는 솔로몬 행
각을 거닐고 계셨습니다.
24 그때 유대 사람들이 예수를 둘러싸
고 말했습니다. "당신은 언제까지 우
리를 헷갈리게 할 작정이오? 당신이
*그리스도라면 그렇다고 분명하게 말
해 보시오."
25 예수께서 대답하셨습니다. "내가 이
미 말했지만 너희가 믿지 않는구나.
내가 내 아버지의 이름으로 행하는
일들이 나에 대해 증언한다.
26 그런데 너희가 믿지 않는 것은 내 양
이 아니기 때문이다.
27 내 양들은 내 음성을 알아듣는다. 나
는 내 양들을 알고 내 양들은 나를
따른다.
28 나는 그들에게 영생을 준다. 그들은
영원히 멸망하지 않을 것이며 어느
누구도 내 손에서 그들을 빼앗을 수
없다.
29 그들을 내게 주신 내 아버지는 모든
것보다 더 크신 분이다. 어느 누구도
그들을 내 아버지의 손에서 빼앗을
수 없다.
30 나와 내 아버지는 하나다."
31 이때 유대 사람들이 다시 돌을 집어
들어 예수께 던지려고 했습니다.
32 그러자 예수께서 그들에게 말씀하
셨습니다. "내가 아버지께로부터 받

10:22 BC 164년 마카비 가의 유다가 예루살렘을 시리아 왕 안티오커스 에피파네스에게서 탈환해 성전을 청결하게 한 것을 기념하는 절기 10:24 히브리어, 메시아. '기름 부음 받은 사람'

Q&A 빛의 명절, 수전절

참고 구절 | 요 10:22

셀류시드 왕조 안티오쿠스 4세는 이스라엘을 헬라화하려는 정책을 폈다. 그는 유대인의 제사를 금지했고 안식일과 절기도 폐지했다. 그리고 예루살렘 성전에 제우스 제단을 세우고 제단에 돼지를 희생제물로 바쳐 성전을 더럽혔다. 이에 유대 하스모니안 가의 마카비가 해방 전쟁을 일으켜 성전을 재탈환하고 성전 예배를 회복했는데 이것을 기념하는 명절이 '수전절'이다.

성전을 수리한 명절이라 해서 '수전절'이라고 하는데 히브리 말로는 '하누카'(봉헌)라고 부른다. 유대력으로 키스레브 월 25일에 시작되는데 태양력으로 치면 12월에 해당된다(요 10:22). 그래서 수전절을 크리스마스와 거의 비슷한 때에 지내게 된다. 수전절이 되면 8일 동안 매일 하나씩 초에 불을 밝히는데, 하누카 촛대 가운데에는 처음부터 불을 켜 놓기 때문에 실제적으로 9개의 촛불을 밝힌다. 이 때문에 수전절은 '빛의 명절'이라고도 한다.

예수님은 소경된 사람을 고치면서 "내가 세상에 있는 동안 나는 세상의 빛이다."(요 9:5)라고 하셨다. 예수님은 빛을 믿는 자마다 빛의 아들이 된다고 가르치셨다(요 12:36).

은 선한 일들을 너희에게 많이 보여
주지 않았느냐? 그런데 너희가 그중
어떤 일로 내게 돌을 던지려는 것이
냐?"
33 유대 사람들이 대답했습니다. "우리가
당신을 돌로 치려는 것은 선한 일을
했기 때문이 아니라 하나님을 모독했
기 때문이오. 당신은 사람이면서 자
신을 하나님이라고 했소."
34 예수께서 그들에게 대답하셨습니다.
"너희 율법에 ㄱ'내가 너희를 신들이라
고 했다' 하는 말이 기록돼 있지 않느
냐?
35 하나님의 말씀을 받은 사람들을 하
나님께서 '신들'이라고 하셨다. 성경은
폐기할 수 없다.
36 그런데 아버지께서 거룩하게 하셔서
세상에 보내신 그가 자기를 하나님의
아들이라고 말한다고 해서 너희는 그
가 하나님을 모독한다고 말하느냐?
37 내가 내 아버지의 일을 하지 않거든
나를 믿지 말라.
38 그러나 내가 아버지의 일을 하거든
비록 너희가 나를 믿지는 않더라도
그 일들은 믿어라. 그러면 아버지가
내 안에 계시고 내가 아버지 안에 있
다는 것을 깨달아 알게 될 것이다."
39 유대 사람들은 또다시 예수를 잡으려
고 했으나 예수께서는 그들의 손에서
벗어나서 피하셨습니다.
40 예수께서는 다시 요단 강 건너편, 곧
전에 요한이 세례를 주던 곳으로 가
셔서 그곳에 머무르셨습니다.
41 그러자 많은 사람들이 예수께 나아와
말했습니다. "요한이 표적을 일으키지
는 않았지만 요한이 이 사람에 대해
한 말은 모두 사실이었다."
42 그곳에서 많은 사람들이 예수를 믿게
됐습니다.

나사로의 죽음

11 나사로라고 하는 사람이 병이
들었는데 그는 마리아와 그의
자매 마르다의 마을 베다니에 살고 있
었습니다.
2 이 마리아는 예수께 향유를 붓고 자
기 머리털로 예수의 발을 닦아 드린
여인인데 그 오빠 나사로가 병이 든
것입니다.
3 그래서 두 자매는 사람을 예수께 보
내어 말했습니다. "주여, 주께서 사랑
하시는 사람이 병들었습니다."
4 예수께서는 이 말을 듣고 말씀하셨습
니다. "이 병은 죽을병이 아니다. 이것
은 하나님의 영광을 위한 것이요, 이
일을 통해 하나님의 아들이 영광을
받게 될 것이다."
5 예수께서는 마르다와 그녀의 자매와
나사로를 사랑하셨습니다.
6 그러나 나사로가 아프다는 말을 들으
시고도 예수께서는 계시던 곳에 이틀
이나 더 머무르셨습니다.
7 그러고 나서야 예수께서 제자들에게
"다시 유대 지방으로 돌아가자" 하고
말씀하셨습니다.
8 제자들이 예수께 말했습니다. "랍비

ㄱ 시 82:6

여, 얼마 전에 유대 사람들이 선생님
을 돌로 치려고 했는데 또다시 그리
로 가려고 하십니까?"
9 예수께서 대답하셨습니다. "낮은 12
시간이나 되지 않느냐? 낮에 다니는
사람은 이 세상의 빛을 보기 때문에
넘어지지 않는다.
10 그러나 밤에 다니면 그 사람 안에 빛
이 없기 때문에 넘어진다."
11 예수께서 이 말씀을 하신 뒤에 그들
에게 말씀하셨습니다. "우리 친구 나
사로는 잠이 들었다. 그러나 이제 내
가 가서 그를 깨우겠다."
12 예수의 제자들이 대답했습니다. "주
여, 잠들었다면 낫게 될 것입니다."
13 예수께서는 나사로의 죽음을 가리켜
말씀하신 것인데 제자들은 말 그대로
잠들었다고 생각한 것입니다.
14 그래서 예수께서는 그들에게 분명히
말씀해 주셨습니다. "나사로는 죽었
다.
15 내가 거기 있지 않은 것을 기뻐하는
까닭은 너희를 위해서다. 이 일로 인
해 너희가 믿게 될 것이다. 이제 나사
로에게로 가자."
16 그러자 *디두모라고도 하는 도마가
다른 제자들에게 말했습니다. "우리
도 주와 함께 죽으러 가자."

예수께서 나사로의 누이들을 위로하시다

17 예수께서 그곳에 도착하셔서 보니, 나
사로가 무덤 속에 있은 지 이미 4일이
나 됐습니다.
18 베다니는 예루살렘에서 약 *15스타디
온 못 미치는 곳에 있었기 때문에
19 많은 유대 사람들이 오빠를 잃은 마
르다와 마리아를 위로하려고 와 있었
습니다.
20 마르다는 예수께서 오신다는 말을 듣
고 달려 나가 예수를 맞았지만 마리
아는 집에 남아 있었습니다.
21 마르다가 예수께 말했습니다. "주여,
주께서 여기 계셨더라면 오빠가 죽지
않았을 것입니다.
22 그러나 지금이라도 주께서 구하시는
것은 무엇이든지 하나님께서 다 이루
어 주실 줄 압니다."
23 예수께서 마르다에게 말씀하셨습니
다. "네 오빠가 다시 살아날 것이다."
24 마르다가 대답했습니다. "그가 마지막
날 부활 때에 다시 살아나리라는 것
은 제가 압니다."
25 예수께서 마르다에게 말씀하셨습니
다. "나는 부활이요, 생명이니 나를
믿는 사람은 죽어도 살겠고
26 살아서 나를 믿는 사람은 영원히 죽
지 않을 것이다. 네가 이것을 믿느
냐?"
27 마르다가 예수께 말했습니다. "네, 주
여! 주는 세상에 오실 *그리스도이시
며 하나님의 아들이심을 제가 믿습니
다."
28 마르다는 이 말을 하고 나서 돌아가
자기 동생 마리아를 불러 가만히 말
했습니다. "선생님이 여기 와 계시는

11:16 그리스어, '쌍둥이' 11:18 15스타디온은 약 3킬로미터 11:27 히브리어, 메시아. 기름 부음 받은 사람

데 너를 부르신다."
29 마리아는 이 말을 듣고 급히 일어나
예수께로 갔습니다.
30 예수께서는 아직 동네에 들어가지 않
으시고 마르다가 마중 나갔던 그곳에
계셨습니다.
31 마리아와 함께 집 안에 있으면서 그녀
를 위로하던 유대 사람들은 마리아가
벌떡 일어나 나가는 것을 보고 통곡
하러 무덤에 가는 줄 알고 따라나섰
습니다.
32 마리아는 예수께서 계신 곳에 이르러
예수를 보자 그 발 앞에 엎드려 말했
습니다. "주여, 주께서 여기 계셨더라
면 저희 오빠는 죽지 않았을 것입니
다."
33 예수께서는 마리아가 흐느껴 우는 것
과 따라온 유대 사람들도 함께 우는
것을 보시고 마음이 비통해 괴로워하
셨습니다.
34 예수께서 말씀하셨습니다. "나사로를
어디에 뒀느냐?" 그들이 대답했습니
다. "주여, 와서 보십시오."
35 예수께서는 눈물을 흘리셨습니다.
36 그러자 유대 사람들이 말했습니다.
"보시오. 그가 나사로를 얼마나 사랑
하셨는지!"
37 그러나 그들 중 어떤 사람은 이렇게
말했습니다. "눈먼 사람의 눈을 뜨게
하신 분이 이 사람을 죽지 않게 하실
수는 없었다는 말이오?"

예수께서 죽은 나사로를 살리시다

38 예수께서는 다시금 속으로 비통하게
여기시며 무덤 쪽으로 가셨습니다.
무덤은 입구를 돌로 막아 놓은 동굴
이었습니다.
39 예수께서 말씀하셨습니다. "돌을 옮
겨 놓아라." 죽은 사람의 누이 마르다
가 말했습니다. "하지만 주여, 그가
저기 있은 지 4일이나 돼 벌써 냄새가
납니다."
40 예수께서 말씀하셨습니다. "네가 믿으
면 하나님의 영광을 볼 것이라고 내
가 네게 말하지 않았느냐?"
41 사람들은 돌을 옮겨 놓았습니다. 예
수께서 하늘을 우러러 보시고 말씀
하셨습니다. "아버지여, 아버지께서
내 말을 들어 주신 것을 감사드립니
다.
42 아버지께서는 언제나 내 말을 들어
주신다는 것을 내가 압니다. 그러나
지금 이렇게 말하는 것은 여기 둘러
서 있는 사람들을 위해서입니다. 아
버지께서 나를 보내셨다는 것을 그들
로 하여금 믿게 하려는 것입니다."
43 예수께서 이렇게 말씀하시고 큰 소리
로 외치셨습니다. "나사로야! 나오너
라!"
44 죽었던 나사로가 나왔습니다. 그의
손발은 베로 감겨 있었고 얼굴은 천
으로 싸여 있었습니다. 예수께서 그
들에게 말씀하셨습니다. "그를 풀어
주어 다닐 수 있게 하라."

예수를 죽이려는 음모

(마 26:1-5;막 14:1-2;눅 22:1-2)

45 마리아에게 왔던 많은 유대 사람들이

예수께서 하신 일을 보고 예수를 믿
게 됐습니다.
46 그러나 그중 몇몇 사람은 바리새파
사람들에게 가서 예수께서 하신 일을
알려 주었습니다.
47 그러자 대제사장들과 바리새파 사람
들은 공회를 소집해 말했습니다. "이
사람이 많은 표적들을 행하고 있으니
우리가 어떻게 하면 좋겠습니까?
48 만약 이대로 내버려 두었다가는 모든
사람이 그를 믿게 될 것입니다. 그러
면 로마 사람들이 와서 우리의 *땅과
민족을 빼앗아 버릴 것입니다."
49 그러자 그중 가야바라는 그해의 대제
사장이 말했습니다. "당신들은 아무
것도 모르고 있소!
50 한 사람이 백성들을 위해 죽어서 민
족 전체가 망하지 않는 것이 당신들
에게 유익한 줄을 깨닫지 못하고 있
소."
51 이 말은 가야바가 스스로 한 것이 아
니라 그해의 대제사장으로서 예수께
서 유대 민족을 위해 죽게 될 것을 예
언한 것이었습니다.
52 또한 유대 민족뿐만 아니라 흩어진
하나님의 자녀들을 모아 하나 되게
하기 위해 죽으실 것을 예언한 것이었
습니다.
53 그날로부터 그들은 예수를 죽이려고
음모를 꾸몄습니다.
54 그래서 예수께서는 유대 사람들 가운
데 더 이상 드러나게 다니지 않으셨
습니다. 거기에서 떠나 광야 가까이
에 있는 에브라임이라는 마을로 가서
제자들과 함께 머무르셨습니다.
55 유대 사람의 유월절이 다가오자 많은
사람들이 유월절이 되기도 전에 자신
의 몸을 정결하게 하려고 시골로부터
예루살렘에 올라왔습니다.
56 사람들은 예수를 찾으면서 성전에 서
서 서로 말했습니다. "어떻게 생각하
시오? 그분이 유월절에 오시지 않겠
소?"
57 그러나 대제사장들과 바리새파 사람
들은 예수를 붙잡으려고 누구든지 예
수께서 계신 곳을 알면 반드시 자기
들에게 알려야 한다는 명령을 내렸습
니다.

베다니에서 향유를 부음받은 예수
(마 26:6-13;막 14:3-9)

12 유월절이 시작되기 6일 전에 예
수께서 베다니에 도착하셨습니
다. 그곳은 예수께서 죽은 사람 가운
데서 다시 살리신 나사로가 사는 곳
이었습니다.
2 그곳에서 예수를 위해 잔치를 베풀었
습니다. 마르다는 음식을 날랐고 나사
로는 예수와 함께 음식을 먹고 있는
사람들 가운데 함께 있었습니다.
3 그때 마리아가 매우 값비싼 향유인
순수한 나드 *1리트라를 가져다가 예
수의 발에 붓고 자기 머리털로 예수
의 발을 닦아 드렸습니다. 집 안은 온
통 향내로 가득했습니다.

11:48 또는 성전 12:3 리트라는 로마의 무게 측정 단위로, 1리트라는 약 326그램

4 그때 제자들 중 하나이며 나중에 예
수를 배반할 가룟 유다가 말했습니다.
5 "왜 이 향유를 *300데나리온에 팔아
가난한 사람들에게 주지 않고 낭비
하는가?"
6 그가 이렇게 말한 것은 가난한 사람
들을 생각해서가 아니었습니다. 그는
돈주머니를 맡고 있으면서 거기에 있
는 돈을 훔쳐 가곤 했기 때문입니다.
7 예수께서 대답하셨습니다. "그대로 두
어라. 이 여인은 내 장례 날을 위해
간직해 둔 향유를 쓴 것이다.
8 가난한 사람들은 항상 너희와 함께
있지만 나는 항상 너희와 함께 있는
것이 아니다."
9 유대 사람들의 큰 무리가 예수께서 베
다니에 계시다는 것을 알고 몰려왔습
니다. 이는 예수뿐 아니라 예수께서
죽은 사람 가운데서 살리신 나사로도
보기 위함이었습니다.
10 대제사장들은 나사로도 죽이려고 모
의했습니다.
11 그것은 나사로 때문에 많은 유대 사
람들이 떨어져 나가서 예수를 믿기
때문이었습니다.

예수께서 왕으로 예루살렘에 입성하시다

(마 21:1-11;막 11:1-11;눅 19:28-40)

12 다음 날 명절을 맞아 올라온 많은 사
람들이 예수께서 예루살렘으로 오신
다는 말을 듣고
13 종려나무 가지를 꺾어 들고 예수를
맞으러 나가
"*호산나! 주의 이름으로 오시는
분에게 복이 있도다!"
"이스라엘의 왕에게 복이 있도다!"
하고 외쳤습니다.
14 예수께서는 어린 나귀 한 마리를 보
시고 그 위에 올라앉으셨습니다. 이것
은 성경에 기록된 것과 같습니다.
15 ㄱ"시온의 딸아, 두려워하지 말라.
보라. 네 왕이 새끼 나귀를 타고 오
신다."
16 제자들은 처음에는 이 일을 이해하
지 못했습니다. 그러나 예수께서 영광
을 받으신 뒤에 비로소 이 말씀이 예
수를 두고 기록한 것이며 또한 사람
들도 예수께 그렇게 행했다는 것을
깨닫게 됐습니다.
17 또 예수께서 나사로를 무덤에서 불러
내 죽은 사람 가운데서 살리셨을 때
함께 있던 사람들이 그 일을 증언했
습니다.
18 이처럼 무리가 예수를 맞으러 나온
까닭은 예수께서 이런 표적을 행하셨
다는 말을 들었기 때문이었습니다.
19 그러자 바리새파 사람들이 서로 말
했습니다. "보시오. 온 세상이 예수를
따르고 있으니 이제 할 수 있는 것이
없지 않소."

예수께서 자신의 죽음을 예고하시다

20 명절에 예배드리기 위해 올라온 사람
들 중에 그리스 사람들도 있었습니다.
21 그들은 갈릴리 벳새다 출신인 빌립에
게 와서 간청했습니다. "선생님, 우리

12:5 300데나리온은 노동자 1년 품삯과 같음. 12:13 히브리어, '간구합니다. 우리를 구원하소서.'(시 118:25 참조) ㄱ 슥 9:9

가 예수를 뵙고 싶습니다."
22 빌립은 안드레에게 가서 말했습니다.
이어 안드레와 빌립이 함께 예수께 말
했습니다.
23 예수께서 대답하셨습니다. "인자가 영
광받아야 할 때가 왔다.
24 내가 진실로 진실로 너희에게 말한
다. 밀알 하나가 땅에 떨어져 죽지 않
으면 한 알 그대로 있고 죽으면 많은
열매를 맺게 된다.
25 자기 생명을 사랑하는 사람은 잃을
것이요, 이 세상에서 자기 생명을 미
워하는 사람은 영원히 그 생명을 보
존할 것이다.
26 누구든지 나를 섬기려면 나를 따라
야 한다. 내가 있는 곳에 나를 섬기는
사람도 함께 있을 것이다. 누구든지
나를 섬기면 내 아버지께서 그를 귀
하게 여기실 것이다.
27 지금 내 마음이 몹시 괴로우니 내가
무슨 말을 하겠느냐? '아버지여, 내가
이 시간을 벗어날 수 있게 해 주십시
오' 하겠느냐? 아니다. 나는 바로 이
일 때문에 이때 왔다.
28 아버지여, 아버지의 이름을 영광스럽
게 하소서!" 바로 그때 하늘에서 소리
가 들려왔습니다. "내가 이미 영광스
럽게 했다. 다시 영광스럽게 할 것이
다."
29 곁에 서서 그 소리를 들은 사람들은
천둥이 쳤다고 말했습니다. 다른 사
람들은 "천사가 예수께 말했다"라고
도 했습니다.
30 예수께서 말씀하셨습니다. "이 소리
가 난 것은 나를 위한 것이 아니라 너
희를 위한 것이다.
31 이제 세상을 심판할 때니 이 세상의
통치자가 쫓겨날 것이다.
32 그러나 내가 이 땅에서 들려 올라갈
때 나는 모든 사람들을 내게로 이끌
것이다."
33 예수께서 이렇게 말씀하신 것은 자신
이 어떤 죽음을 당할 것인지 암시하
려고 하신 말씀입니다.
34 그때 무리가 대답했습니다. "우리는
율법에서 *그리스도께서 영원히 계신
다고 들었는데 어째서 당신은 '인자가
들려서 올라가야 된다'고 하십니까?
이 '인자'란 누구입니까?"
35 그러자 예수께서 그들에게 말씀하셨
습니다. "아직 얼마 동안은 빛이 너희
가운데 있을 것이다. 어둠이 너희를
삼키지 못하도록 빛이 있는 동안에
걸어 다니라. 어둠 속에서 다니는 사
람은 자기가 어디로 가는지 알지 못
한다.
36 너희에게 빛이 있는 동안에 너희는
그 빛을 믿으라. 그러면 너희가 빛의
아들들이 될 것이다." 이 말씀을 하신
후 예수께서는 그들을 떠나서 몸을
숨기셨습니다.

유대인 중에 믿는 사람과 믿지 않는 사람

37 예수께서 이 모든 표적을 그들 앞에
서 행하셨음에도 불구하고 그들은
여전히 예수를 믿지 않았습니다.

12:34 히브리어, 메시아. '기름 부음 받은 사람'

38 이것은 예언자 이사야의 말을 이루려
는 것입니다.
ㄱ"주여, 우리의 전한 것을 누가 믿
었으며 주의 팔이 누구에게 나타났
습니까?"
39 그들이 믿을 수 없었던 까닭을 이사
야가 다시 이렇게 말했습니다.
40 ㄴ"주께서 그들의 눈을 멀게 하셨고
그들의 마음을 무디게 하셨으니 이
는 그들이 눈이 있어도 보지 못하
게 하고 마음으로 깨달아 돌이키
지 못하게 해 내게 고침을 받지 못
하게 하기 위함이다."
41 이사야가 이렇게 말한 것은 그가 예
수의 영광을 보았기 때문입니다. 그래
서 예수를 가리켜 이런 예언을 했습
니다.
42 지도자들 중에서도 예수를 믿는 사
람들이 많았으나 바리새파 사람들 때
문에 자기 믿음을 고백하지 못했습니
다. 회당에서 쫓겨날까 봐 두려웠기
때문입니다.
43 그들은 하나님의 영광보다 사람의 영
광을 더 사랑했던 것입니다.
44 예수께서 큰 소리로 말씀하셨습니다.
"나를 믿는 사람은 나를 믿는 것이
아니라 나를 보내신 분을 믿는 것이
요
45 나를 보는 사람은 곧 나를 보내신 분
을 보는 것이다.
46 나는 빛으로 이 세상에 왔다. 나를
믿는 사람은 누구든지 어둠 속에 머
무르지 않을 것이다.
47 내 말을 듣고 지키지 않는 사람이 있
다 해도 나는 그 사람을 심판하지 않
는다. 나는 세상을 심판하러 온 것이
아니라 구원하러 왔기 때문이다.
48 나를 거절하고 내 말을 받아들이지
않는 사람을 심판하시는 분이 따로
계시다. 내가 말한 바로 이 말이 마지
막 날에 그를 심판할 것이다.
49 나는 내 뜻대로 말하지 않았다. 오직
나를 보내신 아버지께서 무엇을 말해
야 하고 무엇을 이야기해야 할지 내
게 명령해 주셨다.
50 나는 그가 주신 명령이 영생이라는
것을 안다. 그러므로 나는 무엇이든
지 아버지께서 내게 말씀해 주신 대
로 말한다."

예수께서 제자들의 발을 씻으시다

13 유월절 전에 예수께서는 이 세
상을 떠나 아버지께로 가실 때
가 됐다는 것을 알고 계셨습니다. 예
수께서는 세상에 있는 자기의 사람들
을 사랑하시되 끝까지 사랑하셨습니
다.
2 저녁 식사를 하는 동안 마귀는 이미
시몬의 아들 가룟 유다의 마음속에
예수를 배반할 생각을 넣었습니다.
3 예수께서는 아버지께서 모든 것을 자
기 손에 주셨으며 자신이 하나님께로
부터 왔다가 하나님께로 돌아갈 것을
아시고는
4 식탁에서 일어나 겉옷을 벗고 허리에
수건을 두르셨습니다.

ㄱ 사 53:1 ㄴ 사 6:10

5 그러고 나서 대야에 물을 담아다가
제자들의 발을 씻기시고 허리에 두른
수건으로 닦아 주셨습니다.
6 예수께서 시몬 베드로에게 다가가셨
습니다. 그러자 베드로는 "주여, 제 발
도 씻겨 주려 하십니까?" 하고 말했
습니다.
7 예수께서 대답하셨습니다. "너는 내
가 하는 일을 이해하지 못하는구나.
그러나 나중에는 알게 될 것이다."
8 베드로가 말했습니다. "제 발은 절대
로 씻기지 못하십니다." 예수께서 베
드로에게 대답하셨습니다. "내가 너
를 씻겨 주지 않으면 너는 나와 아무
상관이 없다."
9 시몬 베드로가 예수께 대답했습니다.
"그렇다면 주여, 제 발뿐 아니라 손과
머리도 씻겨 주십시오."
10 예수께서 베드로에게 말씀하셨습니
다. "이미 목욕한 사람은 온몸이 깨끗
하기 때문에 발밖에는 씻을 필요가
없다. 너희는 깨끗하지만 너희 모두가
다 깨끗한 것은 아니다."
11 예수께서는 누가 자신을 배반할지 알
고 계셨기 때문에 "너희 모두가 다 깨
끗한 것은 아니다"라고 말씀하신 것
입니다.
12 예수께서 제자들의 발을 모두 씻겨
주신 후 다시 겉옷을 걸치시고 자리
에 돌아와 그들에게 말씀하셨습니다.
"내가 너희에게 한 일을 알겠느냐?
13 너희가 나를 '선생님' 또는 '주'라고 부
르는데 그것은 옳은 말이다. 내가 바
로 그런 사람이다.
14 주이며 선생님인 내가 너희 발을 씻
겨 주었으니 너희도 서로 남의 발을
씻겨 주어야 한다.
15 내가 너희에게 행한 대로 너희도 행
하게 하기 위해 내가 본을 보여 주었
다.
16 내가 진실로 진실로 너희에게 말한
다. 종이 주인보다 높지 않고 보냄을
받은 사람이 보내신 분보다 높지 않
다.
17 너희가 이것들을 알고 그대로 행하면
복이 있을 것이다.

예수께서 제자의 배반을 예고하시다
(마 26:20-25;막 14:17-21;눅 22:21-23)

18 내가 너희 모두를 두고 말하는 것이
아니다. 나는 내가 택한 사람들을 알
고 있다. 그러나 ㄱ'내 빵을 함께 먹는
사람이 *나를 배반했다'라고 한 성경
말씀이 이루어질 것이다.
19 그 일이 일어나기 전에 내가 지금 너
희에게 미리 말해 두는 것은, 그 일이
일어나면 내가 그라는 것을 너희로
하여금 믿게 하려는 것이다.
20 내가 진실로 진실로 너희에게 말한
다. 누구든지 내가 보내는 사람을 영
접하는 사람은 나를 영접하는 사람
이요, 나를 영접하는 사람은 나를 보
내신 분을 영접하는 사람이다."
21 예수께서는 이렇게 말씀하시고 나서
심령으로 몹시 괴로워하며 말씀하셨
습니다. "내가 진실로 진실로 너희에

13:18 또는 내게 발꿈치를 들었다. ㄱ 시 41:9

게 말한다. 너희 중 하나가 나를 배반
할 것이다."
22 제자들은 자기들 중 누구를 말씀하
시는지 몰라 당황해하며 서로 쳐다보
았습니다.
23 제자들 중 하나인 예수께서 사랑하시
는 제자가 예수 곁에 기대어 앉아 있
었습니다.
24 시몬 베드로가 그 제자에게 손짓하며
누구를 두고 하시는 말씀인지 여쭤
보라고 했습니다.
25 그는 예수의 품에 기대어 물었습니다.
"주여, 그가 누구입니까?"
26 예수께서 대답하셨습니다. "내가 이
빵 한 조각을 적셔서 주는 사람이 바
로 그 사람이다." 그리고 예수께서 빵
한 조각을 적셔서 시몬의 아들 가룟
유다에게 주셨습니다.
27 유다가 빵을 받자 사탄이 그에게 들
어갔습니다. 예수께서 가룟 유다에게
말씀하셨습니다. "네가 하려는 일을
어서 하여라."
28 그러나 자리를 함께한 사람들 중 아
무도 예수께서 그에게 무슨 뜻으로
그런 말씀을 하시는지 아는 사람이
없었습니다.
29 어떤 사람들은 유다가 돈을 관리하고
있었기 때문에 예수께서 그에게 명절
에 필요한 것을 사 오라거나 가난한
사람들에게 뭔가 나눠 주라고 말씀
하신 것으로 생각했습니다.
30 유다는 빵 조각을 받은 후 밖으로 나
가 버렸습니다. 그때는 밤이었습니다.

예수께서 베드로의 부인을 예고하시다
(마 26:31-35;막 14:27-31;눅 22:31-34)

31 유다가 나간 뒤 예수께서 말씀하셨습
니다. "이제는 인자가 영광을 받게 됐
고 하나님께서도 인자로 인해 영광을
받게 되셨다.
32 하나님께서 인자로 인해 영광을 받으
시면 하나님께서도 몸소 인자를 영광
되게 하실 것이다. 이제 곧 그렇게 하
실 것이다.
33 자녀들아, 이제 잠시 동안은 내가 너
희와 함께 있을 것이다. 그러나 너희
가 나를 찾을 것이다. 내가 전에 유
대 사람들에게 말한 대로 너희에게도
말하는데 내가 가는 곳에 너희는 올
수 없다.
34 내가 너희에게 새 계명을 준다. 서로
사랑하라. 내가 너희를 사랑한 것같
이 너희도 서로 사랑하라.
35 너희가 서로 사랑하면 이로써 모든
사람들이 너희가 내 제자임을 알게
될 것이다."
36 시몬 베드로가 예수께 물었습니다.
"주여, 어디로 가십니까?" 예수께서
대답하셨습니다. "내가 가는 곳으로
네가 지금은 올 수 없지만 나중에는
오게 될 것이다."
37 베드로가 물었습니다. "주여, 어째서
제가 지금은 주님을 따라갈 수 없습
니까? 주를 위해서라면 제 목숨도 바
치겠습니다."
38 그러자 예수께서 대답하셨습니다.
"네가 정말 나를 위해 네 목숨이라도

바치겠느냐? 내가 진실로 진실로 네
게 말한다. 닭이 울기 전에 네가 나를
세 번 부인할 것이다."

예수께서 제자들을 위로하시다

14 "너희는 마음에 근심하지 말라.
하나님을 믿고 또 나를 믿으라.
2 내 아버지의 집에는 있을 곳이 많다.
그렇지 않았다면 너희에게 미리 말해
두었을 것이다. 나는 너희가 있을 곳
을 마련하러 간다.
3 내가 가서 너희가 있을 곳을 마련하
면 다시 와서 너희를 내게로 데려갈
것이다. 그러면 너희도 내가 있는 곳
에 함께 있게 될 것이다.
4 너희는 내가 어디로 가는지 그 길을
알고 있다."

아버지께로 오는 길이신 예수

5 도마가 예수께 물었습니다. "주여, 저
희는 주께서 어디로 가시는지 알지
못하는데 그 길을 어떻게 알겠습니
까?"
6 예수께서 도마에게 말씀하셨습니다.
"나는 길이요, 진리요, 생명이니 나를
통하지 않고서는 아버지께로 올 사람
이 없다.
7 너희가 나를 알았더라면 내 아버지도
알았을 것이다. 이제 너희는 내 아버
지를 알고 내 아버지를 보았다."
8 빌립이 말했습니다. "주여, 우리에게
아버지를 보여 주십시오. 그러면 저희
가 더 바랄 것이 없겠습니다."
9 예수께서 대답하셨습니다. "빌립아,
내가 그렇게 오랫동안 너희와 함께 있
었는데도 네가 나를 모르느냐? 누구
든지 나를 본 사람은 아버지를 본 것
이다. 그런데도 네가 어떻게 '우리에게
아버지를 보여 주십시오'라고 말하느
냐?
10 내가 아버지 안에 있고 아버지가 내
안에 계시다는 것을 믿지 못하느냐?
내가 너희에게 하는 말은 내 말이 아
니다. 오직 살아 계시는 아버지께서
내 안에 계시면서 자신의 일을 하시
는 것이다.
11 내가 아버지 안에 있고 아버지께서
내 안에 계시다는 것을 믿어라. 믿지
못하겠거든 내가 행하는 그 일들을
보아서라도 믿어라.
12 내가 진실로 진실로 너희에게 말한
다. 누구든지 나를 믿는 사람은 내가
하는 일들을 그도 할 것이요, 이보다
더 큰 일들도 할 것이다. 그것은 내가
아버지께로 가기 때문이다.
13 너희가 무엇이든지 내 이름으로 구하
면 내가 다 이루어 주겠다. 이는 아들
을 통해 아버지께서 영광을 받으시게
하려는 것이다.
14 너희는 내 이름으로 무엇이든지 구하
라. 그러면 내가 다 이루어 주겠다.

예수께서 성령을 약속하시다

15 너희가 나를 사랑한다면 내 계명을
지킬 것이다.
16 내가 아버지께 구할 것이니 아버지께
서 너희에게 다른 *보혜사를 보내셔
서 너희와 영원히 함께 있도록 하실

14:16 또는 위로자, 상담자, 변호자

것이다.
17 그분은 진리의 영이시다. 세상은 그
분을 볼 수도 없고 알 수도 없기 때문
에 그분을 받아들일 수가 없다. 그러
나 너희는 그분을 안다. 그분이 너희
와 함께 계시고 또 너희 안에 계실 것
이기 때문이다.
18 나는 너희를 고아처럼 내버려 두지 않
고 너희에게 다시 오겠다.
19 조금 있으면 세상은 나를 보지 못하겠
지만 너희는 나를 볼 것이다. 내가 살
아 있고 너희도 살 것이기 때문이다.
20 그날에 너희는 내가 내 아버지 안에
있고 너희가 내 안에 있으며 내가 너
희 안에 있음을 알게 될 것이다.
21 누구든지 내 계명을 가지고 지키는
사람은 나를 사랑하는 사람이다. 나
를 사랑하는 사람은 내 아버지의 사
랑을 받을 것이고 나 또한 그 사람을
사랑하고 그 사람에게 나를 나타낼
것이다."
22 그러자 가룟 유다가 아닌 다른 유다가
말했습니다. "주여, 주께서 우리에게
는 자신을 나타내시고 세상에는 자신
을 나타내지 않으시는 까닭이 무엇입
니까?"
23 예수께서 그에게 대답하셨습니다. "누
구든지 나를 사랑하는 사람은 내 말
을 지킬 것이다. 그러면 내 아버지께
서 그 사람을 사랑하실 것이요, 아버
지와 내가 그 사람에게로 가서 그와
함께 살 것이다.
24 나를 사랑하지 않는 사람은 내 말을
지키지 아니한다. 너희가 듣고 있는
이 말은 내 말이 아니라 나를 보내신
아버지의 말씀이다.
25 이런 말은 내가 너희와 함께 있을 때
말했다.
26 그러나 보혜사, 곧 아버지께서 내 이
름으로 보내실 성령께서 너희에게 모
든 것을 가르쳐 주실 것이며 내가 너
희에게 말한 모든 것을 생각나게 하
실 것이다.
27 내가 너희에게 평안을 주고 간다. 곧
내 평안을 너희에게 준다. 내가 주는
평안은 세상이 주는 것과 같지 않다.
너희는 마음에 근심하지 말고 두려워
하지 말라.
28 너희는 '내가 지금 갔다가 너희에게
다시 올 것이다'라고 한 내 말을 들었
다. 너희가 나를 사랑한다면 내가 아
버지께로 가는 것을 기뻐했을 것이
다. 아버지는 나보다 크신 분이기 때
문이다.
29 내가 지금 이 일이 일어나기 전에 너
희에게 말해 두는 것은, 이 일이 일어
날 때에 너희로 하여금 믿게 하려는
것이다.
30 나는 너희와 더 이상 길게 말을 나눌
수 없다. 이 세상의 통치자가 가까이
오고 있기 때문이다. 이 세상의 통치
자는 나를 어떻게 할 아무런 권한이
없다.
31 다만 내가 아버지를 사랑한다는 것
과 아버지께서 내게 명령하신 대로
내가 행한다는 것을 세상에 알리려

는 것이다. 일어나라. 이제 여기를 떠
나자."

포도나무와 가지

15 "나는 참포도나무요, 내 아버
지는 농부이시다.
2 내게 붙어 있으면서도 열매를 맺지
못하는 가지는 아버지께서 다 자르실
것이요, 열매를 맺는 가지는 더 많은
열매를 맺도록 깨끗하게 손질하신다.
3 너희는 내가 너희에게 말한 그 말로
인해 이미 깨끗해졌다.
4 내 안에 머물러 있으라. 그러면 나도
너희 안에 머물러 있을 것이다. 가지
가 포도나무에 붙어 있지 않으면 스
스로 열매를 맺지 못하는 것처럼 너
희도 내 안에 있지 않으면 열매를 맺
을 수 없다.
5 나는 포도나무요, 너희는 가지다. 그
가 내 안에 있고 내가 그 안에 있으면
그 사람은 많은 열매를 맺는다. 나를
떠나서는 너희가 아무것도 할 수 없다.
6 누구든지 내 안에 있지 않으면 그 사
람은 쓸모없는 가지처럼 버려져 말라
버린다. 사람들이 그런 가지들은 모
아다가 불 속에 던져 태워 버린다.
7 만일 너희가 내 안에 있고 내 말이 너
희 안에 있으면 너희가 원하는 것이
무엇이든지 구하라. 그러면 그대로 이
루어질 것이다.
8 너희가 열매를 많이 맺으면 내 제자
가 되고 이것으로 아버지께서 영광을
받으실 것이다.
9 아버지께서 나를 사랑하신 것처럼 나
도 너희를 사랑했다. 너희는 내 사랑
안에 머물러 있으라.
10 내가 내 아버지의 계명을 지키고 아
버지의 사랑 안에 있는 것같이 너희
도 내 계명을 지키면 내 사랑 안에 있
을 것이다.
11 내가 이것들을 너희에게 말한 것은
내 기쁨이 너희 안에 있어 너희 기쁨
이 충만하게 하려는 것이다.
12 내 계명은 이것이다. 내가 너희를 사
랑한 것과 같이 너희도 서로 사랑하
라.
13 사람이 자기 친구를 위해 목숨을 내
놓는 것보다 더 큰 사랑은 없다.
14 너희가 만일 내 계명을 지키면 너희
는 내 친구다.
15 나는 이제부터 너희를 종이라고 부르
지 않겠다. 종은 주인의 일을 알지 못
하지만 나는 너희에게 내 아버지께
들은 것을 모두 알려 주었으니 친구
라고 부르는 것이다.
16 너희가 나를 택한 것이 아니라 내가
너희를 택해 세운 것이다. 그것은 너
희가 가서 열매를 맺어 그 열매가 계
속 남아 있게 하려는 것이다. 그러므
로 너희가 무엇이든지 내 이름으로
구하면 아버지께서 너희에게 주실 것
이다.
17 내가 너희에게 명하는 것은 이것이
다. 너희는 서로 사랑하라."

세상은 제자들을 미워한다

18 "만일 세상이 너희를 미워하거든 너
희보다 먼저 나를 미워했다는 것을

알라.
19 만일 너희가 세상에 속해 있다면 세
상이 너희를 자기 것으로 여기고 사
랑할 것이다. 그러나 너희는 세상에
속해 있지 않고 내가 세상에서 너희
를 택했으므로 세상이 너희를 미워
할 것이다.
20 내가 너희에게 '종이 주인보다 더 높
지 않다'고 한 말을 기억하라. 사람들
이 나를 핍박했으니 너희도 핍박할
것이요, 사람들이 내 말을 지켰으니
너희 말도 지킬 것이다.
21 그들은 너희가 내 이름을 믿는다는
이유로 이런 모든 일들을 너희에게
행할 것이다. 그것은 그들이 나를 보
내신 분을 알지 못하기 때문이다.
22 만일 내가 와서 그들에게 말하지 않았
더라면 그들은 죄가 없었겠지만 그들
은 이제 자기 죄를 변명할 길이 없다.
23 나를 미워하는 사람은 내 아버지도
미워한다.
24 내가 만일 아무도 행하지 못한 일을
그들 가운데서 행하지 않았더라면 그
들은 죄가 없었을 것이다. 그런데 이
제는 그들이 내가 한 일을 보고서도
나와 내 아버지를 미워했다.
25 그러나 이것은 그들의 율법에 기록된
것을 이루려는 것이다. ㄱ'그들이 아무
이유 없이 나를 미워했다.'

성령의 일

26 내가 아버지께로부터 너희에게 보낼
*보혜사, 곧 아버지께로부터 오시는
진리의 성령이 오시면 그분이 나에
대해 증언해 주실 것이다.
27 너희도 처음부터 나와 함께 있었으므
로 내 증인들이 될 것이다."

16 "내가 이 모든 것을 너희에게
말한 것은 *너희가 믿음에서
넘어지지 않게 하려는 것이다.
2 사람들이 너희를 회당에서 쫓아낼 것
이다. 그리고 너희를 죽이는 사람마
다 자신이 하는 일이 하나님을 섬기
는 일이라고 여길 때가 올 것이다.
3 그들은 아버지나 나를 알지 못하기
때문에 그런 일을 할 것이다.
4 내가 너희에게 이런 것들을 말하는
것은 그때가 되면 내가 한 말을 너희
로 기억하게 하기 위함이다. 또 내가
처음부터 너희에게 이런 것들을 말하
지 않은 것은 내가 너희와 함께 있었
기 때문이다."
5 "이제 나는 나를 보내신 분에게로 간
다. 그러나 너희 중에 '어디로 가십니
까?'라고 묻는 사람이 없고
6 도리어 내가 한 말 때문에 너희 마음
에 슬픔이 가득하구나.
7 그러나 내가 진실로 진실로 너희에
게 말한다. 내가 떠나가는 것이 너희
에게 유익하다. 내가 떠나가지 않으면
보혜사가 너희에게 오시지 않을 것이
다. 그러나 내가 가면 너희에게 보혜
사를 보내 주겠다.
8 보혜사가 오시면 죄에 대해, 의에 대
해, 심판에 대해 세상을 책망하실 것

15:26 또는 위로자, 상담자, 변호자 16:1 또는 너희 믿음이 흔들리지 않도록 ㄱ 시 35:19; 69:4

이다.
9 '죄에 대해'라고 한 것은 사람들이 나
를 믿지 않기 때문이요,
10 '의에 대해'라고 한 것은 내가 아버지
께로 가므로 너희가 다시는 나를 볼
수 없기 때문이요,
11 '심판에 대해'라고 한 것은 이 세상의
통치자가 심판을 받았기 때문이다.
12 아직도 내가 너희에게 할 말이 많지
만 지금은 너희가 그 말들을 알아듣
지 못한다.
13 그러나 진리의 성령, 그분이 오시면
너희를 모든 진리 가운데로 인도하
실 것이다. 그분은 자기 생각대로 말
씀하시지 않고 오직 들은 것만을 말
씀하시며 또한 앞으로 일어날 일들을
너희에게 말씀하실 것이다.
14 그분은 내 것을 받아서 너희에게 알
려 주실 것이므로 나를 영광되게 하
실 것이다.
15 아버지께 속한 모든 것은 다 내 것이
다. 그렇기 때문에 성령께서 내 것을
받아서 너희에게 알려 주실 것이라고
말하는 것이다.

제자들의 슬픔이 기쁨이 될 것이다

16 조금 있으면 너희가 나를 더 이상 보
지 못할 것이다. 그러나 다시 조금 있
으면 나를 보게 될 것이다."
17 예수의 제자들 중 몇몇이 서로 말했
습니다. "'조금 있으면 너희가 나를
더 이상 보지 못하겠고 다시 조금 있
으면 나를 보게 될 것이다'라고 하시
면서 '내가 아버지께 가기 때문이다'라
고 하시는데 이게 도대체 무슨 말씀
인가?"
18 그들이 또 말했습니다. "무슨 뜻으로
'조금 있으면'이라고 말씀하셨을까?
무슨 말씀을 하시는지 도무지 이해하
지 못하겠다."
19 예수께서는 제자들이 이것에 대해 묻
고 싶어 하는 것을 아시고 그들에게
말씀하셨습니다. "내가 '조금 있으면
너희가 나를 보지 못하겠고 다시 조
금 있으면 나를 보게 될 것이다'라고
해서 그 말이 무슨 뜻인지 서로 묻고
있느냐?
20 내가 진실로 진실로 너희에게 말한
다. 너희는 울며 애통할 것이나 세상
은 기뻐할 것이다. 너희가 슬퍼하게
될 것이나 너희의 슬픔은 기쁨으로
변할 것이다.
21 여인이 출산할 때는 걱정에 잠기게
된다. 진통할 때가 가까웠기 때문이
다. 그러나 아기가 태어나면 사람이
세상에 태어났다는 기쁨 때문에 더
이상 그 고통을 기억하지 않는다.
22 너희도 이와 같다. 너희가 지금은 슬
퍼하지만 내가 너희를 다시 볼 때는
너희가 기뻐할 것이요, 또 너희 기쁨
을 빼앗을 사람이 없을 것이다.
23 그날에는 너희가 내게 어떤 것도 묻
지 않을 것이다. 내가 진실로 진실로
너희에게 말한다. *너희가 무엇이든
아버지께 구하면 아버지께서 내 이름

16:23 어떤 사본에는 '너희가 내 이름으로 아버지께 구하면 아버지께서 그것을 너희에게 주실 것이다.'

으로 주실 것이다.
24 지금까지는 너희가 내 이름으로 아무
것도 구하지 않았다. 그러나 구하라.
그러면 받을 것이니 너희 기쁨이 충
만해질 것이다.
25 지금까지는 내가 이것을 비유로 말했
지만 더 이상 비유로 말하지 않고 내
아버지에 대해 분명하게 말할 때가
올 것이다.
26 그날에는 너희가 내 이름으로 아버지
께 구할 것이다. 내가 너희를 위해 아
버지께 구하겠다는 말이 아니다.
27 아버지께서는 너희를 친히 사랑하신
다. 아버지께서 너희를 친히 사랑하
시는 것은 너희가 나를 사랑했고 내
가 아버지께로부터 왔음을 믿었기 때
문이다.
28 내가 아버지께로부터 이 세상에 왔다
가 이제 다시 이 세상을 떠나 아버지
께로 돌아간다."
29 그러자 예수의 제자들이 말했습니다.
"이제 주께서 비유를 들지 않고 명확
하게 말씀하시니
30 주께서 모든 것을 알고 계시고 또 어
느 누구의 질문도 받으실 필요가 없
음을 저희가 알았습니다. 이것으로
우리는 주께서 하나님께로부터 오신
것을 믿습니다."
31 예수께서 제자들에게 대답하셨습니
다. "이제야 너희가 믿느냐?
32 보라. 너희가 흩어져 각자 집으로 돌
아갈 때가 오고 있고 또 이미 왔다.
너희는 나를 버려두고 모두 떠나갈
것이다. 그러나 나는 혼자 있는 게 아
니다. 아버지께서 나와 함께 계시기
때문이다.

하용조 목사의 행복한 **메시지**

주기도문

초대 교회 성도들은 하루에 세 번씩 주기도문을 외웠다고 합니다. 주기도문은 6가지 주제들로 구성되어 있는데 이 주제들을 생각하며 우리도 하루에 세 번씩 주님이 가르쳐 주신 기도를 묵상하면 좋겠습니다.

첫째, 겸손하게 기도를 배워야 합니다. 예수님께서 너희는 이렇게 기도하라고 하셨기 때문입니다. 둘째, 하늘에 계신 우리 아버지를 부르는 것으로 기도를 시작합니다. 하늘에 계시다는 것은 우주에 충만하다는 의미이고 그 말은 안 계신 곳이 없다는 말입니다. 따라서 기도할 때 하나님을 속이려 들지 마십시오. 셋째, 기도는 하나님을 묵상하는 것입니다. 하나님의 거룩한 이름, 하나님의 나라, 하나님의 뜻을 묵상하는 것이 기도입니다. 넷째, 기도는 우리의 필요를 구하는 것입니다. 일용할 양식을 위해서, 이웃의 용서를 위해서, 시험에 들지 않도록, 악에서 구원해 달라고 기도해야 합니다. 다섯째, 기도는 하나님의 나라와 권세와 영광이 아버지의 것임을 선포하는 것입니다. 여섯째, 기도는 아멘으로 끝납니다. 아멘은 '진실로', '확실히'라는 뜻으로, '진실로 그렇습니다. 그렇게 되기를 바랍니다.'라는 의미입니다.

33 내가 너희에게 이런 것들을 말하는
것은 너희가 내 안에서 평안을 누리
게 하려는 것이다. 너희가 이 세상에
서는 고난을 당할 것이다. 그러나 담
대하라. 내가 세상을 이미 이겼다."

예수께서 영광스럽게 하시기를 위해 기도하다

17 예수께서 이 말씀을 하시고 눈
을 들어 하늘을 우러러보시며
기도하셨습니다.

"아버지여, 때가 됐습니다. 아들이
아버지께 영광을 돌릴 수 있도록
아들을 영광스럽게 하소서.

2 아버지께서는 아들에게 주신 모든
*사람에게 영생을 주게 하시려고
모든 사람을 다스리는 권세를 아
들에게 주셨습니다.

3 영생은 오직 한 분이신 참하나님
아버지와 아버지께서 보내신 예수
그리스도를 아는 것입니다.

4 나는 아버지께서 맡겨 주신 일을
다 완성해 이 땅에서 아버지께 영
광을 돌려 드렸습니다.

5 아버지여, 창세전에 내가 아버지와
함께 누렸던 그 영광으로 이제 아
버지 앞에서 나를 영광스럽게 하소
서."

예수께서 제자들을 위해 기도하시다

6 "나는 아버지께서 세상에서 택하
셔서 내게 주신 사람들에게 아버
지의 이름을 나타냈습니다. 그들은
아버지의 것이었는데 아버지께서
내게 주셨고 그들은 아버지의 말씀
을 지켰습니다.

7 이제 그들은 아버지께서 내게 주신
모든 것이 다 아버지께로부터 온
것임을 알고 있습니다.

8 나는 아버지께서 내게 주신 말씀
을 그들에게 주었습니다. 그들은
그 말씀을 받아들였으며 내가 아
버지께로부터 온 것을 진정으로 알
았고 또 아버지께서 나를 보내신
것을 믿었습니다.

9 이제 내가 그들을 위해서 기도합니
다. 내가 세상을 위해 기도하는 것
이 아니고 아버지께서 내게 주신
사람들을 위해 기도하는 것은 그
들이 모두 아버지의 사람들이기 때
문입니다.

10 내 것은 모두 아버지의 것이며 아
버지의 것은 모두 내 것입니다. 그
리고 나는 그들을 통해 영광을 받
았습니다.

11 나는 더 이상 이 세상에 있지 않겠
지만 그들은 아직 세상에 있고 나
는 아버지께로 갑니다. 거룩하신
아버지여, 아버지께서 내게 주신
아버지의 이름으로 그들을 지켜 주
셔서 우리가 하나인 것같이 그들도
하나가 되게 하소서.

12 내가 그들과 함께 지내는 동안 아
버지께서 내게 주신 아버지의 이름
으로 내가 그들을 지키고 보호했습
니다. 멸망의 자식 외에는 그들 가
운데 한 사람도 잃어버리지 않았습
니다. 이것은 성경을 이루기 위함이

17:2 그리스어, '육체에게'

었습니다.
13 그러나 이제 나는 아버지께로 갑니
다. 내가 세상에서 이것을 말하는
것은 내 기쁨이 그들 속에 충만하
게 하려는 것입니다.
14 나는 그들에게 아버지의 말씀을 주
었는데 세상은 그들을 미워했습니
다. 내가 세상에 속해 있지 않는 것
처럼 그들도 세상에 속해 있지 않
기 때문입니다.
15 내가 아버지께 기도하는 것은 아버
지께서 그들을 세상에서 데려가 달
라는 것이 아니라 *악한 자로부터
그들을 보호해 달라는 것입니다.
16 내가 세상에 속하지 않은 것처럼
그들도 세상에 속하지 않았습니다.
17 진리로 그들을 *거룩하게 해 주소
서. 아버지의 말씀은 진리입니다.
18 아버지께서 나를 세상에 보내신 것
같이 나도 그들을 세상에 보냅니다.
19 그들을 위해 내가 나를 거룩하게
하는 것은 그들도 진리로 거룩하게
하려는 것입니다.

예수께서 모든 믿는 사람들을 위해 기도하시다

20 내 기도는 이 사람들만을 위한 것
이 아닙니다. 이 사람들이 전하는
말을 듣고 나를 믿는 사람들을 위
해서도 기도합니다.
21 아버지여, 아버지께서 내 안에 계
시고 내가 아버지 안에 있는 것같
이 그들도 모두 하나가 되게 하시
고 그들도 우리 안에 있게 해 아버
지께서 나를 보내셨다는 것을 세상
이 믿게 하소서.
22 아버지께서 내게 주신 영광을 내
가 그들에게 주었습니다. 이것은 우
리가 하나인 것같이 그들도 하나가
되게 하려는 것입니다.
23 내가 그들 안에 있고 아버지께서
내 안에 계신 것은 그들이 완전히
하나가 되게 하려는 것입니다. 그것
은 또, 아버지께서 나를 보내신 것
과 아버지께서 나를 사랑하신 것처
럼 그들도 사랑하셨다는 것을 세
상이 알게 하려는 것입니다.
24 아버지여, 아버지께서 내게 주신
사람들이 내가 있는 곳에 나와 함
께 있어 내 영광, 곧 아버지께서 세
상이 창조되기 전부터 나를 사랑
하셔서 내게 주신 영광을 그들도
보게 하소서.
25 의로우신 아버지여, 세상은 아버지
를 알지 못하지만 나는 아버지를
알며 이 사람들도 아버지께서 나
를 보내신 것을 알고 있습니다.
26 나는 그들에게 아버지를 알렸고 또
앞으로도 계속 아버지를 알게 해
나를 사랑하신 아버지의 그 사랑
이 그들 안에 있고 나도 그들 안에
있게 하려는 것입니다."

예수께서 잡히시다
(마 26:47-58;막 14:43-54;눅 22:47-54)

18 예수께서 이 기도의 말씀을 하
신 뒤 제자들과 함께 기드론 골

17:15 또는 악에서 17:17 그리스어, 하기아조, '성별하다.', '거룩하게 하다.'

짜기 건너편으로 가셨습니다. 거기에
는 동산이 하나 있었는데 예수와 제
자들은 그곳으로 들어갔습니다.
2 그곳은 예수께서 제자들과 가끔 모이
던 곳이어서 예수를 배반한 유다도 알
고 있었습니다.
3 유다는 로마 군인들과 대제사장들과
바리새파 사람들이 보낸 경비병들을
데리고 그곳으로 왔습니다. 그들은
횃불과 등불과 무기를 들고 있었습니
다.
4 예수께서는 자기가 당할 모든 일을
아시고 앞으로 나와 그들에게 물으셨
습니다. "너희가 누구를 찾느냐?"
5 그들이 대답했습니다. "나사렛 사람
예수요." 예수께서 그들에게 말씀하
셨습니다. "내가 그 사람이다." 배반자
유다도 그들과 함께 거기에 서 있었습
니다.
6 예수께서 "내가 그 사람이다"라고 하
시자 그들은 뒤로 물러나 땅에 엎드
러졌습니다.
7 예수께서 그들에게 다시 물으셨습니
다. "너희가 누구를 찾느냐?" 그러자
그들이 대답했습니다. "나사렛 사람
예수요."
8 예수께서 대답하셨습니다. "'내가 그
사람이다'라고 말하지 않았느냐? 너
희가 나를 찾고 있다면 이 사람들은
보내 주라."
9 이것은 예수께서 '아버지께서 내게 주
신 사람들 중 한 사람도 잃지 않았습
니다'라고 하신 말씀을 이루기 위한
것이었습니다.
10 그때 시몬 베드로가 칼을 가지고 있었
는데 그가 칼을 빼어 대제사장의 종
을 쳐서 오른쪽 귀를 베어 버렸습니
다. 그 종의 이름은 말고였습니다.
11 그때 예수께서 베드로에게 말씀하셨
습니다. "네 칼을 칼집에 꽂아라. 아
버지께서 주신 잔을 내가 받아 마셔
야 하지 않겠느냐?"
12 군인들과 천부장과 유대 사람의 경비
병들이 예수를 체포했습니다. 그들은
예수를 묶어서
13 먼저 그해의 대제사장 가야바의 장인
인 안나스에게로 끌고 갔습니다.
14 가야바는 전에 '한 사람이 백성들을
위해 죽는 것이 유익하다'라고 유대
사람들에게 조언했던 바로 그 사람입
니다.

베드로의 첫 번째 부인

(마 26:69-70;막 14:66-68;눅 22:54-57)

15 시몬 베드로와 또 다른 제자 한 사람
이 예수를 따라갔습니다. 이 제자는
대제사장과 아는 사이였기 때문에 예
수와 함께 대제사장 집의 마당 안으
로 들어갔습니다.
16 그러나 베드로는 문밖에서 기다려야
했습니다. 대제사장과 아는 사이인
그 제자가 나와서 문지기 하녀에게
말해 베드로를 들어오게 했습니다.
17 문지기 하녀가 베드로에게 물었습니
다. "당신도 이 사람의 제자 중 한 사
람이지요?" 베드로가 대답했습니다.
"나는 아니오."

18 날씨가 추웠기 때문에 종들과 경비병
들은 숯불을 피워 놓고 둘러서서 불
을 쬐고 있었습니다. 베드로도 불을
쬐며 그들과 함께 서 있었습니다.

대제사장이 예수에게 묻다

19 대제사장은 예수께 그의 제자들과 그
의 가르침에 관해 물었습니다.
20 예수께서 대답하셨습니다. "나는 세
상에 드러내 놓고 말했다. 나는 언제
나 모든 유대 사람들이 모여 있는 회
당이나 성전에서 가르쳤고 숨어서 말
한 것이 아무것도 없다.
21 그런데 왜 나를 심문하는 것이냐? 내
가 무슨 말을 했는지 내 말을 들은
사람들에게 물어보아라. 그들이 내가
한 말을 알고 있다."
22 예수께서 이렇게 말씀하시자 가까이
있던 경비병 중 하나가 예수의 얼굴
을 치며 말했습니다. "네가 대제사장
에게 이런 식으로 말해도 되느냐?"
23 예수께서 그에게 대답하셨습니다. "내
가 잘못 말한 것이 있다면 그 잘못한
증거를 대 보아라. 그러나 내가 옳은
말을 했다면 어째서 나를 치느냐?"
24 그러자 안나스는 예수를 묶은 그대로
대제사장 가야바에게 보냈습니다.

베드로의 두 번째와 세 번째 부인

(마 26:71-75;막 14:69-72;눅 22:58-62)

25 시몬 베드로는 서서 불을 쬐고 있었
습니다. 그때 사람들이 물었습니다.
"당신도 예수의 제자 중 한 사람이지
요?" 베드로는 부인하며 말했습니다.
"나는 아니오!"
26 대제사장의 하인들 중 한 사람이 거
기 있었는데 그 사람은 베드로가 귀
를 벤 사람의 친척이었습니다. "당신
이 동산에서 예수와 함께 있는 것을
내가 보지 않았소?"
27 베드로는 다시 부인했습니다. 그러자
곧 닭이 울었습니다.

예수께서 빌라도 앞에 서시다

(마 27:1-2,11-26;막 15:1-11;눅 23:1-5,13-19)

28 그때 유대 사람들이 예수를 가야바의
집에서 로마 총독의 *관저로 끌고 갔
습니다. 때는 이른 아침이었습니다.
유대 사람들은 몸을 더럽히지 않고
유월절 음식을 먹기 위해 관저 안에
는 들어가지 않았습니다.
29 빌라도가 밖으로 나와 그들에게 물었
습니다. "너희는 이 사람을 무슨 일로
고소하려는 것이냐?"
30 그들이 대답했습니다. "이 사람이 범
죄자가 아니라면 총독님께 넘기지도
않았을 것입니다."
31 빌라도가 말했습니다. "이 사람을 데
리고 가서 너희들의 법에 따라 재판
하라." 유대 사람들이 빌라도에게 대
답했습니다. "우리는 사람을 죽일 권
한이 없습니다."
32 이는 예수께서 자기가 당할 죽음에
대해 이야기하신 그 말씀을 이루려는
것이었습니다.
33 그러자 빌라도는 다시 관저로 들어가
예수를 불러다 물었습니다. "네가 유

18:28 그리스어, 프라이토리온. 고위 관리들이 살도록 나라에서 지은 집

대 사람들의 왕이냐?"
34 예수께서 대답하셨습니다. "네가 하
는 그 말은 네 생각에서 나온 말이
냐? 아니면 나에 대해 다른 사람들
이 말해 준 것이냐?"
35 빌라도가 대답했습니다. "내가 유대
사람이냐? 네 동족과 대제사장들이
너를 내게 넘겼다. 네가 저지른 일이
대체 무엇이냐?"
36 예수께서 말씀하셨습니다. "내 나라
는 이 세상에 속한 것이 아니다. 만일
내 나라가 이 세상에 속한 것이라면
내 종들이 싸워 유대 사람들이 나를
체포하지 못하도록 막았을 것이다. 그
러나 내 나라는 지금 여기에 속한 것
이 아니다."
37 빌라도가 말했습니다. "그러면 네가
왕이란 말이냐?" 예수께서 대답하셨
습니다. "네 말대로 나는 왕이다. 나
는 진리를 증언하려고 태어났으며 진
리를 증언하려고 이 세상에 왔다. 누
구든지 진리에 속한 사람은 내 말을
듣는다."
38 빌라도가 물었습니다. "진리가 무엇이
냐?" 빌라도는 이 말을 하고 다시 유
대 사람들에게 나가 말했습니다. "나
는 이 사람에게서 아무 죄도 찾지 못
했다.
39 유월절에는 내가 죄수 한 사람을 놓
아주는 관례가 있는데 너희들을 위
해 '유대 사람의 왕'을 놓아주는 것이
어떻겠느냐?"
40 그러자 그들이 다시 소리쳤습니다.
"그 사람이 아닙니다. 바라바를 놓아
주십시오." 바라바는 강도였습니다.

예수께서 십자가형을 선고받다
(마 27:27-31;막 15:12-20;눅 23:20-25)

19 그러자 빌라도는 예수를 데려다
가 채찍질했습니다.
2 병사들은 가시관을 엮어 예수의 머리
에 씌우고 자주색 옷을 입힌 뒤에
3 가까이 다가가서 "유대 사람의 왕, 만
세!" 하고 소리치며 손바닥으로 얼굴
을 때렸습니다.
4 빌라도는 다시 밖으로 나와 유대 사
람들에게 말했습니다. "보라. 내가 예
수를 너희들 앞에 데려오겠다. 이는
그에게서 아무 죄도 찾지 못한 것을
너희에게도 알게 하려는 것이다."
5 예수께서 가시관을 쓰고 자주색 옷
을 입고 밖으로 나오자 빌라도가 그
들에게 말했습니다. "보라. 이 사람이
다."
6 대제사장들과 경비병들은 예수를 보
자 크게 소리쳤습니다. "십자가에 못
박으시오! 십자가에 못 박으시오!" 빌
라도가 대답했습니다. "너희들이 이
사람을 데려다가 십자가에 못 박으
라. 나는 그에게서 아무 죄도 찾아낼
수가 없다."
7 유대 사람들이 빌라도에게 말했습니
다. "우리에게 법이 있는데 그 법에 따
르면 이 사람은 마땅히 죽어야 합니
다. 그가 자기 자신을 가리켜 하나님
의 아들이라고 했기 때문입니다."
8 빌라도는 이 말을 듣고 더욱 두려워서

9 관저 안으로 다시 되돌아갔습니다. 빌
라도가 예수께 물었습니다. "네가 어
디서 왔느냐?" 그러나 예수께서는 아
무 대답도 하지 않으셨습니다.
10 그러자 빌라도가 예수께 말했습니다.
"내게 말하지 않을 작정이냐? 내가
너를 놓아줄 권한도 있고 십자가에
못 박을 권한도 있다는 것을 알지 못
하느냐?"
11 예수께서 빌라도에게 대답하셨습니
다. "위에서 주지 않으셨더라면 네가
나를 해칠 아무런 권한도 없었을 것
이다. 그러므로 나를 네게 넘겨준 사
람의 죄는 더 크다."
12 이 말을 듣고 빌라도는 예수를 놓아
주려고 힘을 썼습니다. 그러나 유대
사람들은 소리쳤습니다. "이 사람을
놓아주면 총독님은 가이사의 충신이
아닙니다. 누구든지 자기 자신을 왕
이라고 하는 사람은 황제를 반역하
는 자입니다."
13 빌라도는 이 말을 듣고 예수를 끌고
나와서 *돌판(히브리 말로는 가바
다)이라 불리는 곳에 마련된 재판석
에 앉았습니다.
14 이날은 유월절의 예비일이었고 시간
은 *낮 12시쯤이었습니다. 빌라도가
유대 사람들에게 말했습니다. "보라.
너희들의 왕이다."
15 그러자 그들이 소리쳤습니다. "없애
버리시오! 없애 버리시오! 십자가에
못 박으시오!" 빌라도가 그들에게 물
었습니다. "너희들의 왕을 십자가에
못 박으란 말이냐?" 대제사장들이 대
답했습니다. "우리에게는 가이사 말고
는 다른 왕이 없습니다."
16 마침내 빌라도는 예수를 십자가에 못
박도록 그들에게 넘겨주었습니다.

예수께서 십자가에 못 박히시다
(마 27:32-44;막 15:21-32;눅 23:26-43)

로마 군인들이 예수를 데리고 나갔습
니다.
17 예수는 자기의 십자가를 지시고 해골
(히브리 말로 '골고다')이라는 곳으로
가셨습니다.
18 거기에서 그들이 예수를 십자가에 못
박았습니다. 그리고 다른 두 사람도
예수의 양쪽에 각각 한 사람씩 못 박
았습니다.
19 빌라도는 또한 명패도 써서 십자가 위
에 붙였습니다. 그 명패에는 '유대 사
람의 왕, 나사렛 예수'라고 씌어 있었
습니다.
20 예수께서 십자가에 못 박히신 곳이
예루살렘 성 가까이에 있었습니다. 또
그 명패가 히브리어와 라틴어와 그리
스어로 각각 쓰였기 때문에 많은 유대
사람들이 이 명패를 읽었습니다.
21 그러자 유대 사람의 대제사장들이 빌
라도에게 말했습니다. "'유대 사람의
왕'이라고 쓰지 말고 '자칭 유대 사람
의 왕'이라고 써 주십시오."
22 빌라도가 대답했습니다. "나는 내가
쓸 것을 썼다."

19:13 그리스어, 리토스트론. 돌을 박아 포장한 광장이나 길 19:14 그리스어, 제6시

23 군인들은 예수를 십자가에 못 박고
예수의 옷을 넷으로 나눠 각각 하나
씩 갖고는 속옷까지 가져갔습니다.
이 속옷은 이음새 없이 위에서 아래
까지 통으로 짠 것이었습니다.
24 그들이 서로 말했습니다. "이것을 찢
지 말고 누가 가질지 제비를 뽑자." 이
것은 성경 말씀을 이루려는 것이었습
니다.

ㄱ"그들이 내 겉옷을 나눠 가지고
내 속옷을 놓고 제비를 뽑았다."

25 예수의 십자가 곁에는 예수의 어머니
와 이모와 글로바의 아내 마리아와 막
달라 마리아가 서 있었습니다.
26 예수께서는 자기의 어머니와 그 곁에
사랑하는 제자가 서 있는 것을 보시
고 어머니에게 말씀하셨습니다. "어머
니, 보십시오. 당신의 아들입니다."
27 그리고 그 제자에게는 "보아라. 네 어
머니다"라고 말씀하셨습니다. 그때부
터 그 제자는 예수의 어머니를 자기
집에 모셨습니다.

예수께서 숨을 거두시다
(마 27:45-56;막 15:33-41;눅 23:44-49)

28 이후에 예수께서 모든 것이 이루어진
것을 아시고 성경을 이루려고 말씀하
셨습니다. ㄴ"내가 목마르다."
29 거기 신 포도주가 담긴 그릇이 있어
서 그들은 해면에 포도주를 흠뻑 적
신 후 우슬초 줄기에 매달아 올려 예
수의 입에 갖다 대었습니다.
30 예수께서 신 포도주를 받으시고 말씀
하셨습니다. "다 이루었다." 그리고 예
수께서는 머리를 떨구시고 숨을 거두
셨습니다.
31 그날은 예비일이었고 그다음 날은 특
별한 안식일이었습니다. 유대 사람들
은 안식일에 시체를 십자가에 매달아
두고 싶지 않았기 때문에 빌라도에게
시체의 다리를 꺾어서 내려 달라고
요구했습니다.
32 그래서 로마 군인들이 와서 예수와
함께 십자가에 달린 한 사람의 다리
를 꺾었고 뒤이어 다른 사람의 다리
를 꺾었습니다.
33 그러나 예수께 와서는 이미 죽으신 것
을 보고 다리를 꺾지 않았습니다.
34 대신에 그중 한 군인이 창으로 예수
의 옆구리를 찔렀습니다. 그러자 피와
물이 쏟아져 나왔습니다.
35 이는 그 일을 본 사람이 증언한 것입
니다. 그의 증언은 참되며 그는 자신
의 말이 진실하다는 것을 알고 있습
니다. 그는 여러분도 믿게 하려고 증
언하는 것입니다.
36 이런 일이 일어난 것은 ㄷ"그 뼈가 하
나도 꺾이지 않을 것이다"라고 한 성
경을 이루려는 것이었습니다.
37 또 다른 성경에서도 말했습니다. ㄹ"그
들은 자기들이 찌른 사람을 쳐다보게
될 것이다."

예수께서 장사되시다
(마 27:57-61;막 15:42-47;눅 23:50-56)

38 이 일이 있은 후 아리마대 사람 요셉

ㄱ 시 22:18 ㄴ 시 69:21 ㄷ 출 12:46; 민 9:12; 시 34:20 ㄹ 슥 12:10

이 빌라도에게 예수의 시신을 내어 달
라고 간청했습니다. 요셉은 예수의 제
자이면서도 유대 사람의 지도자들이
두려워 그 사실을 숨기고 있었습니다.
빌라도가 허락하자 요셉은 가서 예수
의 시신을 내렸습니다.
39 또 전에 밤중에 예수를 찾아갔던 니
고데모도 몰약에 침향을 섞은 것을
*100리트라 정도 가져왔습니다.
40 이 두 사람은 예수의 시신을 모셔다
가 유대 사람의 장례 관례에 따라 향
품과 함께 고운 삼베로 쌌습니다.
41 예수께서 십자가에 못 박히신 곳에
동산이 있었는데 그 동산에는 아직
사람을 매장한 일이 없는 새 무덤이
하나 있었습니다.
42 그날은 유대 사람들의 예비일이었고
그 무덤도 가까이 있었기 때문에 요
셉과 니고데모는 예수의 시신을 그곳
에 모셨습니다.

빈 무덤 (마 28:1-10;막 16:1-8;눅 24:1-12)

20 그 주간의 첫날 이른 새벽, 아
직 어두울 때에 막달라 마리아
가 무덤에 가서 보니 무덤 입구를 막
았던 돌이 치워져 있었습니다.
2 마리아는 시몬 베드로와 다른 제자
곧 예수께서 사랑하시던 제자에게 달
려가서 말했습니다. "사람들이 주의
시신을 무덤 밖으로 가져다가 어디에
두었는지 모르겠습니다."
3 그리하여 베드로와 다른 제자가 무덤
으로 향했습니다.
4 두 사람이 함께 달려갔는데 베드로보
다 다른 제자가 앞서 달려가 먼저 무
덤에 이르렀습니다.
5 그 다른 제자가 몸을 굽혀 안을 살펴
보았는데 고운 삼베만 놓여 있는 것
을 보았으나 무덤 안으로 들어가지는
않았습니다.
6 그때 뒤따라온 시몬 베드로가 도착해
무덤 안으로 들어갔습니다. 그가 들
어가 보니 고운 삼베가 놓여 있고
7 예수의 머리를 감쌌던 수건은 고운
삼베와 함께 있지 않고 따로 개켜져
있었습니다.
8 그제야 무덤에 먼저 도착한 그 다른
제자도 안으로 들어가서 보고 믿었습
니다.
9 (그들은 아직도 예수께서 죽은 사람
가운데서 살아나야 한다는 성경을
깨닫지 못하고 있었습니다.)
10 그러고 나서 제자들은 자기들의 집으
로 돌아갔습니다.

예수께서 막달라 마리아에게 나타나시다 (막 16:9-11)

11 그러나 마리아는 무덤 밖에 서서 울
고 있었습니다. 마리아가 울다가 몸을
굽혀 무덤 안을 들여다보니
12 흰옷을 입은 두 천사가 예수의 시신
이 있던 자리에 앉아 있었는데 한 천
사는 머리맡에, 또 다른 천사는 발치
에 있었습니다.
13 천사들이 마리아에게 물었습니다. "여
인아, 왜 울고 있느냐?" 마리아가 천

19:39 리트라는 로마의 무게 측정 단위로, 100리트라는 약 33킬로그램

사들에게 대답했습니다. "사람들이
내 주를 가져다가 어디에 두었는지
모르겠습니다."
14 이 말을 한 후 마리아가 뒤를 돌아보
았을 때 예수께서 거기 서 계셨습니
다. 그러나 마리아는 그분이 예수이신
줄은 깨닫지 못했습니다.
15 예수께서 마리아에게 말씀하셨습니
다. "여인아, 왜 울고 있느냐? 네가 누
구를 찾고 있느냐?" 마리아는 그 사
람이 동산지기인 줄 알고 말했습니
다. "주여, 당신이 그분을 옮겨 놓았
거든 어디에다 두었는지 말해 주십시
오. 그러면 내가 그분을 모셔 가겠습
니다."
16 예수께서 마리아에게 "마리아야!" 하
시자 마리아가 돌아서서 히브리어로
"랍오니!" 하고 말했습니다. (이 말은
'선생님'이라는 뜻입니다.)
17 예수께서 마리아에게 말씀하셨습니
다. "나를 만지지 마라. 내가 아직 아
버지께 올라가지 못했다. 너는 내 형
제들에게 가서 '내가 내 아버지 곧 너
희 아버지, 내 하나님 곧 너희 하나님
께로 올라갈 것이다'라고 말하여라."
18 막달라 마리아는 제자들에게 가서 주
를 보았다는 것과 예수께서 자기에게
하신 말씀을 전해 주었습니다.

예수께서 제자들에게 나타나시다
(마 28:16-20;막 16:14-18;눅 24:36-49)

19 그날, 곧 그 주간의 첫날 저녁에 제자
들은 유대 사람들을 두려워해 문들
을 걸어 잠그고 모여 있었습니다. 그
때 예수께서 오셔서 그들 가운데 서

예수님의 부활

하용조 목사의 행복한 **메시지**

한두 사람만 부활하신 예수님을 목격했다면 그들이 환영을 보았다고 생각할 수도 있습니다. 그러나 당시에 사도들을 비롯한 수많은 사람들이 부활하신 예수님을 보았습니다. 그리고 지난 2000년 동안 많은 사람들이 예수님의 부활을 증언했습니다. 만약 예수님의 부활이 거짓이라면, 그동안 시도된 검증 과정에서 부활의 증언은 소멸되고 말았을 것입니다. 하지만 오랜 세월 수많은 검증에도 불구하고 예수님의 부활은 사실로서 지금까지 고백되고 있습니다. 교회가 존재하고 복음을 전하는 이유도 예수님의 부활이 사실이었기에 가능했던 것입니다. 예수님의 부활을 통해 우리는 다음의 3가지 사실을 알 수 있습니다. 첫째로 부활은 인간의 이성으로 이해할 수 없다는 것입니다. 세상 사람들이 예수님의 부활에 관한 얘기를 듣고 '아멘'으로 화답하는 경우는 거의 없습니다. 도저히 믿을 수 없다며 오히려 황당해 하는 게 보편적인 현상입니다. 둘째로 부활의 기쁨은 절대로 빼앗길 수 없다는 것입니다.
기독교의 핵심은 선행을 베풀며 자기 의를 쌓는 게 아니라, 예수님의 부활 위에 믿음을 굳게 세우는 것이기 때문입니다. 셋째로 부활은 우리로 하여금 멀리 계시던 하나님을 가까이서 만나게 하고 하나님의 임재 가운데로 들어가게 합니다.

서 말씀하셨습니다. "너희에게 평강
이 있을지어다!"
20 이렇게 말씀하신 뒤 예수께서는 제자
들에게 자신의 손과 옆구리를 보여
주셨습니다. 그러자 제자들은 주를
보고 기뻐했습니다.
21 예수께서 제자들에게 다시 말씀하셨
습니다. "너희에게 평강이 있을지어
다! 아버지께서 나를 보내신 것처럼
나도 너희를 보낸다."
22 이 말씀을 하시고 나서 제자들을 향
해 숨을 내쉬며 말씀하셨습니다. "성
령을 받으라.
23 만일 너희가 누구의 죄든지 용서하면
그 죄는 사함받을 것이요, 용서하지
않으면 그 죄는 그대로 있을 것이다."

예수께서 도마에게 나타나시다

24 열두 제자 중 하나인 *디두모라 불리
는 도마는 예수께서 오셨을 때에 제
자들과 함께 있지 않았습니다.
25 그래서 다른 제자들이 그에게 "우리
가 주를 보았소!" 하고 말했으나 도마
는 그들에게 "내가 내 눈으로 그분의
손에 있는 못 자국을 보고 내 손가락
을 그 못 자국에 넣어 보며 내 손을
그분의 옆구리에 넣어 보지 않는 한
나는 믿을 수 없소" 하고 말했습니다.
26 8일 후에 예수의 제자들이 다시 그
집에 모였고 도마도 그들과 함께 거기
있었습니다. 문이 잠겨 있었는데 예수
께서 들어와 그들 가운데 서서 말씀
하셨습니다. "너희에게 평강이 있을지
어다!"
27 그러고 나서 예수께서 도마에게 말씀
하셨습니다. "네 손가락을 이리 내밀
어 내 손을 만져 보고 네 손을 내밀
어 내 옆구리에 넣어 보아라. 그리고
믿음 없는 사람이 되지 말고 믿는 사
람이 돼라."
28 도마가 예수께 대답했습니다. "내 주
이시며 내 하나님이십니다."
29 그러자 예수께서 도마에게 말씀하셨
습니다. "너는 나를 보았기 때문에 믿
느냐? 보지 않고도 믿는 사람은 복이
있다."

요한복음의 기록 목적

30 이 책에는 기록되지 않았지만 예수께
서는 제자들 앞에서 다른 많은 표적
들을 행하셨습니다.
31 그러나 이것들이 기록된 목적은 여러
분들로 하여금 예수가 그리스도이시
며 하나님의 아들이심을 믿게 하고
또 믿어서 예수의 이름으로 생명을
얻도록 하기 위함입니다.

예수와 기적적인 어획량

21 그 후 예수께서는 *디베랴 바다
에서 제자들에게 다시 자신을
나타내셨는데 그 나타내심은 이러합
니다.
2 시몬 베드로, 디두모라고 하는 도마,
갈릴리 가나 사람인 나다나엘, 세베대
의 두 아들들, 그리고 다른 두 제자
가 함께 있었습니다.
3 시몬 베드로가 그들에게 "나는 물고
기를 잡으러 가겠소" 하고 말하자 그

20:24 그리스어, '쌍둥이' 21:1 갈릴리 바다를 가리킴.

들이 "우리도 같이 가겠소" 하고 말했
습니다. 그들은 나가서 배를 탔습니
다. 그러나 그날 밤 그들은 물고기를
한 마리도 잡지 못했습니다.
4 날이 밝아 올 무렵 예수께서 바닷가
에 서 계셨으나 제자들은 그분이 예
수이신 줄 알아보지 못했습니다.
5 예수께서 제자들에게 "얘들아, 물고
기를 좀 잡았느냐?" 하고 물으시자
그들은 "한 마리도 잡지 못했소"라고
대답했습니다.
6 예수께서 제자들에게 말씀하셨습니
다. "그물을 배 오른편에 던져 보라.
그러면 물고기가 잡힐 것이다." 제자
들이 그물을 배 오른편에 던지자 물
고기가 너무 많이 걸려 그물을 배 안
으로 들어 올릴 수가 없었습니다.
7 예수께서 사랑하시던 제자가 베드로
에게 말했습니다. "주이시다!" 시몬 베
드로는 "주이시다!"라는 말을 듣자마
자 벗어 두었던 겉옷을 몸에 걸치고
물로 뛰어들었습니다.
8 그러나 다른 제자들은 배를 탄 채 물
고기가 가득한 그물을 끌면서 배를
저어 육지로 나왔습니다. 배가 바닷
가에서 약 *200규빗 정도밖에 떨어
져 있지 않았기 때문입니다.
9 제자들이 육지에 도착해서 보니 숯
불을 피워 놓았는데 숯불 위에는 생
선이 놓여 있었고 빵도 있었습니다.
10 예수께서 제자들에게 말씀하셨습니
다. "너희가 방금 잡은 생선을 좀 가
져오라."
11 시몬 베드로가 배에 올라 그물을 육
지로 끌어 내렸습니다. 그물 안에는
큰 물고기가 153마리나 들어 있었습
니다. 물고기가 이렇게 많았는데도 그
물은 찢어지지 않았습니다.
12 예수께서 제자들에게 말씀하셨습니
다. "와서 아침을 먹으라." 다들 그분
이 주이신 줄 알고 있었기 때문에 제
자들 중 감히 그분께 "누구십니까?"
라고 묻는 사람이 없었습니다.
13 예수께서 오셔서 빵을 가져다가 제자
들에게 나눠 주셨고 이와 같이 생선
도 주셨습니다.
14 예수께서 죽은 사람들 가운데서 살
아나신 뒤 제자들에게 나타나신 것
은 이것이 세 번째였습니다.

예수께서 베드로를 회복시키시다

15 그들이 아침 식사를 끝마치자 예수께
서 시몬 베드로에게 말씀하셨습니다.
"요한의 아들 시몬아, 네가 이 사람들
보다 나를 더 사랑하느냐?" 베드로
가 말했습니다. "예, 주여, 제가 주를
사랑하는 것을 주께서 아십니다." 예
수께서 베드로에게 말씀하셨습니다.
"내 어린양 떼를 먹여라."
16 예수께서 베드로에게 다시 말씀하셨
습니다. "요한의 아들 시몬아, 네가 나
를 사랑하느냐?" 베드로가 예수께 대
답했습니다. "예, 주여, 제가 주를 사
랑하는 것을 주께서 아십니다." 예
수께서 베드로에게 말씀하셨습니다.
"내 양 떼를 쳐라."

21:8 200규빗은 약 90미터

17 예수께서 베드로에게 세 번째로 말씀
하셨습니다. "요한의 아들 시몬아, 네
가 나를 사랑하느냐?" 예수께서 세
번째 "네가 나를 사랑하느냐?" 하고
물으시자 베드로가 근심하며 말했습
니다. "주여, 주께서는 모든 것을 아
십니다. 제가 주를 사랑하는 것을 주
께서 아십니다." 예수께서 베드로에게
말씀하셨습니다. "내 양 떼를 먹여라.
18 내가 진실로 진실로 네게 말한다. 네
가 젊어서는 스스로 옷 입고 원하는
곳으로 다녔지만 늙어서는 남들이 네
팔을 벌리고 너를 묶어 네가 원하지
않는 곳으로 너를 끌고 갈 것이다."
19 예수께서 이렇게 말씀하신 것은 베드
로가 어떤 죽음으로 하나님께 영광
돌릴 것인지를 알리기 위함이었습니
다. 그리고 나서 예수께서 베드로에게
말씀하셨습니다. "나를 따라라!"
20 베드로가 돌아보니 예수께서 사랑하
시던 제자가 따라오고 있었습니다.
이 제자는 만찬에서 예수께 기대어
"주여, 주를 배반할 사람이 누구입니
까?"라고 물었던 사람이었습니다.
21 베드로가 그 제자를 보며 예수께 물
었습니다. "주여, 이 사람은 어떻게 되
겠습니까?"
22 예수께서 베드로에게 대답하셨습니
다. "내가 돌아올 때까지 그가 살아
있기를 내가 원한다 할지라도 그것이
너와 무슨 상관이 있겠느냐? 너는 나
를 따라라."
23 이 말씀 때문에 이 제자가 죽지 않을
것이라는 소문이 형제들 사이에 퍼졌
습니다. 그러나 예수께서는 그가 죽
지 않을 것이라고 하신 것이 아니라
단지 "내가 돌아올 때까지 그가 살아
있기를 내가 원한다 할지라도 [그것이
너와 무슨 상관이 있겠느냐?]"라고
말씀하신 것뿐이었습니다.
24 이 일들을 증언하고 기록한 사람이
바로 이 제자입니다. 우리는 그의 증
언이 참되다는 것을 알고 있습니다.
25 이 밖에도 예수께서 행하신 다른 일
들이 많이 있으나 그 모든 것을 낱낱
이 다 기록한다면 이 세상이라도 그
기록한 책들을 다 담아 두지 못할 것
입니다.

사도행전

A c t s

복음서와 서신서의 가교 역할을 하는 초대 교회의 역사서로서, 성령 강림 이후 교회의 탄생과 확장을 기록한 '성령행전'이다. 사도와 제자들을 통한 성령의 활동과 사역에 대해 구체적으로 다루며, 복음이 어떤 경로를 거쳐 전 세계로 전파되었는지를 생생하게 증언한다. 전반부는 베드로, 후반부는 바울을 중심으로 기술한다.

예수께서 하늘로 올려지시다

1 데오빌로님, 제가 먼저 쓴 글에는
예수께서 일하시고 가르치기 시작
하신 모든 것,
2 곧 예수께서 선택하신 사도들에게 성
령을 통해 명령하신 후 하늘로 들려
올라가신 날까지의 일을 기록했습니
다.
3 예수께서 고난당하신 후에 자신이 살
아 계심을 여러 가지 확실한 증거로
사도들에게 직접 보여 주셨고 40일
동안 그들에게 나타나 하나님 나라
에 대한 일을 말씀하셨습니다.
4 그들과 함께 모였을 때 예수께서 이렇
게 명령하셨습니다. "예루살렘을 떠나
지 말고 너희가 내게 들은 대로 내 아
버지가 약속하신 선물을 기다리라.
5 요한은 물로 *세례를 주었지만 너희
는 며칠 안에 성령으로 세례를 받을
것이다."
6 그래서 그들은 다 같이 모여 있을 때
예수께 물었습니다. "주여, 주께서 이
스라엘에게 나라를 회복시켜 주시려
는 것이 지금입니까?"
7 예수께서 그들에게 말씀하셨습니다.
"그날과 그때는 아버지께서 자신의
권세로 정하셨으니 너희가 알 것이
아니다.
8 그러나 성령께서 너희에게 오시면 너
희가 권능을 받고 예루살렘과 온 유
대와 사마리아와 땅끝까지 이르러 내
증인이 될 것이다."
9 예수께서 이 말씀을 하신 뒤 그들의
눈앞에서 들려 올라가셨습니다. 그리
고 예수의 모습이 이내 구름 속으로
사라져 보이지 않게 됐습니다.
10 그들은 예수께서 올라가시는 동안 계
속 하늘을 뚫어지게 쳐다보고 있었습
니다. 그런데 갑자기 흰옷을 입은 두
사람이 그들 곁에 서서
11 "갈릴리 사람들아, 왜 여기 서서 하늘

1:5 또는 침례

만 쳐다보고 있느냐? 너희 곁을 떠나
하늘로 올라가신 이 예수는 하늘로
올라가시는 것을 너희가 본 그대로
다시 오실 것이다"라고 말했습니다.

유다를 대신하여 맛디아를 세우다

12 그 후 그들은 올리브 산이라 불리는
곳에서부터 예루살렘으로 돌아왔는
데 이 산은 예루살렘에서 가까워 *안
식일에 걸어도 되는 거리였습니다.
13 그들은 예루살렘 안으로 들어와서 자
기들이 묵고 있던 다락방으로 올라갔
습니다. 거기 있던 사람들은 베드로,
요한, 야고보, 안드레, 빌립, 도마, 바돌
로매, 마태, 알패오의 아들 야고보, 열
심당원 시몬 그리고 야고보의 *아들
유다였습니다.
14 그들은 모두 그곳에 모인 여자들과
예수의 어머니 마리아와 예수의 동생
들과 함께 한마음으로 기도에 전념하
고 있었습니다.
15 그 무렵 모인 사람들이 약 120명쯤
됐는데 베드로가 형제들 가운데 일어
나 말했습니다.
16 "형제들이여, 예수를 체포한 사람들
의 앞잡이가 된 유다에 관해 성령께
서 다윗의 입을 통해 미리 말씀하신
성경이 이뤄질 수밖에 없었습니다.
17 그는 우리 가운데 속했던 사람이었고
이 직무의 한 몫을 담당했던 사람이
었습니다.
18 (유다는 자기 불의의 대가로 밭을 샀
는데 거기서 그는 곤두박질해 배가
터지고 내장이 온통 밖으로 쏟아져
나왔습니다.
19 이 일이 예루살렘에 사는 모든 사람
에게 알려졌습니다. 이 밭을 그들의
지방 말로 아겔다마라 불렀는데 그것
은 '피의 밭'이라는 뜻입니다.)
20 그런데 시편에

ㄱ"그의 거처를 폐허가 되게 하시고
그곳에 아무도 살지 못하게 하십시
오'

라고 기록됐고 또

1:12 약 1.1킬로미터 1:13 또는 형제 ㄱ 시 69:25

성·경·상·식

사도행전, 성령행전, 선교행전

누가복음의 후편이라 볼 수 있는(행 1:1-2) 사도행전은 예수 그리스도의 복음이 사도들과 믿는 사람들에 의해 예루살렘부터(행 1:1-7:60) 시작해 유대와 사마리아를 거쳐(행 8:1-12:25) 이방 세계인 로마와 땅끝까지(행 13:1-28:31) 전파되는 선교 역사를(행 1:8) 기록한 책이다. 그래서 사도행전은 '선교행전'이라고도 불린다.

복음은 사도와 신자들에 의해 전파되었지만 이를 추진하는 주도적인 원동력은 성령이시다. 또한 사도행전을 '성령행전'이라고도 한다(행 2:1-13;4:23-31;5:1-11;8:14-17;10:44-48;16:6-7; 19:1-6;20:22-23,28).

초대 교회는 여러 가지로 어려움을 겪었다. 종교적으로는 유대교의 도전과 박해를, 정치적으로는 로마의 압제를, 문화적으로는 그리스 사상으로부터 위협을 받았다. 사도행전은 이러한 공격으로부터 기독교를 변증하고 교회를 보호하기 위해 쓴 변증서이기도 하다.

ㄱ'다른 사람이 그의 직무를 차지하
게 해 주십시오'
라고 기록됐습니다.
21 그러므로 주 예수께서 항상 우리와
같이 다니던 동안에, 곧 요한이 세례
를 주던 때부터 시작해 예수께서 우
리들 가운데서 하늘로 올리워 가시기
까지
22 함께 다니던 사람들 가운데 하나를
뽑아 우리와 함께 예수의 부활에 대
한 증인이 되게 해야 합니다."
23 그래서 사도들이 두 사람, 곧 바사바
또는 유스도라고도 불리는 요셉과 맛
디아를 추천했습니다.
24 그리고 그들은 "모든 사람의 마음을
아시는 주여, 이 두 사람 가운데 주께
서 택하신 사람이 누구인지 보여 주
셔서
25 이 봉사와 사도의 직무를 대신 맡게
해 주십시오. 유다는 이것을 버리고
자기 자리로 갔습니다"라고 기도했습
니다.
26 그리고 나서 그들이 제비를 뽑았는데
맛디아가 뽑혀서 그가 열한 사도들과
함께 사도의 수에 들게 됐습니다.

오순절에 성령이 임하시다

2 마침내 *오순절이 이르렀을 때 그
들이 모두 함께 한 곳에 모여 있었
습니다.
2 그때 하늘로부터 갑자기 급하고 강한
바람 같은 소리가 있었고 그들이 앉
아 있던 온 집을 가득 채웠습니다.
3 그리고 마치 불 같은 혀들이 갈라지
는 것이 그들에게 나타나 그들 각 사
람 위에 임했습니다.
4 그러자 모두 성령으로 충만함을 받고
성령께서 그들에게 말하게 하심을 따
라 그들이 *다른 방언으로 말하기 시
작했습니다.
5 그때 세계 각 나라로부터 온 경건한
유대 사람들이 예루살렘에 머물고 있
었습니다.
6 그런데 이런 소리가 나자 많은 사람
들이 모였는데 각자 자기들의 언어로
제자들이 말하는 것을 듣고 모두 어
리둥절했습니다.
7 그래서 그들은 놀라 이상하게 여기며
말했습니다. "보십시오. 지금 말하고
있는 이 사람들은 모두 갈릴리 사람
들이 아닙니까?
8 그런데 우리가 각자 태어난 곳의 말
로 듣고 있으니 어찌 된 일입니까?
9 우리는 바대 사람들과 메대 사람들과
엘림 사람들이며 메소포타미아, 유대,
갑바도기아, 본도, 아시아,
10 브루기아, 밤빌리아, 이집트 그리고 구
레네에 가까운 리비아 지역들에 사는
사람들이며, 로마로부터 온 나그네
된 유대 사람들과 유대교로 개종한
사람들이며
11 크레타 사람들과 아라비아 사람들인
데 우리는 지금 저들이 말하고 있는
하나님의 큰일들을 우리 각자의 말로
듣고 있습니다."

2:1 또는 칠칠절. 유월절 다음부터 계산해 7주가 지나고 50일째 되는 날(신 16:9-12을 보라.) **2:4** 또는 다른 나라 말로 ㄱ 시 109:8

12 그러자 모든 사람들이 놀라 당황해
"이것이 도대체 어찌 된 일입니까?"
하고 서로서로에게 말했습니다.
13 그러나 어떤 사람들은 "그들이 새 술
에 취했다"라고 조롱하며 말하기도
했습니다.

베드로가 무리들에게 설교하다

14 그러자 베드로가 열한 사도와 함께
서서 자신의 목소리를 높여 그들에게
선포했습니다. "유대 사람들과 예루살
렘에 사는 모든 사람들이여, 이 일을
여러분에게 알게 하고자 하니 내 말
에 귀를 기울이십시오.
15 지금은 *오전 9시니 여러분 생각처럼
이 사람들이 술에 취한 것이 아닙니
다.
16 다만 이 일은 예언자 요엘을 통해 말
씀하신 것입니다.
17 하나님께서 말씀하셨습니다.
ㄱ'마지막 날에 내가 내 영을 모든
육체에 부어 주겠다. 그래서 너희
아들들과 너희 딸들은 예언을 하
고 너희 젊은이들은 환상을 보고
너희 나이 든 사람들은 꿈을 꿀 것
이다.
18 그날에 내가 내 남종들과 여종들
에게도 내 영을 부어 주겠다. 그래
서 그들이 예언을 할 것이다.
19 또 내가 위로 하늘에서는 기사들
과 아래로 땅에서는 표적들을 나
타낼 것이다. 곧 피와 불과 자욱한
연기이다.
20 주의 크고 영화로운 날이 이르기
전에 해가 변해 어둠이 되고 달이
변해 피가 될 것이다.
21 그러나 누구든지 주의 이름을 부르
는 사람은 구원을 얻을 것이다.'
22 이스라엘 사람들이여, 이 말들을 들
어 보십시오. 여러분이 아는 바와 같

2:15 그리스어, 제3시 ㄱ 욜 2:28 이하

하용조 목사의 행복한 메시지

성령 충만의 현상들

오순절에 마가의 다락방에 있던 사람들에게 성령이 임하셨습니다. 그런데 각 사람 위에 성령이 임하실 때에 몇 가지 현상이 있었습니다.

첫째는 청각적인 현상입니다. 급하고 강한 소리가 났습니다. 그것은 '바람 소리'가 아니라 '바람 같은' 소리였습니다. 120명이 동시에 들은 하늘의 숨소리요, 하나님의 호흡이었습니다.

둘째는 시각적인 현상입니다. 불 같은 혀들의 갈라지는 모습이 그곳에 있던 사람들에게 나타났습니다. 활활 타오르면서도 사라지지 않는 불이 거기 모인 모든 사람들 머리 위에 나타났습니다. 그 불은 사람을 변화시키는 불이었고 능력을 주는 불이었습니다.

셋째는 전인적인 현상입니다. 모든 사람이 성령으로 충만함을 받았습니다. 그러자 그들이 성령이 말하게 하심을 따라 방언을 말했습니다. 성령 충만은 사람의 영과 혼과 몸에 성령이 임하셔서 다스리시는 것을 말합니다.

이 나사렛 예수는 하나님께서 그를
통해 여러분 가운데서 베푸신 능력들
과 기사들과 표적들로 여러분에게 증
언하신 분입니다.
23 이 예수는 하나님께서 정하신 뜻과
미리 아심을 따라 내주셨고 여러분
은 법 없는 사람들의 손을 빌려 그분
을 십자가에 못 박아 죽였습니다.
24 그러나 하나님께서는 죽음의 고통에
서 풀어 그분을 살리셨습니다. 왜냐
하면 그분은 죽음에 사로잡혀 있을
수 없었기 때문입니다.
25 다윗이 그분에 대해 말했습니다.
ㄱ'내가 내 앞에 계신 주를 항상 뵙
습니다. 주께서 내 오른편에 계시
므로 내가 흔들리지 않습니다.
26 그러므로 내 마음이 기쁘고 내 입
술은 즐거워했으며 내 육체도 소망
속에 살 것입니다.
27 이는 주께서 내 영혼을 지옥에 버
리지 않으시며 주의 거룩하신 분을
썩지 않게 하실 것이기 때문입니
다.
28 주께서 내게 생명의 길을 알려 주
셨으니 주 앞에서 내게 기쁨을 가
득 채워 주실 것입니다.'
29 형제들이여, 나는 여러분에게 조상
다윗에 대해 담대히 말할 수 있습니
다. 그는 죽어 장사돼 그의 무덤이 오
늘까지 우리 가운데 있습니다.
30 다윗은 예언자이기에 하나님께서 그
에게 맹세하셔서 그의 몸에서 날 자
손을 세워 그의 보좌 위에 앉히시리
라는 것을 알고
31 미리 내다보면서 *그리스도의 부활에
대해
'그가 지옥에 버림을 당하지 않고
그의 육신이 썩음을 보지 않았다'
라고 말했습니다.
32 이 예수를 하나님께서 살리셨습니다.
이 일에 대해 우리 모두가 증인들입
니다.
33 하나님께서는 이 예수를 높이 올리
셔서 그분의 오른편에 앉히셨습니다.
높임받으신 예수께서는 아버지께서
약속하신 성령을 받아 우리에게 부어
주셨는데 지금 여러분이 보고 듣는
것이 바로 이것입니다.
34 다윗은 하늘에 올라가지 못했으나 이
렇게 말했습니다.
35 ㄴ'주께서 내 주께 말씀하시기를
내가 네 원수를 네 발아래 굴복시
키기까지 너는 내 오른편에 앉아
있어라'
하셨습니다.
36 그러므로 이스라엘 모든 집은 확실하
게 알아 두십시오. 여러분들이 십자
가에 못 박은 이 예수를 하나님께서
주와 *그리스도가 되게 하셨습니다."
37 그러자 그들이 듣고 마음이 찔려 베
드로와 다른 사도들에게 "형제들이
여, 우리가 무엇을 해야 합니까?" 하
고 물었습니다.
38 이때 베드로가 대답했습니다. "회개

2:31,36 히브리어, 메시아. '기름 부음 받은 사람' ㄱ 시 16:8 이하 ㄴ 시 110:1

하십시오. 그리고 여러분의 죄를 용
서받기 위해 예수 그리스도의 이름으
로 여러분이 각각 *세례를 받으십시
오. 그러면 여러분이 성령의 선물을
받게 될 것입니다.
39 이 약속은 여러분과 여러분의 자녀와
먼 데 있는 모든 사람, 곧 주 우리 하
나님께서 부르시는 모든 사람들에게
주신 것입니다."
40 베드로가 "이 사악한 세대로부터 구
원을 받으십시오"라고 말하면서 다른
여러 가지 말로 확증하며 그들을 권
했습니다.
41 그러자 베드로의 말을 받아들인 사
람들이 *세례를 받았고 그날 믿는 사
람의 숫자가 약 3,000명이나 더 늘었
습니다.

성도들의 교제

42 그들은 사도들의 가르침을 받고 교제
하며 *빵을 떼는 것과 기도하는 일에
전념했습니다.
43 모든 사람들에게 두려움이 임했는데
사도들을 통해 기사들과 표적들이 나
타났습니다.
44 믿는 사람들이 모두 함께 모여 모든
물건을 함께 쓰며
45 재산과 소유물을 팔아 각 사람에게
필요한 대로 나눠 주었습니다.
46 그리고 날마다 성전에서 한마음으로
모이기를 힘쓰고 집집마다 빵을 떼면
서 기쁨과 순수한 마음으로 음식을
나눠 먹었습니다.
47 그리고 하나님을 찬양하고 사람들로
부터 칭찬을 받아 주께서 날마다 구
원받는 사람들을 더하게 하셨습니다.

베드로가 걷지 못하는 거지를 고치다

3 어느 날 *오후 3시 기도 시간에 베
드로와 요한이 성전으로 올라가고
있었습니다.
2 사람들이 태어나면서부터 걷지 못하
는 사람을 메고 오는데 그들은 그가
성전에 들어가는 사람들에게 구걸할
수 있도록 '아름다운 문'이라는 성전
문에 그를 날마다 앉혀 놓았습니다.
3 그는 베드로와 요한이 성전으로 들어
가려는 것을 보고 구걸했습니다.
4 그러자 베드로가 요한과 함께 그를
주목하면서 "우리를 보시오"라고 말
했습니다.
5 그는 그들에게서 무엇을 얻을까 하고
그들을 쳐다보았습니다.
6 베드로가 "은과 금은 내게 없으나 내
게 있는 것을 당신에게 주겠소. 나사
렛 예수 그리스도의 이름으로 일어나
걸으시오"라고 말하고
7 그의 오른손을 잡아 일으키니 그의
발과 발목이 곧 힘을 얻어
8 뛰어 일어나 걷기 시작했습니다. 그는
걷기도 하고 뛰기도 하며 하나님을
찬미하면서 그들과 함께 성전으로 들
어갔습니다.
9 모든 백성이 그가 걸어 다니는 것과
하나님을 찬미함을 보고
10 그가 성전 '아름다운 문'에 앉아 구걸

2:38,41 또는 침례　2:42 또는 성만찬, 친교 식사
3:1 그리스어, 제9시

하던 바로 그 사람임을 알아보고 그
에게 일어난 일로 인해 몹시 놀라며
이상하게 생각했습니다.

베드로가 구경하는 사람들에게 말하다

11 그 사람이 베드로와 요한을 붙잡고
있을 때 모든 백성이 크게 놀라 '솔로
몬의 행각'이라 불리는 곳으로 달려
와 그들에게 몰려들었습니다.
12 베드로가 이것을 보고 백성에게 말했
습니다. "이스라엘 사람들이여, 왜 이
일을 이상하게 생각합니까? 또 우리
자신의 능력과 경건으로 이 사람을
걷게 한 것처럼 왜 우리를 주목합니
까?
13 아브라함과 이삭과 야곱의 하나님, 곧
우리 조상의 하나님께서 그분의 종
예수를 영화롭게 하셨습니다. 그러나
여러분은 일찍이 그를 넘겨주었고 빌
라도가 놓아주기로 판결했음에도 당
신들은 빌라도 앞에서 그것을 부인했
습니다.
14 여러분은 거룩하고 의로운 분을 거절
하고 도리어 살인한 사람을 놓아 달
라고 요청해
15 생명의 근원 되시는 분을 죽였습니
다. 그러나 하나님께서는 그분을 죽
은 사람들 가운데서 살리셨습니다.
우리는 이 일에 대해 증인들입니다.
16 예수의 이름을 믿는 믿음으로 인해
그분의 이름이 여러분이 보고 아는
이 사람을 온전케 했으니, 예수로 인
해 난 믿음이 여러분 앞에서 이같이
그를 완전히 낫게 했습니다.
17 형제들이여, 이제 나는 여러분이 여
러분의 지도자들처럼 무지해서 그렇
게 행동했던 것을 압니다.
18 그러나 하나님께서는 모든 예언자들
의 입을 통해 *그리스도께서 고난받
아야 할 것이라고 미리 선포하신 것
을 이와 같이 이루셨습니다.
19 그러므로 여러분은 회개하고 돌아오
십시오. 그래서 여러분의 죄 씻음을
받으십시오.
20 그러면 주 앞에서 새로워지는 때가
올 것이요, 주께서 여러분을 위해 미
리 정하신 *그리스도 예수를 다시 보
내실 것입니다.
21 그러나 하나님께서 영원 전부터 그분
의 거룩한 예언자들의 입을 통해 말
씀하신 대로 만물을 회복하실 때까
지 예수는 마땅히 하늘에 계셔야 할
것입니다.
22 모세는 말하기를 ㄱ'주 하나님께서 너
희를 위해 너희 형제 가운데서 나 같
은 예언자 하나를 세울 것이니 그가
너희에게 말하는 것은 무엇이든지 다
들으라.
23 ㄴ누구든지 그 예언자의 말을 듣지 아
니하는 사람은 백성 가운데서 멸망
당할 것이다'라고 했습니다.
24 또 사무엘과 그 뒤를 이은 모든 예언
자들도 이때를 가리켜 예언했습니다.
25 여러분은 예언자들의 자손이요, 또
하나님께서 여러분의 조상들과 더불

3:18,20 히브리어, 메시아. '기름 부음 받은 사람' ㄱ 신 18:15 ㄴ 신 18:19

어 세우신 언약의 자손입니다. 하나
님께서 아브라함에게 ㄱ'네 후손으로
인해 땅의 모든 족속이 복을 받을 것
이다'라고 말씀하셨습니다.
26 하나님께서 여러분의 악으로부터 각
자 돌아서게 하셔서 여러분에게 복
주시려고 자기의 종을 세워 여러분에
게 먼저 그를 보내셨습니다."

베드로와 요한이 공회 앞에 서다

4 베드로와 요한이 사람들에게 말하
고 있는데 제사장들과 성전 경비
대장과 사두개파 사람들이 나타났습
니다.
2 그들은 두 사도가 사람들을 가르치
며 예수를 들어 죽은 사람의 부활을
전파하는 것 때문에 심기가 몹시 불
편했습니다.
3 그들은 베드로와 요한을 붙잡았습니
다. 그런데 그때가 이미 저녁이었기
때문에 다음 날까지 감옥에 가둬 놓
았습니다.
4 그러나 사도들의 말씀을 들은 많은
사람들이 믿게 됐고 그리하여 믿게
된 남자의 수가 5,000명쯤으로 늘어
났습니다.
5 이튿날 통치자들과 장로들과 율법학
자들이 예루살렘에 모였습니다.
6 거기에는 대제사장 안나스가 있었고
가야바, 요한, 알렉산더와 대제사장
가문의 사람들도 있었습니다.
7 그들은 베드로와 요한을 앞에 세워
놓고 "너희가 무슨 권세와 누구의 이
름으로 이런 일을 했느냐?"라고 신문
하기 시작했습니다.
8 그때 베드로가 성령이 충만해 그들에
게 말했습니다. "백성의 통치자들과
장로들이여,
9 오늘 여러분이 걷지 못하는 사람에
게 일어난 선한 일에 대해 해명하라
고 우리를 부른 것이라면 또 그가 어
떻게 낫게 됐는지 묻는 것이라면
10 여러분과 모든 이스라엘 백성들은 이
점을 알아야 합니다. 이 사람이 다
나아서 여러분 앞에 서게 된 것은 여
러분이 십자가에 못 박았지만 하나님
께서 죽은 사람들 가운데서 다시 살
리신 나사렛 예수 그리스도의 이름으
로 된 것입니다.
11 이 예수는
ㄴ'건축자들이 버린 돌이지만 집 모
퉁이의 머릿돌이 되셨습니다.'
12 예수 외에 다른 어느 누구에게서도
구원을 받을 수 없습니다. 하나님께
서는 하늘 아래 우리가 구원받을 만
한 다른 이름을 우리에게 주신 일이
없기 때문입니다."
13 그들은 베드로와 요한이 아무런 교육
도 받지 않은 평범한 사람인 줄 알았
는데 그렇듯 용기 있게 말하는 것을
보고 놀라지 않을 수 없었습니다. 그
러고는 비로소 그들이 과거에 예수와
내내 함께 있던 사람인 줄 알게 됐습
니다.
14 게다가 병이 나은 사람이 두 사도 곁
에 서 있는 것을 보니 더 이상 할 말

ㄱ 창 12:3; 22:18; 26:4; 28:14 ㄴ 시 118:22

이 없었습니다.
15 그래서 그들은 그 사람들을 공회 밖
으로 나가도록 명령하고 함께 의논했
습니다.
16 그들이 서로 물었습니다. "이 사람들
을 어떻게 할까요? 그들이 대단한 기
적을 행했다는 사실을 예루살렘에 사
는 모든 사람들이 알고 있고 우리도
그것을 부인할 수는 없습니다.
17 어쨌든 이 일이 백성들 사이에 더 이
상 퍼져 나가지 않도록 하려면 이 사람
들에게 어느 누구에게도 예수 이름으
로 말하지 말라고 경고해야 합니다."
18 그러고 나서 그들은 베드로와 요한을
다시 불러들여 절대로 예수의 이름으
로 말하거나 가르치지 말라고 명령했
습니다.
19 그러나 베드로와 요한이 대답했습니
다. "하나님의 말씀보다 당신들의 말
에 순종하는 것이 하나님 보시기에
옳은지 스스로 판단해 보십시오.
20 우리는 보고 들은 것을 말하지 않을
수 없습니다."
21 그들은 사도들을 다시금 협박하고 나
서야 겨우 풀어 주었습니다. 그들이
사도들을 처벌할 수 없었던 것은 모
든 사람들이 그 일어난 일로 인해 하
나님을 찬양하고 있었기 때문입니다.
22 이 기적으로 병이 나은 그 사람은 마
흔 살이 넘은 사람이었습니다.

성도들이 기도하다

23 베드로와 요한도 풀려나자마자 자기
동료들에게 돌아가 대제사장들과 장
로들이 한 말을 모두 전해 주었습니
다.
24 그들은 이 말을 듣고 함께 소리 높여
하나님께 기도했습니다. "주여, 주께
서는 하늘과 땅과 바다와 그 안에 있
는 모든 것을 지으신 분이십니다.
25 주께서는 주의 종, 우리 조상 다윗의
입을 통해 성령으로 말씀하셨습니다.
ㄱ'어째서 민족들이 분노하며 사람
들이 헛된 음모를 꾸미는가?
26 세상의 왕들이 일어나고 통치자들
이 함께 모여 주와 그분의 *그리스
도를 대항하고 있구나.'
27 그런데 정말 헤롯 안티파스와 본디오
빌라도가 주께서 기름 부으신 거룩한
종 예수를 반대하며 음모를 꾸미려고
이방 사람들과 이스라엘 백성들을 이
성에서 만났던 것입니다.
28 주의 능력과 뜻에 의해 미리 정하신
일을 그들이 단지 이룬 것뿐입니다.
29 그러니 주여, 그들의 위협을 보고 주
의 종들을 도와 주의 말씀을 담대하
게 전하게 하소서.
30 주의 손을 펴서 주의 거룩한 종 예수
의 이름을 통해 병을 고치게 하시고
표적과 기사를 행하게 하소서."
31 그들이 기도를 마치자 모여 있던 곳
이 진동했습니다. 그리고 그들은 모
두 성령으로 충만해져 하나님의 말씀
을 담대하게 전했습니다.

성도들이 물건을 서로 통용하다

32 믿는 사람들은 모두 한마음 한뜻이

4:26 히브리어, 메시아. '기름 부음 받은 사람' ㄱ 시 2:1,2

됐습니다. 자기 재물을 조금이라도 자
기 것이라고 주장하는 사람이 없었고
가진 것을 모두 공동으로 사용했습
니다.
33 사도들은 큰 권능으로 주 예수의 부
활에 대해 증언했고 풍성한 은혜가
그들 모두에게 임했습니다.
34 그들 가운데 부족한 것이 있는 사람
은 전혀 없었습니다. 이따금씩 땅이
나 집을 소유하고 있던 사람들이 그
것을 팔아서 돈을 가져다가
35 사도들의 발 앞에 바쳤습니다. 그러
면 누구든 필요한 사람에게 나눠 주
었기 때문입니다.
36 키프로스 출신인 요셉이라는 레위 사
람이 있었습니다. 사도들은 그를 바나
바라고도 불렀는데 바나바는 '위로의
아들'이라는 뜻입니다.
37 그 사람이 자기의 밭을 팔아서 그 돈
을 사도들의 발 앞에 갖다 놓았습니
다.

아나니아와 삽비라

5 아나니아라는 사람은 그의 아내 삽
비라와 함께 재산을 팔았습니다.
2 그는 그 돈의 일부를 떼어 자기 것으
로 숨겨 두고는 나머지를 사도들의
발 앞에 가져와 바쳤습니다. 그의 아
내도 이 사실을 다 알고 있었습니다.
3 그러자 베드로가 말했습니다. "아나니
아야, 어떻게 네가 사탄에게 마음을
빼앗겨 성령을 속이고 땅값으로 받은
돈의 일부를 네 것으로 몰래 숨겨 놓
았느냐?
4 그 땅은 팔기 전에도 네 소유였고 또
팔고 난 뒤에도 네 마음대로 처분할
수 있지 않았느냐? 그런데 왜 이런
일을 마음에 품었느냐? 너는 사람을
속인 것이 아니라 하나님을 속인 것
이다."
5 아나니아는 이 말을 듣자마자 쓰러져
죽었습니다. 그리고 이 일을 듣는 사
람들은 모두 두려움에 사로잡혔습니
다.
6 그때 청년들이 들어와 그 시체를 싸
서 들고 나가 묻어 주었습니다.
7 세 시간쯤 지나서 그의 아내가 무슨
일이 일어났는지도 모르고 들어왔습
니다.
8 베드로가 그녀에게 물었습니다. "말
해 보아라. 너와 아나니아가 땅을 팔
아 받은 돈이 이것뿐인가?" 삽비라가
대답했습니다. "네, 그게 전부입니다."
9 베드로가 그녀에게 말했습니다. "너
희가 어째서 서로 짜고 주의 영을 시
험하려고 하느냐? 보아라. 네 남편을
묻은 사람들이 문 앞에 있으니 이번
에는 너를 메고 나갈 것이다."
10 바로 그 순간 삽비라도 그 발 앞에 쓰
러져 죽었습니다. 그러자 청년들이 들
어와 그가 죽은 것을 보고는 메고 나
가 그 남편 곁에 묻었습니다.
11 온 교회와 이 일에 대해 소문을 들은
모든 사람들은 큰 두려움에 사로잡혔
습니다.

사도들이 많은 사람들을 고치다

12 사도들은 사람들 가운데 많은 기적

들과 표적들을 일으켰습니다. 그리고
믿는 사람들은 모두 한마음으로 솔로
몬 행각에 모이곤 했습니다.
13 다른 사람들은 감히 그 모임에 끼어
들지 못했습니다. 그러나 백성들 사이
에서는 그들에 대한 칭찬이 자자했습
니다.
14 더욱이 남녀 할 것 없이 점점 더 많은
사람들이 주를 믿게 돼 그 수가 늘어
났습니다.
15 심지어 사람들은 베드로가 지나갈 때
혹시 그의 그림자에라도 덮일까 해서
들것과 자리에 환자들을 눕힌 채 거
리로 데리고 나왔습니다.
16 예루살렘 근처의 마을에서도 많은 사
람들이 환자들과 더러운 귀신에 시달
리는 사람들을 데리고 모여들었고 그
들도 모두 고침을 받았습니다.

사도들이 박해를 당하다

17 그러자 대제사장과 그와 한패인 사두
개파의 당원들은 모두 시기하는 마음
이 가득해서 들고일어나
18 사도들을 잡아다가 감옥에 가두었습
니다.
19 그러나 그날 밤 주의 천사가 감옥 문
을 열고 사도들을 밖으로 데리고 나
오며 말했습니다.
20 "가라! 성전에 서서 백성들에게 이 새
생명의 말씀을 모두 전하라."
21 이 말을 듣고 그들은 이른 아침 성전
으로 들어가 사람들을 가르치기 시
작했습니다. 그때 대제사장과 그 일
행이 도착해 공회와 이스라엘 자손의
모든 장로들을 소집하고 감옥에 사
람을 보내 사도들을 데려오게 했습니
다.
22 그러나 경비병들이 감옥에 도착해 보
니 그들은 온데간데없었습니다. 그들
이 돌아와 이렇게 보고했습니다.
23 "감옥 문은 단단히 잠겨 있었고 간수
들도 문마다 서 있었습니다. 그런데
문을 열어 보니 안에 아무도 없었습
니다."
24 이 말을 듣고 성전 경비대장과 대제
사장들은 당황해 이러다가 또 어떤
일이 생기게 될까 걱정했습니다.
25 그때 누군가 들어오더니 말했습니다.
"보십시오! 감옥에 가둔 그 사람들이
성전에 서서 사람들을 가르치고 있습
니다."
26 그러자 경비대장은 부하들과 함께 나
가서 사도들을 잡아 왔습니다. 그러
나 강제로 끌고 오지 않았는데 그것
은 사람들이 자기들에게 돌을 던질까
겁이 났기 때문입니다.
27 그들은 사도들을 데려다가 대제사장
의 신문을 받도록 공회 앞에 세웠습
니다.
28 대제사장이 말했습니다. "우리가 예
수의 이름으로 가르치지 말라고 단단
히 주의를 주지 않았느냐? 그런데 너
희는 온 예루살렘을 너희 가르침으로
가득 채우고 이 사람의 피에 대한 책
임을 우리에게 뒤집어씌우려고 하는
구나."
29 베드로와 다른 사도들이 대답했습니

다. "사람에게 순종하기보다 하나님
께 순종하는 것이 마땅합니다!
30 당신들이 나무에 달아 죽인 그 예수
를 우리 조상들의 하나님께서 살리셨
습니다.
31 하나님께서는 이스라엘에게 회개와
죄 용서를 주시려고 예수를 그분 오
른편에 높이셔서 왕과 구세주가 되게
하셨습니다.
32 우리는 이 모든 일들의 증인이고 하
나님께서 그분께 순종하는 사람들에
게 주신 성령 또한 그 일들의 증인이
십니다."
33 그들은 이 말을 듣고 화가 치밀어 사
도들을 죽이려고 했습니다.
34 그런데 가말리엘이라는 한 바리새파
사람이 공회 가운데 일어났습니다.
그는 율법학자로서 모든 사람의 존경
을 한 몸에 받고 있는 사람이었습니
다. 그는 사도들을 잠시 공회 밖으로
내보내라고 명령하고는
35 이렇게 말했습니다. "이스라엘 사람들
이여, 여러분이 지금 저 사람들에게
하려는 일에 신중을 기해야 합니다.
36 언젠가 드다가 나타나서 자신이 대단
한 사람인 양 공포하고 다니자 400명
가량의 사람들이 따랐습니다. 그러나
그는 죽임을 당했고 그를 추종하던
사람들은 모두 뿔뿔이 흩어지고 말
았습니다. 결국 그 일은 아무것도 아
닌 일로 끝났습니다.
37 그 사람 뒤에도 갈릴리 사람 유다가
인구 조사를 할 때 나타나서 많은 추
종자들을 거느리고 반란을 도모했지
만 역시 죽임을 당했고 그를 추종하
던 사람들도 모두 흩어졌습니다.
38 그러니 지금의 경우에 대해서도 내가
한마디 하자면 저 사람들을 상관하
지 말고 그냥 내버려 둡시다. 만일 그
목적이나 행동이 사람에게서 비롯된
것이라면 망하고 말 것입니다.
39 그러나 만약 하나님으로부터 나온 것
이라면 이 사람들을 막을 수 없을 것
입니다. 행여나 여러분이 하나님을 대
적해 싸우는 사람이 될까 두렵습니
다."
40 그의 충고는 충분히 설득력이 있었습
니다. 그들은 사도들을 안으로 들여
채찍질을 하고는 예수의 이름으로 말
하지 말라고 명령하고는 풀어 주었습
니다.
41 사도들은 예수 이름을 위해 모욕당하
는 것이 합당하다고 생각하고는 기뻐
하며 공회를 떠났습니다.
42 그들은 날마다 성전에서 또 집집마다
다니면서 예수께서 *그리스도라고 가
르치고 선포하기를 쉬지 않았습니다.

일곱 집사를 선출하다

6 이 무렵 제자들의 수는 점점 늘어
났습니다. 그때 그들 가운데 *그리
스파 유대 사람들이 히브리파 유대 사
람들에 대해 불평이 생겼습니다. 매일
음식을 분배받는 일에서 그리스파 유
대 사람 과부들이 빠졌기 때문입니다.

5:42 히브리어, 메시아. '기름 부음 받은 사람' 6:1 그리스어를 사용하는 유대계 그리스도 사람들을 가리킴.

2 그리하여 열두 사도들은 제자들을
모두 불러 놓고 말했습니다. "우리가
*음식을 분배하는 일로 인해 하나님
의 말씀 가르치는 사역을 소홀히 여
기는 것은 옳지 않습니다.
3 형제들이여, 여러분 가운데 성령과
지혜가 충만하다고 알려진 사람 일곱
명을 뽑으십시오. 그러면 이 임무는
그들에게 맡기고
4 우리는 기도하고 말씀을 가르치는 일
에 온 힘을 기울이겠습니다."
5 모든 사람들이 이 제안을 기쁘게 받
아들였습니다. 그들은 믿음과 성령이
충만한 사람 스데반과 빌립, 브로고
로, 니가노르, 디몬, 바메나, 유대교로
개종한 안디옥 사람 니골라를 뽑았습
니다.
6 그들은 이 사람들을 사도들 앞에 세
웠고 사도들은 그 사람들 머리 위에
손을 얹고 기도했습니다.
7 이렇게 해서 하나님의 말씀은 계속
널리 퍼져 나갔으며 이로써 예루살렘
에 있는 제자들의 수도 많이 늘었고
더욱이 수많은 제사장들도 이 믿음
에 순종하게 됐습니다.

스데반이 잡히다

8 스데반은 하나님의 은혜와 능력이 충
만해 사람들 가운데 큰 기사와 표적
을 행했습니다.
9 그런데 그때 구레네, 알렉산드리아, 길
리기아와 아시아 등지에서 온 유대 사
람들로 구성된 이른바 *'자유인의 회
당'에 속한 사람들 가운데 스데반을
반대하는 사람들이 일어났습니다. 그
들은 스데반과 논쟁을 벌이기 시작했
지만
10 스데반이 지혜와 성령으로 말하는 것
을 모두 당해 낼 수 없었습니다.
11 그러자 그들은 돈을 주고 몇몇 사람
을 시켜 "스데반이 모세와 하나님을
모독하는 것을 들었다"라고 말하게
했습니다.
12 그들은 이렇게 백성들과 장로들과 율
법학자들을 선동해 스데반을 붙잡아
공회 앞으로 끌고 갔습니다.
13 그들은 거짓 증인들을 내세워 거짓
증언을 하게 했습니다. "이 사람은 이
거룩한 곳과 율법에 대해 험담을 그
치지 않고 계속해 왔습니다.
14 우리는 이 사람이 나사렛 예수가 이
곳을 무너뜨리고 모세가 우리에게 전
해 준 관습들을 바꿀 것이라고 말하
는 것을 들었습니다."
15 그러자 공회에 앉아 있던 사람들이
모두 스데반을 주목했습니다. 그때 그
의 얼굴은 마치 천사의 얼굴처럼 보였
습니다.

스데반이 공회에서 설교하다

7 대제사장이 스데반에게 "사람들이
고소한 이 내용들이 사실이냐?"
하고 물었습니다.
2 이 말에 대해 스데반이 대답했습니
다. "형제들이여, 그리고 어르신들, 내
말을 들어 보십시오. 우리 조상 아브

6:2 또는 구제하는 6:9 라틴어, 리베르티누스, '자유인'. 종의 신분에서 자유를 얻은 유대 사람들의 집단이자 그들의 회당 명칭

라함이 하란에 살기 전 아직 메소포타
미아에 있었을 때 영광의 하나님께서
그에게 나타나
3 '네 고향과 친척을 떠나 내가 네게 보
여 줄 땅으로 가거라' 하고 말씀하셨
습니다.
4 그래서 아브라함은 갈대아 땅을 떠나
하란에 가서 살았습니다. 거기서 그
의 아버지가 죽은 후 하나님께서는
여러분이 지금 살고 있는 이 땅으로
아브라함을 보내셨습니다.
5 그러나 하나님께서는 여기에서 손바
닥만 한 땅도 아브라함에게 유산으로
주시지 않았습니다. 대신에 그와 그
씨가 이후에 그 땅을 갖게 되리라고
약속하셨습니다. 그때 아브라함에게
는 자식도 없었는데 말입니다.
6 하나님께서 아브라함에게 이렇게 말
씀하셨습니다. '네 후손이 자기 땅이
아닌 곳에서 나그네가 될 것이다. 그
리고 그곳에서 노예가 돼 400년 동안
혹사당할 것이다.
7 그러나 그들이 노예로 섬기게 될 그
나라에 내가 벌을 내릴 것이다. 그러
고 나서야 그들이 그 땅에서 나와 이
곳에서 나를 경배하게 될 것이다.'
8 그러고 나서 하나님께서는 아브라함
에게 할례의 언약을 주셨습니다. 그
리하여 아브라함은 이삭을 낳았고 태
어난 지 8일 만에 아들에게 할례를
주었습니다. 나중에 이삭은 야곱을
낳았고 야곱도 우리 열두 조상을 낳
았습니다.
9 그런데 우리 조상들은 요셉을 시기한
나머지 그를 이집트에 노예로 팔아 버
렸습니다. 그러나 하나님께서는 그와
함께 계셔서
10 모든 어려움에서 그를 구해 주셨습니
다. 또 하나님께서는 요셉에게 지혜를
주셔서 이집트 왕 바로의 총애를 받
게 하셨습니다. 왕은 요셉을 총리로
삼아 이집트와 왕궁을 다스리게 했습
니다.
11 그때 이집트와 가나안 온 땅에 큰 가
뭄이 들어 사람들이 심한 고통을 겪
게 됐습니다. 우리 조상들도 먹을 것
이 없었습니다.
12 야곱은 이집트에 곡식이 있다는 소문
을 듣고는 우리 조상들을 처음으로
그곳에 보냈습니다.
13 그들이 이집트에 두 번째로 갔을 때
요셉은 자기 형제들에게 자기가 누구
인지 밝혔으며 바로도 요셉의 가족에
대해 알게 됐습니다.
14 이 일 후에 요셉은 사람을 보내 아버
지 야곱과 모든 친족까지 합해 75명
을 불렀습니다.
15 그리하여 야곱은 이집트로 내려가게
됐으며 그와 우리 조상들은 그곳에서
죽었습니다.
16 그 후에 그들의 시신은 세겜으로 옮
겨져 무덤에 묻혔습니다. 그 무덤은
과거에 아브라함이 세겜에서 하몰의
자손들에게 얼마의 돈을 주고 사 둔
것이었습니다.
17 하나님께서 아브라함에게 하신 약속

을 이루실 때가 가까워지자 이집트에
살고 있는 우리 민족의 수가 엄청나
게 늘어났습니다.
18 한편 그때 요셉에 대해 아무것도 모
르는 다른 왕이 이집트의 통치자가
됐습니다.
19 그는 우리 민족을 속여 이용해 먹었
고 우리 조상들을 괴롭히며 그들의
갓난아기들을 강제로 내다 버려 죽게
했습니다.
20 이때 모세가 태어났는데 그는 하나님
보시기에 남달리 아름다웠습니다. 모
세의 부모가 석 달 동안 그를 집에 숨
기면서 기르다가
21 어쩔 수 없이 밖에 버리게 됐는데 이
때 바로의 딸이 그를 주워 데려다 자
기 아들로 키웠습니다.
22 모세는 이집트 사람들이 가진 모든
지혜를 배웠고 그의 말과 행동에 큰
능력이 나타났습니다.
23 모세가 마흔 살이 되자 자기 동족 이
스라엘 백성들을 돌봐야겠다는 결심
을 하게 됐습니다.
24 모세는 자기 백성들 가운데 한 사람
이 이집트 사람에게 학대당하는 것을
보고 그 편을 들러 갔다가 그 이집트
사람을 쳐 죽이고 원수를 갚아 주었
습니다.
25 모세는 자기 동족만큼은 하나님께서
자기를 통해 그들을 구원해 내실 것
을 깨닫고 있으리라 생각했지만 실제
로 그들은 깨닫지 못했습니다.
26 그다음 날 모세는 서로 싸우고 있는
두 명의 이스라엘 사람들에게 다가가
화해시킬 생각으로 말했습니다. '여러
분, 당신들은 같은 형제들인데 어째
서 다투고 있단 말입니까?'
27 그러자 싸움을 걸었던 사람이 모세
를 밀치며 말했습니다. '누가 당신을
우리의 지도자나 재판관으로 세웠
소?
28 당신이 어제 이집트 사람을 죽인 것처
럼 나도 죽이려는 것이오?'
29 모세는 이 말을 듣자 미디안 땅으로
도망쳐 나왔습니다. 그는 거기서 나그
네 생활을 하며 두 아들을 낳았습니
다.
30 40년이 지난 후 한 천사가 시내 산 근

성·경·상·식

네 신을 벗어라

고대 근동에서는 존경과 경배의 표시로 신을 벗었다. 거룩한 장소에 들어갈 때도 신을 벗어 예의를 나타냈다(출 3:5; 수 5:15; 행 7:33). 죄로 더러워진 땅을 밟은 신은 더러운 것으로 거룩한 곳을 밟아서는 안 된다는 생각 때문이었다.

이외에도 이스라엘 사람들은 신을 벗는 일을 일상생활 속에서 상징적인 의식으로 행했다. 상을 당했다거나 슬픔의 표시로 신을 벗었다(삼하 15:30). 자식 없이 죽은 형제의 아내를 취하지 않는 사람을 경멸하는 표시로 신을 벗어 보였다(신 25:9). 어떤 것을 무르거나 상거래를 성립시키는 표시로 상품을 산 사람의 신을 판 사람에게 주었다(룻 4:7).

처 광야에서 타오르는 가시떨기나무
불꽃 가운데 모세에게 나타났습니다.
31 모세는 이 광경을 보고 놀랐습니다.
그가 더 자세히 보려고 가까이 다가
가자 주의 음성이 들렸습니다.
32 '나는 네 조상의 하나님, 곧 아브라함
과 이삭과 야곱의 하나님이다.' 이에
모세는 두려워 떨며 감히 쳐다보지도
못했습니다.
33 그때 주께서 그에게 말씀하셨습니다.
'네 신을 벗어라. 네가 서 있는 곳은
거룩한 땅이다.
34 내가 이집트에 있는 내 백성이 억압당
하는 것을 분명히 보았고 또 그 신음
소리를 듣고 그들을 구원하기 위해
내려왔다. 자, 이제 내가 너를 이집트
로 보낼 것이다.'
35 이 사람은 이스라엘 백성이 '누가 당
신을 우리의 지도자나 재판관으로 세
웠소?'라면서 거부하던 사람인데 가
시떨기나무 불꽃 가운데 나타났던 천
사를 통해 하나님께서 직접 모세를
그들의 지도자와 구원자로 보내셨습
니다.
36 모세는 백성을 이집트에서 인도해 내
면서 이집트와 *홍해 앞에서 그리고
40년 동안 광야에서 기적들과 표적
들을 행했습니다.
37 이스라엘 백성에게 ㄱ'하나님께서 너
희 백성 가운데 나 같은 예언자를 보
낼 것이다'라고 한 사람이 바로 이 모
세입니다.
38 그는 시내 산에서 말하던 그 천사와
함께 우리 조상들과 더불어 광야 교
회에 있으면서 살아 있는 말씀을 받
아 *우리에게 전해 주었습니다.
39 그러나 우리 조상은 그의 말을 듣지
않고 오히려 그를 거절하며 그 마음
으로 이집트로 돌아갈 생각을 했습니
다.
40 그들은 아론에게 '우리를 인도할 신들
을 만들어 주시오. 우리를 이집트에
서 인도해 낸 모세라는 사람은 도대
체 어떻게 됐는지 모르겠소'라고 말
했습니다.
41 그리고 그들이 송아지를 본떠 우상을
만든 것이 바로 이때였습니다. 그들은
이 우상에게 제물을 바치고 자기들의
손으로 만든 것을 기뻐했습니다.
42 그러자 하나님께서는 그들에게서 돌
아서시고 그들이 하늘의 별들을 섬기
게 내버려 두셨습니다. 이것은 예언
자들의 책에 기록된 것과 같습니다.
ㄴ'이스라엘 백성아, 너희가 40년 동
안 광야에 있을 때 내게 희생과 제
물을 가져온 적이 있었느냐?
43 너희는 너희가 숭배하려고 만든 몰
록의 천막과 너희 신 레판의 별을
높이 들었다. 그러므로 내가 너희
를 바벨론 저편으로 옮길 것이다.'
44 우리 조상은 광야에서 증거의 장막을
가지고 있었습니다. 이것은 하나님께
서 모세에게 지시하신 대로 그가 본
양식에 따라 그대로 만든 것입니다.

7:36 히브리어, 얌 숩 7:38 다른 고대 사본들에는 '여러분에게' ㄱ 신 18:15 ㄴ 암 5:25 이하

45 우리 조상들은 이 장막을 물려받아
하나님께서 우리 조상들 앞에서 쫓아
내신 이방 민족들의 땅을 차지할 때
도 여호수아의 인도를 따라 그 장막
을 가지고 가나안 땅에 들어갔습니
다. 그리고 그 장막은 다윗의 시대까
지 그 땅에 있었습니다.
46 다윗은 하나님의 은혜를 누린 사람으
로 야곱의 집안을 위해 하나님의 처
소를 짓게 해 달라고 간청했으나
47 하나님을 위한 집을 지은 사람은 솔
로몬이었습니다.
48 그러나 지극히 높으신 하나님께서는
사람이 지은 집에 계시지 않습니다.
이것은 예언자가 한 말과 같습니다.
49 ㄱ'주께서 말씀하시기를 하늘이 내
보좌이고 땅이 내 발판이다. 그런
데 너희가 나를 위해 무슨 집을 짓
겠느냐? 또 내가 쉴 만한 곳이 어
디 있겠느냐?
50 이 모든 것을 다 내 손으로 만들지
않았느냐?'
51 목이 곧고 마음과 귀가 꽉 막힌 사
람들이여, 당신들도 여러분의 조상처
럼 계속해서 성령을 거역하고 있습니
다.
52 당신들의 조상이 핍박하지 않은 예언
자가 있었습니까? 그들은 심지어 의
인이 올 것을 예언한 사람들을 죽였
고 이제는 당신들도 그 의인을 배반
하고 죽였습니다.
53 당신들은 천사들이 전해 준 율법을
받았으면서도 그것을 지키지 않았습
니다."

스데반이 순교하다

54 그들은 이 말을 듣고 화가 치밀어 올
라 스데반을 보며 이를 갈았습니다.
55 그러나 스데반은 성령으로 충만해 하
늘을 우러러 하나님의 영광과 예수께
서 하나님의 오른편에 서 계신 것을
보고
56 이렇게 외쳤습니다. "보십시오. 하늘
이 열리고 인자가 하나님의 오른편에
서 계신 것이 보입니다."
57 그러자 그들은 귀를 막고 목이 찢어
져라 소리를 지르며 그를 향해 일제
히 달려들어
58 그를 성 밖으로 끌어낸 후 돌을 던지
기 시작했습니다. 한편 목격자들은
자기들의 옷을 벗어 사울이라는 청년
의 발 앞에 두었습니다.
59 그들이 돌로 칠 때 스데반은 "주 예수
여, 내 영혼을 받아 주소서"라고 기도
했습니다.
60 그러고 나서 스데반은 무릎을 꿇고
큰 소리로 "주여, 이 죄를 저 사람들
에게 돌리지 마소서"라고 외쳤습니
다. 이 말을 끝낸 후 그는 잠들었습니
다.

8 사울은 스데반이 죽게 된 것을 당
연하게 여겼습니다.

교회가 박해를 당하고 흩어지다

그날에 예루살렘 교회에 큰 핍박이
일어나 사도들을 제외한 모든 사람들
이 유대와 사마리아로 뿔뿔이 흩어졌

ㄱ 사 66:1 이하

습니다.
2 경건한 사람들이 스데반의 장례를 치
르고 그의 죽음을 몹시 슬퍼하며 울
었습니다.
3 그러나 사울은 교회를 파괴하면서 집
집마다 돌아다니며 남자와 여자를 가
리지 않고 끌어내 그들을 감옥에 보
냈습니다.

빌립이 사마리아로 내려가다

4 한편 뿔뿔이 흩어진 사람들은 가는
곳마다 복음의 말씀을 전했습니다.
5 빌립은 사마리아에 있는 한 도시에 내
려가서 사람들에게 *그리스도를 전했
습니다.
6 빌립의 말을 듣고 그가 일으키는 표
적들을 본 사람들은 모두 그의 말을
주의 깊게 들었습니다.
7 많은 사람들에게 붙었던 더러운 귀신
들이 찢어질 듯한 소리를 지르며 떠
나갔고 많은 중풍 환자들과 지체 장
애인들이 나았습니다.
8 그리하여 사마리아 도시 안에 큰 기
쁨이 생겼습니다.

마술사 시몬

9 그런데 그 도시에는 전부터 시몬이라
는 사람이 마술을 부려 모든 사마리아
사람들을 놀라게 하고 자신이 스스로
대단한 사람인 양 우쭐댔습니다.
10 낮은 사람부터 높은 사람에 이르기까
지 모든 사람들이 그에게 관심을 쏟
으며 "이 사람은 정말 크신 하나님의
능력을 소유한 사람이다"라고 말했습
니다.
11 시몬은 마술로 오랫동안 사람들을
놀라게 했기 때문에 사람들이 그를
따라다녔습니다.
12 그러나 빌립이 하나님 나라와 예수 그
리스도의 이름에 대한 복음을 전파하
자 남자와 여자가 모두 그의 말을 믿
고 세례를 받았습니다.
13 시몬 자신도 믿고 세례를 받은 후 빌
립을 따라다녔습니다. 그리고 시몬은
빌립이 행하는 큰 표적들과 능력을
보고 놀랐습니다.
14 예루살렘에 있던 사도들은 사마리아
사람들이 하나님의 말씀을 받아들
였다는 소식을 듣고 베드로와 요한을
그들에게 보냈습니다.
15 베드로와 요한은 그곳에 도착해서 사
마리아 사람들이 성령받기를 기도했
습니다.
16 이는 그들에게 아직 성령이 내리시지
않았고 그들은 주 예수의 이름으로
세례를 받았을 뿐이었기 때문입니다.
17 그때 베드로와 요한이 그들에게 손을
얹자 그들이 성령을 받았습니다.
18 시몬은 사도들이 손을 얹을 때 성령
이 내려오시는 것을 보고 그들에게
돈을 주며
19 "내게도 이런 능력을 주어 내가 손을
얹는 사람은 누구든지 성령을 받게
해 주십시오"라고 말했습니다.
20 그러나 베드로는 그에게 이렇게 대답
했습니다. "당신이 하나님의 선물을
돈으로 살 수 있다고 생각했으니 당

8:5 히브리어, 메시아. '기름 부음 받은 사람'

신은 그 돈과 함께 망할 것이오.
21 당신 마음이 하나님 앞에서 바르지
못하니 그대는 이 일에 상관할 것도,
동참할 것도 없소.
22 그러므로 당신은 이 악함을 회개하고
주께 기도하시오. 그러면 주께서 당
신 마음속에 품은 악한 생각을 용서
해 주실지 모르오.
23 내가 보기에 당신은 악의가 가득하고
죄에 사로잡혀 있소."
24 그러자 시몬이 말했습니다. "지금 말
씀하신 것들이 하나도 내게 일어나지
않도록 저를 위해 주께 기도해 주십
시오."
25 베드로와 요한은 주의 말씀을 증언하
고 선포한 후 사마리아의 여러 마을
에도 복음을 전하면서 예루살렘으로
돌아갔습니다.

빌립과 에티오피아 내시

26 그때 주의 천사가 빌립에게 "너는 예
루살렘에서 가사로 내려가는 광야 길
을 따라 남쪽으로 가거라" 하고 말했
습니다.
27 그래서 빌립이 일어나 가다가 길에서
*에티오피아 내시를 만났습니다. 그
는 에티오피아 여왕 간다게의 재정을
맡은 고위 관리였습니다. 이 사람이
예루살렘에 예배드리러 갔다가
28 본국으로 돌아가는 길에 마차에 앉
아 예언자 이사야의 책을 읽고 있었
습니다.
29 그때 성령께서 빌립에게 "저 마차로
가까이 다가가거라" 하고 말씀하셨습
니다.
30 빌립이 마차로 달려가서 그 사람이 예
언자 이사야의 글을 읽는 것을 듣고
그에게 "지금 읽고 있는 것을 이해하
십니까?"라고 물었습니다.
31 그러자 그는 "설명해 주는 사람이 없
는데 내가 어떻게 알겠소?"라고 대답
하면서 빌립에게 마차에 올라와 자기
곁에 앉으라고 부탁했습니다.
32 그가 읽고 있던 성경 구절은 바로 이
것이었습니다.
ㄱ"그는 도살장으로 향하는 양처럼
끌려갔고 털 깎는 사람 앞에서 잠
잠한 어린양처럼 그의 입을 열지
않았다.
33 그는 굴욕을 당하며 공정한 재판
도 받지 못해 이 땅에서 그의 생
명을 빼앗겼으니 누가 이 세대의
악함을 말로 다 표현할 수 있겠는
가?"
34 그 내시가 빌립에게 "이 말은 누구를
두고 한 말입니까? 예언자 자신을 두
고 한 말입니까, 아니면 다른 사람을
두고 한 말입니까?"라고 물었습니다.
35 그러자 빌립이 그의 입을 열어 바로
그 성경 구절로부터 시작해서 예수에
대한 복음을 전해 주었습니다.
36 그들이 길을 따라 내려가다가 물 있
는 곳에 이르게 되자 내시가 말했습
니다. "보시오. 여기 물이 있소. 내가
*세례를 받지 못할 이유가 어디 있겠

8:27 나일 강 상류 지역을 가리킴. 8:36 또는 침례
ㄱ 사 53:7 이하

소?"
37 *(없음)
38 그리고 내시는 마차를 멈추라고 명령
했습니다. 그리하여 빌립은 내시와 함
께 물로 내려가 그에게 세례를 베풀
었습니다.
39 그들이 물에서 나오자 주의 성령께서
빌립을 데리고 가셨습니다. 내시는 그
를 다시 볼 수 없게 됐으나 매우 기뻐
하며 가던 길을 계속 갔습니다.
40 빌립은 아소도에 나타나 가이사랴에
도착할 때까지 모든 마을들을 두루
다니며 복음을 전했습니다.

사울이 회심하다 (행 22:6-16;26:12-18)

9 한편 사울은 여전히 주의 제자들
을 위협하며 그들을 죽일 기세로
대제사장에게 나아가
2 다메섹의 여러 회당들에 써 보낼 공
문을 요청했습니다. 거기서 그 도를
따르는 사람을 만나기만 하면 남자와
여자를 가리지 않고 잡아다가 예루살
렘으로 끌고 오기 위해서였습니다.
3 사울이 길을 떠나 다메섹 가까이 도
착했을 때 갑자기 하늘에서 빛이 비
춰 그를 둘러쌌습니다.
4 사울이 땅에 쓰러졌습니다. 그때 그는
"사울아, 사울아, 네가 왜 나를 핍박
하느냐?" 하는 음성을 들었습니다.
5 사울이 "주여, 누구십니까?"라고 묻
자 "나는 네가 핍박하는 예수다.
6 지금 일어나 시내로 들어가거라. 네가
해야 할 일을 일러 줄 사람이 있을 것
이다"라고 대답하셨습니다.
7 사울과 함께 가던 사람들은 소리만
들리고 아무도 보이지 않아 아무 말
도 못하고 멍하니 그곳에 서 있었습
니다.
8 사울은 땅에서 일어나 눈을 떠 보았
으나 아무것도 볼 수 없었습니다. 그
래서 그는 같이 가던 사람들의 손에
이끌려 다메섹으로 들어갔습니다.
9 사울은 3일 동안 앞을 보지 못한 채
먹지도 마시지도 않았습니다.
10 그때 다메섹에는 아나니아라는 제자
가 있었습니다. 주께서 환상 가운데
"아나니아야!" 하고 부르셨습니다. 그
가 "예, 주여!"라고 대답하자
11 주께서 아나니아에게 말씀하셨습니
다. "너는 어서 '곧은 길'이라고 부르
는 거리로 가거라. 그리고 그곳에 있
는 유다의 집에서 다소 사람 사울을
찾아라. 지금 그가 기도하고 있다.
12 그는 환상 가운데 아나니아라는 사람
이 와서 자기에게 손을 얹어 다시 보
게 해 주는 것을 보았다."
13 아나니아가 대답했습니다. "주여, 제
가 이 사람에 대해 여러 가지 말을 들
었는데 예루살렘에 있는 주의 성도들
에게 온갖 해를 끼쳤다고 합니다.
14 그리고 그는 대제사장들로부터 권한
을 받아 주의 이름을 부르는 사람들
을 모두 잡아가려고 여기에 왔다고
합니다."

8:37 어떤 사본에는 '빌립이 그대가 진심으로 믿는다면 세례를 받을 수 있다고 대답하자 내시가 자신은 예수 그리스도가 하나님의 아들이신 것을 믿는다고 말했습니다.'가 있음.

15 그러자 주께서 아나니아에게 이렇게
말씀하셨습니다. "가거라! 이 사람은
이방 사람들과 왕들과 이스라엘 사람
들 앞에서 내 이름을 전하도록 선택
한 내 도구다.
16 내 이름을 위해 그가 얼마나 많은 고
난을 당해야 할지 내가 그에게 보여
줄 것이다."
17 그리하여 아나니아는 그 집을 찾아
들어가 사울에게 손을 얹으며 말했습
니다. "사울 형제여, 오는 길에 당신에
게 나타나셨던 주 예수께서 나를 보
내 당신이 다시 볼 수 있게 하시고 성
령을 충만히 받도록 하셨습니다."
18 그러자 즉시 사울의 눈에서 비늘 같
은 것이 떨어져 나가더니 그가 다시
볼 수 있게 됐습니다. 그리고 그는 일
어나 세례를 받은 후
19 음식을 먹고 기운을 되찾았습니다.

사울이 다메섹과 예루살렘에서 전도하다

사울은 다메섹에 있는 제자들과 며칠
을 함께 지냈습니다.
20 그는 곧바로 여러 회당에서 예수가
하나님의 아들이심을 선포하기 시작
했습니다.
21 그 말을 들은 사람들은 모두 놀라며
이렇게 말했습니다. "이 사람은 예루
살렘에서 예수 이름을 부르는 사람들
에게 해를 입히던 사람이 아닌가? 또
그가 여기 온 것도 그들을 잡아 대제
사장들에게 끌고 가려던 것이 아닌
가?"
22 그러나 사울은 더욱더 힘을 얻어 예수
가 *그리스도이심을 증명해 다메섹에
사는 유대 사람들을 어리둥절하게 만
들었습니다.
23 여러 날이 지난 후 유대 사람들은 사
울을 죽이려는 음모를 꾸몄습니다.
24 그러나 사울이 그들의 계획을 알게
됐습니다. 그들은 사울을 죽이려고
밤낮으로 성문을 철저하게 지키고 서
있었지만
25 사울의 제자들이 밤에 사울을 광주리
에 담아 성벽을 통해 성 밖으로 달아
내렸습니다.
26 사울은 예루살렘으로 올라가서 제자
들과 교제하려고 했으나 그들은 사울
이 제자가 된 것을 믿지 않고 모두 그
를 두려워했습니다.
27 그러나 바나바는 사울을 데리고 사도
들에게 가서 사울이 길에서 어떻게
주를 보았으며 주께서 그에게 말씀하
신 것과 다메섹에서 그가 예수의 이
름을 담대하게 전한 것을 그들에게
이야기해 주었습니다.
28 이렇게 해서 사울은 제자들과 함께
지내게 됐고 예루살렘을 자유롭게 다
니면서 주의 이름을 담대하게 전했습
니다.
29 사울은 그리스파 유대 사람들과 대화
를 하고 논쟁도 벌였는데 그들은 사
울을 죽이려고 음모를 꾸몄습니다.
30 형제들이 이 사실을 알고 사울을 가
이사랴로 데리고 내려갔다가 다시 다
소로 보냈습니다.

9:22 히브리어, 메시아. '기름 부음 받은 사람'

31 이렇게 해서 유대와 갈릴리와 사마리
아의 온 교회가 든든히 서 가면서 평
안을 누리게 됐습니다. 그리고 교회
는 주를 두려워하고 성령의 위로를
받으면서 그 수가 점점 더 늘어 갔습
니다.

애니아와 다비다

32 한편 베드로는 여러 지역을 두루 다
니다 룻다에 사는 성도들을 방문하게
됐습니다.
33 거기서 애니아라는 사람을 만났는데
그는 중풍에 걸려 침대에 누워 있은
지 벌써 8년이나 됐습니다.
34 베드로가 그에게 "애니아여, 예수 그리
스도께서 그대를 고치실 것이오. 일어
나 자리를 정돈하시오." 그러자 곧 애
니아가 일어났습니다.
35 룻다와 사론에 살고 있던 모든 사람
들이 그를 보고 주께로 돌아왔습니
다.
36 욥바에는 다비다라고 부르는 여제자
가 있었는데 그리스 말로는 *도르가
입니다. 그녀는 언제나 선한 일을 하
고 가난한 사람들을 도왔습니다.
37 그 무렵 다비다가 병들어 죽게 되자
그 시신을 씻어 다락방에 두었습니
다.
38 룻다는 욥바에서 가까운 거리인데 제
자들은 베드로가 룻다에 있다는 소식
을 듣고 두 사람을 베드로에게 보내
속히 와 달라고 간청했습니다.
39 그래서 베드로는 일어나 그들과 함께
갔습니다. 그가 욥바에 도착하자 사
람들이 다락방으로 안내했습니다. 모
든 과부들이 베드로를 둘러서서 울며
다비다가 살아 있을 때 만든 속옷과
겉옷을 보여 주었습니다.
40 베드로는 사람들을 모두 방에서 내보
낸 후 무릎을 꿇고 기도했습니다. 그
러고는 시신을 향해 몸을 돌려 "다비
다야, 일어나거라." 명령하자 다비다가
눈을 뜨고 베드로를 보며 일어나 앉
았습니다.
41 베드로는 손을 내밀어 그 여인의 손
을 잡아 일으켜 세우고 성도들과 과
부들을 불러 다비다가 살아난 것을
보여 주었습니다.
42 이 일이 온 욥바에 알려지면서 많은
사람들이 주를 믿게 됐습니다.
43 베드로는 욥바에서 여러 날 동안 가
죽 제품을 만드는 시몬의 집에 머물
렀습니다.

고넬료가 베드로를 청하다

10 가이사랴에 고넬료라는 사람이
있었는데 그는 '이탈리아 부대'
라는 로마 군대의 백부장이었습니다.
2 고넬료와 그 집안사람들은 모두 경건
하고 하나님을 경외하는 사람들이었
습니다. 고넬료는 가난한 사람들에게
아낌없이 나눠 주었고 항상 하나님께
기도했습니다.
3 어느 날 *오후 3시쯤 고넬료가 환상
을 보았습니다. 하나님의 천사를 분명
히 본 것입니다. 천사가 그에게 와서
"고넬료야!"라고 부르는 것이었습니다.

9:36 그리스어, '사슴' 10:3 그리스어, 제9시

4 고넬료가 천사를 쳐다보고 "주님, 무
슨 일입니까?"라고 물었습니다. 천사
가 대답했습니다. "네 기도와 네가 가
난한 사람들에게 준 선물이 하나님
앞에 기억되는 제물로 올려졌다.
5 지금 사람들을 욥바로 보내 베드로라
고도 하는 시몬을 데리고 오너라.
6 그가 지금 가죽 제품을 만드는 시몬
의 집에 함께 머물고 있는데 그 집은
바닷가에 있다."
7 천사가 말을 전하고 떠나자 고넬료는
두 명의 하인과 경건한 병사 한 명을
불렀습니다.
8 고넬료는 그들에게 자초지종을 설명
하고 욥바로 보냈습니다.

베드로의 환상

9 이튿날 *낮 12시쯤 그들이 여행을 계
속하다가 욥바에 가까이 왔을 즈음
베드로는 지붕에 올라가 기도하려던
참이었습니다.
10 그는 배가 고파 뭔가 좀 먹었으면 했
는데 음식이 준비되고 있는 동안 환
상을 보게 됐습니다.
11 하늘이 열리고 큰 보자기 같은 것이
네 귀퉁이가 묶여 땅으로 내려오는
것이었습니다.
12 그 안에는 온갖 종류의 네 발 가진
짐승들과 땅에 기어다니는 것들과 공
중의 새들이 들어 있었습니다.
13 그때 "베드로야, 일어나 잡아먹어라"
하는 음성이 베드로에게 들렸습니다.
14 베드로는 "말도 안 됩니다. 주님, 저는
불결하고 더러운 음식은 먹어 본 적
이 없습니다"라고 대꾸했습니다.
15 그러자 "하나님께서 깨끗하게 하신
것을 불결하다고 하지 마라" 하는 음
성이 두 번째로 들렸습니다.
16 이런 일이 세 번 일어나더니 곧 그 보
자기는 다시 하늘로 올라갔습니다.
17 베드로가 이 환상이 무슨 뜻인지 궁
금해하는 동안 고넬료가 보낸 사람들
이 시몬의 집을 찾아와 문 앞에 서 있
었습니다.
18 그들은 큰 소리로 "베드로라고 하는
시몬이 여기 묵고 있습니까?" 하고 물
었습니다.
19 베드로가 아직 환상에 대해 생각하고
있을 그때 성령께서 말씀하셨습니다.
"시몬아, *세 사람이 너를 찾아왔다.
20 그러니 일어나 아래로 내려가 보아
라. 그리고 주저하지 말고 그들과 함
께 가거라. 내가 그들을 보냈기 때문
이다."
21 베드로는 내려가서 그 사람들에게 말
했습니다. "내가 당신들이 찾고 있는
그 사람입니다만 무슨 일로 오셨습니
까?"
22 그러자 그 사람들이 대답했습니다.
"저희는 고넬료 백부장이 보내서 왔
습니다. 고넬료는 의인이요, 하나님을
경외하는 분이시며 온 유대 사람들에
게도 존경받는 분이십니다. 한 거룩
한 천사가 고넬료에게 나타나 당신을
집으로 모셔와 당신이 하는 말을 들
으라고 했습니다."

10:9 그리스어, 제6시 10:19 어떤 사본에는 '두 사람'

23 그러자 베드로는 그 사람들을 맞아
들여 그 집에 묵게 했습니다.

베드로가 고넬료의 집에서 설교하다

다음 날 베드로는 그들과 함께 길을
떠났습니다. 욥바에서 온 형제들 몇
사람도 동행하게 됐습니다.
24 이튿날 그는 가이사랴에 도착했습니
다. 고넬료는 친척들과 가까운 친구
들을 불러 놓고 기다리고 있었습니
다.
25 베드로가 집으로 들어가자 고넬료가
맞이하며 베드로 발 앞에 엎드려 경
의를 표했습니다.
26 그러나 베드로는 그를 일으켜 세우며
"일어나시오. 나도 같은 사람일 뿐입
니다"라고 말했습니다.
27 베드로는 고넬료와 이야기를 나누며
안으로 들어갔습니다. 들어가 보니
많은 사람들이 모여 있었습니다.
28 그들에게 베드로가 말했습니다. "여러
분도 잘 알다시피 이렇게 이방 사람
과 교제하거나 방문하는 것은 우리
유대 사람으로서는 율법에 어긋나는
행동입니다. 그러나 하나님께서는 어
떤 사람도 불결하거나 더럽다고 해서
는 안 된다고 내게 보여 주셨습니다.
29 그렇기에 여러분이 나를 불렀을 때
사양하지 않고 왔습니다. 그런데 무
슨 일로 나를 불렀습니까?"
30 고넬료가 대답했습니다. "4일 전 바로
이 시간 *오후 3시쯤에 내가 집에서
기도를 하는데 갑자기 빛나는 옷을
입은 한 사람이 내 앞에 서서
31 '고넬료야, 하나님께서 네 기도를 들으
셨고 네가 가난한 사람들에게 베푼
것을 기억하고 계신다.
32 욥바로 사람들을 보내 베드로라고 하
는 시몬을 불러라. 그는 바닷가에 살
면서 가죽 제품을 만드는 시몬의 집
에 손님으로 있다'라고 말씀하셨습니
다.
33 그래서 내가 즉시 당신을 부르러 보냈
던 것입니다. 정말 잘 오셨습니다. 지
금 여기 하나님 앞에 우리 모두 와 있
으니 주께서 당신에게 명령하신 모든
것을 귀 기울여 듣겠습니다."
34 그러자 베드로가 말하기 시작했습니
다. "이제야 내가 깨달았습니다. 참으
로 하나님께서는 사람을 겉모양으로
차별하지 않으시고
35 하나님을 경외하고 의를 행하는 사람
들이라면 어떤 민족이든 받아 주신
다는 것입니다.
36 하나님께서 모든 것의 주이신 예수 그
리스도를 통해 평화의 복음을 이스라
엘 백성들에게 전해 주신 것을 여러
분도 잘 알 것입니다.
37 요한이 *세례를 전파한 후에 갈릴리
에서 시작해 온 유대에서 무슨 일이
있었는지도 알 것입니다.
38 하나님께서 나사렛 예수에게 성령과
능력으로 기름 부으신 것과 하나님께
서 예수와 함께하심으로 예수께서 선
을 행하시고 마귀의 능력 아래 짓눌
려 있던 사람들을 모두 고쳐 주시며

10:30 그리스어, 제9시 10:37 또는 침례

두루 다니셨습니다.
39 우리는 예수께서 유대 사람들의 땅과
예루살렘에서 하신 모든 일의 증인입
니다. 그들은 예수를 나무에 달아 죽
였지만
40 하나님께서는 3일째 되는 날 예수를
살리셔서 사람들에게 나타나게 하셨
습니다.
41 그러나 모든 사람이 다 본 것이 아니
라 하나님께서 미리 선택하신 증인
들, 곧 예수께서 죽은 사람들 가운데
서 살아나신 후 함께 먹고 마셨던 바
로 우리에게만 보여 주신 것입니다.
42 예수께서는 우리에게 사람들에게 말
씀을 전파하라고 명하셨습니다. 살아
있는 사람과 죽은 사람의 심판자로
그리고 하나님께서 세우신 이가 바로
자기임을 증언하라고 하셨습니다.
43 모든 예언자들도 예수를 믿는 모든
사람은 그 이름으로 죄 용서를 받게
된다고 증언했습니다."
44 베드로가 이렇게 말하고 있을 때 말
씀을 듣고 있던 모든 사람에게 성령
이 내려왔습니다.
45 베드로와 함께 온 할례 받은 신자들
은 성령의 은사를 이방 사람들에게까
지 부어 주시는 것을 보고 깜짝 놀랐
습니다.
46 사람들이 *방언으로 말하고 하나님
을 찬양하는 소리가 들렸던 것입니
다. 그때 베드로가 말했습니다.
47 "이 사람들도 우리와 마찬가지로 성
령을 받았으니 물로 세례 주는 것을
누가 막을 수 있겠습니까?"
48 그래서 베드로는 그들에게 예수 그리
스도의 이름으로 세례를 받으라고 명
했습니다. 그 후 그들은 베드로에게
자기들과 함께 며칠 더 머물다 갈 것
을 간청했습니다.

베드로가 자신의 행동을 설명하다

11 유대에 있는 사도들과 형제들
이 이방 사람들도 하나님의 말
씀을 받았다는 소식을 들었습니다.
2 그래서 베드로가 예루살렘에 올라갔
을 때 할례 받은 신자들이 그를 비난
하며
3 "당신이 어떻게 할례 받지 않은 사람
들의 집에 들어가 그들과 함께 식사
를 할 수 있소?"라고 물었습니다.
4 베드로가 입을 열어 그 일의 자초지
종을 차근차근 설명하기 시작했습니
다.
5 "내가 욥바에서 기도하다가 비몽사몽
간에 환상을 보았는데 하늘에서 큰
보자기 같은 게 네 귀퉁이가 묶인 채
로 내가 있는 곳까지 내려오는 것이
보였습니다.
6 내가 그 안을 들여다보니 네 발 달린
땅의 짐승들과 들짐승들과 기어다니
는 것들과 공중의 새들이 있었습니다.
7 그때 '베드로야, 일어나 잡아먹어라'
하는 소리가 내게 들렸습니다.
8 그러나 나는 '말도 안 됩니다. 주님,
불결하거나 더러운 것은 한 번도 제
입에 들어간 적이 없습니다'라고 대답

10:46 또는 다른 나라 말로

했습니다.
9 그런데 하늘에서 다시 '하나님께서
깨끗하게 하신 것을 불결하다고 하지
마라' 하는 음성이 들려왔습니다.
10 이런 일이 세 번 일어난 후에 모든 것
이 다시 하늘로 올라갔습니다.
11 바로 그때 가이사랴에서 나를 부르러
온 세 사람이 내가 묵고 있던 집을 찾
아왔습니다.
12 그리고 성령께서 그들과 함께 가기를
*주저하지 말라고 내게 말씀하셨습
니다. 여기 있는 이 여섯 명의 형제들
도 나와 함께 고넬료의 집으로 들어
갔습니다.
13 고넬료는 자기 집에 천사가 나타나서
'욥바에 사람을 보내 베드로라 하는
시몬을 찾아라.
14 그가 너와 네 온 집을 구원할 말씀을
가져올 것이다'라고 한 이야기를 우리
에게 전해 주었습니다.
15 내가 말을 시작하자 성령이 처음 우
리에게 내려오신 것처럼 그들에게도
내려오셨습니다.
16 그때 나는 '요한은 물로 *세례를 주었
지만 너희는 성령으로 *세례를 받을
것이다'라고 하신 주의 말씀이 생각
났습니다.
17 그러니 하나님께서 주 예수 그리스도
를 믿는 우리에게 주신 바로 그 선물
을 그들에게도 주셨는데 내가 누구라
고 감히 하나님을 반대할 수 있겠습
니까?"
18 그들은 이 말을 듣고 더 이상 할 말
이 없었습니다. 그들은 하나님을 찬
양하며 "그렇다면 하나님께서 이방
사람들에게도 생명 얻는 회개를 허락
하신 것이로군요"라고 말했습니다.

안디옥 교회

19 그 무렵 스데반의 일로 인해 핍박을
받아 뿔뿔이 흩어진 사람들은 페니키
아, 키프로스 그리고 안디옥까지 건너
가 유대 사람들에게만 말씀을 전하고
있었습니다.
20 그런데 그 가운데 키프로스와 구레네
출신인 몇 사람은 안디옥으로 들어가
그리스 사람들에게도 주 예수의 복음
을 전하기 시작했습니다.
21 주의 손이 그들과 함께하셔서 많은
수의 사람들이 믿고 주께 돌아왔습
니다.
22 이 소식이 예루살렘에 있는 교회에 전
해지자 그들은 바나바를 안디옥으로
보냈습니다.
23 바나바는 안디옥에 도착해 하나님의
은혜가 내린 것을 보고 기뻐하며 온
마음을 다해 주께 끝까지 충성하라
고 그들 모두를 격려했습니다.
24 그는 착하고 성령과 믿음이 충만한
사람이었기 때문에 수많은 사람들이
주께 나오게 됐습니다.
25 그리고 바나바는 사울을 찾으러 다소
로 가서
26 그를 만나 안디옥으로 데리고 왔습니
다. 그리하여 바나바와 사울은 1년 내
내 그곳 교회에 머물면서 많은 사람

11:12 또는 의심하지 11:16 또는 침례

들을 가르쳤습니다. 그리고 안디옥에
서 제자들은 처음으로 '그리스도의
사람'이라고 불리게 됐습니다.
27 이 기간 동안 몇몇 예언자들이 예루
살렘에서 안디옥으로 내려왔습니다.
28 그들 가운데 아가보라는 사람이 있었
는데 그가 일어나 로마 전역에 심한
기근이 들 것이라고 성령으로 예언했
습니다. (이 일은 글라우디오 황제가
다스리는 때 일어났습니다.)
29 제자들은 각자 자기 형편에 따라 유
대에 살고 있는 형제들을 돕기로 했
습니다.
30 그들은 이렇게 해서 모은 헌금을 바
나바와 사울 편으로 예루살렘 교회
장로들에게 보냈습니다.

베드로가 감옥에서 기적적으로 탈출하다

12 그 무렵 *헤롯 왕이 교회를 박
해하려고 교회에 속한 몇몇 사
람들을 체포했습니다.
2 헤롯은 먼저 요한의 형제 야고보를 칼
로 죽였습니다.
3 이 일을 유대 사람들이 기뻐하는 것
을 본 헤롯은 이어 베드로도 잡아들
였습니다. 이때는 *무교절 기간이었
습니다.
4 그는 베드로를 잡아 감옥에 가두고
군인들을 네 명씩 한 조를 지어서 네
조가 지키도록 했습니다. 헤롯은 *유
월절이 지나면 그를 백성들 앞에 끌
어내 공개적으로 재판할 생각이었습
니다.
5 이렇게 베드로는 감옥에 갇혔고 교회
는 그를 위해 하나님께 간절히 기도
했습니다.
6 헤롯이 베드로를 재판장으로 끌어내

12:1 헤롯 아그립바 1세를 가리킴. **12:3** 출 12:15-20을 보라. **12:4** 출 12:13,21-28을 보라.

Q&A 안디옥 교회는 어떤 교회였는가?

참고 구절 | 행 11:19-30

안디옥은 오론테스 강변에 위치한 시리아의 한 도시로 옛날부터 무역이 활발하고 헬라 문화가 교류되는 중심지였다. 스데반이 순교한 뒤 예루살렘에서 시작된 박해로 인해 흩어진 사람들 중에는 안디옥으로 피한 사람들도 있었다. 이들은 처음에 유대인들에게만 하나님의 말씀을 전하다가(행 11:19) 나중에는 그리스인에게도 전하게 되었다(행 11:20).

안디옥에서 많은 사람들이 하나님을 믿게 되자 예루살렘 교회는 바나바를 안디옥에 파송해서 그들을 지도하게 했다(행 11:22). 이후에 바나바의 권유로 바울이 합류하여 1년 동안 함께 사람들을 가르쳤다(행 11:26).

안디옥 교회는 제자들이 처음으로 '그리스도의 사람'이라는 소리를 듣게 된 곳(행 11:26)으로, 기근으로 고통당하는 예루살렘 교회를 위해 헌금을 했고(행 11:27-30) 최초로 이방 선교를 시작했던 교회였다(행 13:1-3).

또한 이방 출신 신자들은 할례를 받아야 한다는 주장에 대해 반대하는 입장을 표명하며 바울과 바나바를 대표로 예루살렘에 파송하기도 했다(행 15:2).

려고 하던 전날 밤, 베드로는 두 개의
쇠사슬에 묶인 채 두 명의 군인들 사
이에서 잠들어 있었고 경비병들이 감
옥 문을 지키고 서 있었습니다.
7 그런데 갑자기 주의 천사가 나타나더
니 감방에 빛이 환하게 비치는 것이
었습니다. 그가 베드로의 옆구리를 찔
러 깨우며 "어서 일어나거라" 하고 말
했습니다. 그러자 베드로의 손목에 매
여 있던 쇠사슬이 풀렸습니다.
8 그때 천사가 베드로에게 "허리띠를 매
고 신을 신어라" 하고 말하자 베드로
는 그렇게 했습니다. 천사가 다시 "겉
옷을 입고 나를 따라오너라" 하고 말
했습니다.
9 베드로는 천사를 따라 감옥에서 나오
면서도 도대체 천사가 하는 일이 꿈
인지 생시인지 알 수 없었습니다. 그
저 환상인 것만 같았습니다.
10 그들은 첫 번째 경비병들과 두 번째
경비병들을 지나서 성으로 통하는 철
문에 이르렀습니다. 그 문이 저절로
열려 그들은 바깥으로 나왔습니다.
거리를 하나 지나자 갑자기 천사가 떠
나갔습니다.
11 그제야 비로소 베드로는 정신이 들어
"이제야 분명히 알겠다. 주께서 천사
를 보내 헤롯의 손아귀와 유대 사람
들의 모든 기대에서 나를 구해 주셨
다"라고 말했습니다.
12 이 사실을 깨달은 후 그는 마가라고
도 하는 요한의 어머니 마리아의 집으
로 갔습니다. 많은 사람들이 그곳에
모여 기도하고 있었습니다.
13 베드로가 대문을 두드리자 로데라는
어린 여종이 문을 열어 주러 나왔습
니다.
14 여종은 베드로의 목소리인 줄 알아차
리고 너무나 기뻐서 문 여는 것도 잊
은 채 달려가 베드로가 문밖에 와 있
다고 소리쳤습니다.
15 그러자 사람들이 여종에게 "네가 미
쳤구나"라고 말했습니다. 그러나 여종
이 계속 사실이라고 우겨 대자 그들은
"베드로의 천사겠지"라고 말했습니다.
16 그때 베드로가 계속 문을 두드렸습니
다. 그들이 문을 열고 베드로를 보더
니 깜짝 놀랐습니다.
17 베드로는 조용히 하라고 손짓하며 주
께서 자신을 감옥 밖으로 끌어내신
경위를 설명했습니다. "이 사실을 야
고보와 그 형제들에게 알려 주시오"
라고 말하고서 베드로는 다른 곳으로
떠났습니다.
18 아침이 되자 베드로가 없어진 일로
인해 군인들 사이에는 적지 않은 소
동이 벌어졌습니다.
19 헤롯이 샅샅이 뒤져 보았지만 베드로
를 찾을 수 없게 되자 헤롯은 경비병
들을 심문한 뒤 그들을 대신 처형하
라고 명령했습니다.

헤롯의 죽음

그 후 헤롯은 유대를 떠나 가이사랴
로 가서 잠시 그곳에서 지냈습니다.
20 당시 헤롯은 두로와 시돈 사람들을
못마땅하게 여기고 있었습니다. 그래

서 그들은 무리를 지어 헤롯에게 와
서 왕의 시종 블라스도를 설득해 화
친을 요청했습니다. 이것은 자기들이
헤롯 왕의 영토에서 나는 양식을 공
급받고 있기 때문이었습니다.
21 약속한 날에 헤롯은 왕의 의복을 갖
춰 입고 왕좌에 앉아 사람들에게 연
설을 했습니다.
22 그러자 사람들은 "이것은 신의 음성
이지 사람의 음성이 아니다"라고 외
쳤습니다.
23 그런데 헤롯이 하나님께 영광을 돌리
지 않았기 때문에 주의 천사가 즉시
헤롯을 내리쳐서 그는 벌레에 먹혀 죽
고 말았습니다.
24 그러나 하나님의 말씀은 점점 널리
퍼져서 믿는 사람이 더욱 늘어나게
됐습니다.

바나바와 사울이 파송되다

25 바나바와 사울이 자기 임무를 마치자
그들은 마가라고도 하는 요한을 데리
고 예루살렘에서 돌아왔습니다.

13 안디옥 교회에는 예언자들과
교사들이 있었습니다. 그들은
바나바, 니게르라고 하는 시므온, 구레
네 사람 루기오, *분봉 왕 헤롯 안티
파스와 어릴 때부터 함께 자란 마나
엔 그리고 사울이었습니다.
2 그들이 주께 예배드리며 금식하고 있
을 때 성령께서 그들에게 "너희는 바
나바와 사울을 따로 세워 내가 그들
에게 맡긴 일을 하게 하라"라고 말씀
하셨습니다.
3 그래서 그들은 금식하며 기도한 후
바나바와 사울에게 손을 얹고 그들을
보냈습니다.

키프로스

4 그 두 사람은 성령의 보내심을 받아
실루기아로 내려갔다가 거기서 배를
타고 키프로스로 가게 됐습니다.
5 그들이 살라미에 이르러서는 유대 사
람의 여러 회당에서 하나님의 말씀을
선포했습니다. 요한이 동행하며 그들
을 도왔습니다.
6 그들이 그 섬을 가로질러 바보에 도착
했습니다. 거기서 그들은 바예수라는
사람을 만났는데 그는 유대 사람 마
술사요, 거짓 예언자로서
7 총독 서기오 바울 곁에 함께 있는 사
람이었습니다. 지성적이었던 총독은
하나님의 말씀을 듣고 싶어 바나바와
사울에게 사람을 보냈습니다.
8 그러나 엘루마라고도 하는 이 마술사
가 그들을 막으며 총독이 믿음을 갖
지 못하게 하려고 애를 썼습니다.
9 그러자 바울이라고도 하는 사울이 성
령 충만한 가운데 엘루마를 뚫어지게
쳐다보며 말했습니다.
10 "이 마귀의 자식아! 너는 모든 의의
원수로다! 너는 갖은 속임수와 거짓
으로 가득 차 있구나. 주의 바른길을
어지럽게 하는 일을 그치지 못하겠느
냐?
11 이제 주의 손이 너를 치심으로 네 눈

13:1 그리스어, 테트라아르케스(영토의 4분의 1 통치자)

이 멀어 얼마 동안 햇빛을 보지 못할
것이다." 그러자 즉시 안개와 어둠이
그를 덮쳤고 그는 이리저리 더듬으며
자기 손을 잡아 이끌어 줄 사람을 찾
았습니다.
12 이 일을 보자 총독이 믿게 됐고 주에
관한 가르침에 그저 놀랄 뿐이었습니
다.

비시디아 안디옥

13 바울과 그 일행은 바보에서 배를 타
고 밤빌리아에 있는 버가에 이르렀습
니다. 그곳에서 요한은 그들과 헤어져
예루살렘으로 돌아갔습니다.
14 그들은 버가에서 더 나아가 비시디아
안디옥으로 갔습니다. 그리고 안식일
이 돼 회당에 들어가 앉았습니다.
15 율법서와 예언자들의 글을 낭독한 뒤
에 회당 지도자들이 바울과 바나바에
게 전갈을 보내 "형제들이여, 이 사람
들에게 권면해 줄 말씀이 있으면 하
시오"라고 했습니다.
16 바울이 일어나 손짓하며 말했습니다.
"이스라엘 사람들 또 하나님을 경외
하는 이방 사람들이여, 내 말을 들으
십시오.
17 이스라엘 백성의 하나님께서는 우리
조상들을 선택하셔서 이 민족이 이
집트 땅에 사는 동안 큰 민족이 되게
하시고 큰 권능으로 그들을 그 나라
에서 이끌어 내셨습니다.
18 광야에서 40년 동안 그들의 소행을
참으시고
19 가나안 땅의 일곱 민족을 멸하셔서
그 땅을 이스라엘 백성들에게 유업으
로 주셨습니다.
20 이 모든 일은 450여 년에 걸쳐 일어
났습니다. 그 뒤 하나님께서는 그들
에게 예언자 사무엘 시대까지 사사들
을 세워 주셨습니다.
21 그 후 이 백성들이 왕을 요구하자 하
나님께서 베냐민 지파 기스의 아들 사
울을 주어 40년 동안 다스리게 하셨
습니다.
22 그리고 사울을 폐하신 하나님께서는
다윗을 그들의 왕으로 세우셨습니다.
다윗에 대해 증언하시기를 ㄱ"내가 이
새의 아들 다윗을 보니 내 마음에 꼭
맞는 사람임을 알았다. 내가 바라는
모든 것을 그가 이룰 것이다'라고 하
셨습니다.
23 하나님께서는 약속하신 대로 다윗의
자손 가운데 구세주를 이스라엘에게
보내 주셨는데 그 사람이 바로 예수
입니다.
24 예수께서 오시기 전에는 요한이 이스
라엘 모든 백성들에게 회개의 *세례
를 선포했습니다.
25 그리고 요한은 자기 사역을 끝마칠
무렵 '너희는 나를 누구라고 생각하
느냐? 나는 그리스도가 아니다. 그러
나 그리스도는 내 뒤에 오실 것인데
나는 그분의 신발 끈을 풀 자격도 없
는 사람이다'라고 말했습니다.
26 아브라함의 자손인 형제들이여! 그리
고 하나님을 경외하는 이방 사람들이

13:24 또는 침례 ㄱ 삼상 13:14; 시 89:20

여! 하나님께서 이 구원의 말씀을 우
리에게 보내 주셨습니다.
27 예루살렘에 사는 사람들과 그 지도자
들은 예수를 알아보기는커녕 오히려
예수를 정죄해 안식일마다 읽는 예언
자들의 말씀을 그대로 이루었습니다.
28 그들은 사형을 선고할 근거를 전혀
찾지 못했음에도 예수를 죽여 달라고
빌라도에게 요구하고
29 예수에 관해 성경에 기록된 모든 말
씀대로 행한 뒤 예수를 나무에서 끌
어 내려 무덤에 묻었습니다.
30 그러나 하나님께서는 죽은 사람들 가
운데서 예수를 살리셨습니다.
31 그 후 여러 날 동안 예수는 갈릴리로
부터 예루살렘까지 자기와 동행했던
사람들에게 나타나셨습니다. 그들이
바로 지금 백성들에게 예수에 대해
증언하는 사람들입니다.
32 우리도 여러분에게 하나님께서 우리
조상들에게 약속하신 좋은 소식을
전하고자 합니다.
33 하나님께서는 예수를 살리심으로써
그들의 자손인 우리에게 그 약속이
이뤄지게 하셨습니다. 이것은 시편 2
편에 기록된 것과 같습니다.

ㄱ'너는 내 아들이다. 오늘 내가 너
를 낳았다.'

34 하나님께서는 죽은 사람들 가운데서
예수를 다시 살리시고 썩지 않게 하
셨는데 이것은

ㄴ'내가 다윗에게 약속한 거룩하고
확실한 복을 너희에게 줄 것이다'

라고 말씀하셨던 것입니다.
35 또 다른 시편에도 기록돼 있습니다.

ㄷ'주께서는 주의 거룩하신 분을 썩
게 내버려 두지 않으실 것입니다.'

36 다윗은 한평생 하나님의 뜻을 잘 받
들다 결국 *잠들어 자기 조상들과 함
께 묻혔고 그 시체는 썩고 말았습니
다.
37 그러나 하나님께서 죽은 사람들 가
운데서 살리신 분은 썩지 않으셨습니
다.
38 그러므로 내 형제들이여, 예수를 통
해 죄 용서를 받을 수 있다는 소식이
여러분에게 선포되고 있음을 알기 바
랍니다.
39 여러분이 모세의 율법으로는 의롭게
될 수 없었던 모든 것에서도 예수를
믿는 사람은 누구나 의롭다고 인정을
받게 되는 것입니다.
40 그러므로 예언자들이 말한 것이 여러
분에게 일어나지 않도록 조심하십시
오.
41 ㄹ"'보라. 너희 비웃는 사람들아! 너
희는 놀라고 망하라. 내가 너희 시
대에 한 가지 일을 행하겠다. 누군
가 그 일을 너희에게 전해 준다 해
도 너희가 믿지 않을 것이다.'"
42 바울과 바나바가 회당에서 나오는데
사람들이 그들에게 다음 안식일에도
이 말씀을 좀 더 해 달라며 부탁했습
니다.

13:36 또는 죽어서 ㄱ 시 2:7 ㄴ 사 55:3 ㄷ 시 16:10 ㄹ 합 1:5

43 집회가 다 끝난 후 많은 유대 사람들
과 유대교로 개종한 경건한 사람들이
바울과 바나바를 따라왔습니다. 그들
은 그 사람들과 함께 이야기를 나누
고 하나님의 은혜 가운데 계속 머물
러 있으라고 권했습니다.
44 그다음 안식일에는 그 도시의 사람들
이 거의 다 주의 말씀을 듣기 위해 모
였습니다.
45 그 무리를 본 유대 사람들은 시기심
으로 가득 차 바울이 말하는 것을 반
대하며 모욕했습니다.
46 그때 바울과 바나바가 그들에게 담대
하게 대답했습니다. "우리는 하나님의
말씀을 여러분에게 먼저 전하지 않을
수 없었습니다. 그런데도 여러분은 그
말씀을 거절하고 영원한 생명을 얻기
에 합당치 못한 사람이라고 스스로
판단하고 있습니다. 그렇기 때문에 우
리는 이제 이방 사람들에게 눈을 돌
립니다.
47 이것이 바로 주께서 우리에게 하신
명령이기 때문입니다.
ㄱ'내가 너를 이방 사람들의 빛으로
삼았으니 이는 네가 땅끝까지 구원
을 이루게 하려는 것이다.'"
48 이 말을 들은 이방 사람들은 기뻐하
며 주의 말씀을 찬양했습니다. 그리
고 영원한 생명을 얻도록 선택된 사
람들은 모두 믿게 됐습니다.
49 그리하여 주의 말씀이 그 지방 전체
에 두루 퍼졌습니다.
50 그러나 유대 사람들은 경건한 귀부인
들과 그 도시의 지도자들을 선동해
바울과 바나바를 핍박하게 했고 결국
그 지방에서 그들을 강제로 내쫓았습
니다.
51 그러자 바울과 바나바는 발에 붙어
있던 먼지를 그들을 향해 떨어 버리
고 이고니온으로 갔습니다.
52 제자들은 기쁨과 성령으로 충만했습
니다.

이고니온

14 이고니온에서도 바울과 바나바
는 유대 사람의 회당에 들어가
복음을 전했습니다. 그러자 많은 수
의 유대 사람들과 이방 사람들이 믿
게 됐습니다.
2 그러나 믿기를 마다하는 유대 사람들
은 이방 사람들을 선동해 형제들에
대해 나쁜 감정을 품게 했습니다.
3 바울과 바나바는 그곳에 오랫동안 머
물면서 주를 의지해 담대히 말씀을
전했고, 주께서는 그들에게 표적과
기사를 행하는 능력을 베풀어 주셔
서 주의 은혜의 말씀을 확증해 주셨
습니다.
4 그 도시 사람들은 두 편으로 갈려 한
쪽은 유대 사람들 편을, 다른 쪽은 사
도들 편을 들었습니다.
5 그런데 이방 사람들과 유대 사람들은
그들의 지도자들과 함께 바울과 바나
바를 핍박하고 돌로 쳐 죽이려 했습
니다.
6 그러나 그들은 이 사실을 알고서 루

ㄱ 사 49:6

가오니아 지방에 속한 두 도시인 루스
드라와 더베와 그 근방으로 피신해
7 그곳에서도 복음을 전했습니다.

루스드라와 더베

8 루스드라에 발을 쓰지 못하는 장애
를 가진 한 사람이 앉아 있었습니다.
그는 태어나면서부터 걸어 본 적이 전
혀 없었습니다.
9 그는 바울이 말하는 것을 귀 기울여
듣고 있었습니다. 바울이 그를 유심히
보다가 그에게 치유받을 만한 믿음이
있는 것을 보고
10 큰 소리로 "당신 발로 똑바로 일어서
시오!"라고 외쳤습니다. 그 말에 그 사
람은 벌떡 일어나 걷기 시작했습니다.
11 사람들은 바울이 한 일을 보고 루가
오니아 말로 소리 질렀습니다. "신들
이 사람의 모습으로 우리에게 내려오
셨다!"
12 그들이 바나바는 '제우스'라 부르고
바울은 주로 말을 하기 때문에 '헤르
메스'라고 불렀습니다.
13 도시 밖에 있는 제우스 신전의 제사
장은 황소들과 화환들을 성문 앞으
로 가져왔습니다. 사람들과 함께 그
들에게 제물을 바치려는 것이었습니
다.
14 그러나 두 사도 바나바와 바울은 이
말을 듣고 옷을 찢으며 사람들 속으
로 뛰어 들어가 외쳤습니다.
15 "사람들이여, 왜 이런 행동을 합니
까? 우리도 여러분과 똑같은 사람입
니다. 우리가 여러분에게 복음을 전
하는 것은 여러분이 이런 헛된 것을
버리고 하늘과 땅과 바다와 그 안의
모든 것을 만드신 살아 계신 하나님
께로 돌아오라고 하는 것입니다.
16 과거에는 하나님께서 모든 민족들이
제멋대로 가도록 내버려 두셨습니다.
17 그렇다고 하나님께서 자신에 대해 증
언하시지 않은 것은 아닙니다. 하나님
께서는 자비를 베풀어 하늘에서 비
를 내려 때가 되면 열매를 맺게 하시
고 넉넉한 양식을 공급해 여러분의
마음을 기쁨으로 가득 채워 주셨습
니다."
18 바나바와 바울은 이런 말로 자기들에
게 제물을 바치지 못하도록 그들을
간신히 말릴 수 있었습니다.
19 그때 안디옥과 이고니온에서 유대 사
람들이 몰려와 사람들을 선동해 자
기들 편으로 끌어들여 바울에게 돌
을 던지게 했습니다. 그리고 바울이
죽은 줄 알고 그를 도시 밖으로 끌어
냈습니다.
20 그러나 제자들이 바울 주위에 모여들
자 그가 일어나 다시 도시 안으로 들
어갔습니다. 그다음 날 바울은 바나바
와 함께 더베로 떠났습니다.

수리아 안디옥으로 돌아오다

21 그들은 그 도시에서 복음을 전한 뒤
많은 제자들을 얻게 됐습니다. 그러
고 나서 루스드라와 이고니온과 안디
옥으로 되돌아가
22 제자들의 마음을 강하게 하고 늘 믿
음에 머물러 있도록 격려해 주었습니

다. 또 "우리가 하나님 나라에 들어가
려면 우리가 마땅히 많은 고난을 겪
어야 한다"라고 말했습니다.
23 바울과 바나바는 제자들을 위해 각
교회마다 장로들을 세워 기도하고 금
식하며 자신들이 믿는 주께 그들을
부탁했습니다.
24 그런 뒤에 그들은 비시디아를 통과해
밤빌리아에 들어갔다가
25 버가에서 말씀을 전하고 앗달리아로
내려갔습니다.
26 그리고 그들은 앗달리아에서 배를 타
고 안디옥으로 돌아갔습니다. 이 안디
옥은 그들이 선교 활동을 위해 자신
들을 하나님의 은혜에 헌신했던 곳인
데 이제 그 일을 성취한 것입니다.
27 바울과 바나바는 안디옥에 도착해서
교회 신자들을 모으고 하나님께서
그들과 함께 행하신 모든 일과 하나
님께서 어떻게 이방 사람들에게 믿음
의 문을 여셨는지 보고했습니다.
28 그러고 나서 그들은 제자들과 함께
오랫동안 그곳에 머물렀습니다.

예루살렘 회의

15 유대에서 몇몇 사람들이 안디
옥으로 내려와 형제들을 가르
쳤는데 "모세가 가르친 관례에 따라
할례를 받지 않는다면 구원을 받지
못한다"라고 했습니다.
2 이 말로 인해 바울과 바나바는 그들
과 적지 않은 충돌과 논쟁을 벌였습
니다. 그래서 안디옥 교회는 바울과
바나바를 세워 몇몇 신자들과 함께
예루살렘으로 보냈습니다. 사도들과
장로들은 이 문제를 어떻게 생각하는
지 알아보려는 것이었습니다.
3 교회의 전송을 받고 여행을 떠난 그
들은 가는 길에 페니키아와 사마리아
지방을 거치면서 이방 사람들이 어
떻게 개종하게 됐는지를 전했습니다.
이 소식은 모든 형제들을 무척 기쁘
게 했습니다.
4 그들은 예루살렘에 도착해 교회와 사
도들과 장로들에게 환영을 받았습니
다. 그러고 난 후 하나님께서 자신들
을 통해 하신 모든 일을 그들에게 보
고했습니다.
5 그때 바리새파에 속해 있다 신자가
된 몇몇 사람들이 일어나 말했습니
다. "이방 사람들이 할례를 받고 모세
의 율법을 지키도록 해야 합니다."
6 사도들과 장로들이 이 문제를 논의하
려고 함께 모였습니다.
7 오랜 시간 동안 토론한 끝에 베드로
가 일어나 그들에게 말했습니다. "형
제들이여, 여러분도 알다시피 얼마
전에 하나님께서 여러분 가운데서 나
를 선택해 이방 사람들도 내 입술을
통해 복음의 말씀을 듣고 믿게 하셨
습니다.
8 그 마음을 아시는 하나님께서는 우리
에게 하셨던 것처럼 이방 사람들에게
도 성령을 주셔서 그들을 인정하셨습
니다.
9 하나님께서는 그 마음을 믿음으로
깨끗하게 하셔서 우리와 그들 사이에

차별을 두지 않으신 것입니다.
10 그런데 여러분은 어째서 우리 조상이
나 우리가 질 수 없었던 무거운 짐을
이방 신자들에게 지워서 하나님을 시
험하려고 하십니까?
11 우리는 그들과 마찬가지로 주 예수의
은혜로 구원받는다고 믿습니다."
12 온 회중이 조용해지면서 바울과 바나
바가 하는 말을 귀 기울여 들었습니
다. 그들은 자신들을 통해 하나님께
서 행하신 표적과 기사를 이야기했습
니다.
13 그들이 이야기를 마치자 야고보가 받
아 말했습니다. "형제들이여, 내 말을
들어 보십시오.
14 하나님께서 자기 이름을 위해 처음에
어떻게 이방 사람들 가운데 백성을
불러내 찾아오셨는가를 시몬 베드로
가 말해 주었습니다.
15 예언자들의 말씀도 이것과 일치합니
다. 기록되기를
16 ㄱ'이 일 후에 내가 돌아와 다윗의
무너진 장막을 다시 지을 것이다.
폐허가 된 것을 내가 다시 짓고 내
가 회복시킬 것이다.
17 그러면 남은 사람들과 내 이름으
로 일컬음받는 모든 이방 사람들이
주를 찾을 것이다.
18 이것은 오래전부터 이 일을 알게
해 주신 여호와의 말씀이다'
라고 했습니다.
19 그러므로 내 판단으로는 우리가 하나
님께 돌아오는 이방 사람들을 괴롭게
해서는 안 된다고 생각합니다.
20 다만 우상으로 더러워진 음식과 음행
과 목매어 죽인 짐승의 고기와 피는
멀리하라고 편지하는 것이 좋겠습니
다.
21 오래전부터 모세의 율법이 각 도시에
전해져 안식일마다 회당에서 그것을
읽고 있기 때문입니다."

이방의 성도들에게 보내는 편지

22 그러자 사도들과 장로들과 온 교회는
몇몇 사람들을 뽑아 바울과 바나바와
함께 안디옥으로 보내기로 결정했습
니다. 그래서 뽑힌 사람은 형제들 가
운데서 지도자인 바사바라고 하는 유
다와 실라였습니다.
23 그들은 그 사람들 편에 다음과 같은
편지를 보냈습니다. "여러분의 형제인
사도들과 장로들이 안디옥과 시리아
와 길리기아에 있는 이방의 형제들에
게 문안드립니다.
24 우리 가운데 어떤 사람이 여러분에게
가서 우리가 시키지도 않은 말을 해
서 여러분을 괴롭히고 여러분의 마음
을 아프게 했다는 소식을 들었습니
다.
25 그래서 우리가 몇 사람을 뽑아 사랑
하는 우리의 형제 바나바와 바울과
함께 여러분에게 보내기로 우리 모두
합의했습니다.
26 바나바와 바울은 우리 주 예수 그리스
도의 이름을 위해 목숨을 건 사람들
입니다.

ㄱ 암 9:11, 12

27 그러므로 우리는 이 편지의 내용이
사실임을 분명히 말해 줄 유다와 실
라를 보냅니다.
28 꼭 필수적인 사항 몇 가지 외에는 여
러분에게 아무 짐도 지우지 않으려는
것이 성령의 뜻이며 또 우리의 뜻입니
다.
29 곧 우상에게 바쳐진 음식과 피와 목
매어 죽인 짐승의 고기와 음행만은
멀리하십시오. 이런 조항만 잘 지키
면 되겠습니다. 평안하십시오."
30 그들은 전송을 받고 안디옥으로 내려
가 신자들을 불러 모은 후 편지를 전
해 주었습니다.
31 그 사람들은 이것을 읽고 그 격려의
말씀에 기뻐했습니다.
32 유다와 실라도 예언자였기 때문에 여
러 가지 말로써 그 형제들을 격려하
고 힘을 북돋워 주었습니다.
33 그들은 안디옥에 얼마 동안 머물러
있다가 평안히 가라는 형제들의 전송
을 받고 그들을 파송한 예루살렘으로
돌아갔습니다.
34 *(없음)
35 그리고 바울과 바나바는 안디옥에 계
속 머물러 있으면서 다른 많은 사람
들과 함께 주의 말씀을 가르치고 전
했습니다.

바울과 바나바가 갈라서다

36 며칠이 지나자 바울이 바나바에게 말
했습니다. "우리가 주의 말씀을 전했
던 도시마다 모두 다시 방문해 그들
이 어떻게 지내고 있는지 알아봅시
다."
37 바나바는 마가라고도 하는 요한을 함
께 데리고 갈 생각이었지만
38 바울은 그를 데려가는 것이 현명한
처사가 아니라고 생각했습니다. 마가
요한은 전에 밤빌리아에서 그들을 떠
나 그 사역에 끝까지 함께하지 않았
기 때문입니다.
39 이 일로 심한 말다툼 끝에 바울과 바

15:34 어떤 사본에는 '그러나 실라는 안디옥에 남기로 작정했습니다.'

하용조 목사의 행복한 **메시지**

그리스도인이 살아가는 방법

구원은 예수 그리스도를 믿음으로 얻는 것이지 도덕적으로 선한 일을 하여 얻는 것이 아닙니다. 구원을 받았느냐는 질문에 "나는 아직도 담배 피우는데…." 혹은 "나는 아직도 술을 못 끊었는데…."라고 말하는 사람들이 있습니다. 술과 담배를 끊었기 때문에 구원을 받는 것이 아니라 예수를 믿고 구원을 받으면 술과 담배를 끊게 되는 것입니다(행 15:19–21 참고). 행동을 바꾸었기 때문에 구원을 받는 것이 아니라 예수를 믿음으로 구원을 얻는 것입니다. 거지였을 때는 거지의 삶이 있습니다. 그러나 왕이 되면 왕의 삶이 있는 것입니다. 예수를 믿고 나니 더 이상 이전의 삶을 지속할 수 없는 것입니다. 하나님의 자녀가 되고 천국 백성이 되었기에 그에 걸맞은 삶을 살고, 또 그런 사람으로 변화되어 가는 것입니다.

나바는 서로 갈라서게 됐습니다. 바나
바는 마가를 데리고 배를 타고 키프
로스로 갔습니다.
40 바울은 실라를 선택해 주의 은혜를
간구하는 형제들의 환송을 받으면서
안디옥을 떠났습니다.
41 바울은 시리아와 길리기아를 거쳐 가
면서 교회들을 강건케 했습니다.

바울이 디모데를 데리고 가다

16 바울은 더베에 갔다가 루스드
라로 갔습니다. 그곳에는 디모
데라는 제자가 살고 있었습니다. 그
어머니는 유대 사람으로서 믿는 사람
이었지만 그 아버지는 그리스 사람이
었습니다.
2 디모데는 루스드라와 이고니온의 형
제들에게 칭찬받는 사람이었습니다.
3 바울은 전도 여행에 그를 데려가고 싶
었습니다. 그래서 그 지역에 사는 유
대 사람들 때문에 그에게 할례를 주
었습니다. 그것은 그의 아버지가 그리
스 사람이라는 사실을 그들 모두가
알고 있었기 때문입니다.
4 그들은 여러 도시들을 다니며 예루살
렘의 사도들과 장로들이 결정한 규정
을 신자들에게 전하며 지키게 했습니
다.
5 이렇게 해서 교회들은 믿음 안에서
더욱 굳건해지고 그 수가 날마다 늘
어났습니다.

바울이 마케도니아 사람의 환상을 보다

6 성령께서 아시아 지방에 말씀 전하는
것을 막으셨기 때문에 바울과 그 일
행은 부르기아와 갈라디아 지방을 거
쳐
7 무시아 지방 가까이 이르러 비두니아
로 들어가려고 했습니다. 그러나 예수
의 영이 허락하지 않으셨습니다.
8 그래서 그들은 무시아를 지나 드로아
로 내려가게 됐습니다.
9 한밤중에 바울은 마케도니아 사람이
서서 "마케도니아로 와서 우리를 도
와주시오"라고 간청하는 환상을 보았
습니다.
10 바울이 이 환상을 본 후에 우리는 그
들에게 복음을 전파하라고 하나님께
서 부르셨다고 확신하고 즉시 마케도
니아로 떠날 준비를 했습니다.

빌립보에서 루디아가 복음을 받아들이다

11 우리는 드로아에서 바다로 나와 배를
타고 사모드라게로 곧장 갔다가 이튿
날 네압볼리로 갔습니다.
12 그곳에서 우리는 로마의 식민지로서
마케도니아 지방에서 첫째가는 도시
인 빌립보에 들어갔습니다. 우리는 그
곳에서 며칠을 머물렀습니다.
13 안식일에 우리는 혹 기도할 곳을 찾
을 수 있지 않을까 하는 기대감으로
성문 밖 강가로 나갔습니다. 우리는
그곳에 앉아서 거기 모여 있던 여인
들에게 말씀을 전했습니다.
14 말씀을 듣던 사람들 가운데 루디아
라는 여인이 있었습니다. 그 여인은
두아디라 도시에서 온 자주색 옷감
장수로서 하나님을 경외하는 사람이
었습니다. 주께서 그 마음을 열어 바

울의 말에 귀 기울이게 하셨습니다.
15 루디아는 그 집안 식구들과 함께 세
례를 받고 "저를 참된 신자로 여기신
다면 제 집에 오셔서 머물러 주십시
오" 하고 간청하면서 우리를 자기 집
으로 데리고 갔습니다.

바울과 실라가 옥에 갇히다

16 어느 날 우리가 기도하는 곳으로 가
다가 귀신 들린 한 여종을 만나게 됐
습니다. 그 아이는 점을 쳐서 자기 주
인들에게 아주 많은 돈을 벌어 주고
있었습니다.
17 이 아이는 바울과 우리를 따라와서
"이 사람들은 지극히 높으신 하나님
의 종들로 당신들에게 구원의 길을
전하고 있다"라고 외쳤습니다.
18 이 아이가 며칠 동안이나 이렇게 계
속하자 참다못한 바울이 돌아서서 귀
신에게 말했습니다. "예수 그리스도의
이름으로 내가 명한다. 그 아이에게
서 당장 나오라!" 바로 그 순간 귀신
이 그 아이에게서 나갔습니다.
19 그 여종의 주인들은 자기들의 돈 벌
소망이 사라진 것을 알고 바울과 실
라를 붙잡아 시장에 있는 관리들에
게 끌고 갔습니다.
20 바울과 실라를 로마 관리들 앞에 데
려다 놓고 말했습니다. "이 사람들은
유대 사람으로서 우리 도시에 소란을
일으켰습니다.
21 우리 로마 사람들이 받아들이거나 실
천할 수 없는 풍습을 전하고 있습니
다."
22 모여 있던 사람들도 가세해 바울과 실
라를 공격하자 로마 관리들은 그들의
옷을 벗기고 매질하라고 명령했습니
다.
23 관리들은 그들을 심하게 때린 뒤 감
옥에 던져 넣고는 간수에게 그들을
단단히 지키라고 명령했습니다.
24 이런 명령을 받은 간수는 그들을 깊
숙한 감방에 가두고 발에는 쇠고랑
을 채워 두었습니다.
25 한밤중쯤 됐을 때 바울과 실라가 기
도하며 하나님께 찬송을 부르자 다
른 죄수들이 귀 기울여 듣고 있었습
니다.
26 그런데 갑자기 큰 지진이 일어나 감
옥이 기반부터 흔들렸습니다. 곧바로
감옥 문이 모두 열리고 죄수들을 묶
고 있던 쇠사슬도 다 풀렸습니다.
27 간수가 잠깨어 일어나 감옥 문이 모
두 열린 것을 보자 죄수들이 도망친
줄로 생각하고 칼을 뽑아 자살하려
고 했습니다.
28 그때 바울이 큰 소리로 외쳤습니다.
"당신 몸을 상하게 하지 마시오! 우리
가 다 여기 있소!"
29 간수는 등불을 달라고 하더니 부리
나케 달려 들어와 부들부들 떨면서
바울과 실라 앞에 엎드렸습니다.
30 그러고는 그들을 밖으로 데리고 나오
면서 물었습니다. "선생님들, 제가 구
원받으려면 어떻게 해야 합니까?"
31 그들이 대답했습니다. "주 예수를 믿
으시오. 그러면 당신과 당신의 집안

이 구원을 받을 것입니다."
32 그러고 나서 바울과 실라는 그와 그
집 안 모든 사람들에게 주의 말씀을
전해 주었습니다.
33 그날 밤 그 시간에 간수는 그들을 데
려다가 상처 부위를 씻어 주었습니다.
그러고는 당장 그와 그 온 가족이 세
례를 받았습니다.
34 간수는 그들을 자기 집으로 데려가
음식을 대접했습니다. 그는 자신과
온 가족이 하나님을 믿게 된 것으로
인해 기쁨이 가득했습니다.
35 날이 밝자 로마 관리들이 부하들을
보내 간수에게 명령했습니다. "그 사
람들을 풀어 주라."
36 그러자 간수가 바울에게 "저희 관리
들이 당신과 실라를 풀어 주라고 전
갈을 보냈으니 이제 나와 평안히 가
십시오"라고 말했습니다.
37 그러자 바울이 그 부하들에게 말했습
니다. "우리가 로마 시민임에도 불구
하고 저들이 재판도 없이 공개 석상
에서 우리를 때리고 감옥에 가두고는
이제 와서 우리를 몰래 내보내려 하
시오? 그들이 직접 와서 우리를 데리
고 나가라고 하시오."
38 부하들이 그대로 자기 관리들에게
보고했습니다. 그들은 바울과 실라가
로마 시민이라는 소리를 듣고 깜짝
놀랐습니다.
39 그들은 직접 감옥까지 와서 사정사정
하며 바울과 실라를 정중히 모시고는
그 도시를 떠나 달라고 요청했습니다.
40 바울과 실라는 감옥에서 나온 뒤 루
디아의 집으로 가 형제들을 만나 위
로해 주고 그곳을 떠났습니다.

데살로니가

17 바울과 실라는 암비볼리와 아볼
로니아를 거쳐 데살로니가에 이
르렀습니다. 거기에는 유대 사람의 회
당이 있었습니다.
2 바울은 늘 하던 대로 회당에 들어가
3주 동안 안식일마다 성경에 대해 사
람들과 토론했습니다.
3 *그리스도가 고난을 받은 후 죽은 사
람들 가운데서 살아나셔야 했던 것
을 설명하고 증명하며 말했습니다. 그
리고 "내가 여러분에게 선포하는 이
예수가 바로 그리스도이십니다"라고
전했습니다.
4 몇몇 유대 사람들은 그 말에 설득돼
바울과 실라를 따랐고 하나님을 경외
하는 많은 그리스 사람들과 적지 않
은 귀부인들도 그들의 말을 믿게 됐
습니다.
5 그러자 유대 사람들에게 시기가 일어
났습니다. 그래서 시장의 불량배들을
끌어모아 떼를 지어 도시 안에 소동
을 일으켰습니다. 그들은 바울과 실라
를 찾아 사람들 앞에 끌어내려고 야
손의 집으로 쳐들어갔습니다.
6 그러나 그들을 찾지 못하자 야손과
다른 형제들을 그 *도시의 관원들 앞
에 끌고 와 소리치며 말했습니다. "세

17:3 히브리어, 메시아. '기름 부음 받은 사람' 17:6 그리스어, 폴리트아르케스

상을 온통 시끄럽게 하는 사람들이
이곳에도 왔는데
7 야손이 그들을 자기 집에 들였습니다.
그들은 모두 *가이사의 칙령을 거역
하며 예수라는 다른 왕이 있다고 말
합니다."
8 이 말을 듣고 사람들과 그 도시의 당
국자들은 당황했습니다.
9 그러나 당국자들은 야손과 다른 신
자들로부터 보석금을 받고 그들을 놓
아주었습니다.

베뢰아

10 밤이 되자마자 형제들은 바울과 실라
를 베뢰아로 보냈습니다. 그들은 그곳
에 도착하자 유대 사람의 회당으로
들어갔습니다.
11 베뢰아 사람들은 데살로니가 사람들
보다 교양 있는 사람들이어서 말씀을
간절한 마음으로 받아들이고 바울이
말한 것이 사실인지 알아보려고 날마
다 성경을 찾아보았습니다.
12 그래서 그들 가운데 많은 유대 사람
들이 믿게 됐고 적지 않은 그리스 귀
부인들과 많은 그리스 남자들도 믿게
됐습니다.
13 데살로니가에 있는 유대 사람들은 바
울이 베뢰아에서 하나님의 말씀을 전
한다는 것을 알고 그곳에 또 나타나
사람들을 선동해 소동을 일으켰습니
다.
14 그러자 형제들은 즉시 바울을 바닷가
로 보냈습니다. 그러나 실라와 디모데
는 베뢰아에 그대로 남아 있었습니다.
15 바울을 수행하던 사람들은 그를 아테
네까지 인도했습니다. 그들은 실라와
디모데도 속히 자기에게 데려오라는
바울의 지시를 받고 돌아갔습니다.

아테네

16 아테네에서 그들을 기다리는 동안 바
울은 그 도시가 우상으로 가득 찬 것
을 보고 매우 격분했습니다.
17 그래서 그는 회당에서는 유대 사람들
과 하나님을 경외하는 그리스 사람들
과 또 *시장에 나가서 날마다 우연히
만나는 사람들과 토론했습니다.
18 에피쿠로스 철학자들과 스토아 철학
자들도 바울과 변론을 했습니다. 그
가운데 몇 사람이 물었습니다. "이 말
쟁이가 무슨 말을 하려는 것인가?"
또 다른 사람들은 "그가 외국의 다른
신들을 전하는 사람인가 보다"라고
했습니다. 그들이 이렇게 말한 것은
바울이 예수와 그 부활에 대한 복음
을 전하고 있었기 때문입니다.
19 그때 그들은 바울을 붙들어 *아레오
바고 광장으로 데려가 말했습니다.
"당신이 소개하고 있는 이 새로운 가
르침에 대해 우리가 알 수 있겠습니
까?
20 당신이 우리 귀에 생소한 것들을 전하
니 우리가 그 뜻을 좀 알고 싶습니다."
21 모든 아테네 사람들과 거기 사는 외

17:7 로마 황제의 칭호. 원래 로마 황제 율리우스 카이사르의 성(姓) 17:17 그리스어, 아고라, '광장'. 아테네의 중심지 17:19 그리스어, '아레스의 언덕'. 제사와 공개 강연과 재판이 이루어졌던 곳. 소크라테스도 이곳에서 재판을 받음.

국 사람들은 보다 새로운 것을 말하
거나 듣는 일에 시간을 쏟던 사람들
이었습니다.
22 그러자 바울이 아레오바고 광장 가운
데 서서 말했습니다. "아테네 시민들
이여! 내가 보니 여러분은 여러모로
매우 종교적인 사람들입니다.
23 내가 두루 다니면서 여러분이 무엇을
섬기는지 자세히 살펴보다가 '알지 못
하는 신에게'라고 새긴 제단도 보게
됐습니다. 이제 여러분이 알지도 못하
고 예배해 온 그 신을 내가 여러분에
게 전하고자 합니다.
24 그 신은 온 세상과 그 안의 모든 것을
창조하신 하나님이십니다. 하나님께
서는 하늘과 땅의 주인이시며 사람이
손으로 지은 신전들 안에 살지 않으
십니다.
25 하나님께서는 뭔가 부족해서 인간의
손으로 섬김을 받으실 분이 아닙니
다. 하나님께서는 바로 모든 사람에
게 생명과 호흡과 다른 모든 것을 주
시는 분이시기 때문입니다.
26 하나님께서는 한 사람으로부터 모든
민족을 만들어 온 땅 위에 살게 하셨
고 각 나라의 연대를 미리 정하시고
그들의 국경도 정해 주셨습니다.
27 이렇게 하신 것은 사람들이 하나님을
찾기를 바라시기 때문입니다. 사람들
이 하나님을 더듬어 찾기만 하면 만
날 수 있습니다. 사실 하나님께서는
우리 각 사람과 그리 멀리 떨어져 계
시지 않습니다.
28 왜냐하면 하나님 안에서 우리가 살고
움직이고 존재하기 때문입니다. 여러
분의 시인 가운데 어떤 사람이 말했
듯이 '우리가 그분의 자녀입니다.'
29 그러니 우리가 하나님의 자녀인 이상
하나님을 사람의 생각이나 기술로 금
이나 은이나 돌에 새겨 만든 형상 따
위로 생각해서는 안 됩니다.
30 알지 못했던 시대에는 하나님께서 그
대로 내버려 두셨지만 이제는 어디서
나 모든 사람에게 회개하라고 명령하
십니다.
31 하나님께서는 자신이 세운 한 사람을
통해 세상을 공의로 심판할 날을 정
하셨기 때문입니다. 하나님께서는 그
를 죽은 사람들 가운데서 살리심으
로 모든 사람에게 *이날에 대한 증거
를 보이셨습니다."
32 죽은 사람들이 다시 살아난다는 말
에 어떤 사람들은 비웃었지만 또 다
른 사람들은 "우리가 이 이야기에 대
해 다시 듣고 싶소"라고 말했습니다.
33 그러자 바울은 그들로부터 나왔습니
다.
34 그때 몇 사람들은 바울을 따르며 믿
게 됐습니다. 그 가운데는 디오누시오
라는 아레오바고 의회원과 다마리라
는 여인과 그 외에 몇 사람이 더 있었
습니다.

고린도

18 이 일 후에 바울은 아테네를 떠
나 고린도로 갔습니다.

17:31 또는 믿을 만한

2 그곳에서 그는 아굴라라는 유대 사람
을 만났습니다. 그는 본도에서 출생한
사람인데 유대 사람들은 모두 로마를
떠나라는 *글라우디오 황제의 칙령
때문에 얼마 전 자기 아내 브리스길라
와 함께 이탈리아에서 내려온 것입니
다. 바울은 그들을 찾아가
3 그들과 함께 일하며 지냈습니다. 바
울도 그들과 마찬가지로 천막 만드는
일을 했기 때문입니다.
4 안식일이면 그는 회당에서 토론하며
유대 사람들과 그리스 사람들을 설득
하고자 했습니다.
5 실라와 디모데가 마케도니아에서 오
자 바울은 말씀 전하는 데만 전념해
예수가 *그리스도이심을 유대 사람들
에게 증언했습니다.
6 그러나 유대 사람들은 바울에게 대들
며 욕설을 퍼부었습니다. 바울은 자
기 *옷의 먼지를 떨며 단호하게 그들
에게 말했습니다. "여러분들이 멸망
해도 그것은 여러분들의 책임입니다.
나는 이제 책임이 없습니다. 이제 나
는 이방 사람들에게 가겠습니다."
7 그러고 나서 바울은 회당을 떠나 디
도 유스도라는 사람의 집으로 갔습니
다. 그는 하나님을 경외하는 이방 사
람인데 그의 집은 회당 바로 옆에 있
었습니다.
8 회당장 그리스보와 그 온 집안이 주
를 믿게 됐고 바울의 말을 들은 다른
많은 고린도 사람들도 믿고 *세례를
받았습니다.
9 어느 날 밤 주께서 환상 가운데 바울
에게 말씀하셨습니다. "두려워 마라.
잠잠히 있지 말고 말하여라.
10 내가 너와 함께 있으니 아무도 너를
해치지 못할 것이다. 이 도시에는 내
백성이 많다."
11 그래서 바울은 그곳에 1년 반 동안 머
물면서 그들에게 하나님의 말씀을 가
르쳤습니다.
12 갈리오가 아가야 지방의 총독이었을
때 유대 사람들이 일제히 들고일어나
바울을 잡아 법정으로 끌고 가
13 "이 사람이 율법에 어긋난 방법으로
하나님을 섬기라고 사람들을 설득하
고 있습니다"라고 고소했습니다.
14 바울이 막 입을 열려고 하는데 갈리
오가 유대 사람들에게 말했습니다.
"크든 작든 무슨 죄가 있어 당신네 유
대 사람들이 불평한다면 내가 들어
줄 만하오.
15 그러나 그것이 언어와 명칭과 당신네
유대 사람들만의 율법과 관련된 것이
라면 당신들 스스로 알아서 해결하
시오. 나는 그런 일에 재판자가 될 수
없소."
16 그리고 그들을 법정에서 쫓아냈습니
다.
17 그러자 그들 모두는 회당장 소스데네
를 붙들어 법정 앞에서 그를 마구 때
렸습니다. 그러나 갈리오는 이 일에

18:2 로마의 네 번째 황제(AD 41–54년). 본명은 디베료 글라우디오 네로 게르마니쿠스 18:5 히브리어, 메시아. '기름 부음 받은 사람' 18:6 항의의 표시로 하는 행위를 가리킴. 18:8 또는 침례

전혀 상관하지 않았습니다.

브리스길라, 아굴라, 아볼로

18 바울은 얼마 동안 고린도에 머물렀습
니다. 그러고 나서 그는 형제들과 작
별하고 배를 타고 시리아로 가게 됐는
데 그때 브리스길라와 아굴라도 동행
했습니다. 배를 타고 출항하기에 앞서
바울은 전에 서원했던 것이 있어서 겐
그레아에서 머리를 깎았습니다.
19 그들은 에베소에 도착했습니다. 바울
은 브리스길라와 아굴라를 그곳에 남
겨 두고 혼자 회당에 들어가서 유대
사람들과 토론했습니다.
20 좀 더 머물러 달라는 그들의 요청을
바울은 뿌리쳤습니다.
21 그러나 그는 떠나면서 "하나님의 뜻
이라면 다시 돌아오겠습니다"라고 말
했습니다. 그러고 나서 그는 배를 타
고 에베소를 떠났습니다.
22 그는 가이사랴에 도착해서 예루살렘
교회에 올라가 인사한 뒤 안디옥으로
내려갔습니다.
23 안디옥에서 얼마 동안 지내던 바울은
그곳을 떠나 갈라디아와 브루기아 지
방을 두루 돌며 모든 제자들에게 힘
을 북돋워 주었습니다.
24 한편 알렉산드리아에서 태어난 아볼
로라는 유대 사람이 에베소로 왔습니
다. 그는 학식이 많고 성경에 능통한
사람이었습니다.
25 그는 일찍부터 주의 도를 배워 열정
을 가지고 전도할 뿐 아니라 예수에
대해서도 정확하게 가르쳤습니다. 그
러나 요한의 세례만 알고 있을 뿐이었
습니다.
26 그가 회당에서 담대히 말하기를 시
작하자 그의 말을 들은 브리스길라와
아굴라는 그를 집으로 데려다 하나님
의 도에 대해 더욱 정확하게 설명해
주었습니다.
27 아볼로가 아가야 지방으로 가고 싶어
하자 형제들은 그를 격려해 주면서
그곳에 있는 제자들에게도 편지를 써
서 그를 영접해 주도록 했습니다. 아
볼로는 그곳에 도착해 하나님의 은혜
로 믿게 된 사람들에게 큰 도움을 주
었습니다.
28 이것은 그가 성경을 가지고 예수가
*그리스도이심을 보여 줌으로써 공
중 앞에서 유대 사람들을 향해 강력
하게 논증했기 때문입니다.

에베소에서의 바울

19 아볼로가 고린도에 있는 동안
바울은 *윗지방을 거쳐서 에베
소에 도착했습니다. 거기서 그는 몇몇
제자들을 만났습니다.
2 바울이 그들에게 "여러분은 믿을 때
성령을 받았습니까?"라고 물었습니
다. 그들이 대답했습니다. "아니요. 우
리는 성령이 있다는 사실도 듣지 못
했습니다."
3 그래서 바울이 물었습니다. "그렇다면
여러분은 어떤 세례를 받았습니까?"
그들이 대답했습니다. "요한의 세례입

18:28 히브리어, 메시아. '기름 부음 받은 사람' 19:1 갈라디아 지방과 부르기아 지방을 가리킴.

니다."
4 바울이 말했습니다. "요한의 세례는
회개의 세례입니다. 그는 백성들에게
자기 뒤에 오실 분을 믿으라고 했는
데 그분이 바로 예수입니다."
5 그들은 이 말을 듣고 곧바로 주 예수
의 이름으로 세례를 받았습니다.
6 바울이 그들에게 손을 얹자 성령이
그들에게 내려 그들이 *방언으로 말
하며 예언하게 됐습니다.
7 그들은 모두 열두 사람 정도였습니
다.
8 바울이 회당으로 들어가 석 달 동안
담대하게 말하며 하나님 나라에 대
해 강론하고 설득했는데
9 그 가운데 몇 사람은 마음이 완고해
져 믿기를 거부하고 공공연하게 그
가르침을 비방했습니다. 그래서 바울
이 그들을 떠나 제자들을 따로 데려
다 두란노 서원에서 날마다 가르쳤습
니다.
10 이 일이 2년 동안 계속돼 아시아 지방
에 사는 모든 유대 사람들과 그리스
사람들이 주의 말씀을 듣게 됐습니
다.
11 하나님께서는 바울의 손을 통해 특별
한 기적을 일으키셨습니다.
12 바울의 몸에 닿은 손수건이나 앞치마
를 가져다 환자들에게 대기만 하면
그들의 병이 낫고 악한 영들이 떠나
갔습니다.
13 사방을 돌아다니며 귀신을 쫓아내는
유대 사람들 가운데 어떤 이들도 주
예수의 이름으로 악한 영들을 쫓아
내려고 했습니다. 그들은 "바울이 전
파하는 예수를 힘입어 내가 너희에게
명령한다"라고 말했습니다.
14 유대 사람 대제사장 스게와의 일곱
아들도 이런 일을 했습니다.
15 그러자 그 악한 영이 그들에게 대답
했습니다. "내가 예수를 알고 바울도
안다. 그런데 너희는 누구냐?"
16 그러고는 그 악한 영에 빠진 사람이
그들에게 달려들어 그들 전부를 힘으
로 눌러 이겼습니다. 그러자 그들이
발가벗겨진 채 피를 흘리며 집 밖으
로 도망쳐 나왔습니다.
17 이 사실을 알게 된 에베소에 사는 유
대 사람들과 그리스 사람들이 모두
두려움에 사로잡혔고 주 예수의 이름
을 높였습니다.
18 믿게 된 사람들이 많이 나와 자신의
악한 행위들을 고백하고 공개했습니
다.
19 마술을 하던 많은 사람들은 그 책들
을 모아다 사람들이 보는 앞에서 태
워 버렸습니다. 그들이 그 마술책들
의 값을 매겨 보니 모두 *5만 드라크
마 정도가 됐습니다.
20 이렇게 해서 주의 말씀은 점점 힘 있
게 퍼져 나갔습니다.
21 이런 모든 일이 일어난 뒤 바울은 마
케도니아와 아가야 지방을 거쳐 예루
살렘으로 가기로 결심하고 "내가 예

19:6 또는 다른 나라 말로 19:19 5만 드라크마는 노동자의 5만 일 품삯과 같음.

루살렘을 방문한 후에 반드시 로마도
꼭 볼 것이다"라고 말했습니다.
22 그는 자신을 돕는 사람 가운데 디모
데와 에라스도 두 사람을 마케도니아
로 보내고 자신은 *아시아 지방에 잠
시 더 머물렀습니다.

에베소에서 일어난 소동

23 그 무렵 에베소에서는 복음의 말씀
때문에 큰 소동이 일어났습니다.
24 데메드리오라는 은세공업자는 아데
미 여신의 은 모형을 만드는 사람이었
는데 직공들에게 적지 않은 돈벌이를
제공해 주고 있었습니다.
25 그가 직공들은 물론 이 일에 관련된
일꾼들을 불러 모아 놓고 말했습니
다. "여러분, 여러분도 알다시피 우리
가 이 사업으로 소득이 꽤 좋았습니
다.
26 그런데 여러분도 보고 들은 대로 바
울이라는 이 사람이 여기 에베소뿐
아니라 *아시아 온 지방에서 '사람이
만든 신은 신이 아니다'라며 많은 사
람들을 설득해 마음을 돌려놓고 있
습니다.
27 이렇게 되면 우리 사업의 명성이 떨어
질 뿐 아니라 위대한 여신 아데미 신
전의 명예도 실추되고 아시아 지방과
전 세계에 걸쳐 숭배되고 있는 이 여
신 자체도 그 신성한 위엄을 잃을지
도 모르는 위험이 있습니다."
28 그들이 이 말을 듣자 화가 치밀어 올
라 "에베소 사람들의 아데미 여신은
위대하다!" 하고 소리 높였습니다.
29 그러자 도시는 순식간에 온통 소란스

19:22,26 오늘날 소아시아의 서남부를 가리킴. 로마의 행정 구역

성·경·상·식 | 마케도니아

BC 7세기경 페르딕카스 1세가 그리스 북부 지역에 세운 왕국이다. 그 후 필립 2세에 의해 마케도니아 지역이 제압되어 통치되다가 그 아들 알렉산더에 의해 통치되었다. BC 276년 안티고누스 2세 고나투스에 의해 통치되었고 BC 168년경 로마 지배하에 들어갔다.

바울은 마케도니아 사람의 환상을 보고(행 16:9-10) 마케도니아의 네압볼리로 갔으며 빌립보에서 전도했다(행 16:12). 여기서 바울은 루디아를 만났으며 점치는 여종을 고쳐 주다 감옥에 갇혔으나 하나님의 도움으로 풀려났다(행 16:14-26). 이 사건을 계기로 간수와 그 가족이 복음을 듣고 구원을 받게 되었다(행 16:27-34).

바울은 마케도니아의 주요 도시인 암비볼리, 아볼로니아, 데살로니가, 베뢰아에서 복음을 전했고(행 17:1-14) 그 후에도 마케도니아를 방문한 것으로 보인다(행 19:21; 20:1, 3). 마케도니아의 신자들은 예루살렘의 가난한 성도들을 위해 헌금했으며(롬 15:26) 빌립보 교회는 바울에게 후원금을 보냈다(빌 4:15).

러워졌고 사람들은 마케도니아에서
부터 바울과 동행한 가이오와 아리스
다고를 붙잡아 일제히 연극장 안으로
몰려 들어갔습니다.
30 바울이 사람들 앞에 나서려고 했지만
제자들이 말렸습니다.
31 바울의 친구인 그 지방의 관리들도
사람을 보내 바울더러 위험을 무릅쓰
고 연극장 안으로 들어가지 말라고
간곡히 권했습니다.
32 연극장 안에서 어떤 사람은 이 말을
하고 또 다른 사람은 저 말을 하는
통에 모인 곳은 매우 혼란스럽게 됐
습니다. 심지어 자기들이 왜 그곳에
모였는지 모르는 사람들도 대부분이
었습니다.
33 유대 사람들이 군중 가운데서 알렉산
더를 앞으로 밀어냈습니다. 그러자 그
는 조용히 하라고 손짓하고 사람들
앞에서 변호하려고 했습니다.
34 그러나 그가 유대 사람임을 알아챈
그들은 모두 한목소리로 "에베소 사
람들의 아데미 여신은 위대하다!"라
며 두 시간 동안이나 외쳐 댔습니다.
35 마침내 에베소 시청 서기관이 사람들
을 진정시키고 말했습니다. "에베소
시민들이여, 이 에베소 도시가 위대한
아데미의 신전과 하늘에서 내려온 그
신상을 지키고 있는 것을 온 세상이
다 알지 않습니까?
36 이것은 부인할 수 없는 사실이므로
이제 여러분은 진정하고 경솔한 행동
을 삼가야 합니다.
37 여러분은 이 사람들이 신전 물건을
도둑질하거나 우리 여신을 모독한 것
도 아닌데 이곳으로 끌고 왔습니다.
38 그러므로 데메드리오와 그 동료 직공
들은 누구를 고소할 일이 있다면 법
정이 열려 있고 거기 총독들도 있으
니 거기서 고소하면 될 것입니다.
39 그 밖에 여러분이 제기하고 싶은 문
제가 더 있다면 그것은 정식 집회에
서 해결해야 할 것입니다.
40 오늘 일로 인해 우리는 소란죄로 고
소당할 위험이 있습니다. 그럴 경우에
우리가 이유 없이 일어난 이 소동에
대해 해명할 길이 없을 것입니다."
41 그는 이렇게 말한 뒤 그 집회를 해산
시켰습니다.

마케도니아와 그리스를 거쳐 가다

20 소동이 끝나자 바울은 제자들
을 불러 격려한 뒤 작별하고
마케도니아 지방으로 떠났습니다.
2 그는 그 지방을 두루 다니면서 사람
들에게 많은 격려의 말을 해 주었고
마침내 그리스에 도착해
3 그곳에서 석 달 동안 머물렀습니다.
그는 거기서 배를 타고 시리아로 가려
고 했는데 유대 사람들이 그를 해치
려는 음모를 꾸미자 마케도니아를 거
쳐 시리아로 돌아가기로 결심했습니
다.
4 바울과 동행한 사람은 베뢰아 사람 부
로의 아들 소바더, 데살로니가 사람
아리스다고와 세군도, 더베 사람 가이
오, 디모데, 아시아 사람인 두기고와

드로비모였습니다.
5 이 사람들은 먼저 드로아에 가서 우
리를 기다리고 있었습니다.
6 그러나 우리는 무교절 후 빌립보에서
배를 타고 떠나 5일이 지나서야 드로
아에서 다른 일행과 합류하게 됐습니
다. 그곳에서 우리는 7일을 지냈습니
다.

드로아에서 죽은 유두고를 살리다

7 *안식 후 첫날에 우리는 빵을 떼기
위해 모였습니다. 바울이 사람들에게
말씀을 전했는데 그는 다음 날 떠날
예정이었기 때문에 강론은 한밤중까
지 계속됐습니다.
8 우리가 모여 있는 다락방에는 등불
이 많이 켜져 있었습니다.
9 유두고라는 청년이 창가에 앉아 있다
가 바울이 쉬지 않고 이야기하는 바
람에 깊이 잠이 들었습니다. 곯아떨
어진 그는 그만 3층에서 떨어지고 말
았습니다. 일으켜 보니 그는 이미 죽
어 있었습니다.
10 바울이 뛰어 내려가 유두고 위에 엎드
려 그를 껴안고 말했습니다. "소란 피
우지 마시오. 그에게 목숨이 있소."
11 그러더니 바울은 다시 위층으로 올라
가 빵을 떼어 먹은 후 날이 샐 때까지
오랫동안 강론을 하고서 떠났습니다.
12 사람들은 살아난 청년을 집으로 데
려가 많은 위로를 받았습니다.

바울이 에베소 장로들과 작별하다

13 우리는 먼저 출발해 배를 타고 앗소
로 가서 그곳에서 바울을 태울 예정
이었습니다. 그가 거기까지 걸어가기
로 했기 때문에 미리 약속해 둔 것입
니다.
14 우리는 앗소에서 바울을 만나 그를
태우고 미둘레네로 갔습니다.
15 그 이튿날에는 그곳에서 배를 저어
기오 맞은편에 이르렀고 그다음 날 사
모를 지나 그 이튿날에는 밀레도에 도
착했습니다.
16 바울은 아시아 지방에서 지체하지 않
으려고 에베소를 지나쳐 가기로 했습
니다. 그는 가능하면 오순절에 맞춰
예루살렘에 도착하려고 서둘렀던 것
입니다.
17 밀레도에서 바울은 에베소로 사람을
보내 교회 장로들을 불러오게 했습니
다.
18 장로들이 도착하자 바울이 말했습니
다. "내가 아시아 지방에 처음 간 그날
부터 내가 여러분과 함께 있는 동안
어떻게 살았는지는 여러분이 잘 알
것입니다.
19 내가 모든 겸손과 눈물로 주를 섬겼
고 유대 사람들의 음모로 시련도 많
이 당했습니다.
20 여러분도 알다시피 나는 여러분에게
유익한 것이라면 무엇이든 주저하지
않고 전했고 공중 앞에서 또 집집마
다 방문하면서 여러분을 가르쳐 왔습
니다.
21 유대 사람들과 그리스 사람들 모두에
게 회개하고 하나님께 돌아와 우리

20:7 또는 주간의 첫날에

주 예수를 믿어야 한다고 선포했습니
다.
22 그리고 지금 나는 성령의 강권하심
가운데 예루살렘에 가려고 합니다. 그
곳에서 내가 무슨 일을 당할지는 알
수 없습니다.
23 오직 내가 아는 것은 어떤 도시에 가
든지 감옥과 고난이 나를 기다리고
있을 것을 성령께서 내게 증언해 주
실 뿐입니다.
24 그러나 나는 내가 달려갈 길과 주 예
수께서 내게 주신 사명, 곧 하나님의
은혜의 복음을 증언하는 사명을 다
완성하기 위해서라면 내 생명을 조금
도 귀한 것으로 여기지 않습니다.
25 내가 지금까지 여러분 가운데 다니면
서 하나님 나라를 전파해 왔으나 이
제 여러분이 다시는 나를 보지 못할
거라는 것을 압니다.
26 그래서 오늘 내가 여러분에게 분명히
선언하지만 여러분 가운데 누가 멸망
에 빠진다 해도 그것은 내 책임이 아
닙니다.
27 나는 하나님의 모든 뜻을 주저함 없
이 여러분에게 전파했기 때문입니다.
28 여러분은 자신과 양 떼를 잘 살피고
조심하십시오. 성령께서 여러분을 감
독자로 세우셔서 *하나님께서 자기
피로 사신 교회를 돌보게 하셨습니
다.
29 내가 떠나고 나면 흉악한 이리 떼 같
은 거짓 선생들이 여러분 가운데 들
어와 양 떼를 해치려 할 것을 압니다.
30 또한 여러분 가운데서도 사람들이 들
고일어나 제자들을 빼내 자기들을 따
르게 하려고 진리를 왜곡할 것입니
다.
31 그러므로 정신을 똑바로 차려 깨어
있어야 합니다. 내가 3년 내내 여러분
모두에게 밤낮 쉬지 않고 눈물로 훈
계한 것을 잊지 마십시오.
32 이제 내가 여러분을 하나님과 그분의
은혜의 말씀에 맡깁니다. 그 말씀이
여러분을 든든하게 세워 거룩함을 입
은 모든 사람들 가운데 기업을 받게
하실 것입니다.
33 나는 그 누구의 은이나 금이나 옷을
탐낸 적이 없습니다.
34 여러분도 알다시피 나는 나와 내 일
행이 필요한 것을 손수 벌어서 썼습
니다.
35 이처럼 내가 모든 일에 모범을 보였으
니 여러분도 약한 사람들을 도우며
'주는 것이 받는 것보다 복이 있다'라
고 하신 주 예수의 말씀을 기억해야
합니다."
36 바울은 이 말을 마치고 나서 그들 모
두와 함께 무릎을 꿇고 기도했습니
다.
37 그러자 그들은 모두 소리 내어 울면
서 바울을 껴안고 입을 맞추었습니다.
38 다시는 그의 얼굴을 보지 못할 것이
라는 말 때문에 그들은 더욱 슬퍼하
며 바울을 배 타는 곳까지 전송했습
니다.

20:28 또는 주님께서

예루살렘을 향하여 여행하다

21 우리는 그들과 작별한 뒤 바다
로 나가 배를 타고 곧장 고스
로 갔습니다. 이튿날 우리는 로도에
이르렀고 그곳에서 또 바다라로 갔습
니다.
2 우리는 페니키아로 건너가는 배를 만
나 타고 가다가
3 키프로스 섬이 보이자 그 섬을 왼쪽
에 두고 시리아로 행선해 두로에 배를
댔습니다. 그곳에서 배의 짐을 풀기로
돼 있었기 때문입니다.
4 우리는 두로에서 제자들을 만나 그들
과 함께 7일을 지냈습니다. 그들은 성
령의 감동으로 바울에게 예루살렘으
로 올라가지 말라고 전했습니다.
5 그러나 날이 다 지나자 우리는 두로
를 떠나 항해 길에 올랐습니다. 모든
제자들과 그 아내들과 자녀들이 도
시 밖까지 따라 나와 우리를 전송해
주었습니다. 우리는 그곳 바닷가에서
무릎을 꿇고 기도했습니다.
6 서로 작별 인사를 나눈 뒤 우리는 배
에 올랐고 그들은 집으로 돌아갔습니
다.
7 우리는 두로에서부터 여행을 계속하
다 돌레마이에 도착해 형제들에게 인
사하고 그들과 함께 하루를 지냈습니
다.
8 이튿날 길을 떠난 우리는 가이사랴에
이르러 일곱 사람 가운데 하나인 전
도자 빌립의 집에 머물렀습니다.
9 그에게는 결혼하지 않은 네 명의 딸
이 있었는데 그들은 모두 예언하는
사람들이었습니다.
10 그곳에서 여러 날을 지내는 가운데
아가보라는 예언자가 유대로부터 내
려왔습니다.
11 그가 우리에게 와서 바울의 허리띠를
집어 자기 손발에 매더니 이렇게 말
했습니다. "예루살렘의 유대 사람들이
이 허리띠 주인을 이렇게 동여매 이
방 사람들에게 넘겨줄 것이라고 성령
께서 말씀하십니다."
12 우리는 이 말을 듣고 그곳 사람들과
함께 바울에게 예루살렘에 올라가지

성·경·상·식 | **가이사랴**

헤롯에 의해 건설된(BC 25–31년) 지중해 연안의 항구 도시이다. 헤롯은 가이사 아구스도를 존경하는 의미에서 '가이사랴'라고 불렀는데, 이는 '가이사의 성'이라는 뜻이었다.

가이사랴에는 로마 총독부와 군대가 주둔하고 있었으며 '이탈리아 부대'라는 로마 군대의 백부장인 고넬료가 살고 있었다(행 10:1). 이곳에서 고넬료와 가까운 일가친척들이 베드로의 전도를 받아서 그리스도인이 되었다(행 10:2–48).

가이사랴는 빌립이 복음을 전했던 곳이며(행 8:40), 또한 이곳에 거주했다(행 21:8). 바울도 이곳을 여러 번 방문하여 복음을 전했다(행 9:30; 18:22; 21:8). 바울은 이곳에서 2년 동안 감옥에 갇혀 있으면서 벨릭스, 베스도, 헤롯 아그립바 2세 앞에서 복음을 변증했으며(행 24–26장) 가이사에게 상소하여(행 25:10–12) 로마에 보내졌다(행 27:1–2).

말라고 간곡히 권했습니다.
13 그러자 바울이 대답했습니다. "왜 여
러분은 울면서 내 마음을 아프게 합
니까? 나는 주 예수의 이름을 위해
예루살렘에서 붙잡힐 것은 물론 죽을
각오도 돼 있습니다."
14 바울이 설득당하지 않자 우리는 "주
의 뜻이 이뤄지길 기원합니다" 하고
는 더 말하지 않았습니다.
15 이 일 뒤에 우리는 준비해 예루살렘
으로 올라갔습니다.
16 가이사랴의 몇몇 제자들이 동행해 우
리를 나손의 집으로 데려다 주어 우
리는 그 집에 머무르게 됐습니다. 나
손은 키프로스 출신으로 일찍부터 제
자가 된 사람이었습니다.

바울이 예루살렘에 도착하다

17 우리가 예루살렘에 도착하자 형제들
이 따뜻하게 맞아 주었습니다.
18 이튿날 바울은 우리와 함께 야고보를
만나러 갔습니다. 모든 장로들도 거
기 와 있었습니다.
19 바울은 그들에게 문안하고 하나님께
서 그의 사역을 통해 이방 사람들 가
운데서 행하신 일들을 자세히 보고했
습니다.
20 그들은 이 말을 듣고 하나님을 찬양
했습니다. 그러고는 바울에게 말했습
니다. "형제여, 알다시피 수만 명의 유
대 사람들이 믿게 됐는데 그들은 모
두 율법 지키는 일에 열심을 가진 사
람들입니다.
21 그들은 당신이 이방 사람들 가운데
살고 있는 모든 유대 사람들을 가르
쳐 모세를 저버리고 자녀들에게 할
례하거나 유대 관습대로 살지 말라고
하는 줄 아는데
22 그러니 어떻게 하는 게 좋겠습니까?
당신이 왔다는 소문을 분명 듣게 될
테니
23 우리가 일러 주는 대로 하십시오. 우
리 가운데 서원한 사람이 네 명 있습
니다.
24 이 사람들을 데려가서 그 정결 의식
에 당신도 함께 참여하고 그들이 머
리 깎는 비용을 대십시오. 그러면 당
신에 대한 그런 소문이 사실이 아니
며 당신 자신도 율법에 순종하며 살
고 있음을 모든 사람이 알게 될 것입
니다.
25 이방의 신자들에 대해서는 우리가 이
미 그들에게 우상에 바쳐진 음식과
피와 목매어 죽인 짐승의 고기와 음
행을 피하면 된다고 우리가 결정한
것을 편지로 썼습니다."
26 이튿날 바울은 그 사람들을 데리고
가서 그들과 함께 자기 몸을 정결하
게 한 후 성전에 올라가 정결 의식이
끝나는 날짜와 각 사람이 예물 바치
는 날짜를 신고했습니다.

바울이 체포되다

27 7일 동안의 정결 기간이 거의 끝나
갈 무렵 *아시아 지방에서 온 몇몇 유
대 사람들이 성전에서 바울을 보고

21:27 오늘날 소아시아의 서남부를 가리킴. 로마의 행
정 구역

모든 사람을 선동해 그를 붙잡고
28 소리 질렀습니다. "이스라엘 동포 여
러분, 우리를 도와주시오. 이 사람은
가는 곳마다 모든 사람에게 우리 민
족과 율법과 이곳 성전을 반대하며
가르칩니다. 게다가 성전에 그리스 사
람들을 데려와 이 거룩한 곳을 더럽
히고 있습니다."
29 그들은 전에 에베소 사람 드로비모가
바울과 함께 예루살렘에 있었던 것을
보고 바울이 그를 성전 안으로 데려
갔을 것이라고 짐작했습니다.
30 그러자 온 도시가 소란해지더니 사람
들이 몰려와 바울을 붙잡아 성전에서
끌어내었고 성전 문은 곧 닫혔습니
다.
31 그들이 바울을 죽이려고 하자 예루살
렘 도시 전체에 난동이 일어났다는
소식이 로마 군대의 천부장에게 알려
졌습니다.
32 그는 즉시 몇몇 백부장들과 군인들
을 데리고 군중에게로 달려 내려갔습
니다. 난동을 일으킨 사람들이 천부
장과 군인들을 보자 바울 때리던 것
을 멈췄습니다.
33 천부장이 다가가 바울을 체포하고 두
개의 쇠사슬로 묶으라고 명령했습니
다. 그러고 나서 그가 누구며 또 무슨
일을 했는지 물었습니다.
34 군중이 제각각 다른 소리를 질렀습니
다. 그래서 천부장은 소란만 일 뿐 진
상을 알 수 없는 까닭에 바울을 병영
안으로 끌고 가라고 명령했습니다.
35 바울이 층계에 이르자 군중이 더욱
난폭하게 굴어 군인들이 그를 둘러메
고 가야 했습니다.
36 따라가는 군중은 계속 "그를 없애 버
려라!" 하고 소리쳤습니다.

바울이 백성에게 말하다 (행 9:1-19;26:12-18)

37 군인들이 바울을 병영 안으로 데리
고 가려는데 바울이 천부장에게 "제
가 한 말씀 드려도 되겠습니까?" 하
고 물었습니다. "그리스 말을 할 줄 아
시오?
38 그렇다면 당신은 얼마 전에 폭동을
일으켜 4,000명의 자객을 이끌고 광
야로 나간 이집트 사람이 아니오?"
39 바울이 대답했습니다. "나는 길리기아
지방의 다소에서 태어난 유대 사람으
로, 그 유명한 도시의 시민입니다. 제
가 저들에게 한마디 전할 수 있도록
허락해 주십시오."
40 천부장의 허락을 받고 바울은 층계
위에 서서 군중들에게 손을 흔들어
조용하게 했습니다. 잠잠해지자 바울
이 *히브리 말로 연설을 했습니다.

22 "형제들과 어르신 되시는 동포
여러분, 이제 내가 해명하는
것을 잘 들어 주시기 바랍니다."
2 그들은 바울이 *히브리 언어로 말하
는 것을 듣고는 이내 조용해졌습니
다. 그러자 바울이 계속 말했습니다.
3 "나는 길리기아 지방의 다소에서 태어
난 유대 사람이지만 이 도시에서 자
랐습니다. 나는 가말리엘의 지도 가

21:40;22:2 또는 아람어

운데 우리 조상들의 율법으로 엄격
한 훈련을 받았고 오늘 여기 모인 여
러분 못지않게 하나님께 대한 열심이
있었습니다.
4 그래서 나는 이 도를 따르는 사람들
을 죽이기까지 핍박하며 남녀를 가리
지 않고 모두 잡아다가 감옥에 집어
넣었습니다.
5 그것은 대제사장과 모든 공회원들이
증언할 수 있을 것입니다. 나는 심지
어 그들로부터 다메섹에 있는 형제들
에게 보낼 공문을 얻어 냈고 그곳에
있는 신자들을 붙잡아 예루살렘으로
데려와 처벌받게 하려고 다메섹으로
떠났습니다.
6 내가 다메섹에 가까이 다다르자 정오
쯤 됐는데 갑자기 하늘에서 밝은 빛
이 내 주위를 둘러 비추었습니다.
7 내가 땅에 풀썩 쓰러졌는데 한 음성
이 내게 말씀하시는 것이 들렸습니
다. '사울아! 사울아! 네가 왜 나를 핍
박하느냐?'
8 내가 물었습니다. '주여, 당신은 누구
십니까?' 그분이 내게 대답하셨습니
다. '나는 네가 핍박하는 나사렛 예수
다.'
9 나와 함께 있는 사람들은 빛은 보았
지만 내게 말씀하시는 분의 음성은
알아듣지 못했습니다.
10 내가 물었습니다. '주여, 제가 어떻게
해야 합니까?' 주께서 말씀하셨습니
다. '일어나 다메섹으로 들어가거라.
거기서 네가 할 일을 모두 일러 줄 것
이다.'
11 그 빛의 광채로 인해 내 눈이 멀게 돼
함께 있던 사람들이 내 손을 잡고 다
메섹으로 데려다 주었습니다.
12 그곳에 아나니아라는 사람이 살고 있
었습니다. 그는 율법을 잘 지키는 경
건한 사람으로 다메섹에 사는 모든
유대 사람들에게 깊은 존경을 받고
있었습니다.
13 그가 나를 찾아와 내 곁에 서서 말했
습니다. '사울 형제, 다시 눈을 뜨시
오!' 바로 그 순간 나는 눈을 떠 그를
볼 수 있게 됐습니다.
14 그러자 아나니아가 말했습니다. '우리
조상들의 하나님께서 당신을 선택해
그분의 뜻을 알게 하시고 의로우신
그분을 보게 하시고 그분의 입에서
나오는 음성을 듣게 하셨습니다.
15 당신은 보고 들은 것을 모든 사람에
게 전하는 그분의 증인이 될 것입니
다.
16 그러니 이제 당신이 망설일 이유가 무
엇입니까? 일어나서 *세례를 받고 주
의 이름을 불러 죄 씻음을 받으시오.'
17 그 후 내가 예루살렘으로 돌아와 성
전에서 기도하고 있을 때였습니다. 나
는 환상에 빠져
18 주께서 말씀하시는 것을 보았습니다.
'서둘러 즉시 예루살렘을 떠나거라. 이
곳 사람들은 네가 나에 대해 증언해
도 받아들이지 않을 것이다.'
19 내가 대답했습니다. '주여, 이 사람들

22:16 또는 침례

은 내가 여러 회당들을 돌아다니며
주를 믿는 사람들을 감옥에 가두고
때렸다는 것을 압니다.
20 그리고 주의 증인 스데반이 피 흘릴
때 나도 그곳에 서서 그 일에 찬성하
고 그를 죽이던 사람들의 옷을 지켜
주었습니다.'
21 그러자 주께서 내게 '가거라. 내가 너
를 저 멀리 이방 사람들에게 보낼 것
이다'라고 말씀하셨습니다."

로마 시민권자 바울

22 사람들은 바울의 말을 이 대목까지
듣고 있다가 소리 높여 외쳤습니다.
"저 사람을 세상에서 없애 버리자! 저
런 놈은 그냥 살려 둘 수 없다!"
23 그들이 소리를 지르고 자기 옷을 벗
어 던지며 공중에 흙을 뿌리자
24 천부장이 바울을 병영 안으로 들이라
고 명령했습니다. 그는 사람들이 왜
이처럼 바울에게 소리를 지르는지 알
아내려고 그를 채찍질하고 신문하라
고 지시했습니다.
25 바울은 군인들이 자기를 채찍질하려
고 묶자 거기 서 있던 백부장에게 말
했습니다. "아직 판결을 받지 않은 로
마 시민을 채찍질하는 것이 합법한
것입니까?"
26 백부장은 이 말을 듣고 천부장에게
가서 그대로 보고하며 물었습니다.
"어떻게 하시렵니까? 이 사람이 로마
시민이랍니다."
27 천부장이 바울에게 와서 물었습니다.
"말해 보시오. 당신이 정말 로마 시민
이오?" 바울이 대답했습니다. "그렇
소."
28 그러자 천부장이 말했습니다. "나는
많은 돈을 들여 로마 시민권을 얻었
소." 그러자 바울이 대답했습니다. "나
는 태어나면서부터 로마 시민이었소."
29 바울을 신문하려던 사람들이 이 말
을 듣고 곧 물러갔습니다. 천부장도
바울이 로마 시민이라는 사실을 알고
그를 결박한 일로 두려워했습니다.

바울이 공회 앞에 서다

30 이튿날 천부장은 바울이 왜 유대 사
람들에게 고소를 당했는지 정확히
알아보려고 대제사장들과 온 공회를
소집하고 바울을 풀어서 그들 앞에
데려오게 했습니다.

23 바울은 공회를 똑바로 쳐다보
며 말했습니다. "내 형제들이
여, 나는 오늘까지 모든 선한 양심으
로 하나님을 위해 살아왔습니다."
2 이 말에 대제사장 아나니아는 바울
곁에 서 있던 사람들에게 그 입을 치
라고 명령했습니다.
3 그러자 바울이 그에게 말했습니다.
"하나님께서 당신을 치실 것이오. 당
신은 회칠한 무덤과 같소! 당신은 거
기 앉아 율법에 따라 나를 심판하면
서 도리어 당신 자신은 율법을 어기
고 나를 치라고 명령하고 있지 않소!"
4 바울 곁에 서 있던 사람들이 말했습
니다. "어디 감히 하나님의 대제사장
을 모욕하느냐?"
5 바울이 대답했습니다. "형제들이여,

나는 그가 대제사장인 줄 몰랐습니다. 기록되기를 ㄱ'네 백성의 지도자를 모욕하지 말라'고 했으니 말입니다."
6 그때 바울은 모인 사람들 가운데 일부가 사두개파이고 다른 일부는 바리새파임을 알고 공회에서 크게 외쳤습니다. "내 형제들이여, 나는 바리새파 사람이며 바리새파 사람의 아들입니다. 나는 지금 죽은 사람들이 부활할 것이라는 소망 때문에 재판을 받고 있습니다."
7 그가 이렇게 말하자 바리새파 사람들과 사두개파 사람들 사이에서 논쟁이 일어나 회중은 반으로 나뉘었습니다.
8 사두개파 사람들은 부활이 없으며 천사나 영도 없다고 주장하는 반면 바리새파 사람들은 그 모든 것을 인정했기 때문입니다.
9 그래서 큰 소동이 일어났습니다. 바리새파 율법학자 몇몇이 일어나 격렬하게 논쟁하며 말했습니다. "우리가 보니 이 사람은 잘못이 없소. 혹시 영이나 천사가 그에게 말한 것이라면 어쩌겠소?"
10 논쟁이 점점 커지자 천부장은 바울이 그들에게 찢겨 죽지 않을까 염려해 군인더러 내려가 바울을 그들 가운데서 빼내 병영 안으로 데려가라고 명령했습니다.
11 그날 밤 주께서 바울 곁에 서서 말씀하셨습니다. "담대하여라! 네가 예루살렘에서 나에 대해 증언한 것같이 로마에서도 나에 대해 증언해야 할 것이다."

바울을 죽이려는 음모

12 이튿날 아침 유대 사람들이 음모를 꾸미고 바울을 죽일 때까지는 먹지도 마시지도 않겠다고 맹세했습니다.
13 이러한 음모에 40명이 넘는 남자들이 가담했습니다.
14 그들은 대제사장들과 장로들에게 가서 말했습니다. "우리가 바울을 죽이기 전에는 아무것도 먹지 않겠다고 굳게 맹세했습니다.
15 그러니 여러분과 공회는 그 사건에 대해 우리가 더 정확히 알아보고 싶다는 핑계를 대고 그 사람을 여러분 앞에 데려올 수 있도록 천부장께 탄원해 주십시오. 그가 이곳에 도착하기 전에 죽일 수 있도록 준비해 두었습니다."
16 그런데 바울의 조카가 이 음모에 대해 듣고 병영으로 들어가서 바울에게 말해 주었습니다.
17 그러자 바울은 백부장 한 사람을 불러 말했습니다. "이 청년을 천부장께 데려다 주시오. 천부장께 전할 말이 있답니다."
18 그래서 그는 청년을 천부장께 데려다 주었습니다. 백부장이 말했습니다. "죄수 바울이 저를 불러 이 청년을 천부장님께 데려다 주라고 부탁했습니다. 이 사람이 천부장님께 전할 말이 있답니다."
19 천부장은 청년의 손을 잡고 한쪽으로 데려가서 물었습니다. "네가 전하

ㄱ 출 22:28

려는 말이 무엇이냐?"
20 그 청년이 말했습니다. "유대 사람들
이 바울에 대해 더 정확하게 알아보
고 싶다는 핑계로 내일 공회에 그를
데리고 나오도록 천부장님께 부탁하
자고 합의했습니다.
21 그들의 말을 들어주시면 안 됩니다.
40명이 넘는 사람들이 숨어서 바울
을 기다리고 있습니다. 그들은 바울
을 죽이기 전까지는 먹지도 마시지도
않겠다고 맹세한 사람들입니다."
22 천부장은 청년을 보내면서 "내게 이
렇게 보고했다고 아무에게도 말하지
마라" 하고 당부했습니다.

바울을 가이사랴로 호송하다

23 그러고 나서 천부장은 백부장 두 명
을 불러 명령했습니다. "보병 200명,
마병 70명, 창을 쓰는 병사 200명을
파견대로 무장시켜 오늘 밤 9시에 가
이사랴로 떠날 준비를 하라.
24 또 바울을 벨릭스 총독에게 안전하게
호송할 수 있도록 그를 태울 짐승도
마련하라."
25 그러고 나서 천부장은 이렇게 편지를
썼습니다.
26 "글라우디오 루시아가 벨릭스 총독 각
하께 문안드립니다.
27 이 사람은 유대 사람들에게 붙잡혀
거의 죽을 뻔했습니다. 그러나 그가
로마 시민임을 알고 제가 군대를 동
원해 그를 구해 냈습니다.
28 그들이 왜 이 사람을 고소하는지 알
고 싶어서 유대 사람의 공회에 데려
가 보았습니다.
29 그런데 알고 보니 그 고소는 그들의
율법에 관한 문제였지 사형이나 징역
에 해당되는 죄목은 없었습니다.
30 이 사람을 반대하는 음모가 진행되
고 있다는 보고를 듣고 바로 각하께
이 사람을 보냅니다. 고소인들에게는
그에 대한 사건을 각하께 상정하라고
명령해 두었습니다."
31 그리하여 군인들은 그 명령을 수행해
밤중에 바울을 데리고 안디바드리까
지 갔습니다.
32 이튿날 그들은 마병에게 바울을 호송
하게 하고 자기들은 병영으로 돌아갔
습니다.
33 마병들은 가이사랴에 도착하자 총독
에게 편지를 전하고 바울을 넘겨주었
습니다.
34 총독은 편지를 읽어 본 뒤 그에게 어
느 지방 출신이냐고 물었습니다. 길리
기아 출신임을 알게 된 총독은
35 바울에게 말했습니다. "너를 고소하
는 사람들이 이곳에 도착하는 대로
네 변명을 듣도록 하겠다." 그러고 나
서 그는 바울을 *헤롯의 관저에 가둬
지키라고 명령했습니다.

바울이 벨릭스 앞에서 재판받다

24 5일이 지나자 대제사장 아나니
아가 몇몇 장로들과 더둘로라
는 변호사를 데리고 가이사랴에 내려
왔습니다. 그들은 총독 앞에서 바울

23:35 헤롯 대왕이 지은 궁전으로 로마 총독의 관저로 사용했던 건물을 가리킴.

을 고소했습니다.
2 바울이 불려 나오자 더둘로가 그 사
건을 벨릭스 앞에 고소해 말했습니
다. "우리는 각하의 다스림 아래서 오
랫동안 태평성대를 누리고 있습니다.
각하의 선견지명은 이 나라에 개혁을
가져다주었습니다.
3 벨릭스 각하, 저희는 언제 어디서나
이것에 대해 깊은 감사를 드리고 있
습니다.
4 이제 더 이상 각하께 폐가 되지 않도
록 간단히 말씀드리겠으니 각하께서
는 관용을 베푸셔서 저희 말을 들어
주시기 바랍니다.
5 저희가 알아보니 이 사람은 전염병
같은 사람으로 온 세상에 퍼져 있는
유대 사람들 가운데 폭동을 일으키
는 사람입니다. 그는 나사렛 이단의
우두머리이며
6 심지어 성전까지 더럽히려고 했습니
다. 그래서 저희가 붙잡은 것입니다.
7 각하께서 직접 조사해 보시면
8 저희가 고소하는 이 모든 내용이 사
실임을 아시게 될 것입니다."
9 다른 유대 사람들도 이것이 사실임을
주장하며 이 고소를 지지했습니다.
10 총독이 바울에게 말하라고 손짓하자
바울이 대답했습니다. "저는 각하께
서 몇 년 동안 이 나라의 재판관이셨
던 것을 알고 이제 기쁜 마음으로 제
자신을 변호하고자 합니다.
11 제가 예배를 드리러 예루살렘에 올라
간 지 12일밖에 되지 않은 것을 각하
께서 조사해 보시면 쉽게 아실 수 있
습니다.
12 저를 고소한 사람들은 제가 성전에서
누구와 언쟁을 한다거나 회당이든 그
밖의 도시 안 어떤 곳에서도 군중을
선동하는 것을 본 일이 없습니다.
13 그러니 그들은 자기들이 지금 고소한
내용을 각하께 충분히 증명할 수 없
는 것입니다.
14 그러나 제가 각하께 이것은 시인합니
다. 저는 이 사람들이 이단이라고 말
하는 그 도를 따라 우리 조상의 하나
님을 섬기며 율법과 예언서에 기록된
모든 것을 믿습니다.
15 또 이 사람들과 마찬가지로 하나님께
같은 소망을 두고 있으니 그것은 의
인과 악인의 부활이 있을 것이라는
것입니다.
16 그렇기 때문에 저는 하나님과 사람
앞에서 항상 거리낄 것 없는 양심을
지니려고 애쓰고 있습니다.
17 저는 제 민족에게 구제금을 전달하고
예물도 드리려고 여러 해 만에 예루살
렘에 왔습니다.
18 이들은 제가 성전에서 정결 의식을
행하고 예물 드리는 것을 보았습니다.
그때 제 주위에는 군중도 없었고 저
는 어떤 소란에도 개입되지 않았습니
다.
19 그 자리에는 다만 *아시아 지방에서
온 몇몇 유대 사람들이 있었는데 만

24:19 오늘날 소아시아의 서남부를 가리킴. 로마의 행정 구역

약 저를 고소할 일이 있었다면 그들
이 직접 고소 내용을 들고 여기 각하
앞에 와 있어야 할 것입니다.
20 그렇지 않다면 여기 있는 이 사람들
이라도 제가 유대 공회 앞에 섰을 때
무슨 죄목을 발견했는지 말해야 할
것입니다.
21 저는 다만 이 사람들 앞에 서서 '내가
오늘 여러분 앞에 재판을 받는 것은
죽은 사람의 부활에 대한 문제 때문
이다라고 한마디 외쳤을 뿐입니다."
22 그러자 그 도에 대해 익히 잘 알고 있
었던 벨릭스는 "루시아 천부장이 오
면 그때 판결하겠다"라고 말한 뒤 재
판을 연기했습니다.
23 벨릭스는 백부장에게 명령해 바울을
지키되 그에게 어느 정도 자유를 주
고 필요한 것을 그의 친구들이 가져
다주는 것도 허락하라고 했습니다.
24 며칠 뒤 벨릭스는 유대 사람인 아내
드루실라와 함께 나타났습니다. 그는
바울을 불러들여 그리스도 예수를 믿
는 믿음에 관해 바울이 설명하는 것
을 들었습니다.
25 바울이 정의와 자기 절제와 다가올
심판에 대해 설명하자 벨릭스는 두려
워하며 말했습니다. "이제 됐다! 가도
좋다. 내가 편한 시간에 다시 부르겠
다."
26 동시에 그는 혹시 바울이 자기에게
뇌물을 바치지 않을까 하는 바람에
서 바울을 수시로 불러들여 함께 이
야기를 나누었습니다.
27 2년이 지난 후 벨릭스의 뒤를 이어 보
르기오 베스도가 총독이 됐습니다. 그
러나 벨릭스는 유대 사람들에게 환심
을 사려고 바울을 그대로 감옥에 내
버려 두었습니다.

하용조 목사의 행복한 **메시지**

거리낌 없는 양심

양심에 거리낌이 없었기에 사도 바울은 재판관 앞에서도 거짓말을 하거나 상황을 꾸미지 않았습니다. 대부분의 사람들은 상황에 따라 적당히 말을 바꿉니다. 거짓말을 하면 그 순간은 피할 수 있을지 몰라도 마침내 거짓말은 드러나게 되어 있습니다. 사도 바울은 자기가 주장하는 것에 대한 최후의 보루는 양심이라고 말했습니다(행 24:16). 그런데 현대인들은 양심을 제대로 지키지 못합니다.

사도 바울이 왜 위대합니까? 남다른 고난을 당하고 수모를 겪으면서도 열심히 복음을 전했고 늘 떳떳하고 거리낌이 없었습니다. 여기서 그리스도인의 힘이 나옵니다. 우리가 힘이 없는 이유는 떳떳하지 못하기 때문입니다. 예수님은 언제나 공명정대하셨습니다. 빌라도 앞에서도 떳떳하셨고 십자가 위에서 죄인 취급을 받고 조롱을 당할 때도 당당하셨습니다. 떳떳한 사람의 말에는 힘이 있습니다. 양심에 거리낌 없는 그리스도인들이 많아질 때 세상은 바뀌는 것입니다.

바울이 베스도 앞에서 재판받다

25 베스도가 부임한 지 3일 뒤에
가이사랴에서 예루살렘으로
올라가자
2 대제사장들과 유대 지도자들이 그
앞에 나와 바울에 대해 고소했습니
다.
3 그들은 자기들에게 호의를 베푸는 셈
치고 바울을 예루살렘으로 이송해 달
라고 베스도에게 강력하게 요청했습
니다. 이송 도중 매복하고 있다가 그
를 죽이려고 준비하고 있었던 것입니
다.
4 베스도가 대답했습니다. "바울이 가이
사랴에 묶여 있고 나도 이제 곧 그곳
으로 갈 것이니
5 그에게 무슨 잘못이 있다면 너희 지
도자들 몇몇이 나와 함께 가서 그곳
에서 고소하도록 하라."
6 8일에서 10일 정도 그들과 함께 지내
고 난 베스도는 가이사랴로 내려갔고
이튿날 재판을 소집해 바울을 자기
앞에 데려오라고 명령했습니다.
7 바울이 나타나자 예루살렘에서 내려
온 유대 사람들이 그 곁에 둘러서서
여러 가지 중한 죄목으로 그를 고소
했습니다. 그러나 죄를 입증할 만한
증거는 대지 못했습니다.
8 그러자 바울이 자신을 변론했습니다.
"나는 유대 사람의 율법이나 성전이
나 *가이사에게 죄지은 것이 전혀 없
습니다."
9 베스도는 유대 사람들의 환심을 사고
자 바울에게 말했습니다. "네가 예루
살렘으로 올라가 이 고소들에 대해
내 앞에서 재판을 받겠느냐?"
10 바울이 대답했습니다. "내가 지금 가
이사의 법정에 섰으니 당연히 여기서
재판을 받아야 할 것입니다. 총독께
서도 잘 아시다시피 나는 유대 사람
들에게 잘못한 일이 없습니다.
11 그러나 만약 내가 사형받을 만한 죄
를 지었다면 죽음을 달게 받겠습니
다. 그러나 이 유대 사람들이 나를 고
소한 내용이 사실이 아니라면 어느
누구도 나를 그들에게 넘겨줄 권리가
없습니다. 나는 *가이사에게 상소합
니다!"
12 베스도는 배심원들과 상의하고 난 뒤
말했습니다. "네가 *가이사에게 상소
했으니 가이사에게로 가야 할 것이
다."

베스도가 아그립바와 상의하다

13 며칠 뒤 아그립바 왕과 버니게가 베스
도에게 문안하러 가이사랴에 도착했
습니다.
14 그들이 그곳에서 여러 날을 지내고
있었기 때문에 베스도는 바울의 사건
에 대해 왕과 논의하게 됐습니다. 베
스도가 말했습니다. "이곳에 벨릭스가
죄수로 가둬 놓은 사람이 있는데
15 내가 예루살렘에 갔을 때 대제사장들
과 유대 장로들이 그를 고소하고 유죄
판결을 내려 달라고 청원했습니다.

25:8,11,12 로마 황제의 칭호. 원래 로마 황제 율리우스 카이사르의 성(姓)

16 고소인들과 맞닥뜨려 그 고소한 내용
에 대해 스스로 변호할 기회를 갖기
전까지는 어느 누구든 넘겨주는 것이
로마 관례가 아니라고 설명해 주었습
니다.
17 그래서 그들이 나와 함께 여기 오게
됐고 나는 그 사건을 연기하지 않고
바로 그다음 날 법정을 열어 그 사람
을 데려오게 했습니다.
18 그러자 고소인들이 일어나서 말했는
데 그들이 고소한 것은 내가 짐작했
던 죄가 아니었습니다.
19 그들의 논쟁거리는 그저 그들의 종교
와 예수라고 하는 죽은 사람에 대한
것이었습니다. 바울은 예수가 다시 살
았다고 주장하고 있었습니다.
20 나는 이 사건을 어떻게 해결할까 망
설이다가 그에게 예루살렘으로 가서
이 고소에 대해 재판받을 마음이 있
냐고 물어 보았습니다.
21 그랬더니 바울은 로마 황제의 판결을
받겠다고 상소해서 내가 그를 황제께
보낼 때까지 붙들어 두라고 명령했습
니다."
22 그러자 아그립바가 베스도에게 말했
습니다. "내가 직접 그 사람의 말을
들어 보고 싶습니다." 그러자 베스도
는 "내일 한번 들어 보십시오"라고 대
답했습니다.

바울이 아그립바 앞에 서다

23 이튿날 아그립바와 버니게가 위엄 있
게 차려입고 와서 높은 관료들과 그
도시의 지도자들과 함께 재판정으로
들어갔습니다. 베스도의 명령에 바울
이 들어왔습니다.
24 베스도가 말했습니다. "아그립바 왕이
여, 그리고 우리와 함께 여기 참석한
모든 분들이여, 이 사람을 보십시오.
예루살렘에서 또 여기 가이사랴에서
모든 유대 사람들이 그를 살려 둬서
는 안 된다고 외치며 내게 탄원했습
니다.
25 내가 살펴보니 그가 사형받을 만한
일을 한 적이 없습니다. 그런데 그가
로마 황제께 상소하겠다고 해서 내가
그를 로마에 보내기로 결정했습니다.
26 그러나 그에 대해 황제께 확실하게
써 보낼 말이 없기 때문에 여러분 모
두 앞에, 특별히 아그립바 왕 앞에 이
사람을 데려온 것이니 이번 조사의
결과로 뭔가 상소할 것이 생기지 않을
까 합니다.
27 고소 내용도 구체적으로 명기하지 않
고 죄수를 보내는 것은 상식 밖의 일
이기 때문입니다."

26 그때 아그립바가 바울에게 말
했습니다. "네 자신을 위해 변
호할 것을 허락하노라." 그러자 바울
은 손을 들어 변호를 시작했습니다.
2 "아그립바 왕이여, 제가 오늘 당신 앞
에 서서 유대 사람들의 모든 모함에
대해 저 자신을 변호하게 된 것을 다
행으로 여깁니다.
3 특히 왕께서는 모든 유대 관습과 문
제에 대해 잘 알고 계시니 더욱 그렇
습니다. 그러니 제 말을 끝까지 들어

주시기를 간절히 바랍니다.
4 유대 사람들은 제가 어릴 적부터 제
고향과 예루살렘에서 어떻게 살아왔
는지 다 알고 있습니다.
5 그들은 오랫동안 저를 알았고 제가
우리 종교의 가장 엄격한 종파를 좇
아 바리새파 사람으로서 어떻게 살았
는지 증명할 수도 있을 것입니다.
6 그런데 제가 오늘 재판을 받는 것은
하나님께서 우리 조상들에게 약속하
신 것에 소망을 두고 있기 때문입니다.
7 이것은 우리 열두 지파가 밤낮으로
하나님을 열심히 섬기면서 이뤄지기
를 바라던 바로 그 약속입니다. 왕이
여, 바로 이 소망 때문에 유대 사람들
이 저를 고소하고 있는 것입니다.
8 여러분은 왜 하나님께서 죽은 사람
을 다시 살리신다는 것을 믿지 못할
일로 생각합니까?
9 저도 한때는 나사렛 예수의 이름을
반대하기 위해서라면 무엇이든 다해
야 한다고 확신했던 사람입니다.
10 제가 예루살렘에서 했던 일이 바로
그런 일입니다. 대제사장들의 권한을
받아 많은 성도들을 감옥에 가두었
고 그들이 죽임을 당할 때 찬성했습
니다.
11 여러 회당들을 다니며 그들을 여러
번 처벌했으며 강제로 그들에게 모독
하는 말을 하도록 했습니다. 그들에
게 격분한 나머지 다른 나라 도시까
지도 찾아가 핍박했습니다.
12 그런 일로 다니던 가운데 나는 대제
사장들의 권한을 위임받아 다메섹으
로 가고 있었습니다.
13 정오쯤에, 오 왕이여, 길을 가고 있는
데 하늘로부터 해보다 더 밝은 빛이
저와 제 일행을 둘러싸며 비추었습니
다.
14 우리는 모두 땅에 엎드러졌습니다. 그
때 제게 *히브리 말로 말씀하시는 음
성이 들렸습니다. '사울아, 사울아, 네
가 왜 나를 핍박하느냐? 가시 채찍을
뒷발질해 봐야 너만 다칠 뿐이다.'
15 그래서 제가 물었습니다. '주여, 당신
은 누구십니까?' 그러자 주께서 대답
하셨습니다. '나는 네가 핍박하는 예
수다.
16 이제 일어나 똑바로 서거라. 내가 네
게 나타난 것은 너를 내 일꾼으로 삼
아 네가 본 것과 앞으로 내가 네게 보
여 줄 것을 사람들에게 증언하도록
하기 위함이다.
17 내가 이 백성과 이방 사람들에게서
너를 구원해 이방 사람들에게로 보낼
것이다.
18 이제 너는 그들의 눈을 뜨게 하고 그
들을 어둠에서 빛으로, 사탄의 권세
에서 하나님께로 돌아오게 해 그들이
죄 용서를 받고 나를 믿어 거룩하게
된 사람들 가운데 기업을 얻게 할 것
이다.'
19 아그립바 왕이여, 그래서 저는 하늘에
서 보여 주신 이 환상에 거역하지 않
고

26:14 또는 아람어

20 먼저 다메섹 사람들에게, 다음으로
예루살렘 사람들과 온 유대 사람들에
게 그리고 이방 사람들에게까지 그들
이 회개하고 하나님께 돌아와 회개에
합당한 행동을 보이라고 선포했습니
다.
21 바로 이 때문에 유대 사람들이 성전
에서 저를 붙잡아 죽이려고 했던 것
입니다.
22 그러나 저는 바로 이날까지 하나님의
도움을 받아 왔기에 여기 서서 높고
낮은 모든 사람들에게 증언하고 있는
것입니다. 저는 모세와 예언자들이 앞
으로 일어나리라고 예언한 것 외에는
아무것도 말하지 않았습니다.
23 그것은 *그리스도께서 고난을 당하셔
서 죽은 사람들 가운데 가장 먼저 부
활하심으로 이스라엘 백성과 이방 사
람들에게 빛을 선포하시리라는 것입
니다."
24 바울이 이같이 말하자 베스도가 바울
의 변호를 가로막으며 소리쳤습니다.
"바울아, 네가 미쳤구나! 네 많은 학
식이 너를 미치게 했구나."
25 바울이 대답했습니다. "베스도 각하,
저는 미치지 않았습니다. 제가 드리
는 말씀은 사실이며 제정신으로 하
는 말입니다.
26 왕께서는 이 사실을 알고 계시므로
제가 거리낌 없이 말할 수 있습니다.
이것은 어느 한 구석에서 일어난 일
이 아니기 때문에 어떤 것 하나라도
왕께서 모르고 넘어가셨을 리 없다고
저는 확신합니다.
27 아그립바 왕이여, 예언자들을 믿으십
니까? 왕께서 믿으시는 줄 제가 압니
다."
28 그러자 아그립바가 바울에게 말했습
니다. "네가 이 짧은 시간에 나를 그
리스도의 사람으로 만들 수 있다고
생각하느냐?"
29 바울이 대답했습니다. "짧은 시간이
든 긴 시간이든 왕뿐 아니라 오늘 제
말을 듣고 있는 모든 분들이 이 쇠사
슬을 제외하고는 저처럼 되기를 하나
님께 기도합니다."
30 그러자 아그립바 왕이 일어났고 베스
도 총독과 버니게 그리고 그들과 함
께 앉아 있던 사람들도 다 일어났습
니다.
31 그들은 밖으로 나가면서 "이 사람은
사형이나 징역을 받을 만한 일은 하
지 않았다"라고 서로 말했습니다.
32 아그립바는 베스도에게 "이 사람이 황
제께 상소하지만 않았더라도 석방될
수 있었을 것이오"라고 말했습니다.

바울이 배를 타고 로마로 호송되다

27 우리가 이탈리아로 배를 타고
가도록 결정이 나자 바울과 다
른 죄수들은 황제 부대에 소속된 율
리오라는 백부장에게 넘겨졌습니다.
2 우리는 아시아 지방의 해변을 따라
항해하게 될 아드라뭇데노 호를 타고
바다로 출항했습니다. 데살로니가 출
신의 마케도니아 사람 아리스다고가

26:23 히브리어, 메시아. '기름 부음 받은 사람'

우리와 동행했습니다.
3 이튿날 우리는 시돈에 닿았습니다. 율
리오는 바울에게 친절을 베풀어 그가
친구들에게 가서 필요한 것을 공급받
을 수 있도록 허락해 주었습니다.
4 시돈에서 우리가 계속 항해할 때 역
풍이 불었기에 우리는 키프로스 해안
을 끼고 항해하게 됐습니다.
5 길리기아와 밤빌리아 앞바다를 지나
서 루기아 지방의 무라에 상륙했습니
다.
6 그곳에서 백부장은 이탈리아로 가는
알렉산드리아 호를 찾아 우리를 그 배
에 태웠습니다.
7 우리는 여러 날 동안 느린 항해 끝에
가까스로 니도 앞바다에 도착했습니
다. 그러나 바람이 불어 우리 항로를
지키지 못하고 살모네 맞은편 크레타
섬을 끼고
8 간신히 해안가를 따라 움직여 라새아
도시에서 가까운 '아름다운 항구'라
는 곳에 이르렀습니다.
9 많은 시간이 소모되고 *금식하는 절
기도 지났기 때문에 항해가 위험해
졌습니다. 그래서 바울이 사람들에게
충고했습니다.
10 "여러분, 내가 보니 우리가 이렇게 계
속 항해하다가는 재난에 빠지고 배와
짐이 큰 손실을 입을 뿐 아니라 우리
목숨도 위태로울 것입니다."
11 그러나 백부장은 바울의 말보다는 선
장과 선주의 말을 더 따랐습니다.
12 그 항구는 겨울을 나기에 적당하지
않았기 때문에 대다수의 사람들이
뵈닉스에 가서 겨울을 날 수 있기를
바라는 마음에 계속 항해하자고 했
습니다. 뵈닉스는 크레타 섬에 있는
항구 도시로 남서쪽과 북서쪽을 향하
고 있었습니다.

유라굴로 태풍

13 부드러운 남풍이 불기 시작하자 그들
은 자기들이 바라던 대로 됐다고 생
각했습니다. 그래서 그들은 닻을 올
리고 크레타 섬 해안을 따라 항해했
습니다.
14 그런데 얼마 지나지 않아 그 섬으로
부터 *'유라굴로'라는 태풍이 불어닥
쳤습니다.
15 배가 폭풍에 휘말려 방향을 잡을 수
가 없었습니다. 그래서 우리는 배가
가는 대로 내맡기고 표류하다가
16 가우다라는 작은 섬 아래쪽을 따라
지나면서 간신히 거룻배를 바로잡을
수 있었습니다.
17 선원들은 그 배를 끌어 올리고 아래
로 밧줄을 내려보내 선체를 둘러맸습
니다. 그대로 가다가는 배가 스르디스
해안의 모래 언덕에 처박힐까 두려워
그들은 닻을 내려 배가 표류하게 했
습니다.
18 우리는 폭풍에 몹시 시달리다 못해
이튿날에는 선원들이 짐을 바다에 던
져 넣기 시작했습니다.
19 3일째 되는 날에는 선원들이 배의 장

27:9 속죄일. 티쉬리 또는 에다님 월. 태양력으로 9월 중순 이후(레 23:26-31을 보라.) **27:14** 그리스-라틴어 합성어, '북동풍'

비들을 자기들의 손으로 내던졌습니
다.
20 여러 날 동안 해와 별도 나타나지 않
고 폭풍만 계속 불어닥치자 결국 우리
는 구조될 모든 소망을 포기했습니다.
21 사람들이 오랫동안 아무것도 먹지 못
하고 있는 가운데 바울이 일어나 그
들 앞에 서서 말했습니다. "여러분, 크
레타 섬에서 항해하지 말라는 내 충
고를 들었더라면 이런 타격과 손실은
입지 않았을 것입니다.
22 그러나 이제 내가 여러분에게 당부합
니다. 여러분 가운데 아무도 목숨을
잃지 않고 배만 손상될 것이니 안심
하기 바랍니다.
23 어젯밤 내 하나님, 곧 내가 섬기는 하
나님의 천사가 내 곁에 서서
24 '바울아, 두려워 마라. 네가 마땅히 가
이사 앞에 서야 한다. 그래서 하나님
께서 너와 함께 항해하는 모든 사람
들의 생명을 네게 맡겨 주셨다'라고
하셨습니다.
25 그러니 여러분, 안심하십시오. 나는
하나님을 믿으니 내게 말씀하신 대로
이뤄질 것입니다.
26 그러나 우리는 밀려서 어느 섬에 닿
게 될 것입니다."

배가 파선하다

27 14일째 되는 날 밤에 우리는 *아드리
아 바다 위에서 표류하고 있었습니다.
한밤중이 됐을 때 선원들은 뭍에 가
까이 왔음을 직감했습니다.
28 수심을 재어 보니 물의 깊이가 약
*20오르귀아였습니다. 조금 있다가
다시 재어 보니 약 *15오르귀아였습
니다.
29 우리가 암초에 부딪히게 될까 두려워
선원들은 고물에서 네 개의 닻을 내
리고 날이 밝기만을 바랐습니다.
30 그런데 선원들은 도망칠 속셈으로 뱃
머리에서 닻을 내리는 척하면서 거룻
배를 바다에 띄웠습니다.
31 그때 바울이 백부장과 군인들에게 말
했습니다. "이 사람들이 배 안에 같이
있지 않으면 당신들도 구조되지 못할
것이오."
32 그러자 군인들은 거룻배에 묶여 있던
밧줄을 끊어 거룻배를 떼어 버렸습니
다.
33 날이 밝아 올 무렵 바울은 그들 모두
에게 무엇이든 먹어 두라고 권하며
말했습니다. "지난 14일 동안 여러분
은 계속 마음을 졸이면서 아무것도
먹지 못하고 굶고 지냈습니다.
34 그러므로 이제는 여러분이 음식을 좀
먹어 둘 것을 권합니다. 그래야 살아
남을 수 있습니다. 여러분 가운데 어
느 누구도 머리카락 하나라도 잃지
않을 것입니다."
35 바울은 이렇게 말한 뒤 떡을 조금 가
져다가 모든 사람들 앞에서 하나님께
감사한 후 떼어 먹기 시작했습니다.
36 그러자 모든 사람들도 용기를 얻어
음식을 먹었습니다.

27:27 고대 시대에 아드리아는 이탈리아 남쪽 바다를 가리킴. 27:28 1오르귀아는 약 1.85미터. 20오르귀아는 약 37미터. 15오르귀아는 약 28미터

37 배 안에 있던 사람은 모두 276명이었
습니다.
38 그들은 배부르게 먹고 난 뒤 남은 식
량을 바다에 던져 배를 가볍게 해 두
었습니다.
39 날이 밝자 어떤 땅인지는 모르지만
그들은 모래사장이 펼쳐진 해안을 볼
수 있었습니다. 그들은 가능한 한 그
곳에 배를 대기로 작정했습니다.
40 그래서 닻을 끊어 바다에 버리고 키
를 묶은 밧줄을 늦추었습니다. 그러
고 나서 앞 돛을 끌어 올려 바람에
맡기고 해안 쪽으로 배를 몰았습니
다.
41 그러나 배가 모래 언덕에 부딪혀 좌
초됐습니다. 두 물살이 합쳐지는 곳
에 걸리는 바람에 뱃머리는 꽉 박혀
옴짝달싹도 하지 않았고 배 뒤쪽은
거센 파도 때문에 깨어졌습니다.
42 군인들은 죄수들이 헤엄쳐 도망가지
못하도록 죽일 계획이었습니다.
43 그러나 백부장은 바울의 목숨을 살
려 줄 생각에 군인들의 뜻을 막았습
니다. 그는 수영할 수 있는 사람은 물
에 먼저 뛰어들어 육지로 올라가라고
명령했습니다.
44 남은 사람들은 널빤지나 부서진 배
조각을 붙잡고 나가도록 했습니다. 이
렇게 해서 모든 사람이 무사히 육지
로 구출됐습니다.

바울이 몰타 섬에 상륙하다

28 무사히 해안에 도착하고서야
우리는 그곳이 몰타 섬이라는
것을 알았습니다.
2 그 섬 원주민들은 우리에게 각별한
친절을 베풀어 주었습니다. 또 비가
오고 추웠기 때문에 불을 지펴 주며
우리 모두를 맞아 주었습니다.
3 바울이 마른 나뭇가지 한 묶음을 모
아다가 불 속에 넣었더니 뜨거운 열
기 때문에 독사가 기어 나와 바울의
손에 달라붙었습니다.
4 원주민들은 독사가 바울의 손에 매
달려 있는 것을 보고 서로 수군거렸
습니다. "이 사람은 살인자가 분명하
다. 그가 바다에서는 살아났지만 *'정
의의 여신'이 그를 살려 두지 않나 보
다."
5 그런데 바울은 그 뱀을 불 속에 떨어
버렸고 아무런 상처도 입지 않았습니
다.
6 사람들은 그가 몸이 부풀어 오르거
나 갑자기 쓰러져 죽을 것이라고 생
각했지만 오래 기다려 봐도 아무 일
없는 것을 보고는 생각이 바뀌어 바
울을 신이라고 말했습니다.
7 그 섬의 추장인 보블리오가 그 근처
에 자신이 소유한 땅을 갖고 있었습
니다. 그는 우리를 자기 집으로 맞아
들여 3일 동안 극진히 대접해 주었습
니다.
8 그의 아버지는 열병과 이질에 걸려 병
상에 누워 있었습니다. 바울은 그를
방문해 기도하고 그 사람의 몸에 손
을 얹어 고쳐 주었습니다.

28:4 또는 정의가

9 이 일이 있고 나서 그 섬에 사는 다른
병자들도 와서 낫게 됐습니다.
10 그들은 여러모로 우리를 잘 대접해
주었고 우리가 그 섬을 떠날 때는 우
리에게 필요한 물건까지 공급해 주었
습니다.

바울이 로마에 도착하다

11 석 달이 지난 후 우리는 그 섬에서 겨
울을 지낸 알렉산드리아 배를 타고 항
해 길에 올랐습니다. 이 배에는 *디오
스구로라는 쌍둥이 신의 형상이 새겨
져 있었습니다.
12 우리는 수라구사에 닿았고 그곳에서
3일 동안 지냈습니다.
13 다시 항해를 시작해 우리는 레기온에
도착했으며 이튿날에는 남풍이 일어
그다음 날에 보디올에 닿았습니다.
14 보디올에서 우리는 형제들을 만나게
됐고 그들의 초청을 받아 함께 일주
일을 지냈습니다. 그러고 나서 우리는
로마에 도착했습니다.
15 그곳 로마의 형제들은 우리가 온다는
말을 전해 듣고 우리를 맞으려고 *'압
비오 광장'과 *'세 여관'이라는 곳까
지 나와 있었습니다. 바울이 이 사람
들을 보게 되자 하나님께 감사하면서
용기를 얻게 됐습니다.
16 우리가 로마에 도착했을 때 바울은
자신을 지키는 군인 한 명과 함께 따
로 지낼 수 있도록 허락받았습니다.

바울이 로마에서 전도하다

17 3일이 지난 뒤 바울은 유대 사람 지
도자들을 불렀습니다. 그들이 모이자
바울이 말했습니다. "내 형제들이여,
나는 내 동족이나 우리 조상들의 관
습을 거스르는 일을 한 적이 없는데
도 예루살렘에서 체포돼 로마 사람들
에게 넘겨졌습니다.
18 그들은 나를 심문했으나 사형받을 만
한 죄가 없으므로 그냥 풀어 주려고
했습니다.
19 그러나 유대 사람들의 반대로 나는
어쩔 수 없이 *가이사께 상소하게 된
것입니다. 이것은 내 유대 동족을 고
소할 생각으로 한 것이 아닙니다.
20 그렇기 때문에 내가 여러분을 만나
이야기하자고 한 것입니다. 내가 이
쇠사슬에 묶여 있는 것은 이스라엘의
소망 때문입니다."
21 유대 사람들이 바울에게 대답했습니
다. "우리는 당신에 대해서 유대로부
터 편지를 받은 적도 없고 그곳에서
온 형제들도 당신에 대해 나쁘게 보
고하거나 말한 적이 없습니다.
22 그러나 우리는 당신의 생각을 듣고
자 합니다. 이 종파에 대해서는 어디
에서든 반대가 있음을 알기 때문입니
다."
23 그들이 바울을 만날 날짜를 정하고
많은 사람들이 그의 숙소로 찾아왔
습니다. 그는 아침부터 저녁까지 그들
에게 하나님 나라에 대해 증언했고

28:11 제우스의 쌍둥이 아들들을 가리킴. 28:15 압비오 광장은 로마에서 약 70킬로미터 떨어진 곳에 있는 광장. 세 여관은 로마에서 약 57킬로미터 떨어진 트레스 타베르나이란 이름을 가진 곳을 가리킴. 28:19 로마 황제의 칭호. 원래 로마 황제 율리우스 카이사르의 성(姓)

모세의 율법과 예언서들로부터 예수
에 관해 설득시키려고 했습니다.
24 어떤 사람들은 바울의 말을 믿었지만
믿지 않는 사람들도 있었습니다.
25 그들이 서로 의견이 엇갈린 채 떠나
려 하자 바울이 한마디 덧붙였습니
다. "성령께서 예언자 이사야를 통해
여러분의 조상들에게 하신 말씀이
옳습니다.
26 ㄱ'이 백성들에게 가서 말하라. 너
희가 듣기는 들어도 깨닫지 못하고
너희가 보기는 보아도 알지 못할
것이다.
27 이 백성들의 마음이 무뎌지고 귀는
듣지 못하고 눈은 감겨 있다. 이는
그들이 눈으로 보고 귀로 들으며
마음으로 깨닫고 내게 돌아와 고침
을 받지 못하게 하려는 것이다.'
28 그러므로 여러분은 하나님의 구원이
이방 사람들에게로 갔다는 것을 알
아야 합니다. 그들은 듣게 될 것입니
다."
29 *(없음)
30 바울은 만 2년 동안 자기 셋집에 머물
면서 자신에게 찾아오는 모든 사람을
맞아들여
31 어떠한 방해도 받지 않고 담대하게
하나님 나라를 선포하고 주 예수 그
리스도에 관한 것을 가르쳤습니다.

28:29 어떤 사본에는 '바울이 이 말을 하자 유대 사람들은 서로 격렬한 논쟁을 하다가 돌아갔습니다.'가 있음.
ㄱ 사 6:9,10

로마서

Romans

기독교 교리의 보고로서, 복음에 대해 종합적이고 체계적으로 기술한다. 은혜를 통한 구원과 이신칭의, 중생과 성화와 영화에 대해 설명하며, 그리스도 안에서 유대 사람과 이방 사람이 조금도 차별이 없는 구원의 대상임을 신학적으로 논증한다. 로마 교회를 향한 바울의 마음과 세계 선교, 우주적 변혁의 비전이 장엄하게 제시되고 있다.

1 그리스도 예수의 종 바울은 사도로
부르심을 받아 하나님의 복음을
위해 따로 세움을 받았습니다.
2 그 복음은 하나님께서 예언자들을
통해 성경에 미리 약속하신 것으로
3 하나님의 아들에 관한 것입니다. 그
분은 육신으로는 다윗의 후손으로
나셨고
4 성결의 영으로는 죽은 자들 가운데
서 부활해 *능력 있는 하나님의 아들
로 *인정되셨으니 바로 우리 주 예수
그리스도이십니다.
5 우리가 예수 그리스도를 통해 은혜와
사도직을 받았으니 이는 그분의 이름
을 위해 모든 이방 사람들이 믿고 순
종하도록 하기 위해서입니다.
6 여러분 역시 그들 가운데 부르심을
받아 예수 그리스도께 속한 사람들이
됐습니다.
7 하나님의 사랑을 받고 성도로 부르심
을 받은 로마에 있는 모든 사람에게
하나님 우리 아버지와 주 예수 그리스
도로부터 은혜와 평강이 있기를 빕니
다.

바울이 로마 방문을 열망하다

8 먼저 내가 여러분 모두를 두고 예수
그리스도를 통해 내 하나님께 감사하
는 것은 여러분의 믿음이 온 세상에
전파됐기 때문입니다.
9 하나님의 아들의 복음 안에서 내 영
으로 섬기는 하나님이 내 증인이신데
나는 항상 여러분을 기억하며
10 이제 하나님의 뜻 안에서 어떻게든지
내가 여러분에게 갈 수 있는 길이 열
리기를 기도하고 있습니다.
11 내가 여러분 보기를 간절히 바라는
것은 어떤 신령한 은사를 나눠 주어
여러분을 강하게 하려는 것입니다.
12 이는 여러분과 내가 서로의 믿음으로
격려를 받기 위함입니다.
13 형제들이여, 나는 여러분이 이 사실

1:4 또는 능력으로 1:4 또는 확정되신, 지명되신

을 모르기를 원치 않습니다. 곧 나는
다른 이방 사람들 가운데서처럼 여러
분 가운데서도 열매를 맺기 위해 여
러분에게 몇 번이나 가려고 했으나
지금까지 길이 막혔습니다.
14 나는 그리스 사람이든 미개한 사람이
든, 지혜로운 사람이든 어리석은 사
람이든, 그 모두에게 빚을 진 사람입
니다.
15 그러므로 나는 로마에 있는 여러분
에게도 복음 전하기를 간절히 원합니
다.
16 나는 복음을 부끄러워하지 않습니다.
이 복음은 모든 믿는 사람들에게 구
원을 주시는 하나님의 능력이기 때문
입니다. 먼저는 유대 사람에게요, 다
음으로는 그리스 사람에게입니다.
17 복음에는 하나님의 의가 계시돼 믿음
으로부터 믿음에 이르게 합니다. 기
록되기를 ㄱ"의인은 믿음으로 살 것이
다"라고 한 것과 같습니다.

불의한 인간에 대한 하나님의 진노

18 하나님의 진노가, 불의로 진리를 막
는 자들의 모든 불경건과 불의에 대
해서 하늘로부터 나타납니다.
19 이는 하나님을 알 만한 것이 그들 가
운데 분명히 드러나 있기 때문입니다.
하나님께서 그들에게 그것을 명백히
보여 주셨습니다.
20 세상이 창조된 이후로 하나님의 보이
지 않는 것들, 곧 그분의 영원하신 능
력과 신성이 그분이 만드신 만물을
통해 명백히 보여 알게 됐으므로 그
들은 변명할 수 없습니다.
21 그들은 하나님을 알면서도 하나님을
영화롭게 하지도 않고 감사하지도 않
았습니다. 오히려 그들의 생각이 허망
해졌고 그들의 어리석은 마음은 어두
워졌습니다.
22 그들은 스스로 지혜롭다고 하지만 미
련하게 돼
23 썩지 않는 하나님의 영광을 썩어질
사람이나 새나 짐승이나 기어 다니는
동물의 우상으로 바꾸었습니다.
24 그러므로 하나님께서는 그들이 마음

ㄱ 합 2:4

성·경·상·식 복음

'복음'이라는 단어는 본래 고대 전쟁에서 '승리의 소식'을 의미하는 것으로 '좋은 소식'이라는 뜻이었다(삼하 18:27). 그러다 점차 메시아를 통해 이루어질 구원의 기쁜 소식을 의미하는 말로 사용되었다(사 41:27).

신약 성경에서 복음은 미리 약속하신(롬 1:2) 하나님의 아들 예수를 다윗의 후손으로 나게 하시고(롬 1:3) 죄인을 구원하시기 위해 십자가에 못 박혀 죽게 하시고(롬 5:8) 부활시키심으로(롬 1:4) 예수를 믿는 모든 사람에게 구원을 주신다는 것이다(롬 1:16; 3:22, 28).

왜 예수 그리스도가 복음의 핵심인가? 모든 사람이 죄를 범하였다. 하나님은 공의로우셔서 죄지은 사람을 심판하실 수밖에 없는데(롬 3:23) 완전한 인간이신 의로우신 예수님이 인류의 죄를 대신해 자신을 속죄제물로 드리심으로 우리 죄의 대가를 지불하셨기 때문이다(롬 3:25).

의 정욕대로 살도록 더러움에 내버려
두시니 그들은 서로의 몸을 욕되게
했습니다.
25 그들은 하나님의 진리를 거짓과 바꾸
고 창조주 대신 피조물을 경배하고
섬겼습니다. 하나님께서는 영원히 찬
양받으실 분이십니다. 아멘.
26 하나님께서는 이 때문에 그들을 수
치스러운 정욕에 내버려 두셨습니다.
여자들은 남자와의 정상적인 관계를
비정상적인 관계로 바꾸고
27 남자들도 마찬가지로 여자와의 정상
적인 관계를 버리고 서로 정욕으로
불타올랐습니다. 그들은 같은 남자끼
리 부끄러운 일을 행했고 이런 타락
한 행위로 인해 그들 자신이 마땅한
징벌을 받았습니다.
28 더구나 그들이 *하나님을 아는 지식
을 하찮게 여기므로 하나님께서는 그
들을 타락한 마음대로 내버려 두셔서
합당치 못한 일을 하게 하셨습니다.
29 그들은 온갖 불의와 악행과 탐욕과
악의로 가득 차 있으며 질투와 살인
과 다툼과 사기와 악독으로 가득 차
있습니다. 그들은 수군거리기를 좋아
하고,
30 서로 헐뜯고, *하나님을 미워하고, 건
방지고, 교만하고, 자랑하기 좋아하
고, 악한 일을 궁리해 내고, 부모를
거역하고,
31 어리석고, 신의가 없고, 인정도 없고,
무자비한 자들입니다.
32 그들은 이와 같은 일을 행하는 자가
죽어 마땅하다는 하나님의 법규를
알면서도 그런 짓을 계속할 뿐만 아
니라 그렇게 행하는 자들을 옳다고
합니다.

하나님의 의로운 심판

2 그러므로 남을 판단하는 사람이
여, 그대는 변명할 수 없습니다. 그
대는 남을 판단하는 그것으로 그대
스스로를 정죄하고 있습니다. 남을
판단하는 그대가 똑같은 일들을 행하
기 때문입니다.
2 우리는 그런 일을 행하는 사람에게
진리대로 하나님의 심판이 내린다는
것을 압니다.
3 그런 일을 행하는 사람을 판단하면
서 똑같은 일을 행하는 사람이여, 그
대가 하나님의 심판을 피할 수 있을
줄로 생각합니까?
4 아니면 하나님의 인자하심이 그대를
회개로 이끄시는 것을 알지 못하고
그분의 인자하심과 용납하심과 오래
참으심의 풍성함을 멸시합니까?
5 그대의 고집과 회개하지 않는 마음
때문에 그대는 진노의 날 곧 하나님
의 의로운 심판이 나타날 그날에 그
대에게 임할 진노를 쌓고 있습니다.
6 하나님께서는 각 사람에게 그의 행위
에 따라 갚아 주실 것입니다.
7 참고 선을 행해 영광과 존귀와 불멸
을 추구하는 사람에게는 영생을 주
시나

1:28 또는 마음에 하나님 두기를 싫어하므로 1:30 또는 하나님의 미움을 사며

8 자기 이익만 추구하고 진리에 순종하
지 않고 불의를 따르는 사람에게는
진노와 분노를 내리실 것입니다.
9 악을 행하는 모든 사람의 영혼에 환
난과 고통이 있을 것입니다. 먼저는
유대 사람에게 있을 것이며 다음으로
는 그리스 사람에게 있을 것입니다.
10 그러나 선을 행하는 모든 사람에게
는 영광과 존귀와 평강이 있을 것입
니다. 먼저는 유대 사람에게 있을 것
이며 다음으로는 그리스 사람에게 있
을 것입니다.
11 이는 하나님께서 사람을 편애하시지
않기 때문입니다.
12 율법 없이 죄짓는 사람은 모두 율법
없이 멸망하고 율법 안에서 죄짓는
사람은 모두 율법대로 심판을 받을
것입니다.
13 하나님 앞에서는 율법을 듣는 사람
이 의인이 아니라 오직 율법을 행하
는 사람이 의롭다는 인정을 받을 것
입니다.
14 율법이 없는 이방 사람이 본성으로
율법의 일을 행한다면 비록 그에게는
율법이 없을지라도 자기 자신이 자기
에게 율법이 됩니다.
15 이런 사람은 율법의 요구가 자기 마
음에 기록돼 있음을 보여 줍니다. 그
들의 양심도 이것을 증언합니다. 그들
의 생각이 서로 고발하기도 하고 변
호하기도 합니다.
16 이런 일은 내가 전한 복음대로 하나
님께서 그리스도 예수를 통해 사람들
의 은밀한 것을 심판하실 그날에 일
어날 것입니다.

유대 사람과 율법

17 그대는 자칭 유대 사람이라 하고 율
법을 의지하고 하나님을 자랑하고
18 율법의 가르침을 받아 하나님의 뜻을
알고 지극히 선한 것을 분간할 줄 압
니다.
19 그리고 그대는 스스로 눈먼 사람의
안내자요, 어둠 속에 있는 사람의 빛
이요,
20 어리석은 자의 교사요, 어린아이의
선생이라고 믿고 있습니다. 이는 그대
가 율법의 지식과 진리의 교훈을 갖
고 있기 때문입니다.
21 그렇다면 남을 가르치는 그대가 왜
자신은 가르치지 않습니까? 도둑질
하지 말라고 선포하는 그대가 왜 도
둑질합니까?
22 간음하지 말라고 하는 그대가 왜 간
음합니까? 우상이라면 질색하는 그
대가 왜 신전 물건을 훔칩니까?
23 율법을 자랑하는 그대가 왜 율법을
어기고 하나님을 욕되게 합니까?
24 기록되기를 ㄱ"하나님의 이름이 너희
로 인해 이방 사람들 사이에서 모욕
을 당하는구나"라고 한 것과 같습니
다.
25 그대가 율법을 행하면 *할례는 가치
가 있습니다. 그러나 그대가 율법을
어기면 그대의 할례는 무할례와 같습

2:25 태어난 지 8일 되는 날 남자아이의 포피를 자르는 유대 사람의 의식을 가리킴(창 17장을 보라). ㄱ 사 52:5

니다.
26 할례 받지 않은 사람이 율법의 요구
를 지킨다면 그의 무할례가 할례로
여겨지지 않겠습니까?
27 본래 할례 받지 않은 사람이 율법을
지키면 율법의 조문과 할례를 소유하
고도 율법을 어기는 그대를 심판하지
않겠습니까?
28 겉으로 유대 사람이라고 해서 참유대
사람이 아니고 몸에 받은 할례가 참
할례가 아닙니다.
29 오히려 속사람이 유대 사람이라야 참
유대 사람이며 문자화된 율법에 의해
서가 아니라 성령으로 마음에 받은
할례가 참할례입니다. 그 칭찬은 사
람에게서가 아니라 하나님에게서 옵
니다.

하나님의 신실하심

3 그러면 유대 사람이라고 해서 무슨
혜택이 있고 할례에는 무슨 가치가
있습니까?
2 여러모로 많습니다. 첫째는 그들이
하나님의 말씀을 맡았다는 것입니다.
3 그런데 그들 가운데 어떤 사람들이
믿지 않았다면 어떻게 되겠습니까?
그들의 불신앙이 하나님의 신실하심
을 무효화시키겠습니까?
4 결코 그럴 수 없습니다! 사람은 다 거
짓말쟁이라 해도 하나님은 진실하십
니다. 기록되기를
ㄱ"주께서 말씀하실 때 의롭다는
인정을 받으시고 판단받으실 때 이
기려 하심이다"
라고 한 것과 같습니다.
5 그러나 우리의 불의함이 하나님의 의
를 드러나게 한다면 우리가 무슨 말
을 하겠습니까? 내가 사람들이 말하
는 논리대로 말해 보면 하나님께서
우리에게 진노를 내리신다고 해서 불
의하시다는 말입니까?
6 결코 그럴 수 없습니다. 만일 그렇다
면 하나님께서 어떻게 세상을 심판하
실 수 있겠습니까?
7 그러나 어떤 사람들은 반박할 것입니
다. "내 거짓으로 인해 하나님의 진실
하심이 더욱 풍성해져서 그분에게 영
광이 됐다면 왜 내가 여전히 죄인으
로 심판을 받느냐?"
8 그리고 "선을 이루기 위해 악을 행하
자"라고 말하지 않겠습니까? *[어떤
사람들은 우리가 그렇게 말한다고 비
방하니] 그런 사람들은 심판을 받아
마땅합니다.

의인은 없다

9 그러면 무슨 말을 해야 하겠습니까?
우리가 더 낫습니까? 결코 그렇지 않
습니다. 유대 사람이나 그리스 사람이
나 다 죄 아래 있다고 우리가 이미 선
언했습니다.
10 기록되기를
ㄴ"의인은 없으니 하나도 없고
11 깨닫는 자도 없고 하나님을 찾는
자도 없다.
12 모두 곁길로 행해 다 쓸모없게 됐

3:8 어떤 사본에는 괄호 안의 구절이 없음. ㄱ 시 51:4 ㄴ 시 14:1 이하;53:1 이하

다. 선을 행하는 자가 없으니 하나
도 없다.
13 ㄱ그들의 목구멍은 열려 있는 무덤
이고 ㄴ혀로는 거짓말만 일삼으며
그들의 입술에는 독사의 독이 있고
14 ㄷ그들의 입에는 저주와 독설이 가
득하다.
15 ㄹ그들의 발은 피 흘리는 데 민첩하
며
16 그들의 길에는 파멸과 참담함이 있
어
17 그들은 평강의 길을 알지 못했다.
18 ㅁ그들의 눈에는 하나님을 두려워
함이 없다"
라고 한 것과 같습니다.
19 율법이 말하는 것은 율법 아래 있는
자들에게 말하는 것임을 우리는 압
니다. 이는 모든 입을 다물게 하고 온
세상이 하나님의 심판 아래 있게 하
려는 것입니다.
20 그러므로 율법의 행위로는 하나님 앞
에서 의롭다는 인정을 받을 육체가
없습니다. 율법으로는 죄를 깨달을
뿐입니다.

믿음으로 말미암은 의

21 그러나 이제는 율법과 별개로 하나님
의 의가 나타났습니다. 이것은 율법
과 예언자들이 증언한 것입니다.
22 하나님의 의는 예수 그리스도를 믿는
믿음으로 인해 믿는 모든 사람에게
주어집니다. 거기에는 차별이 없습니
다.
23 모든 사람이 죄를 지었으므로 하나님
의 영광에 이르지 못합니다.
24 그러나 그리스도 예수 안에 있는 구
속으로 인해 하나님의 은혜로 값없이
의롭다는 인정을 받습니다.
25 하나님께서는 이 예수를 속죄제물로
내어 주셨습니다. 의롭게 되는 것은
예수의 피를 믿음으로써 이루어집니

ㄱ 시 5:9 ㄴ 시 140:3 ㄷ 시 10:7 ㄹ 사 59:7 이하 ㅁ 시 36:1

Q&A 하나님은 왜 율법을 주셨나?

참고 구절 | 롬 3:20

율법은 넓게는 모세 오경 전체를, 좁게는 십계명을 가리킨다. 하나님께서 이런 율법을 우리에게 주신 이유는 무엇인가?
첫째, 율법을 통해 죄를 깨닫게 하기 위해서다(롬 3:20). 인간은 율법 앞에 섰을 때, '하라'는 것을 하지 못하고 '하지 말아야 할 것'을 해 버린 자신의 죄를 발견하게 된다. 둘째, 하나님이 우리에게 요구하시는 거룩함의 표준이 무엇인가를 알려 주기 위해서다(롬 7:12).
그러나 율법을 잘 지키려고 하면 할수록 하나님의 기준에 도달할 수 없음을 발견하게 된다. 이 일은 예수님을 통해서 가능하게 되었다(갈 2:16). 예수님을 통해 죄 사함을 받을 뿐만 아니라, 동시에 예수님을 신뢰하는 순간 하나님으로부터 의롭다 칭함을 받는 것이다.
예수님을 믿는 믿음이 결코 율법을 파기하거나 율법을 반대하는 것이 아니다(롬 3:31). 도리어 율법을 완성하는 것이다(롬 13:10 참조).

기뻐합니다.
3 이뿐만 아니라 우리는 또한 환난 가
운데서도 기뻐합니다. 이는 환난은 인
내를,
4 인내는 연단을, 연단은 소망을 이루
는 줄을 알기 때문입니다.
5 이 소망은 우리를 낙심시키지 않습니
다. 하나님께서 우리에게 주신 성령
으로 인해 그분의 사랑을 우리 마음
에 부어 주셨기 때문입니다.
6 우리가 아직 연약할 때 그리스도께서
는 *작정된 시기에 경건하지 않은 사
람을 위해 죽으셨습니다.
7 의인을 위해 죽는 사람은 거의 없고
선한 사람을 위해 과감히 죽는 사람
은 간혹 있기는 합니다.
8 그러나 우리가 아직 죄인이었을 때 그
리스도께서 우리를 위해 죽으심으로
하나님께서는 우리에 대한 그분의 사
랑을 나타내셨습니다.
9 그러므로 이제 우리가 그리스도의 피
로써 의롭다는 인정을 받았으니 그리
스도로 인해 하나님의 진노에서 확실
히 구원받을 것입니다.
10 우리가 하나님과 원수 됐을 때 하나
님의 아들이 죽으심으로 인해 그분
과 화목하게 됐으니 화목하게 된 우
리는 하나님의 생명으로 인해 확실히
구원을 받을 것입니다.
11 그뿐 아니라 이제 우리는 우리를 하
나님과 화목하게 하신 우리 주 예수
그리스도로 인해 하나님 안에서 기뻐
합니다.

아담으로 말미암은 사망과 그리스도로 말미암은 생명

12 그러므로 한 사람으로 인해 죄가 세
상에 들어오고 또 죄로 인해 죽음이
들어온 것같이 모든 사람이 죄를 지
었으므로 죽음이 모든 사람에게 이
르렀습니다.
13 율법이 있기 전에도 죄가 세상에 있
었으나 율법이 없을 때는 죄가 죄로
여겨지지 않았습니다.

5:6 또는 정해진 때에

Q&A 아담의 죄가 어째서 내 죄가 되나?

참고 구절 | 롬 5:12–14

성경은 아담이 최초로 죄를 세상에 들어오게 했고, 그로 인해 모든 사람들이 죄인이 되었다고 말한다(롬 5:12). 한 사람의 죄가 어떻게 해서 모든 사람들에게까지 영향을 미친 것일까?
아담은 '사람'이라는 뜻으로, 온 인류의 대표자였다. 따라서 아담이 죄를 지었을 때 모든 사람들은 아담과 함께 죄를 짓는 데 동참한 것이고 그 결과 죄가 모든 사람에게 전해진 것이다. 곧 아담이 인간 생명의 강물을 오염시켰기 때문에 누구든지 그 강물을 마신 자는 동일한 병(죄)에 오염되는 것이다. 이 병은 죽음, 곧 하나님과의 단절이라는 엄청난 결과를 초래했는데, 이것은 그 누구도 해결할 수 없었다.
오직 성령으로 잉태하여 동정녀 마리아에게서 나신 예수님만이 죄에 오염되지 않으셨다(벧전 2:21–23).

14 그러나 아담 시대부터 모세 시대에
이르기까지 아담의 범죄와 같은 죄를
짓지 않은 사람들에게까지 죽음이
왕 노릇 했습니다. 아담은 *오실 분의
모형입니다.
15 그러나 하나님이 그리스도를 통해 주
시는 *은사는 아담의 범죄와 같지 않
습니다. 한 사람의 범죄로 인해 많은
사람이 죽었으나 하나님과 한 사람
예수 그리스도의 은혜로 인해 주어지
는 선물은 더욱 많은 사람에게 넘쳤
습니다.
16 또한 이 선물은 범죄한 한 사람으로
인해 생긴 결과와 같지 않습니다. 심
판은 한 사람으로 인해 정죄에 이르
렀으나 하나님이 그리스도를 통해 주
시는 은사는 많은 범죄로 인해 의롭
다 하심에 이르게 됩니다.
17 아담 한 사람의 범죄로 인해, 죽음이
바로 그 한 사람을 통해서 왕 노릇 했
다면 은혜와 의의 선물을 넘치도록
받는 사람들은 한 분 예수 그리스도
로 인해 생명 안에서 왕 노릇 할 것입
니다.
18 그러므로 한 사람의 범죄로 인해 모
든 사람이 정죄에 이른 것처럼 한 분
의 의로운 행동으로 인해 모든 사람
이 의롭다는 인정을 받아 생명에 이
르렀습니다.
19 한 사람의 불순종으로 인해 많은 사
람이 죄인이 된 것처럼 한 분의 순종
으로 인해 많은 사람이 의인이 될 것
입니다.
20 율법은 범죄를 더하게 하려고 들어왔
습니다. 그러나 죄가 더한 곳에 은혜
가 더욱 넘쳤습니다.
21 이것은 죄가 죽음 안에서 왕 노릇 한
것처럼 은혜도 의로 인해 왕 노릇 해
예수 그리스도 우리 주로 인해 영생에
이르게 하려는 것입니다.

죄에 대하여 죽고 그리스도 안에서 살다

6 그러면 우리가 무슨 말을 해야 하
겠습니까? 은혜를 더하게 하려고
죄 가운데 머물러 있어야 하겠습니
까?

5:14또는 오실 그리스도의 표상 5:15또는 선물은

성·경·상·식

세례

'세례'는 예수님을 구주로 고백한 사람이 물속에 잠기는 것을 말한다. 곧 물속에 들어가는 것을 통해 옛사람이 죽고, 물에서 나옴으로 예수님과 함께 연합함을 상징하는 예식이다.

바울은 세례를 통해 믿는 자의 죄가 씻겨지고(엡 5:26) 예수님과 연합하게(롬 6:3-5) 된다고 말했다. 이것은 세례 자체에 어떤 죄 사함의 능력이 있는 것이 아니라 예수님에 대한 믿음을 밖으로 드러내고 인정받는 것을 말하는 것이다. 그래서 세례는 믿는 자가 그리스도 공동체의 일원으로 새롭게 살아갈 것을 약속하는 의미를 내포하고 있다.

이 예식이 교회 안에 자리 잡게 된 것은 예수님의 명령에 따른 것이다. 예수님은 제자들에게 복음 전파 명령과 함께 아버지와 아들과 성령의 이름으로 믿는 자들에게 세례를 주라고 명령하셨다(마 28:19).

2 결코 그럴 수 없습니다. 죄에 대해 죽
은 우리가 어떻게 죄 가운데 그대로
살겠습니까?
3 그리스도와 연합해 *세례를 받은 우
리는 모두 그리스도의 죽으심과 연합
해 *세례를 받은 줄을 알지 못합니
까?
4 그러므로 우리는 그리스도의 죽으심
과 연합해 *세례를 받음으로써 그분
과 함께 묻혔습니다. 이는 그리스도께
서 아버지의 영광으로 인해 죽은 자
들 가운데서 살리심을 받은 것처럼
우리도 또한 새 생명 가운데서 살게
하려는 것입니다.
5 우리가 그리스도의 죽으심과 같은 죽
음으로 그분과 연합한 사람이 됐다
면 분명히 우리는 그리스도의 부활하
심과 같은 부활로도 그분과 연합한
사람이 될 것입니다.
6 우리의 옛사람이 십자가에 못 박힌
것은 죄의 몸이 멸해져 우리가 더 이
상 죄의 종이 되지 않게 하려는 것임
을 압니다.
7 이는 죽은 사람은 이미 *죄에서 벗어
났기 때문입니다.
8 우리가 그리스도와 함께 죽었다면 또
한 그분과 함께 살 것을 믿습니다.
9 우리가 알기로 죽은 사람 가운데서
살리심을 받은 그리스도께서는 다시
죽지 않으시고 죽음이 더 이상 그분
을 지배하지 못합니다.
10 그리스도께서 죽으신 것은 죄에 대해
단번에 죽으신 것이요, 그분이 사시
는 것은 하나님께 대해 사시는 것입
니다.
11 이와 같이 여러분도 자신을 죄에 대
해서는 죽은 자요, 하나님께 대해서
는 그리스도 예수 안에서 산 자로 여
기십시오.
12 그러므로 여러분의 죽을 몸에서 죄
가 왕 노릇 하지 못하게 해 몸의 정욕
에 순종하지 말고
13 또한 여러분의 지체를 불의의 무기로
죄에게 내주지 말고 오직 죽은 자 가
운데서 다시 산 자처럼 여러분 자신
을 하나님께 드리며 여러분의 지체를
의의 무기로 하나님께 드리십시오.
14 죄가 여러분을 지배하지 못할 것인데
여러분이 율법 아래 있지 않고 은혜
아래 있기 때문입니다.

의의 종

15 그러면 어떻게 해야 하겠습니까? 우
리가 율법 아래 있지 않고 은혜 아래
있다고 해서 죄를 짓겠습니까? 결코
그럴 수 없습니다.
16 여러분이 자신을 종으로 드려 누구에
게든지 순종하면 여러분은 여러분이
순종하는 그 사람의 종이 되는 줄을
알지 못합니까? 여러분은 죄의 종이
돼 죽음에 이르거나 아니면 순종의
종이 돼 의에 이릅니다.
17 그러나 하나님께 감사드립시다. 여러
분이 전에는 죄의 종이었으나 이제는
여러분이 전해 받은 교훈의 본을 마

6:3,4 또는 '침례' 6:7 그리스어, '의롭다 하심을 얻었기'

음으로부터 순종함으로
18 죄에서 해방돼 의의 종이 됐습니다.
19 여러분의 육신이 연약하므로 내가 사
람의 방식대로 말합니다. 여러분이 전
에는 자기의 지체를 부정과 불법의
종으로 내주어 불법에 이른 것처럼
이제는 여러분의 지체를 의의 종으로
드려 거룩함에 이르십시오.
20 여러분이 죄의 종이었을 때는 의에
대해 자유스러웠습니다.
21 그러나 여러분은 그때 무슨 열매를
거두었습니까? 이제 여러분은 그런
일들을 부끄러워합니다. 이는 그것들
의 마지막이 죽음이기 때문입니다.
22 그러나 이제 여러분은 죄에서 해방되
고 하나님의 종이 돼 거룩함에 이르
는 열매를 맺고 있습니다. 그 마지막
은 영생입니다.
23 죄의 *대가는 죽음이요, 하나님의 은
사는 그리스도 예수 우리 주 안에 있
는 영생입니다.

율법에서 벗어나 그리스도에게 매이다

7 형제들이여, 내가 율법을 알고 있
는 사람들에게 말합니다. 여러분
은 율법이 사람이 살아 있는 동안에
만 그 사람을 지배한다는 것을 알지
못합니까?
2 결혼한 여자가 그 남편이 살아 있는
동안에는 법으로 남편에게 매여 있으
나 그 남편이 죽으면 남편의 법에서
벗어나게 됩니다.
3 그러므로 남편이 아직 살아 있을 때
여자가 다른 남자에게 간다면 간음한
여자라 불릴 것입니다. 그러나 만일
남편이 죽으면 그 법에서 벗어나게 되
므로 다른 남자에게 가더라도 간음
한 여자가 되지 않습니다.
4 그러므로 내 형제들이여, 여러분도 그
리스도의 몸으로 인해 율법에 대해
죽은 자가 됐습니다. 이것은 우리가
다른 분, 곧 죽은 자 가운데서 살아
나신 분에게 속해 하나님을 위해 열
매를 맺게 하려는 것입니다.
5 우리가 육신에 있을 때는 율법으로
인한 죄의 정욕이 우리 지체 속에서
작용해 죽음에 이르는 열매를 맺게
했습니다.
6 그러나 이제는 우리가 우리를 옭아매
던 것에 대해 죽었으므로 율법에서
벗어났습니다. 그러므로 우리는 성령
의 새로운 것으로 섬기고 문자에 의
한 해묵은 것으로 섬기지 않습니다.

율법과 죄

7 그러면 우리가 무슨 말을 하겠습니
까? 율법이 죄입니까? 결코 그럴 수
없습니다. 율법에 비춰 보지 않았다
면 나는 죄를 알지 못했을 것입니다.
율법이 ㄱ"탐내지 말라"고 하지 않았
다면 나는 탐심을 알지 못했을 것입
니다.
8 그러나 죄가 계명으로 인해 기회를
타서 내 안에 각종 탐심을 일으켰습
니다. 율법이 없으면 죄는 죽은 것입
니다.
9 전에 율법이 없었을 때는 내가 살아

6:23 또는 삯은 ㄱ 출 20:17; 신 5:21

있었지만 계명이 들어오자 죄는 살아
나고
10 나는 죽었습니다. 생명에 이르게 할
그 계명이 나를 죽음에 이르게 하는
것이 됐습니다.
11 죄가 계명으로 인해 기회를 타서 나
를 속이고 그 계명으로 나를 죽였습
니다.
12 그러므로 율법도 거룩하고 계명도 거
룩하고 의롭고 선합니다.
13 그러면 선한 것이 내게 죽음을 가져
다주었다는 말입니까? 결코 그럴 수
없습니다. 오히려 죄가 죄로 드러나도
록 하기 위해 그 선한 것으로 내게 죽
음을 가져왔습니다. 이는 계명으로
인해 죄가 더욱 죄가 되게 하려는 것
입니다.
14 우리는 율법이 신령한 줄 압니다. 그
러나 나는 죄 아래 팔려 육신에 속해
있습니다.
15 나는 내가 행하는 것을 이해할 수 없
습니다. 이는 내가 원하는 것은 행하
지 않고 오히려 증오하는 것을 행하
기 때문입니다.
16 내가 원하지 않는 것을 행한다면 나
는 율법이 선하다는 것을 시인하는
것입니다.
17 그러나 지금 그것을 행하는 사람은
내가 아니라 내 안에 거하는 죄입니
다.
18 나는 내 안, 곧 내 육신 속에 선한 것
이 거하지 않는 줄을 압니다. 원함은
내게 있으나 선을 행하는 것은 없습
니다.
19 내가 원하는 선은 행하지 않고 오히
려 원하지 않는 악을 행합니다.
20 만일 내가 원하지 않는 것을 행한다
면 그것을 행하는 사람은 내가 아니
라 내 안에 거하는 죄입니다.
21 그러므로 나는 하나의 법칙을 깨달

성·경·상·식

자꾸 죄를 짓는데도 하나님의 자녀라고 할 수 있을까?

그리스도인이 된 후에도 죄를 지을 가능성은 있다. 이런 모습에 대해 우리들만 고민하는 게 아니다. 사도 바울도 "내가 원하는 선은 행하지 않고 오히려 원하지 않는 악을 행합니다"라고 탄식했다(롬 7:19-24). 그러나 바울은 예수 그리스도를 믿는 자에게는 결코 정죄함이 없다고 다시 말했다(롬 8:1). 예수님께서 죄를 이기시고 우리를 죽음의 법에서 해방하셨기 때문이다(롬 8:2-3).

예수님을 믿음으로써 거룩해진 성도(聖徒)들에게는 그 신분에 합당한 삶을 살 것이 요구되는데 이것을 '성화(聖化)의 삶'이라고 한다.

여기서 성화(그리스어로 하기아스모스)란 '하나님께로 성별됨, 그리스도의 형상을 본받음, 거룩함' 등의 의미를 담고 있다. 곧 '성화'란 성도들이 죄와 세상으로부터 구별되어 하나님의 성품에 참예하게 되고, 예수님을 통해서 하나님만을 섬기고 교제할 수 있도록 정화된 상태를 말한다.

완전한 성화는 말씀과 성령을 통해 예수님의 형상을 온전히 닮을 때 가능하다(골 3:10). 따라서 성화는 우리가 예수님을 영접한 순간부터 하나님 나라에 갈 때까지 평생 동안 계속해 나가야 하는 일이다.

았습니다. 곧 선을 행하기 원하는 나
에게 악이 함께 있다는 것입니다.
22 내가 속사람으로는 하나님의 법을 즐
거워하지만
23 내 지체 안에서 하나의 다른 법이 내
마음의 법과 싸워 나를 내 지체 안에
있는 죄의 법의 포로로 잡아가는 것
을 봅니다.
24 아, 나는 비참한 사람입니다! 이 사망
의 몸에서 누가 나를 구해 내겠습니
까?
25 우리 주 예수 그리스도로 인해 하나님
께 감사드립니다. 그러므로 나 자신은
마음으로는 하나님의 법을, 육신으로
는 죄의 법을 섬기고 있습니다.

성령으로 말미암은 생명

8 그러므로 이제 그리스도 예수 안에
있는 사람들은 정죄를 받지 않습니
다.
2 이는 그리스도 예수 안에 있는 생명의
*성령의 법이 죄와 죽음의 법에서 여
러분을 해방했기 때문입니다.
3 율법이 육신으로 인해 연약해져서 할
수 없던 그 일을 하나님께서는 하셨
습니다. 곧 하나님께서는 죄를 속량
해 주시려고 자기 아들을 죄 있는 육
신의 모습으로 보내셔서 육신 안에서
죄를 심판하셨습니다.
4 이는 육신을 따라 살지 않고 성령을
따라 사는 우리에게 율법의 요구가
이루어지게 하시려는 것입니다.
5 육신을 따라 사는 사람은 육신의 일
을 생각하지만 성령을 따라 사는 사
람은 성령의 일을 생각합니다.
6 육신의 생각은 죽음이지만 성령의 생
각은 생명과 평안입니다.
7 육신의 생각은 하나님을 적대하는 것
입니다. 그것은 하나님의 법에 복종
하지 않을뿐더러 복종할 수도 없습니
다.
8 육신 안에 사는 사람들은 하나님을
기쁘시게 할 수 없습니다.
9 그러나 하나님의 영이 여러분 안에
거하시면 여러분은 육신에 있지 않고
성령 안에 있습니다. 누구든지 그리
스도의 영이 없으면 그리스도의 사람
이 아닙니다.
10 그러나 그리스도가 여러분 안에 계시
다면 몸은 죄로 인해 죽으나 영은 의
로 인해 살아 있습니다.
11 예수를 죽은 사람 가운데서 살리신
분의 영이 여러분 안에 거하시면, 그
리스도 예수를 죽은 사람 가운데서
살리신 분께서 여러분 안에 거하시는
자기 영으로 인해 여러분의 죽을 몸
도 살리실 것입니다.
12 그러므로 형제들이여, 우리는 육신을
따라 살아야 하는 육신에 빚진 사람
이 아닙니다.
13 만일 여러분이 육신을 따라 살면 반
드시 죽을 것이지만 성령으로 몸의
행실을 죽이면 살 것입니다.
14 누구든지 하나님의 영으로 인도를
받는 사람들은 하나님의 아들들입니
다.

8:2 그리스어, '영'

15 여러분은 다시 두려움에 이르게 하
는 종의 영을 받지 않고 양자의 영을
받았습니다. 우리는 그 영으로 *'아바
아버지'라고 부릅니다.
16 성령은 친히 우리의 영과 더불어 우
리가 하나님의 자녀임을 증언합니다.
17 우리가 자녀이면 또한 상속자입니다.
우리가 그리스도와 함께 영광을 받기
위해 그분과 더불어 고난을 받으면
우리는 하나님의 상속자요, 그리스도
와 함께 상속자가 됩니다.

현재의 고난과 미래의 영광

18 현재의 고난은 앞으로 우리에게 나타
날 영광과 족히 비교할 수 없다고 생
각합니다.
19 피조물은 하나님의 아들들이 나타나
기를 고대하고 있습니다.
20 피조물이 허무한 데 굴복하게 된 것
은 자신의 뜻이 아니라 오직 굴복하
게 하시는 분으로 인한 것입니다. 그
러나 피조물도 소망 가운데 있으니
21 이는 피조물 자신도 썩어짐의 종노릇
하는 데서 벗어나 하나님의 자녀가
누릴 영광의 자유에 이를 것이기 때
문입니다.
22 우리는 모든 피조물이 지금까지 함께
탄식하며 함께 해산의 고통을 겪고
있다는 것을 알고 있습니다.
23 그뿐 아니라 또한 성령의 첫 열매를
가진 우리조차도 속으로 탄식하며 양
자 됨, 곧 우리 몸의 구속을 기다리고
있습니다.
24 이는 우리가 이 소망 가운데 구원을
받았기 때문입니다. 그러나 눈에 보이
는 소망은 소망이 아닙니다. 보이는
것을 누가 소망하겠습니까?
25 만일 우리가 보지 못하는 것을 소망
한다면 참고 기다려야 합니다.
26 성령께서도 우리의 연약함을 도와주
십니다. 우리는 마땅히 무엇을 기도해
야 할지 알지 못하지만 오직 성령께
서 친히 말로 할 수 없는 탄식으로 우
리를 위해 간구하십니다.
27 마음을 살피시는 분께서 성령의 생각
이 무엇인지 아십니다. 이는 성령께서
하나님의 뜻을 따라 성도를 위해 간
구하시기 때문입니다.
28 우리는 하나님을 사랑하는 사람들,
곧 그분의 뜻을 따라 부르심을 받은
사람들에게는 모든 것이 합력해 선
을 이루는 줄을 압니다.
29 하나님께서는 미리 아신 사람들을 자
기 아들의 형상을 닮게 하시려고 또
한 미리 정하셨습니다. 이는 그 아들
이 많은 형제들 가운데 맏아들이 되
게 하시기 위함입니다.
30 하나님께서는 미리 정하신 그들을 또
한 부르시고 부르신 그들을 또한 의
롭다 하시고 의롭다 하신 그들을 또
한 영화롭게 하셨습니다.

넉넉히 이기다

31 그러면 이 일에 대해 우리가 무슨 말
을 하겠습니까? 하나님께서 우리를
위하시면 누가 우리를 대적하겠습니
까?

8:15 아람어, '아버지'

32 자기 아들을 아끼지 않으시고 우리
모두를 위해 내어 주신 분께서 어떻
게 아들과 함께 모든 것을 우리에게
은혜로 주지 않으시겠습니까?
33 누가 하나님께서 택하신 자들을 고
소할 수 있겠습니까? 의롭다고 인정
하신 분은 하나님이십니다.
34 누가 정죄하겠습니까? 죽었을 뿐 아
니라 살리심을 받으신 분은 그리스도
예수이십니다. 그분은 하나님 오른편
에 계시며 우리를 위해 간구하십니다.
35 누가 우리를 그리스도의 사랑에서 끊
을 수 있겠습니까? 환난이나 곤고나
핍박이나 배고픔이나 헐벗음이나 위
험이나 칼이겠습니까?
36 기록되기를

ㄱ"우리가 종일 주를 위해 죽임을
당하며 도살할 양같이 여김을 받
았다"

라고 한 것과 같습니다.
37 그러나 이 모든 일에 우리를 사랑하
시는 분으로 인해 우리가 넉넉히 이
깁니다.
38 나는 확신합니다. 죽음이나 생명도,
천사들이나 악마들도, 현재 일이나
장래 일이나 어떤 능력도,
39 높음이나 깊음이나 다른 어떤 피조물
도 그리스도 예수 우리 주 안에 있는
하나님의 사랑에서 우리를 끊을 수
없습니다.

이스라엘을 향한 바울의 고통

9 나는 그리스도 안에서 진실을 말하
고 거짓말을 하지 않습니다. 내 양
심이 성령 안에서 내게 이것을 증언
합니다.
2 곧 내게 큰 근심이 있다는 것과 내
마음에 끊임없는 고통이 있다는 것입
니다.
3 나는 내 형제, 곧 육신을 따라 된 내
동족을 위해서라면 나 자신이 저주
를 받아 그리스도에게서 끊어진다 할
지라도 좋습니다.
4 내 동족은 이스라엘 사람입니다. 그
들에게는 양자 됨과 영광과 언약들
과 율법을 세우심과 예배와 약속들
이 있고
5 조상도 그들의 것이요, 육신적으로는
그리스도도 그들에게서 나셨습니다.
그분은 만물 위에 계시고 영원토록
찬양받으실 하나님이십니다. 아멘.

하나님의 주권적인 선택

6 그러나 하나님의 말씀이 파기된 것
같지는 않습니다. 이스라엘에게서 난
사람들이라고 해서 다 이스라엘이 아
니고
7 아브라함의 씨라고 해서 다 그의 자녀
가 아니기 때문입니다. 오히려 ㄴ"이삭
에게서 난 자라야 네 씨라고 불릴 것
이다"라고 하셨습니다.
8 곧 육신의 자녀가 하나님의 자녀가
아니라 오직 약속의 자녀가 씨로 여
김을 받는다는 것입니다.
9 약속의 말씀은 이것입니다. ㄷ"내년 이
맘때 내가 올 것이니 사라에게 아들
이 있을 것이다."

ㄱ 시 44:22 ㄴ 창 21:12 ㄷ 창 18:10,14

10 그뿐이 아닙니다. 리브가가 또한 우리
조상 이삭 한 사람으로 인해 임신했
는데
11 그 자식들이 아직 태어나지도 않고
또 어떤 선이나 악을 행하기도 전에
택하심을 따라 되는 하나님의 뜻이,
12 행위로 인하지 않고 오직 부르시는
분으로 인해 서게 하시려고 리브가에
게 말씀하시기를 [ㄱ]"큰 자가 어린 자
를 섬길 것이다"라고 하셨습니다.
13 기록되기를
[ㄴ]"내가 야곱은 사랑하고 에서는 미
워했다"
라고 한 것과 같습니다.
14 그렇다면 우리가 무슨 말을 하겠습니
까? 하나님이 불의하십니까? 결코 그
럴 수 없습니다.
15 하나님께서 모세에게 말씀하시기를
[ㄷ]"내가 긍휼히 여길 자를 긍휼히
여기고 내가 불쌍히 여길 자를 불
쌍히 여길 것이다"
라고 하셨습니다.
16 그러므로 이것은 원하는 사람에게
달려 있는 것도 아니고 달음질하는
사람에게 달려 있는 것도 아니고 오
직 긍휼히 여기시는 하나님께 달려
있습니다.
17 성경에서 바로에게 말씀하시기를
[ㄹ]"내가 이를 위해 너를 세웠으니 곧
너로 인해 내 능력을 나타내고 내 이
름이 온 땅에 전파되게 하려는 것이
다"라고 했습니다.
18 이와 같이 하나님께서는 원하시는 사
람을 긍휼히 여기시고 원하시는 사람
을 완악하게 하십니다.
19 그러면 그대는 내게 "그렇다면 하나님
은 왜 여전히 책망하시는 것입니까?
누가 그분의 뜻을 거역하겠습니까?"
라고 할 것입니다.
20 그러나 사람이 무엇이기에 감히 하나
님께 말대답을 한단 말입니까? 지음
을 받은 것이 지은 자에게 "왜 나를
이렇게 만들었습니까?"라고 대들 수
있겠습니까?
21 토기장이가 진흙 한 덩어리를 가지고
하나는 귀히 쓸 그릇을, 다른 하나는
막 쓸 그릇을 만들 권리가 없겠습니
까?
22 만일 하나님께서 진노를 보이시고 능
력을 알리시고자 멸망받도록 예비된
진노의 그릇에 대해 오래 참으심으로
관용하시고
23 영광을 받도록 예비하신 긍휼의 그
릇에 대해 그분의 영광이 풍성함을
알게 하고자 하셨다면 어찌하겠습니
까?
24 하나님께서 우리를 바로 이 그릇으로
부르셨으니, 곧 유대 사람 가운데에
서뿐 아니라 이방 사람 가운데에서도
부르셨습니다.
25 호세아서에서도 하나님께서 말씀하시
기를
[ㅁ]"내가 내 백성이 아닌 자를 내 백
성이라, 사랑받지 못한 자를 사랑

ㄱ 창 25:23 ㄴ 말 1:2 이하 ㄷ 출 33:19 ㄹ 출 9:16 ㅁ 호 2:23

받는 자라 부를 것이다”
26 ㄱ“그리고 ‘너희는 내 백성이 아니다’
라고 그들에게 말한 그곳에서 그들
이 살아 계신 하나님의 아들들이
라 불릴 것이다”
라고 한 것과 같습니다.
27 이사야도 이스라엘에 대해 부르짖기
를
ㄴ“비록 이스라엘 자손의 수가 바
다의 모래알 같을지라도 오직 남은
자만 구원받을 것이다.
28 주께서 그 말씀하신 것을 땅 위에
서 온전하고 신속히 이루실 것이다”
라고 했습니다.
29 또한 이사야가 미리 말하기를
ㄷ“만군의 주께서 우리에게 씨를 남
겨 두지 않으셨더라면 우리는 소돔
같이 되고 고모라같이 됐을 것이
다”
라고 한 것과 같습니다.

이스라엘의 불신앙

30 그렇다면 우리가 무슨 말을 하겠습니
까? 의를 따르지 않은 이방 사람이
의, 곧 믿음으로 인한 의를 얻었으나
31 의의 율법을 따르던 이스라엘은 율법
에 이르지 못했습니다.
32 그 이유가 무엇입니까? 이는 그들이
믿음에 의해서가 아니라 행위로 의를
얻는 것처럼 행했기 때문입니다. 그들
은 걸림돌에 걸려 넘어지고 말았습니
다.
33 기록되기를
ㄹ“보라, 내가 시온에 걸림돌과 거치
는 바위를 두리니 그를 믿는 자는
수치를 당하지 않을 것이다”
라고 한 것과 같습니다.

10 형제들이여, 내 마음의 소원과
이스라엘을 위해 하나님께 기
도하는 것은 그들이 구원을 받는 것
입니다.
2 내가 그들에 대해 증언합니다. 그들
은 하나님께 열심이 있으나 지식을
따른 것이 아닙니다.
3 그들은 하나님의 의를 알지 못하고
자기 의를 세우려고 애쓰면서 하나님
의 의에 복종하지 않았습니다.
4 그리스도께서는 믿는 모든 사람들이
의에 이르게 하기 위해 율법의 마침
이 되셨습니다.
5 모세는 율법으로 인한 의에 대해 기
록하기를 ㅁ“율법을 행한 사람은 그것
으로 살 것이다”라고 했습니다.
6 그러나 믿음으로 인한 의는 이렇게
말합니다. “너는 속으로 ㅂ‘누가 하늘
로 올라가겠느냐?’ 하지 말라.” (이것
은 그리스도를 모셔 내리려는 것입니
다.)
7 혹은 “‘누가 지옥에 내려가겠느냐?’
하지도 말라.” (이것은 그리스도를 죽
은 자 가운데서 모셔 올리려는 것입
니다.)
8 그러면 그것은 무엇을 말합니까?
ㅅ“말씀이 네 가까이 있으니 네 입 속
에 있고 네 마음속에 있다”라고 했으

ㄱ 호 1:10 ㄴ 사 10:22 이하 ㄷ 사 1:9 ㄹ 사 28:16 ㅁ 레 18:5 ㅂ 신 30:12 이하 ㅅ 신 30:14

니 이것은 우리가 전파하는 믿음의
말씀입니다.
9 만일 당신의 입으로 예수를 주라고
고백하고 또 하나님께서 그분을 죽은
사람 가운데서 살리신 것을 마음에
믿으면 구원을 받을 것입니다.
10 사람이 마음으로 믿어 의에 이르고
입으로 고백해 구원에 이릅니다.
11 성경은 ᄀ"누구든지 그를 믿는 사람은
수치를 당하지 않으리라"라고 말합니
다.
12 유대 사람이든 이방 사람이든 차별이
없습니다. 동일하신 주께서는 모든
사람의 주가 되셔서 그분을 부르는
모든 사람에게 부요하십니다.
13 ᄂ"주의 이름을 부르는 사람은 누구
든지 구원을 받을 것이다."
14 그런데 그들이 믿지 않는 분을 어떻
게 부르겠습니까? 듣지도 못한 분을
어떻게 믿겠습니까? 전하는 사람이
없이 어떻게 듣겠습니까?
15 또 보냄을 받지 않았으면 어떻게 전하
겠습니까? 기록되기를 ᄃ"좋은 소식
을 전하는 사람들의 발이 얼마나 아
름다운가!"라고 한 것과 같습니다.
16 그러나 그들 모두가 다 *복음에 순종
한 것은 아닙니다. 이사야는 ᄅ"주여,
우리의 전한 것을 누가 믿었습니까?"
라고 했습니다.
17 그러므로 믿음은 들음에서 나고 들
음은 *그리스도의 말씀에서 납니다.
18 그렇다면 내가 묻겠습니다. 그들이 듣
지 못했습니까? 물론 그렇지 않습니
다.

10:16또는 기쁜 소식 10:17어떤 사본에는 '하나님의 말씀' ᄀ사 28:16 ᄂ욜 2:32 ᄃ사 52:7 ᄅ사 53:1

하용조 목사의 행복한 메시지

하나님의 완전한 주권

하나님께서 흙으로 사람을 빚으시고 그 코에 생기를 불어 넣으셨습니다. 그러자 사람이 생명체가 되었습니다. 흙으로 지어졌기에 사람이 죽으면 육체는 흙으로 돌아갑니다. 토기장이는 흙을 이겨서 토기를 만듭니다. 성경에서 하나님은 토기장이에, 사람은 토기에 비유합니다. 사람은 흙입니다. 토기장이가 흙으로 그릇을 만들 때 다 똑같이 만들지 않습니다. 어떤 것은 크게, 어떤 것은 작게 만듭니다. 흙은 같지만 토기장이의 마음과 필요에 따라 그릇을 만드는 것입니다.

토기장이가 자기 마음대로 토기를 만들 권리가 있듯이 하나님도 그렇습니다. 그렇다고 해서 인간이 하나님 마음대로 이랬다저랬다 하는 장난감과 같은 존재라는 뜻도 아니고 하나님의 주권이 인간의 인권을 침해한다는 뜻도 아닙니다. 왜냐하면 토기장이신 하나님은 실수가 없는 분이시기 때문입니다. 하나님의 주권은 우리를 불편하게 하지 않습니다. 하나님의 주권에 대해 불안한 이유는 우리가 죄인이기 때문입니다. 따라서 하나님의 자녀가 되면 하나님의 주권은 복이 됩니다.

ㄱ"그들의 음성이 온 땅에 퍼졌고
그들의 말이 땅끝까지 이르렀다"
라고 했습니다.
19 내가 다시 묻습니다. 이스라엘이 알지
못했습니까? 먼저 모세가 말하기를
ㄴ"내가 백성이 아닌 자로 너희를
시기하게 하고 내가 미련한 백성으
로 너희를 분노하게 할 것이다"
라고 했습니다.
20 또 이사야가 아주 담대하게 말하기를
ㄷ"나를 찾지 않는 자들을 내가 만
나 주고 내게 구하지 않는 자들에
게 내가 나타났다"
라고 했습니다.
21 그러나 이스라엘에 관해서는
ㄹ"내가 순종하지 않고 거역하는 백
성에게 온종일 내 손을 내밀었다"
라고 했습니다.

이스라엘의 남은 사람들

11 그러면 내가 묻겠습니다. 하나
님께서 자기 백성을 버리셨습니
까? 결코 그럴 수 없습니다. 나 자신
도 이스라엘 사람이요, 아브라함의 씨
에서 난 자요, 베냐민 지파에 속한 사
람입니다.
2 하나님께서는 미리 아신 자기 백성을
버리지 않으셨습니다. 여러분은 성경
이 엘리야에 관해 말한 것을 알지 못
합니까? 그가 이스라엘을 고발해 하
나님께 호소하기를
3 ㅁ"주여, 그들이 주의 예언자들을 죽
이고 주의 제단들을 부수었습니다.
오직 저만 남았는데 그들이 제 목숨
도 찾고 있습니다"라고 했습니다.
4 그러나 하나님께서 그에게 무엇이라
고 대답하셨습니까? ㅂ"내가 나 자신
을 위해 바알에게 무릎을 꿇지 않은
7,000명을 남겨 두었다"라고 하셨습
니다.
5 그러므로 이와 같이 지금도 은혜로
선택을 받아 남은 사람이 있습니다.
6 그리고 만일 은혜로 된 것이면 행위
로 인한 것이 아닙니다. 그렇지 않으
면 은혜는 더 이상 은혜가 되지 못합
니다.
7 그러면 무엇입니까? 이스라엘은 자기
들이 찾던 것을 얻지 못했습니다. 오
직 택하심을 받은 사람이 얻었고 나
머지 사람들은 완악해졌습니다.
8 기록되기를
ㅅ"하나님께서 오늘날까지 그들에
게 혼미한 심령과 보지 못하는 눈
과 듣지 못하는 귀를 주셨다"
라고 한 것과 같습니다.
9 또 다윗도 말하기를
ㅇ"그들의 밥상이 그들에게 덫과 올
가미와 거치는 것과 보응이 되게
하시고
10 그들의 눈이 어두워져 볼 수 없게
하시고 그들의 등이 영원히 굽게
하소서"
라고 했습니다.

접붙인 가지들

11 그러면 내가 묻겠습니다. 그들이 완전

ㄱ 시 19:4 ㄴ 신 32:21 ㄷ 사 65:1 ㄹ 사 65:2
ㅁ 왕상 19:10 ㅂ 왕상 19:18 ㅅ 사 29:10;신
29:4 ㅇ 시 69:22 이하

히 쓰러져 내버려야 할 정도로 넘어
진 것입니까? 결코 그럴 수 없습니다.
도리어 그들의 넘어짐으로 구원이 이
방 사람에게 이르러 이스라엘이 시기
하게 하려는 것입니다.
12 그들의 넘어짐이 세상의 부요함이 되
고 그들의 실패가 이방 사람의 부요
함이 됐다면 그들의 충만함은 얼마나
더 큰 부요함을 가져오겠습니까?
13 이제 내가 이방 사람인 여러분에게
말합니다. 내가 이방 사람의 사도인
만큼 나는 내 직분을 영광스럽게 여
깁니다.
14 이는 내가 어떻게든 내 동족에게 시
기심을 일으켜 그들 가운데 다만 얼
마라도 구원을 받게 하려는 것입니
다.
15 하나님께서 그들을 버리신 것이 세상
의 화목이 됐다면 하나님께서 그들
을 받아들이시는 것은 죽은 사람 가
운데서 살아나는 것이 아니고 무엇이
겠습니까?
16 첫 열매로 바치는 반죽 덩어리가 거
룩하면 반죽 덩어리 전체도 그러하고
뿌리가 거룩하면 가지도 그러합니다.
17 그런데 가지들 가운데 몇 개가 부러
졌는데 돌올리브 나무인 그대가 그들
가운데 접붙임을 받아 참올리브 나무
뿌리의 자양분을 함께 나눠 받는 사
람이 됐으니
18 그 가지들을 향해 자랑하지 마십시
오. 자랑한다 할지라도 그대가 뿌리
를 지탱하는 것이 아니라 뿌리가 그
대를 지탱한다는 사실을 명심하십시
오.
19 그러면 그대는 "가지들이 부러진 것
은 나로 접붙임을 받게 하기 위한 것
이었다"라고 말할 것입니다.
20 그렇습니다. 그들은 믿지 않으므로
부러졌고 당신은 믿음으로 서 있습니
다. 마음에 교만을 품지 말고 오히려
두려워하십시오.
21 하나님께서 원가지들도 아끼지 않으
셨으니 그대도 아끼지 않으실 것입니
다.
22 그러므로 하나님의 인자하심과 준엄
하심을 생각해 보십시오. 넘어진 사
람들에게는 준엄하심이 있으나 만일
그대가 하나님의 인자하심 안에 머무
르면 그분의 인자하심이 그대에게 있
을 것입니다. 그렇지 않으면 그대 역
시 잘려 나갈 것입니다.
23 또한 그들이 불신앙에 머물지 않는다
면 다시 접붙임을 받을 것입니다. 하
나님께서는 그들을 다시 접붙이실 수
있기 때문입니다.
24 그대가 본래 돌올리브 나무에서 잘려
나와 본성을 거슬러 참올리브 나무에
접붙임을 받았다면 하물며 원가지들
인 이 사람들이야 얼마나 더 쉽게 자
기 올리브 나무에 접붙임을 받을 수
있겠습니까?

온 이스라엘이 구원을 받을 것이다

25 형제들이여, 나는 여러분이 이 비밀
에 대해 알기를 바랍니다. 이것은 여
러분이 스스로 지혜 있다고 생각하지

못하게 하려는 것입니다. 이 비밀은
이방 사람의 충만한 수가 들어오기까
지 이스라엘 가운데 일부가 완악하게
됐다는 것입니다.
26 그리하여 온 이스라엘이 구원을 받게
될 것입니다. 기록되기를
ㄱ"구원자가 시온에서 나와 야곱에
게서 경건치 않은 것을 제거하실
것이다.
27 ㄴ이것은 그들과 맺은 내 언약이니
내가 그들의 죄를 없애 버릴 때 이
루어질 것이다"
라고 한 것과 같습니다.
28 복음의 관점에서 보면 그들은 여러분
으로 인해 원수가 된 사람들이지만,
선택의 관점에서 보면 그들은 조상들
로 인해 사랑을 받은 사람들입니다.
29 하나님의 은사와 부르심은 번복될 수
없습니다.
30 한때는 여러분이 하나님께 순종하지
않았으나 지금은 이스라엘의 불순종
으로 긍휼히 여김을 받았습니다.
31 이와 같이 이스라엘이 지금 순종하지
않는 것은 여러분에게 베푸신 긍휼로
이제 그들도 긍휼히 여기심을 받게
하려는 것입니다.
32 하나님께서 모든 사람을 불순종 가
운데 가두신 것은 모든 사람에게 긍
휼을 베푸시기 위함입니다.

송영

33 깊도다! 하나님의 부요와 지혜와
지식이여, 그분의 판단은 헤아릴
수 없으며 그분의 길은 찾아낼 수
없도다.
34 "누가 주의 마음을 알았는가? 누가
주의 조언자가 됐는가?
35 누가 주께 먼저 드려 주의 보상을
받겠는가?"
36 만물이 그분에게서 나오고 그분으
로 인해 있고 그분에게로 돌아갑니
다. 그분에게 영광이 영원토록 있
기를 빕니다. 아멘.

산 제물

12 그러므로 형제들이여, 내가 하
나님의 자비하심으로 여러분
에게 권합니다. 여러분의 몸을 하나
님께서 기뻐하시는 거룩한 산 제물
로 드리십시오. 이것이 여러분이 드릴
*영적 예배입니다.
2 여러분은 이 세대를 본받지 말고 오
직 마음을 새롭게 함으로 변화를 받
아 하나님의 선하시고 기뻐하시고 온
전하신 뜻이 무엇인지 분별하도록 하
십시오.

그리스도의 몸 안에서 겸손하게 섬기라

3 나는 내게 주신 은혜를 힘입어 여러
분 각 사람에게 말합니다. 여러분은
마땅히 생각할 그 이상의 생각을 품
지 말고 오직 하나님께서 각 사람에
게 나눠 주신 믿음의 분량대로 분수
에 맞게 생각하십시오.
4 우리가 한 몸에 많은 지체를 가졌으
나 모든 지체가 같은 기능을 하는 것
이 아닙니다.
5 이와 같이 우리 많은 사람들도 그리

12:1 또는 합당한 ㄱ 사 59:20 이하 ㄴ 사 27:9 이하

스도 안에서 한 몸을 이루었고 각 사
람은 서로 지체가 됐습니다.
6 우리는 우리에게 주신 은혜를 따라
서로 다른 은사를 갖고 있습니다. 만
일 예언이면 믿음의 분량대로,
7 섬기는 일이면 섬기는 일로, 가르치
는 사람이면 가르치는 일로,
8 권면하는 사람은 권면하는 일로, 구
제하는 사람은 순수한 마음으로, 지
도하는 사람은 부지런함으로, 긍휼
을 베푸는 사람은 기쁜 마음으로 해
야 합니다.

사랑으로 행하라

9 사랑에는 거짓이 없어야 합니다. 악
한 것을 미워하고 선한 것을 붙드십
시오.
10 형제의 사랑으로 서로 사랑하고 서로
먼저 존경하며
11 열심을 내 일하고 성령으로 뜨거워진
마음으로 주를 섬기십시오.
12 소망 가운데 기뻐하고 환난 가운데
참으며 기도에 항상 힘쓰십시오.
13 성도들의 쓸 것을 공급하고 나그네를
대접하는 일에 힘쓰십시오.
14 여러분을 핍박하는 사람들을 축복
하십시오. 축복하고 저주하지 마십시
오.
15 기뻐하는 사람들과 함께 기뻐하고 우
는 사람들과 함께 우십시오.
16 서로 마음을 같이하고 교만한 마음
을 품지 말며 오히려 비천한 사람들
과 사귀고 스스로 지혜 있는 체 마십
시오.
17 아무도 악을 악으로 갚지 말고 모든
사람 앞에서 선한 일을 힘써 행하십
시오.
18 여러분이 할 수만 있으면 모든 사람
들과 평화롭게 지내십시오.
19 사랑하는 형제들이여, 여러분이 스스
로 원수를 갚지 말고 하나님의 진노
하심에 맡기십시오. 기록되기를

ㄱ"원수를 갚는 것이 내게 있으니
내가 갚아 주겠다"

라고 주께서 말씀하십니다.
20 ㄴ"네 원수가 굶주려 있으면 먹이고
목말라하면 마실 것을 주어라. 이
로써 네가 그의 머리 위에 숯불을
쌓을 것이다."
21 악에 지지 말고 선으로 악을 이기십
시오.

세상 권세에 복종하라

13 각 사람은 위에 있는 권세들에
복종하십시오. 무슨 권세든 하
나님께로부터 오지 않은 것이 없고
이미 있는 권세는 다 하나님께서 세
우신 것입니다.
2 따라서 권세에 대항하는 사람은 하
나님의 명을 거역하는 것이니 거역하
는 사람들은 심판을 자초할 것입니
다.
3 통치자에 대해서는, 선한 일 때문에
두려워할 것이 없고 악한 일 때문에
두려움의 대상이 됩니다. 권세자를
두려워하지 않기를 원합니까? 선을
행하십시오. 그러면 그에게 칭찬을

ㄱ 신 32:35 ㄴ 잠 25:21 이하

받을 것입니다.
4 그는 여러분에게 선을 이루기 위해
일하는 하나님의 일꾼입니다. 그러나
여러분이 악을 행한다면 두려워하십
시오. 그는 공연히 칼을 가진 것이 아
닙니다. 그는 하나님의 일꾼으로서
악을 행하는 사람에게 하나님의 진노
를 집행하는 사람입니다.
5 그러므로 복종해야 할 필요가 있으
니 진노 때문만이 아니라 양심을 위
해서도 복종해야 할 것입니다.
6 여러분이 조세를 바치는 것도 바로
이 때문입니다. 그들은 하나님의 일
꾼들로서 바로 이 일에 항상 힘쓰고
있습니다.
7 여러분은 모든 사람에게 의무를 다
하십시오. 조세를 바쳐야 할 사람에
게 조세를 바치고 관세를 바쳐야 할
사람에게 관세를 바치고 두려워해야
할 사람을 두려워하고 존경해야 할
사람을 존경하십시오.

사랑은 율법을 완성한다

8 서로 사랑하는 것 외에는 누구에게
든지 아무 빚도 지지 마십시오. 남을
사랑하는 사람은 율법을 다 이루었습
니다.
9 [ㄱ]"간음하지 말라, 살인하지 말라, 도
둑질하지 말라, 탐내지 말라"라고 하
는 계명과 그 밖에 다른 계명이 있을
지라도 이 모든 계명들은 "네 이웃을
네 자신과 같이 사랑하라"라고 하는
이 말씀 가운데 다 요약돼 있습니다.
10 사랑은 이웃에게 악을 행하지 않습니
다. 그러므로 사랑은 율법의 완성입
니다.

그날이 가까이 왔다

11 여러분이 이 시기를 알고 있는 것처

ㄱ 출 20:13 이하;신 5:17 이하

Q&A 국가에 대한 태도는 어때야 할까?

참고 구절 | 롬 13:1-7

바울은 "각 사람은 위에 있는 권세들에 복종하십시오."라고 말했다(롬 13:1). 바울이 국가에 대한 그리스도인의 의무를 특별히 말한 이유는 무엇일까?

먼저 그리스도인들이 바라볼 궁극적인 나라는 이 세상에 속한 나라가 아니었기 때문이다(요 18:36). 바울은 그리스도인들에 대해 '하늘에 시민권이 있는 자들'이라고 말했다(빌 3:20). 그렇다고 해서 현재 우리가 속해 있는 국가에 대해 불복종하거나 무관심해서는 안 된다고 했는데 이는 세상 나라 역시 하나님께서 세우셨고 그곳이 궁극적으로 우리가 속한 나라를 준비하는 터전이기 때문이다.

당시 로마의 상황으로 볼 때 그리스도인들이 국가에 불복종한다면 이로 인해서 교회가 더 심한 박해를 받게 되거나 복음 전파에 위협을 초래할 수도 있는 일이었다. 이런 이유로 바울은 모든 국가의 권세는 하나님께서 세우신 것임을 강조했고 다스리는 권세에 복종하고 조세의 의무를 다하라고 권면했던 것이다(롬 13:1; 6-7).

그리스도인이라면 누구나 국가에 대한 의무를 다하고 권세자들이 하나님의 선한 일꾼으로 서도록 기도해야 한다(딤전 2:1-4).

럼 벌써 잠에서 깨어야 할 때가 됐습
니다. 이제 우리의 구원이 처음 믿을
때보다 가까이 왔기 때문입니다.
12 밤이 깊고 낮이 가까이 왔습니다. 그
러므로 어두움의 일들을 벗어 버리
고 빛의 갑옷을 입읍시다.
13 낮에 행동하듯이 단정하게 행동합시
다. 방탕하거나 술 취하지 말고 음행
하거나 호색하지 말며 다투거나 시기
하지 말고
14 오직 주 예수 그리스도로 옷 입고 정
욕을 채우려고 육신의 일을 애쓰지
마십시오.

연약한 사람들과 강한 사람들

14 여러분은 *믿음이 약한 사람
을 받아들이되 그의 견해를 논
쟁거리로 삼지 마십시오.
2 어떤 사람은 모든 음식을 먹을 만한
믿음이 있으나 믿음이 연약한 사람은
채소만 먹습니다.
3 먹는 사람은 먹지 못하는 사람을 업
신여기지 말고 먹지 못하는 사람은
먹는 사람을 판단하지 마십시오. 이
는 하나님께서 그 사람을 받으셨기
때문입니다.
4 여러분이 누구기에 남의 종을 판단합
니까? 그의 서고 넘어지는 것이 자기
주인에게 달려 있습니다. 주께서 그를
세우실 수 있으니 그가 세움을 받을
것입니다.
5 어떤 사람은 이날을 저 날보다 중요하
게 생각하고 어떤 사람은 모든 날이
똑같다고 생각합니다. 각자 자기 마
음에 확신을 가지십시오.
6 어떤 날을 중요하게 생각하는 사람은
주를 위해 중요하게 생각하고 먹는
사람도 주를 위해 먹으니 이는 그가
하나님께 감사하기 때문입니다. 먹지
않는 사람도 주를 위해 먹지 않고 하
나님께 감사드립니다.
7 우리 중에 아무도 자기만을 위해 사
는 사람이 없고 자기만을 위해 죽는
사람도 없습니다.
8 우리는 살아도 주를 위해 살고 죽어
도 주를 위해 죽습니다. 그러므로 죽
든지 살든지 우리는 주의 것입니다.
9 이를 위해 그리스도께서 죽었다가 다
시 살아나셨으니 이는 죽은 사람과
산 사람의 주가 되시기 위함이었습니
다.
10 그런데 그대는 왜 그대의 형제를 판
단합니까? 왜 그대의 형제를 업신여
깁니까? 우리가 모두 하나님의 심판
대 앞에 설 텐데 말입니다.
11 기록되기를
ㄱ"주께서 말씀하시기를 '내가 살아
있으니 모든 무릎이 내 앞에 꿇을
것이요, 모든 혀가 하나님께 *찬양
할 것이다'"
라고 했습니다.
12 이와 같이 우리가 각각 자기의 일을 하
나님께 사실대로 말씀드릴 것입니다.
13 그러므로 우리가 이제부터는 서로 남
을 판단하지 맙시다. 형제 앞에 걸림

14:1 또는 확신 14:11 또는 자백할 것이다. ㄱ 사 45:23

돌이나 장애물을 두지 않기로 결심
하십시오.
14 내가 주 예수 안에서 알고 확신하는
것은 이것입니다. 무엇이든지 그 자체
로 부정한 것은 없고 다만 부정하다
고 여기는 그 사람에게만 부정한 것
입니다.
15 만일 음식 문제로 여러분의 형제가
근심하게 되면 그대는 더 이상 사랑
을 따라 행하지 않는 것입니다. 그리
스도께서 위해 죽으신 그 형제를 음
식 문제로 망하게 하지 마십시오.
16 그러므로 여러분의 선한 것이 비방을
받지 않도록 하십시오.
17 하나님의 나라는 먹고 마시는 것이
아니라 성령 안에서 의와 평강과 기
쁨입니다.
18 그리스도를 이렇게 섬기는 사람은 하
나님을 기쁘시게 하고 사람에게도 인
정을 받습니다.
19 그러므로 화평을 이루고 서로 세워
주는 일에 힘씁시다.
20 음식 문제로 인해 * 하나님의 일을 망
치지 않도록 하십시오. 모든 것이 다
깨끗하나 다른 사람을 넘어지게 하면
서 먹는 그 사람에게는 불결합니다.
21 고기도 먹지 않고 포도주도 마시지
않고 형제를 넘어지게 하는 어떤 일
도 하지 않는 것이 좋습니다.
22 그대가 가지고 있는 믿음을 하나님
앞에서 스스로 견고히 지키십시오.
자신이 옳다고 생각하는 일을 하면서

14:20 그리스어, '하나님의 작품', 곧 교회 공동체를 가리킴.

하용조 목사의 행복한 **메시지**

신앙의 절정은 자유입니다

진짜 믿음을 가진 사람은 예수님께 관심이 있습니다. 어떤 일을 하면서도 '예수님이시라면 어떻게 하실까?'에 더 많은 관심을 갖습니다. 믿음이 있는 사람은 본질을 추구합니다. 반면에 믿음이 없는 사람은 형식에 치중합니다. 내용물이 중요합니까, 그릇이 중요합니까? 내용물에 따라 그릇은 결정됩니다. 원리가 중요합니까, 방법이 중요합니까? 원리에 따라 방법은 얼마든지 바뀔 수 있습니다.

사도 바울은 고린도 교인들에게 이렇게 말했습니다. "만일 믿지 않는 사람들 가운데 어떤 사람이 여러분을 초대했는데 여러분이 가기를 원한다면 여러분 앞에 차려진 것은 무엇이든지 양심에 거리낌이 생기지 않도록 묻지 말고 드십시오."(고전 10:27) 이것은 믿지 않은 사람의 집에 초대받아 갔는데 혹 제사 음식이 올라오면 묻지 말고 먹으라는 말입니다. 그것은 초대한 그 사람을 구원하기 위해서입니다. 반면에 동행한 사람들 중에 어떤 사람이 "어! 목사님이 제사 음식 드시네?" 하며 시험에 들 것 같으면 먹지 말라는 것입니다. 믿음이 연약한 사람을 배려해서 먹지 말아야 합니다. 이것이 신앙입니다. 그렇게 살면 문제가 없습니다. 사도 바울은 겐그레아에서 머리를 깎습니다. 머리를 깎을 필요가 있으면 깎고 머리를 길러야 하면 기르십시오. 신앙의 절정은 자유입니다. 영적인 자유입니다.

스스로 자신을 정죄하지 않는 사람
은 복이 있습니다.
23 그러나 의심하며 먹는 사람은 이미
정죄를 받았습니다. 이는 *믿음에서
나온 것이 아니기 때문입니다. *믿음
으로 하지 않는 것은 다 죄입니다.

15 우리 강한 사람들은 마땅히 연
약한 사람들의 약점을 감싸 주
고 자기가 기뻐하는 대로 하지 않도
록 해야 합니다.
2 우리 각 사람은 이웃을 기쁘게 해 선
을 이루고 덕을 세워야 합니다.
3 그리스도께서도 자기를 기쁘게 하지
않으셨습니다. 기록되기를 ㄱ"주를 욕
하는 사람들의 그 욕이 내게 미쳤다"
라고 한 것과 같습니다.
4 무엇이든지 이전에 기록된 것은 우리
에게 교훈을 주기 위해 기록됐습니
다. 이는 우리로 하여금 성경이 주는
인내와 위로로 인해 소망을 품게 하
려는 것입니다.
5 이제 인내와 위로의 하나님께서 여러
분으로 하여금 그리스도 예수를 본받
아 서로 같은 뜻을 품게 하시고
6 한마음과 한입으로 하나님, 곧 우리
주 예수 그리스도의 아버지께 영광을
돌릴 수 있게 해 주시기를 빕니다.
7 그러므로 그리스도께서 하나님의 영
광을 위해 우리를 받아 주신 것처럼
여러분도 서로 받으십시오.
8 내가 말하는 것은 이것입니다. 그리스
도께서는 하나님의 진실하심을 위해
*할례 받은 사람의 종이 되셨습니다.
이는 조상에게 주신 약속들을 확증
하시고
9 이방 사람들도 그 긍휼하심을 받아
하나님께 영광 돌리게 하시려는 것입
니다. 기록되기를

ㄴ"그러므로 내가 이방 사람들 가
운데서 주께 찬양을 드리며 주의
이름을 찬송합니다"

라고 한 것과 같습니다.
10 또 말하기를

ㄷ"이방 사람들아, 주의 백성과 함
께 기뻐하라"

라고 했고
11 또 말하기를

ㄹ"모든 이방 사람들아, 주를 찬양
하며 모든 백성들아, 그를 찬송하
라"

라고 했으며
12 또 이사야가 말하기를

ㅁ"이새의 뿌리, 곧 이방 사람들을
다스리기 위해 일어나시는 이가 있
으리니 이방 사람들이 그 안에 소
망을 둘 것이다"

라고 했습니다.
13 이제 소망의 하나님께서 여러분의 믿
음 생활 가운데 모든 기쁨과 평강을
충만하게 하셔서 성령의 능력으로 소
망이 흘러넘치게 하시기를 빕니다.

이방 사람을 위한 사역자 바울

14 내 형제들이여, 나는 여러분 자신이
선으로 가득하고 모든 지식이 충만하

14:23 또는 확신 15:8 또는 유대 사람의 ㄱ 시 69:9 ㄴ 시 18:49 ㄷ 신 32:43 ㄹ 시 117:1 ㅁ 사 11:10

므로 서로 권면할 수 있으리라고 확
신합니다.
15 그러나 하나님께서 내게 주신 은혜로
인해 여러분에게 몇 가지를 담대하게
쓴 것은 여러분에게 다시 생각나게
하기 위함입니다.
16 이 은혜는 나로 이방 사람들을 위한
그리스도 예수의 일꾼이 되게 해서 하
나님의 복음을 전하는 제사장 직무
를 수행하게 하시려는 것입니다. 이로
써 이방 사람을 제물로 드리는 일이
성령 안에서 거룩하게 돼서 받으실 만
한 것이 되게 하시려는 것입니다.
17 그러므로 내가 그리스도 예수 안에서
하나님의 일에 대해 자랑할 것이 있
습니다.
18 하지만 그리스도께서 이방 사람들을
순종하게 하시려고 나를 통해 이루
신 일 외에는 감히 아무것도 말하지
않겠습니다. 그것은 말과 행동으로
19 표적과 기사의 능력으로 [하나님의]
성령의 능력으로 이뤄졌습니다. 그래
서 나는 예루살렘에서 일루리곤까지
두루 다니며 그리스도의 복음을 널리
전파했습니다.
20 또한 나는 그리스도의 이름을 부르
지 않는 곳에 *복음 전하기를 열망했
습니다. 이는 남의 터 위에 집을 짓지
않으려는 뜻에서였습니다.
21 기록되기를
ㄱ"주의 소식을 받지 못한 사람들이
볼 것이요, 듣지 못한 사람들이 깨
닫게 될 것이다"
라고 한 것과 같습니다.
22 그래서 나는 여러분에게 여러 차례
가려고 했으나 길이 막혔습니다.

로마 방문을 위한 바울의 계획

23 그러나 이제는 내가 이 지역에서 더
이상 일할 곳이 없고 또 여러 해 동안
여러분을 만나 보고 싶은 소원이 있
었으므로
24 내가 스페인에 갈 때 여러분을 방문
하려고 합니다. 이것은 내가 지나는
길에 여러분에게 들러 얼마간 여러분
과 기쁨을 나눈 후에 여러분의 후원
으로 그곳에 가기를 원하기 때문입니
다.
25 그러나 지금은 성도를 섬기는 일로
예루살렘으로 가는 길입니다.
26 이는 마케도니아와 아가야 사람들이
예루살렘의 가난한 성도들을 위해 기
꺼이 얼마를 기부했기 때문입니다.
27 그들이 기쁨으로 그렇게 했지만 사실
그들은 예루살렘 성도들에게 빚진 사
람들입니다. 만일 이방 사람들이 그
들의 신령한 것들을 나눠 가졌으면
육신적인 것들로 그들을 섬기는 것이
마땅합니다.
28 그러므로 내가 이 일을 마치고 그들
에게 이 열매를 확실히 전달한 후에
여러분에게 들렀다가 스페인으로 가
려고 합니다.
29 내가 여러분에게 갈 때 그리스도의
충만한 복을 가지고 갈 줄을 압니다.
30 형제들이여, 내가 우리 주 예수 그리

15:20 또는 기쁜 소식 ㄱ 사 52:15

스도를 힘입고 성령의 사랑을 힘입어
여러분에게 부탁합니다. 나를 위해
여러분도 나와 함께 하나님께 열심히
기도해 주십시오.
31 내가 유대에 있는 순종치 않는 사람
들에게서 구원을 받으며 또 예루살렘
에 대한 내 봉사가 성도들에게 받을
만한 것이 되며
32 내가 하나님의 뜻에 따라 기쁨으로
여러분에게 가서 함께 휴식을 취할
수 있도록 기도해 주십시오.
33 평강의 하나님께서 여러분 모두와 함
께하시기를 빕니다. 아멘.

개인적인 문안 인사

16 나는 겐그레아 교회의 *일꾼이
요, 우리의 자매인 뵈뵈를 여러
분에게 추천합니다.
2 여러분은 성도의 합당한 예절로 주
안에서 뵈뵈를 영접하고 그가 필요로
하는 것은 무엇이든지 돕기 바랍니
다. 이는 뵈뵈가 많은 사람들과 나를
돕는 사람이 됐기 때문입니다.
3 그리스도 예수 안에서 내 동역자들인
*브리스가와 아굴라에게 안부를 전해
주십시오.
4 그들은 생명의 위험을 무릅쓰고 내
생명을 구해 주었습니다. 나뿐 아니
라 이방 사람의 모든 교회들도 그들
에게 감사하고 있습니다.
5 또한 그들의 가정에서 모이는 교회에
도 안부를 전해 주십시오. 내가 사랑
하는 에배네도에게 안부를 전해 주십
시오. 그는 아시아에서 그리스도께 돌
아온 첫 열매입니다.
6 여러분을 위해 많이 수고한 마리아에
게 안부를 전해 주십시오.
7 내 친척이며 나와 함께 옥에 갇혔던
안드로니고와 유니아에게 안부를 전
해 주십시오. 그들은 사도들 사이에
서 뛰어난 사람들이며 나보다 먼저
그리스도 안에 있는 사람들입니다.
8 주 안에서 내가 사랑하는 암블리아에
게 안부를 전해 주십시오.
9 그리스도 안에서 우리의 동역자인 우
르바노와 내가 사랑하는 스다구에게

16:1 또는 집사, 봉사자 16:3 또는 브리스길라

성·경·상·식

바울의 평신도 동역자들

바울은 평범한 사람들을 복음을 위해 생명을 바쳐 일하는 탁월한 동역자로 만들었다. 바울을 만난 사람들은 그를 알게 되면서 생각과 행동이 달라지기 시작했고 점차 하나님의 영광을 위해 쓰임받는 삶을 살게 되었다.

바울은 혼자서 일을 다 하려 드는 독선적인 지도자가 아니었다. 함께 일하기를 좋아했던 사람이었다. 그 예가 로마서 16장에 나온다. 본문에는 그가 동역자로 삼았던 40명가량의 이름이 적혀 있다. 여기에는 뵈뵈(롬 16:1–2), 브리스가와 아굴라(롬 16:3) 등 잘 알려진 사람 외에 잘 알려지지 않은 사람들이 훨씬 많이 언급되었다.

바로 여기에 평신도의 위대함이 있다. 잘 알려진 선교사나 목사들 배후에는 이름이 알려지지 않은 채 충성하며 살았던 평신도들이 있다. 이들의 값진 인생에 대해서는 오직 예수님만이 알고 계신다.

안부를 전해 주십시오.
10 그리스도 안에서 인정을 받은 아벨레
에게 안부를 전해 주십시오. 아리스
도불로의 집안사람들에게 안부를 전
해 주십시오.
11 내 친척 헤로디온에게 안부를 전해
주십시오. 주 안에 있는 나깃수의 집
안사람들에게 안부를 전해 주십시오.
12 주 안에서 수고한 드루배나와 드루보
사에게 안부를 전해 주십시오. 주 안
에서 수고를 많이 한 사랑하는 버시
에게 안부를 전해 주십시오.
13 주 안에서 택하심을 받은 루포와 그
의 어머니에게 안부를 전해 주십시
오. 그의 어머니는 곧 내 어머니이기
도 합니다.
14 아순그리도, 블레곤, 허메, 바드로바,
허마와 그들과 함께 있는 형제들에게
안부를 전해 주십시오.
15 빌롤로고, 율리아, 네레오와 그의 자
매와 올름바와 그들과 함께 있는 모
든 성도에게 안부를 전해 주십시오.
16 거룩한 입맞춤으로 여러분은 서로 문
안하십시오. 그리스도의 모든 교회가
여러분에게 문안합니다.
17 형제들이여, 내가 여러분에게 권합니
다. 여러분은 배운 교훈에 역행해 분
열을 일으키고 훼방하는 사람들을
경계하고 그들을 멀리하십시오.
18 그런 사람들은 우리 주 그리스도를
섬기지 않고 자기 배만 채우며 그럴듯
한 말과 아첨하는 말로 순진한 사람
들의 마음을 현혹합니다.
19 여러분의 순종이 모든 사람에게 알려
지고 있어 나는 여러분으로 인해 기
뻐합니다. 나는 여러분이 선한 일에
는 지혜롭고 악한 일에는 순진하기를
바랍니다.
20 평강의 하나님께서 속히 사탄을 여러
분의 발아래서 짓밟히게 하실 것입니
다. 우리 주 예수의 은혜가 여러분과
함께하기를 빕니다.
21 내 동역자인 디모데와 내 친척들인 누
기오, 야손, 소시바더가 여러분에게
안부를 전합니다.
22 이 편지를 받아쓰는 나 더디오도 주
안에서 여러분에게 안부를 전합니다.
23 나와 온 교회의 집주인인 가이오도 주
안에서 여러분에게 안부를 전합니다.
이 성의 재무관 에라스도와 형제 구아
도도 여러분에게 안부를 전합니다.
24 *(없음)
25 하나님께서는 내가 전하는 복음과 예
수 그리스도에 대한 선포를 따라, 그
리고 비밀의 계시를 따라 능히 여러
분을 견고하게 하실 수 있습니다. 이
비밀은 영원 전부터 감춰져 오다가
26 이제는 나타나게 됐으며 영원하신 하
나님의 명령에 따라 예언자들의 글로
인해 믿고 순종하게 하시려고 모든
민족에게 알려지게 됐습니다.
27 오직 한 분이신 지혜로우신 하나님께
예수 그리스도로 인한 영광이 영원무
궁하기를 빕니다. 아멘.

16:24 어떤 사본에는 '우리 주 예수 그리스도의 은혜가 여러분 모두에게 있기를 빕니다. 아멘.'이 있음.

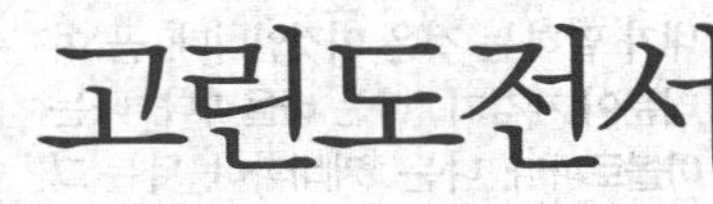

고린도전서

1 Corinthians

고린도 교회의 교리적 탈선과 무질서, 분열, 도덕적 문제 등에 대해 복음의 능력으로 극복하도록 권면하는 서신이다. 바울은 모든 갈등의 근본적 원인이 되는 육적인 생각에서 벗어나 성령의 소욕을 좇아 진리를 행하도록 강력히 호소한다. 아울러 십자가의 사랑과 부활의 능력 안에서 거룩하게 살도록 촉구한다.

1 하나님의 뜻에 따라 그리스도 예수
의 사도로 부르심을 받은 바울과
형제 소스데네는
2 고린도에 있는 하나님의 교회, 곧 그
리스도 예수 안에서 거룩하게 돼 성
도로 부르심을 받은 사람들과 또한
각처에서 우리 주 예수 그리스도의 이
름을 부르는 모든 사람들에게 편지
를 씁니다.
3 하나님 우리 아버지와 주 예수 그리스
도께로부터 은혜와 평강이 여러분에
게 있기를 빕니다.

감사

4 나는 그리스도 예수 안에서 여러분이
받은 하나님의 은혜로 인해 여러분에
대해 항상 내 아버지께 감사드립니다.
5 이는 여러분이 그리스도 안에서 모든
일, 곧 말과 모든 지식에 있어서 풍성
하게 됐기 때문입니다.
6 그리스도의 증거가 여러분 안에 견고
하게 돼
7 모든 은사에 부족함 없이 여러분은
우리 주 예수 그리스도께서 나타나시
기를 기다리고 있습니다.
8 하나님께서 우리 주 예수 그리스도의
날에 책망받을 것이 없도록 여러분을
끝까지 견고하게 하실 것입니다.
9 하나님께서는 신실하신 분입니다. 여
러분은 하나님의 신실하심으로 인해
그분의 아들 예수 그리스도 우리 주
와 함께 교제하도록 부르심을 받았습
니다.

교회의 분쟁

10 형제들이여, 나는 여러분 모두가 같
은 말을 하고 여러분 가운데 분열이
없고 한마음 한뜻으로 굳게 연합하기
를 우리 주 예수 그리스도의 이름으
로 권면합니다.
11 내 형제들이여, 글로에의 집 사람들
을 통해 여러분에 대한 말, 곧 여러분
가운데 다툼이 있다는 말을 내가 들
었습니다.

12 내가 말하는 것은 이것입니다. 곧 여
러분이 제각기 "나는 바울파다, 나는
아볼로파다, 나는 *게바파다, 나는 그
리스도파다"라고 하는 것입니다.
13 그리스도께서 나뉘었습니까? 바울이
여러분을 위해 십자가에 못 박혔습
니까? 또 여러분이 바울의 이름으로
*세례를 받았습니까?
14 내가 하나님께 감사하는 것은 여러분
가운데 그리스보와 가이오 외에는 내
가 아무에게도 세례를 주지 않았다
는 것입니다.
15 이는 여러분 가운데 아무도 내 이름
으로 세례를 받았다고 말하지 못하
게 하려는 것입니다.
16 내가 또한 스데바나의 집안사람들에
게도 세례를 주었으나 그 외에 어느
누구에게도 세례를 준 기억이 없습니
다.
17 그리스도께서는 세례를 주라고 나를
보내신 것이 아니라 복음을 전하라고
보내셨습니다. 또한 복음을 전할 때
말의 지혜로 하지 않도록 하셨는데
이는 그리스도의 십자가가 헛되지 않
도록 하려는 것입니다.

십자가에 못 박히신 그리스도가 하나님의 능력과 지혜이다

18 십자가의 말씀이 멸망당하는 사람들
에게는 어리석은 것이나 구원받는 우
리에게는 하나님의 능력입니다.
19 기록되기를
ㄱ"내가 지혜로운 사람들의 지혜를
멸하고 총명한 사람들의 총명을 폐
할 것이다"
라고 했습니다.
20 지혜로운 사람이 어디 있습니까? 학
자가 어디 있습니까? 이 세대의 변론
가가 어디 있습니까? 하나님께서 세
상의 지혜를 어리석게 하신 것이 아
닙니까?
21 하나님의 지혜에 있어서는 세상이 자
신의 지혜를 통해 하나님을 알 수 없
으므로 하나님께서는 *어리석게 보이
는 말씀 선포를 통해 믿는 사람들을
구원하시기를 기뻐하셨습니다.
22 유대 사람은 표적을 구하고 그리스 사
람은 지혜를 찾지만
23 우리는 십자가에 못 박힌 그리스도를

1:12 또는 베드로파 1:13 또는 침례 1:21 그리스어, '선포의 어리석음을 통하여' ㄱ 사 29:14

성·경·상·식

고린도 시

고린도는 테베, 아테네, 스파르타와 더불어 고대 그리스의 대도시 중의 하나였다. BC 46년 시저는 고린도를 식민 도시로 재건했고, 바울 당시에는 인구 60만을 헤아리는 대도시로 발전했다. 고린도의 주민들은 대부분 노예들이었고 각 처에서 모인 다민족들로 이루어진 도시였다.
또한 고린도에는 유대인의 회당이 있었던 것으로 보아(행 18:1-17) 유대인들이 많이 살았던 것으로 추정된다. 이곳은 번창한 상업 도시였고 다른 그리스 도시들처럼 다신교적인 성향이 짙었을 뿐 아니라 도덕적으로 부패한 도시였다.

전파합니다. 이것이 유대 사람에게는
마음에 걸리는 일이며 이방 사람에게
는 어리석은 것이지만
24 부르심을 받은 사람들에게는 유대 사
람이든 그리스 사람이든 그리스도는
하나님의 능력이며 하나님의 지혜입
니다.
25 하나님의 어리석음이 사람의 지혜보
다 더 지혜롭고 하나님의 연약함이
사람보다 더 강하기 때문입니다.
26 형제들이여, 여러분의 부르심을 생각
해 보십시오. 육신적으로 지혜 있는
사람이 많지 않고 능력 있는 사람도
많지 않고 가문 좋은 사람도 많지 않
습니다.
27 그러나 하나님께서는 지혜로운 사람
들을 부끄럽게 하시려고 세상의 어리
석은 것들을 택하셨고 강한 것들을
부끄럽게 하시려고 세상의 약한 것들
을 택하셨습니다.
28 또한 하나님께서는 잘난 체하는 것
들을 없애시려고 세상의 천한 것들과
멸시받는 것들과 아무것도 아닌 것들
을 택하셨습니다.
29 이는 어떤 육체라도 그분 앞에서 자
랑하지 못하게 하려는 것입니다.
30 여러분은 하나님께로부터 나서 그리
스도 예수 안에 있는 사람들입니다.
예수는 하나님께로부터 와서 우리에
게 지혜와 의와 거룩함과 *구속함이
되셨습니다.
31 그러므로 기록되기를 ㄱ"자랑하는 사
람은 주 안에서 자랑하라" 함과 같습
니다.

2 형제들이여, 내가 여러분에게 가서
하나님의 *비밀을 전할 때 달변이
나 지혜로 하지 않았습니다.
2 내가 여러분 가운데서 예수 그리스
도, 곧 십자가에 못 박히신 그분 외에
는 아무것도 알지 않기로 작정했기
때문입니다.
3 내가 여러분에게 갔을 때 나는 연약
하고 두렵고 떨리는 가운데 있었습니
다.
4 내 말과 내 선포는 *지혜롭고 그럴듯
한 말들로 한 것이 아니라 *성령의 능
력이 나타낸 증거로 한 것입니다.
5 이는 여러분의 믿음이 사람의 지혜에
있지 않고 하나님의 능력에 있게 하
려고 한 것입니다.

하나님의 지혜가 성령에 의해 드러나다

6 그러나 우리는 성숙한 사람들 가운데
서 지혜를 말합니다. 그런데 이것은
이 세대의 지혜도, 없어져 버릴 이 세
상에서 다스리는 사람들의 지혜도 아
닙니다.
7 오직 우리는 비밀로 감춰졌던 하나님
의 지혜를 말합니다. 이것은 하나님
께서 우리의 영광을 위해 영원 전에
미리 예정해 두신 것입니다.
8 이것은 이 세대를 다스리는 사람들
가운데는 누구도 알지 못했던 것입니
다. 만일 그들이 알았더라면 영광의

1:30 또는 '대속해 구원함', '구원' 2:1 어떤 사본에는 '증언', '증거' 2:4 어떤 사본에는 '지혜의 설득력으로' 2:4 그리스어, '영과 능력의 나타남으로' ㄱ 렘 9:23 이하

주를 십자가에 못 박지 않았을 것입
니다.
9 기록되기를
ㄱ"눈으로 보지 못하고 귀로 듣지
못하고 사람의 마음에 떠오르지
않은 것들을 하나님께서는 자기를
사랑하는 사람들을 위해 예비해
주셨다"
라고 한 것과 같습니다.
10 하나님께서는 성령을 통해 이것을 우
리에게 깨달아 알게 해 주셨습니다.
성령께서는 모든 것, 곧 하나님의 깊
은 것들까지도 자세히 살피시는 분이
십니다.
11 만일 사람 속에 있는 그 사람의 영이
아니면 누가 그 사람의 생각을 알 수
있겠습니까? 이와 마찬가지로 하나님
의 영이 아니면 아무도 하나님의 생
각을 알 수 없습니다.
12 우리는 세상의 영을 받지 않고 하나
님께로부터 온 영을 받았습니다. 이
것은 하나님께서 우리에게 주신 은혜
의 선물들을 깨달아 알게 하시려는
것입니다.
13 우리가 이 선물들에 대해 말하는 것
은 사람의 지혜가 가르쳐 준 말들로
하는 것이 아니라 성령께서 가르치신
말씀들로 하는 것입니다. 곧 *신령한
말로 신령한 일들을 설명하는 것입니
다.
14 *육에 속한 사람은 하나님의 영적인
일들을 받아들이지 않습니다. 그에게
는 이런 것이 어리석고 이해할 수 없
는 일들입니다. 이런 일들은 영적으로
만 분별되기 때문입니다.
15 신령한 사람은 모든 것을 판단하나
자기는 아무에게도 판단을 받지 않습
니다.
16 "누가 주의 마음을 알아 그를 가르치
겠습니까?" 그러나 우리는 그리스도
의 마음을 가지고 있습니다.

교회와 지도자들

3 형제들이여, 내가 여러분에게 신령
한 사람들에게 말하듯이 말할 수
없어서 육에 속한 사람들, 곧 그리스
도 안에서 어린아이들에게 말하듯이
말했습니다.
2 나는 여러분에게 젖으로 먹이고 단
단한 음식으로는 먹이지 않았습니다.
여러분이 감당할 수 없었기 때문입니
다. 그런데 여러분은 지금도 여전히
감당할 수가 없습니다.
3 여러분은 여전히 육에 속한 사람들입
니다. 여러분 가운데 시기와 다툼이
있으니 여러분이 육에 속한 사람들이
아니며 사람의 악한 본성을 따라 행
하는 사람들이 아닙니까?
4 여러분 가운데 어떤 사람은 "나는 바
울파다", 어떤 사람은 "나는 아볼로파
다"라고 한다면 여러분은 육에 속한
사람들이 아닙니까?
5 그러면 아볼로는 무엇이고 바울은 무
엇입니까? 여러분을 믿게 한 *사역자
들일 뿐입니다. 그들은 주께서 각각

2:13 또는 신령한 일들을 신령한 사람들에게 설명하는 것입니다. 2:14 또는 신령하지 아니한, 자연에 속한 3:5 또는 집사들, 일꾼들 ㄱ 사 64:4;65:17

맡겨 주신 대로 일할 뿐입니다.
6 나는 심고 아볼로는 물을 주었으나
자라게 하신 분은 하나님이십니다.
7 그러므로 심는 사람이나 물 주는 사
람은 아무것도 아니요, 오직 하나님
께서 자라게 하신 것입니다.
8 심는 사람과 물을 주는 사람은 하나
이며 각각 자기의 수고한 대로 자기의
상을 받을 것입니다.
9 우리는 하나님의 동역자들이요, 여러
분은 하나님의 밭이며 하나님의 건물
입니다.
10 내게 주신 하나님의 은혜를 따라 내
가 지혜로운 건축가처럼 기초를 닦았
으며 다른 사람이 그 위에 건물을 세
웁니다. 그러나 각각 그 위에 어떻게
세울 것인지 신중을 기해야 합니다.
11 아무도 이미 닦아 놓은 기초 외에 다
른 어떤 기초도 놓을 수 없습니다. 그
기초는 곧 예수 그리스도이십니다.
12 만일 누가 이 기초 위에 금이나 은이
나 보석이나 나무나 풀이나 짚으로
건물을 세우면
13 각 사람이 들인 정성과 힘이 드러날
것입니다. 이는 그날에 그것들이 불
가운데 나타나므로 밝히 드러날 것이
기 때문입니다. 불은 각 사람이 들인
정성과 힘이 어떠한지 시험할 것입니
다.
14 만일 누가 그 기초 위에 세워 놓은 일
이 그대로 있으면 상을 받고
15 만일 누가 그 위에 세워 놓은 일이 불
타 없어지면 해를 입을 것입니다. 그
자신은 구원을 받을 것이나 마치 불
길을 간신히 피해 얻은 것과 같을 것
입니다.
16 여러분은 자신이 하나님의 성전인 것
과 하나님의 성령께서 여러분 안에
계시는 것을 알지 못합니까?
17 만일 누구든지 하나님의 성전을 파괴
하면 하나님께서 그 사람을 멸하실
것입니다. 이는 하나님의 성전은 거룩
하기 때문입니다. 여러분이 바로 하나
님의 성전입니다.
18 아무도 자신을 속이지 마십시오. 만
일 여러분 가운데 누가 이 세상에서
지혜 있다고 생각한다면 어리석은 사
람이 되십시오. 그렇게 해야 진정 지
혜 있는 사람이 될 것입니다.
19 이 세상의 지혜는 하나님 보시기에
어리석은 것입니다. 기록되기를 ㄱ"하
나님께서는 지혜로운 사람들을 자기
꾀에 넘어지게 하시는 분이십니다"라
고 하고
20 또 기록되기를 ㄴ"주님은 지혜로운 사
람들의 생각이 허망한 것을 아신다"
라고 한 것과 같습니다.
21 그러므로 누구든지 사람에 관한 것
을 자랑하지 마십시오. 모든 것이 다
여러분의 것입니다.
22 바울이나 아볼로나 *게바나 세상이나
생명이나 죽음이나 현재 일이나 미래
일이나 모든 것이 다 여러분의 것입니
다.
23 그리고 여러분은 그리스도의 것이며

3:22 또는 베드로 ㄱ 욥 5:13 ㄴ 시 94:11

그리스도는 하나님의 것입니다.

참된 사도직의 본질

4 이와 같이 사람들은 우리를 그리
스도의 일꾼이요, 하나님의 비밀을
맡은 사람들로 봐야 합니다.
2 그리고 맡은 사람들에게 요구되는 것
은 그들의 신실함입니다.
3 내가 여러분에게 판단을 받든지 사
람의 법정에서 판단을 받든지 그것은
내게 아주 작은 일입니다. 사실 나도
나 자신을 판단하지 않습니다.
4 나는 양심에 거리끼는 것이 전혀 없
습니다. 그러나 이것으로 내가 의롭
다는 것은 아닙니다. 나를 판단하시
는 분은 주이십니다.
5 그러므로 여러분은 때가 되기 전, 곧
주께서 오실 때까지는 아무것도 판단
하지 마십시오. 주께서는 어둠 속에
숨겨져 있는 것들을 밝히시고 마음의
동기를 드러내실 것입니다. 그때 하나
님께서 각 사람을 칭찬하실 것입니
다.
6 형제들이여, 나는 여러분을 위해 이
것을 나 자신과 아볼로에게 적용해
설명했습니다. 이는 여러분이 우리를
통해 "기록된 말씀에서 벗어나지 마
라"라고 한 것을 배워 어느 한쪽을 편
들고 다른 쪽을 대적하는 교만에 빠
지지 않게 하려는 것입니다.
7 누가 당신을 구별합니까? 당신이 가
진 것 가운데 받지 않은 것이 무엇입
니까? 당신이 받은 것이라면 왜 그렇
지 않은 것처럼 자랑합니까?
8 여러분은 이미 배가 불렀고 이미 부
유해졌고 우리 없이 왕 노릇 했습니
다. 나는 여러분이 정말 왕처럼 다스
렸으면 좋겠습니다. 그래서 우리도 여
러분과 함께 왕 노릇 할 수 있었으면
좋겠습니다.
9 그러나 내가 생각하기에 하나님께서
는 사도인 우리를 죽이기로 작정한
사람들같이 맨 끝자리에 두셨으니 우
리가 세상과 천사들과 사람들에게
구경거리가 됐습니다.
10 우리는 그리스도로 인해 어리석지만
여러분은 그리스도 안에서 지혜롭고
우리는 약하지만 여러분은 강합니다.
여러분은 높고 귀하나 우리는 낮고
천합니다.
11 바로 이 시간까지도 우리는 굶주리고
목마르고 헐벗고 매 맞고 정처 없이
떠돌고
12 수고하며 우리 손으로 일합니다. 우
리는 욕을 먹으면 오히려 축복해 주
고 핍박을 당하면 참고
13 누가 우리를 비웃고 헐뜯으면 선한 말
로 대답합니다. 지금까지 우리는 세상
의 쓰레기처럼 만물의 찌꺼기처럼 됐
습니다.

바울의 호소와 권면

14 내가 이렇게 쓰는 것은 여러분을 부
끄럽게 하려는 것이 아니라 내 사랑
하는 자녀들에게 훈계하려는 것입니
다.
15 그리스도 안에서 여러분에게 1만 명
의 선생이 있더라도 정작 아버지는

많지 않습니다. 나는 그리스도 예수
안에서 복음으로 여러분을 낳았습니
다.
16 그러므로 내가 여러분에게 권합니다.
여러분은 나를 따라 행하십시오.
17 이를 위해 나는 주 안에서 내 사랑하
는 신실한 아들 디모데를 여러분에게
보냅니다. 그가 여러분에게 내가 각처
각 교회에서 가르치는 대로 그리스도
예수 안에 있는 내 생활 방식을 생각
나게 해 줄 것입니다.
18 여러분 가운데 어떤 사람들은 내가
그곳에 가지 못할 것이라 여기고 교
만해졌습니다.
19 그러나 주께서 허락하시면 내가 여러
분에게 속히 가서 그 교만해진 사람
들의 말이 아니라 능력을 확인해 보
겠습니다.
20 이는 하나님 나라는 말이 아니라 능
력에 있기 때문입니다.
21 여러분은 무엇을 원합니까? 내가 매
를 가지고 여러분에게 가면 좋겠습니
까? 사랑과 온유한 마음을 가지고 가
면 좋겠습니까?

근친상간의 경우를 다루다

5 심지어 여러분 가운데 음행이 있다
는 소문이 들립니다. 심지어 누가
자기 아버지의 아내와 동거하는 사람
까지 있다고 하니 이러한 음행은 이
방 사람들에게도 없는 일입니다.
2 그런데도 여러분이 자만합니까? 오히
려 여러분은 슬퍼하고 마음 아파하며

Q&A 죄를 범한 형제를 어떻게 대해야 하나?

참고 구절 | 고전 5장

바울은 고린도 교회 안에서 음행, 탐욕, 우상 숭배, 중상모략, 술 취함, 약탈 등의 죄를 짓고 있는 형제들에 대한 '교회의 권징' 문제를 언급하고 있다(고전 5:1,11,13).
권징은 죄를 범한 형제가 회개하고 하나님께 다시 돌아오도록 교회에서 행하는 권면과 징계를 말한다.

- **권징의 목적** 죄의 문제를 해결하고 교회의 거룩을 유지하기 위한 것이다. 이것은 죄지은 사람을 심판하기 위한 법이 아니라 참사랑의 원리를 가르쳐 주는 법이다.
- **권징의 대상** 습관적이고 지속적으로 죄를 범하면서도 그런 행위를 죄로 인정하지 않거나 바꾸려고 하지 않는 사람들이다.
다시 말해 성경에 죄라고 명시된 죄를 범하고 있는 경우, 권징의 대상이 된다. 고린도 교회 안에는 이러한 사람들이 많았다.
- **권징의 과정** 첫째, 그 상황을 아는 사람만이 죄를 지은 당사자를 찾아가 죄에서 돌이키도록 잘못을 지적한다(마 18:15).
둘째, 만일 죄에서 돌이키지 않으면 그 죄에 대해 증인을 두세 사람 데리고 가서 권고한다(마 18:16). 셋째, 그래도 죄에서 돌이키지 않으면 교회에 알리고 권징을 한다(마 18:17). 권징을 받는 동안은 다른 성도들과의 교제를 금한다.
만약에 교회의 권징을 거부한다면 그 사람은 교회 밖으로 내보낸다(고전 5:13). 그러나 권징을 받고서 회개하고 돌아온 사람은 비난하지 않고 받아들인다.

그런 짓을 행한 사람을 내쫓아야 하
지 않겠습니까?
3 내가 비록 몸으로는 떠나 있으나 영
으로는 여러분과 함께 있어 내가 마
치 여러분과 함께 있는 것같이 그런
짓을 행한 사람을 이미 심판했습니
다.
4 여러분이 우리 주 예수의 이름으로
모일 때 내 영이 우리 주 예수의 능력
과 더불어 여러분과 함께 있으니
5 그런 사람을 사탄에게 넘겨주십시오.
이는 그 육신은 멸망하더라도 그 영
은 *주의 날에 구원을 얻게 하기 위
함입니다.
6 여러분이 자랑하는 것은 옳지 않습니
다. 여러분은 적은 누룩이 온 덩어리
를 부풀게 하는 것을 알지 못합니까?
7 여러분은 새 반죽 덩이가 되기 위해
묵은 누룩을 제거해 버리십시오. 우
리의 *유월절 양이신 그리스도께서
희생되심으로 우리가 누룩 없는 반죽
이 됐기 때문입니다.
8 그러므로 묵은 누룩, 곧 악하고 해로
운 누룩이 든 빵으로 절기를 지키지
말고 오직 순결함과 진실함, 곧 누룩
없는 빵으로 지킵시다.
9 나는 내 편지에 여러분에게 음행하는
사람들과 어울리지 말라고 썼습니다.
10 이 말은 이 세상의 음행하는 사람들
이나 탐욕을 부리는 사람들, 약탈하
는 사람들이나 우상 숭배하는 사람
들과 전혀 어울리지 말라는 뜻이 아
닙니다. 만일 그렇게 하려면 여러분
은 이 세상 밖으로 나가야 할 것입니
다.
11 지금 내가 여러분에게 어울리지 말라
고 쓴 것은 만일 형제라 불리는 어떤
사람이 음행하는 사람이거나 탐욕
을 부리는 사람이거나 우상 숭배하
는 사람이거나 중상모략하는 사람이
거나 술꾼이거나 약탈하는 사람이면
그런 사람과는 함께 먹지도 말라는
것입니다.
12 교회 밖에 있는 사람들을 판단하는
것이 나와 무슨 상관이 있겠습니까?
여러분이 판단해야 할 사람은 교회
안에 있는 사람들이 아닙니까?
13 밖에 있는 사람들은 하나님께서 판
단하실 것입니다. "그 악한 사람을 여
러분 가운데서 내쫓으십시오."

성도들 간의 소송

6 여러분 가운데 누가 다른 사람에
대해 소송할 일이 있을 때 왜 성도
들 앞에서 해결하려 하지 않고 세상
의 불의한 사람들 앞에서 합니까?
2 여러분은 성도들이 세상을 심판할 것
을 알지 못합니까? 세상이 여러분에
게 심판을 받을 것인데 여러분이 아
주 사소한 사건 하나도 판단할 능력
이 없겠습니까?
3 여러분은 우리가 천사들을 판단할
것을 알지 못합니까? 그렇다면 하물
며 이 세상일이겠습니까?
4 그런데 세상일로 소송할 것이 생겼을

5:5 어떤 사본에는 '주 예수' 5:7 출 12:13,21-28을 보라.

때 여러분은 교회가 업신여기는 *바
깥 사람들을 재판관으로 세웁니까?
5 내가 이렇게 말하는 것은 여러분을
부끄럽게 하려는 것입니다. 여러분 가
운데 믿는 사람들 사이의 일을 판단
할 수 있는 지혜로운 사람이 이렇게
하나도 없습니까?
6 그래서 형제와 형제가 맞서 소송할
뿐 아니라 그것도 믿지 않는 사람들
앞에서 한다는 말입니까?
7 여러분이 서로 소송을 한다는 것은
여러분이 벌써 실패했다는 것을 뜻합
니다. 왜 차라리 억울한 일을 당해 주
지 못합니까? 왜 차라리 속아 주지
못합니까?
8 도리어 여러분은 불의를 행하며 속이
고 있습니다. 그것도 형제들에게 그런
짓을 하고 있습니다.
9 여러분은 불의한 사람이 하나님 나
라를 *상속받지 못할 것을 알지 못합
니까? 속지 마십시오. 음행하는 사람
이나 우상을 숭배하는 사람이나 간
음하는 사람이나 남창이나 동성연애
를 하는 사람이나
10 도둑이나 탐욕을 부리는 사람이나
술꾼이나 남을 헐뜯는 사람이나 속
임수로 남을 해롭게 하는 사람이나
약탈하는 사람은 하나님 나라를 상
속받지 못할 것입니다.
11 여러분 가운데도 그런 사람들이 더러
있었으나 주 예수 그리스도의 이름과
우리 하나님의 성령으로 씻음을 받고
거룩해져서 의롭다 함을 받았습니다.

음행

12 모든 것이 내게 허용돼 있습니다. 그
러나 모든 것이 유익한 것은 아닙니
다. 모든 것이 내게 허용돼 있습니다.
그러나 나는 아무것에도 얽매이지 않
겠습니다.
13 음식은 배를 위해 있고 배는 음식을
위해 있습니다. 그러나 하나님께서는
이것도 저것도 다 없애 버리실 것입니
다. 몸은 음행을 위해 있는 것이 아니
라 주를 섬기라고 있는 것이며 주께
서는 우리 몸을 위해 계십니다.
14 하나님께서 주를 살리셨으니 또한 그
능력으로 우리도 살리실 것입니다.
15 여러분은 여러분의 몸이 그리스도의
몸의 한 부분인 것을 알지 못합니까?
그런데 내가 그리스도의 지체를 떼 내
어 창녀의 지체를 만들 수 있습니까?
결코 그럴 수 없습니다.
16 창녀와 연합하는 사람은 그녀와 한
몸인 것을 알지 못합니까? 말씀하시
기를 ㄱ"둘이 한 육체가 될 것이다"라
고 했습니다.
17 그러나 주와 연합하는 사람은 영적으
로 주와 하나가 됩니다.
18 음행을 피하십시오. 사람이 저지르는
죄마다 자기 몸 밖에 있으나 음행하
는 사람은 자기 몸에 죄를 범하는 것
입니다.
19 여러분의 몸은 성령의 전입니다. 여러
분은 하나님께로부터 성령을 받아 여

6:4 또는 믿지 않는 세상 사람들을 6:9 또는 들어가지 ㄱ 창 2:24

러분 안에 모시고 있습니다. 여러분
은 자신의 몸이 자기 것이 아니라는
사실을 알지 못합니까?
20 하나님께서 값을 치르고 여러분을 사
셨습니다. 그러므로 여러분의 몸으로
하나님께 영광을 돌리십시오.

결혼 생활에 관하여

7 이제 여러분이 써 보낸 질문에 대
해 말하겠습니다. 남자가 여자를
성적으로 가까이하지 않는 것은 좋습
니다.
2 그러나 음행에 빠지게 하는 유혹이
있기 때문에 남자마다 자기 아내를
두고 여자마다 자기 남편을 두십시
오.
3 남편은 아내에게 남편으로서의 의무
를 다하고 아내도 남편에게 그렇게
하십시오.
4 아내는 자기 몸을 자기 마음대로 하
지 못하고 오직 남편에게 맡겨야 합
니다. 이와 같이 남편도 자기 몸을 자
기 마음대로 하지 못하고 오직 아내
에게 맡겨야 합니다.
5 부부간에 서로 멀리하지 마십시오.
단, 기도에 전념하기 위해 얼마 동안
떨어져 있기로 합의한 경우는 예외입
니다. 그러나 그 후에는 다시 합하십
시오. 이는 여러분이 절제하지 못하
는 틈을 타서 사탄이 여러분을 유혹
할까 염려되기 때문입니다.
6 지금 내가 하는 이 말은 권면이지 명
령은 아닙니다.
7 내가 바라기는 모든 사람이 나와 같
았으면 좋겠습니다. 그러나 사람마다
하나님께 받은 은사가 달라 이런 사
람도 있고 저런 사람도 있습니다.
8 내가 결혼하지 않은 사람들과 과부
들에게는 나처럼 그냥 혼자 지내는
것이 좋겠다고 말하고 싶습니다.
9 그러나 만일 절제할 수 없다면 결혼
하십시오. 정욕으로 불타는 것보다
결혼하는 것이 낫습니다.
10 결혼한 사람들에게 명령합니다. (이
것은 내 명령이 아니라 주의 명령입니
다.) 아내는 남편과 갈라서지 마십시
오.
11 (만일 갈라섰거든 재혼하지 말고 혼
자 지내든지 그러지 않으려면 남편과
화해하십시오.) 남편도 아내를 버리
지 마십시오.
12 내가 나머지 사람들에게 말합니다.
(이것은 내 말이지 주의 말씀은 아닙
니다.) 만일 어떤 형제에게 믿지 않는
아내가 있는데 그녀가 계속 그와 함
께 살고 싶어 한다면 그녀를 버리지
마십시오.
13 또 어떤 자매에게 믿지 않는 남편이
있는데 그가 계속 그녀와 함께 살고
싶어 한다면 그를 버리지 마십시오.
14 믿지 않는 남편이 그 아내를 통해 거
룩해지고 믿지 않는 아내가 그 남편
을 통해 거룩해집니다. 그렇지 않다
면 여러분의 자녀들도 깨끗하지 못할
것이나 이제 그들은 거룩합니다.
15 그러나 만일 믿지 않는 사람이 헤어
지자고 한다면 그렇게 하게 하십시

오. 이런 경우에는 형제나 자매나 얽
매일 필요가 없습니다. 하나님께서는
여러분이 평화롭게 살도록 부르셨습
니다.
16 아내여, 당신이 남편을 구원할는지
어떻게 알겠습니까? 남편이여, 당신
이 아내를 구원할는지 어떻게 알겠습
니까?

신분의 변화에 관하여

17 오직 주께서 나눠 주신 은사대로 또
하나님께서 부르신 대로 살아가십시
오. 내가 모든 교회에 이 같은 원칙을
제시합니다.
18 할례를 받은 상태에서 부르심을 받은
사람이 있습니까? 할례의 흔적을 지
워 할례를 받지 않은 사람이 되려고
하지 마십시오. 할례를 받지 않은 상
태에서 부르심을 받은 사람이 있습니
까? 일부러 할례를 받으려고 하지 마
십시오.
19 할례를 받았든지 안 받았든지 그것
은 문제가 아닙니다. 오직 하나님의
계명을 지키는 것이 중요합니다.
20 각 사람은 부르심을 받은 때의 상태
그대로 머무르십시오.
21 당신이 종으로 있을 때 부르심을 받
았습니까? 걱정하지 마십시오. 그러
나 자유를 얻을 수 있는 기회가 있다
면 그것을 이용하십시오.
22 주 안에서 부르심을 받은 사람은 종
이라도 주께 속한 자유인입니다. 마찬
가지로 자유인으로서 부르심을 받은
사람은 그리스도의 종입니다.
23 여러분은 하나님께서 값을 치르고 사
신 사람들입니다. 그러니 사람의 종
이 되지 마십시오.
24 형제자매들이여, 각각 부르심을 받은
그대로 하나님과 함께 거하십시오.

결혼하지 않은 사람들에 관하여

25 결혼하지 않은 사람들에 대해서는 내
가 주께 받은 명령이 없으나 주의 자
비하심을 힘입은 사람으로서 여러분
에게 믿을 만한 의견을 제시합니다.
26 나는 곧 닥쳐올 환난을 생각한다면
사람이 그냥 지내는 것이 좋다고 봅
니다.
27 당신이 아내에게 매였으면 헤어지려
고 하지 마십시오. 당신이 아내에게
서 놓였으면 새로 아내를 얻으려고
하지 마십시오.
28 그러나 당신이 결혼하더라도 죄를 짓
는 것은 아닙니다. 또 처녀가 결혼하
더라도 죄를 짓는 것은 아닙니다. 그
러나 이런 사람들은 육신에 고난을
당하게 될 것이므로 내가 여러분을
아끼는 마음에서 이런 말을 하는 것
입니다.
29 형제자매들이여, 내가 말하고 싶은
것은 이것입니다. 때가 얼마 남지 않
았으니 이제부터 아내 있는 사람들은
없는 사람처럼 하고
30 슬픈 사람들은 슬프지 않은 사람처
럼 하고 기뻐하는 사람들은 기쁘지
않은 사람처럼 하고 물건을 사는 사
람들은 그것을 가지지 않은 사람처럼
하고

31 세상의 것을 사용하는 사람들은 다
사용하지 못하는 것처럼 하십시오.
이 세상의 모습은 사라져 가고 있기
때문입니다.
32 나는 여러분이 걱정 없이 살기를 바
랍니다. 결혼하지 않은 남자는 어떻
게 하면 주님을 기쁘시게 할까 하고
주의 일에 마음을 씁니다.
33 그러나 결혼한 남자는 어떻게 하면
자기 아내를 기쁘게 할까 하고 세상
일을 걱정하므로
34 마음이 나뉩니다. 남편이 없는 여자
나 처녀는 주의 일을 걱정해 몸과 영
을 다 거룩하게 하나 결혼한 여자는
어떻게 하면 남편을 기쁘게 할까 해
세상일을 걱정합니다.
35 내가 이것을 말하는 것은 여러분의
유익을 위한 것이지 여러분을 제한하
려는 것이 아닙니다. 오히려 나는 여
러분이 이치에 맞게 마음에 혼돈 없
이 오직 주만 섬기도록 하려는 것입
니다.
36 그러나 누가 만일 자기의 처녀 딸을
시집보내지 않는 것이 이치에 맞지 않
는다고 생각한다면 그리고 더구나 혼
기도 지나고 마땅히 그렇게 해야 한
다고 생각한다면 원하는 대로 하십시
오. 이것은 죄를 짓는 것이 아니므로
그들이 결혼하게 하십시오.
37 그러나 그가 마음을 확고하게 정하고
부득이한 일도 없고 또 자기 뜻대로
할 권리가 있어서 자기의 처녀 딸을
그대로 두기로 마음에 작정했다면 그
는 잘하는 것입니다.
38 그러므로 자기의 처녀 딸을 시집보내
는 사람도 잘하는 것이지만 시집보
내지 않는 사람은 더 잘하는 것입니
다.
39 아내는 남편이 살아 있는 동안 남편
에게 매여 있습니다. 그러나 남편이
죽으면 자기의 뜻대로 결혼할 자유가
있습니다. 단, 주 안에서만 그렇게 해
야 합니다.
40 그러나 내 판단으로는 그녀가 그냥
지내는 것이 더 행복하다고 봅니다.
나에게도 하나님의 영이 계시다고 생
각합니다.

우상에게 바쳐진 음식에 관하여

8 이제 우상에게 바쳐진 제물에 대
해 말하겠습니다. 우리는 우리 모
두가 지식이 있는 줄로 압니다. 그러
나 지식은 사람을 교만하게 하고 사
랑은 모두를 이롭게 합니다.
2 만일 누가 무엇을 안다고 자만하면
그는 아직도 마땅히 알아야 할 것을
알지 못하는 사람입니다.
3 그러나 하나님을 사랑하는 사람은
하나님께서 그를 알아주십니다.
4 그러므로 우상에게 바쳐진 제물을
먹는 일에 대해 말하자면 세상에 있
는 우상은 아무것도 아니며 신은 하
나님 한 분밖에 계시지 않는 것을 우
리가 알고 있습니다.
5 비록 하늘이나 땅 위에서 신이라 불
리는 것들이 있어 많은 신들과 많은
주들이 있으나

6 우리에게는 오직 한 하나님, 곧 아버
지가 계실 뿐입니다. 만물이 그분으
로부터 왔고 우리도 그분을 위해 있
습니다. 또 한 분이신 주 예수 그리스
도가 계시니 만물이 그분으로 인해
존재하고 우리도 그분으로 인해 살아
갑니다.
7 그러나 모든 사람에게 지식이 있는
것은 아닙니다. 어떤 이들은 지금까지
도 우상 숭배하는 습관에 젖어 있어
서 우상에게 바쳐진 제물을 먹을 때
정말 우상의 것이라고 생각하고 먹으
므로 그들의 양심이 약해지고 더러워
집니다.
8 그러나 음식이 우리를 하나님 앞에
내세워 주지 못합니다. 우리가 먹지
않는다 해도 해로울 것이 없고 먹는
다 해도 이로울 것이 없습니다.
9 그러므로 여러분의 이 자유가 연약한
사람들에게 걸림돌이 되지 않도록 조
심하십시오.
10 지식이 있는 당신이 우상의 신전에
앉아서 먹는 것을 누가 보면 양심에
거리낌이 있으면서도 용기를 얻어 우
상에게 바쳐진 제물을 먹지 않겠습니
까?
11 그러면 그 연약한 사람은 당신의 지
식 때문에 망하게 됩니다. 그리스도는
그 형제를 위해 죽으셨습니다.
12 이와 같이 여러분이 형제들에게 죄를
지어 그 약한 양심에 상처를 주는 것
은 그리스도께 죄를 짓는 일입니다.
13 그러므로 음식이 내 형제를 넘어지게
한다면 나는 내 형제를 넘어지지 않
게 하기 위해 영원히 고기를 먹지 않
을 것입니다.

사도로서 바울의 권리

9 내가 자유인이 아닙니까? 내가 사
도가 아닙니까? 내가 우리 주 예수
를 보지 못했습니까? 주 안에서 행한
내 일의 열매가 여러분이 아닙니까?
2 다른 이들에게는 내가 사도가 아닐지
라도 여러분에게는 분명 사도입니다.
여러분은 주 안에서 내 사도직을 보
증하는 표이기 때문입니다.
3 나를 비판하는 사람들에 대해 나는
이렇게 대답합니다.
4 우리에게 먹고 마실 권리가 없습니
까?
5 우리라고 다른 사도들이나 주의 형제
들이나 *게바처럼 그리스도를 믿는
아내를 데리고 다닐 권리가 없습니
까?
6 또 나와 바나바만 일하지 않을 권리
가 없습니까?
7 누가 자기의 돈을 들여 군인으로 복
무하겠습니까? 누가 포도원을 만들
고 그 열매를 먹지 않겠습니까? 누가
양 떼를 치면서 그 젖을 먹지 않겠습
니까?
8 내가 단지 세상의 관습을 따라 말하
는 것입니까? 율법도 이것을 말하지
않습니까?
9 모세의 율법에 기록되기를 ㄱ"곡식을
밟아 떠는 소에게 망을 씌우지 마라"

9:5 또는 베드로 ㄱ 신 25:4

라고 했습니다. 이것이 하나님께서 소
를 걱정해서 하신 말씀입니까?
10 아니면 다 우리를 위해 하시는 말씀
입니까? 그것은 참으로 우리를 위해
기록된 것입니다. 밭을 가는 사람은
소망을 가지고 일하고 곡식을 타작하
는 사람은 자기 몫을 얻을 것이라는
소망을 가지고 일하는 것이 당연합니
다.
11 우리가 여러분에게 영적인 씨앗을 뿌
렸다면 우리가 여러분에게서 물질적
인 것을 거둔다고 해서 그것이 지나
친 일이겠습니까?
12 다른 사람들도 여러분에게 이런 권리
를 가졌다면 우리는 더욱 그렇지 않
겠습니까? 그러나 우리는 이 권리를
사용하지 않았고 도리어 모든 것을
참고 있습니다. 이는 그리스도의 복
음을 전하는 데 조금도 방해가 되지
않기 위해서입니다.
13 성전에서 일하는 사람들이 성전에서
나는 음식을 먹고 제단을 섬기는 사
람들이 제물을 나누는 것을 여러분
이 알지 못합니까?
14 이와 같이 주께서도 복음을 전하는
사람들에게 복음 전하는 일로 먹고
살라고 명하셨습니다.
15 그러나 나는 이런 권리를 일절 사용
하지 않았습니다. 내가 이렇게 쓰는
것은 여러분이 내게 그렇게 해 달라
는 뜻이 아닙니다. 그렇게 하느니 나
는 차라리 죽는 편이 낫겠습니다. 아
무도 이런 내 자부심을 헛되게 하지
못할 것입니다.
16 그러나 내가 복음을 전하는 것은 내
게는 자랑할 것이 아닙니다. 그것은
내가 꼭 해야 할 일이기 때문입니다.
내가 복음을 전하지 않는다면 내게
화가 미칠 것입니다.
17 그러나 내가 자원해 이 일을 행한다
면 내게 상이 있을 것입니다. 그러나
내가 자원해서 하지 않는다 할지라도
내게는 직무로 맡겨진 일입니다.
18 그렇다면 어떻게 해야 내게 상이 있
겠습니까? 그것은 내가 복음을 전할
때 값없이 전하고 전도자로서 내 권
리를 다 사용하지 않는 것입니다.

바울의 자유 사용

19 내가 모든 사람에 대해 자유로우나
스스로 모든 사람에게 종이 됐습니
다. 이는 내가 더 많은 사람을 얻기
위해서입니다.
20 유대 사람들에게 내가 유대 사람처럼
된 것은 유대 사람을 얻기 위해서입니
다. 나 자신이 율법 아래 있지 않지만
율법 아래 있는 사람들에게 내가 율
법 아래 있는 사람처럼 된 것은 그들
을 얻기 위해서입니다.
21 내가 그리스도의 율법 아래 있기 때
문에 하나님의 율법을 떠난 사람이
아니지만 율법 없는 사람들에게 율법
없는 사람처럼 된 것은 그들을 얻기
위해서입니다.
22 연약한 사람들에게 내가 연약한 사
람처럼 된 것은 연약한 사람들을 얻
기 위해서입니다. 내가 여러 사람에게

여러 모양이 된 것은 어떻게든지 몇
사람이라도 더 구원하기 위함입니다.
23 내가 복음을 위해 이 모든 일을 하고
있습니다. 그것은 내가 복음이 주는
복에 참여하기 위함입니다.

자기 훈련의 필요성

24 경기장에서 경주자들이 모두 힘껏 달
리지만 상을 받는 사람은 오직 한 사
람뿐인 것을 여러분이 알지 못합니
까? 이와 같이 여러분도 상을 받기
위해 달리십시오.
25 경기에 참가하는 사람은 누구나 모든
일에 절제합니다. 그들은 썩어 없어질
면류관을 얻으려고 절제하지만 우리
는 썩지 않을 것을 얻으려고 절제합
니다.
26 그러므로 나는 목표가 없는 것처럼
달리지 않고 허공을 치듯이 싸우지
않습니다.
27 내가 내 몸을 쳐 복종시키는 이유는
내가 다른 사람에게는 복음을 전하
고 도리어 나 자신은 버림받지 않도
록 하기 위함입니다.

이스라엘의 역사가 주는 교훈

10 형제들이여, 나는 여러분이 이
사실을 알기를 원합니다. 우리
조상들이 모두 구름 아래 있었고 바
다 가운데로 지났고
2 모두가 구름과 바다에서 *세례를 받
고 모세와 연합했습니다.
3 그들은 모두 같은 신령한 음식을 먹
었고
4 모두 같은 신령한 물을 마셨습니다.
그들은 자기들과 동행한 신령한 반석
에서 나는 것을 마셨는데 그 반석은
그리스도이셨습니다.
5 그러나 하나님께서 그들 대부분을 기
뻐하지 않으셨으므로 그들은 광야에
서 멸망당하고 말았습니다.
6 이런 일들은 그들처럼 우리도 악을
즐기는 자가 되지 않게 하려고 우리
에게 본보기가 된 것입니다.
7 여러분은 그들 가운데 어떤 이들처럼
우상 숭배자가 되지 마십시오. 기록
되기를 ㄱ"백성이 앉아서 먹고 마시며

10:2 또는 침례 ㄱ 출 32:6

성·경·상·식

운동 경기

바울은 운동 경기와 관련된 은유법을 여러 번 사용했다(고전 9:24-27;갈 2:2;5:7;빌 3:12-14).
주로 권투, 달리기와 관련된 용어들이었다.

고린도전서 9장에서는 선수가 승리를 위해 자신을 단련하고 훈련하듯, 우리의 신앙생활에도 훈련이 필요하다고 말했다. 그리고 목적(상대 선수를 치는 것)을 이루지 못한 권투 선수의 헛된 노력을 자신의 목적(그리스도를 닮는 것)을 달성하지 못한 그리스도인과 비교했다.

이울러 바울은 면류관에 대해서도 언급했다. 면류관은 이긴 선수에게 주어지는 상인 동시에 훈련에 충실했음을 인정해 주는 표시였다. 그래서 바울은 마지막 날 그리스도인들이 소유하게 될 의롭고(딤후 4:8), 썩지 않을 상급(고전 9:25)을 면류관에 빗대어 표현했다.

일어나 춤을 추었다"라고 했습니다.
8 그들 가운데 어떤 이들은 음행하다가
하루에 2만 3,000명이 죽었습니다. 우
리는 그들처럼 음행하지 맙시다.
9 그들 가운데 어떤 이들은 주를 시험
하다가 뱀에 물려 죽었습니다. 우리
는 그들처럼 시험하지 맙시다.
10 그들 가운데 어떤 이들은 원망하다가
파멸시키는 이에게 멸망당했습니다.
여러분은 그들처럼 원망하지 마십시
오.
11 그들에게 일어난 이런 일들은 본보기
로서 말세를 만난 우리를 위해 경고
로 기록된 것입니다.
12 그러므로 선 줄로 생각하는 사람은
넘어지지 않도록 조심하십시오.
13 여러분은 사람이 감당할 수 없는 시
험을 당한 적이 없습니다. 하나님은
신실하셔서 여러분이 감당치 못할 시
험은 허락하지 않으시며 시험을 당
할 때도 피할 길을 마련해 주셔서 여
러분이 능히 감당할 수 있게 하십니
다.

우상의 연회와 주의 만찬

14 그러므로 내 사랑하는 형제들이여,
우상 숭배를 피하십시오.
15 내가 지각 있는 사람들에게 말하듯
이 말하니 여러분은 내가 하는 말을
스스로 판단해 보십시오.
16 우리가 감사드리며 마시는 축복의 잔
은 그리스도의 피를 나눠 마시는 것
이 아닙니까? 우리가 떼는 빵은 그리
스도의 몸을 나눠 먹는 것이 아닙니
까?
17 빵이 하나이므로 우리가 여럿일지라
도 한 몸입니다. 이것은 우리 모두가
한 덩어리의 빵을 나눠 먹기 때문입
니다.
18 이스라엘 백성의 관습을 생각해 보십
시오. 제물을 먹는 사람들은 하나님
의 제단에 참여하는 사람들이 아닙
니까?
19 그러므로 내가 말하려는 것이 무엇입
니까? 우상의 제물은 무엇이며 또 우
상은 무엇입니까?
20 다만 제물로 바치는 것은 귀신에게
바치는 것이지 하나님께 바치는 것이
아닙니다. 나는 여러분이 귀신들과
교제하는 사람들이 되기를 원치 않
습니다.
21 여러분은 주의 잔과 귀신의 잔을 동
시에 마실 수 없고 주의 식탁과 귀신
의 식탁에 동시에 참여할 수 없습니
다.
22 우리가 주를 분노하시게 하겠습니
까? 우리가 그분보다 더 강합니까?

성도의 자유

23 모든 것이 허용되나 모든 것이 유익
한 것은 아닙니다. 모든 것이 허용되
나 모든 것이 덕을 세우는 것은 아닙
니다.
24 누구든 자기 유익을 구하지 말고 남
의 유익을 구하십시오.
25 시장에서 파는 것은 어떤 것이든 양
심에 거리낌이 생기지 않도록 묻지 말
고 드십시오.

26 이는 땅과 거기 충만한 것이 다 주의
것이기 때문입니다.
27 만일 믿지 않는 사람들 가운데 어떤
사람이 여러분을 초대했는데 여러분
이 가기를 원한다면 여러분 앞에 차
려진 것은 무엇이든지 양심에 거리낌
이 생기지 않도록 묻지 말고 드십시
오.
28 그러나 만일 누가 여러분에게 "이것
은 우상에게 바쳐진 제물입니다"라고
한다면 말해 준 사람과 양심을 위해
서 먹지 마십시오.
29 내가 지금 말하는 양심은 당신 자신
의 양심이 아니라 다른 사람의 양심
입니다. "왜 내 자유가 남의 양심에
의해 판단을 받아야 합니까?
30 내가 감사하는 마음으로 식사에 참
여한다면 왜 감사하는 것으로 인해
내가 비난을 받아야 합니까?"라고 반
문할지도 모르겠습니다.
31 그러나 여러분은 먹든지 마시든지 무
엇을 행하든지 모든 것을 하나님의
영광을 위해 하십시오.
32 여러분은 유대 사람에게든지 그리스
사람에게든지 하나님의 교회에든지
걸려 넘어지게 하는 사람이 되지 마
십시오.
33 나도 모든 일에 모두를 기쁘게 하며
자신의 유익을 구하지 않고 많은 사
람의 유익을 구합니다. 이는 그들이
구원을 받게 하려는 것입니다.

11 내가 그리스도를 본받는 것처럼
여러분은 나를 본받는 사람들
이 되십시오.

머리에 무엇을 쓰고 예배하는 것에 관하여

2 여러분이 나에 대한 모든 것을 기억
하고 있고 또 내가 여러분에게 전해
준 대로 전통을 굳게 지키므로 내가
여러분을 칭찬합니다.
3 이제 나는 여러분이 모든 남자의 머
리는 그리스도이시며 *여자의 머리는
*남자이며 그리스도의 머리는 하나님
이시라는 것을 깨닫기 원합니다.
4 누구든지 남자가 머리에 무엇을 쓰고
기도하거나 예언하는 것은 *자기 머
리를 부끄럽게 하는 것입니다.
5 또한 누구든지 여자가 머리에 무엇을
쓰지 않고 기도하거나 예언하는 것은
*자기 머리를 부끄럽게 하는 것입니
다. 이는 머리를 민 것이나 다름없기
때문입니다.
6 만일 여자가 머리에 아무것도 쓰지
않으려면 머리를 깎으십시오. 그러나
머리를 깎거나 미는 것이 부끄러운 일
이라면 머리를 가리십시오.
7 남자는 머리에 무엇을 쓰면 안 됩니
다. 이는 그가 하나님의 형상이요,
*영광이기 때문입니다. 그러나 여자
는 남자의 영광입니다.
8 남자가 여자에게서 난 것이 아니라
여자가 남자에게서 났기 때문입니다.
9 또 남자가 여자를 위해 창조된 것이
아니라 여자가 남자를 위해 창조됐습
니다.

11:3 그리스어, '아내' 11:3 그리스어, '남편'
11:4 또는 그리스도를 11:5 또는 남편을 11:7 또는
반영

10 그러므로 여자는 천사들 때문에 그
머리 위에 권위의 표를 둬야 합니다.
11 그러나 주 안에서는 남자 없이 여자
가 있을 수 없고 여자 없이 남자가 있
을 수 없습니다.
12 여자가 남자에게서 난 것같이 남자도
여자의 몸에서 났기 때문입니다. 그
러나 모든 것이 하나님께로서 났습니
다.
13 여러분 스스로 판단해 보십시오. 여
자가 머리에 쓰지 않고 하나님께 기
도하는 것이 마땅한 일이겠습니까?
14 여러분의 본성 그 자체가 가르쳐 주
듯이 남자가 긴 머리를 하는 것은 그
에게 부끄러움이 되지만
15 여자가 긴 머리를 하는 것은 그녀에
게 영광이 되지 않습니까? 이것은 긴
머리가 그녀에게 쓰는 것을 대신해
주어진 것이기 때문입니다.
16 이 문제에 대해 누가 논쟁하고 싶어
할지 모르나 그런 풍습은 우리에게
도, 하나님의 교회에도 없는 것입니
다.

주의 만찬을 바로잡으라

(마 26:26-29;막 14:22-25;눅 22:14-20)

17 이제 내가 지시하려는 일에 관해 나
는 여러분을 칭찬하지 않습니다. 이
것은 여러분의 모임이 유익하지 않고
오히려 해롭기 때문입니다.
18 첫째는 여러분이 교회에 모일 때 여
러분 가운데 분쟁이 있다는 말이 들
리는데 나는 어느 정도 사실이라고
믿습니다.
19 여러분 가운데 옳다 인정받는 사람들
이 드러나려면 여러분 가운데 분파도
있어야 할 것입니다.
20 그러므로 여러분이 분열돼 있으니 여
러분이 함께 모인다 해도 그것은 주
의 만찬을 먹기 위한 것이 아닙니다.
21 이는 먹을 때 사람마다 제각기 자기
음식을 먼저 먹어서 어떤 이는 배고
프고 어떤 이는 술에 취하기 때문입
니다.
22 여러분이 먹고 마실 집이 없습니까?
아니면 여러분이 하나님의 교회를 하
찮게 여기고 가난한 사람들에게 창피

성·경·상·식

주의 만찬에 담긴 의미

당시 고린도 교회에는 '주의 만찬'의 문제가 있었다(고전 11:17-34). 그래서 바울은 주의 만찬에 담긴 진정한 의미를 다시 설명해 줄 수밖에 없었다.

· 주의 만찬은 예수님이 유월절 어린양처럼 죽으셔서 사람들에게 구원을 주셨음을 보여 주는 예표이다(요 18:28 참고).
· 주의 만찬은 참여한 사람들을 한 몸, 한 공동체가 되게 한다(고전 11:18, 22).
· 주의 만찬은 예수님의 죽음과 부활에 동참하게 한다(고전 11:24-25).
· 주의 만찬은 예수님의 죽음으로 이루신 새 언약을 기억하게 한다(고전 11:24-25).
· 주의 만찬은 주님을 전하는 수단이다(고전 11:26).

를 주려는 것입니까? 내가 여러분에
게 무슨 말을 해야 하겠습니까? 내가
여러분을 칭찬해야 하겠습니까? 이
일에 대해 나는 여러분을 칭찬할 수
없습니다.
23 내가 여러분에게 전한 것은 주께 받
은 것입니다. 곧 주 예수께서는 잡히
시던 밤에 빵을 들어
24 감사하시고 떼시며 말씀하셨습니다.
"이것은 너희를 위해 *주는 내 몸이
니 이 예를 행해 나를 기념하라."
25 이와 같이 식사 후에 또한 잔을 들고
말씀하셨습니다. "이 잔은 내 피로 세
운 새 언약이니 이 예를 행해 마실 때
마다 나를 기념하라."
26 그러므로 여러분은 이 빵을 먹고 이
잔을 마실 때마다 주가 오실 때까지
그분의 죽으심을 선포하는 것입니다.
27 그러므로 누구든지 주의 빵이나 잔
을 올바른 마음가짐 없이 먹고 마시
는 사람은 주의 몸과 피를 짓밟는 죄
를 저지르는 것입니다.
28 그러니 사람이 자기를 살핀 후에 빵
을 먹고 잔을 받도록 하십시오.
29 주의 몸이 의미하는 것을 모르고 먹
고 마시는 사람은 자기가 받을 심판
을 먹고 마시는 것입니다.
30 이로 인해 여러분 가운데 몸이 약한
사람과 병든 사람이 많고 *죽은 사람
도 적지 않습니다.
31 우리가 우리 스스로를 살핀다면 심판
을 받지 않을 것입니다.
32 그러나 지금 우리가 주께 심판을 받
아 징계를 받는 것은 우리가 세상과
함께 정죄받지 않도록 하려는 것입니
다.
33 그러므로 내 형제들이여, 여러분이
먹으려고 모일 때 서로 기다리십시
오.
34 누구든지 배가 고프면 집에서 먼저
먹도록 하십시오. 이는 여러분의 모
임이 심판받지 않게 하려는 것입니다.
나머지 문제들은 내가 가서 말하겠습
니다.

성령의 은사에 관하여

12 형제들이여, 나는 여러분이 성
령의 은사들에 대해 모르는 것
을 원치 않습니다.
2 여러분이 잘 알듯이 여러분이 이방
사람이었을 때 여러분은 말 못하는
우상이 이끄는 대로 끌려다녔습니다.
3 그러므로 나는 여러분에게 알려 드립
니다. 하나님의 영으로 말하는 사람
은 아무도 "예수는 저주받은 사람이
다"라고 할 수 없고 또 성령으로 말미
암지 않고는 "예수는 주이시다"라고
할 수 없습니다.
4 은사는 여러 가지이나 성령은 같습니
다.
5 직분상 맡은 임무는 여러 가지이나
섬기는 주는 같습니다.
6 사역은 여러 가지이나 모든 사람 안
에서 모든 일을 행하시는 하나님은
같습니다.
7 각 사람에게 성령을 나타내시는 것은

11:24 깨어진 11:30 그리스어, '잠자다'.

성도 공동의 유익을 위한 것입니다.
8 어떤 이에게는 성령으로 지혜의 말씀
을 주시고 어떤 이에게는 같은 성령
으로 지식의 말씀을 주십니다.
9 어떤 이에게는 같은 성령으로 믿음
을, 어떤 이에게는 같은 성령으로 치
유의 은사를,
10 어떤 이에게는 능력 행하는 은사를,
어떤 이에게는 예언하는 은사를, 어
떤 이에게는 영을 분별하는 은사를,
어떤 이에게는 여러 가지 방언하는
은사를, 또 어떤 이에게는 방언 통역
하는 은사를 주십니다.
11 그러나 이 모든 것을 행하시는 이는
한 분이신 같은 성령이시며 그분이
원하시는 대로 각 사람에게 은사를
나눠 주시는 것입니다.

몸 안에서 통일성과 다양성

12 몸은 하나지만 많은 지체가 있고 또
몸에 지체가 많지만 모든 지체가 한
몸인 것처럼 그리스도께서도 이와 같
으십니다.
13 우리는 유대 사람이든지 그리스 사람
이든지, 종이든지 자유인이든지 모두
한 성령으로 *세례를 받아 한 몸이
됐고 모두 한 성령을 마시게 됐습니
다.
14 몸은 한 지체가 아니라 많은 지체로
이루어져 있습니다.
15 만일 발이 "나는 손이 아니니 몸에
속하지 않았다"라고 말한다 할지라도
발이 몸에 속하지 않은 것이 아닙니
다.
16 또 귀가 말하기를 "나는 눈이 아니니
몸에 속하지 않았다"라고 말한다 할
지라도 귀가 몸에 속하지 않은 것이
아닙니다.
17 만일 몸 전체가 눈이라면 듣는 곳은
어디겠습니까? 만일 몸 전체가 듣는
곳이라면 냄새 맡는 곳은 어디겠습니
까?
18 그러나 하나님께서는 이제 지체들을
각각 그분이 원하시는 대로 몸에 두
셨습니다.
19 만일 모든 것이 한 지체로 돼 있다면
몸은 어디에 있겠습니까?
20 이제 지체는 많으나 몸은 하나입니
다.
21 그러므로 눈이 손에게 "나는 네가 필
요 없다"라고 말하거나 머리가 발에
게 "나는 네가 필요 없다"라고 말할
수 없습니다.
22 이뿐 아니라 더 약해 보이는 몸의 지
체들이 오히려 중요합니다.
23 그리고 우리가 몸 가운데 덜 귀하다
고 생각되는 지체들을 더 귀한 것으
로 입혀 주어 우리의 볼품없는 지체
들은 더 큰 아름다움을 갖게 됩니다.
24 우리의 아름다운 지체들에게는 그럴
필요가 없습니다. 하나님께서는 몸을
고르게 짜 맞추셔서 부족한 지체에
게 더 큰 존귀를 주셨습니다.
25 그리하여 몸에서 분열이 없게 하시고
지체들이 서로 돌아보게 하셨습니다.
26 만일 한 지체가 고통을 당하면 모든

12:13 또는 침례

지체가 함께 고통을 당하고 한 지체
가 영광을 얻으면 모든 지체가 함께
기뻐합니다.
27 여러분은 그리스도의 몸이요, 또한
그 몸의 지체입니다.
28 하나님께서는 교회에 몇 가지 은사를
주셨으니 첫째는 사도들이요, 둘째는
예언자들이요, 셋째는 교사들이요,
그다음은 능력을 행하는 사람들이
요, 그다음은 병 고치는 은사를 받은
사람들이요, 돕는 일을 하는 사람들
이요, 다스리는 일을 하는 사람들이
요, 각종 방언을 하는 사람들입니다.
29 모두가 다 사도들이겠습니까? 모두가
다 예언자들이겠습니까? 모두가 다
교사들이겠습니까? 모두가 다 능력
을 행하는 사람들이겠습니까?
30 모두가 다 병 고치는 은사들을 가졌
겠습니까? 모두가 다 방언들을 말하
겠습니까? 모두가 다 통역을 하겠습
니까?
31 그러나 더 큰 은사들을 간절히 구하
십시오.

사랑이 없으면 아무것도 아니다

이제 내가 여러분에게 가장 좋은 길
을 보여 드리겠습니다.

13 내가 만일 사람의 언어와 천사
들의 말을 한다 할지라도 내게
사랑이 없으면 울리는 징이나 소리
나는 꽹과리와 같을 뿐입니다.
2 내가 만일 예언하는 은사를 가지고
있고 모든 비밀과 모든 지식을 알고
또 산을 옮길 만한 믿음을 가지고 있
다 할지라도 내게 사랑이 없으면 나
는 아무것도 아닙니다.
3 내가 만일 내가 가진 모든 것으로 남
을 돕고 또 내 몸을 불사르게 내줄지
라도 내게 사랑이 없으면 나는 아무
소용이 없습니다.
4 사랑은 오래 참고 친절하며 사랑은
시기하지 않으며 자랑하지 않으며 교
만하지 않으며
5 무례하지 않으며 자기 유익을 구하지
않으며 성내지 않으며 원한을 품지
않으며
6 불의를 기뻐하지 않으며 진리와 함께
기뻐하고
7 모든 것을 덮어 주고 모든 것을 믿으
며 모든 것을 바라고 모든 것을 견딥
니다.
8 사랑은 결코 없어지지 않습니다. 그
러나 예언도 사라지고 방언도 그치고
지식도 사라질 것입니다.
9 우리는 부분적으로 알고 부분적으로
예언합니다.
10 그러나 완전한 것이 올 때는 부분적
인 것은 사라지게 될 것입니다.
11 내가 어린아이였을 때는 어린아이같
이 말하고 어린아이같이 이해하고 어
린아이같이 생각했습니다. 그러나 어
른이 돼서는 어린아이의 일들을 버렸
습니다.
12 지금은 우리가 거울에 비추어 보듯
희미하게 보지만 그때에는 얼굴과 얼
굴을 맞대어 볼 것입니다. 지금은 내
가 부분적으로 알지만 그때는 주께

서 나를 아신 것같이 내가 온전히 알
게 될 것입니다.
13 그러므로 믿음, 소망, 사랑, 이 세 가
지는 언제까지나 남아 있을 것인데
이 가운데 가장 위대한 것은 사랑입
니다.

예배에서 알아듣게 말하라

14 사랑을 추구하십시오. 신령한
것들을 열심히 구하되 특히 예
언하기를 간절히 구하십시오.
2 방언을 말하는 사람은 사람들에게
말하는 것이 아니라 하나님께 말하
는 것입니다. 아무도 이것을 알아들
을 수 없습니다. 이는 그가 영으로 비
밀을 말하는 것이기 때문입니다.
3 그러나 예언하는 사람은 사람들을
세워 주고 격려와 위로의 말을 합니
다.
4 방언하는 사람은 자신에게 도움이 됩
니다. 그러나 예언하는 사람은 교회
를 이롭게 합니다.
5 나는 여러분이 모두 방언을 말하기
를 원하지만 그보다도 예언하기를 더
욱 원합니다. 누가 방언을 통역해 교
회를 이롭게 하지 못한다면 방언하는
사람보다 예언하는 사람이 더 훌륭합
니다.
6 이제 형제들이여, 만일 내가 여러분
에게 가서 방언만 하고 계시나 지식
이나 예언이나 가르침을 전하지 않는
다면 여러분에게 무슨 유익이 있겠습
니까?
7 피리나 수금같이 생명이 없는 악기가
소리를 낼 때도 각기 뚜렷한 소리를
내지 않는다면 피리를 부는 것인지
수금을 타는 것인지 알 수 없지 않습
니까?
8 또 나팔이 불분명한 소리를 낸다면
누가 전투를 준비하겠습니까?
9 이와 같이 여러분도 혀로 이해할 수
있는 말을 하지 않는다면 그 말을 어
떻게 알 수 있겠습니까? 여러분은 허
공에 대고 말하는 격이 될 것입니다.
10 세상에는 수많은 종류의 말소리가 있
으나 뜻이 없는 말은 하나도 없습니
다.
11 그러므로 만일 내가 그 말의 뜻을 알
지 못한다면 그 말하는 사람에게 나
는 외국 사람이 되고 그 말하는 사람
도 내게 외국 사람이 될 것입니다.
12 이와 같이 여러분은 성령의 은사들
을 간절히 원하는 사람들이니 교회
를 위해 더욱 풍성하게 받기를 구하
십시오.
13 그러므로 방언을 하는 사람은 통역
할 수 있기를 기도하십시오.
14 만일 내가 방언으로 기도하면 내 영
은 기도할지라도 내 이성은 이해하지
못합니다.
15 그러면 어떻게 해야 하겠습니까? 나
는 영으로 기도하고 또한 이성으로
기도할 것입니다. 내가 영으로 찬미하
고 또한 이성으로 찬미할 것입니다.
16 만일 그렇지 않고 여러분이 영으로
만 감사한다면 은사를 받지 못한 사
람은 여러분이 무슨 말을 하는지 알

지 못하는데 어떻게 여러분의 감사에
"아멘" 할 수 있겠습니까?
17 여러분이 감사를 잘했다 할지라도 다
른 사람에게는 도움이 되지 못합니
다.
18 내가 여러분 모두보다 방언을 더 많
이 하므로 하나님께 감사를 드립니다.
19 그러나 나는 교회에서 사람들을 가
르치기 위해 방언으로 1만 마디 하는
것보다 깨달은 이성으로 다섯 마디
말하기를 원합니다.
20 형제들이여, 생각하는 데는 어린아이
가 되지 마십시오. 악한 일에는 어린
아이가 되고 생각하는 데는 어른이
되십시오.
21 율법에 기록되기를

ㄱ"내가 *방언을 말하는 사람들의
혀와 외국 사람의 입술을 통해 이
백성에게 말할지라도 그들은 내 말
을 듣지 않을 것이다"

라고 했습니다.
22 그러므로 방언은 믿는 사람들을 위
한 것이 아니라 오직 믿지 않는 사람
들을 위한 표적이며 예언은 믿지 않
는 사람들을 위한 것이 아니라 믿는
사람들을 위한 것입니다.
23 그러므로 만일 온 교회가 모여 모두
방언으로 말한다면 은사를 받지 못
한 사람들이나 믿지 않는 사람들이
들어와서 듣고 여러분에게 미쳤다고
하지 않겠습니까?
24 그러나 만일 모두가 예언을 하면 믿
지 않는 사람들이나 은사를 받지 못
한 사람들이 들어와서 듣고는 모든
사람에 의해 잘못을 질책받고 심판
을 받아
25 그 마음속에 숨은 것들이 드러나게
됩니다. 그래서 그들은 엎드려 하나님
을 경배하며 "참으로 하나님께서는
여러분 가운데 계십니다"라고 인정할
것입니다.

질서 있게 예배하라

26 형제들이여, 그러면 어떻게 해야 하겠
습니까? 여러분이 모일 때 각각 찬송
도 있고 가르침도 있고 방언도 있고
계시도 있고 통역도 있으니 모든 것은
교회를 이롭게 하기 위해 하십시오.
27 누가 방언을 하려고 하면 두 사람이
나 혹은 세 사람 정도가 말하되 차례
대로 하고 한 사람은 통역을 하십시
오.
28 만일 통역할 사람이 없다면 교회에서
는 잠잠히 있고 자신과 하나님께만
말하십시오.
29 예언하는 사람은 둘이나 셋이서 말하
고 다른 사람들은 그것을 분별하십
시오.
30 만일 앉아 있는 다른 사람에게 계시
가 내리면 먼저 말하던 사람은 잠잠
히 계십시오.
31 그러면 모든 사람이 한 사람씩 차례
로 예언을 할 수 있어 모두가 다 배우
고 모두가 다 격려를 받게 될 것입니
다.

14:21 또는 알아들을 수 없는 말, 다른 나라 말 ㄱ 사 28:11 이하

32 예언하는 사람들의 영은 예언하는 사
람들에 의해 통제를 받습니다.
33 하나님은 무질서의 하나님이 아니라
평화의 하나님이십니다. 성도들의 모
든 교회에서 그렇게 하고 있듯이
34 여자들은 교회에서 잠잠히 계십시오.
여자들에게는 말하는 것이 허락돼
있지 않으니 율법에서도 말하는 것과
같이 ㄱ여자들은 복종하십시오.
35 만일 무엇을 알기를 원한다면 집에서
남편에게 물어보십시오. 여자가 교회
에서 말하는 것은 부끄러운 일이기
때문입니다.
36 하나님의 말씀이 여러분에게서 나왔
습니까? 또는 여러분에게만 임했습니
까?
37 만일 누구든지 자신을 예언자나 신령
한 사람으로 생각한다면 그는 내가
여러분에게 쓰는 것이 주의 명령임을
아십시오.
38 만일 누구든지 이것을 인정하지 않으
면 그도 인정을 받지 못할 것입니다.
39 그러므로 내 형제들이여, 예언을 간
절히 구하며 방언으로 말하는 것을
막지 마십시오.
40 모든 일을 적절하게 하고 또 질서 있
게 하십시오.

그리스도의 부활

15 형제들이여, 이제 내가 여러분
에게 전한 *복음을 되새겨 드
리려고 합니다. 여러분은 이 복음을
전해 받았고 또한 그 안에 서 있습니
다.
2 만일 여러분이 내가 여러분에게 전한
그 말씀을 굳게 잡고 헛되이 믿지 않
았다면 여러분은 그 복음으로 구원
을 받습니다.
3 내가 전해 받은 가장 중요한 것을 여
러분에게 전했습니다. 그것은 그리스
도께서 성경의 말씀대로 우리 죄를
위해 죽으시고
4 장사되셨다가 성경의 말씀대로 3일째
되던 날 다시 살리심을 받아
5 게바에게 나타나시고 그다음으로 열
두 제자에게
6 그 후 500명이 넘는 형제들에게 동시
에 나타나셨으니 그 가운데 대부분
이 지금도 살아 있고 어떤 사람들은
잠들었습니다.
7 그 후에 야고보에게 나타나셨고 그다
음으로 모든 사도들에게
8 마지막으로 달이 차지 못한 채 태어
난 사람과 같은 내게도 나타나셨습니
다.
9 나는 사도들 가운데 가장 작은 사람
이요, 사도라 불릴 자격도 없는 사람
입니다. 이는 내가 하나님의 교회를
핍박했기 때문입니다.
10 그러나 오늘날 내가 나 된 것은 하나
님의 은혜로 된 것입니다. 내게 주신
그분의 은혜가 헛되지 않아 내가 어
느 사도보다 더 많이 수고했습니다.
그러나 이것은 내가 한 것이 아니요,
오직 나와 함께하신 하나님의 은혜로
한 것입니다.

15:1 또는 기쁜 소식 ㄱ 창 3:16

11 그러므로 나나 그들이나 우리가 이렇
게 복음을 전파하고 있으며 여러분도
이렇게 믿었습니다.

죽은 사람들의 부활

12 그리스도가 죽은 사람들 가운데서
살아나셨다고 전파되고 있는데 왜 여
러분 가운데 어떤 이들은 죽은 사람
의 부활이 없다고 합니까?
13 죽은 사람의 부활이 없다면 그리스도
께서도 다시 살리심을 받지 못하셨을
것입니다.
14 만일 그리스도께서 살리심을 받지 못
했다면 우리가 전파하는 것도 헛되고
또 여러분의 믿음도 헛되며
15 또 우리가 하나님의 거짓 증인으로
드러날 것입니다. 만일 죽은 사람들
이 다시 살지 못한다면 하나님께서
그리스도를 살리시지 않으셨을 것입
니다.
16 만일 죽은 사람들이 다시 살지 못한
다면 그리스도께서도 살리심을 받지
못하셨을 것입니다.
17 만일 그리스도께서 살리심을 받지 못
하셨다면 여러분의 믿음도 헛되고 여
러분은 여전히 자신의 죄 가운데 있
고
18 그리스도 안에서 잠든 사람들도 멸망
했을 것입니다.
19 만일 우리가 그리스도 안에서 가진
소망이 이 세상의 생명뿐이면 모든
사람들 가운데 우리가 가장 불쌍한
사람들일 것입니다.
20 그러나 이제 그리스도께서 죽은 사람
들 가운데서 다시 살아나셔서 잠자
는 사람들의 첫 열매가 되셨습니다.
21 한 사람으로 인해 죽음이 들어왔으니
한 사람으로 인해 죽은 사람들의 부
활도 옵니다.
22 곧 아담 안에서 모든 사람이 죽은 것
같이 그리스도 안에서 모든 사람이
생명을 얻을 것입니다.
23 그러나 각각 차례대로 될 것이니 먼
저는 첫 열매인 그리스도이시요, 그다
음은 그리스도께서 다시 오실 때 그
분에게 속한 사람들입니다.
24 그다음에 세상의 마지막이 올 것인데
그때는 그분이 모든 권력과 권세와
권능을 멸하시고 그 나라를 하나님
아버지께 바칠 것입니다.
25 하나님께서 모든 원수들을 그리스도
의 발아래 두실 때까지 다스리셔야
합니다.
26 멸망당할 마지막 원수는 죽음입니다.
27 성경에 이르기를 ㄱ"하나님께서 만물
을 그분의 발아래 두셨다"라고 했습
니다. 그러나 만물을 발아래 둔다고
할 때 만물을 그분에게 복종하게 하
신 분은 그 안에 들지 않은 것이 분명
합니다.
28 만물을 그분께 복종하게 하신 때는
아들 자신도 만물을 복종하게 하신
분에게 복종하게 될 것입니다. 이는
하나님께서 만유의 주가 되시려는 것
입니다.
29 만일 부활이 없다면 죽은 사람을 대

ㄱ 시 8:6

신해서 *세례 받은 사람들은 왜 그렇
게 하는 것입니까? 만일 죽은 사람
들이 전혀 다시 살아나지 못한다면
왜 그들을 위해 *세례를 받는 것입니
까?
30 그리고 왜 우리는 시시각각으로 위험
을 무릅쓰겠습니까?
31 형제들이여, 내가 그리스도 예수 우리
주 안에서 가진 내 자랑인 여러분을
두고 단언합니다만 나는 날마다 *죽
습니다.
32 만일 내가 에베소에서 인간적인 동기
로 맹수들과 싸웠다면 내게 무슨 유
익이 있겠습니까? 만일 죽은 사람들
이 살아나지 못한다면, "내일 죽을
것이니 먹고 마시자"라고 할 것입니
다.
33 속지 마십시오. 나쁜 친구들이 좋은
습관을 망쳐 버립니다.
34 정신을 똑바로 차리고 죄를 짓지 마
십시오. 하나님을 알지 못하는 사람
들이 있으므로 여러분을 부끄럽게 하
기 위해 내가 이런 말을 합니다.

부활의 몸

35 그러나 어떤 사람은 "죽은 사람들이
어떻게 살아나며 어떤 몸으로 옵니
까?"라고 물을 것입니다.
36 어리석은 사람이여, 당신이 뿌리는 씨
가 죽지 않고서는 살아날 수 없습니
다.
37 당신이 뿌리는 것은 장차 생겨날 몸
그 자체가 아니라 밀이나 다른 곡식
이든지 다만 씨앗을 뿌리는 것입니
다.
38 그러나 하나님께서는 뜻하시는 대로
그 씨에 몸을 주십니다. 곧 각각의 씨
에 각기 고유한 몸을 주십니다.
39 모든 육체가 다 같은 육체가 아닙니

15:29 또는 침례 15:31 또는 죽음의 위협을 당합니다. 죽음을 경험합니다.

하용조 목사의 행복한 **메시지**

부활 신앙

인간 경험의 틀에는 부활이 없습니다. 그런데 예수님의 부활을 믿고 성령의 역사가 있어야 우리는 죽음을 극복할 수 있습니다. 부활이 없으면 죽음입니다. 죽음은 슬프고 비참하며, 저주이고 심판입니다. 부활을 믿는 사람은 "사망아, 네 승리가 어디 있느냐? 사망아, 네 독침이 어디 있느냐?"(고전 15:55)라고 외치며 담대하게 죽음에 맞섭니다. 부활은 인간이 영원히 안고 가야 하는 죄와 죽음의 권세를 깨뜨린 하나님의 승리입니다.

부활의 복을 실제로 경험한 사람이 있습니다. 당대의 최고 지성으로 꼽혔던 바울입니다. 그는 자신이 체험한 부활에 대해 말하기를 그것은 학문이나 철학이 아니라 실제로 일어난 엄청난 사건이라고 했습니다. 기독교 신앙은 예수님의 부활에 기초를 두고 있습니다. 만일 예수님의 부활이 없었다면 기독교 신앙을 이루는 다른 모든 요소들도 무의미하게 되었을 것입니다. 그러므로 우리가 부활을 믿지 않는다면 미래도 열 수 없고 천국도 볼 수 없는 것입니다.

다. 사람의 육체가 다르고 짐승의 육
체가 다르고 새의 육체가 다르고 물
고기의 육체가 다릅니다.
40 또 하늘에 속한 몸들이 있고 땅에 속
한 몸들이 있습니다. 그러나 하늘에
속한 몸들의 영광이 다르고 땅에 속
한 몸들의 영광이 다릅니다.
41 해의 영광이 다르고 달의 영광이 다
르고 별들의 영광이 다릅니다. 별과
별의 영광이 서로 다릅니다.
42 죽은 사람들의 부활도 이와 같습니
다. 썩을 몸으로 묻히지만 썩지 않을
것으로 살아납니다.
43 비천한 가운데 묻히지만 영광 가운데
살아납니다. 약한 사람으로 묻히지만
강한 사람으로 살아납니다.
44 자연의 몸으로 묻히지만 영적인 몸으
로 살아납니다. 자연의 몸이 있다면
영적인 몸도 있습니다.
45 기록되기를 ㄱ"첫 사람 아담은 생명이
있는 영이 됐다"라고 한 것처럼 마지
막 아담은 생명을 주는 영이 됐습니
다.
46 그러나 신령한 것이 먼저가 아니라 자
연에 속한 것이 먼저이며 그다음이
신령한 것입니다.
47 첫 사람은 땅에서 났으므로 흙에 속
한 사람이나 둘째 사람은 하늘에서
왔습니다.
48 그 흙에 속한 사람과 같이 저 흙에
속한 사람들도 그러하고 그 하늘에
속한 사람과 같이 저 하늘에 속한 사
람들도 그러합니다.
49 우리가 흙에 속한 사람의 형상을 입
은 것처럼 또한 우리는 하늘에 속한
사람의 형상을 입을 것입니다.
50 형제들이여, 내가 말하고자 하는 것
은 이것입니다. 곧 살과 피는 하나님
나라를 이어받을 수 없고 썩을 것은
썩지 않을 것을 이어받을 수 없습니
다.
51 보십시오. 내가 여러분에게 비밀을
말합니다. 우리는 다 죽지 않고 모두
변화할 것입니다.
52 마지막 나팔 소리에 순식간에 다 그
렇게 될 것입니다. 나팔 소리가 나면
죽은 사람들이 썩지 않을 몸으로 살
아나고 우리도 변화할 것입니다.
53 이 썩을 몸이 썩지 않을 것을 입어야
하고 이 죽을 몸이 죽지 않을 것을 입
어야 합니다.
54 이 썩을 몸이 썩지 않을 것을 입고 이
죽을 몸이 죽지 않을 것을 입을 때는
기록돼 있는 이 말씀이 이루어질 것
입니다.
ㄴ"사망이 삼켜져 승리를 얻었도다.
55 ㄷ사망아, 네 승리가 어디 있느냐?
사망아, 네 독침이 어디 있느냐?"
56 사망의 독침은 죄요, 죄의 권세는 율
법입니다.
57 그러나 우리 주 예수 그리스도를 통해
우리에게 승리를 주시는 하나님께 감
사를 드립니다.
58 그러므로 내 사랑하는 형제들이여,
굳게 서서 흔들리지 마십시오. 여러

ㄱ 창 2:7 ㄴ 사 25:8 ㄷ 호 13:14

분의 수고가 주 안에서 헛되지 않음
을 알고 항상 주의 일에 더욱 힘쓰는
사람들이 되십시오.

주의 백성을 위한 헌금

16 이제 성도를 위한 헌금에 관해
서는 내가 갈라디아의 교회들
에게 명한 것같이 여러분도 그렇게
하십시오.
2 매주 첫날에 여러분 각자가 수입에
따라 저축해서 내가 갈 때 헌금하는
일이 없게 해 주십시오.
3 그러면 내가 도착해서 여러분이 인정
한 사람에게 내가 편지를 써 줘서 여
러분의 선물을 예루살렘에 전하게 할
것입니다.
4 만일 나도 가는 것이 합당하다면 그
들이 나와 함께 갈 것입니다.

개인적인 부탁

5 내가 마케도니아를 지날 것인데 그곳
을 지난 후에는 여러분에게 갈 것입
니다.
6 혹시 내가 여러분과 함께 머물며 겨
울을 보내게 될 것도 같습니다. 그다
음에는 여러분이 내가 가고자 하는
곳으로 나를 보내 주기를 바랍니다.
7 나는 지금 지나는 길에 잠깐 들러서
여러분을 보려고 하는 것이 아닙니
다. 만일 주께서 허락하시면 얼마 동
안 여러분과 함께 지내고 싶습니다.
8 그러나 나는 오순절까지 이곳 에베소
에 머무르려고 합니다.
9 이는 내게 효과적으로 일할 수 있는
큰 문이 열렸기 때문입니다. 또한 나
를 대적하는 사람들도 많습니다.
10 디모데가 가면 두려움 없이 여러분과
함께 지낼 수 있도록 돌봐 주십시오.
그도 나처럼 주의 일을 행하는 사람
입니다.
11 그러므로 아무도 그를 업신여기지 말
며 그를 평안히 보내 줘서 내게 올 수
있게 해 주십시오. 나는 형제들과 함
께 그를 기다리고 있습니다.
12 이제 형제 아볼로에 관해서는 내가 그
에게 형제들과 함께 여러분에게 갈

Q&A 왜 안식일을 지키지 않고 주일을 지킬까?

참고 구절 | 고전 16:2

안식일은 하나님께서 세상을 창조하신 후 일곱째 날에 안식하시며 그날을 거룩하게 하시고 복 주신 것에서 유래한다(창 2:2–3). 더욱이 이집트에서 나온 이스라엘 백성들에게 안식일은 이집트에서 구원하여 주신 것을 감사하고 기념하는 구속의 의미도 포함되어 있었다(신 5:15).
이런 이유에서 초대 교회 성도들은 안식일을 지켰다(행 15:21;18:4). 그러면서 한편으로는 주님의 부활하심을 기념하며 매 주일에 모여 예배드리고 빵을 떼며 부활을 소망하는 성일로 지켰다(행 20:7;고전 16:2).
이렇게 초대 교회는 안식일과 주일을 오랫동안 병행해서 지켜오다가 유대교와 기독교 간의 차이가 분명해지면서 AD 321년경 안식 후 첫날을 주의 날(주일)로 지키게 되었다. 주일은 안식일의 진정한 의미를 완성한 날이기 때문이다.

것을 여러 번 권했습니다. 그가 지금
은 갈 마음이 전혀 없으나 적절한 시
기가 오면 가게 될 것입니다.
13 깨어 있으십시오. 믿음에 굳게 서십
시오. 남자답게 용감하고 강건하십시
오.
14 모든 일을 사랑으로 행하십시오.
15 형제들이여, 내가 여러분에게 권면합
니다. 여러분이 알다시피 스데바나의
*가정은 아가야의 첫 열매요, 성도들
을 섬기는 데 헌신한 사람들입니다.
16 그러므로 여러분은 이런 사람들과
또 함께 동역하며 수고하는 모든 사
람에게 복종하십시오.
17 나는 스데바나와 브드나도와 아가이
고가 온 것을 기뻐합니다. 이는 그들
이 여러분을 대신해 내 허전함을 채
워 주었기 때문입니다.
18 그들은 나와 여러분의 영을 시원하게
해 주었습니다. 그러므로 여러분은
이런 사람들을 인정해 주십시오.

마지막 문안 인사

19 아시아의 교회들이 여러분에게 안부
를 전합니다. 아굴라와 *브리스길라가
그들의 집에 모이는 교회와 함께 주
안에서 진심으로 여러분에게 따뜻한
안부를 전합니다.
20 여기 있는 모든 형제들이 여러분에게
안부를 전합니다. 거룩한 입맞춤으로
서로 인사하십시오.
21 나 바울은 친필로 안부를 전합니다.
22 누구든지 주를 사랑하지 않으면 저
주가 있을 것입니다. *주여, 오시옵소
서.
23 주 예수의 은혜가 여러분에게 있기를
빕니다.
24 그리스도 예수 안에서 내 사랑을 여
러분 모두에게 *보냅니다.

16:15 그리스어, '집' 16:19 그리스어, '브리스가'
16:22 아람어, 마라나 타, '우리 주께서 오셨다.'
16:24 어떤 사본에는 끝에 '아멘'이 있음.

고린도후서

2 Corinthians

고린도 교회와의 극적인 화해를 이룬 바울은 자신의 사도적 권위에 도전하는 거짓 교사들에 대한 경고와 함께 복음의 진정성 및 사도직에 대한 변호를 적극적으로 전개하고 있다. 고린도전서에서 언급하지 않은 자전적 기록이 들어 있으며, 언약, 화해, 죽음, 고난, 구별됨, 바울의 목회관 등이 진술되어 있다.

1 하나님의 뜻으로 그리스도 예수의
사도가 된 바울과 형제 디모데는
고린도에 있는 하나님의 교회와 온 아
가야에 있는 모든 성도들에게 편지를
씁니다.
2 하나님 우리 아버지와 주 예수 그리스
도께로부터 은혜와 평화가 여러분에
게 있기를 빕니다.

모든 위로의 하나님을 찬양하라

3 하나님, 곧 주 예수 그리스도의 아버
지, 자비의 아버지, 모든 위로의 하나
님께서는 찬양받으실 분입니다.
4 그분은 우리의 모든 환난 가운데서
우리를 위로하는 분이시기 때문입니
다. 우리가 하나님께 받는 위로로 인
해 우리도 환난 가운데 있는 사람들
을 위로할 수 있게 하시는 분이십니
다.
5 그리스도의 고난이 우리에게 넘치는
것같이 우리의 위로도 그리스도를 통
해서 넘칩니다.
6 우리가 고난당하는 것도 여러분을 위
로하고 구원하기 위한 것이요, 우리
가 위로받는 것도 여러분을 위로하기
위한 것입니다. 이 위로가 여러분 가
운데 역사함으로 여러분이 우리가 당
하고 있는 것과 동일한 고난을 당할
때도 잘 견뎌 내게 된 것입니다.
7 여러분에 대한 우리의 소망은 굳건합
니다. 여러분이 고난에 함께 참여하
는 것처럼 위로에도 함께 참여하는
것을 우리는 알고 있습니다.
8 형제들이여, 우리가 *아시아에서 당
한 환난에 대해 여러분이 알지 못하
기를 원치 않습니다. 우리는 힘에 겹
도록 심한 고난을 받아 살 소망까지
끊어질 지경이 됐습니다.
9 우리는 마음에 사형 선고를 내려야
했습니다. 그렇게 된 것은 우리 자신
을 의지하지 않고 죽은 사람들을 살
리시는 하나님만 의지하도록 하기 위

1:8 소아시아를 가리킴.

함이었습니다.
10 그분은 우리를 과거에도 그렇게 큰
죽음에서 건지셨고 또 미래에도 건지
실 분입니다. 또 우리는 하나님이 이
후에도 건져 주실 것을 소망합니다.
11 여러분도 우리를 위해 기도로 협력
해 주십시오. 이는 많은 사람의 기도
로 우리가 받은 은사로 인해 우리 때
문에 많은 사람이 하나님께 감사하게
하려는 것입니다.

바울의 계획이 변경되다

12 우리의 자랑은 이것입니다. 곧 우리의
양심이 증언하는 것인데 우리가 세상
에서 행할 때, 특히 여러분에 대해 행
할 때는 더욱더 하나님의 *순수하심
과 진실하심으로 행했고 육체의 지혜
로 하지 않았고 하나님의 은혜로 행
했다는 것입니다.
13 우리는 여러분이 읽고 아는 것 외에
아무것도 다른 것들을 쓰고 있는 것
이 아닙니다. 그러므로 나는 여러분
이 완전히 알 수 있기를 바랍니다.
14 여러분이 이미 부분적으로 우리를
알았습니다. 그러나 우리 *주 예수의
날에는 여러분이 우리의 자랑거리이
듯 우리는 여러분의 자랑거리가 될
것입니다.
15 나는 이런 확신이 있으므로 먼저 여
러분에게 가기를 원했습니다. 이는 여
러분으로 하여금 다시 두 번째 *은혜
를 받게 하기 위함입니다.
16 나는 여러분을 방문하고 마케도니아
로 갔다가 다시 마케도니아에서 여러
분에게로 돌아와 여러분의 파송을
받고 유대로 가고자 했습니다.
17 내가 이렇게 계획할 때 어찌 경솔히
행했겠습니까? 또 내가 이렇게 계획
할 때 "예, 예"라고 했다가 금방 "아니
요, 아니요"라고 하려고 육체를 따라
계획하고 있는 것입니까?
18 하나님은 신실하십니다. 우리가 여러
분에게 한 말은 "예"가 "아니요"로 된
적이 없었다는 사실에 대해 하나님이
신실한 증인이십니다.
19 우리, 곧 나와 *실루아노와 디모데를
통해서 여러분 가운데 전파된 하나님
의 아들 예수 그리스도는 "예"가 "아
니요"로 된 적이 없습니다. 그 안에는
오직 "예"만 있을 뿐입니다.
20 하나님의 약속은 그리스도 안에서 얼
마든지 "예"가 됩니다. 그러므로 우리
는 그를 통해 "아멘"으로 하나님께 영
광을 돌립니다.
21 여러분과 함께 우리를 그리스도 안에
서 굳건하게 하시고 또 우리에게 기
름을 부어 주신 이는 하나님이십니
다.
22 또한 그분은 우리를 인 치시고 보증
으로 우리 마음속에 성령을 주셨습
니다.
23 내가 내 목숨을 걸고 하나님을 증인
으로 모시고 말하는데 내가 더 이상
고린도로 가지 않은 것은 여러분을
아끼기 때문입니다.

1:12 어떤 사본에는 '거룩함과' 1:14 또는 주 예수 그리스도가 재림하는 날 1:15 또는 기쁨 1:19 또는 실라

24 우리는 여러분의 믿음을 주관하려는
것이 아니라 다만 여러분의 기쁨을
돕는 사람이 되려는 것입니다. 여러
분이 이미 믿음 위에 굳게 서 있기 때
문입니다.

2 이제 나는 또다시 근심 가운데 여
러분을 방문하지 않기로 결심했습
니다.
2 만일 내가 여러분을 근심하게 한다면
나로 인해 근심하는 사람 외에 누가
나를 기쁘게 하겠습니까?
3 내가 이것을 쓴 것은 내가 갈 때에 마
땅히 나를 기쁘게 해 줄 사람들에게
근심이 없게 하려는 것입니다. 나는
내 기쁨이 여러분 모두의 기쁨임을
확신합니다.
4 나는 큰 환난과 마음의 고통으로 인
해 많은 눈물로 여러분에게 썼습니
다. 이는 여러분을 근심하게 하려 한
것이 아니라 여러분에 대해 넘치는
사랑이 내게 있음을 알게 하려는 것
입니다.

근심하게 한 사람을 용서하라

5 만일 누가 근심하게 했다면 그는 나
를 근심하게 한 것이 아니라 일부 사
람들을 근심하게 한 것입니다. 너무
심한 말을 하지 않으려고 '일부 사람
들'이라고 했지만 사실은 여러분 모두
를 근심하게 한 것입니다.
6 그러한 사람에게 여러분은 이미 충분
한 벌을 내렸습니다.
7 그러니 여러분은 그가 더 큰 근심에
잠기지 않도록 오히려 그를 용서하고
위로하십시오.
8 그러므로 나는 여러분이 그에게 사랑
을 나타내기를 권면합니다.
9 내가 편지를 쓰는 것은 여러분이 모
든 일에 순종하는지 시험해 보려는
것입니다.
10 여러분이 누구에게 무슨 일에 대해
용서한다면 나도 용서합니다. 내가 무
엇을 용서했다면 내가 용서한 것은
여러분을 위해 그리스도 앞에서 한
것입니다.
11 이는 우리가 사탄에게 속지 않으려는
것입니다. 우리는 사탄의 속셈을 모르
는 것이 아닙니다.

새 언약의 일꾼들

12 내가 그리스도의 복음을 위해 드로아
에 갔을 때 주 안에서 내게 문이 열렸
습니다.
13 그러나 나는 내 형제 디도를 만나지
못하므로 내 심령이 편치 않아 그들
과 작별하고 마케도니아로 갔습니다.
14 그러나 우리로 그리스도 안에서 항상
승리하게 하시며 우리를 통해서 모든
장소에서 그리스도를 아는 냄새를 나
타낼 수 있게 하시는 하나님께 감사
를 드립니다.
15 우리는 구원받는 사람들에게나 멸망
하는 사람들에게나 하나님 앞에서
그리스도의 향기입니다.
16 그러나 어떤 사람들에게는 죽음에
이르게 하는 죽음의 냄새이나 어떤
사람들에게는 생명에 이르게 하는
생명의 냄새입니다. 누가 이런 일들을

감당할 수 있겠습니까?
17 우리는 *많은 사람들처럼 하나님의
말씀을 혼탁하게 하지 않고 오직 진
실한 마음으로 하나님께서 보내신 사
람답게 그리스도 안에서 하나님 앞에
서 말하고 있습니다.

3 우리가 또 우리 자신을 추천하기를
시작하고 있는 것입니까? 아니면
어떤 사람들처럼 우리가 여러분에게
추천서를 보내거나 여러분에게서 추
천서를 받을 필요가 있겠습니까?
2 여러분이야말로 모든 사람들이 알고
있고 읽고 있는 *우리 마음에 기록된
우리의 편지입니다.
3 여러분은 우리의 섬김을 통해 나타난
그리스도의 편지입니다. 이것은 먹으
로 쓴 것이 아니라 살아 계신 하나님
의 영으로 쓴 것이며 돌판에 쓴 것이
아니라 육체의 마음 판에 쓴 것입니
다.
4 우리는 그리스도를 통해 하나님께 대
해 이와 같은 확신을 갖고 있습니다.
5 그러나 우리는 무엇이 우리에게서 나
온 것처럼 스스로 자격이 있다고 생
각하지 않습니다. 우리의 자격은 오
직 하나님께로부터 났습니다.
6 그분은 우리로 하여금 문자가 아니라
영으로 말미암는 새 언약의 일꾼이
되기에 충분한 자격을 갖추도록 하셨
습니다. 문자는 죽이는 것이요, 영은
살리는 것이기 때문입니다.

새 언약의 더 큰 영광

7 죽음에 이르게 하는 돌에 새긴 문자
의 직분도 영광스러워 모세 얼굴에
나타난 없어질 영광으로 인해 이스라
엘 자손이 그의 얼굴을 주목할 수 없
었다면
8 하물며 영의 직분에는 더욱더 영광이
넘치지 않겠습니까?
9 만일 정죄의 직분에도 영광이 있었다
면 의의 직분은 더욱더 영광이 넘칠
것입니다.
10 이 경우 한때 영광스럽던 것이 더 큰
영광이 나타남으로 인해 더 이상 영
광스럽지 못하게 된 것입니다.
11 사라져 버릴 것도 영광스러웠다면 영

2:17 어떤 사본에는 '다른 사람들은' 3:2 어떤 사본에는 '여러분의'

성·경·상·식

추천서

추천서는 소개장을 말하는 것으로 바울 당시 추천서는 일반적으로 많이 사용된 관행이었다. 이것은 직책과 권한에 대한 일종의 위임장, 신임장의 역할을 했다. 예루살렘 교회는 추천서 성격의 편지와 함께 유다와 실라를 안디옥 교회에 보내기로 했고(행 15:22-23), 바울도 때로는 자신과 동역하는 사람들을 위해 추천서를 써 주는 관행을 따랐다(롬 16:1-2; 고전 16:3; 고후 8:22-24).
바울의 적대자들은 예루살렘의 유력한 유대주의자들이 써 준 추천서를 갖고 다녔을 것으로 보이는데 이들은 바울이 추천서를 가지고 있지 않다는 것을 빌미로 그의 사도권을 공격했다. 이에 바울은 고린도 교인들이 자신의 추천서이기 때문에 다른 추천서는 필요없다고 말했다(고후 3:1-2).

원한 것은 더욱 영광 가운데 있을 것
입니다.
12 우리가 이러한 소망을 가지고 있으므
로 더욱 담대하게 말합니다.
13 모세가 없어질 것의 결과에 이스라엘
자손이 주목하지 못하게 하기 위해
자신의 얼굴에 수건을 썼던 것과 같
은 일을 우리는 하지 않습니다.
14 그러나 이스라엘 백성의 마음은 완고
해졌습니다. 그들은 옛 언약을 읽을
때 오늘날까지도 수건을 벗지 못하고
계속 그대로 있습니다. 이것은 그리스
도 안에서 벗겨지기 때문입니다.
15 오늘날까지도 모세의 글을 읽을 때마
다 수건이 그들의 마음을 덮고 있습
니다.
16 그러나 주께로 돌아갈 때마다 수건은
벗겨집니다.
17 주께서는 영이시며 주의 영이 계신
곳에는 자유가 있습니다.
18 우리는 다 벗은 얼굴로 주의 영광을
바라보는 가운데 그와 같은 형상으
로 변화해 영광에서 영광에 이르게
됩니다. 이 일은 주의 영으로 말미암
습니다.

현재의 약함과 부활 생명

4 그러므로 우리는 하나님의 자비하
심을 힘입어 이 직분을 받은 사실
을 생각해 낙심하지 않습니다.
2 오히려 우리는 숨겨진 수치스러운 일
들을 버렸고 간교하게 행하지 않았고
하나님의 말씀을 혼탁하게 하지 않았
습니다. 오히려 우리는 진리를 나타냄
으로 하나님 앞에서 모든 사람들의
양심에 우리 스스로를 추천합니다.
3 우리의 복음이 가려져 있다면 그것은
멸망하는 사람들에게 가려져 있는
것입니다.
4 그들로 말하자면, 이 세상의 신이 믿
지 않는 사람들의 마음을 혼미하게
해 하나님의 형상인 그리스도의 영광
스러운 복음의 빛이 그들을 비추지
못하게 한 것입니다.
5 우리는 우리 자신을 전파하는 것이
아니라 그리스도 예수께서 주 되신 것
과 예수 때문에 우리가 여러분의 종
된 것을 전파합니다.
6 [ㄱ]"어둠에서 빛이 비치라"고 명하신
하나님께서 우리의 마음에 예수 그리
스도의 얼굴에 있는 하나님의 영광을
아는 빛을 비추셨기 때문입니다.
7 우리는 이 보배를 질그릇에 가지고
있는데 이는 능력의 지극히 큰 것이
하나님께 있고 우리에게서 난 것이
아니라는 것을 보여 주려는 것입니다.
8 그러므로 우리는 사방으로 환난을
당해도 절망하지 않고 답답한 일을
당해도 낙심하지 않습니다.
9 핍박을 당해도 버림받지 않고 넘어뜨
림을 당해도 망하지 않습니다.
10 우리는 항상 예수의 죽으심을 몸에
짊어지고 다닙니다. 이는 예수의 생명
또한 우리의 죽을 몸에 나타나게 하
려는 것입니다.
11 우리 살아 있는 사람들이 항상 예수

ㄱ 창 1:3

때문에 죽음에 넘겨지는 것은 예수의
생명 또한 우리의 죽을 육체 안에 나
타나게 하려는 것입니다.
12 그러므로 죽음은 우리 안에서 역사
하고 생명은 여러분 안에서 역사합니
다.
13 성경에 기록되기를 ㄱ"내가 믿었으므
로 말했다"라고 한 것처럼 우리는 바
로 그 믿음의 영을 가지고 있으므로
우리도 믿고 또한 말하기도 하는 것
입니다.
14 주 예수를 살리신 이가 예수와 함께
우리도 살리시고 여러분과 함께 그
앞에 서게 하실 것을 우리가 알기 때
문입니다.
15 모든 것은 여러분을 위한 것입니다.
이는 하나님의 은혜가 더 많은 사람
들에게 풍성해져서 넘치는 감사로 하
나님께 영광을 돌리게 하려는 것입니
다.
16 그러므로 우리는 낙심하지 않습니다.
우리의 겉사람은 쇠할지라도 우리의
속사람은 날마다 새로워지고 있습니
다.
17 우리가 잠시 당하는 가벼운 고난은
그것 모두를 능가하고도 남을 영원한
영광을 우리에게 이뤄 줄 것입니다.
18 우리가 주목하는 것은 보이는 것들이
아니라 보이지 않는 것들입니다. 보이
는 것들은 잠깐이나 보이지 않는 것
들은 영원하기 때문입니다.

새로운 몸을 기다림

5 우리는 땅 위에 있는 우리의 장막
집이 무너지면 하나님께서 지으신
집, 곧 손으로 지은 것이 아닌 하늘
에 있는 영원한 집이 우리에게 있는
것을 알고 있습니다.
2 우리는 하늘로부터 오는 우리의 집으
로 덧입기를 간절히 사모하며 이 장

ㄱ 시 116:10

하용조 목사의 행복한 **메시지**

성도들의 죽음

우리가 죽으면 매장을 하든지 화장을 하든지 흙으로 돌아가는 것은 매한가지입니다. 그러나 우리의 몸이 한 줌의 재가 되더라도 하나님께서는 능히 우리 몸을 영원한 몸으로 부활시키실 것입니다. 그리스도인은 부활을 믿기에 어떤 슬픔과 위기에서도 좌절하지 않습니다. 어쩌면 우리는 죽은 자를 위해 눈물을 흘릴 필요가 없을지도 모릅니다.
살아 있는 동안 우리는 몸을 위해 화장을 하고 좋은 옷을 입으며 열심히 단장합니다. 하지만 아무리 가꾸고 꾸며도 죽으면 아무 소용이 없습니다. 그리스도의 영이 없는 사람에게 죽음은 저주이지만 그리스도의 영이 있는 사람에게 죽음은 하나님의 선물입니다. 우리는 죽음으로 육신의 옷을 벗습니다. 죽음이 오지 않으면 육신의 옷을 벗을 수 없습니다. 그래서 죽음은 복이 되는 것입니다. 성경은 말합니다. "성도들의 죽음은 여호와께서 보시기에 귀합니다."(시 116:15)

막 집에서 탄식하고 있습니다.
3 만일 우리가 이 장막을 벗을지라도
벗은 사람들로 발견되지 않을 것입니
다.
4 우리는 이 장막에 살면서 무거운 짐
을 지고 탄식하고 있습니다. 우리는
이 장막을 벗고자 하는 것이 아니라
그 위에 덧입고자 하는 것입니다. 이
는 *죽을 것이 생명에게 삼켜지게 하
려는 것입니다.
5 우리를 위해 이것을 이뤄 주시고 우
리에게 성령이라는 보증을 주신 분
은 하나님이십니다.
6 그러므로 우리는 항상 담대합니다.
우리가 몸 안에 거하는 동안에는 주
에게서 떠나 따로 거한다는 것을 압
니다.
7 우리는 믿음으로 행하고 보는 것으로
행하지 않습니다.
8 우리가 담대하게 원하는 것은 차라리
몸을 떠나 주와 함께 거하는 것입니
다.
9 그러므로 우리가 몸 안에 있든지 몸
을 떠나 있든지 주를 기쁘게 하려고
힘씁니다.
10 우리 모두가 그리스도의 심판대 앞에
드러나야 하기 때문입니다. 그 결과
각기 선악 간에 몸으로 행한 것에 대
해 보응을 받게 될 것입니다.

화목하게 하는 직분

11 그러므로 우리는 주께서 두려운 분이
심을 알므로 사람들에게 권면합니다.
우리는 이미 하나님 앞에 드러나 있
습니다. 나는 여러분의 양심에도 우
리가 그렇게 드러나 있기를 바랍니다.
12 그렇다고 우리가 또다시 여러분에게
우리를 추천하려는 것이 아닙니다. 도
리어 우리는 여러분에게 우리 때문에
자랑할 기회를 주려는 것입니다. 이는
마음으로 하지 않고 외모로 자랑하
는 사람들에게 여러분이 대답할 말
을 가지도록 하려는 것입니다.
13 우리가 미쳤어도 하나님을 위한 것이
요, 정신이 온전해도 여러분을 위한
것입니다.
14 그리스도의 사랑이 우리를 강권하십
니다. 우리가 확신하건대 한 사람이
모든 사람을 대신해 죽었으니 모든
사람이 죽은 것입니다.
15 그분이 모든 사람을 대신해 죽으신
것은 산 사람들로 더 이상 자신을 위
해 살지 않고 자신을 대신해 죽었다
가 살아나신 그분을 위해 살게 하시
려는 것입니다.
16 그러므로 이제부터는 우리가 아무도
육체를 따라 알려고 하지 않습니다.
전에는 우리가 그리스도를 육체를 따
라 알았으나 이제는 더 이상 그렇게
알지 않습니다.
17 그러므로 누구든지 그리스도 안에 있
으면 새로운 피조물입니다. 옛것은 지
나갔으니 보십시오. 새것이 됐습니다.
18 모든 것은 하나님께로부터 왔습니다.
하나님은 그리스도를 통해서 우리를
그분과 화목하게 하시고 또한 우리에

5:4 또는 죽을 몸이 영원히 살기 위한 것입니다.

게 화목하게 하는 직분을 맡겨 주셨
습니다.
19 곧 하나님께서는 사람들의 죄를 그들
에게 돌리지 않으시고 세상을 그리스
도 안에서 그분과 화목하게 하셨으며
또한 우리에게 화목하게 하는 말씀
을 맡겨 주신 것입니다.
20 그러므로 우리는 그리스도를 대신하
는 사절이 돼 하나님께서 우리를 통해
서 권면하시는 것같이 그리스도를 대
신해 여러분에게 간곡히 부탁합니다.
여러분은 하나님과 화목하십시오.
21 하나님께서는 죄를 알지도 못하신 분
에게 우리 대신 죄를 짊어지게 하셨
습니다. 이는 우리로 그리스도 안에서
하나님의 의가 되게 하시려는 것입니
다.

6 하나님과 함께 일하는 우리가 여러
분에게 권면합니다. 여러분은 하나
님의 은혜를 헛되이 받지 마십시오.
2 말씀하시기를
ㄱ"내가 은혜 베풀 만한 때에 네 말
을 들었고 구원의 날에 너를 도왔
다"
라고 하셨기 때문입니다. 보십시오.
지금은 은혜받을 만한 때요, 지금은
구원의 날입니다.

바울의 환난

3 우리는 무슨 일이든 아무에게도 거리
낌이 되지 않으려고 합니다. 이는 우
리의 섬기는 일이 비난을 받지 않게
하려는 것입니다.
4 오히려 우리는 우리 자신을 모든 일
에 하나님의 일꾼들로 추천하려고 애
씁니다. 우리는 많은 인내와 환난과
궁핍과 곤란과
5 매 맞음과 감옥에 갇히는 것과 난동
과 수고와 자지 못함과 배고픔 가운
데 하나님의 일꾼들로 지냅니다.
6 또한 우리는 순결함과 지식과 오래
참음과 친절함과 성령과 거짓 없는
사랑과
7 진리의 말씀과 하나님의 능력으로 일
합니다. 또 우리는 오른손과 왼손에
의의 무기를 들고
8 영광과 모욕, 비난과 칭찬을 동시에
겪으며 일합니다. 우리는 속이는 사
람 같으나 진실하고
9 무명한 사람 같으나 유명하고 죽은
사람 같으나 보십시오! 살아 있습니
다. 우리가 징벌을 받는 사람 같으나
죽임을 당하지 않고
10 근심하는 사람 같으나 항상 기뻐하고
가난한 사람 같으나 많은 사람을 부
유하게 합니다. 아무것도 없는 사람
같으나 모든 것을 가진 사람입니다.
11 고린도 사람들이여, 우리의 입이 여러
분을 향해 열려 있으며 우리의 마음
이 넓게 열려 있습니다.
12 여러분이 우리의 마음 안에서 좁아
진 것이 아니라 여러분의 마음이 스
스로 좁아진 것입니다.
13 내가 자녀에게 말하듯이 말합니다.
여러분도 보답하는 양으로 마음을
넓히십시오.

ㄱ 사 49:8

우상 숭배에 대한 경고

14 여러분은 믿지 않는 사람들과 함께
*멍에를 메지 마십시오. 의와 불법이
어떻게 함께 짝하며 빛과 어두움이
어떻게 사귈 수 있겠습니까?
15 그리스도와 *벨리알이 어떻게 하나가
되며 믿는 사람과 믿지 않는 사람이
어떻게 함께 몫을 나눌 수 있겠습니
까?
16 하나님의 성전과 우상들이 어떻게 하
나가 될 수 있겠습니까? 우리는 살아
계신 하나님의 성전이기 때문입니다.
이것은 하나님께서 말씀하신 바와 같
습니다.
"ㄱ내가 그들 가운데 거하고 그들
가운데 행할 것이니 ㄴ나는 그들의
하나님이 되고 그들은 내 백성이
될 것이다."
17 "그러므로 ㄷ너희는 그들 가운데서
나와 그들과 떨어져 있으라. 주께
서 말씀하신다. 너희는 부정한 것
을 만지지 말라. 그러면 내가 너희
를 영접할 것이다."
18 ㄹ"나는 너희의 아버지가 되고 너희
는 내 자녀들이 될 것이다. 전능하
신 주께서 말씀하신다."

7 그러므로 사랑하는 여러분, 우리
가 이 약속을 가지고 있으니 하나
님을 두려워함으로 온전히 거룩함을
이루면서 육과 영의 모든 더러움에서
떠나 우리 자신을 깨끗하게 합시다.

고린도 교회의 회개로 인한 바울의 기쁨

2 여러분은 우리를 받아 주십시오. 우
리는 아무에게도 부당한 일을 하지
않았습니다. 아무에게도 손해를 입히
지 않았습니다. 아무에게도 속여 빼
앗는 일을 하지 않았습니다.
3 내가 정죄하려고 말을 하는 것이 아닙
니다. 내가 전에도 말했지만 여러분이
우리 마음에 있어 우리가 여러분과 함
께 죽고 함께 살고자 하기 때문입니다.
4 나는 여러분에 대해 많은 신뢰감을
갖고 있고 여러분을 위해 자랑할 것
도 많습니다. 우리의 온갖 환난 가운
데서도 내게는 위로가 가득하고 기쁨
이 넘칩니다.
5 우리가 마케도니아에 이르렀을 때 우
리의 육체는 편치 못했고 사방으로는
환난을 당했습니다. 밖으로는 다툼이
있었고 안으로는 두려움이 있었습니
다.
6 그러나 낙심한 사람들을 위로하시는
하나님께서 디도를 돌아오게 하심으
로 우리를 위로해 주셨습니다.
7 그가 돌아온 것뿐만 아니라 그가 여
러분에게서 받은 위로로 우리를 위로
해 주었습니다. 여러분이 내게 대해
사모하는 것과 애통해 하는 것과 열
심을 내는 것에 대해 그의 보고를 받
고 나는 더욱 기뻤습니다.
8 내가 편지로 인해 여러분을 근심하게
했다 할지라도 지금은 후회하지 않습
니다. 내 편지가 여러분을 잠시 상심

6:14 또는 연합하지 마십시오. 6:15 그리스어, '무가치', '사악'. 사탄을 상징함. ㄱ 레 26:12;출 29:45;겔 37:27 ㄴ 렘 31:1 ㄷ 사 52:11 ㄹ 호 1:10;사 43:6

하게 했다는 것을 내가 알고 후회하
기는 했으나
9 지금은 내가 기뻐하고 있습니다. 왜
냐하면 여러분을 근심하게 했기 때문
이 아니라 여러분이 그 근심으로 회
개하게 됐기 때문입니다. 여러분은 하
나님의 뜻대로 근심한 것이므로 결국
여러분은 아무것도 손해를 본 것이
없습니다.
10 하나님의 뜻대로 하는 근심은 구원
에 이르는 회개를 가져오므로 후회할
것이 없습니다. 그러나 세상 근심은
죽음을 가져옵니다.
11 보십시오. 하나님의 뜻대로 하는 이
근심이 여러분에게 얼마나 간절함을
불러일으키며 변호함과 의분과 두려
움과 사모함과 열심과 응징의 마음을
불러일으켰습니까? 여러분은 모든 일
에 여러분 자신의 깨끗함을 보여 주
었습니다.
12 그러므로 내가 여러분에게 편지를 쓴
이유는 불의를 행한 사람이나 불의
를 당한 사람을 위한 것이 아니라 우
리에 대한 여러분의 간절함이 하나님
앞에서 여러분에게 밝히 드러나게 하
려는 것입니다.
13 이로 인해 우리는 위로를 받았습니
다. 또한 우리가 받은 위로 위에 디도
가 즐거워하는 것을 보고 우리는 더
욱 기뻐하게 됐습니다. 그는 여러분
모두로 인해 심령에 새로운 힘을 얻
었습니다.
14 내가 여러분에 대해 디도에게 무슨
자랑한 것이 있다 할지라도 나는 부
끄럽지 않습니다. 우리가 여러분에게
말한 모든 것이 사실이었던 것처럼 우
리가 디도에게 한 자랑도 사실이기
때문입니다.
15 디도는 여러분 모두가 두렵고 떨리는
마음으로 자기를 받아들여 주고 순
종한 것을 기억하며 여러분에 대한
애정이 더욱 깊어졌습니다.
16 나는 여러분을 전적으로 신뢰할 수
있게 돼 기쁩니다.

주의 백성을 위한 헌금

8 형제들이여, 우리는 마케도니아 교
회들에게 주신 하나님의 은혜를 여
러분에게 알리고자 합니다.
2 그들은 수많은 시련 가운데서도 기쁨
이 넘쳤고 극한 가난에도 불구하고
넘치는 헌금을 했습니다.
3 내가 증언하는데 그들은 힘닿는 대로
했을 뿐 아니라 힘에 부치도록 자진
해서 했습니다.
4 그들은 이 은혜와 성도 섬김의 일에
참여할 수 있도록 우리에게 간곡히
부탁했습니다.
5 그들은 우리가 바라는 대로가 아니라
자신을 먼저 주께 드리고 하나님의
뜻을 따라 우리에게도 헌신했습니다.
6 그러므로 우리는 디도에게 이미 여러
분 가운데 시작한 이 은혜로운 일을
성취하라고 권면했습니다.
7 여러분은 모든 일, 곧 믿음과 말씀과
지식과 모든 열심과 우리에 대한 사
랑에 풍성한 것같이 이 은혜로운 일

에도 풍성하도록 하십시오.
8 내가 명령으로 이 말을 하는 것이 아
닙니다. 다만 다른 사람들의 열성을
통해 여러분의 사랑의 진실성을 증명
해 보이려는 것입니다.
9 여러분이 우리 주 예수 그리스도의 은
혜를 잘 알고 있듯이 그리스도께서는
부유하신 분으로서 여러분을 위해
가난하게 되셨습니다. 그분의 가난하
심을 통해 여러분을 부유하게 하시려
는 것입니다.
10 이 일에 대해 내가 조언합니다. 이 일
은 여러분에게 유익하며 이미 1년 전
부터 여러분이 원해서 행해 온 일입
니다.
11 그러므로 이제 마무리를 잘 하십시
오. 여러분이 자원해 하던 것을 마무
리하되 여러분이 가지고 있는 것으로
하십시오.
12 만일 무엇보다 여러분에게 자원하는
마음이 있다면 하나님께서 그 가진
대로 받으실 것이요, 가지지 않은 것
까지 받지는 않으실 것입니다.
13 이는 내가 다른 사람들은 편안하게
하고 여러분은 곤고하게 하려는 것이
아니라 도리어 공평하게 하려는 것입
니다.
14 지금 여러분의 넉넉한 것으로 그들의
궁핍을 채워 주면 후에 그들의 넉넉
한 것이 여러분의 궁핍을 채워 주어
서로 공평하게 될 것입니다.
15 기록되기를 ㄱ"많이 거둔 사람도 남지
않았고 적게 거둔 사람도 모자라지
않았다"라고 한 것과 같습니다.

헌금을 수령하기 위해 디도를 보내다

16 여러분을 위해 디도의 마음에도 동일
한 열심을 주시는 하나님께 감사를
드립니다.
17 디도는 우리의 요청을 받아들였을 뿐
아니라 더욱 열심을 내고 자진해 여
러분에게로 갔습니다.
18 또 그와 함께한 형제를 보냈는데 그
는 *복음 전하는 일에 모든 교회로부

8:18 또는 기쁜 소식을 ㄱ 출 16:18

성·경·상·식

구약 시대와 신약 시대의 헌금

헌금은 구약 시대와 신약 시대를 거쳐 오늘날까지 하나님께 감사의 표현으로 드려진다. 구약 시대의 헌금은 주로 예배 때 드리는 제물과 십일조였다. 제물은 각자의 형편과 제사에 따라 드리는 정도가 정해졌다(레 12:6–8).

십일조는 만물과 소산은 하나님의 것이라는 생각에 근거해서 바쳤으며(창 14:20;느 13:12), 제사장, *레위인*, *고아나 과부* 등에게 주어졌다. 말라기 예언자는 십일조가 복의 근거가 된다고 말하면서 헌금을 강조했다(말 3:7–12).

신약 시대에는 제도적으로 헌금을 정해 놓지는 않았으며, 각자가 원하는 만큼 드렸다(고후 8:11). 초대 교회 교인들은 교회에 재산을 헌납하거나(행 2:44–45) 가난한 성도를 돕기 위해 헌금했다(고후 8:1–4). 하지만 교회를 통해서뿐 아니라 직접 가난한 자들을 구제하는 일도 하나님이 기뻐하시는 일이었다(행 10:1–4).

터 칭찬을 받는 사람입니다.
19 더구나 그는 동일한 주의 영광과 우
리의 선한 뜻을 나타내기 위해 여러
교회의 임명을 받고 우리와 함께 다
니면서 우리가 행하는 이 은혜로운
일을 돕는 사람입니다.
20 우리는 이 거액의 헌금을 맡아 봉사
하는 일에 아무에게도 비난을 받지
않으려고 조심합니다.
21 우리가 주 앞에서뿐 아니라 사람들
앞에서도 옳게 행하고자 하기 때문입
니다.
22 우리는 그들과 함께 또 한 형제를 보
냈습니다. 우리는 그가 모든 일에 열
심을 내는 것을 확인했습니다. 지금
그는 여러분을 크게 신뢰하므로 더욱
열심을 내고 있습니다.
23 디도로 말하자면 그는 내 동료요, 여
러분을 위한 내 동역자입니다. 우리
형제들로 말하자면 그들은 여러 교회
의 사도들이요, 그리스도의 영광입니
다.
24 그러므로 여러분은 여러 교회 앞에
서 여러분의 사랑과 여러분에 대해
우리가 자랑하는 증거를 그들에게 보
여 주십시오.

9 성도를 섬기는 이 일에 대해서는
내가 여러분에게 더 이상 쓸 필요
가 없습니다.
2 그 이유는 여러분의 열심을 내가 알
고 있기 때문입니다. 내가 마케도니아
사람들에게 여러분에 대해 자랑하기
를 "*아가야에서는 이미 1년 전부터
준비가 돼 있다"라고 했습니다. 그래
서 여러분의 열심이 많은 사람을 분
발하게 했습니다.
3 그러나 이 일에 대해 우리가 여러분
을 자랑한 것이 헛되지 않고 여러분
이 내가 말한 것같이 준비하게 하기
위해 내가 이 형제들을 보냈습니다.
4 만일 마케도니아 사람들이 나와 함께
가서 여러분이 준비되지 않은 것을
보게 된다면 여러분은 말할 것도 없
고 우리가 이런 확신을 가진 것으로
인해 수치를 당하게 되지 않을까 염
려됩니다.
5 그러므로 나는 그 형제들을 권면해
여러분에게 먼저 가서 여러분이 전에
약속한 헌금을 미리 준비하도록 하
는 것이 필요하다고 생각했습니다. 이
렇게 해야 이 준비된 것이 인색함으
로 한 것이 아니라 자발적으로 한 것
이 될 것입니다.

풍성한 헌금에 대한 격려

6 이것이 바로 적게 심는 사람은 적게
거두고 많이 심는 사람은 많이 거둔
다는 말입니다.
7 각자 마음에 정한 대로 하되 아까워
하거나 억지로 하지 마십시오. 하나님
께서는 기쁨으로 내는 사람을 사랑
하십니다.
8 하나님은 여러분에게 모든 은혜를 넘
치게 하실 수 있는 분이십니다. 이는
여러분으로 하여금 모든 일에 항상
넉넉해서 모든 선한 일을 넘치도록 하

9:2 그리스의 남부 지역을 가리킴.

게 하시려는 것입니다.
9 기록되기를
ㄱ"그가 흩어 가난한 사람들에게
주셨으니 그의 의가 영원토록 있도
다"
라고 한 것과 같습니다.
10 심는 사람에게 씨와 먹을 양식을 주
시는 하나님께서는 여러분에게 심을
씨를 주시고 풍성하게 하시고 많은
열매를 거두게 하실 것입니다.
11 여러분은 모든 일에 풍성하게 될 것
입니다. 바로 그 풍성한 헌금이 우리
를 통해 전달됨으로 사람들로 하여
금 하나님께 감사드리게 할 것입니다.
12 이 봉사의 직무는 성도들의 궁핍을
채워 줄 뿐 아니라 하나님께 드리는
많은 감사로 인해 더욱 풍성하게 될
것입니다.
13 이 직무의 증거를 통해 그들은 여러
분이 그리스도의 복음을 고백하고 순
종한다는 것과 그들에게나 다른 모
든 사람에게 대한 여러분의 넉넉한
헌금으로 인해 하나님께 영광을 돌릴
것입니다.
14 또한 그들은 여러분을 위해 간구하며
여러분에게 주신 하나님의 넘치는 은
혜로 인해 여러분을 사모합니다.
15 말로 다할 수 없는 은사를 주시는 하
나님께 감사를 드립니다.

자신의 사도직을 변호하는 바울

10 여러분과 얼굴을 마주 대하고
있을 때는 유순하나 떠나 있으
면 여러분에 대해 강경한 나 바울은
이제 그리스도의 온유와 관용으로 친
히 여러분에게 권면합니다.
2 내가 여러분에게 요청하는 것은 내가
여러분에게 갈 때 우리가 육체를 따
라 행한다고 여기는 사람들에게 내가
단호히 대처하는 것같이 여러분을 강
경한 태도로 대하지 않도록 해 달라
는 것입니다.
3 비록 우리가 육체를 입고 살고 있지
만 육체를 따라 싸우지 않기 때문입
니다.
4 우리가 가지고 싸우는 무기는 육체에
속한 것이 아니라 견고한 요새를 무
너뜨리는 하나님의 능력입니다. 우리
는 모든 궤변을 무너뜨리고
5 하나님을 아는 지식을 대적해서 스
스로 높아진 모든 주장을 무너뜨리
고 모든 생각을 사로잡아 그리스도께
복종시킵니다.
6 이와 더불어 우리는 여러분의 순종이
온전하게 됐을 때 모든 순종치 않는
사람들을 벌하기 위해 준비하고 있습
니다.
7 여러분의 눈앞에 있는 것들을 보십시
오. 만일 어떤 사람이 자기 자신이 그
리스도께 속한 사람이라고 확신한다
면 그가 그리스도께 속한 것처럼 우
리도 또한 그러하다는 것을 생각하게
하십시오.
8 만일 우리가 우리의 권세를 좀 지나
치게 자랑한다 해도 그것은 여러분을
파멸시키기 위해서가 아니라 여러분

ㄱ 시 112:9

을 세우기 위해 주께서 우리에게 주
신 것이므로 우리는 부끄럽지 않을
것입니다.
9 나는 편지로 여러분을 두렵게 하려는
것처럼 보이고 싶지 않습니다.
10 어떤 사람들은 말하기를 "그의 편지
들은 무게가 있고 힘이 있으나 직접
대해 보면 약하고 말도 시원치 않다"
라고 말합니다.
11 그러나 이런 사람들은 떠나 있을 때
편지로 보는 그 모습이, 함께 있을 때
행하는 행동 그대로인 것을 알아야
합니다.
12 우리는 자화자찬하는 사람들의 아류
가 되거나 그런 사람들과 비교하려
하지 않습니다. 그들은 자기들끼리 재
고 자기들끼리 비교하니 지혜롭지 못
합니다.
13 그러나 우리는 정도 이상으로 자랑하
지 않고 오직 하나님께서 정해 주신
분량의 범위 안에서 자랑하려고 합니
다. 우리의 자랑은 곧 우리가 여러분
에게까지 다다른 정도입니다.
14 우리는 여러분에게 가지 못할 사람들
로서 스스로 과신해 나아갔던 것이
아닙니다. 우리는 그리스도의 복음 안
에서 여러분에게까지 갔던 것입니다.
15 또한 우리는 다른 사람의 수고를 가
지고 분량 밖의 자랑을 하는 것이 아
닙니다. 다만 우리가 바라는 것은 여
러분의 믿음이 자라남으로 우리의 활
동 영역이 여러분 가운데서 크게 확
대되는 것입니다.
16 그래서 결국 여러분의 지역 너머까지
*복음을 전파하기 위한 것이지 다른
사람의 영역에 이미 마련된 것들을
가지고 자랑하기 위한 것이 아닙니다.
17 ㄱ"자랑하는 사람은 주 안에서 자랑
하도록 하십시오."
18 옳다 인정함을 받는 사람은 자화자찬
하는 사람이 아니라 오직 주께서 칭
찬하시는 사람입니다.

바울과 거짓 사도들

11 여러분은 내가 좀 어리석어 보
이더라도 용납해 주시기 바랍니
다. 꼭 나를 용납해 주십시오.
2 왜냐하면 나는 하나님의 열심으로 여
러분을 위해 열심을 내고 있기 때문
입니다. 나는 여러분을 순결한 처녀
로 한 남편인 그리스도께 드리려고 약
혼시켰습니다.
3 그러나 나는 뱀이 그의 간교한 꾀로
하와를 속인 것처럼 여러분의 마음이
그리스도께 대한 *순전함과 정결함을
버리고 부패하게 될까 두렵습니다.
4 누가 여러분에게 와서 우리가 전파하
지 않은 다른 예수를 전파하거나 여
러분이 우리의 복음 전파를 통해 받
지 않은 다른 영을 받게 하거나 여러
분이 받지 않은 다른 복음을 받게 해
도 여러분은 잘도 용납하고 있습니
다.
5 나는 저 위대한 사도들보다 조금도
못하다고 생각하지 않습니다.

10:16 또는 기쁜 소식을 11:3 또는 진실 ㄱ 렘 9:24

6 비록 내가 말에는 능하지 못하나 지
식에는 그렇지 않습니다. 우리는 이
점을 모든 사람들 가운데서 여러 모양
으로 여러분에게 나타내 보였습니다.
7 내가 여러분을 높이려고 나 자신을
낮춰 하나님의 복음을 값없이 여러분
에게 전한 것이 죄를 지은 것입니까?
8 내가 여러분을 섬기기 위해 받은 비
용은 다른 교회들로부터 강권해 타
낸 것입니다.
9 그리고 내가 여러분과 함께 있는 동
안 빈곤했으나 아무에게도 폐를 끼치
지 않은 것은 마케도니아에서 온 형제
들이 내 필요를 채워 주었기 때문입
니다. 나는 모든 일에 여러분에게 짐
이 되지 않으려고 스스로 조심했거니
와 앞으로도 조심할 것입니다.
10 그리스도의 진리가 내 안에 있는 한
내 이 자랑은 아가야 여러 지방에서
중지되지 않을 것입니다.
11 왜 그렇습니까? 내가 여러분을 사랑
하지 않기 때문입니까? 하나님이 아
십니다.
12 나는 내가 하는 일을 계속 할 것입니
다. 그 목적은 우리와 똑같은 일을 한
다고 자랑하기 위해 기회를 엿보는
사람들의 기회를 끊어 버리려는 것입
니다.
13 그런 사람들은 거짓 사도들이요, 가
증된 일꾼들이요, 자신을 그리스도의
사도들로 가장하는 사람들입니다.
14 그러나 놀랄 것이 없습니다. 그 이유
는 사탄도 자신을 빛의 천사로 가장
하기 때문입니다.
15 그러므로 사탄의 일꾼들이 의의 일꾼
들인 양 가장하는 것은 대단한 일이
아닙니다. 그들의 결국은 그들이 행
한 대로 될 것입니다.

바울이 자신의 고난을 자랑하다

16 내가 다시 말합니다. 아무도 나를 어
리석은 사람으로 생각지 마십시오.
그러나 만일 여러분이 그렇게 못하겠
다면 나를 어리석은 사람으로 받아
들여 나로 하여금 조금 자랑하게 하
십시오.
17 지금 내가 말하는 것은 주의 지시하
심을 따라 말하는 것이 아니라 어리
석은 사람같이 확신 가운데 자랑하
는 것뿐입니다.
18 많은 사람이 육신을 따라 자랑하니
나 또한 자랑해 보겠습니다.
19 여러분이 스스로 지혜롭다고 생각하
면서 어리석은 사람들을 잘도 용납하
기 때문입니다.
20 여러분은 누가 여러분을 종으로 삼거
나 누가 여러분을 삼켜 버리거나 누
가 여러분을 이용하거나 누가 스스로
높이거나 누가 여러분의 뺨을 칠지라
도 잘도 용납합니다.
21 우리의 약한 모습 그대로 내가 욕을
하듯이 말합니다. 그러나 누가 감히
무엇을 자랑한다면 나도 감히 어리석
음을 무릅쓰고 자랑 좀 하겠습니다.
22 그들이 히브리 사람입니까? 나 역시
그렇습니다. 그들이 이스라엘 사람입
니까? 나 역시 그렇습니다. 그들이 아

브라함의 자손입니까? 나 역시 그렇
습니다.
23 그들이 그리스도의 일꾼입니까? 내가
정신 나간 사람처럼 말합니다만 나는
그 이상입니다. 나는 수고도 많이 하
고 매도 수없이 맞고 감옥살이도 많
이 하고 죽을 고비도 여러 번 넘겼습
니다.
24 유대 사람들에게 40에 하나 감한 매
를 다섯 번이나 맞았고
25 세 번 채찍으로 맞았고 한 번 돌로 맞
았고 세 번이나 파선을 당했고 밤낮
꼬박 하루를 바다에서 헤맨 적도 있
습니다.
26 나는 수차례에 걸친 여행에서 강의
위험과 강도의 위험과 동족의 위험과
이방 사람의 위험과 도시의 위험과
광야의 위험과 바다의 위험과 거짓
형제들의 위험을 겪었습니다.
27 나는 또 수고와 곤고와 종종 자지 못
함과 배고픔과 목마름과 때로 굶주
림과 추위와 헐벗음 가운데 지냈습니
다.
28 그런데 이와 별도로 날마다 나를 억
누르는 것이 있으니, 곧 내가 모든 교
회를 위해 염려하는 것입니다.
29 누가 약해지면 나도 약해지지 않겠
습니까? 누가 죄에 빠지면 내 마음이
타지 않겠습니까?
30 내가 자랑해야 한다면 나는 내 약한
것들을 자랑하겠습니다.
31 영원히 찬양받으실 하나님, 곧 주 예
수의 아버지께서는 내가 거짓말하지
않는 것을 아십니다.
32 다메섹에서 아레다 왕의 관리가 나를
체포하려고 다메섹 성을 지켰으나
33 내가 창문으로 광주리를 타고 성벽을
내려가 그 손에서 벗어났습니다.

바울의 환상과 가시

12 내가 좀 더 자랑을 해야겠습니
다. 이것은 유익하지 않은 일이
지만 주께서 주신 환상과 계시에 대
해 더 말해 보겠습니다.
2 내가 그리스도 안에 있는 한 사람을
압니다. 그는 14년 전에 셋째 하늘에
까지 이끌려 올라갔던 사람입니다.
(나는 그가 몸 안에 있었는지 몸 밖
에 있었는지 알지 못하지만 하나님께

성·경·상·식 40에 하나 감한 매

바울이 복음을 전하면서 당한 여러 고난 중 하나가 매를 맞은 것이었다(고후 11:24-25). 매질은 채찍이나 가죽끈으로 죄수의 신체에 가하는 형벌이었다. 범죄의 종류에 따라 매질의 횟수가 정해졌는데 최대한 40에서 하나 감한 39대까지만 허용되었다(신 25:2-3). 그 이유는 죄수에 대한 인격적인 배려 차원에서 과잉 형벌을 방지하기 위한 것이었다. 미쉬나에 의하면 39대를 맞다가 죄수가 죽을 경우, 때린 사람은 죄수의 죽음에 대해 아무런 책임을 지지 않아도 되었다.
매질은 회당에서 시행되었으며(마 10:17) 죄인은 윗옷을 벗기운 채 기둥에 당나귀 가죽으로 결박당하고 소가죽 끈으로 매질당했다.

서는 아십니다.)
3 내가 이런 사람을 압니다. (나는 그가
몸 안에 있었는지 몸과 분리돼 있었
는지 알지 못하지만 하나님께서는 아
십니다.)
4 그가 낙원으로 이끌려 올라가 말할
수 없는 말들을 들었으니, 곧 사람이
말해서는 안 되는 것들입니다.
5 내가 이런 사람을 위해 자랑할 것이
나 나 자신을 위해서는 약한 것들 외
에 자랑하지 않겠습니다.
6 만일 내가 자랑하고자 해도 어리석은
사람이 되지는 않을 것입니다. 그 이
유는 내가 참말을 할 것이기 때문입
니다. 그러나 나는 자랑을 그만두겠
습니다. 이는 어느 누구도 나를 보는
것이나 내게 듣는 것 이상으로 나를
평가하지 않게 하기 위한 것입니다.
7 받은 계시들이 지극히 큰 것으로 인
해 나로 교만하지 않게 하시려고 내
육체에 가시 곧 사탄의 사자를 주셨
습니다. 이는 나를 쳐서 교만하지 않
게 하시려는 것입니다.
8 나는 이것이 내게서 떠나도록 주께
세 번이나 간구했습니다.
9 그러나 그분은 내게 말씀하셨습니다.
"내 은혜가 네게 족하다. 왜냐하면 내
능력이 약한 데서 온전해지기 때문이
다." 그러므로 나는 내 약한 것들에
대해 크게 기뻐하며 자랑할 것입니
다. 이는 그리스도의 능력이 내게 머
물게 하기 위함입니다.
10 그러므로 나는 그리스도를 위해 약한
것들과 모욕과 궁핍과 핍박과 곤경
가운데 있으면서도 기뻐합니다. 왜냐
하면 내가 약할 그때에 곧 강하기 때
문입니다.

고린도 교인들에 대한 바울의 염려

11 내가 어리석은 사람이 되고 말았습니
다. 왜냐하면 여러분이 나를 그렇게
강요했기 때문입니다. 그런데 사실 나
는 여러분에게 인정을 받아 마땅합니
다. 비록 내가 보잘것없는 사람이지
만 저 위대한 사도들보다 못하지 않
기 때문입니다.
12 진정한 사도의 표적들이 오래 참음과
표적과 기적과 능력과 더불어 여러분
가운데 나타났습니다.
13 나 자신이 여러분에게 폐를 끼치지
않은 것 외에 내가 다른 교회들보다
여러분에게 못해 준 것이 무엇입니
까? 그것이 잘못이었다면 여러분은
이러한 내 잘못을 용서하십시오.
14 내가 이제 세 번째로 여러분에게 갈
준비가 돼 있으나 여러분에게 폐를
끼치지는 않을 것입니다. 내가 원하
는 것은 여러분의 재물이 아니라 여
러분 자신이기 때문입니다. 자녀가 부
모를 위해 저축하는 것이 아니라 부
모가 자녀를 위해 저축하는 것이 마
땅합니다.
15 그러므로 나는 여러분의 영혼을 위해
내가 가진 것을 기쁘게 소비하고 나
자신도 다 소모할 정도로 희생할 것
입니다. 내가 여러분을 더욱 사랑하
면 내가 사랑을 덜 받겠습니까?

16 아무튼 나는 여러분에게 폐를 끼친
적이 없습니다. 그러나 그들은 내가
간교한 속임수로 여러분을 이용했다
고 합니다.
17 내가 여러분에게 보낸 어떤 사람을
통해 여러분을 착취한 적이 있습니
까?
18 내가 디도를 권해 한 형제와 함께 여
러분에게 가게 했는데, 디도가 여러
분을 착취했습니까? 우리가 같은 영
으로 행하고 같은 방식으로 행하지
않았습니까?
19 여러분은 여전히 우리가 변명하고 있
다고 생각합니다. 우리가 그리스도 안
에서 말하는 것은 하나님 앞에서 하
는 것입니다. 사랑하는 사람들이여,
이 모든 일은 여러분을 세우기 위한
것입니다.
20 내가 두려워하는 것은 내가 여러분에
게 갈 때 여러분이 내 기대에 못 미치
거나 내가 여러분의 기대에 못 미칠
까 하는 것입니다. 그리고 여러분 가
운데 다툼과 시기와 분노와 파당과
중상모략과 수군거림과 교만과 무질
서가 있지 않을까 하는 것입니다.
21 또 내가 두려워하는 것은 내가 다시
여러분에게 갈 때 내 하나님께서 여
러분 앞에서 나를 낮추시지 않을까
하는 것입니다. 그리고 전에 죄를 지
은 많은 사람들이 그들이 행한 더러
움과 음란과 호색을 회개하지 않으므
로 내가 슬퍼하지 않을까 하는 것입
니다.

마지막 경고

13 내가 이제 세 번째로 여러분을
방문하려고 합니다. 모든 사안
은 두세 증인의 증언을 근거로 확정
될 것입니다.
2 내가 두 번째 방문했을 때 전에 죄를
지은 사람들과 다른 모든 사람들에
게 이미 말했던 것처럼 지금 내가 떠
나 있으나 미리 말해 둡니다. 내가 다
시 가면 그들을 그냥 두지 않겠습니
다.
3 왜냐하면 여러분이 그리스도께서 내
안에서 말씀하신다는 증거를 요구하
기 때문입니다. 그분은 여러분을 대
해 약하시지 않고 도리어 여러분 가
운데 강하십니다.
4 그리스도는 약한 가운데 십자가에 못
박히셨으나 하나님의 능력으로 살아
나셨기 때문입니다. 우리도 *그 안에
서 약하나 여러분의 일에 대해 하나
님의 능력으로 그분과 함께 살 것입
니다.
5 여러분이 믿음 가운데 있는지 여러분
자신을 살피고 계속해서 시험해 보십
시오. 예수 그리스도께서 여러분 안
에 계심을 스스로 알지 못합니까? 그
렇지 않으면 여러분은 하나님께 인정
받지 못한 사람들입니다.
6 나는 여러분이 우리가 하나님께 인정
받지 못한 사람들이 아니라는 것을
알기 바랍니다.
7 우리는 여러분이 아무 악한 일도 행

13:4 어떤 사본에는 '그와 함께 약하나'

치 않기를 기도합니다. 이는 우리가
하나님께 인정받는 사람들임을 나타
내려는 것이 아니라 비록 우리가 하
나님께 인정받지 못한 사람들처럼 보
일지라도 여러분으로 하여금 선을 행
하게 하려는 것입니다.
8 우리는 진리를 대적해 아무것도 할
수 없고 오직 진리를 위해서만 무언
가를 할 수 있습니다.
9 우리가 약할지라도 여러분이 강하다
면 우리는 기쁩니다. 우리가 여러분
을 위해 기도하는 것은 여러분이 온
전하게 되는 것입니다.
10 그러므로 내가 떠나 있는 동안 이것
들을 쓰는 것은 내가 갔을 때 주께서
내게 주신 권위를 따라 여러분을 엄
하게 대하지 않기 위함입니다. 이 권
위는 여러분을 세우기 위한 것이지
무너뜨리기 위한 것이 아닙니다.

마지막 문안 인사

11 마지막으로 형제들이여, *기뻐하십시
오. 온전하게 되기를 힘쓰십시오. *서
로 격려하십시오. 같은 마음을 품으
십시오. 화평하십시오. 그러면 사랑
과 평강의 하나님께서 여러분과 함
께하실 것입니다. 거룩한 입맞춤으로
서로 문안하십시오.
12 모든 성도들이 여러분에게 안부를 전
합니다.
13 주 예수 그리스도의 은혜와 하나님의
사랑과 성령의 교통하심이 여러분 모
두와 함께하시기를 빕니다.

13:11 안녕히 계십시오. 13:11 또는 내 호소에 귀를 기울여 주십시오.

갈라디아서

G a l a t i a n s

갈라디아 교회를 미혹하던 율법주의 거짓 교사들에 대해 반론을 제기하고, 구원은 예수 그리스도를 믿음으로만 가능함을 명쾌하게 논증하는 서신이다. 바울은 믿음 위에 행위를 첨가해야 한다는 주장을 단호하게 거절하고, 죄악 된 인간은 오직 믿음을 통해서만 의롭게 되며, 참된 자유와 거룩한 새 생활에 이를 수 있음을 강조한다.

1

1 사람들에게서 난 것도 아니요, 사
람으로 인해 된 것도 아니요, 오직
예수 그리스도와 그분을 죽은 사람들
가운데서 살리신 하나님 아버지로 인
해 사도가 된 나 바울과
2 나와 함께 있는 모든 형제들이 갈라
디아에 있는 교회들에게 편지를 씁니
다.
3 하나님 우리 아버지와 주 예수 그리스
도의 은혜와 평강이 여러분에게 있기
를 빕니다.
4 예수 그리스도는 하나님, 곧 우리 아
버지의 뜻을 따라 이 악한 세대에서
우리를 건져 내시려고 우리 죄를 대
신해 자신의 몸을 내주셨습니다.
5 하나님께 영광이 영원무궁하기를 빕
니다. 아멘.

다른 복음은 없다

6 그리스도의 은혜로 여러분을 부르신
분을 여러분이 그렇게 쉽게 떠나 다
른 복음을 좇는 것에 대해 나는 놀라
지 않을 수 없습니다.
7 사실 다른 복음은 없습니다. 다만 어
떤 사람들이 여러분을 혼란에 빠뜨
려 그리스도의 복음을 변질시키려고
하는 것입니다.
8 그러나 우리든 하늘에서 온 천사든
우리가 여러분에게 전한 복음 이외의
것을 전한다면 그는 저주를 받아 마
땅합니다.
9 우리가 전에도 말한 것처럼 내가 지
금 다시 말합니다. 만일 누구든지 여
러분이 받은 복음 이외의 것을 전한
다면 그는 저주를 받아 마땅합니다.
10 내가 지금 사람들을 좋게 하려고 합니
까? 아니면 하나님을 좋게 하려고 합
니까? 또는 내가 사람들에게 기쁨을
구하려고 애씁니까? 만일 내가 아직
도 사람들에게 기쁨을 구하려고 애쓴
다면 나는 그리스도의 종이 아닙니다.

바울이 하나님의 부름을 받다

11 형제들이여, 내가 전한 복음은 사람

을 따라 된 것이 아니라는 것을 여러
분에게 알려 드리겠습니다.
12 그 복음은 내가 사람에게 받은 것도
배운 것도 아닙니다. 그것은 오직 예
수 그리스도의 계시를 통해 받은 것입
니다.
13 내가 전에 유대교에 있을 때 한 행위
에 관해 여러분이 이미 들었을 것입
니다. 나는 하나님의 교회를 몹시 핍
박했고 파괴하려고 했습니다.
14 나는 내 동족 가운데 나와 나이가 같
은 또래의 많은 사람들보다 유대교를
믿는 데 앞장섰으며 내 조상들의 전
통에 대해서도 매우 열성적이었습니
다.
15 그러나 어머니의 태에서부터 나를 따
로 세우시고 은혜로 나를 부르신 하
나님께서
16 하나님의 아들을 이방 사람들에게
전하게 하시려고 하나님의 아들을 내
안에 나타내 보이셨습니다. 그때 나
는 사람들과 의논하지도 않았고
17 나보다 먼저 사도가 된 사람들을 만
나려고 예루살렘으로 올라가지도 않
았습니다. 나는 곧장 *아라비아로 갔
다가 다시 다메섹으로 되돌아갔습니
다.
18 3년 뒤 나는 *게바를 만나려고 예루
살렘으로 올라가서 그와 함께 15일을
지냈습니다.
19 그리고 사도들 가운데 주의 형제 야
고보 외에는 어느 누구도 만나지 않
았습니다.
20 내가 하나님 앞에서 장담하건대 내가
여러분에게 쓰는 이것은 결코 거짓말
이 아닙니다.
21 그 후 나는 시리아와 길리기아 지방으
로 갔습니다.
22 그래서 내 얼굴이 그리스도 안에 있
는 유대의 교회들에게는 알려지지 않

1:17 다메섹 동남쪽에 있는 나바테아 왕국을 가리킴.
1:18 또는 베드로

하용조 목사의 행복한 **메시지**

약속과 보증

KS마크라는 것이 있습니다. 우리가 물건을 살 때 KS마크가 있으면 안심하고 삽니다. 그것은 국가가 인정한 기관에서 그 상품의 품질을 보증하기 때문입니다. 품질이 보증된 상품이나 신용이 있는 상품은 잘 팔립니다.

우리가 어떤 일에 대해서 말할 때 그것이 사실임을 확인시켜 주기 위해 많은 증거를 댑니다. 학자들은 책을 쓰면서 반드시 주석을 붙입니다. 자신의 주장이 근거 있는 것임을 나타내기 위함입니다. 집을 사고팔 때도 서로의 약속을 보증하기 위해 계약서를 씁니다.

믿음의 세계에도 약속과 보증이 있습니다. 예수 그리스도를 믿으면 구원을 받고 천국이 보장된다는 것입니다. 이것은 사람이 아니라 하나님께서 하신 약속입니다. 이를 위해 하나님께서는 우리에게 성령을 보증으로 주셨습니다. 하나님의 약속과 보증을 믿으십시오.

앉습니다.
23 다만 그들은 "전에 우리를 핍박하던
사람이 지금은 전에 그가 파괴하려고
하던 그 믿음을 전하고 있다" 하는 소
문을 듣고
24 나로 인해 하나님께 영광을 돌렸습니
다.

바울이 사도들에게 인정을 받다

2 그 후 14년이 지나서 나는 바나바
와 함께 디도를 데리고 다시 예루
살렘으로 올라갔습니다.
2 내가 예루살렘으로 올라간 것은 하나
님의 계시를 따른 것으로 나는 이방
사람들에게 전파하는 복음을 그들
에게도 제시했습니다. 다만 유명하다
하는 사람들에게는 개별적으로 복음
을 제시했는데 이는 내가 달음질하고
있는 것이나 달음질한 것이 헛되지
않게 하기 위함이었습니다.
3 나와 함께 있는 디도는 그리스 사람이
었지만 억지로 할례를 받도록 강요하
지 않았습니다.
4 그 이유는 몰래 들어온 거짓 형제들
때문입니다. 그들은 우리를 종으로 삼
고자 그리스도 예수 안에서 우리가 가
지고 있는 자유를 엿보려고 몰래 들
어온 사람들입니다.
5 그러나 우리는 그들에게 잠시도 굴복
하지 않았습니다. 이는 복음의 진리
가 여러분에게 머물러 있도록 하기
위함입니다.
6 그 유명하다는 사람들 가운데 어느
누구도 (그러한 사람들이 누구든 간
에 내게는 상관이 없습니다. 하나님
은 사람을 외모로 취하지 않으십니
다.) 그 유명하다는 사람들은 내게 아
무것도 보태 준 것이 없습니다.
7 오히려 그들은 베드로가 할례 받은
사람에게 복음 전하는 일을 맡은 것
처럼 내가 할례 받지 않은 사람에게
복음 전하는 일을 맡은 것을 알았습
니다.
8 베드로가 할례 받은 사람의 사도가
되도록 역사하신 분이 내게도 역사하
셔서 이방 사람의 사도가 되게 하셨
기 때문입니다.
9 기둥같이 여김받는 야고보와 *게바와
요한은 하나님께서 내게 주신 은혜를
인정하고 나와 바나바에게 교제의 악
수를 청했습니다. 우리는 이방 사람
에게로, 그들은 할례 받은 사람에게
로 가도록 하기 위함입니다.
10 다만 그들은 우리에게 가난한 사람을
생각해 달라고 당부했는데 이것은 나
또한 힘써 행해 오던 일입니다.

바울이 게바를 책망하다

11 그러나 게바가 안디옥에 왔을 때 그에
게 책망할 일이 있어서 얼굴을 마주
대하고 그를 책망했습니다.
12 게바는 야고보가 보낸 몇몇 사람들이
오기 전에 이방 사람들과 함께 음식
을 먹고 있었습니다. 그러나 그들이
오자 그는 할례 받은 사람들을 두려
워해 슬그머니 그 자리를 떠났습니다.
13 그러자 다른 유대 사람들도 게바와

2:9 또는 베드로

함께 위선을 행했고 바나바까지도 그
들의 위선에 휩쓸렸습니다.
14 나는 그들이 복음의 진리대로 바르
게 행하지 않는 것을 보고 모든 사람
앞에서 게바에게 이렇게 말했습니다.
"당신은 유대 사람으로서 유대 사람
처럼 살지 않고 이방 사람처럼 살면
서 어떻게 이방 사람에게 유대 사람
처럼 살라고 강요합니까?"
15 우리는 본래 유대 사람이요, 이방 죄
인들이 아닙니다.
16 그러나 사람이 *의롭다고 인정받는
것이 율법의 행위로써가 아니라 예수
그리스도를 믿음으로 되는 것을 알기
에 우리도 그리스도 예수를 믿었습니
다. 이는 우리가 율법의 행위로가 아
니라 그리스도를 믿음으로써 의롭다
고 인정받으려는 것입니다. 율법의 행
위로는 어떤 육체도 의롭다고 인정받
을 수 없기 때문입니다.
17 그러나 우리가 그리스도 안에서 의롭
다고 인정받으려 하다 우리 자신이 죄
인으로 드러난다면 그리스도께서 죄
를 짓게 하시는 분입니까? 결코 그럴
수 없습니다.
18 만일 내가 허물어 버린 것을 다시 세
우려 한다면 나 스스로 율법을 어기
는 사람임을 증명하는 것입니다.
19 나는 율법으로 인해 율법에 대해 죽
었습니다. 이는 내가 하나님께 대해
살고자 함입니다.
20 나는 그리스도와 함께 십자가에 못
박혔습니다. 그러므로 이제 더 이상
내가 사는 것이 아니라 내 안에 그리
스도께서 사시는 것입니다. 지금 내
가 육체 안에 사는 것은 나를 사랑하
셔서 나를 위해 자신의 몸을 내 주신
하나님의 아들을 믿는 믿음으로 사
는 것입니다.
21 *나는 하나님의 은혜를 헛되게 하지
않습니다. 만일 의롭다고 인정받는 것
이 율법으로 말미암는다면 그리스도
께서 헛되이 죽으신 것입니다.

믿음으로냐, 율법의 행위로냐

3 오 어리석은 갈라디아 사람들이여,
예수 그리스도께서 십자가에 못 박
히신 것이 여러분의 눈앞에 분명히
드러나 있는데 누가 여러분을 미혹했
습니까?
2 여러분에게 한 가지만 묻고 싶습니다.
여러분은 율법의 행위로 성령을 받았
습니까? 아니면 복음을 듣고 믿음으
로 성령을 받았습니까?
3 여러분은 그렇게도 어리석단 말입니
까? 성령으로 시작했다가 이제 와서
육체로 마치려고 합니까?
4 여러분은 그렇게 많은 고난을 헛되이
경험했단 말입니까? 정말 헛된 일이
었습니까?
5 하나님께서 여러분에게 성령을 주시
고 여러분 가운데서 능력을 행하시는
것이 여러분이 율법을 행하기 때문입
니까? 아니면 복음을 듣고 믿기 때문
입니까?

2:16 또는 의롭게 되는 것 2:21 해석자에 따라 인용을 14절이 아니라 21절에서 끝내기도 함.

6 이와 같이 아브라함도 ㄱ"그가 하나님
을 믿었더니 이것이 하나님께 의로 여
겨졌다"라고 했습니다.
7 그러므로 여러분은 믿음에서 난 사
람들이 바로 아브라함의 자손임을 아
십시오.
8 성경은 하나님께서 믿음으로 인해 이
방 사람을 의롭다고 인정하실 것을
미리 알고 먼저 아브라함에게 복음을
선포했습니다. ㄴ"모든 이방 사람이
네 안에서 복을 받을 것이다."
9 그러므로 믿음에서 난 사람들은 믿
음이 있는 아브라함과 함께 복을 받
습니다.
10 율법의 행위에 근거해 사는 사람들은
모두 저주 아래 있습니다. 기록되기
를 ㄷ"율법책에 기록된 모든 것을 항
상 지켜 행하지 않는 사람은 다 저주
를 받는다"라고 했기 때문입니다.
11 하나님 앞에서는 어느 누구도 율법
으로 의롭다고 인정받지 못하는 것이
분명합니다. ㄹ"의인은 믿음으로 살리
라"라고 했기 때문입니다.
12 율법은 믿음에서 난 것이 아닙니다.
오히려 ㅁ"율법을 행하는 사람은 율법
안에서 살리라"라고 했습니다.
13 그리스도께서는 우리를 위해 저주를
받으시고 율법의 저주에서 우리를 구
속해 주셨습니다. 기록되기를 ㅂ"나무
에 달린 사람마다 저주를 받았다"라
고 했기 때문입니다.
14 이는 아브라함의 복이 그리스도 예수
안에서 이방 사람에게 미치게 하고
우리도 믿음으로 성령의 약속을 받게
하기 위함입니다.

율법과 약속

15 형제들이여, 내가 사람의 예를 들어
말합니다. 사람의 언약이라도 한번
맺은 후에는 아무도 그것을 무효로
하거나 덧붙일 수 없습니다.
16 ㅅ하나님께서 아브라함과 그의 자손
에게 약속을 주실 때 여러 사람을 가
리켜 "자손들에게"라고 하지 않으시
고 오직 한 사람을 가리켜 "네 자손
에게"라고 하셨는데 이는 곧 그리스도
이십니다.
17 내가 말하고자 하는 것은 이것입니
다. 430년 후에 생긴 율법이 하나님
에 의해 미리 정해진 언약을 무효화
해 그 약속을 취소할 수 없다는 것입
니다.
18 만일 유업이 율법에서 난 것이라면
그것은 더 이상 약속에서 난 것이 아
닙니다. 하나님께서는 은혜로 약속을
통해 아브라함에게 유업을 주셨습니
다.
19 그러면 율법은 무엇입니까? 율법은
약속된 자손이 오시기까지 죄 때문
에 더한 것입니다. 이 율법은 천사들
을 통해 한 중보자의 손으로 주어졌
습니다.
20 그 중보자는 한편만을 위한 중보자가
아닙니다. 그러나 하나님은 한 분이십
니다.

ㄱ 창 15:6 ㄴ 창 12:3 ㄷ 신 27:26 ㄹ 합 2:4
ㅁ 레 18:5 ㅂ 신 21:23 ㅅ 창 13:15;17:8

21 그러면 율법이 하나님의 약속과 상
반되는 것입니까? 결코 그럴 수 없습
니다. 만일 율법이 생명을 줄 수 있는
것으로 주어졌다면 분명히 의는 율법
에서 났을 것입니다.
22 그러나 성경은 모든 것을 죄 아래 가
두었습니다. 이는 믿는 사람들에게
예수 그리스도를 믿는 믿음에 근거한
약속을 주시기 위함입니다.

하나님의 아들들

23 믿음이 오기 전에는 우리가 율법 아
래 매여 장차 계시될 믿음의 때까지
갇혀 있었습니다.
24 그래서 율법은 그리스도의 때까지 우
리를 인도하는 선생이 됐습니다. 이
는 우리로 하여금 믿음으로 의롭다고
인정받게 하려는 것입니다.
25 그러나 이제는 믿음이 왔으므로 우리
는 더 이상 율법이라는 선생 아래 있
지 않습니다.
26 여러분은 모두 그리스도 예수 안에서
믿음으로 하나님의 아들들이 됐습니
다.
27 그리스도와 합해 *세례를 받은 사람
은 모두 그리스도로 옷 입었기 때문입
니다.
28 유대 사람도 없고 그리스 사람도 없고
종도 없고 자유인도 없고 남자도 없
고 여자도 없습니다. 여러분 모두는
그리스도 예수 안에서 하나이기 때문
입니다.
29 만일 여러분이 그리스도께 속한 사람
이면 여러분은 아브라함의 *자손이
요, 약속을 따른 상속자입니다.
4 내가 또 말합니다. 상속자가 어린
아이일 동안에는 비록 모든 것의
주인이지만 종과 다름이 없고

3:27 또는 침례 3:29 그리스어, '씨'

Q&A 선생(몽학선생)

참고 구절 | 갈 3:24–25

「우리말성경」에서는 '선생'으로, 개역한글판 성경에서는 '몽학선생'으로 번역된 이 말은 그리스의 철학자들이 로마의 귀족 자녀들의 가정 교사를 한 데서 생긴 용어다. 이 말의 그리스어는 '파이다고고스'인데 '아이의'(파이스)와 '인도자'(아고고스)라는 말의 합성어로, 직역하면 '아이를 데리고 다니는 사람'을 뜻한다. 이들은 아이의 가정 교사로서 초등 학문을 가르쳤고 의복, 식사, 행동을 돌봐 주었으며 학교에도 데리고 다녔다. 이들은 선생이자(고전 4:15) 후견자(돌보는 사람)로서의 두 역할을 맡고 있었는데, 여기에서는 임시적인 역할을 강조하고 있다.

선생은 아이가 성인이 될 때까지만 후견인의 임무를 수행했으며 성인이 되면 아무런 권한을 갖지 못했다.

바울은 갈라디아 사람들에게 "율법은 그리스도의 때까지 우리를 인도하는 선생이 됐습니다."라고(갈 3:24) 표현했는데, 이 말은 율법이 그리스도에게로 데리고 가는 '인도자'라는 뜻이다. 곧 그리스도에게로 가는 데 선생(율법)은 반드시 필요하다. 그러나 믿음 안에서 그리스도에게로 들어온 후에는 선생 아래 있지 않다(갈 3:25).

2 아버지가 정해 놓은 때가 되기까지
그는 후견인과 재산 관리자 아래 있
습니다.
3 이와 같이 우리도 어린아이였을 때는
*세상의 초보적인 것들 아래서 종노
릇했습니다.
4 그러나 때가 차자 하나님께서는 자기
아들을 보내셔서 한 여자에게서 나게
하시고 율법 아래 나게 하셨습니다.
5 이는 율법 아래 있는 사람들을 구속
하시고 우리로 하여금 아들의 신분
을 얻게 하기 위함입니다.
6 여러분이 아들들이므로 하나님께서
*자기 아들의 영을 우리 마음속에 보
내셔서 "*아바 아버지"라고 부르게
하셨습니다.
7 그러므로 여러분은 더 이상 종이 아
니고 아들입니다. 그리고 여러분이
아들이면 또한 하나님으로 말미암는
상속자입니다.

갈라디아 성도들에 대한 바울의 염려

8 그러나 전에 여러분이 하나님을 알지
못했을 때는 본질적으로 하나님이 아
닌 것들에게 종노릇했지만
9 이제는 여러분이 하나님을 알 뿐 아
니라 오히려 하나님께서 아시는 사람
이 됐습니다. 그런데 어째서 여러분
은 다시 무력하고 천박한 초보적인
것들로 되돌아가 또다시 그것들에 종
노릇하려는 것입니까?
10 여러분은 날과 달과 절기와 해를 잘
도 지킵니다.
11 내가 여러분을 위해 수고한 것이 헛
될까 두렵습니다.
12 형제들이여, 내가 여러분과 같이 됐으
니 여러분도 나와 같이 되기를 바랍
니다. 여러분은 내게 아무런 해도 끼
치지 않았습니다.
13 여러분이 알다시피 내가 처음에 여러
분에게 복음을 전하게 된 것은 육체
의 연약함 때문이었습니다.
14 그리고 내 육체의 연약함이 여러분에
게 시험거리가 될 만한 것이었는데도
여러분은 비웃거나 멸시하지 않았고
도리어 나를 하나님의 천사처럼, 그리
스도 예수처럼 환영해 주었습니다.
15 그런데 여러분의 복이 어디에 있습니
까? 나는 여러분에게 증언합니다. 여
러분은 만약 할 수만 있었더라면 여
러분의 눈이라도 빼서 내게 주었을
것입니다.
16 내가 여러분에게 진실을 말해서 여러
분의 원수가 됐습니까?
17 그들이 여러분에게 열심을 내는 것은
좋은 뜻으로 하는 게 아니라 여러분
을 이간하고자 함입니다. 이는 오직
여러분으로 하여금 그들을 열심히 따
르게 하려고 하는 것입니다.
18 그러나 그들이 좋은 일로 여러분에게
열심을 내는 것은 내가 여러분과 함
께 있을 때뿐 아니라 언제라도 좋습
니다.
19 내 자녀들이여, 여러분 안에 그리스도
의 형상이 이루어지기까지 나는 다시

4:3 또는 세상의 원소들, 세상의 세력들, 세상의 자연력, 우주의 원소들의 힘, 기초적 원리들, 자연 숭배, 원시 종교 4:6 또는 성령 4:6 아람어, '아버지'

여러분을 해산하는 고통을 겪습니다.
20 내가 지금 여러분과 함께 있어서 내
음성을 바꾸었으면 좋겠습니다. 이는
여러분에 대해 당혹감을 느끼고 있기
때문입니다.

하갈과 사라

21 율법 아래 있고자 하는 여러분, 내게
말해 보십시오. 여러분은 율법이 말
하는 것을 듣지 못합니까?
22 ㄱ아브라함에게 두 아들이 있었는데
한 사람은 여종에게서 났고 다른 한
사람은 자유가 있는 본처에게서 났다
고 기록돼 있습니다.
23 ㄴ여종에게서 난 사람은 육체를 따라
났고 자유가 있는 본처에게서 난 사
람은 약속으로 인해 났습니다.
24 이것은 비유로 말한 것인데 이 여자
들은 두 언약을 나타냅니다. 하나는
시내 산에서 비롯된 것으로 종노릇할
아들을 낳은 사람, 곧 하갈입니다.
25 이 하갈은 아라비아에 있는 시내 산
을 뜻하는 것으로 지금의 예루살렘에
해당합니다. 이는 예루살렘이 자기 자
녀들과 함께 종노릇하기 때문입니다.
26 그러나 위에 있는 예루살렘은 자유자
이며 우리의 어머니입니다.
27 기록되기를
ㄷ"임신하지 못하는 여자여, 기뻐하
라. 해산의 고통을 모르는 여자여,
소리 높여 외치라. 홀로 사는 여자
의 자녀들이 남편 있는 여자의 자
녀들보다 훨씬 더 많을 것이다"
라고 했습니다.
28 형제 여러분, 여러분은 이삭을 따르
는 약속의 자녀들입니다.
29 그러나 그때 육체를 따라 난 사람이
성령을 따라 난 사람을 핍박한 것같
이 지금도 그러합니다.
30 그런데 성경은 무엇이라고 말합니까?
ㄹ"여종과 그녀의 아들을 내쫓으라.
여종의 아들이 자유가 있는 본처의
아들과 함께 상속받지 못할 것이다"

ㄱ 창 16:15 ㄴ 창 21:2 ㄷ 사 54:1 ㄹ 창 21:10, 12

성·경·상·식

유대주의자

유대주의자는 유대인 그리스도인들 중에서 이방인 그리스도인들에게 각종 절기, 음식에 대한 규례, 할례 등과 같이 제의적인 규칙들을 포함하여 모세의 율법들을 준수하는 것이 구원의 토대가 된다고 주장하던 사람들을 말한다(갈 3:1-7;4:8-11,17,21-22).
그러나 이러한 주장은 개인의 행위를 통해 구원을 얻을 수 있다고 주장하는 것이며, 그리스도의 대속의 은혜를 거부하는 모습이었다. 바울은 이런 유대주의자들을 종교적인 업적을 내세워 의롭다 함을 얻으려는 율법주의자들이요, 그리스도에게서 끊어지고 은혜에서 떨어진 사람들이라고 했다(갈 5:4). 또한 그는 그리스도의 복음 외에 다른 복음을 전하는 사람은 저주를 받아 마땅하다고 했다(갈 1:8-9). 이들의 주장대로 사는 것은 그리스도께서 헛되게 죽으신 것이며(갈 2:21), 천박하고 초보적인 것들로 되돌아가 그것들에 종노릇하려는 것이고(갈 4:9,21;5:1) 저주 아래 사는 삶이라고 했다(갈 3:10-13).

라고 했습니다.
31 그러므로 형제들이여, 우리는 여종의
자녀가 아니라 자유가 있는 본처의
자녀입니다.

그리스도 안에서의 자유

5 그리스도께서 우리를 해방시켜 주
신 것은 자유를 누리게 하기 위함
입니다. 그러므로 굳건히 서서 다시는
종의 멍에를 메지 마십시오.
2 나 바울은 여러분에게 말합니다. 만
일 여러분이 할례를 받는다면 그리
스도는 여러분에게 아무 유익이 없을
것입니다.
3 내가 할례를 받는 모든 사람에게 다
시 증언합니다. 그런 사람은 율법 전
체를 행해야 할 의무가 있습니다.
4 율법으로 의롭다고 인정받으려고 하
는 사람은 그리스도에게서 끊어지고
은혜에서 떨어져 나갔습니다.
5 그러나 우리는 성령을 통해 믿음으로
인해 의의 소망을 간절히 기다리고
있습니다.
6 그리스도 예수 안에서는 할례를 받는
것이나 할례를 받지 않는 것이나 아
무 소용이 없고 오직 *사랑으로 역사
하는 믿음뿐입니다.
7 여러분은 잘 달려왔습니다. 그런데 누
가 여러분을 가로막고 진리에 순종치
못하게 했습니까?
8 그러한 권면은 여러분을 부르신 분에
게서 온 것이 아닙니다.
9 적은 누룩이 반죽 전체를 부풀게 합
니다.
10 나는 여러분이 다른 아무 생각도 품
지 않을 것을 확신합니다. 그러나 누
구든지 여러분을 혼란에 빠뜨리는 사
람은 심판을 받을 것입니다.
11 형제들이여, 내가 여전히 할례를 전
한다면 왜 아직도 핍박을 받겠습니
까? 그랬다면 십자가의 걸림돌이 없
어졌을 것입니다.
12 여러분을 선동하는 사람들은 차라리
스스로를 거세해 버렸으면 좋겠습니
다.

성령이 인도하시는 삶

13 형제들이여, 하나님은 여러분을 부르
셔서 자유하게 하셨습니다. 그러나
그 자유를 육체의 만족을 위한 기회
로 삼지 말고 도리어 사랑으로 서로
종노릇하십시오.
14 왜냐하면 모든 율법이 ㄱ"네 이웃을
네 자신과 같이 사랑하라"라고 하신
한마디 말씀 안에서 완성되기 때문입
니다.
15 그러나 만일 여러분이 서로 물어뜯고
삼키면 피차 멸망할 것이니 조심하십
시오.
16 내가 또 말합니다. 여러분은 성령을
따라 행하십시오. 그러면 결코 육체
의 욕망을 채우려고 하지 않게 될 것
입니다.
17 육체의 욕망은 성령을 거스르고 성령
의 욕망은 육체를 거스릅니다. 이 둘
은 서로 상반되기 때문에 여러분이
원하는 것들을 할 수 없게 합니다.

5:6 또는 믿음이 사랑을 통해 일합니다. ㄱ 레 19:18

18 그러나 만일 여러분이 성령의 인도를
받는다면 여러분은 율법 아래 있지
않습니다.
19 육체의 일들은 명백합니다. 곧 음행
과 더러움과 방종과
20 우상 숭배와 마술과 원수 맺음과 다
툼과 시기와 분노와 이기심과 분열과
분파와
21 *질투와 술 취함과 방탕과 또 이와
같은 것들입니다. 내가 전에 경고한
것처럼 지금도 경고합니다. 이런 일을
행하는 사람들은 하나님 나라를 상
속받지 못할 것입니다.
22 그러나 성령의 열매는 사랑과 기쁨과
화평과 오래 참음과 친절과 선함과
신실함과
23 온유와 절제입니다. 이런 것들을 금지
할 율법은 없습니다.
24 그리스도 예수께 속한 사람들은 육체
와 함께 그 정욕과 욕망을 십자가에
못 박았습니다.
25 만일 우리가 성령으로 산다면 또한
성령을 따라 행합시다.
26 헛된 영광을 구해 서로 노엽게 하거
나 질투하지 않도록 합시다.

모든 이들에게 선한 일을 하라

6 형제들이여, 어떤 사람이 무슨 범
죄한 일이 드러나거든 *영의 사람
인 여러분은 온유한 마음으로 그런
사람을 바로잡아 주고 자기를 살펴
유혹에 빠지지 않도록 하십시오.
2 여러분은 서로 짐을 나눠 지십시오.
그렇게 함으로 여러분은 그리스도의
법을 *완성하게 될 것입니다.
3 만일 누가 아무것도 아니면서 무엇이
라도 된 것처럼 생각한다면 그는 자
기를 속이는 것입니다.
4 각 사람은 자기의 행위를 돌아보십시
오. 그러면 자랑할 것이 자기 자신에
게는 있어도 남에게까지 할 것은 없
을 것입니다.
5 사람은 각자 자기의 짐을 져야 합니
다.
6 말씀을 배우는 사람은 가르치는 사
람과 모든 좋은 것을 함께 나눠야 합
니다.
7 자기를 속이지 마십시오. 하나님은
결코 업신여김을 당하지 않으십니다.
사람이 무엇을 심든지 그대로 거둘
것입니다.
8 자기 육체를 위해 심는 사람은 육체
로부터 썩어질 것을 거두고 성령을
위해 심는 사람은 성령으로부터 영생
을 거둘 것입니다.
9 선한 일을 하다가 낙심하지 맙시다.
포기하지 않으면 때가 이르러 거두게
될 것입니다.
10 그러므로 기회가 닿는 대로 모든 사
람에게 선한 일을 하되 특히 믿음의
가족들에게 합시다.

할례가 아니라 새롭게 창조되는 것이 중요하다

11 내 손으로 이렇게 큰 글씨로 여러분
에게 쓴 것을 보십시오.
12 육체의 겉모양을 꾸미려고 하는 사

5:21 어떤 사본에는 '질투와 살인과 술 취함과' 6:1 또는 성령의 인도하심을 따라 사는 사람인 6:2 어떤 사본에는 '완성하십시오.'

람들이 여러분에게 할례를 강요하는
것은 다만 그리스도의 십자가 때문에
핍박을 받지 않으려는 것뿐입니다.
13 할례 받은 사람들이 스스로 율법을
지키지 않으면서 여러분에게 할례를
강요하는 것은 여러분의 육체를 자랑
하려는 것입니다.
14 그러나 내게는 우리 주 예수 그리스도
의 십자가 외에는 결코 자랑할 것이
없습니다. 그리스도로 인해 세상이 내
게 대해 십자가에 못 박혔고 나 또한
세상에 대해 그러합니다.
15 *할례를 받든 할례를 받지 않든 아
무것도 아니며 오직 새롭게 창조되는
게 중요합니다.
16 이 원리를 따라 사는 사람들에게 그
리고 하나님의 이스라엘에게 평강과
긍휼이 있기를 빕니다.
17 이제부터는 누구든지 나를 괴롭게 하
지 마십시오. 나는 내 몸에 예수의 흔
적을 가졌습니다.
18 형제들이여, 우리 주 예수 그리스도의
은혜가 여러분의 심령에 있기를 빕니
다. 아멘.

6:15 어떤 사본에는 '그리스도 예수 안에서는'이 절 머리에 첨가되어 있음.

에베소서

Ephesians

바울이 로마 감옥에서 쓴 옥중 서신으로, 그리스도와 교회의 관계를 장엄하게 기술하며, 교회의 본질과 영광에 대해 드러내고 있다. 유대 사람과 이방 사람의 대립을 넘어 그리스도를 통한 교회의 연합을 강조하며, 성령의 은사를 따라 서로서로 지체의 부족함을 채워 주도록 권면한다. 골로새서와 밀접한 관련이 있다.

1 하나님의 뜻을 따라 그리스도 예수
의 사도가 된 나 바울은 에베소에
있는 성도들과 그리스도 예수 안에 있
는 신실한 사람들에게 편지를 씁니다.
2 하나님 우리 아버지와 주 예수 그리스
도의 은혜와 평강이 여러분에게 있기
를 빕니다.

그리스도 안에 있는 신령한 복에 대한 찬양

3 하나님, 곧 우리 주 예수 그리스도의
아버지를 찬양합니다. 하나님은 그리
스도 안에서 하늘에 속한 모든 신령
한 복으로 우리에게 복을 주신 분이
십니다.
4 하나님은 세상이 창조되기 전에 그리
스도 안에서 우리를 선택하셔서 사랑
가운데 그 앞에 거룩하고 흠이 없게
하셨습니다.
5 하나님은 그분의 기뻐하시는 뜻을 따
라 우리를 예정하셔서 예수 그리스도
로 말미암아 하나님의 양자가 되게
하셨습니다.
6 이는 하나님이 그분의 사랑하시는 아
들 안에서 우리에게 거저 주신 하나
님 은혜의 영광을 찬미하게 하기 위
한 것입니다.
7 그리스도 안에서 우리는 하나님의 은
혜의 풍성함을 따라 그분의 피로 구
속, 곧 죄 사함을 얻었습니다.
8 하나님은 우리에게 모든 지혜와 총명
을 넘치게 하셔서
9 그리스도 예수 안에서 미리 세우신
하나님이 기뻐하시는 뜻을 따라 하나
님의 뜻의 비밀을 우리에게 알리셨습
니다.
10 이는 때가 차면 그리스도 안에서 하
늘에 있는 것들과 땅에 있는 것들을
모두 통일시키고자 하는 것입니다.
11 그리스도 안에서 그분이 원하시는 의
도대로, 모든 일을 행하시는 분의 계
획에 따라 우리가 예정함을 입어 유
업을 얻었는데
12 이는 그리스도 안에서 먼저 소망을

가진 우리로 하여금 하나님의 영광을
찬미하게 하기 위한 것입니다.
13 그리고 여러분도 그리스도 안에서 진
리의 말씀, 곧 여러분을 위한 구원의
복음을 듣고 또한 그리스도 안에서
믿어 약속하신 성령으로 인 치심을
받았습니다.
14 이 성령은 우리의 유업의 보증이 되
시는데 이는 하나님의 소유된 백성을
구속하기 위함이며 또한 하나님의 영
광을 찬미하도록 하기 위한 것입니다.

감사와 기도

15 그러므로 주 예수 안에 있는 여러분
의 믿음과 모든 성도들을 향한 사랑
의 소식을 나도 듣고
16 내가 기도할 때마다 여러분을 생각하
며 여러분으로 인해 감사하기를 그치
지 않습니다.
17 우리 주 예수 그리스도의 하나님, 영
광의 아버지께서 여러분에게 지혜와
계시의 영을 주셔서 하나님을 알게
하시기를 기도합니다.
18 그가 여러분의 마음눈을 밝게 하셔
서 하나님의 부르심의 소망이 무엇이
며 성도 가운데 있는 하나님의 유업
의 영광의 풍성함이 무엇이며
19 하나님의 힘의 능력의 역사하심을 따
라 믿는 우리를 위해 베푸신 하나님
의 지극히 크신 권능이 어떠한지 여
러분으로 하여금 알게 하시기를 기도
합니다.
20 하나님께서는 그리스도 안에서 그 권
능을 행하셔서 그리스도를 죽은 사람
들 가운데서 살리셨고 하늘에 있는
그분 오른편에 앉히셔서
21 모든 권력과 권세와 권능과 주권과
이 세대뿐 아니라 오는 세대에서 일
컫는 모든 이름들보다 뛰어나게 하셨
습니다.
22 그리고 하나님께서는 만물을 그리스
도의 발아래 복종하게 하시고 그리스
도를 만물 위에 교회의 머리로 삼으
셨습니다.
23 교회는 그리스도의 몸이요, 만물 안
에서 만물을 충만하게 하시는 분의
충만입니다.

그리스도 안에서 살리셨다

2 여러분 또한 여러분의 허물과 죄로
죽은 사람들이었습니다.
2 그때 여러분은 이 세상 풍속을 따라
허물과 죄 가운데 살았고 공중의 권
세 잡은 자, 곧 지금 불순종하는 아
들들 가운데 활동하고 있는 영을 따
라 살았습니다.
3 그때는 우리도 다 그들 가운데 속해
육체와 마음이 원하는 것들을 행하
며 육체의 욕망대로 살았습니다. 우
리도 그들과 마찬가지로 태어날 때부
터 진노의 자녀들이었습니다.
4 그러나 자비가 풍성하신 하나님이 우
리를 사랑하신 그 크신 사랑으로 인
해
5 허물로 죽은 우리를 *그리스도와 함
께 살리셨습니다. (여러분은 은혜로
구원을 받은 것입니다.)

2:5 어떤 사본에는 '그리스도 안에서'

6 그리고 그리스도 예수 안에서 함께 일
으키시고 함께 하늘에 앉히셨습니다.
7 이는 그리스도 예수 안에서 다가오는
모든 세대에게 하나님의 은혜가 지극
히 풍성함을 보여 주기 위한 것입니
다.
8 여러분은 은혜로 인하여 믿음으로
구원받았습니다. 이것은 여러분에게
서 나온 것이 아니요, 하나님의 선물
입니다.
9 행위에서 난 것이 아니니 아무도 자
랑하지 못하게 하려는 것입니다.
10 우리는 하나님께서 미리 예비하신 선
한 일들을 위해 그리스도 예수 안에
서 창조된 하나님의 피조물입니다. 하
나님께서는 우리가 선한 일들을 행하
며 살기를 원하십니다.

유대 사람들과 이방 사람들이 그리스도 안에서 화목하게 되다

11 그러므로 기억해 보십시오. 여러분은
육신적으로는 이방 사람들이었고 육
체에 행한 할례를 받은 사람이라고
불리는 사람들에게 할례를 받지 않
은 사람으로 불리는 사람들이었습니
다.
12 그 당시 여러분은 그리스도 밖에 있
었고 이스라엘 백성으로부터 제외된
사람들이며 약속의 언약들에 대해
생소한 사람들이며 세상에서 소망도
없고 하나님도 없는 사람들이었습니
다.
13 그러나 그때는 하나님에게서 멀리 떨
어져 있던 여러분이 이제는 그리스도
예수 안에서 그리스도의 피로 가까워
졌습니다.
14 그리스도는 우리의 화평이시니 자기
의 육체로 둘을 하나로 만드신 분이
십니다. 그분은 중간에 막힌 담, 곧
원수 된 것을 헐어 내셨고
15 조문으로 된 계명의 율법을 폐하셨습
니다. 이는 그리스도가 그분 안에서
이 둘로 한 새사람을 창조해 화평을
이루게 하시고
16 십자가를 통해 이 둘을 한 몸으로 하
나님과 화목하게 하셔서 자기 안에서
원수 된 것을 없애 버리시기 위한 것
입니다.
17 그리스도는 오셔서 먼 데 있는 여러
분에게 *화평을 전하셨을 뿐 아니라
가까운 데 있는 사람들에게도 화평
을 전하셨습니다.
18 이것은 그리스도를 통해 우리 모두
한 성령 안에서 아버지께 나아갈 수
있게 하기 위한 것입니다.
19 그러므로 이제 여러분은 더 이상 낯
선 사람들이거나 나그네들이 아니라
성도들과 동등한 시민이요, 하나님의
가족입니다.
20 여러분은 사도들과 예언자들의 기초
위에 세워진 사람들이요, 그리스도
예수께서 친히 모퉁잇돌이 되셨습니
다.
21 그리스도 안에서 건물 전체가 서로
연결돼 주 안에서 함께 자라 거룩한
성전이 됩니다.

2:17 사 57:19과 슥 9:10을 보라.

22 여러분도 성령 안에서 하나님께서 거
하실 처소가 되기 위해 그리스도 안
에서 함께 세워져 가고 있습니다.

이방 사람을 향한 하나님의 놀라운 계획

3 이러므로 그리스도 예수로 인해 이
방 사람인 여러분을 위해 갇힌 몸
이 된 나 바울이 말합니다.
2 여러분은 분명히 여러분을 위해 내게
주신 하나님의 은혜의 *경륜에 대해
들었을 것입니다.
3 내가 이미 간략하게 기록한 것과 같
이 하나님께서는 그 비밀을 내게 계
시로 알려 주셨습니다.
4 여러분이 그것을 읽어 보면 내가 그리
스도의 비밀을 깨달았다는 것을 알
수 있을 것입니다.
5 그 비밀은 지나간 다른 세대에서는
사람의 아들들에게 알려 주시지 않
았지만 지금은 성령 안에서 사도들과
예언자들에게 계시해 주셨습니다.
6 그 비밀은 이방 사람들도 복음을 통
해 그리스도 예수 안에서 함께 상속
자들이 되고 함께 지체들이 되고 함
께 약속의 참여자들이 되는 것입니
다.
7 하나님의 능력의 역사하심으로 인해
내게 주신 하나님의 은혜의 선물을
따라 내가 일꾼이 됐습니다.
8 모든 성도들 가운데 가장 작은 사람
보다 더 작은 내게 이 은혜를 주신 것
은 헤아릴 수 없는 그리스도의 풍성
함을 이방 사람들에게 전하게 하시고
9 만물을 창조하신 하나님 안에 영원
전부터 감추어져 온 비밀의 경륜이
어떠한지 모든 사람에게 드러내시기
위함입니다.
10 이는 이제 교회를 통해 하늘에 있는
*권력들과 권세들에게 하나님의 무
한한 지혜를 알리시려는 것이니
11 이것은 그리스도 예수 우리 주 안에
서 이루신 하나님의 영원한 계획에
따른 것입니다.
12 우리는 그리스도 예수 안에서 그리스
도를 믿음으로 확신 가운데 담대하게
나아갈 수 있습니다.
13 그러므로 여러분을 위해 내가 당한
환난 때문에 여러분이 낙심하지 않기
를 당부합니다. 이는 여러분에게는 영
광입니다.

에베소 성도들을 위한 기도

14 이러므로 아버지 앞에 내가 무릎을
꿇고 빕니다.
15 아버지께서는 하늘과 땅에 있는 모든
족속에게 이름을 주신 분이십니다.
16 하나님께서 여러분에게 그분의 영광
의 풍성을 따라 성령으로 인해 여러
분의 속사람을 능력으로 강건하게 하
시고
17 믿음으로 인해 그리스도께서 여러분
의 마음 가운데 거하게 하시기를 빕
니다. 여러분이 사랑 안에서 뿌리가
박히고 터가 굳어짐으로
18 모든 성도들과 함께 능히 그리스도의
사랑의 너비와 길이와 높이와 깊이가
어떤지를 깨닫고

3:2 또는 직분 3:10 또는 천사들, 통치자들

19 지식을 뛰어넘는 그리스도의 사랑을
알아 하나님의 모든 충만하심의 정도
에까지 충만하게 되기를 기도합니다.
20 우리 안에서 역사하시는 능력을 따라
우리가 구하고 생각하는 모든 것보다
훨씬 더 넘치도록 하실 수 있는 분에
게
21 교회 안에서와 그리스도 예수 안에서
영광이 대대로 영원무궁하기를 빕니
다. 아멘.

그리스도의 몸 안에서의 화합과 성숙

4 그러므로 주를 위해 갇힌 몸인 나
는 여러분에게 권면합니다. 여러분
은 부르심을 받았으니 그 부르심에
합당하게 사십시오.
2 온전히 겸손하고 온유하게 행동하고
오래 참음으로 행동하되 사랑 가운
데 서로 용납하고
3 화평의 매는 줄로 성령께서 하나 되
게 하신 것을 힘써 지키십시오.
4 여러분이 부르심의 한 소망 안에서
부르심을 받은 것과 같이 몸도 하나
요, 성령도 하나이며
5 주도 하나요, 믿음도 하나요, *세례도
하나요,
6 하나님도 한 분이시니, 곧 만유의 아
버지이십니다. 하나님은 모든 것 위에
계시고 모든 것을 통해 계시고 모든
것 안에 계십니다.
7 그러나 우리 각 사람이 그리스도의
선물의 분량대로 은혜를 받았습니다.
8 그러므로 이렇게 말씀하셨습니다.
ㄱ"그가 높은 보좌에 올라가실 때
사로잡힌 사람을 사로잡고 사람들
에게 선물을 주셨다."
9 "올라가셨다" 하였으니 땅 아래로 내
려오셨다는 뜻이 아니고 무엇이겠습
니까?
10 또한 내려오셨던 그 자신이 하늘의

4:5 또는 침례 ㄱ 시 68:18

하용조 목사의 행복한 **메시지**

다양성과 통일성

서로 다른 것이 주 안에서 하나를 이루고 조화를 이룰 때 창조는 극치를 이룹니다. 모든 것을 획일화하고 동일화하는 것은 창조의 정신에 위배됩니다. 서로 다른 것을 이해하고 수용하여 아름다운 공존의 조화를 이루어야 합니다. 이를 위해서는 겸손과 온유와 인내가 필요합니다. 다르다는 것은 궁극적으로 무엇을 의미합니까? 서로 보완하라는 의미입니다. 서로 달라서 비판하는 것이 아니라 서로 부족한 부분을 채워주는 것을 의미합니다. 우리는 서로 다를 수밖에 없습니다. 아니, 달라야 합니다.
하나님은 다양성을 좋아하십니다. 그렇지만 다양성 안에서 우리는 통일성을 발견하게 됩니다. 다양성 안에서 통일성을 발견할 때 교회는 놀라운 능력을 갖게 됩니다. 예수님을 주인으로 모시고 모든 지체들이 사랑으로 하나 되어서 주님과 이웃을 섬기는 교회가 가장 이상적인 교회입니다.

가장 높은 데로 오르셨으니 이는 그
가 만물을 충만케 하시기 위함입니
다.
11 그가 어떤 사람은 사도로, 어떤 사람
은 예언자로, 어떤 사람은 복음 전도
자로, 어떤 사람은 목사로, 어떤 사람
은 교사로 삼으셨으니
12 이는 성도들을 섬기는 일을 준비하게
하며 그리스도의 몸을 세우려는 것입
니다.
13 우리는 모두 하나님의 아들을 믿는
것과 아는 지식에 하나가 돼 온전한
사람을 이루어 그리스도께서 충만하
신 정도에까지 도달해야 합니다.
14 우리는 더 이상 사람들의 속임수, 곧
거짓된 간계로 인한 술책에 넘어가
온갖 교훈의 풍조에 떠밀리고 휩쓸리
는 어린아이가 되지 말고
15 사랑 가운데 진리를 말하며 범사에
머리 되시는 그리스도에게까지 자라
나야 합니다.
16 그리스도로부터 온몸이 각 마디를 통
해 함께 연결되고 결합됩니다. 각 지
체가 맡은 분량대로 기능하는 가운
데 그 몸을 자라게 하며 사랑 가운데
스스로를 세워 갑니다.

그리스도인의 삶을 위한 명령들

17 그러므로 내가 주 안에서 이것을 당
부합니다. 여러분은 이방 사람들이
마음의 허망한 것으로 사는 것같이
더 이상 그렇게 살지 마십시오.
18 그들은 지각이 어두워져 있고 무지함
과 완악함이 그들 속에 있어 하나님
의 생명에서 떠나 있습니다.
19 그들은 감각 없는 사람들이 돼 자신
을 방탕에 내준 채 정욕으로 갖가지
더러운 일을 행했습니다.
20 그러나 여러분은 그리스도를 그렇게
배우지 않았습니다.
21 참으로 여러분은 진리가 예수 안에
있는 것같이 그분에게서 듣고 또한
그분 안에서 가르침을 받았습니다.
22 가르침의 내용은 거짓된 욕망을 따라
옛 습성을 좇아 썩고 있는 옛사람을
버리고
23 심령으로 새롭게 돼
24 하나님을 따라 의와 진리의 거룩함으
로 지으심을 받은 새사람을 입으라
는 것입니다.
25 그러므로 여러분은 거짓을 버리고
ㄱ각자 자기 이웃과 더불어 진실을 말
하십시오. 왜냐하면 우리가 서로 한
몸의 지체들이기 때문입니다.
26 ㄴ"화를 내어도 죄를 짓지 마십시오."
해가 지도록 화를 품지 말며
27 마귀에게 틈을 주지 마십시오.
28 도둑질하는 사람은 더 이상 도둑질하
지 말고 도리어 가난한 사람에게 나
눠 줄 것이 있도록 자기 손으로 선한
일을 해 수고의 땀을 흘리십시오.
29 더러운 말은 어떠한 것도 여러분의
입 밖에 내지 말고 오직 성도를 세워
주는 데 필요한 대로 선한 말을 해서
듣는 사람들에게 은혜를 끼치도록
하십시오.

ㄱ 슥8:16 ㄴ 시4:4

30 또 하나님의 성령을 슬프게 하지 마
십시오. 여러분은 성령 안에서 구속
의 날까지 인 치심을 받았습니다.
31 모든 악독과 분노와 화내는 것과 고
함치는 것과 비방하는 것을 모든 악
의와 함께 내버리십시오.
32 서로 친절하고 인자하며 하나님이 그
리스도 안에서 여러분을 용서하신 것
처럼 서로 용서하십시오.

5 그러므로 여러분은 사랑을 받는
자녀답게 하나님을 본받는 사람이
되고
2 그리스도께서 우리를 사랑하셔서 우
리를 위해 자신을 향기로운 예물과
희생제물로 하나님께 드리신 것처럼
여러분도 사랑으로 행하십시오.
3 음행과 온갖 더러운 것과 탐욕의 말
은 여러분의 입 밖에도 내지 마십시
오. 그렇게 하는 것이 성도에게 합당
합니다.
4 더러운 말과 어리석은 말과 희롱의
말은 어울리지 않습니다. 오히려 감사
의 말을 하십시오.
5 여러분은 이 점을 확실히 알아 두십
시오. 음행하는 사람이나 더러운 일
을 행하는 사람이나 탐욕을 가진 사
람은 우상 숭배를 하는 사람으로 모
두 그리스도와 하나님의 나라에서 유
업을 받을 수 없습니다.
6 아무도 허황된 말로 여러분을 현혹하
지 못하게 하십시오. 이런 것들로 인
해 불순종하는 사람들에게 하나님의
진노가 임합니다.
7 그러므로 여러분은 그들의 행위에 동
참하는 사람들이 되지 마십시오.
8 여러분이 전에는 어둠이었지만 이제
는 주 안에서 빛입니다. 빛의 자녀들
답게 사십시오.
9 빛의 열매는 모든 선함과 의로움과
진실함에 있습니다.
10 여러분은 주를 기쁘시게 할 것이 무
엇인지를 분별하십시오.
11 여러분은 열매 없는 어둠의 일에 상
관하지 말고 오히려 그것을 꾸짖으십
시오.
12 그들이 은밀히 행하는 일들은 입에
담기조차 부끄럽습니다.
13 그러나 책망을 받는 모든 것들은 빛
에 의해 드러납니다.
14 이는 드러나는 것마다 모두 빛이기
때문입니다. 그러므로 이렇게 말씀하
셨습니다.

"잠자는 사람이여, 깨어나라. 죽은
사람 가운데서 일어나라. 그리스도
께서 네게 비추시리라."

15 그러므로 여러분은 어떻게 행할 것인
지 주의 깊게 살펴 어리석은 사람들
같이 살지 말고 지혜로운 사람들같이
사십시오.
16 세월을 아끼십시오. 때가 악합니다.
17 그러므로 지각없는 사람이 되지 말고
주의 뜻이 무엇인지 분별하십시오.
18 또한 술에 취하지 마십시오. 잘못하
면 방탕에 빠지기 쉽습니다. 오히려
성령으로 충만하게 되십시오.
19 여러분은 시와 찬미와 신령한 노래들

로 서로 화답하고 마음으로 주께 찬
송하며
20 우리 주 예수 그리스도의 이름으로
모든 일에 항상 하나님 아버지께 감
사하고

그리스도인 가정을 위한 명령들

21 *그리스도를 경외함으로 서로 복종
하십시오.
22 아내들이여, 남편에게 복종하기를 주
께 순종하듯 하십시오.
23 이는 그리스도께서 교회의 머리 되심
같이 남편은 아내의 머리이기 때문입
니다. 그리스도가 바로 몸의 구주십니
다.
24 교회가 그리스도께 복종하듯 아내들
도 모든 일에 남편에게 복종하십시
오.
25 남편들이여, 아내 사랑하기를 그리스
도께서 교회를 사랑하시고 교회를 위
해 자신을 내어 주심같이 하십시오.
26 그리스도께서 이렇게 하신 것은 말씀
을 통해 교회를 물로 씻어 깨끗하게
해서 거룩하게 하시고
27 티나 주름이나 다른 지저분한 것들
이 없이 교회를 자기 앞에서 영광스
러운 모습으로 서도록 해서 오직 거
룩하고 흠이 없게 하기 위한 것입니
다.
28 이와 같이 남편들도 자기 아내 사랑
하기를 자기 몸을 사랑하듯이 해야
합니다. 자기 아내를 사랑하는 것은
바로 자신을 사랑하는 것입니다.
29 자기의 육체를 미워하는 사람은 없습
니다. 누구나 자신을 먹이고 보살피
기를 그리스도께서 교회를 위해 하시
듯 합니다.
30 이는 우리가 그리스도 몸의 지체들이
기 때문입니다.
31 ㄱ"이러므로 사람이 부모를 떠나 그의

5:21 빌 2:3을 보라. ㄱ 창 2:24

Q&A 성령 충만을 받으려면

참고 구절 | 엡 5:18

성령 충만은 성령의 계속적인 지배와 인도를 받는 것을 말한다. 그리고 성령 충만은 수동적인 기다림이 아니라 능동적인 책임이며, 일회적인 사건이 아니라 현재형으로 계속 되는 상황을 말한다. 결론적으로 성령 충만한 삶은 감정적인 황홀경을 말하는 것이 아니라 성령을 따라 행하면서(갈 5:16,25) 성령의 열매를 맺는 삶을 말한다(갈 5:22-23).

성령 충만을 받기 위해서는 첫째로, 성령 충만 받기를 간절히 사모해야 한다(요 7:37-39).

둘째로, 자신의 죄를 철저하게 자백해야 한다(요일 1:9).

셋째로, 믿음으로 성령 충만을 구해야 한다(요일 5:14-15;갈 3:14). 성령 충만을 구했을 때 어떤 감정적인 느낌이 반드시 따르는 것은 아니다. 성령 충만은 하나님의 명령이자 약속이므로 믿음으로 그의 약속을 붙들고(히 11:6) 기도하면 되는 것이다.

넷째로, 전적으로 성령을 의지하며 순종하는 삶을 살아야 한다(행 5:32;갈 5:16).

아내와 연합해 둘이 한 육체가 될 것
이다."
32 이 비밀이 큽니다. 나는 지금 그리스
도와 교회에 관해 말하고 있습니다.
33 그러나 여러분도 각자 자기 아내 사
랑하기를 자기 사랑하듯 하고 아내는
남편을 존경하십시오.

6 자녀들이여, 주 안에서 부모에게
순종하십시오. 이것이 옳은 일입니
다.
2 ㄱ"네 아버지와 어머니를 공경하라."
이것은 약속 있는 첫 계명으로
3 "그러면 네가 잘되고 땅에서 장수하
리라"라고 약속돼 있습니다.
4 아버지들이여, 여러분의 자녀들을 노
엽게 하지 말고 주의 교훈과 훈계로
양육하십시오.
5 종들이여, 육신의 주인에게 순종하기
를 두려움과 떨림과 성실한 마음으로
주께 하듯 하십시오.
6 사람을 즐겁게 하는 사람들처럼 눈가
림만 하지 말고 그리스도의 종들처럼
마음으로 하나님의 뜻을 행하고
7 성실히 섬기되 주를 섬기듯 하고 사
람에게 하듯 하지 마십시오.
8 이는 종이든 자유인이든 모든 사람이
무슨 선을 행하면 주께로부터 다시
이것을 받을 줄 알기 때문입니다.
9 주인들이여, 여러분도 협박을 그치고
종들에게 그와 같이 행하십시오. 이
는 여러분이 알다시피 그들과 여러분
의 주가 하늘에 계시며 주는 사람을
외모로 판단하시지 않기 때문입니다.

하나님의 전신 갑주

10 마지막으로 여러분은 주 안에서 그리
고 주의 힘의 능력으로 강건해지십시
오.
11 마귀의 계략에 대적해 설 수 있도록
하나님의 전신 갑주를 입으십시오.
12 우리의 싸움은 혈과 육에 대한 것이
아니라 권력들과 권세들과 이 어둠의
세상 주관자들과 하늘에 있는 악한
영들에 대한 것이기 때문입니다.
13 그러므로 하나님의 전신 갑주를 입으
십시오. 이는 여러분이 악한 날에 능
히 대적하고 모든 것을 행한 후에 굳
건히 서기 위한 것입니다.
14 그러므로 여러분은 굳건히 서서 *진
리로 허리띠를 띠고 의의 가슴받이를
붙이고
15 *예비한 평화의 복음의 신을 신고
16 모든 일에 믿음의 방패를 가지고 이
것으로 악한 자의 모든 불화살을 소
멸시키며
17 *구원의 투구와 성령의 검, 곧 하나님
의 말씀으로 무장하십시오.
18 모든 기도와 간구로 항상 성령 안에
서 기도하고 이를 위해 늘 깨어서 모
든 일에 인내하며 성도를 위해 간구
하십시오.
19 또 나를 위해 기도하기를 내게 말씀
을 주셔서 입을 열어 복음의 비밀을
담대하게 알릴 수 있게 해 달라고 기
도해 주십시오.

6:14 사 11:5과 59:17을 보라. 6:15 사 52:7과 나 1:15을 보라. 6:17 사 59:17을 보라. ㄱ 출 20:12; 신 5:16

20 내가 이것을 위해 사슬에 매인 사신
이 됐습니다. 그러므로 내가 복음 안
에서 마땅히 해야 할 말을 담대하게
말할 수 있도록 기도해 주십시오.

마지막 문안 인사

21 주 안에서 사랑받는 형제이며 신실한
일꾼인 두기고가 내 사정, 곧 내가 무
엇을 하는지 여러분도 알 수 있도록
모든 것을 여러분에게 알려 줄 것입
니다.
22 내가 두기고를 여러분에게 보낸 것은
여러분이 우리의 형편을 알도록 하고
또한 여러분의 마음을 위로하도록 하
기 위한 것입니다.
23 하나님 아버지와 주 예수 그리스도께
로부터 평강과 믿음을 겸한 사랑이
형제들에게 있기를 빕니다.
24 변함없이 우리 주 예수 그리스도를 사
랑하는 모든 사람들에게 은혜가 있
기를 빕니다.

빌립보서

Philippians

바울이 로마 감옥에서 쓴 옥중 서신으로, 빌립보 교인들로 하여금 고난과 역경 가운데서도 그리스도 안에서 하나 되어 절대 기쁨을 가지고 살도록 권면한다. 특히 자신의 투옥이 복음의 장애가 될 수 없음을 입증하는 동시에, 복음의 원리와 정신에 의거하여 율법주의와 무법주의를 벗어나도록 촉구한다.

1 그리스도 예수의 종 바울과 디모데
는 빌립보에 사는 그리스도 예수
안에 있는 모든 성도들과 감독들과
집사들에게 편지를 씁니다.
2 하나님 우리 아버지와 주 예수 그리스
도의 은혜와 평강이 여러분에게 있기
를 빕니다.

감사와 기도

3 나는 여러분을 생각할 때마다 내 하
나님께 감사를 드립니다.
4 또한 여러분 모두를 위해 항상 기도
할 때마다 기쁨으로 간구합니다.
5 이는 여러분이 첫날부터 지금까지 복
음에 동참해 주었기 때문입니다.
6 여러분 안에서 선한 일을 시작하신
분이 그리스도 예수의 날까지 그 일
을 성취하실 것을 나는 확신합니다.
7 여러분 모두에 대해 내가 이렇게 생
각하는 것이 마땅한 것은 내가 여러
분을 마음에 품고 있기 때문입니다.
이는 내가 사슬에 매였을 때나 복음
을 변호하고 확증할 때나 여러분 모
두가 나와 함께 은혜에 동참한 사람
들이 되었기 때문입니다.
8 내가 그리스도 예수의 마음으로 여러
분 모두를 얼마나 사모하는지 하나님
께서 내 증인이십니다.
9 나는 여러분의 사랑이 지혜와 모든
총명으로 더욱 풍성하게 돼서
10 최선의 것이 무엇인지 분별할 수 있
게 되기를 기도합니다. 그래서 여러분
이 그리스도의 날까지 순결하고 흠이
없이 지내
11 예수 그리스도로 인한 의의 열매로
충만해져서 하나님께 영광과 찬송을
돌리게 되기를 기도합니다.

바울의 매임이 복음 전파에 진전이 되다

12 형제들이여, 내가 당한 일이 오히려
복음의 진보를 가져온 사실을 여러분
이 알기 바랍니다.
13 내가 이렇게 사슬에 매인 것이 온 친
위대와 다른 모든 사람들에게 그리스

도 안에서 분명히 드러나게 돼
14 많은 형제들이 내가 매임으로 인해서
주를 신뢰함으로 두려움 없이 더욱
담대하게 하나님의 말씀을 전했습니
다.
15 어떤 이들은 시기와 다툼으로, 또 어
떤 이들은 좋은 뜻으로 그리스도를
전파합니다.
16 좋은 뜻으로 전하는 사람들은 내가
복음을 변호하기 위해 세움받은 줄
을 알고 사랑으로 전파하지만
17 시기와 다툼으로 전하는 사람들은
내가 갇힌 것에 괴로움을 더하게 하
려고 순수하지 못하게 다툼으로 그리
스도를 전파합니다.
18 그렇지만 어떻습니까? 가식으로 하
든 진실로 하든 전파되는 것은 그리
스도니 나는 이것으로 인해 기뻐하고
또 기뻐할 것입니다.
19 나는 여러분의 간구와 예수 그리스도
의 영의 도우심으로 내가 풀려나리라
는 것을 알고 있습니다.
20 내가 간절히 기대하고 소망하는 것
은, 내가 어떤 일에도 부끄러워하지
않고 항상 그랬듯이 지금도 담대하게
원하는 것은 살든지 죽든지 내 몸을
통해서 그리스도가 위대하게 되시는
것입니다.
21 이는 내게 사는 것이 그리스도니 죽
는 것도 유익하기 때문입니다.
22 그러나 육신 안에 사는 이것이 내게
열매 맺을 일이라면 내가 무엇을 택
해야 할지 모르겠습니다.
23 나는 둘 사이에 끼어 있습니다. 나로
서는 몸을 떠나 그리스도와 함께 사
는 삶이 훨씬 더 좋습니다.
24 그러나 여러분을 위해 내가 육신에
머무는 것이 더 필요하다고 생각합니
다.
25 여러분의 믿음의 진보와 기쁨을 위해
내가 여러분 모두와 함께 머물고 함
께할 것을 확신합니다.
26 이는 내가 여러분에게 다시 갈 때 나
로 인해 그리스도 예수 안에서 여러분
의 자랑거리가 많아지게 하려는 것입
니다.

복음에 합당하게 생활하라

27 여러분은 그리스도의 복음에 합당한
*생활을 하십시오. 이것은 내가 가서
여러분을 보든지 떠나 있든지 여러분
이 한 성령 안에 굳건히 서서 한마음
으로 복음 안에서의 믿음 생활을 위
해 함께 달려 나간다는 소식을 듣기
위함이며
28 또한 대적자들의 그 어떤 엄포에도
놀라지 않는다는 소식을 듣기 위함입
니다. 이것이 그들에게는 멸망의 증거
요, 여러분에게는 구원의 증거입니다.
이것은 하나님께로부터 나온 것입니
다.
29 여러분은 그리스도를 위해 살아야 할
책임, 곧 그분을 믿을 뿐 아니라 그분
을 위해 고난도 받아야 할 책임을 받
았습니다.
30 여러분도 나와 동일한 싸움을 싸우

1:27 또는 시민 노릇을 하십시오.

고 있습니다. 여러분은 이것을 내 안
에서 보았고 아직도 내가 싸우고 있
다는 것을 듣고 있습니다.

그리스도의 겸손을 본받으라

2 그러므로 그리스도 안에 무슨 격려
나 사랑의 무슨 위로나 성령의 무
슨 교제나 무슨 자비와 긍휼이 있거
든
2 같은 생각을 품고 같은 사랑을 나타
내며 한마음으로 같은 것을 생각함
으로 내 기쁨을 충만하게 하십시오.
3 무엇을 하든지 이기심이나 허영으로
하지 말고 서로 겸손한 마음으로 다
른 사람들을 자기보다 낫게 여기십시
오.
4 여러분은 각자 자기 자신의 일을 돌
아볼 뿐더러 다른 사람의 일도 돌아
보십시오.
5 여러분 안에 이 마음을 품으십시오.
이것은 그리스도 예수 안에 있던 마
음이기도 합니다.
6 그분은 본래 하나님의 본체셨으나 하
나님과 동등 됨을 기득권으로 여기지
않으시고
7 오히려 자신을 비워 종의 형체를 가
져 사람의 모양이 되셨습니다.
8 그리고 그분은 자신을 낮춰 죽기까지
순종하셨으니, 곧 십자가에 달려 죽
으신 것입니다.
9 그러므로 하나님께서는 그를 지극히
높여 모든 이름 위에 뛰어난 이름을
주셨습니다.
10 이는 하늘과 땅과 땅 아래 있는 모든
사람들이 예수의 이름 앞에 무릎을
꿇게 하시고
11 모든 입으로 예수 그리스도를 주라 시
인하게 하셔서 하나님 아버지께 영광
을 돌리게 하시려는 것입니다.

모든 일을 불평 없이 하라

12 그러므로 내 사랑하는 사람들이여,
여러분이 항상 순종했던 것처럼 내가
여러분과 함께 있을 때뿐 아니라 지
금 내가 없을 때도 두렵고 떨리는 마
음으로 여러분의 구원을 이루십시오.
13 여러분 안에서 하나님의 기쁘신 뜻에
따라 결단하게 하시고 행동하게 하시

성·경·상·식

그리스도 예수 안에서

바울은 '그리스도 예수 안에서'라는 표현을 즐겨 썼다. 이 표현들은 바울 서신 속에 무려 164회나 나타나는데, 그중에서 옥중 서신에 많이 보여지고 특히 에베소서에서만 30회 이상 사용되었다. 이 표현은 바울의 신앙 체험을 표현하는 말이자 그의 신학 사상을 뚜렷하게 보여 주는 표현이다. '그리스도 안에서'의 삶이란 예수 그리스도의 죽음과 부활을 믿음으로 그리스도와 함께 죽고 함께 살아가는 성도들의 구원받은 상태를 묘사하는 것이다(롬 8:39;14:17;빌 2:1,5;4:7,13).
그러므로 이 말에는 그리스도인의 윤리까지도 포괄하는 의미가 들어 있다. 그리스도인은 그리스도 안에서 살아가는 존재로 그분의 통치 아래 있는 자이며 하나님 나라를 위해 사랑과 평화를 나누며 살아가야 할 사람들이기 때문이다. 그리스도인은 그리스도 안에서 성령의 열매를 맺는 존재들이다(갈 5:22).

는 분은 하나님이시기 때문입니다.
14 무슨 일을 하든지 여러분은 불평이
나 분쟁 없이 하십시오.
15 이는 여러분이 흠 없고 순전한 사람
들이 돼 뒤틀리고 타락한 세대 가운
데서 책망받을 것이 없는 하나님의
자녀들로서 세상에서 하늘의 별들처
럼 빛나게 하려는 것입니다.
16 생명의 말씀을 꼭 붙들어 그리스도의
날에 내게 자랑이 되게 하십시오. 이
는 내가 헛되이 달음질하거나 헛되이
수고한 것이 아니기 때문입니다.
17 이제 내가 여러분의 믿음의 제사와
예배에 *내 피를 붓는 일이 있을지라
도 나는 기뻐하고 여러분 모두와 함
께 기뻐할 것입니다.
18 여러분도 함께 기뻐하고 나와 함께
기뻐하십시오.

디모데와 에바브로디도

19 내가 주 예수 안에서 디모데를 여러
분에게 빨리 보내고자 하는 것은 나
도 여러분의 형편을 알고 마음에 시
원함을 얻으려는 것입니다.
20 디모데와 같은 마음을 품고 여러분의
형편을 진정으로 돌볼 사람이 내게
는 아무도 없습니다.
21 모든 사람이 자기 자신의 일에만 몰
두하고 그리스도의 일에는 관심이 없
습니다.
22 여러분은 디모데의 연단을 알고 있습
니다. 자녀가 아버지에게 하듯이 그
는 복음을 위해 나를 섬겼습니다.
23 그러므로 나는 내 형편이 허락하는
대로 즉시 그를 보내고 싶습니다.
24 그리고 나 자신도 곧 가게 되리라고
주 안에서 확신합니다.
25 그러나 나는 내 형제이며 동역자이며
함께 군사 된 사람이며 또한 여러분
의 사도이며 내 필요를 섬기는 사람
인 에바브로디도를 여러분에게 돌려
보내는 것이 필요하다고 생각했습니
다.
26 그는 여러분 모두를 늘 사모하며 또
자기가 아프다는 소식을 여러분이 들
은 줄 알고 늘 걱정하고 있었습니다.
27 사실 그가 병이 나서 거의 죽게 되었
으나 하나님께서 그에게 긍휼을 베푸
셨고 내게도 긍휼을 베풀어 주셨습니
다. 이는 나로 하여금 근심 위에 근심
을 갖지 않게 하시기 위함이었습니다.
28 그러므로 나는 여러분이 그를 다시
만나 봄으로 기뻐하고 나 또한 마음
의 고통을 덜기 위해 그를 급히 보냈
습니다.
29 여러분은 주 안에서 큰 기쁨으로 그
를 맞아 주고 그와 같은 사람들을 귀
하게 여기십시오.
30 이는 그가 그리스도의 일을 위해 거
의 죽을 지경에 이르렀어도 자기 목
숨을 돌보지 않고 여러분이 나를 섬
기는 일에 부족한 것을 그가 채우려
했기 때문입니다.

육체를 신뢰하지 아니하다

3 마지막으로 내 형제들이여, 주 안
에서 기뻐하십시오. 여러분에게 같

2:17 또는 나를 관제로 드릴지라도

은 말을 쓰는 것이 나는 힘들지 않고
여러분에게는 안전합니다.
2 개들을 조심하고 악을 행하는 사람
들을 조심하고 거짓 할례를 받은 사
람들을 조심하십시오.
3 하나님의 영으로 섬기고 그리스도 예
수를 자랑하며 육체를 내세우지 않는
우리가 참할례를 받은 사람들입니다.
4 비록 나도 육체를 내세울 것이 있지
만 그렇게 하지 않습니다. 어떤 이가
육체를 신뢰할 만하다고 생각한다면
나는 더욱 그러합니다.
5 나는 난 지 8일 만에 *할례를 받았고
이스라엘 족속이요, 베냐민 지파이며
히브리 사람 중의 히브리 사람이요,
율법으로 말하자면 바리새 사람이며
6 열성으로 교회를 핍박했고 율법의 의
로는 흠 없는 사람입니다.
7 그러나 내게 유익하던 것들을 나는
그리스도 때문에 다 해로운 것으로
여깁니다.
8 내가 참으로 모든 것을 해로 여기는
것은 내 주 그리스도 예수를 아는 지
식이 가장 고상하기 때문입니다. 그분
으로 인해 내가 모든 것을 잃어버리
고 심지어 배설물로 여기는 것은 내
가 그리스도를 얻고
9 그 안에서 발견되기 위한 것입니다.
내가 가진 의는 율법에서 난 의가 아
니요, 그리스도를 믿음으로써 얻는
의, 곧 믿음으로 인해 하나님께로서
난 의입니다.
10 나는 그리스도와 그분의 부활의 능력
을 알고 그분의 죽으심을 본받아 그
분의 고난에 동참하는 것이 무엇인지
알기 위해
11 어떻게 해서든지 죽은 사람들 가운데
서 살아나는 부활에 이르고자 합니
다.
12 나는 이미 얻었거나 *이미 온전해진
것이 아닙니다. 나는 그것을 붙잡으
려고 좇아갑니다. 이는 나도 그리스도
예수께 붙잡혔기 때문입니다.
13 형제들이여, 나는 그것을 붙잡았다고
생각하지 않습니다. 그러나 이 한 가
지만은 말할 수 있는데, 곧 뒤에 있는
것은 잊어버리고 앞에 있는 것을 붙
잡으려고
14 그리스도 예수 안에서 하나님께서 위
에서 부르신 그 부르심의 상을 위해
푯대를 향해서 좇아갑니다.

바울의 본을 따르라

15 그러므로 온전한 사람들은 이렇게 생
각하십시오. 여러분이 혹시 무슨 다
른 것을 생각한다면 이것 또한 하나
님께서 여러분에게 나타내시리라는
것입니다.
16 우리가 어디까지 이르렀든지 그대로
그 길을 좇아갑시다.
17 형제들이여, 모두 함께 나를 본받는
사람들이 되십시오. 그리고 여러분이
우리를 본받는 것처럼 그렇게 행하는
사람들을 눈여겨보십시오.
18 내가 여러분에게 여러 차례 말했던

3:5 태어난 지 8일 되는 날 남자아이의 포피를 자르는 유대 사람의 의식을 가리킴(창 17장을 보라). 3:12 또는 이미 목표점에 이른 것도 아닙니다.

것처럼 지금도 눈물을 흘리며 말하지
만 많은 사람들이 그리스도의 십자가
의 원수로 살아가고 있습니다.
19 그들의 마지막은 멸망입니다. 그들의
신은 *배요, 그들의 영광은 자신의
수치에 있으며 그들은 땅의 것을 생
각하는 사람들입니다.
20 그러나 우리의 시민권은 하늘에 있습
니다. 우리는 그곳으로부터 구원자,
곧 주 예수 그리스도를 기다립니다.
21 그분은 만물을 그분에게 복종시킬
수 있는 능력으로 우리의 천한 몸을
그분의 영광스러운 몸과 같은 형상으
로 변화시켜 주실 것입니다.

화합과 부동에 대한 마무리 호소

4 그러므로 내 사랑하고 사모하는
형제들이여, 내 기쁨이며 면류관인
내 사랑하는 여러분이여, 이와 같이
주 안에서 굳건히 서십시오.
2 내가 유오디아에게 간청하고 순두게
에게 간청하니 주 안에서 같은 마음
을 가지십시오.
3 그리고 나와 멍에를 같이한 진실한
동역자여, 내가 당신에게도 부탁하는
데 이 여인들을 도우십시오. 이들은
클레멘트와 그 밖의 내 동역자들과
함께 복음을 위해 나와 함께 달음질
하던 사람들이며 그들의 이름이 생명
책에 기록돼 있습니다.

마지막 권면

4 주 안에서 항상 기뻐하십시오. 내가
다시 말합니다. 기뻐하십시오.
5 여러분의 관용을 모든 사람에게 나
타내십시오. 주께서 가까이 계십니
다.
6 아무것도 염려하지 말고 오직 모든
일에 기도와 간구로 여러분이 구할
것을 하나님께 감사함으로 아뢰십시
오.

3:19 육체의 욕망을 가리킴.

Q&A 항상 기뻐할 수 있는 비결

참고 구절 | 빌 4:4–7

- **관용을 모든 사람에게 나타내라(빌 4:5)** 관용이라는 단어 속에는 많은 의미가 담겨져 있다. '박해에 대한 온유성, 중상자에 대한 용서, 사무 처리의 공정성, 남의 성격과 행동에 대한 공정한 비판, 친절한 성격, 감정의 전적인 절제 등을 의미한다'는 것이 사전적인 의미다. 누구든지 항상 기뻐하려면 남에 대해 관용해야 한다.
- **아무것도 염려하지 말라(빌 4:6)** 염려는 기쁨의 적이다. 이것은 마음이 하나님을 떠나 세상과 물질로 향할 때 생겨나는 것이다. 예수님께서는 산상 수훈에서 염려하지 말라는 교훈을 여섯 번이나 반복하여 말씀해 주셨다(마 6:25–34).
- **모든 일에 기도와 간구를 감사함으로 아뢰라(빌 4:6)** 기도는 일반적인 기도를 말하고 간구는 특별한 개인적인 기도를 말한다. 감사 없는 기도는 원망과 염려가 될 수 있다. 감사함으로 아뢰면 하나님의 평강이 우리의 마음과 생각을 지배하게 될 것이다(빌 4:7).

7 그리하면 모든 생각을 뛰어넘는 하나
님의 평강이 그리스도 예수 안에서 여
러분의 마음과 생각을 지켜 주실 것
입니다.
8 마지막으로 형제들이여, 무엇이든지
진실하고 무엇이든지 경건하고 무엇
이든지 의롭고 무엇이든지 거룩하고
무엇이든지 사랑할 만하고 무엇이든
지 칭찬할 만한 일이 있다면 거기에
무슨 덕이나 무슨 기림이 있든지 이
것들을 생각하십시오.
9 여러분은 내게서 배우고 받고 듣고
본 이것들을 실천하십시오. 그러면
평강의 하나님께서 여러분과 함께 계
실 것입니다.

선물에 대한 감사

10 내가 주 안에서 크게 기뻐하는 것은
여러분이 나를 위해 생각하던 것이
이미 싹이 났기 때문입니다. 이에 대
해 여러분이 관심은 있었지만 표현할
기회가 없었습니다.
11 내가 궁핍하므로 이런 말을 하는 것
이 아닙니다. 나는 어떤 처지에 있든
지 자족하는 법을 배웠습니다.
12 나는 궁핍에 처할 줄도 알고 풍부에
처할 줄도 압니다. 나는 배부르든 배
고프든, 풍족하든 궁핍하든, 모든 형
편에 처하는 비결을 배웠습니다.
13 내게 능력 주시는 분 안에서 내가 모
든 일을 감당할 수 있습니다.
14 여러분이 내 환난에 함께 참여했으니
잘했습니다.
15 빌립보 사람들이여, 여러분이 알다시
피 복음 전파 활동 초기에 내가 마케
도니아를 떠날 때 나를 위해 주고받
는 일에 동참한 교회는 오직 여러분
밖에 없습니다.
16 내가 데살로니가에 있을 때도 여러분
은 한두 번 내가 필요한 것들을 보내
주었습니다.
17 내가 선물을 구하는 것이 아닙니다.
오직 여러분의 봉사에 열매가 풍성하
기를 바랍니다.
18 지금 나는 모든 것이 풍족하고 넉넉
합니다. 여러분에게서 온 에바브로디
도를 통해 받은 것으로 인해 풍족하
니 이것은 하나님께서 기뻐 받으실
향기로운 제물입니다.
19 내 하나님께서 그리스도 예수 안에서
영광 가운데 그분의 풍성하심을 따
라 여러분의 모든 필요를 채워 주실
것입니다.
20 하나님 우리 아버지께 영광이 무궁하
시기를 빕니다. 아멘.

마지막 문안 인사

21 그리스도 예수 안에 있는 모든 성도
들에게 안부를 전해 주십시오. 나와
함께 있는 형제들이 여러분에게 안부
를 전합니다.
22 모든 성도들, 특히 가이사 집안사람
들이 여러분에게 안부를 전합니다.
23 주 예수 그리스도의 은혜가 여러분의
심령에 함께하기를 빕니다. 아멘.

골로새서

Colossians

바울이 로마 감옥에서 쓴 옥중 서신으로, 골로새 교인들로 하여금 예수 그리스도의 유일성을 깨닫고 참된 구원에 이르도록 이끌어 준다. 특히 예수 그리스도의 정체성과 본질을 바로 깨달아 바른 기독론을 수립하는 한편, 잘못된 철학, 유대주의, 영지주의, 금욕주의, 천사 숭배 등에서 탈피하도록 촉구한다. 에베소서와 밀접한 관련이 있다.

1 하나님의 뜻으로 그리스도 예수의
사도가 된 나 바울과 형제 디모데
는
2 골로새에 있는 성도들, 곧 그리스도
안에 있는 신실한 형제들에게 편지를
씁니다. 우리 아버지 하나님께로부터
여러분에게 은혜와 평강이 있기를 빕
니다.

감사와 기도

3 우리가 여러분을 위해 기도할 때마다
우리 주 예수 그리스도의 하나님 아버
지께 감사를 드립니다.
4 이는 그리스도 예수 안에 있는 여러
분의 믿음과 모든 성도를 향한 여러
분의 사랑을 우리가 들었기 때문입니
다.
5 여러분의 믿음과 사랑은 여러분을 위
해 하늘에 쌓아 둔 소망에서 비롯된
것입니다. 이 소망은 진리의 말씀, 곧
복음 안에서 여러분이 이미 들은 것
입니다.
6 이 복음이 여러분에게 전해져 여러분
이 듣고 진리 안에서 하나님의 은혜
를 깨닫게 된 날부터 여러분 가운데
서와 같이 온 세상에서도 열매를 맺
으며 점점 자라나고 있습니다.
7 여러분은 이 복음을 우리와 함께 종
된 사랑하는 에바브라에게서 배웠습
니다. 그는 여러분을 위한 그리스도의
신실한 일꾼이요,
8 성령 안에서 행하는 여러분의 사랑
을 우리에게 알려 준 사람입니다.
9 그러므로 우리도 소식을 들은 날부터
여러분을 위해 쉬지 않고 기도하며
간구합니다. 우리는 여러분이 모든 영
적 지혜와 통찰로 하나님의 뜻을 아
는 지식으로 충만하게 되고
10 주께 합당히 행해서 모든 일에 주를
기쁘시게 하고 모든 선한 일에 열매
를 맺으며 하나님을 아는 지식에서
자라고
11 하나님의 영광의 권능을 따라 모든

능력으로 힘 있게 돼 기쁨으로 모든
것을 참고 견딜 수 있게 되기를 기도
합니다.
12 그래서 빛 가운데 있는 성도의 유업
의 몫을 받기에 합당한 자격을 여러
분에게 주신 아버지께 감사하게 되기
를 바랍니다.
13 아버지께서는 우리를 어둠의 권세에
서 구해 내셔서 그분이 사랑하는 아
들의 나라로 옮기셨습니다.
14 하나님의 아들 안에서 우리는 구속,
곧 죄 사함을 받았습니다.

만물의 으뜸이신 하나님의 아들

15 하나님의 아들은 보이지 않는 하나님
의 형상이요, 모든 피조물보다 먼저
나신 분이십니다.
16 이는 하늘과 땅에 있는 모든 것들, 곧
보이는 것들과 보이지 않는 것들, 보
좌들과 주권들과 권력들과 권세들이
하나님의 아들 안에서 창조됐기 때문
입니다. 만물이 아들로 인해 창조됐
고 아들을 위해 창조됐습니다.
17 하나님의 아들은 만물보다 먼저 계시
고 만물은 그분 안에 함께 서 있습니
다.
18 또 하나님의 아들은 그분의 몸인 교
회의 머리십니다. 그분은 근본이시
요, 죽은 사람들 가운데서 먼저 살아
나신 분이십니다. 이는 그분이 친히
만물 가운데 으뜸이 되시려는 것입니
다.
19 이것은 아버지께서 모든 충만으로 아
들 안에 거하게 하시기를 기뻐하셨고
20 그 아들의 십자가의 피로 평화를 이
뤄 만물, 곧 땅에 있는 것이든 하늘
에 있는 것이든 모든 것이 아들로 인
해 자기와 화목하게 되기를 기뻐하셨
기 때문입니다.

성·경·상·식 골로새

소아시아의 서남에 위치한 도시로 라오디게아, 히에라볼리와 함께 번영한 도시다. 교통의 요지로서 동서 사상의 교류 장소가 되었으며 여러 가지 종교와 철학이 흥왕했다. 그렇지만 바울 시대에 이곳은 인구가 감소하고 예전에 번영했던 자취만 남아 있었다.

역사가 요세푸스에 의하면 시리아의 안티오쿠스 왕은 2,000명의 유대인 가족을 바벨론과 메소포타미아에서 이곳으로 이주시켰다고 한다. 후에 이들 유대인들은 골로새 교회에 적잖은 유대주의적 이단 사상을 퍼뜨린 사람들로 알려진다(골 2:16). 바울은 이곳을 직접 방문한 적이 없으며(골 2:1) 골로새 교회는 바울의 제자이며 동역자인 에바브라가 세웠다(골 1:7;4:12-13).

21 전에 악한 행실로 단절되고 마음으로
원수가 됐던 여러분을
22 이제는 그리스도의 죽으심으로 인해
그분의 육신의 몸으로 화목하게 하셔
서 여러분을 거룩하고 흠이 없고 나
무랄 것이 없는 사람들로 하나님 앞
에 세우고자 하셨습니다.
23 그러므로 여러분은 믿음 안에 거하고
튼튼한 터 위에 굳게 서서 여러분이
들은 복음의 소망에서 떠나지 않아
야 합니다. 복음은 천하 모든 피조물
에게 선포됐고 나 바울은 이 복음의
일꾼이 됐습니다.

교회를 위한 바울의 수고

24 이제 나는 여러분을 위해 받은 고난
을 기뻐하며 그리스도의 남은 고난을
그분의 몸 된 교회를 위해 내 육체에
채웁니다.
25 하나님의 말씀을 전파하기 위해 내게
주신 하나님의 경륜을 따라 내가 여
러분을 위해 교회의 일꾼이 됐습니
다.
26 하나님의 말씀은 모든 시대와 세대에
걸쳐 감춰져 온 비밀이었는데 이제는
성도들에게 나타났습니다.
27 하나님께서는 이 비밀의 영광이 얼마
나 풍성한지 성도들에게 알리고자 하
셨습니다. 이 비밀은 여러분 안에 계
시는 그리스도, 곧 영광의 소망이십니
다.
28 우리는 그리스도를 전파해서 모든 사
람을 권하고 지혜를 다해 모든 사람
을 가르칩니다. 이는 그리스도 안에서
모든 사람을 온전한 사람들로 세우
기 위함입니다.
29 이 일을 위해 나도 내 안에서 능력으
로 활동하시는 분의 역사를 따라 열
심히 수고하고 있습니다.

2 여러분과 라오디게아에 있는 사람
들과 내 얼굴을 직접 본 적이 없는
사람들을 위해 내가 얼마나 수고하고
있는지 여러분이 알기를 원합니다.
2 이는 그들이 마음으로 위로를 받고
사랑 가운데 연합해 깨달음에 근거한
확실한 이해의 모든 풍성에 이르러
하나님의 비밀인 그리스도를 온전히
알게 하려는 것입니다.
3 그리스도 안에는 지혜와 지식의 모든
보화가 감춰져 있습니다.
4 내가 이 말을 하는 것은 아무도 교묘
한 말로 여러분을 속이지 못하게 하
기 위함입니다.
5 내가 비록 육신으로는 떨어져 있으나
영으로는 여러분과 함께 있어 여러
분이 질서 있는 삶을 사는 것과 그리
스도를 믿는 여러분의 믿음이 굳건한
것을 보고 기뻐합니다.

그리스도 안에 있는 영적 충만

6 그러므로 여러분은 그리스도 예수를
주로 영접한 것처럼 주 안에서 *사십
시오.
7 여러분은 주 안에 뿌리를 내리고 세
움을 받으며 가르침을 받은 대로 믿
음 안에 굳게 서서 감사가 넘치게 하
십시오.

2:6 또는 행하십시오.

8 아무도 여러분을 철학과 헛된 속임수
로 사로잡지 못하도록 조심하십시오.
이런 것들은 사람의 전통과 세상의
초등 학문을 따른 것이요, 그리스도
를 따른 것이 아닙니다.
9 그리스도 안에는 신성의 모든 충만이
육체의 모습으로 거합니다.
10 그리고 여러분도 그리스도 안에서 충
만하게 됐습니다. 그리스도는 모든 권
력과 권세의 머리이십니다.
11 그리스도 안에서 여러분은 육신의 몸
을 벗어 버리는 그리스도의 할례, 곧
손으로 하지 않은 할례를 받았습니
다.
12 또한 여러분은 *세례로 그리스도와
함께 장사됐고 죽은 사람들 가운데
서 그리스도를 살리신 하나님의 능력
을 믿음으로 그리스도 안에서 그리스
도와 함께 다시 살아났습니다.
13 여러분은 죄와 육체의 무할례로 죽
었으나 하나님께서 우리의 모든 죄를
용서하심으로 여러분을 그리스도와
함께 살리셨습니다.
14 하나님께서는 우리를 거슬러 대적하
는 조문들이 담긴 채무 증서를 제거
하시고 그것을 십자가에 못 박아 우
리 가운데서 없애 버리셨습니다.
15 또한 십자가로 권력들과 권세들을 무
장 해제시키시고 그들을 공개적인 구
경거리가 되게 하셨습니다.

인간의 규례에서 자유

16 그러므로 여러분은 먹고 마시는 일
이나 절기나 초승달 축제나 안식일과
관련된 문제로 아무도 여러분을 판단
하지 못하게 하십시오.
17 이런 것들은 앞으로 올 것들의 그림
자일 뿐이요, 그 실체는 그리스도께
속해 있습니다.
18 아무도 거짓된 겸손과 천사 숭배를
주장해서 여러분의 상을 빼앗지 못하
도록 하십시오. 그런 사람은 자기가
본 것들에 집착해 육신의 생각으로
헛되게 교만해져서
19 머리를 굳게 붙들지 않습니다. 온몸
이 머리이신 그리스도로부터 마디와
힘줄을 통해 영양을 공급받고 서로
결합돼 하나님께서 자라게 하시는 대
로 자라납니다.
20 여러분은 세상의 초등학문에 대해 그
리스도와 함께 죽었는데, 왜 세상에
속해 사는 것처럼 헛된 규정들에 굴
복합니까?
21 ("붙잡지도 말라, 맛보지도 말라, 만지
지도 말라" 하면서 말입니다.
22 이것들은 모두 사용되다가 없어질 것
이요.) 사람들의 계명과 가르침에 따
른 것입니다.
23 이런 규정들은 꾸며 낸 경건과 거짓
겸손과 육체를 괴롭히는 데는 지혜
있는 모양을 가지지만 육신의 욕망을
억제하는 데는 아무런 유익이 없습니
다.

그리스도 안에서 살리심을 받은 사람들의 삶

3 그러므로 여러분이 그리스도와 함
께 살리심을 받았으니 위에 있는

2:12 또는 침례

것들을 추구하십시오. 거기에는 그리
스도께서 하나님의 오른편에 앉아 계
십니다.
2 위에 있는 것들을 생각하고 땅에 있
는 것들을 생각하지 마십시오.
3 여러분은 이미 죽었고 여러분의 생명
은 그리스도와 함께 하나님 안에 감
춰져 있기 때문입니다.
4 여러분의 생명이신 그리스도께서 나
타나실 때 여러분도 그리스도와 함께
영광 가운데 나타날 것입니다.
5 그러므로 땅에 속한 지체들을 죽이
십시오. 그것들은 음행과 더러운 것
과 정욕과 악한 욕망과 탐심입니다.
탐심은 우상 숭배입니다.
6 이것들로 인해 하나님의 진노가 불순
종의 아들들에게 임합니다.
7 여러분도 전에 *그것들 가운데 살 때
는 그것들 안에서 행했습니다.
8 그러나 이제 여러분 스스로 그 모든
것, 곧 분노와 증오와 악의와 비방과
여러분의 입에서 나오는 더러운 말을
제거하십시오.
9 서로 거짓말을 하지 마십시오. 여러
분은 옛사람을 그 행위와 함께 벗어
버리고
10 새사람을 입으십시오. 이 새사람은
자기를 창조하신 분의 형상을 따라
끊임없이 새로워져서 참지식에 이르
게 됩니다.
11 거기에는 그리스 사람이나 유대 사람
이나, 할례를 받은 사람이나 할례를
받지 않은 사람이나, 야만인이나 *스
구디아 사람이나, 종이나 자유인이 따
로 없습니다. 오직 그리스도는 모든
것이요, 모든 것 안에 계십니다.
12 그러므로 여러분은 하나님께서 택하
신 사람들, 곧 거룩하고 사랑하심을
받은 사람들같이 긍휼과 친절과 겸
손과 온유와 오래 참음으로 옷 입으
십시오.
13 누가 누구에게 불평거리가 있더라도
서로 용납하고 서로 용서해 주십시
오. 주께서 여러분을 용서하신 것같
이 여러분도 그렇게 하십시오.
14 그리고 이 모든 것 위에 사랑을 더하
십시오. 사랑은 온전하게 묶는 띠입
니다.
15 그리스도의 평강이 여러분의 마음을
지배하게 하십시오. 이 평화를 위해
여러분은 한 몸으로 부르심을 받았습
니다. 또한 여러분은 감사하는 사람
이 되십시오.
16 그리스도의 말씀이 여러분 안에 풍성
히 거하게 하십시오. 모든 지혜로 서
로 가르치고 권면하며 시와 찬미와
신령한 노래를 부르며 하나님께 감사
하는 마음으로 찬양하십시오.
17 그리고 말이든 일이든 무엇을 하든지
그 모든 것을 주 예수의 이름으로 하
고 그분을 통해 하나님 아버지께 감
사하십시오.

그리스도인 가정을 위한 명령들

18 아내들이여, 남편에게 복종하십시오.

3:7 또는 그런 삶을 살 때는, 그런 사람들 가운데 살 때는 3:11 또는 미개인

이것이 주 안에서 합당한 일입니다.
19 남편들이여, 아내를 사랑하고 괴롭게
하지 마십시오.
20 자녀들이여, 모든 일에 부모에게 순
종하십시오. 이것이 주를 기쁘시게
하는 일입니다.
21 아버지들이여, 여러분의 자녀들을 화
나게 하지 마십시오. 그들이 낙심하
지 않도록 하십시오.
22 종들이여, 육신의 *주인에게 모든 일
에 순종하십시오. 사람을 기쁘게 하
는 사람들처럼 눈가림만 하지 말고
*주를 경외함으로 진실한 마음으로
하십시오.
23 무슨 일을 하든지 사람에게 하듯 하
지 말고 주께 하듯 마음을 다해 하십
시오.
24 이는 여러분이 주께 유업의 상을 받
을 줄을 알기 때문입니다. 여러분이
*섬기는 분은 주 그리스도이십니다.
25 불의를 행하는 사람은 자기 행위의
대가를 받을 것입니다. 거기에는 외모
로 사람을 차별하는 일이 없습니다.

4 주인들이여, 의와 공평으로 종들
을 대하십시오. 여러분에게도 하
늘에 주인이 계시다는 것을 아시기
바랍니다.

부가적인 권면

2 항상 기도에 힘쓰고 기도 가운데 감
사함으로 깨어 있으십시오.
3 또 하나님께서 우리에게 *전도의 문
을 열어 주셔서 그리스도의 비밀을 말
할 수 있도록 우리를 위해서도 기도
해 주십시오. 나는 이 일 때문에 매
여 있습니다.
4 내가 마땅히 해야 할 말로 그리스도
의 비밀을 나타낼 수 있도록 기도해
주십시오.
5 외부 사람들을 대할 때는 지혜롭게
행하고 *기회를 선용하십시오.
6 여러분은 언제나 소금으로 맛을 내는
것같이 은혜롭게 말하십시오. 그러면
여러분은 각 사람에게 어떻게 말할
것인지 알게 될 것입니다.

3:22 그리스어, 퀴리오스, 같은 단어가 사용됨.
3:24 그리스어, '종노릇하는' 4:3 또는 말씀의 문을
4:5 그리스어, '기회를 사십시오.'

성·경·상·식 에바브라

골로새 출신(골 4:12)으로 골로새 교회(골 1:7)와 라오디게아, 히에라볼리 교회를 세운(골 4:13) 사람이다. 빌립보 교회의 신실한 일꾼이었던 에바브라디도(빌 2:25;4:18)와는 다른 사람으로 생각된다.

에바브라는 골로새 교회를 섬긴 신실한 일꾼이었다. 그는 골로새 교인들이 하나님 안에서 온전하게 서고 완전한 확신에 이르도록 늘 기도하며 복음을 위해 아낌없이 수고하는 그리스도의 참된 종이었다(골 4:12-13). 그는 로마 감옥에 갇힌 바울을 방문했고 그때 골로새 교회 내에 이단 사상이 들어온 것을 바울에게 전했다. 그 소식을 들은 바울은 골로새서를 쓰게 되었다. 그는 또한 바울과 함께 로마 감옥에 갇히는 고난을 당하기도 했다(몬 1:23).

마지막 문안 인사

7 나에 대한 모든 소식은 두기고가 여
러분에게 전해 줄 것입니다. 그는 주
안에서 사랑하는 형제요, 신실한 일
꾼이요, 함께 종 된 사람입니다.
8 내가 두기고를 여러분에게 보낸 것은
바로 이 목적을 위해서입니다. 곧 여
러분이 우리의 사정을 알고 또 두기
고로 하여금 여러분의 마음을 위로하
게 하려는 것입니다.
9 신실하고 사랑받는 형제인 오네시모
도 함께 보냅니다. 오네시모는 여러분
에게서 온 사람입니다. 그들이 이곳
사정을 여러분에게 자세히 알려 드릴
것입니다.
10 나와 함께 감옥에 갇혀 있는 아리스다
고와 바나바의 *조카 마가가 여러분에
게 안부를 전합니다. (마가가 여러분
에게 가면 그를 잘 영접하라는 지시
를 여러분이 이미 받았을 줄 압니다.)
11 또 유스도라 하는 예수도 안부를 전
합니다. 할례를 받은 사람들 가운데
오직 이들만이 하나님 나라를 위해
일하는 동역자들이요, 내게 위로가
돼 준 사람들입니다.
12 여러분에게서 온 그리스도 예수의 종
에바브라가 여러분에게 안부를 전합
니다. 그는 여러분이 하나님의 모든
뜻 가운데 온전하게 서고 완전한 확
신에 이르도록 하려고 여러분을 위해
항상 힘써 기도합니다.
13 에바브라가 여러분과 라오디게아에
있는 사람들과 히에라볼리에 있는 사
람들을 위해 많이 수고하는 것을 나
는 증언합니다.
14 사랑하는 의사 누가와 데마도 여러분
에게 안부를 전합니다.
15 라오디게아에 있는 형제들과 눔바와
그녀의 가정 교회에 안부를 전합니
다.
16 여러분이 이 편지를 읽은 후에는 라
오디게아에 있는 교회에서도 읽을 수
있도록 하십시오. 또한 여러분도 라오
디게아에서 오는 편지를 읽으십시오.
17 그리고 아킵보에게 "주 안에서 받은
임무를 유의해 완수하라"고 일러 주
십시오.
18 나 바울은 친필로 안부를 전합니다.
여러분은 내가 갇힌 것을 기억하십시
오. 은혜가 여러분에게 있기를 빕니
다.

4:10 또는 사촌

데살로니가전서

1 Thessalonians

예수 그리스도의 재림과 성도의 합당한 삶에 대해 가르쳐 주는 바울의 초기 서신으로, 영적으로 미숙한 데살로니가 교인들에게 믿음의 확신과 따뜻한 위로를 전달해 준다. 재림에 대한 오해로 인하여 혼란에 빠진 성도들을 바른 교리와 거룩한 생활로 인도하며, 당면한 역경을 슬기롭게 극복하고 계속 성장하도록 당부한다.

1 바울과 *실루아노와 디모데는 하나
님 아버지와 주 예수 그리스도 안
에 있는 데살로니가 사람의 교회에 편
지를 씁니다. 은혜와 평강이 여러분
에게 있기를 빕니다.

데살로니가 성도들의 믿음에 대한 감사

2 우리가 기도할 때 여러분을 말하며
여러분 모두로 인해 항상 하나님께
감사합니다. 이는 끊임없이
3 여러분의 믿음의 행위와 사랑의 수고
와 우리 주 예수 그리스도에 대한 소
망의 인내를 우리 하나님 아버지 앞
에서 기억하기 때문입니다.
4 하나님의 사랑을 받은 형제들이여,
우리는 여러분이 택하심을 받았다는
것을 압니다.
5 이는 우리의 복음이 여러분에게 단순
히 말로만 전해진 것이 아니라 능력
과 성령과 큰 확신 가운데 전해졌기
때문입니다. 우리가 여러분 가운데서
여러분을 위해 어떤 사람이 됐는지는
여러분이 잘 알고 있습니다.
6 또 여러분은 많은 환난 가운데서 성령
이 주신 기쁨으로 말씀을 받아 우리
와 주를 본받는 사람들이 됐습니다.
7 그리하여 여러분은 마케도니아와 아
가야의 모든 믿는 사람들에게 본이
됐습니다.
8 주의 말씀이 여러분에게서 시작돼 마
케도니아와 아가야에 널리 퍼지게 된
것은 물론 하나님을 믿는 여러분의
믿음의 소문이 방방곡곡에 알려지게
됐습니다. 그러므로 우리는 아무것도
말할 필요가 없습니다.
9 *그들은 우리가 여러분에게 어떻게
환영을 받았는지 우리에 대해 친히
보고하고 또한 여러분이 어떻게 우상
들을 버리고 하나님께 돌아와 살아
계시고 참되신 하나님을 섬기며
10 하늘로부터 임할 그분의 아들을 기

1:1 또는 실라　1:9 마케도니아와 아가야 지역에 있는 사람들을 가리킴.

다리는지 보고합니다. 이 아들은 하
나님께서 죽은 사람들 가운데서 살
리신 분이시며 다가올 진노에서 우리
를 구원해 내실 예수이십니다.

데살로니가에서 바울의 사역

2 형제들이여, 여러분 자신은 우리가
여러분을 방문한 것이 헛되지 않다
는 것을 알 것입니다.
2 여러분도 알다시피 우리가 전에 빌립
보에서 고난과 모욕을 당했으나 많은
반대에 부딪히면서도 우리 하나님 안
에서 담대하게 하나님의 복음을 전했
습니다.
3 우리의 권면은 잘못된 생각이나 불순
한 동기에서 비롯된 것이 아니며 속
임수에서 비롯된 것도 아닙니다.
4 오히려 우리는 하나님께 인정을 받아
복음 전할 부탁을 받은 사람들로서
말합니다. 이는 사람들을 기쁘게 하
려는 것이 아니라 우리의 마음을 살
피시는 하나님을 기쁘시게 하려는 것
입니다.
5 여러분도 알다시피 우리는 어느 때든
지 아부하는 말을 하거나 탐심의 탈
을 쓴 적이 없습니다. 하나님이 증인
이 되십니다.
6 우리는 여러분에게든 다른 사람에게
든 사람에게는 영광을 구하지 않았
습니다.
7 우리는 그리스도의 사도로서 권위를
세울 수도 있었습니다. 그러나 우리는
여러분 가운데서 유순한 사람들이
돼 유모가 자기 아이들을 돌보는 것
같이 했습니다.
8 여러분을 이토록 사랑해 하나님의 복
음은 물론 우리의 생명까지도 여러분
에게 주기를 기뻐했습니다. 이는 여러
분이 우리에게 사랑받는 사람들이 됐
기 때문입니다.
9 형제들이여, 여러분은 우리의 수고와
고생을 기억할 것입니다. 우리는 여러
분 가운데 누구에게도 짐이 되지 않
으려고 밤낮으로 일하면서 여러분에
게 하나님의 복음을 전했습니다.
10 우리가 믿게 된 여러분 가운데서 얼
마나 거룩하고 의롭고 흠 없이 행했

성·경·상·식

바울과 일

바울은 그리스도인들에게 일하라고 권면했고(살전 4:11), 자신도 장막 짓는 일을 하면서(행 18:3) 복음을 전했다. 요즘으로 말하면 자비량 선교사, 전문인 선교사였던 것이다. 또 바울은 '자기 손으로 힘써서 일하는 것'을 형제 사랑의 한 표현으로 생각했다. 자신을 스스로 지탱할 수 있는 사람은 누구에게도 짐이 되지 않기 때문이다(살전 2:9).

당시 그리스인들은 육체 노동을 멸시하고 정신 활동을 중요하게 여긴 데 비해, 유대인들은 육체 노동을 중요하게 생각했다. 그래서 대부분의 유대인 소년들은 부유한 정도에 관계없이 손으로 하는 일을 훈련받았다고 한다. 바울 역시 다른 유대인들처럼 손으로 하는 일을 중요하게 여겼고, 그리스도를 위한 일 속에 이런 수고가 포함된다고 생각했다(살전 2:9).

는지 여러분이 증인이며 하나님도 그
러하십니다.
11 여러분도 알다시피 우리는 여러분 한
사람 한 사람을 대할 때 아버지가 자
기 자식을 대하듯 여러분을 권면하고
위로하고 당부했습니다.
12 이는 여러분을 불러 자기의 나라와
영광에 들어가게 하시는 하나님께 합
당하게 행하게 하기 위한 것입니다.
13 또한 우리가 하나님께 끊임없이 감사
드리는 것은 여러분이 우리에게서 들
은 하나님의 말씀을 받을 때 사람의
말로 받지 않고 실제 하나님의 말씀
으로 받아들였기 때문입니다. 이 말
씀이 또한 믿는 여러분 안에서 역사
하고 있습니다.
14 형제들이여, 여러분은 그리스도 예수
안에서 유대에 있는 하나님의 교회들
을 본받는 사람들이 됐습니다. 이는
그들이 유대 사람들에게 고난을 받았
듯이 여러분도 여러분의 동족에게 고
난을 받았기 때문입니다.
15 유대 사람들은 주 예수와 예언자들
을 죽이고 우리를 박해하고 하나님을
기쁘시게 하지 않고 모든 사람들을
배척했습니다.
16 그들은 우리가 이방 사람들에게 구원
을 받도록 말씀 전파하는 것을 훼방
해 자기의 죄를 항상 가득하게 합니
다. 그러므로 마침내 그들 위에 진노
가 임했습니다.

데살로니가 교인들 보기를 열망하는 바울

17 형제들이여, 우리가 잠시 여러분을 떠
난 것은 얼굴이요, 마음이 아니니 우
리가 여러분의 얼굴 보기를 더욱 열
정으로 힘썼습니다.
18 그러므로 우리는 여러분에게 가고자
했고 특히 나 바울은 여러 번 가려고
했습니다. 그러나 사탄이 우리를 막
았습니다.
19 우리 주 예수 그리스도께서 다시 오실
때 그분 앞에서 우리의 소망이나 기
쁨이나 자랑의 면류관이 무엇이겠습
니까? 여러분이 아니겠습니까?
20 여러분이야말로 우리의 영광이요, 기
쁨입니다.

3 그러므로 우리가 더 이상 참지 못
하고 우리만 아테네에 남는 것을
좋게 여겨
2 우리의 형제요, 그리스도의 복음 안
에서 하나님의 동역자인 디모데를 여
러분에게 보냈습니다. 이는 여러분을
견고하게 하고 여러분의 믿음을 격려
함으로
3 아무도 이 환난 가운데서 요동하지
않게 하려는 것입니다. 여러분은 우리
가 이런 일을 위해 세우심을 받은 것
을 잘 압니다.
4 우리가 여러분과 함께 있을 때 우리
가 환난당할 것을 여러분에게 예고했
는데 실제로 그렇게 됐고 여러분도 그
것을 잘 알고 있습니다.
5 그러므로 나는 더 이상 참지 못해서
여러분의 믿음을 알아보려고 디모데
를 보냈습니다. 이는 혹 시험하는 자
가 여러분을 시험해서 우리의 노력을

헛수고로 만들지 못하게 하려는 것입
니다.

디모데가 전해 준 기쁜 소식

6 그러나 지금은 디모데가 여러분에
게서 돌아와 여러분의 믿음과 사랑
에 대해 기쁜 소식을 우리에게 전하
고 또 여러분이 우리에 대해 항상 좋
은 기억을 갖고 있고 우리가 여러분을
보고 싶어 하듯이 여러분도 우리를
간절히 보고 싶어 한다고 전했습니다.
7 그러므로 형제들이여, 우리가 모든
궁핍과 환난 가운데 여러분의 믿음으
로 인해 위로를 받았습니다.
8 여러분이 주 안에서 굳게 서 있다니
우리가 이제 살 것 같습니다.
9 우리가 우리 하나님 앞에서 여러분으
로 인해 기뻐하는 모든 기쁨에 대해
우리가 하나님께 여러분에 대해 어떤
감사를 드릴 수 있겠습니까?
10 우리는 여러분의 얼굴을 보고 여러분
의 믿음에 부족한 것을 온전케 하기
위해 밤낮으로 간절히 기도합니다.
11 이제 우리 하나님 아버지와 우리 주
예수께서 친히 우리의 길을 여러분에
게로 바로 인도해 주시고
12 우리가 여러분을 사랑한 것처럼 주께
서 여러분 서로 간에 모든 사람에 대
한 사랑이 넘치게 하시고 풍성하게
하셔서
13 우리 주 예수께서 그분의 모든 성도
들과 함께 다시 오실 때 하나님 우리
아버지 앞에서 여러분의 마음을 거
룩하고 흠 없이 세우시기를 빕니다.

하나님을 기쁘시게 하는 삶

4 마지막으로 형제들이여, 우리는 주
예수 안에서 여러분에게 부탁하며
권면합니다. 여러분은 마땅히 어떻게
행할 것과 어떻게 하나님을 기쁘시게
할 것인지에 대해 우리에게서 배운 대
로 하십시오. 여러분이 행하고 있는
대로 더욱 풍성히 행하십시오.
2 여러분은 우리가 주 예수를 통해 여
러분에게 준 명령들이 무엇인지 알고
있습니다.
3 하나님의 뜻은 이것이니 여러분이 거
룩하게 되는 것입니다. 곧 음행을 멀
리하고
4 *각기 거룩함과 존귀함으로 자기 *아
내를 취할 줄 알고
5 하나님을 모르는 이방 사람들처럼 욕
정에 빠지지 말고
6 이런 일로 자기 형제를 해하거나 기만
하지 말라는 것입니다. 이는 우리가
이미 여러분에게 말하고 엄히 경고한
대로 주께서는 이 모든 행위에 대해
징벌하는 분이시기 때문입니다.
7 하나님께서 우리를 부르신 것은 부정
한 삶을 위해서가 아니라 거룩한 삶
을 위한 것입니다.
8 그러므로 거룩함을 저버리는 사람은
사람을 저버리는 것이 아니라 여러분
에게 성령을 주신 하나님을 저버리는
것입니다.
9 이제 형제 사랑에 대해서는 여러분에

4:4 또는 자기 아내를 자기 몸처럼 대할 줄 알아야 합니다. 4:4 그리스어, '그릇'

게 더 이상 쓸 필요가 없습니다. 이는
여러분 자신이 하나님께로부터 서로
사랑하라는 가르침을 받았기 때문입
니다.
10 그리고 여러분은 실제로 마케도니아
전역에 있는 모든 형제들에게 사랑을
행하고 있습니다. 그러나 형제들이여,
우리가 여러분에게 권면하는 것은 여
러분이 더욱 풍성히 행하고
11 우리가 여러분에게 명한 것같이 조용
한 삶을 살며 자신의 일을 행하며 여
러분의 손으로 일하기를 힘쓰라는 것
입니다.
12 이는 여러분이 외부 사람들에 대해
품위 있게 행동하고 또한 아무것도
궁핍함이 없게 하려는 것입니다.

그리스도 안에서 죽은 사람들

13 형제들이여, 이제 우리는 여러분이
잠든 사람들에 대해 알지 못하기를
원하지 않습니다. 이는 여러분이 소
망이 없는 다른 사람들처럼 슬퍼하지
않게 하려는 것입니다.
14 예수께서 죽었다가 다시 사신 것을
우리가 믿는다면 이와 같이 하나님께
서 예수로 인해 *잠자는 사람들도 그
분과 함께 데리고 오실 것입니다.
15 우리는 주의 말씀을 따라 여러분에
게 이것을 말합니다. 주께서 오실 때
까지 우리 살아남아 있는 사람들이
잠자는 사람들보다 결코 앞서지 못할
것입니다.
16 주께서 호령과 천사장의 소리와 하나
님의 나팔 소리와 함께 친히 하늘에
서 내려오실 것인데 그리스도 안에서
죽은 사람들이 먼저 일어나고
17 그다음에 우리 살아남아 있는 사람
들이 그와 함께 구름 속으로 들려 올
라가 공중에서 주를 만나게 될 것입
니다. 그리고 우리는 영원히 주와 함
께 있을 것입니다.
18 그러므로 여러분은 이 말씀들로 서
로 위로하십시오.

주의 날

5 형제들이여, 시기와 날짜에 대해서
는 여러분에게 쓸 것이 없습니다.
2 이는 주의 날이 밤에 도둑이 오는 것
처럼 올 것을 여러분 스스로 잘 알고
있기 때문입니다.
3 그들이 "평안하다, 안전하다" 할 때에
임신한 여인에게 해산의 고통이 찾아
오는 것처럼 멸망이 갑자기 닥칠 것인
데 그들이 결코 피하지 못할 것입니
다.
4 그러나 형제들이여, 여러분은 어둠에
있지 않으므로 도둑이 강탈해 가는
것처럼 그날이 여러분에게 이르지 못
할 것입니다.
5 여러분은 모두 빛의 아들들이요, 낮
의 아들들이기 때문입니다. 우리는
밤이나 어두움에 속하지 않았습니다.
6 그러니 우리는 다른 사람들처럼 자지
말고 오직 깨어 정신을 차립시다.
7 잠자는 사람들은 밤에 자고 술 취하
는 사람들도 밤에 취합니다.
8 그러나 우리는 낮에 속한 사람들이니

4:14 또는 죽은

정신을 차리고 믿음과 사랑의 가슴
받이 갑옷을 입고 구원의 소망의 투
구를 씁시다.
9 하나님께서 우리를 세우신 것은 진노
를 당하게 하시려는 것이 아니요, 우
리 주 예수 그리스도로 인해 구원을
얻게 하시려는 것입니다.
10 그리스도께서 우리를 위해 죽으셨으
니 이는 우리가 깨어 있든 자고 있든
그분과 함께 살게 하시려는 것입니다.
11 그러므로 여러분은 지금 하고 있는
그대로 서로 권면하고 서로 세워 주
십시오.

마지막 권면

12 형제들이여, 우리는 여러분 가운데서
수고하고 주 안에서 여러분을 지도하
며 권면하는 사람들을 알아줄 것을
여러분에게 부탁합니다.
13 그리고 그들의 사역으로 인해 사랑으
로 그들을 존귀히 여기십시오. 여러
분은 서로 화목하십시오.
14 또 형제들이여, 우리는 여러분에게 권
면합니다. 여러분은 게으른 사람들에
게 경고하고 낙심한 사람들을 위로하
며 연약한 사람들을 도와주고 모든
사람에 대해 오래 참으십시오.
15 여러분은 아무도 악을 악으로 갚지 못
하게 하고 오직 서로에게 그리고 모든
사람에 대해 항상 선을 좇으십시오.
16 항상 기뻐하십시오.
17 쉬지 말고 기도하십시오.
18 모든 일에 감사하십시오. 이는 그리스
도 예수 안에서 여러분을 향하신 하
나님의 뜻입니다.
19 성령을 소멸하지 마십시오.
20 예언을 멸시하지 마십시오.
21 모든 것을 분별하고 선한 것을 취하
십시오.
22 악은 어떤 모양이라도 피하십시오.
23 평강의 하나님께서 친히 여러분을 온
전히 거룩하게 하시고 우리 주 예수
그리스도께서 오실 때 여러분의 영과
혼과 몸을 다 *흠이 없게 지켜 주시
기를 빕니다.
24 여러분을 부르시는 분은 신실하시니
그분이 또한 이루실 것입니다.
25 형제들이여, 우리를 위해 기도해 주
십시오.
26 *거룩한 입맞춤으로 모든 형제에게
문안하십시오.
27 내가 주를 의지해 여러분에게 명합니
다. 이 편지가 모든 형제에게 읽혀지
도록 하십시오.
28 우리 주 예수 그리스도의 은혜가 여러
분과 함께 있기를 빕니다.

5:23 또는 완전하게 5:26 또는 그리스도의 사랑으로

데살로니가후서

2 Thessalonians

데살로니가전서에서 부족했던 점을 보완하고 교정하기 위해 쓴 바울의 서신으로 재림 교리에 대한 바른 이해와 함께 일상생활과 인내의 중요성을 강조하고 있다. 참된 성도는 육체의 정욕에 빠져 게으름을 정당화하면 안 되고, 주님의 오심을 기다리며 모든 유혹을 물리치고 인내와 충성을 다해야 함을 거듭 강조하고 있다.

1 바울과 *실루아노와 디모데는 하나
님 우리 아버지와 주 예수 그리스
도 안에 있는 데살로니가 사람의 교회
에 편지를 씁니다.
2 하나님 아버지와 주 예수 그리스도께
로부터 은혜와 평강이 여러분에게 있
기를 빕니다.

감사와 기도

3 형제들이여, 우리는 여러분으로 인해
하나님께 항상 감사하지 않을 수 없
습니다. 이렇게 하는 것이 마땅합니
다. 이는 여러분의 믿음이 점점 자라
나고 여러분 모두가 각자 서로에게 나
타내는 사랑이 풍성하기 때문입니다.
4 그러므로 우리는 여러분이 당한 모든
핍박과 환난 가운데 보여 준 여러분
의 인내와 믿음으로 인해 친히 하나
님의 교회들 가운데 자랑합니다.
5 이것은 여러분을 하나님 나라에 합당
한 사람들이 되게 하시려는 하나님의
공의로우신 심판의 표입니다. 그 나
라를 위해 여러분도 고난을 받고 있
습니다.
6 하나님의 공의는 여러분에게 환난을
주는 사람들에게는 환난으로 갚으시
고
7 환난을 당하는 여러분에게는 주 예
수께서 그분의 능력의 천사들과 함께
하늘로부터 불꽃 가운데 나타나실
때 우리와 함께 안식으로 갚으실 것
입니다.
8 하나님을 알지 못하는 사람들과 우
리 주 예수의 복음에 복종하지 않는
사람들에게 형벌을 내리실 것입니다.
9 그런 사람들은 주의 얼굴과 그분의
영광스러운 능력에서 떠나 영원한 멸
망의 형벌을 받을 것입니다.
10 그날에 주께서 오셔서 그분의 거룩한
백성들 가운데서 영광을 받으시고 모
든 믿는 사람 가운데서 높임을 받으
실 것입니다. (이는 여러분이 여러분

1:1 또는 실라

에게 전한 우리의 증거를 믿었기 때문
입니다.)
11 그러므로 우리는 항상 여러분을 위해
우리 하나님께서 여러분을 부르심에
합당한 사람이 되게 하시고 또한 모
든 선한 뜻과 믿음으로 하는 일을 그
분의 능력으로 이루어 주시기를 기도
합니다.
12 이렇게 함으로 우리 하나님과 주 예
수 그리스도의 은혜에 따라 우리 주
예수의 이름이 여러분 가운데서 영광
을 받으시고 여러분도 그리스도 안에
서 영광을 얻게 되기를 원합니다.

불법의 사람

2 형제들이여, 우리 주 예수 그리스도
께서 오실 것과 우리가 함께 그 앞
에서 모일 것에 관해 여러분에게 간
청합니다.
2 여러분은 영으로나 말로나 혹 우리에
게서 받았다고 하는 편지로나 주의
날이 임박했다고 생각하고 쉽게 동요
하거나 놀라지 마십시오.
3 아무도 여러분을 어떤 방식으로든 속
이지 못하게 하십시오. 이는 먼저 배
교하는 일이 발생하고 불법의 사람,
곧 멸망의 아들이 나타나지 않는 한
그날은 오지 않을 것이기 때문입니다.
4 그는 신이나 혹은 경배의 대상이라고
일컬어지는 모든 것을 대적해 자신을
높이고 하나님의 성전에 앉아 자신을
하나님이라고 주장할 것입니다.
5 내가 여러분과 함께 있을 때 여러분
에게 이런 말을 한 것을 기억하지 못
하겠습니까?
6 여러분은 그가 자신의 때에 자신을
나타내도록 지금 그를 막는 것이 있
다는 것을 알고 있습니다.
7 불법의 비밀은 이미 활동하고 있습니
다. 다만 지금 저지하는 자가 있어 그
가 물러날 때까지는 그렇게 할 것입니
다.
8 그때에 불법자가 자신을 드러낼 것이
나 주 예수께서 그분의 입 기운으로
그를 제거하시고 오셔서 나타나심으
로 그를 멸망시키실 것입니다.
9 그 불법자는 사탄의 활동을 따라 나

성·경·상·식 | 데살로니가후서를 쓴 목적

데살로니가전서를 쓴 후 오래지 않아 바울은 걱정되는 소식을 들었다(살후 3:11). 데살로니가 교회 안에 재림 문제로 오해와 소란이 있다는 것이었다. 일부 성도들은 세상 끝날이 벌써 왔다고 주장했고(살후 2:2), 이 말을 믿은 사람들은 아무 일도 하지 않았다. 이러한 상황을 들은 바울은 급하게 두 번째 편지를 보내게 된다. 이것이 데살로니가후서다.
바울은 주의 날이 벌써 온 것이 아니라 장차 올 것이기에 기다려야 한다고 설명했다. 그리고 재림 전에는 불법의 사람, 곧 멸망의 아들이 나타날 것이라고 덧붙였다. 또한 "누구든지 일하기 싫으면 먹지도 마십시오"(살후 3:10), "조용히 일해 자신의 양식을 먹도록 하십시오"라는(살후 3:12) 말로 생업에 전념할 것을 명령했다.

타나서 갖가지 능력과 거짓 표적들과
기적들과
10 모든 불의의 속임수와 함께 멸망받을
사람들에게 이를 것입니다. 이것은 그
들이 구원을 얻기 위해 진리의 사랑
을 받아들이기를 거부했기 때문입니
다.
11 그러므로 하나님께서는 미혹의 영을
그들에게 보내셔서 그들로 거짓된 것
을 믿게 하십니다.
12 이는 진리를 믿지 않고 불의를 기뻐
하는 모든 사람들이 심판을 받게 하
시려는 것입니다.

굳건하게 서라

13 그러나 주의 사랑을 받는 형제들이
여, 우리는 여러분으로 인해 하나님
께 항상 감사할 뿐입니다. 이는 하나
님께서 여러분을 택하셔서 여러분으
로 성령의 거룩하게 하심과 진리의
믿음 가운데 구원 얻는 첫 열매가 되
게 하셨기 때문입니다.
14 이를 위해 하나님께서 우리의 복음을
통해 여러분을 부르셨으니 이는 우리
주 예수 그리스도의 영광을 얻게 하시
려는 것입니다.
15 그러므로 형제들이여, 굳게 서서 우리
의 말이나 편지를 통해 여러분이 배
운 전통들을 굳게 지키십시오.
16 우리 주 예수 그리스도와 우리를 사
랑하시며 은혜 가운데 영원한 위로
와 선한 소망을 주시는 하나님 우리
아버지께서 친히
17 여러분의 마음을 위로하시고 모든 선
한 일과 말에 강건하게 해 주시기를
빕니다.

기도를 부탁하다

3 마지막으로 형제들이여, 주의 말씀
이 여러분에게서와 같이 속히 전파
돼 영광스럽게 되고
2 또한 우리를 불의하고 사악한 사람들
로부터 구원해 주시도록 우리를 위해
기도해 주십시오. 이는 믿음은 모든
사람들의 것이 아니기 때문입니다.
3 주께서는 신실하시니 여러분을 강하
게 하시고 악한 자로부터 보호해 주
실 것입니다.
4 여러분에 관해서는 우리가 명령한 것
들을 여러분이 행하고 있고 또 계속
행할 것을 주 안에서 확신합니다.
5 주께서 여러분의 마음을 인도하셔서
하나님의 사랑과 그리스도의 인내에
이르게 하시기를 빕니다.

게으름에 대한 경고

6 형제들이여, 우리가 우리 주 예수 그
리스도의 이름으로 여러분에게 명령
합니다. 여러분은 게을리 행하고 우
리에게서 받은 전통을 따라 살지 않
는 모든 형제를 멀리하십시오.
7 여러분은 우리를 어떻게 본받아야 할
것인지 스스로 알고 있습니다. 우리
는 여러분과 함께 있을 때 게을리 행
하지 않았고
8 아무에게서도 음식을 값없이 먹지 않
았고 도리어 여러분 가운데 어느 누
구에게도 짐이 되지 않으려고 수고하
고 고생하며 밤낮으로 일했습니다.

9 이는 우리가 권한이 없어서가 아니라
우리 스스로 여러분에게 본을 보여
우리로 본을 삼게 하기 위한 것입니
다.
10 우리가 여러분과 함께 있을 때도 여
러분에게 명령하기를 "누구든지 일하
기 싫으면 먹지도 말라"고 했습니다.
11 내가 들으니 여러분 가운데 몇몇 사
람들이 게을리 행하고 아무 일도 하
지 않고 참견이나 한다고 합니다.
12 그런 사람들에게 우리는 주 예수 그
리스도 안에서 명령하고 또 권면합니
다. 조용히 일해 자신의 양식을 먹도
록 하십시오.
13 그러나 형제들이여, 선을 행하다가 낙
심하지 마십시오.
14 누구든지 이 편지에서 한 우리의 말
을 순종치 않거든 그를 지목해 그와
어울리지 마십시오. 그리하여 그로
부끄러움을 느끼게 하십시오.
15 그러나 그를 원수처럼 여기지 말고 형
제같이 권고하십시오.

마지막 문안 인사

16 평강의 주께서 친히 여러분에게 온갖
방식으로 항상 평강 주시기를 빕니
다. 주께서 여러분 모두와 함께하시기
를 원합니다.
17 나 바울은 친필로 문안합니다. 이것이
모든 편지의 표가 되므로 내가 이렇
게 씁니다.
18 우리 주 예수 그리스도의 은혜가 여러
분 모두와 함께하시기를 빕니다.

디모데전서

1 Timothy

연소하고 심약한 믿음의 아들 디모데에게 사도 바울이 영적 아비로서 사역의 지침과 방향을 제시하는 목회 서신이다. 실제적인 문제에 대한 대처 방법과 함께, 사역자의 인격과 자질, 직무 규정, 직분자의 책임, 성도의 윤리, 바른 리더십의 원칙 등이 구체적으로 언급되어 있다. 교리적인 부분보다 삶의 적용을 중점적으로 다룬다.

1 우리 구주 하나님과 우리의 소망
이신 그리스도 예수의 명령을 따라
그리스도 예수의 사도가 된 바울은
2 믿음 안에서 참된 아들인 디모데에게
편지를 쓴다. 하나님 아버지와 그리스
도 예수 우리 주께서 은혜와 긍휼과
평강을 네게 베푸시기를 빈다.

거짓 선생들을 대적하는 사명을 받은 디모데

3 내가 마케도니아로 떠날 때 네게 당
부한 대로 너는 에베소에 머물러 있
어라. 이는 어떤 사람들을 명해 그들
로 다른 교훈을 가르치지 못하게 하
고
4 신화와 끝없는 족보에 마음을 빼앗기
지 못하게 하기 위한 것이다. 이런 것
들은 믿음 안에서 하나님의 경륜을
이루기보다는 오히려 쓸데없는 논쟁
만을 불러일으킬 뿐이다.
5 이 명령의 목적은 깨끗한 마음과 선
한 양심과 거짓 없는 믿음에서 나오
는 사랑을 이루는 데 있다.
6 어떤 사람들은 이에서 벗어나 쓸데없
는 논쟁에 빠졌다.
7 그들은 율법 선생이 되려 하지만 자
기가 말하는 것이나 자기가 확신을
갖고 주장하는 것이 무엇인지 제대로
알지도 못한다.
8 그러나 우리가 아는 것은 어떤 사람
이 율법을 바르게 사용한다면 그 율
법은 선하다는 것이다.
9 율법은 의로운 사람을 위해 세워진
것이 아니라 법을 어기는 사람과 불
순종하는 사람과 경건하지 않은 사람
과 죄인과 거룩하지 않은 사람과 *세
속적인 사람과 아버지를 죽인 사람과
어머니를 죽인 사람과 살인하는 사람
과
10 음란한 짓을 하는 사람과 남색하는
사람과 사람을 유괴하는 사람과 거짓
말하는 사람과 거짓 맹세하는 사람
과 그 외에 건전한 교훈을 거스르는

1:9 또는 망령된 사람, 하나님을 모독하는 사람

사람 때문에 세워진 것이다.
11 내게 맡겨 주신 이 교훈은 복되신 하
나님의 영광스러운 복음을 따른 것이
다.

바울에게 베푸신 주의 은혜

12 나는 내게 능력을 주신 그리스도 예
수 우리 주께 감사드린다. 이는 주께
서 나를 믿고 내게 직분을 맡겨 주셨
기 때문이다.
13 내가 전에는 훼방꾼이요, 핍박자요,
폭행자였으나 오히려 긍휼히 여김을
받은 것은 내가 믿지 않을 때 알지 못
하고 행했기 때문이다.
14 우리 주의 은혜가 그리스도 예수 안
에 있는 믿음과 사랑과 함께 넘치도
록 풍성했다.
15 이 말씀은 믿을 만한 것이요, 또한 모
든 사람이 받을 만한 말씀이다. 곧 그
리스도 예수께서 죄인을 구원하시려
고 세상에 오셨다는 것이다. 죄인 가
운데 내가 가장 악한 사람이다.
16 그러나 내가 긍휼히 여김을 받은 까
닭은 그리스도 예수께서 내게 먼저 끝
없는 인내를 보이심으로써 앞으로 주
를 믿어 영생 얻을 사람들의 본보기
로 삼으시려는 것이었다.
17 영원하신 왕, 곧 없어지지 않으시고
보이지 않으시는 오직 한 분 하나님
께 존귀와 영광이 영원토록 있기를
빈다. 아멘.

디모데에게 준 사명을 새롭게 함

18 아들 디모데야, 전에 네게 주어진 예
언을 따라 내가 네게 이렇게 명령한
다. 너는 그 예언을 따라 선한 싸움
을 싸우고
19 믿음과 선한 양심을 가져라. 어떤 사
람들은 선한 양심을 버렸고 그 믿음
에 관해서는 파선했다.
20 그들 가운데 후메내오와 알렉산더가
있는데 내가 그들을 사탄에게 내어
주었다. 이것은 그들이 징계를 받아
다시는 하나님을 모독하지 못하게 하
기 위한 것이다.

예배에 관한 교훈

2 그러므로 무엇보다 내가 권하는 것
은 모든 사람을 위해 간구와 기도
와 중보의 기도와 감사를 하라는 것
이다.
2 왕들과 높은 지위에 있는 모든 사람
을 위해서도 그렇게 하여라. 이는 우
리가 모든 경건함과 거룩함 가운데
조용하고 평화로운 생활을 하려는 것
이다.
3 이것은 우리 구주 하나님이 보시기에
선하고 받으실 만한 것이다.
4 그분은 모든 사람이 구원을 받으며
진리를 깨닫게 되기를 원하신다.
5 하나님은 한 분이시고 하나님과 사람
사이의 중보자도 한 분이시니, 곧 사
람이신 그리스도 예수이시다.
6 그분은 모든 사람을 위해 자신을 대
속물로 내어 주셨는데 이것은 적절한
때 주어진 증거다.
7 이것을 위해 내가 믿음과 진리 안에
서 전파하는 사람과 사도, 곧 이방 사
람의 선생으로 세움을 입었다. 이것

은 진실이요, 거짓말이 아니다.
8 그러므로 나는 각 곳에서 남자들이
분노와 다툼 없이 거룩한 손을 들고
기도하기를 바란다.
9 이와 같이 여자들도 단정한 옷을 차
려입고 겸손과 정절로 자기를 치장하
고 땋은 머리나 금이나 진주나 값비
싼 옷으로 하지 말고
10 오직 착한 행실로 치장하기를 바란
다. 이는 하나님을 공경한다고 고백
하는 여자들에게 마땅한 것이다.
11 *여자는 온전히 순종하며 조용히 배
워라.
12 나는 여자가 가르친다거나 *남자를
지배하는 것을 허락하지 않는다. 여
자는 조용히 있어야 한다.
13 이것은 아담이 먼저 창조됐고 하와는
그다음에 창조됐기 때문이며
14 아담이 속은 것이 아니라 여자가 속
임을 당하고 죄에 빠졌기 때문이다.
15 그러나 여자가 정숙해서 믿음과 사랑
과 거룩함에 거하면 자녀를 낳음으로
구원을 받을 것이다.

감독과 집사의 자격

3 이것은 믿을 만한 말이다. 곧 '사람
이 감독의 직분을 간절히 사모한다
면 그는 선한 일을 열망하고 있다'는
것이다.
2 그러므로 감독은 비난받을 일이 없
고 한 아내의 남편이며 절제하며 신
중하며 단정하며 나그네를 잘 대접하
며 가르치기를 잘하며
3 술을 즐기지 않으며 폭력적이지 않으
며 온유하며 싸우지 않으며 돈을 사
랑하지 않으며
4 자기 집안을 잘 다스리며 자녀들을
모든 단정함 가운데 복종하게 하는

2:11 또는 아내 2:12 또는 남편을

Q&A 봉사의 직분, 집사

참고 구절 | 딤전 3:8–13

집사(그리스어, 디아코노스)라는 말은 원래 '종'이라는 뜻을 지닌 말로 식사 때 시중드는 사람들을 일컫던 말이었다. 이 말은 초대 교회 내에서 감독을 도와 교회를 섬기며 봉사하는 직책으로 쓰였다.

예루살렘 교회에서 구제의 일을 담당했던 일곱 사람을 집사라고 칭하지는 않았지만 이들은 사도를 도와 구제의 일을 한 사람들로(행 6:1–6) 집사직의 효시가 된다고 볼 수 있다.

바울은 집사의 자질에 대해 몇 가지로 제안했다. 존경할 만하고 일구이언 하지 않으며 술에 중독되지 않고 부당한 이익을 탐내지 않으며 깨끗한 양심에 믿음의 비밀을 간직한 사람, 남을 헐뜯지 않으며 절제하고 모든 일에 믿을 만한 사람, 한 아내의 남편이며 자녀와 자기 집안을 잘 다스리는 사람이었다(딤전 3:8–12).

또한 바울은 집사의 직분을 잘 수행한 사람들은 자기들을 위해 훌륭한 지위를 얻게 되고 그리스도 예수 안에 있는 믿음 안에서 큰 확신을 얻게 된다고 했다(딤전 3:13).

집사로 번역된 '디아코노스'라는 용어가 다른 곳에서는 청지기(눅 16:1;딛 1:7;벧전 4:10), 하인(요 2:5,9), 섬기는 자(고전 16:15), 일꾼(롬 16:1;엡 3:7) 등으로 번역되었다.

사람이어야 한다.
5 (사람이 자기 집안을 다스릴 줄 알지
못하면 어떻게 하나님의 교회를 돌볼
수 있겠는가?)
6 또 개종한 지 얼마 되지 않은 사람도
안 된다. 이것은 그가 교만해져서 마
귀의 정죄에 빠질 우려가 있기 때문
이다.
7 또한 믿지 않는 사람들에게서도 좋
은 평판을 받는 사람이라야 한다. 이
는 그가 비방과 마귀의 덫에 걸리지
않게 하기 위한 것이다.
8 마찬가지로 집사들도 존경할 만하고
한 입으로 두 말을 하지 않으며 술에
중독되지 않고 부당한 이득을 탐내
지 않으며
9 깨끗한 양심에 믿음의 비밀을 간직한
사람이라야 한다.
10 이런 사람들은 먼저 시험해 보고 그
후에 책망할 것이 없으면 집사의 직
분을 맡게 하여라.
11 이와 같이 *여자들도 존경할 만하고
남을 헐뜯지 않으며 절제하고 모든
일에 믿을 만한 사람이라야 한다.
12 집사들은 한 아내의 남편이며 자녀와
자기 집안을 잘 다스리는 사람이어야
한다.
13 집사의 직분을 잘 수행한 사람들은
자기들을 위해 훌륭한 지위를 얻게
되고 그리스도 예수 안에 있는 믿음
안에서 큰 확신을 얻게 된다.

바울이 쓴 교훈의 이유

14 내가 당장이라도 네게 가기를 바라면
서 이렇게 네게 편지를 쓰는 것은
15 내가 늦어질 경우 네가 하나님의 집
에서 어떻게 행할 것인지 알게 하기
위한 것이다. 이 집은 살아 계신 하
나님의 교회요, 진리의 기둥과 터
다.
16 참으로 이 경건의 비밀이 위대하다.
그분은 육체로 나타나셨고 성령으로
의롭다 함을 얻으셨다. 천사들에게
보이셨고 나라들 가운데 전파되셨다.
세상이 그분을 믿었고 그분은 영광
가운데 올라가셨다.

4 성령께서 밝히 말씀하시기를 "마지
막 때에 어떤 사람들이 믿음에서
떠나 속이는 영들과 귀신들의 가르침
을 따를 것이다"라고 하신다.
2 그런 가르침은 양심에 낙인찍힌 거짓
말쟁이들의 속임수에서 나오는 것이
다.
3 그들은 결혼을 못하게 하고 어떤 음
식들을 피하라고 할 것이다. 그러나
음식은 하나님께서 믿는 사람들과 진
리를 아는 사람들이 감사함으로 받
게 하려고 창조하신 것이다.
4 하나님께서 창조하신 것은 모두 선하
므로 감사하는 마음으로 받으면 버릴
것이 하나도 없다.
5 그것은 하나님의 말씀과 기도로 거룩
해진다.
6 네가 이런 것들을 그 형제들에게 가
르친다면 그리스도의 선한 *일꾼이
되어 믿음의 말씀과 네가 따르는 선

3:11 또는 여자 집사들 4:6 또는 집사

한 가르침으로 양육받게 될 것이다.
7 저속하고 헛되게 꾸며 낸 이야기를
버리고 오직 경건에 이르도록 너 자
신을 단련하여라.
8 육체를 단련하는 것은 조금은 유익하
나 경건은 모든 일에 유익하며 이 세
상과 앞으로 올 세상의 생명을 약속
한다.
9 이 말은 진실하며 모든 사람이 받을
만하다.
10 이것을 위해 우리가 수고하며 애쓰고
있다. 이는 우리가 살아 계신 하나님
께 소망을 두고 있기 때문이다. 하나
님은 모든 사람 특히 믿는 사람들의
구주이시다.
11 너는 이런 것들을 명령하고 가르쳐
라.
12 네가 젊다고 해서 누구라도 너를 업
신여기지 못하게 하고 오직 말과 행실
과 사랑과 믿음과 순결에 대해 믿는
사람들의 본이 되어라.
13 내가 갈 때까지 너는 성경 낭독과 설
교와 가르치는 일에 전념하여라.
14 네 속에 있는 은사, 곧 장로들의 모임
에서 안수받을 때 예언을 통해 받은
은사를 소홀히 여기지 마라.
15 이것들을 실천하고 이것들을 꾸준히
행하여라. 그래서 네 진보가 모든 사
람에게 나타나게 하여라.
16 너 자신과 가르침에 주의하고 그 일
들을 계속하여라. 이렇게 함으로 너
는 너뿐 아니라 네 말을 듣는 모든
사람들을 구원할 것이다.

과부들, 장로들, 종들

5 너는 나이가 많은 남자를 꾸짖지
말고 아버지에게 하듯 권면하여라.
청년들에게는 형제들을 대하듯이 권
면하여라.
2 나이 많은 여자들에게는 어머니를 대
하듯이 권면하고 젊은 여자들에게는
자매를 대하듯이 오직 순수함으로
권면하여라.
3 참과부인 과부를 존대하여라.
4 그러나 어떤 과부에게 자녀나 손자가
있다면 그들로 하여금 먼저 자기 집
에서 신앙적 의무를 다하는 것과 부
모에게 보답하는 것을 배우게 하여
라. 이것이 하나님께서 원하시는 일이
다.
5 참과부로서 외로운 사람은 자기의 소
망을 하나님께 두고 밤낮으로 기도와
간구에 전념한다.
6 향락을 좋아하는 여자는 살아 있으
나 죽은 것이다.
7 또한 너는 이것들을 명령해서 그들로
비난받는 일이 없도록 하여라.
8 누구든지 자기 친척 특히 자기 가족
을 돌보지 않는 사람은 믿음을 저버
린 사람이요, 믿지 않는 사람보다 더
악한 사람이다.
9 과부로 명부에 올릴 사람은 60세 이
상이어야 하고 한 남편의 아내였던
사람이어야 한다.
10 또 그는 선한 행실들로 인정을 받는
사람이어야 한다. 곧 자녀를 잘 부양
했든지 나그네를 잘 대접했든지 성도

들의 발을 씻겼든지 환난당한 사람
들을 구제했든지 모든 선한 일에 헌
신한 사람이어야 한다.
11 그러나 젊은 과부는 거절하여라. 이
는 그들이 그리스도를 거슬러 정욕에
사로잡히게 되면 결혼하고 싶어 할
것이고
12 그럴 경우 처음 믿음을 저버렸기 때
문에 심판을 받게 될 것이다.
13 또한 그들은 이 집 저 집 돌아다니며
게으름을 배우고 게으를 뿐 아니라
수다를 떨며 남의 일을 참견하고 마
땅히 해서는 안 될 말을 할 것이다.
14 그러므로 나는 젊은 과부들은 결혼
해서 아이를 낳고 집안일을 돌봄으
로 대적자에게 비난할 기회를 아예
주지 않기를 바란다.
15 실제로 어떤 사람들은 이미 떠나 사
탄에게로 갔다.
16 만일 믿는 여자에게 과부 친척이 있
다면 자기가 그 과부를 도와주고 교
회에 부담을 주지 않도록 하여라. 이
는 교회가 참과부를 도와주도록 하
기 위한 것이다.
17 잘 다스리는 장로들은 두 배나 존경
을 받게 하여라. 특히 설교와 가르치
는 일에 수고하는 사람들을 더욱 그
렇게 하여라.
18 성경에서 말하기를 ㄱ"곡식을 밟아 떠
는 소의 입에 망을 씌우지 말라"고 했
고, "일꾼이 자기의 품삯을 받는 것
은 마땅하다"고 했다.
19 장로에 대한 고소는 두세 사람의 증
인이 없으면 받지 마라.
20 죄를 지은 사람은 모든 사람 앞에서
꾸짖어 다른 사람들도 두려워하게 하
여라.
21 내가 하나님과 그리스도 예수와 택하
심을 받은 천사들 앞에서 엄숙히 명
령한다. 너는 이것들을 편견 없이 지
키고 아무 일도 불공평하게 처리하지
마라.
22 아무에게나 경솔하게 안수하지 마라.
다른 사람들의 죄에 동참하지 말고
너 자신을 깨끗하게 지켜라.
23 이제부터는 물만 마시지 말고 네 위
장과 잦은 병을 생각해 포도주도 조
금씩 먹도록 하여라.
24 어떤 사람들의 죄는 분명해서 먼저
심판을 받고 또한 어떤 사람들의 죄
는 그다음에 심판을 받는다.
25 이와 같이 선한 일들도 명백히 드러
나고 그렇지 않은 것들도 숨길 수 없
다.

6

종의 멍에를 메고 있는 사람은 누
구든지 모든 일에 존경심으로 주인
을 대하라. 이는 하나님의 이름과 교
훈이 비방을 받지 않게 하기 위한 것
이다.
2 믿는 주인을 섬기는 사람들은 그 주
인을 형제라고 해서 소홀하게 대하지
말고 도리어 더 잘 섬기라. 이는 그 섬
김을 통해 유익을 얻는 사람들이 믿
는 사람들이며 또한 사랑을 받는 사
람들이기 때문이다.

ㄱ 신 25:4

거짓 선생들과 돈을 사랑함

너는 이런 것들을 가르치고 권면하여
라.
3 누구든지 다른 교리를 가르치고 우
리 주 예수 그리스도의 건전한 말씀
과 경건에 부합한 교훈을 따르지 않
으면
4 그는 교만해져서 아무것도 이해하지
못하고 오히려 쓸데없는 논쟁과 말싸
움만 좋아하게 된다. 그러다가 결국
시기와 분쟁과 비방과 사악한 의심이
일어나고
5 마음이 부패하게 되고 진리를 상실해
경건을 이익의 수단으로 여기는 사람
들 사이에 다툼이 일어난다.
6 그러나 스스로 만족하는 마음이 있
으면 경건은 큰 유익이 된다.
7 우리가 세상에 아무것도 갖고 온 것
이 없으니 떠날 때도 아무것도 갖고
갈 수 없다.
8 우리가 먹을 것과 입을 것이 있으면
이것으로 만족해야 한다.
9 부자가 되기를 원하는 사람들은 유
혹과 올무와 여러 가지 어리석고 해
로운 욕심에 떨어지고 만다. 이런 것
들은 사람을 파멸과 멸망에 빠지게
한다.
10 돈을 사랑하는 것은 모든 악의 뿌리
다. 돈을 사모하는 어떤 사람들은 믿
음에서 떠나 많은 고통으로 자기를
찔렀다.

디모데에게 주는 마지막 권면

11 오, 하나님의 사람아! 너는 이것들을
멀리하여라. 의와 경건과 믿음과 사
랑과 인내와 온유를 추구하여라.
12 믿음의 선한 싸움을 싸워라. 영원한
영생을 붙들어라. 네가 이것을 위해
부르심을 받았고 또 많은 증인들 앞

하용조 목사의 행복한 **메시지**

돈의 유혹

성적인 유혹만큼이나 매혹적으로 우리를 유혹하는 것이 있는데, 바로 돈입니다. 성이 육체를 파괴하는 것이라면 돈은 이성과 정신을 혼미하게 하는 것입니다. 일반적으로 "저 사람은 믿을 만하다."라고 말하는 것을 보면 돈에 대해 깨끗하고 믿을 만하다는 의미가 담겨 있습니다. 수억 원을 맡겼을 때 아무런 문제를 일으키지 않는다면 그 사람은 깨끗한 사람입니다. 돈에 대해 흐린 사람은 다른 문제에 대해서도 흐립니다. 사람들은 돈 앞에서 인격도 체면도 순결도 쉽게 버립니다. 현대 사회를 물질 만능 사회라고 부르는 것도 바로 이런 까닭일 것입니다. 오늘날 돈의 위력은 점점 더 강해지고 있습니다. 정신을 바짝 차리지 않으면 우리도 돈의 위력에 넘어질 수 있습니다. 성경은 돈을 사랑하는 것이 모든 악의 뿌리라고 말합니다(딤전 6:10). 돈 자체가 나쁘다는 것이 아닙니다. 부자가 되고 재벌이 되는 것이 나쁜 것이 아니라 하나님보다 돈을 더 사랑하여 탐욕에 사로잡히는 것이 나쁜 것입니다. 돈을 사랑하는 사람은 믿음에 서지도 못하고 돈에 만족하지도 못합니다.

에서 선한 고백을 했다.
13 나는 만물에 생명을 주시는 하나님
앞과 본디오 빌라도에게 선한 고백으
로 증언하신 그리스도 예수 앞에서
네게 명령한다.
14 너는 우리 주 예수 그리스도께서 나타
나실 때까지 흠도 없고 책망받을 것
도 없이 이 명령을 지켜라.
15 때가 되면 하나님께서 예수 그리스도
의 나타나심을 보이실 것이다. 하나님
은 복되시고 홀로 하나이신 주권자이
시며 만왕의 왕이시요, 만주의 주이
시다.
16 오직 그분만이 죽지 않으시고 가까이
갈 수 없는 빛 가운데 거하시며 아무
사람도 보지 못했고 볼 수도 없는 분
이시다. 그분께 존귀와 영원한 능력
이 있기를 빈다. 아멘.
17 너는 이 세상의 부유한 사람들에게
명령해서 교만하지 말고 덧없는 재물
에 소망을 두지 말며 오직 우리에게
모든 것을 풍성히 주어 누리게 하시
는 하나님께 소망을 두게 하여라.
18 또한 선을 행하고 좋은 일을 많이 하
고 아낌없이 베풀고 기꺼이 나누어
주게 하여라.
19 그렇게 함으로 그들이 자신들을 위해
기초를 든든히 쌓아 앞날에 참된 생
명을 얻게 하여라.
20 디모데야, 네게 부탁한 것을 지키고
거짓된 지식에서 나오는 속된 말과
논쟁들을 피하여라.
21 어떤 사람들은 이것을 주장하다가 믿
음에서 떠났다. 은혜가 *너와 함께 있
기를 빈다.

6:21 그리스어는 '너희와'

디모데후서

2 Timothy

사도 바울이 쓴 마지막 서신이자 유언장으로서, 노사도의 개인적 감회와 함께 고난을 겪는 그리스도인들에 대한 따뜻한 사랑이 잘 드러나 있다. 복음과 교회에 대해 무한한 애정을 품고 있는 바울은 디모데로 하여금 사명을 성취하기 위해 하나님 앞에 서도록 강력히 요청하며, 말씀의 능력과 성령의 은혜를 의지하도록 촉구한다.

1 하나님의 뜻으로 인해 그리스도 예
수 안에 있는 생명의 약속을 따라
그리스도 예수의 사도 된 바울은
2 사랑하는 아들 디모데에게 편지를 쓴
다. 하나님 아버지와 그리스도 예수
우리 주께서 은혜와 긍휼과 평강을
네게 베푸시기를 빈다.

감사

3 나는 밤낮으로 기도하는 가운데 항
상 너를 기억하며 깨끗한 양심으로
조상 때부터 섬겨 오는 하나님께 감
사를 드린다.
4 네 눈물을 기억하며 너를 만나 보기
를 간절히 원한다. 그러면 나는 기쁨
이 가득할 것이다.
5 나는 네 안에 있는 거짓 없는 믿음을
기억한다. 그것은 먼저 네 외할머니
로이스와 어머니 유니게 안에 있던 것
으로 지금 네 안에도 있는 줄을 내가
확신한다.

바울과 복음에 충성할 것을 권고함

6 그러므로 내가 너를 일깨워서 내 안
수를 통해 네가 받은 하나님의 은사
를 다시 불 일 듯 일으켜 주고자 한
다.
7 하나님께서 우리에게 주신 것은 두려
움의 영이 아니라 능력과 사랑과 *절
제의 영이다.
8 그러므로 너는 우리 주에 대해 증언하
는 일이나 주를 위해 내가 죄수가 된
것을 부끄러워하지 말고 하나님의 능
력으로 복음을 위해 고난을 받아라.
9 하나님께서는 우리를 구원하시고 거
룩한 부르심으로 불러 주셨다. 그것
은 우리의 행위에 따른 것이 아니라
오직 하나님의 계획과 은혜에 따른
것이다. 이 은혜는 영원 전에 이미 그
리스도 예수 안에서 우리에게 주신 것
인데

1:7 또는 근신의

10 이제는 우리 구주 그리스도 예수의
나타나심으로 인해 드러나게 되었다.
예수께서는 죽음을 폐하시고 복음으
로써 생명과 썩지 않을 것을 밝히 드
러내셨다.
11 그리고 이 복음을 위해 나를 선포자
와 사도와 선생으로 세우셨다.
12 이로 인해 내가 다시 이러한 고난을
당하지만 나는 부끄러워하지 않는다.
내가 믿고 있는 분을 알기 때문이며
내가 맡은 것을 그분께서 그날까지
지켜 주실 수 있음을 확신하기 때문
이다.
13 너는 그리스도 예수 안에서 믿음과
사랑으로 내게서 들은 건전한 말씀
을 표준으로 삼아라.
14 우리 안에 거하시는 성령의 도움을
받아 네게 부탁한 선한 일들을 지키
도록 하여라.

배신과 충성의 예

15 너도 알다시피 아시아 지방의 모든 사
람이 나를 버렸다. 그중에 부겔로와
허모게네가 있다.
16 주께서 오네시보로의 집에 긍휼을 베
푸시기를 빈다. 그는 내게 자주 기쁨
을 주었고 또 내가 쇠사슬에 매인 것
을 부끄러워하지 않았다.
17 그가 로마에 있을 때는 더욱 열심히
나를 찾아와 만나 주었다.
18 (그날에 주께서 그에게 주의 긍휼을
베푸시기를 빈다. 너는 그가 에베소에
서 나를 얼마나 많이 도왔는지 잘 알
고 있다.)

새롭게 권고함

2 그러므로 내 아들아, 너는 그리스
도 예수 안에 있는 은혜로 굳세어
라.
2 그리고 너는 많은 증인 앞에서 내가
말한 것을 들었으니 이를 신실한 사
람들에게 맡겨라. 그러면 그들이 또
다른 사람들을 가르칠 수 있을 것이
다.
3 너는 그리스도 예수의 선한 군인답게
함께 고난을 받아라.
4 군 복무를 하는 사람은 아무도 자기
의 사사로운 일에 얽매이지 않는다.
이는 자기를 군인으로 불러 모은 사

성·경·인·물 | **디모데**

- **이름의 뜻** 하나님을 경외함
- **가족 관계** 외할머니 – 로이스, 어머니 – 유니게, 아버지 – 이름이 밝혀지지 않은 그리스인
- **주소** 루스드라 → 에베소 → 마케도니아 → 고린도 → 마케도니아 → 아시아 → 에베소
- **직업** 목회자
- **약력** 디모데는 어렸을 때부터 어머니와 외할머니에게 성경을 배웠다(딤후 1:5). 사람들에게 칭찬받았으며, 할례 받은 후 바울과 동행했다(행 16:1–3). 그는 안수 받고 목회자로 임명되었으며(딤전 4:14), 바울로부터 목회에 관한 두 편의 편지(디모데전후서)를 받았다. 디모데는 몸이 좀 약했고(딤전 5:23), 소극적인 성격을 가졌던 것 같다(딤후 1:7). 그는 바울의 훌륭한 대변인이자 메신저였다(행 19:22;고전 4:17;빌 2:19). 바울은 디모데를 "사랑하는 신실한 아들, 믿음 안에서 참된 아들"이라고 평가했다(고전 4:17;딤전 1:2).

람을 기쁘게 하기 위한 것이다.
5 또한 운동 경기를 하는 사람은 규칙
대로 경기를 하지 않으면 월계관을
받지 못한다.
6 열심히 일하는 농부가 수확물의 첫
몫을 받는 것이 마땅하다.
7 내가 말하는 것을 곰곰이 생각해 보
아라. 주께서 모든 일에 네게 총명을
주실 것이다.
8 내가 복음을 통해 전한 바와 같이 다
윗의 자손으로 나시고 죽은 사람 가
운데서 살아나신 예수 그리스도를 기
억하여라.
9 그 복음으로 인해 내가 범죄자처럼
사슬에 매이기까지 고난을 당할지라
도 하나님의 말씀은 매이지 않는다.
10 그러므로 나는 택함을 받은 사람들
을 위해 모든 것을 참고 견딘다. 이것
은 그들 또한 그리스도 예수 안에 있
는 구원을 영원한 영광과 함께 얻게
하려는 것이다.
11 이 말은 신실하다. 우리가 주와 함께
죽었으면 또한 주와 함께 살 것이다.
12 우리가 참고 견디면 또한 주와 함께
다스릴 것이다. 우리가 주를 부인하면
또한 주께서도 우리를 부인하실 것이
다.
13 우리가 신실하지 못할지라도 그분은
언제나 신실하시다. 그분은 자신을
부인하실 수 없기 때문이다.

거짓 선생들을 다루는 법

14 너는 그들에게 이것을 기억하게 하고
말다툼을 하지 말라고 하나님 앞에
서 엄히 명령하여라. 그것은 아무 유
익이 없고 오히려 듣는 사람들을 해
칠 뿐이다.
15 너는 진리의 말씀을 바로 가르치는
부끄러울 것이 없는 일꾼으로 하나님
께 인정받는 사람이 되기를 힘써라.
16 속된 잡담을 피하여라. 이런 말을 하
는 사람들은 경건함에서 점점 더 멀
어지고
17 그들의 가르침은 암처럼 퍼져 나갈 것
이다. 그중에는 후메내오와 빌레도가
있다.
18 그들은 진리에서 멀리 떠나 버렸고
부활이 이미 일어났다고 말하며 몇몇
사람들의 믿음을 파괴시키고 있다.
19 그러나 하나님의 견고한 터는 굳건히
서 있고 거기에는 ㄱ"주께서 자기 백
성을 아신다"라는 말씀과 ㄴ"주의 이
름을 부르는 사람은 누구든지 악에
서 떠나라"라는 말씀이 새겨져 있다.
20 큰 집에는 금그릇과 은그릇뿐 아니라
나무그릇과 질그릇도 있어서 어떤 것
은 귀하게 사용되고 어떤 것은 막 사
용되기도 한다.
21 그러므로 누구든지 이러한 것에서 자
신을 깨끗하게 하면 그는 주인이 모
든 좋은 일에 요긴하게 사용하는 귀
하고 거룩한 그릇이 될 것이다.
22 또한 너는 청년의 정욕을 피하고 순
결한 마음으로 주를 부르는 사람들
과 함께 의와 믿음과 사랑과 화평을
추구하여라.

ㄱ 민 16:5 ㄴ 사 26:13

23 어리석고 무식한 논쟁을 피하여라.
너도 알다시피 그것은 다툼을 일으
킬 뿐이다.
24 주의 종은 다투지 말아야 하고 모든
사람에 대해 온유하며 가르치기를
잘하고 참을성이 있어야 하며
25 반대하는 사람들을 온유함으로 바로
잡아 주어야 한다. 이는 하나님께서
그들을 회개시켜 진리를 깨닫도록 하
실지도 모른다는 기대 때문이고
26 마귀에게 붙잡혀 마귀의 뜻을 따르
던 그들이 정신을 차리고 마귀의 올
무에서 벗어나게 될지도 모른다는 기
대 때문이다.

3 너는 이것을 알아라. 말세에 어려
운 때가 올 것이다.
2 사람들은 자기를 사랑하고 돈을 사
랑하고 잘난 척하고 교만하고 하나님
을 모독하고 부모에게 순종하지 않고
감사할 줄 모르고 거룩하지 않고
3 무정하고 화해하지 않고 남을 헐뜯고
무절제하고 난폭하고 선한 것을 좋아
하지 않고
4 배반하고 무모하고 자만하고 하나님
을 사랑하기보다 쾌락을 더 사랑하고
5 경건의 모양은 있으나 경건의 능력은
인정하지 않게 될 것이다. 너는 이런
사람들을 멀리하여라.
6 그들 가운데는 남의 집에 살며시 들
어가 어리석은 여자들을 유인하는 사
람들이 있을 것이다. 그런 여자들은
죄를 무겁게 지고 온갖 종류의 욕심
에 이끌려
7 항상 배우기는 하지만 결코 진리의
지식에 도달할 수 없다.
8 얀네와 얌브레가 모세를 대적했던 것
처럼 그들도 진리를 대적한다. 그들은
마음이 타락한 사람들이요, 믿음에
실패한 사람들이다.
9 그러나 그들은 더 나아가지 못할 것
이다. 이는 그 두 사람의 경우처럼 그
들의 어리석음이 모든 사람에게 명백
히 드러날 것이기 때문이다.

디모데에게 주는 마지막 권면

10 너는 내 가르침과 행실과 의향과 믿
음과 오래 참음과 사랑과 인내를 본
받으며
11 안디옥과 이고니온과 루스드라에서
내가 겪었던 것과 같은 핍박과 고난
을 함께 겪었다. 그러한 핍박을 내가
겪었으나 주께서 이 모든 것에서 나
를 구해 주셨다.
12 그리스도 예수 안에서 경건한 삶을 살
고자 하는 사람들은 모두 핍박을 당
할 것이다.
13 악한 사람들과 속이는 사람들은 더
욱 악해져서 속이기도 하고 속기도
할 것이다.
14 그러나 너는 배우고 확신한 것 안에
머물러라. 너는 그것을 누구에게서
배웠는지 알고 있다.
15 또 너는 어려서부터 성경을 알고 있
다. 성경은 네게 그리스도 예수 안에
있는 믿음으로 인해 구원에 이르는
지혜를 줄 수 있다.
16 모든 성경은 하나님의 감동으로 된

것으로 교훈과 책망과 바르게 함과
의로 *교육하기에 유익하니
17 이는 하나님의 사람으로 모든 선한
일을 위해 온전히 준비되게 한다.

4 하나님 앞과 산 사람과 죽은 사람
을 심판하실 그리스도 예수 앞에서
그분의 나타나실 것과 그분의 나라
를 두고 내가 엄숙히 명령한다.
2 너는 말씀을 전파하여라. 때를 얻든
지 못 얻든지 항상 힘써라. 끝까지 오
래 참고 가르치며 책망하고 경계하고
권면하여라.
3 때가 오면 사람들이 *바른 교훈을 받
지 않고 오히려 욕심을 따라 귀를 즐
겁게 하는 말을 하는 스승들을 많이
모아들일 것이다.
4 또 그들은 진리에서 돌이켜 허황된
이야기에 귀를 기울일 것이다.
5 그러나 너는 모든 일에 정신을 차리
고 고난을 받으며 전도자의 일을 하
며 네 임무를 다하여라.
6 나는 이미 부어 드리는 제물과 같이
제물로 드려졌고 세상을 떠날 때가
되었다.
7 나는 선한 싸움을 싸우고 경주를 마
치고 믿음을 지켰다.
8 이제 나를 위해 의의 면류관이 준비
되었으니 주, 곧 의로우신 재판장이
그날에 내게 주실 것이다. 그리고 나
뿐 아니라 주의 나타나심을 사모하는
모든 사람에게도 주실 것이다.

개인적인 부탁

9 너는 속히 내게로 와라.
10 데마는 이 세상을 사랑해 나를 버리
고 데살로니가로 갔고 그레스게는 갈
라디아로 디도는 달마디아로 갔으며
11 누가만 나와 함께 있다. 너는 올 때 마
가를 데리고 와라. 그는 내 사역에 도
움이 되는 사람이다.
12 내가 두기고를 에베소로 보냈다.
13 네가 올 때 드로아 가보의 집에 두고

3:16 또는 징계 4:3 그리스어, '건전한'

하용조 목사의
행복한 **메시지**

하나님께 영광을!

신구약 성경을 통해 발견하는 것은 '하나님의 임재에 대한 경배'입니다. 하나님의 임재를 느낄 때 오는 충격과 감동, 곧 경외감은 하나님의 나라와 권세와 영광에 대한 발견입니다. 진정한 하나님의 발견에서 진정한 자신을 발견할 수 있습니다. 신앙이란 무엇입니까? 그것은 하나님에 대한 관심입니다. 하지만 많은 사람들이 나에 대한 관심의 신앙을 갖습니다. 내가 외로우니까, 내가 고통스러우니까 신앙이 필요하다고 말합니다.
참된 신앙은 하나님이 중심이어야 합니다. 하나님은 우주의 근본이시며 우리를 지으신 분이십니다. 어느 누구도 하나님을 모르고서는 과학도 역사도 예술도 제대로 알 수 없습니다. 하나님을 알게 되면 그분 앞에 나아가 나라와 권세와 영광이 하나님께 영원히 있다는 감격적인 고백을 하게 되는 것입니다.

온 내 겉옷을 가져오고 책은 특별히
양피지에 쓴 것을 가져와라.
14 구리세공인 알렉산더가 내게 많은 해
를 입혔다. 주께서는 그가 행한 대로
갚아 주실 것이다.
15 너도 그를 주의하여라. 그가 우리의
말을 심히 대적했다.
16 내가 처음 변론할 때 아무도 내 곁에
있지 않았고 모두 나를 남겨 두고 떠
나갔다. 나는 그들에게 허물이 돌아
가지 않기를 바란다.
17 그러나 주께서 내 곁에 서서 내게 힘
을 주셨다. 이는 나로 하여금 말씀을
온전히 전파하게 하고 모든 이방 사
람들이 그것을 듣게 하시기 위함이었
다. 내가 사자의 입에서 구출되었다.
18 주께서 나를 모든 악한 공격에서 건
져 내시고 구원하셔서 그분의 하늘나
라에 들어가게 하실 것이다. 그분께
영광이 영원무궁하기를 빈다. 아멘.

마지막 문안 인사

19 브리스가와 아굴라 그리고 오네시보
로의 집안사람들에게 안부를 전하여
라.
20 에라스도는 고린도에 머물러 있고 드
로비모는 병이 들어 밀레도에 두고 왔
다.
21 너는 겨울이 되기 전에 서둘러 내게
로 와라. 으불로와 부데와 리노와 글
라우디아와 모든 형제들이 그대에게
안부를 전한다.
22 나는 주께서 네 심령에 함께 계시기
를 빈다. 은혜가 너희와 함께 있기를
빈다.

디도서

Titus

교회의 역할과 목회자의 책임을 명확히 제시하는 바울의 목회 서신으로, 그레데 교회의 지도자인 디도에게 보내졌다. 특히 율법주의에 빠진 거짓 교사들로 인해 몸살을 앓고 있는 교회를 위해 구원에 관한 핵심 교훈들을 상세하게 알려 주며, 복음에 기초를 둔 거룩한 삶을 통해 하나님의 교회를 바로 세우도록 권면한다.

1 하나님의 종이요, 예수 그리스도의
사도인 바울이 편지를 쓴다. 내가
사도가 된 것은 하나님이 택하신 사
람들의 믿음과 경건에 이르는 진리를
아는 지식을 위한 것이요
2 또한 영생의 소망 때문이다. 이 영생
은 거짓이 없으신 하나님께서 *영원
전부터 약속하신 것이다.
3 그분은 하나님의 때에 복음 전파를
통해 자기의 말씀을 밝히 드러내셨는
데 나는 우리 구주 하나님의 명령을
따라 이 복음 전파의 일을 맡았다.
4 같은 믿음을 따라 참아들이 된 디도
에게 이 편지를 쓴다. 하나님 아버지
와 그리스도 예수 우리 구주께서 은
혜와 평강을 베푸시기를 빈다.

선한 일을 좋아하는 장로들을 세우라

5 내가 그대를 크레타에 남겨 둔 까닭
은 그대가 남은 일을 바로잡고 내가
그대에게 지시한 대로 각 성에 장로
들을 세우게 하려 함이었다.
6 장로는 흠 없고 한 아내의 남편이며
방탕하다는 비난을 받거나 불순종하
는 일이 없는 믿음의 자녀를 둔 사람
이라야 한다.
7 감독은 하나님의 청지기로서 흠 없고
제 고집대로 하지 않으며 쉽게 화를
내지 않으며 술을 즐기지 않으며 난
폭하지 않으며 부당한 이득을 탐하지
않으며
8 오히려 나그네를 잘 대접하며 선한 것
을 좋아하며 분별력이 있으며 의로우
며 경건하며 자제하며
9 배운 대로 신실한 말씀을 굳게 지키
는 사람이라야 할 것이다. 이는 그가
바른 교훈으로 권면하고 반대하는
사람들을 꼼짝 못하게 할 수 있도록
하려는 것이다.

선한 일을 하지 않는 사람들을 꾸짖으라

10 복종하지 않고 헛된 말을 하며 속이
는 사람들이 많은데 특히 할례 받은

1:2 또는 시간이 시작되기 전부터

사람들이 그러하니
11 그들의 입을 막아야 할 것이다. 그런
사람들은 부당한 이득을 챙기려고 가
르쳐서는 안 되는 것을 가르쳐서 가
정들을 온통 뒤집어 놓는다.
12 그들 가운데 어떤 사람, 곧 그들의
*예언자가 말하기를 "크레타 사람들
은 항상 거짓말쟁이요, 악한 짐승들
이며 먹기를 탐하는 게으름뱅이들이
다"라고 했으니
13 이 말이 맞다. 그러므로 그대는 그들
을 따끔하게 꾸짖어라. 이는 그들로
하여금 믿음 안에서 온전하게 하고
14 유대 사람들의 허황된 신화와 진리를
거부하는 사람들의 명령에 주의를 기
울이지 않게 하려는 것이다.
15 깨끗한 사람들에게는 모든 것이 깨
끗하지만 부패해져서 믿지 않는 사람
들에게는 아무것도 깨끗한 것이 없고
도리어 그들의 마음과 양심이 더러워
졌다.
16 그들이 하나님을 안다고 주장하지만
행위로는 부인하니 그들은 가증스러
운 사람들이요, 불순종하는 사람들
이며 모든 선한 일을 행하기에 부적
합한 사람들이다.

복음을 위하여 선한 일에 힘쓰라

2 그대는 오직 바른 교훈에 맞는 것
을 말하여라.
2 나이 든 남자들에게는 자제하며 경건
하며 신중하며 온전한 믿음과 사랑
과 인내를 갖도록 가르쳐라.
3 나이 든 여자들에게는 이와 같이 행
실이 거룩하며 남을 헐뜯지 않으며
지나치게 술의 종이 되지 않으며 도리
어 좋은 것을 가르치는 사람들이 되
도록 가르쳐라.
4 그리하여 그들이 젊은 여자들을 가
르쳐서 자기 남편과 자녀들을 사랑하
고
5 신중하며 순결하며 집안 살림을 잘
하며 선하고 자기 남편에게 순종하는
사람들이 되게 하여라. 이는 하나님
의 말씀이 모욕을 당하지 않게 하기
위한 것이다.

1:12 크레타의 철학자인 에피메니데스를 가리킴.

Q&A 디도는 누구인가?

참고 구절 | 딛 1:4

디도는 유대인이 아닌 바울을 통해 회심한 그리스인 중의 하나였다. 회심 후 그는 바울의 충성스런 동역자가 되었고 바울과 가깝게 지냈다. 그는 바울과 함께 거짓말을 잘하고 게으름뱅이로 이름난(딛 1:12) 크레타 사람들에게 전도했다. 그 후 디도는 크레타 섬에 남겨져 교회의 장로들을 세우고(딛 1:5) 교회를 돌보는 일을 했다.

디도에 대한 기록은 고린도후서에도 일곱 번이나 나온다(고후 2:13;7:6,13-15;8:6,16-17,23;12:18). 디도는 예루살렘에 있는 가난한 자들을 위하여 헌금을 거두는 특수한 책임을 감당했다. 그리고 디도에 대한 바울의 마지막 언급은 디모데후서 4:10에 나오는데, 그가 달마디아(유고슬라비아)로 갔다는 기록이다.

6 이와 같이 그대는 젊은 남자들을 권
면해 분별력 있는 사람이 되게 하여
라.
7 그대는 스스로 모든 일에 선한 행실
의 본을 보이되 가르치는 일에 성실
과 진지함을 보이고
8 비난할 것이 없는 온전한 말을 하여
라. 이는 우리를 대적하는 사람이 우
리에게 험담할 것이 없으므로 부끄러
움을 당하게 하려는 것이다.
9 종들에게는 모든 일에 자기 주인들에
게 복종해 말대꾸하지 않고 그들을
기쁘게 하도록 가르치며
10 주인의 것을 훔치지 않게 하고 오직
착한 마음으로 모든 일에 충성을 다
하도록 가르쳐라. 이는 그들로 모든
일에 우리 구주 하나님의 교훈을 *빛
낼 수 있게 하려는 것이다.
11 모든 사람에게 구원을 주시는 하나님
의 은혜가 나타나
12 우리를 교훈하심으로 경건하지 않은
것과 세상의 정욕을 버리고 신중함과
의로움과 경건함 가운데 이 세상에서
살며
13 복된 소망과 위대하신 하나님과 우리
구주 예수 그리스도의 영광이 나타날
것을 기다리며 살도록 하셨다.
14 그리스도께서 우리를 위해 자기를 내
주셨으니 이는 우리를 모든 불법에서
구속하시고 정결하게 하셔서 선한 일
에 열심을 내는 자기 백성이 되게 하
시려는 것이다.
15 그대는 모든 권위로 이것을 말하고
권면하며 책망해 그 누구도 그대를
무시하지 못하게 하여라.

선한 일을 위하여 구원을 받다

3 그대는 그들을 일깨워서 다스리는
사람들과 권세 있는 사람들에게
복종하고 순종하게 하며 모든 선한
일을 할 준비를 하게 하고
2 남을 헐뜯거나 다투지 않고 모든 사
람에 대해 너그러움과 진정한 온유를
나타내게 하여라.
3 우리도 전에는 어리석었고 순종하지
않았으며 속임을 당했으며 온갖 정욕
과 쾌락에 종노릇했으며 악독과 질투
속에 살았으며 가증스러웠으며 서로
미워했다.
4 그러나 우리 구주 하나님의 자비와
사랑이 나타났을 때
5 그분이 우리를 구원하셨다. 이는 우
리의 의로운 행위 때문이 아니라 오
직 그분의 자비 때문이다. 그분은 거
듭나게 씻어 주시고 성령의 새롭게
하심으로 인해 구원하셨다.
6 우리 구주 예수 그리스도로 인해 그
분이 우리에게 성령을 풍성하게 부어
주셨는데
7 이는 우리가 그분의 은혜로 의롭게
돼 영생의 소망을 따라 상속자들이
되게 하려는 것이다.
8 이것은 믿을 만한 말씀이다. 나는 그
대가 이런 것에 대해 확신을 갖고 말
하기를 바란다. 이는 하나님을 믿는
사람들이 오직 선한 일에 힘쓰게 하

2:10 그리스어, '장식할'

기 위한 것이다. 선한 일은 아름다우
며 사람들에게 유익하다.
9 그대는 어리석은 논쟁과 족보 이야기
와 분쟁과 율법에 대한 언쟁을 피하여
라. 이런 것은 무익하고 헛될 뿐이다.
10 이단에 속한 사람은 한두 번 경고한
후에 멀리하여라.
11 그런 사람은 그대도 알다시피 타락하
고 죄를 지어 스스로 양심의 가책을
받는다.

마지막 부탁

12 내가 아데마나 두기고를 그대에게 보
내면 그때 그대는 곧바로 니고볼리에
있는 내게로 와라. 내가 거기서 겨울
을 나기로 작정했다.
13 그대는 율법사 세나와 아볼로를 빨리
먼저 보내어라. 이는 그들에게 아무것
도 부족함이 없게 하려는 것이다.
14 또 우리에게 속한 사람들도 절실히
필요한 것을 마련하기 위해 그리고 열
매 없는 사람들이 되지 않기 위해 선
한 일에 몰두하기를 배워야 한다.
15 나와 함께 있는 모든 사람들이 그대
에게 안부를 전한다. 그대도 믿음 안
에서 우리를 사랑하는 사람들에게
안부를 전하여라. 은혜가 *그대에게
있기를 빈다.

3:15 그리스어, '여러분 모두에게'

빌레몬서

Philemon

감옥에 있는 사도 바울이 빌레몬으로 하여금 도망친 노예 오네시모를 용서하고, 십자가 사랑 안에서 한 형제로 받아들이도록 호소하는 사적 서신이다. 본서는 복음이 어떻게 제도와 관행, 혈통과 계산을 뛰어넘어 혁명적인 변화에 이를 수 있는지 보여 주며, 의와 죄의 전가 사상이 인간관계에서 적용되는 실례를 제시한다.

1 그리스도 예수를 위해 갇힌 사람이
된 바울과 형제 디모데는 우리의
사랑하는 사람이며 동역자인 빌레몬
과
2 자매 압비아와 우리와 함께 군사가
된 아킵보와 그대의 가정 교회에 편
지를 씁니다.
3 하나님 우리 아버지와 주 예수 그리스
도의 은혜와 평강이 여러분에게 있기
를 빕니다.

감사와 기도

4 내가 기도할 때 그대를 기억하고 내
하나님께 항상 감사드리는 것은
5 주 예수와 모든 성도에 대한 그대의
사랑과 믿음에 대해 들었기 때문입니
다.
6 그대가 믿음 안에서 교제하므로 우리
가운데 있는 모든 선한 것을 깨달아
그리스도께 이르게 되기를 바랍니다.
7 형제여, 나는 그대의 사랑으로 큰 기
쁨과 위로를 얻었습니다. 이는 성도들
의 마음이 그대로 인해 새 힘을 얻었
기 때문입니다.

오네시모를 위한 바울의 간청

8 그러므로 나는 그리스도 안에서 그대
가 마땅히 행할 것을 매우 담대하게
명령할 수도 있지만
9 오히려 사랑으로 인해 간곡하게 부탁
합니다. 이렇게 나이가 많고 또 지금
은 예수 그리스도를 위해 갇힌 사람
이 된 나 바울은
10 갇힌 중에서 낳은 내 아들 *오네시모
를 위해 그대에게 간곡히 부탁합니
다.
11 전에는 그가 그대에게 무익한 사람
이었으나 이제는 그대와 내게 유익한
사람이 되었습니다.
12 내가 그를 그대에게 돌려보내는데 그
는 내 심장입니다.
13 나는 그를 내 곁에 머물게 해서 내가
복음을 위해 갇혀 있는 동안 그대 대

1:10 그리스어, '쓸모 있는'

신 나를 돕게 하고 싶었습니다.
14 그러나 그대의 동의 없이는 내가 아
무것도 하고 싶지 않습니다. 이는 그
대의 선한 일이 억지에 의해서가 아니
라 자발적으로 하는 일이 되게 하기
위한 것입니다.
15 그가 잠시 그대 곁을 떠나게 되었던
것은 이 일로 인해 그대가 그를 영원
히 얻기 위한 것이었는지도 모릅니다.
16 이제부터는 그가 더 이상 종과 같지
않고 종 이상, 곧 사랑받는 형제 같은
사람입니다. 특히 내게 그렇다면 그대
에게는 육신으로나 주 안에서나 더욱
그렇지 않겠습니까?
17 그러니 그대가 나를 동역자로 생각한
다면 내게 대하듯 그를 받아 주십시
오.
18 만일 그가 그대에게 무슨 잘못을 저
질렀거나 빚진 것이 있다면 그것을 내
게로 돌리십시오.
19 나 바울이 이렇게 친필로 씁니다. 내
가 그것을 갚아 주겠습니다. 그대도
내게 빚을 지고 있다는 것을 나는 그
대에게 말하지 않겠습니다.
20 형제여, 진실로 나는 주 안에서 그대
로 인해 기쁨을 얻고 싶습니다. 내 마
음이 그리스도 안에서 새 힘을 얻게
해 주십시오.
21 나는 그대의 순종을 확신하며 그대에
게 씁니다. 나는 그대가 내가 부탁한
것보다도 더 행할 줄 압니다.
22 또한 그대는 나를 위해 방을 하나 준
비해 주십시오. 나는 여러분의 기도
로 여러분에게 갈 수 있게 되기를 바
랍니다.
23 그리스도 예수 안에서 나와 함께 갇
힌 사람이 된 에바브라가 그대에게 안
부를 전합니다.
24 그리고 내 동역자들인 마가와 아리스
다고와 데마와 누가도 안부를 전합니
다.
25 우리 주 예수 그리스도의 은혜가 여러
분의 영과 함께 있기를 빕니다.

히브리서

Hebrews

그리스도의 탁월성과 대제사장직의 영원성을 강조하는 서신으로 구약 성경의 근거를 제시하여 복음의 유일성과 완전성을 입증한다. 고난으로 인해 낙담하고 있는 성도들에게 예언자, 천사, 모세보다 우월한 예수 그리스도를 소개함으로써 구원의 소망을 전달하며 견고한 믿음을 가지고 끝까지 승리하도록 격려한다.

하나님의 마지막 말씀 : 아들

1 옛날에 여러 차례 여러 모양으로
예언자들을 통해 조상들에게 말씀
하신 하나님께서
2 이 마지막 날에 아들을 통해 우리에
게 말씀하셨습니다. 하나님께서는 그
아들을 만물의 상속자로 세우시고
또한 그를 통해 모든 세상을 지으셨
습니다.
3 그 아들은 하나님의 영광의 광채이시
며 하나님의 본체의 형상이십니다. 또
한 그분은 그분의 능력 있는 말씀으
로 만물을 붙드시며 그 자신을 통해
죄를 깨끗케 하는 일을 하시고 높은
곳에 계시는 존귀한 분의 오른편에
앉으셨습니다.
4 그 아들이 천사들보다 훨씬 뛰어나게
되셨으니 이는 그들보다 뛰어난 이름
을 상속받았기 때문입니다.

천사들보다 뛰어나신 아들

5 하나님께서 언제 천사들 가운데 누
구에게라도

ㄱ"너는 내 아들이다. 오늘 내가 너를 낳았다"

라거나 또다시

ㄴ"나는 그의 아버지가 되고 그는 내 아들이 될 것이다"

라고 말씀하신 적이 있습니까?
6 그리고 또 그 맏아들을 이 세상에 이
끌어 오실 때

ㄷ"하나님의 모든 천사들은 그에게 경배하라"

하고 말씀하셨습니다.
7 천사들에 대해서는

ㄹ"그는 그의 천사들을 바람으로, 그의 일꾼들을 불꽃으로 삼으신다"

라고 하셨으나
8 아들에 대해서는

ㅁ"하나님, 주의 보좌는 영원무궁하

ㄱ 시 2:7 ㄴ 삼하 7:14 ㄷ 시 97:7;벧전 3:22 ㄹ 시 104:4 ㅁ 시 45:6 이하

며 주의 나라의 규는 의로운 규입
니다.
9 주께서는 의를 사랑하시고 불법을
미워하셨습니다. 그러므로 하나님,
곧 주의 하나님께서 기쁨의 기름을
주께 부어 주의 동류들보다 높이
뛰어나게 하셨습니다"
라고 하셨고
10 또
ㄱ"주여, 태초에 주께서 땅을 세우
셨고 하늘도 주의 손으로 지으신
것입니다.
11 그것들은 부서질지라도 주께서는
영원히 계실 것이요, 모든 것은 옷
과 같이 낡을 것입니다.
12 주께서 그것들을 겉옷처럼 말아 올
리실 것이니 그것들이 옷처럼 변할
것이나 주는 한결같으시며 주의 세
월은 끝이 없을 것입니다"
라고 하셨습니다.
13 그러나 하나님께서 언제 천사들 가운
데 누구에게
ㄴ"내가 네 원수들을 네 발판이 되
게 할 때까지 내 오른편에 앉아 있
어라"
라고 말씀하셨습니까?
14 모든 천사들은 구원을 상속할 사람
들을 섬기라고 하나님께서 보내신 섬
기는 영들이 아닙니까?

더욱 유념해야 함에 대한 권면

2 그러므로 우리가 잘못된 길로 가
지 않도록 들었던 모든 것에 더욱
주의를 기울여야 합니다.
2 천사들을 통해 하신 말씀도 효력이
있어 모든 범죄와 불순종이 마땅한
징벌을 받았는데
3 우리가 이 큰 구원을 무시한다면 어
떻게 징벌을 피할 수 있겠습니까? 이
구원은 처음에 주께서 말씀하신 것이
며 들은 사람들이 우리에게 확증해
준 것입니다.
4 하나님께서도 표적과 놀라운 일들과
여러 가지 기적들 그리고 그분의 뜻
에 따라 나눠 주신 성령의 은사들로
함께 증언하셨습니다.

ㄱ 시 102:25 이하 ㄴ 시 110:1

성·경·상·식 신약 속의 레위기

거룩하지 못한 인간이 거룩하신 하나님을 만나기 위해서는 짐승의 피를 흘려 죄를 없애는 특별한 방법이 필요했다. 인간의 죄를 없애는 방법은 구약의 레위기에 나와 있다. 번제, 곡식제, 화목제, 속죄제, 속건제 등의 엄격한 희생제사를 통해서였다. 그러나 동물의 피를 드리는 희생제사는 인간의 죄를 완전히 없애지 못했다. 그래서 필요할 때마다 반복적으로 드려야 했다.
반면 신약의 히브리서에는 온전한 제사법이 기록되어 있다. 예수님 자신이 제물 되셔서 인간의 죄를 완전하게 없애신 제사, 곧 단 한 번만으로도 충분한 효력이 있는 제사(히 9:12)가 바로 그것이다. 히브리서는 사람이 하나님을 직접 만날 수 있게 된 제사법(히 9–10장)을 적은 '신약 속의 레위기'이다.

온전한 인간이 되신 예수

5 하나님께서는 우리가 말하는 앞으로
올 세상을 천사들에게 다스리라고 하
신 것이 아닙니다.
6 그러나 누군가가 어디에 증언하며 말
했습니다.
ㄱ"사람이 무엇이기에 그를 생각해
주시며 인자가 무엇이기에 그를 돌
보십니까?
7 주께서 그를 잠시 동안 천사들보다
낮아지게 하시고 그에게 영광과 존
귀의 관을 씌우셨습니다.
8 주께서는 만물을 그의 발아래 복
종하게 하셨습니다."
하나님께서는 만물을 그의 발아래
복종하게 하심으로 그에게 복종하지
않는 것을 하나도 남기지 않으셨습니
다. 그러나 지금은 우리가 아직 만물
이 그에게 복종하는 것을 보지 못합
니다.
9 다만 우리는 천사들보다 잠시 낮아지
신 분, 곧 죽음의 고난을 통해 영광
과 존귀로 관을 쓰신 예수를 바라봅
니다. 이는 그분이 하나님의 은혜로
모든 사람을 위해 죽음을 맛보려 하
심입니다.
10 모든 것을 만드시고 모든 것을 보존
하시는 하나님께서는 많은 아들들을
영광에 이르게 하시려고 그들의 구원
의 창시자를 고난을 통해 완전케 하
시는 것이 마땅합니다.
11 거룩하게 하시는 분과 거룩하게 된
사람들이 모두 한 분에게서 나왔습
니다. 그러므로 예수께서는 이들을
형제들이라고 부르기를 부끄러워하
지 않으시고
12 말씀하시기를
ㄴ"내가 주의 이름을 내 형제들에게
선포하고 교회 가운데서 주를 찬
양할 것입니다"
13 하시고 다시
ㄷ"내가 그를 의지하리라"
하시고 또다시
ㄹ"보라. 나와 하나님께서 내게 주
신 자녀들이다"
라고 하셨습니다.
14 이와 같이 자녀들은 피와 살을 함께
나눈 사람들이므로 그 자신도 이와
같이 그들과 함께 속하셨습니다. 이
는 죽음으로 인해 죽음의 권세를 가
진 자, 곧 마귀를 멸하시기 위함이며
15 또한 죽음이 두려워 평생 노예로 매
여 사는 사람들을 풀어 주시기 위함
입니다.
16 물론 그는 천사들을 붙들어 주시려
는 것이 아니라 아브라함의 *씨를 붙
들어 주시려는 것입니다.
17 이러므로 그는 모든 것에서 형제들과
같아지셔야만 했습니다. 이는 하나님
앞에서 자비롭고 신실한 대제사장이
되셔서 백성의 죄를 대속하시기 위함
입니다.
18 그는 몸소 시험을 받으시고 고난당하
셨기에 시험받는 사람들을 도우실 수

2:16 또는 자손 ㄱ 시 8:4 이하 ㄴ 시 22:22 ㄷ 사 8:17 ㄹ 사 8:18

있습니다.

모세보다 더욱 존귀하신 예수

3 그러므로 함께 하늘의 부르심을
받은 거룩한 형제 여러분, 우리가
고백하는 *사도이시며 대제사장이신
예수를 깊이 생각하십시오.
2 그분은 자신을 세우신 분에게 충성
하기를 마치 모세가 하나님의 온 집에
서 한 것과 같이 하셨습니다.
3 그러나 마치 집을 지은 사람이 그 집
보다 더 존귀한 것같이 그분은 모세
보다 더 큰 영광을 받기에 합당하십
니다.
4 집마다 누군가 지은 사람이 있듯이
모든 만물을 지으신 분은 하나님이십
니다.
5 또한 모세는 장차 하나님께서 말씀하
실 것을 증언하기 위해 하나님의 온
집에서 종으로 충성했습니다.
6 그러나 그리스도께서는 하나님의 집
에서 아들로서 충성하셨습니다. 우리
가 소망에 대한 확신과 긍지를 굳게
잡으면 *우리는 곧 그분의 가족입니
다.

믿지 않는 사람들에 대한 경고

7 그러므로 성령께서 이렇게 말씀하셨
습니다.
ㄱ"오늘 너희가 그의 음성을 들으면
8 광야에서 시험받던 날에 반역한 것
처럼 너희 마음을 완고하게 하지
말라.
9 너희 조상들이 거기서 40년 동안
나를 불신해 시험했다. 또한 내가
행한 일들을 보았다.
10 그러므로 내가 진노해 그 세대를
향해 말했다. '그들은 항상 마음이
미혹돼 내 길들을 알지 못했다.'
11 내가 진노해 맹세한 것처럼 그들은
결코 내 안식에 들어오지 못할 것
이다."
12 형제 여러분, 여러분 가운데 누구든
지 살아 계신 하나님을 떠나려는 악
한 불신의 마음을 품지 않도록 조심
하십시오.
13 도리어 아직 '오늘'이라 일컬을 수 있
는 그날그날에 여러분 가운데 누구라
도 죄의 속임수로 완고해지지 않도록
서로를 격려하십시오.
14 이는 우리가 처음에 확신한 것을 끝
까지 굳게 잡으면 그리스도와 함께 나
누는 사람들이 되기 때문입니다.
15 ㄴ"오늘 너희가 그의 음성을 들으면
광야에서 시험받던 날에 반역한 것
처럼 너희 마음을 완고하게 하지
말라"
라고 말씀하실 때
16 듣고도 반역한 사람들이 누구였습니
까? 모세를 통해 이집트에서 나온 모
든 사람들이 아닙니까?
17 또 하나님께서 40년 동안 누구에게
진노하셨습니까? 죄를 저지르고 시
체가 돼 광야에 쓰러진 사람들에게
아닙니까?
18 또한 하나님께서 누구에게 그분의 안

3:1 그리스어, 아포스톨로스, '보냄받은 자' 3:6 엡 2:19과 벧전 2:5을 보라. ㄱ 시 95:7 이하 ㄴ 시 95:7

식에 들어가지 못할 것이라고 맹세하
셨습니까? 불순종한 사람들이 아니
고 누구입니까?
19 이로써 우리는 그들이 불신앙 때문에
들어갈 수 없었던 것을 봅니다.

하나님의 백성을 위한 안식

4 그러므로 그분의 안식에 들어가리
라는 약속이 남아 있을 동안에 여
러분 가운데 혹 누구라도 거기에 이
르지 못하는 사람이 있을까 두려워합
시다.
2 그들처럼 우리도 복음 증거를 받은
사람들입니다. 그러나 들은 말씀이
그들에게 무익했던 것은 그들이 들은
말씀과 믿음을 연합시키지 않았기 때
문입니다.
3 그런데 믿는 우리들은 그 안식에 들
어갑니다. 이는 하나님께서
ㄱ"내가 진노해 맹세한 것처럼 그들
은 결코 내 안식에 들어오지 못하
리라"
라고 하신 것과 같습니다. 사실 세상
이 창조된 이래로 그분의 일들이 이
뤄져 왔습니다.
4 어디엔가 제7일에 관해 이렇게 말씀
하셨습니다. ㄴ"그리고 하나님께서 일
곱째 날에 그분의 모든 일을 쉬셨다."
5 그런데 여기서는 다시 ㄱ"그들은 결코
내 안식에 들어오지 못할 것이다"라
고 하십니다.
6 이와 같이 이제 어떤 이들에게는 저
안식에 들어갈 기회가 남아 있지만
복음을 먼저 전해 들은 사람들은 불
순종으로 인해 들어가지 못했습니다.
7 그러므로 이미 인용한 것처럼 하나님
께서 다시 오랜 후에 어느 한 날을 정
해 '오늘'이라 하시고 다윗을 통해 말
씀하셨습니다.
ㄷ"오늘 너희가 그의 음성을 듣거든

ㄱ 시 95:11 ㄴ 창 2:2 ㄷ 시 95:7

하용조 목사의 행복한 **메시지**

안식도 하나님의 일!

하나님께서는 예수 그리스도를 믿고 구원을 받은 이들에게 창조 후에 하나님께서 안식하셨던 것과 같은 안식의 만족과 기쁨을 주십니다. 그러나 성경은 하나님의 백성에게는 안식이 남아 있다고 말합니다(히 4:9).

저는 쉬면 죄를 짓는다고 배웠습니다. 사실, 인간은 깨어 있지 않으면 죄를 짓기 십상입니다. 그래서 우리는 열심히 말씀을 읽고 기도하며 전도해야 합니다. 그러나 이 모든 것을 하나님과의 교제 밖에서 안식 없이 하면 병이 납니다. 하나님이 주신 안식을 누리는 것도 하나님의 일입니다. 한때 저는 일하는 것만이 하나님께 영광 돌리는 것인 줄 알았습니다. 그러나 안식도 하나님의 일입니다. 하나님의 일을 하다 보면 나의 열심이 주님을 앞지르기 쉽다는 것을 가끔 느낍니다. 오늘날 안식의 회복은 예배의 회복에 있다고 생각합니다. 수많은 사람들이 예배를 드립니다. 그러나 진정한 안식과 구원의 축제를 경험하는 예배가 얼마나 될까요?

너희 마음을 완고하게 하지 말라."
8 만일 여호수아가 그들에게 안식을 주
었더라면 하나님께서 나중에 다른 날
에 대해 말씀하시지 않았을 것입니
다.
9 그러므로 하나님의 백성에게는 안식
이 남아 있습니다.
10 이는 하나님의 안식에 들어간 사람은
하나님께서 자신의 일을 쉬셨던 것처
럼 그 자신도 자기의 일을 쉬기 때문
입니다.
11 그러므로 누구든지 이와 같이 불순
종의 본을 따라 멸망하지 않도록 우
리가 저 안식에 들어가기를 힘씁시다.
12 하나님의 말씀은 살아 있고 힘이 있
으며 양날 선 어떤 칼보다도 더 예리
해 혼과 영과 관절과 골수를 찔러 쪼
개기까지 하며 마음의 생각과 의도를
분별해 냅니다.
13 그러므로 어떤 피조물이라도 하나님
앞에 숨을 수 없고 오히려 모든 것은
우리에게서 진술을 받으실 그분의 눈
앞에 벌거벗은 채 드러나 있습니다.

위대한 대제사장이신 예수

14 이와 같이 우리에게 하늘로 올라가신
위대한 대제사장, 곧 하나님의 아들
예수가 계시니 우리가 고백한 신앙을
굳게 지킵시다.
15 이는 우리에게 계신 대제사장은 우리
의 연약함을 동정하지 못하시는 분
이 아니며 또한 모든 면에서 우리와
동일하게 시험을 당하셨으나 죄가 없
으신 분이기 때문입니다.
16 그러므로 자비하심을 얻고 필요할 때
도우시는 은혜를 얻기 위해 은혜의
보좌 앞으로 담대히 나아갑시다.

5 모든 대제사장은 사람들 가운데서
뽑혀 사람을 위해 하나님 앞에 있
는 사람입니다. 곧 대제사장은 예물
을 드리고 또 속죄의 희생제사를 드
립니다.
2 그가 무지하고 미혹된 사람들을 불
쌍히 여길 수 있는 것은 자신도 연약
에 싸여 있기 때문입니다.
3 그러므로 그는 백성을 위해서뿐 아니
라 자신을 위해서도 속죄제사를 드려
야 합니다.
4 또한 이 명예는 아무나 스스로 얻는
것이 아니라 아론과 같이 하나님의
부르심을 받아서 얻는 것입니다.
5 이와 같이 그리스도께서도 스스로 영
광을 취하셔서 대제사장이 되신 것이
아니라 오직 그분에게 말씀하시는 분
이

ㄱ"너는 내 아들이다. 내가 오늘 너
를 낳았다"

라고 하시고
6 또 다른 곳에서도 이와 같이

ㄴ"너는 멜기세덱의 계열을 따르는
영원한 제사장이다"

라고 하셨던 것입니다.
7 예수께서 육체 가운데 계실 때 자신
을 죽음에서 구원하실 수 있는 분께
통곡과 눈물로 기도와 간구를 올리
셨고 그의 경외하심으로 인해 응답을

ㄱ 시 2:7 ㄴ 시 110:4

받으셨습니다.
8 그분은 아들이신데도 고난을 당하심
으로 순종을 배우셨습니다.
9 또한 그분은 완전케 되셔서 그분을
순종하는 모든 사람들에게 영원한
구원의 근원이 되시고
10 멜기세덱의 계열을 따르는 대제사장
으로 하나님께 임명을 받으셨습니다.

타락에 대한 경고

11 멜기세덱에 대해 우리가 할 말이 많으
나 여러분이 듣는 일에 둔하므로 설
명하기가 어렵습니다.
12 여러분은 지금쯤 선생이 돼 있어야
마땅한데 누군가 다시 여러분에게 하
나님의 말씀의 초보 원리들을 가르쳐
야 할 형편입니다. 그래서 여러분은
젖만 먹고 단단한 음식은 먹지 못하
는 사람들이 됐습니다.
13 젖을 먹는 사람은 모두 의의 말씀에
익숙하지 못합니다.
14 그러나 단단한 음식은 성숙한 사람의
것입니다. 그들은 끊임없는 훈련으로
연단된 분별력을 지니고 있어 선과
악을 분별할 줄 아는 사람들입니다.

6 그러므로 우리는 그리스도에 관한
초보적 가르침을 넘어서서 *완전
한 데로 나아갑시다. 죽은 행실로부
터 회개하는 것과 하나님께 대한 믿
음과
2 *세례에 대한 교훈과 안수, 죽은 사
람의 부활과 영원한 심판에 관한 교
훈의 기초를 다시 닦지 말고 온전한
데로 나아갑시다.
3 하나님께서 허락하신다면 우리가 그
렇게 할 수 있습니다.
4 곧 한 번 비춤을 받고 하늘의 은사도
맛보고 성령님과 함께하고
5 하나님의 선한 말씀과 오는 세상의
능력을 맛보고도
6 타락한 사람들은 회개에 이르도록
다시 새롭게 할 수 없습니다. 왜냐하

6:1 또는 성숙한 6:2 또는 침례

Q&A 아론과 예수님의 대제사장직 비교

참고 구절 | 히 5:1-10

대제사장은 하나님을 대리하는 사람이며, 죄를 위해 제사를 드려야 했다. 그는 자기 자신에 의해서가 아니라 하나님에 의해서 부르심을 받아야 했다. 성경에 나오는 아론과 예수님의 대제사장직을 비교해 보면 다음과 같다.

아론	예수님
레위 족속 중에서 뽑혀 하나님께 임명되었다.	하나님께서 직접 임명하셨다.
여러 번의 제사를 드렸다.	단 한 번의 제사를 드렸다.
자신이 죄인이었다.	죄가 없으신 분이었다.
일시적 도움을 주었다.	단번에 영원한 구원을 이루셨다.

면 그들은 스스로 하나님의 아들을
다시 십자가에 못 박고 공개적으로
욕되게 하기 때문입니다.
7 땅이 그 위에 자주 내리는 비를 흡수
해 경작하는 사람들에게 유익한 작
물을 내면 하나님께 복을 받습니다.
8 반면에 가시와 엉겅퀴를 내면 쓸모없
이 돼서 저주에 가깝게 되고 그 마지
막은 불사름이 됩니다.
9 그러나 사랑하는 여러분, 우리가 이
렇게 말하지만 여러분에게는 구원에
이르게 하는 더 좋은 것들이 있다고
확신합니다.
10 이는 하나님이 불의하시지 않으므로
여러분이 성도들을 섬겼을 때와 또한
섬길 때 여러분의 행위와 여러분이
하나님의 이름을 위해 보여 준 사랑
을 잊지 않으십니다.
11 그래도 우리는 여러분 각자가 소망의
완성에 이르기까지 동일한 열심을 나
타내기를 간절히 원합니다.
12 여러분은 게으른 사람이 되지 말고
믿음과 인내로 약속을 상속받은 사
람들을 본받는 사람이 되십시오.

하나님의 약속의 확실성

13 하나님께서 아브라함에게 약속하실
때 맹세를 위해 그분보다 더 큰 분이
계시지 않았기에 자신을 걸고 맹세해
14 말씀하셨습니다. ㄱ"내가 반드시 네게
복을 주고 또한 너를 번성케 할 것이
다."
15 아브라함은 이와 같이 오래 참고 견
딘 후에 그 약속을 받았습니다.
16 사람들은 자기보다 더 큰 자를 걸고
맹세합니다. 맹세는 그들에게 모든
논쟁을 그치고 확정에 이르게 합니
다.
17 하나님께서는 약속의 상속자들에게
자신의 뜻이 불변함을 명확히 보여
주시려고 맹세로 보증하셨습니다.
18 이는 하나님께서는 거짓말을 하실 수
없는 이 두 가지 불변의 사실로 인해
앞에 있는 소망을 굳게 잡으려고 피
해 가는 우리가 힘 있는 위로를 얻게
하시기 위함입니다.
19 우리가 가진 이 소망은 안전하고 확
실한 영혼의 닻과 같아서 *휘장 안으
로 들어가게 합니다.
20 예수께서는 우리를 위해 *앞서 달려
가신 분으로 그곳으로 들어가셔서 멜
기세덱의 계열을 따르는 영원한 대제
사장이 되셨습니다.

제사장 멜기세덱

7 이 멜기세덱은 살렘 왕으로 지극히
높으신 하나님의 제사장입니다. 그
는 왕들을 이기고 돌아오는 아브라함
을 만나 축복했습니다.
2 아브라함은 모든 것의 10분의 1을 그
에게 주었습니다. 그의 이름의 뜻은
첫째로 '의의 왕'이고 다음으로 '살렘
왕', 곧 '평화의 왕'입니다.
3 그는 아버지도 없고 어머니도 없고
족보도 없습니다. 생애의 시작도 없
고 생명의 끝도 없지만 하나님의 아

6:19 성소와 지성소를 구분해 주는 장(帳)을 가리킴.
6:20 그리스어, '선행을 경주하는 사람' ㄱ 창 22:17

들을 닮아 항상 제사장으로 있습니
다.
4 그가 얼마나 위대한지 생각해 보십시
오. 족장 아브라함도 그에게 10분의 1
을 바쳤습니다.
5 레위 자손 가운데 제사장 직분을 받
은 사람들은 자기 형제인 백성들도
*아브라함의 허리에서 나왔지만 율법
을 따라 그들에게서 10분의 1을 거두
라는 명령을 받았습니다.
6 그러나 이들로부터 나오지 않은 이 멜
기세덱은 아브라함에게서 10분의 1을
취했고 약속을 받은 그를 축복했습니
다.
7 두말할 필요 없이 축복은 윗사람이
아랫사람에게 하는 것입니다.
8 앞의 경우는 죽게 될 사람들이 10분
의 1을 받았고 뒤의 경우는 살아 있
다는 증거를 받은 사람이 10분의 1을
받은 것입니다.
9 말하자면 10분의 1을 받는 레위도 아
브라함을 통해 10분의 1을 바쳤다고
할 수 있습니다.
10 이는 멜기세덱이 아브라함을 만났을
때 레위는 아직 *조상의 허리에 있었
기 때문입니다.

멜기세덱과 같은 예수

11 만일 레위 계열의 제사장 직분을 통
해 완전함을 얻을 수 있었다면 (그런
데 백성들은 이것을 근거로 율법을
받았습니다) 아론의 계열을 따르지
않고 멜기세덱의 계열을 따르는 다른
한 제사장을 세워야 할 필요가 있었
겠습니까?
12 제사장직이 변하면 율법도 반드시 변
하게 됩니다.
13 이것들은 그분과 관련해 언급됐습니
다. 그분은 다른 지파에 속했는데 그
지파에서는 아무도 제단에서 섬긴 적
이 없었습니다.
14 우리 주께서는 유다 지파에서 나오신
것이 분명합니다. 그런데 그 지파에
관해서는 모세가 제사장직과 관련해
아무것도 말한 적이 없습니다.
15 그리고 이 사실은 멜기세덱과 흡사한
다른 한 제사장이 일어난 것을 볼 때
더욱 분명합니다.
16 그는 육체에 속한 규례, 곧 율법을 따
라 제사장이 되신 것이 아니라 썩지
않는 생명의 힘을 따라 되신 것입니
다.
17 그렇기 때문에 ㄱ"너는 영원히 멜기세
덱의 계열을 따르는 제사장이다"라고
선포됐습니다.
18 전에 있던 계명은 약하고 효력이 없
어 폐지됐습니다.
19 (이는 율법이 아무것도 완전하게 할
수 없기 때문입니다.) 그러므로 더 나
은 소망이 들어왔고 이를 통해 우리
가 하나님께 가까이 나아가는 것입니
다.
20 예수께서는 맹세 없이 제사장이 되신
것이 아닙니다. 레위 계통의 사람들
은 맹세 없이 제사장이 됐습니다.

7:5 또는 아브라함의 자손으로 태어났을지라도
7:10 또는 조상의 몸 속에 있었기 ㄱ 시 110:4

21 (그러나 그는 자기에게 말씀하시는 분
의 맹세로 제사장이 되셨습니다. ㄱ"주
께서 맹세하셨으니 그분은 마음을
바꾸지 않으실 것이다. 너는 영원히
제사장이다.")
22 이와 같이 예수께서는 더 좋은 언약
을 보증해 주시는 분이 되셨습니다.
23 레위 계통의 제사장들은 죽음 때문
에 그 직책을 계속 수행할 수 없었기
때문에 그 수가 많았습니다.
24 그러나 예수께서는 영원히 사시는 분
이시므로 제사장직을 영원히 누리십
니다.
25 그러므로 예수께서는 자신을 통해서
하나님께 나아오는 사람들을 *온전
히 구원하실 수 있습니다. 그는 항상
살아 계셔서 그들을 위해 중보 기도
를 하십니다.
26 이러한 대제사장이야말로 우리에게
합당합니다. 그분은 거룩하고 순결
하고 흠이 없고 죄인들과 구별되시며
하늘보다 높은 곳으로 오르신 분이십
니다.
27 그분은 다른 제사장들처럼 먼저 자신
의 죄를 위해, 그다음에 백성들의 죄
를 위해 날마다 제사를 드릴 필요가
없습니다. 이는 그분이 자신을 드려
단번에 이 일을 이루셨기 때문입니
다.
28 율법은 연약함을 가진 사람을 대제
사장으로 세웠으나 율법 후에 주어진
맹세의 말씀은 영원히 완전케 되신
아들을 대제사장으로 세웠습니다.

새 언약의 대제사장

8 우리가 말하고자 하는 요지는 우
리에게 이러한 대제사장이 계시다
는 것입니다. 그분은 하늘에 계신 존
귀하신 분의 보좌 오른편에 앉아 계
십니다.
2 또한 그분은 사람이 세운 것이 아니
라 주께서 세우신 성소와 참된 장막
에서 섬기십니다.
3 대제사장마다 예물과 제물을 드리기
위해 세움을 받았습니다. 그러므로
이 대제사장에게도 무엇인가 드릴 것
이 있어야 합니다.
4 만일 그분이 세상에 계셨다면 제사
장이 되지 못하셨을 것입니다. 왜냐
하면 세상에는 율법을 따라 예물을
드리는 사람들이 있기 때문입니다.
5 그들이 섬기는 곳은 하늘에 있는 것
들의 모형이며 그림자입니다. 이것은
모세가 장막을 세우려고 할 때 지시
를 받은 것과 같습니다. 말씀하시기
를 ㄴ"산에서 네게 보여 준 모형대로
모든 것을 만들라"고 하셨습니다.
6 그러나 이제 그분은 더 뛰어난 직분
을 받으셨습니다. 그분은 참으로 더
나은 약속 위에 세워진 더 나은 언약
의 중보자이십니다.
7 만일 저 첫 언약에 흠이 없었다면 두
번째 언약을 요구할 필요가 없었을
것입니다.
8 하나님께서 그들에게서 허물을 발견
하시고 말씀하셨습니다.

7:25 또는 언제나 ㄱ 시 110:4 ㄴ 출 25:40

ㄱ"주께서 말씀하신다. '보라. 날들
이 이를 것이다. 내가 이스라엘 집
과 유다 집과 더불어 새 언약을 세
울 것이다.'
9 주께서 말씀하신다. '그것은 내가
그들의 조상들의 손을 잡고 이집트
땅에서 이끌어 낼 때 그들과 세운
언약과 같지 않다. 그들이 내 언약
안에 머물러 있지 않았고 그래서
나도 그들을 돌보지 않았다.'
10 주께서 말씀하신다. '이것은 그날
후에 내가 이스라엘 집과 세울 언
약이다. 내가 내 율법을 그들의 생
각 속에 넣어 주고 그들의 마음에
새길 것이다. 나는 그들의 하나님이
되고 그들은 내 백성이 될 것이다.
11 그래서 그들은 각각 자기 이웃이나
자기 형제에게 결코 "주를 알라"고
가르치지 않을 것이다. 이는 그들
가운데 낮은 사람으로부터 높은
사람에 이르기까지 모두 나를 알
것이기 때문이다.
12 내가 그들의 불의를 긍휼히 여기고
그들의 죄를 더 이상 기억하지 않
을 것이다.'"
13 '새 언약'이라고 말씀하실 때 하나님
께서는 첫 언약을 낡은 것으로 만드
신 것입니다. 낡고 오래된 것은 곧 사
라지게 됩니다.

지상 장막에서 행한 예배

9 첫 언약에도 예배 규례들과 세상
에 속한 성소가 있었습니다.
2 첫 번째 장막이 세워졌는데 그 안에
는 촛대와 상과 *진설병이 있었습니
다. 이곳은 '성소'라고 불립니다.
3 그리고 두 번째 휘장 뒤에는 '지성
소'라고 불리는 장막이 있습니다.
4 이곳에는 ㄴ금으로 만든 분향 제단과
전부를 금으로 입힌 언약궤가 놓여
있습니다. 이 언약궤 안에는 만나를
담은 금항아리와 아론의 싹 난 지팡
이와 언약의 돌판들이 있습니다.
5 그리고 그 위에는 *속죄의 자리를 덮
고 있는 영광의 그룹들이 있는데 이
것들에 대해 지금 자세히 말할 수는
없습니다.
6 이 모든 것이 이렇게 갖춰졌고 제사
장들은 항상 첫 번째 장막으로 들어
가 제사를 행합니다.
7 그러나 두 번째 장막 안에는 대제사
장만이 1년에 단 한 번 들어가는데
피가 없이는 절대로 들어가지 못합니
다. 이 피는 그 자신을 위하고 또한
백성이 알지 못하고 지은 죄를 위한
것입니다.
8 이것을 통해 성령께서는 첫 번째 장
막이 서 있는 동안에는 지성소로 들
어가는 길이 아직 열리지 않은 사실
을 보여 주십니다.
9 이 장막은 현 세대를 위한 비유입니
다. 이에 따라 드려진 예물과 제물은
제사하는 사람의 양심을 온전케 할
수 없습니다.
10 그것들은 먹고 마시는 것과 여러 가

9:2 또는 하나님께 바치는 제단빵 9:5 언약궤를 덮는 덮개(출 25:17을 보라.) ㄱ 렘 31:31 이하 ㄴ 출 16:33;25:10;30:1;민 17:10

지 씻는 의식들과 관련된 것들로서
단지 개혁의 때까지 부과된 육체를
위한 규례들에 지나지 않습니다.

그리스도의 피

11 그러나 그리스도께서는 이미 이뤄진
좋은 것들의 대제사장으로 오셨습니
다. 그는 손으로 짓지 않은, 곧 피조
물에 속하지 않은 더 크고 더 완전한
장막으로 들어가셨습니다.
12 그는 염소와 송아지의 피가 아닌 자
신의 피로 단번에 지성소로 들어가셔
서 영원한 구속을 완성하셨습니다.
13 만일 염소와 황소의 피와 암송아지의
재를 뿌려 부정한 사람들을 거룩하게
함으로 그 육체를 정결하게 한다면
14 하물며 영원하신 성령을 통해 흠 없
는 자신을 하나님께 드리신 그리스도
의 피가 더욱 우리의 양심을 죽은 행
실에서 깨끗하게 해 살아 계신 하나
님을 섬기게 하지 않겠습니까?
15 그러므로 그리스도께서는 새 *언약의
중보자이십니다. 그분은 첫 *언약 아
래서 저지른 죄들을 대속하려고 죽으
심으로써, 영원한 유업을 얻기 위해
부름받은 사람들로 하여금 약속을
받게 하셨습니다.
16 유언이 있는 곳에는 그 유언한 사람
의 죽음이 있어야 합니다.
17 이는 유언은 죽음이 있어야 효력을
나타낼 수 있고 유언한 사람이 살아
있는 동안에는 아무 효력이 없기 때
문입니다.
18 그러므로 첫 언약도 피 없이 맺어진
것이 아닙니다.
19 그래서 모세가 율법을 따라 모든 계
명을 백성에게 말할 때 그는 물과 붉
은 양털과 우슬초와 함께 송아지의
피와 염소의 피를 취해 언약책과 모
든 백성에게 뿌렸습니다.
20 그리고 그는 ㄱ"이것은 하나님께서 여
러분에게 명령하신 언약의 피입니다"
라고 말했습니다.
21 마찬가지로 그는 장막과 제사에 사
용하는 모든 그릇에도 피를 뿌렸습니
다.
22 율법에 따르면 거의 모든 것이 피로
깨끗해집니다. 참으로 피 흘림이 없으
면 죄 사함도 없습니다.
23 하늘에 있는 것들의 모형들은 이런
것들로 정결하게 될 필요가 있었습니
다. 그러나 하늘에 있는 것들은 이런
것들보다 더 나은 제사로 정결하게
돼야 합니다.
24 그리스도께서는 참된 것들의 모형들
인 손으로 지은 성소로 들어가지 않
으셨습니다. 그분은 이제 우리를 위
해 하나님 앞에 나타나시려고 바로
하늘 그 안으로 들어가셨습니다.
25 이는 대제사장이 해마다 다른 것의
피를 들고 지성소로 들어가는 것처럼
자신을 여러 번 드리시지 않기 위함
입니다.
26 만일 그래야 한다면 그는 세상이 창조
된 이후 여러 번 고난을 당하셨어야

9:15 그리스어, 디아테케, '유언'(히 9:16-17을 보라.)
ㄱ 출 24:8

했을 것입니다. 그러나 이제 그는 자
신을 제물로 드려 죄를 제거하시려고
세상 끝에 단 한 번 나타나셨습니다.
27 한 번 죽는 것은 사람들에게 정해진
일이며 그 후에는 심판이 있습니다.
28 이와 같이 그리스도께서도 많은 사람
의 죄를 담당하시려고 자신을 단번에
드리셨습니다. 그리고 그분은 그분을
고대하는 사람들을 구원하시기 위해
죄와 상관없이 두 번째 나타나실 것
입니다.

모두를 위해 단번에 드린 그리스도의 희생제사

10 율법은 다가올 좋은 것들의 그
림자일 뿐 그것이 실체의 형상
그 자체는 아닙니다. 그러므로 그것
은 해마다 끊이지 않고 드리는 똑같
은 제사들을 통해 나아오는 사람들
을 결코 온전하게 할 수 없습니다.
2 그렇게 할 수 있었다면 바치는 일이
그치지 않았겠습니까? 왜냐하면 섬
기는 사람들이 단번에 정결케 돼 더
이상 죄를 의식하는 일이 없었을 것
이기 때문입니다.
3 그러나 이 제사들에는 해마다 죄를
생각나게 하는 것이 있습니다.
4 이는 황소나 염소의 피가 죄를 제거
하지 못하기 때문입니다.
5 그러므로 그리스도께서 세상에 오시
면서 이렇게 말씀하셨습니다.
ㄱ"주께서는 제물과 헌물을 원하지
않으시고 오히려 나를 위해 한 몸
을 예비하셨습니다.
6 주께서는 번제와 속죄제를 기뻐하
지 않으셨습니다.
7 그래서 내가 말했습니다. '보십시
오. 하나님! 저에 대해 두루마리 책
에 기록된 대로 제가 주의 뜻을 행
하러 왔습니다.'"
8 앞에서 "주께서는 제물과 헌물과 번
제와 속죄제를 원하지도 않으시고 기
뻐하지도 않으십니다" (그런데 그것

ㄱ 시 40:6 이하

성·경·상·식 | 히브리서 속의 구약 인용

히브리서는 '히브리인에게 보내는 편지'(그리스어, 프로스에브라이우스)로 알려졌지만 내용을 읽어 보면 편지라기보다는 권면의 말을 하는 설교(히 13:22)인 것을 알게 된다. 히브리서 기자는 '권면의 말'을 하기 위해 구약의 일부분을 인용, 재해석했다. 그리고 시편 2, 8, 110편과 예레미야 31장 31-34절과 신명기 32장 35, 36, 43절과 하박국 2장 3-4절 등 구약의 여러 구절을 인용해 설교했다. 그런데 저자가 구약을 인용하여 쓴 히브리서 구절들을 보면 자주 구약을 수정하여 인용한 것을 보게 된다. 이것은 히브리서 저자가 구약을 그저 문자적으로 인용한 것이 아니라 그리스도를 중심으로 한 해석, 곧 메시아적 관점에서 구약을 재해석했기 때문이다. 또 유대의 랍비들은 하나의 명제를 제시한 후 성경을 인용해 그 명제의 진리가 성립된 유래를 추후 밝혔는데, 히브리서 저자도 이런 랍비들의 인용 방법에 영향을 받았던 것으로 보인다. 이와 더불어 저자가 구약 성경의 역사적 상황을 고려하지 않고 그 본문을 현재 상황에 대한 하나님의 말씀으로 받아들여 저자의 신학적 주장을 뒷받침한 것은 주목할 만한 점이다.

들은 율법을 따라 드리는 것들입니
다)라고 말씀하실 때
9 그는 "보십시오. 내가 주의 뜻을 행하
러 왔습니다"라고 덧붙이셨습니다. 그
리스도께서 첫 번째 것을 폐기하신
것은 두 번째 것을 세우기 위함이었
습니다.
10 이러한 뜻 가운데 예수 그리스도께서
단번에 자기의 몸을 드리심으로 우리
가 거룩하게 됐습니다.
11 모든 제사장은 날마다 서서 섬기며
반복해 똑같은 제사를 드립니다. 그
러나 그것들은 결코 죄를 제거할 수
없습니다.
12 그러나 그리스도께서는 죄에 대해 단
번에 영원한 제사를 드리시고 하나님
오른편에 앉으셨습니다.
13 그 후 그분의 원수들이 그분의 발아
래 굴복할 때까지 기다리고 계십니다.
14 그분은 단 한 번의 제물로 거룩하게
된 사람들을 영원히 온전하게 만드셨
습니다.
15 그런데 성령께서도 우리에게 증언하
십니다. 말씀하시기를
16 ㄱ"'이것은 그날 후에 내가 그들과
맺을 언약이다. 내가 내 율법을 그
들의 마음에 두고 그것을 그들의
생각에 새겨 줄 것이다' 주께서 말
씀하신다"
라고 하신 후에
17 덧붙여 말씀하시기를
"내가 그들의 죄와 그들의 불법을
다시는 기억하지 않을 것이다"
라고 하십니다.
18 이와 같이 죄와 불법이 용서된 곳에
서는 더 이상 죄를 위한 헌물이 필요
없습니다.

믿음 안에서 인내하라

19 그러므로 형제 여러분, 우리는 예수
의 피로 인해 지성소에 들어갈 담대
한 마음을 갖게 됐습니다.
20 그 길은 예수께서 우리를 위해 휘장
을 통해 열어 놓으신 새롭고 산 길입
니다. 그런데 이 *휘장은 바로 그분의
육체입니다.
21 또한 우리에게는 하나님의 집을 다스
리는 위대한 제사장이 계십니다.
22 우리가 죄악 된 양심으로부터 마음
을 깨끗이 씻고 맑은 물로 몸을 씻었
으므로 확신에 찬 믿음과 참된 마음
으로 하나님께 나아갑시다.
23 우리가 고백하는 소망의 믿음을 단단
히 붙잡읍시다. 이는 약속하신 분이
신실하시기 때문입니다.
24 또한 우리는 사랑과 선한 일들을 격
려하기 위해 서로 돌아봅시다.
25 어떤 사람들의 습관과 같이 우리들
스스로 모이는 일을 소홀히 하지 말
고 오히려 서로 권면합시다. 또한 그
날이 다가오는 것을 볼수록 더욱 그
렇게 합시다.
26 만일 우리가 진리에 대한 지식을 받
아들인 후에 일부러 죄를 지으면 속
죄하는 제사가 더 이상 남아 있지 않
습니다.

10:20 막 15:38을 보라. ㄱ 렘 31:33 이하

27 오히려 떨리는 마음으로 심판을 기다
리는 것과 대적하는 사람들을 삼켜
버릴 맹렬한 불만 남아 있습니다.
28 모세의 율법을 거부했던 사람도 두세
증인의 증언에 의해 동정을 받지 못
하고 죽게 됩니다.
29 하물며 하나님의 아들을 짓밟고 자기
를 거룩하게 한 언약의 피를 부정하
게 여기고 은혜의 성령을 모독한 사
람이 당연히 받을 형벌이 얼마나 더
가혹하겠는가를 생각해 보십시오.
30 ㄱ"원수 갚는 것은 내게 속한 것이니
내가 갚아 주겠다"라고 말씀하시고
또다시 "주께서 자기 백성을 심판하
실 것이다"라고 말씀하신 분을 우리
는 알고 있습니다.
31 살아 계신 하나님의 손에 빠져들어
가는 것은 무서운 일입니다.
32 여러분은 빛을 받은 후에 고난 가운
데 큰 싸움을 이겨 낸 지난날들을 기
억하십시오.
33 여러분은 때로 비방과 환난을 당함으
로 공개적인 구경거리가 되기도 했고
또 때로는 이렇게 살아가는 사람들의
동료가 되기도 했습니다.
34 또한 감옥에 갇힌 사람들과 함께 아
파하고 여러분의 재물을 빼앗기는 것
도 기쁨으로 감당했습니다. 이는 여
러분이 보다 나은 영원한 재물이 있
는 줄 알았기 때문입니다.
35 그러므로 여러분은 담대함을 버리지
마십시오. 이는 그 담대함이 큰 상을
가져올 것이기 때문입니다.
36 여러분이 하나님의 뜻을 행한 후에
약속을 받기 위해서는 인내가 필요합
니다.
37 ㄴ"잠시 잠깐 후면 오실 그분이 오
실 것이니 지체하지 않으실 것이다.
38 그러나 내 의인은 믿음으로 말미암
아 살 것이다. 누구든지 뒤로 물러
서면 내 영이 그를 기뻐하지 않을
것이다."
39 그러나 우리는 뒤로 물러나 멸망에
이르는 사람들이 아니라 믿음을 갖고
생명을 얻을 사람들입니다.

행동하는 믿음

11 믿음은 바라는 것들의 실체이며
보지 못하는 것들의 증거입니다.
2 참으로 조상들은 이 믿음으로 인정
을 받았습니다.
3 믿음으로 우리는 온 세상이 하나님의
말씀으로 창조됐고 따라서 보이는 것
은 나타난 것으로 말미암아 지어지지
않은 것을 압니다.
4 믿음으로 아벨은 가인보다 더 나은
제사를 하나님께 드렸고 이로써 그는
의롭다는 인정을 받았습니다. 하나님
께서 그의 예물에 대해 인정해 주셨
습니다. 그는 죽었지만 믿음으로 여전
히 말하고 있습니다.
5 믿음으로 에녹은 죽음을 보지 않고
들림을 받았습니다. 하나님께서 그를
데려가셨기 때문에 그는 더 이상 보
이지 않았습니다. 들려 가기 전에 그
는 하나님을 기쁘시게 하는 사람이

ㄱ 신 32:35,36; 시 135:14 ㄴ 합 2:3 이하

라는 인정을 받았습니다.
6 믿음이 없이는 하나님을 기쁘시게 할
수 없습니다. 그러므로 하나님께 나
아가는 사람은 하나님이 계신 것과
하나님은 그분을 간절히 찾는 사람
들에게 상 주시는 분임을 믿어야 합
니다.
7 믿음으로 노아는 아직 보지 못하는
일들에 대해 경고를 받고 자기 집안
의 구원을 위해 경외함으로 방주를
지었으며 이로 인해 그는 세상을 단
죄했습니다. 또한 그는 믿음으로 인
해 의의 상속자가 됐습니다.
8 믿음으로 아브라함은 부르심을 받았
을 때 순종해 장차 유업으로 받을 곳
으로 나아갔습니다. 그런데 그는 어디
로 가는지 알지 못하고 나아갔습니다.
9 믿음으로 그는 약속의 땅에서 다른
나라에 사는 이방 사람처럼 잠시 머
물렀는데 그는 동일한 약속을 함께
받은 이삭과 야곱과 더불어 장막에
거했습니다.
10 이것은 그가 하나님께서 친히 설계하
시고 건축하신 견고한 터 위에 세워
진 도시를 고대했기 때문입니다.
11 믿음으로 *아브라함은 비록 그 자신
이 너무 늙고 사라도 단산됐지만 임
신할 수 있는 능력을 얻었습니다. 이
는 그가 약속하신 분을 신실한 분으
로 여겼기 때문입니다.
12 이렇게 해서 죽은 사람이나 다름없는
한 사람에게서 하늘의 수많은 별과
같이 그리고 바닷가의 셀 수 없는 모
래와 같이 수많은 자손들이 태어났습
니다.
13 이 모든 사람들은 믿음을 따라 살다
가 죽었습니다. 그들은 약속하신 것
들을 받지 못했지만 그것들을 멀리서

11:11 또는 사라는 나이가 지나서 수태할 수 없는 몸이었는데도 임신할 능력을 얻었습니다.

하용조 목사의 행복한 **메시지**

믿음의 사람

이 세상에는 세 종류의 사람들이 있습니다. 첫째, 본능과 습관을 따라 반복되는 삶을 사는 사람들입니다. 둘째, 삶의 의미를 생각하고 보람을 추구하면서 사는 사람들입니다. 셋째, 하나님의 약속을 확신하면서 나그네의 마음으로 순례자의 삶을 사는 사람들입니다. 참된 그리스도인은 세 번째 유형에 속하는 사람들입니다. 이들은 히브리서 11장에 나오는 아벨, 에녹, 노아, 아브라함, 사라처럼 믿음으로 사는 사람들입니다.

믿음은 우리로 하여금 하늘을 바라보고 하늘을 향해 전진하게 합니다. 이러한 믿음을 가진 사람들의 특징은 무엇일까요? 첫째, 믿음을 따라 죽습니다. 그들은 믿음 때문에 죽는 것을 두려워하지 않습니다(히 11:13). 둘째, 언제나 떠날 준비를 합니다(히 11:13). 믿음의 사람은 세상에 살지만 결코 세상에 집착하거나 빠지지 않습니다. 셋째, 더 나은 본향을 사모합니다(히 11:14-16). 매일 예수 그리스도를 생각하며 천국을 사모합니다.

보고 환영했으며 세상에서는 외국 사
람이며 나그네임을 고백했습니다.
14 이렇게 말하는 사람들은 자신들이
본향을 찾는 사람들임을 분명히 보여
줍니다.
15 만일 그들이 떠나온 곳을 생각하고
있었다면 돌아갈 기회가 있었을 것입
니다.
16 그러나 그들은 이제 더 나은 곳을 사
모하는데 그것은 하늘에 있는 것입
니다. 그러므로 하나님께서도 그들의
하나님이라 불리는 것을 부끄러워하
지 않으시고 그들을 위해 한 도시를
예비하셨습니다.
17 믿음으로 아브라함은 시험을 받을 때
이삭을 바쳤습니다. 그는 약속들을
받은 사람이면서도 자기 외아들을 기
꺼이 바치려 했습니다.
18 하나님께서 전에 말씀하시기를 ㄱ"네
자손이라고 불릴 사람은 이삭으로 말
미암을 것이다"라고 하셨습니다.
19 아브라함은 하나님께서 죽은 사람도
살리실 수 있다고 생각했습니다. 그
러므로 비유로 말하자면 그는 이삭을
죽은 사람들로부터 돌려받은 것입니
다.
20 믿음으로 이삭은 장래 일을 두고 야
곱과 에서를 축복했습니다.
21 믿음으로 야곱은 죽을 때 요셉의 아
들들을 각각 축복했으며 자기 지팡
이 머리에 몸을 기대며 하나님께 경
배했습니다.
22 믿음으로 요셉은 죽을 때에 이스라엘
자손이 이집트에서 떠날 것에 대해
말했고 *자기의 뼈에 대해 지시했습
니다.
23 믿음으로 모세의 부모는 모세가 출생
했을 때 그 아이를 석 달 동안 숨겼
습니다. 이는 그 아이가 남다른 것을
보고 왕의 명령을 무서워하지 않았기
때문입니다.
24 믿음으로 모세는 다 자란 후에 바로
의 딸의 아들이라 불리는 것을 거부
했습니다.
25 그는 잠시 죄의 쾌락을 즐기는 것보
다 오히려 하나님의 백성과 함께 고
난받기를 더 좋아했습니다.
26 그는 *그리스도를 위해 당하는 수모
를 이집트의 보화보다 더 가치 있는
것으로 여겼습니다. 이는 그가 상을
바라보았기 때문입니다.
27 믿음으로 모세는 왕의 진노를 두려워
하지 않고 이집트를 떠났습니다. 그는
보이지 않는 분을 보는 것같이 여기
고 인내했습니다.
28 믿음으로 그는 유월절과 피 뿌리는
의식을 행해 처음 난 것들을 죽이는
자가 *그들을 해치지 못하도록 했습
니다.
29 믿음으로 이스라엘 백성은 마른 땅을
건너듯 홍해를 건넜습니다. 그러나 이
집트 사람들은 똑같이 행하려다가 물
에 빠져 죽었습니다.
30 믿음으로 이스라엘 백성이 7일 동안

11:22 또는 매장을 11:26 또는 메시아. '기름 부음 받은 사람' 11:28 또는 이스라엘의 맏아들들 ㄱ 창 21:12

여리고 성을 돌자 그 성벽이 무너져
내렸습니다.
31 믿음으로 *창녀 라합은 정탐꾼들을
평안히 맞아들여 *불순종한 사람들
과 함께 죽지 않았습니다.
32 그리고 또 내가 무슨 말을 더 하겠습
니까? 기드온, 바락, 삼손, 입다, 다윗
그리고 사무엘과 예언자들에 대해 이
야기하자면 시간이 모자랄 것입니다.
33 그들은 믿음으로 나라들을 정복하기
도 하고 의를 행하기도 하고 약속들
을 받기도 하고 사자들의 입을 막기
도 하고
34 불의 능력을 꺾기도 하고 칼날을 피
하기도 하고 연약한 데서 강하게 되
기도 하고 전쟁에서 용맹한 사람들이
되기도 하고 이방 군대를 물리치기도
했습니다.
35 여인들은 자신의 죽은 사람들을 부
활로 되돌려 받기도 했습니다. 또 어
떤 이들은 고문을 당했지만 더 나은
삶으로 부활하기 위해 풀려나기를 원
하지 않았습니다.
36 또 어떤 사람들은 조롱과 채찍질을
당했으며 심지어 결박되고 투옥되기
까지 했습니다.
37 그들은 돌에 맞았고 톱질을 당했고
칼로 죽임을 당했습니다. 그들은 양
가죽과 염소 가죽을 입고 떠돌아다
녔으며 그들은 가난했고 고난을 당했
고 학대를 받았습니다.
38 (*세상은 그들에게 가치가 없었습니
다.) 그래서 그들은 광야와 산과 동굴
과 땅굴 등에서 떠돌며 살았습니다.
39 그런데 이들은 모두 믿음으로 증거를
받았지만 약속하신 것을 받지 못했습
니다.
40 하나님께서는 우리를 위해 더 나은
것을 예비해 놓으심으로 우리 없이는
그들이 온전해지지 못하도록 하신 것
입니다.

12 이와 같이 우리를 둘러싼 구름
같이 많은 증인들이 있으니 모
든 짐과 *얽매이기 쉬운 죄를 벗어 버
리고 인내로써 우리 앞에 놓인 경주
를 합시다.
2 믿음의 창시자요, 완성자이신 예수를
바라봅시다. 그는 자기 앞에 놓여 있
는 기쁨을 위해 부끄러움을 개의치
않으시고 십자가를 참으셨습니다. 그
래서 그는 하나님의 보좌 오른편에
앉게 되셨습니다.
3 여러분, 거역하는 죄인들을 참으신
분을 생각하십시오. 그리하여 지쳐
낙심하지 마십시오.

하나님은 아들들을 연단하신다

4 여러분이 죄와 싸웠지만 아직 피를
흘릴 정도로 대항하지는 않았습니다.
5 또한 여러분은 하나님께서 아들들을
대하듯이 여러분에게 하신 권면의 말
씀을 잊었습니다. 이르시기를
ㄱ"내 아들아, 주의 훈계를 가볍게
여기지 말고 그가 책망하실 때 낙
심하지 마라.

11:31 또는 여인숙 주인 11:31 또는 믿지 않은
11:38 또는 세상은 이런 사람들을 받아들이지 못합니
다. 12:1 또는 쉽게 빗나가게 하는 ㄱ 잠 3:11,12

6 주께서는 사랑하시는 사람을 연단
하시고 아들로 받으신 사람들마다
채찍질하신다"
라고 하셨습니다.
7 연단을 견뎌 내십시오. 하나님께서는
여러분을 아들들같이 대하십니다. 아
버지가 연단하지 않는 아들이 어디
있습니까?
8 아들이 받는 모든 연단을 여러분이
받지 않는다면 여러분은 사생자며 아
들이 아닙니다.
9 우리는 우리를 연단하는 육신의 아버
지를 모시고 그분들을 존경합니다. 그
러니 우리가 모든 영의 아버지께 더욱
복종하며 살아야 하지 않겠습니까?
10 육신의 아버지는 자기가 좋다고 생각
하는 대로 우리를 잠시 연단하지만
영의 아버지께서는 우리의 유익을 위
해 그분의 거룩하심에 참여하도록 연
단하십니다.
11 모든 연단이 당시에는 즐거움이 아니
라 괴로움으로 보이지만 나중에는 그
것을 통해 연단된 사람들에게 의로
운 평화의 열매를 맺게 합니다.
12 그러므로 여러분은 피곤한 팔과 연약
한 무릎을 강하게 하십시오.
13 *그리고 여러분의 발을 위해 길을 곧
게 하십시오. 그래서 절뚝거리는 다
리로 어긋나지 않게 하고 오히려 치
유를 받게 하십시오.

경고와 격려

14 모든 사람과 더불어 화평과 거룩함
을 추구하십시오. 이것 없이는 아무
도 주를 보지 못할 것입니다.
15 하나님의 은혜에 이르지 못하는 사
람이 없도록 주의하십시오. 또한 쓴
뿌리가 돋아나 문제를 일으키고 그
로 인해 많은 사람들이 더럽혀지지
않도록 조심하십시오.
16 또한 음행하는 사람이나 음식 한 그
릇에 자신의 장자권을 판 에서와 같
이 세속적인 사람이 없도록 살피십시
오.
17 여러분이 알다시피 에서는 후에 복을
상속받고 싶어 했지만 거절당했습니
다. 그가 눈물로 복을 구했지만 *회
개할 기회를 얻지 못했습니다.

두려움의 산과 기쁨의 산

18 여러분이 나아가 도착한 곳은 시내
산 같은 곳이 아닙니다. 곧 손으로 만
질 수 있고 불이 타오르며 어둡고 깜
깜하며 폭풍과
19 나팔 소리와 말씀하시는 음성이 들리
는 곳과 같지 않습니다. 그 음성을 들
은 사람들은 하나님께서 자기들에게
더 이상 말씀하지 않기를 애원했습니
다.
20 그들이 ㄱ"짐승이라도 그 산에 닿으면
돌에 맞아 죽게 하라"라고 하신 명령
을 감당하지 못했기 때문입니다.
21 그 광경이 얼마나 무서웠던지 모세도
ㄴ"나는 너무 두렵고 떨린다"라고 말
했습니다.
22 그러나 여러분이 나아가 다다른 곳은

12:13 잠 4:26을 보라. 12:17 또는 아버지의 마음을 바꿔 놓을 기회를 ㄱ 출 19:12 ㄴ 신 9:19

시온 산, 곧 살아 계신 하나님의 도시
인 하늘의 예루살렘입니다. 또한 여러
분은 잔치에 운집한 수많은 천사들
의 무리와
23 하늘에 등록된 장자들의 교회와 만
물의 심판주이신 하나님과 완전하게
된 의인들의 영들과
24 새 언약의 중보자이신 예수와 아벨의
피보다 더 나은 소식을 전해 준 예수
께서 뿌리신 피에 이르렀습니다.
25 여러분은 말씀하시는 분을 거역하지
않도록 조심하십시오. 만일 땅에서
경고하신 분을 거역한 그들이 피하지
못했다면 하물며 우리가 하늘로부터
경고하시는 분을 배척하고 어찌 피할
수 있겠습니까?
26 그때는 그 음성이 땅을 흔들었지만
이제는 그분이 약속해 말씀하셨습니
다. ㄱ"내가 또 한 번 땅뿐 아니라 하
늘까지도 흔들 것이다."
27 이 '또 한 번'이라 함은 흔들리지 않는
것들을 남겨 두려고 흔들리는 것들,
곧 피조물들을 제거해 버리시려는 것
을 뜻합니다.
28 그러므로 우리가 흔들리지 않는 나
라를 받았으니 감사합시다. 이렇게 해
경건함과 두려움으로 하나님을 합당
하게 섬깁시다.
29 우리 하나님께서는 태워 없애는 불이
시기 때문입니다.

마지막 권고

13 형제 사랑하기를 지속하십시
오.
2 나그네 대접하기를 소홀히 하지 마십
시오. 어떤 사람들은 나그네를 대접
하다가 자기도 모르게 천사들을 대접
했습니다.
3 여러분은 자신이 함께 갇혀 있는 것
처럼 감옥에 갇힌 사람들을 기억하십
시오. 여러분도 몸을 가진 사람들이
니 학대받는 사람들을 기억하십시오.
4 *모든 사람은 결혼을 귀하게 여기고
잠자리를 더럽히지 마십시오. 하나님
께서는 음란한 사람들과 간음하는
사람들을 심판하실 것입니다.
5 돈을 사랑하며 살지 말고 지금 갖고
있는 것으로 만족하십시오. 주께서는
친히 ㄴ"내가 결코 너를 떠나지 않겠
고 또 결코 버리지 않을 것이다"라고
말씀하셨습니다.
6 그러므로 우리는 담대히 말합니다.
ㄷ"주는 나를 돕는 분이시니 나는
두려워하지 않을 것이다. 사람이
나를 어찌하겠는가?"
7 하나님의 말씀을 여러분에게 전해 준
여러분의 지도자들을 기억하십시오.
그들이 산 삶의 결과를 살펴보고 그
믿음을 본받으십시오.
8 예수 그리스도께서는 어제나 오늘이
나 영원토록 한결같으신 분입니다.
9 여러분은 갖가지 이상한 가르침에 끌
려다니지 마십시오. 마음은 음식이
아니라 은혜로 견고하게 하는 것이
좋습니다. 음식에 집착한 사람들은

13:4 또는 모두에게 혼인은 귀하니 잠자리는 더러운 것이 아닙니다. ㄱ 학 2:6 ㄴ 신 31:6;수 1:5 ㄷ 시 118:6

유익을 얻지 못했습니다.
10 우리에게는 한 제단이 있습니다. 그런
데 장막에서 섬기는 사람들은 그 제
단에서 먹을 권한이 없습니다.
11 이는 그 짐승의 피는 죄를 위해 대제
사장이 지성소로 갖고 들어가고 그
몸은 진 밖에서 불태워지기 때문입니
다.
12 이와 같이 예수께서도 자신의 피로
백성을 거룩하게 하시려고 성문 밖에
서 고난을 당하셨습니다.
13 그러므로 우리도 그분의 치욕을 짊어
지고 진 밖으로 그분에게 나아갑시다.
14 우리는 이 땅 위의 영원한 도시가 아
니라 다만 장차 올 도시를 갈망하고
있기 때문입니다.
15 그러므로 우리가 그분을 통해 항상
하나님께 찬양의 제사를 드립시다.
이것은 그분의 이름을 고백하는 입술
의 열매입니다.
16 그리고 선행과 나눔을 소홀히 하지
마십시오. 하나님께서는 이런 제사를
기뻐하십니다.
17 여러분을 인도하는 사람들을 신뢰하
고 순종하십시오. 이는 그들이 여러
분의 영혼을 위해 마치 자신들이 하
나님께 아뢰야 할 사람들인 것처럼
깨어 있기 때문입니다. 그들로 하여금
기쁨으로 이 일을 행하게 하고 근심
함으로 행하지 않게 하십시오. 그러
지 않으면 여러분에게 유익이 되지 못
할 것입니다.
18 우리를 위해 기도해 주십시오. 우리
는 모든 일을 올바르게 행하며 선한
양심을 갖고 있다고 확신합니다.
19 내가 여러분에게 더 빨리 돌아갈 수
있도록 더욱 열심히 기도해 주십시
오.

축도와 마지막 문안 인사

20 평강의 하나님, 곧 양들의 큰 목자이
신 우리 주 예수를 죽은 사람 가운데
서 영원한 언약의 피로 이끌어 내신
분이
21 그분의 뜻을 행할 수 있도록 모든 선
한 것으로 여러분을 *온전케 해 주시
기를 원합니다. 또한 하나님께서 예수
그리스도로 말미암아 그분에게 기쁨
이 되는 것을 우리 안에서 행하시기
를 원합니다. 하나님께 영광이 영원
무궁하기를 빕니다. 아멘.
22 형제 여러분, 내가 여러분에게 권합니
다. 이 권면의 말을 용납하십시오. 내
가 여러분에게 간단히 썼습니다.
23 우리 형제 디모데가 석방된 것을 알
려 드립니다. 그가 속히 오면 내가 그
와 함께 여러분을 만나 보게 될 것입
니다.
24 여러분을 지도하는 모든 사람들과
온 성도들에게 안부를 전해 주십시
오. 이탈리아에서 온 사람들이 여러
분에게 안부를 전합니다.
25 은혜가 여러분 모두와 함께하기를 빕
니다.

13:21 또는 충분히 구비하게 해

야고보서

J a m e s

행동하는 믿음의 중요성을 강조하는 서신으로, 로마서, 갈라디아서와 보완 관계를 이루며, 예수님의 동생 야고보가 저술하였다. 실제적인 삶의 교훈이 많이 들어 있으며, 은혜로 말미암는 구원이 어떻게 실제 생활 속에서 검증되어야 하는지를 구체적으로 보여 준다. 시험을 이기는 방법, 혀의 바른 사용, 가난한 자에 대한 태도 등이 들어 있다.

1 하나님과 주 예수 그리스도의 종
야고보는 흩어져 있는 열두 지파에
게 안부를 전합니다.

시험과 유혹

2 내 형제들이여, 여러 가지 시험을 만
나거든 온전히 기쁘게 여기십시오.
3 여러분이 알다시피 여러분의 믿음의
연단은 인내를 이룹니다.
4 인내를 온전히 이루십시오. 그러면
여러분이 온전하고 성숙하게 돼 아무
것에도 부족한 것이 없게 될 것입니
다.
5 여러분 가운데 누구든지 지혜가 부
족하면 모든 사람에게 후히 주시고
꾸짖지 않으시는 하나님께 구하십시
오. 그러면 주실 것입니다.
6 오직 믿음으로 구하고 조금도 의심하
지 마십시오. 의심하는 사람은 바람
에 밀려 요동하는 바다 물결 같습니
다.
7 그런 사람은 주께 무엇을 받을 것이
라고 기대하지 마십시오.
8 그는 두 마음을 품은 사람으로 그의
모든 길은 정함이 없습니다.
9 어려운 처지에 있는 형제는 자신의
높은 위치를 자랑하고
10 부자는 자신의 낮은 위치를 자랑하
십시오. 이는 부자는 풀의 꽃처럼 사
라져 버릴 것이기 때문입니다.
11 해가 떠 뜨거워져 풀을 말리면 꽃은
떨어지고 그 아름다움을 잃고 맙니
다. 이처럼 부자도 그의 행하는 일 가
운데 소멸될 것입니다.
12 시험을 견디는 사람은 복이 있습니
다. 이는 그가 인정을 받은 후에 하나
님을 사랑하는 사람들에게 약속된
생명의 면류관을 받을 것이기 때문입
니다.
13 누구든지 시험을 당할 때 "내가 하나
님께 시험을 받고 있다"라고 말하지
마십시오. 하나님은 악에게 시험을
받지도 않으시고 친히 누구를 시험하

지도 않으십니다.
14 각 사람이 시험을 당하는 것은 자신
의 욕심에 이끌려 유혹에 빠지기 때
문입니다.
15 욕심이 잉태해 죄를 낳고 죄가 자라
사망을 낳습니다.
16 내 사랑하는 형제들이여, 속지 마십
시오.
17 온갖 좋은 선물과 온전한 은사는 위
로부터 오며 빛들의 아버지께로부터
내려옵니다. 그분에게는 변함도, 회전
하는 그림자도 없으십니다.
18 그분은 우리를 창조하신 것 가운데
첫 열매가 되게 하시려고 그분의 뜻
에 따라 진리의 말씀으로 우리를 낳
으셨습니다.

듣기와 행하기

19 내 사랑하는 형제들이여, 이것을 명
심하십시오. 사람마다 듣기는 빨리
하고 말하기는 천천히 하며 노하기도
천천히 하십시오.
20 사람이 화내는 것이 하나님의 의를
이루지 못하기 때문입니다.
21 그러므로 모든 더러운 것과 넘치는
악을 벗어 버리고 마음에 심긴 말씀
을 온유함으로 받으십시오. 이 말씀
은 능히 여러분의 영혼을 구원할 수
있습니다.
22 여러분은 말씀을 실천하는 사람이
되고 듣기만 해 자신을 속이는 사람
이 되지 마십시오.
23 만일 누가 말씀을 듣기만 하고 실천
하지 않는다면 이 사람은 자기의 생
긴 얼굴을 거울에 비춰 보는 사람과
같습니다.
24 그는 거울을 보고 돌아서서는 자신
의 모습이 어떠한지 금방 잊어버립니
다.
25 그러나 자유하게 하는 온전한 율법을
자세히 살피고 율법 안에 거하는 사
람은 듣고 잊어버리는 사람이 아니라
실천하는 사람입니다. 이 사람은 자
신이 행하는 일에 복을 받을 것입니
다.
26 만일 누가 스스로 경건하다고 생각하
며 자기 혀를 제어하지 않고 자기 마

성·경·상·식 |

신약 성경의 잠언

야고보서는 짧은 권면, 격언, 금언으로 가득 차 있다. 야고보서 전체 108구절 중에는 명령형의 표현이 54번이나 나온다. 이 구절들에는 그리스도인들이 어떻게 살아가야 할지에 대한 내용이 담겨 있다.
그래서 어떤 학자들은 야고보서를 '신약의 잠언'이라고까지 말한다. 내용, 형식 면에서 야고보서와 잠언은 유사한 점이 많기 때문이다.
또한 야고보서에서는 주 예수 그리스도라는 말은 두 번밖에 나오지 않으며, 십자가, 부활, 성령에 대해서는 전혀 언급이 없다. 주로 욕심, 욕망, 시험, 지혜, 인내 등을 주제로 다루고 있다.
야고보서는 믿음의 교리를 강조하기보다는 그리스도인의 행함을 격려하기 위해 쓰여진 책이 확실하다.

음을 속이면 이 경건은 아무 소용이
없습니다.
27 하나님 아버지 앞에서 정결하고 흠이
없는 경건은 환난 가운데 있는 고아
와 과부를 돌보며 세상으로부터 자신
을 지켜 물들지 않도록 하는 것입니
다.

차별을 금하라

2 내 형제들이여, 영광의 우리 주 예
수 그리스도를 믿는 믿음을 겉모습
으로 판단하지 마십시오.
2 만일 여러분의 회당에 금반지를 끼고
화려한 옷을 입은 사람이 들어오고
또 누더기 옷을 걸친 가난한 사람이
들어올 때
3 화려한 옷을 입은 사람을 보고는 "여
기 좋은 자리에 앉으시오"라고 말하
고 가난한 사람에게는 "거기 섰든지
내 발판 아래 앉으시오"라고 말한다
면
4 이는 여러분이 스스로 차별하며 악
한 생각을 따라 판단하는 사람이 된
것 아닙니까?
5 내 사랑하는 형제들이여, 들으십시
오. 하나님께서는 세상에서 가난한
사람들을 택해 믿음에 부요한 사람
이 되게 하시고 하나님을 사랑하는
사람들에게 약속하신 그 나라의 상
속자가 되게 하지 않으셨습니까?
6 그러나 여러분은 가난한 사람을 멸시
했습니다. 부자들은 여러분을 학대하
며 여러분을 법정으로 끌고 가지 않
습니까?
7 그들은 여러분이 받은 아름다운 이
름을 모독하지 않습니까?
8 여러분이 성경대로 [ㄱ]"네 이웃을 네
몸과 같이 사랑하라"는 최상의 법을
지킨다면 잘하는 것입니다.
9 그러나 만일 여러분이 겉모습으로 사
람을 판단한다면 죄를 짓는 것이며
율법이 여러분을 범죄자로 판정할 것
입니다.
10 누구든지 율법 전체를 지키다가 어느
하나를 범하면 율법 전체를 범하는
셈이 되기 때문입니다.
11 [ㄴ]"간음하지 말라"고 하신 이가 또한
[ㄷ]"살인하지 말라"고 하셨기 때문에 비
록 간음하지 않았더라도 살인했다면
율법을 어긴 사람이 되는 것입니다.
12 여러분은 자유의 율법으로 심판받을
사람인 것처럼 말하고 행동하십시
오.
13 긍휼을 베풀지 않는 사람에게는 긍
휼 없는 심판이 있을 것입니다. 긍휼
은 심판을 이깁니다.

믿음과 행함

14 내 형제들이여, 만일 누가 믿음이 있
다고 하면서 행함이 없으면 무슨 소
용이 있겠습니까? 그런 믿음이 자신
을 구원하겠습니까?
15 만일 형제나 자매가 헐벗고 매일 먹
을 양식도 없는데
16 여러분 가운데 누가 그들에게 "잘 가
라. 따뜻하게 지내고 배불리 먹으라"
고 말하며 육신에 필요한 것을 주지

ㄱ 레 19:18 ㄴ 출 20:14;신 5:18 ㄷ 출 20:13;신 5:17

않는다면 무슨 소용이 있겠습니까?
17 이와 같이 믿음도 행함이 없으면 그
자체가 죽은 것입니다.
18 혹 어떤 사람이 이렇게 말할 것입니
다. "당신은 믿음이 있고 나는 행함
이 있습니다. 당신의 행함 없는 믿음
을 내게 보여 주십시오. 그러면 나도
당신에게 나의 행함으로 믿음을 보여
드리겠습니다."
19 당신은 하나님이 한 분이신 사실을
믿습니까? 잘하십니다. 귀신들도 믿
고 두려워 떱니다.
20 아, 허망한 사람이여! 당신은 행함이
없는 믿음이 헛되다는 것을 압니까?
21 우리 조상 아브라함이 자기 아들 이
삭을 제단에 바칠 때 행함으로 의롭
다고 인정받지 않았습니까?
22 당신이 알다시피 믿음이 그의 행함과
함께 일하고 행함으로 믿음이 온전하
게 된 것입니다.
23 그래서 [ㄱ]"아브라함이 하나님을 믿으
니 이것이 그에게 의로 여겨졌다"라고
한 성경이 이뤄졌고 [ㄴ]그는 하나님의
친구라고 불렸습니다.
24 여러분이 보다시피 사람이 행함으로
의롭다고 인정받는 것이지 믿음으로
만은 아닙니다.
25 이와 같이 *창녀 라합도 첩자들을 숨
겨 주고 다른 길로 가게 했을 때 행
함으로 의롭다고 인정받지 않았습니
까?
26 마치 영혼 없는 몸이 죽은 것같이 행
함이 없는 믿음도 죽은 것입니다.

혀를 제어하라

3 내 형제들이여, 더 큰 심판을 받을
줄 알고 너도나도 선생이 되려고
나서지 마십시오.
2 우리는 모두 실수가 많기 때문입니다.
만일 누가 말에 실수가 없다면 그는
자기의 온몸도 제어할 수 있는 완벽
한 사람입니다.
3 우리는 말들을 길들이려고 그 입에
재갈을 물려서 말들을 다 끌고 갑니
다.
4 보십시오. 그렇게 큰 배들이 거센 바
람에 밀려가지만 항해사는 작은 키
하나로 방향을 잡아 갑니다.
5 이와 같이 혀도 작은 지체이지만
*큰 것을 자랑합니다. 보십시오. 작
은 불씨가 얼마나 많은 나무를 태웁
니까?
6 혀는 불입니다. 혀는 우리 지체 안에
있는 불의의 세계이며 온몸을 더럽히
며 *인생의 바퀴를 불사르며 *지옥
불에 의해 불살라집니다.
7 모든 종류의 짐승이나 새나 벌레나
바다 생물은 길들여질 수 있어 사람
에게 길들여져 왔습니다.
8 그러나 혀는 아무도 길들일 수 없습
니다. 혀는 지칠 줄 모르는 악이요,
죽이는 독이 가득한 것입니다.
9 우리는 혀로 주와 아버지를 찬양하기
도 하고 또 그것으로 하나님의 형상

2:25 또는 여인숙 주인 3:5 또는 엄청난 일을 할 수 있다고 자랑합니다. 3:6 또는 출생의 바퀴, 자연의 순환 3:6 그리스어, 게헨나 ㄱ 창 15:6 ㄴ 대하 20:7;사 41:8

을 따라 지음받은 사람을 저주하기도
합니다.
10 찬양과 저주가 한 입에서 나오니 내
형제들이여, 그래서는 안 됩니다.
11 샘이 어떻게 한 구멍에서 단물과 *짠
물을 낼 수 있습니까?
12 내 형제들이여, 무화과나무가 올리브
열매를 맺거나 포도나무가 무화과 열
매를 맺을 수 있습니까? 이처럼 짠물
내는 샘이 단물을 낼 수 없습니다.

두 종류의 지혜

13 여러분 가운데 지혜롭고 분별력 있는
사람이 누구입니까? 선한 행실을 통
해 지혜에서 나오는 온유함으로 자기
의 행위를 보이십시오.
14 그러나 여러분의 마음에 지독한 시기
심과 야심이 있다면 자랑하거나 진리
를 대적해 거짓말하지 마십시오.
15 이 지혜는 하늘에서 오는 게 아니라
세상적이고 정욕적이며 마귀적입니
다.
16 시기심과 야심이 있는 곳에 혼란과
온갖 악한 행위가 있습니다.
17 그러나 하늘에서 오는 지혜는 무엇보
다도 성결하고 또한 화평하며 관용하
고 양순하며 긍휼과 선한 열매가 가
득하며 편견과 위선이 없습니다.
18 의의 열매는 화평하게 하는 사람들이
화평의 씨를 뿌려 거두는 것입니다.

하나님께 복종하라

4 여러분 가운데 싸움이 어디서 오
며 다툼이 어디서 옵니까? 여러분
의 지체 속에 있는 싸우는 정욕에서
오는 것 아닙니까?
2 여러분이 욕심을 내도 얻지 못하고
살인하고 시기해도 얻을 수 없습니
다. 여러분이 다투고 싸우지만 구하
지 않기 때문에 얻지 못하는 것입니
다.
3 그런데 구해도 얻지 못하는 것은 여
러분이 정욕에 쓰려고 잘못된 동기로
구하기 때문입니다.
4 간음하는 여자들이여, 세상과 친구가
되는 것이 하나님의 원수인 것을 알
지 못합니까? 누구든지 세상과 친구
가 되고자 하는 사람은 하나님의 원
수가 되는 것입니다.
5 여러분은 여러분 안에 계신 성령께서
시기하기까지 사모하신다고 한 성경
말씀을 헛된 것으로 생각합니까?
6 하나님께서는 더 큰 은혜를 주십니
다. 그러므로 말씀하십니다. ㄱ"하나님
께서는 교만한 사람을 물리치시고 겸
손한 사람에게 은혜를 주신다."
7 그러므로 하나님께 복종하고 마귀를
대적하십시오. 그러면 마귀가 여러분
을 피할 것입니다.
8 하나님을 가까이하십시오. 그러면 하
나님께서 여러분에게 가까이 오실 것
입니다. 죄인들이여, 손을 깨끗이 하
십시오. 두 마음을 품은 사람들이여,
마음을 정결하게 하십시오.
9 슬퍼하고 탄식하며 통곡하십시오. 여
러분의 웃음을 탄식으로, 기쁨을 슬
픔으로 바꾸십시오.

3:11 그리스어, '쓴' (또한 14절을 보라.) ㄱ 잠 3:34

10 주 앞에서 겸손하십시오. 그러면 여
러분을 높여 주실 것입니다.
11 형제들이여, 서로 비방하지 마십시
오. 형제를 비방하거나 자기 형제를
판단하는 사람은 율법을 비방하고
판단하는 것입니다. 당신이 율법을
판단한다면 당신은 율법을 행하는 사
람이 아니라 심판하는 사람입니다.
12 율법을 주신 이와 심판하시는 이는
오직 한 분이십니다. 그분은 능히 구
원하기도 하시고 멸망시키기도 하시
는 분입니다. 그런데 이웃을 판단하
는 당신은 누구입니까?

내일에 대한 자랑

13 자, 이제 오늘이나 내일 어느 도시에
가서 1년 동안 지내며 돈을 벌겠다고
말하는 사람들이여,
14 여러분은 내일 무슨 일이 일어날지
모르며 여러분의 생명이 무엇인지 알
지 못합니다. 여러분은 잠깐 있다 없
어지는 안개입니다.
15 그러니 여러분은 "주의 뜻이면 우리
가 살기도 하고 이런저런 일을 할 것
이다"라고 말하십시오.
16 그런데 여러분은 교만한 마음으로 자
랑합니다. 이러한 자랑은 모두 악한
것입니다.
17 그러므로 누구든지 선을 행할 줄 알
면서도 행하지 않으면 이것은 죄를
짓는 일입니다.

부유한 압제자들에 대한 경고

5 부자들이여, 여러분에게 닥칠 고난
으로 인해 슬퍼하며 통곡하십시오.
2 여러분의 재물은 썩었고 여러분의 옷
은 좀먹었습니다.
3 여러분의 금과 은은 녹슬어 여러분에
게 증거가 될 것이며 불처럼 여러분의
살을 삼켜 버릴 것입니다. 여러분은
마지막 날에도 재물을 쌓았습니다.
4 보십시오. 여러분이 밭을 가는 일꾼
들에게 지불하지 않은 품삯이 소리를
지르며 추수하는 사람들의 울부짖는
소리가 만군의 주의 귀에 들렸습니
다.
5 여러분은 땅에서 사치하며 잘살았습
니다. 여러분은 도살의 날에 여러분
의 마음을 살찌웠습니다.
6 여러분은 의로운 사람을 정죄하고 죽
였습니다. 그러나 그는 여러분에게 대
항하지 않았습니다.

고난 중의 인내

7 그러므로 형제들이여, 주께서 오실
때까지 오래 참고 기다리십시오. 보십
시오. 농부는 땅의 열매를 참고 기다
리며 이를 위해 이른 비와 늦은 비가
내리기까지 기다립니다.
8 여러분도 오래 참고 여러분의 마음을
굳건히 하십시오. 주의 강림이 가까
이 왔기 때문입니다.
9 형제들이여, 심판을 받지 않으려면
서로 불평하지 마십시오. 보십시오.
심판자가 문 앞에 서 계십니다.
10 형제들이여, 주의 이름으로 말씀을
전한 예언자들을 고난과 인내의 본으
로 삼으십시오.
11 보십시오. 우리가 인내하는 사람을

복되다고 말합니다. 여러분이 욥의 인
내를 들었고 주께서 주신 결과를 보
았습니다. 주는 자비와 긍휼이 많은
분이십니다.
12 내 형제들이여, 무엇보다도 맹세하지
마십시오. 하늘이나 땅이나 다른 어
느 것을 두고도 맹세하지 마십시오.
여러분이 "그렇다" 할 것은 "그렇다"
하고 "아니다" 할 것은 "아니다" 해서
심판을 받지 않도록 하십시오.

믿음의 기도

13 여러분 가운데 고난당하는 사람이
있으면 기도하십시오. 즐거운 사람이
있으면 찬송하십시오.
14 여러분 가운데 병든 사람이 있으면
교회의 장로들을 초청해 주의 이름으
로 기름을 붓고 그를 위해 기도하게
하십시오.
15 믿음의 기도는 병든 사람을 낫게 할
것이며 주께서 그를 일으키실 것입니
다. 비록 그가 죄를 지었을지라도 용
서받을 것입니다.
16 그러므로 서로 죄를 고백하고 병 낫
기를 위해 서로 기도하십시오. 의인
의 기도는 역사하는 힘이 큽니다.
17 엘리야는 우리와 본성이 똑같은 사람
이었습니다. 그러나 그가 비가 오지
않기를 간절히 기도했더니 3년 반 동
안 땅에 비가 내리지 않았습니다.
18 그리고 다시 기도했더니 하늘에서 비
가 내리고 땅이 열매를 냈습니다.
19 내 형제들이여, 여러분 가운데 유혹
을 받아 진리에서 떠난 사람을 누가
돌아서게 하면
20 여러분은 아십시오. 죄인을 유혹의
길에서 돌아서게 한 사람은 그의 영
혼을 죽음에서 구하고 많은 죄를 덮
을 것입니다.

Q&A 지금도 병든 사람에게 기름 부으며 기도해야 하나?

참고 구절 | 약 5:14

야고보서에는 병든 자가 있으면 교회의 장로를 청해서 주의 이름으로 기름을 부으며 기도하라고 했다(약 5:14 참조). 여기에서 '기름을 붓는 것'은 기름을 머리에 붓는 종교 의식이 아니라 '피부에 기름을 바르거나 문지르는 것'이었다.

성경 시대에 기름은 의학적인 효능 때문에 병든 사람에게 사용되었다. 사마리아인이 강도를 만나 죽게 된 사람을 만났을 때에도 그의 상처에 기름과 포도주를 부었다(눅 10:34).

여기에서 야고보가 말하는 것은 그 시대의 가장 좋은 의술을 사용하라는 의미다. 따라서 오늘날 항생제나 여러 가지 다른 의약품, 수술, 치료 등의 의학 기술을 활용하고 동시에 기도하라는 말이 된다.

기름은 종종 '성령'이라고 해석하기도 하고 종교적인 의식에 사용하기도 한다.

베드로전서

1 Peter

당면한 환난과 장차 임할 불 시험을 극복하기 위해 '산 소망'이 되시는 예수 그리스도만을 굳게 의지하도록 권면하는 베드로 사도의 서신이다. 예수님을 부인한 경험이 있는 베드로는 결정적인 순간에 믿음을 지키기 위해서는 하나님의 은혜가 필요함을 절감하며, 잠시 받는 고난이야말로 장차 영광에 이를 수 있는 근거임을 거듭 역설한다.

1 예수 그리스도의 사도 베드로는 본
도와 갈라디아와 갑바도기아와 아
시아와 비두니아 지역에 흩어져 사는
나그네,
2 곧 하나님 아버지의 미리 아심을 따
라 성령의 거룩하게 하심으로 예수
그리스도께 대한 순종과 그분의 피
뿌림을 얻기 위해 택하심을 받은 사
람들에게 편지를 씁니다. 은혜와 평
강이 여러분에게 더욱 풍성하기를 빕
니다.

산 소망을 주신 하나님을 찬양하라

3 우리 주 예수 그리스도의 아버지 하나
님을 찬양합니다. 하나님께서는 그분
의 풍성하신 긍휼을 따라 우리를 거
듭나게 하시고 예수 그리스도를 죽은
사람들로부터 살리시어 산 소망을 얻
게 하심으로
4 여러분을 위해 하늘에 쌓아 둔 썩지
않고 더러워지지 않고 쇠하지 않는 유
업을 얻게 하셨습니다.
5 여러분은 마지막 때 나타내려고 예비
하신 구원을 얻기 위해 믿음으로 인
해 하나님의 능력으로 보호하심을 받
고 있습니다.
6 그러므로 여러분은 이제 온갖 시험을
당해 잠시 근심하게 됐으나 오히려
크게 기뻐합니다.
7 그것은 여러분이 당하는 믿음의 시련
이 불로 단련해도 없어질 금보다 더
귀해 예수 그리스도께서 나타나실 때
칭찬과 영광과 존귀를 얻게 하려는
것입니다.
8 여러분은 그리스도를 보지 못했으나
사랑합니다. 지금도 여러분은 그분을
보지 못하지만 믿고, 말할 수 없는 영
광스러운 기쁨으로 즐거워합니다.
9 이는 여러분이 믿음의 결과로 영혼의
구원을 받기 때문입니다.
10 이 구원에 관해서는 여러분이 받을
은혜에 대해 예언한 예언자들이 열심
히 찾고 연구했습니다.

11 그들은 자기 안에 계신 그리스도의
영이 그리스도께서 당하실 고난과 그
뒤에 받으실 영광에 대해 미리 증언
하실 때 그리스도의 영이 무엇을 가
리키며 어느 때를 지시하는지 알아보
려고 살폈습니다.
12 예언자들이 섬긴 이 일은 자기들을
위한 것이 아니라 여러분을 위한 것
임이 그들에게 계시됐습니다. 이제 이
일은 하늘에서 보내신 성령 안에서
복음을 전하는 사람들로 인해 여러
분에게 전파된 것이며 천사들도 살펴
보기를 간절히 바라는 것입니다.

거룩하라

13 그러므로 여러분은 마음의 허리를 동
이고 정신을 차려 예수 그리스도께서
나타나실 때 여러분에게 주실 은혜
를 끝까지 바라보십시오.
14 여러분은 순종하는 자녀로서 전에
무지한 가운데 따라 살던 욕망을 본
받지 말고
15 여러분을 부르신 분이 거룩하신 것처
럼 여러분도 모든 행실에 거룩한 사
람들이 되십시오.
16 기록되기를 ㄱ"내가 거룩하니 너희도
거룩하라"라고 하셨습니다.
17 또한 여러분이 사람을 외모로 취하
지 않고 각자의 행위대로 판단하시는
분을 아버지라고 부르고 있으니 나그
네로 사는 때를 두려움으로 지내십시
오.
18 여러분이 알다시피 조상들로부터 물
려받은 헛된 생활 방식에서 여러분이
해방된 것은 은이나 금같이 썩어질
것으로 된 것이 아니요,
19 오직 흠도 없고 점도 없는 어린양 같
은 그리스도의 보배로운 피로 된 것입
니다.
20 그리스도는 창세전부터 미리 알려지
셨고 여러분을 위해 마지막 때에 나
타나셨습니다.

ㄱ 레 11:44;19:2;20:7

성·경·상·식 **흩어져 사는 나그네**

베드로는 '흩어져 사는 나그네'에게 편지를 보냈다(벧전 1:1). 여기서 '흩어져 사는 나그네'란 '디아스포라'를 말한다. 구약에서는 율법에 불순종한 죄(신 28:25)로 인해 바벨론으로 흩어진 자들을 말하나, 신약 시대에는 곳곳에 흩어져 사는 유대인들을 다 이렇게 불렀다.
야고보의 편지에도 '흩어져 있는 열두 지파'라는 말이 나온다(약 1:1). 베드로는 그중 특별히 다음과 같이 몇 지역을 지명했다.

- **본도** 갑바도기아의 일부로서 아굴라와 브리스길라의 고향이었다.
- **갈라디아** 갑바도기아와 아시아 중간에 위치한 곳으로 갈라디아서의 근거지가 되었다.
- **아시아** 신약과 가장 관련이 많은 지역으로서 에베소가 수도였다.
- **비두니아** 본도와 연결된 지역으로, 바울이 비두니아로 가고자 했을 때 성령께서 그 길을 막으셨던 곳이다(행 16:7).

21 여러분은 그리스도로 인해 하나님을
믿는 사람들입니다. 하나님은 그리스
도를 죽은 사람들 가운데서 살리시
고 그분에게 영광을 주셨습니다. 그
러므로 여러분의 믿음과 소망은 하나
님께 있습니다.
22 여러분은 진리에 순종함으로 여러분
의 영혼을 깨끗하게 해 거짓 없이 형
제를 사랑하기에 이르렀으니 청결한
마음으로 서로 *깊이 사랑하십시오.
23 여러분이 거듭난 것은 썩어질 씨로
된 것이 아니라 썩지 않을 씨로 된 것
이니, 곧 *하나님의 살아 있고 항상
있는 말씀으로 된 것입니다.
24 그러므로
ㄱ"모든 육체는 풀과 같고 그의 모
든 영광은 풀의 꽃과 같도다. 풀은
시들고 꽃은 떨어지나
25 주의 말씀은 영원토록 있도다"
라고 했습니다. 이것이 바로 여러분에
게 전파된 말씀입니다.

2 그러므로 여러분은 모든 악의와
모든 거짓과 위선과 시기와 모든
비방의 말을 버리십시오.
2 갓난아기들같이 신령하고 순전한 젖
을 사모하십시오. 이는 여러분이 구
원에 이르도록 자라게 하려는 것입니
다.
3 여러분이 주의 인자하심을 맛보았으
면 그렇게 하십시오.

산 돌과 택하신 백성

4 사람에게는 버림을 당하셨으나 하나
님께는 택하심을 받은 보배로운 산
돌이신 예수께 나아가
5 여러분 자신도 산 돌들처럼 신령한
집으로 세워지십시오. 그래서 예수 그
리스도로 인해 하나님께서 기쁘게 받
으실 만한 제사를 드리는 거룩한 제
사장이 되십시오.
6 성경에 기록되기를
ㄴ"보라. 내가 택한 보배롭고 요긴한
모퉁잇돌을 시온에 둔다. 그를 믿는
사람은 결코 수치를 당하지 않을 것
이다"
라고 했습니다.
7 그러므로 믿는 여러분에게는 보배이
지만 믿지 않는 사람들에게는
ㄷ"건축자들의 버린 돌이 모퉁이의
머릿돌이 됐다"
라고 했고
8 또한
ㄹ"거치는 돌과 넘어지게 하는 바위
가 됐다"
라고 했습니다. 그들이 말씀에 순종
하지 않으므로 넘어지니 이는 그들이
그렇게 되도록 정하셨기 때문입니다.
9 *그러나 여러분은 택하신 족속이요,
왕 같은 제사장들이요, 거룩한 나라
요, 그분의 소유된 백성이니 이는 여
러분을 어둠에서 불러내어 그분의 놀
라운 빛으로 들어가게 하신 분의 덕
을 선포하게 하기 위한 것입니다.
10 여러분이 전에는 백성이 아니었으나

1:22 또는 뜨겁게, 변함없이 1:23 또는 영원히 살아 계신 하나님의 말씀으로 2:9 출 19:5-6과 사 43:20-21을 보라. ㄱ 사 40:6 이하 ㄴ 사 28:16 ㄷ 시 118:22 ㄹ 사 8:14

이제는 하나님의 백성이며 전에는 자
비를 얻지 못했으나 이제는 자비를
얻은 사람들입니다.

이방 사람 중에서 경건한 삶

11 사랑하는 사람들이여, 나는 외국 사
람과 나그네 같은 여러분에게 영혼을
대적해 싸우는 육체의 정욕을 멀리할
것을 권면합니다.
12 여러분은 이방 사람 가운데 선한 행
실을 나타내십시오. 그러면 그들이
여러분을 악을 행하는 사람들이라고
비방하다가 여러분의 선한 일들을 보
고 하나님께서 돌아보시는 날에 하나
님께 영광을 돌리게 될 것입니다.
13 주를 위해 사람의 모든 제도에 순복
하십시오. 권세를 가진 왕에게,
14 또한 악을 행하는 사람들을 징벌하
고 선을 행하는 사람들을 칭찬하기
위해 왕이 보낸 총독들에게 순복하
십시오.
15 선을 행해 어리석은 사람들의 무식한
말을 잠잠하게 하는 것이 하나님의
뜻이기 때문입니다.
16 여러분은 자유인으로 사십시오. 그러
나 그 자유를 악행의 구실로 사용하
지 말고 하나님의 종으로 사십시오.
17 모든 사람을 존경하고 형제들을 사
랑하며 하나님을 두려워하고 왕을 공
경하십시오.
18 종들이여, 여러분은 모든 일에 두려
워함으로 주인에게 복종하십시오. 선
하고 너그러운 사람들뿐 아니라 까다
로운 사람들에게도 그렇게 하십시오.
19 어떤 사람이 억울하게 고난을 당하고
하나님을 생각하며 슬픔을 참으면 이
것은 은혜입니다.
20 여러분이 죄를 지어 매를 맞고 참으면
무슨 칭찬이 있겠습니까? 그러나 여
러분이 선을 행하다 고난을 받고 참
으면 이것은 하나님 앞에서 은혜입니
다.
21 여러분은 이것을 위해 부르심을 받았
습니다. 그리스도께서도 여러분을 위
해 고난을 당하시고 여러분에게 본을
남겨 주심으로 그분의 발자취를 따
르게 하셨습니다.
22 그분은 죄를 지으신 일도 없고 그 입
에는 거짓이 없었으며
23 그분은 모욕을 당하셨으나 모욕으로
갚지 않으셨고 고난을 당하셨으나 위
협하지 않으셨고 공의로 심판하시는
분에게 자신을 맡기셨습니다.
24 그분이 친히 나무에 달려 자기 몸으
로 우리의 죄를 짊어지셨으니 이는 우
리가 죄에 대해 죽고 의에 대해 살게
하려는 것입니다. 그분이 채찍에 맞음
으로 여러분이 나음을 얻었습니다.
25 여러분이 전에는 길 잃은 양과 같았
으나 이제는 여러분 영혼의 목자 되
시며 감독자 되신 분에게로 돌아왔
습니다.

3 아내들이여, 이와 같이 자기 남편
에게 복종하십시오. 이는 말씀에
순종하지 않는 남편일지라도 말이 아
닌 아내의 행실로 인해 구원을 얻게
하려는 것입니다.

2 그들이 두려움으로 행하는 여러분의
깨끗한 행실을 보고 그렇게 될 것입
니다.
3 여러분은 머리를 땋아 내리거나 금장
식을 달거나 옷을 화려하게 차려입음
으로 외모를 단장하지 말고
4 오히려 마음에 숨은 사람을 온유하
고 고요한 심령의 썩지 않을 것으로
단장하십시오. 이것은 하나님 앞에서
아주 귀한 일입니다.
5 전에 하나님께 소망을 두었던 거룩한
여인들도 이처럼 자기 남편에게 복종
함으로 스스로 단장했습니다.
6 이는 사라가 아브라함을 주라 부르며
그에게 순종한 것과 같습니다. 여러
분은 선을 행하고 아무리 무서운 일
에도 두려워하지 않는 사라의 딸들이
됐습니다.
7 남편들이여, 이와 같이 아내는 더 연
약한 그릇인 것을 알고 그녀와 함께
살아야 합니다. 또한 생명의 은혜를
함께 상속할 사람으로 알아 귀하게
여기십시오. 이는 여러분의 기도가
막히지 않게 하려는 것입니다.

선을 행함으로 받는 고난

8 마지막으로, 여러분은 모두 한마음
을 품고 서로 동정하며 형제를 사랑
하며 불쌍히 여기며 겸손하십시오.
9 악을 악으로 갚거나 욕을 욕으로 갚
지 말고 도리어 축복하십시오. 이는
여러분이 복을 유업으로 받기 위해
부르심을 받았기 때문입니다.
10 그러므로 말씀하시기를
ㄱ"누구든지 생명을 사랑하고 좋은
날 보기를 원하는 사람은 혀를 금
해 악한 말을 하지 못하게 하고 입
술로 거짓을 말하지 못하게 하며
11 악에서 돌이켜 선을 행하고 화평
을 따르고 화평을 이루라.
12 이는 주의 눈이 의인들을 향하시
고 주의 귀는 그들의 기도에 기울

ㄱ 시 34:12 이하

하용조 목사의 행복한 메시지

하나님의 선물, 가정

하나님께서 사람에게 주신 가장 귀한 선물은 가정입니다. 제국을 만들어 주지 않으시고 가정을 만들어 주셨습니다. 동물은 생식 본능이나 집단 본능에 의해 존재합니다. 그러나 사람은 가정을 이루어 살도록 하셨습니다. 따라서 하나님께서 의도하셨던 가정의 원칙대로 우리가 산다면 우리 가정은 행복하고 복을 받게 될 것입니다.

범죄한 인간이 하나님의 창조 원리를 따르지 않고 세상의 원리를 따라 결혼하고 가정생활을 하니까 다투고 이혼을 하는 것입니다. 부부 관계는 전통이나 습관, 윤리나 도덕에 따라서 자연히 이루어지는 관계가 아닙니다. 힘써 노력하여 만들어 가는 관계입니다. 그래서 바울은 아내는 남편에게 순종하고 남편은 아내를 사랑하라고 구체적으로 말합니다. 부부 관계는 가장 값비싼 대가를 치르며 매일 최우선에 두고 애써야 이루어지는 관계입니다.

이시나 주의 얼굴은 악을 행하는
사람들을 대적하시기 때문이다"
라고 했습니다.
13 여러분이 열심히 선을 행하는 사람이
되면 누가 여러분을 해치겠습니까?
14 그러나 여러분이 의를 위해 고난을
당하면 여러분은 복 있는 사람들입니
다. *그들의 위협에 두려워하지 말고
불안해하지 마십시오.
15 오직 여러분의 마음에 그리스도를 주
로 삼아 거룩하게 하고 여러분이 가
진 소망에 관한 이유를 묻는 모든 사
람에게 대답할 것을 항상 준비하되
16 온유와 두려움으로 하고 선한 양심
을 가지십시오. 이는 여러분이 비방
을 받을 때 그리스도 안에서 행한 여
러분의 선한 행실을 비방하는 사람
들로 하여금 수치를 당하게 하려는
것입니다.
17 하나님의 뜻이면 선을 행하다 고난을
당하는 것이 악을 행하다 고난을 당
하는 것보다 낫습니다.
18 이는 여러분을 하나님께로 인도하기
위해 그리스도께서도 한 번 죄를 위
해 고난을 당하시고 의인으로서 불
의한 사람을 대신하셨기 때문입니다.
그는 육체로는 죽임을 당하셨으나 영
으로는 살리심을 받으셨습니다.
19 또한 주께서는 영으로 옥에 갇혀 있
는 영들에게 가서 선포하셨습니다.
20 그들은 전에 노아가 방주를 예비하는
동안 하나님께서 오래 참고 기다리실
때 끝내 불순종했던 사람들입니다.
물로 심판하실 때 구원받은 사람이
적으니 단 8명뿐이었습니다.
21 이제 물은 여러분을 구원하는 표인
*세례를 의미합니다. *세례는 육체의
더러움을 없애는 것이 아니라 예수 그
리스도의 부활로 인해 선한 양심이
하나님을 향해 응답하는 것입니다.
22 그리스도께서는 하늘로 올라가 하나
님의 오른편에 계시니 천사들과 권세
들과 능력들이 그분께 복종합니다.

하나님을 위한 삶

4 *그리스도께서 육체의 고난을 받
으셨으니 여러분도 같은 마음으로
무장하십시오. 이는 육체의 고난을
받으신 분이 죄를 끊으셨기 때문입니
다.
2 그분은 우리가 더 이상 인간의 욕심
을 따라 살지 않고 하나님의 뜻을 따
라 육체의 남은 때를 살기 원하십니
다.
3 과거에 여러분이 이방 사람의 뜻을
따라 음란과 정욕과 술 취함과 방탕
과 향락과 가증한 우상 숭배에 빠졌
던 것은 그것으로 충분합니다.
4 이방 사람들은 여러분이 그 같은 극
한 방탕에 휩쓸리지 않는 것을 이상
하게 여기고 비방하지만
5 그들은 산 사람과 죽은 사람을 심판
하기 위해 예비하시는 분에게 바른대
로 고하게 될 것입니다.
6 이 때문에 죽은 사람들에게도 복음

3:14 또는 그들이 두려워하는 것을 두려워하지 마십시오. 3:21 또는 침례 4:1 또는 그리스도께서 여러분을 위하여

이 전파됐는데 이것은 그들이 육체로
는 사람들을 따라 심판을 받지만 영
으로는 하나님을 따라 살게 하려는
것입니다.
7 만물의 마지막이 가까이 왔습니다.
그러므로 여러분은 정신을 차리고 깨
어 기도하십시오.
8 무엇보다도 서로 깊이 사랑하십시오.
사랑은 허다한 죄를 덮습니다.
9 서로 대접하기를 불평 없이 하십시
오.
10 각자 은사를 받은 대로 하나님의 각
양 은혜를 맡은 선한 청지기같이 서
로 섬기십시오.
11 누구든지 말을 하려면 하나님께서 말
씀하시는 것같이 하고 누구든지 섬기
려면 하나님께서 공급하시는 힘으로
하는 것같이 하십시오. 이는 모든 일
에 하나님께서 예수 그리스도로 인해
영광을 받으시게 하려는 것입니다. 영
광과 능력이 세세 무궁토록 그분께
있기를 빕니다. 아멘.

그리스도의 사람으로 받는 고난

12 사랑하는 사람들이여, 여러분을 시험
하려고 오는 불 같은 시험이 있더라
도 무슨 이상한 일이 여러분에게 일
어난 것처럼 여기지 말고
13 오히려 여러분이 그리스도의 고난에
참여하게 된 것을 기뻐하십시오. 이
는 그분의 영광이 나타날 때 여러분
이 크게 기뻐하고 즐거워하게 하려는
것입니다.
14 여러분이 그리스도의 이름으로 인해
모욕을 당하면 여러분은 복 있는 사
람들입니다. 이는 영광의 영, 곧 하나
님의 영이 여러분 위에 계시기 때문입
니다.
15 여러분 가운데 누구라도 살인하는
사람이나 도둑질하는 사람이나 범죄
하는 사람이나 다른 사람의 일에 참
견하는 사람으로 인해 고난을 받지
않도록 하십시오.
16 그러나 여러분이 그리스도의 사람으
로 고난을 받는다면 부끄러워하지 말
고 도리어 그 이름으로 하나님께 영
광을 돌리십시오.
17 이는 하나님의 집에서 심판을 시작할
때가 됐기 때문입니다. 만일 심판이
우리에게서 시작된다면 하나님의 복
음에 순종하지 않는 사람들의 결국
이 어떠하겠습니까?
18 또 의인이 겨우 구원을 받는다면 경
건하지 못한 사람과 죄인은 어떻게
되겠습니까?
19 그러므로 하나님의 뜻을 따라 고난
을 받는 사람들은 계속 선한 일을 행
하는 가운데 자기의 영혼을 신실하신
창조주께 맡기십시오.

장로들과 무리들에게

5 함께 장로가 된 사람이요, 그리스
도의 고난의 증인이며 또한 나타날
영광에 동참할 사람인 나는 여러분
가운데 장로로 있는 사람들에게 권
면합니다.
2 여러분 가운데 있는 하나님의 양 떼
를 치되 억지로 하지 말고 하나님의

뜻을 따라 자진해서 하십시오. 더러
운 이익을 위해 하지 말고 즐거운 마
음으로 하며
3 맡겨진 사람들에게 군림하는 자세로
하지 말고 오직 양 떼의 모범이 되십
시오.
4 그렇게 하면 목자장이 나타나실 때
여러분은 시들지 않는 영광의 면류관
을 받게 될 것입니다.
5 청년들이여, 이와 같이 장로들에게
순복하십시오. 여러분 모두 서로를
향해 겸손으로 옷 입으십시오. "하나
님께서 교만한 사람들을 대적하시고
겸손한 사람들에게는 은혜를 주신다"
라고 했습니다.
6 그러므로 하나님의 능력의 손 아래서
겸손하십시오. 때가 되면 하나님께서
여러분을 높이실 것입니다.
7 여러분의 모든 근심을 주께 맡기십시
오. 주께서 여러분을 돌보십니다.
8 정신을 차리고 깨어 있으십시오. 여러
분의 원수 *마귀는 우는 사자처럼 두
루 다니며 삼킬 사람을 찾습니다.
9 믿음 안에 굳게 서서 마귀를 대적하
십시오. 여러분이 알다시피 여러분의
형제들도 세상에서 같은 고난을 겪고
있습니다.
10 그러면 모든 은혜의 하나님, 곧 그리
스도 예수 안에서 여러분을 그분의
영원한 영광 가운데로 부르신 분이
잠시 고난받는 여러분을 친히 온전
하게 하시고 굳건히 세우시고 강하게
하시고 견고하게 하실 것입니다.
11 권세가 영원무궁토록 하나님께 있기
를 빕니다. 아멘.

마지막 문안 인사

12 내가 신실한 형제로 여기는 *실루아
노의 도움을 받아 여러분에게 간단히
썼습니다. 이는 여러분을 격려하고 이
것이 하나님의 참된 은혜임을 증언해
여러분으로 하여금 그 은혜 안에 견
고히 서게 하려는 것입니다.
13 함께 택하심을 받은 *바벨론에 있는
교회와 내 아들 마가가 여러분에게
안부를 전합니다.
14 여러분은 사랑의 입맞춤으로 서로 인
사하십시오. 그리스도 안에 있는 여러
분 모두에게 평강이 있기를 빕니다.

5:8 그리스어, '훼방하는 사람' 5:12 또는 실라
5:13 로마를 가리킴.

베드로후서

2 Peter

배교와 거짓 교사들의 위험성, 최후 심판에 대해 엄중히 경고하고, 그리스도인들의 지속적인 영적 성장과 성도의 견인을 강조하는 베드로 사도의 두 번째 서신이다. 본서는 주님의 부활과 재림을 부인함으로 정욕에 이끌려 방탕하게 살아가는 사람들에게 심판을 선언하고, 거룩한 행실과 경건으로 영원한 나라를 준비하도록 촉구한다.

1 예수 그리스도의 종이며 사도인 시
몬 베드로는 우리 하나님과 구주
예수 그리스도의 의로 인해 우리와 똑
같이 보배로운 믿음을 받은
2 여러분에게 하나님과 우리 주 예수를
아는 지식으로 인해 은혜와 평강이
더욱 풍성하기를 빕니다.

부르심과 택하심을 굳게 하라

3 그리스도께서 하나님의 신성한 능력
을 따라 생명과 경건에 속한 모든 것
을 우리에게 주셨습니다. 이는 하나님
의 영광과 덕으로 우리를 부르신 그분
을 아는 지식으로 말미암은 것입니다.
4 그분은 우리에게 보배롭고 지극히 큰
약속들을 주셨는데 이는 이것들을
통해 여러분이 세상의 정욕 가운데
썩어져 가는 것을 피하고 신의 성품
에 참여하는 사람들이 되게 하려는
것입니다.
5 그러므로 여러분은 더욱 힘써 믿음에
덕을, 덕에 지식을,
6 지식에 절제를, 절제에 인내를, 인내
에 경건을,
7 경건에 형제 우애를, 형제 우애에 사
랑을 공급하십시오.
8 이런 것들이 여러분에게 있고 또 풍
성하면 여러분은 우리 주 예수 그리
스도를 알기에 게으르거나 열매 없는
사람들이 되지 않을 것입니다.
9 그러나 이런 것들이 없는 사람은 앞
을 볼 수 없는 눈먼 사람이며 자기 과
거의 죄가 깨끗하게 된 사실을 잊어
버린 사람입니다.
10 그러므로 형제들이여, 더욱 힘써 여
러분의 부르심과 택하심을 굳건히 하
십시오. 여러분이 이것들을 행하면
결코 넘어지지 않을 것입니다.
11 이렇게 하면 우리 주이시며 구주이신
예수 그리스도의 영원한 나라에 여러
분이 넉넉히 들어가게 하실 것입니다.

성경의 예언

12 그러므로 여러분이 이것들을 알고 또

여러분이 이미 받은 진리 안에 굳게
서 있다 해도 나는 여러분들로 하여
금 항상 이것들을 기억하게 하려 합
니다.
13 내가 이 육신의 장막에 사는 동안에
는 여러분을 일깨워 기억하게 하는
것이 옳다고 생각합니다.
14 이는 우리 주 예수 그리스도께서 내
게 보여 주신 대로 내가 곧 내 장막
을 떠날 것을 알기 때문입니다.
15 나는 내가 떠난 뒤에도 여러분이 항
상 이것들을 기억하게 하려고 힘쓰고
있습니다.
16 우리가 우리 주 예수 그리스도의 능력
과 그분이 오실 것에 대해 여러분에
게 알게 한 것은 교묘히 꾸며 낸 신
화를 따른 것이 아닙니다. 우리는 그
분의 크신 위엄을 직접 본 사람들입
니다.
17 그리스도는 지극히 큰 영광 가운데
"이는 내 사랑하는 아들이니 내가 그
를 기뻐한다"라는 음성이 자기에게
들릴 때 하나님 아버지로부터 존귀와
영광을 받으셨습니다.
18 우리는 그 거룩한 산에서 그분과 함
께 있을 때 하늘로부터 들려오는 이
음성을 들었습니다.
19 또 우리에게는 더 확실한 예언의 말
씀이 있으니 여러분은 동이 터서 여
러분의 마음속에 샛별이 떠오를 때까
지 어두운 곳을 비추는 등불처럼 이
말씀에 주목하는 것이 좋겠습니다.
20 여러분은 무엇보다도 이것을 알아야
합니다. 곧 성경의 모든 예언을 자기
마음대로 해석해서는 안 된다는 것입
니다.
21 예언은 언제나 사람의 뜻을 따라 나
온 것이 아니라 성령의 감동하심을
받은 사람들이 하나님께 받은 말씀
을 전한 것이기 때문입니다.

거짓 선생들과 멸망 (유 1:4-13)

2 그러나 백성 가운데 거짓 예언자들
이 일어난 것같이 여러분 가운데서
도 거짓 선생들이 나타날 것입니다.
그들은 파멸로 인도할 이단을 슬그머
니 끌어들이고 자기들을 값 주고 사

성·경·상·식 | 베드로의 두 번째 편지

자신의 순교 시점이 임박한 사실을 자각한 베드로는 박해로 인해 고통받고 있던 각지의 그리스도인들을 격려하기 위해 다시 펜을 들었다. 특히 이 편지에서 베드로는 방탕하고 나태한 삶을 유도하는 거짓 선생들의 그릇된 재림관을 강하게 경계하고 있다. 아울러 그리스도의 재림을 거듭 명심하여 모든 환난을 인내와 소망으로써 이겨 내라고 권면하고 있다.
이 짧은 편지 속에는 창조, 예언, 율법, 저주, 심판, 속죄 그리고 구원의 단계 등 기독교의 모든 내용이 담겨 있다.
본서가 기록된 정확한 시기는 알 수 없다. 네로 황제 당시 그가 죽기 전 AD 65-68년에 기록되었을 가능성이 높다. 이 편지는 신약 성경 중 후대 문서 쪽에 속한다.

신 주를 부인함으로 임박한 멸망을
자초합니다.
2 많은 사람이 그들의 방탕한 길을 따
를 것입니다. 그래서 그들 때문에 진
리의 도가 모독을 당하게 될 것입니
다.
3 또한 그들은 탐욕으로 인해 꾸며 낸
말로써 여러분을 이용하려 할 것입니
다. 그들이 받을 심판은 옛적부터 지
체된 적이 없으며 그들의 멸망은 잠자
고 있지 않습니다.
4 하나님께서는 범죄한 천사들을 용서
하지 않으시고 *지옥에 던져 심판 때
까지 어두운 구덩이에 가두어 놓으셨
습니다.
5 하나님께서는 옛 세상을 용서하지 않
으시고 경건치 않은 사람들의 세상을
홍수로 덮으셨습니다. 그때 오직 의의
선포자인 노아의 여덟 식구만 지켜
주셨습니다.
6 또한 그분은 소돔과 고모라 성을 심
판하시고 멸망시켜 잿더미가 되게 하
심으로 경건하지 못한 사람들에게 닥
칠 일의 본보기로 삼으셨습니다.
7 그러나 무법한 사람들의 음란한 행실
로 인해 고통받는 의인 롯은 구해 내
셨습니다.
8 (이 의인은 그들과 함께 살면서 날마
다 무법한 사람들의 행실을 보고 들
음으로 그의 의로운 영혼에 상처를
입었습니다.)
9 주께서는 경건한 사람들을 시험에서
구해 내시고 불의한 사람들을 심판
날까지 형벌 아래 가두실 것을 아시
는 분이십니다.
10 특히 더러운 정욕에 빠져 육체를 따
라 행하는 사람들과 주의 권세를 무
시하는 사람들을 그렇게 하실 것입니
다. 그들은 당돌하고 거만해 영광스러
운 존재들을 주저함 없이 모독합니다.
11 더 큰 힘과 능력을 가진 천사들이라
도 주 앞에서 그들을 대적해서 모독
하는 고발을 하지 않습니다.
12 그러나 이들은 본래 잡혀 죽기 위해
태어난 이성 없는 짐승 같아서 알지
도 못하는 일들을 모독합니다. 그러
다가 그들은 결국 멸망을 당하고 말
것입니다.
13 그들은 자기들이 저지른 불의의 대가
로 해를 당할 것입니다. 그들은 대낮
에 흥청거리는 것을 기쁨으로 여깁니
다. 그들이 여러분과 함께 잔치를 벌
일 때도 속이기를 꾀하고 그것을 즐
거워하니 그들은 점이요, 흠입니다.
14 그들은 음욕이 가득한 눈을 가지고
범죄하기를 쉬지 않습니다. 그들은 연
약한 영혼들을 유혹하며 탐욕에 연
단된 마음을 소유한 저주받은 자식
들입니다.
15 그들은 유혹을 받아 바른길을 떠나
서 브올의 아들 발람의 길을 따라가
는 사람들입니다. 발람은 불의의 대
가를 사랑하다가
16 자신의 범죄로 인해 꾸지람을 들었습
니다. 말 못하는 당나귀가 사람의 음

2:4 그리스어, 타르타루스, '지하 세계'

성으로 말해 이 예언자의 미친 행동
을 저지했습니다.
17 이들은 물 없는 샘이요, 폭풍에 밀려
가는 안개입니다. 그들에게는 칠흑
같은 어둠만이 예비돼 있습니다.
18 이들은 헛된 자랑의 말을 해 미혹 가
운데 행하는 사람들에게서 겨우 빠져
나온 사람들을 육체의 정욕, 곧 음란
으로 유혹합니다.
19 이들은 그들에게 자유를 준다고 약
속하지만 정작 자기들은 멸망의 종들
입니다. 누구든지 패배한 사람은 승
리한 사람의 종입니다.
20 만약 그들이 우리 주이시며 구주이신
예수 그리스도를 앎으로 세상의 더러
움에서 벗어났다가 다시 이것들에 얽
매이고 지면 그들의 결국은 처음보다
훨씬 악화될 것입니다.
21 그들이 의의 길을 알고도 자기들이
받은 거룩한 명령을 저버린다면 차라
리 이보다 알지 못하는 편이 그들에
게 더 나을 것입니다.
22 ㄱ"개는 자기가 토한 것을 도로 먹는
다" 그리고 "돼지는 씻었다가 도로 진
창에서 뒹군다"는 속담이 그들에게
그대로 들어맞았습니다.

주의 날

3 사랑하는 사람들이여, 이것은 이
제 내가 여러분에게 두 번째 쓰는
편지입니다. 나는 이 두 편지로 여러
분의 진실한 마음을 일깨워 생각나게
함으로
2 거룩한 예언자들이 미리 예언한 말씀
들과 주 되신 구주께서 여러분의 사
도들을 통해 주신 계명을 기억하게
하려고 합니다.
3 무엇보다도 여러분은 이것을 알아야
합니다. 마지막 때 조롱하는 사람들
이 나타나 자기 정욕을 따라 행하고
조롱하며
4 말하기를 "그가 재림하신다는 약속
이 어디 있느냐? 조상들이 잠든 이래
로 만물이 처음 창조될 때와 똑같이
이렇게 그대로 있다"라고 할 것입니
다.
5 그들은 하늘이 하나님의 말씀으로
인해 옛적부터 있었고 땅이 물에서
나와 물로써 형성된 것과
6 그때 물이 넘침으로 세상이 멸망한
것을 일부러 잊으려 합니다.
7 그러나 현재의 하늘과 땅은 동일한
말씀에 의해 간수돼 경건하지 않은
사람들의 심판과 멸망의 날까지 보존
될 것입니다.
8 그러나 사랑하는 사람들이여, 이 한
가지를 잊지 마십시오. 주께는 하루
가 천년 같고 천년이 하루 같습니다.
9 약속하신 주께서는 어떤 사람들이 더
디다고 생각하는 것처럼 더딘 분이
아닙니다. 오히려 여러분을 위해 아무
도 멸망하지 않고 모두 회개에 이르
기를 바라십니다.
10 그러나 주의 날이 도둑같이 올 것입
니다. 그때 하늘은 큰 소리를 내며 떠
나가고 그 구성 물질들은 불에 타 해

ㄱ 잠 26:11 일부

체되며 땅과 그 안에 있는 모든 것이
*드러날 것입니다.
11 이 모든 것이 이렇게 해체될 것이니
여러분은 어떤 사람이 돼야 하겠습니
까? 여러분은 거룩한 행실과 경건함
으로
12 하나님의 날이 임하기를 바라며 간절
히 사모하십시오. 그날에 하늘이 불
에 타 해체되고 그 구성 물질들이 불
에 녹아 버릴 것입니다.
13 그러나 우리는 그의 약속대로 의가
지배하는 새 하늘과 새 땅을 바라봅
니다.
14 그러므로 사랑하는 사람들이여, 여러
분은 이 일들을 고대하고 있으니 점
도 없고 흠도 없이 주 앞에서 평강 가
운데 드러나기를 힘쓰십시오.
15 또한 우리 주의 오래 참으심이 구원
이 될 줄로 여기십시오. 사랑하는 우
리 형제 바울도 그가 받은 지혜를 따
라 이와 같이 여러분에게 썼습니다.
16 그는 그의 모든 편지에서 이것들에
관해 언급했는데 그 가운데는 더러
이해하기 어려운 것들이 있습니다. 무
식하고 굳세지 못한 사람들이 다른
성경들처럼 이것들을 억지로 풀다가
스스로 멸망에 이르고 있습니다.
17 그러므로 사랑하는 사람들이여, 여러
분은 이미 이 사실을 알았으니 불의
한 사람들의 속임수에 이끌려 여러분
의 견고함을 잃지 않도록 주의하십시
오.
18 도리어 우리 주이시며 구주이신 예수
그리스도의 은혜와 그를 아는 지식
안에서 성장해 가십시오. 영광이 이
제와 영원토록 그분께 있기를 빕니다.
(아멘.)

3:10 어떤 사본에는 '타 버릴 것입니다.'

요한일서

1 John

사도 요한의 첫 번째 서신으로 하나님을 아는 그리스도의 사람은 마땅히 서로 사랑해야 함을 거듭 밝히고 있다. 특히 성육신과 십자가를 통해 입증된 하나님의 사랑은 성도들의 교제와 삶을 통해 실제적으로 확인되며, 하나님의 말씀에 대한 순종과 성령의 역사를 통해 어두운 세상에 빛으로 나타남을 재차 강조한다.

성육신하신 생명의 말씀

1 이 글은 생명의 말씀에 관한 것입
니다. 생명의 말씀은 태초부터 있
었고 우리가 들었고 우리 눈으로 보
았으며 우리가 주목했고 손으로 만져
본 것입니다.
2 그 생명이 나타나셨습니다. 우리는 아
버지와 함께 계시다가 우리 앞에 나
타나신 그 영원한 생명을 보았습니다.
그래서 우리는 여러분에게 영원한 생
명을 증언하고 전파합니다.
3 우리가 보고 들은 것을 여러분에게
도 전파합니다. 이는 여러분과 우리
가 서로 사귐이 있게 하려는 것입니
다. 우리의 사귐은 아버지와 그의 아
들 예수 그리스도와 함께하는 사귐입
니다.
4 우리가 이 글을 쓰는 것은 우리 서로
의 기쁨이 가득 차고 넘치게 하려는
것입니다.

빛과 어둠, 죄와 용서

5 우리가 그리스도에게서 듣고 여러분
에게 전하는 소식은 이것입니다. 곧
하나님은 빛이시니 하나님 안에는 어
둠이 전혀 없습니다.
6 만일 우리가 하나님과 사귐이 있다고
하면서 여전히 어둠 가운데 행한다면
우리는 거짓말하는 것이며 진리를 따
라 사는 것이 아닙니다.
7 그러나 하나님께서 빛 가운데 계신
것처럼 우리가 빛 가운데 행하면 우
리에게는 서로 사귐이 있고 하나님의
아들 예수의 피가 우리를 모든 죄에
서 깨끗하게 해 주십니다.
8 만일 우리가 죄가 없다고 말한다면
우리는 자신을 속이는 것이며 진리가
우리 안에 없습니다.
9 만일 우리가 우리의 죄를 자백하면
하나님은 신실하고 의로우신 분이시
므로 우리 죄를 용서하시고 모든 불

의에서 우리를 깨끗하게 해 주실 것
입니다.
10 만일 *우리가 죄를 짓지 않았다고 말
한다면 우리는 하나님을 거짓말쟁이
로 만드는 것이며 하나님의 말씀이
우리 안에 있지 않습니다.

2 내 자녀들이여, 내가 이 편지를 여
러분에게 쓰는 것은 여러분이 죄
를 짓지 않도록 하려는 것입니다. 그
러나 만일 누가 죄를 짓더라도 아버
지 앞에서 변호해 주시는 분이 계시
는데 그분은 곧 의로우신 예수 그리
스도이십니다.
2 그분은 우리 죄를 대속하는 화목제
물이십니다. 그리고 우리 죄뿐 아니라
온 세상의 죄를 위한 제물이십니다.

형제를 사랑함과 미워함

3 우리가 하나님의 계명을 지키면 이것
으로 우리가 하나님을 정말로 알고
있다는 것을 확인하게 됩니다.
4 하나님을 안다고 말하면서 하나님의
계명을 지키지 않는 사람은 거짓말쟁
이며 진리가 그 사람 안에 있지 않습
니다.
5 그러나 누구든지 하나님의 말씀을 지
키면 하나님의 사랑이 참으로 그 사
람 안에서 완전히 이뤄집니다. 이로
써 우리가 하나님 안에 있음을 알게
됩니다.
6 누구든지 하나님 안에서 살아간다면
그리스도께서 행하신 것과 같이 자신
도 그렇게 행해야 합니다.
7 사랑하는 여러분, 내가 여러분에게
쓰는 것은 새 계명이 아니라 여러분
이 처음부터 갖고 있던 옛 계명입니
다. 이 옛 계명은 여러분이 처음부터
들었던 말씀입니다.
8 그러나 내가 다시 여러분에게 새 계
명을 씁니다. 이 새 계명은 하나님께
도 참되고 여러분에게도 참된 것입니
다. 어둠이 지나가고 이미 참빛이 비
치고 있기 때문입니다.
9 누구든지 빛 가운데 있다고 하면서
자기 형제를 미워하는 사람은 아직
어둠 속에 있는 것입니다.
10 자기 형제를 사랑하는 사람은 빛 가
운데 거하고 그 사람 안에는 그를 넘
어뜨릴 장애물이 없습니다.
11 그러나 자기 형제를 미워하는 사람은
어둠 가운데 있고 어둠 가운데 행하
며 자기가 어디로 가는지 알지 못합
니다. 어둠이 그의 눈을 가렸기 때문
입니다.

기록 이유

12 자녀들이여, 내가 여러분에게 쓰는
것은 여러분의 죄가 그리스도의 이름
으로 용서됐기 때문입니다.
13 아버지들이여, 내가 여러분에게 쓰는
것은 여러분이 태초부터 계시는 분을
알기 때문입니다. 청년들이여, 내가
여러분에게 쓰는 것은 여러분이 악한
자를 이겼기 때문입니다.
14 아이들이여, 내가 여러분에게 쓴 것
은 여러분이 아버지를 알았기 때문입

1:10 비도덕적 행위들이 죄라는 것을 부인했던 영지주의자들의 주장을 가리킴.

니다. 아버지들이여, 내가 여러분에게
쓴 것은 여러분이 태초부터 계시는
분을 알았기 때문입니다. 청년들이여,
내가 여러분에게 쓴 것은 여러분이
강하고 하나님의 말씀이 여러분 안에
거하시며 여러분이 그 악한 자를 이
겼기 때문입니다.

세상을 사랑하지 말라

15 여러분은 이 세상이나 세상에 있는
것들을 사랑하지 마십시오. 누구든
지 세상을 사랑하면 아버지의 사랑
이 그 사람 안에 있지 않습니다.
16 이는 세상에 있는 모든 것들, 곧 육신
의 탐욕과 안목의 정욕과 세상살이
의 자랑은 아버지에게서 온 것이 아
니라 세상으로부터 온 것이기 때문입
니다.
17 세상도 사라지고 세상의 정욕도 사라
지지만 하나님의 뜻을 행하는 사람
은 영원히 살 것입니다.

아들을 부인하는 것에 대한 경고

18 아이들이여, 지금은 마지막 때입니다.
그리스도를 적대하는 사람이 올 것이
라고 여러분이 들은 대로 지금 그리
스도를 적대하는 사람들이 많이 나
타났습니다. 그래서 우리는 지금이 마
지막 때인 줄 압니다.
19 그들이 우리에게서 나갔지만 그들은
우리에게 속했던 것이 아닙니다. 그들
이 우리에게 속했더라면 우리와 함께
머물렀을 것입니다. 그러나 결국 그들
이 모두 우리에게 속하지 않았다는
사실이 드러났습니다.
20 여러분은 거룩하신 분에게 기름 부
음을 받았고 *여러분 모두가 진리를
알고 있습니다.
21 내가 여러분에게 쓴 것은 여러분이
진리를 몰라서가 아닙니다. 오히려 그

2:20 몇몇 사본에는 '여러분이 모든 것을 알고 있습니다.'

Q&A 그리스도를 적대하는 사람 누구인가?

참고 구절 | 요일 2:18-22

'그리스도를 적대하는 사람'은 그리스도의 적, 원수를 말한다.
요한이 묘사한 '그리스도를 적대하는 사람'은 예수님이 그리스도이심을 부인하고 아버지와 아들을 부인하는 사람(요일 2:18, 22), 예수 그리스도께서 육체로 오신 것을 인정하지 않는 자다(요이 1:7). 요한은 또 예수님을 시인하지 않는 영은 곧 그리스도를 대적하는 영이라고 말했다(요일 4:3).
'그리스도를 적대하는 사람'이라는 말은 신약에서만 사용되었으나, 그 사상은 구약 시대부터 있었고 다니엘서에서 열 뿔 달린 짐승(단 7:23-28)으로 표현했다. 신약 성경에서는 벨리알(고후 6:15-16), 용, 짐승(계 13:11), 옛 뱀, 마귀, 사탄(계 20:2) 등으로 표현했다.
이런 그리스도를 적대하는 사람이 구체적으로 누구인지 정확하게 규정할 수는 없으나 '그리스도를 적대하는 사람'은 창조부터 예수님의 재림 때까지 하나님의 반대편에서 일하는 사람이나 세력을 가리키는 말이었다.

것을 알고 있기 때문이며 또 모든 거
짓은 진리로부터 나오지 않았다는 것
을 알기 때문입니다.
22 그러면 대체 누가 거짓말쟁이입니까?
예수께서 *그리스도이심을 부인하는
사람이 아닙니까? 아버지와 아들을
부인하는 사람이 곧 그리스도의 적대
자입니다.
23 누구든지 아들을 부인하는 사람은
아버지를 모시지 않는 사람입니다.
그러나 아들을 시인하는 사람은 아버
지를 모시는 사람입니다.
24 여러분은 처음부터 들은 것을 여러
분 안에 간직하십시오. 만일 처음부
터 들은 것이 여러분 안에 거한다면
여러분은 아들과 아버지 안에 거하게
될 것입니다.
25 이것이 그리스도께서 친히 *우리에게
약속하신 것인데 바로 영원한 생명입
니다.
26 나는 여러분을 속이는 사람들에 관
해 여러분에게 지금까지 썼습니다.
27 여러분으로 말하자면 그리스도께서
*기름 부어 주신 것이 여러분 안에
머무르므로 아무도 여러분을 가르칠
필요가 없습니다. 그리스도께서 기름
부어 주신 것이 여러분에게 모든 것
을 가르쳐 주십니다. 그 가르침은 참
되고 거짓이 없으니 여러분을 가르치
신 그대로 *그리스도 안에 머무르십
시오.

하나님의 자녀와 죄

28 그러므로 자녀들이여, 항상 그리스도
안에 머무르십시오. 그러면 그리스도
께서 나타나실 때 우리가 담대하고
그분이 오실 때 그 앞에서 부끄러움
을 당하지 않을 것입니다.
29 하나님께서 의로우신 분임을 여러분
이 안다면 의를 행하는 사람은 누구
나 하나님에게서 난 것을 알 것입니
다.

3 보십시오. 아버지께서 얼마나 큰
사랑을 우리에게 베풀어 주셨습니
까! 우리가 하나님의 자녀라 불리게
됐으니 우리는 정말 하나님의 자녀입
니다. 세상이 우리를 알지 못하는 것
은 세상이 하나님을 알지 못하기 때
문입니다.
2 사랑하는 여러분, 이제 우리는 하나
님의 자녀들입니다. 우리가 어떻게 될
지는 아직 모르지만 그리스도께서 나
타나시면 우리도 그분과 같이 될 것
임을 우리는 압니다. 우리가 그분을
있는 모습 그대로 볼 것이기 때문입니
다.
3 누구든지 그분을 향해 이 소망을 가
진 사람은 그분께서 정결하신 것처럼
자신을 정결하게 합니다.
4 누구든지 죄를 짓는 사람은 불법을
행하는 것입니다. 죄는 곧 불법입니
다.
5 여러분이 알다시피 그분은 죄를 없애
시려고 나타나셨습니다. 그러나 그분
은 죄가 없습니다.

2:22 히브리어, 메시아. '기름 부음 받은 사람' 2:25 어떤 사본에는 '너희에게' 2:27 또는 성령 2:27 또는 가르침 안에

별합니다.

하나님의 사랑과 우리의 사랑

7 사랑하는 여러분, 우리가 서로 사랑
합시다. 사랑은 하나님에게서 난 것이
기 때문입니다. 사랑하는 사람은 누
구나 다 하나님께로부터 났고 하나님
을 압니다.
8 사랑하지 않는 사람은 하나님을 알지
못합니다. 하나님은 사랑이시기 때문
입니다.
9 하나님의 사랑이 우리에게 이렇게 나
타났습니다. 곧 하나님께서 자기 *독
생자를 우리에게 보내 주셔서 그분으
로 말미암아 우리가 생명을 얻게 하
신 것입니다.
10 사랑은 여기에 있습니다. 곧 우리가
하나님을 사랑한 것이 아니라 하나님
께서 우리를 사랑하셔서 우리 죄를
위해 그분의 아들을 화목제물로 보
내 주셨습니다.
11 사랑하는 여러분, 하나님께서 우리를
이처럼 사랑하셨으니 우리도 서로 사
랑하는 것이 마땅합니다.
12 지금까지 아무도 하나님을 본 사람
이 없습니다. 그러나 우리가 서로 사
랑하면 하나님께서 우리 안에 계시고
하나님의 사랑이 우리 안에서 온전히
완성됩니다.
13 하나님께서 우리에게 성령을 주셨습
니다. 이것으로 우리는 우리가 하나
님 안에, 하나님께서 우리 안에 계시
는 것을 압니다.
14 그리고 우리는 아버지께서 아들을 세
상의 구주로 보내신 것을 보았고 또
한 그것을 증언합니다.
15 만일 누구든지 예수를 하나님의 아
들이라고 고백하면 하나님께서 그 사

4:9 또는 외아들

Q&A 요한이 말한 거짓 예언자의 가르침은?

참고 구절 | 요일 4:1-3

요한이 말한 거짓 예언자들의 가르침이란 영지주의적인 이단의 가르침을 말한다.

영지주의자들은 인간의 육체를 포함한 모든 물질이 악하다고 보기 때문에 예수 그리스도가 악한 육체를 입고 오신 것을 부인했다(요일 4:1-3). 이 세상에 계셨던 예수님은 그저 인간에 불과하며, 천상의 그리스도가 단지 인간 예수의 몸을 빌어 활동하다가 십자가에 못 박히기 전 다시 천상의 세계로 돌아갔다고 그들은 주장했다. 그러므로 이들은 예수 그리스도에 의한 구원을 부인했다(요일 2:22-23). 또한 육체의 부활도 부인했는데, 이는 육체는 악한 것이므로 선한 영혼이 육신으로부터 해방되는 것이 구원이라고 믿었다. 그래서 구원은 예수님에 의해서 이루어지는 것이 아니라 그들이 가르치는 신비한 영적 지식을 얻을 때 이루어진다고 가르쳤다.

이들은 지식을 강조하기 때문에 윤리와 양심은 별로 중요시하지 않았고, 육체를 악하다고 보았기 때문에 방탕과 쾌락으로 육체를 아무렇게나 사용하는 것이 오히려 낫다고 가르쳤다(요일 3:4-10). 이런 영지주의적인 이단들은 초대교회 성도들을 미혹했고 교회를 분열과 혼란에 빠뜨렸다.

람 안에 계시고 그 사람도 하나님 안
에 있습니다.
16 우리는 우리를 위한 하나님의 사랑을
알고 또한 믿었습니다. 하나님은 사랑
이십니다. 누구든지 그 사랑 안에 거
하는 사람은 하나님 안에 있고 하나
님도 그 사람 안에 계십니다.
17 이렇게 하나님의 사랑이 우리 안에
서 온전히 완성되면 우리는 심판 날
에 담대함을 갖게 될 것입니다. 이는
그리스도께서 이 세상에서 사신 것처
럼 우리도 이 세상에서 그렇게 행하
기 때문입니다.
18 사랑에는 두려움이 없습니다. 온전한
사랑은 두려움을 내쫓습니다. 두려움
은 징벌과 관련이 있기 때문입니다.
두려워하는 사람은 아직 사랑 안에
서 온전케 되지 못한 사람입니다.
19 우리가 사랑하는 것은 하나님께서 먼
저 우리를 사랑하셨기 때문입니다.
20 만일 누구든지 하나님을 사랑한다고
하면서 자기 형제를 미워한다면 그는
거짓말쟁이입니다. 보이는 자기 형제
를 사랑하지 않는 사람이 보이지 않
는 하나님을 사랑할 수 없습니다.
21 우리가 하나님에게서 받은 계명은 이
것입니다. 하나님을 사랑하는 사람은
또한 자기 형제를 사랑해야 한다는
것입니다.

성육신하신 하나님의 아들을 믿는 믿음

5 누구든지 예수가 *그리스도이심을
믿는 사람은 하나님에게서 난 사람
입니다. 낳으신 이를 사랑하는 사람
은 누구나 그분에게서 나신 분도 사
랑합니다.
2 우리가 하나님을 사랑하고 그분의 계
명을 지키면 이것으로 하나님의 자녀
를 사랑하는 것을 압니다.
3 하나님을 사랑한다는 것은 바로 그
분의 계명을 지키는 것입니다. 그분의
계명은 부담스러운 것이 아닙니다.
4 하나님에게서 난 사람은 누구나 세상
을 이깁니다. 세상을 이긴 이김은 이
것이니 바로 우리의 믿음입니다.
5 세상을 이긴 사람이 누구입니까? 예
수께서 하나님의 아들이심을 믿는 사
람이 아닙니까?
6 그분은 물과 피로 오신 분, 곧 예수
그리스도이십니다. 그분은 물로만 오
신 것이 아니라 물과 피로 오셨습니
다. 이것을 증언하시는 이는 성령이십
니다. 성령은 진리이십니다.
7 *증언하시는 이가 셋인데
8 성령과 물과 피입니다. 이 셋이 서로
일치합니다.
9 우리가 사람의 증거도 받아들이는데
더 큰 하나님의 증거는 받아들이지
않겠습니까? 하나님의 증거는 이것이
니, 곧 하나님께서 자기 아들에 관해
이미 증언하신 것입니다.
10 누구든지 하나님의 아들을 믿는 사
람은 자기 안에 증거를 갖고 있습니

5:1 히브리어, 메시아. '기름 부음 받은 사람' 5:7 어떤 사본에는 요일 5:7–8에 '하늘에서 증언하시는 이가 셋입니다. 곧 아버지와 말씀과 성령이십니다. 이 셋은 하나입니다. 땅에서 증언하는 셋이 있습니다. 곧 영과 물과 피입니다. 이 셋은 일치합니다.'가 있음.

다. 그러나 하나님을 믿지 않는 사람
은 하나님께서 자기 아들에 대해 증
언하신 증거를 믿지 않았습니다. 그렇
기에 그분을 거짓말쟁이로 만들었습
니다.
11 또한 그 증거는 바로 이것입니다. 곧
하나님께서 우리에게 영원한 생명을
주셨다는 것과 이 생명이 하나님의
아들 안에 있다는 것입니다.
12 아들을 모신 사람은 생명이 있고 하
나님의 아들을 모시지 않는 사람은
생명이 없습니다.

마지막 말

13 내가 하나님의 아들의 이름을 믿는
여러분에게 이것들을 쓴 것은 여러분
이 영원한 생명을 갖고 있다는 것을
알게 하기 위함입니다.
14 하나님을 향해 우리가 갖는 확신은
이것입니다. 곧 무엇이든지 우리가 그
분의 뜻을 따라 구하면 하나님께서
우리가 구하는 것을 들으신다는 것입
니다.
15 그리고 우리가 무엇을 구하든지 하나
님께서 들으시는 것을 알면 우리는
우리가 구한 것들을 그분으로부터 받
는다는 것도 압니다.
16 누구든지 자기의 형제가 죄를 짓는
것을 보거든 그것이 죽음에 이르는
죄가 아니라면 하나님께 간구하십시
오. 그러면 하나님께서 죽음에 이르
지 않는 죄를 지은 그에게 생명을 주
실 것입니다. 죽음에 이르는 죄도 있
습니다. 내가 말하는 것은 그 죄에 대
해 기도하라는 것이 아닙니다.
17 불의는 모두 죄입니다. 그러나 죽음
에 이르지 않는 죄도 있습니다.
18 우리는 하나님에게서 난 사람은 누구
든지 죄를 짓지 않는다는 것을 압니
다. 하나님에게서 나신 분께서 그를
지키시므로 *악한 자가 그를 해치지
못합니다.
19 우리는 압니다. 우리는 하나님께 속
해 있으나 온 세상은 *악한 자의 지
배 아래 있습니다.
20 또 우리가 아는 것은 하나님의 아들
이 오셔서 우리에게 지각을 주심으로
참되신 분을 알게 하시고 또 우리가
참되신 분, 곧 하나님의 아들 예수 그
리스도 안에 있다는 것을 알게 하신
것입니다. 그분은 참하나님이시며 영
원한 생명이십니다.
21 자녀들이여, 우상들로부터 여러분 자
신을 지키십시오.

5:18,19 또는 마귀, 악마

요한이서

2 John

사도 요한의 두 번째 서신으로 택하심을 입은 부녀자에게 잘못된 교리를 전하는 거짓 교사들의 미혹에 넘어가지 말고 바른 교훈을 좇아 행동하도록 각별히 당부하고 있다. 특히 진리이신 예수 그리스도 안에 있으면 계명에 대해 순종하게 되고, 필연적으로 기쁨 가운데 형제 사랑을 실천하게 됨을 강조하고 있다.

1 장로인 나는 택하심을 받은 여인
과 그 자녀들에게 편지를 씁니다.
나는 진리 안에서 여러분을 사랑합니
다. 나뿐 아니라 진리를 아는 사람들
모두가 여러분을 사랑합니다.
2 그 이유는 진리가 우리 안에 머물러
있고 또 영원히 우리와 함께할 것이
기 때문입니다.
3 하나님 아버지와 아버지의 아들 예수
그리스도의 은혜와 긍휼과 평강이 진
리와 사랑 안에서 우리와 함께 있기
를 빕니다.
4 나는 그대의 자녀들 가운데 아버지께
서 우리에게 명령하신 계명대로 진리
안에서 행하는 사람들이 있는 것을
보니 무척 기쁩니다.
5 여인이여, 이제 내가 당부합니다. 우
리가 서로 사랑하자는 것입니다. 내
가 그대에게 쓰는 것은 새 계명이 아
니라 우리가 처음부터 갖고 있던 것입
니다.
6 사랑은 바로 이것인데, 곧 우리가 하
나님의 계명을 따라 사는 것입니다.
계명은 이것이니 여러분이 처음부터
들은 대로 그 가운데서 행하는 것입
니다.
7 속이는 사람들이 세상에 많이 나타
났습니다. 그들은 예수 그리스도께서
육체로 오신 것을 인정하지 않는 사
람들입니다. 이런 사람은 속이는 사
람이요, 그리스도를 대적하는 사람입
니다.
8 여러분은 자신을 돌아보아 *우리가
수고해 이룬 것들을 잃지 말고 온전
한 상을 받도록 하십시오.
9 누구든지 교훈을 벗어나 그리스도의
교훈 안에 머물러 있지 않는 사람은
자기 속에 하나님이 계시지 않는 것입
니다. 누구든지 교훈 안에 거하는 사
람은 그 속에 아버지와 아들이 계십
니다.

1:8 어떤 사본에는 '여러분이'

10 누구든지 여러분에게 가서 이 교훈
을 전하지 않으면 그를 집 안으로 들
이거나 인사도 하지 마십시오.
11 그에게 인사하는 사람은 그의 악한
일에 동참하는 것입니다.
12 내가 여러분에게 쓸 것이 많으나 종
이와 잉크로 쓰고 싶지 않습니다. 여
러분에게 가서 얼굴을 마주 대하고
말해 기쁨을 충만하게 나누길 원합
니다.
13 택하심을 받은 그대 자매의 자녀들이
그대에게 안부를 전합니다.

성·경·상·식

요한일서의 축소판

요한의 두 번째 편지는 요한일서의 축소판과 같다. 요한은 자신을 장로로 언급하면서 이 짧은 편지를 "택하심을 받은 여인과 그 자녀들"에게 썼다. 그 당시 영지주의 이단 사상은 교리적으로 혼란을 주었을 뿐 아니라 실생활에서도 동요를 일으켰다. 그래서 요한은 내적으로 사랑에 거할 것을 권하고(4-6절) 나아가 외적으로 이단 사상을 경계하면서 그것을 막는 방법으로 그리스도의 교훈 안에 거할 것(7-11절)을 권하고 있다.

- **이 편지의 주제** 진리
- **진리란 무엇인가?** 요한이 말하는 진리는 새로운 것이 아니라 처음부터 하나님께로부터 받은 것이다(4-6절). 그것은 '서로 사랑하는 것'이다.

요한삼서

3 John

사도 요한의 세 번째 서신으로 가이오로 하여금 공적으로 파송된 순회 전도자들을 극진히 영접하고, 사랑으로 섬기도록 당부하는 내용을 담고 있다. 특히 권면을 따르지 않은 디오드레베에 대한 직설적인 책망과, 데메드리오를 포함하여 그리스도의 이름을 위해 수고하는 자들에 대한 환대를 촉구하고 있다.

1 장로인 나는 사랑하는 가이오에게
편지를 씁니다. 나는 진리 안에서
그대를 사랑합니다.
2 사랑하는 가이오, 나는 그대의 영혼
이 잘됨같이 그대의 모든 일이 잘되
고 강건하기를 빕니다.
3 형제들이 내게 와서 그대가 진리 안
에서 행한다고 하며 그대의 진실함에
대해 소식을 전해 줄 때 나는 무척 기
뻤습니다.
4 나는 내 자녀들이 진리 안에서 행한
다는 소식을 듣는 것보다 더 큰 기쁨
이 없습니다.
5 사랑하는 가이오, 그대는 형제들을
섬기는 일, 특히 나그네를 대접하는
일을 무엇이든 신실하게 행하고 있습
니다.
6 그 형제들이 교회 앞에서 그대의 사
랑에 대해 증언했습니다. 그대가 하
나님 앞에 합당하게 그들을 환대해
보낸 것은 선한 일입니다.
7 그들은 그리스도의 이름을 위해 나아
갔으며 이방 사람으로부터 아무것도
받은 것이 없습니다.
8 그러므로 우리가 이런 사람들을 영접
하는 것이 마땅합니다. 이것은 우리
로 하여금 진리를 위해 함께 수고하
는 사람이 되게 하려는 것입니다.
9 내가 교회에 몇 자 적어 보냈으나 그
들 가운데 높아지기를 좋아하는 디오
드레베는 우리를 받아들이지 않습니
다.
10 그러므로 내가 가면 디오드레베가 행
한 일들을 들추어낼 것입니다. 그는
악한 말로 우리를 헐뜯고 이것으로도
만족하지 못해 형제들을 영접하지 않
고 또 영접하려고 하는 사람들까지도
훼방하고 교회에서 내쫓습니다.
11 사랑하는 사람이여, 악한 것을 본받
지 말고 선한 것을 본받으십시오. 선
을 행하는 사람은 하나님께 속해 있
으나 악을 행하는 사람은 하나님을

보지 못했습니다.
12 데메드리오는 모든 사람들뿐 아니라
진리 자체에 의해서도 인정을 받았습
니다. 우리도 또한 그를 인정합니다.
그대는 우리의 증언이 참되다는 것을
압니다.
13 그대에게 쓸 것이 많으나 나는 잉크
와 펜으로 그대에게 쓰고 싶지 않습
니다.
14 나는 그대를 곧 만나게 되기를 희망
합니다. 그러면 우리가 얼굴을 마주
대하고 대화를 나눌 수 있을 것입니
다.
15 그대에게 평강이 있기를 빕니다. 친구
들이 그대에게 안부를 전합니다. 친
구들 각 사람에게 안부를 전해 주십
시오.

성·경·상·식

요한삼서에 기록된 세 사람

• **가이오(1-8절)** 진리 안에서 행했던 사람

요한은 가이오를 '사랑하는 사람'이라고 네 번이나 부르고 있다. 그는 요한에게 큰 기쁨의 원천이었다. 그는 모든 형제들, 특히 나그네들을 대접했고 '진리를 위해 함께 수고하는 사람'이었다. 이 사람에게 있어서의 진리는 주 예수 그리스도였다.

• **디오드레베(9-11절)** 높아지기를 좋아했던 사람

이 사람은 모든 칭찬과 영광을 원했다. 그는 다음과 같은 죄를 범했다. (1)요한을 대접하지 않음 (2)악한 말로 요한을 헐뜯음 (3)형제들을 영접하지 않음 (4)영접하고자 하는 사람들을 훼방하고 교회에서 내쫓음.

• **데메드리오(12-14절)** 모든 사람들뿐 아니라 진리 자체에 대해서도 인정받았던 사람

그는 모든 사람과 복음에 대해 선하게만 말했다. 그의 이름(이방 신인 '데메테르에 속한 자'라는 뜻)을 통해서 그가 이교에서 개종한 사람임을 알 수 있다. 다른 사람들이 그리스도에 대한 그의 신실성을 증거했다.

유다서

J u d e

거짓 예언자에 대한 강력한 경고를 담고 있는 예수님의 동생 유다의 서신으로, 광야의 이스라엘과 타락한 천사들, 소돔과 고모라의 예를 들어 심판에 대한 경각심을 불러일으키고 있다. 특히 믿음의 대상이신 주 예수 그리스도를 굳게 의지하며, 연약한 성도들과 진리 수호를 위해 믿음의 선한 싸움을 전개하도록 권면한다.

1 예수 그리스도의 종이요, 야고보의
형제인 유다는 부르심을 받은 사람
들, 곧 하나님 아버지의 사랑과 예수
그리스도의 보호하심을 받은 사람들
에게 편지를 씁니다.
2 여러분에게 긍휼과 평강과 사랑이 더
욱 풍성하기를 빕니다.

죄와 경건치 않은 사람들의 멸망 (벧후 2:1-17)

3 사랑하는 사람들이여, 우리가 함께
얻은 구원에 관해 내가 여러분에게
편지를 쓰려고 마음먹었습니다. 그
가운데 성도들에게 단번에 주신 믿
음을 위해 싸우라는 편지로 여러분
을 권면해야겠다는 생각이 들었습니
다.
4 이는 어떤 사람들이 슬그머니 들어
왔기 때문입니다. 이들은 오래전부터
이 심판을 받기 위해 이미 기록된 사
람들로서 경건치 못할 뿐 아니라 우
리 하나님의 은혜를 음란한 것으로
바꾸며 유일한 *주권자이신 우리 주
예수 그리스도를 부인하는 사람들입
니다.
5 여러분이 다 알고 있겠지만 나는 여
러분에게 다시 한 번 상기시켜 주고
싶습니다. 곧 *주께서는 그분의 백성
들을 이집트 땅에서 단번에 구원해
내시고 그 후에 믿지 않는 사람들을
멸망시키셨으며
6 또한 자기의 처음 지위를 지키지 않
고 처소를 떠난 천사들을 큰 날의 심
판 때까지 영원한 사슬에 묶어 어둠
속에 가두셨습니다.
7 마찬가지로 소돔과 고모라와 그 주위
의 다른 성들도 음란에 빠져서 이상
한 색욕을 따라가다가 영원한 불의
형벌을 받아 사람들의 본보기가 됐습
니다.
8 이와 똑같은 방식으로 이 사람들도
꿈꾸면서 육체를 더럽히고 주의 권세

1:4 그리스어, '무제한적인 힘', '절대적인 지배'
1:5 어떤 사본에는 '예수께서는', '하나님께서는'

를 무시하고 하늘의 *영광스러운 존
재들을 모독합니다.
9 모세의 시체를 두고 마귀와 논쟁을
벌였던 천사장 미가엘도 비방하는 판
결을 내리지 못하고 다만 "주께서 너
를 꾸짖으시기를 빈다"라고만 말했을
뿐입니다.
10 그러나 이 사람들은 무엇이든지 알지
못하는 것에 대해서는 비방합니다.
이들은 지각없는 짐승들처럼 본능으
로 아는 것들로 인해 파멸에 이르게
됩니다.
11 이들에게 재앙이 있습니다. 이들은
가인의 길을 따랐고 자기의 이익을 위
해 발람의 어긋난 길로 몰려갔으며 고
라의 반역을 도모하다가 멸망을 당하
고 말았습니다.
12 이들은 아무 염치도 없이 함께 먹으
며 자기 배만 채우는 여러분의 애찬
의 *치욕이며 바람에 떠다니는 비 없
는 구름이며 두 번 죽어 뿌리째 뽑힌
열매 없는 가을 나무이며
13 자기의 수치를 내뿜는 거친 파도이며
영원히 칠흑 같은 어둠에 돌아갈 떠
도는 별들입니다.
14 *아담의 7대손 에녹도 이들에 대해
이렇게 예언했습니다. "보라. 주께서
그의 수만 성도들과 함께 임하셨으니
15 이는 모든 사람을 심판하시고 그들의
경건하지 않게 행한 모든 불경건한
행실과 경건하지 않은 죄인들이 주를
대적해 말한 모든 모욕적 언사들을
책망하시려는 것이다."
16 이들은 원망하는 사람들이며 불평하
는 사람들이며 자기의 정욕을 따라
행하는 사람들이며 교만한 것을 말
하는 입을 가진 사람들이며 자기의
이익을 위해 아첨을 떠는 사람들입니
다.

인내로 자신을 지키라

17 그러나 사랑하는 사람들이여, 여러
분은 우리 주 예수 그리스도의 사도
들이 전에 했던 말씀들을 기억하십시
오.
18 사도들은 여러분에게 말하기를 "마지
막 때 자기들의 경건하지 못한 정욕
을 따라 행하며 조롱하는 사람들이
있을 것이다"라고 했습니다.
19 이들은 분열을 일으키는 사람들이며
육신을 따라 사는 사람들이며 성령
이 없는 사람들입니다.
20 그러나 사랑하는 사람들이여, 여러분
은 지극히 거룩한 믿음 위에 자기를
건축하고 성령 안에서 기도하며
21 영생에 이르도록 하나님의 사랑 안에
서 자기를 지키고 우리 주 예수 그리
스도의 긍휼을 기다리십시오.
22 의심하는 사람들을 불쌍히 여기십시
오.
23 또 어떤 사람들은 불에서 끌어내어
구원하십시오. 또 어떤 사람들에 대
해서는 육체로 더러워진 옷까지도 미
워하되 두려운 마음으로 그들을 불
쌍히 여기십시오.

1:8 또는 천사들을 1:12 또는 암초이며 1:14 창 5:18,21-24을 보라.

송영

24 여러분을 지켜 넘어지지 않게 하시고
기쁨 가운데 그분의 영광 앞에 흠 없
이 서게 하실 수 있는
25 유일하신 우리 구주 하나님께 우리
주 예수 그리스도로 말미암아 영광과
위엄과 능력과 권세가 만세 전부터
그리고 지금과 영원무궁토록 있기를
빕니다. 아멘.

성·경·상·식

유다와 유다서

유다는 예루살렘 교회의 사랑받던 목회자요, 예수님의 육신의 동생이었다. 그의 형 야고보와 함께 유다도 예수님을 믿지 않다가 부활 후에 믿게 되었다(요 7:3-8). 예수님의 부활과 승천 사이에 그들은 구원받았고 오순절 성령 강림의 현장에 함께 있었다. 사도행전 1장 13절에 나오는 '야고보의 아들(형제)인 유다'와 동일한 인물이다.

유다서에 대하여

유다서는 예수님의 재림 전에 기독교에 있게 될 배교만을 전적으로 다룬 책이다. 이 짧은 글에는 에덴동산에서부터 그의 백성 이스라엘을 거쳐 오늘날까지 모든 교회와 성도들이 염두에 두어야 할 거짓 교훈에 대한 경계의 내용이 포함되어 있다. 이 책은 베드로후서와 유사하다. 그러나 베드로후서는 장래에 있을 거짓 선생들에 대해 말한(벧후 2:1) 반면에, 유다는 이미 와 있는 그들에 대해 다루었다.

유다서의 내용

· 왜 믿음을 위하여 싸워야 하는가? (3-16절)
· 어떻게 싸워야 하는가? (17-23절)

요한계시록

Revelation

아직까지 성취되지 않은 재림과 종말, 최후 심판과 영광에 대해 사도 요한이 받은 환상으로, 로마의 혹독한 박해 속에 있는 성도들을 위로하고 최후 승리에 대한 확신을 주기 위해 기록되었다. 소아시아의 일곱 교회에 대한 권면과 함께, 대환난 가운데 모든 악이 소멸되고 종국적으로 새 하늘과 새 땅이 이루어짐을 강조한다.

머리말

1 예수 그리스도의 계시입니다. 이것
은 반드시 곧 일어날 일들을 자기
의 종들에게 보여 주시려고 하나님께
서 그리스도에게 주신 것입니다. 그리
스도께서는 그분의 천사를 통해 자기
의 종 요한에게 이것을 나타내 주셨
습니다.
2 요한은 그가 본 모든 것을 증언합니
다. 그것은 곧 하나님의 말씀과 예수
그리스도의 증거입니다.
3 이 예언의 말씀들을 읽는 사람과 듣
는 사람들과 그 안에 기록된 것들을
지키는 사람들은 복이 있습니다. 이
는 때가 가까이 왔기 때문입니다.

인사와 송영

4 요한은 아시아에 있는 일곱 교회에 편
지를 씁니다. 지금도 계시고 전에도
계셨고 앞으로 오실 분과 그분의 보
좌 앞에 있는 일곱 영과
5 충성된 증인이시며 죽은 사람들 가
운데서 처음 나시고 땅의 왕들을 다
스리시는 분이신 예수 그리스도의 은
혜와 평강이 여러분에게 있기를 빕니
다. 우리를 사랑하시고 그분의 피로
우리의 죄에서 우리를 *해방시켜 주
신 분,
6 우리를 그분의 아버지 하나님을 위해
나라와 제사장들로 삼아 주신 분께
영광과 능력이 세세 무궁토록 있기를
빕니다. 아멘.
7 *보십시오. 그분이 구름을 타고 오십
니다. *각 사람의 눈이 그분을 볼 것
이며 그분을 찔렀던 사람들도 볼 것
이며 땅의 모든 민족이 그분으로 인
해 통곡할 것입니다. 반드시 그렇게
될 것입니다. 아멘.
8 주 하나님, 지금도 계시고 전에도 계
셨고 앞으로 오실 분이신 전능자께서
말씀하십니다. "나는 *알파요, 오메가

1:5 어떤 사본에는 '씻어'　1:7 단 7:13을 보라.
1:7 슥 12:10을 보라.　1:8 또는 처음이요, 마지막이다.

다."

요한이 본 그리스도의 환상

9 여러분의 형제이며 예수 안에서 환난
과 나라와 인내를 함께 나누는 사람
인 나 요한은 하나님의 말씀과 예수
의 증언 때문에 밧모 섬에 있었습니
다.
10 나는 주의 날에 *성령께 사로잡혀 있
었는데 내 뒤에서 울리는 나팔 소리
같은 큰 음성을 들었습니다.
11 말씀하시기를 "네가 본 것을 책에 기
록해 그것을 일곱 교회, 곧 에베소, 서
머나, 버가모, 두아디라, 사데, 빌라델
비아, 라오디게아 교회로 보내라"라고
하셨습니다.
12 나는 내게 말씀하신 음성을 알아보
려고 몸을 돌렸습니다. 내가 몸을 돌
렸을 때 일곱 금촛대가 보였고
13 그 촛대들 사이에 *인자 같은 분이
끌리는 옷을 입고 가슴에 금띠를 띠
고 계셨습니다.
14 그분의 머리와 머리칼은 흰 양털과
눈처럼 희고 그분의 눈은 타오르는
불과 같고
15 그분의 발들은 용광로에서 제련된 청
동 같고 그분의 음성은 많은 물소리
와 같았습니다.
16 그분은 오른손에 일곱 별을 들고 계
셨으며 그분의 입에서는 좌우에 날
선 검이 나왔고 그분의 얼굴은 해가
힘 있게 비추는 것 같았습니다.
17 내가 그분을 볼 때 나는 죽은 사람처
럼 그분의 발 앞에 엎드러졌습니다.
그러자 그분이 자기의 오른손을 내게
얹고 말씀하셨습니다. "두려워하지
마라. 나는 처음이요, 마지막이다.
18 나는 살아 있는 자다. 나는 죽었었으
나 보라, 나는 영원토록 살아 있는 자
니 나는 죽음과 *음부의 열쇠들을 가
지고 있다.
19 그러므로 너는 네가 본 것들과 지금
있는 일들과 이 일 후에 일어날 일들

1:10 그리스어, '영' 1:13 단 7:13을 보라. 1:18 그리스어, 하데스

하용조 목사의
행복한 **메시지**

위로와 용기의 책, 계시록

계시록은 박해와 환난에 직면한 수많은 성도들에게 위로와 용기를 주기 위해 쓰인 책입니다. 계시록에서 핍박과 순교는 끝이 아닙니다. 계시록은 바벨론이 멸망하고 두 짐승이 멸망할 것을 예언합니다. 또 새 하늘과 새 땅이 펼쳐지고 새 예루살렘이 올 것이며 부활한 성도들이 승리하신 어린양과 함께 서게 될 것을 예언하고 있습니다. 그래서 이 예언의 말씀을 듣는 자와 읽는 자와 믿고 행하는 자에게는 복이 있다고 말합니다(계 1:3).
계시록이 아주 중요한 책이기에 사탄은 이 책을 이용해 많은 이단을 만들어 냈습니다. 계시록을 읽을 때는 극단적인 해석과 이단적 해석을 경계하십시오. 언제나 교회 중심으로, 말씀 중심으로, 건강하게 역사의 미래를 보아야 합니다.

을 기록하여라.
20 네가 본 내 오른손의 일곱 별과 일곱
금촛대의 비밀은 이것이니 일곱 별은
일곱 교회의 *사자들이요, 일곱 촛대
는 일곱 교회다."

에베소 교회에 보내는 편지

2 "너는 에베소 교회의 *사자에게 이
렇게 써라. '오른손에 일곱 별을 잡
으시고 일곱 금촛대 사이로 다니시는
이가 이렇게 말씀하신다.
2 나는 네 행위들과 네 수고와 네 인내
를 안다. 또 네가 악한 사람들을 참
지 못하는 것과 자칭 사도라고 하는
사람들을 시험해 그들이 사도가 아니
라 가짜들이라는 것을 밝혀낸 것을
안다.
3 또 네가 인내하는 것과 내 이름을 위
해 수고하되 게으르지 않다는 것을
내가 안다.
4 그러나 내가 네게 책망할 것이 있으
니 그것은 네가 첫사랑을 버린 것이
다.
5 그러므로 너는 어디서부터 잘못됐는
지 생각해 보아 회개하고 처음에 행
했던 일들을 행하여라. 만일 그렇게
하지 않고 회개하지 않으면 내가 네
게로 가서 네 촛대를 그 자리에서 옮
길 것이다.
6 그러나 네가 잘한 것이 있으니 네가
니골라 당이 하는 짓들을 미워하는
구나. 나도 그것을 미워한다.
7 귀 있는 사람은 성령이 교회들에게
하시는 말씀을 들어라. 이기는 사람
에게는 내가 하나님의 낙원에 있는
생명나무 열매를 먹게 할 것이다.'"

서머나 교회에 보내는 편지

8 "너는 서머나 교회의 *사자에게 이렇
게 써라. '처음이요, 마지막이신 이,
곧 죽었다가 다시 살아나신 이가 이
렇게 말씀하신다.
9 내가 네 환난과 가난을 알지만 실은
네가 부자다. 또 내가 자칭 유대 사람
이라 하는 사람들의 모욕도 알지만
실은 그들이 유대 사람들이 아니라
사탄의 집단이다.
10 너는 고난당할 것을 두려워하지 마
라. 보라. 마귀가 너희 가운데 몇몇을
감옥에 집어넣을 텐데 너희가 10일
동안 핍박을 받을 것이다. 너는 죽도
록 충성하여라. 그러면 내가 생명의
*면류관을 네게 줄 것이다.
11 귀 있는 사람은 성령이 교회들에게
하시는 말씀을 들어라. 이기는 사람
은 둘째 사망에서 해를 받지 않을 것
이다.'"

버가모 교회에 보내는 편지

12 "너는 버가모 교회의 *사자에게 이렇
게 써라. '좌우에 날 선 검을 가지신
이가 이렇게 말씀하신다.
13 나는 네가 사는 곳을 알고 있으니 그
곳은 사탄의 왕좌가 있는 곳이다. 그
러나 너는 내 이름을 굳게 붙잡고 내
충성된 증인 안디바가 너희 가운데 사
탄이 거하는 곳에서 죽임을 당할 때

1:20 또는 천사들, 심부름꾼들 2:1,8,12 또는 천사, 심부름꾼 2:10 그리스어, '월계관'

도 나에 대한 믿음을 버리지 않았다.
14 그러나 내가 네게 몇 가지 책망할 것
이 있으니 너는 발람의 가르침을 굳게
지키는 사람들을 용납하는구나. 발람
은 발락을 가르쳐 이스라엘 자손 앞
에 올무를 놓아 우상에게 바쳐진 제
물을 먹고 음란한 행위를 하게 했다.
15 이처럼 네 안에도 니골라 당의 가르침
을 굳게 지키는 사람들이 있다.
16 그러므로 회개하여라. 그러지 않으면
내가 당장 네게로 가서 내 입의 검으
로 그들과 싸울 것이다.
17 귀 있는 사람은 성령이 교회들에게
하시는 말씀을 들어라. 내가 이기는
사람에게는 감추인 만나를 주고 그에
게 흰 돌과 그 돌 위에 쓰인 새 이름
을 주리니 받는 사람 외에는 아무도
그것을 알지 못할 것이다.'"

두아디라 교회에 보내는 편지

18 "너는 두아디라 교회의 *사자에게 이
렇게 써라. '눈이 불꽃 같고 발이 청동
처럼 빛나는 하나님의 아들이 이렇게
말씀하신다.
19 나는 네 행위들과 사랑과 믿음과 봉
사와 네 인내를 알고 너의 처음 행위
들보다 나중 행위들이 더 낫다는 것
을 안다.
20 그러나 내가 네게 책망할 것이 있으
니 네가 이세벨이라는 여자를 용납하
는구나. 그 여자는 스스로 예언자라
고 하며 내 종들을 가르치고 유혹해
그들로 음행하게 하고 우상에게 바쳐
진 음식을 먹게 했다.
21 내가 그 여자에게 회개할 기회를 주
었지만 그 여자는 음행을 회개하려
하지 않았다.
22 보라. 내가 그 여자를 병상에 던질 것
이며 그 여자와 더불어 간음하는 사
람들도 그 여자의 행위에서 돌이키지
않으면 큰 환난에 던질 것이다.
23 또 내가 그 여자의 자녀들을 사망으
로 죽일 것이다. 그러면 모든 교회가
내가 생각과 마음을 살피는 이임을
알게 될 것이다. 내가 너희의 행위대
로 각 사람에게 갚아 주겠다.
24 그러나 나는 이러한 가르침을 받지
않고 소위 사탄의 깊은 것들을 알지
못하는 두아디라에 있는 너희 남은
사람들에게 말한다. 나는 너희에게
다른 아무 짐도 지우지 않을 것이다.
25 다만 너희는 너희가 가지고 있는 것
을 내가 갈 때까지 굳게 붙잡으라.
26 이기는 사람과 내 일을 끝까지 지키
는 사람에게는 내가 나라들을 다스
릴 권세를 줄 것이다.
27 그분이 질그릇들을 부수는 것같이
쇠지팡이로 그들을 다스릴 것이니
28 그와 같이 나도 아버지에게서 그러한
권세를 받았다. 내가 또한 그에게 샛
별을 줄 것이다.
29 귀 있는 사람은 성령이 교회들에게
하시는 말씀을 들어라.'"

사데 교회에 보내는 편지

3 "너는 사데 교회의 *사자에게 이렇
게 써라. '하나님의 일곱 영과 일곱

2:18; 3:1 또는 천사, 심부름꾼

별을 가지신 이가 이렇게 말씀하신
다. 내가 네 행위들을 알고 있으니 너
는 살아 있다는 이름은 가지고 있으
나 실은 죽어 있구나.
2 너는 깨어서 죽어 가는 남은 것을 굳
건히 하여라. 나는 네 행위들이 하나
님 앞에 온전케 된 것을 찾지 못했다.
3 그러므로 너는 어떻게 받고 들었는지
기억해 순종하고 회개하여라. 만일
네가 깨어 있지 않으면 내가 도둑같
이 올 것이니 내가 어느 때 네게 올지
네가 결코 알지 못할 것이다.
4 그러나 사데에 옷을 더럽히지 않은 몇
몇 사람들이 있다. 그들은 흰옷을 입
고 나와 함께 다닐 것이니 그들이 그
럴 만한 자격이 있기 때문이다.
5 이기는 사람은 그들처럼 흰옷을 입을
것이다. 나는 결코 그의 이름을 생명
책에서 지워 버리지 않을 것이며 내
아버지 앞과 그의 천사들 앞에서 그
의 이름을 시인할 것이다.
6 귀 있는 사람은 성령이 교회들에게
하시는 말씀을 들어라.'"

빌라델비아 교회에 보내는 편지

7 "너는 빌라델비아 교회의 사자에게 이
렇게 써라. '거룩하고 참되신 이, 다윗
의 열쇠를 가지신 이, 곧 열면 닫을
사람이 없고 닫으면 열 사람이 없는
이가 이렇게 말씀하신다.
8 내가 네 행위들을 안다. 보라. 내가
네 앞에 열린 문을 두었으니 아무도
그 문을 닫을 수가 없다. 이는 네가
힘이 약한 가운데도 내 말을 지키고
내 이름을 부인하지 않았기 때문이
다.
9 보라. 내가 사탄의 집단에 속한 어떤
사람들을 네게 줄 것인데 그들은 자
칭 유대 사람들이라고 하나 실은 그
렇지 않고 거짓말쟁이들이다. 보라.
내가 그들로 네 발 앞에 꿇어 엎드리
게 하고 내가 너를 사랑하는 줄을 알
게 할 것이다.
10 네가 내 인내의 말을 지켰으니 땅 위
에 사는 사람들을 시험하기 위해 온
세상에 시험이 닥칠 때 나도 너를 지
켜 줄 것이다.
11 내가 속히 오리니 네가 가진 것을 굳
게 잡아 아무도 네 *면류관을 빼앗
지 못하게 하여라.
12 이기는 사람을 내가 내 하나님의 성
전에서 기둥으로 삼을 것이니 그가
결코 다시는 성전을 떠나지 않을 것이
며 내가 내 하나님의 이름과 내 하나
님의 도성, 곧 하늘에서 내 하나님께
로부터 내려오는 새 예루살렘의 이름
과 내 새 이름을 그 사람 위에 기록
할 것이다.
13 귀 있는 사람은 성령이 교회들에게
하시는 말씀을 들어라.'"

라오디게아 교회에 보내는 편지

14 "너는 라오디게아 교회의 사자에게 이
렇게 써라. '아멘이시요, 신실하고 참
된 증인이시요, 하나님의 창조의 *근
원이신 분이 이렇게 말씀하신다.
15 나는 네 행위들을 알고 있는데 너는

3:11 그리스어, '월계관' 3:14 또는 처음, 기원

차지도 않고 뜨겁지도 않다. 나는 네
가 차든지 뜨겁든지 하기를 바란다.
16 네가 이렇게 미지근해 차지도 않고
뜨겁지도 않으니 내가 너를 내 입에
서 뱉어 낼 것이다.
17 네가 말하기를 '나는 부자라 풍족해
서 부족한 것이 하나도 없다'고 하나
너는 자신이 비참하고 불쌍하고 가난
하고 눈멀고 벌거벗은 사람임을 알지
못한다.
18 그러므로 내가 네게 경고한다. 네가
풍족하게 되려면 내게서 불로 정련한
금을 사거라. 너의 벌거벗은 수치를
드러내지 않으려면 흰옷을 사서 입어
라. 네가 보고 싶으면 안약을 사서 네
눈에 발라라.
19 나는 내가 사랑하는 사람들마다 책
망하고 징계한다. 그러므로 너는 열
성을 내고 회개하여라.
20 보라. 내가 문 앞에 서서 두드리니 누
구든지 내 음성을 듣고 문을 열면 내
가 들어가서 그와 함께 먹고 그는 나
와 함께 먹을 것이다.
21 이기는 사람에게는 내가 이긴 후에
내 아버지와 함께 그분의 보좌에 앉
은 것같이 내가 내 보좌에 나와 함께
앉게 할 것이다.
22 귀 있는 사람은 성령이 교회들에게
하시는 말씀을 들어라.'"

하늘에 있는 보좌

4 이 일 후에 내가 보았습니다. 보십
시오. 하늘에 열린 문이 있고 전에
내가 들은 그 음성, 곧 나팔 소리같
이 나에게 들린 음성이 말했습니다.
"이리로 올라오너라. 그러면 내가 이
후에 마땅히 될 일들을 네게 보여 주
겠다."
2 나는 순식간에 *성령에 사로잡히게
됐습니다. 보십시오. 하늘에 보좌가
있는데 그 위에 누군가 앉아 계셨습
니다.
3 그 앉으신 이는 벽옥과 홍옥 같고 무
지개가 보좌를 둘러싸고 있는데 그
모습이 에메랄드 같았습니다.
4 또 보좌 둘레에는 24개의 보좌가 있
고 그 보좌에는 24명의 장로가 흰옷
을 입고 머리에 금면류관을 쓰고 앉
아 있었습니다.
5 보좌로부터 번개들과 우르릉거리는
소리들과 천둥 치는 소리가 나고 보
좌 앞에 일곱 등불이 타오르고 있는
데 이것은 하나님의 일곱 영입니다.
6 또 보좌 앞에는 수정처럼 맑은 유리
바다와 같은 것이 있고 보좌 가운데
와 보좌 둘레에는 앞뒤로 눈이 가득
한 네 생물이 있습니다.
7 첫째 생물은 사자처럼 생겼고, 둘째
생물은 송아지처럼 생겼고, 셋째 생
물은 사람의 얼굴처럼 생겼고, 넷째
생물은 날아가는 독수리처럼 생겼습
니다.
8 네 생물은 각각 여섯 날개를 가지고
있고 날개 둘레와 안쪽에는 눈들이
가득합니다. 그들은 밤낮 쉬지 않고
말했습니다.

4:2 그리스어, '영'

"거룩, 거룩, 거룩, 전능하신 주 하
나님, 전에도 계셨고 지금도 계시
고 장차 오실 분이십니다."
9 그 생물들이 영원토록 사시는 보좌
에 앉으신 분께 영광과 존귀와 감사
를 드릴 때
10 24명의 장로들은 보좌에 앉으신 분
앞에 엎드려 영원토록 사시는 분께
경배하고 자기들의 *면류관을 내려놓
으며 말했습니다.
11 "주 우리 하나님이시여, 영광과 존
귀와 능력을 받으시기에 합당하십
니다. 주께서 만물을 창조하셨고
주의 기쁘신 뜻으로 인해 만물이
존재했고 또 창조됐습니다."

책과 어린양

5 또 나는 보좌에 앉으신 이의 오른
손에 책이 들린 것을 보았습니다.
이것은 앞뒤로 기록되고 일곱 인으로
봉한 것이었습니다.
2 그때 내가 강한 천사를 보았는데 그
는 큰 소리로 외쳤습니다. "누가 이 책
을 펴며 그 인을 떼기에 합당한가?"
3 그러나 하늘에서나 땅 위에서나 땅
아래 어느 곳에서도 그 책을 펴서 볼
수 있는 사람이 없었습니다.
4 나는 그 책을 펴서 볼 자격이 있는 사
람이 보이지 않아 큰 소리로 울었습
니다.
5 그러자 장로들 가운데 하나가 내게
말했습니다. "울지 마라. 유다 지파의
사자 다윗의 *뿌리가 승리했으니 그
책과 그 일곱 인을 열 것이다."
6 또 나는 보좌와 네 생물과 장로들 가
운데 어린양이 서 있는 것을 보았는
데 죽임을 당했던 것 같았습니다. 그
가 일곱 뿔과 일곱 눈을 가지고 있으
니 이 눈들은 온 땅에 보냄을 받은
하나님의 일곱 영입니다.
7 어린양이 와서 보좌에 앉으신 이의
오른손에서 책을 받아 드셨습니다.

4:10 그리스어, '월계관' 5:5 또는 자손

성·경·상·식

일곱 인 재앙

일곱 인 재앙은 예수님의 재림 직전에 나타날 7년 대환난을 말한다. 이것은 다니엘이 예언한 '1주 동안'(단 9:27) 사건을 말하는 것이기도 하다. 어린양 되신 예수님이 봉해진 책의 인을 하나씩 뗄 때마다 종말론적인 사건들이 나타나고 있다. 인이 떼지면서 나타나는 말세적인 환난의 사건들은 다음과 같다.

- **첫째 인** 흰말을 탄 자가 나가서 이기고 또 이김.
- **둘째 인** 붉은 말을 탄 자가 땅의 평화를 없애고 전쟁을 일으킴.
- **셋째 인** 검은 말을 탄 자가 올리브기름과 포도주를 손상시키지 말라 함.
- **넷째 인** 청황색 말을 탄 자가 죽음과 기근을 가져옴.
- **다섯째 인** 죽임을 당한 사람들의 탄원.
- **여섯째 인** 큰 지진과 하늘에 징조가 나타나고 사람들이 진노를 피해 숨음.
- **일곱째 인** 일곱 천사가 일곱 나팔을 받음.

8 그가 책을 받을 때 네 생물과 24명의
장로들이 각기 하프와 향이 가득 담
긴 금대접을 들고 어린양 앞에 엎드
렸습니다. 이 향은 성도들의 기도입니
다.
9 그들은 새 노래를 부르며 말했습니다.
"주는 그 책을 취해 인들을 떼기에
합당하십니다. 이는 주께서 죽임을
당하심으로 주의 피로 모든 족속
과 언어와 백성과 나라들로부터 사
람들을 하나님께로 구속해 드리셨
고
10 그들로 우리 하나님께 나라와 제사
장들이 되게 하셨으므로 그들이
땅 위에서 왕 노릇 하게 될 것입니
다."
11 그때 나는 보좌와 생물들과 장로들
을 에워싼 수많은 천사들을 보고 음
성을 들었는데 그들의 수가 만만이
요, 천천이었습니다.
12 그들은 큰 소리로 말했습니다.
"죽임을 당하신 어린양은 능력과
부귀와 지혜와 힘과 존귀와 영광과
찬양을 받으시기에 합당하십니다."
13 또 나는 하늘과 땅 위와 땅 아래와
바다에 있는 모든 피조물들과 그 안
에 있는 모든 것들이
"보좌에 앉으신 분과 어린양께 찬
송과 존귀와 영광과 능력이 영원토
록 있기를 빕니다"
라고 하는 소리를 들었습니다.
14 이에 네 생물은 "아멘" 하고 화답했고
장로들은 엎드려 경배했습니다.

일곱 인

6 나는 어린양이 일곱 인 가운데 하
나를 떼시는 것을 보았습니다. 그
리고 나는 네 생물 가운데 하나가 천
둥 같은 소리로 "오라" 하고 말하는
소리를 들었습니다.
2 그때 나는 보았습니다. 흰말이 있는
데 그 위에 탄 사람이 활을 갖고 있었
고 그에게 면류관이 주어졌는데 그는
나가서 이기고 또 이기려 했습니다.
3 두 번째 인을 떼실 때 나는 두 번째
생물이 "오라" 하고 말하는 소리를 들
었습니다.
4 그러자 붉은 다른 말이 나왔는데 그
위에 탄 사람에게 땅에서 평화를 걷
어 내고 사람들끼리 서로 죽이게 하
는 권세가 주어졌고 또 그에게 커다
란 칼도 주어졌습니다.
5 세 번째 인을 떼실 때 나는 세 번째
생물이 "오라" 하고 말하는 소리를 들
었습니다. 그때 나는 보았습니다. 검
은 말이 있는데 그 위에 탄 사람이
손에 저울을 들고 있었습니다.
6 그때 나는 네 생물 가운데서 나는 듯
한 소리를 들었습니다. "*1데나리온에
밀 *1코이닉스요, *1데나리온에 보리
*3코이닉스다. 올리브기름과 포도주
를 손상시키지 말라."
7 네 번째 인을 떼실 때 나는 네 번째
생물의 음성을 들었는데 말하기를
"오라"고 했습니다.

6:6 1데나리온은 노동자 하루 품삯이었음. 6:6 1코이닉스는 약 1리터, 3코이닉스는 약 3리터

8 그때 나는 보았습니다. 푸르스름한
말이 있는데 그 위에 탄 사람의 이름
은 사망이요, *음부가 그 뒤를 따르
고 있었습니다. 그들에게 칼과 기근
과 사망과 땅의 들짐승들로 땅의 4분
의 1을 죽일 권세가 주어졌습니다.
9 다섯 번째 인을 떼실 때 나는 제단
아래에서 하나님의 말씀과 그들이 가
진 증거로 인해 죽임을 당한 사람들
의 영혼을 보았습니다.
10 그들은 큰 소리로 외쳤습니다. "거룩
하고 참되신 대주재여, 언제까지 땅
위에 사는 사람들을 심판하시고 우
리의 핏값을 갚아 주지 않으시려는
것입니까?"
11 그러자 그들 각 사람에게 흰옷이 주
어졌고 그들은 그들과 같이 죽임을
당하게 될 그들의 동료 종들과 형제
들의 수가 찰 때까지 잠시 더 쉬라는
말씀을 들었습니다.
12 여섯 번째 인을 떼실 때 나는 보았습
니다. 큰 지진이 일어나고 해가 머리
털로 짠 천같이 검게 되고 달은 온통
핏빛으로 변하고
13 하늘의 별들은 무화과나무가 거센
바람에 흔들려 설익은 열매들을 떨어
뜨리는 것처럼 떨어지고
14 하늘은 두루마리가 말리듯 사라지고
모든 산과 섬들은 있던 자리에서 사
라졌습니다.
15 그러자 땅의 왕들과 귀족들과 장군
들과 부자들과 권세자들과 모든 노예
들과 모든 자유자들이 동굴들과 산
속 바위들 틈에 숨고
16 산들과 바위들을 향해 외쳤습니다.
"우리 위에 무너져 내려라. 그래서 보
좌에 앉으신 이의 얼굴과 어린양의
진노로부터 우리를 숨겨 다오.
17 이는 그들의 진노의 큰 날이 이르렀
기 때문이다. 누가 견뎌 낼 수 있겠느
냐?"

인 침을 받은 14만 4,000명

7 이 일 후에 나는 네 천사가 땅의
네 모퉁이에 서서 땅의 네 바람을
붙잡아 땅이나 바다나 나무에 불지
못하도록 막는 것을 보았습니다.
2 그리고 나는 다른 천사가 살아 계신
하나님의 인을 가지고 해 돋는 데서
올라오는 것을 보았습니다. 그는 땅과
바다를 해칠 권세를 받은 네 천사에
게 큰 소리로 외쳐
3 말했습니다. "우리가 우리 하나님의
종들의 이마에 인을 치기까지 너희는
땅이나 바다나 나무들을 해치지 말
라."
4 그리고 나는 인 침을 받은 사람들의
수를 들었습니다. 이스라엘 자손의
모든 지파 가운데 인 침을 받은 사람
들이 14만 4,000명이었습니다.
5 유다 지파에서 인 침을 받은 사람들
이 1만 2,000명, 르우벤 지파에서 1만
2,000명, 갓 지파에서 1만 2,000명,
6 아셀 지파에서 1만 2,000명, 납달리
지파에서 1만 2,000명, 므낫세 지파에
서 1만 2,000명,

6:8 그리스어, 하데스

7 시므온 지파에서 1만 2,000명, 레위
지파에서 1만 2,000명, 잇사갈 지파에
서 1만 2,000명,
8 스불론 지파에서 1만 2,000명, 요셉
지파에서 1만 2,000명, 베냐민 지파
에서 인 침을 받은 사람이 1만 2,000
명이었습니다.

흰옷을 입은 큰 무리

9 이 일 후에 내가 보았습니다. 모든 나
라와 민족과 백성과 언어에서 나온
아무도 셀 수 없는 큰 무리가 흰옷을
입고 손에 종려나무 가지들을 들고
보좌 앞과 어린양 앞에 서서
10 큰 소리로 외쳐 말했습니다.
"구원은 보좌에 앉으신 우리 하나
님과 어린양께 속한 것입니다."
11 그때 모든 천사들이 보좌와 장로들
과 네 생물 주위에 둘러서 있다가 보
좌 앞에 엎드려 얼굴을 땅에 대고 하
나님께 경배하며
12 말했습니다.
"아멘, 찬송과 영광과 지혜와 감사
와 존귀와 능력과 힘이 우리 하나
님께 영원토록 있기를 빕니다. 아
멘!"
13 그때 장로들 가운데 하나가 내게 물
었습니다. "이 흰옷을 입은 사람들이
누구이며 또 어디에서 왔습니까?"
14 나는 그에게 대답했습니다. "내 주여,
당신이 아십니다." 그때 그가 내게 말
했습니다.
"이들은 큰 환난으로부터 나오는
사람들인데 그들은 어린양의 피로
그들의 옷을 씻어 희게 했습니다.
15 그래서 그들이 하나님의 보좌 앞에
있고 그분의 성전에서 밤낮으로 그
분을 섬기므로 보좌에 앉으신 이
가 그들 위에 거하실 것입니다.
16 *그들이 다시는 굶거나 목마르지

7:16 사 49:10을 보라.

Q&A 인 맞은 14만 4,000명은 누구?

참고 구절 | 계 7:1–10

사도 요한은 예수님이 마지막 일곱째 인을 떼시기 전에 색다른 장면을 보게 되었다(계 6:1–8:5). 땅과 바다를 해롭게 하려고 온 네 천사가 땅의 네 모퉁이에서 바람을 붙잡고 있고, 다른 한 천사가 하나님의 인을 가지고 올라와서는 하나님의 종들의 이마에 인을 쳐 주는 것이었다(계 7:1–4). 이때 하나님의 인을 맞은 사람은 모두 14만 4,000명이었다.

이들은 누구일까? 첫째, 이스라엘 사람만을 가리킨다고(계 7:5–8) 보는 견해가 있다. 이들만 대환난 동안 하나님의 보호를 받는다는 것이다. 둘째, 14만 4,000명은 상징적인 수로, 유대인과 이방인들로 구성된 교회를 의미한다는 견해다. 실제로 성경에서 교회는 이스라엘의 12지파로 불리기도 하며(마 19: 28; 눅 22:30) 하나님의 백성인 이스라엘(벧전 2:9)로 표현되기도 했다. 일반적으로 두 번째 견해를 받아들여서, 14만 4,000명이라는 숫자는 하나님의 인을 맞고 대환난을 통과하게 될 그리스도인들을 상징하는 것으로 본다.

않고 해나 그 어떤 열기도 그들을
해치지 못할 것입니다.
17 보좌 가운데 계신 어린양이 그들의
목자가 돼 그들을 생명의 샘물로
인도하시고 하나님께서 그들의 눈
에서 모든 눈물을 닦아 주실 것입
니다."

일곱째 인과 금향로

8 일곱 번째 인을 떼시자 30분쯤 하
늘에 정적이 감돌았습니다.
2 그때 나는 하나님 앞에 서 있는 일곱
천사를 보았는데 그들에게 일곱 나팔
이 주어졌습니다.
3 또 다른 천사가 와서 금향로를 들고
제단 앞에 섰습니다. 그 천사는 많은
향을 받았는데 이는 모든 성도들의
기도와 함께 보좌 앞에 있는 금 제단
에 드리기 위한 것이었습니다.
4 향의 연기는 그 천사의 손에서 성도
들의 기도와 함께 하나님 앞으로 올
라갔습니다.
5 그 천사가 향로를 가져다가 제단의
불에서 불을 채우고 그것을 땅에 쏟
으니 천둥과 요란한 소리와 번개와
지진이 일어났습니다.

일곱 나팔

6 그때 일곱 나팔을 가진 일곱 천사가
나팔을 불려고 준비했습니다.
7 첫 번째 천사가 나팔을 불자 피 섞인
우박과 불이 생기고 그것들이 땅에
쏟아졌습니다. 그러자 땅의 3분의 1
이 불탔고 나무의 3분의 1도 불탔으
며 모든 푸른 풀도 불타 버렸습니다.
8 두 번째 천사가 나팔을 불자 불타는
큰 산 같은 것이 바다로 던져졌습니
다. 그러자 바다의 3분의 1이 피로 변
하고
9 바다에 사는 생명을 가진 피조물들
의 3분의 1이 죽고 배들의 3분의 1이
부서졌습니다.
10 세 번째 천사가 나팔을 불자 횃불처
럼 타는 큰 별이 하늘에서 떨어져 강
들의 3분의 1과 물의 샘들 위에 떨어
졌습니다.
11 그 별의 이름은 '쑥'이라고 합니다. 물
의 3분의 1이 쑥으로 변하고 많은 사
람이 그 물을 마시고 죽었습니다.
12 네 번째 천사가 나팔을 불자 해의 3
분의 1과 달의 3분의 1과 별들의 3분
의 1이 타격을 입었습니다. 그리하여
그것들의 3분의 1이 어두워져 낮의 3
분의 1이 빛을 잃었고 밤도 역시 그렇
게 됐습니다.
13 나는 독수리 한 마리가 공중을 날며
큰 소리로 외치는 것을 보고 들었습
니다. "화, 화, 화가 있을 것이다. 세
천사가 나머지 나팔 소리를 낼 것이
기 때문이다."

9 다섯 번째 천사가 나팔을 불었습
니다. 그때 나는 하늘에서 땅으로
떨어진 별 하나를 보았는데 이 별은
*무저갱의 열쇠를 받았습니다.
2 별이 무저갱을 열자 거대한 용광로에
서 나는 듯한 연기가 무저갱에서 올

9:1 그리스어, 아비소스. 밑바닥이 없는 깊은 곳을 가리킴.

라왔고 해와 공기가 무저갱의 연기로
인해 어두워졌습니다.
3 그리고 그 연기 속에서 메뚜기들이
땅으로 나오니 땅의 전갈들이 권세를
가진 것처럼 메뚜기들에게 권세가 주
어졌습니다.
4 메뚜기들은 땅의 풀이나 각종 푸른
것이나 각종 나무는 해치지 말고 이
마에 하나님의 인을 받지 않은 사람
들만 해치라는 명령을 받았습니다.
5 그러나 이 메뚜기들은 그들을 죽이지
는 말고 다섯 달 동안 괴롭히기만 하
라는 허락을 받았는데 그 괴롭힘은
전갈이 사람을 쏘아 괴롭히는 것과
같았습니다.
6 그 기간 동안 사람들은 죽음을 구해
도 결코 그것을 얻을 수 없고 죽기를
갈망해도 죽음이 그들에게서 달아날
것입니다.
7 메뚜기들의 모양은 전투 채비를 갖춘
말들 같고 그들의 머리에는 금으로
만든 듯한 관 같은 것이 씌워져 있고
그들의 얼굴은 사람의 얼굴과 비슷하
고
8 또 그들의 머리털은 여인의 머리털 같
고 그들의 이빨은 사자의 이빨과 같
았습니다.
9 또 그들은 철흉갑 같은 흉갑을 두르
고 있었고 그들의 날갯소리는 전쟁을
위해 달리는 많은 말들의 병거 소리
와 같았습니다.
10 또 그들은 전갈처럼 쏘는 꼬리와 독
침을 가졌는데 다섯 달 동안 사람들
을 괴롭게 할 권세가 그들의 꼬리에
있었습니다.
11 그들은 무저갱의 사자를 자기들의 왕

성·경·상·식

일곱 나팔 재앙

일곱 나팔 재앙은 일곱 번째 인을 뗄 때 나타난 사건을 말한다(계 8:2). 그래서 나팔 재앙은 일곱 인 재앙 이후에 오는 사건이라고 본다. 더러는 일곱 나팔 재앙이 일곱 인 재앙과 동일한 사건을 반복해서 기록한 것이라고 보는 견해도 있다. 일곱 천사가 나팔을 불 때마다 재앙이 나타나는데, 나팔을 분다는 것은 인간을 향한 하나님의 경고(습 1:15-16)와 전쟁 신호의 의미를 지닌다.

일곱 천사를 통해 사람들에게 경고하시는 심판의 예언

첫째 천사의 나팔	피 섞인 우박과 불이 쏟아져 땅과 수목, 풀의 3분의 1이 불타 버림.
둘째 천사의 나팔	불타는 큰 산과 같은 것이 바다로 던져져 바다의 3분의 1이 피가 됨.
셋째 천사의 나팔	큰 별이 떨어져 물의 3분의 1이 쑥으로 변함.
넷째 천사의 나팔	천체의 3분의 1이 어두워짐.
다섯째 천사의 나팔	메뚜기가 다섯 달 동안 사람들을 해침.
여섯째 천사의 나팔	네 천사와 마병대가 사람의 3분의 1을 죽임.
일곱째 천사의 나팔	예수 그리스도가 영원히 왕 노릇 하심을 찬양. 일곱 대접 재앙의 시작.

으로 삼고 있었는데 그 이름은 히브
리 말로는 *아바돈이고 그리스 말로
는 *아볼루온입니다.
12 첫 번째 재앙이 지나갔습니다. 그러
나 아직도 두 가지 재앙이 더 닥칠 것
입니다.
13 여섯 번째 천사가 나팔을 불었습니
다. 그때 나는 하나님 앞에 있는 금
제단의 네 뿔에서 울리는 한 음성을
들었습니다.
14 그 음성이 나팔을 가진 여섯 번째 천
사에게 이르기를 "큰 강 유프라테스
에 묶여 있는 네 천사를 풀어 주어
라" 하니
15 지정된 연월일시를 위해 준비된 네 천
사가 사람들의 3분의 1을 죽이기 위
해 풀려났습니다.
16 그들이 거느린 마병대의 수는 2억이
나 됐는데 나는 그들의 수를 들었습
니다.
17 내가 환상 가운데 본 말들과 그 위에
탄 이들의 모습은 이렇습니다. 그들은
붉은빛과 자줏빛과 유황빛 나는 흉
갑을 두르고 있고 말들의 머리는 사
자들의 머리 같고 그들의 입에서는 불
과 연기와 유황이 나오고 있었습니
다.
18 이 세 가지 재앙, 곧 말들의 입에서 나
오는 불과 연기와 유황으로 인해 사
람의 3분의 1이 죽임을 당했습니다.
19 이는 말들의 힘이 그들의 입과 꼬리
에 있고 그들의 꼬리는 뱀과 같으며
또한 꼬리에 머리가 있어 이것들로 사
람들을 해쳤기 때문입니다.
20 이 재앙에서 죽임을 당하지 않고 남
은 사람들은 자기 손으로 저지른 일
들을 회개하지 않고 도리어 귀신들과
금, 은, 청동, 돌, 나무로 만든 보거나
듣거나 걷지도 못하는 우상들에게 경
배했습니다.
21 그들은 또 그들의 살인과 그들의 복
술과 그들의 음행과 그들의 도둑질을
회개하지 않았습니다.

천사와 작은 책

10 그러고 나서 나는 다른 강한
천사가 구름을 입고 하늘에서
내려오는 것을 보았습니다. 그의 머리
위에는 무지개가 있고 그의 얼굴은
해 같으며 그의 다리는 불타는 기둥
같았습니다.
2 그의 손에는 작은 책 하나가 펼쳐져
있고 그의 오른발은 바다를 밟고 있
고 그의 왼발은 땅을 디디고 있었습
니다.
3 그가 사자가 포효하듯이 큰 소리로
외치자 일곱 천둥이 각기 소리를 내
며 말했습니다.
4 일곱 천둥이 말할 때 내가 기록하려
했습니다. 그때 나는 하늘에서 나는
음성을 들었는데 "일곱 천둥이 말한
것들을 봉인하고 기록하지 마라"라고
했습니다.
5 그때 내가 본 바다와 땅을 딛고 서 있
던 천사가 하늘을 향해 오른손을 들
고

9:11 히브리어, '파괴' 9:11 그리스어, '파괴자'

6 하늘과 그 안에 있는 것들과 땅과 그
안에 있는 것들과 바다와 그 안에 있
는 것들을 창조하신 영원토록 살아
계신 분을 두고 맹세했습니다. "더 지
체하지 않을 것이다.
7 일곱 번째 천사가 나팔을 불어 소리
내는 날에 하나님의 비밀이 그분이
그분의 종들, 곧 예언자들에게 선포
하신 대로 이루어질 것이다."
8 하늘에서 내게 들려왔던 음성이 다
시 내게 말씀하셨습니다. "너는 가서
땅과 바다를 디디고 서 있는 천사의
손에 펼쳐져 있는 책을 취하여라."
9 나는 그 천사에게 가서 그 작은 책을
내게 달라고 했습니다. 그러자 그가
내게 말했습니다. "이것을 가져다 먹
어라. 이것이 네 배에는 쓰겠지만 네
입에는 꿀같이 달 것이다."
10 나는 천사의 손에서 작은 책을 받아
서 먹었습니다. 그것이 내 입에서는
꿀같이 달았지만 먹고 난 뒤에 배에
서는 썼습니다.
11 그때 그들이 나에게 말했습니다. "너
는 많은 백성과 나라와 언어와 왕들
에게 다시 예언해야 할 것이다."

두 증인

11 또 그는 내게 지팡이 같은 갈대
하나를 주며 말했습니다.
"너는 일어나 하나님의 성전과 제단
과 그 안에서 경배하는 사람들을 측
량해라.
2 그러나 성전 바깥뜰은 내버려 두고
측량하지 마라. 이는 그것이 이방 사
람들에게 주어졌고 그들이 42개월
동안 그 거룩한 도성을 짓밟을 것이
기 때문이다.
3 내가 내 두 증인에게 권세를 줄 텐데
그들은 굵은베 옷을 입고 1,260일 동
안 예언할 것이다."
4 이들은 이 땅의 주 앞에 서 있는 두
올리브 나무요, 두 촛대입니다.
5 누구든지 그들을 해치려고 하면 그들
의 입에서 불이 나와 그들의 원수들
을 집어삼킬 것입니다. 누구든지 그
들을 해치려고 하면 반드시 이같이
죽임을 당할 것입니다.
6 이들은 하늘을 닫을 권세를 가지고
있어 그들이 예언하는 날들 동안 비
가 내리지 않게 할 것입니다. 또 그들
은 물을 피로 변하게 하며 언제든지
원하는 때 갖가지 재앙으로 땅을 칠
권세를 가지고 있습니다.
7 그들이 그들의 증언을 마칠 때 *무저
갱에서 올라오는 짐승이 그들을 공격
해 그들을 이기고 그들을 죽일 것입
니다.
8 그리고 그들의 시체는 큰 도성의 거
리에 놓일 것입니다. 이 도성은 영적
으로 소돔과 이집트라 불리는 곳으로
그들의 주께서 십자가에 못 박히신
곳입니다.
9 백성들과 족속들과 언어들과 나라들
로부터 온 사람들이 3일 반 동안 그
들의 시체를 구경할 것이며 그들의 시

11:7 그리스어, 아비소스. 밑바닥이 없는 깊은 곳을 가리킴.

체를 무덤에 장사하는 것을 허락하지
않을 것입니다.
10 그때 땅 위에 사는 사람들이 그들로
인해 서로 선물들을 주고받으며 기뻐
하고 즐거워할 것입니다. 이는 이 두
예언자가 땅 위에 사는 사람들을 괴
롭혔기 때문입니다.
11 그러나 3일 반 후에 *생명의 영이 하
나님께로부터 그들 속으로 들어가니
그들은 제 발로 일어섰습니다. 이에
그들을 지켜보던 사람들에게 큰 두려
움이 엄습했습니다.
12 그때 그들은 하늘에서 그들에게 말
하는 큰 음성을 들었습니다. "이리로
올라오라." 이에 그들은 원수들이 지
켜보는 가운데 구름을 타고 하늘로
올라갔습니다.
13 바로 그때 큰 지진이 일어나 도성의
10분의 1을 무너뜨렸고 7,000명의 사
람들이 그 지진으로 죽었습니다. 이
에 살아남은 사람들은 몹시 두려워하
며 하나님께 영광을 돌렸습니다.
14 두 번째 재앙이 지나갔습니다. 세 번
째 재앙이 곧 닥칠 것입니다.

일곱째 나팔

15 일곱 번째 천사가 나팔을 불었습니
다. 그때 하늘에서 큰 음성이 나며 말
씀하셨습니다.

"세상 나라가 우리 주와 *그리스도
의 나라가 됐으니 그분이 영원토록
왕 노릇 하실 것이다."

16 그러자 하나님 앞의 자기 보좌에 앉
은 24장로들이 엎드려 하나님께 경배
하며
17 말했습니다.

"지금도 계시고 전에도 계셨던 전
능하신 주 하나님, 감사합니다. 하
나님께서는 큰 권능을 취하시고 다
스리십니다.
18 이에 나라들이 분노했으나 오히려
주의 진노를 내려 죽은 사람들을
심판하실 때가 왔습니다. 주의 종
인 예언자들과 성도들과 작은 사람
이든 큰사람이든 주의 이름을 경외
하는 사람들에게 상을 주시며 땅
을 더럽힌 사람들을 멸망시키실 때
가 왔습니다."

19 그때 하늘에 있는 하나님의 성전이
열렸고 그 성전 안에 있는 하나님의
언약궤가 보였습니다. 그러자 번개가
치고 요란한 소리와 천둥과 지진이 나
고 큰 우박이 쏟아졌습니다.

여자와 용

12 하늘에 큰 표징이 나타났습니
다. 한 여자가 태양을 입고 있고
두 발 아래에는 달이 있고 머리에는
열두 별의 면류관을 쓰고 있었습니다.
2 여자가 아이를 임신하고 해산할 때가
돼 진통과 괴로움으로 울부짖었습니
다.
3 그때 또 다른 표징이 하늘에 나타났
습니다. 일곱 머리와 열 뿔을 가진 큰
붉은 용이 나타났는데 그 머리에는
일곱 면류관을 쓰고 있습니다.

11:11 또는 영이 11:15 히브리어, 메시아. '기름 부음 받은 사람'

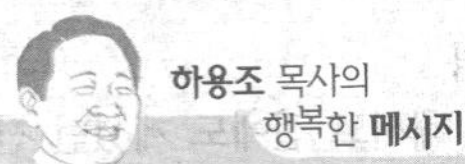

요한계시록 내용 요약

1–9장 |

1–3장은 일곱 교회에 대하여 말하고 있습니다. 4장부터 앞으로 일어날 일을 기록하고 있는데 하나님의 오른손에 두루마리, 곧 미래가 있다는 것입니다. 그 두루마리를 펴서 풀어 주시는 이가 어린양 예수 그리스도이십니다. 6–7장은 드디어 예수님에 의해 일곱 인이 풀어집니다. 그러면서 고난, 수난, 핍박들이 나타납니다. 그런데 일곱 인 재앙은 예비적 재앙입니다. 진짜 재앙은 일곱 나팔 재앙입니다. 사람에게 일어나는 일곱 인 재앙이 있고 사람과 환경에 닥치는 일곱 나팔 재앙과 일곱 대접 재앙이 있습니다. 우리 시대는 일곱 나팔 재앙에 주목할 필요가 있습니다. 우리가 살고 있는 이 시대의 재앙과 관련이 있는 재앙입니다. 천사가 나팔을 1개씩 불 때마다 재앙이 이어집니다. 피 섞인 우박이 쏟아지고 땅의 3분의 1이 타서 없어지는 등 우리 시대에 일어날 재앙이 기록되어 있습니다. 여섯 번째 나팔을 불면 결박된 네 천사가 풀려나 사람들의 3분의 1을 죽입니다.

10–13장 |

10장부터는 희망적인 말씀을 주십니다. 10장에는 작은 책이 나오고, 11장에는 두 증인이 나옵니다. 11장 15절을 보면, "그때 하늘에서 큰 음성이 나며 말씀하셨습니다. 세상 나라가 우리 주와 그리스도의 나라가 됐으니 그분이 영원토록 왕 노릇 하실 것이다."라는 말씀이 있습니다. 하나님의 승리가 재앙 속에서 선포되기 시작합니다. 12장에는 여인과 용이 나타납니다. 이 여인은 교회입니다. 이 여인이 아이를 낳습니다. 이 아이를 용이 잡아먹으려고 합니다. 교회와 세상의 싸움이 시작된 것입니다. 이 여인의 편에 서 있는 미가엘 군단과 용의 편에 서 있는 사탄의 군단이 전쟁을 합니다. 광야로 도망한 여인과 아이는 교회가 당하는 고난입니다. 13장에는 붉은 용과, 바다와 땅에서 나오는 두 짐승이 나옵니다. 정치, 경제, 종교, 권력 등을 상징합니다. 용에서 태어난 두 짐승을 타고 있는 것이 음녀입니다. 음녀가 두 짐승을 타고 다니며 세상에 오물을 뿌리고 다니는데 정신을 차리지 않으면 우리도 이 오물을 뒤집어쓰게 됩니다. 유혹과 미혹에 끌려가기 쉽습니다. 이것이 장차 올 미래인 것입니다.

14–16장 |

14장에서는 이렇게 무시무시한 세상에서 샛별과 같은 희망의 메시지가 다시 선포됩니다. 구원받은 자는 하나님과 함께 있으며 복음이 세상 끝까지 전파된다는 메시지 등이 선포되고 어린양의 결혼 잔치가 이어집니다. 일곱 나팔 재앙이 끝나고 16장에는 일곱 대접 재앙이 나옵니다. 땅, 바다, 물, 해, 짐승의 보좌, 유프라테스 강, 공중에 이 대접들이 쏟아집니다. 그리고 마침내 종말이 옵니다. 16장 15절에는 우리가 읽어야 할 복된 말씀이 있습니다. "보라. 내가 도둑같이 올 것이다. 깨어서 자기의 옷들을 지켜 벌거벗은 채로 다니지 않고 자기의 수치를 보이지 않는 사람은 복이 있다." 용과 짐승들이 날뛰는 상황에서 어린양이 승리한다는 예언입니다. 끝까지 신앙을 지키고 수치를 당하지 않고 벌거벗지 않고 살아남는 사람은 복이 있다는 말씀으로, 이것이 인 맞은 14만 4,000명의 사람들, 바로 여러분입니다. 이것이 교회입니다.

4 용은 꼬리로 하늘에서 별들의 3분의
1을 끌어다가 땅으로 내던졌습니다.
용은 막 해산하려고 하는 여자 앞에
섰는데 이것은 그녀가 아이를 낳을
때 삼키기 위한 것이었습니다.
5 여자가 아들을 낳았는데 그 사내아
이는 장차 쇠지팡이로 만국을 다스
릴 분입니다. 그때 그녀의 아이는 하
나님 보좌 앞으로 들려 올라갔습니
다.
6 여자는 광야로 도망쳤습니다. 거기서
그녀는 하나님께로부터 예비된 장소
를 얻었습니다. 이는 거기서 사람들
이 그녀를 1,260일 동안 돌보기 위한
것이었습니다.
7 그때 하늘에는 전쟁이 일어났습니다.
미가엘과 그의 천사들이 용과 대적해
싸우고 용도 이에 맞서 자기의 사자
들과 함께 싸웠으나
8 용이 이기지 못했으므로 그들은 하
늘에서 더 이상 있을 곳을 찾지 못했
습니다.
9 큰 용, 옛 뱀, 곧 마귀와 사탄이라고
도 하는 이, 온 세상을 현혹시키는 이
가 쫓겨났습니다. 그의 사자들도 그
와 함께 쫓겨났습니다.
10 그때 나는 하늘에서 큰 음성이 이렇
게 말씀하시는 것을 들었습니다.
"이제 구원과 능력과 우리 하나님
의 나라와 그의 *그리스도의 권세
가 확립됐으니 이는 우리 형제들을
고소하던 이, 곧 우리 하나님 앞에
서 밤낮으로 그들을 고소하던 이
가 쫓겨났기 때문이다.
11 그들은 어린양의 피와 그들이 증언
하는 말씀으로 인해 그를 이겼고
죽기까지 자기 목숨을 아끼지 않았
다.
12 그러므로 하늘과 그 안에 거하는
사람들아, 즐거워하라. 그러나 땅
과 바다에 재앙이 있을 것이니 이
는 마귀가 자기의 때가 얼마 남지
않은 줄 알고 분을 품고 너희에게
내려갔기 때문이다."
13 용은 자기가 땅으로 쫓겨난 것을 알
고 사내아이를 낳은 여자를 *쫓아갔
습니다.
14 그때 그녀에게 큰 독수리의 두 날개
가 주어졌습니다. 그래서 그녀는 광
야, 곧 그녀의 거처로 날아가 거기서
뱀의 낯을 피해 한 때와 두 때와 반
때 동안 부양을 받았습니다.
15 뱀이 자기 입에서 여자의 등 뒤에 물
을 강같이 토해 내어 그 물로 그녀를
휩쓸어 버리려고 했습니다.
16 그러나 땅이 여자를 도와 그 입을 벌
려 용이 그 입에서 토해 낸 강물을
삼켰습니다.
17 그러자 용이 여자에게 분노를 품고
여자의 후손의 남은 사람들, 곧 하나
님의 계명을 지키고 예수의 증거를
붙잡고 있는 사람들과 더불어 전쟁을
하려고 떠나가 바닷가 모래 위에 섰
습니다.

12:10 히브리어, 메시아. '기름 부음 받은 사람' 12:13 또는 박해했습니다.

바다에서 나온 짐승

13 그때 나는 바다에서 짐승이 올
라오는 것을 보았습니다. 그 짐
승은 열 뿔과 일곱 머리를 가졌는데
그의 열 뿔에는 열 면류관이 있고 그
의 머리에는 하나님을 모독하는 이름
이 있었습니다.
2 내가 본 짐승은 표범처럼 생겼고 그
의 발은 곰의 발 같고 그의 입은 사자
의 입 같았습니다. 용은 이 짐승에게
자기의 능력과 자기의 권좌와 큰 권
세를 주었습니다.
3 짐승의 머리들 가운데 하나가 치명상
을 입어 죽게 된 것 같았습니다. 그러
나 그 치명상이 치료되자 온 땅이 감
탄하고 그 짐승을 따랐습니다.
4 용이 그 짐승에게 권세를 주자 사람
들이 용에게 경배했습니다. 또 그들
은 그 짐승을 경배하며 말했습니다.
"누가 이 짐승과 같겠는가? 누가 그를
대적해 싸울 수 있겠는가?"
5 짐승은 오만하고 하나님을 모독하는
말을 할 입을 받았고 42개월 동안 활
동할 권세를 받았습니다.
6 짐승이 입을 열어 하나님을 모독했는
데 하나님의 이름과 그분의 장막, 곧
하늘에 거하는 이들을 모독했습니
다.
7 또 그 짐승은 성도들을 대적해 이기
며 모든 족속과 백성과 언어와 나라
를 다스릴 권세를 받았습니다.
8 땅 위에 사는 모든 사람들, 곧 죽임을
당한 어린양의 생명책에 세상 창조
때부터 자기의 이름이 기록되지 않은
사람들은 그 짐승에게 경배할 것입니
다.
9 누구든지 귀 있는 사람은 들으십시
오.
10 누구든지 사로잡힐 사람은 사로잡힐
것이요, 누구든지 칼로 죽임을 당할
사람은 칼로 죽임을 당할 것입니다.
여기에 성도들의 인내와 믿음이 있습
니다.

땅에서 올라온 짐승

11 또 나는 다른 짐승이 땅에서 올라오
는 것을 보았습니다. 그 짐승은 어린
양처럼 두 뿔을 가졌고 말하는 것이
용과 같았습니다.
12 그는 첫 번째 짐승을 대신해서 모든
권세를 그 앞에서 행하고 땅과 그 안
에 거하는 사람들로 하여금 치명상
에서 나은 그 첫 번째 짐승을 경배하
게 했습니다.
13 또 그는 사람들 앞에서 큰 이적들을
행했는데 심지어 불이 하늘에서 땅으
로 내려오게 했습니다.
14 그는 첫 번째 짐승 앞에서 행하도록
허락된 이적들을 가지고 땅에 거하는
사람들을 현혹하며 말했습니다. "칼
에 맞아 상처를 입었다가 살아난 짐
승을 위해 우상을 만들라."
15 또 그는 첫 번째 짐승의 우상에게
*생기를 주어 그것이 말하게 하고 그
짐승의 우상에게 경배하지 않는 사람
을 모두 죽게 했습니다.

13:15 또는 영

16 그는 또한 작은 사람이나 큰사람이나
부유한 사람이나 가난한 사람이나
자유인이나 종이나 모든 사람에게 그
들의 오른손이나 그들의 이마에 표를
받게 해
17 그 표, 곧 짐승의 이름이나 그 이름의
숫자를 갖지 않은 사람은 누구든지
물건을 사거나 팔 수 없게 만들었습
니다.
18 여기에 지혜가 요구됩니다. 지각 있는
사람은 그 짐승의 숫자를 세어 보십
시오. 그것은 사람의 수이며 그 숫자
는 *666입니다.

어린양과 14만 4,000명

14 또 나는 보았습니다. 어린양이
시온 산에 서 있고 그와 함께
14만 4,000명이 서 있는데 그들의 이
마에는 어린양의 이름과 그분의 아버
지의 이름이 쓰여 있습니다.
2 또 나는 하늘로부터 많은 물소리 같
고 큰 천둥소리 같은 소리를 들었습
니다. 내가 들은 그 소리는 하프 켜는
사람들의 하프 소리 같았습니다.
3 그들은 보좌 앞과 네 생물과 장로들
앞에서 새 노래를 부릅니다. 그러나
땅에서 구속함을 받은 14만 4,000명
밖에는 아무도 그 노래를 배울 수가
없습니다.
4 그들은 여자들과 더불어 자신을 더
럽히지 않은 사람들이니 이는 그들이
정절을 지켰기 때문입니다. 그들은 어
린양이 가는 곳이면 어디든지 따라가
는 사람들이며 하나님과 어린양에게
바쳐진 첫 열매로 사람들 가운데서
구속함을 받았습니다.
5 그들의 입에서 거짓을 찾을 수 없으
니 그들은 흠 없는 사람들입니다.

세 천사

6 또 나는 다른 천사 하나가 공중에 날
아가는 것을 보았습니다. 그는 땅에
사는 사람들, 곧 모든 나라와 족속과
언어와 백성에게 전할 영원한 복음을
가지고 있습니다.
7 그는 큰 소리로 말했습니다. "너희는
하나님을 두려워하고 그분께 영광을
돌리라. 그분의 심판 때가 이르렀다.
너희는 하늘과 땅과 바다와 물들의
근원을 만드신 분께 경배하라."
8 두 번째 다른 천사가 그 뒤를 따르며
외쳤습니다. "무너졌다. 큰 도성 바벨
론이 무너졌다. 이 바벨론은 자기의
음행으로 만든 진노의 포도주를 모
든 나라들에게 마시게 했다."
9 세 번째 다른 천사가 그들을 따르며
큰 소리로 외쳤습니다. "누구든지 짐
승과 그의 우상에게 경배하고 자신의
이마나 손에 표를 받으면
10 그도 하나님의 진노의 포도주를 마시
게 될 것이니 이것은 하나님의 진노
의 잔에 섞인 것이 없이 부어진 것이
다. 그는 거룩한 천사들 앞과 어린양
앞에서 타는 불과 유황으로 고통을
당하게 될 것이다.
11 그들에게 고통을 주는 연기가 영원토
록 올라갈 것이다. 그리고 짐승과 그

13:18 어떤 사본에는 '616'

의 우상에게 경배하는 사람들과 그
의 이름의 표를 받는 사람은 누구든
지 밤낮 안식을 얻지 못할 것이다.
12 성도들의 인내가 여기에 있다. 그들은
하나님의 계명들과 예수에 대한 믿음
을 지키는 사람들이다."
13 또 나는 하늘에서 말씀하시는 음성
을 들었습니다. 말씀하시기를 "너는
이렇게 기록해라. 이제부터 주 안에
서 죽는 사람들이 복이 있다." 그러자
성령께서 말씀하셨습니다. "그렇다.
그들이 수고를 그치고 안식할 것이
다. 이는 그들의 행위가 그들을 따를
것이기 때문이다."

땅에서 거둠과 포도주 틀에서 밟음

14 또 나는 보았습니다. 흰 구름이 있고
그 구름 위에 *인자 같은 분이 앉아
있습니다. 그는 머리에 금면류관을
쓰고 손에는 예리한 낫을 들고 있습
니다.
15 그때 다른 천사가 성전에서 나와 구
름 위에 앉으신 분께 큰 소리로 외쳤
습니다. "주의 낫을 보내 추수하십시
오. 추수 때가 이르러 땅의 곡식이 무
르익었습니다."
16 그러자 구름 위에 앉으신 분이 그분
의 낫을 땅에 던지니 땅이 추수됐습
니다.
17 다른 천사 하나가 하늘에 있는 성전
에서 나왔는데 그도 역시 예리한 낫
을 들고 있었습니다.
18 또 다른 천사가 제단에서 나왔는데
그는 불을 다스리는 권세를 가지고
있었습니다. 그가 예리한 낫을 든 천
사에게 큰 소리로 외쳤습니다. "너의
예리한 낫을 보내어 땅의 포도송이
를 거두어라. 땅의 포도들이 무르익었
다."
19 그러자 그 천사는 땅 위에 낫을 던져
땅의 포도를 거둬 하나님의 진노의
큰 포도주 틀에 던졌습니다.
20 포도주 틀이 도성 밖에서 밟히니 그
포도주 틀에서 피가 흘러나와 말들
의 굴레까지 닿았고 흘러간 거리는
*1,600스타디온이나 됐습니다.

일곱 재앙을 가진 일곱 천사

15 또 나는 하늘에서 다른 큰 놀
라운 이적을 보았습니다. 그것
은 일곱 천사가 마지막 일곱 재앙을
가지고 있는 것이었습니다. 하나님의
진노는 이것들로 끝날 것입니다.
2 나는 또 불이 섞인 유리 바다 같은 것
을 보았고 짐승과 그의 우상과 그 이
름의 숫자를 이긴 사람들이 하나님
의 하프를 들고 유리 바다에 서 있는
것을 보았습니다.
3 그들은 하나님의 종 모세의 노래와
어린양의 노래를 불렀습니다.
"전능하신 주 하나님, 주께서 하신
일들은 크고 놀랍습니다. 나라들
의 왕이시여, 주의 길들은 공의롭
고 참됩니다.
4 ㄱ주여, 주의 이름을 두려워하지 않
고 주의 이름을 영화롭게 하지 않

14:14 단 7:13을 보라. 14:20 1,600스타디온은 약 300킬로미터 ㄱ 렘 10:7

을 사람이 누구겠습니까? 이는 주
만이 거룩하시기 때문입니다. 나라
들이 와서 주 앞에 경배할 것입니
다. 이는 주의 의로우신 일들이 드
러났기 때문입니다."
5 이 일 후에 나는 보았습니다. 하늘에
있는 성전, 곧 증거의 장막이 열리고
6 일곱 재앙을 가진 일곱 천사가 성전
에서 나왔습니다. 그들은 깨끗하고
빛나는 고운 삼베옷을 입고 가슴에
금띠를 두르고 있었습니다.
7 그때 네 생물 가운데 하나가 영원토
록 살아 계신 하나님의 진노로 가득
찬 일곱 금대접을 일곱 천사에게 주
었습니다.
8 그러자 성전이 하나님의 영광과 권능
으로 인해 연기로 가득 차게 돼 일곱
천사의 일곱 재앙이 끝나기까지 아무
도 성전에 들어갈 수 없었습니다.

하나님의 진노의 일곱 대접

16 그때 나는 성전에서 일곱 천사
에게 말씀하시는 큰 소리를 들
었습니다. "너희는 가서 하나님의 진
노가 담긴 일곱 대접을 땅에 쏟으라."
2 이에 첫 번째 천사가 가서 그의 대접
을 땅에 쏟았습니다. 그러자 짐승의
표를 받고 그 우상에게 절한 사람들
에게 흉칙하고 독한 종기가 돋아났습
니다.
3 두 번째 천사가 그의 대접을 바다에
쏟았습니다. 그러자 바닷물이 죽은
사람의 피와 같이 변하고 그 가운데
사는 모든 생물이 죽었습니다.
4 세 번째 천사가 그의 대접을 강과 샘
에 쏟았습니다. 그러자 그것이 피가
됐습니다.
5 또 나는 물을 주관하는 천사가 말하
는 것을 들었습니다.
"지금도 계시고 전에도 계셨던 거
룩하신 이여, 주는 공의로우십니
다. 이는 주께서 이것들을 심판하
셨기 때문입니다.
6 그들이 성도들과 예언자들의 피를
흘렸으므로 주는 그들에게 피를
주어 마시게 하셨습니다. 그들이 그
렇게 된 것은 마땅합니다."
7 이때 나는 제단에서 나는 소리를 들
었습니다.
"그렇습니다. 전능하신 주 하나님,
주의 심판은 참되고 의롭습니다."
8 네 번째 천사가 그의 대접을 해 위에
쏟았습니다. 이에 해는 불로 사람들
을 태울 권세를 받았습니다.
9 사람들은 맹렬한 열에 타 버렸습니
다. 그러자 그들은 이 재앙들을 주관
하는 권능을 가지신 하나님의 이름
을 모독했고 회개하지 않고 하나님께
영광을 돌리지 않았습니다.
10 다섯 번째 천사가 그의 대접을 짐승
의 보좌에 쏟았습니다. 그러자 그의
나라가 어둠에 빠지게 됐고 사람들은
고통으로 인해 혀를 깨물었습니다.
11 그들은 고통과 종기로 인해 하늘의
하나님을 모독했고 그들의 행위를 회
개하지 않았습니다.
12 여섯 번째 천사가 그의 대접을 큰 강

유프라테스에 쏟았습니다. 그러자 그
강의 물이 말라 버려 해 돋는 곳에서
부터 오는 왕들의 길이 예비됐습니
다.
13 또 나는 용의 입과 짐승의 입과 거짓
예언자의 입에서 개구리 같은 세 더
러운 영이 나오는 것을 보았습니다.
14 그들은 이적을 행하는 귀신들의 영입
니다. 그들은 전능하신 하나님의 큰
날의 전쟁을 위해 온 세상의 왕들을
소집하려고 갑니다.
15 "보라. 내가 도둑같이 올 것이다. 깨
어서 자기의 옷들을 지켜 벌거벗은
채로 다니지 않고 자기의 수치를 보
이지 않는 사람은 복이 있다."
16 세 영은 히브리 말로 아마겟돈이라는
곳으로 왕들을 집결시켰습니다.
17 일곱 번째 천사가 그의 대접을 공중
에 쏟았습니다. 그러자 성전 보좌에
서 "다 끝났다"라는 큰 음성이 들려
왔습니다.
18 그때 번개들과 요란한 소리들과 천둥
치는 소리들이 있었고 큰 지진이 일
어났는데 사람이 땅 위에 존재한 이
래로 이렇게 큰 지진은 없었습니다.
19 또 큰 도성이 세 조각으로 나눠지고
나라들의 도성들이 무너졌습니다. 하
나님께서 큰 도성 바벨론을 기억하시
고 그의 맹렬한 진노의 포도주 잔을
바벨론에게 내리셨습니다.
20 또 모든 섬이 온데간데없이 사라지고
산들도 찾을 수 없게 됐습니다.
21 또 하늘에서 무게가 *1달란트나 되는
큰 우박이 사람들에게 떨어졌습니다.
그러자 사람들은 우박의 재앙으로 인
해 하나님을 모독했습니다. 이는 그
재앙이 너무 컸기 때문입니다.

바벨론, 짐승을 탄 음녀

17 일곱 대접을 가진 일곱 천사 가
운데 하나가 와서 내게 말했습
니다. "이리로 오너라. 많은 물 위에
앉아 있는 큰 창녀가 받을 심판을 네
게 보여 주겠다.

16:21 1달란트는 약 34.27킬로그램

성·경·상·식 **아마겟돈**

'아마겟돈'은 히브리 음으로 '하르므깃도'라고 하는데, 하르므깃도는 '므깃도의 산'이라는 뜻으로 므깃도 지역 전체를 가리킨다. 요한은 이 므깃도를 악의 세력이 결집하여 전투를 벌이는 장소로 언급했다. "세 영은 히브리 말로 아마겟돈이라는 곳으로 왕들을 집결시켰습니다"(계 16:16). 최후의 전쟁이 일어나는 곳으로 예언했던 것이다.

지리적으로 볼 때 아마겟돈은 이스라엘 예루살렘 북서쪽에 있는 갈멜 산 아래쪽, 므깃도(삿 5:19)라는 지역이다. 이곳은 옛날부터 아시아와 아프리카 대륙의 통로였는데, 역사적으로 이곳에서 전쟁이 많이 일어났다. 이곳은 바락과 드보라가 시스라를 격멸했고, 예후가 아하시야를 죽이고 혁명에 성공한 곳이었다(왕하 9:27). 또한 유다 왕 요시야가 므깃도 전투에서 이집트의 바로 느고에게 패해서 전사했던 곳이기도 하다(왕하 23:29-30). 또한 에스겔 예언자는 종말에 곡과 마곡이 하나님의 백성과 싸울 곳이 바로 므깃도라고 했다(겔 39:1-6).

2 땅의 왕들이 그녀와 더불어 음행했고
땅에 거하는 사람들도 그녀의 음행의
포도주로 인해 취했다."
3 그러고 나서 천사는 *성령으로 나를
이끌어 광야로 데려갔습니다. 이때
나는 한 여자가 붉은 짐승을 타고 앉
아 있는 것을 보았습니다. 짐승은 하
나님을 모독하는 이름들로 가득하고
일곱 머리와 열 뿔을 가지고 있었습
니다.
4 여자는 자주색과 붉은색 옷을 입고
금과 보석과 진주로 꾸미고 있었습니
다. 그녀는 손에 가증스러운 것들과
음행의 불결한 것들로 가득 찬 금잔
을 가지고 있었고
5 이마에는 '비밀, 큰 바벨론, 창녀들과
땅의 가증한 것들의 어미'라는 이름
이 쓰여 있었습니다.
6 나는 그 여자가 성도들의 피와 예수
의 증인들의 피로 인해 취해 있는 것
을 보았습니다. 나는 그 여자를 보고
크게 놀랐습니다.
7 그때 천사가 내게 말했습니다. "왜 놀
라느냐? 내가 이 여자의 비밀과 이
여자가 타고 있는 일곱 머리와 열 뿔
을 가진 짐승의 비밀을 네게 말해 주
겠다.
8 네가 본 그 짐승은 전에 있었다가 지
금은 없으며 장차 *무저갱으로부터
올라와서 멸망에 들어가게 될 것이
다. 창세 이래 이름이 생명책에 기록
되지 않은 사람들, 곧 땅 위에 사는
사람들은 짐승을 보고 놀랄 것이다.
이는 그 짐승이 전에는 있었다가 지
금은 없으며 장차 다시 나타나게 될
것이기 때문이다.
9 여기에 지혜의 마음이 요구된다. 일
곱 머리는 그 여자가 앉아 있는 일곱
산이며 또한 그것들은 일곱 왕이다.
10 다섯 왕은 이미 멸망했으나 하나는
지금 있고 나머지 하나는 아직 나타
나지 않았다. 그가 올 때는 반드시 잠
시 동안만 있을 것이다.
11 전에 있었다가 지금은 없는 그 짐승
자신은 여덟 번째 왕이다. 그는 일곱
왕들로부터 나와 멸망으로 들어갈 것
이다.
12 또 네가 본 열 뿔은 열 왕인데 그들
은 아직 나라를 받지 않았지만 그 짐
승과 함께 한동안 왕들처럼 권세를
받을 것이다.
13 그들은 한마음을 가지고 그들의 능력
과 권세를 그 짐승에게 줄 것이다.
14 그들은 어린양을 대적해 싸울 것이나
어린양이 그들을 이길 것이다. 이는
그가 만주의 주시며 만왕의 왕이시기
때문이다. 또 그와 함께 있는 사람들,
곧 부르심과 택하심을 받은 충성된
사람들도 이길 것이다."
15 그때 천사가 내게 말했습니다. "네가
본 창녀가 앉아 있는 물들은 백성들
과 무리들과 나라들과 언어들이다.
16 또 네가 본 이 열 뿔과 짐승은 그 창
녀를 미워해 그녀를 파멸시키고 발가

17:3 그리스어, '영' 17:8 그리스어, 아비소스. 밑바닥 이 없는 깊은 곳을 가리킴.

벗기며 그녀의 살을 먹고 불살라 버
릴 것이다.
17 이는 하나님께서 하나님의 말씀들이
성취될 때까지 그들의 마음에 그분의
뜻을 행할 마음을 주셔서 한뜻을 이
루게 하시고 그들의 나라를 그 짐승
에게 바치도록 하셨기 때문이다.
18 또 네가 본 여자는 땅의 왕들을 다스
리는 권세를 가진 큰 도성이다."

멸망한 바벨론에 대한 애도

18 이 일 후에 나는 다른 천사가
큰 권세를 가지고 하늘로부터
내려오는 것을 보았습니다. 그의 영광
으로 인해 땅이 환해졌습니다.
2 그가 우렁찬 소리로 외쳤습니다.
"무너졌다. 큰 도성 바벨론이 무너
졌다. 바벨론은 귀신들의 처소가 됐
고 모든 더러운 영의 소굴이 됐고
모든 악하고 가증스러운 새들의 소
굴이 됐다.
3 이것은 모든 나라가 그녀의 음행으
로 인한 진노의 포도주를 마셨고
땅의 왕들이 그녀와 더불어 음행했
으며 땅의 상인들이 그녀의 사치의
능력으로 인해 부를 쌓았기 때문
이다."

바벨론의 심판에서 벗어날 것에 대한 경고

4 그때 나는 하늘에서 다른 음성을 들
었습니다. 그 음성은 이렇게 말했습
니다.
"내 백성들아, 너희는 그 여자에게
서 나오라. 이는 너희로 그녀의 죄
악들에 동참하지 않고 그녀가 받
을 재앙들을 받지 않게 하려는 것
이다.
5 이것은 그녀의 죄악들이 하늘에까
지 쌓였고 하나님께서 그녀의 불의
한 행위들을 기억하셨기 때문이다.
6 너희는 그녀가 너희에게 준 만큼
돌려주고 그녀가 너희에게 행한 만
큼 두 배로 갚아 주며 그녀가 부은
잔에 두 배로 부어 그녀에게 주라.

Q&A 요한계시록에서의 바벨론은 어떤 곳인가요?

참고 구절 | 계 18장

성경에서 바벨론은 우상 숭배와 배교를 나타내는 상징으로 사용되었다. 요한은 그가 기록한 계시록에서 바벨론을 '비밀, 큰 바벨론, 땅의 창녀들과 가증한 것들의 어미'(계 17:5)라고 표현했다.

요한 당시의 바벨론이 로마였다면, 오늘날의 바벨론은 세상이다. 이것은 멸망당할 사탄을 의미한다(계 18:2,10). 요한은 바벨론이 이미 무너졌다고 표현하면서 멸망의 이유를 귀신들의 처소, 모든 더러운 영의 소굴, 모든 악하고 가증스러운 새들의 소굴, 음행, 사치와 치부 등이라고 말했다(계 18:2-3).

아울러 요한은 하늘로부터 "내 백성들아, 너희는 그 여자에게서 나오라. 이는 너희로 그녀의 죄악들에 동참하지 않고 그녀가 받을 재앙들을 받지 않게 하려는 것이다."(계 18:4)라는 음성을 듣는다. 이것은 성도들에게 큰 음녀 바벨론으로부터 나오라는 하나님의 명령이었다.

7 그 여자가 자신을 영화롭게 하고
사치한 만큼 너희는 그녀에게 고통
과 슬픔을 안겨 주라. 이는 그녀가
마음으로 말하기를 '나는 보좌에
앉은 여왕이다. 나는 과부가 아니
며 결코 슬픈 일을 만나지 않을 것
이다'라고 하기 때문이다.
8 그러므로 그 여자에게 사망과 슬
픔과 기근의 재앙이 한날에 임하고
그녀는 불에 타 버릴 것이다. 이는
여자를 심판하시는 주 하나님께서
강하시기 때문이다.

바벨론의 멸망에 대한 세 번의 '재앙이다'

9 그 여자와 함께 음행하고 사치하던
땅의 왕들은 그 여자를 태우는 불의
연기를 보고 그녀로 인해 울며불며
슬퍼할 것이다.
10 그들은 그 여자가 당하는 고통을 무
서워하므로 멀리 서서 외치기를
'재앙이다. 재앙이다. 큰 도성, 강성
한 도성 바벨론아, 네 심판이 한순
간에 몰아닥쳤구나'
라고 할 것이다.
11 또 땅의 상인들도 그녀로 인해 울며
슬퍼할 것이다. 이는 그들의 물건을
사는 사람이 더 이상 아무도 없기 때
문이다.
12 그 물건은 금, 은, 보석, 진주, 고운 삼
베, 자주색 옷감, 비단, 붉은 옷감이
며 각종 향나무와 상아로 만든 물품
이며 값진 나무와 청동, 철, 대리석으
로 만든 각종 물품이며
13 계피와 향료, 향과 향유와 유향, 포도
주와 올리브기름, 고운 밀가루와 밀,
소와 양, 말과 사륜마차, 종들과 사람
들의 목숨들이다.
14 네 영혼의 탐욕의 열매가 네게서 떠
나가고 모든 사치스럽고 화려했던 것
들이 네게서 사라져 버렸으니 그들이
다시는 그런 물건들을 볼 수 없을 것
이다.
15 그 여자로 인해 부를 쌓고 이 물건들
을 파는 상인들이 그녀의 고통을 무
서워하므로 멀리 서서 울며 슬퍼해
16 말하기를
'재앙이다. 재앙이다. 큰 도성이여,
고운 삼베와 자주색과 붉은색 옷
을 입고 금과 보석과 진주로 화려
하게 꾸몄었거늘
17 그 엄청난 부귀가 한순간에 사라
져 버렸구나'
라고 할 것이다. 또 모든 선장들과 모
든 선객들과 모든 선원들과 바다에서
일하는 사람들이 멀리 서서
18 그녀가 타는 연기를 보고 외쳐 말하
기를 '무엇이 이 큰 도성과 같겠는가?'
라고 할 것이다.
19 그들은 자기들 머리에 재를 뿌리고
울며 슬퍼하며 외칠 것이다.
'재앙이다. 재앙이다. 큰 도성이여,
바다에 배들을 띄우던 모든 사람
들이 저 도성의 번영으로 인해 부
를 쌓았거늘 이 도성이 순식간에
멸망해 버렸구나.'
20 하늘과 성도들과 사도들과 예언자
들아, 그 도성으로 인해 즐거워하

라. 이는 하나님께서 너희를 위해
그녀를 심판하셨기 때문이다."

돌이킬 수 없는 바벨론의 멸망

21 그때 한 강한 천사가 큰 맷돌 같은 돌
을 들어 바다에 던지며 말했습니다.
"큰 도성 바벨론이 이렇게 큰 힘으
로 던져질 것이니 결코 다시는 찾
을 수 없게 될 것이다.
22 또 하프 켜는 사람들과 노래 부르
는 사람들과 통소 부는 사람들과
나팔 부는 사람들의 소리가 네 안
에서 다시는 들리지 않을 것이며
그 어떤 기술자도 네 안에서 다시
는 보이지 않을 것이며 맷돌을 돌
리는 소리도 네 안에서 다시는 들
리지 않을 것이며
23 등불의 불빛도 네 안에서 비취지
않을 것이며 신랑과 신부의 음성도
다시는 네 안에서 들리지 않을 것
이다. 이것은 네 상인들이 땅의 권
력자들이며 또 너희의 점술로 인해
모든 나라들이 현혹됐으며
24 그 도성 안에서 예언자들과 성도들
과 땅에서 죽임을 당한 모든 사람
들의 피가 발견됐기 때문이다."

바벨론의 멸망에 대한 세 번의 '할렐루야'

19 이 일 후에 나는 하늘에서 많
은 무리들의 큰 함성 같은 것을
들었습니다. 그 큰 함성은 말했습니
다.
"할렐루야, 구원과 영광과 능력이
우리 하나님께 있습니다.
2 이는 그분의 심판이 참되고 공의로
우시기 때문입니다. 그분은 음행으
로 땅을 더럽힌 큰 창녀를 심판하
셨으며 그녀의 손에 묻어 있는 그
의 종들이 흘린 피의 억울함을 갚
으셨기 때문입니다."
3 다시 그들이 외쳤습니다.
"할렐루야, 그녀를 사르는 연기가
영원토록 올라갈 것입니다."
4 그때 24장로와 네 생물이 보좌에 앉

Q&A 로마는 왜 그리스도인들을 핍박했나?

참고 구절 | 계 12:11; 18:24

로마가 그리스도인들을 핍박한 이유는 그들이 황제 숭배를 거부하고 예수님을 주로 고백하며 예배했기 때문이다. 게다가 그리스도인들에 거짓된 소문들이 나돌았기 때문이다.
그리스도인들의 성만찬 예식이 '티에스티안 잔치'(그리스 신화에 의하면 아트레우스가 자기 아내를 겁탈한 자기 동생 티에스테스에게 복수하기 위해 그의 자녀들을 죽인 후 큰 잔치를 베풀어 티에스테스로 하여금 자기 자녀들의 살을 먹게 했다는 이야기)처럼 오해되어 영아를 살해하여 살을 먹는 집단으로 인식되었고 근친상간하는 부도덕한 무리들(그리스도인들끼리만 모여 '애찬'을 나누고 '거룩한 입맞춤'을 나누었기 때문)로 보였기 때문이었다.
그리스도인들의 신앙과 거짓된 소문은 로마 제국에 정치적으로 위험한 집단으로 보이게 했고, 로마의 신들을 부인하는 무신론자들로 보여졌던 것이다.

으신 하나님께 엎드려 경배하며 외쳤
습니다.
"아멘, 할렐루야."
5 그러자 보좌에서 한 음성이 나서 말
했습니다.
"하나님의 모든 종들아, 큰사람이
든 작은 사람이든 하나님을 경외하
는 사람들아, 우리 하나님을 찬양
하라."
6 또 나는 많은 무리의 소리 같고 콸콸
쏟아지는 물소리 같고 강한 천둥소리
같은 것을 들었습니다. 그 소리들은
외쳤습니다.
"할렐루야, 전능하신 우리 주 하나
님이 다스리신다.
7 기뻐하고 즐거워하며 하나님께 영
광을 돌리자. 이는 어린양의 결혼
식이 이르렀고 그의 신부가 혼인 준
비를 갖추었으며
8 그녀는 밝고 깨끗한 고운 삼베를
입을 것을 허락받았기 때문이다.
이 고운 삼베는 성도들의 의로운
행실들이다."
9 그러자 천사가 내게 말했습니다. "너
는 '어린양의 결혼 잔치에 초대받은
사람들은 복이 있다'고 기록하라." 또
그는 나에게 말했습니다. "이것은 하
나님의 참된 말씀들이다."
10 이 말에 나는 천사의 발 앞에 엎드려
그에게 경배하려고 했습니다. 그러자
그가 내게 말했습니다. "그러지 마라.
나는 너와 및 예수의 증언을 가진 네
형제들과 함께 종 된 자니 너는 하나
님께 경배하여라. 예수의 증언은 예언
의 영이기 때문이다."

흰말을 탄 사람이 짐승을 물리치다

11 나는 하늘이 열려 있는 것을 보았습
니다. 흰말이 있고 그 위에 탄 사람이
있는데 그의 이름은 '충성과 진실'입
니다. 그는 공의로 심판하고 싸우시
는 분입니다.
12 그의 눈은 불꽃같고 그의 머리에는
많은 면류관이 있으며 그 자신 외에
는 아무도 알 수 없는 이름이 쓰여 있
습니다.
13 그는 피로 물든 옷을 입고 있고 그의
이름은 '하나님의 말씀'입니다.
14 하늘에 있는 군대가 희고 깨끗한 고
운 삼베를 입고 흰말들을 타고 그를
따르고 있었습니다.
15 그의 입에서는 예리한 칼이 나오는데
그는 그것으로 나라들을 치려고 합니
다. 그가 친히 쇠지팡이로 그들을 다
스리며 친히 전능하신 하나님의 맹렬
한 진노의 포도주 틀을 밟을 것입니
다.
16 그의 옷과 넓적다리에는 '왕의 왕, 주
의 주'라는 이름이 쓰여 있습니다.
17 그러고 나서 나는 한 천사가 태양 안
에 서 있는 것을 보았습니다. 그는 공
중에 나는 모든 새들에게 큰 소리로
외쳤습니다. "오라. 너희는 하나님의
큰 잔치에 모여
18 왕들의 살과 장군들의 살과 장사들
의 살과 말들과 그 위에 탄 사람들의
살과 자유인이나 종이나 작은 사람이

나 큰사람이나 모든 사람들의 살을
먹으라."
19 또 나는 짐승과 땅의 왕들과 그들의
군대들이 말 탄 사람과 그의 군대들
을 대적해 전쟁을 하려고 집결하는
것을 보았습니다.
20 그러나 짐승과 그 앞에서 이적들을
행하던 거짓 예언자가 그와 함께 사
로잡혔습니다. 거짓 예언자는 짐승의
표를 받은 사람들과 그의 우상들에
게 경배하는 사람들을 이런 이적들
로 현혹했던 자입니다. 그 둘은 모두
산 채로 유황이 타오르는 불 못에 던
져졌습니다.
21 그 나머지는 말 탄 사람의 입에서 나
오는 칼로 죽임을 당했고 모든 새들
이 그들의 살로 배를 채웠습니다.

천년 왕국

20 그때 나는 한 천사가 하늘에서
내려오는 것을 보았습니다. 그
는 손에 *무저갱의 열쇠와 큰 사슬을
가지고 있었습니다.
2 그는 용, 곧 마귀이며 사탄인 옛 뱀을
붙잡아 1,000년 동안 묶어
3 *무저갱에 던져 잠그고 그 위에 봉인
해 1,000년이 차기까지 다시는 만국
을 현혹하지 못하도록 했습니다. 이
일 후에 그는 잠시 동안 풀려나야 할
것입니다.
4 또 내가 보좌들을 보니 그 위에 사람
들이 앉았는데 심판할 권세가 그들에
게 주어졌습니다. 그들은 예수의 증언
과 하나님의 말씀으로 인해 목 베임
을 당한 사람들의 영혼들과, 짐승과
그의 우상에게 경배하지 않고 자신들
의 이마와 손에 표를 받지 않은 사람
들입니다. 그들은 다시 살아나 그리스
도와 함께 1,000년 동안 통치했습니
다.
5 (나머지 죽은 사람들은 1,000년이 차
기까지 다시 살아나지 못했습니다.)
이것이 첫째 부활입니다.
6 이 첫째 부활에 참여하는 사람은 복
되고 거룩합니다. 이들에게는 둘째
사망이 아무 권세도 갖지 못합니다.
그들은 하나님과 그리스도의 제사장
들이 돼 그와 함께 1,000년 동안 통
치할 것입니다.

사탄의 심판

7 1,000년이 다 차면 사탄이 그 옥에서
풀려날 것입니다.
8 그는 옥에서 나와 땅의 사방에 있는
나라들, 곧 곡과 마곡을 현혹해 전쟁
을 위해 그들을 집결시킬 것입니다.
그들의 수는 바다의 모래알과 같을
것입니다.
9 그들은 평원으로 올라와 성도들의
진, 곧 사랑받는 도성을 에워쌌습니
다. 그러나 하늘에서 불이 내려와 그
들을 삼켜 버렸습니다.
10 그리고 그들을 현혹했던 마귀는 짐승
과 거짓 예언자가 있는 불타는 유황
못에 던져졌습니다. 그들은 영원토록
밤낮 고통을 당할 것입니다.

20:1,3 그리스어, 아비소스. 밑바닥이 없는 깊은 곳을 가리킴.

죽은 사람들의 심판

11 또 나는 희고 큰 보좌와 그 위에 앉으
신 분을 보았습니다. 땅과 하늘이 그
의 얼굴 앞에서 사라지니 흔적도 찾
아볼 수 없었습니다.
12 그리고 나는 큰사람이든 작은 사람
이든 죽은 사람들이 그 보좌 앞에 서
있는 것을 보았습니다. 책들이 펼쳐져
있는데 또 다른 책, 곧 생명의 책도
있었습니다. 죽은 사람들이 책들 안
에 기록된 대로 심판을 받았는데 그
안에는 그들의 행위가 기록돼 있었습
니다.
13 또 바다는 그 속에 있던 죽은 사람들
을 내놓고 사망과 *음부도 그 속에
있던 죽은 사람들을 내놓았습니다.
그리고 각 사람은 자기가 행한 것에
따라 심판을 받았습니다.
14 그리고 나서 사망과 *음부도 불 못에
던져졌습니다. 이것이 바로 둘째 사
망, 곧 불 못입니다.
15 누구든지 그 이름이 생명책에 기록되
지 않은 사람은 이 불 못에 던져졌습
니다.

새 하늘과 새 땅

21 그리고 나는 새 하늘과 새 땅
을 보았습니다. 처음 하늘과 처
음 땅이 사라지고 바다도 더 이상 존
재하지 않았습니다.
2 또 나는 거룩한 도성 새 예루살렘이
하늘에서 하나님께로부터 자기 남편

20:13,14 그리스어, 하데스

성·경·상·식

창조의 완성, 새 하늘과 새 땅

성경의 처음 책 창세기는 하나님께서 말씀으로 천지를 창조하신 모습이 기록되어 있다(창 1:1). 하나님은 자신이 지으신 세상을 보시고 보기에 좋았다고 말씀하셨다(창 1:4,10,12,18,21,25,31). 그러나 이렇게 보기에 좋은 세상이 인간의 죄 때문에 더럽혀져(창 6:5) 모든 피조물은 구원받은 성도와 함께 탄식하며 그리스도의 나타나심을 고대하게 되었다(롬 8:19-23). 이러한 기다림의 성취가 요한계시록에 나타난다(계 21-22장). 계시록에서는 새 하늘과 새 땅이 이루어져(계 21:1) 인간의 타락으로 잃어버렸던 에덴을 완전히 회복하게 됨을 보여 준다(계 21:1-8;22:1-5). 하나님께서 처음 만드셨을 때 나타난 세상과 새롭게 만드실 세상은 어떤 모습일까?

창세기에 나타난 처음 세상	계시록에 나타난 새로운 세상
에덴동산 : 처음 하늘과 처음 땅(창 1:1)	하나님 나라 : 새 하늘과 새 땅(계 21:1)
생명나무 : 타락 후 금지된 나무(창 3:22-24)	생명나무 : 허락된 생명나무(계 22:2)
첫 사망(창 2:17)	사망이 없음(계 21:4)
첫 아담의 통치(창 1:26)	둘째 아담의 통치(계 21:5)
바벨탑(창 11장)	바벨론의 멸망(계 18장)
사탄이 하나님 말씀을 가감(창 3:3)	말씀 가감자에 대한 심판(계 22:18-19)
만물의 시작(창 1:1)	만물의 종말(계 22:20)

을 위해 화장한 신부처럼 준비돼 내
려오는 것을 보았습니다.
3 *그리고 나는 보좌에서 큰 음성이 말
씀하시는 것을 들었습니다. "보아라.
하나님의 장막이 사람들과 함께 있으
니 그분께서 그들과 함께 거하실 것이
다. 그들은 그분의 백성이 되고 하나
님께서 친히 그들과 함께 계실 것이다.
4 그들의 눈에서 모든 눈물을 닦아 주
실 것이며 더 이상 죽음이 없고 다시
는 슬픔이나 우는 것이나 아픈 것이
없을 것이다. 이는 처음 것들이 지나
갔기 때문이다."
5 그때 보좌에 앉으신 분이 말씀하셨
습니다. "보아라. 내가 만물을 새롭게
한다." 그는 또 말씀하셨습니다. "이
말들은 신실하고 참되니 너는 기록하
여라."
6 그는 또 내게 말씀하셨습니다. "다 이
루었다. 나는 알파요, 오메가이며 시
작과 끝이다. 내가 목마른 사람에게
생명수 샘물을 값없이 줄 것이다.
7 이기는 사람은 이것들을 상속할 것이
며 나는 그의 하나님이 되고 그는 내
아들이 될 것이다.
8 그러나 두려워하는 사람들, 신실치
못한 사람들, 가증한 사람들, 살인한
사람들, 음행하는 사람들, 점술가들,
우상 숭배하는 사람들, 모든 거짓말
쟁이들은 불과 유황이 타는 못에 던
져질 것이다. 이것이 둘째 사망이다."

새 예루살렘, 어린 양의 신부

9 마지막 일곱 재앙을 담은 일곱 대접
을 가진 일곱 천사 가운데 하나가 내
게 와서 말했습니다. "오너라. 내가 네
게 신부, 곧 어린양의 아내를 보여 주
겠다."
10 그러고 나서 천사는 성령으로 나를
이끌어 크고 높은 산으로 데려가 거
룩한 도성, 곧 하늘에서 하나님께로
부터 내려오는 예루살렘을 내게 보여
주었습니다.
11 이 도성은 하나님의 영광으로 빛나고
이 빛은 수정처럼 빛나는 벽옥과 같
았습니다.
12 이 도성은 크고 높은 성벽과 열두 대
문을 가지고 있으며 이 문들에는 열
두 천사가 지키고 있고 그 위에는 열
두 지파의 이름들이 쓰여 있습니다.
13 문은 동쪽에 세 개, 북쪽에 세 개, 남
쪽에 세 개, 서쪽에 세 개가 있습니
다.
14 이 도성의 성벽은 12개의 주춧돌 위
에 세워져 있는데 각 주춧돌에는 어
린양에게 속한 열두 사도의 열두 이
름이 쓰여 있습니다.
15 내게 말하던 천사는 그 도성과 도성
의 문들과 성벽을 측량하려고 금 갈
대를 가지고 있었습니다.
16 도성은 네모반듯해 가로와 세로의 길
이가 똑같았습니다. 그는 도성을 갈
대로 측량했는데 가로 세로 높이가
똑같이 *1만 2,000스타디온입니다.
17 또 천사가 도성의 성벽을 측량하니

21:3 어떤 사본에는 3절 끝에 '그들의 하나님이 되실 것이다.'가 있음. 21:16 1만 2,000스타디온은 약 2,200 킬로미터

사람의 치수로 *144규빗이었는데 이
는 천사의 치수이기도 했습니다.
18 성벽의 재료는 벽옥이며 도성은 유리
같이 맑은 정금으로 지어져 있습니
다.
19 도성 성벽의 주춧돌들은 온갖 종류
의 보석으로 장식돼 있습니다. 첫째
주춧돌은 벽옥이요, 둘째는 사파이어
요, 셋째는 옥수요, 넷째는 에메랄드
요,
20 다섯째는 홍마노요, 여섯째는 홍옥이
요, 일곱째는 황옥이요, 여덟째는 녹
옥이요, 아홉째는 담황옥이요, 열째
는 비취요, 열한째는 청옥이요, 열두
째는 자수정입니다.
21 열두 문은 열두 진주로 돼 있는데 각
문은 하나의 진주로 만들어져 있고
도성의 길은 유리같이 투명한 순금으
로 돼 있습니다.
22 나는 도성 안에 성전이 없는 것을 보
았습니다. 이는 전능하신 주 하나님
과 어린양께서 도성의 성전이시기 때
문입니다.
23 도성은 해나 달의 비춰이 필요 없습
니다. 이는 하나님의 영광이 도성을
비추며 어린양께서 도성의 등불이 되
시기 때문입니다.
24 나라들이 도성의 빛 가운데 다닐 것
이며 땅의 왕들이 자기들의 영광을
도성으로 들여올 것입니다.
25 도성의 문들은 낮에는 전혀 닫히지
않을 것입니다. 그곳에는 밤이 없기
때문입니다.
26 그들이 나라들의 영광과 존귀를 도성
으로 들여올 것입니다.
27 그러나 어린양의 생명책에 기록돼 있
는 사람들 외에 모든 속된 것과 가증
한 것과 거짓을 행하는 사람은 도성
으로 들어오지 못할 것입니다.

회복된 에덴동산

22 그 후 천사는 하나님과 어린양
의 보좌로부터 흘러나오는 수
정같이 맑은 생명수 강을 내게 보여
주었습니다.
2 강물은 도성의 길 한가운데로 흐르
고 있고 강 양쪽에 있는 생명나무는
매달 열매를 맺어 열두 열매를 맺고
나뭇잎들은 나라들을 치료하는 데
쓰입니다.
3 또 다시는 저주가 없을 것입니다. 하
나님과 어린양의 보좌가 도성에 있고
그의 종들이 하나님을 섬길 것입니다.
4 그들은 하나님의 얼굴을 볼 것이며
그들의 이마에 하나님의 이름이 있을
것입니다.
5 다시는 밤이 없겠고 그들은 주 하나
님께서 그들을 비추시므로 등불이나
햇빛이 필요하지 않을 것입니다. 그들
은 영원히 통치할 것입니다.

요한과 천사

6 천사는 내게 말했습니다. "이 말씀들
은 신실하고 참되다. 주, 곧 예언자의
영들의 하나님께서 속히 일어나야 할
일들을 그의 종들에게 보이시려고 그
의 천사를 보내셨다.

21:17 144규빗은 약 65미터

7 '보라. 내가 속히 갈 것이다. 이 책의
예언의 말씀들을 지키는 사람은 복
이 있다.'"
8 이것들을 듣고 본 사람은 나 요한입
니다. 내가 듣고 보았을 때 나는 내게
이것들을 보여 준 천사에게 경배하려
고 그의 발 앞에 엎드렸습니다.
9 그러자 천사가 내게 말했습니다. "그
렇게 하지 마라. 나는 너와 네 형제
예언자들과 이 책에 기록된 말씀들
을 지키는 사람들과 함께 종 된 사람
이다. 너는 하나님께 경배해라."
10 그는 또 내게 말했습니다. "때가 가까
이 왔으니 너는 이 책의 예언의 말씀
들을 인봉하지 마라.
11 불의를 행하는 사람은 그대로 불의를
행하게 하고 더러운 사람은 그대로
더러움 가운데 있게 하고 의로운 사
람은 그대로 의를 행하게 하고 거룩
한 사람은 그대로 거룩하게 해라."

맺음말 : 초청과 경고

12 "보라. 내가 속히 갈 것이다. 내가 줄
상급이 내게 있으니 각 사람에게 그
행한 대로 갚아 줄 것이다.
13 나는 알파와 오메가요, 처음과 마지
막이요, 시작과 끝이다.
14 생명나무를 취할 권리를 가지며 문들
을 통해 도성으로 들어가려고 자기의
옷을 빠는 사람들은 복이 있다.
15 그러나 개들, 점술가들, 음행하는 사
람들, 살인한 사람들, 우상 숭배하는
사람들, 거짓말을 좋아하고 행하는
사람들은 도성 밖에 있게 될 것이다.
16 나 예수는 내 천사를 보내 교회들에
대해 너희에게 이것들을 증언하게 했
다. 나는 다윗의 뿌리요, 자손이며 빛
나는 샛별이다."
17 성령과 신부가 "오라"고 말씀하십니
다. 이 말을 듣는 사람도 "오라"고 외
치십시오. 목마른 사람은 오십시오.
원하는 사람은 생명수를 값없이 받으
십시오.
18 나는 이 책의 예언의 말씀들을 듣는
모든 사람에게 증언합니다. 누구든지
이 말씀들에 어떤 것을 더하면 하나
님께서 이 책에 기록된 재앙들을 그
에게 더하실 것입니다.
19 그리고 누구든지 이 예언의 책의 말
씀들로부터 어떤 것이라도 없애 버리
면 하나님께서는 이 책에 기록된 생
명나무와 거룩한 도성에서 그의 몫
을 없애 버리실 것입니다.
20 이 모든 것을 증언하신 이가 말씀하
십니다. "참으로 내가 속히 갈 것이
다." 아멘. 주 예수여, 오시옵소서.
21 주 예수의 은혜가 *모든 사람들과 함
께 있기를 빕니다. 아멘.

22:21 어떤 초기 사본에는 '성도에게'

부록

❖

성경에 나오는 도량형

구약의 다섯 가지 제사

분열왕국의 왕들과 예언자들

성경에 나오는 도량형

종류	시대	용어	환산 가치	비교	참고 구절
길이	구약	손가락 (finger)	약 1.9cm	1/24규빗	렘 52:21
		손바닥 (handbreadth)	약 7.5cm	1/6규빗	출 37:12
		뼘 (span)	약 22.5cm	1/2규빗	출 28:16
		규빗 (cubit)	약 45cm	보통 규빗	신 3:11
			약 52.5cm	긴 규빗	겔 40:5
		금 갈대 자 (막대기, golden reed)	2.67m	긴 6규빗	계 21:15
	신약	길 (오르귀아, orguia)	약 1.85m	1/100스타디온	행 27:28
		리 (스타디온, stadion)	약 185m	100오르귀아	요 6:19
		리 (밀리온, million)	약 1.5km	1,000걸음	마 5:41
		안식일 허용 거리	약 900m	2,000규빗	행 1:12
		하룻길	약 25.7km		눅 2:44
무게	구약	게라 (gerah)	약 0.57g	1/20세겔	레 27:25
		베가 (beka)	약 5.7g	1/2세겔	출 38:26
		핌 (pim)	약 7.6g	2/3세겔	삼상 13:21
		세겔 (shekel)	약 11.5g	20게라	삼상 17:5
		마네 (maneh)	약 569g	50세겔	왕상 10:17
		달란트 (talent)	약 34.27kg	3,000세겔	삼하 12:30
	신약	리트라 (litra)	약 327g	약 1/100달란트	요 19:39
		므나 (minah)	약 569g	5/4리트라	눅 19:13
부피	구약 (곡물)	갑 (kab)	약 1.27ℓ	1/18에바	왕하 6:25
		오멜 (omer)	약 2ℓ	1/10에바	출 16:16
		스아 (seah)	약 7.3ℓ	1/3에바	삼상 25:18
		에바 (ephah)	약 22ℓ	10오멜	룻 2:17
		고르 (kor)	약 220ℓ	10에바	대하 2:10
		호멜 (homer)	약 220ℓ	10에바	민 11:32
	신약 (곡물)	되 (코이닉스, choinix)	약 1.2ℓ		계 6:6
		말 (그릇, modios)	약 8.75ℓ		눅 11:33
		말 (사톤, saton)	약 12.3ℓ	아람어에서 유래함	마 13:33
		석 (코루스, koros)	약 220ℓ	구약의 '고르'와 같음	눅 16:7
	구약 (액체)	록 (log)	약 0.31ℓ	1/12힌	레 14:10
		힌 (hin)	약 3.66ℓ	1/6밧	출 29:40
		밧 (bat)	약 22ℓ	1에바	왕상 7:26
	신약 (액체)	주발 (단지, xestes)	약 0.5ℓ		막 7:4
		통 (메트레테스, metretes)	약 39.5ℓ		요 2:6
		말 (바투스, batous)	약 22ℓ	구약의 '밧'과 같음	눅 16:6
면적	구약	한 쌍의 소가 반나절 동안 갈 만한 땅 (체메드, tsemed)	약 2,023㎡		삼상 14:14
화폐	유대	게라 (gerah)	약 은 0.57g	1/20세겔	출 30:13
		베가 (beka)	약 은 5.7g	1/2세겔	출 38:26
		세겔 (shekel)	약 은 11.38g	노동자 4일 품삯	삼하 24:24
		므나 (minah)	약 은 569g	50세겔	눅 19:16
		달란트 (talent)	약 은 34kg	3,000세겔	대상 29:4
	그리스	렙돈 (lepton)	1/128데나리온	1/2고드란트	막 12:42
		드라크마 (drachma)	약 노동자 1일 품삯	1데나리온	눅 15:8
	로마	고드란트 (kodrantes)	1/4앗사리온	1/64데나리온	마 5:26
		앗사리온 (assarius)	약 참새 두 마리	1/16데나리온	마 10:29
		데나리온 (denarius)	약 노동자 1일 품삯	1/100므나	마 18:28
		금 (chrusos)	약 노동자 한 달치 품삯	25데나리온	마 10:9
		은 (argurion)	약 노동자 1일 품삯	1드라크마	마 10:9